Beck'sche Formularsammlung
Gewerblicher Rechtsschutz,
Urheber-, Presse- und Kartellrecht

Beck'sche Formularsammlung Gewerblicher Rechtsschutz, Urheber-, Presse- und Kartellrecht

Patent- und Arbeitnehmererfindungsrecht, Lizenzvertragsrecht, Designrecht, Markenrecht, Wettbewerbsrecht, Produktpiraterie, Kartellrecht, Urheberrecht, Presserecht, Schutz von Geschäftsgeheimnissen

Bearbeitet von:

Rechtsanwalt *Dr. Fabian Badtke, LL.M.*; Rechtsanwalt *Prof. Dr. Winfried Bullinger*; Rechtsanwalt *Prof. Dr. Rolf Diekmann*; Rechtsanwalt *Prof. Dr. Michael Fuhlrott*; Rechtsanwalt *Dr. Alexander Gaul*; Rechtsanwältin *Astrid Gérard, LL.M.*; Rechtsanwalt *Dr. Nikolas Gregor, LL.M.*; Rechtsanwalt *Andreas Haberl*; Rechtsanwalt *Dr. Matthias Jentsch*; Rechtsanwalt *Dr. Alfred N. Klinger*; Rechtsanwalt *Dr. Matthias Lehr*; Rechtsanwalt Alexander Leister, LL.M.; Rechtsanwalt *Prof. Dr. Karsten Metzlaff*; Rechtsanwalt *Dr. Johann Pitz*; Rechtsanwalt *Dr. Thure Schubert*; Rechtsanwalt *Dr. Volker Spitz, LL.M.*; Rechtsanwalt *Christian-Leopold Zapp*

6., neu bearbeitete Auflage

2021

C.H.BECK

Zitiervorschlag:
BeckFormSlg GewRS, Form. ... Anm. ...

www.beck.de

ISBN 978 3 406 74530 0

Wilhelmstraße 9, 80801 München
Druck: Westermann Druck Zwickau GmbH
Crimmitschauer Straße 43, 08058 Zwickau

Satz: Reemers Publishing Services GmbH, Krefeld
Umschlaggestaltung: Druckerei C.H. Beck Nördlingen

CO_2 neutral
chbeck.de/nachhaltig

Gedruckt auf säurefreiem, alterungsbeständigem Papier
(hergestellt aus chlorfrei gebleichtem Zellstoff)

Vorwort zur 6. Auflage

Diese bewährte Sammlung umfasst mehr als 200 kommentierte Formulare zum Gewerblichen Rechtsschutz, Lizenz-, Wettbewerbs-, Kartell- und Urheberrecht sowie zur Querschnittsmaterie „Abwehr von Produktpiraterie". Neu aufgenommen wurden zudem Formulare zum Presserecht und zum Schutz von Geschäftsgeheimnissen.

Die Neuauflage berücksichtigt nicht nur diverse Änderungen amtlicher Anmeldeformulare, sondern auch eine Reihe von Gesetzesänderungen, wie etwa das Markenrechtsmodernisierungsgesetz (MaMoG) und die Änderung der Unionsmarkenverordnung (UMV), das Gesetz zur Änderung des Designgesetzes und weiterer Vorschriften des gewerblichen Rechtsschutzes, das Gesetz zur Stärkung des fairen Wettbewerbs, das Gesetz zur Änderung des Gesetzes gegen Wettbewerbsbeschränkungen für ein fokussiertes, proaktives und digitales Wettbewerbsrecht 4.0 und anderer Bestimmungen (GWB-Digitalisierungsgesetz) sowie das Gesetz zur verbesserten Durchsetzung des Anspruchs der Urheber und ausübenden Künstler auf angemessene Vergütung und zur Regelung von Fragen der Verlegerbeteiligung.

Als Autoren ausgeschieden sind Herr Dr. Stefan Schweyer, Frau Dr. Stefanie Nabrotzki, Herr Dr. Arno Grohmann sowie Herr Dr. Michael Buddeberg.

Anregungen und Kritik seitens der Leser und Nutzer dieser Sammlung sind selbstverständlich stets willkommen.

München, im Mai 2021 — Verlag C.H.BECK

Verzeichnis der Autoren und ihrer Beiträge

Rechtsanwalt Dr. Fabian *Badtke,* LL.M. Noerr LLP, Frankfurt a. M.	Teil VIII. (mit Prof. Dr. Metzlaff)
Rechtsanwalt Prof. Dr. Winfried *Bullinger* CMS Hasche Sigle Partnerschaft von Rechtsanwälten und Steuerberatern mbB, Berlin	Teil IX.
Rechtsanwalt Prof. Dr. Rolf *Diekmann* Wuertenberger Rechtsanwälte Partnerschaft mbB, Stuttgart	Teil VII.
Rechtsanwalt Prof. Dr. Michael *Fuhlrott* Fuhlrott Hiéramente & von der Meden Partnerschaft von Rechtsanwälten mbB, Hamburg	Teil XI. (mit Dr. Gregor und Leister)
Rechtsanwalt Dr. Alexander *Gaul* Brandstock Legal Rechtsanwaltsgesellschaft mbH, München	Teil VI. (mit Dr. Klinger und Dr. Spitz)
Rechtsanwältin Astrid *Gérard*, LL.M. Preu Bohlig & Partner Rechtsanwälte mbB, München	Teil V.
Rechtsanwalt Dr. Nikolas *Gregor*, LL.M. (Boston), Maître en droit CMS Hasche Sigle Partnerschaft von Rechtsanwälten und Steuerberatern mbB, Hamburg	Teil XI. (mit Prof. Dr. Fuhlrott und Leister)

Literaturverzeichnis

Weitere Literaturangaben finden sich jeweils zu Beginn der einzelnen Kapitel.

Ahrens Wettbewerbsprozess-HdB	Ahrens, Der Wettbewerbsprozess, 8. Aufl. 2017
Baronikians Werktitel	Baronikians, Der Schutz des Werktitels, 2. Aufl. 2015
Bartenbach Patentlizenz	Bartenbach, Patentlizenz- und Know-how-Vertrag, 7. Aufl. 2013
Bartenbach/Volz ArbEG	Bartenbach/Volz, Arbeitnehmererfindungsgesetz, 6. Aufl. 2019
Bechtold/Bosch	Bechtold/Bosch, GWB-Kommentar, 9. Aufl. 2018
Bender EurMarkenR	Bender, Europäisches Markenrecht, 2008
Benkard PatG	Benkard, Patentgesetz, Gebrauchsmustergesetz, 11. Aufl. 2015
Berlit MarkenR	Berlit, Markenrecht, 11. Aufl. 2019
Berneke/Schüttpelz Einstw. Verfügung	Berneke/Schüttpelz, Die einstweilige Verfügung in Wettbewerbssachen, 4. Aufl. 2018
BHSS EPÜ	Beier/Haertel/Schricker/Strauss, Münchner Gemeinschaftskommentar, Europäisches Patentrecht, Patentverletzungsverfahren, 2. Aufl. 2010
Bulling/Langöhrig/Hellwig Designschutz	Bulling/Langöhrig/Hellwig, Designschutz, 4. Aufl., 2017
Büscher/Dittmer/Schiwy	Büscher/Dittmer/Schiwy, Gewerblicher Rechtsschutz – Urheberrecht – Medienrecht, 3. Aufl. 2015
Busse/Kreukenschrijver	Busse/Kreukenschrijver, Patentgesetz, 8. Aufl. 2016
Cepl/Voß	Cepl/Voß, Prozesskommentar zum Gewerblichen Rechtsschutz, 2. Aufl. 2018
Damm/Rehbock	Damm/Rehbock, Widerruf, Unterlassung und Schadensersatz in den Medien, 3. Aufl. 2008
Dreier/Schulze	Dreier/Schulze, Urheberrechtsgesetz, 6. Aufl. 2018
Dreiss/Klaka Neues MarkenG	Dreiss/Klaka, Das neue Markengesetz, 1996
Eichmann/Kur DesignR-HdB	Eichmann/Kur, Designrecht, 2. Aufl. 2016
EJFM	Eichmann/Jestaedt/Fink/Meiser, Designgesetz, GGV, 6. Aufl. 2019
Eisenführ/Schennen	Eisenführ/Schennen, Unionsmarkenverordnung, 6. Aufl. 2020
Ekey/Klippel/Bender	Ekey/Klippel/Bender, Heidelberger Kommentar zum Markenrecht, 3. Aufl. 2015
Fezer MarkenR	Fezer, Markenrecht, 4. Aufl. 2019
Fromm/Nordemann	Fromm/Nordemann, Urheberrecht, 12. Aufl. 2018
Fuchs/Weitbrecht PrivKartellRDurchs.-HdB	Fuchs/Weitbrecht, Handbuch Private Kartellrechtsdurchsetzung, 2019

Götting/Schertz/Seitz, Persönlichkeitsrechts-HdB	Götting/Schertz/Seitz, Handbuch Persönlichkeitsrecht, 2. Aufl. 2019
Groß Lizensvertrag-HdB	Groß, Der Lizenzvertrag, 12. Aufl. 2020
Hacker MarkenR	Hacker, Markenrecht, 4. Aufl. 2016
Harte-Bavendamm Markenpiraterie-HdB	Harte-Bavendamm, Handbuch der Markenpiraterie in Europa, 1999
Harte-Bavendamm/Henning-Bodewig	Harte-Bavendamm/Henning-Bodewig, UWG, 4. Aufl. 2016
Harte-Bavendamm/Ohly/Kalbfus	Harte-Bavendamm/Ohly/Kalbfus, GeschGehG, 1. Aufl. 2020
Hartwig	Hartwig, Designschutz in Europa, 2008
Immenga/Mestmäcker	Immenga/Mestmäcker, Wettbewerbsrecht, 6. Aufl. 2020 f.
Ingerl/Rohnke	Ingerl/Rohnke, Markengesetz, 3. Aufl. 2010
Johannesson Arbeitnehmererfindungen	Johannesson, Arbeitnehmererfindungen, 1979
Kleine Produktpiraterie	Kleine, Management industrieller Produktpiraterie, 2014
Köhler/Bornkamm/Feddersen	Köhler/Bornkamm/Feddersen, Gesetz gegen den unlauteren Wettbewerb, 39. Aufl. 2021
Korte PresseR	Korte, Praxis des Presserechts, 2. Aufl. 2019
Kraßer/Ann PatR	Kraßer/Ann, Patentrecht, 7. Aufl. 2016
Kühnen Patentverletzungs-HdB	Kühnen, Handbuch der Patentverletzung, 13. Aufl. 2020
Lange MarkenR	Lange, Marken- und Kennzeichenrecht, 2. Aufl. 2012
Langen/Bunte	Langen/Bunte, Kartellrecht, 13. Aufl. 2018
Löffler	Löffler, Pressrecht, 6. Aufl. 2015
MAH UrhR	Raue/Hegemann, Münchener Anwaltshandbuch Urheber- und Medienrecht, 2. Aufl. 2017
Meister Leitstungsschutz	Meister, Leistungsschutz und Produktpiraterie, 1990
Mes	Mes, Patentgesetz, Gebrauchsmustergesetz, 5. Aufl. 2020
v. Mühlendahl/Ohlgart Gemeinschaftsmarke	v. Mühlendahl/Ohlgart, Die Gemeinschaftsmarke, 1998
MüKoWettbR	Hirsch/Montag/Säcker, Münchener Kommentar Europäisches und Deutsches Wettbewerbsecht, 3. Aufl. 2020
Musielak	Musielak/Voigt, ZPO, 17. Aufl. 2020
Ohly/Sosnitza	Ohly/Sosnitza, Gesetz gegen den unlauteren Wettbewerb (UWG), 7. Aufl. 2016
Palandt	Palandt, BGB, 80. Aufl. 2021
Prinz/Peters MedienR	Prinz/Peters, Medienrecht, 1. Aufl. 1999
Reimer/Schade/Schippel	Reimer/Schade/Schippel, ArbEG, 8. Aufl. 2007
Reinfeld Neues GeschGehG	Reinfeld, Das neue Gesetz zum Schutz von Geschäftsgeheimnissen, 2019
Richter/Stoppel Ähnlichkeit	Richter/Stoppel, Ähnlichkeit von Waren und Dienstleistungen, 18. Aufl. 2019
Ruhl/Tolkmitt	Ruhl/Tollkmitt, Gemeinschaftsgeschmacksmuster, 3. Aufl. 2019
Sambuc Nachahmungsschutz	Sambuc, Der UWG-Nachahmungsschutz, 1996

Scherbauer Grenzbeschlagnahme .... Scherbauer, Die Grenzbeschlagnahme von Produktpirateriewaren im Immaterialgüterrecht, 2000

Schramm Patentverletzungsprozess .... Schramm, Der Patentverletzungsprozeß, 7. Aufl. 2013

Schricker/Loewenheim ...... Schricker/Loewenheim, Urheberrecht, 6. Aufl. 2020

Seitz/Schmidt Gegendarstellungsanspruch .... Seitz/Schmidt, Gegendarstellungsanspruch, 5. Aufl. 2017

Schulte .... Schulte, Patentgesetz mit Europäischem Patentübereinkommen, Kommentar, 10. Aufl. 2017

v. Schultz .... v. Schultz, Markenrecht, 3. Aufl. 2012

Schuschke/Walker .... Schuschke/Walker, Vollstreckung und Vorläufiger Rechtsschutz, 7. Aufl. 2020

Singer/Stauder .... Singer/Stauder, Europäisches Patentübereinkommen, 8. Aufl. 2019

Sokianos Produkt- und Konzeptpiraterie .... Sokianos, Produkt- und Konzeptpiraterie, Wiesbaden 2006

Stein/Jonas .... Stein/Jonas, Kommentar zur Zivilprozeßordnung, 23. Auflage 2014 ff.

Stephan/Schneider Marken- und Produktpiraterie .... Stephan/Schneider, Marken- und Produktpiraterie, 2011

Ströbele/Hacker/Thiering .. Ströbele/Hacker/Thiering, Markengesetz, 13. Aufl. 2020

Teplitzky Ansprüche .... Teplitzky, Wettbewerbsrechtliche Ansprüche und Verfahren, 12. Aufl. 2019

Thomas/Putzo .... Thomas/Putzo, Zivilprozessordnung (ZPO), 41. Aufl. 2020

Thun Vernichtungsanspruch .... Thun, Der immaterialgüterrechtliche Vernichtungsanspruch, 1998

Trimborn ArbeitnehmererfindungsR .... Trimborn, Arbeitnehmererfindungsrecht, 2. Aufl. 2010

jurisPK-UWG .... Ullmann, juris Praxiskommentar UWG, 4. Aufl. 2016

Volmer/Gaul .... Volmer/Gaul, Arbeitnehmererfindungsgesetz, 2. Aufl. 1983

Wandtke/Bullinger .... Wandtke/Bullinge, Praxiskommentar Urheberrecht, 5. Aufl. 2019

v. Welser/González Marken- und Produktpiraterie .... v. Welser/González, Marken- und Produktpiraterie: Strategien und Lösungsansätze zu ihrer Bekämpfung, 2007

Westermann Know-how-HdB .... Westermann, Handbuch Know-how-Schutz, 2007

Wiedemann KartellR-HdB Wiedemann, Handbuch des Kartellrechts, 4. Aufl. 2020

Wilke/Jungeblut Abmahnung .... Wilke/Jungeblut, Abmahnung, Schutzschrift und Unterlassungserklärung im Gewerblichen Rechtsschutz, 2. Aufl. 1995

Wölfel Marken- und Produktpiraterie .... Wölfel, Marken- und Produktpiraterie, Stuttgart 2003

Wölfel Markenverletzungen .... Wölfel, Rechtsfolgen von Markenverletzungen und Maßnahmen zur Bekämpfung der Markenpiraterie, 1990

Zentek .... Zentek, Designschutz (Fallsammlung), 2. Aufl. 2008

Zöller .... Zöller, Zivilprozessordnung, 33. Aufl. 2020

Abkürzungsverzeichnis

aA	anderer Ansicht/anderer Auffassung
ABl.	Amtsblatt
Abs.	Absatz
aE	am Ende
AEUV	Vertrag über die Arbeitsweise der Europäischen Union
AGD	Allianz deutscher Designer eV
AG DOK	Arbeitsgemeinschaft Dokumentarfilm eV
Amtl. Begr.	Amtliche Begründung
AP	Nachschlagewerk des Bundesarbeitsgerichts (seit 1954, vorher: Arbeitsrechtliche Praxis)
ArbEG	Arbeitnehmererfindungsgesetz
Art.	Artikel
ausf.	ausführlich
Az.	Aktenzeichen
BAG	Bundesarbeitsgericht
BAnz.	Bundesanzeiger
BB	Betriebs-Berater
BBK	Bundesverband Bildender Künstlerinnen und Künstler eV
BDG	Bund Deutscher Grafik-Designer eV
BDZV	Bundesverband Deutscher Zeitungsverleger eV
BeckRS	Beck'sche Rechtsprechungssammlung (Jahr + Nummer)
BFF	Bund Freischaffender Foto-Designer eV
BFS	Bundesverband Filmschnitt Editor eV
BGB	Bürgerliches Gesetzbuch
BGBl.	Bundesgesetzblatt
BGH	Bundesgerichtshof
BGHZ	Sammlung der Entscheidungen des Bundesgerichtshofs in Zivilsachen
BioMatHintV	Biomaterial-Hinterlegungsverordnung
BKartA	Bundeskartellamt
BlPMZ	Blatt für Patent-, Muster- und Zeichenwesen
BPatG	Bundespatentgericht
BPatGE	Entscheidungen des Bundespatentgerichts
bspw.	beispielsweise
BT-Drs.	Bundestagsdrucksache
BVerfG	Bundesverfassungsgericht
BVerfGE	Sammlung der Entscheidungen des Bundesverfassungsgerichts
BVerfGG	Bundesverfassungsgerichtsgesetz
BVK	Bundesverband Kamera
BVPA	Bundesverband der Pressebild-Agenturen und Bildarchive eV
BVR	Bundesverband Regie eV
bzw.	beziehungsweise
CR	Computer und Recht
DB	Der Betrieb
DBV	Deutscher Bühnenverein eV

DesignG	Gesetz über den rechtlichen Schutz von Design – Designgesetz
DesignV	Designverordnung
DGB	Deutscher Gewerkschaftsbund
dh	das heißt
DIN	Deutsche Industrienorm
dju	Deutsche Journalistinnen- und Journalisten-Union
DJV	Deutscher Journalisten-Verband eV
DKR	Deutscher Kulturrat eV
DKV	Deutscher Komponistenverband eV
DMV	Deutscher Musikverleger-Verband eV
DOV	Deutsche Orchestervereinigung eV
DPMA	Deutsches Patent- und Markenamt
DPMAVwKostV	Verordnung über Verwaltungskosten beim Deutschen Patent- und Markenamt
DRMV	Deutscher Rock- & Popmusikerverband eV
DT	Deutscher Designertag eV
DTKV	Deutscher Tonkünstlerverband eV
DU	Dramatiker Union eV
DVO	Durchführungsverordnung
EGBGB	Einführungsgesetz zum Bürgerlichen Gesetzbuch
EGV	EG-Vertrag (jetzt: Vertrag über die Arbeitsweise der Europäischen Union – AEUV)
einschl.	einschließlich
EPA	Europäisches Patentamt
EPO	Europäische Patentorganisation
EPÜ	Europäisches Patentübereinkommen
etc	et cetera (und so weiter)
EU	Europäische Union
EuG	Gericht der Europäischen Union (früher: Europäisches Gericht erster Instanz)
EuGH	Gerichtshof der Europäischen Union
EuGRZ	Europäische Grundrechte-Zeitschrift
EuGVÜ	Übereinkommen der Europäischen Gemeinschaft über die gerichtliche Zuständigkeit und die Vollstreckung gerichtlicher Entscheidungen in Zivil- und Handelssachen
EuGVVO	Verordnung (EG) Nr. 44/2001 des Rates über die gerichtliche Zuständigkeit und die Anerkennung und Vollstreckung von Entscheidungen in Zivil- und Handelssachen (Brüssel I-VO); *ab dem 10.1.2015:* Verordnung (EG) Nr. 1215/2012 des Europäischen Parlaments und des Rates über die gerichtliche Zuständigkeit und die Anerkennung und Vollstreckung von Entscheidungen in Zivil- und Handelssachen (Brüssel Ia-VO)
EUV	Vertrag über die Europäische Union
EuZW	Europäische Zeitschrift für Wirtschaftsrecht
EV	Einstweilige Verfügung
EWiR	Entscheidungen zum Wirtschaftsrecht
EWS	Europäisches Wirtschafts- und Steuerrecht
Fn.	Fußnote
Form.	Formular
FuR	Film und Recht
GBl.	Gesetzblatt
GDBA	Genossenschaft Deutscher Bühnen-Angehöriger

GebrMG	Gebrauchsmustergesetz
GEMA	Gesellschaft für musikalische Aufführungs- und mechanische Vervielfältigungsrechte
GeschGehG	Gesetz zum Schutz von Geschäftsgeheimnissen
GeschmMG	Geschmacksmustergesetz (jetzt: Designgesetz – DesignG)
ggf.	gegebenenfalls
GGV	Gemeinschaftsgeschmacksmusterverordnung
GMDV	Verordnung zur Durchführung der Gemeinschaftsmarkenverordnung
GMV, GMVO	Gemeinschaftsmarkenverordnung
GPÜ	Gemeinschaftspatentübereinkommen (nicht in Kraft getreten)
GRUR	Gewerblicher Rechtsschutz und Urheberrecht; auch: Deutsche Vereinigung für gewerblichen Rechtsschutz und Urheberrecht eV
GRUR-Int	Gewerblicher Rechtsschutz und Urheberrecht International
GRUR-Prax	Gewerblicher Rechtsschutz und Urheberrecht, Praxis im Immaterialgüter- und Wettbewerbsrecht
GRUR-RR	Gewerblicher Rechtsschutz und Urheberrecht, Rechtsprechungsreport
GVBl.	Gesetz- und Verordnungsblatt
GVG	Gerichtsverfassungsgesetz
GVL	Gesellschaft zur Verwertung von Leistungsschutzrechten
GWB	Gesetz gegen Wettbewerbsbeschränkungen (Kartellgesetz)
HABM	Harmonisierungsamt für den Binnenmarkt (Marken, Muster und Modelle)
HalblSchG	Halbleiterschutzgesetz
Hs.	Halbsatz
HGB	Handelsgesetzbuch
hL	herrschende Lehre
hM	herrschende Meinung
HRG	Hochschulrahmengesetz
idR	in der Regel
iHv	in Höhe von
IIC	International Review of Intellectual Property and Copyright Law
IntPatÜG	Gesetz über internationale Patentübereinkommen
IPRax	Praxis des internationalen Privat- und Verfahrensrechts
iSd	im Sinne des
iSv	im Sinne von
iVm	in Verbindung mit
KUG	Kunsturhebergesetz
LAG	Landesarbeitsgericht
LG	Landgericht
MarkenG	Markengesetz
MarkenVO	Markenverordnung
mE	meines Erachtens
MFM	Mittelstandsgemeinschaft Foto-Marketing
Mitt.	Mitteilungen der deutschen Patentanwälte
MMA	Madrider Markenabkommen
MRRG	Melderechtsrahmengesetz

MusterAnmV	Musteranmeldeverordnung
MusterRegV	Musterregisterverordnung
MuW	Markenschutz und Wettbewerb
mwN	mit weiteren Nachweisen
NJ	Neue Justiz
NJOZ	Neue Juristische Online-Zeitschrift
NJW	Neue Juristische Wochenschrift
NJW-RR	Neue Juristische Wochenschrift – Rechtsprechungsreport Zivilrecht
NZA	Neue Zeitschrift für Arbeits- und Sozialrecht
OLG	Oberlandesgericht
PatG	Patentgesetz
PatKostG	Patentkostengesetz
PatKostZV	Patentkostenzahlungsverordnung
PatV	Patentverordnung
PCT	Patentzusammenarbeitsvertrag
P. E. N.	Poets, Essayists, Novelists (internationale Schriftstellervereinigung)
PVÜ	Pariser Verbandsübereinkunft zum Schutze des gewerblichen Eigentums
RdA	Recht der Arbeit
RBÜ	Revidierte Berner Übereinkunft
Rn.	Randnummer
RIW	Recht der internationalen Wirtschaft
RL	Richtlinie
Rspr.	Rechtsprechung
RVG	Rechtsanwaltsvergütungsgesetz
Rn.	Randnummer
SdT	Stand der Technik
SortenSchG	Sortenschutzgesetz
Slg.	Sammlung (insbesondere: Entscheidungen des EuGH)
TRIPS	Übereinkommen über handelsbezogene Aspekte der Rechte des geistigen Eigentums
UGP-Richtlinie	Richtlinie 2005/29/EG des Europäischen Parlaments und des Rates vom 11.5.2005 über unlautere Geschäftspraktiken
unv(eröffentl).	unveröffentlicht
UrhG	Urheberrechtsgesetz
UrhSchiedsV	Urheberrechtsschiedsstellenverordnung
UrhWG	Urheberrechtswahrnehmungsgesetz (jetzt: Gesetz über die Wahrnehmung von Urheberrechten und verwandten Schutzrechten durch Verwertungsgesellschaften – VGG)
UWG	Gesetz gegen den unlauteren Wettbewerb
VDD	Verband Deutscher Drehbuchautoren eV
VdO	Vereinigung deutscher Opernchöre und Bühnentänzer eV
VdÜ	Verband deutschsprachiger Übersetzer literarischer und wissenschaftlicher Werke eV
VDZ	Verband Deutscher Zeitschriftenverleger eV

ver.di	Vereinte Dienstleistungsgewerkschaft
VerlG	Verlagsgesetz
VG	Verwertungsgesellschaft
VGG	Gesetz über die Wahrnehmung von Urheberrechten und verwandten Schutzrechten durch Verwertungsgesellschaften
vgl.	vergleiche
VO	Verordnung
VS	Verband deutscher Schriftsteller in ver.di
VwGO	Verwaltungsgerichtsverordnung
WIPO	World Intellectual Property Organization
WPK	Wissenschafts-Pressekonferenz eV
WRP	Wettbewerb in Recht und Praxis
WUA	Welturheberrechtsabkommen
WuW	Wirtschaft und Wettbewerb
ZIP	Zeitschrift für Wirtschaftsrecht und Insolvenzpraxis
ZPO	Zivilprozessordnung
ZUM	Zeitschrift für Urheber- und Medienrecht
ZUM-RD	Zeitschrift für Urheber- und Medienrecht, Rechtsprechungsdienst

Inhaltsübersicht

Inhaltsverzeichnis

I. Patentrecht

(Pitz/Zapp)

II. Arbeitnehmererfindungsrecht

(Schubert/Jentsch)

III. Patentlizenz- und Know-how-Vertragsrecht

(Schubert/Zapp)

IV. Designrecht

(Haberl)

V. Markenrecht

(Gérard)

VI. Produktpiraterie

(Spitz/Klinger/Gaul)

VII. Wettbewerbsrecht (UWG)

(Diekmann)

VIII. Kartellrecht

(Metzlaff/Badtke)

IX. Urheberrecht

(Bullinger)

X. Presserecht

(Lehr)

XI. Schutz von Geschäftsgeheimnissen

(Fuhlrott/Leister/Gregor)

I. Patentrecht

Schrifttum: *Benkard, G.*, Patentgesetz, Gebrauchsmustergesetz, 11. Aufl. 20015; *Berneke/Schüttpelz,* Die einstweilige Verfügung in Wettbewerbssachen, 4. Auflage 2018; *Köhler/Bornkamm/Feddersen,* Gesetz gegen den unlauteren Wettbewerb, 38. Aufl. 2019; *Kraßer/Ann,* Patentrecht, 7. Aufl. 2016; *Busse, Patentgesetz,* 8. Auflage 2016; *Kühnen,* Handbuch der Patentverletzung, 12. Auflage 2020; *Mes, P.*, Patentgesetz, Gebrauchsmustergesetz, 5. Auflage 2020; Münchner Gemeinschaftskommentar, Europäisches Patentrecht, 1984; *Pitz, J.*, Patentverletzungsverfahren, 2. Aufl. 2010; *Schramm,* Der Patentverletzungsprozeß, 7. Auflage 2013; *Schulte, R.*, Patentgesetz mit Europäischem Patentübereinkommen, 10. Auflage 2017; *Singer, M., Stauder, D., Luginbühl, S.*, Europäisches Patentübereinkommen, 8. Auflage 2019; *Wilke/Jungeblut,* Abmahnung, Schutzschrift und Unterlassungserklärung im Gewerblichen Rechtsschutz, 2. Auflage 1995.

0. Einführung

Patentschutz in der Bundesrepublik Deutschland genießen deutsche Patente, die vom Deutschen Patentamt erteilt sind, und gemäß Art. 64 des Europäischen Patentübereinkommens (EPÜ) europäische Patente, die vom Europäischen Patentamt (EPA) mit Wirkung für die Bundesrepublik Deutschland erteilt worden sind. Das Patent gibt dem Patentinhaber das Recht, über seine Erfindung allein zu verfügen. Er kann sie selbst auswerten, er kann Lizenzen vergeben, er kann jeden anderen – wenn nötig mit Hilfe der Gerichte – daran hindern, die geschützte Erfindung ohne seine Einwilligung zu benutzen. Die Entscheidung darüber, ob, von wem und wie die Erfindung genutzt werden soll, ist dem Patentinhaber vorbehalten. Die Schutzwirkung deutscher Patente ist auf das Gebiet der Bundesrepublik Deutschland beschränkt. Es gilt das sogenannte **Territorialitätsprinzip.** Europäische Patente, die für die Bundesrepublik Deutschland erteilt sind, sind in ihrer Wirkung identisch mit nationalen deutschen Patenten.

Wenn der Erfinder ein deutsches oder europäisches Patent erhalten will, so muss er die Erfindung beim Deutschen Patentamt anmelden. Eine Patenterteilung von Amts wegen findet nicht statt. Es gilt im deutschen Recht der Grundsatz des „first to file" (**Anmelderprinzip**).

Patentschutz entsteht demnach nicht schon dadurch, dass man der Erste in der Entwicklung, auf dem Markt oder in der Benutzung gewesen ist, sondern erst durch die Anmeldung. Während in einzelnen Staaten das Registrierungssystem gilt, wonach das Patent auf eine formell richtige Anmeldung ohne weitere Sachprüfung erteilt wird, folgt das deutsche Patentrecht dem **Prüfungssystem.** Demnach wird das Patent nur erteilt, wenn das Deutsche Patentamt geprüft hat, ob die gesetzlich festgelegten Patentierungsvoraussetzungen vorliegen. Seit Inkrafttreten des Patentgesetzes 1968 gilt das **System der aufgeschobenen Prüfung.** Die materielle Prüfung des Patents wird, im Gegensatz zum früheren Recht, nicht mehr automatisch mit der Anmeldung durchgeführt, sondern setzt einen entsprechenden Antrag voraus, der vom Patentsucher oder jedem Dritten innerhalb von 7 Jahren nach der Anmeldung gestellt werden kann. Von Amts wegen findet nur noch eine Offensichtlichkeitsprüfung statt, bei der die Anmeldung auf offensichtliche, formelle und materielle Mängel geprüft wird.

Nach geltendem Patentrecht hat die Allgemeinheit keine Möglichkeit, sich formell am Patenterteilungsverfahren zu beteiligen. Dritte können vor der Erteilung des Patents zwar Antrag auf Recherche oder Prüfung der Patentfähigkeit stellen, sind aber auch in diesem Falle nicht am Verfahren selbst beteiligt. Die Sachprüfung endet mit Erteilung des Patents oder mit der Zurückweisung der Anmeldung. Das Patent entsteht mit der Veröffentlichung der Erteilung des Patents im Patentblatt. Die Zurückweisung der Anmeldung kann im Beschwerdeverfahren vor dem Bundespatentgericht und ggf. im Rechtsbeschwerdeverfahren vor dem BGH angefochten werden.

Innerhalb von 3 Monaten nach Veröffentlichung der Erteilung im Patentblatt kann jeder Dritte schriftlich **Einspruch** gegen die Patenterteilung erheben. Aufgrund des Einspruchs entscheidet die Patentabteilung durch Beschluss, ob und in welchem Umfang das Patent aufrechterhalten oder widerrufen wird. Gegen die Beschlüsse der Einspruchsabteilungen kann Beschwerde eingelegt werden, über die ein technischer Beschwerdesenat des Bundespatentgerichts entscheidet. Bei Vorliegen besonderer Voraussetzungen, insbesondere bei Rechtsfragen von grundsätzlicher Bedeutung, sind die Beschwerdeentscheidungen des Bundespatentgerichts durch Rechtsbeschwerde vor dem Bundesgerichtshof anfechtbar.

Das Europäische Patentübereinkommen von 1973 (EPÜ) bietet den Anmeldern aus aller Welt die Möglichkeit, durch eine einzige Europäische Patentanmeldung ein **einheitliches Patenterteilungsverfahren** einzuleiten und Schutz mit Wirkung für mehrere oder alle EPÜ-Vertragsstaaten zu erlangen. Das Europäische Patentamt prüft – ähnlich wie das Deutsche Patentamt – den Anmeldungsgegenstand auf Patentfähigkeit. Die Zurückweisung der Anmeldung kann im Beschwerdeverfahren vor dem EPA angefochten werden. Anders als für deutsche Patentanmeldungen sind die Beschwerdekammern des EPA und nicht das BPatG zuständig.

Das Übereinkommen bestimmt einheitliche Patentierungsvoraussetzungen, ein einheitliches Prüfungs-, Erteilungs- und Einspruchsverfahren sowie einzelne gemeinsame Regeln für den Bestand, den Schutzumfang und die Schutzdauer der nach diesem Verfahren erteilten Patente. Kommt es zur Erteilung eines Europäischen Patents, entstehen in den vom Anmelder benannten Staaten voneinander unabhängige nationale Patente, für die dann das jeweilige nationale Recht gilt (**„Europäisches Bündelpatent“**). Im Europäischen Patentrecht gilt – ebenso wie im deutschen Recht – das Anmelderprinzip sowie das Prinzip der aufgeschobenen Prüfung. Ebenso wenig wie nach deutschem Recht ist im EPÜ die förmliche Beteiligung Dritter im Erteilungsverfahren vorgesehen.

Ein auf der Grundlage des Europäischen Patentübereinkommens mit Wirkung für das Gebiet der Bundesrepublik Deutschland erteiltes europäisches Patent unterliegt ausschließlich dem Einspruchsverfahren vor dem Europäischen Patentamt, obwohl es einem deutschen Patent gleichsteht. Dem Deutschen Patentamt fehlt insoweit die sachliche und funktionelle Zuständigkeit. Im europäischen Verfahren richtet sich der Einspruch ebenso wie im deutschen Einspruchsverfahren gegen das erteilte Patent. Mit dem bestandskräftigen Abschluss des Erteilungsverfahrens für die europäische Patentanmeldung endet grundsätzlich die Entscheidungskompetenz des Europäischen Patentamts. Lediglich in Form des Einspruchsverfahrens wird das europäische Patent noch einmal für alle benannten Vertragsstaaten zusammengefasst und einem einheitlichen Verfahren unterworfen. Das europäische Einspruchsverfahren ist die einzige zentrale Angriffsmöglichkeit gegen europäische Patente. Der Einspruch kann nicht auf den Widerruf des Europäischen Patents für einzelne der benannten Vertragsstaaten beschränkt werden. Bei erfolgreichem Einspruch wird das europäische Patent für alle Vertragsstaaten, in denen es Wirkung hat, widerrufen.

Nach Ablauf der Einspruchsfrist besteht die Möglichkeit, das erteilte Patent durch **Nichtigkeitsklage** zu Fall zu bringen. Das **Nichtigkeitsverfahren** ist ein zivilprozessuales Streitverfahren. In einem Parteiprozess wird darüber entschieden, ob die vom Kläger vorgetragenen Nichtigkeitsgründe zu einer Nichtigerklärung des Patents führen. Die Verfahrenseinleitung erfolgt durch Klageerhebung vor dem Bundespatentgericht, einem besonderen Gericht der ordentlichen Gerichtsbarkeit. Im Gegensatz zum Einspruch, mit dem der Einsprechende gegenüber der Erteilungsbehörde die Aufhebung oder Abänderung des patentamtlichen Verwaltungsaktes begehrt, wird durch die Klageerhebung das durch die Patenterteilung begründete, private Ausschlussrecht bestritten. Die Parteien stehen sich als Kläger und Beklagte in einem zweiseitigen Prozessrechtsverhältnis gegenüber. Das Patentamt als Erteilungsbehörde ist an dem Verfahren nicht beteiligt. Nach seit langem feststehender Rechtsprechung sind die zivilprozessualen Formen der Verfahrensbeteiligung wie Streitgenossenschaft und Nebeninterventionen zulässig. Nach heute herrschender Meinung ist die Nichtigkeitsklage eine Gestaltungsklage. Das Nichtigkeitsurteil beinhaltet nicht lediglich die gerichtliche Feststellung der Unwirksamkeit des Patents, sondern es bewirkt eine Rechtsänderung durch rückwirkende Nichtigerklärung eines bis dahin rechtsbeständigen Patents.

Auch die vom europäischen Patentamt mit Wirkung für die Bundesrepublik Deutschland erteilten Patente können Gegenstand eines Nichtigkeitsverfahrens nach deutschem Recht sein. Das Verfahren richtet sich gemäß Art. 138 Abs. 1 EPÜ nach den Vorschriften des deutschen Patentgesetzes. Ebenso wie die Schutzwirkungen des europäischen „Bündelpatents“ auf das Territorium der benannten Vertragsstaaten beschränkt sind, ist der Ausspruch der Nichtigkeit auf das jeweilige staatliche Hoheitsgebiet beschränkt. Es besteht die Möglichkeit parallel laufender, voneinander unabhängiger Verfahren in den jeweiligen Vertragsstaaten. Den zuständigen nationalen Instanzen ist demnach die Befugnis eingeräumt, die im europäischen Patenterteilungsverfahren erfolgte Beurteilung der Patentierbarkeit zu überprüfen. Die Nichtigerklärung des europäischen Patents durch das Bundespatentgericht wirkt „ex tunc“ und „erga omnes“. Die Zuständigkeit des Bundespatentgerichts erstreckt sich aber nicht auf das europäische Patent im ganzen. Vielmehr unterliegt nur das mit Wirkung für die Bundesrepublik Deutschland erteilte Patent der deutschen Gerichtsbarkeit.

Praktische Erfahrungen der letzten Jahre im Umgang mit Schutzrechtsinhabern und Schutzrechtsverletzern haben gezeigt, dass Streitigkeiten auf dem Gebiet des gewerblichen Rechtsschutzes, insbesondere Patentstreitigkeiten, nicht selten außergerichtlich beigelegt werden.

Umso mehr ist es für den beratend tätigen Rechts- und Patentanwalt, nicht nur aus Kostengründen, von Bedeutung, sich vor Einleitung gerichtlicher Schritte mit der Möglichkeit eines **Schutzrechtshinweises** (→ **Form. I.1**) und der **Abmahnung** (→ **Form. I.2**) wegen Patentverletzung auseinanderzusetzen. Während der bloße Hinweis auf ein bestehendes Schutzrecht zu einem Meinungsaustausch über die Schutzrechtslage führen soll und – für den Fall, dass keine Patentverletzung vorliegt – keine Kostenerstattungsansprüche nach sich zieht, ist die Aufforderung zur Abgabe einer **strafbewehrten Unterlassungserklärung** (→ **Form. I.3**) erforderlich, um die Kostenfolge gemäß § 93 ZPO für den Fall eines sofortigen Anerkenntnisses durch den Patentverletzer zu vermeiden. Im Vorfeld und ggf. auch während patentrechtlicher Auseinandersetzungen bedarf es gründlicher Sachverhaltsaufklärung zur Ermittlung des Verletzungstatbestandes. Hier gewinnt das selbstständige **Beweissicherungsverfahren ggf. kombiniert mit einer einstweiligen Verfügung auf Duldung** der Besichtigungsmaßnahme zunehmende Bedeutung (→ **Form. I.4**). Unberechtigte Schutzrechtsverwarnungen stellen einen Eingriff in den eingerichteten und ausgeübten Gewerbebetrieb des Verwarnten dar und können nicht unbeträchtliche Schadensersatzforderungen zur Folge haben. Es muss daher durch den Verwarnenden eine sorgfältige Prüfung der Rechtsbeständigkeit und des Umfangs des geltend gemachten Schutzrechts erfolgen. **Einstweilige Verfügungen auf Unterlassung unberechtigter Schutzrechtsverwarnungen** (→ **Form. I.5**) sind zulässig und kommen in der Praxis gelegentlich vor.

Der Patentinhaber hat in der Regel ein großes Interesse daran, das Inverkehrbringen patentverletzender Produkte unmittelbar nach Kenntnis von dem Verletzungsfall zu stoppen. Dieses Interesse besteht in der Praxis vor allem dann, wenn auf Messen patentverletzende Konkurrenzprodukte ausgestellt werden. Der Patentinhaber hat in den genannten Fällen die Möglichkeit, Antrag auf Erlass einer **einstweiligen Verfügung wegen Patentverletzung** zu stellen (→ **Form. I.6**). Das Instrument der einstweiligen Verfügung wird in Patentstreitsachen auf Grund der Schwierigkeit, die Verletzungsfrage und die oft sehr komplizierten technischen Zusammenhänge im Eilverfahren zu beurteilen, auch in Zukunft die Ausnahme bleiben, obwohl im Einzelfall durchaus sowohl ein Verfügungsanspruch als auch ein Verfügungsgrund gegeben sein kann. Vor Einreichung eines entsprechenden Antrags bei Gericht sollte deshalb geprüft werden, ob ein technisch einfacher Sachverhalt vorliegt oder das Gericht auf Grund vorangegangener Rechtsstreitigkeiten bereits mit den gegenständlichen Schutzrechten vertraut und der Verletzungstatbestand offensichtlich ist. Nicht fehlen sollte gegebenenfalls ein Hinweis, dass das Verfügungspatent bereits erfolgreich eine Nichtigkeitsklage oder ein Einspruchsverfahren überstanden hat. Nach Erlass der einstweiligen Verfügung kann der Antragsteller den Antragsgegner zur Abgabe der sog. **Abschlusserklärung** (→ **Form. I.7**) auffordern, um den Rechtsstreit endgültig abzuschließen.

Obwohl einstweilige Verfügungen – zumindest ohne mündliche Verhandlung – in Patentstreitsachen nur in Ausnahmefällen erlassen werden, sollte für den Fall, dass mit einem entsprechenden Antrag durch einen Schutzrechtsinhaber gerechnet wird, die Möglichkeit in Betracht gezogen werden, bei allen in Frage kommenden Gerichten eine **Schutzschrift** (→ **Form. I.8**) zu hinterlegen, um das Gericht bereits vor Eingang des erwarteten Verfügungsantrags über die Sach- und Rechtslage zu informieren und zu verhindern, dass eine einstweilige Verfügung ohne mündliche Verhandlung erlassen wird.

Obwohl es unter Umständen gelingt, eine einstweilige Verfügung gegen den Patentverletzer zu erwirken, die es ermöglicht, die Verletzungshandlung noch während der Messe zu unterbinden, gelingt es nur in seltenen Fällen, die entstandenen Kosten gegenüber einem im Ausland ansässigen Verletzer durchzusetzen. Als effektives Mittel erweist sich in solchen Fällen der **Antrag auf Erlass eines dinglichen Arrestbefehls** (→ **Form. I.9**), durch den der dingliche Arrest in das gesamte Vermögen des Verletzers, einschließlich der am Messestand vorhandenen Ausstellungsgegenstände, angeordnet wird.

Den Schwerpunkt patentrechtlicher Auseinandersetzungen und das für den beratenden Anwalt anspruchsvollste Institut bildet die **Patentverletzungsklage** (→ **Form. I.10**). Patentverletzung im Sinne des § 139 PatG ist die Benutzung einer patentierten Erfindung entgegen den §§ 9–13 PatG.

Das dem Verbietungsrecht unterliegende Herstellen umfasst die gesamte Tätigkeit der Schaffung einer Sache von Beginn bis zur Vollendung ohne Beschränkung auf den letzten Tätigkeitsakt. Einbau, Reparatur und Ausbesserung von geschützten Gegenständen ist ein „Herstellen", wenn die Maßnahmen über übliche Pflege- und Reparaturarbeiten hinausgehen. Das Anbieten umfasst jegliche Offerten zum Erzielen der tatsächlichen Verfügungsgewalt. Das Tatbestandsmerkmal des Inverkehrbringens ist bei Einräumung jeglicher willentlicher Verfügungsmacht erfüllt.

Der Export von im Inland hergestellten geschützten Erzeugnissen ist ein inländisches Inverkehrbringen. Das Merkmal des Gebrauchens ist jegliche Benutzung einer Sache oder eines Stoffes. Bei einem patentgeschützten Verfahren liegt das Gebrauchen in der Anwendung. Die dem Verbietungsrecht unterliegenden Merkmale des Einführens und Besitzens müssen zweckbestimmt sein und der Herstellung, dem Anbieten, Inverkehrbringen oder Gebrauchen dienen. Bei einem Verfahrenspatent ist es dem Patentinhaber vorbehalten, das patentierte Verfahren zur Herstellung eines Erzeugnisses anzuwenden, dessen patentierte Verwendung zu einem bestimmten Zweck vorzunehmen, das Verfahren anzubieten und unmittelbare Verfahrenserzeugnisse zu benutzen, anzubieten etc

Die mittelbare Patentverletzung ist eine selbstständige Benutzungsart. Der Tatbestand richtet sich gegen den Dritten, der anderen, nicht zur Benutzung der Erfindung berechtigten Personen, durch Anbieten oder Liefern von Mitteln ermöglicht, die geschützte

Erfindung auszuführen. Erfasst werden dabei insbesondere das nicht berechtigte Angebot bzw. die Lieferung von Mitteln, die sich auf ein wesentliches Element der Erfindung beziehen und damit nicht nur von untergeordneter Bedeutung sind. Der mittelbare Verletzer muss diese Umstände kennen bzw. es muss auf Grund der Umstände offensichtlich sein, dass die Mittel dazu geeignet und dazu bestimmt sind, für die Benutzung der Erfindung Verwendung zu finden.

Der Patentinhaber hat das Recht, bei Vorliegen von Verletzungshandlungen Unterlassung, und bei Vorliegen von Verschulden Schadensersatz zu verlangen. Wer gegen die patentgesetzlichen Benutzungsverbote verstößt, kann mit Freiheitsstrafe von bis zu einem Jahr oder mit Geldstrafe bestraft werden.

Für die Klage wegen Verletzung der Rechte aus einem Patent sind die Landgerichte, und zwar für jedes Bundesland zumeist nur ein Landgericht, ausschließlich zuständig. Es handelt sich um ein zivilprozessuales Verfahren, in dem geprüft wird, ob die „Verletzungsform" unter das Patent fällt. Das Gericht prüft, ob die angegriffene Ausführungsform von dem **Schutzumfang** des Patents erfasst wird.

Kennzeichnend für das deutsche Patentsystem ist die Trennung von Verletzungs- und Nichtigkeitsverfahren (**„Trennungsprinzip"**). Die Möglichkeit, im Wege der Widerklage die Ungültigkeit des Schutzrechts im Verletzungsstreit selbst einzuwenden, besteht nach deutschem Patentrecht nicht. Die Nichtigkeitssenate des Bundespatentgerichts befinden in einem eigenständigen gerichtlichen Verfahren darüber, ob das Streitpatent im Rahmen der vom Kläger gestellten Anträge für nichtig zu erklären ist, wohingegen das Verletzungsgericht prüft, ob die angegriffene Verletzungsform unter das Patent fällt. Im Verletzungsprozess gilt der Grundsatz der Bindung des Gerichts an den Bestand des Patents. Eine Befugnis der Verletzungsgerichte, über die Rechtsbeständigkeit des Patents zu entscheiden, besteht grundsätzlich nicht. Demgegenüber ist die Prüfung und Festlegung des Schutzumfangs des Patents nicht Aufgabe des Patentgerichts, sondern den Verletzungsgerichten vorbehalten. Es steht im Ermessen der Gerichte, das Patentverletzungsverfahren nach § 148 ZPO auszusetzen, wenn eine Nichtigkeitsklage gegen das fragliche Patent bereits anhängig ist und sich die beantragte Nichtigkeitserklärung zu Ungunsten der Patentverletzungsklage auswirken würde. Die ordentlichen Gerichte im Verletzungsprozess sind insofern an die Entscheidungen der Patenterteilungsbehörden des Erteilungs- und Einspruchsverfahrens sowie an die Nichtigkeitsentscheidungen des Bundespatentgerichts gebunden.

Die Verletzung eines europäischen Patentes muss grundsätzlich vor dem für nationale Verletzungsklagen zuständigen Gericht des Staates gemacht werden, in dem die Verletzung begangen worden ist. Das EPÜ enthält keine besondere Regelung des Patentverletzungsverfahrens.

Die nationalen Verletzungsgerichte sind jedoch bei der Bestimmung des Schutzbereichs des europäischen Patents an die Regelung des Art. 69 EPÜ gebunden, die iVm dem Protokoll über die Auslegung des Art. 69 des Übereinkommens eine einheitliche Auslegung europäischer Patente in allen Vertragsstaaten sicherstellen soll.

Nach den Regelungen der VO (EU) Nr. 1215/2012 des Europäischen Parlaments und des Rates v. 12.12.2012 über die gerichtliche Zuständigkeit und Vollstreckung von Entscheidungen im Zivil- und Handelssachen (Brüssel-Ia-VO) ist es möglich, die in mehreren Vertragsstaaten des EPÜ begangene Verletzung eines Europäischen Patents vor dem Gericht eines Vertragsstaats geltend zu machen. Anzuwenden ist dabei grundsätzlich das Verfahrensrecht des angerufenen Gerichts. Die materielle Verletzungsfrage richtet sich, abgesehen von den anzuwendenden Vorschriften des EPÜ, insbesondere des Art. 69 EPÜ, nach dem jeweils anwendbaren nationalen Patentrecht.

In der Regel stehen im Mittelpunkt patentrechtlicher Auseinandersetzungen der Unterlassungs- und Schadensersatzanspruch (einschließlich eines Anspruchs auf angemessene Entschädigung gemäß § 33 PatG). Obwohl es dem Verletzten grundsätzlich möglich wäre, vom Verletzer zunächst Rechnungslegung und sodann – nach Erlass eines Teilurteils gemäß § 301 ZPO – im Wege der Stufenklage gemäß § 254 ZPO Schadensersatz zu verlangen, hat sich in der Praxis bewährt, den Schadensersatzanspruch als **Schadensersatzfeststellungsanspruch** gemäß § 256 ZPO geltend zu machen. Der Umfang des **Rechnungslegungsanspruchs,** der sowohl für die Ermittlung der Höhe der Forderung, als auch zur Kontrolle der Angaben des Verletzers maßgeblich ist, richtet sich nach dem Umfang des Anspruchs des Verletzten. In Frage kommt ein Anspruch auf Schadensersatz, Zahlung einer angemessenen Entschädigung und/oder Herausgabe des durch die unberechtigte Bereicherung des Verletzers Erlangten. Demgemäß muss der Rechnungslegungsanspruch regelmäßig auf Bekanntgabe von Liefermengen, Lieferzeiten, Lieferpreisen, Abnehmer, Angebote, Angebotsempfänger erstreckt werden.

Zur späteren Durchsetzung des **Unterlassungsanspruchs** im Vollstreckungsverfahren und zur Erfüllung der Bestimmtheitserfordernisse des § 253 Abs. 2 Nr. 2 ZPO ist es von besonderer Bedeutung, Unterlassungsanträge im Hinblick auf die maßgeblichen Merkmale des Patentanspruchs soweit wie möglich der konkreten Verletzungsform anzupassen und mit einem Antrag auf Androhung von Ordnungsmitteln zu verbinden. Im Fall von mittelbarer Patentverletzung (§ 10 PatG) ist der Antrag darauf zu richten, dem Verletzer zu untersagen, an Nichtberechtigte Mittel zu liefern oder anzubieten, von denen der Verletzer weiß, dass sie geeignet sind, für die Benutzung der Erfindung verwendet zu werden.

Einen Schwerpunkt der Ausführungen im Patentverletzungsprozess bildet die Erläuterung des Streitpatents, dessen Schutzumfangs und des Verletzungstatbestands. Der **Schutzbereich** der patentierten Erfindung ergibt sich für nationale Patente aus § 14 PatG und für europäische Patente aus Art. 69 EPÜ, die gleich lautend regeln, dass der Schutzbereich wesentlich durch den Inhalt der Patentansprüche bestimmt wird. Beschreibung und Zeichnung sind zur Auslegung heranzuziehen. Eine Patentverletzung setzt grundsätzlich die identische oder gleichwirkende Verwirklichung aller Merkmale des Patentanspruchs voraus, gleichgültig, ob sie sich im sogenannten Oberbegriff oder im sogenannten Kennzeichenteil des Anspruchs befinden.

Für die Beurteilung des Schutzbereichs maßgebend ist der sogenannte Durchschnittsfachmann. Dabei handelt es sich um einen mit durchschnittlichen Kenntnissen und Fähigkeiten ausgestatteten Fachmann, der sein Fachgebiet praktisch und theoretisch übersieht. Dieser ist maßgebend für die Ermittlung des Gegenstands eines Patents, unter Zugrundelegung des im Patent mitgeteilten Standes der Technik und des allgemeinen Fachwissens. Er ist ferner zuständig für die Ermittlung des Schutzbereichs, den er mit seinem Fachwissen und unter Berücksichtigung des gesamten Stands der Technik bestimmt.

Die Beschreibung und Zeichnungen sind zwar bei der Auslegung heranzuziehen, aus ihnen kann sich aber kein Schutzbereich ergeben, der von dem abweichen würde, der sich aus dem Inhalt der Patentansprüche unter Berücksichtigung von Beschreibung und Zeichnungen ergibt. Erteilungsakten sind bei der Auslegung des Schutzbereichs grundsätzlich nicht zu berücksichtigen.

Der Stand der Technik ist für die Bestimmung des Schutzbereichs zum einen wesentlich, weil durch die Patenterteilung der Allgemeinheit nicht nachträglich etwas entzogen werden kann, was bereits Allgemeingut ist. Zum anderen kann sich der Patentinhaber zur Auslegung des Inhalts der Patentansprüche hierauf berufen, insbesondere wenn sich aus einem Vergleich ein zu seinen Gunsten über den Wortlaut der Patentansprüche hinausgehender Schutzbereich ergibt.

Die Entscheidungsgründe der Einspruchs- und Nichtigkeitsentscheidungen ersetzen und ergänzen die Beschreibung, wenn der Wortlaut des Anspruchs durch teilweisen Widerruf oder teilweise Nichtigerklärung geändert worden ist und die Beschreibung nicht dementsprechend angepasst wurde. Im Übrigen binden die Entscheidungsgründe den Verletzungsrichter nicht, sondern dienen ihm lediglich als Auslegungshilfe.

Die Lehre der **Äquivalenz** dehnt den Schutzbereich eines Patents auf solche Benutzungshandlungen aus, die zwar im Anspruch nicht genannt sind, die aber von dem Sinn und Zweck der Erfindung durch Verwendung gleichwirkender Mittel Gebrauch machen. Dem Patentinhaber soll der gebührende Schutz gegen Versuche seiner Mitbewerber, die Erfindung durch nur gering abweichende Mittel nachzuahmen, gewährt werden. Hier ist freilich besonders das zum Schutz Dritter verstärkt von der Rechtsprechung herangezogene Gebot der Rechtssicherheit zu berücksichtigen. Beide Prinzipien stehen gleichberechtigt nebeneinander.

Technische Sachverhalte müssen anschaulich aufbereitet und dargestellt werden. Unter Umständen ist eine ausführliche Einführung des Gerichts in das betreffende technische Gebiet erforderlich, wobei der im Streitpatent enthaltene Stand der Technik und das zum Prioritätszeitpunkt bestehende allgemeine Fachwissen zu berücksichtigen sind. Bei der Geltendmachung von Äquivalenten ist zur Bestimmung des Schutzumfangs des Streitpatents zudem der im Erteilungsverfahren nicht berücksichtigte Stand der Technik heranzuziehen. Nach Möglichkeit sollten ein Modell des geschützten Gegenstands, ein Verletzungsmuster oder jeweils detaillierte Zeichnungen der Gegenstände, Figurendarstellungen der Patentschrift und alle verfügbaren Anschauungsmittel sowie eine Merkmalsanalyse des Patentanspruchs des Streitpatents vorgelegt werden.

Für den Fall, dass die **Verteidigung** des Verletzungsbeklagten Gegenstand des Mandats ist (→ **Form. I.11**), sollte sich eine Prüfung der Sach- und Rechtslage sowohl auf zivilprozessrechtliche Einreden und Einwendungen, wie zB die örtliche Unzuständigkeit des angerufenen Gerichts, fehlende Ausländersicherheit (§ 110 ZPO) und einen möglichen Ausschluss des Klägers gemäß § 145 PatG, als auch auf materiell-rechtliche Einwendungen, wie zB Nichtverletzung und uU eine bereits eingereichte Nichtigkeitsklage, mit der Folge der Aussetzung des Verfahrens gemäß § 148 ZPO, erstrecken.

Das Verletzungsurteil enthält regelmäßig die Verpflichtung zur Unterlassung patentverletzender Handlungen sowie die bloße Feststellung der Schadensersatzverpflichtung des Verletzers, verbunden mit der Verpflichtung zur Rechnungslegung. Handelt der Verletzer den Anordnungen des Gerichts zuwider, dh wird zB die geforderte Auskunft nicht erteilt oder erfolgen weitere Verletzungshandlungen, so kann der Schutzrechtsinhaber einen **Antrag auf Festsetzung von Zwangsmitteln** bzw. einen Bestrafungsantrag stellen (→ **Form. I.12**). Auf der Grundlage der erteilten Auskunft über Art und Umfang der Patentverletzung kann der Patentinhaber eine präzise Schadensersatzforderung gegenüber dem Patentverletzer geltend machen. Widersetzt sich dieser der geltend gemachten Schadensersatzforderung, besteht die Möglichkeit der Erhebung einer **Schadensersatzklage** (→ **Form. I.13**).

Unter den Voraussetzungen des § 256 ZPO kann eine **negative Feststellungsklage** (→ **Form. I.14**) des angeblichen Verletzers auf Feststellung des Nichtbestehens eines patentrechtlichen Unterlassungsanspruchs bzw. der Tragweite eines Unterlassungsurteils zulässig sein. Wiederholte Abmahnungen begründen regelmäßig ein Feststellungsinteresse für eine negative Feststellungsklage des Abgemahnten gegen den Abmahner. Zweifel an der Tragweite eines bereits existierenden Verletzungsurteils sind darüber hinaus geeignet, das Rechtsschutzinteresse zu begründen.

Erwähnt sei schließlich noch die Möglichkeit der **Zwangslizenzklage** (→ **Form. I.15**) für den Fall, dass sich der Patentinhaber weigert, die Benutzung der Erfindung einem anderen zu gestatten, der sich erbietet, eine angemessene Vergütung zu zahlen und die begehrte Nutzungserlaubnis im öffentlichen Interesse liegt oder aus kartellrechtlichen Gründen geboten ist.

Mit der **Vindikationsklage** (→ **Form. I.16**) kann der Berechtigte, dessen Erfindung von einem Nichtberechtigten angemeldet ist, Abtretung des Anspruchs auf Patenterteilung bzw. Übertragung des Patents verlangen (§ 8 PatG).

1. Schutzrechtshinweis[1]

An die

B-AG

– Geschäftsleitung –

. . . . . .

. . . . . ./. . . . . .

Sehr geehrte Damen und Herren,

hiermit zeigen wir an, dass uns die A-GmbH mit der Wahrnehmung ihrer Interessen in nachfolgend dargestellter Angelegenheit beauftragt hat:[1]

Unsere Mandantin ist Inhaberin eines Unternehmens mit Sitz in,. . . . . ., das biotechnische Schutzsysteme für Haus und Garten herstellt und weltweit vertreibt.

Unsere Mandantin ist ausschließliche und allein verfügungsberechtigte Inhaberin des deutschen Patentes DE 20 . . . . . . 007 für einen Insektenschutzrollladen für Fenster und Türen. Die dem Patent zugrundeliegende Erfindung wurde am . . . . . . angemeldet. Die Patentanmeldung wurde am . . . . . . offengelegt. Die Veröffentlichung der Patenterteilung erfolgte am . . . . . . Das Patent steht in Kraft. Die Patentschrift ist als

Anlage 1

beigefügt.

Die patentgeschützte Lehre betrifft eine Vorrichtung für das Schließen einer Fensteröffnung mittels eines Drahtgewebes, um Insekten das Eindringen zu verwehren. Der Gegenstand der Erfindung ist aus sich heraus verständlich, sodass keine weiteren Erläuterungen angezeigt sind.

Wie unsere Mandantin festgestellt hat, bieten Sie auf der gegenwärtig in Düsseldorf veranstalteten Messe „Biene 2017" Insektenschutzfenster und -türen unter der Bezeichnung „Moskito" an. Es handelt sich dabei um horizontal ausziehbare Drahtgewebe, die mit einem vertikal verlaufenden Aufrollschaft verbunden sind. Entlang des oberen und unteren Geweberandes sind Führungsschienen vorgesehen, die im Fenster- bzw. Türrahmen befestigt werden.

Nach den Feststellungen unserer Mandantin handelt es sich dabei um ein Befestigungs- und Aufrollsystem, das exakt dem Wortlaut der Ansprüche der patentierten Erfindung unserer Mandantin entspricht.

Wir sind der Auffassung, dass die von Ihnen angebotenen Insektenschutztüren und -fenster von dem Patent unserer Mandantin Gebrauch machen und fordern Sie daher auf, uns bis spätestens

. . . . . .

hier eingehend, zu erklären, aus welchen Gründen Sie sich für berechtigt halten, die für unsere Mandantin geschützte Erfindung zu benutzen.[2]

. . . . . .

Rechtsanwalt

Anmerkungen

1. Häufig empfiehlt es sich vor Einleitung rechtlicher Schritte den vermeintlichen Patentverletzer zu einem Meinungsaustausch über die Schutzrechtslage aufzufordern. Ein solches Schreiben enthält den Hinweis auf eigene Schutzrechte und verdeutlicht, aus welchen Gründen – aus der Sicht des Hinweisenden – eine Schutzrechtsverletzung vorliegt. Nicht selten lassen sich idR durch einen Schutzrechtshinweis eingeleiteten vorprozessualen Korrespondenz die jeweiligen Standpunkte aufklären und etwaige Fehlbeurteilungen ausräumen.

2. Im Gegensatz zu einer Verwarnung wegen Patentverletzung („Abmahnung") enthält der Schutzrechtshinweis keine unbedingte Unterlassungsaufforderung und auch nicht die Androhung der Einleitung rechtlicher Schritte. Schadensersatzansprüche wegen rechtswidrigen Eingriffs in den eingerichteten und ausgeübten Gewerbebetrieb werden durch bloße Schutzrechtshinweise gegenüber dem Schutzrechtsverletzer nicht begründet. Derartige Schutzrechtshinweise lösen insbesondere keine Kostenerstattungsansprüche wegen unberechtigter Abmahnung aus. Gleichzeitig ist der Adressat aber auch nicht verpflichtet, entstandene Kosten für den Schutzrechtshinweis zu ersetzen. Sofern sich der Patentinhaber über Bestand und Umfang seiner Schutzrechtsposition noch nicht im Klaren ist, sollte er jedenfalls den bloßen Schutzrechtshinweis einer patentrechtlichen Verwarnung vorziehen.

2. Abmahnung wegen Patentverletzung[1]

EINSCHREIBEN/RÜCKSCHEIN[2]

An die

B-AG

– Geschäftsleitung –

. . . . . .

A ./. B

Sehr geehrte Damen und Herren,

hiermit zeigen wir an, dass uns die A-GmbH mit der Wahrnehmung ihrer Interessen beauftragt hat.[3] Namens und in Vollmacht unserer Mandantin haben wir Ihnen das Folgende mitzuteilen:

Unsere Mandantin ist ausschließliche und allein verfügungsberechtigte Inhaberin des deutschen Patentes DE 20 . . . . . . 007. Die dem Patent zugrundeliegende Erfindung wurde am . . . . . . angemeldet. Die Patentanmeldung wurde am . . . . . . offengelegt. Die Veröffentlichung der Patenterteilung erfolgte am . . . . . . Die Einspruchsfrist ist abgelaufen; Einsprüche wurden nicht eingelegt. Das Patent steht in Kraft.[4] Die Patentschrift ist als

Anlage 1

beigefügt.

Die patentgeschützte Lehre betrifft eine Vorrichtung für das Schließen einer Fensteröffnung mittels eines Drahtgewebes, um Insekten das Eindringen zu verwehren. Der Gegenstand der Erfindung ist aus sich heraus verständlich, sodass keine weiteren Erläuterungen angezeigt sind.[5]

Unsere Mandantin hat Kenntnis davon erlangt, dass Sie Rollgardinen in der Bundesrepublik Deutschland herstellen, anbieten und vertreiben, die unter das Patent unserer Mandantin fallen. Der von Ihnen ausgegebene Neuheiten-Prospekt vom . . . . . . zeigt eine ausrollbare Gazevorrichtung, bei der der Aufrollschaft vertikal in der Fensteröffnung steht. Entlang des oberen und unteren Geweberandes sind Führungsschienen vorgesehen, die im Fensterrahmen befestigt sind.

Bei der von Ihnen angebotenen Rollgardine wird demnach wortlautgemäß von dem Hauptanspruch des Patentes 20 . . . . . . 007 Gebrauch gemacht.[6]

Aufgrund dessen macht unsere Mandantin Ansprüche auf Unterlassung[7] (§ 139 Abs. 1 PatG), Auskunft und Rechnungslegung (§§ 242 BGB, 140b PatG), Entschädigung (§ 33 Abs. 1 PatG), Schadensersatz (§ 139 Abs. 2 PatG) und Vernichtung Ihrer Erzeugnisse (§ 140a PatG) geltend.

Unsere Mandantin gibt Ihnen letztmalig Gelegenheit, die streitige Auseinandersetzung durch Abgabe klaglos stellender Erklärungen außergerichtlich zu bereinigen. Namens und in Vollmacht unserer Mandantin haben wir Sie daher aufzufordern, eine entsprechende Unterlassungs- und Verpflichtungserklärung abzugeben.[8] Gerne können Sie sich hierzu des beigefügten vorformulierten Entwurfs bedienen. Wir sehen dem Eingang der vorstehenden Verpflichtungserklärung – rechtsverbindlich unterzeichnet – bis zum . . . . . .[9] entgegen.

Für den Fall, dass Sie die gesetzte Frist ungenutzt verstreichen lassen, sind wir beauftragt, ohne weitere Ankündigung, gerichtliche Schritte gegen Ihr Unternehmen einzuleiten.[10]

Rechtsanwalt

Anmerkungen

1. Das Formular behandelt eine Warnung des Patentinhabers vor der Begehung von Patentverletzungen durch Abmahnung gegenüber dem patentverletzenden Hersteller (Herstellerverwarnung). Es handelt es sich bei der Abmahnung (= Verwarnung) um die Aufforderung des Patentinhabers, eine angebliche Patentverletzung zu unterlassen (vgl. § 59 Abs. 2 S. 2 PatG). Die Verwarnung dient der außergerichtlichen Beilegung von patentrechtlichen Auseinandersetzungen. Nicht selten führt die Verwarnung zu Vergleichsverhandlungen, deren Ergebnis ein Lizenzvertrag sein kann. Die prozessuale Bedeutung der Verwarnung besteht darin, dass die Kostenfolge gem. § 93 ZPO im Fall eines sofortigen Anerkenntnisses in einem sich ggf. anschließenden Gerichtsverfahren durch den Patentverletzer vermieden wird (vgl. zuletzt: OLG Düsseldorf BeckRS 2008, 07897; GRUR 1980, 135 – Fotoempfänger).

Soweit auf Grund der jeweiligen Fallkonstellation nicht mit einem Anerkenntnis zu rechnen ist und kein Interesse an einer außergerichtlichen Streitbeilegung besteht, kann zugunsten eines taktisch günstigen Überraschungseffekts auf eine Abmahnung verzichtet werden. Die Gegenseite wird durch die Abmahnung vorgewarnt und kann nicht mehr durch eine einstweilige Verfügung überrascht werden. Ihr ist es möglich, sich vorsorglich mit einer Schutzschrift (→ Form. I.8) Gehör vor einer gerichtlichen Entscheidung zu verschaffen. Sofern der Erlass einer „ex-porte"-Verfügung angestrebt wird, kann nach der Rechtsprechung des Bundesverfassungsgerichts grds. nicht auf eine vorausgehende Abmahnung verzichtet werden (BVerfG NMW 2020, 2021; NJW 2018, 3631). Eine Abmahnung kann ausnahmsweise entbehrlich sein, wenn eine solche bei Anlegung eines objektiven Maßstabes für den Verletzten unzumutbar ist (vgl. OLG Düsseldorf BeckRS 2002, 17352 – Turbolader II). Dies ist beispielsweise der Fall, wenn voraussichtlich zu erwarten ist, dass auf die Abmahnung hin eine Unterlassungserklärung jedenfalls nicht vor Beendigung der ohnehin für einen bestimmten Zeitraum begrenzten wettbewerbswidrigen Aktion abgegeben werden würde (vgl. LG Hamburg GRUR 2000, 553 – Konkurrenzklausel bei Schilderpräger) oder der Verletzers offensichtlich auf die Abmahnpflicht des Verletzten baut, um eine gewisse Zeit relativ risikolos Verletzungshandlungen zu begehen (vgl. OLG Düsseldorf BeckRS 2002,17352 – Turbolader II; siehe zu weiteren Beispielsfällen die Auflistung bei Köhler/Bornkamm/Feddersen, 37. Aufl. 2019, UWG § 12 Rn. 1.56 ff.). Soweit bei internationalen Auseinandersetzungen mit negativen Feststellungsklagen zu rechnen ist, die vor ausländischen Gerichtsständen mit dem Ziel anhängig gemacht werden, die deutsche Gerichtsbarkeit durch den Einwand prioritärer Rechtshängigkeit zu blockieren (sog. Torpedoklage vgl. *von Meibom/Pitz* GRUR-Int 1998, 765) sollte von einer Abmahnung Abstand genommen werden. Wegen der äußerst begrenzten Ausnahmefälle, in denen nach der Rechtsprechung eine Abmahnung entbehrlich sein kann, sollte aber – abgesehen von den Fällen, in denen sich der Verletzte ein Überraschungsmoment bewahren will und eine eventuell damit verbundene Kostentragungspflicht im gerichtlichen Verfahren in Kauf nimmt – stets vor der Einlegung gerichtlicher Schritte abgemahnt werden.

Die unberechtigte Schutzrechtsverwarnung stellt einen Eingriff in den eingerichteten und ausgeübten Gewerbebetrieb des Verwarnten dar (BGH GRUR 2005, 882 – Unberechtigte Schutzrechtsverwarnung; GRUR 2006, 422 – Unbegründete Abnehmerverwarnung; Benkard/Scharen, 11. Aufl. 2015, PatG Vorbem. §§ 9–14 Rn. 16 mwN). Demnach ist die Verwarnung insbesondere dann unberechtigt, wenn die Behauptung der Patentverletzung unrichtig ist, dh wenn das Patent entweder nachträglich vernichtet wird oder wenn es die Handlung, vor der gewarnt wird, nicht erfasst (Brandi-Dohrn GRUR 1981, 679). Eine sachlich nicht berechtigte Patentverwarnung ist nicht durch das Recht der freien Meinungsäußerung gem. Art. 5 GG gedeckt (BGH GRUR 1969, 479 [481] – Colle de Cologne; Benkard/Scharen PatG Vor §§ 9–14 Rn. 17). Die Rechtswidrigkeit der Schutzrechtsverwarnung ist nach objektiven Kriterien zu beurteilen und kann auch bei Gutgläubigkeit des Verwarnenden vorliegen (BGH GRUR 2005, 882 – Unberechtigte Schutzrechtsverwarnung; Benkard/Scharen PatG Vor §§ 9–14 Rn. 17). Der Verwarnende hat sich deshalb durch gewissenhafte Prüfung und auf Grund sachgerechter Überlegungen von der Rechtsbeständigkeit und dem Umfang seines Schutzrechts zu überzeugen. Bei der erforderlichen Einzelfallbeurteilung kommt es insbesondere darauf an, ob wegen eines geprüften oder ungeprüften Schutzrechts verwarnt wird und weiter darauf, ob der Hersteller oder der Abnehmer verwarnt wird; schließlich kommt es auch auf Form und Inhalt der Verwarnung an (BGH GRUR 1974, 290 [292] – Maschenfester Strumpf). Sofern sich der Verwarnende auf ein geprüftes Schutzrecht – wie im vorliegenden Beispielsfall auf ein erteiltes Patent – stützt, darf er sich wesentlich weitgehender als bei nicht geprüften Schutzrechten auf die Sachkunde des Patentamts und den Bestand des Patentes verlassen (BGH GRUR 1976, 715 [717] – Spritzgießmaschine). Zu beachten ist in diesem Zusammenhang, dass den beratenden Rechtsanwalt in speziellen Konstellationen nach der Rspr. des BGH (GRUR 2016, 630 – Unberechtigte Schutzrechtsverwarnung II) eine Garantenpflicht gegenüber dem Verwarnten treffen kann, die den Rechtsanwalt ggf. zu Schadensersatz gegenüber dem Verwarnten verpflichten muss.

Als Adressat der Abmahnung kommt grundsätzlich jeder in Betracht, dem ein Wettbewerbsverstoß bzw. eine Schutzrechtsverletzung vorgeworfen werden kann. In Betracht kommen in erster Linie Vertreiber und Hersteller von Konkurrenzprodukten. Da grundsätzlich jegliche Benutzung geschützter Produkte den Verletzungstatbestand erfüllt, kann die Abmahnung auch gegen Abnehmer verletzender Konkurrenzprodukte gerichtet werden. Bei Abnehmerverwarnungen sind an die Sorgfaltspflichten des Abmahnenden strengere Anforderungen zu stellen als bei Herstellerverwarnungen. Da Abnehmer erfahrungsgemäß häufig ohne weitere Prüfung auf Konkurrenzprodukte ausweichen, um unerwünschte Wettbewerbsstreitigkeiten zu vermeiden, treffen Abnehmerverwarnungen die Hersteller besonders hart. Insofern darf eine Abnehmerverwarnung grundsätzlich erst dann ausgesprochen werden, wenn eine Herstellerverwarnung erfolglos geblieben ist (BGH GRUR 1979, 337 – Brombeerleuchte). Bei unbegründeter Abnehmerverwarnung stehen auch dem Hersteller der vermeintlich schutzrechtsverletzenden Erzeugnisse – nicht aber dessen Zulieferern – Schadensersatzansprüche gegen den Verwarnenden zu (BGH GRUR 2007, 313 – Funkuhr II; Fortführung von GRUR 1977, 805 – Klarsichtverpackung).

Der zu Unrecht Abgemahnte kann die Abmahnung zurückweisen oder unbeantwortet lassen. Nach der Rspr. des BGH (GRUR 1995, 167 (169) – Kosten bei unbegründeter Abmahnung) besteht keine Antwortpflicht, da bei fehlendem Verstoß kein Schuldverhältnis entstanden sein kann. Soweit die Gefahr einstweiliger Verfügungen droht, empfiehlt es sich, Schutzschriften einzureichen, um eine Vorabinformation der Gerichte zu ermöglichen.

Nach hM kann der zu Unrecht Abgemahnte ohne Gegenabmahnung negative Feststellungsklage erheben (BGH GRUR 1995, 697 (699) – Funny Paper). Unabhängig vom Sitz des Abmahnenden ist dafür jedes Gericht zuständig, das auch für eine Leistungsklage mit umgekehrtem Rubrum zuständig wäre (vgl. Teplitzky, Wettbewerbsrechtliche Ansprüche und Verfahren Kap. 41 Rn. 71).

2. Es ist zu empfehlen, die Abmahnung in schriftlicher Form auszusprechen und das Abmahnschreiben per Fax und Einschreiben mit Rückschein zuzustellen. Die Beweislast für den Zugang des Abmahnschreibens liegt grundsätzlich beim Verletzten (vgl. OLG Düsseldorf GRUR-RR 2001, 286). Dieser trägt das Risiko des Zugangs der Abmahnung nur dann nicht, wenn er alles nach den Umständen Erforderliche getan hat, dass das Abmahnschreiben den Verletzer auch tatsächlich erreichen kann (BGH GRUR 2007, 629 Zugang des Abmahnschreibens; OLG Düsseldorf BeckRS 1996, 08760). Nach der Rspr. (vgl. OLG Frankfurt a.M. GRUR 1995, 293) ist es auch zumutbar, eine Abmahnung auf einem Messestand unter Anwesenden auszusprechen oder zu überbringen, wenn andere Möglichkeiten wegen Fehlens eines Telekommunikationsanschlusses auf dem Messestand des Wettbewerbsverletzers nicht zur Verfügung stehen. Macht der Verletzte von der Möglichkeit einer telefonischen Abmahnung Gebrauch, so ist mit besonderer Sorgfalt darauf zu achten, dass die Abmahnung den zu stellenden inhaltlichen Anforderungen genügt, damit sie die Funktion der Prozessvermeidung erfüllen kann (vgl. OLG München NJWE-WettbeR 1998, 65).

3. Unabhängig von ihrer inhaltlichen Berechtigung verstößt eine Verwarnung gegen § 3 UWG, wenn sie irreführend und unvollständig ist. Der Anwendungsbereich des § 3 UWG ist dabei nicht auf wahrheitswidrige Angaben beschränkt. Der Inhalt des angeblich verletzten Schutzrechts und die technischen Merkmale, in denen sich die Patentverletzung verwirklicht, müssen im Einzelnen aufgezeigt sowie richtig und vollständig sein, um dem Empfänger die Möglichkeit zu geben, die behauptete Patentverletzung eigenständig nachzuprüfen und sich über die Risikolage sowie über geeignete Maßnahmen zur Befolgung der Verwarnung zu informieren. Pauschalhinweise auf eine Patentverletzung sind wettbewerbsrechtlich unzulässig, da sie den Empfänger verunsichern und ihm praktisch nur die Alternative lassen, dem angedrohten Rechtsstreit durch Abkehr von dem angegriffenen Erzeugnis aus dem Weg zu gehen (OLG Karlsruhe Mitt. 1965, 119 (120); LG Mannheim WRP 1965, 188 [190]; OLG Düsseldorf Mitt. 1996, 60 – Patenthinweise an potenzielle Abnehmer; LG Düsseldorf Mitt. 1996, 57 (58) – Textilbespannung für Feuchtreinigungsgerät I).

4. Aufgrund der bloßen Patentanmeldung stehen ihrem Inhaber weder Ansprüche auf Unterlassung und Rechnungslegung noch auf Entschädigung und Schadensersatz zu. Ab dem Zeitpunkt der Offenlegung steht dem Anmelder unter den Voraussetzungen des § 33 Abs. 1 PatG ein Entschädigungsanspruch zu, sofern der Benutzer entweder von der Patentanmeldung wusste oder infolge Fahrlässigkeit von ihr keine Kenntnis hatte. Bei Europäischen Patenten ist zusätzlich erforderlich, dass die Bundesrepublik Deutschland gem. Art. 79 EPÜ als Vertragsstaat benannt ist und zumindest eine deutsche Übersetzung der Ansprüche des Patents veröffentlicht ist. Erst mit der Veröffentlichung der Patenterteilung im Patentblatt entsteht das patentgesetzlich gewährte Ausschließlichkeitsrecht (§§ 9, 10 PatG). Es empfiehlt sich außerdem, sofern dies der Fall ist, darauf hinzuweisen, dass die Einspruchsfrist abgelaufen ist und keine Einsprüche eingelegt wurden.

5. Bei einer Verwarnung muss die Beschreibung des Gegenstandes und des Schutzbereiches des Patentes richtig und vollständig sein (LG München I Mitt. 1995, 53 – Schutzrechtsverwechslung). Sofern der Gegenstand der Erfindung aus sich heraus verständlich ist, genügt ein Verweis auf die beizulegende Patentschrift.

6. Der Verletzungstatbestand ist genau zu bezeichnen, so dass der Verwarnte prüfen kann, welche Maßnahmen er zur Befolgung der Verwarnung zu ergreifen hat (LG Düsseldorf GRUR 1966, 637 – hobby dress).

7. Kennzeichnend für die Verwarnung ist das ernsthafte und endgültige Unterlassungsbegehren (vgl. BGH GRUR 2011, 995 – Besonderer Mechanismus). Abzugrenzen ist die Verwarnung insofern von einem bloßen Meinungsaustausch über die Schutzrechtslage bzw. vom bloßen Schutzrechtshinweis (→ Form. I.1).

8. Zur Erleichterung der angestrebten außergerichtlichen Streitbeilegung empfiehlt es sich, eine mit Vertragsstrafeversprechen versehene vorformulierte Unterlassungsverpflichtungserklärung beizufügen (→ Form. I.3). Es ist allerdings dem Abgemahnten anheim zu stellen, sich dem beigelegten Entwurf zu bedienen oder auch eine eigene Unterlassungserklärung abzugeben, welche den rechtlichen Vorgaben entspricht. Der Anschein, dass der Abgemahnte sich der vorformulierten Erklärung zwingend bedienen muss, ist hingegen zu vermeiden.

9. Bei Patentverletzungsstreitigkeiten wird in der Regel eine Frist von 2 bis 4 Wochen angemessen sein. Die zu kurz bemessene Frist macht die Abmahnung nicht unberechtigt, sondern setzt eine angemessene Frist in Lauf (BGH GRUR 1990, 381 – Antwortpflicht des Abgemahnten; OLG Hamburg GRUR 1991, 80 – Zu kurze Abmahnung). Es ist jedoch grundsätzlich Sache des Verletzers, auf die für ihn zu kurze Frist hinzuweisen und eine Erklärung in angemessener Frist anzukündigen (OLG Hamburg GRUR 1989, 297) bzw. sich um eine Fristverlängerung zu bemühen (OLG Köln WRP 1984, 164).

10. Im Hinblick auf § 93 ZPO wird eine ausdrückliche Androhung gerichtlicher Schritte für den Fall der Nichtunterwerfung überwiegend für erforderlich gehalten (vgl. OLG Düsseldorf InstGE 9, 122). Empfehlenswert ist in diesem Zusammenhang die Klarstellung, dass ein ausdrücklicher Klageauftrag für den Fall des Verstreichenlassens der gesetzten Frist vorliegt. Dies hat Bedeutung für den Kostenerstattungsanspruch gegenüber dem Verletzer.

3. Unterlassungs-/Verpflichtungserklärung

Die B-AG . . . . . .

verpflichtet sich hiermit gegenüber

der A-GmbH . . . . . .

1.
   a) es bei Meidung einer für jeden Fall der Zuwiderhandlung fällig werdenden Vertragsstrafe iHv . . . . . . EUR (in Worten: . . . . . . EUR) – unter Ausschluss des Fortsetzungszusammenhangs[1] ohne Anerkennung einer Rechtspflicht, aber gleichwohl rechtsverbindlich – zu unterlassen,
   Rollgardinen zum Schutz gegen Insekten mit einem rechteckigen Drahtgewebe, das in Höhe und Breite die Tür- bzw. Fensteröffnung überragt, wobei das Drahtgewebe an einem Aufrollschaft befestigt ist, um den es sich ein- und ausrollt,
   im Geltungsbereich des deutschen Patentes DE 20 . . . . . . 007 herzustellen, anzubieten, in Verkehr zu bringen oder zu gebrauchen oder zu den genannten Zwecken entweder einzuführen oder zu besitzen,[2]
   bei denen der Aufrollschaft senkrecht am Tür- bzw. Fensterrahmen angebracht ist und am oberen und unteren Geweberand Führungsschienen vorgesehen sind, die im oberen und unteren Teil des Fensterrahmens befestigt sind,
   b) wobei der B-AG für die vor dem hergestellten Rollgardinen eine Aufbrauchsfrist[3] bis zum eingeräumt wird;
2. der A-GmbH für den Umfang der vorstehend in Ziff. 1a bezeichneten Handlungen Rechnung zu legen, und zwar
   a) für die Zeit seit dem . . . . . . (Datum der Veröffentlichung der Patentanmeldung + 1 Monat) unter Angabe[4]
      aa) der Herstellungsmengen und -zeiten,
      bb) der Mengen der erhaltenen oder bestellten Erzeugnisse sowie der Namen und Anschriften der Hersteller, Lieferanten und anderer Vorbesitzer der vorstehend in Ziff. 1a beschriebenen Erzeugnisse[5]
      cc) der einzelnen Lieferungen, aufgeschlüsselt nach Liefermengen, -zeiten und -preisen nebst Produktbezeichnungen sowie Namen und Anschriften der Abnehmer,
      dd) der einzelnen Angebote, aufgeschlüsselt nach Angebotsmengen, -zeiten und -preisen nebst Produktbezeichnungen sowie der Namen und Anschriften der Angebotsempfänger,
      ee) der Art und des Umfangs der betriebenen Werbung, aufgeschlüsselt nach Werbeträgern, deren Auflagenhöhe, Verbreitungszeitraum und Verbreitungsgebiet,
   b) für die Zeit seit dem . . . . . . (Datum der Veröffentlichung der Patenterteilung + 1 Monat) zusätzlich unter Angabe[6]
      aa) der nach den einzelnen Kostenfaktoren aufgeschlüsselten Gestehungskosten sowie
      bb) des erzielten Gewinns,
   c) wobei[7]

   ihr vorbehalten bleibt, die Namen und Anschriften der nicht gewerblichen Abnehmer und Angebotsempfänger statt der A-GmbH einem von dieser zu bezeichnenden, ihr gegenüber zur Verschwiegenheit verpflichteten vereidigten Wirtschaftsprüfer mitzuteilen, sofern sie dessen Kosten trägt und ihn ermächtigt und verpflichtet, der A-GmbH

auf konkrete Anfrage mitzuteilen, ob ein bestimmter Abnehmer oder Angebotsempfänger in der Aufstellung enthalten ist.

3. der A-GmbH

a) für die vom . . . . . . (Datum der Veröffentlichung der Patentanmeldung + 1 Monat) bis zum . . . . . . (Datum der Veröffentlichung der Patenterteilung + 1 Monat) begangenen Handlungen eine angemessene Entschädigung zu zahlen,

b) allen Schaden zu ersetzen, der der A-GmbH seit dem . . . . . . (Datum der Veröffentlichung der Patenterteilung + 1 Monat) entstanden ist und künftig entstehen wird,

4. die in ihrem mittelbaren oder unmittelbaren Besitz oder Eigentum befindlichen, vorstehend in Ziff. 1a beschriebenen Erzeugnisse auf eigene Kosten zu vernichten,

5. der A-GmbH die zur Rechtsverfolgung entstandenen Kosten auf der Grundlage eines Gegenstandswertes von . . . . . . EUR in Höhe jeweils einer 1, 5 Geschäftsgebühr für den Rechtsanwalt und den mitwirkenden Patentanwalt zuzüglich Auslagen (und ggf. gesetzlicher Mehrwertsteuer) zu erstatten (Nr. 2400, 7001, 7002 VV RVG).[8]

. . . . . ., den . . . . . .

Anmerkungen

1. Die von dem Verwarnenden erstrebte Beseitigung der Wiederholungsgefahr wird regelmäßig erst dann erreicht, wenn der Verletzer ggü. dem Verletzten uneingeschränkt, bedingungslos und unwiderruflich sowie unter Übernahme einer angemessenen Vertragsstrafe für jeden Fall der Zuwiderhandlung, erklärt, weitere Verletzungshandlungen zu unterlassen (Köhler/Bornkamm/Feddersen/Bornkamm UWG § 12 Rn. 1.136). Lehnt es der Verletzer ab, eine Vertragsstrafe unter Ausschluss des Fortsetzungszusammenhangs zu versprechen, bedeutet das nicht ohne Weiteres, dass die Wiederholungsgefahr fortbesteht. Nach höchstrichterlicher Rspr. ist ein Verzicht auf die Einrede des Fortsetzungszusammenhangs zur Beseitigung der Wiederholungsgefahr nicht unbedingt erforderlich (BGH NJW 1993, 721 – Fortsetzungszusammenhang). Eine strafbewehrte Unterlassungserklärung ist regelmäßig geeignet, in jeder Lage des Rechtsstreits, also auch während des laufenden Prozesses, die entsprechende Begehungsgefahr zu beseitigen (OLG Hamburg NJWE-WettbR 2000, 71). Das rechtliche Interesse an einer gerichtlichen Geltendmachung des Unterlassungsanspruchs kann nach der Rspr. des BGH (GRUR 1980, 241 – Rechtsschutzbedürfnis; zuletzt: OLG Hamburg GRUR-RR 2014, 362 – Unternehmensübergang) wieder neu entstehen, wenn bei Unterwerfungserklärung gleichartige Verstöße des Verletzers nachfolgen. Bei Verstößen gegen die Unterwerfungserklärung ist die gleichzeitige klageweise Geltendmachung von Unterlassungs- und Vertragsstrafeansprüchen, die aus einer strafbewehrten Unterwerfungserklärung hergeleitet werden, prozessual zulässig (OLG Köln NJW-RR 1987, 360 mwN). Nach der Rspr. kann das Rechtsschutzinteresse für die gerichtliche Geltendmachung des Unterlassungsanspruchs mit der Möglichkeit der Unterlassungsvollstreckung nach § 890 ZPO regelmäßig nicht mit der Begründung verneint werden, der Verletzte habe die Möglichkeit, die für derartige Verstöße versprochene Vertragsstrafe zu verlangen.

2. Der geltend gemachte Unterlassungsanspruch entspricht den in § 9 PatG vorgesehenen Wirkungen des Patentes. Es empfiehlt sich in der vorformulierten Unterlassungserklärung den Gegenstand der Verpflichtung zur Unterlassung klar und eindeutig festzulegen (OLG Frankfurt GRUR 1988, 563 – Konkretisierung des Unterlassungsversprechens). Die Auslegung der Erklärung richtet sich nach allgemeinen Auslegungsgrundsätzen der §§ 133, 157 BGB (BGH NJW 1993, 721 – Fortsetzungszusammenhang; zuletzt: BGH GRUR 2010, 167 – unrichtige Aufsichtsbehörde). Auslegungszweifel können zur Unwirksamkeit der Erklärung führen.

3. Die Einräumung von Aufbrauchsfristen erlaubt dem Verletzer – je nach Art und Umfang der Vereinbarung mit dem Rechtsinhaber – streitgegenständliche Waren bis zu einem festgesetzten Zeitpunkt „aufzubrauchen", dh zu vertreiben bzw. zu verwenden, ohne vom Rechtsinhaber auf Unterlassung in Anspruch genommen zu werden. Eine Vereinbarung über Aufbrauchsfristen liegt im Rahmen der Vertragsfreiheit und dient – je nach Fallkonstellation – den beiderseitigen Interessen der Beteiligten (Köhler/Bornkamm/Feddersen/*Bornkamm* § 8 Rn. 1.59). Die Beweggründe des Unterlassungsschuldners können beispielsweise darin liegen, dass ohnehin in absehbarer Zeit eine Produktmodifikation bzw. ggf. eine Einstellung bzw. Umstellung der angegriffenen Handlungen geplant ist, sodass sich der Aufwand für Vorbereitung und Durchführung zeitaufwändiger und kostenintensiver gerichtlicher Verfahren erübrigt. Die Einräumung von Aufbrauchsfristen kann ein wesentlicher Anreiz für eine vergleichsweise Streitbeilegung sein und wesentlich schneller zu der vom Unterlassungsgläubiger angestrebten Unterlassung führen als eine gerichtliche Durchsetzung. Bietet der Unterlassungsschuldner eine Unterlassungserklärung unter der Beteiligung einer Aufbrauchsfrist an, so sollte er sich mit dem Unterlassungsgläubiger, der sich nicht zwingend auf eine solche Frist einzulassen braucht, in Verbindung setzen und ihm seine Beweggründe schildern. Lässt sich der Unterlassungsgläubiger auf eine Aufbrauchsfrist ein, sollte sogleich bei Abgabe der somit eingeschränkten Unterlassungserklärung bestimmt werden, welchen Schadensersatz der Unterlassungsschuldner für die Vornahme der beanstandeten Handlungen während der Aufbrauchsfrist zu entrichten hat. Diese Vereinbarung stellt keinen im Sinne von § 138 BGB sittenwidrigen und rechtsmissbräuchlichen „Abkauf" dar (*Berlit* WRP 1998, 250 (252). Wettbewerbswidrig ist es allerdings, wenn die Einräumung der Aufbrauchsfrist von der Zahlung einer Abstandssumme oder „Buße" abhängig gemacht wird .

4. Sofern – wie im vorliegenden Beispielsfall – auch Entschädigung für die Benutzung der offengelegten Patentanmeldung geltend gemacht wird, ist für die geforderte Rechnungslegung das Datum der Veröffentlichung der zugrundeliegenden Patentanmeldung, bei Europäischen Patenten eventuell der ins Deutsche übersetzten Patentansprüche, zuzüglich eines Monats, maßgeblich (vgl. § 33 PatG).

5. Diese erweiterte Auskunftspflicht beruht auf § 140b PatG (vgl. zum Umfang des Auskunftsanspruchs Benkard /Grabinski/Zülch PatG § 140b Rn. 11 ff.; Schulte/Voss/Kühnen PatG § 140b Rn. 28 ff.).

6. Das Datum der Veröffentlichung der Patenterteilung – zzgl. einer Karenzfrist von einem Monat – ist maßgeblich für die Vorbereitung des geltend gemachten Schadensersatzanspruchs (vgl. BGH GRUR 1986, 803 (806) – Formstein).

7. Seit Inkrafttreten des § 140b PatG am 1.7.1990 steht dem in Anspruch genommenen im Vergleich zur früheren Rechtslage ein lediglich eingeschränkter Wirtschaftsprüfervorbehalt zur Seite. Im Falle einer Unverhältnismäßigkeit der Auskunftserteilung ergibt sich ein eingeschränkter Rechnungslegungsanspruch mit der Möglichkeit, den Wirtschaftsprüfervorbehalt auf die Namen und Anschriften der gewerblichen Abnehmer und Angebotsempfänger zu erstrecken (BGH GRUR 1995, 338 (341) – Kleiderbügel).

8. Nach Rspr. des BGH sind Abmahnkosten, und zwar für die Inanspruchnahme eines Rechtsanwalts und eines Patentanwalts, nach den Grundsätzen der Geschäftsführung ohne Auftrag gem. §§ 683, 677, 670 BGB zu erstatten (BGH GRUR 2011, 754 – Kosten des Patentanwalts II). Der Erfolg der Abmahnung ist nach sRspr. nicht Voraussetzung für die Erstattungspflicht der Aufwendungen nach den Grundsätzen der Geschäftsführung ohne Auftrag (BGH GRUR 1984, 129 – shop-in-the-shop; krit. LG Düsseldorf MMR 2011, 326 – Abmahnkosten). Danach ist in den Fällen, in denen noch eine Abmahnung erfolglos war, also keine Unterlassungserklärung abgegeben wurde, und auf Grund dessen der Unterlassungsanspruch mit Hilfe einer Unterlassungsklage durchgesetzt werden muss, die Abmahnpauschale zu erstatten. Nach der Rspr. des BGH vermindert sich die in einem der Abmahnung nachfolgenden gerichtlichen Verfahren anfallende Verfahrensgebühr durch die anteilige Anrechnung der vorgerichtlich aufgrund der Abmahnung entstandenen Geschäftsgebühr (BGH NJW 2008, 1323 – Anrechnung vorgerichtlicher Geschäftsgebühr), wobei es dem Kläger vorbehalten bleibt, ob er die volle Verfahrensgebühr festsetzen lässt und nur die verringerte Geschäftsgebühr für die Abmahnung geltend macht, oder umgekehrt. Für die Anrechnung ist es ohne Bedeutung, ob sie bereits beglichen ist. Im Hinblick darauf, dass Abmahnschreiben in wettbewerbsrechtlichen Streitigkeiten im Interesse des Mandanten verfasst werden, um die Verfahrenskosten möglichst gering zu halten, trägt der Wettbewerbsstörer grundsätzlich auch das Risiko, dass ihm die Abmahnung auf Grund von Unregelmäßigkeiten bei der Postbearbeitung bzw. Zustellung nicht zugeht. Die Kosten für das Abmahnschreiben sind einerseits als Schadensersatz (bei Verschulden des Verletzers) (vgl. BGH GRUR 2007, 631 – Abmahnaktion) wie auch nach der Rspr. entsprechend den Grundsätzen der Geschäftsführung ohne Auftrag vom Verletzer zu erstatten (zuletzt: BGH GRUR 2011, 754 – Kosten des Patentanwalts II).

4. Beweissicherungsverfahren mit Duldungsverfügung[1]

An das

Landgericht

– Patentkammer –[2]

Antrag auf Durchführung des selbstständigen Beweissicherungsverfahrens und auf Erlass einer einstweiligen Duldungsverfügung

der A-GmbH

– Antragstellerin[3] –

gegen

die B-AG . . . . . .

– Antragsgegnerin[4] –

wegen: Patentverletzung

Streitwert: – vorläufig geschätzt – . . . . . . EUR

Wir bestellen uns zu Verfahrensbevollmächtigten der Antragstellerin und beantragen – wegen besonderer Dringlichkeit und drohender Beweisvereitelung ohne vorherige Anhörung der Antragsgegnerin – wie folgt:

I.

Auf Antrag der Antragstellerin vom . . . . . . wird, da ein Rechtsstreit noch nicht anhängig ist und die Antragstellerin ein rechtliches Interesse daran hat, dass der Zustand einer Sache festgestellt wird, die Durchführung des selbstständigen Beweisverfahrens gemäß §§ 485 ff. ZPO angeordnet.

II.

1. Es soll durch Einholung eines schriftlichen Sachverständigengutachtens Beweis darüber erhoben werden, ob die in der Betriebsstätte der Antragsgegnerin (. . . . . .) befindlichen . . . . . . des Typs „. . . . . .“ dazu geeignet sind, das Verfahren nach Anspruch 1 des europäischen Patents . . . . . . auszuführen, welches durch die Kombination folgender Merkmale gekennzeichnet ist:
2. Zum Sachverständigen wird . . . . . . bestellt.[5]
3. Dem Sachverständigen wird – im Interesse der Wahrung etwaiger Betriebsgeheimnisse der Antragsgegnerin, die bei der Begutachtung zutage treten könnten – aufgegeben, jeden unmittelbaren Kontakt mit der Antragstellerin zu vermeiden und notwendige Korrespondenz entweder über das Gericht oder mit den nachfolgend unter III.1. bezeichneten anwaltlichen Vertretern der Antragstellerin zu führen. Der Sachverständige hat darüber hinaus auch gegenüber Dritten Verschwiegenheit zu wahren.
4. Auf Verlangen der Antragsgegnerin hat der Sachverständige die Begutachtung für die Dauer von maximal zwei Stunden zurückzustellen, um der Antragsgegnerin Gelegenheit zu geben, ihrerseits einen anwaltlichen Berater hinzuzuziehen. Der Sachverständige hat die Antragsgegnerin vor Beginn der Begutachtung auf dieses Antragsrecht hinzuweisen.
5. Die Begutachtung soll – wegen der besonderen Eilbedürftigkeit – ohne vorherige Ladung und Anhörung der Antragsgegnerin erfolgen.[6]

III.

Im Wege der einstweiligen Verfügung werden darüber hinaus folgende weitere Anordnungen getroffen:[7]

1. Neben dem Sachverständigen hat die Antragsgegnerin folgenden anwaltlichen Vertretern der Antragstellerin die Anwesenheit während der Begutachtung zu gestatten:
   - Patentanwalt . . . . . .,
   - Rechtsanwalt . . . . . .,
2. Patentanwalt . . . . . . und Rechtsanwalt . . . . . . werden verpflichtet, Tatsachen, die im Zuge des selbstständigen Beweisverfahrens zu ihrer Kenntnis gelangen und den Geschäftsbetrieb der Antragsgegnerin betreffen, geheim zu halten, und zwar auch gegenüber der Antragstellerin und deren Mitarbeitern.
3. Der Antragsgegnerin wird – mit sofortiger Wirkung und für die Dauer der Begutachtung – untersagt, eigenmächtig Veränderungen an den zu begutachtenden . . . . . . vorzunehmen, insb . . . . . .
4. Für jeden Fall der Zuwiderhandlung gegen das unter III.3. bezeichnete Verbot werden der Antragsgegnerin ein Ordnungsgeld bis zu 250.000 EUR – ersatzweise Ordnungshaft – oder eine Ordnungshaft bis zu 6 Monaten angedroht, wobei die Ordnungshaft an dem Geschäftsführer der Antragsgegnerin zu vollziehen ist.
5. Die Antragsgegnerin hat es zu dulden, dass der Sachverständige die zu begutachtenden Vorrichtungen in Augenschein nimmt und, sofern der Sachverständige dies für geboten hält, im laufenden Betrieb untersucht. Die Antragsgegnerin hat es ferner zu dulden, dass der Sachverständige zu Dokumentationszwecken Foto- oder Filmaufnahmen anfertigt und für seine Notizen ein Diktiergerät verwendet.
6. Soweit die Besichtigung dies erfordert, hat die Antragsgegnerin dem Sachverständigen, den teilnahmeberechtigten Anwälten der Antragstellerin und dem Gerichtsvollzieher Zutritt zu ihren Geschäftsräumen zu gewähren.

IV.

Nach Vorlage des schriftlichen Gutachtens wird die Antragsgegnerin Gelegenheit erhalten, zu etwaigen Geheimhaltungsinteressen, die auf ihrer Seite bestehen, Stellung zu nehmen. Die Kammer wird erst danach darüber entscheiden, ob der Antragstellerin das Gutachten zur Kenntnis gebracht wird.

V.

Die Durchführung des selbstständigen Beweisverfahrens ist davon abhängig, dass die Antragstellerin vorab einen Auslagenvorschuss von 10.000 EUR bei der Gerichtskasse in . . . . . . einzahlt.

VI.

Der Wert des Streitgegenstandes für das selbstständige Beweisverfahren wird auf 125.000 EUR festgesetzt, derjenige für das einstweilige Verfügungsverfahren auf 25.000 EUR.

VII.

Die Kosten des einstweiligen Verfügungsverfahrens trägt die Antragsgegnerin.

Begründung[8]

. . . . . .

Rechtsanwalt

Anmerkungen

1. Zum Zwecke der Sachverhaltsaufklärung und Beweissicherung kann der Patentinhaber bei vermuteter Patentverletzung gem. § 140c PatG die Vorlage von Urkunden oder die Besichtigung einer Sache gegenüber dem vermeintlichen Patentverletzer geltend machen. Der Besichtigungsanspruch kann sowohl in einem gerichtlichen Hauptsacheverfahren als auch in einem einstweiligen Verfügungsverfahren (§ 140c Abs. 3 PatG) geltend gemacht werden. Für die verfahrensrechtliche Durchsetzung hat sich in der Praxis das selbstständige Beweissicherungsverfahren (§§ 485 ff. ZPO) in Kombination mit einer einstweiligen Verfügung auf Duldung der Besichtigungsmaßnahme bewährt (*Kühnen* GRUR 2005, 185; *Kühnen* Mitt. 2009, 211). Diese Vorgehensweise ist vor allem dann interessant, wenn die Gefahr droht, dass in der Verfügungsgewalt des vermeintlichen Verletzers befindliches Beweismaterial beiseite geschafft wird. Nicht vorausgesetzt ist die Durchführung eines Hauptsacheverfahrens im Anschluss an das Beweissicherungsverfahren.

Der patentrechtliche Besichtigungs- und Vorlageanspruch gemäß § 140c PatG steht als lex specialis neben dem Besichtigungsanspruch gemäß § 809 BGB (OLG Düsseldorf GRUR 1983, 745 – Geheimhaltungs- und Besichtigungsanspruch; GRUR 2002, 1046 – Faxkarte; BGH GRUR 1985, 512 [514] – Druckbalken; zuletzt OLG Hamm GRUR-RR 2013, 306 – vorbereitender Besichtigungsanspruch).

§ 140c PatG wurde mit der Umsetzung der Richtlinie 2004/48/EG des Europäischen Parlaments und des Rates vom 29.4.2004 zur Durchsetzung der Rechte des geistigen Eigentums (ABl. EU L 195, S. 16) durch das am 1.9.2008 in Kraft getretene Gesetz zur Verbesserung der Durchsetzung von Rechten des geistigen Eigentums in das Patentgesetz aufgenommen. Durch diese Neuregelung – die der höchstsrichterlichen Rspr. zum Besichtigungsanspruch gem. § 809 BGB entspricht (vgl. zuletzt: BGH GRUR 2013, 316 – Rohrmuffe) – hat der Gesetzgeber die Voraussetzungen für die Geltendmachung des Besichtigungsanspruchs definiert und dabei den sich aus Art. 43 TRIPS ergebenden Verpflichtungen Rechnung getragen. Nach Art. 43 des TRIPS-Übereinkommens ist ausdrücklich vorgesehen, dass das Gericht dem Gegner einer in Beweisnot befindlichen Partei die Beibringung von Beweismitteln auferlegen kann, die sich in seinem Besitz befinden. Art. 50 des TRIPS-Übereinkommens entsprechend sind gemäß § 140c Abs. 3 PatG auch einstweilige Maßnahmen zur Durchsetzung des Besichtigungs- und Vorlageanspruchs vorgesehen.

2. Für die Beweisanordnung nebst Duldungsverfügung ist das Gericht der Hauptsache, bei dem ein Patentverletzungsverfahren bereits anhängig ist oder anhängig zu machen wäre, zuständig (§§ 486 Abs. 1, 2, 942 ZPO).

3. Anspruchsberechtigt ist jeder, der gem. § 139 PatG Ansprüche wegen Patentverletzung geltend machen kann.

4. Antragsgegner ist der mutmaßliche Patentverletzer, in dessen Verfügungsgewalt sich die zu besichtigende Sache oder vorzulegende Urkunde befindet.

5. Normalerweise werden Patentanwälte als Sachverständige eingesetzt. Es empfiehlt sich, in den Beweissicherungsantrag die durch den Sachverständigen auszuführenden Beweissicherungsmaßnahmen (zB Anfertigen von Fotografien oder Fotokopien, Inbetriebsetzen der Anlage) exakt zu definieren.

6. Der Beweissicherungsantrag kann zurückgenommen werden, wenn er nicht ohne mündliche Verhandlung erlassen werden kann.

7. Die einstweilige Duldungsanordnung durch das Landgericht ermächtigt weder den Sachverständigen noch die Anwälte, die Räume des Besichtigungsschuldners gegen dessen Willen zu betreten. Widersetzt sich der Besichtigungsschuldner, kann nach § 758a ZPO eine richterliche Durchsuchungsanordnung bei dem gem. §§ 758a Abs. 1, 802 ZPO ausschließlich zuständigen Amtsgericht, in dessen Bezirk die Durchsuchung erfolgen soll, erwirkt werden. Eine solche Durchsuchungsanordnung kann allerdings nicht im Voraus, sondern erst dann beantragt werden, nachdem der Besichtigungsschuldner dem Sachverständigen den Zutritt verweigert hat. Es empfiehlt sich daher, den Antrag auf richterliche Durchsuchungsanordnung vorzubereiten und, falls erforderlich, dem Amtsgericht zusammen mit dem Beweissicherungsbeschluss und der einstweiligen Duldungsanordnung des Landgerichts vorzulegen. Um den Zeitverlust möglichst gering zu halten, empfiehlt es sich ferner, das zuständige Amtsgericht ggf. telefonisch bereits vorab über den denkbaren Antrag auf Durchsuchungsanordnung und die Dringlichkeit der Angelegenheit zu informieren.

8. In der Antragsbegründung sind die Voraussetzungen des Besichtigungs- und Vorlageanspruchs gemäß § 140c PatG darzulegen. In gefestigter Rspr. des BGH hat der Antragssteller daher glaubhaft zu machen, dass (1.) ein gewisser Grad an Wahrscheinlichkeit für eine Patentverletzung vorliegt, (2.) die Besichtigung zur Aufklärung des Sachverhalts geeignet und erforderlich ist sowie (3.) diese Besichtigung auch unter Berücksichtigung der rechtlich geschützten Interessen des Antragsgegners verhältnismäßig und angemessen ist (vgl. BGH GRUR 2013, 316 (318) – Rohrmuffe). Glaubhaft zu machen ist in erster Linie die hinreichende Wahrscheinlichkeit einer Schutzrechtsbenutzung durch den Antragsgegner, wobei auch auf drohende Verletzungshandlungen abgestellt werden kann (vgl. BGH GRUR 1985, 512 – Druckbalken). Der Antragsteller hat darüber hinaus darzustellen, aus welchen Gründen die beantragten Beweissicherungsmaßnahmen erforderlich sind. Hier ist darzustellen, dass es derzeit keine anderen, einfacheren Möglichkeiten zur Sachaufklärung und Beweissicherung gibt, die objektiv gleichermaßen geeignet, dh aussagekräftig und verlässlich sind und dem Antragsgegner unter Berücksichtigung seiner Geheimhaltungsinteressen und des Wahrscheinlichkeitsgrades einer Patentverletzung zugemutet werden können.

5. Antrag auf Erlass einer einstweiligen Verfügung wegen Patentberühmung[1]

An das

Landgericht . . . . . .

– Kammer für Patentsachen –

. . . . .

Antrag auf Erlass einer einstweiligen Verfügung

der B-AG . . . .

– Antragstellerin –

gegen

die A-GmbH . . . .

– Antragsgegnerin –

wegen: unberechtigter Schutzrechtsverwarnung

Streitwert: – vorläufig geschätzt – EUR . . . . . .

Wir bestellen uns zu Verfahrensbevollmächtigten der Antragstellerin und beantragen:

I. Der Antragsgegnerin wird im Wege der einstweiligen Verfügung, der besonderen Dringlichkeit wegen ohne mündliche Verhandlung, untersagt, im geschäftlichen Verkehr zu Zwecken des Wettbewerbs zu behaupten
   1. die Antragsgegnerin sei Inhaberin des deutschen Patentes DE 20 007 betreffend eine Vorrichtung für das Schließen einer Fensteröffnung mittels eines Drahtgewebes
   2. die Antragstellerin verletze das deutsche Patent DE 20 007, insb.,
   wenn dies gegenüber Kunden der Antragstellerin nach Maßgabe des nachfolgend wiedergegebenen Schreibens der Antragsgegnerin an die C-GmbH vom geschieht.
   [An dieser Stelle wird der Wortlaut des genannten Schreibens wiedergegeben]

II. Der Antragsgegnerin wird für den Fall der Zuwiderhandlung Ordnungsgeld bis zu 250.000,– EUR – ersatzweise Ordnungshaft – oder Ordnungshaft bis zu 6 Monaten angedroht (§ 890 Abs. 1 S. 2 ZPO).

III. Die Kosten des Verfahrens werden der Antragsgegnerin auferlegt.

IV. Der Streitwert wird auf . . . . . . EUR festgesetzt.

Begründung:[2]

1. Die Antragstellerin hat auf der Messe „. . . . . .“ in . . . . . . vom . . . . . . bis . . . . . . ein Insektenschutzfenster unter der Bezeichnung „Moskito“ ausgestellt. Es handelt sich dabei um eine Vorrichtung für das Schließen von Fensteröffnungen mittels eines Drahtgewebes, um Insekten das Eindringen zu verwehren.
   Der Antragstellerin wurde während der Messe „. . . . . .“ das als Anlage A 1 beigefügte Verwarnungsschreiben vom . . . . . . zugestellt. Dieses Schreiben enthält die Behauptung, das von der Antragstellerin anlässlich der Messe „. . . . . .“ ausgestellte Insektenschutzfenster verletze das Patent der Antragsgegnerin DE 20 . . . . . . 007. In diesem

Schreiben wird darauf hingewiesen, dass verschiedene Kunden der Antragstellerin, darunter auch die C-GmbH, über die vermeintliche Patentverletzung informiert worden seien. Das als Anlage A 2 beigefügte Schreiben vom ...... an die C-GmbH enthält die eindeutige Aufforderung, das angebliche patentverletzende Insektenschutzfenster der Antragstellerin nicht weiter von dieser zu beziehen und zum Verkauf anzubieten.

2. Bei dem angeblichen Patent der Antragsgegnerin handelt es sich in Wahrheit lediglich um eine Patentanmeldung, die bis heute nicht zu einer Patenterteilung geführt hat.

   Glaubhaftmachung: Mitteilung des Deutschen Patentamtes vom ..... (Anlage A 3).

3. In ihrem Schreiben vom ....., das als Anlage A 4 überreicht wird, hat die Antragstellerin gegenüber der Antragsgegnerin klargestellt, dass auf Grund einer offengelegten Patentanmeldung, die noch nicht zu einer Patenterteilung geführt hat, weder Unterlassungs- noch Schadensersatzansprüche hergeleitet werden können. Das Schreiben enthält darüber hinaus den Hinweis darauf, dass die Unterlassungsaufforderung der Antragsgegnerin gegenüber der C-GmbH einen unzulässigen Eingriff in den Geschäftsbetrieb der Antragstellerin enthält. In diesem Schreiben wurde die Antragsgegnerin darüber hinaus aufgefordert, zu erklären, in Zukunft derartige Störungen des Geschäftsbetriebs der Antragstellerin auf Grund nicht bestehender Rechte zu unterlassen.
4. In dem als Anlage A 5 überreichten Schreiben der Antragsgegnerin vom ..... wiederholt die Antragsgegnerin ausdrücklich die im Schreiben vom ..... ausgesprochene Verwarnung und behält sich vor, weiterhin Kunden der Antragstellerin wegen Patentverletzung zu verwarnen. Die geforderte Unterlassungs- und Verpflichtungserklärung wurde nicht abgegeben.
5. Das Schreiben der Antragsgegnerin vom ..... an die C-GmbH enthält eine unberechtigte Schutzrechtsverwarnung und stellt darüber hinaus eine widerrechtliche Patentberühmung dar, die das Recht der Antragstellerin am eingerichteten und ausgeübten Gewerbebetrieb verletzt.
   Bei dem angeblichen Patent der Antragsgegnerin handelt es sich um eine bloße Patentanmeldung. Die Antragsgegnerin hat demnach in ihren Schreiben vom ..... bzw. ..... an die Antragstellerin bzw. in ihrem Schreiben vom an die C-GmbH eine Patentverwarnung ausgesprochen, ohne darauf hinzuweisen, dass die Verwarnung nicht auf ein erteiltes Patent, sondern nur auf eine Patentanmeldung gestützt war. Zum Zeitpunkt der Verwarnungen konnten aus dieser Patentanmeldung weder patentrechtliche Unterlassungsansprüche noch Schadensersatzansprüche hergeleitet werden. Der Inhalt des Schreibens ist vielmehr ferner als widerrechtliche Patentberühmung zu verstehen.
6. Es besteht Wiederholungsgefahr. Dies ergibt sich insbesondere daraus, dass die Antragsgegnerin selbst in ihrem Schreiben vom ..... ankündigt, weitere Kunden der Antragstellerin über eine angebliche Patentverletzung zu informieren.
7. Das Landgericht ..... ist örtlich zuständig.

(Rechtsanwalt)

Anmerkungen

1. Der Schutzrechtsinhaber darf mit der Patentierung werben (vgl. Benkard/Ullmann/Deichfuß PatG § 146 Rn. 19; ff. grundlegend: BGH GRUR 1985, 520 – Konterhauben-Schrumpfsystem). Ist das Patent erteilt, ist nicht mehr zu prüfen, ob dies zu Recht geschehen ist. Die Werbung ist auch zulässig, wenn gegen das Patent noch Rechtsmittel eingelegt werden können. Die Werbung ist sogar zulässig, nachdem ein Patent erstinstanzlich widerrufen wurde, solange die Entscheidung nicht rechtskräftig ist und auf den erstinstanzlichen Widerruf ausreichend hingewiesen wird (vgl. LG Düsseldorf InstGE 8, 1 – Medienlift). Vor Erteilung eines Patents darf nicht mit dem Hinweis auf ein bereits erteiltes Patent geworben werden, auch wenn der Werbende bereits ein Geschmacksmuster besitzt (vgl. OLG Düsseldorf GRUR 1978, 437). Grundsätzlich darf nach Erlöschen des Patents nicht mehr auf einen Patentschutz hingewiesen werden (vgl. BGH GRUR 1984, 741 – PATENTED). Auf die nach § 31 Abs. 2 Nr. 2 PatG offengelegte Patentanmeldung kann mit „Patent angemeldet" hingewiesen werden (Benkard/Ullmann/Deichfuß PatG § 146 Rn. 35; aA noch: LG Düsseldorf GRUR 1973, 148). Die Werbung mit der Patentanmeldung vor deren Offenlegung oder mit einer nicht eingetragenen Gebrauchsmusteranmeldung ist unzulässig, da diese keinerlei Schutzwirkungen entfalten und eine wettbewerbliche Herausstellung nicht rechtfertigen (näher dazu: *Bornkamm* GRUR 2009, 227). Bei Gebrauchsmustern sind Hinweise wie „Musterschutz", „Gebrauchsmusterschutz", „Geschütztes Muster", „DBGM" zulässig, sofern die Musteranmeldung eingetragen ist. Wer sich zu Unrecht eines Patents oder eines Gebrauchsmusters berühmt hat, haftet nicht nur auf Unterlassung, sondern bei Verschulden auch auf Schadensersatz wegen irreführender Werbung gem. §§ 1, 3, 5, 9 UWG (vgl. BGH GRUR 2005, 882 – unberechtigte Schutzrechtsverwarnung).

2. Einstweilige Verfügungen auf Unterlassung unberechtigter Verwarnungen wegen Patent- und Gebrauchsmusterverletzungen sind zulässig und kommen in der Praxis regelmäßig vor. Die unberechtigte Verwarnung aus einem nicht erteilten bzw. unwirksamen Schutzrecht stellt einen Eingriff in den eingerichteten und ausgeübten Gewerbebetrieb nach § 823 Abs. 1 BGB dar. Nach allg. Rechtsgrundsätzen muss der Antragsgegner im zweiseitigen Verfügungsverfahren glaubhaft machen, dass der Antragsteller das Schutzrecht verletzt. Regelmäßig ausgeschlossen ist der Widerruf einer Abnehmerverwarnung im Wege des einstweiligen Verfügungsverfahrens (vgl. Berneke, Rn. 428).

Besondere Vorsicht ist bei Werbung mit Gebrauchsmusterschutz geboten. Derjenige, der sich im geschäftlichen Verkehr berühmt, ein von ihm vertriebenes Produkt sei als Gebrauchsmuster gesetzlich geschützt, darf diese Werbebehauptung nicht leichtfertig, dh gewissermaßen „ins Blaue" hinein aufstellen, sondern muss sich sorgfältig vergewissern, dass ein Gebrauchsmusterschutz wahrscheinlich ist, indem er zB eine Recherche durchführen lässt und sich zB durch einen Patentanwalt beraten lässt, sofern er selbst zur Beurteilung der Schutzrechtslage nicht ausreichend kundig ist. Jedenfalls dann, wenn eine derartige Überprüfung ergibt, dass das Gebrauchsmuster schutzunfähig ist, weil neuheitsschädlicher Stand der Technik ermittelt worden ist, oder doch angesichts des ermittelnden Standes der Technik ein erfinderischer Überschuss offensichtlich nicht mehr vorhanden ist, darf mit einem bestehenden Gebrauchsmusterschutz nicht geworben werden (vgl. OLG Düsseldorf GRUR 1984, 883 – Irreführende Gebrauchsmusterberühmung; NJWE-WettbR 2000, 131 – Schaukelpferd).

6. Antrag auf Erlass einer einstweiligen Verfügung wegen Patentverletzung[1]

An das

Landgericht

– Patentkammer[2] –

Antrag auf Erlass einer einstweiligen Verfügung

der A-GmbH

– Antragstellerin –

Verfahrensbevollmächtigte: Rechtsanwälte . . . . . .

Mitwirkend: Patentanwälte . . . . . .

gegen

die B-AG

– Antragsgegnerin –

wegen: Patentverletzung

Streitwert: – vorläufig geschätzt – . . . . . . EUR

Wir bestellen uns zu Verfahrensbevollmächtigten der Antragstellerin und beantragen:

I. Der Antragsgegnerin wird es bei Meidung eines für jeden Fall der Zuwiderhandlung fälligen Ordnungsgeldes bis zu 250.000 EUR – ersatzweise Ordnungshaft – oder Ordnungshaft bis zu sechs Monaten, im Wiederholungsfalle Ordnungshaft bis zu zwei Jahren, wobei die Ordnungshaft an ihrem jeweiligen Vorstand zu vollziehen ist, der besonderen Dringlichkeit wegen ohne mündliche Verhandlung, untersagt,[3]

in der Bundesrepublik Deutschland Rollgardinen zum Schutz gegen Insekten mit einem rechteckigen Drahtgewebe, das in Höhe und Breite die Tür- bzw. Fensteröffnung untersagt, wobei das Drahtgewebe an einem Aufrollschaft befestigt ist, um den es sich ein- und ausrollt, herzustellen, anzubieten, in den Verkehr zu bringen oder zu gebrauchen oder zu genannten Zwecken entweder einzuführen oder zu besitzen, bei denen der Aufrollschaft senkrecht am Tür- bzw. Fensterrahmen angebracht ist und am oberen und unteren Geweberand Führungsschienen vorgesehen sind, die im oberen und unteren Teil des Fensterrahmens befestigt sind.

II. Die Antragsgegnerin hat sämtliche in ihrem Besitz befindlichen Rollgardinen nach Maßgabe der Ziff. I. an einen Gerichtsvollzieher zum Zwecke der Verwahrung bis zu ihrer Vernichtung herauszugeben;[4]

III. Die Antragsgegnerin hat der Antragstellerin Auskunft über Herkunft und Vertriebsweg der Rollgardinen gemäß Ziff. I. zu erteilen, durch Angabe der Namen und Anschriften der Hersteller, Lieferanten und anderer Vorbesitzer sowie aller gewerblichen Abnehmer, Auftraggeber und Verkaufsstellen sowie über die Mengen der hergestellten, ausgelieferten, erhaltenen oder bestellten Rollgardinen.[5]

IV. Die Antragstellerin wird ermächtigt, die auf der Messe ausgestellte Vorrichtung gemäß Ziff. I. durch einen von der Antragstellering zu beauftragenden Gerichtsvollzieher derart abdecken zu lassen, dass die Ziff. I. bezeichneten Merkmale nicht mehr zu sehen sind.[6]

V. Die Kosten des Verfahrens werden der Antragsgegnerin auferlegt.

Begründung:[7]

1. Die Antragstellerin ist ausschließliche und allein verfügungsberechtigte Inhaberin des deutschen Patentes DE 20 007 (Anlage A 1), betreffend eine Vorrichtung für das Schließen einer Fensteröffnung mittels eines Drahtgewebes. Die dem Patent zugrundeliegende Erfindung wurde am angemeldet. Die Patentanmeldung wurde am offengelegt. Die Veröffentlichung der Patenterteilung erfolgte am Das Verfügungspatent steht in Kraft. Der gegen das Verfügungspatent erhobene Einspruch wurde mit Beschluss des Deutschen Patentamts vom . . . . . . zurückgewiesen, sodass keine Zweifel an der Rechtsbeständigkeit des Schutzrechts bestehen.
2. Das Verfügungspatent betrifft eine Vorrichtung für das Schließen einer Fensteröffnung mittels eines Drahtgewebes, um Insekten das Eindringen zu verwehren. Fenstervor-

sätze aus Drahtgewebe zur Insektenabwehr sind seit langem bekannt. Sie wurden entweder mit Latten oder vor dem Fenster in Form von Rollläden mittels einer Stange am oberen Sims des Fensterrahmens befestigt, sodass sie von oben nach unten geschlossen und von unten nach oben geöffnet werden konnten. Ausgestaltung und Funktionsweise der im Verfügungspatent als bekannt bezeichneten Vorrichtung ergeben sich aus der deutschen Patentschrift DE (Anlage A 2) sowie aus der deutschen Offenlegungsschrift OS Anlage A 3). Die Verfügungspatentschrift sieht die Nachteile der im Stand der Technik beschriebenen Konstruktionen in Form von auf- und abwärtsbewegbaren Rollgardinen darin, dass sie zum einen für Fensterrahmen und nicht für Türöffnungen geeignet seien, da sie an der Türöffnung zB der Küche oder eines Schuppens den Durchgang zu stark behinderten, und zum anderen nicht vollständig abschließen würden, sodass Insekten trotzdem eindringen könnten.

3. Vor diesem Hintergrund bezeichnet es das Verfügungspatent als Aufgabe, eine Vorrichtung zu schaffen, bei der der Rollmechanismus nicht horizontal am oberen Rand des Fensters hängt, sondern vertikal in der Türöffnung steht und horizontal ausgezogen wird.
4. Zur Lösung dieser Aufgabe schützt das Verfügungspatent eine Vorrichtung, bei der ein Aufrollschaft, von dem sich das Drahtgewebe abrollen lässt, an dem senkrechten Pfosten der Türöffnung befestigt wird. Die hiernach zu definierenden Merkmale des einzigen Patentanspruchs des Verfügungspatentes lauten:
   1. Rollgardine zum Schutz gegen Insekten
   2. mit einem rechteckigen Drahtgewebe, das in Höhe und Breite die Tür- bzw. Fensteröffnung überragt,
   3. das Drahtgewebe ist an einem Aufrollschaft befestigt, um den es sich ein- und ausrollt,
   4. der Aufrollschaft ist senkrecht am Tür- bzw. Fensterrahmen angebracht,
   5. am oberen und unteren Geweberand sind Führungsschienen vorgesehen, die im oberen und unteren Teil des Fensterrahmens befestigt sind.

   Eine Merkmalsanalyse wird zur Erleichterung der Übersicht getrennt als Anlage A 4 beigefügt. Der Vorteil dieser Vorrichtung wird in Spalte 1, Zeile 47 ff. des Verfügungspatentes beschrieben. Danach ist die beschriebene Vorrichtung nicht nur für Fensterrahmen, sondern auch für Türöffnungen geeignet. Sie kann an alle Tür- und Fensteröffnungen angepasst werden. Das rahmengeführte Drahtgewebe kann darüber hinaus in jeder gewünschten Position festgehalten werden. Wegen der weiteren Einzelheiten kann auf die Beschreibung in der Patentschrift verwiesen werden, die in sich verständlich ist.
5. Die Antragstellerin hat davon Kenntnis erlangt, dass die Antragsgegnerin auf der derzeit in . . . . . . veranstalteten Messe „. . . . . . " Insektenschutzfenster und -türen unter der Bezeichnung „Moskito" ausstellt und zum Verkauf anbietet.

   Glaubhaftmachung: Eidesstattliche Versicherung eines Mitarbeiters der Antragstellerin vom . . . . . ., vorgelegt als Anlage A 5.

   Es handelt sich dabei um horizontal ausziehbare Drahtgewebe, die mit einem vertikal verlaufenden Aufrollschaft verbunden sind. Entlang des oberen und unteren Geweberandes sind Führungsschienen vorgesehen, die im Fenster- bzw. Türrahmen befestigt werden. Die Ausgestaltung des angegriffenen Insektenschutzfensters „Moskito" ergibt sich aus dem als Anlage A 6 beigefügten Neuheiten-Prospekt.
6. Die angegriffene Vorrichtung verwirklicht die Merkmale des Verfügungsschutzrechtes wortlautgemäß.

   Es handelt sich um eine Rollgardine zum Schutz gegen Insekten (Merkmal 1 der Merkmalsanalyse). Vorhanden ist ein aufrollbares Drahtgewebe, das in Höhe und Breite die Tür- bzw. Fensteröffnung überragt (Merkmal 2 der Merkmalsanalyse). Das

Drahtgewebe ist an einem Aufrollschaft befestigt, um den es sich ein- und ausrollt (Merkmal 3 der Merkmalsanalyse). Der Aufrollschaft ist senkrecht am Tür- bzw. Fensterrahmen angebracht (Merkmal 4 der Merkmalsanalyse). Entlang des oberen und unteren Geweberandes sind Führungsschienen vorgesehen, die im Fensterrahmen befestigt sind (Merkmal 5 der Merkmalsanalyse).
Bei der von der Antragsgegnerin ausgestellten Rollgardine sind demnach sämtliche Merkmale des Hauptanspruchs des Verfügungspatentes wortlautgemäß erfüllt. Zur Glaubhaftmachung vorliegender Patentverletzung überreichen wir ein Gutachten des Sachverständigen Herrn . . . . . . als Anlage A 7.

7. Der Antragsgegnerin wurde während der Messe das als Anlage A 8 beigefügte Abmahnschreiben vom . . . . . . zugestellt. Dieses Schreiben enthält die eindeutige Aufforderung, das patentverletzende Insektenschutzfenster „Moskito" von dem Messestand zu entfernen. In ihrem Schreiben vom . . . . . ., das als Anlage A 9 überreicht wird, hat die Antragsgegnerin das Vorliegen einer Patentverletzung bestritten und eindeutig erklärt, das angegriffene Insektenschutzfenster weiterhin auf der Messe auszustellen und anzubieten. Die Antragstellerin ist unverzüglich gegen die Patentverletzung vorgegangen, sodass keine Zweifel an der Dringlichkeit bestehen.
8. Der mit dem Verfügungsantrag gemäß Ziff. I. geltend gemachte Unterlassungsanspruch findet seine rechtliche Begründung in § 139 Abs. 1 PatG iVm § 9 PatG. Die von der Antragsgegnerin hergestellte und auf der Messe in . . . . . . ausgestellte Vorrichtung verwirklicht wortlautgemäß sämtliche Merkmale des Verfügungspatentes. Der im Verfügungsantrag gemäß Ziff. II. geltend gemachte Herausgabeanspruch zum Zwecke der Sicherung des Vernichtungsanspruchs beruht auf § 1004 BGB und § 140a PatG. Der mit dem Verfügungsantrag gemäß Ziff. III. geltend gemachte Auskunftsanspruch beruht auf § 140b PatG.
9. Die Zuständigkeit des angerufenen Gerichts ergibt sich daraus, dass es sich um eine Patentverletzungsstreitigkeit handelt und die Antragsgegnerin auf der Messe „. . . . . ." in . . . . . . die angegriffene Verletzungsform ausstellt und anbietet.

(Rechtsanwalt)

Anmerkungen

1. Die Möglichkeit, eine schnelle Gerichtsentscheidung und damit die Unterbindung patentverletzender Handlungen in kürzester Zeit zu erreichen, macht die einstweilige Verfügung in Patentsachen zu einem attraktiven und mehr und mehr gefragten Rechtsschutzinstrument. Geblieben ist allerdings die Zurückhaltung in der gerichtlichen Erlasspraxis. Dies ist darauf zurückzuführen, dass eine zuverlässige Beurteilung der Verletzungsfrage wegen der Kompliziertheit der technischen Zusammenhänge häufig im Eilverfahren nicht möglich ist. Dies gilt umso mehr, als das Gericht im summarischen Verfahren der einstweiligen Verfügung keinen Sachverständigen bestellen kann, sondern auf die von den Parteien beigebrachten Glaubhaftmachungsmittel (zu denen aber auch ein privates Sachverständigengutachten gehören kann; vgl. OLG Düsseldorf GRUR Int. 1990, 471 – Epilady I) angewiesen ist (vgl. OLG Karlsruhe GRUR 1982, 169 – Einhebel-Mischarmatur).

Die ZPO enthält in den Vorschriften der §§ 935 ff. ZPO allg. Bestimmungen darüber, wann einstweilige Verfügungen erlassen werden können. Für Patentverletzungen kommt in erster Linie § 940 ZPO in Betracht. Es besteht für die Antragstellung kein Anwaltszwang. Dieser entsteht erst bei Durchführung einer mündlichen Verhandlung. Die Durchführung einer mündlichen Verhandlung ist gemäß § 937 Abs. 2 ZPO nicht zwingend erforderlich. Bei Ablehnung des Verfügungsantrags ohne mündliche Verhandlung ergeht die Entscheidung regelmäßig ohne dass die Gegenseite über den Verfügungsantrag in Kenntnis gesetzt wird. Der Erlass der begehrten Verfügung im ex parte-Verfahren (dh ohne Anhörung der gegnerischen Partei) ist nach der Rspr. des Bundesverfassungsgerichts zur „prozessualen Waffengleichheit" grds. ausgeschlossen und nur ausnahmsweise möglich, wenn durch eine Anhörung des Verfügungsverfahrens vollkommen vereitelt wurde (BVerfG NJW 2020, 2021; NJW 2018, 3631). In Patentverletzungsstreitigkeiten findet daher regelmäßig eine mündliche Verhandlung über den gestellten Antrag statt, weil die Beurteilung des rechtlich und technisch oft schwierigen Sachverhaltes am besten im Rahmen einer mündlichen Erörterung erfolgen kann. Die Durchführung eines nachfolgenden Hauptverfahrens ist nicht vorgeschrieben. Der Antragsgegner hat aber gemäß § 926 ZPO die Möglichkeit, dem Antragsteller eine Frist zur Erhebung der Hauptsacheklage setzen zu lassen. Das Gericht kann den Erlass einer einstweiligen Verfügung gemäß §§ 936, 925 ZPO davon abhängig machen, dass der Antragsteller Sicherheit leistet und so die Interessen des Antragsgegners geschützt werden. Nach § 937 Abs. 1 ZPO ist für den Antrag auf Erlass einer einstweiligen Verfügung das Gericht der Hauptsache zuständig, also jedes Gericht, bei dem eine auf Unterlassung gerichtete Hauptsacheklage anhängig gemacht werden kann. Soweit bereits Hauptsacheklage erhoben ist, ist für den Erlass der einstweiligen Verfügung das bereits angerufene Hauptsachegericht ausschließlich zuständig (§ 937 ZPO). Die Erhebung einer negativen Feststellungsklage begründet keine ausschließliche Zuständigkeit des Gerichts nach § 937 Abs. 1 ZPO für den nach Einreichung der negativen Feststellungsklage angebrachten Antrag auf Erlass einer einstweiligen Verfügung (LG Düsseldorf GRUR 2000, 611 – UNDERGROUND).

Der Antragsteller hat – ohne dass es auf sein Verschulden ankäme – gem. § 945 ZPO Schadensersatz zu leisten, wenn die einstweilige Verfügung von Anfang an ungerechtfertigt war oder wenn die einstweilige Verfügung im Widerspruchsverfahren oder wegen fehlender Vollziehung aufgehoben wurde. Die ungerechtfertigte Anordnung muss von Anfang an, also zurzeit des Erlasses der einstweiligen Verfügung, vorgelegen haben. Diese Voraussetzung liegt bspw. dann vor, wenn das Patent rückwirkend widerrufen oder für nichtig erklärt wird. Der Antragsteller hat dem Antragsgegner auch solche Aufwendungen zu ersetzen, die erforderlich waren, um die Schadensfolgen der zu Unrecht erlassenen einstweiligen Verfügung abzuwenden oder zu mindern. Hierunter können auch Kosten für Werbemaßnahmen fallen (vgl. zu einstweiligen Verfügungen im Zusammenhang mit Patentverletzungen *v.* Falck, Mitt. 2002, 429; Schultz-Süchting, GRUR 1988, 571; Brinks/Fritze, GRUR Int. 1987, 133; Brinkhof, GRUR Int. 1993, 387; Meier-Beck, GRUR 1988, 861; Klaka, GRUR 1979, 593).

2. In Deutschland bestehen 12, jeweils an Landgerichten angesiedelte Patentstreitkammern: Landgerichte München I, Nürnberg, Mannheim, Frankfurt, Saarbrücken, Erfurt, Leipzig, Magdeburg, Düsseldorf, Braunschweig, Berlin und Hamburg.

3. In Betracht kommt in erster Linie der Erlass einer einstweiligen Verfügung auf Unterlassung. Einstweilige Verfügungen auf Leistung von Schadensersatz oder Entschädigung, Bereicherungsausgleich oder auf Rechnungslegung zur Vorbereitung solcher Ansprüche sowie Ansprüche auf Rückruf und Entfernen aus den Vertriebswegen kommen grundsätzlich nicht in Betracht (OLG Hamburg GRUR-RR 2007, 29 – Cerebro Card). Die Sicherung von Vernichtungsansprüchen ist durch Sequestration möglich (zum Auskunftsanspruch über Herkunft und Vertriebsweg von schutzrechtsverletzenden Gegenständen → Anm. 5).

4. Der Herausgabeanspruch beruht auf der Pflicht der Antragsgegnerin, den durch die Patentverletzung hervorgerufenen Störungszustand zu beseitigen (§ 1004 BGB). Durch die Bereithaltung der Verletzungsform zwecks Auslieferung an Großhändler und Vertriebsfirmen besteht ein rechtswidriger Störungszustand, der die Antragstellerin unmittelbar bedroht. Soweit darüber hinaus Anhaltspunkte für eine Fortsetzung der Patentverletzung mit den im Besitz der Antragsgegnerin befindlichen Vorrichtungen bestehen, kann sich der Sequestrationsanspruch außerdem aus § 140a PatG ergeben.

5. In Fällen offensichtlicher Patentverletzung kann die Verpflichtung zur Erteilung der Auskunft gemäß § 140b Abs. 7 PatG im Wege der einstweiligen Verfügung angeordnet werden. Die Patentverletzung ist „offensichtlich", wenn eine Fehlentscheidung oder eine andere Beurteilung im Rahmen richterlichen Ermessens, und damit eine ungerechtfertigte Belastung des Antragsgegners kaum möglich ist (OLG Hamburg InstGE 8, 11 – Transglutaminase; OLG Düsseldorf GRUR 1993, 818 (821) – Mehrfachkleiderbügel). Die restriktive Handhabung der im Wege der einstweiligen Verfügung angeordneten Auskunftspflicht dient dem Schutz des Antragsgegners, der seinem Wettbewerber unwiderrufliche Informationen über Vertriebswege des benutzten Erzeugnisses zu erteilen hat, obwohl sich der geltend gemachte Patentverletzungsanspruch in einem nachfolgenden Hauptsacheverfahren als unbegründet herausstellt. Es ist daher möglich, dass auf Grundlage der vorgenommenen Interessenabwägung eine Unterlassungsverfügung erlassen wird, aber auf Grund fehlender „Offensichtlichkeit" der Patentverletzung, der Antrag auf Auskunft im Verfügungsverfahren zurückgewiesen wird (*von Falck* Mitt. 2002, 429 [436]).

6. Insbesondere bei Eilmaßnahmen während Messen und Verkaufsausstellungen würde der Unterlassungsanspruch ins Leere laufen, wenn er erst nach Beendigung der Messe gem. § 890 ZPO durchgesetzt werden müsste (vgl. TRIPS Art. 46 50 Abs. 2). Dies gilt insbesondere für die Werbung mit patentverletzenden Ausstellungsstücken auf der Messe. In Betracht kommt auch der Antrag, dem Antragsgegner aufzugeben, die patentverletzende Vorrichtung für die Dauer der Messe auf seine Kosten an einen Gerichtsvollzieher herauszugeben (LG Düsseldorf Beschl. v. 18.2.2005 – 4a O 73/05).

Vollzieht der Patentinhaber eine einstweilige Unterlassungsverfügung wegen Patentverletzung und ist der Antragsgegner infolgedessen gezwungen, die streitige Vorrichtung von seinem Messestand zu entfernen oder sie abzudecken, so stellen dessen Aufwendungen für die Errichtung und Unterhaltung des Messestandes nach der Rspr. des LG Düsseldorf (InstGE 2, 157 – Dünnbramme II) nicht ohne Weiteres einen nach § 945 ZPO ersatzfähigen Schaden dar.

7. Der Anspruch setzt das Bestehen eines Patentes voraus, dessen Rechtsbeständigkeit – soweit möglich – glaubhaft gemacht werden muss (OLG Braunschweig GRUR 2012, 377 – Scharniere auf Hannovermesse). Patente, die bereits erfolgreich ein Einspruchs- oder Nichtigkeitsverfahren überstanden haben, können diese Voraussetzungen eher erfüllen als Patente, die eine derartige weitere Überprüfung nicht erfahren haben (vgl. OLG Düsseldorf InstGE 12, 114 – Harnkatheterset). Letztere scheiden nach Rspr. der meisten Gerichte regelmäßig als Grundlage für den Erlass einer einstweiligen Verfügung aus. Gegebenenfalls muss der Antragsteller dem Gericht weiteren als in der Patentschrift selbst angegebenen Stand der Technik vorlegen und die Schutzfähigkeit glaubhaft machen. Weitere Gesichtspunkte, wie beispielsweise eine breite Auslizensierung des Verfügungspatents können für dessen Schutzfähigkeit sprechen.

Des Weiteren bedarf es einer Glaubhaftmachung des Verletzungstatbestandes, die eine Beurteilung des Schutzbereiches, des Standes der Technik, sowie der Verletzungsform im summarischen Verfahren ermöglicht (Verfügungsanspruch). Die Verletzung muss folglich ausreichend wahrscheinlich sein. Bei schwierigen technischen Fragen empfiehlt es sich daher, ein Privatgutachten vorzulegen. Die Einholung eines gerichtlichen Sachverständigengutachtens kommt regelmäßig nicht in Betracht. Bei nicht identischen Verletzungen kann dieser Nachweis je nach technischem Gebiet unter Umständen schwierig werden. Bei äquivalenten Verletzungsformen muss sich die Äquivalenz auch für das Gericht deutlich ergeben.

Eilmaßnahmen auf Unterlassung einer Patentverletzung dürfen nur zur Abwendung wesentlicher Nachteile und bei besonderer Dringlichkeit (Verfügungsgrund) erlassen werden. Der Antragsteller muss die Dringlichkeit begründenden Tatsachen darlegen und glaubhaft machen. Ein Vorgehen im Eilverfahren scheidet deshalb von vornherein aus, wenn der Antragsteller durch Zuwarten mit der Rechtsverfolgung zu erkennen gegeben hat, dass die Sache ihm selbst nicht dringlich ist. In jedem Fall ist dem Antragsteller aber genügend Zeit zur Prüfung der Sach- und Rechtslage und zur Beschaffung der notwendigen Glaubhaftmachungsmittel zu lassen (vgl. OLG Düsseldorf GRUR-RR 2013, 236 – Flupirtin-Maleat). Nicht Dringlichkeitsschädlich ist das Zuwarten des Patentinhabers trotz Kenntnis des Verletzungsgegenstands bis das Patent in einem laufenden Einspruchsverfahren aufrecht erhalten worden ist (OLG Düsseldorf InstGE 10, 124 – Inhalator) In der Gerichtspraxis bestehen bezüglich des Zeitrahmens erhebliche Unterschiede zwischen den verschiedenen Patentstreitkammern. Dies gilt auch für die Frage, ob der Zeitaufwand für Vergleichsverhandlungen nach Aufdecken der Patentverletzung die Dringlichkeit beseitigen kann (so OLG München InstGE 3, 301 – Fälschungsverdacht II; ähnlich: OLG Köln GRUR-RR 2010, 448 – Dringlichkeit). Die Dringlichkeitsvermutung gemäß § 12 Abs. 2 UWG ist im Patentverletzungsprozess nach hM nicht anwendbar (OLG Düsseldorf GRUR 1994, 508 – Vollstreckungsverzicht im Eilverfahren).

Für die Beurteilung des Verfügungsgrundes sind die Interessen des Antragstellers an der Unterlassung der Patentverletzung ggü. den wirtschaftlichen Nachteilen einer Verfügung für den Verletzer abzuwägen (LG Düsseldorf GRUR 2000, 692(697) – NMR – Kontrastmittel; GRUR 2002, 157 (160) – HIV – Immunoassays).

Allein der Umstand, dass der Antragsteller seine Ansprüche momentan nicht im Hauptsacheverfahren durchsetzen kann – etwa weil er hier durch eine im Ausland erhobene negative Feststellungsklage gem. Art. 29 VO (EG) Nr. 1215/2012 (vormals Art. 27 VO (EG) Nr. 44/2001) blockiert ist („Torpedo“) –, rechtfertigt es für sich nicht, eine einstweilige Unterlassungsverfügung zu erlassen (LG Düsseldorf GRUR 2000, 692 – NMR-Kontrastmittel).

Sowohl der Anspruch als auch die Dringlichkeit sind glaubhaft zu machen (§ 294 ZPO); sie bedürfen nicht des vollen Beweises. Den Antragsteller trifft die Obliegenheit einer umfassenden Darlegung, die aus sich heraus überzeugen muss.

Zu beachten ist ferner die neuste Rechtsprechung des Bundesverfassungsgericht (BVerfG NJW 2018, 3631), wonach eine stattgebende Entscheidung in Bezug auf den Antrag auf Erlass einer einstweiligen Verfügung grundsätzlich nur in Betracht kommt, wenn die Antragsgegnerin zuvor die Möglichkeit hatte, auf das mit dem Antrag geltend gemachte Vorbringen zu erwidern. Dabei kann, je nach den Umständen des Einzelfalls, nach Art und Zeitpunkt der Gehörsgewährung differenziert werden (BVerfG NJW 2018, 3631 Rn. 19, 21).

Unter bestimmten Voraussetzungen kann es dabei sogar genügen, wenn der Antragsgegnerin die Möglichkeit gegeben wurde, auf eine erfolgte Abmahnung hin zu erwidern (BVerfG NJW 2018, 3631 Rn. 23 f.). Insofern kommt einer detaillierten Abmahnung für den Erlass einer „ex-parte“ Verfügung besondere Bedeutung zu.

7. Abschlussschreiben[1]

Einschreiben/Rückschein

An die

B-AG

A ./. B

Sehr geehrte Damen und Herren,[1]

namens und im Auftrag unserer Mandantin haben wir Ihnen das Folgende mitzuteilen:

Im Auftrag unserer Mandantin haben wir beim Landgericht . . . . . . eine einstweilige Verfügung beantragt. Dem Antrag auf Erlass einer einstweiligen Verfügung wurde durch Beschluss des Landgerichts . . . . . . vom . . . . . . (Az. . . . . . .) stattgegeben.

Bei der erlassenen Beschlussverfügung des Landgerichts . . . . . . handelt es sich um eine vorläufige Regelung, durch die weder die Wiederholungsgefahr für den Unterlassungsanspruch noch das Rechtsschutzbedürfnis für die Erhebung einer Hauptsacheklage beseitigt wird. Darüber hinaus wird weder durch den Antrag auf Erlass der einstweiligen Verfügung noch durch ihren Erlass die Verjährung des Hauptsacheanspruchs auf Schadensersatz unterbrochen.

Durch das Verhalten Ihres Unternehmens ist unserer Mandantin ein Schaden entstanden, sodass unserer Mandantin neben dem Unterlassungsanspruch auch noch Schadensersatzansprüche zustehen. Unsere Mandantin kennt den Umfang der patentverletzenden Nutzungshandlungen nicht. Ihr Unternehmen ist deshalb verpflichtet, unserer Mandantin in geeigneter Weise Rechnung zu legen, damit diese die ihr zustehenden Schadensersatzansprüche beziffern kann.

Zur Vermeidung einer entsprechenden Hauptsacheklage, mit der die Unterlassungs-, Schadensersatz- und Rechnungslegungsansprüche geltend gemacht werden, haben wir Sie namens und im Auftrag unserer Mandantin aufzufordern, rechtsverbindlich die nachfolgende Abschlusserklärung abzugeben:

1. Die B-AG erklärt gegenüber der A-GmbH, dass sie die am . . . . . . ergangene einstweilige Verfügung des Landgerichts . . . . . . (Az. . . . . . .), als endgültige, materiell-rechtlich verbindliche Regelung anerkennt.[2]
2. Die B-AG verzichtet gegenüber der A-GmbH auf die Einrede der Verjährung, auf die Rechtsbehelfe der §§ 926, 927 ZPO sowie auf die Einlegung eines Widerspruchs gemäß § 924 ZPO.[3]
3. Die B-AG verpflichtet sich, der A-GmbH allen Schaden zu ersetzen, der dieser durch die im Tenor der Beschlussverfügung des Landgerichts . . . . . . vom . . . . . . (Az. . . . . . .) bezeichneten Handlungen entstanden ist und künftig noch entstehen wird.[4]
4. Die B-AG verpflichtet sich, der A-GmbH darüber Rechnung zu legen, in welchem Umfang sie die im Tenor der Beschlussverfügung bezeichneten Handlungen begangen hat.
5. Die B-AG verpflichtet sich, der A-GmbH die Kosten zu erstatten, die dieser auf der Grundlage eines Gegenstandwerts von . . . . . . durch die Einschaltung ihrer Rechts- und Patentanwälte für das Abschlussschreiben in folgender Höhe entstanden sind:[5]
   1,3 Rechtsanwalts-Geschäftsgebühr (Nr. 2300 VV iVm §§ 2, 13 RVG), Rechtsanwalts-Auslagenpauschale (Nr. 7002 VV RVG)
   1,3 Patentanwalts-Geschäftsgebühr (Nr. 2300 VV iVm §§ 2, 13 RVG iVm § 143 Abs. 3 PatG), Patentanwalts-Auslagenpauschale (Nr. 7002 VV RVG iVm § 143 Abs. 3 PatG).

Für den Eingang der Erklärung haben wir den

. . . . . . (Datum) vorgemerkt. Nach Ablauf der Frist sind wir beauftragt, Hauptsacheklage auf Unterlassung, Feststellung der Schadensersatzpflicht, Auskunft und Rechnungslegung zu erheben.[6]

. . . . . .

(Rechtsanwalt)

Anmerkungen

1. Das Abschlussschreiben ist ein formloses Schreiben an den Antragsgegner, mit der Aufforderung auf alle Rechtsbehelfe gegen die einstweilige Verfügung zu verzichten (Köhler/Bornkamm/Feddersen/Köhler UWG § 12 Rn. 3.69 ff.).

2. Trotz der erwirkten einstweiligen Verfügung ist die Rechtsstreitigkeit nicht abgeschlossen. Der Antragsgegner hat die Möglichkeit jederzeit Widerspruch gegen die Beschlussverfügung gem. §§ 936, 924 ZPO einzulegen. Darüber hinaus hat das Gericht auf Antrag des Antragsgegners ohne mündliche Verhandlung anzuordnen, dass der Antragsteller, der die einstweilige Verfügung erwirkt hat, binnen einer zu bestimmenden Frist Hauptsacheklage zu erheben hat (§§ 936, 926 ZPO). Vor diesem Hintergrund hat der Antragsteller ein berechtigtes Interesse den Streitfall endgültig abzuschließen. Diesem Zweck dient die Abschlusserklärung (vgl. BGH GRUR 1991, 76 – Abschlusserklärung). Es handelt sich dabei um ein von der wettbewerbsrechtlichen Praxis entwickeltes Rechtsinstitut, durch das die einstweilige Verfügung einem endgültigen Titel gleichgestellt werden kann.

3. Verzichtet der Antragsgegner auf jeden Rechtsbehelf, ist der Rechtsstreit bezüglich des Unterlassungsanspruchs endgültig beendet. Ein Rechtsschutzbedürfnis für die Erhebung einer Hauptsacheklage auf Unterlassung ist insoweit entfallen (BGH GRUR 1991, 76 (77) – Abschlusserklärung).

4. Regelmäßig enthält die geforderte Abschlusserklärung auch die Aufforderung, die Verpflichtung zum Schadensersatz und zur Erteilung der entsprechenden Auskunft anzuerkennen. Dies beruht darauf, dass Schadensersatz nicht im Wege einer einstweiligen Verfügung geltend gemacht werden kann und demzufolge nicht Gegenstand des Verfügungsbeschlusses ist. Im Interesse einer Vermeidung weiterer gerichtlicher Auseinandersetzungen empfiehlt es sich daher Auskunft und Schadensersatz in das Abschlussschreiben bzw. die Abschlusserklärung mit einzubeziehen.

5. Das Abschlussschreiben gehört nicht mehr zum Verfügungsverfahren, sondern ist eine vorprozessuale Tätigkeit eigener Art, die auf Vermeidung eines Hauptsacheverfahrens gerichtet ist und für die eine eigene, volle Geschäftsgebühr gem. Nr. 2300 VV RVG (und nicht Nr. 2302 VV RVG) entsteht (vgl. BGH GRUR 2010, 1038 – Kosten für Abschlussschreiben). Die für diese Tätigkeit anfallende Geschäftsgebühr richtet sich nach dem Streitwert der Hauptsache. Der Erstattungsanspruch gegen den Antragsgegner beruht auf §§ 677, 683, 670 BGB (vgl. BGH GRUR 2010, 1038 – Kosten für Abschlussschreiben; BGH GRUR 2012, 730 – Bauheizgerät). Er entsteht auch dann, wenn sich der Antragsgegner zur Übernahme der Kosten nicht verpflichtet. Jedoch gilt es zu beachten, dass dem Antragsgegner regelmäßig ein angemessener Zeitraum gewährt werden muss, in dem er eine Abschlusserklärung von sich aus abgeben kann. Die Rechtsprechung sieht üblicherweise einen Zeitraum von mindestens zwei Wochen als angemessen an, welche mit der Zustellung der einstweiligen Verfügung beginnt (vgl. OLG Frankfurt GRUR-RR 2003, 274 – Vier-Streifen-Kennzeichnung; LG Düsseldorf InstGE 1, 272 – Kosten für Abschlussschreiben). Fordert der Antragsteller den Antragsgegner vor Ablauf dieses Zeitraums zur Abgabe einer Abschlusserklärung auf, so hat er keinen Anspruch auf Erstattung der hierfür entstandenen Rechts-/Patentanwaltskosten.

6. Wird die Abgabe der geforderten Abschlusserklärung verweigert, bzw. innerhalb der gesetzten Frist nicht abgegeben, kann der Antragsteller davon ausgehen, dass der Antragsgegner an einer endgültigen, einvernehmlichen Beendigung des Rechtsstreits nicht interessiert ist. Konsequenterweise ist nunmehr Klage geboten. Dem Erfordernis einer Abmahnung zur Vermeidung der Kostenfolge nach § 93 ZPO, wenn der Antragsgegner den Anspruch sofort anerkennt, ist durch das Abschlussschreiben Rechnung getragen.

8. Schutzschrift[1]

An das

Zentrale Schutzschriftenregister[2]

. . . . . .

Schutzschrift

In einem etwaigen einstweiligen Verfügungsverfahren

der A-GmbH

– mögliche Antragstellerin –

gegen

die B-AG

– mögliche Antragsgegnerin[3] –

Verfahrensbevollmächtigte: Rechtsanwälte . . . . . .[4]

mitwirkend: Patentanwälte

wegen: angeblicher Patentverletzung.

Hiermit bestellen wir uns zu Verfahrensbevollmächtigten der möglichen Antragsgegnerin für den Fall, dass die mögliche Antragstellerin wegen des nachstehend wiedergegebenen Sachverhaltes einen Antrag auf Erlass einer einstweiligen Verfügung stellen sollte.

Wir beantragen,[5]

I. einen etwaigen Antrag auf Erlass einer einstweiligen Verfügung zurückzuweisen, hilfsweise
über einen etwaigen Antrag auf Erlass einer einstweiligen Verfügung nicht ohne vorherige mündliche Verhandlung zu entscheiden;
II. für den Fall der Zurückweisung des Verfügungsantrags oder seiner Zurücknahme, der möglichen Antragstellerin die Kosten des Verfügungsverfahrens einschließlich derjenigen aufzuerlegen, die durch die Hinterlegung der Schutzschrift entstanden sind.[6]

Wir sind damit einverstanden, dass

- Termin zur mündlichen Verhandlung unter Abkürzung der Ladungsfrist bestimmt wird,
- der möglichen Antragstellerin die vorliegende Schutzschrift zugänglich gemacht wird, sofern diese einen Antrag auf Erlass einer einstweiligen Verfügung stellen sollte.[7]

Begründung:[8]

1. Die mögliche Antragstellerin ist Inhaberin des deutschen Patentes DE 20 . . . . . . 007 (Anlage A 1) betreffend eine Vorrichtung für das Schließen einer Fensteröffnung mittels eines Drahtgewebes. Die mögliche Antragsgegnerin wird auf der Messe „. . . . . .“ in . . . . . . ein Insektenschutzfenster mit der Bezeichnung „Moskito“ ausstellen. Bereits anlässlich der früheren Messe „. . . . . .“, bei der die mögliche Antragsgegnerin das gleiche Fenster ausgestellt hatte, hatte die mögliche Antragstellerin den Erlass einer einstweiligen Verfügung gegen die mögliche Antragsgegnerin

beantragt. Das Verfahren endete damals durch einen zeitlich befristeten Vergleich, der mittlerweile abgelaufen ist. Mit Schreiben der möglichen Antragstellerin vom . . . . . ., das als Anlage A 2 beigefügt ist, wurde die mögliche Antragsgegnerin mit Bezug auf die bevorstehende Messe verwarnt. Das Verwarnungsschreiben enthält die Aufforderung, Herstellung und Vertrieb der unter der Bezeichnung „Moskito" angebotenen Insektenschutzfenster wegen Patentverletzung zu unterlassen. Die mögliche Antragsgegnerin befürchtet daher, dass die mögliche Antragstellerin während der bevorstehenden Messe erneut den Versuch unternehmen wird, gegen sie eine einstweilige Verfügung zu erwirken.
Hierzu ist in tatsächlicher und rechtlicher Hinsicht Folgendes auszuführen.

2. Das Verfügungspatent betrifft eine Vorrichtung für das Schließen einer Fensteröffnung mittels eines Drahtgewebes, um Insekten das Eindringen zu verwehren. Fenstervorsätze aus Drahtgewebe zur Insektenabwehr sind seit langem bekannt. Sie wurden entweder mit Latten vor dem Fenster oder in Form von Rollläden mittels einer Stange am oberen Sims des Fensterrahmens befestigt, so dass sie von oben nach unten geschlossen und von unten nach oben geöffnet werden konnten. Ausgestaltung und Funktionsweise der im Verfügungspatent als bekannt bezeichneten Vorrichtungen ergeben sich aus der deutschen Patentschrift DE . . . . . (Anlage A 3) sowie der deutschen Offenlegungsschrift OS . . . . . (Anlage A 4). Die Verfügungspatentschrift sieht die Nachteile der im Stand der Technik beschriebenen Konstruktionen in Form von auf- und abwärts bewegbaren Rollgardinen darin, dass sie zum einen nur für Fensterrahmen und nicht für Türöffnungen geeignet seien, da sie an der Türöffnung der Küche oder eines Schuppens den Durchgang zu stark behinderten, und zum anderen nicht vollständig abschlössen, sodass Insekten trotzdem eindringen könnten.
Vor diesem Hintergrund bezeichnet es das Verfügungspatent als Aufgabe, eine Vorrichtung zu schaffen, bei der der Rollmechanismus nicht horizontal am oberen Rand des Fensters hängt, sondern vertikal in der Fensteröffnung steht und horizontal ausgezogen wird.
Zur Lösung dieser Aufgabe schützt das Verfügungspatent eine Vorrichtung, bei der ein Aufrollschaft, von dem sich das Drahtgewebe abrollen lässt, an dem senkrechten Pfosten der Türöffnung befestigt wird. Die hiernach zu definierenden Merkmale des einzigen Patentanspruchs des Verfügungspatentes lauten:
1. Rollgardine zum Schutz gegen Insekten,
2. mit einem rechteckigen Drahtgewebe, das in Höhe und Breite die Tür- bzw. Fensteröffnung überragt.
3. Das Drahtgewebe ist an einem Aufrollschaft befestigt, um den es sich ein- und ausrollt.
4. Der Aufrollschaft ist senkrecht am Tür- bzw. Fensterrahmen angebracht.
5. Am oberen und unteren Geweberand sind Führungsschienen vorgesehen, die im oberen und unteren Teil des Fensterrahmens befestigt sind.
Eine Merkmalsanalyse wird zur Erleichterung der Übersicht getrennt als Anlage A 5 beigefügt.
Der Vorteil dieser Vorrichtung wird in Spalte 1, Zeile 47 ff. des Verfügungspatentes beschrieben. Danach ist die beschriebene Vorrichtung nicht nur für Fensterrahmen, sondern auch für Türöffnungen geeignet. Sie kann an alle Tür- und Fensteröffnungen angepasst werden. Das rahmengeführte Drahtgewebe kann darüber hinaus in jeder gewünschten Position festgehalten werden. Wegen der weiteren Einzelheiten kann auf die Beschreibung . . . . . . verwiesen werden, die in sich verständlich ist.

3. Nach allgemein anerkannten Grundsätzen der Rechtsprechung endet bei den nach dem 1.1.1978 angemeldeten Patenten der Bindungsbereich des Verletzungsrichters an dem erteilten Patentanspruch beim Wortsinn des Patentanspruchs. Ein Verletzungstatbestand im Bindungsbereich des Verletzungsrichters kann daher nur unter der Voraussetzung bejaht werden, dass eine angegriffene Ausführungsform sämtliche

Merkmale des Patentanspruchs wortlaut- oder wortsinngemäß benutzt. Diese Voraussetzung ist im vorliegenden Fall nicht gegeben.
Die Ausgestaltung des angegriffenen Insektenschutzfensters „Moskito" der möglichen Antragsgegnerin ergibt sich aus dem als Anlage A 6 beigefügten Neuheiten-Prospekt. Das vertikal ausziehbare Drahtgewebe ist mit einem horizontal verlaufenden Aufrollschaft verbunden. Der Aufrollschaft ist an dem oberen, horizontal verlaufenden Rahmen der Tür- bzw. Fensteröffnung befestigt. An den senkrechten Pfosten der Tür- bzw. Fensteröffnung sind Blechleisten befestigt, die ein Anheben des Drahtgewebes verhindern. Eine Verbindung zwischen Blechleisten und Drahtgewebe ist nicht vorhanden. Damit macht die angegriffene Vorrichtung der möglichen Antragsgegnerin von den Merkmalen 4 und 5 des Patentanspruchs des Verfügungspatentes keinen Gebrauch. Wie sich deutlich aus dem als Anlage A 6 vorliegenden Neuheiten-Prospekt entnehmen lässt, ist bei der angegriffenen Ausführungsform kein senkrecht verlaufender Rollschaft vorhanden. Darüber hinaus ist das Drahtgewebe entgegen dem Wortlaut des Verfügungspatentes nicht in einer Führungsschiene verankert.

4. Sofern sich die mögliche Antragstellerin auf eine Patentverletzung im Äquivalenzbereich beruft, wird der Einwand des freien Standes der Technik erhoben.[9]
Im Stand der Technik bekannt war ein Insektenschutzrollo gemäß der als Anlage A 4 vorliegenden deutschen Offenlegungsschrift, die im Erteilungsverfahren des Verfügungspatentes bereits berücksichtigt wurde. Gegenstand der Offenlegungsschrift ist ein Rollladen, bei dem das Drahtgewebe mit einem horizontal verlaufenden Aufrollschaft verbunden ist. Das Drahtgewebe ist in vertikaler Richtung ein- und ausrollbar und hängt lose vor der Fensteröffnung. Die Merkmale der angegriffenen Ausführungsform „Moskito" stimmen insofern mit den Merkmalen der vorbekannten Insektenschutzvorrichtung überein.
Daraus folgt, dass die Vorrichtung der möglichen Antragsgegnerin mit Rücksicht auf den Stand der Technik keine Erfindung darstellt. Die Antragsgegnerin bewegt sich folglich im freien Stand der Technik.
5. Im Stand der Technik bekannt war darüber hinaus ein Insektenschutzrollo gemäß der französischen Patentschrift . . . . . ., die im Erteilungsverfahren des Verfügungspatentes nicht berücksichtigt wurde. Wir überreichen diese Vorveröffentlichung als Anlage A 7. Die Merkmale des dort beschriebenen Insektenschutzrollos stimmen mit dem Gegenstand des Verfügungspatentes in identischer Weise überein. Daraus ergibt sich, dass das Verfügungspatent im Fall einer Nichtigkeitsklage mit hoher Wahrscheinlichkeit für nichtig erklärt werden würde. Bereits deshalb muss der Erlass einer einstweiligen Verfügung, basierend auf diesem Patent, ausscheiden.
6. Wie bereits eingangs dargestellt, ist das Produkt der möglichen Antragsgegnerin bereits auf der Messe „. . . . . ." ausgestellt worden. Die mögliche Antragstellerin hatte daraufhin am . . . . . . bei der Kammer den Erlass einer einstweiligen Verfügung beantragt. Über den Antrag ist am . . . . . . mündlich verhandelt worden. Während der Verhandlung kamen die Parteien angesichts der bekannten Problematik von einstweiligen Verfügungen auf dem Gebiet des Patentrechts zu einer vergleichsweisen Regelung für die Dauer der Messe.
All dies liegt mehr als zwei Jahre zurück. Dennoch hat die mögliche Antragstellerin in der Zwischenzeit keine Patentverletzungsklage gegen die mögliche Antragsgegnerin erhoben. Die mögliche Antragstellerin hat damit deutlich gemacht, dass es ihr mit einer Unterbindung etwaiger patentverletzender Handlungen durch die mögliche Antragsgegnerin alles andere als dringlich ist. Ein Antrag auf Erlass einer einstweiligen Verfügung seitens der möglichen Antragstellerin ist demnach vor dem Hintergrund des langen Zuwartens schon mangels Eilbedürftigkeit abzuweisen.
. . . . . .

Rechtsanwalt

Anmerkungen

1. Zum 1.1.2016 trat § 945a ZPO in Kraft. Seitdem gibt es für die relevanten Bundesländer ein zentrales, länderübergreifendes elektronisches Register für Schutzschriften (Schutzschriftenregister). Sobald eine Schutzschrift nunmehr in dieses zentrale elektronische Schutzschriftenregister eingestellt ist, gilt sie als bei allen ordentlichen Gerichten der Länder (§ 945a Abs. 2 S. 1 ZPO) und damit auch allen potenziellen Patentverletzungsgerichten eingereicht.

2. Das Schutzschriftenregister ist zentral online abrufbar unter: https://schutzschriften register.hessen.de/. Dort können die entsprechenden Schutzschriften nunmehr auch für sämtliche ordentlichen Gerichte hinterlegt werden.

3. Die Parteien des möglicherweise bevorstehenden Verfahrens sind genau zu benennen. Es empfiehlt sich, neben der Firma auch die jeweiligen Geschäftsführer als Antragsgegner zu benennen. Unter Umständen, für den Fall, dass nicht feststeht, durch welchen mutmaßlichen Gegner ein Antrag erfolgen wird, sind mehrere mögliche Antragsteller zu benennen. Gleichzeitig ist auch an mehrere mögliche Antragsgegner (Kooperationsunternehmen, Abnehmer, etc) zu denken.

4. Nachdem auch im Verfahren über den Antrag auf Erlass einer einstweiligen Verfügung kein Anwaltszwang besteht, kann die Schutzschrift durch den möglichen Antragsgegner selbst eingereicht werden. Selbstverständlich besteht jedoch auch die Möglichkeit, bereits einen bevollmächtigten Rechtsanwalt zu benennen.

5. Ziel der Schutzschrift ist es, den Erlass einer einstweiligen Verfügung zu verhindern oder wenigstens zu erreichen, dass das Gericht über einen etwaigen Antrag auf Erlass einer einstweiligen Verfügung nicht ohne vorherige mündliche Verhandlung entscheidet. Die Anberaumung einer mündlichen Verhandlung liegt im Ermessen des Gerichts (§ 937 Abs. 2 ZPO). Der grundrechtlich verbürgte Anspruch auf rechtliches Gehör (Art. 103 Abs. 1 GG) verpflichtet den Richter jedoch, die Schutzschrift zur Kenntnis zu nehmen und darin enthaltene Anträge zu bescheiden, sofern ein Antrag auf Erlass einer einstweiligen Verfügung gestellt wird (vgl. auch BGH GRUR 2003, 456 – Kosten einer Schutzschrift).

6. Die Frage der Kostenerstattungspflicht des möglichen Antragstellers gegenüber dem Einreicher der Schutzschrift ist umstritten. Eine Kostentragungspflicht des möglichen Antragstellers gem. § 91 ZPO kommt nur dann in Betracht, wenn ein Verfügungsverfahren eingeleitet worden ist, dann aber sogar auch, wenn der Antrag auf Erlass einer einstweiligen Verfügung ohne mündliche Verhandlung abgelehnt oder zurückgenommen wird (vgl. BGH GRUR 2003, 456 – Kosten der Schutzschrift I). Grundsätzlich wird von den Gerichten dem Antrag auf Kostenerstattung stattgegeben (vgl. OLG Düsseldorf WRP 1986, 331 und GRUR 1988, 404 – Kosten der Schutzschrift; OLG Köln GRUR 1988, 725 – Streitwertverkürzung; *Deutsch* GRUR 1990, 327, (331)). Die Kosten einer Schutzschrift sind – wenn der Verfügungsantrag bereits eingegangen ist oder noch eingeht – verfahrensbezogen und somit grundsätzlich erstattungsfähig. Weder ist hierfür eine vorangegangene Abmahnung erforderlich noch muss die Schutzschrift erkennbar vom Gericht bei seiner Entscheidung einbezogen worden sein. Enthält die Schrift nur einen Prozessantrag, so steht dem Rechtsanwalt nur die halbe Prozessgebühr zu (vgl. BGH GRUR 2008, 640 – Kosten der Schutzschrift III).

7. Durch die Schutzschrift wird kein Prozessrechtsverhältnis zwischen dem möglichen Antragsteller und dem möglichen Antragsgegner begründet. Der mögliche Antragsteller wird vom Gericht nicht automatisch über das Vorliegen einer Schutzschrift informiert. In der Praxis üblich ist jedoch der Antrag, die Schutzschrift dem möglichen Antragsteller zugänglich zu machen, sofern dieser den Erlass einer einstweiligen Verfügung beantragt.

8. Verbindliche Vorschriften über den Inhalt der Schutzschrift existieren nicht. Im Hinblick auf die Zielsetzung der Schutzschrift entspricht ihre inhaltliche Konzeption im Wesentlichen der einer Erwiderung gegenüber einem fiktiven Antrag auf Erlass einer einstweiligen Verfügung wegen Patentverletzung. Zur Information des Gerichts empfiehlt es sich zunächst darzulegen, auf Grund welcher Umstände mit der Beantragung einer einstweiligen Verfügung zu rechnen ist. Im Mittelpunkt der Begründung der Schutzschrift steht die Auseinandersetzung mit der Verletzungsfrage. Der mögliche Antragsgegner legt dar, warum aus seiner Sicht eine Patentverletzung nicht in Frage kommt.

Die Begründung der Schutzschrift sollte ausreichende Ausführungen zum gegenwärtigen Stand der Auseinandersetzung mit dem möglichen Antragsgegner enthalten. Insbesondere sollte dargelegt werden, auf welche Ansprüche ein möglicher Antrag auf Erlass einer einstweiligen Verfügung gestützt werden könnte, aus welchem Grund diese Ansprüche nicht für gegeben erachtet werden und auf Grund welcher Tatsachen ein Antrag auf Erlass einer einstweiligen Verfügung erwartet wird.

Um dem Gericht eine umfangreiche und ausreichende Prüfung des Sachverhaltes zu ermöglichen, sind sämtliche anspruchsbegründenden Tatsachen vorzutragen und alle in Frage kommenden Dokumente, insbesondere Patentschriften, Stand der Technik, Vorveröffentlichungen, Muster, Beschreibungen und Abbildungen des eigenen Produktes, vorzulegen. Mangelt es an überzeugenden Argumenten bezüglich fehlender Bestandkraft des Verfügungspatents, fehlender Verletzung bzw. Dringlichkeit ist von der Hinterlegung einer Schutzschrift abzuraten. Anderenfalls würde das Gericht ggf. zum Erlass einer ex parte Verfügung ermutigt.

9. Bei der Bestimmung des Schutzbereichs nach § 14 PatG ist der Einwand zugelassen, die angegriffene und als angeblich äquivalente Benutzung in Anspruch genommene Ausführungsform stelle mit Rücksicht auf den Stand der Technik keine patentfähige Erfindung dar (sog. Formstein-Einwand; vgl. BGH GRUR 1986, 803 – Formstein). Für den Fall der Inanspruchnahme wegen äquivalenter Verwirklichung des Patents kann sich der mögliche Antragsgegner im Patentverletzungsstreit daher nicht nur damit verteidigen, die als patentverletzend beanstandete Ausführungsform sei durch den Stand der Technik bekannt, sondern auch damit, sie stelle mit Rücksicht auf diesen keine Erfindung dar.

9. Dinglicher Arrest[1]

An das

Landgericht[2]

– Patentkammer –

Antrag auf Erlass eines dinglichen Arrestbefehls[3]

In Sachen

A-GmbH . . . . . .

– Antragstellerin –

Prozessbevollmächtigte: Rechtsanwälte[4]

gegen

X INTERNATIONAL CO. LTD . . . . . . (Auslandsadresse)[5]

Zustelladresse: Messezentrum München, Halle . . . . . ., Stand . . . . . .

– Antragsgegnerin –

wegen: Patentverletzung; Kostenerstattungsanspruch

Streitwert: – vorläufig geschätzt – . . . . . . EUR

Wir zeigen hiermit die Vertretung der Antragstellerin an und

beantragen

– der Dringlichkeit wegen ohne mündliche Verhandlung – den Erlass folgenden

dinglichen Arrestbefehls

I. Wegen der aus dem zwischen den Parteien ergangenen einstweiligen Verfügungsbeschluss des Landgerichts . . . . . ., Az.: . . . . . . vom . . . . . . noch festzusetzenden Kosten iHv . . . . . . EUR,[6]
und
wegen der in diesem Verfahren noch festzusetzenden Kosten iHv . . . . . . EUR also insgesamt wegen . . . . . . EUR wird der dingliche Arrest in das gesamte Vermögen der Antragsgegnerin angeordnet.[7]
II. Die Antragsgegnerin trägt die Kosten des Arrestverfahrens.
III. Die Vollziehung des Arrests wird durch Hinterlegung einer Sicherheitsleistung durch die Antragsgegnerin iHv . . . . . . EUR gehemmt.

Begründung:

Die Parteien sind dem Gericht aus dem gestern ebenfalls eingeleiteten Verfügungsverfahren wegen Patentverletzung der Antragsgegnerin bekannt. Das Aktenzeichen des Verfahrens lautet . . . . . . Dort hat die Antragstellerin am . . . . . . gegen die Antragsgegnerin eine einstweilige Verfügung, vorgelegt als Anlage A 1, erwirkt. Nach dem Beschluss sind der Antragsgegnerin die Kosten des Verfahrens auferlegt worden. Der Streitwert wurde auf . . . . . . EUR festgesetzt.

Da die . . . . . .-Messe in . . . . . ., auf der die Antragsgegnerin derzeit ausstellt, am . . . . . . endet, kann bis dahin das Kostenfestsetzungsverfahren nicht abgeschlossen werden. Erst recht ist bis zu diesem Zeitpunkt eine Vollstreckung nicht möglich.

Der Kostenfestsetzungsbeschluss muss am Sitz der Antragsgegnerin in Taipei/Taiwan zugestellt werden, und es ist mehr als zweifelhaft, dass dort eine Vollstreckung erfolgreich durchgeführt werden kann. Da sich die Antragsgegnerin gegenwärtig auf der . . . . . .-Messe in . . . . . . befindet, ist der dingliche Arrest dringend erforderlich, um die Erstattungsforderung der Antragstellerin zu sichern.[8]

Bei einem Streitwert von . . . . . . EUR berechnen sich die festzusetzenden Kosten wie folgt:

Beispiel:

1. Kosten des mitwirkenden Patentanwalts . . . . . .
1,3 Verfahrensgebühr gem. Nr. 3100 VV iVm §§ 2, 13 RVG iVm § 143 Abs. 3 PatG . . . . . . EUR
Auslagenpauschale Nr. 7002 VV RVG . . . . . . EUR
2. Kosten der Unterfertigten 1,3 Verfahrensgebühr gem. Nr. 3100 VV iVm §§ 2, 13 RVG . . . . . . EUR
Auslagenpauschale Nr. 7002 VV RVG . . . . . . EUR

Zwischensumme . . . . . . EUR
Gerichtskosten . . . . . . EUR
Zustellungskosten . . . . . . EUR
Kopiekosten (geschätzt) . . . . . . EUR
Gesamt . . . . . . EUR

Für diesen Antrag entstehen ferner folgende Kosten der Unterfertigten aus einem Streitwert von . . . . . . EUR:

0,3 Verfahrensgebühr gem. Nr. 3309 VV RVG . . . . . . EUR

Auslagenpauschale Nr. 7002 VV RVG . . . . . . EUR

. . . . . . EUR

Gerichtskosten . . . . . . EUR

. . . . . . EUR

Die vorgenannten Beträge ergeben zusammen den Arrestbetrag von . . . . . . EUR

(Rechtsanwalt)

Anmerkungen

1. Patentverletzungen werden häufig durch nicht in der Bundesrepublik Deutschland ansässige Firmen begangen. Hinzu kommt, dass Patentinhaber vielfach auf Messen und Ausstellungen auf die Patentverletzung aufmerksam werden. Obwohl es unter Umständen gelingt, eine einstweilige Verfügung gegen den Patentverletzer zu erwirken, die es ermöglicht, die Verletzungshandlungen noch während der Messe oder Ausstellung zu unterbinden, gelingt es nur in den seltensten Fällen, die entstandenen Kosten gegenüber dem Verletzer durchzusetzen. Dies liegt vor allem an der erschwerten bzw. nicht möglichen Durchsetzbarkeit der titulierten Kosten im Ausland.

Als effektives Mittel erweist sich in solchen Fällen der Antrag auf Erlass eines dinglichen Arrestbefehls, durch den der dingliche Arrest in das gesamte Vermögen des Verletzers, einschließlich der am Messestand vorhandenen Produkte, Ausstellungsgegenstände und sonstige Geldwerte, angeordnet wird.

An den wichtigsten Messestandorten sind sowohl Gerichte als auch Gerichtsvollzieher auf den Erlass bzw. die Durchsetzung solcher dinglichen Arreste vorbereitet. In der Regel – für den Fall, dass dem Antrag unverzüglich stattgegeben wird – ist der Abtransport des gesamten Vermögens des Verletzers aus der Messe- bzw. Ausstellungshalle innerhalb weniger Stunden möglich.

Grundsätzlich dient der Arrest der Sicherung einer Geldforderung oder eines Anspruchs, der in eine Geldforderung übergehen kann (vgl. § 916 Abs. 1 ZPO). Der dingliche Arrest wird angeordnet, wenn und soweit die Gefahr besteht, dass eine Vollstreckung vereitelt oder wesentlich erschwert werden würde, und richtet sich gegen das bewegliche und unbewegliche Vermögen des Verletzers (§ 917 Abs. 1 ZPO). Von besonderer praktischer Bedeutung bei patentverletzender Messeaktivität von ausländischen Firmen ist § 917 Abs. 2 ZPO, wonach die Notwendigkeit der Vollstreckung im Ausland bereits einen ausreichenden Arrestgrund darstellt, wenn die Gegenseitigkeit zwischen den Ländern nicht verbürgt ist.

2. Zuständig für den Erlass des Arrestes ist sowohl das Gericht der Hauptsache als auch das Amtsgericht, in dessen Zuständigkeitsbereich sich das Vermögen des Verletzers befindet. Im Beispielsfall ist somit ein Antrag bei dem Landgericht zu stellen, das die einstweilige Verfügung gegen den Patentverletzer erlassen hat.

3. Ist der Antrag zulässig und begründet, so erlässt das Gericht den Arrestbefehl. Die Entscheidung ohne mündliche Verhandlung ergeht durch Beschluss, während die Entscheidung nach mündlicher Verhandlung durch Endurteil getroffen wird (§ 922 Abs. 1 ZPO).

4. Für die Beantragung eines Arrestbefehls besteht kein Anwaltszwang (§§ 920 Abs. 3, 78 Abs. 5 ZPO). Wird allerdings die mündliche Verhandlung angeordnet, so besteht hierfür unter den Voraussetzungen des § 78 ZPO Anwaltszwang. In diesem Fall muss der Antragsteller vom Gericht aufgefordert werden, einen Rechtsanwalt zu bestellen (§ 215 ZPO).

5. Der Antragsgegner muss im Antragsrubrum ausreichend bezeichnet werden (§ 253 Abs. 2 Nr. 3 ZPO). Allerdings – und dies gilt insbesondere für die Fälle der Patentverletzungen während Ausstellungen und Messen – ist die Angabe des Namens sowie des gesetzlichen Vertreters des Antragsgegners entbehrlich, falls eine Umschreibung der Identität möglich ist und falls die genannten Daten nicht auf zumutbare Weise ermittelt werden können. So genügt unter Umständen die Nennung des Namens des Ausstellers, der die Patentverletzung begangen hat, nebst exakter Angabe des Standortes auf der Messe.

6. Ein dinglicher Arrest ist insbesondere zulässig zur Sicherung des Anspruchs auf Kostenerstattung, sofern das Unterliegen des Antragsgegners im Hauptsacheverfahren wahrscheinlich ist (Stein/Johnas/Grunsky ZPO § 916 Rn. 11).

7. Das Gesuch muss den zu sichernden Anspruch (Arrestanspruch) sowie den Geldbetrag, den es zu sichern gilt, enthalten (§§ 920 Abs. 1, 923 ZPO).

8. Im Rahmen der Begründung des Antrags ist der Arrestgrund glaubhaft zu machen. Ein Arrestgrund ist nach § 917 Abs. 2 ZPO gegeben, wenn ohne den Erlass des Arrestbefehls im Ausland vollstreckt werden müsste. Entscheidend ist, dass der Titel – im vorliegenden Fall der Kostenfestsetzungsbeschluss – im Ausland vollstreckt werden müsste.

Arrestbefehle sind mit Erlass des Beschlusses oder der Verkündung des Urteils ohne weitere Entscheidung sofort vollstreckbar. Allerdings ist zu beachten, dass der Arrestbefehl gem. § 929 Abs. 2 ZPO nur innerhalb einer Frist von einem Monat nach Verkündung des Urteils bzw. der Zustellung des Beschlusses an den Antragsteller, vollzogen werden kann. Die Vollziehung ist grundsätzlich in das gesamte Vermögen des Antragsgegners zulässig und erfolgt im Falle der Vollziehung in das bewegliche Vermögen durch Pfändung (§ 930 Abs. 1 ZPO), nach den allgemeinen Grundsätzen (§§ 803 ff., 826 ff., 840, 846 ff., 850 ff., 857 ff. ZPO).

10. Patentverletzungsklage

An das

Landgericht[1]

– Patentkammer –

Klage

der A-GmbH . . . . . .

– Klägerin[2, 3] –

gegen

die B-AG . . . . . .

– Beklagte[4] –

wegen: Patentverletzung

Streitwert:[5] – vorläufig geschätzt – EUR . . . . . .

Wir bestellen uns zu Prozessbevollmächtigten der Klägerin, für die wir Klage erheben mit den Anträgen,[6]

I. die Beklagte zu verurteilen,
   1. es bei Meidung eines für jeden Fall der Zuwiderhandlung fälligen Ordnungsgeldes bis zu 250.000,– EUR, ersatzweise Ordnungshaft, oder Ordnungshaft bis zu 6 Monaten, im Wiederholungsfalle Ordnungshaft bis zu insgesamt zwei Jahren, wobei die Ordnungshaft hinsichtlich der Beklagten an ihrem jeweiligen Vorstand zu vollziehen ist, zu unterlassen,[7]
      Rollgardinen zum Schutz gegen Insekten mit einem rechteckigen Drahtgewebe, das in Höhe und Breite die Tür- bzw. Fensteröffnung überragt, wobei das Drahtgewebe an einem Aufrollschaft befestigt ist, um den es sich ein- und ausrollt, bei denen der Aufrollschaft senkrecht am Tür- bzw. Fensterrahmen angebracht ist und am oberen und unteren Geweberand Führungsschienen vorgesehen sind, die im oberen und unteren Teil des Fensterrahmens befestigt sind, in der Bundesrepublik Deutschland herzustellen, anzubieten, in den Verkehr zu bringen oder zu gebrauchen oder zu den genannten Zwecken einzuführen oder zu besitzen,
   2. der Klägerin darüber Rechnung zu legen,[8] in welchem Umfang die Beklagte die zu I.1. bezeichneten Handlungen seit dem . . . . . . (Datum der Veröffentlichung der Patentanmeldung + 1 Monat) begangen hat, und zwar unter Angabe
      a) der Herstellungsmengen und -zeiten,
      b) der Menge der erhaltenen oder bestellten Erzeugnisse sowie der Namen und Anschriften der Hersteller, Lieferanten und anderer Vorbesitzer der Erzeugnisse
      c) der einzelnen Lieferungen, aufgeschlüsselt nach Liefermengen, -zeiten und -preisen (und ggf. Typenbezeichnungen) sowie der Namen und Anschriften der Abnehmer und Verkaufsstellen,
      d) der einzelnen Angebote, aufgeschlüsselt nach Angebotsmengen, -zeiten und -preisen (und ggf. Typenbezeichnungen) sowie der Namen und Anschriften der Angebotsempfänger,
      e) der betriebenen Werbung, aufgeschlüsselt nach Werbeträgern, deren Auflagenhöhe, Verbreitungszeitraum und Verbreitungsgebiet,
      f) sowie für die seit dem . . . . . . (Datum der Veröffentlichung der Patenterteilung + 1 Monat) begangene Handlungen unter Angabe der nach den einzelnen Kostenfaktoren aufgeschlüsselten Gestehungskosten und des erzielten Gewinns,
         wobei
         sich die Verpflichtung zur Rechnungslegung für die vor dem 1.5.1992 begangenen Handlungen auf Handlungen in dem Gebiet der Bundesrepublik Deutschland in den bis zum 2.10.1990 bestehenden Grenzen beschränkt,
   3. die im unmittelbaren oder mittelbaren Besitz bzw. im Eigentum der Beklagten befindlichen Erzeugnisse gemäß Ziff. I.1 zu vernichten oder nach Wahl der Beklagten an einem von ihr zu benennenden Treuhänder zum Zwecke der Vernichtung auf Kosten der Beklagten herauszugeben,[9]
   4. die unter Ziff. I.1 bezeichneten Erzeugnisse unter Hinweis auf den gerichtlich festgestellten Zustand auf eigene Kosten aus den Vertriebswegen zurückzurufen und endgültig aus den Vertriebswegen zu entfernen,[10]

5. der Klägerin zu gestatten, das Urteil auf Kosten der Beklagten in Form von . . . . . . (genaue Spezifizierung) öffentlich bekannt zu machen,[11]
6. festzustellen,[12] dass die Beklagte verpflichtet ist,
   1. der Klägerin für die vorstehend zu Ziff. I.1. bezeichneten, in der Zeit vom . . . . . . (Datum der Veröffentlichung der Patentanmeldung + 1 Monat) bis zum . . . . . . (Datum der Veröffentlichung der Patenterteilung + 1 Monat) begangenen Handlungen eine angemessene Entschädigung zu zahlen,
   2. der Klägerin allen Schaden zu ersetzen, der ihr durch die in Ziff. I.1. bezeichneten, seit dem . . . . . . (Datum der Veröffentlichung der Patenterteilung + 1 Monat) begangenen Handlungen entstanden ist und noch entstehen wird, wobei sich die Verpflichtung zum Schadensersatz für die vor dem 1.5.1992 begangenen Handlungen auf das Gebiet der Bundesrepublik Deutschland in den bis zum 2.10.1990 bestehenden Grenzen beschränkt.

II. die Kosten des Rechtsstreits der Beklagten aufzuerlegen,[13]

III. das Urteil – ggf. gegen Sicherheitsleistung (Bürgschaft einer in Deutschland ansässigen, als Zoll- und Steuerbürge zugelassenen Bank- oder Sparkasse) – für vorläufig vollstreckbar[14] zu erklären, sowie der Klägerin hilfsweise, für den Fall des Unterliegens nachzulassen, die Zwangsvollstreckung wegen der Kosten gegen Sicherheitsleistung (Bürgschaft einer in Deutschland ansässigen, als Zoll- und Steuerbürge zugelassenen Bank- oder Sparkasse) abzuwenden.

IV. der Beklagten die Abmahnkosten in Höhe von . . . . . . EUR nebst Zinsen in Höhe von 5 Prozentpunkten über dem Basiszins seit Klagezustellung aufzuerlegen.[15]

Begründung:[16]

I. Gegenstand des Klagepatentes

1. Die Klägerin ist ausschließliche und alleinverfügungsberechtigte Inhaberin des deutschen Patentes DE 20 . . . . . . 007 (Anlage K 1) betreffend eine Vorrichtung für das Schließen einer Fensteröffnung mittels eines Drahtgewebes. Die dem Patent zugrundeliegende Erfindung wurde am . . . . . . angemeldet. Die Patentanmeldung wurde am . . . . . . offengelegt. Die Veröffentlichung der Patenterteilung erfolgte am . . . . . . Das Klagepatent steht in Kraft.
2. Das Klagepatent betrifft eine Vorrichtung für das Schließen einer Fensteröffnung mittels eines Drahtgewebes, um Insekten das Eindringen zu verwehren. Fenstervorsätze aus Drahtgewebe zur Insektenabwehr sind seit langem bekannt. Sie wurden entweder mit Latten vor dem Fenster oder in Form von Rollläden mittels einer Stange am oberen Sims des Fensterrahmens befestigt, so dass sie von oben nach unten geschlossen und von unten nach oben geöffnet werden konnten. Ausgestaltung und Funktionsweise der im Klagepatent als bekannt bezeichneten Vorrichtungen ergeben sich aus der deutschen Patentschrift DE . . . . . . (Anlage K 2) sowie der deutschen Offenlegungsschrift OS . . . . . . (Anlage K 3). Die Klagepatentschrift sieht die Nachteile der im Stand der Technik beschriebenen Konstruktionen in Form von auf- und abwärts bewegbaren Rollgardinen darin, dass sie zum einen für Fensterrahmen und nicht für Türöffnungen geeignet seien, da sie an der Türöffnung der Küche oder eines Schuppens den Durchgang zu stark behinderten, und zum anderen nicht vollständig abschlössen, so dass Insekten trotzdem eindringen könnten.
3. Vor diesem Hintergrund bezeichnet es das Klagepatent als Aufgabe, eine Vorrichtung zu schaffen, bei der der Rollmechanismus nicht horizontal am oberen Rand des Fensters hängt, sondern vertikal in der Türöffnung steht und horizontal ausgezogen wird.
4. Zur Lösung dieser Aufgabe schützt das Klagepatent eine Vorrichtung, bei der ein Aufrollschaft, von dem sich das Drahtgewebe abrollen lässt, an dem senkrechten

Pfosten der Türöffnung befestigt wird. Die hiernach zu definierenden Merkmale des einzigen Patentanspruchs des Klagepatentes lauten:

1. Rollgardine zum Schutz gegen Insekten,
2. mit einem rechteckigen Drahtgewebe, das in Höhe und Breite die Tür- bzw. Fensteröffnung überragt.
3. Das Drahtgewebe ist an einem Aufrollschaft befestigt, um den es sich ein- und ausrollt.
4. Der Aufrollschaft ist senkrecht am Tür- bzw. Fensterrahmen angebracht.
5. Am oberen und unteren Geweberand sind Führungsschienen vorgesehen, die im oberen und unteren Teil des Fensterrahmens befestigt sind.

Eine Merkmalsanalyse wird zur Erleichterung der Übersicht getrennt als Anlage K 4 beigefügt.

Der Vorteil dieser Vorrichtung wird in Spalte 1, Zeile 47 ff. des Klagepatentes beschrieben. Danach ist die beschriebene Vorrichtung nicht nur für Fensterrahmen, sondern auch für Türöffnungen geeignet. Sie kann an alle Tür- und Fensteröffnungen angepasst werden. Das rahmengeführte Drahtgewebe kann darüber hinaus in jeder gewünschten Position festgehalten werden. Wegen der weiteren Einzelheiten kann auf die Beschreibung in der Patentschrift verwiesen werden, die in sich verständlich ist.

II. Verletzungstatbestand

1. Die Beklagte hat auf der in . . . . . . veranstalteten Messe „. . . . . .“ Insektenschutzfenster und -türen unter der Bezeichnung „Moskito“ angeboten. Es handelt sich dabei um horizontal ausziehbare Drahtgewebe, die mit einem vertikal verlaufenden Aufrollschaft verbunden sind. Entlang des oberen und unteren Geweberandes sind Führungsschienen vorgesehen, die im Fenster- bzw. Türrahmen befestigt werden. Die Ausgestaltung des angegriffenen Insektenschutzfensters „Moskito“ ergibt sich aus dem als Anlage K 5 beigefügten Neuheiten-Prospekt. Weiterhin überreichen wir – nur für das Gericht – als Anlage K 6 ein Muster der angegriffenen Vorrichtung, bestehend aus Aufrollschaft, Drahtgewebe und Führungsschienen.
2. Die angegriffene Vorrichtung verwirklicht die Merkmale des Klageschutzrechtes wortlautgemäß.
   Es handelt sich um eine Rollgardine zum Schutz gegen Insekten (Merkmal 1 der Merkmalsanalyse). Vorhanden ist ein aufrollbares Drahtgewebe, das in Höhe und Breite die Tür- bzw. Fensteröffnung überragt (Merkmal 2 der Merkmalsanalyse).
   Das Drahtgewebe ist an einem Aufrollschaft befestigt, um den es sich ein- und ausrollt (Merkmal 3 der Merkmalsanalyse).
   Der Aufrollschaft ist senkrecht am Tür- bzw. Fensterrahmen angebracht (Merkmal 4 der Merkmalsanalyse).
   Entlang des oberen und unteren Geweberandes sind Führungsschienen vorgesehen, die im Fensterrahmen befestigt sind (Merkmal 5 der Merkmalsanalyse).
   Bei der von der Beklagten angebotenen Rollgardine wird demnach wortlautgemäß von dem Hauptanspruch des Klagepatentes Gebrauch gemacht.
3. Die Beklagte ist vorprozessual erfolglos abgemahnt worden. Insoweit ist Klage geboten. Mit ihr werden die sich aus der Patentverletzung der Beklagten ergebenden Rechte der Klägerin geltend gemacht.

III. Das Klagebegehren ist in vollem Umfang begründet.

1. Der mit dem Klageantrag Ziff. I.1. geltend gemachte Unterlassungsanspruch findet seine rechtliche Begründung in § 139 Abs. 1 PatG iVm § 9 PatG. Die von der

Beklagten hergestellten und vertriebenen Vorrichtungen verwirklichen wortlautgemäß sämtliche Merkmale des Hauptanspruchs des Klagepatentes.

2. Durch das Verhalten der Beklagten ist der Klägerin auch ein Schaden entstanden. Die Beklagte handelt schuldhaft. Als Unternehmen, das sich auf einem speziellen technischen Gebiet betätigt, wäre die Beklagte gehalten gewesen, sich vor der Aufnahme der Benutzungshandlungen über den einschlägigen Schutzrechtsbestand zu informieren. Bei Anwendung der ihr zumutbaren Sorgfalt hätte die Beklagte die Offenlegungsschrift zum Klagepatent ohne weiteres auffinden können. Die Beklagte handelt demnach vorsätzlich, zumindest grob fahrlässig und ist daher zum Schadensersatz verpflichtet (§ 139 Abs. 2 PatG).
3. Die Klägerin kennt den Umfang der Benutzungshandlungen nicht. Die Beklagte ist deshalb gemäß § 242 BGB verpflichtet, der Klägerin in der Weise Rechnung zu legen, dass diese ihr zustehende Entschädigungs- und Schadensersatzansprüche beziffern kann. Der Anspruch auf Auskunft und Vertriebsweg der benutzten Erzeugnisse beruht auf § 140b PatG.
4. Der geltend gemachte Vernichtungsanspruch ergibt sich aus § 140a Abs. 1 PatG.
5. Mit der Klage werden die außergerichtlich entstandenen Kosten für eine Abmahnung geltend gemacht, soweit diese nicht nach Vorb. 3 (V) VV RVG auf die Verfahrensgebühr anzurechnen sind. Die Klägerin hat die Beklagte mit Schreiben vom . . . . . . abgemahnt.

IV. Die Zuständigkeit des angerufenen Gerichts ergibt sich daraus, dass es sich um eine Patentverletzungsstreitigkeit handelt und die Beklagte auf der Messe „. . . . . .“ in . . . . . . die angegriffenen Verletzungsformen ausgestellt und angeboten hat.

V. Wir zeigen an, dass die Klägerin neben ihren Prozessbevollmächtigten die Herren Patentanwälte . . . . . . zur Mitwirkung in diesem Rechtsstreit bestellt hat.

Rechtsanwalt

Anmerkungen

1. Örtlich zuständig für Klagen wegen Patentverletzung ist nach Wahl des Klägers das Gericht, bei dem der Beklagte seinen Wohnsitz oder das gewerbliche Unternehmen seinen Sitz hat, §§ 13, 17 ZPO. Ferner ist der Gerichtsstand der unerlaubten Handlung (Patentverletzung) gegeben (§ 32 ZPO), welcher sich überall dort befindet, wo eine Verletzungshandlung begangen wurde. Für Klagen gegen Personen, die im Inland keinen Wohnsitz haben, gilt der besondere Gerichtsstand des Vermögens (§ 23 ZPO), zu dem der Ort des Büros des Inlandsvertreters gehört. Von besonderer Bedeutung in der Praxis ist der Gerichtsstand der unerlaubten Handlung, der nicht zuletzt durch Testbestellungen begründet werden kann. Wird beispielsweise eine Patentverletzung durch Zusendung von Prospekten begangen, so ist der Gerichtsstand sowohl am Absendeort als auch am Bestimmungsort begründet. Wird eine Patentverletzungshandlung durch Inserate in Zeitschriften begangen, so ist der Gerichtsstand der unerlaubten Handlung überall dort gegeben, wo diese Druckschriften im regelmäßigen Geschäftsbetrieb durch den Zeitungsverlag verbreitet werden. Damit hat es der Kläger häufig weitgehend in der Hand, einen Gerichtsstand zu begründen (vgl. Benkard/Rogge/Grabinski § 139 Rn. 97 ff.).

2. Für Patentverletzungsprozesse vor den Landgerichten besteht Anwaltszwang (§§ 78, 786 ZPO). Die Parteien haben sich durch in Deutschland zugelassenen Rechtsanwälte vertreten zu lassen. Im Regelfall erfolgt die Beratung und gerichtliche Vertretung gemeinsam mit Patentanwälten, deren Mitwirkung im Verfahren angezeigt wird. Seit August 2002 sind örtlich zugelassene Rechtsanwälte nicht nur erstinstanzlich, sondern auch im Berufungsverfahren vor den Oberlandesgerichten bundesweit zugelassen (OLG VertrÄndG, BGBl. 2002 I S. 2850 ff.). Die Schriftsätze des Patentverletzungsverfahrens (Klageschrift, Klageerwiderung, Replik, Duplik) sind durch die von den Parteien zur Prozessvertretung bestellten Rechtsanwälte einzureichen.

Wie für alle anderen zivilrechtlichen Streitigkeiten stellt sich auch bei Patentverletzungsfällen mit Auslandsberührung die Frage nach der internationalen Zuständigkeit des jeweils angerufenen Gerichts. Die internationale Zuständigkeit der Mitgliedsstaaten der EU wird seit 10.1.2015 bestimmt durch die EU-Verordnung Nr. 1215/2012 (Brüssel Ia-Verordnung). Für alle Altfälle gilt die Verordnung (EG) Nr. 44/2001 des Rates vom 22.12.2000 über die gerichtliche Zuständigkeit und die Anerkennung und Vollstreckung von Entscheidungen in Zivil- und Handelssachen. Gemäß Art. 1 der Verordnung sind die Abkommen in Zivil- und Handelssachen anzuwenden und gelten somit auch für Patentverletzungsverfahren (vgl. *v. Meibom/Pitz* Mitt. 1996, 181).

Sachlich zuständig sind gemäß § 143 PatG für alle Patentstreitsachen die Zivilkammern der Landgerichte, ohne Rücksicht auf den Streitwert (Benkard/Rogge/Grabinski § 139 Rn. 103). Die einzelnen Bundesländer haben dabei von einer Ermächtigung Gebrauch gemacht, jeweils bestimmte Gerichte für Patentsachen zu bestimmen. Aufgrund dieser Konzentration gibt es nahezu in jedem Bundesland ein oder zwei zuständige Gerichte für Patentstreitsachen. Zuständige Patentstreitkammern bestehen bei den Landgerichten Berlin, Braunschweig, Düsseldorf, Erfurt, Frankfurt am Main, Hamburg, Leipzig, Magdeburg, Mannheim, München I, Nürnberg-Fürth und Saarbrücken (BI PMZ 99, 122).

Zu den Patentstreitsachen gehören neben Klagen auf Unterlassung und Schadensersatz auch Klagen wegen ungerechtfertigter Bereicherung, Feststellungsklagen (→ Form. I.14), Vindikationsklagen (→ Form. I.16), Klagen auf Feststellung eines Vorbenutzungs- oder Weiterbenutzungsrechts, Klagen auf Unterlassung der Patentberühmung, Streitigkeiten über die Berechtigung einer Verwarnung wegen Patentverletzung einschließlich der Klagen wegen der vorgerichtlich entstandenen Kosten sowie Klagen aus einem Lizenzvertrag.

3. Klagebefugt ist der in der Patentrolle eingetragene Patentinhaber (Busse/*Brandt* § 30 Rn. 34). Der Registereintragung kommt darüber hinaus eine Indizwirkung für die materielle Berechtigung zu, die durch abweichenden Sachvortrag erschüttert werden kann (BGH GRUR 2013, 713 – Fräsverfahren; zur Aktivlegimation *Pitz* GRUR 2010, 688). Bei mehreren Inhabern kann jeder klagen. Klagebefugt ist auch der ausschließliche Lizenznehmer, der auf Grund seines Benutzungsrechts sämtliche Ansprüche geltend machen kann. Daneben kann der Patentinhaber nur dann gegen den Verletzer eigene Ansprüche geltend machen, wenn er durch die Verletzung selbst noch betroffen ist, zB weil sich mittelbar auch seine Lizenzeinnahmen reduzieren (vgl. umfassend hierzu: *Pahlow* GRUR 2007, 1001. Der einfache Lizenznehmer kann aus eigenem Recht keine Anspräche geltend machen; er hat eine besondere Ermächtigung durch den Lizenzgeber sowie das Bestehen eines wirksamen Lizenzvertrages nachzuweisen.

4. Beklagter ist derjenige, der die Patentverletzung selbst begangen oder zumindest an der Verletzungshandlung teilgenommen hat, also der Alleintäter, der Mittäter, der Gehilfe oder mittelbare Patentverletzer (zur Passivlegitimation *Pitz* GRUR 2009, 805). Darüber hinaus können zumindest in leitender Stellung befindliche Angestellte Beklagte sein. Mehrere Verletzer haften gesamtverbindlich füreinander. Juristische Personen (zB Aktiengesellschaft, GmbH) haften für ihre gesetzlichen Vertreter und leitenden Angestellten; der Vorstand, sowie der Geschäftsführer haften uU selbst, soweit sie persönlich an der Verletzung der von ihnen vertretenen juristischen Person beteiligt waren oder die Verletzung wenigstens kannten und nichts zu ihrer Verhinderung unternahmen (vgl. BGH GRUR 2011, 1043 (1084); Benkard/*Rogge/Grabinski* § 139 Rn. 19 ff.).

5. Die Höhe der anfallenden Gebühren wird nach dem sog. Gegenstandswert (Streitwert) berechnet. Der Streitwert wird nach freiem Ermessen vom Gericht festgesetzt. Das geschieht durch Schätzung, wobei das Gericht an Parteiangaben nicht gebunden ist, diesen jedoch häufig folgt. Zu bewerten ist das – fiktive – wirtschaftliche Interesse des Klägers an der Unterlassung durch den Beklagten, die Rechnungslegung und die Höhe des Schadensersatzes (die beiden letzten Positionen machen ca. $^1/_3$ dieses Gesamtinteresses aus). Dabei sind zu berücksichtigen: Umsatz des Verletzten mit den patentgeschützten Gegenständen, Umfang der Verletzungshandlungen, Schädigung des Klägers durch die Art und Weise der Verletzung sowie Restlaufzeit des Klagepatentes. Der Zeitpunkt der Wertberechnung ist der Beginn der jeweiligen Instanz, also Klageeinreichung oder Einlegung von Berufung oder Revision (vgl. Benkard/*Rogge/Grabinski* § 139 Rn. 165 f.).

6. Der Klageantrag muss die Verletzungsform genau bezeichnen. Andernfalls kann es am Bestimmtheitserfordernis gemäß § 253 ZPO fehlen. Eine Bezugnahme auf das Klagepatent reicht nur bei identischer Verletzung aus. Bei nicht identischer Benutzung muss der Antrag an die konkrete Verletzungsform angepasst werden (vgl. Benkard/*Rogge/Grabinski* § 139 Rn. 104 f.). Zur Bestimmtheit des Klageantrages siehe *Kühnen* GRUR 2006, 180 ff. sowie BGH GRUR 2005, 569 – Blasfolienherstellung; BGH GRUR 2008, 357 – Planfreigabesystem.

7. Der Klageantrag enthält regelmäßig auch eine Ordnungsmittelandrohung iSd § 890 Abs. 2 ZPO. Diese Ordnungsmittelandrohung wird in ein stattgebendes Urteil aufgenommen. Falls gegen das Urteil verstoßen wird, wird auf besonderen Antrag des Klägers dieses Ordnungsgeld in einem besonderen Verfahren vor demselben Gericht festgesetzt (→ Form. I.12).

Der Unterlassungsanspruch dient der Abwehr künftiger Eingriffe in das Patent. Eine Patentverletzung braucht dabei noch nicht begangen zu sein; es genügt, dass Tatsachen vorliegen, die die Besorgnis künftiger Verletzungshandlungen rechtfertigen (Erstbegehungsgefahr). Jedoch darf diese Verletzungshandlung nicht nur abstrakt drohen, sondern muss sich bereits konkret abzeichnen, zB durch eine Vorbereitungshandlung oder eine sog. Berühmung einer Berechtigung (vgl. BGH NJW-RR 2001, 1483 – Berühmungsaufgabe). Hat bereits eine Verletzungshandlung stattgefunden, so droht die Besorgnis, dass diese wiederholt werden kann (Wiederholungsgefahr). Eine einmalige Verletzung genügt. Die bloße Aufgabe der Verletzung allein beseitigt die Wiederholungsgefahr nicht; diese kann regelmäßig nur durch eine bedingungslose Unterlassungsverpflichtung mit Vertragsstrafeversprechen ausgeräumt werden (vgl. BGH GRUR 1996, 290 – Wegfall der Wiederholungsgefahr; → Form. I.3). Im Prozess kann die Wiederholungsgefahr darüber hinaus durch Anerkenntnis des Unterlassungsantrags ausgeräumt werden. Wird die Wiederholungsgefahr während des Prozesses beseitigt, so wird der Kläger den Rechtsstreit insoweit für in der Hauptsache erledigt erklären müssen, da andernfalls der Unterlassungsantrag unabhängig davon, ob bei Klageerhebung eine Wiederholungsgefahr gegeben war oder nicht, abzuweisen ist (*Baumbach/Lauterbach*, Zivilprozessordnung, 66. Aufl., § 890 Rn. 12; Benkard/Rogge/Grabinski § 139 Rn. 27 ff.).

Nach Maßgabe des vom Bundesjustizministerium im Januar 2020 vorgestellten Diskussionsentwurf zur Änderung des § 139 Abs. 1 PatG soll der Unterlassungsanspruch ausgeschlossen sein, soweit seine Durchsetzung im Einzelfall unverhältnismäßig ist. Nach wie vor bleibt der Kläger im Verletzungsprozess nicht verpflichtet zur Verhältnismäßigkeit des Unterlassungsanspruchs vorzutragen, um sein Patent durchzusetzen. Kommt es allerdings zu einer entsprechenden Änderung des Patentgesetzes sollte er sich bereits zum Zeitpunkt der Klageerhebung auf den zu erwarteten Einwand der Unverhältnismäßigkeit seitens der Beklagten einstellen.

8. Da der Schadensersatzanspruch regelmäßig bei Erhebung der Klage nicht berechnet werden kann, wird zunächst regelmäßig die Feststellung der Schadensersatzverpflichtung des Verletzers begehrt, verbunden mit einem Anspruch auf Rechnungslegung. Die Rechtsprechung gewährt diesen Rechnungslegungsanspruch unter dem Gesichtspunkt einer Verpflichtung des Verletzers aus Treu und Glauben (§ 242 BGB) regelmäßig, damit dieser einen ihm etwa zustehenden Schadensersatzanspruch überhaupt durchsetzen kann. Der Rechnungslegungsanspruch setzt ebenfalls eine schuldhafte Patentverletzung voraus. Er umfasst die Gestehungskosten, die für die Ermittlung des erzielten Gewinns maßgebend sind. Des Weiteren sind Angaben über die Namen und Anschriften der Abnehmer, Zeitpunkt, Menge und Preise der einzelnen Lieferungen, die Namen der Lieferanten und die Vertriebskosten zu machen. Ist es dem Verletzer nicht zuzumuten, seine Abnehmer und Lieferanten zu nennen, so kann ihm gestattet werden, die Angaben gegenüber einem dem Verletzten gegenüber zur Verschwiegenheit verpflichteten Wirtschaftsprüfer zu machen, wenn dieser dem Verletzten auf konkretes Befragen Auskunft geben darf, ob bestimmte Lieferungen oder Abnehmer in der Rechnung enthalten sind (Benkard/Rogge/Grabinski § 139 Rn. 39 ff.). Daneben hat der Verletzer Auskunft über Herkunft und Vertriebsweg des benutzten Erzeugnisses gemäß § 140b PatG zu geben. Diese Ansprüche stehen unter dem Vorbehalt der Verhältnismäßigkeit (§ 140b Abs. 4 PatG). Ein Wirtschaftsprüfervorbehalt ist nicht vorgesehen. Nach dem durch das am 1.9.2008 in Kraft getretene Gesetz zur Verbesserung der Durchsetzung von Rechten des geistigen Eigentums in das Patentgesetz aufgenommenen Änderung des § 140b PatG können gemäß § 140b Abs. 2 PatG in Fällen offensichtlicher Patentverletzung oder in Fällen, in denen der Verletzte gegen den Verletzer Klage erhoben hat, auch gegen Dritte, die selbst nicht wegen Patentverletzung haften, Auskunftsansprüche geltend gemacht werden.

9. Die Vorschrift des § 140a PatG gibt dem Verletzten einen eigenständigen zivilrechtlichen Anspruch, der über den allgemeinen Beseitigungsanspruch aus § 1004 BGB hinausgeht und ergänzend neben die zoll- oder strafrechtlichen Möglichkeiten der Beschlagnahme und Einziehung tritt. Der Verletzte kann beim Vorliegen einer Patentverletzung beantragen, das im Besitz oder Eigentum des Verletzers befindliche Erzeugnis oder unmittelbare Verfahrenserzeugnis vernichten lassen, es sei denn, dass der durch die Rechtsverletzung verursachte Zustand auf andere Weise beseitigt werden kann und die Vernichtung für den Verletzer oder Eigentümer im Einzelfall unverhältnismäßig ist. Die Rechtsprechung hat die Tendenz, diesen Vernichtungsanspruch wegen seiner einschneidenden Wirkung restriktiv auszulegen (vgl. Benkard/Rogge/Grabinski PatG § 140a Rn. 5 ff.).

10. Bei der Formulierung des Rückrufanspruchs ist der Grundsatz der Verhältnismäßigkeit zu beachten. Empfehlenswert ist daher entsprechenden Sachvortrag bereits in der Klageschrift einzubringen. Um ein Leerlaufen des Rückrufanspruchs zu verhindern, beschränkt sich die Rückrufpflicht des Verletzers jedenfalls nicht nur darauf, Dritte um Rückgabe patentverletzender Erzeugnisse zu bitten, sondern beinhaltet grundsätzlich die Pflicht, bereits gezahlte Kaufpreise zu erstatten und die Rückabwicklungskosten zu übernehmen. Der Anspruch auf endgültiges Entfernen aus den Vertriebswegen steht selbstständig neben dem Anspruch auf Rückruf und kann gleichrangig geltend gemacht werden.

11. Ob und wie der Bekanntmachung steht im Ermessen des Gerichts. Der Kläger hat daher sein berechtigtes Interesse genau darzulegen.

12. Da der Schadensersatzanspruch grundsätzlich bei Erhebung der Klage nicht berechnet werden kann, wird zunächst regelmäßig die Feststellung der Schadensersatzverpflichtung des Verletzers beantragt. Der Schadensersatzanspruch (§ 139 Abs. 2 PatG) setzt eine in der Vergangenheit tatsächlich vorgenommene Verletzung sowie ein Verschulden voraus. Verschulden kann Vorsatz oder Fahrlässigkeit bedeuten. Der Begriff der

Fahrlässigkeit wird dabei sehr weit gefasst. Von einem gewerblich Tätigen erwartet die Rechtsprechung, dass er sich auf seinem Tätigkeitsgebiet laufend über fremde Schutzrechte informiert und diese daher kennt (vgl. BGH GRUR 1958, 288 – Dia-Rähmchen). Unterlässt der Verletzer Nachforschungen über den Schutzrechtsbestand, so liegt regelmäßig Fahrlässigkeit vor. Dabei sind die Anforderungen an die Sorgfalt für einen Hersteller oder einen Importeur strenger als für einen Benutzer, zB ein Warenhaus. Irrtümer über den Schutzbereich eines Patentes schließen die Fahrlässigkeit regelmäßig nicht aus (vgl. Benkard/Rogge/Grabinski § 139 Rn. 42 ff.).

13. Die unterliegende Partei, also entweder Klägerin oder Beklagte, hat alle erstattungsfähigen Kosten zu tragen. Hat keine der beiden Parteien voll obsiegt, so nimmt das Gericht eine Kostenteilung entsprechend dem Anteil des Gewinnens und Verlierens vor (vgl. Benkard/Rogge/Grabinski § 139 Rn. 163 ff.).

14. Die Zwangsvollstreckung findet aus Endurteilen statt, die formal rechtskräftig oder für vorläufig vollstreckbar erklärt sind. Die vorläufige Vollstreckbarkeit kann eine Sicherheitsleistung des Gläubigers (der gewinnenden Partei) erforderlich machen und zwar auch dann, wenn der Schuldner (verlierende Partei) seinerseits Sicherheit leistet. Die Höhe der Sicherheitsleistung bemisst sich nach einem etwaigen Schadensersatzanspruch des Schuldners, der diesem nach Wegfall der vorläufigen Vollstreckbarkeit durch die Vollstreckung des Urteils entstanden sein könnte. Auf Antrag des Schuldners hat das Gericht diesem zu gestatten, die Vollstreckung durch Sicherheitsleistung oder Hinterlegung einer selbstschuldnerischen Bürgschaft abzuwenden, wenn die Vollstreckung dem Schuldner einen nicht zu ersetzenden Nachteil bringen würde (zB Betriebseinstellung, Existenzverlust, Gefährdung von Arbeitsplätzen). Der Vollstreckungsschutzantrag muss vor Schluss der mündlichen Verhandlung gestellt werden (→ Form. I.11). Die tatsächlichen Voraussetzungen müssen glaubhaft gemacht werden. Dem Antrag ist nicht zu entsprechen, wenn ein überwiegendes Interesse des Gläubigers entgegensteht. Das bejaht die Rechtsprechung regelmäßig wegen des zeitlich begrenzten Anspruchs aus dem Patent. In diesem Fall wird das Gericht dann seinerseits dem Gläubiger die Leistung einer Sicherheit auferlegen. Die Vollstreckung eines Unterlassungsgebots erfolgt dadurch, dass auf Antrag des Gläubigers das Prozessgericht erster Instanz gegen den Schuldner wegen begangener Zuwiderhandlungen Ordnungsgeld oder Ordnungshaft verhängt. Die Vollstreckung des Anspruchs auf Rechnungslegung geschieht durch Zwangsgeld oder Zwangshaft. Sie findet statt, wenn der Schuldner überhaupt nicht oder formell nicht ordnungsgemäß Rechnung legt. Wegen inhaltlicher Unrichtigkeit oder Unvollständigkeit der Rechnungslegung ist der Gläubiger auf das Druckmittel einer eidesstattlichen Versicherung angewiesen (vgl. Benkard/Rogge/Grabinski § 139 Rn. 156 ff.).

15. Nach der Rspr. des BGH vermindert sich die in einem der Abmahnung nachfolgenden gerichtlichen Verfahren anfallende Verfahrensgebühr durch die anteilige Anrechnung der vorgerichtlich aufgrund der Abmahnung entstandenen Geschäftsgebühr (BGH, Beschl. v. 22.1.2008 – VII ZB 57/07). Für die Anrechnung ist es ohne Bedeutung, ob sie bereits beglichen ist. Aufgrund der anteiligen Anrechnung der vorgerichtlich entstandenen Abmahngebühr auf, die in dem anschließenden gerichtlichen Verfahren anfallende Verfahrensgebühr ist zu empfehlen, die Erstattung vorprozessualer Abmahngebühren im Klageantrag zu berücksichtigen. Mit der Klage werden daher die außergerichtlich entstandenen Kosten für die Abmahnung soweit diese nicht nach Vorb. 3 (IV) VV RVG auf die Verfahrensgebühr anzurechnen sind geltend gemacht. Nach dem Rechtsanwaltsvergütungsgesetz (RVG) ist die Geschäftsgebühr gemäß Nr. 2004 VV RVG für die vorgerichtliche Abmahnung lediglich in Höhe der Hälfte, höchstens jedoch mit 0,75 auf die Verfahrensgebühr anzurechnen, sodass die übrige Restgebühr als Schadensersatz geltend gemacht werden kann. Ferner ist es nach Einführung von § 15a RVG inzwischen (im Gegensatz zur früheren Rechtslage) auch möglich, die volle Verfahrensgebühr im Rahmen des Kostenfestsetzungsantrags einzufordern und demgegenüber die vorgerichtliche Geschäftsgebühr entsprechend zu kürzen. Dies mag in vielen Fällen eher den Interessen des Mandanten entsprechen.

16. Die Klagebegründung enthält regelmäßig Ausführungen über den Gegenstand des Patentes. Erörtert wird in diesem Zusammenhang der maßgebliche Stand der Technik, die Aufgabenstellung des Klagepatentes sowie deren Lösung durch die patentierte Erfindung. Daran schließt sich die Erörterung der Verletzungsfrage an. Für die Frage der Patentverletzung kommt den Patentansprüchen maßgebliche Bedeutung zu. Die Patentverletzung verlangt grundsätzlich eine identische oder äquivalente Verwirklichung aller Merkmale des Patentanspruchs, gleichgültig, ob diese sich im sog. Oberbegriff oder im sog. Kennzeichenteil des Anspruchs befinden. Der Schutzbereich der patentierten Erfindung ergibt sich für nationale Patente aus § 14 PatG bzw. für europäische Patente aus Art. 69 EPÜ, die gleich lautend regeln, dass der Schutzbereich wesentlich durch den Inhalt der Patentansprüche bestimmt wird. Beschreibung und Zeichnung sind zur Auslegung heranzuziehen. Für die Beurteilung des Schutzbereiches maßgebend ist die Sichtweise des sog. Durchschnittsfachmanns. Dabei handelt es sich um einen mit durchschnittlichen Kenntnissen und Fähigkeiten ausgestatteten Fachmann, der sein Fachgebiet praktisch und theoretisch übersieht.

11. Klageerwiderung[1]

An das

Landgericht . . . . . .

– Patentkammer –

Az. . . . . . .

Klageerwiderung

In Sachen

A-GmbH . . . . . .

– Klägerin –

Prozessbevollmächtigte: Rechtsanwälte

gegen

B-AG . . . . . .

– Beklagte –

Prozessbevollmächtigte: Rechtsanwälte . . . . . .

mitwirkend: Patentanwälte . . . . . .

bestellen wir uns zu Prozessbevollmächtigten der Beklagten, für die wir beantragen,

I. die Klage abzuweisen,
hilfsweise im Fall der Verurteilung zur Rechnungslegung der Beklagten nach ihrer Wahl vorzubehalten, die Namen und Anschriften ihrer Abnehmer und Angebotsempfänger statt der Klägerin nur einem von dieser zu bezeichnenden zur Verschwiegenheit gegenüber der Klägerin verpflichteten vereidigten Wirtschaftsprüfer mitzutei-

len, sofern die Beklagten dessen Kosten tragen und ihn ermächtigen, der Klägerin darüber Auskunft zu geben, ob ein bestimmter Abnehmer oder Angebotsempfänger in der Rechnungslegung enthalten ist;
hilfsweise, für den Fall, dass das Gericht die Klage nicht abweist,
den Rechtsstreit bis zur rechtskräftigen Entscheidung über die gegen das Klagepatent erhobene Nichtigkeitsklage auszusetzen;

II. der Klägerin die Kosten des Rechtstreits aufzuerlegen
III. die Erteilungsakten des EP ...... beizuziehen und sie den Prozessbevollmächtigten der Beklagen für die Dauer einer noch zu bestimmenden Schriftsatzfrist zur Einsichtnahme auszuhändigen.
IV. Wir bitten, der Beklagten zu gestatten, die Vollstreckung durch Sicherheitsleistung, durch die schriftliche, unwiderrufliche, unbedingte und unbefristete Bürgschaft eines im Inland zum Geschäftsbetrieb befugten Kreditinstituts, ohne Rücksicht auf eine Sicherheitsleistung der Klägerin abzuwenden.[2]

Begründung:

Zur Begründung vorstehender Anträge wird für die Beklagte folgendes ausgeführt:

Die tatsächlichen Behauptungen der Klägerin werden bestritten, soweit deren Richtigkeit nachfolgend nicht ausdrücklich zugestanden ist.

1. Das Klagepatent betrifft eine Vorrichtung für das Schließen einer Fensteröffnung mittels eines Drahtgewebes, um Insekten das Eindringen zu verwehren.[3]
2. Der von der Klägerin geltend gemachte Verletzungstatbestand liegt nicht vor. Die Klägerin legt zum Nachweis der angeblichen Schutzrechtsverletzung als Anlage K 5 einen Neuheiten-Prospekt der Beklagten sowie als Anlage K 6 ein Muster der angegriffenen Vorrichtung vor. Aus den vorgelegten Anlagen ergibt sich eindeutig, dass der Aufrollschaft anders als in Merkmal 4 der als Anlage K 4 vorliegenden Merkmalsanalyse nicht senkrecht, sondern horizontal am Fensterrahmen befestigt ist. Führungsschienen, die im Fenster- bzw. Türrahmen befestigt werden, sind nicht vorgesehen. Damit macht die angegriffene Vorrichtung der Beklagten von den Merkmalen 4 und 5 des Patentanspruchs des Klagepatentes keinen Gebrauch.
Wie sich deutlich aus dem als Anlage K 5 vorliegenden Neuheiten-Prospekt entnehmen lässt, ist bei der angegriffenen Ausführungsform der rechte und linke Rand des Drahtgewebes lediglich durch eine Blechleiste abgedeckt und nicht schienengeführt.

   Beweis: Sachverständigengutachten.

   Bereits aus diesem Grund ist die Abweisung der Klage geboten.

3. Zur Begründung unseres Aussetzungsantrags überreichen wir als Anlage B 1 die gegen das Klagepatent am ...... erhobene Nichtigkeitsklage der Beklagten und nehmen auf ihren Inhalt Bezug.[4]
Die im Nichtigkeitsverfahren als Anlage N 1 überreichte Druckschrift nimmt das Klagepatent neuheitsschädlich vorweg. Es handelt sich dabei um eine europäische Patentanmeldung, die am ...... veröffentlicht worden ist und demnach zum Stand der Technik zählt, der bei der Prüfung der Patentfähigkeit und insbesondere der Neuheit der Erfindung maßgeblich ist. Dieser Stand der Technik wurde im Patenterteilungsverfahren nicht berücksichtigt und wird als Anlage B 2 überreicht.
Ein Vergleich der einzelnen Merkmale des Klagepatentes mit den in dieser Druckschrift offenbarten Merkmalen ergibt eine vollständige neuheitsschädliche Vorwegnahme der durch den Patentanspruch des Klagepatentes beanspruchten Lehre. Gegenstand der europäischen Patentanmeldung ist eine Rollgardine zum Schutz gegen

Insekten mit einem rechteckigen Drahtgewebe, das in Höhe und Breite die Tür- bzw. Fensteröffnung überragt, bei der der Aufrollschaft vertikal in der Fensteröffnung steht. Entlang des oberen und unteren Geweberandes sind Führungsschienen vorgesehen, die im Fensterrahmen befestigt sind.

Damit ist der Gegenstand des Klagepatentes neuheitsschädlich vorweggenommen. Angesichts dieser Feststellungen ist, sollte das Gericht die Klage im Übrigen für begründet erachten, das Patentverletzungsverfahren auszusetzen. Es ist mit überwiegender Wahrscheinlichkeit von der Vernichtung des Klagepatentes in der erteilten Fassung auszugehen.

. . . . . .

Rechtsanwalt

Anmerkungen

1. Das Formular beinhaltet eine formelle und materielle Klageerwiderung in einer Patentverletzungsstreitigkeit. Die Klageerwiderung enthält sowohl die Anträge als auch das sachliche Verteidigungsvorbringen der Beklagten. Sofern das Gericht einen frühen ersten Termin zur mündlichen Verhandlung anberaumt, ist es in der Praxis allerdings üblich, zunächst eine formelle Klageerwiderung mit der Ankündigung der Anträge und anschließend erst die Begründung für die Klageabweisung einzureichen.

2. Vollstreckungsschutzanträge gem. §§ 707, 712, 719 ZPO sind in erster Instanz vor Schluss der mündlichen Verhandlung zu stellen und glaubhaft zu machen (§§ 714, 712 Abs. 2 ZPO). Es bedarf der Darlegung eines nicht wiedergutzumachenden Schadens (§ 712 Abs. 1 S. 1 ZPO), der in der Praxis kaum glaubhaft gemacht werden kann. Dieser strenge Maßstab beruht auf der verschuldensunabhängigen Haftung des Vollstreckungsgläubigers gem. § 717 Abs. 2 ZPO.

3. Empfehlenswert ist an dieser Stelle eine ausführliche Erörterung des Klagepatentes aus der Sicht des Beklagten unter Berücksichtigung des Standes der Technik, der patentgemäßen Aufgabenstellung und deren Lösung durch die patentierte Erfindung. Diese Ausführungen bilden den Ausgangspunkt für die nachfolgende Bestimmung des Schutzbereiches und der Erörterung der Verletzungsfrage durch den Beklagten.

Die Durchsetzung eines Unterlassungsanspruchs kann unverhältnismäßig sein. Nachdem der Unterlassungsanspruch bislang vom Gesetzgeber keinem allgemeinen Verhältnisvorbehalt (anders als §§ 140a Abs. 4, 140b Abs. 4, 140c Abs. 2, 140d Abs. 2 PatG) unterstellt ist, ist in Rspr. und Literatur bislang nicht eindeutig geklärt, ob und inwieweit der Einwand der Unverhältnismäßigkeit gegenüber dem Unterlassungsanspruch geltend gemacht werden kann.

Nach Maßgabe eines vom Bundesministerium der Justiz im Januar 2020 veröffentlichten Diskussionsentwurfs zur Änderung des § 139 Abs. 1 PatG soll der Unterlassungsanspruch ausgeschlossen sein, soweit seine Durchsetzung unverhältnismäßig ist, weil sie aufgrund besonderer Umstände unter Beachtung des Interesses des Patentinhabers gegenüber dem Verletzer und der Gebote von Treu und Glauben eine durch das Ausschließlichkeitsrecht nicht gerechtfertigte Härte darstellt.

Der Gesetzgeber unterstreicht, dass die vorgeschlagene Bestimmung lediglich eine Klarstellung der Bestimmung über den Unterlassungsanspruch (§ 130 PatG) darstellt und weist darauf hin, dass die rechtlichen Rahmenbedingungen des geltenden Rechts bereits die Prüfung der Verhältnismäßigkeit des Unterlassungsanspruchs bei Patentverletzungen zulassen. Verweisen wird dabei auf den im deutschen Recht bestehenden Grundsatz der Verhältnismäßigkeit gemäß Art. 19 Abs. 4 GG und die Vorschrift bezüglich Treu und Glauben gemäß § 141 BGB. Auch Art. 3 Abs. 2 der Enforcement-RL verlangt die Verhältnismäßigkeit der Durchsetzung von Patentverfügungen.

Vor diesem Hintergrund erhält der Einwand der Unverhältnismäßigkeit eine besondere Bedeutung und sollte bereits in der Klagerwiderung berücksichtigt werden.

4. Gegenüber einem Patent ist der Einwand der Nichtigkeit als Verteidigungsvorbringen im Verletzungsstreit nicht zugelassen. Der Verletzungsrichter ist an den Erteilungsakt des Patentes durch das Patentamt gebunden. Dieser Grundsatz gilt für deutsche sowie für europäische Patente. Wer einen Nichtigkeitsgrund wirksam geltend machen will, muss daher in einem gesonderten und von dem Verletzungsstreit völlig unabhängigen Verfahren entweder innerhalb der zugelassenen Frist Einspruch zum Deutschen bzw. Europäischen Patentamt erheben oder bei Ablauf der Einspruchsfristen gegen das deutsche Patent oder den deutschen Teil des europäischen Patentes Nichtigkeitsklage zum Bundespatentgericht einlegen (vgl. *Pitz* GRUR 1995, 231).

Die Erhebung einer Nichtigkeitsklage ist in jedem Stadium des Verletzungsprozesses möglich. Der Beklagte kann in diesem Fall die Aussetzung des Verletzungsprozesses nach § 148 ZPO beantragen. Die Gerichte sind jedoch dazu übergegangen, die Tatsache, dass der Rechtsbeständigkeitsangriff erst spät im Laufe des Verletzungsprozesses eingelegt wurde, negativ im Rahmen der Aussetzungsentscheidung zu berücksichtigen. Insofern empfiehlt es sich, die Validität des Rechtsbestands des Streitpatents möglichst früh anzugreifen. Eine Aussetzung kommt bereits nach dem Wortlaut des § 148 ZPO nur dann in Frage, wenn gegen das Klagepatent eine Nichtigkeitsklage (§§ 22, 81 ff. PatG) oder ein Einspruchsverfahren (§§ 21, 59 PatG; Art. 99 EPÜ) anhängig ist. Wird ein Aussetzungsantrag gestellt, so führt dies im Verletzungsprozess zu einer Prüfung der Erfolgsaussichten dieses Gegenangriffs durch das Verletzungsgericht. Eine Aussetzung kommt nur dann in Betracht, wenn der Erfolg des erhobenen Gegenangriffs nicht nur möglich, sondern nach Überzeugung des Gerichts auch wahrscheinlich ist. Eine Beweisaufnahme darüber erfolgt nicht (vgl. Benkard/Grabinski/Zülch PatG § 139 Rn. 107 ff.).

12. Antrag auf Festsetzung von Zwangsmitteln und Bestrafungsantrag[1]

An das

Landgericht

– Patentkammer –[2]

Az.

In der Vollstreckungssache

der A-GmbH . . . . . .

– Gläubigerin –

Verfahrensbevollmächtigte: Rechtsanwälte . . . . . .[3]

gegen

die B-AG . . . . . .

– Schuldnerin –

Verfahrensbevollmächtigte: Rechtsanwälte . . . . . .

beantragen wir namens und in Vollmacht der Gläubigerin,

I. die Schuldnerin wegen Nichterteilung der Rechnungslegung entsprechend dem Urteil des LG . . . . . . vom . . . . . . (Ziff. . . . . . des Urteilstenors) ein angemessenes Zwangsgeld, im Falle der Nichtbeitreibung Zwangshaft, aufzuerlegen,[4]
II. der Schuldnerin wegen fortgesetzter Zuwiderhandlung gegen das Unterlassungsgebot des Urteils des Landgerichts . . . . . . vom . . . . . . (Ziff. . . . . . des Urteilstenors) ein nach richterlichem Ermessen angemessenes Ordnungsgeld aufzuerlegen,[5]
III. der Schuldnerin die Kosten des Vollstreckungsverfahrens aufzuerlegen.

Begründung:[6]

1. Die Schuldnerin ist durch Urteil des LG . . . . . . vom . . . . . ., gem. Ziff. . . . . . . des Urteilstenors, unter Androhung der gesetzlichen Ordnungsmittel verurteilt worden, es zu unterlassen,
   Rollgardinen zum Schutz gegen Insekten mit einem rechteckigen Drahtgewebe, das in Höhe und Breite die Tür- bzw. Fensteröffnung überragt, wobei das Drahtgewebe an einem Aufrollschaft befestigt ist, um den es sich ein- und ausrollt,
   im Geltungsbereich des deutschen Patentes DE 20 . . . . . . 007 herzustellen, anzubieten, in Verkehr zu bringen oder zu gebrauchen oder zu den genannten Zwecken entweder einzuführen oder zu besitzen,
   bei denen der Aufrollschaft senkrecht am Tür- bzw. Fensterrahmen angebracht ist und am oberen und unteren Geweberand Führungsschienen vorgesehen sind, die im oberen und unteren Teil des Fensterrahmens befestigt sind.
2. Eine Ausfertigung des am . . . . . . verkündeten Urteils ist der Schuldnerin einschließlich der Vollstreckungsklausel am . . . . . . zugestellt worden.[7] Das Urteil ist nicht rechtskräftig. Die Schuldnerin hat mit Schriftsatz vom . . . . . . Berufung zum OLG . . . . . . eingelegt. Das Urteil ist zugunsten der Gläubigerin gegen Sicherheitsleistung iHv . . . . . . EUR vorläufig vollstreckbar.
   Die Gläubigerin hat durch Bestellung einer Bürgschaft der . . . . . .-Bank (Nr. . . . . . vom . . . . . .) Sicherheit geleistet. Die Sicherheitsleistung ist den Prozessbevollmächtigten der Schuldnerin am . . . . . . zugestellt worden. Eine Ablichtung der beglaubigten Abschrift der Bankbürgschaft, einschließlich Zustellungsurkunde, überreichen wir als
   Anlage A 1.
   Mit Anwaltsschreiben vom . . . . . . hat die Gläubigerin die Schuldnerin, unter Androhung die Zwangsvollstreckung zu betreiben, aufgefordert, das in Ziff. 1 des Urteilstenors bezeichnete Unterlassungsgebot ab sofort zu befolgen.
3. Der Gläubigerin ist zur Kenntnis gelangt, dass die Schuldnerin entgegen der gerichtlichen Unterlassungsverpflichtung weiterhin patentverletzende Handlungen vornimmt. Dies ergibt sich daraus, dass die Schuldnerin nach wie vor das streitgegenständliche Insektenschutzfenster „Moskito“ herstellt und zum Verkauf anbietet.[8]

   Beweis: Zeugnis des Herrn . . . . . .

   Darüber hinaus werden von der Schuldnerin nach wie vor Prospekte verteilt, in denen das Insektenschutzfenster „Moskito“ angepriesen wird. Ein Exemplar des Werbeprospektes vom . . . . . . überreichen wir als
   Anlage A 2.
   Nach alledem ergibt sich zweifelsfrei, dass die Schuldnerin die streitgegenständliche Vorrichtung herstellt und zum Verkauf anbietet. Die Schuldnerin ist folglich wegen fortgesetzten Verstoßes gegen das Unterlassungsgebot des landgerichtlichen Urteils

vom . . . . . . zu einem angemessenen Ordnungsgeld zu verurteilen. Nach Ansicht der Gläubigerin erscheint ein Ordnungsgeld in der Größenordnung von . . . . . . EUR als angemessen.

4. Die Schuldnerin ist darüber hinaus durch das Urteil des LG . . . . . . vom . . . . . . (Ziff. 2 des Urteilstenors) verurteilt worden, über die begangenen Verletzungshandlungen Rechnung zu legen. Trotz wiederholter Aufforderung durch die Gläubigerin, die zum Zwecke der Rechnungslegung notwendigen Angaben zu machen, wurden bislang keinerlei Auskünfte erteilt. Das Anwaltsschreiben vom . . . . . . , durch das die Schuldnerin zum dritten Mal aufgefordert wurde, gemäß Ziff. 2 des Urteilstenors Rechnung zu legen, ist bis heute unbeantwortet geblieben.
Nach alledem ist davon auszugehen, dass die Schuldnerin nur durch ein angemessenes Auskunftserzwingungsgeld dazu veranlasst werden kann, die geschuldete Rechnung zu legen. Ein Zwangsgeld in der Größenordnung von . . . . . . EUR erscheint angemessen.

. . . . . .

Rechtsanwalt

Anmerkungen

1. Handelt der Verletzer den Anordnungen des Gerichts bzw. einer abgegebenen Unterlassungserklärung zuwider, dh wird zB die geforderte Auskunft nicht erteilt oder erfolgen weitere Verletzungshandlungen, so kann der Schutzrechtsinhaber einen Antrag auf Festsetzung von Zwangsmitteln wegen der fehlenden Auskunft gem. § 888 ZPO bzw. einen Bestrafungsantrag (Ordnungsmittel) wegen der andauernden kerngleichen Verletzungen gem. § 890 ZPO stellen.

2. Zuständig ist in jedem Fall das Prozessgericht erster Instanz (§§ 888 Abs. 1 S. 1, 802 ZPO bzw. §§ 890 Abs. 1 S. 1, 802 ZPO).

3. Ist das Prozessgericht des ersten Rechtszuges ein Landgericht, so ist nach hM für die Stellung des Antrags Anwaltszulassung erforderlich (vgl. OLG Koblenz NJW-RR 1988, 1279).

4. Ist der Verletzer zur Vornahme einer Handlung, die ausschließlich von seinem Willen abhängt, insbesondere zur Erteilung von Auskunft, verurteilt worden, besteht die Möglichkeit, dass gegen den Verletzer zur Vornahme der Handlung ein Zwangsgeld und für den Fall, dass dieses nicht beigetrieben werden kann, Zwangshaft festgesetzt wird (§ 888 Abs. 1 ZPO). Obwohl die Zwangsmittel des § 888 ZPO nicht – wie etwa im Falle des § 890 ZPO – bereits im Titel angegeben werden können, empfiehlt sich, nicht erst die Androhung des Zwangsmittels, sondern sofort die Festsetzung zu beantragen. Gem. § 888 Abs. 2 ZPO findet eine Androhung von Zwangsmitteln nämlich nicht statt.

Die Höhe der Zwangsmittel liegt im Ermessen des Gerichts und liegt zwischen 5,– EUR und 25.000,– EUR. Für den Fall, dass ein – nach Ansicht des Verletzten – zu geringes Zwangsmittel festgesetzt wurde, besteht die Möglichkeit, sofortige Beschwerde einzulegen (§ 793 ZPO).

5. Verstößt der Verletzer gegen das gerichtliche Unterlassungsverbot, so besteht die Möglichkeit, beim Prozessgericht des ersten Rechtszuges Ordnungsgeld und für den Fall, dass dieses nicht beigetrieben werden kann, Ordnungshaft zu beantragen (§ 890 ZPO).

Fehlt eine Androhung auf Erlass eines Ordnungsmittels in der gerichtlichen Entscheidung, so im Falle eines gerichtlichen Vergleiches, ist zunächst ein Antrag nach § 890 Abs. 2 ZPO (auf Erlass der Androhung) zu stellen.

Die Festsetzung des Ordnungsgeldes sollte in das Ermessen des Gerichts gestellt werden. Die Anordnung von ersatzweiser Ordnungshaft ist von Amts wegen festzusetzen.

6. Die Unterlassungsvollstreckung gem. § 890 ZPO setzt einen schuldhaften Verstoß des Titelschuldners gegen das Unterlassungsgebot des Urteils voraus. Eine Zurechnung von Fremdverschulden bei Einschaltung von Hilfspersonen gem. §§ 278, 831 BGB, § 13 Abs. 4 UWG erfolgt grundsätzlich nur bei Verstoß gegen eine vorliegende Unterlassungsverpflichtungserklärung (*Melullis,* Handbuch des Wettbewerbsprozesses, 3. Aufl. 2003, Rn. 904 ff.:). Allerdings kann dem Schuldner ggf. eigenes Organisationsverschulden bei Information und Auswahl seiner Hilfspersonen zur Last gelegt werden (vgl. BVerfG GRUR 2007, 618 – Organisationsverschulden). Der Erlass eines Ordnungsmittels muss dem Verletzer außerdem vor der Festsetzung gem. § 890 Abs. 2 ZPO angedroht worden sein. IRd sog. Bestrafungsantrags hat der Vollstreckungsgläubiger die objektive Zuwiderhandlung gegen das gerichtliche Unterlassungsgebot darzulegen und im Bestreitensfalle zu beweisen. Für den Nachweis patentverletzender Handlungen im Vollstreckungsverfahren gelten die gleichen Vorschriften über die Darlegungs- und Beweislast wie im Erkenntnisverfahren. Den Vollstreckungsgläubiger trifft mithin die volle Darlegungs- und Beweislast hinsichtlich des objektiven und subjektiven Tatbestandes und der Rechtwidrigkeit der den Gegenstand des Verfahrens bildenden Zuwiderhandlung. Diese hat der Vollstreckungsgläubiger mit den ordentlichen Beweismitteln der ZPO zu beweisen (*Pastor,* Die Unterlassungsvollstreckung nach § 890 ZPO, 3. Aufl. 1981, S. 117; OLG Zweibrücken GRUR 1986, 839 – Beweislast bei Zwangsvollstreckung). Bloße Glaubhaftmachung genügt nicht (vgl. LG Landau NJW-RR 2002, 214). In dem Bestrafungsantrag ist außerdem darzulegen und durch beigefügte Zustellungsurkunde nachzuweisen, dass der Vollstreckungsschuldner das Verletzungsurteil mit der Androhung von Ordnungsmitteln im Fall der Zuwiderhandlung gegen das Unterlassungsverbot erhalten hat. Im Regelfall entscheidet das Gericht über den Bestrafungsantrag nach Anhörung des Vollstreckungsschuldners und entscheidet ohne mündliche Verhandlung stets durch Beschluss (§ 891 ZPO). Die Entscheidung ist mit dem Rechtsmittel der sofortigen Beschwerde innerhalb einer Zweiwochenfrist anfechtbar (§§ 793 ZPO).

7. Der Erlass eines Ordnungsmittels muss dem Verletzer vor Festsetzung angedroht worden sein, § 890 Abs. 2 ZPO. Ferner muss diese Androhung dem Verletzer beim Verstoß gegen das gerichtliche Unterlassungsgebot bekannt oder schuldhaft unbekannt gewesen sein. Keine Voraussetzung ist allerdings, dass bereits eine Zustellung der gerichtlichen Entscheidung an den Verletzer erfolgt ist (vgl. OLG Hamm GRUR-RR 2007, 407 – Synthetisch hergestelltes Vitamin C). Demnach empfiehlt sich insbesondere im Falle einer einstweiligen Verfügung, dem Verletzer vor Zustellung durch den Gerichtsvollzieher eine Abschrift zukommen zu lassen (unter Umständen per Telefax).

8. Die objektive Zuwiderhandlung gegen das gerichtliche Unterlassungsgebot muss bewiesen und nicht nur glaubhaft gemacht werden. Alle prozessrechtlich zulässigen Beweismittel sind erlaubt, auch eine Parteivernehmung (vgl. LG Landau NJW-RR 2002, 214; LG Nürnberg-Fürth BeckRS 2009, 874 [875]).

13. Schadensersatzklage wegen Patentverletzung

An das

Landgericht

– Patentkammer –

Klage

der A-GmbH

– Klägerin –

Prozessbevollmächtigte:

Rechtsanwälte . . . . . .

mitwirkend: Patentanwälte

gegen

die B-AG . . . . . .

– Beklagte –

wegen: Schadensersatz wegen Patentverletzung

Streitwert: . . . . . . EUR

Namens und im Auftrag der Klägerin erheben wir Klage mit den Anträgen,

I. die Beklagte zu verurteilen, an die Klägerin . . . . . . EUR nebst Zinsen iRv 5 Prozentpunkten über dem jeweiligen Basiszinssatz seit . . . . . . zu zahlen,
II. der Beklagten die Kosten des Rechtsstreits aufzuerlegen,
III. das Urteil – ggf. gegen Sicherheitsleistung – für vorläufig vollstreckbar zu erklären, hilfsweise
der Klägerin nachzulassen, die Zwangsvollstreckung durch Sicherheitsleistung durch die schriftliche, unwiderrufliche, unbedingte und unbefristete Bürgschaft eines im Inland zum Geschäftsbetrieb befugten Kreditinstituts abzuwenden.

Begründung:

1. Die Klägerin ist ausschließliche und alleinverfügungsberechtigte Inhaberin des am . . . . . . angemeldeten, am . . . . . . offengelegten und am . . . . . . erteilten deutschen Patentes DE 20 . . . . . . 007. Das Patent betrifft eine Vorrichtung für das Schließen einer Fensteröffnung mittels eines Drahtgewebes, um Insekten das Eindringen zu verwehren. Die Beklagte wurde in dem diesem Verfahren vorausgehenden und bereits von der Kammer entschiedenen Patentverletzungsverfahren (Az.: . . . . . .) durch Urteil vom . . . . . . zur Zahlung einer angemessenen Entschädigung und zum Schadensersatz verpflichtet. In Ziff. II. des als Anlage K 1 überreichten Urteils der Kammer vom . . . . . . wird festgestellt, dass die Beklagte verpflichtet ist,
   a) der Klägerin allen Schaden zu ersetzen, der ihr durch die in Ziff. I.1. (des Urteils) bezeichneten, seit dem . . . . . . begangenen Handlungen entstanden ist und noch entstehen wird,[1]
   b) der Klägerin für die in Ziff. I.1. (des Urteils) bezeichneten in der Zeit vom . . . . . . bis zum . . . . . . begangenen Handlungen eine angemessene Entschädigung zu zahlen.[2]

   Dieses Urteil ist rechtskräftig.
2. Die Beklagte hat der Klägerin gemäß Ziff. I.2. des Urteils vom . . . . . . mit Schriftsatz vom . . . . . . über den Umfang der Verletzungshandlungen Rechnung gelegt. Auf der Grundlage der erteilten Rechnungslegung der Beklagten macht die Klägerin nunmehr den ihr durch Urteil des Landgerichts . . . . . . vom . . . . . . zugesprochenen Schadensersatz geltend. Die von der Beklagten an die Klägerin übergebenen Unterlagen zur Erfüllung des Rechnungslegungsanspruchs werden dem Gericht als Anlagenkonvolut K 2 überreicht.

3. Mit dem als Anlage K 3 beigefügten Schreiben der Klägerin vom . . . . . . wurde die Beklagte vorprozessual zur Zahlung einer Entschädigung iHv . . . . . . EUR sowie zur Zahlung eines Schadensersatzes iHv . . . . . . EUR aufgefordert. Die Beklagte hat sich mit Schreiben vom . . . . . . (Anlage K 4) dem Zahlungsbegehren der Klägerin widersetzt. Es ist daher Klage geboten.
4. Der streitgegenständliche Zahlungsanspruch enthält
   a) Schadensersatz iHv . . . . . . EUR,
   b) Entschädigung iHv . . . . . . EUR,
   c) Zinsen iHv . . . . . . EUR[3]
   d) außergerichtliche Rechtsverfolgungskosten iHv . . . . . . EUR

   zu a) Die Berechnung des geltend gemachten Schadensersatzanspruches erfolgt nach der Methode der sog. „Lizenzanalogie", wobei sich die Klägerin vorbehält, bis zur Erfüllung der Schadensersatzforderung durch die Beklagte auf eine andere Berechnungsart überzugehen. Bemessungsgröße für die nach der Lizenzanalogie durchgeführte Schadensberechnung ist der Netto-Verkaufspreis der angegriffenen Ausführungsform. Dieser beträgt ausweislich der als Anlagenkonvolut K 5 vorgelegten Preislisten . . . . . . EUR Die Klägerin geht von einem Lizenzsatz iHv . . . . . . % aus. Sie orientiert sich dabei an branchenüblichen Lizenzsätzen. Folgende Besonderheiten wurden darüber hinaus für die Bemessung der Lizenzgebühr im vorliegenden Fall berücksichtigt: . . . . . . Die Schadensberechnung nach der Methode der Lizenzanalogie führt demnach zu einer Lizenzgebühr von . . . . . . EUR für jede verkaufte Vorrichtung in dem maßgeblichen Zeitraum. Bei 496 Verkaufsfällen (Blatt . . . . . . der als Anlage K 2 vorliegenden Rechnungslegungsunterlagen) ergibt sich daraus eine Schadensersatzforderung iHv . . . . . . EUR

   zu b) Bei dem geltend gemachten Entschädigungsbetrag iHv . . . . . . EUR wurde eine fiktive Benutzungsgebühr iHv . . . . . . % des Netto-Verkaufspreises eines Insektenschutz-Fensters zugrunde gelegt. Bei 97 Verkaufsfällen ergibt sich daraus eine Entschädigung in der angegebenen Höhe. Bei der Bestimmung der angemessenen Höhe der Entschädigung ist in Betracht zu ziehen, dass die Beklagte die Benutzung der Anmeldung des Klagepatentes kannte. Dies ergibt sich aus dem als Anlage K 7 vorliegenden Informationsschreiben der Klägerin an die Beklagte, dem eine Kopie der maßgeblichen Offenlegungsschrift beigefügt war. Aufgrund der klar gefassten Patentansprüche musste die Beklagte daher wissen, den Gegenstand der Patentanmeldung der Klägerin zu benutzen.

   zu c) Der geltend gemachte Schadensersatzbetrag ist iHv 5 Prozentpunkten über dem jeweiligen Basiszins zu verzinsen. Auf der Grundlage der als Anlage K 8 überreichten Zinstabelle ergibt sich demnach ein Gesamtzins in Höhe von EUR . . . . . . EUR.

   Für die Richtigkeit der Ermittlung der angemessenen Entschädigung sowie der Berechnung des Lizenzsatzes wird Beweis angeboten durch
   Gutachten eines gerichtlichen Sachverständigen.

   . . . . . .

Rechtsanwalt

Anmerkungen

1. Der Verletzer hat dem Rechtsinhaber den durch die Verletzung entstandenen und noch entstehenden Schaden zu erstatten(§ 139 Abs. 2 PatG). Hierbei kommen drei Berechnungsarten in Betracht. Diese drei Berechnungsarten stehen dem Berechtigten zur Wahl. Er kann bis zur endgültigen Feststellung des Schadens auf einem der drei Wege von der einen zu der anderen Berechnungsart übergehen. Neben dem verschuldensabhängigen Schadensersatzansprüchen bestehen der verschuldensunabhängige Bereicherungsanspruch gem. § 812 BGB (bedeutsam, wenn mangels Verschulden kein Schadensersatzanspruch besteht) sowie der sog. Restschadensersatzanspruch gem. § 141 S. 2 PatG iVm § 852 S. 1 BGB (bedeutsam nach Ablauf der dreijährigen Verjährungsfrist für Schadensersatzansprüche gem. § 139 PatG). Dieser verjährt in 10 Jahren nach seiner Entstehung und erlaubt die Schadensberechnung nicht nur nach bereicherungsrechtlichen Grundsätzen sondern auch auf Basis des Verletzergewinns (BGH GRUR 2019, 369 – Spannungsversorgungsvorrichtung).

a) Unmittelbarer Schaden und entgangener Gewinn:

Es ist der Zustand herzustellen, der bestünde, wenn das Patent nicht verletzt worden wäre. Dazu gehört auch der entgangene Gewinn. Der Unterschied in der Vermögenslage vor und nach der Patentverletzung ist auszugleichen, § 249 BGB. Die Klage muss die berechtigte Erwartung des Gewinns so substantiieren, dass eine freie Schadensschätzung durch das Gericht nach § 287 ZPO möglich ist. Der Rechtsinhaber muss eine auf das konkrete Produkt bezogene Gewinnkalkulation vorlegen (vgl. BGH NJW-RR 2006, 278 – Abstrakte Methode entgangenen Gewinns).

b) Angemessene Lizenzgebühr:

Gem. § 139 Abs. 2 S. 3 PatG wird dem Verletzten ein Anspruch auf eine angemessene Lizenzgebühr zugesprochen. Der Grund dafür liegt in der Erwägung, dass der Verletzer sich so behandeln lassen müsse, als habe er rechtmäßig gehandelt, also als ob er einen Lizenzvertrag abgeschlossen hätte (Lizenzanalogie). Der Verletzer hat das zu bezahlen, was vernünftige Parteien vereinbart hätten, wenn sie die künftige Entwicklung und den Umfang der Verletzung vorausgesehen hätten (BGH GRUR 1995, 578 – Steuereinrichtung II). Ein Verletzerzuschlag zu der angemessenen Lizenz ist gesetzlich nicht vorgesehen und wird von der Rechtsprechung in der Regel nicht gewährt. Der Verletzer hat darüber hinaus abgelaufene Zinsen zu bezahlen (wenn der vertragliche Lizenznehmer bei verzögerlicher Lizenzzahlung Zinsen oder eine erhöhte Lizenzgebühr zu zahlen gehabt hätte); vgl. BGH GRUR 2010, 239 – BTK.

Schwierigkeiten bereitet immer die Feststellung der angemessenen Lizenzgebühr bei zusammengesetzten Anlagen und Vorrichtungen, insbesondere bei Maschinen, von denen nur ein Teil patentiert ist. Maßgeblich ist auch hier in erster Linie die Verkehrsüblichkeit und Zweckmäßigkeit. Ebenso wichtig ist die Bedeutung des Einzelteils im Verhältnis zur Gesamtvorrichtung. Danach kann sich die Lizenzgebühr durchaus auch nach der Gesamtvorrichtung berechnen. Der Lizenzsatz ist niedriger, wenn der Wert der Gesamtvorrichtung und höher, wenn das Einzelteil zugrunde gelegt wird. Für die Berechnung der sachgerechten Bezugsgröße ist bedeutsam, ob die Gesamtvorrichtung üblicherweise als Ganzes geliefert wird und ob diese durch den geschützten Teil insgesamt eine Wertsteigerung erfährt (vgl. zu allem: BGH GRUR 1992, 599 – Teleskopzylinder; GRUR 1995, 578 – Steuereinrichtung II). Generelle Regeln lassen sich jedoch nicht aufstellen.

c) Verletzergewinn:

Nach der durch das am 11.4.2008 verabschiedete Gesetz zur Verbesserung der Durchsetzung von Rechten des geistigen Eigentums in das Patentgesetz aufgenommenen Neufassung des § 139 Abs. 2 PatG ist der seit langem in der Rspr. anerkannte Anspruch auf Herausgabe des Verletzergewinns gesetzlich verankert (§ 139 Abs. 2 S. 2 PatG). Es sei billig, dass der Verletzer den durch die Verletzung erlangten Gewinn nicht behalten dürfe. Der Gewinn muss dabei gerade durch die Verletzung erzielt sein (vgl. grundlegend: BGH GRUR 2001, 329 – Gemeinkosten). Gewinn ist der Überschuss des Erlöses über die Kosten. Unerheblich ist, ob auch der Verletzte in der Lage gewesen wäre, diesen Gewinn zu erzielen. Die Möglichkeiten des Verletzers, den Gewinn so gering wie möglich darzustellen, wurden durch die Rspr. des BGH beschränkt. Nach der Gemeinkostenentscheidung des BGH (GRUR 2001, 329 – Gemeinkosten) sind Gemeinkosten bei der Berechnung des Verletzergewinns nicht abzugsfähig. Der Patentinhaber hat allerdings darzulegen und im Bestreitensfalle zu beweisen, dass der Verletzergewinn kausal durch Patentverletzungshandlungen verursacht wurde (OLG Düsseldorf InstGE 5, 251 – Lifter).

d) Marktverwirrungsschaden:
Unabhängig von den drei vorerwähnten Berechnungsarten ist ein weiterer Schaden zu ersetzen, der durch eine nicht verkehrsübliche, marktverwirrende und den Ruf des Patentes beeinträchtigende Benutzung entstanden ist. In der Praxis zeigt sich jedoch, dass diese Schadensposition nur sehr schwer durchzusetzen ist.

2. Gemäß § 33 PatG kann der Anmelder, dessen Anmeldung gem. § 32 Abs. 2 PatG offengelegt ist, von demjenigen, der den Gegenstand der Anmeldung benutzt hat, obwohl er wusste oder wissen musste, dass die von ihm benutzte Erfindung Gegenstand der Anmeldung war, eine nach den Umständen angemessene Entschädigung verlangen. Der Anspruch besteht gemäß § 33 Abs. 2 PatG nicht, wenn der Gegenstand der Anmeldung offensichtlich nicht patentfähig ist. Für die Geltendmachung des Entschädigungsanspruchs empfiehlt sich der Hinweis darauf, dass die Einspruchsfrist abgelaufen ist und keine Einsprüche eingelegt wurden. Für das in § 33 Abs. 1 PatG vorausgesetzte Verschulden bedarf es grundsätzlich keines ausdrücklichen Hinweises auf die Anmeldung. Die Existenz der Anmeldung ist dem Benutzer auf Grund des Hinweises im Patentblatt und der Ausgabe einer Offenlegungsschrift bekannt. Wird die Schutzrechtslage nicht überwacht, liegt grundsätzlich Fahrlässigkeit vor (BGH GRUR 1977, 598 – Autoskooterhalle).

3. Zum Zinsanspruch vgl. Benkard /Grabinski/Zülch PatG § 139 Rn. 71;. Maßgeblich für den Zeitpunkt des Beginns der Verzinsung ist jedenfalls das Datum der Zahlungsaufforderung. Ferner kommen laufende Verwendungszinsen gem. § 668 BGB in Betracht (vgl. BGH GRUR 7, 431 – Steckverbindergehäuse; OLG Düsseldorf InstGE 5, 251 – Lifter). Für die Zahlungsaufforderung selbst sind regelmäßig Rechtsanwaltsgebühren zu erstatten (OLG Düsseldorf 2 U 77/09, – Rollladen II; LG Düsseldorf GRUR-RS 2014, 21365).

14. Negative Feststellungsklage[1]

An das

Landgericht . . . . . .

– Patentkammer –

Klage

der B-AG

– Klägerin –

Prozessbevollmächtigte: Rechtsanwälte . . . . . .

mitwirkend: Patentanwälte . . . . . .

gegen

die A-GmbH . . . . . .

– Beklagte –

wegen: Feststellung des Nichtbestehens eines Unterlassungsanspruchs wegen Patentverletzung bzw. der Tragweite eines Unterlassungsurteils

Streitwert: vorläufig geschätzt . . . . . . EUR

Namens und im Auftrag der Klägerin erheben wir Klage mit dem Antrag,[2]

I. festzustellen, dass die Beklagte nicht berechtigt ist, die Klägerin wegen der Benutzung von Rollgardinen zum Schutz gegen Insekten mit einem rechteckigen Drahtgewebe, das in Höhe und Breite die Tür- bzw. Fensteröffnung überragt, bei denen das vertikal ausziehbare Drahtgewebe mit einem horizontal verlaufenden Aufrollschaft verbunden ist und das Drahtgewebe an den Seitenrändern nicht in Führungsschienen verläuft, sondern ohne weitere Befestigung über der Fensteröffnung hängt, auf Unterlassung wegen Verletzung des deutschen Patents DE 20 . . . . . . 007 in Anspruch zu nehmen,

II. festzustellen, dass die im Klageantrag zu Ziff. I. beschriebene Vorrichtung der Klägerin nicht vom Tenor des Urteils des Landgerichts . . . . . . vom . . . . . . (Az.: . . . . . .) erfasst wird,

III. der Beklagten die Kosten des Rechtsstreits aufzuerlegen,

IV. das Urteil – ggf. gegen Sicherheitsleistung (Bank- oder Sparkassenbürgschaft) – für vorläufig vollstreckbar zu erklären,
hilfsweise
der Klägerin nachzulassen, im Unterliegensfall die Zwangsvollstreckung wegen der Kosten durch Sicherheitsleistung abzuwenden.

Begründung:

1. Die Klägerin stellt Insektenschutzfenster her und vertreibt diese im Gebiet der Bundesrepublik Deutschland. Es handelt sich dabei um Vorrichtungen für das Schließen von Fensteröffnungen mittels eines Drahtgewebes, um Insekten das Eindringen zu verwehren. Die von der Klägerin unter der Bezeichnung „Moskito" bis zum . . . . . . hergestellten und vertriebenen Insektenschutzfenster wiesen folgende Merkmale auf: vorhanden ist ein horizontal ausziehbares Drahtgewebe, das mit einem vertikal verlaufenden Aufrollschaft verbunden ist.
Entlang des oberen und unteren Geweberandes sind Führungsschienen vorgesehen, die im Fensterrahmen befestigt werden. Diese Vorrichtung war Gegenstand des Urteils des Landgerichts . . . . . . vom . . . . . . Die Klägerin hat seit dem . . . . . . Produktion und Vertrieb dieser Vorrichtungen eingestellt und vertreibt nunmehr Insektenschutzfenster unter der Bezeichnung „Moskito II". Bei dem nunmehr hergestellten Insektenschutzfenster, für das Gericht vorgelegt im Original, im Übrigen ersichtlich aus den Fotografien, vorgelegt als Anlage K 1, ist ein vertikal ausziehbares Drahtgewebe vorgesehen, das mit einem horizontal an der Oberseite des Fensterrahmens verlaufenden Aufrollschaft verbunden ist. Führungsschienen für das Drahtgewebe sind nicht mehr vorgesehen.
2. Die Beklagte ist eingetragene Inhaberin des deutschen Patentes DE 20 . . . . . . 007, vorgelegt als Anlage K 2, betreffend eine Vorrichtung für das Schließen einer Fensteröffnung mittels eines Drahtgewebes. Die Beklagte nahm die Klägerin mit Klage vom . . . . . ., vorgelegt als Anlage K 3, auf Unterlassung, Rechnungslegung, Schadensersatz und Vernichtung der als patentverletzend angegriffenen Vorrichtung in Anspruch. Über die Verletzungsklage der Beklagten wurde durch Urteil des Landgerichts . . . . . . vom . . . . . . (Az.: . . . . . .), vorgelegt als Anlage K 4, entschieden. Das Gericht schloss sich der Auffassung der Verletzungsklägerin an, wonach die von der Verletzungsbeklagten hergestellte und vertriebene Vorrichtung unter das Klagepatent falle. Die Beklagte hat mit Schriftsatz vom . . . . . . beantragt, der Klägerin wegen fortgesetzter Zuwiderhandlung gegen das Unterlassungsgebot des Urteils des Landgerichts . . . . . . vom . . . . . . Ordnungsgeld aufzuerlegen (Anlage K 5). Zudem wurde die Klägerin mit Schreiben der Beklagten vom . . . . . ., vorgelegt als Anlage K

6, auch hinsichtlich der geänderten Ausführungsform „Moskito II" abgemahnt und zur Abgabe einer strafbewehrten Unterlassungserklärung aufgefordert. Mit dem als Anlage K 7 vorliegenden Schreiben vom . . . . . . hat die Klägerin die Beklagte unter Hinweis auf die geänderte Ausführungsform aufgefordert, rechtsverbindlich zu erklären, dass sie auf den geltend gemachten Anspruch verzichte. Ausweislich des als Anlage K 8 vorliegenden Schreibens vom . . . . . . hat die Beklagte eine Rücknahme der Unterlassungsaufforderung ausdrücklich abgelehnt.

3. Zur Begründung des Klageantrags zu Ziff. I. wird folgendes ausgeführt:
Die von der Klägerin nunmehr hergestellte und vertriebene Vorrichtung „Moskito II" (vgl. Anlage K 1) fällt nicht in den Schutzbereich des Klagepatentes. Der Patentanspruch des Klagepatentes lautet:
„Rollgardine zum Schutz gegen Insekten mit einem rechteckigen Drahtgewebe, das in Höhe und Breite die Tür- bzw. Fensteröffnung überragt, wobei das Drahtgewebe an einem Aufrollschaft befestigt ist, um den es sich ein- und ausrollt, dadurch gekennzeichnet, dass der Aufrollschaft senkrecht am Tür- bzw. Fensterrahmen angebracht ist und am oberen und unteren Geweberand Führungsschienen vorgesehen sind, die im oberen und unteren Teil des Fensterrahmens befestigt sind".
Die Änderung der von der Klägerin nunmehr hergestellten Vorrichtung gegenüber der früheren Vorrichtung besteht darin, dass weder ein vertikal angebrachter Aufrollschaft vorhanden ist, noch Führungsschienen für das Drahtgewebe vorgesehen sind.

Beweis: Sachverständigengutachten

Die von der Klägerin nunmehr benutzte Vorrichtung „Moskito II" fällt daher nicht in den Schutzbereich des Klagepatentes.

4. Zur Begründung des Klageantrags zu Ziff. II. wird folgendes ausgeführt:
Die von der Klägerin nunmehr hergestellte Vorrichtung weicht von der im Unterlassungstenor beschriebenen Vorrichtung derart ab, dass sie nicht mehr unter den Kern des Verbots fällt.
Die Klägerin wurde als Verletzungsbeklagte verurteilt, es zu unterlassen, eine
Rollgardine zum Schutz gegen Insekten mit einem rechteckigen Drahtgewebe, das in Höhe und Breite die Tür- bzw. Fensteröffnung überragt, wobei das Drahtgewebe an einem Aufrollschaft befestigt ist, um den es sich ein- und ausrollt,
in der Bundesrepublik Deutschland anzubieten, in Verkehr zu bringen oder zu gebrauchen oder zu den genannten Zwecken entweder einzuführen oder zu besitzen,
bei denen der Aufrollschaft senkrecht am Tür- bzw. Fensterrahmen angebracht ist und am oberen und unteren Geweberand Führungsschienen vorgesehen sind, die im oberen und unteren Teil des Fensterrahmens befestigt sind.
Die von der Klägerin nunmehr hergestellte Vorrichtung ist im Vergleich mit dem im Urteil beschriebenen Insektenschutzfenster
dadurch gekennzeichnet, dass ein vertikal ausziehbares Drahtgewebe vorgesehen ist, das mit einem horizontal an der Oberseite des Fensterrahmens verlaufenden Aufrollschaft verbunden ist, wobei das Drahtgewebe lose über die Fensteröffnung fällt und keine Befestigung des Geweberandes vorgesehen ist.

Beweis: Sachverständigengutachten

5. Die negative Feststellungsklage ist zulässig.[3]
   a) Zulässigkeit des Klageantrags zu Ziff. I.:
   Die für das Feststellungsinteresse erforderliche rechtliche Unsicherheit hinsichtlich des festzustellenden Rechtsverhältnisses liegt darin, dass sich die Beklagte durch fortgesetzte Abmahnung eines Unterlassungsanspruchs auch gegenüber der geänderten Vorrichtung der Klägerin berühmt. Damit besteht für die Klägerin die Gefahr,

mit einer weiteren Verletzungsklage überzogen zu werden. Zur Klärung der ungewissen Rechtslage kann die Feststellungsklägerin nicht auf eine Unterlassungsklage bezogen auf widerrechtliche Abmahnung verwiesen werden, weil die Frage der Patentverletzung in diesem Verfahren nur inzident geprüft und nicht rechtskräftig festgestellt wird, dass eine Patentverletzung nicht vorliegt (vgl. Melullis, , Rn. 1158; BGH WRP 1985, 212; OLG Frankfurt GRUR 1989, 705 – Verletzungsklage/Feststellungsklage). Der Zulässigkeit der Feststellungsklage lässt sich auch nicht entgegenhalten, dass die Frage, ob die Abwandlung vom Urteilstenor erfasst werde, in dem anhängigen Vollstreckungsverfahren geprüft werden könne. Die Bestimmungen des Schutzbereichs des der Verurteilung zugrundeliegenden Patentes ist dem Vollstreckungsverfahren grundsätzlich fremd und es ist demzufolge im Rahmen eines ordentlichen Streitverfahrens zu entscheiden (OLG Karlsruhe GRUR 1984, 197 – Andere Ausführungsform; OLG Düsseldorf GRUR 1967, 135 – Bleiphosphit).

b) Zulässigkeit des Klageantrags zu Ziff. II.:
Zweifel an der Tragweite des Verletzungsurteils begründen das Feststellungsinteresse. Der mutmaßliche Patentverletzer ist auch in diesem Fall nicht ausschließlich auf seine Einwendungen im Vollstreckungsverfahren angewiesen, sondern kann bei abgewandelter Benutzungsform auch im Wege einer negativen Feststellungsklage – im Rahmen eines ordentlichen Streitverfahrens – eine gerichtliche Entscheidung herbeiführen.

. . . . . .

Rechtsanwalt

Anmerkungen

1. Zweck der unter den Voraussetzungen des § 256 ZPO zulässigen Feststellungsklage ist die richterliche Feststellung des Nichtvorliegens einer Patentverletzung. Das notwendige Feststellungsinteresse der Klägerin an einer alsbaldigen Klärung der Verletzungsfrage beruht im vorliegenden Fall darauf, dass zum einen mit der Einleitung von Zwangsvollstreckungsverfahren auf der Grundlage eines vorliegenden Verletzungsurteils, und zum anderen mit einer erneuten Verletzungsklage auf der Grundlage des Streitpatentes zu rechnen ist. Die Klage ist im Hauptantrag darauf gestützt, dass die von der Beklagten verwendete Ausführungsform weder von der Lehre des Klagepatentes noch vom Tenor des vorliegenden Verletzungsurteils umfasst wird. Die Zulässigkeit der Feststellungsklage entfällt in der Regel, wenn der Patentinhaber seinerseits die Leistungsklage gegen den Verletzer erhebt und diese nicht mehr einseitig zurückgenommen werden kann (vgl. BGH GRUR 2006, 217 – Detektionseinrichtung I; Benkard /Grabinski/Zülch PatG § 139 Rn. 95a).

2. Im Klageantrag ist der Gegenstand, der vom Patentrecht des Beklagten ausgenommen sein soll, konkret zu bezeichnen. Ein Klagebegehren, das darauf gerichtet ist, festzustellen, das Klagepatent werde durch das Insektenschutzfenster „Moskito II“ nicht verletzt, entbehrt der notwendigen Bestimmtheit.

3. Das rechtliche Interesse an der negativen Feststellungsklage ist regelmäßig dann gegeben, wenn der Kläger wegen Patentverletzung verwarnt worden ist (BGH GRUR 1995, 697 – FUNNY PAPER). Zweifel an der Tragweite eines bereits existierenden Verletzungsurteils sind darüber hinaus geeignet, das Rechtsschutzinteresse zu begründen. Der mutmaßliche Patentverletzer ist in diesem Zusammenhang nicht ausschließlich auf Einwendungen im Vollstreckungsverfahren angewiesen, sondern kann im Wege der negativen Feststellungsklage – im Rahmen eines ordentlichen Streitverfahrens – eine gerichtliche Entscheidung herbeiführen (vgl. Benkard/Grabinski/Zülch PatG § 139 Rn 95). Nach der Rechtsprechung des Oberlandesgerichts Düsseldorf kann die Berühmung einer Patentverletzung des deutschen Teils eines europäischen Patents auch darin zu sehen sein, dass die

Beklagte gestützt auf das europäische Patent bereits in anderen Benennungsstaaten Patentverletzungsklage bezogen auf das streitgegenständliche Produkt erhoben hat (OLG Düsseldorf Mitt. 2000, 369). Die bloße Berechtigungsanfrage oder Schutzrechtshinweise sind nicht geeignet, das Feststellungsinteresse zu begründen (OLG München Mitt. 98, 117). Auch die außergerichtliche Weigerung des Schutzrechtsinhabers zur Frage einer etwaigen Patentverletzung auf Anfrage eines Wettbewerbers Stellung zu nehmen, stellt keine Berühmung dar. Der Schutzrechtsinhaber ist grundsätzlich nicht verpflichtet, auf Anfrage eines Wettbewerbers Auskunft darüber zu geben, ob er eine bestimmte Ausführungsform als Patentverletzung ansieht. Abgesehen von wettbewerbsrechtlichen Sonderbeziehungen besteht keine Antwortpflicht des Schutzrechtsinhabers. Demzufolge kann die Ablehnung der vom Kläger begehrten Freistellungserklärung des Schutzrechtsinhabers das für die Feststellungsklage erforderliche Feststellungsinteresse nicht begründen.

15. Zwangslizenzklage[3]

An das

Bundespatentgericht

Klage

der G-AG . . . . . .

– Klägerin –

Prozessbevollmächtigte: Rechtsanwälte . . . . . .

Mitwirkend: Patentanwälte . . . . . .

gegen

die Firma T-GmbH . . . . . .

– Beklagte –

wegen: Erteilung einer Zwangslizenz[1]

Gegenstandswert: – vorläufig geschätzt – . . . . . . EUR

Namens und in Vollmacht der Klägerin erheben wir Klage mit dem Antrag,

I. die Beklagte zu verurteilen, der Klägerin an dem deutschen Patent DE . . . . . . eine Zwangslizenz in der Weise zu erteilen, dass die Klägerin befugt ist, Hepatitis-C-Diagnostika herzustellen, anbieten, in Verkehr bringen oder gebrauchen oder den genannten Zwecken entweder einführen oder besitzen, die von den Merkmalen des genannten Patentes Gebrauch machen,
II. die Bemessung der Lizenzgebühren und der Sicherheitsleistung werden in das Ermessen des Gerichts gestellt,[2]
III. das Urteil – ggf. gegen Sicherheitsleistung für vorläufig vollstreckbar zu erklären,
IV. der Beklagten die Kosten des Rechtsstreites aufzuerlegen,

Begründung:

1. Die Klägerin ist ein US-amerikanisches Unternehmen, das sich mit der Entwicklung von Arzneimitteln, insbesondere auf dem Gebiet der Diagnose und Behandlung von Hepatitis C, befasst. Die Beklagte ist Inhaberin des deutschen Patentes DE . . . . . . betreffend ein Verfahren zum Nachweis von Antikörpern gegen den Hepatitis-C-

Virus. Die Klägerin ist von der Beklagten wegen Patentverletzung verklagt worden. Nach dem rechtskräftigen Urteil des Oberlandesgerichts . . . . . . erfüllt das von der Klägerin benutzte Verfahren sämtliche Merkmale des Hauptanspruchs 1 des Klagepatentes, so dass der Vertrieb dieses Verfahrens durch die Klägerin eine Verletzung des Klagepatentes begründet. Die Akten im Verletzungsprozess I. und II. Instanz werden als Anlagenkonvolut K 1 überreicht.

2. Die Klage ist zulässig. Die Beklagte ist eingetragene Inhaberin des Streitpatentes. Sie hat sich der Klägerin gegenüber geweigert, ihr die Benutzung des Patentes zu gestatten. Die Klägerin ist mit Schreiben vom . . . . . . an die Beklagte der im Patentgesetz gem. § 24 Abs. 1 Nr. 1 vorgesehenen Verpflichtung nachgekommen, die Zustimmung für die Benutzung der Erfindung unter angemessenen geschäftsüblichen Bedingungen zu erhalten und hat für die Benutzung der Erfindung eine angemessene Vergütung und Sicherheitsleistung hierfür angeboten. Die Beklagte ist jedoch auf das Angebot nicht eingegangen.
3. Die Klage ist begründet. Die Klägerin vertritt die Auffassung, dass die Gewährung einer Zwangslizenz gem. § 24 Abs. 1 Nr. 2 PatG im öffentlichen Interesse geboten ist, um ihr die Benutzung des streitpatentgemäßen Verfahrens zu ermöglichen. Das von der Klägerin entwickelte Diagnoseverfahren entspricht dem dringenden Bedürfnis, die Ausbreitung von Hepatitis C zu verhindern.

   Beweis: Untersuchungsbericht der Universitätsklinik Regensburg.

   Auch unter Beachtung der entgegenstehenden Interessen der Beklagten ist es aus Gründen des öffentlichen Wohls nicht vertretbar, die von der Klägerin entwickelten Diagnosetests auf Grund des aus dem Streitpatent der Beklagten abgeleiteten Verbietungsrechts wieder aus dem Verkehr ziehen zu lassen.
   Gegenüber dem vorstehend aufgezeigten öffentlichen Interesse sind die der Beklagten aus der Zwangslizenz drohenden Nachteile nicht als so schwerwiegend anzusehen, als dass sie die erheblichen Interessen der Allgemeinheit an der weiteren Verfügbarkeit des Diagnosetests der Klägerin aufzuwiegen vermögen. Der mit der Zwangslizenz verbundene Eingriff in die rechtliche und wirtschaftliche Position der beklagten Patentinhaberin kann durch die Festsetzung einer Lizenzgebühr in angemessener Weise ausgeglichen werden. Die wirtschaftlichen Interessen der Patentinhaberin müssen insofern hinter denen der Öffentlichkeit zurücktreten.

Rechtsanwalt

Anmerkungen

1. Die Zwangslizenz ist eine auf Antrag durch Gerichtsurteil erteilte Befugnis zur Benutzung einer patentierten Erfindung. Für den Fall, dass der Patentinhaber oder der Inhaber einer Patentanmeldung die Nutzung seiner Erfindung demjenigen verweigert, der sich bereit erklärt, für die Nutzung eine angemessene Lizenzgebühr zu bezahlen und hierfür ausreichende Sicherheit zu leisten, sieht § 24 PatG die Möglichkeit vor, zu Lasten des Patentinhabers dem an der Nutzung Interessierten eine Zwangslizenz zu erteilen. Voraussetzung für die Erteilung einer solchen Zwangslizenz ist gem. § 24 Abs. 1 Nr. 2 PatG das öffentliche Interesse, das einem Interesse des Patentinhabers an der alleinigen und ausschließlichen Nutzung der Erfindung überwiegen muss. IRd vorzunehmenden Interessenabwägung ist darüber hinaus zu berücksichtigen, ob und inwieweit der Lizenzsucher durch die von ihm beabsichtigte gewerbliche Benutzung der Erfindung in der Lage ist, dem öffentlichen Interesse an der Ausübung des Patents Rechnung zu tragen. Der Lizenzsucher muss in diesem Zusammenhang seine wirtschaftliche und technische Kompetenz darlegen und außerdem auch rechtlich in der Lage sein, die Erfindung zu nutzen (Benkard/Rogge/Kober-Dehm § 24 Rn. 10).

In § 24 Abs. 2 PatG ist die Erteilung einer Zwangslizenz bei abhängigen Erfindungen vorgesehen. Voraussetzung für die Erteilung einer Zwangslizenz ist in diesem Fall, dass die eigene Erfindung des Lizenzsuchers im Vergleich zu derjenigen des Patents mit dem älteren Zeitrang einen wichtigen technischen Fortschritt von erheblicher wirtschaftlicher Bedeutung aufweist. Das Erfordernis des öffentlichen Interesses ist durch das Gesetz zur Umsetzung der Biopatent-Richtlinie (98/44 EG) vom 21.1.2005 für den Fall der patentierten abhängigen Erfindung entfallen. Aufgrund dessen dürfte die praktische Bedeutung der Zwangslizenz auf Grund der erleichterten Erteilungsvoraussetzungen zunehmen. Zwischen 1945 und 2016 ist in der Bundesrepublik Deutschland lediglich eine einzige patentrechtliche Zwangslizenz iSd § 24 PatG erteilt worden. Zuletzt hat das BPatG jedoch einmal wieder eine Zwangslizenz erteilt (BPatG GRUR 2017, 373 – Isentress; bestätigt durch BGH GRUR, 2017 – Raltegravir; siehe auch *Pitz*, Acta Scientific Medical Siences 3.3 (2019), 77). Der BGH hat den Erlass einer Zwangslizenz seitens des BPatG durch einstweilige Verfügung mit Urteil vom 11.7.2017 bestätigt und klargestellt, dass das öffentliche Interesse and der Erteilung einer Zwangslizenz für einen pharmazeutischen Wirkstoff auch dann vorliegen kann, wenn eine relativ kleine Gruppe von Patienten betroffen ist und ein Wechsel zu patentfreien Alternativtherapien wegen zu erwartender Umstellungsrisiken nicht zumutbar ist. Eine weitere Voraussetzung für die Erteilung einer Zwangslizenz bei abhängigen Erfindungen kann vom Inhaber des älteren Patents geschaffen werden. Dieser kann gem. § 24 Abs. 2 S. 2 PatG verlangen, dass ihm der Lizenzsucher eine Gegenlizenz zu angemessenen Bedingungen für die Benutzung der patentierten Erfindung mit dem jüngeren Zeitrang einräumt.

Einen besonderen Fall der Zwangslizenz regelt § 24 Abs. 5 PatG. Übt der Patentinhaber die patentierte Erfindung nicht oder nicht überwiegend im Inland aus, so können Zwangslizenzen iRd § 24 Abs. 1 PatG erteilt werden, um eine ausreichende Versorgung des Inlandsmarktes mit dem patentierten Erzeugnis sicher zu stellen.

Von größerer Bedeutung als die patentrechtliche Zwangslizenz nach § 25 PatG ist darüber hinaus der kartellrechtliche Zwangslizenzeinwand. Der Anspruch auf Einräumung einer Zwangslizenz aufgrund kartellrechtlicher Vorschriften (zB Art. 101, 102 AEUV, §§ 19, 20 GWB) wird durch § 24 PatG weder ausgeschlossen noch eingeschränkt (BGH GRUR 2004, 966 – Standard-Spundfass).

2. Eine Zwangslizenz kann in eingeschränkter Form und unter bestimmten Bedingungen sowie zeitlich befristet eingeräumt werden. Die Vergütung des Patentinhabers wird im Urteil festgesetzt.

3. Das Verfahren wegen Erteilung einer Zwangslizenz entspricht dem Verfahren der Nichtigkeitsklage (vgl. § 81 PatG). Zuständig ist der Nichtigkeitssenat des Bundespatentgerichts (§ 66 Abs. 1 Nr. 2 PatG) sowie in der zweiten und letzten Instanz der BGH (§ 110 Abs. 1 PatG). Im Gegensatz zum Verfahren vor den ordentlichen Gerichten erforscht das Bundespatentgericht den Sachverhalt von Amts wegen, ohne an das Vorbringen der Parteien, insbesondere deren Beweisanträge, gebunden zu sein (§ 87 PatG). Das für die Erteilung der Zwangslizenz erforderliche öffentliche Interesse wird vom Gericht von Amts wegen festgestellt (vgl. zum Verfahren wegen Erteilung einer Zwangslizenz Benkard/Rogge/Kober-Dehm PatG § 24 Rn. 21 ff.). Die Erteilung der Zwangslizenz erfolgt durch rechtsgestaltendes Urteil. Gem. § 85 Abs. 6 PatG kann das Urteil, durch das die Zwangslizenz zugesprochen wird, auf Antrag für vorläufig vollstreckbar erklärt werden, wenn dies im öffentlichen Interesse liegt. Darüber hinaus ist in § 85 Abs. 1 PatG die Erteilung einer Zwangslizenz durch einstweilige Verfügung vorgesehen, wenn der Antragsteller glaubhaft macht, dass die Voraussetzungen des § 24 Abs. 1–5 PatG vorliegen und dass die alsbaldige Erteilung der Benutzungserlaubnis im öffentlichen Interesse dringend geboten ist (siehe BPatG GRUR 2017, 373 – Isentress).

16. Vindikationsklage[1]

An das

Landgericht[2]

– Patentkammer –

Klage

der A-GmbH . . . . . .

– Klägerin –

Verfahrensbevollmächtigte: Rechtsanwälte . . . . . .

mitwirkend: Patentanwälte . . . . . .

gegen

die B-AG . . . . . .

– Beklagte –

wegen: Patentvindikation

Streitwert: – vorläufig geschätzt – . . . . . . EUR

Wir bestellen uns zu Prozessbevollmächtigten der Klägerin, für die wir Klage erheben mit den Anträgen,

I. Die Beklagte wird verurteilt, den Anspruch auf Erteilung des Europäischen Patents (Az. der europäischen Patentanmeldung . . . . . .) für alle benannten Vertragsstaaten an die Klägerin abzutreten und in die Umschreibung der Anmeldung in der Rolle bei dem Europäischen Patentamt einzuwilligen.[3]
II. Die Beklagte wird verurteilt, das Europäische Patent DE . . . . . . auf die Klägerin zu übertragen und in die Umschreibung des Patents in der Rolle beim Europäischen Patentamt einzuwilligen.[4]
III. Die Beklagte trägt die Kosten des Rechtsstreits.
IV. Das Urteil ist – ggf. gegen Sicherheitsleistung durch die schriftliche, unwiderrufliche, unbedingte und unbefristete Bürgschaft eines im Inland zum Geschäftsbetrieb befugten Kreditinstituts – für vorläufig vollstreckbar zu erklären.

Begründung:[5]

I. Die Beklagte hat eine der Klägerin zustehende Erfindung widerrechtlich zum Patent angemeldet. Die Patentanmeldung betrifft eine Vorrichtung für das Schließen einer Fensteröffnung mittels eines Drahtgewebes. Die Patentanmeldung wurde am . . . . . . offengelegt. Wir überreichen als Anlage K 1 die veröffentlichte Anmeldung sowie als Anlage K 2 einen aktuellen Rollenauszug aus der elektronisch zugänglichen Patentrolle des Europäischen Patentamts.
   1. Die Beklagte ist darüber hinaus Inhaberin des deutschen Patents DE 20 . . . . . . 007. Die Patentanmeldung wurde am . . . . . . offengelegt. Die Veröffentlichung der Patenterteilung erfolgte am . . . . . .

2. Die streitige europäische Patentanmeldung sowie das Streitpatent betreffen eine Vorrichtung für das Schließen einer Fensteröffnung mittels eines Drahtgewebes, um Insekten das Eindringen zu verwehren. Fenstervorsätze aus Drahtgewebe zur Insektenabwehr sind seit langem bekannt. Sie wurden entweder mit Latten vor dem Fenster oder in Form von Rollläden mittels einer Stange am oberen Sims des Fensterrahmens befestigt, so dass sie von oben nach unten geschlossen und von unten nach oben geöffnet werden konnten. Ausgestaltung und Funktionsweise der in der streitigen Patentanmeldung sowie in dem Streitpatent als bekannt bezeichneten Vorrichtungen ergeben sich aus der beigefügten deutschen Patentschrift sowie der europäischen Anmeldung. Dort wird als Nachteil der im Stand der Technik beschriebenen Konstruktion in Form von auf- und abwärts bewegbaren Rollgardinen dargelegt, dass sie zum einen für Fensterrahmen und nicht für Türöffnungen geeignet seien, da sie an der Türöffnung der Küche oder eines Schuppens den Durchgang zu stark behinderten, und zum anderen nicht vollständig abschlössen, so dass Insekten trotzdem eindringen könnten.
3. Vor diesem Hintergrund bezeichnen es das Streitpatent sowie die streitige Patentanmeldung als Aufgabe, eine Vorrichtung zu schaffen, bei der der Rollmechanismus nicht horizontal am oberen Rand des Fensters hängt, sondern vertikal in der Türöffnung steht und horizontal ausgezogen wird.
4. Zur Lösung dieser Aufgabe schützt das Streitpatent sowie die europäische Anmeldung eine Vorrichtung, bei der ein Aufrollschaft, von dem sich das Drahtgewebe abrollen lässt, an dem senkrechten Pfosten der Türöffnung befestigt wird. Die hiernach zu definierenden Merkmale des Patentanspruchs bzw. des einzigen Anspruchs der Patentanmeldung lauten:
   1. Rollgardine zum Schutz gegen Insekten,
   2. mit einem rechteckigen Drahtgewebe, das in Höhe und Breite die Tür- bzw. die Fensteröffnung überragt.
   3. Das Drahtgewebe ist an einem Aufrollschaft befestigt, um den es sich ein- und ausrollt.
   4. Der Aufrollschaft ist senkrecht am Tür- bzw. Fensterrahmen angebracht.
   5. Am oberen und unteren Geweberand sind Führungsschienen vorgesehen, die im oberen und unteren Teil des Fensterrahmens befestigt sind.

   Eine Merkmalsanalyse wird zur Erleichterung der Übersicht getrennt als Anlage K 3 beigefügt.

II. Der Tatbestand der widerrechtlichen Entnahme
1. Die Klägerin war bereits vor dem maßgeblichen Prioritätszeitpunkt der streitigen Patentanmeldung bzw. des Streitpatents im Erfindungsbesitz. Sämtliche Merkmale des Gegenstands der streitigen Patentanmeldung sowie des Streitpatents sind im Rahmen einer firmeninternen Besprechung im Hause der Klägerin erörtert und in den als Anlage K 4 beigefügten Konstruktionszeichnungen niedergelegt worden. An dieser Besprechung hat ein früherer – nunmehr bei der Beklagten angestellter – Mitarbeiter der Klägerin teilgenommen. IRd Besprechung wurde die Absicht der Klägerin erörtert, die Erfindung zum Patent anzumelden. Bevor es jedoch zu einer Patentanmeldung kam, hat die Beklagte die Erfindung angemeldet. Die Klägerin hat zu keiner Zeit ihre Einwilligung zur Patentanmeldung erteilt . . . . . .
2. Aus dem vorstehend geschilderten Sachverhalt ergibt sich der mit den Klageanträgen I. und II. geltend gemachte Vindikationsanspruch. Der Anspruch auf Übertragung des deutschen Patents ergibt sich aus § 8 PatG. Der Anspruch auf Abtretung des Patenterteilungsanspruchs für die europäische Patentanmeldung beruht auf Art. 2 § 5 IntPatÜG iVm Art. 60 EPÜ.
3. Die internationale und örtliche sowie funktionale Zuständigkeit des angerufenen Gerichts ergibt sich aus Art. 1 iVm Art. 6 des Protokolls über die gerichtliche

Zuständigkeit und die Anerkennung von Entscheidungen über den Anspruch auf Erteilung eines europäischen Patents vom 5.10.1973. Keine der Streitparteien hat ihren Sitz in einem der Vertragsstaaten des EPÜ. Eine Gerichtsstandsvereinbarung zwischen den Parteien liegt nicht vor. Die örtliche Zuständigkeit des Landgerichts München I ergibt sich daraus, dass das europäische Patentamt sowie das Deutsche Patent- und Markenamt seinen Sitz in München hat.

4. Es wird angezeigt, dass die Klägerin neben ihren Prozessbevollmächtigten die Patentanwälte . . . . . . zur Mitwirkung in diesem Rechtsstreit bestellt hat.

Rechtsanwalt

Anmerkungen

1. Europäische Patentanmeldungen unterliegen der Vindikation nach Art. 2 § 5 Abs. 1 IntPatÜG iVm Art. 60 EPÜ. Der verschuldensunabhängige Anspruch auf Übertragung des Patents sowie des Anspruchs auf Abtretung des Patenterteilungsanspruchs beruhen nach deutschem Patentrecht auf § 8 PatG. Zu beachten ist die zweijährige Ausschlussfrist gem. § 8 S. 3 PatG. Die gerichtliche Durchsetzung der erfinderrechtlichen Vindikationsansprüche geschieht durch Erhebung einer Vindikationsklage. Es handelt sich um eine Klage auf Abgabe einer Willenserklärung zur Herbeiführung der vertraglichen Einigung bezüglich des Übergangs der Erfinderrechte vom sachlich nichtberechtigten Patentinhaber bzw. Patentanmelder zum sachlich berechtigten Erfinder. Sobald das Urteil Rechtskraft erlangt hat, gilt die Willenserklärung als abgegeben gem. § 894 ZPO, sodass ab diesem Zeitpunkt mit Wirkung „ex nunc" die erfinderrechtliche Vindikation vollzogen ist.

2. Das Vindikationsverfahren ist Patentstreitsache iSd. § 143 PatG. Zwischen europäischen Anmeldungen und erteilten Patenten ist zu unterscheiden. Soweit es um europäische Patentanmeldungen geht, richtet sich die internationale Zuständigkeit nach den Art. 1–8 des Protokolls über die gerichtliche Zuständigkeit und die Anerkennung von Entscheidungen über den Anspruch auf Erteilung eines europäischen Patents vom 5.10.1973. Soweit weder die Klagepartei noch die Beklagten Sitz oder Wohnsitz in einem der Vertragsstaaten des EPÜ haben und es an einer in Art. 5 des Anerkennungsprotokolls vorgesehenen Gerichtsstandswahl fehlt, sind gem. Art. 6 des Anerkennungsprotokolls die Gerichte der Bundesrepublik Deutschland international zuständig, wobei sich die örtliche Zuständigkeit des Landgerichts München I gem. Art. II § 10 Abs. 1 S. 2 IntPatÜG daraus ergibt, dass das europäische Patentamt seinen Sitz in München hat. Für deutsche Patente ist die Patentstreitkammer am Sitz des Beklagten bzw. seines Inlandsvertreters international, örtlich und funktional zuständig. Darüber hinaus kann für die örtliche Zuständigkeit auch an den Gerichtsstand der unerlaubten Handlung gem. § 32 ZPO angeknüpft werden. Für erteilte europäische Patente gilt das Anerkennungsprotokoll hingegen nicht. Hier bestimmt sich die Zuständigkeit, Anerkennung und Vollstreckung nach den allgemeinen Regelungen, insbesondere nach der EUGVVO, wobei gem. Art. 5 Nr. 3 EUGVVO stets eine Zuständigkeit deutscher Gerichte gegeben sein dürfte.

3. Vor Patenterteilung handelt es sich um eine Abtretungsklage mit dem Antrag den Beklagten zu verurteilen, den Anspruch auf Erteilung des Streitpatents auf den Kläger abzutreten sowie in die Umschreibung der Patentanmeldung einzuwilligen.

4. Soweit es bereits zu einer Patenterteilung gekommen ist, wird im Rahmen einer Abtretungsklage beantragt, das Recht aus dem erteilten Patent auf die Klagepartei zu übertragen.

5. Die Möglichkeit des Einspruchs und der Nichtigkeitsklage nehmen der Vindikationsklage nicht das Rechtsschutzbedürfnis (Busse/Keukenschrijver § 8 PatG Rn. 46). Es erfolgt keine Aussetzung des Vindikationsverfahrens bis zur Erledigung von Einspruchs- oder Nichtigkeitsverfahren, da diese den Rechtsstreit unvertretbar verzögern würde (Schulte/Moufang PatG § 8 Rn. 24). Abgelehnt wird für deutsche Patente bzw. Patentanmeldungen auch die Aussetzung des Patenterteilungsverfahrens sowie des Einspruchsverfahrens wegen einer schwebenden Übertragungsklage nach § 8 PatG (Schulte/Moufang PatG § 8 Rn. 30). Für europäische Patente schreibt Regel 14 Abs. 1 AO-EPÜ die Aussetzung des Erteilungsverfahrens zwingend vor, wenn der Vindikationskläger dem Patentamt gegenüber die Erhebung der Vindikationsklage nachweist. Die Erhebung dieser Klage kann insoweit zu einer beträchtlichen Verzögerung der Patenterteilung führen.

II. Arbeitnehmererfindungsrecht

Schrifttum: *Bartenbach/Volz,* Arbeitnehmererfindungsgesetz, 6. Aufl. 2019; *dies.*, Arbeitnehmererfindungen, 6. Aufl. 2014; *Gaul,* Der persönliche Geltungsbereich des ArbEG, RdA 1982, 268; *Graf von der Groeben,* Ausgleich unter Teilhabern nach freigewordener Diensterfindung, GRUR 2014, 113; *Johannesson,* Arbeitnehmererfindungen, 1979; *Reimer/Schade/Schippel,* ArbEG, 8. Aufl. 2007; *Schippel,* Der persönliche Geltungsbereich des Gesetzes über Arbeitnehmererfindungen und seine Ausdehnung durch Analogie und Parteivereinbarung, GRUR 1959, 167; *Schulte*, Patentgesetz mit EPÜ, 10. Auflage 2017; *Trimborn*, Arbeitnehmererfindungsrecht, 2. Aufl. 2010; *ders.*, Aktuelle Entwicklungen im Arbeinehmererfindungsrecht ab 2011, Mitt 2013, 537 und Mitt. 2014, 74; *Volmer/Gaul,* Arbeitnehmererfindungsgesetz, 2. Aufl. 1983; *Volmer,* Begriff des Arbeitnehmers im Arbeitnehmererfindungsrecht, GRUR 1978, 329.

0. Vorbemerkungen

1. Persönlicher Anwendungsbereich des Gesetzes über Arbeitnehmererfindungen. Dem Arbeitnehmererfindergesetz (ArbEG) v. 25.7.1957 (BGBl. I S. 756), geändert durch Gesetz v. 23.3.1961 (BGBl. I S. 247 (316)), v. 4.9.1967 (BGBl. I S. 953), v. 15.8.1986 (BGBl. I S. 1446), v. 24.6.1994 (BGBl. I S. 1325), v. 5.10.1994 (BGBl. I S. 2911), v. 22.12.1997 (BGBl. I S. 3224), v. 16.7.1998 (BGBl. I S. 1827), v. 18.1.2002 (BGBl. I S. 414) und zuletzt vom 31.7.2009 (BGBl. I S. 2521), unterliegen nach dessen § 1 die Erfindungen und technischen Verbesserungsvorschläge von Arbeitnehmern im privaten und im öffentlichen Dienst, von Beamten und Soldaten. Das Gesetz, das selbst keine Definition des Begriffs „Arbeitnehmer" liefert, meint den Arbeitnehmer im arbeitsrechtlichen Sinne, das heißt denjenigen, der seine Arbeit auf der Grundlage eines Abhängigkeitsverhältnisses erbringt. Auch die Tätigkeit innerhalb von Arbeitsbeschaffungsmaßnahmen begründet die Arbeitnehmereigenschaft (Schiedsstelle BlPMZ 1987, 362). Die Mitglieder der Vertretungsorgane von Kapitalgesellschaften (AG, GmbH) sind keine Arbeitnehmer iS dieses Gesetzes (BGH GRUR 1965, 302; Gaul DB 1990, 671; OLG Düsseldorf GRUR 2000, 49 – Geschäftsführer-Erfindung), ebenso wenig Liquidatoren, Abwickler, Insolvenzverwalter, Handelsvertreter, Mitglieder des Vorstandes von Genossenschaften. Das materielle Recht des ArbEG kann aber durch Vereinbarung auf solche Personen erstreckt werden (BGH GRUR 1965, 302; Schippel GRUR 1959, 167; Volmer GRUR 1978, 329; Gaul RdA 1982, 268). Die verfahrensrechtlichen Bestimmungen kann man dagegen vertraglich nicht über den unmittelbaren persönlichen Geltungsbereich des Gesetzes hinaus ausdehnen, insbesondere kann die Zuständigkeit der Schiedsstelle (§§ 28 ff. ArbEG) nicht vertraglich begründet werden.

2. Sachlicher Anwendungsbereich. a.Arbeitnehmer. Anwendung findet das Gesetz ausschließlich auf technische Innovationen, die entweder Gegenstand eines Patentrechts oder eines Gebrauchsmusterrechts sein können (= Erfindungen gemäß § 2 ArbEG), zum anderen auf Verbesserungsvorschläge über technische Innovationen, welche die Voraussetzungen für den Patent- oder Gebrauchsmusterschutz nicht aufweisen. Wird die Anwendung der Bestimmungen des ArbEG, soweit möglich, vereinbart, so gelten auch dessen Definitionen für Erfindungen (§ 2) und technische Verbesserungsvorschläge (§ 3), so dass in der Vereinbarung selbst hierzu keine eigenen Erläuterungen enthalten zu sein brauchen, es sei denn, dass im Einzelfall bestimmte Arten von Erfindungen oder technischen Verbesserungsvorschlägen ausgenommen werden sollen.

b. Erfindungen während des Arbeitsverhältnisses. Nach § 4 Abs. 2 ArbEG sind gebundene Erfindungen (Diensterfindungen) nur solche, die während der Dauer des Arbeitsverhältnisses fertiggestellt werden (hierzu BGH GRUR 1971, 210 (212) – Wildverbiss; sowie → Form. II.1 Anm. 2). Es kommt auf den rechtlichen Beginn und die rechtliche Beendigung des Arbeitsverhältnisses an, nicht auf die tatsächliche Arbeitsaufnahme und -aufgabe (BGH GRUR 1971, 407 – Schlussurlaub mAnm Schippel). Deshalb wird auch in Verträgen mit Personen, die dem Gesetz nicht unmittelbar unterstellt sind, sinnvollerweise auf die Dauer ihres Beschäftigungsvertrages abgestellt.

3. Reform durch Patentrechtsmodernisierungsgesetz. Die Umsetzung des Patentrechtsmodernisierungsgesetzes (BGBl. I S. 2521) bringt weitreichende Änderungen für alle ab dem 1.10.2009 gemeldeten Diensterfindungen, insbesondere mit Blick auf Ausübung und Umfang des Rechts zur Inanspruchnahme sowie die Form von nach dem ArbEG abzugebenden Erklärungen.

1. Meldung einer Diensterfindung

An die

Geschäftsleitung

Per Fax/E-Mail/Brief

Meldung einer Diensterfindung[1] (§ 5 ArbEG) Ich melde Ihnen hiermit meine Erfindung[2, 3] betreffend .....

(kurze Bezeichnung des Erfindungsgegenstandes)

und mache dazu die folgenden Angaben:[3]

1. Technische Aufgabe

   Die Erfindung löst das folgende technische Problem: ..... (Beschreibung der technischen Aufgabe, Darlegung des Stands der Technik, auf welchem die Erfindung aufbaut)

2. Lösung der technischen Aufgabe

   2.1 Die Lösung der technischen Aufgabe gelingt auf folgende Weise: .....

   2.2 Zu der Lösung der Aufgabe trugen folgende Erfahrungen oder Arbeiten aus dem Betriebsbereich bei: .....

   2.3 Als technische Hilfsmittel des Betriebs wurden eingesetzt: .....

3. Das Zustandekommen der Erfindung

   3.1 Zu der Erfindung bin ich durch folgende betriebliche Aufgabenstellung, Weisungen oder Richtlinien veranlasst worden: .....

   3.2 Anlass zur Erfindung waren folgende Mängel und Bedürfnisse: .....

4. Angaben über Miterfinder und Mitarbeiter[4]

   4.1 An der Erfindung haben außer mir als Miterfinder mitgewirkt: .....

   4.2 Folgende Mitarbeiter haben mitgewirkt, ohne nach meiner Auffassung erfinderisch tätig geworden zu sein: .....

   4.3 Meinen eigenen Anteil an der Erfindung bemesse ich mit ..... %.

Bestätigen Sie mir bitte den Empfang dieser Erfindungsmeldung auf beiliegender Kopie dieses Schreibens.[5]

Beigefügt sind folgende Unterlagen: . . . . . (zB Aufzeichnungen, Skizzen, Laborberichte etc).[6]

Ich bin mir meiner Verpflichtung bewusst, den Gegenstand dieser Erfindung bis zur Veröffentlichung der hieraus resultierenden Schutzrechtsanmeldungen oder bis zur Veröffentlichung durch den Arbeitgeber geheim zu halten.

Anmerkungen

1. Meldung der Diensterfindung. Die Meldung soll dem Arbeitgeber Kenntnis von der Diensterfindung verschaffen, die ihm zwar nicht unmittelbar zufällt, die er aber durch Inanspruchnahme (§ 6 ArbEG; → Form. II.3, 4) erwerben kann.

Nach § 5 Abs. 1 S. 1 ArbEG ist der Arbeitnehmer, der eine Diensterfindung (§ 4 Abs. 2 ArbEG) gemacht hat, verpflichtet, sie unverzüglich dem Arbeitgeber zu melden. Für nach dem 1.10.2009 zu meldende Erfindungen ist nicht länger die Schriftform vorgeschrieben, sondern reicht die Meldung in Textform, bspw. per Fax oder E-Mail.

2. Diensterfindungen. Diensterfindungen sind nach § 4 Abs. 2 ArbEG die schutzfähigen Erfindungen, die der Arbeitnehmer während des Arbeitsverhältnisses macht, also fertigstellt, die entweder (1.) aus der dem Arbeitnehmer im Betrieb oder in der öffentlichen Verwaltung obliegenden Tätigkeit entstanden sind oder (2.) maßgeblich auf Erfahrungen oder Arbeiten des Betriebes oder der öffentlichen Verwaltung beruhen. Die Pflicht des Arbeitnehmers zur Meldung besteht auch für Erfindungen, hinsichtlich derer er Zweifel hat, ob es sich um eine gebundene Erfindung handelt, ob die Erfindung bereits fertiggestellt ist oder ob es sich um eine Erfindung handelt (BGH GRUR 1987, 900 (902) – Entwässerungsanlage; *Trimborn* ArbEG S. 39).

Die Gesichtspunkte, nach denen beurteilt wird, wann die Erfindung so fertiggestellt ist, dass sie der Meldepflicht unterliegt, sind in BGH GRUR 1971, 210 (212) – Wildverbiss in eingehender Auseinandersetzung mit älterer Rechtsprechung und Schrifttum zusammengestellt. Danach ist nicht die Meinung des Erfinders, sondern die Erkenntnis des Durchschnittsfachmanns maßgeblich. Eine Erfindung ist erst dann fertig, wenn die ihr zugrunde liegende Lehre technisch ausführbar ist, wenn also der Durchschnittsfachmann nach den Angaben des Erfinders arbeiten kann, unabhängig davon, ob zum Festlegen einer verkaufsreifen Konstruktion noch weitere, das übliche Maß nicht übersteigende Versuche erforderlich sein mögen. Die technische Lehre der Erfindung muss mit anderen Worten so erkannt sein, dass eine Schutzrechtsanmeldung möglich ist, Fabrikationsreife ist dagegen nicht erforderlich. Erfindungen, die vor dem Beginn des Arbeitsverhältnisses gemacht worden sind, müssen nicht gemeldet werden. Die Meldepflicht besteht jedoch nach § 26 ArbEG für Erfindungen, die während des Arbeitsverhältnisses fertig gestellt wurden, auch nach dessen Beendigung fort.

Eine Pflicht zur erneuten Meldung der Diensterfindung besteht jedenfalls dann, wenn ein Arbeitnehmer eine bereits gemeldete Diensterfindung, an der er als Miterfinder beteiligt ist, in einer Weise fortentwickelt, die den Gegenstand der Erfindung durch eigenständig erfinderische oder zumindest schöpferische Ergänzungen wesentlich verändert und in Folge dessen auch eine wesentliche Veränderung der Anteile der Miterfinder bewirkt (BGH GRUR 2006, 141 – Ladungsträgergenerator).

3. Voraussetzungen ordnungsgemäßer Meldung. Nur die ordnungsgemäße Meldung setzt die Frist für die Freigabe in Gang, nach deren Ablauf die Inanspruchnahme fingiert wird. Anforderungen bestehen mit Blick auf Zeitpunkt, Form sowie Inhalt:

a. Zeitpunkt der Meldung. Die Meldung muss unverzüglich nach Fertigstellung der Erfindung abgegeben werden. Unverzüglich heißt iSd Legaldefinition des § 121 BGB ohne schuldhaftes Zögern. Wegen der großen Bedeutung der Priorität für den Schutzrechtserwerb liegt eine baldige Meldung in der Regel auch im Interesse des Arbeitnehmers.

b. Form der Meldung. Für nach dem 1.10.2009 zu meldende Erfindungen ist nicht länger die Schriftform vorgeschrieben, sondern reicht die Meldung in Textform, bspw. per Fax oder E-Mail.

c. Inhalt der Meldung. § 5 Abs. 2 ArbEG verlangt die Beschreibung der technischen Aufgabe, ihrer Lösung und des Zustandekommens der Diensterfindung. Dabei soll der Arbeitnehmer dienstlich erteilte Weisungen oder Richtlinien, die benutzten Erfahrungen oder Arbeiten des Betriebs, die Mitarbeiter einschließlich Art und Umfang ihrer Mitarbeit angeben und hervorheben, was er als seinen eigenen Anteil am Zustandekommen der Diensterfindung ansieht. Die Angaben sollen dem Arbeitgeber ermöglichen, zu entscheiden, ob eine Diensterfindung vorliegt, ob und inwieweit er sie in Anspruch nehmen will und welchen Anteil Erfinder und Betrieb am Zustandekommen der Diensterfindung haben, was wiederum für die spätere Vergütung von großer Bedeutung ist (→ Form. II.11–16). Verschweigt ein Arbeitnehmer, der eine Diensterfindung gemacht hat, seinem Arbeitgeber bei der Meldung der Erfindung vorsätzlich eine nicht unerhebliche Mitwirkung von Mitarbeitern am Zustandekommen der Erfindung und lässt er sich als alleiniger Erfinder eine Vergütung versprechen, so kommt eine Anfechtung der Vergütungsvereinbarung wegen arglistiger Täuschung in Betracht (BGH GRUR 2003, 702 – Gehäusekonstruktion). Der Verpflichtung des Arbeitnehmers zur ordnungsgemäßen Meldung entspricht ein Auskunftsanspruch des Arbeitgebers (OLG München GRUR 1994, 625).

Im Einzelfall kann die Fertigung einer ordnungsgemäßen Meldung sehr schwierig sein. Deshalb haben viele Unternehmen eigene Formulare für Erfindungsmeldungen entwickelt und ihre Arbeitnehmer wissen lassen, dass die Patentabteilung den Arbeitnehmererfinder bei der Fertigung der Meldung unterstützt. In solchen Formularen sollte ausdrücklich auf die Geheimhaltungspflicht des Arbeitnehmers nach § 24 Abs. 2 ArbEG hingewiesen werden. Danach hat der Arbeitnehmer eine Diensterfindung so lange geheim zu halten, wie sie nicht frei geworden ist (§ 8 Abs. 1 ArbEG). Die Geheimhaltungspflicht dient der Sicherung des Auskunftsanspruchs des Arbeitgebers (OLG München GRUR 1994, 625). Diese Geheimhaltungspflicht umfasst alle Kenntnisse und Unterlagen, die der Erfinder dem Arbeitgeber gemäß § 5 ArbEG zu melden verpflichtet ist. Die Geheimhaltungspflicht besteht auch innerhalb des Betriebes, da nur der Arbeitgeber entscheiden kann, ob und inwieweit die Diensterfindung im Betrieb selbst bekanntgegeben werden soll; ausgenommen ist die Mitteilung an Vorgesetzte und die Patentabteilung, deren Aufgabe im Betrieb es ist, sich mit Diensterfindungen zu befassen (hL, vgl. *Reimer/Schade/Schippel* § 24 Rn. 9 und die dort angegebene Literatur; *Bartenbach/Volz* § 24 Rn. 34; sehr eingehend *Volmer/Gaul*, Arbeitnehmererfindungsgesetz, § 24 Rn. 8 ff.).

4. Gemeinschaftliche Diensterfindung. Haben mehrere im Team eine Diensterfindung gemacht, so ist jeder Einzelne meldepflichtig, die Miterfinder können aber die Meldung gemeinsam abgeben (§ 5 Abs. 1 S. 2 ArbEG). In der Meldung sind nicht nur die Personen zu nennen, die der Meldende für Miterfinder hält. Er hat auch Mitarbeiter zu benennen, deren Beitrag er nicht als erfinderisch ansieht. Das ist nicht nur vorgesehen, um den Anteil des Betriebs am Zustandekommen der Diensterfindung schon auf Grund der Meldung möglichst genau bestimmen zu können. Dem Diensterfinder soll auch die Verantwortung für die häufig sehr schwierige Abgrenzung zwischen erfinderischer und nicht erfinderischer Mitarbeit nicht aufgebürdet werden.

Eine Miterfinderstellung iSd § 6 S. 2 PatG wird grundsätzlich dann angenommen, wenn jemand durch selbständige geistige Mitarbeit zum Auffinden des Erfindungsgedankens einen schöpferischen Beitrag geleistet hat, ohne dass dieser Beitrag selbst erfinderisch zu sein braucht. Bei der Frage, wer (Mit-)Erfinder ist, geht es – losgelöst von der patentrechtlichen Bewertung des Gegenstands der Erfindung – darum, wem ein Recht an diesem Gegenstand zusteht. Der für die Zuerkennung des (Mit-)Erfinderstatus erforderliche Beitrag braucht nicht selbständig erfinderisch zu sein und für sich allein betrachtet alle Voraussetzungen einer patentfähigen Erfindung zu erfüllen. Die Anerkennung als Miterfinder kann nicht mit Begründung versagt werden, der geleistete Beitrag betreffe nicht „den springenden Punkt" der Erfindung. Vielmehr reichen nur solche Beiträge nicht aus, um als (Mit-)Erfinder anerkannt zu werden, die den Gesamterfolg (gar) nicht beeinflusst haben und deshalb für die Lösung unwesentlich sind oder die nach den Weisungen eines Erfinders oder eines Dritten geschaffen wurden. Miterfinder ist derjenige, der einen schöpferischen Beitrag zu derjenigen technischen Lehre geleistet hat, auf die der Schutzrechtsanspruch gerichtet ist oder nach dem Gesamtinhalt der Ursprungsoffenbarung gerichtet werden kann. Die Frage ist also nicht allein anhand der Ansprüche und der darin zum Ausruck kommenden Merkmalskombination zu beantworten, maßgeblich ist vielmehr der Gesamthinhalt der Patentanmeldung einschließliche der Beschreibung und Zeichnungen (BGH BeckRS 2013, 4623; BeckRS 2013, 13904 – Flexibles Verpackungsbehältnis). Beiträge, die unwesentlich oder auf Weisung eines Dritten geschaffen worden sind, begründen keine Miterfinderschaft (vgl. BGH GRUR 2001, 226 – Rollenantriebseinheit; BGH GRUR 1966, 558 = NJW 1966, 1316 – Spanplatten mAnm *Schippel;* BGH GRUR 1978, 583 – Motorkettensäge mAnm *Harmsen;* sowie *Schulte,* Patentgesetz, 10. Aufl., § 6 Rn. 20 mwN).

5. **Bestätigung der Meldung.** Die unverzügliche Bestätigung des Zeitpunkts des Eingangs der Meldung in Textform ist dem Arbeitgeber vorgeschrieben (§ 5 Abs. 1 S. 3 ArbEG). Eingang ist gleichbedeutend mit Zugang iSd § 130 BGB. Entscheidend ist demnach, dass die Meldung so in den Besitz des Arbeitgebers gelangt ist, dass dieser unter normalen Verhältnissen die Möglichkeit hat, vom Inhalt der Meldung Kenntnis zu nehmen. Eine Meldung, die den inhaltlichen Anforderungen des § 5 Abs. 2 ArbEG nicht entspricht, kann der Arbeitgeber innerhalb von 2 Monaten nach Zugang beanstanden. Wegen der Beanstandung einer vom Arbeitgeber nicht als ordnungsgemäß betrachteten Meldung → Form. II.2. Tut er dies nicht, gilt die Meldung als ordnungsgemäß (§ 5 Abs. 3 ArbEG).

6. **Anlagen zur Meldung.** Soweit es zum Verständnis der Erfindung erforderlich ist, soll der Arbeitnehmer vorhandene Aufzeichnungen wie Versuchsprotokolle, Zeichnungen, Pläne und dgl. der Meldung beifügen (§ 5 Abs. 2 S. 2 ArbEG).

2. Beanstandung einer Erfindungsmeldung

Herrn . . . . . .

im Hause

Ihre Erfindungsmeldung vom . . . . . .

Sie haben uns mit Schreiben vom . . . . . . die Diensterfindung . . . . . . (kurze Bezeichnung des Erfindungsgegenstandes) gemeldet. Diese Erfindungsmeldung bedarf in folgender Hinsicht der Ergänzung: . . . . . .[1]

Wir möchten Sie darauf aufmerksam machen, dass diese Ergänzungen unverzüglich erfolgen müssen. Wir bitten Sie daher, uns diese Ergänzungen Ihrer Erfindungsmeldung bis spätestens zum . . . . . . in Textform einzureichen.[2] Unsere Patentabteilung ist gerne bereit, Sie dabei zu unterstützen.[3]

Schließlich möchten wir Sie bitten, uns den Empfang dieses Schreibens auf dem beiliegenden Doppel zu bestätigen.[4]

Anmerkungen

1. Bedeutung der Ordnungsmäßigkeit der Meldung und Beanstandung. Da die ordnungsmäßige Meldung der Diensterfindung beim Arbeitgeber die Frist in Lauf setzt, innerhalb der er die Diensterfindung freigeben, also die Fiktion der Inanspruchnahme abwenden kann (§ 6 Abs. 2 ArbEG), sollte möglichst bald Klarheit darüber herrschen, ob eine Meldung (→ Form. II.1) iSd § 5 Abs. 2 ordnungsmäßig ist oder nicht. Die Frist zur Freigabe beträgt 4 Monate nach Eingang der ordnungsmäßigen Meldung. Erklärt der Arbeitgeber nicht innerhalb von 2 Monaten nach Eingang der Meldung, dass und in welcher Hinsicht die Meldung einer Ergänzung bedarf, gilt die Meldung als ordnungsgemäß, selbst wenn sie objektiv den Anforderungen des Gesetzes nicht entspricht (§ 5 Abs. 3 ArbEG). Diese gesetzliche Fiktion bezieht sich jedoch nur auf die Voraussetzungen des § 5 Abs. 2 ArbEG. Einen Mangel bezüglich der Anforderungen des § 5 Abs. 1 ArbEG kann die gesetzliche Fiktion nicht heilen.

Die 2-Monatsfrist ist wie die anderen Fristen des Arbeitnehmererfindergesetzes eine Ausschlussfrist und kann deshalb auch durch Vereinbarung ungeachtet des § 22 ArbEG nicht verlängert werden (*Bartenbach/Volz,* Arbeitnehmererfindungsgesetz, § 5 Rn. 88). Sie ist nur gewahrt, wenn die Beanstandungserklärung dem Arbeitnehmer innerhalb der 2-Monatsfrist zugeht.

Die Beanstandung des Arbeitgebers muss angeben, was er noch ergänzt wissen will, muss also begründet sein. Der bloße Hinweis, die Meldung sei nicht ordnungsgemäß, weil sie den Anforderungen des Gesetzes nicht entspreche, reicht nicht aus, um den Eintritt der Fiktion des § 5 Abs. 3 ArbEG zu verhindern (Schiedsstelle BlPMZ 1960, 282). Hat der Arbeitgeber eine ihm zugegangene Mitteilung einmal als Meldung anerkannt, kann er sich nicht mehr darauf berufen, die Meldung entspreche nicht den Erfordernissen des § 5 Abs. 2 ArbEG (OLG Karlsruhe GRUR 1984, 42).

2. Zeitpunkt der Ergänzung der Meldung. Auch die Ergänzung der Meldung muss der Arbeitnehmer unverzüglich abgeben. Ebenfalls für die Ergänzung als Teil der ordnungsmäßigen Meldung genügt die Textform, bspw. per Fax oder E-Mail (→ Form. II.1 Anm. 1, 3).

3. Unterstützung des Arbeitnehmers. Dem Arbeitgeber obliegt die Pflicht, den Arbeitnehmer bei der Ergänzung der Meldung zu unterstützen (§ 5 Abs. 3 S. 2 ArbEG); zur Zweckmäßigkeit solcher Unterstützung → Form. II.1 Anm. 3. Diese Pflicht steht in enger Verbindung zu der Pflicht des Arbeitgebers, die Beanstandung zu begründen. Es soll erreicht werden, dass möglichst rasch eine ordnungsmäßige Meldung abgegeben wird, damit die Rechtsverhältnisse unter den Parteien im Hinblick auf die Schutzrechtserteilung und die damit verbundene Bekanntgabe der technischen Neuerung auch im Interesse der Öffentlichkeit möglichst bald geklärt werden können. Da der Arbeitgeber zur Unterstützung verpflichtet ist, haften er und seine Berater dafür, dass dem Arbeitnehmer die richtige Hilfe gewährt wird. Fehler des Arbeitgebers oder seiner Berater bei dieser dem Arbeitnehmer geschuldeten Hilfestellung liegen im Risikobereich des Arbeitgebers.

4. Bestätigung des Empfangs. Die Bestätigung des Zugangs ist für den vom Arbeitgeber zu führenden Beweis der fristgerechten Beanstandung von Bedeutung. Darüber hinaus gibt sie dem Arbeitgeber einen Hinweis darauf, ob die ergänzte Meldung der Erfindung des Arbeitnehmers „unverzüglich" erfolgte.

3. Inanspruchnahme

Herrn . . . . .

im Hause

Dienstererfindung . . . . .

Wir nehmen die uns von Ihnen mit Schreiben vom . . . . . gemeldete Diensterfindung in Anspruch.[1, 3] Infolge der Inanspruchnahme gehen alle Rechte an dieser Erfindung auf uns über.[2, 4]

Wir werden die Erfindung beim Deutschen Patent- und Markenamt zur Erteilung eines Patents/Gebrauchsmusters anmelden.[5, 6] Zur gegebenen Zeit werden wir Ihnen mitteilen, in welchen ausländischen Staaten wir Schutzrechte erwerben wollen.[7]

Wir erlauben uns, Sie in diesem Zusammenhang auf die auch in Ihrem Interesse fortbestehende Geheimhaltungspflicht gemäß § 24 Abs. 2 ArbEG aufmerksam zu machen.[8]

Bestätigen Sie uns schließlich bitte den Empfang dieses Briefes auf beiliegender Kopie.[9]

Anmerkungen

1. Überleitung der Rechte an der Diensterfindung auf den Arbeitgeber. Die Rechte an der Diensterfindung stehen nach dem sog. Erfinderprinzip des § 6 PatG ursprünglich nicht dem Arbeitgeber, sondern dem Arbeitnehmer zu. Das Gesetz über Arbeitnehmererfindungen hat das Konzept der „Betriebserfindung" der älteren Rechtslehre nicht übernommen, obwohl es vielfach so ist, dass der Arbeitnehmer zum Erfinden angestellt ist oder der Anteil des Betriebs am Zustandekommen der Erfindung um vieles größer ist, als der des Erfinders selbst (vgl. Amtl. Begr. zum Gesetz über Erfindungen von Arbeitnehmern und Beamten BT-Drs. 2/1648 Allg. II 2, abgedruckt BlPMZ 1957, 224). Der Arbeitgeber hat aber nach § 6 Abs. 1 ArbEG das Recht, jede Diensterfindung in Anspruch zu nehmen. Die Möglichkeit zur Wahl zwischen einer unbeschränkten Inanspruchnahme, bei der alle Rechte auf den Arbeitgeber übergehen (§ 7 Abs. 1 ArbEG aF), und einer beschränkten Inanspruchnahme, wonach der Arbeitgeber nur ein nicht ausschließliches Recht zur Nutzung erhält (§ 7 Abs. 2 ArbEG aF), ist durch die Reform 2009 abgeschafft worden. Nunmehr gibt es nur noch die Möglichkeit der unbeschränkten Inanspruchnahme. Die Erfinderpersönlichkeitsrechte, insbesondere das Recht auf Erfindernennung nach § 37 PatG, Art. 81 EPÜ werden durch die Inanspruchnahme nicht berührt (BGH GRUR 1978, 583 – Motorkettensäge; GRUR 2004, 272 – Rotierendes Schaftwerkzeug).

2. Umfang der Übertragung. Nimmt der Arbeitgeber die Diensterfindung in Anspruch, gehen alle übertragbaren vermögenswerten Rechte an der Diensterfindung mit Ausnahme der nicht übertragbaren Erfinderpersönlichkeitsrechte auf den Arbeitgeber über (§ 7 Abs. 1 ArbEG). Der Arbeitgeber erwirbt das „Recht auf das Patent" gemäß § 6 PatG (vgl. dazu etwa LG Düsseldorf InstGE 1, 50 (56) – Schraubenspindelpumpe), dh insbesondere das alleinige Recht zum Erwerb von Schutzrechten im In- und Ausland. Hat der Arbeitnehmer bereits ein Schutzrecht erworben oder die Erfindung zur Schutzrechtserteilung angemeldet, so geht das Schutzrecht bzw. die Verfahrensposition des Arbeitnehmers im Erteilungsverfahren mit der Inanspruchnahme kraft Gesetzes auf den Arbeitgeber über. Er kann vom Arbeitnehmer die Abgabe der für die formelle Umschreibung des Schutzrechts bzw. der Anmeldung vom Patentamt verlangten Erklärungen in der vorgeschriebenen, häufig öffentlich beglaubigten Form verlangen (§§ 413, 412, 403 BGB). Die Kosten solcher Erklärungen trägt der Arbeitgeber (§ 403 S. 2 BGB).

Die Inanspruchnahme der Diensterfindung begründet nach § 9 Abs. 1 ArbEG die Vergütungspflicht des Arbeitgebers, jedoch zunächst nur dem Grunde nach (vgl. *Reimer/Schade/Schippel* § 9 Rn. 20; *Bartenbach/Volz* § 9 Rn. 11 ff.). Die Fälligkeit des Vergütungsanspruchs tritt erst später ein; → Form. II.11 Anm. 1.

3. Form und Frist der Inanspruchnahme. Die Inanspruchnahme muss gegenüber dem Erfinder erklärt werden (§ 6 Abs. 2 ArbEG). Nach alter, für alle bis einschließlich 30.9.2009 gemeldeten Diensterfindungen geltenden Rechtslage, musste der Arbeitgeber bei Gefahr des Rechtsverlustes spätestens bis zum Ablauf von 4 Monaten nach Eingang der ordnungsmäßigen Meldung (→ Form. II.1) die Inanspruchnahme schriftlich gegenüber dem Erfinder erklären (§ 6 Abs. 2 S. 2 ArbEG aF). Wurde diese Frist nicht eingehalten, scheiterte der Rechtstransfer. Die aktuelle Rechtslage sieht nun vor, dass die Erklärung der Inanspruchnahme fingiert wird, sofern der Arbeitgeber die Erfindung nicht innerhalb von 4 Monaten nach Erhalt der ordnungsgemäßen Meldung mittels ausdrücklicher Erklärung in Textform freigibt (§ 6 Abs. 2 ArbEG nF). Dies hat für den Arbeitgeber den Vorteil, dass er keinen Rechtsverlust erleidet, wenn er es versäumt, innerhalb der Frist eine Erklärung abzugeben. Für Alterfindungen, das heißt solche Erfindungen, die bis einschließlich 30.9.2009 gemeldet wurden, gilt die alte Rechtslage fort. Probleme im Zusammenhang mit ordnungsgemäßer Meldung und rechtzeitiger Inanspruchnahme stellen sich für solche Erfindungen daher weiterhin (vgl. zu den Konstellationen bei nicht wirksam erfolgter Inanspruchnahme *Graf von der Groeben* GRUR 2014, 113) und zwar vor dem Hintergrund der Rechtsprechung, wonach die vom Arbeitgeber einzuhaltende Frist zur Inanspruchnahme auch dann zu laufen beginnen kann, wenn es an einer ordnungsgemäßen Meldung der Diensterfindung durch den Arbeitnehmererfinder fehlt. Da es sich bei der Meldung der Diensterfindung nicht um eine Willenserklärung, sondern um Wissensvermittlung handele, müsse ein Verstoß gegen die Pflicht zur ordnungsgemäßen Meldung der Diensterfindung dann ohne Nachteile für den Arbeitnehmererfinder bleiben, wenn in einer der ordnungsgemäßen Meldung vergleichbaren anderweitigen Form dokumentiert sei, dass der Arbeitgeber das Wissen und die Erkenntnismöglichkeiten hat, die ihm durch die Erfindungsmeldung vermittelt werden sollten. Ein solcher Fall sei gegeben, wenn der Arbeitgeber die Diensterfindung mit dem Inhalt der von seinen Arbeitnehmern entwickelten Lehre zum technischen Handeln anmeldet und dabei alle an der Erfindung beteiligten Erfinder benennt. Damit habe der Arbeitgeber zu erkennen gegeben, dass er auch aus seiner Sicht über die maßgeblichen Umstände informiert war, so dass er jedenfalls nunmehr in der Lage war, die Diensterfindung sobald wie möglich in Anspruch zu nehmen (BGH GRUR 2006, 754 (757) – Haftetikett; dies für vor dem 1.10.2009 gemeldete Erfindungen bestätigend BGH GRUR 2017, 504, 505 – Lichtschutzfolie).

4. Vertragliche Übertragung. Ungeachtet der Möglichkeit, die Rechte an der Diensterfindung durch die einseitige Erklärung der Inanspruchnahme (§ 6 Abs. 1 ArbEG) bzw. infolge des Eintritts der Inanspruchnahmefiktion (§ 6 Abs. 2 ArbEG) zu erhalten, steht es den Parteien frei, diese Rechte durch Vertrag zwischen Arbeitgeber und Arbeitnehmer zu übertragen (vgl. im Rahmen eines *obiter dictum* BGH GRUR 1952, 573 – Zuckerdiffuseur; sowie *Bartenbach/Volz*, Arbeitnehmererfindungsgesetz, § 6 aF Rn. 57). Wegen der Unabdingbarkeit der Vorschriften des Gesetzes über Arbeitnehmererfindungen zu Ungunsten des Arbeitnehmers vor der Meldung einer Diensterfindung (§ 22 ArbEG) können solche Verträge nur über eine bestimmte Diensterfindung nach deren Meldung geschlossen werden (nach *Bartenbach/Volz*, ArbEG, § 6 aF Rn. 57, soll allerdings eine schriftliche Meldung nicht unbedingt erforderlich sein). Vorausverfügungen über künftige Diensterfindungen, etwa im Zusammenhang mit dem Abschluss des Arbeitsvertrages, sind nichtig. Durch Vertrag übertragen werden kann dagegen die freigewordene Diensterfindung. Ebenso wie an einen – ausdrücklichen oder stillschweigenden – einvernehmlichen Verzicht auf die Schriftform bei Alterfindungen sind allerdings hohe Anforderungen an die Annahme einer einvernehmlichen, konkludenten Übertragung der Erfindung vom Erfinder auf den Arbeitgeber zu stellen. In der Entscheidung *Haftetikett* hat der BGH Maßstäbe gesetzt, die eine stillschweigende Überleitung der Erfindung von einem Arbeitnehmererfinder auf den Arbeitgeber erheblich erschweren (vgl. hierzu BGH GRUR 2006, 754 (757) – Haftetikett).

Bei der Ausgestaltung solcher Verträge ist § 23 ArbEG zu beachten, der Vereinbarungen über Diensterfindungen und freie Erfindungen für unwirksam erklärt, soweit sie in erheblichem Maße unbillig sind. Verfügungen, die der Arbeitnehmer über die Diensterfindung vor der Inanspruchnahme getroffen hat, sind dem Arbeitgeber gegenüber gemäß § 7 Abs. 2 ArbEG unwirksam, soweit die Rechte des Arbeitgebers beeinträchtigt werden. Es handelt sich hierbei um ein relatives Verfügungsverbot (vgl. § 135 BGB sowie LG Düsseldorf InstGE 1, 50 (55) – Schraubenspindelpumpe).

5. Anmeldung zur Schutzrechtserteilung. Nach § 13 Abs. 1 S. 1 und S. 3 ArbEG ist der Arbeitgeber, der eine Diensterfindung in Anspruch genommen hat, nicht nur berechtigt, sondern auch verpflichtet, sie unverzüglich im Inland zur Erteilung eines Patents oder Gebrauchsmusters anzumelden. In der Wahl des Schutzrechts ist er nicht frei. Er hat eine patentfähige Erfindung auch zur Erteilung eines Patents anzumelden, wenn nicht bei verständiger Würdigung der Verwertbarkeit der Erfindung der Gebrauchsmusterschutz zweckdienlicher erscheint (§ 13 Abs. 1 S. 2 ArbEG), etwa weil die wirtschaftliche Verwertbarkeit der Erfindung der Mode oder dem Geschmack unterworfen ist (Spielzeugindustrie, Freizeitindustrie) und die Erfindung deshalb erfahrungsgemäß nur eine zeitlich beschränkte Bedeutung haben wird, für die der schneller und einfacher zu erreichende Gebrauchsmusterschutz üblicherweise ausreicht. Nach der Meldung kann aber hierüber eine Vereinbarung zwischen den Parteien wirksam getroffen werden. Die europäische Patentanmeldung hat nach Art. 66 EPÜ in den benannten Vertragsstaaten die Wirkung einer vorschriftsmäßigen nationalen Anmeldung, so dass der Arbeitgeber mit der europäischen Patentanmeldung unter ordnungsmäßiger Benennung der Bundesrepublik Deutschland seine Verpflichtung zur Inlandsanmeldung nach § 13 Abs. 1 ArbEG erfüllt. Dasselbe gilt für die internationale Anmeldung nach dem PCT (Art. 11 Abs. 4 PCT). Satz 3 des Musters ist gegebenenfalls entsprechend zu ändern. Zu beachten ist, dass die Pflicht zur Anmeldung nach § 13 Abs. 1 ArbEG häufig einvernehmlich zwischen dem Arbeitgeber und dem Arbeitnehmererfinder gegen Zahlung eines einmaligen Pauschalbetrags abgegolten wird (vgl. hierzu *Bartenbach/Volz* ArbEG § 13 Rn. 33 ff.).

6. Nutzung als Betriebsgeheimnis. Die Pflicht zur Schutzrechtsanmeldung im Inland entfällt (§ 13 Abs. 2 Nr. 3 ArbEG), wenn es berechtigte Belange des Betriebs erfordern, eine gemeldete Diensterfindung als Betriebsgeheimnis zu bewahren und nicht bekannt werden zu lassen (§ 17 Abs. 1 ArbEG). Dann muss der Arbeitgeber aber gegenüber dem Arbeitnehmer die Schutzfähigkeit der Diensterfindung als Grundlage für die Vergütungspflicht (§ 9 ArbEG) anerkennen. Die berechtigten Belange des Betriebs, die es rechtfertigen, die Erfindung als Betriebsgeheimnis zu behandeln, sind dem Arbeitnehmer darzulegen. „Berechtigte Belange" iSd § 17 Abs. 1 ArbEG sind dann anzuerkennen, wenn dem Arbeitgeber die Geheimhaltung der Diensterfindung in überschaubarer Zeit einen ins Gewicht fallenden Vorteil bringt, also hinsichtlich der Wettbewerbssituation des Unternehmens wirtschaftlich sinnvoll und zweckmäßig ist, beispielsweise weil die Diensterfindung eine technische Neuerung betrifft, welche der Arbeitgeber zunächst eigenständig erforschen möchte. Nicht als „berechtigte Belange" anzuerkennen ist die mit dem Schutzrechtserteilungsverfahren für den Arbeitgeber verbundene Kostenbelastung (siehe hierzu mit weiteren Beispielen *Bartenbach/Volz*, ArbEG § 17 Rn. 7 ff.).

In solchen Fällen lautet dann der Brief des Arbeitgebers an den Arbeitnehmer:

„Wir halten es aus folgenden Gründen für erforderlich, dass diese Diensterfindung außerhalb des Betriebes nicht bekannt wird: . . . . . (kurze Begründung). Deshalb wollen wir von der Erwirkung eines Schutzrechtes absehen, erkennen Ihnen gegenüber aber die Schutzfähigkeit Ihrer Diensterfindung an.

Unsere Vorschläge zur Feststellung der Erfindervergütung werden wir Ihnen mitteilen, sobald die dazu erforderlichen Ermittlungen abgeschlossen sind.

Wir bitten Sie, den Empfang dieses Briefes auf der beiliegenden Kopie zu bestätigen."

Die Geheimhaltung kann gerechtfertigt sein, wenn damit den Wettbewerbern die Möglichkeit genommen werden soll, die im Schutzrechtserteilungsverfahren bekannt werdende Erfindung nach Ablauf des Schutzrechts zu nutzen oder daraus Anregungen zu schöpfen, die ihre Wettbewerbsposition stärken würden. Geheim gehalten werden in der Praxis vor allem Verfahrenserfindungen (allgemein zum Schutz von Betriebsgeheimnissen aus Unternehmenssicht *Richters/Wodtke* NZA-RR 2003, 281). Nachteile, die der Arbeitnehmer dadurch erfährt, dass auf seine Erfindung kein Schutzrecht erteilt ist, sind bei der Vergütung auszugleichen (§ 17 Abs. 3 ArbEG).

7. **Auslandsanmeldung.** Zur Schutzrechtsanmeldung im Ausland ist der Arbeitgeber berechtigt, aber nicht verpflichtet (§ 14 Abs. 1 ArbEG). Für die ausländischen Staaten, in denen er Schutzrechte nicht erwerben will, muss er aber dem Arbeitnehmer die Diensterfindung freigeben und ihm den Erwerb der Schutzrechte ermöglichen (§ 14 Abs. 2 ArbEG). → Form. II.6.

8. **Geheimhaltung.** Die Geheimhaltungspflicht nach § 24 Abs. 2 ArbEG erlischt, wenn die Diensterfindung frei oder die technische Lehre offenkundig geworden ist bzw. wenn der Arbeitgeber auf eine weitere Geheimhaltung verzichtet oder die Schutzrechtsanmeldung offengelegt wird (vgl. § 32 PatG).

9. **Empfangsbestätigung.** Aufgrund der Gesetzesänderung, wonach die Inanspruchnameerklärung nach dem Ablauf von vier Monaten nach Eingang der ordnungsgemäßen Meldung fingiert wird, muss der Arbeitgeber im Streitfall nicht länger den Zugang seiner Erklärung beim Erfinder beweisen, so dass die praktische Bedeutung einer Empfangsbestätigung entfällt.

4. Freigabe einer Diensterfindung (§ 6 Abs. 2, § 8 ArbEG nF)

Herrn . . . . .

im Hause

Freigabe der Diensterfindung . . . . .

Die Diensterfindung betreffend . . . . ., die Sie uns mit Schreiben vom . . . . . gemeldet haben, geben wir hiermit frei.[1]

Mit der Freigabe steht es in Ihrem Ermessen, ob Sie die Erfindung selbst zur Erteilung eines Schutzrechtes anmelden wollen.[2] Unsere Patentabteilung steht Ihnen gegebenenfalls gerne beratend zur Verfügung.

Von jeder Verwertung Ihrer Erfindung innerhalb eines unserer Arbeitsgebiete wollen Sie uns im Interesse der Wahrung unserer gegenseitigen arbeitsrechtlichen Verpflichtungen benachrichtigen.[3]

Anmerkungen

1. Freiwerden einer Diensterfindung. Eine gemeldete Diensterfindung wird frei (§ 6 Abs. 2, § 8 ArbEG), wenn der Arbeitgeber sie durch Erklärung in Textform (§ 126b BGB) freigibt, wie es in diesem Muster vorgesehen ist. Als einseitiges Gestaltungsrecht ist die Freigabeerklärung bedingungs- und auflagenfeindlich (*Reimer/Schade/Schippel,* ArbEG, § 8 Rn. 14).

2. Verfügungsberechtigung. Die frei gewordene Diensterfindung unterliegt keinerlei Bindungen mehr. § 8 S. 2 ArbEG bestimmt ausdrücklich, dass der Arbeitnehmer darüber auch ohne die Beschränkungen der §§ 18 und 19 ArbEG, der Mitteilungspflicht (→ Form. II.7) und der Anbietungspflicht (→ Form. II.9), verfügen kann.

3. Beschränkungen. Aus der arbeitsvertraglichen Bindung zwischen Arbeitgeber und Arbeitnehmer, insbesondere aus der gegenseitigen Treuepflicht, können sich Beschränkungen ergeben, § 25 ArbEG. Danach bleiben sonstige Verpflichtungen von Arbeitgeber und Arbeitnehmer aus dem Arbeitsverhältnis von den Vorschriften des Gesetzes über Arbeitnehmererfindungen unberührt, soweit sich nicht daraus, dass die Erfindung frei geworden ist (§ 8 S. 1 ArbEG), etwas anderes ergibt. Das freie Verfügungsrecht des Arbeitnehmers über seine frei gewordene Diensterfindung soll also auch durch allgemeine arbeitsrechtliche Pflichten, insbesondere die aus der Treuepflicht hergeleitete Verschwiegenheitspflicht und das Wettbewerbsverbot, nicht eingeschränkt werden. Die Verschwiegenheitspflicht des Arbeitnehmers ist in § 24 Abs. 2 ArbEG ausdrücklich nur so lange festgelegt, als die Diensterfindung nicht frei geworden ist (§ 8 S. 1 ArbEG). Die Rechtslehre nimmt aber überwiegend an, dass der Arbeitnehmer die frei gewordene Diensterfindung nicht in einem eigenen Betrieb verwerten darf. Diese Eigenverwertung verbietet ihm die arbeitsrechtliche Treuepflicht trotz der Einschränkungen des § 25 ArbEG, da er seine ganze Arbeitskraft dem Unternehmen des Arbeitgebers zur Verfügung stellen muss. An dieser allgemeinen arbeitsrechtlichen Pflicht ändert das Gesetz über Arbeitnehmererfindungen auch im Hinblick auf frei gewordene Diensterfindungen nichts (*Reimer/Schade/Schippel,* ArbEG, § 25 Rn. 16 ff., insb. 21; *Bartenbach/Volz,* Arbeitnehmererfindungsgesetz, § 8 nF Rn. 77 ff.; § 25 Rn. 40, 41).

5. Fristsetzung zur Schutzrechtsanmeldung

An die

Geschäftsleitung

Schutzrechtsanmeldung der Diensterfindung . . . . . .

Mit Erklärung vom . . . . . . haben Sie die Diensterfindung betreffend . . . . . . in Anspruch genommen. Sie haben diese Erfindung meines Wissens bis heute nicht zur Erteilung eines Schutzrechtes beim Deutschen Patent- und Markenamt angemeldet und mir gegenüber auch die Schutzrechtsfähigkeit der Erfindung nicht anerkannt.

Ich fordere Sie deshalb auf, die Schutzrechtsanmeldung innerhalb eines Monats[1] nach Empfang dieses Briefes zu bewirken und mir durch Übersendung einer Abschrift der Anmeldeschrift nachzuweisen.

Anderenfalls werde ich die Erfindung selbst auf Ihren Namen[2] und Ihre Kosten[3] beim Deutschen Patentamt zum Patent anmelden.

Ich darf Sie bitten, mir den Empfang meines Schreibens auf beiliegender Kopie zu bestätigen.[4]

Anmerkungen

1. Fristsetzung für die Schutzrechtsanmeldung. Nicht zuletzt wegen seines Vergütungsanspruches liegt es im Interesse des Arbeitnehmererfinders, möglichst bald zu erfahren, ob die von ihm als schutzrechtsfähig angesehene Diensterfindung auch wirklich schutzrechtsfähig ist. Deshalb ist er daran interessiert, dass der Arbeitgeber nach der Inanspruchnahme seine Verpflichtung zur Schutzrechtsanmeldung auch erfüllt. Zur Anmeldepflicht des Arbeitgebers im Inland bei Inanspruchnahme → Form. II.3 Anm. 5, zur Anerkennung der Schutzfähigkeit dort → Anm. 6. Zu beachten ist, dass die Pflicht zur Anmeldung nach § 13 Abs. 1 ArbEG wegen der damit verbundenen Schwierigkeiten häufig einvernehmlich zwischen dem Arbeitgeber und dem Arbeitnehmererfinder gegen Zahlung eines einmaligen Pauschalbetrags abgegolten wird (vgl. hierzu *Bartenbach/Volz,* Arbeitnehmererfindungsgesetz, § 13 Rn. 33 ff.; zum Maßstab der Billigkeit solcher Vereinbarungen: Schiedsstelle Beschl. v. 18.7.2012, ArbErfG 30/10; *Trimborn* Mitt. 2014, 74).

2. Ersatzvornahme. Kommt der Arbeitgeber nach der Inanspruchnahme seiner Anmeldepflicht nicht nach, kann der Arbeitnehmer die Diensterfindung gemäß § 13 Abs. 3 ArbEG im Wege der Ersatzvornahme für den Arbeitgeber auf dessen Namen und Kosten anmelden. Der Arbeitnehmer ist an der Schutzrechtserteilung bzw. der Anerkennung der Schutzfähigkeit aus patentrechtlichen Gründen, vor allem aber im Hinblick auf die Bedeutung der Schutzrechtserteilung für die Vergütung der Diensterfindung, interessiert. Er muss aber vor der Ersatzvornahme dem Arbeitgeber eine angemessene Nachfrist setzen, innerhalb derer dieser die Anmeldung noch bewirken kann (§ 13 Abs. 3 ArbEG). Bei der Bemessung dieser Frist ist das Interesse des Arbeitnehmers an der Sicherung der Priorität seiner Erfindung zu berücksichtigen. Unter diesem Gesichtspunkt kann die angemessene Frist im Einzelfall sehr kurz sein.

3. Kosten. Die zu erstattenden Kosten umfassen neben den Amtsgebühren je nach Lage des Falls auch die Anwaltshonorare für die Ausarbeitung und Einreichung der Schutzrechtsanmeldung beim Deutschen Patent- und Markenamt (vgl. *Reimer/Schade/Schippel,* ArbEG, § 13 Rn. 22).

4. Empfangsbestätigung. Der Zugangsnachweis ermöglicht es dem Arbeitnehmer insbesondere, die dem Arbeitgeber gesetzte Nachfrist zu kontrollieren.

6. Freigabe zum Schutzrechtserwerb im Ausland unter Vorbehalt eines Benutzungsrechts für den Arbeitgeber

Herrn . . . . .

im Hause

Ihre Diensterfindung . . . . .

Für Ihre Diensterfindung . . . . ., die wir (mit unserem Schreiben vom) . . . . . in Anspruch genommen haben, wollen wir in folgenden ausländischen Staaten keine Schutzrechte erwerben: . . . . . (Angabe dieser Staaten).[1]

Für diese Staaten geben wir Ihnen die Diensterfindung hiermit frei, damit Sie gegebenenfalls selbst Schutzrechte erwerben können.[2] Unsere Patentabteilung steht Ihnen dabei gerne beratend zur Verfügung. Wir sind auch bereit, Ihnen gegen Erstattung unserer Kosten alle für die Schutzrechtsanmeldung bereits vorliegenden Unterlagen zu überlassen. Die Prioritätsfrist nach der Pariser Verbandsübereinkunft läuft für Auslandsanmeldungen bis zum . . . . .

Wir behalten uns das nicht ausschließliche Benutzungsrecht an der Diensterfindung in den Staaten vor, für die wir Ihnen die Erfindung freigegeben haben. Wir bitten Sie deshalb, uns von Schutzrechtsanmeldungen in diesen Staaten zu unterrichten.[3]

Falls Sie die Erfindung in . . . . . (Angabe der betroffenen Staaten) verwerten wollen, müssen Sie die folgenden Verpflichtungen beachten, die wir dort bereits eingegangen sind: . . . . . (Angabe dieser Verpflichtungen im Einzelnen).[4]

Über die Ihnen zustehende Vergütung werden wir uns zur gegebenen Zeit einigen.[5]

Schließlich bitten wir Sie, den Empfang unseres Schreibens auf beiliegender Kopie zu bestätigen.[6]

Schrifttum: *Bartenbach/Volz,* Die nicht ausschließlichen Benutzungsrechte des Arbeitgebers nach dem ArbEG und die Veräußerung der Diensterfindung durch den Arbeitnehmer, GRUR 1984, 257; *Fischer,* Der Benutzungsvorbehalt nach dem ArbEG im Verfahrens- und Anlagengeschäft, GRUR 1974, 500; *Gaul,* Das nicht ausschließliche Recht des Arbeitgebers an im Ausland frei gegebenen Diensterfindungen, GRUR 1967, 518; *ders.,* Zur Freigabe einer Diensterfindung für das Ausland, Mitt. 1971, 241; *ders.,* Die Schutzrechtsveräußerung durch Arbeitnehmer und deren Auswirkung auf das Mitbenutzungsrecht des Arbeitgebers, GRUR 1984, 494; *Gaul/Bartenbach,* Die Vergütungspflicht bei Vorbehalt eines Benutzungsrechts gemäß § 14 Abs. 3 ArbEG, Mitt. 1968, 141; *Grote,* Der Vergütungsanspruch im Fall des Vorbehalts eines Benutzungsrechts gemäß § 14 Abs. 3 ArbEG, Mitt. 1969, 107; *Koch,* Die Auslandsfreigabe nach dem ArbEG, RIW 1986, 824; *Kraft,* Die Freigabe der Diensterfindung für das Ausland und die Rechte des Arbeitgebers nach § 14 Abs. 3 ArbEG, GRUR 1970, 381; *Sack,* Probleme der Auslandsverwertung inländischer Arbeitnehmererfindungen, RIW 1989, 612.

Anmerkungen

1. Sachverhalt. Der Arbeitgeber ist nach der Inanspruchnahme der Diensterfindung berechtigt, aber nicht verpflichtet, diese auch im Ausland zur Erteilung von Schutzrechten anzumelden (§ 14 Abs. 1 ArbEG, → Form. II.3 Anm. 7). Die europäische Patentanmeldung unter Benennung anderer Staaten als der Bundesrepublik Deutschland (→ Form. II.3 Anm. 5) kommt für die benannten Staaten der Auslandsanmeldung gleich. Für ausländische Staaten, in denen der Arbeitgeber keine Schutzrechte erwerben will, hat er dem Arbeitnehmer die Diensterfindung freizugeben (§ 14 Abs. 2 S. 1 ArbEG). Das soll mit dem vorgelegten → Form. II.6 geschehen. Eine bestimmte Form ist für diese Freigabe nicht vorgeschrieben, allerdings sollte der Nachweis des Zugangs der Freigabe sichergestellt werden (bspw. durch Einschreiben, E-Mail oder Fax mit Faxbericht). In diesem Zusammenhang ist allerdings zu beachten, dass die Pflicht zur Freigabe gemäß § 14 Abs. 2 ArbEG wegen der damit verbundenen Schwierigkeiten häufig einvernehmlich zwischen dem Arbeitgeber und dem Arbeitnehmererfinder gegen Zahlung eines einmaligen Pauschalbetrags abgegolten wird (vgl. *Bartenbach/Volz* ArbEG § 14 Rn. 71; zum Maßstab der Billigkeit solcher Vereinbarungen: Schiedsstelle Beschl. v. 18.7.2012, ArbErfG 30/10; *Trimborn* Mitt. 2014, 74).

2. Erwerb von Auslandsschutzrechten durch Arbeitnehmer. Die Freigabe soll dem Arbeitnehmer ermöglichen, dass er in den betreffenden Staaten oder einem oder einigen von ihnen selbst Schutzrechte erwirbt. Wenn es der Arbeitnehmer verlangt, hat ihn der Arbeitgeber dabei zu unterstützen (siehe *Bartenbach/Volz,* ArbEG, § 14, Rn. 39), weshalb im vorliegenden Formular der Arbeitgeber dem Arbeitnehmer seine Unterstützung anbietet. Dabei trifft den Arbeitgeber mit der Pflicht zur Unterstützung das Risiko der richtigen Beratung (→ Form. II.2 Anm. 3). Die Freigabe soll so rechtzeitig vorgenommen werden, dass der Arbeitnehmer die Prioritätsfristen der zwischenstaatlichen Verträge auf dem Gebiet des gewerblichen Rechtsschutzes ausnutzen kann (§ 14 Abs. 2 ArbEG). Solche zwischenstaatlichen Verträge sind die Pariser Verbandsübereinkunft zum Schutz des gewerblichen Eigentums v. 20.3.1883 (PVÜ), mit einer Zwölfmonatsfrist ab dem auf die Hinterlegung der 1. Anmeldung in einem Mitgliedstaat folgenden Tag (Art. 4 C PVÜ); das Übereinkommen über die Erteilung europäischer Patente v. 5.10.1973 (EPÜ), mit Prioritätsregeln in Art. 87 ff., die denen der PVÜ im Wesentlichen entsprechen, und der Vertrag über die internationale Zusammenarbeit auf dem Gebiet des Patentwesens v. 19.6.1970 (PCT), der in Art. 8 Abs. 2 auf die PVÜ verweist.

In der Regel reicht die Freigabe zwei bis drei Monate vor Ablauf der internationalen Fristen aus, um dem Arbeitnehmer die erforderlichen Prüfungen und Erklärungen rechtzeitig zu ermöglichen (vgl. etwa *Reimer/Schade/Schippel,* ArbEG, § 14 Rn. 3). Die im Muster vorgesehene Überlassung von Anmeldungsunterlagen gehört zu der Unterstützungspflicht, die der Arbeitgeber auf Verlangen des Arbeitnehmers zu erfüllen hat. Die Unterstützungspflicht des Arbeitgebers umfasst alle Maßnahmen, die für den Erwerb des Schutzrechts im Ausland rechtlich erforderlich sind und aus Rechtsgründen vom Arbeitnehmer nicht selbst erbracht werden können (vgl. *Bartenbach/Volz,* Arbeitnehmererfindungsgesetz, § 14 Rn. 41). Dazu gehören etwa erforderliche Übertragungserklärungen, für die in einzelnen Staaten eine notarielle Beglaubigung vorgeschrieben ist. Die Pflicht des Arbeitnehmers, die für solche Übertragungserklärungen entstehenden Kosten zu tragen, folgt aus § 670 BGB.

3. Nicht ausschließliches Benutzungsrecht. Der Arbeitgeber kann sich ein nicht ausschließliches Benutzungsrecht in den ausländischen Staaten vorbehalten, für die er dem Arbeitnehmer die Diensterfindung freigibt und in denen der Arbeitnehmer Schutzrechte erwirbt. Dieser Vorbehalt muss gleichzeitig mit der Freigabe erklärt werden (§ 14 Abs. 3 ArbEG). Das nicht ausschließliche Benutzungsrecht des Arbeitgebers entspricht inhaltlich (wie die entsprechenden Rechte in § 16 Abs. 3, § 19 Abs. 1 ArbEG und § 42 Nr. 3) einer einfachen Lizenz (vgl. BGH GRUR 1974, 463 (464) – Anlagengeschäft). Inwieweit diese auf Grund des deutschen ArbEG begründete „einfache Lizenz" an einem ausländischen Schutzrecht im Ausland Wirkungen entfaltet und durchsetzbar ist, bestimmt sich nach den nationalen Regelungen des betreffenden Staates (vgl. *Bartenbach/Volz,* Arbeitnehmererfindungsgesetz, § 14 Rn. 51). Gleiches gilt für die Frage des Fortbestandes des Nutzungsrechts des Arbeitgebers für den Fall, dass der Arbeitnehmer das ausländische Schutzrecht an Dritte lizenziert oder überträgt. Sofern das Nutzungsrecht des Arbeitgebers nach dem ausländischen Recht untergeht, müsste der Arbeitnehmer im Hinblick auf seine arbeitsvertragliche Treuepflicht dafür sorgen, dass der Fortbestand des Nutzungsrechts durch vertragliche Absprache mit dem Rechtserwerber gesichert wird (*Bartenbach/Volz,* Arbeitnehmererfindungsgesetz, § 14, Rn. 51.2).

4. Rücksichtnahme auf Belange des Arbeitgebers. Der Arbeitnehmer hat nach § 14 Abs. 3 ArbEG auf alle Verpflichtungen des Arbeitgebers, insbesondere aus Lizenzverträgen, Rücksicht zu nehmen, die dieser im Zeitpunkt des Zugangs der Freigabeerklärung gegenüber in- oder ausländischen Vertragspartnern eingegangen ist und die das Land betreffen, für das er die Diensterfindung freigibt. Dem Arbeitnehmer kann aus § 14 Abs. 3 ArbEG die Pflicht entstehen, einem Lizenznehmer des Arbeitgebers Benutzungsrechte an seinem ausländischen Schutzrecht einzuräumen, ohne dass er von diesem Lizenzgebühren erhält; er bleibt dann insoweit auf den Vergütungsanspruch gegen seinen Arbeitgeber angewiesen (→ Anm. 5).

5. Vergütung. Nach § 14 Abs. 3 ArbEG schuldet der Arbeitgeber dem Arbeitnehmer für das vorbehaltene Benutzungsrecht eine angemessene Vergütung. Voraussetzung hierfür ist allerdings, dass der Arbeitnehmer ein Schutzrecht in dem betreffenden Staat erwirbt. Unterlässt der Arbeitnehmer Auslandsanmeldungen, steht ihm (mit Ausnahme des § 20 Abs. 1 ArbEG) keine Vergütung zu (*Volmer/Gaul,* Arbeitnehmererfindungsgesetz, § 14 Rn. 138; aA *Bartenbach/Volz,* Arbeitnehmererfindungsgesetz, § 14 Rn. 61: Vergütungsanspruch bis Ablauf der Prioritätsfrist). Entsprechend endet die Vergütungspflicht spätestens mit Wegfall des ausländischen Schutzrechts. Auch für Einschränkungen, denen der Arbeitnehmer sich gemäß § 14 Abs. 3 ArbEG unterwerfen muss, hat der Arbeitgeber eine angemessene Vergütung zu bezahlen. Für die Feststellung oder Festsetzung der Vergütung gelten jeweils die Regeln des § 12 ArbEG (→ Form. II.11).

Da die Materie im Einzelnen oft sehr schwierig ist, versuchen die Parteien in der Praxis häufig unter Beachtung der §§ 22 u. 23 ArbEG zu einer einverständlichen Regelung zu gelangen (vgl. *Bartenbach/Volz,* Arbeitnehmererfindungsgesetz, § 14 Rn. 71–73 und BGH GRUR 1978, 430 – Absorberstabantrieb; zum Maßstab der Billigkeit solcher Vereinbarungen: Schiedsstelle Beschl. v. 18.7.2012, ArbErfG 30/10; *Trimborn* Mitt. 2014, 74).

6. Empfangsbestätigung. Der Arbeitgeber ist verpflichtet, den Zugang der Freigabeerklärung gemäß § 14 Abs. 2 ArbEG beim Arbeitnehmer (etwa durch Empfangsquittung oder Übersendung als Einschreiben mit Rückschein) zu kontrollieren, um sicherzustellen, dass die Freigabeerklärung ihren Zweck erreicht (vgl. BGH GRUR 1978, 430 (434) – Absorberstabantrieb).

7. Mitteilung einer freien Erfindung

An die

Geschäftsleitung

Mitteilung einer freien Erfindung[1]

Ich teile Ihnen mit, dass ich folgende Erfindung gemacht habe: . . . . . (kurze Beschreibung des Gegenstandes der Erfindung).[2]

1. **Ich halte meine Erfindung für eine freie Erfindung und führe dazu aus:[3]**
   1.1 **Die Erfindung, die Aufgabenstellung und den Lösungsweg charakterisiere ich kurz wie folgt: . . . . .**
   1.2 **Mir obliegt im Betrieb folgende Tätigkeit: . . . . .**
   1.3 **Zur Aufgabenstellung und Lösung haben folgende Erfahrungen oder Arbeiten aus dem Betriebsbereich beigetragen: . . . . .**
2. **An der Erfindung haben außer mir keine weiteren Personen erfinderisch mitgewirkt.**
3. **Meine Erfindung ist nach meiner Auffassung im Arbeitsbereich des Betriebes wie folgt verwendbar: . . . . .[4]**
4. **Ich habe die Erfindung bisher noch nicht zur Erteilung eines Schutzrechtes angemeldet.[5]**
5. **Bitte bestätigen Sie mir den Empfang der Erfindungsmitteilung.[6]**

Anmerkungen

1. Mitteilung freier Erfindungen. Alle Erfindungen eines Arbeitnehmers, die nicht Diensterfindungen iSd § 4 Abs. 2 ArbEG sind (→ Form. II.1), sind freie Erfindungen. Auch eine freie Erfindung, die er während der Dauer seines Arbeitsverhältnisses gemacht hat, muss der Arbeitnehmer seinem Arbeitgeber bekannt geben. An die in § 18 ArbEG geregelte Mitteilung stellt das Gesetz aber geringere Anforderungen als an die Meldung der Diensterfindung (→ Form. II.1). Die Mitteilung dient nur dazu, dem Arbeitgeber die Prüfung zu ermöglichen, ob er die vom Erfinder für frei erachtete technische Neuerung auch nach seinem Urteil nicht in den Kreis der in § 4 Abs. 2 ArbEG definierten gebundenen Diensterfindungen einbezieht. Ferner soll die Mitteilung dem Arbeitgeber das Benutzungsrecht nach § 19 Abs. 1 S. 1 ArbEG rechtzeitig sichern.

2. Form und Zeit der Mitteilung. Für die Mitteilung ist ebenso wie für die Meldung die Textform vorgeschrieben. Die Mitteilung muss wie die Meldung unverzüglich erfolgen (→ Form. II.1 Anm. 1, 3).

3. Umfang der Mitteilung. Dem Zweck der Mitteilung entsprechend braucht der Erfinder dem Arbeitgeber über die Erfindung und – nur wenn es erforderlich ist – auch über ihre Entstehung so viel mitzuteilen, dass der Arbeitgeber beurteilen kann, ob die Erfindung frei ist (§ 18 Abs. 1 S. 2 ArbEG).

4. Ausnahmen von der Mitteilungspflicht. Da der Arbeitgeber im Falle einer Verwertung der freien Erfindung durch den Arbeitnehmer ein mindestens nicht ausschließliches Benutzungsrecht erwerben kann (§ 19 Abs. 1 S. 1 ArbEG), verzichtet das Gesetz auf die Mitteilungspflicht, wenn die Erfindung offensichtlich im Arbeitsbereich des Betriebs des Arbeitgebers nicht verwendbar ist (§ 18 Abs. 3 ArbEG).

5. Geheimhaltungspflicht des Arbeitnehmers bei freien Erfindungen. Dieser Hinweis ist nicht vorgeschrieben, aber wegen der Geheimhaltungspflicht des Arbeitgebers (§ 24 Abs. 1 ArbEG) zweckmäßig. Der Arbeitgeber hat die ihm mitgeteilte Erfindung ebenso wie die ihm gemeldete Erfindung so lange geheim zu halten, wie die berechtigten Belange des Arbeitnehmererfinders dies erfordern. Bei einer freien Erfindung endet die Geheimhaltungspflicht des Arbeitgebers beispielsweise mit dem Erwerb der Erfindung durch den Arbeitgeber, mit der Offenlegung einer Schutzrechtsanmeldung für die Erfindung und dann, wenn der Arbeitnehmer selbst durch verfrühte Bekanntgabe die Erteilung eines Schutzrechtes vereitelt hat oder aus anderen Gründen die Geheimhaltung nicht mehr gewährleisten kann.

6. Bestätigung des Empfangs der Erfindungsmitteilung. Die Bestätigung des Zugangs der Erfindungsmitteilung ist nicht zwingend, jedoch ratsam. Sie gestattet es dem Arbeitnehmer beispielsweise, den Ablauf der Frist zum Bestreiten durch den Arbeitgeber (gemäß § 18 Abs. 2 ArbEG) zu kontrollieren.

8. Bestreiten, dass eine Erfindung frei sei

Herrn . . . . . .

im Hause

Mitteilung Ihrer Erfindung . . . . . .

Sie haben mit Ihrem Schreiben vom . . . . . . Ihre Erfindung . . . . . . (kurze Bezeichnung des Erfindungsgegenstandes) mitgeteilt und die Auffassung vertreten, dass

diese Erfindung frei sei. Dieser Beurteilung können wir nicht zustimmen. Nach unserer Auffassung ist Ihre Erfindung eine Diensterfindung im Sinne des § 4 Abs. 2 Arbeitnehmererfindungsgesetz (ArbEG).[1]

Die Erfindung ist aus der Ihnen im Betrieb obliegenden Tätigkeit entstanden . . . . . . (kurze Begründung hierzu).[2]

Sie beruht maßgebend auf folgenden Erfahrungen oder Arbeiten des Betriebes: . . . . . . (kurze Angaben hierzu).

Wir bitten Sie deshalb, die Erfindung innerhalb von zwei Wochen nach Zugang dieses Briefes ordnungsgemäß als Diensterfindung gemäß § 5 ArbEG zu melden und uns dazu die in dem beigefügten Formblatt genannten Angaben zu machen.[3]

Bestätigen Sie uns bitte den Empfang dieses Briefes auf beiliegender Kopie.[4]

Anmerkungen

1. Frist für das Bestreiten. Teilt der Arbeitgeber die Auffassung des Arbeitnehmers nicht, dass eine ihm nach § 18 Abs. 1 ArbEG mitgeteilte Erfindung frei sei, so muss er das dem Arbeitnehmer innerhalb von 3 Monaten nach Zugang der Mitteilung (→ Form. II.7) in Textform mitteilen (§ 18 Abs. 2 ArbEG). Auch diese Frist ist eine nicht verlängerbare Ausschlussfrist (→ Form. II.2 Anm. 1), die nur gewahrt ist, wenn die Erklärung des Arbeitgebers dem Arbeitnehmer innerhalb der 3-Monatsfrist zugeht. Nach Ablauf der Frist kann der Arbeitgeber die Erfindung nicht mehr in Anspruch nehmen, auch wenn sich erst später herausstellen sollte, dass sie als Diensterfindung gemacht worden ist.

2. Begründung der Beanstandung. Das Gesetz schreibt für die Beanstandung nach § 18 Abs. 2 ArbEG keine Begründung vor. Die Begründung ist jedoch in den meisten Fällen zweckmäßig, um den Arbeitnehmer von der Richtigkeit der Auffassung des Arbeitgebers zu überzeugen und ihm Hinweise für die folgende Meldung der Diensterfindung zu geben und das Verfahren abzukürzen.

3. Meldung und Inanspruchnahme. Ist die Erfindung eine Diensterfindung, so kann der Arbeitgeber die unverzügliche, umfangreichere und aussagekräftigere Meldung gemäß § 5 ArbEG verlangen (→ Form. II.1), die dann erst die Frist für die Freigabe mit ggf. anschließender Inanspruchnahmefiktion in Lauf setzt.

4. Bestätigung des Empfangs. Die Bestätigung des Empfangs ist empfehlenswert für den vom Arbeitgeber zu führenden Nachweis, dass er innerhalb der 3-Monatsfrist des § 18 Abs. 2 ArbEG bestritten hat, dass die Erfindung des Arbeitnehmers frei ist.

9. Angebot eines Benutzungsrechts an einer freien Erfindung

An die

Geschäftsleitung

Angebot eines Benutzungsrechts an meiner freien Erfindung . . . . .

Mit Schreiben vom . . . . . habe ich Ihnen meine Erfindung betreffend . . . . . mitgeteilt.[1]

Die Erfindung ist unterdessen durch das Deutsche Gebrauchsmuster Nr . . . . . geschützt. Ich möchte die Erfindung anderweitig verwerten. Da sie in den Arbeitsbereich unseres Betriebes fällt, biete ich Ihnen hiermit ein nicht ausschließliches Recht zur Benutzung dieser Erfindung an.[2]

Als Gegenleistung erscheint mir eine einmalige Zahlung in Höhe von EUR . . . . . bei Annahme meines Angebotes als angemessen.[3]

Bestätigen Sie mir bitte den Empfang dieses Angebotes und teilen Sie mir spätestens innerhalb von drei Monaten nach Empfang mit, ob Sie mein Angebot annehmen.[4]

Anmerkungen

1. Mitteilung und Angebot der freien Erfindung. → Form. II.7. Das Angebot nach → Form. II.9 kann bereits mit der Mitteilung nach → Form. II.7 verbunden werden (§ 19 Abs. 1 S. 2 ArbEG).

2. Erfordernis des Angebots. Nach § 19 Abs. 1 S. 1 ArbEG ist der Arbeitnehmer verpflichtet, seinem Arbeitgeber mindestens ein nicht ausschließliches Recht zur Benutzung der freien Erfindung anzubieten, bevor er während der Dauer des Arbeitsverhältnisses die freie Erfindung anderweitig verwertet, vorausgesetzt, dass diese Erfindung im Zeitpunkt des Angebots in den vorhandenen oder vorbereiteten Arbeitsbereich des Betriebs des Arbeitgebers fällt. „Anderweitig verwerten" bedeutet jede Nutzung der freien Erfindung zu gewerblichen Zwecken, unabhängig davon, ob die Nutzung selbst oder durch Dritte erfolgt (*Bartenbach/Volz,* Arbeitnehmererfindungsgesetz, § 19 Rn. 35). Das nicht ausschließliche Benutzungsrecht des Arbeitgebers ist unternehmensbezogen. Ist das Arbeitsverhältnis beendet, entfällt die Anbietepflicht, die Nachwirkungen aus § 26 ArbEG greifen hier nicht ein (vgl. *Bartenbach/Volz,* Arbeitnehmererfindungsgesetz, § 19 Rn. 31). Das Angebot ist an keine Form gebunden, könnte also auch mündlich erklärt werden. Aus Beweiszwecken, insbesondere im Hinblick auf den Fristlauf (→ Anm. 4), ist zu empfehlen, den Nachweis des Zugangs sicherzustellen (bspw. durch Einschreiben, E-Mail oder Fax mit Faxbericht).

3. Angemessene Bedingungen. Die angemessenen Bedingungen entsprechen dem, was für derartige Nutzungsrechte mit freien Erfindern üblicherweise vereinbart wird (*Reimer/Schade/Schippel,* ArbEG, § 19 Rn. 18 f.). Anhaltspunkte für die Bestimmung der Vergütung können den Vergütungsrichtlinien entnommen werden, soweit diese den Erfindungswert betreffen (→ Form. II.11 Anm. 3). Die Anteilsfaktoren des 2. Teils der Vergütungsrichtlinien (Nr. 30 ff.) bleiben hingegen außer Betracht, da es sich um eine freie Erfindung handelt, an der dem Arbeitnehmer in jedem Fall ein 100 %iger Anteil zusteht. Die Bedingungen des Angebots brauchen sich nicht auf die Vergütung zu beschränken. Der Arbeitnehmer kann auch den Inhalt des Benutzungsrechts in seinem Angebot im Einzelnen ähnlich einem Lizenzvertrag ausgestalten.

4. Reaktion des Arbeitgebers. Für die Bestätigung des Empfangs gilt das zu → Form. II.3 Anm. 9 Gesagte entsprechend. Nimmt der Arbeitgeber das Angebot nicht innerhalb von 3 Monaten nach Zugang an, so erlischt sein Vorrecht auf Erwerb des Benutzungsrechts (§ 19 Abs. 2 ArbEG). Hält er die Bedingungen des Angebots nicht für angemessen, so muss er sich innerhalb der Dreimonatsfrist zum Erwerb des angebotenen Rechts bereit erklären und geltend machen, dass er die Bedingungen des Angebots nicht für angemessen hält (→ Form. II.10). Zu beachten ist auch hier, dass sich der Einwand, die Bedingungen seien unangemessen, nicht nur auf die Vergütung, sondern auch auf andere

Einzelheiten des Angebots, zB auf den Umfang des Nutzungsrechts in zeitlicher oder räumlicher Hinsicht, beziehen kann.

10. Geltendmachung unangemessener Bedingungen (für den Erwerb eines Benutzungsrechts an einer freien Erfindung)

Herrn . . . . . .

im Hause

Erwerb eines Benutzungsrechts an Ihrer Erfindung betreffend . . . . . .

Sie haben uns mit Schreiben vom . . . . . . ein nicht ausschließliches Benutzungsrecht an Ihrer Erfindung betreffend . . . . . . zum Erwerb angeboten. Wir sind gerne zum Erwerb bereit, halten aber die Bedingungen Ihres Angebotes für nicht angemessen.[1]

Bevor Sie oder wir die Schiedsstelle beim Deutschen Patent- und Markenamt anrufen, damit sie die Bedingungen für den Erwerb festsetze, bieten wir Ihnen für das nicht ausschließliche Benutzungsrecht an Ihrer Erfindung eine einmalige Zahlung in Höhe von EUR . . . . . . als unseres Erachtens angemessene Gegenleistung an.[2]

Wir bitten Sie, sich innerhalb von zwei Wochen zu diesem Angebot schriftlich zu äußern und uns den Empfang unseres Schreiben auf beiliegender Kopie zu bestätigen.[3]

Anmerkungen

1. Beanstandung der Bedingungen des Angebots. Bietet der Arbeitnehmererfinder seinem Arbeitgeber ein einfaches Benutzungsrecht an seiner freien Erfindung an (→ Form. II.9) und ist der Arbeitgeber mit diesem Angebot einverstanden, so ergeben sich für die erforderliche Annahme keine Schwierigkeiten. Der Arbeitgeber erklärt einfach innerhalb der gesetzlichen 3-Monatsfrist des § 19 Abs. 2 ArbEG, er nehme das ihm gemachte Angebot an und der Vertrag kommt zustande (§§ 145 ff. BGB). Ähnliches gilt, wenn der Arbeitgeber das Angebot nicht annehmen will. Dann mag er das dem Arbeitnehmer mitteilen oder sich einfach verschweigen (vgl. § 19 Abs. 2 ArbEG). Besondere Regeln hat der Arbeitgeber nur zu beachten, wenn er zwar das Angebot annehmen will, mit den angebotenen Bedingungen aber nicht einverstanden ist (→ Form. II.9 Anm. 4). In diesem Fall muss der Arbeitgeber fristgerecht seine Bereitschaft zum Erwerb des Benutzungsrechts erklären, auch wenn er mit den Bedingungen des Angebots des Arbeitnehmers im Einzelnen nicht einverstanden ist. Andernfalls droht Rechtsverlust gemäß § 19 Abs. 2 ArbEG. Gleichzeitig muss der Arbeitgeber jedoch innerhalb der Frist des § 19 Abs. 2 ArbEG geltend machen, dass die Bedingungen des Angebots seiner Auffassung nach nicht angemessen sind (§ 19 Abs. 3 ArbEG).

2. Gegenangebot. Es ist nicht vorgeschrieben, dass der Arbeitgeber in diesem Fall dem Arbeitnehmer ein Gegenangebot macht. Er kann unmittelbar das Gericht anrufen (§ 19 Abs. 3 ArbEG). Der Anrufung des Gerichts muss jedoch, solange das Arbeitsverhältnis besteht und keiner der anderen in § 37 Abs. 2 ArbEG genannten Gründe vorliegt, notwendig das Verfahren vor der Schiedsstelle beim Deutschen Patent- und Markenamt vorausgehen (§ 37 Abs. 1, §§ 28 ff. ArbEG). Da auch die Schiedsstelle die Aufgabe hat, eine gütliche Einigung herbeizuführen – das Verfahren schließt mit einem Einigungsvorschlag (§ 34 Abs. 2 ArbEG) – ist es zweckmäßig, dass die Parteien zunächst selbst die Einigung versuchen. Deshalb sollte der Arbeitgeber wie im vorliegenden Fall, auch ohne vom Gesetz dazu gezwungen zu sein, dem Arbeitnehmer in der Form eines Gegenangebots mitteilen, welche Bedingungen er für den Erwerb des Benutzungsrechts als angemessen ansieht, wobei sich das Gegenangebot auf alle Bedingungen beziehen kann, die der Arbeitgeber für unangemessen hält, nicht nur auf die Vergütung.

3. **Empfangsbestätigung.** Eine Empfangsbestätigung liegt im Interesse des Arbeitgebers, da er für das Einhalten der 3-Monatsfrist (§ 19 Abs. 2 mit 3 ArbEG) die Beweislast trägt.

11. Vereinbarung der Erfindervergütung für eine benutzte Diensterfindung vor der Erteilung des Schutzrechtes nach Lizenzanalogie

Die Parteien haben sich darüber geeinigt, die Vergütung für die in Anspruch genommene Diensterfindung, die . . . . . Werkzeuge betreffend, für die Zeit vom Beginn der Vergütungspflicht, dem . . . . ., bis zum 31.12.200 . . . . . wie folgt festzustellen:[1]

1. In der einschlägigen Zeit sind erfindungsgemäß . . . . . Stück Werkzeuge mit einem Kaufwert von K hergestellt worden.[2] Die Parteien sind sich darüber einig, dass der Kaufwert aus den Herstellungskosten zuzüglich eines Gewinnzuschlages von 60 % zu errechnen ist.[3]
Unter Ansatz eines Lizenzsatzes von 2,5 vH[3] und eines Anteilsfaktors von 28,5 vH[4] sowie einer vorläufigen Vergütung von 30 vH[5] ergibt das eine Vergütung von

$$K \times \frac{2{,}5 \cdot 28{,}5 \cdot 30}{100 \cdot 100 \cdot 100} = 0{,}21 \text{ vH des Kaufwertes K,}$$ [6]

also EUR . . . . .

2. Entsprechend dieser Formel wird die Erfindervergütung jährlich im Nachhinein, jeweils auf der Grundlage der Jahresabrechnung zum 31.12. des vorangegangenen Kalenderjahres, innerhalb von drei Monaten nach dessen Ablauf bezahlt, bis die Patentanmeldung zurückgewiesen oder das Patent rechtskräftig erteilt ist.[7]

3. Wird das Patent rechtskräftig erteilt, so zahlt der Arbeitgeber an den Arbeitnehmererfinder für den gesamten Zeitraum der Benutzung eine weitere Vergütung in Höhe von 0,7 vH des entsprechend Ziffer 1. zu ermittelnden Kaufwertes der Werkzeuge.[8] Eine Verzinsung wird nicht geschuldet.

4. Sollten die Patentansprüche erheblich eingeschränkt erteilt werden, so werden die Beteiligten prüfen, ob eine Änderung des Vergütungssatzes nach den Grundsätzen des § 12 Abs. 6 ArbEG geboten ist.[9]

Schrifttum: *Busse/Keukenschrijver,* Patentgesetz, 7. Aufl. 2013; *Gaul/Bartenbach,* Der Einfluß des neuen Patenterteilungsverfahrens auf die Vergütungsregelung nach § 12 Abs. 3 ArbEG, GRUR 1983, 14; *Haas,* Der Vergütungsanspruch einer unbeschränkt in Anspruch genommenen Diensterfindung vor Patenterteilung, Diss. Würzburg 1975; *Hellebrandt,* Gewinn und Lizenzgebühr: Gibt es einen quantifizierbaren Zusammenhang?, GRUR 2001, 678; *Himmelmann,* Vergütungsrechtliche Ungleichbehandlung von Arbeitnehmer-Erfinder und Arbeitnehmer-Urheber, GRUR 1999, 897; *Kremnitz,* Was steht mir an Erfindervergütung zu?, 1967; *ders.*, Probleme der Vergütung nach dem ArbEG aus der Sicht des Arbeitnehmererfinders, Mitt. 1971, 209; *Krieger* in FS Quack, 1991, 41 ff.; *Schickedanz,* Zur Frage der Vergütung von Arbeitnehmererfindungen und technischen Verbesserungsvorschlägen, DB 1975 Beil. 4;

Sturm, Zur Angemessenheit von Arbeitnehmererfindervergütungen, DB 1989, 1869; *Tetzner,* Zum Vergütungsanspruch bei Arbeitnehmererfindungen, GRUR 1967, 513; *Volmer,* Das Monopolprinzip und das Leistungsprinzip im Arbeitnehmererfinderrecht, RdA 1956, 212; *ders.,* Das unechte Monopolprinzip im Arbeitnehmererfinderrecht und seine Bedeutung für die Praxis, BB 1964, 1223; *Weisse,* Die Ermittlung des Erfindungswerts von Arbeitnehmererfindungen, GRUR 1966, 165; *Willich/Preisher,* Zur Ermittlung des Anteilsfaktors bei der Erfindervergütung, insbesondere für in der Forschung und Entwicklung tätige Erfinder, GRUR 1975, 526; sowie die ausführlichen Kommentierungen zu § 9 ArbEG bei *Reimer/Schade/Schippel, Bartenbach/Volz* und *Volmer/Gaul* mit weiteren Literatur- und Rechtsprechungshinweisen sowie die Kommentierungen zu den Richtlinien für die Vergütung von Arbeitnehmererfindungen im privaten Dienst bei *Reimer/Schade/Schippel* Anhang zu § 11 und *Bartenbach/Volz,* Arbeitnehmererfindervergütung, 4. Auflage 2017.

Anmerkungen

1. Der Vergütunganspruch. Der Anspruch auf Bezahlung einer angemessenen Vergütung entsteht dem Grunde nach mit der Inanspruchnahme der Diensterfindung (§ 9 Abs. 1 ArbEG, vgl. etwa BGH GRUR 2003, 237 (238) – Ozon). Für die Bemessung dieser Vergütung sind nach § 9 Abs. 2 ArbEG insbesondere die wirtschaftliche Verwertbarkeit der Diensterfindung, die Aufgaben und die Stellung des Arbeitnehmers im Betrieb sowie der Anteil des Betriebs an dem Zustandekommen der Diensterfindung maßgebend. Dabei wird in der Praxis den nach § 11 ArbEG vom Bundesminister für Arbeit aufgestellten „Richtlinien für die Vergütung von Arbeitnehmererfindungen im privaten Dienst" (RL) vom 20.7.1959 folgend (abgedruckt im Anhang zu diesem Muster) der Wert ermittelt, den der Arbeitgeber auf dem freien Markt für eine der Diensterfindung entsprechende schutzfähige Erfindung bezahlen müsste (Erfindungswert), und dieser Betrag entsprechend den Anteilen des Betriebs und des Arbeitnehmererfinders am Zustandekommen dieser Diensterfindung (Anteilsfaktoren) gekürzt.

Die dazu notwendigen Werte können in der Regel im Zeitpunkt der Inanspruchnahme noch nicht ermittelt werden. Deshalb trennt § 12 ArbEG den Zeitpunkt der Fälligkeit der Erfindung von dem in § 9 Abs. 1 ArbEG niedergelegten Zeitpunkt des Entstehens des Vergütungsanspruches. Art und Höhe der Vergütung sollen in angemessener Frist nach der Inanspruchnahme der Diensterfindung durch eine Vereinbarung zwischen Arbeitgeber und Arbeitnehmer festgestellt werden (§ 12 Abs. 1 ArbEG). Abgestellt ist auf den Zeitpunkt, zu dem die für eine Festsetzung der Vergütung erforderlichen Werte frühestens ermittelt werden können. Welche Frist im Sinne der Absätze 1 und 3 des § 12 ArbEG „angemessen" ist, kann nur unter Abwägung aller Umstände des Einzelfalles festgestellt werden, wobei die Interessen des Betriebes und des Diensterfinders als gleichwertig berücksichtigt und gegeneinander abgewogen werden müssen (BGH GRUR 1963, 135 (137) – Cromegal sowie auch BGH GRUR 2003, 237 (239) – Ozon). Als Leitgedanke für die notwendige Interessenabwägung sei jeweils zu überlegen, ob der Betrieb infolge der Inanspruchnahme bereits wirtschaftliche Vorteile erlangt hat, wie sie ihm erfahrungsgemäß von einem freien Erfinder nicht unentgeltlich zur Verfügung gestellt worden wären.

Für den Fall, dass eine Vereinbarung über die Vergütung in angemessener Frist nach Inanspruchnahme der Diensterfindung nicht zustande kommt, hat der Arbeitgeber gemäß § 12 Abs. 3 S. 1 ArbEG die Vergütung durch eine begründete Erklärung in Textform an den Arbeitnehmer einseitig festzusetzen und entsprechend dieser Festsetzung zu zahlen. Um diese vom Willen des Arbeitgebers abhängige, einseitige Konkretisierung des Vergütungsanspruchs des Arbeitnehmers nicht über Gebühr hinauszuzögern und damit die an den Arbeitnehmer zu leistenden Vergütungszahlungen zu verhindern, sieht § 12 Abs. 3 S. 2 ArbEG eine „Endfrist" (BGH GRUR 1963, 135 (136) – Cromegal sowie auch BGH GRUR 2003, 237 (239) – Ozon) vor, bis zu der die einseitige Festsetzung von Art und

Höhe der Vergütung in jedem Fall zu erfolgen hat. Danach ist die Vergütung spätestens bis zum Ablauf von drei Monaten nach Erteilung des Schutzrechts festzusetzen.

Zu Recht ist der BGH zu dem Ergebnis gekommen, dass ein dadurch mögliches Hinauszögern des Zeitpunkts, zu dem der Arbeitgeber mit seinen Vergütungszahlungen beginnen muss, obwohl er bereits die Diensterfindung benutzt, dem Sinn und Zweck des Arbeitnehmererfindergesetzes nicht entspricht. Der BGH hat daher im Wege einer teleologischen Reduktion bzw. Ergänzung des § 12 Abs. 3 S. 2 ArbEG entschieden, dass der Arbeitgeber, der eine von ihm in Anspruch genommene Diensterfindung in Benutzung nimmt, die Fälligkeit des Anspruchs auf Festsetzung und Zahlung einer Erfindervergütung nicht schlechthin bis zur Entscheidung über die Schutzrechtserteilung hinauszögern kann. Zumindest binnen angemessener Frist nach der Inbenutzungnahme der Erfindung habe der Erfinder einen Anspruch auf vorläufige Festsetzung einer Vergütung, durch die die tatsächliche Verwertung der Diensterfindung abgegolten wird (vgl. auch BGH GRUR 2003, 237 (239) – Ozon).

Daraus ergibt sich für den Vergütungsanspruch Folgendes:

Der Vergütungsanspruch entsteht gemäß § 9 Abs. 1 ArbEG, wenn die Erklärung des Arbeitgebers, die Erfindung in Anspruch zu nehmen, beim Arbeitnehmer zugeht bzw. die Fiktion der Inanspruchnahme gemäß § 6 Abs. 2 ArbEG eintritt.

Für die Fälligkeit des Vergütungsanspruchs ist die Aufnahme der Benutzung von wesentlicher Bedeutung, wobei zwei Fallkonstellationen unterschieden werden können.

(1) Sofern die Art und Höhe des Vergütungsanspruchs zum Zeitpunkt der Aufnahme der Benutzung bereits durch eine Vereinbarung gemäß § 12 Abs. 1 ArbEG festgestellt oder durch eine einseitige Erklärung des Arbeitgebers gemäß § 12 Abs. 3 S. 1 ArbEG festgesetzt ist, wird der Vergütungsanspruch des Arbeitnehmers (beim Fehlen anderweitiger Regelungen zwischen den Parteien) mit Aufnahme der Benutzung fällig. Der Arbeitgeber hat die Vergütung gemäß der Vereinbarung bzw. der Festsetzung an den Erfinder zu zahlen.

(2) Sofern eine Konkretisierung der Art und Höhe des Vergütungsanspruchs zum Zeitpunkt der Aufnahme der Benutzung fehlt und sofern zwischen Arbeitnehmer und Arbeitgeber innerhalb der angemessenen Frist nach Inanspruchnahme der Diensterfindung gemäß § 12 Abs. 1 ArbEG keine Vereinbarung über die Art und Höhe der Vergütung erzielt werden konnte, besteht zumindest binnen angemessener Frist nach der Inbenutzungnahme der Erfindung ein Anspruch auf vorläufige Festsetzung einer Vergütung, durch die die tatsächliche Verwertung der Diensterfindung abgegolten werden kann (BGH GRUR 1963, 135 – Cromegal). Nach der ständigen Rechtsprechung ist der Vergütungsanspruch spätestens drei Monate nach Aufnahme der Benutzung fällig (vgl. *Bartenbach/Volz,* Arbeitnehmererfindungsgesetz, § 9 Rn. 21). Das bedeutet, dass der Arbeitnehmer bei unterbliebener vorläufiger Festsetzung einer Vergütung durch den Arbeitgeber selbst dann einen fälligen Anspruch auf (vorläufige) Vergütung hat, wenn das Schutzrechtserteilungsverfahren noch nicht abgeschlossen ist. Der Arbeitnehmer kann den Arbeitgeber (nach erfolglosem Schiedsstellenverfahren, §§ 28 ff. ArbEG) außer auf Festsetzung der Vergütung wahlweise auch auf Zahlung einer angemessenen Vergütung verklagen. Die Klage kann nach § 38 ArbEG auch auf Zahlung eines unbezifferten, vom Gericht zu bestimmenden angemessenen Betrages gerichtet werden, wobei im Rahmen der Festsetzung des Streitwerts übertriebene Einschätzungen des Klägers außer Betracht bleiben (BGH Beschl. v. 12.6.2012, GRUR 2012, 959 – Antimykotischer Nagellack II*)*. Auch kann der Arbeitnehmer (nach erfolglosem Schiedsstellenverfahren, §§ 28 ff. ArbEG) die Bestimmung einer angemessenen Vergütung durch das Gericht beantragen (BGH Urt. v. 4.12.2007, GRUR 2008, 606 (607) – Ramipril I; *Bartenbach/Volz,* Arbeitnehmererfindungsgesetz, § 12 Rn. 44). Freilich ist zu beachten, dass die angemessene vorläufige Vergütung bis zum rechtskräftigen Abschluss des Schutzrechtserteilungsverfahrens wegen des im Hinblick auf den ungewissen Ausgang des Erteilungsverfahrens üblichen „Risikoabschlags" regelmäßig

geringer ist, als der Anspruch auf angemessene endgültige Vergütung nach rechtskräftiger Schutzrechtserteilung (→ Anm. 5).

Arbeitnehmer und Arbeitgeber können allerdings (in den Grenzen der §§ 22 und 23 ArbEG) vereinbaren, dass die Konkretisierung des (vorläufigen) Erfindungswertes erst zu einem späteren Zeitpunkt vorzunehmen ist, beispielsweise nach ein bis zwei Jahren der praktischen Verwertung der Erfindung (vgl. *Bartenbach/Volz,* Arbeitnehmererfindungsgesetz, § 12 Rn. 62 aE). Mangels ausreichender Daten wird es nämlich häufig in einem frühen Nutzungsstadium der Erfindung sehr schwierig sein, den Erfindungswert auf verlässliche Weise zu bestimmen. Der Arbeitnehmer wird jedoch regelmäßig daran interessiert sein, auch für diesen Zeitraum bis zur (vorläufigen) Konkretisierung des Erfindungswertes einen (anrechenbaren, aber nicht rückforderbaren) Vergütungsvorschuss vom Arbeitgeber zu erhalten.

2. Das Problem: „Teil-Ganzes". Die Erfindung betrifft nur einen Teil einer Vorrichtung. Dieses Fromular behandelt die Feststellung einer Erfindervergütung durch Vereinbarung zwischen dem Arbeitgeber und dem Arbeitnehmer. Die Vereinbarung ist nicht formbedürftig, Schriftform ist jedoch aus Beweisgründen üblich und zweckmäßig. Das Formular geht davon aus, dass Gegenstand der Erfindung ein Werkzeug ist, das vom Arbeitgeber in seinem Betrieb hergestellt wird. In solchen Fällen ist es ebenso wie beim Abschluss von Lizenzverträgen angemessen, die Vergütung aus dem Wert der unter Einsatz der Erfindung hergestellten Gegenstände zu errechnen. Um Unklarheiten vorzubeugen, ist zu empfehlen, die genaue Wertermittlung in die Vereinbarung aufzunehmen.

In vielen Fällen beeinflusst eine Erfindung allerdings nur einen Teil einer Vorrichtung, die aus verschiedenen Teilen zusammengesetzt ist. Dann kann bei der Ermittlung des Erfindungswertes entweder der Wert der ganzen Vorrichtung oder nur der von der Erfindung beeinflusste Teil zugrunde gelegt werden. Nach RL Nr. 8 ist hierbei zu berücksichtigen, auf welcher Grundlage die Lizenz im betreffenden Industriezweig üblicherweise vereinbart wird und ob üblicherweise der patentierte Teil allein oder nur in Verbindung mit der Gesamtvorrichtung bewertet wird. Das wird häufig davon abhängen, ob durch die Benutzung der Erfindung nur der Teil oder die Gesamtvorrichtung im Wert gestiegen ist. Hierzu im Einzelnen *Gaul* GRUR 1983, 209 (216 ff.); *Reimer/Schade/Schippel,* ArbEG, § 11/RL Nr. 8, Rn. 1 ff. und die Beispiele bei *Schade* GRUR 1965, 634 (639); 1970, 579 (584). Aus der Rechtsprechung BGH GRUR 1962, 401 – Kreuzbodenventilsäcke III; GRUR 1969, 677 – Rüben-Verladeeinrichtung mAnm *Fischer;* GRUR 1978, 430 – Absorberstabantrieb und Schiedsstelle BlPMZ 1964, 354; 1964, 375; 1965, 170; 1965, 280; 1974, 375. Schon die große Zahl der vorliegenden Entscheidungen und die häufige Behandlung der Rechtsfragen in der Literatur zeigen, dass hier im Einzelfall erhebliche Schwierigkeiten auftreten können, für die aber Rechtsprechung und Literatur zahlreiche Lösungswege anbieten.

Der BGH betonte in der Entscheidung *Kreuzbodenventilsäcke III* (GRUR 1962, 401 (403 f.)), dass die Frage, ob bei einer zusammengesetzten Anlage, von der nur ein Teil patentiert ist, die Lizenzgebühr nach dem Wert der patentierten Einrichtung oder nach dem der ganzen Anlage zu berechnen ist, nur unter Berücksichtigung aller besonderen Umstände des Einzelfalles entschieden werden kann. Dabei kann beispielsweise zu berücksichtigen sein, ob die Gesamtanlage durch den geschützten Teil eine Wertsteigerung erfährt bzw. ihr „kennzeichnendes Gepräge" erhält, ob der geschützte Teil das „Hauptstück" der Gesamtanlage darstellt oder ob das geschützte Teil ein notwendiges Zubehör ist oder gegebenenfalls auch noch nachträglich in die Gesamtanlage eingebaut werden kann.

Im Anschluss an diese Rechtsprechung des BGH zur Schadensberechnung nach der Lizenzanalogie im Rahmen einer Schutzrechtsverletzung entscheidet die Praxis die Frage, ob der Arbeitnehmererfinder eine Lizenz bezogen auf den Wert des gesamten Produkts oder nur eines Teiles davon erhalten soll, regelmäßig danach, welche technisch-wirtschaftliche Einheit der Erfindung das kennzeichnende Gepräge gibt (so ständige Praxis der Schiedsstelle seit Einigungsvorschlag vom 3.2.1964, BlPMZ 1964, 375). Als Bezugsgröße wird von der Schiedsstelle regelmäßig die kleinste funktionelle Einheit herangezogen, in der sich die Erfindung technisch und/oder wirtschaftlich auswirkt (vgl. hierzu *Bartenbach/Volz,* Arbeitnehmererfindervergütung, RL Nr. 8, Rn. 31).

Die Wahl der Bezugsgröße hat Einfluss auf die Höhe des Lizenzsatzes. Bezugsgröße und Lizenzsatz stehen in einem Wechselverhältnis zueinander (Einigungsvorschlag der Schiedsstelle vom 8.5.2008, Arb.Erf. 26/06). Wird bei einer Teilerfindung der Wert der Gesamtvorrichtung als Grundlage genommen, ist der Lizenzsatz entsprechend niedriger, als wenn vom Wert des erfundenen Teils ausgegangen wird. Dies liegt daran, dass der angemessene Erfindungswert unabhängig von der Berechnungsart (zumindest theoretisch) im Ergebnis gleich sein sollte (vgl. BGH GRUR 1969, 677 (680) – Rüben-Verladeeinrichtung).

3. Lizenzanalogie. Die Lizenzanalogie ist die einfachste und in der Praxis gebräuchlichste Methode zur Berechnung des Erfindungswertes. Bei der Berechnung der Erfindervergütung nach der Lizenzanalogie wird als Erfindungswert die Lizenzgebühr zugrunde gelegt, die der Arbeitgeber einem freien Erfinder im Rahmen eines Lizenzvertrags auf dem freien Markt zahlen würde. Zur Ermittlung der „angemessenen" Arbeitnehmererfindervergütung ist diese „freie" Lizenzgebühr allerdings betriebsbezogen zu überprüfen. Dies geschieht ua dadurch, dass bei der Ermittlung des für die Arbeitnehmererfindervergütung maßgeblichen Lizenzsatzes im Rahmen der Lizenzanalogie auch berücksichtigt wird, welche objektiv zu bestimmenden wirtschaftlichen Vorteile der Arbeitgeber aus der Verwertung der in Anspruch genommenen Erfindung zieht oder ziehen kann (vgl. dazu BGH GRUR 1998, 684 (687) – Spulkopf; mit kritischer Anmerkung von *Rosenberger* GRUR 2000, 25). Als Hilfsmittel steht dem Arbeitnehmer insoweit ein Auskunfts- und Rechnungslegungsanspruch gegenüber seinem Arbeitgeber zu (vgl. zum Inhalt des Anspruchs etwa BGH GRUR 2003, 789 – Abwasserbehandlung; zum Auskunftsanspruch bei Nutzung im Konzern BGH Mitt. 2002, 357 – Abgestuftes Getriebe sowie OLG Frankfurt a.M. GRUR-RS 2017, 138234; im Rahmen des § 16 ArbEG BGH GRUR 2002, 609 – Drahtinjektionseinrichtung).

Sofern für die in Anspruch genommene Diensterfindung des Arbeitnehmers bereits Lizenzverträge existieren, können die darin vereinbarten Lizenzsätze im Rahmen der *konkreten* Lizenzanalogie zur Bestimmung des Erfindungswertes herangezogen werden. Andernfalls ist im Rahmen einer *abstrakten* Lizenzanalogie auf sonstige firmen- bzw. branchenübliche Lizenzsätze für vergleichbare Erfindungen zurückzugreifen (vgl. hierzu *Bartenbach/Volz,* Arbeitnehmererfindervergütung, RL Nr. 6, Rn. 6 ff., 30 ff.). Grundsätzlich gilt ein Vorrang der konkreten Lizenzanalogie vor der abstrakten Lizenzanalogie. Gerichte und Schiedsstelle tendieren jedoch zu einer Bestimmung angemessener Bedingungen im jeweiligen Einzelfall auch bei Bestehen von Lizenzverträgen (Einigungsvorschlag der Schiedsstelle vom 21.7.2011, ArbErf 27/10; vom 6.8.2013, ArbErf 2/12; LG München CR 2012, 356 – Elektronische Funktionseinheit). Da die Höhe der Lizenzsätze immer von einer Vielzahl von Faktoren beeinflusst wird, können Lizenzsätze aus anderen Verträgen nicht ohne Weiteres als Maßstab für die Berechnung der Erfindungsvergütung herangezogen werden. Immer ist zunächst zu prüfen, inwieweit die Situation des als Referenz herangezogenen Lizenzsatzes sich mit der Situation der konkreten Arbeitnehmererfindung vergleichen lässt. Dabei ist zu beachten, ob und inwieweit in den Merkmalen, die die Höhe des Lizenzsatzes beeinflussen, Übereinstimmung besteht. Die wichtigsten hierbei in Betracht zu ziehenden Kriterien nennt die RL Nr. 6, insbesondere Produktions-, Markt- und Vertriebs- sowie Monopolfaktoren (zu weiteren Einzelheiten vgl. *Bartenbach/Volz,* Arbeitnehmererfindervergütung, RL Nr. 6, Rn. 51 ff.).

RL Nr. 10 nennt für verschiedene Branchen die üblichen Lizenzsatzrahmen. Diese Angaben sind allerdings obsolet. Die Zahlenangaben in RL Nr. 10 werden in der Praxis seit Jahren erheblich unterschritten. Sie können daher keine große Hilfe bieten. Der richtige Lizenzsatz kann nur gefunden werden, wenn Erfahrungs- und Vergleichswerte aus dem betreffenden Industriezweig bekannt sind. Die Richtlinien geben somit vorrangig die erforderlichen Anhaltspunkte für die Durchführung von Vergleichen.

Sobald die Höhe des Lizenzsatzes ermittelt ist, weiß man zwar, „wie viel" zu zahlen ist, jedoch nicht „wovon". Wie bei der Berechnung der Lizenzgebühren eines freien Erfinders soll sich die Berechnung des Erfindungswertes im Rahmen der Lizenzanalogie gemäß RL Nr. 7 vorrangig an Umsatz oder Erzeugung orientieren. In der Regel wird auf den Umsatz als Bezugsgröße abgestellt, wenn mit den geschützten Gegenständen Umsätze erzielt werden (vgl. auch RL Nr. 5 Abs. 2 S. 1). Eine Anknüpfung an die Erzeugung erfolgt in der Praxis allenfalls dort, wo bereits die Herstellung eine eigene wirtschaftliche Bedeutung zukommt (vgl. *Bartenbach/Volz,* Arbeitnehmererfindervergütung, RL Nr. 7, Rn. 33).

Im Muster wurde die *Erzeugung* (dh Herstellungskosten zzgl. eines Gewinnzuschlags) zugrunde gelegt. Durch die Einbeziehung des Gewinnzuschlags (im Muster in einer Höhe von 60 % der Herstellungskosten (Faktor 1,6)) soll berücksichtigt werden, dass die zweite mögliche „rechnerische Bezugsgröße", der Umsatz, regelmäßig die Herstellungskosten zzgl. eines Gewinnzuschlags umfasst. Die Erzeugung bietet sich nur dann als rechnerische Bezugsgröße an, wenn mit dem erfindungsgemäßen Produkt keine eigenen Umsätze getätigt werden (im Einzelnen *Bartenbach/Volz,* Arbeitnehmererfindervergütung, RL Nr. 7, Rn. 31 ff.).

Die zweite, vorrangig maßgebliche „rechnerische Bezugsgröße", der *Umsatz,* ist in RL Nr. 7 ebenso wenig definiert, wie der Begriff „Erzeugung". Im Anschluss an § 1 Abs. 1 UStG kann Umsatz definiert werden als „das Entgelt für Lieferungen oder sonstige Leistungen, die ein Unternehmen im Rahmen seines Geschäftsbetriebes erbringt". Bei diesem Umsatz ohne Abzüge handelt es sich um den *Bruttoumsatz* des Arbeitgebers.

Im Hinblick auf die Usancen auf dem „freien" Lizenzmarkt wird man auch bei der Berechnung des Erfindungswertes im Rahmen der Lizenzanalogie den *Nettoumsatz* als maßgebliche Bezugsgröße heranziehen. Der Nettoumsatz lässt sich dadurch ermitteln, dass man vom Bruttoumsatz als der Summe aller dem Arbeitgeber für das Produkt tatsächlich zufließenden Beträge und Entgelte diejenigen Kosten und Aufwendungen abzieht, die mit der Verwertung der Diensterfindung nicht unmittelbar zusammenhängen, nämlich insbesondere die Umsatzsteuer, die Vertriebskosten, wie Fracht und Versicherungen, sowie Abnehmervergünstigungen, wie Rabatte und Skonti, sowie die Kosten für die Verpackung des Produkts. Die Schiedsstelle hat anerkannt, dass hierfür nach Abzug der Umsatzsteuer im Einzelfall ein weiterer pauschaler Abzug (üblicherweise in Höhe von 5–10 % des Bruttoumsatzes, regelmäßig als Mittelwert 7,5 %) vorgenommen werden kann (im Einzelnen *Bartenbach/Volz,* Arbeitnehmererfindervergütung, RL Nr. 7, Rn. 21 ff.).

Entsprechend der Übung bei Lizenzverträgen können die Lizenzsätze abgestaffelt werden, wenn die Umsätze besonders hoch steigen. Die beabsichtige *Abstaffelung* muss allerdings vom Arbeitgeber in der Vergütungsvereinbarung (oder in der Vergütungsfestsetzung nach § 12 Abs. 3 S. 1 ArbEG) ausdrücklich vereinbart werden (BGH GRUR 1994, 898 (902) – Copolyester I). Zudem kann eine Abstaffelung nach RL Nr. 11 nur erfolgen, wenn und soweit sie üblich ist (BGH GRUR 1990, 271 (273) – Vinylchlorid). Demgegenüber verzichtet die Schiedsstelle (in ständiger Praxis seit Einigungsvorschlag vom 1.4.1964, BlPMZ 1964, 235) regelmäßig auf den durch den Arbeitgeber zu erbringenden Nachweis, dass die Abstaffelung in dem betreffenden Industriezweig üblich ist. Die Schiedsstelle prüft vielmehr vorrangig, ob die hohen Umsätze kausal auf der Erfindung des Arbeitnehmers beruhen oder auf Leistungen des Arbeitgebers, wie etwa dem Ruf des Unternehmens, seiner Werbung oder Vertriebsorganisation (Schiedsstelle, Einigungsvorschlag vom 22.6.1995, Mitt. 1996, 220 (221); vgl. auch *Hellebrand* GRUR 1993, 449 sowie OLG Düsseldorf Mitt. 2005, 453 – Spulkopf II).

Die in RL Nr. 11 aufgenommene Staffel beginnt mit der Ermäßigung des Lizenzsatzes bei einem 1.533.876 Mio. EUR übersteigenden Umsatz.

4. Anteilsfaktor. Da die Diensterfindung dadurch gekennzeichnet ist, dass sie der Erfinder während der Dauer des Arbeitsverhältnisses macht, aus dem ihm bestimmte Tätigkeitspflichten erwachsen, und dass sie regelmäßig auch auf Erfahrungen oder Arbeiten des Betriebs beruht, ist es angemessen, den Diensterfinder geringer zu vergüten als den entsprechenden freien Erfinder. Die Vergütungsrichtlinien berücksichtigen das entsprechend § 9 Abs. 2 ArbEG durch die Ermittlung des sog. *Anteilsfaktors* (RL Nr. 30 ff.). Bewertet werden

- der Anteil des Betriebs an der Stellung der Aufgabe, die durch die Diensterfindung gelöst wird;
- der Anteil des Betriebs an der Lösung dieser Aufgabe;
- die Aufgaben und Stellung des Arbeitnehmers im Betrieb.

Nach RL Nr. 31 ist der Anteil des Arbeitnehmers am Zustandekommen der Diensterfindung umso größer, je größer seine Initiative bei der Aufgabenstellung und seine Beteiligung bei der Erkenntnis der betrieblichen Mängel und Bedürfnisse ist (vgl. dazu *Schmieder* GRUR 1984, 549). Bei der Ermittlung des Anteils an der Lösung der Aufgabe wird berücksichtigt, ob der Erfinder die Lösung mit Hilfe beruflich geläufiger Überlegungen gefunden hat, ob sie auf Grund betrieblicher Arbeiten oder Kenntnisse gefunden wurde und ob und inwieweit der Betrieb den Erfinder mit technischen Hilfsmitteln unterstützte (RL Nr. 32). Der Anteil des Erfinders am Zustandekommen der Diensterfindung verringert sich umso mehr, je größer der ihm durch seine Stellung ermöglichte Einblick in die Erzeugung und Entwicklung des Betriebes ist und je mehr von ihm angesichts seiner Stellung und des ihm zurzeit der Erfindungsmeldung gezahlten Arbeitsentgelts erwartet werden kann, dass er an der technischen Entwicklung des Betriebs mitarbeitet (RL Nr. 33). Die Vergütungsrichtlinien ordnen die einzelnen Gesichtspunkte nach sog. Wertzahlen zwischen insgesamt 0 und 20, aus denen anhand der Tabelle in RL Nr. 37 der Prozentsatz berechnet werden kann, mit dem der Erfinder am sog. Erfindungswert beteiligt wird (sog. Anteilsfaktor). Beträgt die Summe der Wertzahlen beispielsweise 3, so ist der Anteil des Arbeitnehmers am Erfindungswert 2 %, beträgt die Summe der Wertzahlen 11, so ist der Anteilsfaktor 25 %, beträgt die Summe 18, ist er 81 %. Nach den Erfahrungen der Schiedsstelle rangiert der durchschnittliche Anteilsfaktor zwischen 10 % und 25 %. Der Arbeitnehmererfinder erhält somit durchschnittlich nur $^1/_{10}$ bis $^1/_4$ des Betrags, den ein freier Erfinder für dieselbe Erfindung erhielte (vgl. dazu *Bartenbach/Volz,* Arbeitnehmererfindungsgesetz, § 9 Rn. 265). Im vorliegenden Fall beträgt der Anteilsfaktor 28,5 %. Nach RL Nr. 38 kann bei niedrigem Anteilsfaktor die Vergütung bis auf einen Anerkennungsbetrag sinken oder ganz wegfallen, wenn der Erfindungswert gleichfalls gering ist (sog. „Nullfälle"; s. dazu *Gaul/Wexel* BB 1984, 2069 in Auseinandersetzung mit *Werner* BB 1983, 839).

5. Vorläufige Vergütung. Die Schutzrechtserteilungsverfahren nehmen in der Regel sehr lange Zeit in Anspruch. Die Erfindervergütung soll aber nach § 12 Abs. 1 ArbEG in angemessener Frist nach der Inanspruchnahme festgestellt werden. Der Arbeitgeber genießt schon während des Schutzrechtserteilungsverfahrens einen wenigstens vorläufigen Rechtsschutz. Unter diesem Rechtsschutz beginnt er in der Regel mit der Verwertung der Diensterfindung. Es erscheint deshalb ungeachtet der in § 12 Abs. 3 ArbEG bestimmten äußersten Frist für die Festsetzung der Vergütung nicht angemessen, mit der Vergütungszahlung bis zur Schutzrechtserteilung zu warten. Deshalb verpflichtet BGH GRUR 1963, 135 – Cromegal, ergänzt durch BGH GRUR 1971, 475 – Gleichrichter, den Arbeitgeber zu einer wenigstens vorläufigen Vergütungszahlung vor Schutzrechtserteilung, wenn die Erfindung vom Arbeitnehmer bereits verwertet wird. Zu beiden Urteilen *Fischer* GRUR 1963, 107; *Friedrich* GRUR 1963, 138; *Rebitzki* GRUR 1963, 555 (Cromegal-Urteil); *Fischer* GRUR 1971, 430; *Bock* Mitt. 1971, 220. Die Schiedsstelle folgt der Rechtsprechung des BGH: BlPMZ 1963, 341; 1964, 354; 1967, 80; 1968, 130. Zum Ganzen → Anm. 1.

Das Patenterteilungsrisiko wird vielfach mit 50 % angenommen, so dass die vorläufige Vergütung die Hälfte der endgültigen Vergütung beträgt; sie kann aber, wenn besondere Umstände dafür sprechen, auch niedriger oder höher sein. Im vorliegenden Fall beträgt der Risikoabschlag 70 %. Bleibt unklar, ob und in welcher Höhe ein Abschlag für das Nichterteilungsrisiko gemacht wurde, ist die Vergütungsfestsetzung unwirksam (Schiedsstelle, Einigungsvorschlag v. 8.10.1991, ArbErf 59/90 = GRUR 1992, 849).

6. Vergütungsformel. Sind die für die Berechnung der Vergütung maßgeblichen Werte festgestellt (in diesem Fall: der Kaufwert, der Lizenzsatz, der Anteilsfaktor und der Risikoabschlag für die vorläufige Vergütung), so berechnet sich die Vergütung (für vergangene Nutzungen der Erfindung) nach der Formel in RL Nr. 39 aus einer Multiplikation des Kaufwertes der hergestellten Gegenstände mit dem Lizenzsatz, dem Anteilsfaktor und dem Prozentsatz der vorläufigen Vergütung. Die jährlich zu zahlende vorläufige Vergütung (Vj) entspricht somit dem Kaufwert der in dem Abrechnungsjahr hergestellten erfindungsgemäßen Produkte (Kj) multipliziert mit dem Lizenzsatz (L), Anteilsfaktor (A) und dem Prozentsatz für die vorläufige Vergütung (P): $Vj = Kj \times L \times A \times P$. Sofern der Arbeitnehmer nur Miterfinder ist, muss auch sein Miterfinderanteil berücksichtigt werden. Sofern die Erfindung nur einem Teil des Gesamtproduktes das kennzeichnende Gepräge gibt, ist auch diese technisch-funktionelle Bezugsgröße zu berücksichtigen. Bei einem jährlichen Kaufwert von 1.000.000 EUR beliefe sich die jährliche, vorläufige Erfindervergütung im vorliegenden Fall auf Vj = 1.000.000 × 2,5 % × 28,5 % × 30 % = 2.137,5 EUR.

7. Ende der vorläufigen Vergütung. Die vorläufige Vergütung ist zu zahlen, bis das Schutzrechtserteilungsverfahren abgeschlossen ist, oder bis der Arbeitgeber die Verwertung einstellt. Letzteres braucht nicht ausdrücklich niedergelegt zu werden, da in diesem Fall der Kaufwert der nach der Erfindung hergestellten Gegenstände auf Null sinkt und die errechnete Vergütung wegfällt, wenn einer der Faktoren der Vergütungsformel Null beträgt. Es ist zu beachten, dass bezahlte Vergütungen nach § 12 Abs. 6 S. 2 ArbEG nicht zurückgefordert werden können, auch wenn sich nachträglich herausstellen sollte, dass die Vergütungspflicht wegen mangelnder Schutzfähigkeit der gemeldeten Erfindung nicht bestand. Der BGH scheint in § 12 Abs. 6 S. 2 ArbEG darüber hinaus ein generelles Rückforderungsverbot für geleistete Vergütungszahlungen zu sehen (vgl. BGH GRUR 1987, 900 (902) – Entwässerungsanlage).

8. Endgültige Vergütungszahlung. Wird das Schutzrecht rechtskräftig erteilt, muss der Arbeitgeber die endgültige Vergütung für den Gesamtbenutzungszeitraum bezahlen, also für die Zeit der vorläufigen Vergütungszahlung nachentrichten. Im vorliegenden Fall beträgt die jährliche vorläufige Vergütung bei einem Risikoabschlag in Höhe von 70 % 0,21 vH des jährlichen Kaufwerts. Nach Schutzrechtserteilung muss der Arbeitgeber folglich die volle Vergütung zahlen und für die Vergangenheit eine entsprechende Nachzahlung leisten. Falls keine Vereinbarungen getroffen werden, müssen diese nachzuentrichtenden Beträge verzinst werden (aA *Bartenbach/Volz,* Arbeitnehmererfindungsgesetz, § 12 Rn. 69 aE).

9. Änderung des Vergütungssatzes. Zur Änderung des Vergütungssatzes nach § 12 Abs. 6 ArbEG → Form. II.18.

Anhang
Richtlinien für die Vergütung von Arbeitnehmererfindungen im privaten Dienst

vom 20. Juli 1959

Beilage zum Bundesanzeiger Nr. 156 vom 18. August 1959 = BlPMZ 1959, 300, geändert durch Bek. v. 1. September 1983, BAnz. Nr. 169 v. 9. September 1983, S. 9994 = BlPMZ 1983, 350

Übersicht

Nach § 11 des Gesetzes über Arbeitnehmererfindungen vom 25. Juli 1957 (Bundesgesetzbl. I S. 756) erlasse ich nach Anhörung der Spitzenorganisationen der Arbeitgeber und der Arbeitnehmer folgende Richtlinien über die Bemessung der Vergütung für Diensterfindungen von Arbeitnehmern im privaten Dienst.

Einleitung

(1) Die Richtlinien sollen dazu dienen, die angemessene Vergütung zu ermitteln, die dem Arbeitnehmer für unbeschränkt oder beschränkt in Anspruch genommene Diensterfindungen (§ 9 Abs. 1 und § 10 Abs. 1 des Gesetzes) und für technische Verbesserungsvorschläge im Sinne des § 20 Abs. 1 des Gesetzes zusteht; sie sind keine verbindlichen Vorschriften, sondern geben nur Anhaltspunkte für die Vergütung. Wenn im Einzelfall die bisherige betriebliche Praxis für die Arbeitnehmer günstiger war, sollen die Richtlinien nicht zum Anlass für eine Verschlechterung genommen werden.

(2) Nach § 9 Abs. 2 des Gesetzes sind für die Bemessung der Vergütung insbesondere die wirtschaftliche Verwertbarkeit der Diensterfindung, die Aufgaben und die Stellung des Arbeitnehmers im Betrieb sowie der Anteil des Betriebs am Zustandekommen der Diensterfindung maßgebend. Hiernach wird bei der Ermittlung

der Vergütung in der Regel so zu verfahren sein, dass zunächst die wirtschaftliche Verwertbarkeit der Erfindung ermittelt wird. Die wirtschaftliche Verwertbarkeit (im Folgenden als Erfindungswert bezeichnet) wird im Ersten Teil der Richtlinien behandelt. Da es sich hier jedoch nicht um eine freie Erfindung handelt, sondern um eine Erfindung, die entweder aus der dem Arbeitnehmer im Betrieb obliegenden Tätigkeit entstanden ist oder maßgeblich auf Erfahrungen oder Arbeiten des Betriebes beruht, ist ein Abzug zu machen, der den Aufgaben und der Stellung des Arbeitnehmers im Betrieb sowie dem Anteil des Betriebs am Zustandekommen der Diensterfindung entspricht. Dieser Abzug wird im Zweiten Teil der Richtlinien behandelt; der Anteil am Erfindungswert, der sich für den Arbeitnehmer unter Berücksichtigung des Abzugs ergibt, wird hierbei in Form eines in Prozenten ausgedrückten Anteilsfaktors ermittelt. Der Dritte Teil der Richtlinien behandelt die rechnerische Ermittlung der Vergütung sowie Fragen der Zahlungsart und Zahlungsdauer.

Bei jeder Vergütungsberechnung ist darauf zu achten, dass derselbe Gesichtspunkt für eine Erhöhung oder Ermäßigung der Vergütung nicht mehrfach berücksichtigt werden darf.

Die einzelnen Absätze der Richtlinien sind mit Randnummern versehen, um die Zitierung zu erleichtern.

Erster Teil. Erfindungswert

A. Patentfähige Erfindungen

I. Betrieblich benutzte Erfindungen

1. Allgemeines

(3) Bei betrieblich benutzten Erfindungen kann der Erfindungswert in der Regel (über Ausnahmen vgl. Nummer 4) nach drei verschiedenen Methoden ermittelt werden:

a) *Ermittlung des Erfindungswertes nach der Lizenzanalogie (Nummer 6 ff.).*

Bei dieser Methode wird der Lizenzsatz, der für vergleichbare Fälle bei freien Erfindungen in der Praxis üblich ist, der Ermittlung des Erfindungswertes zugrunde gelegt. Der in Prozenten oder als bestimmter Geldbetrag je Stück oder Gewichtseinheit (vgl. Nummer 39) ausgedrückte Lizenzsatz wird auf eine bestimmte Bezugsgröße (Umsatz oder Erzeugung) bezogen. Dann ist der Erfindungswert die mit dem Lizenzsatz multiplizierte Bezugsgröße.

b) *Ermittlung des Erfindungswertes nach dem erfassbaren betrieblichen Nutzen (Nummer 12).*

Der Erfindungswert kann ferner nach dem erfassbaren Nutzen ermittelt werden, der dem Betrieb aus der Benutzung der Erfindung erwachsen ist.

c) *Schätzung des Erfindungswertes (Nummer 13).*

Schließlich kann der Erfindungswert geschätzt werden.

(4) Neben der Methode der Lizenzanalogie nach Nummer 3a kommen im Einzelfall auch andere Analogiemethoden in Betracht. So kann anstatt von dem analogen Lizenzsatz von der Analogie zum Kaufpreis ausgegangen werden, wenn eine Gesamtabfindung (vgl. Nummer 40) angezeigt ist und der Kaufpreis bekannt ist, der in vergleichbaren Fällen mit freien Erfindern üblicherweise vereinbart wird. Für die Vergleichbarkeit und die Notwendigkeit, den Kaufpreis auf das Maß zu bringen, das für die zu beurteilende Diensterfindung richtig ist, gilt das unter Nummer 9 Gesagte entsprechend.

(5) Welche der unter Nummer 3 und 4 aufgeführten Methoden anzuwenden ist, hängt von den Umständen des einzelnen Falles ab. Wenn der Industriezweig mit Lizenzsätzen oder Kaufpreisen vertraut ist, die für die Übernahme eines ähnlichen Erzeugnisses oder Verfahrens üblicherweise vereinbart wird, kann von der Lizenzanalogie ausgegangen werden.

Die Ermittlung des Erfindungswertes nach dem erfassbaren betrieblichen Nutzen kommt vor allem bei Erfindungen in Betracht, mit deren Hilfe Ersparnisse erzielt werden, sowie bei Verbesserungserfindungen, wenn die Verbesserung nicht derart ist, dass der mit dem verbesserten Gegenstand erzielte Umsatz als Bewertungsgrundlage dienen kann; sie kann ferner bei Erfindungen angewandt werden, die nur innerbetrieblich verwendete Erzeugnisse, Maschinen oder Vorrichtungen betreffen, und bei Erfindungen, die nur innerbetrieblich verwendete Verfahren betreffen, bei denen der Umsatz keine genügende Bewertungsgrundlage darstellt. Die Methode der Ermittlung des Erfindungswertes nach dem erfassbaren betrieblichen Nutzen hat den Nachteil, dass der Nutzen oft schwer zu ermitteln ist und die Berechnungen des Nutzens schwer überprüfbar sind. In manchen Fällen wird sich allerdings der Nutzen aus einer Verbilligung des Ausgangsmaterials, aus einer Senkung der Lohn-, Energie- oder Instandsetzungskosten oder aus einer Erhöhung der Ausbeute errechnen lassen. Bei der Wahl dieser Methode ist ferner zu berücksichtigen, dass sich für den Arbeitgeber auf Grund der Auskunfts- und Rechnungslegungspflichten, die ihm nach § 242 des Bürgerlichen Gesetzbuches obliegen können, eine Pflicht zu einer weitergehenden Darlegung betrieblicher Rechnungsvorgänge ergeben kann als bei der Ermittlung des Erfindungswertes nach der Lizenzanalogie. Der Erfindungswert wird nur dann zu schätzen sein, wenn er mit Hilfe der Methoden unter Nummer 3a und b oder Nummer 4 nicht oder nur mit unverhältnismäßig hohen Aufwendungen ermittelt werden kann (zB bei

Arbeitsschutzmitteln und -vorrichtungen, sofern sie nicht allgemein verwertbar sind). Es kann ferner ratsam sein, eine der Berechnungsmethoden zur Überprüfung des Ergebnisses heranzuziehen, das mit Hilfe der anderen Methoden gefunden ist.

2. Ermittlung des Erfindungswertes nach der Lizenzanalogie

(6) Bei dieser Methode ist zu prüfen, wieweit man einen Vergleich ziehen kann. Dabei ist zu beachten, ob und wieweit in den Merkmalen, die die Höhe des Lizenzsatzes beeinflussen, Übereinstimmung besteht. In Betracht zu ziehen sind insbesondere die Verbesserung oder Verschlechterung der Wirkungsweise, der Bauform, des Gewichts, des Raumbedarfs, der Genauigkeit, der Betriebssicherheit; die Verbilligung oder Verteuerung der Herstellung, vor allem der Werkstoffe und der Arbeitsstunden; die Erweiterung oder Beschränkung der Verwendbarkeit; die Frage, ob sich die Erfindung ohne weiteres in die laufende Fertigung einreihen lässt oder ob Herstellungs- und Konstruktions- änderungen notwendig sind, ob eine sofortige Verwertung möglich ist oder ob noch umfangreiche Versuche vorgenommen werden müssen; die erwartete Umsatzsteigerung, die Möglichkeit des Übergangs von Einzelanfertigung zur Serienherstellung, zusätzliche oder vereinfachte Werbungsmöglichkeiten, günstige Preisgestaltung. Es ist ferner zu prüfen, welcher Schutzumfang dem Schutzrecht zukommt, das auf den Gegenstand der Erfindung erteilt ist, und ob sich der Besitz des Schutzrechts für den Betrieb technisch und wirtschaftlich auswirkt. Vielfach wird auch beim Abschluss eines Lizenzvertrages mit einem kleinen Unternehmen ein höherer Lizenzsatz vereinbart als beim Abschluss mit einer gut eingeführten Großfirma, weil bei dieser im Allgemeinen ein höherer Umsatz erwartet wird als bei kleineren Unternehmen. Außerdem ist bei dem Vergleich zu berücksichtigen, wer in den ähnlichen Fällen, die zum Vergleich herangezogen werden, die Kosten des Schutzrechts trägt.

(7) Wenn man mit dem einem freien Erfinder üblicherweise gezahlten Lizenzsatz vergleicht, so muss von derselben Bezugsgröße ausgegangen werden; als Bezugsgrößen kommen Umsatz oder Erzeugung in Betracht. Ferner ist zu berücksichtigen, ob im Analogiefall der Rechnungswert des das Werk verlassenden Erzeugnisses oder der betriebsinterne Verrechnungswert von Zwischenerzeugnissen der Ermittlung des Umsatzwertes zugrunde gelegt worden ist. Bei der Berechnung des Erfindungswertes mit Hilfe des Umsatzes oder der Erzeugung wird im Allgemeinen von dem tatsächlich erzielten Umsatz oder der tatsächlich erzielten Erzeugung auszugehen sein. Mitunter wird jedoch auch von einem vereinbarten Mindestumsatz oder aber von der Umsatzsteigerung ausgegangen werden können, die durch die Erfindung erzielt worden ist.

(8) Beeinflusst eine Erfindung eine Vorrichtung, die aus verschiedenen Teilen zusammengesetzt ist, so kann der Ermittlung des Erfindungswertes entweder der Wert der ganzen Vorrichtung oder nur der wertbeeinflusste Teil zugrunde gelegt werden. Es ist hierbei zu berücksichtigen, auf welcher Grundlage die Lizenz in dem betreffenden Industriezweig üblicherweise vereinbart wird, und ob üblicherweise der patentierte Teil allein oder nur in Verbindung mit der Gesamtvorrichtung bewertet wird. Dies wird häufig davon abhängen, ob durch die Benutzung der Erfindung nur der Teil oder die Gesamtvorrichtung im Wert gestiegen ist.

(9) Stellt sich bei dem Vergleich heraus, dass sich die Diensterfindung und die zum Vergleich herangezogenen freien Erfindungen nicht in den genannten Gesichtspunkten entsprechen, so ist der Lizenzsatz entsprechend zu erhöhen oder zu ermäßigen. Es ist jedoch nicht gerechtfertigt, den Lizenzsatz mit der Begründung zu ermäßigen, es handele sich um eine Diensterfindung; dieser Gesichtspunkt wird erst bei der Ermittlung des Anteilsfaktors berücksichtigt.

(10) Anhaltspunkte für die Bestimmung des Lizenzsatzes in den einzelnen Industriezweigen können daraus entnommen werden, dass zB im Allgemeinen

in der Elektroindustrie ein Lizenzsatz von	$^1/_2$–5 %,
in der Maschinen- und Werkzeugindustrie ein Lizenzsatz von	$^1/_3$–10 %,
in der chemischen Industrie ein Lizenzsatz von	2–5 %,
auf pharmazeutischem Gebiet ein Lizenzsatz von	2–10 %

vom Umsatz üblich ist.

(11) Für den Fall besonders hoher Umsätze kann die nachfolgende, bei Umsätzen über 3 Millionen DM einsetzende Staffel als Anhalt für eine Ermäßigung des Lizenzsatzes dienen, wobei jedoch im Einzelfall zu berücksichtigen ist, ob und in welcher Höhe in dem verschiedenen Industriezweigen solche Ermäßigungen des Lizenzsatzes bei freien Erfindungen üblich sind:

Bei einem Gesamtumsatz

von 0–3	Millionen DM keine Ermäßigung des Lizenzsatzes,
von 3–5	Millionen DM 10 %ige Ermäßigung des Lizenzsatzes für den 3 Millionen DM übersteigenden Umsatz,
von 5–10	Millionen DM 20 %ige Ermäßigung des Lizenzsatzes für den 5 Millionen DM übersteigenden Umsatz,
von 10–20	Millionen DM 30 %ige Ermäßigung des Lizenzsatzes für den 10 Millionen DM übersteigenden Umsatz,
von 20–30	Millionen DM 40 %ige Ermäßigung des Lizenzsatzes für den 20 Millionen DM übersteigenden Umsatz,
von 30–40	Millionen DM 50 %ige Ermäßigung des Lizenzsatzes für den 30 Millionen DM übersteigenden Umsatz,
von 40–50	Millionen DM 60 %ige Ermäßigung des Lizenzsatzes für den 40 Millionen DM übersteigenden Umsatz,
von 50–60	Millionen DM 65 %ige Ermäßigung des Lizenzsatzes für den 50 Millionen DM übersteigenden Umsatz,
von 60–80	Millionen DM 70 %ige Ermäßigung des Lizenzsatzes für den 60 Millionen DM übersteigenden Umsatz,
von 80–100	Millionen DM 75 %ige Ermäßigung des Lizenzsatzes für den 80 Millionen DM übersteigenden Umsatz,
von 100	Millionen DM 80 %ige Ermäßigung des Lizenzsatzes für den 100 Millionen DM übersteigenden Umsatz.

Beispiel: Bei einem Umsatz von 10 Millionen DM, ist der Lizenzsatz wie folgt zu ermäßigen:

Bis 3 Millionen DM keine Ermäßigung,

für den 3 Millionen DM übersteigenden Umsatz von 2 Millionen um 10 %, für den 5 Millionen DM übersteigenden Umsatz von 5 Millionen um 20 %.

Da bei Einzelstücken mit sehr hohem Wert in aller Regel bereits der Lizenzsatz herabgesetzt wird, ist in derartigen Fällen der Lizenzsatz nicht nach der vorstehenden Staffel zu ermäßigen, wenn schon ein einziges unter Verwendung der Erfindung hergestelltes Erzeugnis oder, sofern dem Erfindungswert nur der von der Erfindung wertbeeinflusste Teil des Erzeugnisses zugrunde gelegt wird, dieser Teil einen Wert von mehr als 3 Millionen DM hat. Dasselbe gilt, wenn wenige solcher Erzeugnisse oder nur wenige solcher Teile des Erzeugnisses einen Wert von mehr als 3 Millionen DM haben.

3. Ermittlung des Erfindungswertes nach dem erfassbaren betrieblichen Nutzen

(12) Unter dem erfassbaren betrieblichen Nutzen (vgl. zur Anwendung dieser Methode Nummer 5) ist die durch den Einsatz der Erfindung verursachte Differenz zwischen Kosten und Erträgen zu verstehen. Die Ermittlung dieses Betrages ist durch Kosten- und Ertragsvergleich nach betriebswirtschaftlichen Grundsätzen vorzunehmen. Hierbei sind die Grundsätze für die Preisbildung bei öffentlichen Aufträgen anzuwenden (vgl. die Verordnung PR Nr. 30/53 über die Preise bei öffentlichen Aufträgen vom 21. November 1953 und die Leitsätze für die Preisermittlung auf Grund von Selbstkosten), so dass also auch kalkulatorische Zinsen und Einzelwagnisse, ein betriebsnotwendiger Gewinn und gegebenenfalls ein kalkulatorischer Unternehmerlohn zu berücksichtigen sind. Der so ermittelte Betrag stellt den Erfindungswert dar.

Kosten, die vor der Fertigstellung der Erfindung auf die Erfindung verwandt worden sind, sind bei der Ermittlung des Erfindungswertes nicht abzusetzen. Sie sind vielmehr bei der Ermittlung des Anteilsfaktors im Zweiten Teil der Richtlinien zu berücksichtigen, und zwar, soweit es sich um die Kosten für die Arbeitskraft des Erfinders selbst handelt, entsprechend der Tabelle c in Nummer 34, soweit es sich um sonstige Kosten vor der Fertigstellung der Erfindung handelt, entsprechend der Tabelle b in Nummer 32 (technische Hilfsmittel).

4. Schätzung

(13) In einer Reihe von Fällen versagen die dargestellten Methoden zur Ermittlung des Erfindungswertes, weil keine ähnlichen Fälle vorliegen oder weil ein Nutzen nicht erfasst werden kann. In solchen oder ähnlichen Fällen muss der Erfindungswert geschätzt werden (vgl. zur Anwendung der Schätzungsmethode

den letzten Absatz der Nummer 5). Hierbei kann von dem Preis ausgegangen werden, den der Betrieb hätte aufwenden müssen, wenn er die Erfindung von einem freien Erfinder hätte erwerben wollen.

II. Lizenz-, Kauf und Austauschverträge

(14) Wird die Erfindung nicht betrieblich benutzt, sondern durch Vergabe von Lizenzen verwertet, so ist der Erfindungswert gleich der Nettolizenzeinnahme. Um den Nettobetrag festzustellen, sind von der Bruttolizenzeinnahme die Kosten der Entwicklung nach Fertigstellung der Erfindung abzuziehen sowie die Kosten, die aufgewandt wurden, um die Erfindung betriebsreif zu machen; ferner sind die auf die Lizenzvergabe im Einzelfall entfallenden Kosten der Patent- und Lizenzverwaltung, der Schutzrechtsübertragung, sowie die mit der Lizenzvergabe zusammenhängenden Aufwendungen (zB Steuern, mit Ausnahme der inländischen reinen Ertragssteuern, Verhandlungskosten) abzuziehen. Soweit solche Kosten entstanden sind, wird außerdem ein entsprechender

Anteil an den Gemeinkosten des Arbeitgebers zu berücksichtigen sein, soweit die Gemeinkosten nicht schon in den vorgenannten Kosten enthalten sind. Ferner ist bei der Ermittlung der Nettolizenzeinnahme darauf zu achten, ob im Einzelfall der Arbeitgeber als Lizenzgeber ein Risiko insofern eingeht, als er auch in der Zukunft Aufwendungen durch die Verteidigung der Schutzrechte, durch die Verfolgung von Verletzungen und aus der Einhaltung von Gewährleistungen haben kann.

Soweit die Einnahmen nicht auf der Lizenzvergabe, sondern auf der Übermittlung besonderer Erfahrungen (Know how) beruhen, sind diese Einnahmen bei der Berechnung des Erfindungswertes von der Bruttolizenzeinnahme ebenfalls abzuziehen, wenn diese Erfahrungen nicht als technische Verbesserungsvorschläge im Sinne des § 20 Abs. 1 des Gesetzes anzusehen sind. Bei der Beurteilung der Frage, ob und wieweit die Einnahme auf der Übermittlung besonderer Erfahrungen beruht, ist nicht allein auf den Inhalt des Lizenzvertrages abzustellen; vielmehr ist das tatsächliche Verhältnis des Wertes der Lizenz zu dem der Übermittlung besonderer Erfahrungen zu berücksichtigen.

Eine Ermäßigung nach der Staffel in Nummer 11 ist nur insoweit angemessen, als sie auch dem Lizenznehmer des Arbeitgebers eingeräumt worden ist.

(15) Macht die Berechnung dieser Unkosten und Aufgaben große Schwierigkeiten, so kann es zweckmäßig sein, in Analogie zu den üblichen Arten der vertraglichen Ausgestaltung zwischen einem freien Erfinder als Lizenzgeber und dem Arbeitgeber als Lizenznehmer zu verfahren. In der Praxis wird ein freier Erfinder wegen der bezeichneten Kosten und Aufgaben eines Generallizenznehmers (Lizenznehmer einer ausschließlichen unbeschränkten Lizenz) mit etwa 20 bis 50 %, in besonderen Fällen auch mit mehr als 50 % und in Ausnahmefällen sogar mit über 75 % der Bruttolizenzeinnahme beteiligt, die durch die Verwertung einer Erfindung erzielt wird. Zu berücksichtigen ist im Einzelnen, ob bei der Lizenzvergabe ausschließliche unbeschränkte Lizenzen oder einfache oder beschränkte Lizenzen erteilt werden. Bei der Vergabe einer ausschließlichen unbeschränkten Lizenz behält der Arbeitgeber kein eigenes Benutzungsrecht, wird im Allgemeinen auch keine eigenen weiteren Erfahrungen laufend zu übermitteln haben. Hier wird daher der Erfindungswert eher bei 50 % und mehr anzusetzen sein. Bei der Vergabe einer einfachen oder beschränkten Lizenz wird bei gleichzeitiger Benutzung der Erfindung durch den Arbeitgeber, wenn damit die laufende Übermittlung von eigenen Erfahrungen verbunden ist, der Erfindungswert eher an der unteren Grenze liegen.

(16) Wird die Erfindung verkauft, so ist der Erfindungswert ebenfalls durch Verminderung des Bruttoertrages auf den Nettoertrag zu ermitteln. Im Gegensatz zur Lizenzvergabe wird hierbei jedoch in den meisten Fällen nicht damit zu rechnen sein, dass noch zukünftige Aufgaben und Belastungen des Arbeitgebers als Verkäufer zu berücksichtigen sind. Bei der Ermittlung des Nettoertrages sind alle Aufwendungen für die Entwicklung der Erfindung, nachdem sie fertiggestellt worden ist, für ihre Betriebsreifmachung, die Kosten der Schutzrechtserlangung und -übertragung, die mit dem Verkauf zusammenhängenden Aufwendungen (zB Steuern, mit Ausnahme der inländischen reinen Ertragssteuern, Verhandlungskosten) sowie ein entsprechender Anteil an den Gemeinkosten des Arbeitgebers, soweit sie nicht schon in den vorgenannten Kosten enthalten sind, zu berücksichtigen.

Soweit der Kaufpreis nicht auf der Übertragung des Schutzrechts, sondern auf der Übermittlung besonderer Erfahrungen (Know-how) beruht, sind diese Einnahmen bei der Berechnung des Erfindungswertes ebenfalls von dem Bruttoertrag abzuziehen, wenn diese Erfahrungen nicht als technische Verbesserungsvorschläge im Sinne des § 20 Abs. 1 des Gesetzes anzusehen sind. Bei der Beurteilung der Frage, ob und inwieweit der Kaufpreis auf der Übermittlung besonderer Erfahrungen beruht, ist nicht allein auf den Inhalt des Kaufvertrages abzustellen; vielmehr ist das tatsächliche Verhältnis des Wertes des Schutzrechts zu dem der Übermittlung besonderer Erfahrungen zu berücksichtigen.

(17) Wird die Erfindung durch einen Austauschvertrag verwertet, so kann versucht werden, zunächst den Gesamtnutzen des Vertrages für den Arbeitgeber zu ermitteln, um sodann durch Abschätzung der Quote, die

auf die in Anspruch genommene Diensterfindung entfällt, ihren Anteil am Gesamtnutzen zu ermitteln. Ist dies untunlich, so wird der Erfindungswert nach Nummer 13 geschätzt werden müssen.

Soweit Gegenstand des Austauschvertrages nicht die Überlassung von Schutzrechten oder von Benutzungsrechten, sondern die Überlassung besonderer Erfahrungen (Know-how) ist, ist dies bei der Ermittlung des Gesamtnutzens des Vertrages zu berücksichtigen, soweit diese Erfahrungen nicht als technische Verbesserungsvorschläge im Sinne des § 20 Abs. 1 des Gesetzes anzusehen sind. Bei der Beurteilung der Frage, ob und wieweit die Übermittlung besonderer Erfahrungen Gegenstand des Austauschvertrages sind, ist nicht allein auf den Inhalt des Vertrages abzustellen; vielmehr ist das tatsächliche Verhältnis des Wertes der Schutzrechte zu dem der Übermittlung besonderer Erfahrungen zu berücksichtigen.

III. Sperrpatente

(18) Einen besonderen Fall der Verwertung einer Diensterfindung bilden die Sperrpatente. Darunter versteht man im allgemeinen Patente, die nur deshalb angemeldet oder aufrechterhalten werden, um zu verhindern, dass ein Wettbewerber die Erfindung verwertet und dadurch die eigene laufende oder bevorstehende Erzeugung beeinträchtigt. Bei diesen Patenten unterbleibt die Benutzung, weil entweder ein gleichartiges Patent schon im Betrieb benutzt wird oder ohne Bestehen eines Patentes eine der Erfindung entsprechende Erzeugung schon im Betrieb läuft oder das Anlaufen einer solchen Erzeugung bevorsteht. Wenn schon eine Erfindung im Betrieb benutzt wird, die mit Hilfe der zweiten Erfindung umgangen werden kann, und wenn die wirtschaftliche Tragweite beider Erfindungen ungefähr gleich ist, werden nach der Verwertung der ersten Erfindung Anhaltspunkte für den Erfindungswert bezüglich der zweiten gefunden werden können. Die Summe der Werte beider Erfindungen kann jedoch höher sein als der Erfindungswert der ersten Erfindung. Durch Schätzung kann ermittelt werden, welcher Anteil des Umsatzes, der Erzeugung oder des Nutzens bei Anwendung der zweiten Erfindung auf diese entfallen würde. Selbst wenn man hierbei zu einer annähernden Gleichwertigkeit der beiden Erfindungen kommt, ist es angemessen, für die zweite Erfindung weniger als die Hälfte der Summe der Werte beider Erfindungen anzusetzen, weil es als ein besonderer Vorteil benutzter Erfindungen anzusehen ist, wenn sie sich schon in der Praxis bewährt haben und auf dem Markt eingeführt sind. Eine zweite Erfindung, mit der es möglich ist, die Erste zu umgehen, kann für den Schutzumfang der ersten Erfindung eine Schwäche offenbaren, die bei der Feststellung des Erfindungswertes für die erste Erfindung nicht immer berücksichtigt worden ist. Deshalb kann der Anlass für eine Neufestsetzung der Vergütung nach § 12 Abs. 6 des Gesetzes vorliegen.

IV. Schutzrechtskomplexe

(19) Werden bei einem Verfahren oder Erzeugnis mehrere Erfindungen benutzt, so soll, wenn es sich hierbei um einen einheitlich zu wertenden Gesamtkomplex handelt, zunächst der Wert des Gesamtkomplexes, gegebenenfalls einschließlich nicht benutzter Sperrschutzrechte, bestimmt werden. Der so bestimmte Gesamterfindungswert ist auf die einzelnen Erfindungen aufzuteilen. Dabei ist zu berücksichtigen, welchen Einfluss die einzelnen Erfindungen auf die Gesamtgestaltung des mit dem Schutzrechtskomplex belasteten Gegenstandes haben.

V. Nicht verwertete Erfindungen

(20) Nicht verwertete Erfindungen sind Erfindungen, die weder betrieblich benutzt noch als Sperrpatent noch außerbetrieblich durch Vergabe von Lizenzen, Verkauf oder Tausch verwertet werden. Die Frage nach ihrem Wert hängt davon ab, aus welchen Gründen die Verwertung unterbleibt (vgl. Nummer 21–24).

1. Vorrats- und Ausbaupatente

(21) Vorratspatente sind Patente für Erfindungen, die im Zeitpunkt der Erteilung des Patents noch nicht verwertet werden oder noch nicht verwertbar sind, mit deren späterer Verwertung oder Verwertbarkeit aber zu rechnen ist. Von ihrer Verwertung wird zB deshalb abgesehen, weil der Fortschritt der technischen Entwicklung abgewartet werden soll, bis die Verwertung des Patents möglich erscheint. Erfindungen dieser Art werden bis zu ihrer praktischen Verwertung „auf Vorrat“ gehalten. Sie haben wegen der begründeten Erwartung ihrer Verwertbarkeit einen Erfindungswert. Vorratspatente, die lediglich bestehende Patente verbessern, werden als Ausbaupatente bezeichnet.

Der Wert der Vorrats- und Ausbaupatente wird frei geschätzt werden müssen, wobei die Art der voraussichtlichen späteren Verwertung und die Höhe des alsdann voraussichtlich zu erzielenden Nutzens Anhaltspunkte ergeben können. Bei einer späteren Verwertung wird häufig der Anlass für eine Neufestsetzung der Vergütung nach § 12 Abs. 6 des Gesetzes gegeben sein. Ob verwertbare Vorratspatente, die nicht verwertet werden, zu vergüten sind, richtet sich nach Nummer 24.

2. Nicht verwertbare Erfindungen

(22) Erfindungen, die nicht verwertet werden, weil sie wirtschaftlich nicht verwertbar sind und bei denen auch mit ihrer späteren Verwertbarkeit nicht zu rechnen ist, haben keinen Erfindungswert. Aus der Tatsache, dass ein Schutzrecht erteilt worden ist, ergibt sich nichts Gegenteiliges; denn die Prüfung durch das Patentamt bezieht sich zwar auf Neuheit, Fortschrittlichkeit und Erfindungshöhe, nicht aber darauf, ob die Erfindung mit wirtschaftlichem Erfolg verwertet werden kann. Erfindungen, die betrieblich nicht benutzt, nicht als Sperrpatent oder durch Lizenzvergabe, Verkauf oder Tausch verwertet werden können und auch als Vorratspatent keinen Wert haben, sollten dem Erfinder freigegeben werden.

3. Erfindungen, deren Verwertbarkeit noch nicht feststellbar ist

(23) Nicht immer wird sofort festzustellen sein, ob eine Erfindung wirtschaftlich verwertbar ist oder ob mit ihrer späteren Verwertbarkeit zu rechnen ist. Dazu wird es vielmehr in einer Reihe von Fällen einer gewissen Zeit der Prüfung und Erprobung bedürfen. Wenn und solange der Arbeitgeber die Erfindung prüft und erprobt und dabei die wirtschaftliche Verwertbarkeit noch nicht feststeht, ist die Zahlung einer Vergütung in der Regel nicht angemessen. Zwar besteht die Möglichkeit, dass sich eine Verwertbarkeit ergibt. Diese Möglichkeit wird aber dadurch angemessen abgegolten, dass der Arbeitgeber auf seine Kosten die Erfindung überprüft und erprobt und damit seinerseits dem Erfinder die Gelegenheit einräumt, bei günstigem Prüfungsergebnis eine Vergütung zu erhalten.

Die Frist, die dem Betrieb zur Feststellung der wirtschaftlichen Verwertbarkeit billigerweise gewährt werden muss, wird von Fall zu Fall verschieden sein, sollte aber drei bis fünf Jahre nach Patenterteilung nur in besonderen Ausnahmefällen überschreiten. Wird die Erfindung nach Ablauf dieser Frist nicht freigegeben, so wird vielfach eine tatsächliche Vermutung dafür sprechen, dass ihr ein Wert zukommt, sei es auch nur als Vorrats- oder Ausbaupatent.

4. Erfindungen, bei denen die Verwertbarkeit nicht oder nicht voll ausgenutzt wird

(24) Wird die Erfindung ganz oder teilweise nicht verwertet, obwohl sie verwertbar ist, so sind bei der Ermittlung des Erfinderwertes die unausgenutzten Verwertungsmöglichkeiten im Rahmen der bei verständiger Würdigung bestehenden wirtschaftlichen Möglichkeiten zu berücksichtigen.

VI. Besonderheiten

1. Beschränkte Inanspruchnahme

(25) Für die Bewertung des nichtausschließlichen Rechts zur Benutzung der Diensterfindung gilt das für die Bewertung der unbeschränkt in Anspruch genommenen Diensterfindung Gesagte entsprechend. Bei der Ermittlung des Erfindungswertes ist jedoch allein auf die tatsächliche Verwertung durch den Arbeitgeber abzustellen; die unausgenutzte wirtschaftliche Verwertbarkeit (vgl. Nummer 24) ist nicht zu berücksichtigen.

Wird der Erfindungswert mit Hilfe des erfassbaren betrieblichen Nutzens ermittelt, so unterscheidet sich im Übrigen die Ermittlung des Erfindungswertes bei der beschränkten Inanspruchnahme nicht von der bei der unbeschränkten Inanspruchnahme.

Bei der Ermittlung des Erfinderwertes nach der Lizenzanalogie ist nach Möglichkeit von den für nichtausschließliche Lizenzen mit freien Erfindern üblicherweise vereinbarten Sätzen auszugehen. Sind solche Erfahrungssätze für nichtausschließliche Lizenzen nicht bekannt, so kann auch von einer Erfindung ausgegangen werden, für die eine ausschließliche Lizenz erteilt worden ist; dabei ist jedoch zu beachten, dass die in der Praxis für nichtausschließliche Lizenzen gezahlten Lizenzsätze in der Regel, keineswegs aber in allen Fällen, etwas niedriger sind als die für ausschließliche Lizenzen gezahlten Sätze. Hat der Arbeitnehmer Lizenzen vergeben, so können die in diesen Lizenzverträgen vereinbarten Lizenzsätze in geeigneten Fällen als Maßstab für den Erfindungswert herangezogen werden. Hat der Arbeitnehmer kein Schutzrecht erwirkt, so wirkt diese Tatsache nicht mindernd auf die Vergütung, jedoch ist eine Vergütung nicht oder nicht mehr zu zahlen, wenn die Erfindung so weit bekannt geworden ist, dass sie infolge des Fehlens eines Schutzrechts auch von Wettbewerbern berechtigterweise benutzt wird.

2. Absatz im Ausland und ausländische Schutzrechte

(26) Wird das Ausland vom Inlandsbetrieb aus beliefert, so ist bei der Berechnung des Erfindungswertes nach dem erfassbaren betrieblichen Nutzen der Nutzen wie im Inland zu erfassen. Ebenso ist bei der Berechnung des Erfindungswertes nach der Lizenzanalogie der Umsatz oder die Erzeugung auch insoweit zu berücksichtigen, als das Ausland vom Inland aus beliefert wird. Bei zusätzlicher Verwertung im Ausland (zB Erzeugung im Ausland, Lizenzvergaben im Ausland) erhöht sich der Erfindungswert entsprechend, sofern dort ein entsprechendes Schutzrecht besteht.

Auch im Ausland ist eine nicht ausgenutzte Verwertbarkeit oder eine unausgenutzte weitere Verwertbarkeit nach den gleichen Grundsätzen wie im Inland zu behandeln (vgl. Nummer 24). Sofern weder der

Arbeitgeber noch der Arbeitnehmer Schutzrechte im Ausland erworben haben, handelt es sich um schutzrechtsfreies Gebiet, auf dem Wettbewerber tätig werden können, so dass für eine etwaige Benutzung des Erfindungsgegenstandes in dem schutzrechtsfreien Land sowie für den Vertrieb des in dem schutzrechtsfreien Land hergestellten Erzeugnisses im Allgemeinen eine Vergütung nicht verlangt werden kann.

3. Betriebsgeheime Erfindungen

(§ 17)

(27) Betriebsgeheime Erfindungen sind ebenso wie geschützte Erfindungen zu vergüten. Dabei sind nach § 17 Abs. 4 des Gesetzes auch die wirtschaftlichen Nachteile zu berücksichtigen, die sich für den Arbeitnehmer dadurch ergeben, dass auf die Diensterfindung kein Schutzrecht erteilt worden ist. Die Beeinträchtigung kann ua darin liegen, dass der Erfinder nicht als solcher bekannt wird oder dass die Diensterfindung nur in beschränktem Umfang ausgewertet werden kann. Eine Beeinträchtigung kann auch darin liegen, dass die Diensterfindung vorzeitig bekannt und mangels Rechtsschutzes durch andere Wettbewerber ausgewertet wird.

B. Gebrauchsmusterfähige Erfindungen

(28) Bei der Ermittlung des Erfindungswertes für gebrauchsmusterfähige Diensterfindungen können grundsätzlich dieselben Methoden angewandt werden wie bei patentfähigen Diensterfindungen. Wird der Erfindungswert nach dem erfassbaren betrieblichen Nutzen ermittelt, so ist hierbei nach denselben Grundsätzen wie bei patentfähigen Diensterfindungen zu verfahren. Wird dagegen von der Lizenzanalogie ausgegangen, so ist nach Möglichkeit von den für gebrauchsmusterfähige Erfindungen in vergleichbaren Fällen üblichen Lizenzen auszugehen. Sind solche Lizenzsätze für gebrauchsmusterfähige Erfindungen freier Erfinder nicht bekannt, so kann bei der Lizenzanalogie auch von den für vergleichbare patentfähige Erfindungen üblichen Lizenzsätzen ausgegangen werden; dabei ist jedoch folgendes zu beachten: In der Praxis werden vielfach die für Gebrauchsmuster an freie Erfinder üblicherweise gezahlten Lizenzen niedriger sein als die für patentfähige Erfindungen; dies beruht ua auf dem in allgemeinen engeren Schutzumfang sowie auf der kürzeren gesetzlichen Schutzdauer des Gebrauchsmusters. Die ungeklärte Schutzfähigkeit des Gebrauchsmusters kann jedoch bei Diensterfindungen nur dann zuungunsten des Arbeitnehmers berücksichtigt werden, wenn im Einzelfall bestimmte Bedenken gegen die Schutzfähigkeit eine Herabsetzung des Analogielizenzsatzes angemessen erscheinen lassen. Wird in diesem Falle das Gebrauchsmuster nicht angegriffen oder erfolgreich verteidigt, so wird im Allgemeinen der Anlass für eine Neufestsetzung der Vergütung nach § 12 Abs. 6 des Gesetzes vorliegen.

Wird eine patentfähige Erfindung nach § 13 Abs. 1 Satz 2 des Gesetzes als Gebrauchsmuster angemeldet, so ist der Erfindungswert wie bei einer patentfähigen Erfindung zu bemessen, wobei jedoch die kürzere gesetzliche Schutzdauer des Gebrauchsmusters zu berücksichtigen ist.

C. Technische Verbesserungsvorschläge

(§ 20 Abs. 1)

(29) Nach § 20 Abs. 1 des Gesetzes hat der Arbeitnehmer für technische Verbesserungsvorschläge, die dem Arbeitgeber eine ähnliche Vorzugsstellung gewähren wie ein gewerbliches Schutzrecht, gegen den Arbeitgeber einen Anspruch auf angemessene Vergütung, sobald dieser sie verwertet. Eine solche Vorzugsstellung gewähren technische Verbesserungsvorschläge, die von Dritten nicht nachgeahmt werden können (zB Anwendung von Geheimverfahren; Verwendung von Erzeugnissen, die nicht analysiert werden können). Der technische Verbesserungsvorschlag als solcher muss die Vorzugsstellung gewähren; wird er an einem Gerät verwandt, das schon eine solche Vorzugsstellung genießt, so ist der Vorschlag nur insoweit vergütungspflichtig, als er für sich betrachtet, also abgesehen von der schon bestehenden Vorzugsstellung, die Vorzugsstellung gewähren würde. Bei der Ermittlung des Wertes des technischen Verbesserungsvorschlages im Sinne des § 20 Abs. 1 des Gesetzes sind dieselben Methoden anzuwenden wie bei der Ermittlung des Erfindungswertes für schutzfähige Erfindungen. Dabei ist jedoch allein auf die tatsächliche Verwertung durch den Arbeitgeber abzustellen; die unausgenutzte wirtschaftliche Verwertbarkeit (Nummer 24) ist nicht zu berücksichtigen. Sobald die Vorzugsstellung wegfällt, weil die technische Neuerung so weit bekannt geworden ist, dass sie auch von Wettbewerbern berechtigterweise benutzt wird, ist eine Vergütung nicht oder nicht mehr zu zahlen.

Zweiter Teil. Anteilsfaktor

(30) Von dem im Ersten Teil ermittelten Erfindungswert ist mit Rücksicht darauf, dass es sich nicht um eine freie Erfindung handelt, ein entsprechender Abzug zu machen. Der Anteil, der sich für den Arbeitneh-

mer unter Berücksichtigung dieses Abzugs an dem Erfindungswert ergibt, wird in Form eines in Prozenten ausgedrückten Anteilsfaktors ermittelt.

Der Anteilsfaktor wird bestimmt:

a) durch die Stellung der Aufgabe,

b) durch die Lösung der Aufgabe,

c) durch die Aufgaben und die Stellung des Arbeitnehmers im Betrieb.

Die im Folgenden hinter den einzelnen Gruppen der Tabellen a), b) und c) eingefügten Wertzahlen dienen der Berechnung des Anteilsfaktors nach der Tabelle unter Nummer 37. Soweit im Einzelfall eine zwischen den einzelnen Gruppen liegende Bewertung angemessen erscheint, können Zwischenwerte gebildet werden (zB 3,5).

a) Stellung der Aufgabe

(31) Der Anteil des Arbeitnehmers am Zustandekommen der Diensterfindung ist umso größer, je größer seine Initiative bei der Aufgabenstellung und je größer seine Beteiligung bei der Erkenntnis der betrieblichen Mängel und Bedürfnisse ist. Diese Gesichtspunkte können in folgenden 6 Gruppen berücksichtigt werden: Der Arbeitnehmer ist zu der Erfindung veranlasst worden:

1. weil der Betrieb ihm eine Aufgabe unter unmittelbarer Angabe des beschrittenen Lösungsweges gestellt hat (1);
2. weil der Betrieb ihm eine Aufgabe ohne unmittelbare Angabe des beschrittenen Lösungsweges gestellt hat (2);
3. ohne dass der Betrieb ihm eine Aufgabe gestellt hat, jedoch durch die infolge der Betriebszugehörigkeit erlangte Kenntnis von Mängeln und Bedürfnissen, wenn der Erfinder diese Mängel und Bedürfnisse nicht selbst festgestellt hat (3);
4. ohne dass der Betrieb ihm eine Aufgabe gestellt hat, jedoch durch die infolge der Betriebszugehörigkeit erlangte Kenntnis von Mängeln und Bedürfnissen, wenn der Erfinder diese Mängel und Bedürfnisse selbst festgestellt hat (4);
5. weil er sich innerhalb seines Aufgabenbereichs eine Aufgabe gestellt hat (5);
6. weil er sich außerhalb seines Aufgabenbereichs eine Aufgabe gestellt hat (6).

Bei Gruppe 1 macht es keinen Unterschied, ob der Betrieb den Erfinder schon bei der Aufgabenstellung oder erst später auf den beschrittenen Lösungsweg unmittelbar hingewiesen hat, es sei denn, dass der Erfinder von sich aus den Lösungsweg bereits beschritten hatte. Ist bei einer Erfindung, die in Gruppe 3 oder 4 einzuordnen ist, der Erfinder vom Betrieb später auf den beschrittenen Lösungsweg hingewiesen worden, so kann es angemessen sein, die Erfindung niedriger einzuordnen, es sei denn, dass der Erfinder von sich aus den Lösungsweg bereits beschritten hatte. Liegt in Gruppe 3 oder 4 die Aufgabe außerhalb des Aufgabenbereichs des Erfinders, so wird es angemessen sein, die Erfindung höher einzuordnen.

Ferner ist zu berücksichtigen, dass auch in der Aufgabenstellung allein schon eine unmittelbare Angabe des beschrittenen Lösungsweges liegen kann, wenn die Aufgabe sehr eng gestellt ist. Andererseits sind ganz allgemeine Anweisungen (zB auf Erfindungen bedacht zu sein) noch nicht als Stellung der Aufgabe im Sinne dieser Tabelle anzusehen.

b) Lösung der Aufgabe

(32) Bei der Ermittlung der Wertzahlen für die Lösung der Aufgabe sind folgende Gesichtpunkte zu beachten:

1. Die Lösung wird mit Hilfe der dem Erfinder beruflich geläufigen Überlegungen gefunden;
2. sie wird auf Grund betrieblicher Arbeiten oder Kenntnisse gefunden;
3. der Betrieb unterstützt den Erfinder mit technischen Hilfsmitteln.

Liegen bei einer Erfindung alle diese Merkmale vor, so erhält die Erfindung für die Lösung der Aufgabe die Wertzahl 1; liegt keines dieser Merkmale vor, so erhält sie die Wertzahl 6.

Sind bei einer Erfindung die angeführten drei Merkmale teilweise verwirklicht, so kommt ihr für die Lösung der Aufgabe eine zwischen 1 und 6 liegende Wertzahl zu. Bei der Ermittlung der Wertzahl für die Lösung der Aufgabe sind die Verhältnisse des Einzelfalles auch im Hinblick auf die Bedeutung der angeführten drei Merkmale (zB das Ausmaß der Unterstützung mit technischen Hilfsmitteln) zu berücksichtigen.

Beruflich geläufige Überlegungen im Sinne dieser Nummer sind solche, die aus Kenntnissen und Erfahrungen des Arbeitnehmers stammen, die er zur Erfüllung der ihm übertragenen Tätigkeiten haben muss.

Betriebliche Arbeiten oder Kenntnisse im Sinne dieser Nummer sind innerbetriebliche Erkenntnisse, Arbeiten, Anregungen, Erfahrungen, Hinweise usw., die den Erfinder zur Lösung hingeführt oder sie ihm wesentlich erleichtert haben.

Technische Hilfsmittel im Sinne dieser Nummer sind Energien, Rohstoffe und Geräte des Betriebes, deren Bereitstellung wesentlich zum Zustandekommen der Diensterfindung beigetragen hat. Wie technische Hilfsmittel ist auch die Bereitstellung von Arbeitskräften zu werten. Die Arbeitskraft des Erfinders selbst sowie die allgemeinen, ohnehin entstandenen Aufwendungen für Forschung, Laboreinrichtungen und Apparaturen sind nicht als technische Hilfsmittel in diesem Sinne anzusehen.

c) Aufgaben und Stellung des Arbeitsnehmers im Betrieb

(33) Der Anteil des Arbeitnehmers verringert sich umso mehr, je größer der ihm durch seine Stellung ermöglichte Einblick in die Erzeugung und Entwicklung des Betriebes ist und je mehr von ihm angesichts seiner Stellung und des ihm z. Z. der Erfindungsmeldung gezahlten Arbeitsentgelts erwartet werden kann, dass er an der technischen Entwicklung des Betriebes mitarbeitet. Stellung im Betrieb bedeutet nicht die nominelle, sondern die tatsächliche Stellung des Arbeitnehmers, die ihm unter Berücksichtigung der ihm obliegenden Aufgaben und der ihm ermöglichten Einblicke in das Betriebsgeschehen zukommt.

(34) Man kann folgende Gruppen von Arbeitnehmern unterscheiden, wobei die Wertzahl umso höher ist, je geringer die Leistungserwartung ist:

4. Gruppe: Hierzu gehören Arbeitnehmer, die im Wesentlichen ohne Vorbildung für die im Betrieb ausgeübte Tätigkeit sind (zB ungelernte Arbeiter, Hilfsarbeiter, Angelernte, Lehrlinge) (8).

5. Gruppe: Zu dieser Gruppe sind die Arbeitnehmer zu rechnen, die eine handwerklich-technische Ausbildung erhalten haben (zB Facharbeiter, Laboranten, Monteure, einfache Zeichner), auch wenn sie schon mit kleineren Aufsichtspflichten betraut sind (zB Vorarbeiter, Untermeister, Schichtmeister, Kolonnenführer). Von diesen Personen wird im Allgemeinen erwartet, dass sie die ihnen übertragenen Aufgaben mit einem gewissen technischen Verständnis ausführen. Andererseits ist zu berücksichtigen, dass von dieser Berufsgruppe in der Regel die Lösung konstruktiver oder verfahrensmäßiger technischer Aufgaben nicht erwartet wird (7).

6. Gruppe: Hierher gehören die Personen, die als untere betriebliche Führungskräfte eingesetzt werden (zB Meister, Obermeister, Werkmeister) oder eine etwas gründlichere technische Ausbildung erhalten haben (zB Chemotechniker, Techniker). Von diesen Arbeitnehmern wird in der Regel schon erwartet, dass sie Vorschläge zur Rationalisierung innerhalb der ihnen obliegenden Tätigkeit machen und auf einfache technische Neuerungen bedacht sind (6).

7. Gruppe: Zu dieser Gruppe sind die Arbeitnehmer zu rechnen, die eine gehobene technische Ausbildung erhalten haben, sei es auf Universitäten oder technischen Hochschulen, sei es auf höheren technischen Lehranstalten oder in Ingenieur- oder entsprechenden Fachschulen, wenn sie in der Fertigung tätig sind. Von diesen Arbeitnehmern wird ein reges technisches Interesse sowie die Fähigkeit erwartet, gewisse konstruktive oder verfahrensmäßige Aufgaben zu lösen (5).

8. Gruppe: Hierher gehören die in der Fertigung leitend Tätigen (Gruppenleiter, dh Ingenieure und Chemiker, denen andere Ingenieure oder Chemiker unterstellt sind) und die in der Entwicklung tätigen Ingenieure und Chemiker (4).

9. Gruppe: Zu dieser Gruppe sind in der Fertigung der Leiter einer ganzen Fertigungsgruppe (zB technischer Abteilungsleiter und Werksleiter) zu zählen, in der Entwicklung die Gruppenleiter von Konstruktionsbüros und Entwicklungslaboratorien und in der Forschung die Ingenieure und Chemiker (3).

10. Gruppe: Hier sind die Leiter der Entwicklungsabteilungen einzuordnen sowie die Gruppenleiter in der Forschung (2).

1. Gruppe: Zur Spitzengruppe gehören die Leiter der gesamten Forschungsabteilung eines Unternehmens und die technischen Leiter größerer Betriebe (1).

Die vorstehende Tabelle kann nur Anhaltspunkte geben. Die Einstufung in die einzelnen Gruppen muss jeweils im Einzelfall nach Maßgabe der tatsächlichen Verhältnisse unter Berücksichtigung der Ausführungen in Nummer 33, 35 und 36 vorgenommen werden. In kleineren Betrieben sind zB vielfach die Leiter von Forschungsabteilungen nicht in Gruppe 1, sondern – je nach den Umständen des Einzelfalles – in die Gruppen 2, 3 und 4 einzuordnen. Auch die Abstufung nach der Tätigkeit in Fertigung, Entwicklung oder Forschung ist nicht stets berechtigt, weil. zB in manchen Betrieben die in der Entwicklung tätigen Arbeitnehmer Erfindungen näher stehen als die in der Forschung tätigen Arbeitnehmer.

(35) Wenn die Gehaltshöhe gegenüber dem Aufgabengebiet Unterschiede zeigt, kann es berechtigt sein, den Erfinder in eine höhere oder tiefere Gruppe einzustufen, weil Gehaltshöhe und Leistungserwartung miteinander in Verbindung stehen. Dies ist besonders zu berücksichtigen im Verhältnis zwischen jüngeren und älteren Arbeitnehmern der gleichen Gruppe. In der Regel wächst das Gehalt eines Arbeitnehmers mit seinem Alter, wobei weitgehend der Gesichtspunkt maßgebend ist, dass die zunehmende Erfahrung auf Grund langjähriger Tätigkeit eine höhere Leistung erwarten lässt. Hiernach kann also ein höher bezahlter älterer Angestellter einer bestimmten Gruppe eher in die nächstniedrigere einzustufen sein, während ein jüngerer, geringer bezahlter Angestellter der nächsthöheren Gruppe zuzurechnen ist. Es ist weiter zu berücksichtigen, dass zum Teil gerade bei leitenden Angestellten nicht erwartet wird, dass sie sich mit technischen Einzelfragen befassen. Besonders in größeren Firmen stehen leitende Angestellte zum Teil der technischen Entwicklung ferner als Entwicklungs- oder Betriebsingenieure. In solchen Fällen ist daher

gleichfalls eine Berichtigung der Gruppeneinteilung angebracht. Auch die Vorbildung wird in der Regel ein Anhaltspunkt für die Einstufung des Arbeitnehmers sein. Sie ist aber hierauf dann ohne Einfluss, wenn der Arbeitnehmer nicht entsprechend seiner Vorbildung im Betrieb eingesetzt wird. Andererseits ist auch zu berücksichtigen, dass Arbeitnehmer, die sich ohne entsprechende Vorbildung eine größere technische Erfahrung zugeeignet haben und demgemäß im Betrieb eingesetzt und bezahlt werden, in eine entsprechend niedrigere Gruppe (also mit niedrigerer Wertzahl, zB von Gruppe 6 in Gruppe 5) eingestuft werden müssen.

(36) Von Arbeitnehmern, die kaufmännisch tätig sind und keine technische Vorbildung haben, werden im Allgemeinen keine technischen Leistungen erwartet. Etwas anderes kann mitunter für die sogenannten technischen Kaufleute und die höheren kaufmännischen Angestellten (kaufmännische Abteilungsleiter, Verwaltungs- und kaufmännische Direktoren) gelten. Wie diese Personen einzustufen sind, muss von Fall zu Fall entschieden werden.

Tabelle

(37) Für die Berechnung des Anteilsfaktors gilt folgende Tabelle:

a+b+c	=	3	4	5	6	7	8	9	10	11	12	13	14	15	16	17	18	19	(20)
A	=	2	4	7	10	13	15	18	21	25	32	39	47	55	63	72	81	90	(100)

In dieser Tabelle bedeuten:

a = Wertzahlen, die sich aus der Stellung der Aufgabe ergeben,

b = Wertzahlen, die sich aus der Lösung der Aufgabe ergeben,

c = Wertzahlen, die sich aus Aufgaben und Stellung im Betrieb ergeben,

A = Anteilsfaktor (Anteil des Arbeitnehmers am Erfindungswert in Prozenten).

Die Summe, die sich aus den Wertzahlen a, b und c ergibt braucht keine ganze Zahl zu sein. Sind als Wertzahlen Zwischenwerte (zB 3,5) gebildet worden, so ist als Anteilsfaktor eine Zahl zu ermitteln, die entsprechend zwischen den angegebenen Zahlen liegt. Die Zahlen 20 und 100 sind in Klammern gesetzt, weil zumindest in diesem Fall eine freie Erfindung vorliegt.

d) Wegfall der Vergütung

(38) Ist der Anteilsfaktor sehr niedrig, so kann, wenn der Erfindungswert gleichfalls gering ist, die nach den vorstehenden Richtlinien zu ermittelnde Vergütung bis auf einen Anerkennungsbetrag sinken oder ganz wegfallen.

Dritter Teil. Die rechnerische Ermittlung der Vergütung

I. Formel

(39) Die Berechnung der Vergütung aus Erfindungswert und Anteilsfaktor kann in folgender Formel ausgedrückt werden:

$$V = E \cdot A$$

Dabei bedeuten:

V = die zu zahlende Vergütung,
E = den Erfindungswert,
A = den Anteilsfaktor in Prozenten.

Die Ermittlung des Erfindungswertes nach der Lizenzanalogie kann in folgender Formel ausgedrückt werden:

$$E = B \cdot L$$

Dabei bedeuten:

E = den Erfindungswert,
B = die Bezugsgröße,
L = Lizenzsatz in Prozenten.

In dieser Formel kann die Bezugsgröße ein Geldbetrag oder eine Stückzahl sein. Ist die Bezugsgröße ein bestimmter Geldbetrag, so ist der Lizenzsatz ein Prozentsatz (zB 3 % von 100.000,– DM). Ist die Bezugsgröße dagegen eine Stückzahl oder eine Gewichteinheit, so ist der Lizenzsatz ein bestimmter Geldbetrag je Stück oder Gewichtseinheit (zB 0,10 DM je Stück oder Gewichtseinheit des umgesetzten Erzeugnisses).

Insgesamt ergibt sich hiernach für die Ermittlung der Vergütung bei Anwendung der Lizenzanalogie folgende Formel:

$$V = B \cdot L \cdot A$$

Hierbei ist für B jeweils die entsprechende Bezugsgröße (Umsatz, Erzeugung) einzusetzen. Sie kann sich auf die gesamte Laufdauer des Schutzrechts (oder die gesamte sonst nach Nummer 42 in Betracht kommende Zeit) oder auf einen bestimmten periodisch wiederkehrenden Zeitabschnitt (zB 1 Jahr) beziehen; entsprechend ergibt sich aus der Formel die Vergütung für die gesamte Laufdauer (V) oder den bestimmten Zeitabschnitt (bei jährlicher Ermittlung im Folgenden mit Vj bezeichnet). Wird zB die Vergütung unter Anwendung der Lizenzanalogie in Verbindung mit dem Umsatz ermittelt, so lautet die Formel für die Berechnung der Vergütung:

$$V = U \cdot L \cdot A$$

oder bei jährlicher Ermittlung:

$$V_j = U_j \cdot L \cdot A$$

Beispiel: Bei einem Jahresumsatz von 400.000,– DM, einem Lizenzsatz von 3 % und einem Anteilsfaktor von (a + b + c = 8 =) 15 % ergibt sich folgende Rechnung:

$$V_j = 400.000 \cdot \frac{3 \cdot 15}{100 \cdot 100}$$

Die Vergütung für ein Jahr beträgt in diesem Fall 1.800,– DM.

II. Art der Zahlung der Vergütung

(40) Die Vergütung kann in Form einer laufenden Beteiligung bemessen werden. Hängt ihre Höhe von dem Umsatz, der Erzeugung oder dem erfassbaren betrieblichen Nutzen ab, so wird die Vergütung zweckmäßig nachkalkulatorisch errechnet; in diesem Fall empfiehlt sich die jährliche Abrechnung, wobei – soweit dies angemessen erscheint – entsprechende Abschlagszahlungen zu leisten sein werden. Wird die Diensterfindung durch Lizenzvergabe verwertet, so wird die Zahlung der Vergütung im Allgemeinen der Zahlung der Lizenzen anzupassen sein.

Manchmal wird die Zahlung einer einmaligen oder mehrmaligen festen Summe (Gesamtabfindung) als angemessen anzusehen sein. Dies gilt insbesondere für folgende Fälle:

a) Wenn es sich um kleinere Erfindungen handelt, für die eine jährliche Abrechnung wegen des dadurch entstehenden Aufwands nicht angemessen erscheint,
b) wenn die Diensterfindung als Vorrats- oder Ausbaupatent verwertet wird.
c) Ist der Diensterfinder in einer Stellung, in der er auf den Einsatz seiner Erfindung oder die Entwicklung weiterer verwandter Erfindungen im Betrieb einen maßgeblichen Einfluss ausüben kann, so ist zur Vermeidung von Interessengegensätzen ebenfalls zu empfehlen, die Vergütung in Form einmaliger oder mehrmaliger fester Beträge zu zahlen.

In der Praxis findet sich manchmal eine Verbindung beider Zahlungsarten derart, dass der Lizenznehmer eine einmalige Zahlung leistet und der Lizenzgeber im Übrigen laufend an den Erträgen der Erfindung beteiligt wird. Auch eine solche Regelung kann eine angemessene Art der Vergütungsregelung darstellen.

(41) Nur ein geringer Teil der Patente wird in der Praxis für die Gesamtlaufdauer von 18 Jahren aufrechterhalten. Bei patentfähigen Erfindungen hat es sich bei der Gesamtabfindung häufig als berechtigt erwiesen, im Allgemeinen eine durchschnittliche Laufdauer des Patents von einem Drittel der Gesamtlaufdauer, also von 6 Jahren, für die Ermittlung der einmaligen festen Vergütung zugrunde zu legen. Bei einer wesentlichen Änderung der Umstände, die für die Feststellung oder Festsetzung der Vergütung maßgebend waren, können nach § 12 Abs. 6 des Gesetzes Arbeitgeber und Arbeitnehmer voneinander die Einwilligung in eine andere Regelung der Vergütung verlangen.

III. Die für die Berechnung der Vergütung maßgebende Zeit

(42) Die Zeit, die für die Berechnung der Vergütung bei laufender Zahlung maßgebend ist, endet bei der unbeschränkten Inanspruchnahme in der Regel mit dem Wegfall des Schutzrechts. Dasselbe gilt bei der beschränkten Inanspruchnahme, wenn ein Schutzrecht erwirkt ist. Wegen der Dauer der Vergütung bei beschränkter Inanspruchnahme wird im Übrigen auf Nummer 25 verwiesen. In Ausnahmefällen kann der Gesichtspunkt der Angemessenheit der Vergütung auch eine Zahlung über die Laufdauer des Schutzrechts hinaus gerechtfertigt erscheinen lassen. Dies gilt beispielsweise dann, wenn eine Erfindung erst in den letzten Jahren der Laufdauer eines Schutzrechts praktisch ausgewertet worden ist und die durch das Patent während seiner Laufzeit dem Patentinhaber vermittelte Vorzugsstellung auf dem Markt auf Grund besonderer Umstände noch weiter andauert. Solche besonderen Umstände können zB darin liegen, dass die Erfindung ein geschütztes Verfahren betrifft, für dessen Ausübung hohe betriebsinterne Erfahrungen notwendig sind, die nicht ohne weiteres bei Ablauf des Schutzrechts Wettbewerbern zur Verfügung stehen.

(43) Ist das Schutzrecht vernichtbar, so bleibt dennoch der Arbeitgeber bis zur Nichtigkeitserklärung zur Vergütungszahlung verpflichtet, weil bis dahin der Arbeitgeber eine tatsächliche Nutzungsmöglichkeit und günstigere Geschäftsstellung hat, die er ohne die Inanspruchnahme nicht hätte. Die offenbar oder wahrscheinlich gewordene Nichtigkeit ist für den Vergütungsanspruch der tatsächlichen Vernichtung dann gleichzustellen, wenn nach den Umständen das Schutzrecht seine bisherige wirtschaftliche Wirkung so weit verloren hat, dass dem Arbeitgeber die Vergütungszahlung nicht mehr zugemutet werden kann. Dies ist besonders dann der Fall, wenn Wettbewerber, ohne eine Verletzungsklage befürchten zu müssen, nach dem Schutzrecht arbeiten.

Bonn, den 20. Juli 1959.

III a 6–1859/59

Der Bundesminister für Arbeit und Sozialordnung

In Vertretung

Dr. Claussen

Richtlinien für die Vergütung von Arbeitnehmererfindungen im öffentlichen Dienst

vom 1. Dezember 1960

Bundesanzeiger Nr. 237 vom 8. Dezember 1960

Nach Anhörung der Spitzenorganisation der Arbeitgeber, der Arbeitnehmer, der Beamten und der Soldaten ergänze ich auf Grund des § 11 in Verbindung mit den §§ 40, 41 des Gesetzes über Arbeitnehmererfindungen vom 25. Juli 1957 (Bundesgesetzbl. I S. 756) die Richtlinien für die Vergütung von Arbeitnehmererfindungen im privaten Dienst vom 20. Juli 1959 (Beilage zum Bundesanzeiger Nr. 156 vom 18. August 1959) dahin, dass diese Richtlinien auf Arbeitnehmer im öffentlichen Dienst, sowie auf Beamte und Soldaten entsprechend anzuwenden sind.

Bonn, den 1. Dezember 1960.

III a 6–2329/60

Der Bundesminister für Arbeit und Sozialordnung

im Auftrag

Dr. Schelp

12. Feststellung der Erfindervergütung nach dem erfassbaren betrieblichen Nutzen für eine Diensterfindung nach Schutzrechtserteilung

Arbeitgeber und Arbeitnehmer setzen die Vergütung für die in Anspruch genommene Diensterfindung, geschützt durch das Deutsche Patent Nr . . . . ., wie folgt fest:

1. Die Parteien bemessen den Erfindungswert nach den durch die Erfindung erzielten Ersparnissen an . . . . .[1, 2, 3]

2. Diese Ersparnisse betrugen in der Zeit vom Beginn der Benutzung der Diensterfindung bis zum ..... EUR X. Der Erfindungswert beträgt 20 vH dieser Ersparnisse. Der Anteilsfaktor des Diensterfinders beträgt 25 vH, wobei die Parteien die Stellung der Aufgabe mit 4, die Lösung der Aufgabe mit 3 und die Stellung des Erfinders im Betrieb zurzeit der Erfindung mit 4 als Wertzahlen bewerten.
Daraus errechnet sich eine Erfindervergütung von

$$X \cdot \frac{20 \cdot 25}{100 \cdot 100} = \text{EUR} \ldots\ldots$$

Dieser Betrag ist sofort zur Zahlung fällig.
3. Nach derselben Formel wird die Vergütung für die Dauer des Bestehens des Schutzrechtes jeweils am Ende eines jeden Kalenderjahres errechnet und nach Rechnungslegung spätestens bis zum 15.2. an den Erfinder bezahlt.
4. Übersteigen die Ersparnisse in ihrer Summe während der Dauer der Vergütungszahlungen 306.755,12 EUR, so vermindert sich der der Berechnung zugrunde zu legende Erfindungswert bei Ersparnissen bis zu 511.291,87 EUR um 10 vH, bei Ersparnissen zwischen 511.291,88 und 1.022.583,75 EUR um 20 vH, bei Ersparnissen zwischen 1.022.583,76 und 2.045.167,75 EUR um 30 vH, bei Ersparnissen zwischen 2.045.167,76 und 3.067.751,27 EUR um 40 vH, bei Ersparnissen zwischen 3.067.751,28 und 4.090.335,04 EUR um 50 vH, bei Ersparnissen zwischen 4.090.335,05 und 5.112.918,80 EUR um 60 vH, bei Ersparnissen zwischen 5.112.918,81 und 6.135.502,56 EUR um 65 vH, bei Ersparnissen zwischen 6.135.502,57 und 8.180.670,09 EUR um 70 vH, bei Ersparnissen zwischen 8.180.670,10 und 10.225.837,61 EUR um 75 vH und bei Ersparnissen ab 10.225.837,62 EUR um 80 vH.[4]

Schrifttum: *Hoffmann,* Zur Ermittlung des betrieblichen Nutzens von Arbeitnehmererfindungen, GRUR 1974, 445; *Osann,* Vergütung von Arbeitnehmererfindungen unter Ermittlung des Erfindungswerts nach dem erfassbaren betrieblichen Nutzen, GRUR 1964, 113; *Schade,* Zur Ermittlung des Erfindungswerts nach dem betrieblichen Nutzen, GRUR 1968, 114.

Anmerkungen

1. Vergütung nach dem erfassbaren betrieblichen Nutzen. Die allgemeinen Grundsätze zur Feststellung der Erfindervergütung behandelt → Form. II. 11. Neben der Lizenzanalogie sehen die Vergütungsrichtlinien die Ermittlung des Erfindungswertes nach dem erfassbaren betrieblichen Nutzen vor (RL Nr. 12). Diese Methode ist allerdings nachrangig und nur in Ausnahmefällen heranzuziehen (vgl. zum Vorrang der Lizenzanalogie BGH GRUR 2002, 801 (803) – Abgestuftes Getriebe; GRUR 2003, 789 – Abwasserbehandlung). Gemäß RL Nr. 12 Abs. 1 S. 1 ist unter dem *erfassbaren betrieblichen Nutzen* die durch den Einsatz der Erfindung verursachte Differenz zwischen Kosten und Erträgen zu verstehen, die nach betriebswirtschaftlichen Grundsätzen zu ermitteln ist (so Satz 2). Diese Ermittlungsart führt theoretisch zu besonders angemessenen Lösungen, da nach dem Sinn des Gesetzes der Arbeitnehmererfinder entsprechend dem sog. Monopolprinzip nur an dem Nutzen beteiligt werden soll, der auf dem, durch seine Erfindung begründeten, rechtlichen Monopol beruht (vgl. *Bartenbach/Volz,* Arbeitnehmererfindungsgesetz, § 9 Rn. 164). Dieser Nutzen kommt mitunter im Umsatz nur unvollkommen zum Ausdruck, da ein hoher Umsatz nicht immer einen hohen Gewinn bedeuten muss.

Gemäß RL Nr. 5 Abs. 2 S. 1 kommt die Ermittlung des Erfindungswertes nach dem erfassbaren betrieblichen Nutzen vor allem bei Erfindungen in Betracht, mit deren Hilfe

Ersparnisse erzielt werden, sowie bei Verbesserungserfindungen, sofern nicht der mit dem verbesserten Gegenstand erzielte Umsatz als Bewertungsgrundlage dienen kann. Ferner kann die Ermittlung des Erfindungswertes nach dem erfassbaren betrieblichen Nutzen bei Erfindungen angewandt werden, die nur innerbetrieblich verwendete Erzeugnisse, Maschinen, Vorrichtungen oder Verfahren betreffen, bei denen der Umsatz keine genügende Bewertungsgrundlage darstellt. Darüber hinaus kann die Ermittlung des Erfindungswertes nach dem erfassbaren betrieblichen Nutzen in den Fällen zum Zuge kommen, in denen sich der Nutzen aus einer Verbilligung des Ausgangsmaterials, aus einer Senkung der Lohn-, Energie- oder Instandsetzungskosten oder aus einer Erhöhung der Ausbeute errechnen lässt (RL Nr. 5 Abs. 2 S. 3).

RL Nr. 5 stellt aber ausdrücklich klar, dass auch die Methode der Ermittlung des Erfindungswertes nach dem erfassbaren betrieblichen Nutzen keineswegs mathematisch exakt, sondern ebenfalls auf Wertungen und Schätzungen angewiesen ist. Insbesondere sei der Nutzen oft schwer zu ermitteln bzw. die Berechnungen des Nutzens schwer überprüfbar (RL Nr. 5 Abs. 2 S. 2). Zudem sei bei dieser Methode zu berücksichtigen, dass sie für den Arbeitgeber mit einer Pflicht zu einer weitergehenden Darlegung betrieblicher Rechnungsvorgänge verbunden sein kann, als dies bei der Ermittlung des Erfindungswertes nach der Lizenzanalogie der Fall ist (RL Nr. 5 Abs. 2 S. 4).

Auch diese Schwierigkeiten führen dazu, dass die Ermittlung des Erfindungswertes nach dem erfassbaren betrieblichen Nutzen in der Praxis regelmäßig nur dann gewählt wird, wenn die Berechnung des Erfindungswertes nach der Lizenzanalogie, insbesondere bei fehlenden oder nur geringen Umsätzen, unanwendbar ist (vgl. *Bartenbach/Volz,* Arbeitnehmererfindungsgesetz, § 9 Rn. 162).

2. Die Differenz zwischen Kosten und Erträgen. Der erfassbare betriebliche Nutzen ist die durch den Einsatz der Erfindung verursachte und nach betriebswirtschaftlichen Grundsätzen zu ermittelnde Differenz zwischen Kosten und Erträgen.

Die *Kosten* umfassen Menge und Wert aller mit dem Einsatz der Diensterfindung tatsächlich verbrauchten Güter und erbrachten bzw. von Dritten in Anspruch genommenen Dienstleistungen des Unternehmens, wohingegen die *Erträge* den Wert aller durch die Erfindung (kausal) vermittelten wirtschaftlichen Vorteile darstellen (vgl. hierzu *Bartenbach/Volz,* Arbeitnehmererfindervergütung, RL Nr. 12, Rn. 25 ff., Rn. 43 ff.; sowie *Bartenbach/Volz,* Arbeitnehmererfindungsgesetz, § 9 Rn. 163 ff.).

In dem von dem Muster wiedergegebenen Beispielsfall liegt der Nutzen der Erfindung in der Ersparnis, die der Arbeitgeber bei Verwendung der Erfindung erzielt, wobei es sich hierbei um die Differenz der gesamten Ersparnis abzüglich der Kosten handelt. Allerdings muss eine tatsächlich eingetretene und nicht bloß fiktive Ersparnis vorliegen.

Da der Arbeitnehmererfinder nach dem Sinn und Zweck des ArbEG nur an dem durch seine Erfindung vermittelten rechtlichen Monopol angemessen beteiligt werden soll, ist bei der Ermittlung des erfassbaren betrieblichen Nutzens auch der Stand der Technik zu berücksichtigen. Ein rechtliches Monopol vermittelt die Erfindung nämlich nur insoweit, als sie über den Stand der Technik hinausgeht.

Daraus resultiert für die Ermittlung der Ersparnisse Folgendes:

(1) Sofern die im Betrieb angewandte Technik dem allgemeinen Stand der Technik entspricht und die Erfindung des Arbeitnehmers eine darüber hinaus gehende Verbesserung darstellt, kann die gesamte dadurch erzielte Ersparnis (abzgl. der Kosten) im Rahmen der Ermittlung des betrieblichen Nutzens nach RL Nr. 12 zugrunde gelegt werden.

(2) Sofern der Betrieb dagegen mit veralteten Methoden arbeitet, die nicht mehr dem allgemeinen Stand der Technik entsprechen, kann als Ersparnis (bzw. Ertrag) im Rahmen der Ermittlung des erfassbaren betrieblichen Nutzens nur der Betrag berücksichtigt werden, den das Unternehmen auf Grund der Erfindung im Verhältnis zum allgemeinen Stand der Technik einspart (vgl. *Bartenbach/Volz,* Arbeitnehmererfindervergütung, RL Nr. 12,

Rn. 48 mwN). Die Tatsache, dass die Erfindung darüber hinaus auch die im Betrieb bisher angewandte, alte Technik an den allgemeinen Stand der Technik herangeführt hat, kann allerdings einen technischen Verbesserungsvorschlag gemäß § 20 ArbEG darstellen und entsprechend vergütet werden (vgl. *Schade* GRUR 1968, 114 (117)).

(3) Sofern die bisher im Betrieb angewandte Technik über dem allgemeinen Stand der Technik lag, ist bei der Ermittlung des erfassbaren betrieblichen Nutzens nur die Ersparnis (als Ertrag) zu berücksichtigen, die die Arbeitnehmererfindung im Vergleich zu der bisher im Betrieb angewandten Technik vermittelt (hM, etwa *Schade* GRUR 1968, 114 (116)).

3. Die Bereinigung des Erfindungswertes nach RL Nr. 12 Abs. 1 S. 4. Nach RL Nr. 12 Abs. 1 S. 4 stellt der nach betriebswirtschaftlichen Grundsätzen, durch die Differenz zwischen Kosten und Erträgen ermittelte „erfassbare betriebliche Nutzen" den *Erfindungswert* dar. Wörtlich verstanden bedeutete dies, dass ein Unternehmen die gesamte durch die Erfindung erzielte Ersparnis als Wert der Erfindung an einen freien Erfinder abführen müsste. Dies würde letztlich bedeuten, dass der Unternehmer zwar die Risiken des Einsatzes der neuen, durch die Erfindung vermittelten Technik zu tragen hätte, ohne jedoch daraus einen wirtschaftlichen Vorteil ziehen zu können. Aus diesem Grunde wird ein Unternehmen immer nur einen Bruchteil des erzielten Nutzens an einen freien Erfinder zahlen (Schiedsstelle, Einigungsvorschlag vom 19.9.1995, Mitt. 1996, 176 (177) – Patentverkauf). Dementsprechend ist auch im Bereich der Arbeitnehmererfindungen allgemein anerkannt, dass die Differenz zwischen Kosten und Erträgen (der erfassbare betriebliche Nutzen) entgegen RL Nr. 12 Abs. 1 S. 4 nicht den Erfindungswert darstellt (vgl. etwa *Reimer/Schade/Schippel,* ArbEG, § 11/RL Nr. 12, Rn. 7; Schiedsstelle, Einigungsvorschlag vom 29.6.1972, BlPMZ 1973, 58 (59)).

Die Schiedsstelle ist daher in der Praxis dazu übergegangen, anstelle der kalkulatorischen Ansätze nach RL Nr. 12 Abs. 1 S. 3 den erfassbaren betrieblichen Nutzen (im Sinne eines Bruttonutzens vor Steuern) pauschal mit einem sog. „Umrechnungsfaktor" zu multiplizieren, um daraus den Erfindungswert zu ermitteln (vgl. Schiedsstelle, Einigungsvorschlag vom 8.5.1961, BlPMZ 1961, 434; Schiedsstelle, Einigungsvorschlag vom 18.1.1990, BlPMZ 1990, 336; *Reimer/Schade/Schippel,* ArbEG, RL Nr. 12, Rn. 9 ff.; *Bartenbach/Volz,* Arbeitnehmererfindervergütung, RL Nr. 12, Rn. 59 ff.). Da bei der Ermittlung des Bruttonutzens bereits alle konkret ermittelbaren Kosten abgezogen werden, soll durch den Umrechnungsfaktor insbesondere der Wert der kalkulatorischen Kosten, des unternehmerischen Risikos und des kalkulatorischen Unternehmergewinns berücksichtigt werden (vgl. *Reimer/Schade/Schippel,* ArbEG, Rn. 11). Bei patentfähigen Erfindungen liegt der Umrechnungsfaktor in der Praxis der Schiedsstelle, abhängig von den jeweiligen Umständen des Einzelfalls, in der Regel zwischen $^1/_8$ und $^1/_3$ des Bruttonutzens vor Steuern; der durchschnittliche Umrechnungsfaktor bei einem normalen Schutzumfang des Patents und normaler Rechtsbeständigkeit bei 20 % des Bruttonutzens.

4. Abstaffelung bei hohen Ersparnissen. Die in RL Nr. 11 für den Fall besonders hoher Umsätze vorgesehene Abstaffelung der Lizenzsätze wird in der Praxis entsprechend auch bei der Ermittlung des Erfindungswertes aus dem erfassbaren betrieblichen Nutzen angewendet (vgl. Schiedsstelle, Einigungsvorschlag vom 8.5.1961, BlPMZ 1961, 434 (435); *Schade* Mitt. 1969, 291 (295)). Es gelten grundsätzlich die allgemeinen Voraussetzungen für die Abstaffelung der Erfindervergütung (→ Form. II.11 Anm. 3 aE). Als Besonderheit ist allerdings zu beachten, dass die Schiedsstelle im Rahmen der Ermittlung der Erfindervergütung nach dem erfassbaren betrieblichen Nutzen gemäß RL Nr. 12 die in RL Nr. 11 genannten Abstaffelungssätze lediglich in einem Verhältnis von 1 : 5 anwendet. Die Abstaffelung beginnt bei einer Ersparnis in Höhe von 306.775,13 EUR (= 600.000 DM), sie erhöht sich fortlaufend, bis sie bei einem betrieblichen Nutzen von

10.225.837,62 EUR (= 20 Mio. DM) ihren Höchststand erreicht und selbst bei einer höheren Ersparnis nicht weiter ansteigt (vgl. dazu auch *Bartenbach/Volz,* Arbeitnehmererfindungsgesetz, § 9 Rn. 166 ff.).

13. Feststellung der Erfindervergütung für eine in Lizenz gegebene, geschützte Diensterfindung

Herrn . . . . . .

im Hause

Vergütung der Diensterfindung . . . . . .

Wir bestätigen Ihnen gerne die erzielte Einigung über die Vergütung der im Betreff genannten Diensterfindung.

Wir verwerten die Erfindung nur durch die Vergabe einer ausschließlichen, unbeschränkten Lizenz an die Firma . . . . . .[1] Die Bedingungen dieses Vertrages sind Ihnen bekannt.

Wir bezahlen Ihnen als Erfindervergütung, multipliziert mit dem Anteilsfaktor i.H.v. 15 vH. einen Anteil von 20 vH an den bei uns eingehenden Bruttolizenzeinnahmen.

Die bisher angefallenen Beträge werden unter Anrechnung unserer Vorauszahlungen in Höhe von EUR . . . . . . unverzüglich an Sie überwiesen. Die weiteren Zahlungen erfolgen, solange der Lizenzvertrag besteht, jeweils innerhalb eines Monats nach Abrechnung der Lizenzgebühr mit dem Lizenznehmer.

Anmerkungen

1. Beteiligung des Arbeitnehmererfinders an Lizenzeinnahmen. Die Beteiligung des Arbeitnehmererfinders an Lizenzeinnahmen des Arbeitgebers betrifft insbesondere Fälle, in denen die Erfindung nicht betrieblich benutzt wird. Sie ist in den RL Nr. 14 und 15 geregelt.

Wird eine Diensterfindung durch Vergabe einer ausschließlichen und unbeschränkten Lizenz vergeben, so ist der Nutzen der Diensterfindung in der Bruttolizenzeinnahme besonders deutlich sichtbar. Zu beachten ist dabei aber, dass viele Lizenzverträge außer dem Benutzungsrecht an einer geschützten Erfindung auch Know-how vermitteln, das mangels Schutzfähigkeit nicht auf Grund des ArbEG vergütungspflichtig ist, auch wenn es vom Arbeitnehmererfinder stammt, außer es handelt sich um einen qualifizierten technischen Verbesserungsvorschlag. Die Bruttolizenzeinnahme stellt folglich nur die Basis für eine Ermittlung des Erfindungswerts dar (vgl. OLG Frankfurt a.M. GRUR 1985, 436 (437) – Chlorolyse-Verfahren). Anschließend muss die Bruttolizenzeinnahme in das Entgelt für die geschützte Erfindung und das Entgelt für das vermittelte Know-how aufgeteilt werden. RL Nr. 14 sieht dann eine genaue Berechnung für die Reduzierung der Brutto- auf die Nettolizenzeinnahme durch Abzug der Kosten vor. Der Erfindungswert, an dem der Diensterfinder entsprechend seinem Anteilsfaktor zu beteiligen ist, ist die Nettolizenzeinnahme (vgl. RL Nr. 14 Abs. 1 S. 1).

Wie bei der Ermittlung des Erfindungswertes nach dem erfassbaren betrieblichen Nutzen (RL Nr. 12, → Form. II.12 Anm. 3) wird in der Praxis auch hier die Auffassung vertreten, dass einem freien Erfinder nicht der gesamte, von einem Unternehmen aus einem Lizenzvertrag erzielte Nettogewinn zufließt. Zur Errechnung des tatsächlichen

Erfindungswertes multipliziert die Schiedsstelle daher die bereits um Know-how-Anteil, Entwicklungs- und Schutzrechtskosten bereinigte Nettolizenzeinnahme mit einem Umrechnungsfaktor, der in der Regel der Fälle 30 % beträgt. Durch diesen Umrechnungsfaktor sollen die kalkulatorischen Kosten, der kalkulatorische Unternehmergewinn und ein potentielles unternehmerisches Risiko bei der Lizenzvergabe berücksichtigt werden (vgl. dazu *Bartenbach/Volz,* Arbeitnehmererfindungsgesetz, § 9 Rn. 224.1).

Da allerdings oft bereits die Berechnung der abzugsfähigen Unkosten bei Ermittlung der Nettolizenzeinnahmen Schwierigkeiten bereitet, wurde der Erfindungswert in der Praxis häufig der Einfachheit halber entsprechend RL Nr. 15 auf Grund eines pauschalen Abzugs von den Bruttolizenzeinnahmen berechnet und, sofern keine besonderen Umstände für eine abweichende Festsetzung vorlagen, der Erfindungswert in der Praxis der Schiedsstelle regelmäßig mit 20 % der tatsächlichen Bruttolizenzeinnahmen angesetzt (vgl. Schiedsstelle, Einigungsvorschlag vom 8.10.1991, BlPMZ 1993, 406 (408)).

Die neuere Schiedsstellenpraxis geht im Regelfall von RL Nr. 14 aus und greift nur noch in Einzelfällen auf RL Nr. 15 zurück (Schiedsstelle v. 12.12.1995, Mitt. 1997, 91 – Apparatebau; *Bartenbach/Volz,* Arbeitnehmererfindervergütung, RL Nr. 14, Rn. 145 mwN), wobei sich in der Spruchpraxis im Grunde eine Kombination aus beiden Ansätzen durchsetzt.

Eine Abstaffelung entsprechend der RL Nr. 11 findet im Rahmen der Ermittlung des Erfindungswertes bei nicht betrieblich, durch Vergabe von Lizenzen benutzten Erfindungen grundsätzlich nicht statt (vgl. BGH GRUR 1990, 271 (273) – Vinylchlorid). Da nämlich der Erfindungswert gemäß RL Nr. 14 Abs. 1 S. 1 den Nettolizenzeinnahmen entsprechen soll, würde eine Abstaffelung zu einer unangemessenen Schmälerung des Erfindungswerts führen. Die Vereinbarung abgestaffelter Lizenzzahlungen durch den Lizenznehmer kann jedoch den Erfindungswert in zulässiger Weise vermindern (vgl. RL Nr. 14 Abs. 3).

14. Feststellung der Erfindervergütung für eine nicht verwertete Diensterfindung

Herrn . . . . .

im Hause

Die Diensterfindung . . . . .

Wir bestätigen gerne die Vereinbarung, die wir anlässlich unseres Gespräches am . . . . . über die Vergütung der im Betreff genannten Diensterfindung getroffen haben.

Die Erfindung ist unterdessen durch das Deutsche Patent Nr. . . . . . geschützt. Wir verwerten die Erfindung zurzeit nicht.[1] Die Verwertung ist für die nächste Zeit auch nicht in Aussicht genommen. Wir wollen jedoch das Schutzrecht zunächst aufrechterhalten und zahlen Ihnen als Abfindung Ihrer bisher entstandenen Vergütungsansprüche einen einmaligen Betrag in Höhe von EUR . . . . ., den wir Ihnen in diesen Tagen anweisen werden.

Solange wir das Schutzrecht aufrechterhalten, sind wir bereit, Ihnen jährlich jeweils am Ende eines jeden Kalenderjahres eine Erfindervergütung i.H.v. . . . . . zu zahlen, die von einem jährlichen Erfindungswert i.H.v. 640 € ausgeht, der mit einem Anteilsfaktor i.H.v. A multipliziert wird.

Sollten wir das Schutzrecht nicht mehr aufrechterhalten wollen, werden wir Ihnen das fristgerecht mitteilen und Ihnen Gelegenheit geben, das Schutzrecht auf Ihre Kosten zu übernehmen.

Anmerkungen

1. Vergütung für nicht verwertete Diensterfindungen. Als Faktor für die Bemessung der angemessenen Erfindung nennt § 9 Abs. 2 ArbEG die wirtschaftliche Verwertbarkeit der Diensterfindung. Wird eine Diensterfindung weder im Betrieb des Arbeitgebers noch als Sperrpatent (RL Nr. 18) noch durch Lizenzvergabe außerhalb dieses Betriebes verwertet, kann der Erfindungswert bis Null sinken. Die Tatsache, dass der Arbeitgeber die Erfindung nicht freigegeben hat, ein Schutzrecht erworben hat und dieses Schutzrecht aufrecht erhält, spricht aber dafür, dass er der Erfindung trotz der fehlenden Verwertung einen gewissen Wert beimisst (Vorratspatent, Ausbaupatent: RL Nr. 20, 21, 22).

Die Vergütung muss in solchen Fällen in der Regel erst nach Erteilung des Schutzrechts und einer sich daran anschließenden angemessenen vergütungsfreien Prüfungs- und Erprobungsphase gezahlt werden, die nach der Praxis der Schiedsstelle zumindest ein Jahr ab Erteilung bzw. sieben Jahre ab Anmeldung dauern kann (vgl. dazu *Bartenbach/Volz,* Arbeitnehmererfindungsgesetz, § 9 Rn. 212). Die Zahlung erfolgt meistens in Form einer einmaligen Abfindung. Der Erfindungswert von Vorrats- und Ausbaupatenten ist gemäß RL Nr. 21 Abs. 2 S. 1 frei zu schätzen (bei Sperrpatenten Schätzung nach RL Nr. 13). Bei Vorratspatenten geht die Schiedsstelle von einem mittleren Gesamterfindungswert von etwa 3.800,00 EUR aus, der mit dem Anteilsfaktor (→ Form. II.11 Anm. 4) zu multiplizieren ist (vgl. Schiedsstelle, Einigungsvorschlag vom 8.2.1991, GRUR 1991, 753 (755) – Spindeltrieb; sowie im Einzelnen *Johannesson* GRUR 1970, 114 (124 ff.); *Schade* GRUR 1970, 579 (582 ff.); *Kaube* GRUR 1986, 15; *Rosenberger* GRUR 1986, 782; und *Gaul* Mitt. 1984, 144). Im Anschluss an *Kaube* (GRUR 1986, 15) setzt die Schiedsstelle den mittleren Jahreserfindungswert eines Vorratspatents dabei mit 25 % des mittleren Jahreserfindungswerts benutzter Patente (2.560 EUR) an, dh mit 640 EUR. Dieser mittlere Jahreserfindungswert der Vorratspatente sei für die Dauer der durchschnittlichen Laufzeit des Patents, dh ab dem 8. Laufjahr des Patents bzw. der Anmeldung bis einschließlich zum 13. Laufjahr zu zahlen (je nach Sachverhalt nimmt die Schiedsstelle auch eine hiervon abweichende Laufdauer an (siehe Schiedsstelle, Einigungsvorschlag vom 23.6.2015, Arb.Erf. 42/12)).

15. Festsetzung der Erfindervergütung für Miterfinder einer durch Gebrauchsmuster geschützten Diensterfindung

An A, B und C

im Hause

Die Diensterfindung . . . . . .

Wir bedauern sehr, dass wir bei unseren Verhandlungen keine Einigung über die Vergütung der im Betreff genannten Diensterfindung erzielen konnten. Die Erfindung ist unterdessen durch das Deutsche Gebrauchsmuster Nr. . . . . . . geschützt. Wir setzen nunmehr die Vergütung fest:[1]

Die Erfindung wird seit drei Jahren außerbetrieblich über die Vergabe einer ausschließlichen Lizenz genutzt. Der durchschnittliche Jahresumsatz betrug in diesen Jahren EUR X. Wir gehen davon aus, dass dieser durchschnittliche Jahresumsatz auch für die gesamten restlichen fünf Jahre der Schutzdauer des Gebrauchsmusters,[2] unter Berücksichtigung der von uns beabsichtigten, gesetzlichen Schutzrechtsverlängerung, erzielt werden wird. Wir setzen daher die gesamten Bruttolizenzeinnahmen aus der außerbetrieblichen Nutzung der Erfindung mit 8 X EUR an. Bei der Zugrundelegung eines regelmäßigen Umrechnungsfaktors von 20 % für alle möglichen Abzugsfaktoren einschließlich kalkulatorischem Unternehmerlohn kommen wir somit auf einen Erfindungswert von $^{8}/_{5}$ X EUR.

Davon entfallen auf Frau A 50 vH, auf die Herren B und C je 25 vH.[3]

Die Anteilsfaktoren betragen:

- für die Stellung der Aufgabe für jeden von Ihnen die Zahl 2, weil der Betrieb die Aufgabe ohne unmittelbare Angabe des Lösungsweges gestellt hat;[4]
- für die Lösung der Aufgabe für jeden von Ihnen die Zahl 2, weil die Lösung mit Hilfe der den Erfindern beruflich geläufigen Überlegungen unter Einsatz betrieblicher Arbeiten gefunden wurde, aber keine nennenswerten technischen Hilfsmittel des Betriebes verwendet wurden;[5]
- für die Aufgaben und die Stellung des Arbeitnehmers im Betrieb bei Frau A als Gruppenleiterin die Zahl 4, bei den Herren B und C als Werkmeister je die Zahl 6.[6]

Es sind also als Anteilsfaktoren anzusetzen:[7]

- für Frau A 8 = 15 vH,
- für die Herren B und C 10 = 21 vH.

Als Vergütung sind demnach zu zahlen:

- an Frau A EUR $^{8}/_{5}\,X \cdot \dfrac{50 \cdot 15}{100 \cdot 100}$ = EUR . . . . . .
- an Herrn B und Herrn C jeweils EUR $^{8}/_{5}\,X \cdot \dfrac{25 \cdot 21}{100 \cdot 100}$ = EUR . . . . . .[8]

Sie können dieser Festsetzung innerhalb von zwei Monaten nach Zugang dieses Schreibens durch Erklärung in Textform widersprechen,[9] auch mit der Begründung, dass Ihr Anteil an der Diensterfindung unrichtig festgesetzt sei. Widersprechen Sie innerhalb der genannten Frist nicht, wird die Festsetzung für Sie und für uns verbindlich. Wir werden Ihnen dann die genannten Beträge unverzüglich auf Ihre Gehaltskonten anweisen.[10]

Bestätigen Sie bitte den Empfang dieses Briefes auf dem beiliegenden Doppel.[11]

Anmerkungen

1. Die einseitige Festsetzung der Vergütung. Einigen sich Arbeitgeber und Arbeitnehmer nicht in angemessener Frist über die Höhe der Vergütung, so ist der Arbeitgeber verpflichtet, innerhalb der in § 12 Abs. 3 ArbEG vorgeschriebenen Frist die Vergütung durch eine begründete Erklärung in Textform an den Arbeitnehmer festzusetzen. Die Frist beträgt 3 Monate nach Erteilung des Schutzrechts. Bei der Festsetzung hat der Arbeitgeber denselben Gesichtspunkten wie bei der Feststellung der angemessenen Vergütung zu folgen (→ Form. II.11–14). Da eine Festsetzung bzw. Feststellung der Vergütung mangels ausreichender Daten zur Bemessung des Erfindungswerts zu diesem frühen

Zeitpunkt noch nicht möglich war, hatten die Parteien im vorliegenden Fall in zulässiger Weise (vgl. dazu *Bartenbach/Volz,* Arbeitnehmererfindungsgesetz, § 12 Rn. 62 aE) vereinbart, dass der Arbeitgeber die Festsetzung der Vergütung erst drei Jahre nach Aufnahme der Benutzung der Erfindung vornehmen muss, sofern bis dahin keine einvernehmliche Feststellung der Vergütung durch Vereinbarung zwischen Arbeitnehmer und Arbeitgeber erfolgt sein sollte.

2. Gebrauchsmusterschutzfähige Diensterfindung. Gegenstand der Diensterfindung ist hier eine gebrauchsmusterschutzfähige Erfindung. Nach RL Nr. 28 werden bei der Ermittlung der Vergütung für solche Diensterfindungen grundsätzlich dieselben Methoden angewendet wie bei patentfähigen Diensterfindungen. Es ist aber zu beachten, dass für gebrauchsmusterfähige Erfindungen in der Regel niedrigere Lizenzsätze bezahlt werden als für patentfähige Erfindungen. Die Schiedsstelle ging lange davon aus, dass der Erfindungswert von Gebrauchsmustern in der Regel 50 % des Erfindungswerts von patentfähigen Erfindungen beträgt. Aufgrund der gestiegenen Bedeutung von Gebrauchsmustern neigt die Schiedsstelle mittlerweile dazu, den Regelwert an den für patentfähige Erfindungen üblichen Erfindungswertes anzunähern (vgl. *Bartenbach/Volz,* Arbeitnehmererfindungsgesetz, § 9 Rn. 250; *Bartenbach/Volz,* Arbeitnehmererfindervergütung, RL Nr. 28 Rn. 9, 26). Im vorliegenden Fall einer außerbetrieblichen Nutzung der Erfindung durch Lizenzvergabe entspricht der Erfindungswert den (bereinigten) Nettolizenzeinnahmen (RL Nr. 14 Abs. 1 S. 1; zur Berechnung des Erfindungswerts bei außerbetrieblicher Nutzung einer Erfindung durch Lizenzvergabe allgemein → Form. II.13 Anm. 1).

Schließlich ist darauf hinzuweisen, dass die Nutzung der Betriebserfindung als Gebrauchsmuster nach dem gesetzgeberischen Leitbild des ArbEG die Ausnahme darstellen soll. § 13 Abs. 1 S. 2 ArbEG schreibt ausdrücklich vor, dass der Arbeitgeber eine ihm gemeldete, patentfähige Diensterfindung (nach Inanspruchnahme) zur Erteilung eines Patents im Inland anzumelden hat, sofern nicht bei verständiger Würdigung der Verwertbarkeit der Erfindung der Gebrauchsmusterschutz zweckdienlicher erscheint. Die Praxis der Schiedsstelle tendiert allerdings zu einer grundsätzlichen Gleichstellung von Patent- und Gebrauchsmusterschutz, sofern keine konkreten und sicheren Erkenntnisse dafür vorhanden sind, dass die Diensterfindung über die maximale Laufzeit eines Gebrauchsmusters von zehn Jahren hinaus benutzt werden wird (vgl. zum Ganzen *Bartenbach/Volz,* Arbeitnehmererfindungsgesetz, § 13 Rn. 12 ff., 14.1).

3. Mehrere Miterfinder. Besonderheiten gelten auch, wenn an der Diensterfindung mehrere Arbeitnehmer als Miterfinder beteiligt sind (zur Miterfinderschaft → Form. II.1 Anm. 4). Der Erfindungswert wird sachbezogen und deshalb notwendigerweise einheitlich festgestellt oder festgesetzt. Der Anteilsfaktor kann für jeden Erfinder unterschiedlich sein und führt damit zu unterschiedlichen Anteilen des Betriebs am Zustandekommen der Diensterfindung und zu unterschiedlichen Vergütungen für jeden einzelnen Miterfinder. Gemäß § 12 Abs. 2 S. 1 ArbEG ist die Vergütung für jeden einzelnen Miterfinder gesondert festzustellen, der Arbeitgeber schließt also mit jedem Einzelnen einen selbstständigen Vertrag über die Vergütung ab. Er hat dabei jedem die Gesamthöhe der Vergütung und die Anteile der einzelnen Miterfinder bekannt zu geben (§ 12 Abs. 2 S. 2). Aus § 12 Abs. 2 u. 5 ArbEG wird geschlossen, dass auch die einseitige Festsetzung der Vergütung durch den Arbeitgeber jedem der einzelnen Miterfinder gegenüber gesondert zu erfolgen hat (BGH GRUR 1961, 338 (340) – Chlormethylierung; Schiedsstelle, Einigungsvorschlag vom 14.5.1985, BlPMZ 1985, 385). Auch § 12 Abs. 2 S. 2 ArbEG gilt hier entsprechend. Der Arbeitnehmer hat daher auch bei der einseitigen Festsetzung der Erfindervergütung durch den Arbeitgeber einen Anspruch auf Bekanntgabe der Gesamthöhe der Vergütung und der Anteile der einzelnen Miterfinder. Die Bekanntgabe der für jeden einzelnen Erfinder errechneten Geldbeträge kann er allerdings ebenso wenig verlangen wie die Bekanntgabe der Anteilsfaktoren der übrigen Miterfinder (vgl. auch *Bartenbach/Volz,* Arbeitnehmererfindungsgesetz, § 12 Rn. 54 mit 38).

4. Vgl. RL Nr. 31 Ziff. 2.

5. Vgl. RL Nr. 32.

6. Vgl. RL Nr. 34 4. u. 6. Gruppe.

7. Vgl. Tabelle RL Nr. 37.

8. Vgl. Formel RL 39.

9. Widerspruch gegen die einseitige Festsetzung. Die Festsetzung wird für alle Miterfinder erst dann verbindlich, wenn keiner von ihnen fristgerecht mit der Begründung widerspricht, dass sein Anteil an der Diensterfindung unrichtig festgesetzt sei (§ 12 Abs. 5 S. 1 ArbEG). Zum Widerspruch allgemein → Form. II.17.

10. Zahlungspflicht des Arbeitgebers nach Festsetzung der Vergütung. § 12 Abs. 3 S. 1 ArbEG verpflichtet den Arbeitgeber entsprechend der Festsetzung zu zahlen. Auch der Widerspruch des Arbeitnehmers nach § 12 Abs. 4 beeinflusst diese Zahlungspflicht nicht (BGH GRUR 1998, 689 (695) – Copolyester II). Der Arbeitgeber riskiert daher, bei der einseitigen Festsetzung einer Pauschalvergütung im Falle des Widerspruchs des Arbeitnehmererfinders bereits den gesamten Pauschalbetrag zahlen zu müssen, während der Arbeitnehmer seine weitergehenden Forderungen im Rahmen eines Schiedsstellen- bzw. Klageverfahrens klären lassen kann.

Die im Muster vorgesehene, einseitige Festsetzung einer Pauschalvergütung ist daher der Ausnahmefall, wohingegen die Vereinbarung einer Pauschalvergütung im Rahmen der Feststellung der Arbeitnehmererfindervergütung nach § 12 Abs. 1 ArbEG häufig sinnvoll sein kann, um Meinungsverschiedenheiten zu vermeiden und den bestehenden Ungewissheiten über die patentrechtliche und technische Entwicklung der Diensterfindung sowie deren wirtschaftliche Verwendung im Rahmen einer Vereinbarung vorab Rechnung zu tragen (vgl. BGH GRUR 1973, 649 (651 f.) – Absperrventil).

11. Bestätigung des Empfangs. Der Nachweis über den Zugang der in Textform erklärten Vergütungsfestsetzung beim Arbeitnehmer ist insbesondere wichtig, um den Beginn der Widerspruchsfrist nach § 12 Abs. 4 ArbEG bestimmen zu können.

16. Festsetzung der Erfindervergütung für einen Schutzrechtskomplex

An A + B + C

im Hause

Vergütung der Diensterfindung . . . . . .

Nachdem über die Vergütung der verschiedenen Diensterfindungen, die im Zusammenhang mit der Herstellung unseres . . . . . . (Bezeichnung des unter Einsatz der Erfindungen hergestellten Produktes) stehen, zu unserem Bedauern keine Einigung erzielt werden konnte, setzen wir die Vergütung wie folgt fest:

Bei der Herstellung des . . . . . . (Bezeichnung des Produktes) finden Ihre vier, mittlerweile als deutsche Patente . . . . . . geschützte Erfindungen (im Folgenden Erfindungen E_1, E_2, E_3 und E_4) Anwendung.[1]

Die Erfindungen betreffen den . . . . . . (Bezeichnung des Produktes) in seiner Gesamtheit.[2]

Aufgrund der Erfindungsmeldung ist uns bekannt, dass Frau A alleinige Erfinderin der Erfindung E_1 ist, die Herren B und C jeweils zur Hälfte Miterfinder der Erfindung E_2, Herr B alleiniger Erfinder der Erfindung E_3 und Herr C alleiniger Erfinder der Erfindung E4.[5]

Die Erfindervergütung wird im Wege der Lizenzanalogie auf der Grundlage des Nettoverkaufsumsatzes des . . . . . . (Bezeichnung des Produktes) ermittelt.[3]

Wie Ihnen aus den Verhandlungen über eine Vergütungsvereinbarung bekannt ist, betrug der Bruttojahresumsatz mit dem Produkt im letzten Jahr EUR . . . . . . Von diesem Bruttoumsatz wird nach Abzug der Umsatzsteuer für die sonstigen Unkosten eine pauschale Erlösschmälerung abgezogen, die wir im Hinblick auf die Art des Produkts mit 10 % angesetzt haben. Daraus ergibt sich ein Nettojahresumsatz in Höhe von EUR . . . . . .

Sobald der mit dem Gerät insgesamt getätigte Umsatz 1.533.875,64 EUR übersteigt, findet eine Abstaffelung des Umsatzes gemäß RL Nr. 11 der Richtlinien für die Vergütung von Arbeitnehmererfindungen im privaten Dienst vom 20.7.1959 („Vergütungsrichtlinien“) statt.[3]

Der Lizenzsatz beträgt 2 % vom Nettojahresumsatz.[3]

Da die Erfindung E_1 das Grundsatzschutzrecht des Gesamterfindungskomplexes darstellt, haben wir Ihren Anteil am Gesamtkomplex (Komplexanteil) mit 50 % bewertet. Der Komplexanteil der Erfindungen E_2 und E_3 wurde jeweils mit 20 % bewertet und der Komplexanteil der auf diese beiden Erfindungen bezogenen Erfindung E_4 wurde mit 10 % angesetzt.[4]

Die Anteilsfaktoren der einzelnen Erfinder wurden von uns nach den RL Nr. 30–38 der Vergütungsrichtlinien wie folgt bestimmt:[5]

- für die Stellung der Aufgabe für jeden Einzelnen die Zahl 2, weil der Betrieb die Aufgabe ohne unmittelbare Angabe des Lösungswegs gestellt hat;
- für die Lösung der Aufgabe für jeden Einzelnen die Zahl 2, weil die Lösung mit Hilfe der den Erfindern beruflich geläufigen Überlegungen unter Einsatz betrieblicher Arbeiten gefunden wurde, aber keine nennenswerten technischen Hilfsmittel des Betriebs verwendet wurden;
- für die Aufgaben und die Stellung des Arbeitnehmers im Betrieb bei Frau A als Gruppenleiterin die Zahl 4, bei den Herren B und C als Werkmeister je die Zahl 6.

Es sind also als Anteilsfaktoren anzusetzen:

- für Frau A 8 = 15 %,
- für die Herren B und C 10 = 21 %

Als Erfindervergütung für den Schutzrechtskomplex sind demnach zu zahlen:[6]

- an Frau A
  für Erfindung E_1: EUR X (abgestaffelter Nettojahresumsatz) × 2 % (Lizenzsatz L) × 50 % (Anteil der Erfindung am gesamten Schutzrechtskomplex K) × 15 % (Anteilsfaktor A) = Erfindungsvergütung für Erfindung E_1

- an Herrn B
  für Erfindung E_2: EUR X (abgestaffelter Nettojahresumsatz) × 2 % (L) × 20 % (K) × 50 % (Miterfinderanteil M) × 21 % (A) = Erfindungsvergütung für Erfindung E_2
- für Erfindung E_3: EUR X (abgestaffelter Nettojahresumsatz) × 2 % (L) × 20 % (K) × 21 % (A) = Erfindungsvergütung für Erfindung E_3
- an Herrn C
  für Erfindung E_2: EUR X (abgestaffelter Nettojahresumsatz) × 2 % (L) × 20 % (K) × 50 % (M) × 21 % (A) = Erfindungsvergütung für Erfindung E_2
  für Erfindung E_4: EUR X (abgestaffelter Nettojahresumsatz) × 2 % (L) × 10 % (K) × 1 % (A) = Erfindungsvergütung für Erfindung E4.

Die gegenwärtigen und künftigen Nutzungen der Erfindungen werden wir entsprechend dieser Formel jeweils bis zum Ablauf von drei Monaten nach Ende eines jeden Kalenderjahres abrechnen und vergüten.

Sie können dieser Festsetzung innerhalb von zwei Monaten nach Zugang unseres Schreibens durch Erklärung in Textform widersprechen, auch mit der Begründung, dass Ihr Anteil an der Diensterfindung unrichtig festgesetzt sei. Widersprechen Sie innerhalb der genannten Frist nicht, wird die Festsetzung für Sie und für uns verbindlich.[7] Wir werden Ihnen dann die genannten Beträge unverzüglich auf Ihre Gehaltskonten anweisen.

Bestätigen Sie bitte den Empfang unseres Schreibens auf den beiliegenden Doppeln.[8]

Anmerkungen

1. Vergütung für Schutzrechtskomplexe. Die Besonderheit dieses Formulars liegt nicht in der bereits im → Form. II.15 behandelten Festsetzung der Erfindervergütung, sondern darin, dass hier die Vergütung für einen aus vielen Erfindungen zusammengesetzten Schutzrechtskomplex behandelt wird, der bei der Herstellung eines einzelnen Gegenstandes eingesetzt wird. RL Nr. 19 empfiehlt hier, zunächst den Wert des Gesamtkomplexes zu bestimmen und ihn dann auf die einzelnen Erfindungen aufzuteilen. Diese Aufteilung ist allerdings idR dann nicht erforderlich, wenn alle an dem Schutzrechtsgesamtkomplex beteiligten Erfindungen von demselben Alleinerfinder bzw. denselben Miterfindern stammen. In diesen Fällen kann für den gesamten Schutzrechtskomplex unter Beachtung der Höchstbelastbarkeit ein einheitlicher Lizenzsatz gewählt werden (vgl. *Bartenbach/Volz,* Arbeitnehmererfindungsgesetz, § 9 Rn. 128 f.).

Ein Schutzrechtskomplex im Sinne der RL Nr. 19 liegt nicht bereits dann vor, wenn für ein bestimmtes Verfahren oder Erzeugnis mehrere Erfindungen genutzt werden, sondern wenn mehrere Erfindungen für dieselbe technisch-wirtschaftliche Bezugsgröße des Verfahrens oder Erzeugnisses verwendet werden (*Bartenbach/Volz,* Arbeitnehmererfindungsgesetz, § 9 Rn. 128 f.; aA wohl *Reimer/Schade/Schippel,* ArbEG, § 11/RL Nr. 19, Rn. 3 f. Zum Begriff der „technisch-wirtschaftlichen Bezugsgröße" bereits → Form. II.11 Anm. 2). Wichtig ist, dass entgegen der früheren Praxis der Schiedsstelle nur tatsächlich benutzte Erfindungen für die Feststellung eines Schutzrechtskomplexes zu berücksichtigen sind, somit zwar Sperrpatente (RL Nr. 18), nicht jedoch Vorratspatente (RL Nr. 21).

Bei der Festsetzung (oder Feststellung) der Erfindervergütung für einen Schutzrechtskomplex ist folglich zunächst festzustellen, ob die benutzten Erfindungen dieselbe technisch-wirtschaftliche Bezugsgröße betreffen, sofern der Erfindungswert wie im vorliegenden Muster im Wege der Lizenzanalogie ermittelt wird, oder ob mehrere Erfindungen für denselben wirtschaftlichen Nutzen ursächlich sind, sofern der Erfindungswert anhand des erfassbaren betrieblichen Nutzens ermittelt wird (vgl. *Bartenbach/Volz,* Arbeitnehmererfindervergütung, RL Nr. 19, Rn. 32).

2. Anschließend ist der **Anteil der technisch-wirtschaftlichen Bezugsgröße am Wert des Gesamtgegenstands** zu bestimmen. Im vorliegenden Muster wurde davon ausgegangen, dass die technisch-wirtschaftliche Bezugsgröße 100 % am Gesamtprodukt beträgt, dh dass die Erfindungen des Schutzrechtskomplexes den erfindungsgemäßen Gegenstand nicht nur bezüglich eines Teils, sondern in seiner Gesamtheit beeinflussen. Im Einzelfall ist es empfehlenswert, die Bestimmung der technisch-wirtschaftlichen Bezugsgröße und ihres Werts gemessen am Gesamtprodukt konkreter zu erläutern, damit sie den Arbeitnehmererfindern besser nachvollziehbar und der Pflicht zur Begründung der einseitigen Festsetzung der Vergütung gemäß § 12 Abs. 3 S. 1 ArbEG in jedem Fall entsprochen ist (zur Bestimmung der technisch-wirtschaftlichen Bezugsgröße → Form. II.11 Anm. 2). Gemäß einer Entscheidung des LG Düsseldorf ist der Arbeitgeber im Rahmen seiner Auskunftspflicht gehalten, dem Arbeitnehmererfinder Angaben zum Anteil der Erfindung an dem Gesamtprodukt zu machen (LG Düsseldorf Urt. v. 6.3.2012 – 4b 283/10 – Panikschloss).

3. Grundlage für die im vorliegenden Muster gewählte **Festsetzung des Erfindungswertes anhand der Lizenzanalogie** sind die vom Arbeitnehmer mit dem Produkt getätigten Umsätze, wobei sich die Lizenz auf den durch (pauschalierten) Abzug der Kosten ermittelten Nettoumsatz bezieht (→ Form. II.11 Anm. 3). Je nach Art des Produkts geht die Schiedsstelle nach Abzug der Umsatzsteuer von einem weiteren pauschalierten Abzug für die „Erlösschmälerung" aus, der regelmäßig zwischen 5–10 % liegt (vgl. dazu *Bartenbach/Volz,* Arbeitnehmererfindungsgesetz, § 9 Rn. 125).

Bei der Ermittlung der Erfindervergütung für die Benutzung des Schutzrechtskomplexes ist immer nur der Teil des Umsatzes relevant, der die technisch-wirtschaftliche Bezugsgröße der benutzten Erfindungen betrifft, im vorliegenden Fall somit 100 % des Nettoumsatzes.

Die Abstaffelung dieses, auf die Bezugsgröße entfallenden Nettoumsatzes entsprechend der RL Nr. 11 ist dem Erfinder bei der einseitigen Festsetzung der Erfindervergütung durch den Arbeitgeber mitzuteilen (vgl. dazu *Bartenbach/Volz,* Arbeitnehmererfindungsgesetz, § 12 Rn. 52 sowie allgemein zur Abstaffelung → Form. II.11 Anm. 3 aE).

Im Rahmen der Lizenzanalogie muss zur Ermittlung des einheitlichen Erfindungswerts für den gesamten Schutzrechtskomplex nach Feststellung des maßgeblichen Umsatzes der maßgebliche Lizenzsatz gefunden werden. Hierbei sind die Grundsätze der „Höchstbelastbarkeit" zu beachten. So lassen sich die (konkret oder abstrakt zu ermittelnden) Lizenzsätze für die einzelnen Erfindungen nicht einfach addieren, da dies idR zu einer übermäßigen Verteuerung und damit wirtschaftlich nicht vertretbaren Gesamtbelastung des betreffenden Erzeugnisses bzw. Verfahrens führte (vgl. Schiedsstelle, Einigungsvorschlag vom 26.4.1976, BlPMZ 1977, 202 (204); Schiedsstelle, Zwischenbescheid vom 25.7.1988, BlPMZ 1989, 289 (290)). Zur Ermittlung dieser *Höchstlizenzgrenze* ist festzustellen, welche maximale Lizenzbelastung die betroffene technisch-wirtschaftliche Bezugsgröße im Einzelfall bei Berücksichtigung der konkreten wirtschaftlichen Marktsituation des Arbeitgebers insgesamt zulässt, wobei es unerheblich ist, wie viele Schutzrechte das Produkt insgesamt belasten (vgl. dazu Schiedsstelle, Einigungsvorschlag vom 16.6.1983, BlPMZ 1984, 250 (251 f.)). Die Schiedsstelle geht davon aus, dass der Anteil der Lizenzgebühren idR $^1/_8$ – $^1/_3$ (im Durchschnitt 20–25 %) des mit dem Produkt (vor Steuern) erzielten Unternehmergewinns beträgt (hierzu kritisch *Hellebrand* GRUR 2001, 678). Bei einem Unternehmergewinn von 10 % des mit dem Produkt erzielten Nettoumsatzes betrüge die Höchstlizenzgrenze somit 2–2,5 % des Nettoumsatzes (vgl. zum Ganzen *Bartenbach/Volz,* Arbeitnehmererfindungsgesetz, § 9 Rn. 129.1). Im vorliegenden Muster wurde davon ausgegangen, dass die für die Höhe des Lizenzsatzes maßgeblichen Umstände bereits in den gescheiterten Verhandlungen über die einvernehmliche

Feststellung der Arbeitnehmererfindervergütung offenbart worden waren. Andernfalls ist es gerade auch im Hinblick auf die Begründungspflicht gemäß § 12 Abs. 3 S. 1 ArbEG empfehlenswert, dass der Arbeitgeber dem Erfinder spätestens bei Festsetzung der Vergütung konkreter darlegt, warum der gewählte Lizenzsatz angemessen ist.

Der für den Schutzrechtskomplex anfallende Gesamterfindungswert wird dann durch Multiplikation des (abgestaffelten, auf die technisch-wirtschaftliche Bezugsgröße bezogenen) Nettoumsatzes mit dem Lizenzsatz ermittelt (allgemein zur Berechnung des Erfindungswertes nach der Lizenzanalogie, → Form. II.11 Anm. 3).

4. Anteil der Erfindungen am Gesamtkomplex. Der so bestimmte Gesamterfindungswert ist anschließend auf die einzelnen Erfindungen aufzuteilen. Dabei ist zu berücksichtigen, welchen Einfluss die einzelnen Erfindungen auf die Gesamtgestaltung des mit dem Schutzrechtskomplex belasteten Gegenstandes bzw. der betreffenden technisch-wirtschaftlichen Bezugsgröße des Gegenstandes haben (RL Nr. 19 S. 2 und 3). Dazu ist zunächst der Gegenstand von jeder der im Schutzrechtskomplex benutzten Erfindungen zu ermitteln und anschließend nach wirtschaftlichen und technischen Gesichtpunkten der Wert der Erfindungen untereinander und ihr Einfluss auf das erfindungsgemäße Erzeugnis bzw. Verfahren zu messen (vgl. im Einzelnen hierzu *Bartenbach/Volz,* Arbeitnehmererfindervergütung, RL Nr. 19, Rn. 54 ff.). Im Hinblick auf die Begründungspflicht des § 12 Abs. 3 S. 1 ArbEG empfiehlt es sich, auch die Umstände für die Ermittlung dieser Teilerfindungswerte (Komplexanteile) näher zu erläutern.

Werden später im Rahmen des Gesamtkomplexes (dh der technisch-wirtschaftlichen Bezugsgröße des Verfahrens oder des Erzeugnisses) weitere Erfindungen benutzt und ist die Höchstlizenzgrenze bereits erreicht, ist der Schutzrechtskomplex unter Einbeziehung dieser neu hinzutretenden Erfindungen neu zu bewerten (vgl. etwa *Busse/Keukenschrijver,* PatG, ArbEG § 11 Rn. 30). Sofern einzelne der auf den Schutzrechtskomplex bezogenen Erfindungen im Laufe des Vergütungszeitraums wegfallen, wird der auf sie entfallende Anteil am Schutzrechtskomplex vergütungsfrei. Es bleibt weiterhin bei dem ursprünglich ermittelten Gesamterfindungswert und seiner Aufteilung (vgl. Schiedsstelle, Einigungsvorschlag vom 7.11.1961, BlPMZ 1962, 78 (80) sowie *Busse/Keukenschrijver,* PatG, ArbEG § 11 Rn. 30).

5. Anteilsfaktor und Miterfinderanteil. Für die Ermittlung des auf den Erfinder entfallenden Anteils am Erfindungswert (Anteilsfaktor) und der Höhe der Miterfinderanteile gelten die allgemeinen Grundsätze (zum Anteilsfaktor → Form. II.11 Anm. 4 und zur Miterfinderschaft → Form. II.15 Anm. 3).

6. Vergütungsformel. Die jährliche Erfindervergütung für einen Schutzrechtskomplex berechnet sich im Rahmen der Lizenzanalogie nach folgender Formel:

Abgestaffelter Nettojahresumsatz (Uj) x Lizenzsatz (L) x Anteil der Erfindung am gesamten Schutzrechtskomplex (K) x Anteilsfaktor (A) x Miterfinderanteil (M) = jährliche Erfindervergütung (Vj).

7. Widerspruchsrecht. Der Arbeitnehmererfinder kann der Festsetzung der Erfindervergütung gem. § 12 Abs. 4 S. 1 ArbEG innerhalb von 2 Monaten widersprechen (→ Form. II.17).

8. Empfangsbestätigung. Die Bestätigung des Zugangs der in Textform erklärten Vergütungsfestsetzung empfiehlt sich für den Arbeitgeber vor allem, um den Beginn der dem Arbeitnehmer eröffneten Widerspruchsfrist gemäß § 12 Abs. 4 Satz 1 ArbEG belegen zu können.

17. Widerspruch gegen die Festsetzung der Erfindervergütung

An die

Geschäftsleitung

Festsetzung der Vergütung für die Diensterfindung . . . . . .

Sie haben mit Schreiben vom . . . . . ., das mir am . . . . . . zugegangen ist,[5] die Erfindervergütung für die Diensterfindung (Betreff . . . . . .) festgesetzt. Ich bin mit dem Ergebnis der Festsetzung nicht einverstanden. Deshalb widerspreche ich hiermit fristgemäß der Festsetzung der Vergütung.[1–4] Ich begründe meinen Widerspruch wie folgt:

. . . . . .

. . . . . .

. . . . . .

Bitte bestätigen Sie den Empfang meines Schreibens auf beiliegendem Doppel.[5]

Anmerkungen

1. Widerspruch gegen die festgesetzte Erfindervergütung. Haben sich Arbeitgeber und Arbeitnehmer auf eine Feststellung der Vergütung durch Vereinbarung nicht einigen können und hat der Arbeitgeber nach § 12 Abs. 3 ArbEG die Vergütung einseitig festgesetzt, so braucht der Arbeitnehmer diese Festsetzung nicht hinzunehmen, wenn er die Vergütung nicht für angemessen hält. Er kann nach § 12 Abs. 4 ArbEG innerhalb von 2 Monaten nach Zugang der Vergütungsfestsetzung durch Erklärung in Textform widersprechen. Auch diese Frist ist eine Ausschlussfrist (→ Form. II.2 Anm. 1). Widerspricht der Arbeitnehmer innerhalb dieser Frist nicht, so wird die Festsetzung für beide Teile verbindlich. Sie wäre nur dann unwirksam, wenn sie in erheblichem Maße unbillig wäre (§ 23 Abs. 1 S. 2 ArbEG). Eine Korrektur wäre nur noch auf Grund künftiger wesentlicher Veränderungen der Umstände möglich, die für die Festsetzung maßgebend waren (§ 12 Abs. 6 ArbEG, → Form. II.18). Der Arbeitnehmer kann auch schon vor Ablauf der Widerspruchsfrist auf die Einlegung des Widerspruchs verzichten und damit die Verbindlichkeit der festgesetzten Vergütung herbeiführen. Der Verzichtswille des Arbeitnehmererfinders muss allerdings deutlich zum Ausdruck kommen. In der bloßen Entgegennahme der vom Arbeitgeber festgesetzten Vergütung kann idR noch kein Verzicht des Arbeitnehmers auf sein Widerspruchsrecht gesehen werden.

2. Sachbehandlung nach dem Widerspruch. Eine Begründung des Widerspruchs ist nicht vorgeschrieben, aber zweckmäßig, damit der Arbeitgeber erfährt, warum der Arbeitnehmer die festgesetzte Vergütung nicht für angemessen hält. Trotz des Widerspruchs ist der Arbeitgeber verpflichtet, die von ihm festgesetzte Vergütung bis zu einer anderen Einigung oder Entscheidung zu bezahlen. Der Widerspruch hat insoweit keine aufschiebende Wirkung (vgl. BGH GRUR 1998, 689 (695) – Copolyester II. Etwas anderes gilt nur beim Quotenwiderspruch (→ Anm. 4)).

Nach dem Widerspruch ergeben sich mehrere Entwicklungsmöglichkeiten: Die Parteien einigen sich auf die festgesetzte oder auf eine neue Vergütung; der Arbeitgeber bleibt bei seiner Festsetzung, der Arbeitnehmer ruft die Schiedsstelle an und die Parteien einigen sich auf der Grundlage des Einigungsvorschlags oder die Sache wird in einem sich an das

Schiedsverfahren anschließenden gerichtlichen Verfahren durch Urteil entschieden; oder der Arbeitgeber bleibt bei seiner Festsetzung und der Arbeitnehmer verfolgt seine Forderung nicht weiter. Eine erneute einseitige Festsetzung der Vergütung nach eingelegtem Widerspruch kann der Arbeitgeber nur im Einvernehmen mit dem Arbeitnehmer vornehmen, da § 12 Abs. 4 ArbEG keine dem § 12 Abs. 5 S. 2 ArbEG entsprechende Regelung enthält (vgl. Schiedsstelle, Einigungsvorschlag vom 6.2.1984, BlPMZ 1985, 118 (119) sowie mit anderer Begründung BGH GRUR 1994, 898 (901) – Copolyester). In einer erneuten einseitigen Festsetzung nach dem Widerspruch kann allerdings ein Angebot des Arbeitgebers zum Abschluss einer neuen Vergütungsvereinbarung liegen (vgl. *Bartenbach/Volz,* Arbeitnehmererfindungsgesetz, § 12 Rn. 85). Bleibt der Arbeitgeber nach dem Widerspruch bei seiner Festsetzung und verfolgt der Arbeitnehmer seine Forderung nicht weiter, so bleibt ein unbefriedigender Schwebezustand bestehen, den die Parteien möglichst durch Vereinbarung beenden sollten. Da für eine solche Vereinbarung keine Form vorgeschrieben ist, wäre auch eine mündliche und sogar eine durch konkludentes Handeln erzielte „stillschweigende" Einigung möglich, die aber wegen der damit verbundenen Beweisschwierigkeiten von den Parteien nicht bewusst in Kauf genommen werden sollte.

3. Teilwiderspruch. Der Widerspruch des Arbeitnehmers muss sich nicht gegen die gesamte Vergütungsfestsetzung richten, zulässig ist auch ein zB nur auf den Anteilsfaktor oder den Erfindungswert bezogener Teilwiderspruch (vgl. *Reimer/Schade/Schippel,* ArbEG, § 12 Rn. 37; *Bartenbach/Volz,* Arbeitnehmererfindungsgesetz, § 12 Rn. 79). Im Falle des Teilwiderspruchs bleibt der nicht vom Widerspruch betroffene Teil der Vergütungsfestsetzung für beide Teile verbindlich. Allerdings muss aus dem Widerspruch des Arbeitnehmers klar und deutlich hervorgehen, dass lediglich ein Teilwiderspruch beabsichtigt ist (*Volmer/Gaul,* Arbeitnehmererfindungsgesetz, § 12 Rn. 80).

4. Quotenwiderspruch. Sind mehrere Arbeitnehmer an der Diensterfindung beteiligt und widerspricht nur einer von ihnen der Festsetzung mit der Begründung, dass sein Anteil an der Diensterfindung unrichtig festgesetzt sei, wird die Festsetzung für alle Beteiligten nicht verbindlich (§ 12 Abs. 5 S. 1 ArbEG). In diesem Fall ist der Arbeitgeber wegen der ausdrücklichen Regelung in Abs. 5 Satz 2 berechtigt, die Vergütung für alle Beteiligten neu festzusetzen. Eine Zahlungsverpflichtung des Arbeitgebers entsprechend der nicht verbindlich gewordenen Festsetzung besteht nicht (vgl. *Reimer/Schade/Schippel,* ArbEG, § 12 Rn. 35). Im Umkehrschluss lässt sich aus Abs. 5 folgern, dass beim Widerspruch eines Miterfinders mit einer anderen Begründung als der, dass sein Anteil an der Diensterfindung unrichtig festgesetzt sei, die Festsetzung für die anderen nicht widersprechenden Miterfinder nach Ablauf der Frist des Abs. 4 für den Arbeitgeber und die nicht widersprechenden Miterfinder verbindlich wird.

5. Zugang. Der Hinweis auf den Zugang der durch Erklärung in Textform vorgenommenen Festsetzung der Vergütung durch den Arbeitgeber empfiehlt sich, um den Beginn der Widerspruchsfrist zu nennen. Die Bestätigung des Empfangs durch den Arbeitgeber ist ratsam, damit der Arbeitnehmer den Nachweis führen kann, dass sein Widerspruch innerhalb der gesetzlichen 2-Monatsfrist nach § 12 Abs. 4 S. 1 ArbEG erfolgte.

18. Verlangen der Einwilligung in eine andere Regelung der Vergütung nach § 12 Abs. 6 ArbEG

An die

Geschäftsleitung

Vergütung der Diensterfindung .....[1]

Auf der Grundlage der Feststellung meiner Erfindervergütung vom ..... bezahlen Sie mir eine umsatzbezogene Erfindervergütung von 1,4 % seit .....

In der Zwischenzeit haben sich die Umstände, die für diese Feststellung der Vergütung maßgebend waren, wesentlich geändert. Als Begründung führe ich aus: .....[2]

Ich bitte Sie deshalb, in eine neue Regelung meiner Vergütung einzuwilligen und mir hierzu Ihre Vorschläge zu unterbreiten.[3–5]

Anmerkungen

1. Sachverhalt und Grundsätze. Der Anspruch des Arbeitnehmererfinders auf angemessene Vergütung wird vom Grundsatz der Billigkeit beherrscht. Ändern sich die Umstände wesentlich, die für die einvernehmliche Feststellung oder einseitige Festsetzung der Vergütung maßgebend waren, so können Arbeitgeber und Arbeitnehmer die Einwilligung des anderen in eine neue, angemessene Regelung der Vergütung verlangen (§ 12 Abs. 6 ArbEG).

§ 12 Abs. 6 unterscheidet sich von den Fällen des § 23 ArbEG: Ist die Vergütungsregelung von vornherein in erheblichem Maße unbillig, so ist sie nach § 23 ArbEG unwirksam. Sie muss rückwirkend durch eine neue ersetzt werden. Der Anspruch auf Neuregelung nach § 12 Abs. 6 ArbEG ist gegeben, wenn das erhebliche Missverhältnis zwischen Leistung und Gegenleistung erst nachträglich eintritt, zB die anfänglich geringen Umsätze, auf deren Grundlage eine Pauschalabfindung vereinbart worden ist, nachträglich so erheblich steigen, dass auch unter Berücksichtigung der bei der Pauschalabfindung einkalkulierten Spielräume nach oben und unten Leistung und Gegenleistung in keinem angemessenen Verhältnis mehr zueinander stehen (*Seiz* BB 1985, 808).

Den im vorliegenden Formular vom Arbeitnehmer an den Arbeitgeber gerichteten Brief könnte mit umgekehrten Vorzeichen auch der Arbeitgeber an den Arbeitnehmer schreiben, wenn zB der Lizenzsatz auf der Grundlage eines Schutzrechtsumfangs festgelegt worden ist, der sich nachträglich als völlig falsch herausgestellt hat.

Die neue Vereinbarung wirkt grundsätzlich vom Zeitpunkt ihres Abschlusses an. Arbeitgeber und Arbeitnehmer können aber zugunsten des Arbeitnehmers auch Rückwirkung vereinbaren (vgl. in diesem Zusammenhang auch Schiedsstelle, Zwischenbescheid vom 14.12.1970, BlPMZ 1971, 199 (200)), während Vergütungskorrekturen zu Ungunsten des Arbeitnehmers immer nur in die Zukunft wirken. Die Rückzahlung einer bereits geleisteten Vergütung kann nicht verlangt werden (§ 12 Abs. 6 S. 2 ArbEG).

Die Rechtsprechung leitet aus § 12 Abs. 6 S. 2 ArbEG ein generelles Rückforderungsverbot dahingehend ab, dass vom Arbeitgeber bereits geleistete Vergütungszahlungen vom Arbeitnehmer grundsätzlich nicht zurückzuzahlen seien (vgl. *obiter dicta* in BGH GRUR 1963, 135 (138) – Cromegal; BGH GRUR 1987, 900 (902) – Entwässerungsanlage; BGH GRUR 1994, 898 (902) – Copolyester; vgl. zu den anerkannten Ausnahmen *Bartenbach/Volz,* Arbeitnehmererfindungsgesetz, § 12 Rn. 156 ff.).

Innerhalb der Schranken des § 23 ArbEG ist ein klar und eindeutig ausgesprochener Verzicht auf den Anpassungsanspruch nach Erfindungsmeldung möglich (§ 22 S. 2 ArbEG; vgl. *Bartenbach/Volz,* Arbeitnehmererfindungsgesetz, § 12 Rn. 96.1). Ein solcher Verzicht ist jedoch nur dann wirksam, wenn dieser klar formuliert ist und sich jede Partei der Tragweite des Verzichts bewusst ist, was in der Praxis durch Vereinbarung einer Gegenleistung gewährleistet werden kann, die mit Blick auf § 23 ArbEG nicht zu niedrig bemessen sein sollte.

Der Anspruch auf Anpassung der Vergütung gemäß § 12 Abs. 6 S. 1 ArbEG verjährt gemäß der §§ 195, 199 BGB regelmäßig nach Ablauf von drei Jahren ab Ende des Jahres, in dem der Berechtigte Kenntnis der relevanten Umstände erlangte oder hätte erlangen müssen (vgl. *Bartenbach/Volz,* Arbeitnehmererfindungsgesetz, § 12 Rn. 96.2 und allgemein § 9 Rn. 39 ff.).

2. Voraussetzungen des Anpassungsanspruchs. Der Anspruch auf Anpassung der Vergütung gemäß § 12 Abs. 6 S. 1 ArbEG setzt voraus, dass es auf Grund nachträglich eingetretener, unerwarteter Veränderungen der Umstände objektiv zu einem auffallenden Missverhältnis zwischen der ursprünglich vorgesehenen Leistung und Gegenleistung, dh der Überlassung der Erfindungsrechte einerseits und der vereinbarten bzw. festgesetzten Erfindervergütung andererseits, gekommen ist (vgl. dazu BGH GRUR 1973, 649 (651) – Absperrventil; *Busse/Keukenschrijver,* Patentgesetz, ArbEG § 12 Rn. 32). Ein Anpassungsanspruch kommt somit nur dann in Betracht, wenn es dem Arbeitnehmer oder dem Arbeitgeber nicht mehr zugemutet werden kann, an der bisherigen Regelung festzuhalten (vgl. BGH GRUR 1973, 649 – Absperrventil), nicht jedoch, wenn sich die Veränderungen noch im Bereich des üblichen, jedem zumutbaren Risikos bewegen (*Busse/Keukenschrijver,* Patentgesetz, ArbEG § 12 Rn. 33).

Für die Anpassung einer Vergütungsvereinbarung bedeutet dies, dass zunächst festzustellen ist, welche tatsächlichen Umstände und möglichen Entwicklungen die Parteien bei einvernehmlicher Feststellung der Vergütung in Betracht gezogen haben oder, falls die tatsächlichen Umstände nicht zu ermitteln sind, welche Umstände und Entwicklungsmöglichkeiten üblicherweise in der Situation zugrunde gelegt worden wären (vgl. BGH GRUR 1973, 649 (652) – Absperrventil; *Busse/Keukenschrijver,* Patentgesetz, ArbEG § 12 Rn. 32). Der Eintritt dieser, bei Festlegung der Vergütungsregelung bereits in Betracht gezogenen Umstände stellt keine „Änderung“ im Sinne des § 12 Abs. 6 S. 1 ArbEG, dh keine unerwartete nachträgliche Entwicklung dar (vgl. Schiedsstelle, Einigungsvorschlag vom 22.3.1991, Mitt. 1993, 145 (147) – Sicherungsanordnung). Zudem ist der Anpassungsanspruch nur dann gegeben, wenn diese unerwarteten nachträglichen Veränderungen der Umstände objektiv gesehen „wesentlich“ sind, dh den Bereich des üblicherweise zumutbaren Risikos verlassen (vgl. dazu bspw. Schiedsstelle, Einigungsvorschlag vom 20.9.2005 – ArbErf 97/03). Regelmäßig sieht die Schiedsstelle die Wesentlichkeit als erfüllt an, wenn dem Arbeitnehmer die doppelte Vergütung zustünde oder der Arbeitgeber weniger als die Hälfte der Vergütung zahlen müsste (*Bartenbach/Volz,* Arbeitnehmererfindungen, Rn. 228; Schiedsstelle 20.9.2005 – ArbErf 97/03)

3. Beispiele für eine Neuordnung der Vergütung. Ein Anpassungsanspruch nach § 12 Abs. 6 S. 1 ArbEG kann bei wirtschaftlichen und technischen Veränderungen ebenso in Betracht kommen wie bei Gesetzesänderungen (vgl. BGH GRUR 1963, 315 (317) – Pauschalabfindung; BGH GRUR 1973, 649 (652) – Absperrventil einerseits sowie *Bartenbach/Volz,* Arbeitnehmererfindungsgesetz, § 12 Rn. 141, andererseits). Die Schiedsstelle hat beispielsweise bei einer Pauschalabfindung eine Erhöhung des jährlichen Mengenumsatzes um mehr als die Hälfte bzw. die durch die Wiedervereinigung veranlasste Umsatzsteigerung um das 4-fache als wesentliche Änderungen im Sinne des § 12 Abs. 6 S. 1 angesehen (vgl. *Reimer/Schade/Schippel,* ArbEG, § 12 Rn. 50). Darüber hinaus können auch Änderungen der Schutzrechtslage das Anpassungsbegehren begründen, so etwa Beschränkungen des

Schutzrechts im Erteilungsverfahren (BGH GRUR 1976, 91 (93) – Softeis; Schiedsstelle, Einigungsvorschlag vom 22.3.1991, Mitt. 1993, 145 (146 f.)) oder im Rahmen des Nichtigkeits- oder Löschungsverfahrens (vgl. *Reimer/Schade/Schippel,* ArbEG, § 12 Rn. 52).

Das Ausscheiden des Arbeitnehmers kann dagegen regelmäßig keine relevante Veränderung der Umstände begründen, da die Rechte und Pflichten aus dem Arbeitnehmererfindergesetz durch die Auflösung des Arbeitsverhältnisses gemäß § 26 ArbEG nicht berührt werden. Anders kann es sich beispielsweise verhalten, wenn die Vergütung an das Gehalt gekoppelt war und die Parteien bei Festlegung der Vergütung von einem wesentlich länger andauernden Arbeitsverhältnis ausgegangen waren (vgl. BGH GRUR 1973, 649 (652) – Absperrventil).

Im Zusammenhang mit *Pauschalabfindungen* ist der Anwendungsbereich für Anpassungsansprüche gemäß § 12 Abs. 6 S. 1 ArbEG eher eingeschränkt, da die Parteien bei Pauschalabfindungen regelmäßig ein höheres Maß an Ungewissheit und somit an künftigen Veränderungen in Kauf nehmen. Umsatzerhöhungen, die sich im Rahmen einer normalen Geschäftsausweitung bewegen, sind daher von der Pauschalabfindung grundsätzlich abgegolten (vgl. BGH GRUR 1963, 315 (317) – Pauschalabfindung). Werden Schutzrechte allerdings erheblich länger (im konkreten Fall doppelt so lang, wie von den Parteien ursprünglich angenommen) genutzt oder steigen die Umsätze in einer ursprünglich nicht voraussehbaren Weise außerordentlich an, kann dies zu einem Anpassungsanspruch führen (vgl. Schiedsstelle, Einigungsvorschlag vom 10.1.1983, BlPMZ 1983, 188 (190); Schiedsstelle, Einigungsvorschlag vom 9.11.1970, BlPMZ 1971, 170 (171)).

Zu betonen ist, dass es entscheidend darauf ankommt, die konkreten Umstände des Einzelfalls zum Zeitpunkt der Festlegung der Vergütung und zum Zeitpunkt des Änderungsverlangens genau zu analysieren und zu vergleichen, um erkennen zu können, ob wesentliche Veränderungen im Sinne des § 12 Abs. 6 S. 1 ArbEG eingetreten sind, die das Änderungsverlangen begründen können.

4. Neuregelung durch Vereinbarung. Die Neuregelung kann nur im Wege einer Vereinbarung erfolgen; § 12 Abs. 6 S. 3 schließt ausdrücklich die Anwendung der Abs. 1–5 aus, also insbesondere die einseitige Festsetzung der neuen Vergütung nach Abs. 3.

5. Hilfsanspruch. Als Hilfsanspruch braucht der Arbeitnehmer, um die andauernde Angemessenheit seiner Vergütung prüfen zu können, Rechnungslegungs- und Auskunftsansprüche gegen den Arbeitgeber, die dieser nach §§ 242, 259 BGB zu gewähren hat (BGH GRUR 1994, 898 (899 f.) – Copolyester; allgemein → Form. II.11 Anm. 3).

19. Anzeige eines Hochschulbeschäftigten über die beabsichtigte Offenbarung einer Diensterfindung

An

. . . . . .

(Dienstherr)[1]

Sehr geehrte Damen und Herren,

Ich beabsichtige, die Ihnen mit Schreiben vom . . . . . . gemeldete Diensterfindung (Betreff: . . . . . .) im Rahmen meiner Lehr- und Forschungstätigkeit wie folgt zu offenbaren:[2]

. . . . . .

Ich darf Sie daher bitten, die Ihnen gemäß § 13 ArbEG obliegende Schutzrechtsanmeldung bis dahin soweit voranzutreiben, dass auf Grund der beabsichtigten Offenbarung keine Rechtsverluste eintreten.

Bestätigen Sie mir bitte den Empfang meines Schreibens auf dem beiliegenden Doppel.[3]

Schrifttum: *Bartenbach/Hellebrand,* Zur Abschaffung des Hochschullehrerprivilegs (§ 42 ArbEG) – Auswirkungen auf den Abschluss von Forschungsaufträgen, Mitt. 2002, 165; *Bartenbach/Volz,* Arbeitnehmererfindungsgesetz, § 42; *dies.*, Erfindungen an Hochschulen, GRUR 2002, 743; *Bergmann*, Erfindungen von Hochschulbeschäftigten nach der Reform von § 42 ArbNErfG (Diss. Freiburg 2005); Fleuchaus/*Braitmayer,* Hochschullehrerprivileg ade?, GRUR 2002, 653; *Kraßer,* Die neuen Vorschriften über Hochschulerfindungen, http://www.forschung-und-lehre.de/archiv/08–02/hochschulerfindungen.pdf; *Post/Kuschka,* Verwertungspflichten der Hochschulen nach Abschaffung des Hochschullehrerprivilegs, GRUR 2003, 494.

Anmerkungen

1. Abschaffung des „Hochschullehrerprivilegs" gem. § 42 ArbEG aF. Das „Hochschullehrerprivileg" des § 42 ArbEG in der Fassung des Gesetzes vom 16.7.1998 (BGBl. I 1827) wurde durch das am 7.2.2002 in Kraft getretene Gesetz zur Änderung des ArbEG vom 18.1.2002 (BGBl. 2002 I S. 414) abgeschafft. Ziel der Gesetzesnovelle war es insbesondere, die Anreize für innovative Tätigkeiten im Hochschulbereich zu steigern, den Wissens- und Technologietransfer an den Hochschulen zu fördern und die Rahmenbedingungen für den Aufbau und die Sicherung eines Hochschul-Patentwesens zu schaffen (vgl. dazu Weyand/Haase GRUR 2007, 28).

Im Anschluss an die Gesetzesnovelle gelten für die Erfindungen der an einer Hochschule Beschäftigten grundsätzlich die allgemeinen Vorschriften des ArbEG. § 42 ArbEG sieht lediglich bestimmte punktuelle Ausnahmen vor. § 43 Abs. 1 S. 2 ArbEG statuiert eine Übergangsvorschrift für die vor dem 18.7.2001 eingegangenen vertraglichen Verpflichtungen von Hochschulwissenschaftlern zur Übertragung der Rechte an ihren Erfindungen gegenüber einem Dritten.

Auch bei Erfindungen von Hochschulbeschäftigten ist somit nunmehr zwischen Diensterfindungen und freien Erfindungen zu unterscheiden (§ 4 ArbEG). Es besteht – mit Ausnahme von § 42 Nr. 2 ArbEG – eine Meldepflicht für Diensterfindungen und die Möglichkeit der Inanspruchnahme durch den Dienstherrn (§§ 5 ff. ArbEG). Die während der Dauer des Dienstverhältnisses gemachten freien Erfindungen sind dem Dienstherrn gemäß § 18 ArbEG mitzuteilen. Zudem besteht für diese freien Erfindungen die Anbietungspflicht gemäß § 19 ArbEG. Darüber hinaus können auf die Erfindungen von Hochschulbeschäftigten die §§ 40 und 41 ArbEG zur Anwendung kommen.

Bei Hochschulwissenschaftlern kann die Abgrenzung zwischen Diensterfindung und freier Erfindung im Hinblick auf die grundrechtlich verankerte Forschungs- und Lehrfreiheit Schwierigkeiten bereiten. Da Hochschulwissenschaftler ihre Aufgaben weitgehend selbstständig wahrnehmen, wird eine Aufgabenerfindung im Sinne des § 4 Abs. 2 Nr. 1 ArbEG nur ausnahmsweise vorliegen (anders die wohl herrschende Meinung, vgl. zum Ganzen *Bartenbach/Volz,* Arbeitnehmererfindungsgesetz, § 42 nF Rn. 37 mwN). Von einer Diensterfindung kann beispielsweise dann ausgegangen werden, wenn der Hochschulwissenschaftler einen drittmittelfinanzierten Forschungsauftrag übernimmt, nicht jedoch dann, wenn er im Rahmen seiner wissenschaftlichen Nebentätigkeit außerhalb seiner Dienstaufgaben tätig wird (vgl. zum Ganzen *Bartenbach/Volz,* Arbeitnehmererfindungsgesetz, § 42 nF Rn. 41 mwN).

2. Ausnahmen des § 42 ArbEG. § 42 ArbEG sieht für die an einer Hochschule Beschäftigten bestimmte Ausnahmen von den allgemeinen Regeln des ArbEG vor, die sich zum einen auf die Publikationsfreiheit beziehen (Nr. 1 und Nr. 2) und zum anderen auf die Lehr- und Forschungsfreiheit (Nr. 3). Darüber hinaus wird die Vergütung bei Verwertung der Erfindung durch den Dienstherrn pauschal auf 30 % der durch die Verwertung erzielten Einnahmen festgesetzt (Nr. 4) und § 40 Nr. 1 ArbEG (angemessene Beteiligung des Dienstherrn anstelle der Inanspruchnahme) für nicht anwendbar erklärt (Nr. 5).

§ 42 Nr. 1 ArbEG gibt einem Hochschulwissenschaftler die Möglichkeit, seine Diensterfindung nach vorheriger Anzeige gegenüber dem Dienstherrn im Rahmen seiner Lehr- und Forschungstätigkeit zu offenbaren. § 42 Nr. 1 S. 2 ArbEG macht klar, dass es sich hierbei um eine Ausnahme zur Geheimhaltungspflicht des Arbeitnehmererfinders gemäß § 24 Abs. 2 ArbEG handelt.

Das Recht zur Offenbarung der Diensterfindung gemäß **§ 42 Nr. 1 ArbEG** steht dem Arbeitnehmererfinder unter folgenden Voraussetzungen zu: (1.) Durch den Verweis auf die „Lehr- und Forschungstätigkeit" wird klargestellt, dass nicht alle Hochschulbeschäftigten in den Genuss des Privilegs des § 42 Nr. 1 ArbEG kommen, sondern nur solche Personen, die das Grundrecht des Art. 5 Abs. 3 GG für sich in Anspruch nehmen können, somit insbesondere Professoren und wissenschaftliche Mitarbeiter, nicht dagegen bloße wissenschaftliche Hilfskräfte oder das technische Personal bzw. das Verwaltungspersonal (vgl. im Einzelnen *Bartenbach/Volz,* Arbeitnehmererfindungsgesetz, § 42 nF, Rn. 23, 71). (2.) Darüber hinaus muss es sich bei der zu offenbarenden Erfindung um eine Diensterfindung im Sinne des § 4 ArbEG handeln. (3.) Des Weiteren kommt nur eine beabsichtigte Offenbarung im Rahmen der Lehr- und Forschungstätigkeit in den Genuss des Privilegs des § 42 Nr. 1 ArbEG, wobei allerdings die Lehr- und Forschungstätigkeit im Lichte der grundrechtlich geschützten Publikationsfreiheit weit auszulegen ist. Privilegiert sind allerdings nur nicht-kommerzielle Benutzungen im wissenschaftlichen Bereich (vgl. *Bartenbach/Volz,* Arbeitnehmererfindungsgesetz, § 42 nF, Rn. 77). (4.) Zudem muss der Erfinder seinem Dienstherrn die beabsichtigte Offenbarung rechtzeitig im Voraus anzeigen. Das Gesetz geht davon aus, dass eine Frist von zwei Monaten zwischen Zugang der Anzeige beim Dienstherrn und dem Zeitpunkt der Offenbarung regelmäßig ausreichend ist für die Rechtzeitigkeit der Anzeige. (5.) Um dem Dienstherrn die Möglichkeit zu geben, nachzuvollziehen, ob die Offenbarung im Rahmen der Lehr- und Forschungstätigkeit erfolgt, erscheint es angebracht, dem Dienstherrn die Umstände der Offenbarung kurz mitzuteilen. (6.) Schließlich setzt die Möglichkeit zur Offenbarung gemäß § 42 Nr. 1 ArbEG voraus, dass die Diensterfindung dem Dienstherrn zuvor ordnungsgemäß nach § 5 ArbEG gemeldet worden war. Nur dann nämlich kann eine zwei Monate vorab erfolgte Anzeige an den Dienstherrn so „rechtzeitig" sein, dass der Dienstherr die Möglichkeit hat, vor der Offenbarung eine Schutzrechtsanmeldung im Inland bzw. eine prioritätswahrende Auslandsanmeldung gemäß § 14 ArbEG durchzuführen.

Ob er seine Erfindung überhaupt offenbart, steht dem Hochschulwissenschaftler hingegen offen. In Ausdruck der negativen Publikationsfreiheit ist der Hochschulwissenschaftler gemäß **§ 42 Nr. 2 ArbEG** von der den Arbeitnehmer nach § 5 ArbEG treffenden Pflicht, die von ihm getätigten Diensterfindungen dem Arbeitnehmer unverzüglich zu melden, befreit, wenn und solange er die Diensterfindung wegen seiner Forschungs- und Lehrtätigkeit nicht zu offenbaren gedenkt. Als Gründe für die Geheimhaltung werden sowohl wissenschaftliche als auch rein persönliche Gründe anerkannt; eine Überprüfung dieser Gründe ist der Hochschule verwehrt (Amtl. Begründung, BT-Drs. 14/5975, 7; *Bergmann* S. 110). Will der Erfinder die Erfindung entgegen seiner ursprünglichen Absicht zu einem späteren Zeitpunkt offenbaren, lebt die Meldepflicht nach § 5 ArbEG wieder auf (*Bartenbach/Volz,* Arbeitnehmererfindungsgesetz, § 42 nF Rn. 125).

Der BGH hat entschieden, dass zu den Einnahmen im Sinne von **§ 42 Nr. 4 ArbEG** nicht nur Geldzahlungen gehören, die dem Dienstherrn auf Grund der Verwertung der Erfindung zufließen, sondern auch alle sonstigen geldwerten Vorteile, die der Dienstherr in Folge der Verwertung erlangt. Ein solcher Vorteil fließe dem Dienstherrn auch dann zu, wenn es ein Lizenznehmer auf eigene Kosten übernimmt, zu Gunsten des Dienstherrn ein Schutzrecht zu begründen, aufrechtzuerhalten oder zu verteidigen. Zur Bewertung dieses Vermögensvorteils könne in der Regel auf die Kosten abgestellt werden, die dem Lizenznehmer für die Anmeldung, Erteilung, Aufrechterhaltung oder Verteidigung des Schutzrechts entstanden sind (vgl. BGH GRUR 2013, 498 – Genveränderungen).

3. Bestätigung des Zugangs. Da der Hochschulwissenschaftler die Darlegungs- und Beweislast für den Zugang der Anzeige beim Dienstherrn hat, empfiehlt sich aus Beweiszwecken nicht nur eine schriftliche Anzeige, sondern auch die im Muster vorgesehene Bestätigung des Zugangs durch den Dienstherrn.

III. Patentlizenz- und Know-how-Vertragsrecht

0. Vorbemerkung

Bei einem Lizenzvertrag handelt es sich um einen sog. „gemischten Vertrag“, der keinem gesetzlich normierten Vertragstyp entspricht, sondern Befugnisse und Verpflichtungen aus verschiedenen Vertragsarten kombiniert. Grundsätzlich sind für die einzelnen Leistungen des Lizenzvertrags diejenigen Rechtsnormen heranzuziehen, die für die jeweilige Vertragsart maßgebend sind.

Hauptinhalt des Lizenzvertrages ist eine von der Lizenzgeberin eingeräumte Nutzungsbefugnis an einem Recht gegen eine Gegenleistung. Lizenzierte Rechte können nicht nur Patente sein, sondern beispielsweise auch Patentanmeldungen und die Rechte aus der Erfindung (§ 15 Abs. 2 PatG) sowie Rechte an Know-how oder Marken, etc.

Man unterscheidet zwischen einfacher, ausschließlicher und alleiniger Lizenz. Bei der *einfachen Lizenz* kann die Lizenzgeberin die lizenzierten Rechte grundsätzlich selbst benutzen auch noch an weitere Lizenznehmer lizenzieren. Bei der *ausschließlichen Lizenz* ist die Lizenznehmerin, auch unter Ausschluss der Lizenzgeberin, die Einzige, die die lizenzierten Rechte nutzen darf. Behält sich die Lizenzgeberin ein eigenes Nutzungsrecht neben der ansonsten ausschließlich befugten Lizenznehmerin vor, so spricht man von einer *alleinigen Lizenz.*

Der Lizenzvertrag wird durch Angebot und Annahme geschlossen. Die Vertragsparteien können den Inhalt des Lizenzvertrags grundsätzlich frei festlegen. Außer den zwingenden Regeln des Schuldrechts bilden die Vorschriften des (deutschen und europäischen) Kartellrechts eine wichtige Schranke, die zur Nichtigkeit einer Vertragsbestimmung oder gar des gesamten Lizenzvertrags führen kann.

Soweit die Lizenznehmerin gegen vertragliche Abreden verstößt, ist zwischen der Verletzung von „patentrechtlich wirkenden Beschränkungen“ und der Verletzung sonstiger Vertragsabreden zu unterscheiden. Die Verletzung von patentrechtlich wirkenden Beschränkungen des Lizenzvertrags (etwa der Lizenzdauer, des Lizenzgebiets, der Benutzungsform) stellt (auch) eine Patentverletzung dar (§§ 139 ff. PatG) und führt insbesondere auch nicht dazu, dass die Rechte des Lizenzgebers gegenüber Dritten erschöpft sind. Dagegen führt die Verletzung sonstiger Vertragsabreden (etwa der Aufzeichnungspflichten, Qualitätsstandards, Bezugsverpflichtungen, Wettbewerbsverbote) lediglich zu einer Vertragsverletzung und nicht dazu, dass die Lizenznehmerin das lizenzierte Patent gem. § 15 Abs. 2 S. 2 PatG verletzt (vgl. Busse/Hacker PatG § 15 Rn. 69, Benkard/*Ullmann*/*Deichfuß* PatG § 15 Rn. 73 f.).

1. Lizenzvertrag[1]

Zwischen der
Alpha GmbH
Deichtwiete 12
20205 Hamburg

– „Lizenzgeberin“ –[2]

und der

Beta AG
Bergblick 7
80802 München

– „Lizenznehmerin" –

1. Präambel[3]

1.1 Die Lizenzgeberin hat ein Verfahren zur Herstellung von CDs entwickelt („CD-Herstellungsverfahren") sowie eine Maschine, die unter Anwendung dieses Verfahrens CDs herstellen kann („CD-Herstellungsmaschine").

Die Lizenzgeberin hat für das CD-Herstellungsverfahren und die CD-Herstellungsmaschine die in Ziffer 2 genannten Schutzrechte inne bzw. angemeldet.

1.2 Die Lizenznehmerin beabsichtigt, unter Anwendung des CD-Herstellungsverfahrens CDs herzustellen, anzubieten und auf den Markt zu bringen. Darüber hinaus beabsichtigt die Lizenznehmerin, zur Anwendung des CD-Herstellungsverfahrens die CD-Herstellungsmaschinen zu bauen.

1.3 Vor diesem Hintergrund vereinbaren die Parteien folgendes:

2. Vertragsschutzrechte[4]

Die Lizenzgeberin ist alleinige Inhaberin der nachstehend genannten [alternativ: der in der Anlage 1 aufgeführten] Patente und Patentanmeldungen („Vertragsschutzrechte"):

(1) Schutzrechtsfamilie (betreffend das CD-Herstellungsverfahren)[5]

Deutsches Patent Nr. . . . . . .

Europäische Patentanmeldung Nr. . . . . . .

US-Patent Nr. . . . . . .

(2) Schutzrechtsfamilie (betreffend die CD-Herstellungsmaschine)

Deutsches Patent Nr. . . . . . .

Europäisches Patent Nr. . . . . . .

3. Lizenzprodukte[6]

3.1 Lizenzprodukte sind CD-Herstellungsmaschinen, die mindestens einen erteilten oder angemeldeten Patentanspruch eines Vertragsschutzrechts in wortsinngemäßer, äquivalenter oder mittelbarer Weise verwirklichen („lizenzierte CD-Herstellungsmaschinen").

3.2 Lizenzprodukte sind ferner alle CDs, bei deren Herstellung mindestens ein erteilter oder angemeldeter Patentanspruch eines Vertragsschutzrechts in wortsinngemäßer, äquivalenter oder mittelbarer Weise verwirklicht wird („lizenzierte CDs").

3.3 Lizenzprodukte sind ferner alle CDs, bei deren Herstellung geheimes Know-how gem. Ziffer 5 dieses Vertrags verwendet wird („lizenzierte CDs").[7]

4. Lizenz

4.1 Die Lizenzgeberin erteilt der Lizenznehmerin an den Vertragsschutzrechten eine ausschließliche Lizenz zur Herstellung und zum Gebrauch der lizenzierten CD-Herstellungsmaschinen sowie zur Herstellung, zum Anbieten und zum Inverkehrbringen der lizenzierten CDs.[8]

Die Lizenznehmerin ist berechtigt, die Lizenzprodukte in eigener oder fremder Werkstatt herzustellen.[9]

4.2 Die Lizenzgeberin bleibt berechtigt, die Vertragsschutzrechte für Herstellung, Gebrauch, Anbieten und Vertrieb der Lizenzprodukte im Vertragsgebiet zu benutzen.

[alternativ: Die Lizenzgeberin ist nicht berechtigt, die Vertragsschutzrechte für Herstellung, Anbieten oder Inverkehrbringen der lizenzierten CDs zu benutzen.][10]

4.3 Die Lizenz wird für das nachstehende Gebiet erteilt („Vertragsgebiet"):[11]

Weltweit[12]

4.4 Die Lizenznehmerin ist nicht berechtigt [alternativ: ist berechtigt], Dritten Unterlizenzen an den Vertragsschutzrechten zu erteilen.[13]

[alternativ: Die Lizenznehmerin ist nur dann berechtigt, Dritten Unterlizenzen an den Vertragsschutzrechten zu erteilen, wenn sie der Lizenzgeberin spätestens 4 Wochen vor Abschluss der Vereinbarung mit der Unterlizenznehmerin eine Entwurf des Unterlizenzvertrages vorgelegt hat und die Lizenzgeberin zum Abschluss des konkreten Unterlizenzvertrages vorab ihre Zustimmung erteilt hat. Die Lizenzgeberin kann ihre Zustimmung nur innerhalb von . . . . . . Wochen ab Vorlage des Unterlizenzvertragsentwurfs und beim Vorliegen vernünftiger Gründe verweigern. Als vernünftiger Grund gilt beispielsweise, dass es die Lizenznehmerin unterlassen hat, der Lizenzgeberin rechtzeitig den Entwurf der beabsichtigten Unterlizenzvereinbarung vorzulegen.]

Die Lizenznehmerin verpflichtet sich, im Falle einer Unterlizenzvereinbarung die Bestimmungen gem. Ziffern 7.3, 8, 9, 10, 13, 14 und 15 dieses Vertrags entsprechend auch der Unterlizenznehmerin aufzuerlegen und der Lizenzgeberin unverzüglich nach Abschluss der Unterlizenzvereinbarung eine Kopie derselben zu übersenden.

4.5 Die Lizenznehmerin ist im Übrigen nicht berechtigt, die Rechte aus diesem Vertrag oder ihre Vertragsstellung im Ganzen auf Dritte zu übertragen.[14]

4.6 Auf Verlangen einer Partei kann die Erteilung der ausschließlichen Lizenz – soweit möglich – in den jeweiligen Patentregistern eingetragen werden. Die andere Partei nimmt alle hierzu erforderlichen Handlungen vor. Die Partei, die die Eintragung der Lizenzerteilung im Patentregister verlangt, trägt alle hiermit verbundenen Kosten. Außerdem ist sie verpflichtet, die Registrierung der Lizenzerteilung unverzüglich nach Auslaufen der Lizenz löschen zu lassen.[15]

5. Lizenzierung von Know-how

5.1 Die Lizenzgeberin verfügt über geheimes technisches Wissen, das für die Anwendung des CD-Herstellungsverfahrens wesentlich ist und in der Anlage 1 *[alternativ: Anlage 2]* identifiziert ist („Vertrags-Know-how").[16]

5.2 Die Lizenzgeberin erteilt der Lizenznehmerin eine ausschließliche Lizenz, das Vertrags-Know-how für die Herstellung der lizenzierten CDs unter Anwendung des CD-Herstellungsverfahrens zu benutzen.

Auch eine teilweise Benutzung des Vertrags-Know-hows gilt als Benutzung des gesamten Know-hows, solange geheime Bestandteile des Know-hows benutzt werden.

5.3 Die Lizenznehmerin ist nicht berechtigt *[alternativ: ist berechtigt]*, Dritten für das Vertrags-Know-how Unterlizenzen zu erteilen.[17]

5.4 Die Lizenzgeberin wird der Lizenznehmerin die Anlage 1 *[alternativ: Anlage 2]* mit den in Ziffer 5.1 des Vertrags genannten Informationen innerhalb von . . . . . . Wochen nach Zahlung des in Ziffer 6.1 genannten Betrags übergeben.[18]

5.5 Die Lizenzgeberin verpflichtet sich, die Mitarbeiter der Lizenznehmerin für einen Zeitraum von . . . . . . Monaten nach Abschluss dieses Vertrags durch Beratung und Schulung in den Umgang mit der CD-Herstellungsmaschine, dem CD-Herstellungsverfahren und dem Vertrags-Know-how einzuweisen. Dazu wird die Lizenzgeberin der Lizenznehmerin monatlich . . . . . . Mitarbeiter an . . . . . . Werktagen zu je . . . . . . täglichen Arbeitsstunden pro Mitarbeiter zur Verfügung stellen. Die Lizenznehmerin bezahlt der Lizenzgeberin für diese technische Hilfestellung . . . . . . EUR für jeden Arbeitstag eines Mitarbeiters der Lizenzgeberin zzgl. gesetzlicher Umsatzsteuer und . . . . . . EUR Spesen für Reise, Verpflegung und Übernachtung.[19]

6. Lizenzgebühren[20]

6.1 Innerhalb von . . . . . . Tagen nach Vertragsabschluss zahlt die Lizenznehmerin an die Lizenzgeberin einen einmaligen, nicht rückforderbaren und auch nicht auf die laufenden Lizenzgebühren anrechenbaren Betrag in Höhe von . . . . . . EUR.[21]

6.2 Darüber hinaus zahlt die Lizenznehmerin folgende laufende Lizenzgebühren:

(1.) Für die Herstellung der lizenzierten CD-Herstellungsmaschinen: Eine Lizenzgebühr in Höhe von . . . . . . EUR für jede lizenzierte CD-Herstellungsmaschine.[22]

(2.) Für die Herstellung der lizenzierten CDs: Eine Lizenzgebühr in Höhe von . . . . . . % der mit den lizenzierten CDs erzielten Umsätze, wobei hiervon . . . . . . % auf die Nutzung der Vertragsschutzrechte gem. Ziffer 2 und . . . . . . % auf die Nutzung des Vertrags-Know-hows gem. Ziffer 5 des Vertrags entfallen.[23]

6.3 Bei den „Umsätzen" handelt es sich um die Bruttorechnungsbeträge, abzüglich üblicher Rabatte (ausgenommen Barzahlungsrabatte), der Kosten für Fracht, Verpackung und Transportversicherung und abzüglich der von der Lizenznehmerin zu entrichtenden Umsatzsteuern und Zölle.

[alternativ: Bei den „Umsätzen" handelt es sich um die Bruttoumsätze, abzüglich der von der Lizenznehmerin zu entrichtenden Umsatzsteuern und Zölle sowie abzüglich einer Pauschale von . . . . . . % für die der Lizenznehmerin entstehenden Nebenkosten.][24]

6.4 Die Lizenznehmerin zahlt der Lizenzgeberin für jedes laufende Kalenderhalbjahr *[alternativ: Quartal]* im Voraus eine auf die Lizenzgebühren gem. Ziffer 6.2 anzurechnende Mindestlizenzgebühr in Höhe von . . . . . . EUR.[25]

6.5 Die Lizenznehmerin ist verpflichtet, die für die Überlassung des Vertrags-Know-hows vereinbarten Lizenzgebühren gem. Ziffern 6.2 und 6.4 auch dann bis zum Ende des Vertrags weiterzuzahlen, wenn das Vertrags-Know-how durch ein Verhalten der Lizenznehmerin offenkundig wird.[26] Schadensersatzansprüche der Lizenzgeberin bleiben hiervon unberührt.

6.6 Die Lizenznehmerin zahlt die Lizenzgebühren jeweils zuzüglich der gesetzlichen Umsatzsteuer, die Lizenzgeberin alle direkten Steuern.[27]

6.7 Die Lizenznehmerin zahlt für die Benutzung der Vertragsschutzrechte durch die Unterlizenznehmerin Lizenzgebühren entsprechend Ziffer 6.2 so, als ob sie die Vertragsschutzrechte *[alternativ: und das Vertrags-Know-how]* auch insoweit selbst benutzt hätte.[28]

[alternativ Die Lizenznehmerin zahlt für die Benutzung der Vertragsschutzrechte durch die Unterlizenznehmerin Lizenzgebühren in Höhe von 50 % der mit der Unterlizenznehmerin erzielten Unterlizenzgebühren.]

7. Fälligkeit, Abrechnung und Zahlung der Lizenzgebühren

7.1 Die Ansprüche auf Zahlung der laufenden Lizenzgebühr gem. Ziffer 6.2 (1.) des Vertrags entstehen am Tag der Fertigstellung der lizenzierten CD-Herstellungsmaschine, die Ansprüche gem. Ziffer 6.2 (2.) des Vertrags am Tag der Rechnungsstellung *[alternativ: am Tag des Zahlungseingangs]*, die Ansprüche nach Ziffer 6.7 am Tag der Rechnungsstellung durch die Unterlizenznehmerin *[alternativ: am Tag des Zahlungseingangs bei der Unterlizenznehmerin]*.[29]

7.2 Die Mindestlizenzgebühr gem. Ziffer 6.4 ist . . . . . . Wochen nach Beginn eines jeden Kalenderhalbjahres *[alternativ: Quartals]* fällig.[30]

7.3 Die Lizenznehmerin legt der Lizenzgeberin für jedes Kalenderjahr halbjährlich *[alternativ: quartalsweise]* innerhalb von . . . . . . Wochen nach Ablauf des Halbjahres *[Quartals]* für jedes Land gesondert Rechnung, unter Angabe der Art und Anzahl der hergestellten und vertriebenen Lizenzprodukte, der den Abnehmern dafür in Rechnung gestellten Bruttobeträge, der Abzüge für Umsatzsteuer, Zölle, Rabatte und Nebenkosten und der sich daraus jeweils ergebenden Lizenzgebühr.[31] Gleiches gilt in Bezug auf die Leistungen der Unterlizenznehmer der Lizenznehmerin. *[alternativ: In Bezug auf von den Unterlizenznehmern erhaltene Unterlizenzgebühren ist gesondert Rechnung zu legen]*.

7.4 Die Lizenznehmerin überweist die laufenden Lizenzgebühren gem. Ziffer 6.2, soweit sie die für das betreffende Halbjahr *[Quartal]* bereits gezahlte Mindestlizenzgebühr übersteigen, innerhalb von . . . . . . Wochen nach Ablauf des Halbjahres *[Quartals]* auf das nachfolgende Konto der Lizenzgeberin:[32]

Bank:

Bankleitzahl:

Kontonummer:

IBAN:

SWIFT:

7.5 Die Lizenzgebühren sind in EURO zu zahlen. Ausländische Währungen werden gemäß dem von der Europäischen Zentralbank veröffentlichten Wechselkurs am Tage der Rechnungslegung gemäß Ziffer 7.3 umgerechnet.[33]

7.6 Die Lizenznehmerin kommt, ohne dass es einer Mahnung bedarf, in Verzug, wenn sie die Lizenzgebühren nicht rechtzeitig an die Lizenzgeberin zahlt. Für die Dauer des Verzugs hat die Lizenznehmerin der Lizenzgeberin Verzugszinsen in Höhe von 9 % über dem Basiszinssatz gem. § 247 BGB zu zahlen. Die Lizenzgeberin kann aus einem anderen Rechtsgrund höhere Zinsen verlangen. Auch zur Geltendmachung eines weiteren Schadens ist sie berechtigt.[34]

7.7 Die Lizenznehmerin kann gegenüber Ansprüchen der Lizenzgeberin nur mit unbestrittenen oder rechtskräftig festgestellten Gegenforderungen aufrechnen.[35]

8. Buchführung und Kontrolle

8.1 Die Lizenznehmerin ist verpflichtet, über die Herstellung und den Vertrieb der Lizenzprodukte sowie die Leistungen der Unterlizenznehmer in einer Weise gesondert Buch zu führen, dass alle für die Berechnung der Lizenzgebühr wesentlichen Umstände ersichtlich sind. Die Buchführung der Lizenznehmerin muss insbesondere die genaue Art und Anzahl der hergestellten und vertriebenen Lizenzprodukte, die Herstellungs- und Lieferdaten, die Namen und Anschriften der Abnehmer, die Rechnungsbeträge, Rechnungsdaten und, nach einzelnen Posten aufgeschlüsselt, die gem. Ziffer 6.3 des Vertrags abzugsfähigen Rabatte, Nebenkosten, Umsatzsteuern und Zölle angeben.[36]

8.2 Die Lizenzgeberin ist berechtigt, ... mal pro Kalenderjahr *[alternativ: jederzeit]* die Buchführung und alle sonstigen für die Abrechnung der Lizenzgebühren notwendigen Unterlagen der Lizenznehmerin durch einen vereidigten Buchprüfer auf eigene Kosten auf ihre Richtigkeit und Vollständigkeit hin überprüfen zu lassen.[37]

8.3 Werden bei dieser Kontrolle Unrichtigkeiten zu Lasten der Lizenzgeberin festgestellt *[alternativ: . . . . . ., die zu einer Pflicht zur Nachzahlung von Lizenzgebühren in Höhe von mindestens . . . . . . EUR für ein Abrechnungshalbjahr [alternativ: Abrechnungsquartal] führen]*, trägt die Lizenznehmerin die gesamten Kosten der Kontrolle durch den vereidigten Buchprüfer.[38]

Die Lizenznehmerin hat der Lizenzgeberin die Kosten des Buchprüfers und die nachzuzahlende Lizenzgebühr zzgl. Verzugszinsen innerhalb von . . . . . . Tagen ab begründeter Mitteilung zu überweisen.[39]

8.4 Wird bei der Kontrolle eine Überzahlung der Lizenznehmerin festgestellt, erstattet die Lizenzgeberin den abzüglich der Kosten des Buchprüfers verbleibenden Betrag innerhalb von . . . . . . Tagen.[40]

9. Ausübungspflicht

Die Lizenznehmerin ist verpflichtet, die lizenzierten CDs nach besten Kräften herzustellen und zu vertreiben. Dazu wird die Lizenznehmerin insbesondere folgende Maßnahmen ergreifen: . . . . . .[41]

10. Qualitätskontrolle[42]

10.1 Die Lizenznehmerin verpflichtet sich, bei Herstellung der lizenzierten CDs die in der Anlage 2 *[alternativ: Anlage 3]* genannten technischen Anforderungen zu beachten.

10.2 Zur Überwachung der Qualität ist die Lizenzgeberin berechtigt, ... mal pro Kalenderjahr persönliche Kontrollen bei der Lizenznehmerin durchzuführen. Außerdem wird die Lizenznehmerin der Lizenzgeberin pro Kalenderhalbjahr mindestens *[alternativ: je]* . . . . . . Stück der von ihr *[alternativ: und den Unterlizenznehmern]* hergestellten lizenzierten CDs übergeben.

11. Lizenzvermerk[43]

Die Lizenznehmerin ist berechtigt *[alternativ: verpflichtet]*, die Lizenzprodukte mit folgendem Hinweis zu kennzeichnen:
„hergestellt unter Lizenz der Alpha GmbH, Hamburg"

12. Wettbewerbsverbote[44]

12.1 Die Lizenzgeberin ist berechtigt, die der Lizenznehmerin eingeräumte ausschließliche Lizenz in eine einfache Lizenz umzuwandeln, falls die Lizenznehmerin zu der Lizenzgeberin oder zu einem mit ihr verbundenen Unternehmen (iSd § 15 AktienG) in Wettbewerb tritt.[45]

12.2 Die Lizenznehmerin ist verpflichtet, jede weitere Nutzung des Vertrags-Know-hows bzw. der Vertragsschutzrechte nach Beendigung des Vertrags zu unterlassen, soweit und solange das Vertrags-Know-how noch geheim ist bzw. die Vertragsschutzrechte noch bestehen.[46]

12.3 Die Lizenznehmerin ist ferner verpflichtet, auf Verlangen der Lizenzgeberin nachzuweisen, dass das Vertrags-Know-how nicht für die Herstellung anderer Produkte als der Lizenzprodukte verwendet wird.[47]

13. Nichtangriffsklausel[48]

Die Lizenzgeberin ist berechtigt, den Vertrag aus wichtigem Grund zu kündigen, falls die Lizenznehmerin ein Vertragsschutzrecht während der Dauer des Vertrags angreift oder einen Dritten bei einem derartigen Angriff unterstützt.

14. Verbesserungen

14.1 Die Parteien informieren sich unverzüglich über alle von ihnen und ihren Arbeitnehmern aufgefundenen Verbesserungen und neuen Anwendungsbereiche der Vertragsschutzrechte und des Vertrags-Know-hows.[49]

14.2 Verbesserungen gem. Ziffer 14.1 sind alle Fortentwicklungen der den Vertragsschutzrechten zugrunde liegenden Erfindungen („Erfindungen"). Dazu zählen insbesondere die Erzielung einer weitergehenden Wirkung oder derselben Wirkung mit einfacheren Mitteln oder eine Abwandlung der Erfindungen unter Beibehaltung der tragenden Erfindungsgedanken.[50]

14.3 Die Lizenznehmerin ist verpflichtet, auf Verlangen der Lizenzgeberin die Rechte an den von den Arbeitnehmern der Lizenznehmerin aufgefundenen Verbesserungen und neuen Anwendungsbereichen der Erfindungen und des Vertrags-Know-hows zu erwerben.[51]

14.4 Die Lizenznehmerin erteilt der Lizenzgeberin hiermit eine einfache Lizenz für alle von ihr oder ihren Arbeitnehmern aufgefundenen eigenen Verbesserungen und neuen Anwendungsbereiche der Erfindungen und des Vertrags-Know-hows gegen eine von der Lizenznehmerin *[alternativ: Lizenzgeberin]* nach billigem Ermessen zu bestimmende Lizenzgebühr, deren Höhe im Streitfall von dem in Ziffer 25.5 genannten Gericht überprüft werden kann, wobei ein derartiger Rechtsstreit keinen Einfluss auf die Wirksamkeit der Lizenzvergabe an sich hat.[52]

15. Geheimhaltung[53]

15.1 Die Parteien verpflichten sich, sämtliche von der anderen Partei zur Verfügung gestellten, als vertraulich gekennzeichneten oder aus der Natur der Sache als vertraulich zu behandelnden Dokumente, Daten und sonstigen Informationen streng vertraulich zu behandeln, nicht an Dritte weiterzugeben und diese Verpflichtungen auch ihren Mitarbeitern aufzuerlegen.

15.2 Die Lizenznehmerin verpflichtet sich darüber hinaus, das ihr von der Lizenzgeberin übergebene Vertrags-Know-how gem. Anlage 1 *[alternativ: Anlage 2]* als „streng vertraulich" zu kennzeichnen, höchstens . . . . . . Kopien von dem Vertrags-Know-how anzufertigen, diese deutlich mit „1. Kopie, 2. Kopie, etc" zu kennzeichnen sowie das Vertrags-Know-how und seine Kopien nur an ihre in der Anlage 3 *[alternativ: Anlage 4]* genannten Mitarbeiter weiterzugeben, über die Zirkulation des Vertrags-Know-hows und seiner Kopien genauestens Buch zu führen und diese Verpflichtungen auch ihren Mitarbeitern aufzuerlegen.

15.3 Die Verpflichtungen der Ziffern 15.1 und 15.2 des Vertrags gelten auch nach Ende des Vertrags, solange das Vertrags-Know-how und die sonstigen Informationen nicht offenkundig geworden sind.

15.4 Das Vertrags-Know-how, seine Kopien und die anderen Informationen gem. Ziffer 15.1 sind nach Ende des Vertrags auf Verlangen der anderen Partei innerhalb von . . . . . . Wochen an diese ohne Zurückbehaltung einer Kopie zurückzugeben oder nachweislich zu vernichten.

15.5 Die vorstehenden Verpflichtungen der Ziffer 15 gelten nicht, wenn und soweit das Vertrags-Know-how und die sonstigen Informationen nachweislich

- der anderen Partei bei Übergabe bereits bekannt waren,
- später von ihr unabhängig erarbeitet wurden,
- ihr später von einem Dritten ohne Verstoß gegen eine Geheimhaltungspflicht übergeben wurden,
- vor Übergabe bereits öffentlich bekannt waren oder
- nach Übergabe öffentlich bekannt werden, ohne dass der Empfänger des Vertrags-Know-hows oder der sonstigen Informationen hieran beteiligt ist.

15.6 Jede Partei verpflichtet sich, für jeden Fall der Zuwiderhandlung gegen eine der Pflichten der Ziffer 15 eine angemessene, von der anderen Partei nach billigem Ermessen festzusetzende Geldsumme als Vertragsstrafe zu zahlen, deren Höhe im Streitfall von dem in Ziffer 25.5 genannten Gericht überprüft werden kann.[54]

16. Gewährleistung[55]

16.1 Die Lizenzgeberin erklärt, dass sie über die Vertragsschutzrechte und das Vertrags-Know-how frei verfügen kann, und dass ihr Angriffe Dritter gegen den Rechtsbestand der Vertragsschutzrechte ebenso wenig bekannt sind wie andere potentiell relevante Rechte Dritter, insbesondere in Form von Vorbenutzungsrechten oder einer Abhängigkeit der Vertragsschutzrechte von Schutzrechten Dritter.[56]

16.2 Die Lizenzgeberin übernimmt im Übrigen keinerlei Haftung für Sach- und Rechtsmängel. Insbesondere übernimmt die Lizenzgeberin keinerlei Haftung dafür, dass die Vertragsschutzrechte bestandskräftig, wirtschaftlich verwertbar, technisch ausführbar oder brauchbar sind oder dass die Vertragsschutzrechte bzw. das Vertrags-Know-how sowie deren Ausübung die Rechte Dritter nicht verletzen. Die vorgenannte Haftungsbeschränkung gilt nicht in den Fällen zwingender gesetzlicher Haftung, bei Vorsatz oder grober Fährlässigkeit sowie bei Übernahme einer Garantie oder schuldhaft verursachten Schäden aus der Verletzung von Leben, Körper und Gesundheit.[57]

16.3 Die Lizenznehmerin verpflichtet sich, die Lizenzgeberin gegenüber Ansprüchen Dritter aus Produkthaftung oder wegen Werbeaussagen der Lizenznehmerin frei zu stellen *[alternativ: . . . . . ., es sei denn, dass der Schaden infolge einer mangelhaften Konstruktion der Lizenzgeberin entsteht]*.[58]

17. Bestand der Vertragsschutzrechte

17.1 Die Lizenzgeberin ist verpflichtet, die Vertragsschutzrechte aufrecht zu erhalten und die für die Vertragsschutzrechte anhängigen Erteilungsverfahren sachgerecht zu betreiben. Die Lizenzgeberin ist ferner verpflichtet, die Vertragsschutzrechte gegen Angriffe Dritter, insbesondere Einsprüche und Nichtigkeitsklagen, zu verteidigen. Die Kosten hierfür trägt jeweils die Lizenznehmerin *[alternativ: die Lizenzgeberin]*.[59]

17.2 Der Lizenzgeberin steht es allerdings frei, die Vertragsschutzrechte vorzeitig fallen zu lassen oder zu beschränken und die für die Vertragsschutzrechte anhängigen Erteilungsverfahren sowie die Einspruchsverfahren oder andere Verfahren aufgrund Angriffe Dritter nicht weiter zu verfolgen. Die Lizenzgeberin wird die Lizenznehmerin hiervon spätestens . . . . . . Wochen vorab schriftlich in Kenntnis setzen.

Die Lizenznehmerin kann, außer im Falle einer Beschränkung, innerhalb von . . . . . . Wochen die Übertragung der betroffenen Vertragsschutzrechte zu einem von der Lizenzgeberin nach billigem Ermessen zu bestimmenden Betrag verlangen, dessen Höhe im Streitfall von dem in Ziffer 25.5 genannten Gericht überprüft werden kann, wobei ein derartiger Rechtsstreit keinen Einfluss auf die Wirksamkeit der Übertragung an sich hat.[60]

17.3 Der Wegfall oder die Beschränkung der Vertragsschutzrechte sowie deren Übertragung auf die Lizenznehmerin haben keinen Einfluss auf die Pflicht zur Zahlung der bis dahin gem. Ziffern 7.1 und 7.2 des Vertrags entstandenen Lizenzgebühren.[61]

Bezogen auf die Zukunft ist die Lizenznehmerin allerdings berechtigt, entweder eine nach billigem Ermessen von der Lizenzgeberin vorzunehmende Anpassung des Vertrags (beispielsweise der Höhe der laufenden Lizenzgebühren) an die veränderten Umstände zu verlangen, die im Streitfall von dem in Ziffer 25.5 genannten Gericht überprüft werden kann, oder den Vertrag bei Vorliegen der in Ziffer 22.2 des Vertrags genannten Voraussetzungen zu kündigen.[62]

18. Verletzung der Vertragsschutzrechte durch Dritte

18.1 Die Parteien werden sich gegenseitig unverzüglich über jede Verletzung der Vertragsschutzrechte informieren.[63]

18.2 Beide Parteien sind berechtigt, aber nicht verpflichtet, gegen die Verletzung der Vertragsschutzrechte vorzugehen. Die Parteien werden sich gegenseitig beim Vorgehen gegen derartige Schutzrechtsverletzungen unterstützen. Die Lizenzgeberin verpflichtet sich, die notwendigen Erklärungen abzugeben, um ein Vorgehen der Lizenznehmerin zu gestatten, soweit die Lizenzgeberin nicht selbst oder gemeinsam mit der Lizenznehmerin vorgeht. Die Partei, die gegen eine Verletzung der Vertragsschutzrechte vorgeht, trägt die hierfür entstehenden Kosten bzw. soweit die Parteien gemeinsam vorgehen, tragen sie die Kosten gemeinsam zu gleichen Teilen.[64]

18.3 Vertragsschutzrechtsverletzungen Dritter berechtigen die Lizenznehmerin nicht, entsprechend der Ziffer 17.3 Satz 2 eine Anpassung des Vertrags zu verlangen oder den Vertrag zu kündigen.[65]

18.4 Aus einem Vorgehen erzielte Vermögenszuflüsse (Schadenersatz, Kostenerstattung, etc) stehen der Partei zu, die gegen die Vertragsschutzrechtsverletzung vorgeht bzw. soweit gemeinsam vorgegangen wird, den Parteien gemeinsam zu gleichen Teilen.[66]

19. Abhängigkeit von Schutzrechten Dritter

19.1 Die Parteien informieren sich unverzüglich, wenn sie feststellen, dass die Lehre der Vertragsschutzrechte nur unter gleichzeitiger Benutzung der Lehre eines älteren Schutzrechts eines Dritten benutzt werden kann (Abhängigkeit).[67]

19.2 Die Lizenznehmerin ist berechtigt, entsprechend Ziffer 17.3 Satz 2 eine Anpassung des Vertrags zu verlangen oder den Vertrag zu kündigen, sofern es der Lizenzgeberin nicht gelingt, innerhalb von . . . . . . Monaten ab Kenntnis der Abhängigkeit deren für die Lizenznehmerin negative Auswirkungen, etwa durch eine Lizenzierung der älteren Schutzrechte des Dritten, abzuwenden.[68]

19.3 Im Übrigen hat die Abhängigkeit keinen Einfluss auf die Pflicht zur Zahlung der Lizenzgebühren.[69]

20. Verletzung von Schutzrechten Dritter[70]

20.1 Die Lizenznehmerin ist verpflichtet, die Lizenzgeberin unverzüglich davon zu informieren, wenn sie bei Benutzung der Vertragsschutzrechte von Dritten wegen Verletzung von Schutzrechten in Anspruch genommen wird. Die Parteien werden das weitere Vorgehen miteinander abstimmen. Die Lizenzgeberin wird der Lizenznehmerin Beistand leisten. Sie ist berechtigt, einem Rechtsstreit beizutreten. Jede Partei trägt dabei ihre eigenen Kosten.

20.2 Die Pflicht zur Zahlung der Lizenzgebühren besteht auch dann fort, wenn gegen die Lizenznehmerin wegen Verletzung von Schutzrechten Dritter ein Rechtsstreit anhängig gemacht wird.

[alternativ: Im Falle eines von einem Dritten wegen Verletzung von Schutzrechten anhängig gemachten Rechtsstreits ist die Lizenznehmerin berechtigt, die Lizenzgebühren gem. Ziffern 6.2 und 6.4 ab dem Zeitpunkt der Rechtshängigkeit für die Dauer des Rechtsstreits statt an die Lizenzgeberin an einen unabhängigen Treuhänder zu zahlen.]

20.3 Wird die Lizenznehmerin in diesem Rechtsstreit rechtskräftig zur Zahlung von Schadensersatz verurteilt, so kann sie von der Lizenzgeberin für den Zeitraum, für den sie Schadensersatz zahlen muss, die Lizenzgebühren gem. Ziffern 6.2 und 6.4 bis zur Höhe des Schadensersatzes zurückverlangen, sofern sie den Rechtsstreit mit aller gebotenen Sorgfalt geführt hat. Im Übrigen gilt für die Zeit ab Kenntnis der Rechtskraft durch die Lizenzgeberin Ziffer 19.2 (Anpassung des Vertrags bzw. Kündigung) entsprechend.

[alternativ: Die Lizenznehmerin ist verpflichtet, den Treuhänder bei dessen Beauftragung anzuweisen, die treuhänderisch verwalteten Lizenzgebühren unverzüglich an die Lizenzgeberin zu zahlen, wenn und soweit die Verletzungsklage des Dritten rechtskräftig abgewiesen wird. Darüber hinaus hat die Lizenznehmerin die laufenden Lizenzgebühren ab dann wieder direkt an die Lizenzgeberin zu zahlen.

Wenn und soweit die Lizenznehmerin rechtskräftig zur Zahlung von Schadensersatz verurteilt wird, kann sie den an den Dritten zu zahlenden Schadensersatz für den Zeitraum, für den sie Schadensersatz zahlen muss, von den Lizenzgebühren gem. Ziffern 6.2 und 6.4, insbesondere den für die Dauer des Rechtsstreits treuhänderisch verwalteten Lizenzgebühren abziehen, sofern sie den Rechtsstreit mit aller gebotenen Sorgfalt geführt hat. Die Lizenznehmerin ist verpflichtet, den Treuhänder bei dessen Beauftragung anzuweisen, den nach Abzug verbleibenden Betrag der treuhänderisch verwalteten Lizenzgebühren unverzüglich an die Lizenzgeberin zu zahlen. Im Übrigen gilt für die Zeit ab Kenntnis der Rechtskraft durch die Lizenzgeberin Ziffer 19.2 (Anpassung des Vertrags bzw. Kündigung) entsprechend.]

21. Vertragsdauer

21.1 Der Vertrag ist für einen Zeitraum von . . . . . . Jahren geschlossen.

[alternativer Zusatz: . . . . . . Die Vertragsdauer verlängert sich um jeweils . . . . . . Jahr(e), sofern der Vertrag nicht mindestens . . . . . . Monate vor Ablauf der jeweiligen Vertragsdauer von einer der Parteien schriftlich gekündigt wird.][71]

21.2 Mit Wegfall des letzten Vertragsschutzrechts *[alternativ: und Offenkundigwerden des Vertrags-Know-hows gem. Ziffer 15.5]* endet der Vertrag auch vor Ablauf der in Ziffer 22.1 genannten Vertragsdauer.

[alternativ: . . . . . . Der Vertrag bleibt als reiner Know-how-Lizenzvertrag bzw. als reiner Patentlizenzvertrag fortbestehen, wenn vor Ende der Vertragsdauer nur die Vertragsschutzrechte wegfallen bzw. nur das Vertrags-Know-how offenkundig wird.][72]

22. Kündigung[73]

22.1 Über die im Vertrag genannten Fälle hinaus sind die Parteien berechtigt, den Vertrag aus wichtigem Grund ohne Einhaltung einer Kündigungsfrist zu kündigen.

22.2 Ein wichtiger Grund zur Kündigung des Vertrags liegt vor, wenn der kündigenden Partei unter Berücksichtigung aller Umstände des Einzelfalls und unter Abwägung der beiderseitigen Interessen die Fortsetzung des Vertrags nicht zugemutet werden kann, namentlich wenn

- die andere Partei eine wesentliche Vertragspflicht verletzt und diese Pflichtverletzung nicht innerhalb einer von der kündigenden Partei schriftlich gesetzten angemessenen Frist beendigt und ihre Folgen beseitigt;
- ein Antrag auf Eröffnung des Insolvenzverfahrens über das Vermögen der anderen Partei gestellt wird, ein solches Insolvenzverfahren eröffnet oder die Eröffnung mangels Masse abgewiesen wird;
- die Partei ihre Ausübungspflicht gem. Ziffer 9 nachhaltig verletzt; oder
- sich die Mehrheitsverhältnisse der anderen Partei um . . . . . . % ändern, es sei denn, dass der kündigenden Partei eine Fortsetzung des Vertrags weiter zugemutet werden kann.

22.3 Die Kündigung bedarf der Schriftform und ist nur innerhalb einer angemessenen Frist von regelmäßig nicht mehr als . . . . . . Wochen ab Kenntnis des Kündigungsgrundes möglich.

23. Auslaufklausel[74]

Die Lizenznehmerin ist berechtigt, alle im Zeitpunkt der Beendigung des Vertrags bei ihr noch vorhandenen Vertragsprodukte innerhalb von . . . . . . Monaten zu den im Vertrag vorgesehenen Bedingungen zu vertreiben, vorausgesetzt, dass die Lizenznehmerin der Lizenzgeberin innerhalb von . . . . . . Wochen nach Beendigung des Vertrags eine vollständige Aufstellung aller bei ihr noch vorhandenen Vertragsprodukte übergibt und die Lizenzgeberin den Vertrag nicht aus wichtigem Grund gekündigt hat.

24. Schlussbestimmungen

24.1 Die Parteien verpflichten sich, die den Vertrag betreffende Korrespondenz über die beiden nachfolgend genannten Kontaktpersonen zu führen

Kontaktperson der Lizenzgeberin:

Name:

Position:

Anschrift:

Tel:

Fax:

Email:

Kontaktperson der Lizenznehmerin:

Name:

Position:

Anschrift:

Tel:

Fax:

E-Mail:

und der anderen Partei unverzüglich jede Änderung der Kontaktdaten mitzuteilen.[75]

24.2 Nebenabreden wurden nicht getroffen. Änderungen und Ergänzungen dieses Vertrags bedürfen der Schriftform gem. § 126 BGB unter Ausschluss der elektronischen Form. Dies gilt auch für den Verzicht auf das Schriftformerfordernis.[76]

24.3 Sollte eine Bestimmung dieses Vertrages den gesetzlichen Vorschriften nicht entsprechen, so bleibt die Wirksamkeit der übrigen Bestimmungen des Vertrags davon unberührt. Die Parteien verpflichten sich, die unwirksame Vertragsbestimmung durch eine rechtswirksame Bestimmung zu ersetzen, die den ursprünglichen rechtlichen und wirtschaftlichen Intentionen der Parteien am nächsten kommt. Das gleiche gilt, falls der Vertrag eine ergänzungsbedürftige Lücke aufweisen sollte.[77]

24.4 Der Vertrag unterliegt deutschem Recht unter Ausschluss des in Deutschland geltenden Kollisionsrechts.[78]

24.5 Für alle Streitigkeiten aus oder im Zusammenhang mit diesem Vertrag oder seiner Gültigkeit ist das Landgericht . . . . . . ausschließlich zuständig.[79]

[alternativ: Alle Streitigkeiten aus oder im Zusammenhang mit diesem Vertrag oder seiner Gültigkeit werden unter Ausschluss des ordentlichen Rechtswegs durch ein Schiedsgericht endgültig entschieden. Das Schiedsgericht besteht aus drei Schiedsrichtern, von denen jede Partei einen bestellt und diese beiden Schiedsrichter den dritten als Vorsitzenden des Schiedsgerichts. Der Ort des Schiedsverfahrens ist . . . . . ., Verfahrenssprache ist . . . . . . Im Übrigen gelten die §§ 1025 ff. ZPO.][80]

[alternativ: Alle Streitigkeiten aus oder im Zusammenhang mit diesem Vertrag oder seiner Gültigkeit werden unter Ausschluss des ordentlichen Rechtswegs durch das Schiedsgericht der Deutschen Institution für Schiedsgerichtsbarkeit (DIS) [alternativ: den Internationalen Schiedsgerichtshof der Internationalen Handelskammer („ICC"), Paris] [alternativ: den London Court of International Arbitration („LCIA")] endgültig entschieden. Das Schiedsgericht besteht aus drei Schiedsrichtern, von denen jede Partei einen bestellt und diese beiden Schiedsrichter den dritten als Vorsitzenden des Schiedsgerichts. Der Ort des Schiedsverfahrens ist . . . . . ., die Verfahrenssprache . . . . . . Im Übrigen gilt die Schiedsgerichtsordnung der DIS [alternativ: der ICC] [alternativ: des LCIA].]

. . . . . .	. . . . . .
Ort/Datum	Ort/Datum
Alpha GmbH	Beta AG
. . . . . .	. . . . . .
Name:	Name:
Position:	Position:

Anlagen: *[konkret angeben]*

Anmerkungen

1. Das Formular hat eine ausschließliche Patent- und Know-how-Lizenz zum Gegenstand und ist grundsätzlich eher aus Sicht der Lizenzgeberin formuliert ist. Der Vertrag enthält aber an zahlreichen Stellen Alternativvorschläge aus Sicht der Lizenznehmerin.

2. Es empfiehlt sich, die Vertragsparteien im Rubrum des Lizenzvertrags korrekt mit Namen und Anschrift anzugeben, um überprüfen zu können, ob die Lizenzgeberin (etwa als Patentinhaberin, ausschließliche Lizenznehmerin oder sonstige Berechtigte) zur Einräumung der Lizenz berechtigt ist und die Person, die die lizenzierten Rechte später benutzt, mit der Lizenznehmerin identisch ist.

3. Zweck der Präambel des Lizenzvertrags ist es, künftigen Lesern des Vertrags und insbesondere auch einem etwaigen Gericht den Hintergrund des Vertragsschlusses zu erläutern. Es empfiehlt sich daher, in der Präambel kurz die Vertragsparteien, die relevante Technologie und die von den Parteien verfolgten Ziele darzustellen, ohne jedoch bereits konkrete Vertragspflichten festzulegen. Die Aufnahme von Zweck und Motiven des Vertragsschlusses kann eine große Hilfe im Rahmen einer späteren (historischen und teleologischen) Auslegung des Lizenzvertrags bieten (vgl. dazu *Bartenbach,* Patentlizenz- und Know-how-Vertrag, Rn. 470 ff., 487).

Der Lizenzvertrag wird nach Treu und Glauben mit Rücksicht auf die Verkehrssitte ausgelegt (§§ 133, 157 BGB). Dabei ist in erster Linie der Wortlaut der Vereinbarung und der diesem zu entnehmende, objektiv erklärte Parteiwille zu berücksichtigen. Führt die Ermittlung des Wortsinns nicht zu einem eindeutigen Ergebnis, können in einem zweiten Auslegungsschritt auch die außerhalb des Vertrags liegenden Begleitumstände in die Auslegung einbezogen werden, soweit sie einen Schluss auf seinen Sinngehalt zulassen (BGH GRUR 1998, 561 (563) – Umsatzlizenz). Neben dem von den Vertragsparteien verfolgten Zweck kann beispielsweise auch ihr späteres Verhalten bei der Vertragsdurchführung Rückschlüsse auf ihren tatsächlichen Willen und ihr tatsächliches Verständnis zulassen und deshalb als Indiz für die Auslegung des Lizenzvertrags von Bedeutung sein.

Darüber hinaus ist bei der Auslegung von Lizenzverträgen die *Zweckübertragungstheorie* zu berücksichtigen, die davon ausgeht, dass die Lizenzgeberin der Lizenznehmerin grundsätzlich nur so viele Befugnisse an ihren Rechten einräumen will, wie notwendig sind, um den Lizenzvertrag durchzuführen. Folglich sind die die Lizenzgeberin verpflichtenden Bestimmungen des Lizenzvertrags im Zweifelsfall eher eng auszulegen. Möchte sich die Lizenznehmerin auf eine weite Auslegung derartiger Vertragsbestimmungen berufen, ist sie darlegungs- und beweispflichtig (vgl. *Bartenbach,* Patentlizenz- und Know-how-Vertrag, Rn. 476).

4. Um genau zu dokumentieren, welche Patente, Patentanmeldungen oder sonstigen Schutzrechte Gegenstand des Lizenzvertrags sind, empfiehlt es sich dringend, die lizenzierten Schutzrechte („Vertragsschutzrechte") unter Angabe von individualisierenden Daten (insb. der offiziellen Aktenzeichen) im Lizenzvertrag zu nennen. Bei einer größeren Anzahl von Schutzrechten kann eine Liste der Vertragsschutzrechte als Anlage beigefügt werden.

Die Lizenznehmerin sollte vor Abschluss des Lizenzvertrags nochmals genau prüfen, ob die zu lizenzierenden Schutzrechte für sie tatsächlich interessant sind. Dazu wird sie sich von der potenziellen Lizenzgeberin Kopien der fraglichen Schutzrechte in ihrem aktuellen Stand übergeben oder sich zumindest bestätigen lassen, dass die von ihr selbst recherchierten Schutzrechte dem aktuellen Stand entsprechen. Darüber hinaus gilt der Grundsatz, dass eine weitere Erfindung des Lizenzgebers, die für die Benutzung der lizenzierten Erfindung notwendig ist, im Zweifel mitlizenziert ist (BGH GRUR 2005, 406 – Lichtflüssigkeitsabscheider).

5. Das von der Schutzrechtsfamilie geschützte Verfahren zur Herstellung von CDs ist als Verfahrenspatent neben dem Sachpatent für die CD-Herstellungsmaschine selbst geschützt. Zur Problematik von parallelen Sach- und Verfahrenspatenten näher → Anm. 8.3.3.

6. Die Definition der *Lizenzprodukte* ist vor allem in zweierlei Hinsicht relevant. Sie zeigt einerseits, welche Produkte die Lizenznehmerin unter der Lizenz herstellen, gebrauchen oder vertreiben darf, und andererseits, wofür sie Lizenzgebühren bezahlen muss.

Die Lizenzprodukte des Vertragsmusters sind CD-Herstellungsmaschinen und CDs. Das Vertragsmuster geht davon aus, dass die Lizenznehmerin unter Benutzung des lizenzierten CD-Herstellungsverfahrens und des Vertrags-Know-hows auf den lizenzierten CD-Herstellungsmaschinen (die sie zu diesem Zweck selbst bauen darf) CDs herstellen und vertreiben wird.

Die Definition der Vertragsprodukte anhand der Verwirklichung der Vertragsschutzrechte ist aus der Sicht der Lizenzgeberin empfehlenswert, um sicherzustellen, dass die Lizenznehmerin für die ihr gestattete Benutzung der Vertragsschutzrechte in möglichst weitem Umfang Lizenzgebühren bezahlt. In diesem Sinne könnten Vertragsprodukte auch ganz pauschal definiert werden als „alle Produkte, bei denen mindestens ein Patentanspruch eines Vertragsschutzrechts wortsinngemäß oder in äquivalenter Form bzw. in mittelbarer Weise benutzt wird" (so *Bartenbach*, Patentlizenz- und Know-how-Vertrag, Rn. 3371).

Soll dagegen die Lizenz nur für ganz bestimmte Produkte gelten, empfiehlt es sich, diese Produkte anhand ihrer (technischen) Merkmale so konkret zu definieren, dass spätere Zweifel am Umfang der Lizenz ausgeschlossen sind.

7. Das Vertragsmuster geht davon aus, dass bei Anwendung des lizenzierten CD-Herstellungsverfahrens auch geheimes Know-how der Lizenzgeberin zum Einsatz kommt. Als Lizenzprodukte werden daher auch alle CDs angesehen, bei deren Herstellung dieses geheime Know-how verwendet wird (Näher zur Lizenzierung des Know-hows: Ziffer 5 des Vertrags sowie → Anm. 16 ff.).

8. Die Einräumung der Lizenz ist eine der Kernbestimmungen des Lizenzvertrags. Sie legt fest, in welchem Umfang die Lizenznehmerin berechtigt wird, die lizenzierten Rechte der Lizenzgeberin zu benutzen. Der Umfang der Lizenz kann in verschiedener Hinsicht unterschiedlich ausgestaltet werden:

(8.1) **Art der Lizenz.** Zunächst ist zu entscheiden, ob dem Lizenznehmer ein ausschließliches, alleiniges oder nur ein einfaches Nutzungsrecht eingeräumt werden soll (vgl. hierzu bereits Vorbemerkung). Das Muster sieht die Einräumung einer *ausschließlichen* Lizenz vor, die im Gegensatz zur einfachen Lizenz nicht nur schuldrechtlich bindet, sondern eine dem Sachenrecht angenäherte, gleichsam dingliche absolute Natur hat (vgl. Benkard/*Ullmann/Deichfuß* PatG § 15 Rn. 92). Dies zeigt sich beispielsweise darin, dass die Inhaberin einer ausschließlichen Lizenz, sofern nichts Gegenteiliges vereinbart ist, Unterlizenzen vergeben darf und ihre Nutzungsbefugnisse (anders als bei der alleinigen Lizenz, → Form. III.0) auch die Lizenzgeberin von der Nutzung der Vertragsschutzrechte ausschließen. Die Möglichkeit der ausschließlichen Lizenz ist in § 15 Abs. 2 S. 1 PatG ausdrücklich vorgesehen. Nach deutschem Kartellrecht ist sie zulässig, nach europäischem grundsätzlich auch (vgl. Ziff. 190 ff. der Leitlinien (2014/C 89/03) zur Gruppenfreistellungsverordnung zum Technologietransfer (VO (EG) 316/2014 – „GVO-TT"), wobei allerdings nach EU-Recht insbesondere dann eine kritischere Beurteilung von ausschließlichen Lizenzvereinbarungen erfolgt, wenn diese mit Gebietsbeschränkungen verbunden sind, die dem Ziel der Europäischen Union zuwiderlaufen, einen einheitlichen Binnenmarkt zu schaffen, in dem alle Waren und Dienstleistungen frei zirkulieren können (vgl. allgemein zur GVO-TT *Hufnagel* Mitt. 2004, 297; *Lübbig* GRUR 2004, 483).

(8.2) **Lizenzierte Benutzungsarten.** Das Patent und die anderen Immaterialgüterrechte berechtigen den Rechtsinhaber zu unterschiedlichen Nutzungshandlungen. Der Inhaber eines Sachpatents ist gem. § 9 Nr. 1 PatG grundsätzlich als Einziger berechtigt, ein Produkt, das Gegenstand des Patents ist, herzustellen, anzubieten, in Verkehr zu bringen oder zu gebrauchen oder zu den genannten Zwecken entweder einzuführen oder zu besitzen. Der Inhaber eines Verfahrenspatents ist grundsätzlich als Einziger berechtigt, das Verfahren, das Gegenstand des Patents ist, anzuwenden oder zur Anwendung anzubieten (§ 9 Nr. 2 PatG) sowie das unmittelbar durch dieses Verfahren hergestellte Produkt (das „unmittelbare Verfahrenserzeugnis") in Verkehr zu bringen, zu gebrauchen oder zu den genannten Zwecken entweder einzuführen oder zu besitzen (§ 9 Nr. 3 PatG).

Der Patentinhaber muss der Lizenznehmerin eine Lizenz nicht für alle diese möglichen Nutzungsarten seines Patentrechts einräumen. Er kann vielmehr sein Patentrecht auch nur ausschnittweise, dh für einzelne Nutzungsarten (wie etwa die Herstellung, den Vertrieb oder den Gebrauch) lizenzieren. Freilich ist von einer derartigen Beschränkung der Lizenz auf eine (oder mehrere) Nutzungsarten des Patents nur dann auszugehen, wenn dies der Lizenzvertrag ausdrücklich vorsieht. Andernfalls wird man regelmäßig annehmen können, dass der Lizenznehmerin alle durch das Patentrecht gem. § 9 PatG eröffneten Benutzungshandlungen erlaubt sind, weil dies idR dem tatsächlichen Parteiwillen entspricht. Auch die Formulierung, dass der Lizenzgeber berechtigt sei, *„die Vertragsschutzrechte zu gebrauchen"* oder *„die Lizenzprodukte herzustellen"* muss noch keine Beschränkung auf den „Gebrauch" oder die „Herstellung" im Sinne des § 9 PatG bedeuten, da diese Formulierungen einer „Herstellungslizenz" von den Vertragsparteien vielfach pauschalierend verwendet werden, ohne die Nutzung beschränken zu wollen (vgl. Benkard/*Ullmann*/*Deichfuß* PatG § 15 Rn. 69). Im Streitfall ist im Wege der Auslegung zu ermitteln, ob die Vertragsparteien tatsächlich eine Beschränkung der Lizenz auf einzelne Benutzungsarten wollten.

Im Vertragsmuster ist dies der Fall. Die Vertragsschutzrechte an der CD-Herstellungsmaschine darf die Lizenznehmerin nur zur Herstellung und zum Gebrauch der lizenzierten CD-Herstellungsmaschinen verwenden. Die Lizenznehmerin soll somit die unter die Vertragsschutzrechte fallenden CD-Herstellungsmaschinen nur bauen, um damit die lizenzierten CDs herstellen zu können, und nicht, um die CD-Herstellungsmaschinen weiter an Dritte zu vertreiben. Die Lizenz ist des Weiteren auf Herstellung, Anbieten und Inverkehrbringen der lizenzierten CDs beschränkt.

(8.3) **Erschöpfung des lizenzierten Patentrechts.** Bei der Lizenzierung von Schutzrechten ist immer der *Grundsatz der Erschöpfung* im Auge zu behalten, gerade wenn die Lizenz auf einzelne Benutzungshandlungen des § 9 PatG, insb. den Gebrauch und/oder Vertrieb der Lizenzprodukte, beschränkt werden soll.

(8.3.1) **Grundlagen der Erschöpfung.** Der Grundsatz der Erschöpfung besagt, dass ein konkretes Einzelprodukt „patentfrei" wird, wenn es vom Patentinhaber oder mit dessen Zustimmung in den Verkehr gebracht wird. Der Patentinhaber kann dann nicht mehr bestimmen, was weiterhin mit dem Produkt geschieht (BGH GRUR 1980, 38 (39) – Fullplastverfahren). Er hat kein Recht, auf die weitere Benutzung und Veräußerung dieses konkreten Produktes Einfluss zu nehmen. Der Erwerber kann über das Produkt in jeder Hinsicht frei verfügen und es ungehindert nutzen und gebrauchen (BGH GRUR 1975, 206 (207) – Kunststoffschaum-Bahnen).

Die Erschöpfung des Patentrechts stellt eine Grenze des dem Patentinhaber verliehenen Monopolrechts dar, deren Grund darin gesehen wird, dass allein der Patentinhaber darüber entscheiden kann, ob und wie sein patentgeschütztes Produkt in den Verkehr gelangen soll. Entscheidet er sich für das Inverkehrbringen des Produkts, so erhält er im Gegenzug die ihm für seine Erfindung zustehende Belohnung. Anspruch auf einen weitergehenden Erfinderlohn durch Partizipieren an einer späteren weiteren Nutzung steht dem Patentinhaber dagegen nicht mehr zu.

Die Erschöpfung des Patentrechts bezieht sich immer nur auf das konkrete Einzelprodukt, das vom Patentinhaber (oder mit seiner Zustimmung) in Verkehr gebracht wurde. Andere Produkte werden von der Wirkung der Erschöpfung nicht erfasst, auch wenn sie baugleich sind. Das Inverkehrbringen stellt keinen Rechtsakt dar, sondern einen Realakt, durch den das patentgeschützte Produkt vom Patentinhaber in die tatsächliche Verfügungsgewalt eines Anderen übergeben wird. Es kommt daher nicht auf den Verkauf oder die Übereignung eines Produkts an, sondern darauf, dass es vom Berechtigten an einen Dritten, etwa einen Spediteur, übergeben wird. Das Anbieten der geschützten Ware im Handelsverkehr oder seine Herstellung stellen dagegen allein kein Inverkehrbringen dar (vgl. Benkard/*Scharen* PatG § 9 Rn. 44).

Durch das Inverkehrbringen eines geschützten Produkts wird das *Recht des Patentinhabers, den geschützten Gegenstand herzustellen,* nicht beschränkt. Deshalb ist es unzulässig, aus gebrauchten, nicht mehr funktionsfähigen Gegenständen, die vom Patentinhaber selbst oder mit seiner Zustimmung in Verkehr gebracht worden sind, erhalten gebliebene Teile auszubauen und wieder zu einem funktionsfähigen Gegenstand zusammenzubauen (BGH GRUR 1959, 232 (234) – Förderrinne).

(8.3.2) **Reichweite der Erschöpfung.** Die Reichweite der Erschöpfung richtet sich nach den Regeln des EU-Binnenmarktes. Gem. dem Grundsatz des freien Warenverkehrs

(Art. 26, 34 AEUV) sollen Produkte nach ihrem Inverkehrbringen frei im Binnenmarkt der EU vertrieben werden dürfen. Es gilt daher der *Grundsatz der EU-weiten Erschöpfung,* wenn ein patentiertes Produkt in einem Mitgliedstaat der EU vom Patentinhaber oder mit seiner Zustimmung in Verkehr gebracht wird (vgl. etwa EuGH GRUR-Int 1978, 291 – Hoffmann-La Roche/Centrafarm). Der Patentinhaber kann daher auch dann keine Ansprüche aus seinem Sachpatent in Deutschland geltend machen, wenn das konkrete Produkt von ihm oder mit seiner Zustimmung in Frankreich in Verkehr gebracht wurde (im europäischen Wirtschaftsraum (EWR) gelten dieselben Grundsätze wie innerhalb der EU, vgl. *Busse/Keukenschrijver* PatG § 9 Rn. 170).

Wenn allerdings das konkrete Produkt nicht vom Patentinhaber selbst oder mit seiner Zustimmung (in der EU oder dem EWR) in Verkehr gebracht wurde, bleibt er weiterhin berechtigt, sich gegenüber diesem konkreten Produkt auf seine Patentrechte zu berufen. Eine weltweite Erschöpfung besteht mithin nach hM nicht.

(8.3.3) Erschöpfung bei gleichzeitigem Sach- und Verfahrenspatent. Das Vertragsmuster sieht vor, dass die Lizenznehmerin mit CD-Herstellungsmaschinen CDs herstellen soll. Vertragsschutzrechte bestehen sowohl in Form eines *Sachanspruchs* für die CD-Herstellungsmaschine als auch in Form eines *Verfahrensanspruchs* für das CD-Herstellungsverfahren, das auf der CD-Herstellungsmaschine zur Anwendung kommen soll. Eine Lizenzgebühr für die Benutzung des Sach- und Verfahrenspatents bei Herstellung und Gebrauch der CD-Herstellungsmaschine unter Anwendung des CD-Herstellungsverfahrens kann die Lizenzgeberin allerdings nur dann verlangen, wenn ihre Vertragsschutzrechte nicht erschöpft sind.

(8.3.3.1) Wenn die Lizenznehmerin die patentierte CD-Herstellungsmaschine baut, liegt darin kein Inverkehrbringen des Produkts und somit keine Erschöpfung der Patentrechte (vgl. Benkard/*Scharen* PatG § 9 Rn. 17 mit 44). Die Lizenzgeberin kann somit im Prinzip für den Gebrauch der von der Lizenznehmerin hergestellten CD-Herstellungsmaschine unter Anwendung des patentierten CD-Herstellungsverfahrens Lizenzgebühren verlangen, die sich sowohl auf das Sachpatent („Gebrauch" der CD-Herstellungsmaschine im Sinne des § 9 Nr. 1 PatG) als auch auf das Verfahrenspatent (Anwendung des patentierten CD-Herstellungsverfahrens gem. § 9 Nr. 2 PatG) beziehen.

(8.3.3.2) Wird die CD-Herstellungsmaschine dagegen von der Lizenzgeberin (oder mit ihrer Zustimmung) geliefert, so tritt mit diesem Inverkehrbringen eine Erschöpfung der Sachpatentrechte ein. Das bedeutet, dass die Lizenzgeberin zumindest aus ihrem Sachpatent keine Lizenzansprüche gegen die Lizenznehmerin wegen Gebrauchs der CD-Herstellungsmaschine geltend machen kann.

(8.3.3.3) Aus dem Verfahrenspatent, das das auf der CD-Herstellungsmaschine anwendbare CD-Herstellungsverfahren schützt, kann die Lizenzgeberin nur dann Lizenzansprüche geltend machen, wenn das Verfahrenspatent nicht gleichzeitig mit dem Sachpatent erschöpft ist. Wird lediglich die Vorrichtung veräußert, mittels deren das Verfahren Anwendung finden kann, tritt hierdurch keine Erschöpfung des Verfahrenspatents ein (BGH GRUR 1980, 38 – Fullplastverfahren; bestätigt in BGH GRUR 2001, 223 – Bodenwaschanlage; so auch *Busse/Keukenschrijver* § 9 Rn. 155 mwN). Ob und in welchem Umfang der Erwerber zur Anwendung des Verfahrens berechtigt ist, hängt von der schuldrechtlichen Ausgestaltung einer – stillschweigend – erteilten Lizenz ab und ist nach dem jeweiligen Einzelfall zu beurteilen (BGH GRUR 1998, 130 (132) – Handhabungsgerät). Fehlen entgegenstehende Abreden, ist in der Lieferung der Vorrichtung im Zweifel die stillschweigende Erlaubnis für die Abnehmer zu sehen, das geschützte Verfahren zweckentsprechend anzuwenden (BGH GRUR 2007, 773 – Rohrschweißverfahren).

Die auf das CD-Herstellungs**verfahren** gerichteten Patentansprüche sind daher auch bei Lieferung der CD-Herstellungsmaschine nicht erschöpft, so dass die Lizenzgeberin auch in diesem Fall eine Lizenzgebühr für die Anwendung des CD-Herstellungsverfahrens (wenn auch nicht für die Nutzung der **Sach**ansprüche bei Gebrauch der CD-Herstellungsmaschine) verlangen könnte.

(8.4) **Technische Anwendungsbereiche und Produktmärkte.** Es ist idR zulässig, die Lizenznehmerin zu verpflichten, die Nutzung der lizenzierten Technologie auf bestimmte technische Anwendungsbereiche oder bestimmte Produktmärkte zu beschränken. Umfasst die Technologie mehrere technische Anwendungsbereiche oder Produktmärkte, so ist grundsätzlich eine sog. „Field-of-use"-Beschränkung auf einen der Anwendungsbereiche oder Produktmärkte möglich. Kartellrechtlich ist eine „Field-of-use"-Beschränkung, auch wenn in der neuen Gruppenfreistellungsverordnung zum Technologietransfer (VO (EG) 316/2014 – „GVO-TT") nicht mehr ausdrücklich als Ausnahme zur Kernbeschränkung erwähnt, grundsätzlich unbedenklich (vgl. Ziff. 208, 211 der Leitlinien (2014/C 89/03) zur Gruppenfreistellungsverordnung zum Technologietransfer (VO (EG) 316/2014 – „GVO-TT"; *Bosch* NJW 2014, 1714 (1718))

(8.5) **Lizenzgebiet.** Die Lizenz für ein deutsches Patent muss nicht für die gesamte Bundesrepublik Deutschland erteilt werden, sondern kann auch auf einen Teil des Bundesgebiets beschränkt werden (§ 15 Abs. 2 S. 1 PatG). Art. 73 EPÜ sieht entsprechend vor, dass eine europäische Patentanmeldung auch nur für einen Teil der Hoheitsgebiete der benannten Vertragsstaaten lizenziert werden kann.

Das EU-Kartellrecht bewertet räumliche Beschränkungen, die sich faktisch als Exportverbote auswirken, grundsätzlich eher kritisch, da sie dem elementaren Ziel der EU zuwiderlaufen, einen gemeinsamen Binnenmarkt zu schaffen, in dem alle Waren und Dienstleistungen frei zirkulieren können (vgl. dazu näher → Anm. 12 ff.).

(8.6) **Zeitlizenz.** Die so genannte Zeitlizenz, bei der der Lizenznehmerin die Patente nicht für deren gesamte Laufzeit, sondern nur für einen Teil davon lizenziert werden, ist zulässig.

Dagegen ist es grundsätzlich unzulässig, die Lizenznehmerin zu verpflichten, nach Wegfall des (letzten) Vertragsschutzrechts, die Lizenzgebühren fortzuzahlen (vgl. *Bartenbach*, Patentlizenz- und Know-how-Vertrag , Rn. 1870 ff. unter Hinweis auf Art. 2 (2) GVO-TT), oder ihr zu verbieten, die geschützte Technologie nach Ende der Schutzdauer des Patents zu benutzen. Anders kann dies jedoch sein, wenn über den Patentschutz hinaus auch weitere Rechte (zB Marken, Know-How) lizensiert sind. (vgl. *Busse/Hacker* PatG § 15 Rn. 100, 218). Nicht wettbewerbsbeschränkend sind in der Regel Vereinbarungen, die eine Fortsetzung der Zahlung der Lizenzgebühr infolge einer gewährten Zahlungserleichterung über die Geltungsdauer der lizenzierten Patente hinaus vorsehen.

Fehlen anders lautende Vereinbarungen, so ist im Zweifel davon auszugehen, dass die Lizenz für die Laufzeit des Patents erteilt wurde (vgl. *Busse/Hacker* PatG § 15 Rn. 100).

9. Aus der Sicht der Lizenznehmerin kann es wünschenswert sein, die Berechtigung zur Herstellung der Lizenzprodukte in fremder Werkstatt („Lohnfertigung" bzw. „verlängerte Werkbank") ausdrücklich zu erwähnen, um diesbezüglich keine Zweifel entstehen zu lassen (zur „verlängerten Werkbank" auch *Bartenbach,* Patentlizenz- und Know-how-Vertrag, Rn. 2832 u. 1315).

10. Da die Exklusivität der ausschließlichen Lizenz auch gegenüber dem Patentinhaber (und seinem Rechtsnachfolger) wirkt (Benkard/*Ullmann/Deichfuß* PatG § 15 Rn. 90), kann es für die Lizenzgeberin wünschenswert sein, genau festzulegen, ob und inwiefern sie weiter befugt ist, die Vertragsschutzrechte neben der ausschließlichen Lizenznehmerin zu benutzen.

11. Fehlen anders lautende Vereinbarungen, so ist die Lizenznehmerin berechtigt, die Vertragsschutzrechte in dem Gebiet zu benutzen, in dem sie gelten (*Bartenbach*, Patentlizenz- und Know-how-Vertrag, Rn. 1213). Um Zweifel zu vermeiden, empfiehlt es sich, das Vertragsgebiet genau zu benennen.

12. *Gebietsbeschränkungen* zu Lasten der Lizenznehmerin können Probleme nach EU-Recht (Art. 101 AEUV) aufwerfen, weil sie dem Binnenmarktziel zuwiderlaufen. Entsprechend werden Vereinbarungen zwischen konkurrierenden Unternehmen über eine Zuweisung von Märkten von der GVO-TT grundsätzlich als eine schwerwiegende Wettbewerbsbeschränkung *(„Kernbeschränkung")* angesehen (Art. 4 Abs. 1c). Gleiches gilt für Vereinbarungen zwischen nicht-konkurrierenden Unternehmen, die eine Beschränkung des Gebiets bezwecken, in das die Lizenznehmerin Vertragsprodukte passiv verkaufen darf (Art. 4 Abs. 2b (i) GVO-TT). Lizenzverträge, die eine Kernbeschränkung enthalten, sind als Ganzes von der Gruppenfreistellung ausgeschlossen. Kernbeschränkungen können nicht vom Rest der Vereinbarungen abgetrennt werden. Salvatorische Klauseln (→ Anm. 77) gehen bei Kernbeschränkungen somit ins Leere.

Gem. Art. 4 Abs. 1c (ii) GVO-TT ist die der Lizenznehmerin in einer nicht wechselseitigen Vereinbarung auferlegte Beschränkung des *aktiven Verkaufs* in ein Exklusivgebiet, das von der Lizenzgeberin anderen Lizenznehmerinnen zugewiesen worden ist, von der Liste der Kernbeschränkungen selbst dann ausgenommen, wenn Lizenzgeberin und Lizenznehmerin konkurrierende Unternehmen sind (bei nicht-konkurrierenden Unternehmen bestehen ohnehin grundsätzlich keine Bedenken). Solche Beschränkungen sind daher bis zur Höhe der anwendbaren Marktanteilsschwellen automatisch freigestellt, sofern die geschützte Lizenznehmerin zum Zeitpunkt des Abschlusses der Lizenzvereinbarung keine Wettbewerberin der Lizenzgeberin war.

Beschränkungen des Vertragsgebiets können somit unter kartellrechtlichen Gesichtspunkten zulässig sein. Letztlich bedarf es hierzu allerdings einer genauen Prüfung des Einzelfalls.

13. Soweit nichts anderes vereinbart ist, hat die ausschließliche Lizenznehmerin das Recht, Unterlizenzen zu erteilen (*Busse/Hacker* PatG § 15 Rn. 81). Es empfiehlt sich daher für die Lizenzgeberin, im Lizenzvertrag festzulegen, ob und inwieweit das Recht zur Vergabe einer Unterlizenz beschränkt werden soll. Kartellrechtlich sind derartige Beschränkungen idR zulässig.

14. Sofern nichts anderes vereinbart ist, ist die ausschließliche Lizenznehmerin, im Gegensatz zur einfachen, grundsätzlich berechtigt, die Lizenz gem. §§ 413, 398 BGB zu übertragen (Benkard/*Ullmann/Deichfuß* PatG § 15 Rn. 103 f.). Die Lizenzgeberin sollte daher festlegen, ob und inwieweit das Recht zur Übertragung der Lizenz beschränkt werden soll. Dies ist kartellrechtlich grundsätzlich zulässig.

Von der Übertragung der Lizenz (dh **der Rechte** der Lizenznehmerin aus dem Lizenzvertrag) ist die Übernahme des gesamten Lizenzvertrags (dh der Eintritt eines Dritten in die Rechte **und Pflichten** der Lizenznehmerin) zu unterscheiden. Hierbei handelt es sich um einen dreiseitigen Vertrag eigener Art, bei dem die ursprünglichen Vertragspartner und die neue Lizenznehmerin zusammenwirken müssen (*Busse/Hacker* PatG § 15 Rn. 79).

15. Die ausschließliche Lizenz kann gem. § 30 Abs. 4 PatG in der Patentrolle vermerkt werden. Die Eintragung ist keine Wirksamkeitsvoraussetzung. Mit der Eintragung ist die ausschließliche Lizenznehmerin allerdings gegen eine Lizenzbereitschaftserklärung der Lizenzgeberin und den daraus für sie resultierenden negativen Wirkungen geschützt (vgl. § 23 Abs. 2 mit Abs. 3 S. 4 PatG). Der Antrag auf Eintragung einer ausschließlichen Lizenz ist unzulässig, solange eine Lizenzbereitschaft gem. § 23 Abs. 1 PatG erklärt ist (§ 30 Abs. 4 S. 2 PatG). Die Eintragung von Lizenzen an europäischen Patentanmeldungen richtet sich nach den Regeln 23 und 24 der Ausführungsordnung zum EPÜ.

16. Die Lizenzierung von Know-how betrifft die Weitergabe von Wissen, das nicht durch besondere (gewerbliche) Schutzrechte geschützt ist. Gerade bei der Lizenzierung von Verfahrenspatenten zeigt sich häufig, dass für die Lizenznehmerin weiteres Wissen erforderlich ist, um das patentierte Verfahren erfolgreich anwenden zu können. Das Vertragsmuster geht davon aus, dass die Lizenznehmerin für eine erfolgreiche Anwendung des lizenzierten CD-Herstellungsverfahrens weitere Informationen von der Lizenzgeberin benötigt.

Die Weitergabe dieses Wissens erfolgt im Rahmen eines Know-how-Lizenzvertrags, der rein schuldrechtlicher Natur ist.

Eine abschließende gesetzliche Definition von „Know-how" existiert nicht. Die GVO-TT Nr. 240/1996 definierte „Know-how" als „eine Gesamtheit technischer Kenntnisse, die geheim, wesentlich und identifizierbar sind" (Art. 10 Abs. 1 EG (VO) 240/96), die GVO-TT 772/2004 sowie die neue GVO-TT (Nr. 316/2014) als „eine Gesamtheit nicht patentierter praktischer Kenntnisse, die durch Erfahrungen und Versuche gewonnen werden und die i) geheim, ... ii) wesentlich . . . . . . und iii) identifiziert sind . . . . . ." (Art. 1 Abs. 1i) EG (VO) 772/2004 und 316/2014). Kurz gesagt handelt es sich bei „Know-how" um einen Wissensvorsprung, der weder erfinderische Leistung noch Schutzfähigkeit voraussetzt. Vielmehr kann das technische „Know-how" im Anschluss an *Bartenbach* allgemein definiert werden als „das nicht durch Schutzrechte gesicherte (betriebliche) Erfahrungswissen auf technischem oder kaufmännischem Bereich, das gegenüber Dritten einen Vorteil gewährt" (*Bartenbach,* Patentlizenz und Know-how-Vertrag, Rn. 2549; grundlegend bereits *Pfister,* Das technische Geheimnis, 1974).

Ebenso wie ein reiner Patentlizenzvertrag unterliegt ein Know-how-Lizenzvertrag (oder ein gemischter Patent- und Know-how-Lizenzvertrag) kartellrechtlichen Grenzen, die sich im Bereich der EU insbesondere aus Art. 101 AEUV im Zusammenhang mit der Gruppenfreistellungsverordnung für Technologietransfervereinbarungen (GVO-TT) ergeben (vgl. dazu *Bartenbach,* Patentlizenz- und Know-how-Vertrag, Rn. 2721 ff.). Diese Vorschriften erklären bestimmte in Know-how-Lizenzverträgen enthaltene Wettbewerbsbeschränkungen für zulässig, vorausgesetzt, dass es sich um „geheimes, wesentliches und identifiziertes" Know-how handelt.

Know-how-Verträge, die europäischem Kartellrecht unterliegen und diese Tatbestandsvoraussetzungen nicht erfüllen, kommen nicht in den Genuss der Gruppenfreistellungsverordnung für Technologietransfervereinbarungen, sondern sind anhand der allgemeinen Vorschrift des Artikels 101 AEUV zu beurteilen, was idR zur Folge hat, dass sämtliche wettbewerbsbeschränkenden Vertragsklauseln nichtig sind (vgl. *Liebscher/Flohr/Petsche,* Handbuch der Gruppenfreistellungsverordnungen, § 13 Rn. 41) und damit über § 139 BGB im Zweifel auch der gesamte Vertrag (zu salvatorischen Klauseln → Anm. 77).

Vor diesem Hintergrund empfiehlt es sich, nur tatsächliches Know-how zu lizenzieren, um sicherzustellen, dass die im Know-how-Lizenzvertrag enthaltenen Wettbewerbsbeschränkungen soweit wie möglich in den Genuss einer kartellrechtlichen Freistellung kommen.

Die zur Identifizierung des Know-hows erforderliche Dokumentierung kann entweder in der Vereinbarung selbst erfolgen oder in einem gesonderten Dokument, etwa in Form von Rezepten, Formeln, Mustern, Zeichnungen oder Beschreibungen von Herstellungsverfahren. Darüber hinaus ist es auch möglich, das Know-how in anderer Weise zu dokumentieren, etwa in Form eines Videofilms, solange dadurch überprüft werden kann, ob die Merkmale „geheim" und „wesentlich" erfüllt sind.

17. Im Hinblick auf den geheimen Charakter des Know-hows wird die Lizenzgeberin idR noch stärker als bei den lizenzierten Patenten daran interessiert sein, kontrollieren zu können, ob und an wen die Lizenznehmerin Unterlizenzen erteilt.

18. Angesichts des bereits mit der bloßen Offenbarung des geheimen Know-hows verbundenen Vorteils für die Lizenznehmerin sollte die Lizenzgeberin die Übergabe des Know-hows von einer Vorabzahlung abhängig machen.

19. Die Hauptpflicht der Lizenzgeberin zur Einräumung eines positiven Benutzungsrechts ist (auch ohne ausdrückliche Vereinbarung) mit der Nebenpflicht verbunden, der Lizenznehmerin, soweit erforderlich, begleitende Informationen zur Verfügung zu stellen, damit sie die lizenzierte Technologie vertragsgemäß benutzen kann. Gleichwohl wird eine allgemeine Pflicht der Lizenzgeberin, die Lizenznehmerin in der technischen Lehre zu schulen oder gar bei der Produktion anzuleiten, abgelehnt (vgl. *Kraßer/Schmid* GRUR-Int 1982, 324 (331)). In Fällen, in denen damit zu rechnen ist, dass die Lizenznehmerin die lizenzierte Technologie nicht ohne weitere Unterstützung der Lizenzgeberin nutzen kann, empfiehlt es sich daher, die Bedingungen der gewünschten Schulung und Beratung der Lizenznehmerin genau zu vereinbaren.

20. Die Zahlung der Lizenzgebühr ist als Gegenleistung für die Einräumung des positiven Benutzungsrechts Hauptpflicht der Lizenznehmerin. Ist die Höhe der Lizenz nicht vereinbart, so kann die Lizenzgeberin sie gem. §§ 315, 316 BGB nach billigem Ermessen bestimmen (Benkard/*Ullmann/Deichfuß* PatG § 15 Rn. 132).

21. Aus der Sicht der Lizenzgeberin empfiehlt es sich, ausdrücklich zu vereinbaren, dass die Einmalzahlung der Lizenznehmerin nicht rückforderbar und auch nicht anrechenbar ist, weil dies ohne eine entsprechende Regelung nicht ohne Weiteres angenommen wird.

22. Die Vereinbarung einer *Stücklizenz* ist eher die Ausnahme, weil sie die Lizenzgeberin nicht an den (idR zu erwartenden) steigenden Verkaufspreisen der Lizenznehmerin teilhaben lässt. Im Fall des Vertragsmusters spielt dieser Gesichtspunkt allerdings keine Rolle, da die Lizenznehmerin die lizenzierten CD-Herstellungsmaschinen nur für den Eigengebrauch und nicht für den Vertrieb herstellen darf.

23. Die laufende Lizenzgebühr wird idR als eine auf den „Umsatz" der Lizenznehmerin bezogene Gebühr vereinbart. Um eine sichere Grundlage für die Berechnung der Lizenzgebühren zu besitzen, sollte im Vertrag genau bestimmt werden, was unter „Umsatz" verstanden wird (→ Anm. 24).

Darüber hinaus ist es wichtig, zu bestimmen, welches Produkt das „Lizenzprodukt" ist, für dessen Umsatz die Lizenznehmerin Lizenzgebühren zahlen soll. Im Zweifel werden Lizenzgebühren nur für solche Benutzungshandlungen geschuldet, die ohne Lizenzierung eine Patentverletzung darstellten (Benkard/*Ullmann/Deichfuß* PatG § 15 Rn. 125). Dementsprechend liegt grundsätzlich eine Wettbewerbsbeschränkung vor, wenn Lizenzgebühren auch für Benutzungshandlungen in Ländern verlangt werden, in denen keine Vertragsrechte existieren (vgl. dazu BGH Mitt. 2005, 502 (504 f.) – mAnm *Köhler*) oder wenn bei der Lizenzierung einer zusammengesetzten Vorrichtung auch für nicht patentgeschützte Teile eine Lizenzgebühr verlangt wird. Gleichwohl wird die Bemessung der Lizenzgebühren auf der Grundlage des gesamten Verkaufspreises einer nicht in allen Teilen patentierten Vorrichtung dann für kartellrechtlich zulässig erachtet, wenn es sich dabei lediglich um eine zur leichteren Lizenzberechnung gewählte Zahlungsmodalität handelt, bei der die Einbeziehung nicht patentgeschützter Teile, insbesondere durch Vereinbarung niedriger Lizenzsätze berücksichtigt wird. Wirkt sich beispielsweise der Teil, auf den sich die lizenzierten Schutzrechte beziehen, erheblich auf den Wert der Gesamtvorrichtung aus, so kann die Lizenzgebühr entweder anhand eines hohen Prozentsatzes vom Verkehrswert des Teils ermittelt werden oder anhand eines niedrigeren Prozentsatzes vom Preis der Gesamteinrichtung (vgl. dazu Benkard/*Ullmann/Deichfuß* PatG § 15 Rn. 129).

Im Fall des Vertragsmusters stellt sich die Frage der kartellrechtlich „richtigen Bezugsgröße" nicht, da sich das Herstellungsverfahren auf das gesamte Lizenzprodukt (die CDs) bezieht.

Des Weiteren ist es empfehlenswert, zu vereinbaren, zu welchen Teilen die laufende Lizenzgebühr für die Nutzung der lizenzierten Patente und des lizenzierten Know-hows anfällt, damit bei einem möglichen Wegfall der Zahlungspflicht für ein Vertragsschutzrecht oder das Know-how später kein Streit über die Höhe der dann noch zu zahlenden Lizenzgebühr aufkommt.

Aus der Sicht der Lizenznehmerin kann es schließlich empfehlenswert sein, eine Reduzierung der Lizenzgebühr bei hohen Umsätzen zu vereinbaren (Abstaffelung). Hintergrund ist die Überlegung, dass hohe Umsätze oftmals nicht allein auf dem Wert der lizenzierten Technologie beruhen, sondern auch auf Leistungen der Lizenznehmerin, etwa ihrer Werbung, Vertriebsorganisation, bekannten Marken etc Allerdings ist zu berücksichtigen, dass Lizenzsätze mit Abstaffelung regelmäßig höher angesetzt werden als konstant zu zahlende Lizenzsätze. Daher kann es für die Lizenznehmerin auch vorteilhafter sein, von vornherein einen konstanten niedrigeren Lizenzsatz anzusetzen, wenn sie keine besonders hohen Umsätze erwartet (*Bartenbach,* Patentlizenz- und Know-how-Vertrag, Rn. 1699).

24. Die laufende Lizenzgebühr kann außer im Wege einer Stücklizenz auch prozentual als Anteil am Umsatz, den Rechnungsbeträgen, dem Reingewinn oder dem Wert der durch ein lizenziertes Verfahren hergestellten Erzeugnisse berechnet werden (*Busse/ Hacker* PatG § 15 Rn. 139).

Das Vertragsmuster berechnet die Lizenzgebühren auf der Grundlage der Umsätze der Lizenznehmerin. Es wäre auch möglich als Grundläge die Rechnungsbeträge der Lizenznehmerin heranzuziehen, was für die Lizenzgeberin im Vergleich zu einer Umsatzlizenz im strengen Sinne den Vorteil hat, dass der Anspruch auf Zahlung der Lizenzgebühren nicht erst bei tatsächlich erzielten Umsätzen (dh bei Zahlungseingang) entsteht, sondern bereits mit Rechnungsstellung der Lizenznehmerin. Jedoch wird die Lizenznehmerin üblicherweise daran interessiert sein, dass eine der Anspruch erst mit tatsächlichem oder nahendem Geldeingang bei ihr entsteht. Den Parteien steht es grundsätzlich frei, Absprachen über die Voraussetzungen der Lizenzzahlungspflicht, den Zeitpunkt der Entstehung des Lizenzanspruchs und insbesondere die Zahlungspflicht bei stornierten Geschäften zu treffen. Bei Fehlen derartiger Absprachen kann nicht ohne Weiteres angenommen werden, dass bei stornierten Geschäften keine Pflicht zur Lizenzzahlung besteht, da nicht angenommen werden kann, dass die Lizenzgeberin neben den vielen Risiken, die mit Lizenzverträgen verbunden sind, auch das Risiko der Bonität von Personen und Unternehmen mittragen soll, auf deren Auswahl sie keinen Einfluss hat (vgl. BGH GRUR 1998, 561 (562 f.) – Umsatzlizenz).

Bemessungsgrundlage für die „Umsatzlizenz“ ist regelmäßig der Nettoumsatz, der durch Abzug der Kosten, Steuern und Zölle vom Bruttoumsatz berechnet wird. Üblicherweise werden nur solche Posten in Abzug vom Bruttoumsatz gebracht, die die Lizenznehmerin ihren Abnehmern gesondert in Rechnung stellt, wie etwa die Kosten für Verpackung, Frachtversicherung, Zoll und Steuern (*Bartenbach,* Patentlizenz- und Know-how-Vertrag, Rn. 1714, 1715).

Statt diese Abzugsposten immer konkret zu berechnen, kann – wie in der Alternativklausel vorgesehen – ein pauschaler Abzug der Kosten vereinbart werden, der idR zwischen 5 bis 10 % liegt (*Bartenbach,* Patentlizenz- und Know-how-Vertrag, Rn. 1714, 1715).

25. Die Parteien können die Zahlung einer Mindestlizenz vereinbaren, die unabhängig davon geschuldet wird, ob die Umsatzerwartungen sich erfüllen. Die Vereinbarung einer Mindestlizenzpflicht ist idR nicht als wettbewerbsbeschränkend anzusehen.

26. Nach EU-Kartellrecht wird eine entsprechende Pflicht zur Fortzahlung der Lizenzgebühr idR als nicht wettbewerbsbeschränkend angesehen (zumindest, wenn das Know-how durch Mitwirkung der Lizenznehmerin offenkundig wurde). Haben die Vertragsparteien dagegen keine Fortzahlungspflicht vereinbart, endet die Pflicht zur Zahlung der Lizenzgebühren von dem Zeitpunkt an, in welchem das Know-how ohne Mitwirkung des Lizenznehmers offenkundig wurde (vgl. zum Ganzen *Bartenbach,* Patentlizenz- und Know-how-Vertrag, Rn. 2802 ff.).

27. Es empfiehlt sich immer bezogen auf den konkreten Fall zu prüfen, ob und inwieweit direkte und indirekte Steuern für die Lizenzgebühren anfallen können, um dann zu entscheiden, wer diese Steuern zu tragen hat. Das Vertragsmuster macht insoweit lediglich einen Vorschlag.

28. Das Vertragsmuster berechnet die Lizenzgebühren für die Vergabe von Unterlizenzen anhand der von der Unterlizenznehmerin and die Lizenznehmerin gezahlten Lizenzgebühren. Bei einer solchen Berechnung wird üblicherweise ein sehr hoher Anteil an den Unterlizenzgebühren an die Lizenzgeberin durchgereicht. Dem liegt die Überlegung zugrunde, dass die Erzielung von Einnahmen bei der Lizenznehmerin durch die Vergabe von Unterlizenzen weitgehend auf einer reinen Weiterlizenzierung und damit überwiegend auf den lizenzierten Rechten beruht, ohne dass die Lizenznehmerin größeren Aufwand oder ein besonderes Risiko trägt. Damit soll ein hoher Anteil an diesen Einnahmen üblicherweise der Schutzrechtsinhaberin bzw. der Lizenzgeberin zustehen. Möglich, jedoch unüblich, wäre es auch, die Lizenzgebühren der Lizenznehmerin nicht auf der Grundlage der Unterlizenzgebühren zu berechnen, sondern auf der Grundlage der von der Unterlizenznehmerin getätigten Umsätze, um im Falle einer Unterlizenz sicherzustellen, auch für die Nutzung der Unterlizenznehmerin eine „volle" Lizenzgebühr zu erhalten.

29. Die Vertragsparteien können den Zeitpunkt der Entstehung des Lizenzanspruchs frei vereinbaren. Fehlt eine entsprechende Vereinbarung ist der Wille der Vertragsparteien im Wege der Auslegung zu ermitteln (vgl. dazu BGH GRUR 1998, 561 (562 f.) – Umsatzlizenz).

30. Die Fälligkeit der Mindestlizenzgebühren vor Ablauf des Abrechnungszeitraums (Kalenderhalbjahrs, Quartals) kommt den Interessen der Lizenzgeberin entgegen. Häufig wird vereinbart, dass die Lizenznehmerin die Lizenzgebühr erst mit Fälligkeit der laufenden Lizenzgebühren gem. Ziffer 7.4 des Vertragsmusters zu zahlen hat, soweit die laufenden Lizenzgebühren den Betrag der Mindestlizenzgebühr nicht übersteigen.

31. Ohne eine Rechnungslegung der Lizenznehmerin kann die Lizenzgeberin ihre Ansprüche auf Zahlung der Lizenzgebühr nicht geltend machen. Daher ist die Lizenznehmerin bereits aus Treu und Glauben (§ 242 BGB) verpflichtet, der Lizenzgeberin über die fällig gewordenen Lizenzgebühren unter Angabe aller für die Berechnung relevanten Umstände Rechnung zu legen (vgl. Benkard/*Ullmann/Deichfuß* PatG § 15 Rn. 143–145). Um Streitigkeiten über den konkreten Umfang der Rechnungslegungspflicht zu vermeiden, empfiehlt es sich, diese Pflicht vertraglich genau festzulegen.

32. Ziffer 7.4 regelt die Fälligkeit der laufenden Lizenzgebühr (§ 271 BGB), dh den Zeitpunkt, von dem ab die Lizenzgeberin die Zahlung der laufenden Lizenzgebühr verlangen kann. Die Fälligkeit ist von der in Ziffer 7.1 des Vertragsmusters geregelten Entstehung des Anspruchs auf die laufende Lizenzgebühr zu unterscheiden.

33. Bei Lizenzverträgen mit Auslandsbezug empfiehlt es sich, zu regeln, in welcher Währung die Lizenzgebühren zu zahlen sind und wie ausländische Währungen umgerechnet werden sollen.

34. Diese Regelung dient in erster Linie der Klarstellung, weil die Zeit für die Leistung der Lizenzgebühr nach dem Kalender bestimmt bzw. zumindest berechenbar ist (§ 286 Abs. 2 Nr. 1 und Nr. 2 BGB) und bereits aus diesem Grund keine Mahnung erforderlich ist.

Die Regelung der Verzugszinsen entspricht der des § 288 Abs. 2 BGB für Rechtsgeschäfte, an denen kein Verbraucher beteiligt ist.

35. Ziffer 7.7 des Vertragsmusters beschränkt die Aufrechnungsmöglichkeiten nach §§ 387 ff. BGB (im Einklang mit § 309 Nr. 3 BGB, der freilich nicht direkt angewendet wird, weil an Lizenzverträgen idR keine Verbraucher beteiligt sind).

36. Die Pflicht zur (gesonderten) Buchführung soll sicherstellen, dass die Lizenznehmerin alle für die Rechnungslegung relevanten Daten sorgfältig und kontrollierbar erfasst. Die Vereinbarung ist wichtig, weil die Lizenzgeberin sonst nicht ohne Weiteres eine gesonderte Buchführung verlangen kann.

37. Da die Lizenzgeberin grundsätzlich nicht das Recht besitzt, eine von der Lizenznehmerin vorgelegte Abrechnung durch eine Buchprüfung überprüfen zu lassen (vgl. *Busse/Hacker* PatG § 15 Rn. 150), empfiehlt es sich, ein entsprechendes Kontrollrecht zu vereinbaren.

38. Um Streitigkeiten zu vermeiden, empfiehlt es sich, vertraglich festzulegen, wer die Kosten der Kontrolle durch den Buchprüfer grundsätzlich trägt (hier: die Lizenzgeberin) und unter welchen Voraussetzungen diese Kosten ausnahmsweise von der anderen Partei (hier: der Lizenznehmerin) zu übernehmen sind. Die Kostenübernahme wird häufig als Sanktion für eine unrichtige Buchführung vereinbart. Die Parteien können die Übernahme der Prüfkosten bei jeder Abweichung oder erst ab einer bestimmten (prozentualen oder absoluten) Abweichung vorsehen.

39. Die nachzuzahlenden Lizenzgebühren und Verzugszinsen wären gem. § 271 Abs. 1 BGB grundsätzlich „sofort" zu zahlen. Die Regelung stellt somit in erster Linie klar, was die Parteien unter „sofort" verstehen und dass die Lizenznehmerin darüber hinaus erst zahlen muss, wenn sie von der Lizenzgeberin eine begründete Mitteilung erhalten hat, aus der sich der Fehlbetrag ergibt.

40. Ziffer 8.4 regelt den Fall, dass sich bei der Buchkontrolle eine Unrichtigkeit zu Lasten der Lizenznehmerin ergibt. In diesem Fall erscheint es billig, der Lizenznehmerin den nach Abzug der Kosten für die Buchführung verbleibenden Betrag zu überweisen. Da die Kontrolle aber erst auf Initiative der Lizenzgeberin stattgefunden hat und die fehlerhafte Berechnung im Verantwortungsbereich der Lizenznehmerin liegt, wird hier regelmäßig keine Verzinsung der Überzahlung vorgesehen.

41. Obwohl die ausschließliche Lizenznehmerin (im Gegensatz zur einfachen) grundsätzlich einer Ausübungspflicht unterliegt (Benkard/*Ullmann/Deichfuß* PatG § 15 Rn. 134), sollte die Ausübungspflicht auch bei der ausschließlichen Lizenz, insbesondere nach Umfang und Dauer, genau festgelegt werden.

Kartellrechtlich bestehen grundsätzlich keine Bedenken gegen die (Vereinbarung einer) Ausübungspflicht. Darüber hinaus kann sich die Lizenznehmerin idR verpflichten, eine Mindestmenge der Lizenzprodukte herzustellen oder eine Mindestzahl von lizenzpflichtigen Handlungen vorzunehmen oder die überlassene Technologie nach besten Kräften zu nutzen.

Die Ausübungspflicht untersteht in besonderem Maße Treu und Glauben. Einerseits begründet die Verletzung der Ausübungspflicht einen Schadensersatzanspruch und (nach Fristsetzung und Ablehnungsandrohung) das Recht, den Lizenzvertrag aus wichtigem Grund zu kündigen. Andererseits kann die Ausübungspflicht entfallen, wenn der Lizenznehmerin die weitere Erfüllung der Ausübungspflicht aus ihr nicht zu vertretenden Gründen nicht mehr zugemutet werden kann, etwa bei technischer oder wirtschaftlicher Unverwertbarkeit (vgl. *Busse/Hacker* PatG § 15 Rn. 153).

Zusammen mit der Ausübungspflicht können auch Werbepflichten vereinbart werden, die im Einzelnen ebenfalls genau festgelegt werden sollten.

42. Eine gewisse Qualitätsbindung der Lizenznehmerin folgt letztlich bereits aus ihrer Ausübungspflicht, da es nicht allein darauf ankommt, dass die Lizenznehmerin die Lizenzprodukte herstellt, sondern auch *wie* sie dies tut. Soll sichergestellt werden, dass die Lizenznehmerin bei der Herstellung der Lizenzprodukte bestimmte technische Anforderungen erfüllt, empfiehlt es sich, diese technischen Anforderungen vertraglich genau festzulegen.

Kartellrechtlich bestehen gegen die Vereinbarung einer Qualitätsbindung grundsätzlich keine Bedenken, zumindest soweit und solange sie durch ein Interesse der Lizenzgeberin an einer technisch einwandfreien Ausnutzung des Gegenstandes des Schutzrechts gerechtfertigt ist. Zur Sicherung der Qualitätsbindung sind auch Kontrollen zulässig.

43. Der Lizenzvermerk ermöglicht es der Lizenznehmerin, vom guten Namen der Lizenzgeberin zu profitieren. Die Verpflichtung zur Anbringung eines Lizenzvermerks begegnet grundsätzlich keinen kartellrechtlichen Bedenken.

Durch die Lizenzvergabe alleine wird der Lizenzgeber noch nicht „Quasi-Hersteller" iSd § 4 Abs. 1 Produkthaftungsgesetz. Vorsicht ist aber geboten, wenn dem Lizenznehmer die Kennzeichnung des Produkts mit Bezeichnungen des Lizenzgebers erlaubt wird (Palandt/*Sprau* ProdHaftG § 4 Rn. 6).

44. Das von der Lizenzgeberin häufig verfolgte Ziel, der Lizenznehmerin zu verbieten, keine Konkurrenzprodukte herzustellen oder zu vertreiben, begegnet kartellrechtlichen Bedenken, weil dadurch die Freiheit der Lizenznehmerin beschränkt wird, Produkte herzustellen oder zu vertreiben, die nicht mehr vom Schutzumfang der Vertragsschutzrechte erfasst werden. Daher sind umfassende, über den Inhalt der Vertragsschutzrechte hinausgehende Wettbewerbsverbote kartellrechtlich unzulässig (vgl. im Einzelnen *Bartenbach,* Patentlizenz- und Know-how-Vertrag„ Rn. 2120 ff.).

45. Die in Ziffer 12.1 des Vertragsmusters vorgesehene Beendigung der Ausschließlichkeit sollte nach EU-Kartellrecht grundsätzlich zulässig sein. Eine weitere Definition der „verbundenen Unternehmen" findet sich in Art. 1 Abs. 2 GVO-TT.

46. Ein nachvertragliches Nutzungsverbot gem. Ziffer 12.2 des Vertragsmusters ist idR kartellrechtlich unbedenklich.

47. Die in Ziffer 12.3 des Vertragsmusters vorgesehene Nachweispflicht ist idR kartellrechtlich unbedenklich. Freilich ist zu berücksichtigen, dass der Nachweis nicht nur von der Lizenznehmerin schwer zu erbringen, sondern auch von der Lizenzgeberin schwer zu kontrollieren ist.

Es könnte daher auch folgende Alternativregelung erwogen werden:

„Die Lizenznehmerin ist ferner verpflichtet, das Vertrags-Know-how nicht zu anderen Zwecken als zur Herstellung der Lizenzprodukte zu verwenden, solange es nicht öffentlich zugänglich ist."

Die EU-Kommission sah in einer entsprechenden Verpflichtung keine Einschränkung des Wettbewerbs im Sinne des Art. 101 Abs. 1 AEUV (vgl. GRUR-Int 1989, 220 Rn. 31 – Delta Chemie/DDD-Spezialfleckenentferner).

48. Nichtangriffsklauseln werden grundsätzlich streng beurteilt. Während eine Verpflichtung der Lizenznehmerin, die lizenzierten Schutzrechte nicht anzugreifen, nach altem deutschen Kartellrecht idR unbedenklich war, dürfen die Parteien nunmehr grundsätzlich nur noch ein Kündigungsrecht vereinbaren (Art. 5 Abs. 1 (b) GVO-TT). Jedoch wurden Nichtangriffsklauseln beispielsweise im Falle einer kostenlosen Lizenz teilweise für zulässig erachtet (BGH Mitt. 2007, 380 (381) – Polymer-Lithium-Batterien). Eine nichtige Nichtangriffsklausel führt ferner nicht zwangsläufig zur Nichtigkeit des gesamten Lizenzvertrags (OLG Düsseldorf BeckRS 2005, 04426),

49. Eine Verpflichtung, der anderen Partei Verbesserungen des Lizenzgegenstandes mitzuteilen, besteht idR nur bei einer entsprechenden vertraglichen Abrede zwischen den Parteien.

50. Es empfiehlt sich, die „Verbesserungen“ möglichst genau zu definieren, um Streitigkeiten zu vermeiden. Die Erläuterung der Verbesserungen in Satz 2 der Ziffer 14.2 des Vertragsmusters orientiert sich an BGH GRUR 1979, 619 (620) – Tabelliermappe.

51. Diese Regelung soll insbesondere verhindern, dass Arbeitnehmererfindungen „frei“ werden (dh allein dem Arbeitnehmer zufallen – § 8 ArbEG), mit der Folge, dass sie der Verfügungsgewalt der Vertragsparteien entzogen sind.

52. Verpflichtungen im Zusammenhang mit Verbesserungen unterliegen insbesondere kartellrechtlichen Schranken.

Die in Ziffer 14.4 vorgesehene Verpflichtung der Lizenznehmerin zur Erteilung einer **einfachen** Lizenz an *eigenen Verbesserungen* orientiert sich an Art. 5 Abs. 1a der GVO-TT, wonach lediglich die Verpflichtung der Lizenznehmerin zur Erteilung einer **Exklusivlizenz** oder Gesamt- bzw. Teilrechte an den eigenen Verbesserungen **nicht** freigestellt wird und damit kartellrechtlich unzulässig sein kann. Exklusive Rücklizenzverpflichtungen sind nach der neuen GVO-TT nicht mehr freigestellt. Die Differenzierung zwischen abtrennbaren und nicht abtrennbaren (= abhängigen) Verbesserungen wurde aufgegeben. Weiterhin freigestellt bleiben einfache, dh nicht exklusive Rücklizenzverpflichtungen von Verbesserungen (vgl. Art. 5 Abs. 1a GVO-TT).

Die einseitige Festlegung der Lizenzgebühr durch eine der Vertragsparteien orientiert sich an § 315 BGB.

53. Insbesondere bei der Weitergabe von geheimem Know-how besteht ein elementares Interesse der Lizenzgeberin daran, die Geheimhaltung der vertraulichen Informationen sicherzustellen. Geheimhaltungsverpflichtungen sollten möglichst effektiv sein. Es ist daher empfehlenswert, dass die Parteien vereinbaren, die Geheimhaltungsverpflichtungen auch allen Mitarbeitern (oder sonstigen Personen) aufzuerlegen, denen die vertraulichen Informationen in zulässiger Weise weitergegeben werden dürfen.

Geheimhaltungsverpflichtungen sind grundsätzlich kartellrechtlich zulässig, solange das Know-how und die sonstigen vertraulichen Informationen nicht offenkundig sind.

54. Auf die Vertragsstrafe sind grundsätzlich die §§ 339 ff. BGB anwendbar. Die Festsetzung der Höhe der Vertragsstrafe durch den Gläubiger gem. § 315 BGB ist zulässig. Die §§ 315 Abs. 3, 319 BGB haben in diesem Fall Vorrang vor § 343 BGB (Palandt/*Grüneberg* BGB § 339 Rn. 17).

55. Eine gesetzliche Regelung der Gewährleistung bei (ausschließlichen) Lizenzverträgen existiert nicht. Ob und inwieweit die Gewährleistungsvorschriften anderer, gesetzlich normierter Vertragstypen analog angewendet werden können, ist je nach Zuordnung des Lizenzvertrags und seiner Pflichten zu einem dieser Vertragstypen umstritten.

Vor diesem Hintergrund sind aus der Sicht der Lizenzgeberin vor allem zwei Fragen interessant: *(1.)* welchen Umfang die Gewährleistung bei (analoger) Anwendung gesetzlicher Normen grundsätzlich hat, und *(2.)*, inwieweit es möglich ist, diese grundsätzliche Gewährleistung durch vertragliche Abreden auszuschließen.

Gewährleistungsansprüche. Mangels gesetzlicher Regelungen hängt die Frage der Gewährleistung aufgrund (analoger) Anwendung gesetzlicher Normen davon ab, wie man die vertragstypischen Pflichten der Lizenzgeberin definiert und welche Rechtsnormen (und damit Rechtsfolgen) man anwendet. Bei den Gewährleistungsansprüchen der Lizenznehmerin können drei Gruppen unterschieden werden: *(1.)* Ansprüche wegen Rechtsmängeln, *(2.)* Ansprüche wegen Sachmängeln und ergänzend *(3.)* Ansprüche aufgrund einer Garantie. Nachfolgend werden – unterteilt in diese drei Gewährleistungsgruppen – vertragstypische Pflichten und die Ansprüche bei ihrer Verletzung dargestellt.

Haftungsausschluss. Mangels ausdrücklicher gesetzlicher Regelung wird ein (auch vollständiger) Ausschluss der Haftung der Lizenzgeberin unter Hinweis auf die Vertragsfreiheit gem. § 311 BGB insoweit für zulässig erachtet, als zwingende Regelungen des Kartell- und AGB-Rechts beachtet werden (*Bartenbach,* Patentlizenz- und Know-how-Vertrag, Rn. 1532, sowie *Britta Bartenbach* Mitt. 2003, 102 (108), die allerdings unter Hinweis auf § 444 BGB einen Ausschluss der Haftung für von der Lizenzgeberin garantierte Eigenschaften ablehnt).

Letztlich wird man danach differenzieren müssen, welche Haftung ausgeschlossen werden soll (etwa Haftung für Verschulden, Haftung auf Schadensersatz und/oder die Haftung für Sach- und Rechtsmängel (im weitesten Sinne)) und wie der Haftungsausschluss vereinbart werden soll (durch Individualabrede oder allgemeine Geschäftsbedingungen).

Vertragliche Beschränkungen für die *Haftung für Verschulden* sind grundsätzlich zulässig, abgesehen vom Ausschluss der Haftung für Vorsatz (§ 276 Abs. 3 BGB). Für Individualabreden gilt darüber hinaus die Schranke des § 138 BGB (Sittenwidrigkeit). Für Haftungsbeschränkungen, die in allgemeinen Geschäftsbedingungen, dh in für eine Vielzahl von Verträgen vorformulierten Vertragsbedingungen, enthalten sind, gelten zudem die Schranken der § 307 Abs. 1 und Abs. 2 Nr. 2 (mit §§ 309 Nr. 7, 310 Abs. 1) BGB. Danach ist jedenfalls eine Freizeichnung für grobe Fahrlässigkeit unwirksam. Eine Beschränkung bei einfacher Fahrlässigkeit ist hingegen grundsätzlich möglich , sofern nicht Kardinalpflichten verletzt werden (Palandt/*Grüneberg* BGB § 307 Rn. 33 f.).

Vertragliche Beschränkungen für die (kaufrechtliche) *Haftung für Sach- und Rechtsmängel* (iSd §§ 434, 435 BGB) sind grundsätzlich zulässig, sofern ein Mangel nicht arglistig verschwiegen oder eine Garantie übernommen wurde (§§ 444, 453 BGB). Für Haftungsbeschränkungen in allgemeinen Geschäftsbedingungen gelten zudem die Schranken der § 307 Abs. 1 und Abs. 2 Nr. 2 (mit § 310 Abs. 1) BGB. Bei der Beurteilung, ob eine Beschränkung der Sach- und Rechtsmängelhaftung die Lizenznehmerin unangemessen benachteiligt und daher unwirksam ist, ist auch zu berücksichtigen, dass es sich bei einem Lizenzvertrag um ein *„gewagtes Geschäft“* handelt (*Busse/Hacker* PatG § 15 Rn. 57; ablehnend *Haedicke* GRUR 2004, 123 (124 f.)), bei dem beide Parteien ein gewisses Risiko eingehen, weshalb es erlaubt sein muss, in stärkerem Maße als bei anderen Vertragstypen die Haftung für vertragstypische Hauptpflichten der Lizenzgeberin (soweit man sie überhaupt für begründet erachtet) vertraglich auszuschließen.

Allgemein gilt, dass Haftungsbeschränkungen eng und gegen den auszulegen sind, der sich auf sie beruft (Palandt/*Heinrichs* BGB § 276 Rn. 36). Ein Ausschluss jeder Gewährleistung bedeutet jedoch den vollständigen Ausschluss aller Ansprüche (Palandt/*Weidenkaff* BGB § 444 Rn. 18).

Schließlich kann sich die Lizenznehmerin analog § 442 Abs. 1 BGB auch dann nicht auf ihre Sach- und Rechtsmängelansprüche berufen, wenn sie die Mängel kannte oder infolge grober Fahrlässigkeit nicht erkannte (außer der Mangel wurde arglistig verschwiegen oder eine Garantie übernommen).

(1.) Ansprüche wegen Rechtsmängeln. Rechtsmängel, die Gewährleistungsansprüche der Lizenznehmerin begründen, sind Mängel des lizenzierten Rechts selbst, die dazu führen, dass die Lizenzgeberin ihre Pflicht, der Lizenznehmerin die Nutzung der Vertragsschutzrechte zu ermöglichen, nicht erfüllen kann. Ein Rechtsmangel liegt mit anderen Worten vor, wenn die Lizenzgeberin der Lizenznehmerin die Vertragsschutzrechte nicht frei von Rechten Dritter verschafft *(„Verschaffungspflicht“)* oder die Vertragsschutzrechte nicht für die Dauer des Vertrags erhält *(„Erhaltungspflicht“).*

a) Verletzung der Verschaffungspflicht. Die Pflicht der Lizenzgeberin, der Lizenznehmerin die Vertragsschutzrechte frei von Rechten Dritter zu verschaffen, ist verletzt, wenn der Lizenzgeberin die Rechtsmacht zur Einräumung der Lizenz fehlt, die Vertragsschutzrechte nicht existieren oder mit Rechten Dritter belastet sind.

aa) Fehlende Rechtsmacht. Der Lizenzgeberin fehlt die Rechtsmacht zur Einräumung einer Lizenz insbesondere dann, wenn sie lediglich Mitinhaberin oder überhaupt nicht Inhaberin der Vertragsschutzrechte ist (Benkard/*Ullmann*/*Deichfuß* PatG § 15 Rn. 87).

Fehlt der Lizenzgeberin zum Zeitpunkt des Vertragsschlusses die Rechtsmacht *(„anfängliches Unvermögen“)*, so erwirbt die Lizenznehmerin keine Lizenz. Die Lizenzgeberin haftet aber gem. §§ 275 Abs. 1 mit 4, 311a Abs. 2 BGB wahlweise auf *Schadensersatz statt der Leistung* oder auf *Ersatz der Aufwendungen* der Lizenznehmerin, außer wenn die Lizenzgeberin die fehlende Rechtsmacht bei Vertragsschluss nicht kannte und ihre Unkenntnis auch nicht zu vertreten hat (*Britta Bartenbach* Mitt. 2003, 102 (106 f.)). Der Schadensersatz richtet sich auf das positive Interesse, dh die Lizenzgeberin hat die Lizenznehmerin so zu stellen, als sei der Vertrag ordnungsgemäß erfüllt worden.

bb) Fehlender Rechtsbestand der Vertragsschutzrechte. In gleicher Weise haftet die Lizenzgeberin, wenn das Vertragsschutzrecht zum Zeitpunkt des Vertragsschlusses nicht (mehr) existiert *(„anfängliche objektive Unmöglichkeit“)*.

cc) Belastung mit Rechten Dritter. Eine Belastung mit Rechten Dritter liegt insbesondere dann vor, wenn bei Vertragsschluss an den Vertragsschutzrechten ein Pfandrecht, Nießbrauch oder eine (einfache) Lizenz besteht, ein Vorbenutzungsrecht eines Dritten (§ 12 PatG) existiert oder die Vertragsschutzrechte die Rechte Dritter verletzen oder gar von ihnen abhängig sind.

Soweit eine derartige Belastung kein Verbietungsrecht des Dritten zum Gegenstand hat (wie etwa bei der Verletzung der Rechte Dritter, vgl. dazu auch Ziffer 20. des Vertragsmusters und → Anm. 70) haftet die Lizenzgeberin idR nur gegenüber der **ausschließlichen Lizenznehmerin,** weil die einfache Lizenznehmerin ohnehin mit einer weiteren Lizenzvergabe rechnen muss (vgl. *Bartenbach,* Patentlizenz- und Know-how-Vertrag, Rn. 1538).

Für die Haftung der Lizenzgeberin bei Belastung der Vertragsschutzrechte mit Drittrechten kommt insbesondere eine analoge Anwendung der Gewährleistungsvorschriften beim Rechtskauf (§ 453 Abs. 1 BGB) in Betracht (*Britta Bartenbach* Mitt. 2003, 102 (109) und – zumindest für ausschließliche Lizenzverträge – *Haedicke* GRUR 2004, 123 (125 ff.)).

Hat die Lizenzgeberin die *Verletzung der Verschaffungspflicht zu vertreten* (§ 276 BGB: Vorsatz und Fahrlässigkeit), etwa weil ihr die Belastung der Vertragsschutzrechte mit Rechten Dritter bereits bei Vertragsabschluss bekannt war, so besitzt die Lizenznehmerin einen *Nacherfüllungsanspruch* (§§ 453 Abs. 1, 437 Nr. 1, 439 BGB), einen auf das positive Interesse gerichteten *Schadensersatzanspruch* (§§ 437 Nr. 3, 440, 280, 281, 311a BGB) oder einen Anspruch auf *Ersatz von Aufwendungen* (§§ 437 Nr. 3, 284 BGB) und das Recht, die *Lizenzgebühr zu mindern* (§§ 437 Nr. 2, 441 BGB) oder *vom Vertrag zurückzutreten* (§§ 437 Nr. 2, 440, 323, 326 Abs. 5 BGB).

Hat die Lizenzgeberin dagegen die *Verletzung der Verschaffungspflicht* ***nicht*** *zu vertreten,* besitzt die Lizenznehmerin nur den Nacherfüllungsanspruch und das Recht, vom Vertrag zurückzutreten oder die Lizenzgebühr zu mindern.

Ist der Lizenzvertrag bereits zur Durchführung gelangt, tritt mit Rücksicht auf den Charakter des Lizenzvertrags als Dauerschuldverhältnis das *Kündigungsrecht* regelmäßig an die Stelle des Rücktrittsrechts (Benkard/*Ullmann*/*Deichfuß* PatG § 15 Rn. 165; aA *Haedicke,* GRUR 2004, 123 (125 ff.)).

Vor Geltendmachung ihrer Gewährleistungsansprüche muss die Lizenznehmerin der Lizenzgeberin grundsätzlich zunächst Gelegenheit geben, den Rechtsmangel zu beseitigen *(Recht zur Abhilfe)* (*Britta Bartenbach,* Mitt. 2003, 102(109)).

dd) Nicht: Rechtsverletzungen Dritter. Die Verletzung der Vertragsrechte durch Dritte (dazu auch Ziffer 18. des Vertragsmusters, Anmerkungen 70 ff.) begründet keinen Rechtsmangel. Die Lizenzgeberin ist gegenüber der ausschließlichen Lizenznehmerin nicht zur Erhebung einer Verletzungsklage verpflichtet, weil die ausschließliche Lizenznehmerin selbst klagebefugt ist. Auch die einfache Lizenznehmerin hat einen derartigen

Anspruch gegen die Lizenzgeberin nur dann, wenn ohne deren Einschreiten die einfache Lizenz wirtschaftlich wertlos würde, wobei auch in letzterem Fall lediglich ein Kündigungsrecht des einfachen Lizenznehmers angenommen wird (Benkard/*Ullmann/Deichfuß* PatG § 15 Rn. 153 f.). Es liegt daher vor allem im Interesse der Lizenznehmerin, vertraglich zu regeln, unter welchen Voraussetzungen gegen Verletzungen der Vertragsschutzrechte durch Dritte vorgegangen werden soll.

b) Verletzung der Erhaltungspflicht. Die Erhaltungspflicht sieht vor, dass die Lizenzgeberin die Vertragsschutzrechte auch nach Vertragsschluss so zu pflegen hat, dass sie ihre Verschaffungspflicht erfüllen kann, insbesondere indem sie auf Erteilung der Schutzrechte hinwirkt, deren rechtlichen Bestand erhält und sie gegen Angriffe Dritter (insbesondere Einsprüche und Nichtigkeitsklagen) verteidigt (*Kraßer/Schmid* GRUR-Int 1982, 324 (330 f.), die insoweit von „Schutzpflicht" sprechen). Die Erhaltungspflicht, die üblicherweise auch die Pflicht der Lizenzgeberin zur Einzahlung der für die Erhaltung des Schutzrechts notwendigen Amtsgebühren umfasst, stellt eine Ergänzung der Verschaffungspflicht dar.

Die Lizenzgeberin verletzt die Erhaltungspflicht, wenn sie die Vertragsschutzrechte fallen lässt oder die gegen diese erhobenen Einspruchs- oder Nichtigkeitsverfahren nicht oder nicht mit der gebotenen Sorgfalt betreibt.

Fallen Vertragsschutzrechte infolge einer Verletzung der Erhaltungspflicht weg, ist es der Lizenzgeberin nachträglich (dh nach Vertragsschluss, § 311a Abs. 1 BGB) unmöglich geworden, der Lizenznehmerin die Vertragsschutzrechte zur Benutzung zur Verfügung zur stellen.

Die *nachträgliche Unmöglichkeit* hat zur Folge, dass der Anspruch der Lizenznehmerin auf Leistung ausgeschlossen ist (§ 275 Abs. 1 BGB) und sie gleichzeitig von ihrer Zahlungspflicht befreit wird (§§ 275 Abs. 4, 326 Abs. 1 S. 1 Hs. 1 BGB). Die Gewährleistungsrechte der Lizenznehmerin ergeben sich aus § 275 Abs. 4 BGB.

Hat die Lizenzgeberin die *Verletzung der Erhaltungspflicht zu vertreten* (Vorsatz und Fahrlässigkeit, § 276 Abs. 1 BGB), besitzt die Lizenznehmerin einen auf das „positive Interesse" gerichteten Anspruch auf *Schadensersatz statt der Leistung* (§§ 275 Abs. 4, 280, 283 BGB) oder ersatzweise einen Anspruch auf *Ersatz ihrer Aufwendungen* (§§ 275 Abs. 4, 284 BGB).

Unabhängig davon, ob die Lizenzgeberin die Verletzung der Erhaltungspflicht und die daraus durch den Wegfall der Vertragsschutzrechte resultierende nachträgliche Unmöglichkeit zu vertreten hat oder nicht, kann die Lizenznehmerin gezahlte Lizenzgebühren zurückverlangen (§§ 275 Abs. 4, 326 Abs. 4, 346–348 BGB), es sei denn, sie konnte bereits wirksam von den lizenzierten Vertragsschutzrechten Gebrauch machen (*Britta Bartenbach* Mitt. 2003, 102 (107)). In diesem Fall wird man die *Pflicht zur Rückzahlung* grundsätzlich ablehnen müssen, weil die Lizenznehmerin (zumindest faktisch) vom Lizenzvertrag profitiert hat.

Des Weiteren begründet die nachträgliche Unmöglichkeit verschuldensunabhängig ein *Rücktrittsrecht* der Lizenznehmerin mit Pflicht zur vollständigen Rückabwicklung des Vertrags (§§ 275 Abs. 4, 326 Abs. 5 BGB). Die vollständige Rückabwicklung kann selbst bei einem bereits (durch Werbung und Umsätze) vollzogenen Lizenzvertrag noch in Betracht kommen, vorausgesetzt, sie ist unschwer möglich und nach der Interessenlage der Parteien sachgerecht (vgl. allgemein BGH NJW 2002, 1870). Allerdings wandelt sich das Rücktrittsrecht dann in ein *Recht zur Kündigung* des Vertrags um, wenn die Lizenzgeberin die Verletzung der Erhaltungspflicht nicht zu vertreten hatte und die Lizenznehmerin bereits von den Vertragsschutzrechten Gebrauch machen konnte.

Subsidiär können der Lizenznehmerin die Rechte aus § 314 BGB (Kündigung von Dauerschuldverhältnissen aus wichtigem Grund) und § 313 BGB (Anpassung oder Kündigung des Vertrags bei Störung der Geschäftsgrundlage) zustehen (Palandt/*Grüneberg* BGB § 313 Rn. 62 und § 314 Rn. 5).

Fallen die Schutzrechte aufgrund der Verletzung der Pflegepflicht nur teilweise weg *(teilweise nachträgliche Unmöglichkeit)*, so bleibt es hinsichtlich des noch möglichen Teils (dh der noch fortbestehenden Vertragsschutzrechte) grundsätzlich bei der Verschaffungspflicht der Lizenzgeberin (§ 275 Abs. 1 BGB: „soweit"). Eine Besonderheit der teilweisen Unmöglichkeit ist das *Recht* der Lizenznehmerin, die Lizenzgebühr für die Zukunft *zu mindern* (§§ 275 Abs. 4, 326 Abs. 1 S. 1 Hs. 2, 441 Abs. 3 BGB). Im Übrigen gelten auch bei einem durch eine Pflichtverletzung verursachten *teilweisen Wegfall der Vertragsschutzrechte* ebenso wie bei einer *nachträglichen Beschränkung der Vertragsschutzrechte* grundsätzlich dieselben Regeln wie bei der vollständigen nachträglichen Unmöglichkeit (dh dem vollständigen Wegfall der Vertragsschutzrechte). Eine Kündigung ist bei der teilweisen Unmöglichkeit dann zulässig, wenn der Lizenznehmerin aufgrund des teilweisen Wegfalls bzw. der Beschränkung der Vertragsschutzrechte eine Fortsetzung des Lizenzvertrags billigerweise nicht mehr zugemutet werden kann.

c) Erteilungs- und Bestandsrisiko. Nach hM haftet die Lizenzgeberin mangels anderweitiger Vereinbarungen grundsätzlich nicht dafür, dass die Vertragsschutzrechte (insbesondere wegen mangelnder Neuheit oder fehlender erfinderischer Tätigkeit) nicht erteilt bzw. später (insbesondere aufgrund von Einspruchs- oder Nichtigkeitsverfahren) widerrufen werden (etwa *Britta Bartenbach* Mitt. 2003, 102 (109) im Anschluss an BGHZ 83, 288 (290) – Hartmetallkopfbohrer; *Busse/Hacker* PatG § 15 Rn. 130). Der Lizenznehmerin wird allerdings ein aus dem Wegfall der Geschäftsgrundlage abgeleitetes Recht zur Kündigung oder künftigen Anpassung der Lizenzgebühren zugestanden (*Britta Bartenbach,* Mitt. 2003, 102 (109, vgl. auch §§ 313, 314 und § 326 Abs. 1 S. 2 BGB).

Der Auffassung der hM, dass die Lizenzgeberin nicht für den Fortbestand der Vertragsschutzrechte hafte, ist zuzustimmen, solange man den Begriff „Haftung" eng versteht als „Haftung auf Schadensersatz" oder „Haftung für Verschulden" (dazu Palandt/*Grüneberg* BGB Einl. v. § 241 Rn. 11). Davon abgesehen erscheint es angemessener, den nachträglichen, dh den nach Vertragsschluss (§ 311a Abs. 1 BGB) erfolgenden (teilweisen) Wegfall der Vertragsschutzrechte als Verletzung der Pflicht der Lizenzgeberin, die Nutzung der Vertragsschutzrechte zu ermöglichen, und somit als Rechtsmangel anzusehen, für den sie nach allgemeinen Regeln haftet. Der (teilweise) Wegfall bzw. die Einschränkung der Vertragsschutzrechte nach Vertragsschluss führen zu einer (teilweisen) nachträglichen Unmöglichkeit gem. § 275 Abs. 1 BGB (idS bereits RGZ 78, 10 (11) zum alten Recht und *Busse/Hacker* PatG § 15 Rn. 101). Die Rechtsfolgen (insbesondere die verschuldensunabhängigen *Kündigungs-* oder *Minderungsrechte* der Lizenznehmerin) entsprechen grundsätzlich den soeben bei der Darstellung der Verletzung der Erhaltungspflicht dargestellten. Mangels einer von der Lizenzgeberin zu vertretenden Pflichtverletzung besteht jedoch ***kein*** *Schadensersatzanspruch* und ***kein****Aufwendungsersatzanspruch* gem. §§ 275 Abs. 4, 280, 283 und 284 BGB. Insoweit ist es zutreffend, dass die Lizenzgeberin nicht haftet. Etwas anderes gilt allerdings, wenn Wegfall bzw. Einschränkung der Vertragsschutzrechte auf einer Verletzung der Erhaltungspflicht der Lizenzgeberin beruhen (dazu oben Nr. 1b) oder wenn die Lizenzgeberin bei Vertragsschluss bekannte Umstände, die einer Patenterteilung entgegenstehen konnten, verschwiegen hat (*Busse/Kreukenschrijver* PatG § 15 Rn. 120).

(2.) Ansprüche wegen „Sachmängeln". Obgleich es sich bei den lizenzierten Vertragsschutzrechten um Rechte handelt, vertrat die Rechtsprechung bereits unter Geltung des alten Schuldrechts, dass die Lizenzgeberin für die *technische Ausführbarkeit* und die *technische Brauchbarkeit* der Erfindung entsprechend den Grundsätzen der Sachmängelhaftung einzustehen habe. Dies wurde damit begründet, dass es sich dabei um technische Mängel handle, die die Erfindung selbst beträfen, also den Sachmängeln bei körperlichen Sachen vergleichbar seien (Benkard/*Ullmann/Deichfuß* PatG § 15 Rn. 176). Nach der Schuldrechtsreform hat die Unterscheidung zwischen Sachmängeln und Rechtsmängeln an Bedeutung verloren, da beide hinsichtlich der Rechtsfolgen grundsätzlich gleichbehandelt werden.

a) Technische Ausführbarkeit und Brauchbarkeit. Mangels abweichender Vereinbarungen haftet die Lizenzgeberin grundsätzlich dafür, dass die (lizenzierte bzw. den lizenzierten Schutzrechten zugrunde liegende) Erfindung technisch ausführbar und brauchbar ist, dh den nach der Vereinbarung angestrebten technischen Verwendungszweck erreichen kann (BGH GRUR 1955, 338 (340)).

Bei fehlender technischer Ausführbarkeit und Brauchbarkeit haftet die Lizenzgeberin, je nach Standpunkt, aufgrund analoger Anwendung der Sachmängelgewährleistungsansprüche des Kaufrechts, einer Kombination aus kauf-, miet- und pachtrechtlichen Grundsätzen oder dem allgemeinen Leistungsstörungsrecht bzw. nach Treu und Glauben und dem Rechtsgrundsatz des Wegfalls der Geschäftsgrundlage (dazu *Britta Bartenbach* Mitt. 2003, 102 (110)).

Wendet man (im Einklang mit *Haedicke* GRUR 2004, 123 (126)) die *kaufrechtlichen Gewährleistungsansprüche* analog an, stehen der Lizenznehmerin bei mangelnder technischer Ausführbarkeit und Brauchbarkeit der Erfindung zunächst die folgenden Ansprüche gem. §§ 433 Abs. 1 S. 2, 434, 437 BGB zu: *Anspruch auf Nacherfüllung* (§§ 437 Nr. 1, 439 BGB) und auf *Minderung* (§§ 437 Nr. 2, 441 BGB) oder *Rücktritt* (§§ 437 Nr. 2, 440, 323, 326 Abs. 5 BGB), wobei die Lizenznehmerin grundsätzlich erst dann vom Vertrag zurücktreten kann, wenn sich endgültig herausstellt, dass die Erfindung technisch unbrauchbar ist. Im Übrigen muss sie zuvor der Lizenzgeberin Gelegenheit geben, binnen angemessener Frist durch ergänzende Maßnahmen den Erfolg herbei zu führen *(Recht auf Abhilfe)* (Benkard/*Ullmann/Deichfuß* PatG § 15 Rn. 185).

Hat die Lizenzgeberin darüber hinaus den *„Sachmangel"* (dh die fehlende technische Ausführbarkeit und Brauchbarkeit der Erfindung) *zu vertreten*, steht der Lizenznehmerin *zusätzlich* zu den bereits genannten Rechten ein auf das positive Interesse gerichteter *Schadensersatz statt der Leistung* (§§ 437 Nr. 3, 440, 280, 281, 283, 311a BGB) oder ein *Ersatz ihrer Aufwendungen* (§§ 437 Nr. 3, 284 BGB) zu.

In bestimmten Ausnahmefällen kann die mangelnde technische Ausführbarkeit sogar zur *anfänglichen (objektiven) Unmöglichkeit* führen. Dies gilt jedoch nicht schon bei der fehlenden technischen Ausführbarkeit an sich, sondern nur dann, wenn eine der Lizenzgeberin überlassene Idee „naturgesetzlich nicht ausführbar" ist (Benkard/*Ullmann/Deichfuß* PatG § 15 Rn. 161). Ein auf bereits anfänglich objektiv unmögliche Leistung gerichteter Lizenzvertrag bleibt dennoch wirksam (§ 311a BGB). Allerdings ist der Anspruch auf Leistung durch die Lizenzgeberin ebenso ausgeschlossen, wie der Anspruch auf Zahlung der Lizenzgebühr durch die Lizenznehmerin (§ 275 Abs. 1 BGB einerseits und §§ 275 Abs. 4, 326 Abs. 1 S. 1 Hs. 1 BGB andererseits). Die Lizenznehmerin besitzt statt dessen einen auf das positive Interesse gerichteten Anspruch auf *Schadensersatz statt der Leistung* (§§ 275 Abs. 4, 311a Abs. 2 S. 1 BGB) oder auf *Ersatz ihrer vergeblichen Aufwendungen* (§§ 275 Abs. 4, 311a Abs. 2 S. 1, 284 BGB), der allerdings dann ausgeschlossen ist, wenn die Lizenzgeberin die Tatsache, dass die Erfindung naturgesetzlich nicht ausführbar ist, bei Vertragsschluss nicht kannte und ihre Unkenntnis auch nicht zu vertreten hat (§ 311a Abs. 2 S. 2 BGB).

Des Weiteren hat die Lizenznehmerin bei der anfänglichen Unmöglichkeit aufgrund einer naturgesetzlich nicht ausführbaren Erfindung die (bereits oben bei der „Verletzung der Erhaltungspflicht" dargestellten) weiteren Ansprüche aus § 275 Abs. 4 BGB mit §§ 280, 283–285 und 326 BGB auf *Schadens- oder Aufwendungsersatz* (bei Vertretenmüssen der Lizenzgeberin) und *Rücktritt (Kündigung)* oder *Minderung* (unabhängig vom Vertretenmüssen).

b) Nicht: Wirtschaftliche Verwertbarkeit und Fabrikationsreife. Mangels anderweitiger Vereinbarungen haftet die Lizenzgeberin dagegen wegen des Wagnischarakters des Lizenzvertrags nicht für das Risiko der Fabrikationsreife und der wirtschaftlichen Verwertbarkeit oder gar Wettbewerbsfähigkeit der Erfindung (*Busse/Hacker* PatG § 15

Rn. 1). Im Einzelfall kann allerdings eine Anpassung (oder gar Kündigung) des Vertrags unter dem Gesichtspunkt der Störung der Geschäftsgrundlage (§ 313 BGB) bzw. aufgrund § 314 BGB (Kündigung aus wichtigem Grund) gerechtfertigt sein.

(3.) **Ansprüche aufgrund einer Garantie.** Über die Haftung für Rechts- und Sachmängel hinaus trifft die Lizenzgeberin eine (gesteigerte) Haftung für die Verletzung einer von ihr ausgesprochenen Beschaffenheitsgarantie (§ 443 Abs. 1 BGB). Derartige ausdrücklich oder im Einzelfall auch konkludent gegebene Zusicherungen, die etwa die Rentabilität der Auswertung oder die Fabrikreife betreffen können, sind von bloß werbemäßigen Anpreisungen und den in der Patentschrift gemachten Angaben (insbesondere wenn es sich um erkennbare Übertreibungen handelt) zu unterscheiden, da diese regelmäßig nicht (und schon gar nicht als Zusicherung) Inhalt des Lizenzvertrags werden (*Busse/Hacker* PatG § 15 Rn. 134).

Fehlen die von der Lizenzgeberin zugesicherten Eigenschaften, haftet die Lizenzgeberin wegen Verletzung der Beschaffenheitsgarantie über die ohnehin bestehende Rechts- und Sachmängelhaftung hinaus *verschuldensunabhängig* gem. §§ 443, 280 Abs. 1, 276 Abs. 1 S. 1, 281 BGB auf *Schadensersatz statt der Leistung*, wobei die in § 281 Abs. 1 S. 1 BGB vorgesehene Nachfristsetzung regelmäßig entbehrlich sein dürfte (zum Ganzen *Britta Bartenbach* Mitt. 2003, 102 (110)).

56. Die Zusicherungen zur Verfügungsbefugnis, zu den Angriffen auf den Rechtsbestand und zur Belastung mit Rechten Dritter sind als Garantien entsprechend § 443 BGB (mit der daraus resultierenden gesteigerten Haftung) anzusehen (→ Anm. 55). Weitergehende auf die Vertragsschutzrechte bezogene Zusicherungen sind im Hinblick auf die Probleme einer abschließenden Recherche von Rechten Dritter einerseits und den damit verbundenen Haftungsrisiken andererseits für die Lizenzgeberin nicht empfehlenswert.

Zusicherungen bezüglich der technischen Ausführbarkeit und Brauchbarkeit der Erfindung oder ihrer wirtschaftlichen Verwertbarkeit hat die Lizenzgeberin (in Ziffer 16.2) ausdrücklich abgelehnt.

57. Ein Haftungsausschluss der Lizenzgeberin für Sach- und Rechtsmängel wird (insbesondere angesichts des Wagnischarakters des Lizenzvertrags) im Rahmen der gesetzlichen Grenzen grundsätzlich für zulässig angesehen (→ Anm. 55).

Alternativ kann zugunsten der Lizenznehmerin im Rahmen der gesetzlichen Grenzen eine Haftungsbegrenzung der Höhe nach vereinbart werden.

Haftung für die „Bestandskräftigkeit“ bedeutet Haftung für den Fortbestand der Vertragsschutzrechte (→ Anm. 55, 1c). Sie ist zu unterscheiden von der Haftung für den „Bestand“, dh dafür, dass die Vertragsschutzrechte bei Vertragsschluss existieren (→ Anm. 55, 1a (bb)).

58. Bei Produkten, die ersichtlich „in Lizenz“ hergestellt und vertrieben werden, wird man (anders als bei einer Markenlizenz) regelmäßig nicht von einer Produkthaftung der Lizenzgeberin ausgehen können, da der Verkehr allein die Lizenznehmerin als Herstellerin der Produkte ansehen wird (*Bartenbach*, Patentlizenz- und Know-how-Vertrag, Rn. 1592). Die Freistellungsklausel stellt somit vor allem eine zusätzliche Absicherung für die Lizenzgeberin dar.

59. Um der Lizenznehmerin die Vertragsschutzrechte verschaffen zu können, ist die Lizenzgeberin grundsätzlich verpflichtet, diese Rechte zur Erteilung zu bringen, aufrechtzuerhalten und gegen Angriffe Dritter auf den Rechtsbestand zu verteidigen. Ziffer 17.1 des Vertragsmusters wiederholt somit im Wesentlichen nur die der Lizenzgeberin obliegende „Erhaltungspflicht“ (→ Anm. 55). Die Lizenzgeberin sollte aber vermeiden, dass ihre Lizenzgebühren durch die Pflicht zur Zahlung der Jahresgebühren „aufgefressen“ werden. Die Erhaltungspflicht kann für die Lizenzgeberin vor allem dann riskant werden, wenn EP- oder PCT-Anmeldungen mit zahlreichen Benennungsstaaten lizenziert wurden.

60. Angesichts der mit der Erhaltungspflicht verbundenen finanziellen Risiken ist es aus der Sicht der Lizenzgeberin empfehlenswert, eine Möglichkeit zu besitzen, sich aus diesen Verpflichtungen zu lösen.

Im Gegenzug erscheint es angemessen, der Lizenznehmerin in derartigen Fällen die Möglichkeit einzuräumen, die Vertragsschutzrechte, an denen die Lizenzgeberin kein Interesse mehr hat, zu übernehmen.

61. Ziffer 17.3 Abs. 1 des Vertragsmusters entspricht der herrschenden Auffassung, dass Änderungen des Rechtsbestands sich grundsätzlich nicht auf die in der Vergangenheit entstandenen (oder gezahlten) Lizenzgebühren auswirken, da die Lizenznehmerin regelmäßig – zumindest faktisch – von der Lizenz profitiert hat (→ Anm. 55).

62. Ziffer 17.3 Abs. 2 des Vertragsmusters soll das berechtigte Interesse der Lizenznehmerin an einer Anpassung des Vertrags an veränderte Umstände (oder gar an einer Kündigung) berücksichtigen. Eine Kündigung ist ohne besondere Vereinbarung nur aus wichtigem Grund zulässig (§ 314 Abs. 1 S. 2 BGB). Das Recht zur Anpassung des Vertrags entspricht im Wesentlichen dem in § 315 BGB geregelten.

63. Es besteht keine gesetzliche Pflicht der Lizenzgeberin, gegen Dritte vorzugehen, die die Vertragsschutzrechte verletzen (→ Anm. 55, 1a (dd)). Da derartige Rechtsverletzungen allerdings durchaus die wirtschaftlichen Interessen der Parteien berühren können, empfiehlt es sich, die Verletzung der Vertragsschutzrechte durch Dritte vertraglich zu regeln, wobei es einen Mindeststandard darstellen sollte, dass sich die Parteien gegenseitig unverzüglich über jede Verletzung informieren (Ziffer 18.1).

64. Häufig wird vereinbart, dass beide Parteien gegen Verletzungen der Vertragsschutzrechte durch Dritte (auch gemeinsam) vorgehen können. Der Lizenzgeberin, die weiter Inhaberin der Vertragsschutzrechte ist, stehen eigene Ansprüche im Falle der Patentverletzung gegen den Verletzer zu, wenn ihr aus der Lizenzvergabe fortdauernde materielle Vorteile erwachsen und sie an der Ausübung der Lizenz durch den Lizenznehmer wirtschaftlich partizipiert (BGH GRUR 2011, 711 – Cinch-Stecker; GRUR 2008, 896 – Tintenpatrone). Daneben bleibt die ausschließliche Lizenznehmerin neben der Lizenzgeberin aktivlegitimiert (dh sie kann Dritte aus eigenem Recht wegen Verletzung der Vertragsschutzrechte verklagen), soweit sie ein eigenes schutzwürdiges Interesse an der Rechtsverfolgung hat, etwa bei unberechtigter Unterlizenzvergabe oder weil ihr eigenes Benutzungsrecht berührt ist (OLG München OLG-Report 2004, 115; BGH GRUR 1995, 338 (340) – Kleiderbügel). Hat jedoch die Lizenzgeberin die ausschließliche Lizenz erteilt, nachdem sie Ansprüche gegen einen Patentverletzer rechtshängig gemacht hat, ist die Lizenznehmerin als (Teil-)Rechtsnachfolger der Lizenzgeberin an der Erhebung einer eigenen Klage gegen den Patentverletzer gehindert, solange die Klage der Lizenzgeberin rechtshängig ist. Das rechtskräftige Urteil wirkt dann auch gegen die Lizenznehmerin (BGH GRUR 2013, 1269 – Wundverband).

Alternativ kann auch vereinbart werden, dass die Lizenznehmerin, die als ausschließlich Nutzungsbefugte ein wesentliches Interesse daran, dass Dritte die Vertragsschutzrechte nicht verletzenauf eigene Kosten gegen derartige Verletzungen vorzugehen muss oder kann.

Kartellrechtlich bestehen grundsätzlich keine Bedenken gegen die Verpflichtung der Lizenznehmerin, eine Verletzung der Vertragsschutzrechte anzuzeigen und/oder gegen eine Verletzung der Vertragsschutzrechte gerichtlich vorzugehen oder der Lizenzgeberin dabei Beistand zu leisten.

65. Die Lizenznehmerin verliert ihre Rechte auf Anpassung und Kündigung, weil davon ausgegangen wird, dass sie die Verletzung der Vertragsschutzrechte durch Dritte nicht besonders berührt, wenn sie dagegen keine (rechtlichen) Schritte ergreift, was ihr auch alleine möglich wäre.

Ist die Lizenzgeberin hingegen verpflichtet, gegen eine Verletzung der Vertragsschutzrechte vorzugehen, ist folgende *Alternativklausel* in Betracht zu ziehen:

„Wenn die Lizenzgeberin auf eigene Kosten keine rechtlichen Schritte gegen die Verletzung der Vertragsschutzrechte ergreifen möchte, wird sie die Lizenznehmerin hiervon innerhalb von . . . . . . Wochen, nachdem sie von der Verletzung Kenntnis erlangt hat, unterrichten. Zusätzlich zu ihrem Recht, gegen die Verletzung vorzugehen, ist die Lizenznehmerin dann berechtigt, entsprechend der Ziffer 18.4 Satz 2 eine Anpassung des Vertrags zu verlangen oder den Vertrag zu kündigen."

66. Es erscheint angemessen, den vom Dritten für die Verletzung der Vertragsschutzrechte zu bezahlenden Schadensersatz demjenigen zufließen zu lassen, der das mit der Klage verbundene Kostenrisiko auf sich genommen hat. Soweit die Parteien (gemeinsam vorgehen, können sie vereinbaren, zu welchen prozentualen Anteilen ihnen ein möglicher Schadensersatz des Verletzers zufließen soll.

67. Eine Abhängigkeit von Schutzrechten Dritter liegt dann vor, wenn die Lehre der Vertragsschutzrechte nur unter gleichzeitiger Benutzung der Lehre eines Schutzrechts mit älterem Zeitrang und somit nur mit Zustimmung des Inhabers des älteren Schutzrechts benutzt werden kann. Dagegen liegt eine Abhängigkeit noch nicht dann vor, wenn lediglich die Möglichkeit besteht, dass das jüngere Patent auch unter Benutzung der Lehre des älteren ausgeführt werden kann (*Busse/Kreukenschrijver* PatG § 9 Rn. 27). Die Abhängigkeit stellt einen Rechtsmangel dar, für den allerdings ein Haftungsausschluss vereinbart werden kann (→ Anm. 55, 1a (cc)), regelmäßig jedoch nicht konkludent (Benkard/*Ullmann/Deichfuß* PatG § 15 Rn. 171). Der Haftungsausschluss berührt die möglichen Rechte der Lizenznehmerin zur Minderung oder Kündigung nicht.

Es liegt im Interesse beider Parteien, unverzüglich über die Abhängigkeit der Vertragsschutzrechte von Rechten Dritter informiert zu werden.

68. Das vorrangige Recht der Lizenzgeberin auf Abhilfe und die sich daran ggf. anschließenden Rechte der Lizenznehmerin auf Minderung und Kündigung gehören auch ohne vertragliche Vereinbarung zu den anerkannten Rechtsbehelfen.

69. Ziffer 19.3 des Vertragsmusters stellt klar, dass die Lizenzgeberin auch im Falle der Abhängigkeit grundsätzlich zur Zahlung der Lizenzgebühren verpflichtet war und (außer bei Anpassung oder Kündigung nach Ziffern 19.2 mit 17.3 Satz 2 des Vertragsmusters) auch bleibt.

70. Eine gegen die Lizenznehmerin erhobene Verletzungsklage berührt die Interessen beider Parteien. Die verklagte Lizenznehmerin wird sich regelmäßig die Unterstützung der Lizenzgeberin wünschen und wissen wollen, wie sich die Klage auf ihre vertraglichen Pflichten auswirkt. Andererseits wird auch die Lizenzgeberin regelmäßig an einer Abweisung der Verletzungsklage interessiert sein, um den unveränderten Fortbestand des Lizenzvertrags und insbesondere die Zahlung der Lizenzgebühren sicherzustellen.

Vor diesem Hintergrund sieht das Vertragsmuster nicht nur eine Informationspflicht der Lizenznehmerin, sondern im Gegenzug auch eine Beistandspflicht der Lizenzgeberin vor.

Da sich die Auswirkungen der Verletzungsklage auf den Lizenzvertrag vollständig erst nach dem rechtskräftigen Abschluss der Klage einschätzen lassen, erscheint es angemessen, die Pflicht zur Zahlung der Lizenzgebühren fortbestehen zu lassen. Die in der Alternativklausel (zu Ziffer 20.2) vorgesehene Pflicht zur Zahlung an einen unabhängigen Treuhänder berücksichtigt stärker die Interessen der Lizenznehmerin. Als weitere Möglichkeit können die Parteien vereinbaren, dass die Pflicht zur Zahlung der Lizenzgebühren für die Dauer eines Verletzungsstreits suspendiert wird und erst nach (erstinstanzlicher oder rechtskräftiger) Abweisung der Verletzungsklage, verbunden mit einer Nachzahlungspflicht, wiederauflebt.

Ziffer 20.3 regelt im Interesse der Lizenznehmerin, wie ein von ihr ggf. an den Dritten zu zahlender Schadensersatz zu einer Kürzung der für diese Zeit an die Lizenzgeberin gezahlten (*alternativ:* zu zahlenden) Lizenzgebühren führt. Im Interesse der Lizenzgeberin kann man alternativ (zumindest für die Fälle, in denen die Verletzung der Rechte Dritter weder bekannt noch erkennbar war) vereinbaren, dass die Lizenzgebühren überhaupt nicht gekürzt werden.

Die Rechte der Lizenznehmerin auf Anpassung (Minderung) und Kündigung entsprechen im Wesentlichen den auch ohne vertragliche Vereinbarung anerkannten Rechtsbehelfen.

71. Die Parteien können die Dauer des Lizenzvertrags grundsätzlich frei vereinbaren, wobei allerdings der Ablauf der Schutzdauer der lizenzierten Patente bzw. das Offenkundigwerden des lizenzierten Know-hows eine zeitliche Grenze bilden, weil anschließend die in einem Lizenzvertrag regelmäßig enthaltenen Wettbewerbsbeschränkungen idR unzulässig sind. Ausnahmen kommen allerdings in Betracht, wenn zusätzlich zum den Schutzrecht Betriebsgeheimnisse weiterbenutzt werden dürfen oder sich die weitere Zahlung als insgesamt äquivalent zur Gegenleistung darstellt (vgl. dazu Benkard/*Ullmann/Deichfuß* PatG § 15 Rn. 205. Zur Kartellrechtsproblematik und seinen Folgen (nach § 17 GWB aF) im Rahmen eines obiter dictum auch BGH GRUR 2006, 223 (224) – Laufzeit eines Lizenzvertrags).

Fehlen anderslautende Vereinbarungen, so ist im Zweifel davon auszugehen, dass die Lizenz für die Laufzeit des Patents erteilt wurde (*Busse/Hacker* PatG § 15 Rn. 100).

72. Ziffer 21.2 des Vertragsmusters stellt im Einklang mit den kartellrechtlichen Anforderungen klar, dass der Vertrag auch vor Ablauf der vereinbarten Vertragsdauer mit Wegfall des letzten Vertragsschutzrechts (bzw. mit Offenkundigwerden des Vertrags-Know-hows) endet.

Ziffer 21.2 stellt folglich keine sog. *„Längstlaufklausel"* dar, bei der die Parteien vereinbaren, dass ein auf unbestimmte Dauer abgeschlossener Vertrag über die Lizenzierung mehrerer Schutzrechte erst bei Wegfall des letzten lizenzierten Schutzrechtes endet. Derartige Klauseln sind dann kartellrechtlich bedenklich, wenn die der Lizenznehmerin auferlegten Beschränkungen und Zahlungsverpflichtungen auch dann noch in vollem Umfang fortgelten sollen, wenn lediglich unwesentliche Vertragsschutzrechte weiterbestehen. Diese Bedenken sollten sich allerdings beispielsweise durch eine Gewichtung der Vertragsschutzrechte in essentielle und begleitende Schutzrechte ausräumen lassen oder durch eine flexible Anpassung der (Zahlungs-)Verpflichtungen der Lizenznehmerin bei Wegfall einzelner Vertragsschutzrechte (zu Längstlaufklauseln: *Bartenbach,* Patentlizenz- und Know-how-Vertrag, Rn. 1259 ff.).

73. Das allgemeine Recht zur Kündigung von Dauerschuldverhältnissen aus wichtigem Grund ohne Einhaltung einer Kündigungsfrist ist gesetzlich in § 314 Abs. 1 S. 1 BGB verankert. Die Definition des „wichtigen Grunds" entspricht § 314 Abs. 1 S. 2 BGB. Ziffer 22.2 nennt darüber hinaus beispielhaft Gründe, bei deren Vorliegen der kündigenden Partei eine Fortsetzung des Vertrags regelmäßig nicht zugemutet werden kann. Letztlich ist es allerdings jeweils eine Frage des Einzelfalls, ob die Voraussetzungen für eine fristlose Kündigung vorliegen.

Besteht der wichtige Grund zur Kündigung in der Verletzung einer Pflicht aus dem Lizenzvertrag (wie etwa der Ausübungspflicht gem. Ziffer 9), ist grundsätzlich eine vorherige Abmahnung erforderlich, die jedoch dann entbehrlich ist, wenn sie von vornherein keinen Erfolg verspricht, etwa weil die andere Partei die Leistung ernsthaft und endgültig verweigert (§ 314 Abs. 2 BGB).

Schließlich ist zu beachten, dass das Kündigungsrecht nur innerhalb einer angemessenen Frist nach Kenntnis des Kündigungsgrunds ausgeübt werden kann (§ 314 Abs. 3 BGB). Für die Bestimmung der Fristlänge kann die gesetzlich normierte zweiwöchige

Ausschlussfrist des § 626 Abs. 2 BGB nicht analog herangezogen werden. Ob eine Frist in diesem Sinne angemessen ist kann letztlich nur im Einzelfall beurteilt werden. In der Rechtsprechung wurden je nach Vertragstyp Fristen von ungefähr zwei Monaten, im Einzelfall aber auch von sechs Monaten als angemessen angesehen (Palandt/*Grüneberg* BGB § 314 Rn. 10). Für die Ausschlussfrist der Ziffer 22.3 erscheint somit ein Zeitrahmen zwischen vier bis acht Wochen regelmäßig als angemessen.

74. Die Auslaufklausel dient dem Interesse der Lizenznehmerin, bei Beendigung des Vertrags noch vorhandene Lagerbestände (*alternativ:* Aufträge) verkaufen (erfüllen) zu können. Um der Lizenzgeberin eine gewisse Kontrolle zu ermöglichen, ist es angemessen, das Abwicklungsrecht der Lizenznehmerin von der Information über die vorhandenen Lagerbestände (bzw. Aufträge) abhängig zu machen.

75. Um eine reibungslose Kommunikation zwischen den Parteien sicherzustellen und Streit über die Wirksamkeit einzelner Erklärungen zu vermeiden, empfiehlt es sich, Kontaktpersonen mit genauen Kontaktdaten zu benennen.

76. Obwohl die Vereinbarung der Schriftform aus nicht erforderlich ist, ist es aus Beweiszwecken sehr empfehlenswert, eine schriftliche Lizenzvereinbarung zu schließen.

Grundsätzlich sind Änderungen eines Vertrags auch durch mündliche Vereinbarungen möglich. Die Rechtsprechung hält das im Vertragsmuster vorgesehene Schriftformerfordernis dann für wirksam, wenn auch der Verzicht darauf dem Formerfordernis unterliegt.

77. Ziffer 24.3 enthält eine sog. *„salvatorische Klausel"*, die die Rechtsfolgen des § 139 BGB, wonach ein teilnichtiges Rechtsgeschäft im Zweifel insgesamt nichtig ist, modifizieren soll.

Nach der Rechtsprechung (BGH GRUR 2004, 353 – Tennishallenpacht) entbindet eine salvatorische Klausel, wonach ein teilnichtiges Rechtsgeschäft auch ohne die nichtige Klausel wirksam sein soll, nicht von der Prüfung, ob die Parteien das teilnichtige Geschäft als Ganzes verworfen hätten oder aber den Rest hätten gelten lassen. Bedeutsam ist die salvatorische Klausel daher lediglich für die von § 139 BGB abweichende Zuweisung der *Darlegungs- und Beweislast.* Während bei Fehlen einer salvatorischen Klausel die Vertragspartei, welche das teilnichtige Geschäft aufrechterhalten will, darlegungs- und beweispflichtig ist, trifft die entsprechende Pflicht, wenn eine solche Klausel vereinbart ist, denjenigen, der den ganzen Vertrag verwerfen wolle

78. Die Parteien können das auf den Vertrag anwendbare Recht frei wählen. Die Rechtswahl bezieht sich nur auf die Sachvorschriften des deutschen Rechts, nicht auf die Kollisionsvorschriften des internationalen Privatrechts. Dies stellt Ziffer 24.4 des Vertragsmusters ausdrücklich klar. Darüber hinaus gilt das Vertragsstatut nicht für die Schutzrechte selbst. Diese werden nach dem Recht des Schutzlandes beurteilt (vgl. etwa OLG Düsseldorf InstGE 4, 21 (26) – Sonnenblenden-Lizenz).

79. § 38 ZPO erklärt Gerichtsstandvereinbarungen im beschränkten Maße für zulässig, nämlich insbesondere, wenn die Vertragsparteien Kaufleute sind oder wenn eine Vertragspartei keinen allgemeinen Gerichtsstand im Inland hat. Für internationale Rechtstreitigkeiten gehen Sonderregelungen, etwa Art. 17 EuGVVO, dem § 38 ZPO vor.

Gerichtsstandvereinbarungen geben den Parteien die Möglichkeit, vorab festzulegen, welches Gericht erster Instanz sachlich, örtlich und entsprechend international zuständig („Prorogation") oder unzuständig („Derogation") sein soll. Im Zweifel ist diese Zuständigkeit ausschließlich. Es kann allerdings auch eine lediglich besondere Zuständigkeit des Gerichtsstands vereinbart werden.

Patentstreitigkeiten sind sachlich durch Rechtsverordnung bestimmten Landgerichten zugewiesen (§ 143 Abs. 2 PatG).

80. Die Parteien können vereinbaren, dass ein Schiedsgericht anstelle der staatlichen Gerichte über Streitigkeiten im Zusammenhang mit dem Lizenzvertrag entscheiden soll. Der erste Klauselvorschlag für ein *„Gelegenheitsschiedsgericht"* basiert auf den Bestimmungen der deutschen Zivilprozessordnung (§§ 1025 ff., 1029 Abs. 2, 1034 Abs. 1 S. 2, 1035 Abs. 3 S. 2 ZPO).

Im zweiten Klauselvorschlag vereinbaren die Parteien die Zuständigkeit eines *„institutionellen Schiedsgerichts"*, was regelmäßig auch ohne ausdrückliche Bezugnahme die Anwendung der betreffenden Schiedsgerichtsordnung einschließt.

IV. Designrecht

Schrifttum: *Bulling/Langöhrig/Hellwig,* Designschutz, 4. Aufl. 2017; *Eichmann/Jestaedt/Fink/Meiser,* Designgesetz, GGV, 6. Auflage, 2019; *Eichmann/Kur,* Designrecht, 2. Aufl. 2016; *Hartwig,* Designschutz in Europa (Entscheidungssammlung), Band 1 bis 4; *Ruhl/Tolkmitt,* Gemeinschaftsgeschmacksmuster, 3. Aufl. 2019; *Zentek,* Designschutz (Fallsammlung), 2. Aufl. 2008.

0. Einführung

„Häßlichkeit verkauft sich schlecht". Diese These eines der Väter des modernen Industrie-Design, Raymond *Loewy,* und 1953 Titel eines seiner vielbeachteten Bücher, ist heute aktueller denn je. In unserer modernen Industrie-, Massen- und Überflussgesellschaft ist die ästhetische Gestaltung eines Produktes mehr und mehr zu einem wichtigen Absatzfaktor, zu einer Voraussetzung des Markterfolges geworden. Das Bemühen um eine einwandfreie Formgebung von Gebrauchsgegenständen, vom Küchenmesser bis zur Limousine, entscheidet aber nicht nur über den Erfolg der Ware, sondern ist auch teuer. So lohnen sich Mühe und Aufwand nur, wenn für das Design als ästhetisches Arbeitsergebnis auch wirksamer Rechtsschutz erlangt werden kann. Schutz für ein Design lässt sich durch Eintragung eines nationalen Designs beim Deutschen Patent- und Markenamt (DPMA) oder eines Gemeinschaftsgeschmacksmusters beim EUIPO sowie durch internationale Registrierung eines Designs bei der WIPO erlangen. Daneben ist Schutz auch durch bloße Offenbarung in Form eines sog. nicht eingetragenen Gemeinschaftsgeschmacksmusters in der EU möglich.

Das **nationale Designrecht** hat seinen Ursprung im Gesetz betreffend das Urheberrecht an Mustern und Modellen (GeschmMG) aus dem Jahre 1876. Anlässlich der Umsetzung der **Richtlinie 98/71/EG** des Europäischen Parlaments und des Rates vom 13.10.1998 über den rechtlichen Schutz von Mustern und Modellen war das nationale Designrecht Gegenstand einer sehr umfangreichen Reform. Das **Gesetz über den rechtlichen Schutz von Mustern und Modellen** vom 12.3.2004 löste das alte GeschmMG ab. Es enthält gemäß den Vorgaben aus der Richtlinie 98/71/EG wesentliche Neuerungen insbesondere bei den Schutzvoraussetzungen und den Schutzwirkungen eines Designs. Es gewährt nun ein Ausschließlichkeitsrecht mit absoluter Sperrwirkung bis zu 25 Jahren bei gleichzeitiger Herabsetzung der Anforderungen an den Schutz als Design. Für Designs, die vor dem 28.10.2001 angemeldet oder eingetragen worden sind (dies ist der Tag, bis zu dem die Richtlinie 98/71/EG spätestens hätte umgesetzt werden müssen), sind nach wie vor die Übergangsvorschriften des § 72 DesignG zu beachten. So beurteilen sich insbesondere die Schutzvoraussetzungen für diese Geschmackmuster weiterhin nach altem Recht (BGH GRUR 2011, 423 – Schutz eines älteren Geschmacksmusters).

Mit dem **Gesetz zur Modernisierung des GeschmMG** vom 10.10.2013, das am 1.1.2014 in Kraft getreten ist, wurde seine Bezeichnung geändert in **Gesetz über den rechtlichen Schutz von Designs (DesignG)**. Dem internationalen Sprachgebrauch folgend wird der Begriff „Design" eingeführt, das Schutzrecht als „eingetragenes Design" erteilt. Eine weitere wichtige Änderung liegt in der Einführung eines Nichtigkeitsverfahrens vor dem DPMA.

Auf der Grundlage der **Verordnung (EG) Nr. 6/2002** des Rates vom 12.12.2001 **über das Gemeinschaftsgeschmacksmuster (GGV)** kann – vergleichbar der Unionsmarke – ein **einheitlicher Schutz für Designs innerhalb der Europäischen Union** erlangt werden. Die GGV (Fassung vom 18.12.2006) sieht zwei Arten von Gemeinschaftsgeschmacksmustern vor:

- Ein mit dem nationalen eingetragenen Design vergleichbares **eingetragenes Gemeinschaftsgeschmacksmuster,** das beim EUIPO verwaltet wird. Der Inhaber erhält ein absolutes Ausschließlichkeitsrecht mit einer Schutzdauer von bis zu 25 Jahren.
- Ein **nicht eingetragenes Gemeinschaftsgeschmacksmuster** mit einer Schutzdauer von nur drei Jahren, welches durch bloße erstmalige Offenbarung innerhalb der EU entsteht. Sein Inhaber ist nur vor Nachahmungen, also eines Entwurfs in Kenntnis des Designs geschützt.

Für beide Arten des Gemeinschaftsgeschmacksmusters gelten **Schutzvoraussetzungen**, die denjenigen der **Richtlinie 98/17/EG** entsprechen, so dass die Voraussetzungen für einen Designschutz auf europäischer und auf nationaler Ebene weitgehend vereinheitlicht sind.

Daneben besteht die Möglichkeit einer **Internationalen Registrierung** eines Designs bei der **WIPO** nach dem **Haager Musterabkommen.** Mitglieder des Abkommens, das eigentlich aus drei selbständigen Verträgen besteht, sind derzeit ca. 70 Einzelstaaten sowie regionale Verbünde wie die Europäische Union. Aktuell ist hauptsächlich die Genfer Akte aus dem Jahr 1999 relevant, welche die meisten Mitglieder unterzeichnet haben. Das Haager Musterabkommen hat zuletzt an Attraktivität gewonnen, weil wichtige Staaten wie Japan, Südkorea, die USA, Großbritannien und Russland beigetreten sind. Durch eine einzige Anmeldung kann Schutz in einer Vielzahl von Staaten erlangt werden. Die Internationale Registrierung ersetzt allerdings nur die für die Schutzerlangung erforderlichen **formellen** Erfordernisse. Der materielle Schutz richtet sich nach den jeweiligen nationalen bzw. regionalen Bestimmungen, es entsteht also nur ein „Bündel nationaler Rechte". Regelungen über die Schutzwirkung einer internationalen Eintragung, die Schutzverweigerung und die nachträgliche Schutzentziehung finden sich in § 66 ff. DesignG für ein in Deutschland bzw. in Art. 106a) ff. GGV für ein für die EU registriertes Designs

Von Interesse ist das Verhältnis des Designrechts zum **Urheberschutz** und **Wettbewerbsrecht.** Nach der Entscheidung des BGH „Geburtstagszug" (BGH GRUR 2014, 175 – Geburtstagszug) sind an Werke der angewandten Kunst wie Gebrauchsgegenstände keine anderen Anforderungen zu stellen als an den Urheberrechtsschutz von Werken der zweckfreien Kunst. Die dem Werk zugrunde liegende Leistung muss daher – anders die frühere Rechtsprechung – nicht mehr eine Durchschnittsgestaltung deutlich überragen. Auf der anderen Seite stellt der BGH klar, dass die ästhetische Wirkung einer Gestaltung Urheberrechtsschutz nur begründen kann, soweit die Gestaltung nicht dem Gebrauchszweck geschuldet ist, sondern auf einer künstlerischen Leistung beruht. Daher bleibt es gleichwohl bei hohen Anforderungen für den Kunstschutz für Gebrauchsgegenstände. Ferner hebt der BGH den engen Schutzumfang bei nur geringer Gestaltungshöhe hervor (BGH GRUR 2014, 175 – Geburtstagszug).

In Deutschland spielt der Produktschutz vor **unlauteren Nachahmungen gemäß § 4 Nr. 3 UWG** parallel zum Designrecht eine wichtige Rolle. Weist ein Erzeugnis wettbewerbliche Eigenart auf und wird dieses von einem Wettbewerber nachgeahmt, ergeben sich Ansprüche wegen eines Wettbewerbsverstoßes, wenn entweder durch Angebot und Vertrieb eines solches Erzeugnisses eine vermeidbare Herkunftstäuschung hervorgerufen wird oder durch den Vertrieb der gute Ruf des Originals ausgebeutet oder beeinträchtigt wird. Für Einzelheiten wird auf die entsprechenden Kommentare und Abhandlungen verwiesen, die im Literaturverzeichnis dieser Formularsammlung genannt sind, wie zB die UWG-Kommentare von Harte-Bavendamm/Henning-Bodewig, Köhler/Bornkamm/Feddersen, Ohly/Sosnitza sowie auf ergänzende Erläuterungen in den nachfolgenden Formularen zum Abmahnschreiben sowie zu einer Klage wegen Designverletzung.

Mit den Formularen und ihrer Erläuterung soll sowohl dem Designer wie auch dem Rechtsberater ein Leitfaden für die Anmeldung, für die Durchsetzung und die Verteidigung von Designs sowie für die Abwehr von Ansprüchen aus Designs zur Hand gegeben werden, der auf wesentliche Fragen und Probleme der Praxis Antwort gibt. Die folgende, dem Formularteil vorgeschaltete Einführung enthält eine Übersicht über Grundbegriffe des Designrechts und seiner praktischen Anwendung.

Materielles Designrecht

Die Grundlage für das materielle Designrecht bildet die **Richtlinie 98/71/EG.** Die Vorgaben aus der Richtlinie wurden im DesignG umgesetzt. Die GGV orientiert sich ebenfalls an dieser Richtlinie, so dass das materielle Recht auf nationaler und auf europäischer Ebene weitgehend vereinheitlich ist.

Das Wesen des Designs

Das eingetragene Design gewährt seinem Inhaber das ausschließliche Recht, das Design zu benutzen und Dritten die Benutzung zu untersagen. Das eingetragene Design ist also ein **Ausschließlichkeitsrecht.** Es gehört zu den Immaterialgüterrechten.

Das GeschmMG von 1876 basierte noch auf einer urheberrechtlichen Grundlage. Um dem Bedürfnis nach Schutz gewerblicher Muster nachzukommen, wurde ein aus dem Urheberrecht entwickeltes, aber durch eine Absenkung der Gestaltungshöhe gekennzeichnetes Geschmacksmuster geschaffen. Das neue Designrecht auf der Grundlage der Richtlinie 98/71/EG beseitigt diesen Bezug zum Urheberrecht vollständig. Es wird nun kein besonderer ästhetischer Gehalt mehr für den Schutz als Design verlangt. Schutzvoraussetzung ist nur, dass sich das Design von einzelnen vorbekannten Gestaltungen in seinem **Gesamteindruck** ausreichend **unterscheidet.**

Schutzgegenstand

Schutzgegenstand sind **Muster (Designs),** wobei es sich nach der Legaldefinition um eine **zweidimensionale oder dreidimensionale Erscheinungsform** eines ganzen Erzeugnisses oder **eines Teils** davon handelt (§ 1 Nr. 1 DesignG/Art. 3a) GGV). Ein **Erzeugnis** ist jeder industrielle oder handwerkliche Gegenstand (einschließlich Verpackung, Ausstattung, graphischen Symbolen und typographischen Schriftzeichen) sowie Einzelteile, die zu einem **komplexen Erzeugnis,** welches aus mehreren Bauelementen besteht, zusammengebaut werden (§ 1 Nr. 2 DesignG/Art. 3b) GGV). Diese Voraussetzungen sind meist unproblematisch.

Vom Designschutz sind folgende Sachverhalte **ausgeschlossen:**

Da Gegenstand eines Designschutzes stets nur die Erscheinungsform eines **konkreten** Erzeugnisses sein kann, sind **abstrakte Ideen,** ästhetische Lehren oder Stilarten einem Designschutz nicht zugänglich (BGH GRUR 1977, 547 – Kettenkerze; GRUR 1979, 705 – Notizklötze).

Ausschließlich durch ihre technische Funktion bedingte Erscheinungsmerkmale eines Erzeugnisses können kraft Gesetzes nicht am Schutz teilnehmen (§ 3 Abs. 1 Nr. 1 DesignG/Art. 8 Abs. 1 GGV). Gerade wegen der modernen Design-Bestrebungen unter dem Postulat des „form follows function" muss ein Schutz aber auch dort in Betracht kommen, wo die Gestaltung eines Erzeugnisses auf dessen Funktion zurückzuführen ist. Deshalb ist ein Schutz nur insoweit ausgeschlossen, soweit das jeweilige Erscheinungsmerkmal ausschließlich durch eine technische Funktion bedingt ist. Entscheidend ist dabei, ob die Funktion der einzige die Erscheinung bestimmende Faktor für den Entwurf war oder ob gestalterische Erwägungen im Hinblick auf das Erscheinungsbild der

Erzeugnisse eine Rolle gespielt haben, wobei diese Aspekte objektiv zu beurteilen sind; mögliche Designalternativen für das Erreichen der gleichen technischen Funktion spielen dabei keine Rolle (EuGH GRUR 2018, 612 – Doceram).

Weiter sind per Gesetz vom Schutz ausgenommen Erscheinungsmerkmale sogenannter **Anschlussteile** (**„must-fit“**-Teile), die zwangsläufig in ihrer Form und Abmessung so nachgebildet werden müssen, dass das entsprechende Erzeugnis mit einem anderen Erzeugnis verbunden werden kann (§ 3 Abs. 1 Nr. 2 DesignG/Art. 8 Abs. 2 GGV). Damit soll der Gefahr vorgebeugt werden, dass die Gestaltung von Verbindungselementen über das Designrecht monopolisiert und damit der Wettbewerb um die Vermarktung weiterer Erzeugnisse, die im Zusammenhang mit einem Erzeugnis verwendet werden können (Zubehör, Ersatzteile), behindert werden kann. Von diesem Ausschlussgrund ausgenommen sind Erscheinungsmerkmale, die dem Zweck dienen, die Verbindung einer Vielzahl von untereinander austauschbaren Teilen innerhalb eines Bauteilesystems zu ermöglichen (§ 3 Abs. 2 DesignG/Art. 8 Abs. 3 GGV) (sog. „Lego-Klausel“).

Zu unterscheiden von den „must-fit“-Teilen sind solche Erzeugnisse, bei denen es nicht um die technische Interoperabilität durch die Verbindung mit anderen Erzeugnissen geht, sondern die zur **Wiederherstellung des Erscheinungsbildes** eines komplexen Erzeugnisses im Sinne einer optischen Interoperabilität in einer bestimmten Gestaltung gefertigt werden müssen (sog. **„must-match“**-Teile). Diese **Ersatzteilproblematik** war und ist Gegenstand langer Diskussionen sowohl auf europäischer als auch auf nationaler Ebene. Letztlich wurde für diesen Bereich bislang keine einheitliche Regelung getroffen. Für den Schutz derartiger Erzeugnisse verweist Art. 14 der Richtlinie 98/17/EG auf die nationalen Bestimmungen, die solange fortgelten, bis eine einheitliche Regelung auf Vorschlag der Kommission angenommen wurde. Auch das am 1.1.2014 in Kraft getretene DesignG sieht keine eigene Regelung vor, sondern verweist für die Geltendmachung von Rechten hinsichtlich solcher Erzeugnisse auf das alte Geschmacksmusterrecht (§ 73 Abs. 1 DesignG), welches einen Schutz grundsätzlich vorsah. Die GGV schließt einen Schutz für solche „must-match“-Teile vorübergehend aus, bis die GGV eine endgültige Regelung zu diesen Ersatzteilen erhält (Art. 110 GGV). Relevant ist die Ersatzteilproblematik insbesondere im Bereich der Autoindustrie für die der EuGH in den Entscheidungen C-397/16 und C-435/16 (EuGH GRUR 2018, 284) erste Ansätze für die Auslegung der entsprechenden Vorschrift gegeben hat und die der BGH in der Entscheidung „Kraftfahrzeugfelgen II“ (BGH GRUR 2018, 1246) für die deutsche Rechtsprechung interpretiert hat.

Ebenfalls dem Designschutz nicht zugänglich sind **Bauelemente eines komplexen Erzeugnisses** (§ 1 Nr. 3 DesignG), sofern sie bei bestimmungsgemäßer Verwendung (§ 1 Nr. 4 DesignG) nicht sichtbar bleiben bzw. die sichtbar bleibenden Merkmale des Bauelements ihrerseits die Schutzvoraussetzungen nicht erfüllen (§ 4 DesignG/Art. 4 Abs. 2 GGV).

Die materiellen Schutzvoraussetzungen der Neuheit und Eigenart

Die maßgeblichen materiellen Voraussetzungen für einen Designschutz sind **Neuheit und Eigenart** (§ 2 Abs. 1 DesignG/Art. 4 Abs. 1 GGV). Beide Schutzvoraussetzungen werden bei der Anmeldung des Designs **nicht geprüft.**

Neuheit

Ein Design gilt als neu, wenn **vor dem Tag der Anmeldung** des Musters **kein identisches Muster offenbart** worden ist, wobei Muster von Gesetzes wegen als identisch gelten, wenn sich ihre Erscheinungsmerkmale nur in unwesentlichen Einzelheiten unterscheiden (§ 2 Abs. 2 DesignG/Art. 5 GGV). Eine neuheitsschädliche Offenbarung liegt also dann vor, wenn ein (fast) identisches Muster vor dem Anmeldetag der Öffentlichkeit zugänglich gemacht wurde.

Die **Offenbarung** vorbekannter Muster orientiert sich am objektiv-relativen Neuheitsbegriff: das der Öffentlichkeit zugänglich gemachte Muster muss den in der EU tätigen Fachkreisen (Designer, Hersteller, Händler, etc, vgl. EuGH GRUR 2014, 368 Rn. 24 ff. – Gartenpavillon) aus dem betreffenden Gebiet im normalen Geschäftsverlauf vor dem Anmelde- oder Prioritätstag bekannt sein können (§ 5 S. 1 DesignG/Art. 7 Abs. 1 GGV). Dabei kommen auch Offenbarungen außerhalb der EU in Betracht, wenn sie den Fachkreisen innerhalb der EU bekannt sein konnten. Konnten die entsprechenden Fachkreise keine Kenntnis von dem Muster haben, ist eine frühere Veröffentlichung unschädlich.

Die Prüfung auf Neuheit ist durch einen **Einzelvergleich vorbekannter und relevanter Designs,** des sogenannten **vorbekannten Formenschatzes,** mit dem zu schützenden Design vorzunehmen. Bei diesem Einzelvergleich sind die Erscheinungsmerkmale des Designs daraufhin zu untersuchen, ob sie sich **in einem** Gegenstand aus dem vorbekannten Formenschatzes (fast) identisch wiederfinden.

Eigenart

Ein Design hat **Eigenart,** wenn sich der **Gesamteindruck,** den es beim informierten Benutzer hervorruft, von dem Gesamteindruck **unterscheidet,** das ein anderes, vor dem Anmelde- oder Prioritätstag offenbartes Muster, hervorruft (§ 2 Abs. 3 DesignG/Art. 6 Abs. 1 GGV). Für die Prüfung der Eigenart kommt es also allein auf den Unterschied im Gesamteindruck und nicht auf eine bestimmte Gestaltungshöhe an (BGH GRUR 2010, 718 Ls. 1 – Verlängerte Limousinen).

Maßgeblich für die Beurteilung der Eigenart ist die Figur des sog. **informierten Benutzers,** der verschiedene Designs kennt, die es in dem betreffenden Wirtschaftsbereich gibt, über gewisse Kenntnisse über die Elemente verfügt, die die Designs regelmäßig aufweisen, und die Produkte mit vergleichsweise großer Aufmerksamkeit bewertet. Seine Kenntnisse und der Grad der Aufmerksamkeit sind zwischen denen eines charakteristisch informierten, situationsadäquat aufmerksamen Verbrauchers und denen eines Fachmanns anzusiedeln (EuGH GRUR 2012, 506 Rn. 53, 59 – PepsiCo; BGH GRUR 2013, 285 – Kinderwagen II).

Wie bei der Neuheitsprüfung wird die Eigenart durch einen **Einzelvergleich** geprüft (EuGH GRUR 2014, 774 – KMF/Dunnes; BGH GRUR 2010, 718 Ls. 1 – Verlängerte Limousinen). Es findet eine Prüfung mit **jeweils einem einzelnen älteren Design** dahingehend statt, ob es sich in seinem Gesamteindruck von dem Gesamteindruck des jüngeren Designs unterscheidet. Die Eigenart darf nicht aufgrund einer Gesamtschau auf den vorbekannten Formenschatz abgelehnt werden. Maßgebliche Kriterien für die Ermittlung der Eigenart ist danach die **Unterschiedlichkeit** der Designs (BGH GRUR 2010, 718 Rn. 32 – Verlängerte Limousinen). Allerdings wird der vorbekannte Formenschatz in der Weise berücksichtigt, als bei der Beurteilung der Eigenart der **Grad der Gestaltungsfreiheit** auf dem jeweiligen gestalterischen Gebiet zu berücksichtigen ist (§ 2 Abs. 3 S. 2 DesignG/Art. 6 Abs. 2 GGV), welcher insbesondere von den **gestalterischen Vorarbeiten,** aber auch von den **Vorgaben nach dem Gebrauchszweck** beeinflusst wird. Das bedeutet, dass in einem Bereich mit einer hohen Musterdichte und/oder umfangreichen Vorgaben für den Gebrauchszweck nur begrenzte Gestaltungsmöglichkeiten zur Verfügung stehen, sodass die Eigenart auch bei geringen Abweichungen vom bestehenden Formenschatz bejaht und damit ein Designschutz begründet werden kann; gleichzeitig ist aber der Schutzumfang in der Regel gering. Auf Gebieten mit nur wenigen Vorgaben kann es dagegen der Fall sein, dass bei nur geringen Abweichungen von einem vorbekannten Design die Eigenart verneint wird, weil der Grad der Gestaltungsfreiheit wesentlich höher ist, diese aber nicht genutzt wurde.

Merkmalsbeschreibung

Die Prüfung der Neuheit und insbesondere der Eigenart wird erst durch **Merkmalsbeschreibung, Merkmalsanalyse und Merkmalsvergleich** möglich. Der BGH hat in einer grundlegenden Entscheidung zum alten Geschmacksmusterrecht ausgesprochen, dass ein spontaner und zusammenfassender Eindruck in der Regel nicht ausreichend ist, sondern es müssen die konkreten Formen – aufgegliedert in ihre einzelnen Elemente – aufgezeigt und beschrieben werden, auf denen die ästhetische Wirkung beruht (BGH GRUR 1965, 198 – Küchenmaschine). Obwohl es in der Regel nicht einfach ist, Farb- und Formgestaltungen mit den Mitteln der Sprache auszudrücken, die regelmäßig ineinander übergehenden Formen in einzelne Merkmale aufzulösen und diese zu beschreiben, ist die verbale Merkmalsbeschreibung, gerade bei komplizierten Formen, das einzige zuverlässige Mittel, den Gesamteindruck eines Musters für die Prüfung der Eigenart, die Schutzvoraussetzungen und, in einem späteren Stadium, einer Verletzung zuverlässig zu ermitteln. Um der Rechtssicherheit willen muss so weit wie möglich versucht werden, Übereinstimmungen und Unterschiede nicht bloß gefühlsmäßig, sondern durch konkrete Beschreibung zu erfassen. Zur Erstellung einer Merkmalsbeschreibung sei auf einschlägige Entscheidungen des BGH verwiesen, zB BGH GRUR 2013, 285 Rn. 33 – Kinderwagen II.

Das Recht auf das Design

Das Recht am Design und damit das Recht auf ein Design steht dem **Entwerfer** zu, bei mehreren Entwerfern steht den Entwerfern das Recht gemeinschaftlich zu (§ 7 Abs. 1 DesignG/Art. 14 Abs. 1 u. 2 GGV). Diese Grundsätze gelten auch für das nicht eingetragene Gemeinschaftsgeschmacksmuster (BGH GRUR 2013, 830 – Bolerojäckchen). In Amtsverfahren und in Verfahren vor den ordentlichen Gerichten gilt allerdings der Anmelder bzw. der eingetragene Inhaber als materiell Berechtigter (§§ 1 Nr. 5, 8 DesignG/Art. 17 GGV). Eine Vermutung der Inhaberschaft desjenigen, der ein nicht eingetragenes Gemeinschaftsgeschmacksmuster erstmals offenbart, gilt aber nicht (BGH GRUR 2013, 830 – Bolerojäckchen). Der wahre Berechtigte kann einen Anspruch nach § 9 DesignG/Art. 15 GGV gegen den Nichtberechtigten auf Übertragung des Rechts bzw. auf Löschung geltend machen.

Der Vorgang des Entwerfens ist ein Realakt. Dadurch entsteht beim Entwerfer ein absolutes und auch übertragbares, aber unvollkommenes Immaterialgüterrecht, weil noch weitere formelle Voraussetzungen zu erfüllen sind, um ein Designrecht zu begründen. Im Rahmen von **Arbeitsverhältnissen** steht dieses Recht unmittelbar dem Arbeitgeber zu (§ 7 Abs. 2 DesignG/Art. 14 Abs. 3 GGV). Außerhalb von Arbeitsverhältnissen gelten die allgemeinen Grundsätze. Das Recht steht daher auch demjenigen Entwerfer zu, der in Erfüllung eines **Auftrags** einen Entwurf tätigt. Eine andere Regelung bedarf einer besonderen vertraglichen Vereinbarung, im Einzelfall kann sich eine Übertragungspflicht aber aus ergänzender Vertragsauslegung ergeben.

Die Rechte aus dem Design

Ein eingetragenes Design gewährt seinem Inhaber, vergleichbar mit den technischen Schutzrechten, ein **Ausschließlichkeitsrecht mit absoluter Sperrwirkung.** Neben dem **positiven Benutzungsrecht** steht dem Inhaber das Recht zu, jede **Benutzung** durch Dritte **zu verbieten** (§ 38 Abs. 1 DesignG/Art. 19 Abs. 1 GGV). **Benutzungshandlungen** sind insbesondere das Herstellen, das Anbieten, das Inverkehrbringen, die Einfuhr, die Ausfuhr, der Gebrauch eines Erzeugnisses, in das das Design aufgenommen oder bei dem es verwendet wird, und der Besitz eines Erzeugnisses zu den vorgenannten Zwecken. Auch die bloße Wiedergabe eines geschützten Designs stellt eine Verletzung dar (BGH GRUR 2011, 1117 – ICE). Subjektive Elemente spielen bei der Verletzung eines eingetragenen Designs keine Rolle. Lediglich das nicht eingetragene Gemeinschaftsgeschmacksmuster

(Art. 19 Abs. 2 GGV) sowie eingetragene Designs mit aufgeschobener Bekanntmachung (§ 38 Abs. 3 DesignG/Art. 19 Abs. 3 GGV) schützen mangels Registerpublizität nur vor einer Nachahmung, die eine Kenntnis des Designs voraussetzt.

Das Designrecht ist **frei übertragbar** und kann zum Gegenstand von einfachen und ausschließlichen **Lizenzen** gemacht werden (§§ 29 ff. DesignG/Art. 27 ff. GGV).

Die Verletzung eines geschützten Designs

Das **Verbietungsrecht** bezieht sich auf jedes **Design,** das beim **informierten Benutzer** im Vergleich zum Design **keinen anderen Gesamteindruck** erweckt (§ 38 Abs. 2 DesignG/ Art. 10 GGV).

Das Design eröffnet damit einen **Schutzumfang.** Da (fast) identische Benutzungen in der Praxis eher die Ausnahme sind, stellt sich häufig die Frage, ob der angegriffene Gegenstand noch in den Schutzumfang des geschützten Designs fällt. Stellt sich der Schutzumfang als gering heraus, kann es sein, dass nur eine (fast) identische Benutzung untersagt werden kann. Bei der **Beurteilung des Schutzumfangs** muss wiederum der **Grad der Gestaltungsfreiheit** berücksichtigt werden (§ 38 Abs. 2 S. 2 DesignG/Art. 10 Abs. 2 GGV). Es gilt der Grundsatz, dass der Schutzumfang des Design von dessen **Abstand zum vorbekannten Formenschatz** abhängt (BGH GRUR 2011, 142 – Untersetzer). Dabei ist auch zu berücksichtigen, inwieweit der Entwerfer den ihm zur Verfügung stehenden Gestaltungsspielraum in Anbetracht des vorbekannten Formenschatzes auch genutzt hat (BGH GRUR 2013, 285 Rn. 32 – Kinderwagen II). Für die Frage, welchen Abstand ein Design zum vorbekannten Formenschatz aufweist, kommt es nicht auf einen Vergleich einzelner Merkmale des Designs mit einzelnen Merkmalen vorbekannter Muster an.

Maßgeblich ist vielmehr der jeweilige Gesamteindruck der sich gegenüberstehenden Muster, der darüber entscheidet, wie groß die Ähnlichkeit des Designs mit dem vorbekannten Formenschatz ist. Eine mosaikartige Gesamtschau einzelner Elemente unterschiedlicher Entgegenhaltungen verbietet sich (BGH GRUR 2019, 398 – Meda Gate).

Eine Übereinstimmung im Gesamteindruck ist anzunehmen, wenn der Verletzungsgegenstand objektiv hinreichende Übereinstimmungen gerade in Bezug auf diejenigen Erscheinungsmerkmale aufweist, die den schutzfähigen Inhalt des Designs ausmachen. Bei dieser Prüfung findet ein direkter Vergleich zwischen dem Design und der angeblichen Verletzung statt. Eine Übereinstimmung wird nicht durch solche Abweichungen ausgeschlossen, die nur bei Anwendung besonderer Aufmerksamkeit wahrgenommen werden können. Es sind allerdings nicht nur die Übereinstimmungen, sondern auch die Unterschiede zu berücksichtigen (BGH GRUR 2011, 142 – Untersetzer). Für die Prüfung einer Verletzung bedarf es einer Merkmalsbeschreibung und Merkmalsanalyse des geschützten Designs sowie eines Merkmalsvergleichs mit dem angegriffenen Design. Bei der Beurteilung des jeweiligen Gesamteindrucks kommt es auch darauf an, wie der informierte Benutzer ein Erzeugnis konkret wahrnimmt. Bei der Beurteilung orientiert sich der informierte Benutzer daran, in welcher Art und Weise ein Erzeugnis nach seiner Zweckbestimmung in Erscheinung tritt, bei einer Armbanduhr beispielsweise das Uhrenglas unter Ansatz des Armbands (BGH GRUR 2016, 1473 – Armbanduhr).

Bei **eingetragenen Designs** kommt es für eine Verletzung nur auf eine **objektive Benutzung** an. Bei einem **nicht eingetragenen Gemeinschaftsgeschmacksmuster sowie** bei eingetragenen Designs, deren **Bekanntmachung aufgeschoben** ist (s. u.), kann die Benutzung nur untersagt werden, wenn das angegriffene Muster das **Ergebnis einer Nachahmung** ist. Da in diesen Fällen das Recht nicht in einem Register bekannt gemacht ist, kommt es auf eine Kenntnis des Verletzers von dem geschützten Design an, die grundsätzlich der Schutzrechtsinhaber zu beweisen hat. Ein Beweis des ersten Anscheins spricht aber zugunsten des Schutzrechtsinhabers für eine Nachahmung, wenn objektiv wesentliche

Übereinstimmungen zwischen Design und angegriffenem Gegenstand vorliegen (BGH GRUR-Int 2012, 1140 Rn. 33 – Gartenpavillon und EuGH GRUR 2014, 368 Rn. 37 ff.).

Das Recht aus einem Design kann nicht geltend gemacht gegen Handlungen im **privaten Bereich** zu nichtgewerblichen Zwecken, gegen Handlungen zu Versuchszwecken und gegen eine Wiedergabe mit dem Zweck der redlichen Veranschaulichung (Zitierung), § 40 DesignG. Gerade die Wiedergabe zum Zwecke der **Zitierung** unterliegt aber sehr engen Voraussetzungen (BGH GRUR 2011, 1117 – ICE).

Ein **Vorbenutzungsrecht**, das dem Designinhaber entgegengehalten werden kann, entsteht dadurch, dass ein unabhängig von einem eingetragenen Design entwickeltes Muster, welches in den Schutzbereich des Designs fällt, vor dem Anmeldetag gutgläubig in Benutzung genommen wurde oder ernsthafte Anstalten hierfür getroffen wurden (§ 41 GeschmMG/Art. 22 GGV). Diese Anforderungen an ein Vorbenutzungsrecht sind in der Praxis schwierig nachzuweisen.

Ansprüche wegen Designverletzung

Ansprüche wegen Designverletzung sind im nationalen Recht in §§ 42 ff. DesignG geregelt. Die GGV enthält für den Fall der Verletzung nur einen Anspruch auf Unterlassung (Art. 89 Abs. 1a) GGV) sowie auf Beschlagnahme verletzender Erzeugnisse oder verwendeter Materialen und Werkzeuge (Art. 89 Abs. 1b) und c) GGV), und verweist für weitere Sanktionen auf das nationale Recht (Art. 89 Abs. 1d) GGV), wobei solche Sanktionen (zB der Vernichtungsanspruch) dem Recht, einschließlich des internationalen Privatrechts, desjenigen Mitgliedsstaats unterliegen, in dem die Verletzung begangen wurde (EuGH GRUR 2014, 368 Rn. 51 ff. – Gartenpavillon). Für Ansprüche auf Schadensersatz und vorbereitende Auskunft verweist der EuGH auf Art. 88 Abs. 2 GGV, wonach das Recht des Mitgliedsstaats als Auffangrecht für sämtliche in der EU begangenen Verletzungshandlungen anzuwenden ist, in dem das angerufene Gericht zur Entscheidung über die Ansprüche seinen Sitz hat (EuGH GRUR 2014, 368 – Gartenpavillon).

Die Rechte des Schutzrechtsinhabers bei Rechtsverletzungen sind durch die Richtlinie 2004/48/EG vom 29.4.2004 zur Durchsetzung der Rechte des geistigen Eigentums (**„Durchsetzungsrichtlinie“** oder **„Enforcement-Richtlinie“**) gestärkt worden. Mit dem **Gesetz zur Umsetzung der Durchsetzungsrichtlinie** sind zahlreiche parallele Änderungen im Bereich des Immaterialgüterrechts zu Unterlassungs- und Beseitigungsansprüchen, Schadensersatzansprüchen, Vernichtungsansprüchen, Auskunfts- und Vorlageansprüchen eingeführt worden. Die Durchsetzungsrichtlinie verpflichtet die Mitgliedstaaten zu prozessualen Mindeststandards zur Durchsetzung von Rechten geistigen Eigentums.

Für den Rechteinhaber hat der **Unterlassungsanspruch** meist die größte Bedeutung, der verschuldungsunabhängig ist und der bei begangenen Verletzungen aufgrund der dadurch entstandenen Wiederholungsgefahr bzw. bei näher begründeter Erstbegehungsgefahr gewährt wird (§ 42 Abs. 1 DesignG/Art. 89 Abs. 1a GGV). Für die Bemessung des verschuldensabhängigen **Schadensersatzanspruchs** kann der Verletzte zwischen den drei bei der Verletzung von Immaterialgüterrechten anerkannten Berechnungsarten wählen, nämlich zwischen Ersatz des entgangenen Gewinns, der Herausgabe des Verletzergewinns oder Zahlung einer angemessenen Lizenz (§ 42 Abs. 2 DesignG).

Gemäß § 43 DesignG kann der Verletzte **Vernichtung** von entsprechenden Erzeugnissen und Herstellungsvorrichtungen, **Rückruf** oder Überlassung verletzender Erzeugnisse verlangen, sofern diese Maßnahmen im Einzelfall nicht unverhältnismäßig sind.

Im Rahmen der Umsetzung der Durchsetzungsrichtlinie ist der **Auskunftsanspruch** des Rechteinhabers gemäß § 46 DesignG erheblich erweitert worden: Der Rechteinhaber kann unter bestimmten Voraussetzungen auch einen Auskunftsanspruch gegen Dritte geltend machen, damit er die Möglichkeit erhält, den Rechtsverletzer mit zivilrechtlichen Mitteln zu ermitteln. In Fällen offensichtlicher Rechtsverletzung können die Auskunftsansprüche gegen den Verletzer oder gegen Dritte im Wege einer einstweiligen Verfügung geltend gemacht werden.

Auf prozessualer Ebene ist die Situation des Verletzten dadurch verbessert worden, dass er bei hinreichender Wahrscheinlichkeit einer Rechtsverletzung den vermeintlichen Verletzer auf **Vorlage von Urkunden** oder auf **Besichtigung von Sachen** in Anspruch nehmen kann, wobei auch dieser Anspruch im Wege des Erlasses einer einstweiligen Verfügung gesichert werden kann (§ 46a DesignG). Zu nennen ist abschließend der Anspruch auf Urteilsbekanntmachung (§ 47 DesignG), der in der Praxis allerdings keine Relevanz hat.

In Fällen von Produktpiraterie stehen ein nationales **Beschlagnahme**verfahren nach §§ 55 ff. DesignG bzw. das Grenzbeschlagnahmeverfahren gemäß Verordnung Nr. 608/ 2013 vom 22.9.2013 iVm § 57a DesignG zur Verfügung.

Formelles Designrecht

Das Anmeldeverfahren und die Eintragung

Für die Begründung des Designrechts bedarf es grundsätzlich des formellen Aktes der **Anmeldung und Eintragung** in das Register.

Eine Ausnahme hierzu stellt das **nicht eingetragene Gemeinschaftsgeschmacksmuster** dar. Für seine Entstehung muss es – statt einer Eintragung – **nur der Öffentlichkeit zugänglich gemacht** werden (Art. 11 GGV). Eine solche schutzbegründende Offenbarung ist aber nur möglich, wenn das Muster innerhalb der EU der Öffentlichkeit erstmals zugänglich gemacht wurde (Art. 110a Abs. 5 S. 2 GGV); Offenbarungen außerhalb der EU können daher nicht schutzbegründend, wohl aber schutzhindernd für ein später veröffentlichtes nicht eingetragenes Gemeinschaftsgeschmacksmuster sein.

Die Erfordernisse der Anmeldung regeln das DesignG bzw. die GGV, die jeweils durch eine Durchführungsverordnung ergänzt werden (DesignV und GGV-DVO). Eine Prüfung auf die materiellen Schutzvoraussetzungen findet nicht statt. Es handelt sich um ein ungeprüftes Schutzrecht.

Anmeldetag

Der Tag der Anmeldung bestimmt, welche Muster für die **Prüfung der materiellen Schutzvoraussetzungen** eines Designs herangezogen werden. Schädlich für Neuheit oder Eigenart sind nur vor dem Anmeldetag bzw. Prioritätstag offenbarte Muster.

Die **zwingenden Erfordernisse** einer Anmeldung **für die Zuerkennung eines Anmeldetags** sind ein **Antrag** auf Eintragung, Angaben, die es erlauben, die **Identität des Anmelders** festzustellen sowie eine zur Bekanntmachung geeignete **Wiedergabe** des Musters (§§ 13 Abs. 1, 11 Abs. 2 DesignG; Art. 38 Abs. 1, 36 Abs. 1 GGV).

Der **Zeitrang** kann durch die **Inanspruchnahme einer Priorität** aus einer früheren Anmeldung (§ 14 DesignG/Art. 41 GGV) vorverlegt werden. Hat der Anmelder ein Muster auf einer Ausstellung zur Schau gestellt, kann er unter bestimmten Voraussetzungen ab dem Tag der erstmaligen Zurschaustellung eine sogenannte **Ausstellungspriorität** in Anspruch nehmen (§ 15 DesignG/Art. 42 GGV). Die Fristen für die Inanspruchnahme betragen **sechs Monate** ab dem früheren Anmeldetag bzw. der erstmaligen Zurschaustellung des Musters. Wird eine Priorität wirksam in Anspruch genommen, tritt insbesondere bei der Prüfung der Schutzfähigkeit der Prioritätstag an die Stelle des Anmeldetags (§ 13 Abs. 2 DesignG/Art. 43 GGV).

Eigentlich würde eine eigene Offenbarung des Designs vor dem Anmeldetag einer Anmeldung neuheitsschädlich entgegenstehen. Allerdings wird gemäß § 6 DesignG/Art. 7

Abs. 2 GGV eine sog. **Neuheitsschonfrist** gewährt, wonach eine eigene Offenbarung des Designs oder eine Offenbarung durch einen Rechtsnachfolger sowie sonstige Offenbarungen, die auf den Entwerfer zurückgehen, **zwölf Monate** vor dem Anmeldetag bzw. Prioritätstag bei der Bestimmung von Neuheit und Eigenart außer Betracht bleibt. Missbräuchliche Offenbarungen Dritter bleiben ebenfalls unberücksichtigt.

Die Wiedergabe des eingetragenen Designs

In der Praxis von erheblicher Bedeutung ist die **Wiedergabe des Gegenstandes,** dessen Schutz angestrebt wird. Die Anmeldung muss eine fotografische oder sonstige grafische Darstellung des Musters enthalten, die diejenigen Merkmale deutlich und vollständig offenbart, für die der Schutz beansprucht wird. Nur diejenigen Erscheinungsmerkmale, die aus der der Anmeldung beigefügten Darstellung hervorgehen, haben schutzbegründende Wirkung. Es liegt daher im Interesse des Anmelders, nur solche Fotografien oder Zeichnungen als Darstellung der Anmeldung beizufügen, die das Muster deutlich oder konturenscharf wiedergeben. Dabei sollten gerade diejenigen Merkmale betont werden, die für das Design charakteristisch sind, um den Schutzumfang soweit als möglich zu ziehen.

Es kann zweckmäßig sein, dreidimensionale Schutzgegenstände durch **mehrere Abbildungen** darzustellen. Von großer Bedeutung ist, dass sämtliche Wiedergaben dasselbe Erzeugnis darstellen müssen. Abweichungen in einzelnen Abbildungen können den Schutzumfang nicht vergrößern, aber unter Umständen beschränken. Bei Unklarheiten ist der Schutzgegenstand durch Auslegung zu ermitteln, wobei die Auslegung ergeben kann, dass Teile eines einheitlichen Erzeugnisses (Kombinationserzeugnis) gezeigt sind (BGH GRUR 2012, 1139 – Weinkaraffe). Zeigt die Wiedergabe verschiedene Abbildungen unterschiedlicher Ausführungsformen eines Erzeugnisses, also mit unterschiedlichen Merkmalen der Erscheinungsform, lässt das Design in diesem Fall keinen einheitlichen Schutzgegenstand erkennen und das Design ist nichtig (BGH GRUR 2019, 832 – Sporthelm; GRUR 2019, 835 – Sportbrille).

Eine **Beschreibung** kann der Anmeldung beigefügt sein. Sie hat keine schutzbegründende Wirkung (Art. 36 Abs. 6 GGV), sie darf aber zur Auslegung des geschützten Gegenstands herangezogen werden (BGH GRUR 2011, 1130 – Weinkaraffe).

Eine **Sammelanmeldung,** bei der mehrere Muster in einer Anmeldung zusammengefasst werden, später aber völlig unabhängig voneinander Schutz genießen, eröffnet ebenso wie die **Aufschiebung der Bildbekanntmachung** von Designs, deren erfolgreiche wirtschaftliche Verwertung noch nicht abzusehen ist, finanzielle **Einsparmöglichkeiten.**

Die Designanmeldung darf sich auch auf die Erscheinungsform **eines Teils eines Erzeugnisses** beziehen. Die Anmeldung eines Teils eines Erzeugnisses wird von der Rechtsprechung sehr großzügig gehandhabt, vgl. das anschauliche Beispiel des Schutzes eines Zwischenabschnitts eines Schreibgeräts in der Entscheidung BGH GRUR 2011, 1112 – Schreibgeräte.

Schutzbeginn, Schutzdauer

Der Schutz eines eingetragenen Designs beginnt **mit der Eintragung** (§ 27 Abs. 1 DesignG/Art. 1 Abs. 2 b GGV) in das Register (bei nicht eingetragenen Gemeinschaftsgeschmacksmustern mit dem Zeitpunkt der schutzbegründenden, das heißt innerhalb der EU erstmals erfolgten **Offenbarung**). Ein eingetragenes Design hat eine ursprüngliche Schutzdauer von fünf Jahren, beginnend mit dem Anmeldetag, die jeweils um fünf Jahre bis zu einer **Gesamtlaufzeit von 25 Jahren** verlängert werden kann (§ 27 Abs. 2 DesignG/ Art. 12 GGV). Berechnet wird die Schutzdauer ab dem Anmeldetag. Die **Aufrechterhaltung** wird durch rechtzeitige und vollständige Zahlung der Aufrechterhaltungsgebühr (GGV: Verlängerungsgebühr) kraft Gesetzes bewirkt; sie bedarf keines besonderen

Antrages (§ 28 DesignG/Art. 13 GGV). **Nicht eingetragene Gemeinschaftsgeschmacksmuster** verlieren **drei Jahre** nach ihrer erstmaligen Offenbarung ihre Wirkung.

Der **Schutz** eines eingetragenen Designs **endet** vor Ablauf der Schutzdauer mit Nichtzahlung der Aufrechterhaltungsgebühren, durch Verzicht, durch Einwilligung in die Löschung oder nach **Erklärung oder Feststellung der Nichtigkeit.**

Designstreitsachen

Zuständig für Verfahren, die Designs betreffen, sind in erster Instanz ausschließlich die Landgerichte (§§ 52, 63 DesignG). Es sind spezialisierte **Gerichte** eingerichtet, die durch Zuständigkeitsverordnungen der Bundesländer bestimmt sind und mit sachkundigen und erfahrenen Richtern besetzt sind (vgl. Aufstellung unter www.grur.org/de/grur-atlas/gerichte).

Von besonderer Bedeutung für das Verletzungsverfahren ist die **Vermutung der Rechtsgültigkeit** eines eingetragenen Designs. Obwohl es sich bei Designs um ungeprüfte Schutzrechte handelt, wird in einem Verletzungsverfahren zu Gunsten des Inhabers vermutet, dass das Design die Schutzvoraussetzungen erfüllt (§ 39 DesignG/Art. 85 GGV). Bei eingetragenen Designs und Gemeinschaftsgeschmackmustern kann die fehlende Schutzfähigkeit im Verletzungsverfahren grundsätzlich nur mit einer Widerklage auf Erklärung der Nichtigkeit geltend gemacht werden (§ 52a DesignG, Art. 85 Abs. 1 GGV).

Nichtigkeitsverfahren

Die Rechtsgültigkeit eines eingetragenen Designs kann über einen **Nichtigkeitsantrag** angegriffen werden (§ 34a DesignG; Art. 24 GGV). Ein selbständiger Angriff gegen ein eingetragenes Design ist nur über einen solchen Nichtigkeitsantrag möglich, im Verletzungsverfahren kann das Design auch im Wege der **Widerklage** angegriffen werden (§ 33 Abs. 3 DesignG; Art. 24 Abs. 1 GGV).

Ein Design ist nichtig, wenn es die materiellen Schutzvoraussetzungen, insbesondere Neuheit und Eigenart nicht erfüllt oder gegen Rechte Dritter verstößt (§ 33 Abs. 1, 2 DesignG; Art. 25 GGV). Das DesignG unterscheidet zwischen **Feststellung der Nichtigkeit** bei Fehlen der Schutzvoraussetzungen und **Erklärung der Nichtigkeit** bei entgegenstehenden Rechten Dritter, die – wie auch in der GGV – nur der jeweils Verletzte geltend machen kann. Das **nicht eingetragene Gemeinschaftsgeschmacksmuster** wird nur über eine Klage oder Widerklage vor dem ordentlichen Gericht vernichtet (Art. 24 Abs. 3 GGV).

In Verletzungsverfahren kann das Gericht eine Aussetzung anordnen, wenn parallel ein Nichtigkeitsverfahren über das betreffende Design anhängig ist (§ 34b DesignG; Art. 91 GGV). Hat der Beklagte im Verletzungsverfahren eine Widerklage auf Feststellung oder Erklärung der Nichtigkeit erhoben, kann das Gericht auf Antrag des Designinhabers anordnen, dass der Beklagten einen Nichtigkeitsantrag beim DPMA zu stellen hat, andernfalls gilt die Widerklage als zurückgenommen (§ 52b Abs. 3 DesignG).

Allgemeine Informationen

Im Internet unter **www.dpma.de** sind ua erhältlich:

- Antragsformulare für Designanmeldungen
- Aktuelle Rechtsvorschriften
- Merkblatt für Designanmelder
- Einteilung der Warenklassen
- Sonstiges Informationsmaterial

Zum Gemeinschaftsgeschmacksmuster sind weiterführende Informationen und Formulare im Internetauftritt des **EUIPO** abrufbar.

Informationen über eine Internationale Registrierung nach dem Haager Musterabkommen können über **www.wipo.int/hague** abgerufen werden.

1. Anmeldung eines Designs

1.1 Anmeldeformular – Deutsches Design

Deutsches
Patent- und Markenamt

Deutsches Patent- und Markenamt
80297 München

R 5703 3.21 1

Antrag auf Eintragung eines Designs **4**

TT MM JJJJ
Datum

Hinweis: Designanmeldungen können mit Telefax nicht wirksam eingereicht werden!

(1) Sendungen
des Deutschen Patent- und Markenamts sind zu richten an
Name, Vorname oder Firma

Straße, Hausnummer/ggf. Postfach

Postleitzahl **Ort** **Land** *(nur bei ausländischen Adressen)*

(2) Kontaktdaten
Telefonnummer des Anmelders/Vertreters
Geschäftszeichen des Anmelders/Vertreters *(max. 20 Stellen)*
Telefaxnummer des Anmelders/Vertreters
E-Mail-Adresse des Anmelders/Vertreters

(3) Anmelder
nur auszufüllen, wenn abweichend von Feld (1)
Name, Vorname/Firma lt. Handelsregister

Straße, Hausnummer des (Wohn-)Sitzes *(hier kein Postfach)*

Postleitzahl **Ort** **Land** *(nur bei ausländischen Adressen)*

(4) Vertreter des Anmelders
(Rechts- oder Patentanwalt)
Name, Vorname/Bezeichnung

Straße, Hausnummer *(kein Postfach)*

Postleitzahl **Ort** **Land** *(nur bei ausländischen Adressen)*

R 5703 3.21 2

(5) **Sammelanmeldung**
(Anlageblatt R 5703.2 ist zu benutzen)

☐ Eintragung als Sammelanmeldung von

________ Designs *(max. 100)*

(6) **Erzeugnisangabe** *(nicht mehr als fünf Begriffe)*
Recherche zulässiger Begriffe:
https://www.dpma.de/recherche/klassifikationen/designs/locarno/index.html

Klassifizierung *(Klasse-Unterklasse)*
Sofern Sie hier keine Angabe machen, wird die Klassifizierung vom DPMA festgelegt.

! **Bei Sammelanmeldung: Bitte Erzeugnisse und Klassifizierung im Anlageblatt R 5703.2 eintragen, wenn die Angaben nicht auf alle Designs zutreffen.**

(7) **Sonstige Anträge**

☐ **Aufschiebung der Bekanntmachung der Wiedergabe**

☐ Verzicht auf die Eintragungsurkunde *(Eine Information über die Eintragung wird immer übersandt.)*

☐ Anmelder ist an Lizenzvergabe interessiert

(8) **Priorität**

☐ ausländische Priorität *(Datum, Staat, Aktenzeichen)*

____

☐ Ausstellungspriorität *(Ausstellungsbescheinigung ist beizufügen)*

____

(9) **Gebührenzahlung** ***(Erläuterungen und Kostenhinweise siehe letztes Blatt)***

Zahlung per Banküberweisung

☐ **Überweisung**
(dreimonatige Zahlungsfrist beachten)

Zahlungsempfänger:
Bundeskasse Halle/DPMA
IBAN: DE84 7000 0000 0070 0010 54
BIC (SWIFT-Code): MARKDEF1700

Anschrift der Bank:
Bundesbankfiliale München
Leopoldstr. 234, 80807 München

Zahlung mittels SEPA-Basis-Lastschrift

☐ Ein gültiges **SEPA-Basis-Lastschriftmandat** *(Formular A 9530)*

☐ liegt dem DPMA bereits vor *(Mandat für mehrmalige Zahlungen)*

☐ ist beigefügt

☐ **Angaben zum Verwendungszweck** *(Formular A 9532)* des Mandats mit Mandatsreferenznummer sind beigefügt

! **Wird die Anmeldegebühr nicht innerhalb von 3 Monaten nach dem Eingangstag der Anmeldung gezahlt, so gilt die Anmeldung als zurückgenommen.**

R 5703 3.21 3

(10) **Anlagen** *(Anzahl)*

1. ________ Wiedergabeformblätter *(R 5703.1 zwingend erforderlich)*
2. ________ Datenträger *(CD oder DVD, **anstelle** von Wiedergabeformblättern)*
3. ________ Anlageblatt *(R 5703.2 bei Sammelanmeldungen erforderlich)*
4. ________ Vollmacht
5. ________ Abschrift der Voranmeldung
6. ________ Ausstellungsbescheinigung *(R 5708)*
7. ________ SEPA-Basis-Lastschriftmandat *(A 9530)*
8. ________ Angaben zum Verwendungszweck *(A 9532)*
9. ________ Entwerferbenennung *(R 5707)*
10. ________ ________________________________

(11) **Unterschrift**

Der Unterschrift ist der Name in Druckbuchstaben oder Maschinenschrift hinzuzufügen; bei Firmen die Bezeichnung entsprechend registerrechtlicher Eintragung mit Angabe der Stellung/Funktion des Unterzeichnenden.

Bitte beachten Sie hinsichtlich der Verarbeitung Ihrer personenbezogenen Daten unser Merkblatt A 9106 „Datenschutz bei Schutzrechtsanmeldungen". Dieses finden Sie unter www.dpma.de: Service – Formulare – Sonstige Formulare – Hinweise zum Datenschutz.

________________________________ ________________________________

Datum

Unterschrift/en ggf. Firmenstempel
(der/des Anmelder/s oder des Vertreters)

____

Funktion/en der/des Unterzeichner/s

Deutsches
Patent- und Markenamt

Deutsches Patent- und Markenamt
80297 München

R5703.2 3.21 1

Amtliches Aktenzeichen *(sofern bekannt)*		**Anlageblatt Sammelanmeldung**	**4**
(A) Geschäftszeichen des Anmelders/Vertreters	Datum des Antrags TT MM JJJJ		
(B) ☐ Die Angabe der Erzeugnisse und der dazugehörigen Klasse-Unterklasse im Eintragungsantrag gilt für alle Designs.			

(C) laufende Nummer des Designs	Anzahl der Darstellungen *(max. 10)*	Angabe der Erzeugnisse und der dazugehörigen Klasse-Unterklasse *(nicht mehr als fünf pro Design)* Recherche zulässiger Begriffe möglich unter: www.dpma.de/recherche/klassifikationen/designs/locarno/index.html

Anmerkungen

1. Für die Anmeldung eines nationalen Designs muss das vom DPMA herausgegebene Formblatt verwendet werden. Es kann im Internet (www.dpma.de/designs) abgerufen werden neben einem Merkblatt für Anmelder mit ausführlichen Hinweisen zum Ausfüllen des Formulars. Vorschriften zur Anmeldung enthält neben dem DesignG auch die Designverordnung (DesignV).

Die **Antragsunterlagen** enthalten Bezugszeichen 1–11 (**Antrag**) und A–C (**Anlageblatt** für Sammelanmeldungen), die im Merkblatt für Designanmelder im Einzelnen erläutert werden und auf die auch an dieser Stelle Bezug genommen wird. Zu den Antragsunterlagen gehört auch das Formular Wiedergabe des Designs.

Das DPMA empfiehlt die Anmeldung **online**. Die Anmeldung kann auf dem Postweg an das DPMA, an die Dienststelle Jena, die das Designregister führt oder an das technische Informationszentrum in Berlin gerichtet werden. Das Antragsformular ist in diesem Falle als 4-fach-Satz einzureichen.

Der **Anmeldetag** wird mit dem Eingangsdatum bei einer dieser Stellen vergeben. Für die Zuerkennung eines Anmeldetags sind ein Antrag auf Eintragung, Angaben über die Identität des Anmelders sowie eine zur Bekanntmachung geeignete Wiedergabe erforderlich.

2. Unter Bezugsziffer (1) des Antrags auf Eintragung eines Designs sind die **Zustellanschrift** sowie das **Datum** anzugeben. Hier ist einzutragen, an wen die Sendungen des DPMA gerichtet werden sollen, und zwar unter Angabe von Name, Vorname, Straße, Hausnummer, ggf. Postfach, Ort mit Postleitzahl (bei ausländischen Orten auch der Staat). Die Zustellanschrift kann die Anschrift des Anmelders, eines Zustellungsbevollmächtigten oder eines bestellten Vertreters sein. Anschriftenänderungen sind dem DPMA umgehend mitzuteilen. In Feld (2) sind ein internes Geschäftszeichen, Telefon und Telefaxnummer sowie eine E-Mail-Adresse einzutragen.

Die Angabe in (3) legt den Anmelder und damit auch den späteren Inhaber fest. Es sollte vorzugsweise nur ein Anmelder genannt werden. Mehrere Anmelder können das Anmeldeverfahren und auch Verfügungen über ein eingetragenes Design erschweren. Ist als Zustellanschrift die Anschrift eines Vertreters in Feld (4) genannt, so ist ggf. die Nummer einer eingereichten Allgemeinen Vollmacht (10) anzugeben. Eine **Entwerferbenennung** ist mit separatem Formular möglich, aber rechtlich nicht vorgeschrieben und unterbleibt meist in der Praxis.

3. Der Antrag auf Eintragung eines Designs sieht in (6) die **Erzeugnisangabe** vor, in die das Design aufgenommen oder bei dem es verwendet werden soll. Bei einer Sammelanmeldung (Feld (5)) sind die Erzeugnisse auf dem Anlagenblatt unter (C) aufzuführen. Trifft die Benennung von Erzeugnissen auf alle Designs einer Sammelanmeldung zu, reicht die Angabe unter (6) aus. Die Bezeichnung der Erzeugnisse kann der Warenliste zur Designverordnung (DesignV) entnommen werden. Die Einteilung in Klassen gem. (6) richtet sich nach den angegebenen Erzeugnissen und kann ebenfalls der Warenliste zur DesignV entnommen werden. Die Einteilung der Klassen entspricht dem Klassenverzeichnis nach der Locarno Klassifikation, welches in diesem Abschnitt unter 1.4 abgedruckt ist.

4. Das Feld (7) enthält sonstige Anträge für die Anmeldung. Wird in der Anmeldung Schutz für mehr als ein Design beantragt, so ist das Feld (5) „Eintragung als Sammelanmeldung" anzukreuzen. In diesem Fall ist die Anzahl der Designs anzugeben und es ist das Anlageblatt für Sammelanmeldungen zu verwenden.

Der Anmelder kann im Feld (7) die **Aufschiebung der Bekanntmachung** der Wiedergabe beantragen. Die Veröffentlichung der Wiedergabe wird dann um höchstens 30 Monate aufgeschoben, wobei die Aufschiebungsfrist im Falle der Inanspruchnahme einer

Priorität mit dem Prioritätstag beginnt. Im Falle der Aufschiebung der Bekanntmachung fallen nur geringere Gebühren an. Der Anmelder kann dadurch mit geringem Kostenaufwand den Markterfolg eines Designs testen. Während der Dauer der Aufschiebung der Bekanntmachung steht ihm allerdings nur ein Nachahmungsschutz (§ 38 DesignG) zu. Mit Zahlung einer Erstreckungsgebühr innerhalb der Aufschiebungsfrist wird der Schutz auf die normale Schutzdauer bis 25 Jahre erstreckt. Andernfalls endet der Schutz mit Ablauf der Aufschiebungsfrist.

Die Erklärung nach Feld (7), an einer Lizenzvergabe interessiert zu sein, dient der Information möglicher Lizenznehmer. Sie wird bei Eintragung im Register vermerkt und veröffentlicht.

Soll eine (fakultative) **Beschreibung** bekannt gemacht werden, so ist diese mit einem gesonderten Blatt einzureichen und darf pro Design bis zu 100 Wörter enthalten.

5. Zu einer Designanmeldung kann der Zeitrang einer eigenen älteren Anmeldung im Ausland, die nicht länger als sechs Monate zurückliegt, in Anspruch genommen werden (**Auslandspriorität**) (8). In diesem Fall sind Datum, Staat und Aktenzeichen der früheren Anmeldung anzugeben sowie eine Abschrift der früheren Anmeldung (10) vorzulegen. Da diese Erklärungen und Angaben fristgebunden sind, empfiehlt es sich, sie bereits mit der Anmeldung einzureichen. Auch aus der Zurschaustellung des angemeldeten Gegenstands kann der Anmelder für eine binnen sechs Monaten nach Eröffnung der Ausstellung eingereichte Anmeldung diesen Zeitrang beanspruchen (**Ausstellungspriorität**) (8). Es sind der Tag der erstmaligen Zurschaustellung sowie die Bezeichnung der Ausstellung anzugeben. Zum Nachweis für die Zurschaustellung ist eine Bescheinigung (10) einzureichen, die während der Ausstellung von der für den Schutz des geistigen Eigentums auf dieser Ausstellung zuständigen Stelle erteilt worden ist. In der Bescheinigung muss bestätigt werden, dass das Design in das entsprechende Erzeugnis aufgenommen oder dabei verwendet wurde und auf der Ausstellung offenbart wurde. Die Ausstellungspriorität kann nur für solche Ausstellungen beansprucht werden, die online im Bundesanzeiger (www.bundesanzeiger.de) bekannt gemacht worden sind.

6. Die einzelnen Kostenpositionen und Zahlungsarten (9) sind im Merkblatt über **Gebühren** und Auslagen des DPMA erläutert. Sofern die Aufschiebung der Bekanntmachung der Wiedergabe beantragt ist, ist nur eine ermäßigte Anmeldegebühr zu zahlen. Die Anmeldegebühren betragen bei einer Einzelanmeldung 70,– EUR, bei einer Sammelanmeldung 7,– EUR je Design, mindestens jedoch 70,– EUR. Der Betrag von 70,– EUR deckt also bei einer Sammelanmeldung 10 Designs ab, bei mehr als 10 Designs sind zusätzlich 7,– EUR je weiteres Design zu zahlen. Bei elektronischer Anmeldung belaufen sich die Kosten auf 6 bis 60,– EUR. Bei der Aufschiebung der Bekanntmachung der Wiedergabe betragen die Gebühren 3,– EUR je Design, mindestens jedoch 30,– EUR (die Erstreckungsgebühr beläuft sich auf 4,– EUR je Design, mindestens jedoch 40,– EUR). Die Anmeldegebühr sollte sogleich mit der Anmeldung entrichtet werden. Sind die Gebühren drei Monate nach Einreichung der Anmeldung nicht gezahlt, gilt die Anmeldung als zurückgenommen.

7. Zum Antrag auf Eintragung ist in (10) die Zahl der beigefügten **Anlagen** anzugeben. Schließlich ist die Anmeldung vom Anmelder oder seinem Vertreter, bei Firmen von dem Zeichnungsberechtigten mit Angabe der Funktion des Unterzeichners zu unterschreiben (11).

8. Für **Sammelanmeldungen** ist das Anlageblatt zum Antrag auf Eintragung eines Designs zu verwenden. Es können bis maximal 100 Designs in einer Sammelanmeldung zusammengefasst werden. Unter den Bezugszeichen (A) sind die jeweiligen Angaben aus dem Anmeldeformular zu übertragen, um eine korrekte Zuordnung des Anlageblatts zu gewährleisten. Unter (C) ist für jedes Design eine fortlaufende Nummer anzugeben. Es sind die zu dem jeweiligen Design der Sammelanmeldung eingereichten Darstellungen anzugeben, wobei die Anzahl der Darstellungen auf 10 begrenzt ist. Zusätzlich zu der Angabe in (B) kann eine Warenklasse für Erzeugnisse angegeben werden, in die das Design aufgenommen oder bei denen es verwendet werden soll (B). Wenn alle Designs der Sammelanmeldung der gleichen Klasse zuzuordnen sind, ist die Angabe unter Feld (B) ausreichend.

9. Von größter Bedeutung ist die **Wiedergabe** des Designs, weil sie den Schutzgegenstand und den Schutzumfang des Designs bestimmt. Nur die sichtbar wiedergegebenen Elemente bestimmen den Schutz. Die Darstellungen müssen das Design deutlich und vollständig wiedergeben und auch für eine Bekanntmachung geeignet sein.

Für die Wiedergabe ist ein eigenes Formblatt vorgesehen. Pro Design ist ein gesondertes Blatt zu verwenden und es ist eine laufende Nummer sowie das Zeichen des Anmelders anzugeben. Die Wiedergabe des Designs besteht aus einer oder mehreren farbigen oder schwarz-weißen fotographischen oder sonstigen graphischen Darstellungen, wobei die Anzahl der Darstellungen pro Design zehn nicht überschreiten darf. Die Einzelheiten der Wiedergabe sind in § 7 DesignV geregelt. Bei der Online-Anmeldung sind die entsprechenden Darstellungen hochzuladen. Bei schriftlichen Anträgen sind die Darstellungen auf dem Formblatt des DPMA aufzudrucken oder aufzukleben. Die Formblätter dürfen keinen erläuternden Text enthalten. Eine einzelne fotographische oder sonstige graphische Darstellung darf nur eine Ansicht zeigen. Es ist auch darauf zu achten, dass sämtliche Darstellungen denselben Gegenstand wiedergeben. Voneinander abweichende Darstellungen führen im Zweifelsfall zur Nichtigkeit des Designs.

Die Darstellungen sind mit durch Punkte gegliederte arabische Zahlen durchzunummerieren (zB 1.1, 1.2, 2.1, 2.2). Die Darstellung muss von einer Qualität sein, die alle Einzelheiten, für die Schutz beansprucht wird, klar erkennen lässt. Die Darstellung kann auch auf einem digitalen Datenträger eingereicht werden, wobei zulässige Dateiformate auf der Website des DPMA aufgelistet sind. Einzelne Dateien dürfen nicht größer als 2 MB sein.

1.2 Anmeldeformular – Gemeinschaftsgeschmacksmuster

Anmerkungen

1. Die Anmeldung eines Gemeinschaftsgeschmacksmusters erfolgt beim EUIPO unter http://euipo.europa.eu. Dort sind Tipps und bewährte Vorgehensweisen für die Anmeldung eines eingetragenen Gemeinschaftsgeschmacksmusters zu finden.

2. Die zwingenden Erfordernisse für die **Zuerkennung eines Anmeldetages** sind nach Art. 36 Abs. 1 GGV der Antrag auf Eintragung, Angaben, die auf die Identität des Anmelder schließen lassen sowie eine zur Reproduktion geeignete Wiedergabe des Designs. Andere Erfordernisse der Anmeldung, insbesondere die Zahlung von Gebühren, sind für die Zuerkennung eines Anmeldetages nicht erheblich.

3. Es ist die **Anmeldungsart** festzulegen. Im Rahmen einer **Sammelanmeldung** können mehrere Designs zu einer einzigen Anmeldung zusammengefasst werden, sofern (außer im Falle von Verzierungen) die Erzeugnisse derselben Klasse nach der internationalen Klassifikation (vgl. → Form. IV.1.4) angehören. Die Sammelanmeldung dient der Vereinfachung und ist erheblich kostengünstiger. Eine Obergrenze für die Anzahl der in einer

Sammelanmeldung zusammengefassten Designs existiert für das Gemeinschaftsgeschmacksmuster nicht. Die in einer Sammelanmeldung enthaltenen Designs existieren nach Eintragung völlig unabhängig voneinander, können also beispielsweise einzeln geltend gemacht werden, einzeln Gegenstand einer Lizenzvereinbarung sein oder vernichtet werden. Im Falle einer Sammelanmeldung ist die Anzahl der Designs einzutragen. Wird nur ein einziges Design angemeldet, so bleiben diese Felder frei.

Bei der Einreichung der Anmeldung eines Gemeinschaftsgeschmacksmusters kann der Anmelder eine **Aufschiebung der Bekanntmachung** um bis zu 30 Monate ab dem Anmelde- bzw. Prioritätstag beantragen. Das Feld ist anzukreuzen, wenn die Anmeldung mindestens ein Design enthält, dessen Bekanntmachung aufgeschoben werden soll. Das Feld „Probe" ist anzukreuzen, wenn die Anmeldung mindestens ein Design enthält, dessen grafische Wiedergabe durch eine Probe ersetzt wird. Proben können allerdings nur bei zweidimensionalen Mustern eingereicht werden und nur dann, wenn die Bekanntmachung aufgeschoben werden soll. Das bedeutet also, dass in diesem Fall gleichzeitig das Feld „Aufschiebung der Bekanntmachung" anzukreuzen ist.

4. In dem Feld „**Zeichen** des Anmelders/Vertreters" kann der Anmelder sein eigenes Zeichen für den Schriftverkehr eintragen. An dieser Stelle kann also ein Aktenzeichen, Geschäftszeichen etc stehen.

5. In dem Anmeldeformular sind zwei **Sprachen** auszuwählen, eine erste Sprache für die Anmeldung bzw. der entsprechende ISO-Code sowie eine zweite Sprache, die nicht mit der ersten Sprache identisch sein darf. Als erste Sprache kann jede der Amtssprachen der Europäischen Union gewählt werden, als zweite Sprache nur eine der fünf Sprachen des Amtes. Verfahrenssprache ist die Sprache der Anmeldung, es sei denn, es handelt sich nicht um eine Sprache des Amtes; in diesem Fall ist die zweite Sprache Verfahrenssprache. Der Anmelder kann aber immer in der Anmeldesprache korrespondieren, das EUIPO sorgt ggf. für eine Übersetzung. Die hier angegebene Verfahrenssprache bestimmt auch die Sprache für das Nichtigkeitsverfahren.

6. Die Anmeldung muss **Angaben zur Person** des Anmelders und ggf. seines Vertreters enthalten. Sofern das Amt dem Anmelder oder Vertreter bereits eine **ID-Nummer** zugeteilt hat, ist es ausreichend, diese Nummer und den Namen des Anmelders anzugeben. Bei natürlichen Personen ist der Name in der Reihenfolge Nachname, Vorname anzugeben, bei juristischen Personen ist die offizielle Bezeichnung einschließlich der Rechtsform anzugeben, wobei die Angabe der Rechtsform in der üblichen Weise abgekürzt werden darf. Ist noch keine ID-Nummer vergeben, so ist die Adresse des Anmelders oder Vertreters anzugeben, bei einer eigenen Zustelladresse (zB Postfach) sind beide Adressen anzugeben. Ferner ist die Staatsangehörigkeit bzw. der Sitz einer juristischen Person anzugeben, ggf. auch der Staat, in dem die juristische Person gegründet wurde.

7. Die **Vertretung des Anmelders** vor dem EUIPO kann nur erfolgen durch einen Rechtsanwalt, der in einem Mitgliedsstaat zugelassen und dort vertretungsberechtigt ist, sowie durch zugelassene Vertreter, die in einer vom Amt geführten Liste für Gemeinschaftsgeschmacksmusterangelegenheiten eingetragen sind. Die Vertreter müssen eine Vollmacht vorlegen, sofern nicht schon eine allgemeine Vollmacht beim Amt hinterlegt ist. Die Vollmacht kann aber auch nachgereicht werden.

8. Mit der Anmeldung des Gemeinschaftsgeschmacksmusters ist eine **Eintragungsgebühr** sowie eine **Bekanntmachungsgebühr** zu zahlen. Ist die Aufschiebung der Bekanntmachung beantragt, so tritt eine Aufschiebungsgebühr an die Stelle der Bekanntmachungsgebühr. Die Bekanntmachungsgebühr ist bis spätestens drei Monate vor Ablauf der Aufschiebungsfrist zu zahlen. Bei allen drei Gebührenarten ist die Höhe der pro Design zu entrichtenden Gebühren nach der Anzahl der angemeldeten Muster gestaffelt: Für das 1. Design wird eine volle Grundgebühr verlangt, für das 2.–10. Design eine reduzierte Gebühr und ab dem 11. Design eine weiter reduzierte Gebühr. Die Zahlung der Gebühren erfolgt durch Belastung eines laufenden Kontos beim EUIPO oder durch Überweisung auf eines der Konten des EUIPO.

9. Die Anmeldung eines Gemeinschaftsgeschmacksmusters ist zu unterzeichnen. Art. 1 GGV-DVO nennt die **Unterschrift** des Anmelders oder Vertreters als ein gesondertes Erfordernis neben dem Antrag auf Eintragung eines Gemeinschaftsgeschmacksmusters. Daraus könnte man folgern, dass eine fehlende Unterschrift ohne Auswirkung auf den Anmeldetag nachgeholt werden kann. Es lässt sich aber auch die Auffassung vertreten, dass es ohne Unterschrift an einem wirksamen Antrag fehlt, welcher zu den zwingenden Erfordernissen der Anmeldung für die Zuerkennung eines Anmeldetages zählt (Art. 38 Abs. 1 GGV). Die Unterschrift sollte also nicht versäumt werden.

10. Die Anmeldung erfordert spezifische Angaben über die einzelnen Designs. Wird mehr als ein Design angemeldet, sind für jedes zusätzliche Design einer Sammelanmeldung die entsprechenden Angaben zu machen.

11. Die Anmeldung hat nach Art. 36 Abs. 2 GGV zwingend die **Angabe der Erzeugnisse** zu enthalten, in die das Design aufgenommen oder bei denen es verwendet werden soll. Fakultativ ist die Angabe der Klassifikation der Erzeugnisse nach der Locarno-Klassifikation (→ Form IV.1.4). Sie dient dem Amt zu Verwaltungszwecken. Die Angabe der Erzeugnisse soll so gewählt werden, dass die Art des Erzeugnisses eindeutig daraus hervorgeht. Bei einer Sammelanmeldung müssen die Erzeugnisse, in die die Designs aufgenommen oder bei denen sie verwendet werden sollen, derselben Locarno-Klasse angehören (außer im Falle von Verzierungen). Fakultativ ist auch die **Beschreibung** einer eingereichten Wiedergabe. Die Beschreibung darf sich dabei nur auf diejenigen Merkmale beziehen, die aus der Wiedergabe ersichtlich sind. Sie darf keine Aussagen über Neuheit oder Eigenart des Designs oder dessen technischen Wert enthalten. Die Angabe der Erzeugnisse, in die das Design aufgenommen oder mit denen es verwendet werden soll, die Klassifikation der Erzeugnisse sowie die Beschreibung der Wiedergabe oder Probe haben nach Art. 36 Abs. 6 GGV keinen Einfluss auf den Schutzumfang des Designs.

12. Für die Anmeldung eines Gemeinschaftsgeschmacksmusters kann die **Priorität** einer älteren Anmeldung oder eine Ausstellungspriorität in Anspruch genommen werden. Die dafür erforderliche Prioritätserklärung kann mit der Anmeldung oder innerhalb einer Frist von einem Monat nach dem Anmeldetag erfolgen, wobei aus der nachgereichten Prioritätserklärung hervorgehen muss, an welchem Tag und in welchem Staat die frühere Anmeldung erfolgt ist. Die jeweils erforderlichen Prioritätsunterlagen (Aktenzeichen der früheren Anmeldung sowie eine Abschrift der Anmeldung) sind im Falle der Prioritätserklärung mit der Anmeldung drei Monate nach dem Anmeldetag, im Falle einer späteren Prioritätserklärung drei Monate nach Empfang der Prioritätserklärung dem Amt zu übermitteln. Eine Ausstellungspriorität kann man bei der Anmeldung oder noch einen Monat nach dem Anmeldetag, jeweils mit Bezeichnung der Ausstellung und des Tages der erstmaligen Offenbarung des Erzeugnisses, in Anspruch nehmen. Die Ausstellungsbescheinigung, die während der Ausstellung von der für den Schutz des gewerblichen Eigentums auf diese Ausstellung zuständigen Stelle erteilt worden ist, ist drei Monate nach dem Anmeldetag bzw. drei Monate nach Eingang der Prioritätserklärung vorzulegen.

13. Die **Nennung des Entwerfers** oder die Erklärung, dass der Entwerfer auf das Recht, genannt zu werden, verzichtet hat, ist fakultativ. Das Recht auf das Gemeinschaftsgeschmacksmuster steht dem Entwerfer oder seinem Rechtsnachfolger zu, bei Entwürfen im Rahmen eines Arbeitsverhältnisses jedoch dem Arbeitgeber.

14. Es können **Wiedergaben** des Designs bestehend aus fotografischen oder sonstigen grafischen Darstellungen in schwarz-weiß oder in Farbe hinterlegt werden. Der Anmelder hat die Anzahl der Ansichten anzugeben sowie die Nummer des Designs, das in den Ansichten wiedergegeben ist. Bei einer Sammelanmeldung ist zu beachten, dass jedes Design durch mindestens einer Wiedergabe grafisch darzustellen ist.

1.3 Anmeldeformular – Internationale Registrierung

DM/1(E)

APPLICATION FOR INTERNATIONAL REGISTRATION

For use by the applicant	For use by the Office of indirect filing
Your reference:	OFFICE TRANSMITTING THE INTERNATIONAL APPLICATION (if applicable)
This international application contains the following number of continuation sheets:	Name of the Office: ....
	Office reference: ....
This international application is accompanied by the following Annex(es):	Date of receipt of the international application by the Office: ....
☐ I ☐ II ☐ III ☐ IV ☐ V	Signature and/or seal of the Office: ....

1 APPLICANT (mandatory)

(a) Applicant is a (check only one box):

☐ Natural person – Family name: .... Given name: ....

☐ Legal entity – Official designation: ....

(b) Address: ....

Postal code: .... City: .... Country: ....

(c) Telephone: .... E-mail address: ....

2 ENTITLEMENT TO FILE (mandatory)

With respect to each of the entitlement criteria (a) to (d) below, indicate the corresponding Contracting Party or Parties. If any item is not applicable, write "None". A list of the Contracting Parties bound by the 1999 Act and/or the 1960 Act is attached to the present form. Under item (d), only a Contracting Party bound by the **1999 Act** may be indicated. Where entitlement is derived from a connection with a Contracting Party that is a member State of an intergovernmental organization (European Union or African Intellectual Property Organization (OAPI)), both that member State and that intergovernmental organization should be indicated (such as "France, European Union") with respect to any of the corresponding criteria; where entitlement is derived from a connection with a member State of an intergovernmental organization that is not a Contracting Party, only that intergovernmental organization should be indicated.

(a) Nationality: ....

(b) Domicile: ....

(c) Real and effective industrial or commercial establishment:

....

(d) Habitual residence: ....

3 APPLICANT'S CONTRACTING PARTY (mandatory where the 1999 Act applies)

Indicate the Contracting Party or one of the Contracting Parties, bound by the **1999 Act** and mentioned in item 2, that is to be considered as the applicant's Contracting Party.

If no applicant's Contracting Party is indicated and the international application is filed through the Office of a Contracting Party that is indicated in item 2, the indication of that Contracting Party is deemed to be the applicant's Contracting Party.

Applicant's Contracting Party: ....

☐ If there are several applicants, check this box and use a continuation sheet, giving the above required information under items 1, 2 and 3 for each applicant.

Page 3

4 ADDRESS FOR CORRESPONDENCE

Where there are **several applicants** with different addresses and no representative is appointed, an address for correspondence must be indicated. Where no such address has been indicated, the address of the first person indicated in item 1 shall be treated as the address for correspondence. If there is **only one applicant** and no representative is appointed, this item should be completed only if the address for correspondence is different from the address given in item 1(b).

Address for correspondence: ....

Postal code: .... City: .... Country: ....

5 APPOINTMENT OF A REPRESENTATIVE (if any)

The person identified below is hereby appointed as the representative of the applicant.

(a) Representative is a (check the appropriate box)[1]:

☐ Natural person – Family name: .... Given name: ....

☐ Legal entity – Official designation: ....

(b) Address: ....

Postal code: .... City: .... Country: ....

Telephone: .... E-mail address: ....

☐ a power of attorney is attached to the present form (optional)

[1] Only one box should be checked. If both boxes are checked, the name of the representative will be recorded with the name of the natural person preceding the name of the legal entity.

6 NUMBER OF INDUSTRIAL DESIGN(S), REPRODUCTION(S) AND/OR SPECIMEN(S) (mandatory)

(a) Total number of industrial designs (maximum of 100)[2]: ....

(b) Total number of reproductions: .... Black and white: .... Color: ....

(c) Total number of A4 pages comprising reproductions: ....

(d) Total number of specimens (if any): ....

[2] If the application includes more than one industrial design and designates Estonia, Japan, Kyrgyzstan, Mexico, Romania, the Russian Federation, the Syrian Arab Republic, Tajikistan, the United States of America or Viet Nam, it is strongly recommended to refer to the Hague Guide for Users, International Application – Item 6.

DM/1 (E) – September 10, 2020

7 DESIGNATED CONTRACTING PARTIES (mandatory – no Contracting Parties may be added afterwards.)
Indicate, by ticking the appropriate box, each Contracting Party where protection is sought. The designated Contracting Party must be bound by an Act – the 1999 Act and/or the 1960 Act – to which at least one of the Contracting Parties indicated in item 2 is also bound (a list of Contracting Parties is annexed to the present form):

- ☐ **AL** Albania
- ☐ **AM** Armenia
- ☐ **AZ** Azerbaijan
- ☐ **BA** Bosnia and Herzegovina
- ☐ **BG** Bulgaria
- ☐ **BJ** Benin
- ☐ **BN** Brunei Darussalam
- ☐ **BW** Botswana
- ☐ **BX** Benelux
- ☐ **BZ** Belize
- ☐ **CA** Canada[4]
- ☐ **CH** Switzerland
- ☐ **CI** Côte d'Ivoire
- ☐ **DE** Germany
- ☐ **DK** Denmark
- ☐ **EE** Estonia
- ☐ **EG** Egypt
- ☐ **EM** European Union
- ☐ **ES** Spain
- ☐ **FI** Finland[3]
- ☐ **FR** France
- ☐ **GA** Gabon
- ☐ **GB** United Kingdom
- ☐ **GE** Georgia
- ☐ **GH** Ghana[3]
- ☐ **GR** Greece
- ☐ **HR** Croatia
- ☐ **HU** Hungary[3]
- ☐ **IL** Israel[4]
- ☐ **IS** Iceland[3]
- ☐ **IT** Italy
- ☐ **JP** Japan
- ☐ **KG** Kyrgyzstan
- ☐ **KH** Cambodia
- ☐ **KP** Democratic People's Republic of Korea
- ☐ **KR** Republic of Korea[4]
- ☐ **LI** Liechtenstein
- ☐ **LT** Lithuania
- ☐ **LV** Latvia
- ☐ **MA** Morocco
- ☐ **MC** Monaco
- ☐ **MD** Republic of Moldova
- ☐ **ME** Montenegro
- ☐ **MK** North Macedonia
- ☐ **ML** Mali
- ☐ **MN** Mongolia
- ☐ **MX** Mexico[3]
- ☐ **NA** Namibia
- ☐ **NE** Niger
- ☐ **NO** Norway
- ☐ **OA** African Intellectual Property Organization
- ☐ **OM** Oman
- ☐ **PL** Poland
- ☐ **RO** Romania
- ☐ **RS** Serbia
- ☐ **RU** Russian Federation
- ☐ **RW** Rwanda
- ☐ **SG** Singapore
- ☐ **SI** Slovenia
- ☐ **SM** San Marino
- ☐ **SN** Senegal
- ☐ **SR** Suriname
- ☐ **ST** Sao Tome and Principe
- ☐ **SY** Syrian Arab Republic
- ☐ **TJ** Tajikistan
- ☐ **TM** Turkmenistan
- ☐ **TN** Tunisia
- ☐ **TR** Turkey
- ☐ **UA** Ukraine
- ☐ **US** United States of America[5]
- ☐ **VN** Viet Nam
- ☐ **WS** Samoa

[3] If **Finland**, **Ghana**, **Hungary**, **Iceland** and/or **Mexico** is/are designated, it is mandatory to indicate, in item 11, the identity of the creator. The latter declares to be the creator of the industrial design. Where the person identified as the creator is a person other than the applicant, it is hereby stated that the present international application has been assigned by the creator to the applicant.

[4] Generally, products belonging to class 32 of the Locarno Classification cannot receive protection under the laws of **Canada**, **Israel** and the **Republic of Korea**. Consequently, a designation of Canada, Israel or the Republic of Korea in an international registration for industrial designs in class 32, would be the subject of a refusal by their respective Office.

[5] If the **United States of America** is designated, it is mandatory to indicate, in item 11, the identity of the creator and to submit an oath or declaration of inventorship using Annex I.

8 PRODUCTS WHICH CONSTITUTE THE INDUSTRIAL DESIGN OR IN RELATION TO WHICH IT IS TO BE USED (mandatory)
(see note 1 on cover page)

Locarno Class to which the industrial design(s) belong(s) (optional): ....

No. of the design (in numerical order)	Total number of reproductions	Product(s)	Subclass (optional)

☐ If the space provided is not sufficient, check this box and use a continuation sheet.

DM/1 (E) – September 10, 2020

9 DESCRIPTION[6, 7, 8]

Only the characteristic features of the industrial design(s) that appear in (a) reproduction(s) should be described. In addition, matter which is shown in a reproduction but for which protection is not sought may be indicated in the description (and/or by means of dotted or broken lines or coloring in the reproduction). The description can further disclose the operation or possible use of the industrial design as long as it is not technical. Furthermore, the omission of a specific view may be indicated. If the description exceeds 100 words, an additional fee of 2 Swiss francs per word exceeding 100, shall be payable.

....

....

....

....

....

☐ If the space provided is not sufficient, check this box and use a continuation sheet.

[6] If the **Syrian Arab Republic** is designated, a brief description of the reproduction or of the characteristic features of the industrial design is mandatory.

[7] If **Romania** or **Viet Nam** is designated, a brief description of the characteristic features of the design is mandatory.

[8] If the **Russian Federation** is designated, ROSPATENT recommends that a brief description of the characteristic features of the industrial design be provided.

10 DESCRIPTION OF THE REPRODUCTIONS (LEGENDS) OF THE INDUSTRIAL DESIGN(S) [9]

Associate the number in the margin of the reproduction (e.g. 1.1, 1.2, etc.) with the corresponding code:
1 Perspective; **2** Front; **3** Back; **4** Top; **5** Bottom; **6** Left; **7** Right; **8** Reference;
9 Unfolded; **10** Exploded; **11** Cross-sectional; **12** Enlarged; **00** Other (limited to 40 characters)

No.	Code	Legend (max 40 characters, where code 00 has been indicated)	No.	Code	Legend (max 40 characters, where code 00 has been indicated)

☐ If the space provided is not sufficient, check this box and use a continuation sheet.

[9] Recommended for a designation of **Japan** and the **United States of America**. For more information, including some other Contracting Parties, it is recommended to refer to the Guidance on Preparing and Providing Reproductions in Order to Forestall Possible Refusals on the Ground of Insufficient Disclosure of an Industrial Design by Examining Offices.

DM/1 (E) – September 10, 2020

11 IDENTITY OF THE CREATOR[10]

If no industrial design is indicated, it is understood that the identity of the creator relates to all industrial designs included in the present application.

No. of the design (in numerical order)	Creator(s)					
	Family name			Given name		
	Address					
	Postal code		City		Country	
	Family name			Given name		
	Address					
	Postal code		City		Country	
	Family name			Given name		
	Address					
	Postal code		City		Country	

☐ If the space provided is not sufficient, check this box and use a continuation sheet.

10 If **Bulgaria**, **Finland**, **Ghana**, **Hungary**, **Iceland**, **Japan**, **Mexico**, the **Republic of Korea**, **Romania**, the **Russian Federation**, **Serbia**, **Tajikistan**, **Turkey** or the **United States of America** is designated in item 7, this information is necessary (refer to the Hague Guide for Users, "Identity of the creator").

12 CLAIM (Applicable only to a designation of the **United States of America** and/or **Viet Nam**)[11]

United States of America[12]: The ornamental design for .... as shown and described.

Viet Nam: By designating Viet Nam in item 7, the applicant is making the following claim: "Application for overall protection for industrial design(s) as shown and described."

11 If the **United States of America** or **Viet Nam** is designated in item 7, this information is mandatory.

12 Indicate an article in the blank space provided. Only one article shall be indicated, irrespective of the number of industrial designs contained in the present international application.

DM/1 (E) – September 10, 2020

13 PRIORITY CLAIM – Article 4 of the Paris Convention[13]

☐ The applicant claims the priority of the earlier filing(s) indicated below.

Indicate the number of each industrial design for which the priority is claimed. If no industrial design is indicated, it is understood that the priority claim relates to all industrial designs included in the present application.

Office of earlier filing	No. of earlier filing (if available)	Date of earlier filing (dd/mm/yyyy)	No. of the design (in numerical order)	DAS code (if available)[14]	Annex V provided[15]
					☐
					☐
					☐
					☐
					☐
					☐

☐ If the space provided is not sufficient, check this box and use a continuation sheet.

[13] If Japan, Mexico, the Republic of Korea, the Russian Federation and/or the United States of America is/are designated, it is strongly recommended to refer to the Hague Guide for Users, International Application – Item 13.

[14] The WIPO Digital Access Service (DAS) is an electronic system allowing priority documents to be securely exchanged between participating IP Offices. If the Office of the earlier filing participates in DAS as a "depositing Office", with respect to priority documents for industrial design applications, an access code may be obtained from that Office. If the Office of a designated Contracting Party also participates in DAS as an "accessing Office", with respect to priority documents for industrial design applications, the applicant may provide the access code in this item so that the latter Office is able to access the priority document via DAS. For more information about DAS and its participating Offices, refer to the WIPO website.

[15] Check the box if the priority document is provided using Annex V for the purpose of a designation of the **Republic of Korea**. A priority document may not be provided for the purpose of designating any other Contracting Party and will be disposed of.

14 INTERNATIONAL EXHIBITION – Article 11 of the Paris Convention

☐ The applicant claims that one or more designs were shown at an official, or officially recognized, international exhibition.

Indicate the number of each industrial design shown at the exhibition concerned. If no industrial design is indicated, it is understood that all industrial designs were shown at the indicated exhibition.

Place where the exhibition was held			
Name of the exhibition			
Date on which product(s) was(were) first exhibited (dd/mm/yyyy)		**No. of the design (in numerical order)**	

☐ If the space provided is not sufficient, check this box and use a continuation sheet.

15 EXCEPTION TO LACK OF NOVELTY (optional element applicable only to a designation of **Japan** and/or the **Republic of Korea**)

For more guidance, refer to the Hague Guide for Users, International Application – Item 15.

Contracting Party concerned: ☐ Japan and/or ☐ Republic of Korea

☐ The applicant claims to benefit from exceptional treatment provided for in the design law of the Contracting Party(ies) concerned, for disclosure of all the industrial designs, or the industrial designs indicated below, included in the present application.

....

....

Supporting documentation may be submitted using Annex II (only for the designation of the **Republic of Korea**). If Annex II is provided, check this box: ☐

DM/1 (E) – September 10, 2020

16 RELATION WITH A PRINCIPAL DESIGN (optional element applicable only to a designation of **Japan** and/or the **Republic of Korea**)

Under the national laws of Japan and the Republic of Korea one/some design(s) may be requested to be registered as (a) related design(s) in relation to the principal design (for more guidance, refer to the Hague Guide for Users, International Application – Item 16.

(a) Check the appropriate box:
Contracting Party concerned: ☐ Japan and/or ☐ Republic of Korea

☐ The applicant requests **all** the industrial designs which are contained in the present international application to be registered as a related design, or

☐ The applicant requests **the following** industrial designs which are contained in the present international application to be registered as a related design(s):

Indicate the number(s) of the industrial design(s) concerned.

....

....

(b) Information concerning the **principal design** to which the design(s) indicated under item (a) are related

Check the appropriate box, and provide the required information.

(i) The principal design is the subject of:

☐ the present international application

☐ a prior international application designating the Contracting Party concerned (Japan and/or the Republic of Korea)
WIPO Reference No.[16]: ....

☐ a prior international registration designating the Contracting Party concerned (Japan and/or the Republic of Korea)
International Registration No.: ....

☐ a prior national application filed with the Office of the Contracting Party concerned (Japan and/or the Republic of Korea)
Application No./Applicant's reference: ....

☐ a prior national registration at the Office of the Contracting Party concerned (Japan and/or the Republic of Korea)
National registration No.: ....

(ii) If the above national or international application or registration contains several industrial designs, indicate the number of the industrial design to be considered as the principal design.

Design number of the principal design: ....

☐ If the space provided is not sufficient, check this box and use a continuation sheet.

[16] The WIPO Reference No. is indicated in the International Bureau's acknowledgement of receipt of an international application ("WIPOxxxxx (5 digits)" or "xxxxxxxxx (9 digits)").

17 PUBLICATION OF THE INTERNATIONAL REGISTRATION

Timing of publication (publication will take place, subject to the weekly publication cycle, six months after the date of the international registration, unless the applicant requests one of the options below):

(i) The applicant requests the immediate publication of the international registration ☐

(ii) The applicant requests a deferment of publication ☐

- Period of deferment requested (in months, starting from the earliest priority date if priority is claimed): ....

Important: The period of deferment of publication cannot exceed 30 months counted from the date of the international application, or if priority is claimed, from the priority date. However:

- if **Iceland**, **Mexico**, **Poland**, the **Russian Federation**, the **United States of America** or **Viet Nam** is designated, or if **Hungary**, **Monaco** or **Ukraine** is designated under the 1999 Act, the applicant may NOT request deferment of publication;
- if **Denmark**, **Finland** or **Norway** is designated, the period of deferment cannot exceed **6 months**;
- if **Israel** is designated, the period of deferment cannot exceed **6 months** from the filing date;
- if the **United Kingdom** is designated, the period of deferment cannot exceed **12 months** from the filing date;
- if **Singapore** is designated, the period of deferment cannot exceed **18 months** from the filing date;
- if a Contracting Party is designated under the 1960 Act, or if **Belize, Benelux**, **Brunei Darussalam**, **Cambodia**, **Croatia**, **Estonia**, **OAPI**, **Samoa**, **Slovenia, Suriname** or the **Syrian Arab Republic** is designated, the period of deferment cannot exceed **12 months**.

18 REDUCTION OF INDIVIDUAL DESIGNATION FEE (Applicable only to a designation of **Israel**, **Mexico** and/or the **United States of America**)

Israel

Check the box only if applicable:

☐ The applicant is a natural person, a small entity whose yearly revenue does not exceed the amount set in the Israeli Design Regulations, or a higher education institution recognized by Israeli law, and no priority is claimed under item 13.

Important: For determination of entitlement to small entity status, please visit the Israel Patent Office (ILPO) website.

Important: For determination of entitlement to higher education institution status, please visit the ILPO website.

Mexico

Check the box only if applicable:

☐ The applicant declares under oath to fall into one of the categories (a creator who is a natural person, a micro or small entity, a public or private higher education institution, or a public scientific or technological research institute) referred to in the first paragraph of the Fourth General Provision of the Agreement setting forth the fees for services provided by the Mexican Institute of Industrial Property (IMPI) and, accordingly, may pay only 50 percent of the corresponding fees.

Important: Applicants who wish to determine whether they are entitled to micro or small enterprise status should consult the "Agreement establishing the classification of micro, small and medium-sized enterprises" (only in Spanish).

United States of America

Check the appropriate box:

☐ The applicant asserts **small entity** status within the meaning of Section 41(h) of Title 35 of the United States Code and Section 3 of the Small Business Act, and applicable regulations of the U.S. Patent and Trademark Office.

Important: For determination of entitlement to small entity status, please visit the USPTO website.

☐ The applicant certifies **micro entity** status within the meaning of Section 123 of Title 35 of the United States Code and applicable regulations of the U.S. Patent and Trademark Office. The applicant must **submit the micro entity certification** form PTO/SB/15A or PTO/SB/15B using Annex IV.

19 SIGNATURE BY THE APPLICANT OR REPRESENTATIVE (mandatory)

Applicant

Name: ....

Signature and/or seal: ....

Date of signature (dd/mm/yyyy): ....

Representative of the applicant[17]

Name: ....

Signature and/or seal: ....

Date of signature (dd/mm/yyyy): ....

Name of the person to contact, if necessary: ....

Telephone: ....

E-mail address: ....

17 Item 5 must be completed.

PAYMENT OF FEES

☐ The applicant has requested a deferment of publication (item 17(ii)) and wishes to pay the publication fees at a later date but not later than three weeks before the period of deferment expires.

1. INSTRUCTION TO DEBIT FROM A WIPO CURRENT ACCOUNT
   (if this box is completed, it is not necessary to complete item 2 below)

The International Bureau is hereby instructed to debit the required amount of fees from the following WIPO current account:

Holder of the account: .... Account number: ....

Identity of the party giving the instruction: ....

2. METHOD OF PAYMENT

Identity of the party effecting the payment: ....

Payment made to WIPO bank account
IBAN No. CH51 0483 5048 7080 8100 0
Credit Suisse, CH-1211 Geneva 70
Swift/BIC: CRESCHZZ80A ☐ Payment identification .... dd/mm/yyyy ....

Payment made to WIPO postal account
IBAN No. CH03 0900 0000 1200 5000 8
Swift/BIC: POFICHBE ☐ Payment identification .... dd/mm/yyyy ....

Payment made to the Office of indirect filing ☐
(applicable to a filing through the United States Patent and Trademark Office)

GRAND TOTAL IN SWISS FRANCS
(**see note 6 on cover page or use the fee calculation sheet attached herewith**) ....

DM/1 (E) – September 10, 2020

Anmerkungen

Dem Haager System über die **Internationale Registrierung** gewerblicher Designs gehören derzeit 74 Mitglieder an (Stand Juni 2020, darunter die Europäische Union). Eine Internationale Registrierung ermöglicht es, durch eine einzige Anmeldung Designschutz in den jeweils zu benennenden Staaten zu erlangen. Es entsteht ein „Bündel nationaler Rechte". Art und Umfang des Schutzes richtet sich nach den jeweiligen nationalen Bestimmungen desjenigen Staates (für EU: GGV), für den Schutz beansprucht wird. Die internationale Anmeldung ersetzt also nur die formellen Voraussetzungen der Anmeldung; die materiellen Schutzvoraussetzungen richten sich nach dem jeweiligen nationalen Recht.

Das **Haager Musterabkommen** setzt sich aus drei selbständigen internationalen Verträgen zusammen: der Londoner Akte von 1934, der Haager Akte von 1960 und der **Genfer Akte** von 1999. Nicht alle Mitglieder sind sämtlichen Akten beigetreten, so dass vor einer Internationalen Registrierung stets die der jeweiligen Akte beigetretenen Mitglieder zu prüfen sind, weil die jeweiligen Akte selbständig und unabhängig voneinander sind. Von praktischer Relevanz ist allerdings nur noch die Genfer Akte von 1999. Lediglich bei eher unüblicheren Anmeldestaaten sollte das jeweilige Mitgliederverzeichnis der drei Akten geprüft werden.

Die WIPO stellt zur Anmeldung von internationalen Registrierungen ein e-filing Portal zur Verfügung (eHague). Für die internationale Anmeldung der WIPO ist das Formular zwingend vorgeschrieben, sofern die Anmeldung nicht online erfolgt. Es ist im Internet unter www.wipo.int/hague/en/forms erhältlich.

Die folgenden Anmerkungen richten sich nach den Bezugszeichen des Anmeldeformulars, wobei die Angaben mutatis mutandis für e-filing und Anmeldung auf schriftlichem Wege gelten. Die WIPO hält ein Handbuch mit weitergehenden Hinweisen bereit (erhältlich unter unter www.wipo.int/hague/en/guide). Das Handbuch sollte insbesondere zu Rate gezogen werden, wenn in der Anmeldung Bestimmungsstaaten genannt werden, zu denen in den jeweiligen auszufüllenden Feldern Besonderheiten und Ausnahmen angegeben sind.

0. Am Kopf des Formulars kann ein Geschäftszeichen angegeben werden. Ferner ist zu vermerken, welche Fortsetzungsblätter und Anhänge der Anmeldung beigefügt sind.

1. **Name** bzw. Firma und **Kontaktdaten** des Anmelders

2. In diesem Feld hat der Anmelder anzugeben, welchem **Vertragsstaat** er angehört und in welchem Vertragsstaat er seinen Wohnsitz oder seine Niederlassung hat. Auch wenn der anzugebende Staat jeweils gleich ist, ist jedes Feld auszufüllen. Das Feld (d) betrifft den gewöhnlichen Aufenthaltsort; Angaben können hier nur dann gemacht werden, wenn der Staat des gewöhnlichen Aufenthalts ein Vertragsstaat ist, der durch die Genfer Akte von 1999 gebunden ist.

3. Hat der Anmelder unter (3) (a)–(d) einen Vertragsstaat angegeben, der durch die Genfer Akte von 1999 gebunden ist, ist dieser Vertragsstaat in diesem Feld anzugeben. Sind mehrere in Feld (2) angegebene Vertragsstaaten durch die Genfer Akte von 1999 gebunden, kann der Vertragsstaat gewählt werden.

4. Angabe der **Korrespondenzadresse** (wichtig und auszufüllen bei mehreren Anmeldern, die keinen Vertreter benannt haben).

5. Der Anmelder kann einen **Vertreter** in Feld (5) angeben. Der Anmeldung ist eine Vollmacht beizulegen, wenn die Anmeldung nicht vom Anmelder unterschrieben ist. Es ist zwingend das von der WIPO bereit gestellte Formular (DM/7) zu verwenden (www.wipo.int/hague/en/guide).

6. In diesem Feld ist die **Anzahl** der in der Anmeldung enthaltenen Designs einzutragen. Eine Anmeldung darf höchstens 100 Designs enthalten, die der gleichen Klasse nach der internationalen Klassifikation angehören müssen. Ferner ist die Anzahl der Wiedergaben und die Anzahl der DIN A4 Seiten anzugeben, die Wiedergaben enthalten.

7. Angabe der **Staaten**, für die die Registrierung vorgenommen wird. Eine nachträgliche Bestimmung der Vertragsstaaten, für die Schutz beansprucht wird, ist nicht möglich. Daher ist es von maßgeblicher Bedeutung, dass alle Vertragsstaaten bereits bei der Anmeldung angegeben werden. Soll der Schutz nachträglich auf einen weiteren Vertragsstaat ausgedehnt werden, ist dies nur über eine neue Anmeldung möglich.

Um den Schutz für einen der in Feld (7) angegebenen Staaten beanspruchen zu können, muss dieser Vertragsstaat an die gleiche Akte des Haager Musterabkommens gebunden sein, wie einer der in Feld (3) angegebenen Vertragsstaaten. Vorteilhaft kann es sein, wenn zB Staatsangehörigkeit und Niederlassung in verschiedenen Vertragsstaaten liegen, weil dann möglicherweise eine größere Anzahl von Vertragsstaaten benannt werden kann. Dem Anmeldeformular, das von den Internetseiten der WIPO heruntergeladen werden kann, ist eine Liste der Vertragsstaaten angehängt, die durch die Genfer Akte von 1999, die Haager Akte von 1960 und/oder die Londoner Akte von 1934 gebunden sind. Für die Frage, welche Akte mit Blick auf die Bestimmung eines Vertragsstaats in der Anmeldung anwendbar ist, gilt in der Regel folgendes: Sind der Vertragsstaat des Anmelders und der in der Anmeldung bestimmte Vertragsstaat, für den Schutz begehrt wird, nur durch eine gemeinsame Akte gebunden, regelt diese Akte die Bestimmung des Vertragsstaats. Sind die beiden Vertragsstaaten durch mehr als eine gemeinsame Akte gebunden, ist die jüngere Akte auf die Bestimmung des Vertragsstaats anzuwenden.

8. In Feld (8) ist das **Erzeugnis** sowie seine **Klasse** anzugeben, in die das Design aufgenommen oder bei denen es verwendet werden soll. Bei mehreren Designs müssen diese der gleichen Klasse der internationalen Klassifikation (→ Form. IV.1.4) angehören. Ferner ist das Erzeugnis, bei dem das Design Verwendung findet, genau zu bezeichnen. Stellt das Design ein Produkt dar, so soll die entsprechende Bezeichnung des Produkts angegeben werden. Besteht das Design aus einer Verzierung, ist das Erzeugnis anzugeben, bei dem das Design Verwendung findet. Diese Angaben sind für jedes einzelne Design zu machen, die in der linken Spalte entsprechend zu nummerieren sind.

9. Gegebenenfalls kurze **Beschreibung** (höchstens 100 Worte) der charakteristischen Merkmale des Designs. Die Beschreibung darf keine technischen Merkmale des Designs offenbaren. Eine Beschreibung ist in der Regel nicht obligatorisch, allerding für die in der Fußnote zu Feld (9) genannten Staaten. Auf eine Beschreibung sollte eher verzichtet werden, da sie keine schutzbegründende Wirkung hat.

10. Für manche Vertragsstaaten (Japan, USA) wird eine **Legende** empfohlen, bei der anhand von Ziffern die Perspektive sowie die Art der Darstellung für jedes einzelne Design angegeben wird.

11. Die Angabe eines **Entwerfers** ist optional. Für einzelne Vertragsstaaten ist allerdings die Angabe des Entwerfers erforderlich, um einen Designschutz zu erlangen, vgl. Fußnote in Feld (11). Daher sollte dieses Erfordernis für jeden Vertragsstaat, für den Schutz beansprucht wird, überprüft werden bzw. vorsichtshalber der Entwerfer benannt werden.

12. Für Anmeldungen mit der **Bestimmung USA** ist ein **Anspruch** für das zu schützende Design zu formulieren. Hintergrund ist, dass der Designschutz in der USA dem

Patentrecht zugeordnet wird (Design Patent) und die Formulierung eines solchen Anspruchs erforderlich ist.

13. Ein **Prioritätsrecht** aus einer früheren Anmeldung kann beansprucht werden, wenn diese eine nationale, regionale oder internationale Anmeldung ist, welche in einem der Mitgliedstaaten der Pariser Verbandsübereinkunft zum Schutz des gewerblichen Eigentums (PVÜ) eingereicht wurde bzw. in einem oder mehreren dieser Staaten Wirkung hat oder in einem Mitgliedstaat der WTO eingereicht wurde. Voraussetzung ist, dass die internationale Anmeldung innerhalb einer Frist von 6 Monaten seit der ersten Anmeldung erfolgt. Kopien der früheren Anmeldung müssen der internationalen Anmeldung nicht beigefügt werden.

14. Die in diesem Abschnitt verlangten Angaben sind zu machen, wenn die in der internationalen Anmeldung enthaltenen Designs in einer offiziellen oder offiziell anerkannten internationalen **Ausstellung** ausgestellt wurden und hierfür eine Priorität beansprucht werden soll.

15. Für Anmeldungen mit **Bestimmung Japan und Südkorea** muss in Feld 15 ausdrücklich angegeben werden, ob eine **Neuheitsschonfrist** in Anspruch genommen wird.

16. Für Anmeldungen mit der **Bestimmung Japan oder Südkorea** sind Angaben zu machen, ob die zu schützenden Designs abhängige Designs (**related Designs**) sein sollen oder das Hauptdesign (**principal design**). Nähere Angaben hierzu sind im Handbuch für die Anmeldung international registrierter Designs zu finden.

17. Der Anmelder kann in diesem Feld die **Aufschiebung der Veröffentlichung** beantragen. Die Frist für die Aufschiebung der Veröffentlichung der internationalen Registrierung hängt von dem Recht ab, dass in dem jeweils benannten Vertragsstaat gilt. Unter der Genfer Akte von 1999 gilt eine Aufschiebungsfrist von 30 Monate. Für die Haager Akte von 1960 ist lediglich eine Aufschiebungsfrist von 12 Monaten vorgesehen. In Feld (17) sind für zahlreiche Vertragsstaaten Höchstfristen für eine Aufschiebung der Bekanntmachung benannt.

18. Für Anmeldungen mit der **Bestimmung USA** kann angekreuzt werden, ob es sich bei dem Anmelder um ein **Kleinunternehmen handelt** zum Zweck der Verringerung der Bestimmungsgebühr für die USA.

19. **Unterschrift** des Anmelders oder seines Vertreters

20. Das Anmeldeformular enthält am Ende Angaben zu den **Gebühren** und zur Zahlungsweise. Ein Gebührenrechner am Ende des Antrags (nicht abgedruckt) unterstützt bei der Ermittlung und Addition der Grundgebühr, der Veröffentlichungsgebühr sowie der Gebühren für die jeweiligen Bestimmungsstaaten. Für die Zahlung der Gebühren kann der WIPO entweder eine Einzugsermächtigung erteilt werden oder sie kann per Überweisung auf eines der Konten der WIPO ausgeführt werden. Die zu überweisenden Gebühren bestehen aus einer Basisgebühr in Höhe von zur Zeit SFr 397,– für das erste Design und SFr 19,– für jedes weitere Design; eine Bestimmungsgebühr pro Vertragsstaat in Höhe von SFr 42,– für das erste und SFr 2,– für jedes weitere Design (für manche Vertragsstaaten ist eine höhere Bestimmungsgebühr zu zahlen); eine Veröffentlichungsgebühr in Höhe von SFr 17,– für jede Wiedergabe, zzgl. einer Gebühr für jede Seite mit Wiedergaben in Höhe von SFr 150,–. Für jedes Wort, um das die Beschreibung 100 Wörter überschreitet, sind zusätzlich SFr 2,– zu zahlen. Die Gebühren sind mit der Anmeldung zu entrichten, es sei denn, es ist eine Aufschiebung der Veröffentlichung beantragt.

Die Gebühren werden für eine erste Schutzperiode von fünf Jahren bezahlt. Die Registrierung kann wenigstens einmal für einen zusätzlichen Zeitraum von fünf Jahren erneuert werden. Für diejenigen Vertragsstaaten, deren nationale Gesetzgebung eine Schutzdauer von mehr als zehn Jahren vorsieht, kann die Internationale Registrierung bis zum Ablauf der gesamten Schutzdauer verlängert werden.

21. **Wiedergabe** der Designs:

a) Für jeden aufgeführten Gegenstand ist eine Fotographie oder eine andere graphische Darstellung einzureichen. Bei der Anmeldung ist lediglich ein Satz von Abbildungen einzureichen. Die Fotographie oder sonstige graphische Darstellung muss, namentlich für Zwecke der Wiedergabe, von so guter Qualität sein, dass der dargestellte Gegenstand in jeder Einzelheit deutlich in Erscheinung tritt.

b) Die Anzahl der Wiedergaben ist bei einer Internationalen Anmeldung nicht beschränkt. Ein Gegenstand kann aus verschiedenen Blickwinkeln dargestellt werden, sei es auf der gleichen Darstellung, sei es auf gesonderten Darstellungen.

c) Die Abbildungen sollen einseitig auf ein separates weißes und undurchsichtiges DIN A4 Papier aufgeklebt oder gedruckt werden. Der separate Papierbogen soll senkrecht ausgerichtet sein und nicht mehr als 25 Abbildungen enthalten. Die Abbildungen sollen den Gegenstand allein darstellen, also nicht zusammen mit einem anderen Objekt.

d) Wenn die Hinterlegung mehrere Designs enthält, so ist jedes Design mit einer eigenen Nummer zu bezeichnen, die am Rand der jeweiligen Reproduktion anzugeben ist. Ist ein Gegenstand aus verschiedenen Blickwinkeln dargestellt, so sind für denselben Gegenstand zwei Nummern anzugeben, getrennt mit einem Punkt (1.1, 1.2, 1.3 etc für den ersten Gegenstand, 2.1, 2.2 für den zweiten Gegenstand usw).

1.4 Internationale Design-Klassifikation nach dem Abkommen von Locarno vom 8.10.1968 (13. Ausgabe, gültig ab 1.1.2021)

Klasse 1	Nahrungsmittel
Klasse 2	Bekleidung und Kurzwaren
Klasse 3	Reiseartikel, Etuis, Schirme und persönliche Gebrauchsgegenstände, soweit sie nicht in anderen Klassen enthalten sind
Klasse 4	Bürstenwaren
Klasse 5	Nichtkonfektionierte Textilwaren, Folien (Bahnen) aus Kunst- und Naturstoffen
Klasse 6	Möbel
Klasse 7	Haushaltsartikel, soweit sie nicht in anderen Klassen enthalten sind
Klasse 8	Werkzeuge und Kleineisenwaren
Klasse 9	Verpackungen und Behälter für den Transport oder den Warenumschlag
Klasse 10	Uhren und andere Messinstrumente, Kontroll- und Anzeigegeräte
Klasse 11	Ziergegenstände
Klasse 12	Transport- und Hebevorrichtungen
Klasse 13	Apparate zur Erzeugung, Übermittlung oder Umwandlung von elektrischer Energie
Klasse 14	Apparate zur Aufzeichnung, Übermittlung oder Verarbeitung von Informationen
Klasse 15	Maschinen, soweit sie nicht in anderen Klassen enthalten sind
Klasse 16	Fotografische, kinematografische oder optische Artikel
Klasse 17	Musikinstrumente
Klasse 18	Druckerei- und Büromaschinen
Klasse 19	Papier- und Büroartikel, Künstler- und Lehrmittelbedarf
Klasse 20	Verkaufs- und Werbeausrüstungen, Schilder
Klasse 21	Spiele, Spielzeug, Zelte und Sportartikel
Klasse 22	Waffen, Feuerwerksartikel, Artikel für die Jagd, den Fischfang oder zur Schädlingsbekämpfung
Klasse 23	Vorrichtungen zur Verteilung von Flüssigkeiten, sanitäre Anlagen, Heizungs-, Lüftungs- und Klimaanlagen, feste Brennstoffe
Klasse 24	Medizinische und Laborausrüstungen
Klasse 25	Bauten und Bauelemente
Klasse 26	Beleuchtungsapparate
Klasse 27	Tabakwaren und Raucherartikel
Klasse 28	Pharmazeutische und kosmetische Erzeugnisse, Toilettenartikel und -ausrüstungen

Klasse 29 Vorrichtungen und Ausrüstungen gegen Feuer, zur Unfallverhütung und Rettung

Klasse 30 Artikel für das Halten und Pflegen von Tieren

Klasse 31 Maschinen und Apparate für die Zubereitung von Nahrung oder Getränken, soweit sie nicht in anderen Klassen enthalten sind.

Klasse 32 Grafische Symbole und Logos, Zierelemente für Oberflächen, Verzierungen

Die Einteilung der Warenklassen für Designs ist in weitere Unterklassen aufgegliedert. Diese Einteilung in Unterklassen ist ua in Anlage 1 zur DesignV enthalten, die unter www.dpma.de/recherche/klassifikationen/designs einschließlich einer alphabetisch geordneten Warenliste für die Bestimmung der jeweiligen Klasse sowie einer Suchmaschine abrufbar ist.

2. Die Geltendmachung von Designrechten

2.1 Muster einer Berechtigungsanfrage[1]

A-GmbH[2]

An

B-AG

z. Hd. Herrn/Frau . . . . . .

. . . . . .

Sehr geehrte(r) Herr/Frau . . . . . . ,

wir sind Inhaberin des am . . . . . . beim Deutschen Patent- und Markenamt angemeldeten und eingetragenen Designs Nr. . . . . . . , das einen „Messergriff" schützt. Einen aktuellen Auszug aus dem Designregister einschließlich der Wiedergabe des Designs legen wir diesem Schreiben bei.

Uns wurde bekannt, dass die B AG auf der kürzlich in . . . . . . stattgefundenen Internationalen . . . . . . messe eine Serie von Haushalts- und Berufsmessern zum Verkauf angeboten hat. Diese Messerserie weist durchweg einen Griff auf, der die prägenden Erscheinungsmerkmale des für uns geschützten Messergriffs übernimmt und daher im Gesamteindruck mit unserem eingetragenen Design übereinstimmt (§ 38 Abs. 2 DesignG).

Wir bitten Sie, uns mitzuteilen, auf Grund welcher Umstände Sie sich berechtigt halten, unser Designrecht nicht zu beachten. Dabei wollen Sie insbesondere darlegen, ob Sie den Rechtsbestand unseres Designs für zweifelhaft ansehen, weil identische oder ähnliche Gestaltungen von Messergriffen vor dem Anmeldetag des Designs (Datum: . . . . . .) der Öffentlichkeit bekannt waren.

Den Eingang Ihrer Stellungnahme, weshalb Sie sich für berechtigt halten, das geschützte Design zu benutzen, erwarten wir bis zum

. . . . . . (Datum)

Mit freundlichen Grüßen

(Geschäftsführer)

Anmerkungen

1. Die sogenannte Berechtigungsanfrage ist eine vorsichtige Möglichkeit, mit einem potentiellen Verletzer eines Designs Kontakt aufzunehmen. Eine förmliche Abmahnung enthält das Risiko, dass der Abgemahnte das Design angreift oder mit einer negativen Feststellungsklage reagiert. Sollte die Abmahnung ungerechtfertigt sein, kann er bei Verschulden auch Schadensersatzansprüche wegen unberechtigter Schutzrechtsverwarnung, insbesondere auf Erstattung von Anwaltskosten, geltend machen. Im Gegensatz dazu birgt die Berechtigungsanfrage kaum Risiken. Während bei geprüften oder leicht recherchierbaren Schutzrechten (Patente, Marken) eine Berechtigungsanfrage eher selten vorkommt, kann sie im Designrecht durchaus sinnvoll sein. Als ungeprüftes Schutzrecht, dessen Rechtsbestand nur auf Grund des oftmals umfänglichen und schwer zugänglichen Formenschatzes zu beurteilen ist, kann es zweckmäßig sein, zunächst eine Reaktion des eventuellen Verletzers zu veranlassen, um dann besser und sicherer die Erfolgsaussichten eines gerichtlichen Vorgehens beurteilen zu können.

2. Die gewollte Unverbindlichkeit der Berechtigungsanfrage kann dadurch unterstrichen werden, dass sie vom Inhaber des Designs selbst ausgeht.

2.2 Muster eines Abmahnschreibens[1]

An

B-AG

z. Hd. Herrn/Frau . . . . .

. . . . .

per Fax vorab

Sehr geehrte(r) Herr/Frau . . . . .,

hiermit zeige ich an, dass wir die Firma A-GmbH in designrechtlichen Angelegenheiten anwaltlich[2] beraten und vertreten. Eine auf uns ausgestellte Originalvollmacht liegt diesem Schreiben bei.

Unsere Mandantin ist Inhaberin des am . . . . . beim Deutschen Patent- und Markenamt angemeldeten Designs Nr. . . . . ., das einen „Messergriff" schützt. Einen aktuellen Auszug aus dem Register mit einer Wiedergabe des Designs legen wir diesem Schreiben bei.

Bei dem Gegenstand des geschützten Designs handelt es sich um einen Messergriff, dessen Gesamteindruck durch folgende Erscheinungsmerkmale geprägt ist:

a) . . . . .
b) . . . . .
c) . . . . .

Das geschützte Design ist neu und weist Eigenart auf. Da sich der geschützte Messergriff erheblich von vorbekannten Gestaltungen abhebt, verfügt es über einen weiten Schutzumfang.[3]

Messer nach Maßgabe des genannten Designs werden von unserer Mandantin in Deutschland in erheblichem Umfang hergestellt, beworben und in Verkehr gebracht.[4]

Unserer Mandantin wurde bekannt, dass Sie eine Serie von Haushalts- und Berufsmessern in Verkehr gebracht haben, die durchweg einen Griff aufweisen, der von den prägenden Erscheinungsmerkmalen des für unsere Mandantin geschützten Messergriffs Gebrauch macht.

Ein Vergleich der Erscheinungsmerkmale des Designs unserer Mandantin mit den Merkmalen der Messergriffe der von Ihnen vertriebenen Messerserie ergibt eine (weitgehende) Übereinstimmung im Gesamteindruck (§ 38 Abs. 2 DesignG). Insbesondere weisen wir auf folgende Einzelheiten hin:

a) . . . . .
b) . . . . .
c) . . . . .[5]

Der Vertrieb der Messerserie stellt daher eine Verletzung des Designs unserer Mandantin dar. Ihr Unternehmen ist unserer Mandantin gegenüber zur Unterlassung, zum Schadensersatz, zur Auskunft und Rechnungslegung sowie zur Vernichtung verpflichtet. Wir haben Namens und im Auftrag unserer Mandantin aufzufordern, die beiliegende, von uns bereits formulierte, strafbewehrte Unterlassungs- und Verpflichtungserklärung rechtsverbindlich unterzeichnet an uns zurückzusenden. Nur die Abgabe einer entsprechenden Erklärung ist geeignet, die Auseinandersetzung außergerichtlich zu bereinigen. Den Eingang dieser Erklärung erwarten wir bis spätestens

. . . . .[6]

Sollte die Erklärung bis zum genannten Zeitpunkt nicht oder nicht vollständig vorliegen, werden wir unserer Mandantin empfehlen, unverzüglich gerichtliche Hilfe in Anspruch zu nehmen.[7]

Aufgrund der Verpflichtung zum Ersatz des unserer Mandantin entstandenen Schadens haben Sie dieser auch die Kosten unserer Inanspruchnahme zu ersetzen. Ich verweise insoweit auch auf Ziff. . . . . . der beiliegenden Unterlassungs- und Verpflichtungserklärung. Den Eingang der dort ausgewiesenen Kosten erwarten wir ebenfalls bis zum vorstehend genannten Zeitpunkt auf folgendes Konto: . . . . .

Wir weisen schließlich noch darauf hin, dass unsere Mandantin die geltend gemachten Ansprüche ergänzend auf §§ 3, 4 Nr. 3 iVm §§ 8, 9 UWG stützt. Unsere Mandantin nimmt wegen der nachfolgenden besonderen Umstände, die die Nachbildung des geschützten Messergriffs zusätzlich zur Verletzung des Designs als eine unlautere Nachahmung erscheinen lassen, auch ergänzenden wettbewerbsrechtlichen Leistungsschutz in Anspruch: . . . . .[8]

Mit freundlichen Grüßen

(Rechtsanwalt)

Anlage zum Abmahnschreiben:

Muster Unterlassungs- und Verpflichtungserklärung[9]

Die Firma B-AG, gesetzlich vertreten durch . . . . ., verpflichtet sich gegenüber der Firma A-GmbH,

1. es bei Meidung einer für jeden einzelnen Fall der Zuwiderhandlung fällig werdenden Vertragsstrafe in Höhe von 5.001,– EUR[10, 11] zu unterlassen,
   Haushalts- und Berufsmesser anzubieten, in Verkehr zu bringen, einzuführen, auszuführen oder zu gebrauchen oder zu den vorgenannten Zwecken zu besitzen,[12] deren Griff durch die Kombination folgender Merkmale gekennzeichnet ist:

a) . . . . .
b) . . . . .
c) . . . . .[13]
nach Maßgabe der folgenden Abbildung(en):[14]

2. der Firma A-GmbH allen Schaden zu ersetzen, der dieser aus Handlungen gemäß Ziff. 1 entstanden ist und noch entstehen wird;[15]
3. der Firma A-GmbH Auskunft zu erteilen und Rechnung[16] zu legen über Handlungen gemäß Ziff. 1 durch Vorlage eines verbindlich unterzeichneten Verzeichnisses, das Angaben zu enthalten hat über
   a) Liefermengen, Lieferzeiten, Lieferpreise und Abnehmer,
   b) Angebotsmengen, Angebotszeiten, Angebotspreise und Angebotsempfänger,
   c) die betriebene Werbung, insbesondere unter Angabe der Werbemedien, der Auflagenhöhe von Werbeprospekten und der für die Werbung aufgewandten Kosten;
   d) Gestehungskosten unter Angabe der einzelnen Kostenfaktoren sowie den erzielten Gewinns,
4. der Firma A-GmbH Auskunft über Herkunft und Vertriebsweg von Erzeugnissen nach Ziff. 1 zu erteilen durch Vorlage eines verbindlich unterzeichneten Verzeichnisses, das Angaben zu enthalten hat über Namen und Anschrift der Hersteller, der Lieferanten und anderer Vorbesitzer der Erzeugnisse gemäß Ziff. 1, der gewerblichen Abnehmer und Verkaufsstellen sowie über die Menge der ausgelieferten, erhaltenen oder bestellten Erzeugnisse gemäß Ziff. 1 sowie über die Preise, die für die betreffenden Erzeugnisse bezahlt wurden;[17]
5. die in ihrem unmittelbaren oder mittelbaren Besitz oder Eigentum befindlichen Erzeugnisse gemäß Ziff. 1 zu vernichten;[18]
6. die in Ziff. 1 dargestellten Erzeugnisse gegenüber gewerblichen Abnehmern zurückzurufen, ggf. bereits gezahlte Kaufpreise bzw. sonstige Äquivalente zu erstatten sowie notwendige Verpackungs- und Transportkosten und mit der Rückgabe verbundene Zoll- und Lagerkosten zu übernehmen und die zurückgerufenen Erzeugnisse wieder an sich zu nehmen und endgültig aus den Vertriebswegen zu entfernen;
7. der Firma A-GmbH die durch die Inanspruchnahme der Rechtsanwälte . . . . . (sowie der Patentanwälte . . . . .)[19] entstandenen Kosten zu ersetzen in Höhe von (je) einer 1,3 Gebühr aus dem Streitwert von EUR . . . . . zuzüglich Auslagenpauschale.[20]

. . . . .

(Ort), den (Datum)

. . . . .

(Unterschrift Firma B-AG)

Anmerkungen

1. Regelmäßig wird zur Vorbereitung einer gerichtlichen Auseinandersetzung ein Abmahnschreiben versandt. Die Abmahnung hat, wie stets beim Vorgehen aus gewerblichen Schutzrechten, Bedeutung im Hinblick auf das Kostenrisiko eines nachfolgenden, gerichtlichen Verletzungsverfahrens. Ein erfolglos Abgemahnter hat nicht mehr die Möglichkeit, auf eine Klage oder auf eine einstweilige Verfügung hin den Anspruch sofort anzuerkennen mit der Folge, dass nach § 93 ZPO die Kosten des Verfahrens dem Inhaber des Designs auferlegt werden könnten. Nach neuerer Rechtsprechung des BVerfG verlangt zudem das grundrechtsgleiche Recht auf proz. Waffengleichheit aus Art. 3 i.V.m. Art. 20 Abs. 3 GG, dass der mutmaßliche Verletzer Gelegenheit zur Äußerung erhält, bevor eine einstweilige Verfügung ohne mündliche Verhandlung ergeht

(BVerfG NJW 2018, 3631; NJW 2020, 2021). Auch aus diesem Grund ist eine Abmahnung zu empfehlen. Eine unberechtigte Abmahnung stellt allerdings einen rechtswidrigen Eingriff in den Gewerbebetrieb des Abgemahnten dar (§ 823 BGB). Da das Maß der Nachprüfungspflicht bei einem ungeprüften Schutzrecht hoch ist, setzt sich der Abmahnende hier regelmäßig einem Schadensersatzrisiko aus. Daneben kann der Abgemahnte gegen die in der Abmahnung erhobenen Ansprüche eine negative Feststellungsklage erheben.

2. Die Abmahnung dient der Vorbereitung des Verletzungsverfahrens. Sie hat bestimmten formellen Anforderungen zu entsprechen. Spätestens in dieser Phase einer designrechtlichen Auseinandersetzung sollte der Designinhaber einen Patent- oder Rechtsanwalt beauftragen. Der Abmahnung kann eine Vollmachtsurkunde beigefügt werden. Sie ist nicht zwingend erforderlich, dh der Abgemahnte kann die Abmahnung nicht wegen fehlendem Vollmachtsnachweis ablehnen, wenn die Abmahnung mit einem Angebot zum Abschluss einer Unterverwerfungsvereinbarung verbunden war (BGH GRUR 2010, 1120 – Vollmachtsnachweis).

3. Für ein sorgfältig vorbereitetes und geführtes Verletzungsverfahren ist es unumgänglich, die für den Gesamteindruck maßgeblichen Erscheinungsmerkmale des Designs in einer Merkmalsbeschreibung zusammenzufassen. Nur anhand einer solchen Beschreibung und der auf dieser beruhenden, wertenden Merkmalsanalyse können einerseits Neuheit und Eigenart des Designs im Verhältnis zum vorbekannten Formenschatz beurteilt werden, wie auch andererseits dessen Schutzumfang und die Benutzung des Designs durch den angegriffenen Gegenstand. Es ist in der Regel nicht einfach, Farb- und Formgestaltungen mit den Mitteln der Sprache auszudrücken. Der BGH hat dies aber in einer Reihe von Entscheidungen in eindrucksvoller und lehrhafter Art und Weise praktiziert (vgl. BGH GRUR 1965, 198 – Küchenmaschine; GRUR 2013, 285 Rn. 33 – Kinderwagen II).

4. Ein Hinweis auf Umfang von Herstellung, Werbung und Vertrieb ist von Bedeutung für Ansprüche aus §§ 3, 4 Nr. 3 UWG, → Anm. 8, sofern gleichzeitig Ansprüche aus ergänzendem wettbewerbsrechtlichen Leistungsschutz geltend gemacht werden.

5. Bei der Prüfung des Verletzungsgegenstandes ist von der Merkmalsbeschreibung des geschützten Gegenstandes auszugehen und es sind die Übereinstimmungen und Unterschiede herauszuarbeiten. Im nächsten Schritt ist wertend eine Analyse der einzelnen Erscheinungsmerkmale vorzunehmen. Insbesondere ist herauszuarbeiten, warum das eine oder andere Merkmal mehr oder weniger für den Gesamteindruck von Bedeutung ist und warum Abweichungen nicht geeignet sind, eine Übereinstimmung im Gesamteindruck zu verneinen.

6. Es ist eine angemessene Frist zu setzen. Diese liegt in Designangelegenheiten in der Regel bei mindestens 2 Wochen. Sie sollte allerdings auch nicht zu lange bemessen sein, um nicht wegen der Dringlichkeit für den Antrag einer einstweiligen Verfügung zeitlich in Bedrängnis zu geraten (→ Form. 2.7 Anm. 14).

7. Mit diesem Text enthält die Abmahnung alle von der Rechtsprechung für eine wirksame Abmahnung vorgeschriebenen Erfordernisse: Darstellung der Schutzrechtsverletzung, Erhebung von Ansprüchen wegen Designverletzung, Fristsetzung, Androhung gerichtlicher Maßnahmen.

8. Häufig erfolgt die Verletzung eines Designs zugleich unter Umständen, die zu einer unlauteren Nachahmung im Sinne von § 4 Nr. 3 UWG führen, wenn der Designinhaber das geschützte Produkt auch selbst vertreibt oder vertreiben lässt. Insbesondere bei der mehr oder weniger getreuen Nachbildung von erfolgreichen oder weithin bekannten

Produkten sind Umstände, die neben einem designrechtlichen auch einen wettbewerbsrechtlichen Verstoß begründen, häufig gegeben. Erste Voraussetzung für diesen wettbewerbsrechtlichen Leistungsschutz ist die wettbewerbliche Eigenart des nachgemachten Originalerzeugnisses, die voraussetzt, dass seine Gestaltung oder jedenfalls bestimmte Merkmale geeignet sind, für die interessierten Verkehrskreise auf die betriebliche Herkunft oder auf Besonderheiten des Erzeugnisses hinzuweisen. Bei Gestaltungen, die Gegenstand eines Designs sein können, ist regelmäßig vom Vorliegen einer solchen wettbewerblichen Eigenart auszugehen. Hinzu kommen müssen weitere wettbewerbsrechtlich relevante Umstände (§ 4 Nr. 3 UWG), nämlich eine vermeidbare Herkunftstäuschung, eine Rufausbeutung oder -schädigung oder das unredliche Erlangen von Informationen.

Die Unlauterkeit ergibt sich aus einer Zusammenschau des Grads der wettbewerblichen Eigenart, des Grads der Nachahmung und der unlauteren Umstände, wobei diese Aspekte in Wechselwirkung zueinander stehen. Bei einer hohen wettbewerblichen Eigenart und einem hohen Grad an Übereinstimmung sind an die unlauteren Umstände nur noch geringe Anforderungen zu stellen und umgekehrt.

Im Einzelnen wird auf die Kommentierung zu § 4 Nr. 3 UWG verwiesen, beispielsweise bei *Köhler/Bornkamm/Feddersen, UWG,* 32. Aufl. 2020, sowie auf die umfangreiche Rechtsprechung des BGH.

9. Es ist nicht zwingend, aber zweckmäßig, dem Abmahnschreiben eine vorformulierte Unterlassungs- und Verpflichtungserklärung beizufügen. Das vermeidet spätere Auseinandersetzungen mit dem Verletzer über Inhalt und Umfang einer von ihm selbst möglicherweise unzureichend formulierten Unterlassungserklärung.

10. Das Versprechen einer angemessenen Vertragsstrafe ist Voraussetzung für den Wegfall der durch die begangene Verletzung entstandenen Wiederholungsgefahr und somit der Klaglosstellung des Verletzten. Eine Vertragsstrafe in Höhe von 5.001,– EUR hat sich als Mindestsumme herausgebildet, um die Zuständigkeit der Landgerichte im Falle der Verwirkung der Vertragsstrafe zu begründen.

11. Anstelle des bezifferten Betrages kann auch nach dem sog. „modifizierten Hamburger Brauch" eine angemessene Vertragsstrafe gefordert werden, deren Höhe vom Gläubiger nach billigem Ermessen bestimmt wird, wobei die Festsetzung der Höhe der Vertragsstrafe im Streitfalle durch ein bestimmt bezeichnetes Gericht erfolgen soll. Eine Vertragsstrafebestimmung direkt durch ein Gericht ist nicht möglich (BGH GRUR 1978, 192 – Hamburger Brauch).

12. Die Unterlassungserklärung darf nur auf solche Handlungen gerichtet sein, die vom Verletzer bereits begangen wurden oder deren Begehung droht. Da der Verletzer nach dem Sachverhalt in der Abmahnung nicht selbst herstellt, bezieht sich der Unterlassungsanspruch hier beispielsweise nicht auf das „Herstellen".

13. Hier sind die konkreten Erscheinungsmerkmale des Verletzungsgegenstandes nach Art einer Merkmalsbeschreibung, → Anm. 5, aufzuführen.

14. Wegen der Schwierigkeit, Farb- und Formgestaltungen mit den Mitteln der Sprache auszudrücken und aus Gründen der Bestimmtheit, sollte eine eindeutige Festlegung des konkreten Verletzungsgegenstandes durch Aufnahme einer oder mehrerer Fotografien in die Unterlassungserklärung erfolgen.

15. Sofern keine sonstigen Anhaltspunkte für ein Verschulden vorliegen, handeln Gewerbetreibende in der Regel fahrlässig, wenn sie sich nicht regelmäßig über Designs auf dem jeweiligen Gebiet informieren.

16. Der Auskunfts- und Rechnungslegungsanspruch dient der Vorbereitung der Bezifferung eines Schadensersatzanspruchs und beruht auf Gewohnheitsrecht sowie auf Treu und Glauben (§ 242 BGB). Da Schadensersatz nach drei Berechnungsmethoden berechnet werden kann (entgangener Gewinn, Herausgabe des Verletzergewinns, Lizenzanalogie), sollte ein möglichst umfassender Auskunftsanspruch geltend gemacht werden. Im Einzelnen zum Auskunftsanspruch → Form. IV.2.5 Anm. 14–17.

17. Dieser erweiterte Auskunftsanspruch ergibt sich aus § 46 DesignG und ermöglicht es, Angaben zB über Hersteller und Importeur der Verletzungsgegenstände zu erhalten, um dann auch diese in Anspruch nehmen zu können. Dieser Auskunftsanspruch kann bei offensichtlicher Designverletzung auch im Wege der einstweiligen Verfügung geltend gemacht werden.

18. Der Vernichtungsanspruch des Designinhabers ist in § 43 DesignG geregelt. Der Verletzte kann zusätzlich Rückruf und Entfernung aus den Vertriebswegen verlangen. Diese Ansprüche sind im Falle der Unverhältnismäßigkeit durch weniger einschneidende Maßnahmen zu ersetzen, wobei diese Ausnahmevorschrift eng auszulegen ist.

19. Die Kosten eines mitwirkenden Patentanwalts sind in gerichtlichen Designstreitsachen zu erstatten, ohne dass die Notwendigkeit zu prüfen ist (§ 52 Abs. 4 DesignG). Diese Vorschrift gilt aber weder direkt noch analog für das vorprozessuale Abmahnverfahren, sodass bei Doppelvertretung die Notwendigkeit des mitwirkenden Anwalts (zum Beispiel vorbereitende Recherche zum Rechtsbestand) konkret begründet sein muss (BGH GRUR 2011, 754 – Kosten des Patentanwalts II).

20. Der Gegenstandswert für eine Abmahnung aus einem Design richtet sich überwiegend nach dem Interesse des Designinhabers an der Unterlassung und der weiteren Ansprüche. Ein Anhaltspunkt hierfür kann beispielsweise der Jahresumsatz mit dem nach dem Design gefertigten Erzeugnis sein. In der Regel entsteht bei einer Abmahnung eine Gebühr nach VV Nr. 2300 RVG in Höhe von 1,3 bis 1,5 aus dem Gegenstandswert zzgl. Auslagenpauschale.

2.3 Die Reaktion des Abgemahnten auf die Abmahnung

2.3.1 Reaktion gegenüber dem Abmahnenden

Auf eine Abmahnung wegen Designverletzung kann in vielfältiger Weise reagiert werden. Es werden im Folgenden mögliche Reaktionen auf eine Abmahnung aufgezeigt.

Gesuch um Fristverlängerung

Der Abgemahnte muss die Möglichkeit haben, den Sachverhalt aufzuklären und rechtlich zu prüfen bzw. prüfen zu lassen. Aus diesem Grund muss ihm der Abmahnende eine angemessene Frist zur Abgabe der Unterlassungserklärung setzen. Die Angemessenheit einer Frist bestimmt sich nach den Umständen des Einzelfalles. Sie ist im Designrecht in der Regel länger als im Wettbewerbsrecht.

Bei Designs, die ohne Prüfung auf Rechtsbeständigkeit eingetragen werden, ist die Prüfung durch den Abgemahnten hinsichtlich der Schutzvoraussetzungen Neuheit und Eigenart in der Regel schwierig und zeitaufwändig, so dass häufig ein Fristverlängerungsgesuch notwendig wird. Andererseits erwägt möglicherweise der Designinhaber, seinen Anspruch in einem Verfahren auf Erlass einer einstweiligen Verfügung durchzusetzen, so dass er einem Fristverlängerungsgesuch oft nicht zustimmen kann, um nicht die Dringlichkeitsfrist für den Verfügungsantrag zu versäumen.

Abgabe der geforderten Unterlassungs- und Verpflichtungserklärung

Selbst dann, wenn die vom Designinhaber gerügte Verletzung zweifelsfrei gegeben ist, hat der Abgemahnte abzuwägen, ob er sich durch Abgabe der geforderten Unterlassungs- und Verpflichtungserklärung unterwirft oder ob er nicht besser einen gerichtlichen Unterlassungstitel in Form einer einstweiligen Verfügung oder eines Versäumnisurteils gegen sich ergehen lässt. Die Abgabe der geforderten Erklärung ist zwar zunächst der preiswerter erscheinende Weg. Jedoch kommt dann ein Unterlassungsvertrag zustande, bei dem der Unterlassungsschuldner gemäß § 278 BGB für das Verschulden seiner Angestellten und sonstigen Erfüllungsgehilfen haftet. Bei einem Verstoß gegen einen gerichtlichen Unterlassungstitel indessen haftet der Verletzer lediglich für eigenes, nachgewiesenes Verschulden. Bei großen Unternehmen, insbesondere solchen mit einem weit verzweigten Vertrieb, kann somit eine strafbewehrte Unterlassungserklärung zu hohen, nicht mehr kontrollierbaren Risiken führen, so dass einer gerichtlichen Untersagung trotz der höheren Kosten möglicherweise der Vorzug zu geben ist. Es kommt hinzu, dass die Vertragsstrafe dem Unterlassungsgläubigers zufließt, was einen Anreiz für die Ahndung von Verstößen gibt. Die Zwangsvollstreckung aus einem gerichtlichen Unterlassungstitel hingegen führt lediglich zu einem Ordnungsgeld, welches dem Fiskus zugutekommt.

Abgabe lediglich der strafbewehrten Unterlassungserklärung

Zur Ausräumung der Wiederholungsgefahr für eine angedrohte Klage oder zu befürchtende einstweilige Verfügung reicht es aus, wenn lediglich eine strafbewehrte Unterlassungserklärung abgegeben wird, sofern dem Abgemahnten eine Einstellung der angegriffenen Handlung kurzfristig möglich ist. Der Designinhaber steht dann vor der oft schwer zu treffenden Entscheidung, ob er die im Abmahnschreiben geltend gemachten Nebenansprüche auf Anerkennung der Verpflichtung zum Schadenersatz, auf Auskunftsleistung, Vernichtung sowie auf Kostenerstattung in einem aufwändigen gerichtlichen Verfahren durchsetzen möchte oder ob er sich mit der bloßen Unterlassungserklärung begnügen soll.

Abgabe der Unterlassungserklärung ohne Anerkennung einer Rechtspflicht

Wird die Abmahnung vom Abgemahnten als ungerechtfertigt angesehen, kann gleichwohl zur Vermeidung der angedrohten gerichtlichen Auseinandersetzung eine Unterlassungserklärung abgegeben werden mit dem ausdrücklichen Hinweis, dass eine über den bloßen Inhalt dieser Erklärung hinausgehende Rechtspflicht nicht anerkannt wird. Auch eine solche Unterlassungserklärung beseitigt eine Wiederholungsgefahr und entzieht dem Unterlassungsanspruch die Grundlage. Der zu Unrecht Abgemahnte sollte aber den Designinhaber darüber aufklären, warum keine Verpflichtung zur Abgabe der Unterlassungserklärung besteht, um ein Verfahren über Nebenansprüche und Kostenerstattung nicht unnötig zu provozieren.

Abgabe einer modifizierten Unterlassungserklärung

Der Abgemahnte hat sehr sorgfältig zu prüfen, ob die vorformulierte Unterlassungserklärung tatsächlich nur die konkret angegriffene Verletzungsform erfasst. In der Praxis orientiert sich ein geltend gemachter Unterlassungsanspruch häufig am Design oder an dem nach dem Design hergestellten Gegenstand, ohne etwaige Abweichungen des angegriffenen Musters gebührend zu berücksichtigen. Dann aber kann durch eine modifizierte, auf die konkrete Verletzungsform beschränkte Unterlassungserklärung einerseits die Wiederholungsgefahr zuverlässig ausgeräumt werden, andererseits ein zu weit gehender Erklärungsinhalt der Unterlassungserklärung vermieden werden.

Änderung der geforderten Vertragsstrafe

Eine Korrektur der geforderten Vertragsstrafe nach unten durch den Abgemahnten ist möglich, wenn die geforderte Vertragsstrafe offensichtlich unangemessen hoch ist. Es sollte jedoch kein zu niedriger und damit nicht mehr angemessener Betrag gewählt werden, weil eine unangemessen niedrige Vertragsstrafe die Wiederholungsgefahr nicht ausräumt. Die Angemessenheit der Vertragsstrafe hängt von den Umständen des Einzelfalles ab. Wenn der Abmahnende eine zu hohe Vertragsstrafe fordert, bietet es sich aus der Sicht des Abgemahnten an, ein Vertragstrafeversprechen ohne feste Summe nach dem „modifizierten Hamburger Brauch“ abzugeben (→ Form. IV.2.2 Anm. 11).

Inanspruchnahme einer Aufbrauchfrist

Von der eigenmächtigen Inanspruchnahme einer Aufbrauchfrist, etwa zur Umstellung der Produktion, ist abzuraten. Durch eine solche Erklärung, durch die die Fortsetzung der Verletzungshandlung für einen bestimmten Zeitraum beansprucht wird, wird die Wiederholungsgefahr in aller Regel nicht beseitigt. Eine Aufbrauchfrist sollte besser in Verhandlung mit dem Abmahnenden über eine Gesamtlösung erreicht werden.

2.3.2 Muster einer Schutzschrift[1]

An das

Zentrale Schutzschriftenregister[2]

. . . . . .

Schutzschrift

In Sachen

Fa. A-GmbH, gesetzlich vertreten durch . . . . . .

– mutmaßliche Antragstellerin –

gegen

Fa. B-AG, gesetzlich vertreten durch . . . . . .

– mutmaßliche Antragsgegnerin –

Bevollmächtigte: RAe . . . . . .[3]

wegen: angeblicher Designverletzung

zeige ich an, dass wir die mutmaßliche Antragsgegnerin vertreten. Aus gegebenem Anlass muss die Antragsgegnerin damit rechnen, dass die mutmaßliche Antragstellerin versuchen wird, eine einstweilige Verfügung gegen die Antragsgegnerin zu erwirken.

Wir beantragen,

I. den Antrag auf Erlass einer einstweiligen Verfügung zurückzuweisen,[4]
hilfsweise
über den Antrag auf Erlass einer einstweiligen Verfügung nicht ohne mündliche Verhandlung zu entscheiden;[5]

II. für den Fall der Zurückweisung des Verfügungsantrags oder seiner Zurücknahme der Antragstellerin die Kosten des Verfügungsverfahrens einschließlich der Kosten dieser Schutzschrift aufzuerlegen.

Wir sind damit einverstanden, dass

- Termin zur mündlichen Verhandlung unter Abkürzung der Ladungsfristen bestimmt wird und
- der Antragstellerin die vorliegende Schutzschrift zugänglich gemacht wird, sofern diese einen Antrag auf Erlass einer einstweiligen Verfügung stellen sollte.

Begründung:[6]

Die Antragstellerin hat die Antragsgegnerin wegen einer vermeintlichen Verletzung ihres eingetragenen Designs mit anwaltlichem Schreiben vom . . . . . . abgemahnt. Dieses Abmahnschreiben sowie das mit dem Abmahnschreiben vorgelegte Design Nr. . . . . . . werden als Anlage 1 vorgelegt.

Die Antragstellerin behauptet in dem Abmahnschreiben eine identische Benutzung der durch das eingetragene Design geschützten Messergriffe und hat zur Abgabe der Unterlassungserklärung eine kurze Frist von einer Woche gesetzt. Bei dieser Sachlage muss befürchtet werden, dass nach Ablauf dieser Frist der Erlass einer einstweiligen Verfügung gegen die Antragsgegnerin beantragt wird.

Für eine einstweilige Verfügung sind weder Verfügungsgrund noch Verfügungsanspruch gegeben:

1. Die Messerserie mit den von der Antragstellerin beanstandeten Griffen wird von der Antragsgegnerin bereits seit zwei Jahren vertrieben. Sie wurde auf mehreren Fachmessen vorgestellt und in der Fachpresse beworben. Diese Vertriebsaktivitäten konnten der Antragstellerin nicht verborgen bleiben, so dass der Zeitraum innerhalb dessen die begehrte Rechtsverfolgung als dringlich angesehen werden kann, längst abgelaufen ist.[7] Kopien aus Fachzeitschriften, Messekatalogen und Prospekten der Antragsgegnerin werden mit dieser Schutzschrift vorgelegt (Anlage 2).
2. Der Gegenstand des Designs der Antragstellerin ist nicht schutzfähig; er ist weder neu, noch hat er Eigenart.
   a) Das Museum of Modern Art in New York besitzt eine Sammlung hervorragend gestalteter Gebrauchsgegenstände, darunter auch Bestecke. Diese sind in einem 1999 erschienenen Museumskatalog veröffentlicht, der den Fachkreisen des hier interessierenden Gebiet im normalen Geschäftsverlauf bekannt sein konnte. Dieser Katalog zeigt ein Steakmesser, dessen Griff mit dem Design der Antragstellerin identisch ist, jedenfalls Unterschiede nur in unwesentlichen Einzelheiten aufweist (Anlage 3). Die Schutzvoraussetzung der Neuheit ist daher nicht erfüllt. Da die Abbildung gewisse Mängel aufweist, die einen Vergleich erschweren, bemüht sich die Antragsgegnerin derzeit über das zitierte Museum um weitere Einzelheiten über diese vorbekannte Form.
   b) Damit fehlt auch die weitere materielle Schutzvoraussetzung der Eigenart. Es mangelt an der Eigenart, wenn der Gesamteindruck eines vor der Anmeldung des Designs offenbarten Musters sich aus der Sicht eines informierten Benutzers nicht von dem Gesamteindruck unterscheidet, den das eingetragene Design hervorruft. Dies ist auf Grund des New Yorker Messers der Fall, sofern es nicht bereits an der

Neuheit (a) fehlt, weil dieses Messer mit dem Messer der Antragstellerin fast identisch ist. Auch auf Grund eines weiteren vorbekannten Messergriffs, wie er sich im Solinger Besteckmuseum befindet (Kopien aus dem Katalog, Ausgabe 1994, Anlage 4), kann die Eigenart des Designs nicht angenommen werden.

3. Auch wenn man von einer Schutzfähigkeit des Gegenstandes des Designs ausgehen sollte, ist auf Grund des vorbekannten Formenschatzes auf diesem gestalterischen Gebiet und der Vorgaben durch den Gebrauchszweck nur von einem geringen Schutzumfang auszugehen ist. Im Gegensatz zur Behauptung der Antragstellerin ist der angegriffene Messergriff nicht identisch mit dem Design. Ein Merkmalsvergleich macht deutlich, dass eine Anzahl von Gestaltungselementen fehlt, nämlich
   a) . . . . . .
   b) . . . . . .

Es ist daher nicht zutreffend, einen identischen oder fast identischen Gesamteindruck anzunehmen, wie von der Antragstellerin behauptet. Aufgrund der aufgezeigten Unterschiede fällt der Messergriff der Antragsgegnerin vielmehr nicht in den engen Schutzbereich des geltend gemachten Designs.

(Rechtsanwalt)

Anmerkungen

1. Mit einer Schutzschrift kann der Abgemahnte, der den Erlass einer einstweiligen Verfügung befürchtet, versuchen, diese abzuwenden oder jedenfalls zu verhindern, dass eine einstweilige Verfügung ohne mündliche Verhandlung erlassen wird. Die Schutzschrift ist beim Zentralen Schutzschriftenregister einzureichen. Ob eine Schutzschrift erforderlich ist, lässt sich aus den Umständen der Abmahnung nur erahnen (kurze Fristsetzung; Verweigerung einer erbetenen Fristverlängerung; behauptete identische Benutzung; Hinweise auf bereits erfolgreiche Geltendmachung des Designs durch Klage oder gar durch einstweilige Verfügung gegen Dritte). Die Hinterlegung einer Schutzschrift ist in der ZPO nicht vorgesehen. Sie hat sich jedoch insbesondere im gewerblichen Rechtsschutz gewohnheitsrechtlich durchgesetzt. Die Schutzschrift kann die unter Umständen erheblichen Nachteile verhindern, die bei Erlass einer einstweiligen Verfügung ohne mündliche Verhandlung auf Grund einseitigen Sachvortrages des Antragstellers drohen.

Es ist in jedem Einzelfall genau zu prüfen, ob eine Schutzschrift sinnvoll ist. Eine Schutzschrift führt nicht automatisch zur Anberaumung einer mündlichen Verhandlung. Vielmehr prüft das Gericht zunächst den Verfügungsantrag unter Berücksichtigung der Verteidigungsargumente in der Schutzschrift. Sind diese nicht stichhaltig, wird das Gericht erst recht die einstweilige Verfügung ohne mündliche Verhandlung erlassen, weil es die Argumente des mutmaßlichen Verletzers bereits kennt. Eine Schutzschrift sollte daher nur in den Fällen eingereicht werden, in denen gute Argumente gegen die Verletzung, gegen den Rechtsbestand des Designs und/oder gegen die Dringlichkeit der Angelegenheit vorgebracht werden können.

2. Eine Schutzschrift ist beim Zentralen Schutzschriftenregister einzureichen.

3. Für die Hinterlegung einer Schutzschrift besteht kein Anwaltszwang.

4. Die Anregung der Zurückweisung des Antrages ist an sich entbehrlich. Falls das angerufene Landgericht auf Grund des in der Schutzschrift vorgetragenen Sachverhaltes Zweifel an der Begründetheit des Antrags hat, wird es meist eine mündliche Verhandlung anberaumen. Eine Zurückweisung des Antrags wird in der Regel nur dann erfolgen, wenn sich bereits der Antrag ohne Berücksichtigung der Schutzschrift als unbegründet erweist.

5. Diese Anregung und deren Begründung ist der Kern der Schutzschrift. Es ist jedoch darauf hinzuweisen, dass das angerufene Gericht, auch wenn es die Schutzschrift zur Kenntnis nimmt, durchaus auch ohne mündliche Verhandlung eine einstweilige Verfügung erlassen kann.

6. Da die Schutzschrift nach herrschender Meinung kein Prozessrechtsverhältnis begründet, ist streitig, in welchem Umfang und in welcher Form zur materiellen Rechtslage vorgetragen werden soll. Einerseits ist eine zu breite Sachdarstellung zu vermeiden. Andererseits erscheint es zweckmäßig, auf die entscheidenden materiell-rechtlichen Fragen einzugehen und Unterlagen vorzulegen, um dem Gericht eine Interessenabwägung zu ermöglichen.

7. Inwieweit ein „Kennenmüssen" bereits ausreicht, um die Dringlichkeitsfrist in Lauf zu setzen, ist in der Rechtsprechung streitig. Überwiegend wird aber vertreten, dass erst die tatsächliche Kenntnis die Dringlichkeitsfrist in Gang setzt.

2.4 Annahme der Unterlassungserklärung durch den Abmahnenden

Es empfiehlt sich für den Designinhaber, eine vom Verletzer abgegebene, inhaltlich ausreichende Unterlassungserklärung ausdrücklich anzunehmen. Denn die Verpflichtung zur Zahlung der Vertragsstrafe im Falle eines Verstoßes setzt das Zustandekommen eines wirksamen Unterlassungsvertrages voraus. Nur dann, wenn die vorformulierte Unterlassungserklärung aus der Abmahnung ohne Modifizierungen abgegeben wurde, braucht die Annahme für ein Zustandekommen des Vertrags gemäß § 151 BGB dem Abgemahnten gegenüber nicht erklärt zu werden. Denn eine solche Erklärung ist nach der Verkehrssitte nicht zu erwarten bzw. der Unterlassungsschuldner hat auf eine solche Annahmeerklärung regelmäßig verzichtet. Bei jeglichen inhaltlichen Änderungen, also vor allem bei einer Konkretisierung der vorgeworfenen Verletzung im Rahmen der abgegebenen Unterlassungserklärung oder einer Änderung der Erklärung zur Vertragsstrafe (zum Beispiel Wechsel von konkreter Summe zu modifiziertem Hamburger Brauch) sollte zur Vermeidung späterer Auseinandersetzungen über das Zustandekommen eines Unterlassungsvertrages eine ausdrückliche Annahme erklärt werden.

2.5 Klage wegen Verletzung eines eingetragenen Designs

An das

Landgericht[1, 2]

. . . . . .

– Kammer für Handelssachen/Zivilkammer –[3]

– Kammer für Designstreitsachen –[4]

Klage

In Sachen

Firma A-GmbH, gesetzlich vertreten durch . . . . . .

– Klägerin –

Prozessbevollmächtigte: RAe . . . . . .

gegen

1. Fa. B-AG, gesetzlich vertreten durch . . . . . .
   – Beklagte zu 1 –
2. . . . . . . (gesetzlicher Vertreter),[5] Adresse wie vorstehend

– Beklagter zu 2 –

wegen: Designverletzung [und unlauterer Nachahmung (UWG)[6]]

Streitwert (vorläufig geschätzt): 250.000,– EUR[7]

zeige ich an, dass wir die Klägerin vertreten. Ich zeige ferner an, dass die Patentanwälte[8] . . . . . . mitwirken. Namens und im Auftrag der Klägerin erheben wir Klage zum Landgericht . . . . . . – Kammer für Designstreitsachen – und werden im Termin zur mündlichen Verhandlung beantragen:

I. Die Beklagten haben es bei Meidung eines Ordnungsgeldes bis zu 250.000,– EUR, ersatzweise Ordnungshaft, oder einer Ordnungshaft bis zu sechs Monaten, im Wiederholungsfall bis zu zwei Jahren, diese für die Beklagte zu 1) zu vollziehen am Beklagten zu 2), für jeden einzelnen Fall der Zuwiderhandlung zu unterlassen,[9] Messer (herzustellen,) anzubieten, in Verkehr zu bringen, einzuführen, auszuführen oder zu gebrauchen oder zu den vorgenannten Zwecken zu besitzen,[10] deren Griffe die folgenden Merkmale aufweisen:
   a) . . . . . .
   b) . . . . . .
   c) . . . . . .[11]
   insbesondere, wenn die Messergriffe eine Gestaltung aufweisen, wie sie aus der(n) nachfolgenden Abbildung(en) ersichtlich ist (sind) . . . . . .[12]
II. Die Beklagten werden verurteilt, der Klägerin Auskunft über Herkunft und Vertriebsweg[13] von Erzeugnissen gemäß Ziff. I zu erteilen durch Vorlage eines verbindlichen und vollständigen Verzeichnisses, das sich zu erstrecken hat auf Name und Anschrift des Herstellers, der Lieferanten und anderer Vorbesitzer der Erzeugnisse gemäß Ziff. I, der gewerblichen Abnehmer und Verkaufsstellen sowie auf die Menge der hergestellten, ausgelieferten, erhaltenen oder bestellten Erzeugnisse sowie über die Preise, die für die Erzeugnisse gezahlt werden.
III. Die Beklagten werden verurteilt, der Klägerin Auskunft zu erteilen[14] und Rechnung zu legen,[15] in welchem Umfang die Beklagten Handlungen gemäß Ziff. I vorgenommen haben, unter Vorlage eines verbindlichen und vollständigen Verzeichnisses, das sich zu erstrecken hat auf
   a) Angabe der Liefermengen, der Lieferzeiten, der Lieferpreise und der Namen und Adressen der Abnehmer,[16]
   b) Angabe der Angebotsmengen, der Angebotszeiten, der Angebotspreise und der Namen und Adressen der Angebotsempfänger,[16]
   c) Angaben über die betriebene Werbung unter Bezeichnung der einzelnen Werbemittel, deren Auflagehöhen, deren Gestehungskosten und des Umfangs ihrer Verbreitung,
   d) Angabe der nach einzelnen Kostenfaktoren aufgeschlüsselten Gestehungskosten des erzielten Gewinns.[17]
IV. Die Beklagte zu 1) wird verurteilt, die in ihrem unmittelbaren oder mittelbaren Besitz oder im Eigentum befindlichen Erzeugnisse gemäß Ziff. I zu vernichten und der Klägerin die Vernichtung nachzuweisen oder nach ihrer Wahl an einen von ihr zu benennenden Treuhänder zum Zwecke der Vernichtung auf ihre Kosten herauszugeben.[18]

V. Die Beklagte zu 1) wird verurteilt, die in Ziff. I. bezeichneten Erzeugnisse gegenüber gewerblichen Abnehmern unter Hinweis auf den durch das Urteil der Kammer gerichtlich festgestellten verletzenden Zustand der Sache zurückzurufen, ggf. bereits gezahlte Kaufpreise bzw. sonstige Äquivalente zu erstatten sowie notwendige Verpackungs- und Transportkosten und mit der Rückgabe verbundene Zoll- und Lagerkosten zu übernehmen und die zurückgerufenen Erzeugnisse wieder an sich zu nehmen und endgültig aus den Vertriebswegen zu entfernen.

VI. Es wird festgestellt, dass die Beklagten als Gesamtschuldner verpflichtet sind, der Klägerin allen Schaden zu ersetzen, der dieser aus Handlungen gemäß Ziff. I entstanden ist und noch entstehen wird.[19]

VII. Die Beklagten tragen als Gesamtschuldner die Kosten des Rechtsstreits.

Begründung:

I. Die Parteien

1. Die Klägerin ist ein namhaftes Unternehmen der deutschen Besteckindustrie . . . . . .[20]
2. Die Beklagte zu 1 ist ein Handelsunternehmen, das vorwiegend aus dem Ausland, insbesondere aus . . . . . . importierte Waren auf Messen und Märkten an Endverbraucher sowie an Wiederverkäufer vertreibt.

Der Beklagte zu 2 ist gesetzlicher Vertreter der Beklagten zu 1.

II. Schutzrechtslage[21]

1. Die Klägerin ist Inhaberin des beim DPMA eingetragenen Designs Nr. . . . . . ., angemeldet am . . . . . . betreffend Griffe für eine Serie von Haushalts- und Berufsmessern. Das Design wurde am . . . . . . in das Register eingetragen.
   Der Anmeldung sind zur Wiedergabe drei Fotografien beigefügt worden.
   Das Klagedesign ist vor Ablauf der ersten Schutzperiode von fünf Jahren für eine weitere Schutzperiode von weiteren fünf Jahren durch Einzahlung der Aufrechterhaltungsgebühr verlängert worden.

   Beweis: Aktueller Auszug aus dem Designregister des Deutschen Patent- und Markenamts

   Das Klagedesign ist daher in Kraft.
2. Gegenstand des Klagedesigns ist ein Messergriff mit folgenden Merkmalen:[22]
   a) . . . . . .
   b) . . . . . .
   c) . . . . . .
   Der Gesamteindruck des Klagedesigns wird insbesondere durch die folgenden Merkmale geprägt: . . . . . .[23]
3. Zu Gunsten der Klägerin greift die Vermutung der Rechtsgültigkeit des Klagedesigns. Das Klagedesign ist auch tatsächlich schutzfähig, wie nachfolgend dargelegt wird.[24]
   a) Neuheit:[25]
   Bei Anmeldung des Designs waren identische Gestaltungen von Messergriffen unbekannt.
   b) Eigenart:[26]
   Das eingetragene Design der Klägerin unterscheidet sich in seinem Gesamteindruck von allen anderen Gestaltungen von Messergriffen, die vor dem Tag der Anmeldung offenbart waren. Das Design der Klägerin hebt sich in dem relativ eng besetzten Gebiet der Gestaltung von Messergriffen deutlich von den vorbekannten Gestaltungen ab. Die Eigenart wurde bereits in folgendem Verletzungsverfahren/Rechtsbestandsverfahren bejaht.

Beweis: Urteil des . . . . . . vom . . . . . .

Aufgrund des großen Abstands zum vorbekannten Formenschatz weist das Klagedesign auch einen weiten Schutzumfang auf.[27]

4. Das Klagedesign wird von der Klägerin selbst in großem Umfang gewerblich genutzt. Die Klägerin stellt her und vertreibt eine Messerserie für Haushalt und Beruf, die mit Messergriffen nach Maßgabe des Klagedesigns versehen ist. Diese Messerserie ist im Markt außerordentlich erfolgreich. Sie ist Gegenstand mehrerer Auszeichnungen für gutes Design.[28]

III. Designverletzung

1. Verletzungshandlung
Die Beklagte hat auf der Internationalen . . . . . . -messe in . . . . . . in der Zeit vom . . . . . . bis . . . . . . eine Messerserie ausgestellt und beworben, die mit Griffen versehen ist, die von den Merkmalen des durch das Klageschutzrecht geschützten Messergriffs nahezu identisch Gebrauch machen.
Die Beklagte hat diese Messerserie sowohl an Messebesucher verkauft wie auch Wiederverkäufer für nach Postleitzahlen abgegrenzte räumliche Gebiete gesucht.

Beweis: Vorlage eines Original-Messersatzes der Beklagten (nur für das Gericht)
Vorlage des Kaufbeleges
Vorlage eines Prospektes
Foto des Messestandes
Einvernahme von
N. N. – als Zeuge –

2. Unrechtmäßige Benutzung[29]
Sämtliche Griffe der von der Beklagten angebotenen und in Verkehr gebrachten Messerserie ergeben im Vergleich mit den Merkmalen des Klagedesigns eine nahezu vollständige Übereinstimmung in Gesamteindruck.[30] Insbesondere bestehen folgende Übereinstimmungen:[31]
a) . . . . . .
b) . . . . . .
Der Merkmalsvergleich macht deutlich, dass der angegriffene Gegenstand im Gesamteindruck mit dem Klagedesign übereinstimmt. Insbesondere in den prägenden Merkmalen ist die Übereinstimmung so wesentlich, dass der Verletzungsgegenstand im Vergleich zum Klagedesign beim informierten Benutzer keinen anderen Gesamteindruck erweckt. Die geringen Abweichungen führen aus dem Schutzumfang nicht hinaus. Es liegt daher eine unrechtmäßige Benutzung des Klagedesigns gemäß § 38 DesignG vor.

3. Die Beklagten wurden durch die Prozessbevollmächtigten der Klägerin vorprozessual abgemahnt und unter Fristsetzung und Klageandrohung zur Abgabe einer strafbewehrten Unterlassungserklärung aufgefordert.

Beweis: Abmahnung vom . . . . . .

Die Beklagten ließen diese Aufforderung unbeachtet, so dass nunmehr Klage geboten ist.

IV. Rechtsausführungen

1. Aufgrund der Verletzung ihres Designs steht der Klägerin ein Anspruch auf Unterlassung gemäß § 42 Abs. 1 DesignG zu.
[Neben dem Unterlassungsanspruch aus Designrecht ergibt sich ein Unterlassungsanspruch auch aus §§ 3, 4 Nr. 3 iVm § 8 UWG unter dem Gesichtspunkt

der unlauteren Nachahmung.[32] Die von der Klägerin in hohen Stückzahlen in Verkehr gebrachte und mit hohem Aufwand beworbene Messerserie weist wegen der besonders gestalteten Griff-Form auf die Herkunft aus einem ganz bestimmten Unternehmen – dem der Klägerin – hin und ist gleichzeitig Hinweis auf Qualität, Haltbarkeit und gute Handhabbarkeit dieser Messer. Es liegt eine hohe wettbewerbliche Eigenart vor.
Die Beklagten versuchen durch die nahezu identische Griffgestaltung den Bekanntheitsgrad und den guten Ruf der Messerserie der Klägerin für ihr eigenes Erzeugnis auszubeuten. Hinzu kommt, dass die von den Beklagten angebotenen Messer sowohl hinsichtlich der Stahlqualität der Klingen als auch hinsichtlich Material und Verarbeitung der Griffe ein ausgesprochenes Billigprodukt darstellen. Die zu befürchtenden Verwechslungen mit der Messerserie der Klägerin können damit auch zu einer Rufschädigung führen.]

2. Drittauskunft, Anspruch auf Vernichtung, Rückruf, ...
3. Die Klägerin hat auch einen Anspruch auf Feststellung der Verpflichtung der Beklagten zum Ersatz des der Klägerin entstandenen Schadens. Die Verletzung des Klagedesigns durch die Beklagten erfolgte zumindest fahrlässig, da die Beklagten bei der ihnen zuzumutenden Marktbeobachtung das Klagedesign kennen hätten kennen müssen.
Der geltend gemachte Auskunftsanspruch dient der Vorbereitung eines bezifferten Schadenersatzanspruchs und ist gewohnheitsrechtlich bzw. aus Treu und Glauben, § 242 BGB, begründet.
4. Da die angegriffene Verletzungshandlung im Bezirk des Landgerichts begangen wurde, ist dieses unter Berücksichtigung der Verordnung über die Zuständigkeitskonzentration in Designstreitsachen zur Entscheidung über die geltend gemachten Ansprüche zuständig.

(Rechtsanwalt)

Anmerkungen

1. Für Designstreitsachen in I. Instanz sind die Landgerichte ohne Rücksicht auf den Streitwert ausschließlich zuständig (§ 52 Abs. 1 DesignG). Dies gilt auch für Gemeinschaftsgeschmacksmusterstreitsachen (§ 63 Abs. 1 DesignG). Werden gleichzeitig Ansprüche aus UWG geltend gemacht (vor allem § 4 Nr. 3 UWG), richtet sich die Zuständigkeit auch hierfür nach dem DesignG (§ 53 DesignG).

2. Für die örtliche Zuständigkeit der Verletzungsklage aus einem Design gelten zunächst die allgemeinen Gerichtsstände der ZPO (§ 13 ZPO – Wohnsitz des Verletzers; § 17 ZPO – Sitz des verletzenden Unternehmens; § 21 ZPO – Niederlassung). Besondere Bedeutung hat für eine Verletzungsklage daneben der Gerichtsstand der unerlaubten Handlung nach § 32 ZPO. Danach ist für eine Verletzungsklage auch dasjenige Gericht zuständig, in dessen Bezirk die Handlung begangen wurde. Verletzt sind die Rechte an einem Design überall dort, wo die Verletzungsform hergestellt, angeboten, vertrieben oder in den Verkehr gebracht wurde. Beim Angebot im Internet kann der Gerichtsstand damit in der Regel frei gewählt werden. Die internationale Zuständigkeit bei Gemeinschaftsgeschmacksmusterstreitsachen folgt aus Art. 82 GGV. Zu berücksichtigen ist in diesem Zusammenhang Art. 83 GGV, der bestimmt, welche Entscheidungsbefugnis in räumlicher Hinsicht das Gemeinschaftsgeschmacksmustergericht hat. Wird die internationale Zuständigkeit über Art. 82 Abs. 5 GGV begründet, weil in dem betreffenden Staat eine Verletzungshandlung begangen worden ist, ist das betreffende Gericht gemäß Art. 83

Abs. 2 GGV nur für die Verletzungshandlungen in dem betreffenden Mitgliedsstaat zuständig. Es kann in diesem Fall keine EU-weite Entscheidung treffen.

3. Innerhalb des Landgerichts ist funktionell die Kammer für Handelssachen zuständig (§ 95 Abs. 1 Nr. 4c GVG). Unabhängig hiervon besteht aber auch die Möglichkeit, die Klage bei einer Zivilkammer zu erheben, allerdings steht dem Beklagten stets die Verweisungsmöglichkeit an die Kammer für Handelssachen zu (§ 98 GVG).

4. Durch das DesignG sind die Landesregierungen ermächtigt, Designstreitsachen (§ 52 Abs. 2 DesginG) und Gemeinschaftsgeschmacksmusterstreitsachen (§ 63 Abs. 2 DesignG) für die Bezirke mehrerer Landgerichte einem von ihnen zuzuweisen, sofern dies der sachlichen Förderung oder der schnelleren Erledigung der Verfahren dient. Die Landesregierungen haben von dieser Ermächtigung Gebrauch gemacht und in Angelegenheiten des gewerblichen Rechtsschutzes erfahrenen Landgerichten solche Streitsachen zugewiesen. Die zuständigen Landgerichte können unter www.grur.org/de/grur-atlas/gerichte recherchiert werden.

5. Es empfiehlt sich, in bestimmten Fällen den Geschäftsführer einer GmbH (bei einer AG den Vorstand oder ein Mitglied des Vorstandes) mit zu verklagen, denn dieser haftet regelmäßig für die von der Gesellschaft begangenen Verletzungen von Immaterialgüterrechten, wenn er an der Verletzung mitgewirkt hat oder jedenfalls verpflichtet gewesen wäre, aufgrund seiner Position die Verletzungshandlungen zu unterbinden (zum UWG: BGH GRUR 2014, 883 – Geschäftsführerhaftung).

6. Häufig liegen bei Designverletzungen auch Umstände vor, die den Sachverhalt unter § 4 Nr. 3 UWG als unlautere Nachahmung fallen lassen (→ Form. IV.2.2 Anm. 8).

7. Der Streitwert richtet sich nach dem Interesse des Klägers an der Unterlassung der Designverletzung und den weiter geltend gemachten Ansprüchen. Maßgebende Anhaltspunkte für den Streitwert können sein: der Jahresumsatz mit dem durch das Design geschützten Gegenstand sowie Art, Schwere und die besonderen Umstände der Verletzung. Ein Streitwert muss angegeben werden, weil dieser die zusammen mit der Klage einzubezahlenden Gerichtskosten bestimmt. Das Gericht ist bei der Festsetzung an die vorläufige Angabe nicht gebunden; es wird ihr aber, sofern die Angabe nicht offensichtlich unangemessen ist, regelmäßig folgen.

8. Nach § 52 Abs. 4 DesignG sind bei Mitwirkung eines Patentanwalts in Designstreitsachen dessen Gebühren nebst Auslagen ohne Prüfung auf Notwendigkeit erstattungsfähig. Im Falle der Mitwirkung eines Patentanwalts ist es zweckmäßig, diese bereits mit der Klageschrift anzuzeigen.

9. Obwohl nicht zwingend erforderlich, ist es üblich und zweckmäßig, die Ordnungsmittelandrohung bereits in den Klageantrag aufzunehmen, damit diese auch im Tenor des Unterlassungstitels enthalten ist. Sie müsste sonst bei künftigen Verletzungen in einem gesonderten Androhungsverfahren ausgesprochen werden (§ 890 Abs. 2 ZPO). Da das Gericht die Ordnungsmittelandrohung wegen § 308 ZPO nicht automatisch ausspricht, ist ein entsprechender Antrag erforderlich.

10. Der Unterlassungsanspruch bezieht sich auf die Benutzungshandlungen gemäß § 38 Abs. 1 DesignG. Das „Herstellen" soll nur in den Unterlassungsantrag aufgenommen werden, wenn Anhaltspunkte dafür vorliegen, dass der Verletzer selbst herstellt bzw. herstellen lässt oder dies plant und hierfür also Wiederholungs- oder Begehungsgefahr besteht.

11. Zur verbalen Beschreibung der Merkmale des Verletzungsgegenstandes → Form. IV.2.2 Anm. 3, 5.

12. Neben der verbalen Beschreibung der Gestaltungsmerkmale des Verletzungsgegenstandes ist zusätzlich im Antrag eine Abbildung zweckmäßig üblich, um zu gewährleisten, dass insbesondere der aus der Abbildung ersichtliche Gegenstand von der Entscheidung erfasst wird. Häufig wird der Antrag sogar nur auf die konkrete Verletzungsform bezogen und es werden ausschließlich Abbildungen ohne verbale Beschreibung der Verletzungsform in den Antrag aufgenommen.

13. § 46 DesignG gibt einen Anspruch auf Erteilung der sogenannten „Drittauskunft". Dieser Anspruch dient der für den Designinhaber vor allem in sogenannten Produktpiraterie-Fällen wichtigen Aufdeckung der Quellen und der Vertriebswege von Verletzungsgegenständen. Der Auskunftsanspruch deckt sich teilweise mit dem herkömmlichen Auskunfts- und Rechnungslegungsanspruch zum Zwecke der Ermittlung des Schadens.

14. Die Auskunft über den Umfang der Verletzungshandlung soll dem Verletzten diejenigen Informationen verschaffen, die ihn in die Lage versetzen, einen bezifferten Schadensersatzanspruch geltend zu machen. Der Umfang des Auskunftsverlangens bestimmt sich nach den Möglichkeiten der Schadensberechnung. Bei einer schuldhaften Designverletzung kann der Schaden auf dreierlei Weise berechnet werden (§ 42 Abs. 2 DesignG):
a) als konkret entstandener Schaden einschließlich des entgangenen Gewinns,
b) im Wege der Lizenzanalogie oder
c) als Herausgabe des Verletzergewinns.

Da nach ganz allgemeiner Auffassung der Verletzte so lange zwischen den Berechnungsarten wählen kann, bis der von ihm nach einer der Berechnungsmethoden ermittelte Anspruch erfüllt ist oder hierüber rechtskräftig entschieden wurde, ist es zweckmäßig, im Rahmen des Auskunftsverlangens die für alle Berechnungsmethoden erforderlichen Informationen zu fordern. Stellt der Verletzer im Gegensatz zu dem im Formular behandelten Beispielsfall auch selbst her, so ist der Auskunftsantrag um Angaben über „Herstellungsmengen und -zeiten" zu ergänzen.

15. Der Anspruch auf Rechnungslegung ist vom Auskunftsanspruch zu unterscheiden. Er zielt auf eine geordnete Zusammenstellung unter Vorlage von Belegen (§ 259 Abs. 1 BGB).

16. Der Auskunftsanspruch bezüglich der Lieferempfänger oder der Angebotsempfänger kann auf Antrag des Beklagten aus Gründen der Geheimhaltung seines Kundenkreises mit dem sog. „Wirtschaftsprüfervorbehalt" versehen werden. Dem kann bereits in der Klage Rechnung getragen werden mit folgendem Text: „Dem Beklagten wird vorbehalten, nach seiner Wahl die Namen und Anschriften der Angebotsempfänger und der nicht gewerblichen Abnehmer nicht der Klägerin, sondern einem dieser gegenüber zur Verschwiegenheit verpflichteten Wirtschaftsprüfer mitzuteilen, sofern er dessen Kosten trägt und ihn ermächtigt, der Klägerin darüber Auskunft zu erteilen, ob eine bestimmte Lieferung oder ein bestimmtes Angebot oder ein bestimmter Abnehmer in der Rechnungslegung enthalten ist."

17. Der Rechnungslegungsanspruch wurde im Rahmen der Gewinnauskunft unter Berücksichtigung der zum Schadensersatz im Wege der Gewinnherausgabe bei einer Designverletzung ergangenen Entscheidung des BGH GRUR 2001, 329 – Gemeinkosten formuliert. Danach sind bei der Ermittlung des Verletzergewinns nur die der Herstellung oder dem Vertrieb der schutzrechtsverletzenden Gegenstände konkret zuordenbaren Kosten gewinnmindernd zu berücksichtigen.

18. Als Ausfluss des Rechts auf Beseitigung der durch die Verletzungshandlung eingetretenen Störung gewährt § 43 Abs. 1–4 DesignG Ansprüche auf
a) Vernichtung von Verletzungsgegenständen, die im Besitz oder Eigentum des Verletzers stehen,
b) Rückruf von Verletzungsgegenständen und deren Entfernung aus den Vertriebswegen,

c) Überlassung von Verletzungsgegenständen, die im Eigentum des Verletzers stehen, gegen eine angemessene Vergütung,
d) Vernichtung oder Überlassung der im Eigentum des Verletzers stehenden ausschließlich oder nahezu ausschließlich zur rechtswidrigen Herstellung von Verletzungsgegenständen benutzten oder bestimmten Vorrichtungen.

Diese Ansprüche können aber nur gegen den Eigentümer oder Besitzer geltend gemacht werden, bei juristischen Personen also nicht gegen deren gesetzlichen Vertreter.

19. Regelmäßig lässt sich bei Erhebung der Verletzungsklage der Schadenersatzanspruch wegen der noch nicht erteilten Auskunft über den Umfang der Verletzungshandlung noch nicht beziffern. Er kann daher nur in Form einer Feststellungsklage erhoben werden (§ 256 ZPO). Für die Begründetheit dieses Antrags braucht ein tatsächlich eingetretener Schaden nicht nachgewiesen zu werden. Es genügt, dass der Eintritt eines Schadens nach der Lebenserfahrung zumindest denkbar und möglich ist. Fahrlässigkeit liegt jedenfalls einen Monat nach Veröffentlichung der Eintragung vor. Dieser Zeitraum reicht nach der Rechtsprechung aus, sich über jeweils aktuelle Designrechte zu informieren; andernfalls liegt sorgfaltswidriges Verhalten vor. Im Patentrecht hat sich durchgesetzt, diesen Zeitraum in den Feststellungsantrag aufzunehmen. Im Designrecht wird dies nicht praktiziert, wäre aber bei genauer Betrachtung ebenfalls zu berücksichtigen.

20. In der Regel genügt hier ein kurzer Hinweis auf den Geschäftsgegenstand der Klägerin. Es sollen aber, vor allem wenn die Klageanträge zusätzlich wegen des Vorliegens unlauterer Begleitumstände auch auf UWG gestützt werden, Ausführungen über Bedeutung, Bekanntheitsgrad und Ruf der Klägerin und ihrer Produkte gemacht werden.

21. In diesem Zusammenhang sollen Anmeldung und Eintragung des Designs sowie ggf. die Aufrechterhaltung nach Ablauf der ursprünglichen Schutzdauer von 5 Jahren dargelegt und nachgewiesen werden. Ferner sollten Angaben zum Lizenzverhältnis gemacht werden, wenn nicht der Designinhaber, sondern ein Lizenznehmer die Klageansprüche geltend macht. Denn gemäß § 31 Abs. 3 DesignG bzw. Art. 32 Abs. 3 GGV bedarf der Lizenznehmer einer Ermächtigung, die im Streitfall vom Kläger nachzuweisen ist.

Für nicht eingetragene Gemeinschaftsgeschmacksmuster ist zu beachten, dass dieses Schutzrecht dadurch entsteht, dass es der Öffentlichkeit zugänglich gemacht wird, was von seinem Inhaber entsprechend darzulegen und zu beweisen ist, hierzu im einzelnen → Form. IV.2.8, → Form. II.1. und → Form. IV.2.8 Anm. 2, 3.

22. Vgl. zur Merkmalsgliederung → Form. IV.2.2 Anm. 3.

23. Die Merkmalsbeschreibung kann und sollte durch eine Merkmalsanalyse ergänzt werden, denn die einzelnen Merkmale tragen zum Gesamteindruck in unterschiedlichem Maße bei. So können beispielsweise bestimmte Merkmale mehr oder weniger auch technisch bedingt sein, was allerdings ihren Beitrag zur Schutzfähigkeit nicht ausschließt. Oft vermag die Harmonie zwischen technischer Funktion und – objektiv nicht notwendig technisch bedingter – Formgebung das ästhetische Empfinden sogar in besonderem Maße anzusprechen (BGH GRUR 1966, 97 – Zündaufsatz). In dieser Merkmalsanalyse werden die Weichen gestellt für die nachfolgende Darstellung der Designverletzung, wenn keine identische, sondern eine in bestimmten Merkmalen abweichende Benutzung vorliegt.

24. Aufgrund der Vermutung der Rechtsgültigkeit (§ 39 DesignG, Art. 85 GGV) ist ein Vortrag des Klägers zur Schutzfähigkeit und zu den Schutzvoraussetzungen prinzipiell entbehrlich. Es schadet aber nicht, möglichen Einwendungen von Beklagtenseite aufgrund des Charakters des Designs als ungeprüftes Schutzrecht bereits in der Klage entgegenzutreten, insbesondere wenn der mutmaßliche Verletzer vorprozessual Formenschatz entgegengehalten hat. Bei der Geltendmachung eines eingetragenen deutschen Designs oder eines Gemeinschaftsgeschmacksmusters kann der Beklagte nur im Wege der Widerklage auf Erklärung der Nichtigkeit die Rechtsgültigkeit in Frage stellen (§ 52 a) DesignG, Art. 85 GGV). Vor allem wenn bereits positive Entscheidungen über den Rechtsbestand existieren, sollten diese ins Verfahren eingeführt werden.

25. Die beiden maßgeblich materiellen Schutzvoraussetzungen für den Schutz eines Designs sind Neuheit und Eigenart (vgl. Einführung). Neuheit liegt vor, wenn vor der Anmeldung des Designs kein identisches Muster der Öffentlichkeit zugänglich gemacht wurde, wobei solche Offenbarungen unschädlich sind, die den in der Gemeinschaft tätigen Fachkreisen im normalen Geschäftsverlauf nicht bekannt sein konnten. In der Klageschrift ist es – sofern nicht aus dem vorprozessualen Schriftwechsel hierzu besonderer Anlass besteht – nicht erforderlich, hierzu weitere Ausführungen zu machen.

26. Die Eigenart ist die zentrale materielle Schutzvoraussetzung für Designs. Ein Design weist Eigenart auf, wenn es sich im Gesamteindruck von einem bestimmten Muster aus dem vorbekannten Formenschatz unterscheidet, wobei auch in diesem Zusammenhang maßgeblich ist, dass eine konkrete Entgegenhaltung den in der Gemeinschaft tätigen Fachkreisen im normalen Geschäftsverlauf bekannt sein konnte. Berücksichtigung findet bei der Beurteilung der Eigenart der Grad der Gestaltungsfreiheit bei der Gestaltung des Designs der von der Musterdichte auf dem gestalterischen Gebiet sowie dem Gebrauchszweck des entsprechenden Erzeugnisses beeinflusst wird. Je geringer der Grad der Gestaltungsfreiheit ist, umso eher ist die Eigenart zu bejahen. Gleichzeitig schränkt aber ein geringer Grad der Gestaltungsfreiheit in der Regel den Schutzumfang des Designs ein.

27. Der Schutzumfang des Designs ist in § 38 Abs. 2 DesignG bzw. Art. 10 Abs. 2 GGV geregelt. Der Schutzumfang hängt vorrangig vom Abstand des geschützten Designs vom vorbekannten Formenschatz ab (BGH GRUR 2013, 285 – Kinderwagen II). Bei der Beurteilung dieses Abstands kommt es maßgeblich auf den jeweiligen Gesamteindruck im Vergleich mit einzelnen Mustern aus dem vorbekannten Formenschatz an. Eine mosaikartige Gesamtschau einzelner Elemente unterschiedlicher vorbekannter Entgegenhaltungen verbietet sich (BGH GRUR 2019, 398 – Meda Gate).

28. Die Vermarktung des eigenen Designs durch den Inhaber ist nicht Voraussetzung für die Begründetheit einer Verletzungsklage. Nur wenn die Klage zusätzlich auf UWG gestützt wird, sind Darlegungen zur Vermarktung des Designs durch die Klägerin veranlasst. Hohe Umsätze, besondere Werbeanstrengungen, großer Markterfolg, hoher Bekanntheitsgrad, die Auszeichnung mit Preisen, die Aufnahme in ein Museum für modernes Design oder auch hohe Aufwendungen für die Entwicklung des nachgemachten Gegenstandes sind Umstände, welche für Ansprüche aus §§ 3, 4 Nr. 3 UWG wegen vermeidbarer Herkunftstäuschung, Rufausbeutung oder Rufschädigung von Bedeutung sind.

29. Ein eingetragenes Design gewährt ein Ausschließlichkeitsrecht mit absoluter Sperrwirkung. Daher stellt jede objektive Benutzung des Designs ohne Zustimmung des Inhabers eine verbotene Benutzung dar. Auf eine Kenntnis des Verletzers kommt es für den Unterlassungsanspruch nicht an. Hierfür reicht also aus, wenn Design und Verletzungsgegenstand aus der Sicht eines informierten Benutzers im Gesamteindruck übereinstimmen.

Nicht eingetragene Gemeinschaftsgeschmacksmuster gewähren mangels Ersichtlichkeit aus einem Register nur Schutz vor Nachahmungen, hierzu im einzelnen → Form. IV.2.8, → Form. IV.1. und dort → Anm. 7

30. Allg. zur Designverletzung s. Einführung. → Form. IV.2.2 Anm. 5.

31. Insbesondere bei denjenigen Merkmalen, die nicht identisch übereinstimmen, ist darzulegen, warum die Abweichungen nicht geeignet sind, eine Übereinstimmung im

Gesamteindruck auszuschließen. In diesem Zusammenhang kommt es darauf an, dass hinreichende Übereinstimmungen gerade in Bezug auf diejenigen Merkmale bestehen, die den schutzfähigen Inhalt des Designs ausmachen.

32. Wegen der Vielzahl möglicher Sachverhaltsgestaltungen einer unlauteren Nachahmung ist hier nur eine kurze Begründung wiedergegeben. Auf die umfängliche Kommentierung und Rechtsprechung zur unlauteren Nachahmung muss verwiesen werden (→ Form. IV.2.2 Anm. 8). Zu beachten ist, dass auf der Grundlage des UWG nicht die Unterlassung der Herstellung verlangt werden kann, weil erst der Vertrieb eine unlautere geschäftliche Handlung darstellt.

2.6 Klageerwiderung im Verletzungsverfahren (mit Widerklage auf Erklärung der Nichtigkeit)[1]

An das

Landgericht . . . . .

. . . . .

In Sachen

Fa. A-GmbH

gegen

1. Fa. B-AG
2. . . . . . (gesetzlicher Vertreter)

Az.: . . . . .

zeige ich an, dass wir die Beklagten vertreten. Ich zeige ferner an, dass die Patentanwälte[2] . . . . . bis zur rechtskräftigen Erledigung des Verfahrens mitwirken.

Im Termin zur mündlichen Verhandlung werden wir beantragen:

I. Die Klage wird abgewiesen.
II. Die Klägerin trägt die Kosten des Verfahrens.

Begründung:

1. Zuständigkeitsrügen:[3]
Die Klage ist zum unzuständigen LG A erhoben. Ausweislich der Klage ist über Ansprüche aus einem Rechtsverhältnis zu entscheiden, die im DesignG geregelt sind (Designstreitsache). Designstreitsachen für den Bezirk des LG A sind aber gemäß Verordnung über die Konzentration von Zuständigkeiten in Designstreitsachen des . . . . . vom . . . . . (GVBl . . . . .) dem LG B zugewiesen.
Mit der Klage wird behauptet, die angegriffene Verletzungshandlung sei durch eine Vertriebshandlung im Bezirk des LG A begangen worden. Dies trifft nicht zu. Der streitgegenständliche Verletzungsgegenstand ist von der Beklagten zu 1 ausschließlich auf der Messe in C ausgestellt gewesen. Darüber hinaus ist bis heute weder Werbung betrieben worden noch ein Vertrieb des streitgegenständlichen Produkts erfolgt.

2. Rüge der Aktivlegitimation:[4]
Die Klägerin ist nicht Inhaberin des Klagedesigns. Ausweislich der mit der Klage vorgelegten Urkunde über die Eintragung in das Register ist nicht die Klägerin, sondern . . . . .

Inhaber des Klagedesigns. Die Klägerin hat nicht vorgetragen, kraft Lizenzvertrags berechtigt zu sein, Rechte aus dem Klagedesign im eigenen Namen geltend machen zu können.[5]

3. Formelle Rügen in Bezug auf das Klagedesign:[6]
Ausweislich der mit der Klage vorgelegten Urkunde über die Eintragung in das Musterregister ist dieses am ..... und somit vor über 5 Jahren angemeldet worden. Die erste Schutzfrist von fünf Jahren ist abgelaufen.[7] Eine rechtzeitige oder eine wirksame Aufrechterhaltung ist von der Klägerin nicht vorgetragen; sie wird vorsorglich bestritten.
4. Mangelnde Neuheit:[8]
 a) Vorverbreitung durch die Klägerin[9]
 Die Klägerin selbst hat den von ihr zum Design angemeldeten Gegenstand vor dem Anmeldetag auf der XY-Messe am ..... der Allgemeinheit zugänglich gemacht.

 Beweis: Prospektblatt mit Darstellung nebst Hinweis auf dessen Ausstellung auf der XY-Messe

 Die Klägerin kann sich auch nicht auf die Neuheitsschonfrist berufen, wonach es unschädlich ist, wenn ein Erzeugnis innerhalb von zwölf Monaten von dem für die Anmeldung maßgeblichen Tag der Öffentlichkeit zugänglich gemacht wurde. Die Anmeldung erfolgte erst ..... Monate nach der Offenbarung auf der XY-Messe, weshalb die Neuheitsschonfrist zum Zeitpunkt der Anmeldung bereits abgelaufen war.
 b) Andere neuheitsschädliche Vorverbreitungen[10]
 Der Gegenstand des Klagedesigns ist nicht neu.
 Die identische Kombination von Merkmalen findet sich bei einem (Gegenstand), den der schwedische Designer L. vier Monate vor dem Anmeldetag des Klagedesigns auf der in Malmö abgehaltenen Messe für Haushalts- und Stahlwaren auf dem Stand der schwedischen Stahlwarenindustrie vorgestellt hat.

 Beweis: Vorlage von Prospektmaterial
 Einvernahme des Herrn L. als Zeuge

 Eventuell bestehende Unterschiede in unwesentlichen Einzelheiten bleiben wegen § 2 Abs. 2 S. 2 DesignG unberücksichtigt. Die auf der Ausstellung in Malmö vorgestellten und veröffentlichten Gestaltungen sind den in der Gemeinschaft tätigen Fachkreisen im Bereich von Haushaltswaren aus Metall bekannt.

5. Mangelnde Eigenart:[8, 11, 12]
Unter Berücksichtigung des vorbekannten Formenschatzes unterscheidet sich das Klagedesign aus der Sicht eines informierten Benutzers im Gesamteindruck nicht von vorbekannten Gestaltungen auf dem hier einschlägigen Gebiet.
Das Klagedesign zeichnet sich durch folgende Merkmale aus:
aa) .....
bb) .....
cc) .....
Diese Merkmale waren vor dem Anmeldetag des Klagedesigns durch das Wettbewerbserzeugnis X offenbart gewesen. Zur Darstellung dieses Erzeugnisses werden vorgelegt:
 - Vorlage von Originalen oder Abbildungen des vorverbreitenden Produkts
 - älteres Design

Bei einem Vergleich der sich aus diesem Erzeugnis ergebenden gestalterischen Merkmale unterscheidet sich das Klagedesign in seinem Gesamteindruck nicht vom Gesamteindruck dieses Erzeugnisses. Geringfügige Abweichungen führen aus dem allein maßgeblichen Gesamteindruck nicht heraus. Die Eigenart ist daher zu verneinen.

6. Ausschluss vom Designschutz:[8, 13]
   a) Die wesentlichen Erscheinungsmerkmale des Designs, die für den Gesamteindruck bestimmend sind, sind ausschließlich durch deren technische Funktion bedingt. Die technische Funktion ergibt sich aus Folgendem:
   .....
   Die Verwirklichung dieser technischen Funktion lässt keinen Spielraum für die Wahl einer anderen Gestaltung, sodass der Entwerfer insofern nur technische Funktionen erfüllen wollte. Die beschriebenen Erscheinungsmerkmale sind daher vom Designschutz ausgeschlossen. Die übrigen Erscheinungsmerkmale sind nicht geeignet, die Eigenart des Designs zu begründen .....
   b) Die für den Gesamteindruck bestimmenden Erscheinungsmerkmale sind erforderlich, damit das dem Design zugrunde liegende Erzeugnis mit dem Produkt X mechanisch in Verbindung gesetzt werden kann. Die Erscheinungsmerkmale des Verbindungsteils sind daher vom Schutz ausgeschlossen. Die übrigen Erscheinungsmerkmale sind nicht geeignet, die Eigenart des Designs zu begründen; jedenfalls unterscheidet sich das Design gerade in diesen anderen Merkmalen von der angegriffenen Ausführungsform, so dass zumindest eine Verletzung ausscheidet.
   c) Das dem Design zugrunde liegende Erzeugnis ist ein Bauelement, welches zu einem komplexen Erzeugnis X zusammengefügt wird. Bei bestimmungsgemäßer Verwendung ist das Bauelement eingebaut und daher nur noch von einer Seite zu sehen. Die bei bestimmungsgemäßer Verwendung sichtbar bleibenden Erscheinungsmerkmale sind nicht geeignet, die Eigenart des Designs zu begründen .....
7. Wegen der in Ziff. 4, 5 und 6 dargelegten Gründe, die zur fehlenden Rechtsgültigkeit des Klagedesigns führen, erheben wir

Widerklage

mit dem Antrag:

„Das im Register des DPMA unter der Nr. ..... eingetragene Design wird für nichtig erklärt".

8. Keine Benutzung des Designs:[14]
   Der angegriffene Gegenstand weicht in seinem Gesamteindruck deutlich vom Klagedesign ab. Er wird geprägt durch den runden, weichen Übergang der gegeneinander gesetzten Flächen und unterscheidet sich damit deutlich von dem mehr kantig gestalteten Gegenstand des Klagedesigns. Angesichts dieser gestalterisch den angegriffenen Verletzungsgegenstand prägenden Merkmale treten etwaige Ähnlichkeiten mit dem Klagedesign in den Hintergrund.
   Darüber hinaus ist der Schutzumfang des Klagedesigns gering.[15] Angesichts des vorgetragenen vorbekannten Formenschatzes beschränkt sich der Schutz auf eine identische oder fast identische Benutzung. Die deutlich abweichenden Merkmale der angegriffenen Verletzungsform werden vom Schutzumfang des Klagedesigns nicht erfasst.
9. Vorbenutzungsrecht[16]
   Das Klagedesign wurde am 1.4. ..... angemeldet. Bereits am 1.2. ..... ist der angegriffene Verletzungsgegenstand von dem bei der Beklagten angestellten Mustergestalter A. B. selbstständig entwickelt worden.

   Beweis: Einvernahme von A. B. – als Zeuge –
   Vorlage von Skizzen und Konstruktionszeichnungen.

   Unmittelbar nach der Entwicklung hat die Beklagte damit begonnen, die angegriffenen Verletzungsgegenstände herzustellen.

Beweis: Einvernahme von Konstruktionsleiter C. als Zeuge

Der von der Beklagten hergestellte Gegenstand ist in sämtlichen gestalterischen Details mit der angegriffenen Ausführungsform identisch. Die Herstellung erfolgte ohne Kenntnis des später angemeldeten Designs der Klägerin. Die Beklagten sind daher berechtigt, das Design zu benutzen.

10. Positives Benutzungsrecht[17]
Die Beklagte ist Inhaberin des Designs XY.

Beweis: Auszug aus dem Designregister einschließlich Wiedergaben

Der Gegenstand dieses Design XY wird durch folgende Merkmale bestimmt:
aa) . . . . .
bb) . . . . .
cc) . . . . .
Der Prioritätstag des Designs XY liegt vor dem Anmeldetag des Klagedesigns. Das durch das Design XY geschützte Erzeugnis stellte eine Neuheit auf diesem gestalterischen Gebiet dar. Sein Schutzumfang ist daher sehr weit und umfasst auch den vom Klagedesign schützten Gegenstand. Die Beklagte kann daher den Ansprüchen der Klägerin erfolgreich ihr eigenes positives Benutzungsrecht entgegenhalten.

11. . . . . .

(Rechtsanwalt)

Anmerkungen

1. Dieses Muster einer Klageerwiderung nimmt nicht Bezug auf das vorstehend abgedruckte Muster einer Klageschrift. Es werden vielmehr in diesem Muster einer Klageerwiderung die wichtigsten Einwendungen und Einreden aus materiellem Recht und aus Prozessrecht angesprochen, die dem angegriffenen Verletzer zur Verfügung stehen. Am Ende von Ziff. 6 findet sich auch ein Vorschlag für eine Widerklage, mit der der Rechtsbestand des Designs angegriffen wird.

Dies bringt es mit sich, dass die einzelnen Einwendungen und Einreden teilweise zueinander im Widerspruch stehen. Das Muster ist daher gewissermaßen als eine Checkliste zu verstehen, um die in einer Klage geltend gemachten Ansprüche auf ihre Begründetheit zu überprüfen.

2. Zur Mitwirkung von Patentanwälten → Form. IV.2.5 Anm. 8.

3. Zu den Zuständigkeitsfragen → Form. IV.2.5 Anm. 1–4.

4. § 8 DesignG, Art. 17 GGV weisen die Aktivlegitimation für die Geltendmachung von Ansprüchen wegen Designverletzung dem im Register eingetragenen Inhaber zu. Die Aktivlegitimation kann aus formalen und aus materiellen Gründen fehlen. Nach §§ 1 Nr. 5, 8 DesignG bzw. Art. 17 GGV gelten der Anmelder und später der eingetragene Rechtsinhaber jedoch als berechtigter Inhaber.

5. Der Inhaber einer Lizenz ist nur unter den Voraussetzungen des § 31 Abs. 3 DesignG, Art. 32 Abs. 3 GGV aktiv legitimiert. Dem einfachen Lizenznehmer müssen zudem Ansprüche auf Schadensersatz und Auskunft abgetreten werden.

6. Rügen, die Mängel der Anmeldung betreffen (zB die Unzuständigkeit der Registerbehörde, unvollständige Anmeldung, Verletzung zwingender Erfordernisse der Anmeldung) werden in der Praxis nur selten vorkommen, da die formalen Voraussetzungen für die Erlangung des Designschutzes – im Gegensatz zu den materiellen Schutzvoraussetzungen – von der Registerbehörde geprüft werden.

Von größerem Interesse ist in diesem Zusammenhang der Einwand gegen die Entstehung eines nicht eingetragenen Gemeinschaftsgeschmacksmusters, es sei nicht (innerhalb der EU, Art. 110a Abs. 5 S. 2 GGV) der Öffentlichkeit zugänglich gemacht worden, weil es den in der Gemeinschaft tätigen Fachkreisen des betreffenden Wirtschaftszweigs im normalen Geschäftsverlauf nicht bekannt sein konnte (Art. 11 Abs. 2 GGV). Die Entstehung eines nicht eingetragenen Gemeinschaftsgeschmacksmusters hat der Inhaber zu beweisen, andernfalls nicht von seiner Rechtsgültigkeit auszugehen ist, vgl. Art. 85 Abs. 2 GGV. Hierzu im Einzelnen → Form. IV.2.8, → Form. II.1. und → Form. IV.2.8 Anm. 2, 3.

7. Mit dem Ablauf der Schutzfrist von fünf Jahren erlischt das eingetragene Design nicht automatisch. Der Schutz kann durch rechtzeitige Zahlung der Aufrechterhaltungsgebühr verlängert werden. Fälligkeit und Höhe der Aufrechterhaltungsgebühr richten sich nach §§ 3 und 7 PatKostG. Die Aufrechterhaltungsgebühr wird danach für die folgende Schutzfrist am letzten Tag des Monats fällig, der dem Monat entspricht, in den der Anmeldetag fällt. Die Gebühr kann (mit einem evtl. Verspätungszuschlag) bis zum Ablauf von sechs Monaten nach Fälligkeit gezahlt werden.

8. Die Rechtsgültigkeit eines eingetragenen Designs wird nach § 39 DesignG bzw. Art. 85 GGV vermutet. Die fehlende Rechtsgültigkeit, zB den Mangel der Neuheit, hat also der Beklagte vorzutragen und zu beweisen. In einer Klage wegen Verletzung eines eingetragenen deutschen Designs oder eingetragenen Gemeinschaftsgeschmacksmusters kann der Einwand der fehlenden Rechtsgültigkeit nur im Wege einer Widerklage auf Erklärung der Nichtigkeit geltend gemacht werden. Eine Widerklage ist unzulässig, soweit über die Nichtigkeit in einem Nichtigkeitsverfahren nach § 34a) DesignG zwischen denselben Parteien bereits entschieden wurde, § 52b) Abs. 2 DesignG. Der Designinhaber kann ferner beantragen, dass das Gericht nach Anhörung der Parteien dem Beklagten auferlegt, einen Nichtigkeitsantrag beim DPMA einzureichen, andernfalls die Widerklage als zurückgenommen gilt, § 52b) Abs. 3 DesignG.

Die Vermutung der Rechtsgültigkeit gilt auch für das nicht eingetragene Gemeinschaftsgeschmacksmuster. Hier muss der Designinhaber allerdings darlegen und beweisen, dass das Design der Öffentlichkeit innerhalb der Gemeinschaft erstmals zugänglich gemacht wurde, und er hat ferner die Eigenart darzulegen. Weitere Nachweise zur Eigenart sind nicht notwendig (EuGH GRUR 2014, 774 – KMF/Dunnes). Entgegen der deutschen Fassung von Art. 85 Abs. 2 GGV kann die Rechtsgültigkeit eines nicht eingetragenen Gemeinschaftsgeschmacksmusters wahlweise neben der Widerklage auch im Wege einer Einwendung geltend gemacht werden. Ein Vergleich mit der Fassung der GGV in anderen amtlichen Sprachen zeigt, dass es sich in der deutschen Fassung um einen Übersetzungsfehler, zumindest aber um eine Unklarheit handelt und auch die bloße Einwendung beachtlich ist (im Einzelnen hierzu: *Schönbohm* GRUR 2004, 41 und *Ruhl* GGV Art. 86 Rn. 16).

9. Eine Vorverbreitung von einem durch ein Design geschütztes Erzeugnis mehr als 12 Monate vor seiner Anmeldung ist in jedem Falle neuheitsschädlich. Bei einer Anmeldung innerhalb von 12 Monaten, nachdem der Gegenstand der Öffentlichkeit zugänglich gemacht worden ist, wirkt die sogenannte „Neuheitsschonfrist“ für den Anmelder für eigene Offenbarungen gemäß § 6 DesignG, Art. 7 Abs. 2, 3 GGV.

10. Die Neuheit des Musters ist durch einen Einzelvergleich vorbekannter Gestaltungen mit dem Gegenstand des Klagedesigns vorzunehmen, welche den in der Gemeinschaft tätigen Fachkreisen auf dem jeweiligen gestalterischen Gebiet im normalen Geschäftsverlauf bekannt sein konnten (§§ 2 Abs. 2, 5 DesignG, Art. 5, 7 GGV).

11. Wie bei der Neuheit wird auch das Vorliegen der Eigenart in einem Einzelvergleich festgestellt. Es ist zu prüfen, ob das Klagedesign im Gesamteindruck mit einem bestimmten vorbekannten Design übereinstimmt. Eigenart liegt vor, wenn sich das Design in seinem Gesamteindruck von solchen vorbekannten Gestaltungen unterscheidet. Eine besondere gestalterische Leistung in dem Sinn, dass das Design eine gewisse Gestaltungshöhe aufweisen muss, ist nicht erforderlich.

12. Nach den Übergangsvorschriften bestimmen sich für Designs, die vor dem 28.10.2001 angemeldet oder eingetragen wurden, die Schutzvoraussetzungen nach altem Recht. In diesem Fall ist auf den Begriff der Eigentümlichkeit abzustellen, die einen gewissen Grad an Gestaltungshöhe erfordert. Im Gegensatz zum Einzelvergleich bei der Prüfung der Eigenart hat bei der Prüfung der Eigentümlichkeit ein Gesamtvergleich des Musters mit dem gesamten Formenschatz zu erfolgen. Dieser vorbekannte Formenschatz, an dem die Eigentümlichkeit zu messen ist, ist die Gesamtheit aller verfügbaren Formen.

13. Für die Verteidigung von Interesse sind auch Vorschriften, die einzelne Erscheinungsmerkmale vom Schutz ausnehmen. Von Bedeutung sind in der Praxis dabei der Ausschluss vom Designschutz von Erscheinungsmerkmalen, die ausschließlich durch deren technische Funktion bedingt sind (§ 3 Abs. 1 Nr. 1 DesignG, Art. 8 Abs. 1 GGV). Daneben sind Erscheinungsmerkmale ausgeschlossen, die zwangsläufig so gestaltet sein müssen, damit das Erzeugnis mit einem anderen Erzeugnis in Verbindung treten kann (must-fit-Teile) (§ 3 Abs. 1 Nr. 2 DesignG, Art. 8 Abs. 2 GGV). Schließlich ist bei Bauteilen für komplexe Erzeugnisse zu beachten, dass nur diejenigen Erscheinungsmerkmale für die Prüfung auf Neuheit und Eigenart herangezogen werden können, die bei bestimmungsgemäßer Verwendung sichtbar bleiben (§ 4 DesignG, Art. 4 Abs. 2 GGV). Sofern die Ausschlussgründe für einzelne Erscheinungsmerkmale nicht zur fehlenden Rechtsgültigkeit eines Designs führen, fehlt es womöglich an einer Übereinstimmung im Gesamteindruck, wenn nur die anderen, in rechtlicher Sicht berücksichtigungsfähigen Erscheinungsmerkmale verglichen werden.

14. Wird in der Klage allein aus einem nicht eingetragenen Gemeinschaftsgeschmacksmuster vorgegangen, so muss neben der objektiven Benutzung noch eine Nachahmung vorliegen, Art. 19 Abs. 2 GGV. Im Einzelnen → Form. IV.2.8, → Form. IV.1. und → Form. IV.2.8 Anm. 7.

15. Der Schutzumfang ist abhängig vom Grad der Gestaltungsfreiheit des Entwerfers, der sich aus der Musterdichte auf dem jeweiligen gestalterischen Gebiet sowie den Vorgaben durch den Gebrauchszweck des Erzeugnisses ergibt (§ 38 Abs. 1 DesignG, Art. 10 Abs. 2 GGV). Von maßgeblicher Bedeutung ist dabei der Abstand des geschützten Designs gegenüber dem vorbekannten Formenschatz (BGH GRUR 2013, 285 – Kinderwagen II).

16. § 41 DesignG bzw. Art. 22 GGV sehen als Ausgleich für die Folgen der absoluten Sperrwirkung eines eingetragenen Designs ein Vorbenutzungsrecht vor: Ansprüche aus einem geschützten Design können gegenüber Dritten nicht geltend gemacht werden, die vor dem Anmeldetag im Inland ein im Gesamteindruck übereinstimmendes Design, das unabhängig von dem eingetragenen Design entwickelt wurde, gutgläubig in Benutzung genommen oder wirkliche und ernsthafte Anstalten zur Benutzung getroffen haben. Da das Design allein an eine objektive Benutzung anknüpft, ist es erforderlich, einen interessengerechten Ausgleich zwischen dem Bedürfnis des Rechtsinhabers nach umfassendem Schutz und dem schutzwürdigen Besitzstand derjenigen zu finden, die tatsächlich vor dem Anmeldetag parallel ein Design entwickelt haben und dieses gutgläubig vor dem Anmeldetag in Benutzung genommen haben. Das Vorbenutzungsrecht ist betriebsgebunden, kann damit nicht lizenziert und auch nicht ohne den damit zusammenhängenden Unternehmensteil übertragen werden.

17. Das in § 38 Abs. 1 DesignG bzw. Art. 19 Abs. 1 GGV geregelte positive Benutzungsrecht aus einem älteren Recht kann durch prioritätsjüngere Rechte nicht beeinträchtigt werden. Das Benutzungsrecht aus einem älteren Recht kann daher auch als Abwehrrecht gegen Ansprüche aus jüngeren Designs geltend gemacht werden. Der Umfang des Benutzungsrechts bemisst sich nach dem Schutzumfang des älteren Designs und umfasst nicht nur identische Erzeugnisse, sondern auch Abwandlungen, die innerhalb des Schutzumfangs des älteren Designs liegen.

2.7 Antrag auf Erlass einer einstweiligen Verfügung wegen Verletzung eines eingetragenen Designs[1]

An das

Landgericht . . . . . .[2]

– Kammer für Designstreitsachen –

. . . . . .

Dringender Antrag auf Erlass einer einstweiligen Verfügung

der Firma A-GmbH, ...

– Antragstellerin –

Verfahrensbevollmächtigte: RAe . . . . . .

mitwirkende Patentanwälte: PAe . . . . . .[3]

gegen

. . . . . . International Ltd., ..., gesetzlich vertreten durch . . . . . .,

Internationale . . . . . . messe . . . . . . Halle . . . . . ., Stand-Nr. . . . . . .[4]

– Antragsgegner –

wegen: Designverletzung

Ich zeige an, dass wir die Antragstellerin vertreten. Namens und im Auftrag der Antragstellerin beantragen wir den Erlass einer einstweiligen Verfügung beim Landgericht . . . . . . – Kammer für Designstreitsachen. Wegen besonderer Dringlichkeit bitte ich, ohne mündliche Verhandlung zu entscheiden, ggf. durch die Frau Vorsitzende/den Herrn Vorsitzenden allein (§ 944 ZPO). Wir regen folgenden Tenor an:[5]

I. Der Antragsgegnerin wird bei Meidung eines Ordnungsgeldes bis zu 250.000,– EUR, ersatzweise Ordnungshaft, oder einer Ordnungshaft bis zu sechs Monaten, im Wiederholungsfall bis zu zwei Jahren, diese zu vollziehen an ihrem gesetzlichen Vertreter, für jeden einzelnen Fall der Zuwiderhandlung untersagt,
Messer herzustellen, anzubieten, in Verkehr zu bringen, einzuführen, auszuführen oder zu gebrauchen oder zu den vorgenannten Zwecken zu besitzen, deren Griffe die folgenden Merkmale aufweisen:
a) . . . . . .
b) . . . . . .
c) . . . . . .,
insbesondere, wenn die Messergriffe eine Gestaltung aufweisen, wie sie aus der(n) nachfolgenden Abbildung(en) ersichtlich ist (sind) . . . . . .[6]

II. Die Antragsgegnerin hat der Antragstellerin Auskunft über die Herkunft und den Vertriebsweg von Erzeugnissen gemäß Ziff. I zu erteilen durch Vorlage eines verbindlichen und vollständigen Verzeichnisses, das sich zu erstrecken hat auf Namen und Anschrift des Herstellers, der Lieferanten und anderer Vorbesitzer der Erzeugnisse gemäß Ziff. I, der gewerblichen Abnehmer oder Auftraggeber, sowie auf die Preise, die für die Erzeugnisse gezahlt wurden auf die Menge der hergestellten, ausgelieferten, erhaltenen oder bestellten Erzeugnisse.[7]
III. Die Antragsgegnerin trägt die Kosten des Verfahrens.
IV. Der Streitwert wird auf EUR . . . . . . festgesetzt.[8]

Begründung:

I. Die Parteien
  1. Die Antragstellerin: . . . . . .
  2. Die Antragsgegnerin: . . . . . .

II. Die Schutzrechtslage
  1. Die Antragstellerin ist Inhaberin des deutschen Designs eingetragen unter der Nr. . . . . . ., angemeldet am . . . . . . und eingetragen am . . . . . ., betreffend Griffe für eine Serie von Haushalts- und Berufsmessern.

     Glaubhaftmachung:[9] Auszug aus dem Designregister einschließlich Wiedergabe

  (Weitere Ausführungen zur Schutzrechtslage)[10]
  2. Gegenstand des Verfügungsdesigns ist ein Messergriff mit folgenden Merkmalen:
     a) . . . . . .
     b) . . . . . .
     c) . . . . . .[11]
  3. Die Rechtsgültigkeit des Designs ist zugunsten der Antragsstellerin zu vermuten.[12] Das Design ist auch tatsächlich rechtgültig. Die materiellen Schutzvoraussetzungen Neuheit und Eigenart sind gegeben. Die Antragstellerin hat eine Recherche zum vorbekannten Formenschatz durchgeführt.

     Glaubhaftmachung: Rechercheergebnis

  Keines der recherchierten vorbekannten Gestaltungen kommt dem Verfügungsdesign in relevanter Weise nahe.
  Da die von der Antragstellerin nach dem Design hergestellte Messerserie mit den geschützten Griffen im Markt sehr erfolgreich ist, wurde auch von anderen Wettbewerbern wiederholt versucht, durch eine verbotene Benutzung des Designs am Erfolg dieses Erzeugnisses teilzuhaben. In einem ersten Verfahren hat sich das Oberlandesgericht . . . . . . mit der Schutzfähigkeit des Designs befasst, diese anhand des im Verfahren vorgelegten Formenschatzes geprüft und die Rechtsgültigkeit des Designs bejaht.

     Glaubhaftmachung: Vorlage des Urteils des OLG . . . . . . vom . . . . . ., Az. . . . . . .

  Das Urteil des Oberlandesgerichts . . . . . . ist rechtskräftig.

III. Verletzungshandlung
Die Antragsgegnerin hat in Heft . . . . . . vom . . . . . . der Fachzeitschrift für die deutsche Besteckindustrie in einem ganzseitigen Inserat mit mehreren Abbildungen eine Messerserie für Haushalt und Beruf beworben, die mit der Messerserie der Antragstellerin, insbesondere hinsichtlich der durch das Verfügungsdesign geschützten Griffgestaltung weitgehend identisch ist.

Glaubhaftmachung: Vorlage eines Originals von Heft ...... der Fachzeitschrift für die Besteckindustrie (Werbeinserat der Antragsgegnerin auf S. ......)

Die Antragsgegnerin hat in diesem Inserat angekündigt, dass sie auf der Internationalen ...... messe in ...... in der Zeit vom ...... bis ...... ausstellen wird und dass sie für ihre neue Messerserie Händler in Deutschland sucht. Ein Vergleich mit dem Design der Antragstellerin zeigt, dass die Messerserie der Antragsgegnerin praktisch identisch gestaltete Griffe aufweist und damit eine Übereinstimmung im Gesamteindruck vorliegt:

a) ......
b) ......
c) ......

IV. Rechtsausführungen, Sonstiges
1. Verfügungsansprüche wegen Designverletzung
 a) Unterlassungsanspruch[13]
 b) Auskunftsanspruch[7]

......

2. Verfügungsgrund:[14]

Die Antragstellerin ist Abonnent der Fachzeitschrift für die deutsche Besteckindustrie. Das ......-Heft mit dem streitgegenständlichen Inserat der Antragsgegnerin wurde ihr am ...... mit der Post zugestellt. Die Zeitschrift wurde der Geschäftsleitung am ...... vorgelegt. An diesem Tage gelangte das Inserat mit der Darstellung der Designverletzung zur Kenntnis der Geschäftsleitung.

Glaubhaftmachung: Eidesstattliche Versicherung des Geschäftsführers der Antragstellerin vom ......

Am ...... wurde die Antragstellerin durch anwaltliches Abmahnschreiben, unter Fristsetzung bis ...... und unter Beifügung einer Ablichtung des Designs und unter Androhung gerichtlicher Maßnahmen zur Abgabe einer strafbewehrten Unterlassungserklärung aufgefordert.

Glaubhaftmachung: Abmahnung vom ......

Die Antragsgegnerin hat sich zu diesem Abmahnschreiben nicht geäußert, insbesondere die geforderte Erklärung nicht abgegeben, so dass es geboten ist, den Unterlassungsanspruch durch Antrag auf Erlass einer einstweiligen Verfügung geltend zu machen.

Der Antragstellerin droht erheblicher Schaden, wenn die Antragsgegnerin die Verletzungsgegenstände wie angekündigt auf einer bedeutenden Publikumsmesse anbietet und hierfür Wiederverkäufer sucht. Es muss befürchtet werden, dass diese, einem erfolgreichen und geschützten Erzeugnis identisch nachgebildeten, vermutlich qualitativ minderwertigen, aber billigen Imitate in großem Umfang geordert werden und den Markt für Messerserien für Haushalt und Beruf überschwemmen. Der der Antragstellerin daraus drohende hohe Schaden in materieller und auch immaterieller Hinsicht kann nur durch eine sofortige Unterlassungsverfügung verhindert werden.

(Rechtsanwalt)

Anmerkungen

1. Mit der Einführung der Vermutung der Rechtsgültigkeit eines Designs, die auch für das Verfahren der einstweiligen Verfügung gilt, ist die Durchsetzung von Ansprüchen in einem Verfahren des vorläufigen Rechtschutzes erheblich erleichtert worden. Bei Ansprüchen aus einem Designrecht ist jedoch immer zu beachten, dass die Eintragung ohne Prüfung der materiellen Schutzvoraussetzungen erfolgt. Eine vollzogene einstweilige Verfügung, die sich als ungerechtfertigt erweist, stellt ein erhebliches Schadenersatzrisiko (§ 945 ZPO) dar. Es ist daher zur Vorsicht und besonders sorgfältigen Prüfung vor der Beantragung einer einstweiligen Verfügung zu raten. Bestenfalls hat das Design seine Rechtsbeständigkeit anhand vorgelegter und geprüfter vorbekannter Formen bereits in einem vorgängigen Verfahren bewiesen.

Aufbau und Inhalt des Antrags auf Erlass einer einstweiligen Verfügung entsprechen weitgehend dem Aufbau und Inhalt der Klageschrift. Das Muster lehnt sich daher an das Muster der Klageschrift (→ Form. IV.2.5) an und enthält nur dort eine abweichende oder breitere Darstellung, wo dies erforderlich ist.

Für einstweilige Verfügungen wegen Verletzung eines nicht eingetragenen Gemeinschaftsgeschmacksmuster → Form. IV.2.8.

2. Zur Zuständigkeit wird auf → Form. IV.2.5 Anm. 1–4 verwiesen. Die Zuständigkeit des Amtsgerichts in dringenden Fällen (§ 942 ZPO) spielt in Verfügungsverfahren wegen Designverletzung keine praktische Rolle.

3. Mitwirkung von Patentanwälten, → Form. IV.2.5 Anm. 8.

4. In besonders eiligen Fällen, insbesondere in Messeangelegenheiten, wird vor allem bei ausländischen Ausstellern allein eine Zustellung der einstweiligen Verfügung auf der Messe den gewünschten Erfolg haben und der Eilbedürftigkeit Rechnung tragen.

5. Im Gegensatz zur Klage ist das Gericht nicht an einen bestimmten Antrag gebunden, sondern es bestimmt nach freiem Ermessen, welche Anordnungen zur Erreichung des Zweckes erforderlich sind (§ 938 Abs. 1 ZPO). Gleichwohl ist es in Angelegenheiten des gewerblichen Rechtsschutzes üblich und dringend zu empfehlen, einen bestimmten Antrag zu formulieren.

6. Anträge, → Form. IV.2.5 Anm. 11, 12.

7. Auskunftsanspruch, → Form. IV.2.5 Anm. 13. Der Anspruch auf Erteilung der Drittauskunft kann in Fällen offensichtlicher Rechtsverletzung im Wege der einstweiligen Verfügung angeordnet werden.

8. Streitwert, siehe → Form. IV.2.5 Anm. 7. Der Streitwert im Verfügungsverfahren wird von den Landgerichten nicht einheitlich behandelt. Manche Landgerichte orientieren sich am Streitwert der Hauptsache; andere halten für das Verfügungsverfahren wegen der Vorläufigkeit nur einen Teil des Werts der Hauptsache für angemessen, zum Beispiel durch Abschlag von 1/3 gegenüber dem Hauptsache-Streitwert.

9. Für die einstweilige Verfügung gelten gewisse Beweiserleichterungen. Verfügungsanspruch und Verfügungsgrund sind lediglich glaubhaft zu machen (§§ 920 Abs. 2, 294 ZPO). Die üblichen Glaubhaftmachungsmittel für den Verfügungsantrag sind Urkunden, die Vorlage des Original-Verletzungsgegenstandes und die Eidesstattliche Versicherung. Zulässig sind nur präsente Beweismittel.

10. Zum weiteren Text → Form. IV.2.5, Ziff. II.1.

11. Merkmalsgliederung, → Form. IV.2.5, Ziff. II.2 sowie → Form. IV.2.5 Anm. 22–23.

12. Auch im Verfahren der einstweiligen Verfügung wird die Rechtsgültigkeit eines Designs zu Gunsten des Inhabers vermutet (§ 38 DesignG, Art. 85, 90 Abs. 2 GGV). Der Antragsteller muss nur die Eintragung des Designs und die Inhaberschaft darlegen und glaubhaft machen, was durch Vorlage eines Registerauszugs erfolgt. Im Gegensatz zu einem Hauptsacheverfahren, in dem der Einwand der fehlenden Rechtsgültigkeit eines Gemeinschaftsgeschmacksmusters nur im Wege einer Widerklage zulässig ist, kann der Antragsgegner im Verfahren der einstweiligen Verfügung den Einwand der Nichtigkeit des Designs erheben (Art. 90 Abs. 2 GGV). Eine Aussetzung des Verfügungsverfahrens ist aufgrund des Charakters des Verfahrens als einstweiliger Rechtsschutz nicht möglich.

Trotz der Vermutung der Rechtsgültigkeit empfiehlt sich die Darlegung und Glaubhaftmachung der Rechtsgültigkeit, weil bei dargelegter Rechtsgültigkeit eine einstweilige Verfügung eher in Betracht kommt. Im Rahmen der Interessensabwägung kann das Gericht nämlich gleichwohl die Verfügung ablehnen, wenn Zweifel am Rechtsbestand oder keine ausreichenden Informationen hierzu vorliegen.

13. Zum Verfügungsanspruch → Form. IV.2.5, Ziff. IV.1 und → Form. IV.2.5 Anm. 29 ff.

14. Zusätzliche Voraussetzung für den Erlass einer einstweiligen Verfügung ist das Vorliegen eines Verfügungsgrundes (§§ 935, 940 ZPO). Für die Entscheidung muss ein Eilbedürfnis bestehen. Sie muss dringlich sein, dh dem Antragsteller kann es nicht zugemutet werden, eine Entscheidung in der Hauptsache abzuwarten. Diese Dringlichkeit ist im Einzelnen darzulegen und glaubhaft zu machen. Notwendig ist, dass der Schutzrechtsinhaber, sobald er von der Verletzung Kenntnis erlangt, unverzüglich tätig wird, um den Sachverhalt zu ermitteln, Beweismaterial zu beschaffen, den Verletzer ggf. abzumahnen und gerichtlich gegen ihn vorzugehen. Andernfalls läuft er Gefahr, dass er durch zu langes Zuwarten die Dringlichkeit selbst widerlegt. Welche Zeit der Schutzrechtsinhaber nach Erlangung der Kenntnis von der Verletzungshandlung verstreichen lassen darf, bevor er den Antrag auf Erlass einer einstweiligen Verfügung bei Gericht einreicht, hängt einmal von den Umständen, dann aber vor allem von der individuellen Praxis der jeweiligen Land- oder Oberlandesgerichte ab. Nach der Praxis der überwiegenden Zahl der Landgerichte darf zwischen positiver Kenntnis und Einreichung des Verfügungsantrages kein längerer Zeitraum als ein Monat verstreichen; andere Landgerichte sind etwas großzügiger. Auch während des Verfahrens darf der Antragsteller dieses nicht verzögern, etwa durch einen Antrag auf Terminverlegung oder auf Verlängerung gesetzter Fristen, um nicht der Dringlichkeit verlustig zu gehen.

2.8 Antrag auf Erlass einer einstweiligen Verfügung wegen Verletzung eines nicht eingetragenen Gemeinschaftsgeschmacksmusters[1, 2]

Rubrum, Anträge, → Form. IV.2.7

I. Die Parteien, → Form. IV.2.7

II. Schutzrechtslage

1. Die Antragstellerin ist Inhaberin eines nicht eingetragenen Gemeinschaftsgeschmacksmusters betreffend Griffe für eine Serie von Haushalts- und Berufsmessern. Die Antragstellerin hat ohne vorherige Werbeankündigungen oder sonstige Veröffentlichungen am . . . . . zahlreiche Fachgeschäfte in Deutschland mit einer Serie von Haushalts- und Berufsmessern beliefert, welche einen neu entworfenen Griff aufweisen. Ab dem nächsten Tag, also ab dem . . . . . sind Messer mit entsprechenden Griffen in den Fachgeschäften erstmals zum Verkauf angeboten und verkauft worden.[3]

Glaubhaftmachung:[4] • Lieferscheinnr . . . . . vom . . . . . (Datum) an Fachgeschäft . . . . . über . . . . . Messer, Produktnummer . . . . .

• Rechnungsbeleg über den Kauf von einem Messer mit der Produktnummer . . . . . im Fachgeschäft . . . . ., Kaufdatum . . . . .
• Eidesstattliche Versicherung des Inhabers des Fachgeschäfts . . . . . in . . . . .
• Eidesstattliche Versicherung des Vertriebsleiters der Antragstellerin . . . . . in . . . . .
• Vorlage eines Originalmessers der Antragstellerin mit der Produktnummer . . . . .

2. Gegenstand des nicht eingetragenen Gemeinschaftsgeschmacksmusters, auf das sich der Verfügungsantrag stützt, ist ein Messergriff mit folgenden Merkmalen:
a) . . . . .
b) . . . . .
c) . . . . .
Hierbei handelt es sich um die die Eigenart begründenden Merkmale des Gemeinschaftsgeschmacksmusters, wie sie am . . . . . der Öffentlichkeit zugänglich gemacht wurden.[5]
3. Die Rechtsgültigkeit des nicht eingetragenen Gemeinschaftsgeschmacksmusters ist zu Gunsten der Antragstellerin zu vermuten. Es ist aber auch tatsächlich rechtgültig. Die materiellen Schutzvoraussetzungen Neuheit und Eigenart sind gegeben.[6]
Da die von der Antragstellerin nach dem Design hergestellte Messerserie mit den geschützten Griffen im Markt sehr erfolgreich ist, wurde bereits von anderen Wettbewerbern wiederholt versucht, durch verbotene Benutzung am Erfolg dieses Erzeugnisses teilzuhaben. In einem ersten Verfügungsverfahren hat das Oberlandesgericht Frankfurt mit der Schutzfähigkeit des nicht eingetragenen Geschmacksmusters befasst, diese anhand des im Verfahren vorgelegten Formenschatzes geprüft und die Rechtsgültigkeit des Geschmacksmusters bejaht.

Glaubhaftmachung: Vorlage des Urteils des OLG . . . . . vom . . . . . Az.: . . . . .

III. Verletzungshandlung, → Form. IV.2.7
IV. Rechtsausführungen
1. Verfügungsanspruch:[7]
Der unter III. vorgenommene Merkmalsvergleich macht deutlich, dass es sich bei dem angegriffenen Verletzungsgegenstand objektiv um eine Benutzung des Gegenstandes des nicht eingetragenen Gemeinschaftsgeschmacksmusters handelt. Die geringen Abweichungen der angegriffenen Messergriffe gegenüber dem Gegenstand des nicht eingetragenen Gemeinschaftsgeschmacksmusters führen aus dessen Schutzumfang nicht hinaus. In den prägenden Merkmalen ist die Übereinstimmung so wesentlich, dass auch von einer Nachahmung gemäß Art. 19 Abs. 2 GGV auszugehen ist.
Aufgrund der weitgehenden Übereinstimmung spricht der Beweis des ersten Anscheins für das Vorliegen des subjektiven Tatbestands der Nachahmung. Der Verletzungsgegenstand ist offensichtlich in Kenntnis des geschützten Designs geschaffen worden. Da die Klägerin selbst das Design seit . . . . . vermarktet und nach dem Design gefertigte Erzeugnisse von ihr in großem Umfang hergestellt und vertrieben werden, liegt diese Kenntnis auf der Hand.
Die Antragsgegnerin ist daher gem. Art. 19 Abs. 1, Abs. 2 GGV zur Unterlassung verpflichtet.
2. Verfügungsgrund, → Form. IV.2.7.

Anmerkungen

Aufbau und Inhalt eines Antrags auf Erlass einer einstweiligen Verfügung wegen Verletzung eines nicht eingetragenen Gemeinschaftsgeschmacksmusters folgen im Wesentlichen dem → Form. IV.2.7. Für eine Hauptsacheklage kann das → Form. IV.2.5 herangezogen werden. Unter Bezugnahme auf das → Form. IV.2.7 werden nachfolgend diejenigen Stellen näher erläutert, die bei der Geltendmachung eines nicht eingetragenen Gemeinschaftsgeschmacksmusters Besonderheiten aufweisen → Anm. 2.

1. Für Antrag auf Erlass einer einstweiligen Verfügung → Form. IV.2.7 Anm. 1

2. Hierzu gehört insbesondere, dass das nicht eingetragene Gemeinschaftsgeschmacksmuster nicht durch Eintragung, sondern allein dadurch entsteht, dass es innerhalb der EU der Öffentlichkeit in der Form des Art. 11 GGV erstmals zugänglich gemacht wird. Aufgrund der mangelnden Publizität im Vergleich zu einem eingetragenen Design gewährt das nicht eingetragene Gemeinschaftsgeschmacksmuster für den Inhaber aber nur Schutz vor Nachahmungen (Art. 19 Abs. 2 GGV). Die materiellen Schutzvoraussetzungen sind für eingetragene und nicht eingetragene Gemeinschaftsgeschmacksmuster allerdings identisch. Weil die Vermutung der Rechtsgültigkeit auch für nicht eingetragene Gemeinschaftsgeschmacksmuster gilt und die Schutzdauer eines nicht eingetragenen Gemeinschaftsgeschmacksmusters nur drei Jahre ab dem Zeitpunkt der öffentlichen Zugänglichmachung beträgt, kann gerade für dieses Schutzrecht das Verfahren der einstweiligen Verfügung von Interesse sein.

3. Der Schutz als nicht eingetragenes Gemeinschaftsgeschmacksmuster entsteht zu dem Zeitpunkt, in dem das betreffende Erzeugnis der Öffentlichkeit innerhalb der EU erstmals zugänglich gemacht wurde. Nach Art. 11 Abs. 2 GGV gilt ein Geschmacksmuster als der Öffentlichkeit innerhalb der Gemeinschaft zugänglich gemacht, wenn es in solcher Weise bekannt gemacht wurde, dass es den in der Gemeinschaft tätigen Fachkreisen des betreffenden Wirtschaftszweigs im normalen Geschäftsverlauf bekannt sein konnte. Durch eine Offenbarung außerhalb der EU kann kein Schutz begründet werden, Art. 110a Abs. 5 S. 2 GGV.

4. Für die Vermutung der Rechtsgültigkeit eines nicht eingetragenen Gemeinschaftsgeschmacksmuster muss sein Inhaber nachweisen, dass das betreffende Erzeugnis der Öffentlichkeit zugänglich gemacht wurde, Art. 85 Abs. 2 GGV. Um den Voraussetzungen des Art. 85 Abs. 2 GGV Genüge tun zu können, sollte unbedingt von Beginn an eine ausreichende Dokumentation über die erstmalige Veröffentlichung des Erzeugnisses angelegt werden. Die hierfür beste Möglichkeit ist die Präsentation des Erzeugnisses auf einer geschützten Ausstellung. Es reicht aber auch eine dokumentierte Veröffentlichung in Fachzeitschriften oder der Verkauf in Fachgeschäften aus. Nach EuGH „Gartenpavillon" (GRUR 2014, 368) kann auch die Verteilung von Abbildungen an Händler aus dem betreffenden Wirtschaftszweig ausreichen.

5. Neben dem Nachweis für das Vorliegen der Voraussetzungen der öffentlichen Zugänglichmachung hat der Inhaber eines nicht eingetragenen Geschmacksmusters darzulegen, inwiefern sein Geschmacksmuster Eigenart aufweist, damit die Vermutung der Rechtsgültigkeit des Gemeinschaftsgeschmacksmuster greift, Art. 85 Abs. 2 GGV. Hierzu sollte der Inhaber die die Eigenart begründenden Merkmale im Wege einer Merkmalsbeschreibung darlegen. Für die Vermutungswirkung muss darüber hinaus kein weitergehender Nachweis vorgelegt werden, weshalb das nicht eingetragene Gemeinschaftsgeschmacksmuster Eigenart aufweist (EuGH GRUR 2014, 774 – KMF/Dunnes).

6. Nach Art. 85 Abs. 2 GGV hat der Inhaber eines nicht eingetragenen Geschmacksmusters die Eigenart nur darzulegen. Es liegt dann am mutmaßlichen Verletzer, die Rechtsgültigkeit zu bestreiten. Im Rahmen des Antrags auf Erlass einer einstweiligen Verfügung sollte jedoch die Eigenart so weit wie möglich glaubhaft gemacht werden, um auf die Weise in Fällen offensichtlicher Verletzungen den Erlass einer einstweiligen Verfügung ohne mündliche Verhandlung zu erreichen.

7. Im Gegensatz zu eingetragenen Designs gewährt das nicht eingetragene Gemeinschaftsgeschmacksmuster auf Grund der fehlenden Registerpublizität nur Schutz vor Nachahmungen (Art. 19 Abs. 2 GGV). Neben der objektiven Übereinstimmung bedarf es daher noch eines subjektiven Nachahmungstatbestands. Der Inhaber eines nicht eingetragenen Gemeinschaftsgeschmacksmusters kann eine Benutzung daher nur verbieten, wenn Dritte, denen die Benutzung untersagt werden soll, den Gegenstand des Designs kannten und der Verletzungsgegenstand das Ergebnis einer Nachahmung des Designs darstellt. Bei einer objektiv festgestellten wesentlichen Übereinstimmung des geschützten Musters mit der als Verletzung angegriffenen Gestaltungsform spricht der Beweis des ersten Anscheins für eine Nachahmung (BGH GRUR-Int 2012, 1140 Rn. 33 ff. – Gartenpavillon; Beweiserleichterung von EuGH zugelassen in GRUR 2014, 368 Ls. 3 – Gartenpavillon). Dieser Anscheinsbeweis kann nur erschüttert werden durch den Nachweis, dass der Schöpfer der jüngeren Form das geschützte Design weder selbst gekannt hat noch ihm diese Kenntnis durch Beschreibungen oder Anregungen Dritter, die das geschützte Design gekannt haben, vermittelt worden ist.

2.9 Muster eines Abschlussschreibens[1, 2]

. . . . . International Ltd.

att: Mr . . . . .

. . . . .

vorab per Fax-Nr.: . . . . .

Sehr geehrter Herr . . . . .,

hiermit zeige ich an, dass wir die Firma A-GmbH, ..., in designrechtlichen Angelegenheiten beraten und vertreten.

Namens und im Auftrage unserer Mandantin haben wir eine einstweilige Verfügung des Landgerichts . . . . . vom . . . . ., Az. . . . . ., gegen Ihr Unternehmen erwirkt. Diese einstweilige Verfügung ist Ihnen auf der Internationalen . . . . . messe in . . . . . auf Ihrem Messestand am . . . . ., ... Uhr, durch den zuständigen Gerichtsvollzieher zugestellt worden.[3]

Da die einstweilige Verfügung nur eine vorläufige Regelung darstellt, haben wir Sie namens und im Auftrag unserer Mandantin aufzufordern, rechtsverbindlich die nachfolgende Erklärung abzugeben:

(1) Die einstweilige Verfügung des Landgerichts . . . . . vom . . . . ., Az. . . . . ., wird als endgültige Regelung anerkannt.
(2) Auf das Recht zur Erhebung des Widerspruchs gem. § 924 ZPO sowie auf die Rechte aus §§ 926, 927 ZPO wird verzichtet.

(3) Die ..... International Ltd. verpflichtet sich, der Firma A-GmbH allen Schaden zu ersetzen, der dieser aus Handlungen entstanden ist oder noch entstehen wird, die durch die einstweilige Verfügung untersagt werden.[4]
(4) Die ..... International Ltd. verpflichtet sich ferner, der Firma A-GmbH Auskunft zu erteilen und Rechnung zu legen .....[5]

Für den Eingang der Erklärung haben wir uns den

..... (Datum)[6]

notiert. Sollte die Erklärung nicht fristgerecht eingehen, werden wir unserer Mandantin empfehlen, Hauptsacheklage zu erheben.[7] Unter dem Gesichtspunkt Ihrer Verpflichtung zum Ersatz des unserer Mandantin entstandenen Schadens haben Sie zusätzlich zu den Kosten des einstweiligen Verfügungsverfahrens auch die Kosten unserer Inanspruchnahme für das Abschlussschreiben zu tragen. Für den Eingang dieser Kosten, die ich im Anschluss an dieses Abschlussschreiben bekannt gebe, habe ich mir ebenfalls die vorstehend gesetzte Frist notiert.[8]

(Rechtsanwalt)

Kostenaufstellung

Gegenstandswert: EUR .....[9]

1,3 Gebühr nach Nr. 2300 VV[10]

Auslagenpauschale nach Nr. 7002 VV

gesetzliche Mehrwertsteuer nach Nr. 7008 VV

.....

Summe

Anmerkungen

1. Eine vom Designinhaber erwirkte einstweilige Verfügung stellt nur eine vorläufige Regelung dar. Der Antragsgegner kann jederzeit Widerspruch gegen die einstweilige Verfügung erheben oder er kann beantragen, dass dem Antragsteller eine Frist zur Erhebung der Hauptsacheklage gesetzt wird (§ 926 ZPO). Daneben kann der Antragsgegner auch Aufhebung der einstweiligen Verfügung wegen nachträglich veränderter Umstände nach § 927 ZPO verlangen. Diese Rechte können jederzeit – auch noch nach Jahren – bis zur Grenze der Verwirkung ausgeübt werden. Neben der Vermeidung der Verjährung dient das Abschlussschreiben der Beseitigung dieser Ungewissheit. Da der durch die einstweilige Verfügung erwirkte Unterlassungstenor trotz seiner Vorläufigkeit einem endgültigen Tenor im Hauptsacheverfahren entspricht, kann sich durch eine Abschlusserklärung das Hauptsacheverfahren erübrigen.

2. Feste Regeln, wann das Abschlussschreiben zu versenden ist, gibt es nicht. Es sollte dem Antragsgegner nach Zustellung der einstweiligen Verfügung eine gewisse Überlegungsfrist zur Verfügung stehen, um zu entscheiden, ob er die einstweilige Verfügung anerkennen oder ob er den Rechtsbestand des Designs oder die Frage der Verletzung in einem Hauptsacheverfahren klären lassen soll. In Designstreitsachen sollte diese Überlegungsfrist wegen der Schwierigkeit bei der Ermittlung des Formenschatzes großzügig bemessen werden. Es wird daher empfohlen, das Abschlussschreiben nicht früher als zwei Wochen nach Zustellung der einstweiligen Verfügung zu versenden.

3. Nicht notwendig, aber möglicherweise zweckmäßig ist die Beifügung einer Kopie der einstweiligen Verfügung oder sogar der vollständigen Antragsschrift. Eine einstweilige Verfügung enthält regelmäßig keine Begründung. Auch die Antragsschrift wird – soweit dies vom Gericht nicht gesondert angeordnet wurde – dem Antragsgegner nicht zugestellt. Die Ausführungen der Antragsschrift können aber unter Umständen für die nach Zugang des Abschlussschreibens vom Antragsgegner zu treffenden Entscheidungen von Bedeutung sein.

4. Das Abschlussschreiben kann, muss aber nicht die Aufforderung enthalten, die Verpflichtung zum Schadenersatz und zur Erteilung einer Auskunft sowie weitere Ansprüche wie Vernichtung und Rückruf anzuerkennen. Da aber durch die Abschlusserklärung ein Hauptsacheverfahren insgesamt vermieden werden soll, ist es zweckmäßig, diese Aufforderungen mit aufzunehmen.

5. Zum Umfang des Auskunftsanspruchs → Form. IV.2.2, Anlage zum Abmahnschreiben, Ziff. 3 und 4 sowie dort → Form. IV.2.2 Anm. 16, 17.

6. Auch hier ist eine angemessene Frist (zB 2 Wochen) zu setzen.

7. Eine Klageandrohung ist für das Abschlussschreiben nicht zwingend notwendig. Da aber das Abschlussschreiben nach allgemeiner Auffassung nicht mehr zum Verfügungsverfahren gehört, sondern den ersten Schritt des Hauptsacheverfahrens darstellt, sollte die Konsequenz, nämlich die Einleitung des Hauptsacheverfahrens, aufgezeigt werden.

8. Da das Abschlussschreiben auf die Herbeiführung einer endgültigen Regelung gerichtet ist, gehört es nicht mehr zum Eilverfahren. Es begründet daher als ersten Schritt für ein Hauptsacheverfahren eine neue Kostenverpflichtung des Aufgeforderten bzw. Abgemahnten.

9. Gegenstandswert des Abschlussschreibens ist der Streitwert des möglicherweise bevorstehenden Hauptsacheverfahrens, der in der Regel über den Gegenstandswert des Verfügungsverfahrens hinausgeht. Denn einerseits setzen manche Gerichte einen geringeren Streitwert für den Unterlassungsanspruch im Verfügungsverfahren im Vergleich zum Hauptsacheverfahren an. Andererseits werden im Hauptsacheverfahren weitere Ansprüche im Vergleich zum Verfügungsverfahren geltend gemacht (Auskunft, Schadensersatz, Vernichtung, et.) → Form. IV.2.5 Anm. 7, die den Gegenstandswert erhöhen.

10. Für das Abschlussschreiben hat der BGH eine 1,3 Gebühr nach RVG-VV Nr. 2300 als angemessen erachtet (BGH GRUR 2015, 822 – Kosten für Abschlussschreiben II).

3. Nichtigkeitsantrag

Begründung:

Der Gegenstand des eingetragenen Designs ist nicht schutzfähig. Er ist weder neu noch hat er Eigenart. Ein Messergriff, wie ihn das eingetragene Design offenbart, war bei seiner Anmeldung bereits in identischer Form bekannt. Zumindest gab es bei der Anmeldung bereits Messer, welche sich im Gesamteindruck nicht von dem eingetragenen Design.[1]

1. **Gegenstand des eingetragenen Designs ist ein Messergriff mit folgenden Merkmalen:[2]**
   a) . . . . . .
   b) . . . . . .
   c) . . . . . .

2. Fehlende Neuheit
   Das Museum of Modern Art in New York besitzt eine Sammlung hervorragend gestalteter Gebrauchsgegenstände, darunter auch Bestecke. Diese sind in einem . . . . . . erschienenen Museumskatalog veröffentlicht. Dieser Katalog zeigt ein Steakmesser, dessen Griff mit dem des eingetragenen Designs der Beklagten identisch ist.
   Dieses Steakmesser weist die folgenden Merkmale auf:
   a) . . . . . .
   b) . . . . . .
   c) . . . . . .
   Ein Vergleich mit den gestalterischen Merkmalen der Messergriffe des eingetragenen Designs zeigt eine Übereinstimmung in sämtlichen Merkmalen. Der Gegenstand des Designs ist damit nicht neu. Sollten sich die Gegenstände in unwesentlichen Einzelheiten unterscheiden, so ist dies für das Fehlen der Neuheit unbeachtlich.
   Dabei spielt es keine Rolle, ob der Designinhaberin dieses in dem New Yorker Katalog abgebildete Messer tatsächlich bekannt war. Es sind alle diejenigen vorbekannten Formen bei der Neuheitsprüfung zu berücksichtigen, die den in der Gemeinschaft tätigen Fachkreisen im Anmeldezeitpunkt im Rahmen des normalen Geschäftsverlaufs bekannt sein konnten. Bei einem Katalog eines der bekanntesten Museen für Modernes Design ist diese Voraussetzung in jedem Falle zu bejahen.
3. Fehlende Eigenart
   Auch für den Fall, dass eine allein in den Vereinigten Staaten bekannt gemachte Gestaltung nicht als relevanter Formenschatz angesehen werden sollte, ist auf Grund des sonstigen, bei Anmeldung des Designs vorhandenen Formenschatzes eine Eigenart des Designs nicht gegeben. Vorgelegt wird ein
   Katalog des . . . . . . Besteckmuseums, Ausgabe . . . . . . mit der Darstellung von einem Messer auf Seite . . . . . .
   Sämtliche Merkmale des eingetragenen Designs, wie sie unter Ziff. 1 dargestellt wurden, finden sich ebenfalls identisch, zumindest aber nur in geringer Abwandlung in dem dort dargestellten Erzeugnis. Im Gesamteindruck stimmen diese Erzeugnis und das Designzweifellos überein. Das Design weist daher jedenfalls nicht die erforderliche Eigenart auf.[3]

Anmerkungen

Eingetragene deutsche Designs sowie eingetragene Gemeinschaftsgeschmacksmuster können auf **selbständigen Antrag** hin nur durch das DPMA (§ 33 Abs. 2 DesignG) bzw. durch das EUIPO (Art. 24 Abs. 1 GGV) für nichtig erklärt werden. Im laufenden Verletzungsverfahren können diese eingetragenen Rechte jedoch auch auf **Widerklage** vor den Designstreitgerichten für nichtig erklärt werden. Nicht eingetragene Gemeinschaftsgeschmacksmuster werden ausschließlich von den Designstreitgerichten entweder auf selbständigen Antrag hin oder auf Widerklage für nichtig erklärt (Art. 24 Abs. 3 GGV).
Die **Nichtigkeitsgründe** sind für das deutsche eingetragene Design in § 33 Abs. 1, 2 DesignG geregelt, für das eingetragene Gemeinschaftsgeschmacksmuster in Art. 25 GGV. Die absoluten Nichtigkeitsgründe wegen Fehlens der materiellen Schutzvoraussetzungen (§ 33 Abs. 1 DesignG; Art. 25 Abs. 1a), b) GGV) können von jedermann geltend gemacht werden. Relative Nichtigkeitsgründe aufgrund älterer Rechte (§ 33 Abs. 2 und § 9 Abs. 1 DesignG; Art. 25 Abs. 1c) ff. GGV) können nur von demjenigen geltend gemacht werden, dessen Rechte durch die Eintragung des Designs verletzt sind.
Das Designgesetz unterscheidet bei der Antragstellung zwischen einer Feststellung der Nichtigkeit bei Vorliegen absoluter Nichtigkeitsgründe (§ 33 Abs. 1 DesignG) und der

Erklärung der Nichtigkeit bei Vorliegen relativer Nichtigkeitsgründe (§ 33 Abs. 2 DesignG). In der GGV lautet der Antrag einheitlich auf Erklärung der Nichtigkeit.
Der Antrag richtet sich stets gegen den eingetragenen Inhaber des Designs (§§ 1 Nr. 5, 8 DesignG; Art. 17 GGV).
Für den Nichtigkeitsantrag ist das auf den Internetseiten des DPMA erhältliche Formular „Antrag auf Feststellung oder Erklärung der Nichtigkeit eines eingetragenen Designs" bzw. der auf den Internetseiten des EUIPO erhältliche Online-Antrag zu verwenden. In den aus sich heraus verständlichen Formularen sind die Nummer des eingetragenen Designs, welches angegriffen wird, Name und Anschrift des Antragstellers, Nichtigkeitsgrund und die zur Begründung dienenden Tatsachen und Beweismittel anzugeben. Ein Antrag kann auch auf mehrere Nichtigkeitsgründe gestützt werden.
Die **Verfahrensgrundsätze**, die beim DPMA für Nichtigkeitsverfahren gelten, sind in § 22 DesignV zusammengefasst. Das DPMA kann mehrere anhängige Nichtigkeitsverfahren zur gemeinsamen Entscheidung verbinden oder einzelne Nichtigkeitsverfahren aussetzen, beispielsweise wenn das eingetragene Design bereits Gegenstand eines anderen Nichtigkeitsverfahrens ist. Das Nichtigkeitsverfahren vor dem EUIPO ist in Art. 52 ff. GGV sowie in Art. 28 ff. der DurchführungsVO zur GGV im Einzelnen geregelt.
Bei **international registrierten Designs** nach dem Haager Abkommen tritt an die Stelle der Feststellung oder Erklärung der Nichtigkeit der Antrag auf Feststellung der Unwirksamkeit für das Gebiet der Bundesrepublik Deutschland. Für den Antrag auf Feststellung der Unwirksamkeit einer internationalen Eintragung gelten die Vorschriften über die Nichtigerklärung eines eingetragenen deutschen Designs entsprechend (§ 25 DesignV). Ebenso gelten Art. 52 ff. und Art. 55 ff. der GGV für international registrierte Designs entsprechend Art. 106 f. GGV).
Die Gebühr für den Nichtigkeitsantrag beim DPMA beträgt 300,– EUR (Stand Dezember 2019). Es findet eine Kostenerstattung der Vertreter auf der Grundlage des RVG statt. Die Gebühr für den Nichtigkeitsantrag beim EUIPO beträgt 350,– EUR (Stand Dezember 2019). Die Kostenverteilung bemisst sich nach Art. 70 GGV, wonach die unterliegende Partei die Gebühren des Verfahrens sowie alle für die Durchführung des Verfahrens notwendigen Kosten zu übernehmen sind.

1. Für Designs, die vor dem 28.10.2001 angemeldet oder eingetragen wurden, sind die Übergangsvorschriften in § 72 Abs. 2 DesignG zu beachten. Danach richtet sich die Schutzfähigkeit von Designs, die vor dem 28.10.2001 angemeldet oder eingetragen worden sind, nach dem alten Geschmacksmusterrecht (vgl. Einführung).

2. Merkmalsbeschreibung, Merkmalsanalyse und Merkmalsvergleich sind auch im Rahmen des Nichtigkeitsantrags sinnvoll. Nur so kann die (fehlende) Schutzunfähigkeit des angegriffenen Designs zuverlässig dargestellt werden.

3. für Designs, die vor dem 28.10.2001 angemeldet oder eingetragen worden sind ist wie folgt zu formulieren:

„Fehlende Eigentümlichkeit

Auch für den Fall, dass eine allein in den Vereinigten Staaten bekannte Gestaltung nicht als relevanter Formenschatz angesehen werden sollte, ist auf Grund des sonstigen, bei Anmeldung des Designs vorhandenen Formenschatzes eine Eigentümlichkeit des Designs nicht gegeben.

Vorgelegt werden

a) Katalog des . . . . . . Besteckmuseums, Ausgabe . . . . . . mit der Darstellung von Messern, insbesondere auf den Seiten . . . . . .
b) Prospekt der Firma X mit der Darstellung einer Serie von Küchenmessern aus dem Jahre . . . . . . (vgl. Druckvermerk auf der letzten Seite des Prospektes).
c) . . . . . .

Sämtliche Merkmale des eingetragenen Designs, wie sie unter Ziff. 1 dargestellt wurden, finden sich beinahe identisch oder in geringster Abwandlung im dargestellten, vorbekannten Formenschatz. Dieser Formenschatz kommt damit dem Design der Beklagten so nahe, dass ein durchschnittlicher Mustergestalter dieses durch eine nur handwerksmäßige Fortentwicklung daraus entwickeln konnte.

In den einzelnen Merkmalen und auch im Gesamteindruck kommt jeder der aus dem vorgelegten Formenschatz vorbekannten Messergriffe dem geschützten Messergriff so nahe, dass hier nur eine handwerksmäßige Fortentwicklung vorliegt. Das Design der Beklagten beruht damit nicht auf einer eigenpersönlichen, form- und farbschöpferischen Tätigkeit, die über das Durchschnittskönnen eines mit der Kenntnis des betreffenden Fachgebietes ausgerüsteten Mustergestalters hinausgeht (BGH v. 21.5.1965, GRUR 1966, 97 – Zündaufsatz)."

V. Markenrecht

Schrifttum: *Albrecht/Hoffmann,* Die neuen amtlichen Markenlöschungsverfahren, MarkenR 2020,1; *Bender,* Unionsmarke, 3. Aufl. 2017; *Baronikians,* Der Schutz des Werktitels, 2. Aufl. 2015; *Berlit,* Markenrecht, 11. Aufl. 2019; Deutsch, Neues zum Titelschutz, GRUR 2013, 113;; *Eisenführ/Schennen,* Unionsmarkenverordnung, 5. Aufl. 2017; *Ekey/Bender, Fuchs-Wissemann* (Hrsg.), Heidelberger Kommentar zum Markenrecht, 4. Aufl. 2019; *Fezer,* Markenrecht, 4. Aufl. 2009; *Gross,* Der Lizenzvertrag, 11. Aufl. 2015; *Hacker,* Markenrecht, 5. Aufl. 2020; Hacker, Das Markenrechtsmodernisierungsgesetz (MaMoG), GRUR 2019, 113 und GRUR 2019, 235; *Ingerl/Rohnke,* Markengesetz, 3. Aufl. 2010; Kochendörfer, Der Neutralisierungsgedanke bei der Beurteilung der Zeichenähnlichkeit, GRUR 2012, 765; *Lüthge/Friedrich,* Die Auswirkungen der Bekanntheit der jüngeren Marke auf die Verwechslungsgefahr, GRUR 2020, 138; *Pohlmann,* Das Recht der Unionsmarke. Erwerb, Benutzung und Durchsetzung der Unionsmarke unter dem reformierten EU-Markenrecht, 2. Aufl. 2018; *Richter/Stoppel,* Ähnlichkeit von Waren und Dienstleistungen, 18. Aufl. 2019; *Sack,* Vergleichende Werbung und Markenrecht nach der europäischen Markenrechtsreform von 2015, GRUR 2017, 664; *Sack*: Kritische Anmerkungen zur Regelung der Markenverletzungen in den Kommissionsvorschlägen für eine Reform des europäischen Markenrechts; GRUR 2013, 657; *Sattler,* In bad shape? – Der Schutz dreidimensionaler Registermarken, GRUR 2018, 565; *Sesing,* Der Sperranspruch nach TMG. Von gesetzgeberischen Kanonen und (anlasslos) verschlüsselnden Spatzen, GRUR 2019, 898; *Ströbele/Hacker/Thiering,* Markengesetz, 12. Aufl. 2018; Steinbeck, Die Reichweite der Neutralisierungstheorie, WRP 2015, 404; *Teplitzky,* Verwechslungsgefahr und Warenähnlichkeit im neuen Markenrecht, GRUR 1996, 1; *Thiering,* Die Rechtsprechung des EuGH und des BGH zum Markenrecht seit dem Jahr 2017, GRUR 2018, 1185; Viefhues, DPMA und WIPO: Unveränderte Praxis auch nach „IP-Translator", GRUR-Prax 2012, 550; *v. Mühlendahl/Ohlgart,* Die Gemeinschaftsmarke, 1998; *v. Mühlendahl,* Benutzung und Benutzungszwang – Berechnung der Schonfristen im europäischen und deutschen Markenrecht, GRUR 2019, 24.

1. Anmeldung einer deutschen Marke

Deutsches
Patent- und Markenamt

Deutsches Patent- und Markenamt
80297 München

W7005 1.19 1

Antrag auf Eintragung einer Marke in das Register

3

☐ per Telefax **vorab** am TT MM JJJJ

☐ **nur** per Telefax *(nur bei reinen Wortmarken möglich)* **an Telefaxnummer +49 89 2195 - 4000**

(1) **Sendungen**
des Deutschen Patent- und Markenamts sind zu richten an

Name, Vorname oder Firma

Straße, Hausnummer/ggf. Postfach

Postleitzahl **Ort** **Land** *(nur bei ausländischen Adressen)*

(2) **Kontaktdaten**

Telefonnummer des Anmelders/Vertreters **Geschäftszeichen des Anmelders/Vertreters**

Telefaxnummer des Anmelders/Vertreters **E-Mail-Adresse des Anmelders/Vertreters**

(3) nur auszufüllen, wenn abweichend von Feld (1)

Anmelder

☐ **weitere Anmelder/vertretungsberechtigte Gesellschafter einer GbR siehe Anlage** *(bitte Formular W 7005.0 oder ein separates Blatt DIN A4 bzw. einen Datenträger verwenden)*

Name, Vorname/Firma *(ggf. einschließlich Rechtsform entsprechend registerrechtlicher Eintragung)*

Straße, Hausnummer *(kein Postfach)*

Postleitzahl **Ort** **Land** *(nur bei ausländischen Adressen)*

(4) **Vertreter des Anmelders**
(Rechts- oder Patentanwalt, Patentassessor)

Name, Vorname/Bezeichnung

Straße, Hausnummer

Postleitzahl **Ort** **Land** *(nur bei ausländischen Adressen)*

ggf. Nummer der Allgemeinen Vollmacht

W7005 1.19 2

(5) **Markendarstellung** *(pro Anmeldung nur eine Marke)*

☐ ______________________________

(Wortmarke)

oder

☐ **siehe Anlage** *(Anlage zwingend erforderlich für alle Markenformen, ausgenommen Wortmarken; bitte Formular W 7005.1 oder ein separates Blatt DIN A4 bzw. einen Datenträger verwenden)*

! Ein ® sollte der Markendarstellung nicht schon bei der Anmeldung hinzugefügt werden, da unter Umständen eine Zurückweisung wegen Täuschungsgefahr gemäß § 8 Abs. 2 Nr. 4 Markengesetz in Betracht kommen kann.

(6) **Markenform**

☐ **Wortmarke** *(Wörter, Buchstaben, Zahlen, sonstige Schriftzeichen ohne grafische und/oder farbige Ausgestaltung)*

☐ **Wort-/Bildmarke** *(Kombination aus Wort und/oder Zahl und Bild, grafisch und/oder farbig gestaltete Wörter)*

☐ **Bildmarke** *(zweidimensionale Bilder ohne Wort- und/oder Zahlelemente)*

☐ **Dreidimensionale Marke** *(dreidimensionale Gestaltungen)*

☐ **Farbmarke** *(z.B. abstrakte Farbe oder Kombination aus mehreren Farben; als Markendarstellung Feld (5) ist ein Farbmuster einzureichen)*
Bezeichnung der Farbe/n nach einem international anerkannten Farbklassifikationssystem (z.B. RAL, Pantone, HKS)

____

☐ Beschreibung der Anordnung der Farben zueinander (räumliche Anordnung und Größenverhältnis) ist als Anlage beigefügt *(nur erforderlich bei einer Kombination der Marke aus mehreren Farben)*

☐ **Klangmarke** *(akustisch hörbare Töne/Melodien; als Markendarstellung (Feld (5)) ist eine Notenschrift oder eine Wiedergabe auf einem Datenträger einzureichen)*

☐ **Andere Markenform** *(Positionsmarke, Kennfadenmarke, Mustermarke, Bewegungsmarke, Multimediamarke, Hologrammmarke, sonstige Marke)*

nämlich ______________________________

(bitte nur eine der genannten Markenformen angeben)

☐ **Markenbeschreibung ist als Anlage beigefügt**
(nur erforderlich, wenn die Markendarstellung den Schutzgegenstand – in objektiver Weise – nicht hinreichend bestimmt; darf maximal 150 Wörter in einem fortlaufenden Text und keine grafischen oder sonstigen Gestaltungselemente enthalten; bitte Formular W 7005.2 oder ein separates Blatt DIN A4 bzw. einen Datenträger verwenden)

(7) **Farbangaben zur Markendarstellung** *(nicht auszufüllen bei Wortmarken, Klangmarken und Farbmarken)*

☐ Die Markendarstellung enthält **farbige** Elemente und zwar in folgenden Farben
(bitte allgemeine Farbnamen angeben, z.B. gelb, weiß, rot, grün, schwarz, blau)

____

(8) **Nichtlateinische Schriftzeichen**

(zwingend auszufüllen, wenn die Marke nichtlateinische Schriftzeichen beinhaltet)

☐ Die Markendarstellung enthält **nichtlateinische** Schriftzeichen

Transliteration (buchstabengetreue Wiedergabe) ______________

Transkription (phonetische Wiedergabe in lateinischen Schriftzeichen) ______________

Übersetzung (in die deutsche Sprache) ______________

Beispiel für „Буква"	
Transliteration	Bukva
Transkription	Bukwa
Übersetzung	Buchstabe

☐ Transliteration, Transkription und Übersetzung sind als Anlage beigefügt
(bitte Formular W 7005.3 oder ein separates Blatt DIN A4 bzw. einen Datenträger verwenden)

W7005 1.19 3

(9) **Verzeichnis der Waren und/oder Dienstleistungen**
(zwingend auszufüllen)

☐ Verzeichnis der Waren und/oder Dienstleistungen ist als Anlage beigefügt (*bitte Formular W 7005.4 oder ein separates Blatt DIN A4 bzw. einen Datenträger verwenden*)

Bitte gruppieren Sie Ihr Verzeichnis nach Klassen und trennen Sie die einzelnen Waren und/oder Dienstleistungen innerhalb der angegebenen Klassen durch Semikola voneinander. Nutzen Sie für die Erstellung, soweit möglich, die harmonisierten und zulässigen Begriffe der einheitlichen Klassifikationsdatenbank (eKDB).

Leitklassenvorschlag des Anmelders ____________

Klassen	Waren und/oder Dienstleistungen *(zwingend zu benennen; nur Angabe der Klassen nicht ausreichend)*

(10) **Serienanmeldung**

☐ Die Anmeldung ist Bestandteil **einer Serie** von Markenanmeldungen (*Vorblatt W 7002 bitte zwingend ausfüllen und beifügen)*

☐ Die Serie enthält identische Waren-/Dienstleistungsverzeichnisse

Diese Anmeldung ist Nummer ____________ von ______________ Anmeldungen

(11) **Priorität**

☐ **Ausländische Priorität**
Kopie/Abschrift der ausländischen Voranmeldung

☐ ist beigefügt
☐ wird nachgereicht

Datum	Staat	Aktenzeichen

☐ **Ausstellungspriorität** ☐ **Ausstellungsbescheinigung** (*Formular W 7708 bitte ausfüllen und beifügen)*

Bezeichnung der Ausstellung

____

W7005 1.19 4

(12)	**Sonstige Anträge** ☐ Antrag auf **beschleunigte Prüfung** nach § 38 Markengesetz *(gebührenpflichtig)* ☐ Antrag auf Eintragung als **Kollektivmarke** nach §§ 97 ff. Markengesetz *(nicht für Privatpersonen möglich; Markensatzung zwingend erforderlich – vgl. Feld (15), Anlagen)* ☐ Antrag auf Eintragung als **Gewährleistungsmarke** nach §§ 106a ff. Markengesetz *(nicht für Hersteller/Lieferanten möglich; Markensatzung zwingend erforderlich - vgl. Feld (15), Anlagen)* ☐ Antrag auf **internationale Registrierung** dieser Markenanmeldung liegt bei *(Begleitschreiben M 8005 und Formblatt der WIPO MM2 – vgl. Feld (15), Anlagen)*
(13)	**Sonstige Erklärungen** Der Anmelder ist bereit zur ☐ **Lizenzierung der Marke** (§ 42c MarkenV) ☐ **Veräußerung der Marke** (§ 42c MarkenV)
(14)	**Gebührenzahlung** in Höhe von ________ € **Zahlung per Banküberweisung** ☐ **Überweisung** *(dreimonatige Zahlungsfrist beachten)* **Zahlungsempfänger:** Bundeskasse Halle/DPMA IBAN: DE84 7000 0000 0070 0010 54 BIC (SWIFT-Code): MARKDEF1700 **Anschrift der Bank:** Bundesbankfiliale München Leopoldstr. 234, 80807 München **Zahlung mittels SEPA-Basis-Lastschrift** ☐ Ein gültiges **SEPA-Basis-Lastschriftmandat** (*Formular A 9530*) ☐ liegt dem DPMA bereits vor *(Mandat für mehrmalige Zahlungen)* ☐ ist beigefügt ☐ **Angaben zum Verwendungszweck** (*Formular A 9532*) des Mandats mit Mandatsreferenznummer sind beigefügt **! Wird die Anmeldegebühr nicht innerhalb von 3 Monaten nach dem Tag des Eingangs der Anmeldung gezahlt, so gilt die Anmeldung als zurückgenommen. Bitte beachten Sie, dass die Prüfung der Schutzfähigkeit der Marke erst nach Zahlungseingang beginnt.**
(15)	**Anlagen** ☐ in Papierform beigefügt ☐ auf beiliegendem Datenträger (*zulässige Datenträgerformate*) ☐ **Angaben zu weiteren Anmeldern** *(Formular W 7005.0, separates Blatt DIN A4-Format oder pdf-Datei)* – Feld (3) ☐ **Markendarstellung** (*Formular W 7005.1, separates Blatt DIN A4-Format oder Datei)* – Feld (5) ☐ **Markenbeschreibung** *(Formular W 7005.2, separates Blatt DIN A4-Format oder pdf-Datei)* – Feld (6) ☐ **Transliteration, Transkription und Übersetzung** *(Formular W 7005.3, separates Blatt DIN A4-Format oder pdf-Datei)* – Feld (8) ☐ **Verzeichnis der Waren und/oder Dienstleistungen** *(Formular W 7005.4, separates Blatt DIN A4-Format oder pdf-Datei)* – Feld (9) ☐ **Prioritätsunterlagen** *(Formular W 7708, separates Blatt DIN A4-Format oder pdf-Datei)* – Feld (11) ☐ **Markensatzung** *(ungebunden im DIN A4-Format oder pdf-Datei)* – Feld (12) ☐ **Antrag auf internationale Registrierung** (*Begleitschreiben M 8005 und Formblatt der WIPO MM2*) – Feld (12) ☐ ________________

W7005 1.195

(16) **Unterschrift**

Der Unterschrift ist der Name in Druckbuchstaben oder Maschinenschrift hinzuzufügen; bei Firmen die Bezeichnung entsprechend registerrechtlicher Eintragung mit Angabe der Stellung/Funktion des Unterzeichnenden.

Bitte beachten Sie hinsichtlich der Verarbeitung Ihrer personenbezogenen Daten unser Merkblatt A 9106 „Datenschutz bei Schutzrechtsanmeldungen". Dieses finden Sie unter www.dpma.de: Service – Formulare – Sonstige Formulare – Hinweise zum Datenschutz.

! Die Daten Ihrer Anmeldung werden in dem elektronischen Schutzrechtsauskunftssystem DPMAregister veröffentlicht (§ 33 Abs. 3 MarkenG).

Datum

Unterschrift/en *(bei Anmeldergemeinschaften die Unterschriften aller Anmelder),* ***ggf. Firmenstempel***

Funktion/en der/des Unterzeichner/s

W 7005 1.19 6

Hinweise zum Antrag

Ausführliche Hinweise für das Ausfüllen des Antrages finden sich in den Ausfüllhinweisen zum Antrag sowie in dem Merkblatt „Wie melde ich eine Marke an?" (W 7731). Das DPMA gibt veröffentlichte Daten auch an Dritte weiter; weitere Hinweise hierzu finden Sie unter https://www.dpma.de/recherche/datenabgabe/dpmadatenabgabe/index.html.

Alle Formulare und Merkblätter können Sie gebührenfrei unter https://www.dpma.de/service/formulare/index.html abrufen.

Anmeldegebühren*)

Wird die Anmeldegebühr nicht innerhalb von 3 Monaten nach dem Eingang der Anmeldung gezahlt, gilt die Anmeldung gemäß § 6 Abs. 2 PatKostG als zurückgenommen.

Bei einer Schutzdauer von zunächst **10 Jahren beginnend mit dem Anmeldetag**

(1) Anmeldeverfahren einschließlich der Klassengebühr für bis zu drei Klassen

für eine Marke (§ 32 MarkenG) bei elektronischer Anmeldung	290 €	Gebührennummer: 331 000
für eine Marke (§ 32 MarkenG) bei Anmeldung in Papierform	300 €	Gebührennummer: 331 100
für eine Kollektiv- oder Gewährleistungsmarke (§§ 97 und 106 a MarkenG)	900 €	Gebührennummer: 331 200

(2) Zusätzliche Klassengebühr bei Anmeldung für mehr als drei Klassen

für eine Marke je zusätzlicher Klasse (§ 32 MarkenG)	100 €	Gebührennummer: 331 300
für eine Kollektiv- oder Gewährleistungsmarke je zusätzlicher Klasse (§§ 97 und 106 a MarkenG)	150 €	Gebührennummer: 331 400

(3) Gebühr für den Antrag auf beschleunigte Prüfung nach § 38 MarkenG

Beschleunigte Prüfung der Anmeldung (§ 38 MarkenG)	200 €	Gebührennummer: 331 500

Zahlungshinweise

1. Die Gebühren können gemäß § 1 der Patentkostenzahlungsverordnung (PatKostZV) wie folgt entrichtet werden:
   a) durch **Bareinzahlung** bei den Geldstellen des Deutschen Patent- und Markenamts in München, Jena und im Informations- und Dienstleistungszentrum in Berlin,
   b) durch **Überweisung oder (Bar-) Einzahlung** bei einem inländischen oder ausländischen Geldinstitut auf das in der Fußzeile dieser Seite angegebene Konto der Bundeskasse Halle/DPMA,
   c) durch **Erteilung eines SEPA-Basis-Lastschriftmandats mit Angaben zum Verwendungszweck**
   Bitte beachten Sie hierzu Folgendes:
   → Wenn Sie dem DPMA bereits **ein SEPA-Basis-Lastschriftmandat** für mehrmalige Zahlungen erteilt haben, füllen Sie das Formular A 9532 (Angaben zum Verwendungszweck) aus.
   → Haben Sie dem DPMA **noch kein SEPA-Basis-Lastschriftmandat** erteilt, können Sie ein SEPA-Basis-Lastschriftmandat (als Einzel- oder Mehrfachmandat) erteilen, indem Sie das Formular A 9530 ausfüllen und das ausgefüllte Original an das DPMA übersenden. Ergänzend muss auch das Formular A 9532 (Angaben zum Verwendungszweck) ausgefüllt werden. Das SEPA-Mandat muss dem DPMA immer im Original vorliegen. Bei einer Übermittlung per Telefax muss das SEPA-Mandat im Original innerhalb eines Monats nachgereicht werden, damit der Zahlungstag gewahrt bleibt. Geht das Original des SEPA-Mandats nicht innerhalb der Monatsfrist ein, so gilt der Tag des Eingangs des Originals als Zahlungstag.
   Weitere Einzelheiten zur Zahlung im SEPA-Basis-Lastschriftverfahren können Sie dem „Merkblatt über die Nutzung der Verfahren der SEPA-Zahlungsinstrumente" entnehmen.
2. Bei jeder Zahlung sind das vollständige Aktenzeichen, die genaue Bezeichnung des Anmelders (Rechtsinhabers) und der Verwendungszweck anzugeben. Anstelle des Verwendungszwecks kann auch die entsprechende Gebührennummer (siehe oben) angegeben werden.

Nach Eingang Ihrer Anmeldung beim DPMA werden eine Akte angelegt, das Verzeichnis der Waren und Dienstleistungen überprüft und Ihre Grunddaten erfasst. Sie erhalten nach etwa 3 bis 4 Wochen eine Empfangsbestätigung. Diese enthält Gebühreninformationen zu Ihrer Anmeldung. Zusätzlich zur Empfangsbestätigung erfolgt keine weitere Gebührenbenachrichtigung.

***) Stand: 14. Januar 2019** (Die jeweils gültigen Gebühren können dem Merkblatt A 9510 oder dem Internet - siehe Adresse in der Fußzeile dieser Seite - entnommen werden.)

Markenabteilungen	**Postanschrift**	**Telefax**	**Telefon**
Dienststelle München	80297 München	+49 89 2195-4000	**Zentraler Kundenservice:**
Dienststelle Jena	07738 Jena		**+49 89 2195-1000**
Informations- und Dienstleistungszentrum Berlin	10958 Berlin		

Zahlungsempfänger: Bundeskasse Halle/DPMA
IBAN: DE84 7000 0000 0070 0010 54, BIC (SWIFT-Code): MARKDEF1700
Anschrift der Bank: Bundesbankfiliale München, Leopoldstr. 234, 80807 München

Internet:
https://www.dpma.de

Anmerkungen

1. Markenanmeldungen müssen auf dem vom DPMA herausgegebenen Formblatt erfolgen (§ 2 Abs. 1 MarkenV). Alle vom DPMA herausgegebenen Formblätter können bei der Auskunftsstelle des DPMA kostenlos bezogen werden; sie stehen auch im Internet unter www.dpma.de zum Herunterladen zur Verfügung. Das Formblatt ist so abgefasst, dass es bei vollständiger Ausfüllung alle für die Markenanmeldung erforderlichen Angaben enthält. Es enthält auch Hinweise über die zu entrichtenden Gebühren. Ergänzend sei auf das vom DPMA herausgegebene Merkblatt für Markenanmelder und auf die amtliche Empfehlungsliste für die Abfassung der Verzeichnisse der Waren/Dienstleistungen für die Eintragung von Marken verwiesen. Diese Unterlagen können ebenfalls kostenlos bei der Auskunftsstelle des DPMA bzw. über das Internet bezogen werden. Hilfreich ist die „Richtlinie für die Prüfung von Markenanmeldungen und für Registerprüfung“ v. 1.8.2018 in der Fassung v. 1.2.2020.

2. Ebenso besteht die Möglichkeit der Einreichung einer Anmeldung in elektronischer Form (Verordnung über den elektronischen Rechtsverkehr beim DPMA vom 1.11.2013, zuletzt geändert durch Art. 2 der Verordnung vom 10.12.2018). Zum einen besteht die Möglichkeit der signaturgebundenen elektronischen Kommunikation, welche ua vorgesehen ist im Markenverfahren für Anmeldungen und Beschwerden (§ 1), andererseits besteht die Möglichkeit der signaturfreien elektronischen Kommunikation, welche im Markenverfahren ebenso für Anmeldungen vorgesehen ist (§ 2 (1) Nr. 1). Mit Empfang der elektronischen Anmeldung erhält der Anmelder eine vorläufige elektronische Nummer zugewiesen; das hindert jedoch nicht, dass die Empfangsbestätigung mit der endgültigen Markennummer per Post, verbunden mit einer Zahlungsaufforderung, zugesendet wird.

3. Die nachfolgenden Erläuterungen folgen dem Aufbau des vorstehend wiedergegebenen Anmeldeformulars. Die Anmeldung kann dem DPMA auch per Telefax übermittelt werden, was für die Zuerkennung des Anmeldetages ausreicht. Das Formular sieht eine Vorabübermittlung durch Telefax vor, geht also von einer Nachreichung des Originals der Anmeldung aus, obgleich eine Nachreichung des Originals nach § 11 Abs. 2 DPMAV nur im Ausnahmefall erforderlich ist.

4. Die Anmeldung muss Angaben zum Anmelder und ggf. zu seinem Vertreter enthalten (§ 3 Abs. 1 Ziff. 1 MarkenV). Dabei ist auch anzugeben, an wen Zustellungen des Amts erfolgen sollen.

5. Gemäß § 6 MarkenV ist in der Anmeldung anzugeben, ob die Marke als Wortmarke, Bildmarke, dreidimensionale Marke, Klangmarke, Positionsmarke, Kennfadenmarke, Mustermarke, Bewegungsmarke, Multimediamarke, Hologrammmarke (§ 12) oder als sonstige Markenform in das Register eingetragen werden soll. Danach richten sich auch die Anforderungen an die Wiedergabe der Marke. Wenn eine Wortmarke in der vom DPMA verwendeten üblichen Druckschrift eingetragen werden soll, genügt es, die Marke im Anmeldeformular in üblichen Schriftzeichen wiederzugeben. Bei einer Bildmarke (hierunter fallen neben reinen Bildmotiven und gemischten Wort-/Bildmarken auch alle graphischen Gestaltungen einer Wortmarke, die sich nicht in der vom DPMA verwendeten üblichen Druckschrift wiedergeben lassen) und bei allen anderen Markenformen sind der Anmeldung zwei übereinstimmende zweidimensionale graphische Wiedergaben der Marke beizufügen. Wird eine farbige Eintragung gewünscht, sind außerdem die Farben nach einem international anerkannten Farbklassifizierungssystem (zB RAL, Pantone, HKS) zu bezeichnen. Bei einer Klangmarke ist eine Notenschrift oder eine Wiedergabe auf einem Datenträger beizufügen. Schließlich kann allen Markenanmeldungen, bei denen dies zweckmäßig erscheint, eine Beschreibung der Marke beigefügt werden. Für die graphische Wiedergabe der Marke gibt es detaillierte Regelungen, die im Einzelnen den §§ 8 ff. MarkenV und dem vom DPMA herausgegebenen Merkblatt für Markenanmelder entnommen werden können.

6. Die Anmeldung muss ein Verzeichnis der Waren/Dienstleistungen enthalten, für die die Marke eingetragen werden soll. Ist das Verzeichnis für die Wiedergabe im Formular zu umfangreich, ist es in einer Anlage wiederzugeben. Für die Einteilung der Waren/Dienstleistungen findet eine internationale Klassifizierung Anwendung, welche 34 Waren- und 11 Dienstleistungsklassen umfasst. Die Waren/Dienstleistungen sind den entsprechenden Klassen zuzuordnen und sollen in der Reihenfolge der Klasseneinteilung geordnet werden. Sie sind dabei so zu bezeichnen, dass sie eindeutig einer Klasse zuzuordnen sind. Es können die Oberbegriffe der Klasseneinteilung verwendet werden, die zumeist breite Waren-/Dienstleistungsgebiete abdecken, es können aber auch spezifischere Begriffe verwendet werden, um sich von anderen Marken abzugrenzen und die Kollisionsgefahr zu verringern. In jedem Fall empfiehlt es sich, nach Möglichkeit die Bezeichnungen der vom DPMA herausgegebenen dreisprachigen Empfehlungsliste für die Abfassung der Verzeichnisse der Waren/Dienstleistungen zu verwenden, da in diesem Fall auch gleich die korrekte englische und französische Übersetzung mitgeliefert wird, wie sie für eine internationale Registrierung der Marke oder für ausländische Nachanmeldungen unter Inanspruchnahme der deutschen Priorität benötigt werden.

Dabei ist berücksichtigen, dass das DPMA nach der „IP-Translator" Entscheidung des Europäischen Gerichtshofs (EuGH GRUR 2012, 822 – Chartered Institute of Patent Attorneys/Registrar of Trade Marks; Vorabentscheidungsersuchen vom High Court of Justice) Begriffe der Klassenüberschriften wörtlich auslegt und nicht davon ausgeht, dass die Klassenüberschriften zusätzlich noch die zum Zeitpunkt der Anmeldung geltende alphabetische Liste umfassen. Die Waren oder Dienstleistungen, für die die Marke angemeldet wird, werden einzeln aufgeführt. Ein Schutz für die komplette alphabetische Liste kann der Anmelder nur durch die einzelne Auflistung der jeweiligen Begriffe erlangen (siehe Gemeinsame Mitteilung zur Anwendung von „IP-Translator" vom 2.5.2013).

Am 1.1.2020 ist die Version 2020 der 11. Ausgabe der Nizza-Klassifikation (NCL 11-2020) in Kraft getreten.

7. Wenn für eine Markenanmeldung die Priorität aus einer früheren ausländischen Anmeldung oder eine Ausstellungspriorität in Anspruch genommen werden soll, kann die entsprechende Prioritätserklärung mit den erforderlichen Angaben zur Ursprungsanmeldung bzw. erstmaligen Zurschaustellung bereits im Anmeldeformular erfolgen. Diese Erklärungen können aber auch noch innerhalb einer Frist von zwei Monaten, die mit dem Anmeldetag beginnt, nachgereicht werden. Auf entsprechende Aufforderung des DPMA hin, sind dann innerhalb einer weiteren Frist von zwei Monaten ab Zustellung der Aufforderung entsprechende Nachweise einzureichen (§§ 34 Abs. 3, 35 Abs. 4 MarkenG). Als Nachweis für die Ursprungsanmeldung genügt dabei eine Abschrift der früheren Anmeldung. Gemäß § 34 Abs. 1 MarkenG kann eine Priorität nach der PVÜ jetzt auch für Dienstleistungen in Anspruch genommen werden, obgleich Art. 4 PVÜ seinem Wortlaut nach nur Fabrik- und Handelsmarken betrifft.

8. Die Berufung auf Art. 6 quinquies PVÜ muss nicht schon mit der Anmeldung erfolgen; dies kann auch später geschehen, zB wenn die Marke im Eintragungsverfahren beanstandet wird (§ 17 MarkenV). In diesem Fall ist eine von der zuständigen Behörde ausgestellte Bescheinigung über die Eintragung im Ursprungsland vorzulegen. Der Berufung auf die Eintragung im Ursprungsland kommt in der Praxis keine große Bedeutung zu, da die Versagungsgründe gemäß Art. 6 quinquies B PVÜ weitgehend dem nationalen Recht entsprechen.

9. Sonstige Anträge: Ein Antrag auf beschleunigte Prüfung gemäß § 38 MarkenG ist insbesondere erforderlich, wenn die Marke nach dem Madrider Markenabkommen (MMA) international registriert werden soll (→ Form. II.2). Ein solcher Antrag kann auch von Interesse sein, wenn aus der Marke rasch Ansprüche geltend gemacht werden sollen oder mit der Marke geworben werden soll.

10. Die Anmeldung einer Kollektivmarke gemäß §§ 97 ff. MarkenG erfolgt ebenfalls mit dem hier wiedergegebenen Formular. Wird die Eintragung einer Kollektivmarke beantragt, ist das dafür vorgesehene Feld anzukreuzen. Der Anmeldung muss dann außerdem eine Markensatzung beigefügt sein, die den Erfordernissen des § 102 MarkenG entspricht.

Neu aufgenommen wurde die Möglichkeit der Anmeldung von Gewährleistungsmarken gemäß §§ 106a ff MarkenG. Mit einer Gewährleistungsmarke gewährleistet der Inhaber für die Waren und Dienstleistungen, für die sie angemeldet wird, das Vorliegen einer oder mehrerer der folgenden Eigenschaften: das Material, die Art und Weise der Herstellung der Waren oder der Erbringung der Dienstleistungen und/oder die Qualität, die Genauigkeit oder andere Eigenschaften mit Ausnahme der geografischen Herkunft. Die Inhaberschaft solcher Marken ist näher in § 106b MarkenG geregelt. Danach können Inhaber von angemeldeten oder eingetragenen Gewährleistungsmarken natürliche oder juristische Personen einschließlich Einrichtungen, Behörden und juristischer Personen des öffentlichen Rechts sein, sofern sie keine Tätigkeit ausüben, die die Lieferung von Waren oder Dienstleistungen, für die eine Gewährleistung besteht, umfasst. Auch bei der Anmeldung von Gewährleistungsmarken ist zwingend eine Markensatzung beizufügen (§ 106d MarkenG).

11. Das Formular sieht Angaben zur Gebührenzahlung vor. Die Zahlung kann durch eine der auf dem Formular angegebenen Zahlungsarten erfolgen, namentlich Banküberweisung oder durch Zahlung mittels SEPA-Basis-Lastschrift. Dabei bewirkt die Zahlung mittels Lastschrift den Zahlungseingang bereits mit Eingang des betreffenden Formulars beim DPMA, während bei einer Überweisung der Zahlungseingang erst mit Gutschrift des Betrags auf dem Konto des DPMA bewirkt wird. Es ist nicht erforderlich, die zu entrichtenden Gebühren selbst zu errechnen. Werden die Gebühren nicht schon mit der Anmeldung entrichtet, teilt das DPMA mit der Empfangsbescheinigung vom Amts wegen die insgesamt fällig gewordenen Gebühren mit und die Zahlung kann auch erst dann erfolgen. Die Höhe der Gebühr richtet sich nach der Anzahl der von der Markenanmeldung erfassten Klassen. Sie ergibt sich im Einzelnen aus dem Gebührenverzeichnis, welches eine Anlage zu § 2 Abs. 1 PatKostG darstellt.

12. Eine Vertretervollmacht kann auch nachgereicht werden. Alternativ kann auf eine beim DPMA bereits hinterlegte allgemeine Vollmacht verwiesen werden, die sich auf die Vertretung eines Anmelders in allen Markenangelegenheiten erstreckt. Bei einer Vertretung durch Rechts- oder Patentanwälte kann von der Vorlage einer Vollmacht auch abgesehen werden, da der Mangel der Vollmacht von Amts wegen nicht berücksichtigt wird (§ 81 Abs. 6 MarkenG).

2. Anmeldung einer Unionsmarke

EUIPO
AMT DER EUROPÄISCHEN UNION
FÜR GEISTIGES EIGENTUM

Anmeldung einer Unionsmarke ①

Datum der Empfangsbestätigung (TT/MM/JJJJ)	Seitenzahl (einschließlich dieser Seite)

Sprache ②

Erste Sprache		**Ihr Aktenzeichen:**
Zweite Sprache:		
Ich möchte alle Mitteilungen in der zweiten Sprache erhalten:	☐	
Ich werde eine Übersetzung der Markenbeschreibung, wenn erforderlich, und des Verzeichnisses der Waren und Dienstleistungen in der zweiten Sprache vorlegen.	☐	

Anmelder ③

	Nummer des Anmelders 1	**EUIPO-ID des Anmelders**
Art des Anmelders:		
Name:		
Rechtsform:		
Registrierungsland:		
Anschrift:		
Ort:		
Staat/Provinz:		
Postleitzahl:		
Land:		
Postanschrift:		
Telefonnummer:		
Faxnummer:		
E-Mail-Adresse:		
Website:		

Vertreter ④

	Nummer des Vertreters 1	**EUIPO-ID des Vertreters**
Art des Vertreters:		
Name des Zusammenschlusses		
Nationalität		
Anschrift:		
Ort:		
Staat/Provinz:		

EUIPO
AMT DER EUROPÄISCHEN UNION
FÜR GEISTIGES EIGENTUM

Anmeldung einer Unionsmarke

Vertreter

Postleitzahl:
Land:
Postanschrift:
Telefonnummer:
Faxnummer:
E-Mail-Adresse:
Website:

Marke (5)

Markentyp:
Wiedergabe der Marke:
Farbanspruch zur Inanspruchnahme der Priorität in anderen Ämtern:

Verzeichnis der Waren und Dienstleistungen (6)

Klasse	Waren und Dienstleistungen	Sprache

Priorität (7)

Land der Erstanmeldung	Aktenzeichen	Datum der Erstanmeldung	Kopie der Erstanmeldung	Übersetzung der Erstanmeldung

Berichte (8)

Nationaler Recherchenbericht ☐
Unionsrecherchenbericht ☐

Gebühr (9)

Zahlungsart:

EUIPO
AMT DER EUROPÄISCHEN UNION
FÜR GEISTIGES EIGENTUM

Anmeldung einer Unionsmarke

Grundgebühr	
Recherchengebühr	
Gebühr für zusätzliche Klasse	
Gesamt:	

Unterschrift

Vor- und Nachname	Befugnis des Unterzeichners

Anmerkungen

1. Die Anmeldung einer Unionsmarke muss direkt beim Amt der Europäischen Union für geistiges Eigentum (EUIPO) eingereicht werden. Das Formular steht im Internet unter euipo.europa.eu zum Herunterladen zur Verfügung. Die elektronische Übermittlung ist zur Einreichung empfohlen, da das System des EUIPO dem Anmelder Anleitungen bietet, wodurch die Anzahl der potenziellen Mängel verringert und das Prüfungsverfahren beschleunigt wird. Darüber hinaus wird für elektronisch eingereichte Anmeldungen eine reduzierte Gebühr erhoben. Das Amt bietet auch die Möglichkeit eines beschleunigten Verfahrens, „Fast Track"-Verfahren genannt (weitere Einzelheiten sind auf der Website des EUIPO verfügbar).

Für Anmeldungen zur Eintragung einer Unionsmarke gilt das Telefax hingegen nicht als gültiges Kommunikationsmittel.

Werden andere Mittel für die Anmeldung gewählt, kann auf die vom Amt in allen Amtssprachen der EU zur Verfügung gestellten verschiedenen Formblätter zurückgegriffen werden. Die Verwendung ist zwar nicht obligatorisch, wird aber dringend empfohlen. Internationale Anmeldungen oder nachträgliche Benennungen gemäß dem Madrider Protokoll müssen allerdings auf den Formblättern MM 2 oder MM 4 der Weltorganisation für geistiges Eigentum (WIPO) oder auf den Versionen des Amtes EM 2 oder EM 4 erfolgen.

Die nachfolgenden Erläuterungen folgen dem Aufbau des Anmeldeformulars.

Unionsmarkenanmeldungen sowie alle anderen in der Verordnung vorgesehenen Anträge und Mitteilungen werden dem Amt entweder durch elektronische Mittel oder durch Einreichung des unterzeichneten Originalschriftstücks durch die Post oder einen Kurier übermittelt (Art. 63 (1) Delegierte Verordnung (EU) 2018/625).

2. In dem Anmeldeformular sind zunächst zwei Sprachen auszuwählen, nämlich eine erste Sprache als Verfahrenssprache und eine zweite Sprache, die sich von der ersten unterscheiden muss. Als Verfahrenssprache kann jede der 24 Amtssprachen der Europäischen Union (Stand Januar 2020) gewählt werden, als zweite Sprache nur eine der 5 Sprachen des Amtes. Auch wenn die gewählte Verfahrenssprache eine Sprache des Amtes ist, muss sich die zweite Sprache davon unterscheiden. Die zweite Sprache wird vom Amt im Schriftverkehr mit dem Anmelder verwendet, wenn die erste Sprache nicht eine der Amtssprachen des Amtes ist; sie ist außerdem die Sprache, die Dritten – neben der Verfahrenssprache – für das Widerspruchs- und Löschungsverfahren zur Verfügung steht.

3. Die Anmeldung muss Angaben zur Person des Anmelders enthalten. Sofern diese Angaben nicht schon unter einer ID-Nummer gespeichert sind, ist es erforderlich, die vollständige Anschrift anzugeben.

4. Wird ein Vertreter tätig, müssen im Anschluss Angaben zu seiner Person gemacht werden. Sofern diese Angaben nicht schon unter einer ID-Nummer gespeichert sind, ist es erforderlich, die vollständige Anschrift anzugeben. Zur Vertretung natürlicher oder juristischer Personen vor dem Amt sind nur berechtigt: Rechtsanwälte, die in einem der Mitgliedstaaten des Europäischen Wirtschaftsraums zugelassen sind, ihren Geschäftssitz in der Union haben und in diesem Staat die Vertretung auf dem Gebiet des Markenwesens ausüben dürfen oder zugelassene Vertreter, die in einer beim Amt geführten Liste eingetragen sind (Art. 120 UMV). Deutsche Rechtsanwälte sind danach ohne weiteres zur Vertretung vor dem Amt berechtigt; deutsche Patentanwälte dürften in der Regel in die Liste der zugelassenen Vertreter eingetragen sein. Die Vertretung kann auch durch einen Zusammenschluss von Vertretern wahrgenommen werden. Die Art der Vertretung ist im Formular anzugeben. Notwendig ist eine Vertretung nur, wenn der Anmelder in der Union weder Sitz noch Niederlassung unterhält, mit Ausnahme der Anmeldung einer Unionsmarke. Im Übrigen kann er selbst handeln oder sich auch durch einen Angestellten vertreten lassen. Eine Vollmacht muss nur eingereicht werden, wenn ein Angestellter vertritt. Bei einer Vertretung durch Rechtsanwälte oder zugelassene Vertreter ist eine Vollmacht nur auf ausdrückliche Anforderung erforderlich. Das EUIPO stellt eine Vollmachtsurkunde auf seiner Webseite zur Verfügung; die Vollmacht kann auch nachgereicht werden. Die Vollmacht kann als allgemeine Vollmacht oder als Einzelvollmacht erteilt werden. Wird sie als allgemeine Vollmacht erteilt, erteilt das Amt eine ID-Nummer, auf die in künftigen Anmeldungen Bezug genommen werden kann.

5. Das nächste Feld betrifft die Angaben zur Marke, ua der Markentyp (zB Wortmarke) und die Wiedergabe der Marke. Bei einer Wortmarke genügt es, diese in üblichen Schriftzeichen auf dem Anmeldeformular wiederzugeben. Für alle anderen Markenformen – dazu zählen auch Wortmarken in graphischer Gestaltung, die sich nicht in üblichen Schriftzeichen wiedergeben lässt – hat die Wiedergabe der Marke auf einem gesonderten Blatt zu erfolgen. Zu beachten ist, dass als Unionsmarke nur solche Zeichen in Betracht kommen, soweit diese, zum Einen, geeignet sind, die Waren oder Dienstleistungen eines Unternehmens von denen anderer Unternehmen zu unterscheiden und, zum anderen, die im Register in einer Weise dargestellt werden können, dass die zuständigen Behörden und das Publikum den Inhalt des durch die Marke gewährten Schutzes klar und eindeutig bestimmen können (Art. 4 UMV). Bei dreidimensionalen Marken können bis zu sechs verschiedene Perspektiven der Marke wiedergegeben werden.

Wenn eine farbige Marke beansprucht wird, sind die Farben zusätzlich verbal zu bezeichnen. Die – fakultative – Übersetzung von Angaben zur Marke erleichtert und beschleunigt die Bearbeitung von Anmeldungen durch das Amt, insbesondere dann, wenn die Sprache der Anmeldung nicht eine der fünf Sprachen des Amtes ist.

Für die Anmeldung einer Kollektivmarke würde das Formular unterhalb der Zeile „Farbanspruch zur Inanspruchnahme der Priorität in anderen Ämtern" eine weitere Zeile mit der Angabe „Markenkategorie" folgen. Es ist dann das entsprechende Feld anzukreuzen und eine den Anforderungen des Art. 74, 75 UMV genügende Markensatzung beizufügen oder innerhalb einer Frist von zwei Monaten nach dem Anmeldetag (Art. 75 (2) UMV) nachzureichen.

6. Die Anmeldung muss ein Verzeichnis der Waren und Dienstleistungen enthalten; es handelt sich dabei ebenfalls um ein zwingendes Erfordernis für die Zuerkennung des Anmeldetages. Zur Abfassung dieses Verzeichnisses kann auf → Form. V.1 Anm. 6 verwiesen werden. Zur Vereinfachung und Beschleunigung der Bearbeitung der Anmeldung empfiehlt das Amt, die vorab genehmigte Terminologie der Harmonisierten Datenbank (HDB) zu verwenden. Diese Terminologie wird von allen EU-Markenämtern anerkannt und stellt validierte Übersetzungen in allen EU-Sprachen zur Verfügung. Zugriff auf die HDB besteht über TMclass oder den Waren- und Dienstleistungsersteller (Goods and Services Builder) sowie über das System der elektronischen Anmeldung (E-Filing). Abweichungen individueller Natur sind möglich; bei einer elektronischen Anmeldung erfolgt jedoch eine Farbskala, die dem Anmelder signalisiert, welche Begriffe problemlos akzeptiert oder welche vom Prüfer überprüft und ggf. beanstandet werden. Das System bietet auch Alternativbegriffe an.

7. Wie bei einer nationalen Anmeldung kann für die Anmeldung einer Unionsmarke die Priorität einer älteren ausländischen Anmeldung oder eine Ausstellungspriorität in Anspruch genommen werden. Die dafür erforderliche Prioritätserklärung kann nur zusammen mit der Anmeldung erfolgen. Die jeweils erforderlichen Prioritätsunterlagen sind innerhalb einer Frist von drei Monaten nach dem Anmeldetag einzureichen (Art. 35 (1) UMV iVm Art. 2 (1) f), Art. 4 Durchführungsverordnung.

Zusätzlich gibt es bei der Anmeldung einer Unionsmarke auch noch die Möglichkeit, den Zeitrang einer älteren nationalen Markeneintragung in einem Mitgliedstaat in Bezug auf diesen Mitgliedstaat in Anspruch zu nehmen (Seniorität). Der dafür erforderliche Antrag muss entweder zusammen mit der Anmeldung der Unionsmarke oder innerhalb einer Frist von zwei Monaten nach dem Anmeldetag eingereicht werden (Art. 39 UMV iVm Art. 2 (1) h), Art. 6 Durchführungsverordnung). Der Anmelder kann dann nach Eintragung der Unionsmarke ohne Rechtsverlust auf seine nationale Marke verzichten. Für die Inanspruchnahme des Zeitrangs einer nationalen Marke und die Vorlage der entsprechenden Zeitrang-Unterlagen gelten dieselben Fristen, wie für die Prioritätserklärung und die Einreichung der Prioritätsunterlagen (Art. 6 Durchführungsverordnung).

Wenn Priorität und/oder Zeitrang nicht für alle Waren/Dienstleistungen in Anspruch genommen werden, ist insoweit ein gesondertes Verzeichnis der Waren/Dienstleistungen vorzulegen.

Im Fall der Umwandlung einer internationalen Registrierung, die auf Antrag einer Ursprungsbehörde durch das internationale Büro gemäß Artikel 9 quinquies des Protokolls zum MMA gelöscht wurde, sind im Formular die dort geforderten Angaben zu machen.

8. Nationale Recherchenberichte werden nur noch auf Antrag und gegen Erhebung einer gesonderten Gebühr eingeholt. Gegebenenfalls ist das betreffende Feld im Formular anzukreuzen. Ebenso kann auf Antrag des Anmelders ein Unionsrecherchenbericht erstellt werden, Art. 43 (1) UMV.

9. Voraussetzung für die Zuerkennung des Einreichungstages als Anmeldetag der Unionsmarke ist außerdem, dass die Gebühr für die Anmeldung innerhalb eines Monats nach Einreichung der Anmeldung gezahlt wird (Art. 32 UMV). Die zu zahlenden Gebühren richten sich nach der Anzahl der Klassen, auf die sich die Anmeldung erstreckt. Die Grundgebühr beträgt derzeit 1.000,– Euro und erfasst eine Klasse. Die Gebühr für die 2. Klasse beträgt 50,– Euro und für jede weitere Klasse 150,– EUR. Im Falle einer elektronischen Anmeldung reduziert sich diese Gebühr auf 850,– EUR; die Gebühren für jede weitere Klasse bleiben unberührt. Für die Anmeldung einer Unionskollektivmarke beträgt die Grundgebühr 1.800,– EUR für eine Klasse (elektronisch: 1.500,– EUR); die Gebühr für die 2. Klasse 50,– EUR und für jede weitere Klasse 150,– EUR.

Diese Gebühren umfassen sowohl die Anmeldung als auch die Eintragung der Marke. Die zusätzliche Gebühr für die Erstellung der nationalen Recherchenberichte beträgt 12,– EUR, multipliziert mit der Zahl der Zentralbehörden für den gewerblichen Rechtsschutz; sie muss zusammen mit der Anmeldegebühr entrichtet werden (Artikel 42 Abs. 2 UMV).

Zahlungen müssen in Euro geleistet werden und können durch Banküberweisung, per Debit- oder Kreditkarte oder Ermächtigung zur Belastung eines laufenden Kontos bewirkt werden. Die Zahlung der Gebühren muss nicht schon mit der Anmeldung bewirkt werden, es ist aber keine ausdrückliche Gebührenanforderung vorgesehen. Sind die zu zahlenden Gebühren nicht in voller Höhe bezahlt, erfolgt im Rahmen der Bearbeitung der Anmeldung eine entsprechende Beanstandung und die Gebühren können innerhalb einer Frist von zwei Monaten nach Eingang der entsprechenden Mitteilung nachentrichtet werden (Art. 41 (2) UMV).

Für die Gebührenzahlung ist es wichtig, auf dem ersten Blatt des Anmeldeformulars rechts oben und auf dem Zahlungsbeleg das Aktenzeichen des Anmelders/Vertreters anzugeben, da dieses für die Zuordnung von Zahlungen dient, solange das Aktenzeichen des Amts noch nicht bekannt ist. Der Eingang der elektronisch erfolgten Anmeldung wird jedoch unmittelbar elektronisch bestätigt.

10. Die Anmeldung einer Unionsmarke ist, soweit sie nicht elektronisch eingereicht wird, zu unterschreiben. Art. 2 (1) k) der Durchführungsverordnung (EU) 2018/626 nennt die Unterschrift des Anmelders oder Vertreters als ein gesondertes Erfordernis neben dem Antrag auf Eintragung einer Unionsmarke und verweist auf Art. 63 (1) der Delegierten Verordnung (EU) 2018/625. Daraus könnte man folgern, dass eine fehlende Unterschrift ohne Gefährdung des Anmeldetages nachgeholt werden kann. Ebenso gut lässt sich aber die Auffassung vertreten, dass es ohne Unterschrift an einem wirksamen Antrag fehlt, und dieser zählt zu den zwingenden Erfordernissen der Anmeldung für die Zuerkennung eines Anmeldetages (Art. 31 (1) a) UMV iVm Art. 2 (1) k) der Durchführungsverordnung (EU) 2018/626). Die Anmeldungen erfolgen jedoch absolut überwiegend elektronisch.

3. Internationale Registrierung einer Marke

An das
Deutsche Patent- und Markenamt
Markenabteilungen
80297 München

DEUTSCHES PATENT- UND MARKENAMT

(1) Name/Firma Str./Haus-Nr. PLZ/Ort ggf. Postf.

Sendungen des Deutschen Patent- und Markenamts sind zu richten an:

☐ **Internationale Registrierung einer Marke**
Aktenzeichen der Basismarke/-anmeldung
(bitte vollständig angeben)

IR

☐ **Nachträgliche Benennung zu einer IR-Marke**
Aktenzeichen der IR-Marke

☐ **TELEFAX** (+49 89 2195-**4444**) vorab am

(2)

Zeichen des Antragstellers/Vertreters (max. 20 Stellen)	Telefon-Nr. des Ast./Vertr.	Telefax-Nr. des Ast./Vertr.	Datum

(3) Name/Firma Str./Haus-Nr. PLZ/Ort ggf. Postf wenn abweichend von Feld (1)

Antragsteller **Vertreter**

(4) **Folgendes Antragsformblatt der WIPO/OMPI ist in zweifacher Ausfertigung ausgefüllt beigefügt:**

☐ MM1

☐ MM2 Zutreffendes ankreuzen, wenn die Basismarke noch nicht im Register eingetragen ist:

☐ Das Gesuch soll aufgrund der Basisanmeldung an die WIPO/OMPI weitergeleitet werden.

☐ Das Gesuch soll erst **nach** Eintragung der Basismarke an die WIPO/OMPI weitergeleitet werden.

Werden hierzu keine Angaben gemacht, wird das Gesuch aufgrund der Basisanmeldung, also schon vor Eintragung der Basismarke an die WIPO/OMPI weitergeleitet.

☐ MM3 Achtung! Unbedingt ankreuzen, wenn ein Gesuch auf Grundlage sowohl des MMA als auch des PMMA gestellt wird **und** die Basismarke noch nicht im Register eingetragen ist:

☐ Das Gesuch soll auf der Grundlage sowohl des MMA als auch des PMMA weiterbearbeitet werden, d.h. Weiterleitung des Gesuchs **nach** Eintragung der Basismarke mit **allen** benannten Vertragsparteien.

Werden hierzu keine Angaben gemacht, wird das Gesuch aufgrund der Basisanmeldung, also schon vor Eintragung der Basismarke an die WIPO/OMPI weitergeleitet, d.h. die benannten Vertragsparteien, die ausschließlich dem MMA angehören, werden aus dem Antrag gestrichen.

☐ MM4

(5) **Dem Antrag sind folgende Formblätter in zweifacher Ausfertigung beigefügt:**

☐ MM17 (Beanspruchung einer Seniorität bei Benennung der Europäischen Gemeinschaft)

☐ MM18 (Benutzungsabsichtserklärung für die USA) (Unbedingt beifügen bei Benennung USA)

(6) **Zum Antrag auf internationale Registrierung (MM1/MM2/MM3) sind**

☐ 4 Abbildungen der Bildmarke bzw. dreidimensionalen Marke beigefügt (in Schwarz-weiß, wenn die Basismarke schwarz-weiß eingetragen bzw. angemeldet ist; in Farbe, wenn die Basismarke farbig eingetragen bzw. angemeldet ist. Bitte Farbangaben nicht vergessen).
(Bitte zulässige Größe beachten; mindestens 1,5 cm x 1,5 cm und ***maximal 8 cm x 8 cm)***

(7) **Gebührenzahlung** von ________ Euro

(bei MM1 / MM2 / MM3: Gebührennr. 334 100, **180,-- Euro**; bei MM4: Gebührennr. 334 300, **120,-- Euro**)

Die Gebühren sind innerhalb von 1 Monat nach Einreichung der Anmeldung zu zahlen.

Zahlung per Banküberweisung

☐ **Überweisung**

Zahlungsempfänger:
Bundeskasse Halle/DPMA
IBAN: DE84 7000 0000 0070 0010 54
BIC (SWIFT-Code): MARKDEF1700

Anschrift der Bank:
Bundesbankfiliale München
Leopoldstr. 234, 80807 München

Zahlung mittels SEPA-Basis-Lastschrift

☐ Ein gültiges **SEPA-Basis-Lastschriftmandat** (*Vordruck A 9530*) mit der Mandatsreferenznummer *(bitte eintragen)*:

____

☐ liegt dem DPMA bereits vor *(Mandat für mehrmalige Zahlungen)*

☐ ist beigefügt

☐ **Angaben zum Verwendungszweck** (*Vordruck A 9532*) des Mandats mit der o. g. Mandatsreferenznummer sind beigefügt.

M 8005
12.13

____
Unterschrift

Anmerkungen

1. Das hier wiedergegebene Gesuch um internationale Registrierung ist lediglich das an das DPMA zu richtende Vermittlungsgesuch. Diesem Gesuch ist der eigentliche Antrag beizufügen, der auf einem von der WIPO/OMPI (Weltorganisation für geistiges Eigentum) herausgegebenen Formular zu stellen ist. Zwischenzeitlich gibt es für das Gesuch um internationale Registrierung nur noch das Formular MM2, da sämtliche Mitglieder des Madrider Systems Mitglied des Protokolls sind. Sämtliche Formulare (nicht nur das Formular MM2) sind in den Amtssprachen Spanisch, Englisch und Französisch auf der Webseite der WIPO herunterladbar. Das im Formblatt erwähnte Formular MM4, ebenfalls in einer französischen, englischen und spanischen Fassung erhältlich, betrifft die nachträgliche Erstreckung einer IR-Marke auf weitere Vertragsstaaten, gleichgültig, ob sie dem MMA oder dem Protokoll angehören. Alle Formulare und Merkblätter stehen auch im Internet zum Herunterladen zur Verfügung, und zwar das hier abgedruckte Vermittlungsgesuch, das erwähnte Merkblatt und die Anleitung zum Ausfüllen der internationalen Vordrucke unter www.dpma.de, die Vordrucke der WIPO/OMPI unter www.wipo.int bzw. www.ompi.org. Ein Abdruck der WIPO/OMPI-Formulare ist hier wegen ihres Umfangs nicht möglich. Die nachfolgenden Erläuterungen folgen dem Aufbau des hier wiedergegebenen Vermittlungsgesuchs und beschränken sich im Übrigen auf einige wesentliche Anmerkungen zu den Formularen der WIPO/OMPI.

2. Das Gesuch um internationale Registrierung ist stets über die Ursprungsbehörde einzureichen. In dem Vermittlungsgesuch ist rechts oben das Aktenzeichen der Basismarke bzw. Basisanmeldung vollständig anzugeben. Die Angabe der Registernummer ist nicht mehr erforderlich, es ist aber zu beachten, dass eine internationale Registrierung unter dem MMA die Eintragung der Basismarke voraussetzt. Wird das Gesuch hier vor der Eintragung gestellt, gilt es erst mit Eintragung der Basismarke als zugegangen (§ 108 Abs. 2 MarkenG). Das Formular sieht die Möglichkeit einer Telefax-Vorabübermittlung vor, was für die Wahrung der Prioritätsfrist von Bedeutung sein kann. Im Übrigen sind in dem Formular zunächst der Antragsteller und gegebenenfalls sein Vertreter vollständig zu bezeichnen und es ist anzugeben, an wen Sendungen des DPMA zu richten sind, was gegebenenfalls auch ein Zustellungsbevollmächtigter sein kann.

3. Während die internationale Registrierung unter dem MMA die Eintragung der Basismarke voraussetzt, kann eine Registrierung nach dem Protokoll bereits auf Basis der Anmeldung erfolgen. In dem Formular ist dann anzugeben, ob das Gesuch aufgrund der Basisanmeldung oder ob es erst nach Eintragung der Basismarke weitergeleitet werden soll, mit allen benannten Vertragsparteien. Werden hierzu keine Angaben gemacht, verfährt das DPMA gemäß der ersten Alternative.

4. Auch die Europäische Union ist dem Protokoll zum MMA beigetreten. Es ist also möglich, über eine internationale Registrierung zu einer Unionsmarke zu gelangen, und zwar unter Wahrung der Möglichkeit, für diese die Priorität einer älteren nationalen Markeneintragung in Anspruch zu nehmen (Seniorität, → Form. V.2 Anm. 11). In diesem Fall ist dem Gesuch um internationale Registrierung ein Formular MM 17 beizufügen, welches Angaben zu der älteren nationalen Marke vorsieht. Die USA sind ebenfalls ein Protokollstaat. Werden sie benannt, ist zwingend ein Formular MM 18 beizufügen, mit dem die Benutzungsabsicht für die USA erklärt wird.

5. Mit dem Gesuch ist eine nationale Gebühr in Höhe des jeweils geltenden Tarifs an das DPMA zu entrichten. Sie kann, wenn die deutsche Marke noch nicht eingetragen ist, auch erst nach deren Eintragung gezahlt werden, ist dann aber umgehend zu entrichten, damit keine Bearbeitungsverzögerung eintritt. Wird die Gebühr nicht gezahlt, gilt der Antrag als nicht gestellt (§ 109 Abs. 1, § 36 Abs. 2 S. 1 MarkenG). Dem Gesuch ist im Falle der Banküberweisung ein Nachweis über die Zahlung der an die WIPO/OMPI zu entrichtenden Gebühren beizufügen. Diese Gebühren, deren Höhe sich aus Regel 10 der Ausführungsverordnung zum MMA und zum Protokoll iVm dem Gebührenverzeichnis ergibt (das DPMA gibt auch ein Gebührenmerkblatt heraus, dem die jeweils geltenden Gebühren zu entnehmen sind), müssen unmittelbar an die WIPO/OMPI bezahlt werden, wobei der Zweck der Zahlung, Aktenzeichen bzw. Registernummer der deutschen Marke, Name und Anschrift des Hinterlegers und des Einzahlers für die richtige Zuordnung der Zahlung anzugeben sind. Seit dem 1.2.2020 ist die überarbeitete Ausführungsverordnung in Kraft (Regulations under the Madrid Agreement Concerning the International Registration of Marks), zu finden auf der Webseite der WIPO. Die Änderungen tragen dem Umstand Rechnung, dass nunmehr sämtliche Mitglieder des Madrider Systems auch Mitglieder des Protokolls sind. Das DPMA vermittelt nicht die Zahlung. Der Nachweis der Zahlung kann insbesondere durch Vorlage einer Quittung oder einer Post- bzw. Bankbestätigung erbracht werden. Am einfachsten, aber nur bei größerem Anmeldeumfang lohnend, ist die Erteilung eines Abbuchungsauftrags von einem bei der WIPO/OMPI unterhaltenen Kontokorrentkonto. In diesem Fall genügt als Zahlungsnachweis die Angabe der Kontonummer. Auch die nationale Gebühr kann durch Überweisung oder Erteilung eines SEPA-Basis-Lastschriftmandats von einem Inlandskonto auf entsprechendem Formular des DPMA entrichtet werden, was die Bearbeitung beschleunigt.

6. Bei Bildmarken bzw. dreidimensionalen Marken sind dem Gesuch außerdem 4 Abbildungen der Marke beizufügen, deren Länge und Breite nicht mehr als 8 cm und nicht weniger als 1,5 cm betragen darf. Bei farbigen Abbildungen sind im internationalen Antrag zusätzlich die Farben zu bezeichnen.

7. Das dem Gesuch beizufügende internationale Formular beinhaltet zunächst Angaben zur Person des Antragstellers, ggf. seines Vertreters und zur Eintragung der Ursprungsmarke.

Sodann erfolgt ggf. die Inanspruchnahme der Priorität der Ursprungsmarke unter Angabe des Datums der ersten Hinterlegung. Wenn für eine internationale Registrierung die Priorität der Ursprungsmarke in Anspruch genommen werden soll und sich nicht ausschließlich auf den Protokollstaat erstreckt, muss letztere innerhalb der Prioritätsfrist von sechs Monaten eingetragen sein und das Gesuch auf internationale Registrierung innerhalb dieser 6-Monatsfrist beim DPMA eingereicht werden. Die Einreichung beim DPMA wahrt die Prioritätsfrist, sofern die Weiterleitung an die WIPO innerhalb einer Frist von zwei Monaten nach dem Einreichungstag bewirkt wird. Dies ist, wenn sich bei der Prüfung des Antrags durch das DPMA keine Beanstandungen ergeben, im Allgemeinen gewährleistet. Um die Eintragung der Ursprungsmarke innerhalb der 6-Monatsfrist zu erreichen, ist allerdings regelmäßig ein Antrag auf beschleunigte Prüfung gemäß § 38 MarkenG zu stellen. Dieser Antrag kann auch noch nachträglich gestellt werden. Er ist an keine besondere Form gebunden. Mit dem Antrag ist die Beschleunigungsgebühr zu entrichten. Nur wenn sich die internationale Registrierung ausschließlich auf Protokollstaaten erstrecken soll, besteht dieses Erfordernis nicht, da hier die Eintragung der Ursprungsmarke nicht Voraussetzung für die internationale Registrierung ist. Auch in diesem Fall muss freilich der Antrag auf internationale Registrierung innerhalb der Prioritätsfrist beim DPMA eingereicht werden.

8. Das internationale Formular sieht sodann ein Feld vor, in das bei Bildmarken die entsprechende Abbildung einzufügen ist.

9. Das internationale Formular sieht eine Gruppierung des Verzeichnisses der Waren/ Dienstleistungen nach der internationalen Klasseneinteilung vor. Zur Vermeidung von Beanstandungen empfiehlt es sich, sich schon bei der Ursprungsanmeldung so weit wie möglich an die dreisprachige Empfehlungsliste (→ Form. V.1 Anm. 6) zu halten. Im Fall einer sprachlich unrichtigen Übersetzung oder unklaren Klassifizierung setzt die WIPO/ OMPI eine Frist von drei Monaten zur Mängelbeseitigung (Regel 13 AusfO).

10. Schließlich sieht das Formular der WIPO eine Liste der Mitgliedstaaten vor, für die die internationale Registrierung beantragt werden kann. In der Liste sind die Staaten anzukreuzen, auf die sich der Schutz erstrecken soll. Zu beachten ist, dass hier der Mitgliedstaat, in dem die Ursprungsmarke eingetragen ist, nicht angegeben werden darf. Die Zahl der Staaten, die dem Madrider System angehören, belief sich am 31.1.2020 auf 121 Staaten, von welchen 55 auch dem MMA angehören,. Eine aktuelle Übersicht wird alljährlich im Blatt für Patent-Muster- und Zeichenwesen (BlPMZ) und auf der Website von WIPO/OMPI veröffentlicht.

4. Widerspruch gegen die Eintragung einer Marke

Deutsches
Patent- und Markenamt

Deutsches Patent- und Markenamt
Markenabteilungen
80297 München

W7202 4.19 1

(1)	**Registernummer/Aktenzeichen der Marke, gegen deren Eintragung, bzw. Nummer der international registrierten Marke, gegen deren Schutzerstreckung auf Deutschland sich der Widerspruch richtet** **Name, Vorname/Firma des Inhabers der angegriffenen Marke**	**Widerspruch gegen** **- die Eintragung einer Marke** **- die Schutzerstreckung einer international registrierten Marke auf Deutschland** ☐ per Telefax **vorab** am ___ ___ ___ (TT MM JJJJ) **an Telefaxnummer +49 89 2195 - 4000**	**3**
(2)	**Widersprechender** ☐ Weitere/r Widersprechende/r siehe Anlage *(bitte ein separates Blatt DIN A4 bzw. einen Datenträger verwenden)* **Name, Vorname/Firma** *(ggf. einschließlich Rechtsform entsprechend registerrechtlicher Eintragung)* **Straße, Hausnummer** *(kein Postfach)* **Postleitzahl** **Ort** **Land** *(nur bei ausländischen Adressen)* **Telefonnummer** ___ **E-Mail-Adresse** ___ **Telefaxnummer** ___ **Geschäftszeichen** ___		
(3)	**Sendungen** **des Deutschen Patent- und Markenamts sind zu richten an den** ☐ **Vertreter des Widersprechenden** *(Rechts- oder Patentanwalt, Patentassessor)* oder ☐ **Zustellungsbevollmächtigten des Widersprechenden** **Name, Vorname/Bezeichnung** **Straße, Hausnummer** **Postleitzahl** **Ort** **Land** *(nur bei ausländischen Adressen)* **Telefonnummer** ___ **E-Mail-Adresse** ___ **Telefaxnummer** ___ **Geschäftszeichen** ___ **ggf. Nummer der Allgemeinen Vollmacht** ___		

W 7 2 0 2 4 . 1 9 2

(4) **Der Widerspruch richtet sich gegen**

☐ alle Waren/Dienstleistungen der angegriffenen Marke

☐ folgende Waren/Dienstleistungen der angegriffenen Marke

☐ siehe Anlage *(bitte ein separates Blatt DIN A4 bzw. einen Datenträger verwenden)*

(5) **Gebührenzahlung** in Höhe von ________ €

Zahlung per Banküberweisung

☐ **Überweisung**
(dreimonatige Zahlungsfrist beachten)

Zahlungsempfänger:
Bundeskasse Halle/DPMA
IBAN: DE84 7000 0000 0070 0010 54
BIC (SWIFT-Code): MARKDEF1700

Anschrift der Bank:
Bundesbankfiliale München
Leopoldstr. 234, 80807 München

Zahlung mittels SEPA-Basis-Lastschrift

☐ Ein gültiges **SEPA-Basis-Lastschriftmandat** *(Formular A 9530)*

☐ liegt dem DPMA bereits vor *(Mandat für mehrmalige Zahlungen)*

☐ ist beigefügt

☐ **Angaben zum Verwendungszweck** *(Formular A 9532)* des Mandats mit Mandatsreferenznummer sind beigefügt

! Bitte beachten Sie die Kostenhinweise auf der letzten Seite dieses Formulars.

(6) **Anlagen**

☐ ____ *Formular(e) W 7202.1 (Registrierte Widerspruchkennszeichen, auf die sich der Widerspruch stützt)*

☐ ____ *Formular(e) W 7202.2 (Nicht registrierte Widerspruchskennzeichen, auf die sich der Widerspruch stützt)*

Mindestens eines dieser Formulare muss beigefügt werden!

☐ **Verzeichnis der Waren und/oder Dienstleistungen**, gegen die sich der Widerspruch richtet - Anlage Feld (4)

☐ **Vollmacht**

☐ **Doppelstücke sämtlicher Widerspruchsunterlagen** (§ 17 Abs. 2 DPMAV)

☐ ____________________

(7) **Unterschrift**

Der Unterschrift ist der Name in Druckbuchstaben oder Maschinenschrift hinzuzufügen; bei Firmen die Bezeichnung laut registerrechtlicher Eintragung mit Angabe der Stellung/Funktion des Unterzeichnenden.

Bitte beachten Sie hinsichtlich der Verarbeitung Ihrer personenbezogenen Daten unser Merkblatt A 9106 „Datenschutz bei Schutzrechtsanmeldungen". Dieses finden Sie unter www.dpma.de: Service – Formulare – Sonstige Formulare – Hinweise zum Datenschutz.

Datum	Unterschrift/en, ggf. Firmenstempel	Funktion/en der/des Unterzeichner/s

W 7 2 0 2 4 . 1 9 3

Hinweise zum Antrag

zu Feld (5)

Für jeden Widerspruch gegen die Eintragung einer Marke sind gemäß §§ 2 Abs. 1, 3 Abs. 1 Patentkostengesetz folgende Gebühren zu entrichten:

Gebührentatbestand	Gebührenhöhe	Gebührennummer
Grundgebühr für das Widerspruchsverfahren einschließlich eines geltend gemachten Widerspruchskennzeichens	**250 €**	331 600
Zusatzgebühr für jedes weitere geltend gemachte Widerspruchskennzeichen	**50 €**	331 610

Im Falle der Geltendmachung mehrerer Widerspruchskennzeichen beachten Sie bitte: Ein Widerspruch kann nur dann auf mehrere ältere Rechte (Widerspruchskennzeichen) gestützt werden, wenn diese demselben Inhaber gehören (§ 42 Abs. 3 MarkenG). Ansonsten liegt je geltend gemachtem Widerspruchskennzeichen ein eigener Widerspruch vor, für den jeweils eine eigene Grundgebühr zu entrichten ist.

Die Gebühren (Grund- und ggf. Zusatzgebühren) sind **für jeden Antragsteller (Widerspruchsführer) gesondert** zu zahlen.

Die Zahlung muss innerhalb einer Frist von drei Monaten nach dem Tag der Veröffentlichung der Eintragung der nationalen Marke bzw. der Veröffentlichung der international registrierten Marke in dem vom Internationalen Büro der Weltorganisation für geistiges Eigentum herausgegebenen Veröffentlichungsblatt erfolgen. Wird die Grundgebühr nicht oder nicht vollständig gezahlt, so gilt der Widerspruch als nicht erhoben. Werden fällige Zusatzgebühren nicht oder nicht vollständig gezahlt, so gilt der Widerspruch in Bezug auf die betroffenen Widerspruchskennzeichen als nicht erhoben.

Bei der Zahlung geben Sie bitte an:

- den **Verwendungszweck** und Gebührennummer/n
- die **Registernummer** der Marke, gegen die sich der Widerspruch richtet.

Wenn Sie dem DPMA bereits **ein SEPA-Basis-Lastschriftmandat** für mehrmalige Zahlungen erteilt haben, füllen Sie das *Formular A 9532* (Angaben zum Verwendungszweck) aus.

Haben Sie dem DPMA **noch kein SEPA-Basis-Lastschriftmandat** erteilt, können Sie ein SEPA-Basis-Lastschriftmandat (als Einzel- **oder** Mehrfachmandat) erteilen, indem Sie das *Formular A 9530* ausfüllen und das ausgefüllte Original an das DPMA übersenden. Ergänzend muss auch das *Formular A 9532* (Angaben zum Verwendungszweck) ausgefüllt werden. Das SEPA-Mandat muss dem DPMA immer im Original vorliegen. Bei einer Übermittlung per Telefax muss das SEPA-Mandat im Original innerhalb eines Monats nachgereicht werden, damit der Zahlungstag gewahrt bleibt. Geht das Original des SEPA-Mandats nicht innerhalb der Monatsfrist ein, so gilt der Tag des Eingangs des Originals als Zahlungstag.

Weitere Einzelheiten zur **Zahlung mittels SEPA-Basis-Lastschriftverfahren** können Sie dem „Merkblatt über die Nutzung der Verfahren der SEPA-Zahlungsinstrumente" entnehmen.

Markenabteilungen
Dienststelle München
Dienststelle Jena
Informations- und Dienstleistungszentrum Berlin

Postanschrift
80297 München
07738 Jena
10958 Berlin

Telefax
+49 89 2195-4000

Telefon
Zentraler Kundenservice:
+49 89 2195-1000

Zahlungsempfänger: Bundeskasse Halle/DPMA
IBAN: DE84 7000 0000 0070 0010 54, BIC (SWIFT-Code): MARKDEF1700
Anschrift der Bank: Bundesbankfiliale München, Leopoldstr. 234, 80807 München

Internet:
https://www.dpma.de

Deutsches
Patent- und Markenamt

Deutsches Patent- und Markenamt
Markenabteilungen
80297 München

W7202.11.191

(1) **Registernummer/Aktenzeichen der Marke, gegen deren Eintragung, bzw. Nummer der international registrierten Marke, gegen deren Schutzerstreckung auf Deutschland sich der Widerspruch richtet**

Anlage zum Widerspruch

Registriertes Kennzeichen, auf das sich der Widerspruch stützt

(nur in Verbindung mit Formular W 7202 einzureichen)

3

Anlage zum Widerspruch vom *(Datum)* ______

Widersprechender *(Name, Vorname/Firma)* ______

(2) **Angaben zum Widerspruchskennzeichen (§ 30 Markenverordnung)**
(bei Geltendmachung mehrerer Widerspruchszeichen bitte für jedes Zeichen ein gesondertes Formular W 7202.1 bzw. W 7202.2 einreichen)

☐ Registernummer/Aktenzeichen der **eingetragenen** nationalen Widerspruchsmarke ______

☐ Aktenzeichen der **angemeldeten** nationalen Widerspruchsmarke ______

☐ Aktenzeichen der Unionsmarke ______

☐ Registernummer der international registrierten Widerspruchsmarke (IR-Marke) ______

– **nur** bei IR-Marken, deren Schutz **sowohl** auf Deutschland **als auch** auf die Europäische Union erstreckt ist: Der Widerspruch stützt sich auf den Länderteil

☐ Deutschland ☐ Europäische Union

– **nur** bei IR-Marken, die vor dem 03.10.1990 mit Wirkung **sowohl** für die Bundesrepublik Deutschland **als auch** für die ehemalige Deutsche Demokratische Republik registriert worden sind: Der Widerspruch stützt sich auf den Länderteil

☐ Bundesrepublik Deutschland ☐ Ehemalige DDR

☐ Aktenzeichen/Dossiernummer der geschützten Ursprungsbezeichnung ______
(kann nur geltend gemacht werden, wenn die Anmeldung der angegriffenen Marke ab dem 14.01.2019 eingereicht wurde)

☐ Aktenzeichen/Dossiernummer der geschützten geografischen Angabe ______
(kann nur geltend gemacht werden, wenn die Anmeldung der angegriffenen Marke ab dem 14.01.2019 eingereicht wurde)

(3) **Darstellung des Widerspruchskennzeichens**

Zeichentext *(bei Wortmarken/-zeichen)*

______

Darstellung *(bei anderen Marken-/Zeichenformen)*

☐ siehe Anlage *(z.B. Registerauszug)*

(4) **Zeichenform des Widerspruchskennzeichens**

☐ Wortmarke/-zeichen

☐ Bildmarke/-zeichen (Wort-/Bildmarke/-zeichen)

☐ Sonstige Zeichenform *(bitte angeben)* ______

W7202.1 1.19 2

(5) Der Widerspruch wird auf

☐ alle Waren/Dienstleistungen der Marke bzw. Erzeugnisse der Ursprungsbezeichnung/geografischen Angabe gestützt

☐ folgende Waren/Dienstleistungen der Marke bzw. Erzeugnisse der Ursprungsbezeichnung/geografischen Angabe gestützt

☐ siehe Anlage *(bitte ein separates Blatt DIN A4 bzw. einen Datenträger verwenden)*

(6) Der im Register eingetragene Inhaber der Widerspruchsmarke

☐ ist der Widersprechende, wie im Feld (2) des Widerspruchsformulars W 7202 angegeben

☐ ist nicht der Widersprechende, sondern

Name, Vorname/Firma *(ggf. einschließlich Rechtsform entsprechend registerrechtlicher Eintragung)* ☐ Weitere Inhaber siehe Anlage

Straße, Hausnummer *(kein Postfach)*

Postleitzahl **Ort** **Land** *(nur bei ausländischen Adressen)*

Zeitpunkt, zu dem ein Antrag auf Eintragung des Rechtsübergangs gestellt wurde *(bitte für den Antrag Formulare W 7616 oder W 7617 verwenden)*

(7) Ggf. Geltendmachung besonderer Löschungs-/Widerspruchsgründe
(Voraussetzungen sind gesondert darzulegen und in der Regel nachzuweisen)

☐ Bei der Widerspruchsmarke handelt es sich um eine im Inland/der Union bekannte Marke im Sinne von § 9 Abs. 1 Nr. 3 MarkenG.

☐ Bei der Widerspruchsmarke handelt es sich um eine notorisch bekannte Marke im Sinne von § 10 MarkenG/Art. 6bis PVÜ.

☐ Bei der angegriffenen Marke handelt es sich um eine Agentenmarke im Sinne von § 11 MarkenG.

(8) Anlagen

☐ **Darstellung des Widerspruchskennzeichens** - Anlage Feld (3)

☐ **Verzeichnis der Waren und/oder Dienstleistungen bzw. Erzeugnisse, auf die der Widerspruch gestützt wird** - Anlage Feld (5)

☐ **Weitere/r Inhaber des Widerspruchszeichens** - Anlage Feld (6)

☐ **Unterlagen zur Darlegung/zum Nachweis der geltend gemachten besonderen Löschungsgründe** - Feld (7)

☐ ____________________

(9) Kostenhinweise

Bitte beachten Sie die **Kostenhinweise im** ***Formular W 7202***. Insbesondere beinhaltet die Grundgebühr für das Widerspruchsverfahren (250 €, Gebührennummer 331 600) die Geltendmachung **eines** Widerspruchskennzeichens. Werden mehrere Widerspruchskennzeichen des gleichen Inhabers geltend gemacht, ist für **jedes weitere** Widerspruchskennzeichen eine Zusatzgebühr zu entrichten (50 €, Gebührennummer 331 610). Werden Widersprüche aus IR-Marken, die sich auf mehrere Länderteile (Deutschland/Europäische Union bzw. Bundesrepublik Deutschland/Ehemalige DDR) stützen, eingereicht, ist für jeden Ländertеil eine Gebühr zu entrichten.

(10) Bitte beachten Sie hinsichtlich der Verarbeitung Ihrer personenbezogenen Daten unser Merkblatt A 9106 „Datenschutz bei Schutzrechtsanmeldungen". Dieses finden Sie unter www.dpma.de: Service – Formulare – Sonstige Formulare – Hinweise zum Datenschutz.

Deutsches
Patent- und Markenamt

Deutsches Patent- und Markenamt
Markenabteilungen
80297 München

W7202.21.19 1

(1) **Registernummer/Aktenzeichen der Marke, gegen deren Eintragung, bzw. Nummer der international registrierten Marke, gegen deren Schutzerstreckung auf Deutschland sich der Widerspruch richtet**

Anlage zum Widerspruch

Nicht registriertes Kennzeichen, auf das sich der Widerspruch stützt

3

(nur in Verbindung mit Formular W 7202 einzureichen)

Anlage zum Widerspruch vom *(Datum)* ____________________

Widersprechender *(Name, Vorname/Firma)* ____________________

(2) **Angaben zum Widerspruchskennzeichen (§ 30 Markenverordnung)**
(bei Geltendmachung mehrerer Widerspruchszeichen bitte für jedes Zeichen ein gesondertes Formular W 7202.1 bzw. W 7202.2 einreichen)

☐ Benutzungsmarke (§§ 4 Nr. 2, 12 MarkenG) Zeitrang TT ___ MM ___ JJJJ ___
(kann nur geltend gemacht werden, wenn die Anmeldung der angegriffenen Marke ab dem 01.10.2009 eingereicht wurde)

☐ Geschäftliche Bezeichnung, nämlich Unternehmenskennzeichen (§§ 5 Abs. 2, 12 MarkenG) Zeitrang TT ___ MM ___ JJJJ ___
(kann nur geltend gemacht werden, wenn die Anmeldung der angegriffenen Marke ab dem 01.10.2009 eingereicht wurde)

☐ Geschäftliche Bezeichnung, nämlich Werktitel (§§ 5 Abs. 3, 12 MarkenG) Zeitrang TT ___ MM ___ JJJJ ___
(kann nur geltend gemacht werden, wenn die Anmeldung der angegriffenen Marke ab dem 01.10.2009 eingereicht wurde)

☐ Sonstiges Kennzeichenrecht Zeitrang TT ___ MM ___ JJJJ ___
(bitte angeben)

____

(Beachten Sie: Ein Widerspruch kann nur auf die in § 42 Abs. 2 MarkenG abschließend aufgezählten Rechte gestützt werden.)

Gegenstand des Kennzeichenrechts *(Waren/Dienstleistungen der Benutzungsmarke/Geschäftsbereich des Unternehmenskennzeichens/Werk bei Werktitel)*

☐ siehe Anlage *(bitte ein separates Blatt DIN A4 bzw. einen Datenträger verwenden)*

(3) **Darstellung des Widerspruchskennzeichens**

Zeichentext *(bei Wortmarken/-zeichen)*

____

Darstellung *(bei anderen Marken-/Zeichenformen)*

☐ siehe Anlage *(zwingend beizufügen, wenn kein Wortzeichen; bitte ein separates Blatt DIN A4 bzw. einen Datenträger verwenden)*

W7 2 0 2 . 2 1 . 1 9 2

(4) Zeichenform des Widerspruchskennzeichens

☐ Wortmarke/-zeichen

☐ Bildmarke/-zeichen (Wort-/Bildmarke/-zeichen)

☐ Sonstige Zeichenform *(bitte angeben)* ____________________

(5) Inhaber des Widerspruchskennzeichens

☐ ist der Widersprechende, wie im Feld (2) des Widerspruchsformulars W 7202 angegeben

☐ ist nicht der Widersprechende, sondern

Name, Vorname/Firma *(ggf. einschließlich Rechtsform entsprechend registerrechtlicher Eintragung)*

☐ Weitere Inhaber siehe Anlage

____

____

Straße, Hausnummer *(kein Postfach)*

____

Postleitzahl **Ort** **Land** *(nur bei ausländischen Adressen)*

____

(6) Ggf. Geltendmachung besonderer Löschungs-/Widerspruchsgründe

(Voraussetzungen sind gesondert darzulegen und in der Regel nachzuweisen)

☐ Bei dem Widerspruchskennzeichen handelt es sich um eine im Inland bekannte Marke bzw. geschäftliche Bezeichnung im Sinne von § 14 Abs. 2 Nr. 3 bzw. § 15 Abs. 3 MarkenG.

☐ Bei der Widerspruchsmarke handelt es sich um eine notorisch bekannte Marke im Sinne von § 10 MarkenG/Art. 6bis PVÜ.

☐ Bei der angegriffenen Marke handelt es sich um eine Agentenmarke im Sinne von § 11 MarkenG.

(7) Anlagen

☐ **Verzeichnis der Waren und/oder Dienstleistungen bzw. des Geschäftsbereichs, auf die/den der Widerspruch gestützt ist** – Anlage Feld (2)

☐ **Darstellung des Widerspruchskennzeichens** - Anlage Feld (3)

☐ **Weitere/r Inhaber des Widerspruchszeichens** - Anlage Feld (5)

☐ **Unterlagen zur Darlegung/zum Nachweis des Bestehens und des Zeitrangs der Benutzungsmarke/der geschäftlichen Bezeichnung/des sonstigen älteren Rechts bzw. der geltend gemachten besonderen Löschungsgründe** - Feld (6)

☐ ____________________

(8) Kostenhinweise

Bitte beachten Sie die **Kostenhinweise im** *Formular W 7202*. Insbesondere beinhaltet die Grundgebühr für das Widerspruchsverfahren (250 €, Gebührennummer 331 600) die Geltendmachung **eines** Widerspruchskennzeichens. Werden mehrere Widerspruchskennzeichen des gleichen Inhabers geltend gemacht, ist für **jedes weitere** Widerspruchskennzeichen eine Zusatzgebühr zu entrichten (50 €, Gebührennummer 331 610).

(9) Bitte beachten Sie hinsichtlich der Verarbeitung Ihrer personenbezogenen Daten unser Merkblatt A 9106 „Datenschutz bei Schutzrechtsanmeldungen". Dieses finden Sie unter www.dpma.de: Service – Formulare – Sonstige Formulare – Hinweise zum Datenschutz.

Anmerkungen

1. Auch der Widerspruch gegen die Eintragung einer Marke soll zweckmäßig auf dem dafür vom DPMA herausgegebenen Formblatt erfolgen. Das Formblatt sieht alle für die Bearbeitung des Widerspruchs notwendigen Angaben vor. Eine Begründung des Widerspruchs wird regelmäßig nachgereicht. Sie enthält Ausführungen zur Verwechselbarkeit der Marken. Insoweit kann auf das im → Form. V.7 wiedergegebene Schema einer Beschwerdebegründung Bezug genommen werden.

Bei der Einreichung eines Widerspruchs ist nach Ablauf der Benutzungsschonfrist darauf zu achten, dass die Widerspruchsmarke rechtserhaltend benutzt wurde. Seit Inkrafttreten des MarkenG zum 14.1.2019 haben sich Änderungen in Bezug auf den Nutzungszeitraum und die Berechnung der Benutzungsschonfrist ergeben. Nunmehr muss der Widersprechende nachweisen, dass die Marke innerhalb der letzten fünf Jahre vor dem Anmelde- oder Prioritätstag der angegriffenen Marke rechtserhaltend benutzt worden ist, sofern zu diesem Zeitpunkt seit mindestens fünf Jahren kein Widerspruch mehr gegen sie möglich war (§ 43 Abs. 1 S. 1 MarkenG). Es gelten auch strengere Darlegungen an die Benutzung; diese muss nachgewiesen statt glaubhaft gemacht werden (vgl. § 43 Abs. 1 S. 2 MarkenG). Der frühere sog. „zweite Benutzungsraum" (§ 43 Abs. 1 S. 2 MarkenG) ist entfallen. Der Beginn und das Ende der Benutzungsschonfrist nach den §§ 26 und 43 Abs. 1 MarkenG werden nunmehr im Register eingetragen (§ 25 Nr. 20a MarkenV). Zu beachten ist die Übergangsvorschrift des § 158 Abs. 5 MarkenG.

2. Der Widerspruch ist fristgebunden. Er kann nur innerhalb einer Frist von drei Monaten nach dem Tag der Veröffentlichung der Eintragung der Marke erhoben werden. Zur Fristwahrung genügt die Vorabübermittlung per Telefax, wie im Formular vorgesehen. Innerhalb dieser Frist ist auch die Widerspruchsgebühr zu entrichten; die Grundgebühr für ein Widerspruchszeichen beträgt 250 EUR; für jedes weitere Widerspruchszeichen fallen 50 EUR an. Wird die Gebühr nicht oder nicht vollständig bezahlt, gilt der Widerspruch als nicht erhoben. Für die fristgerechte Zahlung → Form. V.7 Anm. 7. Eine Vertretervollmacht kann, soweit eine solche erforderlich ist (→ Form. V.1 Anm. 11), nachgereicht werden.

3. Im Formular ist zunächst anzugeben, gegen welche Marke sich der Widerspruch richtet. Insoweit genügt die Angabe von Registernummer und Aktenzeichen bzw. Nummer einer IR-Marke, wenn sich der Widerspruch gegen die Schutzgewährung richtet. Mit getrenntem Formular sind Angaben zum Widerspruchskennzeichen zu machen (§ 30 MarkenV). Wird der Widerspruch auf mehrere Widerspruchskennzeichen gestützt (mit entsprechender Gebührenfolge), ist für jedes Widerspruchskennzeichen ein gesondertes Formular einzureichen.

Das Formular sieht Angaben dazu vor, auf welche Waren/Dienstleistungen der Widerspruchsmarke der Widerspruch gestützt wird bzw. gegen welche Waren/Dienstleistungen der angegriffenen Marke er sich richtet. Es empfiehlt sich im Allgemeinen nicht, sich hier zu sehr einzuschränken. Insbesondere hat es keine negativen Auswirkungen, wenn der Widerspruch auf alle Waren/Dienstleistungen gestützt wird, auch wenn sich darunter solche befinden, die denen der angegriffenen Marke eindeutig nicht ähnlich sind. Umgekehrt schadet es auch nicht, den Widerspruch gegen alle Waren/Dienstleistungen der angegriffenen Marke zu richten oder allgemein zum Ausdruck zu bringen, dass sich der Widerspruch gegen alle ähnlichen Waren/Dienstleistungen richten soll. Eine Beschränkung des Widerspruchs enthebt das DPMA insoweit der Prüfung. Richtet sich der Widerspruch gegen alle Waren/Dienstleistungen, kann immer noch im Rahmen einer mit dem Inhaber der eingetragenen Marke zu treffenden Abgrenzungsvereinbarung (→ Form. V.8) eine Rücknahme des Widerspruchs erfolgen, wenn das Waren/Dienstleistungsverzeichnis der angegriffenen Marke vereinbarungsgemäß beschränkt wird.

4. Gemäß der Anlage zum Widerspruch für registrierte Widerspruchskennzeichen kann der Widerspruch auf eine angemeldete oder eingetragene (Unions- oder international mit Schutzwirkung in Deutschland registrierte) Marke, und nunmehr auch auf eine geschützte Ursprungsbezeichnung oder eine geschützte geografische Angabe gestützt werden. Hierbei ist jedoch § 158 Abs. 3 MarkenG berücksichtigen. Die letzteren Widerspruchsgründe gelten nur bei Markenanmeldungen, die ab dem 14.1.2019 eingereicht wurden. Bei der mit Schutzwirkung für Deutschland international registrierten Marke ergibt sich die Besonderheit, dass es international registrierte Marken gibt, die vor dem 3.10.1990 mit Wirkung sowohl für die Bundesrepublik Deutschland als auch für die ehemalige Deutsche Demokratische Republik registriert worden sind. Hier ist im Widerspruchsformular anzugeben, auf welchen Länderteil sich der Widerspruch stützt.

Gemäß der Anlage zum Widerspruch für nicht registrierte Widerspruchskennzeichen kann der Widerspruch auf eine Benutzungsmarke im Sinne von § 4 Nr. 2 MarkenG, eine geschäftliche Bezeichnung (Unternehmenskennzeichen oder Werktitel) im Sinne von § 5 Abs. 2 und Abs. 3, § 12 MarkenG mit älterem Zeitrang oder auf ein sonstiges Kennzeichenrecht gestützt werden. Zu beachten ist, dass auch bei einem auf einem „sonstigen" Kennzeichenrecht gestützten Widerspruch nur solche Rechte aufgeführt werden können, die in § 42 Abs. 2 MarkenG abschließend aufgeführt sind.

5. Die übrigen Angaben in den Anlagen zum Widerspruchbeziehen sich auf die Person des Widersprechenden und des Inhabers der Widerspruchsmarke oder des Widerspruchskennzeichens. Dabei richtet sich der Widerspruch stets, unabhängig von der materiellen Berechtigung, gegen den im Register eingetragenen Inhaber der angegriffenen Marke, während auf Seiten des Widersprechenden die Widerspruchsberechtigung von der aus dem Register ersichtlichen Markeninhaberschaft abweichen kann. Aus § 28 Abs. 2 MarkenG folgt aber, dass der Rechtsnachfolger zumindest schon einen Umschreibungsantrag gestellt haben muss, um im Verfahren vor dem DPMA legitimiert zu sein. Im Formular ist daher, zusätzlich zu den Angaben zur Person des vom eingetragenen Markeninhaber abweichenden Widersprechenden, der Zeitpunkt anzugeben, zu dem ein Antrag auf Eintragung des Rechtsübergangs gestellt wurde.

6. Das Widerspruchsformular und alle mit dem Widerspruch eingereichten Anlagen sind gemäß § 17 Abs. 2 DPMAV zweifach einzureichen.

5. Widerspruch gegen die Anmeldung einer Unionsmarke

EUIPO
EUROPEAN UNION
INTELLECTUAL PROPERTY OFFICE

WIDERSPRUCH

Ihr Zeichen:

Widersprechende(r) EUIPO-ID des Widersprechenden:

Name der juristischen Person oder Vor- und Nachname:
Art:
Straße, Hausnummer:
Ort:
Postleitzahl:
Land:
Postanschrift(falls abweichend):
Telefonnummer:
Faxnummer:
E-Mail-Adresse:
Website:

Vertreter EUIPO-Vertreter ID:

Name oder Firmenname:
Art:
Straße, Hausnummer:
Ort:
Postleitzahl:
Land:
Postanschrift(falls abweichend):
Telefonnummer:
Faxnummer:
E-Mail-Adresse:
Website:

Angefochtenes Objekt ID-Nummer der angefochtenen Eintragung:

Eintragungsart
Name des Inhabers:
Anmeldungsdatum:
Datum der Eintragung
Wiedergabe der Marke
Markentyp

Verfahrenssprache ☐ Erste Sprache: DE (Deutsch) ☐ Zweite Sprache: EN (Englisch)

Reichweite des Antrags: ☐ Gegen alle Waren und Dienstleistungen
☐ Gegen einige Waren und Dienstleistungen

Klasse	Waren und Dienstleistungen

Widerspruchsgründe

Seitennummer
von

EUIPO
EUROPEAN UNION
INTELLECTUAL PROPERTY OFFICE

WIDERSPRUCH

Ausgewählter Grund 1

Grundlage des Widerspruchs

Art der Grundlage	
Gebiet(e)	
Name des Inhabers/Antragstellers	
Datum d. Anmeldung	
Aktenzeichen	
Eintragungsnummer	
Eintragungsdatum	
Ablaufdatum	
Datum der Benennung	
Markentyp	
Wortbestandteile	

☐ Der Widersprechende akzeptiert, dass die für diese Marke erforderlichen Informationen aus der entsprechenden amtlichen Online-Datenbank importiert werden, die über TMVIEW zugänglich ist, und dass diese Quelle – unbeschadet seines Rechts oder seiner Pflicht zur Vorlage ergänzender Informationen, die zur Erfüllung der Substantiierungsanforderungen gemäß Artikel 7 Absätze 2 und 4 DVUM erforderlich sind – zu Substantiierungszwecken herangezogen wird

Als Grundlage genutzte Waren und Dienstleistungen
☐ Beruhend auf allen Waren und Dienstleistungen
☐ Beruhend auf Teilen der Waren und Dienstleistungen:

Klasse	Waren und Dienstleistungen

Berechtigung	☐ Inhaber/Mitinhaber ☐ ermächtigter Lizenznehmer ☐ Nach dem anzuwendenden Recht bevollmächtigte Person
Nachweise zur Stützung	☐ Angehängt ☐ Folgt nach

Begründung

Hochgeladene Datei(en)

Titel	Vertraulich

Verlinkte Datei(en) zu anderen Verfahren

Vorgang	Aktenzeichen	Gegenstand	Datum

Gebühren

Zahlungsart	
Gebühr für UM-Widerspruch	
Gesamtbetrag	

Seitennummer
von

EUIPO
EUROPEAN UNION
INTELLECTUAL PROPERTY OFFICE

WIDERSPRUCH

Laufendes Konto beim EUIPO

Konto-Nr.

Unterschrift

Vorname und Nachname	**Funktion des Unterzeichners**

Anhänge:

Ausgewählter Grund 1

Seitennummer
	von	

Anmerkungen

1. Zu den Formblättern, die das Amt der Europäischen Union für geistiges Eigentum (EUIPO) gebührenfrei zur Verfügung stellt, zählt auch ein Formular für die Erhebung eines Widerspruchs gegen die Anmeldung einer Unionsmarke, dessen Verwendung jedenfalls empfohlen wird; zulässig ist aber auch die Verwendung eines anderen Formulars desselben Inhalts und Formats (Art. 65 Abs. 2 Delegierte Verordnung (EU) 2018/625). Das Formular ist so angelegt, dass sein Inhalt automatisch von einem Computer erfasst werden kann. Außerdem gibt es, ebenfalls zum Herunterladen, amtliche Hinweise zum Ausfüllen des Formblatts. Die nachfolgenden Anmerkungen folgen dem Aufbau des Formulars.

Der Widerspruch ist unmittelbar an das EUIPO zu richten. Die Frist hierfür beträgt drei Monate und sie beginnt mit der Veröffentlichung der Anmeldung der Unionsmarke (Art. 46 Abs. 1 UMV). Der Widerspruch ist schriftlich einzureichen und die Gründe, auf die sich der Widerspruch stützt, anzugeben (Art. 46 Abs. 3 UMV iVm Art. 2 Abs. 2 c) Delegierte Verordnung). Die Widerspruchsschrift kann bereits eine Darlegung der Gründe mit den Tatsachen und Argumenten, auf die sich der Widerspruch stützt, sowie die entsprechenden Beweismittel enthalten (Art 46 UMV iVm Art. 2 Abs. 4 Delegierte Verordnung). Der Widerspruchsführer kann auch noch innerhalb einer vom Amt bestimmten Frist eine Begründung und Beweismittel vorbringen. Die Frist zum Vorbringen von Tatsachen, Beweismittel und Bemerkungen zur Stützung des Widerspruchs beträgt mindestens zwei Monate ab dem Tag der Eröffnung des kontradiktorischen Teils des Widerspruchsverfahrens (Art. 46 Abs. 4 UMV iVm Art. 7 Abs. 1 Delegierte Verordnung). Diese Frist sollte tunlichst eingehalten werden und möglichst vollständig sämtliche Unterlagen und Beweismittel beigebracht werden.

2. Das Widerspruchsformular enthält die notwendigen Angaben, die eine Widerspruchsschrift nach Art. 2 Delegierte Verordnung enthalten muss. Dazu zählen zunächst die Angaben zur Person des Widersprechenden und gegebenenfalls seiner Vertretung sowie Angaben zur Anmeldung, gegen die sich der Widerspruch richtet. Außerdem ist hier anzugeben, gegen welche Waren und Dienstleistungen der Anmeldung sich der Widerspruch richtet und auf welche Waren und Dienstleistungen sich der Widerspruch stützt. Zur Vertretung → → Form. V.2 Anm. 4. Vertreter, die nicht Rechtsanwälte oder zugelassene Vertreter sind, haben eine Vollmacht einzureichen, sofern nicht schon eine allgemeine Vollmacht beim Amt hinterlegt ist. Die Vollmacht kann aber auch nachgereicht werden (vgl. zu den Einzelheiten Art. 74 Delegierte Verordnung).

3. Der Widerspruch muss sich einer der fünf Sprachen des Amtes bedienen, wobei unter diesen Sprachen grundsätzlich frei gewählt werden kann. Es empfiehlt sich aber eine Sprache zu wählen, die entweder die Sprache der Anmeldung oder die in der Anmeldung angegebene zweite Sprache ist, da andernfalls innerhalb einer Frist von einem Monat nach Ablauf der Widerspruchsfrist eine Übersetzung des Widerspruchs in eine dieser Sprachen vorgelegt werden muss (Art. 146 Abs. 7 UMV).

4. Ebenso wie im nationalen Recht kann ein Widerspruch gegen die Eintragung einer Unionsmarke nicht nur auf eine angemeldete oder eingetragene Marke mit älterem Zeitrang, eine notorisch bekannte Marke mit älterem Zeitrang und die Berechtigung an einer Agentenmarke gestützt werden, sondern darüber hinaus auch auf nicht eingetragene Kennzeichen im Sinne von Art. 8 Abs. 4 wie ein im geschäftlichen Verkehr benutztes Kennzeichenrecht und auf die Bekanntheit einer älteren Marke im Sinne von Art. 8 Abs. 5 UMV. Je nachdem, worauf der Widerspruch gestützt ist, fordert das Formular nähere Angaben zu dem entgegengehaltenen älteren Recht und zur Begründung des Widerspruchs. Hier ist bei einem auf eine ältere Marke gestützten Widerspruch anzugeben, ob er auf doppelte Identität oder auf Verwechslungsgefahr gestützt ist, oder ob der erweiterte Schutz einer bekannten Marke in Anspruch genommen wird.

Der zusätzlich vorgesehene Raum zur Begründung des Widerspruchs dient dem ergänzenden Tatsachenvortrag unter Angabe von Beweismitteln und Bemerkungen zur Stützung des Widerspruchs. Es ist aber davon auszugehen, dass bei vollständiger Ausfüllung des Widerspruchsformulars dem Begründungserfordernis nach Art. 46 Abs. 3 UMV bereits Genüge getan ist, der Widerspruch somit zulässig ist. Ergänzender Vortrag kann somit nachgereicht werden.

Der Widerspruch kann, ohne zusätzliche Kosten, auf mehrere ältere Rechte gestützt werden.

5. Das Formular sieht ein Feld vor, wonach der Widersprechende akzeptiert, dass die für diese Marke erforderlichen Informationen aus der entsprechenden amtlichen Online-Datenbank importiert werden, und dass diese Quelle zu Substantiierungszwecken herangezogen wird.

6. Der Widerspruch kann auf alle Waren und Dienstleistungen oder auf Teilen der Waren und Dienstleistungen gestützt werden.

7. Der Widersprechende muss seine Berechtigung zur Einlegung des Widerspruchs nachweisen. ZUR Einlegung eines Widerspruchs sind auch diejenigen Personen berechtigt, die zur Ausübung der aus einer Ursprungsbezeichnung oder geographischen Angabe entstehenden Rechte berechtigt sind (Art. 8 Abs. 6 UMV).

8. Der Widerspruch gilt erst als erhoben, wenn die Widerspruchsgebühr entrichtet worden ist (Art. 46 Abs. 3 UMV). Es ist also sicherzustellen, dass die Zahlung rechtzeitig innerhalb der Widerspruchsfrist erfolgt. Die Widerspruchsgebühr beträgt derzeit 320,– EUR. Wie eine fristgerechte Zahlung sichergestellt werden kann, ist in Art. 179 UMV und dem Beschluss Nr EX-17-7 des Exekutivdirektors des Amtes geregelt. Alle Gebühren und Preise sind in Euro zu entrichten. Zahlungen in anderen Währungen sind ungültig, begründen keine Rechte und werden erstattet. Zulässige Zahlungsmittel sind in der Regel Banküberweisungen, Belastungen von beim Amt geführten laufenden Konten sowie (nur für bestimmte Online-Dienste) Debit- oder Kreditkarten. Barzahlungen in der Dienststelle des Amtes und Schecks sind nicht mehr möglich. Geht eine Zahlung erst nach Ablauf der Frist beim Amt ein, so kann die Frist dennoch als gewahrt betrachtet werden, wenn gegenüber dem Amt nachgewiesen wird, dass der Einzahler a) innerhalb der Frist ordnungsgemäß bei einer Bank einen Überweisungsauftrag getätigt hat und b) einen Zuschlag in Höhe von 10 % des fälligen Gesamtbetrags (maximal 200 EUR) entrichtet hat. Beide Voraussetzungen müssen erfüllt sein). Wer ein laufendes Konto beim Amt unterhält, kann die Gebühr dort auch automatisch abbuchen lassen. In diesem Fall ist die Frist mit dem Eingang des Widerspruchsformulars, das den Abbuchungsauftrag enthält, gewahrt.

9. Der Widerspruch ist (elektronisch) zu unterschreiben

10. Nach Eingang des Widerspruchs prüft das EUIPO zunächst die Zulässigkeit des Widerspruchs. Ist diese gegeben, beginnt mit der Mitteilung an die Parteien eine zweimonatige Frist, die den Parteien Gelegenheit zur außeramtlichen Verständigung geben soll, ehe das eigentliche Widerspruchsverfahren beginnt (Art. 6 Abs. 1 Delegierte Verordnung). Diese sog. cooling off Frist kann auf Antrag beider Parteien um höchstens 24 Monate verlängert werden, wobei die Amtspraxis derzeit dahin geht, bei einem Verlängerungsantrag die Frist stets um diesen maximalen Zeitraum zu verlängern, jede Partei aber vorzeitig ohne Angabe von Gründen den Fortgang des Verfahrens beantragen kann. Führt der Widerspruch dazu, dass der Anmelder die Anmeldung innerhalb der cooling off Frist zurücknimmt oder auf Waren oder Dienstleistungen beschränkt, gegen die sich der Widerspruch nicht richtet, erhält der Widersprechende die Widerspruchsgebühr erstattet (Art. 6 Abs. 2, 5 Delegierte Verordnung).

Der weitere Gang des Widerspruchsverfahrens ist in Art. 47 UMV iVm Art. 7 bis 10 Delegierte Verordnung) geregelt. Sofern das Amt es für sachdienlich erachtet, kann es auch schon im Widerspruchsverfahren eine mündliche Verhandlung anordnen und eine Beweisaufnahme durchführen (vgl. Art. 96, 97UMV). Einer Beweisaufnahme würde es zB bedürfen, wenn es bei nicht eingetragenen Rechten auf den prioritätsbegründenden Zeitpunkt der Ingebrauchnahme ankommt oder wenn der Widerspruch auf die Bekanntheit einer Kennzeichnung gestützt ist. In der Praxis kommt es jedoch selten zu einer mündlichen Verhandlung vor dem Amt.

6. Erinnerung gegen einen patentamtlichen Beschluss[1]

An das

Deutsche Patent- und Markenamt

– Markenabteilungen –

81534 München

Wortmarke . . . . . (Nr.) „LEO"; Anmelderin . . . . .

Widerspruch[2] aus der Marke . . . . . (Nr.) „Lemo"; Inhaber . . . . .

Gegen den am . . . . . zugestellten Beschluss[3] der Markenstelle für Klasse . . . . . (Beispiel: 29) vom . . . . . lege ich hiermit, namens der Widersprechenden,

Erinnerung

ein. Ich beantrage,[4]

den Beschluss der Markenstelle für Klasse . . . . . (Beispiel: 29) vom . . . . . aufzuheben und die Marke . . . . . (Nr.) „LEO" zu löschen.

Eine Begründung werde ich innerhalb eines Monats nachreichen.[5]

(Rechtsanwalt)[6]

Anmerkungen

1. Beschlüsse des DPMA im Anmelde- und Widerspruchsverfahren ergehen regelmäßig zunächst durch einen Beamten des gehobenen Dienstes oder einen vergleichbaren Angestellten. In diesen Fällen findet gegen die Beschlüsse zunächst das Rechtsmittel der Erinnerung statt (§ 64 Abs. 1 MarkenG). Anstelle der Erinnerung kann auch die Beschwerde nach § 66 MarkenG eingelegt werden (§ 64 Abs. 6 MarkenG).

2. Das Formular betrifft eine Erinnerung gegen einen im Widerspruchsverfahren ergangenen Beschluss. Die Erinnerung findet aber auch im einseitigen Verfahren statt, zB gegen einen Beschluss, mit dem einer Marke wegen absoluter Schutzhindernisse die Eintragung versagt wird. Im einseitigen Verfahren kann der Erinnerung auch abgeholfen werden. Für diesen Fall sieht § 64 Abs. 5 MarkenG die Möglichkeit der Rückerstattung der Erinnerungsgebühr vor. Ist an dem Verfahren neben dem Erinnerungsführer ein

Anderer beteiligt, wird die Erinnerung sogleich dem Erinnerungsprüfer vorgelegt, der darüber durch Beschluss zu entscheiden hat (§ 64 Abs. 4 MarkenG). Dabei gilt das Verbot der Schlechterstellung (reformatio in peius).

3. Die Erinnerung ist fristgebunden. Sie ist innerhalb eines Monats nach Zustellung des Beschlusses beim DPMA einzulegen. Innerhalb der Frist ist eine Erinnerungsgebühr von derzeit 150,– EUR zu entrichten. Wird die Einzahlung nicht fristgemäß vorgenommen, gilt die Erinnerung als zurückgenommen (§ 6 Abs. 2 PatKostG). Für die fristgerechte Zahlung → Form. V.7 Anm. 7 Beschwerde.

4. Die Erinnerung ist an keine Form gebunden. Sie braucht weder einen Antrag noch eine Begründung zu enthalten. Es ist freilich üblich, den Tenor der begehrten Entscheidung als Antrag zu formulieren und sich in einer Erinnerungsbegründung mit der Begründung des angefochtenen Beschlusses auseinanderzusetzen.

5. Eine Begründung kann auch nachgereicht werden. Es gibt dafür keine bestimmte Frist. Es empfiehlt sich aber dem DPMA eine Begründung innerhalb bestimmter Frist anzukündigen, damit sie bei der Entscheidung abgewartet und berücksichtigt wird.

6. Im Verfahren vor dem DPMA, wie auch vor dem Bundespatentgericht (s. § 81 MarkenG), besteht kein Vertretungszwang. Die Parteien können sich aber in jeder Lage des Verfahrens durch einen Bevollmächtigten vertreten lassen. Im Verfahren vor dem DPMA ist dafür eine vom Auftraggeber unterschriebene Vollmachtsurkunde einzureichen § 15 Abs. 1 DPMAV). Bei anwaltlicher Vertretung erfolgt allerdings von Amts wegen keine Vollmachtsprüfung (§ 15 Abs. 4 DPMAV).

7. Beschwerde gegen einen patentamtlichen Beschluss[1]

An das

Deutsche Patent- und Markenamt[2]

– Markenabteilungen –

80297 München

Wortmarke . . . . . . (Nr.) „LEO"; Anmelderin . . . . . .

Widerspruch[3] aus der Marke . . . . . . (Nr.) „Lemo"; Inhaber . . . . . .

Gegen den am . . . . . . zugestellten[4] Beschluss der Markenstelle für Klasse . . . . . . (Beispiel: 29) vom . . . . . . lege ich hiermit, namens der Widersprechenden,

Beschwerde

ein. Ich beantrage,[5]

die Beschlüsse der Markenstelle für Klasse . . . . . . (Beispiel: 29) vom . . . . . . und vom . . . . . . aufzuheben und die Marke . . . . . . (Nr.) „LEO" zu löschen.

hilfsweise

Termin zur mündlichen Verhandlung anzuberaumen.[6]

Über die Beschwerdegebühr von 200,– EUR ist eine Einzugsermächtigung beigefügt.[7]

Begründung:

Die Markenstelle für Klasse ...... (Beispiel: 29) hat in zwei im Wesentlichen übereinstimmenden Beschlüssen, von denen einer im Erinnerungsverfahren ergangen ist, den Widerspruch aus der für Fruchtsäfte eingetragenen Marke „Lemo" gegen die für Milchprodukte eingetragene Marke „LEO" zurückgewiesen, da Verwechslungen zwischen diesen Marken unter Berücksichtigung des Warenabstands nicht zu befürchten stünden. Dieser Beurteilung kann nicht gefolgt werden.

Wie auch die Markenstelle nicht verkannt hat, kann eine Warenähnlichkeit zwischen Fruchtsäften und Milchprodukten nicht gänzlich in Abrede gestellt werden.[8] Der Oberbegriff Milchprodukte umfasst insbesondere auch Fruchtjoghurt und Fruchtquark. Zwischen diesen Produkten und Fruchtsäften bestehen aber enge Berührungspunkte, indem Fruchtsäfte regelmäßig aus Fruchtkonzentrat gewonnen werden und solche Fruchtkonzentrate auch bei der Herstellung von Fruchtjoghurt und Fruchtquark Verwendung finden. Teilweise sind Molkereien schon dazu übergegangen, reine Fruchtprodukte anzubieten. Auch im Handel begegnen dem Verbraucher Fruchtsäfte und Milchprodukte mit Fruchtbeimischung häufig nebeneinander, da es sich um Nahrungsmittel handelt, die nicht nur in großen Lebensmittelgeschäften nebeneinander geführt werden, sondern regelmäßig auch in speziellen Milchgeschäften, die nur ein ganz beschränktes Lebensmittelsortiment führen.

Die einander gegenüberstehenden Marken sind nahezu identisch.[9] Es handelt sich um kurze, zweisilbige Worte, die sich in der ersten Silbe, im Schlussvokal und damit auch in der Vokalfolge völlig entsprechen. Einziges Unterscheidungsmerkmal ist der in der Widerspruchsmarke zusätzlich enthaltene stimmlose Konsonant -m-, der klanglich nicht hinreichend deutlich hervortritt, um Verwechslungen zwischen den Marken entgegenzuwirken.

Angesichts der nahezu völligen Übereinstimmung der Marken besteht die Gefahr von Verwechslungen auch unter Berücksichtigung des Umstands, dass sich die einander gegenüberstehenden Waren nicht völlig entsprechen[10] ...... *(wird näher ausgeführt).*

(Rechtsanwalt)

Anmerkungen

1. Beschlüsse der Markenstellen im Erinnerungsverfahren ergehen durch ein Mitglied des DPMA (Prüfer). Gegen dessen Beschlüsse findet Beschwerde statt (§ 66 MarkenG). Die Beschwerde findet auch statt gegen Beschlüsse der Markenstellen und der Markenabteilungen, die von einem Beamten des gehobenen Dienstes oder einem vergleichbaren Angestellten erlassen worden sind (§ 64 Abs. 1 MarkenG) sowie in den Fällen, in denen eine Erinnerung nicht gegeben ist oder wenn über die Erinnerung nicht innerhalb bestimmter Fristen entschieden wurde (vgl. § 66 Abs. 3 MarkenG).

2. Über Beschwerden entscheidet ein Beschwerdesenat des Bundespatentgerichts. Die Beschwerde ist jedoch beim DPMA schriftlich einzulegen, da der Stelle, die den Beschluss erlassen hat, zunächst Gelegenheit eingeräumt wird, der Beschwerde abzuhelfen (§ 66 Abs. 5 MarkenG).

3. Auch hier geht das Formular von einer Beschwerde im Widerspruchsverfahren aus; ebenso können aber auch Beschlüsse im einseitigen Verfahren mit einer Beschwerde angefochten werden.

4. Die Beschwerde ist fristgebunden; sie ist innerhalb eines Monats nach Zustellung des angefochtenen Beschlusses beim DPMA einzulegen (§ 66 Abs. 2 MarkenG).

5. Die Beschwerde enthält zweckmäßig aber nicht notwendig einen Antrag. Er lautet – sollte vorher gegen den Beschluss des DPMA Erinnerung eingelegt worden sein – auf Aufhebung der beiden vorangegangenen Beschlüsse und Löschung der jüngeren Marke; ansonsten auf Aufhebung des Beschlusses des DPMA und Löschung der jüngeren Marke. Ein Kostenantrag ist im Allgemeinen entbehrlich; sollte dennoch vorsorglich gestellt und begründet werden. Zwar können – sowohl im patentamtlichen wie im patentgerichtlichen Verfahren – der unterlegenen Partei ganz oder teilweise die Kosten auferlegt werden, wenn dies der Billigkeit entspricht (§ 63 Abs. 1 S. 1 bzw. § 71 Abs. 1 S. 1 MarkenG). Es müssen aber besondere Umstände vorliegen, die zu einer solchen Kostenentscheidung Anlass geben. Der Regelfall ist der, dass jede Partei ihre Kosten selbst trägt. Zu einer Kostenentscheidung besteht im Allgemeinen nur Veranlassung, wenn eine Partei völlig aussichtslose Rechtspositionen vertritt oder im Fall einer bösgläubigen Anmeldung. Bei einer Beschwerde gegen zwei übereinstimmende Beschlüsse des DPMA kann die Position des Beschwerdegegners nicht so aussichtslos sein, dass eine Kostenauferlegung in Betracht käme. Es könnte hier allenfalls der Beschwerdegegner beantragen, dem Beschwerdeführer die Kosten aufzuerlegen, wenn sich die angefochtenen Beschlüsse auf eine gefestigte Rechtsprechung stützen können.

6. Über die Beschwerde kann, sofern keine Beweiserhebung erfolgt, ohne mündliche Verhandlung entschieden werden. Eine mündliche Verhandlung findet aber statt, wenn einer der Beteiligten sie beantragt (§ 69 Ziff. 1 MarkenG). Üblicherweise wird der Antrag nur hilfsweise gestellt, für den Fall, dass der Beschwerde nicht sogleich stattgegeben wird. Die Anberaumung einer mündlichen Verhandlung ist sodann Hinweis darauf, dass nach derzeitigem Beratungsstand der Beschwerde nicht stattgegeben werden kann. Haben – bei mehreren Beteiligten – beide Parteien hilfsweise Anberaumung einer mündlichen Verhandlung beantragt, teilt das Bundespatentgericht üblicherweise mit, auf wessen Antrag die Terminbestimmung erfolgt, und gibt auf diese Weise den vorläufigen Beratungsstand bekannt.

7. Für die Beschwerde ist eine Gebühr von derzeit 200,– EUR zu zahlen. In Verfalls- und Nichtigkeitsverfahren beträgt sie 500,– EUR (Nr. 401 100 des Gebührenverzeichnis, Anlage (zu § 2 Abs. 1 PatKostG). Die jeweilige Höhe ergibt sich auch aus der dem angefochtenen Beschluss beigefügten Rechtsmittelbelehrung. Wird die Beschwerdegebühr nicht innerhalb der Beschwerdefrist gezahlt, gilt die Beschwerde als nicht eingelegt. Zahlungen können auf mehrfache Weise erfolgen. Zur Fristwahrung ist es am sichersten, dem Beschwerdeschriftsatz eine Einzugsermächtigung auf dem vom DPMA herausgegebenen Formular beizufügen. In diesem Fall gilt die Zahlung mit Eingang der Ermächtigung (auch per Telefax) als erfolgt. Eine Überweisung der Gebühr auf ein Konto des DPMA empfiehlt sich weniger, da hier erst der Tag der Gutschrift (den der Einzahler nicht kontrollieren kann) als Einzahlungstag gilt. Eine Gebührenzahlung per Scheck oder mittels Gebührenmarken ist nicht mehr zulässig; nach wie vor kann die Gebühr aber auch durch Barzahlung bei der Zahlstelle oder Bareinzahlung auf das Konto der Bundeskasse Halle/DPMA des DPMA entrichtet werden.

8. Wenn sich keine identischen Waren/Dienstleistungen gegenüberstehen, sollte die Beschwerdebegründung Ausführungen zur Waren- bzw. Dienstleistungsähnlichkeit enthalten, da dies ein wesentliches Kriterium für die Beurteilung der Verwechslungsgefahr zwischen den sich gegenüberstehenden Marken ist. Es können hier alle Gesichtspunkte angeführt werden, aus denen sich Berührungen zwischen den Waren/Dienstleistungen ergeben. Solche Gesichtspunkte sind beispielsweise Berührungen auf der Produktions- oder Vertriebsebene oder auch eine Austauschbarkeit aus der Sicht des Verbrauchers.

9. Die Beurteilung der Ähnlichkeit der Marken erfolgt nach festen Grundsätzen. Die Frage, ob Verwechslungsgefahr iSv § 9 Abs. 1 Nr. 2 MarkenG vorliegt, ist, ebenso wie bei § 14 Abs. 2 Nr. 2 MarkenG, unter Heranziehung aller relevanten Umstände des Einzelfalls umfassend zu beurteilen. Dabei ist von einer Wechselwirkung zwischen der Identität oder der Ähnlichkeit der Waren oder Dienstleistungen, dem Grad der Ähnlichkeit der Marken und der Kennzeichnungskraft der prioritätsälteren Marke in der Weise auszugehen, dass ein geringerer Grad der Ähnlichkeit der Waren oder Dienstleistungen durch einen höheren Grad der Ähnlichkeit der Marken oder durch eine gesteigerte Kennzeichnungskraft der älteren Marke ausgeglichen werden kann und umgekehrt (st. Rspr; vgl. nur BGH GRUR 2019, 1058 Rn. 17 – KNEIPP). Bei Wortmarken ist danach in erster Linie auf die klangliche Übereinstimmung der Marken abzustellen. Daneben kommt auch eine schriftbildliche Verwechslungsgefahr in Betracht. Ein übereinstimmender Sinngehalt der Marke kann zu Verwechslungen beitragen; ein unterschiedlicher Sinngehalt Verwechslungen entgegenwirken. Nach st.Rspr. der europäischen Gerichte können sich die klanglichen, (schrift-)bildlichen und begrifflichen Aspekte unter bestimmten Voraussetzungen „neutralisieren". Nach der sog. Neutralisierungslehre können begriffliche und visuelle Unterschiede zwischen zwei Zeichen ihre vorhandenen klanglichen Ähnlichkeiten neutralisieren, wenn zumindest eines der Zeichen eine eindeutige und bestimmte Bedeutung hat, so dass die maßgeblichen Verkehrskreise sie ohne Weiteres erfassen können (vgl. BGH GRUR 2019, 173 Rn. 23 – combit/Commit, unter Hinweis auf EuGH GRUR 2006, 237 Rn. 20 – PICASSO; GRUR 2006, 413 Rn. 35 – ZIRH/SIR; GRUR 2008, 343 Rn. 32 ff. – BAINBRIDGE; s. hierzu auch BGH GRUR 2013, 725, Rn. 25f – Duff Beer; GRUR 2011, 824 – Kappa). Nach derzeitigem Stand steht das BPatG einer Anerkennung der europäischen „Neutralisierungslehre" in Bezug auf klangliche Ähnlichkeiten kritisch gegenüber (vgl. BPatG BeckRS 2014, 6596 – Sinuvex/CinnoVex; BPatG GRUR 2010, 78 – Xxero Luxury Cosmetics/zero; Ströbele/Hacker/Thiering, MarkenG § 9 Rn. 270 ff.; *Hacker*, Markenrecht, 3. Aufl. 2013, Rn. 443 ff.).

10. In jedem Fall ist nach geltendem Markenrecht die Wechselwirkung zwischen Warenähnlichkeit und Markenähnlichkeit zu erörtern. Bei übereinstimmenden oder sehr ähnlichen Marken kommt eine Verwechslungsgefahr auch bei größerem Warenabstand in Betracht; umgekehrt genügt bei übereinstimmenden oder sehr ähnlichen Waren/Dienstleistungen bereits eine geringere Markenähnlichkeit, um die Gefahr von Verwechslungen zu begründen. Von Bedeutung ist auch die Kennzeichnungskraft der älteren Marke, insbesondere soweit sie auf Bekanntheit beruht, wobei die Bekanntheit einer Marke die Gefahr von Verwechslungen fördert.

8. Abgrenzungs- und Vorrechtsvereinbarung[1]

zwischen

Fa. A-GmbH

Inhaberin der Marke . . . . . . (Nr.) „Lemo"

– nachfolgend A genannt –

und

Fa. B-AG

Inhaberin der jüngeren Marke . . . . . . (Nr.) „LEO“

– nachfolgend B genannt –

Präambel

A ist Inhaberin der Marke . . . . . . (Nr.) „Lemo“, eingetragen mit einer Priorität vom . . . . . . für (Waren und Dienstleistungen benennen).

B ist Inhaberin der Marke . . . . . . (Nr.) „LEO“, eingetragen mit einer Priorität vom . . . . . . für Waren und Dienstleistungen XYZ.

A hat gegen die Registrierung dieser Marke Widerspruch eingelegt.

Zur Beendigung des Widerspruchsverfahrens sowie zur Vermeidung zukünftiger Kollisionen vereinbaren die Parteien Folgendes:

1. B verpflichtet sich, aus der Eintragung und Benutzung ihrer Marke „LEO“ keine Rechte, gleich aus welchem Rechtsgrund, gegen bestehende und zukünftige Anmeldungen/Eintragungen von Marken oder sonstigen Kennzeichen mit dem Bestandteil „Lemo“ (in Alleinstellung oder in Kombination mit anderen Wort- oder Bildelementen) oder damit verwechselbar ähnliche Kennzeichen durch A oder mit ihrer Zustimmung geltend zu machen, insbesondere keine Widersprüche zu erheben, und die Benutzung dieser Kennzeichen weder selbst noch durch Dritte anzugreifen., mit Ausnahme von „LEO“.[2]
2. B verpflichtet sich außerdem, die Marke „LEO“ nicht für Milchprodukte mit Fruchtbeimischung zu benutzen[3] und in das Warenverzeichnis der Marke „LEO“ im Wege der Teillöschung den Zusatz aufzunehmen: ausgenommen Milchprodukte mit Fruchtbeimischung.[4]
3. A verpflichtet sich, die Eintragung und Benutzung der Marke „LEO“ unter den vorgenannten Voraussetzungen zu dulden und den gegen die Eintragung der Marke erhobenen Widerspruch innerhalb von zehn Werktagen nach Erhalt des Nachweises der erfolgten Einschränkung des Warenverzeichnisses der Marke „LEO“ zurückzunehmen.[5]
4. Die Vereinbarung gilt für alle Länder, in denen A über ältere Rechte verfügt. In Ländern, in denen B über ältere Rechte verfügt, wird sie A die Eintragung und Benutzung der Marke „Lemo“ unter entsprechenden Voraussetzungen gestatten.[6]
5. Im Fall von Neuregistrierungen verpflichten sich die Parteien, die jeweils andere Partei auf deren Aufforderung und deren Kosten zu unterstützen, insbesondere eventuelle Zustimmungserklärungen abzugeben.
6. Diese Vereinbarung gilt für die Rechtsnachfolger und verbundenen Firmen beider Parteien. soweit sie die identischen Marken für entsprechende Waren registriert haben oder benutzen.[7]

Ort, Datum (Unterschriften)

Anmerkungen

1. Ein Großteil von Widersprüchen wird durch sogenannte außeramtliche Einigung beigelegt. Das Formular gibt das in der Praxis üblicherweise verwendete Muster einer zu diesem Zweck abzuschließenden Abgrenzungs- und Vorrechtsvereinbarung wieder.

Abgrenzungsvereinbarungen sind grundsätzlich zulässig, soweit ein ernsthafter, objektiv begründeter Anlass, namentlich die Vermeidung weiterer rechtlicher und/oder gerichtlicher

Auseinandersetzungen besteht (für Deutschland, vgl. BGH GRUR 2011, 641 Rn. 19 ff. – Jette Joop). Bei der Bestimmung der Grenzen markenrechtlicher Abgrenzungsvereinbarungen gilt kein Verbot geltungserhaltender Reduktion. Allerdings ist darauf zu achten, dass die Vereinbarung keine Wettbewerbsbeschränkung bezweckt. Bei der Prüfung, ob eine solche vorliegt, kommt es auf den Inhalt der Vereinbarung an, insbesondere auf die Ziele, welche die Parteien verfolgen, und die wirtschaftlichen und rechtlichen Zusammenhänge. Entscheidend ist die Rechtslage zum Zeitpunkt des Vertragsschlusses. Für die Frage, ob eine markenrechtliche Abgrenzungsvereinbarung den Wettbewerb beschränkt, kommt es nicht auf den Schutzbereich der Marken der Parteien, sondern darauf an, ob sie nach allgemeinen Grundsätzen aktuelle oder potenzielle Wettbewerber sind (BGH GRUR 2016, 849 – Pelican/Pelikan). Zu den Grenzen markenrechtlicher Abgrenzungsvereinbarungen aus Sicht des Kartellrechts s. auch *W. Kirchhoff* GRUR 2017, 248.

2. Mit dieser Regelung sichert sich der Inhaber der älteren Marke dagegen ab, dass ihm bei künftigen Markenanmeldungen die Dank seiner Duldung zur Eintragung gelangende jüngere Marke als älteres Recht entgegensteht. Im Verhältnis zwischen den Parteien soll der Inhaber der älteren Marke nicht schlechter stehen, als er stünde, wenn er seinen Löschungsanspruch gegen die jüngere Marke durchsetzen würde. Man nennt diesen Teil der Vereinbarung Vorrechtsvereinbarung.

3. Ziff. 2 der Vereinbarung ist Teil der Abgrenzungsvereinbarung und beinhaltet die Beschränkung des Anmelders der jüngeren Marke auf eine Benutzung, die die Interessen des Inhabers der älteren Marke weniger tangiert. Im Beispielsfall (→ Form. V.7) ist die ältere Marke für Fruchtsäfte eingetragen. Die Kollision mit der für Milchprodukte eingetragenen jüngeren Marke beruht vor allem darauf, dass es Milchprodukte mit Fruchtbeimischung gibt. Mit der hier vereinbarten Beschränkung wird diese Kollision ausgeräumt.

4. Mit der Verpflichtung, die Marke nicht für Milchprodukte mit Fruchtbeimischung zu benutzen, wird den Interessen des Inhabers der älteren Marke bereits weitgehend genügt. Häufig verlangt der Inhaber der älteren Marke aber zusätzlich, dass auch das Warenverzeichnis der jüngeren Marke entsprechend einzuschränken ist. Dies bedeutet für den Inhaber der jüngeren Marke keinen entscheidenden Nachteil, da seine Marke insoweit über kurz oder lang ohnehin wegen Nichtbenutzung löschungsreif würde. In Erfüllung dieser Vereinbarung hat der Inhaber der jüngeren Marke jetzt noch gem. § 48 MarkenG beim DPMA einen entsprechenden Löschungsantrag zu stellen (→ Form. V.10.1).

5. Die Verpflichtung des A beschränkt sich im Beispielsfall auf die Duldung der Eintragung und Benutzung der jüngeren Marke und auf Rücknahme des gegen die Eintragung erhobenen Widerspruchs. Manche Vereinbarungen sehen darüber hinaus vor, dass der Inhaber der älteren Marke sich verpflichtet, seine Marke nicht für die Ware/Dienstleistung zu benutzen, für die die jüngere Marke vereinbarungsgemäß benutzt werden darf. Häufig lehnen es die Inhaber älterer Marken aber auch ab, eine solche Verpflichtung zu übernehmen. Im vorliegenden Fall, in dem mit der getroffenen Abgrenzungsvereinbarung die Kollision zwischen den Marken vollständig ausgeräumt wird, besteht für eine Benutzungseinschränkung der Firma A keine Veranlassung. Wären beide Marken dagegen ursprünglich für Arzneimittel eingetragen und würde sich Firma B verpflichten, ihre Marke nur für Ophthalmologika zu benutzen, wäre es nicht unbillig, von Firma A eine entsprechende Benutzungsunterlassung zu verlangen. Im Arzneimittelbereich sind solche reziproken Verpflichtungen auch häufig anzutreffen, da die Marken ohnehin nur für bestimmte Arzneimittel benutzt werden.

In der Praxis werden ebenso häufig gegenseitige Nichtangriffsreden getroffen, ohne Spezifizierung dahingehend, ob die jeweiligen Marken benutzt werden. Dieses kann, je nach Größe bzw. Marktanteile beteiligter Unternehmen, kartellrechtliche Konsequenzen haben.

Grundsätzlich sind Abgrenzungsvereinbarungen, durch die im beiderseitigen Interesse der Parteien der jeweilige Benutzungsumfang ihrer Zeichen festgelegt wird, um Verwechslungen und Konflikte zu vermeiden, zulässig, sofern solche Vereinbarungen nicht über die konkret zu regelnde Konfliktlage hinaus wettbewerbsbeschränkenden Zwecken dienen. (EuGH GRUR-Int 1985, 399 – Toltecs/Dorcet II). Vorsicht ist jedoch geboten bei Widersprüchen aus wegen Nichtbenutzung löschungsreifen Marken mit dem Ziel, durch eine Abgrenzungsvereinbarung die Kontrolle über den Vertrieb der Waren des Anmeldezeichens zu erlangen. Dieses kann einen Missbrauch der sich aus dem Kennzeichenrecht ergebenden Befugnisse darstellen. In dem vorbezeichneten Urteil hat der Gerichtshof zu Nichtangriffsreden bezüglich eines wegen Nichtbenutzung löschungsreifen Warenzeichens ausgeführt, dass eine solche Nichtangriffsabrede *„nicht als solche, sondern nur als Teil einer den Vertrieb des Anmeldezeichen begrenzenden Wettbewerbsbeschränkung"* unter (alt) Art. 85 (1) EWG-Vertrag (nunmehr Art. 101 AEUV) fällt, so dass die Verhängung eines besonderen Bußgeldes nicht gerechtfertigt war (EuGH GRUR-Int 1985, 399 – Toltecs/Dorcet II).

6. Bei Parteien mit Auslandsmarken wird die Vereinbarung regelmäßig auch auf das Ausland erstreckt und es wird auch gleich der umgekehrte Fall geregelt, dass der Inhaber der jüngeren Marke im Ausland über ältere Rechte verfügt.

7. Üblich ist auch die Erstreckung auf die Rechtsnachfolger und verbundenen Firmen beider Parteien. Dabei ist darauf zu achten, dass die Vereinbarung keine nachteiligen Regelungen zulasten Dritter enthält mit der Folge der Unwirksamkeit dieses Teils der Vereinbarung.

9. Übertragung einer Marke/eines Teils einer Marke[1]

9.1 Übertragungsvertrag

1. A ist Inhaber der unter der Reg. Nr. . . . . . für die Waren „Bekleidungsstücke" eingetragenen Marke „LEO". Die Marke wurde mit einer Priorität vom . . . . . am . . . . . eingetragen. Die Marke befindet sich noch in der Benutzungsschonfrist.

2. A sichert zu, dass ihm weder ein Widerspruch noch ein Löschungsantrag gegen die vorbezeichnete Marke bekannt sind und keine Rechte Dritter entgegenstehen.[2]

3. A überträgt die vorgenannte Marke auf B, der die Übertragung annimmt.
Alternativ[3]
A überträgt die vorgenannte Marke für die Waren: Unterwäsche, Trikotagen, Schlafanzüge auf B, der die Übertragung annimmt.

4. A bewilligt die Eintragung des Rechtsübergangs in das Markenregister, die B auf eigene Kosten zu beantragen hat.[4]

Ort, Datum (Unterschriften)

Anmerkungen

1. Entscheidend für den materiellen Rechtsübergang ist der Übertragungsvertrag, der formlos abgeschlossen werden kann. Die Eintragung in das Register hat nur Legitimationswirkung. Sie begründet eine Vermutung für die Rechtsinhaberschaft (§ 28 Abs. 1 MarkenG), die aber widerlegt werden kann. Umgekehrt kann das Recht aus einer eingetragenen Marke trotz wirksamer Übertragung in einem Verfahren vor dem DPMA oder einem diesem Verfahren nachgeschalteten gerichtlichen Verfahren erst von dem Zeitpunkt an geltend gemacht werden, in dem dem DPMA der Antrag auf Eintragung des Rechtsübergangs zugegangen ist (§ 28 Abs. 2 MarkenG). Auch im Verletzungsverfahren kann die Aktivlegitimation, wegen der Vermutungswirkung des § 28 Abs. 1 MarkenG, letztlich nur durch die Registereintragung nachgewiesen werden. Nach § 27 MarkenG kann nicht nur das durch die Eintragung einer Marke begründete Recht, sondern auch das durch die Benutzung oder die notorische Bekanntheit einer Marke begründete Recht auf andere übertragen werden. In diesem Fall ist das Markenregister nicht tangiert und es genügt der formlose Übertragungsvertrag.

2. Der Erwerber erwirbt die Marke in dem Zustand, in dem sie sich im Zeitpunkt der Übertragung befindet, also ggf. im Zustand der Löschungsreife wegen Nichtbenutzung oder der Kollision mit Drittzeichen. In den Übertragungsvertrag können diesbezügliche Feststellungen oder Zusicherungen aufgenommen werden.

3. § 46 MarkenG sieht die Möglichkeit der Teilung einer Marke und demzufolge auch die Möglichkeit des Rechtsübergangs nur für einen Teil der Waren oder Dienstleistungen, für die sie Schutz genießt, vor. In diesem Fall sind in der Übertragungsvereinbarung und insbesondere im Eintragungsantrag an das DPMA die Waren zu bezeichnen, auf die sich die Übertragung bezieht. Die teilweise Übertragung der Marke führt dazu, dass künftig zwei übereinstimmende Marken mit gleichem Zeitrang nebeneinander bestehen. Es empfiehlt sich, ergänzende Regelungen zu treffen, die daraus entstehenden Konflikten vorbeugen können. Ohne anderslautende vertragliche Regelung wird man davon ausgehen müssen, dass jeder der beiden künftigen Markeninhaber auf die Benutzung der Marke für die von seinem Warenverzeichnis erfassten Waren beschränkt ist, innerhalb dieser Waren aber keiner Benutzungsbeschränkung unterliegt. So könnte insbesondere der bisherige Markeninhaber seine Benutzung auf Waren erstrecken, mit denen er sich stärker als bisher an die von der Übertragung erfassten Marken annähert, oder es könnte durch eine weitere Teilübertragung der Marke zu entsprechenden Kollisionen kommen. Dies gilt es bei der Teilübertragung einer Marke stets zu bedenken.

4. Einer Eintragungsbewilligung bedarf es, wenn lediglich der Rechtsnachfolger die Umschreibung beantragt. Ansonsten reicht für den Nachweis des Rechtsübergangs aus, dass der Antrag auf Eintragung vom bisherigen Markeninhaber und von seinem Rechtsnachfolger bzw. deren Vertretern unterschrieben ist. Eine notarielle Beglaubigung der Unterschrift des bisherigen Markeninhabers auf der Eintragungsbewilligung ist nicht erforderlich; das DPMA kann allerdings weitere Nachweise verlangen, wenn sich begründete Zweifel an dem Rechtsübergang ergeben (vgl. § 28 Abs. 5 u. 6 DPMAV).

9.2 Antrag auf Eintragung eines Rechtsübergangs in das Register

Deutsches
Patent- und Markenamt

Deutsches Patent- und Markenamt
Markenabteilungen
80297 München

W7616 1.19 1

(1) Registernummer/n oder Aktenzeichen der übertragenen Marke/n

☐ siehe Anlage *(bitte ein separates Blatt DIN A4 bzw. einen Datenträger verwenden)*

Antrag auf Eintragung eines Rechtsübergangs
(für alle Waren und Dienstleistungen)

3

☐ per Telefax **vorab** am TT ____ MM ____ JJJJ ____

☐ **nur** per Telefax am TT ____ MM ____ JJJJ ____

an Telefaxnummer +49 89 2195-4000

(2) eingetragener Inhaber/Anmelder der Marke/n
(bei Platzmangel, z. B. Inhabergemeinschaft, bitte ein separates Blatt DIN A4 bzw. einen Datenträger verwenden)

Name, Vorname/Firma *(ggf. einschließlich Rechtsform entsprechend DPMAregister)*

Straße, Hausnummer des (Wohn-)Sitzes *(kein Postfach)*

Postleitzahl **Ort**

Land *(nur bei ausländischen Adressen)*

Telefonnummer

Telefaxnummer

Geschäftszeichen

Rechtsnachfolger der Marke/n
(bei Platzmangel, z. B. Inhabergemeinschaft, bitte ein separates Blatt DIN A4 bzw. einen Datenträger verwenden)

Name, Vorname/Firma *(ggf. einschließlich Rechtsform entsprechend registerrechtlicher Eintragung)*

Straße, Hausnummer des (Wohn-)Sitzes *(kein Postfach)*

Postleitzahl **Ort**

Land *(nur bei ausländischen Adressen)*

Telefonnummer

Telefaxnummer

Geschäftszeichen

NUR BEI GEWÄHRLEISTUNGSMARKEN

Erklärung des Rechtsnachfolgers einer Gewährleistungsmarke gem. § 106b Abs. 1 MarkenG

☐ Hiermit erklärt der Rechtsnachfolger, dass er keine Tätigkeiten ausübt, die die Herstellung und Lieferung von Waren und Dienstleistungen, für welche die Gewährleistung besteht, umfassen.

W7616 1.19 2

(3)

Vertreter **des eingetragenen Inhabers/Anmelders**
(Rechts- oder Patentanwalt, Patentassessor)

Name, Vorname/Bezeichnung

Straße, Hausnummer

Postleitzahl **Ort**

Land *(nur bei ausländischen Adressen)*

ggf. Nummer der Allgemeinen Vollmacht

Telefonnummer

Telefaxnummer

Geschäftszeichen

Vertreter **des Rechtsnachfolgers**
(Rechts- oder Patentanwalt, Patentassessor)

Name, Vorname/Bezeichnung

Straße, Hausnummer

Postleitzahl **Ort**

Land *(nur bei ausländischen Adressen)*

ggf. Nummer der Allgemeinen Vollmacht

Telefonnummer

Telefaxnummer

Geschäftszeichen

(4)

Absender des Antrags ist der

☐ eingetragene Inhaber/Anmelder der Marke/n bzw. der Vertreter

☐ Rechtsnachfolger der Marke/n bzw. Vertreter

☐

(5)

Sendungen **sind nicht an den eingetragenen Inhaber/Anmelder bzw. dessen Vertreter zu richten, sondern an**

Name, Vorname/Bezeichnung

Straße, Hausnummer

Postleitzahl **Ort**

Land *(nur bei ausländischen Adressen)*

Telefonnummer

Telefaxnummer

Geschäftszeichen

Sendungen **sind nicht an den Rechtsnachfolger bzw. seinen Vertreter zu richten, sondern an**

Name, Vorname/Bezeichnung

Straße, Hausnummer

Postleitzahl **Ort**

Land *(nur bei ausländischen Adressen)*

Telefonnummer

Telefaxnummer

Geschäftszeichen

(6)

Anlagen

☐ Liste der Registernummern/Aktenzeichen der umzuschreibenden Marken (sofern nicht in Feld (1) aufgeführt)

☐ Vollmachtsurkunde/n

☐ Bestallungsurkunde (bei Übertragung durch einen Insolvenzverwalter)

☐

☐

W7616 1.19 3

(7) **Unterschrift**

Der Unterschrift ist der Name in Druckbuchstaben oder Maschinenschrift hinzuzufügen; bei Firmen die Bezeichnung entsprechend registerrechtlicher Eintragung mit Angabe der Stellung/Funktion des Unterzeichnenden.

Bitte beachten Sie hinsichtlich der Verarbeitung Ihrer personenbezogenen Daten unser Merkblatt A 9106 „Datenschutz bei Schutzrechtsanmeldungen". Dieses finden Sie unter www.dpma.de: Service – Formulare – Sonstige Formulare – Hinweise zum Datenschutz.

Datum **Unterschrift/en ggf. Firmenstempel** *(eingetragener Inhaber/Anmelder der Marke oder sein Vertreter)*	**Datum** **Unterschrift/en ggf. Firmenstempel** *(Rechtsnachfolger oder sein Vertreter)*
Funktion/en der/des Unterzeichner/s	**Funktion/en der/des Unterzeichner/s**

Hinweise zum Antrag

zu Feld (1)

Der Antrag kann für mehrere Marken/Markenanmeldungen nur dann gemeinsam gestellt werden, wenn sowohl der eingetragene Inhaber/Anmelder bei allen Marken/Markenanmeldungen dieselbe Person ist als auch der Rechtsnachfolger bei allen Marken/Markenanmeldungen dieselbe Person ist.

zu Feld (7)

Wird der Antrag sowohl vom eingetragenen Inhaber oder seinem Vertreter als auch vom Rechtsnachfolger oder seinem Vertreter unterschrieben, so reicht dies grundsätzlich für den Nachweis des Rechtsübergangs aus.

zu ggf. bestehenden SEPA-Lastschriftmandaten

Der Rechtsübergang hat keinen Einfluss auf ein zu dem Aktenzeichen der übertragenen Marke ggf. bestehendes SEPA-Lastschriftmandat, das für mehrmalige Zahlungen (Dauereinzüge) erteilt wurde. Sofern zukünftige Zahlungen zu diesem Aktenzeichen nicht mehr über das erteilte Mandat eingezogen werden sollen oder Sie das Mandat vollständig widerrufen wollen, teilen Sie uns dies bitte schriftlich (als Änderungsmitteilung im Formular A 9532 „Angaben zum Verwendungszweck des Mandats") mit.

Anmerkungen

Für die Eintragung des Rechtsübergangs einer Marke gibt es vom DPMA herausgegebene Formblätter, die über das Internet kostenlos heruntergeladen werden können und verwendet werden sollen.

Die nachfolgenden Ausführungen folgen dem Muster des DPMA.

Zunächst sind die Registernummer/das Aktenzeichen der übertragenen Marke anzugeben, wobei das Formular auch für den Rechtsübergang mehrerer Marken gleichzeitig Anwendung findet, soweit der eingetragene Inhaber/Anmelder der Marke derselbe ist. Dieses gilt auch für den Rechtsnachfolger der Marken. Ein Vertreter der Parteien kann, muss aber nicht angegeben werden, ebenso wenig wie die Rubrik der Zustellung.

Eine Vollmachtsurkunde ist grundsätzlich nicht erforderlich bei anwaltlicher Vertretung.

Dem Antrag sind keine weiteren Unterlagen, zB der materiell-rechtlicher Übertragungsvertrag beizufügen, wenn der Antrag sowohl vom eingetragenen Inhaber oder seinem Vertreter als auch vom Rechtsnachfolger oder seinem Vertreter unterschrieben wird. Dieses reicht dann grundsätzlich für den Nachweis des Rechtsübergangs aus (§ 28 Abs. 3 DPMAV).

Das DPMA gibt weiterhin ein Formular eines Antrags auf Eintragung eines **Teil**-Rechtsübergangs heraus. Zu beachten ist dort die genaue Angabe der Waren/Dienstleistungen, die Gegenstand des Teil-Rechtsübergangs sind (Feld 6). Im Gegensatz zur Eintragung eines kompletten Rechtsübergangs ist der Antrag auf Eintragung eines Teil-Rechtsübergangs mit Gebühren in Höhe von zur Zeit 300,– EUR pro teilweise übertragener Marke zu entrichten (§ 46 und § 27 Abs. 4 MarkenG). Wird die Gebühr nicht innerhalb von drei Monaten nach Einreichung des Antrages gezahlt, gilt der Antrag als zurückgenommen (§ 6 PatKostG).

Die Zahlung kann entweder per Banküberweisung oder mittels SEPA-Basis-Lastschrift erfolgen. Es reicht grundsätzlich für den Nachweis des (Teil-)Rechtsübergangs aus, wenn der Antrag sowohl vom eingetragenen Inhaber oder seinem Vertreter als auch vom Rechtsnachfolger oder seinem Vertreter unterschrieben wird (§ 28 Abs. 3 DPMAV).

10. Antrag auf Löschung einer Marke

10.1 Verzicht

Deutsches
Patent- und Markenamt

Deutsches Patent- und Markenamt
Markenabteilungen
80297 München

W 7 4 3 7 1 . 1 9 1

(1) **Angaben zur Marke**

Registernummer

Markendarstellung

☐ siehe Anlage *(bitte separates Blatt DIN A4 oder Datenträger verwenden)*

Antrag auf

☐ **vollständige Löschung einer Marke**
☐ **teilweise Löschung einer Marke**
wegen Verzicht

3

☐ per Telefax **vorab** am ___ TT ___ MM ___ JJJJ

☐ **nur** per Telefax am ___ TT ___ MM ___ JJJJ
an Telefaxnummer +49 89 2195 - 4000

(2) **Antragsteller** (Inhaber der Marke)

Name, Vorname/Firma *(ggf. einschließlich Rechtsform entsprechend registerrechtlicher Eintragung)*

Straße, Hausnummer des (Wohn-)Sitzes *(kein Postfach)*

Postleitzahl **Ort**

Land *(nur bei ausländischen Adressen)*

Telefonnummer ______ **E-Mail-Adresse** ______

Telefaxnummer ______ **Geschäftszeichen** ______

(3) **Vertreter des Antragstellers**

Name, Vorname/Bezeichnung

Straße, Hausnummer

Postleitzahl **Ort**

Land *(nur bei ausländischen Adressen)*

ggf. Nummer der Allgemeinen Vollmacht ______

Telefonnummer ______ **E-Mail-Adresse** ______

Telefaxnummer ______ **Geschäftszeichen** ______

W7437 1.19 2

(4) **Sendungen des Amtes sind zu richten an**

☐ **Antragsteller (Inhaber der Marke)** ☐ **Vertreter**

☐ **folgenden Zustellungsbevollmächtigten**

Name, Vorname/Bezeichnung

Straße, Hausnummer

Postleitzahl **Ort**

Land *(nur bei ausländischen Adressen)*

Telefonnummer **E-Mail-Adresse**

Telefaxnummer **Geschäftszeichen**

(5) **Zustimmungserklärung Dritter (Personen, die im Register als Inhaber eines Rechts an der Marke eingetragen sind):**

☐ hiermit stimme/n ich/wir zu

Bitte beachten Sie hinsichtlich der Verarbeitung Ihrer personenbezogenen Daten unser Merkblatt A 9106 „Datenschutz bei Schutzrechtsanmeldungen". Dieses finden Sie unter www.dpma.de: Service – Formulare – Sonstige Formulare – Hinweise zum Datenschutz.

Datum **Unterschrift/en ggf. Firmenstempel**

☐ siehe Anlage

(6) Nur bei Antrag auf **teilweise** Löschung auszufüllen!

Folgende Waren/Dienstleistungen sollen aufgrund des Antrags auf teilweise Löschung der Marke wegen Verzicht gelöscht werden:

Bitte hier nur Waren und/oder Dienstleistungen angeben, die gelöscht werden sollen!

Klassen **Waren/Dienstleistungen** *(zwingend zu benennen, Angabe lediglich der Klassen ist nicht ausreichend)*

☐ *(Das Verzeichnis der zu löschenden Waren/Dienstleistungen wurde als Anlage beigefügt; bei Platzmangel bitte separates Blatt DIN A4 oder Datenträger verwenden)*

W7437 1.19 3

(7) **Anlagen**

☐ Markendarstellung

☐ Vollmacht

☐ Zustimmungserklärung

☐ Verzeichnis der Waren/Dienstleistungen

☐ ______________________________

(8) **Unterschrift**

Der Unterschrift ist der Name in Druckbuchstaben oder Maschinenschrift hinzuzufügen; bei Firmen die Bezeichnung entsprechend registerrechtlicher Eintragung mit Angabe der Stellung/Funktion des Unterzeichnenden.

Bitte beachten Sie hinsichtlich der Verarbeitung Ihrer personenbezogenen Daten unser Merkblatt A 9106 „Datenschutz bei Schutzrechtsanmeldungen“. Dieses finden Sie unter www.dpma.de: Service – Formulare – Sonstige Formulare – Hinweise zum Datenschutz.

______________________________ ______________________________

Datum **Unterschrift/en** **Funktion/en des/der Unterzeichner/s**

An das

Deutsche Patent- und Markenamt[2]

– Markenabteilungen –

81534 München

Marke . . . . . . (Nr.) „LEO“

Inhaber: . . . . . .

Unter Bezugnahme auf meine bei der Akte befindliche Vollmacht erkläre ich hiermit, namens des Markeninhabers, den Verzicht auf die Marke und beantrage deren Löschung.

(Rechtsanwalt)

Anmerkungen

1. Auch für die vollständige oder teilweise Löschung einer Marke wegen Verzichts (§ 48 MarkenG) gibt das DPMA Formulare aus. In dem vorliegenden Antrag auf (vollständige oder teilweise) Löschung einer Marke wegen Verzicht ist zu beachten, dass ggfs. Dritte (Personen, die im Register als Inhaber eines Rechts einer Marke eingetragen sind) dem Löschungsantrag zustimmen müssen.

Stellt der Markeninhaber Antrag auf Löschung seiner eigenen Marke, liegt ein Verzicht vor. Dieser ist in § 48 MarkenG geregelt. Er ist regelmäßig veranlasst, wenn eine eingetragene Marke mit einem älteren Recht kollidiert und der Markeninhaber zur Vermeidung eines Löschungsantrages oder einer Löschungsklage zum Verzicht auf die Marke aufgefordert wird. Ebenso kann auf eine Marke verzichtet werden, wenn diese beispielsweise nicht mehr benutzt wird. In einem solchen Fall bedarf es allerdings keines ausdrücklichen Antrages auf Löschung einer Marke; vielmehr kann der Markeninhaber den Ablauf der Schutzdauer abwarten und diese nicht mehr verlängern.

Bei einem Löschungsantrag des eingetragenen Markeninhabers reicht es aus, die zu löschende Marke unter Angabe der Registernummer zu bezeichnen. Es kann aber auch die teilweise Löschung der Marke nur für bestimmte Waren beantragt werden; in diesem Fall sind die Waren/Dienstleistungen, für die die Marke gelöscht werden soll, zu bezeichnen und gegebenenfalls das Verzeichnis der Waren/Dienstleistungen neu zu fassen. Ein solcher Teilverzicht ist häufig Bestandteil außeramtlicher Abgrenzungsvereinbarungen (→ Form. V.8).

2. Statt des Formulars kann der Antrag auf Löschung einer Marke wie oben beschrieben beim DPMA eingereicht werden. Die Verwendung des Formblatts ist nicht erforderlich.

10.2 Antrag auf Erklärung des Verfalls

Deutsches
Patent- und Markenamt

Deutsches Patent- und Markenamt
80297 München

W7440 7.20 1

(1) Angaben zur Marke, gegen die sich der Antrag richtet

Registernummer

Markendarstellung

Antrag auf Erklärung des teilweisen bzw. vollständigen Verfalls und

☐ **vollständige Löschung einer Marke**
☐ **teilweise Löschung einer Marke**
☐ **vollständige Schutzentziehung einer international registrierten Marke**
☐ **teilweise Schutzentziehung einer international registrierten Marke**
☐ **nachträgliche Feststellung der Ungültigkeit einer Marke**

3

☐ per Telefax **vorab** am ____ TT ____ MM ____ JJJJ

☐ **nur** per Telefax am ____ TT ____ MM ____ JJJJ

an Telefaxnummer +49 89 2195 - 4000

(2) Antragsteller

Name, Vorname/Firma *(ggf. einschließlich Rechtsform entsprechend registerrechtlicher Eintragung)*

Straße, Hausnummer des (Wohn-)Sitzes *(kein Postfach)*

Postleitzahl **Ort** **Land** *(nur bei ausländischen Adressen)*

Telefonnummer **E-Mail-Adresse**

Telefaxnummer **Geschäftszeichen**

(3) Vertreter des Antragstellers
(Rechts- oder Patentanwalt, Patentassessor)

Name, Vorname/Bezeichnung

Straße, Hausnummer

Postleitzahl **Ort** **Land** *(nur bei ausländischen Adressen)*

ggf. Nummer der Allgemeinen Vollmacht

Telefonnummer **E-Mail-Adresse**

Telefaxnummer **Geschäftszeichen**

W 7 4 4 0 7 . 2 0 2

(4) **Sendungen des Amtes sind zu richten an**

☐ **Antragsteller** ☐ **Vertreter**

☐ **folgenden Zustellungsbevollmächtigten**

Name, Vorname/Bezeichnung

Straße, Hausnummer

Postleitzahl **Ort** **Land** *(nur bei ausländischen Adressen)*

Telefonnummer **E-Mail-Adresse**

Telefaxnummer **Geschäftszeichen**

(5) *(nur bei Antrag auf Erklärung des* ***teilweisen Verfalls*** *auszufüllen)*

Der Verfall der Marke soll für folgende Waren/Dienstleistungen erklärt werden:

Klassen	**Waren/Dienstleistungen** *(zwingend zu benennen; nur Angabe der Klassen nicht ausreichend)*

☐ **Verzeichnis der zu löschenden Waren/Dienstleistungen ist als Anlage beigefügt** *(bitte ein separates Blatt DIN A4 oder einen Datenträger verwenden)*

(6) **Verfallsgründe** **(§§ 49, 105 und 106g MarkenG ggf. i. V. m. § 125c MarkenG)/**
Schutzentziehungsgründe **(§§ 115 Abs. 1, 124, 125c i. V. m. §§ 49, 105 und 106g MarkenG)**

☐ **Die Marke wurde nicht gemäß § 26 MarkenG benutzt (§ 49 Abs. 1 MarkenG).**

☐ **Die Marke hat sich nach der Eintragung zu einer Gattungsbezeichnung entwickelt (§ 49 Abs. 2 Nr. 1 MarkenG).**

☐ **Die Marke hat sich nach der Eintragung zu einer inhaltlich täuschenden Marke entwickelt (§ 49 Abs. 2 Nr. 2 MarkenG).**

☐ **Der Inhaber der Marke erfüllt die nach § 7 MarkenG geforderten Voraussetzungen nicht mehr (§ 49 Abs. 2 Nr. 3 MarkenG).**

☐ **Der Inhaber der Kollektivmarke besteht nicht mehr (§ 105 Abs. 1 Nr. 1 MarkenG).**

☐ **Der Inhaber der Kollektivmarke trifft keine geeigneten Maßnahmen zur Verhinderung einer missbräuchlichen, den Verbandszwecken der Kollektivmarkensatzung widersprechenden Verwendung der Marke (§ 105 Abs. 1 Nr. 2 MarkenG).**

☐ **Die Kollektivmarke wurde durch berechtigte Personen irreführend i. S. des § 103 Abs. 2 MarkenG benutzt (§ 105 Abs. 1 Nr. 3 MarkenG).**

☐ **Die geänderte Kollektivmarkensatzung ist entgegen § 104 Abs. 2 MarkenG in das Register eingetragen worden (§ 105 Abs. 1 Nr. 4 MarkenG).**

☐ **Der Inhaber der Gewährleistungsmarke erfüllt die in § 106b Abs. 1 MarkenG genannten Voraussetzungen nicht mehr (§ 106g Abs. 1 Nr. 1 MarkenG).**

☐ **Der Inhaber der Gewährleistungsmarke trifft keine geeigneten Maßnahmen zur Verhinderung einer missbräuchlichen, der Gewährleistungsmarkensatzung widersprechenden Verwendung der Marke (§ 106g Abs. 1 Nr. 2 MarkenG).**

☐ **Die Gewährleistungsmarke wurde durch berechtigte Personen irreführend i. S. des § 106e Abs. 2 MarkenG benutzt (§ 106g Abs. 1 Nr. 3 MarkenG).**

☐ **Die geänderte Gewährleistungsmarkensatzung ist entgegen § 106f Abs. 2 MarkenG in das Register eingetragen worden (§ 106g Abs. 1 Nr. 4 MarkenG).**

W 7 4 4 0 7 . 2 0 3

(7) **Begründung und Beweismittel** *(§ 53 Abs. 1 Satz 2 MarkenG)*

☐ siehe **Anlage** *(bitte separate Blätter im DIN A4-Format oder einen Datenträger verwenden)*

(8) **Gebühren in Höhe von ____________ €**

(bei der Zahlung bitte Gebührennummer und Registernummer angeben)

! Die Gebühr für das Verfallsverfahren ist für jeden Antragsteller gesondert zu zahlen.

Zahlung per Banküberweisung

☐ **Überweisung**

Zahlungsempfänger:
Bundeskasse Halle/DPMA
IBAN: DE84 7000 0000 0070 0010 54
BIC (SWIFT-Code): MARKDEF1700

Anschrift der Bank:
Bundesbankfiliale München
Leopoldstr. 234, 80807 München

Zahlung mittels SEPA-Basis-Lastschrift

☐ Ein gültiges **SEPA-Basis-Lastschriftmandat** *(Formular A 9530)*

☐ liegt dem DPMA bereits vor *(Mandat für mehrmalige Zahlungen)*

☐ ist beigefügt

☐ **Angaben zum Verwendungszweck** *(Formular A 9532)* des Mandats mit Mandatsreferenznummer sind beigefügt

(9) **Anlagen**

☐ Markendarstellung

☐ Vollmacht

☐ ______________________

☐ ______________________

(10) **Unterschrift**

Der Unterschrift ist der Name in Druckbuchstaben oder Maschinenschrift hinzuzufügen; bei Firmen die Bezeichnung entsprechend registerrechtlicher Eintragung mit Angabe der Stellung/Funktion des Unterzeichnenden.

Bitte beachten Sie hinsichtlich der Verarbeitung Ihrer personenbezogenen Daten unser Merkblatt A 9106 „Datenschutz bei Schutzrechtsanmeldungen". Dieses finden Sie unter www.dpma.de: Service – Formulare – Sonstige Formulare – Hinweise zum Datenschutz.

Datum | **Unterschrift/en** | **Funktion/en des/der Unterzeichner/s**

Anmerkungen

Seit Inkrafttreten der Änderungen des Markenrechtsmodernisierungsgesetzes haben sich auch die Formulare des Antrags auf Erklärung des teilweise bzw. vollständigen Verfalls geändert. Die zugrundeliegenden materiell-rechtlichen Änderungen erfolgten durch das Markenrechtsmodernisierungsgesetz (MaMoG) vom 11.12.2018. Die Änderungen des Verfalls- und Nichtigkeitsverfahren sind am 1.5.2020 in Kraft getreten. Eine der wichtigsten Änderungen ist die Einführung neuer Verfahren vor dem DPMA, namentlich der Antrag auf Erklärung der vollständigen oder teilweisen Nichtigkeit aufgrund älterer Rechte sowie die Überprüfung in materiell-rechtlicher Hinsicht des Vorhandenseins von Verfallsgründen. Die bisherigen Verfahren bleiben vor den Zivilgerichten davon weitgehend unberührt, (vgl. § 55 MarkenG). Hinzugekommen ist auch die Möglichkeit für Dritte, unter bestimmten Voraussetzungen einem Verfalls- oder Nichtigkeitsverfahren beizutreten (§ 54 MarkenG). Der nachfolgende Text folgt dem Aufbau des Formulars.

1. In Feld (1) sind die Registernummer der angegriffenen Marke sowie der Markenname bzw. eine Abbildung der angegriffenen Marke anzugeben. Zu konkretisieren ist der Löschungsantrag dahingehend, ob die vollständige oder teilweise Löschung einer Marke (gemäß §§ 49, 105, 106g, 53 MarkenG) bzw., in Bezug auf internationale Registrierungen, die vollständige oder teilweise Schutzentziehung einer international registrierten Marke (gemäß § 115, § 124 iVm §§ 49, 53 MarkenG) oder die nachträgliche Feststellung der Ungültigkeit einer Marke beantragt (§ 125c MarkenG) wird. Der Antrag auf Erklärung des Verfalls kann von jeder natürlichen oder juristischen Person gestellt werden sowie von jedem Interessenverband von Herstellern, Erzeugern, Dienstleistungsunternehmern, Händlern oder Verbrauchern, der am Verfahren beteiligt sein kann. Wird der Antrag auf Erklärung des Verfalls gestellt, so stellt das DPMA dem Inhaber der eingetragenen Marke eine Mitteilung hierüber zu und fordert ihn auf, sich innerhalb von zwei Monaten nach der Zustellung zu dem Antrag zu erklären. Widerspricht der Inhaber der Löschung aufgrund Verfalls nicht innerhalb der vorbezeichneten Frist, so wird der Verfall erklärt und die Eintragung gelöscht. Widerspricht hingegen der Inhaber der angegriffenen Marke dem Antrag fristgemäß, stellt das DPMA dem Antragsteller den Widerspruch zu.

2. In den Feldern (2) und (3) sind die Antragsteller sowie, falls vorhanden, deren Vertreter anzugeben. Je nachdem, ob ein Vertreter oder Zustellungsbevollmächtigter ernannt wurde, sind die Sendungen entsprechend an eine dieser Personen zu richten (Feld (4)).

3. Für den Fall, dass der Antragsteller nur den teilweisen Verfall einer Marke für bestimmte Waren und Dienstleistungen beantragt, sind diese in Feld (5) konkret zu benennen. Lediglich die Angabe der Klasse ist nicht ausreichend.

4. Feld (6) sieht die Verfallsgründe der §§ 49, 105 und 106g MarkenG, gegebenenfalls iVm § 125c MarkenG, bzw. die entsprechenden Schutzentziehungsgründe für eine international registrierte Marke vor. Der Antrag ist unzulässig, soweit über denselben Streitgegenstand zwischen den Parteien durch unanfechtbaren Beschluss oder rechtskräftiges Urteil entschieden wurde. Dieses gilt auch, wenn über denselben Streitgegenstand zwischen den Parteien eine Klage nach § 55 MarkenG rechtshängig ist (vgl. § 53 S. 4 und 5 MarkenG). Die vier Verfallsgründe des § 49 Abs. 1 und 2 Nr. 1–3 MarkenG bilden gesonderte Streitgegenstände (vgl. *Hacker* GRUR 2019, 113 (122) unter Hinweis auf BGH GRUR 2012, 180 Rn. 20 – Werbegeschenke). Nach dieser Entscheidung handelt es sich bei den Löschungsansprüchen wegen bösgläubiger Markenanmeldung nach §§ 3, 4 Nr. 10, § 8 Abs. 1 UWG, § 826 BGB auf der einen und wegen Verfalls mangels rechtserhaltender Benutzung auf der anderen Seite um zwei verschiedene Streitgegenstände. Dieses gilt nach dieser Entscheidung sowohl für das Verhältnis der verschiedenen Verfallsgründe nach § 49 MarkenG zueinander als auch im Verhältnis zum Löschungsgrund des Bestehens älterer Rechte nach § 51 MarkenG.

§§ 105 und 106g MarkenG sehen für Kollektiv- und Gewährleistungsmarken spezielle Regelungen für den Verfall vor. Diese Verfahren sind ausschließlich dem DPMA und nachfolgend dem Bundespatentgericht vorbehalten (vgl. § 105 Abs. 3 und § 106g Abs. 3 MarkenG).

5. Der Antrag auf nachträgliche Feststellung der Ungültigkeit einer Marke gemäß § 125c MarkenG hat folgenden Hintergrund: Ist für eine angemeldete oder eingetragene Unionsmarke der Zeitrang einer beim DPMA eingetragenen Marke nach Art. 39 oder Art. 40 UMV in Anspruch genommen worden und ist die Marke wegen Nichtverlängerung der Schutzdauer nach § 47 Abs. 6 MarkenG oder wegen Verzichts nach § 48 Abs. 1 MarkenG gelöscht worden, so kann auf Antrag nachträglich die Ungültigkeit dieser Marke wegen Verfalls oder wegen Nichtigkeit festgestellt werden. Die Feststellung der Ungültigkeit erfolgt unter den gleichen Voraussetzungen wie eine Erklärung des Verfalls oder der Nichtigkeit. Jedoch kann die Ungültigkeit einer Marke wegen Verfalls nach § 49 Abs. 1 MarkenG nur festgestellt werden, wenn die Voraussetzungen für die Erklärung des Verfalls nach dieser Vorschrift auch schon in dem Zeitpunkt gegeben waren, in dem die Marke wegen Nichtverlängerung der Schutzdauer oder wegen Verzichts gelöscht worden ist. Der Zeitrang der für verfallen oder für nichtig erklärten nationalen Marke entfaltet dann keine Wirkung mehr. Das Verfahren zur Feststellung der Ungültigkeit richtet sich nach den Vorschriften, die für das Verfalls- und Nichtigkeitsverfahren einer eingetragenen Marke gelten, mit der Maßgabe, dass an die Stelle der Erklärung des Verfalls oder der Nichtigkeit der Marke die Feststellung ihrer Ungültigkeit tritt.

Strittig war, auf welchen Zeitpunkt zur Beurteilung des Verfalls abzustellen ist. Nach einem entsprechenden Vorlagebeschluss an den EuGH und Klärung der Frage durch diesen (GRUR 2018, 616 – P & C Hamburg/P & C Düsseldorf) hat der BGH entschieden, dass im Hinblick auf eine wegen Verzichts gelöschte deutsche Marke, deren Zeitrang für eine Unionsmarke in Anspruch genommen wird, auf Antrag nachträglich gemäß § 125c MarkenG die Ungültigkeit wegen Verfalls festzustellen ist, wenn die Voraussetzungen des Verfalls zum Zeitpunkt des Erlöschens der deutschen Marke gegeben waren. Es ist dagegen nicht erforderlich, dass diese Voraussetzungen auch im Zeitpunkt der gerichtlichen Entscheidung über den Antrag vorliegen (BGH GRUR 2019, 527 – PUC II). Mit der Inanspruchnahme des Zeitrangs einer nationalen Marke soll dem Inhaber der Unionsmarke im Wege einer Fiktion ermöglicht werden, in dem jeweiligen Mitgliedstaat weiter von dem Schutz zu profitieren, den die gelöschte ältere nationale Marke genoss. Es ist jedoch nicht möglich, die nationale Marke zu benutzen, auf die verzichtet wurde. Eine etwaige Benutzung des in Rede stehenden Zeichens nach der Löschung ist als Benutzung der Unionsmarke anzusehen.

6. Die zur Begründung dienenden Tatsachen und Beweismittel sind mit Einreichung des Antrags vorzutragen (Feld (7)); vgl. § 53 Abs. 1 S. 2 MarkenG); ansonsten riskiert der Antragsteller, dass der Nichtigkeitsantrag als unzulässig zurückgewiesen wird (vgl. Hacker GRUR 2019, 113 (121)).

7. Die Wirkungen einer eingetragenen Marke gelten in dem Umfang, in dem die Marke für verfallen erklärt wird, von dem Zeitpunkt der Stellung des Antrags nach § 53 MarkenG oder der Erhebung der Klage nach § 55 MarkenG auf Erklärung des Verfalls an als nicht eingetreten. In der Entscheidung kann auf Antrag einer Partei ein früherer Zeitpunkt, zu dem einer der Verfallsgründe eingetreten ist, festgesetzt werden (vgl. § 52 Abs. 1 MarkenG).

8. Die Gebühr für den Antrag beträgt 100 EUR (Feld (8)). Das Verfallsverfahren wird nur fortgesetzt, wenn innerhalb eines Monats nach Zustellung des Widerspruchs die Gebühr zur Weiterverfolgung des Verfallsverfahrens gezahlt wird. Diese beträgt zurzeit 300 EUR. Die Antragsteller kann statt Einzahlung der Weiterverfolgungsgebühr jedoch auch unmittelbar den Weg zu den Gerichten beschreiten.

10.3 Antrag auf Erklärung der Nichtigkeit wegen absoluter Schutzhindernisse[1]

Deutsches
Patent- und Markenamt

Deutsches Patent- und Markenamt
80297 München

W7442 7.201

(1) Angaben zur Marke, gegen die sich der Antrag richtet

Registernummer

Markendarstellung

Antrag auf Erklärung der vollständigen bzw. teilweisen Nichtigkeit und

3

- ☐ **vollständige Löschung einer Marke**
- ☐ **teilweise Löschung einer Marke**
- ☐ **vollständige Schutzentziehung einer international registrierten Marke**
- ☐ **teilweise Schutzentziehung einer international registrierten Marke**
- ☐ **nachträgliche Feststellung der Ungültigkeit einer Marke**

wegen absoluter Schutzhindernisse

☐ per Telefax **vorab** am ____ (TT) ____ (MM) ____ (JJJJ)

☐ **nur** per Telefax am ____ (TT) ____ (MM) ____ (JJJJ)

an Telefaxnummer +49 89 2195 - 4000

(2) Antragsteller

Name, Vorname/Firma *(ggf. einschließlich Rechtsform entsprechend registerrechtlicher Eintragung)*

Straße, Hausnummer des (Wohn-)Sitzes *(kein Postfach)*

Postleitzahl **Ort** **Land** *(nur bei ausländischen Adressen)*

Telefonnummer **E-Mail-Adresse**

Telefaxnummer **Geschäftszeichen**

(3) Vertreter des Antragstellers
(Rechts- oder Patentanwalt, Patentassessor)

Name, Vorname/Bezeichnung

Straße, Hausnummer

Postleitzahl **Ort** **Land** *(nur bei ausländischen Adressen)*

ggf. Nummer der Allgemeinen Vollmacht

Telefonnummer **E-Mail-Adresse**

Telefaxnummer **Geschäftszeichen**

W7442 7.20 2

(4) **Sendungen des Amtes sind zu richten an**

☐ Antragsteller ☐ Vertreter

☐ folgenden Zustellungsbevollmächtigten

Name, Vorname/Bezeichnung

Straße, Hausnummer

Postleitzahl Ort Land *(nur bei ausländischen Adressen)*

Telefonnummer E-Mail-Adresse

Telefaxnummer Geschäftszeichen

(5) *(nur bei Antrag auf Erklärung der* ***teilweisen Nichtigkeit*** *auszufüllen)*

Die Nichtigkeit der Marke soll für folgende Waren/Dienstleistungen erklärt werden:

Klassen	Waren/Dienstleistungen *(zwingend zu benennen; nur Angabe der Klassen nicht ausreichend)*

☐ Verzeichnis der zu löschenden Waren/Dienstleistungen ist als Anlage beigefügt *(bitte ein separates Blatt DIN A4 oder einen Datenträger verwenden)*

(6) **Nichtigkeitsgründe** (§ 50 Abs. 1 bzw. § 106 oder § 106h MarkenG ggf. i. V. m. § 125c MarkenG)/
Schutzentziehungsgründe (§§ 115 Abs. 1, 124, 125c i. V. m. § 50 Abs. 1 bzw. § 106 oder § 106h MarkenG)

☐ Die Marke ist entgegen § 3 Abs. 1 MarkenG eingetragen worden.

Die Marke ist entgegen § 3 Abs. 2 MarkenG eingetragen worden, nämlich

☐ Nr. 1 ☐ Nr. 2 ☐ Nr. 3

☐ Die Marke ist entgegen § 7 MarkenG eingetragen worden.

☐ Die Marke ist entgegen § 8 Abs. 1 MarkenG eingetragen worden.

Die Marke ist entgegen § 8 Abs. 2 MarkenG eingetragen worden, nämlich

☐ Nr. 1 ☐ Nr. 2 ☐ Nr. 3 ☐ Nr. 4 ☐ Nr. 5

☐ Nr. 6 ☐ Nr. 7 ☐ Nr. 8 ☐ Nr. 9* ☐ Nr. 10*

☐ Nr. 11* ☐ Nr. 12* ☐ Nr. 13 ☐ Nr. 14 (Bösgläubigkeit)

* Gilt nicht für Marken, die vor dem 14. Januar 2019 beim DPMA angemeldet worden sind (§ 158 Abs. 7 MarkenG).

☐ Die Kollektivmarke ist entgegen § 103 MarkenG eingetragen worden (§ 106 S. 1 i. V. m. § 103 MarkenG).

☐ Die Gewährleistungsmarke ist entgegen § 106e MarkenG eingetragen worden (§ 106h S. 1 i. V. m. § 106e MarkenG).

W 7 4 4 2 7 . 2 0 3

(7) **Begründung und Beweismittel** *(§ 53 Abs. 1 Satz 2 MarkenG)*

☐ siehe **Anlage** *(bitte separate Blätter im DIN A4-Format oder einen Datenträger verwenden)*

(8) **Gebühren in Höhe von ________ €**

(bei der Zahlung bitte Gebührennummer und Registernummer angeben)

! Die Gebühr für das Nichtigkeitsverfahren ist für jeden Antragsteller gesondert zu zahlen.

Zahlung per Banküberweisung

☐ **Überweisung**

Zahlungsempfänger:
Bundeskasse Halle/DPMA
IBAN: DE84 7000 0000 0070 0010 54
BIC (SWIFT-Code): MARKDEF1700

Anschrift der Bank:
Bundesbankfiliale München
Leopoldstr. 234, 80807 München

Zahlung mittels SEPA-Basis-Lastschrift

☐ Ein gültiges **SEPA-Basis-Lastschriftmandat** *(Formular A 9530)*

☐ liegt dem DPMA bereits vor *(Mandat für mehrmalige Zahlungen)*

☐ ist beigefügt

☐ **Angaben zum Verwendungszweck** *(Formular A 9532)* des Mandats mit Mandatsreferenznummer sind beigefügt

(9) **Anlagen**

☐ Markendarstellung

☐ Vollmacht

☐ ____________________

☐ ____________________

(10) **Unterschrift**

Der Unterschrift ist der Name in Druckbuchstaben oder Maschinenschrift hinzuzufügen; bei Firmen die Bezeichnung entsprechend registerrechtlicher Eintragung mit Angabe der Stellung/Funktion des Unterzeichnenden.

Bitte beachten Sie hinsichtlich der Verarbeitung Ihrer personenbezogenen Daten unser Merkblatt A 9106 „Datenschutz bei Schutzrechtsanmeldungen". Dieses finden Sie unter www.dpma.de: Service – Formulare – Sonstige Formulare – Hinweise zum Datenschutz.

Datum	**Unterschrift/en**	**Funktion/en des/der Unterzeichner/s**

Anmerkungen

Die Kommentierung folgt dem Aufbau des Formulars. Das Nichtigkeitsverfahren wegen absoluter Schutzhindernisse (§§ 50, 53 MarkenG) hat durch das MaMoG nur wenige Änderungen erfahren.

1. Auch in diesem Formular sind in Feld (1) die Registernummer der angegriffenen Marke sowie eine Markendarstellung anzugeben. Der Antragsteller muss konkret ankreuzen, welches Begehren er verfolgt, ob beispielsweise vollständige oder teilweise Löschung einer Marke bzw. vollständige oder teilweise Schutzentziehung einer international registrierten Marke bzw. die nachträgliche Feststellung der Ungültigkeit einer Marke.

2. In Feldern (2) und (3) sind der Antragsteller bzw., falls verbunden, dessen Vertreter unter der jeweiligen Adresse anzugeben. Entsprechend Feld (4) sind die Sendungen des Amtes dann an den Antragsteller, dessen Vertreter oder an einen konkret benannten Zustellungsbevollmächtigten zu richten. Der Antrag auf Erklärung der Nichtigkeit wegen absoluter Schutzhindernisse kann von jeder natürlichen oder juristischen Person gestellt werden sowie von jedem Interessenverband von Herstellern, Erzeugern, Dienstleistungsunternehmern, Händlern oder Verbrauchern, der am Verfahren beteiligt sein kann (vgl. § 53 Abs. 2 MarkenG). Wird der Antrag auf Erklärung der Nichtigkeit gestellt, so stellt das DPMA dem Inhaber der eingetragenen Marke eine Mitteilung hierüber zu und fordert ihn auf, sich innerhalb von zwei Monaten nach der Zustellung zu dem Antrag zu erklären. Widerspricht der Inhaber der Löschung aufgrund Nichtigkeit nicht innerhalb der vorbezeichneten Frist, so wird die Nichtigkeit erklärt und die Eintragung gelöscht. Widerspricht hingegen der Inhaber der angegriffenen Marke dem Antrag auf Nichtigkeit fristgemäß, stellt das DPMA dem Antragsteller den Widerspruch zu. Danach schließt sich das reguläre Verfahren vor dem DPMA und ggfs. nachfolgend vor dem Bundespatentgericht an.

3. In Feld (5) sind konkret die Waren und Dienstleistungen anzugeben, für welche die Nichtigkeit der Marke teilweise ausgesprochen werden soll. Die Angaben nur der Klasse ist nicht ausreichend.

4. Die absoluten Schutzhindernisse in Feld (6) sind anzukreuzen. Ist bereits ein Löschungsverfahren anhängig und werden weitere Löschungsgründe geltend gemacht, werden diese unter den Voraussetzungen der entsprechend anwendbaren Regelungen des § 263 ZPO Gegenstand des laufenden Verfahrens, ohne ein neues Löschungsverfahren in Gang zu setzen (BGH GRUR-RS 2020, 19254 – Quadratische Tafelschokoladenverpackung II; GRUR 2018, 404 – Quadratische Tafelschokoladenverpackung; zu den Schutzhindernissen des § 3 Abs. 2 MarkenG s. auch BGH GRUR 2018, 411 – Traubenzuckertäfelchen).

§ 106 und § 106h MarkenG sehen für Kollektiv- und Gewährleistungsmarken spezielle Regelungen für die Nichtigkeit vor. Gemäß § 106 MarkenG wird die Eintragung einer Kollektivmarke außer aus den in § 50 MarkenG genannten Nichtigkeitsgründen auf Antrag für nichtig erklärt und gelöscht, wenn sie entgegen § 103 MarkenG eingetragen worden ist. Betrifft der Nichtigkeitsgrund die Kollektivmarkensatzung, so wird die Eintragung nicht für nichtig erklärt und gelöscht, wenn der Inhaber der Kollektivmarke die Kollektivmarkensatzung so ändert, dass der Nichtigkeitsgrund nicht mehr besteht. Gemäß § 106h MarkenG wird Eintragung einer Gewährleistungsmarke außer aus den in § 50 MarkenG genannten Nichtigkeitsgründen auf Antrag auch für nichtig erklärt und gelöscht, wenn sie entgegen § 106e MarkenG nicht zurückgewiesen und eingetragen worden ist. Betrifft der Nichtigkeitsgrund die Gewährleistungsmarkensatzung, so wird die Eintragung nicht für nichtig erklärt und gelöscht, wenn der Inhaber der Gewährleistungsmarke die Gewährleistungsmarkensatzung so ändert, dass der Nichtigkeitsgrund nicht mehr besteht. Beide

Verfahren können nur vor dem DPMA und nachfolgend dem Bundespatentgericht geltend gemacht werden (vgl. § 106 Abs. 2 und § 106h Abs. 2 MarkenG).

5. Die zur Begründung liegenden Tatsachen und Beweismittel in Feld (7) sind mit dem Antrag konkret anzugeben, vgl. § 53 Abs. 1 S. 2 MarkenG. Ansonsten ist der Nichtigkeitsantrag unzulässig (vgl. Hacker GRUR 2019, 113 (121)).

6. Der Antrag ist mit Gebühren in Höhe von 400 EUR verbunden (Feld (8)).

10.4 Antrag auf Erklärung der Nichtigkeit wegen relativer Schutzhindernisse[1]

Deutsches
Patent- und Markenamt

Deutsches Patent- und Markenamt
80297 München

W7642 7.20 1

(1) **Angaben zur Marke, gegen die sich der Antrag richtet**

Registernummer

Markendarstellung

Antrag auf Erklärung der vollständigen bzw. teilweisen Nichtigkeit und

☐ vollständige Löschung einer Marke
☐ teilweise Löschung einer Marke
☐ vollständige Schutzentziehung einer international registrierten Marke
☐ teilweise Schutzentziehung einer international registrierten Marke
☐ nachträgliche Feststellung der Ungültigkeit einer Marke

wegen älterer Rechte

3

☐ per Telefax **vorab** am ____ TT ____ MM ________ JJJJ

☐ **nur** per Telefax am ____ TT ____ MM ________ JJJJ

an Telefaxnummer +49 89 2195 - 4000

(2) **Antragsteller**

Name, Vorname/Firma *(ggf. einschließlich Rechtsform entsprechend registerrechtlicher Eintragung)*

Straße, Hausnummer des (Wohn-)Sitzes *(kein Postfach)*

Postleitzahl **Ort** **Land** *(nur bei ausländischen Adressen)*

Telefonnummer **E-Mail-Adresse**

Telefaxnummer **Geschäftszeichen**

(3) **Vertreter des Antragstellers**
(Rechts- oder Patentanwalt, Patentassessor)

Name, Vorname/Bezeichnung

Straße, Hausnummer

Postleitzahl **Ort** **Land** *(nur bei ausländischen Adressen)*

ggf. Nummer der Allgemeinen Vollmacht

Telefonnummer **E-Mail-Adresse**

Telefaxnummer **Geschäftszeichen**

W 7 6 4 2 7 . 2 0 2

(4) **Sendungen des Amtes sind zu richten an**

☐ **Antragsteller** ☐ **Vertreter**

☐ **folgenden Zustellungsbevollmächtigten**

Name, Vorname/Bezeichnung

Straße, Hausnummer

Postleitzahl **Ort** **Land** *(nur bei ausländischen Adressen)*

Telefonnummer **E-Mail-Adresse**

Telefaxnummer **Geschäftszeichen**

(5) *(nur bei Antrag auf Erklärung der* ***teilweisen Nichtigkeit*** *auszufüllen)*

Die Nichtigkeit der Marke soll für folgende Waren/Dienstleistungen erklärt werden:

Klassen	**Waren/Dienstleistungen** *(zwingend zu benennen; nur Angabe der Klassen nicht ausreichend)*

☐ **Verzeichnis der zu löschenden Waren/Dienstleistungen ist als Anlage beigefügt** *(bitte ein separates Blatt DIN A4 oder einen Datenträger verwenden)*

(6) **Begründung und Beweismittel** *(§ 53 Abs. 1 Satz 2 MarkenG)*

☐ siehe **Anlage** *(bitte separate Blätter im DIN A4-Format oder einen Datenträger verwenden)*

W7642 7.20 3

(7) Gebühren in Höhe von ________ €

(bei der Zahlung bitte Gebührennummer und Registernummer angeben)

! Die Gebühr für das Nichtigkeitsverfahren ist für jeden Antragsteller gesondert zu zahlen.

Zahlung per Banküberweisung

☐ **Überweisung**

Zahlungsempfänger:
Bundeskasse Halle/DPMA
IBAN: DE84 7000 0000 0070 0010 54
BIC (SWIFT-Code): MARKDEF1700

Anschrift der Bank:
Bundesbankfiliale München
Leopoldstr. 234, 80807 München

Zahlung mittels SEPA-Basis-Lastschrift

☐ Ein gültiges **SEPA-Basis-Lastschriftmandat** *(Formular A 9530)*

☐ liegt dem DPMA bereits vor *(Mandat für mehrmalige Zahlungen)*

☐ ist beigefügt

☐ **Angaben zum Verwendungszweck** *(Formular A 9532)* des Mandats mit Mandatsreferenznummer sind beigefügt

(8) Anlagen

☐ ________ Formular(e) W 7642.1 *(Registrierte ältere Rechte, auf die sich der Antrag stützt)*

☐ ________ Formular(e) W 7642.2 *(Nicht registrierte ältere Rechte, auf die sich der Antrag stützt)*

Mindestens eines dieser Formulare muss beigefügt werden!

☐ Vollmacht

☐ ________________

☐ ________________

☐ ________________

(9) Unterschrift

Der Unterschrift ist der Name in Druckbuchstaben oder Maschinenschrift hinzuzufügen; bei Firmen die Bezeichnung entsprechend registerrechtlicher Eintragung mit Angabe der Stellung/Funktion des Unterzeichnenden.

Bitte beachten Sie hinsichtlich der Verarbeitung Ihrer personenbezogenen Daten unser Merkblatt A 9106 „Datenschutz bei Schutzrechtsanmeldungen". Dieses finden Sie unter www.dpma.de: Service – Formulare – Sonstige Formulare – Hinweise zum Datenschutz.

Datum	Unterschrift/en	Funktion/en des/der Unterzeichner/s

Deutsches
Patent- und Markenamt

Deutsches Patent- und Markenamt
80297 München

W7642.15.201

Anlage zum Nichtigkeitsantrag wegen älterer Rechte

Registriertes älteres Recht, auf das sich der Antrag stützt

(nur in Verbindung mit Formular W 7642 einzureichen)

3

(1) **Registernummer der Marke, gegen die sich der Antrag richtet**

Anlage zum Antrag vom *(Datum)* ____________________

Antragsteller *(Name, Vorname/Firma)* ____________________

(2) **Angaben zum älteren Recht**

(bei Geltendmachung mehrerer älterer Rechte bitte für jedes Zeichen ein gesondertes Formular W 7642.1 bzw. W 7642.2 einreichen)

☐ Registernummer/Aktenzeichen der **eingetragenen** nationalen Marke ____________________

☐ Aktenzeichen der **angemeldeten** nationalen Marke ____________________

☐ Aktenzeichen der Unionsmarke ____________________

☐ Registernummer der international registrierten Marke (IR-Marke) ____________________

– **nur** bei IR-Marken, deren Schutz **sowohl** auf Deutschland **als auch** auf die Europäische Union erstreckt ist: Der Antrag stützt sich auf den Länderteil

☐ Deutschland ☐ Europäische Union

– **nur** bei IR-Marken, die vor dem 03.10.1990 mit Wirkung **sowohl** für die Bundesrepublik Deutschland **als auch** für die ehemalige Deutsche Demokratische Republik registriert worden sind: Der Antrag stützt sich auf den Länderteil

☐ Bundesrepublik Deutschland ☐ Ehemalige DDR

☐ Aktenzeichen/Dossiernummer der geschützten Ursprungsbezeichnung ____________________

☐ Aktenzeichen/Dossiernummer der geschützten geografischen Angabe ____________________

☐ Registernummer/Aktenzeichen/Designnummer des eingetragenen Designs ____________________

☐ Registernummer/Aktenzeichen/Designnummer des Gemeinschaftsgeschmacksmusters ____________________

☐ Sonstiges registriertes Recht (u. a. Patent, Gebrauchsmuster), nämlich ____________________

Registernummer/Aktenzeichen ____________________

(3) **Der Nichtigkeitsantrag wird auf**

☐ alle Waren/Dienstleistungen der **Marke** bzw. Erzeugnisse der **Ursprungsbezeichnung/geografischen Angabe** gestützt

☐ folgende Waren/Dienstleistungen der **Marke** bzw. Erzeugnisse der **Ursprungsbezeichnung/geografischen Angabe** gestützt

☐ siehe Anlage *(bitte ein separates Blatt DIN A4 bzw. einen Datenträger verwenden)*

W7642.15.202

(4) **Der im Register eingetragene Inhaber des älteren Rechts**

☐ ist der Antragsteller, wie im Feld (2) des Antragsformulars W 7642 angegeben

☐ ist nicht der Antragsteller, sondern

Name, Vorname/Firma *(ggf. einschließlich Rechtsform entsprechend registerrechtlicher Eintragung)*

☐ Weitere Inhaber siehe Anlage

Straße, Hausnummer *(kein Postfach)*

Postleitzahl **Ort** **Land** *(nur bei ausländischen Adressen)*

Zeitpunkt, zu dem ein Antrag auf Eintragung des Rechtsübergangs gestellt wurde
(bitte für den Antrag Formulare W 7616 oder W 7617 verwenden)

(5) **Ggf. Geltendmachung besonderer Nichtigkeitsgründe**
(Voraussetzungen sind gesondert darzulegen und in der Regel nachzuweisen)

☐ Bei dem älteren Recht handelt es sich um eine im Inland/der Union bekannte Marke im Sinne von § 9 Abs. 1 Nr. 3 MarkenG.

☐ Bei dem älteren Recht handelt es sich um eine notorisch bekannte Marke im Sinne von § 10 MarkenG/Art. 6bis PVÜ.

☐ Bei der angegriffenen Marke handelt es sich um eine Agentenmarke im Sinne von § 11 MarkenG.

(6) **Anlagen**

☐ **Registerauszug**

☐ **Darstellung des älteren Rechts**

☐ **Verzeichnis der Waren und/oder Dienstleistungen bzw. Erzeugnisse, auf die der Antrag gestützt wird** – Anlage Feld (3)

☐ **Weitere/r Inhaber des älteren Rechts** – Anlage Feld (4)

☐ **Unterlagen zur Darlegung/zum Nachweis der geltend gemachten besonderen Nichtigkeitsgründe** – Feld (5)

☐

(7) **Kostenhinweise**

Bitte beachten Sie die **Kostenhinweise im** Formular W 7642. Insbesondere beinhaltet die Grundgebühr für das Nichtigkeitsverfahren (400 €, Gebührennummer 333 300) die Geltendmachung **eines** älteren Rechts. Werden mehrere ältere Rechte des gleichen Inhabers geltend gemacht, ist für **jedes weitere** ältere Recht eine Zusatzgebühr zu entrichten (100 €, Gebührennummer 333 350). Werden Nichtigkeitsanträge aus IR-Marken eingereicht, die sich auf mehrere Länderteile (Deutschland/Europäische Union bzw. Bundesrepublik Deutschland/Ehemalige DDR) stützen, ist für jeden Länderteil eine Gebühr zu entrichten.

(8) **Bitte beachten Sie hinsichtlich der Verarbeitung Ihrer personenbezogenen Daten unser Merkblatt A 9106 „Datenschutz bei Schutzrechtsanmeldungen". Dieses finden Sie unter www.dpma.de: Service – Formulare – Sonstige Formulare – Hinweise zum Datenschutz.**

Deutsches
Patent- und Markenamt

Deutsches Patent- und Markenamt
80297 München

W7642.2 5.20 1

(1) **Registernummer der Marke, gegen die sich der Antrag richtet**

Anlage zum Nichtigkeitsantrag wegen älterer Rechte

Nicht registriertes älteres Recht, auf das sich der Antrag stützt

(nur in Verbindung mit Formular W 7642 einzureichen)

3

Anlage zum Antrag vom *(Datum)* ______________________

Antragsteller *(Name, Vorname/Firma)* ______________________

(2) **Angaben zum älteren Recht (§ 30 Markenverordnung)**

(bei Geltendmachung älterer Rechte bitte für jedes Zeichen ein gesondertes Formular W 7642.1 bzw. W 7642.2 einreichen)

☐ Benutzungsmarke (§§ 4 Nr. 2, 12 MarkenG) Zeitrang TT ____ MM ____ JJJJ ______
(kann nur geltend gemacht werden, wenn die Anmeldung der angegriffenen Marke ab dem 01.10.2009 eingereicht wurde)

☐ Geschäftliche Bezeichnung, nämlich Unternehmenskennzeichen (§§ 5 Abs. 2, 12 MarkenG) Zeitrang TT ____ MM ____ JJJJ ______
(kann nur geltend gemacht werden, wenn die Anmeldung der angegriffenen Marke ab dem 01.10.2009 eingereicht wurde)

☐ Geschäftliche Bezeichnung, nämlich Werktitel (§§ 5 Abs. 3, 12 MarkenG) Zeitrang TT ____ MM ____ JJJJ ______
(kann nur geltend gemacht werden, wenn die Anmeldung der angegriffenen Marke ab dem 01.10.2009 eingereicht wurde)

☐ Sonstiges nicht registriertes älteres Recht Zeitrang TT ____ MM ____ JJJJ ______
(bitte angeben)

____

(z. B. Namensrecht, Recht an der eigenen Abbildung, Urheberrecht)

Gegenstand des älteren Rechts *(Waren/Dienstleistungen der Benutzungsmarke/Geschäftsbereich des Unternehmenskennzeichens/Werk bei Werktitel, usw.)* bzw. weitere Angaben zur Identifikation des älteren Rechts

☐ siehe Anlage *(bitte ein separates Blatt DIN A4 bzw. einen Datenträger verwenden)*

(3) **Darstellung des älteren Rechts**

Zeichentext *(bei Wortmarken/-zeichen)*

____

Darstellung *(bei anderen Marken-/Zeichenformen)*

☐ siehe Anlage *(zwingend beizufügen, wenn kein Wortzeichen; bitte ein separates Blatt DIN A4 bzw. einen Datenträger verwenden)*

W7642.25.202

(4) **Zeichenform des älteren Rechts**

☐ Wortmarke/-zeichen

☐ Bildmarke/-zeichen (Wort-/Bildmarke/-zeichen)

☐ Sonstige Zeichenform *(bitte angeben)* ____________________

(5) **Inhaber des älteren Rechts**

☐ ist der Antragsteller, wie im Feld (2) des Antragsformulars W 7642 angegeben

☐ ist nicht der Antragsteller, sondern

Name, Vorname/Firma *(ggf. einschließlich Rechtsform entsprechend registerrechtlicher Eintragung)*

☐ Weitere Inhaber siehe Anlage

____

____

Straße, Hausnummer *(kein Postfach)*

____

Postleitzahl **Ort** **Land** *(nur bei ausländischen Adressen)*

____

(6) **Ggf. Geltendmachung besonderer Nichtigkeitsgründe**
(Voraussetzungen sind gesondert darzulegen und in der Regel nachzuweisen)

☐ Bei dem älteren Recht handelt es sich um eine im Inland bekannte Marke bzw. geschäftliche Bezeichnung im Sinne von § 14 Abs. 2 Nr. 3 bzw. § 15 Abs. 3 MarkenG.

☐ Bei dem älteren Recht handelt es sich um eine notorisch bekannte Marke im Sinne von § 10 MarkenG/Art. 6bis PVÜ.

☐ Bei der angegriffenen Marke handelt es sich um eine Agentenmarke im Sinne von § 11 MarkenG.

(7) **Anlagen**

☐ **Verzeichnis der Waren und/oder Dienstleistungen bzw. des Geschäftsbereichs, auf die/den der Antrag gestützt ist** – Anlage Feld (2)

☐ **Darstellung des älteren Rechts** – Anlage Feld (3)

☐ **Weitere/r Inhaber des älteren Rechts** – Anlage Feld (5)

☐ **Unterlagen zur Darlegung/zum Nachweis der geltend gemachten besonderen Nichtigkeitsgründe** – Anlage Feld (6)

☐ **Unterlagen zur Darlegung/zum Nachweis des Bestehens und des Zeitrangs des älteren Rechts**

☐ ____________________

(8) **Kostenhinweise**

Bitte beachten Sie die **Kostenhinweise im** Formular W 7642. Insbesondere beinhaltet die Grundgebühr für das Nichtigkeitsverfahren (400 €, Gebührennummer 333 300) die Geltendmachung **eines** älteren Rechts. Werden mehrere ältere Rechte des gleichen Inhabers geltend gemacht, ist für **jedes weitere** ältere Recht eine Zusatzgebühr zu entrichten (100 €, Gebührennummer 333 350).

(9) **Bitte beachten Sie hinsichtlich der Verarbeitung Ihrer personenbezogenen Daten unser Merkblatt A 9106 „Datenschutz bei Schutzrechtsanmeldungen". Dieses finden Sie unter www.dpma.de: Service – Formulare – Sonstige Formulare – Hinweise zum Datenschutz.**

Anmerkungen

Auch dieser Antrag folgt vom Aufbau den Anträgen auf Erklärung des Verfalls und der Löschung einer Marke bzw. Schutzentziehung einer international registrierten Marke. Hier beruht der Antrag jedoch darauf, dass der Antragsteller ältere Rechte geltend macht. Das amtliche Verfahren auf Erklärung der Nichtigkeit wegen älterer Rechte wurde durch das MaMoG neu eingeführt. Daneben bleibt das Widerspruchsverfahren eröffnet, welches jedoch an die Einhaltung der Widerspruchsfrist von drei Monaten nach Veröffentlichung der Eintragung einer Marke gebunden ist (vgl. § 42 Abs. 1 MarkenG). Ebenso steht dem Antragsteller unmittelbar der Weg zu den Zivilgerichten frei (vgl. § 55 MarkenG). Allerdings ist eine solche Klage unzulässig, wenn über denselben Streitgegenstand zwischen den Parteien bereits gemäß § 53 MarkenG entschieden oder ein Antrag gemäß § 53 MarkenG beim DPMA gestellt wurde (§ 55 Abs. 1 S. 2 Nr. 1 und 2 MarkenG). Wählt der Antragsteller das patentamtliche Nichtigkeitsverfahren, ist der Antrag unzulässig, soweit über denselben Streitgegenstand zwischen den Parteien durch unanfechtbaren Beschluss oder rechtskräftiges Urteil entschieden wurde bzw. wenn über denselben Streitgegenstand zwischen den Parteien eine Klage nach § 55 MarkenG rechtshängig ist (§ 53 Abs. 1 S. 4 und 5 MarkenG).

1. In Feld (1) sind die Registernummer der angegriffenen Marke und deren Darstellung anzugeben. Zugleich ist das Ziel des Antrages anzugeben, z. B. vollständige Löschung einer Marke oder teilweise Schutzentziehung einer international registrierten Marke oder nachträgliche Feststellung der Ungültigkeit einer Marke. (In Bezug auf den Antrag auf nachträgliche Feststellung der Ungültigkeit einer Marke gemäß § 125c MarkenG: vgl. → Form. V.2 Anm. 5). Über den Nichtigkeitsantrag entscheidet die Markenabteilung mit mindestens 3 Mitgliedern des DPMA, gegen deren Entscheidung kein Erinnerungsverfahren nach § 64 MarkenG möglich ist.

2. In den Feldern (2) und (3) sind die Antragsteller sowie, falls vorhanden, deren Vertreter anzugeben. Je nachdem, ob ein Vertreter oder Zustellungsbevollmächtigter ernannt wurde, sind die Sendungen entsprechend an einer dieser Personen zu richten (Feld (4)). Der Antrag auf Erklärung der Nichtigkeit wegen des Bestehens älterer Rechte kann von dem Inhaber der in den §§ 9–13 MarkenG genannten Rechte und Personen, die berechtigt sind, Rechte aus einer geschützten geografischen Angabe oder geschützten Ursprungsbezeichnung geltend zu machen, gestellt werden (§ 53 Abs. 3 MarkenG).

Wird der Antrag auf Erklärung der Nichtigkeit gestellt, so stellt das DPMA dem Inhaber der eingetragenen Marke eine Mitteilung hierüber zu und fordert ihn auf, sich innerhalb von zwei Monaten nach der Zustellung zu dem Antrag zu erklären. Widerspricht der Inhaber der Löschung aufgrund Nichtigkeit nicht innerhalb der vorbezeichneten Frist, so wird die Nichtigkeit erklärt und die Eintragung gelöscht. Widerspricht der Inhaber der angegriffenen Marke dem Antrag auf Nichtigkeit fristgemäß, stellt das DPMA dem Antragsteller den Widerspruch zu. Danach schließt sich das reguläre Verfahren vor dem DPMA und ggfs. nachfolgend vor dem Bundespatentgericht an. Weitere Gebühren, wie im Verfallsverfahren, fallen nicht an. Der Antragsteller kann jedoch von einer Fortführung des Nichtigkeitsverfahrens vor dem DPMA sehen und stattdessen Klage beim Zivilgericht einreichen.

3. Für den Fall, dass der Antragsteller nur die teilweise Nichtigkeit einer Marke für bestimmte Waren und Dienstleistungen beantragt, sind diese in Feld (5) konkret zu benennen. Lediglich die Angabe der Klasse ist nicht ausreichend.

4. Die zur Begründung dienenden Tatsachen und Beweismittel (Feld 6) sind mit dem Antrag einzureichen (vgl. § 53 Abs. 1 S. 2 MarkenG); ansonsten ist der Nichtigkeitsantrag unzulässig (vgl. *Hacker* GRUR 2019, 113 (121)).

5. Die Grundgebühr in Feld (7) für das Nichtigkeitsverfahren einschließlich eines geltend gemachten älteren Rechts beträgt 400 EUR; für jedes weitere geltend gemachte ältere Recht desselben Inhabers fällt eine Zusatzgebühr von jeweils 100 EUR an. Ein Antrag kann nur dann auf mehrere ältere Rechte geschützt werden, wenn diese demselben Inhaber gehören, vgl. § 51 Abs. 1 S. 2 MarkenG. Ansonsten liegt je geltend gemachtem älteren Recht ein eigener Antrag vor, für den jeweils eine eigene Grundgebühr zu entrichten ist. Die Gebühren für das Nichtigkeitsverfahren sind für jeden Antragsteller gesondert zu zahlen.

6. Dem Formular ist mindestens ein weiteres Formular beizufügen, namentlich ob als Widerspruchsgrund ein älteres registriertes Recht oder ein älteres nicht registriertes Recht angegeben wird (s. Feld (8)). In dem Nichtigkeitsverfahren können als ältere Rechte sämtliche Rechte iSv § 9–13 MarkenG geltend gemacht werden, somit auch Namensrechte, Rechte am eigenen Bild, Urheberrechte, Sortenbezeichnungen, geografische Herkunftsangaben und sonstige gewerbliche Schutzrechte (vgl. § 51 Abs. 1 MarkenG).

7. In der Anlage zum Nichtigkeitsantrag wegen älterer Rechte (registriertes älteres Recht) ist in Feld (1) die Nummer der Marke anzugeben, gegen die sich der Antrag richtet. Die Angaben zum älteren Recht sind in Feld (2) zu spezifizieren. Bei einem Vorgehen aus einer älteren Marke, die sich außerhalb der Benutzungsschonfrist befinden, muss auf entsprechende Einrede des Antragsgegners der Antragssteller nachweisen, dass er seine Marke innerhalb der letzten 5 Jahre vor Antragstellung gemäß § 26 MarkenG benutzt hat, sofern zu diesem Zeitpunkt seit mindestens 5 Jahren kein Widerspruch mehr gegen sie möglich war (§ 53 Abs. 6 S. 1 MarkenG iVm § 25 Abs. 1 und 2, § 49 Abs. 1 MarkenG).

Im Nichtigkeitsverfahren sind, im Gegensatz zu dem nunmehr geänderten Widerspruchsverfahren, unterschiedliche Zeiträume für die Benutzung maßgeblich, je nachdem, ob die Benutzungsschonfrist erst im Verlauf des Nichtigkeitsverfahrens abgelaufen ist (§ 53 Abs. 6 S. 3 MarkenG). Auf Einrede des Antragsgegners hat der Antragsteller die Benutzung der Marke dann nachzuweisen. Der Nachweis kann auch durch eine eidesstattliche Versicherung erbracht werden (§ 53 Abs. 6 S. 6 MarkenG). Der Beginn der Benutzungsschonfrist bei der Schutzentziehung einer international registrierten Marke ist in § 116 Abs. 2 MarkenG geregelt.

In Feld (3) ist anzugeben, ob der Nichtigkeitsantrag auf alle Waren und Dienstleistungen einer Marke, zB Erzeugnisse der Ursprungsbezeichnung/geografischen Angabe gestützt wird oder nur auf konkret anzugebende. Zu berücksichtigen ist die Geltendmachung besonderer Nichtigkeitsgründe (Feld (6)), welche gesondert darzulegen und nachzuweisen sind.

8. Die Anlage zum Nichtigkeitsantrag wegen älterer Rechte aus einem nicht registrierten älteren Recht folgt dem Aufbau der Anlage zum registrierten älteren Recht. Auch hier ist in Feld (2) das ältere Recht, für jedes Zeichen gesondert, anzugeben, beispielsweise die Geltendmachung einer Benutzungsmarke, einer geschäftlichen Bezeichnung (Unternehmenskennzeichen oder Werktitel) oder ein sonstiges nicht registriertes älteres Recht, beispielsweise Namensrecht).

Soweit der Antragsteller besondere Nichtigkeitsgründe geltend machen möchte (s. Feld (6)), sind diese gesondert darzulegen und in der Regel nachzuweisen.

11. Markenlizenzvertrag

zwischen

Fa. A-GmbH

– Lizenzgeber –

und

Fa. B-AG

– Lizenznehmer –

Vorbemerkung[1]

Der Lizenzgeber ist Inhaber der Marke „LEO" (Wort- und Bildelemente) wie sie in Anlage 1 zu diesem Vertrag abgebildet ist. Die Marke genießt Schutz in zahlreichen europäischen und außereuropäischen Ländern. Eine vollständige Liste aller nationalen Registrierungen und aller von der Internationalen Registrierung abgedeckten Länder ist in Anlage 2 wiedergegeben. Das Eintragungsverfahren ist in allen Ländern abgeschlossen. Widersprüche oder Löschungsverfahren sind nicht anhängig.[2] Die Marke genießt überall die Priorität der deutschen Ursprungsanmeldung vom . . . . .

Die Marke wird vom Lizenzgeber für eine hochwertige Kollektion modischer Freizeitbekleidung benutzt. Der Vertrieb konzentrierte sich bisher auf Deutschland und Europa. Der Lizenzgeber will sich künftig auf das Design der Kollektion beschränken und Herstellung und Vertrieb dem Lizenznehmer überlassen. Zu diesem Zweck vereinbaren die Parteien folgendes:

1 Gegenstand und räumlicher Geltungsbereich der Lizenz

Gegenstand der Lizenz sind die Marke „LEO", wie sie in Anlage 1 wiedergegeben ist, und alle Registrierungen dieser Marke, wie in Anlage 2 wiedergegeben. Im Falle einer künftigen Erstreckung des Markenschutzes auf weitere Länder erstreckt sich die Lizenz auch hierauf. Die Lizenz erstreckt sich somit auf alle Länder, in denen die Marke derzeit und künftig Schutz genießt (Vertragsgebiet).

2 Vertragsprodukte

Vertragsprodukte sind alle Teile der jährlich zweimal (Sommer und Winter) vom Lizenzgeber zu entwerfenden Kollektionen, die unter ständiger Qualitätskontrolle des Lizenzgebers vom Lizenznehmer zu produzieren sind.

3 Inhalt der Lizenz

3.1 Der Lizenznehmer ist berechtigt, Vertragsprodukte mit der Marke „LEO" zu versehen und die solchermaßen gekennzeichneten Produkte innerhalb und außerhalb des Vertragsgebietes zu vertreiben.[3] Der Lizenznehmer ist weiter berechtigt, die Marke auf Verpackungsmaterial, Geschäftspapieren und in der Werbung zu benutzen. Eine Benutzung der Marke für andere als Vertragsprodukte ist dem Lizenznehmer untersagt.[4]

3.2 Der Lizenznehmer ist berechtigt, die Bezeichnung „LEO" auch als Firmenbestandteil zu führen.[5]

3.3 Es handelt sich um eine ausschließliche Lizenz. Der Lizenzgeber wird an der vertragsgegenständlichen Marke keine weiteren Lizenzen vergeben und die Marke auch selbst nur im Rahmen der ihm nach diesem Vertrag obliegenden Tätigkeiten benutzen.[6]

3.4 Die Lizenz ist nicht übertragbar und umfasst nicht das Recht Unterlizenzen zu erteilen.[7]

4 Pflichten des Lizenznehmers

4.1 Der Lizenznehmer ist verpflichtet, die vom Lizenzgeber entworfenen Kollektionen herzustellen und im gesamten Vertragsgebiet zu vertreiben.[8] Er kann die Herstellung einzelner Kollektionsteile ablehnen, wenn sie auf Grund zu geringer Nachfrage unwirtschaftlich wäre.

4.2 Der Lizenznehmer hat die Kollektionen entwurfsgetreu unter Verwendung der vom Lizenzgeber vorgegebenen Materialien und Farben und im Einklang mit den Qualitätsvorgaben des Lizenzgebers zu produzieren. Insbesondere muss die zur Auslieferung bestimmte Ware exakt den zuvor vom Lizenzgeber geprüften und zur Produktion freigegebenen Musterstücken entsprechen.[9]

4.3 Der Lizenznehmer hat von allen vom Lizenzgeber entworfenen Kollektionsteilen zunächst Musterstücke herzustellen und dem Lizenzgeber zur Prüfung vorzulegen. Er hat Beanstandungen und Änderungswünsche des Lizenzgebers zu berücksichtigen und darf nur solche Kollektionsteile produzieren, die vom Lizenzgeber zur Produktion freigegeben sind.

4.4 Der Lizenznehmer verpflichtet sich, die Marke „LEO“ nur in der eingetragenen Form zu benutzen. Jede auch nur geringfügige Abwandlung bedarf der schriftlichen vorherigen Zustimmung des Lizenzgebers.[10]

5 Pflichten des Lizenzgebers

5.1 Der Lizenzgeber verpflichtet sich, halbjährlich, bis zu einem zwischen den Parteien im Einklang mit der Produktionsplanung einvernehmlich festzulegenden Termin,[11] produktionsreife Entwürfe für eine vollständige Kollektion Sommer- bzw. Winterbekleidung vorzulegen. Zusammensetzung und Erscheinungsbild der Kollektion haben den jeweiligen Markterfordernissen Rechnung zu tragen, die nach den Vertriebserfahrungen des Lizenznehmers zu ermitteln sind.[12]

5.2 Der Lizenzgeber hat die vom Lizenznehmer hergestellten Musterstücke jeweils unverzüglich zu prüfen und für die Produktion freizugeben, wenn sich keine Beanstandungen ergeben. Beanstandungen und Änderungswünsche sind so rechtzeitig zu übermitteln, dass sie die einvernehmlich festgelegte Produktionsplanung nicht gefährden.[13]

5.3 Der Lizenzgeber verpflichtet sich, auf Wunsch und Kosten des Lizenznehmers, in allen Ländern, in denen dies möglich ist, dessen Eintragung als Lizenznehmer bzw. autorisierter Benutzer der Marke zu veranlassen.[14]

6 Gewährleistung des Lizenzgebers

6.1 Der Lizenzgeber gewährleistet die Ausführbarkeit der von ihm erstellten Entwürfe. Er leistet keine Gewähr für den wirtschaftlichen Erfolg, dh weder für niedrige Herstellungskosten noch für eine ausreichende Marktakzeptanz der Kollektion.

6.2 Der Lizenzgeber gewährleistet den in Anlage 2 dokumentierten Registrierungsstand der Marke „LEO“. Er übernimmt keine Gewähr für den Rechtsbestand dieser Registrierungen, insbesondere auch mit Rücksicht auf die bisherige Nichtbenutzung der Marke in weiten Teilen des Vertragsgebietes. Dem Lizenzgeber sind keine der Eintragung und

Benutzung der Marke entgegenstehenden Rechte Dritter in den einzelnen Ländern des Vertragsgebietes bekannt. Der Lizenzgeber übernimmt aber keine Gewähr für das Nichtbestehen solcher Rechte.

7 Lizenzgebühr

7.1 Innerhalb eines Monats nach Vertragsabschluss ist eine einmalige, nicht auf laufende Lizenzzahlungen anrechenbare und auch bei vorzeitiger Vertragsbeendigung nicht rückzahlbare pauschale Lizenzgebühr von EUR . . . . . zur Zahlung fällig.[15]

7.2 Darüber hinaus zahlt der Lizenznehmer eine laufende Lizenzgebühr in Höhe von . . . . . % des mit den Vertragsprodukten erzielten Umsatzes.[16] Der Umsatz bestimmt sich nach dem vom Lizenznehmer an seine Abnehmer fakturierten Nettoverkaufspreis, nach Abzug gesondert ausgewiesener Rabatte und ohne Kosten für Verpackung, Fracht Versicherung und sonstige Abgaben, jedoch vor Abzug von Skonti. Der Umsatz verringert sich um Gutschriften für berechtigt retournierte Ware.[17]

8 Mindestlizenzgebühren[18]

Der Lizenznehmer verpflichtet sich zur Zahlung von Mindestlizenzgebühren, die sich auf der Basis der nachfolgenden Umsatzvorgaben, ohne Rücksicht auf den tatsächlich erzielten Umsatz, errechnen:

1.	Vertragsjahr	Sommer: EUR	Winter: EUR . . . . .
2.	Vertragsjahr	Sommer: EUR	Winter: EUR . . . . .
3.	Vertragsjahr	Sommer: EUR	Winter: EUR . . . . .
4.	Vertragsjahr	Sommer: EUR	Winter: EUR . . . . .
5.	und folgende Vertragsjahre	Sommer: EUR	Winter: EUR . . . . .

9 Abrechnung

9.1 Über die Lizenz ist halbjährlich, innerhalb von zwei Monaten nach Auslieferung der Ware, anhand der erstellten Ausgangsrechnungen und ohne Rücksicht auf den Zahlungseingang abzurechnen. Gleichzeitig ist die sich aus der Abrechnung ergebende Lizenzgebühr an den Lizenzgeber zu bezahlen.[19]

9.2 Der Lizenznehmer ist verpflichtet, über alle mit Vertragsprodukten erzielten Umsätze ordnungsgemäß Buch zu führen. Der Lizenzgeber hat jederzeit das Recht, die Abrechnungen anhand der Buchhaltungsunterlagen des Lizenznehmers durch einen unabhängigen und zur Verschwiegenheit verpflichteten Wirtschaftsprüfer auf ihre Richtigkeit überprüfen zu lassen. Dieses Recht erstreckt sich auf alle Abrechnungszeiträume seit der letzten Prüfung. Die Kosten der Prüfung trägt der Lizenzgeber; ergibt die Prüfung eine Abweichung um mehr als EUR . . . . ., gleichgültig zu wessen Lasten, trägt die Kosten der Lizenznehmer.[20]

10 Verletzung der Marke und Angriffe Dritter

10.1 Die Parteien überwachen unabhängig voneinander das Auftreten verwechselbarer Marken und werden sich gegenseitig von allen diesbezüglichen Feststellungen informieren.

10.2 Bei festgestellten Verletzungen oder Anmeldungen bzw. Eintragungen verwechselbarer Marken werden sich die Parteien über die einzuleitenden Schritte abstimmen. Bei Einigkeit tragen die Parteien die entstehenden Kosten je zur Hälfte. Können sich die Parteien nicht einigen, ist jede Partei berechtigt, auf eigene Kosten die gebotenen Maßnahmen zu ergreifen. Dabei ist in Verfahren, in denen der Lizenznehmer nicht selbst antragsberechtigt ist, der Lizenzgeber verpflichtet, im Sinne des Lizenznehmers tätig zu werden, wenn dieser ihn von allen Kosten – auch Erstattungsansprüchen des Gegners – freistellt.[21]

10.3 Entsprechend ist bei Angriffen Dritter gegen die Marke zu verfahren, unabhängig davon, ob sich diese Angriffe gegen den Lizenzgeber als Markeninhaber oder gegen den Lizenznehmer als möglichen Verletzer richten.[22] Ansprüche Dritter wegen Eingriffs in deren Rechte lassen den Anspruch des Lizenzgebers auf Lizenzgebühren für die gleichwohl erfolgte Benutzung seiner Marke unberührt.[23]

11 Vertragsdauer

11.1 Der Vertrag tritt mit seiner Unterzeichnung in Kraft und hat zunächst eine feste Laufzeit von . . . . . Jahren, die mit der Auslieferung der Sommerkollektion am . . . . . endet.[24] Er verlängert sich jeweils um zwei Jahre, wenn er nicht mit einer Frist von sechs Monaten zum jeweiligen Ende der Laufzeit gekündigt wird.

11.2 Der Lizenzgeber ist berechtigt, den Vertrag vorzeitig mit einer Frist von sechs Monaten zum Ende jeder Sommer- bzw. Winterperiode[25] zu kündigen, wenn der tatsächlich erzielte Umsatz in zwei aufeinander folgenden Sommer- bzw. Winterperioden hinter den in Ziff. 8. festgelegten Umsatzvorgaben zurückbleibt. Als Ende einer Sommer- bzw. Winterperiode gilt dabei stets der Zeitpunkt der Auslieferung der betreffenden Kollektion.

11.3 Wenn der Lizenznehmer in einzelnen Teilen des Vertragsgebietes . . . . . Jahre nach Vertragsabschluss noch keine Vertriebstätigkeit entfaltet, ist der Lizenzgeber außerdem berechtigt, dem Lizenznehmer eine angemessene Frist zur Aufnahme einer solchen Vertriebstätigkeit zu setzen und nach fruchtlosem Ablauf dieser Frist weitere Lizenzen für die betreffenden Teile des Vertragsgebietes zu erteilen.

11.4 Das Recht beider Parteien, den Vertrag aus wichtigem Grund, gegebenenfalls auch fristlos, zu kündigen, bleibt unberührt. Einen wichtigen Grund stellt es insbesondere dar, wenn eine der Parteien gegen die ihr nach diesem Vertrag obliegenden Verpflichtungen verstößt und diesen Verstoß nicht abstellt, nachdem sie unter Setzung einer angemessenen Frist dazu aufgefordert wurde.

11.5 Alle Kündigungen und fristsetzenden Erklärungen nach diesem Abschnitt sind nur wirksam, wenn sie in schriftlicher Form erfolgen. Die Übermittlung per Telefax genügt der Schriftform.

12 Verfahren bei Vertragsbeendigung

12.1 Bei einer Kündigung zum Ablauf einer Sommer- bzw. Winterperiode wickelt der Lizenznehmer die Auslieferung der betreffenden Kollektion noch vollständig ab und erstellt eine abschließende Abrechnung der sich daraus ergebenden Lizenzgebühren. Er ist in diesem Fall berechtigt, bei Zahlung der Lizenzgebühr einen angemessenen Einbehalt für zu erwartende Retouren vorzunehmen.[26] Herstellung und Vertrieb der neuen Kollektion obliegt dagegen von Beginn an dem Lizenzgeber bzw. dem neuen Lizenznehmer.[27]

12.2 Bei einer auf eine fristlose Kündigung zurückgehenden Vertragsbeendigung während einer Halbjahresperiode ist der Lizenznehmer auf Wunsch des Lizenzgebers verpflichtet, alle die laufende Kollektion betreffenden Vorarbeiten, Kollektionsmuster, Produktionsverträge, Aufträge etc gegen Ersatz aller damit verbundenen Aufwendungen auf den Lizenzgeber zu übertragen.[28]

12.3 Von den hier vorgesehenen Abwicklungsregelungen abgesehen, endet mit Vertragsbeendigung jedes Recht des Lizenznehmers auf Benutzung der Marke „LEO". Eine Verkehrsgeltung, die die Marke während der Dauer des Lizenzvertrages für den Lizenznehmer erlangt hat, steht allein dem Lizenzgeber zu.[29] Eine Firma, die die Marke als

Bestandteil enthält, ist unverzüglich zu ändern. Der Lizenznehmer ist insbesondere auch nicht berechtigt, in der Werbung für seine weitere Geschäftstätigkeit noch in irgendeiner Weise auf die Marke „LEO" Bezug zu nehmen.[30]

13 Anwendbares Recht, Gerichtsstand

13.1 Dieser Vertrag unterliegt deutschem Recht.

13.2 Als Gerichtsstand für alle Streitigkeiten die sich aus diesem Vertrag ergeben mögen, wird das Landgericht . . . . . vereinbart.[31]

14 Sonstiges

14.1 Alle Änderungen und Ergänzungen dieses Vertrages bedürfen zu ihrer Wirksamkeit der Schriftform.

14.2 Sollte eine der Bestimmungen dieses Vertrages unwirksam sein, wird die Wirksamkeit des Vertrages im Übrigen dadurch nicht berührt. Die Parteien sind in diesem Fall verpflichtet, die unwirksame Bestimmung durch eine wirksame Bestimmung zu ersetzen, die dem angestrebten wirtschaftlichen Ergebnis möglichst nahekommt.[32]

Ort, Datum (Unterschriften)

Anmerkungen

1. Für eine schriftliche Dokumentation des Abschlusses eines Lizenzvertrags genügt eine schriftliche Vereinbarung, der sich im Wege der ergänzenden Vertragsauslegung der Abschluss eines Gestattungs- oder Lizenzvertrags entnehmen lässt (BGH GRUR 2020, 57 – Valentins). Es empfiehlt sich, einem Lizenzvertrag eine Vorbemerkung vorauszustellen, die den Vertragszweck wiedergibt und in der festgehalten ist, wovon die Parteien bei Vertragsabschluss ausgehen.

2. Dies ist der Idealfall, der selten gegeben ist. Alternativ sollte der Lizenznehmer über den Stand des Eintragungsverfahrens in den einzelnen Ländern sowie über Eintragungshindernisse, Widersprüche etc aufgeklärt werden.

3. Indem sich die Lizenz auf alle Länder erstreckt, in denen die Marke überhaupt geschützt ist, handelt es sich um eine räumlich unbegrenzte Lizenz. Der Lizenznehmer ist nicht gehindert, auch in Ländern tätig zu werden, in denen die Marke nicht geschützt ist; die ausdrückliche Gestattung dient somit nur der Klarstellung.

4. Auch diese Regelung dient der Klarstellung; die sachliche Beschränkung der Lizenz ergibt sich bereits aus dem entsprechend beschränkten Benutzungsrecht.

5. Das Formular geht von einem Sachverhalt aus, bei dem der Lizenzgeber nicht nach außen in Erscheinung tritt, vielmehr der Lizenznehmer als Markeninhaber erscheint. In solchen Fällen kann vereinbart werden, dass der Lizenznehmer die Marke auch in seiner Firma führen darf. Die Konsequenz ist, dass die Verkehrsgeltung, die die Marke durch die künftige Benutzung erlangt, dem Lizenznehmer zuwächst und er daraus eigene Rechte ableiten könnte. Materiell stehen diese Rechte aber dem Lizenzgeber zu und fallen mit Vertragsbeendigung an ihn zurück bzw. sind an ihn zurückzuübertragen (→ Anm. 29). Alternativ kann im Vertrag vorgesehen sein, dass die Marke nur mit einem Lizenzhinweis benutzt werden darf, in dem der Lizenzgeber zu bezeichnen ist. Der hier dargestellte Markenlizenzvertrag ist Lizenzgeber freundlich.

6. § 30 MarkenG regelt ausdrücklich die Möglichkeit, an einer Marke ausschließliche oder nicht ausschließliche Lizenzen zu vergeben. Darüber hinaus erfährt die Rechtsstellung des Lizenznehmers in all den früher strittigen Punkten eine ausdrückliche Regelung (eigenes, nur von einer Zustimmung des Markeninhabers abhängiges Klagerecht des Lizenznehmers, Fortbestand der Lizenz gegenüber einem Rechtsnachfolger des Lizenzgebers). Eine ausschließliche Lizenz besagt, dass der Lizenzgeber keine weiteren Lizenzen vergeben darf und auch selbst kein Recht zur Benutzung der Marke behält. Will er auch selbst die Marke benutzen, empfiehlt sich insoweit eine ausdrückliche Regelung.

7. Wenn der Lizenznehmer, wie in der hier in Frage stehenden Branche üblich, andere Unternehmen mit der Herstellung der Vertragsprodukte unter seiner Kontrolle beauftragt, diese also als verlängerte Werkbank einsetzt, bedarf er dafür keiner Unterlizenz. Diese Handlungen sind ihm zuzurechnen. Eine entsprechende Klarstellung im Vertrag wäre vielleicht zweckmäßig, ist aber nicht unbedingt erforderlich.

8. Da der Wert einer Marke mit dem Umfang der Benutzung und der dadurch begründeten Bekanntheit steigt, hat der Lizenzgeber ein erhebliches Interesse daran, dass der Lizenznehmer die Lizenz auch ausübt. Der Vertrag sieht insoweit verschiedene Regelungen vor. Die hier geregelte Pflicht, die Entwürfe des Lizenzgebers zu verwirklichen und entsprechende Kollektionen im gesamten Vertragsgebiet zu vertreiben, die Vereinbarung von Mindestlizenzen nach vorgegebenen Umsatzzielen und eine Kündigungsmöglichkeit bei Nichterreichen dieser Ziele. Wichtig ist insbesondere auch die Verpflichtung, die Marke im gesamten Vertragsgebiet zu benutzen, damit sie nicht in einzelnen Ländern wegen Nichtbenutzung der Löschung anheim fällt.

9. Der Wert einer Marke wird weiter bestimmt von den damit verbundenen Gütevorstellungen, die sich an qualitativen und geschmacklichen Kriterien orientieren können. Da der Lizenzgeber weiter für das Design der Kollektion verantwortlich zeichnet, hat er auch ein künstlerisches Interesse an einer seiner Vorstellung entsprechenden Umsetzung seiner Entwürfe. Lizenzverträge der hier in Frage stehenden Art sehen daher in der Regel vor, dass vor der eigentlichen Produktionsaufnahme Musterstücke gefertigt und vom Lizenzgeber freigegeben werden müssen. Die hier vorgesehene Regelung stellt darüber hinaus sicher, dass die anschließende Serienproduktion auch exakt den freigegebenen Musterstücken entspricht.

10. Nach § 26 Abs. 3 MarkenG gilt als Benutzung einer eingetragenen Marke, unabhängig davon, ob die Marke in der benutzten Form auch auf dem Namen des Inhabers eingetragen ist, auch eine Benutzung in einer abweichenden Form, soweit die Abweichungen den kennzeichnenden Charakter der Marke nicht verändern. Die rechtserhaltende Benutzung einer Marke erfordert, dass die Marke in üblicher und sinnvoller Weise für die Ware verwendet wird, für die sie eingetragen ist (vgl. BGH GRUR 2005, 1047 – OTTO). Wird die Marke in einer von der Eintragung abweichenden Form benutzt, liegt eine rechtserhaltende Benutzung nur vor, wenn die Abweichungen den kennzeichnenden Charakter der Marke nicht verändern. Das ist dann der Fall, wenn der Verkehr das abweichend benutzte Zeichen gerade bei Wahrnehmung der Unterschiede dem Gesamteindruck nach noch mit der eingetragenen Marke gleichsetzt, dh in der benutzten Form noch dieselbe Marke sieht (vgl. hierzu BGH GRUR 2014, 662 – Probiotik; GRUR 2013, 68 – Castell/VIN CASTEL; GRUR 2013, 840 – PROTI II). Die Ergänzung einer an sich unveränderten Marke durch Zusätze stellt keine Benutzung der Marke in der eingetragenen Form gemäß § 26 Abs. 1 MarkenG dar, wenn die Zusätze mit dem Zeichen erkennbar verbunden sind (BGH GRUR 2017, 1043 – Dorzo). In diesem Urteil wurde das Produkt (Augentropfen) statt mit der eingetragenen Marke „Dorzo“ mit „Dorzo-Vision®“ gekennzeichnet. Der BGH erachtete in dieser Verwendung eine Abweichung des kennzeichnenden Charakters. Bei der Prüfung, ob eine von der Eintragung abweichende Verwendung der Marke deren kennzeichnenden Charakter verändert, kommt es nicht darauf an, ob die Marke innerhalb der konkreten Verwendungsform eine selbständig kennzeichnende Stellung innehat.

Vor diesem Hintergrund hat der Lizenzgeber ein Interesse daran, dass das Erscheinungsbild seiner Marke gänzlich unverändert bleibt.

11. Bei saisonabhängigen Artikeln kommt der Terminplanung entscheidende Bedeutung zu. Damit für die Prüfung der Musterstücke und die Behebung etwaiger Beanstandungen ausreichend Zeit verbleibt, müssen die Entwürfe termingerecht vorliegen. Ein Verstoß gegen diese Verpflichtung kann, wie alle anderen Terminüberschreitungen, den Ausfall einer ganzen Saison zur Folge haben und der Marke damit erheblichen Schaden zufügen.

12. Die Regelung bezweckt, die künstlerische Freiheit des Lizenzgebers ein wenig einzuschränken. Einen durchsetzbaren Anspruch dürfte sie nicht begründen; ein nachhaltiger Verstoß gegen diese Verpflichtung kann aber ein Kündigungsrecht begründen.

13. Auch bei der Prüfung der Musterstücke hat der Lizenzgeber den terminlichen Erfordernissen Rechnung zu tragen.

14. In vielen Ländern wird die Benutzung der Marke durch den Lizenznehmer dem Lizenzgeber nur zugerechnet, wenn der Lizenznehmer als Benutzer registriert ist. Die Registrierung dient somit auch dem Interesse des Lizenzgebers, da seine Marke andernfalls wegen Nichtbenutzung löschungsreif werden kann.

15. Es ist vielfach üblich, bei Abschluss des Lizenzvertrages eine solche verlorene Einmalgebühr zu vereinbaren. Mit ihr werden die bisherigen Aufwendungen des Lizenzgebers im Zusammenhang mit der Einführung der Marke abgegolten. Fehlt es an solchen Vorleistungen, ist eine solche Einstandsgebühr eher nicht veranlasst.

16. Bezugsgröße für die laufende Lizenzgebühr kann bei einer aus vielen Teilen bestehenden Kollektion nur der erzielte Gesamtumsatz sein. Eine Stücklizenz, wie sie sonst ebenfalls in Betracht käme, scheidet hier aus. Die Höhe des Lizenzsatzes bestimmt sich nach dem Wert der Marke und dem damit erzielten Gewinn. Angesichts hoher Gewinnspannen bei Textilkollektionen, die sich „über die Marke" verkaufen, sind Lizenzsätze in einer Größenordnung von 10 % und darüber üblich.

17. Da Warenretouren in der Regel auf Herstellungsmängeln beruhen, also vom Lizenznehmer zu verantworten sind, käme auch eine Regelung in Betracht, wonach solche Retouren den Lizenzanspruch unberührt lassen. Interessengerechter erscheint es aber, der Lizenzberechnung nur den vom Lizenznehmer tatsächlich erzielten Umsatz zugrunde zu legen.

18. Die Vereinbarung von Mindestlizenzgebühren ist das wichtigste, dem Lizenzgeber zur Verfügung stehende Instrument, den Lizenznehmer zu einer intensiven Bearbeitung des Marktes anzuhalten. Da eine Vertragskündigung bei dem hier in Frage stehenden Sachverhalt die ultima ratio darstellt – bei einem Wechsel des Lizenznehmers ergeben sich häufig Saisonausfälle und Umsatzeinbußen während einer erneuten Anlaufphase – müssen die Mindestlizenzgebühren so bemessen sein, dass dem Interesse des Lizenzgebers an einer umfangreichen Benutzung seiner Marke ausreichend Rechnung getragen wird. Bei Saisonware ergeben sich häufig unterschiedliche Umsätze im Sommer und Winter, so dass hier auch der Mindestlizenzgebühr unterschiedliche Umsatzvorgaben zugrunde gelegt werden. Im Übrigen sieht der Vertrag eine Steigerung der Mindestlizenzgebühr in den ersten Vertragsjahren vor, da die Marke in Teilen des Vertragsgebietes erst eingeführt werden muss.

19. Abweichend von der Regelung in anderen Lizenzverträgen ist hier nur eine halbjährliche Lizenzabrechnung vorgesehen, die dem halbjährlichen Zahlungseingang beim Lizenznehmer entspricht. Saisonware wird vom Hersteller zu Beginn der Saison ausgeliefert, wobei die Abnehmer vielfach mit der Bestellung bereits Sicherheiten oder Vorauszahlungen leisten müssen. In jedem Fall ist es Sache des Lizenznehmers, die kurzfristige Bezahlung der ausgelieferten Ware sicherzustellen, so dass es gerechtfertigt ist, innerhalb von zwei Monaten nach Auslieferung der Ware die Lizenzabrechnung anhand der erstellten Rechnungen vorzunehmen.

20. Dem Lizenzgeber muss die Möglichkeit eingeräumt sein, die vom Lizenznehmer erstellten Abrechnungen zu überprüfen. Die hier wiedergegebene Klausel findet sich in ähnlicher Form in allen Lizenzverträgen. Insbesondere ist es üblich, den Lizenznehmer mit den Kosten der Prüfung zu belasten, wenn sich bei der Prüfung Abweichungen ergeben. Teilweise soll dies nur gelten, wenn die Abweichungen zulasten des Lizenzgebers gehen. Es liegt aber immer im Interesse des Lizenzgebers, dass die Abrechnungen korrekt erstellt werden, auch wenn sich ausnahmsweise einmal Fehler zu seinen Gunsten ergeben.

21. In der Regel ist es interessengerecht, dass sich die Parteien bei Einigkeit die ihnen entstehenden Kosten teilen und bei Nichteinigkeit, es jeder Partei frei steht, auf eigene Kosten tätig zu werden. Es können hier aber auch andere Regelungen vorgesehen sein. Bei einem eigenen Vorgehen ist der Lizenznehmer auf die Mitwirkung des Lizenzgebers angewiesen, wenn er selbst nicht antragsberechtigt ist (zB im patentamtlichen Widerspruchsverfahren). Die hier vorgeschlagene Regelung trägt dem Rechnung.

22. Bei Angriffen Dritter ist die Interessenlage etwas unterschiedlich. Hier dürfte es in erster Linie dem Lizenzgeber obliegen, die Marke gegen Widersprüche etc zu verteidigen, während er sich andererseits auf den Standpunkt stellen könnte, dass ihn Verletzungsklagen nichts angehen, da er keine Gewähr für das Nichtbestehen von Rechten Dritter übernommen hat. Interessengerecht dürfte es aber auch in diesen Fällen sein, sich bei Einigkeit über die Vorgehensweise die Kosten zu teilen. Erachtet dagegen eine Partei die Aussichten einer Verteidigung für zu gering, muss es der anderen Partei möglich sein, auf eigene Kosten die Auseinandersetzung zu führen.

23. Es dürfte interessengerecht sein, hier auf eine gleichwohl erfolgte Benutzung der Marke abzustellen. Der Anspruch auf Zahlung von Mindestlizenzgebühren dürfte dagegen nicht durchsetzbar sein, wenn sich der Benutzung rechtliche Hindernisse entgegenstellen.

24. Der Vertrag sieht eine 5-jährige Laufzeit vor, bei der das Ende aber nicht kalendermäßig bestimmt, sondern an die Auslieferung einer Kollektion geknüpft ist. In Verbindung mit den Abwicklungsregelungen in Ziff. 12 soll damit ein möglichst reibungsloser Übergang auf den Lizenzgeber bzw. einen anderen Lizenznehmer bewirkt werden. Bei einer Kündigung des Vertrages ist darauf zu achten, dass sich das Ende der Vertragslaufzeit damit nicht im Voraus exakt bestimmen lässt, so dass bei der Kündigungsfrist eine entsprechende Sicherheit einzukalkulieren ist. Diese rechtliche Unsicherheit wird mit Rücksicht auf die im Übrigen interessengerechte Regelung in Kauf genommen.

25. Auch bei einer vorzeitigen Vertragsbeendigung soll eine Kündigung stets auf den Zeitpunkt des Saisonabschlusses, dh der Auslieferung der entsprechenden Kollektion, ausgesprochen werden. Das Recht zur Kündigung eines Lizenzvertrags kann auch isoliert durch eine Vereinbarung an den Erwerber der Marke abgetreten werden, wenn das Markenrecht nach § 27 Abs. 1 MarkenG übertragen wird und derjenige, dem vor der Übertragung eine Lizenz erteilt worden ist, sich auf den Sukzessionsschutz des § 30 Abs. 5 MarkenG berufen kann. Die Frage, ob das Kündigungsrecht auf den Zessionar übergehen soll, ist im Wege der – ergänzenden – Vertragsauslegung zu beantworten (BGH GRUR 2020, 57 Rn. 60 – Valentins).

26. Da sich die Lizenzgebühren nachträglich durch Retouren ermäßigen können, dient diese Regelung der Sicherheit des Lizenznehmers, der ja nun keine Verrechnungsmöglichkeit mit künftig geschuldeten Lizenzgebühren mehr hat.

27. Ergänzend zu dem an den Saisonabschluss geknüpften Zeitpunkt der Vertragsbeendigung wird hier eine flexible Übergangsregelung vorgesehen, wonach der bisherige Lizenznehmer – über den Zeitpunkt der Vertragsbeendigung hinaus – die von ihm ausgelieferte Kollektion noch vollständig abwickelt, während der Lizenzgeber bzw. ein neuer Lizenznehmer bereits während der Laufzeit des Vertrages allein die Vorarbeiten für die neue Kollektion leisten kann. Eine solche Regelung ist interessengerecht, da die Vorarbeiten für die neue Kollektion im Zeitpunkt der Vertragsbeendigung bereits weit fortgeschritten sind, so dass Lizenzgeber bzw. neuer Lizenznehmer, wenn sie keinen Saisonausfall in Kauf nehmen wollen, auch für die neue Saison noch weitgehend auf die Mitwirkung des bisherigen Lizenznehmers angewiesen wären, was nicht dem Sinn der Vertragsbeendigung entspricht.

28. Eine fristlose Kündigung sollte bei Verträgen der hier in Frage stehenden Art die ultima ratio darstellen. Auch bei der hier vorgesehenen Regelung wird es Streit über die dem Lizenznehmer zu erstattenden Aufwendungen geben; andererseits ist der Lizenzgeber auf die Mitwirkung des Lizenznehmers angewiesen, wenn er keinen Saisonausfall hinnehmen will. Nach Möglichkeit sollte daher auch eine Kündigung aus wichtigem Grund nur auf das Saisonende ausgesprochen werden, damit die im Vertrag vorgesehenen Übergangsregelungen greifen.

29. Im Falle einer Lizenzierung steht die Marke auch dann dem Lizenzgeber zu, wenn die Benutzung durch den Lizenznehmer erfolgt und der Verkehr zu Unrecht annimmt, die Waren-/Dienstleistungen stammten aus dem Unternehmen des Lizenznehmers eine etwaige Verkehrsgeltung erwächst somit nur für den Lizenzgeber. Die gesteigerte Bekanntheit, die die Marke durch Benutzung erlangt, kommt vielmehr allein dem Lizenzgeber zugute. Der Lizenznehmer ist auch nicht berechtigt, wahrheitsgemäß auf seine frühere Lizenzberechtigung an der Marke hinzuweisen (vgl. BGH GRUR 1963, 485 – Micky-Maus-Orangen). Weiterhin geht ein vom Lizenzgeber während der Vertragsbeziehung erworbenes Kennzeichenrecht dem Kennzeichenrecht des Lizenznehmers vor, das dieser ebenfalls während des Laufs des Lizenzvertrags erlangt hat. Der Bundesgerichtshof begründet dieses damit, dass die Stellung des Lizenznehmers im Verhältnis zum Lizenzgeber nach Beendigung des Lizenz- oder Gestattungsvertrags nicht besser als diejenige eines Dritten ist, der erstmals ein mit dem lizenzierten Kennzeichenrecht identisches oder ähnliches Zeichen nutzt (BGH GRUR 2013, 1150 – Baumann). Hält sich der Lizenznehmer nicht an eine dem Lizenzgeber gegenüber eingegebene Verpflichtung, nach dem Lizenzvertrag nicht gestattete Verwendungen der lizenzierten Marke zu unterlassen, kann dies den Lizenzgeber zu einer außerordentlichen Kündigung des Lizenzvertrags berechtigen (BGH GRUR 2020, 57 – Valentins).

30. Der Vertrag sollte eine Klausel vorsehen, wonach ungeachtet des Kündigungsgrunds (ordentliche oder außerordentliche Kündigung) der Lizenznehmer nach Beendigung des Vertrages binnen eines zu bestimmenden Zeitraums zur Herausgabe sämtlicher Skizzen, Vorarbeiten, Kollektionsmuster verpflichtet ist.

31. Eine Gerichtsstandsvereinbarung ist nur unter den Voraussetzungen des § 38 ZPO wirksam.

32. Der üblichen Salvatorischen Klausel kann hier Bedeutung zukommen, falls einzelne, dem Lizenznehmer auferlegte Beschränkungen kartellrechtlichen Bedenken begegnen sollten. Lizenzvertragsklauseln sind grundsätzlich kartellrechtlich unbedenklich, sofern sie sich im Rahmen des der Marke gewährten Schutzes halten; Lizenzverträge über Marken unterliegen im Übrigen den Einschränkungen des Art. 101 Abs. 1 und 3 AEUV.

Gemäß § 30 Abs. 6 MarkenG, § 43a, b MarkenV kann die Lizenz auf Antrag des Inhabers der Marke oder des Lizenznehmers in das Register des DPMA eingetragen werden.

12. Klage auf Schutzentziehung einer IR-Marke[1]

An das

Landgericht . . . . . .

Kammer für Handelssachen[2]

. . . . . .

Klage

in Sachen

Fa. A-GmbH, vertreten durch . . . . . .

– Klägerin –

Prozessbevollmächtigte: RAe . . . . . .

gegen

Fa. B-AG, vertreten durch . . . . . .

– Beklagte –

wegen Abgabe einer Willenserklärung[3] (Schutzentziehung einer IR-Marke)

Streitwert (vorläufig geschätzt): . . . . . .

zeigen wir an, dass wir die Klägerin vertreten und dass Herr Patentanwalt . . . . . . bis zum rechtskräftigen Abschluss des Rechtsstreits auf Seiten der Klägerin im Verfahren mitwirkt.[4] Namens der Klägerin bitten wir um Anberaumung eines Termins zur mündlichen Verhandlung, in dem wir folgende

Anträge

stellen werden:

1. Die Beklagte wird verurteilt, in die Schutzentziehung ihrer international registrierten Marke IR . . . . . . (Nr.) „LEO“ für das Gebiet der Bundesrepublik Deutschland einzuwilligen.
2. Die Beklagte hat die Kosten des Rechtsstreits zu tragen.
3. Das Urteil ist, erforderlichenfalls gegen Sicherheitsleistung, vorläufig vollstreckbar.

Begründung:

1. Die Beklagte ist Inhaberin der international registrierten Marke IR . . . . . . (Nr.) „LEO“, für die das Schutzbewilligungsverfahren in Deutschland am . . . . . . abgeschlossen wurde.[5] Der Marke wurde Schutz bewilligt für die Waren: Bekleidungsstücke, ausgenommen Ski-Bekleidung.[6]

Beweis: Auszug aus dem Register der WIPO vom ......[7]
– Anlage K 1 –

2. Die Beklagte ist ein spanisches Unternehmen, welches bis heute keinerlei Tätigkeit auf dem deutschen Markt entfaltet hat. Insbesondere konnte trotz intensiver Marktbeobachtung während der zurückliegenden fünf Jahre keine Benutzung der Marke „LEO" für irgendwelche Kleidungsstücke festgestellt werden, wobei der Abschluss des Schutzbewilligungsverfahrens länger als fünf Jahre zurückliegt.[8]
Die Klägerin hat zuletzt am ...... ein Marktforschungsinstitut damit beauftragt, festzustellen, ob die Marke in Deutschland benutzt wird. Das Ergebnis war negativ.

Beweis: Bericht des Y-Instituts für Marktforschung vom ......
– Anlage K 2 –

Auf die Ausführungen in dem Bericht wird ergänzend Bezug genommen.

3. Da die Marke somit nach Abschluss des Schutzbewilligungsverfahrens innerhalb eines ununterbrochenen Zeitraums von fünf Jahren in Deutschland nicht benutzt worden ist, ist ihr nach §§ 115, 49 Abs. 1 MarkenG für das Gebiet der Bundesrepublik Deutschland der Schutz zu entziehen.
4. Die Klägerin hat die Beklagte mit Schreiben vom ......
– Anlage K 3 –
aufgefordert, gemäß Art. 8 MMA auf den Schutz für Deutschland zu verzichten.[9] Da ein solcher Verzicht bis heute nicht erfolgt ist, ist Klage geboten.
Das angerufene Gericht ist nach § 23 ZPO,[10] iVm § 140 MarkenG örtlich und sachlich zuständig. Der Rechtsstreit ist Handelssache (§ 95 Abs. 1 Ziff. 4c GVG).

(Rechtsanwalt)

Anmerkungen

1. An die Stelle des Antrages oder der Klage auf Löschung einer Marke wegen Verfalls (§ 49 MarkenG), wegen des Vorliegens absoluter Schutzhindernisse (§ 50 MarkenG) oder auf Grund eines älteren Rechts (§ 51 MarkenG) tritt für international registrierte Marken der Antrag oder die Klage auf Schutzentziehung (§ 115 Abs. 1 MarkenG).

2. Die Klage auf Schutzentziehung einer IR-Marke ist, ebenso wie die Löschungsklage gegen eine national registrierte Marke, eine Kennzeichenstreitsache, für die nach § 140 Abs. 1 MarkenG die für Kennzeichenstreitsachen zuständigen Landgerichte zuständig sind, wobei der Rechtsstreit nach § 95 Abs. 1 Ziff. 4c GVG Handelssache ist (→ Form. V.13 Anm. 2, 3).

3. Die Klage auf Schutzentziehung einer IR-Marke ist auf Abgabe einer Willenserklärung gerichtet, da der Schutz nur vom Patentamt entzogen werden kann.

4. In Kennzeichenstreitsachen sind die Kosten eines im Verfahren mitwirkenden Patentanwalts in der sich nach dem RVG ergebenden Höhe ohne Rücksicht auf eine Notwendigkeit der Mitwirkung zu erstatten (§ 140 Abs. 4 MarkenG). Es ist nicht zu prüfen, ob die Mitwirkung des Patentanwalts zur zweckentsprechenden Rechtsverfolgung oder Rechtsverteidigung iSd § 91 Abs. 1 S. 1 ZPO notwendig war. Es kommt auch nicht darauf an, ob der Patentanwalt gegenüber dem Rechtsanwalt eine „Mehrleistung" erbracht hat (BGH GRUR 2012, 759 Rn. 11 – Kosten des Patentanwalts IV). Ob an dieser Rechtsprechung festgehalten wird, hat der Bundesgerichtshof in dem Urteil „Kosten des Patentanwalts V" offengelassen (BGH GRUR 2019, 983 Rn. 10 – Kosten des Patentanwalts V). Nach neuester höchstrichterlicher Rechtsprechung setzt die Erstattungsfähigkeit von Patentanwaltskosten allerdings voraus, dass über die kennzeichenrechtlichen Ansprüche entschieden worden und eine auf § 140 Abs. 3 MarkenG bezogene Kostengrundentscheidung zugunsten des Anspruchstellers ergangen ist. Werden in erster Linie nichtkennzeichenrechtliche Ansprüche (zB namensrechtliche Ansprüche) und hilfsweise kennzeichenrechtliche Ansprüche (zB markenrechtliche Ansprüche) geltend gemacht, können die Kosten, die durch die Mitwirkung eines Patentanwalts entstanden sind, nach § 104 ZPO iVm § 140 Abs. 4 MarkenG gegen den Gegner nur festgesetzt werden, wenn über die kennzeichenrechtlichen Hilfsansprüche eine gerichtliche Entscheidung mit einer entsprechenden Kostengrundentscheidung zugunsten desjenigen ergangen ist, der die Kostenfestsetzung beantragt (BGH GRUR 2019, 983 Rn. 10 – Kosten des Patentanwalts V). Kosten des Patentanwalts für eine Mitwirkung vor Prozessbeginn, beispielsweise im Falle einer Abmahnung, sind nur erstattungsfähig, wenn seine Hinzuziehung erforderlich war (BGH GRUR 2011, 754 – Kosten des Patentanwalts II). Der Anspruchsteller muss darlegen und nachweisen, dass die Mitwirkung des Patentanwalts erforderlich war. Dieses ist regelmäßig nur dann der Fall, wenn der Patentanwalt Aufgaben übernommen hat, die – wie Recherchen zum Registerstand oder zur Benutzungslage – zum typischen Arbeitsgebiet eines Patentanwalts gehören.

5. Die Benutzungsschonfrist beginnt bei international registrierten Marken nicht schon mit der internationalen Registrierung, sondern erst mit Ablauf der Jahresfrist des Artikels 5 Abs. 2 MMA bzw., falls bei Ablauf dieser Frist das Schutzbewilligungsverfahren noch nicht abgeschlossen ist, mit dem Tag des Zugangs der abschließenden Mitteilung über die Schutzbewilligung beim Internationalen Büro der Weltorganisation für Geistiges Eigentum (§ 115 Abs. 2 MarkenG). Der Beginn der Jahresfrist berechnet sich nach dem Datum der tatsächlichen Eintragung der IR-Marke im Register bzw. des Tages der nachträglichen Schutzerstreckung iSv §§ 123, 111 MarkenG.

6. Dem Formular liegt ein Sachverhalt zugrunde, wonach gegen die Schutzbewilligung für die ursprünglich allgemein für Bekleidungsstücke registrierte Marke von einem Ski-Hersteller Widerspruch erhoben wurde, mit dem die Verwechselbarkeit der Marken in Bezug auf Ski-Bekleidung gerügt wurde. Im nationalen Schutzbewilligungsverfahren ist der Marke somit teilweise der Schutz verweigert worden, indem das Warenverzeichnis entsprechend eingeschränkt wurde.

7. Beschränkungen des Warenverzeichnisses in den einzelnen Bestimmungsländern einer IR-Marke werden jeweils online auf der Webseite der WIPO veröffentlicht. Dem ebenfalls veröffentlichten Datum der Eintragung dieser Änderung in das internationale Register lässt sich der Zeitpunkt des Abschlusses des Schutzbewilligungsverfahrens entnehmen, das zu diesem Zeitpunkt abgeschlossen sein muss.

8. Bei IR-Marken beginnt die fünfjährige Benutzungsschonfrist nicht schon mit der internationalen Registrierung der Marke, sondern erst mit dem Abschluss des Schutzbewilligungsverfahrens in Deutschland (vgl. § 115 Abs. 2 MarkenG).

9. An die Stelle eines Verzichts auf die Marke nach § 48 MarkenG tritt bei einer international registrierten Marke der Schutzverzicht, der insgesamt oder für einzelne der benannten Vertragsstaaten erklärt werden kann. Der Markeninhaber hat den Verzicht gem. Art. 8 bis MMA gegenüber der Behörde seines Landes zu erklären, die die Erklärung an das Internationale Büro weiterleitet, welches den Verzicht seinerseits den Vertragsstaaten, auf die sich der Verzicht bezieht, zur Kenntnis bringt. Wenn somit der Markeninhaber aufgefordert wird, innerhalb bestimmter Frist auf den Schutz zu verzichten, muss entweder geraume Zeit zugewartet werden, bis man sicher sein kann, dass er dieser Aufforderung nicht gefolgt ist, oder man verlangt innerhalb der gesetzten Frist den Nachweis, dass der Verzicht gegenüber der nationalen Behörde erklärt wurde.

Kommt der Markeninhaber einer solchen Aufforderung nicht nach, dürfte Anlass zur Klage gegeben sein, auch wenn sich später herausstellt, dass tatsächlich schon vor Klageerhebung eine Verzichtserklärung eingereicht wurde.

10. Eine Löschungsklage wegen Nichtbenutzung kann grundsätzlich nur am allgemeinen Gerichtsstand des Markeninhabers erhoben werden. Hat dieser keinen Wohnsitz im Inland, kommt nach § 23 ZPO auch der Gerichtsstand des Vermögens in Betracht. Als Ort des Vermögens gilt bei gewerblichen Schutzrechten primär ein etwa vorhandener inländischer Geschäftssitz des Markeninhabers, in zweiter Linie der Sitz eines bestellten Inlandsvertreters und nur hilfsweise, wenn ein solcher nicht bestellt ist, der Sitz des Patentamts, wo das gewerbliche Schutzrecht registriert ist (§ 96 Abs. 2 MarkenG). Für eine IR-Marke, die in ihrer Wirkung einer national registrierten Marke gleichsteht, ist diese hilfsweise Zuständigkeit am Ort des Patentamts ebenfalls zu bejahen. Nun ist § 23 ZPO aber gegenüber Personen, die ihren Wohnsitz in der Europäischen Union haben, nach Art. 5 Abs. 1 EuGVVO nicht anwendbar. Art. 24 Ziff. 4 EuGVVO regelt nur die internationale Zuständigkeit. Danach sind für Klagen der vorliegenden Art die Gerichte des Mitgliedsstaates zuständig, in dessen Hoheitsgebiet das betreffende Recht registriert ist. Eine nationale örtliche Zuständigkeit ist insoweit nicht geregelt. Es entspricht verbreiteter Auffassung, dass diese Lücke durch eine entsprechende Anwendung von § 96 Abs. 2 MarkenG zu schließen ist und nicht durch die sonst allein in Betracht kommende Notzuständigkeit der Gerichte der Hauptstadt. Da die Beklagte im vorliegenden Fall keine Tätigkeit in Deutschland entfaltet und für eine IR-Marke grundsätzlich kein Inlandsvertreter bestellt werden muss, kann die Klage am Sitz des Patentamtes, in München, erhoben werden. Wenn der Markeninhaber freilich an einem der Schutzbewilligung vorausgegangenem Widerspruchsverfahren teilgenommen hat, musste er nach § 96 MarkenG einen Inlandsvertreter bestellen, und die Klage wäre dann an dem für dessen Sitz zuständigen Landgericht, unter Berücksichtigung der zentralisierten Zuständigkeit für Kennzeichenstreitsachen, zu erheben.

13. Klage auf teilweise Löschung einer Marke[1]

An das

Landgericht . . . . . .[2]

Kammer für Handelssachen[3]

. . . . . .

Klage

in Sachen

Fa. A-GmbH, vertreten durch . . . . . .

– Klägerin –

Prozessbevollmächtigte: RAe . . . . . .

gegen

Fa. B-AG, vertreten durch . . . . . .

– Beklagte –

wegen Abgabe einer Willenserklärung[4] (teilweise Löschung einer Marke)

Streitwert (vorläufig geschätzt): . . . . . .

zeige ich an, dass wir die Klägerin vertreten und dass Herr Patentanwalt . . . . . . bis zum rechtskräftigen Abschluss des Rechtsstreits aufseiten der Klägerin im Verfahren mitwirkt.[5] Namens der Klägerin bitte ich um Anberaumung eines Termins zur mündlichen Verhandlung, in dem ich folgende

Anträge

stellen werde:

1. Die Beklagte wird verurteilt, in die Teil-Löschung der deutschen Marke . . . . . . (Nr.) „LEO“ durch Einschränkung auf die Waren Bekleidungsstücke, nämlich Strumpfwaren, einzuwilligen.[6]
2. Die Beklagte hat die Kosten des Rechtsstreits zu tragen.
3. Das Urteil ist, erforderlichenfalls gegen Sicherheitsleistung, vorläufig vollstreckbar.[7]

Begründung:

1. Die Beklagte ist Inhaberin der Marke . . . . . . (Nr.) „LEO“, die in Deutschland seit . . . . . . für die Waren Bekleidungsstücke, Schuhwaren und Kopfbedeckungen eingetragen ist.

   Beweis: Auszug aus dem Markenregister vom . . . . . .[8]
   – Anlage K 1 –

2. Die Beklagte betätigt sich ausschließlich als Hersteller von Strümpfen. Es konnte trotz intensiver Marktbeobachtung seit Eintragung der Marke und insbesondere während der zurückliegenden fünf Jahre keine Benutzung für Schuhwaren und Kopfbedeckungen oder für andere Bekleidungsstücke als Strümpfe und Strumpfhosen festgestellt werden.
   Die Klägerin[9] hat zuletzt am . . . . . . ein Marktforschungsinstitut damit beauftragt, festzustellen, ob die Marke für andere Waren benutzt wird. Das Ergebnis war negativ.

   Beweis: Bericht des Y-Instituts für Marktforschung vom . . . . . .
   – Anlage K 2 –

   Auf die Ausführungen in dem Bericht wird ergänzend Bezug genommen.[10]

3. Da die Marke somit nach dem Tag, ab dem kein Widerspruch gegen die Marke mehr möglich war, innerhalb eines ununterbrochenen Zeitraums von fünf Jahren für Schuhwaren, Kopfbedeckungen und andere Bekleidungsstücke als Strumpfwaren nicht benutzt worden ist, ist sie insoweit nach § 49, § 55 MarkenG wegen Verfalls zu löschen. Die Löschung hat durch die beantragte Einschränkung des Warenverzeichnisses zu erfolgen.[11]
4. Die Klägerin hat am . . . . . . beim Deutschen Patentamt Antrag auf Löschung gemäß §§ 49, 53 MarkenG gestellt. Die Beklagte hat dem Löschungsantrag am . . . . . . fristgerecht widersprochen.[12]

   Beweis: Vorlage des diesbezüglichen Schriftverkehrs
   – Anlage K 3 –

   Die demnach gebotene Klage ist nach § 49 Abs. 1 iVm § 26 MarkenG begründet.

Das angerufene Gericht ist nach § 11 ZPO, iVm § 140 MarkenG örtlich und sachlich zuständig. Der Rechtsstreit ist Handelssache (§ 95 Abs. 1 Ziff. 4c GVG).

(Rechtsanwalt)

Anmerkungen

1. Das Formular betrifft die Löschung einer Marke wegen Verfalls infolge Nichtbenutzung (§ 49 Abs. 1 MarkenG). Wird eine Marke, die für mehrere Waren oder einen weiten Oberbegriff von Waren eingetragen ist, nur für einen Teil dieser Waren benutzt, ist sie teilweise wegen Verfalls zu löschen (§ 49 Abs. 3 MarkenG).

2. Auch die Löschungsklage ist eine Kennzeichenstreitsache, für die nach § 140 Abs. 1 MarkenG die Landgerichte und zwar gegebenenfalls die nach landesrechtlichen Bestimmungen für Kennzeichenstreitsachen zuständigen Landgerichte ausschließlich zuständig sind (→ Form. V.14 Anm. 15).

3. Die Zuweisung nach § 140 MarkenG betrifft nur die Landgerichte, sie berührt die Aufgabenverteilung zwischen Zivilkammer und Handelskammer nicht. Wenn der Rechtsstreit ein im Markengesetz geregeltes Rechtsverhältnis betrifft, ist er nach § 95 Abs. 1 Ziff. 4c GVG Handelssache. Bei größerer Fachkompetenz der für Kennzeichenstreitsachen zuständigen Zivilkammer kann es sich aber empfehlen, die Klage an die Zivilkammer zu richten, wenn davon auszugehen ist, dass der Gegner keinen Verweisungsantrag stellen wird.

4. Da zur Löschung einer Marke nur das DPMA befugt ist, ist die Klage auf Einwilligung in die Löschung, also auf Abgabe einer Willenserklärung zu richten.

5. Im Löschungsverfahren wirken häufig Patentanwälte mit. Die durch ihre Mitwirkung entstehenden Kosten sind in Höhe der nach dem RVG anfallenden Gebühren erstattungsfähig (§ 140 Abs. 4 MarkenG). Es ist nicht zu prüfen, ob die Mitwirkung des Patentanwalts zur zweckentsprechenden Rechtsverfolgung oder Rechtsverteidigung iSd § 91 Abs. 1 S. 1 ZPO notwendig war. Es kommt auch nicht darauf an, ob der Patentanwalt gegenüber dem Rechtsanwalt eine „Mehrleistung" erbracht hat (BGH GRUR 2012, 759 Rn. 11 – Kosten des Patentanwalts IV). Ob an dieser Rechtsprechung festgehalten wird, hat der Bundesgerichtshof in dem Urteil „Kosten des Patentanwalts V" offengelassen (BGH GRUR 2019, 983 Rn. 10 – Kosten des Patentanwalts V). Die Erstattungsfähigkeit von Patentanwaltskosten setzt allerdings voraus, dass über die kennzeichenrechtlichen Ansprüche entschieden worden und eine auf § 140 Abs. 3 MarkenG bezogene Kostengrundentscheidung zugunsten des Anspruchstellers ergangen ist. Werden in erster Linie nichtkennzeichenrechtliche Ansprüche (zB namensrechtliche Ansprüche) und hilfsweise kennzeichenrechtliche Ansprüche (zB markenrechtliche Ansprüche) geltend gemacht, können die Kosten, die durch die Mitwirkung eines Patentanwalts entstanden sind, nach § 104 ZPO iVm § 140 Abs. 4 MarkenG gegen den Gegner nur festgesetzt werden, wenn über die kennzeichenrechtlichen Hilfsansprüche eine gerichtliche Entscheidung mit einer entsprechenden Kostengrundentscheidung zugunsten desjenigen ergangen ist, der die Kostenfestsetzung beantragt (BGH GRUR 2019, 983 Rn. 10 – Kosten des Patentanwalts V).

Bei Beteiligung des Patentanwalts im vorgerichtlichen Stadium ist dessen Mitarbeit nachzuweisen (BGH GRUR 2011, 754 – Kosten des Patentanwalts II). Der Anspruchsteller muss darlegen und nachweisen, dass die Mitwirkung des Patentanwalts erforderlich war. Dieses ist regelmäßig nur dann der Fall, wenn der Patentanwalt Aufgaben übernommen hat, die – wie Recherchen zum Registerstand oder zur Benutzungslage – zum typischen Arbeitsgebiet eines Patentanwalts gehören.

6. Bei einer Klage auf Teillöschung lautet der Antrag auf Einwilligung in die Teillöschung, die wiederum durch Beschränkung des Warenverzeichnisses auf einen engeren, der tatsächlichen Benutzung entsprechenden Bereich von Waren erfolgt.

7. Die Vollstreckung gegen Sicherheitsleistung hat nur Bedeutung für die Kosten, was bei der Höhe der Sicherheit zu berücksichtigen ist. Die eigentliche Löschung bedarf keiner Vollstreckung und kann erst erfolgen, wenn das Urteil Rechtskraft erlangt hat (§ 894 ZPO).

8. Passivlegitimiert für die Löschungsklage ist der im Zeitpunkt der Klageerhebung im Markenregister eingetragene Markeninhaber. Dabei schadet es nicht, wenn der Registerstand nicht der sachlichen Berechtigung entspricht. Ist die Marke bereits vor Klageerhebung auf einen anderen übertragen worden, der erst später in das Register eingetragen wird, wirkt das Urteil auch gegen ihn (§ 55 Abs. 4 MarkenG). Zum Nachweis des Eintragungszeitpunktes genügt auch die Vorlage der entsprechenden Veröffentlichung im Markenblatt, welches online beim DPMA zur Verfügung steht bzw. heruntergeladen werden kann. Wegen der Passivlegitimation empfiehlt es sich aber, Einblick in den aktuellen Registerstand zu nehmen.

9. Die Löschungsklage ist Popularklage. Sie kann von jedermann ohne Nachweis irgendeines eigenen Interesses erhoben werden (§ 55 Abs. 2 Nr. 1 MarkenG)

10. Anders als im Widerspruchsverfahren, wo der Anmelder sich damit begnügen kann, die Benutzung des Widerspruchszeichens zu bestreiten, trifft bei einer Löschungsklage den Kläger die Darlegungs- und Beweislast für die Nichtbenutzung. Im Allgemeinen genügt es, substantiiert vorzutragen, welche Bemühungen unternommen wurden, eine Benutzung festzustellen. Damit kann man zweckmäßig auch ein einschlägiges Unternehmen beauftragen.

11. Im Löschungsklageverfahren wirkt die Benutzung für eine Spezialware zwar auch für einen umfassenderen, nicht zu breiten Warenoberbegriff rechtserhaltend. Die gebotene wirtschaftliche Betrachtungsweise und das berechtigte Interesse des Zeicheninhabers, in seiner geschäftlichen Bewegungsfreiheit nicht ungebührlich eingeengt zu werden, rechtfertigen es, auch die Waren im Warenverzeichnis zu belassen, die nach der Verkehrsauffassung gemeinhin zum gleichen Warenbereich gehören (BGH GRUR 2020, 870 Rn. 33 – INJEKT/INJEX). Vorliegend besteht für eine Aufrechterhaltung der Begriffe „Schuhwaren" und „Kopfbedeckungen" kein Anlass. Darüber hinaus ist aber auch der Oberbegriff „Bekleidungsstücke" auf die tatsächlich benutzten Waren einzuschränken. Dabei bleibt der Oberbegriff im Warenverzeichnis bestehen, wird aber durch das Wort „nämlich" auf bestimmte, unter den Oberbegriff fallende Waren eingeschränkt. Die genaue Bezeichnung der zu löschenden Waren ist seit der Entscheidung des EuGH „IP Translator" (GRUR Int. 2012, 749) von Bedeutung. Allerdings hat der Gerichtshof zuletzt mit Urteil vom 29.1.2020 (GRUR 2020, 288 Rn. 71 – Sky/SkyKick) entschieden, dass eine Unionsmarke oder eine nationale Marke nicht deshalb ganz oder teilweise für nichtig bzw. für ungültig erklärt werden kann, weil die für die Bezeichnung der Waren und Dienstleistungen, für die die betreffende Marke eingetragen worden ist, verwendeten Begriffe nicht klar und eindeutig sind. Andererseits ist eine nationale Marke oder eine Unionsmarke, die für eine Gruppe von Waren oder Dienstleistungen eingetragen ist, deren Bezeichnung es an Klarheit und Eindeutigkeit mangelt, jedenfalls nur für die Waren und Dienstleistungen schutzfähig ist, für die sie ernsthaft benutzt worden ist (GRUR 2020, 288 Rn. 70 – Sky/SkyKick). Die für das Löschungsverfahren im Interesse der wirtschaftlichen Bewegungsfreiheit des Markeninhabers entwickelte Rechtsprechung zur Einschränkung von Oberbegriffen gilt jedoch nicht für das Markenverletzungsverfahren. Ist die Marke für einen (weiten) Warenoberbegriff eingetragen, ist sie in diesem Verfahren so zu behandeln, als sei sie nur für die konkret benutzten Waren registriert (BGH GRUR 2020, 870 Rn. 34– INJEKT/INJEX).

12. Mit Rücksicht auf § 93 ZPO muss die Beklagte Anlass zur Klageerhebung gegeben haben. Dazu würde es auch genügen, dass sie zuvor außergerichtlich zum Verzicht auf die Marke aufgefordert wurde. Widerspruch gegen einen beim DPMA eingereichten Löschungsantrag gibt aber ebenfalls Anlass zur Klageerhebung.

14. Klage wegen Verletzung des Rechts an einer eingetragenen Marke[1]

An das

Landgericht . . . . . .

Kammer für Handelssachen[2]

. . . . . .

Klage

in Sachen

Fa. A-GmbH, vertreten durch den Geschäftsführer . . . . . .

– Klägerin –

Prozessbevollmächtigte: RAe . . . . . .

gegen

Fa. B, Inhaber . . . . . .

– Beklagte –

wegen Unterlassung ua (Markenverletzung)[3]

Streitwert (vorläufig geschätzt): . . . . . .

zeige ich an, dass wir die Klägerin vertreten und dass Herr Patentanwalt . . . . . . bis zum rechtskräftigen Abschluss des Rechtsstreits aufseiten der Klägerin im Verfahren mitwirkt.[4] Namens der Klägerin bitte ich um Anberaumung eines Termins zur mündlichen Verhandlung, in dem ich folgende

Anträge

stellen werde:

1. Die Beklagte wird verurteilt, es bei Meidung eines für jeden Fall der Zuwiderhandlung festzusetzenden Ordnungsgeldes bis zu 250.000,– EUR, ersatzweise Ordnungshaft, oder einer Ordnungshaft bis zu 6 Monaten, letztere zu vollziehen an ihrem Inhaber, zu unterlassen,[5] mit der Bezeichnung „LEO“ versehene T-Shirts[6] anzubieten, in Verkehr zu bringen oder zu den genannten Zwecken zu besitzen.[7]
2. Die Beklagte wird verurteilt, die sich in ihrem Besitz oder Eigentum befindlichen, mit der Bezeichnung „LEO“ versehenen T-Shirts an einen von der Klägerin zu bestim-

menden Gerichtsvollzieher zum Zwecke der Vernichtung herauszugeben, hilfsweise die Vernichtung selbst vorzunehmen.[8]

3. Es wird festgestellt, dass die Beklagte verpflichtet ist, der Klägerin allen Schaden zu ersetzen, der dieser aus Handlungen gemäß Ziff. 1 entstanden ist und noch entstehen wird.[9]
4. Die Beklagte wird verurteilt, der Klägerin Auskunft durch Vorlage eines chronologisch geordneten Verzeichnisses zu erteilen über
   a) Name und Anschrift der Hersteller, Lieferanten und anderer Vorbesitzer der Waren sowie der gewerblichen Abnehmer und Verkaufsstellen, für die sie bestimmt waren und
   b) die Menge der hergestellten, ausgelieferten, erhaltenen oder bestellten Waren sowie über die Preise, die für die betreffenden Waren bezahlt wurden.[10]
5. Die Beklagte hat die Kosten des Rechtsstreits zu tragen.
6. Das Urteil ist, erforderlichenfalls gegen Sicherheitsleistung, vorläufig vollstreckbar.

Begründung:

1. Die Klägerin ist Inhaberin der deutschen Marke . . . . . . (Nr.) „LEO", die in Deutschland seit . . . . . . für die Waren Bekleidungsstücke, Schuhwaren und Kopfbedeckungen eingetragen ist.

   Beweis: Auszug aus dem Register des DPMA – Anlage K 1 –

   Die Klägerin ist weiterhin Inhaberin der deutschen Marke . . . . . . (Wort/Bild) „LEO", eingetragen mit einer Priorität vom . . . . . . für die Waren Bekleidungsstücke, Schuhwaren und Kopfbedeckungen eingetragen ist.

   Beweis: Auszug aus dem Register des DPMA – Anlage K 2 –.

   Die Klägerin benutzt die Marken „LEO" in großem Umfang für eine hochwertige Kollektion modischer Freizeitbekleidung, die im einschlägigen Fachhandel vertrieben wird. Auf Grund der langjährigen umfangreichen Benutzung genießen die Marken in den beteiligten Verkehrskreisen erhebliche Bekanntheit.

2. Die Klägerin nimmt die Beklagte wegen Verletzung der deutschen Wortmarke „LEO", hilfsweise der Wort-/Bildmarke „LEO" in Anspruch. Die Klägerin macht dementsprechend ihre Schutzrechte nicht kumulativ, sondern in dem vorstehend wiedergegebenen Eventualverhältnis geltend (BGH GRUR 2011, 521 – TÜV; BGH GRUR-RS 2014, 11030 – Verschiedene Streitgegenstände bei Klage aus abgetretenem und eigenem Recht; zur Bestimmtheit des Klageantrags; GRUR 2011, 1043 – TÜV II.; BGH GRUR 2013, 401 – Biomineralwasser, zur wettbewerbsrechtlichen Unterlassungsklage).
   Seit einiger Zeit befinden sich in Deutschland und Frankreich T-Shirts im Handel, die auf der Brust die Aufschrift „LEO" tragen. Die Schreibweise entspricht exakt derjenigen, wie sie von der Klägerin zur Kennzeichnung ihrer Waren benutzt wird. Herkunft und Vertriebsweg dieser T-Shirts sind der Klägerin unbekannt.
3. Die Beklagte betreibt in . . . . . . ein Einzelhandelsgeschäft, von dem sie unter anderem auch die vorgenannten T-Shirts anbietet, vertreibt und versendet.

   Beweis: Rechnung über einen am . . . . . . erfolgten Testkauf – Anlage K 3 –
   Foto des erworbenen T-Shirts – Anlage K 4 –
   Vorlage des T-Shirts im Termin

4. Mit dem Vertrieb des T-Shirts verletzt die Beklagte die Markenrechte der Klägerin. In Bezug auf die Wortmarke benutzt sie die identische Marke für identische Waren (§ 14 Abs. 2 Ziff. 1 MarkenG). Mit der Wort/Bildmarke „LEO" besteht hochgradige Ver-

wechslungsgefahr. Die Beklagte ist daher gemäß § 14 Abs. 5 MarkenG zur Unterlassung verpflichtet.

Gemäß § 18 MarkenG kann die Klägerin darüber hinaus die Vernichtung der sich im Besitz oder Eigentum der Beklagten befindlichen Verletzungsgegenstände verlangen. Da die Aufschrift „LEO“ unentfernbar auf den T-Shirts aufgedruckt ist, ist eine Beseitigung des rechtswidrigen Zustands auf andere Weise nicht möglich.[11]

Die Beklagte handelt auch schuldhaft, da ihr, als auf dem fraglichen Warengebiet tätiger Händlerin, die bekannte Marke der Klägerin nicht unbekannt geblieben sein kann. Gemäß § 14 Abs. 6 MarkenG ist die Beklagte daher auch zum Schadenersatz verpflichtet. Da die Klägerin den ihr entstandenen Schaden noch nicht beziffern kann – dazu bedarf es erst der geforderten Auskünfte – hat sie ein rechtliches Interesse, vorab die Schadenersatzpflicht dem Grunde nach festgestellt zu erhalten.[12]

Der Auskunftsanspruch ist teils nach § 19 MarkenG begründet, teils bedarf es der geforderten Auskünfte zur Berechnung des der Klägerin entstandenen Schadens (§ 242 BGB).[13]

5. Die Beklagte wurde mit Schreiben vom . . . . . . abgemahnt.[14]

Beweis: Abmahnschreiben vom . . . . . . – Anlage K 4 –

Sie hat auf dieses Schreiben innerhalb der gesetzten Frist nicht reagiert, so dass Klage geboten ist.

Das angerufene Gericht ist auf Grund der zentralisierten Zuständigkeit für Kennzeichenstreitsachen[15] örtlich zuständig, da die Beklagte ihr Geschäft im Oberlandesgerichtsbezirk . . . . . . betreibt. Der Rechtsstreit ist Handelssache (§ 95 Abs. 1 Ziff. 4c GVG).

(Rechtsanwalt)

Anmerkungen

1. Das Formular betrifft einen Fall der Markenpiraterie. (S. auch *Teil VI. Produktpiraterie* dieser Formularsammlung.) Diese Fälle sind dadurch gekennzeichnet, dass die Markenverletzung regelmäßig unproblematisch ist und es vor allem darum geht, die Quelle der Piraterieware ausfindig zu machen. In diesen Fällen ist es regelmäßig geboten, den Unterlassungsanspruch vorab im Wege der einstweiligen Verfügung geltend zu machen. Gemäß § 140 Abs. 3 MarkenG können nunmehr die im Markengesetz bezeichneten Ansprüche auf Unterlassung im Wege der einstweiligen Verfügung auch ohne die Darlegung und Glaubhaftmachung der in den §§ 935 und 940 ZPO bezeichneten Voraussetzungen durchgesetzt werden. § 140 Abs. 3 MarkenG begründet eine widerlegliche tatsächliche Vermutung der Dringlichkeit. Die Dringlichkeit kann durch zu langes Zuwarten entfallen. Eine Übersicht über die unterschiedlichen Dringlichkeitsfristen der Gerichte befindet sich bei Köhler/Bornkamm/Feddersen/*Köhler*, 38. Aufl. 2020, UWG § 12 Rn. 3.15b).

§ 19 Abs. 7 MarkenG sieht vor, dass der in § 19 MarkenG geregelte Auskunftsanspruch in Fällen offensichtlicher Rechtsverletzung im Wege der einstweiligen Verfügung geltend gemacht werden kann. Dies bezieht sich dann aber nur auf die in § 19 MarkenG geregelten Auskünfte über Herkunft und Vertriebsweg der verletzenden Ware, nicht auf die weitergehenden Auskunftsansprüche, die nach § 19 Abs. 5 MarkenG von der dortigen Regelung unberührt bleiben. Auch der Schadenersatz- und Vernichtungsanspruch können nur in einer Hauptsacheklage geltend gemacht werden. Was den Unterlassungsanspruch betrifft, entspricht die Antragsfassung und -begründung bei einer einstweiligen Verfügung dem hier wiedergegebenen Muster einer Klage, mit der Maßgabe, dass die Parteibezeichnung „Antragstellerin“ und „Antragsgegnerin“ lautet, und es der Antragsgegnerin bei Meidung der angeführten Ordnungsmittel verboten wird, T-Shirts . . . . . . anzubieten, in Verkehr zu bringen oder zu besitzen. Auch für den Auskunftsantrag ergeben sich – soweit zulässig – abgesehen von der anderslautenden Parteibezeichnung keine Besonderheiten.

2. Eine Markenverletzungsklage ist Kennzeichenstreitsache, für die nach § 140 Abs. 1 MarkenG die Landgerichte ausschließlich zuständig sind. Nach § 95 Abs. 1 Ziff. 4c GVG handelt es sich um eine Handelssache (→ Anm. 15 und → Form. V.13 Anm. 3). Die Klage kann auch an die Zivilkammern gerichtet werden, allerdings mit dem Risiko, dass – nur – auf entsprechende Rüge des Beklagten und Verweisungsantrag, die Klage an die Handelskammer abgegeben wird.

3. Es empfiehlt sich, bei der Bezeichnung des Streitgegenstands anzugeben, dass die Ansprüche aus einer Markenverletzung resultieren, damit der Rechtsstreit innerhalb des Gerichts sogleich der dafür zuständigen Kammer zugeordnet wird.

Die Klage wird auf die Verletzung der Rechte aus zwei unterschiedlichen Marken gestützt. Der Kläger hat nunmehr die Reihenfolge der geltend gemachten Anspruchsgrundlagen anzugeben (BGH, GRUR 2014, 521 – TÜV. Die alternative Klagehäufung, bei der der Kläger ein einheitliches Klagebegehren aus mehreren prozessualen Ansprüchen (Streitgegenständen) herleitet und dem Gericht die Auswahl überlässt, auf welchen Klagegrund es die Verurteilung stützt, verstößt gegen das in § 253 Abs. 2 Nr. 2 ZPO verankerte Bestimmtheitsgebot, den Klagegrund bestimmt zu bezeichnen. Die Geltendmachung von Rechten aus einer – wie hier – Wortmarke einerseits und Wort-/Bildmarke andererseits – stellt die Geltendmachung verschiedener prozessualer Ansprüche (Streitgegenstände) dar, können also nicht kumulativ verfolgt werden.

4. In Kennzeichenstreitsachen sind die Kosten eines im Verfahren mitwirkenden Patentanwalts in Höhe der nach dem RVG anfallenden Gebühren stets, ohne Prüfung der Notwendigkeit, erstattungsfähig (§ 140 Abs. 4 MarkenG). Wenn die Parteien in Markenangelegenheiten außergerichtlich durch einen Patentanwalt vertreten werden, ist dessen Mitwirkung im Verletzungsstreit die Regel. Zu der Erstattungsfähigkeit vorprozessualer Kosten seitens des Patentanwalts verweisen wir auf → Form. V.12 Anm. 4.

5. Bei Unterlassungsansprüchen ist die Androhung von Ordnungsmitteln Voraussetzung für die Zwangsvollstreckung (§ 890 Abs. 1 ZPO). Regelmäßig wird beantragt, die Androhung bereits in die Verurteilung aufzunehmen; dies kann aber auch durch gesonderten Beschluss nachgeholt werden.

6. Im gesamten gewerblichen Rechtsschutz gilt, dass die Verletzungsform konkret zu bezeichnen ist. Wenn der Beklagten somit nur der Vertrieb von T-Shirts nachgewiesen werden kann, kann sie nicht etwa allgemein verurteilt werden, keine mit „LEO" versehenen Bekleidungsstücke zu vertreiben. Ebenso beschränkt sich der Unterlassungsanspruch auf die von der Beklagten vorgenommenen Handlungen, so dass ihr, wenn sie die T-Shirts nicht selbst mit der strittigen Bezeichnung versieht, nur der Vertrieb dieser T-Shirts untersagt werden kann, aber nicht deren Kennzeichnung. Es ist auf eine konkrete Formulierung des Tenors zu achten. Nach ständiger Rechtsprechung darf ein Unterlassungsantrag nicht derart undeutlich gefasst sein, dass Gegenstand und Umfang der Entscheidungsbefugnis des Gerichts (§ 253 Abs. 2 Nr. 2 ZPO, § 308 Abs. 1 ZPO) nicht erkennbar abgegrenzt sind (s. BGH GRUR 2018, 417, Rn. 21 – Resistograph, mwN).

Der Bundesgerichtshof hat in letzter Zeit vermehrt über die Verwendung von Modellbezeichnungen als Marke urteilen müssen. Gegenstand waren ua die Bewerbung und der Vertrieb von Bekleidungsstücken auch mit Modellbezeichnungen (BGH GRUR 2019, 522 – SAM; GRUR-RS 2019, 35712 – Anforderungen an herkunftshinweisende markenmäßige Zeichenverwendung beim Angebot einer Hose; GRUR 2019, 1289 – Damen Hose MO). Danach setzt eine markenrechtsverletzende Benutzung eines Zeichens für

Waren oder Dienstleistungen voraus, dass ein nicht unerheblicher Teil des angesprochenen Verkehrs in einem Zeichen den Hinweis auf die Herkunft einer Ware oder Dienstleistung aus einem bestimmten Unternehmen sieht. Die Tatsache, dass ein Zeichen vom angesprochenen Verkehr als Marke und damit als Herkunftshinweis erkannt wird, müsse anhand der Umstände des Einzelfalls positiv festgestellt werden. Für die Annahme einer kennzeichenmäßigen Verwendung genüge es nicht, dass das Zeichen originär unterscheidungskräftig sei und die konkrete Verwendung im Hinblick auf die in Rede stehenden Waren oder Dienstleistungen nicht glatt beschreibend erfolge. Sei es in einer Branche (hier: Bekleidungssektor) üblich, bestimmte Zeichen als Modellbezeichnungen zu verwenden, könne ihre Anbringung an der Ware selbst oder auf Etiketten vom angesprochenen Verkehr als Herkunftshinweis verstanden werden.

7. Der Besitz verletzender Ware stellt eine Markenverletzung iSv § 14 Abs. 3 Nr. 3 MarkenG dar. Ungeachtet dessen wurde mit dem MaMoG § 14a MarkenG (Transitregelung) eingeführt. Danach kann der Markeninhaber Dritten untersagen, im geschäftlichen Verkehr Waren in die Bundesrepublik Deutschland zu verbringen, ohne die Waren in den zollrechtlich freien Verkehr zu überführen, wenn die Waren, einschließlich ihrer Verpackung, aus Drittstaaten stammen und ohne Zustimmung eine identische oder in wesentlichen Aspekten von der älteren Marke oder geschäftlichen Bezeichnung nicht zu unterscheidende Marke oder Bezeichnung aufweisen. Diese Vorschrift sieht einen eigenständigen Unterlassungsanspruch für Waren vor, die durch die Bundesrepublik Deutschland durchgeführt werden sollen.

8. Die in § 18 MarkenG normierten Vernichtungs- und Rückrufansprüche stehen nebeneinander. Voraussetzung ist jedoch stets, dass die Inanspruchnahme im Einzelfall nicht unverhältnismäßig ist. Wie der Vernichtungsanspruch durchzusetzen ist, ist nach wie vor strittig. Das Gesetz sieht lediglich vor, dass der Markeninhaber die Vernichtung verlangen kann, aber nicht, wer diese vorzunehmen hat. In Betracht kommt eine Vernichtung durch den Verletzer, den Kennzeicheninhaber oder durch einen Dritten, insbesondere den Gerichtsvollzieher. Regelmäßig entspricht es dem Interesse des Verletzten, die Vernichtung selbst kontrollieren zu können. Dieses ist unter bestimmten Voraussetzungen vom Bundesgerichtshof gebilligt worden (vgl. BGH GRUR 1997, 899 – Vernichtungsanspruch). Grundsätzlich sollte jedoch die Herausgabe an den Gerichtsvollzieher zum Zwecke der Vernichtung durch diesen beantragt werden. Für den Fall des Urheberrechts bejaht der Bundesgerichtshof eine solche Antragsfassung (BGH GRUR 2003, 228 – P-Vermerk; GRUR 2007, 685 Rn. 28 – Gedichttitelliste I).

9. Im gesamten gewerblichen Rechtsschutz empfiehlt sich die Kombination von Auskunfts- und Feststellungsklage anstelle der grundsätzlich auch möglichen Stufenklage. Letztere hat vor allem den Nachteil, dass mit der Verurteilung zur Auskunftserteilung noch keine rechtskräftige Feststellung des Anspruchsgrundes erfolgt.

10. Der Auskunftsantrag entspricht dem Wortlaut von § 19 Abs. 3 MarkenG. Auskunft über Verkäufe an private Endverbraucher ist nicht geschuldet.

11. § 18 MarkenG geht von der Vernichtung der widerrechtlich gekennzeichneten Gegenstände als Regelfall aus. Die Vernichtung kann ausnahmsweise dann nicht verlangt werden, wenn die Vernichtung für den Verletzer oder den Eigentümer im Einzelfall unverhältnismäßig ist (§ 18 Abs. 3 MarkenG). Die Anordnung der Vernichtung und des Rückrufs und des endgültigen Entfernens solcher Waren aus den Vertriebswegen haben über die Folgenbeseitigung hinaus Sanktionscharakter und sind dem Verhältnismäßigkeitsgrundsatz unterworfen. Die Frage der Unverhältnismäßigkeit im Sinne von § 18 Abs. 3 MarkenG ist deshalb unter umfassender Berücksichtigung aller Umstände des Einzelfalls zu beantworten. In die Abwägung einzubeziehen sind das Vernichtungsinteresse des Inhabers der Marke und das Erhaltungsinteresse des Verletzers, die Schuldlosigkeit oder der Grad des Verschuldens des Verletzers, die Schwere des Eingriffs in das Markenrecht (unmittelbare Übernahme oder Verletzung im Randbereich), der Umfang des bei der Vernichtung für den Verletzer entstehenden Schadens im Vergleich zu dem durch die Verletzung eingetretenen wirtschaftlichen Schaden des Rechtsinhabers und Besonderheiten der Beschaffenheit der Ware. Neben diesen Gesichtspunkten kann bei der Abwägung auch die Frage von Bedeutung sein, ob im Einzelfall ein milderes Mittel zur Beseitigung der Störung, wie etwa die sichere und dauerhafte Entfernung der widerrechtlichen Kennzeichnung, zur Verfügung steht (BGH GRUR 2019, 518 Rn. 21 – Curapor).

12. Das rechtliche Interesse an der Feststellung der Schadenersatzpflicht wird in den Fällen, in denen der Schaden noch nicht beziffert werden kann, allgemein anerkannt, so dass sich nähere Ausführungen dazu erübrigen. Ua ergibt sich das rechtliche Interesse daraus, dass die Feststellungsklage die Verjährung hemmt, die bloße Auskunftsklage dagegen nicht.

13. Auch der aus § 242 BGB abgeleitete Auskunftsanspruch über alle Umstände, die zur Berechnung des Schadens erforderlich sind, ist heute allgemein anerkannt, so dass dieser Anspruch nicht mehr im Einzelnen begründet zu werden braucht.

14. Regelmäßig hat einer Markenverletzungsklage eine Verwarnung vorauszugehen, um das Kostenrisiko des § 93 ZPO zu vermeiden. Grundsätzlich gilt dies auch für eine einstweilige Verfügung. Hier kann eine vorherige Verwarnung unzumutbar sein, wenn mit der einstweiligen Verfügung zugleich eine Sequestration der verletzenden Gegenstände zur Sicherung des Vernichtungsanspruches begehrt wird und zu befürchten steht, dass diese bei vorheriger Verwarnung vereitelt würde. Wenn Anhaltspunkte bestehen, dass ein Vernichtungsanspruch vereitelt werden könnte, kommt eine solche Sicherung des Vernichtungsanspruches im Wege der einstweiligen Verfügung in Betracht.

15. In Kennzeichenstreitsachen besteht erstinstanzlich eine ausschließliche Zuständigkeit der Landgerichte ohne Rücksicht auf den Streitwert (§ 140 Abs. 1 MarkenG). Gemäß § 140 Abs. 2 MarkenG sind die Landesregierungen ermächtigt, Kennzeichenstreitsachen insgesamt oder teilweise für die Bezirke mehrerer Landgerichte einem von ihnen zuzuweisen. Von dieser Möglichkeit haben folgende Länder Gebrauch gemacht:

Baden-Württemberg: LG Mannheim, zuständig für den OLG-Bezirk Karlsruhe, und LG Stuttgart für den OLG-Bezirk Stuttgart; Bayern: LG München I, zuständig für den OLG-Bezirk München, und LG Nürnberg-Fürth für die OLG-Bezirke Nürnberg und Bamberg; Brandenburg: Für die Landgerichte in Brandenburg das LG Berlin; Hessen: LG Frankfurt a.M., zuständig für ganz Hessen; Mecklenburg-Vorpommern: LG Rostock, zuständig für den OLG-Bezirk Rostock; Niedersachsen: LG Braunschweig, zuständig für ganz Niedersachsen; Nordrhein-Westfalen: LG Düsseldorf, zuständig für den OLG-Bezirk Düsseldorf, LG Bielefeld für die Landgerichtsbezirke Bielefeld, Detmold, Münster und Paderborn; LG Bochum für die Landgerichtsbezirke Arnsberg, Bochum, Dortmund, Essen, Hagen und Siegen; LG Köln für den OLG-Bezirk Köln; Rheinland-Pfalz: LG Frankenthal, zuständig für den OLG-Bezirk Zweibrücken, und LG Koblenz, zuständig für den OLG-Bezirk Koblenz; Sachsen: Für die Landgerichte in Sachsen das LG Leipzig; Sachsen-Anhalt: Für die Landgerichte in Sachsen-Anhalt das LG Magdeburg; Schleswig-Holstein: LG Kiel; Thüringen: LG Erfurt (vgl. auch den jeweils aktuellen Stand der einschlägigen Verordnungen, der in der Gesetzessammlung „Schönfelder" als Fußnote 1 zu § 140 Abs. 2 MarkenG wiedergegeben ist.) Ausführungen zur zentralisierten Zuständigkeit sind natürlich nur veranlasst, wenn das angerufene Gericht nicht ohnehin örtlich zuständig ist. Der Gerichtsstand ist hier sowohl nach § 21 ZPO als auch nach § 32 ZPO begründet.

15. Klage wegen Verletzung des Rechts an einem Unternehmenskennzeichen und Löschung der Firma[1]

An das

Landgericht . . . . .

Kammer für Handelssachen[2]

. . . . .

Klage

in Sachen

ProtexFit Sportbekleidung-Vertriebs-GmbH, vertreten durch die Geschäftsführerin . . . . .

– Klägerin –

Prozessbevollmächtigte: RAe . . . . .

gegen

Frau . . . . ., im geschäftlichen Verkehr handelnd unter der Bezeichnung „ProtexFitting-Mode" e.K.,[3]

– Beklagte –

wegen Unterlassung ua (MarkenG)[4]

Streitwert (vorläufig geschätzt): . . . . .

zeige ich an, dass wir die Klägerin vertreten. Namens der Klägerin bitte ich um Anberaumung eines Termins zur mündlichen Verhandlung, in dem ich folgende

Anträge

stellen werde:

1. Die Beklagte wird verurteilt, es bei Meidung eines für jeden Fall der Zuwiderhandlung festzusetzenden Ordnungsgeldes bis zu 250.000,– EUR, ersatzweise Ordnungshaft, oder einer Ordnungshaft bis zu 6 Monaten, zu unterlassen, im geschäftlichen Verkehr zur Kennzeichnung eines Geschäfts für Sportbekleidung und Sportschuhe die Bezeichnung „ProtexFitting" zu benutzen.[5]
2. Es wird festgestellt, dass die Beklagte verpflichtet ist, der Klägerin allen Schaden zu ersetzen, der dieser aus Handlungen gemäß Ziff. 1 entstanden ist und noch entstehen wird.[6]
3. Die Beklagte wird verurteilt, der Klägerin Auskunft über die in ihrem Geschäft „ProtexFitting Mode" seit dessen Bestehen erzielten Umsätze zu erteilen, und zwar durch Vorlage eines chronologisch geordneten Verzeichnisses, in dem die Umsätze monatlich, nach Warengruppen geordnet, aufgeführt sind.[7]
4. Die Beklagte wird weiterhin verurteilt, der Klägerin durch ein vollständiges und geordnetes Verzeichnis Auskunft zu erteilen über den Umfang, die Dauer und Art der unter Verwendung der Bezeichnung „ProtexFitting Mode" gemäß Ziff. 1 getätigten

Werbung für Sportbekleidung und Sportschuhe, aufgeschlüsselt nach Werbeträgern, deren Herstellungs- und Verbreitungsauflage, Verbreitungszeitraum und -gebiet sowie über die Werbung im Internet.

5. Die Beklagte wird verurteilt, gegenüber dem Handelsregister des Amtsgerichts ..... in die Löschung des Firmenbestandteils „ProtexFitting" einzuwilligen und die Löschung zu bewirken.[8]
6. Die Beklagte hat die Kosten des Rechtsstreits zu tragen.
7. Das Urteil ist, erforderlichenfalls gegen Sicherheitsleistung, vorläufig vollstreckbar.[9]
8. Es wird angeregt, gemäß § 276 ZPO (schriftliches Vorverfahren mit Haupttermin) zu verfahren. Für den Fall, dass die Beklagte ihre Verteidigungsbereitschaft nicht innerhalb der vom Gericht hierfür gesetzten Frist anzeigen sollte, beantragen wir vorsorglich bereits jetzt den Erlass eines Versäumnisurteils gemäß § 331 Abs. 3 ZPO im schriftlichen Verfahren.

Begründung:

1. Die Klägerin betreibt seit 2016 einen Versandhandel mit Sportbekleidung und Sportwäsche,. Sie ist seit 5.2.2016 unter ihrer Firma „ProtexFit Sportbekleidung-Vertriebs-GmbH" im Handelsregister des Amtsgerichts ..... eingetragen.[10]

   Beweis: Handelsregisterauszug vom .....
   – Anlage K 1 –

   Die Versandtätigkeit der Klägerin erstreckt sich über ganz Deutschland. Die Kundenkartei der Klägerin umfasste bereits zum 31.12.2016 ..... Adressen in allen Teilen der Bundesrepublik. Sie ist mittlerweile auf ..... Adressen angewachsen.[11]

   Beweis: Auszug aus der Kundenkartei (anonymisiert)
   – Anlage K 2 –

   An die in der Kundenkartei erfassten Adressen werden jährlich zwei Hauptkataloge mit den aktuellen Angeboten für Frühjahr/Sommer bzw. Herbst/Winter versandt.
   Der Katalog ist nur mit „ProtexFit" und der jeweiligen Jahreszeit betitelt. Auch im Inneren des Kataloges tritt die Klägerin vorwiegend unter dem Schlagwort „ProtexFit" auf. Ich lege beispielhaft vor:[12]
   - ProtexFit -Katalog Frühjahr/Sommer 2018 (Auflage .....)
   - ProtexFit -Katalog Herbst/Winter 2018 (Auflage .....)

   – Anlage K 3 –

   Die Klägerin erzielte in 2018 einen Jahresumsatz von EUR ..... Mio.[13]
   An ihrem Sitz in ..... unterhält die Klägerin seit kurzem auch ein Ladengeschäft „ProtexFit", in dem Restartikel besonders günstig abgegeben werden.[14]

2. Die Beklagte ist ein im Handelsregister des Amtsgerichts ..... eingetragener Kaufmann.

   Beweis: Auszug aus dem Handelsregister des AG ..... HRA .....
   – Anlage K 4 –

   Sie firmiert unter der Bezeichnung „ProtexFitting Mode".

3. Die Klägerin wurde bereits von mehreren Kunden darauf angesprochen, dass vor einigen Monaten in der ..... Straße in ..... ein Geschäft für Damenwäsche und Miederwaren eröffnet habe, welches sich „ProtexFitting" nennt. Zumindest eine Kundin vermutete eine geschäftliche Verbindung zur Klägerin.[15]

Beweis: Vorlage eines Schreibens dieser Kundin vom .....
– Anlage K 5 –

Eine solche Verbindung besteht tatsächlich nicht.

4. Die Benutzung der Bezeichnung „ProtexFitting Mode" für ein mit Sportbekleidung und Sportschuhe handelndes Geschäft verletzt die Klägerin in ihrem Firmenrecht und in ihrem Recht an der besonderen Geschäftsbezeichnung „ProtexFit" unter der sie ihre Versandtätigkeit ausübt.
„ProtexFit" ist der allein kennzeichnungskräftige Bestandteil in der im Übrigen nur Sachangaben enthaltenden Firma der Klägerin. Zwar handelt es sich auch bei dem Wort ProtexFit um einen Begriff, der im Hinblick auf den Bestandteil „Fit" beschreibende Anklänge aufweist. Dem Begriff als Ganzem kommt aber keine beschreibende Bedeutung für Sportbekleidung und Sportwäsche zu, weshalb ihm die Eignung, ein auf diesem Gebiet tätiges Unternehmen namensmäßig zu kennzeichnen, nicht abgesprochen werden kann.[16] Der Firmenbestandteil „ProtexFit" ist ferner dazu bestimmt und geeignet, das Unternehmen auch in Alleinstellung zu kennzeichnen, weshalb sich der Schutz, den die eingetragene Firma nach § 5 Abs. 2 MarkenG genießt, auch auf den Firmenbestandteil „ProtexFit" in Alleinstellung erstreckt.[17]
Die Klägerin benutzt den Begriff „ProtexFit" außerdem in Alleinstellung als besondere Bezeichnung ihres Geschäfts, wie es sich aus den vorgelegten Katalogen, die das Erscheinungsbild der Klägerin im Verkehr maßgeblich bestimmen, ergibt.[18]
Die Beklagte verletzt diese Rechte, da sie für ein branchengleiches Geschäft eine mit dem Firmenschlagwort und der besonderen Geschäftsbezeichnung der Klägerin ähnliche Bezeichnung benutzt und unter der Bezeichnung „Protex Fitting Mode" firmiert. Die Bezeichnungen „ProtexFit" und „ProtexFitting" sind klanglich und schriftbildlich ähnlich. Die Silben „Pro-tex-Fit" werden identisch geschrieben und ausgesprochen. Die letzte Silbe fällt in der Wahrnehmung des Verbrauchers nicht so ins Gewicht. Der Bestandteil „Mode" ist glatt beschreibend. Die Beklagte handelt mit Waren, wie sie auch von der Klägerin vertrieben werden. Dass die Klägerin einen Versandhandel und die Beklagte ein Einzelhandelsgeschäft betreibt, ändert nichts daran, dass der Verkehr das Geschäft der Beklagten angesichts der identischen Bezeichnung der Klägerin zuordnen wird, zumal es keineswegs unüblich ist, dass Versandunternehmen auch Ladengeschäfte betreiben, in denen die im Katalog angebotenen Waren auch unmittelbar erworben werden können. Ebenso ist es üblich, dass der stationäre Handel seine Waren mittlerweile auch im Versandhandel über Internet anbietet. Zumindest wird ein erheblicher Teil des Verkehrs annehmen, zwischen den Parteien bestünden geschäftliche Beziehungen (vgl. Anlage K 5).[19]
Da die Klägerin über das prioritätsältere Recht verfügt, und sich dieses auch auf das Gesamtgebiet der Bundesrepublik Deutschland erstreckt, verstößt die Beklagte mit der Benutzung einer, Verwechslungen hervorrufenden Geschäftsbezeichnung gegen § 15 Abs. 2 MarkenG. Sie ist daher nach § 15 Abs. 4 MarkenG zur Unterlassung verpflichtet. Die Beklagte handelt auch schuldhaft, da sie sich vor Ingebrauchnahme ihrer Geschäftsbezeichnung hätte vergewissern müssen, dass sie damit keine älteren Rechte Dritter verletzt. Auch Firmenrechte lassen sich heute unschwer recherchieren. Im Übrigen ist kaum denkbar, dass die Beklagte noch nie mit dem Internetauftritt und Versandkatalog der Klägerin in Berührung gekommen ist. Gemäß § 15 Abs. 5 MarkenG ist die Beklagte daher auch zum Schadensersatz verpflichtet.[20]
Da die Klägerin den ihr entstandenen Schaden noch nicht beziffern kann – dazu bedarf es erst der geforderten Auskünfte – hat sie ein rechtliches Interesse, vorab die Schadensersatzpflicht dem Grunde nach festgestellt zu erhalten.[21]
Der Anspruch auf Erteilung der zur Berechnung des Schadens erforderlichen Auskünfte ergibt sich nach der Rechtsprechung aus § 242 BGB.

Der Anspruch auf Einwilligung in die Löschung der Firma „ProtexFitting“ ist Rechtsfolge des Beseitigungsanspruchs der Klägerin aufgrund der Verletzung ihres Unternehmenskennzeichens (BGH GRUR 2013, 833 – Culinaria/Villa Culinaria, mwN)

5. Die Beklagte wurde mit Schreiben vom ..... abgemahnt.

**Beweis: Abmahnung vom .....
– Anlage K 6 –**

Sie hat auf dieses Schreiben innerhalb der gesetzten Frist nicht reagiert, so dass Klage geboten ist.
Das angerufene Gericht ist auf Grund der zentralisierten Zuständigkeit für Kennzeichenstreitsachen örtlich zuständig, da die Beklagte ihr Geschäft im Zuständigkeitsbereich betreibt. Der Rechtsstreit ist Handelssache (§ 95 Abs. 1 Ziff. 4c GVG).

(Rechtsanwalt)

Anmerkungen

1. Das Markengesetz regelt über den Schutz eingetragener und nicht eingetragener Marken hinaus auch den Schutz geschäftlicher Bezeichnungen, worunter Unternehmenskennzeichen und Werktitel zu verstehen sind (§ 5 MarkenG).

2. Da die Klage ein im Markengesetz geregeltes Rechtsverhältnis betrifft, ist sie Kennzeichenstreitsache iSv § 140 MarkenG und zugleich Handelssache (§ 95 Abs. 1 Ziff. 4c GVG).

3. Auch Kleingewerbetreibende, die nicht zwingend Kaufleute sind (vgl. Baumbach/*Hopt* HGB § 1 Rn. 3), sondern dies nur kraft freiwilliger Eintragung werden (e.K.), verwenden häufig besondere Geschäftsbezeichnungen, die dann auch die Funktion der kaufmännischen Firma erfüllen. Im Formular wird die von der Beklagten benutzte Geschäftsbezeichnung mit angeführt, da dies die Zustellung im Geschäftslokal erleichtert und das Gericht auch sofort den Streitgegenstand erkennen lässt.

4. → Form. V.14 Anm. 3.

5. Der Unterlassungstenor ergibt sich aus § 15 Abs. 2 MarkenG. Es ist erforderlich, konkret anzugeben, welche Waren in dem Geschäft geführt werden, da sich nur unter Berücksichtigung des Gegenstands der unternehmerischen Betätigung beurteilen lässt, ob zwischen den Unternehmenskennzeichnungen Verwechslungsgefahr besteht.

6. → Form. V.14 Anm. 9.

7. Welche Auskünfte gefordert werden, hängt davon ab, nach welcher Berechnungsmethode der Kläger den Schaden ermitteln will. Bei verletzenden Unternehmenskennzeichen kommt regelmäßig nur eine Berechnung nach der Lizenzanalogie in Betracht. Bezugsgröße für eine angemessene Lizenz ist hier der in dem Geschäft unter der verletzenden Bezeichnung erzielte Umsatz, so dass an sich zur Schadensermittlung keine weiteren Angaben erforderlich sind. Es empfiehlt sich aber, im Antrag eine weitergehende Aufschlüsselung der Auskünfte zumindest zu fordern – in aller Regel wird einem solchen Begehren auch stattgegeben –, weil sie die Kontrolle der Richtigkeit der erteilten Auskünfte erleichtert.

8. Der Antrag auf Einwilligung in die Löschung eines – wie vorliegend – Firmenbestandteils geht weniger weit als der Antrag auf Einwilligung in die Löschung der vollen Firma und ist zulässig; dagegen geht der Antrag auf Unterlassung der Nutzung eines Firmenbestandteils weiter als der Antrag auf Unterlassung der Nutzung der vollen Firma (BGH GRUR 2013, 833 – Culinaria/Villa Culinaria, mwN)

9. Der früher übliche Antrag, der Klägerin nachzulassen, eine von ihr zu erbringende Sicherheit auch durch selbstschuldnerische Bürgschaft leisten zu können, ist durch die gesetzliche Regelung in § 108 ZPO, wonach diese Art der Sicherheitsleistung jetzt der Regelfall ist, obsolet geworden.

10. Das gesamte Kennzeichenrecht wird vom Grundsatz der Priorität bestimmt. Das später entstandene Recht muss dem früher entstandenen Recht weichen. Der Firmenschutz entsteht bereits mit der Ingebrauchnahme der Firma im geschäftlichen Verkehr. Bei einer GmbH ist jedoch zu berücksichtigen, dass diese selbst erst mit der Eintragung ins Handelsregister entsteht, was nicht ausschließt, dass sie bereits vor Eintragung unter ihrer Firma Miet- oder Anstellungsverträge abgeschlossen hat und somit im geschäftlichen Verkehr aufgetreten ist. In einem solchen Fall kann sich die Priorität des älteren Unternehmenskennzeichens auf den Zeitpunkt des Abschlusses der Miet- oder Arbeitsverträge vorverlagern. Im vorliegenden Fall bestimmt sich die Priorität nach der Handelsregistereintragung.

11. Der Firmenschutz kann räumlich begrenzt sein, wenn das Unternehmen seiner Art nach nur lokal tätig ist (BGH GRUR 2007, 884 – Cambridge Institute; regional beschränkter Kennzeichenschutz einer Sprachschule). Das gilt insbesondere für Gaststätten, aber auch für Einzelhandelsgeschäfte, sofern sie nicht auf eine überregionale Ausdehnung durch Gründung von Filialgeschäften ausgerichtet sind. Der Schutzumfang eines Unternehmenskennzeichens für eine Arztpraxis ist beispielweise auf die Region beschränkt, die der angesprochene Verkehr als Einzugsgebiet für eine solche Arztpraxis ansieht (OLG Frankfurt GRUR-RR 2015, 372 – Neuro-Spine-Center). Der dahinterstehende Gedanke ist, dass es bei solchen Unternehmen nicht zu Verwechslungen kommen wird, wenn an einem anderen Ort ein gleichnamiges Unternehmen in Erscheinung tritt. Die Abgrenzung, ob das Unternehmen auf eine überregionale Tätigkeit ausgelegt ist, ist aber mitunter schwierig. Es kommt entscheidend auf die Verhältnisse im Zeitpunkt des Entstehens des jüngeren Rechts an. Ausdehnungstendenzen in der Zukunft sind zu berücksichtigen; sie müssen zum Zeitpunkt der Kollision allerdings bereits erkennbar sein. Dabei genügt nach der Rechtsprechung nicht eine nur theoretische Möglichkeit künftiger Ausdehnung, sondern es ist auf die in diesem Zeitpunkt bestehenden tatsächlichen Verhältnisse abzustellen (vgl. BGH GRUR 1985, 72 – Consilia). Bei einem bundesweit tätigen Versandhandel erstreckt sich der Firmenschutz von Beginn an auf ganz Deutschland. Ausführungen zum Umfang der Betätigung sind gleichwohl sinnvoll, da damit zugleich die Verkehrsgeltung des Firmenschlagworts belegt werden kann.

12. Es wird hier dargelegt, dass die Bezeichnung „ProtexFit“ auch in Alleinstellung als besondere Geschäftsbezeichnung benutzt wird. Dies begründet einen selbstständigen Schutz neben der eingetragenen Firma und dem Schlagwort „ProtexFit “ als Bestandteil dieser Firma.

13. Die Angabe des Jahresumsatzes wäre nicht erforderlich und dient wiederum nur als Beleg für die Verkehrsgeltung.

14. Auch die Bezeichnung des Ladengeschäfts stellt eine Benutzung des Wortes „ProtexFit“ als besondere Geschäftsbezeichnung dar. Würde sich die Benutzung freilich darin erschöpfen, also die Firma anders lauten und auch der Katalog nicht unter der Bezeichnung „ProtexFit“ vertrieben werden, würde diese Benutzung wohl nur einen räumlich begrenzten Schutz begründen (→ Anm. 10).

15. Dass es im Verkehr tatsächlich zu Verwechslungen kommt, ist an sich nicht Voraussetzung für eine Verwechslungsgefahr, die im Kennzeichenrecht als Rechtsfrage verstanden wird. Nachgewiesene tatsächliche Verwechslungen stellen aber ein gewichtiges Indiz für eine bestehende Verwechslungsgefahr dar, das ein Gericht in seine Beurteilung einbeziehen wird.

16. Im gesamten Kennzeichnungsrecht unterscheidet man zwischen Bezeichnungen die „originär unterscheidungskräftig sind" und solchen Bezeichnungen, die erst kraft Verkehrsgeltung die Eignung erlangen, ein Produkt oder ein Unternehmen von anderen zu unterscheiden. Erforderlich ist eine Verkehrsgeltung innerhalb beteiligter Verkehrskreise, dh ein nicht unerheblicher Teil der angesprochenen Verkehrskreise muss eine Verbindung zwischen dem Zeichen (Unternehmenskennzeichen) und einem bestimmten Unternehmen herstelle. Die Verkehrsgeltung muss nicht in allen angesprochenen Verkehrskreisen vorliegen, sondern nur in einem Teil, der für den wirtschaftlichen Verkehr mit den betreffenden Waren/Dienstleistungen nicht unerheblich ist. Die Verkehrsgeltung ist nicht zu verwechseln mit der Verkehrsdurchsetzung im Sinne von § 8 Abs. 3 MarkenG.

Die Unterscheidungskraft einer Bezeichnung kann nur in Verbindung mit dem Produkt oder der Tätigkeit, für die sie benutzt wird, beurteilt werden. Wenn auch der Bestandteil „Fit" beschreibende Anklänge für Sportbekleidung und Sportschuhe hat„ fehlt dem Gesamtzeichen „ProtexFit" Begriff nicht die Eignung, einen Versandhandel mit Sportbekleidung namensmäßig zu kennzeichnen.

17. Nach ständiger Rechtsprechung genießt ein Firmenbestandteil, der hinreichend unterscheidungskräftig ist, um das Unternehmen allein namensmäßig zu kennzeichnen, vom Zeitpunkt der Ingebrauchnahme der Firma an Schutz gegen verwechselbare Bezeichnungen. Er muss seiner Art nach im Vergleich zu den übrigen Firmenbestandteilen geeignet erscheinen, sich im Verkehr als schlagwortartiger Hinweis auf das Unternehmen durchzusetzen (BGH GRUR 2016, 705 Rn. 19 – ConText). Einem Firmenbestandteil kann nicht bereits deshalb der Schutz als Firmenschlagwort versagt werden, weil er kennzeichnungsschwach ist. Entscheidend ist, ob er im Vergleich zu den übrigen Firmenbestandteilen geeignet ist, sich als Teil des Unternehmenskennzeichens im Verkehr als schlagwortartiger Hinweis auf das Unternehmen durchzusetzen (BGH GRUR 2018, 935 – goFit). Entscheidend ist dabei die Eignung des Firmenbestandteils bzw. des abgeleiteten Schlagworts, als Kurzbezeichnung des Unternehmens Verwendung zu finden, ohne dass ein solcher Gebrauch bereits nachgewiesen werden müsste (vgl. BGH GRUR 2009, 772 – Augsburger Puppenkiste; GRUR 2008, 803 – HEITEC). Selbst wenn das Schlagwort nicht aus der Firma abgeleitet ist, sondern – wie bei Hotels und Gaststätten häufig üblich – die geschäftliche Bezeichnung von der im Handelsregister eingetragenen Bezeichnung abweicht, genießt diese geschäftliche Bezeichnung Schutz nach § 5 Abs. 2 S. 1 MarkenG, sofern die weiteren Voraussetzungen, wie ua Unterscheidungskraft, vorliegen.

18. Die Benutzung des Begriffs „ProtexFit" in Alleinstellung zur Kennzeichnung ihres Unternehmens, begründet einen zusätzlichen Schutz als besondere Geschäftsbezeichnung. Auch dieser Schutz ist, da der Bezeichnung originäre Unterscheidungskraft nicht abgesprochen werden kann, bereits mit der erstmaligen Ingebrauchnahme entstanden. Würde der Bezeichnung die ursprüngliche Unterscheidungskraft fehlen, wäre sie dagegen erst geschützt, wenn sie im Verkehr als Hinweis auf das Unternehmen der Klägerin betrachtet würde.

19. Ob zwischen zwei identischen oder einander ähnlichen Unternehmenskennzeichen Verwechslungsgefahr besteht, hängt davon ab, wie nahe sich die Unternehmen in ihrer Betätigung stehen. Es besteht eine Wechselbeziehung zwischen der Branchenähnlichkeit und der Ähnlichkeit der einander gegenüberstehenden Bezeichnungen. Bei identischen Bezeichnungen kann bereits eine entfernte Branchenähnlichkeit Anlass zu Verwechslungen geben; umgekehrt ist bei branchengleicher Betätigung ein größerer Abstand bei den Bezeichnungen zu wahren. Ein Unternehmenskennzeichen kann nicht nur durch ein anderes Unternehmenskennzeichen, sondern auch durch eine Produktkennzeichnung, also durch eine markenmäßige Verwendung, verletzt werden (BGH GRUR 2018, 935 Rn. 47 – goFit)

Für die Beurteilung der Branchennähe kommt es in erster Linie auf die Produktbereiche und Arbeitsgebiete an, die nach der Verkehrsauffassung typisch für die Parteien sind. Anhaltspunkte für eine Branchennähe können Berührungspunkte der Waren oder Dienstleistungen der Unternehmen auf den Märkten sowie Gemeinsamkeiten der Vertriebswege und der Verwendbarkeit der Produkte und Dienstleistungen sein. In die Beurteilung einzubeziehen sind naheliegende und nicht nur theoretische Ausweitungen der Tätigkeitsbereiche der Parteien. Selbst im Einzelfall können auch Überschneidungen in Randbereichen der Unternehmenstätigkeiten zu berücksichtigen sein (BGH GRUR 2012, 635 – Metro/Roller's Metro; s. auch BGH GRUR 2011, 831: Eigenständigkeit des Begriffs der Branchennähe). In dieser Entscheidung hat der BGH geurteilt, dass in dem Bereich der Cash und Carry-Großhandelsmärkte, in denen Wiederverkäufer und Gewerbetreibende einkaufen können, sich die Branchennähe nicht auf die Dienstleistung des Betreibens von Kaufhäusern und Großmärkten beschränkt, sondern nach der Verkehrsauffassung auch sämtliche Waren und Dienstleistungen, die üblicherweise in Großhandelsmärkten angeboten werden, umfasst.

Im vorliegenden Fall betätigen sich beide Unternehmen auf demselben Gebiet (Vertrieb von Sportbekleidung). Es besteht Branchennähe; der Einzelhandel geht zunehmend über, die Waren auch im Versandhandel anzubieten. Die Verwechslungsgefahr sollte somit im vorliegenden Fall nicht zweifelhaft sein.

In Bezug auf die Ähnlichkeit von Dienstleistungen (nicht zu verwechseln mit der Branchennähe) wird eine Trennung zwischen Groß- und Einzelhandel in zunehmenden Maße aufgegeben (s. BPatG BeckRS 2017, 114574 – Vivanda/Vivadia). Auch Online-Handelsdienstleistungen weisen ausreichend sachliche Berührungspunkte zu Einzel- und Versandhandelsdienstleistungen auf (BPatG GRUR 2020, 527).

20. Auch im Firmenrecht gilt, dass derjenige, der eine Firma oder besondere Geschäftsbezeichnung in Gebrauch nimmt, sich zuvor vergewissern muss, ob er damit nicht in Rechte Dritter eingreift. Eingetragene Firmen lassen sich durch einschlägige Informationsdienste recherchieren. Schwieriger ist es mit nicht eingetragenen Geschäftsbezeichnungen. Hier muss ein Verletzer zumindest darlegen, dass er sich gewissenhaft im Rahmen des Möglichen über prioritätsältere Rechte kundig gemacht hat.

21. Zur Begründung des Schadensersatzfestellungsanspruchs und des Auskunftsanspruchs sowie zu den weiteren Ausführungen unter Ziffer 5 des Formulars kann auf → Form. V.14 Anm. 12–15 verwiesen werden.

16. Klage wegen Verletzung des Rechts an einem Werktitel mit Löschungsklage gegen die verletzende Marke[1]

An das

Landgericht . . . . . .

Kammer für Handelssachen[2]

. . . . . .

Klage

in Sachen

A-GmbH, vertreten durch den Geschäftsführer . . . . . .

– Klägerin –

Prozessbevollmächtigte: RAe . . . . . .

gegen

B-GmbH, vertreten durch den Geschäftsführer . . . . . .

– Beklagte –

wegen Unterlassung ua (MarkenG)

Streitwert (vorläufig geschätzt): . . . . . .

zeige ich an, dass wir die Klägerin vertreten. Namens der Klägerin bitte ich um Anberaumung eines Termins zur mündlichen Verhandlung, in dem ich folgende

Anträge

stellen werde:

1. Die Beklagte wird verurteilt, es bei Meidung eines für jeden Fall der Zuwiderhandlung festzusetzenden Ordnungsgeldes bis zu 250.000,– EUR, ersatzweise Ordnungshaft, oder einer Ordnungshaft bis zu 6 Monaten, zu vollziehen an ihrem Geschäftsführer, zu unterlassen, im geschäftlichen Verkehr in der Bundesrepublik ohne Zustimmung der Klägerin ein Computerprogramm für die Finanzbuchhaltung unter dem Zeichen „LARUS" anzubieten oder in Verkehr zu bringen.[3]
2. Die Beklagte wird verurteilt, in die Löschung der deutschen Marke . . . . . . (Nr.) „LARUS" einzuwilligen.[4]
3. Es wird festgestellt, dass die Beklagte verpflichtet ist, der Klägerin allen Schaden zu ersetzen, der dieser aus Handlungen gemäß Ziff. 1, die seit 1.1.2013 begangen wurden, entstanden ist und noch entstehen wird.
4. Die Beklagte wird verurteilt, der Klägerin Auskunft zu erteilen über Herkunft und Vertriebsweg der in Ziffer 1. gekennzeichneten Waren, insbesondere Angaben zu machen über Namen und Anschriften der Hersteller, Lieferanten und anderen Vorbesitzer, der gewerblichen Abnehmer und Verkaufsstellen, für welche die Waren bestimmt waren, über die Menge der hergestellten, ausgelieferten, erhaltenen und bestellten Waren sowie über die Preise, die für die Waren bezahlt wurden; sowie über Art und Umfang der Handlungen gemäß Ziff. 1, und zwar durch Vorlage eines Verzeichnisses aus dem sich die mit den Waren nach Ziff. 1. erzielten Umsätze, einschließlich Einnahmen für Werbung und die Gestehungskosten einschließlich aller Kostenfaktoren, jeweils aufgeschlüsselt nach Kalendervierteljahren, sowie Art und Umfang der betriebenen Werbung, gegliedert nach Werbeträgern, Auflagenzahl, Erscheinungszeit und Verbreitungsgebiet, ergeben.
5. Die Beklagte hat die Kosten des Rechtsstreits zu tragen.
6. Das Urteil ist, erforderlichenfalls gegen Sicherheitsleistung, vorläufig vollstreckbar.

Begründung:

1. Die Klägerin betreibt ein mittelständisches Unternehmen, welches sich mit der Entwicklung und dem Vertrieb von kaufmännischen Computerprogrammen befasst. Ihr Produktangebot umfasst unter anderem ein Programm „LAOS" (Abkürzung für

Landwirtschaftliche Organisationssysteme) ein spezielles Warenwirtschafts- und Buchhaltungsprogramm für die Landwirtschaft. Die Klägerin vertreibt dieses Programm mit Erfolg seit April 2017.[5]

Beweis: Anzeige der Klägerin in dem Fachblatt „Die Landwirtschaft" Ausgabe 4/17, Erscheinungstag 30.3.2017
– Anlage K 1 –
Kopie eines Angebotes vom 12.4.2017, des entsprechenden Lieferscheins vom 19.4.2017 und der entsprechenden Rechnung vom 3.5.2017
– Anlage K 2 –
Konvolut weiterer Werbeunterlagen der Klägerin aus den Jahren 2017–2020
– Anlage K 3 –

2. Die Beklagte befasst sich ebenfalls mit der Entwicklung und dem Vertrieb von Software. Ihr Angebot umfasst unter anderem ein Finanzbuchhaltungsprogramm welches unter der Bezeichnung „LARUS" in großer Stückzahl im Handel vertrieben wird. Die Klägerin ist auf dieses Programm erst unlängst aufmerksam geworden; es wird aber wohl schon seit einigen Jahren angeboten.

Beweis: Vorlage eines Prospektes der Beklagten mit Druckdatum 10/2018
– Anlage K 4 –

3. Die Beklagte ist Inhaberin der deutschen Marke . . . . . . (Nr.) „LARUS", die am 13.4.2018 für die Ware „auf Datenträger gespeicherte Computerprogramme" zur Eintragung angemeldet und am 30.11.2018 eingetragen wurde.
4. Die Benutzung der Bezeichnung „LARUS" für ein Finanzbuchhaltungsprogramm verletzt die Klägerin in ihrem prioritätsälteren Recht an dem Werktitel „LAOS". Computerprogramme sind, ebenso wie Applikationen, einem Titelschutz zugängliche Werke im Sinne des § 5 Abs. 3 MarkenG.[6]
Der Titelschutz gelangt mit der Benutzungsaufnahme zur Entstehung, vorausgesetzt, der Titel ist originär unterscheidungskräftig. Dies ist bei der Bezeichnung „LAOS" für ein Computerprogramm der Fall. Auch wenn es sich dabei um die Abkürzung einer beschreibenden Angabe handelt, erscheint der Titel selbst im Verkehr als Phantasiewort und ist damit ohne weiteres geeignet, ein Computerprogramm für landwirtschaftliche Anwendungen von anderen Programmen namensmäßig zu unterscheiden.
Die Klägerin verfügt danach gegenüber der erst später angemeldeten Marke der Beklagten über das prioritätsältere Recht. Als Benutzungsaufnahme, mit der der Titelschutz entsteht, ist, von der Möglichkeit einer Titelschutzanzeige[7] abgesehen, auch schon die einer erstmaligen Auslieferung des Produkts unmittelbar vorausgehende werbende Ankündigung zu verstehen.[8] Eine solche ist in der am 30.3.2017 erschienenen Anzeige (Anlage K 1) zu sehen. Das nachfolgende konkrete Angebot, welches zu einer entsprechenden Auslieferung des fertigen Produkts am 19.4.2017 geführt hat steht noch in einem unmittelbaren zeitlichen Zusammenhang mit dieser Ankündigung. Dem Werktitel der Klägerin kommt damit gegenüber der erst am 13.4.2018 erfolgten Markenanmeldung der Beklagten die Priorität vom 30.3.2017 zu.[9]
Der mit der Klage geltend gemachte Unterlassungsanspruch ergibt sich aus § 15 Abs. 4 iVm Abs. 2 MarkenG. Danach ist es Dritten untersagt, eine geschäftliche Bezeichnung – darunter fällt auch der Werktitel (§ 5 Abs. 1 MarkenG) – oder ein ähnliches Zeichen im geschäftlichen Verkehr unbefugt in einer Weise zu benutzen, die geeignet ist, Verwechslungen mit der geschützten Bezeichnung hervorzurufen. Zwischen dem Werktitel und der Marke besteht Verwechslungsgefahr. Die Frage, ob eine markenrechtliche Verwechslungsgefahr vorliegt, ist unter Berücksichtigung aller Umstände des Einzelfalls zu

beurteilen. Bei der Beurteilung der Ähnlichkeit sind die sich gegenüberstehenden Kennzeichen jeweils als Ganzes zu betrachten und ihrem Gesamteindruck miteinander zu vergleichen. Die Frage der Ähnlichkeit einander gegenüberstehenden Zeichen ist nach deren Ähnlichkeit im Klang, (Schrift-)Bild oder in der Bedeutung zu beurteilen (BGH GRUR 2011, 824 – Kappa, mwN). Für die Bejahung der Zeichenähnlichkeit reicht regelmäßig bereits die Ähnlichkeit in einem der genannten Wahrnehmungsbereiche; es genügt daher, wenn die Zeichen einander entweder im (Schrift-)Bild oder im Klang oder in der Bedeutung ähnlich sind. Dabei besteht eine Wechselwirkung zwischen den in Betracht zu ziehenden Faktoren, insbesondere der Identität oder der Ähnlichkeit der Zeichen und der Identität oder der Ähnlichkeit der mit ihnen gekennzeichneten Waren oder Dienstleistungen sowie der Kennzeichnungskraft der älteren Marke, so dass ein geringerer Grad der Ähnlichkeit der Waren oder Dienstleistungen durch einen höheren Grad der Ähnlichkeit der Zeichen oder durch eine erhöhte Kennzeichnungskraft der älteren Marke ausgeglichen werden kann und umgekehrt. (BGH GRUR 2019, 173 Rn. 17 – combit/Commit).

Im vorliegenden Fall stehen sich ein Werktitel und eine Marke gegenüber. Diese unterscheiden sich in der Funktion nicht wesentlich voneinander und dienen gleichermaßen der Kennzeichnung eines Produkts. Die Benutzung ähnlicher Bezeichnungen für ein weitgehend übereinstimmendes Produkt kann daher ohne weiteres Verwechslungen zwischen den Produkten hervorrufen.

Zwischen einem Finanzbuchhaltungsprogramm und einem auch die Buchhaltung unterstützenden landwirtschaftlichen Anwendungsprogramm besteht eine sehr weitgehende Übereinstimmung, da das landwirtschaftliche Programm eine Finanzbuchhaltung beeinhaltet. Es ist auch nicht so, dass für Landwirte ausschließlich das Programm der Klägerin in Frage käme, vielmehr können sich diese ohne weiteres auch eines universellen Finanzbuchhaltungsprogramms bedienen.

Die Bezeichnungen „LAOS" und „LARUS" kommen sich ebenfalls sehr nahe. Es handelt sich um zweisilbige Bezeichnungen mit übereinstimmender Anfangssilbe und übereinstimmendem Schlusskonsonanten. Hinzu kommt, dass es sich bei den Vokalen „o" und „u" um klangähnliche dunkle Vokale handelt, so dass beide Bezeichnungen eine nahezu übereinstimmende Vokalfolge aufweisen. Der in der angegriffenen Marke zusätzlich eingeschobene Konsonant „r" tritt klanglich nicht deutlich genug hervor um der klanglichen Übereinstimmung der beiden Bezeichnungen, insbesondere bei undeutlicher Aussprache oder Sprachübermittlung ausreichend entgegenzuwirken. Es kann auch nicht eingewandt werden, dass Computerprogramme überwiegend schriftlich angeboten und bestellt werden, da zum einen auf Grund der genannten Übereinstimmungen auch eine hochgradige schriftbildliche Verwechslungsgefahr besteht und zum anderen zumindest das Programm der Beklagten ein über den Ladentisch gehandeltes Massenprogramm ist. Die Benutzung so ähnlicher Bezeichnungen für zwei so weitgehend übereinstimmende Produkte ist somit geeignet, im Verkehr Verwechslungen hervorzurufen.[10]

Die Beklagte handelt schuldhaft, da sie sie sich auf ihrem Gebiet selbst über nicht eingetragene geschützte Bezeichnungen kundig machen muss. Die Klägerin war mit ihrem Programm auch seit 2007 stets auf der einschlägigen Fachmesse „Systems" vertreten, so dass die Beklagte spätestens seit Anfang 2007 von der kollidierenden Bezeichnung, hätte Kenntnis nehmen müssen. Gemäß § 15 Abs. 5 MarkenG ist die Beklagte daher auch zum Schadensersatz verpflichtet.[11]

Da die Klägerin den ihr entstandenen Schaden noch nicht beziffern kann – dazu bedarf es erst der geforderten Auskünfte – hat sie ein rechtliches Interesse, vorab die Schadensersatzpflicht dem Grunde nach festgestellt zu erhalten.[12]

Der Anspruch auf Erteilung der zur Berechnung des Schadens erforderlichen Auskünfte folgt aus § 242 BGB.

Der Löschungsanspruch ergibt sich aus §§ 55 Abs. 1, 51 Abs. 1, 12 MarkenG. Der eingetragenen Marke steht der Werktitel der Klägerin als älteres Recht entgegen. Die Marke ist daher wegen Bestehens älterer Rechte für nichtig zu erklären.

5. Die Beklagte wurde mit Schreiben vom . . . . . . abgemahnt und zum Verzicht auf die Marke aufgefordert.[13]

Beweis: Abmahnschreiben vom . . . . . .
– Anlage K 5 –

Sie hat auf dieses Schreiben innerhalb der gesetzten Frist nicht reagiert, so dass Klage geboten ist.
Das angerufene Gericht ist auf Grund der zentralisierten Zuständigkeit für Kennzeichenstreitsachen örtlich zuständig, da die Beklagte ihr Geschäft im Zuständigkeitsbereich betreibt. Der Rechtsstreit ist Handelssache (§ 95 Abs. 1 Ziff. 4c GVG).

(Rechtsanwalt)

Anmerkungen

1. Der Titelschutz ist in § 5 MarkenG geregelt. § 5 Abs. 3 MarkenG nennt neben Druckschriften ausdrücklich Filmwerke, Tonwerke, Bühnenwerke und sonstige vergleichbare Werke als dem Titelschutz zugänglich. Dabei ist zu beachten, dass es sich hier um einen eigenständigen Werkbegriff handelt, der nichts mit der urheberrechtlichen Schutzfähigkeit eines solchen Werkes zu tun hat. Weitere Beispiele für titelschutzfähige Werke sind Titel eines Musikstücks (BGH GRUR 2019, 535 – Das Omen), eines Musicals (OLG München GRUR-RR 2011, 466 – Moulin Rouge Story), Kolumnen einer Zeitung (BGH MMR 2013, 112 – Stimmt's), Titel von Zeitschriften (BGH GRUR 2016, 1301 – Kinderstube), die Bezeichnung einer App (BGH GRUR 2016, 939 – Werktitel für App „wetter.de"; nicht schutzfähig); Computerspiele (OLG Köln GRUR-RR 2015, 239 – „Farming Simulator 2013" für ein Landwirtschafts-Simulationsspiel), sowie die Titel von Veranstaltungen wie „WM 2010" (BGH GRUR 2010, 642) oder Bezeichnungen von Messen (LG Berlin GRUR-RR 2011, 137 – Country-Music-Messe).

2. Wie alle Klagen, mit denen ein Anspruch aus dem MarkenG geltend gemacht wird, ist auch die Klage aus einem Werktitel Kennzeichenstreitsache und nach § 95 Abs. 1 Ziff. 4c GVG Handelssache.

3. Zu dem Unterlassungsantrag kann zunächst auf → Form. V.15 Anm. 5 verwiesen werden. Die konkrete Verletzungshandlung besteht hier im Vertrieb eines Computerprogramms unter einer Verwechslungen hervorrufenden Bezeichnung, wobei für die Beurteilung der Verwechslungsgefahr auch von Bedeutung ist, welchem Anwendungszweck das Programm dient.

4. Die Verletzungsklage kann mit einer Klage auf Löschung der prioritätsjüngeren Marke verbunden werden. § 51 Abs. 1 MarkenG nennt unter den älteren Rechten, deren Bestehen zur Nichtigkeit einer Marke führen kann, die in den §§ 9–13 MarkenG geregelten Rechte, wozu gem. § 12 MarkenG auch die geschäftlichen Bezeichnungen im Sinne des § 5 MarkenG zählen. Dort wiederum ist der Werktitel als ein Unterfall der geschäftlichen Bezeichnung geregelt. Zu berücksichtigen ist jedoch, dass nicht jede ältere geschäftliche Bezeichnung zu einem Löschungsanspruch einer jüngeren Marke führen kann. Voraussetzung ist gemäß § 51 Abs. 1, § 12 MarkenG, dass die geschäftliche Bezeichnung, vorliegend der Werktitel, den Inhaber berechtigt, die Benutzung der eingetragenen Marke im gesamten Gebiet der Bundesrepublik Deutschland zu untersagen.

Zu den weiteren Anträgen kann auf die Ausführungen zu den voranstehenden Formularen verwiesen werden.

5. Beim Titelschutz werden seit jeher keine hohen Anforderungen an die Unterscheidungskraft gestellt (BGH MMR 2013, 112 – Stimmt's?, BGH GRUR 2010, 156 – EIFEL-Zeitung). Der Titel muss geeignet sein, ein Werk als solches zu individualisieren und von einem anderen zu unterscheiden. Die Unterscheidungskraft fehlt, wenn sich der Titel nach Wortwahl, Gestaltung und vom Verkehr zugemessener Bedeutung in einer werkbezogenen Inhaltsbeschreibung erschöpft (BGH GRUR 2019, 535 Rn. 19 – Das Omen, mwN). Ist der Titel originär unterscheidungskräftig entsteht der Schutz mit der Ingebrauchnahme des Titels (BGH GRUR 2019, 535 Rn. 17 – Das Omen). Ein nicht unterscheidungskräftiger Titel wäre dagegen erst ab dem Zeitpunkt geschützt, ab dem er durch Verkehrsgeltung Unterscheidungskraft erlangt hat (BGH GRUR 2016, 939 – wetter.de). Die Bezeichnung „LAOS" ist für ein Computerprogramm, ungeachtet des Umstands, dass sie aus einer beschreibenden Angabe abgeleitet worden ist, unterscheidungskräftig.

6. Computerprogramme sind mit Druckschriften vergleichbare Werke, die einem Titelschutz zugänglich sind. Diese Auffassung ist inzwischen vom Bundesgerichtshof in mehreren Entscheidungen, die bereits zum neuen Markenrecht ergangen sind, bestätigt worden (vgl. BGH GRUR 2006, 594 – SmartKey; GRUR 1998, 155 – Power Point; zum Werktitelschutz bei Apps vgl. BGH GRUR 2016, 939 – App „wetter.de").

7. Mit der von der Rechtsprechung anerkannten Möglichkeit einer Titelschutzanzeige wird dem Bedürfnis des Verkehrs Rechnung getragen, sich bereits vor dem eigentlichen Erscheinen eines Werkes den dafür vorgesehen Titel zu reservieren. Dies geschieht durch öffentliche Ankündigung in branchenüblicher Weise, dass für ein demnächst erscheinendes Werk ein bestimmter Titel vorgesehen ist. Neben dem Börsenblatt des Deutschen Buchhandels, in dem vor allem Titelschutzanzeigen für Verlagsprodukte veröffentlicht werden, gibt es auch besondere Anzeigenblätter, wie insbesondere den „Titelschutzanzeiger", und das Titelschutz Journal „Rundy" in denen Titelschutzanzeigen veröffentlicht werden können. Die Veröffentlichung einer Titelschutzanzeige bewirkt eine Vorverlegung der Entstehung des Titelschutzes, also der Priorität, auf den Zeitpunkt des Erscheinens der Anzeige, vorausgesetzt, dass das Werk unter dem angekündigten Titel in angemessenem zeitlichen Abstand zu der Anzeige in Verkehr gebracht wird. Welcher zeitliche Abstand noch als angemessen zu erachten ist, lässt sich nicht allgemein feststellen sondern hängt maßgeblich von der Vorlaufzeit des entsprechenden Werkprojekts ab. Die Titelschutzanzeige braucht keine näheren Angaben zu dem Werk oder dem den Titel in Anspruch nehmenden Unternehmen zu enthalten; es ist vielmehr allgemein üblich, dass solche Anzeigen von Rechtsanwälten oder anderen Beratern „im Mandantenauftrag" geschaltet werden.

8. Fehlt es an einer Titelschutzanzeige, kann der Titelschutz erst mit dem Erscheinen des fraglichen Werks zur Entstehung gelangen. Interne Vorbereitungs- und Herstellungsmaßnahmen stellen noch keine Titelbenutzung dar. Wohl aber kann eine der Auslieferung des fertigen Produkts unmittelbar vorausgehende werbende Ankündigung als Benutzungsaufnahme gewertet werden (BGH GRUR 1997, 902 (903) – FTOS). Die Titelschutzanzeige an sich stellt noch keine Benutzungshandlung dar (OLG Naumburg GRUR-RR 2011, 127 – SUPERILLU/Illu der Frau), begründet jedoch eine Erstbegehungsgefahr (OLG München GRUR-RR 2009, 307 – Der Seewolf).

9. Im vorliegenden Fall ist die am 30.3.2017 erfolgte Ankündigung der am 19.4.2017 erfolgten Auslieferung des fertigen Produktes unmittelbar vorausgegangen. Bei Computerprogrammen erfordert die Benutzungsaufnahme den Vertrieb des fertigen, mit der fraglichen Bezeichnung versehenen Produkts oder zumindest eine der Auslieferung des fertigen Produkts unmittelbar vorhergehende werbende Ankündigung (BPatG BeckRS

2018, 15697 unter Hinweis auf BGH GRUR 1997, 902 (903) – FTOS). Es ist daher zu empfehlen, von einer Titelschutzanzeige Gebrauch zu machen, zumal bei Computerprogrammen sicherlich ein langer, alle erforderlichen Erprobungen einschließender Zeitraum zwischen Ankündigung und endgültiger Markteinführung als angemessen und prioritätserhaltend zuzubilligen ist.

10. Werktitel dienen grundsätzlich nur der Unterscheidung eines Werkes von anderen, ohne einen Hinweis auf den Hersteller oder Inhaber des Werkes und damit auf eine bestimmte betriebliche Herkunft zu enthalten. Sie sind daher in der Regel nur gegen die Gefahr einer unmittelbaren Verwechslung im engeren Sinne geschützt (BGH GRUR 2019, 535 Rn. 61 – Das Omen, mwN). Eine solche Gefahr einer unmittelbaren Verwechslung liegt vor, wenn aufgrund der Benutzung des angegriffenen Titels die Gefahr besteht, dass der Verkehr den einen Titel für den anderen hält (BGH GRUR 2012, 1265 Rn. 23 – Stimmt's?, mwN). Ein weiterer Schutz gegen mittelbare Verwechslungen und Verwechslungen im weiteren Sinne können grundsätzlich nur bekannte periodische Titel, wie zB Titel von Fernseh- oder Radiosendungen oder von Zeitschriften, genießen. Dieses setzt voraus, dass der Verkehr mit einem Werktitel gleichzeitig auch die Vorstellung einer bestimmten betrieblichen Herkunft verbindet (BGH GRUR 1999, 235 Rn. 40 – Wheels Magazine; GRUR 2002, 1083 Rn. 25 – 1, 2, 3 im Sauseschritt). Auch bei Werktiteln gilt für die Feststellung der Verwechslungsgefahr der Maßstab des normal informierten und angemessenen aufmerksamen und verständigen Durchschnittsverbrauchers im Sinne der markenrechtlichen Rechtsprechung (BGH GRUR 2005, 264 – Das Telefon Sparbuch).

Es wird hier argumentiert, dass die Bezeichnungen „LAOS“ und „LARUS“ unter Berücksichtigung der einander gegenüberstehenden Produkte miteinander verwechselbar sind. Die Frage der Verwechslungsgefahr der sich gegenüberstehenden Titel ist danach zu bestimmen, welchen Gesamteindruck die beiderseitigen Bezeichnungen im Verkehr erwecken. Zu beachten sind die Besonderheiten in Bezug auf die Marktverhältnisse der in Rede stehenden Werke (BGH GRUR 2019, 535 Rn. 73 – Das Omen, mwN). Es handelt sich vorliegend um einen Grenzfall, bei dem man auch anderer Auffassung sein könnte. Für die Verwechslungsgefahr wird beim Werktitelschutz, wie bei allen anderen Kennzeichenrechten, ebenso auf den Grundsatz der Wechselwirkung der Faktoren abgestellt, namentlich auf die Kennzeichnungskraft des Titels, für den Schutz begehrt wird, auf die Identität oder Ähnlichkeit der Werke sowie auf die Identität oder Ähnlichkeit der sich gegenüberstehenden Werktitel. Im Unterschied zur Verwechslungsgefahr zwischen beispielsweise Marken werden jedoch die Werke verglichen. Entscheidend ist, dass auch dann, wenn sich ein Werktitel und eine Marke gegenüberstehen, eine Wechselbeziehung zwischen dem Produktabstand einerseits und der Ähnlichkeit der Bezeichnungen andererseits besteht. Je näher sich die Produkte stehen, desto deutlicheren Abstand müssen die Bezeichnungen voneinander halten, um Verwechslungen auszuschließen.

Teilweise begegnet man bei Computerprogrammen der Argumentation, dass hier für die Beurteilung der klanglichen Verwechslungsgefahr von einem fachkundigen Publikum auszugehen ist und dass solche Programme auch überwiegend schriftlich angeboten und bestellt werden. So fragwürdig dieses Argument ist, es empfiehlt sich, sich damit auseinander zu setzen.

11. Da der geltend gemachte Werktitel nicht registriert ist, bedarf es näherer Ausführungen zum Verschulden der Beklagten. Die Ausstellung auf Fachmessen kann insbesondere dann ein Argument für Verschulden darstellen, wenn die andere Partei dort ebenfalls vertreten war. Andernfalls ist fraglich, ob unter den hier gegebenen Umständen von einem Verschulden ausgegangen werden kann. Auf jeden Fall setzt das Verschulden erst ab dem Zeitpunkt ein, ab dem die Beklagte von dem kollidierenden Werktitel

Kenntnis nehmen musste, weshalb die Schadensersatzanträge im Formular zeitlich eingegrenzt werden.

12. Zur Begründung des Schadensersatzfeststellungsanspruchs und des Auskunftsanspruchs kann auf → Form. V.14 verwiesen werden. Der Löschungsanspruch ergibt sich als Folge der abgehandelten Verwechslungsgefahr unmittelbar aus dem Gesetz.

13. Die Abmahnung muss sich hier auch auf den Verzicht auf die Marke erstrecken, da andernfalls insoweit kein Anlass zur Klageerhebung bestünde. Würde die Beklagte bei unterbliebener Verzichtsaufforderung den Löschungsanspruch sofort anerkennen, hätte die Klägerin insoweit die Kosten zu tragen (§ 93 ZPO).

17. Klage gegen die Registrierung einer Internet-Domain

An das

Landgericht . . . . .[1]

. . . . .

Klage

In Sachen

Murx Hoch- und Tiefbau AG, vertreten durch den Vorstand . . . . .

– Klägerin –

Prozessbevollmächtigte: Rechtsanwälte . . . . .

gegen

Herrn Anton Müller

– Beklagter –

wegen Unterlassung ua (Domain-Grabbing)[2]

Streitwert (vorläufig geschätzt): . . . . .

zeige ich an, dass wir die Klägerin vertreten. Namens der Klägerin bitte ich um Anberaumung eines Termins zur mündlichen Verhandlung, in dem ich folgende

Anträge

stellen werde:

1. Der Beklagte wird verurteilt, es bei Meidung eines für jeden Fall der Zuwiderhandlung festzusetzenden Ordnungsgeldes bis zu 250.000,– EUR, ersatzweise Ordnungshaft, oder einer Ordnungshaft bis zu 6 Monaten, zu unterlassen, die Internet-Adresse www.murx.de zu benutzen.[3]
2. Der Beklagte wird verurteilt, gegenüber der DENIC in die Löschung der Internet-Domain „www.murx.de“ einzuwilligen.[4]
3. Es wird festgestellt, dass der Beklagte verpflichtet ist, der Klägerin allen Schaden zu ersetzen, der dieser aus Handlungen gemäß Ziff. 1 entstanden ist und noch entstehen wird.[5]

4. Der Beklagte wird verurteilt, an die Klägerin vorgerichtlich entstandene Rechtsanwaltskosten in Höhe von EUR ..... nebst Zinsen hierauf in Höhe von ..... über dem Basiszins seit Rechtshängigkeit zu bezahlen.,
5. Das Urteil ist, erforderlichenfalls gegen Sicherheitsleistung, vorläufig vollstreckbar.
6. Sollte die Kammer die Durchführung des schriftlichen Vorverfahrens anordnen, wird für den Fall der Säumnis oder des Anerkenntnisses des Beklagten schon jetzt beantragt, den Beklagten durch Versäumnisurteil oder Anerkenntnisurteil ohne mündliche Verhandlung zu beurteilen.
7. Der Beklagte hat die Kosten des Rechtsstreits zu tragen.

Begründung:

1. Die Klägerin nimmt den Beklagten wegen Verletzung ihres Unternehmenskennzeichens „Murx" in Anspruch. Der Beklagte hat sich die Internet-Domain www.murx.de registrieren lassen und greift somit in das Namensrecht der Klägerin ein.
2. Die Klägerin ist ein bekanntes, deutschlandweit tätiges Bauunternehmen. Sie ist aus dem im Jahr 1964 gegründeten Baugeschäft Hans Murx & Söhne hervorgegangen[6] und ist unter ihrer im Rubrum wiedergegebenen Firma seit 1970 im Handelsregister des Amtsgerichts ..... eingetragen.

   Beweis: Handelsregisterauszug vom .....
   – Anlage K 1 –

3. Als die Klägerin unlängst den Domain-Namen „www.murx.de" für sich registrieren lassen wollte, wurde sie darauf hingewiesen, dass diese Bezeichnung bereits für den Beklagten registriert sei. Nachforschungen ergaben, dass der Beklagte Inhaber weiterer Domain-Namen ist, die ebenfalls Firmen bzw. Firmenbestandteile bekannter Unternehmen wiedergeben. Es ist nicht ersichtlich, dass der Beklagte, der kein Gewerbe betreibt und nicht am geschäftlichen Verkehr teilnimmt, eigene Rechte an der Bezeichnung „Murx" oder anderen, für ihn als Internet-Domain registrierten Bezeichnungen haben könnte.
4. Die Registrierung der Internet-Domain „murx.de" verletzt die Klägerin in ihrem Namensrecht nach § 12 BGB.[7]
   Es ist anerkannt, dass der Namensschutz gem. § 12 BGB grundsätzlich auch juristischen Personen zugute kommen kann. Zwar ist der Schutz von Unternehmenskennzeichnungen im MarkenG speziell geregelt und im Anwendungsbereich dieser Regelungen ist § 12 BGB daneben nicht anwendbar. Ansprüche aus dem MarkenG setzen jedoch ein Handeln im geschäftlichen Verkehr voraus, so dass markenrechtliche Ansprüche im vorliegenden Fall schon deshalb nicht in Betracht kommen. Außerdem gewährt das MarkenG nur einen Schutz gegen verwechselbare Bezeichnungen, der versagt, solange eine Internet-Domain nicht für bestimmte Waren, Dienstleistungen oder geschäftliche Aktivitäten benutzt wird. Auch der erweiterte Schutz bekannter Marken oder geschäftlicher Bezeichnungen kommt im vorliegenden Fall nicht in Betracht, da die Bekanntheit der klägerischen Geschäftsbezeichnung dazu wohl nicht ausreichen dürfte. In einem solchen Fall kann § 12 BGB ergänzend als Anspruchsgrundlage herangezogen werden.
   § 12 BGB schützt den Namensträger gegen Namensleugnung und Namensanmaßung. Letztere setzt voraus, dass ein Dritter unbefugt den gleichen Namen gebraucht, dadurch eine Zuordnungsverwirrung auslöst und schutzwürdige Interessen des Namensträgers verletzt. Eine Verletzung schutzwürdiger Interessen des Namensträgers liegt im vorliegenden Fall bereits darin, dass der Beklagte die Internet-Domain „www.murx.de" für sich hat registrieren lassen und er damit die Klägerin von einer Verwendung ihres Namens als Internet-Adresse unter der wichtigsten Top-Level-Domain „de" ausschließt. Da sich der Beklagte weder auf eigene Rechte an der Bezeichnung

„Murx“ berufen kann noch auf eine Zustimmung des Namensträgers, erfolgt der Gebrauch des Namens auch unbefugt.[8]

5. Der Beklagte ist vorprozessual aufgefordert worden, auf die Internet-Domain „murx. de“ zu verzichten und eine strafbewehrte Unterlassungserklärung bezüglich der weiteren Benutzung dieser Domain abzugeben.[9]

   Beweis: Abmahnschreiben vom . . . . .
   – Anlage K 2 –

   Der Beklagte hat auf dieses Schreiben nur in der Weise reagiert, dass er der Klägerin die streitgegenständliche Internet-Domain gegen Zahlung eines Betrages von 10.000,– EUR zum Kauf angeboten hat.
   Damit ist Klage geboten. Hinsichtlich der Benutzung der registrierten Domain besteht Erstbegehungsgefahr, da der Beklagte in seinem Erwiderungsschreiben, welches ich als
   – Anlage K 3 –
   vorlege, angekündigt hat, dass die Klägerin sich noch wundern würde, mit welchem Inhalt er die Internet-Domain demnächst füllen werde.

6. Der geltend gemachte Unterlassungsanspruch ergibt sich aus § 12 BGB. Ebenso ergibt sich daraus der Anspruch auf Beseitigung der Beeinträchtigung, die im vorliegenden Fall nur in der Weise erfolgen kann, dass der Beklagte gegenüber der DENIC auf die unbefugt registrierte Internet-Domain verzichtet. Da der Beklagte die Registrierung des Domain-Namens offensichtlich in Kenntnis der klägerischen Firma vorgenommen hat, und zwar mit dem Ziel, die Klägerin zur Zahlung eines unangemessenen Entgeltes zu nötigen, hat er schuldhaft gehandelt und ist daher gem. § 12 iVm § 823 Abs. 1 BGB auch zum Schadensersatz verpflichtet.[10] Da die Klägerin ihren Schaden erst beziffern kann, wenn fest steht, wie lange sie noch gehindert ist, ihr Firmenschlagwort als Internet-Domain registrieren zu lassen, hat sie vorrangig einen Anspruch auf Feststellung der Schadensersatzpflicht.
   Das angerufene Gericht ist zur Entscheidung zuständig, da der Beklagte seinen Wohnsitz im Gerichtsbezirk hat.[11]

(Rechtsanwalt)

Anmerkungen

1. Da die Klage nicht auf das Markengesetz sondern auf § 12 BGB gestützt ist, handelt es sich, anders als in den vorangegangenen Formularen, nicht um eine Handelssache. Zuständig ist daher die Zivilkammer.

2. Da auch Domain-Streitigkeiten häufig Spezialkammern zugewiesen sind, empfiehlt sich auch hier ein kurzer Hinweis auf den Streitgegenstand.

3. Der Unterlassungsantrag richtet sich, unter dem Gesichtspunkt der Erstbegehungsgefahr, gegen eine bislang nicht erfolgte Benutzung der registrierten Domain. Wird der eigene Name durch einen Nichtberechtigten als Domainname unter der in Deutschland üblichen Top-Level-Domain „.de“ registriert, wird dadurch über die Zuordnungsverwirrung hinaus ein besonders schutzwürdiges Interesse des Namensträgers beeinträchtigt, da die mit dieser Bezeichnung gebildete Internet-Adresse nur einmal vergeben werden kann (BGH GRUR 2016, 810 – profitbricks.es). Nachdem der Unterlassungsanspruch auf eine Verletzung des Namens des Unternehmens nach § 12 BGB gestützt ist, kann die Unterlassung der Verwendung des Domainnamens als solchem verlangt werden. Ansonsten muss der Unterlassungsanspruch konkret angeben, was dem Beklagten unter dem angegriffenen Domainnamen untersagt sein soll. Beispiel: „Der Beklagten wird (unter Androhung näher bezeichneter Ordnungsmittel) verboten, im geschäftlichen Verkehr in der Bundesrepublik Deutschland das Zeichen "Monumente Reisen" zur Erbringung und/oder Bewerbung von

Reisedienstleistungen zu benutzen, nämlich als Titel und/oder Bestandteil der Domain "monumente-reisen.de" und/oder "monumentereisen.de" (OLG Frankfurt GRUR-RR 2018, 70 – monumente-reisen.de).

4. Es gibt keine Rechtsgrundlage für einen Anspruch auf Übertragung eines Domainnamens, da es kein absolutes, gegenüber jedermann durchsetzbares Recht auf Registrierung eines bestimmten Domain-Namens gibt, und eine Übertragung des Domainnamens auch Rechte Dritter tangieren könnte. Es kann lediglich die Beseitigung der beeinträchtigenden Domain durch eine gegenüber DENIC zu erklärende Einwilligung in die Löschung des Domainnamens oder Verzicht verlangt werden (BGH GRUR 2014, 506 – sr.de; GRUR 2002, 622 – shell.de). Zumindest in Deutschland besteht dabei nicht die Gefahr, dass nach erfolgtem Verzicht ein Dritter dem Berechtigten bei der Registrierung der Domain zuvorkommen könnte, da durch einen sogenannten Dispute-Eintrag bei der DENIC sichergestellt werden kann, dass die Domain nach erfolgtem Verzicht für den Berechtigten registriert wird (BGH GRUR 2014, 506 – sr.de). Der Eintrag ist auf 1 Jahr befristet, aber verlängerbar 4 Wochen vor Ablauf bei Vorlage entsprechender Dokumente. Zum umgekehrten Fall des Anspruchs auf Löschung eines Dispute-Eintrages s. LG Köln GRUR-RR 2013, 254 – Antrag auf Löschung eines Dispute-Eintrags – bye bye. Ebenso wenig existiert ein Recht auf „Sperrung" eines Domainnamens für jede zukünftige Eintragung durch einen Dritten (BGH GRUR 2004, 619 – kurt-biedenkopf.de).

5. Der Schaden bei einer bislang nicht benutzten Domain hängt nicht von erst noch zu erteilenden Auskünften ab – daher wird im vorliegenden Fall kein Auskunftsanspruch geltend gemacht; er wird sich jedoch häufig noch nicht beziffern lassen, da er beispielsweise davon abhängt, wie lange dem Berechtigten der Domain-Name noch vorenthalten bleibt. Es besteht daher ein rechtliches Interesse an der Feststellung der Schadensersatzpflicht.

6. Dass es sich bei Murx um einen Eigennamen und bei der Klägerin um ein bekanntes Unternehmen handelt, spielt insofern eine Rolle, als eine Namensanmaßung nur vorliegt, wenn der Namensgebrauch auf einen bestimmten anderen Namensträger hinweist. Bei Allerweltsnamen oder Namen die mit einer Sachbezeichnung übereinstimmen, fehlt es regelmäßig an einer solchen Zuordnung (vgl. BGH GRUR 2014, 393 – wetteronline.de; OLG Hamburg MMR 2015, 252 – creditsafe.de; OLG Dresden MMR 2015 193 – fluege.). Der Sachverhalt gibt einen Grenzfall wieder, da Murx natürlich auch als verballhornte Sachbezeichnung gebraucht werden kann. Daher kommt dem Umstand, dass der Beklagte im vorliegenden Fall weitere Firmen bzw. Firmenbestandteile bekannter Unternehmen als Internet-Domain hat registrieren lassen, also offensichtliches Domain-Grabbing betreibt, ebenfalls Bedeutung zu.

7. Bei Domain-Streitigkeiten kommen mehrere Anspruchsgrundlagen in Betracht. Handelt es sich bei dem verletzten Recht um eine Marke oder eine geschäftliche Bezeichnung und wird die registrierte Domain bereits für bestimmte Waren, Dienstleistungen oder geschäftliche Aktivitäten benutzt, ergeben sich die möglichen Ansprüche abschließend aus dem MarkenG. Insoweit ergeben sich keine Besonderheiten und es kann auf die → Form. V.14–16 verwiesen werden. Diese Ansprüche versagen freilich, wenn noch keine Benutzung der registrierten Domain erfolgt, da die im MarkenG geregelten Ansprüche sämtlich voraussetzen, dass sich aus der Benutzung eines jüngeren Zeichens für bestimmte Waren, Dienstleistungen oder geschäftliche Aktivitäten Verwechslungen mit dem älteren Kennzeichen oder dessen Beeinträchtigung ergeben. Die bloße Registrierung eines Domainnamens ist keine ausreichende Benutzungshandlung; die Webseite muss mit Inhalt gefüllt sein (BGH GRUR 2008, 912 – metrosex). Auch setzt das MarkenG ein Handeln im geschäftlichen Verkehr voraus, welches bei der bloßen Registrierung einer Internet-Domain ohne Kenntnis der damit verfolgten Absichten nicht ohne weiteres unterstellt werden kann. In diesen Fällen greift die Rechtsprechung auf § 12 BGB als Auffangtatbestand zurück (vgl. BGH CR 2002, 525 ff. – shell.de). Der Namensschutz aus § 12 BGB bleibt neben den Kennzeichenschutz aus § 15 MarkenG anwendbar, wenn mit der Löschung des Domainnamens eine Rechtsfolge begehrt wird, die aus kennzeichenrechtlichen Vorschriften deswegen nicht hergeleitet werden kann, weil das Halten des Domainnamens im konkreten Fall für sich gesehen die Voraussetzungen einer Verletzung der Marke oder des Unternehmenskennzeichens des Klägers nicht erfüllt (BGH GRUR 2012, 304 – Basler Haar-Kosmetik). In diesem Sachverhalt klagte der Inhaber der geschäftlichen Bezeichnung, Marke und Domain www.basler-haarkometik.de gegen eine in Großbritannien ansässige Inhaberin der Domain www.baslerhaarkosmetik.de. Bei Eingabe dieser Domain erfolgten elektronische Werbeverweise auf Angebote von Konkurrenten der Klägerin. Zur Verwendung einer bekannten Marke in der Domainbezeichnung eines Wiederverkäufers bei Vertrieb neben mit der Marke gekennzeichneter Produkte auch mit diesen kompatibler Produkte anderer Hersteller vgl. BGH GRUR 2019, 165 – keine-vorwerk-vertretung).

Bei Domain-Grabbing/bösgläubigen Registrierungen kommen zusätzlich zu den Ansprüchen aus §§ 14, 15 MarkenG, § 12 BGB Ansprüche aus UWG in Betracht. So hat der BGH einer Klage der „WetterOnline Meteorologische Dienstleistungen GmbH" gegen die Registrierung der Domain „wetteronlin.de" ua nach dem Grundsatz der gezielten Behinderung im Sinne von § 4 Nr. 10 UWG stattgegeben. Diese ist unter dem Gesichtspunkt des Abfangens von Kunden gegeben, wenn der Nutzer auf der sich öffnenden Internetseite nicht sogleich und unübersehbar auf den Umstand hingewiesen wird, dass er sich nicht auf der Seite „wetteronline.de" befindet (BGH GRUR 2014, 393 – wetteronlin.de). Ein Anspruch auf Einwilligung in die Löschung des Domainnamens „wetteronlin.de" wurde jedoch nicht zugesprochen, weil rechtlich zulässige Nutzungen denkbar sind und die bloße Registrierung des Domainnamens die Klägerin nicht unlauter behindere.

Ein Beseitigungs- bzw. Löschungsanspruch aus dem Unternehmenskennzeichen oder Marke wird grundsätzlich nur gewährt, wenn schon das Halten der Domain eine Rechtsverletzung darstellt. Ansonsten kommt es auf eine Benutzung, dh auf das Füllen mit Inhalten an (BGH GRUR 2012, 304 – Basler Haar-Kosmetik).

Weitere Anspruchsgrundlagen können sich aus der gezielten Behinderung ergeben (so schon BGH GRUR 2005, 517 – Literaturhaus/literaturhaus.de). Die Tatsache, dass sich ein Domaininhaber eine Vielzahl von Domainnamen registrieren lässt, um sie potentiellen Interessenten zum Kauf oder zur entgeltlichen Nutzung anzubieten, stellt allerdings für sich alleine noch keine unlautere Mitbewerberbehinderung mit der Rechtsfolge des Anspruchs auf Einwilligung in die Löschung des Domainnamens dar (BGH GRUR 2009, 685 – ahd.de).

Ansprüche aus vorsätzlicher sittenwidriger Schädigung nach § 826 BGB bzw. 823 BGB aufgrund eines Eingriffs in den eingerichteten und ausgeübten Gewerbebetrieb werden regelmäßig daran scheitern, dass der Eingriff zielgerichtet gegen den Betrieb gerichtet sein muss. Dieses fehlt, wenn durch die Beeinträchtigung der Betrieb weder zum Erliegen kommt noch in seiner Substanz ernstlich beeinträchtigt wird.

Passivlegitimiert ist grundsätzlich der Domaininhaber. Eine Haftung der DENIC für Rechtsverletzungen wird grundsätzlich abgelehnt (BGH GRUR 2001, 1038 – ambiente.de). Eine Ausnahme gilt dann, wenn die Rechtsverletzung auch ohne Recherche/Nachforschungen offenkundig ist und vom Sachbearbeiter unschwer zu erkennen war (BGH GRUR 2012, 651 – regierung-mittelfranken.de: Registrierung von mehreren in Panama ansässigen Unternehmen).

In den Fällen, in denen der Domaininhaber nicht zu erreichen ist, versucht der Kläger regelmäßig, zumindest eine Haftung des Admin-C, dh des administrativen Ansprechpartners zu begründen. Dieser ist die vom Domaininhaber benannte natürliche Person, die als sein Bevollmächtigter berechtigt und verpflichtet ist, sämtliche die Domain betreffenden

Angelegenheiten verbindlich zu entscheiden. Eine Haftung des Admin-C unter dem Gesichtspunkt der Störerhaftung ist allerdings nur bei der Verletzung besonderer Prüfpflichten denkbar. Solche Prüfungspflichten können sich aus den besonderen Umständen des Einzelfalls ergeben. Sogenannte „gefahrerhöhende Umstände" liegen beispielsweise vor, wenn der im Ausland ansässige Anmelder frei werdende Domainnamen jeweils in einem automatisierten Verfahren ermittelt und registriert und der Admin-C sich pauschal bereit erklärt hat, diese Funktion für eine große Zahl von Registrierungen zu übernehmen (BGH GRUR 2012, 304). Die Haftung des Admin-C als Störer setzt allerdings voraus, dass ihm ausnahmsweise eine eigene Pflicht trifft, zu prüfen, ob mit der beabsichtigten Registrierung Rechte Dritter verletzt werden (BGH GRUR 2013, 294 – dlg.de). Allein die abstrakte Gefahr, die mit der Registrierung einer Vielzahl von Domainnamen verbunden sein kann, reicht zur Begründung einer eigenen Prüfungspflicht nicht aus.

Vor dem 25.5.2018 musste man im Rahmen der Domain-Registrierung zusätzlich zum Inhaber auch eine natürliche Person als administrativen Ansprechpartner nennen. Die entsprechenden Kontaktdaten umfassten genau wie beim Domain-Inhaber Namen, Postanschrift, Telefonnummer und E-Mail-Adresse und wurden unter dem Begriff „Admin-C" zusammengefasst. Diese Daten werden nicht mehr erhoben und zwangsläufig auch nicht mehr angezeigt. Nunmehr ist die DENIC dazu übergegangen, ergänzend zu den persönlichen Pflichtangaben zum Domain-Inhaber zwei nicht personalisierte E-Mail-Adressen abzufragen: eine für allgemeine und technische Anfragen und eine zur Anzeige rechtswidriger oder missbräuchlicher Nutzung einer Domain (Domain-Abuse).

Zunehmend an Bedeutung gewinnt die Haftung von Diensteanbieter, wie zB Verkaufsplattformen wie eBay oder Amazon. Grundsätzlich trifft Dienstanbieter iSd §§ 8–10 TMG für die von Nutzern auf ihre Server eingestellten Dateien keine allgemeine Prüfungspflicht (Arg.: § 7 Abs. 2 S. 1 TMG). Sie sind nicht verpflichtet, die von ihnen übermittelten oder gespeicherten Informationen zu überwachen oder nach Umständen zu forschen, die auf eine rechtswidrige Tätigkeit hindeuten. Vor dem ersten Hinweis auf eine konkrete Rechtsverletzung besteht daher keine Prüfungspflicht der Diensteanbieter (BGH GRUR 2011, 1038 – Stiftparfüme; BGH GRUR 2011, 152 – Kinderhochstühle im Internet; BGH GRUR 2011, 617 – Sedo). Ist aber der Plattformbetreiber auf klare Rechtsverletzungen hingewiesen worden, muss er die über die elektronischen Verweise in seinen Anzeigen erreichbaren Angebote auf problemlos und zweifelsfrei erkennbare Schutzrechtsverletzungen überprüfen (BGH MMR 2014, 55 – Kinderhochstühle im Internet II). Das Gleiche gilt für Host-Provider, dh für Unternehmen im Internet, die fremde Inhalte auf ihren Servern für andere Nutzer bereitstellen (BGH GRUR 2012, 311 – Blog-Eintragung; diese Entscheidung erging im Zusammenhang mit einer behaupteten Verletzung des Persönlichkeitsrechts des Anspruchsstellers). Übernimmt der Plattformbetreiber hingegen eine aktive Rolle durch Schaltung von Anzeigen, die unmittelbar zu schutzrechtsverletzenden Angeboten führen, treffen ihn regelmäßig weitergehende Prüfungspflichten. Er muss sich in diesen Fällen die Möglichkeit verschaffen, die von ihm aktiv beworbenen Verkaufsangebote zu kontrollieren (BGH GRUR 2015, 485 – Kinderhochstühle im Internet III).

Die Störerhaftung des Vermittlers von Internetzugängen (Access Provider) kommt nur in Betracht, wenn der Rechteinhaber zunächst zumutbare Anstrengungen unternommen hat, gegen diejenigen Beteiligten vorzugehen, die – wie der Betreiber der Internetseite – die Rechtsverletzung selbst begangen haben oder – wie der Host-Provider – zur Rechtsverletzung durch die Erbringung von Dienstleistungen beigetragen haben (BGH GRUR 2016, 56 – Störerhaftung des Access-Providers). Nach dem am 13.10.2017 in Kraft getretenen § 7 Abs. 4 TMG (iVm § 8 Abs. 3 TMG) kann nunmehr der Inhaber eines verletzten Rechts am geistigen Eigentum von dem betroffenen Dienstleister die Sperrung der Nutzung von Informationen verlangen, um die Wiederholung der Rechtsverletzung zu verhindern, wenn für den Rechteinhaber keine andere Möglichkeit besteht, der

Verletzung seines Rechts abzuhelfen. Gemeint ist die Sperrung der Vermittlung des Zugangs zu einer bestimmten Webseite. Die Sperrung muss zumutbar und verhältnismäßig sein (Zur Urheberrechtsverletzung im Internet durch Filesharing eines Computerspiels, vgl. BGH GRUR 2018, 1044 – Dead Island).

8. Eine Namensanmaßung liegt nur vor, wenn sich der Dritte nicht auf ein eigenes Recht an der registrierten Bezeichnung berufen kann. Würde der Beklagte im vorliegenden Fall Murx heißen oder wäre er Inhaber einer mit der Firma der Klägerin nicht kollidierenden Marke oder Geschäftsbezeichnung, könnte ihm der Domain-Name grundsätzlich unter dem Gesichtspunkt des Rechts der Gleichnamigen nicht streitig gemacht werden. Etwas anderes gilt nur ausnahmsweise wenn sehr bekannte Marken oder Geschäftsbezeichnungen mit Eigennamen kollidieren; hier kann unter Durchbrechung des Prioritätsgrundsatzes dem registrierten Domain-Inhaber ein unterscheidender Zusatz abverlangt werden (vgl. den Sachverhalt in der Entscheidung „shell.de“, BGH GRUR 2002, 622). Von einem unbefugten Namensgebrauch ist auf jeden Fall in den Fällen offensichtlichen Domain-Grabbings auszugehen, wenn bekannte Bezeichnungen als Internet-Domain registriert und sodann dem Berechtigten zum Kauf angeboten werden.

9. Um die Kostenfolge des § 93 ZPO zu vermeiden, bedarf es stets einer vorprozessualen Aufforderung, streiterledigende Erklärungen abzugeben. Wird die Abgabe einer Unterlassungserklärung verweigert, ergibt sich daraus auch die Wiederholungsgefahr. Der Anspruch auf Kostenerstattung ergibt sich sowohl unter dem Gesichtspunkt der Geschäftsführung ohne Auftrag als auch aus Schadensersatz.

10. Da das Namensrecht ein absolutes Recht iSd § 823 Abs. 2 BGB ist, besteht bei schuldhaftem Verhalten ebenso ein Anspruch auf Schadensersatz.

11. Da die auf § 12 BGB gestützte Klage keine Kennzeichenstreitsache ist, ist die Klage am allgemeinen Gerichtsstand des Beklagten zu erheben. Daneben kommt auch der Gerichtsstand des § 32 ZPO in Betracht, wobei der Ort der unerlaubten Handlung Frankfurt als Sitz der Registrierungsstelle DENIC eG wäre.

VI. Produktpiraterie

Schrifttum: *Braun,* Produktpiraterie, Köln/Berlin/Bonn/München 1993; *Braun,* Produktpiraterie – Überblick über die rechtliche Erfassung durch Zivil-, Straf- und Verwaltungsrecht, CR 1994, 726–733; *Cremer,* Die Bekämpfung der Produktpiraterie in der Praxis, Mitt. 1992, 153–180; *Eichmann,* Die Durchsetzung des Anspruchs auf Drittauskunft, GRUR 1990, 575–591; *Ernsthaler,* Produktpirateriegesetz, GRUR 1992, 273–282; *Gaul,* Die Durchsetzung markenrechtlicher Ansprüche gegenüber Produktpiraten, Frankfurt am Main 2003; *Gittinger,* Die Grenzbeschlagnahme nach der Verordnung (EU) Nr. 608/2013 und die Rechtsstellung des Betroffenen, Münster 2017; *Grauel,* Bericht der Bundesregierung zur Produktpiraterie, MarkenR 2000, 91–92; *Harte-Bavendamm,* Handbuch der Markenpiraterie in Europa, München/Wien/Bern 2000; International Chamber of Commerce, Countering Counterfeiting: A guide to protecting and enforcing intellectual property rights, Paris 1997 (ISBN 92 842 1231.X); *Jahn,* Moderne Piraten – Produktpiraterie und ihre Bekämpfung, WRP 1988, 413–417; *Kleine,* Management industrieller Produktpiraterie, Wiesbaden 2014; *Knieper,* Mit Belegen gegen Produktpiraten, WRP 1999, 1116–1118; *Kröger/Bausch,* Produktpiraterie im Patentwesen, GRUR 1997, 321–328; *Langbein,* Markenpiraterie: Schadensersatzansprüche und Schutzmechanismen, Frankfurt a. M. 2017; *Levin,* Was bedeutet „counterfeiting"?, GRUR Int. 1987, 18–27; *Lührs,* Verfolgungsmöglichkeiten im Fall „Produktpiraterie" unter besonderer Betrachtung der Einziehungs- und Gewinnabschöpfungsmöglichkeiten, GRUR 1994, 264–269; *Lutz,* Produktpiraterie: Effektive Maßnahmen gegen Plagiate, Ideenklau und Nachahmungen, Regensburg, 2. Aufl. 2017; *Meister,* Leistungsschutz und Produktpiraterie, Wiesbaden 1990; *Meister,* Produktpiraterie und Marketing-Rechtsmanagement, MA 1992, 550–556; *Meister,* Markenpiraterie und V-Personen der Polizei, MA 1991, 468–470; *Meister,* Aspekte der Produktpiraterie, WRP 1991, 137–143; Mitteilungen aus der Deutschen Vereinigung für gewerblichen Rechtsschutz und Urheberrecht – Stellungnahme zum Grünbuch der Europäischen Kommission zur Bekämpfung von Nachahmung und Produkt- und Dienstleistungspiraterie im Binnenmarkt, GRUR 1999, 560–565; *Möller,* Vom mühsamen Kampf gegen Produkt- und Markenpiraterie, EuZW 2018, 705–706; *Mühlens,* Neue Waffe gegen Produktpiraterie, CR 1990, 433–438; *Opermann,* Der Auskunftsanspruch im gewerblichen Rechtsschutz und Urheberrecht – Dargestellt unter besonderer Berücksichtigung der Produktpiraterie, Berlin 1997; *Plass,* Prävention gegen Produktpiraterie: Innovationen schützen, Berlin 2020; Produktpiraterie und Textilindustrie, GRUR 1994, 185; Produktpiraterie: Bericht der Bundesregierung, GRUR 1993, 455–456; *Retzer* in Festschrift für Henning Piper, herausgegeben von *Erdmann, Gloy, Heber,* Einige Überlegungen zum Vernichtungsanspruch bei der Nachahmung von Waren oder Leistungen, München 1996, 421–438; *Scherbauer,* Die Grenzbeschlagnahme von Produktpirateriewaren im Immaterialgüterrecht, Starnberg 2000; *Schöner,* Die Bekämpfung der Produktpiraterie durch die Zollbehörden, Mitt. 1992, 180–186; Strafrechtliche Verfolgung von Schutzrechtsverletzungen, GRUR 1994, 706–707; *Sokianos,* Produkt- und Konzeptpiraterie, Wiesbaden 2006; *Stephan/Schneider,* Marken- und Produktpiraterie, Düsseldorf 2011; *Thun,* Der immaterialgüterrechtliche Vernichtungsanspruch, München 1998; *von Welser/González,* Marken- und Produktpiraterie: Strategien und Lösungsansätze zu ihrer Bekämpfung, Weinheim, 2. Aufl. 2020; *Wölfel,* Marken- und Produktpiraterie, Stuttgart 2003; *Wölfel,* Rechtsfolgen von Markenverletzungen und Maßnahmen zur Bekämpfung der Markenpiraterie, München 1990.

0. Einführung

Für das Phänomen „Produktpiraterie" existiert keine eindeutige, einheitliche und klar abgrenzende Definition. Nach der hier vertretenen Auffassung umschreibt „Produktpiraterie" den Tatbestand der gewerbsmäßigen, kriminellen Schutzrechtsverletzung, dh der gezielten, massenhaften und mit Gewinnabsicht begangenen, vorsätzlichen Verletzung bestehender Schutzrechte sowie die Verletzung der durch das Gesetz gegen den unlauteren Wettbewerb geschützten Rechtspositionen. Während der Begriff „Markenpiraterie", der mit dem angelsächsischen Begriff „counterfeiting" gleichgesetzt werden kann, die vorsätzliche Verwendung der Marke, des Namens, der Geschäftsbezeichnung oder der Verpackung und Präsentation von Produkten wiedergibt, setzt „Produktpiraterie" nicht die Verletzung einer markenrechtlich geschützten Kennzeichnung voraus, sondern erfasst auch einen nach den übrigen gewerblichen Schutzrechten und dem Gesetz gegen den unlauteren Wettbewerb bestehenden und durchsetzbaren Schutz gegen sklavische Nachahmung und unmittelbare Leistungsübernahme. Darüber hinaus spielt im Rahmen der Bekämpfung von „Produktpiraterie" im herkömmlichen Sinne auch die Verteidigung gegen „Grauimporte" bzw. die Verletzung von Schutzrechten durch parallelimportierte Waren eine nicht unerhebliche Rolle.

Produktpiraterie stellt für die Industrie nach wie vor ein aktuelles und ernst zu nehmendes Problem dar. Einer vom Amt der Europäischen Union für geistiges Eigentum (EUIPO) und der Organisation für wirtschaftliche Zusammenarbeit und Entwicklung (OECD) 2019 durchgeführten Studie zufolge könnten Schätzungen in Bezug auf die Verletzung von Rechten des geistigen Eigentums im internationalen Handel 2016 bis zu 3,3 % des Welthandels erreichen. Bis zu 6,8 % der EU-Einfuhren, dh 121 Mrd. EUR pro Jahr, bestehen aus gefälschten Waren. Beide Zahlenreihen fallen deutlich höher aus als diejenigen einer 2016 veröffentlichten Studie der beiden Organisationen. Dies zeigt, dass das Problem in den letzten Jahren weiter zugenommen hat. Zudem können qualitativ minderwertige Fälschungen dem Ruf einer Marke irreparable Schäden zufügen, wenn die Qualitätserwartungen der Käufer nicht erfüllt werden.

Produktpiraterie bringt auch negative Auswirkungen für den Verbraucher mit sich und birgt gesellschaftspolitische Probleme. So verstoßen Produktpiraten gegen eine Fülle von nationalen und europäischen Vorschriften, die den Verbraucherschutz, die Produkthaftung oder das öffentliche Gesundheitswesen regeln. Darüber hinaus nimmt die Produktpiraterie Einfluss auf die industrielle Wettbewerbsfähigkeit und die Beschäftigungssituation in den jeweiligen Ländern. In der EU sollen nach Schätzungen des EUIPO jährlich über 467.800 Arbeitsplätze auf Grund von Produktpiraterie verloren gehen.

Neben der bislang von den asiatischen Ländern dominierten „Raubkopien-Industrie" hat sich zwischenzeitlich auch in Europa ein gut organisiertes Produktions- und Vertriebsnetz für Fälschungen entwickelt. Polen, die Tschechische Republik, Ungarn und die Türkei können mittlerweile zu den Industriezentren für gefälschte Markenprodukte gezählt werden. Auf den großen Märkten in Mitteleuropa und der Türkei werden täglich Hunderttausende von Fälschungen an Touristen und professionelle Schieber veräußert, die diese Produkte in großem Stil ankaufen, um sie über ein perfekt organisiertes Netz von Vertriebskanälen in den Mitgliedstaaten der Europäischen Union weiterzuveräußern.

Nicht nur für das betroffene Unternehmen, sondern auch für den mit der Bekämpfung von Produktpiraterie beauftragten Rechts- und/oder Patentanwalt ergeben sich in der Praxis, insbesondere auf Grund der kriminellen Energie der Mehrzahl der Produktpiraten, die mit einem schier unerschöpflichen Repertoire an „Ausreden" versuchen, sich aus der Verantwortung zu stehlen, erhebliche Probleme. Nur vehementes Vorgehen, und zwar sowohl in zivil- wie auch in strafrechtlicher Hinsicht, ermöglicht es, Fälschungsaktivitäten einzudämmen.

Ein Großteil der Vertreiber gefälschter Produkte hat kein Interesse an der Durchführung eines Hauptsacheverfahrens und ist sehr schnell bereit, nach einer **Abmahnung** (→ **Form. VI.1**), die sich vor Einleitung gerichtlicher Schritte in der Regel bereits aus Kostengründen empfiehlt, eine **strafbewehrte Unterlassungserklärung** (→ **Form. VI.2**) abzugeben. An dieser Stelle wird in den Anmerkungen zudem erläutert, unter welchen Voraussetzungen der Schutzrechtsinhaber einen Auskunftsanspruch gegen Dritte, die nicht Verletzer sind, durchsetzen kann. Der Aufbau beider Formulare entspricht im

Wesentlichen den bereits bekannten Mustern aus den Kapiteln Patent- und Designrecht, wobei einige Besonderheiten jeweils besonders hervorgehoben sind. Gleiches gilt für die **Annahmeerklärung** (→ Form. VI.3).

Häufig stoßen Schutzrechtsinhaber wiederholt auf die gleichen Verletzer, die sich offensichtlich durch die Abgabe von Unterlassungserklärungen und die Einleitung von Strafverfahren nicht von weiteren Verletzungen abhalten lassen. In diesen Fällen ist nicht nur das **Verlangen einer erhöhten Vertragsstrafe** (→ Form. VI.4) angebracht, sondern auch ein **Antrag auf Erlass einer einstweiligen Verfügung** (→ Form. VI.5), gerichtet auf Unterlassung, Auskunft, Inverwahrungnahme der schutzrechtsverletzenden Produkte durch einen Gerichtsvollzieher und Unterlagenvorlage zur Sicherung von Schadensersatzansprüchen. Bereits an dieser Stelle erfolgt eine ausführliche Darstellung der Parallelimport-Problematik.

Nachdem die Kommunikation zwischen Produktpiraten sehr gut funktioniert, wird dem Schutzrechtsinhaber in Widerspruchsverfahren standardmäßig „privater Gebrauch" der schutzrechtsverletzenden Ware, entweder durch geplante Verwendung für den persönlichen Gebrauch des Verletzers oder durch geplantes Verschenken an Familienangehörige, Vereinsmitglieder oder dergleichen entgegengehalten. Diese Argumentation der Verletzer macht es notwendig, auf die **Erwiderung auf einen Widerspruch** (→ Form. VI.6) näher einzugehen.

Für den Fall, dass nicht ein Vorgehen im Namen des Schutzrechtsinhabers, sondern im Namen zB des Alleinvertriebsberechtigten angezeigt ist, empfiehlt es sich, auf die von Fälschern regelmäßig vorgetragene Rüge der Aktivlegitimation vorbereitet zu sein und eine entsprechende **Prozessstandschafts- und Abtretungsvereinbarung** (→ Form. VI.7) bereitzuhalten.

Unverzüglich nach Erlass einer Urteilsverfügung sollte der Verletzer durch eine **Mitteilung über den Erlass einer einstweiligen Verfügung** (→ Form. VI.8) darauf aufmerksam gemacht werden, dass die Verfügung ab sofort und nicht etwa erst nach Zustellung zu beachten ist.

Nicht übersehen werden darf das Erfordernis, die einstweilige Verfügung innerhalb eines Monats seit Verkündung bzw. Zustellung an den Antragsteller zu vollziehen, dh an den Antragsgegner zuzustellen, entweder durch **Gerichtsvollzieherzustellung** (→ Form. VI.9), **Zustellung von Anwalt zu Anwalt** (→ Form. VI.10) **oder durch öffentliche Zustellung** (→ Form. VI.11).

Im Anschluss an gerichtliche Verfahren gilt es, eine Entscheidung über die Erstattung der Anwaltshonorare und angefallenen Kosten sowie Auslagen, insbesondere Ermittlungskosten und Testkaufkosten, im Wege der **Kostenfestsetzung** (→ Form. VI.12) herbeizuführen. Bereits nach den ersten Zwangsvollstreckungsversuchen ziehen es Fälscher häufig vor, die Vermögensauskunft (vormals: eidesstattliche Versicherung, Offenbarungseid) abzugeben. Nicht selten wird jedoch auch angeboten, die auf Grund des Abmahnverfahrens oder der gerichtlichen Auseinandersetzung entstandenen Kosten in mehreren Raten zu begleichen. In diesen Fällen kann es ratsam sein, eine **Ratenzahlungsvereinbarung** (→ Form. VI.13) abzuschließen.

Wenn es die fehlende Dringlichkeit, die Bedeutung der Angelegenheit, die Weigerung des Verletzers, die angefallenen Kosten zu erstatten, oder die Tatsache, dass Unterlassungsansprüche trotz einstweiliger Verfügung verjähren, erforderlich machen, muss **Hauptsacheklage** erhoben werden und zwar gerichtet auf **Unterlassung, Auskunft, Schadensersatz, Rückruf, Vernichtung, Zahlung von Abmahnkosten, Unterlagenvorlage und Urteilsbekanntmachung** (→ Form. VI.14), oder gerichtet auf **Zahlung von Abmahnkosten, der Kosten für die Stellung des Strafantrags sowie der Kosten für einen mitwirkenden Patentanwalt** (→ Form. VI.15).

Um ein Tätigwerden der zuständigen Strafverfolgungsbehörden, eine Sicherstellung bzw. Beschlagnahme der gefälschten Waren und letztendlich eine Verurteilung des

Verletzers zu erreichen, ist die Stellung eines **Strafantrags** (→ Form. VI.16) unabdingbar. Leider wird das Inverkehrbringen gefälschter Produkte von zahlreichen Staatsanwälten immer noch als „Kavaliersdelikt" angesehen und Einstellungen der Ermittlungsverfahren sind nicht nur an der Tagesordnung, sondern bilden die Regel. In besonders krassen Fällen, insbesondere wenn gefälschte Waren an den Verletzer zurückgegeben werden sollen, empfiehlt es sich, **Dienstaufsichtsbeschwerde** gegen den oder die verantwortlichen Beamten sowie **Beschwerde gegen den Einstellungsbescheid** (→ Form. VI.17) zu erheben und als letztes Mittel, ein **Klageerzwingungsverfahren** (→ Form. VI.18) einzuleiten.

Eine **Einführung und Übersicht betreffend das Grenzbeschlagnahmeverfahren** (→ Form. VI.19) ermöglichen es, sich einen ersten Überblick zu verschaffen. Ausführliche Erläuterungen und ein umfassendes Datenverarbeitungssystem, über das Anträge auf Tätigwerden der Zollbehörden gestellt werden kann, finden sich auf der Website „www.ipr.zoll.de". Im häufigsten Fall des sogenannten Basisverfahrens ist eine **Zustimmung zur Vernichtung an die Zollbehörde** (→ Form. VI.20) zu erteilen.

Wichtige Adressen von Behörden und Organisationen im In- und Ausland (→ Form. VI.21), die eine erste Anlaufstelle darstellen, bilden eine weitere Grundlage zur Informationsbeschaffung im Kampf gegen Produktpiraterie.

1. Abmahnschreiben[1]

EINSCHREIBEN/RÜCKSCHEIN[2]

Vorab per Telefax

An die

Firma B-AG

Herrn B[3]

A GmbH ./. B-AG und B

Sehr geehrte Damen und Herren, sehr geehrter Herr B,

unter Vorlage einer umfassenden Vollmacht,[4] überreicht als – Anlage 1 –, zeigen wir an, dass uns die Firma A GmbH mit der Wahrnehmung ihrer Interessen auf dem Gebiet des gewerblichen Rechtsschutzes beauftragt hat. Gleichzeitig teilen wir Ihnen mit, dass Herr Patentanwalt . . . . . . in diesem Verfahren mitwirkt.[5]

Als – Anlage 2 – übersenden wir Ihnen eine Kopie der auf unsere Mandantin lautenden Marke . . . . . . „MOSKITO" mit Prioritätsdatum vom . . . . . ., die unter anderem für „Bekleidungsstücke" registriert ist.

Aufgrund eines in Ihrem Geschäft „Superpreis" durchgeführten Testkaufs sowie einer anschließend durch die Zollfahndung durchgeführten Durchsuchung und Sicherstellung wurde unsere Mandantin darauf aufmerksam, dass Sie aus den U.S.A. importierte Hemden, die mit der oben genannten Marke gekennzeichnet sind, vertreiben. Bei diesen Textilien handelt es sich zum Teil um Fälschungen und zum Teil um Lizenzware, die in den U. S. A. ausschließlich für den dortigen Markt hergestellt wird und nicht exportiert werden darf. Es handelt sich bei den letztgenannten Textilien mithin um nicht autorisierte Grauimporte. Zudem hat das Hauptzollamt . . . . . . am . . . . . . für 350 Stück mit der oben genannten Marke gekennzeichnete Hemden die Überlassung ausgesetzt, da es sich bei diesen ebenfalls um Fälschungen handelt. Diese Hemden hat die Firma . . . . . . an Sie versandt.[6]

Durch Ihre Handlungsweise verstoßen Sie (unter anderem) gegen Bestimmungen des Markengesetzes:[7]

Gemäß § 14 Abs. 1 MarkenG hat unsere Mandantin das ausschließliche und alleinige Recht, die Bezeichnung „MOSKITO" zur Kennzeichnung von Bekleidungsstücken zu verwenden. Nach § 14 Abs. 2 und 3 MarkenG ist es Dritten untersagt, ohne Zustimmung der Markeninhaberin Bekleidungsstücke im geschäftlichen Verkehr mit diesem Zeichen zu versehen, solche Waren anzubieten, in den Verkehr zu bringen oder zu den genannten Zwecken zu besitzen. Unserer Mandantin steht bei Verstößen gegen diese Vorschriften gemäß § 14 Abs. 5 MarkenG ein Unterlassungsanspruch zu. Im Falle einer vorsätzlichen oder fahrlässigen Verletzungshandlung besteht darüber hinaus gemäß § 14 Abs. 6 MarkenG ein Schadensersatzanspruch unserer Mandantin. Gemäß § 18 MarkenG steht unserer Mandantin ferner das Recht zu, den Rückruf der widerrechtlich gekennzeichneten Waren sowie die Vernichtung dieser und der sich in Ihrem Besitz oder Eigentum befindlichen, widerrechtlich gekennzeichneten Waren zu verlangen. Schließlich sind Sie gemäß § 19 MarkenG und § 242 BGB verpflichtet, unserer Mandantin unter Vorlage entsprechender Belege *unverzüglich* Auskunft über die Herkunft und den Vertriebsweg sowie über die Menge der hergestellten, ausgelieferten, erhaltenen oder bestellten Waren zu erteilen, wobei Sie Namen und Anschrift des Herstellers, Lieferanten und anderer Vorbesitzer, der gewerblichen Abnehmer und Verkaufsstellen, für die sie bestimmt waren, sowie die genauen Einkaufs- und Verkaufspreise anzugeben haben. In diesem Zusammenhang dürfen wir schon jetzt darauf hinweisen, dass Sie gemäß § 19 Abs. 5 MarkenG bei einer vorsätzlich oder grob fahrlässig falsch oder unvollständig erteilten Auskunft zum Ersatz des unserer Mandantin daraus entstehenden Schadens verpflichtet sind.

Höchst vorsorglich möchten wir Sie darauf aufmerksam machen, dass durch das Markengesetz eine Änderung der Rechtslage hinsichtlich der Erschöpfung von Markenrechten eingetreten ist. Auf der Grundlage des alten Warenzeichengesetzes hat es der Bundesgerichtshof mangels einer entsprechenden gesetzlichen Regelung verneint, den Vertrieb eines mit einem Warenzeichen gekennzeichneten Produktes als warenzeichenverletzend anzusehen, wenn das Produkt in einem anderen Staat mit der Zustimmung des Zeicheninhabers in den Verkehr gebracht worden war. In dem seit 1.1.1995 geltenden Markengesetz ist der Erschöpfungstatbestand nun gesetzlich eindeutig geregelt und erstreckt sich nur auf das Inverkehrbringen der mit einer Marke gekennzeichneten Produkte im Gebiet der Europäischen Union bzw. des Europäischen Wirtschaftsraumes. Ein in den U. S. A. vom Zeicheninhaber oder mit dessen Zustimmung von einem Dritten auf den Markt gebrachtes Produkt darf deshalb nur mit Zustimmung des Markeninhabers in der Bundesrepublik Deutschland in den Verkehr gebracht werden.[8]

In diesem Zusammenhang teilen wir Ihnen mit, dass in Grauimportfällen bereits diverse Gerichtsentscheidungen gegen Importeure bzw. Vertreiber von Produkten erwirkt wurden, die mit geschützten Marken von Mitbewerbern versehen waren. Zu Ihrer Information überreichen wir Ihnen als – Anlage 3 – ein Urteil des Landgerichts Düsseldorf vom 4.7.1995, als – Anlage 4 – ein Urteil des Oberlandesgerichtes München vom 12.10.1995 sowie als – Anlage 5 – ein Urteil des BGH vom 14.12.1995.[9] Nachdem in einstweiligen Verfügungsverfahren keine Revision zum Bundesgerichtshof zulässig ist, handelt es sich bei dem vorgelegten Urteil des Oberlandesgerichtes München ebenfalls um ein letztinstanzliches Urteil.[10]

Aufgrund der genannten Umstände haben wir Sie namens und in Vollmacht unserer Mandantin aufzufordern, die Verletzungshandlungen sofort einzustellen und sich bis spätestens

. . . . . ., 12.00 Uhr, hier eingehend,[11]

gemäß anliegender Unterlassungserklärung strafbewehrt zu verpflichten, es zu unterlassen, Hemden mit der Bezeichnung „MOSKITO" zu kennzeichnen bzw. in den Verkehr zu bringen, in die Vernichtung der widerrechtlich gekennzeichneten Waren einzuwilligen und die geforderte Auskunft zu erteilen. Rein vorsorglich weisen wir Sie darauf hin, dass ein schlichtes Versprechen, die Verwendung der widerrechtlichen Kennzeichnung zu unterlassen, oder die Abgabe einer Unterlassungserklärung ohne Vertragsstrafeversprechen nach ständiger Rechtsprechung[12] nicht geeignet sind, die Wiederholungsgefahr auszuschließen.

Sollte die geforderte Erklärung nicht bzw. nicht fristgerecht oder nicht vollständig eingehen, werden wir die berechtigten Ansprüche unserer Mandantin, ohne weitere Mahnung gerichtlich durchsetzen.[13]

Der Vollständigkeit halber weisen wir Sie ferner darauf hin, dass neben dem Unterlassungsanspruch auch der Auskunftsanspruch gemäß § 19 Abs. 7 MarkenG im Wege der einstweiligen Verfügung geltend gemacht werden kann, da hier eine offensichtliche Markenrechtsverletzung vorliegt.

Im Übrigen machen wir Sie darauf aufmerksam, dass die widerrechtliche Benutzung der Marke „MOSKITO" eine strafbare Kennzeichenverletzung gemäß § 143 MarkenG darstellt, die auf Antrag verfolgt und mit einer Freiheitsstrafe bis zu drei Jahren oder mit einer Geldstrafe, bzw. im Falle gewerbsmäßigen Handelns mit einer Freiheitsstrafe bis zu fünf Jahren bestraft werden kann.

Durch Ihre rechtswidrigen Handlungen hat sich unsere Mandantin veranlasst gesehen, anwaltliche Hilfe in Anspruch zu nehmen. Die dadurch entstandenen Kosten haben Sie gemäß § 14 Abs. 6 MarkenG bzw. in analoger Anwendung der §§ 1004, 683 S. 1, 677, 670 BGB nach den Grundsätzen einer Geschäftsführung ohne Auftrag zu erstatten. Die Kosten für die Inanspruchnahme des Patentanwalts . . . . . . sind gemäß § 140 Abs. 4 MarkenG erstattungsfähig. Sollten Sie die geforderte Unterlassungserklärung abgeben, jedoch die Übernahme der Kosten verweigern, werden wir diese gerichtlich geltend machen.[14]

(Rechtsanwalt)

Anlagen

Anmerkungen

1. Vgl. auch das Muster „Abmahnung wegen Patentverletzung" (Teil I – Patentrecht, → Form. VI.2) sowie das Muster „Abmahn- oder Verwarnungsschreiben" (Teil IV – Designrecht, → Form. VI.2.2) nebst Anmerkungen.

2. Über die vormals umstrittene Frage, ob der Verletzte die Beweislast für den Zugang der Abmahnung beim Verletzer trägt (so zB OLG Düsseldorf GRUR-RR 2001, 199 (200) und OLG Dresden WRP 1997, 1201 mit zahlreichen Rechtsprechungsnachweisen sowie einer differenzierenden Stellungnahme zu beiden Auffassungen und entgegen der überwiegenden Rechtsprechung, insbesondere OLG Karlsruhe WRP 1997, 477; 2003, 1146), hat der Bundesgerichtshof zwischenzeitlich entschieden (BGH GRUR 2007, 629). Hiernach ist der Verletzte im Rahmen der sekundären Darlegungslast lediglich gehalten, substanziiert darzulegen, dass das Abmahnschreiben abgesandt worden ist. Gleichwohl empfiehlt es sich, Abmahnschreiben in dringenden Fällen vorab per Telefax und (zusätzlich) mit Einschreiben/Rückschein an den Verletzer zu übersenden (so im Ergebnis und ausführlich begründet auch *Ulrich,* Der Zugang der Abmahnung, WRP 1998, 124; vgl. auch *Gaul,* Die Durchsetzung markenrechtlicher Ansprüche gegenüber Produktpiraten,

Frankfurt am Main 2003, 194 f.). Hierdurch lassen sich Beweisschwierigkeiten ohne großen Aufwand vermeiden, da in jedem Fall auch die Absendung des Abmahnschreibens nachgewiesen werden kann.

3. Nachdem eine persönliche Haftung des Geschäftsführers (sowie anderer Organe einer juristischen Person) in Betracht zu ziehen ist, soweit sie die Verletzung (mit-) verursacht haben, empfiehlt es sich, die Abmahnung an alle in Frage kommenden Verantwortlichen zu richten. Zur persönlichen Haftung von Organen einer juristischen Person vgl. *Götting,* Die persönliche Haftung des GmbH-Geschäftsführers für Schutzrechtsverletzungen und Wettbewerbsverstöße, GRUR 1994, 6 ff., und BGH GRUR 1986, 248, sowie BGH MMR 2013, 34.

4. Die umstrittene Frage, ob § 174 BGB auf eine Abmahnung anwendbar und die Wirksamkeit der Abmahnung damit von der Vorlage einer Vollmacht abhängig ist (*Ulrich* WRP 1998, 258 ff., mit zahlreichen Rechtsprechungs- und Literaturhinweisen; OLG Nürnberg WRP 1991, 522 (523); OLG Düsseldorf GRUR-RR 2001, 286 und BeckRS 2009, 28958) hat der Bundesgerichtshof zwischenzeitlich entschieden. Er verneint dies, wenn die Abmahnung mit einem Angebot zum Abschluss eines Unterwerfungsvertrages verbunden ist (BGH GRUR 2010, 1120). Gleichwohl empfiehlt es sich im Sinne einer schnellen außergerichtlichen Lösung, die Vertretungsbefugnis nachzuweisen, zumindest für den Fall, dass diese gerügt wird. Allerdings darf nicht übersehen werden, dass die Beschaffung einer Vollmacht im Original bei einer Beauftragung durch ausländische Mandanten oder für den Fall, dass eine größere Anzahl von Verletzern abgemahnt werden muss, wertvolle Zeit kosten kann. In Eilsachen kann es sich daher auch anbieten, gänzlich auf die Abmahnung zu verzichten und sofort eine einstweilige Verfügung zu beantragen. In besonders gelagerten Fällen hat diese Vorgehensweise keine Kostennachteile für den Verletzten (vgl. ausführlich *Wilke/Jungeblut,* Abmahnung, S. 21 f.).

5. Im Hinblick auf den etwaigen Anspruch auf Erstattung der Kosten eines mitwirkenden Patentanwaltes (vgl. Muster einer Hauptsacheklage und Klage auf Zahlung von Abmahnkosten in diesem Teil) empfiehlt es sich, die Mitwirkung bereits zu diesem Zeitpunkt anzuzeigen.

6. Die Abmahnung muss dem Verletzer die Möglichkeit geben, ihre Berechtigung zu überprüfen und muss deshalb neben einem Hinweis auf das verletzte Schutzrecht eine Darstellung des Sachverhalts und den daraus abgeleiteten Vorwurf einer Verletzungshandlung enthalten und zwar so genau, dass der Verletzer den Vorwurf überprüfen und entsprechend reagieren kann (OLG Köln WRP 1988, 56; OLG Koblenz GRUR 1981, 671; OLG Hamburg WRP 1989, 32). Ungenauigkeiten und Lücken in der Darstellung gehen zu Lasten des Verletzten. Unter Umständen trifft allerdings den Verletzer die Pflicht, nachzufragen (KG WRP 1980, 80).

7. Obwohl nicht erforderlich (OLG Düsseldorf WRP 1988, 107), empfiehlt sich die rechtliche Würdigung in Fällen wie dem vorliegenden, da sich Markenfälscher häufig auf den Standpunkt stellen, ihre Handlungsweise sei von der freien Marktwirtschaft gedeckt und insbesondere der Import lizenzierter Ware könne nicht mit Mitteln des Markenrechts verboten werden.

8. Häufig wird anstelle von „gefälschten" Produkten sog. „Grauware" importiert und vertrieben. Dies hat (für die Verletzer) den Vorteil, dass sich zum einen Ware, die in den meisten Fällen dem Qualitätsstandard der für den hiesigen Markt produzierten Produkte entspricht, leichter veräußern lässt und zum anderen, dass sich diese Vorgehensweise unter strafrechtlichen Gesichtspunkten noch ungefährlicher darstellt, als der herkömmliche Handel mit „gefälschten" Produkten.

9. Vgl. LG Düsseldorf GRUR 1996, 66 (67) – adidas-Import; OLG München GRUR 1996, 137 (138 f.) – GT ALL TERRA; BGH GRUR 1996, 271 (273) – Gefärbte Jeans; sowie sehr ausführlich LG München I 16.10.1996 – 7 HKO 14343/96, (unveröffentlicht). Differenzierend auch zum Unterlassungs-, Auskunfts-, Vernichtungs- und Schadensersatzanspruch sowie zur Grenzbeschlagnahme bei Parallelimporten *Pickrahn* GRUR 1996, 383 ff. und *Litten* WRP 1997, 678.

10. Nachdem diese geänderte Rechtslage juristischen Laien oftmals nicht bekannt und nur schwer verständlich ist, sollte eine Darstellung möglichst ausführlich und unter Zitat der genannten wegweisenden Entscheidungen erfolgen.

11. Zur Angemessenheit der Frist siehe *Wilke/Jungeblut,* Abmahnung, S. 38 f. Bei Markenverletzungen wird in der Regel eine Frist von 8 bis 10 Tagen angemessen sein. Die zu kurz bemessene Frist setzt eine angemessene Frist in Lauf (BGH GRUR 1990, 381 – Antwortpflicht des Abgemahnten; OLG Köln WRP 1996, 1214 – Verkauf vom LKW; OLG Hamburg GRUR 1991, 80 – Zu kurze Abmahnung). Es ist jedoch grundsätzlich Sache des Verletzers, auf die für ihn zu kurze Frist hinzuweisen und eine Erklärung in angemessener Frist anzukündigen (OLG Hamburg GRUR 1989, 297) bzw. sich um eine Fristverlängerung zu bemühen (OLG Köln WRP 1984, 164). Im Einzelfall kann eine Frist auch nach Stunden bemessen (OLG München WRP 1988, 62) oder entbehrlich sein. Nachdem der Verletzer die Unterlassungserklärung im Zweifel nur innerhalb der gesetzten Frist **abzugeben** hat, empfiehlt es sich, auf einen **Zugang** innerhalb einer genau festgelegten Frist zu bestehen.

12. BGH GRUR 1990, 369 – alpi; GRUR 1992, 314 – Jubiläumsverkauf.

13. Für den Fall des fruchtlosen Fristablaufs muss die Abmahnung grundsätzlich die Androhung gerichtlicher Schritte enthalten, um dem Verletzer das Risiko einer gerichtlichen Auseinandersetzung zu verdeutlichen (OLG Hamburg WRP 1986, 292; OLG München WRP 1981, 601 und ergänzend Ohly/Sosnitza, UWG § 12 Rn. 18.

14. Zur Kostenerstattungspflicht und der insofern ergangenen neuen Rechtsprechung zur Erforderlichkeit der Mitwirkung des Patentanwalts vgl. das Muster einer Hauptsacheklage und einer Klage auf Zahlung von Abmahnkosten in diesem Teil.

2. Unterlassungs- und Verpflichtungserklärung[1]

Strafbewehrte Unterlassungs- und Verpflichtungserklärung[2]

(Az.: . . . . . .)

Wir, die Unterzeichnende, Firma B-AG, ... sowie ich, der Unterzeichnende, B,[3] ebenda, verpflichten uns gegenüber der Firma A GmbH, im folgenden A:

1. **Es zu unterlassen, Hemden oder sonstige Textilien, deren Umhüllungen, Verpackungen oder dergleichen herzustellen, anzubieten, in den Verkehr zu bringen oder zu den vorgenannten Zwecken zu besitzen oder in die Bundesrepublik Deutschland einzuführen oder auszuführen, die mit der Bezeichnung „MOSKITO" gekennzeichnet sind,[4] sofern die Produkte nicht von A oder in deren Auftrag bzw. mit deren Zustimmung im Inland, in einem der übrigen Mitgliedstaaten der Europäischen Union oder in einem anderen Vertragsstaat des Abkommens über den Europäischen Wirtschaftsraum in den Verkehr gebracht worden sind.**

2. Alle widerrechtlich mit der Bezeichnung „MOSKITO“ gekennzeichneten Textilien unverzüglich aus den Vertriebswegen zurückzurufen und bis spätestens . . . . . ., 12.00 Uhr – eingehend bei den Rechtsanwälten . . . . . . – den Nachweis über den Rückruf und den Eingang der Textilien durch Vorlage geeigneter Unterlagen zu erbringen sowie im Anschluss sämtliche, auch die noch in unserem Besitz oder Eigentum befindlichen, widerrechtlich mit der Bezeichnung „MOSKITO“ gekennzeichneten Textilien zu vernichten und A Gelegenheit zu geben, die Vernichtung zu überwachen.[5]
3. Diese Unterlassungserklärung gegenüber den zuständigen Zoll- und Polizeidienststellen bzw. gegenüber der zuständigen Staatsanwaltschaft als Rücknahme des Widerspruchs vom . . . . . . gegen die Aussetzung der Überlassung und Zustimmung zur Vernichtung der sichergestellten Textilien, insbesondere auch im Basisverfahren gemäß Art. 23 VO (EU) Nr. 608/2013, oder als Zustimmung zur Herausgabe an A gelten zu lassen.[6]
4. Bis spätestens . . . . . ., 12.00 Uhr – eingehend bei den Rechtsanwälten . . . . . . – Auskunft über die Herkunft und den Vertriebsweg der widerrechtlich gekennzeichneten Textilien zu erteilen und insbesondere Angaben zu machen über:
   a) Name und Anschrift des Herstellers, des Lieferanten und anderer Vorbesitzer;
   b) Name und Anschrift der gewerblichen Abnehmer und Verkaufsstellen, für die die Ware bestimmt war;
   c) die Menge der hergestellten, ausgelieferten, erhaltenen und bestellten Ware;
   d) Einkaufs- und Verkaufszeiten;
   e) Einkaufs- und Verkaufspreise;
   f) sonstige, über die Einkaufspreise hinausgehende Gestehungskosten;
   g) die mit dem Verkauf erzielten Nettoumsätze;
   h) den mit dem Verkauf erzielten Gewinn.[7]

   Dies alles (a bis h) unter Vorlage von Kopien der Rechnungen und Lieferscheine unseres Lieferanten an uns sowie unter Vorlage von Kopien unserer Rechnungen und Lieferscheine an unsere gewerblichen Abnehmer.
5. Für jeden Fall der Zuwiderhandlung gegen eine mit dieser Erklärung übernommenen Verpflichtungen auf den Einwand des Fortsetzungszusammenhangs zu verzichten[8] und an A eine Vertragsstrafe in Höhe von 5.200,– EUR[9] zu bezahlen.
6. A die durch die Einschaltung ihrer Anwälte im Zusammenhang mit der Abmahnung und der strafbewehrten Unterlassungserklärung entstandenen Kosten unverzüglich nach der ersten Zahlungsaufforderung zu erstatten.[10]

Ort, Datum (Unterschriften)

Anmerkungen

1. Vgl. auch → Form. I.3 und → Form. IV.2.2.

2. Zur Bedeutung und zum Inhalt der Unterlassungserklärung siehe ausführlich mit zahlreichen Rechtsprechungshinweisen *Wilke/Jungeblut,* Abmahnung, S. 52 ff.

3. Für den Fall, dass auch ein Organ einer juristischen Person abgemahnt wurde, sollte auch die Abgabe und Unterzeichnung der Erklärung durch jeden Verletzer einzeln gefordert werden.

4. Bereits in der Unterlassungs- und Verpflichtungserklärung und nicht erst im Rahmen gerichtlicher Geltendmachung ist das Unterlassungsverbot der konkreten Verletzungsform anzupassen. Soweit geschützte Kennzeichen nicht in der eingetragenen Form übernommen wurden, sollte eine Abbildung in die Erklärung aufgenommen werden oder eine möglichst exakte Beschreibung des Verletzungsgegenstandes erfolgen.

5. Bereits an dieser Stelle sollte die Erfüllung des gesetzlichen Rückruf- und Vernichtungsanspruchs durch den Verletzer gesichert werden, um eine langwierige und kostspielige Klärung im Hauptsacheverfahren zu vermeiden. Zum Rückruf- und Vernichtungsanspruch vgl. das Muster einer Hauptsacheklage in diesem Teil.

6. Häufig befinden sich schutzrechtsverletzende Produkte zum Zeitpunkt der Abgabe der Unterlassungserklärung bereits im Gewahrsam der zuständigen (Strafverfolgungs-) Behörde. Um zu vermeiden, dass der Vernichtungsanspruch (zB gem. § 18 MarkenG) durch Antrag auf Erlass einer einstweiligen Verfügung, die darauf gerichtet ist, die Ware an einen Gerichtsvollzieher oder anderen Verwahrer herauszugeben, gesichert werden muss, empfiehlt es sich, diese Verpflichtung in die Erklärung aufzunehmen. Zudem setzt das sogenannte Basisverfahren bei der Grenzbeschlagnahme (vgl. → Form. VI.19 und → Form. VI.20) grundsätzlich gemäß Art. 23 Abs. 1 Buchst. c VO (EU) Nr. 608/2013 eine schriftliche Zustimmung des Anmelders oder Besitzers der Waren zur Vernichtung voraus. Obwohl eine solche nach Art. 23 Abs. 1 Buchst. c S. 2 VO (EU) Nr. 608/2013 als erteilt gilt, wenn der Anmelder oder Besitzer nicht innerhalb von 10 Arbeitstagen widerspricht, sollte sich zur Sicherheit bereits eine entsprechende Formulierung in der Unterlassungs- und Verpflichtungserklärung befinden. Hat der Verletzer bereits Widerspruch gegen die Verfügung der Zollbehörde eingelegt, muss dessen Rücknahme in jedem Fall in die Unterlassungs- und Verpflichtungserklärung aufgenommen werden.

7. Gemäß § 19 Abs. 2 MarkenG besteht der Anspruch auf Auskunft betreffend die Angaben unter Ziff. 4a)–c) sowie betreffend die Einkaufspreise unter Ziff. 4e) der Unterlassungs- und Verpflichtungserklärung in Fällen offensichtlicher Rechtsverletzung oder in Fällen, in denen der Rechtsinhaber gegen den Verletzer Klage erhoben hat, auch gegen Dritte, die nicht Verletzer sind. Voraussetzung hierfür ist, dass diese Person in gewerblichem Ausmaß rechtsverletzende Ware in ihrem Besitz hatte, rechtsverletzende Dienstleistungen in Anspruch nahm, für rechtsverletzende Dienstleistungen genutzte Tätigkeiten erbrachte oder nach den Angaben einer solchen Person an der Herstellung, Erzeugung oder am Vertrieb solcher Waren oder an der Erbringung solcher Dienstleistungen beteiligt war. Der Auskunftsanspruch besteht allerdings dann nicht, wenn die Person nach den §§ 383–385 ZPO im Prozess gegen den Verletzer zur Zeugnisverweigerung berechtigt wäre. Der Schutzrechtsinhaber ist verpflichtet, dem zur Auskunft verpflichteten Dritten die für die Auskunftserteilung erforderlichen Aufwendungen zu ersetzen. Wird der Auskunftsanspruch gegen den Dritten gerichtlich geltend gemacht, kann das Gericht den gegen den Verletzer anhängigen Rechtsstreit auf Antrag bis zur Erledigung des wegen des Auskunftsanspruchs geführten Rechtsstreits aussetzen. Insbesondere beim Auskunftsanspruch gegen unbeteiligte Dritte, wie vor allem Internet-Service-Provider, ist zudem § 19 Abs. 9 MarkenG zu beachten. Kann die Auskunft nur unter Verwendung von Verkehrsdaten gemäß § 3 Nr. 30 TKG erteilt werden, ist für ihre Erteilung eine vorherige richterliche Anordnung über die Zulässigkeit ihrer Verwendung erforderlich. Diese richterliche Anordnung ist vom Schutzrechtsinhaber beim Landgericht, in dessen Bezirk der zur Auskunft Verpflichtete seinen Wohnsitz, seinen Sitz oder eine Niederlassung hat, zu beantragen. Die Kosten hierfür sind vom Schutzrechtsinhaber zu tragen, können aber im späteren Verfahren gegenüber dem Verletzer als Schadensersatz geltend gemacht werden. Vgl. zum Auskunftsanspruch auch das Muster eines Antrags auf Erlass einer einstweiligen Verfügung und einer Hauptsacheklage in diesem Teil.

8. Allerdings besteht kein Anspruch auf einen Verzicht auf die Einrede des Fortsetzungszusammenhangs (BGH WRP 1993, 240 – Fortsetzungszusammenhang; OLG Düsseldorf GRUR 1987, 937; zum Fortsetzungszusammenhang vgl. auch Ohly/Sosnitza, UWG § 12 Rn. 38 ff. und *Fezer*, MarkenR, MarkenG § 20 Rn. 34, sowie ausführlich *Gaul,* Die Durchsetzung markenrechtlicher Ansprüche gegenüber Produktpiraten, 2003, 189 ff.).

9. Die Vertragsstrafe muss angemessen sein. Zulässig ist auch, eine Vertragsstrafe zu verlangen (und zu versprechen), deren Höhe zunächst vom Verletzten nach billigem Ermessen bestimmt und bei einem Streit über die Höhe bzw. Angemessenheit endgültig durch das zuständige Gericht festgesetzt wird (sog. „modifizierter Hamburger Brauch", BGH GRUR 1985, 155 – Vertragsstrafe bis zu . . . . . .; GRUR 1990, 1051 – Vertragsstrafe ohne Obergrenze).

10. Zur Kostenerstattungspflicht vgl. das Muster einer Hauptsacheklage und einer Klage auf Zahlung von Abmahnkosten in diesem Teil.

3. Annahmeerklärung[1]

An die

Firma B-AG

Herrn B

A GmbH ./. B-AG und B

Sehr geehrte Damen und Herren,

sehr geehrter Herr B,[2]

hiermit teilen wir Ihnen mit, dass wir die am . . . . . abgegebene Unterlassungs- und Verpflichtungserklärung namens und in Vollmacht unserer Mandantschaft vorbehaltlich des Eingangs im Original annehmen.[3]

Die Angelegenheit ist durch die Abgabe der Erklärung unter der Voraussetzung, dass die verfahrensgegenständliche Ware gemäß Ziff. 2. der Erklärung zurückgerufen und vernichtet wird sowie gemäß Ziff. 4. der Erklärung vollumfänglich Auskunft erteilt wird, insoweit erledigt und wir erlauben uns gemäß Anlage, die hier entstandenen Gebühren zu berechnen. Das Interesse unserer Mandantin sowie den Umfang des Verstoßes zugrunden gelegt, haben wir einen Gegenstandswert von EUR . . . . . angesetzt.[4]

Weiterhin haben Sie die unserer Mandantin durch die Stellung des Strafantrages in dieser Angelegenheit entstandenen Kosten sowie die Testkaufkosten und die Ermittlungskosten zu erstatten und darüber hinaus Schadensersatz zu leisten. Unabhängig davon, dass Sie vorliegend zumindest fahrlässig gehandelt haben, besteht auch ohne ein Verschulden ein Anspruch auf Zahlung einer angemessenen und üblichen Lizenzgebühr aus dem Gesichtspunkt einer ungerechtfertigten Bereicherung. Wir haben diesbezüglich einen Betrag über EUR . . . . . angesetzt, der ohne weiteres auch gerichtlich durchsetzbar wäre. Dieser setzt sich folgendermaßen zusammen:[5]

Verkaufte Hemden: . . . . . Stück

Verkaufspreis (netto):	EUR . . . . .
Nettowarenumsatz:	EUR . . . . .

10 % vom Warennettoumsatz (Lizenzanalogie): EUR . . . . .

Für den Eingang einer Zahlung der in der anliegenden Kostennote genannten Honorare, Testkauf- und Ermittlungskosten sowie des Schadensersatzes haben wir uns den . . . . . vorgemerkt.

Nach fruchtlosem Fristablauf werden wir die entstandenen Gebühren unserer Partei berechnen, uns dann sogleich mit der Geltendmachung und – selbstverständlich – Durchsetzung der Erstattungsansprüche beauftragen lassen und den Auftrag durch Einlegung einer Klage erfüllen, wodurch vermeidbare zusätzliche Kosten anfallen würden.

(Rechtsanwalt)

Anmerkungen

1. Ausführlich zum Zustandekommen eines Unterlassungsvertrages durch Abgabe einer Unterlassungs- und Verpflichtungserklärung sowie Annahme derselben vgl. *Gaul,* Die Durchsetzung markenrechtlicher Ansprüche gegenüber Produktpiraten, 2003, 200.

2. Auch hier empfiehlt es sich, alle Unterlassungsschuldner, die idR als Gesamtschuldner haften, gleichzeitig zur Erstattung der in Frage kommenden Ansprüche aufzufordern.

3. Falls der Verletzer der Aufforderung zur Übersendung der Unterlassungserklärung im Original, die wie sehr häufig zunächst per Telefax abgesandt wurde, nicht nachkommt, gilt die Unterlassungserklärung als nicht wirksam abgegeben (vgl. BGH GRUR 1990, 530 – Unterwerfung durch Fernschreiben) und dem Verletzten steht nach wie vor ein Anspruch auf Unterlassung zu. Dies kann eine Rolle spielen, wenn der Verletzer zwar eine Unterlassungserklärung fristgerecht (per Telefax) abgibt, sich in der Folgezeit jedoch weigert, die Abmahnkosten zu erstatten.

4. Maßgeblich für die Höhe des in Ansatz zu bringenden Gegenstandswertes ist das Interesse des Verletzten an der Durchsetzung seiner Ansprüche, wobei der Jahresumsatz mit den streitgegenständlichen Waren eine nicht unerhebliche Rolle spielt. In der Regel erscheinen in Verfahren wie vorliegend Gegenstandswerte von 25.000–250.000,– EUR gerechtfertigt. Abweichungen nach beiden Richtungen sind die Ausnahme.

5. Zu den Erstattungsansprüchen vgl. ausführlich → Form. VI.14.

4. Aufforderung zur Abgabe eines erhöhten Vertragsstrafeversprechens[1]

EINSCHREIBEN/RÜCKSCHEIN

Vorab Per Telefax

An die

Firma B-AG

Herrn B

A GmbH ./. B-AG

Sehr geehrte Damen und Herren,

sehr geehrter Herr B,

gemäß Unterlassungsverpflichtungserklärung vom . . . . . . haben Sie sich bei Meidung einer für jeden Fall der Zuwiderhandlung fälligen Vertragsstrafe in Höhe von EUR . . . . . . ua verpflichtet, es zu unterlassen, Hemden in den Verkehr zu bringen, die mit

der Bezeichnung „MOSKITO“ gekennzeichnet sind, sofern diese Produkte nicht von unserer Mandantin bzw. mit ihrer Zustimmung in den Verkehr gebracht worden sind. Diese Vertragsstrafe ist verwirkt, da Sie in Ihrem Ladengeschäft Superpreis vergangenen Samstag erneut „MOSKITO“ Hemden vertrieben haben, bei denen es sich eindeutig um Fälschungen handelt. Ein Testkauf sowie ein entsprechendes Fälschungsgutachten liegen vor.

Zur Vermeidung einer gerichtlichen Auseinandersetzung haben wir Sie aufzufordern, die Vertragsstrafe in Höhe von EUR . . . . . . sowie die durch unsere erneute Einschaltung entstandenen Kosten gemäß anliegender Honorarnote bis zum . . . . . . zu bezahlen.

Innerhalb der vorgenannten Frist sehen wir ebenfalls Ihrer Erklärung entgegen, dass Sie Ihr Vertragsstrafeversprechen gemäß Erklärung vom . . . . . . von EUR . . . . . . auf EUR . . . . . . für den Fall eines künftigen Verstoßes erhöhen. Durch die Verletzung des Unterlassungsversprechens haben Sie deutlich gemacht, dass die Vertragsstrafe der Höhe nach nicht ausreichend ist, um weitere Verstöße auszuschließen.

(Rechtsanwalt)

Anmerkungen

1. Bei einem Verstoß gegen eine in der Unterlassungserklärung übernommene Verpflichtung steht dem Verletzten neben dem Anspruch auf Abgabe einer weiteren Unterlassungserklärung ein Anspruch auf Erhöhung der ursprünglich zugesagten Vertragsstrafe zu (BGH GRUR 1990, 534 – Abruf-Coupon). Das Versprechen einer Vertragsstrafe nach dem sogenannten „Hamburger Brauch“ genügt in diesem Fall nicht (Kammergericht MD 1993, 747). Ausführlich zum Vorgehen des Verletzten im Wiederholungsfall (Neuverstoß) *Gaul,* Die Durchsetzung markenrechtlicher Ansprüche gegenüber Produktpiraten, 2003, 252 ff.

5. Antrag auf Erlass einer einstweiligen Verfügung[1]

VORAB PER TELEFAX

An das

Landgericht[2] . . . . .

– Kammer für Handelssachen –

Eilt sehr

Bitte sofort der Frau/dem Herrn Vorsitzenden vorlegen!

Antrag auf Erlass einer einstweiligen Verfügung

. . . . .

der Firma A GmbH . . . . .

– Antragstellerin –

Verfahrensbevollmächtigte: RAe . . . . .

Mitwirkender Patentanwalt: . . . . .

gegen

die Firma B-AG . . . . .

– Antragsgegnerin –

wegen Unterlassung, Herausgabe, ua

Streitwert – vorläufig geschätzt: EUR . . . . .

Namens und in Vollmacht der Antragstellerin bitten wir – der besonderen Dringlichkeit halber ohne mündliche Verhandlung und ggf. durch den/die Vorsitzende(n) allein – folgende einstweilige Verfügung zu erlassen:

1. Der Antragsgegnerin wird es bei Meidung eines für jeden Fall der Zuwiderhandlung fälligen Ordnungsgeldes bis zu 250.000,– EUR, ersatzweise Ordnungshaft bis zu 6 Monaten, oder Ordnungshaft bis zu 6 Monaten, im Wiederholungsfalle Ordnungshaft bis zu zwei Jahren, zu vollziehen an dem Vorstand, untersagt, Hemden mit der Kennzeichnung
   MOSKITO
   anzubieten oder in den Verkehr zu bringen, sofern die Produkte nicht von der Antragstellerin oder in deren Auftrag bzw. mit deren Zustimmung im Inland, in einem der übrigen Mitgliedstaaten der Europäischen Union oder in einem anderen Vertragsstaat des Abkommens über den Europäischen Wirtschaftsraum in den Verkehr gebracht worden sind.
2. Der Antragsgegnerin wird aufgegeben, der Antragstellerin unverzüglich Auskunft über die Herkunft und den Vertriebsweg derjenigen Waren zu erteilen, die mit der Kennzeichnung gemäß vorstehender Ziff. 1. versehen sind; die Antragsgegnerin hat dabei über Namen und Anschrift des Herstellers, des Lieferanten und anderer Vorbesitzer der Waren, der gewerblichen Abnehmer und Verkaufsstellen, für die die Waren bestimmt waren, sowie über die Menge der ausgelieferten, erhaltenen oder bestellten Waren und über die Preise, die für die betreffenden Waren bezahlt wurden, Auskunft zu erteilen.[3]
3. Der Antragsgegnerin wird aufgegeben, die sich in ihrem Besitz oder Eigentum befindenden Hemden, die mit der Kennzeichnung gemäß vorstehender Ziff. 1. versehen sind, an den zuständigen, von der Gerichtsvollzieherverteilerstelle des Amtsgerichts . . . . . benannten, hilfsweise an einen vom Gericht zu bestellenden Gerichtsvollzieher zum Zwecke der Verwahrung herauszugeben. Der Verwahrer kann sich einer von ihm zu bestimmenden Spedition zur Lagerung der vorstehend bezeichneten Hemden bedienen.
4. Der Antragsgegnerin wird aufgegeben, die sich in ihrer Verfügungsgewalt befindenden Bank-, Finanz- oder Handelsunterlagen an den zuständigen, von der Gerichtsvollzieherverteilerstelle des Amtsgerichts . . . . . benannten, hilfsweise an einen vom Gericht zu bestellenden Gerichtsvollzieher zum Zwecke der Verwahrung und der Einsichtnahme durch die Antragstellerin im Hinblick auf die spätere Durchsetzung des Schadensersatzanspruchs herauszugeben.
5. Der Gerichtsvollzieher wird angewiesen, die vorstehend unter Ziff. 3. und 4. bezeichneten Hemden und Unterlagen in Verwahrung zu nehmen und zum Zwecke des Auffindens dieser Hemden und Unterlagen die Geschäfts- und Lagerräume der Antragsgegnerin, ..., – auch gegen deren Widerstand – zu durchsuchen und dabei verschlossene Türen oder Behältnisse zu öffnen oder öffnen zu lassen.[4]
6. Die Antragsgegnerin trägt die Kosten des Verfahrens.

I. Sachverhalt

1. Die Antragstellerin ist alleinige Inhaberin der Wortmarke ..... MOSKITO, die ua für Waren der internationalen Klasse 25 Schutz genießt.

   Glaubhaftmachung: Markenurkunde ..... MOSKITO in Kopie, vorgelegt als – Anlage A ..... –.

2. Die Antragsgegnerin firmiert unter der Bezeichnung „Superpreis". Sie treibt Einzelhandel mit Textilprodukten. Im Ladengeschäft der Antragsgegnerin, ..., wurden am ..... zwei Hemden zum Preis von je EUR ..... testgekauft, die mit der Bezeichnung „MOSKITO" versehen waren.[5] Gleichzeitig wurde festgestellt, dass noch zahlreiche Hemden, die mit der Kennzeichnung „MOSKITO" versehen sind, zum Verkauf auslagen. Die Antragsgegnerin wirbt derzeit mit einem „Räumungsverkauf wegen Geschäftsaufgabe".

   Glaubhaftmachung: Testkaufquittung der Antragsgegnerin vom ..... in Kopie, vorgelegt als – Anlage A ..... –;Fotografie der testgekauften Hemden, vorgelegt als – Anlage A ..... –; Eidesstattliche Versicherung des ....., vorgelegt als – Anlage A ..... –.

   Die Hemden wurden an die Antragstellerin übersandt. Eine genaue Untersuchung ergab, dass ein Hemd von einem Lizenznehmer der Antragstellerin in den U. S. A. hergestellt worden war und dass es sich bei dem anderen Hemd um eine Fälschung handelt.

   Glaubhaftmachung: Eidesstattliche Versicherung des ....., vorgelegt als – Anlage A ..... –.

   Ferner wurde festgestellt, dass das Hemd aus der Lizenzproduktion nur für den nordamerikanischen Markt bestimmt war und dass die Antragstellerin keiner dritten Person oder Firma die Zustimmung zum Inverkehrbringen bzw. Weitervertrieb von Hemden, wie bei der Antragsgegnerin testgekauft, außerhalb der U. S. A. erteilt hatte.

   Glaubhaftmachung: wie vor.

II. Rechtslage

1. Im vorliegenden Fall wird die Marke der Antragstellerin identisch übernommen. Hierzu wird lediglich auf die Anlage A ..... verwiesen.
2. Da es sich bei der Marke der Antragstellerin um ein bekanntes Kennzeichen für Hemden handelt und die Benutzung der Marke somit auch der Kammer offensichtlich sein wird, erübrigen sich Ausführungen zur Benutzung des Zeichens durch die Antragstellerin.[6]
3. Gemäß § 14 Abs. 1 MarkenG hat die Antragstellerin das ausschließliche und alleinige Recht, og Marke zur Kennzeichnung von Bekleidungsstücken zu verwenden. Nach § 14 Abs. 2 und 3 MarkenG ist es Dritten untersagt, ohne Zustimmung der Markeninhaberin Bekleidungsstücke im geschäftlichen Verkehr mit diesem Zeichen zu versehen, solche Waren anzubieten, in den Verkehr zu bringen oder zu den genannten Zwecken zu besitzen. Bei Verstößen gegen diese Vorschriften steht der Antragstellerin ein Unterlassungsanspruch gemäß § 14 Abs. 5 MarkenG zu.
   Vorliegend wurden die streitgegenständlichen Hemden ohne Zustimmung der Antragstellerin in den Europäischen Wirtschaftsraum eingeführt.
   Das Markenrecht der Antragstellerin ist auch nicht durch die Produktion bzw. den Vertrieb eines Teils der Hemden in den U. S. A. erschöpft. Durch Inkrafttreten des Markengesetzes und Einführung des § 24 MarkenG ist eine Änderung der Rechts-

lage dahingehend eingetreten, dass die Erschöpfung von Markenrechten nur noch für das Inverkehrbringen der mit einer Marke gekennzeichneten Produkte im Gebiet der Europäischen Union bzw. des Europäischen Wirtschaftsraumes gilt. Der mangels einer entsprechenden gesetzlichen Regelung von der Rechtsprechung entwickelte, im alten Warenzeichenrecht geltende Grundsatz der internationalen Erschöpfung des Zeichenrechts wurde zugunsten einer eingeschränkten, auf den Europäischen Wirtschaftsraum beschränkten Erschöpfungswirkung aufgegeben. Eine Erschöpfung des Rechts aus der Marke tritt daher gemäß § 24 Abs. 1 MarkenG erst dann ein, wenn die Ware mit der Marke von ihrem Inhaber oder mit seiner Zustimmung im Inland, in einem der übrigen Mitgliedstaaten der Europäischen Union oder in einem anderen Vertragsstaat des Abkommens über den Europäischen Wirtschaftsraum in den Verkehr gebracht worden ist.[7]

Nachdem die U. S. A. weder der Europäischen Union noch dem Europäischen Wirtschaftsraum angehören, hat die Antragstellerin somit nach der geänderten Rechtslage einen Unterlassungsanspruch hinsichtlich aller mit ihrer Marke versehenen Produkte, die ohne ihre Zustimmung in den Europäischen Wirtschaftsraum gelangt sind.

4. Der geltend gemachte Auskunftsanspruch steht der Antragstellerin gemäß § 19 MarkenG zu.[8] Insbesondere sieht § 19 Abs. 3 MarkenG nunmehr vor, das auch über die Preise, die für die betreffenden Waren bezahlt wurden, Auskunft zu erteilen ist.
5. Nachdem der Antragstellerin der Anspruch gemäß § 14 MarkenG zusteht, kann diese gemäß § 18 MarkenG auch die Vernichtung der markenverletzenden Hemden verlangen. Der durch die Rechtsverletzung verursachte Zustand kann nicht auf andere Weise als durch Vernichtung beseitigt werden. Die Aufdrucke auf den Stoffen lassen sich nicht entfernen, ohne dass es zur Beschädigung oder gar Zerstörung der Hemden kommt, da diese fest in das Gewebe eingearbeitet sind. Schließlich sind keine Gründe ersichtlich, die es für die Antragsgegnerin unverhältnismäßig erscheinen lassen, die markenverletzenden Produkte zu vernichten.[9]

   Zur Sicherung des Vernichtungsanspruchs ist es dringend erforderlich, die markenverletzenden Hemden durch einen Gerichtsvollzieher in Verwahrung nehmen zu lassen, zumindest bis der Anspruch der Antragstellerin auf Vernichtung im Hauptsacheverfahren abschließend gesichert ist.[10] Durch ein Belassen der verfahrensgegenständlichen Hemden bei der Antragsgegnerin wird der Vernichtungsanspruch der Antragstellerin vereitelt, da erstere die Textilien weiterhin in den Verkehr bringen wird. In diesem Zusammenhang ist zu beachten, dass der Antragsgegnerin als Einzelhändlerin de facto eine andere Verwendung als der Verkauf der verfahrensgegenständlichen Hemden nicht möglich ist. Ein privater Gebrauch scheidet aus. Im Übrigen kann aus dem Umstand, dass es bereits zu Markenverletzungen und Verwertungshandlungen gekommen ist, auf eine konkrete und nahe liegende Wiederholungsgefahr geschlossen werden.
6. Schließlich kann die Antragstellerin die Antragsgegnerin gemäß § 19b MarkenG auf Vorlage ihrer Bank-, Finanz- oder Handelsunterlagen in Anspruch nehmen, da ohne diese Vorlage die Erfüllung des Schadensersatzanspruchs fraglich wäre. Wie vorstehend dargelegt, wirbt die Antragsgegnerin damit, einen Räumungsverkauf wegen Geschäftsaufgabe durchzuführen. Da es sich bei der Antragsgegnerin um eine Tochtergesellschaft eines japanischen Konzerns handelt, wird diese ihre Vermögenswerte nach Schließung ihrer letzten Filiale in Deutschland beiseiteschaffen. Aufgrund des niedrigen Verkaufspreises und der offenkundig extrem schlechten Qualität der verfahrensgegenständlichen Hemden steht fest, dass die Antragsgegnerin bewusst und damit vorsätzlich mit Piraterieware handelt. Sie wird daher auch keine Skrupel haben, sich dem Schadensersatzanspruch der Antragstellerin mit jedweden Mitteln zu entziehen. Es ist daher dringend geboten, der Antragstellerin im Hinblick auf die spätere Durchsetzung ihres Schadensersatzanspruchs, der nach vorstehenden Ausführungen offensichtlich besteht, Zugriff auf die Bank-, Finanz-

oder Handelsunterlagen der Antragsgegnerin zu gewähren. Andernfalls wird der Schadensersatzanspruch der Antragstellerin ins Leere gehen.[11]

(Rechtsanwalt)

Anmerkungen

1. Vgl. auch → Form. I.5. und → Form. IV.2.7.

2. Zur Zuständigkeit einzelner Landgerichte bei Kennzeichenstreitsachen gemäß § 140 Abs. 2 MarkenG vgl. *Fezer,* MarkenR, MarkenG § 140 Rn. 9 ff.

3. Gemäß § 19 Abs. 2 und 7 MarkenG kann der Anspruch auf Auskunft auch gegen Dritte, die nicht Verletzer sind, im Wege der einstweiligen Verfügung geltend gemacht werden (→ Form. VI.2 Anm. 7 zum Muster einer strafbewehrten Unterlassungs- und Verpflichtungserklärung in diesem Teil). Um nicht in eine Regressfalle zu geraten, sollte beachtet werden, dass es, zumindest hinsichtlich des Gebots, Auskunft zu erteilen, wegen veränderter Umstände nach §§ 936, 927 ZPO uU zu einer Aufhebung der einstweiligen Verfügung kommen kann, wenn versäumt wird, über die Zustellung des Titels im Parteibetrieb hinaus, innerhalb der Monatsfrist des § 929 Abs. 2 ZPO einen Antrag nach § 888 ZPO auf Festsetzung eines Zwangsgeldes, ersatzweise Zwangshaft gegen den Antragsgegner zu stellen (vgl. hierzu sehr deutlich OLG Hamburg GRUR 1997, 147; OLG Rostock MDR 2006, 1425; OLG Düsseldorf 6.4.2017 – I-15 U 4/17; allerdings entgegen OLG Frankfurt a. M. WRP 1998, 223, das nach wie vor die Auffassung vertritt, die Stellung eines Vollstreckungsantrags nach § 888 ZPO innerhalb der Monatsfrist des § 929 Abs. 2 ZPO sei für die rechtzeitige Vollziehung nicht erforderlich; ebenso: OLG Celle OLGR 2001, 261; OLG München MDR 2003, 53. Siehe auch LG Koblenz WRP 1997, 986, und *Gaul,* Die Durchsetzung markenrechtlicher Ansprüche gegenüber Produktpiraten, 2003, 221).

4. Zur Vollstreckungsproblematik siehe *Seip* NJW 1994, 352. Obwohl den Anträgen wie vorgetragen häufig von den angerufenen Gerichten stattgegeben wird, sollte beachtet werden, dass an sich keine Zuständigkeit des Landgerichts, sondern des Amtsgerichts gegeben ist (*Kleinemenke* GRUR-Prax 2013, 514 mwN).

5. In aller Regel empfiehlt es sich, einen Testkauf durchzuführen, um zunächst festzustellen, ob eine Schutzrechtsverletzung vorliegt, und um in späteren zivil- und strafrechtlichen Verfahren über Beweis- bzw. Glaubhaftmachungsmittel zu verfügen. Wenn dies nicht möglich ist, was in Produktpirateriefällen selten der Fall ist, kann auch gemäß § 19a Abs. 1 MarkenG bei hinreichender Wahrscheinlichkeit einer Rechtsverletzung der vermeintliche Verletzer auf Vorlage einer Urkunde oder Besichtigung einer Sache in Anspruch genommen werden, die sich in dessen Verfügungsgewalt befindet, wenn dies zur Begründung der Ansprüche erforderlich ist. Bei hinreichender Wahrscheinlichkeit einer in gewerblichem Ausmaß begangenen Rechtsverletzung erstreckt sich der Anspruch auch auf die Vorlage von Bank-, Finanz- oder Handelsunterlagen. Der Anspruch ist gemäß § 19a Abs. 2 MarkenG ausgeschlossen, wenn die Inanspruchnahme im Einzelfall unverhältnismäßig ist. Die Verpflichtung zur Vorlage einer Urkunde oder zur Duldung der Besichtigung einer Sache kann gemäß § 19a Abs. 3 MarkenG im Wege der einstweiligen Verfügung angeordnet werden. Gemäß § 19a Abs. 4 MarkenG, § 811 Abs. 1 BGB hat die Vorlage an dem Orte zu erfolgen, an dem sich die Urkunde oder Sache bzw. die Unterlagen befinden. Aus wichtigem Grund kann jede Partei die Vorlage an einem anderen Orte verlangen. Wenn keine Verletzung vorlag oder drohte, kann der vermeintliche Verletzer gemäß § 19a Abs. 5 MarkenG von demjenigen, der die Vorlage oder Besichtigung begehrt hat, den Ersatz des ihm durch das Begehren entstandenen Schadens verlangen.

6. Auf Einrede des Antragsgegners muss der Antragsteller gemäß § 25 Abs. 2 MarkenG nachweisen, dass die eingetragene, streitgegenständliche Marke innerhalb der letzten 5 Jahre ausreichend iSv § 26 MarkenG benutzt worden ist, sofern zum Zeitpunkt des Antrags auf Erlass einer einstweiligen Verfügung seit mindestens 5 Jahren kein Widerspruch mehr gegen die Marke möglich war.

7. Vgl. BGH GRUR 1996, 271 (273) – Gefärbte Jeans; LG Düsseldorf GRUR 1996, 66 (67) – adidas-Import; OLG München GRUR 1996, 137 (138 f.) – GT ALL TERRA sowie sehr ausführlich LG München I 16.10.1996 – 7 HKO 14343/96, (unveröffentlicht). Differenzierend auch zum Unterlassungs-, Auskunfts-, Vernichtungs- und Schadensersatzanspruch sowie zur Grenzbeschlagnahme bei Parallelimporten *Pickrahn* GRUR 1996, 383 ff. und *Litten* WRP 1997, 678.

8. Dem Auskunftsanspruch steht nicht entgegen, dass das – von der Antragstellerin bzw. ihrem Lizenznehmer selbst vorgenommene – Anbringen der Marke auf der Ware als solche rechtmäßig war. § 19 Abs. 1 MarkenG findet auch im Falle eines Parallelimports Anwendung. Vgl. hierzu ausführlich einen vergleichbaren Fall betreffend OLG Frankfurt a. M. WRP 1998, 223 (224) und *Pickrahn* GRUR 1996, 383 ff. Auf ein Verschulden kommt es für den selbstständigen Auskunftsanspruch nach § 19 Abs. 1 MarkenG im Gegensatz zum Auskunftsanspruch zur Schadensermittlung nicht an (vgl. OLG Frankfurt a. M. WRP 1998, 223 (225)). Zum Auskunftsanspruch im einstweiligen Verfügungsverfahren, insbesondere zum Tatbestandsmerkmal „offensichtlicher" Schutzrechtsverletzung siehe *Tilmann* BB 1990, 1565, und Ingerl/Rohnke, MarkenG § 19 Rn. 52, sowie allgemein *Eichmann* 1990, 575 und *Cremer* Mitt. 1992, 153.

9. Vgl. insbesondere LG München I 16.10.1996 – 7 HKO 14 343/96, (unveröffentlicht), das sich mit der Entscheidung „adidas-Import" auseinandersetzt, einen Vernichtungsanspruch bejaht und eine Wiederausfuhr durch den Verletzer ablehnt, da dies gegen § 14 Abs. 3 Ziff. 4 MarkenG verstoßen würde. Zum Vernichtungsanspruch vgl. auch *Fezer,* MarkenR, MarkenG § 18 Rn. 1 ff. Die umstrittene Frage, ob neben der Sicherung des Vernichtungsanspruchs nach § 18 Abs. 1 MarkenG auch ein Rückrufanspruch nach § 18 Abs. 2 MarkenG im einstweiligen Verfügungsverfahren durchsetzbar ist, hat in der Praxis erheblich an Bedeutung verloren, nachdem umfangreiche Rückrufpflichten nun schon aus dem Unterlassungsanspruch folgen (Ströbele/Hacker/Thiering/*Thiering*, MarkenG § 18 Rn. 76).

10. Dem Verlangen auf Herausgabe an einen Gerichtsvollzieher wird in der Regel unproblematisch stattgegeben. Ergänzend sei auf die Entscheidungen des BGH aus den Jahren 1995 und 1997 (BGH GRUR 1995, 388 – Kleiderbügel; BGH WRP 1997, 1189 – Vernichtungsanspruch) sowie die unter → Anm. 7 genannte Entscheidung des Landgerichts München I hingewiesen. Um ein „Verschwinden" der widerrechtlich gekennzeichneten Ware zu verhindern, sollte der Vernichtungsanspruch idR ohne vorherige Abmahnung gesichert werden, wobei die Kostenfolge des § 93 ZPO nicht droht (Ströbele/Hacker/Thiering/*Thiering*, MarkenG § 18 Rn. 59 mwN; OLG Hamburg GRUR 1984, 758; KG WRP 1984, 325; OLG Nürnberg WRP 1995, 427; OLG Düsseldorf WRP 1997, 471; OLG Frankfurt a. M. GRUR 2006, 264). Siehe auch die Anmerkungen zu dieser Problematik im Muster einer Hauptsacheklage in diesem Teil, insbesondere → Form. VI.14 Anm. 14,15.

11. Gemäß § 19b Abs. 4 MarkenG, § 811 Abs. 1 BGB hat die Vorlage an dem Orte zu erfolgen, an dem sich die Unterlagen befinden. Aus wichtigem Grund kann jede Partei die Vorlage an einem anderen Orte verlangen. Der Verfügungsantrag ist auf Herausgabe der Unterlagen an den Gerichtsvollzieher zum Zwecke der Vorlage an den Antragsteller zu richten (vgl. BeckOK UrhR/*Reber* UrhG § 101a Rn. 3). Dem Schutzerfordernis vertraulicher Informationen gemäß § 19b Abs. 3 MarkenG kann durch Anordnung eines Wirtschaftsprüfervorbehalts Genüge getan werden. Da ein solcher Wirtschaftsprüfervorbehalt von Amts wegen erfolgen kann und lediglich eine Modifizierung ohne Teilabweisung und Kostenbelastung darstellt, empfiehlt es sich nicht, diesen von vornherein zu beantragen.

6. Erwiderung auf Widerspruch (privater Gebrauch)[1]

An das

Landgericht ......

– Kammer für Handelssachen –

Az.: ......

In Sachen

Fa. A GmbH

gegen

B

werden wir namens und in Vollmacht der Antragstellerin

beantragen:

I. Die einstweilige Verfügung des Landgerichts ...... vom ...... wird bestätigt.
II. Der Antragsgegner trägt auch die weiteren Kosten des Verfahrens.

Begründung:

1. Der Antragsgegner hat im Auftrag Dritter markenverletzende Ware in die Bundesrepublik eingeschleust. Nach dem eigenen Vortrag des Antragsgegners steht fest, dass er die eingeführten „MOSKITO“ Hemden nicht für sich privat, sondern (angeblich) für seinen Kegelverein gekauft hat. Es liegt auf der Hand, dass der Kauf von markenverletzender Ware für Dritte kein Erwerb für den Privatgebrauch ist. Die vom Antragsgegner vorgebrachte Rechtsverteidigung wird standardmäßig in ähnlich gelagerten Fällen bei verschiedenen Gerichten vorgetragen.
   Ein nahezu identisch gelagerter Fall wurde bereits vor dem Landgericht Düsseldorf verhandelt. Auch in diesem Verfahren wurde vorgetragen, dass die markenverletzende Ware für die Mitglieder eines Vereins beschafft werden sollte. Nach Zurückweisung des Prozesskostenhilfeantrags wurde der Widerspruch in dem genannten Verfahren zurückgenommen. Wir überreichen anliegend als
   – Anlage A ...... –
   das Protokoll der mündlichen Verhandlung. Ausdrücklich heißt es hier:
   > „Die Rechtsverteidigung hat keine hinreichende Aussicht auf Erfolg, weil auch das Verschenken an die Mitglieder eines Vereins ein Inverkehrbringen im markenrechtlichen Sinne ist.“[2]

   In rechtlicher Hinsicht kann somit kein Zweifel bestehen, dass der Antragsgegner die markenverletzende Ware im geschäftlichen Verkehr verwendet hat. Wir überreichen weiterhin als
   – Anlage A ...... –
   ein Urteil des Landgerichts Nürnberg-Fürth, in dem ebenfalls ausdrücklich klargestellt wird, dass ein Erwerb markenverletzender Ware für einen Verein nicht unter den bloßen Privatgebrauch fällt und somit ein Anspruch der Antragstellerin iSv § 14 MarkenG gegeben ist.[3]

Auch der Bundesgerichtshof hat zur Frage der Abgrenzung der Zeichenverwendung im geschäftlichen Verkehr bzw. im Privatbereich im amtlichen Leitsatz ausgeführt:

„Die Zeichenverwendung im geschäftlichen Verkehr umfasst grundsätzlich alle Bereiche, in denen außerhalb des privaten Bereichs einer unbestimmten Vielzahl von Personen die Ware unter dem fraglichen Warenzeichen – nicht notwendig gegen Entgelt – angeboten wird“.[4]

Der Privatbereich beschränkt sich auf den Erwerber der Ware und sein unmittelbares Umfeld. Die Weitergabe an Personen, zu denen keine nähere persönliche Bindung besteht, fällt nicht mehr in den Privatbereich. Das Landgericht Frankfurt am Main hat in der als

– Anlage A . . . . . . –

überreichten Entscheidung vom 9.5.1995 über einen Antrag des Verletzers auf Prozesskostenhilfe klargestellt:

„Inverkehrsetzen ist jede Handlung, durch die die Ware – nicht notwendig gegen Entgelt – in Verkehr gebracht wird; (. . . . . .) ausgenommen ist nur der private Gebrauch. Ein solcher liegt aber nicht vor, wenn die widerrechtlich gekennzeichnete Ware mit der Absicht in die Bundesrepublik eingeführt wird, sie wie hier an Freunde und Bekannte weiterzugeben.“[5]

2. Der Vortrag des Antragsgegners, ihm sei nicht bewusst gewesen, dass es sich bei den von ihm eingekauften Hemden um widerrechtlich gekennzeichnete Markentextilien handelte, ist unerheblich. Gemäß § 14 MarkenG ist es ua untersagt, Waren in den Verkehr zu bringen bzw. einzuführen oder auszuführen, die unter Verstoß gegen § 14 Abs. 2 MarkenG mit einem ausschließlich dem Markeninhaber zustehenden Zeichen widerrechtlich versehen sind (§ 14 Abs. 3 Ziff. 4 MarkenG). In diesem Zusammenhang kommt es auf ein Verschulden des Antragsgegners nicht an. Es genügt, wenn die verletzende Ware durch Einfuhr in den Geltungsbereich des Markengesetzes gelangt. Der Antragsgegner hätte sich vor der Einfuhr der Ware vergewissern müssen, ob gesetzliche Vorschriften oder Schutzrechte Dritter verletzt werden.

Im Ergebnis ist die einstweilige Verfügung der erkennenden Kammer daher zu bestätigen.

(Rechtsanwalt)

Anmerkungen

1. Die ausgezeichnet funktionierende Kommunikation zwischen Produktpiraten führt dazu, dass dem Schutzrechtsinhaber in Widerspruchsverfahren standardmäßig „privater Gebrauch“ der schutzrechtsverletzenden Ware, entweder durch geplante Verwendung für den persönlichen Gebrauch des Verletzers oder durch geplantes Verschenken an Familienangehörige, Vereinsmitglieder oder dergleichen entgegengehalten wird. Diese Argumentation der Verletzer macht es notwendig, auf die Erwiderung auf einen Widerspruch näher einzugehen. Eine ausführliche Auseinandersetzung mit der Problematik findet sich bei *Gaul,* Die Durchsetzung markenrechtlicher Ansprüche gegenüber Produktpiraten, Frankfurt am Main 2003, 52 ff.

2. LG Düsseldorf 19.1.1996 – 38 O 111/95 (unveröffentlichten)n zu einem Antrag des Verletzers auf Prozesskostenhilfe.

3. LG Nürnberg-Fürth 1.3.1996 – 4 HKO 10 573/95 (unveröffentlicht).

4. BGH GRUR 1987, 438 – Handtuchspender.

5. LG Frankfurt a. M. 9.5.1995 – 2-06 O 156/95 (unveröffentlicht). Vgl. auch LG Mannheim 25.6.1997 – 21 O 28/97 (unveröffentlicht), LG Berlin 21.4.1997 – 97 O 245/96 (unveröffentlicht); LG Köln 19.12.1995 – 81 O 186/95 (unveröffentlicht), LG Bochum

31.8.1995 – 14 O 94/95 (unveröffentlicht), LG Düsseldorf 20.9.1995 – 34 O 115/95 (unveröffentlicht) sowie restriktiv LG Düsseldorf Mitt. 1996, 22. Das LG Mannheim, WRP 1999, 1057, hat festgestellt, dass die Einfuhr von pro Kopf über 23 Bekleidungsstücken für ein Handeln im geschäftlichen Verkehr spricht. AA aber das Bayerische Oberste Landgericht, wonach durch die Ausstattung seiner aktiven Sportler mit einheitlichen Trainingsanzügen ein Idealverein ohne Hinzutreten besonderer Umstände auch dann nicht im geschäftlichen Verkehr handelt, wenn er dadurch die Aktiven zu höherer sportlicher Leistung motivieren oder sein Ansehen in der Öffentlichkeit steigern will (BayObLG LSK 2002, 210225). Zur Abgrenzung zwischen privatem und geschäftlichem Handeln bei Verkäufen über die Internetauktionsplattform eBay vgl. BGH GRUR 2009, 871 – Ohrclips.

7. Prozessstandschafts- und Abtretungsvereinbarung[1]

Prozessstandschafts- und Abtretungsvereinbarung

zwischen

der Firma A GmbH, ...

und

der Firma C GmbH, ...

1. **Die Firma C GmbH ist alleinverantwortlich für den Vertrieb von Produkten der Marke „MOSKITO“ in der Bundesrepublik Deutschland.**
2. **Die Firma A GmbH ermächtigt die Firma C GmbH, alle ihre gewerblichen Schutzrechte und Urheberrechte, insbesondere alle Rechte an ihrer Marke . . . . . . MOSKITO, die sich auf Grund unautorisierter Nutzung durch Dritte ergeben, in der Bundesrepublik Deutschland im eigenen Namen außergerichtlich und/oder gerichtlich geltend zu machen. Insbesondere gilt dies für Ansprüche auf Unterlassung, einstweilige oder dauerhafte Verwahrung, Beseitigung und Vernichtung, Rückruf und Entfernen aus den Vertriebswegen, Vorlage und Besichtigung, Urteilsbekanntmachung, ferner auf Drittauskunft einschließlich Belegvorlage.**
3. **Soweit vorstehende Ansprüche nicht im Wege der Prozessstandschaft geltend gemacht werden können, tritt die Firma A GmbH ihre etwaigen Ansprüche wegen Verletzungshandlungen gegen alle in Frage kommenden Verletzer hiermit an die Firma C GmbH ab. Die Firma C GmbH nimmt diese Abtretung an.**
4. **Die Firma A GmbH tritt hiermit alle Ansprüche auf Schadensersatz und Herausgabe der ungerechtfertigten Bereicherung sowie alle damit zusammenhängenden Ansprüche auf Auskunfts- und Rechnungslegung einschließlich aller zugehörigen Belegvorlageansprüche wegen Verletzung ihrer unter Ziff. 2 genannten Schutzrechte oder schutzrechtsähnlichen Positionen gegen alle in Frage kommenden Verletzer an die Firma C GmbH ab. Die Firma C GmbH nimmt diese Abtretung an.**

Ort, Datum **(Unterschriften)**

Anmerkungen

1. Die Prozessführungsbefugnis (gewillkürte Prozessstandschaft) von Alleinvertriebsberechtigten und anderen, wirtschaftlich mit dem Schutzrechtsinhaber verbundenen Unternehmen oder Personen wird häufig von den Verletzern bestritten. Aus diesem Grund empfiehlt es sich, eine Vereinbarung vorzulegen, aus der sich sowohl eine rechtsgeschäftliche Erlaubnis zum Vorgehen gegen Verletzer, als auch ein schutzwürdiges, eigenes Interesse des Klägers ergibt.

8. Mitteilung über den Erlass einer einstweiligen Verfügung an den Antragsgegner[1]

PER TELEFAX

An die

Firma B-AG

A GmbH ./. B-AG

Einstweilige Verfügung des Landgerichts . . . . . .

Sehr geehrte Damen und Herren,

in der vorbezeichneten Angelegenheit überlassen wir Ihnen anliegend das gestern im einstweiligen Verfügungsverfahren gegen Ihr Unternehmen erlassene und bereits zur Zustellung gegebene Urteil des Landgerichts . . . . . ., das ab sofort bei Meidung eines sonst fälligen Ordnungsgeldes zu beachten ist.

Nach ständiger Rechtsprechung genügt die Kenntniserlangung des Verletzers von der Tatsache, dass im Verfügungsverfahren ein Urteil verkündet wurde, das sich – was hiermit anwaltlich versichert wird – auf dem Wege der Zustellung befindet, um den Anforderungen des § 890 ZPO, der die Voraussetzung für die Verurteilung zu einem Ordnungsgeld oder zur Ordnungshaft regelt, Genüge zu leisten.

Mit freundlichen Grüßen

(Rechtsanwalt)

Anlage

Anmerkungen

1. Urteilsverfügungen auf Unterlassung sind nach hM bereits ab Verkündung der Urteilsverfügung und nicht erst mit ihrer Zustellung zu beachten, falls sie eine Ordnungsmittelandrohung enthalten. Dies gilt unabhängig von der Tatsache, dass die Vollziehung durch Parteizustellung erst später erfolgt. Beschlussverfügungen, die ein Gebot oder Verbot enthalten, werden erst mit Zustellung wirksam und müssen erst ab diesem Zeitpunkt beachtet werden. Vgl. zu dieser Problematik sehr ausführlich *Berneke/Schüttepelz,* Einstw. Verfügung, Rn. 373, 580 f.

9. Zustellungsauftrag an Gerichtsvollzieher[1]

An das

Amtsgericht . . . . . .[2]

– Gerichtsvollzieherverteilerstelle –

Eiliger Zustellungsauftrag

A GmbH ./. B-AG

Sehr geehrter Herr Gerichtsvollzieher,

in der Anlage übersenden wir Ihnen eine Ausfertigung einer einstweiligen Verfügung des Landgerichts . . . . . ., verbunden mit dem Auftrag, die Ausfertigung samt Antragsschrift[3] an die Antragsgegnerin,

Firma B-AG . . . . . .

zuzustellen.

Die Angelegenheit eilt; es handelt sich um eine Markenverletzung.

Für Ihre Bemühungen bedanken wir uns im Namen der Antragstellerin im Voraus.

Mit freundlichen Grüßen

(Rechtsanwalt)

Anlagen

Anmerkungen

1. Obwohl sich in der Literatur Stimmen häufen, wonach die Notwendigkeit, einstweilige Unterlassungsverfügungen im Wege der Parteizustellung innerhalb der Monatsfrist der §§ 929 Abs. 2, 936 ZPO zuzustellen, nicht mehr zeitgemäß, sondern vielmehr überflüssig ist (so *Knieper* WRP 1997, 815), muss die genannte Frist penibel eingehalten werden, um die Aufhebung der Verfügung und letztendlich einen Regressfall zu vermeiden. Ausführlich *Gaul,* Die Durchsetzung markenrechtlicher Ansprüche gegenüber Produktpiraten, Frankfurt am Main 2003, 217 ff.; *Berneke/Schüttpelz,* Einstw. Verfügung, Rn. 576 ff.

2. Die Zuständigkeit richtet sich unabhängig vom Gericht, das für den Erlass der einstweiligen Verfügung zuständig war, nach dem Wohnsitz bzw. Sitz des Antragsgegners.

3. Gemäß §§ 191 ff. ZPO erfolgt die Zustellung durch Übergabe einer Ausfertigung oder beglaubigten Abschrift der Verfügung (aA OLG München NJWE-WettbR 1998, 282, wonach die Zustellung lediglich einer beglaubigten Abschrift nicht genügt, zwischenzeitlich überholt durch BGH GRUR 2004, 264, 265 f.). Falls in der Verfügung angeordnet, sind auch die Antragsschrift und uU die Anlagen zuzustellen, wobei eine Zustellung der Anlagen entbehrlich sein kann, wenn die Verfügung aus sich heraus verständlich ist. Um eine Unwirksamkeit der Zustellung zu vermeiden, sollte darauf geachtet werden, welche Anordnungen hinsichtlich der Zustellung bestimmter Schriftstücke durch das Gericht in der Verfügung getroffen wurden (vgl. *Berneke/Schüttpelz,* Einstw. Verfügung, Rn. 371).

10. Zustellung von Anwalt zu Anwalt[1]

Herrn Rechtsanwalt . . . . . .

Zustellungsbescheinigung

Von den Rechtsanwälten . . . . . . als Verfahrensbevollmächtigte der Antragstellerin wird gemäß § 195 ZPO von Anwalt zu Anwalt zugestellt:

beglaubigte Abschrift

der Ausfertigung des

vollständigen Beschlusses

des LG . . . . . . vom . . . . . .

und beglaubigte sowie einfache

Abschrift der Antragsschrift nebst Anlagen

vom . . . . . .

Gericht: Landgericht . . . . . . AZ: . . . . . .

in Sachen . . . . . .

gegen . . . . . .

Ort, Datum . . . . . .

durch

Rechtsanwalt

Empfangsbekenntnis

Als Verfahrensbevollmächtigter der Antragsgegnerin

gemäß § 195 ZPO von Anwalt zu Anwalt von der Kanzlei . . . . . . zugestellt erhalten:

beglaubigte Abschrift

der Ausfertigung des

vollständigen Beschlusses

des LG . . . . . . vom . . . . . .

und beglaubigte sowie einfache

Abschrift der Antragsschrift nebst Anlagen

vom . . . . . .

Gericht: Landgericht . . . . . . AZ: . . . . . .

in Sachen: . . . . . .

gegen . . . . . .

Ort, Datum

durch

Rechtsanwalt

Anmerkungen

1. Hat sich für den Antragsgegner ein Verfahrensbevollmächtigter bestellt (zB in einer Schutzschrift) und hat der Antragsteller hiervon Kenntnis, ist die einstweilige Verfügung gemäß § 172 ZPO grundsätzlich an den Anwalt zuzustellen. Andernfalls gilt die einstweilige Verfügung nicht als wirksam zugestellt und kann auf Antrag des Antragsgegners aufgehoben werden. Ausführlich zu dieser Problematik *Berneke/Schüttpelz,* Einstw. Verfügung, Rn. 600 f.

11. Antrag auf öffentliche Zustellung[1]

An das

Landgericht . . . . .

– Kammer für Handelssachen –

Az.: . . . . .

In Sachen

Firma A GmbH

gegen

B

wird beantragt, die einstweilige Verfügung des Landgerichts . . . . . vom . . . . ., Az.: . . . . ., dem Antragsgegner

öffentlich zuzustellen.

Begründung

Die zuständige Gerichtsvollzieherverteilerstelle wurde mit Schreiben vom . . . . ., in Kopie vorgelegt als – Anlage A . . . . . –, gebeten, eine Ausfertigung der einstweiligen Verfügung des Landgerichts . . . . . vom . . . . ., Az.: . . . . ., dem Antragsgegner zustellen zu lassen.

Die Antragstellerin erhielt daraufhin die einstweilige Verfügung mit dem Vermerk „Empfänger unbekannt verzogen“ auf der Zustellungsurkunde, vorgelegt als – Anlage A . . . . . –, zurück.

Daraufhin wurde die als – Anlage A . . . . . – beigefügte Auskunft aus dem Melderegister eingeholt. Diese bestätigt lediglich die bereits im Antrag auf Erlass der einstweiligen Verfügung benannte Adresse.

Weiterhin wurde ein Anschriftenprüfungsgesuch an die Deutsche Post AG gerichtet. Diesbezüglich wurde in dem als – Anlage A . . . . . – beigefügten Schreiben mitgeteilt, dass der Antragsgegner unbekannt verzogen ist.

Der Antragstellerin stehen somit keine Möglichkeiten mehr zur Verfügung, die neue Adresse des Antragsgegners in Erfahrung zu bringen. Die für die öffentliche Zustellung erforderliche Voraussetzung, nach der der Aufenthaltsort des Antragsgegners unbekannt sein muss, liegt hier vor. Insbesondere für Großstädte lässt die überwiegende Rechtsprechung eine ergebnislose Auskunft beim zuständigen Einwohnermeldeamt und der zuletzt zuständigen Postdienststelle genügen.[2]

Es ist der Antragstellerin nicht zumutbar, weitere, kostenintensive Ermittlungen anzustellen. Der Antragsgegner versucht offensichtlich, sich durch wiederholte Umzüge den berechtigten Ansprüchen der Antragstellerin zu entziehen.

Es besteht auch ein rechtliches Interesse an einer öffentlichen Zustellung, um die Beschlussverfügung dem Antragsgegner gegenüber wirksam werden zu lassen. Andernfalls könnten sich Antragsgegner in einstweiligen Verfügungssachen durch vorübergehende Ortsabwesenheit den getroffenen gerichtlichen Geboten entziehen. Nachdem der Aufenthalt des Antragsgegners unbekannt ist, muss die einstweilige Verfügung öffentlich zugestellt werden.

Um eine möglichst rasche Erledigung dieses Antrags wird im Hinblick auf die Vollziehungsfrist der §§ 929 Abs. 2, 936 ZPO gebeten.

(Rechtsanwalt)

Anmerkungen

1. Die Zustellung durch öffentliche Bekanntmachung ist gemäß § 185 ZPO zulässig, wenn der Aufenthalt einer Partei unbekannt ist oder eine Auslandszustellung nicht möglich bzw. aussichtslos wäre.

2. Zur Darlegung des unbekannten Aufenthalts vgl. Zöller/*Schultzky*, ZPO § 185 Rn. 4. An den Nachweis, dass die Voraussetzungen für eine öffentliche Zustellung erfüllt sind, werden idR hohe Anforderungen gestellt und es sind eingehende Ermittlungen durch den Antragsteller nötig. Obwohl die Praxis der Gerichte sehr unterschiedlich ist, kann davon ausgegangen werden, dass eine Anfrage beim Einwohnermeldeamt ohne weitere Nachforschungen nicht ausreicht.

12. Kostenfestsetzungsantrag

An das

Landgericht . . . . . – Kammer für Handelssachen –

Az.: . . . . .

In Sachen

Firma A GmbH

gegen

B

wurde durch Beschl. v. . . . . . die öffentliche Zustellung der einstweiligen Verfügung vom . . . . . an den Antragsgegner bewilligt. Gemäß anliegender beglaubigter Abschrift der Zustellungsbescheinigung vom . . . . . gilt die Zustellung mit Ablauf des . . . . . als bewirkt.

Gemäß Beschl. v. . . . . . hat der Antragsgegner die Kosten des Verfahrens zu tragen. Die der Antragstellerin entstandenen Kosten geben wir wie folgt bekannt und

beantragen

die Festsetzung mit der Maßgabe, dass die festgesetzten Kosten vom Zeitpunkt der Antragstellung an mit 5 % über dem Basiszinssatz zu verzinsen sind:

Streitwert: EUR . . . . .

1,3 Verfahrensgebühr, §§ 2 Abs. 2, 13 RVG iVm Nr. 3100 VV RVG	EUR . . . . .
Auslagenpauschale, Nr. 7002 VV RVG[1]	EUR . . . . .
1,3 Verfahrensgebühr, §§ 2 Abs. 2, 13 RVG iVm Nr. 3100 VV RVG, 140 Abs. 4 MarkenG für die Mitwirkung des Patentanwalts	EUR . . . . .
Auslagenpauschale, Nr. 7002 VV RVG	EUR . . . . .
. . . . . Fotokopien, Nr. 7000 VV RVG	EUR . . . . .
Zustellkosten	EUR . . . . .
Kosten der Einwohnermeldeamtsanfrage	EUR . . . . .
Testkaufkosten	EUR . . . . .
Ermittlungskosten der Firma . . . . . gemäß anliegenden Rechnungen	EUR . . . . .

Kosten der Verkehrsanwälte . . . . . der Antragstellerin

gem. anliegender Berechnung

(1,0 Verfahrensgebühr, §§ 2 Abs. 2, 13 RVG iVm Nr. 3400 VV RVG

zzgl. Auslagenpauschale, Nr. 7002 VV RVG)	EUR . . . . .
Gesamtsumme	EUR . . . . .

Hinsichtlich der angefallenen Kosten für das Einholen einer Einwohnermeldeamtsanfrage ist folgendes anzumerken:

Die Erstattungsfähigkeit von Kosten für das Einholen einer Einwohnermeldeamtsanfrage als Prozessvorbereitungskosten gem. § 91 ZPO entspricht gefestigter Rechtsprechung. Aus dem Zweck des Kostenfestsetzungsverfahrens, die durch einen Rechtsstreit entstandenen vermögensrechtlichen Beziehungen der Parteien möglichst weitgehend zu bereinigen, wird die Folgerung hergeleitet, im praktikablen Rahmen auch notwendige Vorbereitungskosten und die in Vorbereitung einer Rechtsverfolgung gemachten Aufwendungen zur Beschaffung von Informationen über den Wohnsitz der Gegenseite als erstattungsfähig zu beurteilen.

Die Erstattungsfähigkeit von Ermittlungskosten als Prozessvorbereitungskosten gem. § 91 ZPO entspricht ebenfalls gefestigter Rechtsprechung.[2] Auch die Kosten für die Einschaltung eines Ermittlungsbüros und die Aufwendungen zur Beschaffung von Beweismitteln sind als prozesszugehörig zu berücksichtigen.[3]

Im vorliegenden Fall wurden die Aufwendungen im Rahmen eines bereits zuvor gefassten Entschlusses zur Rechtsverfolgung getätigt. Diese waren zur Rechtsverfolgung auch erforderlich.

Auch die Erstattungsfähigkeit von Testkaufkosten entspricht gefestigter Rechtsprechung.[4] Im Übrigen finden obige Ausführungen zu den Ermittlungskosten sinngemäß Anwendung.

Die in Ansatz gebrachten Verkehrsanwaltskosten sind ebenfalls erstattungsfähig. Vorliegend handelt es sich um einen Rechtsstreit auf dem Gebiet des Marken- und Wettbewerbsrechts. Die Antragstellerin verfügt insofern nicht über die erforderliche Sach- und Fachkenntnis, um einen Prozessbevollmächtigten vor Ort sachgerecht zu informieren. Sie wird seit Jahren auf dem Gebiet des gewerblichen Rechtsschutzes ausschließlich durch die Rechtsanwaltskanzlei ..... in ..... betreut. Die Verkehrsanwälte hatten deshalb durch ihre jahrelange Prozess- und Korrespondenztätigkeit einen besseren Informationsstand als der zuständige Sachbearbeiter der Antragstellerin. Unter diesen Umständen ist die Erstattung der Kosten der Verkehrsanwälte auf jeden Fall gerechtfertigt.[5]

Hilfsweise wird die Festsetzung der Kosten einer fiktiven Informationsreise nebst einer Beratungspauschale beantragt:

Fahrtkosten gem. § 5 JVEG

Von ..... nach ..... und zurück

insgesamt ..... km × 0,..... EUR	EUR .....
Beratungspauschale[6]	EUR .....
Auslagenpauschale, Nr. 7002 VV RVG	EUR .....
Gesamtsumme	EUR .....

Hinsichtlich der Zustellung des beantragten Kostenfestsetzungsbeschlusses an den Antragsgegner wird auf den Schriftsatz vom ..... und den daraufhin ergangenen Beschl. v. ..... Bezug genommen und auch vorliegend die

öffentliche Zustellung[7]

beantragt.

(Rechtsanwalt)

Anlagen

Anmerkungen

1. Nach umstrittener Auffassung des Bundesgerichtshofs (BGH NJW 2008, 1323) vermindert sich durch die anteilige Anrechnung einer vorgerichtlich entstandenen Geschäftsgebühr nach Nr. 2300 VV RVG auf die Verfahrensgebühr des gerichtlichen Verfahrens gemäß Teil 3 Vorbemerkung 3 Absatz 4 VV RVG nicht die bereits entstandene Geschäftsgebühr, sondern die in dem anschließenden gerichtlichen Verfahren nach Nr. 3100 VV RVG anfallende Verfahrensgebühr. In der Praxis muss daher zumindest bei Kürzung der Verfahrensgebühr durch den Rechtspfleger im Kostenfestsetzungsverfahren die Geschäftsgebühr für die Abmahnung nach erfolgreicher einstweiliger Verfügung gesondert (notfalls gerichtlich) geltend gemacht werden. Allerdings kann sich nach § 15a Abs. 2 RVG ein Dritter, also der Gegner, nur auf die Anrechnung berufen, wenn er entweder den Anspruch auf die Geschäftsgebühr oder die Verfahrensgebühr bereits erfüllt hat, wenn wegen einer der betroffenen Gebühren gegen ihn bereits ein Vollstreckungstitel besteht oder beide Gebühren in demselben Verfahren gegen ihn geltend gemacht werden.

2. Vgl. Zöller/*Herget*, ZPO § 91 Rn. 13.28 mit zahlreichen Rechtsprechungshinweisen, sowie OLG Koblenz GRUR 1992, 133: „Dient die Beauftragung einer Detektei ganz offensichtlich dazu, Tatsachen und Sachverhalte zu erfahren, um den Vorwurf wettbewerbswidrigen Verhaltens zu belegen und darauf gestützt eine einstweilige Verfügung zu beantragen, so ist die Einschaltung der Detektei sachgerecht und zur Verfahrensvorbereitung auch notwendig".

3. So bereits KG GRUR 1976, 665.

4. Vgl. BGH WRP 2016, 966 Rn. 75 – Herrnhuter Stern; OLG Düsseldorf WRP 1986, 33; OLG Frankfurt a.M. GRUR 1985, 401; KG GRUR 1976, 665; Zöller/*Herget*, ZPO § 91 Rn. 13.99 mit zahlreichen Rechtsprechungshinweisen; Allerdings sind die Kosten eines Testkaufs, der keinem anderen Zweck dient, als die örtliche Zuständigkeit eines weiteren Gerichts zu begründen, keine notwendigen Vorbereitungskosten und deshalb nicht erstattungsfähig (OLG München GRUR 1976, 609).

5. OLG Koblenz Anwaltsbl. 1996, 410. Grundsätzlich sind die Kosten eines Verkehrsanwalts heute nach gängiger Rechtsprechung nicht mehr erstattungsfähig (Musielak/*Flockenhaus*, ZPO § 91 Rn. 27 mwN). Ein Versuch kann gleichwohl unternommen werden.

6. Nachdem seit dem 1.7.2006 die Beratungsgebühren im RVG weggefallen und durch die Aufforderung an den Anwalt ersetzt worden sind, mit dem Mandanten eine Vergütungsvereinbarung zu treffen (§ 34 RVG), sollte zumindest versucht werden, eine Pauschale für die Beratung durchzusetzen. Die wohl herrschende Meinung in Literatur und Rechtsprechung lehnt eine Erstattungsfähigkeit einer solchen Beratungspauschale aber ab (Musielak/*Flockenhaus*, ZPO § 91 Rn. 61 mwN).

7. Vgl. → Form. VI.11.

13. Ratenzahlungsvereinbarung[1]

RATENZAHLUNGSVEREINBARUNG

zwischen

den Rechtsanwälten . . . . .[2]

– Gläubiger –

und

Herrn B

– Schuldner –

1. **Der Schuldner erkennt an, den Gläubigern Anwaltskosten auf Grund einer markenrechtlichen Abmahnung sowie Kosten für diese Vereinbarung gemäß Berechnung unter Ziff. 9 in Höhe von insgesamt EUR . . . . . zu schulden.**
2. **Der Schuldner verpflichtet sich zur Zahlung der gesamten Schuld durch Zahlung eines monatlichen Betrages in Höhe von EUR . . . . ., zahlbar jeweils zum 1. eines jeden Monats, erstmals zum . . . . .**
   Dem Schuldner steht es frei, nach vorheriger rechtzeitiger Benachrichtigung, die Restschuldsumme ab einem bestimmten Zeitpunkt in höheren Raten oder auf einmal zu tilgen.
3. **Der Schuldner verzichtet auf Einwendungen jeglicher Art hinsichtlich des Grundes und der Höhe der Schuld.**

Der Schuldner erklärt, dass er bei gleich bleibenden wirtschaftlichen Verhältnissen zur Zahlung der vereinbarten Beträge in der Lage ist und seinen hier übernommenen Verpflichtungen pünktlich nachkommen wird. Er beabsichtigt deshalb auch nicht, gerichtlichen Vollstreckungsschutz in Anspruch zu nehmen.

4. Die Zahlungen sind auf das Konto der Gläubiger bei der
   . . . . . Bank
   BLZ . . . . .
   Konto Nr . . . . .
   unter Angabe der Rechnungsnummer . . . . . zu leisten.
5. Die Gläubiger verpflichten sich, falls der Schuldner die Raten pünktlich zahlt, keine Vollstreckungsmaßnahmen einzuleiten.
6. Die jeweilige Restforderung ist zur sofortigen Zahlung fällig, wenn der Schuldner mit einer Rate ganz oder teilweise länger als 10 Tage im Rückstand ist, sofern dem Schuldner nicht ausdrücklich eine weitere Stundung gewährt wird.
   Für die sofortige Fälligkeit ist eine Mahnung unter Fristsetzung nicht erforderlich.
7. Die Neufestsetzung der Raten wird erforderlich, wenn sich die wirtschaftlichen Verhältnisse des Schuldners nach Abschluss dieses Vergleiches wesentlich verbessert haben.
8. Der Schuldner erkennt an, dass die Verjährung der Forderung mit Unterzeichnung dieser Vereinbarung neu beginnt und bis zur endgültigen Tilgung der Gesamtschuld gehemmt ist.
9. Der Schuldner übernimmt die Kosten dieser Ratenzahlungsvereinbarung wie folgt:

Gegenstandswert gem. §§ 2, 23 RVG	EUR . . . . .
1,3 Geschäftsgebühr, §§ 2 Abs. 2, 13 RVG iVm Nr. 2300 VV RVG	EUR . . . . .
Auslagenpauschale, Nr. 7002 VV RVG	EUR . . . . .
19 % Mehrwertsteuer, Nr. 7008 VV RVG	EUR . . . . .
Gesamtbetrag	EUR . . . . .

10. Zur Absicherung der obigen Forderungen tritt der Schuldner hiermit den jeweils pfändbaren Teil seines Lohn- bzw. Gehaltsanspruches gegenüber seinem jeweiligen Arbeitgeber oder die Vergütungsansprüche einschließlich etwaiger Provisionsansprüche, Tantiemen und Gewinnbeteiligungen aus sonstigen Dienst-/Dienstleistungs-/Geschäftsbesorgungs-/Werk-/Werklieferungs- und/oder Gesellschaftsverträgen gegen seinen jeweiligen Vertragspartner an die Gläubiger ab. Soweit der Schuldner selbstständig ist, tritt er den pfändbaren Teil seines Gewinnes aus seiner selbstständigen unternehmerischen Tätigkeit in Höhe der jeweils aktuellen Schuld an die Gläubiger ab.
    Diese Ratenzahlungsvereinbarung wird in zweifacher Ausfertigung überreicht. Die Rückgabe einer unterzeichneten Ausfertigung erfolgt bis zum . . . . .
    Danach sind die Gläubiger nicht mehr an dieses Angebot gebunden.

Ort, Datum Unterschriften

Rechtsanwalt

Anmerkungen

1. Häufig wird es nicht gelingen, „Produktpiraten" zu einer sofortigen und vollständigen Bezahlung der angefallenen Kosten zu zwingen. Im Einzelfall kann es ratsam sein, eine Ratenzahlungsvereinbarung zu akzeptieren. Allerdings darf der erhebliche Buchhaltungsmehraufwand, der mit der Überwachung des Eingangs der jeweiligen Teilzahlungen verbunden ist, nicht unterschätzt werden, zumal die Erfahrung gezeigt hat, dass Fälscher Zahlungen nach einigen Raten häufig einstellen und so den Schutzrechtsinhaber zwingen – allerdings zeitlich verzögert – eine Zahlungsklage einzureichen.

2. Diese Konstellation, die sich empfiehlt, um den Mandanten von der lästigen Überwachung des Eingangs der Raten zu entlasten, ist möglich, wenn eine entsprechende Abtretungsvereinbarung zwischen den Rechtsanwälten und dem Mandanten getroffen wurde.

14. Hauptsacheklage auf Unterlassung, Auskunft, Schadensersatz, Rückruf, Vernichtung, Zahlung von Abmahnkosten, Unterlagenvorlage und Urteilsbekanntmachung[1]

An das

Landgericht . . . . .

– Kammer für Handelssachen –

Klage

der Firma A GmbH . . . . .

– Klägerin –

Prozessbevollmächtigte: RAe . . . . .

Mitwirkender Patentanwalt: . . . . .

gegen

die Firma B-AG . . . . .

– Beklagte –

Prozessbevollmächtigte: RAe . . . . .

wegen Unterlassung ua

Streitwert – vorläufig geschätzt: EUR . . . . .

Namens und in Vollmacht der Klägerin erheben wir Klage und werden beantragen:

I. Der Beklagten wird es bei Meidung eines für jeden Fall der Zuwiderhandlung fälligen Ordnungsgeldes bis zu 250.000,– EUR, ersatzweise Ordnungshaft bis zu 6 Monaten, oder Ordnungshaft bis zu 6 Monaten, im Wiederholungsfalle Ordnungshaft bis zu zwei Jahren, zu vollziehen an dem Vorstand, untersagt, Hemden oder ihre Verpackung oder Umhüllung mit der Kennzeichnung
MOSKITO

anzubieten, in den Verkehr zu bringen oder zu diesem Zweck zu besitzen, sofern die Produkte nicht von der Klägerin oder in deren Auftrag bzw. mit deren Zustimmung im Inland, in einem der übrigen Mitgliedstaaten der Europäischen Union oder in einem anderen Vertragsstaat des Abkommens über den Europäischen Wirtschaftsraum in den Verkehr gebracht worden sind.

II. Es wird festgestellt, dass die Beklagte verpflichtet ist, der Klägerin allen Schaden zu ersetzen, der ihr im Zusammenhang mit den vorstehend unter Ziff. I. bezeichneten Handlungen entstanden ist und künftig entstehen wird;
hilfsweise,
es wird festgestellt, dass die Beklagte verpflichtet ist, an die Klägerin eine angemessene Lizenz für ihre Handlungen der im Klageantrag zu Ziff. I. bezeichneten Art zu zahlen.

III. Die Beklagte wird verurteilt, der Klägerin Auskunft zu erteilen über die vorstehend unter Ziff. I. bezeichneten Verletzungshandlungen und zwar durch Übergabe einer schriftlichen Auflistung, aus der sich ergibt:
1. Name und Anschrift des Herstellers, des Lieferanten und anderer Vorbesitzer;
2. Name und Anschrift der gewerblichen Abnehmer und Verkaufsstellen, für die die Ware bestimmt war;
3. die Menge der bestellten, erhaltenen und ausgelieferten Ware;
4. Einkaufszeiten und Verkaufszeiten;
5. Einkaufspreise und Verkaufspreise;
6. sonstige über die Einkaufspreise hinausgehende Gestehungskosten;
7. die mit dem Verkauf erzielten Nettoumsätze;
8. der mit dem Verkauf erzielte Gewinn.

Dies alles (Ziff. 1. bis 8.) unter Vorlage von Kopien der Rechnungen und Lieferscheine des Lieferanten der Beklagten an sie sowie unter Vorlage von Kopien der Rechnungen und Lieferscheine der Beklagten an ihre gewerblichen Abnehmer.

IV. Die Beklagte wird verurteilt,
1. in die Vernichtung derjenigen Hemden und deren Verpackungen oder Umhüllungen mit der Kennzeichnung „MOSKITO", welche durch das Zollfahndungsamt ..... am ..... beschlagnahmt und dort eingelagert worden sind, durch das Zollfahndungsamt ..... oder durch einen von der Gerichtsvollzieherverteilerstelle des Amtsgerichts ..... zu bestimmenden und von der Klägerin zu beauftragenden Gerichtsvollzieher einzuwilligen;
2. hilfsweise zum Antrag zu Ziff. IV.1.:
in die Vernichtung der vorstehend bezeichneten Gegenstände durch das Zollfahndungsamt ..... einzuwilligen;
3. ebenfalls hilfsweise zum Antrag zu Ziff. IV.1.:
in die Vernichtung der vorstehend bezeichneten Gegenstände durch einen von der Gerichtsvollzieherverteilerstelle des Amtsgerichts ..... zu bestimmenden und von der Klägerin zu beauftragenden Gerichtsvollzieher einzuwilligen;
4. hilfsweise zu den Anträgen zu Ziff. IV.2. und 3.:
die vorstehend bezeichneten Gegenstände nach vorheriger Freigabe durch das Zollfahndungsamt ..... oder die zuständige Staatsanwaltschaft oder das zuständige Gericht nur unter gleichzeitiger Anwesenheit und Kontrolle einer von der Klägerin zu benennenden Kontrollperson, hilfsweise eines von der Gerichtsvollzieherverteilerstelle des Amtsgerichts ..... zu benennenden und von der Klägerin zu beauftragenden Gerichtsvollziehers, zu übernehmen und in Gegenwart dieser Person selbst zu vernichten;
5. hilfsweise zum Antrag zu Ziff. IV.4.:
die vorstehend bezeichneten Gegenstände zu vernichten.

V. Die Beklagte wird verurteilt, sämtliche Hemden mit der Kennzeichnung „MOSKITO" unverzüglich auf ihre Kosten aus den Vertriebswegen zurückzurufen und an einen von der Gerichtsvollzieherverteilerstelle des Amtsgerichts . . . . . zu bestimmenden und von der Klägerin zu beauftragenden Gerichtsvollzieher zum Zwecke der Vernichtung herauszugeben, hilfsweise die Vernichtung selbst vorzunehmen.

VI. Es wird festgestellt, dass die Beklagte verpflichtet ist, die Kosten der Vernichtung der unter Ziff. IV. und V. genannten Gegenstände einschließlich anfallender Gerichtsvollzieherkosten zu tragen.

VII. Die Beklagte wird verurteilt, an die Klägerin EUR . . . . . nebst Zinsen in Höhe von 5 Prozentpunkten über dem Basiszinssatz p. a. seit . . . . . zu zahlen.

VIII. Die Beklagte wird verurteilt, der Klägerin die sich in ihrer Verfügungsgewalt befindenden Bank-, Finanz- oder Handelsunterlagen zum Zwecke der Einsichtnahme im Hinblick auf die spätere Durchsetzung des Schadensersatzanspruchs vorzulegen.

IX. Die Klägerin ist befugt, nach Rechtskraft des Urteils auf Kosten der Beklagten das Urteil in einer vom Gericht zu bestimmenden Größe in den Zeitungen . . . . . öffentlich bekannt zu machen.

X. Die Beklagte trägt die Kosten des Rechtsstreits.

XI. Das Urteil ist vorläufig vollstreckbar, wobei eine etwaig angeordnete Sicherheitsleistung durch Bankbürgschaft eines deutschen Bankinstituts erbracht werden kann.
hilfsweise: Der Klägerin wird nachgelassen, die Zwangsvollstreckung durch Sicherheitsleistung, die durch Bankbürgschaft eines deutschen Bankinstituts erbracht werden kann, abzuwenden.

XII. Sofern das Gericht das schriftliche (Vor-)Verfahren anordnet, wird für den Fall der Fristversäumung oder des Anerkenntnisses beantragt,
die Beklagte durch Versäumnis- oder Anerkenntnisurteil ohne mündliche Verhandlung zu verurteilen.

Begründung

A. Sachverhalt[2]

B. Rechtslage

I. Zu Klageantrag Ziff. I.:

1. Die Klägerin hat Anspruch auf Unterlassung gemäß § 14 Abs. 5 MarkenG.
Im vorliegenden Fall wird die Marke MOSKITO identisch übernommen. Insofern überreichen wir als
– Anlage K . . . . . –
Fotografien der beschlagnahmten Textilien sowie ein Muster für das Gericht im Original.
Nachdem es sich bei der Kennzeichnung MOSKITO um eine bekannte Marke für Hemden handelt, deren Benutzung auch der Kammer offensichtlich und damit gerichtsbekannt sein wird, erübrigen sich Ausführungen zur Benutzung der Marke durch die Klägerin. Im Übrigen ist auch die fünfjährige Benutzungsschonfrist des § 25 MarkenG noch nicht abgelaufen.
Die Wiederholungsgefahr ergibt sich bereits daraus, dass eine Unterlassungserklärung nicht abgegeben wurde.

2. Hinsichtlich der obigen Ausführungen zu den Fälschungsmerkmalen der streitgegenständlichen Textilien ist anzumerken, dass nicht die Klägerin den Nachweis für das Vorliegen gefälschter Ware zu führen hat, sondern die Beklagte die Beweislast dafür trägt, dass es sich bei den von ihr in den Verkehr gebrachten Textilien um Originalware handelt, die von der Markeninhaberin oder mit ihrer Zustimmung im Inland, in einem der übrigen Mitgliedstaaten der Europäischen Union oder in einem anderen Vertragsstaat des Abkommens über den Europäischen Wirtschaftsraum in den Verkehr gebracht worden sind.[3]

II. Zu Klageantrag Ziff. II.:
Die Klägerin hat Anspruch auf Feststellung, dass die Beklagte verpflichtet ist, Schadensersatz zu leisten.

1. Ein Anspruch auf Schadensersatz folgt aus § 14 Abs. 6 MarkenG.
Die Beklagte handelte zumindest fahrlässig, da sie bei Anwendung der im Verkehr erforderlichen Sorgfalt hätte erkennen können, dass sie gefälschte Markentextilien einführt. Dass es sich bei den außerhalb organisierter Vertriebswege zu einem günstigen Preis eingekauften Textilien um Fälschungen handelt, musste der Beklagten klar gewesen sein. Im Übrigen sind Einkäufer auf Grund der sich seit geraumer Zeit häufenden Fälle sogenannter Markenpiraterie gehalten, der Prüfung der Echtheit der Waren, insbesondere im Hinblick auf die Herkunft vom Markeninhaber, besondere Aufmerksamkeit zu widmen.[4]
2. Aus Gründen äußerster Vorsicht ist auch ein Hilfsantrag auf Herausgabe der ungerechtfertigten Bereicherung im Rahmen des Antrags zu Ziff. II. formuliert worden.[5]
3. Die Klägerin wird ihren Schaden zum einen entsprechend einer bei vertraglichen Vereinbarungen üblichen bzw. angemessenen Lizenzgebühr berechnen, da der Verletzer nicht besser stehen darf als derjenige, der fremde Rechte respektiert.[6]
Da die sog. Stücklizenz anhand des Nettowarenumsatzes der Beklagten zu berechnen ist, muss deren Auskunftserteilung abgewartet werden.
Zum anderen wird die Klägerin den sog. Marktverwirrungsschaden geltend machen. Dieser kann neben der Lizenzanalogie beansprucht werden, da er vom Inhalt und Wesen der (fingierten) Lizenz nicht erfasst wird.[7]
Die Höhe des Marktverwirrungsschadens wird in das Ermessen des Gerichts gestellt werden (§ 287 ZPO). Insofern wird eine Schätzung nach freier Überzeugung und unter Würdigung aller Umstände anzustellen sein, wobei eine Orientierung am räumlichen und zeitlichen Ausmaß der Verletzungshandlungen stattzufinden haben wird.[8] Daher muss auch insofern die Auskunftserteilung abgewartet werden.
Im Übrigen behält sich die Klägerin vor, Ersatz des konkret entgangenen Gewinns bzw. Herausgabe des durch die Beklagte erzielten Gewinns geltend zu machen. Auch insoweit bedarf es der Auskunftserteilung der Beklagten.

III. Zu Klageantrag Ziff. III.:

1. Der Auskunftsanspruch der Klägerin folgt bereits aus § 19 MarkenG.[9] Insoweit ist der Wortlaut des Gesetzes eindeutig.
Hinzu kommt, dass der Klägerin nur eine vollständige Auskunft über Namen und Anschrift des Herstellers, des Lieferanten und anderer Vorbesitzer sowie der gewerblichen Abnehmer und der Auftraggeber ermöglicht, auch gegen diese mutmaßlichen Verletzer vorzugehen.[10]
2. Da der Auskunftsanspruch auch als Hilfsanspruch zur Ermöglichung einer sachgerechten Schadensberechnung gewährt wird, ergeben sich Art und Umfang der zu erteilenden Auskunft ferner nach der Maßgabe von Treu und Glauben aus dem Erfordernis der Schadensberechnung.[11] Um den entstandenen Schaden in voller Höhe und nach der günstigsten Schadensberechnungsmethode liquidieren zu können, ist die Klägerin auf Informationen über den vollen Umfang der Verletzungshandlungen angewiesen. Da die Klägerin die für sie günstigste Berechnungsart noch nicht kennt, hat sie das Recht, Auskunft über alle Tatsachen zu verlangen, die zur Schadensermittlung nach jeder der og drei Berechnungsmethoden erforderlich sind.[12]
3. Der Belegvorlageanspruch ist nach Rechtsprechung des Bundesgerichtshofs gerechtfertigt.[13] Gerade in Fälschungsfällen der vorliegenden Art benötigt die Klägerin auch die entsprechenden Belege, einerseits zur Kontrolle der Auskunft des regelmäßig unzuverlässigen Verletzers, andererseits aber auch als Beweismittel

gegenüber Drittverletzern (Lieferanten, gewerbliche Abnehmer etc), da diese nicht selten wahrheitswidrig jegliche Beteiligungshandlungen bestreiten.

IV. Zu Klageantrag Ziff. IV.:

1. Die Klägerin hat gemäß § 18 Abs. 1 S. 1 MarkenG einen Anspruch auf Vernichtung der verfahrensgegenständlichen Textilien.[14]

   a) Der durch die Rechtsverletzung verursachte Zustand kann nicht auf andere Weise als durch Vernichtung beseitigt werden. Die Aufdrucke auf den verfahrensgegenständlichen Hemden lassen sich regelmäßig nicht entfernen, ohne dass es zur Beschädigung oder gar Zerstörung des Stoffes kommt.

   b) Angesichts der Nachhaltigkeit der Markenverletzungen seitens der Beklagten sowie ihres schuldhaften Handelns sind keine Gründe ersichtlich, die es für sie unverhältnismäßig erscheinen lassen, die gefälschten Produkte zu vernichten.

   c) Die verfahrensgegenständlichen Textilien standen bei Beschlagnahme im Besitz der Beklagten. Dies ist auch heute noch der Fall.[15]
   Der Antrag Ziff. IV. ist unter Wahrung des Sicherungsinteresses der Klägerin nach den verschiedenen Möglichkeiten der Vernichtung aufgeteilt:

      aa) Da sich die streitgegenständliche Ware zurzeit in der Verfügungsgewalt der Zollbehörden befindet und eine Einziehung zum Zwecke der Vernichtung immerhin möglich erscheint, ist es sachgerecht, dass die Beklagte zur Einwilligung in die Vernichtung durch die Zollbehörden verurteilt wird (Antrag Ziff. IV.1.)
      Da die Klägerin aber ihrerseits keine rechtliche Möglichkeit hat, die Zollbehörden zur Vernichtung zu zwingen, ist im Antrag Ziff. IV.1. eine Alternativverurteilung zur Einwilligung in die Vernichtung durch einen Gerichtsvollzieher vorgesehen.[16]

      bb) Für den Fall, dass das Gericht eine Alternativverurteilung zur Einwilligung in die Vernichtung durch die Zollbehörden oder einen Gerichtsvollzieher nicht billigen sollte, wurden vorsorglich Hilfsanträge formuliert, welche die Einwilligung in die Vernichtung nur durch die Zollbehörden bzw. durch einen Gerichtsvollzieher vorsehen (Anträge Ziff. IV.2. und 3.).

      cc) Für den Fall, dass das Gericht die Anträge auf Einwilligung in die Vernichtung durch die Zollbehörden und/oder einen Gerichtsvollzieher nicht billigen sollte, ist der Antrag Ziff. IV.4. auf Vernichtung unter Kontrolle der Klägerin vorgesehen. Dabei wird im Rahmen dieses Hilfsantrags in erster Linie die Einschaltung einer von der Klägerin auszuwählenden Kontrollperson vorgeschlagen, hilfsweise dazu wiederum die Einschaltung eines Gerichtsvollziehers.

      dd) Mit dem Hilfsantrag Ziff. IV.5. zielt die Klägerin auf eine Vernichtung der beschlagnahmten Ware durch die Beklagte ab.

V. Zu Klageantrag Ziff. V.:
Die Klägerin kann gemäß § 18 Abs. 2 MarkenG verlangen, dass die Beklagte die streitgegenständliche Ware aus den Vertriebswegen zurückruft. Aufgrund der schlechten Qualität der Ware und den niedrigen Verkaufspreisen muss auch den Abnehmern der Beklagten, die diese Ware wiederverkaufen, klar gewesen sein, dass es sich um Plagiate handelt. Deren etwaig entgegenstehende Interessen rechtfertigen es daher nicht, den Anspruch der Klägerin auf Rückruf der Ware zu versagen. Im Hinblick auf den Anspruch auf Vernichtung dieser Ware darf auf die vorstehenden Ausführungen zu Klageantrag Ziff. IV. verwiesen werden.[17]

VI. Zu Klageantrag Ziff. VI.:
Nach ständiger Rechtsprechung kann die Klägerin von der Beklagten Ersatz der ihr im Zusammenhang mit der Vernichtung der streitgegenständlichen Ware entstehenden Aufwendungen fordern.[18]

VII. Zu Klageantrag Ziff. VII.:
Die Klägerin hat einen Anspruch auf Erstattung der Abmahnkosten gemäß §§ 683 S. 1, 677, 670 BGB (Geschäftsführung ohne Auftrag) sowie gemäß § 14 Abs. 6 MarkenG. Für die Abmahnung wurde eine Gebühr von 1,3 angesetzt. Hinzu kommt die Auslagenpauschale.[19] Nach Rechtsprechung des Bundesgerichtshofs (BGH NJW 2008, 1323) vermindert sich durch die anteilige Anrechnung einer vorgerichtlich entstandenen Geschäftsgebühr nach Nr. 2300 VV RVG auf die Verfahrensgebühr des gerichtlichen Verfahrens gemäß Teil 3 Vorbemerkung 3 Absatz 4 VV RVG nicht die bereits entstandene Geschäftsgebühr, sondern die in dem anschließenden gerichtlichen Verfahren nach Nr. 3100 VV RVG anfallende Verfahrensgebühr.[20]
Daraus ergibt sich folgender Betrag:
Gegenstandswert: EUR .....

1,3 Geschäftsgebühr, §§ 2 Abs. 2, 13 RVG iVm Nr. 2300 VV RVG	EUR .....
Auslagenpauschale, Nr. 7002 VV RVG	EUR .....
Gesamtsumme	EUR .....

VIII. Zu Klageantrag Ziff. VIII.:
Die Klägerin kann die Beklagte gemäß § 19b MarkenG auf Vorlage ihrer Bank-, Finanz- oder Handelsunterlagen in Anspruch nehmen, da ohne diese Vorlage die Erfüllung des Schadensersatzanspruchs fraglich wäre. Wie vorstehend dargelegt, wirbt die Beklagte damit, einen Räumungsverkauf wegen Geschäftsaufgabe durchzuführen. Da es sich bei der Beklagten um eine Tochtergesellschaft eines japanischen Konzerns handelt, wird diese ihre Vermögenswerte nach Schließung ihrer letzten Filiale in Deutschland beiseiteschaffen. Aufgrund des niedrigen Verkaufspreises und der offenkundig extrem schlechten Qualität der verfahrensgegenständlichen Hemden steht fest, dass die Beklagte bewusst und damit vorsätzlich mit Piraterieware handelt. Sie wird daher auch keine Skrupel haben, sich dem Schadensersatzanspruch der Klägerin mit jedweden Mitteln zu entziehen. Der Klägerin ist daher im Hinblick auf die spätere Durchsetzung ihres Schadensersatzanspruchs Zugriff auf die Bank-, Finanz- oder Handelsunterlagen der Beklagten zu gewähren. Andernfalls wird der Schadensersatzanspruch der Klägerin ins Leere gehen.[21]

IX. Zu Klageantrag Ziff. IX.:
Die Klägerin hat gemäß § 19c MarkenG einen Anspruch auf Urteilsbekanntmachung in mindestens einer überregionalen Zeitung. Das hierfür erforderliche berechtigte Interesse der Klägerin besteht schon darin, dass sie aufgrund der im großen Umfang erfolgten Auslieferungen der gefälschten Markentextilien Handel und Endverbraucher über das rechtswidrige Vorgehen der Beklagten aufklären muss. Nur so kann die nachhaltige Schädigung des guten Rufs der Klägerin aufgrund der schlechten Qualität der Plagiate zumindest zum Teil abgemildert werden. Zudem wird der Verkehr gewarnt, dass ihm gerichtliche Schritte drohen, sofern er die Markenrechte der Klägerin verletzt. Etwaige gegenteilige Interessen der Beklagten haben demgegenüber schon aufgrund ihres rücksichtslosen rechtswidrigen Handelns zurückzustehen.[22]

X. Streitwert
Der Streitwert bestimmt sich nach § 3 ZPO.[23]

(Rechtsanwalt)

Anlagen

Anmerkungen

1. Vgl. auch → Form. I.10, → Form. IV.2.5 und → Form. V.14.

2. Es folgen Ausführungen zu
- den Schutzrechten der Klagepartei, einschließlich Beweisangebot durch Vorlage entsprechender Urkunden und Auskunft des Deutschen Patent- und Markenamtes;
- der Verletzungshandlung, einschließlich Beweisangebot durch Vorlage von Ermittlungsberichten und Zeugnis von Ermittlungsbeamten sowie privaten Ermittlern;
- dem Tatbestand der Schutzrechtsverletzung sowie Ausführungen zur Verwechslungsgefahr im Falle einer Markenverletzung;
- den Fälschungsmerkmalen, einschließlich Vorlage eines Fälschungsgutachtens und Sachverständigengutachten im Bestreitensfalle (unter Verwahrung gegen die Beweislast).

3. Zur Beweislastverteilung bei Markenverletzungen vgl. *Gaul,* Die Durchsetzung markenrechtlicher Ansprüche gegenüber Produktpiraten, 2003, 261 ff.

4. Ergeben sich Anhaltspunkte, die ernsthafte Zweifel an der Herkunft der Waren begründen können, so folgen daraus für den Käufer besondere Nachforschungspflichten (vgl. BGH GRUR 1987, 520 (522)). Auch unter dem Gesichtspunkt zahlreicher Presseveröffentlichungen über gefälschte Markentextilien ist eine erhöhte Aufmerksamkeit beim Textilieneinkauf geboten. Vgl. hierzu auch BGH WRP 1997, 1189 (1191 f.), und ausführlich *Gaul,* Die Durchsetzung markenrechtlicher Ansprüche gegenüber Produktpiraten, 2003, 113 ff.

5. Auch im Falle einer schuldlosen Verletzungshandlung hat die Beklagte die ungerechtfertigte Bereicherung herauszugeben. Dieser Anspruch ist nach der Rechtsprechung des Bundesgerichtshofs auf die Zahlung einer angemessenen und üblichen Lizenzgebühr gerichtet (vgl. BGH GRUR 1987, 520 (523) – Chanel No. 5 I; GRUR 1987, 524 (525) – Chanel No. 5 II).

6. Als Schaden kann der Verletzte entweder die tatsächliche Vermögenseinbuße, eine fiktive Lizenzgebühr, die bei erlaubter Nutzung vereinbart worden wäre, oder den vom Verletzer erzielten Gewinn verlangen (vgl. hierzu mit zahlreichen Rechtsprechungsnachweisen *Beuthien/Wasmann* GRUR 1997, 255 ff.). Ausführlich und grundlegend BGH GRUR 1973, 375 – Miss Petite; GRUR 1975, 85 – Clarissa. Die vormals lediglich auf Rechtsprechung beruhende Möglichkeit, eine fiktive Lizenzgebühr oder Gewinnherausgabe zu fordern, hat der Gesetzgeber nunmehr ausdrücklich in § 14 Abs. 6 MarkenG normiert. Das Wahlrecht des Verletzten, im Rahmen der dreifachen Art der Schadensberechnung von der einen zur anderen Berechnungsart überzugehen, erlischt erst durch Erfüllung oder rechtskräftige Zuerkennung des Anspruchs (BGH GRUR 1973, 55 – Tchibo/Rolex II). Vgl. hierzu auch BGH GRUR 1993, 757 – Kollektion Holliday.

7. Vgl. Köhler/Bornkamm/Feddersen/*Köhler*, UWG § 9 Rn. 1.34; BGH GRUR 1973, 375 (378); 1982, 489 – Korrekturflüssigkeit; *Schramm,* Der Marktverwirrungsschaden, GRUR 1974, 617. Die gleiche Folge würde unter dem Aspekt Schadensersatz wegen Pflichtverletzung (§ 280 BGB) bestehen, wenn bei vereinbarter Lizenzgebühr dem Lizenzgeber durch eine nicht verkehrsübliche, marktverwirrende Zeichenbenutzung ein Marktverwirrungs- und Rufschaden entstanden ist. Bei Zeichenverletzungen spricht bereits die Lebenserfahrung dafür, dass mindestens ein Marktverwirrungsschaden verursacht wird, so dass es insoweit näherer Darlegungen des Verletzten zur Wahrscheinlichkeit einer Schadensentstehung nicht bedarf (vgl. Ingerl/Rohnke, Vorb. zu §§ 14–19d Rn. 282 mwN).

8. Vgl. *Wölfel,* Markenverletzungen, S. 73. In diesem Sinne führt auch das Oberlandesgericht Köln in GRUR 1993, 979 aus, dass für die Schadensschätzung die umgesetzten Warenmengen und die dabei erzielten Preise und Gewinne eine wichtige Grundlage und Orientierungshilfe zur Bemessung des Schadens sind. Siehe auch *Leisse* GRUR 1988, 88, und *Gaul,* Die Durchsetzung markenrechtlicher Ansprüche gegenüber Produktpiraten, 126 f.

9. Zum Anspruch auf Auskunft gemäß § 19 Abs. 2 MarkenG gegen Dritte, die nicht Verletzer sind, → Form. VI.2 Anm. 7 zum Muster einer strafbewehrten Unterlassungs- und Verpflichtungserklärung in diesem Teil.

10. Zur verschuldensunabhängigen Drittauskunft vgl. Ströbele/Hacker/Thiering/*Thiering*, MarkenG § 19 Rn. 5, 6; *Cremer,* Die Bekämpfung der Produktpiraterie in der Praxis, Mitt. 1992, 153 sowie OLG Zweibrücken GRUR 1997, 827 – Pharaon-Schmucklinie und *Eichmann* GRUR 1990, 575. Insbesondere muss der Verletzer alle ihm zur Verfügung stehenden Informationsquellen in zumutbarem Umfang ausschöpfen, um die geschuldete Angabe über die Herkunft der widerrechtlich gekennzeichneten Ware erteilen zu können.

11. Vgl. OLG Köln GRUR 1993, 979, das ein Urteil des Landgerichts Köln bestätigt, welches den Beklagten verurteilt hatte, über seine Umsätze mit der streitgegenständlichen Ware Auskunft zu erteilen.

12. Vgl. zum Umfang der Auskunftserteilung bei Markenverletzungen *Gaul,* Die Durchsetzung markenrechtlicher Ansprüche gegenüber Produktpiraten, 2003, 71 ff. mwN, *Wölfel,* Markenverletzungen, S. 119 f. mwN und BGH GRUR 1977, 491 – Allstar.

13. Die lange umstrittene Frage, ob und gegebenenfalls wie weit im Rahmen des Auskunftsanspruchs die Vorlage von Belegen verlangt werden kann, hat der Bundesgerichtshof nunmehr – differenziert nach Art der Ansprüche – geklärt. Für den akzessorischen, aus Treu und Glauben abgeleiteten Auskunftsanspruch hat er festgestellt, dass im Rahmen der bisher schon anerkannten Erstreckung einer Auskunftspflicht auf Umstände, die benötigt werden, um die Verlässlichkeit der Auskunft zu überprüfen, ausnahmsweise auch die Vorlage von Belegen geschuldet sein könne (BGH GRUR 2001, 841 (845) – Entfernung der Herstellungsnummer II). Demgegenüber sieht er beim selbstständigen Auskunftsanspruch aus § 19 MarkenG die Pflicht zur Vorlage von Belegen als Regelfall an (BGH GRUR 2002, 709 (712) – Entfernung der Herstellungsnummer III). Diese Vorlagepflicht wird durch den Anspruch aus § 19a MarkenG im Hinblick auf die andere Zielrichtung dieser Bestimmung und dementsprechend anderen Anspruchsvoraussetzungen nicht verdrängt (Ströbele/Hacker/Thiering/*Thiering*, MarkenG § 19 Rn. 49 mwN).

14. Vgl. zu der gesamten Problematik, insbesondere zur Frage, wann die Vernichtung widerrechtlich gekennzeichneter Gegenstände unverhältnismäßig ist, Ströbele/Hacker/Thiering/*Thiering*, MarkenG § 18 Rn. 32 ff. mwN; BGH GRUR 1997, 899 – Vernichtungsanspruch. „Nach dem Wortlaut und der Entstehungsgeschichte des Markengesetzes bildet der Anspruch auf Vernichtung schutzrechtsverletzender Ware die Regel und nur ausnahmsweise sollen andere Maßnahmen in Betracht kommen. Mit der Vernichtung als Regelmaßnahme hat sich der Gesetzgeber bewusst für eine einschneidende Maßnahme entschieden, die in vielen Fällen mehr als das lediglich zur unmittelbaren Folgenbeseitigung Nötige zulässt. Er hat dies für notwendig erachtet, um den Interessen des Schutzrechtsinhabers und den zunehmenden Schutzrechtsverletzungen wirksam begegnen zu können. Allein durch die Vernichtung werde sichergestellt, dass schutzrechtsverletzende Ware nicht wieder in Verkehr gebracht werde. Die bloße Entfernung des Warenzeichens habe sich in der Vergangenheit als unzureichend erwiesen.“

15. Die amtliche Begründung im Regierungsentwurf zu § 18 MarkenG (BT-Drs. 12/6581, 77 ff.) verweist auf die Regelung des vorausgegangenen § 25a WZG. § 25a WZG stellte in gleicher Weise wie nunmehr § 18 MarkenG auf im Besitz oder Eigentum des Verletzers befindliche, rechtswidrig gekennzeichnete Ware ab.

Der amtlichen Begründung zum Produktpirateriegesetz vom 7.3.1990 (abgedruckt in BlPMZ 1990, 161 ff. (189) li. Sp.) ist hierzu folgendes zu entnehmen: Besitz im Sinne der Vorschrift sei grundsätzlich jede Form des Besitzes, also auch mittelbarer Besitz. Dies sei insbesondere für die Geltendmachung des Vernichtungsanspruchs bei erfolgter Zollbeschlagnahme von Bedeutung, wie sie der Entwurf vorsieht. Infolge der Beschlagnahme könne der Verletzer, der Besitzer, aber nicht Eigentümer der beschlagnahmten Ware sei, unmittelbar Besitz an der Ware verloren haben. Der Entwurf gehe jedoch davon aus, dass durch die Ausgestaltung der Zollbeschlagnahme, die zeitlich eng begrenzt sei und die – falls Widerspruch erfolgt – nach Ablauf kurzer Fristen aufgehoben werde, der von der Beschlagnahme Betroffene mittelbaren Besitz an den beschlagnahmten Gegenständen behalte. Vgl. hierzu auch *Fezer,* MarkenR, MarkenG § 18 Rn. 48.

In Rechtsprechung und Literatur ist umstritten, ob § 18 Abs. 1 MarkenG auch einen Herausgabeanspruch gewährt. Diese Frage wurde durch den Bundesgerichtshof in einem Fall, in dem der Verletzer (ein Händler) sich noch nach Erlass einer einstweiligen Unterlassungsverfügung erneut rechtsverletzende Ware beschafft hatte, ausführlich diskutiert und im Ergebnis bejaht (vgl. BGH GRUR 1997, 899 (902) – Vernichtungsanspruch). Daneben wird nach wie vor auch eine „mittlere" Lösung vertreten, wonach die Herausgabe an einen Gerichtsvollzieher zum Zwecke der Vernichtung durch diesen sach- und interessengerechter sei (Ströbele/Hacker/Thiering/*Thiering*, MarkenG § 18 Rn. 45 mwN). Befindet sich die rechtsverletzende Ware bereits im Gewahrsam des Gerichtsvollziehers oder eines sonstigen Dritten, etwa der Zollbehörde nach einer Grenzbeschlagnahme, so geht der Anspruch auf Einwilligung in die Vernichtung (vgl. BGH GRUR 2009, 1142 (1143) – MP3-Player-Import).

16. Kommen die Zollbehörden nach rechtskräftiger Titulierung einer Vernichtungsaufforderung durch die Klägerin nicht nach, kann diese die Vernichtung durch einen Gerichtsvollzieher alternativ vornehmen lassen. In der vorliegenden Fallkonstellation ist die begehrte alternative Verurteilung angesichts der Gleichwertigkeit des Rechtsschutzziels zulässig (vgl. *Retzer,* FS Piper, 1996, 430 ff.).

17. Gemäß § 18 Abs. 2 MarkenG kann der Schutzrechtsinhaber den Verletzer auch auf ein endgültiges Entfernen der widerrechtlich gekennzeichneten Ware aus den Vertriebswegen in Anspruch nehmen. Die vorliegend vorgeschlagene Kombination von Rückruf und Vernichtung gibt der Klägerin aber mehr Kontrollmöglichkeiten. Allerdings sind gerade bei Produktpiraterieware die Vertriebskanäle selten so strukturiert, dass der Verletzer im Einzelnen weiß, wo sich die Ware aktuell befindet (vgl. Seichter WRP 2006, 391 (399)). Zudem erheben Verletzer häufig formularmäßig den Einwand mangelnder Verfügungsgewalt über die bereits vertriebene Ware. Sie sind aber zu einem ernstlichen Rückgabeverlangen verpflichtet, in dem auf die rechtsverletzende Qualität der Waren ausdrücklich hingewiesen wird (Ströbele/Hacker/Thiering/*Thiering*, MarkenG § 18 Rn. 69 ff. mwN).

18. Zur Verpflichtung des Verletzers, die Kosten der Vernichtung zu tragen, vgl. *Fezer,* MarkenR, MarkenG § 18 Rn. 65 f. mwN.

19. Vgl. hierzu ausführlich das Muster einer Klage auf Zahlung von Abmahnkosten in diesem Teil. Gegebenenfalls ist hier auch eine 1,3 Gebühr nebst Auslagenpauschale für den mitwirkenden Patentanwalt anzusetzen, sofern diese erstattungsfähig ist.

20. → Form. VI.12 Anm. 1 im Muster eines Kostenfestsetzungsantrags in diesem Teil.

21. → Form. VI.5 Anm. 11 im Muster eines Antrags auf Erlass einer einstweiligen Verfügung in diesem Teil.

22. Da die Klägerin die Darlegungs- und Beweislast für ein berechtigtes Interesse an der Urteilsbekanntmachung trägt, müssen hierzu Ausführungen erfolgen. Dies sollte bei Fällen der Produktpiraterie allerdings nicht allzu schwierig sein. Art und Umfang der Bekanntmachung des Urteils werden vom Gericht bestimmt. Von der Befugnis auf Urteilsbekanntmachung muss nach Eintritt der Rechtskraft des Urteils innerhalb von drei Monaten Gebrauch gemacht werden, da diese andernfalls erlischt. Der Urteilsausspruch ist nicht vorläufig vollstreckbar, so dass die Rechtskraft des Urteils abgewartet werden muss.

23. Hier folgen Ausführungen zur Höhe des in Ansatz gebrachten (Gesamt-)Streitwertes, wobei bereits an dieser Stelle eine Aufteilung nach Unterlassungsanspruch (etwa 80 % des Gesamtstreitwertes), Schadensersatzanspruch (etwa 12 % des Gesamtstreitwertes abzüglich eines Abschlags von 20 %, da positive Feststellungsklage erhoben wird), Auskunftsanspruch (etwa 10–25 % des auf den Schadensersatz entfallenden Teil des Streitwertes) sowie Vernichtungsanspruch (etwa 8–10 % des Gesamtstreitwertes) gemacht werden sollte, um in etwa festzulegen, in welcher Höhe Kosten zu tragen sind, falls das Gericht dem einen oder anderen Antrag nicht stattgeben sollte (vgl. auch Ströbele/Hacker/Thiering/*Thiering*, MarkenG § 142 Rn. 1 ff. Zur Höhe des Streitwertes eines Auskunftsanspruchs bei Markenverletzungen vgl. auch KG GRUR 1992, 611.

15. Klage auf Zahlung von Abmahnkosten ua[1]

An das

Landgericht . . . . .

– Kammer für Handelssachen –

Klage

der Firma A GmbH . . . . .

– Klägerin –

Prozessbevollmächtigte: RAe . . . . .

Mitwirkender Patentanwalt: . . . . .

Verkehrsanwälte: RAe . . . . .

gegen

Firma B-AG . . . . .

– Beklagte –

wegen Forderung

Streitwert: EUR . . . . .

Namens und in Vollmacht der Klägerin erheben wir Klage und werden beantragen:

I. Die Beklagte wird verurteilt, an die Klägerin EUR . . . . . nebst Zinsen in Höhe von 8 Prozentpunkten über dem Basiszinssatz p. a. hieraus seit . . . . . zu bezahlen.

II. Die Beklagte trägt die Kosten des Rechtsstreits.

III. Das Urteil ist vorläufig vollstreckbar, wobei eine etwaig angeordnete Sicherheitsleistung durch Bankbürgschaft eines deutschen Bankinstituts erbracht werden kann. Hilfsweise: Der Klägerin wird nachgelassen, die Zwangsvollstreckung durch Sicherheitsleistung, die durch Bankbürgschaft eines deutschen Bankinstituts erbracht werden kann, abzuwenden.

IV. Sofern das Gericht das schriftliche (Vor-)Verfahren anordnet, wird für den Fall der Fristversäumung oder des Anerkenntnisses beantragt,
die Beklagte durch Versäumnis- oder Anerkenntnisurteil ohne mündliche Verhandlung zu verurteilen.

Begründung

A. Sachverhalt[2]

B. Rechtslage

I. Die Zuständigkeit des angerufenen Gerichtes ergibt sich aus § 140 Abs. 1 MarkenG iVm der Verordnung nach § 140 Abs. 2 MarkenG. Der Begriff der „Kennzeichenstreitsachen" ist weit zu fassen, so dass auch Gebührenstreitigkeiten darunter fallen, sofern möglicherweise markenrechtliche Vorfragen zu erörtern sind. Wird die Markenverletzung von der Beklagten bestritten, ist auch im Rahmen des Gebührenprozesses ein „markenrechtliches Verfahren" durchzuführen, weshalb die Sachkundigkeit der Kammer im Markenrecht erforderlich ist.

II. Im vorliegenden Fall wird die Marke „MOSKITO" identisch übernommen. Auf – Anlage K . . . . . – wird verwiesen.
Nachdem „MOSKITO" eine bekannte Marke für Hemden darstellt, deren Benutzung auch der Kammer offensichtlich und damit gerichtsbekannt sein wird, erübrigen sich Ausführungen zur Nutzung der Marke durch die Klägerin. Im Übrigen können im Falle des Bestreitens ausreichende Beispiele umfangreicher Nutzung zum Beweis vorgelegt werden.[3]
Hinsichtlich der obigen Ausführungen zu den Fälschungsmerkmalen der streitgegenständlichen Textilien ist anzumerken, dass nicht die Klägerin den Nachweis für das Vorliegen gefälschter Ware zu führen hat, sondern die Beklagte die Beweislast dafür trägt, dass es sich bei den von ihr in den Verkehr gebrachten Textilien um Originalware handelt.[4]

III. Die Beklagte hat der Klägerin die durch die Beauftragung der Rechts- und Patentanwälte entstandenen Kosten zu erstatten:
1. Dies folgt schon aus der von der Beklagten übernommenen Verpflichtung unter Ziff. . . . . . der strafbewehrten Unterlassungserklärung (vgl. – Anlage K . . . . . –).
2. Weiterhin ist § 14 Abs. 6 MarkenG einschlägig.
Die Beklagte handelte zumindest fahrlässig, da sie bei Anwendung der im Verkehr erforderlichen Sorgfalt ihre Verletzungshandlung hätte erkennen können. Dass es sich bei den außerhalb organisierter Vertriebswege zu einem günstigen Preis eingekauften Textilien um Fälschungen handelt, musste der Beklagten klar gewesen sein.[5]
3. Überdies ist auch, unabhängig von einem Verschulden der Beklagten, ein Anspruch auf Grund der §§ 683 S. 1, 677, 670 BGB (Geschäftsführung ohne Auftrag) gegeben. Eine Abmahnung dient zur Beseitigung der rechtswidrigen Störung, zu der ein Störer verpflichtet ist (§ 1004 BGB). Der Abmahnende führt insoweit ein „objektiv fremdes Geschäft". Er verfolgt nicht nur eigene Interessen, sondern handelt auch mit dem Willen, für den Abgemahnten tätig zu sein, und zwar im Einklang mit dem Interesse und dem wirklichen oder mutmaßlichen Willen des Abgemahnten, damit ein kostspieliger Prozess vermieden wird.[6] Die Aufklärung über die Rechtslage kommt dem Störer objektiv zugute – sein entgegenstehender Wille ist unbeachtlich.

Auf den „wirklichen Willen“ des Störers kommt es nicht an, sondern nur auf dessen „mutmaßlichen Willen“ aus der Sicht des verletzten Markeninhabers.

4. Hinsichtlich der Kosten für die Inanspruchnahme des Patentanwaltes . . . . ., dessen Mitwirkung der Beklagten bereits in dem als – Anlage K . . . . . – vorgelegten Abmahnschreiben angezeigt wurde, wird auf § 140 Abs. 4 MarkenG verwiesen.
Der Gesetzgeber bringt in dieser Vorschrift zum Ausdruck, dass sich die Parteien in zeichenrechtlichen Auseinandersetzungen gleichzeitig durch Rechtsanwälte und Patentanwälte beraten und vertreten lassen können, weil dies wegen der Anspruchsmaterie als zweckentsprechend und geboten erachtet werden muss.[7] Im vorliegenden Fall war auf Grund der markenrechtlichen Besonderheiten die Mitwirkung des Patentanwalts unentbehrlich, da der Klägerin angesichts der Schwierigkeit der Materie und der für das Markenrecht erforderlichen Spezialkenntnis nicht zumutbar war, selbst abzumahnen. Die Klägerin hätte sich bei einer nicht ordnungsgemäßen Abmahnung, die ohne patentanwaltschaftliche Hilfe zu befürchten war, der Gefahr von Schadensersatzansprüchen bzw. einer negativen Feststellungsklage ausgesetzt. Insbesondere war die vorstehend geschilderte und unter Beweis gestellte Recherche zum Registerstand und zur Benutzungslage durch den Patentanwalt in diesem Zusammenhang zwingend erforderlich.
5. Der Gegenstandswert bestimmt sich nach § 3 ZPO. Bei der Bemessung kommt es nicht auf den Wert des Verletzungsgegenstands an, sondern ausschließlich auf das Interesse des Anspruchsgläubigers an der Durchsetzung der geltend gemachten Ansprüche. Hierfür kann der Wert der Verletzerware schon deshalb nicht maßgeblich sein, weil es nicht nur um Unterlassung insoweit geht, sondern „auch für alle Zukunft“. Entscheidend ist vielmehr der Wert der verletzten Marke, der sich nicht zuletzt durch den Umsatz der Markeninhaberin ermitteln lässt.[8]
Der angesetzte Gegenstandswert ist demnach angemessen.
Daraus ergibt sich folgender Betrag:
Gegenstandswert: EUR . . . . .

1,3 Geschäftsgebühr, §§ 2 Abs. 2, 13 RVG iVm Nr. 2300 VV RVG	EUR . . . . .
Auslagenpauschale, Nr. 7002 VV RVG	EUR . . . . .
Kosten des mitwirkenden Patentanwaltes	EUR . . . . .
Auslagenpauschale, Nr. 7002 VV RVG	EUR . . . . .
. . . . . Fotokopien, Nr. 7000 VV RVG	EUR . . . . .
Gesamtsumme	EUR . . . . .

Die Kosten für den Strafantrag vom . . . . . gegen die Verantwortlichen der Beklagten waren zur zweckentsprechenden Rechtsverfolgung notwendig und sind der Klägerin ebenfalls zu erstatten.[9] Ohne die durch den Strafantrag in Gang gesetzten Ermittlungen wäre es der Klägerin nicht möglich gewesen, die Schutzrechtsverletzung der Beklagten nachzuweisen. Diesbezüglich hat die Klägerin EUR . . . . . aufgewendet (vgl. – Anlage K . . . . . –):

Grundgebühr, Nr. 4100 VV RVG	EUR . . . . .
Verfahrensgebühr, Nr. 4302 VV RVG	EUR . . . . .
Auslagenpauschale, Nr. 7002 VV RVG	EUR . . . . .
Gesamtsumme	EUR . . . . .

IV. Weiterhin hat die Beklagte der Klägerin die Kosten des Testkaufs sowie die durch die Einschaltung des Ermittlungsbüros ..... verursachten Kosten zu erstatten.[10] Im vorliegenden Fall wurden die Aufwendungen im Rahmen eines schon vorher gefassten Entschlusses zur Rechtsverfolgung der Beklagten getätigt[11] und waren zur Rechtsverfolgung auch ersichtlich erforderlich. Dies ergibt sich auch aus dem als Anlage K ..... vorgelegten Ermittlungsbericht der Firma ....., der zum Inhalt des eigenen Klagevortrags gemacht wird.
Der Klägerin sind folgende Kosten entstanden:
Ermittlungseinsatz der Firma .....

gemäß Rechnung vom ..... (ohne MwSt.) EUR .....
(vgl. – Anlage K ..... –)

Testkaufkosten (ohne MwSt.) (vgl. – Anlage K ..... –) EUR .....

V. Die Kosten der Firmenauskunft sind als Prozessvorbereitungskosten entsprechend den obigen Ausführungen ebenfalls erstattungsfähig.
Der Klägerin sind folgende Kosten entstanden:
Firmenrecherche durch das Unternehmen ..... gemäß

Rechnung vom ..... (ohne MwSt.) (vgl. – Anlage K ..... –) EUR .....

VI. Die Klägerin hat weiterhin Anspruch auf Schadensersatz aus § 14 Abs. 6 MarkenG: Die Klägerin berechnet ihren Schaden entsprechend einer bei vertraglichen Vereinbarungen üblichen bzw. angemessenen Lizenzgebühr: Der Verletzer darf nicht besser stehen als derjenige, der fremde Rechte respektiert. Insofern ist die sogenannte Lizenzanalogie anerkannt und zwischenzeitlich auch ausdrücklich in § 14 Abs. 6 S. 3 MarkenG normiert.[12] Die Lizenzgebühr bemisst sich nicht nur nach der Benutzung eines Zeichens, sondern auch nach dem mit ihm verbundenen besonderen Ruf. Bei einer Marke kommt es auf den Bekanntheitsgrad und den Ruf der Marke sowie auf das Maß der Verwechslungsgefahr und die Warennähe an. Lizenzerhöhend ist zu berücksichtigen, dass die Nachahmung eines hochwertigen Erzeugnisses in der Form eines qualitativ minderwertigen Billigprodukts eine erhebliche Gefahr der Minderung des Prestigewerts des nachgeahmten Erzeugnisses begründet und dass im Falle einer (im Wege der Fiktion zu unterstellenden) Lizenzvereinbarung einem solchen Risiko durch eine angemessene Erhöhung der normalerweise üblichen bzw. angemessenen Lizenz Rechnung getragen würde. Insofern ist im vorliegenden Fall von einem vergleichsweise hohen Lizenzsatz auszugehen, da zum einen der Rufschaden kompensiert werden muss, andererseits die Billigprodukte sich gerade auf Grund der Imageausbeutung verkaufen.[13]
Eine Stücklizenz in Höhe von 8 % vom Bruttowarenumsatz der Beklagten ist daher angemessen. Die Beklagte hat nach eigenen Angaben ..... gefälschte Hemden zum Stückpreis von EUR ..... in ihrem Ladengeschäft verkauft. Unter Zugrundelegung dieses Warenumsatzes der Beklagten mit og Markenfälschungen iHv EUR ..... ergibt sich somit folgende Schadenshöhe:

8 % von EUR ..... EUR .....

VII. Überdies ist, unabhängig von einem Verschulden der Beklagten, ein Anspruch auf Zahlung einer angemessenen und üblichen Lizenzgebühr aus dem Gesichtspunkt einer ungerechtfertigten Bereicherung gem. § 812 BGB gegeben.

Die Beklagte hat den Gebrauch der Marke „MOSKITO“ ohne Rechtsgrund erlangt. Da der Gebrauch einer Marke nicht herausgegeben werden kann, ist Wertersatz zu leisten (§ 818 Abs. 2 BGB).[14]

(Rechtsanwalt)

Anlagen

Anmerkungen

1. Häufig gelingt es, im Namen des Schutzrechtsinhabers die Abgabe einer strafbewehrten Unterlassungserklärung zu erreichen. Viel seltener sind Schutzrechtsverletzer, insbesondere „Produktpiraten“, jedoch bereit, die angefallenen Anwaltshonorare und die entstandenen Kosten (vollständig) zu bezahlen. In der Regel kommt der Schutzrechtsinhaber nicht umhin, seine Ansprüche, insbesondere auf Erstattung von Rechts- und Patentanwaltshonorar nebst Auslagen, Kosten für die Erstattung eines Strafantrages, Testkäufe sowie Firmenauskünfte und einen angemessenen Schadensersatz, klageweise geltend zu machen. In diesen Fällen gilt es, auf die Einwendungen der Verletzer vorbereitet zu sein und geeignete Hinweise auf einschlägige Entscheidungen parat zu haben.

2. Es folgen Ausführungen zu
- den Schutzrechten der Klagepartei, einschließlich Beweisangebot durch Vorlage entsprechender Urkunden und Auskunft des Deutschen Patent- und Markenamtes;
- der Verletzungshandlung, einschließlich Beweisangebot durch Vorlage von Ermittlungsberichten und Zeugnis von Ermittlungsbeamten und privaten Ermittlern;
- dem Tatbestand der Schutzrechtsverletzung;
- den Fälschungsmerkmalen, einschließlich Vorlage eines Fälschungsgutachtens und Sachverständigengutachten im Bestreitensfalle (unter Verwahrung gegen die Beweislast);
- dem Entstehen der Klageforderung, insbesondere Rechtsanwalts- und Patentanwaltsgebühren für das Abmahnverfahren, Ermittlungskosten, Testkaufkosten, Kosten für die Durchführung des Strafverfahrens, Kosten für das Einholen einer Firmen- bzw. Einwohnermeldeamtsauskunft, Zinsen etc, unter Vorlage von Rechnungen bzw. entsprechenden Nachweisen und Beweisangeboten.

3. Auf Einrede der Beklagten muss die Klägerin gemäß § 25 Abs. 2 MarkenG nachweisen, dass die eingetragene, streitgegenständliche Marke innerhalb der letzten 5 Jahre ausreichend iSv § 26 MarkenG benutzt worden ist, sofern zum Zeitpunkt der Klageerhebung seit mindestens 5 Jahren kein Widerspruch mehr gegen die Marke möglich war.

4. Nähere Ausführungen hierzu finden sich in den Anmerkungen zum Muster einer Hauptsacheklage in diesem Teil.

5. Einkäufer sind auf Grund der sich seit geraumer Zeit häufenden Fälle sogenannter Produktpiraterie gehalten, der Prüfung der Echtheit der Waren, insbesondere im Hinblick auf die Herkunft vom Schutzrechtsinhaber, besondere Aufmerksamkeit zu widmen. Ergeben sich Anhaltspunkte, die ernsthafte Zweifel an der Herkunft der Waren begründen können, so folgen daraus für den Käufer besondere Nachforschungspflichten (vgl. BGH GRUR 1987, 520 (522); WRP 1997, 1189 (1191 f.)). Zum Verschulden auch ausführlich *Gaul,* Die Durchsetzung markenrechtlicher Ansprüche gegenüber Produktpiraten, Frankfurt am Main 2003, 113 ff.

6. Vgl. *Köhler/Bornkamm/Feddersen,* UWG § 12 Rn. 1.4 ff. mwN. Ohne das Institut der Abmahnung liefe der Verletzer Gefahr, sogleich mit einem (oder mehreren) Gerichtsverfahren überzogen zu werden und – auch bei sofortigem Anerkenntnis – die Kosten tragen zu müssen, weil er allein auf Grund seiner gesetzeswidrigen Handlung Veranlassung zu dem Gerichtsverfahren gegeben hat. Das Institut der Abmahnung entlastet also in erster Linie den Verletzer und liegt mithin auch in seinem Interesse. Die Abmahnung ist damit ein (zumindest auch) fremdes Geschäft (vgl. Ströbele/Hacker/Thiering/*Thiering*, MarkenG § 14 Rn. 568). Zur umfangreichen Rechtsprechung im Hinblick auf einen Kostenerstattungsanspruch aus dem Gesichtspunkt einer Geschäftsführung ohne Auftrag vergleiche iÜ statt vieler *Teplitzky,* Ansprüche, 41. Kap., Rn. 81 ff.

7. Der vormals mehrheitlich vertetenen Auffassung, dass gem. § 140 Abs. 3 MarkenG analog die Patentanwaltskosten unabhängig von der Notwendigkeit einer Mitwirkung zu erstatten sind (vgl. hierzu die Darstellung bei Ströbele/Hacker/Thiering/*Hacker*, MarkenG § 140 Rn. 85 mwN), hat der Bundesgerichtshof eine Absage erteilt (BGH GRUR 2011, 754 (755) – Kosten des Patentanwalts II; GRUR 2012, 759 – Kosten des Patentanwalts IV; GRUR 2016, 526 – Irreführende Lieferantenabgabe). Hiernach kann eine Erstattung nur beansprucht werden, wenn der Anspruchsteller darlegt und nachweist, dass die Mitwirkung des Patentanwalts erforderlich war. Diese Voraussetzung ist nach Auffassung des Bundesgerichtshofs regelmäßig nur dann erfüllt, wenn der Patentanwalt dabei Aufgaben übernommen hat, die – wie etwa Recherchen zum Registerstand oder zur Benutzungslage – zum typischen Arbeitsgebiet eines Patentanwalts gehören und die nicht in gleicher Weise von dem beauftragten Rechtsanwalt erledigt werden konnten. In Fällen der Produktpiraterie dürfte dies aber eher die Ausnahme sein.

8. An dieser Stelle erfolgen Ausführungen zum Umsatz, die im Falle des Bestreitens nachgewiesen werden müssen.

9. Diese Rechtsauffassung ist sicherlich nicht unumstritten. Unter Hinweis auf die Ausführungen noch zur BRAGO bei *Gerold/Schmidt/von Eicken/Madert,* BRAGO, 15. Aufl., 2002, § 91 Rn. 19 aE sollte jedoch ein Kostenerstattungsanspruch geltend gemacht werden. Vgl. ferner LG Karlsruhe AnwBl 1970, 274; *Götz* NJW 1976, 2152 ff.; Zöller/*Herget*, ZPO § 91 Rn. 13.92.

10. Ebenso wie die Abmahnkosten dienen Testkauf- und Ermittlungskosten zur Abwendung eines Rechtsstreits und sind grundsätzlich als Prozessvorbereitungskosten gem. § 91 ZPO erstattungsfähig (vgl. Zöller/*Herget*, ZPO § 91 Rn. 13.99 und 13,28.). Aus dem Zweck des Kostenfestsetzungsverfahrens, die durch einen Rechtsstreit entstandenen vermögensrechtlichen Beziehungen der Parteien möglichst weitgehend zu bereinigen, wird die Folgerung hergeleitet, im praktikablen Rahmen auch notwendige Vorbereitungskosten, wie die Einschaltung eines Ermittlungsbüros und die in Vorbereitung einer Rechtsverfolgung wegen Wettbewerbsverstößen gemachten Aufwendungen zur Beschaffung von Beweismitteln, als prozesszugehörig zu berücksichtigen (so bereits KG GRUR 1976, 665).

11. Auch für eine solche Aussage sollte Zeugenbeweis angeboten werden.

12. Vgl. → Form. VI.14.

13. Vgl. BGH GRUR 1993, 55 (58) – Tchibo/Rolex II.

14. Nach der in ständiger Rechtsprechung und von der überwiegenden Lehre vertretenen Auffassung ist für diese Wertbestimmung der objektive Wert des Erlangten maßgeblich. Bei der Verletzung einer Marke ist danach maßgeblich der Verkehrswert des Gebrauchs dieser Marke durch Dritte. Dieser Wert findet seinen Ausdruck in der angemessenen und üblichen Lizenzgebühr, denn deren Höhe korrespondiert mit der Werteinschätzung, die die beteiligten Verkehrskreise dem Gebrauch der Marke entgegenbringen (vgl. BGH GRUR 1987, 520 (523) – Chanel No. 5 (I)).

16. Strafantrag[1]

VORAB PER TELEFAX

Zollfahndungsamt . . . . .[2]

Herrn . . . . .

Dringend – Bitte sofort vorlegen!

Ermittlungsverfahren gegen Fa. B-AG ua

Sehr geehrter Herr . . . . .,

unter Vorlage einer umfassenden Vollmacht, überreicht als – Anlage 1 –, teilen wir Ihnen mit, dass uns die Firma A GmbH mit der Wahrnehmung ihrer Interessen auf dem Gebiet des gewerblichen Rechtsschutzes sowie mit der Durchführung von Strafverfahren beauftragt hat.

Als – Anlage 2 – übersenden wir Ihnen die Kopie einer auf unsere Mandantin lautenden Eintragungsurkunde der Marke . . . . . „MOSKITO" mit Prioritätsdatum vom . . . . ., die unter anderem für „Bekleidungsstücke" registriert ist. Wie bereits telefonisch besprochen, wurde unserer Mandantin vor zwei Tagen bekannt, dass die og Beschuldigte Hemden mit der Kennzeichnung „MOSKITO" vertreibt. Daraufhin wurden in dem Ladengeschäft „Superpreis" der Beschuldigten, ..., zwei Hemden testgekauft. Diese wurden an unsere Mandantin weitergeleitet, die unverzüglich ein Fälschungsgutachten erstellt hat, das wir als – Anlage 3 – überreichen. Ganz eindeutig handelt es sich bei den testgekauften Hemden zum einen um eine Fälschung und zum anderen um einen nicht autorisierten Import von Lizenzware aus den U. S. A.

Aufgrund des vorliegenden Sachverhalts stellen wir hiermit namens und in Vollmacht unserer Mandantin

Strafantrag[3]

gegen

die Verantwortlichen der Firma

B-AG, ...

sowie gegen sämtliche Personen, die im Zusammenhang mit dem Inverkehrbringen der hier verfahrensgegenständlichen Fälschungen und widerrechtlich importierten Ware als Täter, Mittäter, Gehilfe oder in sonstwie strafrechtlich relevanter Weise ermittelt wurden oder noch ermittelt werden, und zwar aus jedem erdenklichen Rechtsgrund, insbesondere wegen Betrugs, strafbarer Kennzeichenverletzung, strafbarer Werbung, Bannbruchs sowie Steuerhehlerei (§ 263 StGB, § 143 MarkenG, § 16 UWG, §§ 372, 374 AO).[4]

Ferner bitten wir um möglichst umgehende

Durchsuchung und Sicherstellung,[5]

um einen weiteren Abverkauf der widerrechtlich gekennzeichneten Textilien schnellstmöglich zu verhindern. Auch ist es unbedingt erforderlich, sämtliche Geschäftsunterlagen (Lieferscheine, Rechnungen etc) sicherzustellen, da die Verletzer häufig versuchen, die

wahre Anzahl der verkauften Fälschungen zu verschleiern. Zudem kann auf diese Weise die Herkunft der Hemden festgestellt werden.

Im Übrigen stellen wir hiermit namens unserer Mandantin

Vernichtungsantrag

bezüglich der sichergestellten Textilien, die rechtswidrig mit der Bezeichnung „MOSKITO" gekennzeichnet sind.

Sobald es der Ermittlungsstand zulässt, bitten wir um

Akteneinsicht.[6]

Für Ihre Bemühungen bedanken wir uns im Voraus sehr herzlich.

Mit freundlichen Grüßen

(Rechtsanwalt)

Anlagen

Anmerkungen

1. Wer sich als Täter oder Teilnehmer mit der Herstellung oder dem Vertrieb nachgeahmter, kennzeichen- oder urheberrechtsverletzender Ware befasst, kann in mehrfacher Hinsicht auch mit dem Strafrecht in Konflikt geraten. In erster Linie sind hier die Strafvorschriften in §§ 143 ff. MarkenG und den korrespondierenden Vorschriften zum Urheber-, Patent- und Designrecht einschlägig. Daneben ergibt sich häufig eine Verknüpfung mit unterschiedlichen Tatbeständen des allgemeinen Strafrechts sowie den zoll- und steuerrechtlichen Strafbestimmungen.

Ein Antrag kann grundsätzlich formlos, unter Umständen auch telefonisch, gestellt werden. Allerdings ist die Wahrscheinlichkeit, dass eine Durchsuchung und Sicherstellung sofort durchgeführt werden, größer, wenn der Antragsteller, dh in der Regel der Rechtsanwalt des Markeninhabers, bereits mit den betreffenden Behörden zusammengearbeitet hat und diesen bekannt ist. Per Telefax sollte der zuständigen Behörde ein Strafantrag nebst Vollmacht sowie eine kurze Stellungnahme hinsichtlich der Fälschungsmerkmale (Fälschungsgutachten) übermittelt werden. Ebenfalls muss den Behörden im Falle einer Markenverletzung eine Kopie der Markeneintragung übersandt werden.

Nachdem den Behörden grundsätzlich die Fälschungsmerkmale bekannt gegeben werden müssen, empfiehlt es sich, vor deren Einschaltung einen Testkauf durchzuführen. Ein solcher Testkauf sollte wie ein „normaler Kauf" durchgeführt werden. Allerdings sollte unter allen Umständen versucht werden, eine Quittung bzw. einen Kaufpreisbeleg zu erhalten. Das testgekaufte Produkt dient zum einen zur Erstellung eines Fälschungsgutachtens zur Vorlage bei den Strafverfolgungs- bzw. Zollbehörden und zum anderen zur Vorlage bei Gericht im Rahmen des zivilrechtlichen Vorgehens gegen den Verletzer.

Ein Strafantrag sowie ein Antrag auf Sicherstellung kann vom Verletzten selbst oder von einem Bevollmächtigten gestellt werden. Es sollte eine Vollmacht vorgelegt werden. Sowohl Staatsanwaltschaft und Polizei- als auch Zollfahndungsbehörden können jedoch auch von sich aus tätig werden, wenn diese den Verdacht haben, auf gefälschte Ware gestoßen zu sein. Letzteres ist idR jedoch nur bei bekannten Marken der Fall.

2. Bei den verantwortlichen Behörden handelt es sich um die Polizei, einschließlich Kriminalpolizei, Zollfahndung, einschließlich Zollkriminalamt sowie die Hauptzollämter, die das Verfahren dann an ihre Strafsachenstelle, das zuständige Zollfahndungsamt oder die zuständige Staatsanwaltschaft abgeben, und die Staatsanwaltschaft. Eine

Zusammenarbeit mit den Zollfahndungsämtern und Polizeibehörden funktioniert in der Regel ausgezeichnet. Allerdings ist der Schutzrechtsinhaber auf den guten Willen des jeweiligen Beamten angewiesen, der uU nicht zum Tätigwerden bewegt werden kann. Letztendlich sind die persönlichen Kontakte zu den Mitarbeitern der in Frage kommenden Behörden maßgeblich für die Entscheidung, bei welcher Behörde ein Strafantrag gestellt werden soll.

3. Die Tat wird, soweit nicht gewerbsmäßiges Handeln vorliegt, nur auf Antrag verfolgt, es sei denn, dass die Strafverfolgungsbehörde wegen des besonderen öffentlichen Interesses an der Strafverfolgung ein Einschreiten von Amts wegen für geboten hält (§ 143 Abs. 4 MarkenG). Der Versuch ist strafbar. Verneint die Staatsanwaltschaft im Einzelfall das öffentliche Interesse, erfolgt eine Verweisung des Verletzten auf den Privatklageweg (§§ 374 ff. StPO). Für den Fall, dass der Staatsanwalt keine Ermittlungen einleitet oder das Verfahren nach § 171 StPO einstellt, ist das Rechtsmittel der Beschwerde gegeben. Unter Umständen ist es auch möglich, gegen den ermittelnden Beamten eine Dienstaufsichtsbeschwerde wegen unterlassener Ermittlungen zu erheben (vgl. hierzu das entsprechende Muster in diesem Kapitel). Beachtet werden muss, dass ein Strafantrag gemäß § 77b StGB innerhalb von 3 Monaten ab Kenntnis der Verletzungshandlung gestellt werden muss. In jedem Fall sollte der Antragsteller gemäß §§ 171, 406d StPO verlangen, über den Fort- und den Ausgang der Ermittlungen und des Strafverfahrens informiert zu werden. Letzteres ist von Bedeutung, da gemäß § 143 Abs. 6 MarkenG auf Antrag des Verletzten angeordnet werden kann, dass die Verurteilung öffentlich bekanntgemacht wird, wenn der Verletzte ein berechtigtes Interesse darlegt.

4. Ferner können, meist in Tateinheit mit den markenrechtlichen Strafbestimmungen, ua die §§ 263, 267 und 259 StGB einschlägig sein, die Betrugshandlungen (zB beim Verkauf gefälschter Ware als echte Ware), Urkundenfälschung (zB Kopie von Code- oder Chargennummern) und Hehlerei unter Strafe stellen. Sehr häufig geht der Handel mit Plagiaten mit der Hinterziehung von Zoll- und Einfuhrumsatzsteuer oder Umsatz- und Einkommensteuer einher (§§ 369 ff. AO). Von besonderer Bedeutung ist auch § 372 AO, der die vorsätzliche, verbotswidrige Einfuhr, Ausfuhr und Durchfuhr von Waren und die nicht bzw. nicht ordnungsgemäße Anmeldung solcher Waren bei den Zollbehörden unter Strafe stellt. Zu den in Frage kommenden Strafvorschriften vgl. *Gaul,* Die Durchsetzung markenrechtlicher Ansprüche gegenüber Produktpiraten, 2003, 150 ff., und *Cremer* Mitt. 1992, 153 (159 f.). Um sicher zu stellen, dass keine Strafvorschrift außer Acht gelassen wird, sollte ein Strafantrag immer „aus allen rechtlichen Gründen" gestellt werden. § 143 MarkenG und die korrespondierenden Vorschriften zum Urheber-, Patent- und Designrecht bedrohen die vorsätzliche Verletzung einer geschützten Marke oder geschäftlichen Bezeichnung bzw. die Verletzung von Urheberrechten, Patenten und Designs mit Geldstrafe oder mit Freiheitsstrafe bis zu drei Jahren. Bedingter Vorsatz, der auch bei Zwischen- und Einzelhändlern nicht selten vorliegt, reicht aus. Freiheitsstrafe bis zu fünf Jahren kann verhängt werden, wenn der Täter gewerbsmäßig handelt (§ 143 Abs. 2 MarkenG).

5. § 143 Abs. 5 MarkenG und die korrespondierenden Vorschriften zum Urheber-, Patent- und Designrecht sehen die Einziehung der Gegenstände vor, auf die sich die Straftat bezieht. Dies eröffnet die Möglichkeit, die Fälschungen gemäß § 111b Abs. 1 StPO zu beschlagnahmen und, für den Fall, dass dringende Gründe für die Einziehung vorliegen, durch strafgerichtliche Anordnung zu beschlagnahmen. Auch eröffnen § 18 MarkenG und die korrespondierenden Vorschriften zum Urheber-, Patent- und Designrecht iVm §§ 403 ff. StPO die Möglichkeit, die Vernichtung der verletzenden Ware im Strafverfahren geltend zu machen. Darüber hinaus kann schutzrechtsverletzende Ware auch als Beweismittel beschlagnahmt werden (§§ 94 ff. StPO). Grundsätzlich ist es möglich, gefälschte Ware, die im Handel auftaucht, im Rahmen der Einleitung eines

Strafverfahrens sicherzustellen und vorab Durchsuchungen, auch bei Dritten, also nicht tatverdächtigen Personen, durchführen zu lassen (§§ 94 ff. StPO). Sowohl die Staatsanwaltschaft und die Polizeibehörden als auch die Zollfahndungsämter können für die Durchsuchung und Sicherstellung zuständig sein. Für den Fall, dass die Ware importiert wurde und Gefahr in Verzug gegeben ist, empfiehlt sich eine Zusammenarbeit mit den Zollfahndungsämtern, da diese oft weitaus schneller und unkonventioneller handeln als Polizeibehörden. Besitzer gefälschter Ware werden vor einer Durchsuchung bzw. Beschlagnahme grundsätzlich nicht angehört. Allerdings kann sich der Verletzer im Rahmen des Strafverfahrens darauf berufen, dass ihm nicht bewusst gewesen sei, mit Fälschungen gehandelt zu haben. Diese Behauptung spielt bei der Zumessung einer Strafe bzw. der Frage, ob das Verfahren eingestellt werden soll, eine große Rolle. In der Regel ist es möglich, eine Durchsuchung bzw. eine Beschlagnahme innerhalb weniger Stunden zu erreichen. Voraussetzung ist allerdings, dass ein kompetenter Ansprechpartner bei der Polizei- oder Zollbehörde erreicht wird. Dies ist grundsätzlich nur während der normalen „Dienstzeiten" möglich. Die Kosten für die Durchsuchung und Beschlagnahme übernimmt in der Regel die Staatskasse. Allerdings werden Schutzrechtsinhaber im Falle von umfangreichen Beschlagnahmen in Einzelfällen gebeten, die Kosten für die Lagerung der sichergestellten Produkte und deren Vernichtung zu übernehmen. Hier empfiehlt es sich, mit den Behörden zusammenzuarbeiten und uU einen Großteil der Kosten zu übernehmen, um auch in zukünftigen Fällen eine Beschlagnahme und Sicherstellung zu erreichen.

6. Nachdem der Verletzte das Strafverfahren auch in der Hauptverhandlung begleiten (§§ 403 ff. StPO) und neben der Staatsanwaltschaft auch als Nebenkläger auftreten (§ 395 StPO) kann, sollte die Möglichkeit zur Akteneinsicht genutzt werden, um den Gang der Ermittlungen zu verfolgen und gegebenenfalls an dem Verfahren teilnehmen zu können. Beachtet werden sollte bei der zeitlichen Reihenfolge der möglichen Maßnahmen zur Erlangung von Auskunft, dass die Angaben, die der Verletzer auf Grund zivilrechtlicher Verpflichtung macht, im Strafverfahren ohne seine Zustimmung nicht gegen ihn verwendet werden dürfen.

17. Beschwerde gegen Einstellungsbescheid/ Dienstaufsichtsbeschwerde

An die

Generalstaatsanwaltschaft . . . . .

Herrn Oberstaatsanwalt . . . . .

Az. der Staatsanwaltschaft: . . . . .

Ermittlungsverfahren gegen Verantwortliche der Firma B-AG

Beschwerde gegen Einstellungsbescheid

Dienstaufsichtsbeschwerde gegen Herrn Staatsanwalt . . . . .

Sehr geehrter Herr Oberstaatsanwalt,

wir zeigen unter Vollmachtsvorlage an, dass uns die Firma A GmbH mit der Wahrnehmung ihrer rechtlichen Interessen, einschließlich der Durchführung von Strafverfahren, beauftragt hat.

In og Ermittlungsverfahren legen wir gegen den Einstellungsbescheid der Staatsanwaltschaft . . . . . vom . . . . ., bei uns eingegangen am . . . . ., namens und im Auftrag unserer Mandantin

Beschwerde[1]

ein.

Gleichzeitig erheben wir namens und im Auftrag unserer Mandantin hiermit gegen Herrn Staatsanwalt . . . . .

Dienstaufsichtsbeschwerde.[2]

Mit anliegendem Schreiben vom . . . . . haben wir gegen die Verantwortlichen der Firma B-AG, insbesondere gegen Herrn B, Strafantrag aus jedem erdenklichen Rechtsgrund, ua wegen Betrugs, strafbarer Kennzeichenverletzung, strafbarer Werbung, Bannbruchs sowie Steuerhehlerei, gestellt (§ 263 StGB, § 143 MarkenG, § 16 UWG, §§ 372, 374 AO). Bei den Beschuldigten handelt es sich um Wiederholungstäter. Diese sind bereits vergangenes Jahr wegen Handels mit gefälschten Hemden der Marke „MOSKITO" auffällig geworden. Wir verweisen auf das Ermittlungsverfahren Ihrer Behörde unter dem Az.: . . . . .

Mit anliegendem Schreiben vom . . . . . teilte Herr Staatsanwalt . . . . . mit, dass die Staatsanwaltschaft bei Verstößen gegen das Markengesetz nur Anklage erhebe, soweit dies im öffentlichen Interesse liege. Hierbei wird verkannt, dass es sich vorliegend nicht um ein Privatklagedelikt im Sinne des § 374 StPO handelt. § 374 Abs. 1 Nr. 8 StPO verweist lediglich auf § 143 Abs. 1 MarkenG. Vorliegend handelten und handeln die Beschuldigten allerdings gewerbsmäßig gemäß § 143 Abs. 2 MarkenG. Hierfür ist § 374 StPO nicht einschlägig.

Die Rechtsansicht von Herrn Staatsanwalt . . . . . ist nicht nachvollziehbar. In vergleichbaren Fällen haben sich die Ermittlungsbehörden nicht nur die Mühe gemacht, unverzüglich Hausdurchsuchungen sowohl bei den jeweils Beschuldigten als auch bei deren Steuerberatern zu veranlassen, sondern auch Unmengen von Unterlagen gesichtet und ausgewertet sowie im Laufe des Verfahrens beschlagnahmte Textilien der Vernichtung zugeführt. Vorliegend handelt es sich offensichtlich um professionelle Produktpiraten, die auf Kosten der Rechtsinhaberin und der Allgemeinheit unter Ausnutzung des guten Rufs der bekannten Marke Profit machen.

Selbst bei kleineren Flohmarkthändlern wird von der Staatsanwaltschaft Anklage erhoben, zumindest aber ein Strafbefehl beantragt. Nach der Entscheidung von Herrn Staatsanwalt . . . . . ist es nunmehr möglich, auf professionelle Art und Weise mit markenverletzender Ware Handel zu treiben, ohne dafür belangt zu werden. Es ist schon nicht nachvollziehbar, weshalb vorliegend von einem Privatklagedelikt ausgegangen wird. In diesem Fall aber das öffentliche Interesse zu verneinen, stellt sich nicht nur für die Markeninhaberin, sondern auch für den Endverbraucher als untragbar dar.

Schließlich ist es geradezu grotesk, dass die Staatsanwaltschaft beabsichtigt, die sichergestellte Ware an die Beschuldigten mit der Auflage zurückzugeben, die unzulässige Bezeichnung „MOSKITO" zu entfernen, bevor die Hemden weiterverwertet werden. Zum einen kann nicht ernsthaft angenommen werden, dass die Beschuldigten einer solchen Auflage nachkommen würden, zum anderen kann der durch die Rechtsverletzung verursachte Zustand nicht auf andere Weise als durch Vernichtung beseitigt werden.

Aufdrucke auf Stoffen lassen sich regelmäßig nicht entfernen, ohne dass es zur Beschädigung oder gar Zerstörung des Stoffes kommt. Hinzu kommt, dass sogenannte Piraten-

ware auf Grund bestimmter chemischer Stoffbehandlungen bzw. Färbevorgänge allergische Reaktionen wie Hautreizungen, Ausschlag etc hervorrufen kann, und darüber hinaus auch gesundheitsgefährdende Inhaltsstoffe festgestellt wurden, die ua Krebs verursachen können. Auch aus diesem Grund kann der durch die Rechtsverletzung verursachte Zustand ausschließlich durch Vernichtung beseitigt werden. In diesem Zusammenhang ist auch zu beachten, dass den Beschuldigten als Gewerbetreibenden de facto eine andere Verwendung als die Verwertung der verfahrensgegenständlichen Hemden nicht möglich ist. Ein privater Gebrauch scheidet damit schon logistisch aus. Im Übrigen kann aus dem Umstand, dass es bereits zu Markenverletzungen und Verwertungshandlungen gekommen ist, auf eine konkrete und nahe liegende Wiederholungsgefahr geschlossen werden.

Insofern ist die Staatsanwaltschaft angehalten, die verfahrensgegenständlichen Hemden der Vernichtung zuzuführen.

Mit freundlichen Grüßen

(Rechtsanwalt)

Anlagen

Anmerkungen

1. Die Staatsanwaltschaft kann auf Grund einer Beschwerde den Einstellungsbescheid selbst aufheben. Falls der Beschwerde nicht abgeholfen wird, erfolgt eine Vorlage der Sache an den Generalstaatsanwalt, der eine Sachentscheidung trifft. Die Beschwerdefrist von zwei Wochen beginnt mit der Bekanntgabe, dh mit der Zustellung oder dem Zugehen der formlosen Mitteilung des Bescheides, falls eine ordnungsgemäße Rechtsmittelbelehrung beigefügt wurde.

2. Dienstaufsichtsbeschwerden sind an keine Frist gebunden und neben der förmlichen Beschwerde zulässig. Eine Entscheidung trifft der Generalstaatsanwalt beim zuständigen Oberlandesgericht, wenn eine Entscheidung der Staatsanwaltschaft angegriffen wurde und diese der Beschwerde nicht abgeholfen hat. Eine weitere Dienstaufsichtsbeschwerde an den Justizminister gegen den Beschwerdebescheid des Generalstaatsanwalts ist zulässig.

18. Klageerzwingungsantrag[1]

An das

Oberlandesgericht . . . . .

Ermittlungsverfahren der Staatsanwaltschaft . . . . . gegen B ua

Geschäfts-Nr. der Staatsanwaltschaft: . . . . .

Geschäfts-Nr. der Generalstaatsanwaltschaft: . . . . .

Klageerzwingungsantrag

Namens und im Auftrag unserer Mandantin, der Firma A GmbH, ..., deren auf uns lautende Vollmacht beigefügt ist,

beantragen

wir eine gerichtliche Entscheidung gegen den ablehnenden Bescheid des Generalstaatsanwalts beim Oberlandesgericht vom . . . . . , Geschäfts-Nr.: . . . . . , bei uns eingegangen am . . . . . , dahingehend, die Erhebung der öffentlichen Klage gegen die Beschuldigten . . . . . ua wegen strafbarer Kennzeichenverletzung zu beschließen.

Begründung

Nach dem Ermittlungsergebnis liegt den Beschuldigten folgender Sachverhalt zur Last:[2]

(Rechtsanwalt)[3]

Anlagen

Anmerkungen

1. Sehr häufig führen Strafanträge gegen Produktpiraten nicht zum gewünschten Erfolg und es kommt zur Einstellung der Ermittlungen, insbesondere auf Grund mangelnden öffentlichen Interesses oder Fehlens des subjektiven Tatbestandes. Auch Beschwerden gegen Einstellungsbescheide und Dienstaufsichtsbeschwerden gegen die verantwortlichen Beamten der Staatsanwaltschaft führen oftmals zu keinem anderen Ergebnis. In diesen Fällen bleibt dem Verletzten nur die Möglichkeit, im Wege des Klageerzwingungsverfahrens eine gerichtliche Entscheidung des zuständigen Oberlandesgerichtes herbeizuführen, um auf diesem Wege eine Anklageerhebung zu erreichen. Entsprechende Anträge müssen gemäß § 172 Abs. 2 und 3 StPO innerhalb einer nicht verlängerbaren Frist von einem Monat eingereicht werden.

2. Um den Zulässigkeitsvoraussetzungen des § 172 Abs. 3 StPO zu genügen, muss der Klageerzwingungsantrag eine aus sich heraus verständliche und vollständige Darstellung des dem Ermittlungsverfahren zugrundeliegenden Sachverhalts unter Angabe aller zur Verfügung stehenden Beweismittel, welche die Erhebung der öffentlichen Klage begründen sollen, enthalten. Die Sachdarstellung muss ferner den Gang des Ermittlungsverfahrens, den Inhalt der angegriffenen Bescheide und die Gründe für deren angebliche Unrichtigkeit im Wesentlichen umfassen. Schließlich muss dem Antrag zu entnehmen sein, dass die Beschwerdefristen des § 172 Abs. 2 und 3 StPO eingehalten sind.

3. Der Klageerzwingungsantrag muss von einem Rechtsanwalt unterzeichnet sein.

19. Grenzbeschlagnahmeverfahren/Einführung und Übersicht

Die in der zweiten Auflage an dieser Stelle noch abgedruckten offiziellen Merkblätter nebst Antragsformularen der Generalzolldirektion (vormals: Bundesfinanzdirektion Südost), Direktion VI, Zentralstelle Gewerblicher Rechtsschutz, München, wurden mittlerweile durch ausführliche Erläuterungen und die Möglichkeit einer online Antragstellung auf der Webseite www.ipr.zoll.de ersetzt, so dass an dieser Stelle von einem Abdruck abgesehen wird. Auch sind die dortigen Hinweise hervorragend aufbereitet, weshalb sich eine weitere Kommentierung erübrigt. Zudem empfiehlt es sich aus Gründen der Aktualität ohnehin, sich jeweils aktuell online zu informieren. Die Möglichkeit der Grenzbeschlagnahme soll die Position des Schutzrechtsinhabers stärken, insbesondere soll durch sie der grenzüberschreitende Handel mit schutzrechtsverletzender Ware besser bekämpft werden können. Für den Schutzrechtsinhaber ist es in der Regel nur sehr schwer möglich, eingeführte, schutzrechtsverletzende Ware vollständig sicherstellen zu lassen, nachdem sie vom Zoll abgefertigt und anschließend auf zahlreiche Abnehmer verteilt worden ist. Beim Grenzbeschlagnahmeverfahren unterscheidet man zwei verschiedene, aber ähnlich ausgestaltete und ineinandergreifende Verfahren, die zum einen im nationalen Recht (wie zum Beispiel §§ 146 ff. MarkenG) und zum anderen in der Verordnung (EU) Nr. 608/2013 (Produktpiraterieverordnung) geregelt sind. Letztere hat am 1.1.2014 die bis dahin gültige Verordnung (EG) Nr. 1383/2003 abgelöst.

Die Grenzbeschlagnahme ist eine von Anfang an zeitlich beschränkte, kurzfristige Maßnahme, die es ermöglicht, schutzrechtsverletzende Ware aus dem Verkehr zu ziehen. Wichtigste Voraussetzung dieses in seiner ersten Stufe verwaltungsrechtlichen Verfahrens ist das Vorliegen einer offensichtlichen Schutzrechtsverletzung bzw. eines Verdachts, dass es sich um nachgeahmte Ware handelt. Die Grenzbeschlagnahme hat nur eine vorläufig sichernde Funktion und muss entweder durch (konkludente) Zustimmung des Anmelders oder Besitzers der Ware zur Vernichtung oder eine gerichtliche Entscheidung binnen längstens vier Wochen bestätigt werden.

Zuständig für die Bearbeitung von Anträgen auf Vornahme von Grenzbeschlagnahmen nach gemeinschaftsrechtlichen und nationalen Regelungen ist ausschließlich die Zentralstelle Gewerblicher Rechtsschutz der Generalzolldirektion, Direktion VI, mit Sitz in München (örtliche und sachliche Zuständigkeit). Der Inhaber eines Rechts mit unionsweiter Rechtswirkung (zB einer Unionsmarke, eines gemeinschaftlichen Geschmacksmusterrechts, eines gemeinschaftlichen Sortenschutzrechts, eines gemeinschaftlichen Schutzrechts an einer Ursprungsbezeichnung oder einer geografischen Angabe) hat zudem die Möglichkeit, hier auch das Tätigwerden der Zollbehörden eines oder mehrerer anderer Mitgliedstaaten zu beantragen. Der Vorteil dieses Verfahrens liegt darin, dass dem Antrag des Schutzrechtsinhabers von der Generalzolldirektion zentral stattgegeben und diese Entscheidung den betroffenen Mitgliedstaaten, in denen die dortigen Zollbehörden tätig werden sollen, mitgeteilt wird.

Für die Anträge auf Grenzbeschlagnahme sowohl nach der Produktpiraterieverordnung als auch nach den nationalen Vorschriften fallen keine Gebühren an. Auch der Akt der Grenzbeschlagnahme selbst ist kostenfrei. Allerdings hat der Antragsteller Lager-, Beförderungs- und Vernichtungskosten zu tragen.

Im Rahmen der Grenzbeschlagnahme nach den nationalen Vorschriften wird sowohl der Verletzer als Verfügungsberechtigter als auch der Schutzrechtsinhaber als Antragsteller von der zuständigen Zollbehörde über die Anordnung der Beschlagnahme unterrichtet. Widerspricht der Verfügungsberechtigte nicht innerhalb von zwei Wochen nach Zustellung der Mitteilung der Beschlagnahme, ordnet die Zollbehörde die Einziehung der beschlagnahmten Waren an, gegen die der Verfügungsberechtigte Einspruch einlegen kann. Mit Rechtskraft der Einziehungsanordnung kann die Zollbehörde die Verwertung der Waren – im Regelfall die Vernichtung – betreiben. Legt der Verfügungsberechtigte Widerspruch gegen die Beschlagnahme ein, unterrichtet die Zollbehörde hiervon unverzüglich den Antragsteller. Dieser hat daraufhin gegenüber der Zollbehörde unverzüglich zu erklären, ob er den Antrag auf Beschlagnahme in Bezug auf die beschlagnahmten Waren aufrechterhält. Nimmt der Antragsteller den Antrag zurück, hebt die Zollbehörde die Beschlagnahme unverzüglich auf und gibt die Waren frei. Hält der Antragsteller den Antrag aufrecht, hat er binnen zwei Wochen nach Zustellung der Mitteilung über den Widerspruch eine vollziehbare gerichtliche Entscheidung vorzulegen, die die Verwahrung der Waren oder eine Verfügungsbeschränkung anordnet. Die Beschlagnahme wird für längstens zwei weitere Wochen aufrecht erhalten, wenn der Antragsteller nachweist, dass er die gerichtliche Entscheidung beantragt hat, ihm diese aber noch nicht zugegangen ist. Legt der Antragsteller innerhalb der vorgenannten Fristen die gerichtliche Entscheidung nicht vor, hebt die Zollbehörde die Beschlagnahme auf und gibt die Waren frei. Aufgrund der kurzen Fristen ist als vollziehbare gerichtliche Entscheidung regelmäßig eine einstweilige Verfügung vorzulegen (vgl. Muster eines Antrags auf Erlass einer einstweiligen

Verfügung in diesem Teil). Spätestens bei einem Widerspruch des Verfügungsberechtigten sollte dieser abgemahnt werden (vgl. Muster einer Abmahnung in diesem Teil), um diesen zumindest zu einer Rücknahme des Widerspruchs zu bewegen, was in der vorformulierten Unterlassungserklärung bereits aufgenommen werden sollte (vgl. Muster einer Unterlassungs- und Verpflichtungserklärung in diesem Teil).

Im Rahmen der Grenzbeschlagnahme nach der Produktpiraterieverordnung wird im sogenannten Basisverfahren sowohl der Schutzrechtsinhaber als auch der Anmelder oder der Besitzer der Waren von der zuständigen Zollstelle von der Aussetzung der Überlassung oder Zurückhaltung der Waren unterrichtet. Eine Vernichtung der Waren setzt voraus, dass der Schutzrechtsinhaber die zuständige Zollstelle innerhalb eines Zeitraums von zehn Arbeitstagen (drei im Fall leicht verderblicher Waren) nach Eingang der Benachrichtigung der Zollstelle schriftlich davon unterrichtet, dass seines Erachtens ein Recht geistigen Eigentums verletzt ist und er einer Vernichtung der Waren zustimmt. Daneben muss der Anmelder oder Besitzer der Waren den Zollbehörden im selben Zeitraum schriftlich seine Zustimmung zur Vernichtung der Waren bestätigen. Die Frist kann vor Ablauf auf Antrag des Schutzrechtsinhabers um höchstens zehn Arbeitstage verlängert werden. Erfreulicherweise gilt die Zustimmung zur Vernichtung im Basisverfahren als erteilt, wenn der Anmelder oder der Besitzer der Waren einer Vernichtung nicht innerhalb von zehn Arbeitstagen (drei im Fall leicht verderblicher Waren) nach Zugang der Benachrichtigung der Zollstelle widerspricht. Es empfiehlt sich, bei der Abmahnung (vgl. → Form. VI.1 und → Form. VI.2) zugleich die Zustimmung zur Vernichtung vom Verletzer zu fordern und – sofern diese erteilt wird – dem Hauptzollamt zusammen mit dem Vernichtungsantrag (vgl. → Form. VI.20) zur Verfügung zu stellen. Widerspricht der Anmelder oder der Besitzer der Waren und legt der Schutzrechtsinhaber keinen Nachweis der Einleitung eines gerichtlichen Verfahrens zur Feststellung des Vorliegens einer Schutzrechtsverletzung (vgl. → Form. VI.14) innerhalb eines Zeitraums von zehn Arbeitstagen (drei im Fall leicht verderblicher Waren) nach Eingang der Benachrichtigung der Zollstelle vor, hebt die Zollbehörde die Aussetzung der Überlassung bzw. die Zurückhaltung auf und gibt die Ware frei, sofern alle weiteren zollrechtlichen Bedingungen erfüllt sind. Der Schutzrechtsinhaber riskiert hierbei zudem, dass die Zollbehörde dann bis zum Ende der Gültigkeit seines Grenzbeschlagnahmeantrags keine weiteren Maßnahmen ergreift und im Wiederholungsfall sogar die notwendige Verlängerung seines Antrags abgelehnt werden kann.

Neben dem vorbeschriebenen Basisverfahren sieht die Produktpiraterieverordnung auch das sogenannte Kleinsendungsverfahren vor, das auf Antrag des Schutzrechtsinhabers bei Post- und Eilkuriersendungen, die höchstens drei Einheiten enthalten oder ein Bruttogewicht unter zwei Kilogramm aufweisen, zur Anwendung kommt. Bei diesem Verfahren wird der Schutzrechtsinhaber von der Aussetzung der Überlassung oder Zurückhaltung der Waren nur noch unterrichtet, wenn der Anmelder oder der Besitzer der Waren der Vernichtung widerspricht. Andernfalls werden die Waren auf Kosten des Schutzrechtsinhabers unter zollamtlicher Überwachung vernichtet.

20. Zustimmung zur Vernichtung an die Zollbehörde

An das

Hauptzollamt . . . . .

Herrn . . . . .

Az.: . . . . .

Aussetzung der Überlassung/Zurückhaltung von Waren mit der Kennzeichnung „MOSKITO“ vom . . . . .

A GmbH ./. B-AG

Sehr geehrter Herr . . . . .,

in vorbezeichneter Angelegenheit bitten wir namens und im Auftrag der A GmbH, für sämtliche mit der Kennzeichnung „MOSKITO“ versehenen Waren die Vernichtung gemäß Art. 23 VO (EU) Nr. 608/2013 durchzuführen. In diesem Zusammenhang erklärt unsere Mandantschaft, dass die verfahrensgegenständlichen Waren ihre Marke verletzen und sie einer Vernichtung dieser Waren unter zollamtlicher Überwachung auf ihre Verantwortung und Kosten zustimmt.[1] Bitte teilen Sie uns kurz mit, ob Sie die organisatorische Abwicklung der Vernichtung übernehmen oder unsere Mandantschaft diesbezüglich Weiteres veranlassen soll.[2]

Der Beteiligte wurde von uns mit Schreiben vom . . . . . unter Fristsetzung zum . . . . . aufgefordert, der Vernichtung gemäß Art. 23 VO (EU) Nr. 608/2013 zuzustimmen. Er hat hierauf nicht reagiert und einer Vernichtung auch nicht widersprochen. Wir gehen davon aus, dass ein solcher Widerspruch auch Ihnen gegenüber nicht erklärt wurde, so dass die Zustimmung zur Vernichtung gemäß Art. 23 Abs. 1 Buchst. c VO (EU) Nr. 608/2013 als erteilt gilt. Andernfalls bitten wir höflich um schnellstmögliche Mitteilung und beantragen schon jetzt, die Frist um weitere 10 Arbeitstage, mithin bis zum . . . . ., zu verlängern, da in diesem Fall noch ein gerichtliches Verfahren eingeleitet werden muss.[3]

Gerne hören wir wieder von Ihnen.

Mit freundlichen Grüßen

(Rechtsanwalt)

Anmerkungen

1. Gemäß Art. 23 Abs. 2, Art. 29 Abs. 1 VO (EU) Nr. 608/2013 erfolgt die Vernichtung auf Kosten und Verantwortung des Schutzrechtsinhabers. In aller Regel verlangen die Zollbehörden zu ihrer Sicherheit bereits im Vorfeld eine entsprechende Erklärung des Schutzrechtsinhabers, so dass diese bereits an dieser Stelle abgegeben werden sollte, um Verzögerungen zu vermeiden.

2. Die Zollbehörde kann die organisatorische Abwicklung der Vernichtung übernehmen, muss es aber nicht. Da die Verwahrung der Waren Kosten verursacht, die der Schutzrechtsinhaber tragen muss, sollte hier eine schnelle Klärung erfolgen, um nicht unnötig Zeit zu verlieren.

3. Nachdem der Verletzer der Vernichtung noch am zehnten Arbeitstag kurz vor Mitternacht gegenüber der Zollbehörde widersprechen kann, muss bereits an dieser Stelle eine Fristverlängerung beantragt werden, da in diesem Fall die ebenfalls zehn Arbeitstage betragende Frist des Schutzrechtsinhabers abgelaufen wäre und er damit keine Möglichkeit mehr hätte, ein gerichtliches Verfahren einzuleiten.

21. Wichtige Adressen (Auswahl)

Generalzolldirektion
Direktion VI Zentralstelle Gewerblicher Rechtsschutz
Sophienstr. 6
80333 München
Tel.: +49 89 59 95 23 15
Fax: +49 89 59 95 23 17
E-Mail: dvia24.gzd@zoll.bund.de
www.ipr.zoll.de

ICC Commercial Crime Services
Cinnabar Wharf
26, Wapping High Street
London E1W 1NG
UNITED KINGDOM
Tel.: +44 20 74 23 69 60
Fax: +44 20 74 23 69 61
E-Mail: ccs@icc-ccs.org
www.icc-ccs.org

Union des Fabricants pour la Protection Internationale de la Propriété Intellectuelle
16 rue de la Faisanderie
75116 Paris
FRANCE
Tel.: +33 15 62 61 40 3
Fax: +33 15 62 61 40 1
E-Mail: info@unifab.com
www.unifab.com

Indicam
Via Serbelloni 5
20122 Milano
ITALIA
Tel.: +39 02 76 01 41 74
Fax: +39 02 76 01 43 14
E-Mail: info@indicam.it
www.indicam.it

Swedish Anti-Counterfeiting Group
Synch Advokat ABP.O. Box 3631
10359 Stockholm
SWEDEN
Tel.: +46 87 61 35 35
E-Mail: info@sacg.se
www.sacg.org

AIM – European Brands Association
9 Avenue des Gaulois
1040 Brussels
BELGIQUE
Tel.: +32 27 36 03 05

Fax: +32 27 34 67 02
E-Mail: brandaim@aim.be
www.aim.be

Korean Industrial Property Office (KIPO)
Anti-Counterfeiting Division
Government Complex-Daejeon Bldg. 4
189 Cheongsa-ro, Seo-gu
Daejeon, 35208
KOREA
Tel.: +82 42 48 15 07 3
Fax: +82 42 47 234 59
E-Mail: kipoicd@kipo.go.kr
www.kipo.go.kr

React The Anti-Counterfeiting Network
Amstelveenseweg 864
1081 JM Amsterdam
THE NETHERLANDS
Tel.: +31 20 6 40 63 63
Fax: +31 20 6 40 62 16
E-Mail: hq@react.org
www. react.org
Andema

Asociación para la Defensa de la Marca
C/Ribera del Loira, 12
28042 Madrid
ESPANA
Tel.: +3 49 15 90 69 39
Fax: +3 49 15 90 69 08
E-Mail: andema@camara.es
www.andema.org

Ministry of Economic Affairs, R. O. C.
15 Fuzhou St.
Taipei, 10015
TAIWAN, R. O. C.
Tel.: +8 86 02 23 21 22 00
www.moea.gov.tw

International AntiCounterfeiting Coalition, Inc. (IACC)
1730 M Street NW
Suite 1020
Washington, D. C. 20 036
USA
Tel.: +1 20 22 23 66 67
Fax: +1 20 22 23 66 68
E-Mail: IACC@iacc.org
www.iacc.org

VII. Wettbewerbsrecht (UWG)

Schrifttum: *Büscher/Dittmer/Schiwy*, Gewerblicher Rechtsschutz – Urheberrecht – Medienrecht, 3. Aufl. 2015; *Eichmann/Jestaedt/Fink/Meiser*, Designgesetz, GGV, 6. Aufl. 2019; *Fezer/Büscher/Obergfell*, Lauterkeitsrecht, 3. Aufl. 2016; *Gloy/Loschelder/Danckwerts*, Wettbewerbsrecht, 5. *Aufl. 2019*; *Harte-Bavendamm/Henning-Bodewig/, UWG, 4. Aufl. 2016*; *Köhler/Bornkamm/Feddersen*, UWG 38. Aufl. 2020; Münchener Kommentar zum Lauterkeitsrecht, Bd. 1 (§§ 1–7 UWG), 3. Aufl. 2020; Bd. 2 (§§ 5–20 UWG) 2. Aufl. 2014; Münchener Kommentar zur ZPO 5. Aufl. 2016; *Musielak/Voit*, ZPO 17. Aufl. 2020; *Teplitzky*, Wettbewerbsrechtliche Ansprüche und Verfahren, 12. Aufl. 2019.

0. Einführung

Als „Wettbewerbsrecht" können sowohl die Regelungen des Gesetzes gegen den unlauteren Wettbewerb (UWG) als auch die kartellrechtlichen Vorschriften des Gesetzes gegen Wettbewerbsbeschränkungen (GWB) und gemäß Art. 101, 102 AEUV bezeichnet werden. Beide Rechtsgebiete haben das Ziel, den Leistungswettbewerb zu schützen und überschneiden sich daher hinsichtlich ihres Schutzzweckes und Regelungsgegenstandes. Während das Kartellrecht aber in erster Linie die Existenz des Wettbewerbs an sich schützt, dient das UWG dem Schutz der Mitbewerber, der Verbraucher sowie sonstiger Marktteilnehmer vor unlauterem Wettbewerb. Es definiert daher vereinfacht gesagt die „Spielregeln" eines existierenden Wettbewerbs. Der Begriff des „Wettbewerbsrechts" ist in diesem Abschnitt ausschließlich im Sinne des Lauterkeitsrechts (UWG) zu verstehen.

Seit dem Jahr 2002 ist das UWG mehrfach wesentlich geändert worden. Durch den Wegfall des RabattG, der ZugabeV sowie der Regelung über Sonderveranstaltungen und Räumungsverkäufe ist eine Liberalisierung des UWG zu verzeichnen. Auch in der Rechtsprechung sind teilweise großzügigere Maßstäbe angelegt worden. Mit der UWG-Novelle 2004 wurden die in jahrzehntelanger Rechtsprechung entwickelten Fallgruppen zur Generalklausel der Sittenwidrigkeit des früheren § 1 UWG in gesetzliche Regelbeispiele unlauteren Wettbewerbs umgesetzt (§ 4 UWG). Die weitere Entwicklung war seither vor allem durch den Einfluss des europäischen Verbraucherrechts geprägt. Gleichzeitig haben vermehrt Sachverhalte im Zusammenhang mit den neuen Medien an Bedeutung gewonnen.

Maßgeblichen Einfluss auf das Wettbewerbsrecht hatte insbesondere die EU-Richtlinie über unlautere Geschäftspraktiken 2005/29/EG (nachfolgend: UGP-RL), die mit der UWG-Novelle 2008 in deutsches Recht umgesetzt worden ist. Die UGP-RL gilt nur im Verhältnis von Unternehmern zu Verbrauchern („B2C") und bezweckt eine vollständige Harmonisierung in der EU. Im Anwendungsbereich der UGP-RL dürfen die Mitgliedstaaten also weder großzügigere noch strengere Regeln vorsehen.

Im Unterschied zum UWG 2004 hat das UWG 2008 folgende Änderungen mit sich gebracht:

- Gesetzeszweck nach § 1 ist der Schutz vor **unlauteren geschäftlichen Handlungen.** Die geschäftlichen Handlungen werden in § 2 Abs. 1 Nr. 1. UWG definiert, sie betreffen auch die Zeit bei und nach Vertragsschluss.
- In § 2 Abs. 1 Nr. 5–7 UWG werden weitere Begriffe, und zwar „Verhaltenskodex", „Unternehmer" und „fachliche Sorgfalt" definiert. Der Unternehmerbegriff weicht von § 14 BGB ab. Dabei gilt als Unternehmer auch jede Person, die im Namen oder im Auftrag eines Unternehmers handelt.

- Die Generalklausel § 3 UWG wurde neu gefasst. Anstelle der nicht unerheblichen Beeinträchtigung tritt die spürbare Beeinträchtigung. Unlauteres Verhalten gegenüber Verbrauchern wird in § 3 Abs. 2 definiert. § 3 Abs. 3 UWG verweist auf den Anhang („Schwarze Liste").
- Der Irreführungstatbestand wurde deutlich erweitert. Die Überschrift des § 5 lautet **„Irreführende geschäftliche Handlungen"**. In § 5a UWG wird die Irreführung durch Unterlassen geregelt.
- In § 6 UWG wurde Abs. 3 gestrichen.
- In § 7 Abs. 1 S. 1 UWG wird „unlauter" durch „unzulässig" ersetzt und damit klargestellt, dass die Bagatellklausel des § 3 Abs. 1 UWG nicht neben § 7 UWG anwendbar ist. In § 7 Abs. 2 UWG werden die Anwendungsfälle der unzumutbaren Belästigung erweitert.

Der Anhang zu § 3 Abs. 3 UWG sieht eine Schwarze Liste von aggressiven Geschäftspraktiken vor, die gegenüber Verbrauchern per se als unlauter gelten. Diese Vorschriften sind richtlinienkonform auszulegen. Aufgrund des abschließenden Charakters dürfte die Schwarze Liste nicht analogiefähig sein, allerdings kann sich bei Nichteingreifen eines Tatbestands eine Unlauterkeit aus §§ 3 ff. UWG ergeben. Die EU-Kommission hat die Umsetzung der UGP-RL in Deutschland beanstandet, was den Gesetzgeber zu einer erneuten Novellierung veranlasste (Zweites Gesetz zur Änderung des Gesetzes gegen den unlauteren Wettbewerb vom 2.12.2015, Inkrafttreten am 10.12.2015). Dieses Gesetz brachte insbesondere folgende Änderungen mit sich:

- Ersetzung der „fachlichen Sorgfalt" in § 2 Abs. 1 Nr. 7 UWG durch „unternehmerische (n) Sorgfalt", „Marktgepflogenheiten" wurden zu „anständigen Marktgepflogenheiten".
- Neue Legaldefinitionen für „wesentliche Beeinflussung des wirtschaftlichen Verhaltens des Verbrauchers" in § 2 Abs. 2 Nr. 8 UWG und „geschäftliche Entscheidung" in § 2 Abs. 2 Nr. 9 UWG.
- In § 3 Abs. 1 UWG wurde die Spürbarkeitsklausel gestrichen.
- Der Rechtsbruchtatbestand wurde in § 3a UWG verschoben und mit einer eigenen Spürbarkeitsklausel ausgestattet.
- Neufassung des Beispielskatalogs in § 4 UWG 2008.
- § 4 Nr. 1 und 2 UWG 2008 wurden in § 4a UWG überführt.
- § 4 Nr. 3 UWG 2008 gilt in Form von § 5a Abs. 6 UWG für Verbraucher fort.
- § 4 Nr. 4 und Nr. 5 UWG 2008 wurden in § 5a Abs. 2 und Abs. 4 UWG überführt.
- § 4 Nr. 6 UWG 2008 wurde ersatzlos gestrichen.
- Der neue § 4a UWG setzt die Art. 8 und 9 UGP-RL genauer um.
- § 5 Abs. 1 S. 1 UWG hat eine Relevanzklausel erhalten.
- § 5a UWG wurde stärker an Art. 7 UGP-RL angeglichen.

Nr. 13, 14 und 29 des Anhangs zu § 3 Abs. 3 UWG wurden deutlicher an die entsprechenden Tatbestände des Anhangs I der UGP-RL angeglichen.

Die Muster in Abschnitt 1 behandeln die außergerichtlichen Verfahren. Dabei stehen Abmahnungen → Form. VII.1.1–1.3) und Unterlassungserklärungen (→ Form. VII.1.3–1.6) im Vordergrund. Der Inhalt der Unterlassungserklärungen bestimmt sich nach der jeweiligen Interessenlage. → Form. VII.1.3 trägt in besonderem Maße den Interessen des Unterlassungsgläubigers Rechnung, → Form. VII.1.4–1.6 den Interessen des Unterlassungsschuldners. In → Form. VII.1.7 wird ein Muster für eine Antwort auf die Abmahnung dargestellt.

Unter Abschnitt 2 werden Muster für die wettbewerbsrechtliche Hauptsacheklage (→ Form. VII.2.1) und die Klageerwiderung im Wettbewerbsprozess (→ Form. VII.2.2) vorgeschlagen. Bei diesen Mustern werden die typischen prozessualen Aspekte wettbewerbsrechtlicher Streitigkeiten wie die Bestimmung der örtlichen und sachlichen Zuständigkeit, die typischen Anträge, die Grundregeln der Antragstellung, die Aktiv-/Passivlegitimation sowie im Muster „Klageerwiderung" die typischen Einreden und Einwendungen wie Verjährung, Verwirkung, internationale Zuständigkeit, doppelte Rechtshängigkeit etc. behandelt.

Im Wettbewerbsrecht machen die Verletzungshandlungen oft schnelle Entscheidungen erforderlich. In Abschnitt 3 sind daher Muster für den vorläufigen Rechtsschutz enthalten. Dazu gehören in → Form. VII.3.1 ein Verfügungsantrag sowie die damit zusammenhängenden weiteren Muster zu Zustellung, eidesstattlicher Versicherung, Widerspruch, Kostenwiderspruch, Schutzschrift, Antrag auf Anordnung der Klageerhebung, Aufhebungsantrag und Abschlussverfahren.

In Abschnitt 4 werden Hauptsacheklageverfahren behandelt, die aufgrund der wettbewerbsrechtlichen Besonderheiten häufig relevant werden, und zwar Klage auf Auskunft, Schadensersatz, Beseitigung, Negative Feststellungsklage, Erledigung der Hauptsache und das im Wettbewerbsrecht mögliche Einigungsstellenverfahren (→ Form. VII.4.1–4.4).

Die tägliche Praxis und die Analyse der Entscheidungen im Wettbewerbsrecht belegen, dass Beanstandungen der Antragstellung selbst in der Revisionsinstanz besonders häufig zu verzeichnen sind. Sowohl in → Form. VII.2.1 aber insbesondere in Abschnitt 5 wird diesen Besonderheiten im Wettbewerbsrecht durch eine Vielzahl von Klagemustern Rechnung getragen. Entsprechend der Regelungstechnik im UWG orientieren sich in Abschnitt 5 die Klagemuster an den Regelbeispielen des § 4 und den Irreführungstatbeständen der §§ 5, 5a UWG. Die Klagemuster zur vergleichenden Werbung und unzumutbaren Belästigung in → Form. VII.5.1–5.14 beschränken sich im Wesentlichen auf die jeweilige Antragstellung sowie auf die klagebegründenden Tatbestandsmerkmale.

Das Muster eines für das Wettbewerbsrecht typischen Ordnungsgeldantrages ist in → Form. VII.6.1 dargestellt. Im Hinblick auf die dynamische Rechtsentwicklung und Änderungen der tatsächlichen Grundlagen wettbewerbsrechtlicher Fallgestaltungen wird unter → Form. VII.6.2 ein Muster für eine Vollstreckungsabwehrklage mit Antrag auf einstweilige Einstellung und einstweilige Anordnung bereitgestellt.

1. Außergerichtliches Verfahren

1.1 Berechtigungsanfrage[1]

B. GmbH

z. H. Herrn Geschäftsführer C

. . . . .

. . . . .

A GmbH./. B GmbH

Sehr geehrter Herr C,

wie Ihnen sicher bekannt ist, stellen wir tragbare Kabeltrommeln her und vertreiben diese sowohl an den Großhandel als auch an den gewerblichen Letztverbraucher.

Seit mehr als 20 Jahren vertreiben wir unser Modell ABC in verschiedenen Varianten, das ua auch in unserer Website (www.xyz.de) dargestellt ist. Dieses Modell zeichnet sich insbesondere dadurch aus, dass der aus einem Stück gefertigte Halter der Kabeltrommel mit der mittig angeordneten Befestigung für die Trommel bogenförmig verbundene, nach vorn rechtwinklig ausgestellte Standfüße aufweist, die an ihrem Ende mit Verbreiterungen versehen sind. Wir sind Markführer im Bereich tragbarer Kabeltrommeln und das Modell ABC hat mit einem Absatz von durchschnittlich . . . . . Exemplaren in den letzten 5 Jahren mit Abstand den größten Anteil an unserem Umsatz.

Wir mussten feststellen, dass Sie unter der Bezeichnung ACB Kabeltrommeln vertreiben, die unserem Modell äußerlich bis ins Detail gleichen und insbesondere auch die oben beschriebenen Merkmale aufweisen, aber von schlechterer Qualität, insbesondere schwächerer Standfestigkeit sind als unser Modell.

Zur Prüfung weiterer Schritte bitten wir Sie bis spätestens

(Datum)

um Mitteilung, aus welchem Grunde Sie sich für berechtigt halten, diese Kabeltrommeln zu vertreiben.

Mit freundlichen Grüßen,

. . . . .

Geschäftsführer

Anmerkungen

1. Die Berechtigungsanfrage hat ihren Anwendungsbereich hauptsächlich als Vorstufe von Schutzrechtsverwarnungen. Im Wettbewerbsrecht ist sie dagegen seltener anzutreffen.

Anders als die Abmahnung (s. nachfolgendes Muster) enthält die Berechtigungsanfrage eine Einladung zum Gedankenaustausch über die Frage der Verletzung bzw. den Rechtsbestand eines Schutzrechts. Sie enthält, anders als die Abmahnung (Schutzrechtsverwarnung), kein ernsthaftes Unterlassungsbegehren. Der Vorhalt von Rechtsverletzungen mit der Aufforderung zu Äußerung, warum Empfänger sich für berechtigt hält, ist noch keine Abmahnung (OLG Düsseldorf 9.8.2007 – 2 U 122/06, NJOZ 2008, 2742; LG Mannheim 23.2.2007 – 7 O 276/06, BeckRS 2007, 03873). Entscheidend ist der Inhalt des Schreibens aus der Sicht des Empfängerhorizonts (OLG Düsseldorf 6.3.2014 – I-2 U 90/13, GRUR-RR 2014, 315).

Bei möglichen Schutzrechtsverletzungen soll die Berechtigungsanfrage vor allem die bei unberechtigter Schutzrechtsverwarnung (Abmahnung) drohenden Schadensersatzansprüche des Verwarnten vermeiden. Werden allerdings pauschale Hinweise auf eine Rechtsverletzung gegenüber Abnehmern aufgestellt, die zu einer Verunsicherung der Abnehmer führen, so kann dies Abwehransprüche des Herstellers auslösen, selbst wenn es sich nicht um eine Abmahnung handelt (BGH 15.1.2009 – I ZR 123/06, GRUR 2009, 878 – Fräsautomat).

Im Gegensatz zur Schutzrechtsverwarnung löst aber die unberechtigte wettbewerbsrechtliche Abmahnung keine Schadensersatzansprüche des Abgemahnten aus (s. GSZ 15.7.2005 – GSZ 1/04, GRUR 2005, 882 (885) – Unberechtigte Schutzrechtsverwarnung), da die Schutzrechtsverwarnung für den Verwarnten, der uU Produktion oder Vertrieb einstellen muss, als belastender betrachtet wird, als es die Folgen einer Abmahnung wegen eines Wettbewerbsverstoßes sind, der meist lediglich eine Werbemaßnahme betrifft. Zwar kann eine Abmahnung aus ergänzendem wettbewerbsrechtlichen Leistungsschutz (§ 4 Nr. 3 UWG) die gleichen Konsequenzen haben wie eine Schutzrechtsverwarnung, dennoch wird an dieser Differenzierung zwischen Schutzrechtsverwarnung und wettbewerbsrechtlicher Abmahnung auch in diesem Bereich festgehalten (Köhler/*Bornkamm* UWG § 12 Rn. 1.85).

Obwohl somit das Hauptmotiv für die Berechtigungsanfrage, die Vermeidung von Schadensersatzansprüchen des Abgemahnten, im Wettbewerbsrecht fehlt, kann sie dennoch sinnvoll sein, um einen unklaren Sachverhalt aufzuklären. Ein Vorteil der Berechtigungsanfrage, in der keine Behauptung einer Rechtsverletzung aufgestellt wird, ist es in jedem Fall, dass der Empfänger kein Rechtsschutzbedürfnis für eine negative Feststellungsklage hat (s. OLG München 6.3.1997 – 6 U 4793/96, MittdtPatA 1998, 117). Will der Absender einer Berechtigungsanfrage später noch zum Mittel der Abmahnung und einstweiligen Verfügung greifen, so hat er zu beachten, dass der für eine Berechtigungsanfrage erforderlichen Zeitraum die Dringlichkeit eines Verfügungsantrags nicht gefährdet (→ Form. VII.3.1 Anm. 14).

Wird direkt im Anschluss an eine Berechtigungsanfrage eine Unterlassungsklage erhoben oder einstweilige Verfügung beantragt, ohne zuvor abzumahnen, so kann der Beklagte bzw. Antragsgegner sofort anerkennen (§ 93 ZPO), auch wenn er der in der Vorabmahnung vertretenen Rechtsauffassung widersprochen und eine gegenteilige Rechtsauffassung geäußert hat (OLG Hamburg 31.1.2006 – 5 W 12/06, GRUR 2006, 616; aA Eichmann/Jestaedt/Fink/Meiser/*Eichmann/Jestaedt* DesignG § 42 Rn. 112).

Ein Anspruch auf Kostenerstattung für eine Berechtigungsanfrage besteht grundsätzlich nicht, weil die Berechtigungsanfrage primär eigenen Interessen des Anfragenden dient. Ausnahmsweise kann ein Erstattungsanspruch aus GoA (§§ 677, 683 S. 1, 670 BGB) gegen den Verletzer für Kosten der Berechtigungsanfrage bestehen, wenn sich die Anfrage an einen Dritten richtete, der irgendwie an der Verletzung beteiligt ist (nicht notwendig selbst für Verletzungsansprüche passivlegitimiert) und dazu diente, den Verletzer zu identifizieren (BeckOK Streitwert/*Lauro*, 29. Ed. 1.7.2018, Markenrecht Berechtigungsanfrage Rn. 3).

Werden auf eine Berechtigungsanfrage hin mögliche Ansprüche zurückgewiesen, besteht Anlass zur Klageerhebung. Eine anschließende Abmahnung ist nicht erforderlich, Kosten für eine dennoch erfolgende Abmahnung sind nach einer in der Rechtsprechung vertretenen Meinung nicht erstattungsfähig (obiter OLG Frankfurt a. M. 15.2.2018 – 6 U 136/16, BeckRS 2018, 9395 Rn. 97). Das kann aber nur gelten, wenn die Reaktion des Schuldners es als ausgeschlossen erscheinen lässt, dass auf die Abmahnung hin eine Unterwerfung erfolgt. Eine Kostenerstattung wurde zugebilligt, wenn nach Abgabe einer unzureichenden Unterlassungserklärung im Anschluss an die Berechtigungsanfrage abgemahnt wird (LG Köln 29.11.2016 – 33 O 64/15, BeckRS 2016, 120413).

Kosten und Gebühren

Gericht: Keine

Rechtsanwalt: Im Falle einer anwaltlichen Berechtigungsanfrage ist die Tätigkeit des Rechtsanwalts ebenso zu vergüten wie bei der Abmahnung; → Form. VII.1.10. Die Reduzierung der Vergütung auf 0,3 nach Nr. 2301 VV kommt nicht in Betracht. Zwar haben Berechtigungsanfragen oft einen geringen Umfang, dennoch handelt es sich nicht um Schreiben einfacher Art. Zwar soll es sich bei Schreiben einfacher Art nach der Anmerkung um Schreiben handeln, die weder schwierige rechtliche Ausführungen noch größere sachliche Auseinandersetzungen enthalten, dennoch ist ausschließlich der Umfang des vom Auftraggeber erteilten Auftrags maßgeblich (vgl. Gesetzesbegründung vom 11.11.2003, BT-Drs. 15/1971, 207) und nicht der Umfang des Schreibens selbst. Daher macht es für die Gebühren keinen Unterschied, ob eine ausführliche Stellungnahme zur Sach- und Rechtslage abgegeben wird (s. Hirsch in: Büscher/Dittmer/Schiwy Kap. 18 Rn. 72).

Wird der Rechtsanwalt nach der Berechtigungsanfrage mit einer Abmahnung beauftragt, so handelt es sich idR nicht um dieselbe Angelegenheit (§ 15 Abs. 5 S. 1 RVG), denn erst mit der Abmahnung werden Ansprüche geltend gemacht, während die Berechtigungsanfrage der Aufklärung dient. Anders kann der Fall aber liegen, wenn der Anwalt von vornherein damit beauftragt war, eine Abmahnung auszusprechen, falls der Adressat der Berechtigungsanfrage die Verletzungshandlung nicht einstellt oder sich sonst nicht in der gewünschten Weise verhält. Dann kann die vorgeschaltete Berechtigungsanfrage aber zu einer Erhöhung des Gebührensatzes führen. Beim Kostenerstattungsanspruch gegen den Verletzer für die Abmahnung (→ Form. VII.1.10) ist diese Erhöhung herauszurechnen, da sie ihren Grund in der Berechtigungsanfrage hat, für die grds. keine Kostenerstattung geschuldet ist.

1.2 Abmahnungsschreiben[1]

Per Telefax: . . . . . und Einschreiben/Rückschein[2]

B. GmbH

z. H. Herrn Geschäftsführer C

. . . . .

. . . . .

A GmbH ./. B GmbH

Sehr geehrter Herr C,

wir zeigen an, dass uns die Firma A GmbH, ..., ... mit der Wahrnehmung ihrer Interessen beauftragt hat (eine entsprechende Vollmacht ist beigefügt).[3]

Unsere Mandantin musste feststellen, dass Sie im Internet auf Ihrer Homepage (www. abc.de) Waschmaschinen der Marke „X" für einen Preis von 249,– EUR anbieten, wobei Sie eine unverbindliche Preisempfehlung des Herstellers von 849,– EUR angeben. Bei dem angebotenen Modell handelt es sich um ein Sondermodell des Herstellers, das nur für Ihr Unternehmen hergestellt wird. Unsere Mandantin vertreibt ebenfalls Elektrogeräte an den gleichen Kundenkreis.[4]

Die Angabe einer unverbindlichen Preisempfehlung bei Waren, die nicht allgemein, sondern nur bei einer beschränkten Zahl von Anbietern, in diesem Fall sogar nur bei einem Anbieter erhältlich sind, ist irreführend, da die unverbindliche Preisempfehlung nicht in der Erwartung ausgesprochen wird, dass dieser Preis tatsächlich auch verlangt wird. Diese irreführende Werbung ist gemäß §§ 3, 5 Abs. 1 Nr. 2 UWG unzulässig (BGH GRUR 2003, 446 (447) – Preisempfehlung für Sondermodelle[5]). Als Mitbewerber fordern wir von Ihrem Unternehmen und, da Sie von dieser Werbung wussten und sie dennoch nicht unterbunden haben, auch von Ihnen persönlich Unterlassung dieser Werbung (§ 8 Abs. 3 Nr. 1).[6]

Die für den Unterlassungsanspruch erforderliche Wiederholungsgefahr wird nach Erstbegehung vermutet und kann nur durch Abgabe einer strafbewehrten Unterlassungserklärung beseitigt werden. Dies entspricht ständiger höchstrichterlicher Rechtsprechung.[7]

Wir bieten Ihnen daher an, eine strafbewehrte Unterlassungserklärung bis spätestens

(Datum, ggf. Uhrzeit)[8]

hier eingehend abzugeben.[9] Für die Fristwahrung genügt die Übersendung per Telefax, sofern die Unterlassungserklärung im Original unverzüglich nachfolgt.[10]

Die Unterlassungserklärung finden Sie in der Anlage.[11]

Außerdem sind Sie gemäß § 13 Abs. 3 UWG und aus Schadensersatz (§ 9 UWG)[11a] verpflichtet, die Kosten unserer Inanspruchnahme gemäß beiliegender Kostenaufstellung zu erstatten.[12] Auch hierfür setzen wir Ihnen die oben genannte Frist.

Sollten Sie die Frist ungenutzt verstreichen lassen, werden wir unserer Mandantin raten, ihre Ansprüche gerichtlich durchzusetzen.[13]

Mit freundlichen Grüßen

Rechtsanwalt

Anmerkungen

1. Das Muster gibt den praktisch häufigsten Fall der Anwaltsabmahnung wieder. Die Abmahnung dient der Beilegung des Streits und damit der Vermeidung eines Verfügungsverfahrens und/oder Hauptprozesses (§ 12 Abs. 1 S. 1 UWG). Sie ist keine Prozessvoraussetzung (GSZ Beschl. v. 15.7.2005 – GSZ 1/04, GRUR 2005, 882 (885) – Unberechtigte Schutzrechtsverwarnung). Sie ist auch keine materiellrechtliche Pflicht, sondern eine Obliegenheit, deren Unterlassen mit Rechtsnachteilen verknüpft ist (Köhler/Bornkamm/Feddersen/*Bornkamm* § 12 Rn. 1.7 mwN). Allerdings kann das Gericht gehalten sein, dem Antragsgegner rechtliches Gehör zu gewähren, wenn ohne getätigte Abmahnung eine einstweilige Verfügung beantragt wird (BVerfG 30.9.2018 – 1 BvR 1783/17, NJW 2018, 3631 zum Presse- und Äußerungsrecht).

Die Abmahnung hat eine doppelte Rechtsnatur (Köhler/Bornkamm/Feddersen/*Bornkamm* UWG § 12 Rn. 1.10 mwN).

Zum einen dient sie der Warnung des Empfängers. Nach fruchtloser Abmahnung besteht Anlass zur Klage, so dass sich der Antragsgegner der Kostenlast nicht durch sofortiges Anerkenntnis (§ 93 ZPO) entziehen kann. Ausnahmsweise ist eine Abmahnung zur Vermeidung von § 93 ZPO unnötig, nämlich wenn die Eilbedürftigkeit aus objektiver Sicht des Verletzten keine Verzögerung duldet, etwa wenn sie offensichtlich aussichtslos wäre, bei Verletzungen nach vorheriger Unterwerfung (→ Form. VII.1.2), besonders schweren Verstößen oder wenn der Verletzer durch die Abmahnung vorgewarnt und der Rechtsschutz damit vereitelt würde – etwa in Fällen von Sequestration von Verletzerware (s. (Köhler/Bornkamm/Feddersen/*Bornkamm* UWG § 12 Rn. 1.56 mwN).

Zum anderen beinhaltet sie in aller Regel das Angebot zum Abschluss eines Unterwerfungsvertrages, so wie es in dem Muster der Fall ist.

Die Abmahnung ist formfrei (Köhler/Bornkamm/Feddersen/*Bornkamm* UWG § 12 Rn. 1.26) jedoch eine schriftliche Abmahnung zu Beweiszwecken vorzuziehen.

Nach § 8c UWG ist die Geltendmachung der Ansprüche aus § 8 UWG unzulässig im Falle des Rechtsmissbrauchs. Das ist nach § 8 Abs. 2 UWG auch der Fall, wenn bei einer Abmahnung ein unangemessen hoher Gegenstandswert angesetzt oder eine überhöhte Vertragsstrafe gefordert wird.

2. Die Zugangsbedürftigkeit, muss differenziert beantwortet werden.

Als Angebot zum Abschluss eines Unterwerfungsvertrages ist sie eine zugangsbedürftige Willenserklärung (§ 130 BGB, Köhler/Bornkamm/Feddersen/*Bornkamm* UWG § 12 Rn. 1.37).

Als vorprozessuale Warnung ist sie keine Willenserklärung, sondern nach hM eine geschäftsähnliche Handlung, die als solche zwar nicht zugangsbedürftig wäre, allerdings ihren Warnzweck nur erfüllen kann, wenn sie zugegangen ist (Köhler/Bornkamm/Feddersen/*Bornkamm* UWG § 12 Rn. 1.36). Der BGH (21.12.2006 – I ZB 17/06, GRUR 2007, 629 – Zugang des Abmahnschreibens) stellt für die Beantwortung der Zugangsfrage auf die Darlegungs- und Beweislast für die Ausnahmevorschrift des § 93 ZPO ab. Bestreitet der Adressat den Zugang, handelt es sich um eine negative Tatsache, so dass zu seinen Gunsten eine Beweiserleichterung in Gestalt einer sekundären Darlegungslast des Abmahnenden eingreift, dh dieser muss darlegen, dass die Abmahnung abgesandt und alles für den Zugang Erforderliche getan wurde. Dann hat der Adressat den Beweis anzutreten, dass kein Zugang erfolgt ist, etwa durch Zeugnis von Mitarbeitern seiner Poststelle, dass an diesem Tage kein solches Schreiben eingegangen ist. Bildet der Richter aus dem Wechselspiel von Vortrag und Beweis seine Überzeugung, dass die Abmahnung nicht zugegangen ist, so hat der Adressat jedenfalls nicht durch Versäumen einer

Unterwerfung Anlass zur Klage gegeben. Im Ergebnis trägt also der Abmahnende das Zugangsrisiko.

Der Abmahnende sollte folglich nicht nur Beweise für die Absendung sichern, zB das Sendeprotokoll beim Telefax oder den Einlieferungsschein beim Einschreiben, sondern auch für den Zugang sorgen. Will der Abmahnende möglichst ausschließen, dass der Adressat wahrheitswidrig den Zugang bestreitet, kann er durch gleichzeitige Nutzung mehrerer Versandwege die Erfolgsaussichten solchen Bestreitens minimieren, also durch den Versand gleichlautender Abmahnungen per Einschreiben ggf. mit Rückschein oder Einwurfeinschreiben, einfaches Schreiben, Telefax und E-Mail (Köhler/Bornkamm/Feddersen/*Bornkamm* UWG § 12 Rn. 1.46.; aber nicht als E-Mail Anhang, da die Öffnung von Anhängen dem Adressaten wegen der damit verbundenen Gefahren nicht zumutbar ist, Köhler/Bornkamm/Feddersen/*Bornkamm* UWG § 12 Rn. 1.47). Eine telefonische Abmahnung scheidet in der Regel aus, da sie dem Adressaten, von extremen Eilfällen abgesehen, nicht zumutbar ist (str., s. Köhler/Bornkamm/Feddersen/*Bornkamm* UWG § 12 Rn. 1.27). Dem Absender ist zusätzlich zu empfehlen, den Zugang der Abmahnung, zB unmittelbar nach positivem Sendebericht des Faxgeräts durch Kontrollanruf beim Adressaten zu verifizieren; den Anruf sollte eine Person tätigen, die als Zeuge benannt werden kann. Ein derartiger Kontrollanruf ist kein rechtswidriger Eingriff in den Gewerbebetrieb (§ 823 Abs. 1 BGB), denn er dient berechtigten Interessen.

Holt der Abgemahnte eine per Einschreiben/Rückschein versandte und wegen Abwesenheit des Empfängers niedergelegte Abmahnung innerhalb der Abholfrist nicht ab, ist dem Abmahnenden ein weiterer Abmahnversuch grundsätzlich nicht zuzumuten; der Schuldner kann sich daher nicht mit Erfolg auf die Vorschrift des § 93 ZPO berufen (hM OLG Frankfurt a.M. 29.1.2014 – 6 W 62/13, NJW-RR 2014, 766; Köhler/Bornkamm/Feddersen/*Bornkamm* UWG § 12 Rn. 1.45).

3. Die Vorschrift des § BGB § 174 S. 1 BGB ist auf die wettbewerbsrechtliche Abmahnung nicht anwendbar, wenn die Abmahnung mit einem Angebot zum Abschluss eines Unterwerfungsvertrags verbunden ist (Ls. von BGH 19.5.2010 – I ZR 140/08, GRUR 2010, 1120 – Vollmachtsnachweis). Das ist der Fall, wenn die Abmahnung von einem Rechtsbindungswillen getragen und hinreichend bestimmt ist (BGH, 19.5.2010 – I ZR 140/08, GRUR 2010, 1120 – Vollmachtsnachweis, Rn. 15), also jedenfalls bei Anwaltsabmahnungen der Normalfall. Hat der Adressat Zweifel an der Vertretungsmacht des Abmahnenden, kann er die Abgabe einer strafbewehrten Unterlassungserklärung für den Fall der Vorlage einer Vollmachtsurkunde ankündigen (BGH 19.5.2010 – I ZR 140/08, GRUR 2010, 1120 – Vollmachtsnachweis). Versäumt es der Abmahnende dann, eine Vollmacht vorzulegen, hat der Adressat keinen Anlass zur Klage gegeben (§ 93 ZPO). Ist die Abmahnung dagegen nur einseitige Erklärung, also nicht zugleich Angebot eines Unterwerfungsvertrages, so gilt § 174 BGB.

4. § 13 Abs. 2 Nr. 4 UWG Der Sachverhalt muss so dargelegt werden, dass dem Abgemahnten eine Subsumtion unter die geltend gemachte Anspruchsgrundlage möglich ist. Der konkrete Anlass für die Abmahnung muss bezeichnet werden, auch wenn das Unterlassungsbegehren verallgemeinert wird (Köhler/Bornkamm/Feddersen/*Bornkamm* UWG § 12 Rn. 1.15). Die Sachverhaltsschilderung kann sich dabei auf die wesentlichen Tatbestandselemente beschränken. Eine ausführlichere Darlegung der Sach- und Rechtslage hat jedoch erhebliche Vorteile. Eine überzeugende Argumentation erleichtert die Unterwerfung oder ermuntert den Abgemahnten zu einer qualifizierten Stellungnahme, die wiederum der Abmahnende für die Planung seiner weiteren Schritte verwerten kann.

5. Die Angabe von Rechtsprechung ist idR ebenso wenig erforderlich wie diejenige von Beweismitteln, jedoch muss die Rechtslage in ihren Grundzügen dargestellt werden (s. Köhler/Bornkamm/Feddersen/*Bornkamm* UWG § 12 Rn. 1.16).

6. Zur Passivlegitimation des Geschäftsführers → Form. VII.2.1 Anm. 15 und → Form. VII.1.4 Anm. 2.

7. S. Köhler/Bornkamm/Feddersen/*Bornkamm* UWG § 8 Rn. 1.38 ff. Zu unterschiedlichen Gründen des Wegfalls der Wiederholungsgefahr → Form. VII.4.3 Anm. 3. Keine Vermutung der Begehungsgefahr besteht bei Drohen eines erstmaligen Verstoßes (Erstbegehungsgefahr). Die Darlegungs- und Beweislast liegt beim Gläubiger. Sie kann durch entgegengesetztes Verhalten (actus contrarius) beseitigt werden, etwa die Rechtsberühmung durch die uneingeschränkte und eindeutige (nicht notwendig strafbewehrte) Erklärung, die beanstandete Handlung nicht vorzunehmen (Köhler/Bornkamm/Feddersen/*Bornkamm* UWG § 12 Rn. 1.38).

8. Eine Fristsetzung wird von der wohl hM nicht für erforderlich gehalten (s. Gloy/*Schwippert* § 12 Rn. 34 mwN), ist dem Abmahner aber anzuraten, damit klar wird, wann mit einem Antrag auf Erlass einer einstweiligen Verfügung zu rechnen ist. Die Angabe eines Datums ist einem Zeitraum („2 Wochen") vorzuziehen. Die Angabe einer Uhrzeit ist zweckmäßig, wenn besondere Eilbedürftigkeit besteht und beabsichtigt ist, sofort nach Fristablauf einen Verfügungsantrag zu stellen. Wer durch die Angabe einer Uhrzeit den Eindruck besonderer Eilbedürftigkeit weckt, muss sich bei der Einleitung weiterer Schritte daran messen lassen und beeilen, um die Dringlichkeitsvermutung nicht zu gefährden (OLG Hamburg 4.1.2012 – 5 U 239/10, BeckRS 2015, 3000). Ist keine Uhrzeit genannt, kann die Unterlassungserklärung bis 24 Uhr abgegeben werden (Gloy/*Schwippert* § 84 Rn. 36).

Die Frist muss angemessen sein. Je nach Schwere der Verletzung und der Gefahr reichen wenige Tage oder gar Stunden. 1 Woche bis 10 Tage werden jedenfalls als angemessen betrachtet, wenn die Umstände des Einzelfalls keine besondere Eilbedürftigkeit nahe legen (Köhler/Bornkamm/Feddersen/*Bornkamm* UWG § 12 Rn. 1.21).

Eine zu kurze Frist setzt eine angemessene Frist in Lauf, die der Abmahnende zur Vermeidung eines Anerkenntnisses iSv § 93 ZPO abzuwarten hat. Streitig ist, ob der Abgemahnte, jedenfalls wenn er Kaufmann ist, unverzüglich eine Stellungnahme innerhalb bestimmter, angemessener Frist ankündigen muss, um sich die Berufung auf § 93 ZPO zu sichern (zum Streitstand Köhler/Bornkamm/Feddersen/*Bornkamm* UWG § 12 Rn. 1.22).

9. Das Verlangen nach Abgabe einer strafbewehrten Unterlassungserklärung kennzeichnet die Abmahnung und grenzt sie von der Berechtigungsanfrage ab (→ Form. VII.1.1 Köhler/Bornkamm/Feddersen/*Bornkamm* UWG § 12 Rn. 1.18).

10. Da die Unterwerfung von der hM als abstraktes Schuldanerkenntnis nach §§ 780, 781 BGB angesehen wird (näher → Form. VII.1.4 Anm. 1a), ist sie ohne Wahrung der gesetzlichen Schriftform (§ 126 BGB, Telefax genügt nicht, da nicht eigenhändig: BGH 30.7.1997 – VIII ZR 244/96, NJW 1997, 3169) nur wirksam, wenn der Verletzer Kaufmann ist und die Unterwerfung seinem Handelsgeschäft zuzurechnen ist (§§ 350, 343 HGB). Vor allem bei Verstößen im Internet-Handel, an dem sich verstärkt auch Nichtkaufleute beteiligen (zB in ebay) sowie bei der Erstreckung der Abmahnung auf gesetzliche Vertreter, die nicht selbst Kaufleute sind (s. Baumbach/Hueck/Beurskens, 22. Aufl. 2019, GmbHG § 6 Rn. 2), sollte der Abmahnende auf die Wahrung der Schriftform besonders achten und es nicht bei der Unterwerfung durch Telefax bewenden lassen.

In dem Fall, der dem Muster zugrunde liegt ist, handelt es sich bei der GmbH um einen Formkaufmann (§ 13 Abs. 3 GmbHG, § 6 Abs. 1 HGB), so dass eine Unterwerfung durch Telefax wirksam wäre. Dennoch ist aus der Sicht des Abmahnenden ein Original zu bevorzugen, denn das Telefax enthält nur die Kopie einer Unterschrift, bietet also geringere Gewähr für Authentizität. Bestehen Zweifel an der Redlichkeit des Abgemahnten und ist der Abmahnende entschlossen, bei Ausbleiben eines Originals seine Ansprüche gerichtlich zu verfolgen, sollte er daher in jedem Fall ein Original der Unterwerfung fordern. Der Abgemahnte muss diesem Wunsch in jedem Fall entsprechen, selbst wenn seine Unterlassungserklärung formwirksam wäre, will er nicht riskieren, dass seine Unterwerfung wirkungslos bleibt (Köhler/Bornkamm/Feddersen/*Bornkamm* UWG § 12 Rn. 1.145).

11. Wird eine formulierte Unterlassungs- und Verpflichtungserklärung der Abmahnung beigefügt, (→ Form. VII.1.4–1.8), so handelt es sich bei der Abmahnung um ein Angebot zum Abschluss eines Unterwerfungsvertrages (Köhler/Bornkamm/Feddersen/*Bornkamm* UWG § 12 Rn. 1.18). Unterwirft sich der Verletzer ohne wesentliche Änderungen kommt mit Zugang der Unterwerfung auch sogleich der Unterwerfungsvertrag zustande (→ Form. VII.1.4 Anm. 1). Grundsätzlich ist die Formulierung der Unterlassungserklärung allerdings Sache des Verletzers (s. BGH 31.10.2018 – I ZR 73/17, GRUR 2019, 82 Rn. 35 – Jogginghosen).

Geht der Abmahnende in der vorformulierten Erklärung über das zur Ausräumung der Wiederholungsgefahr erforderliche Maß hinaus, so ändert das zwar nichts daran, dass der Abgemahnte dennoch die Unterlassungserklärung im richtigen Umfang abgeben muss, um die Wiederholungsgefahr zu beseitigen. Bei berechtigten Einschränkungen der Unterlassungserklärung muss der Abmahnende außerdem noch eine Annahmeerklärung an den Verletzer senden, damit ein Unterwerfungsvertrag zustande kommt (→ Form. IV.1.4 Anm. 1a). Der Abmahnende, der eine zu weitgehende Unterlassungserklärung anbietet, riskiert eine negative Feststellungsklage im überschießenden Umfang, wenn sich der Text der vorformulierten Unterlassungserklärung nach dem Empfängerhorizont als Berühmung darstellt. Um das zu vermeiden, kann der Abmahnende die vorformulierte Erklärung als „(unverbindlichen) Vorschlag“ bezeichnen, wodurch die Abmahnung aber den Charakter einer bloßen invitatio ad offerendum annimmt. Dann geht das Angebot vom Abgemahnten aus und der Abmahnende muss die Annahme erklären, damit der Unterwerfungsvertrag abgeschlossen wird. Geht der Abmahnende allerdings offensichtlich, d.h. eindeutig und ohne Weiteres erkennbar, über die abgemahnte Rechtsverletzung hinaus, liegt eine missbräuchliche Abmahnung vor und die Durchsetzung des Unterlassungsanspruchs wird unzulässig (§ 8c Abs. 2 Nr. 4 UWG). Im Zweifel sollte die Abmahnung sich daher auf die konkrete Verletzung beschränken.

Klauseln in vorformulierten Unterlassungserklärungen, die auf mehrfache Verwendung ausgelegt sind, sind AGB (BGH 13.11.2013 – I ZR 77/12, GRUR 2014, 595 – Vertragsstrafenklausel; 10.12.1992 – I ZR 186/90, NJW 1993, 721 (722) – Fortsetzungszusammenhang). Dies nachzuweisen, dürfte dem Verletzer insbesondere bei häufig abmahnenden Gläubigern, wie etwa bei Verbandsabmahnungen gelingen können (BGH 10.12.1992 – I ZR 186/90, NJW 1993, 721 (722) – Fortsetzungszusammenhang). Der BGH (BGH 10.12.1992 – I ZR 186/90, NJW 1993, 721 (722) – Fortsetzungszusammenhang) hat AGB angenommen, wenn in der Zusendung das Angebot zum Abschluss eines inhaltlich „voll fixierten“ Unterwerfungsvertrages liegt. Daran könnte es fehlen, wenn der Entwurf als „unverbindlicher Vorschlag“ oÄ bezeichnet wird, also nach dem erkennbaren Willen des Abmahnenden noch kein Angebot darstellt, was dann aber wieder die oben dargestellten Nachteile hat.

11a. → Form. VII.1.10 Anm. 1a.

12. Wettbewerber haben keinen Anspruch auf Ersatz von Aufwendungen in den Fällen des § 13 Abs. 4 UWG. Darauf muss in diesen Fällen in der Abmahnung ausdrücklich hingewiesen werden (§ 13 Abs. 2 Nr. 5 UWG). Es wird in dem Muster davon ausgegangen, dass der Verletzte die Gebühren seines Rechtsanwalts bereits bezahlt hat, da andernfalls nicht Zahlung, sondern nur Freistellung des Verletzten von der Gebührenforderung des Rechtsanwalts gefordert werden kann.

Verweigert der Verletzer die Erstattung jedoch später, wandelt sich ein auf Schadensersatz gerichteter Freistellungsanspruch auch ohne Fristsetzung nach § 250 BGB in einen Zahlungsanspruch um (s. OLG Hamm 23.10.2012 – I-4 U 134/12, MMR 2013, 171;

OLG Hamburg 27.2.2007 – 7 U 93/05, OLGReport Hamburg 2008, 383; LG Düsseldorf 29.11.2017 – 2a O 203/16, BeckRS 2017, 147774; Gloy/*Mellulis* § 80 Rn. 70b). Unerheblich ist in diesem Fall, ob der Abmahnende die Rechtsanwaltskosten bereits an seinen Rechtsanwalt beglichen hat und die Kostenklage muss insoweit nicht auf Freistellung gerichtet werden, sondern es kann auch dann unmittelbar Zahlung verlangt werden, wenn die Gebühren im Innenverhältnis noch nicht beglichen sind. In der Rechtsprechung wird dieser Grundsatz ohne nähere Begründung auf den Erstattungsanspruch aus § 12 Abs. 1 S. 2 UWG und GoA ausgedehnt, obwohl für § 257 BGB keine dem § 250 BGB entsprechende Regelung existiert (OLG Köln 12.10.2007 – 6 U 76/07, OLGReport Köln 2008, 430, insoweit nicht abgedruckt in MMR 2008, 477, der Schwerpunkt der Erörterung lag allerdings auf einem markenrechtlichen Schadensersatzanspruch; LG Heidelberg 28.8.2019 – 12 O 25/19 KfH, BeckRS 2019, 27350). Insoweit kann zusätzlich auf die Rechtsprechung zurückgegriffen werden, dass ein Zahlungsanspruch entsteht, wenn die Inanspruchnahme des Gläubigers durch den Dritten (= Rechtsanwalt) feststeht (s. MüKoBGB/*Krüger*, 8. Aufl. 2019, § 257 Rn. 5).

Will der Abmahnende einen Anspruch auf Kostenerstattung geltend machen, muss er dies klar und verständlich angeben (§ 13 Abs. 2 Nr. 3 UWG). Teplitzky erwägt, um die Unterwerfung in der Hauptsache zu erleichtern, den Abgemahnten darauf hinzuweisen, dass er die Unterwerfung wirksam ohne gleichzeitige Anerkennung der Kosten erklären kann, dann aber mit einem Prozess um die Kosten rechnen müsse (s. *Teplitzky/Bacher*, Wettbewerbsrechtliche Ansprüche und Verfahren, 12. Aufl. 2019, Kap. 41 Rn. 19).

13. Die Androhung gerichtlicher Schritte ist in der Regel erforderlich (BGH 1.6.2006 – I ZR 167/03, GRUR 2007, 164 (165) – Telefax-Werbung II; Köhler/Bornkamm/Feddersen/*Bornkamm* § 12 Rn. 1.23). Streitig ist, ob im Falle der Androhung einer Klage (dh Hauptsacheklage) und anschließendem Antrag auf Erlass einer einstweiligen Verfügung der Antragsgegner trotz Abmahnung noch im Sinne von § 93 ZPO sofort anerkennen kann (verneinend auch für den umgekehrten Fall Köhler/Bornkamm/Feddersen/*Bornkamm* UWG § 12 Rn. 1.24). Mit dem Hinweis, dass der Rechtsanwalt im Falle des fruchtlosen Fristablaufs zu gerichtlicher Durchsetzung raten werde, bringt er zum Ausdruck, noch keine Prozessvollmacht zu haben. Zum gebührenrechtlichen Hintergrund → Form. VII.1.10 Anm. 3.

Kosten und Gebühren

Gericht: Keine
Rechtsanwalt: → Form. VII.1.10.

1.3 Zweite Abmahnung[1]

Per Telefax: . . . . . und Einschreiben/Rückschein

B GmbH

. . . . .

. . . . .

A GmbH./. B GmbH II

Sehr geehrter Herr C,

erneut hat uns die Firma A GmbH, ..., ... mit der Wahrnehmung ihrer Interessen beauftragt.

Unsere Mandantin musste feststellen, dass Sie die beanstandete irreführende Werbung mit unverbindlichen Preisempfehlungen der Firma „X" zwar von Ihrer Homepage gelöscht haben, nun aber unter der Adresse www.xyz.de die gleiche Werbung verbreiten. Dies geschieht ungeachtet der uneingeschränkten strafbewehrten Unterlassungserklärung, die Sie unserer Mandantin gegenüber am . . . . . abgegeben und deren Annahme wir am . . . . . erklärt haben.

Diese Werbung ist aus den gleichen Gründen zu beanstanden, die wir Ihnen bereits mit unserer Abmahnung vom . . . . . dargelegt haben. Bei dem angebotenen Modell handelt es sich um das gleiche Sondermodell des Herstellers, das nur für Ihr Haus hergestellt worden ist.

Obwohl Anlass besteht, die Ansprüche unserer Mandantin sofort gerichtlich durchzusetzen, haben wir uns entschlossen, Ihnen nochmals Gelegenheit zur Unterwerfung zu geben.

Weil Sie sich durch die Unterlassungserklärung nicht von der Wiederholung haben abhalten lassen, ist es erforderlich, dass Sie zur Beseitigung der neu entstandenen Wiederholungsgefahr eine neue strafbewehrte Unterlassungserklärung mit erhöhter Vertragsstrafe abgeben. Die Erhöhung der Vertragsstrafe ist nötig, da die Abschreckungswirkung der bisherigen Vertragsstrafe nicht ausgereicht hat, um Sie von der Wiederholung Ihrer wettbewerbswidrigen Werbung abzuhalten.[2] Vorliegend ist mindestens eine Verdoppelung der Vertragsstrafe erforderlich, da Ihnen vorsätzliches und hartnäckiges Handeln mit Gewinnerzielungsabsicht und erheblicher Gewinnaussicht vorzuwerfen ist.

Wir bieten Ihnen an, eine strafbewehrte Unterlassungserklärung bis spätestens

(Datum, ggf. Uhrzeit)[3]

hier eingehend abzugeben. Für die Fristwahrung genügt die Übersendung per Telefax, sofern die Unterlassungserklärung im Original unverzüglich nachfolgt.

Die vorbereitete Unterlassungserklärung finden Sie in der Anlage.

Gemäß § 12 Abs. 1 S. 2 UWG und aus Schadensersatz (§ 9 UWG) sind Sie verpflichtet, die Kosten unserer Inanspruchnahme gemäß beiliegender Kostenrechnung zu erstatten. Auch hierfür gilt die oben genannte Frist.

Sollten Sie die Frist ungenutzt verstreichen lassen, werden wir unserer Mandantin empfehlen, ihre Ansprüche nunmehr gerichtlich durchzusetzen.

Mit freundlichen Grüßen

Rechtsanwalt

Anmerkungen

1. Wiederholt der Verletzer trotz Unterwerfung die im Kern gleiche wettbewerbswidrige Handlung, so entsteht ein neuer Unterlassungsanspruch (Köhler/Bornkamm/Feddersen/*Bornkamm* UWG § 8 Rn. 1.56, § 12 Rn. 1.253). Grundsätzlich ist keine neue Abmahnung erforderlich, da ein Verletzer, der sich nicht einmal von einer Vertragsstrafe abschrecken lässt, sich voraussichtlich nicht unterwerfen würde (BGH 7.12.1989 – I ZR 62/88, GRUR 1990, 542 (543) – Aufklärungspflicht des Unterwerfungsschuldners; Köhler/Bornkamm/Feddersen/*Bornkamm* UWG § 12 Rn. 1.64). Eine weitere Abmahnung ist aber, wenn sie dem Verletzten zumutbar ist, anzuraten, um auszuschließen, dass sich der Verletzer im Prozess auf außergewöhnliche Umstände beruft, die eine Abweichung von diesem Grundsatz rechtfertigen oder wenn der Verletzer sich von der Unterlassungserklärung mit einer nicht ganz abwegigen Begründung lossagt.

2. Vgl. BGH 7.12.1989 – I ZR 237/87, GRUR 1990, 534 – Abruf-Coupon. Allgemeine Grundsätze für die Höhe lassen sich nicht aufstellen. Bei vorsätzlichen Verstößen ist jedoch in der Regel mindestens eine Verdoppelung gerechtfertigt, bei anderen eine Erhöhung um mindestens 1/3 bis 1/2. Für den Inhalt der Unterlassungserklärung ergeben sich im Übrigen keine Besonderheiten gegenüber der Erstabmahnung (→ Form. VII.1.1). Hat sich der Verletzer unbeziffert unterworfen, insbesondere nach neuem Hamburger Brauch (→ Form. VII.1.6), kommt eine bezifferte Erhöhung nicht in Betracht. Die Ernstlichkeit einer zweiten unbezifferten Unterwerfung kann dann durch Verpflichtung zur Zahlung einer angemessenen Mindeststrafe unter Beweis gestellt werden (OLG Hamburg 25.9.1997 – 3 U 116/97, OLGReport Hamburg 1998, 69).

3. Die Frist kann regelmäßig erheblich kürzer bemessen werden als in der ersten Abmahnung, da Sachverhalt und rechtliche Bewertung dem Verletzer bereits bekannt sind.

1.4 Unterlassungs- und Verpflichtungserklärung[1] Formular für den Abmahnenden

Der Unterzeichner . . . . ., ... verpflichtet sich im eigenen Namen[2] und als alleiniger Geschäftsführer der Firma B GmbH, ..., ... gegenüber der A GmbH, es unter Übernahme einer Pflicht zur Zahlung einer Vertragsstrafe von 5.100,– EUR[3] für jeden Fall der Zuwiderhandlung[4] zu unterlassen,[5] im geschäftlichen Verkehr[5a]

gegenüber dem letzten Verbraucher Waren[6] unter Angabe einer unverbindlichen Preisempfehlung des Herstellers zu bewerben oder bewerben zu lassen, die nicht oder nicht mehr in der angegebenen Höhe besteht, insbesondere[7] wenn dies in der nachfolgend wiedergegebenen Form geschieht:

(Ausdruck aus dem Internet)

Ort, Datum, Unterschrift[8]

Anmerkungen

1. Das Muster einer Unterwerfungserklärung ist als Anlage zum Abmahnschreiben (→ Form. VII.1.1 und 1.2.) konzipiert.

a) **Funktionen der** Unterwerfungserklärung

aa) **Vertragsfunktion.** Der Unterwerfungsvertrag wird von der hM als abstraktes Schuldanerkenntnis (§§ 780, 781 BGB) angesehen (BGH 12.7.1995 – I ZR 176/93, GRUR 1995, 678 (679) – Kurze Verjährungsfrist; Köhler/Bornkamm/Feddersen/*Bornkamm* UWG § 12 Rn. 1.144). Von dem Anerkenntnis eines vertraglichen Unterlassungsanspruchs mit Strafbewehrung ist das Anerkenntnis des gesetzlichen Unterlassungsanspruchs oder der sonstigen gesetzlichen Verletzungsansprüche zu unterscheiden. Sofern der Abgemahnte den Anspruch auf Zahlung der Abmahnkosten nicht förmlich anerkennt oder sonst ausdrücklich zu erkennen gibt, dass der Vorwurf des Abmahnenden zu Recht erfolgt ist, sondern lediglich eine strafbewehrte Unterlassungserklärung abgibt, kann darin nach der Rechtsprechung des BGH nicht das Anerkenntnis des zu Grunde liegenden gesetzlichen Unterlassungsanspruchs und der Pflicht zur Übernahme der Abmahnkosten gesehen werden. Das gilt selbst dann, wenn die übliche Formulierung fehlt, dass die Unterwerfung ohne Anerkennung einer Rechtspflicht erfolge (BGH 24.9.2013 – I ZR 219/12, GRUR 2013, 1252 – Medizinische Fußpflege; Köhler/Bornkamm/Feddersen/*Bornkamm* UWG § 12 Rn. 1.157).

Mit dem Abschluss des Unterwerfungsvertrages entfällt der gesetzliche Unterlassungsanspruch (§ 8 Abs. 1 UWG) und der vertragliche tritt im Wege der Novation an seine Stelle (BGH 12.7.1995 – I ZR 176/93, GRUR 1995, 678 (679) – Kurze Verjährungsfrist; Köhler/Bornkamm/Feddersen/*Bornkamm* UWG § 12 Rn. 1.144). Zur Form der Unterwerfung → Form. VII.1.2 Anm. 10.

Der Unterwerfungsvertrag kommt mit Annahme des regelmäßig in der Abmahnung liegenden Angebots (BGH 19.5.2010 – I ZR 140/08, GRUR 2010, 1120 – Vollmachtsnachweis, → Form. VII.1.2 Anm. 3) durch Abgabe der geforderten Unterlassungserklärung zustande. Einer Unterwerfung fehlt nicht deshalb die Geschäftsgrundlage, weil der Gläubiger vor deren Abgabe eine einstweilige Verfügung erwirkt hatte („Schubladenverfügung") und sie nach Unterwerfung zustellt (BGH 17.9.2009 – I ZR 217/07, GRUR 2010, 355 Rn. 24 f. – Testfundstelle). Der doppelten Sicherung des Gläubigers durch Unterwerfungsvertrag und Unterlassungstitel kann der Schuldner durch Rechtsmittel gegen die einstweilige Verfügung begegnen (BGH 17.9.2009 – I ZR 217/07, GRUR 2010, 355 Rn. 25). Nach anderer Ansicht soll der Schuldner einer strafbewehrten Unterlassungserklärung berechtigt sein, diese gem. § 123 Abs. 1 BGB wegen arglistiger Täuschung anzufechten, wenn der Verfahrensbevollmächtigte der Gläubigerin in dem Abmahnschreiben den Eindruck erweckt hat, erst nach Fristablauf werde diese ihre Ansprüche gerichtlich durchsetzen, obwohl tatsächlich bereits eine Verbotsverfügung im Beschlussverfahren ergangen war (OLG Frankfurt a. M. 19.2.2015 – 16 U 141/14, BeckRS 2015, 117593; Köhler/Bornkamm/Feddersen/*Bornkamm* UWG § 12 Rn. 1.73).

Bei wesentlichen Änderungen der Unterwerfung gegenüber dem in der Abmahnung liegenden Angebot gilt § 150 Abs. 2 BGB.

Liegt keine Abmahnung vor oder ist sie nicht als Angebot des Abmahnenden ausgestaltet (→ Form. VII.1 Anm. 3), oder geht die Unterlassungsforderung zu weit, kann der Verletzer aus eigener Initiative eine selbst formulierte strafbewehrte Unterlassungserklärung abgeben. Diese bedürfte nach allgemeinen Grundsätzen der Annahme (§§ 130, 147 ff. BGB), so dass die Vertragsstrafe im Wiederholungsfall nicht ohne weiteres durch die einseitige Erklärung verwirkt und die Wirksamkeit der Unterwerfung somit zweifelhaft sein könnte. Das ist aber nicht der Fall, denn die Unterwerfungserklärung ist auch in diesen Fällen als ernsthaft zu qualifizieren und daher geeignet, die Wiederholungsgefahr zu beseitigen. Der BGH hat entschieden, dass einer auf Abschluss eines Unterlassungsvertrags gerichteten Unterwerfungserklärung in der Regel davon auszugehen sei, dass der Schuldner sein Angebot unbefristet abgegeben hat mit der Folge, dass es vom Gläubiger jederzeit angenommen werden kann (BGH 17.9.2009 – I ZR 217/07, GRUR 2010, 355 Rn. 21, die Vertragsstrafe kann aber erst nach Zustandekommen des Unterwerfungsvertrages verlangt werden). Dann muss der Schuldner jederzeit damit rechnen, dass die Annahme erfolgt und davon geht eine ausreichende Abschreckungswirkung aus. Zudem kann in Betracht kommen, einen Verzicht auf den Zugang der Annahmeerklärung zu unterstellen, wenn der Schuldner mit der Unterwerfung sein starkes Interesse an einer Erledigung des Unterlassungsanspruchs zum Ausdruck gebracht hat (Köhler/Bornkamm/Feddersen/*Bornkamm* UWG § 12 Rn. 1.174). Dem Gläubiger ist in jedem Fall zu empfehlen, die Annahme einer ausreichenden Unterlassungserklärung ausdrücklich zu erklären, schon um über das Zustandekommen des Unterwerfungsvertrages Klarheit zu erzielen und ab sofort im Wiederholungsfall Vertragsstrafe beanspruchen zu können. Die ausdrückliche Annahme hat auch einen Vorteil, wenn ein Vertreter für den Schuldner die Unterwerfung erklärt. Der Schuldner kann sich später nicht auf die mangelnde Vertretungsmacht berufen, wenn er auf die Annahmeerklärung geschwiegen hat. Dieses

Schweigen wird als Genehmigung der Unterlassungserklärung ausgelegt (OLG Hamburg 9.1.2007 – 3 U 183/06, OLGReport Hamburg 2008, 5).

bb) Beseitigung der Wiederholungsgefahr. Die Wiederholungsgefahr wird durch den Zugang, nicht schon durch die Absendung, einer Unterwerfungserklärung beseitigt, die den Kern der Verletzungshandlung abdeckt (→ Form. VII.2.1 Anm. 9) und vertragsstrafenbewehrt ist. Das Zustandekommen eines Unterwerfungsvertrages ist hierfür nicht erforderlich (s. Köhler/Bornkamm/Feddersen/*Bornkamm* UWG § 12 Rn. 1.172). Die Wiederholungsgefahr entfällt also auch dann, wenn das in der Unterwerfung liegende Angebot des Verletzers vom Gläubiger nicht angenommen wird (Köhler/Bornkamm/Feddersen/*Bornkamm* UWG § 12 Rn. 1.116).

Der BGH hat angenommen, auch die formlose Unterwerfung reiche zur Beseitigung der Wiederholungsgefahr aus (BGH 8.3.1990 – I ZR 116/88, GRUR 1990, 530, 532 – Unterwerfung durch Fernschreiben). In Anbetracht der vorherrschenden Deutung des Unterwerfungsvertrages als abstraktes Schuldanerkenntnis (§§ 780, 781 BGB) kann eine formlose Erklärung (auch Telefax) jedoch bei Nichtkaufleuten (für Kaufleute s. §§ 350, 343 HGB) nur dann ausreichen, wenn offensichtliche oder vom Verletzer geltend gemachte triftige Gründe (Zeitmangel, technische Hindernisse, Poststreik) die rechtzeitige Wahrung der Schriftform verhindern und der Verletzer zum Ausdruck bringt, dass er eine formgerechte Erklärung alsbald nachreicht – und dies dann auch geschieht (Köhler/Bornkamm/Feddersen/*Bornkamm* UWG § 12 Rn. 1.145). Im Übrigen muss der Schuldner zumindest auf Verlangen des Gläubigers die Erklärung schriftlich bestätigen, andernfalls an der Ernsthaftigkeit durchgreifende Zweifel bestehen und die Unterwerfung daher unwirksam ist (Köhler/Bornkamm/Feddersen/*Bornkamm* UWG § 12 Rn. 1.145).

b) Ein Unterwerfungsvertrag kann auch im Wege eines Prozessvergleichs zustande kommen. Wegen der Doppelnatur des Vergleichs als Vertrag und Vollstreckungstitel kann der Gläubiger im Verletzungsfall sowohl Vertragsstrafe fordern als auch die Verhängung eines Ordnungsmittels nach § 890 ZPO betreiben (BGH 3.4.2014 – I ZB 3/12, GRUR 2014, 909 Rn. 9 ff.; Köhler/Bornkamm/Feddersen/*Köhler* UWG § 12 Rn. 2.128). Das Ordnungsgeld iSv § 890 ZPO ist eine strafähnliche Sanktion für die Übertretung des gerichtlichen Verbots, die Vertragsstrafe iSv § 339 BGB eine schuldrechtlich vereinbarte Leistung zur Sicherung der Vertragserfüllung und zur Schadenspauschalierung (BGH 3.4.2014 – I ZB 3/12, GRUR 2014, 909 Rn. 11). Beide unterscheiden sich auch dadurch, dass es für § 890 ZPO allein auf das Verschulden des Schuldners ankommt, während bei der Vertragsstrafe gemäß § 278 BGB ohne Entlastungsmöglichkeit die Zurechnung des Verschuldens von Erfüllungsgehilfen stattfindet (zu abweichenden Vereinbarungen → Form. VII.1.5 Anm. 6).

Die Vollstreckung aus einem Prozessvergleich gem. § 890 ZPO setzt allerdings nach § 890 Abs. 2 ZPO die Androhung voraus (→ Form. VII.3.1 Anm. 5), die nicht wirksam in den Prozessvergleich selbst aufgenommen werden kann, sondern auf Antrag durch gerichtlichen Beschluss zu erfolgen hat (BGH 3.4.2014 – I ZB 3/12, GRUR 2014, 909 Rn. 8).

c) Keine der strafbewehrten Unterwerfung gleiche Wirkung kann durch eine vollstreckbare notarielle Unterlassungserklärung erzielt werden, denn diese bietet gegenüber einem Hauptsachetitel oder einer Strafbewehrung keinen adäquaten Schutz (Einzelheiten in der Entscheidung BGH 21.4.2016 – I ZR 100/15, GRUR 2016, 1316).

2. Zur Haftung des Geschäftsführers → Form. VII.2.1 Anm. 15. Der BGH hat in seinem Urt. v. 18.6.2014 – I ZR 242/12, GRUR 2014, 883 die Haftung des Geschäftsführers nach Abschaffung der Störerhaftung im Wettbewerbsrecht völlig neu begründet und im Ergebnis eingeschränkt. Schon zuvor hatte der BGH die Haftung des Geschäftsführers eingeschränkt. Bei Unterwerfung von Gesellschaften wird die Vertragsstrafe nur gegen die Gesellschaft fällig, nicht den Geschäftsführer (BGH 8.5.2014 – I ZR 210/12, GRUR 2014, 797 Rn. 57 – fishtailparka). Im Beschl. v. 12.1.2012 – I ZB 43/11, GRUR 2012, 541 wurde die Zwangsvollstreckung gegen einen Geschäftsführer aus § 890 ZPO, der persönlich Titelschuldner des Unterlassungstitels ist, beschränkt. Als Organträger wird er für die Ordnungshaft in Anspruch genommen. Persönlich schuldet er Ordnungsgeld nur bei Verhalten, das der juristischen Person nicht nach § 31 BGB zurechenbar ist, weil es sich aus Sicht eines Außenstehenden so weit vom organschaftlichen Aufgabenbereich entfernt, dass der allgemeine Rahmen der ihm übertragenen Obliegenheiten überschritten erscheint, oder der Unterlassungstitel zum Zeitpunkt der Zuwiderhandlung zwar dem Organ, nicht aber der Gesellschaft zugestellt war (OLG Frankfurt a.M. 23.4.2019 – 6 W 20/19, BeckRS 2019, 11211).

Ebenso wie der Unterlassungsanspruch sich bei mehreren Schuldnern gegen jeden Schuldner gesondert richtet (BGH 22.1.2019 – VI ZR 402/17, GRUR 2019, 763 Rn. 24 – Ermittlungen gegen Schauspielerin; Fezer/*Büscher* § 8 Rn. 161), ist auch die Vertragsstrafe nicht gesamtschuldnerisch fällig, sofern nicht Abweichendes vereinbart wird (Fezer/*Büscher* § 8 Rn. 161 unter Hinweis auf BGH 17.7.2008 – I ZR 168/05, GRUR 2009, 181 Rn. 36 – Kinderwärmekissen).

3. Die Vertragsstrafe soll vor Wiederholung abschrecken und den Verletzten ähnlich einem rechtskräftigen Unterlassungstitel absichern. Bei erstmaligen Verstößen darf eine Vertragsstrafe nicht vereinbart werden im Verhältnis zu Abgemahnten mit weniger als 100 Mitarbeitern sowie in den Fällen als § 13 Abs. 4 UWG (§ 13a Abs. 2 UWG).

a) **Höhe der Vertragsstrafe.** Die Abmahnung ist missbräuchlich, wenn offensichtlich überhöhte Vertragsstrafen gefordert werden (§ 8c Abs. 2 Nr. 4 UWG). Die Kriterien für die Höhe der Vertragsstrafe wie sie nun auch in § 13a Abs. 1 UWG niedergelegt wurden, hat der BGH in seinem Urt. v. 13.11.2013 – I ZR 77/12, GRUR 2014, 595 Rn. 17 – Vertragsstrafenklausel zusammengefasst: „Dabei ist auf die Schwere und das Ausmaß der begangenen Zuwiderhandlung, auf deren Gefährlichkeit für den Gläubiger, auf das Verschulden des Verletzers sowie auf Art und Größe des Unternehmens des Schuldners abzustellen (. . . . .). Bei der Vereinbarung einer absoluten Vertragsstrafe ist bereits bei Vertragsschluss auf Grundlage des Verhaltens des Schuldners, das Anlass für die Vereinbarung der Vertragsstrafe gegeben hat, und der konkreten Umstände des Einzelfalls eine entsprechende Prognose über die für die notwendige Abschreckungswirkung erforderliche Höhe der Vertragsstrafe vorzunehmen. In diesem Zusammenhang ist auch zu berücksichtigen, dass der Unterlassungsschuldner – anders als bei Austauschverträgen – mangels synallagmatischer Pflichten kein originäres Eigeninteresse an der Einhaltung der von ihm versprochenen Unterlassungspflicht hat (. . . . .). Darüber hinaus ist in Rechnung zu stellen, dass der Unterlassungsgläubiger weitere Schutzrechtsverstöße oftmals nur sehr schwer und mit erheblichem Aufwand aufzudecken vermag." Darüber hinaus gelten folgende Erwägungen:

Bei Bagatellverstößen sowie gegenüber Unternehmen mit weniger als 100 Mitarbeitern ist die Obergrenze der Vertragsstrafe 1000 EUR (§ 13a Abs. 3 UWG). Die Vertragsstrafe wird in aller Regel so bemessen sein, dass für den Vertragsstrafenprozess das Landgericht zuständig wäre, also mindestens 5.001,– EUR betragen (§§ 23 Nr. 1, 71 Abs. 1 GVG). Es wird als nicht wünschenswert betrachtet, Vertragsstrafenprozesse vor Amtsgerichten zu führen, die im Wettbewerbsrecht oft überfordert sein könnten (vgl. Stellungnahme des Bundesrates in BT-Drs. 15/1487, 36 zu Nr. 26). Allerdings dürfte sich dieses Problem erledigen, wenn sich die Ansicht durchsetzt, dass auch für die isolierte Vertragsstrafenklage die spezielle sachliche Zuständigkeit der Landgerichte gemäß § 13 Abs. 1 UWG gilt. Der BGH hat sich dieser Meinung in einem Hinweisbeschl. nach §§ 552a, 522 Abs. 2 ZPO angeschlossen (BGH 19.10.2016 – I ZR 93/15, GRUR-RS 2016, 20396; zum Streitstand Köhler/Bornkamm/Feddersen/*Köhler/Feddersen* UWG § 13 Rn. 2, die selbst dagegen sind).

Die Literatur hält sich mit konkreten Angaben zur angemessenen Höhe der Vertragsstrafe zurück, da sie vom Einzelfall abhängt (Fezer/*Büscher* § 8 Rn. 82 zählt für das Wettbewerberecht Beispiele von EUR 1.000,00 bis EUR 13.000,00 auf.

Ein wettbewerbs- oder schutzrechtlich veranlasstes Vertragsstrafeversprechen ist nach § 307 Abs. 1 BGB unwirksam, wenn die Vertragsstrafe der Höhe nach bereits auf den ersten Blick außer Verhältnis zu dem mit der Vertragsstrafe sanktionierten Verstoß und den Gefahren steht, die mit möglichen zukünftigen Verstößen für den Unterlassungsgläubiger verbunden sind. Insoweit ist ein strengerer Maßstab anzulegen als bei einem individuell ausgehandelten Vertragsstrafeversprechen (Ls. aus BGH 13.11.2013 – I ZR 77/12, GRUR 2014, 595 – Vertragsstrafenklausel; Köhler/Bornkamm/Feddersen/*Bornkamm* UWG § 12 Rn. 1.204).

Aus der neueren Rechtsprechung:

OLG Köln 13.3.2020 – 6 U 201/19: 5100 EUR bei Werbung für Arzneiprodukte ohne Pflichtangaben.

OLG Brandenburg 18.2.2020 – 6 U 19/19, GRuR-RS 2020, 4287: 35.000 EUR für wiederholte irreführende Flyer-Werbung angemessen.

OLG Köln 5.4.2019 – 6 U 151/18, GRUR-RS 2019, 10570: 5.100 EUR nicht unangemessen für Internet-Werbung für ein nicht verkehrsfähiges diätetisches Lebensmittel.

OLG Düsseldorf 14.2.2019 – 15 U 20/18, BeckRS 2019, 25167: 10.000 EUR für Internetseite mit 6 Fotografien, deren Veröffentlichung zu unterlassen war.

OLG Nürnberg 14.9.2018 – 3 U 1138/18, GRUR-RR 2019, 131: 5.100 EUR für einen Prospekt mit mehreren irreführenden Aussagen über Arzneimittel.

OLG Saarbrücken 18.10.2017 – 1 U 35/17, GRUR-RR 2018, 257: 5.100 EUR für irreführende Werbung mit der Bezeichnung „geprüfter Massagepraktiker" unbeanstandet.

OLG Celle 1.6.2017 – 13 U 15/17, GRUR-RS 2017, 113569: 10.000 EUR für Facebook-Werbung eines Autohauses für ein Kfz unter Verstoß gegen § 5 PKW EnVKV, wobei es sich um eine Unterwerfung nach zwei früheren Verstößen handelte.

OLG Köln (6. Zivilsenat) 24.5.2017 – 6 U 161/16, BeckRS 2017, 113446: 5.100 EUR nicht zu beanstanden für Werbung im Internet für „Zauberwaschkugel" mit der Angabe: „Spart Waschmittel".

OLG Köln (6. Zivilsenat) 10.6.2016 – 6 U 143/15, BeckRS 2016, 119172: 1.000 EUR ausreichend für Versäumnis eines Amazon-Händlers für Sonnenschirme die wesentlichen Merkmale anzugeben.

OLG Düsseldorf 17.3.2016 – I-15 U 64/15, GRUR-RR 2017, 75: 3 x 4.000 EUR für die Versendung von Newslettern per E-Mail.

OLG Köln 11.3.2016 – 6 U 121/15, GRUR-RR 2016, 284: 5.100 EUR angemessen für die Verletzung datenschutzrechtlicher Hinweispflichten in Kontaktformular durch einen Steuerberater.

OLG Karlsruhe 18.12.2015 – 4 U 191/14, GRUR-RR 2016, 92: 7 x 4.000 EUR angemessen für Versäumnis, den Grundpreis gemäß § 2 PAngV anzugeben.

OLG Düsseldorf 24.9.2015 – I-2 U 3/15, GRUR-RS 2015, 16758: 500 EUR für Internet-Vertrieb von Kopfhörern ohne Herstellerkennzeichnung.

OLG Düsseldorf 3.9.2015 – I-15 U 119/14, GRUR-RR 2016, 259: 4.000 EUR für irreführende Werbung eines Kfz-Händlers mit der Befugnis, TÜV-Sondereintragungen vorzunehmen.

OLG Brandenburg 28.4.2015 – 6 U 6/14, BeckRS 2015, 11639: 5.100 EUR kein Hinweis auf Rechtsmissbrauch bei Abmahnung irreführender Werbung mit Wirkungen eines Kernspins.

OLG Hamburg 22.12.2014 – 3 W 123/14, GRUR-RS 2015, 02944: 1.000 EUR in Unterlassungsverpflichtungserklärung für Verstöße gegen die Pflicht zur Schaufensterpreisauszeichnung durch ein Unternehmen mit sieben Geschäftslokalen nicht ausreichend.

OLG München 23.10.2014 – 29 U 2626/14, MMR 2015, 111: 4 x 4.000 EUR für hartnäckigen Verstoß gegen Unterlassungsverpflichtungserklärung eines Händlers für Fahrräder und Zubehör im Wege des Fernabsatzes, vom Verbraucher unter bestimmten

Umständen die Kosten des Rückversands zu fordern, wenn dies nicht vertraglich vereinbart wurde.

OLG Brandenburg 29.4.2014 – 6 U 10/13, WRP 2014, 1223: Vertragsstrafe von 2 x 4.000 nach neuem Hamburger Brauch für unwirksame Haftungsbeschränkung in AGB angemessen.

OLG Hamm Urt. v. 23.1.2014 – 4 U 118/13, BeckRS 2014, 08619: 5.100 EUR nicht übersetzt für Wettbewerbsverstoß im Rahmen des Angebots von Waren auf einer Internetplattform.

OLG Karlsruhe 22.1.2014 – 6 U 135/10, BeckRS 2014, 07252: 13.000 EUR angemessen für Kundenwerbung eines Telekommunikationsunternehmens unter Namensangabe des Konkurrenten.

OLG Frankfurt a.M. 29.1.2013 – 6 U 172/12, GRUR-RR 2013, 526: 3.100 EUR niedrig für Arzneimittelwerbung ohne Pflichtangaben in Google AdWords-Anzeigen mit verlinkter Website (Vertragsstrafe für mehrere Anzeigen wurde in Anwendung der BGH Rechtsprechung „Trainingsvertrag" addiert, dazu gleich unten).

OLG Hamm 22.3.2012 – I-4 U 194/11, 4 U 194/11, MMR 2012, 538: 4.000 EUR für irreführende Werbung mit Gutachten „unproblematisch".

OLG Hamm 17.8.2010 – I-4 U 62/10, 4 U 62/10, GRUR-RR 2011, 196: 5.100 EUR in Fall von Garantiewerbung unter Weglassung von Pflichtangaben „sehr hoch", wobei verschuldensunabhängige Verwirkung gefordert worden war.

OLG Hamm 17.11.2009 – I-4 U 148/09, 4 U 148/09, NJOZ 2010, 927: ebenfalls Garantiewerbung unter Weglassung von Pflichtangaben im Fernabsatz: „Vertragsstrafe hält sich mit 5.100,–– EUR im Rahmen."

OLG Köln 27.2.2008 – 6 U 177/07, OLGReport Köln 2008, 415: In Fall von Verstoß gegen das RBerG Vertragsstrafe von 3.000 EUR angemessen.

OLG Köln 30.3.2007 – 6 U 207/06, NJOZ 2008, 184: Vertragsstrafenklage in Höhe von 5.200 EUR (Verstoß gegen PAngV im Gebrauchtwagenhandel) erfolgreich.

OLG München 6.7.2006 – 29 U 1853/06, BeckRS 2006, 11 998 erwähnt im Tatbestand eine Unterwerfungserklärung wegen irreführender Werbung für Arzneimittel mit Vertragsstrafe 5.100 EUR.

OLG Frankfurt a.M. 29.6.2006 – 6 U 103/05 (Volltext in Landesrechtsprechungsdatenbank www.hmdj.hessen.de; insoweit nicht in GRUR-RR 2007, 16): auf Anregung des Senats wurde Unterlassungserklärung mit Vertragsstrafe in Höhe von 5.100 EUR wegen irreführender Angaben bei Lizenzierung von Testergebnissen abgegeben.

OLG Brandenburg 3.2.2004 – 6 U 128/03, OLGR Brandenburg 2004, 338: 5.000 EUR für jeden Fall der Zuwiderhandlung „üblich".

OLG München 15.4.2003 – 29 W 1110/03, GRUR-RR 2004, 208 erwähnt in mündlicher Verhandlung abgegebene Unterlassungserklärung mit 5.100 EUR Vertragsstrafe.

Der Verletzer kann Herabsetzung verlangen (§ 343 BGB), wenn er nicht Kaufmann ist (§ 348 HGB) oder die Geltung von § 348 HGB ausgeschlossen hat (→ Form. VII.1.5). Grenze jeder Vertragsstrafe auch bei Kaufleuten bilden die §§ 242, 138 BGB (Ls. zu BGH 13.11.2013 – I ZR 77/12, GRUR 2014, 595 Rn. 17 – Vertragsstrafenklausel).

Schließlich ist zu beachten, dass sich eine hohe Vertragsstrafe auch auf die Auslegung der Unterwerfungsvereinbarung auswirkt. Die Auslegung im Verletzungsfalle orientiert sich umso enger am Wortlaut der Unterlassungserklärung, je höher die Vertragsstrafe im Verhältnis zur Bedeutung der Verletzung ist (BGH 13.2.2003 – I ZR 281/01, GRUR 2003, 545 – Hotelfoto). Zudem sind einzelne Verletzungshandlungen bei hoher Vertragsstrafe je Einzelfall eher zu einer rechtlichen Einheit zusammenzufassen (BGH 25.1.2001 – I ZR 323/98, GRUR 2001, 758 – Trainingsvertrag; OLG Frankfurt a.M. 29.1.2013 – 6 U 172/12, GRUR-RR 2013, 526; auch → Anm. 4.). Hohe Vertragsstrafen können also bewirken, dass Verletzungshandlungen ungeahndet bleiben oder geringer sanktioniert werden als dies bei moderater Vertragsstrafe der Fall wäre.

b) Rechtsfolge. Die Vertragsstrafe ist auf den Schadensersatzanspruch anzurechnen (§§ 340 Abs. 2, 341 Abs. 2 BGB). Die Anrechnung gilt allerdings nicht für Anwaltskosten, die durch Geltendmachung der Vertragsstrafe entstanden sind (BGH 8.5.2008 – I ZR 88/06, GRUR 2008, 929, 930). Der durch Verletzung entstehende neue Unterlassungsanspruch bzw. die neue Wiederholungsgefahr werden für die Zukunft nicht durch § 340 Abs. 1 S. 2 BGB ausgeschlossen. Nach Auffassung des BGH besteht jedenfalls dann ein Rechtsschutzinteresse an gerichtlicher Verfolgung des Unterlassungsanspruchs nach weiterer Verletzung trotz Bestehen eines Anspruchs auf Vertragsstrafe, wenn der Verletzer „jeden Neuverstoß bestreitet, er also nicht bereit ist, die Vertragsstrafe zu bezahlen, und diese daher ebenfalls erst im Klagewege durchgesetzt werden müsste" (BGH 9.11.1979 – I ZR 24/78, GRUR 1980, 241, 242 – Rechtsschutzbedürfnis; Köhler/Bornkamm/Feddersen/*Bornkamm* UWG § 12 Rn. 1.228).

4. Die Formulierung „für jeden Fall zukünftiger Zuwiderhandlung", ohne ein Verschulden des Schuldners zu erwähnen, ist nicht nach § 307 BGB unwirksam, sondern regelmäßig dahin zu verstehen, dass das Verschuldenserfordernis als gesetzliches Leitbild (§ 339 S. 2 BGB) vorausgesetzt wird (OLG Köln 30.3.2007 – 6 U 207/06, NJOZ 2008, 184).

Der inzwischen kaum noch anzutreffende Zusatz *„unter Ausschluss des Fortsetzungszusammenhangs"* soll eine Zusammenfassung mehrerer Handlungen zu einer rechtlichen Einheit verhindern, so dass für einzelne Handlungen jeweils Vertragsstrafe anfällt, ist dafür jedoch ungeeignet (in AGB ohnehin nach § 307 Abs. 1 BGB unwirksam, BGH 10.12.1992 – I ZR 186/90, NJW 1993, 721 (722) – Fortsetzungszusammenhang), da sich die Auslegung des Unterlassungsvertrags nach anderen Grundsätzen richtet (BGH 25.1.2001 – I ZR 323/98, GRUR 2001, 758 – Trainingsvertrag). Im Rahmen einer Abwägung steht das Sicherungsbedürfnis des Gläubigers einer Zusammenfassung entgegen, wenn besonders hoher Schaden droht, ebenso bei vorsätzlichen Verstößen, bei großer Bedeutung von Einzelakten oder bei niedriger Vertragsstrafe je Verletzungsfall (Beispiel für niedrige Vertragsstrafe, die zur Addition der Vertragsstrafe für mehrere Verstöße führte: OLG Frankfurt a. M. 29.1.2013 – 6 U 172/12, GRUR-RR 2013, 526, → Anm. 3):. Für eine Zusammenfassung zu rechtlicher Einheit spricht die Vereinbarung einer hohen Vertragsstrafe (s. BGH 25.1.2001 – I ZR 323/98, GRUR 2001, 758 – Trainingsvertrag).

5. Häufig sehen die von Abmahnenden entworfenen Unterwerfungserklärungen auch Anerkenntnisse der Erstattungspflicht von Abmahnkosten (oft unter Angabe eines Betrages oder auch nur des Streitwerts) und von Auskunfts- und Schadensersatzansprüchen vor. Das kann kontraproduktiv sein, wenn der Verletzer aus Furcht vor weitgehendem Anerkenntnis auch die Unterlassungserklärung nicht abgibt.

5a. Zur Formulierung nach Umsetzung der Richtlinie über Unlautere Geschäftspraktiken → Form. VII.2.1 Anm. 8.

6. Zur Formulierung des Unterlassungsanspruchs → Form. VII.2.1 Anm. 8. Die hier gewählte Formulierung der Unterlassungspflicht geht zu weit, da sie alle Waren erfasst, statt sich auf „Haushaltsgeräte" zu beschränken (BGH 14.11.2002 – I ZR 137/00, GRUR 2003, 446 (447) – Preisempfehlung für Sondermodelle). Die genaue Formulierung der Unterwerfung ist aber Sache des Verletzers, der den Umfang der Unterlassungspflicht ggf. auf das begründete Maß beschränken kann. Mit einem zu weitgehenden Unterlassungsbegehren riskiert der Abmahnende allerdings, dass die Abmahnung als missbräuchlich gewertet wird (§ 8c Abs. 2 Nr. 5 UWG) sowie eine (negative) Feststellungsklage des Abgemahnten (→ Form. VII.1.2 Anm. 11). Das Interesse des Abmahnenden an einer möglichst weitgehenden Unterwerfung ist daher gegen das Risiko einer (erfolgversprechenden) negativen Feststellungsklage abzuwägen.

Andererseits riskiert der Abmahnende mit einer zu engen Formulierung der Unterlassungspflicht, dass ein etwa zunächst bestehender weitergehender Anspruch aus demselben Verletzungsfall nicht mehr geltend gemacht werden kann (Novation, → Form. VII.1.4 Anm. 1a; OLG Hamburg 5.6.2003 – 3 U 171/02, NJOZ 2004, 1637). Gibt der Verletzer eine zu eng gefasste Unterlassungserklärung ab, kann der Gläubiger diese Wirkung verhindern, indem er sich die Geltendmachung des weitergehenden Anspruchs im Rahmen der Annahmeerklärung vorbehält.

7. Der „insbesondere"-Halbsatz schränkt das Begehren nicht ein, sondern verdeutlicht es (s. Köhler/Bornkamm/Feddersen/*Bornkamm* UWG § 12 Rn. 2.45). Zur Vermeidung einer zu weit gehenden und daher missbräuchlichen Abmahnung (§ 8c Abs. 2 Nr. 5 UWG) kann das „insbesondere" durch „wenn dies geschieht wie" ersetzt werden.

8. Zum Schriftformerfordernis und seinen Ausnahmen → Form. VII.1.2 Anm. 10.

1.5 Eingeschränkte Unterlassungserklärung Formular für den Verletzer

Unterlassungs- und Verpflichtungserklärung[1]

Der Unterzeichner verpflichtet sich im eigenen Namen und als alleiniger Geschäftsführer der Firma B GmbH, ..., ...[2] gegenüber der A GmbH,[3] es unter Übernahme einer Pflicht zur Zahlung einer Vertragsstrafe von 5.100,– EUR unter Ausschluss von § 348 HGB[4] für jeden Fall[5] der *im Sinne von § 890 ZPO*[6] schuldhaften[7] Zuwiderhandlung zu unterlassen, im geschäftlichen Verkehr

gegenüber dem letzten Verbraucher Haushaltsgeräte[8] unter Angabe einer unverbindlichen Preisempfehlung des Herstellers zu bewerben oder bewerben zu lassen, die nicht oder nicht mehr in der angegebenen Höhe besteht, insbesondere[9] wenn dies in der nachfolgend wiedergegebenen Form geschieht:

(Ausdruck aus dem Internet)

Sie ist außerdem auflösend bedingt dadurch, dass das zu unterlassende Verhalten allgemein verbindlich, also durch Gesetz oder höchstrichterliche Entscheidung, für rechtmäßig erklärt wird.[10]

Ort, Datum, Unterschrift

Anmerkungen

1. Der zu Recht Abgemahnte oder eine solche Abmahnung voraussehende Verletzer steht vor der Wahl, sich strafbewehrt zu unterwerfen oder eine Titulierung des gegen ihn gerichteten Unterlassungsanspruchs hinzunehmen. Dabei hat er abzuwägen:

Vorteile bei Unterlassen einer Unterwerfung: Chance, dass der Abmahnende von gerichtlicher Verfolgung Abstand nimmt (häufig bei Massenabmahnungen). Im Falle eines Unterlassungstitels Haftung gemäß § 890 ZPO nur bei eigenem Verschulden oder Verschulden der gesetzlichen Vertreter, statt Zurechnung nach § 278 BGB. Das kann vor allem bei nur bei einer schwer zu kontrollierenden Vielzahl von Erfüllungsgehilfen ins Gewicht fallen. Der Unterschied ist allerdings in der Praxis nicht allzu groß, da für § 890 ZPO ein Organisationsverschulden ausreicht. Ein praktischer Gesichtspunkt ist jedoch das Interesse des Gläubigers am „Verdienen" von Vertragsstrafe. Das Risiko, trotz Bemühens den Anforderungen der Unterlassungspflicht nicht zu genügen und damit eine Vertragsstrafe zu verwirken, ist durch die stetige Verschärfung der Anforderungen beträchtlich gewachsen. Dieses Risiko manifestiert sich in Internet-Fällen durch die Pflicht zur Bereinigung gängiger Suchmaschinen (Google Cache, BGH 12.07.2018 – I ZB 86/17, GRUR 2018, 1183 – Wirbel um Bauschutt), aber allgemein auch durch die stark ausgebauten Rückrufpflichten (BGH 11.10.2017 – I ZB 96/16, GRUR 2018, 292 Rn. 32, 34 – Produkte zur Wundversorgung; s. Köhler/Bornkamm/Feddersen/*Bornkamm* UWG § 8 Rn. 1.76). In gleichem Maße ist der Anreiz gewachsen, statt einer Unterwerfung lieber eine einstweilige Verfügung hinzunehmen und anschließend durch Abgabe einer Abschlusserklärung die Kosten im Rahmen zu halten. Einzelheiten → Anm. 6.

Vorteile der Unterwerfung: niedrigere Rechtsverfolgungskosten (keine Gerichtskosten, keine zusätzlichen Anwaltsgebühren); Vermeidung sofortiger Zwangsvollstreckung und der im Falle der Nichtbeitreibbarkeit von Ordnungsgeld drohenden Ordnungshaft. Allerdings darf sich ein aktuell oder voraussehbar zahlungsunfähiger Verletzer nicht unterwerfen, will er sich nicht dem Verdacht des (versuchten) Betruges (§ 263 Abs. 1 StGB) aussetzen. Der Unterwerfung eines zahlungsunfähigen Verletzers fehlt zudem die Ernsthaftigkeit, so dass sich der Gläubiger vom Unterwerfungsvertrag durch Anfechtung wegen Irrtums (§ 119 Abs. 2 BGB) oder arglistiger Täuschung (§ 123 BGB) lösen und den ursprünglichen Unterlassungsanspruch gerichtlich weiterverfolgen könnte.

2. Sind die Voraussetzungen der persönlichen Haftung des Geschäftsführers nicht erfüllt (→ Form. VII.2.1 Anm. 15 und → Form. VII.1.4 Anm. 2) kann diese weggelassen werden, sofern nicht eine vorsorgliche Unterwerfung gewünscht ist.

Bei mehreren Schuldnern kann das Vertragsstrafenversprechen mit gesamtschuldnerischer Haftung statt der selbständigen Haftung aller Schuldner (→ Form. VII.1.3 Anm. 3b) die Wiederholungsgefahr allenfalls dann beseitigen, wenn besondere Gründe für eine Zusammenfassung zu einer Haftungseinheit sprechen, zB bei Handeln des Geschäftsführers für eine GmbH. Der Verletzer, der eine solche Einschränkung der Vertragsstrafenhaftung ohne Einwilligung des Gläubigers in die Unterlassungserklärung einfügt, geht allerdings ein Risiko ein, das er durch eine nicht zu niedrige Bezifferung der Vertragsstrafe oder Verpflichtung zur Zahlung einer Vertragsstrafe nach neuem Hamburger Brauch begrenzen kann. Selbstverständlich ist es aber möglich, eine gesamtschuldnerische Haftung mit dem Gläubiger zu vereinbaren. Dies kann sich auch durch Auslegung der Unterwerfungsvereinbarung ergeben. In dem Urt. v. 17.7.2008 – I ZR 168/05, GRUR 2009, 181 Rn. 36 hat der BGH eine Haftung mehrerer Schuldner (Konzernunternehmen) für die verwirkte Vertragsstrafe als Gesamtschuldner daraus hergeleitet, dass sich diese nicht nur einheitlich strafbewehrt zur Unterlassung verpflichtet hatten, sondern vielmehr nach Aufzählung der Vertragsschließenden nur noch als eine Partei bezeichnet wurden („. . . . . . nachfolgend T genannt“), woraus zu schließen sei, dass eine Differenzierung nach dem Konzernunternehmen, das den Verstoß vorgenommen hat, vertraglich ausgeschlossen sei.

3. Die Übernahme der Vertragsstrafenverpflichtung durch Zahlung an einen Dritten wird in der Literatur teilweise als grundsätzlich zur Beseitigung der Wiederholungsgefahr ungeeignet betrachtet (Köhler/Bornkamm/Feddersen/*Bornkamm* UWG § 12 Rn. 1.217). Die Rechtsprechung hält dagegen eine solche Unterwerfung für grundsätzlich geeignet, stellt aber auf den Einzelfall ab (BGH 27.5.1987 – I ZR 153/85, GRUR 1987, 748 (749)). Der Schuldner, der sich so unterwirft muss also das Risiko einkalkulieren, dass seine Unterwerfung nicht zur Beseitigung der Wiederholungsgefahr geeignet ist und daher ins Leere geht.

4. Der Ausschluss von § 348 HGB (Folge: Anwendbarkeit von § 343 BGB – Herabsetzung der Vertragsstrafe bei Unangemessenheit) ist unschädlich (Köhler/Bornkamm/Feddersen/*Bornkamm* UWG § 12 Rn. 1.214). Er ist va sinnvoll bei hoher Vertragsstrafe, die vom Gläubiger gefordert wurde und vom Schuldner akzeptiert wird.

5. Auf einen Ausschluss des Fortsetzungszusammenhangs muss sich der Abgemahnte nicht einlassen, davon abgesehen, dass dieses Rechtsinstitut für die Auslegung von Unterlassungserklärungen ohnehin nicht maßgeblich ist (→ Form. VII.1.4 Anm. 4). Klarstellungen, die der Abmahnende im Rahmen der vom BGH (25.1.2001 – I ZR 323/98, GRUR 2001, 758 – Trainingsvertrag) entwickelten Grundsätze fordert, etwa den Ausschluss der Zusammenfassung mehrerer vorsätzlicher Verstöße zu einer Handlungseinheit, muss der Abgemahnte jedoch akzeptieren (→ Form. VII.1.3 Anm. 4).

6. Die Haftung aus dem Unterwerfungsvertrag ist eine vertragliche, so dass dem Schuldner gemäß § 278 BGB das Verschulden seiner Erfüllungsgehilfen zugerechnet wird (→ Anm. 1). Demgegenüber haftet der Schuldner eines Unterlassungstitels nur für eigenes Verschulden (§ 890 ZPO, freilich auch Organisationsverschulden). Das Risiko der Zurechnung nach § 278 BGB ist va für Schuldner bedeutsam, die Massengeschäfte unter Einsatz zahlreicher Erfüllungsgehilfen betreiben. Dabei unterlaufen leicht Fehler, die auch bei bester Organisation nicht abwendbar sind. Da der Gläubiger durch die Vertragsstrafe auch ein finanzielles Interesse an der Aufdeckung von Verstößen hat und sie v.a. bei Internet-Verstößen auch relativ leicht aufzuspüren sind, musste in solchen Fällen regelmäßig dazu geraten werden, von einer Unterwerfung Abstand zu nehmen, sondern eine einstweilige Verfügung abzuwarten und danach eine Abschlusserklärung abzugeben. Nur so kommt der Schuldner in den Genuss des milderen Zurechnungsmaßstabs des § 890 ZPO. Bislang entsprach es nämlich der ganz hM, dass der Unterlassungserklärung bei Ausschluss der Zurechnung nach § 278 BGB die Ernsthaftigkeit fehle (mit Darstellung des Streitstandes Gloy/*Fritzsche* § 79 Rn. 29). Die Gegenmeinung ist jedoch in jüngerer Zeit so stark geworden (Köhler/Bornkamm/Feddersen/*Bornkamm* UWG § 12 Rn. 1.227), dass der Gläubiger ein erhebliches Prozessrisiko einkalkulieren muss, wenn er seinen Unterlassungsanspruch trotz einer Unterlassungserklärung des Schuldners wegen des Ausschlusses von § 278 BGB gerichtlich durchzusetzen versucht.

7. Unschädlich ist der Zusatz „schuldhafte", da er keine Einschränkung, sondern nur eine Klarstellung der Rechtslage beinhaltet und auch die Beweislast des Schuldners nicht umkehrt (s. BGH 10.6.2009 – I ZR 37/07, GRUR 2010, 167 – Unrichtige Aufsichtsbehörde).

8. Der Abgemahnte muss entscheiden, ob eine inhaltliche Einschränkung der im Entwurf des Abmahnenden enthaltenen Unterlassungspflicht trotzdem die Wiederholungsgefahr beseitigt. Sein Interesse an einer möglichst auf den konkreten Verletzungsfall begrenzten Unterlassungspflicht ist gegen die Gefahr abzuwägen, dass der Abmahnende die Unterlassungserklärung nicht annimmt, die geforderte Verallgemeinerung berechtigt ist und der Abmahnende seinen Anspruch gerichtlich weiterverfolgt. Andererseits muss der Abmahnende ein Prozessrisiko eingehen, wenn er seine Ansprüche gerichtlich geltend macht, obwohl die Konkretisierung unter Berücksichtigung der Erstreckung auf kerngleiche Handlungen das Unterlassungsbegehren abdeckt (Köhler/Bornkamm/Feddersen/*Bornkamm* UWG § 12 Rn. 1.140).

Die hier gewählte Begrenzung der Unterlassungserklärung auf Haushaltsgeräte entspricht BGH 14.11.2002 – I ZR 137/00, GRUR 2003, 446, 447 – Preisempfehlung für Sondermodelle.

Im Falle einer Teilunterwerfung, die sich nicht auf alle in der Abmahnung aufgeführten Verstöße erstreckt, wird die Wiederholungsgefahr auch nur teilweise beseitigt, so dass im Übrigen weiter mit gerichtlicher Geltendmachung zu rechnen ist. Das gilt selbst dann, wenn der Verletzte die so eingeschränkte Unterlassungserklärung annimmt, denn darin liegt grundsätzlich kein Verzicht auf Ansprüche wegen eines nicht mitumfassten Verstoßes (BGH 25.4.2002 – I ZR 296/99, GRUR 2002, 824 – Teilunterwerfung).

Der Verletzer, der vom Abmahnenden gewünschte Verallgemeinerungen der Unterlassungspflicht nicht akzeptiert, sondern die Unterwerfung einengt, sollte klar zum Ausdruck bringen, dass die Erklärung sich auf kerngleiche Verstöße erstreckt (Köhler/Bornkamm/Feddersen/*Bornkamm* UWG § 12 Rn. 1.141).

Eingeschränkte oder vom Geforderten abweichende Unterlassungserklärungen sind gemäß § 150 Abs. 2 BGB als Ablehnung mit neuem Angebot auszulegen, wenn es sich nicht um geringfügige Abweichungen handelt. Der Verletzte sollte bei Abweichungen, wenn er mit ihnen einverstanden ist, vorsorglich nochmals ausdrücklich die Annahme erklären (→ Form. VII.1.4 Anm. 1).

9. Will der Abgemahnte sein Begehren auf den konkreten Verletzungsfall beschränken, lässt er das Wort „insbesondere" weg. Die Wiederholungsgefahr wird jedoch nur beseitigt, wenn die Unterwerfung alle im Kern gleichen Verletzungshandlungen abdeckt (→ Anm. 8 und Köhler/Bornkamm/Feddersen/*Bornkamm* UWG § 12 Rn. 1.140 f.). Nach der Kerntheorie sind auch bei Unterwerfung unter Bezugnahme auf den konkreten Verletzungsfall alle Handlungsformen mit erfasst, in denen das Charakteristische der beanstandeten Handlung zum Ausdruck kommt (s. BGH 29.4.2010 – I ZR 202/07, GRUR 2010, 749 Rn. 32 – Erinnerungswerbung im Internet; 16.11.2006 – I ZR 191/03, GRUR 2007, 607 Rn. 17 – Telefonwerbung für „Individualverträge").

10. Diese Bedingung ist unschädlich (BGH 1.4.1993 – I ZR 136/91, GRUR 1993, 677 – Bedingte Unterwerfung; zu weiteren Bedingungen s. Köhler/Bornkamm/Feddersen/*Bornkamm* UWG § 12 Rn. 1.125 ff.). Dagegen ist eine Unterlassungserklärung ungeeignet, die durch den rechtlichen Bestand der Rechtsprechung eines bestimmten OLG bedingt ist.

Der Schuldner kann sich trotz Fehlen einer entsprechenden Einschränkung durch Kündigung wegen Wegfalls der Geschäftsgrundlage von dem Unterwerfungsvertrag lösen, wenn durch gesetzliche Regelung oder Änderung der höchstrichterlichen Rechtsprechung das verbotene Verhalten nicht mehr als rechtswidrig anzusehen ist (BGH 8.5.2014 – I ZR 210/12, GRUR 2014, 797 – fishtailparka). Ein wichtiger Kündigungsgrund besteht auch, wenn sich die Abmahnung nachträglich als rechtsmissbräuchlich herausstellt (BGH 14.2.2019 – I ZR 6/17, GRUR 2019, 638 – Kündigung der Unterlassungsvereinbarung; dem Schuldner wird darum empfohlen, die „Szene zu beobachten", um möglicherweise Hinweise auf Rechtsmissbräuchlichkeit erkennen zu können, Köhler/Bornkamm/Feddersen/*Bornkamm* UWG § 12 Rn. 1.235a).

1.6 Unterlassungserklärung nach (neuem) Hamburger Brauch Formular für den Verletzer

Unterlassungs- und Verpflichtungserklärung[1]

Der Unterzeichner verpflichtet sich als alleiniger Geschäftsführer der Firma B GmbH, ..., ... gegenüber der A GmbH, es unter Übernahme einer Pflicht zur Zahlung einer von der A GmbH nach billigem Ermessen zu bestimmenden, im Streitfall vom zuständigen Gericht[2] zu überprüfenden Vertragsstrafe[3] für jeden Fall der *im Sinne von § 890 ZPO* schuldhaften Zuwiderhandlung[4] zu unterlassen, im geschäftlichen Verkehr zu

. . . . .[5]

Sie ist außerdem auflösend bedingt dadurch, dass das zu unterlassende Verhalten allgemein verbindlich, also durch Gesetz oder höchstrichterliche Entscheidung, für rechtmäßig erklärt wird.[6]

Ort, Datum, Unterschrift

Anmerkungen

1. Die Unterlassungserklärung nach „neuem" Hamburger Brauch legt die Bestimmung der Vertragsstrafenhöhe gem. § 315 BGB in das Ermessen des Verletzten (BGH Urt. v. 14.10.1977 – I ZR 119/76, GRUR 1978, 192 – Hamburger Brauch). Sie ist grundsätzlich geeignet, die Wiederholungsgefahr zu beseitigen. Der ursprüngliche (alte) Hamburger Brauch hatte die Bestimmung unzulässigerweise in das Ermessen des Gerichts gestellt.

Verletzer wählen diese Form der Unterwerfung gelegentlich, um den Verletzten im Falle der Vertragsstrafenklage mit einem Prozess(kosten)risiko zu belasten (der Gläubiger muss beziffern, während der Beklagte den Antrag nach § 343 BGB unbeziffert stellen kann, MüKoBGB/*Gottwald*, 8. Aufl. 2019, BGB § 343 Rn. 12). Zudem könne der Verletzer gemäß § 13a Abs. 5 UWG bei Uneinigkeit über die Höhe der Vertragsstrafe die Einigungsstelle gemäß § 15 UWG anrufen und den Gläubiger dadurch an einer Vertragsstrafenklage hindern, sofern die Einigungsstelle darüber angerufen wird. Das Risiko des neuen Hamburger Brauchs liegt für den Verletzer aber darin, dass bei schweren Verletzungsfällen eine höhere Vertragsstrafe bestimmt werden kann als sie möglicherweise bei einem festen Betrag fällig geworden wäre. Will der Verletzer dieses Risiko durch Angabe einer festen Obergrenze („bis zu") vermeiden, muss er einen angemessenen Spielraum zur Anpassung der Höhe auch an solche Verstöße gegen die Unterlassungspflicht schaffen, die schwerer wiegen als die den Anlass zur Unterwerfung bildende Verletzungshandlung. Die Obergrenze muss die Höhe eines fest zu vereinbarenden Betrages angemessen übersteigen. Als angemessen hat der BGH in einer Entscheidung (12.7.1984 – I ZR 123/82, GRUR 1985, 155 (156) – Vertragsstrafe bis zu . . . . . .; Köhler/Bornkamm/Feddersen/*Bornkamm* UWG § 12 Rn. 1.211) in der Regel das Doppelte des bei einem festen Betrag Angemessenen bezeichnet, in einer anderen Entscheidung aber stärker auf den Einzelfall abgestellt (BGH 14.2.1985 – I ZR 20/83, GRUR 1985, 937 – Vertragsstrafe bis zu . . . . . . II).

2. Da es sich bei dem Anspruch auf Zahlung der Vertragsstrafe um einen Anspruch aus Vertrag handelt, gilt die örtliche Zuständigkeit nach § 14 UWG nicht. Nicht selten wird statt des zuständigen Gerichts ein bestimmtes Gericht angegeben, oft das Heimatgericht des eingeschalteten Rechtsanwalts (Bsp.: „. . . . . vom LG Düsseldorf zu überprüfenden Vertragsstrafe . . . . ."). Dies führt bei Angabe eines LG hinsichtlich der sachlichen Zuständigkeit zu Schwierigkeiten, wenn wegen der Höhe der Vertragsstrafe im Einzelfall das AG zuständig ist (allerdings sind nach Meinung des BGH die LGe zuständig → Form. VII.1.4 Anm. 3 unter a). Die örtliche Zuständigkeit lässt sich nur begründen, wenn man in der Annahme einer solchen Erklärung durch den Verletzten eine Gerichtsstandsvereinbarung erblickt. Auf Unsicherheiten bei der Zuständigkeit oder eine Gerichtsstandsvereinbarung muss sich der Verletzte aber nicht einlassen.

3. Bietet der Verletzte eine bezifferte Vertragsstrafe in moderater Höhe an, sollte der Verletzer die Annahme ernsthaft in Betracht ziehen. Es wäre verfehlt, dem Verletzer schematisch den neuen Hamburger Brauch zu empfehlen.

4. → Form. VII.1.5.

5. → Form. VII.1.4.

1.7 Bedingte Unterlassungserklärung mit Aufbrauchsfrist Formular für den Verletzer

Unterlassungs- und Verpflichtungserklärung

Der Unterzeichner verpflichtet sich als alleiniger Geschäftsführer der Firma B GmbH, ..., ... gegenüber der A GmbH, es unter Übernahme einer Pflicht zur Zahlung einer Vertragsstrafe von 5.100,– EUR unter Ausschluss von § 348 HGB für jeden Fall der schuldhaften Zuwiderhandlung *im Sinne von § 890 ZPO* schuldhaften Zuwiderhandlung zu unterlassen, im geschäftlichen Verkehr

. . . . .[1]

Ausgenommen von der Unterlassungspflicht ist der Vertrieb der noch bei der Fa. B GmbH vorhandenen 525 Exemplare des Katalogs „Herbst/Winter 2009“ für die eine Aufbrauchsfrist bis 31.12.2009 gewährt wird.[2]

Sie ist außerdem auflösend bedingt dadurch, dass das zu unterlassende Verhalten allgemein verbindlich, also durch Gesetz oder höchstrichterliche Entscheidung, für rechtmäßig erklärt wird.

Ort, Datum, Unterschrift

Anmerkungen

1. → Form. VII.1.5 und → Form. VII.1.6.

2. Einschränkungen können der Unterwerfungserklärung die Eignung zur Beseitigung der Wiederholungsgefahr nehmen, soweit diese nicht als unschädlich anerkannt sind (→ Form. VII.1.6).

Die hM erlaubt dem Schuldner den Vorbehalt einer Umstellungs- oder Aufbrauchsfrist, wenn sie ihm auch im Gerichtsverfahren zu gewähren wäre (Fezer/*Büscher* § 8 Rn. 168 mwN).

Beide Parteien tragen ein Prozessrisiko, wenn der Verletzer sich eine Aufbrauchs-/Umstellungsfrist vorbehält. Der Gläubiger, wenn sich im Prozess herausstellt, dass eine Aufbrauchsfrist zu gewähren ist, der Schuldner, wenn er zu Unrecht eine Aufbrauchsfrist beansprucht. Kommt eine Aufbrauchsfrist ernsthaft in Betracht, sollten daher beide Parteien eine Einigung darüber anstreben.

1.8 Antwort auf Abmahnung mit Teilunterwerfung[1]

Per Telefax:

Frau Rechtsanwältin

. . . . .

. . . . .

A AG ./. . . . . . eV

Sehr geehrte Frau Kollegin,

die Firma . . . . . hat uns zunächst mit der außergerichtlichen Wahrnehmung ihrer Interessen beauftragt. Eine entsprechende Vollmacht ist beigefügt.[2]

Sie haben unsere Mandantin wegen unzulässiger Werbung per Telefax gegenüber Gewerbetreibenden, nämlich der Fa. XY, abgemahnt.[3]

Diese Abmahnung ist unberechtigt.

Es widerspricht der Unternehmenspolitik unserer Mandantin, Dritte per Telefax zu kontaktieren, wenn keine ausdrückliche oder konkludente Einwilligung erteilt wurde. Unsere Mandantin hat ihre Datenbestände geprüft und festgestellt, dass die Fa. XY bis vor kurzem die beworbenen Waren bei unserer Mandantin bezogen hat und wir sie auch schon früher in regelmäßigen Abständen per Telefax über aktuelle Angebote informiert haben. Wir gehen davon aus, dass ein ausdrückliches Einverständnis vorlag. Mehrmals hat die Fa. XY jedenfalls auf Grund solcher Werbung Bestellungen getätigt. Allerdings ist das Einverständnis nicht dokumentiert bzw. es konnte bei unserer Mandantin kein entsprechendes Dokument aufgefunden werden. Wir gehen jedenfalls davon aus, dass die Firma XY keine weitere Information per Telefax wünscht, so dass unsere Mandantin die Fa. XY aus dem Telefax-Verteiler gestrichen hat.[4]

Außerdem geben wir vorsorglich ohne Anerkennung einer Rechtspflicht, gleichwohl rechtsverbindlich[5] namens und in Vollmacht unserer Mandantin die beiliegende strafbewehrte Unterlassungserklärung ab, die sich allerdings nur auf die Fa. XY bezieht und nicht jede Werbung per Telefax gegenüber Marktteilnehmern erfasst.[6]

Die Erstattung Ihrer Abmahnpauschale kann ich unserer Mandantin nicht empfehlen, da unsere Mandantin keine unlautere Wettbewerbshandlung begangen hat.[7]

Ich gehe davon aus, dass die Angelegenheit damit erledigt ist und bitte andernfalls um Mitteilung.[8]

Mit freundlichen kollegialen Grüßen

Rechtsanwalt

Anmerkungen

1. Das Muster gibt eine defensive Reaktion des Abgemahnten wieder. Von einer offensiven Reaktion unterscheidet es sich durch das Fehlen einer Gegenabmahnung.

Der zu Recht Abgemahnte (nicht der zu Unrecht Abgemahnte) hat eine Antwort- und Aufklärungspflicht gegenüber dem Abmahnenden, insbesondere über eine etwaige Drittunterwerfung oder sonstige, die Wiederholungsgefahr beseitigende Umstände, die der Abmahner nicht wissen kann (Köhler/Bornkamm/Feddersen/*Bornkamm* UWG § 12 Rn. 79). Für den zu Unrecht Abgemahnten → Form. VII.1.9.

2. Ist der Rechtsanwalt nur außergerichtlich bevollmächtigt, kann ihm eine einstweilige Verfügung nicht wirksam zugestellt werden.

Auf die Erteilung einer Prozessvollmacht im vorgerichtlichen Stadium wurde früher gern verzichtet, um eine schnelle Zustellung einer etwaigen einstweiligen Verfügung per Telefax (heute auch per beA) von Anwalt zu Anwalt (§ 174 BGB) zu vermeiden (→ Form. VII.3.4). Diese Erwägungen haben aber heute keine Gültigkeit mehr, nachdem der BGH eine berufsrechtliche Pflicht zur Mitwirkung an der Zustellung durch Erteilung eines Empfangsbekenntnisses eine Absage erteilt hat (BGH 26.10.2015 – AnwSt (R) 4/15, NJW 2015, 3672). Daher kann ohnehin nicht mehr mit Erteilung von Empfangsbekenntnissen gerechnet werden und es wird auch dem Anwalt tunlichst per Gerichtsvollzieher zugestellt.

Eine (inhaltlich ggf. auf außergerichtliche Tätigkeit beschränkte) Vollmachtsurkunde sollte hier beigefügt werden, da eine strafbewehrte Unterlassungserklärung abgegeben werden soll (s. u.), die ein Angebot zum Abschluss eines Unterwerfungsvertrages ist. Der BGH hat jedoch entschieden, dass eine vom Schuldner abgegebene einseitige strafbewehrte Unterlassungserklärung, wenn sie ernsthaft ist und auch inhaltlich den an eine solche Erklärung zu stellenden Anforderungen entspricht, die Wiederholungsgefahr unabhängig von einer Annahmeerklärung des Gläubigers entfallen lässt (17.9.2009 – I ZR 217/07, GRUR 2010, 355 Rn. 21 – Testfundstelle). Sie hat daher unmittelbare Rechtswirkungen und daher kann ihr, wie auch der Abmahnung eine Doppelnatur zugeschrieben werden, einerseits als Angebot zum Abschluss eines Vertrages, andererseits als rechtsgeschäftsähnliche Handlung. Dann wäre, wie bei der Abmahnung (→ Form. VII.1.2 Anm. 3), § 174 BGB nicht anwendbar. Da dies aber nicht abschließend geklärt ist, sollte der Verletzer eine Vollmachtsurkunde übersenden, um keine Zurückweisung zu riskieren, insbesondere, wenn noch keine Abmahnung ergangen ist. Dann besteht ein Interesse des Verletzers an der Vermeidung einer Zurückweisung durch den Gläubiger mit anschließend drohender (kostenpflichtiger) Abmahnung. Zudem kann durch Vorlage einer Vollmachtsurkunde die Ernsthaftigkeit der Unterlassungserklärung unterstrichen werden.

Den widersinnigen Effekt, dass das Angebot zum Abschluss eines Unterwerfungsvertrages mit seiner die Wiederholungsgefahr beseitigenden Wirkung bei fehlender Annahme gemäß § 147 Abs. 2 BGB irgendwann erlöschen könnte und damit die Vertragsstrafenpflicht entfiele und damit die Ernsthaftigkeit wieder fraglich würde, verhindert der BGH, indem er das Unterwerfungsangebot als unbefristet auslegt (17.9.2009 – I ZR 217/07, GRUR 2010, 355 Rn. 21 – Testfundstelle, Ls. 1).

Zu den gebührenrechtlichen Implikationen einer Reaktion des Abgemahnten durch Anwaltsschreiben → Form. VII.1.8 Anm. 1c.

3. §§ 3, 7 Abs. 2 Nr. 3 UWG; vgl. zu dieser Fallgruppe → Form. VII.5.13

4. Damit wird eine mögliche Erstbegehungsgefahr ausgeräumt.

5. Diese Formulierung soll ein Anerkenntnis der materiellen Ansprüche (Unterlassung, Auskunft, Schadensersatz) vermeiden, aber gleichzeitig die erforderliche Ernstlichkeit der (Teil-)Unterwerfung nicht beeinträchtigen. Nach „Medizinische Fußpflege“ (BGH 24.9.2013 – I ZR 219/12, GRUR 2013, 1252, → Form. VII.1.4 Anm. 1a aa; s. Köhler/Bornkamm/Feddersen/*Bornkamm* UWG § 12 Rn. 1.157) hat diese Formulierung zwar ihre Bedeutung verloren, dennoch hat sie keine Nachteile und sollte daher klarstellend weiterhin verwendet werden.

6. Damit wird zwar die Verletzung in ihrem Kern nicht vollständig abgedeckt, doch erhöht die Teilunterwerfung die Wahrscheinlichkeit, dass der Abmahnende sein Begehren nicht weiterverfolgt.

7. Der zu Recht in Anspruch genommene Verletzer kann erwägen, die Abmahnkosten zu erstatten, um das Eigeninteresse des abmahnenden Rechtsanwalts an einer gerichtlichen Geltendmachung des Unterlassungsanspruchs zu reduzieren.

8. Ist sich der Abgemahnte nicht sicher, ob der Abmahnende über Erkenntnisse verfügt, die sein Begehren doch als begründet erscheinen lassen, sollte er versuchen, mit dem Abmahnenden im Gespräch zu bleiben. Werden neue Tatsachen mitgeteilt, kann er sich zu einer (vollumfänglichen) Unterwerfung entschließen oder diese Tatsachen in einer Schutzschrift (→ Form. VII.3.9) berücksichtigen.

1.9 Antwort auf Abmahnung mit Gegenabmahnung[1]

Rechtsanwalt

. . . . .

. . . . .

A AG . / . . . . .

Sehr geehrter Herr Kollege,

Herr . . . . . hat uns zunächst mit der außergerichtlichen Wahrnehmung seiner Interessen beauftragt. Eine entsprechende Vollmacht ist beigefügt.

Im Namen der A AG haben Sie unseren Mandanten wegen Verstößen gegen die Preisangaben VO unter dem gewerblichen ebay-Pseudonym „. . . . .“ abgemahnt.

Diese Abmahnung ist unberechtigt.

Unser Mandant fiel bei Lektüre Ihrer Abmahnung aus allen Wolken. Er ist 87 Jahre alt, Rentner und hat in seinem Leben noch keinen Computer besessen, geschweige denn kann er einen solchen bedienen. Er ist weder Inhaber des ebay-Pseudonyms „. . . . .“ noch hat er dessen Anmeldung zugestimmt oder davon Kenntnis gehabt. Unser Mandant ist offensichtlich Opfer eines Identitäts-Diebstahls geworden. Wir haben bereits bei der Fa. Ebay interveniert und dafür gesorgt, dass das Pseudonym gelöscht wird. Außerdem haben wir Strafanzeige bei der Staatsanwaltschaft . . . . . erstattet.

Wir fordern Ihren Mandanten daher auf, bis spätestens

(Datum, ggf. Uhrzeit)

zu erklären, dass er auf die mit Abmahnung vom . . . . . geltend gemachten Ansprüche verzichtet.

Außerdem fordern wir Ihren Mandanten innerhalb obiger Frist zur Erstattung der Kosten unserer Inanspruchnahme gemäß beiliegender Kostenaufstellung auf, nachdem Ihre Mandantin offensichtlich von einem unzutreffenden Sachverhalt ausgegangen ist und wir annehmen, dass sie von der Abmahnung Abstand genommen hätte, wenn ihr der wirkliche Sachverhalt bekannt gewesen wäre (§§ 677, 683, 670 BGB).

Sollten Sie die Frist ungenutzt verstreichen lassen, werden wir unserem Mandanten raten, eine negative Feststellungsklage und Zahlungsklage wegen der Kosten zu erheben.

Mit freundlichen Grüßen

Rechtsanwalt

Anmerkungen

1. Der aus einem Tatbestand des UWG Abgemahnte hat, anders derjenige im Falle einer Schutzrechtsverwarnung, keine Abwehransprüche gegen den Abmahnenden (s. Köhler/Bornkamm/Feddersen/*Bornkamm* UWG § 12 Rn. 1.84). Der Gesetzgeber hat in § 13 Abs. 5 UWG jedoch einen Aufwendungsersatzanspruch für den formal nicht korrekt (§ 13 Abs. 2 UWG) oder unberechtigt Abgemahnten geschaffen, der in der Höhe auf den vom Abmahner geltend gemachten Entwendungsersatzanspruch beschränkt ist. Dieser Anspruch des Abgemahnten ist jedoch ausgeschlossen, wenn die fehlende Berechtigung für den Abmahnenden zum Zeitpunkt der Abmahnung nicht erkennbar war. Die Beweislast trägt der Abmahnende. Im vorliegenden Fall eines Identitätsdiebstahls dürfte der Ausnahmefall gegeben sein. Weitergehende Ersatzansprüche bleiben jedoch unberührt. Er kann jedoch eine Gegenabmahnung erteilen, dh den Abmahnenden zum Verzicht auf die in der Abmahnung geltend gemachten Ansprüche auffordern.

Der zu Unrecht Abgemahnte hat, anders als der zu Recht Abgemahnte, allerdings grundsätzlich keine Aufklärungspflicht und könnte sofort negative Feststellungsklage erheben, ohne ein sofortiges Anerkenntnis (§ 93 ZPO) fürchten zu müssen (BGH 6.10.2005 – I ZB 37/05, GRUR 2006, 168; jüngst OLG München 14.2.2019 – 6 U 2188/18, GRUR-RR 2019, 227 Rn. 60).

Der BGH hat allerdings ausgesprochen, dass eine Gegenabmahnung dann ausnahmsweise veranlasst sei, wenn die Abmahnung in tatsächlicher und/oder rechtlicher Hinsicht auf offensichtlich unzutreffenden Annahmen beruht, bei deren Richtigstellung mit einer Änderung der Auffassung des vermeintlich Verletzten gerechnet werden kann, oder wenn seit der Abmahnung ein längerer Zeitraum verstrichen ist und der Abmahnende entgegen seiner Androhung keine gerichtlichen Schritte eingeleitet hat. Nur in solchen Fällen entspreche eine Gegenabmahnung dem mutmaßlichen Willen und dem Interesse des Abmahnenden und könne der Abgemahnte daher die Kosten der Gegenabmahnung erstattet verlangen (BGH 29.4.2004 – I ZR 233/01, GRUR 2004, 790 – Gegenabmahnung). Andernfalls bleibt es bei dem Grundsatz, dass dem zu Unrecht Abgemahnten kein Schadensersatzanspruch zusteht und die Abwehr einer Forderung keinen Kostenerstattungsanspruch auslöst (s. BGH 12.12.2006 – VI ZR 224/05, NJW 2007, 1458 zur Abwehr einer Geldforderung; MüKoBGB/*Schäfer*, 8. Aufl. 2020, BGB § 677 Rn. 62). In der unbegründeten wettbewerbsrechtlichen Abmahnung liegt auch keine Verletzung des Rechts am eingerichteten und ausgeübten Gewerbebetrieb (§ 823 Abs. 1 BGB, anders als bei unberechtigter Schutzrechtsverwarnung; s. Köhler/Bornkamm/Feddersen/*Bornkamm* UWG § 12 Rn. 1.84). Die seit dem Urteil „Gegenabmahnung" ergangene Judikatur zeigt, dass der Kostenerstattungsanspruch für Gegenabmahnungen von den Gerichten restriktiv gehandhabt wird. So wird das vom BGH erwogene Erfordernis einer Gegenabmahnung und damit auch eine Kostenerstattung bei **Rechtsirrtümern** (wenn die Abmahnung also in rechtlicher Hinsicht auf offensichtlich unzutreffenden Annahmen beruht), in der instanzgerichtlichen Rechtsprechung verworfen (OLG München 14.2.2019 – 6 U 2188/18, GRUR-RR 2019, 227 unter Berufung auf BGH 6.10.2005 – I ZB 37/05, GRUR 2006, 168 Rn. 11), teilweise mit der Begründung, dass mit einer Änderung der Rechtsauffassung aufgrund der Ausführungen des Abgemahnten im konkreten Fall nicht zu rechnen war (LG Köln 3.2.2016 – 28 O 436/14, BeckRS 2016, 15502).

Ungeklärt ist in den vom BGH angesprochenen Fällen des Verstreichenlassens eines längeren Zeitraums seit der Abmahnung, wie lang der Zeitraum sein muss, um eine kostenpflichtige Gegenabmahnung aussprechen zu können (weniger als 1 Monat reicht nicht: LG Düsseldorf 3.9.2015 – 4a O 95/14, BeckRS 2015, 127529 Rn. 73). Entscheidend ist das Bedürfnis des Abgemahnten, die Unsicherheit über etwaige gerichtliche Maßnahmen des Abmahnenden zu beseitigen. In Anlehnung an die gesetzliche Verjährungsfrist (§ 11 UWG) dürften jedenfalls 6 Monate ausreichen.

Für den Inhalt der Gegenabmahnung kann im Übrigen auf das → Form. VII.1.2 verwiesen werden.

Kosten und Gebühren

Gericht: Keine
Rechtsanwalt: → Form. VII.1.10; das gebührenrechtliche Verhältnis zwischen Abwehr der Forderung und Gegenabmahnung ist noch weitgehend ungeklärt.

IdR stellen beide dieselbe Angelegenheit dar, da sie meist vom Mandanten in einem Akt beauftragt werden und eng verbunden sind. Dann kommt allerdings eine Erhöhung des Gebührensatzes in Betracht, da die Beurteilung der Erforderlichkeit einer Gegenabmahnung eine zusätzliche Schwierigkeit darstellt.

Wird der Rechtsanwalt aber zunächst nur mit der Abwehr und später gesondert mit der Gegenabmahnung beauftragt, zB nachdem ein längerer Zeitraum verstrichen ist, ohne dass der Abmahner die Ansprüche weiterverfolgt hat, so handelt es sich nicht um dieselbe Angelegenheit, da der Abgemahnte nun erstmals nicht nur einen Anspruch abwehrt, sondern selbst aktiv vorgeht. Daher ist auch § 15 Abs. 5 S. 1 RVG nicht anwendbar.

1.10 Abmahnkosten[1]

Kostenrechnung[2] Nr. . . . . .

A GmbH . /. B GmbH

Die Rechnungsstellung erfolgt im Namen und für Rechnung der A GmbH, vgl. § 14 Abs. 2 S. 4 UStG

	Gegenstandswert[1]	Betrag
1,3 Geschäftsgebühr[3] (Nr. 2300 RVG Vergütungsverzeichnis)	15.000,00 EUR	845 EUR
Pauschale für Post- und Telekommunikationsleistungen (Nr. 7002 RVG Vergütungsverzeichnis)		20,00 EUR
19 % Mehrwertsteuer		164,35 EUR
Summe		1.029,35 EUR

Anmerkungen

1. a) **Anspruchsgrundlage.** Der Anspruch des Abmahnenden auf Erstattung der erforderlichen Aufwendungen ist in § 13 Abs. 3 UWG normiert. Der Ausschluss des Aufwendungsersatzanspruchs in den Fällen des § 13 Abs. 4 UWG ist zu beachten. Ein Rückgriff auf andere Anspruchsgrundlagen ist im Wettbewerbsrecht nur noch ausnahmsweise erforderlich. Auf Geschäftsführung ohne Auftrag kann der Erstattungsanspruch bei berechtigten Gegenabmahnungen (BGH 29.4.2004 – I ZR 233/01, GRUR 2004, 790 – Gegenabmahnung, → Form. VII.1.9) gestützt werden, da diese nicht von § 13 Abs. 3 UWG erfasst sind.

[1] Die Abmahnung ist missbrauchend, wenn der Mitbewerber einen unangemessen hohen Gegenstandswert ansetzt (§ 8c Abs. 2 Nr. 3 UWG). Hierbei sollten man sich an den Streitwerten orientieren, wie sie in der Rechtsprechung in Wettbewerbssachen üblich sind, im Regelfall aber zwischen 10.000 und 25.000 EUR (s. Muster VII 2.1, Anm. 18).

Streitig ist, ob die Erstattung der Abmahnkosten bei schuldhafter Begehung (also nicht bei bloßer Störerhaftung) auch auf einen Schadensersatzanspruch (§ 9 UWG) gestützt werden kann. Teils wird dies bejaht, teils nur für noch fortdauernde Verletzungshandlungen bejaht (BGH 23.11.2006 – I ZR 276/03, GRUR 2007, 631 – Abmahnaktion, im Übrigen aber offenlassend), teils völlig abgelehnt, weil die Abmahnung nur die zukünftige Begehung unterbinden soll (zum Streitstand Köhler/Bornkamm/Feddersen/*Bornkamm* UWG § 12 Rn. 1.107). Für Schadensersatzansprüche besteht ein Bedürfnis, wenn § 13 Abs. 3 UWG nicht eingreift, namentlich in Fällen der Drittunterwerfung (Köhler/Bornkamm/Feddersen/*Bornkamm* UWG § 12 Rn. 1.109), wenn der Abmahnende die Gebühren seines Rechtsanwalts noch nicht bezahlt hat (sofern man § 250 BGB nicht auch auf den Anspruch aus § 13 Abs. 3 UWG anwendet, zur Umwandlung des Freistellungs- in einen Zahlungsanspruch bei Zahlungsverweigerung des Schuldners näher → Form. VII.1.2 Anm. 12) in den Fällen des § 13 Abs. 4 UWG oder wenn die Abmahnung das gebotene Mittel der Sachverhaltsaufklärung ist (Abmahnung des Anschlussinhabers in einem Fall der Urheberrechtsverletzung in Internettauschbörse, wodurch die Person des tatsächlichen Verletzers aufgeklärt wird: BGH 22.3.2018 – I ZR 265/16, GRUR 2018, 914 Rn. 21; weiteres Bsp.: Identitäts-Diebstahl durch einen ebay-Anbieter, zu einem solchen Fall BGH 10.4.2008 – I ZR 227/05, GRUR 2008, 1097). Dagegen steht dem Verletzten ein eigenständiger Anspruch aus § 13 Abs. 3 UWG zu, wenn der Verletzer durch sein Verhalten die Gefahr der falschen Inanspruchnahme geschaffen hat und die Herbeiführung der Gefahr der falschen Inanspruchnahme selbst einen eigenständigen Wettbewerbsverstoß darstellt (BGH 23.11.2006 – I ZR 276/03, GRUR 2007, 631 – Abmahnaktion).

Ein Aufwendungsersatzanspruch nach § 13 Abs. 3 UWG besteht nur für eine Abmahnung, die vor Einleitung eines gerichtlichen Verfahrens ausgesprochen wird. Für eine Abmahnung, die erst nach Erlass einer Verbotsverfügung ausgesprochen wird („Schubladenverfügung"), besteht kein Aufwendungsersatzanspruch, auch nicht aus Geschäftsführung ohne Auftrag (BGH 7.10.2009 – I ZR 216/07, GRUR 2010, 257 – Schubladenverfügung; Köhler/Bornkamm/Feddersen/*Bornkamm* UWG § 12 Rn. 102).

b) Anspruchshöhe. Zu den erforderlichen Aufwendungen gehören nach der Begr. z. Fraktionsentwurf des UWG „nicht in jedem Fall die Kosten der Einschaltung eines Rechtsanwalts", sondern „gerade" bei den in § 8 Abs. 2 Nr. 2–4 UWG genannten Institutionen sei „regelmäßig" von einer Sach- und Personalausstattung auszugehen, die bei mittelschwerem Sachverhalt eine Bearbeitung ohne Rechtsanwalt gestatte (BT-Drs. 15/1487, 25; so auch die Rechtsprechung: Köhler/Bornkamm/Feddersen/*Bornkamm* UWG § 12 Rn. 1.117; zu den Abmahnkosten von Verbänden s. Köhler/Bornkamm § 12 Rn. 1.124 ff.; ein Wettbewerbsverband, der den Schuldner nach einer selbst ausgesprochenen, ohne Reaktion gebliebenen ersten Abmahnung ein zweites Mal von einem Rechtsanwalt abmahnen lässt, kann die Kosten dieser zweiten Abmahnung nicht erstattet verlangen: BGH 21.1.2010 – I ZR 47/09, GRUR 2010, 354 – Kräutertee; Köhler/Bornkamm/Feddersen/*Bornkamm* UWG § 12 Rn. 1.130).

Rechtsanwälte, die sich selbst oder einen anderen Rechtsanwalt für die Abmahnung eines unschwer zu erkennenden Wettbewerbsverstoßes mandatieren, können keine Anwaltsgebühren beanspruchen (BGH 6.5.2004 – I ZR 2/03, GRUR 2004, 789 – Selbstauftrag; gilt auch für Beauftragung eines anderen Rechtsanwalts „bei typischen, unschwer zu verfolgenden Rechtsverletzungen": BGH 12.9.2013 – I ZR 208/12, GRUR 2013, 1259 Rn. 30).

Bei Mitbewerbern ist demgegenüber die Einschaltung des Rechtsanwalts nach Auffassung des BGH in der Regel selbst dann erforderlich, wenn das Unternehmen über eine eigene Rechtsabteilung verfügt (8.5.2008 – I ZR 83/06, GRUR 2008, 928 – Abmahnkostenersatz; Köhler/Bornkamm/Feddersen/*Bornkamm* UWG § 12 Rn. 1.116).

Die Erstattungsfähigkeit setzt die Absicht der gerichtlichen Verfolgung voraus. Wird vom Abmahnenden trotz fehlender Unterwerfung nicht der Unterlassungsanspruch, sondern nur der Erstattungsanspruch geltend gemacht, ist es Sache des Bekl. vorzutragen, dass der Anspruch nicht gerichtlich geltend gemacht werden sollte und es daher an der Ernsthaftigkeit der Abmahnung gefehlt habe. Erst wenn der Kl. zu einem entsprechenden Vortrag der Bekl. geschwiegen oder unzureichende Gründe für die Nichtgeltendmachung des Unterlassungsanspruchs vorgebracht hat, kann von fehlender Ernsthaftigkeit ausgegangen werden, so dass der Erstattungsanspruch unbegründet ist (BGH 1.6.2006 – I ZR 167/03, GRUR 2007, 164 Rn. 13 – Telefax-Werbung II).

Zu einem schlüssigen Vortrag des Abmahnenden, der einen Aufwendungsersatzanspruch geltend macht, gehört nach hM auch die Darlegung, ob nach den gesetzlichen Gebühren abgerechnet und was gegebenenfalls Abweichendes (= Niedrigeres) vereinbart worden ist (BGH 22.1.2019 – VI ZR 402/17, GRUR 2019, 763 Rn. 12 – Ermittlungen gegen Schauspielerin; OLG Frankfurt a. M. 11.4.2019 – 6 U 90/18, BeckRS 2019, 10135 in einem dort referierten Hinweisbeschluss, im Ergebnis aber offenlassend; Köhler/Bornkamm/Feddersen/*Bornkamm* UWG § 12 Rn. 1.121; aA OLG Stuttgart 9.8.2007 – 2 U 23/07, OLGReport Stuttgart 2008, 51, insoweit nicht abgedruckt in MMR 2007, 649: Darlegungslast des Schuldners bei im Falle einer markenrechtlichen Abmahnung). Überschreitet die vereinbarte Vergütung – etwa das vereinbarte Zeithonorar – dagegen die gesetzliche Vergütung, so soll der Aufwendungserstattungsanspruch auf die Höhe dieser Vergütung beschränkt sein (ohne Begründung Köhler/Bornkamm/Feddersen/*Bornkamm* UWG § 12 Rn. 1.121).

Bei Verzug mit der Kostenerstattung fallen 5, nicht 9 Prozentpunkte über dem Basiszinssatz an, da es sich ungeachtet der steuerrechtlichen Einordnung (s. u.) nicht um eine „Entgeltforderung" iSd § 288 Abs. 2 BGB handelt (wohl allg. M.: OLG Celle 9.11.2006 – 13 U 120/06, OLGReport Celle 2007, 26; OLG München 26.6.2008 – 29 U 2250/08, BeckRS 2008, 13274; KG 27.9.2011 – 5 U 137/10, BeckRS 2011, 27066, mwN; LG Hamburg 22.6.2018 – 308 O 343/16, GRUR-RS 2018, 24338 Rn. 299; Köhler/Bornkamm/Feddersen/*Bornkamm* UWG § 12 Rn. 1.136; aA der amtliche LS 2 zu LG Braunschweig 23.5.2018 – 9 O 2167/17, GRUR-RR 2018, 371, allerdings ohne Begründung und ohne Relevanz für das Urteil, da die Klage wegen Verjährung abgewiesen wurde).

c) Verjährung. Ansprüche aus § 13 Abs. 3 UWG oder § 9 UWG verjähren in 6 Monaten (§ 11 Abs. 1 UWG). Daher muss rechtzeitig für eine Hemmung (§ 204 BGB) und Titulierung (§ 197 Abs. 1 Nr. 3) gesorgt werden.

Unproblematisch ist die Hauptsacheklage, denn mit dieser können Abmahnkosten in einem Zahlungsantrag geltend gemacht werden, soweit sie nicht in den Verfahrenskosten (§§ 91 ff. ZPO) enthalten sind (zur Anrechnung → Anm. 3).

Wird dagegen ein Verfügungsverfahren eingeleitet, ist zu unterscheiden:

Keine Verjährungsprobleme bestehen bei den Rechtsanwaltsgebühren (Geschäftsgebühr), die in der Verfahrensgebühr aufgehen (RVG VV Nr. 2300 und Vorbemerkung 3 Abs. 4, → Anm. 3). Die Verjährung des prozessualen Kostenerstattungsanspruchs beginnt erst mit Rechtskraft der Kostengrundentscheidung und beträgt 30 Jahre (§ 197 Abs. 1 Nr. 3 BGB; MüKoBGB/*Grothe*, 8. Aufl. 2018, § 197 Rn. 19).

Der Aufwendungserstattungsanspruch hinsichtlich der nicht anrechenbaren Rechtsanwaltsgebühren (→ Anm. 3) ist jedoch sofort mit der Abmahnung fällig. Die Hemmung der Verjährung gemäß § 204 Abs. 1 Nr. 9 BGB erfasst diese Ansprüche nicht (ebenso wenig wie Auskunfts- und Schadensersatzansprüche, s. MüKoBGB/*Grothe*, 8. Aufl. 2018, § 197 Rn. 19). Die Kostenfestsetzung bietet keine Abhilfe, denn eine Festsetzung von Abmahnkosten ist nicht möglich (BGH Beschl. v. 20.10.2005 – I ZB 21/05, GRUR 2006, 439 – nicht anrechenbare Geschäftsgebühr; Köhler/Bornkamm/Feddersen/*Bornkamm* UWG § 12 Rn. 1.112). Der Abmahnende ist daher darauf angewiesen, anderweitig für Hemmung und Titulierung der Abmahnkosten zu sorgen.

d) Zuständigkeit für Abmahnkostenklage: die Landgerichte sind ausschließlich sachlich zuständig (§§ 13 Abs. 1, 12 Abs. 1 S. 2 UWG).

e) **Missbräuchliche Abmahnung.** Erfolgt die Abmahnung nur aus Gebühren- oder sonst sachfremden Interessen, besteht nach § 8 Abs. 4 UWG kein Anspruch auf Erstattung von Abmahnkosten (Köhler/Bornkamm/Feddersen//*Köhler/Feddersen* UWG § 8 Rn. 4.6).

f) **Zweitabmahnung.** Ein Wettbewerbsverband, der den Schuldner nach einer selbst ausgesprochenen, ohne Reaktion gebliebenen ersten Abmahnung ein zweites Mal von einem Rechtsanwalt abmahnen lässt, kann die Kosten dieser zweiten Abmahnung nicht erstattet verlangen (Ls. von BGH 21.1.2010 – I ZR 47/09, NJW 2010, 1208 – Kräutertee).

2. Es besteht kein direkter Anspruch des Rechtsanwalts gegen den Abgemahnten, so dass diesem vom Rechtsanwalt keine Kostenberechnung (§ 10 RVG) zu erteilen ist.

Bei nicht zum Vorsteuerabzug Berechtigten ist die Mehrwertsteuer hinzuzusetzen. Aktivlegitimierte Vereine (§ 8 Abs. 3 Nr. 2 UWG) können ihre Kostenpauschale zzgl. Mehrwertsteuer erheben (BGH 9.11.1995 – I ZR 212/93, GRUR 1996, 290, 292; BFH 16.1.2003 – V R 92/01, GRUR 2003, 718).

Für Abmahnungen von Unternehmern entsprach es lange Zeit der überwiegenden Praxis, die Abmahnkosten ohne Mehrwertsteuer geltend zu machen.

Dieser Praxis hat der BFH mit Urt. v. 21.12.2016 – XI R 27/14, GRUR 2017, 826 ein Ende bereitet und entschieden, dass Zahlungen, die an einen Unternehmer von dessen Wettbewerbern als Aufwendungsersatz aufgrund von wettbewerbsrechtlichen Abmahnungen geleistet werden, umsatzsteuerrechtlich als Entgelt im Rahmen eines umsatzsteuerbaren Leistungsaustauschs zwischen dem Unternehmer und den von ihm abgemahnten Wettbewerbern – und nicht als nicht steuerbare Schadensersatzzahlungen – qualifiziert (ebenso für das Urheberrecht BFH 13.2.2019 – XI R 1/17, GRUR 2019, 825). Der Auffassung des BFH hat sich die instanzgerichtliche Rechtsprechung ganz überwiegend angeschlossen (LG Dortmund 19.8.2020 – 10 O 19/19, GRUR-RS 2000, 2009; LG Köln 19.2.2019 – 33 O 62/18, GRUR-RS 2019, 2197; LG Braunschweig 23.5.2018 – 9 O 2167/17, GRUR-RR 2018, 371; für das Markenrecht LG Düsseldorf 23.10.2017 – 2a O 135/17, BeckRS 2017, 141954) und von ihr ist trotz abweichender Auffassungen, die den Ersatz für Abmahnkosten umsatzsteuerrechtlich weiterhin als Schadensersatz qualifizieren wollen (LG Heidelberg 28.8.2019 – 12 O 25/19 KfH, BeckRS 2019, 27350 mit Nachweis ebenfalls kritischer Stimmen aus der Literatur), in der Praxis auszugehen.

Da somit der Mandant die (umsatzsteuerrechtliche) Leistung der Abmahnung erbringt, ist grundsätzlich er befugt und verpflichtet, eine Rechnung gemäß § 14 UStG für den Abgemahnten zu erstellen (*Döring-Peukert*, UR 2017, 459 Anm. zum BFH-Urteil). Der Mandant muss die umsatzsteuerrelevanten Vorfälle auch buchhalterisch erfassen, weil andernfalls, wie im Ausgangsfall des BFH vom Steuerprüfer beanstandet und vom BFH für richtig befunden, die Umsatzsteuer(vor)anmeldungen des abmahnenden Unternehmens nicht korrekt sind.

Wenn der Mandant die Rechnung stellt, kann man so formulieren:

„Aufwendungsersatz für die mit Datum vom xx.xx.xxxx erfolgte Abmahnung durch die Rechtsanwälte . . . . . . angefallenen Kosten laut (in Kopie beigefügter) Kostenaufstellung vom xx.xx.xxxx über netto x.xxx,- EUR zzgl. 19 % MwSt. iHv. xxx EUR“

Das Muster zeigt eine andere Vorgehensweise auf. Demnach stellt die Kanzlei die Abmahnkosten mit einer die Bevollmächtigung anzeigenden Überschrift mit MwSt. in Rechnung. Durch die Abrechnung „namens und für Rechnung“ des Mandanten nach § 14 Abs. 2 S. 4 UStG muss der Mandant keine Rechnung übermitteln und die Kanzlei kann den Vorgang selbst komplett, auch umsatzsteuertechnisch, abwickeln. Der Mandant muss dann auf der Basis der ihm mitgeteilten Rechnungstellung nur noch dafür Sorge tragen, dass die umsatzsteuerrechtlichen Vorgänge in seiner Finanzbuchhaltung korrekt erfasst werden.

Dagegen wurden Bedenken insoweit erhoben, als möglicherweise eine gewerbliche Tätigkeit der Kanzlei mit den entsprechenden steuerrechtlichen Konsequenzen vorliegt.

Nach Auffassung des Bearbeiters unterfällt diese Tätigkeit (zumindest als anwaltliches) Nebengeschäft aber der freiberuflichen und damit gewerbesteuerfreien Tätigkeit.

Der Anspruch auf Ersatz der Kosten eines Testkaufs ist dagegen ohne MwSt, geltend zu machen, da der Testkauf der Dokumentation der Verletzungshandlung dient und nur im Interesse des Verletzten erfolgt (LG Hamburg 12.9.2017 – 312 O 3/17, BeckRS 2017, 150697).

3. Dem RA steht eine 0,5–2,5 Geschäftsgebühr zu (RVG VV Nr. 2300), wenn er noch keinen Prozessauftrag hatte, wovon im → Form. VII.1.2 ausgegangen wird. Hat er bereits Prozessauftrag und erledigt sich die Tätigkeit zB durch Abgabe der strafbewehrten Unterlassungserklärung, so steht ihm nur eine 0,8 Verfahrensgebühr zu (RVG VV Nr. 3101 Nr. 1). Zur entsprechenden Rechtslage beim Abschlussschreiben BGH 4.3.2008 – VI ZR 176/07, GRUR-RR 2008, 368).

Nach Anm. zu RVG VV Nr. 2300 kann eine Gebühr von mehr als 1,3 nur gefordert werden, wenn die Tätigkeit umfangreich oder schwierig war. Bei wettbewerbsrechtlichen Abmahnungen ist diese Regelgebühr von 1,3 stets als mindestens gerechtfertigt anzusehen.

In der Spezialmaterie des Wettbewerbsrechts sind angesichts der regelmäßig erforderlichen umfangreichen Recherchen Gebühren von 1,5, 1,8 oder sogar 2,0 gerechtfertigt (s. die Nachweise aus der Rechtsprechung bei BeckOK Streitwert/*Lauro* Abmahnkosten Rn. 13)

Ähnliche Grundsätze sind auch für die Berechnung der Gebühren des Rechtsanwalts für die Abwehr einer Abmahnung maßgeblich (s. OLG Hamburg 7.6.2006 – 8 W 16/06, OLGReport Hamburg 2006, 691), für die es außer in den Fällen der Gegenabmahnung (→ Form. VII.1.9) keinen Kostenerstattungsanspruch gibt, die der Abmahnungsgegner somit grundsätzlich selbst bestreiten muss.

Für das Urheberrecht hat der BGH entschieden, dass bei getrennten, im Wesentlichen gleichlautenden Abmahnungen gegenüber unterschiedlichen, rechtlich oder wirtschaftlich nicht verbundenen Unternehmen oder Personen in engem zeitlichem Zusammenhang wegen des rechtswidrigen Vertriebs von Vervielfältigungsstücken derselben Werke, die aus derselben Quelle stammen, diese Abmahnungen eine Angelegenheit im Sinne des § 15 Abs. 2 RVG darstellen können. Demnach betreffen weisungsgemäß erbrachte anwaltliche Leistungen idR dieselbe Angelegenheit, wenn zwischen ihnen ein innerer Zusammenhang besteht und sie sowohl inhaltlich als auch in der Zielsetzung so weitgehend übereinstimmen, dass von einem einheitlichen Rahmen der anwaltlichen Tätigkeit gesprochen werden kann (BGH 6.6.2019 – I ZR 150/18, GRUR 2019, 1044 – Der Novembermann; 22.1.2019 – VI ZR 402/17, GRUR 2019, 763 – Ermittlungen gegen Schauspielerin; Köhler/Bornkamm/Feddersen/*Bornkamm* UWG § 12 Rn. 1.120a).

2. Hauptsacheverfahren

2.1 Wettbewerbsrechtliche Hauptsacheklage[1]

Vorenthalten wesentlicher Informationen[2]

An das

Landgericht[3, 4, 5]

– Kammer für Handelssachen[6] –

.....

AZ: neu

Klage

der Firma K-GmbH, ... – Klägerin –

Prozessbev.:

gegen

1. Firma B-GmbH, ... – Beklagte Ziff. 1 –

2. Herrn . . . . . – Beklagter Ziff. 2 –

Prozessbev. für die Beklagten zu 1 und 2 : . . . . .

Wegen: unlauteren Wettbewerbs

Streitwert (vorläufig geschätzt): EUR . . . . .

Namens und in Vollmacht der Klägerin erheben wir Klage und werden beantragen:

I. Die Bekl. werden verurteilt, es unter Meidung eines vom Gericht für jeden Fall der Zuwiderhandlung festzusetzenden Ordnungsgeldes und für den Fall, dass dieses nicht beigetrieben werden kann, ersatzweise Ordnungshaft oder einer Ordnungshaft bis zu sechs Monaten (Ordnungsgeld im Einzelfall bis zu 250.000 EUR; Ordnungshaft insgesamt bis zu zwei Jahre),, wobei die Ordnungshaft bei der Beklagten Ziff. 1 an ihrem jeweiligen gesetzlichen Vertreter zu vollziehen ist,[7] es im Rahmen geschäftlicher Handlungen[8] zu unterlassen,
   a) einen Preisvergleich von Bestattungsleistungen im Internet und dort insbesondere unter der Internetseite xyz.de durchzuführen und/oder anzubieten, ohne den Nutzer darauf hinzuweisen, dass die Bekl. zu 1 im Falle eines Vertragsschlusses zwischen dem Nutzer und dem über den Preisvergleich vermittelten Bestattungsunternehmen eine Provisionszahlung des Bestattungsunternehmens erhält, wenn dies wie in Anlage K 1 abgebildet geschieht, soweit die Bekl. zu 1 mit den von ihr vermittelten Anbietern Provisionsabreden trifft,
   b) mit der Behauptung für den Preisvergleich von Bestattungsleistungen im Internet und dort insbesondere unter der Internetadresse zu werben und/oder werben zu lassen, dass dieser „unabhängig“ sei, sofern nur solche Bestattungsunternehmen im Preisvergleich angezeigt werden, die der Beklagten zu 1 im Falle eines Vertragsschlusses zwischen dem Nutzer und dem Bestattungsunternehmen eine Provision zahlen, wenn dies wie in Anlage K 2 abgebildet geschieht.[9]

II. Die Beklagte Ziff. 1 wird verurteilt, der Klägerin Auskunft darüber zu erteilen, in welchem Umfang die Beklagte die vorstehend unter Ziff. I beschriebenen Handlungen betrieben hat, und zwar unter Angabe der Anzahl der Zugriffe und deren Zeitraum, gegliedert nach Monaten.[10]

III. Es wird festgestellt, dass die Beklagte Ziff. 1 verpflichtet ist, der Klägerin allen Schaden zu ersetzen, der dieser durch die in Ziff. I. bezeichneten Handlungen entstanden ist und künftig noch entstehen wird.[11]

IV. Die Beklagten werden als Gesamtschuldner verurteilt, an die Klägerin EUR . . . . . nebst Zinsen in Höhe von 5 Prozentpunkten über dem Basiszinssatz seit dem [. . . . .] zu bezahlen.

Streitwert (geschätzt): 60.000,00 EUR[12]

Begründung:

Die Klägerin macht Ansprüche wegen unlauterer Werbung der Beklagten gelten.

I. Sachverhalt

1. Die Klägerin betreibt ein Bestattungsunternehmen.
2. Die Beklagte Ziff. 1 betreibt unter xyz.de ein Preisvergleichsportal im Internet mit Preisvergleichen für Bestatter. Der Beklagte Ziff. 2 ist der Geschäftsführer der Beklagten Ziff. 1.
3. Der Bestatterpreisvergleich der Bekl. Ziff. 1 verläuft dergestalt, dass nach Eingabe der gewünschten Leistungen verbindliche Angebote verschiedener Bestatter angezeigt werden. Aus diesen Angeboten kann der Kunde drei auswählen, gibt daraufhin seine Kontaktdaten ein und erhält die Angebote per E-Mail von der Bekl. Ziff. 1 verbunden mit der Ankündigung eines Telefonanrufes eines Mitarbeiters der Bekl. Ziff. 1 zur Klärung von offenen Fragen und Aufnahme der relevanten Daten. Diese gibt die Bekl. Ziff. 1 an den Anbieter weiter, der seinerseits Kontakt mit dem Kunden aufnimmt.
   Die Bekl. Ziff. 1 berücksichtigt bei ihrem Vergleich nur Anbieter, die mit ihr eine Provision von 15 % beziehungsweise 17,5 % basierend auf dem Angebotspreis, vereinbaren. Der anfragende Kunde wird auf der Seite der Bekl. nicht auf die Provisionsvereinbarung hingewiesen.

   Beweis: Screenshot[13] aus der Website xyz.de
   – Anlage K 1 –

   Die Bekl. Ziff. 1 bezeichnet ihren Vergleich als „kostenlos und unabhängig“.

   Beweis: Screenshot aus der Website xyz.de
   – Anlage K 2 –

   Die Provisionsvereinbarung lässt sich aus einer Formulierung im Geschäftskundenbereich der Seite entnehmen.

   Beweis: Screenshot aus der Website xyz.de
   – Anlage K 3 –
4. Die Klägerin hat keine Provisionsvereinbarung mit der Bekl. Ziff. 1 geschlossen und wird im Preisvergleichsportal der Beklagten nicht berücksichtigt,

   Beweis: Screenshot aus der Website xyz.de (Ergebnis Preisvergleich)
   – Anlage K 4 –

   obwohl sie für die bei einer Testanfrage angefragten Leistungen das günstigste Preisangebot bereithält.

   Beweis: Screenshot aus der Website zyx.de der Klägerin
   – Anlage K 5 –
5. Mit Schreiben vom . . . . . haben die Prozessbevollmächtigten der Klägerin die Beklagten zur Abgabe einer strafbewehrten Unterlassungserklärung sowie Erteilung von Auskunft und Anerkennung eines noch festzustellenden Schadens aufgefordert. Die Beklagten wurden aufgefordert, die der Klägerin durch die Abmahnung entstandenen Anwaltskosten in Höhe von . . . . . bis zum . . . . . zu bezahlen. Die Beklagte Ziff. 1 teilte der Klägerin mit, dass keine Rechtsverletzung vorläge und somit der Klägerin auch keine Ansprüche zustünden. Darüber hinaus ließ die Beklagte Ziff. 1

mitteilen, dass der Unterlassungsantrag ohnehin zu unbestimmt sei. Das Schreiben wurde von dem Beklagten Ziff. 2 unterzeichnet. Es ist mithin Klage geboten.

II. Rechtslage

1. Zulässigkeit

Die Klage ist zulässig.

Das angerufene Landgericht ist sachlich zuständig (§ 13 Abs. 1 S. 1 UWG). Es ist auch örtlich zuständig, denn der Sitz der Beklagten befindet sich im Gerichtsbezirk. Die Kammer für Handelssachen ist funktionell zuständig (§ 13 Abs. 1 S. 2 UWG; § 95 Abs. 1 Nr. 5 GVG).

Ein Feststellungsinteresse liegt wegen der fehlenden Möglichkeit der Schadensberechnung zum Zeitpunkt der Klageerhebung ebenfalls vor, sodass die Zulässigkeitsvoraussetzungen des § 256 ZPO für den Antrag auf Schadensfeststellung erfüllt sind.

2. Begründetheit

Die Klage ist begründet:

1. Die Parteien sind Anbieter von Bestattungsleistungen, die Klägerin im eigenen Unternehmen und die Beklagte als Vermittler zu Gunsten von Drittunternehmen. Bei sind somit Mitbewerber gem. § 2 Abs. 1 Nr. 3 UWG. Damit ist die Klägerin aktivlegitimiert (§ 8 Abs. 3 Nr. 1 UWG).[13]
2. Der Unterlassungsanspruch gegen die Beklagte Ziff. 1 ist gem. §§ 3, 8 Abs. 1 UWG iVm § 5a Abs. 2 UWG begründet.
3. Nach § 5a Abs. 2 S. 1 UWG handelt unlauter, wer im konkreten Fall unter Berücksichtigung aller Umstände dem Verbraucher eine wesentliche Information vorenthält, die dieser je nach den Umständen benötigt, um eine informierte geschäftliche Entscheidung zu treffen (Nr. 1), und deren Vorenthalten geeignet ist, den Verbraucher zu einer geschäftlichen Entscheidung zu veranlassen, die er andernfalls nicht getroffen hätte (Nr. 2). Als Vorenthalten gilt nach § 5a Abs. 2 S. 2 UWG auch das Verheimlichen wesentlicher Informationen (Nr. 1), die Bereitstellung wesentlicher Informationen in unklarer, unverständlicher oder zweideutiger Weise (Nr. 2) und die nicht rechtzeitige Bereitstellung wesentlicher Informationen (Nr. 3).
4. Bei dem Bestehen von Provisionsvereinbarungen handelt es sich um eine wesentliche Information, denn ihre Angabe kann nach dem Erwartungs- und Verständnishorizont des Durchschnittsverbrauchers unter Berücksichtigung der beiderseitigen Interessen vom Unternehmer erwartet werden und ihr kommt für die geschäftliche Entscheidung des Verbrauchers zudem ein erhebliches Gewicht zu.
5. Der Verbraucher nutzt Preisvergleichsportale, um einen schnellen Überblick über Anbieter und Preis zu erlangen. Aus seiner Sicht bezieht ein Preisvergleichsportal seine Aussagekraft gerade aus einer möglichst großen Zahl von Anbietern, die in den Preisvergleich einbezogen wird. Nach dem Erfahrungshorizont des Verbrauchers werden zwar kostenlose Informationsportalen im Internet häufig durch Einnahmen, etwa für Werbung, finanziert, die von einem Vertragsschluss im Einzelfall unabhängig sind. Mit der Beschränkung der Vergleichsgrundlage durch Ausschluss von Anbietern, die mit dem Betreiber des Portals keine Provisionsabrede getroffen haben, rechnet er in der Regel nicht. Der Verbraucher geht regelmäßig auch nicht davon aus, dass der Betreiber ein konkretes wirtschaftliches Interesse am Vertragsabschluss hat.
6. Diese Information ist für den Verbraucher von erheblichem Interesse, weil sie seiner Erwartung widerspricht, der Preisvergleich umfasse weitgehend das im Internet

verfügbare Marktumfeld. Gleiches gilt für den Umstand, dass die Bekl. Ziff. ein eigenes wirtschaftliches Interesse am Vertragsabschluss besitzt. Die Information ist auch deshalb von erheblichem Interesse, weil sie sich möglicherweise auf die Höhe der im Preisvergleichsportal aufgeführten Angebotspreise auswirkt.

7. Ein Interesse der Bekl. Ziff. 1 an der Nichterteilung der Information ist nicht anzuerkennen. Die Einstellung der Information verursacht nur geringe Kosten. Geheimhaltungsinteressen werden nicht berührt.
8. Der Verbraucher benötigt die Information, dass in den Vergleich ausschließlich solche Anbieter einbezogen werden, die sich für den Fall des Vertragsschlusses zur Zahlung einer Provision verpflichtet haben, um eine informierte geschäftliche Entscheidung zu treffen, denn nur so kann er die Aussagekraft des Preisvergleichs angemessen beurteilen und sich ggf. noch weitere Preisinformationen einholen.
9. Die Beklagte Ziff. 1 ist selbst Täterin der unlauteren Handlung und daher nach §§ 3, 8 Abs. 1, 9 UWG passivlegitimiert.[14]
10. Der Beklagte Ziff. 2 ist für den Unterlassungsanspruch passivlegitimiert, da der allgemeine Internetauftritt eines Unternehmens zu den Maßnahmen gehört, über die typischerweise auf Geschäftsführungsebene entschieden wird.[15]
11. Der Anspruch auf Schadensersatz ergibt sich aus § 9 UWG. Die Beklagten haben schuldhaft gehandelt. Es ist wahrscheinlich, dass der Klägerin ein Schaden entstanden ist, da die Kunden sich ohne die Sammelaktion eher für die preisgünstigen Produkte der Klägerin entschieden hätten.
12. Mit der Klage wird ein unselbstständiger Auskunftsanspruch geltend gemacht, der der Bezifferung des durch die konkrete Werbung entstandenen Schadens dient. Die Schadensersatzwahrscheinlichkeit wurde unter Ziff. 4 ausgeführt. Erst der Auskunftsanspruch versetzt die Klägerin in die Lage, ihre möglichen Schadensersatzansprüche zu beziffern.
13. Die Beklagten haben der Klägerin die durch die Einschaltung der Prozessbevollmächtigten entstandene 1,3 Geschäftsgebühr (RVG VV Nr. 2300) und die Auslagenpauschale (RVG VV Nr. 7002) auf den Gegenstandswert von 60.000 EUR nach § 12 Abs. 1 S. 2 UWG zu bezahlen, da die Abmahnung berechtigt war.[17]

Rechtsanwalt

Anmerkungen

1. Das vorstehende Muster dient als Grundmuster zur Erläuterung der Besonderheiten von Wettbewerbsstreitigkeiten.

Bei der Wahl der Durchführung einer Hauptsacheklage ist zu überlegen, ob wegen der üblichen Eilbedürftigkeit in Wettbewerbsstreitigkeiten der Unterlassungsantrag im Wege der einstweiligen Verfügung durchgesetzt wird (→ Form. VII.3.1). Bei komplexen Sachverhalten sowie bei Sachverhalten, bei denen von relevanten Zeugen keine eidesstattliche Versicherungen beigebracht werden können, ist die Hauptsacheklage auch bei der Durchsetzung des Unterlassungsanspruches vorzugswürdig. Der Anspruchsgegner kann außerdem die Überleitung eines einstweiligen Verfügungsverfahrens in das Hauptsacheverfahren nach § 926 ZPO herbeiführen (→ Form. VII.3.10). Um einen endgültigen Unterlassungstitel zu erwirken, der der 30-jährigen Verjährungsfrist des § 197 Abs. 1 Nr. 3 BGB unterliegt, ist die Hauptsacheklage gleichfalls notwendig. Der in § 204 Abs. 1 Nr. 9 BGB geregelten Hemmung der Verjährung durch einstweilige Verfügung kommt wegen § 204 Abs. 2 BGB nur einschränkende Bedeutung zu. Außerdem kann nur im Wege der Hauptsacheklage eine Entscheidung des BGH herbeigeführt werden. Die weiteren im Wettbewerbsprozess verfolgten Ansprüche auf Schadensfeststellung und die zur Schadensbemessung erforderliche Auskunft können ebenfalls nur im Wege der Hauptsacheklage durchgesetzt werden.

2. Mit dem Muster wird außerdem eine Vorlage für eine unlautere Werbung gemäß §§ 3, 5a Abs. 2 UWG UWG geboten. Das Muster ist dem Urteil des BGH v. 27.4.2017 – I ZR 55/16, GRUR 2017, 1265 nachgebildet. Sachverhalt und Antrag I wurden im Wesentlichen aus der 1. Instanz LG Berlin 2.9.2014 – 91 O 19/14, GRUR-RS 2014, 122669 entnommen.

3. Ist ein Verfahren vor der **Einigungsstelle** anhängig, so ist eine erst nach Anrufung der Einigungsstelle erhobene negative Feststellungsklage des Antragsgegners unzulässig (§ 15 Abs. 10 S. 4 UWG). Bei Anrufung durch den Verletzten ist eine von ihm erhobene Leistungs- oder Feststellungsklage wegen Rechtsmissbrauchs unzulässig, bei Anrufung durch den Verletzer kann der Verletzte jedoch klagen, solange er sich nicht auf das Einigungsstellenverfahren eingelassen hat; ein Verfügungsverfahren ist stets zulässig (Köhler/Bornkamm/Feddersen/*Bornkamm/Feddersen* UWG § 15 Rn. 30).

4. Treten als Kläger rechtsfähige Verbände, qualifizierte Einrichtungen oder die IHK gem. § 8 Abs. 3 Nr. 2–4 UWG auf, und fallen der Ort der Handlung und der Sitz auseinander, so kann der Unterlassungsanspruch nur am Sitz des Beklagten und nicht am Ort, an dem die Handlung vorgenommen wird, erhoben werden (§ 14 Abs. 2 UWG iVm § 8 Abs. 3 Nr. 2–4 UWG). Dagegen wird der fliegende Gerichtsstand nach § 8 Abs. 3 Nr. 1 iVm § 14 Abs. 2 UWG bei Streitigkeiten zwischen Mitbewerbern **stets** bejaht, ohne dass der Anspruchssteller auch der unmittelbar Verletzte sein muss. Die Anspruchsberechtigung als „Mitbewerber" nach § 8 Abs. 3 Nr. 1 UWG setzt nach § 2 Abs. 1 Nr. 3 voraus, dass zwischen den Parteien ein konkretes Wettbewerbsverhältnis besteht, was tendenziell weit zu verstehen ist und an die konkrete Handlung und nicht die Branchenzugehörigkeit oder die Handelsstufe anknüpft (Köhler/Bornkamm/Feddersen/*Köhler* UWG § 2 Rn. 96 ff.). Darüber hinaus hängt aber die Aktivlegitimation davon ab, dass der Wettbewerbsverstoß auch die Interessen des Mitbewerbers berührt (Köhler/Bornkamm/Feddersen/*Köhler/Feddersen* UWG § 8 Rn. 3.28).

5. Die sachliche Zuständigkeit richtet sich für alle Wettbewerbsstreitigkeiten unabhängig vom Streitwert nach § 13 Abs. 1 UWG. Die örtliche Zuständigkeit richtet sich nach § 14 UWG. Für Verstöße im Internet sind die Gerichte an allen Orten zuständig, wo die beanstandete Website bestimmungsgemäß abrufbar ist, also praktisch überall in Deutschland (Köhler/Bornkamm/Feddersen/*Bornkamm/Feddersen* UWG § 12 Rn. 16). Allerdings wurde dieser fliegende Gerichtsstand durch § 14 Abs. 2 S. 3 Nr. 1 UWG für Klagen wegen Zuwiderhandlungen im elektronischen Geschäftsverkehr oder in Telemedien abgeschafft, so dass diese nun im Regelfall am Sitz des Beklagten zu erledigen sind. Eine Ausnahme gilt nur, wenn der Beklagte im Inland keinen allgemeinen Gerichtsstand hat (§ 13 Abs. 2 S. 3 a. E.).

6. Funktionell zuständig sind die Kammern für Handelssachen (§ 13 Abs. 1 S. 2 UWG). Darüber hinaus können die Landesregierungen Spezialkammern für Wettbewerbsstreitigkeiten festlegen (§ 13 Abs. 2 UWG).

7. Die Beantragung des Ordnungsgeldes ist notwendig, damit bei einem Verstoß gegen den Titel sofort der Antrag auf Verhängung von Ordnungsgeld erfolgen kann (§ 890 Abs. 2 ZPO).

8. Das UWG stellt nach Umsetzung der Richtlinie 2005/29/EG über unlautere Geschäftspraktiken auf den Zentralbegriff der **„geschäftlichen Handlung"** ab (§ 2 Abs. 1 Nr. 1 UWG). Dies hat sich als Formulierung im Antrag durchgesetzt.

9. Die richtige Formulierung des Unterlassungsanspruches bereitet in wettbewerbsrechtlichen Streitigkeiten erhebliche Schwierigkeiten (vgl. Gloy/*Spätgens/Danckwerts* § 88). Sofern es eine grafische Darstellung angegriffen wird (Fotografie, Werbeplakat, Internetauftritt usw), die sich nur schwer in Worten beschreiben lässt, empfiehlt es sich, diese Darstellung in den Unterlassungsantrag mit einem geeigneten Hinweis (zB „. . . . ., wenn dies wie folgt geschieht: . . . . .“) einzukopieren oder als Anlage in Bezug zu nehmen.

Zu unterscheiden ist zwischen zu unbestimmten Anträgen, die nach § 253 Abs. 2 Nr. 2 ZPO zur Unzulässigkeit der Klage führen, und zu weit gefassten Anträgen, die Lebenssachverhalte umfassen, die nicht wettbewerbswidrig sind und somit (teilweise) unbegründet sind. Häufige Fehler bei der Antragstellung, die nach § 253 Abs. 2 Nr. 2 ZPO zur **Unzulässigkeit** führen, sind:

- Anträge, die unbestimmte Begriffe enthalten, deren Inhalt und Umfang zwischen den Parteien streitig ist, wie zB Begriffe wie „unmissverständlich“, „unübersehbar“ . Soweit jedoch eine Verurteilung nur wegen unzureichender Aufklärung des Verbrauchers erfolgt, sollen Begriffe wie „unmissverständlich“, „unübersehbar“ und „unüberhörbar“ unbedenklich sein (Beispiele bei Köhler/Bornkamm/Feddersen/*Köhler* UWG § 12 Rn. 2.37). Allgemeinbegriffe der Rechts- oder Alltagssprache („im geschäftlichen Verkehr“, „werben“, „anbieten“, „Wettbewerb“), sind ausreichend bestimmt, wenn zwischen den Parteien des Rechtsstreits über die Bedeutung kein Streit besteht (Köhler/Bornkamm/Feddersen/*Köhler* UWG § 12 Rn. 2.38). Zulässig sind gewisse Verallgemeinerungen im Antrag, soweit sie das Charakteristische bzw. der Kern der konkreten Verletzungsform aus der begangenen Verletzungshandlung zum Ausdruck kommt, weil sich die Wiederholungsgefahr auch auf im Kern gleichartige Verletzungshandlungen erstreckt (stRspr, vgl. nur BGH 5.10.2010 – I ZR 46/09, GRUR 2011, 433 Rn. 26).
- Anträge, die den Gesetzeswortlaut und nicht den konkret angegriffenen Wettbewerbsverstoß wiedergeben. Damit fehlt es an einer vollstreckbaren, für den Unterlassungsschuldner nachvollziehbarer konkreten Unterlassungsanordnung (BGH 21.11.1998 – I ZR 189/97, GRUR 2000, 438 – Gesetzeswiederholende Unterlassungsanträge). Ausnahmen bestehen nach dem BGH in drei Fällen, soweit zwischen den Parteien kein Streit besteht, dass die jeweilige Norm erfüllt ist: (1) hinreichend eindeutige und konkrete Gesetze (zB Strafvorschriften), (2) der Anwendungsbereich der Norm ist durch gefestigte Auslegung geklärt oder (3) der Kläger macht hinreichend deutlich, dass er nicht ein Verbot im Umfang des Gesetzeswortlauts, sondern der konkreten Verletzungshandlung begehrt (BGH Urt. v. 5.10.2010 – I ZR 46/09, GRUR 2011, 433 Rn. 10; jüngst BGH 8.11.2018 – I ZR 108/17 – Deutschland-Kombi, GRUR 2019, 627 Rn. 16; Köhler/Bornkamm/Feddersen/*Köhler* UWG § 12 Rn. 2.40a).
- Liegen die Voraussetzungen für eine ausreichende Bestimmtheit oder eine gesetzeswiederholende Formulierung nicht vor, kann die nötige Bestimmtheit des Antrag durch Beschränkung des Antrags auf die konkrete Verletzungsform erzielt werden. In „Deutschland-Kombi“ hat der BGH die an den die an den Wortlaut des § 16a Abs. 1 S. 3 RStV angelehnte Formulierung und sich unbestimmte Formulierung „„Hörfunkwerbezeiten . . . . . . zu einem Preis unterhalb des marktgerechten Preises anzubieten oder zu verkaufen“ wegen des Zusatzes „wenn dies erfolgt, wie in den Jahren 2012 bis 2017 durch die nachfolgenden Preise geschehen“ als hinreichend bestimmt beurteilt (Rn. 18 ff.), weil er alle kerngleichen Verletzungshandlungen erfasst, in denen das Charakteristische der beanstandeten Verletzungshandlung zum Ausdruck kommt (zur Kerntheorie s. a. BGH 29.4.2010 – I ZR 202/07, GRUR 2010, 749 Rn. 32 – Erinnerungswerbung im Internet; 16.11.2006 – I ZR 191/03, GRUR 2007, 607 Rn. 17 – Telefonwerbung für „Individualverträge“). Die konkretisierende Bezugnahme auf die konkrete Verletzungsform kann auch durch Bezugnahme auf Anlagen geschehen, wie im Musterfall unter Billigung des BGH geschehen.

Eine unklare Bezugnahme auf die beanstandete Werbung durch Begriffe wie „ähnlich wie“ genügt den Bestimmtheitsanforderungen nicht, da für den Unterlassungsschuldner der Umfang des Unterlassungsgebotes nicht erkennbar ist (BGH 11.10.1990 – I ZR 35/89, GRUR 1991, 254 – Unbestimmter Unterlassungsantrag I). Ebenso kann die nur beispielhafte Bezugnahme durch eine „insbesondere“-Verknüpfung die notwendige Bestimmtheit nicht herstellen.

- Riskant sind auch Anträge, die ohne Verbalisierung ausschließlich die angegriffene Werbung im Antrag abbilden, da unklar bleiben kann, welcher Teil der Werbung beanstandet wird (BGH 26.10.2000 – I ZR 180/98, GRUR 2001, 453 – TCM-Zentrum). Dagegen genügt es dem BGH bei Klagen aus wettbewerbsrechtlichem ergänzenden Leistungsschutz, dass im Antrag nur Abbildungen des Verletzungsgegenstandes eingeblendet oder durch Bezugnahme auf Anlagen herangezogen werden, ohne die Merkmale zu verbalisieren (jüngst etwa BGH 20.9.2018 – I ZR 71/17, GRUR 2019, 196 – Industrienähmaschinen).

Ganz bzw. teilweise **unbegründet** sind Anträge, die zu weit gefasst sind. Häufig geschieht dies in Fällen, in denen die Unlauterkeit nur unter ganz bestimmten engen Voraussetzungen vorliegt. In derartigen Fällen muss der Antrag die die Unlauterkeit begründenden Merkmale ausdrücklich enthalten (BGH 6.10.1999 – I ZR 92/97, GRUR 2000, 616 – Auslaufmodelle III).

Bei zu weitgehenden Anträge kann das Gericht das Verbot auf das angemessene Maß beschränken, das als Minus im Antrag enthalten ist. Fehlen Anhaltspunkte für eine solche Beschränkung auf das angemessene Maß, ist das Verbot auf die konkrete Verletzungsform zu beschränken, sofern die Antragsfassung dies zulässt (Köhler/Bornkamm/Feddersen/*Bornkamm* UWG § 8 Rn. 1.66). Dies ist nur dann der Fall, wenn der Kläger das Charakteristische der Verletzungshandlung herausgearbeitet hat (BGH 10.4.2003 – I ZR 291/00, GRUR 2003, 890, 891 – Buchclub-Kopplungsangebot). Um eine solche Reduzierung des Antrags zu ermöglichen, sollte bei verallgemeinernder Antragstellung stets auf die konkrete Verletzungsform zumindest durch einen „insbesondere“ Zusatz Bezug genommen werden. Erfolgt die Bezugnahme auf die konkrete Verletzungsform im Antrag „insbesondere“, kann das Gericht dies nämlich durch die Formulierung, „wenn dies geschieht wie“ oder „wie dies geschehen ist in“ konkretisieren (BGH 29.4.2010 – I ZR 99/08, GRUR 2011, 82 Rn. 37 – Preiswerbung ohne Umsatzsteuer). Mit der Beschränkung geht eine Teilabweisung der Klage und idR eine Kostenquote zulasten des Klägers einher. Versucht der Kläger die Teilklagabweisung durch Konkretisierung in mündlicher Verhandlung abzuwenden, so handelt es sich um eine Teilklagrücknahme, die der Zustimmung des Beklagten bedarf (§ 269 Abs. 1 ZPO; zum Wegfall der „insbesondere“ Verknüpfung OLG Hamburg 19.1.2015 – 5 U 203/11, GRUR-RR 2015, 250 Rn. 46; zur nachträglichen Bezugnahme auf Anlagen LG Hamburg 29.11.2019 – 312 O 577/15, BeckRS 2019, 30759 Rn. 109). Es kann daher sinnvoll sein, einen „unechten“ Hilfsantrag zu stellen, der im Regelfall den Hauptantrag weiter konkretisiert und somit das Risiko eines unzulässigen oder zu weit gefassten Unterlassungsantrages vermeidet, jedoch die Möglichkeit eines möglichst weiten Unterlassungsanspruchs erhält.

Bei der Formulierung des Antrags ist die Rechtsprechung des BGH zum Streitgegenstand zu beachten. Der Streitgegenstand wird durch den Antrag und den Lebenssachverhalt bestimmt. Dabei hat der BGH in TÜV I die zuvor großzügig zugelassene alternative Klagehäufung als Verstoß gegen den Bestimmtheitsgrundsatz angesehen (BGH 24.3.2011 – I ZR 108/09, GRUR 2011, 521 Rn. 8 – TÜV I). Der Kläger muss klarstellen, ob er eine kumulative Verurteilung aus allen geltend gemachten Gründen oder eine eventuelle Klagehäufung (Gliederung in Haupt- und Hilfsanträge) begehrt. Im Wettbewerbsrecht hat der BGH diese strenge Sichtweise mit der Entscheidung „Biomineralwasser“ relativiert (BGH 13.9.2012 – I ZR 230/11, GRUR 2013, 401). Legt der Kläger die konkrete Verletzungsform dar, sind alle Verbotsnormen vom Streitgegenstand abgedeckt (Köhler/Bornkamm/Feddersen/*Köhler* UWG § 12 Rn. 2.23e f.). Beim Unterlassungsanspruch sind Wiederholungs- und Erstbegehungsgefahr keine unterschiedlichen Streitgegenstände, wenn sie auf denselben Lebenssachverhalt gestützt werden (BGH 10.3.2016 – I ZR 183/14, GRUR 2016, 1187 Rn. 20 – Stirnlampen). Für die Rechtskraft bedeutet das aber auch, dass der Kläger nach rechtskräftiger Entscheidung des Rechtsstreits die angegriffene Verletzungsform sowie kerngleiche Abwandlungen hiervon nicht nochmals aus einem anderen UWG-Tatbestand beanstanden kann (Köhler/Bornkamm/Feddersen/*Köhler* UWG § 12 Rn. 2.23g).

Weitere Probleme der Antragsstellung werden im Zusammenhang mit den Anträgen für die einzelnen Fallgruppen des Wettbewerbsrechts abgehandelt.

10. Der Auskunftsanspruch ist in dem Muster ein reiner Hilfsanspruch zur Vorbereitung des Schadensersatzanspruches, der aus § 242 BGB abgeleitet wird. Er entfällt, wenn der Schadensfeststellungsanspruch nicht besteht. Üblich ist die Konkretisierung des Auskunftsanspruchs durch die Bezugnahme auf den Unterlassungsantrag. Es ist unproblematisch, wenn der Unterlassungsantrag dabei auf kerngleiche Handlungen verallgemeinert worden ist, denn der Auskunftsanspruch erfasst auch solche kerngleichen Handlungen (BGH 1.2.1996 – I ZR 50/94, GRUR 1996, 502 (507)). Soweit der Unterlassungsantrag dagegen Handlungen erfasst, für die nur Erstbegehungsgefahr besteht, sind diese bei der Bezugnahme im Auskunftsantrag auszunehmen, denn insoweit kann noch kein Schaden eingetreten sein (BGH 29.6.2000 – I ZR 29/98, GRUR 2000, 907 (911) – Filialleiterfehler; Köhler/Bornkamm/Feddersen/*Köhler/Feddersen* UWG § 8 Rn. 2.13d).

Der Auskunftsanspruch ist zeitlich nicht auf die durch die vom Gläubiger nachgewiesene erste Verletzungshandlung begrenzt (BGH 19.7.2007 – I ZR 93/04, GRUR 2007, 532 – Windsor Estate).

11. An die Darlegung des möglichen Schadenseintritts werden im Rahmen der Schadensfeststellung nur geringe Anforderungen gestellt. Es bedarf jedoch der Darlegung eines Verschuldens und einer Schadenswahrscheinlichkeit. Ist der Eintritt eines Schadens eher unwahrscheinlich, muss Näheres zum Schaden vorgetragen werden (BGH 24.5.2000 – I ZR 222/97, GRUR 2001, 78 – Falsche Herstellerpreisempfehlung; 19.11.1971 – I ZR 72/70, GRUR 1972, 180 – Cheri). In Abweichung von den allgemeinen Grundsätzen, wonach die Leistungsklage der Feststellungsklage vorgeht, kommt im Wettbewerbsprozess anstelle der Stufenklage die Feststellungsklage wegen der Prozessökonomie und der Verjährung zum Tragen (st. Rspr., BGH 17.5.2001 – I ZR 189/99, GRUR 2001, 1177 – Feststellungsinteresse II; Köhler/Bornkamm/Feddersen/*Köhler* UWG § 12 Rn. 2.18).

12. Der Zuständigkeitsstreitwert richtet sich nach § 3 ZPO, der Gebührenstreitwert nach § 51 GKG. Dieser ist vom Kläger zu schätzen und bildet für die Ermessensentscheidung des Gerichts bei der Festsetzung ein Indiz für das Klägerinteresse (§ 51 Abs. 2 GKG). Ist der Wert der Sache für den Beklagten erheblich geringer, findet eine Minderung des Streitwerts statt (§ 51 Abs. 3 S. 1 GKG). Abzustellen ist auf die Größe der Parteien, die Beeinträchtigung des Klägers, die besondere Gefahr die von der unlauteren Werbung ausgeht, sowie der Grad des Verschuldens. Der Auffangsstreitwert beträgt EUR 1.000,00 (§ 51 Abs. 3 S. 2 GKG). In Fällen einfach gelagerter Wettbewerbsverstöße oder besonderer Belastungen einer Partei mit Prozesskosten kann der Streitwert herabgesetzt werden (§ 12 Abs. 4 UWG).

Im Musterfall wurde die Streitwertangabe aus dem Urteil 1. Instanz des LG Berlin vom 2.9.2014 – 91 O 19/14, GRUR-RS 2014, 122669 übernommen. In der Praxis werden von den Gerichten bei einfacheren Wettbewerbssachen häufig Streitwert zwischen EUR 10.000,00 und EUR 25.000,00, nicht selten aber auch EUR 50.000,00 angenommen. Die Streitwerte sind im Allgemeinen geringer als bei Patent- oder Kennzeichenstreitsachen.

13. Screenshots und Ausdrucke aus dem Internet spielen in der Praxis eine herausragende Rolle. Es handelt sich um Augenscheinsobjekte, die der Beweiswürdigung nach § 286 ZPO unterliegen und jedenfalls dann nicht zum Beweis taugen, wenn der Beweisgegner berechtigte Zweifel an der Richtigkeit dargelegt hat (OLG Jena 28.11.2018 – 2 U 524/17, MMR 2019, 471).

14. Die Aktivlegitimation eines Mitbewerbers ergibt sich aus § 2 Abs. 1 Nr. 3 iVm § 8 Abs. 3 Nr. 1 UWG für den Unterlassungsanspruch und aus § 9 UWG für den Schadensersatzanspruch. Die Aktivlegitimation des Mitbewerbers iSv § 8 Abs. 3 Nr. 1 UWG setzt stets ein konkretes Wettbewerbsverhältnis voraus (vgl. BT-Drs. 15/1487 zu § 8 Abs. 3 Nr. 1, S. 22). Der Begriff des konkreten Wettbewerbsverhältnisses wird in der Rspr. weit gefasst (Nachweise bei Köhler/Bornkamm/Feddersen/*Köhler* UWG § 2 Rn. 97). Ein abstraktes Wettbewerbsverhältnis reicht dagegen nicht aus (Köhler/Bornkamm/Feddersen/*Köhler* UWG § 2 Rn. 96). Dagegen genügt ein potentielles Wettbewerbsverhältnis, wenn die konkrete Wahrscheinlichkeit eines Marktzutritts besteht (Köhler/Bornkamm/Feddersen/*Köhler* UWG § 2 Rn. 104).

Rechtsfähige Verbände, qualifizierte Einrichtungen und die IHK sind im Unterschied zu Wettbewerbern nur befugt, Unterlassungsansprüche und Gewinnabschöpfungsansprüche (§ 10 UWG) durchzusetzen.

15. Derjenige, der die unlautere geschäftliche Handlung als Täter oder Teilnehmer begeht, ist stets passivlegitimiert, sofern zwischen ihm und dem Kläger ein Wettbewerbsverhältnis besteht. Dabei reicht es aus, wenn nur fremder Wettbewerb gefördert wird (§ 2 Abs. 1 Nr. 1 UWG).

16. Es kann zweckmäßig sein, den Geschäftsführer ebenfalls auf Unterlassung in Anspruch zu nehmen. Dadurch wird verhindert, dass durch Gründung neuer Unternehmen mit gleichem Geschäftsführer das Unterlassungsgebot umgangen wird. Der Geschäftsführer haftet nach der neuen Rechtsprechung des BGH für UWG-Verstöße jedoch nur, wenn er daran entweder durch positives Tun beteiligt war oder wenn er die Wettbewerbsverstöße aufgrund einer nach allgemeinen Grundsätzen des Deliktsrechts begründeten Garantenstellung hätte verhindern müssen (BGH 18.6.2014 – I ZR 242/12, GRUR 2014, 883 – Geschäftsführerhaftung). Allein die Organstellung und die allgemeine Verantwortlichkeit für den Geschäftsbetrieb begründen demnach keine Verpflichtung gegenüber außenstehenden Dritten, Wettbewerbsverstöße der Gesellschaft zu verhindern. Nach Aufgabe der Störerhaftung im Lauterkeitsrecht hält der BGH an der bisherigen Rechtsprechung (insb. BGH Urt. v. 26.9.1985 – I ZR 86/83, GRUR 1986, 248 – Sporthosen; Urt. v. 9.6.2005 – I ZR 279/02, GRUR 2005, 1061 (1064) – Telefonische Gewinnauskunft) nicht mehr fest. Somit reicht die schlichte Kenntnis des Geschäftsführers als haftungsbegründender Umstand nicht mehr aus (Beispiel: irreführende Bezeichnung des Unternehmens in der Website eines Dritten: OLG Frankfurt a.M. 27.5.2019 – 6 W 29/19, GRUR-RS 2019, 15325). Der Geschäftsführer haftet, soweit er selbst aktiv an der unlauteren Handlung mitwirkt (Beispiel: Auftritt in Video, das er in seinen eigenen Instagram Account eingestellt hat: OLG Düsseldorf 12.9.2019 – 15 U 48/19, BeckRS 2019, 24920 Rn. 78). Allerdings haftet der Geschäftsführer regelmäßig bei rechtsverletzender Benutzung einer bestimmten Firmierung (Beispiel „Anstalt“: OLG Düsseldorf 13.12.2018 – 2 U 37/18, GRUR-RR 2019, 301 Rn. 58) und dem allgemeinen Werbeauftritt einschließlich Internetauftritt (der Musterfall bildet ein Beispiel dafür; weiteres Beispiel LG Hamburg 28.6.2019 – 315 O 255/18, BeckRS 2019, 20075 Rn. 24), worüber typischerweise auf Geschäftsführerebene entschieden wird (BGH GRUR 2014, 883, Rn. 19 – Geschäftsführerhaftung). Die Haftung für wettbewerbsrechtliche Verkehrspflichten kann sich – zB im Zusammenhang mit Internethandelsplattformen – als Prüfungspflichten konkretisieren, darüber hinaus sind aber auch Überwachungs- und Eingreifpflichten denkbar (BGH GRUR 2014, 883 Rn. 21 – Geschäftsführerhaftung).

Schließlich haftet der Geschäftsführer persönlich aufgrund einer eigenen wettbewerbsrechtlichen Verkehrspflicht, wenn er ein auf Rechtsverletzungen angelegtes Geschäftsmodell selbst ins Werk gesetzt hat (BGH GRUR 2014, 883, Rn. 31 – Geschäftsführerhaftung; Beispiel Veröffentlichung gekaufter Kundenrezensionen im Internet: OLG Frankfurt a. M. 22.2.2019 – 6 W 9/19, MMR 2019, 313). Schwierig dürfte es sein, die Haftung des Geschäftsführers auf ein Organisationsverschulden zu begründen und nachzuweisen. Dies wäre denkbar, wenn sich der Geschäftsführer dauerhaft im Ausland befindet und damit der Kenntnis von Einzelheiten der Geschäftstätigkeit entzieht (BGH GRUR 2014, 883, Rn. 26 – Geschäftsführerhaftung). Statt einer täterschaftlichen Haftung kommt auch die Haftung als Gehilfe in Betracht, jedoch scheidet eine Beihilfe durch Unterlassen regelmäßig aus, weil es jedenfalls an der dafür erforderlichen Rechtspflicht zur Erfolgsabwendung fehlt (BGH GRUR 2014, 883 Rn. 33 – Geschäftsführerhaftung). Die Haftung des Geschäftsführers besteht unter dem Gesichtspunkt der Wiederholungsgefahr fort, auch wenn er zwischenzeitlich nicht mehr Geschäftsführer ist oder das Unternehmen gewechselt hat (OLG Koblenz 3.7.2019 – 9 U 1359/18, BeckRS 2019, 31851 Rn. 97; Köhler/Bornkamm/Feddersen/*Köhler/Feddersen* UWG § 8 Rn. 2.31). Sie geht auch nicht auf den neuen Geschäftsführer über (Köhler/Bornkamm/Feddersen/*Köhler/Feddersen* UWG § 8 Rn. 2.31).

Soweit der Geschäftsführer für die Verkehrspflichtverletzung haftet, dürfte dies nicht nur für Unterlassungs-, sondern auch für Schadensersatzansprüche gelten, da die bisherige Unterscheidung zwischen Störer- und Handelndenhaftung gerade nicht mehr gilt.

17. Gemäß § 15a RVG kann die auf die Verfahrensgebühr anzurechnende Geschäftsgebühr für die außergerichtliche Tätigkeit des Rechtsanwalts entweder vollständig oder anteilig eingeklagt werden, solange im Ergebnis nicht mehr als der um den Anrechnungsbetrag verminderte Gesamtbetrag gefordert wird (zum historischen Hintergrund: BGH-Entsch. v. 7.3.2007 – VIII ZR 86/06, NJW 2007, 2049). Bei der häufig praktizierten vollständigen Geltendmachung der Geschäftsgebühr erfolgt dann im Kostenfestsetzungsverfahren eine entsprechende Verringerung der Verfahrensgebühr (RVG VV Nr. 3100). Siehe im Einzelnen auch die Anmerkungen zum → Form. VII.1.10 „Abmahnkosten".

Kosten und Gebühren

Gericht: GKG KV Nr. 1210: 3 Gebühren für das Verfahren im Allgemeinen. Bei Erledigung durch Vergleich, Rücknahme und Erledigung ohne Kostenentscheidung nach § 91a ZPO ermäßigt sich die Gebühr nach Nr. 1211 auf 1,0.

Rechtsanwalt: RVG VV Nr. 3100: 1,3 Verfahrensgebühr und bei mündlicher Verhandlung zusätzlich 1,2 Terminsgebühr (RVG VV 3104), wobei es nicht mehr unbedingt auf Stellung von Anträgen oder Verhandlung zur Sache ankommt (RVG VV Vorbemerkung 3 Abs. 3).

2.2 Klageerwiderung im Wettbewerbsprozess[1]

– Unlautere Handlung durch Rechtsbruch[2] –

An das

Landgericht . . . . .

– . . . . . Zivilkammer –

. . . . .

AZ: . . . . . /

Klageerwiderung

In Sachen:

D ./. B[3]

zeigen wir an, dass wir die Beklagte vertreten und beantragen:

1. Die Klage wird abgewiesen, hilfsweise: die Beklagte wird zur Auskunft unter Anordnung eines Wirtschaftsprüfervorbehalts verurteilt, wobei der Wirtschaftsprüfer von der Klägerin auszuwählen ist und die Kosten des Wirtschaftsprüfers von der Beklagten getragen werden.
2. Die Klägerin trägt die Kosten des Rechtstreits.

vorsorglich:

Der Beklagten wird Vollstreckungsschutz[4] nach § 712 ZPO gewährt, wobei die Beklagte eine etwaige Sicherheitsleistung durch Bankbürgschaft erbringen kann.

Weiter beantragen wir:

1. Der Rechtstreit wird an die zuständige Kammer für Handelssachen verwiesen.[5]
2. Der Rechtstreit wird wegen vorrangiger Rechtshängigkeit nach Art. 29 Abs. 1 Brüssel Ia-VO ausgesetzt.[6]

Begründung:

Der von der Klägerin begehrte Unterlassungsanspruch ist darauf gerichtet, der Beklagten, die eine Apotheke im französischen Grenzgebiet zu Deutschland betreibt, das Werben und Inverkehrbringen von 13 C-Harnstoff-Atemtest im Gebiet der Bundesrepublik Deutschland zu untersagen. Der Beklagten wurde auf Grund einer Anfrage durch eine für die Arzneimittelüberwachung zuständige deutsche Landesbehörde mitgeteilt, dass gegen die Werbung und den Vertrieb keine Bedenken bestünden. Die Klägerin behauptet insbesondere, dass die vertriebene Menge des 13 C-Harnstoff-Atemtests, die nach § 21 Abs. 2 Nr. 1 AMG aufgeführte Menge von 100 abgabefertigen Packungen pro Tag überschritten würde und daher auch eine Befreiung von der Zulassungspflicht nach § 21 Abs. 1 AMG nicht in Betracht komme. Deshalb sei die Klage gem. § 3a UWG iVm §§ 2, 4 Abs. 1, 21 Abs. 1 AMG begründet. Diese Auffassung der Klägerin ist unzutreffend.

I.

Die Anträge auf Verweisung des Rechtstreits an die Kammer für Handelssachen und auf Aussetzung des Rechtstreits wegen doppelter Rechtshängigkeit sind begründet.

1. Die Zuständigkeit der Kammer für Handelssachen folgt aus § 95 Abs. 1 Nr. 5 GVG iVm § 14 Abs. 1 UWG. Die Antragsberechtigung ergibt sich aus § 97 Abs. 1 GVG.
2. Nach Eingang der Abmahnung der Klägerin am Sitz der Beklagten in Frankreich hat die Beklagte unverzüglich Klage bei dem für sie zuständigen französischen Gericht auf Feststellung erhoben, dass der von der Klägerin begehrte Anspruch auf Untersagung der Werbung und des Inverkehrbringens nicht besteht. Diese negative Feststellungsklage war vor der Klageerhebung durch die Klägerin in Deutschland rechtshängig. Klage und negative Feststellungsklage betreffen denselben Anspruch und dieselben Parteien. Damit sind die Anspruchsvoraussetzungen für eine Aussetzung nach Art. 29 Abs. 1 Brüssel Ia-VO erfüllt. Abweichend von der deutschen Rechtsprechungspraxis gibt es keinen

Vorrang der später erhobenen Leistungsklage gegenüber einer zeitlich früher erhobenen negativen Feststellungsklage. Die Aussetzung hat daher von Amts wegen zu erfolgen.

II.

Die Klage ist unzulässig.

Das angerufene Gericht ist weder örtlich noch international zuständig. Darüber hinaus ist die gleichzeitige Verfolgung des Anspruchs im Verfügungs- und im Hauptsacheverfahren rechtsmissbräuchlich. Schließlich ist der Klageantrag zu unbestimmt.

1. Das angerufene Gericht ist örtlich unzuständig. Die Beklagte hat ihren Sitz in Frankreich und ist gem. § 17 ZPO an ihrem allgemeinen Gerichtsstand in Frankreich zu verklagen. Etwas anderes folgt auch nicht aus § 14 Abs. 2 UWG, wonach das Gericht örtlich zuständig ist, in dessen Bezirk die Handlung begangen wurde. Das Klagebegehren ist letztlich auf Unterlassung der Herstellung der Arzneimittel gerichtet. Die Herstellung erfolge jedoch am Sitz der Beklagten in Frankreich.[7]
2. Da die Gerichte in der Bundesrepublik Deutschland örtlich nicht zuständig sind, fehlt es zwangsläufig auch an der internationalen Zuständigkeit des angerufenen Gerichts.[8]
3. Die Klägerin hat zeitgleich mit der eingereichten Hauptsacheklage ein einstweiliges Verfügungsverfahren beantragt. Sie hat die Hauptsacheklage mithin erhoben, obwohl über das einstweilige Verfügungsverfahren noch nicht entschieden wurde. Da die Verjährungsfrist durch die Beantragung einer einstweiligen Verfügung gehemmt wird (§ 204 Abs. 1 Nr. 9 BGB), war auch die sofortige Erhebung der Hauptsacheklage nicht geboten. Vielmehr hätte die Klägerin das Ergebnis des einstweiligen Verfügungsverfahrens abwarten können. Sie hätte dann die Möglichkeit gehabt, zB durch Aufforderung zur Abgabe einer Abschlusserklärung, den Rechtstreit wesentlich kostengünstiger zu beenden. Das parallele Vorgehen der Klägerin ist daher Indiz für ein rechtsmissbräuchliches Verhalten und Beleg dafür, dass der Rechtstreit vorwiegend auch auf einen möglichst hohen Ersatz von Aufwendungen und Kosten gerichtet ist. Damit sind die Voraussetzungen des § 8 Abs. 4 UWG erfüllt. Die Klage ist als unzulässig abzuweisen.[9]
4. Es bestehen erhebliche Bedenken gegen die Bestimmtheit des Klageantrages. Der Klageantrag lautet ua: „Die Beklagte zu verurteilen, es zu unterlassen, Fertigarzneimittel in den Verkehr zu bringen und/oder zu bewerben, solange für diese Fertigarzneimittel keine Zulassung des Bundesinstitutes für Arzneimittel und Medizinprodukte nach § 21 ff AMG vorliegt."
   Der Begriff „Fertigarzneimittel" bedarf einer eingehenden Auslegung. Er bestimmt sich nach § 2 Abs. 1 oder Abs. 2 Nr. 1 AMG. Erst durch Auslegung der Norm, die eine Vielzahl von unbestimmten Rechtsbegriffen enthält, kann der Begriff des Fertigarzneimittels festgestellt werden. Damit ist eine Zwangsvollstreckung ohne Auslegung dieses Begriffes nicht möglich. Es fehlt mithin an einer Umschreibung der konkreten Verletzungshandlung.[10]

III.[16]

Die Klage ist auch unbegründet.

Es bestehen bereits erhebliche Zweifel an der Anwendbarkeit des UWG. Außerdem halten sich die Beklagte an die Anforderungen nach § 21 Abs. 2 Nr. 1 AMG und bedürfe deshalb keiner Zulassung. Darüber hinaus ist zweifelhaft, ob das AMG überhaupt eine Norm iSv § 3a UWG ist. Schließlich liegt ein Schreiben vor, wonach die zuständige Behörde von einer Zulassungsfreiheit des streitgegenständlichen Atemtests ausgeht. Im Einzelnen:

1. Es könnte zumindest zweifelhaft sein, ob auch im vorliegenden Rechtstreit das UWG Anwendung findet.[11] Dies kann jedoch dahinstehen, da kein Verstoß gegen den lauteren Wettbewerb, insbesondere §§ 3, 3a UWG, gegeben ist.
2. Voraussetzung für § 3a UWG ist stets ein Gesetzesverstoß. Da die Herstellungsmenge unterhalb der Grenze nach § 21 Abs. 2 Nr. 1 AMG liegt und auch die weiteren Voraussetzungen des § 21 Abs. 2 Nr. 1 AMG nicht erfüllt sind, fehlt es bereits an einem Gesetzesverstoß.[12]
3. Sollte mit der Klägerin ein Verstoß gegen § 21 Abs. 1 AMG angenommen werden, so fehlt es an einem Rechtsbruch, der eine Unlauterkeit iSv §§ 3, 3a UWG begründet. Insoweit besteht Einigkeit darüber, dass der Wettbewerbsrichter nicht zugleich Hüter der gesamten Rechtsordnung sein kann. Damit reduziert sich der Anwendungsbereich des § 3a UWG auf den Verstoß gegen gesetzliche Bestimmungen, die im Interesse der Marktteilnehmer das Marktverhalten regeln. Die Zulassungspflicht nach § 21 Abs. 1 AMG ist keine solche Norm.[13]
4. Unstreitig wird darüber hinaus das Anbieten und Inverkehrbringen der Atemtests von der zuständigen Behörde auf Grund des vorliegenden Schreibens akzeptiert.[14]
5. Der Versuch der Klägerin, den Anspruch auch auf andere Werbeaussagen des Beklagten zu stützen, ist schon wegen eines abweichenden Streitgegenstandes nicht Gegenstand des Rechtsstreites.[15]

IV.[16]

Der Auskunftsanspruch scheitert schon daran, dass es an einem Verschulden des Beklagten fehlt, da dieser auf die Auskunft der Behörde vertraute. Im Übrigen ist der geltend gemachte Auskunftsanspruch zu weit gefasst, da die Klägerin die Mitteilung der Kunden der Beklagten begehrt. Damit zwingt sie die Beklagte, ihre Kunden zu benennen. Dies ist unzumutbar. Die Klägerin hat die Möglichkeit, durch einen entsprechenden Wirtschaftsprüfervorbehalt[17] dies zu vermeiden, ohne dass dadurch die Qualität der Auskunft zur Berechnung etwaiger Schadensersatzansprüche nachhaltig beeinträchtigt wird. Damit ist der Auskunftsanspruch insgesamt abzuweisen.

V.

Dem Vollstreckungsschutzantrag nach §§ 712, 714 ZPO ist stattzugeben. Die Klägerin begehrt mit dem Verbot des Inverkehrbringens des Atemtests zugleich mittelbar die Einstellung der von der Beklagten betriebenen Herstellung des Atemtests und somit Teile deren Geschäftsbetriebs. Im Falle des Obsiegens der Klägerin besteht für die Beklagte das Risiko der (Teil-) Betriebseinstellung. Ihr entsteht mithin ein nicht zu ersetzender Nachteil iSd § 712 Abs. 1 ZPO. Einer weiteren Glaubhaftmachung bedarf es daher nicht. Überwiegende Interessen der Klägerin im Sinne von § 712 Abs. 2 ZPO, die dem Vollstreckungsschutzantrag der Beklagten entgegenstehen, sind nicht ersichtlich.

VI.

Unabhängig von der Aussetzung des Rechtstreits ist die Klage unzulässig und unbegründet und mithin abzuweisen. Sollte das Gericht weiteren Sachvortrag für erheblich halten oder Gesichtspunkte, welche die Beklagte erkennbar übersehen oder für unerheblich gehalten haben, als wesentlich ansehen, bitten wir um entsprechenden Hinweis nach § 139 ZPO.[18]

Anmerkungen

1. Das Muster behandelt eine Klageerwiderung in einem Wettbewerbsprozess. Neben rechtlich eindeutigen Argumenten ist die Klageerwiderung stets auch durch Argumente geprägt, bei denen die Rechtslage zumindest als offen bewertet werden kann. Die Aufgabe des Beklagtenanwalts ist es, auch diese Argumente überzeugend vorzutragen. Das Wettbewerbsrecht zeigt eine besonders dynamische Entwicklung und eröffnet daher erhebliche Argumentationsspielräume. Der Einwand der rechtsmissbräuchlichen Rechtsverfolgung und die Rechtsprechung zur Unlauterkeit wegen Zuwiderhandlung gegen gesetzliche Vorschriften sind im vorliegenden Muster beispielhaft verarbeitet. Soweit die geäußerte Rechtsansicht umstritten ist, wird hierauf in den Anmerkungen hingewiesen.

2. Die Klageerwiderung dient zugleich als Beispielsfall für die Fallgruppe einer unlauteren geschäftlichen Handlung wegen Zuwiderhandlung gegen gesetzliche Vorschriften (§§ 3, 3a UWG). Der Sachverhalt ist dem BGH-Urt. v. 23.6.2005 – I ZR 194/02, GRUR 2005, 778 – Atemtest, nachgebildet. Hinsichtlich des Sitzes des Beklagten und bezüglich der Antragsstellung wurde der Fall jedoch abgewandelt, um möglichst viele Einwände des Beklagten darzulegen.

3. Im gewählten Fallbeispiel hat die Beklagte ihren Sitz in Frankreich.

4. Gegenstand des Rechtsstreits ist die Untersagung der Werbung und das Inverkehrbringen von Arzneimitteln, die die Beklagte hergestellt hat. Dies kann, da damit letztlich auch die Herstellung bis zu einer Erteilung einer Arzneimittelgenehmigung untersagt wird, zur Existenzvernichtung führen. In Fällen der Existenzvernichtung kann ein Vollstreckungsschutzantrag ausnahmsweise gerechtfertigt sein (MüKoZPO/*Götz*, 5. Aufl. 2016, ZPO § 712 Rn. 3). Die Beantragung des Vollstreckungsschutzes sowie dessen sofortige Begründung und Glaubhaftmachung (§ 294 Abs. 2 ZPO) sollten bereits in einem frühen Prozessstadium erfolgen. Teile der Rechtsprechung lehnen bei Nichtstellung des Vollstreckungsschutzantrages im erstinstanzlichen Verfahren die Möglichkeit der einstweiligen Einstellung nach § 719 ZPO ab, wenn er auf Gründe gestützt wird, die schon im ersten Rechtszug mit einem Antrag nach § 712 Abs. 1 ZPO hätten geltend machen können (Nachweise bei Musielak/Voit/*Lackmann*, 17. Aufl. 2020, § 719 Rn. 3, der selbst anderer Meinung ist). Wird der Vollstreckungsschutzantrag in 2. Instanz versäumt, so kommt einstweilige Einstellung nach § 719 Abs. 2 ZPO in der Revisionsinstanz regelmäßig nicht in Betracht (Musielak/Voit/*Lackmann*, 17. Aufl. 2020, § 719 Rn. 5 mwN).

5. Die Zuständigkeit der KfH ergibt sich aus § 95 Abs. 1 Nr. 5 GVG. Ist dem Rechtstreit ein einstweiliges Verfügungsverfahren vorangegangen, in dem der Beklagte unterlag, bietet sich eine Verweisung an die Kammer für Handelssachen für das Hauptsacheverfahren an.

6. Nach Art. 29 Abs. 1 Brüssel Ia-VO hat in Fällen, in denen ein Rechtstreit zwischen den gleichen Parteien über denselben Anspruch bei Gerichten in unterschiedlichen Mitgliedsstaaten anhängig ist, das später angerufene Gericht den Rechtstreit auszusetzen, bis die Zuständigkeit des zuerst angerufenen Gerichts feststeht. Nach Art. 31 Abs. 1 Brüssel Ia-VO gilt das Prioritätsprinzip. Wegen der Unterschiede des Eintritts der Rechtshängigkeit in den jeweiligen Rechtsordnungen der Mitgliedsstaaten der EU wird die Rechtshängigkeit gem. Art. 32 Ziff. 1 Brüssel Ia-VO für alle Mitgliedsstaaten einheitlich geregelt, so dass es nicht auf die Rechtshängigkeit durch Zustellung der Klageschrift gem. §§ 261 Abs. 1, 253 Abs. 1 ZPO ankommt. Nach Art. 29 Brüssel Ia-VO ist auch dann von einer doppelten Rechtshängigkeit auszugehen, wenn die angegriffene Prozesspartei eine **negative Feststellungsklage** vor einem im Anwendungsbereich der Brüssel Ia-VO zuständigen ausländischen Gericht erhebt. Damit sind sog. Torpedoklagen nach wie vor möglich, haben aber, anders als in Patentstreitigkeiten bei Wettbewerbsklagen keine praktische Bedeutung erlangt (Harte/Henning/*Retzer/Tolkmitt*, § 14 Rn. 107). Die Priorität im Hauptsacheverfahren wird nicht durch einstweilige Verfügungsverfahren begründet (MüKoZPO/*Gottwald*, 5. Aufl. 2017, Brüssel Ia-VO Art. 29 Rn. 16). Bei Wettbewerbstreitigkeiten mit Auslandsbezug, insbesondere wenn der Beklagte seinen Sitz im Ausland hat, könnte zur Vermeidung einer „Blockade" der Hauptsacheklage durch eine im Ausland erhobene negative Feststellungsklage erwogen werden, die Klage ohne vorherige Abmahnung zu erheben, um den Beklagten nicht vorzuwarnen. Über das damit verbundene Kostenrisiko im Falle eines sofortigen Anerkenntnisses der Klage (§ 93 ZPO) ist der Mandant durch seinen Rechtsanwalt zu belehren.

7. Die im Text vertretene Auffassung der örtlichen Unzuständigkeit des angerufenen Gerichts ist **nicht erfolgversprechend.** Gegenstand der Klage ist die Untersagung der Bewerbung und des Inverkehrbringens des Harnstofftests. Beides erfolgt nach dem Sachverhalt in Deutschland, so dass trotz des Sitzes der Beklagten in Frankreich von einer örtlichen Zuständigkeit (§ 14 Abs. 2 UWG) des angerufenen deutschen Gerichtes auszugehen ist. In der Praxis sollte auf derartige aussichtslose Einwände tunlichst verzichtet werden.

8. Die internationale Zuständigkeit richtet sich nach Art. 7 Nr. 2 Brüssel Ia-VO. Dabei werden Ansprüche nach dem UWG mit Ansprüchen aus unerlaubter Handlung gleichgestellt (BGH 30.3.2006 – I ZR 24/03, GRUR 2006, 513 Rn. 21 – Arzneimittelwerbung im Internet). Da im vorliegenden Fall die örtliche Zuständigkeit nur angenommen werden kann, wenn eine Handlung im Hoheitsgebiet der Bundesrepublik Deutschland bejaht wird (→ Anm. 7), folgt hieraus bei Bejahung der örtlichen Zuständigkeit eines deutschen Gerichtes regelmäßig zugleich die Annahme der internationalen Zuständigkeit. Um bei der Werbung im Internet die Zuständigkeit deutscher Gerichte zu vermeiden, kann ein **Disclaimer** verwendet werden, in dem darauf hingewiesen wird, dass das beworbene Produkt nicht in nach Deutschland geliefert wird, wobei dann aber tatsächlich auch keine Lieferung nach Deutschland stattfinden darf (BGH 30.3.2006 – I ZR 24/03, GRUR 2006, 513 – Arzneimittelwerbung im Internet).

9. Nach § 8 UWG ist die Geltendmachung von Unterlassungs- und Beseitigungsansprüchen unzulässig, wenn sie unter Berücksichtigung der gesamten Umstände missbräuchlich sind. In § 8 Abs. 2 UWG sind Regelbeispiele für Missbrauchlichkeit geregelt. Missbräuchlich ist danach die Geltendmachung von Ansprüchen, soweit sie vorwiegend dazu dient, den Ersatz von Aufwendungen oder Kosten der Rechtsverfolgung entstehen zu lassen (§ 8 Abs. 2 Nr. 14 UWG). Gewisse Formen der Massenabmahnung sind nach § 8 Abs. 2 Nr. 2 UWG missbräuchlich. Eine weitere in der Rechtsprechung entwickelte Fallgruppe betrifft das gleichzeitige Geltendmachen eines Anspruchs im einstweiligen Verfügungsverfahren und im Hauptsacheverfahren (BGH 6.4.2000 – I ZR 76/98, GRUR 2000, 1089 – Missbräuchliche Mehrfachverfolgung; BGH 6.4.2000 – I ZR 114/98, GRUR 2001, 84 – Neu in Bielefeld II). Nach der Rechtsprechung und überwiegender Meinung entfällt hier die Prozessführungsbefugnis und die Klage ist als unzulässig abzuweisen (Köhler/Bornkamm/Feddersen/*Köhler/Feddersen* UWG § 8 Rn. 4.3 m.N. zur Gegenmeinung in Rn. 4.4). Dabei ist aber immer auf den Einzelfall abzustellen. Das Nebeneinander von Verfügungs- und Hauptsacheverfahren stellt daher nur einen nachhaltigen Hinweis auf einen Missbrauch der Prozessbefugnis dar. Kein Missbrauch liegt vor, wenn der Gläubiger nach Erlass der einstweiligen Verfügung Hauptsacheklage auf Unterlassung, Schadensersatz und Auskunfterteilung erhebt, nachdem der Schuldner Widerspruch eingelegt und innerhalb angemessener Frist nicht die geforderte Abschlusserklärung abgegeben hat (Köhler/Bornkamm/Feddersen/*Köhler/Feddersen* UWG § 8 Rn. 4.15).

Außerdem wird ein Missbrauch der Prozessbefugnis bei einem koordinierten Vorgehen im Konzern durch verbundene Unternehmen angenommen, wobei die Koordination durch einen einzigen Rechtsanwalt oder die Konzernobergesellschaft dies besonders nahelegt (vgl. BGH 6.4.2000 – I ZR 76/98, GRUR 2000, 1089 – Missbräuchliche Mehrfachverfolgung; 24.5.2000 – I ZR 222/97, GRUR 2001, 78 – Falsche Herstellerpreisempfehlung; anders bei zeitlich versetzter Mehrfachverfolgung BGH 20.12.2001 – I ZR 15/98, GRUR 2002, 713 – Zeitlich versetzte Mehrfachverfolgung). Ein weiteres Indiz kann die Stellung mehrerer nahezu identischer Unterlassungsanträge sein, die ohne inhaltliche Erweiterung des begehrten Verbotsumfangs zu einer Vervielfachung des Streitwerts führen (BGH 19.7.2012 – I ZR 199/10, GRUR 2013, 307 – Kundennewsletter ohne Versandkostenangabe). Der Anspruchsgegner kann in den Fällen missbräuchlicher Anspruchsverfolgung nach § 8b Abs. 3 UWG Ersatz der für seine Rechtsverteidigung erforderlichen Aufwendungen verlangen.

Der Einwand des Rechtsmissbrauchs gegenüber einem Verband folgt nicht schon daraus, dass Überschüsse aus einer Marktverfolgungstätigkeit und ihre Verwendung (auch) für andere Zwecke als die Verfolgung von Wettbewerbsverstößen im Verbraucherinteresse erzielt werden. Das gilt, solange kein Indiz für eine rechtmissbräuchliche Geltendmachung von Ansprüchen, wie der Verbraucherschutz durch Marktüberwachung als Verbandszweck nicht lediglich vorgeschoben ist, tatsächlich aber nur dazu dient, Einnahmen zu erzielen und damit Projekte zu finanzieren, die nicht dem Verbraucherschutz durch die Verfolgung von Wettbewerbsverstößen dienen (BGH 4.7.2019 – I ZR 149/18, GRUR 2019, 966 – Umwelthilfe).

§ 8 UWG ist auf Gewinnabschöpfungsklagen gemäß § 10 UWG weder direkt noch analog anwendbar, sondern es gilt § 242 BGB (BGH 9.5.2019 – I ZR 205/17, GRUR 2019, 850 – Prozessfinanzierer II; 13.9.2018 – I ZR 26/17, GRUR 2018, 1166 – Prozessfinanzierer I).

10. Antragsstellung → Form. VII.2.1 Anm. 8. Die Besonderheit im vorliegenden Muster besteht darin, dass auszulegende Begriffe des § 21 Abs. 2 Nr. 1 AMG wiederholt werden. Die konkrete Verletzungshandlung wird in einem solchen Antrag nicht eindeutig bezeichnet. Der Umfang des Unterlassungsgebotes steht deshalb für den Beklagten nicht fest. Gerade dieser Fehler bei der Antragsstellung ist bei der hier behandelten Fallgruppe naheliegend, da ein Verstoß gegen bestimmte gesetzliche Bestimmungen einen Verstoß gegen das Wettbewerbsrecht begründen soll. Der BGH differenziert bei der Frage der Unbestimmtheit des Antrags richtigerweise nicht zwischen einer Wiederholung der UWG-Norm und der gesetzlichen Bestimmung gegen die verstoßen wird (BGH 24.11.1999 – I ZR 189/97, GRUR 2000, 438 – Gesetzeswiederholende Unterlassungsanträge). Auch in diesen Fällen ist die konkrete Verletzungshandlung zu umschreiben.

11. Der im Text vorgetragene Einwand der Unanwendbarkeit des UWG ist **nicht begründet.** Begehungsort ist der Ort, an dem die wettbewerblichen Interessen der Mitbewerber aufeinandertreffen – Marktortprinzip (Art. 4 Rom II-VO und Art. 6I Rom II-VO; s. Köhler/Bornkamm/Feddersen/*Köhler* Einl. Rn. 5.19). Da die beanstandete Ware in Deutschland vertrieben worden ist, kommt das UWG zur Anwendung.

12. In seinem Urteil „Atemtest" (BGH 23.6.2005 – I ZR 194/02, GRUR 2005, 778) hat der BGH die Frage offen gelassen, wann die Voraussetzungen des § 21 Abs. 1 bzw. die Ausnahme nach § 21 Abs. 2 AMG erfüllt sind. Neben der Unterschreitung einer Menge von bis zu 100 abgefertigten Packungen muss nach der Auffassung des BGH für die Ausnahmeregelung des § 21 Abs. 2 Nr. 1 AMG feststehen, dass die maßgeblichen Herstellschritte für das Fertigarzneimittel in der Apotheke erfolgen und nicht lediglich das fertige Arzneimittel vom Apotheker abgefüllt wird.

13. Da die Genehmigung als Arzneimittel und somit die Frage, ob es sich um ein genehmigungspflichtiges oder um ein genehmigungsfreies Arzneimittel handelt, für den Vertrieb des Arzneimittels wesentlich ist, stellt ein Verstoß gegen die Zulassungspflicht nach § 21 Abs. 1 AMG einen Verstoß gegen eine sog. Marktverhaltensregel dar. Darüber hinaus dient diese Norm dem Verbraucherschutz, so dass keine Zweifel an der Anwendung bestehen (BGH 30.3.2006 – I ZR 24/03, GRUR 2006, 513 Rn. 37 – Arzneimittelwerbung im Internet; BGH 23.6.2005 – I ZR 194/02, GRUR 2005, 778 – Atemtest I).

14. Bisher war umstritten, ob die Erklärung einer zuständigen Behörde zur Nichtanwendung einer bestimmten Rechtsnorm – hier § 21 Abs. 1 AMG – für einen Wettbewerbsverstoß nach § 3a UWG bindend ist. Durch die Entscheidung „Atemtest I" hat der BGH allerdings klargestellt, dass nur Verwaltungsakte eine Heranziehung einer Norm im Rahmen des § 3a UWG ausschließen. Behördliche Meinungsäußerungen und sonstige Schreiben sind dagegen für die Anwendung des § 3a UWG irrelevant. Allerdings hat der BGH bei Feststellungen der Bundesoberbehörde über eine nicht bestehende Zulassungspflicht in einem Bescheid nach § 21 Abs. 4 AMG umfassende Tatbestandswirkung angenommen, so dass ein Wettbewerbsverstoß nach § 3a UWG ausscheidet (BGH 24.9.2013 – I ZR 73/12, GRUR 2014, 405 – Atemtest II).

15. Bei mehreren Aussagen in einer Werbung muss der Kläger festlegen, auf welche er sich stützt, denn es handelt sich jeweils um unterschiedliche Lebenssachverhalte (BGH 8.6.2000 – I ZR 269/97, GRUR 2001, 181 – Dentalästhetika I; 3.4.2003 – I ZR 1/01, GRUR 2003, 716 – Reinigungsarbeiten; 13.7.2006 – I ZR 222/03, GRUR 2007, 161 – Dentalästhetika II; 20.9.2007 – I ZR 171/04, GRUR 2008, 443 (446) – Saugeinlagen). Gegen welche Werbeaussage sich der Kläger richtet, darf er nach dem Verbot der alternativen Klagehäufung durch BGH „TÜV I" nicht offenlassen (BGH 24.3.2011 – I ZR 108/09, GRUR 2011, 521 Rn. 8 – TÜV I).

Zum Streitgegenstand bei der Wettbewerbsklage → Form. VII. 2.1 Anm. 8.

16. Grundsätzlich hat derjenige, der einen Wettbewerbsverstoß begeht, auch in dem Umfang Auskunft zu erteilen, in dem es für die Klägerin notwendig ist, ihren Schaden zu berechnen (Köhler/Bornkamm/Feddersen/*Köhler* § 9 Rn. 4.4). Da die Geltendmachung eines Schadensersatzanspruches stets ein Verschulden voraussetzt, ist der Auskunftsanspruch zu verneinen, da im vorliegenden Fall ein Verschulden deshalb ausscheidet, weil der Beklagte auf die Auskunft der zuständigen Behörde vertraute (BGH 23.6.2005 – I ZR 194/02, GRUR 2005, 778 – Atemtest I unter III. Ziff. 2).

17. Trotz der Notwendigkeit, die Kunden offenzulegen, neigt die Rechtsprechung teilweise dazu, nach Abwägung der beiderseitigen Interessen unter Berücksichtigung des Geheimhaltungsinteresses des Auskunftspflichtigen einen Wirtschaftsprüfervorbehalt in das Urteil aufzunehmen. Dies kann auch von Amts wegen erfolgen, jedoch hat der Beklagte die Voraussetzungen spätestens in der Berufungsinstanz darzulegen und zweckmäßigerweise, wie im Muster vorgesehen, eine entsprechenden Antrag zu stellen (keine Nachholung in der Revisionsinstanz, §§ 712, 719 Abs. 2 ZPO; Köhler/Bornkamm/Feddersen/*Köhler* UWG § 9 Rn. 4.20). Wie im Antrag vorgesehen, wählt der Kläger den Wirtschaftsprüfer aus, die Kosten aber trägt der Beklagte (s. Köhler/Bornkamm/Feddersen/*Köhler* UWG § 9 Rn. 4.21).

18. Vgl. die Ausführungen in → Form. VII.2.1.

3. Vorläufiger Rechtsschutz

3.1 Antrag auf Erlass einer einstweiligen Verfügung

Landgericht . . . . .

Kammer für Handelssachen[1]

. . . . .

. . . . .

AZ: Neu

Antrag auf Erlass einer einstweiligen Verfügung

der A GmbH, ..., ..., gesetzlich vertreten durch den Geschäftsführer A, ebenda

– Antragstellerin[2] –

Verf.Bev.: . . . . .

gegen

1. B GmbH, ..., ..., gesetzlich vertreten durch den Geschäftsführer C, ebenda
2. Herrn C, ebd.[2a]

– Antragsgegner –

wegen: Wettbewerbsrecht

Namens und in Vollmacht der Antragstellerin beantragen wir, es den Antragsgegnern im Wege der einstweiligen Verfügung, wegen der Dringlichkeit der Sache ohne mündliche Verhandlung[3] durch den Vorsitzenden[4] aufzugeben, unter Androhung[5] einer Ordnungsstrafe von bis zu 250.000,– EUR, ersatzweise Ordnungshaft oder Ordnungshaft bis zu 6 Monaten, die Ordnungshaft zu vollziehen an ihrem Geschäftsführer,[6] zu unterlassen, im geschäftlichen Verkehr zu Zwecken des Wettbewerbs

> gegenüber dem letzten Verbraucher Haushaltsgeräte unter Angabe einer unverbindlichen Preisempfehlung des Herstellers zu bewerben oder bewerben zu lassen, die nicht oder nicht mehr in der angegebenen Höhe besteht, insbesondere wenn dies in der nachfolgend wiedergegebenen Form geschieht:[7]
> (Ausdruck aus dem Internet)[8]

Streitwert:[9] 50.000,– EUR

Wir bitten um Erteilung zweier Ausfertigungen der einstweiligen Verfügung und zweier beglaubigter Abschriften der Ausfertigung zum Zwecke der Zustellung.[10]

(Sollte das Gericht eine mündliche Verhandlung anordnen, beantragen wir schon jetzt eine Ausfertigung des Urteils ohne Tatbestand und Entscheidungsgründe.[11])

Begründung:

Die Antragstellerin macht Unterlassungsansprüche wegen irreführender Werbung mit einer unverbindlichen Preisempfehlung geltend.

I. Sachverhalt

1. Die Antragstellerin vertreibt bundesweit Elektrogeräte an Verbraucher, insbesondere große Haushaltsgeräte wie Waschmaschinen, Wäschetrockner, Herde und Kühlschränke. Sie unterhält an ihrem Sitz ein Ladengeschäft und bietet ihre Waren auch per Katalog und im Internet an.

   Glaubhaftmachung:[12] Ausdrucke aus der Internet-Website der Antragstellerin
   – Anlage AS 1 –

   Die Antragsgegnerin Ziff. 1 befasst sich ebenfalls mit dem Versandhandel von Elektrogeräten, insbesondere Haushaltsgroßgeräten, die sie auch im Internet anbietet. Der Antragsgegner Ziff. 2 ist ihr alleiniger Geschäftsführer und außerdem Geschäftsführer zweier weiterer Gesellschaften, die ebenfalls mit Haushaltsgeräten handeln.

   Glaubhaftmachung: 1. Ausdrucke aus der Internet-Seite der Antragsgegnerin
   – Anlage AS 2 –
   2. Kopie der Handelsregisterauszüge vom .....
   – Anlage AS 3 –

2. Die Antragsgegnerin bietet in ihrer Internet-Seite Waschmaschinen der Marke „X“ für einen Preis von 249,– EUR an, wobei Sie eine unverbindliche Preisempfehlung des Herstellers von 849,– EUR angibt.

   Glaubhaftmachung: Ausdruck der Seite „Aktuelle Angebote“ aus der Internet-Seite der Antragsgegnerin vom .....
   – Anlage AS 4 –

   Bei dem angebotenen Modell handelt es sich um ein Sondermodell. In der Preisliste des Herstellers für den Fachhandel ist es nicht enthalten. Eine Bestellung der Antragstellerin von 20 Stück des Sondermodells wurde vom Hersteller abgelehnt, da es sich bei dem Modell um ein Sondermodell handele, das speziell nur für die Antragsgegnerin Ziff. 1 hergestellt werde.

   Glaubhaftmachung: 1. Handelspreisliste des Herstellers
   – Anlage AS 5 –
   2. Bestellung der Antragstellerin vom ..... und Ablehnungsschreiben des Herstellers vom .....
   – Anlage AS 6 –

3. Mit Anwaltsschreiben vom ..... hat die Antragstellerin die Antragsgegner abgemahnt.

   Glaubhaftmachung: Schreiben vom .....
   – Anlage AS 7 –

   Der Antragsgegner Ziff. 2 rief am darauf folgenden Tag beim Geschäftsführer der Antragstellerin an und erklärte die Werbung für zulässig. Diese habe er selbst in Auftrag gegegeben und die unverbindliche Preisempfehlung bestehe wirklich. Er bestätigte, dass es sich um ein Sondermodell für die Antragsgegnerin Ziff. 1 handelt. In einer bevorstehenden Sonderaktion mit zusätzlicher Anzeigenwerbung in der B-Zeitung wolle er die Werbung letztmals verwenden, um die noch verbliebenen ca. 150 Geräte abzusetzen. Eine Unterlassungserklärung werde er nicht abgeben, da sich auch die Antragstellerin bei Werbung in der Vergangenheit nicht immer an die Wahrheit gehalten habe.[12a]

Glaubhaftmachung: Eidesstattliche Versicherung des Geschäftsführers der Antragstellerin
– Anlage AS 8 –

Die Werbung der Antragsgegnerin Ziff. 1 mit unverbindlicher Preisempfehlung ist weiterhin im Internet abrufbar.

Glaubhaftmachung: aktueller Ausdruck der Seite „Aktuelle Angebote" aus der Website der Antragsgegnerin vom . . . . .
– Anlage AS 9 –

Es ist daher der Erlass einer einstweiligen Verfügung erforderlich, zumal nach Aussage des Antragsgegners Ziff. 2 eine Werbeaktion mit der beanstandeten Werbung bevorsteht. Der Antrag auf Erlass einer einstweiligen Verfügung wird nur bei dem angerufenen Gericht geltend gemacht. Dies wird anwaltlich versichert.

II. Rechtslage

Der Antrag ist in vollem Umfang zulässig und begründet.

A) Zulässigkeit

1. Zuständigkeit

Das angerufene Gericht ist sachlich (§ 14 Abs. 1 UWG) und örtlich (§ 17 ZPO) zuständig.

2. Verfügungsgrund[13]

Die Dringlichkeit wird gemäß § 12 Abs. 1 UWG vermutet,[14] besteht aber auch nach allgemeinen Grundsätzen, da zu befürchten ist, dass der Antragsgegner die beanstandete Werbung fortsetzt und sogar noch im Rahmen einer unmittelbar bevorstehenden Abverkaufsaktion intensiviert, indem er zusätzlich Anzeigenwerbung in der bundesweit erscheinenden B-Zeitung schaltet.

Da die Sache damit keinen Aufschub duldet, ist auch eine Entscheidung ohne mündliche Verhandlung durch den Vorsitzenden gemäß §§ 937 Abs. 2, 944 ZPO erforderlich.

B) Begründetheit – Verfügungsanspruch

Der Antragstellerin stehen Unterlassungsansprüche gemäß §§ 3, 5 Abs. 1 Nr. 2, 8 Abs. 3 Nr. 1 UWG zu.

Die Parteien sind Mitbewerber beim Vertrieb von Haushaltsgeräten an Verbraucher. Zwischen ihnen besteht ein konkretes Wettbewerbsverhältnis.[16]

Die Antragsgegner sind passivlegitimiert. Bei der Antragsgegnerin Ziff. 1 ergibt sich dies ohne weiteres aus der Werbung, wobei die Antragsgegnerin Ziff. 1 sich das Verhalten ihrer Organe und Mitarbeiter zurechnen lassen muss (§ 8 Abs. 2 UWG).

Beim Antragsgegner Ziff. 2 folgt die Passivlegitimation aus seiner Aussage, dass er selbst die Werbung veranlasst hat und fortzusetzen beabsichtigt (BGH Urt. v. 18.6.2014 – I ZR 242/12, GRUR 2014, 883 – Geschäftsführerhaftung).[15]

Die beanstandete Werbung mit einer unverbindlichen Preisempfehlung ist irreführend. Es kann dahinstehen, ob eine unverbindliche Preisempfehlung des Herstellers existiert, denn bei dem nur für die Antragsgegnerin Ziff. 1 hergestellten Sondermodell beruht diese jedenfalls nicht auf ernsthafter Kalkulation. Eine Erwartung, dieser Preis entspreche dem von der Mehrheit der Empfehlungsempfänger voraussichtlich geforderten Preis, kann bei einer auf einen bestimmten Händler beschränkten Abgabe eines Sondermodells zu besonderem Preis nicht bestehen. Der Verbraucher erwartet von der Angabe einer unverbindlichen Preisempfehlung eine Orientierungshilfe bei seiner Kaufentscheidung, nicht nur eine Möglichkeit für den Händler zu attraktiver Preiswerbung (BGH, Urt. v. 14.11.2002 – I ZR 137/00, GRUR 2003, 446 (447) – Preisempfehlung für Sondermodelle).

Die Irreführung ist auch geeignet, die Kaufentscheidung der Verbraucher zu beeinflussen (BGH, aaO).

Wir bitten nach alledem um antragsgemäße Entscheidung.

Rechtsanwalt

Anmerkungen

1. Zuständigkeit: § 14 Abs. 1 UWG, § 15 Abs. 1 Nr. 5 GVG und → Form. VII.2.1 Anm. 3 ff.. Anwaltszwang besteht nicht (§§ 920 Abs. 3, 936, 78 Abs. 3 ZPO). Der fliegende Gerichtsstand ist ausgeschlossen, da es sich um eine Rechtsverletzung im elektronischen Geschäftsverkehr handelt (§ 14 Abs. 2 S. 3 Nr. 1 UWG).

2. Solange vom Gericht keine mündliche Verhandlung festgesetzt wurde, werden die Parteien als Antragsteller(in)/-gegner(in) bezeichnet, danach als Verfügungskläger(in)/Verfügungsbeklagte(r) oder schlicht Kläger(in)/Beklagte(r). In den Anmerkungen werden zur Vereinfachung die erstgenannten Bezeichnungen verwendet.

2a. Der Geschäftsführer wird hier persönlich in Anspruch genommen. Die Bedeutung dieser persönlichen Inanspruchnahme hat stark abgenommen, nachdem der BGH in seiner jüngeren Rechtsprechung nicht nur die Hürden für die Passivlegitimation erhöht, sondern zuvor schon auch die Vollstreckung gegen ihn persönlich nach § 890 ZPO stark eingeschränkt hat (näher → Form. VII.1.4 Anm. 2 und → Anm. 15).

3. § 937 Abs. 2 ZPO. Erforderlich ist eine besondere Dringlichkeit, die über die zum Erlass einer einstweiligen Verfügung ohnehin erforderliche Dringlichkeit (→ Anm. 14) hinausgeht. Diese wird in Wettbewerbssachen meist ohne weiteres bejaht, so dass sich das gesetzliche Verhältnis zwischen Urteil nach mündlicher Verhandlung als Regel und Beschlussverfügung als Ausnahme praktisch umgekehrt hat. Eine Begründung für die besondere Dringlichkeit sollte dennoch im Antrag enthalten sein.

4. Bei der Kammer für Handelssachen ist der Vorsitzende grundsätzlich nur bei Zustimmung beider Parteien allein zur Entscheidung über den Antrag berufen (§ 349 Abs. 3 ZPO). Eine originäre Zuständigkeit besteht gemäß § 944 ZPO bei besonderer Dringlichkeit, die vom Antragsteller jedenfalls kurz begründet werden sollte. Ein entsprechender Antrag ist nicht erforderlich, doch sollte schon im Antrag auf die besondere Dringlichkeit aufmerksam gemacht werden. Dem Wunsch nach Entscheidung durch den Vorsitzenden wird regelmäßig entsprochen, da die Beiziehung der nicht ständig anwesenden Laienrichter (§ 105 GVG) zu erheblichen Verzögerungen führen kann.

5. Die einstweilige Unterlassungsverfügung ist sofort, die Beschlussverfügung nach Zustellung und die Urteilsverfügung nach Verkündung (und nicht erst nach Parteizustellung: BGH 22.1.2009 – I ZB 115/07, GRUR 2009, 890 Rn. 11 – Ordnungsmittelandrohung: Zuwiderhandlungen vor Parteizustellung können durch Ordnungsmittel geahndet werden) und ohne Sicherheitsleistung vollstreckbar, jedoch erst nach Androhung der Ordnungsmittel (§ 890 Abs. 2 ZPO). Zwar kann die Androhung nachträglich beantragt werden (das gilt auch für Unterlassungspflichten aus einem Prozessvergleich: BGH 3.4.2014 – I ZB 3/12, GRUR 2014, 909), ohne dass schon eine Zuwiderhandlung vorgefallen sein muss, doch führt dies wegen der erforderlichen Anhörung des Schuldners (§ 891 S. 2 ZPO) zu Verzögerungen und zwischenzeitliche Zuwiderhandlungen bleiben ungeahndet.

6. Anders als im Antrag nach § 890 ZPO (→ Form. VII.6.1) muss der Geschäftsführer hier nicht namentlich benannt werden. Wegen möglicher personeller Änderungen zwischen Antragstellung und Vollstreckung wäre dies auch unzweckmäßig.

7. Zur Antragsformulierung → Form. VII.1.3 Anm. 6 und 7 und → Form. VII.2.1 Anm. 8. § 938 ZPO räumt dem Gericht gewissen Spielraum zu Klarstellung und Umformulierung, nicht aber zu inhaltlicher Veränderung ein (Köhler/Bornkamm/Feddersen/*Köhler* UWG § 12 Rn. 3.30), wobei die Reichweite des Tenorierungsermessens streitig ist und die Praxis recht großzügig verfährt (mit Nachweisen Gloy/*Spätgens/Danckwerts* § 101 Rn. 9 ff.). Der Streit hat aber keine Bedeutung, wenn, wie es häufig geschieht, das Gericht den Antragsteller telefonisch auf Bedenken hinweist und dieser daraufhin einen geänderten Antrag einreicht.

8. Bilden Abbildungen einen Bestandteil des begehrten Tenors, sollten dem Antrag mindestens so viele separate Kopien beigefügt werden, wie Ausfertigungen herzustellen sind.

9. Zum Streitwert allgemein → Form. VII.2.1 Anm. 18.

Im Verfügungsverfahren wird gegenüber dem Hauptsacheverfahren wegen des nur vorläufigen Sicherungscharakters verbreitet ein Abschlag von $^1/_3$ bis $^1/_2$ gegenüber dem Wert der Hauptsache berechnet). Nach anderer Ansicht in der Rechtsprechung werden Hauptsache und einstweilige Verfügung im Wettbewerbsrecht gleich bewertet, nach einer weiteren Variante in der Rechtsprechung nur dann, wenn schon im Verfügungsverfahren eine endgültige Klärung zu erwarten ist (Übersicht bei Harte/Henning/*Retzer/Tolkmitt* § 12 Rn. 844 ff.; Köhler/Bornkamm/Feddersen/*Köhler/Feddersen* UWG § 12 Rn. 5.12).

Vorliegend lässt sich wegen der Gewinnaussichten des Verletzers ein Gegenstandswert von 50.000,– EUR rechtfertigen.

10. Bei zwei Antragsgegnern ist es zweckmäßig, die für die Zustellung (→ Form. VII.3.3) erforderlichen Ausfertigungen und Abschriften ausdrücklich zu beantragen, sofern deren Herstellung nicht dem Gerichtsvollzieher überlassen wird (§ 192 Abs. 2 ZPO).

11. Die Zustellung einer abgekürzten Ausfertigung der Urteilsverfügung (§ 317 Abs. 2 S. 2 ZPO) reicht für die Wahrung der Vollziehungsfrist aus (Harte/Henning/*Retzer* § 12 Rn. 535).

Vor allem bei Mitwirkung der Handelsrichter kann sich die Zustellung des vollständigen Urteils verzögern. Da die Vollziehungsfrist bei der Urteilsverfügung schon mit der Urteilsverkündung beginnt (→ Form. VII.3.3 Anm. 2; Musielak/Voit/*Huber*, 16. Aufl. 2019, ZPO § 929 Rn. 4), sollte der hier wiedergegebene Antrag daher spätestens in mündlicher Verhandlung gestellt werden, um Zeitnot bei der Zustellung zu vermeiden. Der Antrag wird in der Praxis nur selten in den Verfügungsantrag aufgenommen, weil der Antragsteller natürlich den Erlass der einstweiligen Verfügung ohne mündliche Verhandlung anstrebt.

12. §§ 936, 920 Abs. 2, 294 ZPO.

Der Antragsteller muss alle Tatsachen glaubhaft machen, die den Tatbestand des Verfügungsanspruchs ausfüllen.

Er muss auch Einwendungen entkräften, die sich aus offenkundigen Tatsachen, dem Schriftwechsel der Parteien oder einer Schutzschrift ergeben. Dagegen muss er Einreden (zB Verjährung) nicht entkräften, da diese nur beachtlich sind, wenn sie der Gegner geltend macht (MüKoUWG/*Schlingloff* § 12 Rn. 445; aA für Einreden, die sich aus dem Sachvortrag ergeben Gloy/*Spätgens/Kessen* § 100 Rn. 87). Im Anschluss an die Literaturmeinung, auch die Behauptung und Glaubhaftmachung sei erforderlich, dass der Verfügungsantrag nur beim angerufenen Gericht anhängig gemacht wurde (Köhler/Bornkamm/

Feddersen/*Köhler* UWG § 12 Rn. 3.21 und 3.16a; Gloy/*Spätgens/Kessen* § 100 Rn. 86) wurde am Ende des Musters ein entsprechender Passus eingefügt. In der Praxis ist dies aber unüblich und wird von den Gerichten, soweit ersichtlich, auch nicht gefordert.

Fehlt es an Darlegungen, so muss das Gericht dem Antragsgegner Gelegenheit zur Stellungnahme geben (Gloy/*Spätgens/Kessen* § 100 Rn. 87). Erst im kontradiktorischen Verfahren, also nach Anhörung des Gegners gelten die allgemeinen Grundsätze zur Darlegungs- und Beweislast (Gloy/*Spätgens/Kessen* § 100 Rn. 88).

Im Verfügungsverfahren gelten Beweiserleichterungen. Es ist kein Vollbeweis nötig, sondern das Gericht entscheidet nach überwiegender Wahrscheinlichkeit. Der Beweiswert von Kopien, Screenshots, Ausdrucken aus dem Internet, schriftlichen Erklärungen usw. ist vom Gericht zu würdigen, jedoch werden sie in der Praxis im Beschlussverfahren stets akzeptiert, wenn ihre Authentizität und ggf. der Zeitpunkt des wiedergegebenen Zustandes nicht offenkundigen Zweifeln begegnen oder der Antragsgegner Zweifel an der Authentizität vorgebracht hat (zu Screenshots OLG Jena, 28.11.2018 – 2 U 524/17, MMR 2019, 471). Einen höheren Wert als eine bloße schriftliche Erklärung hat die an die Stelle des Zeugenbeweises tretende eidesstattliche Versicherung, die im Unterschied zum Hauptsacheverfahren auch eine Partei abgeben kann (§ 294 ZPO, → Form. VII.3.2). Bei Rechtsanwälten hat eine anwaltliche Versicherung von Umständen in seiner beruflichen Wahrnehmung den gleichen Wert (BGH 5.7.2017 – XII ZB 463/16, NJW-RR 2017, 1266; Köhler/Bornkamm/Feddersen/*Köhler* UWG § 12 Rn. 3.21). In mündlicher Verhandlung ist nur eine sofortige Beweisaufnahme möglich. Zeugen oder Sachverständige müssen somit als präsente Beweismittel in die Sitzung gestellt werden, Sachverständigengutachten ggf. zusätzlich schriftlich vorgelegt werden.

13. Der Antragsteller ist gehalten, dem Gericht eine vorgerichtliche Reaktion des Antragsgegners darzulegen. Geschieht das nicht, so kann der Unterlassungsanspruch als rechtsmissbräuchlich gewertet werden (§ 8b Abs. 1 UWG, Titelerschleichung; OLG München 8.6.2017 – 29 U 1210/17, WRP 2017, 1523; OLG Frankfurt a.M. 22.2.2019 – 6 W 9/19, MMR 2019, 313 Rn. 10, in Bezug auf ein Telefonat im konkreten Fall verneinend).

14. Ob der Verfügungsgrund zur Zulässigkeit oder zur Begründetheit gehört, bei Fehlen der Antrag also als unzulässig oder unbegründet zurückgewiesen wird, ist streitig, aber von praktisch geringer Bedeutung, da er im Wettbewerbsrecht vermutet wird bzw. sich aus der Antragsschrift ergeben muss und das Gericht den Verfügungsgrund offenlassen kann, wenn es am Verfügungsanspruch fehlt (Köhler/Bornkamm/Feddersen/*Köhler* UWG § 12 Rn. 3.12).

15. Die Vermutung der Dringlichkeit (§ 12 Abs. 1 UWG) enthebt den Antragsteller der Darlegungslast.

Die Vermutung ist widerlegt, wenn der Antragsteller seine Ansprüche nicht zügig verfolgt. Dann liegt die Darlegungs- und Glaubhaftmachungslast dafür, dass trotzdem Dringlichkeit besteht, beim Antragsteller (Köhler/Bornkamm/Feddersen/*Köhler* UWG § 12 Rn. 3.15).

Das gilt insbesondere bei Verstreichen eines längeren Zeitraums zwischen der Kenntnis von der Verletzung und dem Verfügungsantrag, wobei die Fristen vom Einzelfall abhängen und von den Gerichten sehr unterschiedlich bemessen worden sind. Traditionell haben die OLGe München und Nürnberg eine starre Obergrenze von 1 Monat gezogen. Inzwischen hat sich die Monatsfrist als Regelfrist zur überwiegenden Meinung entwickelt, dh die Dringlichkeit fehlt, wenn der Antragsteller keine besonderen Gründe für längeres Zuwarten ins Feld führen kann (dem folgen im Grundsatz die OLGe Celle, Dresden, Saarbrücken, Karlsruhe, Köln, Hamm, Koblenz, Oldenburg; großzügiger sind

OLG Hamburg, Rostock, Schleswig, Stuttgart; s. die Nachweise bei Köhler/Bornkamm/Feddersen/*Köhler* UWG § 12 Rn. 3.15b.

Maßgeblich für die dringlichkeitsschädliche Kenntnis von der Werbung ist allein der Zeitpunkt, zu dem die tatbestandsrelevanten Tatsachen bekannt geworden sind. Unerheblich ist, ob hieraus auch bereits die zutreffenden rechtlichen Schlüsse gezogen wurden (Köhler/Bornkamm/Feddersen/*Köhler* UWG § 12 Rn. 3.15a).

Traditionell wird dringlichkeitsschädliches Zuwarten erst mit positiver Kenntnis angenommen und somit eine Marktbeobachtungspflicht verneint, jedoch bei grob fahrlässiger Unkenntnis oder dem Verschließen der Augen vor einem Wettbewerbsverstoß die Dringlichkeit verneint (Köhler/Bornkamm/Feddersen/*Köhler* UWG § 12 Rn. 3.15a).

Zur Wissenszurechnung Köhler/Bornkamm/Feddersen/*Köhler* UWG § 11 Rn. 1.27. Maßgeblich ist grundsätzlich nur das Wissen der Personen, die im Unternehmen oder Verband für die Ermittlung und/oder Geltendmachung von Wettbewerbsverstößen zuständig sind. Ist in einem Konzern die Muttergesellschaft für die Verfolgung von Wettbewerbsverstößen zuständig, kommt es auf die Personen an, die in den Tochtergesellschaften mit der Weiterleitung der Information an die Muttergesellschaft betraut sind. Das Wissen außenstehender Dritter ist demnach nur schädlich, wenn sie ausdrücklich zu Wissensvertretern bestellt worden sind. Dies entspricht den allgemeinen Grundsätzen, wie sie für § 166 Abs. 1 BGB entwickelt worden sind (MüKoBGB/*Schubert*, 8. Aufl. 2018, § 166 Rn. 28 f.).

Es genügt zur Erschütterung der Dringlichkeitsvermutung, wenn der Antragsgegner glaubhaft gemacht hat, dass dem Antragsteller nach Lage der Dinge (zB Unternehmensgröße und -bedeutung des Verletzers, Dauer des Wettbewerbsverstoßes, Fachkenntnis des Antragstellers, Ort und Art der Veröffentlichung von Werbung) der Wettbewerbsverstoß nicht verborgen geblieben sein kann (OLG Hamburg 12.7.2003 – 5 U 17/03, GRUR-RR 2004, 117; OLG Köln 12.4.2019 – 6 W 22/19, GRUR-RS 2019, 11324: mehrjährige Verwendung einer Werbeaussage durch unmittelbaren Konkurrenten und weitere Umstände; mehrjähriger Vertrieb einer Ware allein genügt aber noch nicht: OLG Köln 13.12.2013 – 6 U 100/13, GRUR-RR 2014, 127 (128)).

Die Kenntnis einer Werbung führt in der Regel zur Kenntnis ihres gesamten Inhalts, so dass sich der Antragsteller nicht darauf berufen kann, einzelne Teile nicht wahrgenommen zu haben (anders wenn die Verletzung gerade in einer Lücke besteht, s. OLG Hamburg 28.2.2003 – 3 U 347/01, GRUR-RR 2002, 277).

Das Verfahren muss vom Antragsteller zügig betrieben werden, wobei aber nach neuerer Auffassung die Ausnutzung von Fristen oder Rechtsmittelfristen an sich unschädlich sein soll (s. Köhler/Bornkamm/Feddersen/*Köhler* UWG § 12 Rn. 3.16). Streitig ist, ob die Dringlichkeit fehlt, wenn der Gläubiger einen negativ beschiedenen Verfügungsantrag oder im Falle negativer Erfolgsaussicht (Hinweis des Gerichts) zurücknimmt und bei einem anderen Gericht neu stellt („forum shopping"; zum Streitstand Köhler/Bornkamm/Feddersen/*Köhler* UWG § 12 Rn. 3.16a).

Befindet sich der Antragsteller jedoch im Besitz des Titels, kann sein weiteres Prozessverhalten, etwa im Widerspruchs-, Berufungs- oder Aufhebungsverfahrens die Dringlichkeit nicht mehr widerlegen. Dringlichkeitsschädlich kann allerdings die Verzögerung von Vollstreckungshandlungen wirken (Gloy/*Spätgens/Danckwerts* § 100 Rn. 54).

Die Dringlichkeitsvermutung ist bei dem Antrag eines Verbandes widerlegt, wenn dieser nur Interessen eines Mitglieds verfolgt, das zu lange gezögert hat. In der Regel wird der Verband aber auch eigene Interessen verfolgen, so dass ihm die Kenntnis des Mitglieds im Regelfall nicht zuzurechnen ist (Köhler/Bornkamm/Feddersen/*Köhler* UWG § 12 Rn. 3.17)).

Die einmal entfallene Dringlichkeit kann bei wesentlicher Änderung der Tatumstände, zB erheblicher Intensivierung einer Werbung, wieder aufleben (Köhler/Bornkamm/Feddersen/*Köhler* UWG § 12 Rn. 3.19). Streitig ist, ob die für den vorbeugenden Unterlassungsanspruch entfallene Dringlichkeit bei Tatbegehung wiederauflebt (verneinend Gloy/*Spätgens/Danckwerts* § 100 Rn. 43 mN auch zur Gegenmeinung).

16. → Form. VII.2.1 Anm. 15.

17. Die Passivlegitimation des Geschäftsführers ist hier durch sein positives Tun auch nach der aktuellen Rechtsprechung des BGH zu bejahen (BGH 18.6.2014 – I ZR 242/12, GRUR 2014, 883, → Anm. 2a, → Form. VII.1.4 Anm. 2 und → Form. VII.1.2 Anm. 15). Sie kann vorliegend aber nur durch eidesstattliche Versicherung des im Hauptverfahren als Zeuge ausgeschlossenen Geschäftsführers der Antragstellerin glaubhaft gemacht werden. Die Antragsgegnerin kann dies durch eidesstattliche Versicherung ihres Geschäftsführers zu entkräften versuchen und im Hauptverfahren steht dem Antragsteller kein Beweismittel außer der Parteivernehmung des Gegners, also des Geschäftsführers selbst, zur Verfügung. Bei solcher Beweislage ist das Interesse an der Inanspruchnahme des Geschäftsführers gegen das Prozessrisiko im Hauptverfahren abzuwägen. Das besondere Interesse an der Verhinderung und damit der einstweiligen Verfügung liegt vorliegend in den drohenden weiteren Verletzungen durch andere Gesellschaften, deren Geschäftsführer der Antragsgegner 2 ebenfalls ist. Zudem ist die Kenntnis des Antragsgegners Ziff. 2 lebensnah und Unkenntnis nicht ohne weiteres glaubhaft, so dass auch bei Parteivernehmung im Hauptsacheverfahren durchaus Erfolgsaussichten bestehen.

Kosten und Gebühren

Gericht: GKG KV Nr. 1410: 1,5 Gebühren für das Verfahren im Allgemeinen, die sich nach Nr. 1412 bei Urteil oder Beschluss nach § 91a ZPO oder § 269 Abs. 3 S. 3 ZPO auf 3 Gebühren erhöhen. Bei Erledigung durch Vergleich, Rücknahme und Erledigung ohne § 91a Entscheidung ermäßigt sich die Gebühr nach Nr. 1411 auf 1,0.

Rechtsanwalt: RVG VV Nr. 3100: 1,3 Verfahrensgebühr und bei mündlicher Verhandlung zusätzlich RVG VV Nr. 3104 1,2 Terminsgebühr. Zur Anrechnung der Geschäftsgebühr → Form. VII.1.10 Anm. 3.

3.2 Eidesstattliche Versicherung zur Glaubhaftmachung

Eidesstattliche Versicherung[1]

Der Unterzeichner, ..., wohnhaft . . . . ., versichert zur Vorlage bei Gericht in Kenntnis der Strafbarkeit einer falschen eidesstattlichen Versicherung an Eides Statt:[2]

1. **Ich bin alleiniger Geschäftsführer der A GmbH. Einer unserer größten Wettbewerber ist die B GmbH.**
2. **Ein Kunde machte uns auf Internet-Werbung der Fa. B aufmerksam. Ich stellte fest, dass für ein mir unbekanntes Waschmaschinen-Modell der Fa. X mit einer unverbindlichen Preisempfehlung von 849,– EUR und einem Verkaufspreis von 299,– EUR geworben wird. Diese große Differenz ließ mich vermuten, dass es sich nicht um eine realistische unverbindliche Preisempfehlung handelt. Auf meine Weisung bestellten wir das gleiche Modell beim Hersteller. Dieser verweigerte eine Ausführung der Bestellung, da es sich um ein Sondermodell handele, das speziell für die Fa. B hergestellt werde.**
3. **Am . . . . . rief ich den Geschäftsführer der Antragstellerin, Herrn . . . . . an und beschwerte mich über diese Werbung. Herr . . . . . erklärte die Werbung für zulässig. Die unverbindliche Preisempfehlung bestehe schließlich wirklich. Meinen Einwand,**

dass der Verbraucher fälschlich annehmen muss, das Gerät sei zu einem der unverbindlichen Preisempfehlung entsprechenden Preis irgendwo im normalen Handel erhältlich, was aber nicht der Fall ist, ließ er nicht gelten.
Herr ..... bestätigte mir, dass es sich um ein Sondermodell für sein Unternehmen handelt. Außerdem kündigte er an, in einer bevorstehenden Sonderaktion mit zusätzlicher Anzeigenwerbung in der B-Zeitung letztmals mit der UVP zu werben, um die noch verbliebenen ca. 150 Geräte abzusetzen.
Eine Unterlassungserklärung werde er nicht abgeben, da sich auch unser Unternehmen bei Werbung in der Vergangenheit nicht immer an die Wahrheit gehalten habe und er trotzdem nicht „so einen Zirkus" veranstaltet habe.

....., den ..... Unterschrift

Anmerkungen

1. Die eidesstattliche Versicherung sollte im Original vorgelegt werden. (Fax-/Scan-) Kopien kann das Gericht zulassen, wenn es keine Zweifel an der Echtheit hat, es kann aber auch auf einem Original bestehen. Um Verzögerungen zu vermeiden, sollte das Original stets vom Versichernden angefordert und nachgereicht werden, wenn die Einreichung des Antrags auf Erlass der einstweiligen Verfügung nicht bis zum Eintreffen des Originals warten kann. Stattdessen kann sie der Versichernde dem Gericht per Telefax oder Computerfax übersenden, denn dies schließt Zweifel an der Echtheit aus (mit der Konsequenz der Strafbarkeit einer falschen Versicherung: BayObLG 23.2.1995 – 5 St RR 79/94, NJW 1996, 406).

2. Die Eingangsformel soll den Willen des Versichernden erkennen lassen, unter dem Risiko einer Strafbarkeit nach § 156 StGB eine eidesstattliche Versicherung abzugeben und dadurch den Glaubhaftmachungswert erhöhen.

Die eidesstattliche Versicherung sollte eine Schilderung des Sachverhalts enthalten und sich nicht auf pauschale Bezugnahme, etwa auf die Antragsschrift, beschränken. Die Glaubhaftigkeit wird erhöht, wenn die Wortwahl des Versichernden seine eigene ist. Die Vorlage mehrerer gleichlautender Versicherungen, pauschale Verweise auf schriftsätzlichen Vortrag (s. MüKoUWG/*Schlingloff* § 12 Rn. 448) oder Fehler in einer vorformulierten eidesstattlichen Versicherung, die bei aufmerksamer Lektüre hätten auffallen müssen, können die Glaubhaftigkeit erschüttern (s. OLG München 28.6.2012 – 29 U 539/12, BeckRS 2014, 18450 Rn. 18).

3.3 Zustellungsauftrag an den Gerichtsvollzieher

Amtsgericht .....

– Gerichtsvollzieherverteilungsstelle[1] –

.....

.....

Eilt! Bitte sofort vorlegen![2]

Einstweiliges Verfügungsverfahren A GmbH ./. B GmbH ua

Sehr geehrter Herr (Ober-)Gerichtsvollzieher,

in dem obigen einstweiligen Verfügungsverfahren bitten wir um *eilige persönliche*[3] *Zustellung* der beiliegenden zwei Ausfertigungen und zwei gerichtlich beglaubigten Abschriften der Ausfertigung[4] des Beschlusses vom . . . . . 2004 nebst zwei anwaltlich beglaubigten Abschriften der Antragsschrift[7] vom „, mit Anlagen mit der Bitte um Rücksendung der Ausfertigung mit Zustellungsvermerk:[8]

1. B GmbH, ..., ..., Geschäftsführer Herr C;
2. Herrn C, ebenda

Wir bitten um Übergabe der Abschriften an die Zustellungsempfänger und zügige Rückgabe der Ausfertigung nebst Zustellungsurkunde.

Mit freundlichen Grüßen

Rechtsanwalt

Anmerkungen

1. Alternativ kann der Zustellungsauftrag auch direkt an den zuständigen Gerichtsvollzieher gesandt werden. Davor sollte sich der Antragsteller aber versichert haben. dass der Gerichtsvollzieher sich weder im Urlaub noch im Krankenstand befindet und die Zustellung sofort ausführen kann.

2. a) **Wahrung der Vollziehungsfrist.**
aa) **Unterlassungsverfügungen**
Die Wahrung der Vollziehungsfrist (§§ 936, 929 Abs. 2 ZPO) ist für den Bestand der einstweiligen Verfügung entscheidend. Angesichts nachfolgend angesprochener zahlreicher Streitfragen sollte sich der Antragsteller aus Sicherheitsgründen jeweils an der strengeren Auffassung orientieren.

Die Zustellung der Unterlassungsverfügung im Parteibetrieb wahrt die einmonatige Vollziehungsfrist, die bei Beschlussverfügungen mit Zustellung an den Antragsteller, bei Urteilsverfügungen mit der Verkündung beginnt (Köhler/Bornkamm/Feddersen/*Köhler* UWG § 12 Rn. 3.67).

Nach inzwischen hM genügt bei Zustellung der einstweiligen Verfügung im Parteibetrieb wegen der Regelung des § 167 ZPO, dass der Antrag auf Zustellung durch den Antragsteller beim zuständigen Organ (Inland: Gerichtsvollzieher, Ausland: Gericht) rechtzeitig gestellt wird und die Zustellung sodann „demnächst" erfolgt, also nach überschaubarer Zeit und ohne eine vom Antragsteller zu verantwortende Verzögerung (Gloy *Spätgens/Kessen* § 103 Rn. 17).

Bei anderen als Unterlassungsverfügungen (zB Sequestration) genügt der rechtzeitige Vollstreckungsauftrag, nicht aber die Parteizustellung (Köhler/Bornkamm/Feddersen/*Köhler* UWG § 12 Rn. 3.62).

Die Vollziehungsfrist ist nur gewahrt, wenn die einstweilige Verfügung eine Androhung der Ordnungsmittel enthält oder noch rechtzeitig ein Beschluss mit der Androhung zugestellt wird (§§ 936, 929 Abs. 2 ZPO, s. Köhler/Bornkamm/Feddersen/*Köhler* UWG § 12 Rn. 3.62).

Urteilsverfügungen sind nach inzwischen allg. M. zusätzlich zur Amtszustellung im Parteibetrieb zuzustellen (Gloy/*Spätgens/Kessen* § 103 Rn. 7).

Auch wenn der Verfügungsanspruch anerkannt wurde, ist die Vollziehung notwendig (MüKoUWG/*Schlingloff* § 12 Rn. 497), ebenso wenn sie durch Widerspruch oder Berufung angefochten worden ist.

Nach wesentlichen Änderungen der einstweiligen Verfügung oder Neuerlass nach Aufhebung im Widerspruchs- oder Berufungsverfahren muss erneut zugestellt werden und es läuft eine neue Vollziehungsfrist (s. Köhler/Bornkamm/Feddersen/*Köhler* UWG 12 Rn. 3.66). Die Einzelheiten sind streitig und unübersichtlich, so dass der Gläubiger bei inhaltlichen Änderungen jeglicher Art vorsichtshalber zustellen sollte.

Eine Heilung von Zustellungsmängeln gemäß § 189 ZPO ist möglich (Köhler/Bornkamm/Feddersen/*Köhler* UWG § 12 Rn. 3.64 f.).

Die Heilung erfasst nach Auffassung des BGH nicht nur die Frist, sondern auch die Form der Zustellung, so dass die Zustellung einer einfachen statt einer beglaubigten Abschrift, die mit der Urschrift übereinstimmt, für die Heilung ausreicht (BGH 22.12.2015 – VI ZR 79/15, NJW 2016, 1517 Rn. 17; 13.10.2016 – V ZB 174/15, NJW 2017, 411 Rn. 22; kritisch, weil die Beglaubigung damit ihre Bedeutung verliere Gloy/*Spätgens/Kessen* § 103 Rn. 27). Man kann dem Gläubiger durchaus raten, dem Schuldner und seinem Rechtsanwalt vorsorglich jeweils eine Kopie der Ausfertigung bzw. Abschrift (→ Anm. 4 und → Anm. 6) per Briefpost, Telefax und/oder E-Mail zu übersenden, um bei etwaigen Zustellungsmängeln jedenfalls die Aussicht zu haben, dass dies vom Gericht als Heilung anerkannt wird. Bei Telefax und E-Mail ist das allerdings nur bei einem Teil der Gerichte der Fall. Eine verbreitete Meinung meint, dass der Zugang eines inhaltsgleichen Dokuments (als Fotokopie per Telefax oder per E-Mail) nicht ausreicht, sondern gerade das zugestellte Dokument selbst „in die Hände" des Adressaten gelangen muss (mit Nachweisen zum Streitstand OLG München 14.9.2017 – 6 U 1864/17, GRUR 2018, 444 Rn. 42).

Sollte der Gläubiger annehmen, dass der Schuldner die förmliche Zustellung zu vereiteln versucht, wenn er vorzeitig von dem Inhalt der Entscheidung erfährt, könnte der Gläubiger mit dieser ergänzenden Zusendung auch abwarten, bis die förmliche Zustellung erfolgt ist. Umgekehrt kann der Gläubiger aber auch daran interessiert sein, den Schuldner möglichst kurzfristig zu informieren, um ihn „bösgläubig" zu machen und den Zeitraum zu verkürzen, den er für eine etwaige Umstellung seiner Werbung nach der Zustellung benötigt, denn der Zeitraum der Kenntnis kann durchaus in die Berechnung des nötigen Zeitraums einfließen.

Das zuzustellende Schriftstück ist vollständig und mit etwaigen Abbildungen zuzustellen. Farbige Verbindungsanlagen müssen auch farbig zugestellt werden (OLG Hamburg 30.1.2007 – 3 W 239/06, GRUR-RR 2007, 406; OLG Frankfurt a.M. 7.4.2009 – 11 U 74/08, GRUR 2009, 995 (996)), wobei davon teilweise abgesehen wird, wenn durch die Übermittlung einer Schwarzweiß-Kopie die Ermittlung des Verbotsumfangs nicht erschwert wird (OLG Köln 1.9.2009 – 6 W 85/09, GRUR-RR 2010, 175; OLG Frankfurt a.M. 17.2.2015 – 11 U 56/14, GRUR-RR 2015, 495; OLG Frankfurt a.M. 2.4.2014 – 11 W 10/14, GRUR-RR 2014, 317). Der Antragsteller sollte dem Gericht mit der Antragsschrift bereits eine ausreichende Zahl von Farbkopien zur Verfügung stellen.

bb) **Beseitigungs-** und **Auskunftsverfügung**

Soweit die angeordnete Handlung nach § 890 ZPO zu vollstrecken ist, genügt Parteizustellung.

Bei Handlungsgeboten reicht nach herrschender, aber stark bestrittener, Meinung Parteizustellung nicht aus, sondern es ist die Stellung eines Vollstreckungsantrags nach §§ 887 f. ZPO erforderlich (so Köhler/Bornkamm/Feddersen/*Köhler* UWG § 12 Rn. 3.62; Harte/Henning/*Retzer* § 12 Rn. 543 mit Nachweisen zur Gegenmeinung). Wurde ein Gebot zur Auskunftserteilung oder einer sonstigen einmaligen Handlung angeordnet und die Auskunft erteilt bzw. die Handlung vollzogen, so erledigt diese insoweit zugleich die Hauptsache, weshalb sich ähnlich wie bei Abgabe einer strafbewehrten Unterlassungserklärung während der Vollziehungsfrist die Vollziehung erübrigt und keine Vollstreckungshandlung mehr erforderlich ist.

Parteizustellung reicht bei Leistungsverfügungen aber aus, wenn Dauerhandlungen angeordnet sind (zB bei Duldungsverfügungen) und der Schuldner diese innerhalb der

Vollziehungsfrist erbringt (Gloy/*Spätgens/Kessen* § 103 Rn. 11 f.; Harte/Henning/*Retzer* § 12 Rn. 540).

Zu Widerspruch und Aufhebungsantrag wegen Versäumung der Vollziehungsfrist → Form. VII.3.5 und → Form. VII.3.8.

b) Verhalten des Antragstellers nach Versäumung der Vollziehungsfrist. Ist kein Widerspruch anhängig, kann der Antragsteller die Entstehung weiterer Kostenansprüche vermeiden, indem er auf die Rechte aus der einstweiligen Verfügung verzichtet und sich zur Übernahme der Kosten verpflichtet (→ Form. VII.3.12). Nimmt der Gläubiger im Widerspruchsverfahren nach Versäumung der Vollziehungsfrist den Verfügungsantrag zurück, trägt er nach § 269 Abs. 3 S. 2 ZPO die Kosten und es steht ihm auch kein materiellrechtlicher Kostenerstattungsanspruch gegen den Schuldner zu, selbst wenn er im Hauptsacheverfahren obsiegt (BGH Urt. v. 19.10.1994 – I ZR 187/92, GRUR 1995, 169). Erklären die Parteien nach Versäumung der Vollziehungsfrist die Hauptsache im Widerspruchsverfahren für erledigt, sind dem Antragsteller die Kosten gemäß § 91a ZPO aufzuerlegen, da der Antrag als von Anfang an unbegründet anzusehen ist (OLG Karlsruhe 24.5.2004 – 19 U 36/04, BeckRS 2004, 09651). Falls die Voraussetzungen noch erfüllt sind, kann erneut ein Verfügungsantrag gestellt werden, wofür nach hM auch bei laufendem Berufungsverfahren ausschließlich das Gericht 1. Instanz zuständig ist (OLG Karlsruhe 24.5.2004 – 19 U 36/04, BeckRS 2004, 09651; MüKoZPO/*Drescher*, 5. Aufl. 2016, ZPO § 929 Rn. 14 mwN auch zur Gegenmeinung; aA zB OLG Zweibrücken 21.5.2015 – 4 U 145/14, WRP 2016, 280 aus Gründen der Prozesswirtschaftlichkeit).

3. Die Zustellung durch Aufgabe zur Post gemäß § 194 ZPO ist bei einstweiliger Verfügung wegen der Verzögerung und der bei Postzustellungsurkunden häufigen Mängel möglichst zu vermeiden.

4. Das Muster geht von der Zustellung je einer Ausfertigung an jeden Schuldner und gerichtlich beglaubigter Abschriften zum Verbleib bei den Schuldnern aus.

Das ist allerdings nicht zwingend. Für die Vollziehung ist es nämlich nicht (mehr) erforderlich, Ausfertigungen zuzustellen, sondern nach Auffassung des 3. Senats des BGH und der auch schon zuvor hM genügt eine vom Gericht beglaubigte Abschrift der Beschluss- oder Urteilsverfügung (BGH 21.2.2019 – III ZR 115/18, NJW 2019, 1374 Rn. 10 f.). Der BGH führt aus, dass durch den Akt der Beglaubigung durch den Urkundsbeamten der Geschäftsstelle die Übereinstimmung zwischen Urschrift und Abschrift hinreichend sichergestellt werde. Auch andere Gerichte formulieren, dass die beglaubigte Abschrift vom Urkundsbeamten der Geschäftsstelle stammen müsse (nicht vom Gerichtsvollzieher: OLG Dresden 2.5.2018 – 1 U 1708/17, BeckRS 2018, 8245 Rn. 23). Fraglich ist demnach, ob eine vom Anwalt beglaubigte Abschrift der einstweiligen Verfügung ausreicht. Dies wird in der Rechtsprechung teils ausdrücklich befürwortet (OLG Hamburg 25.7.2018 – 3 U 51/18, BeckRS 2018, 17282 Rn. 16, dort entgegen BGH auch für den Gerichtsvollzieher; sowie unter Heranziehung des Urteils des BGH OLG Köln 15.11.2019 – 6 U 125/19, BeckRS 2019, 32793 Rn. 27, weil die Beglaubigung aus einer zuverlässigen Quelle stamme) und entspricht verbreiteter Praxis, jedenfalls für die beim Antragsgegner verbleibenden Abschriften der im Parteibetrieb zuzustellenden Schriftstücke, und wird auch durch §§ 191, 169 Abs. 2 S. 2 ZPO begründet (BeckOK ZPO/*Dörndorfer*, 29. Ed. 1.7.2018, ZPO § 169 Rn. 2, MüKoZPO/*Häublein*, 5. Aufl. 2016, ZPO § 169 Rn. 10; s.a. § 16 Abs. 3 Nr. 2 GVGA). Dafür, dass vom Rechtsanwalt beglaubigte Abschriften ausreichen, spricht auch die Bezugnahme des 3. Senats des BGH auf BGH 22.12.2015 – VI ZR 79/15, NJW 2016, 1517 Rn. 17, wo es um die Zustellung einer beglaubigte Abschrift der Klageschrift geht, die üblicherweise vom Rechtsanwalt hergestellt wird. Allerdings wird weiter eingeschränkt, dass eine vom Rechtsanwalt beglaubigte Abschrift einer einfachen Abschrift nur ausreicht, wenn es sich um die Abschrift einer gerichtlich beglaubigten Abschrift (oder Ausfertigung) handele (und die auch den Beglaubigungsvermerk wiedergibt), weil dann die Beglaubigungskette ununterbrochen sei (OLG Koblenz 4.5.2017 – 9 W 650/16, WRP 2017, 863; Gloy *Spätgens/Kessen* § 103 Rn. 5; OLG Köln 15.11.2019 – 6 U 125/19, BeckRS 2019, 32793, das sich allerdings nur mit der Zustellung einer beglaubigten Ausfertigung beschäftigt).

Dennoch empfiehlt der Bearbeiter aus verschiedenen Gründen, bei der bisher üblichen Zustellung von Ausfertigungen zu bleiben. Damit werden nämlich zugleich die Voraussetzungen für eine spätere Zwangsvollstreckung geschaffen, die bei einstweiligen Verfügungen nach § 750 ZPO zwar keine Zustellung einer vollstreckbaren Ausfertigung (Gloy/*Spätgens/Kessen* § 103 Rn. 16), aber die Zustellung einer Ausfertigung voraussetzt. Diese kann zwar vor der Zwangsvollstreckung nachgeholt werden, aber es besteht die Gefahr, dass die Nachholung vergessen wird und somit ist es sinnvoll, bereits bei der Vollziehung diese Voraussetzung zu erfüllen (s. OLG Düsseldorf 7.2.2019 – 20 U 101/18, GRUR-RR 2019, 404 Rn. 15).

Außerdem empfiehlt der Bearbeiter, aus Gründen der Sicherheit eine gerichtlich beglaubigte Abschrift der einstweiligen Verfügung zum Verbleib bei dem Antragsgegner an den Gerichtsvollzieher zu übersenden, solange keine eindeutige Klärung in der Rechtsprechung herbeigeführt ist, dass anwaltlich beglaubigte Abschriften (gerichtlich beglaubigter Abschriften) für die einstweilige Verfügung ausreichen. Dagegen ist es schon lange üblich, dass die Abschriften einer etwa zuzustellenden Antragsschrift vom Rechtsanwalt beglaubigt werden, so dass an dieser Praxis festgehalten werden kann, schon weil es völlig unüblich ist, die Geschäftsstelle mit der Anfertigung von Abschriften der Antragsschrift zu behelligen.

Bei mehreren Zustellungsempfängern ist die gleiche Zahl von beglaubigten Abschriften nötig (§ 192 Abs. 2 S. 1 ZPO), außer bei Vertretung durch die gleiche Person (§ 170 Abs. 3 ZPO).

Besteht das zuzustellende Schriftstück aus mehreren Seiten, müssen diese so miteinander verbunden sein, dass die körperliche Verbindung als dauernd gewollt erkennbar und nur durch Gewaltanwendung zu lösen ist (Gloy/*Spätgens/Kessen* § 103 Rn. 5). Beim Telefax ist das nicht der Fall. Nachdem der BGH festgestellt hat, dass ein Rechtsanwalt, der sich weigert, an einer Zustellung von Anwalt zu Anwalt gem. § 195 ZPO mitzuwirken, indem er kein Empfangsbekenntnis ausstellt, keine Berufspflichtverletzung begeht, wirken Rechtsanwälte bei der Zustellung von einstweiligen Verfügungen per Telefax größtenteils nicht mehr mit (BGH 26.10.2015 – AnwSt (R) 4/15, NJW 2015, 3672), so dass die Zustellung per Telefax in der Regel nicht mehr für den Nachweis ordnungsgemäßer Vollziehung geeignet ist.

5. Der vorliegenden Rechtsprechung ist in den Einzelheiten nicht klar zu entnehmen, wann eine Zustellung der Antragsschrift nebst Anlagen erforderlich ist. Die Formulierungen variieren und meist ist der Wortlaut der vom Erstgericht getroffenen Anordnung zur Bezugnahme oder Zustellung in den einschlägigen Urteilen der Berufungsinstanz nicht wiedergegeben. Nach OLG München ist Zustellung nötig, wenn das Gericht „in der Verfügung auf den Antrag Bezug genommen und ihn ausdrücklich zum Bestandteil seines Beschlusses gemacht hat“ (OLG München Beschl. v. 2.9.2003 – 29 W 2010/03, NJW-RR 2003, 1722 und darauf Bezug nehmend LG München I 30.7.2014 – 25 O 8917/14. BeckRS 2015, 3166; OLG Koblenz 21.3.2013 – 9 U 1156/12, BeckRS 2013, 08776).

Das OLG Frankfurt a.M. (1.6.2011 – 6 W 12/11, GRUR-RR 2011, 340) hält die Vollziehung bei Fehlen von Anlagen, die in den Beschlussgründen zitiert werden, gleichwohl für wirksam, soweit dem Schuldner zumindest diejenigen Anlagen zugestellt worden sind, die Aufschluss über den Inhalt und die Reichweite des Verbots geben können, wozu „in jedem Fall Anlagen, auf die im Verbotstenor verwiesen wird, sowie in der Regel auch die Antragsschrift“ gehören.

Das OLG Köln (14.5.2004 – 6 W 52/04, OLGReport Köln 2004, 292) vertritt unter Berufung auf andere Obergerichte die Auffassung, dass Anlagen, die ausdrücklich im Tenor in Bezug genommen und dadurch zum integrierenden Bestandteil der Verfügung werden, vollständig mit zugestellt werden müssten. Sind sie nicht Bestandteil des Verfügungstenors selbst, sei die Zustellung erforderlich, „sofern in der Verfügungsentscheidung des Gerichts die Wirksamkeit der Zustellung ausdrücklich von der Zustellung auch dieser weiteren Schriftstücke abhängig gemacht" wurde. Das LG hatte die Wirksamkeit der Zustellung von der Einbeziehung auch der Antragsschrift gerade nicht abhängig gemacht, vielmehr sei „lediglich eine Auflage an die Gläubigerin ergangen, entsprechend zu verfahren". Es handele „sich auch nicht um die Überinterpretation eines etwa zufälligen Zungenschlags; vielmehr" habe „das LG in der angefochtenen Entscheidung betont, dass es die von ihm in Ziff. 2 gewählte Formulierung bewusst verwandt habe und eine Wirksamkeitsvoraussetzung habe gerade nicht aufstellen wollen".

Eine Zustellung der Antragsschrift sollte angesichts der Unklarheiten in jedem Fall erfolgen, wenn auf sie im Tenor verwiesen wird oder das Gericht ausdrücklich anordnet, dass die Wirksamkeit der Zustellung von der Zustellung der Antragsschrift abhängt. Vorsorglich sollten Antragsschrift und Anlagen aber auch bei Fehlen einer ausdrücklichen Anordnung zugestellt werden, allein schon um dem Antragsgegner die vollständige Kenntnis seiner Unterlassungspflicht zu verschaffen und die Berufung auf mangelndes Verschulden wegen Unkenntnis im Ordnungsmittelverfahren (→ Form. VII.6.1) zu erschweren.

6. Zustellungsempfänger ist bei nicht anwaltlich vertretener Partei diese selbst bzw. der gesetzliche Vertreter (§§ 166, 170 ZPO), bei anwaltlicher Vertretung der Rechtsanwalt als Verfahrensbevollmächtigter (§§ 191, 172 ZPO). Seit BGH 26.10.2015 – AnwSt (R) 4/15, NJW 2015, 3672 erfolgt die Zustellung an den Rechtsanwalt tunlichst (auch) durch Gerichtsvollzieher (Köhler/Bornkamm/Feddersen/*Köhler* UWG § 12 Rn. 3.63; so schon LG Stuttgart 24.7.2001 – 10 KfH O 75/01, NJW 2001, 3791 f.).

Verfahrensbevollmächtigter ist der Rechtsanwalt, wenn er eine Schutzschrift hinterlegt hat und der Antragsteller von dieser Kenntnis erlangt, ein Verfahrensbevollmächtigter im Passivrubrum der Beschlussverfügung erscheint oder dem Antragsteller die Prozessvertretung für das Verfügungsverfahren angezeigt wurde (Köhler/Bornkamm/Feddersen/*Köhler* UWG § 12 Rn. 3.63). In der Praxis ist für den Antragsteller oft nicht eindeutig erkennbar, ob sich die Bevollmächtigung des gegnerischen Rechtsanwalts auf das gerichtliche Verfahren erstreckt oder auf die außergerichtlichen Beantwortung der Abmahnung beschränkt. Weist der Rechtsanwalt des Abmahnungsgegners nicht auf eine bestehende Prozessvollmacht hin, so etwa durch die Formulierung, „dass die anwaltlichen Vertreter der Ag., für den Fall, dass die Ast. gerichtliche Schritte einleiten sollte, zustellungs- und prozessführungsbevollmächtigt" seien (OLG München 14.9.2017 – 6 U 1864/17, GRUR 2018, 444 Rn. 40), ist die Zustellung an den Antragsgegner selbst wirksam (OLG Hamburg 28.4.2006 – 5 U 199/05, GRUR-RR 2006, 355; OLG Köln 10.1.2005 – 6 W 117/04, GRUR-RR 2006, 355). Bei unklarer Vollmachtslage, sollte vorsorglich sowohl an die Partei als auch an den Rechtsanwalt zugestellt werden.

Kosten und Gebühren

Gericht: Keine
Gerichtsvollzieher:

1. Persönliche Zustellung (GvKostG KV)
   a) Zustellungsgebühr (KV 100) = 10,00 EUR
   b) Beglaubigungen (KV 102, 700. Auszug) = bis 50 Seiten 0,50 EUR

		jede weitere 0,15 EUR
c)	Wegegeld (KV 711, Auszug)	= bis 10 km: 3,25 EUR
		bis 20 km: 6,50 EUR
		bis 30 km: 9,75 EUR
d)	Auslagenpauschale (KV 716)	= 20 % der beizutreibenden Gebühren,
		mindestens 3,00 EUR/höchstens 10,00 EUR

2. Sonstige Zustellung (GvKostG)

a)	Zustellungsgebühr (KV 101)	= 3,00 EUR
b)	– d) s. oben zu 1.	
e)	Auslagenersatz für Postzustellung (KV 701)	= in voller Höhe

Rechtsanwalt: Die Zustellung ist keine besondere Angelegenheit (§ 18 Abs. 1 Nr. 2 RVG, wohl aber andere Vollziehungsmaßnahmen), sondern wird bei dem schon im Verfügungsverfahren tätigen Rechtsanwalt mit der Verfahrensgebühr abgegolten (§ 19 Abs. 1 Nr. 16 RVG). Erstreckt sich der Antrag des Rechtsanwalt ausnahmsweise lediglich auf die Zustellung, erhält er nach RVG VV Nr. 3309 eine Verfahrensgebühr iHv 0,3 (OLG Celle 27.3.2008 – 23 W 31/08, NJW-RR 2008, 1600). Haben die Verfahrensbevollmächtigten der Gläubigerin ihren Sitz in einer anderen Stadt als die Schuldner, kann die Gebühr nach Nr. 3309 für die Zustellung durch ein weiteres Rechtsanwaltsbüro erstattungsfähig sein, wenn ein anerkennungswürdiges Interesse daran besteht, die einstweilige Verfügung so schnell wie möglich zuzustellen (KG 11.6.2009 – 2 W 232/08, NJOZ 2010, 1499).

3.4 Zustellung der einstweiligen Verfügung von Anwalt zu Anwalt per Telefax oder beA[1]

Rechtsanwälte . . . . .

Per Telefax:

An

Rechtsanwalt . . . . .

. . . . .

. . . . .

Zustellung von Anwalt zu Anwalt Bitte sofort vorlegen

A AG . /. B GmbH

Sehr geehrter Herr Kollege . . . . .,

in der Anlage erhalten Sie zum Zwecke der Zustellung von Anwalt zu Anwalt per Telefax die Ausfertigung der einstweiligen Verfügung des LG . . . . . vom . . . . . (Az. . . . . .) nebst beglaubigter Abschrift der Antragsschrift samt Anlagen.

Ich bitte, die Zustellung durch Rücksendung des beiliegenden Empfangsbekenntnisses zu bescheinigen.[2]

Mit freundlichen kollegialen Grüßen Rechtsanwalt

Zur Rücksendung:

Empfangsbekenntnis[3]

In Sachen A AG ./. B GmbH, Aktenzeichen des LG . . . . ., ist mir heute von den Prozessbevollmächtigten der Antragstellerin

die Ausfertigung der einstweiligen Verfügung des LG . . . . . vom . . . . . (Az. . . . . .) nebst beglaubigter Abschrift der Antragsschrift vom . . . . . samt Anlagen

von Anwalt zu Anwalt zugestellt worden.

Der Prozessbevollmächtigte[4] der Antragsgegnerin

Rechtsanwalt

Anmerkungen

1. §§ 195 Abs. 1 S. 5, 174 Abs. 2 S. 1 ZPO. Die Parteizustellung zum Zwecke der Wahrung der Vollziehungsfrist kann gegenüber Rechtsanwälten als Zustellung von Anwalt zu Anwalt auch durch Telefax oder beA bewirkt werden. Die Bezeichnung als Zustellung von Anwalt zu Anwalt (§ 195 Abs. 1 S. 3 ZPO) sollte beim Fax auffällig sein, um eine sofortige Vorlage zu gewährleisten. Die unverzügliche Rückgabe des Empfangsbekenntnisses muss der Zustellende überwachen und bei Verzögerungen die Zustellung durch Gerichtsvollzieher vornehmen. Die Berufspflicht des Rechtsanwalts zur Erteilung eines Empfängerbekenntnisses (§ 14 BORA) gilt nur bei ordnungsgemäßen Zustellungen. Verweigert der Rechtsanwalt bei nicht ordnungsgemäßer Zustellung die Mitwirkung, muss er dies unverzüglich mitteilen. Dann kann aber die beA für eine andere Zustellungsmethode knapp werden.

Daher erfolgt die Zustellung an den Rechtsanwalt tunlichst, zumindest parallel oder alsbald im Falle des Ausbleibens eines Empfangsbekenntnisses durch Gerichtsvollzieher (Köhler/Bornkamm/Feddersen/*Köhler* UWG § 12 Rn. 3.63; so schon LG Stuttgart 24.7.2001 – 10 KfH O 75/01, NJW 2001, 3791 f.). Die Zustellung per Telefax oder per beA bleibt jedoch als schnelle Übermittlungsform sinnvoll und wird darum mit dem vorliegenden Muster vorgeschlagen.

Falls per Telefax von Anwalt zu Anwalt zugestellt wird, ist zu beachten, dass es nach einem Teil der Rechtsprechung erforderlich ist, sowohl Abschriften als auch Ausfertigungen mit Beglaubigungsvermerk auf jeder Seite zuzustellen, weil nur so wegen des Fehlens einer körperlichen Verbindung der Seiten beim Telefaxversand, die Authentizität gewahrt sei (OLG Frankfurt a. M. 17.6.2010 – 6 U 48/10, GRUR-RR 2010, 400; offengelassen von OLG Köln 15.11.2019 – 6 U 125/19, BeckRS 2019, 32793 Rn. 23). Ein etwaiger Fehler, wenn nur die erste und/oder letzte Seite den Vermerk trägt, kann allerdings nach einem Teil der Rechtsprechung geheilt werden (aA mit Nachweisen zum Streitstand OLG München 14.9.2017 – 6 U 1864/17, GRUR 2018, 444 Rn. 42). Bei der Zustellung einer pdf-Datei per beA ergibt sich die Zusammengehörigkeit des Dokuments aus der Zusammenfassung in einer Datei, so dass sich die Beglaubigung jeder Seite erübrigt.

2. Ebenfalls per Telefax möglich: §§ 195 Abs. 2 S. 2, 174 Abs. 4 S. 2 ZPO. Für die Übermittlung per beA gilt § 174 Abs. 3, Abs. 4 S. 3 ZPO.

3. Da das Empfangsbekenntnis bei Zustellung per beA vorgegeben ist, sieht dieser Wortlaut des Musters nur für die Zustellung per Telefax.

4. Verwendet der Empfänger diese Formulierung, bestellt er sich zum Prozessbevollmächtigten, selbst wenn er noch keine Prozessvollmacht hat und dadurch wird die Zustellung an ihn wirksam (KG 10.2.2005 – 9 U 166/04, KGReport Berlin 2005, 788). Der empfangende Rechtsanwalt sollte daher Formulare des Absenders nicht ungeprüft übernehmen, wenn er noch keine Prozessvollmacht hat bzw. diese nicht anzeigen will.

3.5 Widerspruch gegen einstweilige Verfügung[1]

An das Landgericht . . . . .

Kammer für Handelssachen

. . . . .

. . . . .

AZ: . . . . .

Widerspruch In Sachen A AG ./. B GmbH

zeigen wir an, dass wir die Beklagte[2] vertreten.[3] Gegen die einstweilige Verfügung der Kammer vom . . . . . erheben wir Widerspruch und werden beantragen:

1. Die einstweilige Verfügung vom . . . . . wird aufgehoben und der Antrag auf Erlass einer einstweiligen Verfügung zurückgewiesen.[4]
2. Die Zwangsvollstreckung aus der in Klagantrag Ziff. 1 bezeichneten einstweiligen Verfügung wird ohne, hilfsweise gegen Sicherheitsleistung einstweilen eingestellt.[5]

Begründung:[6]

Die einstweilige Verfügung ist aufzuheben, da die Vollziehungsfrist versäumt wurde.[7]

I. Sachverhalt

1. Die einstweilige Verfügung vom 7.4.2014 wurde der Klägerin am 8.4. . . . . zugestellt (Empfangsbekenntnis vom 8.4.2014, Gerichtsakte Bl. . . . . .).
2. Der anwaltlich vertretenen Beklagten wurde am 2.5.2014 von Herrn Gerichtsvollzieher . . . . . eine Abschrift der einstweiligen Verfügung vom 7.4.2014 zugestellt. Eine Zustellung an den Prozessbevollmächtigten . . . . . . hat nicht stattgefunden.[8]

   Glaubhaftmachung:[9] Kopie der zugestellten Unterlagen

3. Daraufhin wurde am 7.5.2014 der Unterzeichner eingeschaltet. Den Prozessbevollmächtigten der Klägerin zeigte er seine Prozessbevollmächtigung mit Schreiben vom 8.5.2014, um 18:30 Uhr per Telefax an und stellte eine kurzfristige Stellungnahme nach Prüfung der Sach- und Rechtslage in Aussicht.[10]

   Glaubhaftmachung: Kopie des Anwaltsschreibens vom 8.5.2014

4. Ausweislich des Empfangsberichts ging am 8.5.2014 um 21.46 Uhr im Büro des Unterzeichners ein Telefax der Prozessbevollmächtigten der Klägerin mit dem Vermerk „Zustellung von Anwalt zu Anwalt“ ein. Dieses Telefax bestand aus einem Anschreiben, einer Kopie der Ausfertigung der einstweiligen Verfügung und einer beglaubigten Abschrift der Antragsschrift vom . . . . . nebst Anlagen. Zum Zeitpunkt des Eingangs hatte der Unterzeichner das Büro bereits verlassen.

Glaubhaftmachung: Kopie des Telefaxes vom 8.5.2004 nebst Anlagen und Empfangsbericht

Am Morgen des 9.5.2004 wurde dem Unterzeichner das Telefax vorgelegt. Erst jetzt konnte der Unterzeichner den Inhalt des Telefaxes zur Kenntnis nehmen.
Die vorstehenden Ausführungen (Ziff. 3) werden von dem Unterzeichner anwaltlich versichert.[11]

II. Rechtslage

Die einstweilige Verfügung ist rückwirkend aufzuheben, da die Vollziehungsfrist (§§ 936, 929 Abs. 2 ZPO) versäumt wurde.

1. Antrag Ziff. 1

Die direkt an die Beklagte erfolgte Zustellung genügte den Anforderungen an eine wirksame Vollziehung gemäß §§ 936, 928, 929 Abs. 2 ZPO nicht, da bei anwaltlich vertretener Partei dem Rechtsanwalt als Verfahrensbevollmächtigtem zuzustellen ist (§§ 191, 172 ZPO.

Eine Heilung durch Kenntnisnahme vom zuzustellenden Schriftstück hat erst nach Ablauf der Vollziehungsfrist stattgefunden.

Die Zustellung einer beglaubigten Abschrift des Beschlusses und der Antragsschrift nebst Anlagen von Anwalt zu Anwalt per Telefax (§§ 195, 174 ZPO) erfolgte nicht innerhalb der am gleichen Tage ablaufenden Vollziehungsfrist, da der Unterzeichner als Prozessbevollmächtigter erst am nächsten Tag, also einen Tag zu spät, davon Kenntnis genommen hat und nehmen konnte.

Damit ist die Vollziehungsfrist endgültig versäumt und die einstweilige Verfügung ist mit Wirkung ex tunc aufzuheben.

2. Antrag Ziff. 2

Die Zwangsvollstreckung ist gemäß §§ 924 Abs. 3, 707 Abs. 1 ZPO einstweilen ohne Sicherheitsleistung einzustellen, da die Klage weit überwiegende Aussicht auf Erfolg hat.

Wir bitten um antragsgemäße Entscheidung.

Rechtsanwalt

Anmerkungen

1. §§ 936, 924 ZPO. Das Formular stellt einen vollumfänglichen Widerspruch in der Sache dar. Der Widerspruch kann auf einen Teil beschränkt werden. Zum Kostenwiderspruch → Form. VII.3.6.

§ 924 ZPO hat, wie auch §§ 926 und 927 ZPO, Vorrang vor den für Hauptsachetiteln geltenden §§ 323, 767 ZPO.

Der Widerspruch ist unbefristet. Zur Verwirkung Köhler/Bornkamm/Feddersen/*Köhler* UWG § 12 Rn. 3.42 (2 Jahre). Ein zurückgenommener Widerspruch kann grundsätzlich erneut eingelegt werden (OLG Frankfurt a. M. 1.11.2012 – 6 U 127/12, NJW-RR 2013, 703; Musielak/Voit/*Huber* § 924 Rn. 5).

Statthafter Rechtsbehelf ist der Widerspruch bei Beschlussverfügungen, die Berufung bei Urteilsverfügungen.

Es kommt für die Entscheidung über den Widerspruch auf den Schluss der mündlichen Verhandlung an (Gloy/*Spätgens/Held* § 105 Rn. 19). Die einstweilige Verfügung ist daher zu bestätigen, wenn die Voraussetzungen für ihren Erlass von Anfang an gegeben waren oder nachträglich eingetreten sind, und aufzuheben, wenn sie anfangs gegeben waren, aber nachträglich entfallen sind.

Über die Kosten ist von Amts wegen zu entscheiden (§ 308 Abs. 2 ZPO), so dass ein Antrag entbehrlich ist.

Der Antragsteller kann die Aufrechterhaltung der einstweiligen Verfügung beantragen, für erledigt erklären oder den Antrag zurücknehmen, aber nicht anerkennen, da die Parteirollen im Widerspruchsverfahren unverändert bleiben (s. BeckOK ZPO/*Mayer*, 34. Ed. 1.9.2019, ZPO § 924 Rn. 12; somit auch keine Anwendung von § 93 ZPO zugunsten des Antragstellers).

Abgrenzung §§ 924 und 927 ZPO:

Mit Widerspruch/Berufung können auch alle Aufhebungsgründe des § 927 ZPO (→ Form. VII.3.7) geltend gemacht werden. Nur mit dem Widerspruch kann der Antragsgegner geltend machen, dass der Verfügungsantrag von Anfang an unzulässig oder unbegründet war, wenn keine neuen Umstände iSv § 927 ZPO vorliegen. Liegen neue Umstände vor, stehen die Rechtsbehelfe alternativ, aber nicht kumulativ zur Verfügung (BeckOK ZPO/*Mayer*, 34. Ed. 1.9.2019, ZPO § 924 Rn., → Form. VII.3.8 Anm. 9).

a) Führen die neuen Umstände zur rückwirkenden Unzulässigkeit oder Unbegründetheit des Verfügungsantrags, wie etwa bei versäumter Vollziehungsfrist (→ Form. VII.3.8 Anm. 2), ist im Widerspruchsverfahren ein sofortiges Anerkenntnis des Antragstellers mit der Folge einer analogen Anwendung des § 93 ZPO nicht möglich (OLG Karlsruhe v. 2.10.1997 – 6 W 97/97, BeckRS 1998, 00106). Wegen dieses Unterschieds kann der Widerspruch für den Antragsgegner vorzugswürdig sein, denn damit kann er ohne das Risiko des § 93 ZPO sofort gerichtlich gegen den Titel vorgehen.

b) Ist die einstweilige (Urteils-)Verfügung rechtskräftig, steht nur § 927 ZPO zur Verfügung.

2. Da eine mündliche Verhandlung stattfindet, ist von (Verfügungs-)Kläger(in)/(Verfügungs-)Beklagte(r) zu sprechen.

3. In Wettbewerbssachen herrscht wegen der Zuständigkeit der Landgerichte (§ 13 Abs. 1 S. 1 UWG) stets Anwaltszwang.

4. Die Aufhebung ist nach hM sofort wirksam, ohne dass es auf die Rechtskraft ankommt (aus jüngerer Zeit OLG Frankfurt a. M. Beschl. v. 3.4.2012 – 6 W 43/12, BeckRS 2012, 08333). Im Falle der erfolgreichen Berufung des Antragstellers muss die einstweilige Verfügung daher erneut erlassen werden. Zwischenzeitliche Verstöße können nicht über § 890 ZPO geahndet werden (OLG Frankfurt a. M. 3.4.2012 – 6 W 43/12, BeckRS 2012, 08333).

5. §§ 936, 924 Abs. 3 S. 2, 707 ZPO; sie kommt nur ausnahmsweise bei eindeutiger Rechtslage in Betracht, s. Gloy/*Loschelder* § 96 Rn. 11.

6. Ohne Begründung soll der Widerspruch nach einer Meinung nicht unwirksam sein (§ 924 Abs. 2 S. 1 ZPO wird insoweit nur als Ordnungsvorschrift betrachtet; s. Gloy *Loschelder* § 96 Rn. 11 mN zur Gegenmeinung). Ein Widerspruch ohne Begründung kann zur Beschleunigung der Terminierung (§ 924 Abs. 2 S. 2 ZPO) sinnvoll sein, wenn sich die Fertigstellung der Begründung verzögert, etwa weil die Antragsschrift zunächst durch Akteneinsicht beschafft werden muss oder Glaubhaftmachungsmittel auf sich warten lassen.

7. Zur Vollziehungsfrist → Form. VII.3.3 Anm. 1; der Widerspruch wird im Muster nur auf die Versäumung der Vollziehungsfrist gestützt. Für andere Gründe kann auf → Form. VII.2.2 und auf → Form. VII.3.8 verwiesen werden.

8. → Form. VII.3.3 Anm. 7

9. Da das Verfügungsverfahren fortgeführt wird, gilt Glaubhaftmachung statt Beweis (Musielak/Voit/*Huber* § 924 Rn. 5).

10. Seine Prozessvollmacht sollte der Rechtsanwalt des Antragsgegners nur anzeigen, wenn er zuvor geprüft hat, ob die Vollziehungsfrist gewahrt ist. Zweckmäßigerweise sollte die Anzeige nach Ablauf der Vollziehungsfrist erfolgen.

11. Taugliches Mittel der Glaubhaftmachung → Form. VII.3.1 Anm. 12.

Kosten und Gebühren

Gericht: Das Widerspruchsverfahren ist mit der allgemeinen Verfahrensgebühr (GKG KV Nr. 1410) abgegolten. Vgl. im Übrigen Kosten und Gebühren bei → Form. VII.3.1.
Rechtsanwalt: Hatte der RA des Antragsgegners bereits Prozessauftrag (zur Schutzschrift → Form. VII.3.9 und zur Beantwortung einer Abmahnung → Form. VII.1.8), handelt es sich um dieselbe Angelegenheit (§ 16 Nr. 6 RVG). Andernfalls entstehen mit dem Widerspruch 1,3 Verfahrensgebühr (RVG VV Nr. 3100) und im darauf folgenden obligatorischen (§ 924 Abs. 2 S. 2 ZPO) Termin regelmäßig die 1,2-fache Terminsgebühr (RVG VV Nr. 3104). Die Reduzierung auf eine 0,5 Gebühr nach RVG VV Nr. 3105 im Falle eines Versäumnisurteils entfällt, wenn die gegnerische Partei erscheint, aber die Flucht in die Säumnis antritt oder eine inhaltliche Erörterung mit dem Gericht stattfindet (Begr. Fraktionsentw. BT-Drs. 15/1971, 213 li. Sp. zu VV Nr. 3105; s. BGH 24.1.2007 – IV ZB 21/06, NJW 2007, 1692; OLG Köln 20.11.2006 – 17 W 239/06, OLGReport Köln 2007, 325). RVG VV Nr. 3105 Abs. 3 schließt die Anwendung des § 333 ZPO ausdrücklich aus.

3.6 Kostenwiderspruch[1]

An das Landgericht . . . . .

Kammer für Handelssachen

. . . . .

. . . . .

AZ: . . . . .

Kostenwiderspruch In Sachen A AG ./. B GmbH

zeigen wir an, dass wir die Antragsgegnerin vertreten. Gegen die einstweilige Verfügung der Kammer vom . . . . . erheben wir Widerspruch beschränkt auf die Kostenentscheidung und werden beantragen:

> **Die einstweilige Verfügung vom . . . . . wird in Ziff. 2 (Kostenentscheidung) abgeändert. Die Kosten des Rechtsstreits werden der Antragstellerin auferlegt.**

Begründung:

Die Kostenentscheidung ist abzuändern und die Kosten sind der Antragstellerin aufzuerlegen, da die Antragsgegnerin keinen Anlass zur Klage gegeben und ein sofortiges Anerkenntnis erklärt hat.

1. Die Antragsgegnerin hat mit Abschlusserklärung[2] vom . . . . . auf alle Rechtsmittel gegen die einstweilige Verfügung unter Vorbehalt des Kostenwiderspruchs[3] verzichtet und diese als materiellrechtlich verbindliche Regelung anerkannt.[4]

   Glaubhaftmachung: Abschlusserklärung vom . . . . .

2. Die Antragsgegnerin hat keinen Anlass zum Antrag auf Erlass einer einstweiligen Verfügung gegeben. Die Antragstellerin hat sie nicht abgemahnt, obwohl kein Sachverhalt vorliegt, der einen Verzicht auf Abmahnung rechtfertigen würde. Weiterer Vortrag bleibt vorbehalten, falls sich die Antragstellerin auf eine Entbehrlichkeit vorheriger Abmahnung berufen sollte.
3. Gemäß § 93 ZPO sind daher die Kosten des Rechtsstreits der Antragstellerin aufzuerlegen.

Anmerkungen

1. Die Zulässigkeit eines auf den Kostenpunkt beschränkten Widerspruchs ist allgemein anerkannt (Köhler/Bornkamm/Feddersen/*Köhler* UWG § 12 Rn. 3.63).

Der Kostenwiderspruch im Muster hat die Wirkung eines Anerkenntnisses iSd §§ 307, 93 ZPO, schließt die Nachprüfung der Zulässigkeit und/oder Begründetheit des Verfügungsantrages aus und bedeutet den Verzicht auf die (nochmalige) Einlegung eines Vollwiderspruchs (OLG Hamburg 11.10.2007 – 3 U 111/07, BeckRS 2008, 07211).

Nach inzwischen hM kann nach § 128 Abs. 3 ZPO ohne mündliche Verhandlung entschieden werden (KG 23.8.2007 – 1 W 50/07, KGReport Berlin 2007, 1061; OLG Frankfurt a. M. 20.6.2006 – 6 W 102/06, OLGReport Frankfurt 2006, 1016; 30.10.2006 – 6 W 181/06, GRUR-RR 2007, 62; aus der Literatur MüKoZPO/*Drescher*, 5. Aufl. 2016, ZPO § 925 Rn. 2). Diese Meinung ist jedenfalls dann vertretbar, wenn sich aus der Widerspruchsschrift, wie hier (→ Anm. 3), eindeutig ergibt, dass der Antragsgegner die einstweilige Verfügung in der Sache anerkennt und nur gegen die Kostenentscheidung vorgehen will.

Über den Kostenwiderspruch wird durch Endurteil (§§ 936, 925 I ZPO) entschieden. Dennoch ist gegen dieses Urteil analog § 99 II ZPO nur die sofortige Beschwerde statthaft (Frist: 569I 1 ZPO) statthaft. Wird „Berufung" gegen ein solches Kostenurteil eingelegt, ist diese in eine „sofortige Beschwerde" umdeutbar, allerding nur, wenn sie innerhalb der Zweiwochenfrist des § 569 Abs. 1 ZPO eingelegt worden ist (Gloy/*Spätgens/Held* § 105 Rn. 29, 30).

2. → Form. VII.3.14.

3. → Form. VII.3.14.

4. Hat der Antragsgegner eine Abschlusserklärung abgegeben und verweist er darauf, ist klargestellt, dass er die einstweilige Verfügung im materiellen Ausspruch anerkennt. Er kann sein Anerkenntnis auch im Schriftsatz erklären und damit ein Abschlussschreiben überflüssig machen. Fehlt es an einer Abschlusserklärung oder einem ausdrücklichen Anerkenntnis ist es eine Frage der Auslegung, ob der Antragsgegner mit dem Kostenwiderspruch ein Anerkenntnis des Verfügungsanspruchs oder nur die vorläufige Regelung unter Vorbehalt einer Klärung der Hauptsache anerkennen will (Gloy/*Loschelder* § 96 Rn. 9). Der Antragsgegner sollte sich daher eindeutig erklären.

Kosten und Gebühren

Streitwert: Maßgeblich ist vor Kostenwiderspruch der volle Streitwert, danach der Gebührenwert, also diejenigen Kosten, die bis zum Widerspruch angefallen sind (BGH 15.8.2013 – I ZB 68/12, NJW 2013, 3104; Harte/Henning /*Retzer/Tolkmitt* § 12 Rn. 864).

Gericht: Da Erledigung des Verfügungsverfahrens in der Hauptsache eintritt, jedenfalls bei entsprechender eindeutiger Erklärung des Antragsgegners (→ Anm. 3), ermäßigen sich die Gerichtsgebühren nach GKG KV 1211 auf 1,0.

Rechtsanwalt: Für den Antragsgegner fällt die Verfahrensgebühr aus dem Kostenwert an (BGH 15.8.2013 – I ZB 68/12, NJW 2013, 3104).

Keine Terminsgebühr, wenn im schriftlichen Verfahren nach § 128 Abs. 3 ZPO durch Urteil entschieden wird.

3.7 Unterwerfungswiderspruch[1]

An das Landgericht . . . . .

Kammer für Handelssachen

. . . . .

. . . . .

AZ: . . . . .

Widerspruch In Sachen A AG ./. B GmbH

zeigen wir an, dass wir die Antragsgegnerin vertreten. Gegen die einstweilige Verfügung der Kammer vom . . . . . erheben wir Widerspruch und werden beantragen:

> Die einstweilige Verfügung vom . . . . . wird aufgehoben und der Antrag auf Erlass einer einstweiligen Verfügung zurückgewiesen.

Für den Fall, dass die Antragstellerin die Erledigung des Rechtsstreits in der Hauptsache erklärt, kündigen wir an, uns der Erledigungserklärung anzuschließen und zu beantragen, der Antragstellerin die Kosten des Rechtsstreits aufzuerlegen.[2]

Begründung:

Die einstweilige Verfügung ist aufzuheben, da es am Verfügungsanspruch fehlt.

1. Es kann dahinstehen, ob die einstweilige Verfügung zu Recht ergangen ist.
   Die erforderliche Wiederholungsgefahr für den Verfügungsanspruch aus §§ 8 Abs. 1, 3 UWG ist jedenfalls durch nach Zustellung der einstweiligen Verfügung abgegebene Unterlassungserklärung vom . . . . . entfallen und der Antrag daher unbegründet. Damit ist die einstweilige Verfügung aufzuheben.[3]
2. Sollte die Antragstellerin die Erledigung erklären, wird sich die Antragsgegnerin dem anschließen. Die Kosten sind dann der Antragstellerin aufzuerlegen. Im Rahmen der Kostenentscheidung nach § 91a ZPO ist der Gedanke des § 93 ZPO heranzuziehen. Die Antragstellerin hat vor Antragstellung nicht abgemahnt. Die Antragsgegnerin hat keinen Anlass gegeben, von einer Abmahnung abzusehen. Sie hat sich nach Zustellung der einstweiligen Verfügung sofort unterworfen. Daher hat die Antragstellerin die Kosten des Rechtsstreits zu tragen.

Rechtsanwalt

Anmerkungen

1. Der „Unterwerfungswiderspruch“ (Harte/Henning/*Retzer*, 4. Aufl. 2016, UWG § 12 Rn. 488) ist anders als der Kostenwiderspruch (→ Form. VII.3.6) ein vollumfänglicher Widerspruch in der Sache, doch ist das Verfahrensziel des Antragsgegners beschränkt. Der Antragsgegner will sich der Unterlassungspflicht unterwerfen, aber zum einen den Titel mit der Vollstreckungsmöglichkeit nach § 890 ZPO beseitigen, etwa weil ihm dieser unbequem ist (drohende Haft, sofortige Vollstreckung) und sich statt dessen vertragsstrafenbewehrt unterwerfen (→ Form. VII.1.4.–1.7.). Außerdem will er die Kostenlast des Verfügungsverfahrens abschütteln.

2. Nach Erhebung des Unterwerfungswiderspruchs sind nach allgemeinen Grundsätzen der Erledigung mehrere Konstellationen möglich:

a) Erklärt der Antragsteller trotz ausreichender Unterwerfung nicht die Erledigung, sondern verfolgt sein Begehren weiter, ist die einstweilige Verfügung aufzuheben und der Antrag abzuweisen. Die Kosten trägt der Antragsteller.

b) Erklärt der Antragsteller die Erledigung und schließt sich der Antragsgegner nicht an, so ist durch Feststellungsurteil zu entscheiden (wobei dem Antragsgegner § 93 ZPO nicht zu Gute kommen kann: OLG Köln 12.1.2001 – 6 U 98/00, GRUR 2001, 424).

c) Schließt sich der Antragsgegner der Erledigungserklärung an, fließt der Rechtsgedanke des § 93 ZPO nach hM zugunsten des Antragsgegners in die Ermessenentscheidung nach § 91a ZPO ein (Harte/Henning/*Retzer*, 4. Aufl. 2016, UWG § 12 Rn. 489).).

d) Hat der Antragsgegner Anlass zum Verfügungsantrag gegeben, etwa weil er vor dem Verfügungsantrag vergeblich abgemahnt worden ist, kann er sich für das nachfolgende Widerspruchs- oder Aufhebungsverfahren auf den Gedanken des § 93 ZPO berufen, wenn er den Antragsteller bei Vorliegen eines Aufhebungsgrundes vergeblich zum Verzicht auf die Rechte aus der einstweiligen Verfügung aufgefordert hat (→ Form. VII.3.11).

3. Da der Unterlassungsanspruch sich durch die Unterlassungserklärung erledigt, ist das Begehren des Antragsgegners auf Aufhebung der einstweiligen Verfügung gerichtet.

3.8 Aufhebungsantrag (§ 927 ZPO)

Variante 1 (Aufhebung ex tunc)

An das Landgericht . . . . .

Kammer für Handelssachen[1]

. . . . .

. . . . .

AZ: . . . . .

Aufhebungsantrag nach § 927 ZPO

B GmbH, ..., ...

– Aufhebungsklägerin –

Prozessbevollmächtigte: . . . . .

gegen

A GmbH, ..., ...

– Aufhebungsbeklagte –

Prozessbevollmächtigte: . . . . .

Namens und in Vollmacht der Klägerin erheben wir Klage und werden beantragen:

1. Die einstweilige Urteilsverfügung der Kammer vom . . . . . (Az. Nr. . . . . .) wird aufgehoben.[2]
2. Die Beklagte wird verurteilt, die Ausfertigung der in Klagantrag Ziff. 1 bezeichneten einstweiligen Verfügung an die Klägerin herauszugeben.[3]
3. Die Beklagte trägt die Kosten des Aufhebungsverfahrens und des Verfahrens über den Erlass der in Klagantrag Ziff. 1 bezeichneten einstweiligen Verfügung.[4]
4. Die Zwangsvollstreckung aus der in Klagantrag Ziff. 1 bezeichneten einstweiligen Verfügung wird ohne, hilfsweise gegen Sicherheitsleistung einstweilen eingestellt.[5]

Begründung:

Die Aufhebungsklägerin begehrt die Aufhebung der einstweiligen Urteilsverfügung nach rechtskräftiger Klagabweisung im Hauptverfahren.

I. Sachverhalt

1. Nach Anordnung der Klageerhebung hat die Beklagte fristgerecht beim LG . . . . . Hauptsacheklage erhoben.[6]
   Nach Verurteilung der Klägerin in 1. Instanz wurde auf Berufung der hiesigen Klägerin das Urteil 1. Instanz aufgehoben und die Klage abgewiesen, da die beanstandete Werbung nicht irreführend ist. Das Urteil ist rechtskräftig.

   Glaubhaftmachung:[7] Kopie der Ausfertigung des Berufungsurteils mit Rechtskraftvermerk
   – Anlage K 1 –

2. Die Klägerin hat die Beklagte mit Anwaltsschreiben vom . . . . . unter Fristsetzung bis . . . . . aufgefordert, auf alle Rechte aus der einstweiligen Verfügung und dem Kostenfestsetzungsbeschluss zu verzichten und die ihr im einzelnen bezifferten Kosten zu erstatten.[8]

   Glaubhaftmachung: Kopie des Anwaltsschreibens der Klägerin vom . . . . .
   – Anlage K 2 –

   Die Beklagte hat zwar auf die Rechte aus der einstweiligen Verfügung verzichtet, aber weder die Ausfertigung der Urteilsverfügung an die Klägerin übersandt noch die Kosten erstattet.

   Glaubhaftmachung: Kopie des Anwaltsschreiben der Beklagten vom . . . . .
   – Anlage K 3 –

   Daher ist Klage geboten.

II. Rechtslage

Die Klage ist in vollem Umfang zulässig und begründet.

A) Zur Zulässigkeit

Der Antrag nach § 927 ZPO ist zulässig. Es besteht ein Rechtsschutzbedürfnis, da die Urteilsverfügung rechtskräftig und damit kein anderweitiges Rechtsmittel anhängig ist.[9]

B) Zur Begründetheit

1. Klagantrag Ziff. 1

Die einstweilige Verfügung ist mit Wirkung ex tunc aufzuheben, da die Hauptsacheklage rechtskräftig abgewiesen wurde.[10]

2. Klagantrag Ziff. 2

Die Beklagte verweigert die Herausgabe des Titels, so dass weitere Vollstreckung droht und zur Verhinderung die Geltendmachung des Herausgabeanspruchs erforderlich ist. Die Aufhebung allein kann diese Gefahr nicht beseitigen. Der Anspruch ist auch begründet, da der Titel aufzuheben ist.

3. Klagantrag Ziff. 3

Da die einstweilige Verfügung mit Wirkung ex tunc aufzuheben ist, sind der Beklagten auch die Kosten des Ausgangsverfahrens aufzuerlegen.[11]

Nur vorsorglich für den Fall eines Anerkenntnisses ist darauf hinzuweisen, dass die Beklagte durch ihr Versäumnis, die von der Klägerin getragenen Kosten zu erstatten, einen Anlass zur Klage gegeben hat.[12]

4. Antrag Ziff. 4

Die Zwangsvollstreckung ist analog §§ 924 Abs. 3, 707 Abs. 1 ZPO einstweilen ohne Sicherheitsleistung einzustellen, da die Klage weit überwiegende Aussicht auf Erfolg hat.

Wir bitten um antragsgemäße Entscheidung.

Rechtsanwalt

Variante 2: Aufhebung ex nunc

An das Landgericht . . . . .

Kammer für Handelssachen

. . . . .

. . . . .

AZ: . . . . .

Namens und in Vollmacht der Klägerin erheben wir Klage und werden beantragen:

1. Das einstweilige Urteilsverfügung der Kammer vom . . . . . wird aufgehoben.
2. . . . . .[13]
3. (entfällt).[14]
4. . . . . .[15]

Begründung:

Die Aufhebungsklägerin begehrt die Aufhebung der einstweiligen Beschlussverfügung wegen Änderung der Rechtslage.

II. Sachverhalt

Mit einstweiliger Beschlussverfügung vom 3.7. . . . . wurde die Klägerin verpflichtet, es zu unterlassen, E-Mails, nämlich sog. „Newsletter“, an den Beklagten oder Dritte ohne vorherige Zustimmung zu senden.[16] Der letzte beanstandete Newsletter wurde dem Beklagten am 1.5. . . . . zugesandt.

Die Beschlussverfügung wurde auf Widerspruch der Klägerin durch Urteil vom 2.10. . . . . bestätigt, das der Klägerin am 6.11. . . . . zugestellt und seit 7.11. . . . . rechtskräftig ist.

Die Beklagte hat der Klägerin weder ein Abschlussschreiben übersandt noch Hauptsacheklage erhoben.

Die Klägerin hatte den „Newsletter" irrtümlich an die Beklagte versandt, weil zunächst ein Schreibfehler in der Adresse auftrat und anschließend eine Filterung seiner E-Mail Adresse aus technischen Gründen nicht gelungen war. Das Problem wurde spätestens seit Juni . . . . . . durch Einsatz einer neuen Filtersoftware behoben. Seitdem kann ein Versand der E-Mails an den Beklagten nicht mehr stattfinden und hat auch nicht stattgefunden. Auch sonst versendet die Klägerin keine E-Mails ohne vorherige Zustimmung der Empfänger und hat dies auch nicht vor.

Die Klägerin hat die Beklagte mit Schreiben vom . . . . . zum Verzicht auf die Rechte aus der einstweiligen Verfügung aufgefordert. Darauf hat die Beklagte nicht reagiert.

III. Rechtslage

Die Klage ist in vollem Umfang zulässig und begründet.

A) Zur Zulässigkeit

. . . . .[17]

B) Zur Begründetheit

1. Klagantrag Ziff. 1

Der Verfügungsanspruch ist verjährt (§ 11 Abs. 1 UWG).[18] Die Hemmung der Verjährung endete 6 Monate nach rechtskräftigem Abschluss des Verfügungsverfahrens (§ 204 Abs. 2 S. 1 BGB). Eine weitere Hemmung hat nicht stattgefunden und der Anspruch ist auch nicht in der Hauptsache tituliert worden.

Damit ist die einstweilige Verfügung aufzuheben.[19]

2. . . . .[20]

Wir bitten um antragsgemäße Entscheidung.

Rechtsanwalt

Anmerkungen

Zur Variante 1 (ex tunc):

1. Zuständig ist immer das Gericht 1. Instanz, das die einstweilige Verfügung erlassen hat (auch wenn die e. V. in der Berufung erlassen wurde), wenn die Hauptsache nicht anhängig ist. Bei Anhängigkeit der Hauptsache ist das Gericht zuständig, bei dem die Hauptsache anhängig ist, in der Rechtsmittelinstanz das Rechtsmittelgericht, im Falle der Revision allerdings das Gericht erster Instanz (§§ 927 Abs. 2, 943 ZPO; Gloy/*Spätgens/Chang-Herrmann* § 18 Rn. 6). Die Zuständigkeit ist ausschließlich (§ 802 ZPO). Die Klage nach § 927 ZPO kann gegen die einstweilige Verfügung auch als Widerklage gegen die Unterlassungsklage in der Hauptsache erhoben werden (BGH 1.6.2017 – I ZR 152/13, GRUR 2017, 938 Rn. 37 – Teststreifen zur Blutzuckerkontrolle II).

Die Entscheidung ergeht nach mündlicher Verhandlung durch Endurteil, das gem. § 708 Nr. 6 ZPO ohne Sicherheitsleistung vorläufig vollstreckbar ist. Bereits angeordnete

Vollstreckungsmaßnahmen bleiben bis zur Rechtskraft bestehen (MüKoZPO/*Drescher*, 5. Aufl. 2016, ZPO § 927 Rn. 18).

Das Rechtsschutzbedürfnis für den Antrag nach § 927 ZPO fehlt, wenn der Gläubiger vollumfänglich, ggf. beschränkt auf einen bestimmten Zeitpunkt auf die Rechte aus der einstweiligen Verfügung verzichtet hat (→ Form. VII.3.12; OLG Stuttgart 3.7.2008 – 2 U 27/08, OLGReport Stuttgart 2008, 924; Gloy/*Spätgens/Chang-Herrmann* § 18 Rn. 7 mwN).

2. Der Aufhebungsantrag nach § 927 ZPO kann sich gegen Beschluss oder Urteil richten (Gloy/*Spätgens/Chang-Herrmann* § 18 Rn. 2 f.).

Der Antrag nach § 927 ZPO ist nur begründet, wenn sich der Kläger auf Umstände stützt, die nach dem Erlass eingetreten oder dem Antragsgegner bekannt geworden sind, wobei eine neue Beweislage ausreicht (Gloy/*Spätgens/Chang-Herrmann* § 18 Rn. 8, str.).

Die Aufhebung wird hier wegen rechtskräftiger Abweisung der Hauptsacheklage als von Anfang an unbegründet begehrt, einem Umstand, der nach Erlass der einstweiligen Verfügung eingetreten ist. Das gleiche gilt bei Versäumung der Vollziehungsfrist. In diesen Fällen erfolgt die Aufhebung rückwirkend (ex tunc; s. Gloy/*Spätgens/Chang-Herrmann* § 18 Rn. 1, 14 mwN).

3. Eine Verbindung von Aufhebungs- und Titelherausgabeklage muss wie bei § 767 ZPO möglich sein (dort MüKoZPO/*Schmidt/Brinkmann*, 5. Aufl. 2016, ZPO § 767 Rn. 20).

4. Wegen der Rückwirkung der Aufhebung sind auch die Kosten des Erlassverfahrens vom Beklagten zu tragen und damit ist die Kostenentscheidung der einstweiligen Verfügung umzukehren. Ein Kostenantrag ist zwar wie immer entbehrlich (§ 308 Abs. 2 ZPO), hier aber der Klarheit dienlich, weil auch Kosten des vorangegangenen Erlassverfahrens auferlegt werden sollen.

5. Analog § 924 Abs. 3 ZPO kann das Gericht bei hoher Wahrscheinlichkeit des Erfolgs der Klage die Zwangsvollstreckung einstweilen einstellen, dh weiterhin wirksame Vollstreckungsmaßnahmen (→ Anm. 1) aufheben.

6. § 926 ZPO, → Form. VII.3.10.

7. Glaubhaftmachung genügt analog §§ 936, 920 Abs. 2 ZPO (OLG Hamburg Urt. v. 7.9.2006 – 3 U 204/05, GRUR-RR 2007, 20; Gloy/*Spätgens/Chang-Herrmann* § 18 Rn. 12).

8. → Form. VII.3.11.

9. Der Antrag nach § 927 ZPO ist unzulässig, wenn Widerspruchs- oder Berufungsverfahren laufen, was teils mit fehlendem Rechtsschutzbedürfnis, teils mit Rechtshängigkeit begründet wird (Gloy/*Spätgens/Chang-Herrmann* § 18 Rn. 7 mwN). Trotz laufendem Aufhebungsverfahren können Berufung oder Widerspruch eingelegt werden, wodurch aber der Aufhebungsantrag unzulässig wird und sich damit erledigt (Gloy *Spätgens/Chang-Herrmann* § 18 Rn. 7 mwN).

Dem Muster liegt der Fall einer rechtskräftigen Urteilsverfügung zu Grunde, so dass weder Berufung noch Widerspruch möglich sind, sondern nur § 927 ZPO zur Verfügung steht (→ Form. VII.3.5 Anm. 1).

10. BGH Urt. v. 1.4.1993 – I ZR 70/91, GRUR 1993, 998 (999).

11. BGH 1.4.1993 – I ZR 70/91, GRUR 1993, 998 (999); dort auch zur Abgrenzung von Schäden, die nach § 945 ZPO zu ersetzen sind.

12. Zur Vermeidung eines sofortigen Anerkenntnisses des Beklagten mit der Kostenfolge des § 93 ZPO sollte vorgerichtlich zum Verzicht auf die Rechte aus der einstweiligen Verfügung aufgefordert werden, sofern sich nicht aus dem Verhalten des Antragstellers zweifelsfrei ein Anlass zur Klage ergibt (Gloy/*Spätgens/Chang-Herrmann* § 18 Rn. 14b und → Form. VII.3.11). Hat der Antragsteller den Verzicht auf die Rechte aus der einstweiligen Verfügung erklärt und die Ausfertigung herausgegeben, aber die Erstattung der Kosten verweigert, so kann der Antragsgegner mit dem Aufhebungsantrag allein die Kostenentscheidung aufheben und dem Antragsteller die Kosten auferlegen lassen (BGH 1.4.1993 – I ZR 70/91, GRUR 1993, 998 (999)).

Zur Variante 2 (ex nunc):

13. Wie Variante 1.

14. Anders als in Variante 1 werden hier Gründe für eine Aufhebung mit ex nunc Wirkung vorgebracht. Die Kostenentscheidung des Erlassverfahrens bleibt, anders als bei Aufhebung ex tunc, unberührt. Ein Kostenantrag ist daher nach § 308 Abs. 2 ZPO auch nicht zu Zwecken der Klarstellung geboten und kann entfallen.

Nach hM hat § 927 ZPO Vorrang vor § 767 ZPO (→ Form. VII.6.2; MüKoZPO/*Drescher*, 5. Aufl. 2016, ZPO § 927 Rn. 2.).

Der BGH geht davon aus, dass § 767 ZPO nur gegen rechtskräftige Hauptsachetitel eingreift, auch wenn der Schuldner eine Abschlusserklärung abgegeben hat (BGH 2.7.2009 – I ZR 146/07, NJW 2009, 3303 Rn. 25 f. – Mescher weis). Das Problem, dass der Schuldner schutzlos gestellt wäre, wenn er in der Abschlusserklärung auf den allein verbleibenden Rechtsbehelf des § 927 ZPO verzichtet hat (→ Form. VII.3.14), löst der BGH im Wege der Auslegung. Auch bei Abschlusserklärungen ohne ausdrücklichen Vorbehalt sei nicht anzunehmen, dass der Unterlassungsschuldner auf Einwendungen verzichten will, die er einem rechtskräftigen Hauptsachetitel nach § 767 ZPO entgegengehalten kann. Beispiel: der Einwand, dass das untersagte Verhalten nunmehr auf Grund einer Änderung der höchstrichterlichen Rechtsprechung nicht mehr verboten ist.

15. Wie Variante 1.

16. Diese Tenorierung entspricht BGH 11.3.2004 – I ZR 81/01, GRUR 2004, 517 – E-Mail-Werbung.

17. Wie Variante 1.

18. Zum Fall der Abgabe einer Unterlassungserklärung, die ebenfalls zur Aufhebung nach § 927 ZPO führen kann, → Form. VII.6.2.

19. Die Verjährung des Unterlassungsanspruchs ist ein Grund für die nachträgliche Aufhebung der einstweiligen Verfügung. Weitere Gründe für die Aufhebung ex nunc wegen Wegfall des Verfügungsanspruchs ist die Beseitigung der Wiederholungsgefahr, etwa durch strafbewehrte Unterwerfung (s. OLG Frankfurt a. M. 2.5.2005 – 6 W 55/05, OLGR Frankfurt 2006, 266), sonstige Erledigung des Anspruchs, Änderung der Rechtsprechung (→ Anm. 14) oder Gesetzesänderung (→ Anm. 18) auch Wegfall des Verfügungsgrundes durch nachhaltiges Nichtbetreiben von Abschlussverfahren oder Hauptsacheklage (Beispiele bei Köhler/Bornkamm/Feddersen/*Köhler* UWG § 12 Rn. 3.56, jedoch ohne Trennung in ex-nunc- und ex-tunc-Gründe).

20. Wie Variante 1.

Kosten und Gebühren

Gerichtsgebühren: Das Aufhebungsverfahren bildet anders als das Widerspruchsverfahren mit dem Erlassverfahren keine Einheit (GKG KV Vorbemerkung 1.4.), sondern führt zu gesonderter Entstehung der Gerichtsgebühren (→ Form. VII.3.1 Kosten und Gebühren).

Anwaltsgebühren: Das Aufhebungsverfahren bildet mit dem Erlassverfahren dieselbe Angelegenheit (§ 16 Nr. 5 RVG; KG 23.3.2009 – 1 W 475/08, NJW-RR 2009, 1438).

3.9 Schutzschrift[1]

per beA

Zentrales Schutzschriftenregister[2]

. . . . .

. . . . .

AZ: Neu

Schutzschrift

In dem möglichen Verfahren über einen Antrag

der Firma . . . . ., ..., gesetzlich vertreten durch den Geschäftsführer . . . . ., ebenda

– mögliche Antragstellerin –

Verfahrens.Bev.: . . . . .

gegen

Firma . . . . ., ..., vertreten durch den Geschäftsführer . . . . ., ebenda

– mögliche Antragsgegnerin –

Verfahrens.Bev.: . . . . .

wegen Wettbewerbsrecht

Namens und in Vollmacht der möglichen Antragsgegnerin beantragen wir,

den Antrag auf Erlass einer einstweiligen Verfügung zurückzuweisen,[3]
hilfsweise, nicht ohne mündliche Verhandlung zu entscheiden.

Für den Fall der Rücknahme des Antrags auf Erlass einer einstweiligen Verfügung beantragen wir schon jetzt, der möglichen Antragstellerin die Kosten des Rechtsstreits aufzuerlegen.[4]

Außerdem beantragen wir Einsicht in die Akten des Verfügungsverfahrens durch Übersendung der Akten für einige Tage an unsere Kanzlei. Umgehende Rückgabe wird zugesichert. Kosten der Akteneinsicht bitten wir uns aufzugeben.[5]

Begründung:

Die mögliche Antragsgegnerin (im folgenden: Antragsgegnerin) muss befürchten, dass die mögliche Antragstellerin (im folgenden: Antragstellerin) im Anschluss an eine Abmahnung vom . . . . . eine Unterlassungsverfügung gegen sie beantragt.

Glaubhaftmachung: Kopie der Abmahnung vom . . . . .
– Anlage AG 1 –

Dieser Antrag wäre unzulässig und unbegründet.

Unter Vorbehalt weiteren Vortrags fassen wir wesentliche Einwendungen wie folgt zusammen:

I. Sachverhalt

a) Die Antragstellerin stellt her und vertreibt Arzneimittel, darunter das Mittel „X“. Die Antragsgegnerin stellt her und vertreibt Medizinprodukte, darunter das Vernebelungsgerät .....

b) Die mit der Abmahnung beanstandete Anzeige erschien im September „, in der Zeitschrift ..... Heft 9/.....

Glaubhaftmachung: Kopie der Anzeige aus ..... Heft 9/ .....
– Anlage AG 2 –

Der Leiter der Verkaufsabteilung der Antragstellerin, Herr Dr. ...., beanstandete das Erscheinen der Anzeige in einer E-Mail vom 17.10. ...., woraus sich ergibt, dass diese Anzeige zu dem damaligen Zeitpunkt der Antragstellerin bereits bekannt war. Herr Dr. .... ist ausweislich einer früheren Abmahnung, welche die Antragstellerin der Antragsgegnerin erteilt hat und die Herr Dr. .... unterzeichnet hat, für die Verfolgung von Wettbewerbsverstößen bei der Antragstellerin zuständig.

Glaubhaftmachung: 1. Ausdruck der E-Mail vom 17.10 .....
– Anlage AG 3 –
2. Kopie der Abmahnung vom .....
– Anlage AG 4

Diese Beanstandung wurde im Rahmen einer Veranstaltung am 8.1..... (.....) mit dem Geschäftsführer der Antragsgegnerin, Herrn ....., erörtert, wobei sich die Parteien nicht einigen konnten und Herr Dr. .... rechtliche Schritte androhte, die jedoch zunächst ausblieben.

Glaubhaftmachung: eidesstattliche Versicherung des Geschäftsführers der Antragsgegnerin
– Anlage AG 5 –

Seitdem ist die Anzeige nicht mehr erschienen. Eine weitere Veränderung des Sachverhalts hat sich nicht ergeben.
Die Antragstellerin hat mithin mehr als 1 Jahr von der nun beanstandeten Anzeige gewusst, ohne einzuschreiten.

c) Mit der Abmahnung wendet sich die Antragstellerin gegen die darin enthaltene Aussage, dass das Gerät der Antragsgegnerin für die Darreichung des Arzneimittels „X“ geeignet ist. Die Antragstellerin hat geltend gemacht, die Eignung des Vernebelungsgeräts der Antragsgegnerin sei nicht ausreichend nachgewiesen.
Dies ist unrichtig, denn die Aussage trifft zu und ist wissenschaftlich belegt.
.....

Glaubhaftmachung: .....
– Anlage AG 6 –

Die Antragsgegnerin hat der Antragstellerin mit Schreiben vom ..... umfangreiche wissenschaftliche Untersuchungen über die physikalische und klinische Prüfung der Eignung überlassen.

Glaubhaftmachung: Schreiben vom ..... nebst wissenschaftlichen Untersuchungen
– Anlage AG 7 –

Ohne auf die Untersuchungen inhaltlich einzugehen, monierte die Antragstellerin mit weiterem Schreiben vom ....., dass die Studien wissenschaftlichen Anforderungen nicht genügten.

Dies ist aber nicht der Fall .....

Glaubhaftmachung: Auszüge aus wissenschaftlichen Untersuchungen
– Anlage AG 8 –

II. Rechtslage

a) Zulässigkeit: fehlende Dringlichkeit
Die Vermutung der Dinglichkeit (§ 12 Abs. 1 UWG) ist widerlegt, da die Antragstellerin die Verfolgung ihrer Ansprüche trotz Kenntnis des beanstandeten Sachverhalts über 1 Jahr verzögert hat.[6]
Dabei ist das Wissen des Dr..... der Antragstellerin zuzurechnen, denn er ist für die Verfolgung von wettbewerbsrechtlichen Ansprüchen zuständig. Jedenfalls ist aber davon auszugehen, dass dieser, sollte er nicht selbst zuständig sein, den Geschäftsführer oder eine sonst für die Geltendmachung wettbewerbsrechtlicher Ansprüche zuständigen Stelle unterrichtet.

b) Begründetheit: kein Verfügungsanspruch
Die Antragstellerin macht zu Unrecht Ansprüche wegen irreführender Werbung gemäß §§ 5 Abs. 1 Nr. 1, 8 Abs. 1 UWG geltend.
   aa) Wegen der Branchenverschiedenheit der Parteien fehlt es bereits am konkreten Wettbewerbsverhältnis.
   bb) Die Werbung der Antragstellerin ist jedenfalls nicht irreführend, da die darin getroffenen Aussagen zutreffend und zudem wissenschaftlich belegt sind.
   cc) Ansprüche der Antragstellerin sind auch nicht aus § 3 UWG wegen Rufausbeutung begründet, denn die Antragsgegner weist lediglich sachlich auf die Verwendungsmöglichkeit ihres Produkts mit dem Arzneimittel der Antragstellerin hin.[7]

Auch markenrechtliche Unterlassungsansprüche aus § 14 Abs. 2, Abs. 5 MarkenG stehen der Antragstellerin nicht zu, weil die Erwähnung ihrer Marke keine kennzeichenmäßige Benutzung ist, aber jedenfalls als sachlicher Bestimmungshinweis gemäß § 23 Nr. 3 MarkenG zulässig wäre.
Daher bitten wir um antragsgemäße Entscheidung.

Rechtsanwalt

Anmerkungen

1. Der Antragsgegner erhält vor Erlass der einstweiligen Verfügung oft kein rechtliches Gehör, jedenfalls wenn zuvor abgemahnt wurde (BVerfG 30.9.2018 – 1 BvR 1783/17, NJW 2018, 3631 zum Presse- und Äußerungsrecht).

Muss der Antragsgegner mit einem Verfügungsantrag rechnen, kann er dem Gericht seine Einwendungen und Einreden vorsorglich in einer Schutzschrift darlegen und Glaubhaftmachungsmittel erbringen oder für den Fall eines Verfügungsantrags anbieten. Ziel ist es, das Gericht zur Zurückweisung des erwartenen Antrags zu veranlassen oder jedenfalls zur Gewährung ergänzenden rechtlichen Gehörs bzw. Anberaumung einer mündlichen Verhandlung.

Die Schutzschrift muss vom Gericht wegen Art. 103 Abs. 1 ZPO abgerufen und zur Kenntnis genommen werden (BVerfG 30.9.2018 – 1 BvR 1783/17, GRUR 2018, 1288 Rn. 22 – Die F.-Tonbänder; Musielak/Voit/Huber § 945a Rn. 5). Das Gericht entscheidet entweder sofort über den Antrag oder übermittelt sie dem Antragsteller und gibt Gelegenheit zu weiteren Ausführungen, setzt den Parteien Fristen zur Stellungnahme und/oder setzt eine mündliche Verhandlung an. In der Schutzschrift sollten nur Tatsachen offenbart werden, die dem möglichen Antragsteller bereits bekannt sind oder die Verteidigungsposition nicht schwächen. Das kann bei unvollständiger Aufarbeitung des Sachverhalts unter Zeitdruck im Abmahnverfahren oft zweifelhaft sein.

Zu bedenken ist weiter, dass im Falle eines Erlasses der einstweiligen Verfügung trotz Schutzschrift, das „Pulver verschossen" sein kann. Argumente, die den Richter von dem Erlass der einstweiligen Verfügung nicht abgehalten haben, werden ihn kaum veranlassen, die einstweilige Verfügung im Widerspruchsverfahren aufzuheben.

Bestehen an der Seriosität des Abmahnenden keine Zweifel, so genügt es jedoch häufig, diesem eine ausführliche Stellungnahme zukommen zu lassen, denn der Antragsteller ist gehalten, dem Gericht eine vorgerichtliche Reaktion des Antragsgegners darzulegen. Geschieht das nicht, so riskiert der Antragsteller, dass der Unterlassungsanspruch als rechtsmissbräuchlich spätestens im Widerspruchsverfahren qualifiziert und eine einstweilige Verfügung aufgehoben wird (§ 8 Abs. 4 UWG, Titelerschleichung; OLG München 8.6.2017 – 29 U 1210/17, WRP 2017, 1523; OLG Frankfurt a.M. 22.2.2019 – 6 W 9/19, MMR 2019, 313 Rn. 10, in Bezug auf ein Telefonat im konkreten Fall verneinend). Regelmäßig ermahnt der Rechtsanwalt des Abgemahnten den Abmahnenden auch durch einen Satz wie: „Ich gehe davon aus, dass Sie dieses Schreiben dem Gericht im Falle eines Antrags auf Erlass einer einstweiligen Verfügung vorlegen werden."

2. Schutzschriften sind beim zentralen Schutzschriftenregister einzureichen, das von der Landesjustizverwaltung Hessen geführt wird (§ 945a ZPO, Einzelheiten sind in der Schutzschriftenregisterverordnung – SRV geregelt).

Anwaltszwang besteht nicht (§ 920 Abs. 3 ZPO, s. Musielak/Voit/*Huber* § 945a Rn. 5). Rechtsanwälte müssen Schutzschriften zwingend beim zentralen Schutzschriftenregister einreichen (§ 49c BRAO), andere Personen können dies wie bisher beim jeweils als zuständig vermuteten Gericht tun.

Wir beschreiben nachfolgend den Normalfall der Einreichung einer Schutzschrift durch den Rechtsanwalt.

Bevor man mit der Bearbeitung beginnt, sollte man auf seinem PC in einem separaten Ordner die Schutzschrift und alle Anlagen im pdf-Format gespeichert haben, um diese in dem XJustiz-Datensatz zu erfassen und später per beA einreichen zu können.

Die Vorbereitung auf das Einreichen der Schutzschrift beginnt in der Website des Zentralen Schutzschriftenregisters (https://www.zssr.justiz.de/). Dort erzeugt man den für die erfolgreiche Einreichung bei beA erforderlichen XJustiz-Datensatz. Im oberen Bereich der Seite sind mehrere Reiter („Willkommen", „Antragsgegner" usw.) zu sehen. Man beginnt aber am unteren Ende der Seite, wo sich zwei Drop-Down Menüs befinden, bei dessen zweiten („Ausprägung") man „XJustiz-Download" wählt und durch Betätigung des Feldes „Übernehmen" bestätigt. Dabei geht es um das Erstellen eines XJustiz-Datensatzes, den man später bei der Einreichung der Schutzschrift über beA als Anhang beifügen muss. Dieser Datensatz ist nötig, weil andernfalls die Schutzschrift automatisch zurückgewiesen wird. Der Datensatz enthält Antragsgegner, Antragsteller, Streitgegenstand und die Bezeichnung der Anlagen, darunter auch die Schutzschrift selbst. Die Dateinamen der Anlagen müssen unbedingt mit dem XJustiz-Datensatz übereinstimmen, sonst wird die Schutzschrift automatisch zurückgewiesen.

Im nächsten Schritt wählt man nacheinander die einzelnen Reiter im oberen Bereich der Seite und füllt die sich öffnenden Seiten aus. Antragsgegner und Antragsteller werden wie im Verfahren bezeichnet, dh Antragsgegner ist die eigene Partei. Nach dem Ausfüllen wählt man das Feld „Erstellen" und es öffnet sich ein Formular zur Erfassung der Einzelheiten, nach deren Eingabe man erneut „Erstellen" betätigt und zum nächsten Reiter übergeht, wo sich die Prozedur wiederholt. Fehleingaben kann man durch Betätigen der entsprechenden Felder löschen oder ändern. Bei mehreren Antragsgegnern/Antragstellern wählt man „Erstellen" bei „Neuen Antragsgegner" bzw. „Antragsteller erstellen". Beim Streitgegenstand genügt eine kurze Angabe, wie etwa „Unlauterer Wettbewerb". Die Bearbeitung des Reiters „Anlagen" bedarf besonderer Sorgfalt, damit die Dateinamen der Anlagen mit dem so erzeugten XJustiz-Datensatz übereinstimmen. Die erfassten Daten werden innerhalb jedes Reiters in einer Tabelle angezeigt.

Im Reiter „Übersicht&Abschließen" erscheinen nochmals alle Angaben und können überprüft und bei Bedarf durch erneutes Aufrufen und Bearbeiten eines Reiters korrigiert oder ergänzt werden. Den „Zurück"-Button des Browsers sollte man dagegen nicht verwenden, kann aber den auftretenden Fehler auch durch erneutes Senden des Formulars korrigieren. Wenn alles korrekt ausgefüllt ist, betätigt man das Feld „Download XJustiz" und speichert die Datei zweckmäßigerweise am selben Ort, wo am Anfang auch die Anhänge zur späteren beA-Einreichung gespeichert worden waren.

Anschließend ruft man https://www.bea-brak.de/ auf, meldet sich an und wählt „Erstellen". Unter „Empfänger auswählen" wählt man „Empfänger aus:": „Gesamtes Verzeichnis", anschließend gibt man als „Name" ein: „Zentrales Schutzschriftenregister" und als „Ort": „Frankfurt", bestätigt den Empfänger und danach „OK". Die weiteren Angaben ergeben sich aus Rubrum und Aktenzeichen des Absenders. Unter „Anhang hochladen" wählt man die Schutzschrift, etwaige weitere Anlagen und, sehr wichtig, den zuvor erzeugten XJustiz-Datensatz aus. Anschließend sind die Daten bereit zum „Senden".

Schutzschriften werden gem. § 6 Abs. 1 SRV nach 6 Monaten gelöscht, sollten also, sofern über einen längeren Zeitraum mit einem Verfügungsantrag gerechnet wird, erneut eingereicht werden. Auf Antrag ist eine sofortige Löschung möglich (§ 6 Abs. 2 S. 1 SRV), was sich als zweckmäßig erweisen kann, wenn der Sachvortrag sich im Nachhinein als falsch herausstellt oder aktualisiert werden soll.

3. Ein konkreter Antrag ist nicht erforderlich, aber üblich. Er orientiert sich in Abmahnfällen zweckmäßigerweise, soweit vorhanden, am Wortlaut der geforderten Unterlassungserklärung. Es kann zusätzlich bereits ein Antrag nach § 926 gestellt werden: „Für den Fall des Erlasses einer einstweiligen Verfügung beantragen wir bereits jetzt, „1. anzuordnen, dass die Gläubigerin innerhalb zu bestimmender Frist beim Gericht der Hauptsache Klage zu erheben hat und 2. die Gläubigerin zu belehren, dass die einstweilige Verfügung auf Antrag der Schuldnerin aufzuheben ist, wenn sie dieser Anordnung nicht Folge leistet." (im Einzelnen → Form. VII.3.10).

4. Dem Antragsteller sind auf Antrag die Kosten einer bei Antragstellung vorliegenden Schutzschrift aufzuerlegen, wenn er seinen Antrag zurücknimmt. Wird der Antrag ohne mündliche Verhandlung zurückgewiesen, sind die Kosten dem Antragsteller aufzuerlegen (§§ 269 Abs. 4, Abs. 3 S. 2 ZPO bzw. §§ 936, 922, 91 ZPO; BGH 13.2.2003 – I ZB 23/02, GRUR 2003, 456). Die Kosten für die Einreichung einer Schutzschrift sind nicht erstattungsfähig, wenn diese erst nach Rücknahme oder Zurückweisung des Verfügungsantrags bei Gericht (Schutzschriftenregister) eingeht (BGH 23.11.2006 – I ZB 39/06, GRUR 2007, 727 Rn. 16 f. – Kosten der Schutzschrift II). Die Erstattungsfähigkeit der Kosten hängt nicht davon ab, dass das Gericht die Schutzschrift überhaupt zur Kenntnis genommen hat (OLG Hamburg, 4.7.2016 – 8 W 68/16, GRUR-RR 2016, 431 (432)).

Die Rücknahme des Verfügungsantrags ist vor Beginn einer mündlichen Verhandlung ohne Zustimmung des Antragsgegners zulässig (§ 269 Abs. 1 ZPO) und der Schriftsatz muss dem Antragsgegner auch nicht zugestellt werden (§ 269 Abs. 2 S. 3 ZPO). Diese Gesetzeslage passt nicht zu der von der hM angenommenen Kostenerstattungspflicht, denn ohne Kenntnis von dem Antrag und seiner Rücknahme kann der Antragsgegner keinen Kostenantrag stellen (§ 269 Abs. 4 ZPO). Vorsorglich wird im Muster der Kostenantrag daher bereits in der Schutzschrift gestellt, um über dessen Bescheidung Kenntnis von dem Verfahren zu erhalten.

Bleibt ein Verfügungsantrag aus, können die Kosten der Schutzschrift (s. u.) zwar mangels Prozessrechtsverhältnis nicht nach §§ 91 ff. ZPO zugesprochen werden, aber es kann auf

Grund eines materiellrechtlichen Kostenerstattungsanspruchs wegen unberechtigter Abmahnung ein Ersatzanspruch bestehen (OLG Hamburg 23.10.2013 – 4 W 100/13, GRUR-RR 2014, 96).

5. § 299 Abs. 1 ZPO gibt den Parteien ein Recht auf Akteneinsicht. Da das Prozessrechtsverhältnis schon mit der Antragstellung beginnt, ist der Antragsgegner Partei und daher zur Akteneinsicht berechtigt. Auch dieser Antrag soll dem Antragsgegner im Falle der Antragsrücknahme Kenntnis vom Verfügungsverfahren verschaffen (Gloy/*Loschelder/Danckwerts* § 97 Rn. 34).

6. → Form. VII.3.1 Anm. 14.

7. Zu den Anforderungen an Werbung mit wissenschaftlichen Studien BGH Urt. v. 6.2.2013 – I ZR 62/11, GRUR 2013, 649 – Basisinsulin mit Gewichtsvorteil.

Kosten und Gebühren

Gericht: Für das Einreichen der Schutzschrift fallen Gebühren gem. §§ 1 Abs. 2 Nr. 5a, 4 Abs. 1, Nr. 1160 KV Justizverwaltungskostengesetz iHv EUR 83,00 an.

Rechtsanwalt: Im Falle der Rücknahme oder Zurückweisung des Verfügungsantrags ohne mündliche Verhandlung steht dem RA des Antragsgegners für die Schutzschrift die 1,3-fache Gebühr nach Nr. 3100 RVG VV zu (BGH 13.3.2008 – I ZB 20/07, GRUR 2008, 640 – Kosten der Schutzschrift III).

Wird das Verfahren fortgesetzt, betrifft es dieselbe Angelegenheit (§ 16 Nr. 5 RVG).

3.10 Anordnung der Klageerhebung[1]

Muster 1: Antrag nach § 926 Abs. 1 ZPO[2]

Landgericht . . . . .[3]

Kammer für Handelssachen

. . . . .

. . . . .

AZ: . . . . .

In Sachen A GmbH . /. B GmbH (Gläubigerin) (Schuldnerin)

beantragen wir namens und in Vollmacht der Schuldnerin,[4]

1. **anzuordnen,[5] dass die Gläubigerin innerhalb zu bestimmender Frist beim Gericht der Hauptsache[6] Klage zu erheben[7] hat und**
2. **die Gläubigerin zu belehren, dass die einstweilige Verfügung vom . . . . . auf Antrag der Schuldnerin aufzuheben ist, wenn sie dieser Anordnung nicht Folge leistet.**

Begründung:

1. **Durch einstweilige Verfügung der Kammer vom . . . . . ist die Schuldnerin verpflichtet worden, die in Ziff. 1 des Tenors näher bezeichnete Werbung zu unterlassen. Die einstweilige Verfügung ist in Kraft. Ein Hauptsacheverfahren ist nicht anhängig.**
2. **Der Antrag nach § 926 ZPO ist zulässig und begründet.**

Wir regen an, eine Frist zur Erhebung der Hauptsache von nicht länger als 1 Monat[8] zu bestimmen. Die Sach- und Rechtslage ist von allenfalls durchschnittlicher Schwierigkeit und seit Erlass der einstweiligen Verfügung sind bereits 6 Wochen vergangen, in denen sich die Gläubigerin auf eine Hauptsacheklage vorbereiten konnte.

Rechtsanwalt

Muster 2: Antrag nach § 926 Abs. 2 ZPO

Landgericht . . . . .

Kammer für Handelssachen

. . . . .

. . . . .

AZ: . . . . .

Antrag nach § 927 Abs. 2 ZPO[9]

In Sachen A GmbH . /. B GmbH (Gläubigerin) (Schuldnerin)

beantragen wir namens und in Vollmacht der Schuldnerin,

1. die Aufhebung der einstweiligen Verfügung vom . . . . . durch Endurteil auszusprechen.
2. die Zwangsvollstreckung aus der in Klagantrag Ziff. 1 bezeichneten einstweiligen Verfügung ohne, hilfsweise gegen Sicherheitsleistung einstweilen einzustellen.[10]

Außerdem bitten wir, nahen Termin zur mündlichen Verhandlung zu bestimmen.[11]

Begründung:

Mit Beschluss des Rechtspflegers vom . . . . . ist der Antragstellerin Frist zur Erhebung der Hauptsacheklage gesetzt worden.

Diese Frist ist abgelaufen. Eine Klage ist nach Kenntnis der Antragsgegnerin nicht erhoben worden.

Daher ist die Aufhebung der einstweiligen Verfügung vom . . . . . durch Endurteil auszusprechen.

Die Zwangsvollstreckung ist einstweilig einzustellen, da die Abweisung der Hauptsacheklage überwiegend wahrscheinlich ist.

Wir bitten um baldige Terminierung.

Rechtsanwalt

Anmerkungen

1. § 926 ZPO: Das Vorgehen ist zweistufig. Zunächst ist Antrag auf Fristsetzung zur Erhebung der Hauptsacheklage (§ 926 Abs. 1 ZPO) und nach fruchtlosem Fristablauf Aufhebungsantrag (§ 926 Abs. 2 ZPO) zu stellen. Der Antrag nach § 926 ZPO bietet sich an, wenn der Antragsgegner die einstweilige Verfügung mangels tauglicher Glaubhaftmachungsmittel durch Widerspruch nicht erfolgreich angreifen, aber Beweismittel im Hauptsacheverfahren beibringen kann bzw. weil der Antragsteller die einstweilige Verfügung mit einer eidesstattlichen Versicherung von Personen erreicht hat, die im Hauptsacheverfahren keine Zeugen sein können, sodass sich die Beweislage im Hauptsacheverfahren für den Antragsgegner bessert.

2. Ist die Hauptsache noch nicht oder (nach Klagrücknahme) nicht mehr anhängig, so kann der Antrag nach § 926 Abs. 1 ZPO nach wohl hM frühestens nach Einreichung des Verfügungsantrags für den Fall gestellt werden, dass eine einstweilige Verfügung ergeht (MüKoZPO/*Drescher*, 5. Aufl. 2016, ZPO § 926 Rn. 3), zB auch im Rahmen einer Schutzschrift (→ Form. VII.3.9). Nach Erlass der einstweiligen Verfügung ist er neben Widerspruch oder Berufung zulässig. Statt Fristsetzungsantrag oder nach Fristsetzung kann der Antragsgegner die Hauptsache auch selbst durch negative Feststellungsklage rechtshängig machen (Nachteil: Gerichtskosten sind vorauszuzahlen). Das Rechtsschutzbedürfnis besteht, sobald die einstweilige Verfügung ergeht und solange sie nicht rechtskräftig aufgehoben ist (Musielak/Voit/*Huber* § 926 Rn. 8).

Das Rechtsschutzbedürfnis soll nach einer Ansicht fehlen, wenn der Schuldner den Wegfall des Verfügungsanspruchs behauptet, zB durch Abgabe einer strafbewehrten Unterlassungsverfügung, weil dann der Gläubiger nicht zur Hauptsacheklage gezwungen sein könne (Musielak/Voit/*Huber*, 17. Aufl. 2020, ZPO § 926 Rn. 3), eine Variante stellt auf den objektiven Wegfall des Anspruchs ab und bezeichnet das Verfahren nach §§ 927, 936 als vorrangig (MüKoUWG/*Schlingloff* § 12 Rn. 521), wiederum andere wollen nur bei offenkundigem Wegfall das Rechtsschutzbedürfnis absprechen (s. die Nachweise bei Gloy *Spätgens/Chang-Herrmann* § 107 Rn. 2 mwN, die selbst wieder differenzieren). Nach anderer Ansicht soll das nur der Fall sein, wenn der Anspruch in der Hauptsache auch nach dem Vortrag des Gläubiger unbegründet ist und der Gläubiger klar zum Ausdruck gebracht hat, dass er auf den Anspruch verzichtet und den Schuldner nicht aus der einstweiligen Verfügung in Anspruch nehmen wird (Köhler/Bornkamm/Feddersen/*Köhler* UWG § 12 Rn. 45).

Hat der Schuldner gegen eine einstweilige Verfügung ist eine (Wider-)Klage auf Feststellung erhoben, dass dem Antragsteller der Anspruch nicht zustehe, besteht bis zum Abschluss dieses Verfahrens kein Rechtsschutzbedürfnis für das Verfahren nach § 926 ZPO (OLG Düsseldorf, 28.3.2018 – 20 W 9/18, BeckRS 2018, 37796).

Für die Korrektur der Kostenentscheidung steht der Kostenwiderspruch zur Verfügung (→ Form. VII.3.6).

Der Antrag nach § 926 Abs. 1 ZPO ist nicht fristgebunden.

Gegen die Fristsetzung zur Klageerhebung durch den Rechtspfleger kann der Gläubiger die befristete Erinnerung nach § 11 Abs. 2 S. 1 RPflG erheben, über die das Gericht entscheidet, dem der Rechtspfleger angehört. Hat der Richter entschieden, gibt es kein Rechtsmittel (MüKoZPO/*Drescher*, 5. Aufl. 2016, ZPO § 926 Rn. 10).

3. Zuständig ist das Gericht, das die einstweilige Verfügung erlassen hat. Die Entscheidung über die Fristsetzung wird vom Rechtspfleger gefällt, weshalb auch kein Anwaltszwang besteht (§§ 13, 20 Nr. 14 RpflG). Der Antrag soll beim Rechtspfleger, kann aber auch beim Urkundsbeamten der Geschäftsstelle gestellt werden (§ 24 Abs. 2 Nr. 3, 26 RPflG, Gloy/*Spätgens/Chang-Herrmann* § 107 Rn. 3d).

4. Zur Formulierung der Entscheidung s. Gloy *Spätgens/Chang-Herrmann* § 107 Rn. 5.

5. Die Entscheidung ergeht durch Beschluss ohne mündliche Verhandlung. Nach hM muss eine Anhörung des Gläubigers stattfinden (Gloy *Spätgens/Chang-Herrmann* § 107 Rn. 5; MüKoZPO/*Drescher*, 5. Aufl. 2016, ZPO § 926 Rn. 4 jeweils mN zur Gegenmeinung). In der Praxis ist sie üblich.

6. Unter mehreren Gerichtsständen der Hauptsacheklage kann der Gläubiger wählen (§ 35 ZPO).

7. Die Hauptsacheklage muss dem Tenor der einstweiligen Verfügung inhaltlich entsprechen und die Begründung im Wesentlichen gleichlautend sein, so dass der Streitgegenstand den Sicherungsgegenstand voll umfasst (Gloy/*Spätgens/Chang-Herrmann* § 107 Rn. 14). Entscheidend ist, dass die Klage zur Überprüfung der Rechtmäßigkeit der

Eilmaßnahme führt. Die Anhängigkeit der Hauptsacheklage reicht zur Fristwahrung aus, wenn die Zustellung „demnächst" erfolgt (§ 167 ZPO).

8. Das Gericht (Rechtspfleger) entscheidet nach Ermessen, so dass kein Antrag erforderlich ist. Es sollte allerdings angeregt werden, eine möglichst kurze Frist zu bestimmen. Sie sollte mindestens 2 Wochen, in der Regel aber 3–4 Wochen betragen (Köhler/Bornkamm/Feddersen/*Köhler* UWG § 12 Rn. 3.46), im Interesse des Schuldners aber nicht mehr.

9. § 926 Abs. 2 ZPO: Nach fruchtlosem Verstreichen der Frist kann der Antragsgegner Aufhebungsantrag stellen. Der Antrag ist erst nach Fristablauf zulässig und kann nicht bereits mit dem Antrag nach § 926 Abs. 1 ZPO verbunden werden (Stein/Jonas/*Grunsky*, 22. Aufl. 2002, § 926 Rn. 17). Das Rechtsschutzbedürfnis im Sinne des § 926 Abs. 1 ZPO muss weiterhin vorliegen.

10. Analog §§ 936, 924 Abs. 3 S. 2, 707 ZPO (Musielak/Voit/*Huber*, 16. Aufl. 2019, ZPO § 926 Rn. 21). → Form. VII.3.5 Anm. 5.

11. Da eine Entscheidung durch Endurteil ergeht, ist mündlich zu verhandeln. Um die Eilbedürftigkeit einer Befreiung von der Unterlassungspflicht zu betonen, sollte die Bestimmung eines nahen Termins ausdrücklich angeregt werden.

Kosten und Gebühren

Gericht: § 926 Abs. 1 ZPO: Gebühren sind mit den Gebühren des Verfügungsverfahrens abgegolten; § 926 Abs. 2 ZPO: Gebühren fallen gesondert an (GKG KV Vorbemerkung 1.4.).

Rechtsanwalt: Das Verfahren nach § 926 ZPO bildet dieselbe Angelegenheit mit dem Verfügungsverfahren (§ 16 Nr. 5 RVG).

3.11 Aufforderung zum Verzicht auf die Rechte aus der einstweiligen Verfügung

[1]Einschreiben/Rückschein

Rechtsanwalt . . . . .

. . . . .

. . . . .

Sehr geehrter Herr . . . . .,

wir vertreten die rechtlichen Interessen der B-GmbH, ... Vollmacht ist beigefügt

Sie haben gegen unsere Mandantin beim LG . . . . . im Anschluss an den Kammertermin vom . . . . . eine einstweilige Urteilsverfügung erwirkt. Das Urteil ist inzwischen rechtskräftig.

Im Anschluss an Ihr Abschlussschreiben vom . . . . . haben wir die Akte nochmals geprüft und festgestellt, dass die Vollziehungsfrist versäumt wurde. Es wurde nämlich nicht uns zugestellt, sondern unserem Mandanten, obwohl wir uns für prozessbevollmächtigt erklärt hatten. Unser Mandant hat uns erst jetzt davon unterrichtet.[2]

Zur Vermeidung einer Aufhebungsklage (§ 927 ZPO) fordern wir Ihre Mandantin auf, bis spätestens

(Datum)

1. **rechtsverbindlich auf alle Rechte zu verzichten, die sich aus der einstweiligen Verfügung des LG . . . . . (Az. . . . . .) und aus dem Kostenfestsetzungsbeschluss vom . . . . . ergeben und alle Aufwendungen zu erstatten, die durch das Erwirken der einstweiligen Verfügung entstanden sind und**
2. **die festgesetzten und bezahlten Kosten in Höhe von . . . . . EUR zu erstatten.**

Weiter fordern wir Ihre Mandantin auf, die Ausfertigung der einstweiligen Verfügung und die vollstreckbare Ausfertigung des Kostenfestsetzungsbeschlusses vom . . . . . innerhalb obiger Frist herauszugeben und die Kosten unserer Inanspruchnahme gemäß beiliegender Kostenrechnung zu erstatten.

Mit freundlichen Grüßen, **Rechtsanwalt**

Anmerkungen

1. Das Muster dient dem Antragsgegner zur Vorbereitung eines Antrags nach § 927 ZPO und der Vermeidung eines sofortigen Anerkenntnisses des Antragstellers (§ 93 ZPO; s. OLG Frankfurt a. M. v. 21.3.2018 – 6 W 23/18, BeckRS 2018, 8156). Widerspruch oder Berufung, die ohne vorherige Verzichtsaufforderung möglich sind (→ Form. VII.3.8 Anm. 12 und → Form. VII.3.5 Anm. 1), kommen in dem hier zugrunde gelegten Fall nach Rechtskraft des Verfügungsurteils nicht in Betracht.

In dem Muster wird davon ausgegangen, dass eine Heilung (§ 189 ZPO) nicht stattgefunden hat (→ Form. VII.3.3 Anm. 1 a aa).

Der Antragsgegner sollte zusätzlich erwägen, sich zu unterwerfen, um einen weiteren Verfügungsantrag (sofern noch Dringlichkeit besteht, Musielak/Voit/*Huber* § 927 Rn. 7; → Form. VII.3.3 Anm. 2b) oder eine Hauptsacheklage (zu der Anlass iSv § 93 ZPO besteht: OLG Frankfurt a. M. 22.7.2019 – 6 W 50/19, BeckRS 2019, 17815) zu vermeiden.

2. Bestehen Zustellungsmängel, wie etwa das Fehlen eines Beglaubigungsvermerks, so so kann der Gläubiger darauf bestehen, sich vom Zustellungsmangel überzeugen zu können, andernfalls der Schuldner ein Anerkenntnis nach § 93 ZPO riskiert (OLG Koblenz 30.1.1989 – 6 W 20/89, GRUR 1989, 373).

Kosten und Gebühren

Gericht: Keine

Rechtsanwalt: Die Aufforderung zum Verzicht bereitet das Aufhebungsverfahren vor und bildet mit dem Verfügungsverfahren dieselbe Angelegenheit (§ 16 Nr. 5 RVG).

Bei erstmaliger Beauftragung entstehen Gebühren wie bei einer Abmahnung (→ Form. VII.1.10). Fraglich ist, ob die mit dem Aufforderungsschreiben anfallenden Rechtsanwaltsgebühren vom Antragsteller zu erstatten sind. Dagegen spricht die Erwägung des OLG Frankfurt a. M. (23.10.2000 – 16 W 40/00, OLGReport 2001, 147), der Antragsgegner dürfe die Kosten des Anordnungsverfahrens nicht über den Umweg des § 927 ZPO nachträglich wieder hereinholen, obwohl die einstweilige Verfügung begründet war. Diese Erwägung greift aber bei erstmaliger Beauftragung eines Rechtsanwalts nicht. Für die Übertragung der zur Abmahnung entwickelten Grundsätze spricht jedenfalls bei Versäumung der Vollziehungsfrist, dass der Antragsteller das

Verfügungsverfahren gewählt hat und Anlass zur Aufhebungsklage gibt. Wenn man eine Aufforderung zum Verzicht auf die Rechte aus der einstweiligen Verfügung zur Vermeidung von § 93 ZPO vom Antragsgegner fordert, ist nicht ersichtlich, warum für diese Anderes gelten soll als für eine Abmahnung. Schließlich bietet sich eine Übertragung der für eine Gegenabmahnung entwickelten Grundsätze an (→ Form. VII.1.9 Anm. 1). Für die Kostenerstattung im Übrigen sind die für die Abmahnung geltenden Grundsätze heranzuziehen (→ Form. VII.1.10).

Erledigt sich die einstweilige Verfügung dagegen durch Unterwerfung, kann jedenfalls für die gleichzeitige Aufforderung zum Verzicht keine Erstattung von Anwaltskosten gefordert werden, denn diese sind durch die erledigende Unterwerfung verursacht, nicht die Aufforderung.

Der Antragsteller kann sich bei Eintritt nachträglicher Umstände, die nach § 927 ZPO zur Aufhebung führen können, durch rechtzeitigen unaufgeforderten Verzicht (→ Form. VII.3.12) vor Kosten des Antragsgegners schützen.

3.12 Verzicht auf die Rechte aus einer einstweiligen Verfügung

[1]Einschreiben/Rückschein

B-GmbH

. . . . .

. . . . .

Sehr geehrter Herr C,

wir vertreten die rechtlichen Interessen der A-GmbH, ..., ... Eine entsprechende Vollmacht ist beigefügt.

I.

In Vertretung unserer Mandantin haben wir, nachdem Sie auf die Abmahnung vom . . . . . nicht reagiert haben, beim LG . . . . . eine einstweilige Beschlussverfügung erwirkt, in der Sie zur Unterlassung der in Ziff. 1 der Verfügung näher bezeichneten Werbung verpflichtet worden sind. Eine Kopie erhalten Sie in der Anlage.

Leider müssen wir feststellen, dass Ihnen die einstweilige Verfügung möglicherweise nicht frist- und formgerecht zugestellt worden ist. Wir haben uns daher entschieden, unsere Rechte ausschließlich im Hauptsacheverfahren weiterzuverfolgen.

Daher erklären wir namens und in Vollmacht unserer Mandantin:

1. Wir verzichten auf alle Rechte, die sich aus der einstweiligen Verfügung des LG . . . . . (Az. . . . . .)[2] und aus dem Kostenfestsetzungsbeschluss vom . . . . .[3] ergeben.
2. Wir verpflichten uns, Ihnen alle Aufwendungen zu erstatten, die durch das Erwirken und den Versuch der Vollziehung der einstweiligen Verfügung entstanden sind.[4] Die von Ihnen bereits bezahlten festgesetzten Kosten in Höhe von EUR . . . . . hat unsere Mandantin Ihnen mit heutiger Wertstellung zurücküberwiesen.

Die Ausfertigung der einstweiligen Verfügung und die vollstreckbare Ausfertigung des Kostenfestsetzungsbeschlusses vom . . . . . sind diesem Schreiben beigefügt.[5]

II.

Nachdem das LG . . . . ., das auch für das Hauptsacheverfahren zuständig ist, den Antrag auf Erlass einer einstweiligen Verfügung für zulässig und begründet gehalten hat, erwarten wir auch im Hauptsacheverfahren, dass Sie antragsgemäß verurteilt werden. Die Hauptsacheklage haben wir bereits erhoben.[6]

Mit freundlichen Grüßen, **Rechtsanwalt**

Anmerkungen

1. Erkennt der Antragsteller, dass die Vollziehungsfrist versäumt ist oder ein anderer Grund für die rückwirkende Aufhebung der einstweiligen Verfügung besteht, kann der Antragsteller das Rechtsschutzbedürfnis des Antragsgegners für einen Widerspruch (→ Form. VII.3.5) bzw. Aufhebungsantrag nach § 927 ZPO (→ Form. VII.3.8) beseitigen, indem er die in diesem Muster enthaltenen Erklärungen abgibt (s. BGH 1.4.1993 – I 2 R 70/91, GRUR 1993, 998; OLG Stuttgart 3.7.2008 – 2 U 27/08, OLGReport Stuttgart 2008, 924). Droht Widerspruch mit rückwirkender Aufhebung der einstweiligen Verfügung, insbesondere im Falle versäumter Vollziehungsfrist, so sollte er sich damit beeilen, denn der Antragsgegner kann den Widerspruch ohne vorherige Aufforderung zum Verzicht auf die Rechte aus der einstweiligen Verfügung erheben (→ Form. VII.3.5 Anm. 1).

Der Antragsgegner kann von einer nicht zugestellten Beschlussverfügung durch einen (verfrühten) Kostenfestsetzungsantrag des Antragstellers oder eine (entgegen üblicher Praxis ohne Anhörung des Antragstellers dem Antragsgegner übersandten) Gerichtskostenrechnung der Justizkasse Kenntnis erhalten. Dem danach drohenden Widerspruch kann der Antragsteller zuvorkommen und dadurch eine Belastung mit etwaigen Rechtsanwaltskosten des Schuldners vermeiden, wenn der Antragsgegner noch nicht anwaltlich vertreten war, da sich die vom Antragsteller zu tragenden Kosten dann noch in Grenzen halten. Entscheidet sich der Gläubiger für die Antragsrücknahme, so kann er dieselbe Wirkung erzielen indem er, was jederzeit bis zur Rechtskraft einer etwaigen Urteilsverfügung möglich ist, den Antrag auf Erlass einer einstweiligen Verfügung zurücknimmt, wobei sich die Kostentragungspflicht dann aus § 269 Abs. 3 ZPO analog ergibt (OLG Frankfurt a. M. 21.3.2018 – 6 W 23/18, BeckRS 2018, 8156 Rn. 5; Köhler/Bornkamm/Feddersen/*Köhler* UWG § 12 Rn. 3.6). Die Kosten eines nach Antragsrücknahme vom Schuldner bestellten Rechtsanwalt sind vom Gläubiger nicht zu erstatten (BGH 23.11.2006 – I ZB 39/06, NJW-RR 2007, 1575).

2. Der Verzicht auf die Rechte aus der einstweiligen Verfügung bzw. die Rücknahme des Verfügungsantrags kann auch angezeigt sein, wenn die einstweilige Verfügung aus sonstigen Gründen mit ex nunc Wirkung entfällt, etwa im Falle der Erledigung. Dann ist allerdings der Verzicht auf den Unterlassungstenor zu beschränken, während die Kostenentscheidung und damit auch der Kostenfestsetzungsbeschluss bestehen bleiben sollten, denn diese waren ja zum Zeitpunkt des Erlasses begründet. Legt der Schuldner insoweit (Kosten-)Widerspruch ein, kann der Gläubiger im Widerspruchsverfahren den Kostenausspruch verteidigen oder die Hauptsache für erledigt erklären, so dass nach § 91a ZPO zu entscheiden ist.

3. Der Verzicht auf die Rechte aus dem Kostenfestsetzungsbeschluss ist bei rückwirkender Aufhebbarkeit der einstweiligen Verfügung erforderlich (BGH 1.4.1993 – I ZR 70/91, GRUR 1993, 998; ähnlich zum sofortigen Anerkenntnis des Antragstellers im Aufhebungsverfahren OLG Karlsruhe 2.10.1997 – 6 W 97/97, WRP 1998, 330 und OLG Karlsruhe 21.8.1995 – 6 W 27/95, WRP 1996, 120).

Hat sich der Gläubiger für die Antragsrücknahme entschieden, so sollte außerdem der Kostenfestsetzungsantrag zurückgenommen werden, wodurch zugleich ein etwaiger Kostenfestsetzungsbeschluss wirkungslos wird (OLG Düsseldorf 17.3.2016 – II-1 WF 50/16, BeckRS 2016, 6776).

4. Diese Erklärung ist erforderlich, da die eigenen Kosten des zunächst unterlegenen Antragsgegners nicht festgesetzt sind und der Antragsgegner andernfalls eine Kostenentscheidung über § 927 ZPO anstreben könnte (BGH 1.4.1993 – I ZR 70/91, GRUR 1993, 998).

5. Zum Erfordernis der Titelherausgabe BGH 1.4.1993 – I ZR 70/91, GRUR 1993, 998; der Meinung von Grunsky (Stein/Jonas/*Grunsky*, 22. Aufl. 2002, § 927 Rn. 17), das Angebot der Herausgabe reiche aus, sollte der Antragsteller vorsichtshalber nicht folgen.

6. Ein weiterer Antrag auf Erlass einer einstweiligen Verfügung scheitert bei Versäumung der Vollziehungsfrist idR an fehlender Dringlichkeit (→ Form. VII.3.3 Anm. 2b). Eine Wiederholung der Abmahnung ist nicht erforderlich, soweit bereits eine Abmahnung erfolglos geblieben ist.

Kosten und Gebühren

Gericht: Keine
Rechtsanwalt: War der RA bereits im Verfügungsverfahren tätig, betrifft das Schreiben dieselbe Angelegenheit, da es der Aufhebung der einstweiligen Verfügung vorbeugt (§ 16 Nr. 5 RVG). War der RA im Verfügungsverfahren nicht tätig, entsteht die Geschäftsgebühr (RVG VV Nr. 2300).

3.13 Abschlussschreiben

[1]Einschreiben/Rückschein

B GmbH

z. H. Herrn Geschäftsführer . . . . .[2]

. . . . .

. . . . .

A GmbH./. B GmbH

Sehr geehrter Herr C,

erneut vertreten wir die Interessen der Firma A GmbH, ..., ...

Wie Ihnen bekannt ist, haben wir beim Landgericht . . . . . eine einstweilige Verfügung vom . . . . . (AZ: . . . . .) gegen Sie persönlich und Ihr Unternehmen erwirkt.

Diese einstweilige Verfügung ist jedoch nur eine vorläufige Regelung, die in der Wirkung einem rechtskräftigen Urteil in der Hauptsache nicht gleichsteht. Sie beseitigt die Wiederholungsgefahr für den Unterlassungsanspruch nicht. Zudem bewirkt nur ein rechtskräftiges Urteil in der Hauptsache eine Verlängerung der Verjährungsfrist auf 30 Jahre (§ 197 Abs. 1 Nr. 3 BGB).

Es wäre daher erforderlich, die Unterlassungsansprüche unserer Mandantin durch ein Hauptsacheverfahren rechtskräftig titulieren zu lassen.

Ein mit zusätzlichen, von Ihnen zu tragenden Kosten verbundenes Hauptsacheverfahren können Sie jedoch vermeiden, indem Sie eine Abschlusserklärung abgeben, wodurch die einstweilige Verfügung zur endgültigen Regelung erstarkt.

In der Anlage erhalten Sie den Entwurf einer Abschlusserklärung. Wir geben Ihnen Gelegenheit, diese bis spätestens

(Datum)[3]

zu unseren Händen unterschrieben zurückzusenden.

Sollte dies unterbleiben, wird unsere Mandantin ihre Ansprüche in einem Hauptsacheverfahren weiterverfolgen. Wir haben Klageauftrag[4]

Wie bereits dargelegt, sind Sie unserer Mandantin zum Schadensersatz verpflichtet. Sie sind daher auch verpflichtet, die Kosten unserer Inanspruchnahme für diese Aufforderung zur Abgabe einer Abschlusserklärung zu tragen. Außerdem liegt diese Aufforderung in Ihrem eigenen Interesse, so dass Sie auch unter dem Gesichtspunkt des Aufwendungsersatzes für Geschäftsführung ohne Auftrag zur Erstattung unserer Kosten verpflichtet sind.[5] Auch hierfür setzen wir Ihnen die oben genannte Frist.

Mit freundlichen Grüßen **Rechtsanwalt**

Anmerkungen

1. Das Abschlussschreiben des Gläubigers gibt dem Schuldner nach einstweiliger Verfügung die Gelegenheit zur Abgabe einer Abschlusserklärung. Es handelt sich um eine Abmahnung, die eine Erhebung der Hauptsacheklage vermeiden soll (Funktion ist der Abmahnung vergleichbar: BGH 22.1.2015 – I ZR 59/14, GRUR 2015, 822 Rn. 35 – Kosten für Abschlussschreiben II). Anders als die Abmahnung hat das Abschlussschreiben keine doppelte Rechtsnatur, denn sie ist nicht auf den Abschluss eines Vertrags gerichtet. Die Abschlusserklärung ist eine Rechtsmittelschrift, keine Vertragserklärung. Durch die Erteilung eines Abschlussschreibens kann der Gläubiger verhindern, dass die Hauptsacheklage vom Beklagten sofort im Sinne von § 93 ZPO anerkannt wird (BGH 4.3.2008 – VI ZR 176/07, GRUR-RR 2008, 368 (369)). Das Abschlussschreiben ist Teil des Hauptsacheverfahrens (BGH 4.3.2008 – VI ZR 176/07, GRUR-RR 2008, 368 Rn. 7), was für die Anwaltsgebühren und die Bestimmung des richtigen Adressaten Bedeutung hat (→ Anm. 2 und → Anm. 5).

Anders als die einstweilige Verfügung bietet das rechtskräftige Urteil in der Hauptsache dauerhafte Sicherheit (s. BGH 4.3.2008 – VI ZR 176/07, GRUR-RR 2008, 368 Rn. 8):

a) es ist nicht durch unbefristete Rechtsbehelfe (§§ 924, 926, 927 ZPO) angreifbar;
b) es beseitigt die Wiederholungsgefahr (auch gegenüber Dritten: BGH 19.12.2002 – I ZR 160/00, GRUR 2003, 450 – Begrenzte Preissenkung);
c) die Hemmung der 6-monatigen Verjährungsfrist (§ 11 Abs. 1 S. 1 UWG) endet 6 Monate nach rechtskräftiger Beendigung oder Nichtbetreiben des Verfügungsverfahrens (§ 204 Abs. 1 Nr. 9, Abs. 2 BGB), während der rechtskräftig durch Urteil in der Hauptsache titulierte Anspruch in 30 Jahren verjährt (§ 197 Abs. 1 Nr. 3 BGB).

Einer Hauptsacheklage fehlt das Rechtsschutzbedürfnis (BGH 5.7.1990 – I ZR 148/88, GRUR 1991, 76 (77) – Abschlusserklärung), wenn der Verletzte durch eine Abschlusserklärung so gestellt wird, als sei sein Anspruch durch ein rechtskräftiges Urteil in der Hauptsache tituliert. Die vom Antragsgegner geforderte Abschlusserklärung kann dem Aufforderungsschreiben als Entwurf beigelegt werden.

Bei Klageerhebung ohne vorheriges Abschlussschreiben kann der Antragsgegner nach § 93 ZPO sofort anerkennen (BGH 5.7.1990 – I ZR 148/88, GRUR 1991, 76 (77) – Abschlusserklärung). Dies soll nach Bestätigung der einstweiligen Verfügung im Widerspruchsverfahren selbst dann gelten, wenn der Antragsteller vor dem Widerspruch zur Abschlusserklärung ohne Reaktion des Antragsgegners aufgefordert hatte, und dies nach Abschluss des Widerspruchsverfahrens, sei es durch Bestätigung der Beschlussverfügung oder Rücknahme des Widerspruchs, nicht noch einmal wiederholt hat (s. Köhler/Bornkamm/Feddersen/*Köhler* UWG § 12 Rn. 3.70).

Der durch einstweilige Verfügung abgesicherte Gläubiger muss dem Antragsgegner eine angemessene Prüfungs- und Überlegungsfrist lassen, ehe er zur Abgabe der Abschlusserklärung auffordert bzw. Hauptsacheklage erhebt. Das ist auch Voraussetzung für die Kostenerstattungspflicht des Antragsgegners und Vermeidung eines Anerkenntnisses nach § 93 ZPO bei einer Hauptsacheklage. Der Gläubiger ist durch die einstweilige Verfügung abgesichert und die Verjährung gemäß § 204 Abs. 1 Nr. 9 BGB gehemmt, so dass zu besonderer Eile mit der Erhebung der Hauptsacheklage in der Regel kein Grund besteht. Dagegen ist eine sofortige Hauptsacheklage veranlasst, wenn der Schuldner Widerspruch eingelegt hat und absehbar ist, dass der Widerspruch Erfolg haben wird (Hinweis des Gerichts in Bezug auf Versäumung der Vollziehungsfrist: OLG Frankfurt a. M. 22.7.2019 – 6 W 50/19, BeckRS 2019, 17815).

Dabei ist zwischen Wartefrist und Erklärungsfrist zu unterscheiden. Der BGH (4.3.2008 – VI ZR 176/07, GRUR-RR 2008, 368 (370)) hatte zunächst eine Wartefrist von drei Wochen nach Zustellung der einstweiligen Verfügung für die Aufforderung als angemessen bezeichnet, damit aber keine feste Grenze gezogen. Später hat er für den Kostenerstattungsanspruch eine Wartefrist von mindestens zwei und nicht mehr als drei Wochen definiert (BGH 22.1.2015 – I ZR 59/14, GRUR 2015, 822 Rn. 22 – Kosten für Abschlussschreiben II) und schließlich ausgeführt, es sei im Regelfall geboten und ausreichend, wenn der Gläubiger eine Wartefrist von zwei Wochen, gegebenenfalls unter Beachtung des § 193 BGB einhalte (BGH 30.3.2017 – I ZR 263/15, GRUR 2017, 1160 Rn. 35 – BretarisGenuair; Köhler/Bornkamm/Feddersen/*Köhler* UWG § 12 Rn. 3.71) .

Hinzu kommt aber zwangsläufig noch eine Erklärungsfrist. Insoweit hat der BGH in „Kosten für Abschlussschreiben II" ebenfalls Klarheit geschaffen und ausgeführt, dass der Gläubiger die Kostenfolge des § 93 ZPO im Hauptsacheverfahren vermeiden kann, wenn er dem Schuldner zusätzlich zu der Wartefrist eine Erklärungsfrist von im Regelfall mindestens zwei Wochen für die Prüfung einräumt, ob er die Abschlusserklärung abgeben will, wobei die Summe aus Warte- und Erklärungsfrist nicht kürzer als die Berufungsfrist (§ 517 ZPO = 1 Monat) sein dürfe..

Allerdings sind dies nur Regelfristen, die eine Berücksichtigung der Umstände des Einzelfalls nicht ausschließen. In die Bemessung der Überlegungsfrist sollte auch einfließen, ob der Schuldner aus dem Beschluss selbst die Reichweite und maßgeblichen Gründe der Entscheidung entnehmen kann bzw. Kenntnis von der Antragsschrift erhalten hat. Bei Beschlussverfügungen ohne Gründe, denen die Antragsschrift bei Zustellung nicht beigefügt wird, was einer verbreiteten (unschönen) Praxis entspricht, kann eine längere Prüfungs- und Überlegungsfrist zu gewähren sein, die auch den Zeitraum bis zu einer notwendigen Akteneinsicht zu berücksichtigen hat. Dies ist ein weiteres Argument dafür, dem Antragsgegner eine Beschlussverfügung, die keine Gründe enthält, immer mit Antragsschrift zuzustellen, auch wenn das Gericht das nicht angeordnet hat. Der Antragsgegner sollte es allerdings seinerseits nicht bei einem Gesuch um Akteneinsicht bewenden lassen, sondern den Gläubiger um eine Kopie der Antragsschrift bitten und ihn darauf hinweisen, dass andernfalls die Akteneinsicht abgewartet und anschließend für einen angemessenen Zeitraum geprüft werden muss.

Bei Unterschreitung der aus Wartefrist und Erklärungsfrist zusammengesetzten Gesamtfrist wird eine angemessene Frist in Gang gesetzt (BGH 22.1.2015 – I ZR 59/14, GRUR 2015, 822 Rn. 25 – Kosten für Abschlussschreiben II).

Der Schuldner sollte die Wartefrist nutzen, um ggf. von sich aus eine Abschlusserklärung abzugeben. Der Rechtsanwalt des Schuldners muss diesen regelmäßig auf die Möglichkeit einer Kostenvermeidung durch rechtzeitige freiwillige Abgabe der Abschlusserklärung hinweisen. Davon kann er allenfalls und ausnahmsweise dann absehen, wenn Kostengesichtspunkte für den Schuldner nur untergeordnete Bedeutung haben (BGH 8.12.2005 – IX ZR 188/04, GRUR 2006, 349 (350) – Anwaltshaftung).

Wie die Abmahnung ist auch das Schreiben mit einer Aufforderung zur Abschlusserklärung zugangsbedürftig (Köhler/Bornkamm/Feddersen/*Köhler* UWG § 12 Rn. 3.72; zur Abmahnung → Form. VII.1.2 Anm. 2).

2. Das Abschlussschreiben ist an den Rechtsanwalt des Schuldners zu richten, wenn diese bereits Prozessvollmacht in der Hauptsache angezeigt hatten. Ist ein Rechtsanwalt aber nur im Verfügungsverfahren aufgetreten, etwa im Rahmen eines Widerspruchsverfahrens, so folgt daraus noch keine Bevollmächtigung für das Hauptsacheverfahren und damit auch nicht für den Empfang des Abschlussschreibens. Selbst wenn der Schuldner im Verfügungsverfahren anwaltlich vertreten war, ist das Abschlussschreiben somit an den Schuldner selbst zu richten, da es dem Hauptsacheverfahren zuzuordnen ist (OLG Hamburg Urt. v. 15.5.2007 – 7 UF 23/05, NJW-RR 2007, 1417 (1419); sa BGH 4.3.2008 – VI ZR 176/07, GRUR-RR 2008, 368, 369).

3. Eine Fristsetzung ist nicht erforderlich, aber aus Gründen der Klarheit empfehlenswert.

4. Die Ähnlichkeit von Abmahnung und Abschlussschreiben spricht dafür, auch hier die Androhung gerichtlicher Schritte bzw. der Hauptsacheklage für erforderlich zu halten (→ Form. VII.1.2 Anm. 13, Köhler/Bornkamm/Feddersen/*Köhler* UWG § 12 Rn. 3.71; aA OLG Zweibrücken 4.4.2002 – 4 W 23/02, GRUR-RR 2002, 344).

5. Als Anspruchsgrundlage kommt außer einem Schadensersatzanspruch (zur Streitfrage → Form. VII.1.10 Anm. 1a; Vorteil: dieser ergibt sich aus dem UWG – § 9 – und führt zur Zuständigkeit des LG, § 13 Abs. 1 S. 1 UWG), nach Auffassung des BGH jedoch ein Anspruch auf Erstattung von Aufwendungen wegen berechtigter Geschäftsführung ohne Auftrag in Betracht (BGH 22.1.2015 – I ZR 59/14, GRUR 2015, 822 Rn. 14 – Kosten für Abschlussschreiben II; 8.12.2005 – IX ZR 188/04, GRUR 2006, 349 (350) – Anwaltshaftung). Im Übrigen müssen die für die Abmahnung entwickelten Grundsätze auf das Abschlussschreiben übertragen werden. Die für die Abmahnung entwickelten Grundsätze gelten auch für den Ausschluss eines Erstattungsanspruchs bei Abschlussschreiben eines Rechtsanwalts im eigenen Namen, jedenfalls wenn er bereits das Verfügungsverfahren durchgeführt hat (BGH 12.12.2006 – VI ZR 188/05, GRUR 2007, 621 – Abschlussschreiben) und in Fällen von Verbandsklagen (OLG Brandenburg 4.4.2007 – 7 U 175/06, OLGReport Brandenburg 2008, 242).

Ein Kostenerstattungsanspruch besteht nur, wenn die Wartefrist gewahrt wurde und der Schuldner nicht von sich aus zuvor eine Abschlusserklärung abgegeben hat, da die Einschaltung des Rechtsanwalts zu diesem Zeitpunkt noch nicht bzw. nicht mehr erforderlich war (OLG Frankfurt a. M. 22.5.2003 – 6 U 6/03, GRUR-RR 2003, 274; sa BGH 8.12.2005 – IX ZR 188/04, GRUR 2006, 349 (350) – Anwaltshaftung). Die zu kurz bemessene Erklärungsfrist steht einem Erstattungsanspruch dagegen nicht entgegen, da zu diesem Zeitpunkt – nach fruchtlosem Verstreichen der Wartefrist – die Einschaltung des Rechtsanwalts erforderlich war und die zu kurz bemessene Fristsetzung lediglich eine angemessene, längere Erklärungsfrist in Gang setzt.

Kosten und Gebühren

Gericht: Keine

Rechtsanwalt: Das Abschlussschreiben gehört nicht mehr zum Verfügungsverfahren und ist daher eine besondere Angelegenheit (BGH Urt. v. 4.3.2008 – VI ZR 176/07, GRUR 2008, 368 (369); BGH 4.2.2010 – I ZR 30/08, GRUR 2010, 1038 Rn. 27 f. – Kosten für Abschlussschreiben).

Hat der Rechtsanwalt bereits Prozessauftrag, wie hier, so reduziert sich wie bei der Abmahnung die Verfahrensgebühr auf 0,8, wenn sich der Schuldner unterwirft, also die Abschlusserklärung abgibt (RVG VV Nr. 3101 Nr. 1, s. BGH 4.3.2008 – VI ZR 176/07, GRUR-RR 2008, 368 und → Form. VII.1.10 Anm. 3).

Besteht dagegen noch kein Prozessauftrag, so ist fraglich, welche Gebühr entsteht. Nach BGH 4.2.2010 – I ZR 30/08, GRUR 2010, 1038 Rn. 31 – Kosten für Abschlussschreiben ist das Abschlussschreiben anders als bloße Zahlungsaufforderungen, Mahnungen oder Einwohnermeldeamtsanfragen, kein einfaches Schreiben gem. Nr. 2301 RVG VV, für das nur eine 0,3 Gebühr anfällt, sondern die Geschäftsgebühr im Allgemeinen auf der Grundlage von Nr. 2300 RVG VV zu berechnen, die einen Gebührenrahmen von 0,5–2,5 vorsieht, sodass regelmäßig eine Gebühr von 1,3 angemessen ist. Dennoch ist der BGH dem BerGer im konkreten Fall gefolgt und hat das Abschlussschreiben lediglich als einfaches Schreiben iSv Nr. 2301 RVG VV gewürdigt. Die gegenüber der Kl. ausgesprochene Aufforderung zur Abgabe der Abschlusserklärung habe keine erneute rechtliche Prüfung des Sachverhalts erfordert. Der von der Bekl. im Eilverfahren vertretene Rechtsstandpunkt sei in der mündlichen Verhandlung über den Widerspruch vom Gericht als zutreffend bestätigt worden, was zur Rücknahme ihres Widerspruchs geführt habe. Dementsprechend sei im Abschlussschreiben auf die mündliche Verhandlung im Eilverfahren, in der die Kl. bereits die Abgabe einer Abschlusserklärung in Aussicht gestellt hatte, Bezug genommen worden. In rechtlicher Hinsicht werde lediglich ausgeführt, die Kl. möge bestätigen, dass sie die einstweilige Verfügung als endgültige Regelung anerkenne und auf die Rechte aus den §§ 924, 926 und 927 ZPO verzichte. Hierbei handele es sich nur um eine Standardformulierung, die üblicherweise in einem Abschlussschreiben enthalten sei. Demgegenüber hat der BGH in seinem Urt. v. 2201.2015 – I ZR 59/14, GRUR 2015, 822 Rn. 35 – Kosten für Abschlussschreiben II erneut bekräftigt, dass regelmäßig eine Gebühr von 1,3 angemessen sei. Die instanzgerichtliche Praxis folgt dem (s. LG Frankfurt a. M. 25.1.2018 – 2-03 O 203/17, BeckRS 2018, 10724; anders im Einzelfall wegen des einfachen Charakters des Schreibens OLG Frankfurt a. M. 8.5.2018 – 6 U 147/17, BeckRS 2018, 11676, Rn. 15).

3.14 Abschlusserklärung[1]

Abschlusserklärung

Der Unterzeichner, ... , ... erklärt im eigenen Namen[2] und als alleiniger Geschäftsführer der Firma B GmbH, ... , ... gegenüber der A GmbH:

1. **Ich erkenne die einstweilige Verfügung des Landgerichts . . . . . . vom . . . . . . (AZ: . . . . . .) als zwischen den Parteien materiellrechtlich verbindliche, endgültige Regelung an, die in ihren Wirkungen einem rechtskräftigen Urteil gleichsteht.[3]**
2. **Ich verzichte auf alle Rechtsmittel gegen die in Ziff. 1 genannte einstweilige Verfügung, insbesondere des Widerspruchs, § 924 ZPO – unter Vorbehalt eines Kostenwiderspruchs,[4] der Fristsetzung zur Hauptsacheklage, § 926 ZPO, der Aufhebung**

wegen veränderter Umstände, § 927 ZPO – unter Vorbehalt von Einwendungen, die einem rechtskräftigen Hauptsachetitel nach § 767 ZPO entgegengehalten werden könnten.[5]

. . . . . ., ...

(Unterschrift)[6]

Anmerkungen

1. Das Muster stellt den Entwurf des Gläubigers dar, den er dem Abschlussschreiben beilegt. Die Abschlusserklärung stellt den Gläubiger nur dann so, wie er mit einem rechtskräftigen Titel stünde, wenn der Schuldner den von ihm verlangten Verzicht auf Rechtsmittel unbedingt erklärt.

Die Abschlusserklärung beseitigt das Rechtsschutzbedürfnis für die Hauptsacheklage. Ist die Abschlusserklärung allerdings auflösend durch den günstigen Ausgang eines Parallelrechtsstreits bedingt, so beseitigt sie das Rechtsschutzbedürfnis für eine Klage erst dann, wenn feststeht, dass die Bedingung nicht mehr eintreten kann, weil im Parallelrechtsstreit rechtskräftig entschieden oder dessen Ergebnis wiederum durch Abschlusserklärung verfestigt wurde (BGH 5.7.1990 – I ZR 148/88, GRUR 1991, 76 (77) – Abschlusserklärung).

Nach Abschlusserklärung besteht auch im Falle eines Verstoßes gegen die Unterlassungspflicht grds. kein Rechtsschutzbedürfnis für eine Unterlassungsklage mehr (BGH 19.5.2010 – I ZR 177/07, GRUR 2010, 855 – Folienrollos). Eine Ausnahme gilt dann, wenn der Ausgang im Zwangsvollstreckungsverfahren ungewiss ist und eine Verjährung der auf Grund des erneuten Verstoßes geltend zu machenden wettbewerbsrechtlichen Ansprüche droht: BGH 7.4.2011 – I ZR 34/09, GRUR 2011, 742 – Leistungspakete im Preisvergleich.

Die Abschlusserklärung beseitigt die Wiederholungsgefahr auch mit Wirkung gegenüber Dritten (Köhler/Bornkamm/Feddersen/*Köhler* UWG § 12 Rn. 3.77). Gibt der Schuldner statt einer Abschlusserklärung eine Unterlassungserklärung ab, entfällt zwar nicht das Rechtsschutzbedürfnis für die Hauptsacheklage, sie wäre aber unbegründet, weil die Wiederholungsgefahr fehlt.

Die Abschlusserklärung ist zugangs-, aber nicht annahmebedürftig, da es sich um einen Rechtsmittelverzicht, also eine einseitige Erklärung handelt und, anders als die Unterwerfung nach Abmahnung, keine auf den Abschluss eines Vertrags gerichtete Willenserklärung (Köhler/Bornkamm/Feddersen/*Köhler* UWG § 12 Rn. 3.76).

Wird ein Verfügungsverfahren nach Erlass der einstweiligen Verfügung und Einlegung von Widerspruch fortgeführt und gibt der Schuldner dann eine Abschlusserklärung ab, so muss nach einer Ansicht der Gläubiger eine Erledigungserklärung beschränkt auf die Zukunft abgeben, denn dann bleibt der Bestand der einstweiligen Verfügung unberührt (OLG Hamburg 17.3.2015 – 7 U 82/14, ZUM-RD 2015, 461). Nach anderer Ansicht beinhaltet die Abgabe einer Abschlusserklärung im laufenden Widerspruchsverfahren eine Rücknahme des Widerrufs, mit dem das Widerrufsverfahren beendet wird (OLG Frankfurt a. M. 12.9.2017 – 6 W 58/17, BeckRS 2017, 129415 Rn. 4).

2. Es wird hier unterstellt, dass die einstweilige Verfügung auch gegen den Geschäftsführer ergangen ist (zu seiner Passivlegitimation → Form. VII.2.1 Anm. 15 und → Form. VII.1.4 Anm. 2).

3. Die Anerkennung der einstweiligen Verfügung „als Hauptsacheentscheidung" ist ausreichender und notwendiger Inhalt eines Abschlussschreibens (in OLG Stuttgart

22.2.2007 – 2 U 173/06, OLGReport Stuttgart 2007, 921, wurde folgende Erklärung als ausreichend betrachtet: „wird der Anspruch durch die Ag. anerkannt . . . . . . gleichzeitig erklärt die Ag., dass sie dieses Anerkenntnisurteil als endgültige Regelung hinnehmen wird, sodass sich ein Hauptsacheverfahren erübrigt"; sa OLG Zweibrücken 4.4.2002 – 4 W 23/02, GRUR-RR 2002, 344). Erklärt der Schuldner, dass die einstweilige Verfügung als „endgültige, materiell-rechtlich verbindliche Regelung anerkannt wird", so soll das zugleich den Verzicht auf einen Widerspruch beinhalten, selbst wenn daneben zwar auf die Rechte aus § 926 ZPO und – teilweise – aus § 927 ZPO verzichtet wurde, nicht aber (ausdrücklich) auch auf § 924 ZPO, so dass kein Anlass zur Hauptsacheklage besteht, wenn keine konkreten Anhaltspunkte die Annahme nahe legen, dass der Schuldner sich tatsächlich das Recht zum Widerspruch vorbehalten wollte; vielmehr bestehe dann nur Anlass zur Anforderung einer Klarstellung (OLG Frankfurt a. M. 10.1.2019 – 6 U 112/18, WRP 2019, 653; einfaches Schreiben nach Ziff. 2300 VV-RVG). Anlass zur Hauptsacheklage besteht, wenn der Schuldner erklärt: „Wir erkennen die Urteilsverfügung vom . . . . . . hiermit als endgültige Regelung an. Wir verzichten insbesondere auf die Rechte aus § 926 ZPO", wenn dabei der im Abschlussschreiben geforderte Verzicht auf § 927 ZPO fehlt und Anhaltspunkte bestehen, dass die Abschlusserklärung eingeschränkt werden sollte (s. OLG Hamm 25.5.1993 – 4 U 15/93, GRUR 1993, 1001). Um Unklarheiten zu vermeiden, sollte der Schuldner daher ggf. nur erklären, dass die einstweilige Verfügung als „endgültige, materiell-rechtlich verbindliche Regelung anerkannt wird" und einen Einzelverzicht auf einzelne Rechtsbehelfe nur dann erklären, wenn sichergestellt ist, dass darin alle Rechtsbehelfe enthalten sind.

4. Kommt ein Kostenwiderspruch in Betracht, sollte der Schuldner den Verzicht auf den Rechtsbehelf des Widerspruchs entsprechend einschränken. Fehlt eine ausdrückliche Einschränkung und spricht nichts für einen Verzicht auf den Kostenwiderspruch, so dürfte die Abschlusserklärung allerdings auch ohne den Vorbehalt in diesem Sinne auszulegen sein, denn die Kosten gehören zum Verfügungsverfahren und ein Verzicht auf den Kostenwiderspruch ist daher nicht notwendig, um der einstweiligen Verfügung zur Wirkung eines Hauptsachetitels zu verhelfen, was jedoch Zweck der Abschlusserklärung ist. Daher könnte der Gläubiger die Abschlusserklärung auch nicht wegen dieses Vorbehalts ablehnen.

5. Zum Inhalt des Verzichts auf Rechtsbehelfe s. Köhler/Bornkamm/Feddersen/*Köhler* UWG § 12 Rn. 3.74.

Der Antragsgegner muss auch auf das Recht verzichten, eine Aufhebung nach § 927 ZPO zu beantragen (OLG Koblenz 18.4.1985 – 6 U 156/84, GRUR 1986, 94). Der Verzicht muss sich in jedem Fall auf diejenigen Umstände beziehen, die bei der Abgabe der Verzichtserklärung bereits objektiv vorlagen, ob sie dem Schuldner bekannt sind oder nicht. Damit sind die Einwendungen des Schuldners wie bei § 767 Abs. 2 ZPO beschränkt und der Schuldner kann über § 927 ZPO nicht mehr die Tatsachen geltend machen, die zwar objektiv vorlagen, ihm aber nicht bekannt waren. Einen weitergehenden Verzicht, der auch nach § 767 Abs. 2 ZPO nicht präkludierte Einwendungen erfasst, muss der Antragsgegner nicht erklären. Vielmehr hat der BGH ausgesprochen (2.7.2009 – I ZR 146/07, NJW 2009, 3303 Rn. 25 f. – Mescher weis), auch bei Abschlusserklärungen ohne ausdrücklichen Vorbehalt sei anzunehmen, dass der Verzicht auf § 927 ZPO nicht solche Einwendungen erfasst, die einem rechtskräftigen Hauptsachetitel nach § 767 ZPO entgegengehalten werden könnten. Beispiel: der Einwand, dass das untersagte Verhalten nunmehr auf Grund einer Änderung der höchstrichterlichen Rechtsprechung nicht mehr verboten ist (→ Form. VII.3.8 Anm. 14).

6. Der Gläubiger kann die Wahrung der Schriftform fordern, eine gesetzliche Formvorschrift existiert jedoch nicht (Köhler/Bornkamm/Feddersen/*Köhler* UWG 12 Rn. 3.75).

4. Besondere Klagearten

4.1 Klage auf Auskunft, Schadensersatz, Beseitigung[1]

– Unlauterer Wettbewerb durch Anschwärzung und Behinderung[2] –

An das

Landgericht .....

– ..... Kammer für Handelssachen –[3]

.....

AZ: Neu

Klage

der Firma K-GmbH

– Klägerin –

Prozessbevollmächtigte: .....

gegen

Firma B-GmbH

– Beklagte –

Prozessbevollmächtigte: .....

wegen: Unlauteren Wettbewerbs ua

Streitwert (vorläufig geschätzt): EUR .....[4]

Namens und in Vollmacht der Klägerin erhebe ich Klage und werde beantragen:

I. Die Beklagte wird verurteilt, der Klägerin unter Angabe der Namen und Adressen Auskunft[5] darüber zu erteilen, gegenüber welchen natürlichen und juristischen Personen sie behauptet hat:
   1. Der Klägerin sei es wegen der Patentanmeldung der Beklagten untersagt, die von der Klägerin angebotenen Bremsverstärker herzustellen oder zu vertreiben.
   2. Die PKW-Hersteller, die die Bremsverstärker der Klägerin in PKW einbauen, würden von der Beklagten auf Unterlassung des Vertriebs des PKW in Anspruch genommen.

II. Es wird festgestellt, dass die Beklagte verpflichtet ist, der Klägerin allen Schaden zu ersetzen, der dieser durch die unter I Ziff. 1 und 2 wiedergegebenen Behauptungen entstanden ist und künftig noch entstehen wird.[6]

III. Die Beklagte wird weiter verurteilt, die unter I Ziff. 1 und 2 genannten Behauptungen gegenüber den jeweiligen Adressaten dieser Behauptung zu widerrufen.[7]
   hilfsweise:
   Die Beklagte wird verurteilt, auf ihre Kosten die von ihr am ..... abgegebene Unterlassungserklärung mit dem Wortlaut:
   „Die Beklagte verpflichtet sich gegenüber der Klägerin, es zu unterlassen, im Rahmen geschäftlicher Handlungen Dritten gegenüber zu behaupten:
   1. Der Klägerin ist es wegen des Patents Nr. ..... der Beklagten untersagt, die von der Klägerin angebotenen Bremsverstärker herzustellen oder zu vertreiben.

2. Die PKW-Hersteller, die die Bremsverstärker der Klägerin in ihre PKW einbauen, werden von der Beklagten auf Unterlassung des Vertriebs der PKW in Anspruch genommen“

in der nächsten, nach Rechtskraft des Urteils erscheinenden Ausgabe einer Fachzeitschrift, zB „Der Zulieferer“, in einer vom Gericht zu bestimmenden Größe zu veröffentlichen.[8]

. . . . .[9]

Begründung:

I.

1. Die Parteien sind Wettbewerber im Bereich der Herstellung und des Vertriebs von Bremsverstärkern.
2. Am . . . . . erhielt die Klägerin ein Schreiben ihres Kunden . . . . . mit dem in Antrag I Ziff. 1 und 2 wiedergegebenen Inhalt.

Beweis: . . . . .
– Anlage K 1 –

Daraufhin hat die Beklagte die Klägerin unverzüglich abgemahnt. Am . . . . . hat die Beklagte innerhalb der ihr gesetzten Frist eine Unterlassungserklärung abgegeben, die den unter III. im Hilfsantrag wiedergegebenen Inhalt hat. Alle übrigen Ansprüche, die mit dieser Klage geltend gemacht werden, hat die Beklagte abgelehnt.[10]

Damit ist Klage geboten.

II.

Die Klage ist begründet.

1. Das Schreiben der Beklagten ist ein klassischer Fall von Anschwärzung eines Mitbewerbers. Dieses Verhalten erfüllt die Tatbestandsvoraussetzungen der §§ 3, 4 Nr. 2 UWG, §§ 824, 823, 826 BGB.[11] Im Einzelnen:
   Die Tatbestandsvoraussetzungen der §§ 3, 4 Nr. 2 UWG sind erfüllt.
   Die Beklagte stellt die falsche Tatsachenbehauptung auf, aus ihrem noch nicht erteilten Patent Unterlassungsansprüche geltend machen zu können und/oder den Abnehmern der Bremsverstärker der Klägerin unter Hinweis auf ein (noch) nicht erteiltes Patent, Unterlassungsansprüche anzudrohen (§ 4 Nr. 2 UWG, s. BGH GRUR 2006, 433 Rn. 16 – unbegründete Abnehmerverwarnung). Die Behauptung ist auch geeignet, den Betrieb der Klägerin zu schädigen, denn Abnehmer können vom Erwerb ihrer Produkte abgeschreckt werden. Ein berechtigtes Interesse der Beklagten an dieser falschen Tatsachenbehauptung besteht nicht.
   Dieses Verhalten ist auch unlauter, insbesondere wird das Regelbeispiel des § 4 Nr. 2 UWG erfüllt.
   Damit ist zugleich belegt, dass die Tatsachen auch nicht erweislich wahr und somit alle Tatbestandsvoraussetzungen des Regelbeispiels § 4 Nr. 2 UWG verwirklicht sind.
   Außerdem werden die Tatbestandsvoraussetzungen des § 824 BGB erfüllt. Das angegriffene Schreiben beinhaltet wahrheitswidrig Tatsachenbehauptungen, die geeignet sind, den Erwerb der Klägerin nachteilig zu beeinträchtigen.
   Der Beklagten als Industrieunternehmen muss auch bekannt sein, dass Unterlassungsansprüche aus nicht erteilten Schutzrechten nicht abgeleitet werden können. Dies drängt sich für jeden Patentanmelder, insbesondere die Beklagte als Industrieunternehmen auf, da andernfalls die Überprüfung, ob überhaupt eine patentfähige Erfindung vorliegt, nicht erforderlich wäre. Das Verhalten der Beklagten ist damit zumin-

dest als bedingt vorsätzliches Verhalten mit der Folge einzuordnen, dass eine vorsätzliche sittenwidrige Schädigung der Klägerin iSd § 826 BGB begründet ist.
Selbst wenn wider Erwarten die Behauptungen der Beklagten als Wertung und nicht als Tatsachenbehauptung eingeordnet werden sollten, liegt eine unberechtigte Abmahnung und somit ein Eingriff in den eingerichteten und ausgeübten Gewerbebetrieb der Klägerin vor, sodass die Tatbestandsvoraussetzungen des § 823 BGB verwirklicht sind. In diesem Falle wäre außerdem das Regelbeispiel § 4 Nr. 4 UWG (gezielte Behinderung) verwirklicht, da die unberechtigte Schutzrechtsabmahnung gegenüber Abnehmern der Klägerin diese gezielt behindert.
Es besteht mithin kein Zweifel an einer Verletzung der Rechte der Klägerin.

2. Da der Klägerin weder bekannt ist, ob die Beklagte die im Schreiben vom ..... (Anlage K 1) aufgestellten Behauptungen nur in diesem Schreiben oder auch in anderer Weise verbreitet hat und die Klägerin auch nicht weiß, an wen das Schreiben versandt und wem gegenüber die angegriffenen Behauptungen aufgestellt wurden, noch die Klägerin Kenntnis darüber besitzt, ob nicht auf Veranlassung der Beklagten auch Dritte diese Behauptungen verbreitet haben, ist sie auf eine entsprechende Auskunft angewiesen. Inhalt und Umfang des beantragten Auskunftsanspruchs sind mithin erforderlich, um die Ansprüche der Klägerin durchzusetzen, insbesondere einen Schaden zu beziffern und mögliche weitere Auswirkungen des angegriffenen Verhaltens der Beklagten zu beseitigen.[12]
3. Der Hinweis auf die behauptete Patentverletzung, die von der Klägerin hergestellten und vertriebenen Bremsverstärker verstießen gegen Schutzrechte der Beklagten, ist auch geeignet, die Kunden von dem Erwerb der Produkte der Klägerin ganz oder teilweise abzuhalten. Damit bestehen keine Zweifel an einer Schadenswahrscheinlichkeit und somit der Begründetheit des Anspruchs auf Feststellung der Schadensersatzpflicht der Beklagten.[13]
4. Der Hauptantrag Ziff. III und somit der Anspruch der Klägerin auf das beantragte Widerrufsrecht ist begründet.[14] Die Behauptung der Beklagten, sie könne aus einer Patentanmeldung Unterlassungsansprüche ableiten, ist objektiv unrichtig und somit eine unwahre Tatsachenbehauptung. Diese gegenüber den Abnehmern aufgestellte unrichtige Behauptung hat einen andauernden rechtswidrigen Zustand geschaffen, der die wirtschaftliche Betätigung der Klägerin, insbesondere die Veräußerung ihrer Bremsverstärker, nachhaltig negativ beeinträchtigt.
Auch nach Abwägung der beiderseitigen Interessen sind keine Gründe ersichtlich, die gegen den beantragten Widerruf sprechen könnten. Es ist zwar richtig, dass die Beklagte durch den Widerruf gegenüber ihren eigenen ggf. potentiellen Abnehmern ein wettbewerbswidriges Verhalten einräumen muss. Dies ist ihr auf Grund ihres vorsätzlichen wettbewerbswidrigen Verhaltens jedoch zuzumuten. Ein milderes Mittel, das ebenfalls den Störungszustand in gleichem Umfang ausräumt, ist nicht ersichtlich. Auch die im Hilfsantrag beantragte Urteilsveröffentlichung in einer Fachzeitschrift führt nicht zu der gleichen nachhaltigen Beseitigung des durch die falschen Tatsachenbehauptungen hervorgerufenen Zustandes. Bei Urteilsveröffentlichungen in Fachzeitschriften besteht vielmehr das Risiko, dass nur ein begrenzter Teil der Angeschriebenen diese Zeitschrift lesen und somit die Urteilsveröffentlichung wahrnimmt. Nur eine Information aller Empfänger des streitgegenständlichen Schreibens/der streitgegenständlichen Behauptungen bewirkt eine vollständige Beseitigung des durch die falsche Tatsachenbehauptung bei den Empfängern der Behauptung hervorgerufenen Eindrucks.
5. Der Hilfsantrag auf Veröffentlichung der Unterwerfung ist begründet. Da in Rechtsprechung und Literatur die Frage der Schutzrechtsverwarnung und deren Einordnung als Tatsachenbehauptung auch nach der Entscheidung des Großen Zivilsenats des BGH (15.7.2005 – GSZ 1/04, GRUR 2005, 882 – Unberechtigte Schutzrechtsverwarnung) noch nicht abschließend geklärt ist, hat die Klägerin hilfsweise einen Anspruch auf Veröffentlichung der abgegebenen Unterlassungserklärung gestellt.[15]

Im Gegensatz zum Widerrufsrecht ist das Veröffentlichungsrecht auch auf die Beseitigung einer rechtwidrigen Beeinträchtigung der Rechte der Beklagten durch rechtwidrige wettbewerbswidrige Verhaltensweise begründet. Der Klägerin steht nach Abgabe einer Unterlassungserklärung ein allgemeiner materiellrechtlicher Anspruch auf Veröffentlichung zu, der in § 12 Abs. 3 UWG in Bezug auf die Veröffentlichung eines Unterlassungsurteils Ausdruck dieses allgemeinen Rechtsgedankens ist. Hinsichtlich der Darlegung der berechtigten Interessen wird auf die Ausführungen zum Widerrufsrecht (oben II.4) verwiesen. Auf Grund der eindeutigen Interessenlage kann die Ermessensausübung des Gerichts nur zu einer Urteilsveröffentlichung führen. Da Art und Umfang im Urteil und somit vom Gericht bestimmt werden, hat die Klägerin sich bei der Antragstellung darauf beschränkt, eine Veröffentlichung in einer Fachzeitschrift, zum Beispiel dem „Zulieferer", vorzuschlagen. „Der Zulieferer" ist das Zentralorgan der Zulieferindustrie und wird daher von allen wesentlichen Einkäufern gelesen, sodass eine Veröffentlichung in dieser Zeitschrift noch am erfolgversprechendsten ist.

6. Sollte das Gericht noch weiteren Tatsachenvortrag für erforderlich ansehen und/oder Gesichtspunkte für relevant erachten, die die Klägerin bisher nicht vorgetragen oder für unerheblich gehalten hat, so bitten wir um einen entsprechenden Hinweis nach § 139 ZPO.[16, 17]

Anmerkungen

1. Das vorliegende Formular behandelt die typische Situation nach Abgabe einer Unterlassungs- (→ Form. VII.1.1–1.7) oder Abschlusserklärung (→ Form. VII.3.14), bei der sich die beklagte Partei weigert, den Auskunfts- und Schadensersatzanspruch anzuerkennen. Im vorliegenden Fall werden darüber hinaus die besonderen Tatbestandsvoraussetzungen des Beseitigungsanspruchs in der Form des Widerrufs und/oder Urteilsveröffentlichung abgehandelt. Da der Widerrufsanspruch stets den Widerruf von Tatsachen voraussetzt und die Abgrenzung von Tatsachen und Wertungen häufig offen zu bewerten ist, wurde bewusst eine entsprechende Möglichkeit aufgezeigt, um zumindest eine Form dieser besonderen Beseitigungsansprüche durchzusetzen. Bei dem Veröffentlichungsantrag ergibt sich nach einer Unterwerfung die Besonderheit, dass nach außergerichtlicher Unterwerfung der Beklagten kein Unterlassungsurteil mehr erfolgen kann und somit § 12 Abs. 2 UWG keine unmittelbare Anwendung findet. Deshalb wird ein allgemeiner Veröffentlichungsanspruch als Beseitigungsanspruch und somit die entsprechende Anwendung der Grundsätze über die Urteilsveröffentlichung anerkannt (BGH 25.11.1986 – VI ZR 57/86, GRUR 1987, 189 – Veröffentlichungsbefugnis beim Ehrenschutz; Köhler/Bornkamm/Feddersen/*Köhler/Feddersen* UWG § 12 Rn. 4.17).

2. Das Formular behandelt zugleich das Regelbeispiel § 4 Nr. 2 UWG. Gerade bei dem Regelbeispiel der Anschwärzung ist häufig eine Beseitigung in Form eines Widerrufs und/ oder einer (Urteils-)Veröffentlichung geboten. Problematisch ist in der Regel die Abgrenzung zwischen Werturteilen und Tatsachenbehauptungen. Eine Wertung liegt vor, wenn lediglich Sachverhalt unter einen patentrechtlichen Tatbestand subsumiert wird, so dass § 4 Nr. 1 UWG anwendbar ist (MüKoUWG/*Jänich*, § 4 Nr. 1 Rn. 40 mw.). Eine Tatsachenbehauptung liegt vor, wenn ein falscher Sachverhalt behauptet wird, wie etwa die Angabe im Rahmen einer Abnehmerverwarnung, wie vorliegend, ein noch im Anmeldeverfahren befindliches Patent sei erteilt worden oder ein erloschenes Patent sei noch rechtsbeständig (MüKoUWG/*Brammsen* § 4 Nr. 2 Rn. 52) oder die unzutreffende Behauptung einer Markeninhaberin, nach Testkäufen anhand der Codenummern gehe sie davon aus, dass es sich um von ihr nicht im Europäischen Wirtschaftsraum auf den Markt gebrachte Produkte handele (in Wahrheit war das Markenrecht daran erschöpft; BGH 19.1.2006 – I ZR 217/03, GRUR 2006, 433 Rn. 16 – Unbegründete Abnehmerverwarnung).

Der Große Zivilsenat des BGH hat in seiner Entscheidung vom 15.7.2005 die bisherige Rechtsprechung bestätigt, wonach die unberechtigte Schutzrechtsverwarnung von Abnehmern einen rechtswidrigen Eingriff in das Recht am eingerichteten und ausgeübten Gewerbebetrieb nach § 823 Abs. 1 BGB darstellt. Daraus folgen Unterlassungsansprüche gegen die Verwarnung, nicht aber die Schutzrechtsklage, die unter das prozessuale Privileg fällt (GSZ 15.7.2005 – GSZ 1/04, GRUR 2005, 882 – Unberechtigte Schutzrechtsverwarnung; Köhler/Bornkamm/Feddersen/*Köhler* UWG § 4 Rn. 4.174 ff.). Bei der Abnehmerverwarnung zulasten eines Mitbewerbers kommen außerdem § 4 Nr. 1, 2, 4 UWG in Betracht, bei der Herstellerverwarnung einer Mitbewerbers der § 4 Nr. 4 UWG (Gloy/*Hasselblatt/Witschel* § 52 Rn. 166 ff.; MüKoUWG/*Jänich* § 4 Nr. 1 Rn. 40 mwN; Köhler/Bornkamm/Feddersen/*Köhler* UWG § 4 Rn. 4.177).

Vgl. zum Beseitigungsanspruch Köhler/Bornkamm/Feddersen/*Bornkamm* UWG § 8 Rn. 1.88 ff..

3. Die Zuständigkeit der Kammer für Handelssachen folgt aus §§ 95 Abs. 1 Nr. 5 GVG, 14 Abs. 1 UWG. Bei Schutzrechtsverwarnungen (zB wegen Patentverletzung) besteht jedoch die Möglichkeit, die Klage vor der zuständigen Patentstreitkammer zu erheben, da der Begriff der Patentstreitsache im Sinne von § 143 PatG weit ausgelegt wird (BGH Beschl. v. 22.2.2011 – X ZB 4/09, GRUR 2011, 662 – Patentstreitsache). Ebenso handelt es sich bei Klagen wegen unberechtigter Schutzrechtsverwarnung aus Markenrecht um Kennzeichenstreitsachen iSv § 140 MarkenG (*Thiering* in Ströbele/Hacker/Thiering, MarkenG, 12. Aufl. 2018, § 140 Rn. 6; bei Schutzrechtsverwarnung aus Unionsmarke handelt es sich dennoch nicht um eine Unionsmarkenstreitsache: *Thiering* in Ströbele/Hacker/Thiering, MarkenG, 12. Aufl. 2018, § 125e Rn. 6; LG Köln 13.2.2018 – 31 O 58/17, GRUR-RS 2018, 7995).

4. Der Streitwert wird nach § 3 ZPO geschätzt. Der Schadensersatzanspruch beträgt in der Regel $^1/_5$ bis $^1/_4$ des Unterlassungsanspruchs. Der hiervon abhängige Auskunftsanspruch beträgt zwischen $^1/_5$ bis $^1/_3$ des Schadensersatzfeststellungsanspruchs. Die Höhe des Streitwertes des Beseitigungsanspruchs ist sehr unterschiedlich, je nach Beseitigungsmaßnahme (s. Gloy/*Spätgens/Chang-Herrmann* § 87 Rn. 3 ff.).

5. Es handelt sich um einen unselbstständigen Auskunftsanspruch. Er bestimmt sich nach § 242 BGB, hinsichtlich der weiteren Einzelheiten → Form. VII.2.1 Anm. 11. Die Auskunft über die Adressaten der Behauptung unter Angabe der Namen und des Zeitraums der Verbreitung der Behauptungen, sowie über die Beauftragung möglicher Dritter mit der Verbreitung sind sowohl zur Berechnung des Schadens als auch zur Beseitigung und Überprüfung der ausgeurteilten Beseitigungsmaßnahmen erforderlich. Damit ist der Auskunftsanspruch zugleich ausreichend konkretisiert.

6. Zum Schadensersatzanspruch → Form. VII.2.1 Anm. 12. Die Schadenswahrscheinlichkeit ist offenkundig, sodass weitere Beweismittel nicht erforderlich sind.

7. Der Widerrufsanspruch ist eine besondere Form eines Beseitigungsanspruchs. Der Anspruch auf Beseitigung ergibt sich unmittelbar aus § 8 UWG. Der Beseitigungsanspruch kann nicht nur von Mitbewerbern, sondern auch von rechtsfähigen Verbänden, qualifizierten Einrichtungen und den Industrie- und Handelskammern und somit den Anspruchsberechtigten nach § 8 Abs. 3 Nr. 2–4 UWG geltend gemacht werden. Bei den speziellen Beseitigungsansprüchen „Widerruf" und „(Urteils-)Veröffentlichung" hat jedoch zusätzlich eine Interessenabwägung stattzufinden, sodass die genannten Anspruchsberechtigten, die keine Mitbewerber sind, nur in Ausnahmefällen einen Anspruch haben. Im Rahmen des Widerrufsrechts hat eine besonders umfassende Interessenabwägung stattzufinden. Nur in außergewöhnlich klaren Fällen wird ein Widerrufsrecht zugesprochen werden. Der BGH hat dies zB bei sich gegenseitig Beschuldigenden verneint (vgl. BGH 12.3.1992 – I ZR 58/90, GRUR 1992, 527 ff. – Plagiatsvorwurf II). Zu den Einzelheiten s. Köhler/Bornkamm/Feddersen/*Bornkamm* UWG § 8 Rn. 1.129 ff..

Ausnahmsweise kann ein Widerruf auch im Wege der einstweiligen Verfügung angeordnet werden, wenn dies die einzige Möglichkeit zur Beseitigung eines rechtswidrigen Zustandes ist und es um rein wirtschaftliche Aussagen geht, weil die Beseitigung durch etwaige Wiederholung der Behauptung wieder rückgängig gemacht werden könne (OLG Stuttgart 10.6.1988 – 2 U 62/88, juris; LG Oldenburg 23.8.2018 – 15 O 1037/18, GRUR-RS 2018, 24715).

8. Der Anspruch auf Veröffentlichung eines Urteils ist in § 12 Abs. 2 UWG geregelt. Im Unterschied zum Widerrufsrecht werden auch wettbewerbswidrige Behauptungen, die eine Wertung beinhalten, erfasst. Im Antrag sollte an die Kostentragungspflicht der Beklagten für die Veröffentlichung gedacht werden, dies ist aber von Amts wegen auszusprechen und ggf. nach § 319 ZPO zu berichtigen (Köhler/Bornkamm/Feddersen/*Köhler/Feddersen* UWG § 12 Rn. 4.14.). Dem Gericht steht ein Ermessen zu, ob es diesem Antrag stattgibt. Der Kläger trägt die Darlegungs- und Beweislast für die berechtigten Interessen, die im vorliegenden Fall auf der Hand liegen. Das Gericht bestimmt von sich aus Art und Umfang der Bekanntmachung des Urteils. Von dem Urteilsausspruch auf Urteilsveröffentlichung ist innerhalb von 3 Monaten nach Eintritt der Rechtskraft des Urteils Gebrauch zu machen. Eine Veröffentlichungsmöglichkeit auf Grund eines vorläufigen vollstreckbaren Titels besteht nicht. Da das Gericht mit den Marktverhältnissen im Regelfall nicht vertraut ist, bietet es sich an, eine Zeitschrift für die Veröffentlichung zu benennen, ggf. können mehrere zur Auswahl gestellt werden. In der Antragsbegründung ist darzulegen, warum die Zeitschrift für die Veröffentlichung geeignet ist.

9. Bzgl. der weiteren Ansprüche wird auf das → Form. VII.2.1 und dort auf die Anträge 4 und 5 verwiesen.

10. Das Klagemuster betrifft Sachverhalte, in denen der Unterlassungsantrag wegen Abgabe einer strafbewehrten Unterlassungserklärung und/oder Abschlusserklärung nicht mehr geltend gemacht werden kann, die Beklagte jedoch die übrigen Ansprüche ablehnt, sodass es nur insoweit einer gerichtlichen Durchsetzung bedarf (→ Anm. 1). Die weitere Besonderheit bei diesem Muster besteht in der Veröffentlichung einer Unterlassungserklärung (→ Anm. 8).

11. Zur Abgrenzung von Tatsachenbehauptung und Wertung → Anm. 2).

12. Bei der Begründung des Auskunftsanspruchs ist ausdrücklich darzulegen und ggf. unter Beweis zu stellen, dass der Schadensersatzanspruch nur nach Erbringung der Auskunft beziffert werden kann. Vorliegend kann der Auskunftsanspruch auch noch mit der Überprüfung des Beseitigungsanspruchs begründet werden.

13. Der Schadensersatzanspruch ist dem Grunde nach unproblematisch. Es ist jedoch stets für das Feststellungsinteresse iSv § 256 ZPO eine Wahrscheinlichkeit des Schadens darzulegen und ggf. unter Beweis zu stellen, wobei jedoch in Bezug auf künftige Schäden ein Feststellungsinteresse nur zu verneinen ist, wenn aus der Sicht des Geschädigten bei verständiger Würdigung kein Grund besteht, mit dem Eintritt eines Schadens wenigstens zu rechnen (BGH 9.1.2007 – VI ZR 133/06, NJW-RR 2007, 601). Kann der Anspruch schon teilweise beziffert werden, besteht insoweit dennoch kein Vorrang für die Leistungsklage (BGH 19.4.2016 – VI ZR 506/14, NJW-RR 2016, 759).

14. Der Widerruf setzt eine Rechtsverletzung voraus. Zu widerrufende Äußerungen müssen Tatsachenbehauptungen zum Gegenstand haben und rechtswidrig sein. Zum

Zeitpunkt des Widerrufs muss die Äußerung fortwirken. Darüber hinaus hat eine Interessenabwägung darüber stattzufinden, ob der Widerruf geeignet und erforderlich ist. In diesem Zusammenhang ist stets zu prüfen, ob eine mildere Maßnahme (zB Urteilsveröffentlichung) zur Abwehr der fortwirkenden Störung ausreichend ist (Köhler/Bornkamm/Feddersen/*Bornkamm* UWG § 8 Rn. 1.134).

15. Zusätzlich zur Rechtsverletzung sind beim Veröffentlichungsrecht die weiteren Anspruchsvoraussetzungen (bei Urteilsveröffentlichung diejenigen gemäß § 12 Abs. 3 UWG) darzulegen und unter Beweis zu stellen.

16. → Form. VII.2.1 Anm. 21.

17. Der Beklagte kann sich gegen den Widerrufsanspruch auf eine etwaige Abwehr eines vorangegangenen Verhaltens des Klägers berufen (s. BGH 12.3.1992 – I ZR 58/90, GRUR 1992, 527 – Plagiatsvorwurf II).

4.2 Negative Feststellungsklage[1]

– Verunglimpfung/Herabsetzung des Mitbewerbers[2] –

An das

Landgericht . . . . .[3]

– . . . . . Kammer für Handelssachen[4] –

. . . . .

wegen: UWG

Streitwert (vorläufig geschätzt): EUR . . . . .[5]

AZ: Neu

Klage

der Firma K . . . . .-GmbH

– Klägerin –

Prozessbevollmächtigte: . . . . .

gegen

Firma B . . . . .-GmbH

– Beklagte –

Prozessbevollmächtigte: . . . . .

Namens und in Vollmacht der Klägerin erheben wir Klage und werden beantragen:

I. festzustellen, dass der Beklagten kein Anspruch gegen die Klägerin zusteht, es zu unterlassen, im geschäftlichen Verkehr, eigene Waren und/oder deren Preise dadurch hervorzuheben und/oder herauszustreichen, dass Waren und/oder Preise von Waren, die durch die Kl. angeboten werden, mit der eigenen Ware und/oder deren Preise herabsetzend und/oder ironisch vergleichend gegenübergestellt werden, insbesondere es zu unterlassen, im geschäftlichen Verkehr auf eine Werbeaktion der Kl. unter Hervorhebung eines Verkaufspreises dahingehend zu reagieren, dass die Bekl. darauf hinweist, dass das gleiche Produkt bei der Bekl. *„normal"* für weniger Geld verkauft wird.[6,7]

I.

1. Die Parteien des Rechtstreites betreiben jeweils am gleichen Ort ein Einzelhandelsgeschäft, in dem ua Computer Letztverbrauchern zum Kauf angeboten werden.
2. Am . . . . . bewarb die Beklagte den Computer des Typs XXL unter der Überschrift „Sonderaktion – solange der Vorrat reicht!" zum Preis von 1.000,00 EUR. Die Klägerin bietet den identischen Computer mit baugleicher Ausstattung vom gleichen Hersteller seit mehreren Wochen und somit vor der Sonderaktion der Beklagten zum Preis von 950,00 EUR an.
   Um die Preistransparenz am Markt sicherzustellen und um die beteiligten Verkehrskreise, insbesondere die Verbraucher vor überhöhten Preiszahlungen im Rahmen von Sonderaktionen zu schützen, warb die Klägerin unter Abbildung der Werbeanzeige der Beklagten auf einem Plakat in ihrem Schaufenster mit dem Hinweis:
   „Dieser PC wird bei uns normal für EUR 950,00 verkauft!"

   Beweis: 1. Vorlage einer verkleinerten Kopie des Plakates
   – Anlage K 1 –
   2. Vorlage des Originalplakates in der mündlichen Verhandlung

3. Unmittelbar nach dem Aushängen der als Anlage K 1 vorgelegten Werbung wurde die Klägerin von der Beklagten mit Abmahnung vom . . . . . zur Abgabe einer strafbewehrten Unterlassungserklärung mit einer Frist von 3 Tagen aufgefordert.

   Beweis: Schreiben der Beklagten vom . . . . .
   – Anlage K 2 –

   Der Inhalt der Abmahnung entspricht dem Wortlaut des Antrags I.1. und 2.
   Die Klägerin hat auf die Abmahnung der Beklagten nicht reagiert.[8]

II.

Die Klage ist zulässig und begründet.

1. Die Klage ist zulässig.
   Es besteht insbesondere ein rechtliches Interesse an der Feststellung, dass die Klägerin nicht verpflichtet ist, die streitgegenständliche Werbung zu unterlassen. Ein Feststellungsinteresse ist bei Abmahnungen wegen angeblich unlauteren Wettbewerbs im Regelfall zu bejahen, sofern der Abmahnende von dem in der Abmahnung zum Ausdruck kommenden Unterlassungsbegehren nicht ausdrücklich Abstand genommen hat und somit von der Klägerin auch weiterhin die Unterlassung der streitgegenständlichen Werbung verlangt wird. Die Unterlassungserklärung beeinträchtigt die Klägerin auch bei ihrer zukünftigen Werbung, da sie bei einer ähnlichen Werbung damit rechnen muss, wegen dieser Werbung in einen Rechtstreit hineingezogen zu werden und ihr unter Umständen sogar die Werbung im Wege einer zu Unrecht erwirkten einstweiligen Verfügung untersagt werden könnte.[9]
2. Die Klage ist auch begründet. Der Beklagten steht gegenüber der Klägerin kein Anspruch auf Unterlassung der streitgegenständlichen Werbung zu. Die Abmahnung ist unberechtigt.[10] Die in der geforderten Unterlassungserklärung enthaltenen Begriffe „herabsetzen" und/oder „ironisch vergleichend" stellen unbestimmte Wiederholungen der Tatbestandsmerkmale der §§ 4 Nr. 7 und 6 Abs. 2 Nr. 5 UWG dar. Diese Begriffe sind abstrakt-generell und beinhalten daher nicht ausschließlich das konkrete Unterlassungsbegehren.

Das geltend gemachte Unterlassungsbegehren ist auch unbegründet. Es liegt insbesondere kein Verstoß gegen die §§ 3, 4 Nr. 7 UWG vor.[11] Allein die Tatsache, dass Preise der Parteien miteinander verglichen werden, ist nicht wettbewerbswidrig, da eine vergleichende Werbung grundsätzlich nach § 6 UWG wettbewerbsrechtlich nicht zu beanstanden ist.
Auch das kritische Befassen mit der Werbung der Mitbewerber führt noch nicht zu einer unlauteren Herabsetzung/Verunglimpfung. Es entspricht vielmehr den schutzwürdigen Interessen des Werbenden und dem Interesse der Verbraucher, wenn in der Werbung auf günstigere Preise für das gleiche Angebot hingewiesen wird. Dies gilt insbesondere in den Fällen, in denen beim Verbraucher der Eindruck vermittelt wird, der Preis der Beklagten sei ein sog. „Aktionspreis" und daher gegenüber den Mitbewerbern niedriger. Die Klägerin hat sich mithin ausschließlich an dem im Leistungswettbewerb üblichen Preisvergleich orientiert und sonstige Bemerkungen oder Beurteilungen über das Angebot der Beklagten ausdrücklich unterlassen.[12]
Daher bitten wir um antragsgemäße Entscheidung.

Anmerkungen

1. Eine negative Feststellungsklage dient der Klärung der Frage, ob und ggf. in welchem Umfang ein von einem Mitbewerber in Anspruch Genommener tatsächlich zur Unterlassung verpflichtet ist. Um das nötige Feststellungsinteresse zu begründen, ist im Regelfall eine Abmahnung erforderlich (BGH 12.7.1995 – ZR 85/93, GRUR 1995, 697 – FUNNY PAPER; 13.12.1984 – I ZR 107/82, GRUR 1985, 571 – Feststellungsinteresse; Köhler/Bornkamm/Feddersen/*Köhler* UWG § 12 Rn. 2.10). Es genügt aber auch eine sonstige ernsthafte Berühmung oder auch ein Antrag auf Erlass einer einstweiligen Verfügung. Der Abgemahnte wird die negative Feststellungsklage immer dann erheben, wenn er von dem fehlenden wettbewerbswidrigen Verhalten überzeugt ist oder bewusst die Klärung erreichen will, ob das konkret angegriffene Verhalten wettbewerbswidrig ist und ob er zukünftig seine Werbekonzeption beibehalten oder ändern muss. Darüber hinaus kann durch die negative Feststellungsklage eine Kostenerstattung zumindest für die gerichtliche Tätigkeit des Anwalts erfolgen, denn im Regelfall ist kein Anspruch Kostenerstattung für die außergerichtliche Abwehr von Ansprüchen begründet (→ Form. VII.1.9 Anm. 1).

Das Feststellungsinteresse entfällt durch die Unterlassungsklage des Beklagten, sobald diese nicht mehr einseitig zurückgenommen werden kann, also nach Beginn der mündlichen Verhandlung (§ 269 Abs. 1 ZPO) oder nach Verzicht auf die Klagerücknahme (Köhler/Bornkamm/Feddersen/*Köhler* § 12 Rn. 2.20). Nach Entfallen des Feststellungsinteresses ist der Rechtstreit vom Feststellungskläger für erledigt zu erklären und nur noch über die Kosten zu entscheiden (§§ 91, 91a ZPO). Dies gilt auch, wenn diese Voraussetzungen erst im Berufungsverfahren vorliegen. Nur wenn die Feststellungsklage endgültig entscheidungsreif ist, bevor die mündliche Verhandlung über die Unterlassungsklage begonnen oder der Unterlassungskläger nicht auf eine Klagerücknahme verzichtet hat, bleibt das Feststellungsinteresse bestehen.

2. Mit dem Formular wird zugleich die Fallgruppe Verunglimpfung/Herabsetzung von Mitbewerbern gem. § 4 Nr. 1 UWG behandelt. Diesem Bereich des Musters wurde die Entscheidung des BGH 12.7.2001 – I ZR 89/99, GRUR 2002, 72 ff. – Ironisierender zulässiger Preisvergleich – Preisgegenüberstellung im Schaufenster zugrunde gelegt.

Dieses Regelbeispiel ist von der in § 4 Nr. 2 UWG geregelten Anschwärzung dadurch abzugrenzen, dass der „Herabsetzung und Verunglimpfung" Wertungen zugrunde liegen, während eine Anschwärzung stets die Behauptung unrichtiger Tatsachen voraussetzt.

Die Abgrenzung zwischen zulässiger wertender, kritischer Befassung mit den Waren und der Werbung der Mitbewerber einerseits und einer unzulässigen Herabsetzung bzw. Verunglimpfung andererseits ist häufig problematisch. Bei der Beurteilung einer kritischen Wertung ist das Grundrecht der Meinungsfreiheit (Art. 5 Abs. 1 GG) auch im Bereich von Äußerungen mit wirtschaftlichem Zweck sowie das Aufklärungsinteresse des Adressaten bzw. der Öffentlichkeit zu beachten (Köhler/Bornkamm/Feddersen/*Köhler* UWG § 4 Rn. 1.118). Ein Vergleich als solcher ist dagegen nach § 6 Abs. 1 UWG zulässig. Schmähkritik ist stets unlauter (Köhler/Bornkamm/Feddersen/*Köhler* UWG § 4 Rn. 1.19). Im Übrigen ist eine Abwägung der beteiligten Rechtsgüter zu treffen. Dabei ist für die Kritik stets ein hinreichender Anlass erforderlich, nämlich ein schutzwürdiges Aufklärungsinteresse der angesprochenen Verkehrskreise, und sie muss sich nach Art und Maß im Rahmen des Erforderlichen oder sachlich Gebotenen halten (BGH 19.5.2011 – I ZR 147/09, GRUR 2012, 74 Rn. 22 – Coaching-Newsletter; Köhler/Bornkamm/Feddersen/*Köhler* UWG § 4 Rn. 4.21 mwN).

3. Die örtliche Zuständigkeit bestimmt sich nach §§ 16, 17 ZPO, § 14 Abs. 2 UWG. Es sind alle Gerichte zuständig, an denen die Unterlassungsklage erhoben werden könnte und somit bei Rechtstreitigkeiten unter Wettbewerbern alle sachlich zuständigen Gerichte gemäß § 14 Abs. 1 UWG (MüKoUWG/*Ehricke* § 14 Rn. 11). Insbesondere ist nach hM der allgemeine Gerichtsstand des Klägers eröffnet, da spiegelbildlich die umgekehrte Leistungsklage dort ebenfalls zulässig wäre (Musielak/Voit/*Heinrich* § 12 Rn. 3). Erhebt der Feststellungsbeklagte Unterlassungsklage vor einem anderen zuständigen Gericht, so bleibt es bei der örtlichen Zuständigkeit der negativen Feststellungsklage. Deshalb können die örtliche Zuständigkeit der negativen Feststellungsklage und der Unterlassungsklage auseinanderfallen (BGH 7.7.1994 – I ZR 30/92, GRUR 1994, 846 – Parallelverfahren II). Zum Wegfall des Feststellungsinteresse → Anm. 10.

4. Die Zuständigkeit der Kammer für Handelssachen folgt aus § 95 Abs. 1 Nr. 5 GVG (→ Form. VII.2.1 Anm. 6).

5. Bei der negativen Feststellungsklage ist wegen der vernichtenden Wirkung eines obsiegenden Urteils der Streitwert so hoch zu bewerten wie der Anspruch, dessen sich der Gegner berühmt (BGH 18.8.2011 – III ZR 32/11, BeckRS 2011, 21919 Rn. 6, MüKoZPO/*Becker-Eberhard*, 5. Aufl. 2016, ZPO § 256 Rn. 95).

6. Es empfiehlt sich, die von dem Beklagten begehrte Unterlassung möglichst identisch in den Feststellungsantrag zu übernehmen. Dadurch wird sichergestellt, dass der Streitgegenstand einheitlich mit dem begehrten Unterlassen ist und damit in dem konkreten Umfang, in dem der Kläger mit Ansprüchen konfrontiert wird, eine Klärung herbeigeführt wird. Da die negative Feststellungsklage die Umkehrung des Unterlassungsanspruchs ist, erwächst die Feststellung in diesem Umfang in Rechtskraft und kann daher zukünftig zwischen den Parteien nicht mehr geltend gemacht werden. Außerdem wird dadurch das Kostenrisiko minimiert. Eine abweichende Antragsstellung ist in den Fällen geboten, in denen nicht das gesamte Unterlassungsbegehren, sondern nur zu weitgehende Forderungen Gegenstand der negativen Feststellungsklage sind.

7. Hinsichtlich Kosten und vorläufiger Vollstreckbarkeit bestehen keine Besonderheiten. → Form. VII.2.1.1 Anm. 13

8. Die Darlegungs- und Beweislast hängt nicht von den Parteirollen ab, sondern bestimmt sich nach den allgemeinen Regeln aus dem materiellen Recht. Der Kläger muss die Berühmung des Beklagten darlegen und beweisen, der Beklagte die Tatbestandsmerkmale des von ihm behaupteten Anspruchs (MüKoZPO/*Becker-Eberhard*, 5. Aufl. 2016, ZPO § 256 Rn. 73).

9. Im Regelfall besteht keine Notwendigkeit vor Erhebung der negativen Feststellungsklage, den Angreifer zur Abstandnahme von dem Unterlassungsbegehren aufzufordern. Nur in Fällen, in denen der Angreifende offenkundig von einem unzutreffenden Sachverhalt ausgegangen ist, bedarf es einer entsprechenden Klarstellung und Aufforderung zur Abstandnahme durch eine sog. Gegenabmahnung (BGH 29.4.2004 – I ZR 233/01, GRUR 2004, 790 (792) – Gegenabmahnung; → Anm. 1, → Form. VII.1.9).

10. Zum Feststellungsinteresse → Anm. 1.

11. Die jüngere Rechtsprechung (→ Anm. 2) sieht abweichend vom bisherigen Grundsatz nicht jede kritische Auseinandersetzung mit dem Mitbewerber als Herabsetzung und/oder Verunglimpfung an. Im Rahmen einer kritischen Auseinandersetzung mit Angeboten des Wettbewerbers führt erst die pauschale Herabsetzung zur Unlauterkeit.

12. → Form. VII.2.1 Anm. 21.

4.3 Erledigung der Hauptsache[1]

– Abgabe einer Unterlassungserklärung nach Klageerhebung[2] –

An das

Landgericht . . . . .

– . . . . . Kammer für Handelssachen –

. . . . .

AZ: XX KfH O Y

In Sachen: K-GmbH . /. B-GmbH

werden wir nunmehr beantragen,

1. Der Rechtsstreit ist in der Hauptsache erledigt.[3]
2. Die Verfügungsbeklagte trägt die Kosten des Rechtstreits.[4]

Es wird angeregt, über den Rechtstreit ohne mündliche Verhandlung im schriftlichen Verfahren zu entscheiden.[5]

Begründung:

1. Mit einstweiliger Beschlussverfügung der Kammer vom . . . . . . ist der Verfügungsbeklagten ist angeordnet worden:
   Der Antragsgegnerin wird im Wege der einstweiligen Verfügung wegen Dringlichkeit ohne mündliche Verhandlung bei Meidung von Ordnungsgeld bis 250.000,00 EUR – ersatzweise Ordnungshaft – oder Ordnungshaft bis zu 6 Monaten, zu vollstrecken an ihrem Geschäftsführer, für jeden Fall der Zuwiderhandlung untersagt, geschäftlich handelnd
   1.a. auf . . . . . . Kundenrezensionen, die von Personen erstellt wurden, die hierfür bezahlt werden und/oder andere vermögenswerte Vorteile erhalten, veröffentlichen zu lassen, ohne darauf hinzuweisen, dass die Kundenrezension beauftragt wurde und der Rezensent dafür eine Bezahlung und/oder einen anderen vermögenswerten Vorteil erhalten hat;
   und/oder
   b. Vertragspartner der Antragsgegnerin in die Lage zu versetzen, auf www. . . . . .de von diesen angebotene Waren mit Kundenrezensionen zu bewerben und/oder bewer-

ben zu lassen, die von Personen erstellt werden, die hierfür bezahlt werden und/oder andere vermögenswerte Vorteile erhalten, ohne dass darauf hingewiesen wird;
und/oder
2.a. Kundenrezensionen zu Produkten, die auf ...... verkauft werden, anzubieten und/oder anbieten zu lassen, wenn die Kundenrezensionen von Personen erstellt werden, die hierfür bezahlt werden und/oder andere vermögenswerte Vorteile erhalten, ohne in den Kundenrezensionen darauf hinzuweisen, dass die Kundenrezension beauftragt wurde und der Rezensent dafür eine Bezahlung und/oder einen anderen vermögenswerten Vorteil erhalten hat, wie geschehen auf der Website ...... und ersichtlich in Anlage A;
und/oder
b. zu behaupten und/oder behaupten zu lassen, die verfassten Kundenrezensionen seien "rechtssicher", und/oder sie seien "richtlinienkonform" und/oder alle verfassten Bewertungen entsprächen den Richtlinien von ......, wie geschehen auf der Website ...... und ersichtlich in Anlage B.
„bezahlte" Kundenrezensionen im Internet zu veröffentlichen, ohne darauf hinzuweisen, dass der Rezensent hierfür einen vermögenswerten Vorteil erhalten hat.
Hiergegen hat die Verfügungsbeklagte zunächst Widerspruch erhoben.
Am ...... hat die Verfügungsbeklagte eine strafbewehrte Unterlassungserklärung abgegeben.

Glaubhaftmachung: Kopie des Schreibens der Verfügungsbeklagten vom .....
– Anlage K ..... –

Dies führt zu einer Erledigung der Hauptsache.[6]

2. Der Antrag, der Beklagten die Kosten des Rechtstreits aufzuerlegen, ist begründet (§ 91a ZPO). Bis zum Wegfall der Wiederholungsgefahr durch die Unterlassungserklärung war die Verfügungsklage zulässig und begründet.
3. In der außergerichtlichen Korrespondenz hat die Klägerin gegenüber der Beklagten angeregt, sich der Erledigung anzuschließen und einer Fortsetzung des Rechtstreits im schriftlichen Verfahren zuzustimmen. Darauf hat die Verfügungsbeklagte nicht reagiert.

Beweis: Schreiben der Beklagten vom .....
– Anlage K ..... –

Sollte die Beklagte sich der Erledigung nicht anschließen,[7] werden wir beantragen:
Es wird festgestellt, dass der Rechtstreit erledigt ist.

Der Kostenantrag bleibt auch in diesem Falle bestehen.

Rechtsanwalt

Anmerkungen

1. Im Wettbewerbsprozess gelten die gleichen Grundsätze im Rahmen der Erledigung eines Rechtstreites wie im allgemeinen Zivilprozess (MüKoZPO/*Schulz*, 5. Aufl. 2016, ZPO § 91a Rn. 9). Im Musterfall war eine einstweilige Verfügung erlassen worden, gegen die der Antragsgegner Widerspruch eingelegt hat. Über diesen ist nach dem Stand der letzten mündlichen Verhandlung im Widerspruchsverfahren zu entscheiden, also auch ein zwischenzeitlich eingetretenes erledigendes Ereignis zu berücksichtigen (Gloy/*Spätgens/Held* § 195 Rn. 19). Tritt das erledigende Ereignisses zwischen Anhängigkeit und Rechtshängigkeit der Klage ein, kann die Klage zurückgenommen und auf Antrag des Klägers eine dem § 91a ZPO nachgebildete Kostenentscheidung zulasten des Beklagten nach billigem Ermessen erfolgen (§ 269 Abs. 3 S. 3 ZPO).

2. Der im Muster wiedergegebene Verbotstenor wurde aus LG Frankfurt a.M. 20.12.2018 – 2-03 O 299/18, BeckRS 2018, 40460 entnommen. Der Fall wurde um die häufige Variante der Abgabe einer strafbewehrten Unterlassungserklärung nach Rechtshängigkeit des Antrags auf Erlass einer einstweiligen Verfügung ergänzt. Der Verfügungsantrag ist in der Hauptsache erledigt, denn der Unterlassungsanspruch war bis zur Erledigung begründet. Im Falle der Veröffentlichung von Bewertungen im Internet, denen eine Vergütung der Rezensenten zugrunde liegt, die aber nicht offengelegt wird, ist der Tatbestand des § 5a Abs. 6 UWG verwirklich (OLG Frankfurt a.M. 22.2.2019 – 6 W 9/19, MMR 2019, 313). Das Verbot der Nr. 11 des Anhangs zu § 3 Abs. 3 UWG ist nicht anwendbar, da „redaktionelle Inhalte“ ein Medium voraussetzen, das bei einem Bewertungsportal fehlt (s. Köhler/Bornkamm/Feddersen/*Köhler* UWG Anhang zu § 3 Abs. 3 Rn. 11.2). Der nach 5a Abs. 6 UWG notwendige „kommerzielle Zweck“ liegt in diesen Fällen vor, denn der Veröffentlichung von Rezensionen liegt eine geschäftliche Handlung (§ 2 Abs. 1 Nr. 1 UWG) zugrunde und somit ein „kommerzieller“ Zweck, denn sie wirkt „zu Gunsten des eigenen oder eines fremden Unternehmens“. Dieser kommerzielle Zweck wurde in der zugrunde liegenden Fallkonstellation auch nicht kenntlich gemacht, in dem Sinne, dass das äußere Erscheinungsbild der geschäftlichen Handlung so gestaltet war, dass der Verbraucher ihren kommerziellen Zweck nicht klar und eindeutig erkennen kann, sondern von einer nicht durch wirtschaftliche Vorteile „erkauften“ Rezension ausging.

3. Es bedarf eines ausdrücklichen Antrags der Klägerin, die Hauptsache für erledigt zu erklären. Die Beklagte kann diesen Antrag nicht stellen, da sie nicht „Herrin des Verfahrens“ ist. Weigert sich die Klägerin, die Hauptsache für erledigt zu erklären, so ist für den Fall, dass ein erledigendes Ereignis vorliegt, die Klage abzuweisen. Ist die Klägerin der Auffassung, der Rechtstreit sei nicht erledigt, so hat sie die Möglichkeit, mit einem Hauptantrag die Hauptsache für erledigt zu erklären und **hilfsweise** den bisherigen Klageantrag aufrecht zu erhalten (vgl. BGH 3.7.2003 – I ZR 270/01, GRUR 2003, 903 – ABC der Naturheilkunde). Unzulässig ist dagegen, lediglich hilfsweise die Erledigung des Rechtstreits zu beantragen (BGH 19.3.1998 – I ZR 264/95, GRUR 1998, 1045 – Brennwertkessel).

Typische Ereignisse, die zur Erledigung der Hauptsache im Wettbewerbsprozess führen, sind:

- Wegfall der Wiederholungsgefahr durch (weitere Beispiele bei Köhler/Bornkamm/Feddersen/*Bornkamm* UWG § 12 Rn. 1.48 ff.)
  - Abgabe einer die Wiederholungsgefahr vollständig ausräumenden Unterlassungserklärung für die Erledigung der Unterlassungsklage,
  - außergerichtlichen Vergleich (sofern dort keine Klagerücknahme vereinbart wurde),
  - Gesetzesänderungen; nicht: Änderung der Rechtsprechung. Damit muss die klagende Partei, insbesondere im Wettbewerbsrecht, stets rechnen (BGH 18.12.2003 – I ZR 84/01, GRUR 2004, 349 – Einkaufsgutschein II). Der Wegfall einer Gesetzesvorschrift wegen Verfassungswidrigkeit führt nicht zur Erledigung, sondern wegen der Nichtigkeit der Norm zur rückwirkenden Unbegründetheit bzw. Unwirksamkeit eines Urteils.
  - Abgabe einer Abschlusserklärung für die Erledigung des Unterlassungsanspruchs nach Erlass einer einstweiligen Verfügung,
  - Rechtskräftiges Unterlassungsurteil im Verhältnis zu einem Drittgläubiger, es sei denn, dass der Vollstreckungsgläubiger an der Durchsetzung des Titels nicht interessiert ist oder das Verhalten des Schuldners Zweifel aufkommen lässt, dass er dem ergangenen Urteil eine straferledigende Wirkung beimisst
  - Nicht: bloße Einstellung der wettbewerbswidrigen Handlung, Betriebsaufgabe, Liquidation, Veräußerung oder Umwandlung des Unternehmens des Schuldners, bloße Beseitigung des Störungszustandes, wettbewerbskonformes Verhalten; allenfalls in seltenen Ausnahmefällen kommt Wegfall der Wiederholungsgefahr in Frage, etwa

endgültige Aufgabe jeglicher geschäftlicher Tätigkeit durch einen Gewerbetreibenden und ernsthafte, dauerhafte Hinwendung zu anderer Tätigkeit; vom BGH wurde ausnahmsweise keine Wiederholungsgefahr in einem Fall gesehen, in dem unter Verstoß gegen die PAngVO für ein 25-jähriges Firmenjubiläum geworben wurde und in dem es nicht ernsthaft zu besorgen gewesen sei, dass Wiederholung des Wettbewerbsverstoßes früher als 25 Jahre nach seiner Begehung drohe (BGH 16.1.1992 – I ZR 84/90, GRUR 1992, 318 – Jubiläumsverkauf).

- Erfüllung der Auskunftspflicht und Anerkennung der Schadensersatzpflicht für die Erledigung des Auskunfts- und Schadensfeststellungsantrags,
- Beginn der mündlichen Verhandlung oder Verzicht des Klägers auf Klagerücknahme im Rahmen einer Unterlassungsklage für das Feststellungsinteresse einer umgekehrten negativen Feststellungsklage,
- Zeitablauf, zB bei zeitlich begrenzten Unterlassungstiteln (BGH 19.1.1973 – I ZR 39/71, GRUR 1973, 478 – Modenneuheit),
- Wegfall der Klagebefugnis, zB wegen Aufgabe des Geschäftsbetriebs
- Wegfall der die Aktivlegitimation begründenden Merkmale rechtsfähiger Verbände und qualifizierter Einrichtungen im Sinne des § 8 Abs. 3 Nr. 2, 3 UWG,

4. Über die Kosten ist nach § 91a ZPO zu entscheiden, wenn sich der Beklagte der Erledigungserklärung anschließt, andernfalls handelt es sich um eine einseitige Erledigungserklärung, die als Antrag auf Feststellung der Erledigung und Kostenlast des Beklagten auszulegen ist (→ Anm. 7). Im Rahmen der Ermessenentscheidung des Gerichts ist der voraussichtliche Ausgang des Rechtsstreits maßgeblich zu berücksichtigen. Dabei wird zwar oft auch berücksichtigt, ob sich eine Partei in die Rolle des Unterlegenen begeben hat, dies ist aber bei Abgabe einer Unterlassungserklärung nicht ohne Weiteres der Fall (MüKoZPO/*Schulz*, 5. Aufl. 2016, ZPO § 91a Rn. 142), denn darin allein kann nach der Rechtsprechung des BGH nicht schon das Anerkenntnis des zu Grunde liegenden gesetzlichen Unterlassungsanspruchs gesehen werden und zwar selbst dann nicht, wenn die übliche Formulierung fehlt, dass die Unterwerfung ohne Anerkennung einer Rechtspflicht erfolge (BGH 24.9.2013 – I ZR 219/12, GRUR 2013, 1252 – Medizinische Fußpflege; Köhler/Bornkamm/Feddersen/*Bornkamm* UWG § 12 Rn. 1.157; → Form. VII.1.4 Anm. 1 a aa).

Im Regelfall findet für die Kostenentscheidung nach § 91a ZPO keine Beweisaufnahme mehr statt. Abzustellen ist daher auf den Sach- und Streitstand zum Zeitpunkt des Antrags auf Erledigung der Hauptsache (neues nachgeschobenes Vorbringen ist – auch im Beschwerdeverfahren – grundsätzlich nicht zu berücksichtigen, OLG Frankfurt a. M. 1.4.2016 – 6 W 24/16, BeckRS 2016, 8121). Um das Kostenrisiko zu minimieren, sollte der Kläger bereits in der Klageschrift möglichst umfassend den Sach- und Streitstand darlegen und unter Beweis stellen. Insbesondere die Vorlage von Dokumenten erübrigt die Durchführung einer Beweisaufnahme, die nach Eintritt des Antrags auf Erledigung des Rechtstreites nicht mehr durchgeführt wird.

5. Nach § 128 Abs. 3 ZPO wird im Regelfall über die Kosten ohne weitere mündliche Verhandlung entschieden. Dies gilt jedoch nur bei übereinstimmender Erledigung, da bei einseitiger Erledigungserklärung in der Sache selbst unter Berücksichtigung des Vorliegens des erledigenden Ereignisses entschieden wird (→ Anm. 4, 7).

6. → Anm. 2, 3.

7. Im Falle der Weigerung des Beklagten, sich der Erledigung anzuschließen, ist von der Klägerin die Feststellung, dass die Hauptsache erledigt ist, zu beantragen. Dies führt bei Vorliegen eines erledigenden Ereignisses zwangsläufig dazu, dass der Beklagten die Kosten des Rechtstreits nach § 91 ZPO auferlegt werden.

4.4 Einigungsstellenverfahren[1]

– Fortsetzung des Geschäftsbetriebs nach Räumungsverkauf wegen Geschäftsaufgabe[2] –

An die

Einigungsstelle zur Beilegung von Wettbewerbsstreitigkeiten bei der IHK Region Stuttgart[3]

Antrag

auf Einleitung eines Einigungsstellenverfahrens gem. § 15 UWG[4]

des Vereins für den lauteren Wettbewerb eV, vertreten durch den Hauptgeschäftsführer . . . . ., ebenda

– Antragssteller –

gegen

die Firma B-GmbH, vertreten durch ihren Geschäftsführer

– Antragsgegnerin –

Wir beantragen,

die Antragsgegnerin vor die Einigungsstelle gem. § 15 UWG zwecks Herbeiführung eines gütlichen Ausgleichs hinsichtlich der streitgegenständlichen Wettbewerbstreitigkeit zu laden[5]

hilfsweise,

im Falle eines Scheiterns des Einigungsstellenverfahrens, den Zeitpunkt, zu dem das Einigungsstellenverfahren beendet ist, festzustellen und den Parteien mitzuteilen.[6]

Sachverhalt

1. Der Antragssteller ist ein bekannter Verband zur Förderung gewerblicher Interessen, zu dessen Mitgliedern auch die IHK gehört und der nach § 8 Abs. 3 Nr. 2 UWG zur Verfolgung von Wettbewerbsverstößen befugt ist. Er verfügt insbesondere über eine ausreichende Zahl von Mitgliedern im Teppicheinzelhandel.[7]
2. Die Antragsgegnerin betreibt einen Einzelhandel mit Teppichen. In ihrer Werbung vom . . . . . hat die Antragsgegnerin mit einem Räumungsverkauf wegen Geschäftsaufgabe geworben und in diesem Zusammenhang die Aufgabe ihres Geschäftes zum 30.9. . . . . . angekündigt. Der Antragsteller musste jedoch feststellen, dass die Antragsgegnerin ihren Geschäftsbetrieb über den 30.9.„„ hinaus fortgesetzt hat.[8]
   Mit Schreiben vom . . . . . hat der Antragsteller die Antragsgegnerin zur Abgabe einer strafbewehrten Unterlassungserklärung wegen irreführender Werbung aufgefordert.[9]

   Beweis: Schreiben vom . . . . .
   – Anlage AS 1 –

   Die Antragsgegnerin hat die Unterlassungserklärung nicht abgegeben, jedoch mitgeteilt, dass sie ihren Geschäftsbetrieb nunmehr einstellen werde.

   Beweis: Schreiben der Antragsgegnerin vom . . . . .
   – Anlage AS 2 –

3. Es konnte festgestellt werden, dass die Antragsgegnerin derzeit ihren Geschäftsbetrieb mit Teppichen nicht mehr betreibt, sondern in diesen Geschäftsräumen nunmehr ein Einzelhandelsgeschäft für orientalische Geschenkartikel betrieben wird.
Zur Vermeidung eines Gerichtsverfahrens wird eine gütliche Einigung vor der Einigungsstelle angestrebt.

In der mündlichen Verhandlung vor der Einigungsstelle soll darauf hingewirkt werden, dass die Antragsgegnerin die nachstehende Unterlassungserklärung abgibt. Wir beantragen[10] daher:

1. Die Antragsgegnerin verpflichtet sich, es zu unterlassen, einen Räumungsverkauf wegen Geschäftsaufgabe bis zu einem bestimmten Zeitpunkt anzukündigen, sofern der Geschäftsbetrieb über den angekündigten Zeitpunkt hinaus fortgesetzt wird.
2. Für jeden Fall zukünftiger Zuwiderhandlung gegen die unter Ziff. 1 aufgeführte Unterlassungsverpflichtung verpflichtet sich die Antragsgegnerin, an den Antragsteller eine Vertragsstrafe in Höhe von 5.000,00 EUR zu zahlen;
3. Die Antragsgegnerin ersetzt dem Antragsteller nach § 12 Abs. 1 S. 2 UWG die erforderlichen Aufwendungen für die Rechtsverfolgung in Höhe von 160,00 EUR zzgl. der gesetzlichen Umsatzsteuer.[11, 12, 13]

Anmerkungen

1. Das Einigungsstellenverfahren ist in § 15 UWG geregelt. Die wesentlichen Bestimmungen wurden beibehalten. Zu den Einzelheiten vgl. Köhler/Bornkamm/Feddersen/*Bornkamm/Feddersen* UWG § 15 Rn. 1 ff.

Das Einigungsstellenverfahren ist nur sinnvoll, wenn mit einer Einigung der Parteien gerechnet werden kann. Der Vorteil des Einigungsstellenverfahrens besteht in einer größeren Flexibilität bei einer Einigung sowie in einem schnellen Verfahren.

Nach § 15Abs. 1 UWG sind von den Landesregierungen bei Industrie- und Handelskammern Einigungsstellen zu errichten, in denen ein Anspruch auf Grund des UWG geltend gemacht wird (vgl. die Nachweise zum Landesrecht bei Köhler/Bornkamm/Feddersen/*Bornkamm/Feddersen* UWG § 15 Rn. 4).

2. Als Beispiel werden ein Räumungsverkauf wegen Geschäftsaufgabe sowie die sich anschließende Fortsetzung des Geschäftsbetriebs behandelt.

3. Die örtliche Zuständigkeit der Einigungsstelle bestimmt sich nach §§ 15 Abs. 4, 14 UWG.

4. Die Formulierung von Anträgen ist bei Einleitung des Einigungsstellenverfahrens zweckmäßig, jedoch nicht zwingend.

5. Die Durchführung einer mündlichen Verhandlung ist nicht vorgeschrieben, jedoch üblich. Die in § 15 Abs. 3 S. 2 UWG iVm § 7 EinigungsstellenVO genannte „Aussprache" setzt im Regelfall eine mündliche Verhandlung voraus.

6. Nach § 15 Abs. 9 S. 1 UWG führt das Einigungsstellenverfahren zur Hemmung der Verjährung. Um den genauen Zeitraum der Hemmung bestimmen zu können, hat der Vorsitzende der Einigungsstelle den genauen Zeitpunkt der Beendigung festzustellen und den Parteien mitzuteilen. Wegen der kurzen Verjährungsfrist von 6 Monaten ab Kenntniserlangung (§ 11 UWG) ist der Ablauf der Verjährungsfrist bzw. deren Hemmung von besonderer Bedeutung.

7. Antragsberechtigt sind alle nach § 8 UWG aktivlegitimierten Personen, also keine Verbraucher. Üblicherweise werden Einigungsstellenverfahren von Verbänden zur Förderung gewerblicher Interessen oder qualifizierten Einrichtungen angerufen. Die Aktivlegitimation folgt aus § 8 Abs. 3 Nr. 2 und ggf. Nr. 3 UWG.

8. Der Sachverhalt ist so gewählt, dass es sich um einen eher geringfügigen Verstoß handelt, da die Aufgabe des Geschäftsbetriebs zwar nicht zum angekündigten Zeitpunkt, jedoch nach Abmahnung erfolgte.

9. Die Werbung ist irreführend nach §§ 3, 5 Abs. 2 Nr. 2, 3 UWG. Nach Nr. 15 des Anhangs zu § 3 Abs. 3 UWG („Schwarze Liste") handelt es sich sogar um einen per-se-Verstoß, bei dem nicht zu prüfen ist, ob die Handlung sich eignet, das wirtschaftliche Verhalten der Verbraucher wesentlich zu beeinflussen. Den beteiligten Verkehrskreisen wird vorgespiegelt, man werde das Ladengeschäft zu einem bestimmten Zeitpunkt schließen. Üblicherweise erwarten die beteiligten Verkehrskreise bei einer Schließung, insbesondere zu einem bestimmten Zeitpunkt, dass die Ware möglichst preisgünstig bis zum Zeitpunkt der Schließung veräußert wird und erwarten gerade in den letzten Tagen besonders günstige Angebote. Wird das Ladengeschäft einer von Anfang an bestehenden Planung gemäß über den Zeitpunkt hinaus fortgeführt, so liegt eine rechtlich relevante Irreführung der beteiligten Verkehrskreise vor (s. Köhler/Bornkamm/Feddersen/*Bornkamm/Feddersen* UWG § 5 Rn. 3.18).

10. Am Schluss seines Schriftsatzes beantragt der Antragsteller die von ihm geforderte Unterlassungserklärung. Dies ist üblich, aber nicht vorgeschrieben.

11. Die Erstattung von Abmahnkosten ist für Verbände zur Förderung gewerblicher Interessen, denen regelmäßig kein Schadensersatzanspruch zusteht, gemäß § 12 Abs. 1 S. 2 UWG begründet.

12. Von den Kosten der Abmahnung zu unterscheiden sind die Kosten des **Einigungsstellenverfahrens.** Diese richten sich in Baden-Württemberg nach § 12 Einigungsstellen-VO. Sie werden vom Vorsitzenden festgestellt. Auch insoweit ist eine Einigung anzustreben. Kommt die Einigung nicht zustande, so wird nach billigem Ermessen über die Kosten entschieden, wobei im Regelfall derjenige die Kosten trägt, der nach Auffassung der Einigungsstelle unterlegen wäre. Liegt ein Wettbewerbsverstoß vor, so wird im Regelfall der Antragsgegner die Kosten tragen. Ist die Rechtslage offen, so werden die Kosten hälftig geteilt. Kommt ein Vergleich zustande, so werden die Kosten im Regelfall mitgeregelt. Ihre außergerichtlichen Kosten trägt jede Partei selbst.

13. Kommt eine Einigung zwischen den Parteien zustande, so wird der Einigungsvorschlag (§ 15 Abs. 6 UWG) in Form eines Vergleichs schriftlich niedergelegt. Dieser Vergleich ist von den Mitgliedern der Einigungsstelle sowie den beteiligten Parteien zu unterzeichnen. Aus diesem Vergleich kann unmittelbar vollstreckt werden. § 797a ZPO wird entsprechend angewendet (§ 15 Abs. 7 S. 2 UWG).

5. Regelbeispiele unlauterer Wettbewerbshandlungen

5.1 Ausnutzung der geschäftlichen Unerfahrenheit[1]

An das

Landgericht . . . . . .[2]

. . . . . .

. . . . . .

AZ: Neu

Klage

des K- . . . . . . eV

– Kläger –

Prozessbevollmächtigte: . . . . . .

gegen

Firma B . . . . . . -GmbH

– Beklagte –

Prozessbevollmächtigte: . . . . . .

Wegen: Unlauteren Wettbewerbs

Streitwert: (vorläufig geschätzt) . . . . . . EUR

Namens und in Vollmacht des Klägers erhebe ich Klage und werde beantragen:

1. Die Beklagte wird verurteilt, es unter Androhung eines für jeden Fall der Zuwiderhandlung vom Gericht festzusetzenden Ordnungsgeldes bis zu 250.000,00 EUR, ersatzweise Ordnungshaft bis zu 6 Monaten oder Ordnungshaft bis zu 6 Monaten, die Ordnungshaft zu vollziehen an ihrem jeweiligen gesetzlichen Vertreter, zu unterlassen, im Rahmen geschäftlicher Handlungen eine Verkaufsveranstaltung in einem Übergangswohnheim durchzuführen bzw. durchführen zu lassen.[3]
2. . . . . . .[4]

Begründung:

I.

Gegenstand der Klage ist die Durchführung von Verkaufsveranstaltungen durch Außendienstmitarbeiter der Beklagten in dem Übergangswohnheim XY in der Stadt Z.

1. Der Kläger ist ein Verbraucherschutzverein, der in die Liste der qualifizierten Einrichtungen nach § 4 UKlaG eingetragen ist.
2. Die Beklagte vertreibt insbesondere Kochgeschirr gegenüber dem Endverbraucher durch angestellte Außendienstmitarbeiter.
3. Am . . . . . . suchte der Außendienstmitarbeiter M der Beklagten das Übergangswohnheim für Aussiedler in der Stadt Y auf und bot dem dortigen Heimbewohnern Produkte der Beklagten im Rahmen einer Verkaufsveranstaltung an. Ein Heimbewohner hat einen Kaufvertrag für ein Kochgeschirr im Wert von 2.000,00 EUR unterzeichnet.

   Beweis: Kaufantrag vom . . . . . .
   – Anlage K 1 –

   In dem Übergangswohnheim für Aussiedler wohnen in der Regel ausschließlich Heimbewohner, die erst vor wenigen Wochen nach Deutschland übergesiedelt sind, im Regelfall mit der deutschen Sprache nicht vertraut sind und über keine Kenntnisse der typischen Verkaufsabläufe und des Preisgefüges in Deutschland verfügen.[5] An sämtlichen Zugängen zum Wohnheim befanden sich deutlich sichtbar Aufkleber mit der Aufschrift „Für Vertreter verboten".

Beweis: Zeugnis des Heimleiters, Herrn ......

4. Der Kläger hat die Beklagte vor Erhebung der Klage unter Fristsetzung zur Abgabe einer strafbewehrten Unterlassungserklärung aufgefordert. Dieser Aufforderung ist die Beklagte innerhalb der gesetzten Frist nicht nachgekommen, sodass Klage geboten ist.

II.

Die Klage ist begründet.

Das Verhalten des Mitarbeiters der Beklagten ist unlauter iSv § 3 Abs. 2, Abs. 4 S. 2 UWG.

Nach dieser Vorschrift ist eine geschäftliche Handlung unlauter, wenn sie geeignet ist, die geschäftliche Unerfahrenheit der Adressaten auszunutzen. In dem Übergangswohnheim für Aussiedler befinden sich Menschen, die erst kurze Zeit in Deutschland wohnen und daher über keinerlei Erfahrung mit dem Wirtschafts- und Rechtssystem Deutschlands verfügen. Damit sind sie geschäftlich unerfahren. Diese Unerfahrenheit hat der Mitarbeiter der Beklagten ausgenutzt. Für die wettbewerbsrechtliche Beurteilung der beanstandeten Verkaufsveranstaltung kommt es letztlich darauf an, dass die jeweiligen Heimbewohner vor Überrumpelungen durch Vertreterbesuche zu schützen sind, da sich diese Personen mit den Gepflogenheiten von Vertretern naturgemäß noch nicht auskennen.

Das Verhalten ihres Außendienstmitarbeiters muss sich die Beklagte nach § 8 Abs. 2 UWG zurechnen lassen. Dieses Verhalten der Beklagten ist für die Heimbewohner nachteilig und widerspricht unternehmerischer Sorgfalt. Der Wettbewerbsverstoß ist relevant, denn es ist dazu geeignet, das wirtschaftliche Verhalten des Verbrauchers wesentlich zu beeinflussen.[6] Die Beklagte schuldet daher die Unterlassung dieses Verhaltens.

......[7] Rechtsanwalt

Anmerkungen

1. Der vorliegende Sachverhalt betrifft eine unlautere Werbung gem. §§ 3 Abs. 2, Abs. 4 S. 2 UWG, die bis zur Novelle 2015 in § 4 Nr. 2 UWG speziell geregelt war (Köhler/Bornkamm/Feddersen/*Köhler* UWG § 3 Rn. 7.6).

Dem Muster liegt die zum alten Recht ergangene, aber immer noch für den Schutz von Erwachsenen anwendbare Entscheidung des BGH Urt. v. 7.5.1998 – I ZR 85/96, GRUR 1998, 1041 – Verkaufsveranstaltung im Aussiedlerwohnheim zugrunde. Aktuell kommt die Anwendung auf Wohnheime von Migranten in Frage, die erst kürzlich nach Deutschland eingereist sind.

Jugendliche werden durch Nr. 28 der „Schwarzen Liste" (Anhang zu § 3 Abs. 3 UWG) speziell geschützt. Eine Aufforderung an Kinder im Sinne dieser Vorschrift liegt nicht schon dann vor, wenn eine Werbung in einfacher Sprache gehalten ist, in ihr Kinder auftreten und das beworbene Produkt (Süßigkeit) besonders bei Kindern beliebt ist. Nach diesen Grundsätzen hat der BGH der Aussage „einfach fünf leckere H.-Produkte kaufen und gewinnen" keinen an Kinder gerichteter Kaufappell entnommen. Selbst wenn man darin eine unmittelbare Aufforderung zum Kauf und nicht lediglich eine Information über die Teilnahmevoraussetzungen des Gewinnspiels sehen wolle, sei diese jedenfalls nicht gezielt an Kinder gerichtet. Da Nr. 28 des Anhangs nicht jede an Kinder gerichtete Werbung untersagen wolle, sei für die Anwendung dieser Bestimmung entscheidend, dass Kinder jedenfalls gezielt angesprochen werden, was nicht der Fall sei bei einer an jedermann gerichteten Werbung, von der sich auch Kinder angesprochen fühlen können (BGH 12.12.2013 – I ZR

192/12, GRUR 2014, 686 Rn. 30). Zum gegenteiligen Ergebnis führte die Analyse des BGH in „Runes of Magic“ (17.7.2013 – I ZR 34/12, GRUR 2014, 298, bestätigt nach Einspruch in 18.9.2014 – I ZR 34/12, GRUR 2014, 1211 – Runes of Magic II) wegen durchgängiger Verwendung der direkten Ansprache in der zweiten Person Singular und Prägung der Werbung durch überwiegend kindertypische Begrifflichkeiten einschließlich gebräuchlicher Anglizismen und Kaufappellen wie „Kauf Dir . . . . . .“, „Hol Dir . . . . . .“, „Schnapp Dir die günstige Gelegenheit und verpasse Deiner Rüstung & Waffen das gewisse ‚Etwas'“.

2. Hinsichtlich der allgemeinen Anforderungen einer Wettbewerbsklage wird auf → Form. VII.2.1 verwiesen.

3. Der Antrag muss darauf gerichtet sein, die Bevölkerungsgruppe, die geschäftlich unerfahren ist, konkret zu umschreiben. Der Antrag ist so konkret wie möglich zu fassen. Der hier im Formular wiedergegebene Antrag weicht insofern von dem Originalantrag des Falles „Verkaufsveranstaltung im Aussiedlerwohnheim“ ab, als dort der Zusatz „unter Missachtung des Aufklebers ‚Für Vertreter verboten'“ enthalten war. Diesen hatte das Landgericht unter Billigung der Berufungsinstanz bei der Verurteilung weggelassen. Die dortige Beklagte hatte gemäß dem Tatbestand des BGH-Urteils vorgebracht, aufgrund des äußeren Erscheinungsbildes des Gebäudes habe die Außendienstmitarbeiterin nicht damit rechnen können, daß es sich um ein Übergangswohnheim für Aussiedler gehandelt habe. Aufkleber mit dem Hinweis "Für Vertreter verboten" habe es im Eingangsbereich nicht gegeben; zumindest habe ihre Mitarbeiterin solche nicht wahrgenommen. Anscheinend hat eine Beweisaufnahme nicht stattgefunden, sondern die Tatsacheninstanzen scheinen die tatsächlichen Umstände offengelassen zu haben, sondern die Beklagte ohne diese im Antrag enthaltene Einschränkung verurteilt. Der BGH hat dies gebilligt und ausgeführt, dass darin keine Verletzung des § 308 Abs. 1 ZPO liege, sondern sich dies im Rahmen der Auslegung des Antrags halte. Für die Auslegung konnte der BGH auf einen Schriftsatz des Klägers zurückgreifen, im Muster integriert in die Klageschrift, dass das Begehren auf ein Schlechthin-Verbot von Verkaufsveranstaltungen in Aussiedlerheimen gerichtet gewesen sei. An diesem Beispiel lässt sich gut nachzuvollziehen, wie Gerichte Entscheidungsspielräume erschließen und nutzen, um ein missbilligenswertes Verhalten effektiv zu untersagen. Für den Kläger ist es wichtig, durch ausführlichen Sachvortrag derartige Spielräume überhaupt erst zu eröffnen.

4. Hinsichtlich der weiteren Anträge wird auf → Form. VII.2.1 verwiesen.

5. Notwendige Tatbestandsmerkmale zur Begründung der Unlauterkeit der geschäftlichen Handlung sind die geschäftliche Unerfahrenheit, das geschäftliche Handeln – hier die Verkaufsveranstaltung – sowie das Ausnutzen der Unerfahrenheit.

6. Die nach § 3 UWG notwendigen Tatbestandsmerkmale sind hier fraglos relevant. Nach § 3 Abs. 4 S. 2 UWG ist, wenn sich die geschäftliche Handlung an eine bestimmte Gruppe – hier einer besonders schutzbedürftigen und eindeutig identifizierbaren Gruppe – von Verbrauchern wendet, auf ein durchschnittliches Mitglied dieser Gruppe abzustellen.

7. Hinsichtlich der Begründung der weiteren Anträge wird auf → Form. VII.2.1 verwiesen.

5.2 Verschleierung des Werbecharakters[1]

An das

Landgericht . . . . .[2]

. . . . .

. . . . .

AZ: Neu

Klage

der Firma K . . . . .-GmbH

– Klägerin –

Prozessbevollmächtigte: . . . . .

gegen

Firma B . . . . .-GmbH

– Beklagte –

Prozessbevollmächtigte: . . . . .

Wegen: Unlauteren Wettbewerbs

Streitwert: (vorläufig geschätzt) . . . . . EUR

Namens und in Vollmacht der Klägerin erhebe ich Klage und werde beantragen,

1. Die Beklagte wird verurteilt, es bei Meidung eines für jeden Fall der Zuwiderhandlung vom Gericht festzusetzenden Ordnungsgeldes bis zu 250.000,00 EUR, ersatzweise Ordnungshaft bis zu 6 Monaten oder Ordnungshaft bis zu 6 Monaten, wobei die Ordnungshaft an ihren jeweiligen gesetzlichen Vertretern zu vollziehen ist, im Rahmen geschäftlicher Handlungen zu unterlassen,
   in den von der Beklagten verlegten periodisch erscheinenden Druckwerken nicht als Anzeige gekennzeichnete Pressetexte von Anzeigenkunden zu veröffentlichen, wenn diese einen anpreisenden Inhalt aufweisen, wie „das M-KfZ der Superlative“, wenn dies geschieht wie in der Veröffentlichung der S-Zeitung vom . . . . ., Seite . . . . .[3]
2. . . . . .[4]

Begründung:

Mit der Klage verfolgt die Klägerin die Veröffentlichung von redaktionellen Beiträgen der Beklagten, die eine Werbung von Anzeigenkunden der Beklagten zum Gegenstand haben.

I. Sachverhalt

1. Die Parteien verlegen periodisch erscheinende Druckwerke, insbesondere Tageszeitungen. Sie sind daher Mitbewerber iSv §§ 2 Abs. 1 Nr. 3, 8 Abs. 3 Nr. 1 UWG.
2. Am . . . . . veröffentlichte die Beklagte auf Seite . . . . . der S-Zeitung, den als Anlage K 1 beigefügten Bericht. Dieser Bericht befindet sich im redaktionellen Teil der S-Zeitung. Hinweise darauf, dass es sich um eine Werbung handelt, sind dem Text nicht zu entnehmen, insbesondere wird der Text nicht ausdrücklich, wie nach den Landesmediengesetzen vorgeschrieben, mit dem Zusatz „Anzeige“ gekennzeichnet.
   In dem Text werden insbesondere die Automobile der Marke M deutlich hervorgehoben beworben. So heißt es zB:

„das M-KfZ der Superlative“
Darüber hinaus wird in besonderem Maße die technische Ausgestaltung dieses Fahrzeuges deutlich hervorgehoben beschrieben.
Dieser redaktionelle Beitrag geht auf einen Werbeauftrag des Automobilherstellers M zurück. Der Hersteller M hat bei der Klägerin für die gleiche Zeitung den nahezu identischen Text als Werbeanzeige gegen Entgelt in Auftrag gegeben.[5]

Beweis: Auftrag des Autoherstellers M
– Anlage K 2 –

3. Die Klägerin hat das Verhalten der Beklagten mit Schreiben vom . . . . . abgemahnt. Die Beklagte räumte das Verhalten ein, lehnte jedoch die Abgabe einer strafbewehrten Unterlassungserklärung ab. Mithin ist Klage geboten.

II. Rechtslage

Die Klage ist zulässig und begründet.

1. Die Veröffentlichung einer Werbeanzeige als redaktionellen Beitrag in einer Zeitschrift stellt eine Verschleierung des Werbecharakters von geschäftlichen Handlungen dar. Dabei handelt es sich um eine geschäftliche Handlung sowohl zum Nachteil der Mitbewerber als auch der Verbraucher, die geeignet ist, den Wettbewerb nicht unerheblich zu verfälschen.
Nach Nr. 11 Anh. zu § 3 Abs. 3 UWG ist unlauter der vom Unternehmer finanzierte Einsatz redaktioneller Inhalte zu Zwecken der Verkaufsförderung, ohne dass sich dieser Zusammenhang aus dem Inhalt oder aus der Art der optischen oder akustischen Darstellung eindeutig ergibt (als Information getarnte Werbung). Die Werbung wäre aber auch unlauter, wenn kein Entgelt dafür bezahlt worden wäre, denn zugleich ist es auch nach §§ 3, 5a Abs. 6 UWG unlauter, wenn der kommerzielle Zweck einer geschäftlichen Handlung nicht kenntlich gemacht wird, sofern sich dieser nicht unmittelbar aus den Umständen ergibt und das Nichtkenntlichmachen geeignet ist, den Verbraucher zu einer geschäftlichen Entscheidung zu veranlassen, die er andernfalls nicht getroffen hätte. Für das Vorliegen einer getarnten Werbung spricht vorliegend, dass der Beitrag das Produkt über das durch eine sachliche Information bedingte Maß hinaus einseitig werbend, darstellt Das erweist sich an der Aufmachung des Beitrags, der wie eine attraktive Werbeanzeige aufgemacht ist, die darin enthaltene pauschale Anpreisung des Produkts und der fehlende Anlass im Hinblick auf das Informationsbedürfnis der Leserschaft, das Produkt in dieser Art und Weise anzupreisen. Vielmehr wurden redaktionell nicht bearbeitete Werbeinformationen des Herstellers M nahezu wörtlich übernommen.
Ein derartiges Verhalten wird auch nicht durch die Meinungs- bzw. Pressefreiheit nach Art. 5 Abs. 1 GG geschützt. Die Interessenabwägung zeigt vielmehr, dass bei der vorstehenden Werbung die Tarnung einer Werbeanzeige als redaktionellen Beitrag im Vordergrund steht.
2. Neben dem Anspruch nach §§ 3, 5a Abs. 6 UWG kommt auch noch ein Verstoß gegen §§ 3, 4 Nr. 11 UWG iVm § 10 LPresseG (Baden-Württemberg) in Betracht und somit ein Vorsprung durch Rechtsbruch.
3. Schließlich wird dem Zeitungsleser vorgetäuscht, es handle sich um eine objektive Berichterstattung. Tatsächlich handelt es sich um eine getarnte Werbung, die zugleich eine Irreführung iSv §§ 3, 5 UWG darstellt. Zudem wird der Leser über die Urheberschaft des Beitrages getäuscht, da diese auf den Automobilhersteller M und eben nicht auf die S-Redaktion zurückgeht.

. . . . .[6] Rechtsanwalt

Anmerkungen

1. Dieses Muster betrifft die Verschleierung des Werbecharakters iSv §§ 3, 5a Abs. 6 UWG UWG, auch getarnte Werbung oder „Schleichwerbung“ genannt. Auch → Form. VII.4.31. Der Sachverhalt wurde unter Zugrundelegung der Entscheidung BGH 23.10.1997 – I ZR 123/95, GRUR 1998, 481 – Auto '94 entwickelt. Derartige Fälle sind wegen der Abgrenzung zwischen Pressefreiheit und unlauterer geschäftlicher Handlung häufig mit erheblichen Wertungsrisiken behaftet. Dies hat Auswirkungen auf die Antragsstellung (→ Anm. 3).

2. Hinsichtlich der Formalien wird auf → Form. VII.2.1 verwiesen.

3. Eine Analyse der Rechtsprechung zeigt, dass die Verfolgung getarnter Werbung häufig bereits an der Antragstellung scheitert (vgl. BGH 5.6.1997 – I ZR 69/95, GRUR 1998, 489 – unbestimmter Unterlassungsantrag III). Der Antrag ist daher so abzufassen, dass die konkrete getarnte Anzeige umschrieben (vgl. BGH 23.10.1997 – I ZR 123/95, GRUR 1998, 481 – Auto '94) oder im Antrag eingeblendet wird.

4. Hinsichtlich der weiteren Anträge wird auf → Form. VII.2.1 verwiesen.

5. Die Tatbestandsvoraussetzungen der §§ 3, 5a Abs. 6 UWG sind im Sachverhalt darzulegen, insbesondere der Anzeigecharakter, das Anpreisen des Werbenden, die Berichterstattung im redaktionellen Teil sowie die Abwägung zwischen Pressefreiheit und dem Verbot unlauterer geschäftlicher Handlungen. Auf die weiteren Gesetzesverstöße wegen Vorsprung durch Rechtsbruch (§§ 3, 3a UWG, s. Köhler/Bornkamm/Feddersen/*Köhler* UWG § 5a Rn. 1.202) und möglicher Irreführung (§ 5 UWG) wurde nur ergänzend hingewiesen, hierzu jedoch nicht näher ausgeführt, was nach BGH-Biomineralwasser keine unzulässige Klagehäufung darstellen dürfte, sondern einen einheitlichen Streitgegenstand, der lediglich verschiedene UWG-Tatbestände verwirklicht (→ Form. VII.2.2 Anm. 15). Nach Nr. 11 der „Schwarzen Liste“ (Anhang zu § 3 Abs. 3 UWG) ist als Information getarnte Werbung per se unlauter. Sofern ein Verstoß gegen Nr. 11 der „Schwarzen Liste“ vorliegt, entfällt daher die Interessenabwägung.

Oft lassen sich die Voraussetzungen einer entgeltlichen, getarnten Werbeanzeige durch den Kläger nicht nachweisen oder werden bestritten, so dass hier vorsorglich auch eine Begründung auf der Basis der Unlauterkeit einer nicht gegen Entgelt geschalteten redaktionellen Werbung geboten wird (s. dazu Köhler/Bornkamm/Feddersen/*Köhler* UWG § 5a Rn. 7.50 ff.: werblicher Überschuss).

6. Die Begründung der weiteren Anträge ist in → Form. VII.2.1 erläutert.

5.3 Fehlende Transparenz des Angebotes[1]

An das

Landgericht . . . . .[2]

. . . . .

. . . . .

AZ: Neu

Klage

der Firma K . . . . . -GmbH

– Klägerin –

Prozessbevollmächtigte: . . . . .

gegen

Firma B . . . . . -GmbH

– Beklagte –

Prozessbevollmächtigte: . . . . .

Wegen: Unlauteren Wettbewerbs

Streitwert: (vorläufig geschätzt) . . . . . EUR

Namens und in Vollmacht der Klägerin erhebe ich Klage und werde beantragen,

1. Die Beklagte wird verurteilt, es unter Androhung eines für jeden Fall der Zuwiderhandlung vom Gericht festzusetzenden Ordnungsgeldes bis zu 250.000,00 EUR, ersatzweise Ordnungshaft bis zu 6 Monaten oder Ordnungshaft bis zu 6 Monaten, die Ordnungshaft zu vollziehen an ihren jeweiligen gesetzlichen Vertretern, zu unterlassen, im geschäftlichen Verkehr
   in einer an den Verbraucher gerichteten Werbung einen Tablet-PC deutlich hervorgehoben zum Preis von 2,00 EUR anzubieten, der nur zusammen mit dem Abschluss eines Stromlieferungsvertrages mit einer Mindestlaufzeit von 24 Monaten erworben werden kann, sofern die Bedingungen des Stromliefervertrages nur unvollständig wiedergegeben werden, wenn dies wie in der nachstehend abgebildeten Werbung erfolgt:[3]
   (Abbildung)
   . . . . .
2. . . . . .[4]

Begründung:

Mit der Klage verfolgt die Klägerin eine Werbung der Beklagten, die ein intransparentes Kopplungsangebot zum Gegenstand hat.

I. Sachverhalt

1. Die Parteien betreiben Einzelhandelsgeschäfte, in denen insbesondere Produkte der Unterhaltungselektronik und EDV-Produkte verkauft werden. Sie sind folglich Mitbewerber iSv §§ 2 Abs. 1 Nr. 3, 8 Abs. 3 Nr. 1 UWG.
2. Am . . . . . verbreitete die Beklagte einen Flyer im Bezirk des angerufenen Landgerichts. In diesem Flyer bewirbt die Beklagte deutlich hervorgehoben einen Tablet-PC zum Preis von 2,00 EUR. Die genauere Durchsicht der Werbung zeigt, dass dieser Tablet-PC nur zusammen mit dem Abschluss eines Stromlieferungsvertrages mit einer Mindestlaufzeit von 24 Monaten erworben werden kann. Die Werbung enthält hinsichtlich des Stromlieferungsvertrages nur einen Hinweis auf den Anbieter des Stromes, die Firma . . . . . AG. Den wesentlichen Inhalt des Stromlieferungsvertrages, insbesondere den Preis pro kW/h, enthält die Werbung nicht.

   Beweis: Flyer der Beklagten vom . . . . .
   – Anlage K 1 –

Aufgrund dieser Werbung sind die angesprochenen Verbraucher nicht in der Lage, die Bedingungen des beworbenen Kopplungsangebotes zu bestimmen.[5]

3. Die Klägerin hat das Verhalten der Beklagten mit Schreiben vom ..... abgemahnt. Die Beklagte ist der Auffassung, ihre Werbung sei nicht unlauter und lehnte die Abgabe einer strafbewehrten Unterlassungserklärung ab. Mithin ist Klage geboten.

II. Rechtslage

Die Klage ist begründet. Die angegriffene Werbung ist unlauter iSv §§ 3, 5 Abs. 1 Nr. 1 UWG.

Nach §§ 3, 5 Abs. 1 Nr. 1 UWG ist es unlauter, Verkaufsfördermaßnahmen wie Preisnachlässe durchzuführen, bei denen die Bedingungen für ihre Inanspruchnahme nicht klar und eindeutig angegeben werden.

Das Angebot eines Tablet-PCs, der üblicherweise mindestens das 100-fache des hier beworbenen Preises kostet, stellt eine Verkaufsförderungsmaßnahme durch Gewährung nachhaltiger Preisnachlässe dar. Da das Angebot keine Hinweise auf die wesentlichen Vertragsbedingungen des gleichzeitig abzuschließenden Stromlieferungsvertrages enthält, sind die Bedingungen, zu denen der preisgünstige Tablet-PC erworben werden kann, nicht und somit weder klar noch eindeutig angegeben.

Diese Werbung ist auch relevant, denn sie ist geeignet, den Verbraucher zu einer Kaufentscheidung zu veranlassen, die er andernfalls nicht getroffen hätte.

.....[6] Rechtsanwalt

Anmerkungen

1. Das nachstehend aufgeführte Beispiel betrifft eine unlautere Werbung wegen fehlender Transparenz des Angebotes und verwirklicht daher die Anspruchsvoraussetzungen des Regelbeispiels der §§ 3, 5 Abs. 1 S. 2 Nr. 2 UWG. Der vorliegende Sachverhalt wurde in Anlehnung an die Entscheidung BGH 13.6.2002 – I ZR 71/01, GRUR 2002, 979 – Kopplungsangebot II entwickelt. Da nach der Rechtsprechung Kopplungsangebote grundsätzlich zulässig sind, müssen weitere unlautere Merkmale hinzutreten, die eine derartige Kopplung als missbräuchliche Kopplung qualifizieren. Auf die Kopplung muss also in der Werbung hingewiesen werden. Da das europäische Recht keine Informationspflichten für den offline-Handel vorsieht, können vorenthaltene Informationen nur dann nach § 5 Abs. 1 Nr. 1 UWG unlauter sein, wenn sie durch Verstoß gegen das Transparenzverbot den Verbraucher täuschen (s. Köhler/Bornkamm/Feddersen/*Bornkamm/Feddersen* UWG § 5 Rn. 3.69) und für die Verbraucherentscheidung relevant sind. Die dogmatische Grundlage des Transparenzgebots wird in § 5a Abs. 1 UWG verortet (Köhler/Bornkamm/Feddersen/*Bornkamm/Feddersen* UWG § § 5 Rn. 3.65).

Stets unlauter ist gemäß Nr. 21 der „Schwarzen Liste" das Angebot einer Ware oder Dienstleistung als „gratis", „umsonst", „kostenfrei" und dergleichen zu bezeichnen, wenn hierfür gleichwohl Kosten zu tragen sind.

Bei Fernabsatzgeschäften bestehen Informationspflichten über die Berechnung des Preises nach § 312d Abs. 1 BGB, Art. 246a § 1 Abs. 1 Nr. 4 EGBGB und bei kommerzieller Kommunikation in Telemedien generell nach § 6 Abs. 1 Nr. 3 TMG.

2. Hinsichtlich der Formalien wird auf das → Form. VII.2.1 verwiesen.

3. Bei der Antragsstellung ist zu berücksichtigen, dass das unlautere Verhalten – hier fehlende Angabe der Vertragsbedingungen – seinen Niederschlag im Antrag findet. Da

Kopplungsangebote nicht per se wettbewerbswidrig sind, sind gerade die Merkmale, welche die Unlauterkeit der Werbung begründen, aufzuführen. Besonders deutlich hat der BGH dies in der Entscheidung BGH 14.11.1996 – I ZR 164/94, GRUR 1997, 476 – Geburtstagswerbung II herausgearbeitet.

4. Hinsichtlich der weiteren Anträge wird auf das → Form. VII.2.1 verwiesen.

5. Die Tatbestandsvoraussetzungen der §§ 3, 5 Abs. 1 Nr. 1 UWG sind im Sachverhalt darzulegen, insbesondere die Merkmale, die zur Unlauterkeit führen. Dabei handelt es sich vorliegend um die Darlegung des Kopplungsangebotes, die schlagwortartige Hervorhebung des günstigen Preises für den Tablet-PC und insbesondere die fehlenden Vertragsbedingungen des Stromlieferungsvertrages.

6. Bezüglich der Begründung der weiteren Anträge wird auf → Form. VII.2.1 verwiesen.

5.4 Verunglimpfung/Herabsetzung des Mitbewerbers

(→ Form. VII.4.2)

5.5 Anschwärzung

(→ Form. VII.4.1)

5.6 Unlautere Nachahmung[1]

An das

Landgericht . . . . .[2]

. . . . .

. . . . .

AZ: Neu

Klage

der Firma K . . . . .-GmbH

– Klägerin –

Prozessbevollmächtigte: . . . . .

gegen

Firma B . . . . .-GmbH

– Beklagte –

Prozessbevollmächtigte: . . . . .

Wegen: Unlauteren Wettbewerbs

Streitwert: (vorläufig geschätzt) . . . . . EUR

Namens und in Vollmacht der Klägerin erhebe ich Klage und werde beantragen,

I. Die Beklagte wird verurteilt, es bei Vermeidung eines vom Gericht für jeden Fall der Zuwiderhandlung festzusetzenden Ordnungsgeldes bis zu EUR 250.000,– ersatzweise Ordnungshaft oder Ordnungshaft bis zu 6 Monaten, die Ordnungshaft zu vollziehen an ihren jeweiligen Geschäftsführern zu unterlassen, im geschäftlichen Verkehr zu Zwecken des Wettbewerbs Laufräder anzubieten, zu bewerben, feilzuhalten und/oder in den Verkehr zu bringen, die nach Maßgabe der folgenden Abbildungen gestaltet sind:[3]

(Es folgt eine Darstellung)

I. Die Beklagte wird verurteilt, der Klägerin darüber Auskunft zu erteilen und Rechnung zu legen, in welchem Umfang die Beklagte die unter I. beschriebenen Handlungen begangen hat, und zwar unter Angabe
   1. der Liefermenge, Lieferzeit, Lieferpreise,
   2. der Namen und Anschriften der Abnehmer,
   3. der Anzahl und des Inhalts von Angeboten,
   4. der Namen und Anschriften der Angebotsempfänger,
   5. der Gestehungskosten und sämtlicher Kostenfaktoren,
   6. des erzielten Gewinns,
   7. der Art und des Umfangs der betriebenen Werbung, aufgeschlüsselt nach Kalendervierteljahren, Bundesländern und Werbeträgern,

   wobei der Beklagten nach ihrer Wahl vorbehalten wird, die Namen und Anschriften ihrer Abnehmer und Angebotsempfänger nicht der Klägerin, sondern einem von der Klägerin zu benennenden und der Klägerin gegenüber zur Verschwiegenheit verpflichteten, vereidigten Wirtschaftsprüfer mitzuteilen, sofern die Beklagte die Kosten der Einschaltung des Wirtschaftsprüfers trägt und den Wirtschaftsprüfer zugleich ermächtigt, der Klägerin auf konkretes Befragen Auskunft darüber zu geben, ob bestimmte Lieferungen oder bestimmte Abnehmer in der erteilten Auskunft (Rechnungslegung) enthalten sind.[4]

II. Es wird festgestellt, dass die Beklagte verpflichtet ist, der Klägerin allen Schaden zu ersetzen, der ihr im Zusammenhang mit den vorstehend unter I. bezeichneten Handlungen entstanden ist und künftig entstehen wird.[5]
   . . . . .[6]

Begründung:

Mit der Klage wendet sich die Klägerin gegen das Angebot und den Vertrieb von Laufrädern durch die Beklagte, die in wesentlichen Teilen mit dem von der Klägerin seit Jahren vertriebenen Laufrad identisch sind.

I. Sachverhalt

1. Die Parteien sind bundesweite Anbieter von Laufrädern aus Holz für Kinder.
2. Die Klägerin vertreibt Laufräder der Marke „LIKEaBIKE“ für Kinder. Seit 1998 verkaufte sie zunächst das Ursprungsmodell „race“, für das mit Priorität vom 22.5.1997 das internationale Geschmacksmuster . . . . . . eingetragen ist. Seit dem Jahr 2000 kam das Modell „mountain“ hinzu, seit dem Jahre 2002 das Modell „spoky“ und seit dem Jahr 2003 das Modell „forest“. Alle Modelle sind aus einem hellen Holzrahmen gefertigt. Unterschiede der einzelnen Modelle bestehen im Wesentlichen nur bei den Rädern.
3. Charakteristisch für das klägerische Modell ist zum einen die Gestaltung des Holzrahmens mit vorne rundlichen und nach hinten spitz zulaufenden Rahmenhälften, die

nach vorne durch die Öffnung des Gabelkopfes treten und nach hinten schräg nach unten in Richtung der Hinterachse verlaufen. Die Gestaltung des Gabelkopfes ist technisch nicht zwingend notwendig, um ein zu starkes Einschlagen des Lenkers zu verhindern, vielmehr zeigen Modelle des wettbewerblichen Umfelds (s. nachfolgende Abbildungen), dass es hierfür auch zahlreiche andere technische Lösungen gibt. Die Rahmenhälften vermitteln dem Betrachter dadurch, dass sie vom Lenker bis zum Hinterrad immer schmaler würden, den Eindruck von windschnittiger Schnelligkeit, der noch dadurch verstärkt wird, dass der gebogene Sattel mit tieferliegender Sitzfläche und der nachfolgende Schmutzabweiser eine schwingende Linie bildet. Zum anderen ist auch die flächige Lenkergabel mit der Durchtrittsöffnung charakteristisch, durch die die beiden in diesem Bereich aneinanderliegenden, vorn rundlichen Rahmenhälften hindurchtreten.

Beweis: Abbildungen der Produkte
– Anlagenkonvolut K . . . . . . –

In den Jahren 1998 bis Oktober 2004 erzielte die Klägerin mit den Laufrädern „LIKEaBIKE" jährlich ansteigende Umsätze von EUR 113.762,00 (1998) – 2.488.332,00 (2004). Die Klägerin hat insgesamt 1.400 gewerbliche Abnehmer der „LIKEaBIKE"-Produkte in Deutschland, die sich zu etwa gleichen Teilen aus Fahrrad- und aus Spielwarenhändlern zusammensetzen. Das streitgegenständliche Laufrad wird bei bundesweit werblich in Erscheinung tretenden Unternehmen wie dem F-Shop und der Firma K gelistet.:

Beweis: Umsatzzahlen
– Anlage K . . . . . . –
2. Zeugnis der Frau . . . . . .

4. Das Laufrad der Klägerin war oft und über die Jahre hinweg Gegenstand der Presseberichterstattung, wobei es regelmäßig lobend erwähnt und/oder als vorbildlich, „das Original", Kultobjekt usw. bezeichnet wurde. Zudem hat es Designpreise erhalten.

Beweis: Presseberichte
– Anlagenkonvolut K . . . . . –

5. Zum Zeitpunkt der Markteinführung des ersten Holzlaufrades hat es vergleichbare Produkte am Markt überhaupt nicht gegeben. In der Folgezeit ist die Klägerin stets konsequent und erfolgreich gegen Nachahmer vorgegangen. Soweit derzeit im wettbewerblichen Umfeld Holzlaufräder angeboten werden, wahren diese sämtlich einen deutlichen Abstand zu den klägerischen Modellen.

Beweis: Abbildungen von Konkurrenzprodukten
– Anlage K . . . . . –

6. Die Beklagte vertreibt Holzlaufräder für Kinder, die den Produkten der Klägerin in allen wesentlichen Merkmalen gleichen. Das angegriffene Modell „bykie" ist quasiidentisch mit dem Modell „mountain" der Klägerin. Das Modell weist einen flächigen Gabelkopf mit Durchtrittsöffnung auf, durch den der Rahmen in nahezu exakt derselben Art hindurch geführt wird und vorne abgerundet ist. Der Rahmen selbst wird sodann gespreizt und abfallend zum Hinterrad geführt, wobei er sich verjüngt wie beim Modell der Klägerin. Sattel mit Sattelstütze sind mit übereinanderliegenden Schrauben befestigt und wie beim Modell der Klägerin so angeordnet, dass die Sattelstütze sich nach unten verjüngend unterhalb des Rahmens in quasiidentischer Weise hervortritt. Ferner finden sich bei beiden Modellen in quasiidentischer Form der „Schmutzabweiser" hinter dem Sattel und die vollflächige Holzfelge. Abgerundet

werden die Übereinstimmungen durch die Art des Lenkeraufsatzes und die Farbgebung bei Lenkergummigriffen und Sattelbezug.

Beweis: Abbildungen des Produktes der Beklagten
– Anlagenkonvolut K . . . . . –

7. Ende November/Anfang Dezember 2004 erfuhr die Klägerin von dem Vertrieb der streitgegenständlichen Laufräder durch die Beklagte. Sie mahnte daraufhin die Beklagte ab, die jedoch die Ansprüche der Klägerin zurückwies. Die Klägerin erwirkte daraufhin die einstweiligen Verfügungen vom . . . . . . und . . . . . Die vorliegende Klage bildet dazu das Hauptsacheverfahren.

Beweis: 1. Beiziehung der Akten . . . . . . des LG . . . . . .
2. Schriftverkehr der Parteien.
– Anlagenkonvolut K . . . . . .–

Daher ist Klage geboten.

II. Rechtslage

Die Klage ist zulässig und begründet.

Es handelt sich bei der Nachahmung des Faltrollstuhls der Klägerin durch die Beklagte um eine unlautere geschäftlicher Handlung zum Nachteil der Klägerin gem. §§ 3, 4 Nr. 3 lit. a und b UWG.

1. Das im Klageantrag I. dargestellte Modell verfügt im Gesamteindruck über die Eignung, auf die Herkunft aus einem bestimmtem Unternehmen hinzuweisen.[8] Die Eigenart wird durch die Bekanntheit des Modells, die verliehenen Designpreise und die intensive Verteidigung durch die Klägerin gesteigert.
2. Das angegriffene Modell vermittelt den gleichen Gesamteindruck wie das Modell der Klägerin. Durch die nahezu identische Leistungsübernahme wird der Verkehr über die Herkunft der Ware getäuscht und zudem der gute Ruf durch die Beklagte unangemessen ausgenutzt. Insbesondere bestand für die Beklagte keine Notwendigkeit, die charakteristischen Gestaltungsmerkmale nahezu unverändert zu übernehmen.[9] Die Herkunftstäuschung wird nicht durch die Produktkennzeichnung „bykie“ verhindert, denn diese ist der Bezeichnung „LIKEaBIKE” nicht nur im Klang, sondern auch im Sinn (bike = Fahrrad) ähnlich.
3. Die identische Übernahme der unter Klageantrag I. Ziff. 1–3 aufgeführten Merkmale durch die Beklagte führt dazu, dass nur noch geringe Anforderungen an die besonderen Umstände der Unlauterkeit zu stellen sind.[10]
4. Daneben kommt § 5 Abs. 2 UWG zur Anwendung, da die Nachahmung eine Verwechslung mit dem nachgeahmten Produkt (Ware) der Klägerin hervorruft und somit die angesprochenen Verkehrskreise irregeführt werden, zumindest eine Irreführungsgefahr besteht.[11]
5. Der Auskunft- und Rechnungslegungsanspruch folgt aus §§ 242, 259 ff. BGB.
6. Der Klägerin entsteht auch durch die Nachahmung ihrer Laufräder durch die Beklagte ein Schaden. Es entspricht der üblichen Lebenserfahrung, dass die unlautere Nachahmung von Produkten darauf gerichtet ist, Kunden, die das Original des nachgeahmten Produktes kaufen würden, zum Kauf des nachgeahmten Produkts zu verleiten. Damit ist die Schadenswahrscheinlichkeit begründet. Die Klägerin hat daher die Wahl zwischen einem Schadensersatzanspruch wegen entgangenen Gewinns, auf Herausgabe des Verletzergewinns oder nach der Lizenzanalogie.

Rechtsanwalt

Anmerkungen

1. Das Beispiel behandelt die unlautere Nachahmung wegen vermeidbarer Herkunftstäuschung und unangemessener Ausnutzung der Wertschätzung des nachgeahmten Produktes (§§ 3, 4 Nr. 3 lit. a und b UWG). Für diese Fallgruppe kann auch Nr. 13 des Anhangs zu § 3 UWG relevant werden. Der dem Muster zugrundeliegende Sachverhalt wurde unter Zugrundelegung der Entscheidung BGH 28.5.2009 – I ZR 124/06, GRUR 2010, 80 – LIKEaBIKE entwickelt. Die Antragstellung wurde aus der erstinstanzlichen Entscheidung LG Köln 6.1.2005 – 31 O 211/05, BeckRS 2009, 87222 übernommen, auf der auch der hier enthaltene Sachvortrag teilweise beruht.

2. Hinsichtlich der weiteren Formalien wird auf → Form. VII.2.1 verwiesen.

3. Bei der Antragsstellung genügt es dem BGH, dass im Antrag nur Abbildungen des Verletzungsgegenstandes eingeblendet oder durch Bezugnahme auf Anlagen herangezogen werden, ohne die Merkmale zu verbalisieren (jüngst etwa BGH 20.9.2018 – I ZR 71/17, GRUR 2019, 196 – Industrienähmaschinen). Eine nähere Beschreibung der Merkmale, die den Gesamteindruck prägen, hat dagegen in der Klagebegründung zu erfolgen, um die Klage schlüssig zu machen (Köhler/Bornkamm/Feddersen/*Köhler* UWG § 4 Rn. 3.77). Dagegen ist es Sache des Beklagten, eine etwaige Eigenart durch Vortrag zum wettbewerblichen Umfeld (auch als Produktumfeld bezeichnet) zu entkräften, wobei er aber zugleich die Marktbedeutung von Entgegenhaltungen darlegen und ggf. beweisen muss (Bezugnahme auf den Amazon-Verkaufsrang reicht wegen Unklarheit des Zustandekommens nicht aus: OLG Köln 26.4.2019 – 6 U 164/18, GRUR 2019, 856).

Für die Anforderungen an die wettbewerbliche Eigenart im Einzelnen wird auf die einschlägigen Kommentierungen verwiesen (zB Köhler/Bornkamm/Feddersen/*Köhler* UWG § 4 Rn. 3.24 ff.). Zur Herkunftstäuschung s. Köhler/Bornkamm/Feddersen/*Köhler* UWG § 4 Rn. 41 ff. und zur Ausnutzung der Wertschätzung Rn. 3.51 ff. Praktisch sehr häufig, so auch im Fall LIKEaBIKE stellt sich die Frage, ob am Nachahmerprodukt vorhandene Produkt- oder Herkunftskennzeichnungen eine Herkunftstäuschung verhindern. Zwar wurde in der Rechtsprechung eine auffällige Herstellerkennzeichnung mehrfach als ausreichendes Abgrenzungsmerkmal betrachtet und eine unmittelbare Verwechslungsgefahr verneint, jedoch beruhte dieses Ergebnis stets auf einer Prüfung des Einzelfalls. Im Falle LIKEaBIKE hat der BGH (Rn. 43) die Auffassung des klagabweisenden Berufungsgerichts kritisiert, dass die Bezeichnung „bykie" zur Abgrenzung ausreiche und darauf hingewiesen, dass diese der Bezeichnung „LIKEaBIKE" nicht nur im Klang, sondern auch im Sinn (bike = Fahrrad) ähnelt. Eine unzulässige vermeidbare Herkunftstäuschung kann auch vorliegen, wenn der Verkehr bei dem nachgeahmten Produkt oder der nachgeahmten Kennzeichnung annimmt, es handele sich um eine Zweitmarke des Originalherstellers (mittelbare Verwechslungsgefahr, BGH 15.6.2000 – I ZR 90/98, GRUR 2001, 251, 254 – Messerkennzeichnung). Bei der Eignung zur Unterscheidung ist jedoch maßgebend, ob der Verkehr eher auf die technisch-konstruktiven Merkmale oder die äußere Gestaltungsform des Erzeugnisses als auf eine Kennzeichnung achtet (Köhler/Bornkamm/Feddersen/*Köhler* UWG § 4 Rn. 3.46a, b mwN). Bei verpackten Lebensmitteln hat der BGH angenommen, dass der Verkehr sich in erster Linie an der Produktbezeichnung und der Herstellerangabe orientiere und nicht an der äußeren Gestalt der Ware oder Verpackung (BGH 19.10.2000 – I ZR 225/98, GRUR 2001, 443, 446 – Viennetta). Dagegen räumt eine als solche bekannte Handelsmarke auf dem nachgeahmten Produkt die Gefahr der Herkunftstäuschung nicht „notwendig" aus (BGH 2.4.2009 – I ZR 144/06, GRUR 2009, 1069 – Knoblauchwürste). Auf die Verkaufssituation, nämlich unterschiedliche Verpackungen hat der BGH auch in „Puppenausstattungen" (28.10.2004 – I ZR 326/01, GRUR 2005, 166, 170) abgestellt. Für Designer-Brillen ist entschieden, dass der Verkehr sich nicht allein an der äußeren

Gestaltung, sondern auch an der Herstellerkennzeichnung orientiere (OLG Köln 14.6.2002 – 6 U 175/01, GRUR-RR 2003, 183 (186)). Bei der Würdigung kann es darauf ankommen, ob die Herkunftskennzeichnung unmittelbar und deutlich wahrnehmbar ist; ebenso darauf, ob die Herkunftskennzeichnung dauerhaft oder nur auf einem ablösbaren Aufkleber angebracht ist. Bei Maschinen und Geräten liege es nach der Lebenserfahrung nahe, dass die Verwendung unterscheidender Merkmale, wie deutlich andere Farbgebung und deutlich sichtbare Herstellerkennzeichnung, eine Herkunftstäuschung ausschließen (OLG Frankfurt a.M. 31.10.2019 – 6 U 91/18, BeckRS 2019, 27221).

Umgekehrt kann es der Eigenart eines Produkts entgegenstehen, wenn es unter unterschiedlichen Herstellermarken vertrieben wird (BGH 19.11.2015 – I ZR 109/14, GRUR 2016, 720 – Hot Sox). Das gilt nicht für als solche bekannte Handelsmarken (OLG Frankfurt a.M. 23.11.2017 – 6 U 224/16, GRUR-RR 2018, 248).

Die Unterlassung ist nur auf das Anbieten und Vertreiben zu beschränken, da die Herstellung nachgeahmter Produkte nicht im Wege des ergänzenden wettbewerbsrechtlichen Leistungsschutzes untersagt werden kann (Köhler/Bornkamm/Feddersen/*Köhler* UWG § 4 Rn. 3.39).

4. Auskunfts- und Rechnungslegungsanspruch sind umfassend zu formulieren, damit die dreifache Schadensberechnung ermöglicht wird. Zwar müssen abweichend von der Verletzung gewerblicher Schutzrechte die gewerblichen Abnehmer nicht benannt werden (zB § 140b PatG). Nach der Rechtsprechung des BGH besteht jedoch die Verpflichtung zur Nennung der Bezugsquellen (BGH 24.3.1994 – I ZR 42/93, GRUR 1994, 630 – Cartier-Armreif).

Der im Muster vorgeschlagene weitere Antrag eines Wirtschaftsprüfervorbehaltes muss nicht gestellt werden. Die Klägerin sollte zumindest auf die Formulierung eines entsprechenden Antrages in der mündlichen Verhandlung vorbereitet sein (→ Form. VII.2.2 Anm. 17).

5. Abweichend vom allgemeinen Schadensersatzanspruch im Wettbewerbsrecht bestimmt sich der Schadensersatzanspruch bei unlauterer Nachahmung entsprechend der Rechtslage bei Verletzung gewerblicher Schutz- und Urheberrechte. Daher ist die sogenannte „dreifache Schadensberechnung" möglich (BGH 17.6.1992 – I ZR 107/90, GRUR 1993, 55 – Tchibo-Rolex II). Nach der Rechtsprechung des BGH können die Gemeinkostenanteile nur noch insoweit berücksichtigt werden, soweit sie unmittelbar der Verletzungshandlung zuzuordnen sind. Die typischen Gemeinkostenanteile, die pauschal zugerechnet werden, können vom Verletzergewinn nicht mehr abgesetzt werden (BGH 2.11.2000 – I ZR 246/98, GRUR 2001, 329 – Gemeinkostenanteil). Bei der Unterscheidung von abzugsfähigen und nicht abzugsfähigen Kosten ist eine gewisse Typisierung geboten, die einerseits dem Gebot der Praktikabilität, andererseits dem Zweck dieser Form des Schadensersatzes Rechnung trägt (näher BGH 21.9.2006 – I ZR 6/04, GRUR 2007, 431 Rn. 30 – Steckverbindergehäuse; Köhler/Bornkamm/Feddersen/*Köhler* UWG § 9 Rn. 1.50).

6. Die Begründung der weiteren Anträge wird in → Form. VII.2.1 erläutert.

7. Eine Herkunftstäuschung iSv § 4 Nr. 3a UWG setzt Merkmale voraus, die eine wettbewerbliche Eigenart aufweisen. Die wettbewerbliche Eigenart eines Erzeugnisses kann sich grundsätzlich auch aus seinen technischen Merkmalen ergeben, die zwar technisch bedingt, aber ohne Qualitätseinbußen frei wählbar und austauschbar sind (Köhler/Bornkamm/Feddersen/*Köhler* UWG § 4 Rn. 3.28b).). Die Übernahme der die wettbewerbliche Eigenart begründenden Merkmale muss zu einer Herkunftstäuschung führen, die vorliegt, wenn die beteiligten Verkehrskreise aufgrund dieser Merkmale auf die Herkunft des nachgeahmten Produkts aus einem bestimmten Unternehmen schließt.

8. Nach § 4 Nr. 3 lit. b UWG kann die Unlauterkeit auch dadurch begründet werden, dass die beteiligten Verkehrskreise mit der entsprechenden Ausgestaltung auf ein bestimmtes Unternehmen schließen, das bezüglich des nachgeahmten Produktes im Verkehr besondere Qualitätsstandards gesetzt hat und somit eine besondere Wertschätzung genießt (BGH 17.6.1999 – I ZR 213/96, GRUR 1999, 1106 – Rollstuhlnachbau). Die unangemessene Ausnutzung iSv § 4 Nr. 3 lit. b UWG besteht hier in der nahezu identischen Leistungsübernahme.

9. Es besteht eine Wechselwirkung, zB zwischen der Intensität der Übernahme der Merkmale, dh im vorliegenden Fall der identischen Leistungsübernahme, und den Anforderungen, die an die Unlauterkeit zu stellen sind (BGH 7.2.2002 – I ZR 289/99, GRUR 2002, 820 – Bremszangen). Die sog. sklavische Nachahmung führt regelmäßig zur Annahme der Unlauterkeit.

10. Durch die Neuregelung des UWG 2008 kann die Nachahmung zugleich zu einer Irreführung über die Ware nach § 5 Abs. 2 UWG darstellen. Bei der Anwendung von § 5 Abs. 2 UWG, der auch von anderen Aktivlegitimierten als dem Inhaber des Leistungsschutzes geltend gemacht werden kann, sind trotz des einschränkenden Wortlauts die Anforderungen an wettbewerbliche Eigenart und Unvermeidbarkeit von Verwechslungen übertragbar (Köhler/Bornkamm/Feddersen/*Köhler* UWG § 5 Rn. 9.23). Ob es sich nach BGH-Biomineralwasser um einen eigenständigen Streitgegenstand handelt (vgl. BGH 2.4.2009 – I ZR 209/06, GRUR 2009, 678 Rn. 44 ff. – POST/Regiopost), erscheint unklar. Deshalb sollte im Zweifel zu den Anspruchsvoraussetzungen von § 5 Abs. 2 gesondert vorgetragen werden.

5.7 Gezielte Behinderung

(vgl. Hinweis in → Form. VII.4.1)

5.8 Unlautere Handlung durch Rechtsbruch

(→ Form. VII.2.2)

5.9 Irreführende Handlungen – Sponsoringleistung[1]

An das

Landgericht . . . . .[2]

. . . . .

. . . . .

AZ: Neu

Klage

der Firma K . . . . .-GmbH

– Klägerin –

Prozessbevollmächtigte: . . . . .

gegen

Firma B . . . . . -GmbH

– Beklagte –

Prozessbevollmächtigte: . . . . .

Wegen: Unlauteren Wettbewerbs

Streitwert: (vorläufig geschätzt) . . . . . EUR

Namens und in Vollmacht der Klägerin erhebe ich Klage und werde beantragen,

I. Die Beklagte wird verurteilt, es unter Androhung eines für jeden Fall der Zuwiderhandlung vom Gericht festzusetzenden Ordnungsgeldes bis zu 250.000,00 EUR, ersatzweise Ordnungshaft bis zu 6 Monaten oder Ordnungshaft bis zu 6 Monaten, die Ordnungshaft zu vollziehen an ihren jeweiligen gesetzlichen Vertretern, zu unterlassen, mit Werbespots zu werben, in denen es heißt:
„denn mit jedem verkauften Kasten . . . . . Pils, alkoholfrei oder Radler fließt eine Spende in die Regenwald-Stiftung des WWF, um einen Quadratmeter Regenwald in Afrika nachhaltig zu schützen“,
ohne dass in der Werbung der Umfang der Spende pro Kasten . . . . . Pils benannt wird, insbesondere wenn dies wie nachstehend abgebildet erfolgt[3]
. . . . . (Abbildung)

II. . . . . .[4]

Begründung:

Mit der Klage greift die Klägerin Fernsehwerbespots der Beklagten an, in denen diese unter Einschaltung von Prominenten mit ihren Spenden an die Regenwaldstiftung des WWF wirbt.

I. Sachverhalt

1. Die Parteien betreiben Brauereien.
2. Im Fernsehspot am . . . . . warb die Beklagte unter anderem mit dem Hinweis, dass für jeden Verkauf eines Kastens ihres Pils eine Spende an die Regenwaldstiftung des WWF erfolge. Der Werbespot enthält keine Hinweise darauf, in welcher Höhe pro Kasten Pils eine Spende der Beklagten erfolgt. Der Preis eines Kastens Pils der Beklagten beläuft sich auf EUR . . . . . Der übliche Marktpreis liegt ca. 10 % über diesem Preis. Daraus ergibt sich die Schlussfolgerung, dass die Spende der Beklagten außerordentlich gering sein muss, da die Beklagte andernfalls ihr Pils ohne Gewinn veräußern würde. Da diese Fernsehspots erhebliche Kosten verursachen und noch hinzukommt, dass in dieser Werbung bekannte Sportler und Fernseh-Moderatoren aufgetreten sind, hat dies zu weiteren erheblichen Kosten geführt. Bei einer ordentlichen kaufmännischen Kalkulation kann die Spende nur außerordentlich gering – max. 0,5 % des Händlereinkaufspreises des Bieres – sein. Da es sich um interne Vorgänge bei der Beklagten handelt, ist der Klägerin eine weitergehende Feststellung der Höhe der Spende nicht möglich.[5]
Auf Grund der erheblichen Aufmachung der Werbung ist davon auszugehen, dass die angesprochenen Verkehrskreise und somit der aufmerksame und verständige, situationsadäquat handelnde Verbraucher davon ausgeht, dass ein erheblicher Teil des Erlöses der Beklagten mit dem beworbenen Bier der WWF-Regenwaldstiftung gespendet wird. Keinesfalls gehen die angesprochenen Verkehrskreise von einem Anteil der Spende von weniger als 5 % aus. Diese Verbrauchervorstellung kann das Gericht auch

aus eigener Sachkunde beurteilen, da die Mitglieder des Spruchkörpers den angesprochenen Verkehrskreisen angehören.[6]
Die Behauptung der Beklagten in der Vorkorrespondenz, ihr Verhalten sei bereits durch die in Art. 5 Abs. 1 GG geschützte Meinungsfreiheit gerechtfertigt, ist unzutreffend.[7]
Da die angesprochenen Verkehrskreise mit dem Kauf von Produkten – ohne dass sich dadurch der Kaufpreis erhöht – gerne bereit sind, „etwas Gutes zu tun", ist die Verknüpfung des Kaufs des Pils der Beklagten mit der Spende für den WWF für die Kaufentscheidung auch relevant.[8]

3. Die Klägerin hat die Beklagte zur Abgabe einer strafbewehrten Unterlassungserklärung mit Schreiben vom . . . . . aufgefordert. Die Beklagte hat die Abgabe der Unterlassungserklärung abgelehnt, sodass Klage geboten ist.

II. Rechtslage

Die Klage ist begründet.

Die Parteien sind Mitbewerber iSv § 2 Abs. 2 Nr. 3, § 8 Abs. 3 Nr. 1 UWG.

Die streitgegenständliche Werbung ist irreführend iSd §§ 3, 5 Abs. 1 Nr. 1 UWG.

Irreführend ist eine Werbung, wenn bei den angesprochenen Verkehrskreisen durch die Werbung eine Vorstellung hervorgerufen wird, die mit dem tatsächlichen Handeln des werbenden Unternehmens nicht im Einklang steht. Im vorliegenden Fall gehen die angesprochenen Verkehrskreise von einer nachhaltigen Spende aus, tatsächlich wird lediglich ein sehr geringer Betrag, der von der Klägerin mit weniger als 1 % des Händlereinkaufspreises beziffert wird, gespendet. Eine genauere Bezifferung ist der Beklagten, die über die Interna der Klägerin nicht informiert ist, nicht möglich. In ihrer Erwiderung auf die Abmahnung der Klägerin hat sich die Beklagte auch zu diesem Punkt nicht weiter eingelassen. Es ist daher Sache der Beklagten, diesen substantiierten Sachvortrag der Klägerin zu entkräften und hierzu im Rahmen ihrer sekundären Darlegungslast näher vorzutragen.

Nach alledem ist von einer irreführenden, für die Kaufentscheidung relevanten Tatsachenbehauptung der Beklagten auszugehen.

. . . . .[9]

Rechtsanwalt

Anmerkungen

1. Das Muster betrifft eine irreführende Werbung nach §§ 5 und 5a UWG. Die Fallgestaltung erfolgt in Anlehnung an die Entscheidung des BGH Urt. v. 26.10.2006 – I ZR 97/04, GRUR 2007, 251 – Regenwaldprojekt II (s. allgemein Köhler/Bornkamm/Feddersen/*Köhler* UWG § 3 Rn. 9.25). Der Begriff „Irreführende Handlung" ergibt sich aus § 5 Abs. 1 S. 1 UWG. Die genaue Wiedergabe der Werbung kann in der Entscheidung auf der Internet-Seite des BGH (www.bundesgerichtshof.de) abgerufen werden.

2. Hinsichtlich der Formalien wird auf → Form. VII.2.1 verwiesen.

3. Werbung mit einem Engagement für ein Regenwaldprojekt ist grundsätzlich nicht irreführend, es sei denn, dass die angesprochenen Verkehrskreise mangels Aufklärung von falschen Vorstellungen über Inhalt und Umfang der Förderung ausgehen. Dies muss im Antrag entsprechend zum Ausdruck kommen, da ein generelles Verbot zu weit und zu unbestimmt wäre. Deshalb sind neben der Werbung die Merkmale, die zur Unlauterkeit führen, im Antrag aufzunehmen.

4. Hinsichtlich der weiteren Anträge wird auf → Form. VII.2.1 verwiesen.

5. Nach den Grundsätzen der sekundären Darlegungs- und Beweislast hat zunächst der Kläger Anhaltspunkte vorzutragen, die die Irreführung begründen können. Sofern diese ausreichend konkretisiert sind, hat dann der Beklagte, der die Betriebsinterna – hier Höhe der Spende – kennt, entsprechend substantiiert vorzutragen (BGH 26.10.2006 – I ZR 97/04, GRUR 2007, 251 Rn. 31 – Regenwaldprojekt II).

6. Der schlüssige Sachvortrag einer Irreführung setzt die Darlegung einer Täuschung der angesprochenen Verkehrskreise voraus. Bei einer an die Allgemeinheit gerichteten Werbung werden als Verkehrskreise die Verbraucher angesprochen. Abzustellen ist auf den aufmerksamen und verständigen, durchschnittlich informierten, situationsadäquat handelnden Verbraucher.

Im Regelfall gehören die Richter der Spruchkammer bei einer Werbung, die sich an den Letztverbraucher richtet, zu den angesprochenen Verkehrskreisen und können daher aus eigener Sachkunde heraus das Verständnis des Fachmannes feststellen. Nach der Rechtsprechung kann der Richter auch dann ohne Beweisaufnahme entscheiden, wenn er von der fraglichen Werbung selbst nicht angesprochen wird, soweit er auf Grund eigenen Erfahrungswissens selbst über die erforderliche Sachkunde verfügt (BGH 2.10.2003 – I ZR 150/01, GRUR 2004, 244 – Marktführerschaft; BGH 22.1.2014 – I ZR 218/12, GRUR 2014, 682 Rn. 28; Köhler/Bornkamm/Feddersen/*Köhler* UWG § 5 Rn. 1.232 ff.). Bei der Ermittlung des Verkehrsverständnisses macht es grundsätzlich keinen Unterschied, ob der Tatrichter seine Sachkunde und Lebenserfahrung zur Bejahung oder zur Verneinung einer Irreführungsgefahr einsetzen möchte (BGH 18.10.2001 – I ZR 193/99, GRUR 2002, 550 – Elternbriefe). Das Verkehrsverständnis des Richters ist keine offenkundige Tatsache iSv § 291 ZPO, sondern Erfahrungswissen. Deshalb kann die Auffassung des Richters nicht durch eine Zeugenaussage, sondern nur durch ein Sachverständigengutachten widerlegt werden (BGH 2.10.2003 – I ZR 150/01, GRUR 2004, 244 – Marktführerschaft).

7. Eine Irreführung setzt eine falsche Tatsachenbehauptung voraus. Liegt eine falsche Tatsachenbehauptung vor, die zur Irreführung geeignet ist, so stellt sich die Frage nach der Meinungsfreiheit nicht mehr, da diese gerade durch das UWG in Fällen irreführender Tatsachenbehauptungen beschränkt wird.

8. Weitere Voraussetzung für die Annahme einer unlauteren Irreführung nach § 5 UWG ist die Eignung der geschäftlichen Handlung, das Marktverhalten der Gegenseite, in der Regel also den Kaufentschluss, zu beeinflussen (BGH 29.3.2007 – I ZR 122/04, GRUR 2007, 1079 – Bundesdruckerei). Es ist also stets die **Relevanz** der erzeugten Fehlvorstellung zu prüfen und entsprechend vorzutragen.

Unter besonderen Umständen die Irreführung auch aufgrund einer Interessenabwägung zu verneinen sein, zB wenn zwar die Mehrheit des Verkehrs die Angabe richtig versteht, aber eine Minderheit (oberhalb der Relevanzschwelle) einer Irreführung erliegt.

9. Zur Begründung der weiteren Anträge wird auf → Form. VII.2.1 verwiesen.

5.10 Irreführende Preiswerbung[1]

An das

Landgericht . . . . .[2]

. . . . .

. . . . .

AZ: Neu

Klage

der Firma K . . . . . -GmbH

– Klägerin –

Prozessbevollmächtigte: . . . . .

gegen

Firma B . . . . . -GmbH

– Beklagte –

Prozessbevollmächtigte: . . . . .

Wegen: Unlauteren Wettbewerbs

Streitwert: (vorläufig geschätzt) . . . . . EUR

Namens und in Vollmacht der Klägerin erhebe ich Klage und werde beantragen,

I. die Beklagte zu verurteilen, es unter Androhung eines für jeden Fall der Zuwiderhandlung vom Gericht festzusetzenden Ordnungsgeldes bis zu 250.000,00 EUR, ersatzweise Ordnungshaft bis zu 6 Monaten oder Ordnungshaft bis zu 6 Monaten, wobei die Ordnungshaft an ihren jeweiligen gesetzlichen Vertretern zu vollziehen ist, zu unterlassen, im geschäftlichen Verkehr
gegenüber Verbrauchern für den Anzug der Marke . . . . . Typ Extra chic wie nachstehend abgebildet
. . . . . (Abbildung)
für die Dauer von nicht mehr als 10 Tagen einen Preis von 800,00 EUR zu verlangen und danach mit einer Preisherabsetzung um 30 % zu werben.[3]

II. . . . . .[4]

Begründung:

Mit der Klage greift die Klägerin eine Werbeanzeige der Beklagten an, in welcher mit Preisherabsetzungen für einen bestimmten Artikel geworben wurde, wobei der Ausgangspreis zunächst überhöht war und nach einer unangemessen kurzen Zeit herabgesetzt wurde.

I. Sachverhalt

1. Die Parteien betreiben im Landgerichtsbezirk des angerufenen Gerichts Textileinzelhandelsgeschäfte.
2. Am . . . . . verbreitete die Beklagte einen Prospekt, in dem die dort abgebildete Herrenoberbekleidung mit Preisherabsetzungen um 30 % beworben wurde. Der Prospekt enthält unter anderem einen Anzug der Marke Typ „Extra chic“.

Beweis: Prospekt der Beklagten vom . . . . . März
– Anlage K 1 –

Der beworbene Anzug der Marke Typ „Extra chic" ist erstmals für die Frühjahrsmode . . . . . entworfen worden und von der Beklagten zunächst in der Zeit vom . . . . . bis . . . . . und somit für 10 Tage zum Preis von 800,00 EUR angeboten wurde.

Beweis: Zeugnis der Frau . . . . .

Die Klägerin hat denselben Anzug zur gleichen Zeit in ihre Kollektion aufgenommen und bot ihn zum Preis von 500,00 EUR an. Dem lag eine im Einzelhandel übliche Kalkulation zugrunde. Im Falle des Bestreitens

Beweis: 1. Zeugnis der Frau . . . . .
2. Sachverständigengutachten

Die Preisherabsetzung wenige Tage nach der Auslieferung des Anzuges an den Einzelhandel belegt, dass der von der Beklagten verlangte Preis nur für eine „unangemessen kurze Zeit" gefordert wurde. Es ist branchenüblich, dass die Frühjahrsmode frühestens ab Mitte Mai im Preis herabgesetzt wird. Außerdem handelte es sich bei dem kurzzeitig verlangten Preis um einen „Mondpreis".[5]

Beweis: Sachverständigengutachten

3. Die Klägerin hat die Beklagte zur Abgabe einer strafbewehrten Unterlassungserklärung mit Schreiben vom . . . . . aufgefordert. Die Beklagte hat die Abgabe der Unterlassungserklärung abgelehnt, sodass Klage geboten ist.

II. Rechtslage

Die Klage ist begründet.

Die Parteien sind Mitbewerber iSv §§ 2 Abs. 1 Nr. 3, 8 Abs. 3 Nr. 1 UWG.

Die streitgegenständliche Werbung ist irreführend iSd §§ 4, 5 Abs. 4 UWG. Nach § 5 Abs. 1 UWG wirbt die Beklagte mithin unlauter iSv § 3 UWG.

Irreführend ist eine Werbung, wenn sie irreführende Angaben über den Preis bzw. die Preisfindung enthält. Wird mit einer Preisherabsetzung geworben, obwohl der herabgesetzte Preis nur für eine unangemessen kurze Zeit gefordert wurde, wird nach § 5 Abs. 4 UWG eine Irreführung vermutet. Dieser Sachverhalt ist erfüllt. Der von der Beklagten in der Werbung ursprünglich geforderte Preis wurde nur für wenige Tage gefordert. Außerdem entsprach der Ausgangspreis nicht der üblichen Kalkulation.

Es handelt sich auch um eine geschäftliche Handlung, die geeignet ist, den Wettbewerb zum Nachteil der Verbraucher spürbar zu beeinträchtigen. Nach der Regelung des UWG sind gerade Preisherabsetzungen für eine unangemessen kurze Zeit irreführend. Preissenkungswerbung hat ein besonders hohes Irreführungspotential, sodass im Regelfall von einer nicht unerheblichen Verfälschung des Wettbewerbs zum Nachteil des Verbrauchers auszugehen ist.

. . . . . Rechtsanwalt

Anmerkungen

1. Das nachstehende Beispiel betrifft sog. Mondpreis-Werbung und damit eine unlautere irreführende Preiswerbung nach §§ 3, 5 Abs. 4 UWG. Die Irreführung nach dieser

Regelung (widerleglich) vermutet und enthält in § 5 Abs. 4 S. 2 UWG eine Beweislastumkehr (Köhler/Bornkamm/Feddersen/*Bornkamm* UWG § 5 Rn. 3.111 ff.).

2. Hinsichtlich der Formalien wird auf → Form. VII.2.1 verwiesen.

3. Die Besonderheit bei der Antragsstellung besteht darin, dass nicht generell die Werbung mit Preisherabsetzungen verboten ist, sondern nur Preisherabsetzungen, bei denen der Ausgangspreis nur für eine unangemessen kurze Zeit verlangt wurde.

4. Hinsichtlich der weiteren Anträge wird auf → Form. VII.2.1 verwiesen.

5. Die Voraussetzungen der §§ 3, 5 Abs. 4 UWG sind im Einzelnen vorzutragen.

Nach § 2 Abs. 1 Nr. 1 UWG muss es sich um eine geschäftliche Handlung handeln, was vorliegend unproblematisch ist. Schwierigkeiten kann es bereiten, einen Nachteil für den Verbraucher iSv § 3 UWG darzulegen, da eine Preisherabsetzung für den Verbraucher vorteilhaft sein kann. Der Nachteil besteht jedoch darin, dass dem Verbraucher durch den Eigenpreisvergleich ein besonders günstiges Angebot des Werbenden vorgespiegelt wird.

Nach dem Wortlaut des § 5 Abs. 4 UWG wäre jedoch die Darlegung eines zunächst überhöhten Preises nicht erforderlich. Ausreichend wäre nur, dass der herabgesetzte Preis zuvor nur für einen unangemessen kurze Zeit gefordert worden ist.

5.11 Vergleichende Werbung[1]

An das

Landgericht . . . . .[2]

. . . . .

. . . . .

AZ: Neu

Klage

der Firma K . . . . .-GmbH

– Klägerin –

Prozessbevollmächtigte: . . . . .

gegen

Firma B . . . . .-GmbH

– Beklagte –

Prozessbevollmächtigte: . . . . .

Wegen: Unlauteren Wettbewerbs

Streitwert: (vorläufig geschätzt) . . . . . EUR

Namens und in Vollmacht der Klägerin erheben wir Klage und werden beantragen:

1. Die Beklagte zu verurteilen, es unter Androhung eines für jeden Fall der Zuwiderhandlung vom Gericht festzusetzenden Ordnungsgeldes bis zu 250.000,00 EUR, ersatzweise Ordnungshaft bis zu 6 Monaten oder Ordnungshaft bis zu 6 Monaten,

die Ordnungshaft zu vollziehen an ihrem jeweiligen gesetzlichen Vertreter ist, zu unterlassen, im geschäftlichen Verkehr Parfüm-Produkte der Marke „Kreation XXL" unter Hinweis, dass dieses Produkt eine Nachahmung der Marke „XY" sei, anzubieten, zu bewerben, zu vertreiben.[3]

2. . . . . .[4]

Begründung:

Gegenstand der Klage ist eine unlautere, vergleichende Werbung der Beklagten.

I. Sachverhalt

1. Die Parteien sind Mitbewerber auf dem Markt für Parfüm.
2. Die Beklagte warb im Internet für ihr Parfüm XXL mit dem Hinweis, dass dieses Parfüm dem Parfüm der Marke XY der Klägerin nachgeahmt sei.[5]

   Beweis: Auszug aus dem Internet
   – Anlage K 1 –

   Die Klägerin ist Inhaberin der Marke XY für Duftwässer.

   Beweis: Markenurkunde des DPMA
   – Anlage K 2 –

3. Mit Schreiben vom . . . . . wurde die Beklagte zur Abgabe einer strafbewehrten Unterlassungserklärung aufgefordert. Die Beklagte hat die Abgabe der Unterlassungserklärung abgelehnt.

II. Rechtslage

Die Klage ist begründet.

1. Die Beklagte nimmt in ihrer Internet-Werbung konkret Bezug auf die Marke der Klägerin und behauptet, das von ihr vertriebene Parfüm sei dem Marken-Parfüm der Klägerin nachgeahmt.[6] Sie verstößt damit gegen § 6 Abs. 2 Nr. 6. UWG und erfüllt damit die Voraussetzungen einer unlauteren vergleichenden Werbung.
2. Der Anspruch ergibt sich nicht nur aus dem Markenrecht, sondern auch aus § 6 Abs. 2 Nr. 6. UWG. Ein Vorrang des Markenrechts besteht nicht.[7]
3. Bei dem Hinweis auf das nachgeahmte Produkt der Klägerin handelt es sich auch um einen konkreten Hinweis auf dieses nachgeahmte Produkt.[8]

. . . . .[9]

Anmerkungen

1. Bei der Fallgestaltung handelt es sich um eine vergleichende Werbung, bei der vom Werbenden auf die Imitation eines Produktes eines Markenherstellers unter Benennung der Marke hingewiesen wird. Der Sachverhalt ist der Entscheidung des BGH 6.12.2007 – I ZR 169/04, GRUR 2008, 628 – Imitationswerbung nachempfunden. In der Originalentscheidung handelte es sich um eine nicht ausreichend konkretisierte Bezugnahme, die zur Klageabweisung führte. Der Sachverhalt wurde dahingehend abgewandelt, dass die Marke der Klägerin in der Werbung der Beklagten konkret benannt wurde.

2. Hinsichtlich der weiteren Formalien wird auf → Form. VII.2.1 verwiesen.

3. Bei der Antragstellung muss die konkrete Bezugnahme deutlich im Antrag wiedergegeben werden.

4. Hinsichtlich der weiteren Anträge wird auf → Form. VII.2.1 verwiesen.

5. Voraussetzung für die Anwendung des § 6 ist das Vorliegen eines Vergleiches. Die Werbung muss daher so konkret abgefasst sein, dass durch den Vergleich Alternativen aufgezeigt werden (Köhler/Bornkamm/Feddersen/*Köhler* UWG § 6 Rn. 62).

6. § 6 Abs. 2 Nr. 6 erfasst Sachverhalte, in denen der Werbende keinen Zweifel daran lässt, dass er ein eigenes Produkt am Markt anbietet und von diesem Produkt behauptet, dieses Produkt sei eine Imitation oder Nachahmung einer unter einem geschützten Kennzeichen vertriebenen Ware. Voraussetzung ist also die konkrete Bezugnahme auf ein Markenprodukt. Nach BGH 5.5.2011 – I ZR 157/09, GRUR 2011, 1153 Rn. 30 – Creation Lamis, (Fortsetzung von BGH 6.12.2007 – I ZR 169/04, GRUR 2008, 628 – Imitationswerbung), ist der Tatbestand des § 6 Abs. 2 Nr. 6 UWG allerdings bereits erfüllt, wenn die bei den von der Werbung jeweils angesprochenen Verkehrskreisen „präsenten Kenntnisse" ohne zusätzliche Recherchen oder Informationen ausreichen, die beworbenen Waren deutlich als Imitate der Originalware zuzuordnen.

7. Der BGH stellt in der Entscheidung „Imitationswerbung" unter Rn. 13–16 klar, dass kein Vorrang des Markenrechts existiert, und somit UWG-Ansprüche bei Vorliegen eines Markenrechtsschutzes nicht zwingend entfallen. Das Unlauterkeitsurteil nach § 6 Abs. 2 Nr. 6 UWG knüpfe anders als § 14 Abs. 2 MarkenG nicht an die Benutzung des Zeichens als solches an, sondern an den Vergleich der Produkte, bei dem das beworbene Produkt als eine Imitation oder Nachahmung des mit dem geschützten Zeichen versehenen Produktes dargestellt wird. In diesem Zusammenhang verweist der BGH außerdem auf § 2 MarkenG, aus dem folgt, dass das Markenrecht keine abschließende Regelung darstellt.

8. Die vorliegend gebildete Fallgestaltung lässt keinen Zweifel an dem konkreten Hinweis auf die Nachahmung.

9. Zur Begründung der weiteren Anträge wird auf → Form. VII.2.1 verwiesen

5.12 Unzumutbare Belästigung[1]s

An das

Landgericht . . . . .[2]

. . . . .

. . . . .

AZ: Neu

Klage

der Firma K . . . . . – GmbH

– Klägerin –

Prozessbevollmächtigte: . . . . .

gegen

Firma B . . . . . -GmbH

– Beklagte –

Prozessbevollmächtigte: . . . . .

Wegen: Unlauteren Wettbewerbs

Streitwert: (vorläufig geschätzt) . . . . . EUR

Namens und in Vollmacht der Klägerin erheben wir Klage und werden beantragen:

1. Die Beklagte wird verurteilt, es unter Androhung eines für jeden Fall der Zuwiderhandlung vom Gericht festzusetzenden Ordnungsgeldes bis zu 250.000,00 EUR, ersatzweise Ordnungshaft bis zu 6 Monaten oder Ordnungshaft bis zu 6 Monaten, die Ordnungshaft zu vollziehen an ihrem jeweiligen gesetzlichen Vertreter, zu unterlassen, bei der Werbung für Aktienfonds Verbraucher anzurufen, um einen Besuchstermin zu vereinbaren, wenn der angerufene Verbraucher ein Sparkonto bei der Beklagten unter Einbeziehung von allgemeinen Geschäftsbedingungen (AGB) mit folgender Klausel eröffnet hat:

   „Der Kontoinhaber ist mit der telefonischen Beratung in Vermögensangelegenheiten durch die . . . . . Bank einverstanden.“,

   und diese Klausel nicht in einem gesonderten Text oder Textabschnitt der AGB ohne anderen Inhalt enthalten ist.[3]
2. . . . . .[4]

Begründung:

Mit der Klage verfolgt die Klägerin eine unzumutbare Belästigung von Verbrauchern mittels Telefonanrufen durch die Beklagte.

I. Sachverhalt

1. Die Parteien bieten bundesweit und somit auch im Bezirk des angerufenen Landgerichts Aktienfonds, insbesondere auch Verbrauchern, an.
2. Der Klägerin wurde von Herrn XY mitgeteilt, dass er von einem Mitarbeiter der Beklagten am . . . . . unter seiner privaten Telefonnummer angerufen wurde. Gegenstand des Telefonates war der Vorschlag des Mitarbeiters der Beklagten, einen Gesprächstermin über eine Beratung hinsichtlich einer Geldanlage in Aktienfonds zu vereinbaren.

   Beweis: 1. Protokoll des Telefonats vom . . . . .
   – Anlage K 1 –
   2. Zeugnis des Herrn XY, zu laden über . . . . .

3. Mit Schreiben vom . . . . . wurde die Beklagte seitens der Klägerin wegen dieser unlauteren Werbung abgemahnt. Die Beklagte wies darauf hin, dass diese Werbung schon deshalb nicht unlauter sei, weil ein Einverständnis des angerufenen Herrn XY durch eine formularmäßige Einwilligung bei der Eröffnung eines Kontos bestand. Außerdem habe die Klägerin übersehen, dass es sich um eine branchenübliche Art der Werbung für Aktienfonds handle und es deshalb unter Zugrundlegung der BGH-Entscheidung – Telefonwerbung für Blindenware (GRUR 2000, 1181) zulässig sei, Kunden zwecks Vereinbarung eines Beratungsgespräches über Aktienfonds anzurufen. Schließlich ergäbe sich die rechtliche Zulässigkeit aus § 312a Abs. 1 BGB, wonach nur bestimmte Anforderungen an derartige Telefonate festgelegt werden und gerade kein Verbot geregelt sei.

Diese Einlassungen der Beklagten sind unzutreffend.
Als
Anlage K 2
überreiche ich das Anmeldeformular für die Kontoeröffnung. Das Formular enthält inmitten der Regelungen über den Kontovertrag den Satz: „Der Kontoinhaber ist mit der telefonischen Beratung in Vermögensangelegenheiten durch die . . . . . Bank (Beklagte) einverstanden". Dies ist kein ausdrückliches Einverständnis für den konkreten Fall und in Kenntnis der Sachlage.

II. Rechtslage

Die Klage ist zulässig und begründet.

1. Die Parteien sind Wettbewerber iSv §§ 2 Abs. 1 Nr. 3, 8 Abs. 3 Nr. 1 UWG.
2. Die Beklagte verstößt gegen §§ 3, 7 Abs. 2 Ziff. 2 UWG. Danach ist es dem Werbenden untersagt, Verbraucher ohne deren vorherige ausdrückliche Einwilligung zum Zwecke der Werbung anzurufen. Vorliegend erfolgte der Anruf der Beklagten, um ihren Absatz von Aktienfonds zu fördern und somit hierfür zu werben.
   Abweichend von der Auffassung der Beklagten ist der formularmäßige Satz bei Kontoeröffnung keine ausdrückliche Einwilligung. Hierbei handelt es sich um eine allgemeine Geschäftsbedingung, die den Regeln des §§ 305 ff. BGB unterliegt. Diese Klausel ist nach § 307 Abs. 2 Nr. 1 BGB mit dem wesentlichen Grundgedanken der gesetzlichen Regelung nicht vereinbar. Nach richtlinienkonformer Auslegung ist Einwilligung im Sinne von § 7 Abs. 2 Ziff. 2 UWG jede Willensbekundung, die ohne Zwang, für den konkreten Fall und in Kenntnis der Sachlage erfolgt. Diese Voraussetzungen sind hier schon deswegen nicht erfüllt, weil der Einwilligungstext sich nicht in einem gesonderten Abschnitt befindet.
   Wegen des erheblichen Eingriffs in die Privatsphäre des Kunden durch Telefonanrufe muss es sich um eine ausdrückliche, vom Kunden erklärte Einverständniserklärung und nicht nur um ein standardmäßig vorformuliertes Einverständnis handeln.
   Auch der Hinweis der Beklagten auf die Entscheidung des BGH – Telefonwerbung für Blindenwaren führt zu keinem abweichenden Ergebnis. Bei der dortigen Werbung handelte es sich um eine Telefonwerbung gegenüber Gewerbetreibenden. Bei Gewerbetreibenden wird nach § 7 Abs. 2 Nr. 2 UWG auf eine mutmaßliche Einwilligung abgestellt und somit nicht auf eine ausdrücklich erklärte Einwilligung.
   Schließlich kann sich die Beklagte auch nicht auf § 312a Abs. 1 BGB berufen, wonach Telefongespräche als mit § 312a BGB vereinbar angesehen werden, wenn der Werbende seine Identität und den geschäftlichen Zweck bereits zu Beginn des Gespräches ausdrücklich offen legt. § 7 Abs. 2 Nr. 2 UWG enthält eine weitergehende Einschränkung, da jede Werbung mit Telefonanrufen ohne ausdrückliche Einwilligung des Verbrauchers unlauter ist.[5]
3. Die geschäftliche Handlung der Beklagten stellt auch eine unzumutbare Belästigung dar, da der angerufene Verbraucher wegen der Ungewissheit über den Zweck des Anrufes meist genötigt ist, sich zunächst auf das Gespräch einzulassen und insbesondere die Werbung zur Kenntnis zu nehmen.[6]

. . . . .[7] Rechtsanwalt

Anmerkungen

1. Der Sachverhalt betrifft eine unlautere Werbung nach § 7 UWG, insbesondere § 7 Abs. 2 Nr. 2 UWG. § 7 Abs. 2 Nr. 2 UWG bestimmt, dass die Unlauterkeit von Telefonwerbung nur durch eine „vorherige ausdrückliche Einwilligung" des Verbrauchers ausgeschlossen werden kann. Werbeanrufe mit unterdrückter Rufnummer sind unzulässig (§ 102 Abs. 2 TKG). Verstöße gegen § 7 Abs. 2 Nr. 2 UWG werden als Ordnungswidrigkeit durch ein Bußgeld belegt (§ 20 Abs. 1 Nr. 1 UWG). § 312a Abs, 1 BGB schreibt vor, dass der Anrufer zu Beginn des Gesprächs seine Identität und ggf. die Identität der Person, für die er anruft, sowie den geschäftlichen Zweck des Anrufs offenzulegen hat. Dabei handelt es sich um eine Marktverhaltsensregel des § 3a UWG, gegen die aber nicht verstoßen wird, wenn der Mitarbeiter des Unternehmers beim Telefonat keinen oder einen falschen Namen nennt: (aber nicht zwingend diejenige des Mitarbeiters: BGH 19.4.2018 – I ZR 244/16, GRUR 2018, 950 – Namensangabe). In § 312gI BGB iVm § 355 BGB ist ein Widerrufsrecht des Verbrauchers vorgesehen. Um Missbräuche durch telefonisch vereinbarte Anbieterwechsel zu verhindern, ist nach § 312h BGB eine Kündigung bzw. die Vollmacht zur Kündigung eines Dauerschuldverhältnisses nur noch in Textform (also nicht telefonisch) wirksam.

2. Hinsichtlich der weiteren Formalien der Klageerhebung wird auf das → Form. VII.2.1 verwiesen.

3. Bei der Antragstellung war die Besonderheit zu berücksichtigen, dass versucht wurde, die Unlauterkeit durch eine formularmäßige Einwilligung gem. § 7 Abs. 2 Nr. 2 UWG auszuschließen. Dies war in die Antragstellung aufzunehmen, da nur so die konkrete Verletzungshandlung vollständig erfasst wird.

4. Hinsichtlich der weiteren Anträge wird auf → Form. VII.2.1 verwiesen.

5. Im Sachverhalt werden neben der formularmäßigen Einwilligung weitere typische Einwände abgehandelt. Mit dem formularmäßigen Einverständnis befasst sich die Entscheidungen BGH 25.10.2012 – I ZR 169/10, GRUR 2013, 531 – Einwilligung in Werbeanrufe II. Danach kann eine wirksame Einwilligung auch durch Ankreuzen einer entsprechend konkret vorformulierten Erklärung erteilt werden, wenn sie in einem gesonderten Text oder Textabschnitt ohne anderen Inhalt enthalten ist, es sich also um eine Einwilligung für den konkreten Fall in Kenntnis der Sachlage handelt (richtlinienkonforme Auslegung über Art. 2 S. 2 lit. f der Datenschutz-Richtlinie 2002/58/EG iVm Art. 4 Nr. 11 DS-GVO: „jede freiwillig für den bestimmten Fall, in informierter Weise und unmissverständlich abgegebene Willensbekundung in Form einer Erklärung oder einer sonstigen eindeutigen bestätigenden Handlung, mit der die betroffene Person zu verstehen gibt, dass sie mit der Verarbeitung der sie betreffenden personenbezogenen Daten einverstanden ist"). Im Rahmen des dem Werbenden obliegenden Nachweises der ausdrücklichen Einwilligung besteht kein Anlass, dem Werbenden Beweiserleichterungen in Form einer tatsächlichen Vermutung oder auch in Form einer sekundären Darlegungslast zuzubilligen (BGH 6.11.2013 – I ZR 3/13, GRUR-RR 2014, 117). Die branchenübliche Telefonwerbung gegenüber sonstigen Marktteilnehmern wird von Köhler/Bornkamm/Feddersen/*Köhler* UWG § 7 Rn. 158 ff. im Einzelnen behandelt.

6. Die Untersagung unzumutbarer Belästigungen nach § 7 UWG setzt keine zusätzliche Relevanz voraus, da sich dies schon aus dem Zusatz „unzumutbar" ergibt.

7. Hinsichtlich der Begründung der weiteren Anträge wird auf → Form. VII.2.1 verwiesen.

6. Zwangsvollstreckung

6.1 Ordnungsmittelantrag

An das

Landgericht . . . . .[1] . . . . .

. . . . .

. . . . .

Antrag nach § 890 ZPO

der Firma A GmbH, ..., ..., gesetzlich vertreten durch den Geschäftsführer . . . . ., ebenda

– Gläubigerin –

Proz.Bev.: . . . . .

gegen

Firma B GmbH, ..., ..., gesetzlich vertreten durch den Geschäftsführer . . . . ., ebenda

– Schuldnerin –

wegen Ordnungsmitteln

Namens und in Vollmacht der Gläubigerin beantragen wir,

gegen die Schuldnerin wegen Zuwiderhandlung gegen die Verpflichtung gemäß Ziff. 1 der einstweiligen Verfügung der Kammer vom . . . . .,
es zu unterlassen, gegenüber dem letzten Verbraucher Haushaltsgeräte unter Angabe einer unverbindlichen Preisempfehlung des Herstellers zu bewerben oder bewerben zu lassen, die nicht oder nicht mehr in der angegebenen Höhe besteht,[2]
ein empfindliches Ordnungsgeld, und für den Fall, dass dieses nicht beigetrieben werden kann, Ordnungshaft, zu vollziehen an ihrem Geschäftsführer Hans . . . . .,[3] zu verhängen.[4]

Begründung:

I. Sachverhalt

Die Kammer hat der Schuldnerin durch einstweilige Verfügung[5] untersagt, die im Antrag angegebene Werbung zu verwenden.

Die einstweilige Verfügung ist der Schuldnerin am . . . . . zugestellt worden.

Beweis: Kopie der Zustellungsurkunde
– Anlage AS 1 –

Die Werbung ist tatsächlich nicht mehr an der ursprünglichen Adresse im Internet zu finden, wohl aber weiterhin in Google Cache.

Beweis: Ausdruck aus Google Cache
– Anlage AS 2 –

Außerdem erschien am . . . . ., also 3 Tage nach Zustellung der einstweiligen Verfügung eine halbseitige Anzeige in der B-Zeitung, in der ebenfalls mit der unverbindlichen Preisempfehlung für das Sondermodell einer Waschmaschine geworben wird. Nach den Anzeigenbedingungen des B-Verlags können Anzeigen bis 24 Stunden vor Erscheinen geändert werden. Dies hat die Schuldnerin unterlassen.

Beweis: 1. Kopie der Zeitungsanzeige
– Anlage AS 3 –
2. Kopie der Anzeigenbedingungen
– Anlage AS 4 –

II. Rechtslage

Die Schuldnerin hat dem Unterlassungsgebot schuldhaft zuwidergehandelt, so dass Sie gemäß § 890 ZPO mit Ordnungsmitteln zu belegen ist.

Die Schuldnerin hat offensichtlich nichts dagegen unternommen, dass die Werbung weiterhin in Google-Cache abrufbar ist.

Die Schaltung der Werbung in der B-Zeitung nach Zustellung der einstweiligen Verfügung spricht dafür, dass die Schuldnerin sich vorsätzlich über das Unterlassungsgebot hinwegsetzt, um die verbliebenen Exemplare des Sondermodells mit irreführender Preiswerbung schnell abzusetzen.

Indem die Schuldnerin die durch die Werbung in Google-Cache und den laufenden Anzeigenauftrag hervorgerufene Beeinträchtigung aufrechterhalten bzw. ausgenutzt hat, statt die Anzeige aus allen Medien zurückzuziehen, hat sie dem Unterlassungsgebot, das insoweit zu einem Handeln verpflichtet, zuwidergehandelt.[6]

Dem muss mit einem empfindlichen Ordnungsgeld begegnet werden. Wir regen an, dieses nicht unter 10.000,– EUR festzusetzen.

Rechtsanwalt

Anmerkungen

1. Zuständig ist das Prozessgericht des ersten Rechtszuges (§ 890 Abs. 1 S. 1 ZPO).

2. Die Wiedergabe der titulierten Unterlassungspflicht im Beschlusstenor ist nicht zwingend, wird aber in der Literatur zur Klarstellung empfohlen (Musielak/*Lackmann* § 890 Rn. 11).

3. Namentliche Bezeichnung ist hier, anders als im Verfügungs- oder Klagantrag, erforderlich (Musielak/*Lackmann* § 890 Rn. 12 mwN).

Gegen mehrere Schuldner sind Ordnungsmittel jeweils gesondert festzusetzen.

Ist der Geschäftsführer selbst Titelschuldner, so ist bei von ihm in seiner Eigenschaft als Organträger begangenen Zuwiderhandlungen nur die Gesellschaft mit Ordnungsgeld zu bestrafen (BGH 12.1.2012 – I ZB 43/11, GRUR 2012, 541 – Titelschuldner im Zwangsvollstreckungsverfahren; ebenso bei der Vertragsstrafe: BGH 8.5.2014 – I ZR 210/12, GRUR 2014, 797 – fishtailparka; → Form. VII.1.4 Anm. 2). Das gilt nicht, wenn das Verhalten des Geschäftsführers außerhalb des nach § 31 BGB der Gesellschaft zuzurechnenden Rahmens liegt oder zum Zeitpunkt der Zuwiderhandlung der Unterlassungstitel zwar dem Organ, nicht aber der Gesellschaft zugestellt war (OLG Frankfurt a.M. 23.4.2019 – 6 W 20/19, BeckRS 2019, 11211).

4. Der Gläubiger kann im Antrag ein bestimmtes Ordnungsmittel bzw. die Höhe des Ordnungsgeldes anregen, jedoch entscheidet das Gericht nach eigenem pflichtgemäßen Ermessen (Musielak/*Lackmann* § 890 Rn. 4, § 888 Rn. 12). Ein beantragtes Höchstmaß („bis zu") darf nicht überschritten werden (§ 308 Abs. 1 ZPO). Der Gläubiger wird daher in der Regel keinen bestimmten Antrag stellen, jedenfalls aber keinen Höchstbetrag benennen. In der Begründung sollten aber die in das Ermessen des Gerichts einfließenden Tatsachen bezeichnet werden.

Der gesetzliche Rahmen des § 890 ZPO (bis zu 250.000,– EUR) wird bei einem ersten Verstoß in der Regel bei weitem nicht ausgeschöpft, aber er sollte sich mit jedem weiteren Verstoß steigern.

Entscheidend kommt es auf die Schwere des Verstoßes und dessen Folgen an. Je aufwendiger die Werbung, je größer der Vorteil des Schuldners und je größer der Schaden des Verletzten desto höher wird das Ordnungsgeld festzusetzen sein.

„Führt ein bedeutendes Unternehmen eine wettbewerbswidrige Werbekampagne, die einen ebenfalls bedeutenden Wettbewerber in seinen Marktchancen wesentlich beeinträchtigen kann, trotz eines gerichtlichen Verbots während eines Monats in massiver Weise und mit hohem Aufwand weiter, so kann bei Vorsatz selbst unter Zugrundelegung einer einheitlichen Handlung ein Ordnungsgeld von *(grob umgerechnet)* EUR 200.000,– angemessen sein" (OLG Düsseldorf 11.1.2001 – 20 W 78/00, GRUR-RR 2002, 151 – Hartnäckige Zuwiderhandlung).

5. Auch aus einem Prozessvergleich kann gemäß § 890 ZPO vollstreckt werden (Einzelheiten bei → Form. VII.1.4 Anm. 1b).

6. Das Unterlassungsgebot kann auch eine Pflicht zum Handeln begründen. Dies gilt speziell bei Internet-Fällen durch die Pflicht zur Bereinigung gängiger Suchmaschinen (Google Cache, BGH 12.7.2018 – I ZB 86/17, GRUR 2018, 1183 – Wirbel um Bauschutt). Jüngst wurden in der Rechtsprechung auch verstärkte Rückrufspflichten entwickelt (BGH 29.9.2016 – I ZB 34/15, GRUR 2017, 208 – Rückruf von RESCUE-Produkten; bei e.V.: BGH, 11.10.2017 – I ZB 96/16, GRUR 2018, 292 – Produkte zur Wundversorgung).

Kosten und Gebühren

Gericht: GKG, KV Nr. 2111 = 20,00 EUR (je Schuldner; mehrere Verfahren innerhalb eines Rechtszugs gelten als ein Verfahren, sofern sie denselben Anspruch und denselben Vollstreckungsgegenstand betreffen)

Rechtsanwalt: RVG, VV Nr. 3309: 1 Verfahrensgebühr iHv 0,3 und zwar für jedes (neue) Ordnungsgeldverfahren gesondert (§ 18 Nr. 14 RVG).

6.2 Titelbeseitigung[1]

– Vollstreckungsabwehrklage[2] –

An das

Landgericht . . . . .[3]

. . . . .

. . . . .

AZ: Neu

Vollstreckungsabwehrklage/Antrag auf einstweilige Einstellung der Zwangsvollstreckung/einstweilige Anordnung

der Firma K . . . . . -GmbH

– Klägerin –

Prozessbevollmächtigte: . . . . .

gegen

Firma B . . . . . -GmbH

– Beklagte –

Prozessbevollmächtigte: . . . . .

Wegen: Unzulässigkeit der Zwangsvollstreckung ua

Streitwert: . . . . . EUR[4]

Namens und in Vollmacht der Klägerin erheben wir Klage und werden beantragen:

I.

1. Die Zwangsvollstreckung aus dem Urteil LG . . . . . vom . . . . ., AZ: . . . . . wird für unzulässig erklärt.[5]
2. Die Beklagte wird verurteilt, die vollstreckbare Ausfertigung des Urteils des LG . . . . . vom . . . . . AZ: . . . . . an die Klägerin herauszugeben.[9]
3. Nach § 770 ZPO wird angeordnet, die Vollstreckung aus dem Urteil des LG . . . . . vom . . . . . AZ: . . . . . bis zur Rechtskraft dieses Urteils einstweilen einzustellen.[6]
4. Vorab wird im Wege der einstweiligen Anordnung die Vollstreckung aus dem Urteil des LG . . . . . vom . . . . . AZ: . . . . . einstweilen ohne Sicherheitsleistung, hilfsweise gegen Sicherheitsleistung eingestellt.[7]

II. Die Beklagte trägt die Kosten des Rechtsstreits.[8]

Begründung:

Die Klage ist auf die Erklärung der Unzulässigkeit der Vollstreckung aus einem wettbewerbsrechtlichen Unterlassungstitel gerichtet.

I. Sachverhalt

1. Die Klägerin wurde nach einem Urteil des LG . . . . . vom . . . . . auf Unterlassung des Führens der Bezeichnujng „staatlich anerkannt" für ihre Privatschule verurteilt, da sie lediglich über eine staatliche Genehmigung verfügte (§§ 5, 10 bwPSchG). Das Urteil ist rechtskräftig geworden. Die Kosten des Rechtsstreites wurden durch Kostenfestsetzungsbeschluss vom . . . . . festgesetzt. Die danach zu erstattenden Kosten wurden von der Klägerin bereits vollständig an die Beklagte bezahlt.
   Am . . . . . . wurde der Klägerin durch das Regierungspräsidium Stuttgart vorbehaltlos die staatliche Anerkennung gemäß § 10 bwPSchG für ihre Privatschule verliehen. Damit ist die entsprechende Werbung nicht mehr irreführend und damit nicht mehr zu verbieten[9]

Beweis:[10] Anerkennungsbescheid vom vom . . . . . AZ: . . . . .
– Anlage K 1 –

2. Die Klägerin hat die Beklagte mit Schreiben vom . . . . . auf die geänderte Rechtslage hingewiesen und die Beklagte zur Herausgabe des Vollstreckungstitels aufgefordert. Hierauf hat die Beklagte nicht reagiert. Nach telefonischer Rückfrage ließ die Beklagte mitteilen, nach ihrer Auffassung sei die Werbung weiterhin irreführend, da die Voraussetzungen der Anerkennung gemäß § 10 bwPSchG nicht vorgelegen hätten.

Glaubhaftmachung:[11] Schreiben der Klägerin vom . . . . .
– Anlage K 2 –
2. eidesstattliche Versicherung des Herrn . . . . . vom . . . . .
– Anlage K 3 –

Damit ist zugleich die Gefahr einer Vollstreckung aus dem streitgegenständlichen Urteil begründet.

II. Rechtslage

1. Das angerufene Landgericht hat das streitgegenständliche Urteil erlassen und ist daher nach § 767 Abs. 1 ZPO für die Vollstreckungsabwehrklage und die weiteren Anträge zuständig.
2. Gegenstand der Klage sind Einwendungen, die den durch Urteil festgestellten Unterlassungsanspruch betreffen. Wegen des Wegfalls der rechtlichen Grundlage ist die Vollstreckungsabwehrklage das adäquate Rechtsmittel zur Titelbeseitigung. Bei dem Unterlassungsanspruch handelt es sich um ein in die Zukunft weisendes Verbot, das auf der Sach- und Rechtslage zum Zeitpunkt der Verurteilung beruht und nicht auf einen sich in der Zukunft ändernden Sachverhalt.
Die eingetretene Änderung der Rechtslage ist auch erst nach Schluss der mündlichen Verhandlung des die Verurteilung begründenden Rechtsstreites eingetreten. Mithin sind die Zulässigkeitsvoraussetzungen des § 767 Abs. 2 ZPO erfüllt.
Nachdem sämtliche Kosten aus dem streitgegenständlichen Urteil an die Beklagte bezahlt wurden, dient der Titel nur noch zur Durchführung der Zwangsvollstreckung des Unterlassungsanspruchs, sodass die Beseitigung der Zwangsvollstreckung durch Herausgabe des Originaltitels abwendet wird und die Beklagte auch kein Interesse mehr an dem Originaltitel – zB Vollstreckung wegen der Kosten – hat.
Die Einwände der Beklagten sind unzutreffend. § 5 UWG verbietet nicht die Führung einer Auszeichnung, wenn diese in einem seriösen Verfahren, hier sogar einem Verwaltungsverfahren, verliehen und nicht erschlichen wurde.
3. Der Antrag auf Erlass einer einstweiligen Anordnung (Ziff. I.4.) folgt aus § 769 ZPO. Die Voraussetzungen, insbesondere die Drohung einer Vollstreckung aus dem streitgegenständlichen Titel wurden dargelegt und glaubhaft gemacht. Die Weigerung der Beklagten, den Titel herauszugeben, verknüpft mit dem Hinweis, die Ansprüche könnten weiter durchgesetzt werden, belegen dies nachhaltig.[12]
4. Der Antrag auf einstweilige Einstellung (Ziff. I.3.) im Urteil folgt aus § 770 ZPO. Hierfür besteht auch neben dem Antrag aus § 769 ZPO ein Rechtsschutzbedürfnis. Da die einstweilige Anordnung mit Erlass des erstinstanzlichen Urteils außer Kraft tritt, wäre ohne die Anordnung nach § 770 ZPO eine Vollstreckung aus dem streitgegenständlichen Titel bis zur Rechtskraft der Vollstreckungsabwehrklage möglich.

. . . . .[13] Rechtsanwalt

Anmerkungen

1. Die Beseitigung von Vollstreckungstiteln wird vor allem in Fällen eines bestehenden rechtskräftigen Titels und einer danach eintretenden Gesetzes- oder Rechtsprechungsänderung oder, wie hier, einer Rechtsänderung relevant, durch die eine zunächst unlautere Werbung nachträglich rechtmäßig wird. Dies ist hier der Fall, denn die zunächst irreführende Werbung mit staatlicher Anerkennung wurde durch Verleihung der staatlichen Anerkennung zulässig. Der Entscheidung durch Verwaltungsakt muss insoweit, wie auch bei § 3a UWG Tatbestandswirkung zugemessen werden (BGH 24.9.2013 – I ZR 73/12, GRUR 2014, 405 – Atemtest II), jedenfalls dann, wenn keine Hinweis auf ein Erschleichen des Verwaltungsaktes vorliegen (s. für Testergebnisse BGH 24.1.2019 – I ZR 200/17, GRUR 2019, 631 – Das beste Netz). Die Parteien werden zunächst außergerichtlich versuchen, durch Herausgabe des Vollstreckungstitels einen Gerichtsstreit zu vermeiden. Die Klägerin kann dadurch bei sofortigem Anerkenntnis des Beklagten die Kostentragung nach § 93 ZPO vermeiden. Weigert sich der Titelinhaber, so bleibt nur die Beseitigung im Wege einer Klage.

2. Die überwiegende Meinung in Rechtsprechung und Literatur hält die Vollstreckungsabwehrklage nach § 767 ZPO für ein geeignetes Mittel, um den Unterlassungsanspruch zu beseitigen, nach einer Mindermeinung soll die Abänderungsklage nach § 323 ZPO zum Tragen kommen (Nachweise bei Gloy/*Loschelder* § 96 Rn. 36). Nach hM ist die Klage nach § 767 ZPO gegen einstweilige Verfügungen nicht statthaft, sondern § 927 ZPO hat Vorrang (Musielak/Voit/*Lackmann* § 767 Rn. 7, str.). Im Falle einer Änderung der höchstrichterlichen Rechtsprechung wird die Vollstreckungsabwehrklage jedoch nur für wettbewerbsrechtliche Unterlassungstitel zugelassen (BGH 2.7.2009 – I ZR 146/07, GRUR 2009, 1096 – Mescher weis). → Form. VII.3.8 Anm. 14.

Die Titelbeseitigung wird insbesondere bei Rechtsstreitigkeiten relevant, wenn, die im Wege der einstweiligen Verfügung und einer sich anschließenden Abschlusserklärung unter Verzicht auf die Rechte nach § 927 ZPO beendet wurden. Der Schuldner muss sich in der Abschlusserklärung die Rechte aus § 927 Abs. 1 ZPO insoweit vorbehalten, als die veränderten Umstände auch gegenüber einem in der Hauptsache ergangenen Titel geltend gemacht werden könnten (BGH 2.7.2009 – I ZR 146/07, GRUR 2009, 1096 – Mescher weis).

Teilweise (Gloy/*Loschelder* § 96 Rn. 36) wird als Hauptantrag eine Vollstreckungsabwehrklage und als Hilfsantrag eine Abänderungsklage empfohlen. Dabei wird jedoch übersehen, dass dies nur bei Fallgestaltungen praktikabel ist, bei denen das Prozessgericht des zu beseitigenden Urteils und der allgemeine Gerichtsstand der Beklagten identisch sind. Zuständig für die Vollstreckungsabwehrklage ist das Prozessgericht des ersten Rechtszuges und für die Abänderungsklage der allgemeine Gerichtsstand der Beklagten. Beide Gerichtsstände fallen in wettbewerbsrechtlichen Streitigkeiten wegen des fliegenden Gerichtsstandes häufig auseinander. Aufgrund der nahezu einhelligen Meinung für die Anwendung des § 767 ZPO bedarf es des Hilfsantrages nicht.

3. Zuständig ist stets das Landgericht als Prozessgericht des ersten Rechtszuges des Urteils/der Beschlussverfügung gegenüber dem/der die Unzulässigkeit der Zwangsvollstreckung begehrt wird.

4. Die Höhe des Streitwertes bestimmt sich nach dem Wert des vollstreckbaren Anspruchs (MüKoZPO/*Schmidt/Brinkmann*, 5. Aufl. 2016, ZPO § 767 Rn. 100). Wird, wie im vorliegenden Muster, die einstweilige Anordnung zusammen mit der Vollstreckungsabwehrklage erhoben, so entstehen keine zusätzlichen Kosten. Vielmehr handelt es sich um Kosten des anhängigen Rechtsstreites (MüKoZPO/*Schmidt/Brinkmann*, 5. Aufl. 2016, ZPO § 769 Rn. 37).

5. Die Vollstreckungsabwehrklage hat die Unzulässigkeit der Zwangsvollstreckung aus dem angegriffenen Titel zum Gegenstand. Entsprechend ist der Antrag zu formulieren.

6. Um die Zwangsvollstreckung aus dem angegriffenen Titel nach positivem Urteil der ersten Instanz und damit einhergehenden Wegfall der einstweiligen Anordnung nach § 769 ZPO zu verhindern, bedarf es der einstweiligen Anordnung im Urteil nach § 770 ZPO (MüKoZPO/*Schmidt/Brinkmann*, 5. Aufl. 2016, ZPO § 770 Rn. 1).

7. Zur Vermeidung der Zwangsvollstreckung aus dem angegriffenen Urteil während des Rechtsstreits im Rahmen der Vollstreckungsabwehrklage, sollte die sofortige Einstellung der Zwangsvollstreckung aus dem angegriffenen Titel beantragt werden. Im Regelfall erfolgt die sofortige Einstellung der Zwangsvollstreckung gegen Sicherheitsleistung. Steht jedoch eindeutig fest, dass die gesetzliche Grundlage entfallen ist, so ist eine Aussetzung ohne Sicherheitsleistung möglich.

8. → Form. VII.2.1.

9. Für einen schlüssigen Klagevortrag muss das Vorhandensein eines vollstreckbaren Titels (insbesondere Urteil, Beschlussverfügung) dargelegt werden sowie diejenigen Einwendungen vorgetragen werden, die zur Beseitigung des dem Urteil zugrunde gelegten Anspruchs führen. Um die Herausgabe des Titels sicherzustellen, sollten auch die Kosten, die Grundlage des Titels sind, bereits beglichen sein.

10. Die Vollstreckungsabwehrklage ist ein Klageverfahren. Es gelten die üblichen Beweismittel.

11. Soweit die einstweilige Anordnung nach § 769 ZPO begehrt wird, handelt es sich um ein Eilverfahren, bei dem die anspruchsbegründenden Voraussetzungen durch Glaubhaftmachung iSv § 294 ZPO nachgewiesen werden können.

12. Die einstweilige Anordnung nach § 769 ZPO setzt die für vorläufige Verfahren notwendige Eilbedürftigkeit voraus. Im Muster wird dies durch den Hinweis, der Titel würde auch nach der Neufassung des UWG weiterhin gelten und somit vollstreckbar sein, ausgeführt.

13. Hinsichtlich der weiteren Begründung, insbesondere der Kosten und der Hinweise nach § 139 ZPO wird auf das → Form. VII.2.1 verwiesen.

VIII. Kartellrecht

1. Einführung: Deutsches Kartellrecht

1.1 Überblick

Das GWB wurde zuletzt durch die zum 19.1.2021 in Kraft getretene 10. GWB-Novelle (BGBl. 2021 I, S. 2) geändert. Wie bereits die vorherigen GWB-Novellen stand auch bei der letzten Änderung die Anpassung des deutschen Kartellrechts an das EU-Recht im Vordergrund. Prägend war jedoch auch die Einführung von neuen Regelungen, um den Herausforderungen der zunehmenden Digitalisierung gerecht zu werden.

Die als „GWB-Digitalisierungsgesetz" bezeichnete 10. GWB-Novelle setzt einerseits die sog. ECN+-Richtlinie in nationales Recht um. Dadurch soll die Effektivität der Kartellverfolgung gestärkt werden. Andererseits will der Gesetzgeber durch die Novellierung ein fokussiertes, proaktives und digitales Wettbewerbsrecht 4.0 etablieren. Dazu wurde insbesondere die Missbrauchsaufsicht modernisiert. Den Kern bildet die Einführung einer neuen Vorschrift, die „Unternehmen mit überragender marktübergreifender Bedeutung für den Wettbewerb" adressiert. Außerdem wurden bestehende Regelungen im Bereich der Missbrauchsaufsicht an die Entwicklungen im digitalen Bereich angepasst und um internetspezifische Kriterien ergänzt. Letzteres gilt insbesondere für die Bemessung der Marktmacht eines Unternehmens. Zudem ist der Schutzbereich der Regelung für Unternehmen mit relativer oder überlegener Marktmacht nicht mehr auf kleine und mittlere Unternehmen begrenzt. Neu ist auch, dass abhängige Unternehmen mittlerweile unter bestimmten Voraussetzungen einen gesetzlichen kartellrechtlichen Anspruch auf Zugang zu Daten haben. Im Bereich der Fusionskontrolle hat die 10. GWB-Novelle insbesondere zu einer Anhebung der Inlandsumsatzschwellen sowie der sog. Transaktionsschwelle geführt. Darüber hinaus gab es einige Änderungen zur Beschleunigung und Erleichterung des Kartellverwaltungsverfahrens sowie bei den Regelungen zur Durchsetzung von kartellbedingten Schadensersatzansprüchen. Diese Vorschriften beruhen im Wesentlichen auf einer Umsetzung der sog. Kartellschadensersatz-Richtlinie durch die 9. GWB-Novelle aus dem Jahr 2017. Umfassender sind hingegen die Änderungen im Bereich der Bußgeldvorschriften. Besonders hervorzuheben sind eine neu eingeführte Vorschrift zur ausdrücklichen Berücksichtigung ernsthafter Compliance-Bemühungen bei der Bußgeldbemessung sowie die gesetzlichen Regelungen zu Kronzeugenanträgen..

Bereits durch die 7. GWB-Novelle, welche am 1.7.2005 in Kraft trat (BGBl. 2005 I S. 1954) wurde das deutsche Kartellrecht in weiten Teilen an das europäische Recht angeglichen. Dies ist aufgrund der EG-Durchführungsverordnung zur Anwendung der Art. 81 und 82 EG-Vertrag (nun Art. 101 und 102 AEUV) (ABl. 2003 L 1, 1; nachfolgend: VO 1/2003) erforderlich gewesen. Seit dieser Novelle ist das in § 1 GWB enthaltene Kartellverbot gleichlautend mit demjenigen des europäischen Rechts in Art. 101 Abs. 1 AEUV.

Nach Art. 3 Abs. 2 S. 2 VO 1/2003 gilt der unbedingte Vorrang des EU-Kartellrechts jedoch nicht für die Missbrauchsaufsicht bei einseitigem wettbewerbsbeschränkendem Verhalten. Dem nationalen Gesetzgeber ist es insoweit vielmehr erlaubt, strengere Vorschriften zu erlassen oder anzuwenden.

Das GWB ist in sechs Teile gegliedert. Das materielle Kartellrecht ist im ersten Teil geregelt (§§ 1 ff. GWB). Es muss zusammen mit dem fünften Teil „Anwendungsbereich des Gesetzes“ (§ 185 GWB) gelesen werden. Der zweite Teil enthält die Vorschriften über die Kartellbehörden (§§ 48–53 GWB). Der dritte Teil (§§ 54 ff. GWB) regelt das kartellbehördliche Verfahren sowie Beschwerde- und Rechtsbeschwerde (§§ 63 ff. GWB), das Bußgeldverfahren (§§ 81 ff. GWB) und das Zivilgerichtsverfahren (§§ 87 ff. GWB). Der vierte Teil regelt das Vergaberecht (§ 97 ff. GWB). Der sechste Teil „Übergangs- und Schlussvorschriften“ spielt heute fast keine Rolle mehr.

Innerhalb des ersten Teils wird unterschieden zwischen wettbewerbsbeschränkenden Vereinbarungen, Beschlüssen und abgestimmten Verhaltensweisen (1. Abschnitt) und Wettbewerbsbeschränkungen durch tatsächliches Verhalten (2. Abschnitt), die als missbräuchlich oder sonst kartellrechtswidrig bewertet werden (aufgeteilt in verbotenes Verhalten marktbeherrschender Unternehmen in § 19 GWB, missbräuchliches Verhalten von Unternehmen mit überragender marktübergreifender Bedeutung für den Wettbewerbs in § 19a GWB, verbotenes Verhalten von Unternehmen mit relativer oder überlegener Marktmacht in § 20 GWB und das Boykottverbot in § 21 Abs. 1 GWB). Der dritte Abschnitt regelt das Verhältnis zum europäischen Kartellrecht (§ 22 GWB), der vierte Abschnitt betrifft Wettbewerbsregeln der Wirtschafts- und Berufsvereinigungen (§ 24 ff. GWB). Der fünfte Abschnitt enthält als „Sonderregeln für bestimmte Wirtschaftsbereiche“ eine spezielle Preismissbrauchsaufsicht für Energieversorgungsunternehmen (§ 29 GWB) sowie Freistellungen vom Kartellverbot zugunsten der Landwirtschaft (§ 28 GWB) und für Preisbindungen bei Zeitungen und Zeitschriften (§ 30 GWB) sowie für Verträge der Wasserwirtschaft (§ 31 GWB). Im sechsten Abschnitt sind die Befugnisse der Kartellbehörden geregelt (§§ 32 ff. GWB). Er enthält insbesondere Regelungen zum Beseitigungs- und Unterlassungsanspruch (§ 33 GWB), zum Schadensersatzanspruch (§§ 33a ff. GWB) und zur Vorteilsabschöpfung (§ 34 f. GWB). Die Fusionskontrolle (7. Abschnitt – §§ 35 ff. GWB) regelt die bewusst herbeigeführte Veränderung der Marktstruktur. Im Folgenden wird der materielle Teil kurz dargestellt.

1.2 § 1 GWB

§ 1 GWB ist eine Grundnorm des Kartellgesetzes, die das sog. Kartellverbot beinhaltet. Sie verbietet Vereinbarungen zwischen Unternehmen, Beschlüsse von Unternehmensvereinigungen und aufeinander abgestimmte Verhaltensweisen, die eine Verhinderung, Einschränkung oder Verfälschung des Wettbewerbs bezwecken oder bewirken. § 1 GWB ist somit – bis auf die Zwischenstaatlichkeitsklausel – wortgleich mit Art. 101 Abs. 1 AEUV.

Unter „**Unternehmen**“ wird jede selbständige, nicht rein private und außerhalb des Erwerbslebens liegende Tätigkeit ohne Rücksicht auf ihre Rechtsform und die Absicht der Gewinnerzielung verstanden (funktionaler Unternehmensbegriff; BGH 16.12.1976, WuW/E BGH 1474 (1477) – Architektenkammer). **Beschränkung des Wettbewerbs** bedeutet Beeinträchtigung der wettbewerblichen Handlungsfreiheit als Anbieter oder Nachfrager. Beschränkt werden muss mindestens die wettbewerbliche Handlungsfreiheit eines der Partner des Vertrages, Beschlusses oder der abgestimmten Verhaltensweise. Typisches Beispiel für eine horizontale Wettbewerbsbeschränkung ist das Preiskartell zwischen Wettbewerbern, für eine vertikale Wettbewerbsbeschränkung die vertikale Preisbindung, die der Hersteller seinem Händler auferlegt.

Auf eine Vereinbarung findet das Kartellverbot nur dann Anwendung, wenn diese **geeignet** ist, die Marktverhältnisse **spürbar** zu beeinflussen (BGH 14.10.1976, WuW/E BGH 1458 (1461) – Fertigbeton). Das Bundeskartellamt (BKartA) hatte in einer sog.

„Bagatellbekanntmachung“ vom 13.3.2007 die maßgeblichen Grundsätze niedergelegt, nach denen über die Verfolgung von Kooperationsabreden mit geringer wettbewerbsbeschränkender Bedeutung entschieden werden wird. Inhaltlich entspricht diese Bekanntmachung weitgehend der alten Bagatellbekanntmachung der EU-Kommission (ABl. 2001 C 368, 13). Nach der Expedia-Entscheidung des EuGH (EuGH 13.12.2012 – C-226/11, NZKart 2013, 111 – Expedia) wurde eine Überarbeitung dieser Bekanntmachung erforderlich. Diese wurde am 25.6.2014 von der Kommission veröffentlicht. Nunmehr sind bezweckte Wettbewerbsbeschränkungen stets als spürbar anzusehen. Bei bewirkten Wettbewerbsbeschränkungen sollen Vertikalvereinbarungen künftig bis zu einem Marktanteil der beteiligten Unternehmen von 15 % und Horizontalvereinbarungen zwischen Wettbewerbern bis zu einem Marktanteil der beteiligten Unternehmen von 10 % mangels Spürbarkeit regelmäßig nicht aufgegriffen werden. Diejenigen Beschränkungen, die nach einer Gruppenfreistellungsverordnung der Kommission als Kernbeschränkungen eingestuft werden, sollen dagegen immer als spürbar zu werten sein. Das BKartA hat seine Bagatellbekanntmachung bisher nicht angepasst.

§ 1 GWB ist ein gesetzliches Verbot im Sinne des § 134 BGB. Vereinbarungen, die gegen das Verbot des § 1 GWB verstoßen, ohne einen Freistellungstatbestand nach diesem Gesetz (insbesondere nach den §§ 2 und 3 GWB) zu erfüllen, sind daher nichtig. Auch dies entspricht dem europäischen Recht (vgl. Art. 101 Abs. 2 AEUV). Verstößt eine einzelne Bestimmung eines Vertrages gegen § 1 GWB, so richtet sich die Auswirkung auf die anderen Teile des Vertrages nach § 139 BGB. Das bedeutet im Zweifel eine Gesamtunwirksamkeit des Vertrages.

Da wettbewerbsbeschränkende Absprachen regelmäßig Auswirkungen auf den zwischenstaatlichen Handel haben und dann nach Art. 101 AEUV zu beurteilen sind, kommt dem deutschen Recht eine eigenständige Bedeutung nur noch in den Fällen zu, die rein lokale oder regionale Auswirkungen haben und keine zwischenstaatliche Relevanz aufweisen.

1.3 §§ 2 und 3 GWB

Verstöße gegen § 1 GWB können gemäß §§ 2 und 3 GWB freigestellt sein. Zentraler Freistellungstatbestand ist die in § 2 GWB enthaltene Generalklausel, die Art. 101 Abs. 3 AEUV nachgebildet ist. Wie im EU-Recht gilt auch im deutschen Recht das Prinzip der Legalausnahme. Es wird also keine Freistellung mehr durch das BKartA erteilt. Unternehmen müssen daher im Wege der „Selbstveranlagung“ eigenständig prüfen, ob die Freistellungsvoraussetzungen in ihrem Fall vorliegen. Es besteht jedoch die Möglichkeit, den Erlass einer Verfügung nach § 32c GWB zu beantragen, in der die Kartellbehörde bestätigt, dass kein Anlass zum Tätigwerden besteht. § 2 GWB enthält zum einen in Abs. 1 den Freistellungstatbestand der Einzelfreistellung und verweist zum anderen in Abs. 2 auf die Gruppenfreistellungsverordnungen (GVOen) der Europäischen Kommission. Daraus ergibt sich ein praktischer Anwendungsvorrang des § 2 Abs. 2 GWB in Verbindung mit der jeweiligen GVO. Für den Rechtsanwender ist es daher sinnvoll, zunächst die Freistellung nach den Gruppenfreistellungsverordnungen in Betracht zu ziehen und bei Nicht-Vorliegen eine Einzelfreistellung zu prüfen.

Aktuell gibt es sechs Gruppenfreistellungsverordnungen: Die Vertikal-GVO (VO 330/2010 v. 20.12.2010 ABl. 2010 L 102, 1), Verordnung zu Vertikalvereinbarungen im Kraftfahrzeugsektor (VO 461/2010 v. 27.5.2010 ABl. 2010 L 129, 52), Verordnung zu Technologietransfer-Vereinbarungen (VO 316/2014 v. 21.3.2014 ABl. 2014 L 93, 17); Verordnung über Spezialisierungsvereinbarungen (VO 1218/2010 v. 14.12.2010 ABl. 2010 L 335, 43), Verordnung über Forschungs- und Entwicklungsvereinbarungen (VO 1217/2010 v. 14.12.2010 ABl. 2010 L 335, 36) und die Verordnung über Vereinbarungen zwischen Seeschifffahrtsunternehmen (VO 906/2009 v. 28.9.2009 ABl. 2009 L 256, 31, Geltungsdauer verlängert durch die VO 2020/436 v. 24.3.2020 ABl. 2020 L 90, 1).

Die ausdrückliche Freistellung von **Mittelstandskartellen** (§ 3 GWB) ist eine Besonderheit des deutschen Kartellrechts ohne Entsprechung im EU-Recht. Nach dieser Vorschrift erfüllt eine Vereinbarung die Voraussetzungen des § 2 Abs. 1 GWB (gesetzliche Fiktion), wenn sie die Wettbewerbsfähigkeit kleiner oder mittlerer Unternehmen verbessert ohne den Wettbewerb auf dem Markt wesentlich zu beeinträchtigen. Das BKartA hat im März 2007 ein Merkblatt über Kooperationsmöglichkeiten für kleinere und mittlere Unternehmen veröffentlicht, das ua die aus Sicht des Amtes maßgeblichen Auslegungskriterien für § 3 GWB näher darlegt.

1.4 Die marktbeherrschende Stellung (§ 18 GWB)

Seit der 8. GWB-Novelle wird die marktbeherrschende Stellung in § 18 GWB definiert. Zur Definition der Marktbeherrschung muss für das gesamte GWB auf § 18 GWB zurückgegriffen werden. So spielt § 18 GWB sowohl für das Missbrauchsrecht als auch für die Fusionskontrolle eine entscheidende Rolle. Grundsätzlich muss für die Prüfung der marktbeherrschenden Stellung in zwei Schritten vorgegangen werden. Zunächst ist der relevante Markt zu ermitteln. Im Anschluss kann geprüft werden, ob auf diesem relevanten Markt eine beherrschende Stellung vorliegt.

a) Der **relevante** Markt richtet sich nach ständiger Rechtsprechung des Bundesgerichtshofs nach der Austauschbarkeit der in Frage stehenden Waren oder Dienstleistungen aus der Sicht der Marktgegenseite (sog. Bedarfsmarktkonzept). Entscheidend ist also, welche Waren bzw. Dienstleistungen der Abnehmer aufgrund ihrer Eigenart und Beschaffenheit als ohne weiteres austauschbar ansieht (BGH 3.3.1969, WuW/E BGH 1027 (1029) – Sportartikelmesse II; BGH 3.7.1976 WuW/E BGH 1435 (1440) – Vitamin B 12; BGH 16.12.1976, WuW/E BGH 1445 (1447) – Valium; BGH GRUR 1989, 220 – Lüsterbehangsteine). § 18 Abs. 2 GWB bestimmt, dass der räumlich relevante Markt weiter als Deutschland sein kann.

Durch die 9. GWB-Novelle wurde § 18 Abs. 2a GWB neu eingeführt. Dieser stellt klar, dass ein Markt auch dann vorliegen kann, wenn eine Leistung unentgeltlich erbracht wird. Voraussetzung ist jedoch nach der Gesetzesbegründung, dass die Leistung zumindest mittel- oder längerfristig aus wirtschaftlichen Motiven angeboten wird. Der eingefügte Absatz war letztlich eine Reaktion des Gesetzgebers auf die Praxis der Kartellbehörden und der Rechtsprechung, welche das Vorliegen eines Marktes teilweise abgelehnt hatten, wenn keine entgeltliche Leistung vorlag (einen Markt ablehnend noch OLG Düsseldorf NZKart 2015, 148 – Bestpreisklausel; anders jedoch bereits Kommission 2014 COMP/M. 7217 – Facebook/WhatsApp). Nun besteht Klarheit dahingehend, dass ein wettbewerbsrechtlich relevanter Markt auch dann vorliegen kann, wenn ein Verbraucher kostenlose Online-Angebote in Anspruch nimmt.

b) Unterschieden werden muss im Rahmen des § 18 GWB zwischen Monopol-Marktbeherrschung (§ 18 Abs. 1 GWB) und Oligopol-Marktbeherrschung (§ 18 Abs. 5 GWB). Nach § 18 Abs. 1 GWB ist ein Unternehmen marktbeherrschend, soweit es als Anbieter von Waren **keinem oder keinem wesentlichen Wettbewerb** ausgesetzt ist, oder über eine überragende Marktstellung verfügt. Eine **überragende Marktstellung** iSd § 18 Abs. 1 GWB ist gegeben, wenn ein Unternehmen auf dem relevanten Markt bei Gesamtbetrachtung aller Umstände einen besonderen, vom Wettbewerb nicht mehr kontrollierbaren Verhaltensspielraum bei der Entwicklung von Marktstrategien oder beim Einsatz einzelner Aktionsparameter (Preis, Konditionen usw) besitzt und daher seine Marktstrategien unabhängig vom Verhalten anderer Wettbewerber festlegen kann (BGH 3.7.1976, WuW/E BGH 1435 (1439) – Vitamin B 12). Bei der Gesamtschau der Wettbewerbsverhältnisse am Markt sind zunächst die in § 18 Abs. 3 genannten Merkmale besonders zu berücksichtigen. Diese sind teils marktbezogen (Marktanteil, Zugang zu wettbewerbsrelevanten Daten, Marktzugang, Marktzutrittschancen für Dritte, Wettbewerb aus dem Ausland, Ausweichmöglichkeit der Marktgegenseite), teils unternehmensbezogen (Finanzkraft, Verflechtung, Umstellungsflexibilität). In § 18 Abs. 3a GWB werden darüber hinaus weitere Merkmale genannt, die bei der Bewertung der Marktstellung eines Unternehmens ebenfalls zu berücksichtigen sind. Dabei geht es insbesondere um Netzwerkeffekte, wettbewerbsrelevante Daten und deren möglichen Auswirkungen auf die Stellung eines Unternehmens am Markt. Diese Merkmale hatte der Gesetzgeber vor dem Hintergrund der zunehmenden wirtschaftlichen Bedeutung mehrseitiger Märkte und Netzwerke im Rahmen der voranschreitenden Digitalisierung eingeführt. Im Zuge der 10. GWB-Novelle wurde die Liste um den neuen § 18 Abs. 3b GWB ergänzt. Danach ist bei der Bewertung der Marktstellung eines Unternehmens, das als Vermittler auf mehrseitigen Märkten tätig ist, insbesondere auch die Bedeutung der von ihm erbrachten Vermittlungsdienstleistungen für den Zugang von Dritten zu Beschaffungs- und Absatzmärkten zu berücksichtigen (sog. Intermediationsmacht). Nach wie vor kommt es jedoch bei der Prüfung, ob eine marktbeherrschende Stellung vorliegt, auf eine Gesamtbetrachtung aller maßgeblichen Umstände an und nicht allein darauf, ob einzelne (neue) Merkmale erfüllt sind. Dies schließt jedoch nicht grundsätzlich aus, dass eine Überlegenheit nicht bereits bei der Verwirklichung eines Merkmals vorliegen kann. Neben den im Gesetz genannten Kriterien können auch andere Merkmale in die notwendige Gesamtschau mit einbezogen werden. Die Bedeutung dieser neuen Kriterien zeigte bereits die Facebook-Entscheidung des BKartA (6.2.2019 – B6-22/16 – Facebook), in der wegen des Zugangs zu wettbewerbsrelevanten Daten (§ 18 Abs. 3a Nr. 4 GWB) eine marktbeherrschende Stellung von Facebook bejaht wurde. Gestützt auf § 19 Abs. 1 GWB entschied das BKartA, dass Facebook seine marktbeherrschende Stellung missbrauche, wenn Nutzer-Daten von verschiedenen Webseiten oder Diensten automatisch erfasst, verknüpft und verarbeitet werden, ohne vorher die freiwillige Einwilligung der Nutzer einzuholen. Insofern wurde es Facebook vom BKartA untersagt, Nutzerdaten aus verschiedenen Quellen zusammenzuführen. Das OLG Düsseldorf ordnete im Wege des einstweiligen Rechtsschutzes (OLG Düsseldorf 26.8.2019, WuW 2019, 519 – Facebook I) die aufschiebende Wirkung der Beschwerde von Facebook gegen den Beschluss an. Begründet wurde die Entscheidung unter anderem damit, dass das BKartA einen Verstoß gegen § 19 GWB und jedenfalls den erforderlichen Kausalzusammenhang zwischen missbräuchlichem Verhalten und Marktmacht nicht ausreichend dargelegt hatte. Die Prüfung sei – anders als vom BKartA vorgenommen – nicht am Maßstab der Bestimmungen des Datenschutzes, sondern an den Grundsätzen des Kartellrechts auszurichten. In dem Beschluss des OLG Düsseldorf sind viele Fragen unbeantwortet geblieben. Auf die Rechtsbeschwerde des BKartA hob der Bundesgerichtshof (BGH) mit Beschl. v. 23. Juni 2020 (NZKart 2020, 473) den Beschluss des OLG Düsseldorf auf. Die Verfügung des BKartA ist hierdurch vollziehbar geworden und muss von Facebook (jedenfalls bis zur Entscheidung in der Hauptsache und innerhalb gewisser Fristen) befolgt werden. Der BGH bejahte im Ergebnis die Ausnutzung einer marktbeherrschenden Stellung und damit einen Verstoß gegen § 19 GWB. Die marktbeherrschende Stellung von Facebook stützte er auf eine Gesamtbetrachtung verschiedener Aspekte: Die hohe Anzahl der täglich aktiven Nutzer von über 90 %; keine nennenswerte parallele Nutzung anderer Dienste („*Multi Homing*"); hohe Wechselhürden; direkte und indirekte Netzwerk-Effekte; kein erheblicher Substitutionswettbewerb mit Diensten wie YouTube oder Twitter. Den Missbrauch der beherrschenden Stellung sah der BGH insbesondere darin, dass Facebook seinen Nutzern bestimmte Services – basierend auf der Datenverarbeitung – aufdrängte, indem sie nur die Wahl hatten, die Nutzungsbedingungen zu akzeptieren oder das soziale Netzwerk nicht nutzen zu können. In Bezug auf den Kausalzusammenhang zwischen Marktbeherrschung und

Missbrauch legte der BGH weniger strenge Maßstäbe an, als das OLG und kam deshalb zu dem Ergebnis, dass die Voraussetzungen erfüllt sind. An dieser Stelle hat der Gesetzgeber im Rahmen der 10. GWB-Novelle reagiert und den § 19 Abs. 1 GWB geändert. Dadurch wurde klargestellt, dass ein kausaler Zusammenhang zwischen Marktbeherrschung und dem Ergebnis des wettbewerbsschädlichen Verhaltens ausreicht (sog. Ergebniskausalität). Nicht erforderlich ist der noch vom OLG Düsseldorf geforderte, strengere Zusammenhang zwischen Marktbeherrschung und missbilligtem Verhalten (sog. Verhaltenskausalität). Abschließend wies der BGH noch darauf hin, dass auch das Grundrecht der Nutzer auf informationelle Selbstbestimmung in einer Interessenabwägung berücksichtigt werden müsse. Zudem könnten auch die Bestimmungen der Datenschutzgrundverordnung (DSGVO) das Vorgehen von Facebook nicht rechtfertigten. Das OLG Düsseldorf hat das Hauptsacheverfahren mittlerweile ausgesetzt, um dem EuGH Fragen zur Vorabentscheidung vorzulegen (vgl. Art. 267 AEUV). Dabei geht es maßgeblich um den Zusammenhang der missbräuchlichen Ausnutzung einer marktbeherrschenden Stellung und einem etwaigen Verstoß gegen die DSGVO (OLG Düsseldorf, Beschl. v. 14.3. 2021 – Kart 2/19 (V)).

Für die Einzelmarktbeherrschung enthält § 18 Abs. 4 zudem die Vermutung, dass diese vorliegt, soweit das Unternehmen einen Marktanteil über 40 % auf dem betreffenden Markt hat.

Gemeinsame Marktbeherrschung liegt nach § 18 Abs. 5 GWB vor, soweit zwischen den betreffenden Unternehmen für eine bestimmte Art von Waren oder gewerblichen Leistungen ein wesentlicher Wettbewerb nicht besteht und sie in ihrer Gesamtheit die Voraussetzungen für die Einzelmarktbeherrschung in § 18 Abs. 1 GWB erfüllen. § 18 Abs. 6 GWB enthält die Marktbeherrschungsvermutungen für die Oligopolmarktbeherrschung. Hiernach gilt eine Gesamtheit von Unternehmen als marktbeherrschend, wenn sie aus drei oder weniger Unternehmen besteht, die zusammen einen Marktanteil von 50 % erreichen oder aus fünf oder weniger Unternehmen besteht, die zusammen einen Marktanteil von zwei Dritteln erreichen.

Die Einzelmarktbeherrschung und die gemeinsame Marktbeherrschung stehen in einem Alternativverhältnis zueinander.

1.5 Verbotenes Verhalten marktbeherrschender Unternehmen

Der Missbrauch einer marktbeherrschenden Stellung ist Regelungsgegenstand von § 19 Abs. 1 GWB. § 19 Abs. 2 GWB enthält Beispielstatbestände: Den Behinderungsmissbrauch (§ 19 Abs. 2 Nr. 1 erster Fall GWB), die Diskriminierung (§ 19 Abs. 2 Nr. 1 zweiter Fall GWB) den Ausbeutungsmissbrauch (§ 19 Abs. 2 Nr. 2 GWB), den Strukturmissbrauch (§ 19 Abs. 2 Nr. 3 GWB), den Missbrauch durch Zugangsverweigerung **zu Daten, Netzen oder Einrichtungen** (§ 19 Abs. 2 Nr. 4 GWB) und den Missbrauch durch Veranlassung zur Gewährung von Vorteilen (§ 19 Abs. 2 Nr. 5 GWB).

§ 19 Abs. 2 Nr. 1 GWB setzt eine unbillige **Behinderung** oder eine sachlich nicht gerechtfertigte **unterschiedliche Behandlung (Diskriminierung)** voraus. Der Behinderungstatbestand erfasst in erster Linie Beeinträchtigungen der Mitbewerber; der Tatbestand der unterschiedlichen Behandlung erfasst mehr die Auswirkungen auf den vor- und nachgelagerten Wirtschaftsstufen des marktmächtigen Unternehmens. Beide Tatbestände überschneiden sich allerdings vielfach: Die Diskriminierung eines Abnehmers durch Liefersperre lässt sich auch als unmittelbare Behinderung verstehen. Nach ständiger Rechtsprechung kommt es dafür entscheidend auf eine **Abwägung der Interessen** der Beteiligten unter Berücksichtigung der auf die Freiheit des Wettbewerbs gerichteten Zielsetzung des Gesetzes an (vgl. etwa BGH 23.2.1988, WuW/E BGH 2479 (2482) – Reparaturbetrieb; weitere Nachweise bei Langen/Bunte/*Schulz* § 20 Rn. 130 ff.).

Die Nr. 4 wurde im Zuge der 10. GWB-Novelle neu gefasst und betrifft nun den Fall, dass sich ein marktbeherrschendes Unternehmen weigert, ein anderes Unternehmen mit Waren/gewerblichen Leistungen zu beliefern bzw. ihm Zugang zu Daten, Netzen oder Infrastruktureinrichtungen zu gewähren, obwohl die Belieferung bzw. die Gewährung des Zugangs objektiv notwendig ist, um auf einem **vor- oder nachgelagerten Markt** tätig zu sein. Zuvor war die Regelung insbesondere bei einer missbräuchlichen Zugangsverweigerung zu physischer Infrastruktur relevant. Die ursprünglichen Anwendungsgebiete **Telekommunikation**, Betrieb von **Energieversorgungsnetzen** und **Schienenverkehr** sind mittlerweile allerdings überwiegend **spezialgesetzlich** geregelt (vgl. §§ 16 ff. Telekommunikationsgesetz, §§ 20 ff. Energiewirtschaftsgesetz, §§ 18 ff. Eisenbahnregulierungsgesetz). Die Neufassung ist eine Reaktion des Gesetzgebers auf europäische Rechtsentwicklungen. Die Änderung dient der Klarstellung, dass auch eine Verweigerung des Zugangs zu Plattformen, Schnittstellen oder wettbewerbsrelevanten Daten missbräuchlich sein kann (vgl. BT-Drs. 19/23493, 72). Allerdings liegt kein missbräuchliches Verhalten vor, wenn die Verweigerung sachlich gerechtfertigt ist. Darüber hinaus hat das Unternehmen für die Belieferung oder den Zugang ein angemessenes Entgelt zu entrichten.

Nr. 5 soll besondere Fälle des **Nachfragemissbrauchs** erfassen. Nach §§ 19 Abs. 1 iVm 19 Abs. 2 Nr. 5 GWB dürfen marktmächtige Unternehmen ihre Markstellung nicht dazu auffordern, ohne sachlich gerechtfertigten Grund **Vorzugsbedingungen** zu veranlassen, **die andere Nachfrager nicht erhalten.** Ausweislich der Gesetzesbegründung soll bereits eine nicht sachlich gerechtfertigte Aufforderung zur Vorteilsgefährdung einen Missbrauch der Marktmacht darstellen. Sachlich wirkt sich die Erzwingung von Vorzugsbedingungen vielfach als **Behinderung** schwächerer, mit dem Veranlasser konkurrierender Nachfrager aus. Die seit der 9. GWB-Novelle in § 19 Abs. 2 Nr. 5 Hs. 2 GWB aufgeführten Kriterien sollen als Orientierung für die Prüfung einer sachlichen Rechtfertigung dienen und dadurch zu mehr Rechtssicherheit führen.

1.6 Missbräuchliches Verhalten von Unternehmen mit überragender marktübergreifender Bedeutung für den Wettbewerb

Die wohl bedeutendste Änderung des GWB durch die letzte Novelle erfolgte mit der Einführung des § 19a GWB. Diese Regelung ermöglicht dem BKartA **ein frühzeitiges Eingreifen** bei Wettbewerbsgefährdungen durch Unternehmen mit überragender marktübergreifender Bedeutung für den Wettbewerb. Der Gesetzgeber verspricht sich dadurch insbesondere den Wettbewerbsprozesses auf noch nicht beherrschten (Digital-)Märkten besser schützen zu können. Gerade auf dynamischen oder neu entstehenden Märkten sei sicherzustellen, dass Unternehmen mit leistungswettbewerblichen Mitteln um Marktanteile und Kunden konkurrieren können und Machstellungen bestreitbar bleiben. Die allgemeine Missbrauchskontrolle der §§ 19, 20 GWB ist nach Ansicht des Gesetzgebers dafür kein ausreichend effektives Mittel (vgl. BT-Drs. 19/23493, 73 f.) Unabhängig davon sind diese Vorschriften parallel zu einem Eingreifen des BKartA nach § 19a GWB anwendbar (vgl. § 19a Abs. 3 GWB).

Zunächst hat das BKartA **durch Verfügung festzustellen**, dass dem Unternehmen eine **überragende marktübergreifende Bedeutung für den Wettbewerb** zukommt. In Betracht kommen nach § 19a Abs. 1 S. 1 GWB jedoch nur Unternehmen, die in erheblichem Umfang auf Märkten im Sinne des § 18 Abs. 3a GWB – also auf mehrseitigen Märkten – tätig sind. In § 19a Abs. 1 S. 2 GWB werden eine Reihe von Kriterien aufgezählt, die das BKartA bei der Feststellung der überragenden marktübergreifenden Bedeutung insbesondere zu berücksichtigen hat (zB die marktbeherrschende Stellung des Unternehmens auf einem oder mehreren Märkten, seine Finanzkraft/seinen Zugang zu sonstigen Ressourcen oder seinen Zugang zu wettbewerbsrelevanten Daten). Ausweislich der Gesetzesbegründung betrifft die neue Vorschrift bewusst nur einen eng begrenzten Adressatenkreis – die großen Digitalkonzerne. Die Verfügung des BKartA zur Feststellung der überragenden marktübergreifenden Bedeutung für den Wettbewerb ist auf fünf Jahre zu begrenzen.

Hat das BKartA eine solche Feststellung getroffen, kann es dem Unternehmen die in § 19a Abs. 2 S 1 Nr. 1 bis 7 GWB aufgeführten **Verhaltensweisen (vorbeugend) untersagen.** Davon umfasst sind beispielsweise die Selbstbevorzugung von konzerneigenen Diensten oder die Behinderung des Markzutritts von Dritten durch das Vorenthalten bestimmter Daten. Die entsprechende Verfügung kann zusammen mit der Feststellung nach § 19a Abs. 1 GWB in einem Rechtsakt ergehen. Eine Verhaltensweise kann jedoch nicht untersagt werden, soweit diese sachlich gerechtfertigt ist. Die **Darlegungs- und Beweislast** für eine sachliche Rechtfertigung trägt das Unternehmen (vgl. § 19a Abs. 2 S. 2 ff. GWB).

Das betroffene Unternehmen kann sowohl gegen die Feststellung der überragenden marktübergreifenden Bedeutung, als auch gegen die Untersagung einer Verhaltensweise Beschwerde nach § 73 Abs. 1 S. 1 GWB einlegen. Zuständig für eine Beschwerde gegen Verfügungen nach § 19a GWB ist der BGH (§ 73 Abs. 5 Nr. 1 GWB). Dasselbe gilt für einstweilige Maßnahmen (§ 32a GWB) oder Verpflichtungszusagen (§ 32b GWB), soweit diese auf Sachverhalte im Sinne des § 19a GWB angewendet werden (§ 73 Abs. 5 Nr. 2 GWB). Begründet wird diese **Verkürzung des Rechtswegs** mit der Beschleunigung des Verfahrens, um eine effektive Missbrauchsaufsicht zu gewährleisten.

1.7 Verbotenes Verhalten von Unternehmen mit relativer oder überlegener Marktmacht

Seit der 8. GWB-Novelle enthält § 20 GWB die Verbote für Unternehmen mit relativer oder überlegener Marktmacht. Mit der 10. GWB-Novelle wurden einige nicht unerhebliche Änderungen an dieser Vorschrift vorgenommen: Der Schutzbereich der Norm ist nicht mehr auf kleine und mittlere Unternehmen beschränkt, sodass die relative Marktmacht eines Unternehmens auch gegenüber großen Unternehmen bestehen kann. Zudem adressiert die Regelung mittlerweile ausdrücklich Intermediäre und enthält einen Datenzugangsanspruch. Ebenfalls neu aufgenommen wurde ein Eingriffstatbestand, der das sog. *Tipping* von mehrseitigen Märkten betrifft.

Relativ marktstarke Unternehmen iSd § 20 GWB sind solche, von denen andere Unternehmen als Anbieter oder Nachfrager einer bestimmten Ware oder gewerblichen Leistung in der Weise abhängig sind, dass ausreichende und zumutbare Möglichkeiten, auf dritte Unternehmen auszuweichen, nicht bestehen und ein deutliches Ungleichgewicht zur Gegenmacht der anderen Unternehmen besteht. Das neu eingeführte **Erfordernis eines deutlichen Marktungleichgewichts** soll verhindern, dass die Regelung des § 20 Abs. 1 GWB auf Verträge zwischen gleichrangigen Partnern anwendbar ist. Damit besteht auch bei einer wechselseitigen Abhängigkeit keine relative Marktmacht eines Unternehmens, solange ein Vertragspartner nicht **deutlich** weniger abhängig ist. Bei dieser Änderung handelt es sich um eine Überführung der Rechtsprechung des BGH in eine gesetzliche Regelung (vgl. BGH 23.1.2018, NZKart 2018, 136 (138) – Hochzeitsrabatte I). Darüber hinaus erstreckt sich die Norm mittlerweile auch auf **Intermediäre**, soweit andere Unternehmen mit Blick auf den Zugang zu Absatz- oder Beschaffungsmärkten von diesen Intermediären abhängig sind, weil letztere den Zugang kontrollieren. Die bisher von der Rechtsprechung entwickelten Fallgruppen zur Bestimmung der Abhängigkeit werden nicht berührt (BT-Drs. 19/23493, 79). Unterschieden wird insbesondere die sortimentsbedingte und die unternehmensbedingte Abhängigkeit.

a) Eine **sortimentsbedingte Abhängigkeit** liegt vor, wenn der Wiederverkäufer auf dem relevanten Markt das Warenangebot eines bestimmten Lieferanten in seinem Sortiment führen muss, um auf diesem Markt als Anbieter wettbewerbsfähig zu sein. Praktisch geht es dabei vor allem um die Abhängigkeit eines Handelsunternehmens von der Belieferung durch Hersteller bekannter Marken. Dabei unterscheidet man Spitzenstellungs- und Spitzengruppenabhängigkeit.

Eine sog. **Spitzenstellungsabhängigkeit** liegt vor, wenn eine Marke auf dem Markt eine derartige Spitzenstellung einnimmt, dass zur Erhaltung der Wettbewerbsfähigkeit des Händlers gerade diese Marke im Sortiment enthalten sein muss, wobei die Möglichkeit eines anderweitigen Bezuges zu konkurrierenden Bedingungen nicht in Betracht kommen darf. Eine solche Spitzenstellung kann sich ergeben aus

- einem hohen Marktanteil der Ware des Lieferanten,
- dem Preis,
- der Qualität der Waren,
- Werbung des Lieferanten,
- der Bekanntheit der Ware,
- dem Markenbewusstsein der Verbraucher,
- dem Anteil der vergleichbaren Händler, die die betreffende Marke im Sortiment führen (Distributionsgrad).

Spitzengruppenabhängigkeit liegt vor, wenn der Händler zwar nicht eine bestimmte Marke, aber jedenfalls aus einer Spitzengruppe von Marken einige von ihnen führen muss, um die zur Wettbewerbsfähigkeit erforderliche Sortimentsbreite zu besitzen.

b) Eine **unternehmensbedingte Abhängigkeit** besteht aufgrund spezieller und individueller Lieferbeziehungen. Die Abhängigkeit ergibt sich daraus, dass sich ein Abnehmer oder Lieferant hinsichtlich seines Bezuges bzw. Absatzes auf einen Vertragspartner festgelegt hat. Der Hauptanwendungsbereich besteht in der langfristig vereinbarten Ausrichtung des Geschäftsbetriebes und seiner äußeren Aufmachung auf ein bestimmtes anderes Unternehmen, die so stark ist, dass ein Ausweichen auf andere Unternehmen nur unter **Inkaufnahme gewichtiger Wettbewerbsnachteile** möglich wäre (für Kfz-Vertragshändler: BGH 23.2.1988, WuW/E BGH 2491 (2493) – Opel-Blitz; OLG Düsseldorf 15.11.1992 WuW/E OLG 5105 (5111) – Garantierückabwicklung; Ausrichtung des Sortiments eines Handelsunternehmens auf eine bestimmte Einkaufsgemeinschaft: OLG Frankfurt a.M. 16.8.1990, WuW/E OLG 4688 (4689) – Neuform; Tankstellenpächter als Handelsvertreter einer Mineralölgesellschaft: BKartA Tätigkeitsbericht 1989/90, 58). Die unternehmensbedingte Abhängigkeit setzt allerdings kein durch Ausschließlichkeitsbindungen oder ähnliche Regelungen gekennzeichnetes Vertragsverhältnis voraus. Sie kann sich auch allein aus einer Bezugskonzentration ergeben.

c) Der neu eingeführte § 20 Abs. 1a GWB normiert im ersten Satz die Fallgruppe einer **datenbedingten Abhängigkeit**. Im Kern handelt es sich dabei um eine Fortentwicklung der Fallgruppe der unternehmensbedingten bzw. nachfragebedingten Abhängigkeit. Allerdings wollte der Gesetzgeber durch die Regelung klarstellen, dass es für eine datenbedingte Abhängigkeit keiner faktischen oder sogar vertraglichen Beziehung zwischen Normadressaten und Normbegünstigten bedarf (BT-Drs. 19/23493, 80). Im Falle einer solchen datenbedingten Abhängigkeit kann die **Verweigerung des Zugangs** eine **unbillige Behinderung** im Sinne des § 19 Abs. 2 Nr. 1 GWB darstellen. Der Gesetzgeber weitet diesen **Datenzugangsanspruch** sogar auf Konstellationen aus, in denen ein Geschäftsverkehr über die relevanten Daten noch gar nicht eröffnet ist.

d) § 20 Abs. 2 GWB erklärt das in § 19 Abs. 2 Nr. 5 GWB enthaltene Verbot des Veranlassens zu Vorzugsbedingungen auch auf marktstarke Unternehmen für anwendbar. Auch marktstarke Unternehmen definieren sich über die Abhängigkeit der Unternehmen der Marktgegenseite. Jedoch gibt es hier keine Beschränkung auf kleine oder mittlere Unternehmen wie in § 20 Abs. 1 GWB.

e) § 20 Abs. 3 GWB spricht ein besonderes Behinderungsverbot für Unternehmen mit **überlegener Marktmacht** aus. Danach dürfen Unternehmen, die gegenüber kleinen und mittleren Unternehmen eine überlegene Marktmacht haben, ihre Marktstellung nicht dazu ausnutzen, solche unterlegenen Wettbewerber unbillig zu behindern. Die überlegene Marktmacht kann im Wesentlichen anhand der Kriterien der §§ 18 Abs. 3, Abs. 3a und Abs. 3b GWB bestimmt werden. § 20 Abs. 3 S. 2 GWB enthält drei Beispielstatbestände für unbillige Behinderungen: Grundsätzlich sind **Verkäufe von Waren oder gewerblichen Leistungen unter Einstandspreis** (Definition nun in § 20 Abs. 3 S. 3 GWB) von Unternehmen mit gegenüber kleinen und mittleren Wettbewerbern überlegener Marktmacht als unbillige Behinderung anzusehen, wenn derartige Verkäufe ohne sachlich gerechtfertigten Grund und nicht nur gelegentlich erfolgen (vgl. auch BGH 12.11.2002, WuW/E DE-R 1042, – Walmart). Verkäufe von **Lebensmitteln** unter Einstandspreis – auch gelegentliche – sind unbillig, sofern diese nicht nur dazu dienen, den Verderb oder die drohende Unverkäuflichkeit durch rechtzeitigen Verkauf zu verhindern oder in vergleichbar schweren Fällen (ausgenommen ist die Abgabe an gemeinnützige Einrichtungen; § 20 Abs. 3 S. 2 Nr. 1 iVm S. 4 und 5 GWB). Schließlich ist die sog. **Preis-Kosten-Schere** als Regelbeispiel für Unbilligkeit aufgenommen worden, dh vorbehaltlich einer sachlichen Rechtfertigung gilt als unbillig, wenn ein marktmächtiges Unternehmen von auf einem nachgelagerten Markt mit ihm in Wettbewerb stehenden kleinen oder mittleren Unternehmen höhere Preise fordert als es von anderen Abnehmern verlangt (§ 20 Abs. 3 S. 2 Nr. 3 GWB). Die Beweislast für eine sachliche Rechtfertigung trägt das marktmächtige Unternehmen.

f) Der neue Eingriffstatbestands in § 20 Abs. 3a GWB betrifft das sog. ***Tipping* von mehrseitigen Märkten**. Dies bedeutet, dass ein durch starke positive Netzwerkeffekte geprägter Markt mit mehreren Anbietern zu einem monopolistischen bzw. hochkonzentrierten Markt kippt. Ein solcher Effekt kann grundsätzlich auch auf dem Erfolg von Unternehmen im Leistungswettbewerb beruhen. Die neue Vorschrift erfasst jedoch nur Konstellationen, in denen ein *Tipping* durch **gezielte Behinderungsstrategien** herbeigeführt wird. Der Gesetzgeber hat sich bewusst dazu entschieden, dass **Unternehmen mit überlegener Marktmacht** Normadressaten sind, damit ein Eingriff bereits möglich ist, bevor die Schwelle zur Marktbeherrschung überschritten wurde. Der Tatbestand hat zwei Voraussetzungen: Eine unbillige Behinderung der eigenständigen Erzielung von Netzwerkeffekten durch Wettbewerber und die dadurch bestehende ernstliche Gefahr, dass der Leistungswettbewerb in nicht unerheblichem Maße eingeschränkt wird.

1.8 Boykott, § 21 Abs. 1 GWB

§ 21 Abs. 1 GWB verbietet die Aufforderung zu Liefer- bzw. Bezugssperren durch Unternehmen in der Absicht, bestimmte Unternehmen unbillig zu beeinträchtigen. Der Boykott setzt drei Unternehmen voraus, nämlich den **„Verrufer“**, der einen anderen zur Sperre auffordert, den **„Adressaten“**, der die Sperre ausführt, und den **„Gesperrten“**, gegen den sich diese Maßnahme richtet. Die Aufforderung kann in jedweder Form, also auch im Zwiegespräch erfolgen. Sie muss sich an Unternehmen richten. Die Unbilligkeit der Aufforderung wird durch eine Interessenabwägung festgestellt.

1.9 Preismissbrauch durch Energieversorgungsunternehmen, § 29 GWB

Da sich auf den Strom- und Gasmärkten, die den Energienetzen vor- und nachgelagert sind, trotz der Liberalisierung noch kein funktionierender Wettbewerb entwickelt hat, wurde mit § 29 GWB eine spezielle, die §§ 19, 20 GWB ergänzende Missbrauchsvorschrift für **Energiepreise** eingeführt (Netznutzungsentgelte sind demgegenüber allein

Regelungsgegenstand des EnWG; vgl. § 111 Abs. 1 EnWG). Energieversorgungsunternehmen (EVU) dürfen ihre marktbeherrschende Stellung nicht missbräuchlich dazu ausnutzen, Entgelte oder sonstige Geschäftsbedingungen zu fordern, die ungünstiger sind als diejenigen anderer EVU oder Unternehmen auf vergleichbaren Märkten (§ 29 S. 1 Nr. 1 GWB), wobei die Beweislast für eine sachliche Rechtfertigung jedenfalls im Kartellverfahren beim EVU liegt. Außerdem dürfen EVU keine Entgelte fordern, die ihre Kosten in unangemessener Weise überschreiten (§ 29 S. 1 Nr. 2 GWB). Die Vorschrift soll zum Jahresende 2022 außer Kraft treten (§ 186 Abs. 1 GWB).

1.10 Sektorspezifische Ausnahme für Presseunternehmen, § 30 GWB

§ 30 GWB beinhaltet eine sektorspezifische Ausnahme zu § 1 GWB für Preisbindungen bei Zeitungen und Zeitschriften. Die zulässige Preisbindung unterliegt gemäß § 30 Abs. 3 GWB der Missbrauchsaufsicht des BKartA. Seit der 8. GWB-Novelle enthält § 30 Abs. 2a GWB zudem eine Ausnahme vom Kartellverbot für das deutsche Pressegrosso. Im Zuge der 9. GWB-Novelle wurde zusätzlich eine weitere Ausnahme eingeführt (vgl. § 30 Abs. 2b GWB). Dadurch soll Presseunternehmen eine betriebswirtschaftliche Zusammenarbeit außerhalb des redaktionellen Bereichs erleichtert werden. Allerdings fehlt es bereits an einer näheren gesetzlichen Konkretisierung, welche Zusammenarbeit nun „verlagswirtschaftlich“ ist und wo die Grenze zwischen zulässigen Vereinbarungen „zur Stärkung der wirtschaftlichen Basis für den intermedialen Wettbewerb“ und unzulässigen Vereinbarungen verläuft. Das BKartA äußerte sich in einer Entscheidung (BKartA Fallbericht v. 20.9.2018 – B7-185/17 – DuMont) dahingehend, dass auch nach Einführung der neuen Ausnahmevorschrift, reine Preis-, Gebiets- und Kundenabsprachen nach wie vor unter das Kartellverbot fallen würden.

Zu beachten ist weiterhin, dass es sich bei § 30 Abs. 2b GWB um eine deutsche Ausnahmevorschrift handelt. Eine entsprechende Vorschrift existiert im Unionsrecht nicht. Damit könnten Kooperationen, die den Anwendungsbereich des Unionsrechts berühren, trotz nationaler Privilegierung einen Verstoß gegen Art 101 Abs. 1 AEUV darstellen.

Neu ist auch der Anspruch der Presseunternehmen gegen die Kartellbehörde auf eine Entscheidung nach § 32c GWB, sofern die in § 30 Abs. 2b S. 3 GWB genannten Voraussetzungen vorliegen. Gemäß § 30 Abs. 4 GWB soll das Bundesministerium für Wirtschaft und Energie die neu eingeführten Regelungen mit Ablauf von fünf Jahren nach deren Inkrafttreten evaluieren.

1.11 Weitere Sonderregeln für bestimmte Wirtschaftsbereiche

Es besteht eine Bereichsausnahme für die Landwirtschaft einschließlich der Fischerei (§ 28 GWB). Die §§ 31–31b GWB enthalten zudem Freistellungen für Verträge der Wasserwirtschaft.

1.12 Befugnisse der Kartellbehörden

Die §§ 32 ff. GWB enthalten die Befugnisse der Kartellbehörden. In Anlehnung an das europäische Recht enthält § 32 GWB die Befugnis der Kartellbehörde, den betroffenen Unternehmen **alle geeigneten Maßnahmen zur Abstellung eines verbotenen Verhaltens** aufzugeben (positive Tenorierung). Seit der 8. GWB-Novelle ist in § 32 GWB klargestellt, dass den Unternehmen auch strukturelle Maßnahmen aufgegeben werden können, also insbesondere die Entflechtung. Zudem kann nunmehr auch die Rückerstattung der aus dem kartellrechtswidrigen Verhalten erwirtschafteten Vorteile angeordnet werden (§ 32

Abs. 2a GWB). Nach § 32 Abs. 3 GWB kann bei berechtigtem Interesse eine bereits beendete Zuwiderhandlung kartellbehördlich festgestellt werden. Die Kartellbehörde kann ferner einstweilige Maßnahmen zur Durchsetzung des Kartell- und Missbrauchverbotes treffen (§ 32a GWB). Außerhalb des Anwendungsbereiches des § 32a GWB können einstweilige Anordnungen nach § 60 GWB getroffen werden. Zur Abwendung einer Untersagung kann die Kartellbehörde **Verpflichtungszusagen** von Unternehmen für verbindlich erklären, um kartellrechtliche Bedenken auszuräumen, § 32b GWB (vgl. Art. 9 VO 1/2003). Nach § 32c GWB (vgl. Art. 5 S. 3 VO 1/2003) kann die Kartellbehörde entscheiden, dass **kein Anlass zum Tätigwerden** besteht. § 32d GWB ermächtigt die Kartellbehörde zum Entzug einer Gruppenfreistellung (vgl. Art. 29 Abs. 2 VO 1/2003).

§ 32e GWB eröffnet der Kartellbehörde die Möglichkeit, **Enquête-Untersuchungen** – also Untersuchungen einzelner Wirtschaftszweige und einzelner Arten von Vereinbarungen sowie bestimmter Verhaltensweisen – durchzuführen. Seit der 9. GWB-Novelle kann die Kartellbehörde bei einem begründeten Verdacht auf erhebliche, dauerhafte oder wiederholte Verstöße gegen verbraucherrechtliche Vorschriften Sektoruntersuchungen einleiten, wenn nicht die Durchsetzung der entsprechenden Vorschriften in den Zuständigkeitsbereich einer anderen Bundesbehörde fällt (§ 32e Abs. 5 GWB). So hat das BKartA bereits eine Sektoruntersuchung im Bereich der Vergleichsportale durchgeführt. Bei derartigen Untersuchungen stehen dem BKartA jedoch einige besondere Ermittlungsmaßnahmen, wie beispielsweise Durchsuchungen, nicht zur Verfügung (§ 32e Abs. 5 S. 3 GWB) und der Aufwendungsersatz für Abmahnungen wird eingeschränkt (§ 32e Abs. 6 GWB). Im Zuge der 10. GWB-Novelle hat der Gesetzgeber den Anwendungsbereich von sektorübergreifenden Untersuchungen auf bestimmte Verhaltensweisen ausgeweitet. Dadurch können möglicherweise missbräuchliche Verhaltensweisen oder mögliche Verstöße gegen verbraucherrechtliche Vorschriften zum Verfahrensgegenstand gemacht werden.

In einer Schriftenreihe mit dem Thema „Wettbewerb und Verbraucherschutz in der digitalen Wirtschaft" setzt sich das BKartA nunmehr mit aktuellen Fragen der Wettbewerbspolitik in der digitalen Welt auseinander. Dabei geht es ua um die Besonderheiten und Wettbewerbsbeschränkungen auf digitalen Märkten, deren Auswirkungen auf Kartellverfahren sowie den Verbraucherschutz in Zusammenhang mit der Digitalisierung (näher dazu *www.bundeskartellamt.de*).

1.13 Sanktionen

In den §§ 33 ff. GWB sind insbesondere der Beseitigungs- und Unterlassungsanspruch, der Schadensersatzanspruch sowie die Vorteilsabschöpfung geregelt. Zur Umsetzung der sog. Kartellschadensersatzrichtlinie wurden im Rahmen der 9. GWB-Novelle in diesem Bereich umfassende Änderungen vorgenommen. So sind die §§ 33a–33h GWB neu eingeführt worden, wobei einzelne Vorschriften einigen Absätzen des § 33 GWB aF entsprechen. Teilweise gehen die neuen Regelungen sogar über die Vorgaben der EU-Richtlinie hinaus. Ziel war es insbesondere die Durchsetzung des Kartellrechts mit Mitteln des Privatrechts effektiver zu gestalten.

a) § 33 Abs. 1 GWB enthält den zivilrechtlichen Beseitigungs- und Unterlassungsanspruch. Neben dem individuell Betroffenen können auch Verbände von Wettbewerbern und von Unternehmen der vor- oder nachgelagerten Stufe Unterlassungs- und Beseitigungsansprüche geltend machen (§ 33 Abs. 4 Nr. 1 GWB). Ebenso sind Verbraucherverbände gemäß § 33 Abs. 4 Nr. 2 GWB aktivlegitimiert.

b) Gem. § 33a Abs. 1GWB kommt bei schuldhaften Kartellrechtsverstößen zudem ein **Schadensersatzanspruch** in Betracht. Gem. § 33a Abs. 2 S. 1 GWB wird mittlerweile kraft Gesetzes widerleglich vermutet, dass ein Kartell einen Schaden verursacht. Zudem besteht seit der 10. GWB-Novelle gem. § 33a Abs. 2 S. 4 GWB eine Vermutung der Kartellbetroffenheit, wenn Rechtsgeschäfte über Waren oder Dienstleistungen mit kartellbeteiligten Unternehmen sachlich, zeitlich und räumlich in den Bereich eines Kartells fallen. Die Vermutungen beziehen sich jedoch nicht auf die Höhe des Schadens. Die Berechnung erfolgt nach den allgemeinen Grundsätzen der §§ 249 ff. BGB. Bei einer Schätzung des Schadens durch das Gericht nach § 287 ZPO kann insbesondere der anteilige Gewinn aus dem Kartellrechtsverstoß berücksichtigt werden (vgl. § 33a Abs. 3 GWB). Die Verzinsung des Schadensersatzanspruchs wird – anders als im allgemeinen Zivilrecht üblich – bereits ab dem Zeitpunkt des Schadenseintritts vorgeschrieben (§ 33a Abs. 4 S. 1 GWB). Seit der letzten Novelle sind die Grundzüge der Schadensabwälzung und der sog. *passing-on-defense* in § 33c GWB gesetzlich normiert. Die sog. *passing-on-defense* kann der Anbieter seinem Abnehmer als Verteidigungsmittel entgegenhalten, denn nach § 33c Abs. 1 S. 2 GWB gilt der Schaden des Abnehmers als ausgeglichen, soweit dieser den Preisaufschlag wiederum an seine Abnehmer (mittelbare Abnehmer) abwälzen konnte. § 33c Abs. 2 GWB stärkt die Rechte der mittelbaren Abnehmer: Liegen die Voraussetzungen vor, wird vermutet, dass eine Abwälzung stattgefunden hat. Die Vermutung gilt jedoch nicht, wenn glaubhaft gemacht wird, dass der Preisaufschlag nicht oder nicht vollständig an den mittelbaren Abnehmer weitergegeben wurde (vgl.§ 33c Abs. 3 S. 1 GWB). Der neue § 33c Abs. 3 S. 2 GWB erklärt die Vermutung der Kartellbetroffenheit auch zugunsten mittelbarer Abnehmer für entsprechend anwendbar.

c) § 33b GWB entspricht § 33 Abs. 4 GWB aF und legt fest, dass Entscheidungen der Wettbewerbsbehörden tatbestandliche Wirkung haben. Dies soll die Möglichkeiten einer effizienten Geltendmachung von Schadensersatzansprüchen erhöhen. Mittlerweile stellt § 33d Abs. 1 GWB spezialgesetzlich klar, dass und wie die beteiligten Kartellteilnehmer als Gesamtschuldner haften. Im Innenverhältnis besteht eine Haftung der Kartellteilnehmer untereinander jedoch nur nach dem jeweiligen Maß der Schadensverursachung (§ 33d Abs. 2 GWB). § 33e GWB legt zusätzlich fest, dass Kronzeugen auch bei der Haftung für Schadensersatz privilegiert werden: Eine Ersatzpflicht besteht demnach nur ihren unmittelbaren und mittelbaren Abnehmern sowie Lieferanten gegenüber. Darüber hinaus haftet der Kronzeuge gegenüber den sonstigen Geschädigten für Schäden nur, wenn diese von den übrigen Kartellteilnehmern keinen vollständigen Ersatz erlangen konnten. § 33f GWB trifft Regelungen, die einen Vergleich zwischen Kartellteilnehmern und Geschädigten attraktiver machen sollen: So befreit ein Vergleich den sich vergleichenden Kartellteilnehmer von Regressansprüchen der übrigen Kartellteilnehmer sowie von Schadensersatzforderungen seines Vergleichspartners in Höhe seines Anteils am Schaden des sich vergleichenden Geschädigten. Gem. § 186 Abs. 3 S. 1 GWB sind die §§ 33a bis 33f GWB (mit Ausnahme des § 33c Abs. 5 GWB) nur auf solche Schadensersatzansprüche anwendbar, die nach dem 26.12.2016 entstanden sind. Für die vorher entstandenen Ansprüche gilt daher noch § 33 GWB aF.

Um die Möglichkeiten der Durchsetzung von Schadensersatzansprüchen durch den Ausgleich vorhandener Informationsasymmetrien effektiver zu gestalten, sieht die Kartellschadensersatzrichtlinie zudem vor, die Auskunfts- und Offenlegungspflichten von Besitzern von Beweismitteln sowie Behörden weitreichender zu gestalten. Der deutsche Gesetzgeber hat die Vorgaben der Richtlinie teilweise sogar überschießend in den § 33g, 89b und 89c GWB umgesetzt. § 33g GWB gewährt Kartellgeschädigten sowie Kartellteilnehmern einen Anspruch auf Herausgabe von Beweismitteln und Auskunftserteilung gegen diejenigen, die im Besitz von Beweismitteln sind. Anspruchsgegner können insofern nicht nur vermeintliche Kartellteilnehmer und Schädiger, sondern auch Dritte sein. Grundvoraussetzung ist, dass der Anspruchsteller glaubhaft darlegt, dass ihm ein Schadensersatzanspruch zusteht und die verlangten Beweismittel genau bezeichnet. Der Anspruch aus § 33g Abs. 1 GWB kann entweder selbst Gegenstand einer Klage sein oder im Zuge einer Klage auf Schadensersatz geltend gemacht werden. Sofern zunächst eine Klage auf

Offenlegung erhoben wird, besteht keine Gefahr der Verjährung eines etwaigen Schadensersatzanspruches, da diese nach § 33h Abs. 6 Nr. 3 GWB gehemmt wird. Begrenzt wird der Anspruch durch den Grundsatz der Verhältnismäßigkeit. Für die dabei erforderliche Abwägung stellt § 33g Abs. 3 GWB nicht abschließende Kriterien auf. § 33g Abs. 7 GWB normiert zudem einen Aufwendungsersatzanspruch des zur Offenlegung Verpflichteten, sofern er seinen Offenlegungspflichten nicht (rechtzeitig) nachkommt. Das Verfahren zur Geltendmachung eines Anspruchs nach § 33g GWB ist in § 89b GWB näher geregelt. Der in § 89c GWB geregelte Anspruch auf Offenlegung aus der Behördenakte ist gegenüber § 33g GWB subsidiär. Geregelt sind die Möglichkeiten über das Gericht – im Rahmen einer anhängigen Klage auf Schadensersatz – die Offenlegung von Urkunden und Gegenständen aus den Akten der Wettbewerbsbehörde zu erreichen. Dabei sieht das Gesetz ein mehrstufiges Verfahren vor: Zunächst prüft das für den anhängigen Rechtsstreit zuständige Gericht auf Antrag, ob die Wettbewerbsbehörde zur Vorlage verpflichtet ist und fordert die Behörde sodann zur Vorlage auf (vgl. § 89c Abs. 1 GWB). Im Anschluss daran prüft das Gericht wiederum auf Antrag, ob und inwieweit die Seitens der Behörde vorgelegten Urkunden und Gegenstände dem Antragsteller offengelegt werden (vgl. § 89c Abs. 2 GWB). Zu beachten ist jedoch, dass die im Rahmen von § 89c GWB gewonnenen Erkenntnisse in dem Schadensersatzprozess nur nach den Regeln des § 89d GWB verwertet werden können. Besonders relevant ist die Regelung, dass Kronzeugenerklärungen und Vergleichsausführungen trotz einer (wenn auch höchst unwahrscheinlichen) Offenlegung im Wege des § 89c GWB nicht als Beweis verwertbar sind (vgl. § 89d Abs. 2 GWB). Die Offenlegungs- und Auskunftspflichten nach den §§ 33g und 89c GWB sind jedoch nur in Rechtstreitigkeiten anzuwenden, in denen nach dem 26. Dezember 2016 Klage erhoben wurde (vgl. § 186 Abs. 4 GWB).

d) Die Verjährungsfristen sind mittlerweile in § 33h GWB geregelt. Die kenntnisunabhängige Verjährung hat sich nicht geändert und beträgt nach wie vor zehn Jahre, während die kenntnisabhängige Verjährungsfrist für Beseitigungs- und Unterlassungsansprüche und Schadensersatzansprüche von drei auf fünf Jahre verlängert wurde. Die Hemmung der Verjährung ist in § 33h Abs. 6 GWB geregelt.

e) § 89a Abs. 3 GWB begrenzt das Kostenerstattungsrisiko des Klägers in Schadensersatzprozessen für den Fall, dass dem Beklagten Nebenintervenienten beitreten. Verkündet der Beklagte anderen Kartellbeteiligten den Streit, beispielsweise, um sich für seine Gesamtschuldnerausgleichsansprüche abzusichern und treten diese tatsächlich bei, so können sich für den Kläger erhebliche Kostenrisiken ergeben, sofern er (teilweise) unterliegt. Nach der neuen Regelung steht der Kläger im Ergebnis bzgl. des Kostenrisikos so, als gäbe es nur einen Nebenintervenienten (vgl. *Bechtold/Bosch* GWB 9. Aufl. 2018, § 89a Rn. 12)

f) Es besteht die Möglichkeit der **Vorteilsabschöpfung** für die Kartellbehörden (§ 34 GWB) oder, subsidiär, durch Verbände (§ 34a GWB). Letztere können den Schädiger allerdings nur auf Herausgabe des wirtschaftlichen Vorteils an den Bundeshaushalt in Anspruch nehmen, wobei ihnen ein Aufwendungsersatzanspruch gegen das BKartA zusteht, sofern sie vom Schuldner keinen Ausgleich erlangen können (§ 34a Abs. 4 GWB). Neben der Vorteilsabschöpfung drohen **straf- und verwaltungsrechtliche Sanktionen**. Soweit die Kartellbehörde den wirtschaftlichen Vorteil bereits im Rahmen eines Bußgeldes abgeschöpft hat (§ 81d Abs. 3 S. 1 GWB), kommt eine Vorteilsabschöpfung nach § 34 GWB nicht mehr in Betracht. Eine eigenständige Vorteilsabschöpfung scheidet auch dann aus, wenn der wirtschaftliche Vorteil bereits durch Schadensersatzleistungen oder die Anordnung der Einziehung von Taterträgen abgeschöpft worden ist (§ 34 Abs. 2 GWB).

g) Die **Bußgeldvorschriften** wurden im Zuge der 10. GWB-Novelle fast vollständig neu gefasst und neu strukturiert. Die Änderungen beruhen dabei insbesondere auf der Umsetzung der ECN+-Richtlinie (RL (EU) 2019/1). Darüber hinaus hat der Gesetzgeber die Bußgeldzumessungserwägungen konkretisiert. Der **Bußgeldrahmen** für Kartellverstöße beträgt für schwerwiegende Verstöße bis zu 1 Mio. EUR, bei Geldbußen gegen Unternehmen darüber hinaus bis zu 10 % des letztjährigen Gesamtumsatzes (Bußgeldobergrenze in § 81c Abs. 1 und 2 GWB). Neu ist in diesem Zusammenhang die Regelung in § 81c Abs. 4 GWB. Danach darf für die Bestimmung der Höhe eines Bußgeldes gegen Unternehmensvereinigungen künftig nur der Gesamtumsatz derjenigen Mitglieder herangezogen werden, die auf dem von dem Verstoß betroffenen Markt tätig waren. Unberücksichtigt bleiben muss zudem der Umsatz solcher Mitglieder, gegen die aufgrund der Kronzeugenregelung in der gleichen Sache kein Bußgeld verhängt wurde. Auch noch nicht rechtskräftige Bußgeldbescheide sind zu verzinsen (§ 81f GWB). Die Verjährung der Geldbuße ist nun in § 81g GWB geregelt. Nach den Bußgeldleitlinien (BKartA Leitlinien für die Bußgeldzumessung in Kartellordnungswidrigkeitenverfahren v. 25.6.2013) bestimmt das BKartA die konkrete Bußgeldhöhe in vier Schritten. Zunächst wird der gesetzliche Bußgeldrahmen bestimmt, anschließend wird der Bemessungsspielraum anhand des tatbezogenen Umsatzes und einem Multiplikationsfaktor, der an die jeweilige Unternehmensgröße angepasst ist, festgelegt. Sodann wird die Bußgeldobergrenze mit dem Bemessungsspielraum abgeglichen und als letztes das Bußgeld durch Bewertung tat- und täterbezogener Kriterien innerhalb des ggf. angepassten Bemessungsspielraums festgesetzt. Der im Rahmen der 10. GWB-Novelle neu eingeführte § 81d GWB schafft einen gesetzlichen **Rahmen zur Bußgeldzumessung.** Die dort aufgeführten Kriterien sind jedoch nicht abschließend. Als abzuwägende Umstände kommen insbesondere in Betracht: Die Art und das Ausmaß der Zuwiderhandlung; die Bedeutung der von der Zuwiderhandlung betroffenen Produkte und Dienstleistungen; die Art der Ausführungen der Zuwiderhandlungen; sowie vorherige Zuwiderhandlungen des Unternehmens. Darüber hinaus sollen künftig ausdrücklich Compliance-Maßnahmen bei der Bußgeldzumessung berücksichtigt werden, die zur Vermeidung oder Aufdeckung eines Kartellverstoßes beigetragen haben. Dasselbe gilt für Bemühungen des Unternehmens, den Kartellverstoß aufzudecken und den Schaden wiedergutzumachen sowie ausdrücklich für die Implementierung von Compliance-Maßnahmen zur Vermeidung künftiger Verstöße.

h) Die neuen Vorschriften §§ 81h bis 81n GWB sind eine **gesetzliche Verankerung des Kronzeugenprogramms.** Erweitert um einige Vorgaben aus der ECN+-Richtlinie (RL (EU) 2019/1) entsprechen die Regelungen inhaltlich im Wesentlichen den Grundsätzen der bisher maßgeblichen sog. Bonusregelungen des BKartA (vgl. Bekanntmachung Nr. 9/2006) und der Landeskartellbehörden. Diese stellten Kartellteilnehmern, die durch ihre Kooperation zur Aufdeckung eines Kartells beitragen, den Erlass und die Reduktion von Geldbußen in Aussicht. Die Bonusregelung des BKartA wurde mit Wirkung zum 19.1.2021 aufgehoben. Unabhängig von der nun erfolgten gesetzlichen Regelung sind jedoch auch künftig weitergehende Konkretisierungen des Kronzeugenprogramms durch allgemeine Verwaltungsgrundsätze möglich (§ 81h Abs. 3 GWB).

1.14 Konzern- und Nachfolgehaftung

Aufgrund der Umstrukturierung der Bußgeldvorschriften im Zuge der 10. GWB-Novelle sind die ursprünglich in den §§ 81 Abs. 3a bis 3e GWB aF enthaltenden Regelungen zur Konzern- und Nachfolgehaftung mittlerweile in § 81a GWB aufgeführt. Der Wortlaut hat sich nicht geändert.

Bei § 81a Abs. 1 GWB handelt es sich um eine nationale Regelung zur bußgeldrechtlichen Inanspruchnahme von anderen Unternehmen eines Konzerns, die unmittelbar oder mittelbar bestimmenden Einfluss auf das Unternehmen ausgeübt haben, welches die Kartellordnungswidrigkeit unmittelbar begangen hat. Die Regelung ist eine Implementierung ständiger EU-Rechtsprechung in das GWB, die über die Definition des Unternehmens als „wirtschaftliche Einheit“ bereits eine konzernweite Haftung kannte (zB EuGH 10.9.2009 – C-97/08 P – Akzo Nobel/Kommission; 14.7.1972 – C-48/69 – ICI/Kommission) und sich damit bewusst vom gesellschaftsrechtlichen Trennungsprinzip und den Besonderheiten nationaler Regelungen über die Verantwortlichkeit juristischer Personen loslöste (EuGH 8.5.2013 – C-508/11 P – Eni/Kommission). Da eine Inanspruchnahme von Muttergesellschaften mittlerweile auch nach nationalem Recht möglich ist, hängt die effektive Durchsetzung kartellordnungswidriger Ansprüche nicht mehr davon ab, ob das Bundeskartellamt oder die europäische Kommission zuständig ist.

Darüber hinaus traf der Gesetzgeber bereits im Rahmen der 9. GWB-Novelle weitere Regelungen, um zu verhindern, dass sich Unternehmen von der Bußgeldhaftung befreien können. Zum einen ermöglicht § 81a Abs. 2 GWB die Inanspruchnahme des Rechtsnachfolgers, um zu vermeiden, dass eine Bußgeldhaftung durch eine Umstrukturierung umgangen werden kann. Zum anderen besteht eine Haftung bei wirtschaftlicher Kontinuität (§ 81a Abs. 3 GWB). Dieser Begriff ist durch eine langjährige Praxis der Europäischen Kommission geprägt und durch die Rechtsprechung des EuGH bestätigt (EuGH 11.12.2007 – C-280/06 – ETI). Damit besteht eine Haftung des wirtschaftlichen Nachfolgers für Bußgelder beispielsweise auch nach konzernexternen Vermögensübertragungen in Form eines Asset-Deals.

Seit der 10. GWB-Novelle gibt es eine gesonderte Vorschrift zur Absicherung einer bußgeldrechtlichen Verantwortlichkeit von Unternehmensvereinigungen (§ 81b GWB). Ist die Unternehmensvereinigung, gegen die das Bußgeld verhängt wurde, selbst nicht zahlungsfähig und kommt ihrer Pflicht nicht nach, von seinen Mitgliedern Beiträge zur Zahlung der Geldbuße zu erheben, kann das BKartA die Zahlung der Geldbuße grundsätzlich direkt von den Mitgliedern der Unternehmensvereinigung verlangen, die auf dem von der Ordnungswidrigkeit betroffenen Markt tätig waren. Unter bestimmten Voraussetzungen müssen die Unternehmen diesem Verlangen jedoch nicht nachkommen (vgl. § 81b Abs. 2 bis 5 GWB). Unternehmen, gegen die im Zusammenhang mit der Ordnungswidrigkeit eine Geldbuße festgesetzt wurde oder denen nach § 81k GWB ein Geldbußenerlass gewährt wurde, kann das BKartA nicht in Anspruch nehmen (§ 81b Abs. 6 GWB).

In einer neueren Entscheidung machte der EuGH deutlich, dass die ursprünglich zum Bußgeldverfahren entwickelten Grundsätze des weiten Unternehmensbegriffs auch für das Kartellschadensersatzrecht gelten (EuGH 14.3.2019 – C-724/17 – Vantaan kaupunki/Skanska Industrial Solutions Oy ua). Anders könne nach Ansicht des EuGH eine effektive Verwirklichung des unionsrechtlichen Wettbewerbsrechts nicht gewährleistet werden. Damit besteht eine Rechtsnachfolgehaftung bei wirtschaftlicher Kontinuität auch für Kartellschadensersatzansprüche. Da der EuGH die zeitliche Reichweite der Entscheidung nicht begrenzt hat, ist davon auszugehen, dass sie auch für solche Fälle gelten soll, die bereits vor der Entscheidung liegen.

1.15 Fusionskontrolle, §§ 35 ff. GWB

Die Fusionskontrolle gliedert sich in einen formellen (vorherige Anmeldung mit nachfolgender Anzeigepflicht) und einen materiellen Teil (seit der 8. GWB-Novelle **„wesentliche Behinderung wirksamen Wettbewerbs“**). Beide setzen einen Zusammenschluss voraus. Die deutsche Fusionskontrolle ist nicht anwendbar, soweit die EU-Fusionskontrolle eingreift.

a) Als **Zusammenschlüsse** gelten folgende Unternehmensverbindungen (§ 37 Abs. 1 GWB):

- der Erwerb des Vermögens eines anderen Unternehmens ganz oder zu einem wesentlichen Teil (**Vermögenserwerb**) unabhängig davon, ob ein im Inland tätiges Unternehmen, dessen Vermögen erworben wird, bereits Umsatzerlöse erzielt hat (§ 37 Abs. 1 Nr. 1 GWB),

- der Erwerb der unmittelbaren oder mittelbaren Kontrolle durch ein oder mehrere Unternehmen über die Gesamtheit oder Teile eines oder mehrerer anderer Unternehmen. Die Kontrolle wird durch Rechte, Verträge oder andere Mittel begründet, die einzeln oder zusammen unter Berücksichtigung aller tatsächlichen und rechtlichen Umstände die Möglichkeit gewähren, einen bestimmenden Einfluss auf die Tätigkeit eines Unternehmens auszuüben, insbesondere durch a) Eigentums- und Nutzungsrechte an einer Gesamtheit oder an Teilen des Vermögens des Unternehmens, oder b) Rechte oder Verträge, die einen bestimmenden Einfluss auf die Zusammensetzung, die Beratungen oder Beschlüsse der Organe des Unternehmens gewähren (**Kontrollerwerb**) unabhängig davon, ob ein im Inland tätiges Unternehmen, dessen Vermögen erworben wird, bereits Umsatzerlöse erzielt hat (§ 37 Abs. 1 Nr. 2 GWB),
- der Erwerb von Anteilen an einem anderen Unternehmen, wenn diese Anteile allein oder zusammen mit sonstigen, dem Unternehmen bereits gehörenden Anteilen 50 von Hundert oder 25 von Hundert des Kapitals oder der Stimmrechte des anderen Unternehmens erreichen oder übersteigen (**Anteilserwerb**) (§ 37 Abs. 1 Nr. 3 GWB). Zu den Anteilen, die dem Unternehmen gehören, rechnen auch die Anteile, die einem anderen auf Rechnung dieses Unternehmens gehören und, wenn der Inhaber des Unternehmens ein Einzelkaufmann ist, auch die Anteile, die sonstiges Vermögen des Inhabers sind. Erwerben mehrere Unternehmen gleichzeitig oder nacheinander im vorbezeichneten Umfang Anteile an einem anderen Unternehmen, gilt dies hinsichtlich der Märkte, auf denen das andere Unternehmen tätig ist, auch als Zusammenschluss der sich beteiligenden Unternehmen untereinander (**Gemeinschaftsunternehmen**),
- Erwerb eines wettbewerblich erheblichen Einflusses (§ 37 Abs. 1 Nr. 4 GWB).

b) Ein **kontrollpflichtiger** Zusammenschluss liegt vor, wenn die beteiligten Unternehmen im letzten Geschäftsjahr vor dem Zusammenschluss insgesamt weltweit Umsatzerlöse von mehr als 500 Mio. EUR hatten, und mindestens ein beteiligtes Unternehmen im Inland Umsatzerlöse von mehr als 50 Mio. EUR und ein anderes beteiligtes Unternehmen Umsatzerlöse von mehr als 17,5 Mio. EUR erzielt hat. Die beiden Inlandumsatzschwellen wurden im Rahmen der 10. GWB-Novelle signifikant angehoben (zuvor: 25 Mio. EUR und 5 Mio. EUR). Der Gesetzgeber will dadurch die in den letzten Jahren stark gestiegene Anzahl von Anmeldungen beim BKartA reduzieren. In der Konsequenz bedurfte die zusätzliche Aufgreifschwelle in § 35 Abs. 1a GWB ebenfalls einer Anpassung. Diese sog. Transaktionsschwelle wurde bereits mit der 9. GWB-Novelle eingeführt, um die Fusionskontrolle an aktuelle Entwicklungen, insbesondere im digitalen Bereich, anzupassen. Demnach liegt ein kontrollpflichtiger Zusammenschluss auch dann vor, wenn folgende Voraussetzungen kumulativ erfüllt sind: Bezogen auf das letzte Geschäftsjahr vor dem Zusammenschluss überstieg der gemeinsame Umsatz der beteiligten Unternehmen weltweit 500 Mio. EUR, ein beteiligtes Unternehmen hat einen Umsatz von mehr als 50 Mio. EUR erzielt und weder das zu erwerbende noch ein anderes beteiligtes Unternehmen haben Umsatzerlöse von jeweils mehr als 17,5 Mio. EUR erzielt; zudem muss der Wert der Gegenleistung für den Zusammenschluss mehr als 400 Mio. EUR betragen haben und das zu erwerbende Unternehmen muss in erheblichem Umfang im Inland tätig gewesen sein. Mit der Einbeziehung der Gegenleistung knüpft der Gesetzgeber laut Gesetzesbegründung ausdrücklich an den in den Vereinigten Staaten von Amerika verwendeten sog. *size of transaction test* an. Nach § 38 Abs. 4a GWB umfasst die Gegenleistung den Kaufpreis und den Wert etwaiger vom Erwerber übernommener Verbindlichkeiten.

Aufgrund der Anhebung der Inlandumsatzschwellen entfällt die sog. Bagatellklausel des § 35 Abs. 2 S. 1 GWB aF. Nach dieser Vorschrift war nicht kontrollpflichtig, wenn sich ein Unternehmen mit einem anderen zusammenschließen wollte und eines der beiden weltweit weniger als 10 Mio. EUR Umsatz erzielte und nicht abhängig iSd § 36 Abs. 2 GWB war. Nach wie vor nicht von der Zusammenschlusskontrolle erfasst sind Zusammenschlüsse innerhalb einer kreditwirtschaftlichen Verbundgruppe, wenn die in § 35 Abs. 2 S. 2 GWB genannten Voraussetzungen vorliegen, es sei denn, es handelt sich um Zusammenschlüsse von Zentralbanken und Girozentralen im Sinne des § 21 Abs. 2 Nr. 2 KWG (§ 35 Abs. 2 S. 3 GWB).

Für die Ermittlung der Umsatzerlöse gilt § 277 Abs. 1 HGB (§ 38 Abs. 1 S. 1 GWB). Bei der Berechnung der Umsatzerlöse sind in- und ausländische Umsätze zu berücksichtigen. Die ausländischen Umsätze sind nach dem Jahresmittelkurs der Europäischen Zentralbank umzurechnen (*www.ecb.int*). Maßgeblich sind die Nettoumsätze, insbesondere ohne Umsatzsteuer, Verbrauchssteuern (Tabak-, Biersteuer) und Erlösschmälerungen (Preisnachlässe, zurückgewährte Entgelte). **Innenumsätze** zwischen verbundenen Unternehmen bleiben außer Betracht. **Handelsumsätze,** dh Umsätze von Unternehmen, deren Geschäftsbetrieb ganz oder teilweise im Vertrieb von Waren bestehen, sind nur zu ¾ anzusetzen. Abzuziehen sind **nichtbetriebstypische Nebenerlöse** (zB Einkünfte aus Vermietung und Verpachtung bei Herstellern) sowie **außerordentliche Erträge** (zB Erlöse aus Verkauf von Betriebsgrundstücken, Beteiligungen, Gesellschafterzuschüssen, Gläubigerverzichte). Seit der 8. GWB-Novelle schreibt § 38 Abs. 5 GWB zudem vor, dass mehrere Erwerbsvorgänge als ein einheitlicher Zusammenschluss zu werten sind, wenn diese zwischen denselben Personen oder Unternehmen getätigt werden und dadurch erstmals die Umsatzschwellen des § 35 Abs. 1 GWB erreicht oder die Voraussetzungen des § 35 Abs. 1a GWB erfüllt werden.

c) Nach § 185 Abs. 2 GWB sind die Vorschriften der deutschen (formellen und materiellen) Fusionskontrolle auch auf **Auslandszusammenschlüsse** anwendbar, wenn der Zusammenschluss Inlandsauswirkungen hat. Eine Inlandsauswirkung liegt bereits vor, wenn jedenfalls ein ausländisches Unternehmen vor dem Zusammenschluss bereits direkt oder indirekt (über Tochtergesellschaften, Niederlassungen oder Importeure) im Inland tätig war (vgl. BGH 29.5.1979, WuW/E BGH 1613 (1615) – Organische Pigmente). Darüber hinaus wird eine Inlandsauswirkung bei Gründung eines Gemeinschaftsunternehmens (GU) angenommen, wenn das GU zur Belieferung des inländischen Marktes gegründet wird (*Stadler* in Langen/Bunte GWB § 130 Rn. 183).

d) Bereits mit der 8. GWB-Novelle wurde das materielle Untersagungskriterium an die europäische Fusionskontrolle angeglichen. Seitdem gilt auch im deutschen Recht der sog. ***significant impediment to effective competition-Test*** (**SIEC-Test**). Ein Zusammenschluss wird demnach vom BKartA untersagt, wenn durch ihn der wirksame Wettbewerb erheblich behindert würde. Die Begründung oder Verstärkung einer marktbeherrschenden Stellung bleibt aber ein Regelbeispiel für das Vorliegen einer Wettbewerbsbehinderung. Zur Bestimmung der Marktbeherrschung wird auf § 18 GWB zurückgegriffen. Weiterhin enthält die materielle Fusionskontrolle eine **Bagatellmarktklausel.** Hiernach ist ein Zusammenschluss dann nicht zu untersagen, wenn die Untersagungsvoraussetzungen auf Märkten vorliegen, auf denen seit mindestens fünf Jahren Waren oder gewerbliche Leistungen angeboten werden und auf denen im letzten Kalenderjahr weniger als 20 Mio. EUR umgesetzt wurden (§ 36 Abs. 1 S. 2 Nr. 2 GWB). Seit der 10. GWB-Novelle können mehrere (Bagatell-)Märkte gebündelt betrachtet werden, während die bisherige Regelung eine einzelmarktbezogene Sichtweise vorschrieb. Diese Änderung ist eine Umsetzung der bisherigen Rechtsprechung. Darüber hinaus werden gemäß § 36 Abs. 1 S. 2 Nr. 3 GWB unter bestimmten Voraussetzungen Zusammenschlüsse zwischen Zeitungs- oder Zeitschriftenverlagen privilegiert.

e) Seit der 10. GWB-Novelle hat das BKartA in den kontrollpflichtigen Fällen grundsätzlich einen **Prüfungszeitraum von 5 Monaten** (bisher 4 Monate) nach Eingang der vollständigen Anmeldung; dh es kann innerhalb dieser Frist den Zusammenschluss untersagen. Dazu muss es allerdings dem Anmelder innerhalb eines Monats nach Eingang der Anmeldung mitteilen, dass es in die Prüfung des Zusammenschlusses (Hauptprüfverfahren) eingetreten ist (sog. „Monatsbrief"). Seit der 8. GWB-Novelle wird die 5-Monatsfrist gemäß § 40 Abs. 2 S. 5 GWB gehemmt, wenn das Bundeskartellamt an das Unternehmen ein zweites Auskunftsverlangen nach § 59 GWB richten muss (vgl. Art. 10 Abs. 4 VO 139/2004). Das Hauptprüfverfahren soll eingeleitet werden, wenn eine weitere Prüfung des Zusammenschlusses erforderlich ist (§ 40 Abs. 1 S. 2 GWB). Im Hauptprüfverfahren entscheidet das BKartA durch förmliche Verfügung, ob der Zusammenschluss untersagt oder freigegeben wird. Auch die Freigabeentscheidung ist zu begründen; sie kann mit Bedingungen und Auflagen verbunden werden (§ 40 Abs. 3 GWB). Entscheidungen im Hauptprüfverfahren werden bekannt gemacht (§ 43 Abs. 2 Nr. 1 GWB). Die Entscheidungsfrist wird erst mit dem Eingang der vollständigen Anmeldung in Lauf gesetzt.

f) Die Untersagungsverfügung kann vor dem örtlich zuständigen Oberlandesgericht im Wege der Beschwerde durch die am Verfahren Beteiligten angefochten werden, sofern diese durch die angefochtene Entscheidung in ihren wettbewerblichen Interessen beschwert sind (§ 73 Abs. 2 GWB; vgl. BGH 24.6.2003, WuW/E DE-R 1163 (1164 f.) – Habet/Lekkerland). Daneben kann eine Erlaubnis der Bundeswirtschaftsministerin bzw. des Bundeswirtschaftsministers beantragt werden, wenn im Einzelfall die Wettbewerbsbeschränkung von gesamtwirtschaftlichen Vorteilen aufgewogen wird oder der Zusammenschluss durch ein überragendes Interesse der Allgemeinheit gerechtfertigt ist (§ 42 GWB). Im Zuge der 9. GWB-Novelle hat der Gesetzgeber die Vorschriften zur sog. Ministererlaubnis angepasst. Dabei ging es primär um eine Beschleunigung des Verfahrens. Letztlich waren die Änderungen eine Reaktion auf das Verfahren im Fall Edeka/Kaiser´s Tengelmann. **Vorläufiger Rechtsschutz** gegen Freigaben des BKartA in Hauptprüfverfahren (§ 40 Abs. 2 GWB) kann gerichtlich nur von Dritten erlangt werden, die durch die Verfügung oder Erlaubnis **in ihren Rechten verletzt** sind (§ 67 Abs. 3 S. 4 GWB). Damit entsprechen die Voraussetzungen für die Erlangung vorläufigen Rechtsschutzes im Kern den Rechtsschutzanforderungen des allgemeinen Verwaltungsprozessrechts (vgl. § 123 Abs. 1 S. 1 VwGO). Beschwerden gegen Entscheidungen des BKartA oder der Bundeswirtschaftsministerin bzw. des Bundeswirtschaftsministers im Bereich der Zusammenschlusskontrolle haben grundsätzlich keine aufschiebende Wirkung (§ 64 Abs. 1 GWB).

g) Ein anmeldepflichtiger Zusammenschluss darf vor der Anmeldung des Zusammenschlusses und einer Freigabe durch das BKartA nicht vollzogen werden (§ 41 Abs. 1 S. 1 GWB). Ein Verstoß gegen dieses **Vollzugsverbot** ist ordnungswidrig (§ 81 Abs. 2 Nr. 1 GWB). Eine verhängte Geldbuße kann bis zu 10 % des Gesamtumsatzes des jeweils betroffenen Unternehmens betragen (§ 81c Abs. 2 GWB). In jüngerer Vergangenheit wurden derartige Verstöße vermehrt von den Kartellbehörden geahndet und auch mit hohen Bußgeldern belegt. Im Übrigen sind Rechtsgeschäfte, die gegen dieses Verbot verstoßen, unwirksam (§ 41 Abs. 1 S. 2 GWB). Die Abgrenzung zwischen dem verbotenen sog. *Gun-Jumping* und zulässigen Vorbereitungshandlungen ist jedoch im Einzelfall schwierig. Der BGH vertrat bislang ein eher weites Verständnis des Vollzugsverbots und nimmt einen Verstoß bereits an, wenn der Erwerber schon im Vorwege Befugnisse erhält, die er nach dem beabsichtigten Zusammenschluss nur kraft seiner Position als Inhaber der Geschäftsanteile und Gesellschafterrechte ausüben könnte (BGH NZKart 2018, 91 – Edeka/Kaiser´s Tengelmann). Ob sich dies vor dem Hintergrund der mittlerweile ergangenen, etwas weiteren EuGH-Rechtsprechung (EuGH 31.5.2018 – C-371/18 – Ernst & Young P/S/Konkurrenceradet) ändern wird, bleibt abzuwarten. Nähere Darstellungen zur Rechtsprechung des EuGH → → Form. VIII.2.

Das BKartA kann auf Antrag eine **Befreiung vom Vollzugsverbot** erteilen, wenn die beteiligten Unternehmen hierfür wichtige Gründe geltend machen, insbesondere um schweren Schaden von einem beteiligten Unternehmen oder von Dritten abzuwenden

(§ 41 Abs. 2 GWB). Die Befreiung kann jederzeit, auch vor der Anmeldung, erteilt und mit Bedingungen und Auflagen verbunden werden.

h) Seit der 10. GWB Novelle ist die Pflicht zur Anzeige des Vollzugs eines Zusammenschlusses entfallen. Allerdings sind anmeldepflichtige Zusammenschlüsse, die vor Vollzug nicht angemeldet wurden, unverzüglich beim BKartA anzuzeigen. (§ 39 Abs. 6 GWB). Der Verstoß gegen diese Anzeigepflicht ist ordnungswidrig (§ 81 Abs. 2 Nr. 4 GWB).

i) Das BKartA **veröffentlicht** die Tatsache der Anmeldung eines Zusammenschlusses auf seiner Internetseite (*www.bundeskartellamt.de*). Aufgeführt werden das Datum der Anmeldung, das Aktenzeichen, die Namen der Beteiligten, die betroffenen sachlichen und räumlichen Märkte (nach Bundesländern bzw. dem Unternehmenssitz) sowie, soweit erfolgt, der Abschluss des Verfahrens. Anzeigen über vollzogene Zusammenschlüsse werden nicht mehr veröffentlicht; weder im Bundesanzeiger noch auf der Internetseite des BKartA (vgl. § 43 GWB).

j) Die Anmeldung kontrollpflichtiger Zusammenschlüsse ist **gebührenpflichtig** (§ 62 Abs. 1 S. 2 Nr. 1 GWB). Die Höhe der Gebühren bestimmt sich nach dem personellen und sachlichen Aufwand der Kartellbehörde unter Berücksichtigung der wirtschaftlichen Bedeutung des Zusammenschlusses. Die Gebühr darf grundsätzlich 50.000 EUR nicht übersteigen (§ 62 Abs. 2 S. 2 Nr. 1 GWB); sie kann in Ausnahmefällen verdoppelt werden (§ 80 Abs. 2 S. 3 GWB). Die anmeldenden Unternehmen tragen die Kosten der Bekanntmachung im Bundesanzeiger (§ 62 Abs. 1 S. 3 GWB).

k) In vielen Fällen sind Umsatzzahlen und Marktanteile **vertraulich** oder noch nicht publiziert (letzteres könnte insbesondere bei börsennotierten Unternehmen relevant sein). Das BKartA ist grundsätzlich gesetzlich verpflichtet, die ihm mitgeteilten Informationen vertraulich zu behandeln. Zusätzlich können die beteiligten Unternehmen verlangen, dass einzelne Informationen besonders vertraulich behandelt werden. Der Zusammenschluss als solcher wird jedoch nicht vertraulich gehandhabt werden, da das BKartA zum einen berechtigt ist, zu Fragen der Marktauswirkungen des Zusammenschlusses auch Mitwerber im Markt zu befragen, und zum anderen jede Anmeldung eines Zusammenschlusses im Internet angezeigt wird.

l) Eine weitere Neuerung durch die 10. GWB-Novelle ist die Einführung des § 39a GWB. Nach dieser Regelung kann das BKartA ein Unternehmen durch Verfügung dazu auffordern, künftige Zusammenschlüsse mit anderen Unternehmen in einem oder mehreren bestimmten Wirtschaftszweigen anzumelden. Dadurch besteht die Möglichkeit Zusammenschlüsse zu kontrollieren, bei denen das zu erwerbende Unternehmen Umsätze unterhalb der geltenden Inlandsumsatzschwellen bzw. Transaktionsschwellen aufweist. Allerdings ist die Aufforderung zur Anmeldung künftiger Zusammenschlüsse an enge Voraussetzungen geknüpft. Die entsprechende Verfügung ist auf drei Jahre befristet (verlängerbar) und darf nur an Unternehmen mit einem weltweiten Umsatz von mehr als 500 Mio. EUR gerichtet werden. Zudem müssen objektiv nachvollziehbare Anhaltspunkte dafür bestehen, dass durch künftige Zusammenschlüsse der wirksame Wettbewerb im Inland in den genannten Wirtschaftszweigen erheblich behindert werden könnte. Darüber hinaus muss das Unternehmen in den genannten Wirtschaftszweigen einen Anteil von mindestens 15 % am Angebot oder an der Nachfrage von Waren oder Dienstleistungen in Deutschland haben (§ 39a Abs. 1 GWB). Daneben bedarf es zum Erlass einer Verfügung zusätzlich der vorherigen Durchführung einer Sektoruntersuchung nach § 32e GWB durch das BKartA. Nicht zuletzt deshalb bleibt abzuwarten, inwieweit die Vorschrift eine praktische Bedeutung erlangt. Hat das BKartA eine Verfügung erlassen, betrifft die Anmeldepflicht nur Zusammenschlüsse bei denen das zu erwerbende Unternehmen im letzten Geschäftsjahr Umsatzerlöse von mehr als 2 Mio. EUR erzielt hat – davon mehr als zwei Drittel im Inland (§ 39a Abs. 2 GWB).

2. Einführung: EU-Kartellrecht

Die Wettbewerbsregeln der Art. 101 ff. AEUV umfassen
- das Kartellverbot (Art. 101 AEUV),
- den Missbrauch marktbeherrschender Stellungen (Art. 102 AEUV),
- die EU-Fusionskontrolle (FKVO)
- die staatlichen Beihilfen (Art. 107 ff. AEUV) und
- das Wettbewerbsrecht öffentlicher Unternehmen (Art. 106 AEUV).

2.1 Kartellverbot, Art. 101 Abs. 1 AEUV

Art. 101 Abs. 1 AEUV verbietet Maßnahmen, „welche den Handel zwischen den Mitgliedstaaten zu beeinträchtigen geeignet sind und eine Verhinderung, Einschränkung oder Verfälschung des Wettbewerbs innerhalb des Gemeinsamen Marktes bezwecken oder bewirken". Art. 101 Abs. 1 AEUV erfasst somit horizontale und vertikale Wettbewerbsbeschränkungen.

Die vom Verbot des Art. 101 Abs. 1 AEUV erfassten **Maßnahmen** sind Vereinbarungen zwischen Unternehmen, Beschlüsse von Unternehmensvereinigungen und aufeinander abgestimmte Verhaltensweisen. Sie müssen geeignet sein, den Handel mit Gütern und Dienstleistungen zwischen Mitgliedstaaten spürbar zu beeinträchtigen. Nach dieser **„Zwischenstaatlichkeitsklausel"** sind nationale oder nur im Verhältnis zu Nichtmitgliedstaaten wirkende Maßnahmen nicht Gegenstand des Gemeinschaftsrechts; sie unterliegen lediglich der Beurteilung durch das nationale Kartellrecht. Der EuGH legt die Zwischenstaatlichkeitsklausel allerdings weit aus. Nach ständiger Rechtsprechung ist die Eignung zur zwischenstaatlichen Handelsbeeinträchtigung gegeben, wenn sich anhand einer Gesamtheit objektiver rechtlicher oder tatsächlicher Umstände mit hinreichender Wahrscheinlichkeit voraussehen lässt, dass die Vereinbarung unmittelbar oder mittelbar, tatsächlich oder der Möglichkeit nach den Warenverkehr zwischen Mitgliedstaaten beeinflussen kann (EuGH 31/80, Slg. 1980, 3375 Rn. 18 – L'Oréal). So wurde die Zwischenstaatlichkeit zB bejaht, wenn die betroffenen Produkte aus einem anderen Mitgliedstaat stammen (EuGH 40–48, 50, 54–56, 111, 113 und 114–73, Slg. 1975, 1663 Rn. 194 – Suiker Unie), wenn sich die fragliche Vereinbarung auf das gesamte Hoheitsgebiet eines Mitgliedstaates erstreckt (EuGH 246/86, Slg. 1989, 2117 Rn. 33 – Belasco) oder wenn ein Vertragspartner eine Mutter- oder Tochtergesellschaft eines Unternehmens ist, welches einen Sitz in einem anderen Mitgliedstaat hat (Kommission ABl. 1987 L 43, 51 – ABI; ABl. 1990 L 13, 34 – TEKO). Das führt dazu, dass die Klausel in der Praxis kein großes Hindernis für die Anwendbarkeit des Kartellverbots des Art. 101 Abs. 1 AEUV ist. Zu beachten sind in diesem Zusammenhang allerdings die Leitlinien der Kommission über den Begriff der Beeinträchtigung des zwischenstaatlichen Handels in den Art. 101 und 102 AEUV (ABl. 2004 C 101, 81). Nach Auffassung der Kommission ist der zwischenstaatliche Handel nicht **spürbar** beeinträchtigt, wenn der gemeinsame Marktanteil der Parteien auf keinem von der Vereinbarung betroffenen Markt in der EU 5 % überschreitet **und** bei horizontalen Vereinbarungen der gesamte Jahresumsatz der beteiligten Unternehmen, bei vertikalen Vereinbarungen der Jahresumsatz des Lieferanten 40 Mio. EUR mit den betroffenen Waren innerhalb der EU nicht überschreitet.

Die von Art. 101 Abs. 1 AEUV verbotenen Maßnahmen müssen zudem eine **Verhinderung, Einschränkung oder Verfälschung des Wettbewerbs** innerhalb des Gemeinsamen Marktes bezwecken oder bewirken. Geschützt ist dabei der legale Wettbewerb in allen seinen Elementen (vom Preis und von der Qualität über Rabatte bis zur Werbung),

Mitteln und Stufen (horizontal und vertikal) und nicht nur der aktuelle, sondern auch der potentielle Wettbewerb.

Es würde zu weit führen, jede auch noch so geringfügige Beeinträchtigung des zwischenstaatlichen Handels dem Verbot des Art. 101 Abs. 1 AEUV zu unterwerfen. Der EuGH hat daher verlangt, dass die Wirkungen auf Handel und Wettbewerb selbst **spürbar** sein müssen (EuGH 5–69, Slg. 1969, 295 Rn. 7 – Völk u. Vervaecke). Nach der Expedia-Entscheidung des EuGH (EuGH 13.12.2012 – C-226/11, NZKart 2013, 111– Expedia) wurde eine Überarbeitung der bereits vorher existierenden Leitlinien der Kommission für die Spürbarkeit der Wettbewerbsbeschränkung erforderlich. Gemäß der am 25.6.2014 von der Kommission veröffentlichten Bagatellbekanntmachung sind nunmehr bezweckte Wettbewerbsbeschränkungen stets als spürbar anzusehen (vgl. Bekanntmachung der Kommission über Vereinbarungen von geringer Bedeutung – *de minimis*, ABl. 2014 C 291, 1). Bei bewirkten Wettbewerbsbeschränkungen sollen Vertikalvereinbarungen künftig bis zu einem Marktanteil der beteiligten Unternehmen von 15 % und Horizontalvereinbarungen zwischen Wettbewerbern bis zu einem Marktanteil der beteiligten Unternehmen von 10 % mangels Spürbarkeit regelmäßig nicht aufgegriffen werden. Diejenigen Beschränkungen, die nach einer Gruppenfreistellungsverordnung der Kommission als Kernbeschränkungen eingestuft werden, sollen dagegen immer als spürbar zu werten sein. „Beteiligte Unternehmen" sind die vertragsschließenden und die mit ihnen verbunden Unternehmen. Der Marktanteil berechnet sich nach dem sachlich und räumlich relevanten Markt.

Kernbeschränkungen (zB Preisabsprachen und Gebietsschutzabreden einschließlich der Vereinbarungen von Exklusivität in vertikalen Verträgen) werden als besonders schwere Wettbewerbsbeschränkungen allerdings stets als spürbar angesehen (Bagatellbekanntmachung der Kommission, Ziff. II.13 f.).

Zunehmend werden neben den quantitativen auch **qualitative** Kriterien bei dem Erfordernis der Spürbarkeit berücksichtigt. Die Rechtsprechung des EuGH betrifft Wettbewerbsverbote in Unternehmensveräußerungsverträgen (EuGH IV/30.389 und IV/30.408, ABl. 1983 L 376, 22 Rn. 26 – Nutricia), Beschränkungen im Zusammenhang mit ausschließlichen Lizenzverträgen (GRUR Int. 1982, 530 – Maissaatgut) sowie wettbewerbsbeschränkende Vereinbarungen in Franchiseverträgen (EuGH 161/84, Slg. 1986, 353 – Pronuptia). Dahinter steht der Gedanke, dass in bestimmten Fällen Wettbewerb erst durch Handlungsbeschränkungen geschaffen wird. Verträge, die formal die Wettbewerbsfreiheit der Beteiligten einschränken, werden danach nicht vom Verbot des Art. 101 Abs. 1 AEUV erfasst, wenn sie in einer Abwägung eine positive wettbewerbliche Beurteilung erlauben.

Gem. Art. 101 Abs. 2 AEUV sind die nach Art. 101 Abs. 1 AEUV verbotenen Vereinbarungen oder Beschlüsse **nichtig**. Die Nichtigkeit erstreckt sich aber nur auf die Bestandteile der Vereinbarungen und Beschlüsse, die mit Art. 101 AEUV unvereinbar sind. Die Frage der Auswirkungen der übrigen Bestandteile ist nicht nach Gemeinschaftsrecht, sondern nach nationalem Recht zu beurteilen (EuGH 319/82, Slg. 1983, 4173 Rn. 12 – SVCB/Kerpen & Kerpen). Über § 139 BGB können daher die Nichtigkeitsfolgen die Vereinbarung insgesamt ergreifen.

Darüber hinaus können dritte Unternehmen einen **Schadensersatzanspruch** gemäß §§ 33a Abs. 1 iVm 33 Abs. 3 GWB haben.

2.2 Art. 101 Abs. 3 AEUV (Freistellung)

Gem. Art. 101 Abs. 3 AEUV sind bestimmte Wettbewerbsbeschränkungen vom Verbot des Art. 101 Abs. 1 AEUV freigestellt. Voraussetzung für die **Freistellung** ist, dass

- die Maßnahmen zur Verbesserung der Warenerzeugung oder Warenverteilung beitragen oder dass die Maßnahmen zur Förderung des technischen oder wirtschaftlichen Fortschritts beitragen,

- die Verbraucher angemessen an dem entstehenden Gewinn beteiligt werden, wobei nicht nur finanzielle Vorteile (Preissenkungen), sondern auch andere Verbesserungen (Qualitätsverbesserung) gemeint sind,
- den beteiligten Unternehmen durch das Kartell keine zur Verwirklichung der genannten Voraussetzung unerlässlichen Beschränkungen auferlegt werden, und dass
- damit für die beteiligten Unternehmen nicht die Möglichkeit eröffnet wird, für einen wesentlichen Teil der betreffenden Waren den Wettbewerb auszuschalten.

Die frühere Anmelde- und Genehmigungspflicht ist durch das System der **Legalausnahme** ersetzt worden. Damit ist Art. 101 Abs. 3 AEUV unmittelbar anwendbar; dh es bedarf keines Freistellungsaktes mehr. Unternehmen, nationale Wettbewerbsbehörden und Gerichte sind ermächtigt und verpflichtet, selbst einzuschätzen, ob die fragliche Vereinbarung die vier Voraussetzungen des Art. 101 Abs. 3 AEUV erfüllt. Ist dies der Fall, ist die Vereinbarung von Anfang an rechtmäßig und wirksam; wenn nicht, ist sie verboten. Der **Beweis** obliegt demjenigen, der sich auf diese Bestimmung beruft (Art. 2 VO 1/2003).

Auf der Grundlage von Art. 289 Abs. 1 S. 2 AEUV iVm VO Nr. 19/65, ABl. 1965 L 36, 533 hat die Kommission **Gruppenfreistellungsverordnungen** erlassen. Diese zeigen auf, unter welchen Voraussetzungen Vereinbarungen von Art. 101 Abs. 3 AEUV freigestellt sind (deklaratorische Wirkung). Ihr Zweck ist im Wesentlichen, Erleichterung für die einer typisierenden Beurteilung zugänglichen Absprachen zu schaffen, welche zwar vom Verbot des Art. 101 Abs. 1 AEUV erfasst werden, die für die Entwicklung des Wettbewerbs innerhalb der Europäischen Union sowie des Handels zwischen den Mitgliedstaaten aber regelmäßig ungefährlich sind und außerdem zur Verwirklichung der allgemeinen Aufgaben und Ziele der Gemeinschaft beitragen. Folgende Gruppenfreistellungsverordnungen bestehen:

- die Vertikal-GVO (VO 330/2010 v. 20.12.2010 ABl. 2010 L 102, 1)
- die Verordnung zu Vertikalvereinbarungen im Kraftfahrzeugsektor (VO 461/2010 v. 27.5.2010 ABl. 2010 L 129, 52)
- die Verordnung zu Technologietransfer-Vereinbarung (VO 316/2014 v. 21.3.2014 ABl. 2014 L 93, 17)
- die Verordnung über Spezialisierungsvereinbarungen (VO 1218/2010 v. 14.12.2010 ABl. 2010 L 335, 43)
- die Verordnung über Forschungs- und Entwicklungsvereinbarungen (VO 1217/2010 v. 14.12.2010 ABl. 2010 L 335, 36)
- die Verordnung über Vereinbarungen zwischen Seeschifffahrtsunternehmen (VO 906/2009 v. 28.9.2009 ABl. 2009 L 256, 31).

Die Tatsache, dass eine Vereinbarung von der GVO nicht gedeckt ist, begründet keine Vermutung für die Unvereinbarkeit mit Art. 101 Abs. 3 AEUV. Sie bedeutet nur, dass in diesem Fall die Freistellungsfähigkeit der Absprache nicht offensichtlich ist, sondern individuell untersucht werden muss. Ist allerdings eine schwarze Klausel (Vereinbarungen, die ausdrücklich nicht freigestellt sind) gegeben, begründet dies die Vermutung der Unvereinbarkeit mit Art. 101 Abs. 3 AEUV und die fehlende Freistellungsfähigkeit.

2.3 Missbrauch marktbeherrschender Stellungen, Art. 102 AEUV

Art. 102 AEUV stellt ab auf die missbräuchliche Ausnutzung einer beherrschenden Stellung auf dem Gemeinsamen Markt oder auf einem wesentlichen Teil desselben durch ein- oder mehrere Unternehmen.

Art. 102 AEUV findet folglich nur für das Verhalten solcher Unternehmen oder Unternehmensgruppen Anwendung, die eine **marktbeherrschende Stellung** haben. Eine marktbeherrschende Stellung liegt nach Auffassung des EuGH vor, „wenn ein oder mehrere Unternehmen in der Lage sind, einen wirksamen Wettbewerb auf dem Markt für die betreffenden Erzeugnisse oder Dienstleistungen zu verhindern" (EuGH 78–70, Slg. 1971, 487 Rn. 17 – Deutsche Grammophon/Metro). Ein „wesentlicher Teil des Gemeinsamen Marktes" ist jedenfalls anzunehmen, wenn das Gebiet mehrere Mitgliedstaaten umfasst.

Verboten ist gem. Art. 102 AEUV nur die **missbräuchliche Ausnutzung** einer marktbeherrschenden Stellung, nicht die bloße Innehabung einer solchen. Unter Art. 102 AEUV fällt auch der Zusammenschluss mit dem beherrschenden Unternehmen (EuGH Slg. 1973, 215 – Continental Can), da infolge des Zusammenschlusses der restliche oder potentielle Wettbewerb weiter beeinträchtigt und möglicherweise ausgeschaltet wird.

Art. 102 AEUV verlangt ebenso wie Art. 101 Abs. 1 AEUV eine **Beeinträchtigung des Handels zwischen den Mitgliedstaaten.** Es gelten dieselben Voraussetzungen wie bei Art. 101 Abs. 1 AEUV. Auf eine „Spürbarkeit" kommt es im Rahmen des Art. 102 AEUV – im Gegensatz zum Kartellverbot des Art. 101 Abs. 1 AEUV – allerdings nicht an.

Verstöße gegen Art. 102 AEUV sind verboten. Die zivilrechtlichen **Verbotsfolgen** sind nach dem Recht des Mitgliedstaates zu beurteilen, das nach den Regeln des internationalen Privatrechts im Einzelfall anwendbar ist. Für die Bundesrepublik Deutschland kommen insoweit Unterlassungs- und Schadensersatzansprüche nach § 33 f. GWB sowie die Nichtigkeit etwaiger Rechtsgeschäfte nach § 134 BGB in Betracht.

In jüngerer Vergangenheit setzt sich die EU-Kommission zunehmend mit dem Thema der marktbeherrschenden Stellungen im Bereich der Digitalwirtschaft, insbesondere in Bezug auf Netzwerkeffekte und Plattformanbieter, auseinander. So rückte zuletzt Google vermehrt in den Fokus der Kartellbehörde und wurde wegen des Missbrauchs der marktbeherrschenden Stellung mit Bußgeldern in Milliardenhöhe belegt („Google Shopping" und „Google Android"). Die Bedeutung der Missbrauchsaufsicht im digitalen Bereich dürfte zukünftig noch zunehmen. So stimmte das EU-Parlament einer Verordnung zur Förderung von Fairness und Transparenz für gewerbliche Nutzer von Online-Vermittlungsdiensten zu (VO (EU) 2019/1150, ABl. 2019 L 186/57) Dabei knüpft die Verordnung nicht an wettbewerbswidrige Verhaltensweisen oder eine marktbeherrschende Stellung im Sinne der Art 101 f. AUEV an. Dennoch kann sie mittelbar zur Stärkung des Wettbewerbs im digitalen Bereich beitragen, indem sie kleinen Anbietern Möglichkeiten bietet, die Nutzung von großen Online Plattformen für sich fairer, transparenter und berechenbarer zu gestalten.

2.4 Verhältnis zum nationalen Recht

Art. 3 VO 1/2003 begründet einen umfassenden **Vorrang des europäischen Kartellrechts.** Erfüllt eine Vereinbarung die Zwischenstaatlichkeitsklausel, verstößt jedoch nicht gegen Art. 101 Abs. 1 AEUV oder erfüllt die Voraussetzungen des Art. 101 Abs. 3 AEUV, scheidet ein Verbot nach nationalem Kartellrecht aus (Art. 3 Abs. 2 S. 1 VO 1/2003). Diese Vorrangwirkung gilt jedoch nicht für missbräuchliche Verhaltensweisen nach Art. 102 AEUV. Strengeres einzelstaatliches Recht bleibt anwendbar, soweit Art. 102 AEUV nicht eingreift (Art. 3 Abs. 2 S. 2 VO 1/2003). Um die einheitliche Anwendung der Art. 101, 102 AEUV innerhalb der Europäischen Gemeinschaft zu gewährleisten, enthält die Verordnung in Art. 11 ff. verschiedene Regelungen zur gegenseitigen Konsultation zwischen Kommission, nationalen Behörden und Gerichten, zum Informationsaustausch sowie zum inhaltlichen Vorrang von Kommissionsentscheidungen.

2.5 Entscheidungskompetenzen

Die Kommission kann nach Art. 7 Abs. 1 der VO 1/2003 eine Zuwiderhandlung gegen Art. 101 Abs. 1 oder Art. 102 AEUV feststellen und die beteiligten Unternehmen durch Entscheidung verpflichten, die festgestellte Zuwiderhandlung abzustellen. Hierzu kann sie den Unternehmen alle erforderlichen **Abhilfemaßnahmen** – ausdrücklich auch solche struktureller Art – vorschreiben. Als Abhilfemaßnahme struktureller Art kommt auch die Auflage in Betracht, bestimmte Unternehmensverbindungen zu lösen (Entflechtung). In dringenden Fällen kann die Kommission daneben gem. Art. 8 der Verordnung **einstweilige Maßnahmen** anordnen, um einer noch nicht endgültig, jedoch *prima facie* festgestellten Zuwiderhandlung der Unternehmen zu begegnen. Die Kommission hat ferner die Befugnis, von den Unternehmen angebotene **Verpflichtungszusagen** zur Abstellung einer Zuwiderhandlung im Wege einer Entscheidung nach Art. 9 VO 1/2003 für bindend zu erklären. In Ausnahmefällen kann die Kommission aus Gründen des öffentlichen Interesses nach Art. 10 der Verordnung von Amts wegen durch Entscheidung feststellen, dass Art. 101 AEUV auf eine Vereinbarung keine Anwendung findet. Ein individueller Anspruch auf Erlass einer derartigen **Feststellungsentscheidung** dürfte zumindest nach dem Wortlaut des Art. 10 VO 1/2003 nicht bestehen.

2.6 Ermittlungsbefugnisse der Kommission

Die Kommission kann Auskunftsverlangen und Nachprüfungen entweder durch formlosen Auftrag oder durch förmliche Entscheidung erlassen (Art. 18, 20 VO 1/2003). Eine Pflicht zur Auskunft und zur Duldung der Nachprüfung besteht nur im Falle förmlicher Entscheidungen der Kommission. Die Kommission hat die Befugnis zur Befragung natürlicher und juristischer Personen, die allerdings nur bei Zustimmung der betroffenen Personen erfolgen darf (Art. 19 VO 1/2003). Auch darf die Kommission von Mitarbeitern der betroffenen Unternehmen Erläuterungen verlangen und diese protokollieren (Art. 20 Abs. 2e) VO 1/2003). Schließlich hat sie die Befugnis zur Versiegelung von Räumlichkeiten und Büchern oder Unterlagen (Art. 20 Abs. 2d VO 1/2003) sowie zur Nachprüfung in anderen Räumlichkeiten als den Geschäftsräumen der Unternehmen – beispielsweise in Privatwohnungen (Art. 21 VO 1/2003). Letztere Nachprüfung setzt allerdings zum einen eine förmliche Entscheidung der Kommission und zum anderen die vorherige Genehmigung eines einzelstaatlichen Gerichts voraus.

2.7 Geldbußen und Zwangsgelder

Bei vorsätzlichen oder fahrlässigen Verstößen gegen Art. 101 oder 102 AEUV, bei Zuwiderhandlungen gegen einstweilige Maßnahmen sowie bei Nichteinhaltung verbindlicher Verpflichtungszusagen kann die Kommission gem. Art. 23 Abs. 2 VO 1/2003 Geldbußen iHv bis zu 10 % des Gesamtumsatzes des jeweils vorangegangenen Geschäftsjahres verhängen. Bei Verstößen gegen Mitwirkungspflichten der Unternehmen wie beispielsweise die Duldung von Nachprüfungen drohen nach Art. 23 Abs. 1 VO 1/2003 Geldbußen iHv bis zu 1 % des im vorangegangenen Geschäftsjahr erzielten Gesamtumsatzes.

2.8 Europäische Fusionskontrolle

Die europäische Fusionskontrolle ist in der EG-Fusionskontrollverordnung (FKVO) geregelt (VO Nr. 139/2004, ABl. 2004 L 24, 1). Voraussetzung der Anwendbarkeit der Europäischen Fusionskontrolle ist das Vorliegen eines Zusammenschlusses von gemeinschaftsweiter Bedeutung.

Ein **Zusammenschluss** liegt vor, wenn zwei bisher unabhängige Unternehmen fusionieren (Art. 3 Abs. 1a FKVO) oder ein Unternehmen durch den Erwerb von Anteilsrechten oder Vermögenswerten die Kontrolle über die Gesamtheit oder über Teile eines anderen Unternehmens erwirbt (Art. 3 Abs. 1b FKVO).

Der Zusammenschluss hat eine **gemeinschaftsweite Bedeutung,** wenn die beteiligten Unternehmen bestimmte Umsatzschwellenwerte erreichen (Art. 1 Abs. 2 und 3 FKVO). Für die Anwendbarkeit der EU-Fusionskontrolle kommt es darauf an, ob einer der beiden folgenden Umsatzschwellen-Tests erfüllt ist:

- Ein Zusammenschluss hat gemeinschaftsweite Bedeutung, wenn der weltweite Umsatz aller beteiligten Unternehmen zusammen mehr als 5 Mrd. EUR beträgt und der gemeinschaftsweite Umsatz von mindestens zwei beteiligten Unternehmen jeweils mehr als 250 Mio. EUR beträgt, es sei denn, jedes der beteiligten Unternehmen erzielt mehr als $^2/_3$ seines gemeinschaftsweiten Umsatzes in ein und demselben Mitgliedstaat (**Test 1**).
- Ein Zusammenschluss hat auch dann gemeinschaftsweite Bedeutung, wenn der weltweite Umsatz der beteiligten Unternehmen zusammen mehr als 2,5 Mrd. EUR beträgt, in mindestens drei Mitgliedstaaten der Gesamtumsatz aller beteiligten Unternehmen jeweils mindestens 100 Mio. EUR beträgt, in mindestens drei dieser Mitgliedstaaten mindestens zwei beteiligte Unternehmen jeweils einen Umsatz von über 25 Mio. EUR erzielen und der gemeinschaftsweite Umsatz von mindestens zwei beteiligten Unternehmen jeweils größer als 100 Mio. EUR ist; dies gilt nicht, wenn alle beteiligten Unternehmen mehr als $^2/_3$ ihres jeweiligen gemeinschaftsweiten Umsatzes in ein und demselben Mitgliedstaat erzielen (**Test 2**).

Bei der **Berechnung des Umsatzes** sind gemäß Art. 5 FKVO alle Umsätze zugrunde zu legen, welche die beteiligten Unternehmen im letzten Geschäftsjahr mit Waren und Dienstleistungen erzielt haben und die dem normalen geschäftlichen Tätigkeitsbereich der Unternehmen zuzuordnen sind. Darüber hinaus ist nicht nur der Umsatz des konkret beteiligten Unternehmens, sondern vielmehr der Gesamtumsatz aller mit dem beteiligten Unternehmen verbundenen Unternehmen anzusetzen.

Liegt ein Zusammenschluss von gemeinschaftsweiter Bedeutung vor, ist dieser der Europäischen Kommission vor Vollzug anzumelden (Art. 4 Abs. 1 FKVO). Bis zur Genehmigung des Zusammenschlussvorhabens durch die Kommission besteht ein **Vollzugsverbot** (Art. 7 FKVO). Ein Verstoß gegen das Vollzugsverbot ist mit erheblichen Bußgeldern bedroht. Besteht ein entsprechender Verdacht eines Verstoßes, kann die Kommission eine Nachprüfung einleiten (vgl. Art. 13 FKVO). In jüngerer Vergangenheit wurden derartige Verstöße vermehrt von den Kartellbehörden geahndet und auch mit hohen Bußgeldern belegt (vgl. COM (2018) 2418 final – Altice/PT Portugal v. 24.4.2018). Die FKVO definiert selbst nicht, was unter „Vollzug“ eines Zusammenschlusses zu verstehen ist. Grundsätzlich fallen darunter alle rechtlichen oder tatsächlichen Handlungen, die zur Verwirklichung des Zusammenschlusses führen; nicht erfasst sind jedoch bloße Vorbereitungshandlungen. Für eine Abgrenzung ist oft die genaue Betrachtung des Einzelfalles erforderlich. Die Kommission versteht die Regelung dahingehend, dass es für einen Verstoß gegen das Vollzugsverbot bereits ausreicht, wenn der Erwerber bestimmenden Einfluss über Teile der Geschäftstätigkeit der Zielgesellschaft auszuüben kann; ob diese Möglichkeit wahrgenommen werde, sei hingegen nicht relevant. Da bereits Rechtsmittel gegen die Entscheidung der Kommission eingelegt wurden, bleibt abzuwarten, wie die Rechtsprechung Stellung beziehen wird. In einer neueren Entscheidung (EuGH 31.5.2018 – C-371/18 – Ernst & Young P/S/Konkurrenceradet) legte der EuGH den Art 7 FKVO jedoch bereits derart aus, dass ein Vollzug nur vorläge, wenn der Vorgang zu einer tatsächlichen oder rechtlichen Veränderung der Kontrolle über das Zielunternehmen führt (*Change of Control*). Die Kündigung eines Kooperationsvertrags durch das Zielunternehmen bereits vor dem Vollzug verstieß nach Ansicht des EuGH nicht gegen das Vollzugsverbot, weil die Kontrolle im Zielunternehmen dadurch nicht berührt wurde. Vielmehr habe die Kündigung den Zusammenschluss vorbereitet und begleitet. In der Praxis besonders relevant ist die Problematik bei einem Informationsaustausch im Rahmen einer Due Diligene-Prüfung, die an sich lediglich der

Vorbereitung eines Zusammenschlusses dient (vgl. Immenga/Mestmäcker/*Körber* Wettbewerbsrecht I FKVO Art 7 Rn. 15).

Bei der Anmeldung des Zusammenschlusses ist das sog. **Formblatt CO** auszufüllen und bei der Kommission einzureichen (abgedruckt im Anhang zur Durchführungs-VO Nr. 802/2004, ABl. 2004 L 133, 1 in der Fassung vom 5.12.2013). Das Formblatt CO verlangt eine ausführliche Beschreibung der Beteiligten und der möglichen Auswirkungen des Zusammenschlusses auf den betroffenen Märkten sowie die Vorlage zahlreicher Unterlagen. Bei bestimmten Formen von Zusammenschlüssen kann jedoch auch – im Rahmen eines vereinfachten Verfahrens – ein weniger umfangreiches Formblatt („Short Formblatt CO") verwendet werden.

Die Kommission hat das Zusammenschlussvorhaben grundsätzlich gem. Art. 10 Abs. 1 FKVO innerhalb von 25 Arbeitstagen zu prüfen. Kommt sie zu dem Ergebnis, dass das Zusammenschlussvorhaben zu ernsten Bedenken hinsichtlich seiner Vereinbarkeit mit dem Gemeinsamen Markt führt, eröffnet sie die sog. zweite Phase des Verfahrens. Sie hat dann grundsätzlich weitere 90 Arbeitstage Zeit, um das Vorhaben im Detail zu prüfen. Hat die Kommission keine Bedenken hinsichtlich der Vereinbarkeit des Zusammenschlussvorhabens mit dem Gemeinsamen Markt, erteilt sie eine Freigabe. Die Freigabe kann – wenn aus Sicht der Kommission erforderlich – mit **Auflagen und Bedingungen** verbunden werden. Hält die Kommission das Zusammenschlussvorhaben für unvereinbar mit dem Gemeinsamem Markt, untersagt sie das Vorhaben. Das Verfahren ist gebührenfrei.

2.9 Beihilfen

Die Art. 107–109 AEUV bilden den rechtlichen Rahmen für die Zulässigkeit mitgliedstaatlicher Beihilfen.

Die von den Mitgliedstaaten einzelnen Unternehmen oder Produktionszweigen gewährten Beihilfen können den Wettbewerb im innergemeinschaftlichen Handel infolge der Privilegierung einzelner Wettbewerber verfälschen und dadurch beeinträchtigen. Nach Art. 107 Abs. 1 AEUV sind daher nationale Beihilfen, insoweit sie diese Wirkung haben oder haben können, grundsätzlich mit dem Gemeinsamen Markt unvereinbar. Das Verbot gilt jedoch nicht absolut oder unbedingt, sondern knüpft an die grenzüberschreitende Wirkung von Beihilfen an. Der Vertrag sieht zudem Ausnahmen und Genehmigungsmöglichkeiten vor, insbesondere zugunsten der regionalen und sektoralen Wirtschaftsförderung (Legalausnahmen und Genehmigungsvorbehalte). In diesem Zusammenhang hat die EU-Kommission eine Vielzahl von Verordnungen und Leitlinien erlassen, um in der Praxis Berechenbarkeit und Rechtssicherheit zu gewährleisten. Erwähnenswert sind hier insbesondere die Allgemeine Gruppenfreistellungsverordnung (VO (EU) Nr. 651/2014, ABl. 2014 L 187, 1) sowie die De-minimis-Verordnung (VO (EU) Nr. 1407/2013, ABl. 2013 L 352, 1). Über diese und weitere Verordnungen und Leitlinien führt die Kommission derzeit im Rahmen eines Evaluierungsprozesses eine „Eignungsprüfung" durch.

a) Das **Beihilfeverbot des Art. 107 Abs. 1 AEUV** gilt nicht mit unmittelbarer Wirkung (EuGH 78–76, Slg. 1977, 595 Rn. 1 – Steinike & Weinlig/Deutschland). Vielmehr entscheidet über die Vereinbarkeit oder Unvereinbarkeit einer Beihilfe mit dem Gemeinsamen Markt grundsätzlich die Kommission, bei Vorliegen außergewöhnlicher Umstände ausnahmsweise der Rat (Art. 108 Abs. 2 und 3 AEUV). Die Billigung kann durch förmliche Entscheidung oder durch Schweigen erfolgen (Art. 4 Abs. 6 der VO (EU) 2015/1589 ABl. 2015 L 248, 9). Bis zur Billigung der Beihilfe durch die Kommission dürfen die Mitgliedstaaten die beabsichtigten Maßnahmen allerdings nicht durchführen (**Sperrwirkung**). Dem Verbot der Durchführung kommt insoweit – sowie im Fall einer überhaupt nicht oder nicht ordnungsgemäß notifizierten Beihilfe – unmittelbare Wirkung zu.

In ihrer Bekanntmachung zum Begriff der staatlichen Beihilfe (ABl. 2016 C 262, 1) legt die EU-Kommission dar, wie sie den Art. 107 Abs. 1 AEUV ausgehend von der Rechtsprechung der Unionsgerichte versteht. Dies trägt zur Förderung der Rechtssicherheit bei. **Beihilfen** sind unentgeltliche staatliche oder aus staatlichen Mitteln gewährte Vergünstigungen für bestimmte Unternehmen oder Produktionszweige. Entscheidend ist nach der Rechtsprechung des EuGH, dass die staatliche Maßnahme dem Unternehmen einen Vorteil verschafft (EuGH T-228/99 u. T-233/99, Slg. 2003, II-435 Rn. 7 – WestLB/Kommission). Erfasst werden sowohl positive Leistungen (Zuwendungen) als auch der Wegfall von Erfüllungsverpflichtungen, insbesondere die Verringerung oder Befreiung von Belastungen (zB nicht rückzahlbare Zuschüsse, zinsverbilligte Darlehen, Zinszuschüsse, Darlehen zu Vorzugskonditionen, Bürgschaften, Steuerermäßigungen oder -befreiungen, Freistellung von sonstigen Abgaben, Bereitstellung von Produktionsfaktoren zu Vorzugsbedingungen, besonders günstige Abschreibungsmöglichkeiten, vergünstigte staatliche Dienstleistungen, Bevorzugung bei öffentlichen Aufträgen). Entscheidend ist, dass der staatlichen Maßnahme keine entsprechende Gegenleistung des Begünstigten gegenübersteht. Der Beihilfebegriff ist nach Wortlaut („Beihilfen gleich welcher Art") und Zweck der Vorschrift zudem weit auszulegen. Daher sind auch **mittelbare Vergünstigungen** als Beihilfen im Sinne von Art. 107 Abs. 1 AEUV anzusehen. Vergünstigungen, die nicht nur bestimmten, sondern allen bestehenden und künftigen Unternehmen gewährt werden, und bei deren Vergabe die Behörde keinen Ermessenspielraum hat, fallen dagegen nicht unter Art. 107 Abs. 1 AEUV (EuGH C-241/94, Slg. 1996, I-4551 Rn. 23 f. – Kimberly Clark).

Das Verbot des Art. 107 Abs. 1 AEUV trifft nur wettbewerbsverfälschende Beihilfen, soweit sie den Handel zwischen Mitgliedstaaten beeinträchtigen.

b) Ein absolutes Beihilfeverbot würde viele an sich erwünschte sozialpolitische, regionalpolitische und strukturpolitische Maßnahmen unmöglich machen. Der AEUV sowie einige Gruppenfreistellungsverordnungen enthalten daher eine ganze Reihe weitreichender **Ausnahme- und Befreiungstatbestände**, welche Abweichungen vom grundsätzlichen Beihilfeverbot des Art. 107 Abs. 1 AEUV zulassen. In diesem Zusammenhang sind Art. 107 Abs. 2 und 3 AEUV, Art. 106 Abs. 2 AEUV (Dienstleistungen von allgemeinem Interesse) und Art. 93 AEUV (Verkehrspolitik) zu nennen. Nach Art. 107 Abs. 2 AEUV sind **soziale Beihilfen** an einzelne Verbraucher, Beihilfen nach **Naturkatastrophen** oder sonstigen außergewöhnlichen Ereignissen und Beihilfen bei besonderen Situationen, die auf der ehemaligen **Teilung Deutschlands** beruhen, von vornherein von dem Verbot ausgenommen. Darüber hinaus können ua Entwicklungsbeihilfen für einzelne Wirtschaftsgebiete und Wirtschaftszweige, Beihilfen zur Förderung wichtiger Vorhaben von europäischem Interesse sowie sonstige Zuwendungen, die im Interesse der Gemeinschaft liegen, durch Entscheidung der Kommission oder Beschluss des Ministerrats von dem Verbot freigestellt werden (Art. 107 Abs. 3 AEUV).

c) Nach Art. 108 AEUV ist es Aufgabe der Kommission, die Vereinbarkeit von nationalen Beihilfen mit dem Gemeinsamen Markt entsprechend Art. 107 AEUV zu prüfen. Das Aufsichtsverfahren war bereits seit 1999 vergleichsweise detailliert in einer EU-Verordnung geregelt. Diese wurde 2015 durch eine überarbeitete EU-Verordnung ersetzt (VO (EU) 2015/1589 ABl. 2015 L 248, 9). Zusätzlich gilt seit 2004 eine Durchsetzungsverordnung (VO Nr. 794/2004, ABl. 2004 L 140, 1 in der Fassung v. 22.12.2016), die hauptsächlich Form und Inhalt einer Anmeldung, sowie den bei der Rückforderung von rechtswidrigen Beihilfen geltenden Zinssatz regelt.

d) Der AEUV unterscheidet zwischen bestehenden und neuen (bzw. umgestalteten) Beihilfen. Die Kommission überprüft laufend **bestehende** Beihilfen (die vor In-Kraft-Treten des Vertrages bzw. Beitritt des Mitgliedstaates bestehenden sowie die später notifizierten und von der Kommission nicht beanstandeten Beihilfen) und empfiehlt den Mitgliedstaaten die „zweckdienlichen" Maßnahmen. Erweist sich eine bestehende Beihilfe nachträglich als mit dem Gemeinsamen Markt unvereinbar oder wird sie missbräuchlich (zweckwidrig) angewandt, setzt die Kommission den Beteiligten (allen Mitgliedstaaten sowie sonstigen Betroffenen) eine Frist zur Äußerung (Mitteilung im Amtsblatt). Sie entscheidet danach förmlich, ob der Mitgliedstaat die Beihilfen innerhalb einer bestimmten Frist aufzuheben oder umzugestalten hat.

Nach Art. 108 Abs. 3 AEUV sind **neue oder umgestaltete** Beihilfen vor ihrer Einführung von der Kommission auf ihre Vereinbarkeit mit dem Gemeinsamen Markt zu prüfen. Um der Kommission die Prüfung zu ermöglichen, müssen die Mitgliedstaaten die beabsichtigte Maßnahme der Kommission rechtzeitig vor ihrem Inkrafttreten notifizieren. Nicht oder nicht ordnungsgemäß notifizierte Beihilfen werden erst nach einer materiellen Prüfung rechtswidrig und rückforderungsfähig. Auf diese Rechtswidrigkeit können sich die Gemeinschaftsbürger berufen (unmittelbare Wirkung).

Die Mitgliedstaaten sind infolge einer Rückforderungsentscheidung der Kommission verpflichtet, bereits gewährte, aber vertragswidrige Beihilfen nach Maßgabe des nationalen Rechts (mangels gemeinschaftsrechtlicher Regelung) von den Empfängern zurückzufordern. Zwar sind die Mitgliedsstaaten bei der Wahl der Mittel frei, allerdings haben sie das Diskriminierungsverbot und das Effizienzgebot zu beachten und dafür zu sorgen, dass die Anwendung der nationalen Verfahren eine Rückforderung nicht praktisch unmöglich macht (EuGH 265/78, Slg. 1980, 617 Rn. 10 – Produktschap voor Vee en Vlees).

3. Deutsches Verwaltungsverfahren

3.1 Antrag auf Entscheidung nach § 32c Abs. 1 GWB[1]

An das[1]

Bundeskartellamt[2]

. . . . . Beschlussabteilung[3]

– Vorsitzende(r) –

Kaiser-Friedrich-Straße 16

53113 Bonn

Antrag auf Entscheidung nach § 32c Abs. 1 GWB

Hiermit beantrage ich namens und im Auftrag der Unternehmen[4] . . . . . [Name, Rechtsform und Anschrift], im Hinblick auf eine wettbewerbsbeschränkende Vereinbarung im Sinne von § 1 GWB, welche jedoch die Voraussetzungen für eine Freistellung nach § 2 GWB[5] erfüllt, festzustellen, dass kein Anlass zum Tätigwerden besteht. Im Einzelnen:

1. [Beschreibung des Inhalts der wettbewerbsbeschränkenden Vereinbarung, der daran beteiligten Unternehmen sowie der Annahme eines möglichen Verstoßes gegen § 1 GWB]
2. Die Vereinbarung führt zu einer Verbesserung der Erzeugung und Verteilung von Waren, weil . . . . .[6]
3. An der Verbesserung sind die Verbraucher angemessen beteiligt, weil . . . . .[7]
4. Die Verbesserungen können von den beteiligten Unternehmen auf andere Weise nicht erreicht werden, weil . . . . .[8]
5. Die Verbesserungen stehen in einem angemessenen Verhältnis zu der damit verbundenen Wettbewerbsbeschränkung, weil . . . . .[9]

6. Die Wettbewerbsbeschränkung eröffnet nicht die Möglichkeit, für einen wesentlichen Teil der betreffenden Waren den Wettbewerb auszuschalten, weil . . . . .[10]
7. Die Beteiligten haben ein erhebliches rechtliches und wirtschaftliches Interesse an einer Entscheidung des Bundeskartellamts nach § 32c GWB, weil . . . . . Dabei besteht auch ein besonderes öffentliches Interesse an der Klärung der Rechtslage über den Einzelfall hinaus, weil . . . . .[11]

Unterschrift[12, 13]

Anmerkungen

Hinweis: In der Praxis hat sich gezeigt, dass das BKartA mit Entscheidungen nach § 32c Abs. 1 GWB eher zurückhaltend umgeht. Allerdings besteht seit der 10. GWB-Novelle nach § 32c Abs. 4 GWB in bestimmten Fällen ein Anspruch auf eine Entscheidung nach § 32c Abs. 1 GWB. Dennoch bietet es sich an, vor einer Antragstellung mit der Behörde ein informelles „Vorgespräch" zu führen, um möglicherweise eine erste Einschätzung der Erfolgsaussichten zu erhalten. Die Möglichkeit hat mittlerweile in § 32c Abs. 2 GWB eine gesetzliche Grundlage. Ebenfalls neu eingeführt wurde der § 32c Abs. 3 GWB. Danach kann das BKartA allgemeine Verwaltungsgrundsätze über die Ausübung des im Rahmen des § 32c GWB bestehenden Ermessens festlegen. Durch die Veröffentlichung von Verwaltungsgrundsätzen sollen Unternehmen besser über das Instrument der Entscheidung nach § 32c GWB und alternative informelle Möglichkeiten einer behördlichen Einschätzung informiert werden (BT-Drs. 19/23492, 87). Es bleibt abzuwarten, wie umfassend das BKartA künftig von dieser Möglichkeit Gebrauch machen wird und dadurch mehr Rechtssicherheit geschaffen werden kann.

1. (Allgemeines) Durch das System der Legalausnahme im deutschen und im europäischen Recht wächst das Bedürfnis der Unternehmen nach Rechtssicherheit hinsichtlich der wettbewerbsbeschränkenden Zulässigkeit der Vereinbarung. Das BKartA hat daher – wie die EU-Kommission (vgl. Art. 5 S. 3 VO 1/2003) – die Befugnis, eine Entscheidung zu treffen, wonach die Voraussetzungen für ein Verbot nach den §§ 1, 19–21 und 29 GWB bzw. nach den Art. 101 Abs. 1 und 102 AEUV nicht gegeben sind und daher kein Anlass zum Tätigwerden besteht. Diese Entscheidung ist nur deklaratorisch. Sie bindet die Kartellbehörde; diese kann also nicht mehr gegen die betreffende Vereinbarung bzw. Verhaltensweise vorgehen, sofern nicht eine Veränderung der zugrunde liegenden Sach- und Rechtslage eintritt. Eine Bindungswirkung gegenüber Gerichten besteht nicht. Seit der 10. GWB-Novelle besteht nach § 32c Abs. 4 GWB ein **Anspruch auf eine Entscheidung** nach § 32c Abs. 1 GWB sofern ein erhebliches rechtliches und wirtschaftliches Interesse an einer Entscheidung besteht. Das BKartA soll **innerhalb von sechs Monaten** über den Antrag entscheiden. Allerdings ist der Anspruch ausweislich der Gesetzesbegründung auf horizontale Kooperationen begrenzt. Nicht erfasst ist damit beispielsweise die Prüfung selektiver Vertriebssysteme einzelner Unternehmen (BT-Drs. 19/23492, 87). Zudem kann bei verlagswirtschaftlicher (nicht redaktioneller) Zusammenarbeit ein Anspruch bestehen (→ Form. VIII.3.2). In den übrigen Fällen bleibt es dem Ermessen der Behörde vorbehalten, ob sie eine Entscheidung in Form einer formellen Verfügung (vgl. § 61 GWB) trifft oder den Unternehmen informell eine Mitteilung zukommen lässt. Der Antrag auf Erlass einer Entscheidung nach § 32c Abs. 1 GWB kann diese dann nur anregen. Es besteht jedoch auch ohne die Entscheidung nach § 32c Abs. 1 GWB die Möglichkeit der informellen Abklärung mit den Kartellbehörden. Seit der 10. GWB-Novelle ist diese Möglichkeit ausdrücklich in § 32c Abs. 2 GWB normiert (sog. **Vorsitzendenschreiben**) Grundsätzlich liegt es in der Pflicht des Antragstellers, dem BKartA den Sachverhalt umfassend und vollständig darzulegen sowie bei Rückfragen entsprechend kooperativ zu reagieren. Die Behörde trifft im Falle einer Antragsstellung nach § 32c GWB grundsätzlich keine umfassende Untersuchungs- und Ermittlungspflicht (vgl. MüKoWettbR/*Keßler* GWB § 32c Rn. 4).

2. (Zuständige Kartellbehörde) Zuständig ist das BKartA, es sei denn, dass die Wirkung des Kartells nicht über das Gebiet eines Landes hinausreicht. In letzterem Fall ist die entsprechende Landeskartellbehörde zuständig (vgl. § 48 GWB). Die jeweils andere Behörde kann aber einen Antrag auf Verweisung stellen (§ 49 Abs. 3, 4 GWB).

3. (Beschlussabteilung) Die Entscheidungen des BKartA werden in Beschlussabteilungen durch einen Vorsitzenden und zwei Beisitzende gefällt (§ 51 Abs. 2 S. 1, 2 GWB). Die Zuständigkeiten der Beschlussabteilungen für einzelne Sachgebiete werden in der Geschäftsordnung des BKartA festgelegt. Über das Internet stellt das BKartA den jeweils aktuellen Organisationsplan zum Download bereit.

4. (Antragssteller) Der Antrag ist durch die beteiligten Unternehmen selbst oder durch einzeln oder gemeinsam Bevollmächtigte vorzunehmen.

5. (Freistellungstatbestand) Die bisher geltende Pflicht zur (vorherigen) Anmeldung und das Legalisierungserfordernis bei wettbewerbsbeschränkenden horizontalen Vereinbarungen ist abgeschafft worden. Es gilt – wie im EU-Recht – das Prinzip der Legalausnahme. Zentraler Freistellungstatbestand ist die in § 2 Abs. 1 GWB enthaltene Generalklausel, die Art. 101 Abs. 3 AEUV nachgebildet ist. Zu beachten ist aber insbesondere auch die Möglichkeit einer Freistellung speziell für Mittelstandskartelle (vgl. § 3 GWB).

6. (Verbesserung) Die Freistellung nach § 2 Abs. 1 GWB setzt voraus, dass die Vereinbarung bzw. der Beschluss zu einer Verbesserung der Erzeugung und Verteilung von Waren oder Dienstleistungen oder zu einer Förderung des technischen oder wirtschaftlichen Fortschritts führt.

7. (Verbraucherbeteiligung) Weitere Freistellungsvoraussetzung nach § 2 Abs. 1 GWB ist, dass die Verbraucher angemessen an der entstehenden Verbesserung beteiligt werden.

8. (Mildestes Mittel) Die Verbesserung darf von den beteiligten Unternehmen auf andere Weise nicht erreicht werden. Die Wettbewerbsbeschränkungen müssen daher zur Erreichung der genannten Verbesserung unerlässlich sein. Es sollte daher angegeben werden, warum die genannten Verbesserungen ohne den Abschluss der gesamten Vereinbarung oder ohne die wettbewerbsbeschränkenden Vertragsbestimmungen nicht, nicht so schnell oder nur unter größeren Kosten oder mit geringer Erfolgswahrscheinlichkeit erreicht werden können.

9. (Angemessenheit) Die genannten Verbesserungen müssen in einem angemessenen Verhältnis zu den damit verbundenen Wettbewerbsbeschränkungen stehen.

10. (Keine Ausschaltung des Wettbewerbs für einen wesentlichen Teil der betreffenden Waren) Schließlich dürfen die Wettbewerbsbeschränkungen nicht die Möglichkeit eröffnen, für einen wesentlichen Teil der betreffenden Waren den Wettbewerb auszuschalten.

11. (Klarstellungsinteresse) Ein Anspruch auf Erlass einer Entscheidung nach § 32c GWB setzt das Bestehen eines **erheblichen rechtlichen und wirtschaftlichen Interesses** an einer solchen Entscheidung voraus (§ 32c Abs. 4 S. 1 GWB). Jedenfalls bei der Geltendmachung eines Anspruchs ist die Darstellung dieses besonderen Interesses daher zwingend. Das Gesetz trifft jedoch keine Aussage dazu, ob dieses besondere Interesse der beteiligten Unternehmen auch eine Voraussetzung für die Antragsstellung ist, wenn kein Anspruch besteht. Ausgehend von der gesetzlichen Systematik, nach der die betroffenen Unternehmen die kartellrechtliche Zulässigkeit von Vereinbarungen grundsätzlich selbst einschätzen müssen, liegt es jedoch nahe davon auszugehen, dass die Darstellung eines berechtigten Interesses für die Herbeiführung einer Entscheidung nach § 32c GWB durch die Behörde förderlich sein kann. Insofern ist es stets sinnvoll darzustellen, warum in diesem konkreten Fall eine Entscheidung durch das BKartA notwendig ist. Ein besonderes rechtliches Interesse wird insbesondere dann anzunehmen sein, wenn den beteiligten Unternehmen eine Selbsteinschätzung der Rechtslage anhand der bestehenden Behörden- und Gerichtspraxis nicht mit ausreichender Sicherheit möglich ist. Dabei spielt es auch eine Rolle, inwieweit der zugrundeliegende Fall eine über den Einzelfall hinausgehende Bedeutung hat und deshalb ein öffentliches Interesse an einer Entscheidung besteht, beispielweise um Rechtssicherheit zu schaffen. Ein besonderes wirtschaftliches Interesse ist nach der Gesetzesbegründung zum neuen § 32c Abs. 4 GWB insbesondere bei außergewöhnlich hohem Investitionsvolumen und -aufwand anzunehmen (BT-Drs. 19/23492, 87). Im Ergebnis geht es darum, dem BKartA die Notwendigkeit einer Entscheidung aufzuzeigen. Zu berücksichtigen ist, dass das BKartA auch im Falle des Bestehens eines Anspruchs nach § 32c Abs. 4 GWB einen Antrag auf Erlass einer Entscheidung ablehnen kann, wenn aufgrund der dem BKartA vorliegenden Erkenntnisse nicht mit hinreichender Wahrscheinlichkeit abzusehen ist, dass kein Anlass zum Tätigwerden besteht.

12. (Gebühren) Das Verfahren nach § 32c ist gebührenpflichtig (§ 62 Abs. 1 S. 2 Nr. 2 GWB). Die Höhe der Gebühren richtet sich nach dem personellen und sachlichen Aufwand der Kartellbehörde unter Berücksichtigung der wirtschaftlichen Bedeutung des Falles (§ 62 Abs. 2 S. 1 GWB). § 62 Abs. 2 S. 2 Nr. 2 GWB sieht jedoch eine Höchstgrenze von 25.000 EUR vor. Bei außergewöhnlich hohem personellen und sachlichen Aufwand kann die Gebühr bis auf das Doppelte erhöht werden (§ 62 Abs. 2 S. 3 GWB). Zu der 2004 außer Kraft getretenen Vorschrift § 8 Abs. 2 S. 2 BRAGO entschied der BGH (vgl. BGH WM 1989, 358 (360)), dass der Gegenstandswert für die Gebühren des Rechtsanwaltes nach dem wirtschaftlichen Interesse der Kooperationsteilnehmer mit einem gewissen Bruchteil des aufgrund der Kooperation erzielten Umsatzes zu ermitteln ist. Es ist davon auszugehen, dass diese Rechtsprechung auf den inhaltsgleichen § 23 Abs. 3 S. 2 RVG anwendbar ist.

13. (Veröffentlichung) Entscheidungen nach § 32c GWB können von der Kartellbehörde veröffentlicht werden (§ 61 Abs. 3 S. 2 GWB). Die Kosten für die Veröffentlichung werden als Auslagen erhoben (§ 62 Abs. 1 S. 3 GWB) Ggf. kann dies auch auf der Internetseite der Kartellbehörde geschehen.

3.2 Geltendmachung eines Anspruchs auf Entscheidung nach § 30 Abs. 2b S. 3 GWB iVm § 32c Abs. 1 GWB[1]

An das

Bundeskartellamt[2]

. . . . . **Beschlussabteilung**[3]

– Vorsitzende(r) –

Kaiser-Friedrich-Straße 16

53113 Bonn

Geltendmachung eines Anspruchs auf Entscheidung nach § 30 Abs. 2b S. 3 GWB iVm § 32c Abs. 1 GWB

Hiermit beantrage ich namens und im Auftrag der Unternehmen[4] . . . . . [Name, Rechtsform und Anschrift] eine Entscheidung nach § 32c GWB. Zum einen handelt es sich bei der in Rede stehenden Vereinbarung um eine solche zwischen Zeitungsverlagen über eine verlagswirtschaftliche Zusammenarbeit zur Stärkung der wirtschaftlichen Basis für den intermedialen Wettbewerb, die nicht gegen Art. 101 Abs. 1 AEUV verstößt. Zudem haben die beteiligten Unternehmen ein erhebliches rechtliches und wirtschaftliches Interesse an dieser Entscheidung. Damit sind die Voraussetzungen des § 30 Abs. 2b S. 3 GWB erfüllt, sodass die beteiligten Unternehmen einen Anspruch auf eine entsprechende Entscheidung haben. Im Einzelnen:

1. **[Beschreibung der beteiligten Unternehmen]**
2. **[Beschreibung des Inhalts der wettbewerbsbeschränkenden Vereinbarung und Erklärung, warum lediglich die verlagswirtschaftliche Zusammenarbeit und nicht die Zusammenarbeit im redaktionellen Bereich betroffen ist][5]**
3. **Die Vereinbarung ermöglicht es den Beteiligten, ihre wirtschaftliche Basis für den intermedialen Wettbewerb zu stärken, weil . . . . .[6]**
4. **Die Vereinbarung verstößt nicht gegen Art. 101 Abs. 1 AEUV, weil . . . . .[7]**
5. **Die Beteiligten haben ein erhebliches rechtliches und wirtschaftliches Interesse an einer Entscheidung des Bundeskartellamts nach § 32c GWB, weil . . . . .[8]**

Unterschrift[9,10]

Anmerkungen

1. (Allgemeines) Durch das System der Legalausnahme im deutschen und im europäischen Recht wächst das Bedürfnis der Unternehmen nach Rechtssicherheit hinsichtlich der wettbewerbsbeschränkenden Zulässigkeit der Vereinbarung. Das BKartA hat daher – wie die EU-Kommission (vgl. Art. 5 S. 3 VO 1/2003) – die Befugnis, eine Entscheidung zu treffen, wonach die Voraussetzungen für ein Verbot nach den §§ 1, 19–21 und 29 GWB bzw. nach den Art. 101 Abs. 1 und 102 AEUV nicht gegeben sind und daher kein Anlass zum Tätigwerden besteht. Diese Entscheidung ist nur deklaratorisch. Sie bindet die Kartellbehörde; diese kann nicht mehr gegen die betreffende Vereinbarung bzw. Verhaltensweise vorgehen, sofern nicht eine Veränderung der zugrunde liegenden Sach- und Rechtslage eintritt. Eine Bindungswirkung gegenüber Gerichten besteht nicht. Die EU-Kommission ist ebenfalls nicht an die Entscheidung der nationalen Kartellbehörde gebunden. Seit der 10. GWB-Novelle besteht nach § 32c Abs. 4 GWB ein Anspruch auf eine Entscheidung nach § 32c Abs. 1 GWB sofern ein erhebliches rechtliches und wirtschaftliches Interesse an einer Entscheidung besteht. Das BKartA soll innerhalb von sechs Monaten über den Antrag entscheiden. Allerdings ist der Anspruch ausweislich der Gesetzesbegründung auf horizontale Kooperationen begrenzt. Nicht erfasst ist damit beispielsweise die Prüfung selektiver Vertriebssysteme einzelner Unternehmen (BT-Drs. 19/23492, 87). In den übrigen Fällen bleibt es dem Ermessen der Behörde vorbehalten, ob sie eine Entscheidung in Form einer formellen Verfügung (vgl. § 61 GWB) trifft oder den Unternehmen informell eine Mitteilung zukommen lässt. (→ Form. VIII.3.1 Anm. 1). Im Bereich von Vereinbarungen zwischen Zeitungs- und Zeitschriftenverlagen über eine verlagswirtschaftliche (nicht redaktionelle) Zusammenarbeit kann darüber hinaus ein von 32c Abs. 4 GWB unabhängiger Anspruch auf eine Entscheidung nach § 32c Abs. 1 GWB bestehen (vgl. § 30 Abs. 2 S. 3 GWB). „Die Ausnahme erfolgt, um Presseverlagen, die eine Kooperation planen, mehr Rechtssicherheit im Hinblick auf die Vereinbarkeit der Vereinbarung mit dem europäischen Kartellrecht zu geben" (BT-Drs. 18/10207, 54). Da das BKartA mit derartigen Entscheidungen eher zurückhaltend umgeht, sollte bei der Geltendmachung eines Anspruchs auf eine Entscheidung das Vorliegen der erforderlichen

Voraussetzungen besonders sorgfältig dargestellt werden. In jedem Fall ist es zudem empfehlenswert, die Thematik vor Antragsstellung in einem informellen Vorgespräch mit dem BKartA zu erörtern, um eine erste Einschätzung zu erhalten. Die Möglichkeit hat mittlerweile in § 32c Abs. 2 GWB eine gesetzliche Grundlage.

2. (Zuständige Kartellbehörde) → Form. VIII.3.1 Anm. 2.

3. (Beschlussabteilung) → Form. VIII.3.1 Anm. 3.

4. (Antragssteller) Der Antrag ist durch die beteiligten Unternehmen selbst oder durch einzeln oder gemeinsam Bevollmächtigte vorzunehmen.

5. (Vereinbarungen über verlagswirtschaftliche Zusammenarbeit) Bei der Einführung der Privilegierung solcher Kooperationen im klassischen Printbereich und im Bereich der Internetpresse ging es dem Gesetzgeber insbesondere um die Gewinnung von Synergien und eine Rationalisierung bei verlagswirtschaftlichen Tätigkeiten. In der Gesetzesbegründung werden als Beispiele genannt: „Die Zusammenarbeit im Anzeige- und Werbegeschäft, beim Vertrieb, der Zustellung und Herstellung von Zeitungen und Zeitschriften sowie der diese reproduzierenden oder substituierenden Produkte im Sinne von § 30 Abs. 1 S. 2“ (BT-Drs. 18/10207, 54). Kooperationen im redaktionellen Bereich sind ausdrücklich nicht privilegiert (vgl. § 30 Abs. 2b S. 2 GWB). Eine Abstimmung über Inhalte und zu veröffentlichende Themen wäre also beispielsweise nicht zulässig.

6. (Stärkung der Basis für den intermedialen Wettbewerb) Der Gesetzgeber sah sich unter anderem vor dem Hintergrund eines Umbruches in der Medienlandschaft und dem damit verbundenen Rückgang der Werbeerlöse im Printbereich dazu veranlasst, zur Gewährleistung der Pressevielfalt, den Verlagen die Möglichkeit einer wirtschaftlichen Zusammenarbeit in rechtlicher Hinsicht zu erleichtern. Dabei ging es ihm insbesondere um eine Stärkung der wirtschaftlichen Basis der Wettbewerbsfähigkeit der Presseverlage im Verhältnis zu konkurrierenden Medienunternehmen, die nicht als Presse qualifiziert werden (BT-Drs. 18/10207, 54). Allerdings stellt der Gesetzgeber keine zusätzlichen, näher konkretisierenden Kriterien auf, sodass davon auszugehen ist, dass den beteiligten Parteien ein relativ weiter Beurteilungsspielraum gewährt wird und der Nachweis einer spürbaren oder tatsächlichen Stärkung der wirtschaftlichen Basis gerade nicht erforderlich ist (vgl. Langen/Bunte/*Bahr* Kartellrecht I, § 30 Rn. 137). Dennoch ist es empfehlenswert, der Behörde die zu erwartende Stärkung der wirtschaftlichen Basis für den intermedialen Wettbewerb möglichst genau zu beschreiben, um durch eine plausible und nachvollziehbare Darstellung zu überzeugen.

7. (Kein Verstoß gegen Art. 101 Abs. 1 AEUV) Ein Anspruch auf eine Entscheidung nach § 32c GWB besteht nur, wenn die Voraussetzungen für ein Verbot nach Art. 101 Abs. 1 AEUV nach den der Kartellbehörde vorliegenden Erkenntnissen nicht vorliegen (vgl. § 30 Abs. 2 S. 3 Nr. 1 GWB). Wegen des grundsätzlichen Vorrangs der unionsrechtlichen Regelung des Art. 101 Abs. 1 AEUV kann die Entscheidung nach § 32c GWB nur für ein Verstoß im Sinne des § 1 GWB gelten und eben nicht für das europäische Kartellverbot. Zu prüfen sind also die zwischenstaatlichen Auswirkungen der Zusammenarbeit. Der Beurteilung dieser zwischenstaatlichen Auswirkungen kommt im Rahmen der Prüfung eines möglicherweise bestehenden Anspruchs die entscheidende Bedeutung zu. Dies lässt sich wie folgt erklären: Unter welchen Voraussetzungen § 1 GWB auf verlagswirtschaftliche Zusammenarbeit nicht anwendbar ist, wird bereits in § 30 Abs. 2b S. 1 GWB festgelegt. In der Gesetzesbegründung des durch die 9. GWB-Novelle eingeführten Anspruchs auf Geltendmachung einer Entscheidung nach § 32c GWB (in § 30 Abs. 2b S. 3 GWB) heißt es: „Soweit diese gesetzliche Ausnahme vom nationalen Kartellverbot reicht, ist eine Entscheidung nach § 32c GWB nicht erforderlich“ (BT-Drs. 18/

10207, 54). Dies könnte so zu verstehen sein, dass ein Anspruch auf eine Entscheidung nach § 32c GWB mangels Erforderlichkeit nicht bestehen soll, wenn der Sachverhalt eindeutig nur nach nationalen Vorschriften zu beurteilen ist. Liegt jedoch ein Verstoß gegen Art. 101 Abs. 1 AEUV vor, besteht nach der gesetzlichen Regelung des § 30 Abs. 2b S. 3 Nr. 1 GWB kein Anspruch. Daraus lässt sich schließen. dass ein Anspruch auf eine Entscheidung nur bestehen kann, wenn eine Beurteilung der Vereinbarkeit mit Art. 101 Abs. 1 AEUV nicht von vornherein offensichtlich, sondern mit rechtlichen Unsicherheiten verbunden ist. Dieses Verständnis geht einher mit dem vom Gesetzgeber bei Einführung der Regelung verfolgten Zweck, den Verlagen mehr Rechtssicherheit im Hinblick auf die Vereinbarkeit der Vereinbarungen mit unionsrechtlichen Regelungen zu geben (vgl. BT-Drs. 18/10207, 54). Da die Kartellbehörde über diesen Punkt nur anhand der ihr vorliegenden Erkenntnisse entscheidet, sollten die Ausführungen an dieser Stelle besonders sorgfältig und ausführlich gestaltet werden.

8. (Erhebliches rechtliches und wirtschaftliches Interesse) Die Antragsteller müssen ein erhebliches rechtliches und wirtschaftliches Interesse an einer Entscheidung nach § 32c GWB haben (vgl. § 30 Abs. 2b S. 3 Nr. 2 GWB). → Form. VIII.3.1 Anm. 11.

9. (Gebühren) → Form. VIII.3.1 Anm. 12.

10. (Veröffentlichung) → Form. VIII.3.1 Anm. 13.

3.3 Antrag auf Anerkennung von Wettbewerbsregeln (§ 24 Abs. 3 GWB)[1]

An das

Bundeskartellamt[2]

. . . . . Beschlussabteilung

– Vorsitzende(r) –

Kaiser-Friedrich-Straße 16

53113 Bonn

Antrag auf Anerkennung von Wettbewerbsregeln für . . . . .

Ich beantrage namens und in Vollmacht der Wirtschaftsvereinigung X[3] [Name, Rechtsform und Anschrift der Wirtschafts- oder Berufsvereinigung] vertreten durch [Name und Anschrift] die Anerkennung von Wettbewerbsregeln.[4] Die Wirtschaftsvereinigung X hat zur Sicherung und Förderung eines leistungsgerechten Wettbewerbes für ihren Bereich Wettbewerbsregeln aufgestellt. Im Einzelnen:

1. **. . . . . [Beschreibung der Notwendigkeit zum Erlass der Wettbewerbsregeln auf dem betroffenen Markt],**
2. **. . . . . [Angabe des sachlichen und örtlichen Anwendungsbereiches der Wettbewerbsregeln],**
3. **. . . . . [Begründung, warum die Wettbewerbsregeln nicht gegen § 1 verstoßen].**

Diesem Antrag sind beigefügt:[5]

- **Wortlaut der Wettbewerbsregeln (Anlage 1);**
- **Satzung der Wirtschafts- und Berufsvereinigung (Anlage 2);**
- **Nachweis, dass die Wettbewerbsregeln satzungsmäßig aufgestellt sind (Anlage 3);**

- **Aufstellung der außenstehenden Wirtschafts- oder Berufsvereinigung und Unternehmen der gleichen Wirtschaftsstufe sowie der Lieferanten und Arbeitnehmervereinigung und der Bundesorganisation der beteiligten Wirtschaftsstufen des betreffenden Wirtschaftszweiges (Anlage 4).[6, 7, 8, 9]**

Eine Vollmacht liegt bei (Anlage 5).

Unterschrift

Anmerkungen

1. (Allgemeines) Für Wettbewerbsregeln können die sie aufstellenden Wirtschafts- und Berufsvereinigungen die „Anerkennung" bei der Kartellbehörde beantragen. Wettbewerbsregeln sind Bestimmungen, die das Verhalten von Unternehmen im Wettbewerb zu dem Zweck regeln, einem den Grundsätzen des lauteren oder der Wirksamkeit eines leistungsgerechten Wettbewerbs zuwiderlaufenden Verhalten im Wettbewerb entgegenzuwirken und ein diesen Grundsätzen entsprechendes Verhalten im Wettbewerb anzuregen (§ 24 Abs. 2 GWB). Wirtschafts- und Berufsvereinigungen sind solche Vereinigungen von Unternehmen, welche die wirtschaftlichen oder beruflichen Interessen ihrer Mitglieder wahrnehmen und für den betreffenden Wirtschaftsbereich jedenfalls in einem bestimmten räumlichen Bereich repräsentativ sind (vgl. MüKoWettbR/*Timme* GWB § 24 Rn. 9). Den Vereinigungen steht es frei, ob sie die Anerkennung ihrer Regeln beantragen (§ 24 Abs. 3 GWB). Die Anerkennung erfolgt durch Verfügung der Kartellbehörde (§ 26 Abs. 1 S. 1 GWB). Sie hat zum Inhalt, dass für die Kartellbehörde kein Anlass besteht, Einwände gegen die Wettbewerbsregeln zu erheben, stellt aber keine konstitutive Freistellung im Verhältnis zu Dritten dar. Soweit eine Wettbewerbsregel gegen das Verbot des § 1 GWB verstößt und nicht nach § 2 GWB freigestellt ist oder Bestimmungen dieses Gesetzes, des Gesetzes gegen den unlauteren Wettbewerb (UWG) oder eine andere Rechtsvorschrift verletzt, hat die Kartellbehörde den Antrag auf Anerkennung abzulehnen. Insofern ergibt sich aus einer Anerkennung durch die Behörde immerhin mittelbar eine gewisse Rechtssicherheit. Änderungen und Ergänzungen anerkannter Wettbewerbsregeln sind der Kartellbehörde mitzuteilen (§ 24 Abs. 5 GWB). Ggf. ist die Behörde dann nicht mehr an die Anerkennung gebunden und könnte Maßnahmen nach den §§ 33 ff. GWB einleiten. Nach § 26 Abs. 4 GWB hat die Behörde die Anerkennung zurückzunehmen oder zu widerrufen, wenn sie nachträglich feststellt, dass die Voraussetzungen einer Ablehnung der Anerkennung nach § 26 Abs. 2 GWB vorlagen. Zu beachten ist, dass es im Unionsrecht keine den §§ 24–27 GWB entsprechende Regelung gibt. Insofern ist bei Eröffnung des Anwendungsbereichs zu prüfen, ob die Wettbewerbsregeln einen Verstoß gegen Art. 101 AEUV darstellen und ob ein Freistellungstatbestand eingreift.

2. (Zuständige Kartellbehörde) Zuständig ist das BKartA, es sei denn, dass die Wirkung des Kartells nicht über das Gebiet eines Landes hinausreicht. In letzterem Fall ist die entsprechende Landeskartellbehörde zuständig (vgl. § 48 GWB).

3. (Vertretung) Ist die Wirtschafts- und Berufsvereinigung rechtsfähig, kann der Antrag vom gesetzlichen Vertreter gestellt werden. Die Vertretungsbefugnis ist in diesem Fall durch Vorlage eines beglaubigten Registerauszuges nachzuweisen (Vereinsregister, Genossenschaftsregister oder Handelsregister). Der Antrag kann auch durch eine andere Person gestellt werden. Ihre Vollmacht ist nachzuweisen.

4. (Antrag) Die Wettbewerbsregeln werden nur auf Antrag anerkannt.

5. (Inhalt des Antrages) Für den Inhalt des Antrages schreibt § 24 Abs. 4 GWB notwendige **Bestandteile** vor. Dazu gehören ua die Vorlage des Wortlautes der Wettbewerbsregeln, die Vorlage der Satzung, der Nachweis des sachlichen und örtlichen Anwendungsbereiches einschl. der Liste der Mitglieder, deren Wettbewerb „geregelt" werden soll. Zudem weist § 24 Abs. 4 S. 3 GWB ausdrücklich darauf hin, dass keine unrichtigen oder unvollständigen Angaben gemacht werden dürfen, um sich die Anerkennung einer Wettbewerbsregel zu erschleichen.

6. (Auflistung bestimmter Unternehmen und Verbände) Der Antrag muss eine Auflistung der **nichtbeteiligten** Unternehmen der gleichen Wirtschaftsstufe, der Wirtschafts- und Berufsvereinigungen der durch die Wettbewerbsregeln betroffenen Lieferanten und Abnehmer sowie der Bundesorganisationen der beteiligten Wirtschaftsstufen enthalten. Die Kartellbehörde hat ihnen Gelegenheit zur Stellungnahme zu geben (§ 25 GWB). Gleiches gilt für Verbraucherzentralen und andere Verbraucherverbände, die mit öffentlichen Mitteln gefördert werden, wenn die Interessen der Verbraucher erheblich berührt sind. Die Kartellbehörde kann eine öffentliche mündliche Verhandlung über den Antrag auf Anerkennung durchführen, in der es jedermann freisteht, Einwendungen gegen die Anerkennung zu erheben.

7. (Form) Der Antrag muss nicht schriftlich gestellt werden. Die Vorlage aller Informationen gem. § 24 Abs. 4 GWB kann auch mündlich zu Protokoll erklärt werden. Üblich ist jedoch der schriftliche Antrag.

8. (Veröffentlichung) Auf der Internetseite der Kartellbehörde werden der Eintragungsantrag, die **Anberaumung** von Terminen zur mündlichen Verhandlung, die Ablehnung bzw. Anerkennung sowie Änderungen, Ergänzungen und Löschungen der Regeln veröffentlicht (§ 27 Abs. 2 GWB).

9. (Gebühren) Das Verfahren nach §§ 24, 26 GWB ist gebührenpflichtig (§ 62 Abs. 1 S. 2 Nr. 2 GWB). Die Höhe der Gebühren richtet sich nach dem personellen und sachlichen Aufwand der Kartellbehörde unter Berücksichtigung der wirtschaftlichen Bedeutung des Falles (§ 62 Abs. 2 S. 1 GWB). § 62 Abs. 2 S. 2 Nr. 4 GWB sieht jedoch eine Höchstgrenze von 5.000 EUR vor. Bei außergewöhnlich hohem personellen und sachlichen Aufwand kann die Gebühr bis auf das Doppelte erhöht werden (§ 62 Abs. 2 S. 3 GWB). Zu der am 30.6.2004 außer Kraft getretenen Vorschrift § 8 Abs. 2 S. 2 BRAGO entschied der BGH (vgl. BGH WM 1989, 358 (360)), dass der Gegenstandswert für die Gebühren des Rechtsanwaltes nach dem wirtschaftlichen Interesse der Kooperationsteilnehmer mit einem gewissen Bruchteil des aufgrund der Kooperation erzielten Umsatzes zu ermitteln ist. Es ist davon auszugehen, dass diese Rechtsprechung auf den inhaltsgleichen § 23 Abs. 3 S. 2 RVG anwendbar ist.

3.4 Anregung zur Einleitung eines Verfahrens (§ 54 Abs. 1 S. 2 GWB)[1]

An das

Bundeskartellamt[2]

. . . . . Beschlussabteilung

– Vorsitzende(r) –

Kaiser-Friedrich-Straße 16

53113 Bonn

Anzeigenblatt A

Namens und im Auftrag der A GmbH, welche Anzeigenblätter herausgibt (Vollmacht liegt bei), zeigen wir ein wettbewerbsbeschränkendes Verhalten der B GmbH und der C KG an.[3] Beide Unternehmen sind Herausgeber von Tageszeitungen in dem Raum . . . . . und Umgebung. Sie geben seit neuestem gemeinsam über die D Wochenblatt GmbH eine Anzeigenzeitung namens „. . . . .“ heraus. Wir beantragen gem. § 54 Abs. 1 GWB, ein Verfahren gegen die Gesellschafter der D Wochenblatt GmbH einzuleiten und ihnen zu untersagen,

1. auf dem Anzeigenmarkt in . . . . . und Umgebung ihre Anzeigeninteressen zu kooperieren, indem sie über ein Gemeinschaftsunternehmen eine gemeinsame Anzeigenzeitung für . . . . . und Umgebung herausgeben;
2. die marktbeherrschende Position auf dem Gebiet der Tageszeitungen in . . . . . zu verstärken, indem sie über ein Gemeinschaftsunternehmen eine gemeinsame Anzeigenzeitung für . . . . . und Umgebung herausgeben.

Begründung:

I. Sachverhalt

1. Die A-GmbH ist . . . . . [Beschreibung des Unternehmens]
2. Die B-GmbH ist . . . . . [Beschreibung des Unternehmens]
3. Die C-KG ist . . . . . [Beschreibung des Unternehmens]
4. Die Kooperation über das Gemeinschaftsunternehmen, die D Wochenblatt GmbH, ist . . . . . [Beschreibung der Kooperation]

II. Rechtliche Bewertung

1. Die Zusammenarbeit der beiden Zeitungsverlage verstößt gegen § 1 GWB, weil . . . . .
2. Die Errichtung des Gemeinschaftsunternehmens unterliegt ferner der Zusammenschlusskontrolle, weil . . . . .

Wir bitten das Bundeskartellamt, diese Beschwerde und insbesondere die Identität unserer Mandantin zunächst vertraulich zu behandeln. Wir bitten auch, uns über das weitere Verfahren auf dem Laufenden zu halten. Unsere Mandantin ist gerne bereit, mit Ihnen ein vertiefendes Gespräch über den Markt der Tages- und Anzeigenzeitungen im Raume . . . . . zu führen.[4, 5]

Unterschrift

Anmerkungen

1. (Allgemeines) Nach § 54 Abs. 1 S. 1 GWB leitet die Kartellbehörde ein Verfahren von Amts wegen oder auf Antrag ein. Nach § 54 Abs. 1 S. 2 GWB kann die Kartellbehörde aber auch auf ein entsprechendes „Ersuchen“ zum Schutz eines Beschwerdeführers ein Verfahren von Amts wegen einleiten. Mit dem Begriff „Beschwerdeführer“ meint das Gesetz einen Marktbeteiligten, der Anzeige erstattet. Durch die Regelung in § 54 Abs. 1 S. 2 GWB wird sichergestellt, dass der Name des Beschwerdeführers schon zu Beginn des Verfahrens nicht in den Akten der Kartellbehörde erscheint. Damit wird den Bedenken begegnet, dass zB ein Missbrauchsverfahren gegen Lieferanten allein deshalb nicht durch eine Anzeige eingeleitet werden könnte, weil die betroffenen Unternehmen die Auslistung durch den Lieferanten zu befürchten hätten (sog. Ross- und Reiter-Problematik). Das vom BKartA eingeführte sog. anonyme Hinweisgebersystem soll die Anzahl der

Hinweise auf mögliche Kartellverstöße von nicht an einem Kartell beteiligten Unternehmen erhöhen und stellt insofern eine Ergänzung zu der sog. Bonusregelung dar (vgl. Bekanntmachung Nr. 9/2006 des BKartA), die sich an die Teilnehmer eines Kartells richtet. Vor diesem Hintergrund sind die Anforderungen für eine Antragsstellung eher niedrig angesetzt. Insbesondere bedarf es keiner besonderen Antragsbefugnis. Allerdings prüft das BKartA nach Eingang des Hinweises, ob die Angaben eine ausreichende sachliche Qualität aufweisen, ausreichend detailliert sind, von schlüssigem Tatsachenmaterial begleitet werden und durch weitere behördliche Ermittlungen bestätigt werden können. Hinweise, welche nach den genannten Kriterien eine entsprechende Qualität aufweisen, werden als qualifizierte Hinweise bezeichnet. In einer Gesamtbetrachtung ist jedoch die Anzahl der qualifizierten Hinweise im Vergleich zu allen eingereichten Meldungen eher gering (vgl. Tätigkeitsbericht des BKartA für 2015/2016, 33). Insofern empfiehlt es sich, vor der Abgabe einer Meldung an das BKartA einen Rechtsanwalt für Kartellrecht zu konsultieren und die Faktenlage einschätzen zu lassen.

2. (Zuständige Kartellbehörde) Zuständig ist das BKartA, es sei denn, dass die Wirkung des Kartells nicht über das Gebiet eines Landes hinausreicht. In letzterem Fall ist die entsprechende Landeskartellbehörde zuständig (vgl. § 48 GWB).

3. (Einleitung aufgrund eines Antrages) Die Kartellbehörde kann ein Verwaltungsverfahren entweder von Amts wegen oder auf Antrag einleiten (§ 54 Abs. 1 S. 1 GWB). Das Gesetz unterscheidet zwischen echten und unechten Antragsverfahren. **Echte Antragsverfahren** sind Verfahren, durch die die Unternehmen einen positiven Akt erstreben. Das Gesetz sieht in diesen Fällen ein ausdrückliches Antragsrecht vor. So ist das Beiladungsverfahren ein echtes Antragsverfahren (§ 54 Abs. 2 Nr. 3). **Unechte Antragsverfahren** sind solche Verfahren, die darauf gerichtet sind, die Überprüfung eines bestimmten Verhaltens durch die Kartellbehörden herbeizuführen, ohne dass dem Antragsteller ein entsprechendes subjektives Recht zusteht. In diesen Verfahren sind Anträge als bloße Anregungen zur Verfahrenseinleitung zu verstehen (zB Antrag auf Einleitung eines Verfahrens nach § 32 Abs. 1 iVm § 20 Abs. 2). Es steht im Ermessen der Behörde, ob sie das Verfahren „von Amts wegen" einleitet.

4. (Form und Frist) In den Fällen der unechten Antragsverfahren, zB des Antrags auf Einleitung des Verfahrens gem. § 54 Abs. 1 GWB, besteht kein Form- oder Fristerfordernis.

5. (Gebühren) Bei den unechten Antragsverfahren werden vom Antragsteller keine Gebühren erhoben.

3.5 Antrag auf Kronzeugenbehandlung

An das[1]

Bundeskartellamt[2]

. . . . . **Beschlussabteilung**

– Vorsitzende(r) –

Kaiser-Friedrich-Straße 16

53113 Bonn

Antrag auf Gewährung eines Geldbußenerlasses nach § 81h Abs. 1 iVm § 81k GWB

Wir kommen zurück auf Ihr Schreiben vom . . . . .[3] Hiermit erklären wir namens und im Auftrag der A-GmbH die Bereitschaft zur Zusammenarbeit mit dem Bundeskartellamt. Wir beantragen, der A-GmbH – vertreten durch [Name, Anschrift der vertretungsberechtigten Person(en)] und allen mit ihr verbundenen Unternehmen eine Geldbußenfreiheit – hilfsweise eine größtmögliche Reduktion der möglicherweise zu verhängenden Geldbuße – im Hinblick auf die Vereinbarung einer Abgrenzung von Geschäftsbereichen zwischen der A-GmbH und der B-GmbH im Kaufvertrag vom . . . . . zu gewähren.[4] Zudem bitten wir um Mitteilung der Rangstelle des Antrags auf Kronzeugenbehandlung.

Begründung:

Der A-GmbH ist vor Kurzem bewusst geworden, dass sie Partei einer Wettbewerbsbeschränkung geworden ist. Die fragliche wettbewerbsbeschränkende Abrede wurde in einem Kaufvertrag vom . . . . . vereinbart, mit welchem die A-GmbH den Geschäftsbereich X von der B-GmbH erworben hat. Gleichzeitig mit einem Wettbewerbsverbot zu Lasten der B-GmbH bezüglich des Geschäftsbereichs X wurde auch der A-GmbH ein umfangreiches Wettbewerbsverbot bezüglich des Geschäftsbereichs Y auferlegt. Im Einzelnen:

1. Die A-GmbH ist . . . . . [Beschreibung des Unternehmens].
2. Die B-GmbH ist . . . . . [Beschreibung des Unternehmens].
3. Im Kaufvertrag vom . . . . . vereinbarten die beteiligten Unternehmen ein Wettbewerbsverbot zu Lasten der B-GmbH, mit dem diese sich verpflichtete, für einen Zeitraum von . . . . . Jahren nicht im veräußerten Geschäftsbereich X im Raum . . . . . tätig zu werden. Zugleich wurde die A-GmbH verpflichtet, nicht im Geschäftsbereich Y, dem Kerngeschäftsfeld der B-GmbH, in den folgenden . . . . . Jahren nach Vertragsschluss tätig zu werden.
4. Die A-GmbH ließ sich auf das Wettbewerbsverbot zu Gunsten der B-GmbH nur deshalb ein, weil die B-GmbH der A-GmbH ein Wettbewerbsverbot bezüglich des erworbenen Geschäftsbereichs X nur im Fall eines ihr von der A-GmbH eingeräumten Wettbewerbsschutzes bezüglich des Geschäftsbereichs Y einräumen wollte.[5]
5. Das Wettbewerbsverbot betrifft die folgenden Märkte: . . . . .
6. Als Zeugen für den geschilderten Sachverhalt kann die A-GmbH . . . . . benennen.

Unsere Mandantin ist zu einer ununterbrochenen und uneingeschränkten Zusammenarbeit im Sinne der gesetzlichen Vorschriften zum Kronzeugenprogramm (§§ 81h ff. GWB) gerne bereit und steht für ein Gespräch und eine weitere Aufklärung zur Verfügung.[6, 7]

Anlagen[8]

Unterschrift

Anmerkungen

1. (Allgemeines) Seit der 10. GWB-Novelle ist das Kronzeugenprogramm gesetzlich in den §§ 81h bis 81n verankert. Erweitert um einige Vorgaben aus der ECN+ Richtlinie (RL (EU) 2019/1) entsprechen die Regelungen inhaltlich im Wesentlichen der sog. Bonusregelung des BKartA (Bekanntmachung Nr. 9/2006 vom 7.3.2006). Letztere wurde mit Wirkung zum 19.1.2021 aufgehoben. Das Kronzeugenprogramm kann von natürlichen Personen, Unternehmen und Unternehmensvereinigungen in Anspruch genommen werden (Kartellbeteiligte). Dabei geht es um den Erlass oder die Ermäßigung einer Geldbuße für Kartellbeteiligte, die durch Ihre Kooperation zur Aufdeckung eines Kartells (insbesondere Absprachen über die Festsetzung von Preisen oder Absatzquoten sowie über die Aufteilung von Märkten und Submissionsabsprachen) beitragen. Für den Erlass oder eine Ermäßigung der Geldbuße müssen zunächst die in § 81j GWB aufgeführten „allgemeinen Voraussetzungen für die Kronzeugenbehandlung" vorliegen (→ Anm. 7). Ob die Geldbuße erlassen oder reduziert wird hängt dann von den weiteren, in § 81k GWB (Erlass) und § 81l GWB (Ermäßigung) geregelten Voraussetzungen ab. Legt ein Kartellbeteiligter als erster Beweismittel vor, welche die Kartellbehörde zu dem Zeitpunkt, zu dem sie den Antrag auf Kronzeugenbehandlung erhält, erstmals in die Lage versetzen, einen Durchsuchungsbeschluss zu erwirken, wird die Geldbuße erlassen (§ 81k Abs. 1 GWB). In diesem Fall steht dem BKartA kein Ermessen zu. War das BKartA hingegen bereits in der Lage einen Durchsuchungsbeschluss zu erwirken, soll dem Kartellbeteiligten die Geldbuße in der Regel erlassen werden, wenn er als erster Beweismittel vorlegt, die erstmals den Nachweis der Tat ermöglichen. Dies gilt allerdings nur, wenn kein anderer Kartellbeteiligter bereits die Voraussetzungen für einen Erlass erfüllt hat (§ 81k Abs. 2 GWB). Für alle weiteren Kartellbeteiligten kommt eine Ermäßigung der Geldbuße in Betracht. Der Umfang der Ermäßigung steht im Ermessen des BKartA und richtet sich insbesondere nach dem Nutzen der Informationen und Beweismittel sowie nach dem Zeitpunkt der Anträge auf Kronzeugenbehandlung. Das BKartA ist nicht verpflichtet während des laufenden Bußgeldverfahrens Aussagen dazu zu treffen, ob ein Antragsteller die Voraussetzungen für einen Bußgelderlass bzw. eine Bußgeldreduktion erfüllt oder ob es weitere Antragsteller gibt. Eine Stellungnahme erfolgt in der Regel erst in der Bußgeldentscheidung des BKartA. Zu beachten ist, dass die gesetzlichen Vorgaben zum Kronzeugenprogramm nur für das kartellbehördliche Bußgeldverfahren gelten, nicht jedoch für die Bußgeldbemessung durch ein Gericht im Rechtsbehelfsverfahren.

2. (Zuständige Kartellbehörde) Zuständig ist das BKartA, es sei denn, dass die Wirkung des Kartells nicht über das Gebiet eines Landes hinausreicht. In letzterem Fall ist die entsprechende Landeskartellbehörde zuständig (vgl. § 48 GWB). Die jeweils andere Behörde kann aber einen Antrag auf Verweisung stellen (§ 49 Abs. 3, 4 GWB).

3. (Bezugnahme auf Marker bzw. auf die entsprechende Bestätigung durch das BKartA) Da die Reihenfolge der Anträge auf Bußgeldbefreiung maßgeblich für die Höhe der in Betracht kommenden Geldbußenreduktion ist, kann beim Leiter der Sonderkommission Kartellbekämpfung (Tel. 0228-9499-386) oder dem Vorsitzenden der zuständigen Beschlussabteilung vor der Antragstellung ein **Marker** gesetzt werden (mündlich oder in Textform in deutscher oder englischer Sprache) → Form. VIII.3.6. Der Marker ist die Erklärung der Bereitschaft zur Zusammenarbeit mit der Kartellbehörde und muss Angaben über die Art und Dauer des Kartellverstoßes, die sachlich und räumlich betroffenen Märkte, die Identität der Beteiligten sowie Angaben darüber beinhalten, bei welchen Kartellbehörden ebenfalls Anträge gestellt wurden oder ob dies beabsichtigt ist (§ 81m GWB). Das Setzen des Markers wird das BKartA unverzüglich schriftlich unter Angabe von Datum und Uhrzeit bestätigen. Innerhalb einer vom BKartA gesetzten angemessenen Frist muss dem Marker ein vollständiger Antrag nachgereicht werden. Unter bestimmten Voraussetzungen genügt auch ein Kurzantrag (§ 81n GWB).

4. (Antrag) Das BKartA erlässt oder reduziert eine Geldbuße nur dann, wenn der Kartellteilnehmer sich aus eigenem Antrieb an die Kartellbehörde wendet und alles Erforderliche unternimmt, um den Sachverhalt aufzuklären. Wird ein Antrag auf Kronzeugenbehandlung abgegeben gilt dieser, soweit nicht ausdrücklich etwas anderes erklärt wird, für alle juristischen Personen oder Personenvereinigungen, die im Zeitpunkt der Antragstellung das Unternehmen bilden. Davon umfasst sind auch deren derzeitige sowie frühere Mitglieder von Aufsichts- und Leitungsorganen und Mitarbeiter. Unzulässig ist hingegen ein gemeinsamer Antrag mehrerer Kartellbeteiligter. Ein Antrag auf Erlass der Geldbuße beinhaltet zugleich einen Antrag auf Ermäßigung der Geldbuße.

5. (Darstellung des Kartellrechtsverstoßes) Die Darstellung des Kartellverstoßes muss Angaben zu den betroffenen Produkten und Gebieten enthalten sowie zur Dauer und Art der Tat, insbesondere auch betreffend die eigene Beteiligung des Antragstellers. In Abhängigkeit von der begehrten Rechtsfolge muss der Vortrag bestimmte Wertungen zulassen. So setzt ein vollständiger Geldbußenerlass voraus, dass der antragstellende Kartellbeteiligte nicht andere zur Beteiligung am Kartell gezwungen hat (§ 81k Abs. 3 GWB). Anders als noch nach der Bonusregelung kann einem Kartellbeteiligten auch dann die Geldbuße vollständig erlassen werden, wenn er alleiniger Anführer des Kartells war. Wird der Antrag zu dem Zeitpunkt gestellt, zu welchem das BKartA noch nicht genügend Beweismittel hat, um einen Durchsuchungsbeschluss zu bewirken, müssen diejenigen Angaben enthalten sein, die erforderlich sind, um einen Durchsuchungsbeschluss zu erlangen. Wird der Antrag nach diesem Zeitpunkt gestellt, müssen Angaben enthalten sein, die das BKartA in die Lage versetzen, die Tat nachzuweisen. Für eine Ermäßigung der Geldbuße müssen Beweismittel vorgelegt werden, die wesentlich dazu beitragen, die Tat nachzuweisen. Soweit dem Antragsteller bekannt, muss der Antrag auch Angaben darüber enthalten, ob das Kartell Auswirkungen in anderen Staaten hatte.

6. (Form) Der Antrag kann schriftlich oder nach § 32a StPO elektronisch in deutscher, in englischer Sprache oder, nach Absprache mit der Kartellbehörde, in einer anderen Sprache der Europäischen Union gestellt werden. Sofern die Kartellbehörde einen Antrag in einer anderen als der deutschen Sprache entgegennimmt, kann die Behörde verlangen, unverzüglich eine deutsche Übersetzung beizubringen. In Absprache mit der Kartellbehörde kann der Antrag auch in Textform oder mündlich eingereicht werden (§ 81i Abs. 3 GWB). Vor dem Hintergrund des Akteneinsichtsrechts der Betroffenen im Bußgeldverfahren (§ 49 OWiG), ist es unbedingt empfehlenswert, den Antrag, insbesondere Geschäfts- und Betriebsgeheimnisse, sowie eventuell beigefügte Anlagen als „vertraulich" zu kennzeichnen. Seit der 9. GWB-Novelle regelt § 33g Abs. 4 GWB ua, dass im Rahmen von Schadensersatzklagen die Herausgabe von Kronzeugenerklärungen und Vergleichsausführungen ausgeschlossen ist (ausführlich zum Umfang MüKoEuWettbR/*Makatsch/Kacholdt* GWB § 33g Rn. 104 ff.). § 89c Abs. 4 S. 1 GWB bestimmt dasselbe für den Fall eines Antrags auf Offenlegung der Behördenakten im gerichtlichen Prozess (ausführlich zum Umfang MüKoEuWettbR/*Makatsch/Kacholdt* GWB § 89c Rn. 37 ff.).

7. (Allgemeine Voraussetzungen für die Kronzeugenbehandlung) Jeder Antragsteller hat im Rahmen des Kronzeugenprogramms die allgemeinen Voraussetzungen für die Kronzeugenbehandlung einzuhalten (§ 81j GWB). Dies bedeutet zunächst, dass er seine Kenntnis von dem Kartell sowie seine Beteiligung daran in dem Antrag offenlegt und umfassend an der Aufklärung des Sachverhalts mitwirkt. Der Antragsteller ist ab dem Zeitpunkt der Antragsstellung bis zur Beendigung des kartellbehördlichen Verfahrens zur ernsthaften, fortgesetzten und zügigen Kooperation verpflichtet. Dies beinhaltet insbesondere die Beantwortung jeder Frage, die zur Feststellung des Sachverhalts beitragen kann, die Übermittlung aller zugänglichen Informationen und Beweismittel, die vertrauliche Behandlung der Zusammenarbeit mit der Kartellbehörde sowie die Benennung der an der Kartellabsprache beteiligten Beschäftigten. Der Antragssteller darf ab dem Zeitpunkt, zu welchem er die Stellung des Antrags auf Kronzeugenbehandlung erwogen hat, Informationen über oder Beweise für das Kartell weder vernichten, noch verfälschen oder unterdrücken. Darüber hinaus muss er seine Beteiligung an dem Kartell unmittelbar nach Stellung des Antrags auf Kronzeugenbehandlung beenden, soweit nicht einzelne Handlungen nach Auffassung der Kartellbehörde möglicherweise erforderlich sind, um die Integrität ihrer Untersuchung zu wahren. Kommt der Antragssteller seinen Verpflichtungen nicht ausreichend nach, entfällt der Rang der Antragsstellung und die nachfolgenden Antragsteller rücken im Rang entsprechend auf. Diese Voraussetzungen sind auch von Kartellbeteiligten einzuhalten, zu deren Gunsten ein Antrag gestellt wurde.

8. (Anlagen) Mit dem Antrag auf Kronzeugenbehandlung sind die Beweismittel einzureichen, welche die Angaben aus dem Antrag belegen.

3.6 Erklärung der Bereitschaft zur Zusammenarbeit (Marker)

An das[1]

Bundeskartellamt[2]

. . . . . Beschlussabteilung

– Vorsitzende(r) –

Kaiser-Friedrich-Straße 16

53113 Bonn

Erklärung[3,4] der Bereitschaft zur Zusammenarbeit (Marker) nach § 81m Abs. 1 S. 1 GWB

Hiermit erklären wir namens und im Auftrag der A-GmbH die Bereitschaft zur Zusammenarbeit mit dem Bundeskartellamt .

1. Die A-GmbH ist . . . . . [Beschreibung des Unternehmens].
2. . . . . . [Darstellung der Art und Dauer des Kartellverstoßes].[5]
3. Das Wettbewerbsverbot betrifft die folgenden Märkte: . . . . .[6]
4. Im Übrigen waren folgende Personen an dem Kartellverstoß beteiligt: . . . . . [Angaben zur Identität der Beteiligten].
5. Es wurden bereits Anträge auf Erlass/Reduktion einer Geldbuße bei folgenden Wettbewerbsbehörden gestellt: . . . . .[7]

Die A-GmbH ist zu einer ununterbrochenen und uneingeschränkten Zusammenarbeit im Sinne der Bonusregelung gerne bereit und steht für ein Gespräch und eine weitere Aufklärung zur Verfügung.[8]

Wir bitten Sie, den Zugang dieser Erklärung über die Bereitschaft zur Zusammenarbeit unter Angabe des Datums und der Uhrzeit zu bestätigen.

Unterschrift

Anmerkungen

Hinweis: Allgemeines zu den gesetzlichen Regelungen des Kronzeugenprogramms → Form. VIII.3.4 Anm. 1.

1. (Allgemeines) in § 81m GWB ist die Möglichkeit für Kartellbeteiligte vorgesehen, eine „Erklärung der Bereitschaft zur Zusammenarbeit“ abzugeben und dadurch einen sog. „Marker“ zu setzen. Dabei geht es darum, sich für den weiteren Verlauf eines möglichen Bußgeldverfahrens einen Rang zu sichern. Der Rang hat maßgeblichen Einfluss auf den Erlass oder die Ermäßigung des Betrags einer möglichen Geldbuße. Der Zeitpunkt des Setzens des Markers ist entscheidend für den Rang des späteren Antrags, denn der Rang bestimmt sich nach der Reihenfolge der Eingänge der Anträge bzw.

Marker. Insofern ist die Entscheidung darüber, ob und wann – beispielsweise im Rahmen einer Durchsuchung durch eine Kartellbehörde – ein Marker gesetzt wird, von enormer praktischer Relevanz. Der Marker ist die Erklärung der Bereitschaft zur Zusammenarbeit mit der Kartellbehörde. Dieser Umstand sollte bei den Überlegungen, ob ein Marker gesetzt werden soll, mit einbezogen werden. Der durch einen Marker erlangten Rang entfällt, wenn ein Antragsteller seine Verpflichtungen (insbesondere die Kooperationspflicht) nicht erfüllt. In einem solchen Fall rücken die nachfolgenden Antragsteller im Rang auf. Der Marker muss in Kurzform Angaben über die Art und Dauer des Kartellverstoßes (insbesondere betreffend die eigene Beteiligung), die sachlich und räumlich betroffenen Märkte, die Identität der übrigen Kartellbeteiligten sowie Angaben darüber beinhalten, bei welchen Kartellbehörden ebenfalls Anträge gestellt wurden oder ob dies beabsichtigt ist.

2. (Zuständige Kartellbehörde) → Form. VIII.3.4 Anm. 2.

3. (Form) Der Marker kann mündlich, in Textform (zB per Telefax oder E-Mail) oder nach § 32a StPO elektronisch, in deutscher oder in englischer Sprache beim Leiter der Sonderkommission Kartellbekämpfung (Tel. 0228/9499-386) oder dem Vorsitzenden der zuständigen Beschlussabteilung gesetzt werden. Ein Marker kann nicht gemeinsam von mehreren Kartellbeteiligten gesetzt werden.

4. (Zeitpunkt und Verfahren) Wie bereits erwähnt, ist der Zeitpunkt des Setzen des Markers maßgeblich für den Rang im späteren Verfahren. Schnelles aber überlegtes Handeln kann deshalb von entscheidender Bedeutung sein. Insofern ist es empfehlenswert, dieses Szenario bereits im Vorwege einzustudieren, um im Ernstfall schnell und richtig reagieren zu können. Wurde ein Marker gesetzt, wird das BKartA den Zugang unverzüglich schriftlich unter Angabe von Datum und Uhrzeit bestätigen. Innerhalb einer vom BKartA gesetzten angemessenen Frist muss dem Marker ein vollständiger Antrag nachgereicht werden (zur Ausnahme → Anm. 7). Im Rahmen der Antragsstellung kann der Antragsteller bei der zuständigen Kartellbehörde seinen Rang erfragen.

5. (Darstellung des Kartellrechtsverstoßes) Bereits beim Setzen eines Markers müssen Angaben über die Art und Dauer des Kartellverstoßes gemacht werden. In Abgrenzung zu den Angaben, die im Rahmen eines Antrags auf Erlass/Ermäßigung einer Geldbuße getätigt werden müssen (→ Form. VIII.3.4 Anm. 5) sind die Anforderungen hier weniger streng. Dennoch ist eine grobe Darstellung des Verstoßes erforderlich. Eine nähere Konkretisierung erfolgt dann im Rahmen der Ausarbeitung zu einem Kronzeugenantrag innerhalb der vom BKartA gesetzten Frist.

6. (Sachlich und räumlich relevanter Markt) Erforderlich sind Angaben zu den sachlich und geographisch betroffenen Märkten.

7. (Antragstellung bei anderen Wettbewerbsbehörden) Anzugeben ist auch, ob bereits Anträge bei anderen Wettbewerbsbehörden gestellt wurden bzw. ob dies beabsichtigt ist und wenn ja, bei welchen Wettbewerbsbehörden. Wurde auch bei der Europäischen Kommission ein Antrag gestellt oder ist dies beabsichtigt, muss beim BKartA (zunächst) nur ein sog. Kurzantrag eingereicht werden. Dies gilt jedoch nur, wenn sich der Antrag auf mehr als drei Mitgliedstaaten als von dem Kartell betroffene Gebiete bezieht (§ 81n Abs. 1 GWB). Der Kurzantrag entspricht inhaltlich im Wesentlichen dem Antrag auf Setzen eines Markers (vgl.§ 81n Abs. 2 GWB). Entscheidet die Europäische Kommission, dass sie den Fall weder insgesamt noch in Teilen weiterverfolgt, oder wenn weitere Angaben für die Abgrenzung oder Zuweisung des Falles notwendig sind, verlangt das BKartA einen vollständigen Antrag auf Kronzeugenbehandlung. Dafür setzt das BKartA dem Antragsteller eine Frist. Wird diese Frist eingehalten, gilt der vollständige Antrag als zum Zeitpunkt des Eingangs des Kurzantrags vorgelegt, soweit der Kurzantrag dieselbe Tat, dieselben betroffenen Produkte, Gebiete und Kartellbeteiligten sowie dieselbe Dauer des Kartells erfasst wie der bei der Europäischen Kommission gestellte Antrag auf Kronzeugenbehandlung. Handelt es sich um ein Kartell, für das die Kommission die besonders gut geeignete Behörde im Sinne der Bekanntmachung der Europäischen Kommission über die Zusammenarbeit innerhalb des Netzwerkes der Wettbewerbsbehörden (ABl. 2004 C 101. 43) darstellt erscheint es sinnvoll das BKartA beim Setzen des Markers entsprechend darauf hinzuweisen.

8. (Kooperationspflichten/allgemeine Voraussetzungen für die Kronzeugenbehandlung) → Form. VIII.3.4 Anm. 7.

3.7 Antrag auf Erlass einer einstweiligen Maßnahme (§ 32a GWB)

An das[1]

Bundeskartellamt[2]

. . . . . . Beschlussabteilung

– Vorsitzende(r) –

Kaiser-Friedrich-Straße 16

53113 Bonn

Antrag auf Erlass einer einstweiligen Maßnahme gem. § 32a GWB wegen Lieferungsverweigerung

Namens und im Auftrag der Firma Lärche GmbH beantragen wir,[3] durch einstweilige Maßnahme der Firma Albatros AG zu untersagen, die Firma Lärche mit folgenden Produkten nicht zu beliefern: . . . . . .[4]

Begründung:

1. Die Firma Albatros AG ist Herstellerin von Tierfutter-Produkten. Diese werden über den autorisierten Fachhandel vertrieben. Die Firma Lärche wird jedoch von der Albatros AG nicht beliefert und damit diskriminiert.[5]
2. Die einstweilige Maßnahme ist aufgrund einer unmittelbar drohenden, schwerwiegenden Beeinträchtigung geboten.[6] . . . . . .
3. Aufgrund unseres Antrages vom . . . . . . ist bereits ein Hauptsacheverfahren beim BKartA anhängig (Gesch-Z.: . . . . . .).[7] Auf die Ausführungen in unserem Antrag vom . . . . . . nehmen wir Bezug.
4. Das öffentliche Interesse und die Belange der übrigen Betroffenen stehen dem Erlass der einstweiligen Maßnahme nicht entgegen, weil . . . . . .[8]

Rechtsanwalt

Anmerkungen

1. (Allgemeines) Im Rahmen der 10. GWB-Novelle wurden die Voraussetzungen für den Erlass einer einstweiligen Maßnahme gesenkt. Dadurch soll den Kartellbehörden (insbesondere in der digitalen Wirtschaft) ein zügigeres Eingreifen ermöglich werden. Eine einstweilige Maßnahmen zur Durchsetzung des Kartell- und Missbrauchsverbots kann angeordnet werden, wenn eine Zuwiderhandlung gegen diese Vorschriften überwiegend wahrscheinlich erscheint und die einstweilige Maßnahme zum Schutz des Wettbewerbs oder aufgrund einer unmittelbar drohenden, schwerwiegenden Beeinträchtigung eines anderen Unternehmens geboten ist. Das betroffene Unternehmen kann die Anordnung der Maßnahme nur abwenden, wenn es Tatsachen glaubhaft macht, nach denen die Anordnung eine unbillige, nicht durch überwiegende öffentliche Interessen gebotene Härte zur Folge hätte (§ 32a GWB). Außerhalb des Anwendungsbereiches von § 32a GWB können einstweilige Anordnungen nach Maßgabe des § 60 GWB getroffen werden (insbesondere in Fusionskontrollverfahren). Gegenstand der einstweiligen Anordnung können nur solche Maßnahmen sein, die auch im Hauptsacheverfahren erlassen werden könnten. Im Interesse der betroffenen Unternehmen sollen vorläufige Maßnahmen in der Regel nicht über eine Dauer von einem Jahr hinausgehen. Soweit es sich um eilbedürftige Fälle handelt, die durch einstweilige Maßnahmen geregelt werden, erscheint es angemessen, dass die Kartellbehörde innerhalb eines Jahres eine Regelung im normalen Verfahren trifft, soweit nicht besondere Umstände ausnahmsweise eine längere Dauer erfordern. Zudem darf die einstweilige Anordnung nicht schon das Ergebnis des Hauptsacheverfahrens in „endgültiger Weise“ vorwegnehmen.

2. (Zuständige Kartellbehörde) Zuständig ist die Kartellbehörde, bei der das Hauptsacheverfahren anhängig ist.

3. (Einleitung des Verfahrens) Das einstweilige Verfahren wird **von Amts wegen** eingeleitet. Individuell betroffenen Unternehmen bleibt nur die Möglichkeit, die **Einleitung anzuregen** (unechtes Antragsverfahren). Unechte Antragsverfahren sind solche Verfahren, die darauf gerichtet sind, die Überprüfung eines bestimmten Verhaltens durch die Kartellbehörden herbeizuführen, ohne dass dem Antragsteller ein entsprechendes subjektives Recht zusteht. Es steht im pflichtgemäßen Ermessen der Behörde, ob sie das Verfahren „von Amts wegen“ einleitet. Ein Antrag ist durch das in seinen Interessen erheblich betroffene Unternehmen selbst oder durch einen Bevollmächtigten vorzunehmen.

4. (Antrag) Ein Belieferungsantrag könnte lauten:

„Der Antragsgegnerin wird aufgegeben, die Antragstellerin mit folgenden Gegenständen zu beliefern . . . . . . *[Aufzählung der gewünschten Gegenstände mit genauer Angabe der Typenbezeichnungen und Mengen Zug um Zug gegen Zahlung des Preises]*.“

Begehrt der Antragsteller die Lieferung von Waren, hat er die Wahl zwischen einem **Unterlassungs- und einem Belieferungsantrag** (dazu siehe *Schockenhoff* NJW 1990, 151 (157)). Die Unterlassungspflicht erlischt mit der einmaligen Lieferung. Einstweilige Maßnahmen dienen auch im Falle des Belieferungsantrages der Sicherung, nicht der Befriedigung des Antragstellers. Der Grundsatz vom Ausnahmecharakter der Leistungsverfügung gilt jedoch nicht, wenn der Antragsteller bereits ein Feststellungsurteil erstritten hat (vgl. *Schockenhoff* NJW 1990, 152 (155)). In diesem Fall ist keine Zurückhaltung geboten, weil es nicht um Vorwegbefriedigung, sondern um endgültige Befriedigung geht.

5. (Anordnungsanspruch) Die Kartellbehörde wird die einstweilige Maßnahme nur erlassen, wenn das Vorliegen des Anordnungsanspruches glaubhaft gemacht worden ist. Das Vorliegen aller Tatbestandsmerkmale der Anspruchsnorm muss daher in dem Antrag (insbesondere durch Urkundsbeweis und eidesstattliche Versicherung) **glaubhaft** gemacht werden.

6. (Anordnungsgrund) Der neue Tatbestand des § 32a GWB setzt nicht mehr voraus, dass die einstweilige Maßnahme erforderlich ist, um einen ernsten, nicht wiedergutzumachenden Schaden für den Wettbewerb abzuwenden. Der Gesetzgeber hat die Voraussetzungen abgesenkt, weil die Wirksamkeit der Norm in der Praxis, insbesondere durch die hohe Hürde des nicht wiedergutzumachenden Schadens für den Wettbewerb, erheblich beeinträchtigt war (vgl. BT. Drs. 19/23492 S. 84 f.). Dennoch muss nach wie vor ein qualifizierter Schaden drohen für den Fall, dass die Eilmaßnahme nicht durchgeführt wird. Dies bildet die Norm dadurch ab, dass die Maßnahme entweder zum Schutz des Wettbewerbs geboten sein muss oder um eine unmittelbar drohende, schwerwiegende Beeinträchtigung eines anderen Unternehmens abzuwenden. Ausweislich der Gesetzesbegründung ist die Beeinträchtigung insbesondere dann hinreichend schwerwiegend, wenn sie die Wettbewerbsposition des betroffenen Unternehmens nachhaltig beschädigen kann oder sogar befürchtet werden muss, dass das Unternehmen aus dem betreffenden Markt ausscheidet. Die Beeinträchtigung droht unmittelbar, wenn sie bereits andauert oder in nächster Zukunft zu erwarten ist (BT. Drs. 19/23492 S. 85). In dem Antrag ist deshalb darzustellen, welche Auswirkungen die beanstandete Praxis (hier die Lieferverweigerung) auf den Antragsteller – und soweit möglich – auf den Wettbewerb insgesamt hat. Darüber hinaus ist es sinnvoll die Erforderlichkeit der beantragten Maßnahme vor dem Hintergrund der damit verfolgten Interessen kurz darzulegen, weil das Gericht die Verhältnismäßigkeit der beantragten Maßnahme zu prüfen hat.

7. (Anhängiges Hauptsacheverfahren) Der Antrag und der Erlass der einstweiligen Maßnahme setzen ein bei der Kartellbehörde anhängiges **Hauptsacheverfahren** voraus. Allerdings kann der Antrag auf Erlass einer einstweiligen Anordnung zum Anlass genommen werden, zugleich von Amts wegen ein Hauptsacheverfahren einzuleiten.

8. (Gebühren) Das Verfahren nach § 32a ist gebührenpflichtig (§ 62 Abs. 1 S. 2 Nr. 2 GWB). Die Höhe der Gebühren richtet sich nach dem personellen und sachlichen Aufwand der Kartellbehörde unter Berücksichtigung der wirtschaftlichen Bedeutung des Falles (§ 62 Abs. 2 S. 1 GWB). Nach § 62 Abs. 2 S. 2 Nr. 6 lit. d GWB darf der Gebührensatz jedoch nicht höher sein, als ein Fünftel der Gebühr der Hauptsache. Bei außergewöhnlich hohem personellen und sachlichen Aufwand kann die Gebühr bis auf das Doppelte erhöht werden (§ 62 Abs. 2 S. 3 GWB).

3.8 Anmeldung eines Zusammenschlusses (§ 39 GWB)[1, 2]

An das

Bundeskartellamt[3]

. . . . . Beschlussabteilung

– Vorsitzende(r) –

Kaiser-Friedrich-Straße 16

53113 Bonn

Albatros GmbH

Zusammenschlussvorhaben mit der Schwan GmbH (§ 37 Abs. 1 Nr. 1 GWB)

Anmeldung nach § 39 GWB

Namens und im Auftrag[4] der Albatros GmbH (im Folgenden „Albatros“) und mit Zustimmung der Schwan GmbH (im Folgenden „Schwan“)[5] melden wir hiermit gemäß § 39 GWB das folgende Zusammenschlussvorhaben an. Soweit durch das Bundeskartellamt gewünscht, werden wir eine unterzeichnete Vollmacht vorlegen.

I. Das geplante Zusammenschlussvorhaben[6]

Albatros beabsichtigt, den gesamten Geschäftsbetrieb von Schwan zu erwerben, mit Ausnahme eines Grundstücks, das von Albatros angemietet werden soll. Es handelt sich um einen Vermögenserwerb im Sinne von § 37 Abs. 1 Nr. 1 GWB.

II. Die Parteien des Zusammenschlussvorhabens

1. Die Käuferin (Albatros)

a) Firma, Sitz und Unternehmensgegenstand[7]

. . . . .

b) Verbundene Unternehmen[8]

Albatros ist mit der Albatros-Mutter AG, der Albatros-Großmutter B. V. sowie mit der 100%igen Tochtergesellschaft Albatros-TG GmbH verbunden. Wegen weiterer verbundener Unternehmen der Albatros-Gruppe verweisen wir auf den beiliegenden Geschäftsbericht der Albatros-Großmutter B. V. für das Geschäftsjahr . . . . . (Anlage 1) sowie auf die Website von Albatros (www.albatros-reinigung.de).

c) Umsatzerlöse

Im letzten Geschäftsjahr (. . . . .) erwirtschaftete die Albatros-Gruppe einschließlich sämtlicher verbundenen Unternehmen folgende Umsatzerlöse im Sinne von § 38 Abs. 1 GWB:

• weltweit:	ca. 4,1 Milliarden EUR
• Europa (einschl. Deutschland):	ca. 2,3 Milliarden EUR
• Deutschland:	ca. 900 Millionen EUR

2. Das zu erwerbende Unternehmen (Schwan)

a) Firma, Sitz und Unternehmensgegenstand

. . . . .

b) Verbundene Unternehmen

Schwan hält 75,1 % der Kapital- und Stimmanteile an der Tochtergesellschaft Schwan–TG GmbH.

c) Umsatzerlöse

Im letzten Geschäftsjahr (. . . . .) erwirtschaftete Schwan einschließlich der mit ihr verbundenen Schwan-TG GmbH folgende Umsatzerlöse im Sinne von § 38 Abs. 1 GWB:

• weltweit:	ca. 40 Millionen EUR
• Europa (einschl. Deutschland):	ca. 40 Millionen EUR
• Deutschland:	ca. 35 Millionen EUR

III. Fusionskontrollrechtliche Beurteilung

1. Anwendbarkeit der deutschen Fusionskontrolle[9]

Die Schwellenwerte der EG-Fusionskontrollverordnung werden von den Parteien des Zusammenschlussvorhabens nicht erreicht, da die von beiden Unternehmen (einschließlich der verbundenen Unternehmen) im Jahr . . . . . weltweit erzielten Umsatzerlöse die Schwelle von 2,5 Milliarden EUR nicht überschreiten.

2. Keine erhebliche Behinderung wirksamen Wettbewerbs[10]

Der Erwerb von Schwan betrifft den Markt für „Reinigungsdienstleistungen". Dabei handelt es sich geographisch um einen nationalen Markt, weil . . . . . und auch die Nachfrage lediglich bundesweit erfolgt. Das Marktvolumen im Bereich Reinigungsdienstleistungen im Inland belief sich im Jahr . . . . . (letzte verfügbare Zahl) auf etwa 9 Mrd. EUR. Die geschätzten Umsätze und Marktanteile verteilten sich wie folgt:

- Firma A: EUR . . . . . (. . . . . % Marktanteil)
- Firma B: EUR . . . . . (. . . . . % Marktanteil)
- Firma C: EUR . . . . . (. . . . . % Marktanteil)
- Albatros: EUR . . . . . (. . . . . % Marktanteil)
- Schwan: EUR . . . . . (. . . . . % Marktanteil)

Die beiden größten Marktteilnehmer erzielten dabei fast 20 % des Gesamtumsatzes. Auf dem Markt gibt es regen Wettbewerb, da insbesondere die Marktteilnehmer A und B über höhere Marktanteile als die Erwerberin verfügen. Daneben gibt es mehrere Hundert kleine und Kleinstunternehmern, die mit den größeren Marktteilnehmern im Wettbewerb stehen.

Das Zusammenschlussvorhaben führt im betroffenen Markt nicht zum Entstehen oder zur Verstärkung einer beherrschenden Stellung. Im Bereich Reinigungsdienste würde Albatros einen Marktanteil von ca. 3,5 % erhalten. Dies ist weit weniger als die Marktführer im Bereich Reinigung, die A und B, die zusammen einen Marktanteil von etwa 20 % innehaben. Auch darüber hinaus kommt es nicht zu einer erheblichen Behinderung wirksamen Wettbewerbs.

Abgesehen von der gesetzlich vorgeschriebenen Veröffentlichung einer Anmeldung und den dafür nötigen Daten bitten wir darum, die Angaben in diesem Schreiben vertraulich zu behandeln und uns schriftlich zu bestätigen, dass die Anmeldung vollständig im Sinne des Gesetzes ist.

Wir gehen davon aus, dass es sich bei dieser Anmeldung um eine reine Formalie handelt und bitten darum, uns möglichst kurzfristig einen positiven Bescheid zu erteilen. Zu einem Gespräch und weiterer Aufklärung sind wir gerne bereit.[11, 12, 13, 14]

Rechtsanwältin

Anmerkungen

1. (Einführung) In der Fusionskontrolle nach dem GWB sind zwei Arten von Zusammenschlüssen zu unterscheiden: kontrollpflichtige und nicht kontrollpflichtige Zusammenschlüsse. Kontrollpflichtige Zusammenschlüsse sind stets vor Vollzug anzumelden (§ 39 GWB). Eine besonders praktische Bedeutung kommt dabei dem sog. Vollzugsverbot zu (→ Anm. 12). Für nicht kontrollpflichtige Zusammenschlüsse besteht weder eine Anmeldepflicht noch eine Pflicht zur Vollzugsanzeige. Einen Überblick über die deutsche Fusionskontrolle gibt Ziff. 1.14 der Einführung. Ferner ist auf das Merkblatt des BKartA zur deutschen Fusionskontrolle vom 1.7.2005 zu verweisen (*www.bundeskartellamt.de*). Das Merkblatt wird derzeit überarbeitet. Außerdem hat das BKartA ein Formular zur Anmeldung eines Zusammenschlusses nebst Anmerkungen veröffentlicht, dessen Verwendung allerdings nicht zwingend vorgegeben ist.

2. (Anmeldepflicht) Eine **Anmeldepflicht** besteht, wenn ein Zusammenschluss im Sinne des § 37 GWB vorliegt und bestimmte Umsatzschwellenwerte überschritten sind. Eine Anmeldepflicht setzt somit zunächst voraus, dass die beteiligten Unternehmen (→ Anm. 5) im letzten Geschäftsjahr vor dem Zusammenschluss insgesamt weltweit Umsatzerlöse von mehr als 500 Mio. EUR erzielt haben und mindestens ein beteiligtes Unternehmen im Inland Umsatzerlöse von mehr als 25 Mio. EUR erzielt hat und mindestens ein anderes beteiligtes Unternehmen Umsatzerlöse von mehr als 5 Mio. EUR erzielt hat (§ 35 Abs. 1 GWB). Mit der 9. GWB-Novelle wurde mit § 35 Abs. 1a GWB eine zusätzliche Aufgreifschwelle eingeführt, um die Fusionskontrolle an aktuelle Entwicklungen, insbesondere im digitalen Bereich, anzupassen. Demnach liegt ein kontrollpflichtiger Zusammenschluss auch dann vor, wenn folgende Voraussetzungen kumulativ erfüllt sind: Bezogen auf das letzte Geschäftsjahr vor dem Zusammenschluss überstieg der gemeinsame Umsatz der beteiligten Unternehmen weltweit 500 Mio. EUR, ein beteiligtes Unternehmen hat einen Umsatz von mehr als 50 Mio. EUR erzielt **und** weder das zu erwerbende noch ein anderes beteiligten Unternehmen haben Umsatzerlöse von jeweils mehr als 5 Mio. EUR erzielt; zudem muss der Wert der Gegenleistung für den Zusammenschluss mehr als 400 Mio. EUR betragen haben **und** das zu erwerbende Unternehmen muss in erheblichem Umfang im Inland tätig gewesen sein.

Die Inlandumsatzschwellen wurden im Zuge der 10. GWB-Novelle signifikant erhöht (zuvor: 25 Mio. EUR und 5 Mio. EUR). Dadurch ist die sog. Bagatellklausel weggefallen (§ 35 Abs. 2 S. 1 GWB aF). Entfallen ist zudem die Pflicht zur Anzeige des Vollzugs. Der neue § 39 Abs. 6 GWB stellt klar, dass anmeldepflichtige Zusammenschlüsse, die vor Vollzug nicht angemeldet wurden, unverzüglich beim BKartA anzuzeigen sind. Ein Verstoß gegen diese Anzeigepflicht ist ordnungswidrig und bußgeldbewehrt (§ 81 Abs. 2 Nr. 4 GWB).

Maßgeblich sind die Umsätze aller am Zusammenschluss beteiligten Unternehmen (→ Anm. 5) unter Einbeziehung der mit ihnen verbundenen Unternehmen (→ Anm. 8). Für die Ermittlung der Umsatzerlöse gilt § 277 Abs. 1 HGB (§ 38 Abs. 1 S. 1 GWB). Bei der Berechnung der Umsatzerlöse sind die in- und ausländischen Umsatzerlöse der beteiligten Unternehmen aus allen Tätigkeitsgebieten zu berücksichtigen. Eine Beschränkung auf die vom Zusammenschluss betroffenen Bereiche findet nicht statt. Innenumsätze aus Lieferungen und Leistungen zwischen verbundenen Unternehmen sowie Verbrauchssteuern sind nicht zu berücksichtigen (§ 38 Abs. 1 S. 2GWB). Maßgeblich sind die Nettoumsätze; Umsatzsteuer, Verbrauchssteuern und Erlösschmälerungen werden nicht mitberechnet (vgl. § 277 Abs. 1 HGB). *Handelsumsätze,* dh Umsätze von Unternehmen, deren Geschäftsbetrieb ganz oder teilweise im Vertrieb von Waren bestehen, sind nur zu $^3/_4$ anzusetzen (§ 38 Abs. 2 GWB). Umsatzerlöse in fremder Währung sind nach dem amtlichen Kurs in EUR umzurechnen. Beim Vermögens- oder Anteilserwerb ist der Umsatz des Veräußerers nicht zu berücksichtigen. Bei *Versicherungsunternehmen* treten an die Stelle der Umsatzerlöse die Prämieneinnahmen. Dies sind die Einnahmen aus dem Erst- und Rückversicherungsgeschäft einschl. der in Rückdeckung gegebenen Anteile. Bei *Kreditinstituten, Finanzinstituten, Bausparkassen* und *externen Kapitalverwaltungsgesellschaften* sowie für die Berechnung der Umsätze im *Pressebereich* gelten weitere Besonderheiten (vgl. § 38 Abs. 3, 4 GWB). Seit der 8. GWB Novelle bestimmt § 38 Abs. 5 S. 3 GWB, dass mehrere Zusammenschlüsse als ein einziger Zusammenschluss behandelt werden, wenn sie innerhalb von zwei Jahren erfolgen und dadurch erstmals die Umsatzschwellen des § 35 GWB erreicht werden. § 38 Abs. 4a GWB bestimmt, was von der Gegenleistung im Sinne des § 35 Abs. 1a GWB umfasst wird.

3. (Zuständige Kartellbehörde) Für die deutsche Fusionskontrolle ist das BKartA ausschließlich zuständig (§§ 48 Abs. 2 S. 1, 39 Abs. 1 GWB).

4. (Anmeldepflichtige Personen) Anmeldepflichtig sind die am Zusammenschluss beteiligten Unternehmen (→ Anm. 5) sowie – beim Vermögens- (37 Abs. 1 Nr. 1 GWB) und Anteilserwerb (§ 37 Abs. 1 Nr. 3 GWB), nicht aber beim Kontrollerwerb (§ 37 Abs. 1 Nr. 2 GWB) – auch der Veräußerer. Nach dem Gesetzeswortlaut (§ 39 Abs. 2 GWB) wären alle diese Personen nebeneinander zur Anzeige verpflichtet. In der Praxis genügt es jedoch, wenn dem BKartA alle erforderlichen Angaben vorliegen. Die Anmeldung durch ein beteiligtes Unternehmen genügt daher. Sie braucht nicht im Namen aller anmeldepflichtigen Personen geschehen, die Anmeldung wirkt auch unabhängig davon für diese. Die Verletzung der Anmeldepflicht ist nicht sanktioniert, eine Sanktion besteht nur bei Verletzung des Vollzugsverbotes (vgl. Bechtold/Bosch/*Bechtold/Bosch* GWB § 39 Rn. 6).

5. (Beteiligte Unternehmen) Der Begriff der beteiligten Unternehmen ist sowohl für die Anmeldepflicht als auch für den Umfang der nach § 39 Abs. 3 GWB erforderlichen Angaben von Bedeutung. Von dem hier entscheidenden **materiellrechtlichen Beteiligungsbegriff** ist der verfahrensrechtliche Begriff zu unterscheiden (dazu vgl. § 54 Abs. 2 GWB). Bei den beteiligten Unternehmen ist nach Zusammenschlussformen zu differenzieren:
- Vermögenserwerb (§ 37 Abs. 1 Nr. 1 GWB): Das erwerbende und das veräußerte Unternehmen;
- Kontrollerwerb (§ 37 Abs. 1 Nr. 1 GWB): Das Kontrolle erwerbende und das kontrollierte Unternehmen;
- Anteilserwerb (§ 37 Abs. 1 Nr. 3 GWB): Das erwerbende und das Unternehmen, an dem die Anteile erworben wurden, nicht jedoch der Veräußerer;
- Beteiligungserwerb an Gemeinschaftsunternehmen (§ 37 Abs. 1 Nr. 3 S. 3 GWB): Als beteiligte Unternehmen gelten die Unternehmen, die Anteile in Höhe von 25 % oder mehr an dem Gemeinschaftsunternehmen halten;
- Unternehmensverbindungen mit wettbewerbserheblichem Einfluss (§ 37 Abs. 1 Nr. 4 GWB): das (oder die) einflussnehmende(n) und das beeinflusste Unternehmen.

Nicht beteiligt sind Unternehmen, die beteiligte Unternehmen beherrschen, sowie diejenigen Unternehmen, von denen die herrschenden Unternehmen abhängig sind.

6. (Angaben über die Art des Zusammenschlusses) Es muss angegeben werden, welcher **Zusammenschlusstatbestand** des § 37 Abs. 1 GWB erfüllt ist (§ 39 Abs. 3 S. 1 GWB). Beim Erwerb von Anteilen ist die Höhe der erworbenen und der insgesamt gehaltenen Beteiligung anzugeben (vgl. für die Berechnung der Gesamtbeteiligung § 39 Abs. 3 S. 2 Nr. 5 GWB). Der Zeitpunkt des Vollzugs muss lt. Gesetz nicht, sollte aber angegeben werden. Die Vorlage von Verträgen ist nicht vorgeschrieben und auch nicht üblich.

7. (Angaben über die beteiligten Unternehmen) Nach § 39 Abs. 3 GWB muss die Anmeldung bestimmte Angaben enthalten:

a) Firma, Sitz und Art des Geschäftsbetriebes sind für jedes beteiligte Unternehmen anzugeben. Zur Kennzeichnung des Geschäftsbetriebes sind zumindest die Wirtschaftsstufe (zB Produktion, Großhandel) und die Branche genau anzugeben (nicht allgemein, wie zB „Metallverarbeitung", sondern genauer, wie zB „Herstellung von Baubeschlägen"). In jedem Fall ist es zweckmäßig, zusammenfassende Angaben über das Sortiment der von dem Unternehmen angebotenen Waren oder Dienstleistungen zu machen.

b) Ferner sind für jedes beteiligte Unternehmen (→ Anm. 6) sowie für mit ihnen verbundene Unternehmen (→ Anm. 3) die Marktanteile (soweit sie 20 % erreichen) und Umsatzerlöse anzugeben. Die Marktanteile und Umsätze müssen dem Zeitpunkt der Anmeldepflicht entsprechen. Bei den Marktanteilen sind die neuesten verfügbaren Daten anzugeben. Ferner müssen auch die Grundlagen für die Berechnung oder Schätzung der Marktanteile genannt werden. Es empfiehlt sich, das berechnete oder ggf. geschätzte Gesamtmarktvolumen (in der Regel gebildet aus Inlandsproduktion zzgl. Import abzgl. Export), den Inlandsabsatz der beteiligten Unternehmen und den sich daraus ergebenden Prozentanteil der beteiligten Unternehmen anzugeben.

c) Bei verbundenen Unternehmen sind die Konzernbeziehungen und die Abhängigkeits- und Beteiligungsverhältnisse zwischen den beteiligten Unternehmen mitzuteilen (§ 39 Abs. 3 S. 4 GWB). Das gilt auch für ausländische Unternehmen.

8. (Verbundene Unternehmen) Verbundene Unternehmen sind solche, die einem oder mehreren (direkt) beteiligten Unternehmen nach der sog. Verbundklausel des § 36 Abs. 2 S. 1 GWB zugerechnet werden. Ist ein beteiligtes Unternehmen ein abhängiges oder herrschendes (iSd § 17 AktG) oder ein Konzernunternehmen (iSd § 18 AktG), so sind für die Berechnung der Umsatzerlöse (und der Marktanteile) die so verbundenen Unternehmen als Einheit anzusehen.

9. (Anwendbarkeit der deutschen Fusionskontrolle) Wie bereits unter → Anm. 1 erläutert, ist die deutsche Fusionskontrolle nur anwendbar, wenn ein Zusammenschluss im Sinne des § 37 Abs. 1 GWB vorliegt und bestimmte Umsatzschwellenwerte überschritten sind. Der Zusammenschluss unterliegt jedoch dann nicht der deutschen Fusionskontrolle, wenn auf ihn die europäische Fusionskontrolle anwendbar ist (§ 35 Abs. 3 GWB). Die **europäische Fusionskontrolle** ist anwendbar, wenn ein Zusammenschluss mit „gemeinschaftsweiter Bedeutung" vorliegen würde. Gemeinschaftsweite Bedeutung hat ein Zusammenschluss nach Art. 1 Abs. 2 FKVO (ABl. 2014 L 139, 24), wenn der weltweite Gesamtumsatz aller beteiligten Unternehmen zusammen mehr als 5 Mrd. EUR und der gemeinschaftsweite Gesamtumsatz von mindestens zwei beteiligten Unternehmen jeweils mehr als 250 Mio. EUR beträgt. Eine Anmeldung bei der Kommission scheidet bei Überschreiten dieser Umsatzschwellen nur dann aus, wenn die am Zusammenschluss beteiligten Unternehmen jeweils mehr als $^2/_3$ ihres gemeinschaftsweiten Gesamtumsatzes in ein und demselben Mitgliedstaat erzielen. Erreicht ein Zusammenschluss diese Schwellen nicht, hat er gemeinschaftsweite Bedeutung nach Art. 1 Abs. 3 FKVO, wenn der weltweite Gesamtumsatz aller beteiligten Unternehmen zusammen mehr als 2,5 Mrd. EUR beträgt, der Gesamtumsatz aller beteiligten Unternehmen in mind. drei Mitgliedstaaten jeweils 100 Mio. EUR übersteigt, in jedem von mindestens drei der erfassten Mitgliedstaaten von mind. zwei beteiligten Unternehmen jeweils mehr als 25 Mio. EUR beträgt und der gemeinschaftsweite Gesamtumsatz von mind. zwei beteiligten Unternehmen jeweils 100 Mio. EUR übersteigt. Bei der Berechnung der Umsätze der beteiligten Unternehmen ist nicht nur auf die Umsätze der unmittelbar beteiligten Unternehmen und der von ihnen abhängigen Unternehmen *(Töchter)*, sondern zusätzlich auf die Umsätze der die beteiligten Unternehmen beherrschenden Unternehmen *(Mütter)*, sowie auf die Umsätze der weiteren von diesen beherrschten Unternehmen *(Schwestern)* abzustellen (Art. 5 Abs. 4 FKVO).

Zu beachten sind die in der FKVO beinhalteten Verweisungsmöglichkeiten. So kann ein Zusammenschluss mit unionsweiter Bedeutung von der EU-Kommission ganz oder teilweise an eine mitgliedstaatliche Wettbewerbsbehörde verwiesen werden (Art. 4 Abs. 4 und Art. 9 FKVO). Umgekehrt kann die EU-Kommission auf Antrag eines oder mehrerer Mitgliedstaaten einen Zusammenschluss ohne unionsweise Bedeutung prüfen (Art. 4 Abs. 5 und 22 FKVO).

10. (Keine erhebliche Behinderung wirksamen Wettbewerbs) Seit der 8. GWB-Novelle wurde der *significant impediment to effective competition*-Test (SIEC-Test) in das deutsche Recht aufgenommen. Demnach darf ein Zusammenschluss nicht zu einer erheblichen Behinderung wirksamen Wettbewerbs führen. Die Begründung oder Verstärkung einer marktbeherrschenden Stellung ist hingegen nur noch ein Regelbeispiel für diese Behinderung. Allerdings ist auch zukünftig davon auszugehen, dass das BKartA bei der Bewertung von Zusammenschlüssen hauptsächlich auf das Marktbeherrschungskriterium abstellen wird.

Zum Begriff der Marktbeherrschung siehe § 18 GWB (s. Ziffer 1.4. der Einführung). Das BKartA hat am 29.3.2012 einen Leitfaden zur Marktbeherrschung in der Fusionskontrolle veröffentlicht. Daneben enthalten § 18 Abs. 4 und 6 GWB Vermutungen für die Marktbeherrschung. Diese sind keine echten Vermutungen im zivilrechtlichen Sinne. Das BKartA hat zunächst die Vermutungsvoraussetzungen nachzuweisen und trägt daher die formelle Beweislast insoweit, als es nach dem Amtsermittlungsgrundsatz die materiellen Voraussetzungen der Marktbeherrschung feststellen muss. Erst wenn nach Ausschöpfung aller Erkenntnismittel eine marktbeherrschende Stellung weder auszuschließen noch zu bejahen ist, trifft die materielle Beweislast die Unternehmen.

11. (Frist) Eine bestimmte Frist innerhalb der die Anmeldung bei der Kartellbehörde eingehen muss, gibt es nicht. Ein anmeldepflichtiger Zusammenschluss darf jedoch vor der Anmeldung des Zusammenschlusses und einer Freigabe durch das BKartA nicht vollzogen werden (§ 41 Abs. 1 S. 1 GWB) – zum Vollzugsverbot (→ Anm. 12).

Sobald die für die Anmeldung erforderlichen Unterlagen vollständig bei der Behörde eingereicht worden sind, beginnen die in § 40 Abs. 1 u. 2 GWB normierten Fristen zur behördlichen Prüfung des Zusammenschlusses zu laufen. Zu beachten ist dabei insbesondere die Hemmung des Fristablaufs nach § 40 Abs. 2 S. 5 GWB: Die Fünf-Monatsfrist des § 40 Abs. 2 S. 2 GWB, nach welcher der Zusammenschluss als freigegeben gilt, wenn er nicht vorher durch Verfügung untersagt oder freigegeben wurde, wird gehemmt, sofern das BKartA eine Auskunft von einem am Zusammenschluss beteiligten Unternehmen nach § 59 GWB erneut anfordern muss, weil das Unternehmen ein vorheriges Auskunftsverlangen nach § 59 GWB aus Umständen, die von ihm zu vertreten sind, nicht rechtzeitig oder nicht vollständig beantwortet hat.

12. (Vollzugsverbot) Ein anmeldepflichtiger Zusammenschluss darf nicht vollzogen werden (vgl. § 41 Abs. 1 GWB) bevor die Monatsfrist des § 40 Abs. 1 S. 1 GWB abgelaufen ist, ohne dass das Bundeskartellamt das Hauptprüfverfahren eingeleitet hat, oder die Viermonatsfrist des § 40 Abs. 2 S. 2 GWB abgelaufen ist oder das Bundeskartellamt den Zusammenschluss freigegeben hat. Ein Verstoß gegen dieses **Vollzugsverbot** stellt eine Ordnungswidrigkeit dar (§ 81 Abs. 2 Nr. 1 GWB), die mit einer Geldbuße bis zu 1 Mio. EUR, sowie im Falle eines Unternehmens oder einer Unternehmensvereinigung bis zu einer Höhe von 10 % des im vorausgegangenen Geschäftsjahr erzielten Gesamtumsatzes der Unternehmensvereinigung (§ 81 Abs. 2, 4 GWB). Im Übrigen sind Rechtsgeschäfte unwirksam, die gegen dieses Verbot verstoßen (§ 41 Abs. 1 S. 2 GWB). Das Vollzugsverbot betrifft alle Maßnahmen, die den Zusammenschluss vollenden. Die Frage, durch welche Handlungen im Einzelnen ein Zusammenschluss vollzogen wird, hängt von der Art des Zusammenschlusses ab. Im Fall des Vermögenserwerbs liegt ein Vollzug des Zusammenschlussvorhabens mit Wirksamwerden der Vermögensübertragung vor (Vgl. Immenga/Mestmäcker/*Thomas* § 41 Rn. 16 ff.). Bei Rechts- oder Sachgesamtheiten kommt es nicht darauf an, dass der letzte Gegenstand auf den Erwerber übergegangen ist. Es reicht vielmehr aus, wenn das Vermögen in seinem Kern übergegangen ist. Auf Antrag kann das BKartA eine Befreiung vom Vollzugsverbot erteilen, wenn die beteiligten Unternehmen hierfür wichtige Gründe geltend machen, insbesondere um schweren Schaden von einem beteiligten Unternehmen oder von Dritten abzuwenden (§ 41 Abs. 2 S. 1 GWB). Die Befreiung kann jederzeit mit Bedingungen und Auflagen verbunden werden. Zu beachten ist, dass das BKartA in der Praxis sehr zögerlich und zurückhaltend mit der Erteilung einer Befreiung vom Vollzugsverbot umgeht. Nach § 35 Abs. 3 GWB findet das Vollzugsverbot keine Anwendung, wenn ein Zusammenschluss der europäischen Fusionskontrolle unterliegt.

13. (Bekanntmachung) Die Anmeldung eines Zusammenschlusses ist auf der Internetseite des BKartA zu veröffentlichen (§ 43 Abs. 1 GWB). Dort werden die Form des Zusammenschlusses sowie Firma, Sitz und Art des Geschäftsbetriebes angegeben. Anzeigen über vollzogene Zusammenschlüsse sind nicht mehr zu veröffentlichen, und zwar weder im Bundesanzeiger, noch auf der Internetseite des BKartA. Gem. § 43 GWB werden die Einleitung des Hauptprüfverfahrens durch das BKartA nach § 40 Abs. 1 S. 1 GWB sowie die in dem Verfahren ergehenden Verfügungen nach § 40 Abs. 2 GWB im Bundesanzeiger bekannt gemacht.

14. (Gebühren) Entscheidungen des BKartA nach § 39 Abs. 1 sind gebührenpflichtig (§ 62 Abs. 1 S. 2 Nr. 1 GWB). Maßstab für die Bemessung der Gebühren ist der personelle und sachliche Aufwand der Kartellbehörde unter Berücksichtigung der wirtschaftlichen Bedeutung der gebührenpflichtigen Handlung (§ 62 Abs. 2 S. 1 GWB). Der wirtschaftlichen Bedeutung kommt dabei besonderes Gewicht zu (ständige Rspr.). Dabei sind die Auswirkungen des Zusammenschlusses auf das Marktgeschehen und auch die Höhe des Gesamt-Umsatzes der am Zusammenschluss beteiligten, in Deutschland ansässigen Unternehmen von Bedeutung. § 62 Abs. 2 S. 2 Nr. 1. GWB sieht jedoch eine Höchstgrenze von 50.000 EUR vor. Ist der personelle und sachliche Aufwand des BKartA außergewöhnlich hoch, kann die Gebühr auf das Doppelte erhöht werden (§ 62 Abs. 2 S. 3 GWB). Bei Anmeldung eines Zusammenschlusses beim BKartA entstehen jedoch nicht unerhebliche Kosten für den Entwurf der Anmeldung durch die damit beauftragten Rechtsanwälte.

3.9 Beantragung einer Ministererlaubnis (§ 42 GWB)[1]

An

Herrn/Frau

Bundesminister/in für Wirtschaft und Energie[2]

Scharnhorststraße 34–37

10115 Berlin

Erlaubnisantrag für das Zusammenschlussvorhaben der Alpha AG und der Beta GmbH

Namens und in Vollmacht der Alpha AG[3] beantrage ich die Erlaubnis für ein Zusammenschlussvorhaben gem. § 42 GWB.

Begründung:

1. Die Alpha AG beabsichtigt, 55 % der Anteile an der Beta GmbH zu erwerben.
   a) Die Alpha AG mit Sitz in [Anschrift] betreibt [Beschreibung der Art des Geschäftsbetriebs].
   b) Die Beta GmbH mit Sitz in [Anschrift] betreibt [Beschreibung der Art des Geschäftsbetriebs].
2. Das Zusammenschlussvorhaben ist mit Schreiben vom . . . . . (Anlage 1) beim BKartA angemeldet worden. Das BKartA hat durch Beschl. v. . . . . . , zugestellt am . . . . . , den Anteilserwerb untersagt (Anlage 2).[4]
3. Die Voraussetzungen für eine Ministererlaubnis liegen vor:[5]
   a) Die Wettbewerbsbeschränkungen werden von den gesamtwirtschaftlichen Vorteilen[6] des Zusammenschlusses aufgehoben, weil . . . . .
   b) Der Zusammenschluss wird durch das überragende Interesse der Allgemeinheit gerechtfertigt, weil . . . . .[7]
   c) Das Ausmaß der Wettbewerbsbeschränkung gefährdet die marktwirtschaftliche Ordnung nicht, weil . . . . .[8]

Unsere Vollmacht ist beigefügt (Anlage 3).

Rechtsanwältin[9, 10, 11, 12, 13]

Anmerkungen

1. (Allgemeines) Hat das BKartA einen angemeldeten Zusammenschluss untersagt oder die Auflösung eines bereits vollzogenen Zusammenschlusses angeordnet, kommt eine Ministererlaubnis gem. § 42 Abs. 1 GWB in Betracht. Eine Untersagung des Zusammenschlusses liegt nicht vor, wenn das BKartA diesen unter Auflagen und Bedingungen freigegeben hat. Die Bundeswirtschaftsministerin / der Bundeswirtschaftsminister erteilt auf Antrag die Erlaubnis zu dem Zusammenschluss, wenn im Einzelfall die Wettbewerbsbeschränkung von gesamtwirtschaftlichen Vorteilen des Zusammenschlusses aufgewogen wird oder der Zusammenschluss durch ein überragendes Interesse der Allgemeinheit gerechtfertigt ist (§ 42 Abs. 1 S. 1 GWB); hierbei ist auch die Wettbewerbsfähigkeit der beteiligten Unternehmen auf Märkten außerhalb des Geltungsbereiches dieses Gesetzes zu berücksichtigen. Die Erlaubnis darf nur erteilt werden, wenn durch das Ausmaß der Wettbewerbsbeschränkungen die marktwirtschaftliche Ordnung nicht gefährdet wird. Die Erlaubnis kann mit Beschränkungen und Auflagen verbunden werden, die jedoch nicht auf eine laufende Verhaltenskontrolle gerichtet sein dürfen (§ 42 Abs. 2 S. 2 iVm § 40 Abs. 3 S. 2 GWB). Das Institut der Ministererlaubnis trägt damit Zielkonflikten zwischen dem Schutz des Wettbewerbs und davon abweichenden Zielen des Gemeinwohls Rechnung. Soweit nicht zwingende Gründe eine Geheimhaltung erfordern, veröffentlicht das Bundesministerium für Wirtschaft und Energie (BMWi) die Verfügung in der Regel auf seiner Internetseite. Nicht veröffentlicht werden Geschäfts- und Betriebsgeheimnisse sowie personenbezogene Daten, wenn deren Geheimhaltung verlangt wird. In der Praxis hat es bisher nur 22 Anträge auf Erteilung einer Ministererlaubnis gegeben, von denen lediglich neun im Ergebnis zu einer Freigabe führten (Übersicht abrufbar unter *www.bmwi.de*). Der wohl bekannteste Fall der jüngeren Vergangenheit ist das Verfahren um den Zusammenschluss von Edeka und Kaiser´s Tengelmann, welches letztlich auch einer der Auslöser für die Überarbeitung der verfahrensrechtlichen Anforderungen des § 42 GWB durch die 9. GWB-Novelle war. Im Gegensatz zum deutschen Kartellrecht kennt das Unionsrecht keine Erlaubnis eines Zusammenschlusses, der von der Kommission als mit dem Markt unvereinbar erklärt wurde.

2. (Zuständige Behörde) Zuständig ist der Bundesminister für Wirtschaft und Energie.

3. (Antragsberechtigung) Der Erlaubnisantrag kann von allen Personen gestellt werden, gegen die sich die Untersagungsverfügung des BKartA richtet. Das sind die am Zusammenschluss beteiligten Unternehmen und – in den Fällen des § 37 Abs. 1 Nr. 1 (Vermögenserwerb) und Nr. 3 GWB (Anteilserwerb) – auch die Veräußerer. Es genügt, dass ein beteiligtes Unternehmen den Erlaubnisantrag stellt. Beigeladene Unternehmen haben kein Antragsrecht.

4. (Form und Frist) Der Erlaubnisantrag ist binnen einer Frist von einem Monat seit Zustellung der Untersagungsverfügung oder Auflösungsanordnung des BKartA zu stellen (§ 42 Abs. 3 GWB). Für den Fristbeginn gilt: Sie beginnt grundsätzlich mit der Zustellung der Untersagungsverfügung. Wird gegen die Untersagungsverfügung Beschwerde eingelegt, beginnt sie erst in dem Zeitpunkt, in dem die Untersagungsverfügung unanfechtbar wird. Wird die Beschwerde gegen die Untersagungsverfügung zurückgenommen, so beginnt die Monatsfrist für den Erlaubnisantrag in dem Zeitpunkt, in dem die Rücknahme wirksam wird. Der Erlaubnisantrag muss schriftlich eingereicht werden (§ 42 Abs. 3 S. 1 GWB). Die dem Antragsteller zugestellte Untersagung des Zusammenschlusses bzw. die Auflösungsanordnung des BKartA müssen dem Antrag in Kopie beigefügt werden.

5. (Materielle Voraussetzungen) Eine Erlaubnis der Bundeswirtschaftsministerin/des Bundeswirtschaftsministers kommt nur in Betracht, wenn zuvor eine Untersagungsverfügung ergangen ist. Die vom BKartA festgestellte „Wettbewerbsbeschränkung" muss von den gesamtwirtschaftlichen Vorteilen des Zusammenschlusses aufgewogen werden oder der Zusammenschluss muss durch ein überragendes Interesse der Allgemeinheit gerechtfertigt sein (Kausalitätserfordernis). Im Erlaubnisverfahren besteht eine Bindung sowohl hinsichtlich der vom BKartA gemäß § 36 Abs. 1 GWB festgestellten Wettbewerbsbeschränkung als auch den zugrunde liegenden wettbewerblichen Feststellungen (hM; vgl. KG 2.7.1978, WuW/E OLG 1937, 1998 – Thyssen/Hüller; BMWi WuW/E BWM 177 (178, 182) – IBH/WiBau).

6. (Gesamtwirtschaftliche Vorteile) Die gesamtwirtschaftlichen Vorteile sind ein Unterfall der Interessen der Allgemeinheit. Gesamtwirtschaftlich vorteilhaft kann zB die Erhaltung von Unternehmen, die Erhaltung von Arbeitsplätzen, die Sicherung der nationalen Energieversorgung und auch der Versorgung mit anderen Rohstoffen, die Erhaltung oder Stärkung der internationalen Wettbewerbsfähigkeit auf ausländischen Märkten (ausdrücklich genannt in § 42 Abs. 1 S. 2 GWB) sowie die Sanierung gesamtwirtschaftlich notwendiger Wirtschaftsbereiche sein. Rationalisierungsvorteile werden nur ausnahmsweise anerkannt (BMWi WuW/E BWM 191 (198 f.) – Daimler-Benz/MBB). Erforderlich ist, dass der Eintritt der gesamtwirtschaftlichen Vorteile „hinreichend wahrscheinlich" ist und diese „konkret nachweisbar" sind (vgl. BMWi WuW/E BWM 225 (226) – Kali + Salz/PCS; BWM WuW/E 185 (186) – VEW/Ruhrkohle). Letztlich kommt es auf eine Abwägung aller Auswirkungen des Zusammenschlusses auf den Wettbewerb im Einzelfall an. Dabei sind im Rahmen einer Prüfung der „Erforderlichkeit" auch geeignete alternative Erwerber mit zu berücksichtigen, bei denen im Falle eines Erwerbs die Nachteile für den Wettbewerb wegen seiner deutlich geringeren Bedeutung im Markt voraussichtlich weniger stark ausgeprägt wären (MüKoEuWettbR/*Bremer/Scheffczyk* GWB § 42 Rn. 6).

7. (Interessen der Allgemeinheit) Als Interessen der Allgemeinheit kommen zB sozialpolitische Gründe wie etwa die Sicherung der Arbeitsplätze (BMWi WuW/E BWM 225 (228) – Kali + Salz/PCS) sowie regional-, gesundheits- und militärpolitische Gründe in Betracht. Sie können, müssen aber nicht neben den gesamtwirtschaftlichen Vorteilen vorliegen.

8. (Keine Gefährdung der marktwirtschaftlichen Ordnung) § 42 Abs. 1 S. 3 GWB besagt, dass eine Ministererlaubnis nicht erteilt werden darf, wenn durch das Ausmaß der Wettbewerbsbeschränkung die marktwirtschaftliche Ordnung gefährdet wird. Nicht abschließend geklärt ist, wie umfassend die marktwirtschaftliche Ordnung in diesem Kontext verstanden werden muss. Überwiegend wird jedoch angenommen, dass einerseits die Beschränkung auf den jeweils betroffenen Einzelmarkt zu eng wäre; andererseits wäre das Erfordernis einer Gefährdung der gesamten marktwirtschaftlichen Ordnung der Bundesrepublik Deutschland zu weit. Vielmehr sei vermittelnd auf die langfristige Entwicklung der Investitionen und Innovationen auf umfassenden Bedarfsmärkten abzustellen. Eine Gefährdung der marktwirtschaftlichen Ordnung sei demnach anzunehmen, wenn auf Bedarfsmärkten, die erhebliche Bedeutung für die Gesamtwirtschaft hätten, die Substitutionsbeziehungen grob verfälscht oder dem Wettbewerb entzogen würden (MüKoEuWettbR/*Bremer/Scheffczyk* GWB § 42 Rn. 47 mwN).

9. (Bekanntmachung) Der Erlaubnisantrag ist im Bundesanzeiger bekannt zu machen (§ 43 Abs. 1 GWB).

10. (Gebühren) Der Erlaubnisantrag ist gebührenpflichtig (§ 62 Abs. 1 S. 2 Nr. 2 GWB). Die Gebühr darf 50.000 EUR nicht übersteigen (§ 62 Abs. 2 S. 2 Nr. 1 GWB). Allerdings kann die Gebühr bis auf das Doppelte erhöht werden, wenn der personelle und sachliche Aufwand der Kartellbehörde im Einzelfall außergewöhnlich hoch ist (§ 62 Abs. 2 S. 3 GWB).

11. (Verfahren) Bereits vor Stellung eines Erlaubnisantrags können Unternehmen bei Interesse mit dem BMWi Vorgespräche zur Information über die Voraussetzungen und Grundlagen des Erlaubnisverfahrens führen. Derartige Vorgespräche werden vom BMWi dokumentiert. Die Dokumentation wird im Falle eines Antrags zu der Akte des Verwaltungsverfahrens genommen. Das Verwaltungsverfahren beginnt jedoch erst mit der Stellung eines Erlaubnisantrags. Die Bundeswirtschaftsministerin/der Bundeswirtschaftsminister soll über den Antrag innerhalb von vier Monaten nach Beginn der Antragsfrist entscheiden (§ 42 Abs. 4 S. 1 GWB). Seit der 9. GWB-Novelle gilt der Antrag als abgelehnt, wenn die Verfügung den antragsstellenden Unternehmen nicht innerhalb von sechs Monaten nach Eingang des vollständigen Antrags zugestellt wird. Die Frist kann auf Antrag der antragsstellenden Unternehmen auf acht Monate verlängert werden (§ 42 Abs. 4 S. 3–5). Das Erlaubnisverfahren ist ein Kartellverwaltungsverfahren nach §§ 54 ff. GWB; die Bundesministerin/der Bundeswirtschaftsminister ist Kartellbehörde iSd § 48 Abs. 1 GWB. Sie/Er muss vor einer Entscheidung über den Antrag eine gutachtliche Stellungnahme der Monopolkommission und die Stellungnahme der zuständigen obersten Landesbehörden einholen (§ 42 Abs. 5 S. 1 GWB). Die Entscheidung ergeht grundsätzlich aufgrund öffentlicher Verhandlung (§ 56 Abs. 7 S. 3 GWB), kann aber mit Einverständnis der Beteiligten auch ohne mündliche Verhandlung ergehen. Die mündliche Verhandlung wird vom Ministerium durchgeführt. Daraus folgt, dass die Anwesenheit des „Entscheiders" (Ministerin/Minister) während der mündlichen Verhandlung nicht zwingend geboten ist. Die Entscheidung der Ministerin/des Ministers ist auf der Internetseite des BKartA bekannt zu machen (§ 43 Abs. 2 Nr. 2 GWB). Das BMWi hat im Oktober 2017 gemäß § 42 Abs. 6 GWB Leitlinien für das Verwaltungsverfahren zur Entscheidung über die Erteilung einer Ministererlaubnis erlassen (abrufbar unter *www.bmwi.de*)

12. (Widerruf und Änderung) Nach § 42 Abs. 2 S. 2 iVm § 40 Abs. 3a S. 1 GWB kann die Erteilung der Erlaubnis widerrufen oder geändert werden, wenn sie auf unrichtigen Angaben beruht, arglistig herbeigeführt worden ist oder die beteiligten Unternehmen einer mit der Erlaubnis verbundenen Auflage zuwiderhandeln.

13. (Rechtsmittel) Gegen die ablehnende Entscheidung des Bundeswirtschaftsminister kann Verpflichtungsbeschwerde erhoben werden (§ 73 Abs. 1 GWB). Versäumt die Bundeswirtschaftsministerin / der Bundeswirtschaftsminister die Viermonatsfrist, kann Untätigkeitsbeschwerde eingelegt werden (§ 73 Abs. 3 S. 2 und 3 GWB). Auflagen können selbständig gem. § 63 Abs. 1 GWB angefochten werden. In § 73 Abs. 2 S. 2 GWB ist festgelegt, dass ein Dritter nur dann gegen die Erteilung einer Erlaubnis nach § 42 GWB vorgehen kann, wenn er geltend macht, durch die Verfügung in seinen Rechten verletzt zu sein.

3.10 Beiladungsantrag (§ 54 Abs. 2 Nr. 3 GWB)[1]

An das

Bundeskartellamt[2]

. . . . . **Beschlussabteilung**

– Vorsitzende(r) –

Kaiser-Friedrich-Straße 16

53113 Bonn

Gesch.-Z.: . . . . .

Albatros AG/Schwan GmbH

Beiladungsantrag gem. § 54 Abs. 2 Nr. 3 GWB

Sehr geehrte(r) Frau/Herr . . . . .,

wir vertreten die Taube GmbH, [Anschrift]. Namens und im Auftrag[3] der Taube GmbH beantragen wir gemäß § 54 Abs. 2 Nr. 3 GWB, die

Taube GmbH zu dem oben genannten Fusionskontrollverfahren des Bundeskartellamtes beizuladen und der Antragstellerin Akteneinsicht zu gewähren.

Begründung:[4]

Die Beiladungsvoraussetzungen[5] ergeben sich aus Folgendem:

1. Das angemeldete Zusammenschlussvorhaben betrifft unter anderem den Markt für Vogelfutter. Die Albatros AG besitzt in Deutschland bei der Herstellung und dem Vertrieb von Vogelfutter eine marktbeherrschende Stellung. Sie vertreibt unter verschiedenen Marken ihr Vogelfutter. Ihr Marktanteil beträgt fast 40 %. Die Taube GmbH ist ein auf Tierfutter spezialisierter Großhändler. Die Taube GmbH ist mithin Nachfrager nach Vogelfutter der Albatros AG.
2. Die Taube GmbH ist als Nachfrager von Vogelfutter der Albatros AG durch das Zusammenschlussvorhaben in ihren Interessen erheblich berührt. Die Interessenberührung ergibt sich insbesondere daraus, dass die Taube GmbH auf den Bezug von Vogelfutter der Albatros AG angewiesen ist.
3. Die Übernahme der Schwan GmbH durch die Albatros AG würde zu einer signifikanten und auf Dauer angelegten Verstärkung einer marktbeherrschenden Stellung der Albatros AG führen. Die Schwan GmbH hat auf dem Markt für Vogelfutter Marktanteile von ca. 10 %.-
4. Die Akteneinsicht ist zur sachgerechten Geltendmachung der Interessen der Antragstellerin erforderlich.[6, 7] Wir bitten, dem Aktenansichtsantrag durch Übersendung vollständiger Kopien der Verfahrensakte zu entsprechen. Für die Kosten stehen wir selbstverständlich ein.

Rechtsanwalt

Anmerkungen

1. (Allgemeines) Andere als die in § 54 Abs. 2 Nr. 1, 2 und 4 GWB aufgeführten Personen können aufgrund eines Beiladungsantrages und einer entsprechenden Verfügung der Kartellbehörde am Verfahren beteiligt werden, wenn die Interessen dieser Personen durch die Entscheidung der Kartellbehörde „erheblich berührt werden". Eine solche Beiladung kommt zB in Fusionskontrollverfahren für die von dem Zusammenschluss betroffenen Wettbewerber in Betracht, aber auch für Unternehmen der vor- und nachgelagerten Wirtschaftsstufen sowie uU für Unternehmen, die unmittelbar beteiligte Unternehmen beherrschen (BGH 25.6.1985, WuW/E 2150 (2152) – Edelstahlbestecke). Die Beiladung kommt ferner in Betracht in Diskriminierungs- und Behinderungsverfahren (für das diskriminierte bzw. behinderte Unternehmen) sowie in Missbrauchsverfahren für die von dem angeblichen Missbrauch Betroffenen. Die Beiladung steht im pflichtgemäßen Ermessen der Kartellbehörde. Die Praxis des BKartA ist in der Regel sehr großzügig. Die Interessen der Beteiligten, des Antragstellers und die Verfahrensökonomie sind dabei abzuwägen. Die Beigeladenen können zur Sach- und Rechtslage Ausführungen machen und Anträge stellen. Sie sind beschwerdeberechtigt (§ 63 Abs. 2 S. 1 GWB). Die Beiladung zum Hauptverfahren erstreckt sich auch auf die Zwischenverfahren, zB das Verfahren über eine einstweilige Anordnung (vgl. KG 3.12.1974, WuW/E OLG 1548 f. – SABA; 17.12.1985, WuW/E OLG 3730 (3731)). Die Kartellbehörde kann Unternehmen und natürliche Personen auch faktisch beteiligen. Daraus folgen jedoch keine besondere Rechtsposition und insbesondere keine dem Beigeladenen entsprechende Beschwerdebefugnis. Auch ein Akteneinsichtsrecht besteht nicht. Ein Antrag auf Beiladung kann nach der bestandskräftigen Beiladung nicht mehr zurückgenommen werden. Zudem kann dann auch keine Entlassung mehr aus dem Verfahren beantragt werden (OLG Düsseldorf NZKart 2016, 333).

2. (Zuständige Kartellbehörde) Zuständig ist die Kartellbehörde, bei der das Verfahren anhängig ist.

3. (Antragsberechtigung) Der Antrag ist durch das in seinen Interessen erheblich betroffene Unternehmen bzw. den Verband (vgl. § 54 Abs. 2 Nr. 3 Hs. 2 GWB) selbst oder durch einen Bevollmächtigten vorzunehmen. Die Kartellbehörde kann jedoch im Rahmen ihres Ermessens unter mehreren Beiladungsanträgen auswählen, sofern dieselben Interessen berührt werden (vgl. KG 22.8.1980, WuW/E 2356 (2359) – Sonntag Aktuell; OLG Düsseldorf 16.6.2004, WuW/E DE-R 1545 f.).

4. (Form und Frist) Der Antrag ist weder an eine Form noch an eine Frist gebunden. Allerdings kann die Beiladung nur solange erfolgen, wie das Verfahren bei der Kartellbehörde anhängig ist. Im Beschwerde- und im Rechtsbeschwerdeverfahren ist eine Beiladung nicht mehr möglich. Es reicht jedoch aus, dass der Beiladungsantrag zeitlich noch vor der Beschwerdeeinlegung gestellt wurde (KG 21.2.1989, WuW/E OLG 4363 – Wieland/Langenberg). Die Beiladung während des Verwaltungsverfahrens erstreckt sich auch auf das anschließende gerichtliche Beschwerdeverfahren.

5. (Inhalt) Neben dem Beiladungsantrag ist der Nachweis einer **erheblichen Interessenberührung** notwendig. Wirtschaftliche Interessen reichen aus. § 54 Abs. 2 Nr. 3 GWB geht weiter als die entsprechende Regelung in § 13 Abs. 2 S. 1 VwVfG. Für das Vorliegen einer Erheblichkeit muss der Beigeladene spürbar in seinen Interessen positiv oder negativ betroffen sein. Eine mittelbare Interessenberührung genügt, wenn sie erheblich ist (vgl. Bechtold/Bosch/*Bechtold/Bosch* GWB § 54 Rn. 10). Eine entfernte oder absolut geringfügige Interessenberührung ist hingegen nicht ausreichend (KG 22.8.1980, WuW/E OLG 2356 – Sonntag aktuell). Einer Prognose zum Ausgang des Hauptsacheverfahrens bedarf es im Verfahren über einen Beiladungsantrag nicht. Es genügt, wenn zumindest eine Entscheidung der Kartellbehörde denkbar ist und möglich erscheint, die sich auf die wirtschaftlichen Verhältnisse des Beizuladenden auswirkt (OLG Düsseldorf 5.7.2000, WuW/E DE-R 523 (525) – SPNV).

6. (Akteneinsicht) Das GWB regelt lediglich die Akteneinsicht im Beschwerdeverfahren (§ 72 Abs. 3 GWB). Im Verwaltungsverfahren gilt § 29 VwVfG. Das Recht zur Akteneinsicht besteht insoweit, als sie zur Geltendmachung oder Verteidigung der rechtlichen Interessen dessen, der Einsicht begehrt, erforderlich ist und berechtigte Geheimhaltungsinteressen der Behörde oder Dritter nicht entgegenstehen (vgl. auch OLG Düsseldorf Beschl. v. 5.7.1977 WuW/E 1881 ff. (1887); KG 13.11.1981, WuW/E OLG 2686).

7. (Rechtsmittel) Gegen die Ablehnung der Beiladung kann der Betroffene Beschwerde einlegen. Er muss lediglich durch die Entscheidungsformel beschwert sein. Unbeachtlich ist sein Interesse an tatsächlichen oder rechtlichen Vorfragen. Zudem ist nach § 73 GWB eine

Anfechtung der Beiladungsverfügung durch die anderen Verfahrensbeteiligten möglich (vgl. OLG Düsseldorf 5.7.1977, WuW/E OLG 1981 – Anzeigenpreise; KG 13.1.1978, WuW/E OLG 2021 – Bahnhofsbuchhandel; KG 22.8.1980, WuW/E OLG 2356 – Sonntag aktuell).

3.11 Anfechtungsbeschwerde an das OLG (§ 73 Abs. 1 S. 1 GWB)[1]

An das

Bundeskartellamt[2]

. . . . . Beschlussabteilung

– Vorsitzende(r) –

Kaiser-Friedrich-Straße 16

53113 Bonn

In der Kartellverwaltungssache

des Unternehmens A

– Beschwerdeführerin –

gegen

das Bundeskartellamt

– Beschwerdegegnerin –

wegen . . . . .

lege ich namens und in Vollmacht des Unternehmens A[3] gegen den Beschluss des BKartA[4] vom . . . . . (Gesch.-Z.: . . . . .), zugestellt am . . . . .

Beschwerde[5, 6]

ein und beantrage:[7]

1. Der Beschluss des BKartA vom . . . . . (Gesch.-Z.: . . . . .) wird aufgehoben.
2. Die Gerichtskosten werden dem BKartA auferlegt. Das BKartA hat der Beschwerdeführerin die außergerichtlichen Kosten zu erstatten.[10]
3. Der Beschwerdeführerin wird Akteneinsicht gewährt.
4. Hilfsweise rege ich an, die Rechtsbeschwerde zuzulassen.

Begründung:

1. Die Beschwerde beruht auf folgenden Tatsachen und Beweismitteln: . . . . .[8]
2. Wir bitten, die Angaben in Anlage . . . . . vertraulich zu behandeln.
3. Die Akteneinsicht ist zur sachgerechten Geltendmachung der Interessen der Beschwerdeführerin erforderlich, weil . . . . .[9]

Rechtsanwältin

Anmerkungen

Hinweis: Im Zuge der 10. GWB-Novelle wurden die Vorschriften für Beschwerden, Rechtsbeschwerden und Nichtzulassungsbeschwerden neu strukturiert: In den §§ 63 bis 72 GWB sind gemeinsame Bestimmungen für alle Rechtsbehelfsverfahren „vor-die-Klammer" gezogen. Die Beschwerde ist in den §§ 73 bis. 76 GWB geregelt. Die Vorschriften entsprechen jedoch weitgehend den §§ 63 ff. GWB aF Die Rechtsbeschwerde und die Nichtzulassungsbeschwerde sind nunmehr mit einigen Änderungen in den §§ 77 bis 80 GWB zu finden.

1. (Allgemeines) § 73 GWB sieht insbesondere die Anfechtungs- (§ 73 Abs. 1 GWB) und Verpflichtungsbeschwerde (§ 73 Abs. 3 GWB) vor. Mit der Anfechtungsbeschwerde wird die Aufhebung einer Verfügung, ganz oder teilweise, erstrebt. Mit der Verpflichtungsbeschwerde soll der Erlass einer Verfügung, auf deren Vornahme der Antragsteller ein Recht zu haben behauptet, erreicht werden. Eine weitere Beschwerdeform ist die Leistungsbeschwerde. Sie ist zulässig, wenn durch schlichtes Verwaltungshandeln die Rechte Dritter beeinträchtigt sind. Leistungsbeschwerde kann auch eine vorbeugende Unterlassungsbeschwerde sein (KG WuW/E OLG 4645 (4647) – Bayerische Landesbank). Eine allgemeine Feststellungsbeschwerde (entsprechend § 43 VwGO) ist bisher nicht zugelassen worden (KG WuW/E OLG 4589 (4591) – Blockheizkraftwerk). Zulässig ist allerdings die sog. Fortsetzungsfeststellungsbeschwerde gem. § 76 Abs. 3 GWB. Zu beachten ist, dass durch § 73 Abs. 4 S. 3 GWB für die Zusammenschlusskontrolle bei freiwilliger Vereinigung von Krankenkassen der Rechtsweg zu den Sozialgerichten eröffnet ist. Gem. § 73 Abs. 5 GWB ist der BGH für Beschwerden gegen Verfügungen des BKartA nach § 19a GWB (auch in Verbindung mit § 32 Abs. 2 u. 3 GWB) einschließlich aller selbständig anfechtbaren Verfahrenshandlungen zuständig. Dasselbe gilt für einstweilige Maßnahmen und Verpflichtungszusagen, soweit diese im Sinne des § 19a GWB angewendet werden.

2. (Adressat) Die Beschwerde ist bei der Kartellbehörde, welche die anzufechtende Verfügung erlassen hat, einzulegen (§ 74 Abs. 1 S. 1 GWB). Es genügt jedoch, wenn sie innerhalb der Beschwerdefrist (Monatsfrist) beim Beschwerdegericht eingeht (§ 74 Abs. 1 S. 3 GWB). Nach § 73 Abs. 4 GWB entscheidet über die Beschwerde das für den Sitz der Kartellbehörde zuständige Oberlandesgericht. Verfügungen des BKartA werden folglich vom OLG Düsseldorf überprüft.

3. (Beschwerdeberechtigung) Beschwerdeberechtigt sind die Personen, Personenvereinigungen, Unternehmen und Unternehmensvereinigungen sowie Wirtschafts- und Berufsvereinigungen, die am Verfahren vor der Kartellbehörde beteiligt waren (§ 73 Abs. 2 iVm § 54 Abs. 2 und 3 GWB). Beschwerdeberechtigt sind daher auch die Beigeladenen gem. § 54 Abs. 2 Nr. 3 GWB. Von der Beschwerdebefugnis gem. § 73 Abs. 2 GWB ist die **formelle und materielle Beschwer** zu unterscheiden. Erforderlich ist in jedem Falle eine „formelle" Beschwer. Diese fehlt, wenn der Beschwerdeführer durch die Verfügung bekommen hat, was er im Verwaltungsverfahren erstrebt hat. Die Rechtsprechung fordert für die Anfechtungsbeschwerde zudem eine materielle Beschwer (BGH 24.3.1987, WuW/E BGH 2077 (2079) – coop-Supermagazin; OLG Düsseldorf WuW/E DE-R 759 (762 f.) – NetCologne; 25.9.2007, WuW/E DE-R 2138 (2140) – Anteilsveräußerung; 14.10.2008, WuW/E DE-R 2512 (2513) – Ulm/Neu-Ulm; Wiedemann/*Klose* Kartellrecht-HdB § 54 Rn. 23, 30). Das ist insbesondere für Beigeladene von Bedeutung. Sie müssen nachweisen, dass sie „materiell beschwert" sind. Die Beschwer muss noch im Zeitpunkt der Beschwerdeeinlegung bestehen. Nicht erforderlich soll insoweit sein, dass der Beschwerdeführer „in seinen Rechten verletzt" ist. Die materielle Beschwer soll sich vielmehr schon aus der für die Partei nachteiligen Wirkung nach dem Entscheidungsinhalt ergeben, die auch in einer rechtlich geschützten Position liegen kann (BGH 24.3.1987, WuW/E BGH 2077 (2079) – coop-Supermagazin). Das dürfte jedoch nicht bedeuten, dass der Beigeladene mehr geltend machen muss, als die eine Beiladung nach § 54 Abs. 2 Nr. 3 GWB rechtfertigende „erhebliche Interessenberührung" (so auch Bechtold/Bosch/*Bechtold/Bosch* GWB § 73 Rn. 9).

4. (Verfügung) Gegenstand der Anfechtungsbeschwerde ist eine „Verfügung der Kartellbehörde“, also die „hoheitliche Maßnahme mit Außenwirkung zur Regelung eines Einzelfalles“. Dieser Begriff ist grundsätzlich identisch mit dem des Verwaltungsaktes im allgemeinen Verwaltungs- und Verwaltungsprozessrecht. Verfügungen sind daher alle Maßnahmen der Kartellbehörde zur Regelung eines Einzelfalles. Wird ein schlichtes Verwaltungshandeln ohne Regelungswirkung erstrebt, kommt eine allgemeine Leistungsbeschwerde bzw. eine Unterlassungsbeschwerde in Betracht (ggf. auch als vorbeugende Unterlassungsbeschwerde). Für eine Abgrenzung ist der objektive Erklärungswert maßgeblich. **Verfügungen** sind zB:

- Anerkennung von Wettbewerbsregeln sowie ihre Ablehnung (§ 26 Abs. 1, 2 GWB), Rücknahme oder Widerruf (§ 26 Abs. 4 GWB);
- Aufhebung von vertikalen Preisbindungen bei Zeitungen und Zeitschriften (§ 30 Abs. 3 GWB);
- Verfügungen gem. § 32 Abs. 1 GWB;
- Untersagung eines Zusammenschlusses (§ 36 Abs. 1 GWB);
- Einstweilige Maßnahme (§ 32a GWB);
- Vorteilsabschöpfung (§ 34 Abs. 1 GWB);
- Auflösung eines Zusammenschlusses (§ 41 Abs. 3 GWB);
- Beiladungsbeschlüsse (§ 54 Abs. 2 Nr. 3 GWB);
- Vorabentscheidung über Zuständigkeit (§ 55 GWB);
- Beweiserhebung (§ 57 Abs. 1 GWB);
- Beschlagnahmeanordnung (§ 58 Abs. 1 GWB);
- Auskunftsverlangen (§ 59 Abs. 1 Nr. 1 GWB);
- Einsicht und Prüfung geschäftlicher Unterlagen (§ 59 Abs. 1 Nr. 2 GWB);
- Einstweilige Anordnung (§ 60 GWB);
- Ablehnung der Akteneinsicht (§ 70 GWB);
- Bescheide über Gebühren und Auslagen (§ 62).

Keine Verfügungen sind:

- Einleitung eines Verwaltungsverfahrens (§ 54 Abs. 1 S. 1 GWB);
- Einstellung eines Verwaltungsverfahrens (§ 61 GWB);
- Mitteilung an einen „Antragsteller“, dass ein Verfahren nicht eingeleitet werde (KG 10.11.1976, WuW/E OLG 1813 (1814) – Medizinischer Badebetrieb);
- Abmahnungen, die einer Missbrauchsverfügung vorangehen;
- Nichtwiderspruch (BGH 8.4.1965, WuW/E BGH 680 (688) – Linoleum III);
- Bekanntmachung im Bundesanzeiger (§§ 10, 32, 58 GWB) (KG 14.12.1977, WuW/E OLG 1967 – WAZ; KG 12.10.1990, WuW/E OLG 4645 (4646) – Bayerische Landesbank);
- Bloße Äußerungen von Rechtsauffassungen (KG 4.4.1990, WuW/E OLG 4589 (4592) – Blockheizkraftwerk).

5. (Form) Die Beschwerde ist schriftlich einzureichen (§ 74 Abs. 1 S. 1 GWB). Antrag und Begründung können einem gesonderten Schriftsatz vorbehalten sein. Sowohl die Beschwerdeschrift als auch die Beschwerdebegründung müssen durch einen bei einem deutschen Gericht zugelassenen **Rechtsanwalt** unterzeichnet sein (§ 74 Abs. 5 GWB). Nicht erforderlich ist dies jedoch bei Akteneinsicht (§ 702 Abs. 2 S. 6 GWB) und für die Beschwerde durch die Kartellbehörde (§ 74 Abs. 5 GWB). Es ist nicht notwendig, dass der Begriff „Beschwerde“ verwendet wird. Es muss lediglich deutlich werden, dass der Beschwerdeführer ein bestimmtes Verhalten der Behörde angreift.

6. (Frist)

a) Die Frist zur Einreichung der Beschwerde (**Beschwerdefrist**) beträgt einen Monat (§ 74 Abs. 1 S. 1 GWB). Sie ist auch dann gewahrt, wenn die Beschwerde innerhalb eines

Monats beim Beschwerdegericht eingeht (§ 74 Abs. 1 S. 3 GWB). Die Frist beginnt mit der Zustellung der Verfügung der Kartellbehörde (§ 74 Abs. 1 S. 2 GWB). Für die Fristberechnung gilt über § 72 Nr. 2 GWB die Vorschrift des § 222 ZPO, die auf die §§ 187 ff. BGB verweist. Die Zustellung muss an alle formell Beteiligten iSd § 54 Abs. 2 und 3 GWB erfolgen. Die Verfügung muss mit einer Begründung und der Rechtsmittelbelehrung versehen und nach den Vorschriften des VwZG zugestellt sein. Andernfalls läuft die Beschwerdefrist nicht (BGH 24.3.1987, WuW/E BGH 2389 – coop Schleswig-Holstein – Deutscher Supermarkt). Die Zustellung kann gem. § 8 VwZG geheilt werden (KG 16.6.1981, WuW/E OLG 2507 – VEBA/Stadtwerke Wolfenbüttel).

b) Die Beschwerde ist innerhalb von zwei Monaten nach Zustellung der angefochtenen Verfügung zu begründen. Richtet sich die Beschwerde gegen eine Unterlassung der Kartellbehörde, so beträgt die **Begründungsfrist** einen Monat ab Einlegung der Beschwerde. Sie kann – anders als die Frist zur Einlegung der Beschwerde selbst – auf Antrag vom Vorsitzenden des Beschwerdegerichts verlängert werden (§ 74 Abs. 3 S. 3 GWB). Auch mehrfache Verlängerungen sind möglich; sie werden nach einer ersten Verlängerung nur mit Zustimmung des Beschwerdegegners gewährt.

7. (Antrag) Ein bestimmter Antrag gehört nicht zum Inhalt der Beschwerde; sondern zur Beschwerdebegründung (§ 74 Abs. 4 GWB). Der Antrag der Beschwerdebegründung muss die Erklärung enthalten, inwieweit die Verfügung angefochten und ihre Abänderung oder Aufhebung beantragt wird (§ 74 Abs. 4 Nr. 1 GWB).

8. (Inhalt) Es sind alle Tatsachen und Beweismittel anzugeben, auf die sich die Beschwerde stützt (§ 74 Abs. 4 Nr. 2 GWB).

9. (Akteneinsicht) Die Akteneinsicht regelt § 70 GWB.

10. (Kosten) § 71 GWB regelt die Kostentragung in Bezug auf das Gerichtsverfahren. Sofern die eingelegte Beschwerde erfolglos war, hat grundsätzlich der Beschwerdeführer die Gerichtskosten zu tragen (vgl. BGH 20.3.1984, WuW/E BGH 2084). Dies gilt auch bei Rücknahme der Beschwerde. Bezüglich der außergerichtlichen Kosten steht dem Gericht ein Ermessensspielraum, unter Berücksichtigung von Billigkeitserwägungen, zu. Eine ausdrückliche Regelung dahingehend, dass der Beschwerdegegner die Kosten zu tragen hat, wenn die Beschwerde Erfolg hat, gibt es (anders als in anderen Prozessordnungen) nicht. Kosten sind hier sowohl die Gerichtskosten als auch die außergerichtlichen Kosten der Parteien. Allerdings hat das BVerfG vor dem Hintergrund des Art. 3 Abs. 1 GG entschieden, dass § 71 GWB nicht so ausgelegt werden dürfe, dass ein Beschwerdeführer grundsätzlich seine außergerichtlichen Kosten selbst tragen muss, wenn er eine Verletzung seiner Rechte geltend gemacht und in dem Verfahren obsiegt hat. Vielmehr komme es auf alle Umstände des Einzelfalles an, wobei im Rahmen der Billigkeitserwägungen auch der Verfahrensausgang zu berücksichtigen sei (BVerfG 3.12.1986, WuW/E VG 313).

3.12 Antrag auf Anordnung der aufschiebenden Wirkung einer Beschwerde (§ 67 Abs. 3 S. 3 GWB)[1]

An das

OLG Düsseldorf[2]

– Kartellsenat –

Cecilienallee 3

40474 Düsseldorf

In der Kartellverwaltungssache

des Unternehmens . . . . .

– Beschwerdeführerin –

gegen

das Bundeskartellamt

– Beschwerdegegnerin –

wegen: Unzulässigkeitserklärung einer behaupteten Koordinierung nach § 1 GWB beantrage[3] ich namens und im Auftrag der Unternehmen . . . . . :[4]

1. **Die aufschiebende Wirkung der am . . . . . eingelegten Beschwerde gegen den nach § 32 GWB ergangenen Beschluss des BKartA vom . . . . . (Gesch.-Z.: . . . . .) wird angeordnet.[5]**
2. **Dem Bundeskartellamt werden die Gerichts- und die außergerichtlichen Kosten des Beschwerdeführers auferlegt.**

Begründung:

1. **Die Antragstellerin hat am . . . . . Beschwerde gegen den Beschluss des BKartA vom . . . . . (Gesch.-Z.: . . . . .) eingelegt.[5] Die Beschwerde hat gem. § 64 Abs. 1 GWB keine aufschiebende Wirkung.**
2. **Die sofortige Vollziehung des Beschlusses des BKartA hat für die Betroffenen eine unbillige Härte zur Folge, weil . . . . .[6, 7]**
3. **Zur Glaubhaftmachung wird eine eidesstattliche Versicherung des Geschäftsführers der Antragstellerin, des Herrn . . . . ., beigefügt (Anlage 2).[8, 9]**

Rechtsanwalt

Anmerkungen

Hinweise: Im Zuge der 10. GWB-Novelle wurden die Vorschriften für Beschwerden, Rechtsbeschwerden und Nichtzulassungsbeschwerden neu strukturiert: In den §§ 63 bis 72 GWB sind gemeinsame Bestimmungen für alle Rechtsbehelfsverfahren „vor-die-Klammer“ gezogen. Die Beschwerde ist in den §§ 73 bis. 76 GWB geregelt. Die Vorschriften entsprechen jedoch weitgehend den §§ 63 ff. GWB aF Die Rechtsbeschwerde und die Nichtzulassungsbeschwerde sind nunmehr mit einigen Änderungen in den §§ 77 bis 80 GWB zu finden.

Zu unterscheiden ist der Antrag, die aufschiebenden Wirkung anzuordnen (§ 67 Abs. 3 S. 3 GWB), von einem Antrag, die aufschiebende Wirkung wiederherzustellen (§ 67 Abs. 3 S. 1 GWB). Die Voraussetzungen sind jedoch teilweise identisch, wie sich aus dem Gesetzestext ergibt, sodass ein Antrag auf Wiederherstellung der aufschiebenden Wirkung dem hier dargestellten Antrag in vielfacher Hinsicht sehr ähnelt.

1. (Allgemeines) Im europäischen Recht hat die Anfechtung von Entscheidungen in Kartellverfahren keine aufschiebende Wirkung. Jedoch kann die Kommission vorübergehend von der Durchsetzung einer Entscheidung absehen, solange ein Verfahren beim EuG oder EuGH anhängig ist. Zudem kann der Gerichtshof nach den in Art. 278 S. 2 AEUV genannten Voraussetzungen die aufschiebende Wirkung anordnen.

Auch im deutschen Recht hat die Anfechtungsbeschwerde grundsätzlich keine aufschiebende Wirkung. Verfügungen der Kartellbehörde sind somit wirksam und vollziehbar. Lediglich in den Fällen, die § 66 Abs. 1 GWB erwähnt, hat die Anfechtungsbeschwerde aufschiebende Wirkung. Der Katalog des § 66 Abs. 1 GWB betrifft die Beschwerde gegen die Rücknahme oder den Widerruf der Nichtanerkennung als Wettbewerbsregelung nach § 26 Abs. 4 GWB (§ 66 Abs. 1 Nr. 1 GWB), gegen die Unwirksamkeitserklärung einer Preisbindung nach § 30 Abs. 3 GWB (§ 66 Abs. 1 Nr. 1 GWB), gegen die Anordnung der Vorteilsabschöpfung nach § 34 Abs. 1 GWB (§ 66 Abs. 1 Nr. 1 GWB), gegen die Verfügungen nach § 31b Abs. 3 GWB (§ 66 Abs. 1 Nr. 1 GWB), gegen die Anordnung der Rückerstattung der aus dem kartellrechtswidrigen Verhalten erwirtschafteten Vorteile gemäß § 32 Abs. 2a S. 1 (§ 66 Abs. 1 Nr. 1 GWB) und gegen den Widerruf oder die Änderung einer Ministererlaubnis nach § 42 Abs. 2 S. 2 GWB (§ 66 Abs. 1 Nr. 2 GWB). Soweit die Anfechtungsbeschwerde von Gesetzes wegen keine aufschiebende Wirkung hat, kann das betroffene Unternehmen beim Beschwerdegericht den Antrag stellen, die aufschiebende Wirkung ganz oder teilweise anzuordnen (§ 67 Abs. 3 S. 3 GWB). Hatte die Kartellbehörde die sofortige Vollziehung einer von § 64 Abs. 1 GWB erfassten Verfügung angeordnet, ist die Wiederherstellung der aufschiebenden Wirkung der Beschwerde zu beantragen (§ 67 Abs. 3 S. 1 GWB). In Analogie zu § 67 Abs. 3 S. 1 und 3 GWB ist auch ein Antrag auf Feststellung der aufschiebenden Wirkung möglich, wenn die Kartellbehörde irrig annimmt, eine Beschwerde habe keine aufschiebende Wirkung (BGH 17.8.2006, WuW/E DE-R 1802 – Soda-Club). Ist die Verfügung zum Zeitpunkt der Entscheidung des Beschwerdegerichts schon vollzogen, kann beantragt werden, die Aufhebung der Vollziehung anzuordnen (§ 67 Abs. 4 S. 3 GWB). Die Anordnung der aufschiebenden Wirkung kann von der Leistung einer Sicherheit oder von anderen Auflagen abhängig gemacht werden (§ 67 Abs. 4 S. 4 GWB). Die Maßnahmen des Gerichts können befristet werden (§ 67 Abs. 4 S. 5 GWB). Sie können jederzeit geändert oder aufgehoben werden (§ 67 Abs. 5 S. 1 GWB).

2. (Zuständiges Gericht) Zuständig ist das **Beschwerdegericht**, dh das Gericht, bei dem das Beschwerdeverfahren anhängig ist oder anhängig gemacht werden muss. Sobald das Verfahren vor dem Rechtsbeschwerdegericht anhängig ist, ist nicht mehr das Beschwerdegericht zuständig, sondern der BGH (KG 8.12.1998, WuW/E OLG 2875 – Tariftreueerklärung).

3. (Antrag) Die Anordnung des Beschwerdegerichts setzt einen Antrag voraus (§ 67 Abs. 3 S. 3 GWB).

4. (Antragsbefugnis) Jeder Verfahrensbeteiligte, der von der Vollziehbarkeit der Verfügung betroffen ist, ist antragsbefugt. Wird eine fusionskontrollrechtliche **Freigabeverfügung** nach § 40 Abs. 2 GWB von einem Dritten angefochten, kann das Beschwerdegericht eine Anordnung nach Satz 3 nur treffen, wenn der Dritte durch die Verfügung oder Erlaubnis in seinen Rechten verletzt ist (§ 67 Abs. 3 S. 4 GWB). Eine bloß formelle und materielle Beschwer des Dritten durch die Entscheidung genügt insofern nicht. Die Antragsbefugnis in Verfahren des vorläufigen Rechtschutzes wird damit an die allgemeine Regelung der Verwaltungsgerichtsordnung (VwGO) angepasst. Dagegen bleibt es im Hauptsacheverfahren bei den niedrigeren Anforderungen an die Beschwerdebefugnis, nämlich, dass ein Verfahrensbeteiligter in seinen wettbewerblichen Interessen betroffen sein muss.

5. (Anhängigkeit des Beschwerdeverfahrens) Der Antrag auf Anordnung bzw. Wiederherstellung der aufschiebenden Wirkung einer Beschwerde kann schon vor der Einreichung der Beschwerde gestellt werden (vgl. § 67 Abs. 4 S. 1 GWB). Erforderlich ist, dass eine Vollziehbarkeit weiterhin möglich und insofern die Rechtswirkung der Verfügung noch nicht eingetreten ist.

6. (Inhalt der Begründung) Voraussetzung für die Anordnung der aufschiebenden Wirkung durch das Beschwerdegericht ist, dass a) ernstliche Zweifel an der Rechtmäßigkeit der angefochtenen Verfügung bestehen (§ 67 Abs. 3 S. 1 Nr. 2 GWB), oder b) die Vollziehung für den Betroffenen eine unbillige, nicht durch überwiegende öffentliche Interessen gebotene Härte zur Folge hätte (§ 67 Abs. 3 S. 1 Nr. 3 GWB).

Ernstliche Zweifel an der Rechtmäßigkeit der Verfügung können in tatsächlicher und rechtlicher Hinsicht bestehen. Ernstliche Zweifel an der Rechtmäßigkeit sind anzunehmen, wenn bei einer summarischen Überprüfung die Aufhebung der angefochtenen Entscheidung überwiegend wahrscheinlich ist (OLG Düsseldorf 22.2.2016 – VI3 Kart 160/15 (V), BeckRS 2016, 07426 Rn. 29 mwN). Es reicht nicht aus, wenn die Rechtslage als offen zu bewerten ist (OLG Frankfurt a.M. 3.3.2011, WuW/E DE-R 3238 (3241) – Wasserversorgung O1). Die Anforderungen an die „unbillige Härte" sind hoch. Sie darf nicht durch überwiegende öffentliche Interessen geboten sein. „Härte" ist anzunehmen, sofern mit der Verfügung schwerwiegende (wirtschaftliche) Nachteile für den Betroffenen verbunden sind, die kaum wieder gut gemacht werden können (vgl. Bechtold/Bosch/*Bechtold/Bosch* GWB § 65 Rn. 7 mwN). Es kommt auf eine Abwägung des Aussetzungsinteresses des Antragsstellers gegenüber dem öffentlichen Vollzugsinteresse an. Wird eine Verfügung nach § 40 Abs. 2 GWB von einem Dritten angefochten, kann das Beschwerdegericht eine Anordnung nach Satz 3 nur treffen, wenn der Dritte durch die Verfügung oder Erlaubnis in seinen Rechten verletzt ist (§ 67 Abs. 3 S. 4 GWB).

7. (Form und Frist) Der Antrag ist nicht an eine besondere Form gebunden. Allerdings ist er von einem bei dem Beschwerdegericht zugelassenen **Anwalt** zu stellen. Der Antrag kann ab dem Zeitpunkt des Wirksamwerdens der Verfügung bis zum Ende des Rechtsmittelverfahrens gestellt werden. Je später der Antrag gestellt wird, desto eher dürfte es jedoch an einem Beschwerdegrund gem. § 67 Abs. 3 Nr. 3 GWB fehlen.

8. (Glaubhaftmachung) Die Tatsachen, auf die der Antrag gestützt wird, sind glaubhaft zu machen. Die Versicherung an Eides Statt (§ 294 ZPO) genügt.

9. (Rechtsmittel) Gegen nach § 67 GWB getroffene Entscheidungen kann gem. § 77 GWB Rechtsbeschwerde eingelegt werden, sofern das Beschwerdegericht die Rechtsbeschwerde zugelassen hat (vgl. Bechtold/Bosch/*Bechtold/Bosch* GWB § 65 Rn. 11).

3.13 Rechtsbeschwerde an den BGH (§ 77 GWB)[1]

An das

OLG Düsseldorf[2]

– Kartellsenat –

Cecilienallee 3

40474 Düsseldorf

In der Kartellverwaltungssache

des Unternehmens . . . . .

– Beschwerde- u. Rechtsbeschwerdeführerin –

gegen

das Bundeskartellamt

– Beschwerde- u. Rechtsbeschwerdegegnerin –

wegen . . . . .

lege ich namens und im Auftrag der Rechtsbeschwerdeführerin[3] . . . . . gegen den Beschluss des Senats vom . . . . . (Az.: . . . . .), zugestellt am . . . . .,

Rechtsbeschwerde

ein[4] und beantrage:[5]

1. Der Beschluss des Kartellsenats des Oberlandesgerichts vom . . . . . und der Beschluss des Bundeskartellamts vom . . . . . werden aufgehoben.

Hilfsweise:

Der Beschluss des Kartellsenats des Oberlandesgerichts vom . . . . . wird aufgehoben und der Rechtsstreit an dieses Gericht zurückverwiesen.

2. Die Gerichtskosten des Beschwerde- und Rechtsbeschwerdeverfahrens werden dem Bundeskartellamt auferlegt. Das Bundeskartellamt hat dem Rechtsbeschwerdeführer die außergerichtlichen Kosten des Beschwerde- und des Rechtsbeschwerdeverfahrens zu erstatten.

Begründung[6]

Die Beschwerde gründet sich sowohl auf die Verletzung von Verfahrens- als auch von materiellen Vorschriften:

1. Es sind folgende Verfahrensvorschriften verletzt worden: . . . . . Dem liegt folgender Sachverhalt zugrunde: . . . . .
2. Ferner hat das OLG die materielle Vorschrift des . . . . . falsch angewandt, weil . . . . .

Rechtsanwältin[7]

Anmerkungen

Hinweis: Im Zuge der 10. GWB-Novelle wurden die Vorschriften für Beschwerden, Rechtsbeschwerden und Nichtzulassungsbeschwerden neu strukturiert: In den §§ 63 bis 72 GWB sind gemeinsame Bestimmungen für alle Rechtsbehelfsverfahren „vor-die-Klammer“ gezogen. Die Beschwerde ist in den §§ 73 bis. 76 GWB geregelt. Die Vorschriften entsprechen jedoch weitgehend den §§ 63 ff. GWB aF Die Rechtsbeschwerde und die Nichtzulassungsbeschwerde sind nunmehr mit einigen Änderungen in den §§ 77 bis 80 GWB zu finden (§§ 74 ff GWB aF).

1. (Allgemeines) Eine Rechtsbeschwerde ist möglich gegen einen Beschluss des OLG in der Hauptsache, wenn das OLG die Rechtsbeschwerde zugelassen hat. Mit der Rechtsbeschwerde können nur Rechtsverletzungen geltend gemacht werden; sie entspricht der Revision des Zivil- und Verwaltungsprozesses. Die Rechtsbeschwerde setzt die Zulassung durch das Beschwerdegericht voraus, es sei denn, dass ein grundlegender Verfahrensfehler vorliegt. Solche Verfahrensfehler, in denen es von Gesetzes wegen keiner Zulassung bedarf, sind in § 77 Abs. 4 GWB aufgelistet. Das Beschwerdegericht hat die Rechtsbeschwerde zuzulassen, wenn „eine Rechtsfrage von grundsätzlicher Bedeutung“ zu entscheiden ist (§ 77 Abs. 2 Nr. 1 GWB). Diese Voraussetzung ist gegeben, wenn in der Entscheidung entscheidungserhebliche Rechtsfragen behandelt worden sind, die über den Einzelfall hinaus von Bedeutung und nach dem Stand der höchstrichterlichen Rechtsprechung noch offen sind (BGH 8.5.2001, WuW/E DE-R BGH 703 (704) – Puttgarden II). Beschwerdegegenstand können dabei nur Rechtsfragen, nicht jedoch Tatsachenfragen sein. Die Rechtsbeschwerde ist ferner zuzulassen, wenn die „Fortbildung des Rechts oder die Sicherung einer einheitlichen Rechtsprechung eine Entscheidung des BGH erfordert" (§ 77 Abs. 2 Nr. 2 GWB). Oft wird auch in diesen Fällen eine Rechtsfrage von grundsätzlicher Bedeutung vorliegen (vgl. Bechtold/Bosch/*Bechtold/Bosch* GWB § 74 Rn. 5). Die Rechtsbeschwerde kann nur zugelassen werden bei in der „Hauptsache" erlassenen Beschlüssen. Beschlüsse in „Nebenverfahren", die einer Rechtsbeschwerde nicht zugänglich sind, betreffen zB einstweilige Anordnungen (BGH 15.10.1991, WuW/E 2739 (2740) – Rechtsbeschwerde), Anordnungen des Sofortvollzuges, Auskünfte und Durchsuchungen, Kosten und Gebühren. Der BGH ist an die Zulassungsentscheidung gebunden. Ist eine Rechtsbeschwerde in der Hauptsache nicht zugelassen, kann gegen die Nichtzulassung nach § 78 GWB Nichtzulassungsbeschwerde erhoben werden (→ Form. VIII.3.14). Für das Rechtsbeschwerdeverfahren gelten, soweit das GWB keine besonderen Vorschriften enthält, die in anderen Gesetzen enthaltenen Vorschriften und die dazu von der Rechtsprechung aufgestellten Grundsätze.

2. (Zuständiges Gericht) Rechtsbeschwerde und deren Begründung sind beim jeweiligen Beschwerdegericht einzulegen. Zuständig für die Entscheidung ist der BGH.

3. (Rechtsbeschwerdebefugnis) Die am Beschwerdeverfahren Beteiligten (§ 79 Abs. 1 iVm § 63 GWB) sowie die Kartellbehörde können Rechtsbeschwerde einlegen, sofern der Rechtsbeschwerdeführer durch die Beschwerdeentscheidung beschwert ist.

4. (Form und Frist)

a) Die Rechtsbeschwerde ist binnen einer Frist von einem Monat nach Zustellung der angefochtenen Entscheidung schriftlich beim OLG einzulegen (§ 79 Abs. 3 S. 1 GWB). Über den Wortlaut hinausgehend wahrt aber auch die Einlegung beim BGH die Frist (BGH 3.7.1976, WuW/E BGH 1440 – Vitam B12).

b) Die Begründung der Rechtsbeschwerde hat innerhalb einer Frist von zwei Monaten nach Zustellung des OLG-Beschlusses zu erfolgen (§ 79 Abs. 4 S. 1 GWB). Fristverlängerungen sind grundsätzlich möglich und können beim Vorsitzenden des Rechtsbeschwerdegerichts beantragt werden (§ 79 Abs. 4 S. 2 GWB). Dafür müssen erhebliche Gründe glaubhaft gemacht werden. Jedenfalls aber muss der Antrag auf Verlängerung innerhalb der regulären Frist gestellt werden. Für die Rechtsbeschwerde gilt **Anwaltszwang** (§ 64 GWB).

5. (Antrag) Spätestens die Begründung muss den Antrag enthalten, inwieweit der Beschluss des OLG angefochten und seine Abänderung oder Aufhebung beantragt wird (§ 79 Abs. 4 S. 3 GWB). Hat sich die angefochtene Verfügung in der Rechtsbeschwerdeinstanz erledigt, kann der Rechtsbeschwerdeführer beantragen, festzustellen, dass die angefochtene Verfügung unzulässig oder unbegründet war.

6. (Begründung) Neben den Anträgen muss die Begründung der Rechtsbeschwerde bezeichnen, welche Gesetzesvorschriften verletzt worden sind. Wird die Verletzung von Verfahrensvorschriften gerügt, sind diese zu bezeichnen und die Tatsachen anzugeben, die den Verfahrensverstoß begründen (BGH v. 27.6.1968, WuW/E 967 (970) – Zementverkaufsstelle Niedersachsen). Wird der Verstoß materiellen Rechts gerügt, müssen die entsprechenden Vorschriften angegeben und die Art ihrer Verletzung bezeichnet werden. Ist die Rechtsbeschwerde aufgrund einer Nichtzulassungsbeschwerde zugelassen worden, kann zur Begründung der Rechtsbeschwerde auf die Begründung der Nichtzulassungsbeschwerde Bezug genommen werden (§ 79 Abs. 4 S. 4 GWB).

7. (Kosten) Für das Gerichtsverfahren in Kartellverwaltungssachen geht § 71 GWB bei erfolglos eingelegten Rechtsmitteln grundsätzlich davon aus, dass der Rechtsmittelführer die gesamten Kosten des Verfahrens tragen muss. Bei erfolgreich eingelegten Rechtsmitteln gilt jedoch – anders als in den anderen Prozessordnungen – der Billigkeitsgrundsatz. Unter „Kosten" des Verfahrens sind sowohl die Gerichtskosten als auch die außergerichtlichen Kosten der Parteien zu verstehen.

3.14 Nichtzulassungsbeschwerde an den BGH (§ 78 GWB)[1]

An das

OLG Düsseldorf[2]

– Kartellsenat –

Cecilienallee 3

40474 Düsseldorf

In der Kartellverwaltungssache

des Unternehmens A

– Beschwerdeführerin –

gegen

das Bundeskartellamt

– Beschwerdegegnerin –

wegen . . . . .

lege ich namens und im Auftrag der Beschwerdeführerin gegen den Beschluss des Senats vom . . . . . (Az.: . . . . .), zugestellt am . . . . ., durch den die Rechtsbeschwerde gegen den Beschluss des Oberlandesgerichts vom . . . . . nicht zugelassen wurde,

Nichtzulassungsbeschwerde[3]

ein und beantrage:[4,5]

1. **Der Beschluss des Kartellsenats des Oberlandesgerichts vom . . . . . (Az.: . . . . .) über die Nichtzulassung der Rechtsbeschwerde wird aufgehoben. Die Rechtsbeschwerde gegen den Beschl. v. . . . . . wird zugelassen.**
2. **Die Gerichtskosten der Nichtzulassungsbeschwerde werden dem BKartA auferlegt. Das BKartA hat dem Rechtsbeschwerdeführer die außergerichtlichen Kosten zu erstatten.**

Begründung:[6]

Der Kartellsenat des Oberlandesgerichts hatte über die Rechtsfrage . . . . . zu entscheiden. Diese Rechtsfrage ist von grundsätzlicher Bedeutung, weil . . . . .[7]

Rechtsanwalt

Anmerkungen

Hinweis: Im Zuge der 10. GWB-Novelle wurden die Vorschriften für Beschwerden, Rechtsbeschwerden und Nichtzulassungsbeschwerden neu strukturiert: In den §§ 63 bis 72 GWB sind gemeinsame Bestimmungen für alle Rechtsbehelfsverfahren „vor-die-Klammer" gezogen. Die Beschwerde ist in den §§ 73 bis. 76 GWB geregelt. Die Vorschriften entsprechen jedoch weitgehend den §§ 63 ff. GWB aF Die Rechtsbeschwerde und die Nichtzulassungsbeschwerde sind nunmehr mit einigen Änderungen in den §§ 77 bis 80 GWB zu finden (§§ 74 ff GWB aF).

1. (Allgemeines) Nach § 77 Abs. 1 GWB ist die Rechtsbeschwerde nur zulässig, wenn sie vom Beschwerdegericht zugelassen worden ist. Gegen einen ablehnenden Beschluss (oder einen nicht ergangenen Beschluss) ist die Nichtzulassungsbeschwerde möglich (§ 78 Abs. 1 GWB). Gegenstand dieses Verfahrens ist allein die Frage, ob die Ablehnung der Zulassung durch das Beschwerdegericht rechtmäßig war. Für die Frage der Zulassung kommt es – wie schon beim Beschwerdegericht – darauf an, ob die Voraussetzungen des § 77 Abs. 2 Nr. 1 und Nr. 2 GWB erfüllt sind. Das Beschwerdegericht hat die Rechtsbeschwerde zuzulassen, wenn „eine Rechtsfrage von grundsätzlicher Bedeutung" zu entscheiden ist (§ 77 Abs. 2 Nr. 1 GWB). Die Rechtsbeschwerde ist ferner zuzulassen, wenn die „Fortbildung des Rechts oder die Sicherung einer einheitlichen Rechtsprechung eine Entscheidung des BGH erfordert" (§ 77 Abs. 2 Nr. 2 GWB). Es ist nicht mehr erforderlich, dass sich die Nichtzulassungsbeschwerdegegen einen Beschluss der Kartellbehörde in der Hauptsache richtet. Die Nichtzulassungsbeschwerde kann sich gegen alle beschwerdefähigen Entscheidungen der Kartellbehörden richten; auch im einstweiligen Rechtsschutz. Die Zulassung der Rechtsbeschwerde gilt, wenn in dem Beschluss nichts anderes bestimmt ist, für alle Verfahrensbeteiligten.

Wird der Nichtzulassungsbeschwerde durch den BGH nicht abgeholfen, so wird mit Zustellung dieses Beschlusses der Beschluss des Beschwerdegerichts rechtskräftig (§ 78 Abs. 6 S. 1 GWB). Die Rechtskraft tritt jedoch nicht vor Ablauf der Frist zur Einlegung der Rechtsbeschwerde ein. Wird nämlich fristgerecht eine zulassungsfreie Rechtsbeschwerde nach § 78 Abs. 4 GWB eingelegt, wird der Beschluss des Beschwerdegerichts erst mit Entscheidung über diese Rechtsbeschwerde rechtskräftig (vgl. Immenga/Mestmäcker/*Schmidt* GWB § 75 Rn. 10).

2. (Zuständiges Gericht) Die Nichtzulassungsbeschwerde ist beim entsprechenden Oberlandesgericht als zuständiges Beschwerdegericht einzulegen (§ 78 Abs. 3 S. 1 GWB). Zuständig für die Entscheidung ist jedoch der BGH. Dieser entscheidet durch begründeten Beschluss (§ 78 Abs. 2 S. 1 GWB).

3. (Form und Frist)

a) Die Nichtzulassungsbeschwerde ist binnen einer Frist von einem Monat schriftlich beim Oberlandesgericht einzulegen. Die Frist beginnt mit der Zustellung der angefochtenen Entscheidung (§ 78 Abs. 3 GWB). Die Einlegung beim Rechtsbeschwerdegericht wahrt jedoch ebenfalls die Frist (BGH Beschl. v. 18.5.1993 WuW/E BGH 2869 (2871) – Pauschalreisen – Vermittlung II).

b) Die Begründung der Nichtzulassungsbeschwerde muss wiederum innerhalb einer Frist von einem Monat nach Einlegung der Nichtzulassungsbeschwerde erfolgen (§ 78 Abs. 4 S. 1 GWB). Die Begründungsfrist kann vom Vorsitzenden des Rechtsbeschwerdegerichts verlängert werden (vgl. BGH 21.12.2004, WuW/E DE-R 1471 – Stadtwerke Dachau). Für das Nichtzulassungsverfahren gilt Anwaltszwang (§ 78 Abs. 4 S. 2 GWB). Eine gemeinsam mit der Nichtzulassungsbeschwerde eingereichte Begründung ist beim Beschwerdegericht einzureichen. Wird die Begründung nachgereicht, ist es zweckmäßig diese direkt beim BGH als Rechtsbeschwerdegericht einzureichen (vgl. Immenga/Mestmäcker/*Schmidt* GWB § 75 Rn. 6).

4. (Antragsberechtigung) Berechtigt zur Einlegung der Rechtsbeschwerde und damit auch der Nichtzulassungsbeschwerde sind alle am Beschwerdeverfahren Beteiligten sowie die betroffene Kartellbehörde (§ 76 Abs. 1 GWB). Wer am Verfahren vor dem Beschwerdegericht beteiligt ist, ergibt sich aus § 67 GWB. Über den Wortlaut des § 67 Abs. 1 GWB hinaus sind jedoch auch Antragsteller am Verfahren beteiligt, wenn die ihrem Antrag stattgebende Verfügung der Kartellbehörde von einer anderen Person angefochten wird (KG 29.6.1965, WuW/E OLG 755 (756) – Bauindustrie III; BGH 15.7.1966, WuW/E BGH 767 (768) – Bauindustrie) oder wenn die Kartellbehörde den Antrag abgelehnt hat und nur ein Teil der Antragsteller eine Beschwerde eingelegt hat. Zusammenfassend kann deshalb festgestellt werden, dass alle Verfahrensbeteiligten des Verwaltungsverfahrens zugleich an dem Beschwerdeverfahren beteiligt sind (vgl. Langen/Bunte/*Kollmorgen* § 67 Rn. 7).

5. (Antrag) Spätestens die Begründung der Nichtzulassungsbeschwerde muss den Antrag enthalten, den Beschluss über die Nichtzulassung der Beschwerde aufzuheben und die Rechtsbeschwerde zuzulassen (§ 79 Abs. 4 S. 3).

6. (Anordnungsgrund) Aus der Begründung muss sich ergeben, dass die Zulassungsvoraussetzungen vorliegen. Voraussetzung für die Zulassung der Rechtsbeschwerde ist, dass a) eine Rechtsfrage von grundsätzlicher Bedeutung zu entscheiden ist oder b) die Fortbildung des Rechts oder die Sicherung einer einheitlichen Rechtsprechung eine Entscheidung des BGH erfordert (§ 77 Abs. 2 Nr. 1 und Nr. 2 GWB). Für die Beurteilung der Frage, ob einer der Zulassungsgründe des § 77 Abs. 2 GWB vorliegt, ist von dem in dem angegriffenen Beschluss festgestellten Sachverhalt auszugehen. Das Ergebnis etwaiger mit der beabsichtigten Rechtsbeschwerde zu erhebender Verfahrensrügen ist nicht zu berücksichtigen (BGH 16.6.1981, WuW/E BGH 1867 – Levi's Jeans).

7. (Kosten) § 71 GWB regelt die Kostentragung in Bezug auf das Gerichtsverfahren. Sofern die eingelegte Beschwerde erfolglos war, hat grundsätzlich der Beschwerdeführer die Gerichtskosten zu tragen (vgl. BGH 20.3.1984, WuW/E BGH 2084). Dies gilt auch bei Rücknahme der Beschwerde. Bezüglich der außergerichtlichen Kosten steht dem Gericht ein Ermessensspielraum unter Berücksichtigung von Billigkeitserwägungen zu. Eine ausdrückliche Regelung dahingehend, dass der Beschwerdegegner die Kosten zu tragen hat, wenn die Beschwerde Erfolg hat, gibt es (anders als in anderen Prozessordnungen) nicht. Kosten sind hier sowohl die Gerichtskosten als auch die außergerichtlichen Kosten der Parteien. Allerdings hat das BVerfG vor dem Hintergrund des Art. 3 Abs. 1 GG entschieden, dass § 71 GWB nicht so ausgelegt werden dürfe, dass ein Beschwerdeführer grundsätzlich seine außergerichtlichen Kosten selbst tragen muss, wenn er eine Verletzung seiner Rechte geltend gemacht und in dem Verfahren obsiegt hat. Vielmehr komme es auf alle Umstände des Einzelfalles an, wobei im Rahmen der Billigkeitserwägungen auch der Verfahrensausgang zu berücksichtigen sei (BVerfG 3.12.1986, WuW/E VG 313).

4. Deutsches Zivilverfahren

4.1 Klage auf Schadensersatz gem. § 33a Abs. 1 GWB[1, 2]

An das

Landgericht[3]

– Zivilkammer –[4]

. . . . .

Klage

der Firma Abnehmer-GmbH, ..., vertreten durch ihren Geschäftsführer . . . . .

– Klägerin –

Prozessbevollmächtigte: . . . . .

gegen

die Firma Hersteller-GmbH, ..., ..., vertreten durch ihren Geschäftsführer . . . . .

– Beklagte –

wegen Schadensersatz gem. §§ 33a Abs. 1 GWB.

Namens und in Vollmacht der Klägerin erheben wir[5] Klage und beantragen,[6,7] die Beklagte zu verurteilen, an die Klägerin EUR . . . . . nebst Zinsen iHv 5 % über dem jeweiligen Basiszinssatz seit dem . . . . . zu zahlen.

Begründung

A. . . . . (Beschreibung des Sachverhalts)

B. . . . . (Rechtliche Würdigung)

I. Die Klage ist zulässig. Die Klägerin macht einen Anspruch auf Schadensersatz gemäß § 33a Abs. 1 GWB geltend. Damit ist das Landgericht ausschließlich zuständig (§ 87 GWB).
Die örtliche Zuständigkeit des Landgerichts . . . . . ergibt sich aus der VO des Justizministeriums . . . . . über die Zuständigkeit der Landgerichte nach dem Gesetz gegen Wettbewerbsbeschränkungen. Danach ist das Landgericht . . . . . bei Kartellrechtsstreitigkeiten auch für den LG-Bezirk . . . . . zuständig.

II. Die Klage ist begründet. Die Klägerin hat einen Anspruch gegen die Beklagte auf Ersatz des ihr entstandenen Schadens. Im Einzelnen:
1. Das Bundeskartellamt hat mit Bescheid vom . . . . . festgestellt, dass die Beklagte als Mitglied des . . . . .-Kartells [vorsätzlich/fahrlässig] einen Verstoß gegen . . . . . begangen hat. Der Bescheid wurde am . . . . . bestandskräftig, sodass ein Verstoß gegen . . . . . mit bindender Wirkung für das hier angerufene Gericht festgestellt ist (vgl. § 33b GWB).[8]
2. Die Klägerin ist als . . . . .[9] von dem Verstoß betroffen und damit anspruchsberechtigt.

3. Die Beklagte handelt schuldhaft, weil . . . . .[10]
4. Nach § 33a Abs. 2 S. 1 GWB wird vermutet, dass ein Kartell einen Schaden verursacht.[11]

III. Die Höhe[12, 13, 14] des mit dem Antrag geltend gemachten Schadensersatzanspruches berechnet sich wie folgt: . . . . .

Der geltend gemachte Schadensersatz ist ab dem . . . . . (Eintritt des Schadens) mit fünf Prozentpunkten über dem Basiszinssatz zu verzinsen.[15, 16]

Rechtsanwalt

Anmerkungen

Hinweis: Die Geltendmachung eines Anspruchs auf Herausgabe von Beweismitteln und Erteilung von Auskünften nach § 33g Abs. 1 GWB kann sowohl im Rahmen einer Klage auf Zahlung von Schadensersatz, als auch im Vorwege einer solchen Klage als Gegenstand einer selbstständigen Klage erfolgen (→ Form. VIII.4.2). Wird der letztere Weg gewählt, ist die Verjährung eines etwaigen Schadensersatzanspruchs durch die Erhebung der Klage auf Offenlegung gehemmt (vgl. § 33h Abs. 6 Nr. 3 GWB). Subsidiär zu einem Anspruch aus § 33g GWB kann im Rahmen einer anhängigen Klage nach § 33a GWB bei dem für den Rechtstreit zuständigen Gericht auch eine Offenlegung aus den Behördenakten beantragt werden (vgl. § 89c GWB) → VIII.1.12. Der Klageantrag müsste dann entsprechend angepasst werden.

1. (Allgemeines) Der kartellrechtliche Schadensersatzanspruch ist in § 33a Abs. 1 GWB normiert. Die Vorschrift ergänzt damit das vertragliche und deliktsrechtliche Schadensersatzrecht des allgemeinen Zivilrechts. Die Voraussetzungen des § 33a GWB und die einer anderen Schadensersatznorm können gleichzeitig erfüllt sein. Voraussetzung für einen Schadensersatzanspruch ist die vorsätzliche oder fahrlässige Begehung eines Verstoßes nach § 33 Abs. 1 GWB. Dies wiederum setzt einen Verstoß gegen eine Vorschrift des GWB, gegen Art. 101 oder 102 AEUV oder gegen eine von der Kartellbehörde erlassene Verfügung voraus. Bis zur 9. GWB-Novelle war der Anspruch auf Schadensersatz in § 33 Abs. 3 S. 1 GWB aF normiert (zum zeitlichen Anwendungsbereich → Anm. 2). Dabei hat die 9. GWB-Novelle die Tatbestands-Voraussetzungen für einen Schadensersatzanspruch nicht geändert. Es wurde aber klargestellt, dass ein Anspruch nur bei Verstößen gegen Vorschriften „dieses Teils" und damit nicht für Verletzungen von Verfahrensvorschriften, sondern nur bei Verstößen gegen materielles Recht bestehen kann. Zudem besteht nun in § 33a Abs. 2 GWB eine gesetzliche Vermutung, dass ein Kartell einen Schaden verursacht hat (näher dazu → Anm. 11). Das hier vorliegende Formular behandelt den in der Praxis sehr bedeutenden Fall einer sog. „*Follow*-on"-Klage, bei der sich der Kläger auf die Bindungswirkung einer vorangehenden Entscheidung des Bundeskartellamts, der EU-Kommission oder eines Gerichts stützen kann (näher dazu → Anm. 8). Davon zu unterscheiden sind Klagen im sog. „*Stand-alone*"-Verfahren, bei denen eine entsprechende Entscheidung zum Zeitpunkt der Klageerhebung nicht vorliegt, sodass der Kläger den schadensbegründenden Kartellverstoß umfassend darlegen und beweisen muss.

2. (Zeitlicher Anwendungsbereich) Gem. § 186 Abs. 3 S. 1 GWB gilt § 33a GWB nur für Ansprüche, die nach dem 26.12.2016 entstanden sind. Für die vorher entstandenen Ansprüche gilt daher noch § 33 GWB aF.

3. (Zuständiges Gericht) Für bürgerliche Rechtsstreitigkeiten, die in der Hauptsache die Anwendung des ersten Teils des GWB, des Art. 101 oder 102 AEUV oder des Art. 53 oder 54 des Abkommens über den Europäischen Wirtschaftsraum betreffen, sind die

Landgerichte ausschließlich und ohne Rücksicht auf den Streitwert zuständig (§ 87 S. 1 GWB). Somit besteht demnach insbesondere auch bei Schadensersatzansprüchen nach § 33a Abs. 1 GWB eine Zuständigkeit des Landgerichts. Es ist ebenfalls zuständig, soweit die Entscheidung eines Rechtsstreits ganz oder teilweise von einer kartellrechtlichen Vorfrage abhängt, also einer solchen, die nach dem GWB, den Art. 101, 102 AEUV oder den Art. 53 oder 54 des Abkommens über den Europäischen Wirtschaftsraum zu treffen ist (§ 87 S. 2 GWB). Insoweit handelt es sich um eine besondere Zuweisung gem. § 23 GVG. Die Zuständigkeit geht jeder anderen ausschließlichen Zuständigkeit vor. Ergeben sich die kartellrechtlichen Fragen, die den Rechtsstreit zur „Kartellrechtssache" iSv § 87 GWB machen, erst im Laufe des Verfahrens, verliert das angerufene Nicht-Kartellgericht seine Zuständigkeit; die Sache ist nunmehr an das allein zuständige Kartellgericht zu verweisen. Einige Bundesländer haben gem. § 89 GWB einem Landgericht für die Bezirke mehrerer Landgerichte die ausschließliche Zuständigkeit für Kartellrechtssachen iSv § 87 GWB zugewiesen (siehe auch Auflistung in → Anm. 1 zu § 89 GWB, Textsammlung Schönfelder, Deutsche Gesetze):

- Baden-Württemberg: VO vom 20.11.1998 (GBl. 1998 S. 680), zuletzt geänd. durch VO v. 4.4.2017 (GBl. S. 252) (LG Mannheim für den OLG-Bereich Karlsruhe und LG Stuttgart für den OLG-Bereich Stuttgart);
- Bayern: GZVJu v. 2.9.2012 (GVBl. S. 295), zuletzt geänd. durch VO v. 28.8.2016 (GVBl. S. 282);
- Brandenburg: GerZV v. 2.9.2014 (GVBl. II Nr. 62), zuletzt geänd. durch VO v. 18.8.2016 (GVBl. II Nr. 49);
- Hessen: JuZuV v. 3.6.2013 (GVBl. S. 386), zuletzt geänd. durch VO v. 31.10.2016 (GVBl. S. 204);
- Mecklenburg-Vorpommern: VO v. 28.3.1994 (GVOBl. 1994 S. 514), zuletzt geändert durch VO v. 15.1.2014 (GVOBl. 2014 S. 29) (LG Rostock für den OLG-Bezirk Rostock);
- Niedersachsen: § 14 VO v. 18.12.2009 (Nds. GVBl. 2009 S. 506) zuletzt geänd. durch VO v. 10.1.2017 (Nds. GVBl. S. 7)(LG Hannover für alle LG-Bezirke);
- Nordrhein-Westfalen: § 1 VO v. 30.8.2011 (GVNRW S. 469) (LG Düsseldorf für den OLG-Bereich Düsseldorf, LG Dortmund für den OLG-Bereich Hamm, LG Köln für den OLG-Bereich Köln);
- Rheinland-Pfalz: VO v. 22.11.1985 (GVBl. 1985 S. 267), zuletzt geänd. durch VO v. 6.3.2012 (GVBl. S. 117) (LG Mainz für den OLG-Bereich Koblenz und Zweibrücken);
- Sachsen: § 12 VO v. 14.12.2007 (GVBl. S. 600) (LG Leipzig für alle Gerichtsbezirke des Landes);
- Sachsen-Anhalt: § 6 VO v. 1.9.1992 (GVBl. 1992 S. 664), zuletzt geändert durch VO v. 9.1.2014 (GVBl. S. 22) (LG Magdeburg für alle Gerichtsbezirke des Landes);
- Schleswig-Holstein: VO v. 11.2.1958 (GVBl. 1958 S. 118) (LG Kiel für die LG-Bereiche Flensburg, Itzehoe, Kiel und Lübeck).

Für die Länder Berlin, Bremen, Hamburg und Saarland ist eine Regelung entbehrlich.

Wird ein Klagebegehren teils auf kartellrechtliche, teils auf nicht kartellrechtliche Anspruchsgrundlagen (zB konkurrierende Ansprüche aus Vertrag, Geschäftsführung ohne Auftrag und ungerechtfertigte Bereicherung) gestützt, ist die Zuständigkeit des Kartellgerichts gem. § 87 GWB auch für die nicht kartellrechtlichen Ansprüche begründet (OLG Stuttgart 10.10.1986, WuW/E OLG 4001 – Fiat-Bonus). Davon zu unterscheiden ist der Fall der objektiven Klagehäufung. Hier macht der Kläger verschiedene Ansprüche kartellrechtlicher und nichtkartellrechtlicher Art geltend, die auf verschiedenen Gründen beruhen (§ 260 ZPO). Diese verschiedenen Ansprüche können vor dem Kartellgericht zu einer Klage verbunden werden, wenn sie in einem rechtlichen oder wirtschaftlichen Zusammenhang stehen (§ 88 GWB). Das gilt selbst dann, wenn sie ansonsten nicht vor demselben Prozessgericht geltend zu machen wären. § 88 GWB ist insoweit eine Ausnahme von § 260 ZPO, da diese Vorschrift voraussetzt, dass für alle in einer objektiven Klagehäufung geltend gemachten Ansprüche dasselbe Prozessgericht zuständig ist. (Immenga/Mestmäcker/*Schmidt* GWB § 87 Rn. 49).

Die vor einem Amtsgericht oder einem nicht zuständigen Landgericht erhobene Klage über bürgerliche Rechtsstreitigkeiten iSv § 87 GWB ist unzulässig. Dies ist von Amts wegen zu beachten. Das Gericht wird den Kläger hierauf regelmäßig hinweisen und einen Verweisungsantrag anregen. Auf Antrag wird sich das Gericht für unzuständig erklären und die Sache an das zuständige Kartellgericht verweisen (§ 281 Abs. 1 ZPO).

4. (Zivilkammer) Da Kartellstreitigkeiten iSd § 87 GWB grds. als Handelssachen angesehen werden, besteht eine funktionelle Zuständigkeit der Kammer für Handelssachen. Allerdings wird die Sache nur vor der Kammer für Handelssachen verhandelt, sofern die Klageschrift einen entsprechenden Antrag enthält (vgl. § 96 Abs. 1 GVG). Der Antrag muss nicht ausdrücklich gestellt werden. Es genügt für die Begründung der Zuständigkeit der Handelskammer, wenn die Klage an die „Kartellkammer" gerichtet oder die Klage als „Kartellrechtssache" bezeichnet ist (vgl. Immenga/Mestmäcker/*Schmidt* Wettbewerbsrecht II GWB § 87 Rn. 41). Der Geschäftsverteilungsplan eines Landgerichts bestimmt, welche Kammer innerhalb des Landgerichtes „Kartellkammer" ist. Sofern versehentlich eine Nicht-Kartellkammer als Kartellkammer entscheidet, hat jedoch das LG als Kartellgericht iSd § 87 GWB entschieden (OLG Düsseldorf 14.7.1975, WuW/E OLG 1618 (1619)). Seit der 8. GWB-Novelle ist die Kammer für Handelssachen jedoch nicht mehr für kartellrechtliche Schadensersatzansprüche zuständig (vgl. § 95 Abs. 2 Nr. 1 GVG). Begründet wurde diese Änderung insbesondere mit der Befürchtung, dass die mit nur einem Berufsrichter besetzte Kammer für Handelssachen mit dem mit einer Schadensersatzklage einhergehenden Aufwand überfordert sein könnte. Nach Ansicht des Gesetzgebers sei die mit drei Berufsrichtern besetzte Zivilkammer besser für diese Aufgabe geeignet. Allerdings wird die Zuständigkeit der Zivilkammer nicht automatisch begründet, sondern nur, wenn der Einzelrichter die Sache der Zivilkammer vorlegt und diese den Rechtstreit übernimmt (vgl. § 348 Abs. 3 ZPO). Es empfiehlt sich jedoch von Anfang an ausdrücklich die Zivilkammer zu wählen, um Schwierigkeiten bei der Verweisung zu vermeiden.

5. (Anwaltszwang) Vor den Landgerichten besteht Anwaltszwang. Vor dem Kartell-Landgericht ist jeder bei irgendeinem Landgericht zugelassene Rechtsanwalt postulationsfähig (§ 78 ZPO).

6. (Klagantrag auf Schadensersatz) Der Schadensersatzanspruch ist auf Geldzahlung gerichtet und nach § 33a Abs. 4 GWB vom Schuldner bereits ab dem Zeitpunkt des Schadeneintritts zu verzinsen. Im Übrigen finden die §§ 288 und 289 S. 1 BGB entsprechende Anwendung. Grundsätzlich ist die Höhe des geltend gemachten Anspruchs konkret zu beziffern. Nur ausnahmsweise kann von einer genauen Bezifferung abgesehen werden, wenn die konkrete Höhe des Schadens zum Zeitpunkt der Klageerhebung noch nicht feststeht, sondern erst durch Beweisaufnahme oder richterliche Schätzung iSd § 287 ZPO ermittelt werden muss. In einem solchen Fall muss der Kläger dennoch eine bezifferte Mindestforderung angeben und Anhaltspunkte für eine spätere Bezifferung vortragen (vgl. Fuchs/Weitbrecht/*Mallmann* Hdb Private Kartellrechtsdurchsetzung, § 14 Rn. 19).

7. (Antrag auf Streitwertanpassung) In einem Verfahren, in dem es um die Geltendmachung eines Anspruchs aus § 33a Abs. 1 GWB geht, gibt § 89a Abs. 1 GWB den Parteien die Möglichkeit, einen Antrag auf Anpassung des Streitwerts zu stellen. Dabei geht es um eine Ermäßigung des Streitwerts. Ob ein solcher Antrag gestellt wird, ist im Einzelfall zu entscheiden. Nach § 89a Abs. 2 S. 2 GWB ist der Antrag vor der Verhandlung zur Hauptsache anzubringen, insofern also vor Stellung der Sachanträge nach § 137

ZPO. Voraussetzung für eine Streitwertanpassung ist, dass der Antragsteller glaubhaft macht, dass die Belastung mit den Prozesskosten nach dem vollen Streitwert seine wirtschaftliche Lage erheblich gefährden würde. Dabei geht es in der Praxis insbesondere um Fälle, in denen der Kläger den für die Zustellung erforderlichen Gerichtskostenvorschuss nicht bezahlen und deshalb bereits keine Klage erheben könnte, wenn bei der Berechnung der „richtige" Streitwert zugrunde gelegt werden würde. Liegen die Voraussetzungen des § 89a Abs. 1 S. 1 GWB vor, kann das Gericht den Streitwert durch Beschluss ermäßigen. Vorher ist der Gegner über den Antrag anzuhören. Ordnet das Gericht eine Ermäßigung des Streitwerts an, hat dies zunächst zur Folge, dass sich die Gebühren des Rechtsanwalts des Antragsstellers nach dem ermäßigten Streitwert bemessen. Unterliegt der Antragssteller in dem Verfahren und die Gerichtskosten sowie die außergerichtlichen Kosten werden ihm auferlegt, bemessen sich sowohl die Gerichtskosten als auch die Gebühren des Rechtsanwalts des Gegners nach dem ermäßigten Streitwert (§ 89a Abs. 1 S. 3 GWB). Somit reduziert sich für den Antragsteller das Kostenrisiko im Fall des Prozessverlustes. Gewinnt jedoch der Antragsteller den Prozess, erfolgt die Berechnung der Gerichtskosten, die der Gegner zu zahlen hat, anhand des „richtigen" Streitwerts. Werden dem Gegner auch die außergerichtlichen Kosten auferlegt, kann der Rechtsanwalt des Antragsstellers von dem Gegner die Gebühr, bemessen nach dem „richtigen" Streitwert, verlangen.

8. (Tatbestandswirkung von kartellbehördlichen Entscheidungen) Macht ein Geschädigter infolge eines Verstoßes gegen eine GWB-Vorschrift oder Art. 101, 102 AEUV Schadensersatz geltend, so ist das Gericht zugunsten des Geschädigten an die Annahme eines Verstoßes gebunden, wenn ein derartiger Verstoß durch eine bestandskräftige Entscheidung der Kartellbehörde oder der Wettbewerbsbehörde eines anderen EU-Mitgliedstaats oder eine rechtskräftige Entscheidung eines Gerichts in einem EU-Mitgliedstaat festgestellt ist (vgl. § 33b GWB bzw. § 33 Abs. 4 GWB aF für Ansprüche, die vor dem 27.12.2016 entstanden sind). Die Tatbestandswirkung bezieht sich nur auf bestandskräftige verwaltungs- oder bußgeldrechtliche Entscheidungen. Dies sind in der Regel Entscheidungen deutscher Kartellbehörden, der Kommission oder von Wettbewerbsbehörden anderer EU-Mitgliedstaaten. Erfasst sind aber auch die in einigen Mitgliedstaaten vorgesehenen verwaltungs- oder bußgeldrechtlichen Erstentscheidungen von Gerichten. Die Bindungswirkung bezieht sich auch auf rechtskräftige Gerichtsentscheidungen, die infolge der Anfechtung von verwaltungs- oder bußgeldrechtlichen Erstentscheidungen ergangen sind. Verwaltungs- und Bußgeldentscheidungen der Europäischen Kommission sind in Zivilprozessen bereits im Rahmen des Art. 16 Abs. 1 VO 1/2003 von den Gerichten zu beachten. § 33b GWB (§ 33 Abs. 4 GWB aF) hat insoweit nur klarstellende Bedeutung. Die Tatbestandswirkung bezieht sich alleine auf die Feststellung eines Verstoßes gegen die Vorschriften des ersten Teils des GWB oder gegen Art. 101 und 102 AEUV. Alle weiteren Fragen, insbesondere zur Schadenskausalität und zur Schadensbezifferung, unterliegen der freien Beweiswürdigung des Gerichts (BGH 12.6.2016, BGHZ 211, 164 Rn. 19 f. – Lottoblock II). Die Tatbestandswirkung reicht nur so weit, wie die Wirkung der Entscheidung der Wettbewerbsbehörde, insbesondere in räumlicher Hinsicht. Die Bindungswirkung erfasst jeweils nur Wettbewerbsbeschränkungen, die Auswirkungen im Gebiet der Wettbewerbsbehörden haben. Entscheidungen ausländischer Wettbewerbsbehörden können insofern also hinsichtlich der Feststellung eines Verstoßes eine Bindungswirkung für die deutsche Wettbewerbsbehörde haben, nicht jedoch bezüglich des in Deutschland entstandenen Schadens (vgl. MüKoWettbR/*Lübbig* GWB § 33b Rn. 10).

9. (Anspruchsberechtigung) Die Anforderungen an die Anspruchsberechtigung haben sich in den vergangenen Jahren maßgeblich geändert. Bereits in der als „Jedermann-Rechtsprechung" bekannt gewordenen Entscheidung des EuGH (Urt. v. 13.7.2006, WuW/E EU-R 1107 Rn. 91 – Manfredi) stellte der Europäische Gerichtshof klar, dass

„jedermann", der durch einen Kartellverstoß einen Schaden erlitten hatte, die Möglichkeit haben sollte, diesen ersetzt zu bekommen. Dies gelte soweit zwischen Schaden und dem nach Art. 101 AEUV verbotenen Verhalten ein ursächlicher Zusammenhang besteht (vgl. EuGH Urt. v. 14.3.2019, NZKart 2019, 217 Rn. 26 – Skanska; Urt. v. 12.12.2019, NZKart 2020, 30 Rn. 27 ff. – Otis). Bereits an die Manfredi-Entscheidung des EuGH anknüpfend hat der BGH ausdrücklich auch indirekte Abnehmer mit in den Kreis möglicher Anspruchsberechtigter einbezogen (BGH Urt. v. 28.6.2011, WuW/E DE-R 3431 Rn. 40 – ORWI). Für die Anspruchsberechtigung eines Klägers ist seitdem nicht mehr erforderlich, dass sich die Kartellabsprache gezielt gegen die Abnehmer oder Lieferanten richtet. Anspruchsberechtigt können somit grundsätzlich alle direkten sowie indirekten Abnehmer, Endverbraucher aber auch alle sonstigen Marktteilnehmer sein, die möglicherweise einen Schaden erlitten haben (vgl. EuGH Urt. v. 12.12.2019, NZKart 2020, 30 Rn. 30 ff. – Otis). Da § 33a Abs. 1 GWB auf § 33 GWB und damit auch auf § 33 Abs. 3 GWB Bezug nimmt, ist jedoch auch nach der 9. GWB-Novelle für eine Anspruchsberechtigung eine **„Betroffenheit"** erforderlich (vgl. MüKoWettbR/*Lübbig* II, 2019 § 33a Rn. 25 ff. mwN). Nach § 33 Abs. 3 GWB ist betroffen, wer als Mitbewerber oder sonstiger Marktbeteiligter durch den Verstoß beeinträchtigt ist. Die Beweislast für seine Betroffenheit liegt grds. vollständig beim Anspruchssteller. Seit der 10. GWB-Novelle wird jedoch die Betroffenheit der unmittelbaren Lieferanten oder Abnehmer eines Kartells bei Rechtsgeschäften mit kartellbeteiligten Unternehmen widerleglich vermutet, sofern die Rechtsgeschäfte sachlich, zeitlich und räumlich in den Bereich des Kartells fallen (§ 33a Abs. 2 S. 4 GWB). In einem solchen Fall obliegt es nun den kartellbeteiligten Unternehmen nachzuweisen, dass streitgegenständliche Geschäfte nicht von dem Kartell erfasst waren. Die Vermutung der Betroffenheit bezieht sich nicht auf sog. Preisschirmeffekte. Allerdings ist mit dieser Beschränkung ausweislich der Gesetzesbegründung keine Aussage dazu verbunden, ob und inwieweit auch in solchen Konstellationen eine Betroffenheit vorliegen kann. Zudem gilt die widerlegliche Vermutung nur für Schadensersatzansprüche, die entstanden sind, nachdem die Gesetzesänderung am 19.1.2021 in Kraft getreten ist (vgl. BT-Drs. 19/23592, 89). Die Einführung der widerleglichen Vermutung war vor allem eine Reaktion auf die jüngeren Entwicklungen in der Rechtsprechung. In seiner Entscheidung zum Schienenkartell II (Urt. v. 28.1.2020, WuW 2020, 202) stellte der BGH klar, dass er der bereits beschriebenen, EuGH-Rechtsprechung folgt, die den Kreis der Ersatzpflichtigen und Ersatzberechtigten jeweils weit fasst. Dem Merkmal der Betroffenheit komme bei der Prüfung des haftungsbegründenden Tatbestands Bedeutung nur für die Frage zu, ob dem Anspruchsgegner ein wettbewerbsbeschränkendes Verhalten anzulasten ist, das geeignet ist, einen Schaden des Anspruchstellers mittelbar oder unmittelbar zu begründen. Für die Feststellung dieser Voraussetzung legt der BGH den Maßstab des § 286 ZPO an. Insofern sei es ausreichend, wenn feststehe, dass der Anspruchssteller von einem kartellbeteiligten Unternehmen Waren erworben hat, welche Gegenstand der Kartellabsprache waren. Die bislang teils der Betroffenheit zugewiesene Frage einer Kartellbefangenheit einzelner Erwerbsvorgänge, dh ob auch tatsächliche Auswirkungen auf ein konkretes Geschäft gegeben sind, weist der Kartellsenat in seinem Urteil nun der haftungsausfüllenden Kausalität zu, so dass hierfür das reduzierte Beweismaß des § 287 ZPO gilt (BGH Urt. v. 28.1.2020, WuW 2020, 202 Rn. 25 f. – Schienenkartell II). Darüber hinaus stellt der BGH ausdrücklich fest, dass er in dieser Hinsicht nicht an seinem Urteil v. 11.12.2019 (WuW 2019, 91 – Schienenkartell) festhält, soweit sich daraus etwas anderes ergeben sollte. Allerdings bestätigt er seine schon dort vertretene Auffassung, dass der Anscheinsbeweis auf die Kartellbetroffenheit nicht anzuwenden sei, weil es an der für einen Anscheinsbeweis erforderlichen Typizität fehle (BGH Urt. v. 11.12.2018, WuW 2019, 91 – Schienenkartell; bestätigt durch BGH Urt. v. 28.1.2020, WuW 2020, 202 – Schienenkartell II).

10. (Verschulden) Der Schadensersatzanspruch setzt **vorsätzliches oder fahrlässiges Verhalten** voraus. Auf den Schadensersatzanspruch sind im Übrigen die allgemeinen Vorschriften des BGB anwendbar, insbesondere die §§ 249 ff. BGB. Von Bedeutung ist, dass die Rechtsprechung hohe Anforderungen an einen – die fahrlässige Begehung ausschließenden – unverschuldeten Rechtsirrtum stellt. So ist im Kartellrecht ein Verschulden nur dann zu verneinen, wenn der Irrende bei Anwendung der im Verkehr erforderlichen Sorgfalt mit einer anderen Beurteilung durch die Gerichte nicht zu rechnen brauchte (BGH 16.12.1986 WuW/E BGH 2341 (2344) – Taxizentrale Essen). Unter diesen Umständen empfiehlt es sich für Unternehmen, vor Abschluss oder Durchführung von möglicherweise wettbewerbsbeschränkenden Vereinbarungen oder Verhaltensweisen alle zumutbaren Anstrengungen zu unternehmen, um die kartellrechtliche Zulässigkeit der beabsichtigten Vereinbarung oder Verhaltensweise zu klären. Fahrlässigkeit kann selbst dann nicht ausgeschlossen werden, wenn sich der betroffene Schädiger auf die Rechtseinschätzung einer Behörde oder eines erstinstanzlichen Gerichts verlassen hat, obwohl es für ihn erkennbar war, dass die Rechtsfrage in einem gerichtlichen Hauptsacheverfahren auch abweichend beurteilt werden könnte (vgl. OLG Düsseldorf 30.9.2009, WuW/E DE-R 2763 (2767 f.) – Postkonsolidierer). Nach der Rechtsprechung des EuGH können weder der Rechtsrat eines Anwalts noch die Entscheidung einer nationalen Wettbewerbsbehörde ein berechtigtes Vertrauen dahingehend begründen, dass ein Verhalten nicht gegen kartellrechtliche Vorschriften verstößt (EuGH 18.6.2013 – C-681/11, WuW/E EU-R 2754 – Schenker & Co).

11. (Schadensvermutung) Im Zuge der 9. GWB-Novelle wurde auch der § 33a Abs. 2 S. 1 GWB neu eingeführt. Nach dieser Vorschrift wird widerleglich vermutet, dass ein Kartell einen Schaden verursacht. Der Begriff „Kartell“ ist in § 33a Abs. 2 S. 2 GWB legaldefiniert. Nach dem Wortlaut der Definition sind nur Absprachen und abgestimmte Verhaltensweisen zwischen Wettbewerbern, also im horizontalen Verhältnis, erfasst. Damit fallen vertikale Wettbewerbsbeschränkungen nicht unter die Vermutung. In zeitlicher Hinsicht gilt die Vermutung nach § 186 Abs. 3 S. 1 GWB nur für Schadensersatzansprüche, die nach dem 26.12.2016 entstanden sind. Auf vorher entstandene Ansprüche findet die Vermutung keine Anwendung, sodass in solchen Fällen die von der Rechtsprechung entwickelten Grundsätze weiter anzuwenden sind. Wie bereits dargestellt, weist der BGH nach neuer Rechtsprechung die Frage der Kartellbefangenheit einzelner Erwerbsvorgänge, d.h. ob auch tatsächliche Auswirkungen auf ein konkretes Geschäft gegeben sind, der haftungsausfüllenden Kausalität zu. Damit gilt das reduzierte Beweismaß des § 287 ZPO (Urt. v. 28.1.2020, WuW 2020, 202 – Schienenkartell II). Insofern orientiert sich der BGH an der für den unionsrechtlich determinierten Schadensersatz maßgeblichen Frage nach dem ursächlichen Zusammenhang zwischen der Kartellabsprache und dem Vorliegen des individuellen Schadens. Erweist sich, dass dem Anspruchsteller ein Schaden entstanden ist, stehe zugleich fest, dass sich die verbotene Absprache auf das Geschäft ausgewirkt habe. Ein Rückgriff auf das Instrument des Anscheinsbeweises scheide jedoch aus. Bei Quoten- und Kundenschutzkartellen fehle es, wegen der Vielgestaltigkeit und Komplexität wettbewerbsbeschränkender Absprachen, ihrer Durchführung und ihrer Wirkungen, an der für die Annahme eines Anscheinsbeweises erforderlichen Typizität (BGH Urt. v. 11.12.2018, WuW 2019, 91 (Rn 57) – Schienenkartell; Urt. v. 28.1.2020, WuW 2020, 202 (Rn. 31) – Schienenkartell II). Allerdings seien die in der Rechtsprechung bereits herausgestellten Erfahrungssätze zu berücksichtigen. So bestehe bei einem Quotenkartell die (tatsächliche) Vermutung, dass die im Rahmen eines Kartells erzielten Preise im Schnitt über den Preisen ohne wettbewerbsbeschränkende Absprache liegen würden. Allein auf derartige Erfahrungssätze abzustellen, genüge jedoch den Anforderungen des § 287 ZPO ebenfalls nicht. Vielmehr wären in die vorzunehmende Gesamtwürdigung alle Umstände einzubeziehen, die festgestellt sind oder für die diejenige Partei, die sich auf einen ihr günstigen Umstand mit indizieller Bedeutung für oder gegen einen Preiseffekt des Kartells beruft, Beweis angeboten hat. In seiner Entscheidung Schienenkartell II gibt der BGH den Instanzgerichten den Prüfungsmaßstab für die Schadensfeststellung sehr genau vor.

Wie bereits bei der 9. GWB-Novelle distanzierte sich der Gesetzgeber auch im Rahmen der 10. GWB-Novelle ausdrücklich von der Einführung einer Vermutung zur Schadenshöhe. Dabei verwies er auf die Möglichkeit die Schadenshöhe gemäß § 287 ZPO zu schätzen (BT-Drs. 19/23492, 89). Die Gesetzesbegründung nimmt Bezug auf die Entscheidung Lottoblock II (BGH Urt. v. 12.7.2016, WuW 2016, 488) in welcher der BGH eine Entscheidung eines Oberlandesgerichts wegen Rechtsfehlern bei der Durchführung einer Schadensschätzung aufgehoben hat. Allerdings bestehe kein Anlass für Bedenken, dass die Anforderungen, welche der BGH in dieser Entscheidung angelegt hat, zu hoch wären und die Anwendung von § 287 ZPO praktisch unmöglich machen würde. Noch ungeklärt ist, ob von der Vermutung bzgl. des Bestehens eines Schadens (§ 33a Abs. 2 S. 1 GWB) auch sog. Preisschirmeffekte (*umbrella pricing*) umfasst werden. Von Preisschirmeffekten wird gesprochen, wenn das Preisniveau auf einem bestimmten Markt in so erheblichen Umfang durch ein Kartell beeinflusst wird, dass auch Kartellaußenseiter ihre Preise dem erhöhten Niveau anpassen.

Der Schädiger kann die Vermutung widerlegen, indem er den Beweis dafür erbringt, dass kein Schaden entstanden oder dieser nicht messbar ist. Eine Möglichkeit der Verteidigung bietet die sog. *Passing on-defense* (vgl. § 33c Abs. 1 GWB) (näher dazu → Anm. 13).

12. (Konkrete Schadensberechnung) Die konkrete Schadensberechnung richtet sich nach den §§ 249 ff. BGB. Anzuwenden ist somit die sog. Differenzhypothese, bei welcher die reale Vermögenslage des Geschädigten mit dessen hypothetischen Vermögenslage (dh ohne schädigendes Ereignis) verglichen wird. Insofern kommt es maßgeblich darauf an, wie hoch der Preis bei funktionierendem Wettbewerb gewesen wäre. Die exakte Feststellung dieses hypothetischen Wettbewerbspreises anhand verschiedener ökonomischer Methoden ist in der Praxis sehr schwierig oder gar unmöglich, weshalb regelmäßig auf Näherungswerte und Schätzungen zurückgegriffen werden muss (näher dazu → Anm. 14). Auch im Kartellrecht gilt der Grundsatz des Bereicherungsverbots, wie der BGH im sog. ORWI-Urteil (BGH 28.6.2011, WuW/E DE-R 3431 ff.) bestätigte. Insofern soll der Geschädigte auch nicht besser gestellt werden, als er ohne den Schaden stünde.

13. (Schadensabwälzung) Ein geschädigter Abnehmer einer Ware oder Dienstleistung kann grundsätzlich auch dann Schadensersatz verlangen, wenn er die überhöhten Einstandskosten seinerseits an einen Abnehmer weiterreichen konnte. Dies entspricht den Grundsätzen im US-Recht zur sog. *„passing-on-defense"*. Auch im deutschen Recht kommt nach den allgemeinen Regeln des Schadensersatzrechts eine Vorteilsausgleichung nur in Betracht, wenn zwischen dem schädigenden Ereignis und dem Vorteil beim zunächst Geschädigten ein adäquater Kausalzusammenhang besteht, die Anrechnung dem Zweck des Schadensersatzes entspricht und den Schädiger nicht unbillig entlastet. Danach erscheint eine Vorteilsausgleichung bei Kartellrechtsverstößen nicht sachgerecht. Zum einen ist der Kartellrechtsverstoß nicht immer *conditio sine qua non* für den später vereinbarten Endabnehmerpreis. Vor allem aber entspricht eine Anrechnung des erzielten Vorteils nicht dem Zweck des kartellrechtlichen Schadensersatzanspruchs. Dieser dient neben dem Restitutionsgedanken gleichermaßen der Abschreckung von Kartellrechtsverstößen und der Herausgabe des zu Lasten Dritter erzielten Vorteils. Die Anerkennung einer Vorteilsausgleichung würde diesen Zwecken zuwiderlaufen. Wie bei anderen gesetzlichen Vorbildern (vgl. § 843 Abs. 4 BGB) wird eine Vorteilsausgleichung daher in diesem Fall ausdrücklich ausgeschlossen (§ 33c Abs. 1 S. 1 GWB). Seit der 9. GWB-Novelle ist die Schadensabwälzung gesetzlich in § 33c GWB normiert. Dabei sind unterschiedliche Konstellationen geregelt. In § 33c Abs. 1 GWB geht es um die Sichtweise des Beklagten und eine Verteidigung im Wege der *„passing-on-defense"*. Dabei macht der Beklagte gegenüber seinen direkten Abnehmern (Klägern) geltend, dass diese den erhöhten Preis an die nächste Marktstufe „weitergewälzt“ und deshalb selbst keinen Schaden erlitten hätten. Die Beweislast trägt der Beklagte. § 33c Abs. 1 S. 2 GWB stellt dabei klar, dass der Schaden des Abnehmers nur in der Höhe ausgeglichen ist, soweit tatsächlich eine Schadensabwälzung durch den Beklagten an dessen Abnehmer stattfand. Davon zu unterscheiden ist die Konstellation des § 33c Abs. 2 GWB. Dieser statuiert unter den dort genannten Voraussetzungen eine Vermutung zugunsten des indirekten Abnehmers dahingehend, dass der Preisaufschlag auf ihn abgewälzt wurde. Die Vermutung bezieht sich nicht auf den entgangenen Gewinn oder andere Schadenspositionen und trifft auch keine Aussage bzgl. der Höhe des weitergewälzten Preisaufschlags. An dieser Stelle kann jedoch der Anspruch auf Herausgabe von Beweismitteln und Erteilung von Auskünften nach §§ 33g bzw. 89b ff. GWB hilfreich sein. Zudem findet nach § 33c Abs. 5 GWB auch hinsichtlich des Umfangs der Schadensabwälzung § 287 ZPO Anwendung. Für mittelbare Abnehmer gab es im Rahmen der 10. GWB-Novelle ebenfalls eine Neuerung: Über § 33c Abs. 3 S. 2 gilt die neu eingeführte Vermutung zur Kartellbetroffenheit unmittelbarer Abnehmer auch zugunsten mittelbarer Abnehmer derjenigen Waren oder Dienstleistungen, für welche die Kartellbetroffenheit des unmittelbaren Abnehmers nach § 33a Abs. 2 S. 4 widerleglich vermutet wird. Die widerlegliche Vermutung gilt nur für Schadensersatzansprüche, die entstanden sind, nachdem die Gesetzesänderung am 19.1.2021 in Kraft trat (vgl. BT-Drs. 19/23592, 89 f.).

14. (Abstrakte Schadensberechnung) Alternativ zur konkreten Schadensberechnung nach den §§ 249 ff. BGB eröffnet § 33a Abs. 3 GWB dem Gericht die Möglichkeit bei der Schadensschätzung nach § 287 ZPO insbesondere den anteiligen Gewinn, den das Unternehmen durch den Verstoß erlangt, zu berücksichtigen. Der Geschädigte muss in diesem Fall nicht nachweisen, dass der erzielte Gewinn seinem konkreten Schaden entspricht; dadurch wird die Rechtsverfolgung erleichtert. Die Einführung alternativer Formen der Schadensberechnung ähnelt insbesondere dem Vorbild des Gewerblichen Rechtsschutzes und des subsidiären Leistungsschutzes nach § 1 UWG, wo für den Geschädigten die Herausgabe des Verletzergewinns anstelle der Schadensberechnung nach den §§ 249 ff. BGB eine anerkannte Wahlmöglichkeit darstellt. Ziel ist insbesondere, die Anspruchsdurchsetzung in den Fällen zu erleichtern, in denen die Ermittlung des hypothetischen Marktpreises als Grundlage einer Schadensberechnung nach der Differenzmethode mit großen Schwierigkeiten verbunden ist. Der Gewinn errechnet sich dabei grundsätzlich aus den Umsatzerlösen abzüglich der Herstellungskosten der erbrachten Leistungen sowie abzüglich angefallener Betriebskosten. Gemeinkosten oder sonstige betriebliche Aufwendungen, die auch ohne das wettbewerbswidrige Verhalten angefallen wären, sind nicht abzugsfähig. Im Falle mehrerer Geschädigter steht dem einzelnen Geschädigten nur ein Anspruch auf Herausgabe des anteiligen Gewinns zu. Die Höhe des Anteils bestimmt sich nach dem Gewinn aus dem Kartellrechtsverstoß gegenüber dem Geschädigten bzw. aus den Folgeverträgen mit ihm. Diese Möglichkeit der Schadensschätzung wird zusätzlich flankiert durch einen Anspruch auf Rechnungslegung.

15. (Zinsen) Um zu verhindern, dass der Schädiger durch eine verzögerte Schadensregulierung einen Vorteil erzielt, ordnet § 33a Abs. 4 S. 1 GWB (§ 33 Abs. 3 S. 4 GWB aF) eine Verzinsungspflicht – anders als im allgemeinen Zivilrecht üblich – für die Geldschuld bereits ab Schadenseintritt an. §§ 288 und 289 S. 1 BGB sind entsprechend anwendbar. Die Verzinsungspflicht dient dem Zweck einer Verstärkung des Abschreckungscharakters von zivilrechtlichen Schadensersatzansprüchen. Evtl. weitergehende Zinsansprüche aus weitergehenden Rechtsgrundlagen bleiben unberührt.

16. (Verjährung) Seit der 9. GWB-Novelle ist die Verjährung von kartellrechtlichen Schadensersatzansprüchen in § 33h GWB geregelt. Vor Inkrafttreten der Novelle fanden die allgemeinen Regeln der §§ 194 ff. BGB Anwendung. Nach § 33h Abs. 1 GWB gilt nun für kartellrechtliche Schadensersatzansprüche nicht mehr die dreijährige, sondern eine fünfjährige Verjährungsfrist. Die Frist beginnt mit dem Schluss des Jahres, in dem die Voraussetzungen des § 33h Abs. 2 GWB kumulativ erfüllt sind. Dies setzt voraus, dass der Anspruch entstanden und der den Anspruch begründende Rechtsverstoß beendet ist. Zusätzlich kommt es auf die Kenntnis oder grob fahrlässige Unkenntnis des Anspruchsberechtigten von den anspruchsbegründenden Umständen, von der Einordnung als Verstoß iSd § 33 Abs. 1 GWB sowie von der Identität des Rechtsverletzers an. Unabhängig von der Kenntnis oder fahrlässigen Unkenntnis verjährt ein Schadensersatzanspruch iSd § 33a Abs. 1 GWB jedenfalls in zehn Jahren von dem Zeitpunkt an, in dem der Anspruch entstanden ist und der Kartellrechtsverstoß beendet wurde (vgl. § 33h Abs. 3 GWB). Bei der zehnjährigen kenntnisunabhängigen Verjährungsfrist beginnt und endet die Frist taggenau (MüKoWettbR/*Makatsch/Mir* GWB § 33h Rn. 60, 69). Bei Ansprüchen gegen Kronzeugen und kleine oder mittlere Unternehmen (KMU) ist jedoch für den Verjährungsbeginn sowie für die kenntnisunabhängige Verjährung die Sonderregel des § 33h Abs. 8 GWB zu beachten. Letztlich verjähren gemäß § 33h Abs. 4 GWB alle Ansprüche spätestens 30 Jahre nach dem Verstoß iSd § 33 Abs. 1, der den Schaden ausgelöst hat. Erhebt der Schädiger die Einrede der Verjährung, so trägt er die Darlegungs- und Beweislast für die maßgeblichen Umstände. Dabei wird es meist darum gehen, ob der Schädiger darlegen kann, ab welchem Zeitpunkt der Geschädigte Kenntnis oder grob fahrlässige Unkenntnis der anspruchsbegründenden Umständen hatte.

Zur Stärkung der Durchsetzbarkeit kartellrechtlicher Schadensersatzansprüche ist die Verjährung dieser Ansprüche gehemmt, wenn die nationale Kartellbehörde „Maßnahmen im Hinblick auf eine Untersuchung oder auf ihr Verfahren wegen eines Verstoßes im Sinne des § 33 Abs. 1 GWB trifft" (§ 33h Abs. 6 S. 1 Nr. 1 GWB). Dasselbe gilt, wenn die Europäische Kommission oder die Wettbewerbsbehörde eines anderen EU-Mitgliedstaates Maßnahmen im Hinblick auf eine Untersuchung oder auf ihr Verfahren wegen eines Verstoßes gegen Art. 101 oder 102 AEUV trifft (vgl. § 33h Abs. 6 S. 1 Nr. 2 GWB). Damit knüpft § 33h Abs. 6 S. 1 GWB – anders als § 33 Abs. 5 GWB aF – für den Beginn der Hemmung nicht mehr an die Einleitung eines Verfahrens durch die Wettbewerbsbehörden an. Ausreichend ist seit der 9. GWB-Novelle ein „Treffen von Maßnahmen" im Hinblick auf eine Untersuchung oder auf ein Verfahren wegen eines Kartell-Verstoßes und somit jegliche Ermittlungshandlung oder Untersuchung der Behörde (genaue Anforderungen an die Handlungen der Behörde noch ungeklärt vgl. dazu MüKoWettbR/*Makatsch/Mir* GWB § 33h Rn. 75 f.). Die Verjährung des Anspruchs wird auch gehemmt, wenn der Anspruchsberechtigte gegen den Rechtsverletzer Klage auf Auskunft oder Herausgabe von Beweismitteln nach § 33g GWB erhoben hat (vgl § 33 Abs. 6 Nr. 3 GWB). Dies soll verhindern, dass der Schädiger durch eine Verzögerung der Herausgabe von Beweismitteln und Erteilung von Auskünften in missbräuchlicher Weise die Verjährung herbeiführen kann (vgl. MüKoWettbR/*Makatsch/Mir* GWB § 33h Rn. 82). Die Hemmung der Verjährung endet ein Jahr nach der bestands- und rechtskräftigen Entscheidung oder der anderweitigen Erledigung des Verfahrens (vgl. § 33h Abs. 6 S. 2, 3 GWB).

Zum zeitlichen Anwendungsbereich der Verjährungsregelung bei Schadensersatzansprüchen trifft § 186 Abs. 3 S. 2, 3 GWB eine besondere Regelung. Danach gilt § 33h GWB für Schadensersatzansprüche, die nach dem 26.12.2016 entstanden sind sowie für Schadensersatzansprüche, die vor dem 27.12.2016 entstanden und am 9.6.2017 noch nicht verjährt waren. Allerdings finden auf Schadensersatzansprüche, die vor dem 27.12.2016 entstanden sind, in Bezug auf Beginn, Ablaufhemmung und Verjährung bis zum 8.6.2017 die bis dahin geltenden Vorschriften Anwendung (siehe zu solchen Altfällen MüKoWettbR/*Makatsch/Mir* GWB § 33h Rn. 93 ff.).

4.2 Klage auf Herausgabe von Beweismitteln und Erteilung von Auskünften gem. §§ 33g Abs. 1 u. Abs. 10 und § 89b GWB[1, 2]

An das

Landgericht[3]

– Zivilkammer –[4]

. . . . .

Klage

der Firma Abnehmer-GmbH, ..., vertreten durch ihren Geschäftsführer . . . . .

– Klägerin –

Prozessbevollmächtigte: . . . . .[5]

gegen

die Firma Hersteller-GmbH, ..., ..., vertreten durch ihren Geschäftsführer . . . . .

– Beklagte –

wegen Herausgabe von Beweismitteln und Erteilung von Auskünften gem. §§ 33g Abs. 1 iVm Abs. 10 GWB.

Namens und in Vollmacht der Klägerin erheben wir Klage und beantragen,[6] die Beklagte[7] zu verurteilen, der Klägerin

folgende Beweismittel[8] offenzulegen
1. . . . . .
2. . . . . .
3. . . . . .
und über folgende Punkte Auskunft[9] zu erteilen
1. . . . . .
2. . . . . .
3. . . . . .

Begründung

Im Zeitraum . . . . . hat die Abnehmer GmbH . . . . . von der Hersteller-GmbH bezogen. Wie die Klägerin kürzlich erfuhr, war die Hersteller-GmbH Teilnehmerin des . . . . .-Kartells, das im Zeitraum . . . . . die Preise für . . . . . abgesprochen hat. Der Klägerin ist dadurch ein Schaden entstanden. Jedoch benötigt die Klägerin zur Berechnung der entstandenen Schadenshöhe und damit zur Geltendmachung eines Schadensersatzanspruchs nach § 33a GWB noch weitere Beweismittel und Auskünfte, die nur die Hersteller-GmbH offenlegen und erteilen kann.

I. Die Klage ist zulässig. Die Klägerin macht einen Anspruch auf Herausgabe von Beweismitteln und Erteilung von Auskünften nach § 33g Abs. 1 iVm Abs. 10 GWB geltend. Damit ist das Landgericht ausschließlich zuständig (§ 87 GWB).
Die örtliche Zuständigkeit des Landgerichts . . . . . ergibt sich aus der VO des Justizministeriums . . . . . über die Zuständigkeit der Landgerichte nach dem Gesetz

gegen Wettbewerbsbeschränkungen. Danach ist das Landgericht ..... bei Kartellrechtsstreitigkeiten auch für den LG-Bezirk ..... zuständig.

II. Die Klage ist begründet. Die Klägerin hat einen Anspruch gegen die Beklagte auf Herausgabe der bezeichneten Beweismittel und Erteilung der verlangten Auskünfte. Im Einzelnen:

1. Das Bundeskartellamt hat mit Bescheid vom ..... festgestellt, dass die Beklagte als Mitglied des .....-Kartells [vorsätzlich/fahrlässig] einen Verstoß gegen ..... begangen hat. Der Bescheid wurde am ..... bestandskräftig, sodass ein Verstoß gegen ..... festgestellt ist. Die Klägerin ist als direkte Abnehmerin der Hersteller-GmbH von dem Verstoß betroffen. Damit liegt eine hinreichende Wahrscheinlichkeit vor, dass die Klägerin berechtigt ist, von der Beklagten Schadensersatz nach § 33a Abs. 1 GWB zu verlangen. Dies genügt für eine Anspruchsberechtigung im Rahmen eines Anspruchs aus § 33g Abs. 1 iVm Abs. 10 GWB.[10]
2. Die Herausgabe der oben genannten Beweismittel ist zur Erhebung eines auf Schadensersatz gerichteten Anspruchs erforderlich,[11] weil .....
3. Die Erteilung der oben genannten Auskünfte ist zur Erhebung eines auf Schadensersatz gerichteten Anspruchs erforderlich, weil .....

Rechtsanwalt[12,13]

Anmerkungen

Hinweis: → Form. VIII.4.1 (*Hinweise*).

1. (Allgemeines) In der Vergangenheit fehlte es Kartellgeschädigten oftmals an ausreichenden Informationen und Beweismitteln zur Geltendmachung eines kartellrechtlichen Schadensersatzanspruchs. Um die private Durchsetzung kartellrechtlicher Ansprüche effektiver zu gestalten, wurden im Rahmen der 9. GWB-Novelle unter anderem der Anspruch auf Herausgabe von Beweismitteln und Erteilung von Auskünften (§ 33g GWB) neu eingeführt. Der Anspruch kann sowohl im Zuge eines Schadensersatzprozesses, als auch in einem selbstständigen Verfahren (im Vorwege) geltend gemacht werden. Durch die Schaffung der letztgenannten Möglichkeit setzte der deutsche Gesetzgeber die Vorgaben der Kartellschadensersatzrichtlinie (ABl. 2014, L 349, 1) sogar überschießend um. Wird zunächst eine Offenlegungsklage erhoben, ordnet § 33h Abs. 6 Nr. 3 GWB an, dass dadurch ein etwaiger Schadensersatzanspruch gehemmt wird und die Gefahr dessen Verjährung nicht besteht. Das Gesetz unterscheidet zwischen einem Anspruch auf Herausgabe von Beweismitteln zum Zwecke der Geltendmachung eines Schadensersatzanspruchs (§ 33g Abs. 1 GWB) und zum Zwecke der Verteidigung gegen einen Schadensersatzanspruch (§ 33g Abs. 2 GWB). Über § 33g Abs. 10 GWB kann auch ein Anspruch auf Auskunftserteilung geltend gemacht werden. Die § 33g Abs. 3 bis 6 GWB regeln die Grenzen des Anspruchs, wobei insbesondere Abs. 4 relevant ist, der Kronzeugenerklärungen (Definition siehe § 33g Abs. 4 S. 1 Nr. 1 GWB) und Vergleichsausführungen (Definition siehe § 33g Abs. 4 S. 1 Nr. 2 GWB) von vornherein als Gegenstände eines Herausgabeanspruchs ausschließt. Der zur Herausgabe Verpflichtete kann die dafür erforderlichen Aufwendung von dem Anspruchsteller ersetzt verlangen (vgl. § 33g Abs. 7 GWB). Kommt der Verpflichtete dem Anspruch nicht in gebotener Weise nach, macht er sich ggf. gegenüber dem Anspruchssteller schadensersatzpflichtig (vgl. § 33g Abs. 8 GWB). Die im Rahmen dieses Verfahrens erlangten Auskünfte und Beweismittel dürfen nicht in Strafverfahren oder Verfahren nach dem OWiG verwertet werden (vgl. § 33g Abs. 9 GWB). Das Verfahren zur Geltendmachung des Anspruchs richtet sich nach § 89b GWB.

2. (Zeitlicher Anwendungsbereich) Gem. § 186 Abs. 4 GWB sind §§ 33g und 89b bis 89e GWB nur in Rechtsstreitigkeiten anzuwenden, in denen nach dem 26. Dezember 2016 Klage erhoben wird.

3. (Zuständiges Gericht) → Form. VIII.4.1 Anm. 3.

4. (Zivilkammer) Die in → Form. VIII.4.1 Anm. 4 getätigten Anmerkungen gelten auch für kartellrechtliche Auskunftsansprüche (vgl. § 95 Abs. 2 Nr. 1 GVG).

5. (Anwaltszwang) Vor den Landgerichten besteht Anwaltszwang. Vor dem Kartell-Landgericht ist jeder bei irgendeinem Landgericht zugelassene Rechtsanwalt postulationsfähig (§ 78 ZPO).

6. (Klageantrag) Ein Anspruch nach § 33g Abs. 1 GWB ist auf **Herausgabe von Beweismitteln** gerichtet, die für die Geltendmachung eines Anspruchs iSd § 33a Abs. 1 GWB erforderlich sind. Der Anspruch zielt somit auf Besitzüberlassung der Beweismittel ab. In der Gesetzesbegründung zum Regierungsentwurf der 9. GWB-Novelle hielt der Gesetzgeber die Übergabe von Abschriften oder elektronischen Kopien jedoch in der Regel für ausreichend. Sofern im Rechtstreit die Vorlage von Originalen erforderlich sein sollte, gäbe das Zivilprozessrecht den Gerichten ausreichende Möglichkeiten, deren Vorlage anzuordnen (BT-Drs. 18/10207, 62).

§ 33g Abs. 10 GWB normiert einen **Auskunftsanspruch**. Mit dem Auskunftsanspruch soll das Informationsbedürfnis der Berechtigten angemessen befriedigt werden, ohne dass der Besitzer von Beweismitteln gleich zu ihrer Herausgabe verpflichtet wird. Insbesondere in Fällen, in denen der Berechtigte nur allgemeine und grundlegende Informationen beansprucht, kann seinem Informationsbedarf durch die Erteilung von Auskünften in der Regel besser Rechnung getragen werden als dies durch eine umfassende Herausgabe von Beweismitteln der Fall wäre (vgl. BT-Drs. 18/10207, 62). Der Auskunftsanspruch ist also insbesondere auf die Mitteilung solcher Informationen gerichtet, die zwar relevant für die Erhebung eines Schadensersatzanspruches sind, eine Herausgabe der entsprechenden Beweismittel aber dafür nicht erforderlich ist. Dem Auskunftsanspruch ist erst abgeholfen, wenn die Auskünfte vollständig und zutreffend erteilt wurden. In welchem Umfang Beweismittel herauszugeben oder Auskünfte zu erteilen sind, ist im Einzelfall nach einer Abwägung der Interessen der Beteiligten unter Berücksichtigung der Grundsatzes der Verhältnismäßigkeit zu entscheiden (vgl. BT-Drs. 18/10207, 62). § 33g Abs. 3 GWB nennt einige bei der Abwägung zu berücksichtigende Kriterien.

7. (Anspruchsgegner) Als Anspruchsgegner kommen alle Personen in Betracht, die Verfügungsgewalt über Beweismittel haben, die für die Erhebung eines auf Schadensersatz gerichteten Anspruchs nach § 33a Abs. 1 GWB erforderlich sind. Keine tauglichen Anspruchsgegner sind jedoch Wettbewerbsbehörden, da § 33g Abs. 1 u. 2 GWB auf diese nicht anwendbar sind (vgl. § 89c Abs. 5 S. 3 GWB). Die Offenlegung aus Behördenakten ist in § 89c GWB geregelt.

8. (Beweismittel) Beweismittel können insbesondere Urkunden und sonstige Dokumente als Augenscheinsobjekte sein. Darunter dürften trotz mangelnder Sachqualität auch elektronische Dokumente zu fassen sein (vgl. Langen/Bunte/*Bornkamm/Tolkmitt* GWB § 33g Rn. 21). Zu unterscheiden ist, ob der Anspruchsteller noch Beweismittel benötigt, um überhaupt darlegen zu können, dass ein Kartellverstoß vorlag oder ob dies bereits durch eine wettbewerbsbehördliche Entscheidung mit Bindungswirkung (vgl. § 33b GWB) festgestellt wurde. Sofern der Anspruchsteller die Beweismittel „lediglich" zur Berechnung der Schadenshöhe benötigt, wird es ihm dabei in erster Linie um Preiskalkulationen, Übersichten über Beschaffungs- und Lieferkosten sowie andere für die Berechnung der Schadensersatz-Höhe relevante Dokumente gehen. Die beantragten Beweismittel müssen dabei so genau benannt werden, dass diese für den Anspruchsgegner zweifelsfrei bestimmt oder jedenfalls bestimmbar sind (vgl. BT-Drs. 18/10207, 62). Dies dient dem Schutz des Anspruchsgegners vor einer bloßen Ausforschung durch den Anspruchsteller. Welche Anforderungen genau an die Bestimmbarkeit zu stellen sind, wird weder aus dem Wortlaut der Norm, noch aus der Gesetzesbegründung deutlich. Sofern jedoch der Anspruchsteller ein Beweismittel konkret bezeichnen kann, wird davon auszugehen sein, dass er dazu auch verpflichtet ist. Problematisch sind die Fälle, in denen dem Anspruchsteller noch Informationen fehlen, um die Beweismittel konkret zu benennen. Nach Art. 5 Abs. 2 iVm Erwägungsgrund 16 der Kartellschadensersatzrichtlinie können auch Kategorien von Beweismitteln genannt werden. Die Kategorie sollten „durch Bezugnahme auf gemeinsame Merkmale ihrer wesentlichen Elemente wie Art, Gegenstand oder Inhalt der Unterlagen, deren Offenlegung beantragt wird, Zeit, in der sie erstellt wurden, oder andere Kriterien bestimmt werden" (Erwägungsgrund 16 Kartellschadensersatzrichtlinie). Die Bezeichnung sollte dabei so genau erfolgen, wie es auf Grundlage der mit zumutbarem Aufwand zugänglichen Tatsachen möglich ist. Zu beachten ist zudem § 33g Abs. 4 GWB, der die Herausgabe von Kronzeugenerklärungen und Vergleichsausführungen von vornherein ausschließt. Weitere Ausnahmen und Einschränkungen enthalten darüber hinaus § 33g Abs. 5 u. 6 GWB.

9. (Auskünfte) Bei Auskünften handelt es sich insbesondere um Wissenserklärungen. Dem Auskunftsverpflichteten kann zugemutet werden, gewisse Nachforschungen anzustellen, sofern ihm das abgefragte Wissen nicht mehr präsent sein sollte. Von der Nachforschungspflicht umfasst ist jedenfalls die Durchsicht von Geschäftsunterlagen sowie das Heranziehen aller ihm in seinem Unternehmensbereich zur Verfügung stehenden Informationsquellen (vgl. Langen/Bunte/*Bornkamm/Tolkmitt* GWB § 33g Rn. 27 f.). Der Anspruchsteller muss möglichst genau beschreiben, welche Auskünfte er benötigt.

10. (Anspruchsberechtigung) Anspruchsberechtigt ist, wer glaubhaft macht, einen Schadensersatzanspruch nach § 33a Abs. 1 GWB zu haben. Das sind insbesondere die unmittelbaren und mittelbaren Abnehmer der Kartellanten (→ Form. VIII.4.1 Anm. 9). Für eine Glaubhaftmachung ist es ausreichend, wenn das Gericht es für überwiegend wahrscheinlich hält, dass der Anspruchssteller tatsächlich einen Anspruch auf Schadensersatz hat (vgl. Langen/Bunte/*Bornkamm/Tolkmitt* GWB § 33g Rn. 8). Insofern ist dennoch eine schlüssige Darlegung des Vorliegens eines Anspruchs iSd § 33a Abs. 1 GWB erforderlich. Für die Schlüssigkeit genügt jedoch „der Vortrag von Tatsachen, die in Verbindung mit einem Rechtssatz geeignet sind, das geltend gemachte Recht als entstanden erscheinen [..] lassen" (st. Rspr. vgl nur BGH 2.4.2007, NZG 2007, 516 (518 f.)). Es stellt sich jedoch die Frage, welche Mittel zur Glaubhaftmachung herangezogen werden können. Die Bezugnahme auf § 294 ZPO könnte vermuten lassen, dass alle dort genannten Beweismittel – also auch eine eidesstattliche Versicherung – zugelassen sind. Ob dies jedoch auch dann gilt, wenn der Offenlegungsanspruch in einem eigenen Hauptsacheverfahren geltend gemacht wird oder ob dann nur die im Erkenntnisverfahren üblicherweise allein zulässigen Strengbeweismittel vorgebracht werden dürfen, ist unklar (siehe dazu Langen/Bunte/*Bornkamm/Tolkmitt* GWB § 33g Rn. 13). Sofern bereits eine wettbewerbsbehördliche Entscheidung zu dem besagten Kartell vorliegt, kann diese zur Glaubhaftmachung des Bestehens eines Anspruchs vorgelegt werden.

11. (Erforderlichkeit) Der Anspruch auf Herausgabe von Beweismitteln und Erteilung von Auskünften gilt nur für solche Beweismittel und Auskünfte, die für die Erhebung eines Anspruchs auf Schadensersatz nach § 33a Abs. 1 GWB erforderlich sind. Darzulegen ist insbesondere, warum diese Beweismittel bzw. Auskünfte für den Antragsteller von besonderer Relevanz bei der Geltendmachung des Anspruchs sind und warum sich der Antragsteller die beantragten Beweismittel und Auskünfte nicht selbst in zumutbarer Weise besorgen kann. Sofern bereits bestands- bzw. rechtskräftige kartellbehördliche

Entscheidungen vorliegen, werden – wegen Bindungswirkung der Entscheidungen nach § 33b GWB – Auskünfte und die Herausgabe von Beweismitteln, die zum Nachweis des Verstoßes dienen sollen, in der Regel nicht mehr erforderlich sein (BT-Drs. 18/10207, 63). Dies bezieht sich jedoch nicht auf solche Beweismittel und Auskünfte, die erforderlich sind, um den Umfang des Schadens darlegen und beweisen zu können (vgl. Langen/Bunte/*Bornkamm/Tolkmitt* GWB § 33g Rn. 35).

12. (Aufwendungsersatzanspruch) Nach § 33g Abs. 7 GWB kann der zur Offenlegung Verpflichtete vom Anspruchssteller diejenigen Aufwendung ersetzt verlangen, die er für die Herausgabe der Beweismittel oder Erteilung von Auskünften aufgewendet hat. Der Aufwendungsersatzanspruch ist jedoch der Höhe nach auf die Aufwendungen begrenzt, die der Offenlegungspflichtige nach den Umständen für erforderlich halten durfte. Der Anspruch besteht erst nach Herausgabe der Beweismittel oder Erteilung der Auskünfte.

13. (Schadensersatzanspruch) Um zu gewährleisten, dass der Verpflichtete eine richtige und vollständige Auskunft erteilt bzw. Beweismittel vollständig und richtig, das heißt ohne inhaltliche Verfälschungen, herausgibt, erhält der Anspruchsteller einen Schadensersatzanspruch für den Fall, dass der Verpflichtete vorsätzlich oder grob fahrlässig gegen seine Pflichten nach § 33g Abs. 1 oder Abs. 2 verstößt (BT-Drs. 18/10207, 65).

4.3 Klage auf Belieferung gem. §§ 20 Abs. 1 iVm 19 Abs. 2 Nr. 1 GWB bei der Kartellkammer des Landgerichts

An das[1, 2]

Landgericht[3]

– Kartellkammer –[4]

. . . . .

Klage

der Firma Abnehmer-GmbH, ..., vertreten durch ihren Geschäftsführer . . . . .

– Klägerin –

Prozessbevollmächtigte: . . . . .

gegen

die Firma Hersteller-GmbH, ..., ..., vertreten durch ihren Geschäftsführer . . . . .

– Beklagte –

wegen Belieferung gem. §§ 33, 20 Abs. 1 iVm 19 Abs. 2 Nr. 1 GWB.

Streitwert: EUR . . . . . (vorläufig)

Namens und in Vollmacht der Klägerin erheben wir[5] Klage und bitten um Anberaumung eines möglichst zeitnahen Termins zur mündlichen Verhandlung, in welchem wir beantragen werden:[6]

1. Es wird festgestellt, dass die Beklagte verpflichtet ist, die Klägerin mit . . . . . in handelsüblichen Mengen zu ihren bei gleicher Mengenabnahme üblichen Preisen und Konditionen zu beliefern.

2. Hilfsweise wird Vollstreckungsschutz mit der Maßgabe beantragt, eine Sicherheit durch selbstschuldnerische Bürgschaft einer bundesdeutschen Großbank oder öffentlichen Sparkasse zu erbringen.

Sofern das Gericht das schriftliche Vorverfahren anordnet, wird für den Fall der Fristversäumnis oder des Anerkenntnisses beantragt,

die Beklagte durch Versäumnisurteil oder Anerkenntnisurteil ohne mündliche Verhandlung zu verurteilen.

Begründung

A. . . . . (Beschreibung des Sachverhalts)[7]

B. . . . . (Rechtliche Würdigung)

I. Die Klage ist zulässig. Die Klägerin macht einen Belieferungsanspruch gemäß §§ 33, 20 Abs. 1 iVm 19 Abs. 2 Nr. 1 GWB geltend. Damit ist das Landgericht ausschließlich zuständig (§ 87 GWB).
Die örtliche Zuständigkeit des Landgerichts . . . . . ergibt sich aus der VO des Justizministeriums . . . . . über die Zuständigkeit der Landgerichte nach dem Gesetz gegen Wettbewerbsbeschränkungen. Danach ist das Landgericht . . . . . bei Kartellrechtsstreitigkeiten auch für den LG-Bezirk . . . . . zuständig.

II. Die Klage ist begründet. Die Klägerin hat einen Anspruch gegen die Beklagte auf Lieferung von . . . . . zu üblichen Preisen und Konditionen. Die Beklagte hat als Normadressat der §§ 20 Abs. 1 iVm 19 Abs. 2 Nr. 1 GWB die Klägerin ohne sachliche Rechtfertigung diskriminiert bzw. unbillig behindert. Im Einzelnen:
1. Die Beklagte ist Normadressatin[8] des § 20 Abs. 1 iVm 19 Abs. 2 Nr. 1 GWB. Die Klägerin ist als Nachfragerin von . . . . . in der Weise von der Beklagten abhängig, dass ausreichende und zumutbare Möglichkeiten, auf andere Unternehmen auszuweichen, nicht bestehen, denn[9] . . . . . . Darüber hinaus besteht ein deutlichen Marktungleichgewicht, weil[10] . . . . . .
2. Die Klägerin ist mit den von der Beklagten belieferten Unternehmen gleichartig,[11] weil . . . . .
3. Die Beklagte behandelt die Klägerin im Vergleich zu ihren Abnehmern unterschiedlich, da die Klägerin – anders als die übrigen Abnehmer – von der Beklagten nicht beliefert wird.
4. Die Liefersperre ist auch ohne sachlich gerechtfertigten Grund erfolgt, weil . . . . .[12, 13]

Rechtsanwältin

Anmerkungen

1. (Allgemeines) § 33 f. GWB erlauben Schadenersatz- und Unterlassungsansprüche. Die Vorschriften ergänzen damit das vertragliche und deliktsrechtliche Schadenersatzrecht des allgemeinen Zivilrechts. Die Voraussetzungen des § 33a GWB und die einer anderen Schadenersatznorm können gleichzeitig erfüllt sein. Voraussetzung für einen Schadenersatzanspruch ist ein vorsätzlicher oder fahrlässiger Verstoß gegen eine Vorschrift des GWB, gegen Art. 101 oder 102 AEUV oder gegen eine von der Kartellbehörde erlassene Verfügung.

2. (Inhalt des Musters) In dem vorliegenden Muster wird ein Belieferungsanspruch gem. §§ 33 Abs. 3, 20 Abs. 1 iVm 19 Abs. 2 Nr. 1 GWB behandelt. Dieser Anspruch hat zwei Voraussetzungen: Erstens muss das Unternehmen, gegen das die Vorschrift angewendet werden soll, zu dem in § 20 Abs. 1 GWB genannten Normadressatenkreis gehören. Zweitens muss einer der Tatbestände des § 19 Abs. 2 Nr. 1 GWB (Diskriminierung oder unbillige Behinderung) vorliegen.

3. (Zuständiges Gericht) → Form. VIII.4.1 Anm. 3.

4. (Kartellkammer/Zivilkammer) → Form. VIII.4.1 Anm. 4. Aus den Gesetzesmaterialien ergibt sich jedoch nicht eindeutig, wie weit die Einschränkung des § 95 Abs. 2 Nr. 1 GVG bzgl. einer Zuständigkeit der Kammer für Handelssachen bei „kartellrechtlichen Schadensersatzansprüchen" zu verstehen ist. Zum einen könnte dies so zu verstehen sein, dass nur Schadensersatzansprüche wegen deliktischer Kartellverstöße vor der Zivilkammer verhandelt werden müssen. Andererseits könnte ein weites Verständnis alle Schadensersatzansprüche umfassen, die nur irgendeine kartellrechtliche Frage aufwerfen (vgl. Bechtold/Bosch/*Bechtold/Bosch* GWB § 87 Rn. 16 f. mwN). Die Zuständigkeit der Kammer für Handelssachen setzt jedoch voraus, dass unter allen Gesichtspunkten eine Handelssache iSd § 95 GVG vorliegt (vgl. OLG Frankfurt 6.5.1992, NJW 1992, 2900 (2901). Wird bei einer Klage auf Belieferung auch ein Anspruch auf Ersatz des durch Nichtbelieferung entstandenen Schadens geltend gemacht, bietet es sich deshalb im Zweifelsfall an, die Klage an die Zivilkammer zu richten.

5. (Anwaltszwang) Vor den Landgerichten besteht Anwaltszwang. Vor dem Kartell-Landgericht ist jeder bei irgendeinem Landgericht zugelassene Rechtsanwalt postulationsfähig (§ 78 ZPO).

6. (Klagantrag) Bei Belieferungsklagen ist es schwierig, einen dem Bestimmtheitserfordernis genügenden Antrag zu stellen. Folgende Anträge kommen in Betracht:

a) Leistungsantrag: Leistungsanträge müssen dem Bestimmtheitsgebot des § 253 Abs. 2 Nr. 2 ZPO genügen. Der BGH verlangt die Annahme eines konkreten Kaufangebotes, in dem die zu liefernde Ware nach Zahl und Gegenstand genau bezeichnet sein muss (BGH Urt. v. 30.6.1981, WuW/E BGH 1885 (1886) – adidas; BGH 22.1.1985, WuW/E BGH 2125(2126 f.) – Technics). Ein Leistungsantrag könnte lauten: „Die Beklagte wird verpflichtet, an die Klägerin [*Menge*] der Produkte [. . . . .] Zug-um-Zug gegen Zahlung der zum Zeitpunkt der Lieferung gültigen Listenpreise der Beklagten zu liefern" (vgl. BGH 24.9.1979, WuW/E BGH 1629 – Modellbauartikel II). Wenn der Kläger Bezeichnung und Menge der gewünschten Waren nicht genau angeben kann, verweist ihn der BGH auf die Feststellungsklage. An deren Bestimmtheit werden geringere Anforderungen gestellt.

b) Feststellungsantrag: Statt des Leistungsantrages kann auch ein Feststellungsantrag erhoben werden. Ein Rechtsschutzinteresse besteht (BGH 22.1.1985, WuW/E BGH 2125 – Technics). Falls der Beklagte auch nach Ergehen des Feststellungsurteils die Belieferung verweigert, kann sich der Kläger für die benötigten Einzellieferungen Belieferungstitel unter vereinfachten Voraussetzungen im Verfügungsverfahren beschaffen. Das Feststellungsbegehren muss nicht zeitlich beschränkt werden.

c) Unterlassungsantrag: Falls die Wegnahmevollstreckung nicht oder nur unter Schwierigkeiten durchführbar ist, kann im Hauptsacheverfahren ein Unterlassungsantrag gestellt werden. Der Kläger erhält zwar keinen unmittelbar auf Lieferung gerichteten Titel, kann aber wegen der Schärfe der Ordnungsgeldsanktion wirksamen Druck auf den Lieferanten ausüben.

7. (Tatbestandswirkung von kartellbehördlichen Entscheidungen) → Form. VIII.4.1 Anm. 8.

8. (Normadressaten) Normadressaten des § 19 Abs. 2 Nr. 1 GWB sind:

a) marktbeherrschende Unternehmen (§ 19 Abs. 1 GWB);

b) relativ marktstarke Unternehmen (§ 20 Abs. 1 GWB).

9. (Abhängigkeit) Seit der 10. GWB-Novelle ist der Schutzbereich des § 20 GWB nicht mehr kleine und mittlere Unternehmen beschränkt. Die relative Marktmacht eines Unternehmens kann deshalb auch gegenüber großen Unternehmen bestehen, die von dem relativ marktmächtigen Unternehmen abhängig sind. Ausschlaggebend für die Abhängigkeit ist, ob auf dem relevanten Markt ausreichende (objektive Beurteilung) und zumutbare (subjektive Besonderheiten) Ausweichmöglichkeiten bestehen. Lieferbeziehungen werden nicht vorausgesetzt. Es bestehen folgende Arten der Abhängigkeit:

a) Sortimentsbedingte Abhängigkeit: Wenn Wiederverkäufer auf dem relevanten Markt die Waren eines bestimmten Lieferanten führen müssen, um in der Erwartung der Verbraucher als Anbieter wettbewerbsfähig zu sein. Zu unterscheiden sind die Spitzenstellungs- und die Spitzengruppenabhängigkeit. Bei der Spitzenstellungsabhängigkeit hat die Markenware eine Spitzenstellung und ist deshalb nicht ersetzbar. Bei der Spitzengruppenabhängigkeit kann die Markenware zwar durch vergleichbare Produkte anderer Hersteller ersetzt werden, diese stehen aber (zB wegen Lieferverweigerung) nicht zur Verfügung.
b) Unternehmensbedingte Abhängigkeit: Wenn einem Unternehmen das Ausweichen auf andere Geschäftspartner unzumutbar ist, weil es aufgrund bestehender Geschäftsverbindungen in eine existenzielle Abhängigkeit zu dem anderen Unternehmen geraten ist (Beispiel: Kfz-Händler einer Automarke).
c) Mangelbedingte Abhängigkeit: Wenn ein Unternehmen wegen einer generellen Verknappung Waren nicht mehr in Mengen wie bisher oder gar nicht mehr erhält.
d) Datenbedingte Abhängigkeit: Nach § 20 Abs. 1a GWB kann sich eine Abhängigkeit im Sinne des § 20 Abs. 1 GWB auch daraus ergeben, dass ein Unternehmen für die eigene Tätigkeit auf den Zugang zu Daten angewiesen ist, die von einem anderen Unternehmen kontrolliert werden.

Für die Abhängigkeit ist im Zivilprozess der die Abhängigkeit behauptende Kläger darlegungs- und beweispflichtig (vgl. BGH v. 26.6.1979, WuW/E BGH 1620 (1621) – Revell Plastics).

10. (Deutliches Marktungleichgewicht) Im Zuge der 10. GWB-Novelle wurde eine neue Voraussetzungen für das Bestehen einer relativen Marktmacht in § 20 Abs. 1 S. 1 GWB eingeführt. Dadurch soll verhindert werden, dass die Regelung auf Verträge zwischen gleichrangigen Partnern angewendet wird: Neben einer Abhängigkeit muss ein deutliches Ungleichgewicht zur Gegenmacht des anderen Unternehmens bestehen. Eine Gegenmacht kann insbesondere dann vorliegen, wenn das relativ marktstarke Unternehmen seinerseits von dem anspruchsberechtigten Unternehmen abhängig ist. Allerdings führt nicht jede wechselseitige Abhängigkeit zur Ablehnung der relativen Marktmacht eines Unternehmens. Entscheidend ist, ob ein Vertragspartner deutlich weniger abhängig ist. Bei dieser Änderung handelt es sich um eine Überführung der Rechtsprechung des BGH in eine gesetzliche Regelung (vgl. BGH 23.1.2018, NZKart 2018, 136 (138) – Hochzeitsrabatte I). Nach der Gesetzesbegründung kommt ein deutliches Ungleichgewicht insbesondere in Betracht, wenn eine Beendigung der Vertragsbeziehung für die Vertragspartner sehr unterschiedliche Folgen hätte, zum Beispiel im Hinblick auf die relative Bedeutung der wegfallenden Umsätze im Verhältnis zu den Gesamtumsätzen des jeweiligen Vertragspartners auf dem betreffenden Markt. Eine solche Konstellation läge vor, wenn sich ein Unternehmen derart auf die Vertragsbeziehung zu dem anderen Unternehmen spezialisiert hat, dass eine Leistungserbringung außerhalb dieser Vertragsbeziehung nicht ohne weiteres möglich ist und über diese Vertragsbeziehung einen erheblichen Teil seines Umsatzes generiert (vgl. BT-Drs. 19/23492, 79).

11. (Gleichartigkeit) Für die Gleichartigkeit der Unternehmen ist entscheidend, ob diese nach objektiven Gesichtspunkten die gleiche unternehmerische Tätigkeit und die gleiche Funktion als Marktteilnehmer ausüben. Seit der 8. GWB-Novelle spielt die Gleichartigkeit der Unternehmen nunmehr nur noch eine Rolle für den Diskriminierungstatbestand (§ 19 Abs. 2 Nr. 1 Alt. 2 GWB) nicht mehr hingegen für den Behinderungstatbestand (§ 19 Abs. 2 Nr. 1 Alt. 1 GWB).

12. (Interessenabwägung) Ob ein sachlich gerechtfertigter Grund für die ungleiche Behandlung oder ob eine nicht unbillige Behinderung vorliegt, ist aufgrund einer Gesamtwürdigung und Abwägung der Interessen der Beteiligten unter Berücksichtigung der auf die Freiheit des Wettbewerbs gerichteten Zielsetzung des GWB zu entscheiden (stRspr, vgl. BGH BGHZ 38, 90 (102) – Grote-Revers; BGH 3.2.1988, WuW/E BGH 2479 (2482) – Reparaturbetrieb).

13. (Darlegungs- und Beweislast) Für die sachliche Rechtfertigung einer unterschiedlichen Behandlung ist der Diskriminierende darlegungs- und beweispflichtig (Bechtold/Bosch/*Bechtold/Bosch* GWB § 19 Rn. 32). Bei der unbilligen Behinderung ist es umgekehrt. Hier trägt der Behinderte nicht nur für die Behinderung, sondern auch für deren Unbilligkeit die Darlegungs- und Beweislast (BGH 12.11.1991, WuW/E BGH 2762 (2767) – Amtsanzeiger).

4.4 Klage auf Aufnahme in eine Wirtschaftsvereinigung (§§ 33, 20 Abs. 5 GWB)[1]

An das

Landgericht[2]

– Kartellkammer –[3]

. . . . .

Klage

der Firma Klein-GmbH, ..., vertreten durch ihren Geschäftsführer . . . . .

– Klägerin –

Prozessbevollmächtigte: . . . . .

gegen

die Wirtschaftsvereinigung W . . . . ., ..., vertreten durch ihren Geschäftsführer . . . . .

– Beklagte –

wegen Aufnahme in eine Wirtschaftsvereinigung (§ 20 Abs. 5 GWB).

Streitwert: EUR . . . . . (vorläufig)

Namens und in Vollmacht der Klägerin[4] erheben wir Klage und bitten um Anberaumung eines möglichst zeitnahen Termins zur mündlichen Verhandlung, in welchem wir beantragen werden:[5]

Die Wirtschaftsvereinigung W hat die Firma A unverzüglich als Mitglied aufzunehmen.

Sofern das Gericht das schriftliche Vorverfahren anordnet, wird für den Fall der Fristversäumnis oder des Anerkenntnisses beantragt, die Beklagte durch Versäumnisurteil oder Anerkenntnisurteil ohne mündliche Verhandlung zu verurteilen.

Begründung:

1. Die Wirtschaftsvereinigung W ist ..... [Beschreibung]. Die Firma Klein ist ..... [Beschreibung]. Die Firma Klein hat mit Antrag vom ..... (Anlage 1) die Aufnahme in die Wirtschaftsvereinigung W beantragt. Die Wirtschaftsvereinigung W hat den Antrag mit Bescheid vom ..... (Anlage 2) abgelehnt.[6]
2. Durch die Ablehnung des Antrages behandelt die Wirtschaftsvereinigung W die Firma Klein gegenüber den Unternehmen B, C und D ungleich, weil .....[7]
3. Die Ungleichbehandlung ist sachlich nicht gerechtfertigt. Zwar führt die Wirtschaftsvereinigung W als sachliche Rechtfertigung an, dass ..... Das überzeugt jedoch nicht, weil .....[8]
4. Die Ablehnung führt zu einer unbilligen Benachteiligung der Firma Klein im Wettbewerb, weil .....[9]

Eine Vollmacht liegt bei (Anlage 3).

Rechtsanwältin

Anmerkungen

1. (Allgemeines) § 20 Abs. 5 GWB enthält ein Verbot für Wirtschafts- und Berufsvereinigungen sowie Gütezeichengemeinschaften, die Aufnahme von anderen Unternehmen aus sachlich nicht gerechtfertigten bzw. unbilligen Gründen abzulehnen. Wirtschafts- und Berufsvereinigungen sind Vereinigungen von Unternehmen, die im Rahmen einer verbandspolitischen Zielsetzung die berufsständischen, wirtschaftlichen und sozialen Interessen ihrer Mitglieder in ihrer Gesamtheit fördern und nach außen vertreten. Darüber hinaus können sie auch den erwerbswirtschaftlichen Zielen ihrer Mitglieder dienen. Unzulässig ist jedoch die ausschließliche Verfolgung besonderer Einzelzwecke bestimmter Mitglieder oder einer selbstständigen gewerblichen Tätigkeit (vgl. MüKoWettbR/*Westermann* GWB § 20 Rn. 94). Das Gesetz geht davon aus, dass Wirtschafts- und Berufsvereinigungen außerordentlich wichtige Informationsquellen über Marktverhältnisse, Gesetzgebungsvorhaben und andere Umstände sein können, auf die sich Unternehmen einzurichten haben. Der Ausschluss kann daher wettbewerbliche Nachteile haben. Die betroffenen Unternehmen sollten ihr Aufnahmebegehren vor den Zivilgerichten gemäß § 826 BGB oder § 33 iVm § 20 Abs. 5 GWB geltend machen. Es besteht jedoch über § 32 iVm § 20 Abs. 5 GWB auch die Möglichkeit bei der zuständigen Kartellbehörde einen Antrag auf „Abstellung" der Aufnahmeverweigerung bzw. auf Anordnung der Aufnahme zu stellen. Die Kartellbehörde kann anordnen, dass die Vereinigung den Antragsteller aufzunehmen hat. Sie bewirkt jedoch nicht automatisch die Mitgliedschaft des Antragstellers in der Vereinigung. Bevor Klage erhoben wird ist es dennoch empfehlenswert, zunächst einen entsprechenden Antrag bei der zuständigen Kartellbehörde zu stellen. Da die meisten Wirtschafts- und Berufsvereinigungen in mehreren Bundesländern aktiv sind, ist der Antrag in der Regel an das Bundeskartellamt zu stellen (vgl. § 48 Abs. 2 S. 1 GWB). Im Unionsrecht gibt es keine dem § 20 Abs. 5 GWB entsprechende Regelung. Ein Anspruch auf Aufnahme in eine Vereinigung könnte aber ggf. über Art 102 AEUV begründet werden. Zudem kann eine Ablehnung gegen Art. 101 Abs. 1 AEUV verstoßen, woraus sich jedoch nicht ohne Weiteres ein Aufnahmeanspruch ergibt.

2. (Zuständiges Gericht) → Form. VIII.4.1 Anm. 3.

3. (Kartellkammer) Da Kartellstreitigkeiten iSd § 87 GWB grds. als Handelssachen angesehen werden, besteht eine funktionelle Zuständigkeit der Kammer für Handelssachen. Allerdings wird die Sache nur vor der Kammer für Handelssachen verhandelt, sofern die Klageschrift einen entsprechenden Antrag enthält (vgl. § 96 Abs. 1 GVG). Der Antrag muss nicht ausdrücklich gestellt werden. Es genügt für die Begründung der Zuständigkeit der Handelskammer, wenn die Klage an die „Kartellkammer" gerichtet oder die Klage als „Kartellrechtssache" bezeichnet ist (vgl. Immenga/Mestmäcker/*Schmidt* GWB § 87 Rn. 41). Der Geschäftsverteilungsplan eines Landgerichts bestimmt, welche Kammer innerhalb des Landgerichtes „Kartellkammer" ist. Sofern versehentlich eine Nicht-Kartellkammer als Kartellkammer entscheidet, hat jedoch das LG als Kartellgericht iSd § 87 GWB entschieden (OLG Düsseldorf 14.7.1975, WuW/E OLG 1618 (1619)).

4. (Antragsberechtigung) Antragsberechtigt ist das betroffene Unternehmen, ein bevollmächtigter Dritter bzw. ein bevollmächtigter Rechtsanwalt. Die Bevollmächtigten haben ihre Vertretungsbefugnis nachzuweisen.

5. (Klageantrag) Der zivilrechtliche Aufnahmeanspruch aus § 33 Abs. 1 iVm § 20 Abs. 5 GWB ist auf Beseitigung des Gesetzesverstoßes (der Nichtaufnahme in die Vereinigung) gerichtet (vgl. Bechtold/Bosch/*Bechtold/Bosch* GWB § 20 Rn. 63).

6. (Ablehnung) Das Aufnahmebegehren des Antragstellers muss zuvor von der Wirtschafts- und Berufsvereinigung abgelehnt worden sein. Wurde die Aufnahme in eine Wirtschafts- oder Berufsvereinigung oder Gütezeichengemeinschaft beantragt und verstößt die Ablehnung des Antrags gegen § 20 Abs. 5 GWB, so liegt in der Ablehnung eine Ordnungswidrigkeit iSd § 81 Abs. 2 Nr. 1 GWB, die im Rahmen eines Bußgeldverfahrens geahndet werden kann. Einer Ablehnung steht es gleich, wenn über den Aufnahmeantrag nicht in angemessener Frist entschieden wurde (BGH 11.3.1986, WuW/E BGH 2269 (2270) – Verband für Deutsches Hundewesen)

7. (Ungleichbehandlung) Die Ablehnung muss eine ungleiche Behandlung zur Folge haben. Eine Ungleichbehandlung liegt vor, wenn der Bewerber die gleichen Voraussetzungen der Satzung für die Aufnahme wie die anderen bereits aufgenommenen Unternehmen erfüllt. Zu berücksichtigen ist jedoch auch die tatsächliche Aufnahmepraxis der Vereinigung (OLG Hamburg 14.4.1988, WuW/E OLG 4309 (4310) – Branchenseiten).

8. (Keine sachliche Rechtfertigung) Liegen die satzungsmäßigen Voraussetzungen vor, ist die Ablehnung der Aufnahme grundsätzlich nicht gerechtfertigt. Satzungsbestimmungen, die der Aufnahme entgegenstehen, müssen ihrerseits sachlich gerechtfertigt sein. Auch außerhalb der Satzung liegende sachliche Rechtfertigungsgründe können eine Ablehnung rechtfertigen, obwohl der Antragssteller die satzungsmäßigen Voraussetzungen erfüllt (OLG Frankfurt a. M. 3.3.2009, WUW/E DE-R 2648 (2650)). Entscheidend ist eine Abwägung zwischen den Interessen des Antragsstellers an der Mitgliedschaft und den Interessen der betreffenden Vereinigung daran, den Bewerber nicht aufzunehmen (vgl. MüKoWettbR/*Westermann* GWB § 20 Rn. 99 ff. mwN). Die Darlegungs- und Beweislast für das Vorliegen sachlicher Rechtfertigungsgründe trägt die Vereinigung.

9. (Unbillige Benachteiligung) Die sachlich ungerechtfertigte Behandlung und die unbillige Benachteiligung müssen – anders als in § 19 Abs. 2 Nr. 1 GWB – kumulativ vorliegen. In der Praxis wird bei Vorliegen der sachlich ungerechtfertigten Aufnahmeverweigerung jedoch die unbillige Benachteiligung vermutet. Objektiv ist eine Benachteiligung jedenfalls anzunehmen, wenn die Mitgliedschaft in der Vereinigung branchentypisch ist oder als wesentlich für die Aufnahme von Geschäftsbeziehungen angesehen wird. Ob die Benachteiligung unbillig ist, ist anhand einer Interessenabwägung im Einzelfall zu entscheiden (vgl. MüKoWettbR/*Westermann* GWB § 20 Rn. 104).

4.5 Antrag auf Verweisung an das Kartellgericht (§ 281 ZPO, §§ 87, 95 GWB)[1]

An das

. . . . .[2]

. . . . .

Antrag auf Verweisung (§ 281 ZPO; § 87 Abs. 1 GWB)

In der Sache

der Firma A, ..., vertreten durch ihren Geschäftsführer . . . . .

– Klägerin –

Prozessbevollmächtigte: . . . . .

gegen

die Firma B, ..., ..., vertreten durch ihren Geschäftsführer . . . . .

– Beklagte –

wegen . . . . .

beantragen wir,

den Rechtsstreit an das zuständige . . . . . als Kartellgericht zu verweisen.

Die Klägerin macht einen Anspruch aus dem Vertrag vom . . . . . auf Zahlung von . . . . . geltend. Die Beklagte hat eingewandt, dass der Vertrag wegen Verstoßes gegen § 1 GWB nichtig sei. Dies ist eine entscheidungserhebliche kartellrechtliche Vorfrage, für die das Landgericht . . . . . aufgrund der Verordnung . . . . . als Kartellgericht ausschließlich zuständig ist.

Rechtsanwalt

Anmerkungen

1. (Allgemeines) Für bürgerliche Rechtsstreitigkeiten über Ansprüche, die sich aus dem GWB, aus den Art. 101 oder 102 AEUV oder aus den Artikeln 53 oder 54 des Abkommens über den Europäischen Wirtschaftsraum herleiten, besteht eine ausschließliche Zuständigkeit der zuständigen Landes- und Oberlandesgerichte als Kartellgerichte (§§ 87, 95 GWB – → Form. VIII.4.1 Anm. 3). Die Zuständigkeit geht jeder anderen Zuständigkeit vor. Ist der Rechtsstreit nicht vor dem zuständigen Kartellgericht anhängig gemacht worden, so ist die vor einem Amtsgericht oder einem nichtzuständigen Landgericht erhobene Klage oder das Rechtsmittel über bürgerliche Rechtsstreitigkeiten iSv § 87 GWB unzulässig. Gleiches gilt, wenn sich die kartellrechtlichen Fragen, die den Rechtsstreit zur „Kartellrechtssache" iSv § 87 GWB machen, erst im Laufe des Verfahrens ergeben. Dann verliert das angerufene Nicht-Kartellgericht seine Zuständigkeit. Dies ist von Amts wegen zu beachten. Das Gericht wird den Kläger hierauf regelmäßig hinweisen und einen Verweisungsantrag anregen. Auf Antrag wird sich das Gericht für unzuständig erklären und die Sache an das zuständige Kartellgericht verweisen (§ 281 Abs. 1 ZPO).

2. (Zuständiges Gericht) Zuständig für den Antrag auf Verweisung ist das Prozessgericht.

4.6 Berufung an den Kartellsenat des Kartell-OLG (§ 91 GWB)[1]

An das

OLG . . . . .[2]

[Die Berufung in Kartellsachen unterscheidet sich hinsichtlich Formfragen nicht von der Berufung in Nicht-Kartellsachen. Besonderheiten bestehen nur bei der Zuständigkeit der Kartellsenate der Oberlandesgerichte. Im Folgenden wird deshalb nur auf die Besonderheiten eingegangen.]

Anmerkungen

1. (Allgemeines) Über die Berufung gegen Endurteile und die Beschwerden gegen sonstige Entscheidungen in bürgerlichen Rechtsstreitigkeiten nach § 87 GWB entscheiden die Kartellsenate beim zuständigen OLG (§ 91 GWB). Seit Inkrafttreten der 6. GWB-Novelle entscheidet der Kartellsenat „über die Berufung gegen Endurteile und die Beschwerde [. . . . . .] in bürgerlichen Rechtstreitigkeiten nach § 87 GWB" (§ 91 S. 2 GWB). Anders als vor der 6. GWB-Novelle ist die Anknüpfung an § 87 GWB nicht mehr formeller, sondern materieller Natur (sog. materielle Anknüpfung). Insofern kommt es nicht mehr darauf an, ob in der ersten Instanz ein Landgericht „als Kartellgericht" entschieden hat. Entscheidend für die Zuständigkeit des Kartellsenats am zuständigen OLG ist, ob die Zuständigkeit des Kartell-Landgerichts nach § 87 GWB begründet gewesen wäre (vgl. OLG Düsseldorf NZKart 2018, 145 (147)). Das ist der Fall, wenn der Rechtstreit in der Vorinstanz (teilweise) nach dem GWB, nach Art. 101 oder 102 AEUV oder Art. 53 bzw. 54 EWR-Abkommen zu entscheiden war. Hinsichtlich des für die Berufung zuständigen Gerichts ist somit zu unterscheiden:

a) Liegt eine „Kartellrechtssache" iSv § 87 GWB vor, ist der Kartellsenat des zuständigen Kartell-OLG zuständig.
b) Hat ein LG ausdrücklich als Kartellkammer (nach dem Aktenzeichen oder wegen Inanspruchnahme der Zentralzuständigkeit nach § 89 GWB) entschieden, obwohl es sich objektiv nicht um eine „Kartellrechtssache" iSv § 87 GWB handelt, würde dadurch nicht die Zuständigkeit eines Kartell-Oberlandesgerichts begründet. Entscheidend sei nämlich allein die materielle Anknüpfung und nicht, ob ein LG als Kartellgericht entschieden hat (vgl. OLG Düsseldorf NZKart 2018, 145 (147) mwN; aA Bechtold/Bosch/*Bechtold/Bosch* GWB § 91 Rn. 3 mwN).
c) In den Fällen, in denen die kartellrechtlichen Fragen, die den Rechtstreit zur „Kartellrechtssache" iSv § 87 machen, in prozessrechtlich zulässiger Weise erst im Rechtsmittelschriftsatz oder erst im Laufe des Rechtsmittelverfahrens aufgeworfen werden, kann eine Zuständigkeit des Kartell-Oberlandesgerichts noch begründet werden.

Im Einzelfall kann eine rechtliche Einordnung der Rechtstreitigkeit als Kartell- oder Nichtkartellsache und damit auch eine Zuordnung zum Zuständigkeitsbereich des Kartell-Oberlandesgerichts Schwierigkeiten bereiten. Um den damit verbunden Rechtsunsicherheiten entgegenzutreten, kann das Rechtsmittel grundsätzlich fristwahrend bei dem in Hinblick auf § 119 Abs. 1 Nr. 2 GVG allgemein zuständigen OLG eingelegt werden. Anschließend besteht dann die Möglichkeit über einen Antrag (→ Form. VIII.4.5) in entsprechender Anwendung des § 281 ZPO an das zuständige Kartell-Oberlandesgericht zu verweisen (vgl. OLG Düsseldorf 3.11.2010, WuW/E DE-R 3114 f. mwN – EPG).

2. (Zuständiges Gericht) In folgenden Bundesländern, die mehrere OLG haben, ist einem OLG die ausschließliche Zuständigkeit für die Berufung gegen Endurteile und die Beschwerde gegen sonstige Entscheidungen in bürgerlichen Rechtstreitigkeiten zugewiesen worden (vgl. § 92 GWB):

- Bayern: OLG München (§ 16 Abs. 2 VO vom 2.2.1988, GVBl. 1988 S. 6);
- Niedersachsen: OLG Celle (§ 14 VO vom 22.1.1998, GVBl. 1998 S. 66);
- Nordrhein-Westfalen: OLG Düsseldorf (VO vom 2.10.1990, GV 1990 S. 579).

4.7 Revision an den Kartellsenat des BGH (§ 94 Abs. 1 Nr. 3 GWB)[1, 2]

An den

BGH . . . . .

[Die Revision in bürgerlichen Rechtstreitigkeiten nach § 87 GWB unterscheidet sich hinsichtlich der Formfragen nicht von der Revision in Nicht-Kartellsachen. Besonderheiten ergeben sich nur aus der Zuständigkeit des Kartellsenats des BGH. Im Folgenden wird deshalb nur auf die Besonderheiten eingegangen.]

Anmerkungen

1. (Zuständigkeit des BGH) Der Kartellsenat des BGH ist für Revisionen zuständig in „bürgerlichen Rechtsstreitigkeiten nach § 87 Abs. 1" (§ 94 Abs. 1 Nr. 3 GWB). Entscheidend ist nicht eine formelle, sondern eine materielle Anknüpfung. Es kommt also nicht darauf an, ob die vorinstanzlichen Gerichte (LG bzw. OLG) als Kartellgericht entschieden haben, ausschlaggebend ist allein, ob eine Streitigkeit iSd § 87 GWB vorliegt. So ist der Kartellsenat des BGH auch in Rechtsstreitigkeiten mit kartellrechtlichen Vorfragen zuständig, es sei denn die „kartellrechtliche Vorfrage kann vom Zivilsenat ohne weiteres selbst beantwortet werden, weil sich die Antwort unzweifelhaft aus der Anwendung des Gesetzes ergibt" (BGH 19.12.2012 – VIII ZR 186/11).

2. (Verfahren) Ist ein Kartellrechtsstreit bei einem Zivilsenat des BGH anhängig, dann ist auf Antrag des Revisionsklägers der Rechtsstreit an den Kartellsenat zu verweisen (BGH 28.2.1985, WuW/E BGH 2187 – Abwehrblatt).

4.8 Antrag auf Vorabentscheidung durch den EuGH[1]

An das

OLG . . . . .[2]

In der Rechtssache

Firma A-GmbH ./. Firma B-GmbH

(Az.: . . . . .)

wegen Zahlung von . . . . .

rege ich an, den Rechtsstreit gemäß § 148 ZPO auszusetzen[3] und dem Europäischen Gerichtshof folgende Fragen[4] zur Vorabentscheidung vorzulegen:

„. . . . ."[5]

Begründung:

Nach Art. 267 AEUV kann[6] das Gericht eines Mitgliedstaates eine Frage über die Auslegung einer Norm des EU-Rechts dem Gerichtshof zur Beantwortung vorlegen, wenn es eine Entscheidung über diese Frage für erforderlich erachtet. Die Voraussetzungen für ein Vorabentscheidungsersuchen liegen vor:

1. Das Prozessgericht ist ein „Gericht eines Mitgliedstaates" iSv Art. 267 AEUV, weil . . . . .[7]

2. Das Vorabentscheidungsersuchen betrifft eine vorlagefähige Rechtsfrage, weil . . . . .[8]

3. Die Vorlagefrage ist für den vorliegenden Rechtsstreit entscheidungserheblich, weil . . . . .[9, 10]

Rechtsanwältin[11]

Anmerkungen

1. (Allgemeines) Das Vorabentscheidungsverfahren betrifft die Auslegung der Verträge und die Gültigkeit und die Auslegung der Handlungen der Organe, Einrichtungen oder sonstigen Stellen der Union. Insofern kann neben dem primären Unionsrecht, zu denen auch ungeschriebene allgemeine unionsrechtliche Rechtsgrundsätze gehören, auch das gesamte sekundäre Unionsrecht Verfahrensgegenstand sein. Zum sekundären Unionsrecht gehören insbesondere die in Art. 288 AEUV genannten Rechtsakte (Verordnungen, Richtlinien, Beschlüsse, Empfehlungen und Stellungnahmen) aber auch alle anderen einem Unionsorgan zuzurechnenden Rechtsakte, die geeignet sind, Rechtswirkungen herbeizuführen. Bei dem Vorabentscheidungsverfahren nach Artikel 267 AEUV handelt es sich um einen Zwischenrechtsstreit. Die Klärung bestimmter, für die Entscheidung der nationalen Gerichte erheblicher Rechtsfragen wird dem Europäischen Gerichtshof zugewiesen. Die alleinige Zuständigkeit des Gerichtshofs für die Auslegung in den genannten Bereichen gewährleistet die Rechtseinheit in der Europäischen Union, die Selbstständigkeit der Union sowie im Ergebnis auch individuellen Rechtsschutz. Der Gerichtshof ist im Rahmen des Art. 267 AEUV nicht befugt, sich über Gültigkeit, Inhalt oder Auslegung innerstaatlichen Rechts oder mitgliedstaatlichen Verhaltens zu äußern. Dem vorlegenden Gericht bleibt es überlassen, über die Folgen des ausgelegten oder ungültigen Gemeinschaftsrechts zu entscheiden. Die Vorlagefrage kann nur von einem „Gericht" eines Mitgliedstaates gestellt werden. Die Vorlage erfolgt durch Beschluss des vorlegenden Gerichts. Das EU-Recht gewährt den Parteien des Ausgangsverfahrens kein formelles Antragsrecht und nicht die Befugnis, selbst den Gerichtshof zur Vorabentscheidung anzurufen. Empfehlenswert sind kurze Ausführungen zum Vorabentscheidungsverfahren, da nicht alle Richter mit dem Verfahren vertraut sind.

2. (Zuständiges Gericht) Der „Antrag" muss bei dem Prozessgericht gestellt werden, bei dem der Rechtsstreit anhängig ist. Das Prozessgericht hat das Vorabentscheidungsersuchen an den Europäischen Gerichtshof zu richten. Das Europäische Gericht erster Instanz ist für Vorabentscheidungsersuchen nicht zuständig.

3. (Antrag) Die Vorlage kann auf „Antrag" oder von Amts wegen vom Gericht vorgenommen werden. Der Anwalt sollte die Vorlage vor dem Gerichtshof beim nationalen Gericht immer anregen.

4. (Vorlagefrage) Die Vorlagefrage ist **abstrakt** zu formulieren. Dem Urteil EuGH C-295/04 und C-298/04, Slg. 2006, I-6619 – Vincenzo Manfredi/Lloyd Adriatico Assicurazioni ua lag beispielsweise die Vorlage folgender Frage zugrunde:

(1) Ist Artikel 81 des Vertrages dahin auszulegen, dass er die Nichtigkeit eines Kartells oder eines abgestimmten Verhaltens von Versicherungsgesellschaften vorsieht, das in einem Austausch wechselseitiger Informationen besteht, der eine durch die Marktbedingungen nicht gerechtfertigte Erhöhung der Prämien für die Kfz-Haftpflichtversicherung ermöglicht, und zwar auch unter Berücksichtigung des Umstands, dass Unternehmen aus verschiedenen Mitgliedstaaten an der Vereinbarung oder dem abgestimmten Verhalten beteiligt sind?
(2) Ist Artikel 81 des Vertrages dahin auszulegen, dass er Dritte, die ein rechtlich relevantes Interesse haben, dazu berechtigt, die Nichtigkeit eines nach dieser Gemeinschaftsvorschrift verbotenen Kartells oder Verhaltens geltend zu machen und Ersatz der erlittenen Schäden zu verlangen, wenn ein Kausalzusammenhang zwischen dem Kartell oder dem abgestimmten Verhalten und dem Schaden besteht?
(3) Ist Artikel 81 des Vertrages dahin auszulegen, dass die Verjährungsfrist für einen auf diese Vorschrift gestützten Schadensersatzanspruch an dem Tag beginnt, an dem das Kartell errichtet oder das abgestimmte Verhalten aufgenommen wird, oder aber dahin, dass sie an dem Tag beginnt, an dem das Kartell beendet oder das abgestimmte Verhalten eingestellt wird?
(4) Ist Artikel 81 des Vertrages dahin auszulegen, dass das nationale Gericht, wenn es feststellt, dass der nach nationalem Recht ersetzbare Schaden niedriger ist als der wirtschaftliche Vorteil, den das an dem verbotenen Kartell oder dem verbotenen abgestimmten Verhalten beteiligte schädigende Unternehmen erlangt hat, dem geschädigten Dritten außerdem von Amts wegen Strafschadensersatz zusprechen muss, der notwendig ist, damit der ersetzbare Schaden höher ist als der vom Schädiger erlangte Vorteil, und zwar zu dem Zweck, von nach Artikel 81 des Vertrages verbotenen Kartellen oder aufeinander abgestimmten Verhaltensweisen abzuschrecken?

Weitere Beispiele für Vorlagefragen ergeben sich aus den Vorlagebeschlüssen der nationalen Gerichte, welche im Amtsblatt C veröffentlicht werden. Der Gerichtshof ist jedoch nicht an den Wortlaut der Vorlagefragen gebunden. Vielmehr ist er befugt, darüber hinaus anhand der im Beschluss des vorlegenden Gerichts dargelegten Umstände die in dem Rechtsstreit relevanten unionsrechtlichen Fragen herauszuarbeiten.

5. (Form und Frist) Eine bestimmte Form ist nicht vorgeschrieben.

6. (Vorlagepflicht) Eine Pflicht zur Vorlage trifft diejenigen Gerichte, deren Entscheidungen nicht mehr mit innerstaatlichen Rechtsmitteln angefochten werden können (Art. 267 Abs. 3 AEUV), also die **Gerichte letzter Instanz** oder Gerichte, deren Entscheidungen von vornherein unanfechtbar sind, wie zB das Bundesverfassungsgericht. Etwas Besonderes gilt im Eilverfahren. Solange dieses noch in ein streitiges Hauptverfahren übergeleitet werden kann, besteht keine Vorlagepflicht, auch wenn der Rechtszug des summarischen Verfahrens erschöpft ist (EuGH 107-76, Slg. 1977, 997 Rn. 6 – Hoffmann-LaRoche/Cenhafarm). Keine Vorlagepflicht besteht ferner, wenn auch ohne Vorlage die einheitliche Handhabung des EU-Rechts sichergestellt ist und nicht die Gefahr besteht, dass die mitgliedstaatlichen Gerichte zu unterschiedlichen Urteilen in derselben Materie gelangen:

- Wenn der Gerichtshof die entscheidungserheblichen Bestimmungen des EU-Rechts schon in einem **früheren Verfahren** ausgelegt hat und das mitgliedstaatliche Gericht sich dieser Interpretation anschließt. Das gilt insbesondere dann, wenn der Gerichtshof in einem gleichgelagerten Fall bereits eine Vorabentscheidung getroffen hat.
- Wenn eine **gesicherte Rechtsprechung** des Gerichtshofs vorliegt. Das setzt regelmäßig mehr voraus als nur die Entscheidung eines Einzelfalles. Ausnahmsweise genügt aber auch ein Grundsatzurteil. Es besteht aber eine Vorlagepflicht, wenn das nationale Gericht von der Rechtsprechung abweichen will.

- Wenn die richtige Anwendung des Gemeinschaftsrechts derart **offenkundig** ist, dass kein Raum für einen vernünftigen Zweifel an der Entscheidung der gestellten Frage bleibt. Der Gerichtshof stellt hohe Anforderungen an den Begriff der Offenkundigkeit. Der jeweilige Richter muss davon überzeugt sein, dass auch für die Gerichte der übrigen Mitgliedstaaten und für den Gerichtshof die gleiche Gewissheit bestünde. Dabei muss er die besonderen Schwierigkeiten der Interpretation des Gemeinschaftsrechts beachten: Seine Verbindlichkeit in den verschiedenen sprachlichen Fassungen, seine selbständige Terminologie und die möglicherweise unterschiedliche Bedeutung auch mit gleichlautenden Begriffen des nationalen Rechts, die notwendige Einbeziehung des systematischen Zusammenhangs der Vorschriften sowie ihres Bezugs zum gesamten Gemeinschaftsrecht, zu seinen Zielen und zu seinem Entwicklungsstand (EuGH 283-81, Slg. 1982, 3415 Rn. 17–20 – Srl CILFIT).

7. (Vorlagefähiges Gericht) Die Vorlagefrage kann nur von einem „Gericht“ eines Mitgliedstaates gestellt werden. Notwendige Voraussetzungen für eine Qualifikation als „Gericht“ sind insbesondere die Unabhängigkeit, die Staatlichkeit und die Befugnis zur verbindlichen Entscheidung von Rechtsstreitigkeiten nach der jeweiligen Rechtsordnung. Unerheblich ist die Verfahrensart. Insbesondere gilt das Vorlageverfahren auch im Bereich der freiwilligen Gerichtsbarkeit, bei Mahnverfahren, in Strafverfahren und in begrenztem Umfang auch bei Verfahren, die einstweilige Anordnungen betreffen. Schiedsgerichte sind keine Gerichte im Sinne von Art. 267 AEUV, da sie keine obligatorische Gerichtsbarkeit haben und die öffentliche Gewalt weder bei der Einleitung noch beim Ablauf des Verfahrens eingreifen kann (EuGH 102/81, Slg. 1982, 1095 Rn. 10–13 – Nordsee). Dem staatlichen Gericht, das den Schiedsspruch überprüft, ist die Vorlage überlassen.

8. (Vorlagefähige Rechtsfrage) Im Vorabentscheidungsverfahren kann nur die Auslegung des AEUV und die Gültigkeit und die Auslegung der Handlungen der Organe, Einrichtungen oder sonstigen Stellen der Union geklärt werden.

a) Bei der Frage nach der Gültigkeit der Handlungen der Organe, Einrichtungen oder sonstigen Stellen geht es um die formelle und materielle Rechtmäßigkeit der rechtlich relevanten Akte der Organe, Einrichtungen und sonstigen Stellen der Union. Formell ist ein Rechtsakt ungültig, wenn die betreffende Stelle unzuständig war oder das Verfahren nicht eingehalten wurde. Materiell ist die Handlung ungültig, wenn sie gegen höherrangiges Recht, also gegen den EUV oder AEUV, die Charta der Grundrechte, allgemeine Rechtsgrundsätze oder die im Rang über dem Sekundärrecht stehenden völkerrechtlichen Abkommen verstößt.

b) Die Vorlage zur Auslegung der Verträge betrifft sämtliche Rechtssätze des Unionsrechts, also sowohl das Primärrecht als auch das Sekundärrecht. Für die Frage, ob nationales Recht gegen Unionsrecht verstößt, kann es auf den Inhalt der Unionsrechtsnorm und ihre mögliche innerstaatliche Wirkung ankommen. Auch kann die Auslegung des Gemeinschaftsrechts für die Auslegung des nationalen Rechts von Bedeutung sein, zB bei der richtlinienkonformen Auslegung eines Gesetzes, das eine Richtlinie in nationales Recht umgesetzt hat.

9. (Entscheidungserheblichkeit) Das nationale Gericht muss die Vorabentscheidung zum Erlass seines Urteils für **erforderlich** halten. Der Gerichtshof sieht sich zur Prüfung der Erheblichkeit grundsätzlich berechtigt und verpflichtet, geht jedoch grundsätzlich von einer Vermutung für die Entscheidungserheblichkeit aus. (EuGH C-210/06, Slg. 2008, I-9641 Rn. 67 – CARTESIO Oktató és Szolgáltató bt.)

10. (Rechtsschutz bei Verstoß gegen Vorlagepflicht) Bei Ablehnung einer Vorlage an den EuGH durch das Landgericht kann der Antrag im Rechtsmittelverfahren wiederholt werden. Legt das Oberlandesgericht – ohne die Revision zuzulassen – eine entscheidungserhebliche Frage dem EuGH nicht vor, kann dies mit der Nichtzulassungsbeschwerde an den BGH gerügt werden. Wenn das letztinstanzliche Gericht pflichtwidrig nicht vorlegt, bestehen zudem folgende Möglichkeiten:

a) Da die pflichtwidrige Nichtvorlage dem betroffenen Staat als Vertragsverletzung zugerechnet wird, kann bei der Kommission die Durchführung eines Vertragsverletzungsverfahrens nach Artikel 258/259 AEUV angeregt werden, das mit einem feststellenden Urteil des Gerichtshofes endet (Artikel 259 AEUV). Ein solches Vertragsverletzungsverfahren wird nicht durch die Unabhängigkeit der Gerichte verhindert. Allerdings führt es nicht zur Aufhebung des Urteils, das unter Verletzung der Vorlagepflicht ergangen ist oder zur Nachholung des Vorlageverfahrens. Eine Verurteilung des Mitgliedstaates wegen Verletzung der Vorlagepflicht durch Gerichte hätte daher lediglich Wirkung für das zukünftige Verhalten der Gerichte.

b) Ferner kommt eine Verfassungsbeschwerde gegen das Urteil in Betracht, das durch die pflichtwidrige Nichtvorlage zustande gekommen ist. Das Bundesverfassungsgericht kann das betreffende Urteil aufheben. In Betracht kommt eine Verletzung der Garantie des gesetzlichen Richters (Art. 101 Abs. 1 S. 2, 93 Abs. 1 Nr. 4a Grundgesetz). Das Bundesverfassungsgericht hat die Qualität des EuGH als „gesetzlichen Richter" im Sinne des Grundgesetzes anerkannt (BVerfGE 73, 339). Allerdings will das Bundesverfassungsgericht einen Verstoß gegen die Verfassungsgarantie nur bei einer **willkürlichen** Verletzung der Vorlagepflicht bejahen (BVerfG EuGRZ 1988, 109). Willkür wird bejaht, wenn dem letztinstanzlichen Gericht eine Gegenauffassung vorgetragen wird, die der von ihm selbst vertretenen Meinung „eindeutig vorzuziehen" sei. Auch bei grundsätzlicher Verkennung der Pflichten oder bei bewusster Abweichung von der Rechtsprechung des Gerichtshofes ist nach Auffassung des BVerfG eine Unterlassung der Vorlage willkürlich. Gleiches gilt ferner, wenn ein letztinstanzliches Gericht seinen Beurteilungsrahmen „unvertretbarerweise überschritten hat" (BVerfG RIW 1989, 823). Keine Willkür liegt nach dieser Auffassung vor, wenn es die Vorlagepflicht mit rechtlich nachvollziehbarer und sachlich einleuchtender Begründung verneint hat. Das Bundesverfassungsgericht nimmt somit Willkür in allen Fällen an, in denen nach den Maßstäben des Gerichtshofes gegen die Vorlagepflicht verstoßen worden ist.

11. (Kosten und Gebühren) Das Vorabentscheidungsverfahren vor dem EuGH ist grundsätzlich gerichtskostenfrei. Die Entscheidung über die Kosten ist Sache des vorlegenden Gerichts (Art. 102 VO-EuGH). Die Gebühr der Rechtsanwälte richtet sich nach § 38 RVG iVm Teil 3 Abschnitt 2 des RVG-Vergütungsverzeichnisses.

5. Europäisches Verwaltungsverfahren

5.1 Formelle Beschwerde nach Art. 7 Abs. 2 VO 1/2003[1, 2]

An die

Europäische Kommission[3]

Generaldirektion Wettbewerb

Antitrust Registry

B-1049 Brüssel

Beschwerde nach Art. 7 Abs. 2 VO 1/2003 wegen Preisabsprache[4]

Namens und im Auftrag der Y-GmbH (Vollmacht liegt bei, Anlage 1) zeigen wir ein wettbewerbsbeschränkendes Verhalten der B-GmbH und der C-KG an. Beide Unternehmen treffen auf dem Markt für X-Produkte Preisabsprachen. Wir beantragen gem. Art. 7 Abs. 2 VO 1/2003, ein Verfahren gegen die Unternehmen B-GmbH und C-KG einzuleiten und

1. festzustellen, dass die Preisabsprachen zwischen der B-GmbH und der C-KG über ..... eine Zuwiderhandlung gegen Art. 101 Abs. 1 AEUV sind und
2. die beiden Unternehmen zu verpflichten, ihre Preisabsprache einzustellen.

I. Angaben zu den Beteiligten

1. Die Beschwerdeführerin,[5] die Y-GmbH, ist ..... [Name, Firmensitz, Tätigkeitsbereich, verbundene Unternehmen, Kontaktperson]
2. Die B-GmbH[6] ..... [Name, Firmensitz, Tätigkeitsbereich, verbundene Unternehmen, Kontaktperson]
3. Die C-KG[6] ..... [Name, Firmensitz, Tätigkeitsbereich, verbundene Unternehmen, Kontaktperson]

II. Angaben zu der Zuwiderhandlung[7]

4. Die Unternehmen treffen Preisabsprachen .....

III. Ziel der Beschwerde/Berechtigtes Interesse

5. Ziel dieser Beschwerde ist, ...[8]
6. Der Beschwerdeführer hat ein berechtigtes Interesse an der Einleitung eines Verfahrens und einer Abstellung der Zuwiderhandlung, weil .....[9]

IV. Nationale Verfahren

7. Die Beschwerdeführerin hat bereits gerichtliche Schritte unternommen .....[10]

Folgende Unterlagen und Beweisstücke sind beigelegt: .....[11]

Rechtsanwalt[12–16]

Anmerkungen

Grundlagen: Verordnung (EG) Nr. 1/2003 des Rates zur Durchführung der in den Artikeln 81 und 82 des Vertrages niedergelegten Wettbewerbsregeln (Kartellverfahrensverordnung), ABl. 2003 L 1, 1; Verordnung (EG) Nr. 773/2004 der Kommission über die Durchführung von Verfahren auf der Grundlage der Art. 81 und 82 EG-Vertrag durch die Kommission, ABl. 2004 L 123, 18; Bekanntmachung der Kommission über die Behandlung von Beschwerden durch die Kommission gemäß Artikel 81 und 82 EG-Vertrag, ABl. 2004 C 101, 65.

1. (Allgemeines) Die Kommission ist zur Aufdeckung von Kartellverstößen darauf angewiesen, dass sich Bürger und Unternehmen an die Wettbewerbsbehörden wenden, um sie über vermutete Verstöße gegen die Wettbewerbsregeln zu informieren. Hierzu bestehen zwei Möglichkeiten: eine formelle Beschwerde gem. Art. 7 Abs. 2 der VO 1/2003, die bestimmten Anforderungen genügen muss, oder eine informelle Beschwerde, die dazu dient, der Kommission Marktinformationen zukommen zu lassen, die die für Beschwerden nach Artikel 7 Abs. 2 der Verordnung (EG) Nr. 1/2003 geltenden Anforderungen nicht erfüllen müssen. Das vorstehende Formular entspricht einer formellen

Beschwerde gem. Art. 7 Abs. 2 der VO 1/2003 (vgl. hierzu Bekanntmachung der Kommission über die Behandlung von Beschwerden durch die Kommission gemäß Artikel 81 und 82 EG-Vertrag, ABl. 2004 C 101, 65). Für die formelle Beschwerde hat die Kommission ein **Formblatt C** erlassen, welches der genannten Bekanntmachung beigefügt ist.

2. (Alternative Vorgehensweisen) Statt einer Beschwerde bei der Kommission kann ein Bürger oder Unternehmen entweder bei einem einzelstaatlichen Gericht oder bei einer Wettbewerbsbehörde, deren Aufgabe es ist, die Durchsetzung des Wettbewerbsrechts im öffentlichen Interesse zu gewährleisten, vorstellig werden. Denn nach der VO 1/2003 sind neben der Kommission auch die Gerichte und Wettbewerbsbehörden der Mitgliedstaaten befugt, Art. 101 und 102 AEUV in ihrer Gesamtheit anzuwenden.

a) (Prüfung der Alternative einer Klageeinreichung) Aus der Sicht eines Beschwerdeführers hat eine Klage vor den einzelstaatlichen Gerichten folgende Vorteile: Einzelstaatliche Gerichte können Schadensersatz für infolge einer Zuwiderhandlung gegen Artikel 101 oder 102 AEUV entstandene Verluste zusprechen (→ Form. VIII.4.1). Sie können im Zusammenhang mit Vereinbarungen, die sie nach Maßgabe von Art. 101 prüfen, über Zahlungsforderungen und andere Klagen auf Einhaltung vertraglicher Verpflichtungen entscheiden. Sie beurteilen die zivilrechtliche Rechtsfolge der Nichtigkeit gemäß Artikel 101 Abs. 2 AEUV. Auch ist es in der Regel für einzelstaatliche Gerichte leichter als für die Kommission, einstweilige Maßnahmen zu erlassen. Ferner können in Klagen vor einzelstaatlichen Gerichten Ansprüche, die sich auf das Wettbewerbsrecht der Union stützen, mit anderen auf das einzelstaatliche Recht gestützten Ansprüchen verbunden werden. Schließlich können die Gerichte in der Regel der obsiegenden Partei die Erstattung von Verfahrenskosten zusprechen. In Verwaltungsverfahren der Kommission ist dies ausgeschlossen (vgl. hierzu Bekanntmachung der Kommission über die Behandlung von Beschwerden durch die Kommission gemäß Artikel 81 und 82 EG-Vertrag, ABl. 2004 C 101, 65).

b) (Prüfung der Alternative eines Vorgehens bei der nationalen Wettbewerbsbehörde) Vor Einreichung der Beschwerde sollte der Beschwerdeführer ebenfalls prüfen, ob nicht ein Fall vorliegt, der bei der nationalen Wettbewerbsbehörde besser aufgehoben ist. Andernfalls besteht nämlich die Gefahr, dass die Kommission den Fall an die nationale Behörde abgibt. Hinweise über die Arbeitsteilung zwischen der Kommission und den einzelstaatlichen Wettbewerbsbehörden sind in einer gesonderten Bekanntmachung festgehalten (vgl. Bekanntmachung über die Zusammenarbeit innerhalb des Netzes der Wettbewerbsbehörden, ABl. 2004 C 101, 43). Danach soll die einzelstaatliche Wettbewerbsbehörde insbesondere in drei Fällen befasst werden: (1) Die Vereinbarung oder Verhaltensweise hat beträchtliche unmittelbare tatsächliche oder absehbare Auswirkungen auf den Wettbewerb innerhalb des Hoheitsgebiets dieser Behörde, wird innerhalb von deren Hoheitsgebiet umgesetzt oder hat in deren Hoheitsgebiet ihren Ursprung; (2) die Behörde kann die gesamte Zuwiderhandlung wirksam beenden, dh sie kann eine Unterlassungsanordnung erlassen, deren Wirksamkeit ausreicht, die Zuwiderhandlung zu beenden und sie kann ggf. die Zuwiderhandlung angemessen ahnden; (3) sie kann, ggf. mit Unterstützung anderer Behörden, die zum Nachweis der Zuwiderhandlung erforderlichen Beweise erheben. Die Kommission ist hingegen besonders gut geeignet, sich eines Falls anzunehmen, wenn eine oder mehrere Vereinbarungen oder Verhaltensweisen, darunter Netze ähnlicher Vereinbarungen oder Verhaltensweisen, in mehr als drei Mitgliedstaaten (grenzübergreifende Märkte, bei denen mehr als drei Mitgliedstaaten oder mehrere nationale Märkte betroffen sind) Auswirkungen auf den Wettbewerb haben. Darüber hinaus ist die Kommission dann besonders gut geeignet, sich eines Falls anzunehmen, wenn dieser eng mit anderen Unionsbestimmungen verknüpft ist, die ausschließlich oder effizienter von der Kommission angewandt werden können oder wenn das Gemeinschaftsinteresse eine Entscheidung der Kommission erfordert, um die gemeinschaftliche Wettbewerbspolitik weiterzuentwickeln, wenn neue Wettbewerbsfragen auftreten oder um eine wirksame Durchsetzung der Wettbewerbsregeln sicherzustellen.

3. (Zuständige Kartellbehörde) EU-Kommission. Ausfertigungen auf Papier sind an folgende Anschrift zu richten: European Commission, Directorate-General for Competition, For the attention of the Antitrust Registry, B-1049 Brussels (Postanschrift). Eine formelle Beschwerde muss in dreifacher Ausfertigung auf Papier sowie nach Möglichkeit in elektronischer Form eingereicht werden. Eine informelle Beschwerde kann auch per E-Mail an die Kommission übermittelt werden (comp-market-information@ec.europa.eu).

4. (Form) Formblatt C verpflichtet Beschwerdeführer, umfassende Angaben zu ihrer Beschwerde vorzulegen. In bestimmten Fällen kann die Kommission von der Vorlage von Teilen der in Formblatt C geforderten Angaben absehen (Artikel 5 Abs. 1 UAbs. 2 VO 773/2004). Nach Auffassung der Kommission kann diese Möglichkeit es insbesondere Verbraucherverbänden erleichtern, Beschwerden einzulegen, wenn sie, im Zusammenhang mit einer ansonsten substantiierten Beschwerde, keinen Zugang zu bestimmten Informationen haben, die sich in der Sphäre des Unternehmens befinden, gegen das die Beschwerde gerichtet ist. Der Beschwerdeführer hat zudem eine nichtvertrauliche Fassung der Beschwerde vorzulegen. Die Beschwerde ist in einer Amtssprache der EU einzureichen. Unterlagen und Beweisstücke zur Begründung der Beschwerde sollen beigelegt werden.

5. (Angaben zum Beschwerdeführer) Hier sind die vollständigen Personalien der natürlichen Person bzw. die vollständige Bezeichnung und Anschrift der juristischen Person anzugeben, die die Beschwerde erhebt. Handelt es sich bei dem Beschwerdeführer um ein Unternehmen, ist die Unternehmensgruppe anzugeben, zu der das Unternehmen gehört. Ferner ist kurz Art und Umfang der Geschäftstätigkeiten zu beschreiben. Schließlich ist eine Kontaktperson (Telefonnummer, E-Mail-Adresse und Postanschrift) anzugeben, die weitere Auskünfte erteilen kann (vgl. Formblatt C).

6. (Angaben zu Unternehmen, gegen die sich die Beschwerde richtet) Hier sind das bzw. die Unternehmen anzugeben, gegen dessen/deren Verhalten sich die Beschwerde richtet. Ferner ist die Unternehmensgruppe anzugeben, zu der dieses/diese Unternehmen gehört/en, sowie Art und Umfang ihrer Geschäftstätigkeiten. Schließlich ist anzugeben, in welchem Verhältnis der Beschwerdeführer zu dem/den Unternehmen steht, gegen das/die sich die Beschwerde richtet (zB Kunde, Wettbewerber) (vgl. Formblatt C).

7. (Angaben zur mutmaßlichen Zuwiderhandlung) Nach Art. 5 VO 773/2004 iVm dem Formblatt C ist hier eine ausführliche Darstellung des Sachverhalts zu geben, aus dem sich die Zuwiderhandlung gegen das EU-Kartellrecht ergibt. Im Rahmen der Darstellung des Sachverhaltes sind die Art der von der Zuwiderhandlung betroffenen Produkte (Waren oder Dienstleistungen) anzugeben und die diese Produkte betreffenden Handelsbeziehungen zu erläutern. Wenn möglich, ist die Marktstellung der von der Beschwerde betroffenen Unternehmen anzugeben. Eine Beschwerde kann zurückgewiesen werden, wenn die behauptete Zuwiderhandlung nicht hinreichend belegt wird (EuGH 298/83, Slg. 1985, 1105 Rn. 21–24 – CICCE/Kommission; EuG T-198/98, Slg. 1999, II-3989 Rn. 32–39 – Micro Leader Business/Kommission). Bei der Zurückweisung einer Beschwerde mit der Begründung, dass das beanstandete Verhalten keinen Verstoß gegen die Wettbewerbsregeln darstellt oder nicht in deren Anwendungsbereich fällt, ist die Kommission nicht verpflichtet, Umstände zu berücksichtigen, die ihr vom Beschwerdeführer nicht angezeigt wurden und die sie nur durch eine Untersuchung des Falls hätte herausfinden können (EuG T-319/99, Slg. 2003, II-357 Rn. 43 – FENIN/Kommission). Beschwerdeführer sollten, neben anderen Quellen, wie insbesondere der Rechtsprechung der Gemeinschaftsgerichte und der Entscheidungspraxis der Kommission, die umfassenden **Orientierungshilfen der Kom-**

mission in Anspruch nehmen (umfassende Hinweise dazu bietet die Internetseite der Kommission unter *http://ec.europa.eu/competition/index_en.html*).

8. (Ziel der Beschwerde) Nach dem Formblatt C ist zu erläutern, welche Ziele der Beschwerdeführer mit der Beschwerde verfolgt bzw. was er von dem Vorgehen der Kommission erwartet.

9. (Beschwerdebefugnis) Als förmlicher Beschwerdeführer im Sinne des Art. 7 Abs. 2 VO 1/2003 können nur juristische und natürliche Personen auftreten, die ein berechtigtes Interesse darlegen können (vgl. auch Art. 5 Abs. 1 VO 773/2004). Bei von Mitgliedstaaten eingereichten Beschwerden wird das Vorliegen eines berechtigten Interesses vermutet. Ein berechtigtes Interesse liegt regelmäßig vor, wenn Beschwerdeführer durch die mutmaßliche Zuwiderhandlung unmittelbar in ihren Interessen verletzt sind. Nach der Rechtsprechung des Gerichts erster Instanz hat ein **Unternehmensverband** ein berechtigtes Interesse an der Einreichung einer Beschwerde im Hinblick auf ein seine Mitglieder betreffendes Verhalten, wenn er zwar selbst durch das beanstandete Verhalten nicht unmittelbar als ein auf dem relevanten Markt tätiges Unternehmen betroffen ist, er aber erstens befugt ist, die Interessen seiner Mitglieder zu vertreten, und die beanstandete Verhaltensweise zweitens geeignet ist, die Interessen seiner Mitglieder zu verletzen (EuG T-114/92, Slg. 1995, II-147 Rn. 28 – BEMIM/Kommission; ebenso angenommen in EuGH 298/83, Slg. 1985, 1105 – CICCE/Kommission sowie EuG T-319-99, Slg. 2003, II-357 – FENIN/Kommission). Umgekehrt hat der Gerichtshof befunden, dass die Kommission die Beschwerde eines Unternehmensverbands nicht zu verfolgen brauchte, dessen Mitglieder die Art von Geschäften nicht ausübten, auf die sich die Beschwerde bezog (EuG T-133/95 und T-204/95, Slg. 1998, II-3645 Rn. 79–83 – IECC/Kommission). Auch **Verbraucherverbände** können Beschwerden bei der Kommission erheben (EuG T-37/92, Slg. 1994, II-285 Rn. 36 – BEUG-Kommission). Zudem vertritt die Kommission die Ansicht, dass auch einzelne Verbraucher in der Lage sein können, ein berechtigtes Interesse darzulegen, wenn ihre wirtschaftlichen Interessen insofern unmittelbar verletzt werden, als sie Abnehmer der Produkte oder Dienstleistungen sind, die den Gegenstand der Zuwiderhandlung bilden (KommEntsch. ABl. 1999 L 109, 24 Rn. 1 – Griechische Fährschiffe). Die Kommission sieht es hingegen nicht als ein berechtigtes Interesse im Sinne von Art. 7 Abs. 2 VO 1/2003 an, wenn Personen oder Organisationen sich auf das Gemeinwohl berufen, ohne darzutun, dass die Zuwiderhandlung geeignet ist, sie oder ihre Mitglieder unmittelbar zu verletzen *(pro bono publico)*. Beschwerdeführer müssen ihr berechtigtes Interesse nachweisen. Ist eine natürliche oder juristische Person, die eine Beschwerde einreicht, nicht in der Lage, ein berechtigtes Interesse **nachzuweisen**, so ist die Kommission unbeschadet ihres Rechts auf Einleitung eines Verfahrens von Amts wegen berechtigt, die Beschwerde nicht weiterzuverfolgen. Die Kommission kann in jeder Phase der Ermittlungen feststellen, ob diese Voraussetzung gegeben ist (EuG T-133/95 und T-204/95, Slg. 1998, II-3645 Rn. 79 – IECC/Kommission).

10. (Bereits unternommene Schritte) Es sollen bereits bei nationalen oder gemeinschaftlichen Stellen unternommene behördliche oder gerichtliche Schritte angeführt werden.

11. (Dokumente) Beschwerdeführer sind gehalten, Kopien der ihnen mit zumutbarem Aufwand zugänglichen Dokumente zur Stützung ihrer Beschwerde zu unterbreiten (zB Texte von Vereinbarungen, Verhandlungs- oder Sitzungsprotokolle, Geschäftsbedingungen, Geschäftsunterlagen, Rundschreiben, Korrespondenz, Notizen von Telefongesprächen) und soweit wie möglich Hinweise zu geben, wo die Kommission einschlägige Informationen und Unterlagen, auf die sie keinen Zugriff haben, erhalten kann. Name und Anschrift von Personen, die den dargestellten Sachverhalt bezeugen können, sind anzugeben.

12. (Prüfung des Gemeinschaftsinteresses) Anders als Zivilgerichte, deren Aufgabe im Schutz der individuellen Rechte von Privatpersonen besteht, ist die Kommission eine Verwaltungsbehörde, die im öffentlichen Interesse handeln muss. In der Natur dieser Aufgabe liegt es, dass die Kommission als Wettbewerbsbehörde, die im öffentlichen Interesse tätig ist, über einen **Ermessensspielraum** verfügt. Nach ständiger Rechtsprechung der Gemeinschaftsgerichte ist die Kommission daher nicht verpflichtet, in jedem Fall eine Untersuchung durchzuführen (EuG T-24/90, Slg. 1992, II-2223 Rn. 76 – Automec/Kommission; EuGH C-91/95p, Slg. 1996, I-5547 Rn. 30 – Roger Tremblay ua/Kommission) und erst recht nicht, eine Entscheidung im Sinne von Art. 288 AEUV bezüglich des Vorliegens oder Nichtvorliegens einer Zuwiderhandlung gegen Art. 101 oder 102 AEUV herbeizuführen (EuGH 125/78, Slg. 1979, 3173 Rn. 18 – GEMA/ Kommission; EuGH C-119/97p, Slg. 1999, I-1341 Rn. 87 – Ufex ua/Kommission). Sie hat vielmehr das Recht, den verschiedenen, bei ihr eingehenden Beschwerden unter Bezugnahme auf das Gemeinschaftsinteresse unterschiedliche **Prioritäten** beizumessen (ständige Rspr. seit EuG T-24/90, Slg. 1992, II-2223 Rn. 77 und 85 – Automec/Kommission; in Erwägungsgrund 18 der Verordnung (EG) Nr. 1/2003 wird diese Möglichkeit ausdrücklich bestätigt). Lediglich bei Beschwerden, die in die ausschließliche Zuständigkeit der Kommission fallen, gestaltet sich die Rechtslage anders (ständige Rspr. seit EuG T-24/90, Slg. 1992, II-2223 Rn. 75 – Automec/Kommission; dies dürfte im Rahmen der VO 1/2003 nur noch im Zusammenhang mit Art. 29 dieser Verordnung relevant sein). Die Kommission ist jedoch gehalten, die ihr vom Beschwerdeführer zur Kenntnis gebrachten sachlichen und rechtlichen Informationen sorgfältig zu prüfen, um das Gemeinschaftsinteresse an einer weiteren Verfolgung des Falls beurteilen zu können. Bei der Einschätzung des mit einer Beschwerde verbundenen **Gemeinschaftsinteresses** kommt es auf die Umstände des Einzelfalls an. Daher ist weder die Zahl der Beurteilungskriterien eingeschränkt, die die Kommission heranziehen kann, noch ist die Kommission verpflichtet, sich ausschließlich auf bestimmte Kriterien zu beziehen. Da die Sach- und Rechtslage von Fall zu Fall erhebliche Unterschiede aufweisen kann, ist es zulässig, neue bisher noch nicht berücksichtigte Kriterien anzuwenden (EuGH C-119/97p, Slg. 1999, I-1341 Rn. 79 f. – Ufex ua/Kommission). Gegebenenfalls kann die Kommission bei der Bewertung des Gemeinschaftsinteresses einem einzelnen Kriterium Vorrang einräumen (EuGH C-450/98p, Slg. 2001, I-3947 Rn. 59 – IECC/Kommission). Die Rechtsprechung hat bisher insbesondere die folgenden Kriterien für die Einschätzung des Gemeinschaftsinteresses an der (weiteren) Untersuchung eines Falles für relevant erachtet:

- Die Kommission kann eine Beschwerde aus dem Grund zurückweisen, dass der Beschwerdeführer seine Rechte durch eine **Klage vor den einzelstaatlichen Gerichten** geltend machen kann (EuG T-24/90, Slg. 1992, II-2223 Rn. 88 –Automec/Kommission; EuG T-5/93, Slg. 1995, II-185 Rn. 65 – Roger Tremblay ua/Kommission; EuG T-575/ 93, Slg. 1996, II-1 Rn. 75–80 – Casper Koelman/Kommission). Umgekehrt bejaht die Kommission ein Gemeinschaftsinteresse, wenn die Kommission besser für die Verfolgung der Zuwiderhandlung geeignet ist, als eine nationale Wettbewerbsbehörde (vgl. KOMM. 1.12.2010 Comp/39784, Rn. 19 und 47 „Omnis/Microsoft“). Dies ist insbesondere der Fall, wenn sich die Zuwiderhandlung auf mehr als drei Mitgliedstaaten auswirkt (Vgl. Bekanntmachung der Kommission über die Zusammenarbeit innerhalb des Netzes der Wettbewerbsbehörden, ABl 2004 C-103, 3 Rn. 14; EuG T-427/08, Slg. 2010, II-5865, Rn. 158 – „CEAHR“).
- Die Kommission darf nicht bestimmte Situationen, die unter die ihr vom EUV zugewiesene Aufgabe fallen, als von Vornherein aus ihrem Tätigkeitsbereich ausgeschlossen ansehen, sondern muss sich in diesem Zusammenhang in jedem Fall ein Urteil über die Schwere der geltend gemachten Beeinträchtigungen des Wettbewerbs und deren fortdauernde Wirkungen bilden. Diese Verpflichtung ist insbesondere darauf gerichtet, die Dauer und das Gewicht der beanstandeten Zuwiderhandlungen sowie deren Auswir-

kung auf die Wettbewerbsverhältnisse in der Gemeinschaft zu berücksichtigen (EuGH C-119, 97p, Slg. 1999, I-1341 Rn. 92 f. – Ufex ua/Kommission).

- Die Kommission muss gegebenenfalls die Bedeutung der behaupteten Zuwiderhandlung für das Funktionieren des Gemeinsamen Marktes, die Wahrscheinlichkeit des Nachweises ihres Vorliegens sowie den Umfang der erforderlichen Ermittlungsmaßnahmen gegeneinander abwägen, um ihrer Aufgabe, die Einhaltung der Art. 101 und 102 AEUV zu überwachen, gerecht zu werden (ständige Rspr. seit EuG T-24/90, Slg. 1992, II-2223 Rn. 86 – Automec/Kommission*)*.
- Wenngleich der Ermessensspielraum der Kommission nicht an das mehr oder weniger fortgeschrittene Untersuchungsstadium eines Falls gebunden ist, gehört dieser Aspekt doch zu den Umständen des Falls, welche die Kommission gegebenenfalls berücksichtigen muss (EuGH C-449/98 P, Slg. 2001, I-3875 Rn. 37 – IECC/Kommission).
- Die Kommission kann die Behandlung einer Beschwerde als nicht angebracht ansehen, wenn die betreffenden Verhaltensweisen **eingestellt** worden sind. Hierzu muss die Kommission jedoch feststellen, ob die wettbewerbswidrigen Wirkungen fortdauern und ob die Schwere der Zuwiderhandlungen oder die Fortdauer ihrer Auswirkungen nicht ein Gemeinschaftsinteresse an der Verfolgung der Beschwerde begründen (EuG T-77/95, Slg. 1997, II-1 Rn. 57 – Syndicat français de l'Express International ua/ Kommission; EuGH C-119/97 P, Slg. 1999, I-1341 Rn. 95 – Ufex ua/Kommission; siehe auch EuG T-37/92, Slg. 1994, II-285 Rn. 59 f. – BEUC/Kommission), in dem eine nicht schriftlich fixierte Verpflichtung zwischen einem Mitgliedstaat und einem Drittland außerhalb der gemeinsamen Handelspolitik als unzureichend für die Feststellung der Beendigung des beanstandeten Verhaltens befunden wurde.
- Ferner kann die Kommission die Behandlung einer Beschwerde als nicht angebracht ansehen, wenn die betreffenden Unternehmen **bereit sind, ihr Verhalten so zu ändern,** dass die Kommission daraus schließen kann, dass kein ausreichendes Gemeinschaftsinteresse mehr besteht, in dieser Sache tätig zu werden (EuG T-110/95, Slg. 1998, II-3605 Rn. 57 – ICEE/Kommission*;* bestätigt durch EuGH C-449/98 P, Slg. 2001, I-3875 Rn. 44–47 – IECC/Kommission).

13. (Verfahren) Im Verfahren der Kommission zur Behandlung von Beschwerden können mehrere Verfahrensschritte unterschieden werden (vgl. Bekanntmachung der Kommission über die Behandlung von Beschwerden durch die Kommission gemäß Artikel 81 und 82 EG-Vertrag, ABl. 2004 C 101, 65 Rn. 53 ff.):

a) In der **ersten Phase**, die sich an die Einreichung der Beschwerde anschließt, prüft die Kommission die Beschwerde auf Schlüssigkeit und holt gegebenenfalls weitere Informationen ein, um zu entscheiden, wie mit der Beschwerde zu verfahren ist. In dieser Phase kann es zu einem informellen Meinungsaustausch zwischen der Kommission und dem Beschwerdeführer kommen, um die sachlichen und rechtlichen Fragen der Beschwerde abzuklären. Die Kommission kann dem Beschwerdeführer eine erste Reaktion zukommen lassen, um ihm die Möglichkeit einzuräumen, sein Vorbringen unter Berücksichtigung dieser Reaktion zu präzisieren. Eine Verpflichtung der Kommission einzuschreiten besteht nicht; ihr steht diesbezüglich ein Ermessenspielraum zu (vgl. oben Rn 12), der vom Gerichtshof nur auf einen Ermessensfehlgebrauch oder eine Ermessensüberschreitung überprüft werden kann (EuG 11.1.2017 – T-699/14 Rn. 66 – Panini Sammelbilder). Die Kommission bemüht sich, dem Beschwerdeführer innerhalb von vier Monaten nach Eingang der Beschwerde mitzuteilen, ob sie beabsichtigt der Beschwerde weiter nachzugehen (vgl. Bekanntmachung der Kommission über die Behandlung von Beschwerden durch die Kommission gemäß Artikel 81 und 82 EG-Vertrag, ABl. 2004 C 101, 65 Rn. 61).

b) In einer **zweiten Phase** kann die Kommission den Fall einer eingehenderen Prüfung unterziehen, um gegebenenfalls ein Verfahren nach Art. 7 Abs. 1 VO 1/2003 gegen die betreffenden Unternehmen einzuleiten. Ist die Kommission der Ansicht, dass keine ausreichenden Gründe für die Verfolgung der Beschwerde gegeben sind, teilt sie dem Beschwerdeführer ihre Gründe hierfür mit und gibt ihm Gelegenheit zu einer schriftlichen Stellungnahme innerhalb der von ihr gesetzten Frist (Art. 7 Abs. 1 VO 773/2004). Die Frist, innerhalb derer sich der Beschwerdeführer zu dem Schreiben äußern muss, wird entsprechend den Umständen des Falls festgelegt. Der Beschwerdeführer kann eine Fristverlängerung beantragen. Die Kommission kann die Frist je nach den Umständen des Falles verlängern. Äußert sich der Beschwerdeführer nicht innerhalb der von der Kommission gesetzten Frist, gilt die Beschwerde als zurückgezogen. Der Beschwerdeführer kann seine Beschwerde überdies jederzeit auf eigenen Wunsch zurückziehen. Werden vom Beschwerdeführer innerhalb der Frist ergänzende Ausführungen unterbreitet, so nimmt die Kommission diese zur Kenntnis. Sieht sich die Kommission aufgrund dieser Ausführungen zur Änderung ihres bisherigen Vorgehens veranlasst, kann sie ein Verfahren gegen die Unternehmen, gegen die die Beschwerde gerichtet ist, einleiten. Veranlassen die Ausführungen des Beschwerdeführers die Kommission nicht zu einer Änderung ihres beabsichtigten Vorgehens, weist sie die Beschwerde durch Entscheidung zurück (Art. 7 Abs. 2 VO 773/2004; EuGH C-282/95 P, Slg. 1997, I-1503 Rn. 36 – Guérin automobiles/Kommission). Weist die Kommission eine Beschwerde gemäß Artikel 13 der Verordnung (EG) Nr. 1/2003 aus dem Grunde zurück, dass bereits eine andere Behörde mit dem Fall befasst ist, so verfährt sie nach Art. 9 VO 773/2004. Ihre ablehnende Entscheidung ist zu begründen. Aus der Begründung muss die Argumentation der Kommission klar und eindeutig hervorgehen, so dass der Beschwerdeführer die Gründe für die Entscheidung nachvollziehen und das zuständige Gemeinschaftsgericht seiner Nachprüfungsfunktion nachkommen kann. Die Kommission ist allerdings nicht verpflichtet, auf alle Argumente des Beschwerdeführers einzugehen. Es genügt, wenn sie die sachlichen und rechtlichen Überlegungen darlegt, die für ihre Entscheidung maßgebend sind (ständige Rspr., vgl. ua EuG T-114/92, Slg. 1995, II-147 Rn. 41 – BEMIM/Kommission). Gegen die Entscheidung zur Abweisung einer Beschwerde können Rechtsmittel bei den Gemeinschaftsgerichten eingelegt werden (ständige Rspr. seit EuGH 210/81, Slg. 1983, 3045 – Oswald Schmidt, Demo-Studio Schmidt/Kommission).

14. (Verfahrensrechte) Ergeht in dem Beschwerdeverfahren eine Mitteilung über die Beschwerdepunkte, so hat die Kommission dem Beschwerdeführer eine Kopie der nichtvertraulichen Fassung der Beschwerdepunkte zu übermitteln und ihm eine Frist zur schriftlichen Stellungnahme einzuräumen (vgl. Art. 6 Abs. 1 VO 773/2004). Die Kommission kann dem Beschwerdeführer ggf. Gelegenheit geben, seine Argumente anlässlich der Anhörung der Beteiligten, an die eine Mitteilung der Beschwerdepunkte gerichtet worden ist, vorzubringen, wenn der Beschwerdeführer dies in seinen schriftlichen Ausführungen beantragt. Nach Art. 8 Abs. 1 VO 773/2004 hat der Beschwerdeführer das Recht auf Einsichtnahme in die Unterlagen, die der vorläufigen Würdigung der Kommission zugrunde liegen. In der Regel erfolgt diese Einsichtnahme, indem dem Schreiben eine Kopie der relevanten Unterlagen als Anlage beigefügt wird.

15. (Vertraulichkeit) Der Beschwerdeführer kann von sich aus oder auf Verlangen der Kommission Unterlagen mit Geschäftsgeheimnissen oder sonstigen vertraulichen Informationen vorlegen. Vertrauliche Informationen werden von der Kommission geschützt (Art. 339 AEUV, Art. 28 VO 1/2003 und Art. 15 und 16 der VO 773/2004). Nach Art. 16 VO 773/2004 ist der Beschwerdeführer gehalten, wenn er sich gemäß den Art. 6 und 7 der VO äußert oder wenn er anschließend im selben Verfahren weitere Informationen vorlegt, vertrauliche Informationen **kenntlich zu machen**, die Vertraulichkeit der Informationen zu begründen und eine getrennte nicht vertrauliche Fassung vorzulegen. In allen anderen Fällen kann die Kommission den Beschwerdeführer auffordern, die von ihm vorgelegten Unterlagen oder

Erklärungen oder Teile davon, die seiner Ansicht nach vertraulich sind, kenntlich zu machen. Insbesondere kann sie dem Beschwerdeführer eine Frist setzen, innerhalb derer er erklären muss, weshalb er eine bestimmte Information für vertraulich erachtet und innerhalb derer er der Kommission eine nicht vertrauliche Fassung einschließlich einer knappen Beschreibung jeder Angabe, die entfernt worden ist, zukommen lassen muss. Die Einstufung von Informationen als vertraulich hindert die Kommission nicht daran, von Informationen Gebrauch zu machen und diese offen zu legen, wenn dies zum Nachweis einer Zuwiderhandlung gegen Art. 101 oder 102 AEUV erforderlich ist (Art. 27 Abs. 2 VO 1/2003). Sind Geschäftsgeheimnisse und vertrauliche Informationen zum Nachweis einer Zuwiderhandlung erforderlich, wird die Kommission bei jeder einzelnen Unterlage prüfen, ob das Bedürfnis, sie offen zu legen, größer ist als der Schaden, der aus dieser Offenlegung entstehen könnte.

16. (Untätigkeit der Kommission) Nimmt die Kommission nicht innerhalb von zwei Monaten nach Aufforderung durch den Beschwerdeführer Stellung zu der Beschwerde, kommt eine Untätigkeitsklage nach Art. 265 AEUV in Betracht. Begründet werden muss die Klage damit, dass es die Kommission pflichtwidrig unterlassen hat, dem Beschwerdeführer gegenüber tätig zu werden (vgl. EuG T-74/92, Slg. 1995, II-115 Rn. 39 f. – Ladbroke Racing). Sobald die Kommission jedoch eine Stellungnahme abgegeben hat, ist eine Untätigkeitsklage ausgeschlossen (vgl. EuG T-186/94, Slg. 1995, II-2323 Rn. 26–30 – Guerin automobiles).

5.2 Informelle Beschwerde[1]

An die

Europäische Kommission

Generaldirektion Wettbewerb

Antitrust Registry

B-1049 Brüssel

Preisabsprache

Namens und im Auftrag der A-GmbH (Vollmacht liegt bei, Anlage 1) übermitteln wir der Kommission beiliegend Kopien einer Vereinbarung, aus der eine Preisabsprache zwischen den Unternehmen . . . . . hervorgeht.

Wir bitten die Kommission, diese Beschwerde und insbesondere die Identität unserer Mandantin zunächst vertraulich zu behandeln. Unsere Mandantin ist gerne bereit, mit Ihnen ein vertiefendes Gespräch über die Preisabsprache und die Verhältnisse auf dem betroffenen Markt der . . . . . im Raume . . . . . zu führen.

Rechtsanwältin

Anmerkungen

Grundlagen: Bekanntmachung der Kommission über die Behandlung von Beschwerden durch die Kommission gemäß Artikel 81 und 82 EG-Vertrag, ABl. 2004 C 101, 65.

1. (Allgemeines) Die Kommission ist zur Aufdeckung von Kartellverstößen darauf angewiesen, dass sich Bürger und Unternehmen an die Wettbewerbsbehörden wenden, um sie über vermutete Verstöße gegen die Wettbewerbsregeln zu informieren. Hierzu bestehen zwei Möglichkeiten: Eine formelle Beschwerde gem. Art. 7 Abs. 2 der VO 1/2003, die bestimmten Anforderungen genügen muss und die den Beschwerdeführer bestimmte Verfahrensrechte sichert. Ferner kommt eine informelle Beschwerde in Betracht, die darin besteht, der Kommission Marktinformationen zukommen zu lassen, die die für Beschwerden nach Artikel 7 Abs. 2 der VO 1/2003 (→ Form. VIII.5.1) geltenden Anforderungen nicht erfüllen müssen. Weiterführende Informationen bietet die Kommission über das Internet an (*http://ec.europa.eu/competition/contacts/antitrust_mail.html*). Solche Informationen können den Ausgangspunkt für eine von der Kommission eingeleitete Untersuchung bilden. Eine informelle Beschwerde kann per E-Mail (comp-market-information@ec.europa.eu) oder per Post (Postanschrift: European Commission, Directorate-General for Competition, For the attention of the Antitrust Registry, B-1049 Brussels) an die Kommission übermittelt werden.

5.3 Antrag auf Erlass einer einstweiligen Anordnung (Art. 8 VO 1/2003)[1]

An die

Europäische Kommission[2]

Generaldirektion Wettbewerb

Antitrust Registry

B-1049 Brüssel

Antrag auf Erlass einer einstweiligen Anordnung

Namens und im Auftrag der Firma Mobile Phone B.V (Vollmacht liegt bei, Anlage 1) beantragen wir,[3] durch einstweilige Maßnahme der Firma Operating System Ltd. zu untersagen, bei der Lizensierung der Operating System Software XXP an die Firma Mobile Phone B.V unangemessene Preise zu verwenden, ...

Begründung:

1. **[Sachverhalt]**
2. **Es liegt offensichtlich ein Verstoß gegen das Kartellrecht vor, weil . . . . . .[4]**
3. **Die einstweilige Maßnahme ist erforderlich, um einen ernsten, nicht wieder gutzumachenden Schaden für den Wettbewerb abzuwenden. Ein solcher Schaden liegt für die Antragstellerin darin, dass . . . . . .[5]**

Rechtsanwalt[6]

Schrifttum: *Hitzler,* Einstweilige Anordnungen der EG-Kommission im Verfahren nach Art. 85 und 86 EWG-Vertrag nach der Rechtsprechung des EuGH, WuW 1985, 189; *Kerse,* E. C. Antitrust Procedure, S. 191; *Ortiz Blanco,* European Community Competion Procedure, 1996, S. 283.

Anmerkungen

1. (Allgemeines) Art. 8 VO 1/2003 ermächtigt die Kommission, in dringenden Fällen, wenn die Gefahr eines ernsten, nicht wieder gutzumachenden Schadens für den Wettbewerb besteht, von Amts wegen auf der Grundlage einer prima facie festgestellten

Zuwiderhandlung durch Entscheidung einstweilige Maßnahmen anzuordnen. Die Vorschrift betrifft einstweilige Maßnahmen zur Durchsetzung des Kartellverbots nach Art. 101 AEUV und des Missbrauchsverbots nach Art. 102 AEUV. Die einstweilige Anordnung muss sich auf eine vorläufige Regelung beschränken, sie darf eine endgültige Regelung nicht vorwegnehmen.

2. (Zuständige Kartellbehörde) EU-Kommission.

3. (Einleitung des Verfahrens) Das einstweilige Verfahren kann gem. Art. 8 VO 1/2003 von Amts wegen eingeleitet werden. Allerdings können auch natürliche und juristische Personen einen Antrag stellen, ohne dass dem Antragsteller ein entsprechendes subjektives Recht zusteht. Anträge sind als bloße Anregungen zur Verfahrenseinleitung zu verstehen. Es steht im Ermessen der Kommission, ob sie das Verfahren „von Amts wegen" einleitet. Für den Antrag müssen daher keine besonderen Formerfordernisse erfüllt werden. Der Antragsteller muss lediglich deutlich machen, dass er eine vorläufige Regelung begehrt und die materiellen Voraussetzungen dafür vorliegen.

4. (Anordnungsanspruch) Die Kommission wird die einstweilige Maßnahme nur erlassen, wenn ein prima facie Verstoß gegen das Kartellrecht vorliegt. Ausreichend ist insofern ein hoher Grad an Wahrscheinlichkeit, dass eine Zuwiderhandlung gegen kartellrechtliche Vorschriften vorliegt; volle Gewissheit ist jedoch nicht erforderlich (Immenga/Mestmäcker/*Ritter*/*Wirtz* VO 1/2003 Art. 8 Rn. 3). Das Vorliegen aller Tatbestandsmerkmale der Anspruchsnorm sollte daher in dem Antrag (insbesondere durch Urkundsbeweis und eidesstattliche Versicherung) glaubhaft gemacht werden.

5. (Anordnungsgrund) Die einstweilige Maßnahme muss erforderlich sein, um einen ernsten, nicht wieder gutzumachenden Schaden für „den Wettbewerb" als solchen abzuwenden. Für die Beurteilung, ob ein ernster Schaden für den Wettbewerb droht, kommt es kumulativ auf qualitative und quantitative Kriterien an. Zum einen muss der Verstoß gegen wettbewerbsrechtliche Vorschriften von gewisser Intensität sein (qualitatives Kriterium). Als Orientierungshilfe bei der Einordnung der Intensität können die Leitlinien der Kommission zur Festsetzung von Geldbußen dienen (Leitlinien für das Verfahren zur Festsetzung von Geldbußen, die gemäß Art. 15 Abs. 2 der Verordnung Nr. 17 und gemäß Art. 65 Abs. 5 EGKS-Vertrag festgesetzt werden, ABl. 1998 C 9, 3). In quantitativer Hinsicht muss ein maßgeblicher Teil des betroffenen Marktes beeinträchtigt werden. Insofern kann nicht auf die Folgen für einzelne Unternehmen oder Verbraucher abgestellt werden. Die Kommission wird nur im Gemeinschaftsinteresse tätig. Der Schaden muss dem Wettbewerb als solchem drohen. Allerdings kann der Schaden für den Wettbewerb auch einen Schaden für einzelne Marktteilnehmer darstellen (vgl. Immenga/Mestmäcker/*Ritter*/*Wirtz* VO 1/2003 Art. 8 Rn. 5). Das Erfordernis der Dringlichkeit ist kein zusätzliches Tatbestandsmerkmal, sondern bereits ein Element des Eintretens eines schweren und nicht durch eine Entscheidung der Kommission wieder gutzumachenden Schadens (EuG– T-44/90, Slg. 1992, II-1 Rn. 29, 80 – La Cinq).

6. (Rechtsmittel) Gegen die einstweilige Anordnung steht dem betroffenen Unternehmen die Nichtigkeitsklage nach Art. 263 Abs. 4, 264 AEUV offen. In der Regel wird eine solche Klage mit dem Antrag verbunden sein, die Aussetzung des Vollzugs anzuordnen (vgl. Art. 278 AEUV), da die Klage keine aufschiebende Wirkung hat (vgl. Immenga/Mestmäcker/*Ritter*/*Wirtz* VO 1/2003 Art. 8 Rn. 10 f.). Der Antragssteller kann die Ablehnung seines Antrages nicht anfechten. Ebenso wenig kann er gegen eine mögliche Nichtbescheidung vorgehen. Dies liegt darin begründet, dass einstweilige Maßnahmen nur von Amts wegen ergehen (vgl. Immenga/Mestmäcker/*Ritter*/*Wirtz* VO 1/2003 Art. 8 Rn. 10).

5.4 Antrag auf Anhörung (Art. 27 Abs. 3 VO 1/2003)[1, 2]

An die

Europäische Kommission

Generaldirektion Wettbewerb

Antitrust Registry

B-1049 Brüssel

Antrag auf Anhörung

Namens und im Auftrag der Wirtschaftsvereinigung A[3] (Vollmacht liegt bei, Anlage 1) beantragen wir, die Wirtschaftsvereinigung A in dem Verfahren gegen die Unternehmen B und C wegen des Verdachts von . . . . . anzuhören.

Begründung

Die Wirtschaftsvereinigung A hat ein ausreichendes Interesse[4] an der Anhörung, weil . . . . .

Rechtsanwältin

Anmerkungen

Grundlagen: Verordnung (EG) Nr. 1/2003des Rates zur Durchführung der in den Artikeln 81 und 82 EG-Vertrag niedergelegten Wettbewerbsregeln, ABl. 2003 L 1, 1; Verordnung 773/2004der Kommission über die Durchführung von Verfahren auf der Grundlage der Art. 81 und 82 EG-Vertrag, ABl. 2004 L 123, 18.

1. (Allgemeines) Das EU-Kartellrecht sieht – anders als das deutsche Recht – keine formelle Beiladung zu einem Kartellverwaltungsverfahren vor. Art. 27 Abs. 3 der VO 1/ 2003 (vgl. auch die entsprechende Vorschrift in Art. 18 Abs. 4 FKVO 139/2004) sieht jedoch ein Anhörungsrecht zugunsten Dritter vor, die weder Beschwerdeführer nach Art. 7 VO 1/2003 noch Verfahrenspartei sind. Danach kann die Kommission Dritte von Amts wegen (ohne Einschränkung) oder auf Antrag anhören, wenn diese ein ausreichendes Interesse glaubhaft machen. Art. 13, 14 der VO 773/2004 konkretisieren dies. Nach Art. 13 VO 773/2004 unterrichtet die Kommission Personen (auf Antrag und Darlegung eines ausreichenden Interesses) schriftlich über den Verfahrensstand und gibt ihnen Gelegenheit zur schriftlichen Äußerung. Dazu setzt sie eine Frist. Auf Antrag gibt die Kommission Personen auch Gelegenheit zur mündlichen Äußerung (Art. 13 Abs. 2 VO 773/2004). Dies kann dazu führen, dass sie an der Anhörung der beteiligten Unternehmen teilnehmen. Über die Anträge entscheidet der Anhörungsbeauftragte. Die Durchführung der Anhörung regelt Art. 14 VO 773/2004.

2. (Akteneinsichtsrecht) Ein Akteneinsichtsrecht besteht nur für die Unternehmen oder Unternehmensvereinigungen, an die die Kommission die Mitteilung der Beschwerdepunkte gerichtet hat (Art. 15 Abs. 1 VO 773/2004). Dritte haben kein Akteneinsichtsrecht.

3. (Antragsteller) Nach Art. 27 Abs. 3 VO 1/2003 können natürliche oder juristische Personen, die nicht bereits als Verfahrenspartei oder Beschwerdeführer gehört werden, taugliche Antragsteller sein. Aus Erwägungsgrund Nr. 11 der VO 773/2004 lässt sich ableiten, dass auch (Verbraucher-)Verbänden diese Möglichkeit grundsätzlich offensteht.

4. (Ausreichendes Interesse) Nach Art 27 Abs. 3 VO 1/2003 und Art. 13 Abs. 1 VO 773/2004 muss der Antragssteller ein ausreichendes Interesse darlegen, um gehört zu werden. Wann ein ausreichendes Interesse vorliegt, ist weder eindeutig geregelt noch abschließend geklärt. Für Verbraucherverbände, die einen Antrag auf Anhörung stellen, vermutet Erwägungsgrund Nr. 11 VO 773/2004 ein ausreichendes Interesse, wenn „das Verfahren Produkte oder Dienstleistungen für Endverbraucher oder Produkte oder Dienstleistungen betrifft, die direkt in diese Produkte oder Dienstleistungen einfließen. Es empfiehlt sich aber, die Gründe für die Antragsstellung und das Interesse an der Anhörung möglichst ausführlich darzustellen.

5.5 Anregung auf Entzug der Gruppenfreistellung (Art. 29 Abs. 1 VO 1/2003)[1]

An die

Europäische Kommission

Generaldirektion Wettbewerb

Antitrust Registry

B-1049 Brüssel

Antrag auf Einleitung eines Verfahrens auf Entzug des Rechtsvorteils der VO Nr. 330/2010 gem. Art. 29 Abs. 1 VO 1/2003

Namens und im Auftrag der A-GmbH (Vollmacht liegt bei, Anlage 1) beantragen wir, den Unternehmen . . . . . den Vorteil der Gruppenfreistellungsverordnung über vertikale Vereinbarungen zu entziehen, weil die von den Unternehmen mit ihren Händlern geschlossenen Verträge zu einem Netz gleichartiger Verträge führen, die den Wettbewerb der Unternehmen in erheblichem Maße beschränken.

Begründung:

. . . . .

Wir bitten die Kommission, diese Beschwerde und insbesondere die Identität unserer Mandantin zunächst vertraulich zu behandeln. Wir bitten auch, uns über das weitere Verfahren auf dem Laufenden zu halten. Unsere Mandantin ist gerne bereit, mit Ihnen ein vertiefendes Gespräch über den betroffenen Markt der . . . . . im Raume . . . . . zu führen.

Rechtsanwalt

Anmerkungen

1. (Allgemeines) Nach Art. 29 Abs. 1 VO 1/2003 kann die Kommission von Amts wegen oder auf eine Beschwerde hin den Rechtsvorteil einer entsprechenden Gruppenfreistellungsverordnung entziehen, wenn sie feststellt, dass eine Vereinbarung, ein Beschluss oder eine abgestimmte Verhaltensweise, für die die Gruppenfreistellungsverordnung gilt, Wirkungen hat, die mit Art. 101 Abs. 3 unvereinbar sind. Bislang wurde nur ein einziges Mal der Rechtsvorteil einer GVO entzogen (23.12.1993 – Fall IV/34.072, ABl. 1993 L 183, 19 – Langnese-Iglo GmbH).

5.6 Antrag auf Geldbußenerlass/-ermäßigung bei der EU-Kommission[1, 2]

An die

Europäische Kommission[3]

Generaldirektion für Wettbewerb

Merger Registry

B-1049 Brüssel

Antrag auf Gewährung eines Geldbußenerlasses nach der Mitteilung der Kommission über den Erlass und die Ermäßigung von Geldbußen in Kartellsachen – Kronzeugenregelung – v. 8.12.2006 (ABl. 2006 C 298, 17 in der Fassung v. 5.5.2015)

Wir kommen zurück auf Ihr Schreiben vom . . . . . (beigefügt als Anlage 1). In diesem bestätigen Sie, dass wir namens und in Vollmacht der A-GmbH mit dem als Anlage 2 beigefügten Schreiben, am . . . . . um . . . . . Uhr einen Marker[4] nach Randnummer 15 der Kronzeugenregelung gesetzt haben. Die Vollmacht wurde der Kommission bereits mit Schreiben vom . . . . . übermittelt. Für die Ausarbeitung des Markers zu einem förmlichen Antrag haben Sie eine Frist bis zum . . . . . gesetzt.[5]

Der vorliegende Antrag erfolgt im Namen der A-GmbH – vertreten durch [Name, Anschrift der vertretungsberechtigten Person(en)], aller mit dieser noch oder ehemals verbundenen Unternehmen und aller derzeitigen und ehemaligen Mitarbeiter dieser Unternehmen („Antragstellerinnen"). Die Antragstellerinnen beantragen:

1. Den Antragstellerinnen eine möglicherweise zu verhängende Geldbuße nach den Vorgaben der Kronzeugenregelung zu erlassen.
2. Hilfsweise für den Fall, dass ein vollständiger Erlass der Geldbuße nicht in Betracht kommt, eine möglicherweise zu verhängende Geldbuße nach den Vorgaben der Bonusregelung um den größtmöglichen betrag zu reduzieren.

Darüber hinaus bitten die Antragstellerinnen die Generaldirektion Wettbewerb, den Empfang des Antrags unter Angabe des Datums und der Uhrzeit zu bestätigen sowie den Antragstellerinnen die Rangstelle des Antrags mitzuteilen.

Die Antragstellerinnen haben bei folgenden anderen Wettbewerbsbehörden ebenfalls Anträge gestellt: . . . . .

Begründung:[6]

Im Jahr . . . . . kamen die B-GmbH und die C-AG auf die A-GmbH zu und schlugen vor, die Preise für . . . . . zukünftig untereinander abzustimmen. Der A-GmbH ist erst vor Kurzem bewusst geworden, dass sie Partei einer Wettbewerbsbeschränkung geworden ist.

Im Einzelnen:

1. Die A-GmbH ist . . . . . [Beschreibung des Unternehmens].
2. Die B-GmbH ist . . . . . [Beschreibung des Unternehmens].
3. Die C-AG ist . . . . . [Beschreibung des Unternehmens].

4. Folgende Einzelpersonen sind/waren nach Wissen der Antragstellerinnen an dem mutmaßlichen Kartellverstoß beteiligt . . . . .[7]
5. Die Parteien trafen im Einzelnen folgende Vereinbarungen: . . . . . Als Beweismittel dazu legen wir vor . . . . .
6. Die Vereinbarungen wurden wie folgt in der Praxis umgesetzt: . . . . .[8] Dies ergibt sich aus folgenden Unterlagen . . . . .
7. Davon betroffen waren die Märkte . . . . .
8. Als Zeugen für den geschilderten Sachverhalt kann die A-GmbH . . . . . benennen.
9. Darüber hinaus werden folgende Beweismittel vorgelegt . . . . .[9]

Unsere Mandantin ist zu einer ununterbrochenen, zügigen und uneingeschränkten Zusammenarbeit im Sinne der Kronzeugenregelung bereit und steht für ein Gespräch und eine weitere Aufklärung zur Verfügung.[10] Jegliche Beteiligung an dem mutmaßlichen Kartell wurde bereits beendet.[11]

Wir bitten darum, sämtliche Angaben vertraulich zu behandeln. Der Antrag und die Anlagen enthalten sensible Geschäftsgeheimnisse. Darüber hinaus bitten wir, Anträge privater Dritter auf Akteneinsicht/Auskunftserteilung insoweit abzulehnen, als es um den Antrag der Antragstellerinnen und die dazu als Anlagen übermittelten Beweismittel geht.

Unterschrift[12, 13]

Anlagenverzeichnis

Anmerkungen

1. (Allgemeines) Die Kronzeugenregelung der EU-Kommission setzt den Regelungsrahmen für die Gegenleistungen fest, die Unternehmen zugestanden werden für ihre Zusammenarbeit mit der Kommission bei der Untersuchung von Kartellen mit gemeinschaftsweiter Bedeutung, an denen die Unternehmen beteiligt sind oder waren. Viele nationale Wettbewerbsbehörden haben inzwischen – entsprechend dem Vorbild der Kronzeugenregelung der EU-Kommission (ABl. 2006 C 298, 17 in der Fassung v. 5.5.2015) – eigene Bonusregelungen verkündet. Eine Aufdeckung von Kartellen durch die Behörden ohne die Mitwirkung von daran beteiligten Unternehmen oder Einzelpersonen ist äußerst schwierig. Insofern soll die Kronzeugenregelung zur Aufdeckung von Kartellen beitragen, indem sie dem „Kronzeugen" eine vollständige oder teilweise Bußgeldbefreiung in Aussicht stellt. Bei der Festsetzung der Geldbuße steht der Kommission ein weites Ermessen zu, das jedoch pflichtgemäß auszuüben ist. In den „Leitlinien für das Verfahren zur Festsetzung von Geldbußen gemäß Art. 23 Abs. 2 Buchst. a) der Verordnung (EG) Nr. 1/2003" (ABl. 2006 C 210, 2) werden Methodik und Kriterien beschrieben, welche die Kommission bei der Bemessung von Geldbußen anwendet. Nach der Kronzeugenregelung kann die Geldbuße für Kartellbeteiligte, die durch Ihre Kooperation zur Aufdeckung eines Kartells (insbesondere Absprachen über die Festsetzung von Preisen oder Absatzquoten sowie über die Aufteilung von Märkten und Submissionsabsprachen) beitragen, für den Initiator der Aufdeckung vollständig erlassen und für später hinzutretende Kartellbeteiligte um bis zu 50 % reduziert werden. Der Umfang einer Reduktion richtet sich jeweils nach dem Nutzen der Aufklärungsbeiträge und der Reihenfolge der Anträge. Kartellbeteiligte im Sinne der Kronzeugenregelung können natürliche Personen, Unternehmen und Unternehmensvereinigungen sein.

2. (Form) Es ist üblich Kronzeugenanträge bei der EU-Kommission **mündlich zu diktieren** und nicht schriftlich einzureichen. Damit soll vermieden werden, dass Unternehmenserklärungen, die im Rahmen von Kronzeugenanträgen abgegeben werden, in zivilrechtlichen Verfahren offengelegt werden können. Dieses Formular dient insofern nur als grobe Vorlage eines Entwurfs, der dann entsprechend bei der Generaldirektion Wettbewerb diktiert wird. Hat ein Unternehmen eine mündliche Unternehmenserklärung abgegeben, kann die Aufzeichnung innerhalb einer gesetzten Frist in den Räumlichkeiten der Kommission auf technische Richtigkeit überprüft und inhaltlich berichtigt werden. Verzichtet ein Unternehmen auf diese Möglichkeit, so gilt die Aufzeichnung ab dem Zeitpunkt als genehmigt. Nach der ausdrücklichen oder stillschweigenden Genehmigung hört sich das Unternehmen die Aufzeichnung innerhalb einer Frist in den Räumlichkeiten der Kommission an und überprüft die Richtigkeit der Niederschrift. Tut es dies nicht, kann dies zum Verlust einer möglichen Privilegierung nach der Kronzeugenregelung führen. (vgl. Kronzeugenregelung Rn. 32). Seit März 2019 hat die Kommission das Online-Tool „**eLeniency**" eingeführt (https://ec.europa.eu/competition/cartels/leniency/eleniency.html). Das Tool soll es einfacher machen, Erklärungen und Unterlagen an die Generaldirektion Wettbewerb zu übermitteln. So können nun auch Kronzeugenanträge über eLeniency eingereicht werden. Dabei soll dieselbe Vertraulichkeit und derselbe rechtliche Schutz gewährleistet werden, wie bei einem Diktat des Antrags. Erklärungen und übermittelte Daten können nicht zwischengespeichert, kopiert oder ausgedruckt werden. Unternehmenserklärungen, die über das Tool abgegeben wurden, sind vor Offenlegung geschützt. Die Nutzung ist freiwillig. Um das Tool nutzen zu können, muss sich die Rechtsanwältin/der Rechtsanwalt oder die Kanzlei zunächst über die Website registrieren. Vorteile des eLeniency liegen insbesondere in der ständigen Verfügbarkeit (24h an 7 Tagen in der Woche) und in der Vermeidung der Anreise zur Generaldirektion Wettbewerb und den damit verbundenen Kosten.

3. (Zuständige Behörde) Zuständig ist die **Generaldirektion Wettbewerb der EU-Kommission.** Zu beachten ist jedoch, dass auch bei Stellen eines Antrags auf Erlass/Ermäßigung einer möglichen Geldbuße bei der EU-Kommission ggf. zusätzlich bei den zuständigen nationalen Wettbewerbsbehörden ein entsprechender Antrag gestellt muss, sofern auch dort ein Erlass/eine Ermäßigung einer Geldbuße angestrebt wird. Zwar arbeiten die europäischen Wettbewerbsbehörden mittlerweile vermehrt im „Europäischen Wettbewerbsnetz" (ECN) zusammen. Derzeit fehlt es jedoch noch an einem gemeinschaftsweiten System eines vollständig harmonisierten Kronzeugenprogramms. Ob also im Einzelfall zusätzlich zu einem Antrag bei der Kommission eine Antragstellung bei den nationalen Wettbewerbsbehörden erforderlich ist, muss stets in Bezug auf den jeweiligen Mitgliedstaat geprüft werden. So hat beispielsweise das Bundeskartellamt die Möglichkeit, einen Antragssteller, der bereits einen „Marker" im Sinne der Bekanntmachung Nr. 9/2006 des BKartA über den Erlass und die Reduktion von Geldbußen in Kartellsachen –Bonusregelung – v. 7.3.2006 Bonusregelung gesetzt hat, von der Verpflichtung zu befreien, einen Antrag einzureichen, sofern auch bei der EU-Kommission ein entsprechender Antrag eingereicht wurde bzw. dies beabsichtigt ist (vgl. Bonusregelung Rn. 13).

4. (Bezugnahme auf Marker) Da die Reihenfolge der Anträge auf Bußgeldbefreiung maßgeblich für die Höhe der in Betracht kommenden Geldbußenermäßigung ist, kann bei der Generaldirektion Wettbewerb der Kommission vor der Antragstellung ein sog. **Marker** gesetzt werden. Der Marker ist die Erklärung der Bereitschaft zur Zusammenarbeit mit der Generaldirektion Wettbewerb. „Um für die Gewährung eines Markers in Betracht zu kommen, muss der Antragsteller der Kommission seinen Namen und seine Anschrift sowie die Namen der an dem mutmaßlichen Kartell beteiligten Parteien mitteilen und Informationen über die betroffenen Produkte und Gebiete sowie über die geschätzte Dauer und die Art des mutmaßlichen Kartells übermitteln. Der Antragsteller sollte die Kommission auch über bisherige oder etwaige künftige Anträge auf Kronzeugenbehandlung bei anderen Behörden im Zusammenhang mit dem mutmaßlichen Kartell informieren und seinen Antrag auf einen Marker begründen" (Kronzeugenregelung Rn. 15). Weiteres zum Ablauf nach Setzen eines Markers → Anm. 5. Es ist in jedem Fall erforderlich, die Kommission um eine Empfangsbestätigung des Markers unter Angabe des Datums und der genauen Uhrzeit zu bitten.

5. (Verfahren) Bezüglich des Verfahrens gilt es zu unterscheiden:

a) Antrag auf **Erlass der Geldbuße**: Wurde ein **Marker** gesetzt, legt die Generaldirektion Wettbewerb eine Frist fest, innerhalb welcher der Antragsteller den Marker vollständig zu einem Antrag ausarbeiten muss, um die Mindestanforderungen für den Erlass/die Reduktion einer Geldbuße zu erfüllen. Ein Marker kann nicht durch Stellung eines förmlichen Antrags in hypothetischer Form vervollständigt werden. Das Vorlegen von Informationen und Beweisen in hypothetischer Form ist nur möglich, sofern unmittelbar ein Antrag gestellt wird, ohne zuvor einen Marker zu setzen. Wird der Antrag innerhalb der gesetzten Frist vervollständigt, wird davon ausgegangen, dass die Informationen und Beweismittel bereits an dem Tag vorgelegt wurden, an dem der Marker gewährt wurde (vgl. Kronzeugenregelung Rn. 15). Es besteht jedoch keine Pflicht zunächst einen Marker zu setzen. Vielmehr kann auch unmittelbar ein förmlicher Antrag eingereicht werden. Wurde ein Antrag auf Erlass der Geldbuße eingereicht bzw. vervollständigt, so gewährt die Kommission dem Antragsteller schriftlich einen **bedingten Erlass der Geldbuße**, sobald sie zum einen alle Informationen und Beweismittel erhalten hat, die nach der Kronzeugenregelung für einen Geldbußenerlass erforderlich sind und zum anderen festgestellt hat, dass es ihr dadurch entweder ermöglicht wird, gezielte Nachprüfungen im Zusammenhang mit dem mutmaßlichen Kartell durchzuführen, oder eine Zuwiderhandlung gegen Art. 101 AEUV festzustellen (vgl. Kronzeugenregelung Rn. 8). Sollte sich im Laufe des Verfahrens herausstellen, dass ein Erlass der Geldbuße nicht möglich ist oder das Unternehmen die dafür erforderlichen Voraussetzungen doch nicht erfüllt, so informiert die Kommission das Unternehmen schriftlich. In einem solchen Fall kann das Unternehmen die zur Begründung seines Antrags vorgelegten Beweismittel zurückziehen oder die Kommission bitten, die Beweismittel im Rahmen eines Antrags auf Ermäßigung der Geldbuße zu berücksichtigen (vgl. Kronzeugenregelung Rn. 20). Erfüllt das antragstellende Unternehmen die für den Erlass einer Geldbuße erforderlichen Voraussetzungen und hat auch nicht andere Unternehmen zur Teilnahme an dem Kartell gezwungen, erlässt die Kommission dem antragstellenden Unternehmen in einer entsprechenden Entscheidung die Geldbuße. Wurden mehrere Anträge auf Geldbußenerlass in Zusammenhang mit demselben mutmaßlichen Kartellverstoß gestellt, prüft die Kommission zunächst den Antrag mit dem höchsten Rang. Erst wenn über diesen Antrag beschieden wurde, prüft die Kommission weitere vorliegende Anträge (vgl. Kronzeugenregelung Rn. 21).

b) Antrag auf **Ermäßigung der Geldbuße**: Sofern ein Unternehmen eine Ermäßigung der Geldbuße erreichen möchte, muss es bei der Kommission einen förmlichen Antrag stellen. Ein Marker kann nicht gesetzt werden. Die Kommission entscheidet über Anträge auf Ermäßigung der Geldbuße erst, sobald sie alle ihr bereits vorliegenden Anträge auf Erlass der Geldbuße in Zusammenhang mit demselben Verstoß beschieden hat. Sofern die Kommission zu dem vorläufigen Ergebnis kommt, dass die Beweismittel des Unternehmens einen erheblichen Mehrwert darstellen und die anderen Voraussetzungen für die Ermäßigung der Geldbuße erfüllt zu sein scheinen, teilt die Kommission dem Antragsteller schriftlich die Absicht mit, die Geldbuße innerhalb einer bestimmten Bandbreite zu ermäßigen. Ebenso teilt die Kommission schriftlich mit, wenn sie vorläufig feststellt, dass eine Ermäßigung nicht in Betracht kommt. Diese Mitteilungen erfolgen spätestens zum Zeitpunkt der Zustellung der Beschwerdepunkte durch die Kommission. Werden noch Anträge auf Ermäßigung der Geldbuße nach Versendung der Beschwerdepunkte gestellt, kann die Kommission diese Anträge unberücksichtigt lassen.

6. (Voraussetzungen für den Erlass/Ermäßigung der Geldbuße) In erster Linie geht es darum, den betreffenden Kartellverstoß offenzulegen. Unabhängig vom Antragsziel (Erlass oder Ermäßigung) muss der Antragsteller mit der Kommission kooperieren (→ Anm. 10), seine Beteiligung am Kartell ggf. beenden (→ Anm. 11) und er darf keine Beweise vernichtet, unterdrückt oder verfälscht haben. Darüber hinaus darf er (mit Ausnahme gegenüber anderen Wettbewerbsbehörden) keine Informationen über die Stellung und den Inhalt seines Antrags offenlegen.

a) Ein vollständiger **Geldbußenerlass** setzt ferner voraus, dass der antragstellende Kartellbeteiligte nicht alleiniger Anführer des Kartells war oder andere zur Beteiligung am Kartell gezwungen hat. Zudem muss er als erster Informationen und Beweismittel vorlegen, die es der Kommission ermöglichen, im Zusammenhang mit dem mutmaßlichen Kartell gezielte Nachprüfungen durchzuführen oder eine Zuwiderhandlung gegen Art. 101 AEUV festzustellen. Um der Kommission die Durchführung gezielter Nachprüfungen zu ermöglichen, müssen die in diesem Formular unter den Ziff. 1 bis 9 geforderten Informationen und Beweismittel vorgelegt werden, sofern dies nach Auffassung der Kommission die Nachprüfungen nicht gefährden würde. Voraussetzung für einen Erlass der Geldbuße ist zudem, dass die Kommission im Zeitpunkt der Vorlage noch nicht bereits über ausreichende Beweismittel verfügte, um eine entsprechende Nachprüfung anzuordnen oder eine solche bereits durchgeführt hatte. Um der Kommission die Feststellung einer Zuwiderhandlung gegen Art. 101 AEUV zu ermöglichen, muss der Antragsteller, zusätzlich zu den bereits genannten Voraussetzungen, als erstes belastende Beweise für das mutmaßliche Kartell aus dem relevanten Zeitraum erbringen. Dies gilt jedoch ebenfalls nur, wenn die Kommission nicht bereits über ausreichende Beweismittel zur Feststellung einer Zuwiderhandlung verfügt.

b) Für eine **Ermäßigung der Geldbuße** muss der Antragsteller der Kommission solche Beweismittel liefern, welche im Rahmen der Nachprüfung einen erheblichen Mehrwert darstellen (→ Anm. 9).

7. (Beteiligte Einzelpersonen) Der Antragsteller muss alle Einzelpersonen nennen, die nach seinem Wissen an dem mutmaßlichen Kartell beteiligt sind oder waren. Dies gilt auch für Personen auf Seiten des Antragstellers. Anzugeben sind: Name, Funktion, Büroanschrift und soweit erforderlich auch die Privatanschrift.

8. (Beschreibung des Kartells) Die Unternehmenserklärung muss auch Informationen über die Art des Kartells und die gängige Vorgehensweise sowie über den Verstoß gegen kartellrechtliche Vorschriften enthalten. So sind beispielsweise Ziele, Aktivitäten und die Funktionsweise zu erklären. Darüber hinaus sind Angaben zu machen über das betroffene Produkt bzw. die betroffene Dienstleistung, die räumliche Ausdehnung und die Dauer sowie eine Schätzung des von dem mutmaßlichen Kartell betroffenen Marktvolumens. Enthalten sein sollten auch genaue Angaben über mutmaßliche Kartellkontakte (Daten, Orte, Inhalte und Teilnehmer) und alle relevanten Erläuterungen zu den im Rahmen des Antrags beigebrachten Beweismitteln. Die angegebenen Informationen sollten dabei so detailliert wie möglich sein.

9. (Beweismittel) Grundsätzlich sind alle beigefügten Beweismittel zu erläutern. Neben den Beweismitteln, die ohnehin im Rahmen der Darstellung des Kartellverstoß vorgebracht werden, muss der Antragsteller auch weitere Beweismittel beifügen, die sich im Besitz des Antragstellers befinden oder zu denen er zum Zeitpunkt der Vorlage Zugang hat, insbesondere solche, die aus dem Zeitraum der Zuwiderhandlung stammen.

Insbesondere im Rahmen des Antrags auf Ermäßigung der Geldbuße kommt es maßgeblich darauf an, ob die eingereichten Beweismittel der Kommission einen „Mehrwert" bieten. Der Mehrwert bezieht sich dabei auf das Ausmaß, in dem die vorgelegten Beweismittel der Kommission dazu verhelfen, das mutmaßliche Kartell nachzuweisen. Dabei misst die Kommission solchen Beweismitteln, welche den Sachverhalt unmittelbar betreffen oder aus der Zeit des nachzuweisenden Sachverhalts stammen, einen höheren Wert zu, als solchen, die nur mittelbaren Bezug aufweisen oder zeitlich später einzuordnen sind (vgl. Kronzeugenregelung Rn. 25). Zu beachten ist, dass die Beweismittel, die im Rahmen eines Antrags auf Ermäßigung der Geldbuße freiwillig vorgelegt werden, bei ihrer Vorlage klar als Bestandteil eines Antrags auf Ermäßigung gekennzeichnet sind.

10. (Kooperationspflichten) Der Antragsteller eines Antrags auf Erlass/Ermäßigung der Geldbuße muss ab dem Zeitpunkt der Antragstellung während des gesamten Verfahrens ernsthaft, in vollem Umfang, kontinuierlich und zügig mit der Kommission zusammenarbeiten. Dies umfasst, dass der Antragsteller

- Der Kommission unverzügliche alle verfügbaren relevanten Informationen und Beweise in Zusammenhang mit dem mutmaßlichen Kartell mitteilt;
- Unverzüglich jede Anfrage der Kommission beantwortet, die zur Feststellung des Sachverhalts beitragen kann;
- Dafür sorgt, dass frühere Mitarbeiter für Befragungen durch die Kommission zur Verfügung stehen;
- Keine Informationen und Beweise vernichtet, verfälscht oder unterdrückt und
- Sofern nicht anders vereinbart, Stillschweigen über den Antrag bewahrt, solange die Kommission ihre Beschwerdepunkte in der Sache nicht mitgeteilt hat. Eine Offenlegung der Antragstellung gegenüber anderen Wettbewerbsbehörden ist jedoch zulässig.

11. (Beendigung der Beteiligung am Kartell) Voraussetzung für den Erlass der Geldbuße ist zudem, dass der Antragsteller seine Beteiligung an dem mutmaßlichen Kartell spätestens nach Antragstellung beendet. Anderes kann dann gelten, wenn die Kommission es im Interesse des Erfolgs der Nachprüfungen für erforderlich erachtet, dass gewisse Kartellaktivitäten noch nicht beendet werden sollten. Insofern sind die genaue Vorgehensweise und der Zeitpunkt der Beendigung aller Kartell-Aktivitäten mit der Kommission abzustimmen.

12. (Entscheidung der Kommission) Wenn die Voraussetzungen für den Erlass der Geldbuße vorliegen, wird die Kommission den Antrag entsprechend bescheiden und dem Antragsteller keine Geldbuße auferlegen. War der Antragsteller nicht der Erste, der einen Antrag eingereicht hat, kommt nur noch eine Ermäßigung der Geldbuße in Betracht, sofern die dafür erforderlichen Voraussetzungen erfüllt sind. Dabei ist der Umfang der Ermäßigung der Geldbuße nach dem Rang der Antragstellung gestaffelt. Die Kommission gewährt:

- Dem ersten Antragsteller, der Beweismittel mit erheblichen Mehrwert vorlegt, eine Ermäßigung zwischen 30 % und 50 %;
- Dem zweiten Antragsteller, der Beweismittel mit erheblichen Mehrwert vorlegt, eine Ermäßigung zwischen 20 % und 30 % und
- Jedem weiteren Antragsteller, der Beweismittel mit erheblichen Mehrwert vorlegt, eine Ermäßigung bis zu 20 %.
- Zu beachten ist, dass die Gewährung eines Erlasses oder einer Ermäßigung einer Geldbuße die zivilrechtlichen Folgen für Unternehmen wegen einer Beteiligung an einem Verstoß gegen kartellrechtliche Vorschriften unberührt lässt (vgl. Kronzeugenregelung Rn. 39).

13. (Frist) „Die Kommission wird nicht entscheiden, ob ein bedingter Erlass der Geldbuße gewährt wird oder nicht bzw. ob sonst einem Antrag stattgegeben wird oder nicht, wenn sich herausstellt, dass der Antrag sich auf Zuwiderhandlungen bezieht, für die die in Art. 25 Abs. 1 Buchst. b) der Verordnung (EG) Nr. 1/2003 des Rates festgelegte Verfolgungsverjährungsfrist von fünf Jahren verstrichen ist, da solche Anträge gegenstandlos wären."

5.7 Bitte um Zuweisung eines Case-Teams[1,2]

An die

Europäische Kommission[3]

Generaldirektion für Wettbewerb

Merger Registry

B-1049 Brüssel

COMP-MERGER-REGISTRY@ec.europa.eu

Bitte um Zuteilung eines Case-Teams[4]

1. Kontaktdetails

   Name:. . . . .

   Kanzlei:. . . . .

   Erwerbendes Unternehmen:. . . . .

   Telefonnummer:. . . . .

   E-Mail: . . . . .

2. Gegenstand des Vorverfahrens

❒ Formblatt CO

❒ Vereinfachtes Formblatt CO

❒ Formblatt RS Art. 4 Abs. 4

❒ Formblatt RS Art. 4 Abs. 5

❒ Konsultation

3. Erweitertes Vertraulichkeitsniveau in der Voranmeldephase[5]

   Ein erweitertes Vertraulichkeitsniveau ist erforderlich:

❒ a) Weil die Transaktion ein börsennotiertes Unternehmen betrifft, noch nicht im Markt bekannt und sehr marktsensibel ist.

❒ b) Aus folgenden anderen Gründen: . . . . .

   Als Codename schlagen wir „. . . . ." vor (Nur falls eines der obenstehenden Kästen abgehakt wurde).

4. Beteiligte Unternehmen, Sitzstaat, Rolle in der Transaktion, Umsatz

Unternehmen	Land	Rolle[6]	Umsatz (Mio. EUR)		Geschäftsjahr[7]
			Welt	EU	
- - - -					

5. Bezeichnung der Haupt-Produkte/wirtschaftlichen Aktivitäten der beteiligten Unternehmen

Produktname/Bezeichnung der Aktivität	NACE Code

6. Beschreibung der beteiligten Unternehmen, der Transaktion, der betroffenen Märkte und der Komplexität des Vorhabens

6.1 Beschreibung der beteiligten Unternehmen[8]

Die Erwerberin ist .....

Die Zielgesellschaft ist .....

6.2 Beschreibung der Transaktion

.....

6.3 Beschreibung der von dem Zusammenschluss betroffenen Märkte

.....

6.4 Komplexität des Vorhabens und wettbewerbsrechtliche Bewertung[9]

.....

7. Steht der vorliegende Fall in Zusammenhang mit oder in einer Beziehung zu anderen angemeldeten oder bereits beschiedenen Fällen?

❒ Ja, Fallnummer .....

❒ Nein

8. Geschätztes Datum für Übermittlung eines ersten Entwurfs[10]

Nach derzeitigem Stand gehen wir davon aus, dass wir der Kommission am ..... einen ersten Entwurf der Anmeldung zukommen lassen können.

9. Geschätztes Datum der Anmeldung

Nach derzeitigem Stand planen die beteiligten Unternehmen den geplanten Zusammenschluss am . . . . . bei der Kommission förmlich anzumelden.

10. Vorgeschlagene Verfahrenssprache

CS – DA – DE – ET – EL – EN – ES – FR – IT – LV – LT – HU – MT – NL – PL – PT – SK – SL – FI – SV *(Bitte wählen)*

11. Weitere Informationen, die Sie diesem Zeitpunkt übermitteln möchten

. . . . .

Datum[11]

Anmerkungen

1. (Allgemeines) Die Bitte um Zuteilung eines Case-Teams ermöglicht es der EU-Kommission, sich einen ersten groben Überblick über den geplanten Zusammenschluss zu verschaffen, um basierend auf den gewonnenen Erkenntnissen ein geeignetes Case-Team zusammenstellen zu können. Im Rahmen informeller Vorgespräche bietet sich zusätzlich die Gelegenheit bereits erste offene Themen zu diskutieren. Dazu gehören insbesondere Fragen zu Zuständigkeiten, juristische Fragestellungen und Fragen zu den bei der Anmeldung einzureichenden Unterlagen, sodass die Vollständigkeit der Unterlagen bei der dann folgenden formellen Anmeldung in der Regel gewährleistet ist. Dies trägt zu einem zügigen Anmeldeverfahren bei. Auch in augenscheinlich unproblematischen Fällen profitieren insofern alle Parteien von einer frühen Kontaktaufnahme mit der Generaldirektion Wettbewerb („GD Wettbewerb"). Eine englische Version des Formulars mit dem Titel „*Case Team Allocation Request*" ist auf der Website der Generaldirektion Wettbewerb zu finden (https://ec.europa.eu/competition/contacts/mergers_mail.html).

2. (Zeitpunkt) In der Vergangenheit wurden die Case-Teams für neue Fusionskontrollfälle jeden Montagnachmittag von der GD Wettbewerb zusammengestellt. Soll eine Bitte um Zuweisung eines Case-Teams in einer solchen Besprechung am Montag berücksichtigt werden, muss das Formular bis spätestens 12.00 Uhr mittags am Freitag davor bei der zuständigen Stelle eingegangen sein.

Die GD Wettbewerb empfiehlt, einen ersten Kontakt mindestens zwei Wochen vor der geplanten Anmeldung herzustellen. Je komplexer der individuelle Fall gestaltet ist, desto länger sollte jedoch auch der Zeitraum bemessen sein (vgl. *Best Practice Guidelines on the conduct of EC merger control proceedings* der GD Wettbewerb („Best Practice Guidelines") Rn. 10).

3. (Zuständige Behörde) Die Bitte um Zuweisung eines Case-Teams ist an die EU-Kommission zu richten und entweder per E-Mail (COMP-MERGER-REGISTRY@ec.europa.eu) oder per Fax (+32-2-296.43.01) zuzustellen.

4. (Verfahren) Nachdem die Bitte auf Zuweisung eines Case-Teams eingereicht und ein Case-Team zusammengestellt wurde, entscheiden die Parteien über das weitere Vorgehen. Ist der Fall einigermaßen klar, kann es ausreichen, wenn die GD Wettbewerb nur mündlich oder schriftlich zu den eingereichten Unterlagen Stellung nimmt. In komplexeren Fällen, die juristische oder verfahrenstechnische Fragen aufwerfen, werden in der Regel ein oder mehrere Treffen anberaumt. Vor einem solchen Treffen bietet es sich an, bereits weitergehende Unterlagen oder sogar einen ersten Entwurf der Anmeldung einzureichen, um eine ausreichende Diskussionsgrundlage zu haben. Die Dokumente sollten dabei in ausreichendem zeitlichen Abstand vor dem Treffen an die GD Wettbewerb zugesandt werden (mindestens jedoch drei Werktage), sofern mit dem Case-Team keine anderweitigen Absprachen getroffen worden sind (vgl. Best Practice Guidelines Rn. 12 ff.).

An den Treffen mit dem Case-Team der GD Wettbewerb sollten auf Seiten der Unternehmen vorzugsweise sowohl die rechtlichen Berater, als auch die Unternehmensvertreter mit Managementverantwortung teilnehmen (vgl. Best Practice Guidelines Rn. 9). Die Treffen sind freiwillig und unverbindlich in Bezug auf das später folgende formelle Anmeldeverfahren. Dennoch profitieren im Ergebnis alle Beteiligten von dem Austausch im Rahmen des informellen Vorabverfahrens.

5. (Vertraulichkeit) Informationen, die während der Voranmeldephase übermittelt werden, sind nach Art. 17 FKVO geschützt. Kontakte zwischen Unternehmen und Kommission in dieser Phase werden vertraulich behandelt. Dennoch können einige hochgradig marktsensible Transaktionen einen zusätzlichen Schutz erforderlich machen. Sollte dies der Fall sein, ist die Notwendigkeit eines zusätzlichen Schutzes in der Bitte auf Zuweisung eines Case-Teams ausführlich darzustellen und zu begründen. Nur in solchen Fällen, in denen die Kommission ein erhöhtes Maß an Vertraulichkeit für gerechtfertigt hält, wird die Kommission einen Codenamen für die Transaktion benutzen. Sofern dies zutrifft, bittet die Kommission um den Vorschlag eines Codenamens (→ Ziff. 3).

6. (Rollen) Die EU-Kommission schlägt folgende Abkürzungen für mögliche Rollen in der Transaktion vor:

- A/P = Erwerber/Konzernobergesellschaft
- A = Erwerber
- T = Zielunternehmen
- NC = Neugegründetes Gemeinschaftsunternehmen
- MP = An einer Fusion beteiligtes Unternehmen

7. (Geschäftsjahr) Falls das Geschäftsjahr nicht mit dem Kalenderjahr übereinstimmen sollte, ist das Ende des Geschäftsjahres nach folgendem Format anzugeben: (TT/MM/JJJJ). Die Angaben zum des Geschäftsjahres sind für alle am Zusammenschluss beteiligten Unternehmen zu machen.

8. (Beschreibung der beteiligten Unternehmen) Die Beschreibung der beteiligten Unternehmen soll der GD Wettbewerb einen groben Überblick über die Erwerberin sowie das Zielunternehmen geben. Anzugeben sind insbesondere Name und Geschäftsadresse der Unternehmen. Damit sich die GD Wettbewerb einen besseren Eindruck von den beteiligten Unternehmen verschaffen kann, bietet es sich an, die Links zu den jeweiligen Internetseiten anzugeben. Darüber hinaus sollten kurz die Gesellschaftsstruktur sowie die Geschäftsbereiche, in welchen die Unternehmen tätig sind, beschrieben werden.

9. (Übermittlung eines Entwurfs) Die GD Wettbewerb empfiehlt – unabhängig davon, ob Treffen mit dem Case-Team stattgefunden haben – vor der formellen Anmeldung einen überwiegend fertiggestellten Entwurf des Formblatts CO einzureichen. Die GD Wettbewerb wird dann in der Regel nach fünf Werktagen in einem Treffen oder telefonisch eine Aussage zur Angemessenheit des Entwurfs treffen (Best Practice Guidelines Rn. 15).

10. (Wettbewerbsrechtliche Bewertung) An dieser Stelle sollte eine erste Einschätzung dahingehend abgegeben werden, wie sich der Zusammenschluss auf den relevanten Markt auswirkt. Dabei scheint es sinnvoll, die Verschiebungen der Marktanteile grob darzustellen und zu zeigen, dass keine marktbeherrschenden Stellungen entstehen. Zudem sollten die mit dem Zusammenschluss einhergehenden Effizienzen für den Wettbewerb erläutert werden.

11. (Weiterführende Dokumente) Die GD Wettbewerb empfiehlt möglichst frühzeitig weiterführende (interne) Dokumente als Anlagen zu übermitteln, wie beispielsweise Präsentationen für den Aufsichtsrat, Umfragen, Analysen, Berichte und Studien, in denen das geplante Zusammenschlussvorhaben, dessen wirtschaftlichen Hintergründe und dessen Auswirkungen auf die relevanten Märkte diskutiert werden. Eine frühe Übermittlung kann dazu beitragen, dass die GD Wettbewerb von Anfang an mögliche, mit dem Zusammenschluss verbundene Effizienzen für den Wettbewerb anerkennt und berücksichtigt. Dies kann zu einer produktiven Diskussion im Rahmen der informellen Vorabverfahrens sowie bei der Finalisierung des Formblatts CO beitragen (Best Practice Guidelines Rn. 17 f.).

5.8 Anmeldung eines Zusammenschlusses gem. VO 139/2004[1]

An die

Europäische Kommission[2]

Generaldirektion für Wettbewerb

Merger Registry

B-1049 Brüssel

Anmeldung eines Zusammenschlusses

Namens und in Vollmacht der . . . . . . (Vollmacht liegt bei, Anlage 1) melde ich den Zusammenschluss zwischen den Unternehmen A und B an. Zu den erforderlichen Angaben gem. Formblatt CO der VO (EG) Nr. 802/2004 ABl. 2004 L 133, 1, (9):[3]

1. Beschreibung des Zusammenschlusses

1.1. Kurzübersicht über den geplanten Zusammenschluss: . . . . . .

1.2. Zusammenfassung:[4] . . . . . .

2. Angaben zu den beteiligten Unternehmen

2.1. Angaben zu dem/den Anmelder/n und zu allen anderen an dem Zusammenschluss beteiligten Unternehmen[5]

2.1.1. . . . . . . (Name des Unternehmens)

2.1.2. . . . . . . (Name, Anschrift, Telefon-/Telefaxnummer, E-Mail-Anschrift und berufliche Stellung einer Kontaktperson in dem Unternehmen; bei der angegebenen Adresse muss es sich um eine aktuelle Zustellungsanschrift handeln; Kontaktperson muss befugt sein, Zustellungen entgegenzunehmen)

2.1.3. Bestellung von Vertretern[6]

. . . . . . (Namen, Anschrift, Telefonnummer, Faxnummer und E-Mail-Adresse sowie Stellung jedes Vertreters)

2.2. . . . . . . (Art der Geschäftstätigkeit jedes an dem Zusammenschluss beteiligten Unternehmens)

3. Einzelheiten des Zusammenschlusses, der Eigentumsverhältnisse und der Kontrolle[7]

3.1. . . . . . . (Beschreibung der Art des angemeldeten Zusammenschlusses unter Bezugnahme auf die einschlägigen Kriterien der Fusionskontrollverordnung und der Konsolidierten Mitteilung der Kommission zu Zuständigkeitsfragen)

3.1.1. [Nennung der Unternehmen oder Personen, die allein oder gemeinsam jedes der beteiligten Unternehmen direkt oder indirekt kontrollieren, und Beschreibung der Eigentumsstruktur und der Ausgestaltung der Kontrolle bei jedem der beteiligten Unternehmen vor Vollzug des Zusammenschlusses]

3.1.2. Erläuterung, in welcher Form der geplante Zusammenschluss erfolgt:

a) Fusion,

b) Erwerb der alleinigen oder gemeinsamen Kontrolle oder

c) Vertrag oder anderes Mittel, das die direkte oder indirekte Kontrolle im Sinne des Art. 3 Abs. 2 der Fusionskontrollverordnung verleiht;

d) Falls es sich um den Erwerb der gemeinsamen Kontrolle über ein Vollfunktionsgemeinschaftsunternehmen im Sinne des Art. 3 Abs. 4 der Fusionskontrollverordnung handelt, ist zu begründen, warum das Gemeinschaftsunternehmen das Vollfunktionskriterium erfüllt.

3.1.3. Erläuterung, wie der Zusammenschluss vollzogen werden soll: . . . . . .

3.1.4. Erläuterung, welche der folgenden Schritte bis zum Zeitpunkt der Anmeldung unternommen worden sind:
a) Es wurde ein Vertrag geschlossen . . . . . .
b) Es wurde eine die Kontrolle begründende Beteiligung erworben, ...
c) Es wurde ein öffentliches Übernahmeangebot unterbreitet (bzw. angekündigt) . . . . . ., oder
d) die beteiligten Unternehmen haben die Absicht glaubhaft gemacht, einen Vertrag zu schließen, indem . . . . . .

3.1.5. Der Vollzug des Zusammenschluss soll am . . . . . . durch . . . . . . erfolgen.

3.1.6. Nach Vollendung des Zusammenschlusses sehen die Eigentums- und Kontrollverhältnisse wie folgt aus: . . . . . .

3.2. Die wirtschaftlichen Beweggründe für den Zusammenschluss sind: . . . . . .

3.3. Die Transaktion hat einen Wert von . . . . . . (Kaufpreise oder Wert aller betroffenen Vermögenswerte). Hierbei handelt es sich um Eigenkapital/Barmittel/sonstige Vermögenswerte.

3.4. . . . . . . (Beschreibung der Art und des Umfangs einer etwaigen finanziellen oder sonstigen Unterstützung, die die beteiligten Unternehmen von der öffentlichen Hand erhalten haben.)

3.5. [Liste aller anderen Unternehmen, die auf den betroffenen Märkten tätig sind und an denen die Unternehmen oder Personen des Konzerns einzeln oder gemeinsam mindestens 10 % der Stimmrechte, des Gesellschaftskapitals oder sonstiger Anteile halten. Die Inhaber sind . . . . . . Die Beteiligung beträgt . . . . . .]

3.6. Von den an dem Zusammenschluss beteiligten Unternehmen wurden in den letzten drei Jahren folgende Unternehmen erworben, die auf den betroffenen Märkten tätig sind: . . . . . .

4. Umsatz[8] der beteiligten Unternehmen[9] im letzten Geschäftsjahr

4.1. Weltweiter Gesamtumsatz:[10] . . . . . .

4.2. EU-weiter Gesamtumsatz: . . . . . .

4.3. EWR-weiter Gesamtumsatz: (EU und EFTA) . . . . . .

4.4. Gesamtumsatz in jedem Mitgliedsstaat: . . . . . .; Mitgliedstaat, in dem mehr als zwei Drittel des gemeinschaftsweiten Gesamtumsatzes erzielt wurden: . . . . . .

4.5. Gesamtumsatz im EFTA-Gebiet: . . . . . .

4.6. Gesamtumsatz in jedem EFTA-Staat: . . . . . .; Mitgliedsstaat, in dem mehr als zwei Drittel des EFTA-weiten Gesamtumsatzes erzielt werden: . . . . . . Der Gesamtumsatz der beteiligten Unternehmen beläuft sich nicht auf 25 % oder mehr ihres EWR-weiten Gesamtumsatzes.

5. Unterlagen

5.1. [Kopien der endgültigen oder aktuellsten Fassung aller Schriftstücke, mit denen der Zusammenschluss – sei es durch Vereinbarung zwischen den Beteiligten, Kontrollerwerb oder öffentliches Übernahmeangebot – herbeigeführt wird;]

5.2. [Im Falle eines öffentlichen Übernahmeangebots eine Kopie der Angebotsunterlagen. Sind diese Unterlagen zum Zeitpunkt der Anmeldung nicht verfügbar, so ist eine Kopie des jüngsten Schriftstücks, das die Absicht eines öffentlichen Übernahmeangebots belegt, zu übermitteln und es ist eine Kopie der Angebotsunterlagen so bald wie möglich nachzureichen, spätestens jedoch bis zu dem Zeitpunkt, zu dem sie den Aktionären zugesandt werden;]

5.3. [Internetadresse, unter der die jüngsten Geschäftsberichte und Jahresabschlüsse der an dem Zusammenschluss beteiligten Unternehmen abgerufen werden können, oder, falls eine solche Internetadresse nicht besteht, Kopien der jüngsten Geschäftsberichte und Jahresabschlüsse der an dem Zusammenschluss beteiligten Unternehmen]

5.4. [Kopien folgender Unterlagen, die von Mitgliedern der Leitungs- oder Aufsichtsorgane (je nach Corporate-Governance-Struktur) oder anderen Personen, die eine ähnliche Funktion ausüben (oder denen eine solche Funktion übertragen oder anvertraut wurde), oder von der Anteilseignerversammlung bzw. für die Vorgenannten erstellt worden oder bei ihnen eingegangen sind:
a) Protokolle der Sitzungen der Leitungs- und Aufsichtsorgane und der Anteilseignerversammlung, in denen die Transaktion erörtert wurde, oder Auszüge aus diesen Protokollen über die Erörterung der Transaktion;
b) Analysen, Berichte, Studien, Erhebungen, Präsentationen und vergleichbare Unterlagen, in denen der Zusammenschluss mit Blick auf die Beweggründe (einschließlich Unterlagen, in denen die Transaktion unter dem Gesichtspunkt möglicher alternativer Übernahmen erörtert wird), die Marktanteile, die Wettbewerbsbedingungen, die (vorhandenen und potenziellen) Wettbewerber, die Möglichkeiten für Umsatzwachstum oder Expansion in andere sachlich oder räumlich relevante Märkte und/oder die allgemeinen Marktbedingungen bewertet oder analysiert werden;
c) Analysen, Berichte, Studien, Erhebungen und vergleichbare Unterlagen der letzten zwei Jahre, die dazu dienen, betroffene Märkte mit Blick auf die Marktanteile, Wettbewerbsbedingungen, (vorhandene und potenzielle) Wettbewerber

und/oder Möglichkeiten für Umsatzwachstum oder Expansion in andere sachlich oder räumlich relevante Märkte zu bewerten]

5.5. [Liste der in 5.4. genannten Unterlagen mit Erstellungsdatum sowie Name und Titel der Adressaten]

6. Marktabgrenzung[11]

6.1. Die betroffenen sachlich und räumlich relevanten Märkte[12] sind ......
Plausible alternative sachlich und räumlich relevanten Märkte sind ......

6.2. Andere Märkte auf denen der angemeldete Zusammenschluss erhebliche Auswirkungen haben könnte, sind[13] ......

7. Angaben zu den betroffenen Märkten[14]

7.1. [Für jedes der an dem Zusammenschluss beteiligten Unternehmen die Art seiner Geschäftstätigkeit, die wichtigsten auf jedem dieser Märkte tätigen Tochtergesellschaften und/oder die wichtigsten dort verwendeten Marken und/oder Produktnamen]

7.2. [Geschätzte Gesamtgröße des Marktes nach Absatzwert (in EUR) und Absatzvolumen (Stückzahlen); Angabe der Grundlagen und Quellen für die Berechnungen und Beifügung von Unterlagen, die diese Berechnungen bestätigen]

7.3. [Absatzwert und Absatzvolumen sowie geschätzter Marktanteil jedes der an dem Zusammenschluss beteiligten Unternehmen]

7.4. [Geschätzte Marktanteile nach Wert (und ggf. Volumen) aller Wettbewerber (einschließlich Einführer) mit einem Anteil von mindestens 5 % an dem betreffenden relevanten Markt; Angabe der bei der Berechnung verwendeten Quellen, und Beifügung von Unterlagen, die diese Berechnung bestätigen]

7.5. [Geschätzte Gesamtkapazität in der Union und im EWR; Angabe welcher Anteil an dieser Kapazität in den letzten drei Jahren auf die an dem Zusammenschluss beteiligten Unternehmen jeweils entfiel und wie hoch ihre jeweilige Kapazitätsauslastung war; Angabe der Standorte und Kapazitäten der Produktionsanlagen jedes der an dem Zusammenschluss beteiligten Unternehmen auf den betroffenen Märkten.]

8. Allgemeine Bedingungen in den betroffenen Märkten
Angebotsstruktur auf den betroffenen Märkten

8.1. [Beschreibung der Angebotsstruktur auf den betroffenen Märkten, wobei insbesondere auf Folgendes einzugehen ist und gegebenenfalls sonstige Faktoren erläutert werden, die dem Anmelder wichtig erscheinen:
a) wie die an dem Zusammenschluss beteiligten Unternehmen die Waren und/oder Dienstleistungen herstellen, ihren Preis festsetzen und sie verkaufen, zB ob sie vor Ort produzieren, vor Ort die Preise festsetzen und vor Ort verkaufen;
b) Art und Umfang der vertikalen Integration jedes der an dem Zusammenschluss beteiligten Unternehmen im Vergleich zu ihren größten Wettbewerbern;
c) die auf dem Markt vorherrschenden Vertriebssysteme und ihre Bedeutung, den Umfang des Vertriebs durch Dritte und/oder Unternehmen, die demselben Konzern wie die beteiligten Unternehmen angehören, sowie die Bedeutung von Alleinvertriebsverträgen und anderen Formen langfristiger Verträge;
d) die auf diesen Märkten vorherrschenden Kundendienststrukturen (zB für Wartung und Reparatur) und deren Bedeutung. In welchem Umfang werden

diese Dienstleistungen von Dritten und/oder Unternehmen erbracht, die demselben Konzern wie die beteiligten Unternehmen angehören?]

Nachfragestruktur auf den betroffenen Märkten

8.2. [Kurze Beschreibung der Nachfragestruktur auf jedem der betroffenen Märkte, wobei insbesondere auf Folgendes einzugehen ist:
a) die Entwicklungsphasen der Märkte, beispielsweise Anlauf-, Wachstums-, Reife- oder Rückgangphase, und der prognostizierte Nachfragezuwachs;
b) die Bedeutung von Kundenpräferenzen, beispielsweise im Hinblick auf Markentreue, Kundendienstleistungen vor und nach Verkauf des Produkts, das Vorhandensein einer vollständigen Produktpalette oder Netzeffekte;
c) den zeitlichen und finanziellen Aufwand bei einem Wechsel der Kunden zu einem anderen Anbieter
i) bei bestehenden Produkten und
ii) bei neuen Produkten, die bestehende Produkte ersetzen (einschließlich der üblichen Laufzeit von Kundenverträgen);
d) den Grad der Konzentration bzw. Streuung der Kunden;
e) wie die Kunden die betreffenden Waren oder Dienstleistungen erwerben, insbesondere, ob sie Vergabemethoden wie Aufforderungen zur Einreichung von Angeboten und Bietverfahren nutzen.]

Produktdifferenzierung und Wettbewerbsintensität

8.3. [Kurze Beschreibung des Grades der Produktdifferenzierung auf jedem der betroffenen Märkte, wobei insbesondere auf Folgendes einzugehen ist:
a) die Rolle und Bedeutung der Produktdifferenzierung in Bezug auf Qualität („vertikale Differenzierung") und andere Produktmerkmale („horizontale" und „räumliche Differenzierung");
b) die Unterteilung der Kunden in einzelne Segmente mit einer Beschreibung des „typischen Kunden" für jedes Segment und
c) die Konkurrenz zwischen den an dem Zusammenschluss beteiligten Unternehmen im Allgemeinen sowie den Grad der Substituierbarkeit ihrer Produkte, unter anderem für die in den Antworten unter Buchstabe b genannten Kundengruppen und für „typische Kunden".]

Markteintritt und Austritt

8.4. [Ist in den letzten fünf Jahren ein nennenswerter Eintritt in einen betroffenen Markt erfolgt? Nennung der neuen Marktteilnehmer und Schätzung der jeweiligen derzeitigen Marktanteile dieser]

8.5. [Gibt es nach Auffassung der Anmelder Unternehmen (einschließlich solcher, die derzeit nur auf Märkten außerhalb der EU oder des EWR tätig sind), von denen ein Eintritt in einen der betroffenen Märkte zu erwarten ist? Erläuterung, warum ein solcher Markteintritt wahrscheinlich ist und Angabe, wann mit dem Markteintritt zu rechnen ist.]

8.6. [Kurze Beschreibung der wichtigsten Faktoren, die unter räumlichen und sachlichen Gesichtspunkten den Eintritt in jeden der betroffenen Märkte beeinflussen, unter Berücksichtigung folgender Faktoren:
a) die Gesamtkosten des Markteintritts (FuE, Produktion, Errichtung von Vertriebssystemen, Absatzförderung, Werbung, Kundendienst usw) gemessen an einem rentabel arbeitenden Wettbewerber unter Angabe von dessen Marktanteil;
b) rechtliche oder aufsichtsbehördliche Eintrittsschranken, zB Zulassungen, Genehmigung oder Normen jeder Art;

c) Schranken für den Zugang zu den Kunden aufgrund von Produktzertifizierungsverfahren oder Bedeutung des Unternehmensrufs oder des Nachweises langjähriger Erfahrung;
d) die Notwendigkeit und Möglichkeit, auf diesen Märkten Zugang zu Patenten, Know-how und sonstigen Rechten des geistigen Eigentums zu erhalten;
e) inwieweit die an dem Zusammenschluss beteiligten Unternehmen Inhaber, Lizenznehmer oder Lizenzgeber von Patenten, Know-how und sonstigen Schutzrechten auf den relevanten Märkten sind;
f) die Bedeutung von Größenvorteilen, Diversifikationsvorteilen und Netzeffekten für die Herstellung oder den Vertrieb der Waren und/oder Dienstleistungen auf den betroffenen Märkten und
g) den Zugang zu Bezugsquellen, beispielsweise zu Rohstoffen oder der erforderlichen Infrastruktur.]

8.7. [Angabe, ob an dem Zusammenschluss beteiligte Unternehmen oder Wettbewerber an Produkten arbeiten, die kurz- oder mittelfristig auf den Markt kommen dürften, oder eine Ausweitung der Produktions- oder Verkaufskapazitäten auf betroffenen Märkten planen. Schätzung der voraussichtlichen Verkaufs- und Marktanteile der an dem Zusammenschluss beteiligten Unternehmen für die kommenden drei bis fünf Jahre.]

8.8. [Ist in den letzten fünf Jahren ein nennenswerter Austritt aus einem betroffenen Markt erfolgt? Nennung des Unternehmens, das den Markt verlassen hat und Schätzung des Marktanteils dieses Unternehmens im Jahr vor dem Marktaustritt.]

Forschung und Entwicklung

8.9. [Beschreibung, welche Bedeutung der Forschung und Entwicklung für die langfristige Wettbewerbsfähigkeit der Unternehmen auf den betroffenen Märkten zukommt. Schilderung, welche Art der Forschung und Entwicklung die an dem Zusammenschluss beteiligten Unternehmen auf den betroffenen Märkten betreiben unter Berücksichtigung folgender Gesichtspunkte:
a) Forschungs- und Entwicklungstrends und -intensität auf diesen Märkten und bei den an dem Zusammenschluss beteiligten Unternehmen;
b) Verlauf der technischen Entwicklung auf diesen Märkten innerhalb eines aussagekräftigen Zeitraums (einschließlich der Häufigkeit der Einführung neuer Waren und/oder Dienstleistungen, Weiterentwicklungen bei Waren und/oder Dienstleistungen, Produktionsverfahren, Vertriebssystem usw) und
c) Forschungspläne und -prioriäten der beteiligten Unternehmen für die nächsten drei Jahre.]

Kooperationsvereinbarungen

8.10. [In welchem Umfang bestehen auf den betroffenen Märkten (horizontale, vertikale oder sonstige) Kooperationsvereinbarungen?]

8.11. [Angaben zu den wichtigsten Kooperationsvereinbarungen, die von den beteiligten Unternehmen auf den betroffenen Märkten geschlossen wurden, zB Vereinbarungen über Forschung und Entwicklung, Lizenzen, gemeinsame Produktion, Aufgabenteilung, Vertrieb, langfristige Belieferung und Informationsaustausch; gegebenenfalls ist eine Kopie dieser Vereinbarungen beizufügen.]

Handel zwischen Mitgliedstaaten und Einfuhren von außerhalb des EWR

8.12. [Angabe, in welchem Umfang sich Transport- und sonstige Kosten auf den Handel mit den betroffenen Produkten im Gebiet des EWR auswirken.]

8.13. [Schätzung für die betroffenen Märkte des Gesamtwerts und -umfangs sowie die Herkunft der Einfuhren von außerhalb des EWR unter Angabe
a) des Anteils der Einfuhren, die von den Konzernen stammen, denen die an dem Zusammenschluss beteiligten Unternehmen angehören;
b) der voraussichtlichen Auswirkungen von Kontingenten, Zöllen oder nichttarifären Handelshemmnissen auf diese Einfuhren und
c) der voraussichtlichen Auswirkungen von Transport- und sonstigen Kosten auf diese Einfuhren.]

Verbände

8.14. [Angaben zu den betroffenen Märkten:
a) diejenigen Verbände, bei denen die an dem Zusammenschluss beteiligten Unternehmen Mitglied sind;
b) die wichtigsten Verbände, denen die Kunden und Zulieferer der an dem Zusammenschluss beteiligten Unternehmen angehören.
Nennung von Namen, Anschrift, Telefon-/Telefaxnummer sowie E-Mail-Adresse einer geeigneten Kontaktperson bei sämtlichen aufgeführten Verbänden.]

Kontaktdaten

8.15. [Nennung von Namen, Anschrift, Telefon-/Telefaxnummer und E-Mail-Adresse des Leiters der Rechtsabteilung (oder einer anderen Person in ähnlicher Funktion, andernfalls des Geschäftsführers)
a) der in 7.4. genannten Wettbewerber;
b) der fünf größten Kunden jedes der beteiligten Unternehmen auf jedem der betroffenen Märkte;
c) der in Abschnitt 8.4. genannten neuen Marktteilnehmer und
d) der in Abschnitt 8.5. genannten potenziellen neuen Marktteilnehmer.
Zu verwenden ist das Muster der Kommission, das sich auf der Website der GD Wettbewerb befindet.]

9. Effizienzvorteile[15]

[Für den Fall, dass Effizienzvorteile geltend gemacht werden,[16] sind für jeden dieser Vorteile beizufügen:
a) eine ausführliche Beschreibung der Art und Weise, wie das fusionierte Unternehmen durch den Zusammenschluss Effizienzgewinne erzielen will. Auszuführen ist, welche Schritte die Beteiligten im Einzelnen zu diesem Zweck zu unternehmen gedenken, welche Risiken damit verbunden sind und in welchem Zeit- und Kostenrahmen dieses Ziel erreicht werden soll;
b) sofern mit vertretbarem Aufwand machbar, eine Beschreibung der Effizienzvorteile in Zahlen und die Art ihrer Berechnung. Gegebenenfalls ist auch die Höhe der mit der Einführung neuer Produkte oder Qualitätsverbesserungen erzielten Effizienzvorteile zu schätzen. Bei Effizienzvorteilen in Form von Kosteneinsparungen sind die Einsparungen aufgeschlüsselt nach einmaligen Fixkosten, laufenden Fixkosten und variablen Kosten auszuweisen (in EUR pro Stück und EUR pro Jahr);
c) der voraussichtliche Umfang des Nutzens für die Kunden und eine ausführliche Erläuterung, worauf sich diese Annahme stützt;
d) die Gründe, weshalb Effizienzvorteile in ähnlichem Umfang nicht auf andere Weise als durch den Zusammenschluss und ohne Risiken für den Wettbewerb erzielt werden könnten.]

10. Kooperative Wirkungen eines Gemeinschaftsunternehmens[17]

a) [Sind zwei oder mehr der Muttergesellschaften auf demselben Markt wie das Gemeinschaftsunternehmen, auf einem diesem vor- oder nachgelagerten Markt oder auf einem eng mit ihm verknüpften benachbarten Markt in nennenswerter Weise präsent? Ja/Nein
Falls ja, ist für jeden dieser Märkte Folgendes anzugeben:
- der Umsatz der einzelnen Muttergesellschaften im vorangegangenen Geschäftsjahr;
- die wirtschaftliche Bedeutung der Tätigkeiten des Gemeinschaftsunternehmens im Verhältnis zu diesem Umsatz;
- der Marktanteil der einzelnen Muttergesellschaften.

Falls nein, ist die Antwort zu begründen.

b) Sofern Frage 10a) zu bejahen ist, ist zu begründen, warum die Gründung des Gemeinschaftsunternehmens nicht zu einer Koordinierung des Wettbewerbsverhaltens unabhängig bleibender Unternehmen führt, die den Wettbewerb gemäß Art. 101 Abs. 1 AEUV und ggf. gemäß der entsprechenden Bestimmungen des EWR-Abkommens einschränkt.

c) Die Kriterien des Art. 101 Abs. 3 AEUV und ggf. der entsprechenden Bestimmungen des EWR-Abkommens sind wie folgt anwendbar: . . . . . .]

11.[18] Erklärung[19]

Der bzw. die Anmelder erklären nach bestem Wissen und Gewissen, dass die Angaben in dieser Anmeldung wahr, richtig und vollständig[20] sind, dass originalgetreue, vollständige Kopien der nach dem Formblatt CO vorzulegenden Unterlagen beigefügt wurden, dass alle Schätzungen als solche kenntlich gemacht und nach bestem Ermessen anhand der zugrundeliegenden Tatsachen abgegeben wurden und dass alle geäußerten Ansichten der aufrichtigen Überzeugung der Unterzeichneten entsprechen.

Den Unterzeichnern sind die Bestimmungen von Art. 14 Abs. 1 Buchst. a der EG-Fusionskontrollverordnung bekannt.

(Ort und Datum)

(Unterschriften)

(Name und Stellung)

(Im Namen von)

Anmerkungen

Rechtsgrundlagen: Verordnung (EG) Nr. 139/2004 des Rates vom 20.1.2004 über die Kontrolle von Unternehmenszusammenschlüssen („EG-Fusionskontrollverordnung"), ABl. 2004 L 24, S. 1; Verordnung (EG) Nr. 802/2004 der Kommission vom 7.4.2004 zur Durchführung der Verordnung (EG) Nr. 139/2004 des Rates über die Kontrolle von Unternehmenszusammenschlüssen, ABl. 2004 L 133, S. 1 in der geänderten Fassung vom 5.12.2013 (Durchführungsverordnung (EU) Nr. 1269/2013, ABl. 2013, L 336, 1); Konsolidierte Mitteilung der Kommission zu Zuständigkeitsfragen gemäß der Verordnung (EG) Nr. 139/2004 des Rates über die Kontrolle von Unternehmenszusammenschlüssen vom 21.5.2009

1. (Allgemeines) Die EU-Fusionskontrolle ist nur anwendbar, wenn ein „Zusammenschluss" von „gemeinschaftsweiter Bedeutung" vorliegt. Die Begriffe „Zusammenschluss" und „gemeinschaftsweite Bedeutung" sind in Art. 3 bzw. Art. 1 der zum 1.5.2004 in Kraft getretenen Neufassung der Fusionskontrollverordnung VO (EG) Nr. 139/2004 definiert (im Einzelnen → Anm. 7).

In dem Formblatt CO zur Anmeldung eines Zusammenschlusses gem. der Fusionskontrollverordnung sind die Angaben aufgeführt, die von dem/den Unternehmen bei der Anmeldung eines Zusammenschlusses von gemeinschaftsweiter Bedeutung zu unterbreiten sind. Das Formblatt CO findet sich im Anhang I der Durchführungsverordnung zur Fusionskontrollverordnung, VO (EG) Nr. 802/2004 in der Fassung vom 5.12.2013 (Durchführungsverordnung (EU) Nr. 1269/2013, ABl. 2013, L 336, 1 (6)). Die in diesem Formblatt geforderten Angaben sind relativ umfangreich. Die Erfahrung hat jedoch gezeigt, dass Zusammenkünfte vor der Anmeldung sowohl für den/die Anmelder als auch für die Kommission äußerst wertvoll sind, um den genauen Informationsbedarf in der Anmeldung bestimmen zu können; sie werden in den meisten Fällen eine spürbare Verringerung der verlangten Angaben zur Folge haben. Deshalb sollten die Anmelder bei der Kommission nachfragen, ob die Möglichkeit besteht, von der Verpflichtung zur Vorlage bestimmter Angaben befreit zu werden. Zudem empfiehlt die Kommission von der Möglichkeit der „*Case Team Allocation Request*" Gebrauch zu machen, bei der die GD Wettbewerb darum gebeten wird, ein vorläufiges Case-Team zusammenzustellen, welches jedenfalls bis zur Anmeldung als Ansprechpartner dient (→ Form. VIII.5.7). Ferner ist zu beachten, dass bestimmte Zusammenschlüsse, die kaum Wettbewerbsbedenken verursachen dürften, unter Verwendung eines vereinfachten Formblattes angemeldet werden können. Dieses ist der Durchführungsverordnung VO (EG) Nr. 802/2004 in der Fassung vom 5.12.2013 (Durchführungsverordnung (EU) Nr. 1269/2013, ABl. 2013, L 336, 1 (26)) als Anhang II beigefügt. Geht es um die Verweisung eines Zusammenschlussvorhabens ohne gemeinschaftsweite Bedeutung an die Kommission nach Art. 4 Abs. 4 oder 5 der EG-Fusionskontrollverordnung, ist das Formblatt RS auszufüllen (Anhang III der Durchführungsverordnung VO (EG) Nr. 802/2004 in der Fassung vom 5.12.2013 (Durchführungsverordnung (EU) Nr. 1269/2013, ABl. 2013, L 336, 1 (43)).

Neben der Fusionskontrollverordnung und der Durchführungsverordnung sind auch die einschlägigen Bestimmungen des Abkommens über den Europäischen Wirtschaftsraum (EWR-Abkommen) zu beachten, insbesondere Art. 57 des EWR-Abkommens, die Protokolle 21 und 24 des EWR-Abkommens sowie Art. 1 und die Vereinbarte Niederschrift des Protokolls zur Anpassung des EWR-Abkommens.

2. (Zuständige Behörde) EU-Kommission

3. (Anmeldeverfahren)

a) Die Anmeldung ist in einer der Amtssprachen der Europäischen Union vorzunehmen. Diese Sprache ist dann für alle Beteiligten die Verfahrenssprache. Erfolgt die Anmeldung gemäß Art. 12 des Protokolls 24 zum EWR-Abkommen in einer der Amtssprachen eines EFTA-Staates, die keine Amtssprache der Gemeinschaft ist, so ist der Anmeldung eine Übersetzung in eine der Amtssprachen der Union beizufügen.
b) Unterlagen sind in der Originalsprache vorzulegen. Handelt es sich hierbei nicht um eine Amtssprache der Gemeinschaft, so sind die betreffenden Unterlagen in die Verfahrenssprache zu übersetzen (Art. 3 Abs. 4 VO 802/2004). Die angeforderten Unterlagen können Originale oder Kopien sein. In letzterem Fall hat der Anmelder ihre Richtigkeit und Vollständigkeit zu bestätigen.
c) Die nach diesem Formblatt verlangten Angaben sind gemäß den entsprechenden Abschnitten und Absätzen des Formblatts CO zu nummerieren. Die Wertangaben nach Abschnitt 3.3–3.5 sind in EUR zu dem durchschnittlichen Wechselkurs in den betreffenden Jahren oder dem betreffenden Zeitraum zu machen.
d) Das Formblatt CO ist zusammen mit allen Unterlagen im Original, in dreifacher Papierausfertigung und zweifacher elektronischer Ausfertigung (CD/DVD) bei der

Generaldirektion Wettbewerb der Kommission einzureichen (vgl. Mitteilung gem. Art. 3 Abs. 2 der Verordnung (EG) Nr. 802/2004, ABl. 2014 C 25, 04). Um die Registrierung am selben Tage zu gewährleisten, muss die Anmeldung montags bis donnerstags vor 17.00 Uhr sowie freitags und an Tagen, die einem arbeitsfreien Tag vorausgehen, vor 16.00 Uhr bei der Kommission als Einschreiben eingehen oder (durch Boten) überbracht werden.

4. Die Zusammenfassung der unter Ziff. 1.2 gemachten Angaben soll nur bis zu 500 Worte umfassen und darf keine vertraulichen Informationen oder Geschäftsgeheimnisse enthalten, da diese Zusammenfassung am Tag der Anmeldung auf der Webseite der Kommission veröffentlicht werden soll.

5. (Anmeldepflichtige Unternehmen) Wer anzumelden hat, richtet sich nach der Art des Zusammenschlusses: a) Im Falle eines Zusammenschlusses im Sinne von Artikel 3 Abs. 1 Buchst. a oder der Begründung einer gemeinsamen Kontrolle an einem Unternehmen im Sinne des Artikels 3 Abs. 1 Buchst. b der EG-Fusionskontrollverordnung ist die Anmeldung von allen an dem Zusammenschluss beteiligten bzw. von den die gemeinsame Kontrolle erwerbenden Unternehmen gemeinsam vorzunehmen. b) Bei dem Erwerb einer die Kontrolle an einem anderen Unternehmen begründenden Beteiligung ist die Anmeldung von dem Erwerber vorzunehmen. c) Bei einem öffentlichen Übernahmeangebot ist die Anmeldung vom Bieter vorzunehmen.

6. (Vertretung) Anmeldungen, die von externen Vertretern der Unternehmen unterzeichnet worden sind, ist eine schriftliche Vollmacht im Original über die Vertretungsbefugnis beizufügen. Die Vollmacht sollte der Mustervollmacht entsprechen, die auf der Website der Generaldirektion Wettbewerb zu finden ist. Gemeinsame Anmeldungen müssen nunmehr generell von einem gemeinsamen Vertreter eingereicht werden, der ermächtigt ist, im Namen aller Anmelder Schriftstücke zu übermitteln und zu empfangen (vgl. Art. 2 VO 802/2004).

7. (Art des Zusammenschlusses) Die Angaben zur Eigentumsstruktur und der Ausgestaltung der Kontrolle vor und nach Vollendung des Zusammenschlusses können anhand von Organisationstabellen oder Organigrammen veranschaulicht werden, sofern die erforderlichen Angaben hinreichend verständlich dargestellt sind. Bei der kurzen Beschreibung der Art des Zusammenschlusses ist außerdem Folgendes anzugeben:

a) ob die beteiligten Unternehmen insgesamt oder nur in Teilen von dem Zusammenschluss betroffen sind;
b) die wirtschaftliche und finanzielle Struktur des Zusammenschlusses (Kurzdarstellung);
c) ob ein öffentliches Angebot eines beteiligten Unternehmens zum Erwerb der Aktien eines anderen beteiligten Unternehmens die Unterstützung der Aufsichtsorgane oder eines anderen zur Vertretung berechtigten Organs der letztgenannten Partei findet;
d) den Zeitplan für den Vollzug des Zusammenschlusses unter Angabe der wichtigsten Teilschritte;
e) die voraussichtlichen Eigentumsverhältnisse und die Kontrollverhältnisse nach Vollendung des Zusammenschlusses;
f) Art und Umfang der finanziellen oder sonstigen Hilfen, die die beteiligten Unternehmen aus irgendwelchen Quellen gleich welchen Ursprungs (einschließlich der öffentlichen Hand) erhalten haben und
g) die von dem Zusammenschluss berührten Wirtschaftssektoren.

8. (Darstellung der Umsatzdaten) Die Umsatzdaten sind unter Verwendung der Mustertabelle der Kommission zu übermitteln, die sich auf der Website der Generaldirektion Wettbewerb befindet. Die verlangten Finanzdaten sind in EUR zum durchschnittlichen Wechselkurs in den betreffenden Jahren oder Zeiträumen anzugeben.

9. (Beteiligte Unternehmen) Beteiligte Unternehmen oder Beteiligte sind sowohl die erwerbenden als auch die zu erwerbenden oder die sich zusammenschließenden Unternehmen einschließlich der Unternehmen, an denen eine die Kontrolle begründende Beteiligung erworben oder bezüglich derer ein öffentliches Übernahmeangebot abgegeben wird. Wenn nicht anders angegeben, schließen die Begriffe „Anmelder“ und „beteiligte Unternehmen“ alle Unternehmen ein, die demselben Konzern wie die „Beteiligten“ angehören.

10. (Umsatzberechnung) Bei dem Umsatz des/der erwerbenden Unternehmen ist der Gesamtumsatz sämtlicher Unternehmen im Sinne von Art. 5 Abs. 4 der EG-Fusionskontrollverordnung aufzuführen. Beim Umsatz des/der erworbenen Unternehmen ist der Umsatz der von dem Zusammenschluss betroffenen Unternehmensteile im Sinne von Art. 5 Abs. 2 der EG-Fusionskontrollverordnung aufzuführen. Besondere Bestimmungen sind in Art. 5 Abs. 3, 4 und 5 der EG-Fusionskontrollverordnung für Kredit-, Versicherungs- und sonstige Finanzinstitute sowie Gemeinschaftsunternehmen enthalten. Siehe ferner Leitfaden III für die Berechnung des Gesamtumsatzes in einem Mitgliedstaat im Verhältnis zum gemeinschaftsweiten Gesamtumsatz.

11. (Marktdefinitionen) Die Marktmacht der neuen aus dem Zusammenschluss hervorgehenden Einheit wird anhand der relevanten Produktmärkte und der relevanten geographischen Märkte bewertet. Es sind die betroffenen Märkte innerhalb des EWR-Gebiets (EU-Mitgliedstaaten sowie EFTA-Staaten Island, Norwegen und Liechtenstein), der Union, des Gebiets der EFTA-Staaten (Island, Norwegen, Liechtenstein, Schweiz), in einem Mitgliedstaat oder in einem EFTA-Staat anzugeben. Ferner sind die sonstigen Märkte anzugeben, auf die der Zusammenschluss nennenswerte Auswirkungen hat. Für die Angaben der Anmelder gelten gemäß Ziff. 6 des Formblattes folgende Definitionen:

a) Der sachlich relevante Produktmarkt umfasst sämtliche Erzeugnisse und/oder Dienstleistungen, die von den Verbrauchern hinsichtlich ihrer Eigenschaften, Preise und ihres vorgesehenen Verwendungszwecks als austauschbar oder substituierbar angesehen werden. Der sachlich relevante Markt kann in einigen Fällen aus einer Reihe von Erzeugnissen und/oder Dienstleistungen bestehen, die weitgehend die gleichen physischen oder technischen Merkmale aufweisen und voll austauschbar sind. Zur Bestimmung des relevanten Produktmarktes ist ua zu untersuchen, warum bestimmte Waren oder Dienstleistungen einbezogen und andere davon ausgenommen werden, wobei die Substituierbarkeit auf der Verbraucherseite, die Wettbewerbsbedingungen, die Preise, die Kreuzpreiselastizität der Nachfrage und sonstige für die Definition der Produktmärkte erhebliche Faktoren (zB in geeigneten Fällen die Substituierbarkeit auf der Angebotsseite) zu würdigen sind.

b) Der räumlich relevante Markt umfasst das Gebiet, in dem die beteiligten Unternehmen die relevanten Produkte oder Dienstleistungen anbieten und nachfragen, in dem die Wettbewerbsbedingungen hinreichend homogen sind und das sich von benachbarten Gebieten durch spürbar unterschiedliche Wettbewerbsbedingungen unterscheidet. Maßgebliche Faktoren für die Bestimmung des geographisch relevanten Marktes sind ua Art und Eigenschaften der betroffenen Produkte oder Dienstleistungen, die Existenz von Marktzutrittsschranken oder Verbraucherpräferenzen, deutlich unterschiedliche Marktanteile der Unternehmen zwischen räumlich benachbarten Gebieten und wesentliche Preisunterschiede.

12. (Betroffene Märkte) Für die Angaben nach diesem Formblatt gelten als betroffene Märkte alle sachlich und räumlich relevanten Märkte sowie plausible alternative sachlich und räumlich relevante Märkte, auf denen im EWR

a) zwei oder mehr der Beteiligten auf demselben relevanten Markt tätig sind und der Zusammenschluss zu einem gemeinsamen Marktanteil von 20 % oder mehr führt (horizontale Beziehungen);

b) ein oder mehrere an dem Zusammenschluss beteiligte Unternehmen auf einem relevanten Markt tätig sind, der einem anderen relevanten Markt vor- oder nachgelagert ist, auf dem sich ein anderes an dem Zusammenschluss beteiligtes Unternehmen betätigt und ihr Marktanteil auf dem einen oder anderen Markt einzeln oder gemeinsam 30 % oder mehr beträgt und zwar unabhängig davon, ob zwischen den Beteiligten Lieferanten- oder Kundenbeziehungen bestehen (vertikale Beziehungen).

13. (Sonstige Märkte) Zu den sonstigen Märkten, die zwar nicht zu den betroffenen Märkten (→ Anm. 14) zählen, auf die der angemeldete Zusammenschluss jedoch nennenswerte Auswirkungen hat, gehören beispielsweise Märkte, auf denen

a) irgendein beteiligtes Unternehmen einen Marktanteil von über 30 % hat und ein anderes beteiligtes Unternehmen ein potenzieller Wettbewerber ist. Das betreffende Unternehmen ist vor allem dann ein potenzieller Wettbewerber, wenn Pläne für einen Markteintritt bestehen oder in den vergangenen zwei Jahren konkrete Pläne dieser Art verfolgt wurden;
b) irgendein beteiligtes Unternehmen einen Marktanteil von über 30 % hat und ein anderes beteiligtes Unternehmen für diesen Markt wichtige Rechte des geistigen Eigentums besitzt.
c) wenn ein beteiligtes Unternehmen auf einem sachlich relevanten Markt tätig ist, bei dem es sich um einen benachbarten Markt handelt, der eng mit einem sachlich relevanten Markt verbunden ist, auf dem ein anderes an dem Zusammenschluss beteiligtes Unternehmen tätig ist und der Marktanteil der beteiligten Unternehmen auf einem dieser Märkte einzeln oder gemeinsam 30 % oder mehr beträgt. Sachlich relevante Märkte sind als eng miteinander verknüpfte benachbarte Märkte zu betrachten, wenn die Produkte einander ergänzen oder zu einer Produktpalette gehören, die generell von der gleichen Abnehmerkategorie gekauft und für den gleichen Verwendungszweck erworben werden.

Hinweis: Die in den nachstehenden Abschnitten 7 und 8 verlangten Angaben sind auch für diese sonstigen Märkte zu machen, auf die der angemeldete Zusammenschluss nennenswerte Auswirkungen hat.

14. (Angaben zu den betroffenen Märkten) Die Angaben sind für jeden relevanten horizontalen Markt und jeden vertikalen Markt, auf dem der angemeldete Zusammenschluss erhebliche Auswirkungen haben könnte und jedes der letzten drei Geschäftsjahre zu machen.

15. (Vertraulichkeit) Art. 339 AEUV und Art. 17 Abs. 2 der EG-Fusionskontrollverordnung sowie die einschlägigen Bestimmungen des EWR-Abkommens (insbesondere Art. 122 des EWR-Abkommens, Art. 9 des Protokolls 24 zum EWR-Abkommen und Art. 17 Abs. 2 von Kapitel XIII des Protokolls 4 zur Vereinbarung zwischen den EFTA-Staaten über die Einsetzung einer Überwachungsbehörde und eines Gerichtshofes) verpflichten die Kommission, die Mitgliedstaaten, die EFTA-Überwachungsbehörde und die EFTA-Staaten sowie ihre Beamten und sonstigen Bediensteten, Kenntnisse nicht preiszugeben, die sie bei der Anwendung der Verordnung erlangt haben und die unter das Berufsgeheimnis fallen. Dieser Grundsatz gilt auch für den Schutz der Vertraulichkeit unter den Anmeldern. Ist ein anmeldendes Unternehmen der Auffassung, dass seine Interessen gefährdet würden, wenn die verlangten Angaben veröffentlicht oder an andere weitergegeben würden, so sind die betreffenden Angaben in einer getrennten Anlage mit dem deutlichen Vermerk „Geschäftsgeheimnis" auf jeder Seite einzureichen. Dabei ist zu begründen, warum diese Angaben nicht weitergegeben oder veröffentlicht werden sollen. Bei einer Fusion oder einem gemeinsamen Erwerb oder in anderen Fällen, in denen die Anmeldung von mehr als einem Beteiligten vorgenommen wird, können Geschäftsgeheimnisse enthaltende Unterlagen in einem gesonderten Umschlag als Anlage mit entsprechendem Vermerk in der Anmeldung eingereicht werden. Sämtliche Anlagen dieser Art müssen der Anmeldung beigefügt sein, damit sie als vollständig angesehen werden kann.

16. (Effizienzvorteile) Damit die Kommission von Anfang an prüft, ob fusionsbedingte Effizienzvorteile die Fähigkeit und Bereitschaft des fusionierten Unternehmens zu einem wettbewerbsfördernden, für die Verbraucher profitablen Verhalten verbessern, müssen die erwarteten Vorteile (zB Kosteneinsparungen, Einführung neuer Produkte, Verbesserung der Produkte oder Serviceleistungen) für jedes relevante Produkt einzeln beschrieben und durch entsprechende Unterlagen belegt werden. Die Beantwortung von Ziffer 9 ist jedoch freiwillig. Ein Verzicht auf Angaben zu den Effizienzgewinnen braucht nicht weiter begründet zu werden. Aus dem Fehlen von Angaben zu diesem Punkt wird nicht geschlossen, dass das Zusammenschlussvorhaben keine Effizienzgewinne mit sich bringt oder dass der Grund für den Zusammenschluss der Ausbau der Marktmacht ist. Ein Verzicht auf Angaben zu Effizienzgewinnen im Stadium der Anmeldung schließt jedoch nicht aus, dass sie zu einem späteren Zeitpunkt nachgereicht werden können. Je früher die Angaben gemacht werden, desto besser kann die Kommission allerdings das Effizienz-Argument nachprüfen.

Zu den Maßstäben bei der Bewertung von Effizienzvorteilen siehe auch die Leitlinien der Kommission zur Bewertung horizontaler Zusammenschlüsse gemäß der Ratsverordnung über die Kontrolle von Unternehmenszusammenschlüssen (ABl. 2004, C 31, 5).

17. (Kooperative Wirkungen eines Gemeinschaftsunternehmens) Für den Fall, dass es sich bei dem Zusammenschluss um ein Gemeinschaftsunternehmen handelt, ist im Hinblick auf Art. 2 Abs. 4 der EG-Fusionskontrollverordnung anzugeben, inwieweit die Mütter auf demselben Markt oder auf vor- oder nachgelagerten sowie eng mit diesem verknüpften benachbarten Märkten tätig bleiben. Ist dies der Fall, sind die Umsätze der einzelnen Muttergesellschaften auf diesen Märkten im vorangegangenen Geschäftsjahr, die wirtschaftliche Bedeutung der Tätigkeiten des Gemeinschaftsunternehmens im Verhältnis zu diesem Umsatz sowie der Marktanteil der einzelnen Muttergesellschaften anzugeben. Falls die Mütter auf keinem dieser Märkte tätig sind, ist die Antwort zu begründen. In jedem Falle ist die Anwendbarkeit der Kriterien des Art. 101 Abs. 3 AEUV zu erläutern.

18. (Ehemaliger Abschnitt 11: Nebenabreden) Das nun geltende Formblatt CO spricht Nebenabreden an keiner Stelle mehr an. Demgegenüber sah Ziffer 11.1 des zur alten EG-Fusionskontrollverordnung herausgegebenen Formblatts CO noch ausdrücklich die Möglichkeit vor, die Beurteilung von Nebenabreden zu beantragen, die mit der Durchführung des Zusammenschlusses unmittelbar verbunden und für diesen notwendig sind. Bereits seit dem Jahr 2001 hatte die Kommission jedoch von einer Beurteilung solcher Nebenabreden abgesehen (vgl. Bekanntmachung der Kommission über Einschränkungen des Wettbewerbs, die mit der Durchführung von Unternehmenszusammenschlüssen unmittelbar verbunden und für diese notwendig sind, ABl. 2001 C 188, S. 5 ff.). Art. 6 Abs. 1 Buchst. b UAbs. 2 und Art. 8 Abs. 2 UAbs. 3 EG-Fusionskontrollverordnung bestimmen, dass durch eine Entscheidung, mit der ein Zusammenschluss für mit dem Gemeinsamen Markt vereinbar erklärt wird, auch die mit seiner Durchführung unmittelbar verbundenen und für sie notwendigen Einschränkungen als genehmigt gelten. Zudem ist gem. Art. 21 Abs. 1 EG-Fusionskontrollverordnung allein die Fusionskontrollverordnung anwendbar. Die Beurteilung der genannten Nebenabreden hätte somit lediglich deklaratorischen Charakter, da sämtliche Einschränkungen, welche die Voraussetzungen der EG-Fusionskontrollverordnung erfüllen, von Rechts wegen als genehmigt gelten, unabhängig davon, ob die Kommission in einer Entscheidung ausdrücklich auf sie eingeht oder nicht. Erwägungsgrund Nr. 21 der EG-Fusionskontrollverordnung sieht jedoch vor, dass die Kommission auf Antrag der beteiligten Unternehmen im Falle neuer oder ungelöster Fragen, die zu ernsthafter Rechtsunsicherheit führen können, gesondert prüfen sollte, ob eine Einschränkung mit der Durchführung des Zusammenschlusses unmittelbar verbunden und dafür notwendig ist. Ein Fall werfe dann eine neue oder ungelöste Frage auf, die zu ernsthafter Rechtsunsicherheit führen kann, wenn sie nicht durch die entsprechende Bekanntmachung der Kommission oder eine veröffentlichte Entscheidung der Kommission geregelt sei. Jedenfalls bei nicht ganz gewöhnlichen Nebenabreden besteht somit die Möglichkeit, eine ausdrückliche Beurteilung der Kommission einzuholen, auch wenn dies im Formblatt CO nicht erwähnt wird.

19. (Erklärung) Die Anmeldung ist mit einer Erklärung abzuschließen, die von allen Anmeldern oder in deren Namen unterzeichnet werden muss. Nichtunterzeichnete Anmeldungen sind unwirksam. Name und Funktion der die Anmeldung unterzeichnenden Person(en) sind anzugeben.

20. (Vollständigkeit) Sämtliche nach diesem Formblatt zu unterbreitenden Angaben müssen richtig und vollständig sein (Art. 5 Durchführungsverordnung, VO 802/2004). Hierbei ist Folgendes zu bedenken:

a) Unrichtige oder irreführende Angaben in der Anmeldung gelten als unvollständige Angaben (Art. 5 Abs. 4 Durchführungsverordnung). In derartigen Fällen setzt die Kommission die Anmelder oder ihre Vertreter hiervon umgehend schriftlich in Kenntnis. Die Anmeldung wird erst an dem Tag wirksam, an dem die vollständigen und genauen Angaben bei der Kommission eingegangen sind (Art. 10 Abs. 1 EG-Fusionskontrollverordnung und Art. 5 Abs. 2 und 4 der Durchführungsverordnung). Somit beginnen auch erst zu diesem Zeitpunkt die mit der Anmeldung verbundenen Fristen der Fusionskontrollverordnung zu laufen.

b) Gemäß Art. 14 Abs. 1 Buchst. a EG-Fusionskontrollverordnung kann die Kommission bei vorsätzlich oder fahrlässig unterbreiteten unrichtigen oder irreführenden Angaben Geldbußen gegen die Anmelder bzw. die verantwortlichen Beteiligten in Höhe von bis zu 1 % des Gesamtumsatzes aller beteiligten Unternehmen festsetzen. Außerdem kann sie gemäß Art. 6 Abs. 3 Buchst. a und Art. 8 Abs. 6 Buchst. a der EG-Fusionskontrollverordnung ihre Entscheidung über die Vereinbarkeit eines angemeldeten Zusammenschlussvorhabens widerrufen, wenn diese auf unrichtigen Angaben beruht, die von einem der beteiligten Unternehmen zu vertreten sind.

c) Sind den Anmeldern die nach diesem Formblatt zu unterbreitenden Angaben oder Teile davon nicht in zumutbarer Weise zugänglich (zB Informationen betreffend das zu übernehmende Unternehmen bei einer feindlichen Übernahme), so können diese schriftlich beantragen, dass die Kommission die Anmeldung dennoch als vollständig anerkennt. Die Kommission wird einen solchen Antrag prüfen, sofern Gründe für das Fehlen der besagten Angaben angeführt und diese durch bestmögliche Schätzungen unter Angabe der Quellen ersetzt werden. Außerdem ist nach Möglichkeit anzugeben, wie die fehlenden Angaben von der Kommission eingeholt werden können.

d) Die Anmelder können darüber hinaus schriftlich beantragen, dass die Kommission trotz fehlender, in diesem Formblatt verlangter Angaben die Anmeldung als vollständig anerkennt, wenn bestimmte in der ausführlichen oder vereinfachten Anmeldung verlangte Informationen ihrer Ansicht nach für die Prüfung der Sache durch die Kommission nicht erforderlich sind. Die Kommission wird einen solchen Antrag prüfen, wenn angemessen begründet wird, warum die besagten Angaben für die Prüfung des angemeldeten Zusammenschlusses durch die Kommission irrelevant und nicht erforderlich sind. Die Gründe hierfür sind in Gesprächen mit der Kommission vor der Anmeldung anzuführen (sog. Vorabkontakt); außerdem ist ein schriftlicher Antrag auf eine Befreiung zu stellen, in dem die Kommission gebeten wird, die Anmelder von der Verpflichtung zur Vorlage vollständiger Informationen gemäß Art. 4 Abs. 2 der Durchführungsverordnung zu entbinden.

e) Wenn die Kommission nach Antragsstellung anerkannt hat, dass bestimmte Informationen für die Anmeldung des Zusammenschlusses nicht erforderlich sind, kann die Kommission diese Informationen dennoch jederzeit, insbesondere im Wege eines Auskunftsverlangens nach Art. 11 EG-Fusionskontrollverordnung, verlangen.

5.9 Vereinfachte Anmeldung eines Zusammenschlusses gem. VO 139/2004[1]

An die

Europäische Kommission[2]

Generaldirektion Wettbewerb

Merger Registry

B-1049 Brüssel

Vereinfachte Anmeldung eines Zusammenschlusses

Namens und in Vollmacht der ..... (Vollmacht liegt bei, Anlage 1) melde ich ein Gemeinschaftsunternehmen zwischen den Unternehmen A und B mit keinen oder geringfügigen gegenwärtigen oder zukünftigen Tätigkeiten im Gebiet des EWR mittels vereinfachten Formblatts an.

I. Begründung der Verwendung des vereinfachten Formblattes:[3]

Bei dem Gemeinschaftsunternehmen zwischen den Unternehmen A und B ist zukünftig mit keinen oder geringen Tätigkeiten im Gebiet des EWR zu rechnen. Bei der Gründung werden die Mütterunternehmen lediglich folgende Tätigkeiten einbringen: ..... Der Umsatz der beigesteuerten Tätigkeiten beträgt lt. der geprüften Abschlüsse der Muttergesellschaften (Anlagen .....) im letzten Geschäftsjahr weniger als 100 Millionen EUR.

II. Zu den Angaben gem. vereinfachtem Formblatt der VO (EG) Nr. 802/2004:[4]

1. Beschreibung des Zusammenschlusses

1.1. Kurzübersicht über den geplanten Zusammenschluss: ..... [identisch mit Formblatt CO, → Form. VIII.5.8]

1.2. Zusammenfassung: ..... [identisch mit Formblatt CO, → Form. VIII.5.8]

1.3. Der Zusammenschluss kommt für das vereinfachte Verfahren in Frage, weil .....[5]

2. Angaben zu den beteiligten Unternehmen

[identisch mit Formblatt CO, → Form. VIII.5.8]

3. Einzelheiten des Zusammenschlusses, der Eigentumsverhältnisse und der Kontrolle

[3.1–3.4 identisch mit Formblatt CO, → Form. VIII.5.8]

4. Umsatz[6]

[Übermittlung der folgenden Daten für jedes beteiligte Unternehmen für das letzte Geschäftsjahr unter Verwendung der Mustertabelle der Kommission, die sich auf der Website der GD Wettbewerb befindet:

4.1. Weltweiter Umsatz

4.2. EU-weiter Umsatz

4.3. EWR-weiter Umsatz (EU und EFTA)

4.4. Umsatz in jedem Mitgliedsstaat (gegebenenfalls Nennung des Mitgliedsstaats, in dem mehr als zwei Drittel des EU-weiten Umsatzes erzielt werden)

4.5. EFTA-weiter Umsatz

4.6. Umsatz in jedem EFTA-Staat (gegebenenfalls Nennung des EFTA-Staats, in dem mehr als zwei Drittel des EFTA-weiten Umsatzes erzielt werden, und Angabe, ob sich der Gesamtumsatz der beteiligten Unternehmen im Gebiet der EFTA-Staaten auf 25 % oder mehr ihres EWR-weiten Gesamtumsatzes beläuft).]

5. Belege

(Es ist eine Liste der in diesem Abschnitt genannten Unterlagen mit Erstellungsdatum und Name und Titel der Adressaten beizufügen)

5.1. [Kopien der endgültigen und jüngsten Fassung aller Schriftstücke, mit denen der Zusammenschluss – sei es durch Vertrag zwischen den an dem Zusammenschluss beteiligten Unternehmen, Erwerb einer die Kontrolle begründenden Beteiligung oder öffentliches Übernahmeangebot – herbeigeführt wird]

5.2. [Ggf. Nennung der Internetadresse, unter der die jüngsten Geschäftsberichte und Jahresabschlüsse aller an dem Zusammenschluss beteiligten Unternehmen abgerufen werden können, oder, falls eine solche Internetadresse nicht besteht, Kopien der jüngsten Geschäftsberichte und Jahresabschlüsse der an dem Zusammenschluss beteiligten Unternehmen]

5.3. [Wenn es bei dem Zusammenschluss einen oder mehrere betroffene Märkte im EWR gibt: Kopien aller Präsentationen zur Analyse des angemeldeten Zusammenschlusses, die von Mitgliedern der Leitungs- oder Aufsichtsorgane (je nach Corporate-Governance-Struktur) oder anderen Personen, die eine ähnliche Funktion ausüben (oder denen eine solche Funktion übertragen oder anvertraut wurde), oder von der Anteilseignerversammlung bzw. für die Vorgenannten erstellt worden oder bei ihr eingegangen sind.]

6. Marktdefinitionen[7]

6.1 [Aufzählung aller anzeigepflichtigen, dh betroffenen Märkte][8]

7. Angaben zu den betroffenen Märkten[9]

7.1. [Angabe der folgenden Informationen für jeden betroffenen Markt für das dem Zusammenschluss vorausgehende Jahr:

7.1.1. Für jedes der an dem Zusammenschluss beteiligten Unternehmen die Art seiner Geschäftstätigkeit, die wichtigsten auf jedem dieser Märkte tätigen Tochtergesellschaften und/oder die wichtigsten dort verwendeten Marken und/oder Produktnamen;

7.1.2. Die geschätzte Gesamtgröße des Marktes nach Absatzwert (in EUR) und Absatzvolumen (Stückzahlen), Angabe der Grundlage und der Quellen für die Berechnungen und Beifügung der Unterlagen, die diese Berechnungen bestätigen;

7.1.3. Den Absatzwert und das Absatzvolumen sowie den geschätzten Marktanteil jedes der an dem Zusammenschluss beteiligten Unternehmen. Angabe, ob es in den letzten drei Geschäftsjahren wesentliche Änderungen bei Umsätzen und Marktanteilen gegeben hat.

7.1.4. Bei horizontalen und vertikalen Beziehungen die geschätzten Marktanteile nach Wert (und gegebenenfalls Volumen) der drei größten Wettbewerber (sowie die Berechnungsgrundlage); Nennung des Namens, der Anschrift, Telefon- und Telefaxnummer und E-Mail-Adresse des Leiters der Rechtsabteilung (oder einer anderen Person in ähnlicher Funktion, andernfalls des Geschäftsführer) dieser Wettbewerber.

7.2. [Falls der Zusammenschluss unter Rn. 6 der Bekanntmachung der Kommission über ein vereinfachtes Verfahren für bestimmte Zusammenschlüsse gemäß der Verordnung (EG) Nr. 139/2004 des Rates fällt, Erläuterung der folgenden Punkte für jeden betroffenen Markt, auf dem der gemeinsame Marktanteil der beteiligten Unternehmen 20 % oder mehr beträgt:

7.2.1. Angabe, ob einer der besonderen Umstände, die unter Rn. 20 der Leitlinien der Kommission zur Bewertung horizontaler Zusammenschlüsse aufgeführt sind, vorliegt. Dabei ist insbesondere darauf einzugehen, wie hoch die Marktkonzentration ist, ob sich bei dem geplanten Zusammenschluss wichtige Innovatoren zusammenschließen würden, ob durch den geplanten Zusammenschluss eine wichtige Wettbewerbskraft beseitigt würde und ob erfolgsversprechende Produkte eines der an dem geplanten Zusammenschluss beteiligten Unternehmen kurz vor der Einführung stehen

7.2.2. Angabe des Absatzwertes und des Absatzvolumens sowie des geschätzten Marktanteils jedes der an dem Zusammenschluss beteiligten Unternehmen für jedes der letzten drei Jahre

7.2.3. Kurze Beschreibung für jedes der am Zusammenschluss beteiligten Unternehmen

7.2.3.1. der Forschungs- und Entwicklungsintensität und

7.2.3.2. der wichtigsten Waren- und/oder Dienstleistungsinnovationen, die in den letzten 3 Jahren auf den Markt gebracht wurden, die Produkte, an denen gearbeitet wird, um sie in den nächsten 3 Jahren auf den Markt zu bringen, sowie wichtige Rechte des geistigen Eigentums, die in seinem Eigentum oder unter seiner Kontrolle stehen.]

8. Tätigkeit des Zielunternehmens, falls es keine betroffenen Märkte gibt

8.1. Geschäftstätigkeit der beteiligten Unternehmen, die die Kontrolle über das Zielunternehmen erwerben

Beschreibung der Art der Geschäftstätigkeit für jedes der beteiligten Unternehmen, die die Kontrolle erwerben

8.2. Geschäftstätigkeit des Zielunternehmens

8.2.1. Erläuterung der derzeitigen und künftigen Geschäftstätigkeit der Unternehmen, über die die Kontrolle erworben wird

8.2.2. Im Falle eines Gemeinschaftsunternehmens, das im Sinne der Rn. 5 Buchst. a der Bekanntmachung der Kommission über ein vereinfachtes Verfahren für bestimmte Zusammenschlüsse gemäß der Verordnung (EG) Nr. 139/2004 des Rates keine oder geringe gegenwärtige oder zukünftige Tätigkeiten im Gebiet des EWR aufweist, genügt es zu erläutern:

8.2.2.1. Welche Waren oder Dienstleistungen das Gemeinschaftsunternehmen derzeit und künftig anbietet und

8.2.2.2 Warum das Gemeinschaftsunternehmen weder direkte noch indirekte Auswirkungen auf die Märkte im EWR hätte

8.3. Fehlen anzeigepflichtiger Märkte

Beim Fehlen anzeigepflichtiger Märkte, ist zur erläutern, warum es bei dem geplanten Zusammenschluss keine anzeigepflichtigen Märkte gibt

9. Kooperative Wirkungen eines Gemeinschaftsunternehmens

[Identisch mit Ziff. 10 des Formblatts CO, → Form. VIII.5.8; nur im Falle eines Gemeinschaftsunternehmens auszufüllen]

10. Erklärung[10]

Der bzw. die Anmelder erklären nach bestem Wissen und Gewissen, dass die Angaben in dieser Anmeldung wahr, richtig und vollständig[11] sind, dass originalgetreue und vollständige Kopien der nach diesem Formblatt vorzulegenden Unterlagen beigefügt wurden, dass alle Schätzungen als solche kenntlich gemacht und nach bestem Ermessen anhand der zugrunde liegenden Tatsachen abgegeben wurden und dass alle geäußerten Auffassungen der aufrichtigen Überzeugung der Unterzeichnenden entsprechen.

Den Unterzeichnenden sind die Bestimmungen von Artikel 14 Absatz 1 Buchst. a der EG-Fusionskontrollverordnung bekannt.

(Ort und Datum)

(Unterschriften)

(Name und Stellung)

(Im Namen von)

Anmerkungen

1. (Vereinfachte Anmeldung) Zusammenschlüsse von gemeinschaftsweiter Bedeutung, die wahrscheinlich wettbewerbsrechtlich unbedenklich sind, können mit dem vereinfachten Formblatt bei der Kommission angemeldet werden. Dieses findet sich in Anhang II der Durchführungsverordnung zur EG-Fusionskontrollverordnung, VO (EG) Nr. 802/2004 in der Fassung vom 5.12.2013 (Durchführungsverordnung (EU) Nr. 1269/2013, ABl. 2013, L 336, 1 (26)).

Der Anwendungsbereich des vereinfachten Anmeldeverfahrens wurde erheblich ausgeweitet. Grundsätzlich kann das vereinfachte Formblatt zur Anmeldung von Zusammenschlüssen verwendet werden,

1. bei Gemeinschaftsunternehmen (GU) mit keinen oder geringfügigen gegenwärtigen oder zukünftigen Tätigkeiten im Gebiet des EWR. Dies ist der Fall, wenn
   a) der EWR-Umsatz des GU und/oder der Umsatz der beigesteuerten Tätigkeiten weniger als 100 Mio. EUR beträgt und
   b) der Gesamtwert der in das GU eingebrachten Vermögenswerte im EWR-Gebiet weniger als 100 Mio. EUR beträgt;
2. wenn keiner der Beteiligten im gleichen sachlichen und räumlich relevanten Markt (keine horizontale Überschneidung) oder in einem Markt tätig ist, der einem anderen Markt vor- oder nachgelagert ist, in dem ein anderer Beteiligter vertreten ist (keine vertikale Beziehung);
3. wenn zwei oder mehr der Beteiligten in demselben sachlich und räumlich relevanten Markt tätig sind (horizontale Überschneidung) und der gemeinsame Marktanteil weniger als 20 % beträgt; und/oder mindestens ein Beteiligter in einem sachlichen

Markt tätig ist, der einem anderen sachlichen Markt vor- oder nachgelagert ist, in dem ein anderer Beteiligter vertreten ist (vertikale Beziehung) und die Marktanteile auf keinem der Märkte einzeln oder gemeinsam 30 % oder mehr betragen; oder

4. wenn ein Beteiligter die alleinige Kontrolle über ein Unternehmen erlangt, über das er bereits eine Mitkontrolle ausübt.

Die Kommission kann jedoch eine Anmeldung mittels des vollständigen CO-Formblatts (vgl. Anhang I der Durchführungsverordnung zur EG-Fusionskontrollverordnung bzw. → Form. VIII.5.6) verlangen, wenn sich herausstellt, dass die Voraussetzungen für die Verwendung des vereinfachten Formblatts nicht erfüllt sind oder ausnahmsweise eine Anmeldung mittels des vollständigen CO-Formblatts trotz ihrer Erfüllung für eine angemessene Untersuchung möglicher Wettbewerbsprobleme erforderlich ist. Daher sollten die Beteiligten insbesondere dann, wenn sie eine vereinfachte Anmeldung planen, mit der Kommission vor der Anmeldung Kontakt aufnehmen (sog. Vorabkontakt), um zu besprechen, ob das Vorhaben für eine Anmeldung mit dem vereinfachten Formblatt geeignet ist.

2. (Zuständige Behörde) EU Kommission

3. (Verwendung des vereinfachten Formblattes) Ein Antrag auf Befreiung von der Verpflichtung zur vollständigen Anmeldung braucht nicht mehr gestellt zu werden. Unter den oben genannten Voraussetzungen können Anmeldungen gem. Art. 3 Abs. 1 S. 2 der Durchführungsverordnung ohne besonderen Antrag in der Kurzfassung eingereicht werden. Gelangt die Kommission nach der Anmeldung jedoch zu der Auffassung, dass das Vorhaben nicht für die vereinfachte Anmeldung in Frage kommt, kann sie eine vollständige oder gegebenenfalls eine teilweise Anmeldung mittels des CO-Formblattes verlangen. Die Anmeldung wird in einem solchen Fall erst dann wirksam, wenn sämtliche erforderlichen Angaben eingegangen sind.

4. (Angaben bei vereinfachtem Formblatt) Soweit die geforderten Angaben mit den im Formblatt CO dargestellten identisch sind, wird im Folgenden lediglich der entsprechende Abschnitt bezeichnet. Hinsichtlich der dazugehörigen Ausführungen wird auf die Darstellungen zum Formblatt CO (→ Form. VIII.5.8) verwiesen.

5. (Begründung des vereinfachten Verfahrens) Die Begründung der Anmeldung im vereinfachten Verfahren erfolgt unter Bezugnahme auf die einschlägigen Bestimmungen der Bekanntmachung der Kommission über ein vereinfachtes Verfahren für bestimmte Zusammenschlüsse gemäß Verordnung (EG) Nr. 139/2004 des Rates.

6. (Darstellung der Umsatzdaten) Die verlangten Finanzdaten sind in EUR zum durchschnittlichen Wechselkurs in den betreffenden Jahren oder Zeiträumen anzugeben.

7. (Marktdefinitionen) → Form. VIII.5.8 Anm. 11.

8. (Betroffene Märkte) Als anzeigepflichtige bzw. betroffene Märkte, zu denen in diesem Formblatt Angaben zu machen sind, gelten jene sachlich und räumlich relevanten Märkte (einschließlich alternativer Marktdefinitionen), in denen

a) zwei oder mehr der Beteiligten wirtschaftlich tätig sind (horizontale Überschneidung) oder

b) ein oder mehrere an dem Zusammenschluss beteiligte Unternehmen in einem sachlichen Markt tätig sind, der einem anderen Markt vor- oder nachgelagert ist, in dem ein anderer Beteiligter tätig ist, und zwar unabhängig davon, ob zwischen den Beteiligten Lieferanten- oder Kundenbeziehungen bestehen (vertikale Beziehung).

9. (Angaben zu den betroffenen Märkten) Die genannten Angaben sind für jeden betroffenen Markt für das letzte Geschäftsjahr zu machen. Gegebenenfalls kann aber vor der Anmeldung mit der Kommission erörtert werden, inwieweit bei bestimmten betroffenen Märkten eventuell auf die verlangten Angaben verzichtet werden kann („Befreiungen“ gemäß Art. 4 Abs. 2 Durchführungsverordnung, VO 802/2004).

10. (Erklärung) Die abschließende Erklärung ist von allen oder im Namen aller anmeldenden Unternehmen zu unterzeichnen. Nichtunterzeichnete Anmeldungen sind unwirksam. Name und Funktion der die Anmeldung unterzeichnenden Person(en) sind anzugeben. Anmeldungen, die von Vertretern der Unternehmen unterzeichnet worden sind, ist eine schriftliche Vollmacht über die Vertretungsbefugnis beizufügen.

11. (Vollständigkeit) Sämtliche nach diesem Formblatt zu unterbreitenden Angaben müssen richtig und vollständig sein (Art. 5 Durchführungsverordnung). Die Hinweise unter → Form. VIII.5.8 Anm. 20 gelten entsprechend.

5.10 Begründeter Antrag auf Verweisung eines noch nicht angemeldeten Zusammenschlusses gem. Art. 4 Abs. 4 oder 5 der VO 139/2004[1]

An die

Europäische Kommission[2]

Generaldirektion für Wettbewerb

Merger Registry

B-1049 Brüssel

Begründeter Antrag auf Verweisung eines noch nicht angemeldeten Zusammenschlusses gem. Art. 4 Abs. 4 (oder: Art. 4 Abs. 5) VO 139/2004

Namens und in Vollmacht der . . . . . teile ich mit, dass der Zusammenschluss zwischen den Unternehmen A und B den Wettbewerb in einem Markt innerhalb eines Mitgliedstaates, der alle Merkmale eines gesonderten Marktes aufweist, erheblich beeinträchtigen könnte und beantrage deshalb, dass der Zusammenschluss teilweise von diesem Mitgliedstaat geprüft werden sollte.

Oder:

Namens und in Vollmacht der . . . . . teile ich mit, dass der Zusammenschluss zwischen den Unternehmen A und B keine gemeinschaftsweite Bedeutung im Sinne von Art. 1 EG-Fusionskontrollverordnung hat und nach dem Wettbewerbsrecht mindestens dreier Mitgliedstaaten geprüft werden könnte, und beantrage, dass der Zusammenschluss von der Kommission geprüft werden sollte.

Zu den erforderlichen Angaben[3] gem. Formblatt RS der VO (EG) Nr. 802/2004:

1.1. Hintergrundinformationen[4]

1.1.1. [Übersicht über den Zusammenschluss unter Angabe der an dem Zusammenschluss beteiligten Unternehmen, der Art des Zusammenschlusses, der Tätigkeitsbereiche der an dem Zusammenschluss beteiligten Unternehmen, der von dem Zusammenschluss generell und schwerpunktmäßig betroffenen Märkte sowie der strategischen und wirtschaftlichen Beweggründe für den Zusammenschluss]

1.1.2. Der vorliegende begründete Antrag ist auf eine Verweisung an einen Mitgliedstaat nach Art. 4 Abs. 4 (oder: Verweisung an die Kommission nach Art. 4 Abs. 5) EG-Fusionskontrollverordnung gerichtet.

1.2. Angaben zu dem (den) Antragsteller(n) und zu anderen an dem Zusammenschluss beteiligten Unternehmen[5]

1.2.1. . . . . . (Name und Anschrift des Unternehmens)

1.2.2. . . . . . (Name, Anschrift, Telefon-/Telefaxnummer sowie E-Mail-Adresse und Stellung der Kontaktperson in dem Unternehmen, es muss sich hierbei um eine Zustellanschrift handeln; Kontaktperson muss befugt sein, Zustellungen entgegenzunehmen)

1.2.3. [bei einem oder mehreren bevollmächtigten externen Vertretern[6] des Unternehmens den Vertreter oder die Vertreter, dem bzw. denen Schriftstücke, insbesondere Beschlüsse der Kommission und andere Verfahrensurkunden bekanntgegeben werden können, folgende Angaben:

1.2.3.1. . . . . . Name, Anschrift, Telefon-/Telefaxnummer E-Mailadresse sowie Stellung jedes Vertreters

1.2.3.2. Original des schriftlichen Nachweises für die Vertretungsbefugnis jedes Vertreters (auf der Grundlage der Mustervollmacht auf der Website der GD Wettbewerb)]

2. Allgemeiner Hintergrund und Einzelheiten des Zusammenschlusses

Die in diesem Abschnitt verlangten Angaben können anhand von Organisationstabellen oder Organigrammen veranschaulicht werden, die die Eigentumsstruktur und die Ausgestaltung der Kontrolle bei den betreffenden Unternehmen zeigen.

2.1. [Beschreibung der Art des angemeldeten Zusammenschlusses unter Bezugnahme auf die einschlägigen Kriterien der Fusionskontrollverordnung und der Konsolidierten Mitteilung der Kommission zu Zuständigkeitsfragen]

2.1.1. [Nennung der Unternehmen oder Personen, die allein oder gemeinsam jedes der beteiligten Unternehmen direkt oder indirekt kontrollieren, Beschreibung der Eigentumsstruktur und der Ausgestaltung der Kontrolle bei jedem der beteiligten Unternehmen vor Vollzug des Zusammenschlusses]

2.1.2. [Erläuterung, in welcher Form der geplante Zusammenschluss erfolgt:

a) Fusion,
b) Erwerb der alleinigen oder gemeinsamen Kontrolle oder
c) Vertrag oder anderes Mittel, das die direkte oder indirekte Kontrolle im Sinne des Art. 3 Abs. 2 der Fusionskontrollverordnung verleiht;
d) falls es sich um den Erwerb der gemeinsamen Kontrolle über ein Vollfunktionsgemeinschaftsunternehmen im Sinne des Art. 3 Abs. 4 der Fusionskontrollverordnung handelt, ist zu begründen, warum das Gemeinschaftsunternehmen das Vollfunktionskriterium erfüllt.]

2.1.3. [Erläuterung, wie der Zusammenschluss vollzogen werden soll (zum Beispiel durch Abschluss eines Vertrags, Unterbreitung eines öffentlichen Übernahmeangebots usw)]

2.1.4. [Angabe unter Bezugnahme auf Art. 4 Abs. 1 der Fusionskontrollverordnung, ob zum Zeitpunkt der Anmeldung im Hinblick auf die Herbeiführung des Zusammenschlusses folgende Schritte unternommen worden sind:

a) es wurde ein Vertrag geschlossen,

b) es wurde eine die Kontrolle begründende Beteiligung erworben,

c) es wurde ein öffentliches Übernahmeangebot unterbreitet (bzw. angekündigt),

oder

d) die beteiligten Unternehmen haben die Absicht glaubhaft gemacht, einen Vertrag zu schließen.]

2.1.5. [Angabe der geplanten Termine für die wichtigsten Schritte bis zum Vollzug des Zusammenschlusses]

2.1.6. Nach Vollendung des Zusammenschlusses sehen die Eigentums- und Kontrollverhältnisse wie folgt aus: . . . . .

2.2. Die wirtschaftlichen Beweggründe für den Zusammenschluss sind folgende: . . . . .

2.3. Wert des Zusammenschlusses: . . . . . (je nach Fall Kaufpreis oder Wert aller betroffenen Vermögenswerte). [Angabe, ob es sich um Eigenkapital, Barmittel oder sonstige Vermögenswerte handelt.]

2.4. Beschreibung der Art und des Umfangs einer etwaigen finanziellen oder sonstigen Unterstützung, die die beteiligten Unternehmen von der öffentlichen Hand erhalten haben.

2.5. Beleg mit ausreichenden Finanz- oder sonstigen Daten, dass die Umsatzschwellen für die Zuständigkeit gemäß Art. 1 der FKVO hinsichtlich des Zusammenschlusses erreicht ODER nicht erreicht sind, und Übermittlung für diesen Zweck für jedes der beteiligten Unternehmen die folgenden Informationen für das letzte Geschäftsjahr unter Verwendung der Mustertabelle der Kommission (zu finden auf der Website der GD Wettbewerb):

2.5.1. Weltweiter Umsatz:[7] . . . . .

2.5.2. EU-weiter Umsatz: . . . . .

2.5.3. EWR-weiter Umsatz (EU und EFTA): . . . . .

2.5.4. Umsatz in jedem Mitgliedstaat (gegebenenfalls Nennung des Mitgliedsstaats, in dem mehr als zwei Drittel des EU-weiten Umsatzes erwirtschaftet werden): . . . . .

2.5.5. EFTA-weiter Umsatz: . . . . .

2.5.6. Umsatz in jedem EFTA-Staat (ggf. Nennung des EFTA-Staats, in dem mehr als zwei Drittel des EFTA-weiten Umsatzes erwirtschaftet werden, und Angabe, ob sich der Gesamtumsatz der beteiligten Unternehmen im Gebiet der EFTA-Staaten auf 25 % oder mehr ihres EWR-weiten Gesamtumsatzes beläuft): . . . . .

3. Marktabgrenzung[8, 9, 10]

Die betroffenen sachlich und räumlich relevanten Märkte sind . . . . .

Plausible alternative sachlich und räumlich relevanten Märkte sind . . . . .

4. Informationen über die betroffenen Märkte

[Übermittlung der folgenden Informationen für jeden betroffenen Markt für das letzte Geschäftsjahr]

4.1. [Für jedes der an dem Zusammenschluss beteiligten Unternehmen die Art seiner Geschäftstätigkeit, die wichtigsten auf jedem dieser Märkte tätigen Tochtergesellschaften und/oder die wichtigsten dort verwendeten Marken und/oder Produktnamen.]

4.2. [Die geschätzte Gesamtgröße des Marktes nach Absatzwert (in EUR) und Absatzvolumen (Stückzahlen), Angabe der Grundlage und der Quellen für die Berechnungen und Beifügung der Unterlagen, die diese Berechnungen bestätigen.]

4.3. [Den Absatzwert und das Absatzvolumen sowie den geschätzten Marktanteil jedes der an dem Zusammenschluss beteiligten Unternehmen, falls die Marktanteile nicht auf der Ebene der Mitgliedstaaten angegeben werden, Nennung für jedes der an dem Zusammenschluss beteiligten Unternehmen den geographischen Standort der fünf größten Kunden.]

4.4. [Die geschätzten Marktanteile nach Wert (und ggf. Volumen) der drei größten Wettbewerber (sowie die Berechnungsgrundlage)]

4.5. [Im Falle eines Gemeinschaftsunternehmens, ob zwei oder mehrere der Muttergesellschaften in nennenswertem Umfang weiter auf demselben Markt wie das Gemeinschaftsunternehmen oder auf einem diesem vor- oder nachgelagerten Markt tätig sind.]

4.6. [Die voraussichtlichen Auswirkungen des geplanten Zusammenschlusses auf den Wettbewerb auf den betroffenen Märkten und auf die Interessen der Zwischen- und Endverbraucher.]

5. Einzelheiten zum Verweisungsantrag und Gründe für eine Verweisung

5.1. [Klarstellung, ob ein Antrag nach Art. 4 Abs. 4 oder Art. 4 Abs. 5 EG-Fusionskontrollverordnung gestellt wird][11]

5.2. Verweisung nach Art. 4 Abs. 4[12]

5.2.1. Das Vorhaben soll durch den Mitgliedstaat . . . . . geprüft werden. Zu diesem Mitgliedstaat wurden bereits informelle Kontakte aufgenommen.

5.2.2. Es wird eine Teilverweisung[13] beantragt. Der Antrag bezieht sich hierbei auf folgende Teile des Vorhabens: . . . . .

5.2.3. Die betroffenen Märkte in dem Mitgliedstaat . . . . . weisen alle Merkmale eines eigenständigen Marktes im Sinne von Art. 4 Abs. 4 EG-Fusionskontrollverordnung auf . . . . . [Erläuterung]

5.2.4. Auf den genannten eigenständigen Märkten im Sinne von Art. 4 Abs. 4 kann der Wettbewerb erheblich beeinträchtigt werden . . . . . [Erläuterung]

5.2.5. Wird der Mitgliedstaat . . . . . aufgrund einer Verweisung nach Art. 4 Abs. 4 für die Prüfung des vorliegenden Vorhabens zuständig, so stimmen die Antragsteller einer Verwendung der in diesem Formblatt enthaltenen Angaben im innerstaatlichen Verfahren des Mitgliedstaates zu (bzw. nicht zu).

5.3. Verweisung nach Art. 4 Abs. 5[14]

5.3.1. Aus nachfolgender Liste sämtlicher Mitgliedstaaten ergibt sich, ob das Vorhaben nach innerstaatlichem Wettbewerbsrecht der einzelnen Mitgliedstaaten geprüft werden kann oder nicht: . . . . .[15]

5.3.2. [Mittels ausreichender Wirtschafts- oder anderer Daten ist für jeden einzelnen Mitgliedstaat zu belegen, dass der Zusammenschluss die relevanten Zuständigkeitskriterien nach innerstaatlichem Wettbewerbsrecht jeweils erfüllt oder nicht erfüllt.]

5.3.3. Das Zusammenschlussvorhaben sollte aus den folgenden Gründen von der Kommission geprüft werden: . . . . . [Hier ist insbesondere zu erläutern, ob der Zusammenschluss den Wettbewerb über das Hoheitsgebiet eines Mitgliedstaates hinaus beeinträchtigen könnte.]

6. Erklärung[16]

Der bzw. die Antragsteller erklären nach bestem Wissen und Gewissen und nach sorgfältiger Prüfung, dass die Angaben in diesem Antrag wahr, richtig und vollständig[17] sind, dass originalgetreue und vollständige Kopien der nach diesem Formblatt vorzulegenden Unterlagen beigefügt wurden, dass alle Schätzungen als solche kenntlich gemacht und nach bestem Ermessen anhand der zugrunde liegenden Tatsachen abgegeben wurden und dass alle Auffassungen der aufrichtigen Überzeugung der Unterzeichnenden entsprechen.

Den Unterzeichnenden sind die Bestimmungen von Art. 14 Abs. 1 Buchst. a der EG-Fusionskontrollverordnung bekannt.

(Ort und Datum)

(Unterschriften)

(Name und Stellung)

(Im Namen von)

Anmerkungen

1. (Allgemeines) Früher konnten nur die Mitgliedstaaten Verweisungsanträge an die Kommission richten (vgl. hierzu Art. 9 und Art. 22 EG-Fusionskontrollverordnung, VO (EG) Nr. 139/2004). Seit Inkrafttreten der Reform der EG-Fusionskontrollverordnung zum 1.5.2004 haben nun gem. Art. 4 Abs. 4 und 5 EG-Fusionskontrollverordnung auch die Unternehmen selbst die Möglichkeit, schon vor Anmeldung ihres Zusammenschlussvorhabens eine Verweisung – sei es an einen bzw. mehrere Mitgliedstaaten, sei es an die Kommission – zu beantragen. In dem Formblatt RS für begründete Anträge nach Art. 4 Abs. 4 und 5 der EG-Fusionskontrollverordnung sind die Angaben aufgeführt, die von dem/den Unternehmen bei einem Verweisungsantrag zu unterbreiten sind. Das Formblatt RS *(reasoned submission)* findet sich im Anhang III der Durchführungsverordnung zur Fusionskontrollverordnung, VO (EG) Nr. 802/2004 in der Fassung vom 5.12.2013. Es wurde durch die das „*Merger Simplification Project*" umsetzende VO Nr. 1269/2013 vereinfacht. Um den genauen Umfang und die genaue Art der erforderlichen Angaben bestimmen zu können, ist eine vorherige Kontaktaufnahme (sog. Vorabkontakt) erfahrungsgemäß sowohl für den/die Beteiligten als auch für die zuständigen Behörden äußerst wertvoll. Deshalb sollten sich die Beteiligten bei der Kommission und den zuständigen Mitgliedstaaten über Umfang und Art der Angaben erkundigen, die sie ihrem begründeten Antrag zugrunde zu legen gedenken.

Die beteiligten Unternehmen können den auf der Website der GD Wettbewerb veröffentlichten Leitfaden *„Best Practices on the conduct of EC merger control proceedings"* zu Rate ziehen.

2. (Zuständige Behörde) EU-Kommission.

3. (Vertraulichkeit) Nach Art. 339 AEUV und Art. 17 Abs. 2 der EG-Fusionskontrollverordnung ist es der Kommission und den zuständigen Behörden der Mitgliedstaaten, der EFTA-Überwachungsbehörde und den EFTA-Staaten sowie deren Beamten und sonstigen Bediensteten, anderen unter Aufsicht dieser Behörden tätigen Personen und Beamten und Bediensteten anderer Behörden der Mitgliedstaaten untersagt, Kenntnisse preiszugeben, die unter das Geschäftsgeheimnis fallen und die sie bei der Anwendung der Verordnung erlangt haben. Dieser Grundsatz gilt auch für den Schutz der Vertraulichkeit unter den Antragstellern. Ist ein antragstellendes Unternehmen der Auffassung, dass seine Interessen gefährdet würden, wenn die verlangten Angaben veröffentlicht oder an andere weitergegeben würden, so sind die betreffenden Angaben in einer getrennten Anlage mit dem deutlichen Vermerk „Geschäftsgeheimnis" auf jeder Seite einzureichen. Dabei ist zu begründen, warum diese Angaben nicht weitergegeben oder veröffentlicht werden sollen. Bei einer Fusion oder einem gemeinsamen Erwerb oder in anderen Fällen, in denen der Antrag von mehr als einem Beteiligten vorgenommen wird, können Geschäftsgeheimnisse enthaltende Unterlagen in einem gesonderten Umschlag als Anlage mit entsprechendem Vermerk im Antrag eingereicht werden. Sämtliche Anlagen dieser Art müssen dem Antrag beigefügt sein, damit dieser als vollständig angesehen werden kann.

4. (Abfassung eines begründeten Antrags)

a) Der begründete Antrag ist in einer der Amtssprachen der Europäischen Union vorzunehmen. Diese Sprache ist dann für alle Antragsteller die Verfahrenssprache. Um die Bearbeitung des Formblatts RS durch die Behörden der Mitgliedstaaten zu erleichtern, wird den Beteiligten dringend nahegelegt, dem begründeten Antrag eine Übersetzung in eine oder mehrere Sprachen beizufügen, die von allen Empfängern des Antrags verstanden wird. Anträge auf Verweisung an einen oder mehrere Mitgliedstaaten sollten auch in den Sprachen dieses Staates/dieser Staaten eingereicht werden.

b) Beigefügte Schriftstücke sind in der Originalsprache vorzulegen. Handelt es sich hierbei nicht um eine Amtssprache der Union, so sind die betreffenden Unterlagen in die Verfahrenssprache zu übersetzen (Art. 3 Abs. 4 VO 802/2004). Beigefügte Unterlagen können Originale oder Kopien sein. In letzterem Fall hat der Antragsteller deren Richtigkeit und Vollständigkeit zu bestätigen.

c) Die nach diesem Formblatt verlangten Angaben sind gemäß den entsprechenden Abschnitten und Ziffern des Formblatts RS zu nummerieren. Bestimmte Unterlagen können der besseren Übersichtlichkeit halber in einer Anlage übermittelt werden. Allerdings ist darauf zu achten, dass sich die Kerninformationen im Korpus des Formblattes RS befinden. Anlagen sind nur als Ergänzung zu den im Formblatt selbst gelieferten Angaben zu verwenden.

d) Das Formblatt RS ist zusammen mit allen Unterlagen im Original, in dreifacher Papierausfertigung und zweifacher elektronischer Ausfertigung (CD/DVD) bei der Generaldirektion Wettbewerb der Kommission einzureichen (vgl. Mitteilung gem. Art. 3 Abs. 2 der Verordnung (EG) Nr. 802/2004, ABl. 2014 C 25, S. 04). Alle elektronischen Kopien des Formblatts RS und der Anlagen müssen in dem auf der Webseite der GD Wettbewerb angegebenen nutzbaren und suchfähigen Format übermittelt werden. Eventuelle Änderungen bezüglich verlangter Anzahl und verlangter Form werden im *Amtsblatt der Europäischen Union* und auf der Webseite der GD Wettbewerb veröffentlicht. Um die Registrierung am selben Tage zu gewährleisten, muss der Antrag montags bis donnerstags vor 17.00 Uhr sowie freitags und an Arbeitstagen, die einem der im Amtsblatt veröffentlichten Feier- oder Ruhetag vorausgehen, vor 16.00 Uhr bei der Kommission als Einschreiben eingehen oder (durch Boten) überbracht werden.

5. (Antragsbefugnis) Wer den begründeten Antrag stellen kann, richtet sich nach der Art des Zusammenschlusses: a) Im Falle eines Zusammenschlusses im Sinne von Art. 3 Abs. 1 Buchst. a oder der Begründung einer gemeinsamen Kontrolle an einem Unternehmen im Sinne des Art. 3 Abs. 1 Buchst. b der EG-Fusionskontrollverordnung ist der begründete Antrag von allen an dem Zusammenschluss beteiligten bzw. von den die gemeinsame Kontrolle erwerbenden Unternehmen gemeinsam vorzunehmen. b) Bei dem Erwerb einer die Kontrolle an einem anderen Unternehmen begründenden Beteiligung ist der begründete Antrag von dem Erwerber vorzunehmen. c) Bei einem öffentlichen Übernahmeangebot ist der begründete Antrag vom Bieter vorzunehmen.

6. (Bestellung von Vertretern) Begründeten Anträgen, die von Vertretern der Unternehmen unterzeichnet worden sind, ist eine schriftliche Vollmacht über die Vertretungsbefugnis beizufügen. In der Vollmacht müssen Name und Stellung der Vollmachtgeber ausgewiesen werden.

7. (Darstellung der Umsatzdaten) Die in dem Formblatt RS verlangten Finanzdaten sind in EUR zum durchschnittlichen Wechselkurs in den betreffenden Jahren oder Zeiträumen anzugeben.

8. (Marktdefinitionen) Die Marktmacht der neuen aus dem Zusammenschluss hervorgehenden Einheit wird anhand der sachlich und räumlich relevanten Märkte bewertet. Für die Angaben der Antragsteller gelten die Definitionen nach → Form. VIII.5.8 Anm. 11 entsprechend.

9. (Betroffene Märkte) Für die Angaben nach diesem Formblatt gelten als betroffene Märkte die sachlich und räumlich relevanten Märkte sowie plausible alternative sachlich und räumlich relevante Märkte auf denen im EWR:
a) zwei oder mehr der Beteiligten in demselben Produktmarkt tätig sind und der Zusammenschluss zu einem gemeinsamen Marktanteil von 20 % oder mehr führt (horizontale Beziehungen);
b) ein oder mehrere an dem Zusammenschluss beteiligte Unternehmen auf einem Produktmarkt tätig sind, der einem anderen Produktmarkt vor- oder nachgelagert ist, auf dem sich ein anderes an dem Zusammenschluss beteiligtes Unternehmen betätigt, und ihr Marktanteil auf einem dieser Märkte einzeln oder gemeinsam 30 % oder mehr beträgt, und zwar unabhängig davon, ob sie als Zulieferer bzw. Abnehmer des jeweils anderen Unternehmens fungieren oder nicht (vertikale Beziehungen).

10. (Angaben zu den betroffenen Märkten) Die Angaben sind für jeden betroffenen Markt und das letzte Geschäftsjahr zu tätigen.

11. (Einzelheiten zum Verweisungsantrag) Wird ein Antrag auf Verweisung an einen Mitgliedstaat gem. Art. 4 Abs. 4 EG-Fusionskontrollverordnung gestellt, ist nur der folgende Teilabschnitt 6.2 auszufüllen. Für einen Antrag auf Verweisung an die Kommission nach Art. 4 Abs. 5 EG-Fusionskontrollverordnung ist entsprechend nur Teilabschnitt 6.3 zu bearbeiten.

12. (Verweisung an die Mitgliedstaaten) Die Kommission leitet den Antrag unverzüglich an alle Mitgliedstaaten weiter. Der in dem begründeten Antrag genannte Mitgliedstaat ist gehalten, innerhalb von 15 Arbeitstagen nach Erhalt des Antrages mitzuteilen, ob er der Verweisung zustimmt. Trifft er in dieser Frist keine Entscheidung, gilt dies als Zustimmung. Soweit der im Antrag genannte Mitgliedstaat der Verweisung nicht widerspricht, kann die Kommission den Fall insgesamt oder teilweise an dessen zuständige Behörden verweisen. Diese Entscheidung ergeht innerhalb von 25 Arbeitstagen nach Eingang des Formblattes RS bei der Kommission. Trifft die Kommission innerhalb dieser Frist keine Entscheidung, so gilt der Fall als verwiesen (Art. 4 Abs. 4 UAbs. 4 FKVO). Wird der Fall verwiesen, so ist ausschließlich das Wettbewerbsrecht des betroffenen Mitgliedstaates anzuwenden.

13. (Teil- oder Komplettverweisung) Soll der Zusammenschluss nicht nur teilweise, sondern im Ganzen an einen oder mehrere Mitgliedstaaten verwiesen werden, so ist an dieser Stelle zu bestätigen, dass außerhalb des Hoheitsgebiets des (der) betreffenden Mitgliedstaates (-en) keine Märkte betroffen sind.

14. (Verweisung an die Kommission) Im Gegensatz zur Verweisung nach Art. 4 Abs. 4 EG-Fusionskontrollverordnung ist eine Teilverweisung an die Kommission nicht vorgesehen. Die Kommission leitet den Antrag unverzüglich an alle Mitgliedstaaten weiter. Jeder Mitgliedstaat, der nach seinem Wettbewerbsrecht für die Prüfung des Zusammenschlusses zuständig ist, kann innerhalb von 15 Arbeitstagen die beantragte Verweisung ablehnen. Lehnt nur ein Mitgliedstaat die beantragte Verweisung fristgemäß ab, so wird der Fall nicht an die Kommission verwiesen. Hat hingegen kein Mitgliedstaat die Verweisung abgelehnt, so wird die gemeinschaftsweite Bedeutung des Zusammenschlusses vermutet und der Zusammenschluss ist bei der Kommission anzumelden. In diesem Fall findet nur die EG-Fusionskontrollverordnung auf den Zusammenschluss Anwendung.

Aus Sicht der Unternehmen hat die Verweisung nach Art. 4 Abs. 5 EG-Fusionskontrollverordnung den großen Vorteil der Konzentrationswirkung („one stop shop“). Nicht übersehen werden sollte aber auch die Gefahr, die mit einer solchen Verweisung verbunden ist: Während der Zusammenschluss nach den nationalen Vorschriften möglicherweise nur in einzelnen Ländern der Prüfung unterliegt, wird er von der Kommission gemeinschaftsweit, also in allen Mitgliedstaaten, geprüft, auch wenn das Vorhaben nach dem mitgliedstaatlichen Fusionskontrollrecht gar nicht der Fusionskontrolle unterliegt.

15. (Liste der Mitgliedstaaten) Ob der Zusammenschluss nach innerstaatlichem Wettbewerbsrecht der Mitgliedstaaten geprüft werden kann, ist in Bezug auf sämtliche Mitgliedstaaten zu beantworten. Zu jedem Mitgliedstaat ist daher „JA“ oder „NEIN“ anzugeben. Keine Antwort gilt als „JA“. Darüber hinaus bittet die Kommission die beteiligten Unternehmen zusammen mit dem Formblatt RS eine Liste der Hoheitsgebiete außerhalb des EWR vorzulegen, in denen der Zusammenschluss vor oder nach seiner Vollendung einer fusionskontrollrechtlichen Genehmigung bedarf. Dies dient zum einen der Verbesserung der internationalen Zusammenarbeit zwischen Kommission und anderen Wettbewerbsbehörden, zum anderen bringt dies auch erhebliche Vorteile für die beteiligten Unternehmen mit sich.

16. (Erklärung) Der begründete Antrag ist mit einer Erklärung abzuschließen, die von allen Antragstellern oder in deren Namen unterzeichnet werden muss. Nichtunterzeichnete Anträge sind unwirksam. Name und Funktion der den Antrag unterzeichnenden Person(en) sind anzugeben.

17. (Vollständigkeit) Sämtliche Angaben in diesem Formblatt müssen richtig und vollständig sein (Art. 5 der Durchführungsverordnung zur EG-Fusionskontrollverordnung, VO 802/2004). Die Hinweise unter → Form. VIII.5.8 Anm. 20 gelten entsprechend.

6. Europäisches Klageverfahren

6.1 Nichtigkeitsklage gegen Kommissionsentscheidung (Art. 263 Abs. 4 AEUV)[1]

An

die Kanzlei

des Gerichts[2]

der Europäischen Union

Rue du Fort Niedergrünewald

L-2925 Luxembourg

. . . . . [Ort], den . . . . . [Datum][3]

Klage

In der Rechtssache[4]

der A-GmbH, Straße, PLZ, Ort, vertreten durch den Geschäftsführer . . . . .

– Klägerin –

Prozessbevollmächtigte:[5] . . . . .

[Zustellungsbevollmächtigte: . . . . .][6]

gegen

die Kommission der Europäischen Union , Rue de la Loi 200, B-1049 Brüssel

– Beklagte –

wegen einer Konkurrentenklage gegen die Entscheidung der Kommission vom . . . . . (Az.: . . . . .) erheben wir Klage[7, 8, 9, 10] und beantragen[11]

1. die Entscheidung der Kommission vom . . . . . (Az.: . . . . .) gemäß Art. 263 Abs. 4 AEUV für nichtig zu erklären;
2. der Kommission aufzuerlegen, gemäß Art. 134 Abs. 1 der Verfahrensordnung des Gerichts, die notwendigen Kosten[12] zu ersetzen.

Diesem Antrag sind beigefügt:[13]

- Prozessvollmacht in Anlage 1;[14]
- Handelsregisterauszug der Klägerin in Anlage 2; hieraus ergibt sich auch die Vertretungsbefugnis des Geschäftsführers, der die Prozessvollmacht unterschrieben hat;[15]
- Bescheinigung des Präsidenten des Landgerichts . . . . . über die Zulassung von Rechtsanwältin . . . . . als Rechtsanwältin in . . . . . in Anlage 3;[16]
- Kopie der noch nicht veröffentlichten, um Geschäftsgeheimnisse bereinigten Entscheidung der Kommission vom . . . . . (Az.: . . . . .) in Anlage 4;[17]

- [Eine Übermittlung der Anlage 5 in . . . . . -facher Ausfertigung erfolgt auf dem Postweg/wurde der Kanzlei übergeben, weil eine Übermittlung mittels e-Curia nach der Art der Anlage nicht möglich war.]

[Gem. Art. 48 Abs. 2 VerfO-EuGH erklären wir uns als Prozessbevollmächtigte damit einverstanden, dass Zustellungen an uns mittels Fernkopierer oder sonstiger technischer Kommunikationsmittel erfolgen. Zustellungen können bewirkt werden an Frau Rechtsanwältin . . . . ., Telefax-Nr. . . . . bzw. E-Mail-Anschrift: . . . . .][18]

Begründung:

I. Sachverhalt[19]

1. Die Entscheidung der Kommission . . . . .
2. Die Parteien . . . . .
3. Das vorangegangene Verfahren . . . . .

II. Zulässigkeit der Klage

. . . . .

III. Begründetheit der Klage[20, 21, 22]

. . . . .

Rechtsanwältin

Anmerkungen

Hinweise: Die Anforderungen an die Verfahrensschriftstücke hängen an einigen Stellen in erheblicher Weise davon ab, ob ein Verfahren vor dem EuGH oder dem EuG angestrebt wird. Dies ist auf folgenden Umstand zurückzuführen: Zur Förderung der papierlosen Kommunikation zwischen den Vertretern der Parteien vor dem Gericht und der Kanzlei des Gerichts wurde die Möglichkeit geschaffen, Verfahrensschriftstücke auf elektronischem Wege über „e-Curia" (https://curia.europa.eu/e-Curia) einzureichen. Voraussetzung für die Nutzung von „e-Curia" ist die Eröffnung eines entsprechenden Zugangskontos. Die Anweisungen zur Nutzung von „e-Curia" sowie weitere Hilfestellungen finden sich auf der Website des Gerichtshofes. Während die Verwendung von „e-Curia" bei Verfahren vor dem EuG seit Herbst 2018 verpflichtend ist (Art. 56a Abs. 1 und 72 Abs. 1 VerfO-EuG), haben die Parteien bei Verfahren vor dem EuGH nach wie vor die Möglichkeit Verfahrensstücke auf nicht elektronischem Wege einzureichen. Dadurch ergeben sich jedoch teilweise unterschiedliche Anforderungen. In den folgenden Anmerkungen werden deshalb die Anforderungen an den jeweils relevanten Stellen separat dargestellt. An Stellen, an denen sich keine Unterschiede ergeben, werden die entsprechenden Nachweise aus beiden Verfahrensordnungen zitiert, wobei selbstverständlich je nach Zuständigkeit des Gerichts jeweils nur die entsprechende Verfahrensordnung einschlägig ist.

Grundlagen: Für Klagen vor dem EuG und dem EuGH sind deren Verfahrensordnungen zu beachten: Verfahrensordnung des EuGH vom 25.9.2012 in der Fassung vom 26.11.2019, ABl. 2019 L 316, 103; Satzung des Gerichtshofes der Europäischen Union v. 26.2.2001, in der Fassung vom 25.4.2019, ABl. 2019 L 111, 1; Verfahrensordnung des EuG vom 4.3.2015 in der Fassung vom 11.7.2018 (ABl. 2018 L 240, 68). Zu beachten ist, dass die Verfahrensordnung des EuG im Jahr 2016 umfassend neu gestaltet wurde, sodass sich nun in einzelnen Punkten auch Abweichungen von der Verfahrensordnung des EuGH ergeben. Darüber hinaus hat das EuG „praktische Durchführungsbestimmungen zur Verfahrensordnung des Gerichts" (ABl. 2015, L 152, 1 in der geänderten Fassung vom 17.10.2018; nachfolgend: „praktische Durchführungsbestimmungen des EuG") und der EuGH „praktische Anweisungen für die Parteien in den Rechtssachen vor dem Gerichtshof" (ABl. 2020 L 42, 1; nachfolgend: „praktische Anweisungen des EuGH") herausgegeben. Zu beachten sind auch der „Beschluss des Gerichts über die Einreichung und die Zustellung von Verfahrensschriftstücken im Wege der Anwendung „e-Curia" (ABl. 2018 L 240, 72, nachfolgend: Beschl. EuG zur Anwendung von „e-Curia") sowie der „Beschluss des Gerichtshofes über die Einreichung und Zustellung von Verfahrensschriftstücken im Wege der Anwendung e-Curia" (ABl. 2018 L. 293, 36, nachfolgend: Beschl. EuGH zur Anwendung von „e-Curia").

1. (Allgemeines) Nach Art. 263 Abs. 4 AEUV kann jede natürliche und juristische Person unter den Voraussetzungen des Art. 263 Abs. 1 AEUV gegen die an sie gerichteten oder sie unmittelbar oder individuelle betreffenden Handlungen, sowie gegen Rechtsakte mit Verordnungscharakter, die sie unmittelbar betreffen und keine Durchführungsmaßnahmen nach sich ziehen, Klage erheben (vgl. auch die Muster bei *Dervisopoulos* in *Rengeling/Middeke/Gellermann*, Handbuch des Rechtsschutzes in der Europäischen Union, 2014, § 7 Rn. 127 „Muster einer Klageschrift"; Mes/*Prieß/Klasse* Prozessformularbuch, 2736 ff. „Nichtigkeitsklage gegen eine Rechtsakt der Europäischen Union gem. Art. 263 Abs. 4 AEUV").

2. (Zuständiges Gericht) Zu unterscheiden sind der Europäische Gerichtshof (EuGH) und das Gericht der Europäischen Union (EuG). Das EuG ist im ersten Rechtszug für alle Nichtigkeitsklagen zuständig, sofern – wie bei Nichtigkeitsklagen von privaten und juristischen Personen gegen kartellrechtliche Entscheidungen der Kommission – keine Ausnahme aufgrund der Satzung des EuGH besteht (Art. 256 Abs. 1 AEUV). Bei Zuständigkeit des EuGH ist lediglich das Gericht entsprechend auszutauschen. Die Adresse ist für beide Gerichte identisch.

3. (Datum) Die Klage muss aus verfahrensrechtlichen Gründen mit einem Datum versehen werden (Art. 57 Abs. 6 VerfO-EuGH, Art. 72 Abs. 2 VerfO-EuG). Für die Berechnung der Fristen ist jedoch der Eingang beim Gericht maßgeblich.

4. (Rubrum) In dem Rubrum muss der Name und Wohnsitz des Klägers angegeben und der Beklagte bezeichnet werden (Art. 120 VerfO-EuGH bzw. Art. 76 VerfO-EuG).

5. (Prozessbevollmächtigter) Parteien, die nicht Mitgliedstaaten, Unionsorgane oder Vertragsstaaten des EWR-Abkommens sind, müssen vor dem Europäischen Gerichtshof nach Art. 19 Abs. 3 der Satzung des EuGH, Art. 119 Abs. 1 VerfO-EuGH anwaltlich vertreten werden. Für das Gericht gilt ebenfalls ein Vertretungszwang nach Art. 19 Abs. 3 iVm Art. 53 Abs. 1 der Satzung des EuGH und Art. 51 Abs. 1 VerfO-EuG. Der Anwalt muss berechtigt sein, vor einem Gericht eines Mitgliedstaates oder eines anderen Vertragsstaates des EWR-Abkommens aufzutreten.

6. (Zustellungsbevollmächtigter) Die Angabe einer Zustellungsanschrift am Ort des Gerichtssitzes ist generell nicht mehr erforderlich. Dennoch ist es ggf. erforderlich anzugeben, an wen das Gericht im Laufe des weiteren Verfahrens Schriftstücke zustellen darf. Dabei ergeben sich je nach Zuständigkeit des Gerichts Besonderheiten:

Verfahren vor dem EuG: Eine Zustellung von Verfahrensschriftstücken durch das Gericht erfolgt grundsätzlich über „e-Curia" (Art. 56a Abs. 1 VerfO-EuG). Damit erfolgt eine Zustellung automatisch an den Inhaber eines entsprechenden Zugangskontos in den betreffenden Rechtssachen (Art. 6 Abs. 1 Beschl. des EuG zur Anwendung von „e-

Curia“). Die Zustellung erfolgt also an diejenige Person, die die Verfahrensschriftstücke über „e-Curia“ bei der Kanzlei eingereicht hat. Aus diesem Grund ist es überflüssig darüber hinaus einen Zustellungsbevollmächtigten zu benennen.

Verfahren vor dem EuGH: Da bei einem Verfahren vor dem EuGH die Nutzung von „e-Curia“ nicht verpflichtend ist, müssen in der Klageschrift grundsätzlich Name und Adresse einer Person angegeben sein, die ermächtigt ist, Zustellungen entgegenzunehmen. Dies kann auch der Prozessbevollmächtigte sein (vgl. Art. 121 Abs. 1 u. 2 VerfO-EuGH). Werden die Verfahrensschriftstücke jedoch über „e-Curia“ eingereicht, so erfolgt auch in dem Verfahren vor dem EuGH eine Zustellung an den entsprechenden Inhaber des „e-Curia“-Kontos (Art. 6 Abs. 1 Beschl. des EuGH zur Anwendung von „e-Curia“), ohne dass es einer zusätzlichen Benennung eines Zustellungsbevollmächtigten bedarf.

7. (Klagebefugnis) Natürliche und juristische Personen sind berechtigt, eine Nichtigkeitsklage gegen Entscheidungen der Kommission zu erheben. Für die Klageberechtigung kommt es nicht darauf an, ob es sich um Staatsangehörige eines EU-Mitgliedstaates handelt oder ob sie ihren Wohnsitz oder gewöhnlichen Aufenthalt bzw. ihren Gründungs- und Geschäftssitz in einem Mitgliedstaat haben. Klagebefugt sind natürliche und juristische Personen, wenn der Rechtsakt an sie gerichtet ist, oder sie unmittelbar und individuell betroffen sind oder es um einen Rechtsakt mit Verordnungscharakter geht, der sie unmittelbar betrifft (Art. 263 Abs. 4 AEUV). Soweit die betreffende Entscheidung gegenüber dem Kläger ergangen ist, ergibt sich dessen Klagebefugnis also schon aus seiner Adressatenstellung. Bei einer Nichtigkeitsklage gegen eine an einen Dritten („andere Person“) adressierten Handlung muss genau geprüft werden, ob der Kläger unmittelbar und individuell betroffen ist (Art. 263 Abs. 4 AEUV): Das Kriterium der **„individuellen Betroffenheit“** dient dem Ausschluss der Popularklage. „Individuelles Betroffensein“ liegt vor, wenn der Rechtsakt den Kläger wegen bestimmter persönlicher Eigenschaften oder besonderer, ihn aus dem Kreis aller übrigen Personen heraushebender Umstände berührt und ihn daher in ähnlicher Weise individualisiert wie den Adressaten („Plaumann-Formel“ st. Rspr. seit EuGH 25/62, Slg. 1963, 213 (238) – Plaumann/Kommission). Das gegen eine kartellrechtliche Entscheidung der Kommission klagende Unternehmen muss also in seiner Wettbewerbsstellung derart berührt sein, dass es sich von allen anderen auf dem Markt tätigen Unternehmen unterscheidet. Eine individuelle Betroffenheit kann sich auch aus **Verfahrensrechten** ergeben. Im Kartellverfahren sind zB diejenigen Unternehmen klagebefugt, deren Antrag nach Art. 7 Abs. 1 Verordnung Nr. 1/2003 auf Feststellung einer kartellrechtlichen Zuwiderhandlung durch eine Entscheidung der Kommission abgelehnt wurde. Ähnlich ist die Situation im Bereich der **Fusionskontrolle**, wo Konkurrenzunternehmen nach Art. 18 Abs. 4 VO 139/2004 auf Antrag die Gelegenheit zur Stellungnahme haben. Ob der Kläger auch bei nicht wahrgenommenen Verfahrensrechten individuell betroffen ist, ist eine Frage des Einzelfalles. Die Rechtsprechung ist hier sehr zurückhaltend (vgl. Rengeling/Middeke/Gellermann/*Dervisopoulos* § 7 Rn. 63 mwN). Durch das Kriterium der **„unmittelbaren Betroffenheit“** soll das Klagerecht Einzelner gegen Normativakte ausgeschlossen werden, denen hiergegen möglicherweise Rechtsbehelfe vor nationalen Gerichten zustehen (vgl. Rengeling/Middeke/Gellermann/*Dervisopoulos* § 7 Rn. 57). Nach ständiger Rspr. des EuGH ist ein Einzelner dann unmittelbar betroffen, wenn die beanstandete Entscheidung sich auf seine Rechtsstellung unmittelbar auswirkt und ihren Adressaten, die mit der Durchführung betraut sind, keinerlei Ermessensspielraum lässt, diese Durchführung vielmehr rein automatisch erfolgt und sich allein aus der Unionsregelung ergibt, ohne dass weitere Vorschriften angewendet werden.

Im **Subventionsrecht** kann der aktuelle oder potentielle **Beihilfenempfänger** Nichtigkeitsklage gegen eine etwaige ablehnende Entscheidung der Kommission, eine Rückforderungsanordnung oder auch Auflagen und Bedingungen in einer Genehmigungsentscheidung erheben (Art. 263 Abs. 4 AEUV). Zwar ist er nicht Adressat der Entscheidung; diese ist an den Mitgliedsstaat gerichtet. Er wird von ihr jedoch unmittelbar und individuell betroffen und ist damit klagebefugt, wenn die Subvention nicht allgemein, sondern speziell seinem Unternehmen gewährt wurde bzw. werden sollte (EuG T-86/86, Slg. 1999, II-179 Leitsätze – Arbeitsgemeinschaft deutscher Luftfahrtunternehmen/Kommission). Hinsichtlich der Klagebefugnis für **Konkurrenten** gilt Folgendes: Eine Entscheidung der Kommission am Ende eines **Vorprüfungsverfahrens,** nach der die angemeldete Maßnahme keine Beihilfe darstellt oder die Beihilfe mit dem gemeinsamen Markt vereinbar ist, berührt den Wettbewerber des Begünstigten nach ständiger Rechtsprechung des EuGH individuell und unmittelbar. Der Grund dafür ist, dass die Kommission dem Wettbewerber damit praktisch die Unterstützung versagt. Er kann dagegen mit einer Nichtigkeitsklage nach Art. 263 Abs. 4 AEUV vorgehen. Die Ablehnung eines Hauptprüfungsverfahrens bedingt, dass Wettbewerbern keine Möglichkeit zur Stellungnahme eingeräumt wird. Die formelle Verfahrensbeteiligung der Wettbewerber ist nur im Hauptprüfungsverfahren vorgesehen. Dieses **verfahrensrechtliche Argument der Nichtanhörung reicht aus,** um individuelle Betroffenheit als Voraussetzung für eine Nichtigkeitsklage zu bejahen (EuGH C-198/91, Slg. 1993, I-2487 Rn. 22–26 – Cook/Kommission). Auch gegen abschließende und ihn beschwerende Entscheidungen der Kommission im **Hauptprüfungsverfahren,** etwa die Genehmigung der angemeldeten Beihilfe, kann ein Wettbewerber des Beihilfenempfängers im Wege der Nichtigkeitsklage beim EuGH vorgehen. Im Falle einer Klage gegen eine Entscheidung im Hauptprüfungsverfahren kann sich der Wettbewerber allerdings nicht mehr auf das oben skizzierte Verfahrensargument berufen (EuG T-86/98, Slg. 1999, II-179 Leitsätze – Arbeitsgemeinschaft deutscher Luftfahrtunternehmen/Kommission). Der EuGH und das EuG sehen es aber als ausreichend an, wenn der Wettbewerber stichhaltig darlegt, dass er in **unmittelbarem Wettbewerb** mit dem durch die Beihilfen geförderten Unternehmen steht und es durch die Gewährung der Beihilfe zu einer Wettbewerbsverzerrung im Verhältnis zu dem begünstigten Unternehmen kommt (S. zB *Götz,* Subventionsrecht, in *Dauses,* Handbuch des EU-Wirtschaftsrechts, Band 2, H III Rn. 114 mit Nachweisen aus der Rechtsprechung des EuGH) und wenn er eine maßgebliche Rolle im Vorverfahren gespielt hat, ua die Beschwerde veranlasst hat, angehört wurde und durch seine Erklärungen den Verfahrensablauf weitgehend bestimmt hat. Solche Verfahrensrechte ergeben sich aus Art. 108 Abs. 2 AEUV, der „dem Beteiligten Äußerungsrechte einräumt" (vgl. *Schroth/Koch,* Subventionsbeschwerde, München 2001, S. 7). Im Vergleich zu Klagen gegen Entscheidungen im Vorprüfungsverfahren sind die Hürden für den klagenden Konkurrenten damit erheblich höher.

8. (Verfahrenssprache) Jede Rechtssache hat ihre Verfahrenssprache, welche jede der Amtssprachen der Union sein kann (Art. 36 VerfO-EuGH bzw. Art. 44 VerfO-EuG). Grundsätzlich wählt der Kläger die Verfahrenssprache, soweit die jeweilige Verfahrensordnung nichts anderes bestimmt (Art. 37 VerfO-EuGH bzw. Art. 45 VerfO-EuG). Es empfiehlt sich, eine der drei Hauptsprachen (Englisch, Französisch, Deutsch) der EU zu wählen, da die meisten Richter diese drei Sprachen verstehen und somit Übersetzungsprobleme nicht entstehen. Die Parteien müssen ihre Schriftstücke in der Verfahrenssprache einreichen (Art. 38 Abs. 1 und 2 VerfO-EuGH bzw. Art. 35 Abs. 1 und 2 VerfO-EuG). Richter und Generalanwälte können sich während der mündlichen Verhandlung einer anderen Sprache als der Verfahrenssprache bedienen (Art. 38 Abs. 8 VerfO-EuGH bzw. Art. 46 Abs. 7 VerfO-EuG). Sitzungsbericht, Schlussanträge und das Urteil sind nur in der Verfahrenssprache verbindlich (Art. 41 VerfO-EuGH bzw. Art. 46 VerfO-EuG).

9. (Form) Die Klageschrift muss den Vorschriften des Art. 120 VerfO-EuGH bzw. Art. 76 VerfO-EuG entsprechen. Zu den wesentlichen Elementen der Klageschrift gehören: Name und Sitz des Klägers, Bezeichnung des Beklagten, der Streitgegenstand und eine kurze Darstellung der Klagegründe, Klageanträge, ggf. die Bezeichnung der Beweismittel. Der Kläger muss daher zumindest einen der in Art. 263 Abs. 2 AEUV genannten vier

Klagegründe (Unzuständigkeit, Formfehler, Vertragsverletzung oder Ermessensmissbrauch) angeben. Nützlich ist auch die auf der Webseite des Gerichtshofes veröffentlichte „Merkliste – Klageschrift", die unter anderem Hinweise zur Gestaltung der Klageschrift enthält. Für die allgemeine formale Gestaltung der Schriftstücke sind die praktischen Durchführungsbestimmungen des EuG S. 14 f. (bzw. praktischen Anweisungen des EuGH S. 9 f.) zu beachten. Sämtliche Absätze des Schriftsatzes sind fortlaufen zu nummerieren.

Zu beachten ist auch, dass in allen Rechtssachen außer solchen des geistigen Eigentums eine Zusammenfassung der Klagegründe und wesentlichen Argumente in der Verfahrenssprache einzureichen ist (vgl. „Merkblatt – Klageschrift" S. 5). Diese dient dazu die Abfassung der im *Amtsblatt der Europäischen* Union erscheinenden Mitteilung zu erleichtern. Die Zusammenfassung soll zwei Seiten nicht überschreiten und getrennt von der Klageschrift und den Anlagen per E-Mail (GC.Registry@curia.europa.eu) eingereicht werden. Ein Muster ist auf der Website des Gerichtshofes zu finden.

Grundsätzliche Form bei Verwendung von „e-Curia": Verfahrensschriftstücke sind als pdf einzureichen. Werden bei der Einreichung von Verfahrensschriftstücken über „e-Curia" die persönliche Benutzerkennung und das persönliche Passwort des Inhabers des Nutzerkontos verwendet, gilt dies als Unterzeichnung des eingereichten Verfahrensschriftstücks. Eine handschriftliche Unterzeichnung ist dann nicht erforderlich. Dem über „e-Curia" eingereichten Verfahrensschriftstück sind auch die darin erwähnten Anlagen und deren Verzeichnis beizufügen. Das Einreichen von beglaubigten Kopien der über „e-Curia" eingereichten Verfahrensschriftstücke sowie der Anlagen ist nicht erforderlich (vgl. die Art. der Beschlüsse des EuG und des EuGH zur Anwendung von „e-Curia"). Weitere Informationen zur allgemeinen Nutzung von „e-Curia" sind auf der Website des Gerichtshofes zu finden.

Verfahren vor dem EuG: Seit der letzten Änderung der Verfahrensordnung des EuG vom 11.7.2018 (ABl. 2018 L 240, 68) ist die Einreichung sämtlicher Verfahrensschriftstücke grundsätzlich nur noch mittels „e-Curia" möglich (vgl. Art 72 Abs. 1 VerfO-EuG). Ausnahmen gibt es nur für besonders vertrauliche Angelegenheiten (vgl. Art. 105 Abs. 1 und 2 VerfO-EuG) sowie bei der Antragsstellung auf Bewilligung von Prozesskostenhilfe, sofern der Kläger nicht anwaltlich vertreten ist (vgl. Art. 147 Abs. 6 VerfO-EuG). Kann eine Anlage zu einem Verfahrensschriftstück ihrer Art nach nicht mittels „e-Curia" eingereicht werden, so ist die betreffende Anlage getrennt über den Postweg zu übermitteln oder der Kanzlei zu übergeben. Der Benutzer hat die Kanzlei des Gerichts über diesen Umstand umgehend per E-Mail (GC.Registry@curia.europa.eu) zu informieren. In einem solchen Fall sind von der Anlage ein Exemplar für das Gericht und je ein Exemplar für jede andere am Rechtsstreit beteiligte Partei einzureichen. Dabei muss die einreichende Partei die Übereinstimmung dieser Exemplare mit dem Original bestätigen (vgl. Art. 72 Abs. 4 VerfO-EuG). Durch die Verwendung der Benutzerkennung und des persönlichen Passworts übernimmt der Benutzer die Verantwortung für den Inhalt der eingereichten Schriftstücke (praktische Durchführungsbestimmungen des EuG S. 14 Rn. 79). Weitere Hinweise zur Gestaltung der Verfahrensschriftstücke und zugehöriger Anlagen sind in den praktischen Durchführungsbestimmungen des EuG auf S. 14 ff. zu finden. In anderen Verfahren, als solchen nach Art. 270 AEUV und Rechtssachen des geistigen Eigentums, darf die Klageschrift maximal 50 Seiten umfassen (vgl. praktische Durchführungsbestimmungen des EuG S. 19).

Verfahren vor dem EuGH: Sofern die Verfahrensschriftstücke über „e-Curia" eingereicht werden, gelten die oben beschriebenen Anforderungen. Bei einem Verfahren vor dem EuGH ist die Nutzung von „e-Curia" jedoch nicht verpflichtend. Sofern die Verfahrensschriftstücke nicht auf elektronischem Weg eingereicht werden, hat die Einreichung auf postalischem Weg oder durch Übergabe an die Kanzlei zu erfolgen. Die Urschrift ist vom Bevollmächtigten handschriftlich zu unterzeichnen. Mit der Urschrift sind fünf Abschriften für das Gericht und je eine Abschrift für jede andere am Rechtsstreit beteiligte Partei einzureichen. Die Abschriften sind zu beglaubigen. Dasselbe gilt für etwaige Anlagen (Art. 57 VerfO-EuGH). Die Klageschrift vor dem EuGH sollte nach den praktischen Anweisungen des EuGH (S. 5 Rn. 12) 30 Seiten nicht überschreiten.

10. (Frist) Die Nichtigkeitsklage ist binnen zweier Monate ab der Bekanntgabe, Mitteilung bzw. Kenntniserlangung von der beanstandeten Handlung zu erheben (Art. 263 Abs. 6 AEUV). Mit Rücksicht auf die räumliche Entfernung zum Sitz des EuG in Luxemburg verlängert sich die Frist gem. Art. 51 VerfO-EuGH bzw. Art. 60 VerfO-EuG um eine **zusätzliche pauschale Entfernungsfrist von zehn Tagen.** Der Fristbeginn wird durch Art. 263 Abs. 5 AEUV sowie durch Art. 50 VerfO-EuGH bzw. Art. 59 VerfO-EuG festgelegt, wonach die Fristen für die Erhebung der Klage am Tag nach der Bekanntgabe an den Betroffenen beginnt, oder, wenn die Entscheidung veröffentlicht wird, am 15. Tag nach ihrem Erscheinen im Amtsblatt der EU. Die Frist zur Einreichung der Klage ist eine Ausschlussfrist. Für die Berechnung der Fristen ist der Eingang beim Gericht maßgeblich. Sofern die Verfahrensschriftstücke über „e-Curia" eingereicht werden, ist der maßgebliche Zeitpunkt für den Zugang die Validierung der Einreichung in dem „e-Curia" Benutzerkonto des Vertreters (Art. 5 Abs. 1 Beschl. des EuG bzw. EuGH zur Anwendung von „e-Curia"). Verfahrensstücke, die nach Ablauf der Frist eingehen, können nur aufgrund einer entsprechenden Entscheidung des Präsidenten berücksichtigt werden (vgl. Art 72 VerfO-EuG).

11. (Antrag) Die Klageschrift muss gem. Art. 130 VerfO-EuGH bzw. Art. 76 VerfO-EuG die Klageanträge enthalten. Es kann im Laufe des Verfahrens grundsätzlich kein neuer Antrag gestellt werden. Neben dem Hauptantrag sollte der Anwalt stets einen Kostenantrag stellen. Nur dann bekommt der Kläger im Falle des Obsiegens die Kosten ersetzt.

12. (Kosten) Grundsätzlich sind Verfahren vor dem EuG und EuGH gerichtskostenfrei (Art. 143 VerfO-EuGH, Art. 139 VerfO-EuG). Diese Kosten trägt die Allgemeinheit über die dem Gerichtshof im Rahmen des Gesamthaushalts der EU zur Verfügung gestellten Mittel. Ausnahmen gelten für vermeidbare Kosten, für außergewöhnliche Schreib- und Übersetzungsarbeiten und für Kosten der Zeugen und Sachverständigen. Die außergerichtlichen Kosten von Parteien und Streithelfern sind erstattungsfähig. Die unterliegende Partei wird jedoch nur auf Antrag zur Tragung der Kosten verurteilt (vgl. Art. 138 Abs. 1 VerfO-EuGH bzw. 134 Abs. 1 VerfO-EuG). Fehlt es an einem Kostenantrag, so trägt die Partei ihre Kosten selbst. Zu den erstattungsfähigen Kosten gehören in der Regel die der Rechtsanwälte und Bevollmächtigten der Parteien und die durch die Benennung eines Zustellungsbevollmächtigten entstandenen Kosten, ferner auch Aufwendungen für Vorbereitung und Durchführung des Verfahrens (zB Reise- und Aufenthaltskosten, Porto, Telefon, Verdienstausfall usw). Grundsätzlich trägt die unterlegene Partei die Kosten, und zwar sowohl die eigenen als auch die des Gegners einschließlich der des Streithelfers des obsiegenden Gegners. Bei einem teilweisen Obsiegen verteilt der EuGH die Kosten nach eigenem Ermessen oder beschließt, dass die Parteien ihre eigenen Kosten tragen. Es steht weitgehend im Ermessen des EuGH, wie weit er die unterlegene Partei von den Kosten der (obsiegenden) Partei befreit (vgl. Art. 138 Abs. 3 VerfO-EuGH bzw. Art. 134 Abs. 3 VerfO-EuG). Im Tenor der Entscheidung des Gerichts wird nur festgelegt, wer die Kosten ganz oder teilweise trägt, nicht hingegen die Höhe der auszugleichenden Beträge. Können sich die Parteien außergerichtlich nicht bezüglich der Höhe der Kostentragung einigen, so entscheidet das Gericht auf Antrag einer Partei im Rahmen eines Kostenfestsetzungsverfahrens nach Art. 170 Abs. 3 VerfO-EuG bzw. Art. 145 Abs. 1 VerfO-EuGH (→ Form. VIII.6.9) durch unanfechtbaren Beschluss auch über die Höhe. Da das Gemeinschaftsrecht keine Gebührenordnung kennt, treffen die Richter die Festsetzung je nach Einzelfall (vgl. Wiedemann/*Schütte*, Handbuch des Kartellrechts, § 49 Rn. 107 ff.).

13. (Allgemeine Anforderungen an die Anlagen) Nach Art. 72 Abs. 3 VerfO-EuG (bzw. Art. 57 Abs. 4 VerfO-EuGH) sind den Verfahrensschriftstücken die zur Unterstützung herangezogenen Unterlagen sowie ein Verzeichnis dieser Unterlagen beizufügen. Die praktischen Durchführungsbestimmungen des EuG machen auf S. 15 f. (bzw. die praktischen Anweisungen des EuGH auf S. 9 f.) genaue Vorgaben zur Gestaltung des Anlagenverzeichnisses sowie der Anlagen selbst, die unbedingt einzuhalten sind. Dabei sind die Anlagen bei Verfahren vor dem EuG in der vorgeschriebenen Art und Weise zu nummerieren. Zusätzlich beizufügen ist eine kurze Beschreibung der Anlage mit Angabe ihrer Art sowie eine Angabe der Nummer des Absatzes, in dem die Anlage im Schriftsatz erstmals erwähnt wird und der die Einreichung der Anlage rechtfertigt. Anlagen sollen nur als Beweis und Nachweis dienen, nicht jedoch eine Darstellung des Sachverhalts oder der Argumentation im Schriftsatz ersetzen. Im Verfahrensverzeichnis sind auch solche Anlagen aufzulisten, die nicht via e-Curia, sondern wegen ihrer Art auf dem Postweg eingereicht werden müssen.

14. (Prozessvollmacht) Der vertretene Anwalt muss eine Prozessvollmacht vorlegen. Ist die Klägerin eine juristische Person des Privatrechts, muss der Nachweis erbracht werden, dass die Prozessvollmacht von einer hierzu berechtigten Person ordnungsgemäß ausgestellt wurde (Art. 119 Abs. 2, Art. 44 Abs. 1 Buchst. b VerfO-EuGH bzw. Art. 51 Abs. 3 VerfO-EuG). Der Anwalt sollte die Anwaltsvollmacht von Personen unterschreiben lassen, deren Vertretungsbefugnis sich unmittelbar aus dem Handelsregisterauszug ergibt.

15. (Nachweis der Rechtspersönlichkeit) Ist der Kläger eine juristische Person des Privatrechts, so hat er einen Nachweis jüngeren Datums für seine Rechtspersönlichkeit einzureichen. In Betracht kommen hier Handelsregisterauszug, Vereinsregisterauszug oder eine andere amtliche Urkunde (Art. 78 Abs. 4 VerfO-EuG).

16. (Zulassungsbescheinigung) Der vertretene Anwalt muss einen Ausweis vorlegen, mit dem seine Berechtigung, vor einem Gericht eines Mitgliedstaates oder eines anderen Vertragsstaates des EWR-Abkommens aufzutreten, bescheinigt wird (vgl. Art. 119 Abs. 3, Art. 44 Abs. 1 Buchst. b VerfO-EuGH, bzw. Art. 51 Abs. 2 VerfO-EuG). Dabei ist es ausreichend, wenn auf ein bereits im Rahmen einer Rechtssache vor dem Gericht hinterlegtes Schriftstück verwiesen wird (vgl. praktische Durchführungsbestimmungen des EuG S. 20f, Rn. 117).

17. (Vorlage des betreffenden Rechtsakts) Bei der Nichtigkeitsklage ist ebenfalls vorzulegen der Wortlaut des Aktes, dessen Nichtigerklärung beantragt wird. Dies gilt auch dann, wenn der Rechtsakt im Amtsblatt der Europäischen Union veröffentlicht wurde.

18. (Zustellung durch den Gerichtshof) Nicht mehr erforderlich ist die Angabe einer Zustellungsanschrift am Ort des Gerichtssitzes.

Verfahren vor dem EuG: Mit der Änderung der Verfahrensordnung des EuG vom 11.7.2018 (ABl. 2018 L 240, 68) wurde die Zustellung über die Anwendung „e-Curia" zum Standard. Im Zuge dessen wurde auch der Art. 77 Abs. 1 VerfO-EuG gestrichen, der bis dahin vom Kläger das Einverständnis zur Zustellung per Telefax verlangte. Eine Zustellung von Verfahrensstücken vor dem EuG erfolgt nun auch seitens des Gerichts grundsätzlich über „e-Curia". Ein Einverständnis zur Zustellung von Verfahrensschriftstücken mittels Telefax oder sonstiger technischer Kommunikationsmittel ist damit überflüssig.

Verfahren vor dem EuGH: Bei Einreichung der Verfahrensschriftstücke bei dem EuGH auf nicht elektronischem Weg, erfolgt eine Zustellung durch den Gerichtshof auf dem Postweg, es sei denn es wurde ein Einverständnis zur Zustellung mittels Telefax oder sonstiger technischer Kommunikationsmittel erklärt (Vgl. Art. 48 Abs. 2 VerfO-EuGH). Werden die Verfahrensstücke mittels „e-Curia" eingereicht, werden grds. auch die Verfahrensschriftstücke einschließlich Urteile und Beschlüsse über „e-Curia" an den Inhaber eines „e-Curia"-Kontos zugestellt (vgl. Art. 6 Beschl. EuGH zur Anwendung von „e-Curia"). Eine Erklärung des Einverständnisses zur Zustellung mittels Telefax oder sonstiger technischer Kommunikationsmittel ist dann überflüssig.

19. (Sachverhalt) Der Sachverhalt muss vollständig sein. Neue Angriffs- und Verteidigungsmittel können nur in Ausnahmefällen in Replik und Duplik und später in der mündlichen Verhandlung vorgebracht werden; nämlich dann, wenn sie auf erst während des schriftlichen Verfahrens zu Tage getretenen rechtlichen oder tatsächlichen Gründen beruhen (Art. 127 Abs. 1 VerfO-EuGH bzw. Art. 84 Abs. 1 VerfO-EuG). Andernfalls hat das Gericht sie als verspätet zurückzuweisen.

20. (Begründetheit) Die Nichtigkeitsklage kann nur auf die in Art. 263 Abs. 2 AEUV aufgezählten vier Klagegründe gestützt werden: Unzuständigkeit, Verletzung wesentlicher Formvorschriften, Verletzung des Vertrages oder des sonstigen einschlägigen Gemeinschaftsrechts, Ermessensmissbrauch. Zur Verbesserung der Übersichtlichkeit ist jeder der geltend gemachten Klagegründe mit einer eigenen Überschrift zu versehen.

21. (Urkunden) Urkunden, auf die sich ein Beteiligter beruft, sind als Verfahrensschriftstücke ebenfalls mittels „e-Curia" einzureichen (vgl. Art. 72 Abs. 1 VerfO-EuG). Werden mit Rücksicht auf den Umfang einer Unterlage nur Auszüge beigefügt, so ist dennoch die gesamte Unterlage oder eine vollständige Kopie bei der Kanzlei einzureichen (Art. 72 Abs. 4 VerfO-EuG). Schriftstücke, die außerhalb der Verfahrensfristen – auch in der Sitzung – überreicht werden, werden vom EuG bzw. EuGH nicht berücksichtigt, es sei denn, dass außergewöhnliche Umstände vorliegen und die Gegenpartei zustimmt.

22. (Verfahren) Das Verfahren besteht aus einem schriftlichen und einem mündlichen Teil. Das EuG hat als Arbeitshilfe ua „Praktische Durchführungsbestimmungen zur Verfahrensordnung" im Internet veröffentlicht (abrufbar unter https://curia.europa.eu/jcms/jcms/Jo2_7040/de/) (vgl. auch die entsprechenden praktischen Anweisungen des EuGH). Zudem gibt es auf der Website des Gerichtshofes ebenfalls eine „Merkliste Mündliche Verhandlung" sowie „Hinweise für den Vortrag in der mündlichen Verhandlung."

6.2 Untätigkeitsklage (Art. 265 AEUV)[1]

An

die Kanzlei

des Gerichts[2]

der Europäischen Union

Rue du Fort Niedergrünewald

L-2925 Luxembourg

. . . . . [Ort], den . . . . . [Datum][3]

Klage

In der Rechtssache[4]

der A-GmbH, Straße, Ort, vertreten durch den Geschäftsführer . . . . .

– Klägerin –

Prozessbevollmächtigte:[5] . . . . .

[Zustellungsbevollmächtigte: . . . . .][6]

gegen

die Kommission der Europäischen Union, Rue de la Loi 200, B-1049 Brüssel

– Beklagte –

wegen Untätigkeit[7] der Kommission erheben wir Klage[8, 9, 10, 11] und beantragen,[12]

1. festzustellen, dass die Kommission unter Verstoß gegen . . . . . unterlassen hat, die beantragte Entscheidung . . . . . zu erlassen;
2. der Kommission aufzuerlegen, gemäß Art. 134 Abs. 1 der Verfahrensordnung des Gerichts, die notwendigen Kosten zu ersetzen.[13]

Diesem Antrag sind beigefügt:[14]

. . . . . [→ → Form. VIII.6.1]

[Gem. Art. 48 Abs. 2 VerfO-EuGH erklären wir uns als Prozessbevollmächtigte damit einverstanden, dass Zustellungen an uns mittels Fernkopierer oder sonstiger technischer Kommunikationsmittel erfolgen. Zustellungen können bewirkt werden an Frau Rechtsanwältin . . . . ., Telefax-Nr. . . . . . bzw. E-Mail-Anschrift: . . . . .][15]

Begründung:

I. Sachverhalt[16]

. . . . .

II. Zulässigkeit der Klage

Die Kommission ist mit Schreiben vom . . . . . ausdrücklich aufgefordert worden, die Exklusivitätsbindungen der Unternehmen A und B durch das Unternehmen C zu untersagen. Die Kommission hat jedoch innerhalb von zwei Monaten seit der Aufforderung nichts unternommen.[17]

III. Begründetheit der Klage[18, 19]

. . . . .

Rechtsanwalt

Anmerkungen

Hinweis: → Form. VIII.6.1 *(Hinweise).*
Grundlagen: → Form. VIII.6.1 *(Grundlagen).*

1. (Allgemeines) Nach Art. 265 Abs. 3 AEUV kann sich jede natürliche oder juristische Person vor dem Gericht der Europäischen Union (EuG) darüber beschweren, dass ein Organ der Union es unterlassen hat, einen anderen Akt als eine Empfehlung oder eine Stellungnahme an sie zu richten. Im Unionsrecht gibt es – anders als in nationalen Rechtsordnungen – keine Verpflichtungsklage zum Erlass entsprechender Unionsakte. Die Untätigkeitsklage ist keine Gestaltungsklage; sie ist eine Feststellungsklage wegen Vertragsverletzung durch das zuständige Organ. Die Unterlassungsklage ist gegenüber der Nichtigkeitsklage subsidiär. Die Klage nach Art. 265 AEUV ist nur beim Ausbleiben jeglicher Stellungnahme gegenüber dem Beschwerdeführer zulässig; ebenso bei der tatsächlichen Weigerung, überhaupt tätig zu werden. So kommt sie beispielsweise in Betracht, wenn die Kommission nicht durch Beschluss über die Beschwerde eines Konkurrenten bescheidet. Dagegen schließt eine negative Stellungnahme, also zB die Ablehnung eines Antrages, die Untätigkeitsklage aus, denn in diesem Fall ist eine Nichtigkeitsklage möglich.

2. (Zuständiges Gericht) Zu unterscheiden sind der Europäische Gerichtshof (EuGH) und das Gericht der Europäischen Union (EuG). Zuständig für die Untätigkeitsklage nach Art. 265 AEUV ist grundsätzlich das EuG (Art. 256 Abs. 1 AEUV). Sofern ein Mitgliedstaat oder ein Unionsorgan eine Untätigkeitsklage erhebt, ist der EuGH zuständig (Art. 51 EuGH-Satzung).

3. Die Klage muss aus verfahrensrechtlichen Gründen mit einem Datum versehen werden (Art. 57 Abs. 6 VerfO-EuGH, Art. 72 Abs. 2 VerfO-EuG). Für die Berechnung der Fristen ist jedoch der Eingang beim Gericht maßgeblich.

4. (Rubrum) → Form. VIII.6.1 Anm. 4.

5. (Prozessbevollmächtigter) → Form. VIII.6.1 Anm. 5.

6. (Zustellungsbevollmächtigter) → Form. VIII.6.1 Anm. 6.

7. (Klagegegenstand) Natürliche und juristische Personen sind gem. Art. 265 Abs. 3 AEUV berechtigt, eine Untätigkeitsklage zu erheben, weil ein Unionsorgan oder eine Einrichtung oder sonstige Stelle der Union es unterlassen hat, „einen anderen Akt als eine Empfehlung oder eine Stellungnahme an sie zu richten". Der Terminus „Akt" bezieht sich auf rechtsverbindliche Maßnahmen. Unverbindliche Rechtshandlungen (zB Ratschläge, Auskünfte) können nicht Gegenstand einer Untätigkeitsklage sein. Daneben muss sich der begehrte Rechtsakt auch an eine bestimmte Person richten, also einen individuellen Aspekt beinhalten. Grundsätzlich muss der begehrte Rechtsakt an den Kläger als Adressaten gerichtet sein. Personen, die nicht Adressaten des begehrten Rechtsakts sind, aber unmittelbar und individuell von ihm betroffen, können jedoch grundsätzlich auch eine Untätigkeitsklage erheben (vgl. Rengeling/Middeke/Gellermann/*Dervisopoulos* Handbuch des Rechtsschutzes in der Europäischen Union, 2014, § 8 Rn. 29 f. mwN).

8. (Klagebefugnis) Wie bei der Nichtigkeitsklage muss für die Klagebefugnis der Kläger auch bei der Untätigkeitsklage unmittelbar und individuell betroffen sein. Insoweit kann auf die Ausführungen in → Form. VIII.5.9 Anm. 7 verwiesen werden (siehe auch Rengeling/Middeke/Gellermann/*Dervisopoulos* Handbuch des Rechtsschutzes in der Europäischen Union, 2014, § 8 Rn. 34 f.).

9. (Verfahrenssprache) → Form. VIII.6.1 Anm. 8.

10. (Form) Die Klage muss den Formalien der Klageschrift entsprechen. Insoweit kann auf die Ausführungen in → Form. VIII.6.1 Anm. 9 verwiesen werden.

11. (Frist) Bleibt die Kommission innerhalb von zwei Monaten nach Aufforderung zur Stellungnahme untätig, kann innerhalb einer weiteren Zweimonatsfrist geklagt werden. Die Klagefrist beginnt ab dem Zeitpunkt zu laufen, zu dem die Zweimonatsfrist zur Stellungnahme abgelaufen ist. Es ist allein darauf abzustellen, ob die Stellungnahme dem Kläger innerhalb der Zweimonatsfrist zugegangen ist. Im Einzelnen berechnet sich die Klagefrist nach Art. 58 VerfO-EuG. Mit Rücksicht auf die räumliche Entfernung zum Sitz des EuG in Luxemburg verlängert sich die Frist gem. Art. 60 VerfO-EuG um eine zusätzliche pauschale Entfernungsfrist von zehn Tagen. Sofern die Verfahrensschriftstücke über „e-Curia" eingereicht werden, ist der maßgebliche Zeitpunkt für den Zugang die Validierung der Einreichung in dem „e-Curia" Benutzerkonto des Vertreters (Art. 5 Abs. 1 Beschl. des EuG bzw. EuGH zur Anwendung von „e-Curia"). Verfahrensstücke, die nach Ablauf der Frist eingehen, können nur aufgrund einer entsprechenden Entscheidung des Präsidenten berücksichtigt werden (vgl. Art 72 VerfO-EuG).

12. (Antrag) Die Klageschrift muss gem. Art. 130 VerfO-EuGH bzw Art. 76 VerfO-EuG die Klageanträge enthalten. Der Klageantrag muss auf Feststellung einer Vertragsverletzung durch Untätigkeit lauten. Es kann im Laufe des Verfahrens grundsätzlich kein neuer Antrag gestellt werden. Neben dem Hauptantrag sollte der Anwalt stets einen Kostenantrag stellen. Nur dann bekommt der Kläger im Falle des Obsiegens die Kosten ersetzt.

13. (Kosten) → Form. VIII.6.1 Anm. 12.

14. (Nachweise) Die Klageschrift muss ferner folgende Nachweise und Unterlagen enthalten (Nähere Ausführungen → Form. VIII.6.1 Anm. 13–17):

- einen Nachweis des Anwalts, dass er in einem Mitgliedstaat zugelassen ist;
- bei der Untätigkeitsklage die Aufforderung an das Organ (vgl. Art. 21 Abs. 2 iVm Art 53 Abs. 1 EuGH-Satzung);
- sofern die Klägerin eine juristische Person des Privatrechts ist, den Nachweis ihrer Rechtspersönlichkeit (zB Satzung oder besser noch einen neueren Handelsregister- bzw. Vereinsregisterauszug; vgl. Art. 78 Abs. 4 VerfO-EuG) und den Nachweis, dass die Prozessvollmacht ihres Anwalts von einem hierzu Berechtigten ordnungsgemäß ausgestellt ist (Art. 51 Abs. 3 VerfO-EuG). Der Anwalt sollte die Anwaltsvollmacht von Personen unterschreiben lassen, deren Vertretungsbefugnis sich unmittelbar aus dem Handelsregisterauszug ergibt.

15. (Zustellung durch Gerichtshof) → Form. VIII.6.1 Anm. 18.

16. (Sachverhalt) → Form. VIII.6.1 Anm. 19.

17. (Vorverfahren) Der Klage muss eine Aufforderung an das betreffende Organ zum Tätigwerden vorausgehen (Art. 265 Abs. 3 AEUV iVm Art. 265 Abs. 2 AEUV). In dieser schriftlichen Aufforderung müssen die gewünschte Handlung und die Gründe angegeben werden, die zum Handeln verpflichten. Insofern darf der Klagegegenstand in rechtlicher und tatsächlicher Hinsicht nicht über den Inhalt der Aufforderung hinausgehen. Außerdem muss die Klageerhebung angedroht werden, wenn das Organ der Aufforderung nicht nachkommt. Bleibt das Organ innerhalb der folgenden zwei Monate nach Aufforderung untätig, kann Klage erhoben werden. Das Aufforderungsschreiben selbst ist an keine Frist gebunden, so dass die Befassung eines Organs grundsätzlich auch dann möglich ist, wenn dem Kläger die Untätigkeit schon länger als zwei Monate bekannt war. Ausnahmsweise kann das Klagerecht jedoch verwirkt sein, wenn der Kläger zu lange wartet. Das Vorverfahren ist abgeschlossen, wenn das aufgeforderte Organ nicht binnen zwei Monaten „Stellung genommen" hat. Unter Stellungnahme ist eine verbindliche und endgültige Festlegung des Standpunktes bzw. der Position in der Sache zu verstehen (EuG T-95/96, Slg. 1998, II-3407 Ls. 4 – Gestevisión Telecinco/Kommission). Nimmt das aufgeforderte Organ Stellung, die Stellungnahme fällt aber nicht im Sinne des Auffordernden aus, dann liegt gerade keine Untätigkeit vor und die Nichtigkeitsklage nach Art. 263 AEUV ist vorrangig (→ Form. VIII.6.1).

18. (Begründetheit) Die Untätigkeitsklage ist begründet, wenn die Kommission nach dem Unionsrecht zum Erlass der Maßnahme verpflichtet ist. Dies ist bei der Klage natürlicher oder juristischer Personen der Fall, wenn der Kläger einen Anspruch auf Vornahme der Maßnahme hat. Die Klage ist unbegründet, soweit das Unionsrecht dem Organ einen Ermessensspielraum einräumt, es sei denn, dass im konkreten Fall das Ermessen derart reduziert ist, dass jede andere als die begehrte Maßnahme ermessensfehlerhaft wäre (vgl. Rengeling/Middeke/Gellermann/*Dervisopoulos* Handbuch des Rechtsschutzes in der Europäischen Union, 2014, § 8 Rn. 49 mwN).

19. (Verfahren) → Form. VIII.6.1 Anm. 22.

6.3 Rechtsmittel gegen Entscheidungen des Gerichts der Europäischen Union (EuG)[1, 2]

An

die Kanzlei

des Gerichtshofes[3]

der Europäischen Union

Rue du Fort Niedergrunewald

L-2925 Luxembourg

. . . . . [Ort], den . . . . . [Datum]

In der Rechtssache T . . . . .

der A-GmbH, Straße, PLZ Ort, vertreten durch den Geschäftsführer . . . . .

– Klägerin/Rechtsmittelführerin –

Prozessbevollmächtigte:[4] . . . . .

[Zustellungsbevollmächtigte: . . . . .][5]

gegen

die Kommission der Europäischen Union, Rue de la Loi 200, B-1049 Brüssel

– Beklagte –

wegen der Entscheidung des EuG vom . . . . . (Az.: . . . . .)[6] der Rechtsmittelführerin zugestellt am . . . . ., legen wir Rechtsmittel ein[7, 8, 9] und beantragen[10, 11]

1. die Entscheidung des Gerichts vom . . . . . (Az.: . . . . .) vollständig aufzuheben,
2. die Entscheidung der Kommission vom . . . . . (Az.: . . . . .) gemäß Art. 264 Abs. 1 AEUV für nichtig zu erklären;
3. der Kommission aufzuerlegen, gemäß Art. 138 Abs. 1 der Verfahrensordnung des EuGH die notwendigen Kosten[12] zu ersetzen.

Dieser Rechtsmittelschrift sind beigefügt:[13]

- Prozessvollmacht in Anlage 1;
- Handelsregisterauszug der Klägerin in Anlage 2; hieraus ergibt sich auch die Vertretungsbefugnis des Geschäftsführers, der die Prozessvollmacht unterschrieben hat;
- Bescheinigung des Präsidenten des Landgerichts . . . . . über die Zulassung von Rechtsanwältin . . . . . als Rechtsanwältin in . . . . . in Anlage 3;
- Kopie der noch nicht veröffentlichten, um Geschäftsgeheimnisse bereinigten Entscheidung des Gerichts vom . . . . . (Az.: . . . . .) in Anlage 4;
- [6 beglaubigte Abschriften dieses Rechtsmittels nebst Anlagen].

[Gem. Art. 48 Abs. 2 der VerfO-EuGH erklären wir uns als Prozessbevollmächtigte damit einverstanden, dass Zustellungen an uns mittels Fernkopierer oder sonstiger technischer Kommunikationsmittel erfolgen. Zustellungen können bewirkt werden an Frau Rechtsanwältin . . . . ., Telefax-Nr . . . . . bzw. E-Mail-Anschrift: . . . . .][14]

Begründung:

I. Zulässigkeit des Rechtsmittels

. . . . .

II. Begründetheit des Rechtsmittels

. . . . .[15]

Rechtsanwältin

Anmerkungen

Hinweise: → Form. VIII.6.1 (*Hinweise*).

Grundlagen: Verfahrensordnung des EuGH vom 25.9.2012 in der Fassung vom 25.4.2019, ABl. 2019 L 111, 73; Satzung des Gerichtshofs der Europäischen Union v. 26.2.2001, in der Fassung vom 25.4.2019, ABl. 2019 L 111, 1. Darüber hinaus hat der EuGH „praktische Anweisungen für die Parteien in den Rechtssachen vor dem Gerichtshof" (ABl. 2020 L 42, 1; nachfolgend: praktische Anweisungen des EuGH) herausgegeben. Zu beachten ist auch der „Beschluss des Gerichtshofs über die Einreichung und Zustellung von Verfahrensschriftstücken im Wege der Anwendung e-Curia" (ABl. 2018 L. 293, 36, nachfolgend: Beschl. EuGH zur Anwendung von „e-Curia").

1. (Allgemeines) Gegen Entscheidungen des Gerichts der Europäischen Union (EuG) kann beim Europäischen Gerichtshof (EuGH) ein auf Rechtsfragen beschränktes Rechtsmittel eingelegt werden. Die Einzelheiten des Rechtsmittelverfahrens regeln die Artikel 56–61 der Satzung des EuGH sowie die neuen Artikel 167–190a VerfO-EuGH. Die Einlegung des Rechtsmittels hat keinen Suspensiveffekt (str.). Die Einlegung des Rechtsmittels hemmt zwar die Rechtskraft der erstinstanzlichen Entscheidung. Art. 60 Abs. 1 der Satzung des EuGH schließt jedoch ausdrücklich aus, dass das Rechtsmittel aufschiebende Wirkung hat. Dementsprechend bestimmt Art. 121 Abs. 1 VerfO-EuG, dass die Entscheidungen des EuG mit ihrer Verkündung „wirksam" werden. Der EuGH hat jedoch die Möglichkeit, im Wege einstweiligen Rechtschutzes nach Art. 278, 279 AEUV die Wirkungen der angefochtenen Entscheidung auszusetzen oder einstweilige Anordnungen zu treffen. Anders als in einigen nationalen Rechtsordnungen ist das Rechtmittel zum EuGH im Unionsrecht nicht vom Erreichen eines bestimmten Streitwertes oder der Bedeutung der aufgeworfenen Fragen oder von einer ausdrücklichen Zulassung abhängig. Als Parteien des erstinstanzlichen Verfahrens sind die Streithelfer am Rechtsmittelverfahren beteiligt, ohne dass sie ihre Zulassung erneut beantragen müssen (EuGH C-244/91 P, Slg. 1993, I-6965 Rn. 16 – Giorgio Pincherle/Kommission). Grundsätzlich besteht das Verfahren aus einem schriftlichen und einem mündlichen Teil. Nach Art. 76 Abs. 2 VerfO-EuGH kann der EuGH auf Vorschlag des Berichterstatters und nach Anhörung des Generalanwalts von einer mündlichen Verhandlung absehen, wenn er sich durch die eingereichten Schriftsätze für ausreichend unterrichtet hält, um eine Entscheidung zu treffen. Dies gilt jedoch nicht, wenn ein in Art. 23 der Satzung des EuGH bezeichneter Beteiligter nicht am schriftlichen Verfahren teilgenommen hat und einen begründeten Antrag auf mündliche Verhandlung stellt (Art. 76 Abs. 3 VerfO-EuGH).

2. (Verfahrenssprache) Verfahrenssprache des Rechtsmittelverfahrens ist die Sprache, in der die mit dem Rechtsmittel angefochtene Entscheidung des EuG ergangen ist (Art. 37 Abs. 2 Buchst. a VerfO-EuGH). Die Rechtsmittelschrift muss grds. in dieser Sprache abgefasst sein. Mitgliedstaaten dürfen die Rechtsmittelschrift allerdings in ihrer eigenen Sprache abfassen.

3. (Zuständiges Gericht) Gerichtshof. Die Rechtsmittelschrift kann fristwahrend entweder bei der Kanzlei des EuG oder des EuGH eingereicht werden (Art. 167 Abs. 1 VerfO-EuGH).

4. (Prozessbevollmächtigter) Parteien, die nicht Mitgliedstaaten, Unionsorgane oder Vertragsstaaten des EWR-Abkommens sind, müssen vor dem Gerichtshof nach Art. 19 Abs. 3 der Satzung des EuGH, Art. 119 Abs. 1 VerfO-EuGH anwaltlich vertreten werden. Der Anwalt, der als Beistand oder Vertreter einer Partei auftritt, hat bei der Kanzlei eine Bescheinigung zu hinterlegen, aus der hervorgeht, dass er berechtigt ist, vor einem Gericht eines Mitgliedstaates oder eines anderen Vertragsstaates des EWR-Abkommens aufzutreten (Art. 168 Abs. 2 iVm Art. 119 Abs. 3 VerfO-EuGH).

5. (Zustellungsbevollmächtigter) Die Angabe einer Zustellungsanschrift am Ort des Gerichtssitzes ist generell nicht mehr erforderlich. Da bei einem Verfahren vor dem EuGH die Nutzung von „e-Curia" nicht verpflichtend ist, müssen in der Klageschrift grundsätzlich Name und Adresse einer Person angegeben sein, die ermächtigt ist, Zustellungen entgegenzunehmen. Dies kann auch der Prozessbevollmächtigte sein (vgl. Art. 121 Abs. 1 u. 2 VerfO-EuGH). Werden die Verfahrensschriftstücke jedoch über „e-Curia" eingereicht, so erfolgt in dem Verfahren vor dem EuGH eine Zustellung an den entsprechenden Inhaber des „e-Curia"-Kontos (Art. 6 Abs. 1 Beschl. des EuGH zur Anwendung von „e-Curia"), ohne dass es einer zusätzlichen Benennung eines Zustellungsbevollmächtigten bedarf.

6. (Anfechtbare Entscheidungen) Die Entscheidungen, gegen die das Rechtsmittel statthaft ist, sind in den Art. 56 Abs. 1 und 57 Abs. 1, 2 der Satzung des EuGH aufgezählt. Anfechtbar sind in erster Linie Endentscheidungen des EuG, dh Urteile und Beschlüsse.

7. (Rechtsmittelführer) Nach Art. 56 Abs. 2 der Satzung des EuGH kann nur eine Partei Rechtsmittel einlegen, die mit ihren Anträgen ganz oder teilweise unterlegen ist. Darüber hinaus können auch andere Streithelfer als die Mitgliedstaaten oder Unionsorgane Rechtsmittel einlegen, wenn die Entscheidung des EuG sie „unmittelbar berührt". Im Umkehrschluss aus Art. 40 Abs. 2 der Satzung des EuGH ergibt sich, dass ein bloß „berechtigtes Interesse" dafür nicht ausreicht. Vielmehr sind Maßstäbe ähnlich wie bei der Klagebefugnis nach Art. 263 UAbs. 4 AEUV anzulegen (vgl. Rengeling/Middeke/Gellermann/*Geppert* Handbuch des Rechtsschutzes in der Europäischen Union, 2014, § 28 Rn. 16).

8. (Inhalt und Form) Die Rechtsmittelschrift muss den Vorschriften der Art. 167–170 iVm den Art. 119, 121, 122 Abs. 1 VerfO-EuGH entsprechen. Zu den wesentlichen Elementen der Rechtsmittelschrift gehören: Name und Sitz des Rechtsmittelführers, die Bezeichnung der anderen Parteien des Verfahrens vor dem EuG, die Rechtsmittelgründe, die Anträge des Rechtsmittelführers. Die mit dem Rechtsmittel angefochtene Entscheidung des EuG ist der Rechtsmittelschrift beizufügen. Es ist anzugeben, an welchem Tag die angefochtene Entscheidung dem Rechtsmittelführer zugestellt worden ist, damit der EuGH die Einhaltung der Rechtsmittelfrist prüfen kann. Es genügt nicht, durch Bezugnahme lediglich die erstinstanzlichen Klagegründe zu wiederholen. Das Rechtsmittel muss vielmehr sowohl die beanstandeten Teile des angefochtenen Urteils als auch die rechtlichen Argumente, auf die sich der Antrag auf Aufhebung des Urteils stützt, genau bezeichnen (EuGH C-82/98 P, Slg. 2000, I-3855 Rn. 21 – Max Kögler/EuGH). Sinnvoll ist die präzise Angabe der Randnummern des erstinstanzlichen Urteils, auf die sich die Rüge bezieht.

Die Verfahrensstücke können nicht nur in analoger Form, beispielsweise auf dem Postweg oder durch gegenständliche Übergabe, eingereicht werden, sondern auch auf elektronischem Weg mittels „e-Curia" (https://curia.europa.eu/e-Curia). Anders als bei Verfahren vor dem EuG, ist die Einreichung mittels „e-Curia" vor dem EuGH noch nicht verpflichtend (vgl. die praktischen Anweisungen S. 10 Rn. 40 f.). In einem Rechtsmittelverfahren vor dem EuGH bietet es sich jedoch aus Effizienz- und Sicherheitsgründen an, wie bereits in dem Verfahren vor dem EuG, die Verfahrensstücke mittels „e-Curia" einzureichen. Insbesondere wird dadurch das Einreichen beglaubigter Kopien überflüssig. Nähere Ausführungen zu den Formerfordernissen siehe → Form. VIII.6.1 Anm. 9.

9. (Frist) Die Frist zur Einlegung des Rechtsmittels bei der Kanzlei des Gerichtshofes oder des Gerichts der Europäischen Union beträgt grundsätzlich zwei Monate ab Zustellung der angefochtenen Entscheidung (Art. 56 Abs. 1 der Satzung des EuGH). Eine zusätzliche Frist für die Rechtsmittelbegründung besteht nicht, die Rechtsmittelbegründung hat vielmehr in der Rechtsmittelschrift zu erfolgen. Die anderen Parteien können – ohne die Möglichkeit der Verlängerung – binnen zwei Monaten nach Zustellung der Rechtsmittelschrift eine Rechtsmittelbeantwortung einreichen (Art. 172 VerfO-EuGH). Für die Berechnung der Rechtsmittelfrist gelten die Art. 49 und 50 VerfO-EuGH. Sie verlängert sich um die pauschale Entfernungsfrist von 10 Tagen (Art. 51 VerfO-EuGH). Sofern die Verfahrensschriftstücke über „e-Curia" eingereicht werden, ist der maßgebliche Zeitpunkt für den Zugang die Validierung der Einreichung in dem „e-Curia" Benutzerkonto des Vertreters (Art. 5 Abs. 1 Beschl. des EuGH zur Anwendung von „e-Curia"). Verfahrensstücke, die nach Ablauf der Frist eingehen, können nur aufgrund einer entsprechenden Entscheidung des Präsidenten berücksichtigt werden.

10. (Anträge) Die Anträge müssen zum Gegenstand haben, die Entscheidung des Gerichts vollständig oder teilweise aufzuheben und die im ersten Rechtszug gestellten Anträge vollständig oder teilweise aufrechtzuerhalten (Art. 169 f. VerfO-EuGH). Die Angabe der erstinstanzlichen Anträge ist erforderlich, damit der EuGH ggf. nach einer Aufhebung des Urteils des EuG endgültig über den Rechtstreit entscheiden kann. Neue Anträge können nicht gestellt werden. Das Rechtsmittel kann den vor dem EuG verhandelten Streitgegenstand nicht verändern (Art. 170 Abs. 1 VerfO-EuGH).

11. (Zulassungsantrag) Grundsätzlich bedarf es vor der Einlegung eines Rechtsmittels keines gesonderten Antrags auf Zulassung des Rechtsmittels. Geht es jedoch um die Einlegung eines Rechtsmittels gegen eine Entscheidung des EuG, die eine Entscheidung einer unabhängigen Beschwerdekammer iSd Art. 58a der Satzung des EuGH betrifft (Amt der Europäischen Union für geistiges Eigentum; Gemeinschaftliches Sortenamt; Europäische Chemikalienagentur; Agentur der Europäischen Union für Flugsicherheit), dann ist ein Antrag auf Zulassung erforderlich. Der Antrag darf sieben Seiten nicht überschreiten und ist der Rechtsmittelschrift als Anlage beizufügen (Art. 170a VerfO-EuGH).

12. (Kosten) Das Verfahren vor dem Gerichtshof ist kostenfrei, allerdings sind die Kosten eines vor einem Gericht eines Mitgliedstaats zugelassenen Anwalts, durch den sich die Parteien vertreten lassen müssen, von den Parteien selbst zu tragen. Der EuGH kann auf Antrag die unterlegene Partei zur Übernahme der Kosten der obsiegenden Partei verurteilen (Art. 184 iVm 138 Abs. 1 VerfO-EuGH). Ist eine Partei außerstande, die Kosten des Verfahrens ganz oder teilweise zu übernehmen, so kann sie – auch ohne anwaltliche Vertretung – Prozesskostenhilfe beantragen (Art. 185 VerfO-EuGH). Mit dem Antrag sind Unterlagen einzureichen, aus denen sich die Bedürftigkeit ergibt. Sofern der EuGH das Rechtsmittel zulässt, die Rechtssache jedoch an das EuG zur Entscheidung zurück verweist, trifft das EuG die Endentscheidung über die gesamten Kosten, das bedeutet auch über die Kosten des Rechtsmittelverfahrens vor dem EuGH (Art. 219

VerfO-EuG). Entscheidet der EuGH den Rechtsstreit selbst endgültig, so entscheidet er über die Kosten, unabhängig davon, ob das Rechtsmittel unbegründet oder begründet ist (vgl. Art. 184 Abs. 2 VerfO-EuGH).

13. (Nachweise) Dem Rechtsmittelschriftsatz sind folgende Nachweise und Unterlagen beizufügen (Art. 130 iVm Art. 119, 121, 122 VerfO-EuGH):

- ein Nachweis des Anwalts, dass er in einem Mitgliedstaat zugelassen ist (Art. 119 Abs. 3 VerfO-EuGH), sofern nicht bereits bei der Kanzlei hinterlegt;
- sofern die Klägerin eine juristische Person des Privatrechts ist, den Nachweis ihrer Rechtspersönlichkeit (zB Handelsregisterauszug, Vereinsregisterauszug oder eine andere amtliche Urkunde) und den
- Nachweis, dass die Prozessvollmacht ihres Anwalts von einem hierzu Berechtigten ordnungsgemäß ausgestellt ist (Art. 119 VerfO-EuGH); der Anwalt sollte die Anwaltsvollmacht von Personen unterschreiben lassen, deren Vertretungsbefugnis sich unmittelbar aus dem Handelsregisterauszug ergibt;
- Kopie der angefochtenen Entscheidung;
- fünf beglaubigte Abschriften für den EuGH und je eine beglaubigte Abschrift für jede andere am Rechtsstreit beteiligte Partei; bei Einreichung der Verfahrensstücke über „e-Curia" ist die Einreichung beglaubigter Abschriften nicht erforderlich (Art. 4 Abs. 2 Beschl. EuGH zur Anwendung von „e-Curia").

Nach Art. 57 Abs. 4 VerfO-EuGH sind den Verfahrensschriftstücken die zur Unterstützung herangezogenen Unterlagen sowie ein Verzeichnis dieser Unterlagen beizufügen. Die praktischen Anweisungen des EuGH machen auf S. 9 f. genaue Vorgaben zur Gestaltung des Anlagenverzeichnisses sowie der Anlagen selbst, die unbedingt einzuhalten sind.

14. (Zustellung durch Gerichtshof) Nicht mehr erforderlich ist die Angabe einer Zustellungsanschrift am Ort des Gerichtssitzes. Bei Einreichung der Verfahrensschriftstücke bei dem EuGH auf nicht elektronischem Weg, erfolgt eine Zustellung durch den Gerichtshof an die Verfahrensbeteiligten auf dem Postweg, es sei denn es wurde ein Einverständnis zur Zustellung mittels Telefax oder sonstiger technischer Kommunikationsmittel erklärt (vgl. Art. 48 Abs. 2 VerfO-EuGH). Werden die Verfahrensstücke mittels „e-Curia" eingereicht, werden grds. auch die Verfahrensschriftstücke einschließlich Urteile und Beschlüsse über „e-Curia" an den Inhaber eines „e-Curia"-Kontos zugestellt (vgl. Art. 6 Beschl. EuGH zur Anwendung von „e-Curia"). Eine Erklärung des Einverständnisses zur Zustellung mittels Telefax oder sonstiger technischer Kommunikationsmittel ist dann überflüssig.

15. (Rechtsmittelgründe) Nach Art. 256 Abs. 1 UAbs. 2 AEUV ist das Rechtsmittel auf Rechtsfragen beschränkt. Dabei müssen die Rechtsgründe die beanstandeten Punkte der Begründung der Entscheidung des Gerichts genau bezeichnen (Art. 169 Abs. 1 VerfO-EuGH). Erforderlich ist auch eine kurze Darstellung dieser Gründe. Mit dem Rechtsmittel können nur die Unzuständigkeit, Verfahrensfehler oder die Verletzung von Unionsrecht gerügt werden (Art. 58 der Satzung des EuGH). Das Rechtsmittel ist daher auf den Streitstoff des erstinstanzlichen Verfahrens beschränkt (Art. 170 Abs. 1 VerfO-EuGH). Der Rechtsmittelführer kann sich also nicht auf neue Klagegründe oder auf neue Verteidigungsmittel stützen. Neue Rechtsfragen können stets aufgeworfen werden. Ausnahmsweise können neue Gründe im Laufe des Verfahrens angeführt werden, wenn sie auf rechtliche oder tatsächliche Gesichtspunkte gestützt werden, die erst während des Verfahrens zutage getreten sind (Art. 190 Abs. 1 iVm Art. 127 Abs. 1 VerfO-EuGH). Ein Rechtsmittel nur gegen die Kostenentscheidung oder gegen die Kostenfestsetzung ist unzulässig (Art. 58 Abs. 2 Satzung des EuGH).

6.4 Antrag auf Zulassung als Streithelfer[1]

An

die Kanzlei

des Gerichts der Europäischen Union[2]

[bzw. des Europäischen Gerichtshofes]

Rue du Fort Niedergrünewald

L-2925 Luxembourg

. . . . . [Ort], den . . . . . [Datum][3]

– Rechtssache T- . . . . . / . . . . . –

Antrag auf Zulassung als Streithelferin[4] (gem. Art. 143 VerfO-EuG)

der Y-GmbH, Straße, Ort, vertreten durch den Geschäftsführer . . . . .

– Streithelferin –

Prozessbevollmächtigter: . . . . .[5]

[Zustellungsbevollmächtigter: . . . . .][6]

In der Rechtssache

der Buena Vida . . . . ., Paseo Mirantes . . . . ., [Ort], Spanien, vertreten durch den Geschäftsführer . . . . .

– Klägerin –

gegen

die Europäische Kommission, Rue de la Loi 200, B-1049 Brüssel

– Beklagte –

wegen der im Amtsblatt Nr. . . . . . am . . . . . veröffentlichten Mitteilung über die Anfechtungsklage gegen die Entscheidung der Kommission vom . . . . . (Az.: . . . . .)[7] wird beantragt:[8, 9, 10, 11]

1. die Streithilfe der Y-GmbH auf Seiten der Klägerin mit dem Ziel, die Anträge der Klägerin auf Erklärung der Nichtigkeit der Entscheidung . . . . ./EU der Kommission vom . . . . . zu unterstützen, zuzulassen;
2.
   a) die englische Sprache als zusätzliche Verfahrenssprache für die Streithelferin sowohl für das schriftliche, als auch für das mündliche Verfahren zuzulassen.
   b) hilfsweise die englische Sprache als zusätzliche Verfahrenssprache für die Streithelferin für das mündliche Verfahren zuzulassen.
3. der Kommission aufzuerlegen, gemäß Art. 134 Abs. 1 [bzw. Art. 138 Abs. 1 VerfO-EuGH] der Verfahrensordnung des EuG die notwendigen Kosten der Streithelferin zu ersetzen.[12]

[Gem. Art. 48 Abs. 2 VerfO-EuGH erklären wir uns als Prozessbevollmächtigte damit einverstanden, dass Zustellungen an uns mittels Fernkopierer oder sonstiger technischer Kommunikationsmittel erfolgen. Zustellungen können bewirkt werden an Herrn Rechtsanwalt . . . . . Telefax-Nr . . . . . bzw. E-Mail-Anschrift . . . . .][13]

Begründung:

I. Sachverhalt

1. Die Parteien . . . . .
2. Das vorangegangene Verfahren . . . . .
3. Die Entscheidung der Kommission . . . . .

II. Zulässigkeit des Antrages

1. Die Streithelferin ist eine Gesellschaft mit beschränkter Haftung mit Sitz in . . . . . Sie ist im Handelsregister des Amtsgerichts . . . . . unter der Nummer HRB . . . . . eingetragen. Geschäftsführer der Gesellschaft sind ua die Herren . . . . . Jeweils zwei Geschäftsführer sind gemeinsam vertretungsberechtigt. Die Gesellschaft ist eine juristische Person und hat als solche das Recht, dem Verfahren auf Seiten der Klägerin beigeladen zu werden

   Beweis: Beglaubigter Handelsregisterauszug vom . . . . . (Anlage S1)

2. Prozessbevollmächtigter ist der Unterzeichner.

   Beweis: Prozessvollmacht vom . . . . . (Anlage S2)

   Der Unterzeichner ist deutscher Staatsangehöriger und als Rechtsanwalt in der Bundesrepublik Deutschland zugelassen.

   Beweis: Beglaubigte Kopie der Zulassung zur Rechtsanwaltschaft vom . . . . . (Anlage S3)

III. Begründung des Antrags zu 1)

Der Ausgang des Verfahrens berührt unmittelbar berechtigte Interessen der Streithelferin, weil . . . . .[14]

IV. Begründung des Antrags zu 2)

Eine Zulassung der englischen Sprache als zusätzliche Verfahrenssprache ist zur Wahrung der Rechte der Streithelferin erforderlich, da deren Prozessbevollmächtigter des Spanischen nicht ausreichend mächtig ist und anderenfalls die freie Wahlmöglichkeit der Streithelferin hinsichtlich ihres Prozessbevollmächtigten eingeschränkt wäre. Die Streithelferin geht davon aus, dass die Klägerin mit dem Antrag einverstanden ist. Die Zulassung einer weiteren Sprache führt daher zu keinen Beeinträchtigungen der Rechte der Parteien, insbesondere kommt es zu keiner Verzögerung des Verfahrens.

Rechtsanwalt[15, 16, 17]

Anlagen:[18]

- Prozessvollmacht in Anlage 1;
- Handelsregisterauszug der Klägerin in Anlage 2; hieraus ergibt sich auch die Vertretungsbefugnis des Geschäftsführers, die die Prozessvollmacht unterschrieben haben;

- Bescheinigung des Präsidenten des Landgerichts . . . . . über die Zulassung von Rechtsanwalt . . . . . als Rechtsanwalt in . . . . . in Anlage 3;
- Kopie der noch nicht veröffentlichten, um Geschäftsgeheimnisse bereinigten Entscheidung der Kommission vom . . . . . (Az.: . . . . .) in Anlage 4;
- [beglaubigte Abschriften dieses Antrags nebst Anlagen].

Anmerkungen

Hinweise: → Form. VIII.6.1 (*Hinweise*).

Grundlagen: Für Verfahren vor dem EuG und dem EuGH sind deren Verfahrensordnungen sowie weitere Anweisungen und Beschlüsse zu beachten: → Form. VIII.6.1 (*Grundlagen*).

1. (Allgemeines) Ein Antrag auf Zulassung als Streithelfer eröffnet am Verfahren Unbeteiligten die Möglichkeit, einem Rechtsstreit beizuwohnen. Hierdurch hat er die Möglichkeit, seine Ansichten, seine rechtlichen und wirtschaftlichen Interessen und seinen Sachverstand in das laufende Verfahren einzubringen. Die Streithilfe ist in Art. 40 der Satzung des EuGH geregelt, der durch die Verfahrensordnungen ergänzt wird (vgl. Art. 129 ff. VerfO-EuGH bzw. Art. 142 ff. VerfO-EuG). Die Streithilfe ist nur zulässig, wenn der Streithelfer ein berechtigtes Interesse hat und es sich bei dem Verfahren um eine Direktklage oder ein Annexverfahren handelt. Die Rücknahme des Antrages auf Zulassung als Streithelfer ist zulässig (vgl. auch die Muster bei Rengeling/Middeke/Gellermann/*Laut* Handbuch des Rechtsschutzes in der Europäischen Union, 2014, § 22 Rn. 50).

2. (Zuständiges Gericht) Der Antrag ist bei dem Gericht (EuG oder EuGH) einzureichen, vor dem der Rechtsstreit, dem beigetreten werden soll, anhängig ist. Im Rechtsmittelverfahren vor dem EuGH gegen Entscheidungen des EuG ist die erstmalige Zulassung neuer Streithelfer möglich.

3. (Datum) Der Antrag muss aus verfahrensrechtlichen Gründen mit einem Datum versehen werden (Art. 57 Abs. 6 VerfO-EuGH, Art. 72 Abs. 2 VerfO-EuG).

4. (Streithelfer) Als Streithelfer können Mitgliedstaaten, Organe der Union und natürliche sowie juristische Personen einer Rechtsstreitigkeit beitreten. Streithelfer können auch Personen sein, die außerhalb der Union ansässig sind, soweit sie nach ihrem Heimatrecht parteifähig sind.

5. (Postulationsfähigkeit) Nach Art. 19 (für das EuG iVm Art. 53 Abs. 1) der Satzung des EuGH unterliegen auch Streithelfer, die nicht Staaten oder Unionsorgane sind, der Pflicht, sich durch einen Anwalt vertreten zu lassen. Dies gilt sowohl für das schriftliche als auch das mündliche Verfahren. Der Anwalt muss berechtigt sein, vor einem Gericht eines Mitgliedstaates oder eines anderen Vertragsstaates des EWR-Abkommens aufzutreten. Eine Partei kann sich durch mehrere Anwälte vertreten lassen. Über den Umfang der Prozessvollmacht ist nichts bestimmt. Das Vorliegen einer allgemeinen Vollmacht ist ausreichend. Es gelten die allgemeinen Prinzipien des Rechts der Mitgliedstaaten.

6. (Zustellungsbevollmächtigter) → Form. VIII.6.1 Anm. 6.

7. (Anhängiger Rechtstreit) Die Streithilfe setzt einen Rechtstreit voraus, der entweder vor dem EuG oder dem EuGH anhängig ist. Es muss sich um Direktklagen (zB Nichtigkeitsklage) oder Annexverfahren handeln. Streithelfer können daher auch im Verfahren des einstweiligen Rechtschutzes oder in den Verfahren über die außerordentlichen Rechtsbehelfe (zB Wiederaufnahme, Drittwiderspruch oder Urteilsauslegung) zugelassen werden (vgl. Rengeling/Middeke/Gellermann/*Laut* § 22 Rn. 23). Die Streithilfe in einem dieser Nebenverfahren setzt die Intervention im Hauptverfahren nicht zwingend voraus. Zu beachten ist, dass sich in der neuen Verfahrensordnung des EuGH eine Änderung hinsichtlich der Rechtsmittelinstanz ergeben hat. Art. 171 und 172 VerfO-EuGH sprechen nur noch von den „Parteien der betreffenden Rechtssache" als Parteien der Rechtsmittelinstanz. Dadurch werden Parteien von verbundenen Rechtssachen, die nicht von dem Rechtsmittel betroffen sind, nicht an dem Rechtsmittelverfahren beteiligt. Auch Streithelfer eines verbundenen nicht betroffenen Verfahrens sind also nicht automatisch Partei des Rechtsmittelverfahrens. Mithin ist zukünftig in diesen Fällen ein Streithilfeantrag im Rechtsmittelverfahren erforderlich (vgl. Rengeling/Middeke/Gellermann/*Laut* § 22 Rn. 23 mwN). Im Rechtsmittelverfahren vor dem EuGH gegen Entscheidungen des EuG ist die erstmalige Zulassung neuer Streithelfer möglich.

8. (Anträge) Der Streithelfer darf keine über die Anträge von den Hauptparteien abweichenden oder darüber hinausgehende Anträge stellen. Allerdings kann er sich darauf beschränken, einen Teil des Parteivortrags zu unterstützen. Zudem kann er in der Argumentationsweise von den Argumenten der unterstützten Hauptpartei abweichen, solange dadurch derselbe Antrag begründet wird. Dazu gehört auch ein Vorbringen eigener Angriffs- und Verteidigungsmittel (Wiedemann/*Schütte*, Handbuch des Kartellrechts, § 49 Rn. 92).

9. (Verfahrenssprache) Grundsätzlich ist die Verfahrenssprache auch für den Streithelfer verbindlich. Diese wird nach Art. 45 Abs. 1 VerfO-EuG bzw. Art. 37 Abs. 1 VerfO-EuGH grundsätzlich durch den Kläger bestimmt. Mitgliedstaaten können sich ihrer eigenen Amtssprache bedienen. Allerdings besteht die Möglichkeit einen Antrag auf Zulassung einer anderen Sprache zu stellen. Dabei sind die Gründe darzustellen, warum für den Streithelfer die Zulassung einer anderen Verfahrenssprache erforderlich ist. Das Gericht kann dann die beantragte Verfahrenssprache ganz oder teilweise als Verfahrenssprache zulassen (vgl. Art. 45 Abs. 1 Buchst. c VerfO-EuG bzw. Art. 37 Abs. 1 Buchst. c VerfO-EuGH).

10. (Inhalt und Form) Der Antrag (auf Zulassung als Streithelfer) muss den Vorschriften des Art. 143 VerfO-EuG bzw. Art. 130 VerfO-EuGH entsprechen. Zu den wesentlichen Elementen des Antrags (auf Zulassung als Streithelfer) gehören: Die Bezeichnung der Rechtssache, die Bezeichnung der Hauptparteien, Name und Wohnsitz des Antragstellers, die Angabe der Stellung und der Anschrift des Vertreters des Antragsstellers, die Anträge, die der Antragsteller unterstützen will, die Darstellung der Umstände, aus denen sich das Recht zum Streitbeitritt ergibt, wenn ein Antrag nach Art. 40 Abs. 2 oder 3 EuGH-Satzung gestellt wird (berechtigtes Interesse). Näheres zu den formellen Anforderungen → Form. VIII.6.1 Anm. 9.

11. (Fristen) Der Antrag auf Zulassung als Streithelfer muss innerhalb von sechs Wochen nach dem Tag der Veröffentlichung der Mitteilung der Klage im Amtsblatt gestellt werden (Art. 143 Abs. 1 VerfO-EuG bzw. Art. 130 Abs. 1 VerfO-EuGH). Wird der Antrag erst im Rechtsmittelverfahren vor dem EuGH gestellt, beträgt die Frist einen Monat (Art. 190 Abs. 2 VerfO-EuGH) nach Veröffentlichung der Mitteilung im Amtsblatt. Sie verlängert sich um die pauschale Entfernungsfrist von 10 Tagen (Art. 60 VerfO-EuG bzw. Art. 51 VerfO-EuGH). Die kurze Frist soll den Parteien die Möglichkeit geben, Kenntnis darüber zu erlangen, wer außer den Parteien noch auf der einen oder anderen Seite am Verfahren beteiligt ist. Dem Streithelfer soll wiederum Gelegenheit gegeben werden, sich früh am Rechtsstreit zu beteiligen. Anträge, die nach Fristablauf gestellt werden, aber noch vor dem Beschluss zur Eröffnung der mündlichen Verhandlung, können vom EuGH noch berücksichtigt werden (Art. 129 Abs. 4 VerfO-EuGH). Die Stellung dieser Streithelfer ist jedoch eingeschränkt: Sie dürfen keinen Schriftsatz einreichen und können nur in der mündlichen Verhandlung Stellung nehmen. Sie erhalten auch nur den Sitzungsbericht. Nach Eröffnung der mündlichen Verhandlung ist keine Zulassung von Streithelfern mehr möglich.

12. (Kostenantrag) Neben dem Hauptantrag sollte der Anwalt stets einen Kostenantrag stellen. Nur dann bekommt der Streithelfer im Falle des Obsiegens des Klägers seine eigenen notwendigen Kosten ersetzt (zu den Kosten → Anm. 16).

13. (Zustellung durch Gerichtshof) → Form. VIII.6.1 Anm. 17.

14. (Interventionsbefugnis) Sofern der Antragssteller kein EU-Mitgliedstaat oder Unionsorgan ist, ist es eine Voraussetzung für die Zulässigkeit des Antrags auf Streithilfe, dass der Antragsteller ein berechtigtes Interesse am Ausgang des konkreten Verfahrens hat (vgl. Art. 40 EuGH-Satzung). Damit sind die Anforderungen weniger streng, als bei der Klagebefugnis iSd Art. 263 Abs. 4 AEUV, die eine unmittelbare und individuelle Betroffenheit fordert. Für ein berechtigtes Interesse iSd Art. 40 EuGH-Satzung ist ein rechtliches Interesse nicht erforderlich. Es genügt, wenn es sich bei den Interessen des Antragstellers um wirtschaftliche Interessen handelt. Ideelle oder moralische Intentionen reichen hingegen nicht aus (Wiedemann/*Schütte*, Handbuch des Kartellrechts, 2016, § 49 Rn. 86). Das Interesse des Antragsstellers muss sich jedoch unmittelbar und gegenwärtig auf den Ausgang des Rechtsstreits selbst beziehen und damit auf den Erfolg der Anträge der Hauptpartei; ein bloßes Interesse an dem Erfolg bestimmter von den Parteien vorgebrachter Angriffs- oder Verteidigungsmittel reicht für das erforderliche berechtigte Interesse nicht aus (EuG 23.2.2003 – T-15/02, Slg. 2003, II-213 Rn. 26 – BASF/Kommission mwN)). Dabei ist insbesondere zu prüfen, ob die angefochtene Handlung den Antragssteller unmittelbar berührt. Nicht ausreichend ist insofern, wenn der Antragssteller sich bloß in einer ähnlichen Situation befindet und also lediglich mittelbar betroffen ist (Wiedemann/*Schütte*, Handbuch des Kartellrechts, 2016, § 49 Rn. 86) Bei Interessenverbänden bejaht der EuGH ein berechtigtes Interesse bereits, wenn es ihnen um die Wahrung der Interessen ihrer Mitglieder geht (EuGH Slg. 1972, I-999 (1000) – Cementhandelaren/Kommission). Das berechtigte Interesse ist glaubhaft zu machen. Für die Glaubhaftmachung genügt die Begründung einer hohen Wahrscheinlichkeit.

15. (Verfahren) Der Antrag auf Zulassung des Streithelfers wird den Parteien zugestellt. Vor einer Entscheidung über den Antrag gibt der Präsident Gelegenheit zur schriftlichen oder mündlichen Stellungnahme. Der Präsident entscheidet über den Antrag durch Beschluss oder überträgt die Entscheidung dem Gericht (bzw. dem Gerichtshof) (Art. 144 Abs. 4 VerfO-EuG bzw. Art. 131 Abs. 3 VerfO-EuGH). Wird dem Antrag stattgegeben, so sind dem Streithelfer alle den Parteien zugestellten Schriftstücke zu übermitteln. Der Präsident kann jedoch auf Antrag einer Partei geheime oder vertrauliche Unterlagen von der Übermittlung ausnehmen (Art. 114 Abs. 7 VerfO-EuG bzw. Art. 131 Abs. 4 VerfO-EuGH). Der Streithelfer muss das Verfahren in dem Stand annehmen, in dem es sich zur Zeit des Beitritts befindet (Art. 142 Abs. 3 VerfO-EuG bzw. Art. 129 Abs. 3 VerfO-EuGH). Der Präsident setzt dem Streithelfer eine Frist, innerhalb derer dieser einen Streithilfeschriftsatz einreichen kann, vor dem EuGH beträgt die Frist gem. Art. 132 Abs. 1 VerfO-EuGH einen Monat, zzgl. der Entfernungsfrist von 10 Tagen (§ 51 VerfO-EuGH). Diese Frist kann auf begründeten Antrag verlängert werden. Der Streithilfeschriftsatz muss enthalten: Die Anträge des Streithelfers, die der vollständigen oder teilweisen Unterstützung oder Bekämpfung der Anträge einer Partei zu dienen bestimmt sind; die Gründe und Argumente des Streithelfers sowie ggf. die Beweise und Beweisangebote. Vor dem EuG darf der Streithilfeschriftsatz eine Länge von 20 Seiten nicht überschreiten (vgl. praktische Durchführungsbestimmungen des EuG S. 19 Rn. 105). Bei einem Verfahren vor dem EuGH sollte die Länge zehn Seiten nicht überschreiten (vgl. praktische Anweisungen des EuGH S. 8 Rn. 34). Nach Einreichung des Streithilfeschriftsatzes setzt der Präsident den Parteien ggf. eine Frist, innerhalb derer sie sich zu dem Streithilfeschriftsatz äußern können. Der Streithelfer ist befugt, Angriffs- und Verteidigungsmittel selbständig vorzubringen, und zwar auch solche, auf die sich die unterstützte Partei nicht beruft oder die diese für unzulässig hält. Der Streithelfer ist von allen Prozessterminen zu benachrichtigen. Er hat das Recht zur Akteneinsicht, das Recht Fragen an Zeugen und Sachverständige zu stellen und in der mündlichen Verhandlung zu plädieren. Das Urteil ist dem Streithelfer zuzustellen.

16. (Kosten) Grundsätzliches zur Kostentragung → Form. VIII.6.1 Anm. 12. Zusätzlich gibt es bei Streithelfern die Besonderheit, dass eine Kostenentscheidung zugunsten des Streithelfers einen eigenen Antrag erfordert; dh er erhält seine Kosten nicht automatisch durch einen entsprechenden Antrag der obsiegenden Partei ersetzt (Wiedemann/*Schütte*, Handbuch des Kartellrechts, § 49 Rn. 94). Was die Höhe der Erstattung angeht, erreicht der Streithelfer indes regelmäßig weniger an Kostenerstattung als eine der Hauptparteien, wenn diese auf Antrag durch das Gericht festzusetzen sind (Wiedemann/*Schütte*, Handbuch des Kartellrechts, § 49 Rn. 107 ff.).

17. (Rechtsmittel) Gegen die Ablehnung eines Antrages auf Zulassung als Streithelfer kommt eine Klage beim EuGH in Betracht. Die Rechtsmittelfrist beträgt hier allerdings nur zwei Wochen (!) (Art. 57 Abs. 1 EuGH-Satzung). Die Entscheidung über das Rechtsmittel ergeht gem. Art. 57 Abs. 3 EuGH-Satzung im verkürzten Verfahren nach Art. 39 EuGH-Satzung.

18. (Nachweise) Der Antrag muss bestimmte Nachweise und Unterlagen enthalten (Art. 143 Abs. 4 iVm Art. 78 Abs. 5 bis 6 und Art. 139 VerfO-EuG bzw. Art. 130 iVm Art. 119, 121, 122 VerfO-EuGH). Dabei sind besondere formale Anforderungen einzuhalten (→ Form. VIII.6.1 Anm. 13). Zu den einzureichenden Unterlagen gehören insbesondere:

- ein Nachweis des Anwalts, dass er in einem Mitgliedstaat zugelassen ist (vgl. Art. 119 Abs. 3, Art. 44 Abs. 1 Buchst. b VerfO-EuGH, bzw. Art. 51 Abs. 2 VerfO-EuG), ausreichend ist, wenn auf ein bereits im Rahmen einer Rechtssache vor dem Gericht hinterlegtes Schriftstück verwiesen wird (vgl. praktische Durchführungsbestimmungen des EuG S. 20 f. Rn. 117);
- sofern die Klägerin eine juristische Person des Privatrechts ist, den Nachweis ihrer Rechtspersönlichkeit (zB Satzung oder besser noch einen neueren Handelsregister- bzw. Vereinsregisterauszug) und den
- Nachweis, dass die Prozessvollmacht ihres Anwalts von einem hierzu Berechtigten ordnungsgemäß ausgestellt ist (Art. 119 VerfO-EuGH bzw. Art. 51 Abs. 3 VerfO-EuG). Der Anwalt sollte die Anwaltsvollmacht von Personen unterschreiben lassen, deren Vertretungsbefugnis sich unmittelbar aus dem Handelsregisterauszug ergibt;
- sofern die Verfahrensschriftstücke über „e-Curia" eingereicht werden, ist das Einreichen beglaubigter Abschriften und Anlagen entbehrlich (→ Form. VIII.6.1 Anm. 9).

6.5 Antrag auf Fristverlängerung[1]

An

die Kanzlei

des Gerichts der Europäischen Union[2]

Rue du Fort Niedergrünewald

L-2925 Luxembourg

. . . . . [Ort], den . . . . . [Datum]

– Rechtssache T-. . . . ./. . . . . –

Antrag auf Fristverlängerung gem. Art. 103 § 1 VerfO-EuG

In der Rechtssache

der A-GmbH, [Straße, Ort], vertreten durch den Geschäftsführer . . . . .

– Klägerin –

Prozessbevollmächtigte: . . . . .

gegen

die Europäische Kommission, Rue de la Loi 200, B-1049 Brüssel

– Beklagte –

wegen der im Amtsblatt Nr. . . . . am . . . . . veröffentlichten Mitteilung über die Anfechtungsklage gegen die Entscheidung der Kommission vom . . . . . (Az.: . . . . .)

beantragen wir namens und im Auftrag der Streithelferin, der Y-GmbH, eine Verlängerung der Frist für die Einreichung des Streithilfeschriftsatzes, die der Kanzler des Gerichts der Europäischen Union mit Schreiben vom . . . . . auf den . . . . . festgesetzt hat, bis zum . . . . .

Begründung:

Die Streithilfe dient der Unterstützung der Europäischen Kommission bei der Verteidigung gegen die Klage der A-GmbH. Bei der Erstellung des entsprechenden Streithilfeschriftsatzes sollen unnötige Wiederholungen und Ausführungen vermieden werden, die dadurch entstehen können, dass der Streithelferin die Klageerwiderung der Europäischen Kommission derzeit noch nicht vorliegt. Die Klageerwiderungsfrist für die Kommission wurde durch den Kanzler des Gerichts der Europäischen Union mit Schreiben vom . . . . . auf den . . . . . festgesetzt. Es ist davon auszugehen, dass der Streithelferin die Klageerwiderung der Kommission jedoch erst kurz vor Fristablauf für den Streithilfeschriftsatz zugeleitet wird. In diesem Fall wäre eine Berücksichtigung des Vorbringens der Kommission bei Erarbeitung des Streithilfeschriftsatzes nicht mehr möglich. Eine Fristverlängerung für den Streithilfeschriftsatz bis zum . . . . . würde eine Berücksichtigung der Klageerwiderung der Kommission erlauben. Einer Fristverlängerung steht auch nicht der Grundsatz der Verfahrensbeschleunigung entgegen, da ein kurzer und mit der Klageerwiderung abgestimmter Streithilfeschriftsatz insbesondere den Arbeitsaufwand des Gerichtes vermindert.

Rechtsanwältin

Anmerkungen

Hinweise: → Form. VIII.6.1 *(Hinweise).*

Grundlagen: Für Verfahren vor dem EuG und dem EuGH sind deren Verfahrensordnungen zu beachten: Verfahrensordnung des EuGH vom 25.9.2012 in der Fassung vom 25.4.2019, ABl. 2019 L 111, 73; Satzung des Gerichtshofes der Europäischen Union v. 26.2.2001, in der Fassung vom 25.4.2019, ABl. 2019 L 111, 1; Verfahrensordnung des EuG vom 4.3.2015 in der Fassung vom 11.7.2018 (ABl. 2018 L 240, 68).

1. (Allgemeines) Aufgrund der Verfahrensordnung festgesetzte Fristen können im Unterschied zu den absoluten Ausschlussfristen verlängert werden (Art. 61 Abs. 1 VerfO-EuG bzw. Art. 52 Abs. 1 VerfO-EuGH). Das gilt insbesondere für die einmonatige Klagebeantwortungsfrist und die vom Präsidenten festgesetzten weiteren Fristen für die Einreichung von Schriftsätzen, wie zB die Frist zur Einreichung eines Streithilfeschriftsatzes (→ Form. VIII.6.4 Anm. 14). Der Antrag auf Fristverlängerung muss ausreichend begründet werden.

2. (Zuständiges Gericht) Der Antrag ist bei dem Gericht (EuG oder EuGH) einzureichen, bei dem der Rechtsstreit anhängig ist.

6.6 Antrag auf Aussetzung der Durchführung der angefochtenen Handlung (Art. 278 S. 2 AEUV)[1]

An

die Kanzlei

des Gerichts[2]

der Europäischen Union

Rue du Fort Niedergrünewald

L-2925 Luxembourg

. . . . . [Ort], den . . . . . [Datum]

In der Rechtssache[3, 4, 5, 6]

der A-GmbH, ... (Straße, Ort), vertreten durch den Geschäftsführer . . . . .

– Klägerin –

Prozessbevollmächtigte: . . . . .[7]

[Zustellungsbevollmächtigte: . . . . .][8]

gegen

die Europäische Kommission, Rue de la Loi 200, B-1049 Brüssel

– Beklagte –

wegen eines Antrages auf Aussetzung des Vollzuges der Entscheidung der Kommission vom . . . . . (Az.: . . . . .), ohne Gründe veröffentlicht im Amtsblatt der EU vom . . . . ., Nr. C . . . . ., Seite . . . . ., wird beantragt

1. die Durchführung der angefochtenen Entscheidung der Kommission vom . . . . . (Az.: . . . . .) auszusetzen;
2. der Kommission aufzuerlegen, gemäß Art. 134 Abs. 1 der Verfahrensordnung des Gerichts die notwendigen Kosten zu ersetzen.

Diesem Antrag sind beigefügt:[9]

- Prozessvollmacht in Anlage 1;
- Handelsregisterauszug der Klägerin in Anlage 2; hieraus ergibt sich auch die Vertretungsbefugnis des Geschäftsführers, der die Prozessvollmacht unterschrieben hat;
- Bescheinigung des Präsidenten des Landgerichts . . . . . über die Zulassung von Rechtsanwalt . . . . . als Rechtsanwalt in . . . . . in Anlage 3;
- Kopie der noch nicht veröffentlichten, um Geschäftsgeheimnisse bereinigten Entscheidung der Kommission vom . . . . . (Az.: . . . . .) in Anlage 4;
- [beglaubigte Abschriften dieses Antrags nebst Anlagen].

Begründung:

I. Zulässigkeit des Antrags[10]

Ein Rechtsstreit vor dem EuG ist in der Hauptsache anhängig (Az.: . . . . .).

II. Begründetheit des Antrags[11]

1. Der Antrag ist notwendig, weil . . . . .
2. Der Antrag ist dringlich, weil . . . . .
3. [Glaubhaftmachung][12, 13]

Rechtsanwalt

Anmerkungen

Hinweise: → Form. VIII.6.1 (*Hinweise*).

Grundlagen: Für Verfahren vor dem EuG und dem EuGH sind deren Verfahrensordnungen sowie weitere Anweisungen und Beschlüsse zu beachten → Form. VIII.6.1 (*Grundlagen*).

1. (Allgemeines) Nach Art. 278 S. 1 AEUV hat die Klageerhebung bei einem europäischen Gericht (EuGH, EuG) keine aufschiebende Wirkung. Der Antrag auf Aussetzung des Vollzugs nach Art. 278 S. 2 AEUV richtet sich gegen alle belastenden Maßnahmen der Gemeinschaftsorgane, die geeignet sind, Rechtswirkungen zu erzeugen. Hier kommen insbesondere Entscheidungen der Kommission in kartellrechtlichen Angelegenheiten in Betracht. Auch einstweilige Maßnahmen der Kommission in Wettbewerbssachen können Gegenstand eines Aussetzungsantrages nach Art. 278 S. 2 AEUV sein. Art. 39 der Satzung des EuGH sowie die Art. 156 ff. VerfO-EuG und Art. 160 ff. VerfO-EuGH enthalten die näheren Einzelheiten für die vorläufige Vollzugsaussetzung. Von der einstweiligen Anordnung (Art. 279 AEUV) grenzt sich die Vollzugsaussetzung dadurch ab, dass sie auf die Verhinderung der Durchsetzung einer angefochtenen Maßnahme gerichtet ist. Die einstweilige Anordnung erfasst alle sonstigen Maßnahmen, für die die bloße Vollzugsaussetzung nicht ausreicht. Sie kommt insbesondere bei Untätigkeitsklagen in Betracht.

2. (Zuständiges Gericht) Das Gericht, das in der Hauptsache zuständig ist. Dabei entscheidet grundsätzlich der Präsident alleine über den Antrag, sofern dieser nicht verhindert ist (vgl. Art. 157 Abs. 4 VerfO-EuG bzw. Art. 161 Abs. 2 VerfO-EuGH).

3. (Datum, Rubrum, Antragsbefugnis, Sprache) Der Antrag auf Erlass der einstweiligen Maßnahme kann von allen Rechtssubjekten, die zur Klage in der Hauptsache berechtigt sind, gestellt werden. Streithelfer haben jedoch kein eigenes Antragsrecht. Sie können auf gesonderten Antrag auch im vorläufigen Verfahren zugelassen werden. Im Übrigen → Form. VIII.5.9 Anm. 3, 4, 7 und 8.

4. (Form) Der Antrag muss als gesonderter Antrag eingereicht werden und den Formalien der Klageschrift entsprechen (Art. 160 Abs. 4 iVm 120–122 VerfO-EuGH; Art. 156 Abs. 5 iVm Art. 76 und 78 VerfO-EuG). Insbesondere müssen sämtliche verfügbaren Beweise und Beweisangebote enthalten sein, die dazu bestimmt sind, den Erlass der einstweiligen Maßnahme zu rechtfertigen. Im Übrigen und insbesondere zu einer Einreichung der Verfahrensstücke über „e-Curia“ → Form. VIII.6.1 Anm. 9. Wichtig ist zudem, dass bereits aus der ersten Seite des Antrags ersichtlich wird, dass es sich um einen Antrag auf Aussetzung der Vollziehung iSd Art. 156 VerfO-EuG handelt und dringlich ist (vgl. praktische Durchführungsbestimmungen des EuG S. 34 Rn. 224). Grundsätzlich sollte der Antrag eine Länge von 25 Seiten nicht überschreiten. Weitere zu beachtende Vorschriften machen die praktischen Durchführungsbestimmungen des EuG auf S. 34 Rn. 223 ff. sowie die praktischen Anweisungen des EuGH auf S. 6 Rn. 19.

5. (Frist) Eine besondere Antragsfrist besteht nicht. Der Antrag kann während der ganzen Zeit der Rechtshängigkeit der Hauptsache gestellt werden. Wird er jedoch in zu großer zeitlicher Nähe zum Urteil gestellt, kann es am Rechtsschutzbedürfnis für den einstweiligen Rechtsschutz fehlen, weil der Antragsteller demnächst durch das Urteil erhält, was er durch den einstweiligen Rechtsschutz begehrt.

6. (Verfahren) Die Anforderungen an das Verfahren ergeben sich aus Art. 160 ff. VerfO-EuGH bzw. Art. 156 ff. VerfO-EuG. Der Präsident stellt der Gegenseite den Antrag zu und setzt ihr eine kurze Frist zur Stellungnahme. Allerdings kann dem Antrag auch bereits vor Eingang der Stellungnahme stattgegeben werden. Die getroffene Anordnung kann später, auch von Amts wegen, abgeändert oder wieder aufgehoben werden.

7. (Prozessbevollmächtigter) → Form. VIII.6.1 Anm. 5.

8. (Zustellungsbevollmächtigter) → Form. VIII.6.1 Anm. 6.

9. (Anlagen) → Form. VIII.6.1 Anm. 13 – 16. Beglaubigte Abschriften sind nicht erforderlich, sofern die Verfahrensschriftstücke über „e-Curia“ eingereicht werden → Form. VIII.6.1 Anm. 9.

10. (Zulässigkeit) Ein Antrag auf einstweiligen Rechtsschutz setzt voraus, dass der Rechtsstreit vor dem Gericht in der Hauptsache anhängig und nicht offensichtlich unzulässig ist. Dem Erfordernis der Anhängigkeit wird Genüge getan, wenn die Klageschrift und der besondere Antrag auf Aussetzung der Vollziehung zumindest gleichzeitig beim Gericht eingehen (EuG T-203/95 R, Slg. 1995, II-2919 Rn. 23 – Conolly/Kommission).

11. (Begründetheit) Begründet ist der Antrag auf einstweiligen Rechtsschutz, wenn sich aus den im Antrag dargelegten Umständen ihre Dringlichkeit und Notwendigkeit ergibt und sie die Entscheidung in der Hauptsache nicht vorwegnimmt (vgl. Art. 156 Abs. 4 VerfO-EuG bzw. Art. 160 Abs. 3 VerfO-EuGH).

a) Die Dringlichkeit beurteilt sich danach, ob die einstweilige Maßnahme unter Berücksichtigung der Schwierigkeiten und Nachteile, die sich aus ihr für die Gemeinschaftsorgane, die Mitgliedstaaten oder Dritte ergeben könnten, zur Abwendung eines schweren und nicht wiedergutzumachenden Schadens auf Seiten des Antragstellers erforderlich ist (EuGH 171/83 R, Slg. 1983, 2621 Rn. 17 – Kommission/Frankreich; EuGH 351/85 R, Slg. 1986, 1307 Rn. 27 – Fabrique de Fer de Charleroi/Kommission). Insofern kommt es auch auf eine Abwägung der unterschiedlichen Interessen durch das Gericht an. Die Kriterien, die dabei zu berücksichtigen sind, hat der EuGH in seiner Entscheidung „Zuckerfabrik Süderdithmarschen“ näher erläutert (EuGH C-143/88 und C-92/89, Slg. 1991, I-415 Rn. 29 ff. – Zuckerfabrik Süderdithmarschen). Der Schaden umfasst alle materiellen und immateriellen Nachteile, die der Antragsteller an seinen rechtlich geschützten Gütern und Vermögenswerten erleiden kann. Der Schaden darf nicht nur geringfügig sein. Einen irreversiblen Schaden nimmt der Gerichtshof an, wenn die Schadensersatzleistung im konkreten Fall ungeeignet ist, den drohenden oder bereits eingetretenen Schaden auszugleichen. Dies kann beispielsweise dann gegeben sein, wenn der Schaden nicht durch Geld beseitigt werden kann. Die antragstellende Partei hat das Vorliegen der Voraussetzungen der Dringlichkeit nachzuweisen.

b) Bei der Notwendigkeit werden die Erfolgsaussichten der Klage in der Hauptsache summarisch geprüft. Es geht darum, ob die angefochtene Maßnahme offensichtlich rechtwidrig ist. Allerdings wird das Merkmal der „Notwendigkeit“ in Art. 160 Abs. 3 VerfO-EuGH bzw. Art. 156 Abs. 4 VerfO-EuG seit der letzten Reform der Verfahrensordnungen nicht mehr genannt. Vielmehr heißt es nun, dass der Antragsteller „rechtfertigende Sach- und Rechtsgründe" anführen muss. Ob sich daraus nun jedoch in der Praxis andere Anforderungen ergeben werden, bleibt abzuwarten.

c) Die Entscheidung in der Hauptsache wird dann nicht vorweggenommen, wenn nicht über Sach- und Rechtsfragen des Hauptsacheverfahrens entschieden wird und durch die Maßnahme keine unwiderruflichen Tatsachen geschaffen werden.

12. (Glaubhaftmachung) Dass der einstweilige Rechtsschutz dringlich und notwendig ist, muss der Antragsteller in tatsächlicher und rechtlicher Hinsicht glaubhaft machen. Der Begriff der Glaubhaftmachung ist gemeinschaftsrechtlich zu verstehen: Die Dringlichkeit bzw. die Notwendigkeit einer einstweiligen Anordnung ist glaubhaft gemacht, wenn die überwiegende Wahrscheinlichkeit für sie spricht. Dabei sind grundsätzlich alle Beweismittel zulässig, die dem EuGH *prima facie* die Überzeugung von der Richtigkeit der aufgestellten Behauptungen vermitteln können.

13. (Rechtsmittel) Gegen Beschlüsse des EuGH bestehen keine Rechtsmittel (Art. 162 Abs. 1 S. 1 VerfO-EuGH). Gegen Beschlüsse des EuG kann innerhalb von zwei Monaten ein auf Rechtsfragen beschränktes Rechtsmittel eingelegt werden (Art. 57 Abs. 2, Art. 58 Abs. 1 EuGH-Satzung). Auf Antrag einer Partei kann ein Beschluss über den Erlass oder Nichterlass einer einstweiligen Maßnahme jederzeit wegen veränderter Umstände abgeändert oder aufgehoben werden (Art. 163 VerfO-EuGH bzw. Art. 159 VerfO-EuG).

6.7 Antrag auf Erlass einer einstweiligen Anordnung (Art. 279 AEUV)[1]

An

die Kanzlei

des Gerichts der Europäischen Union[2]

Rue du Fort Niedergrünewald

L-2925 Luxembourg

In der Rechtssache[3, 4, 5]

der A-GmbH, ... (Straße, Ort), vertreten durch den Geschäftsführer . . . . .

– Klägerin –

Prozessbevollmächtigte: . . . . .[6]

Zustellungsbevollmächtigte: . . . . .[7]

gegen

die Europäische Kommission, Rue de la Loi 200, B-1049 Brüssel

– Beklagte –

wegen eines Antrages auf Erlass einer einstweiligen Anordnung. Es wird beantragt,[8]

1. . . . . .;
2. . . . . .

Diesem Antrag sind beigefügt:

. . . . . [→ Form. VIII.6.1]

Begründung:[9]

. . . . . [→ Form. VIII.6.6]

Rechtsanwältin

Anmerkungen

Hinweise und Grundlagen: → Form. VIII.6.1 (*Hinweise und Grundlagen).*

1. (Allgemeines) In Abgrenzung zu einem Antrag nach Art. 278 S. 2 AEUV, der nur auf die Aussetzung des Vollzugs gerichtet ist, können Gegenstand eines Antrags auf Erlass einer einstweiligen Anordnung nach Art. 279 AEUV jegliche Verbote oder Gebote sein, die zur vorläufigen Gestaltung oder Regelung streitiger Rechtspositionen und -verhältnisse erforderlich sind. Die einstweilige Anordnung nach Art. 279 AEUV umfasst alle anderen Maßnahmen zur Regelung eines vorläufigen Zustandes, deren Zweck mit der bloßen Vollzugsaussetzung nicht erreicht werden kann. Sie kommt bei allen Arten der Direktklage in Betracht, insbesondere also bei Untätigkeits-, Schadenersatz- und Feststellungsklagen. Will der Kläger nicht nur die Durchführung der angefochtenen Maßnahme vorläufig stoppen (→ Form. VIII.6.6), sondern gleichzeitig vom EU-Organ ein bestimmtes Verhalten verlangen, muss er beide Arten des vorläufigen Rechtsschutzes (Vollzugsaussetzung, einstweilige Anordnung) kombinieren.

2. (Zuständiges Gericht) Das Gericht, das in der Hauptsache zuständig ist.

3. (Datum, Rubrum, Antragsbefugnis, Sprache) Der Antrag auf Erlass der einstweiligen Maßnahme kann von allen Rechtssubjekten, die zur Klage in der Hauptsache berechtigt sind, gestellt werden. Streithelfer haben jedoch kein eigenes Antragsrecht. Sie können auf gesonderten Antrag auch im vorläufigen Verfahren zugelassen werden. Im Übrigen → Form. VIII.6.1 Anm. 3, 4, 7 und 8.

4. (Form und Frist) → Form. VIII.6.6 Anm. 4 und 5.

5. (Verfahren) → Form. VIII.6.6 Anm. 6.

6. (Prozessbevollmächtigter) → Form. VIII.6.1 Anm. 5.

7. (Zustellungsbevollmächtigter) → Form. VIII.6.1 Anm. 6.

8. (Antrag) Der einstweilige Rechtsschutz darf dem Antragsteller nicht weitergehende Vorteile einräumen als diejenigen, die sich aus dem für ihn günstigen Ausgang des Hauptverfahrens ergeben würden. Die beantragten Maßnahmen müssen in dem Sinne vorläufig sein, als sie der Entscheidung in der Hauptsache nicht vorgreifen dürfen.

9. (Zulässigkeit, Begründetheit, Glaubhaftmachung, Rechtsmittel) → Form. VIII.6.6 Anm. 10–13.

6.8 Antrag auf Kostenfestsetzung (Art. 170 VerfO-EuG bzw. Art. 145 VerfO-EuGH)[1]

An

die Kanzlei

des Gerichts[2]

der Europäischen Union

Rue du Fort Niedergrünewald

L-2925 Luxembourg

. . . . . [Ort], den . . . . . [Datum]

Antrag[3] auf Kostenfestsetzung

In der Rechtssache

T- . . . . . [bzw. C- . . . . .]

– Antragstellerin –

Verfahrensbevollmächtigte:[4] . . . . .

[Zustellungsbevollmächtigte: . . . . .][5]

gegen

. . . . .

– Antragsgegnerin –

beantragen wir Namens und in Vollmacht der Antragstellerin nach Art. 170 Abs. 1 VerfO-EUG [bzw. Art. 145 Abs. 1 VerfO-EuGH][6, 7, 8]

1. die der Antragstellerin in der oben genannten Rechtssache zu erstattenden Kosten auf . . . . . EUR zzgl . . . . . EUR für die Kosten des Kostenfestsetzungsverfahrens festzusetzen und
2. der Antragstellerin eine Ausfertigung des Beschlusses zu erteilen

Diesem Antrag sind beigefügt:[9]

- Prozessvollmacht in Anlage 1;
- Handelsregisterauszug der Klägerin in Anlage 2; hieraus ergibt sich auch die Vertretungsbefugnis des Geschäftsführers, der die Prozessvollmacht unterschrieben hat;
- Bescheinigung des Präsidenten des Landgerichts . . . . . über die Zulassung von Rechtsanwältin . . . . . als Rechtsanwältin in . . . . . in Anlage 3;
- Kopie der Korrespondenz zwischen der Antragstellerin und der Antragsgegnerin über die zu erstattenden Kosten als Nachweis des Vorliegens einer Streitigkeit in Anlage 4;
- Nachweise über die der Antragstellerin entstandenen Kosten in Anlage 5;[10]

[Gem. Art. 48 Abs. 2 VerfO-EuGH erklären wir uns als Prozessbevollmächtigte damit einverstanden, dass Zustellungen an uns mittels Fernkopierer oder sonstiger technischer Kommunikationsmittel erfolgen. Zustellungen können bewirkt werden an Frau Rechtsanwältin . . . . ., Telefax-Nr . . . . . bzw. E-Mail-Anschrift: . . . . .][11]

Begründung:

I. Entscheidung durch das Gericht [den Gerichtshof]

1. Das Gericht [der Gerichtshof] hat in seiner Entscheidung vom . . . . . entschieden, dass . . . . .
2. Dabei verurteilte das Gericht [der Gerichtshof] die Antragsgegnerin zur Tragung ihrer eigenen Kosten sowie . . . . .[12]

II. Streitigkeit über die erstattungsfähigen Kosten[13]

Die Antragstellerin hat der Antragsgegnerin mit Schreiben vom . . . . . eine Aufstellung der zu erstattenden Kosten in Höhe von . . . . . übermittelt und sie zur Zahlung aufgefordert. Die Antragsgegnerin antwortete daraufhin mit Schreiben vom . . . . . und widersprach folgenden Punkten der Kostenaufstellung: . . . . .

Eine Einigung über die Höhe der zu erstattenden Kosten in den genannten Punkten konnte nicht erzielt werden und ist auch nicht in Aussicht. Die Einleitung eines Kostenfestsetzungsverfahrens ist deshalb erforderlich.

III. Die der Antragstellerin zu erstattenden Kosten

Insgesamt macht die Antragstellerin Kosten in Höhe von . . . . . geltend. Wie sich die Kosten im Einzelnen zusammensetzen ist in Anlage XY im Detail dargestellt. Rechnungen und andere Nachweise sind beigefügt. Sämtliche geltend gemachten Kosten sind iSd Art. 170 Abs. 1 VerfO-EuG [bzw. Art. 145 VerfO-EuGH] dem Grunde nach erstattungsfähig.

Rechtsanwältin[14]

Anmerkungen

Hinweise → Form. VIII.6.1 *(Hinweise).*

Grundlagen: → Form. VIII.6.1 *(Grundlagen).* Dies gilt gleichermaßen für Anträge vor dem EuG und dem EuGH.

1. (Allgemeines) Grundsätzlich sind Verfahren vor dem EuG und EuGH gerichtskostenfrei (Art. 143 VerfO-EuGH, Art. 139 VerfO-EuG). Diese Kosten trägt die Allgemeinheit über die dem Gerichtshof im Rahmen des Gesamthaushalts der EU zur Verfügung gestellten Mittel. Ausnahmen gelten für vermeidbare Kosten, für außergewöhnliche Schreib- und Übersetzungsarbeiten und für Kosten der Zeugen und Sachverständigen. Die außergerichtlichen Kosten von Parteien und Streithelfern sind erstattungsfähig. Die unterliegende Partei wird jedoch nur auf Antrag zur Tragung der Kosten verurteilt (vgl. Art. 138 Abs. 1 VerfO-EuGH bzw. 134 Abs. 1 VerfO-EuG). Fehlt es an einem Kostenantrag, so trägt die Partei ihre Kosten selbst. Der Antrag auf Kostentragung muss insofern noch während des laufenden Verfahrens gestellt werden, während der Antrag auf Kostenfestsetzung erst im Anschluss daran gestellt werden kann → Anm. 14. Zu den erstattungsfähigen Kosten gehören in der Regel die den Rechtsanwälten und Bevollmächtigten der Parteien und die durch die Benennung eines Zustellungsbevollmächtigten entstandenen Kosten, ferner auch Aufwendungen für Vorbereitung und Durchführung des Verfahrens (zB Reise- und Aufenthaltskosten, Porto, Telefon, Verdienstausfall usw). Grundsätzlich trägt die unterlegene Partei die Kosten, und zwar sowohl die eigenen als auch die des Gegners einschließlich der des Streithelfers des obsiegenden Gegners. Bei einem teilweisen Obsiegen verteilt der EuGH die Kosten nach eigenem Ermessen oder beschließt, dass die Parteien ihre eigenen Kosten tragen. Es steht weitgehend im Ermessen des EuGH, wie weit er die unterlegene Partei von den Kosten der (obsiegenden) Partei befreit (vgl. Art. 138 Abs. 3 VerfO-EuGH bzw. Art. 134 Abs. 3 VerfO-EuG). Im Tenor der Entscheidung des Gerichts wird nur festgelegt, wer die Kosten ganz oder teilweise trägt, nicht hingegen die Höhe der auszugleichenden Beträge. Können sich die Parteien außergerichtlich nicht bezüglich der Höhe der Kostentragung einigen, so entscheidet das Gericht auf Antrag einer Partei im Rahmen eines Kostenfestsetzungsverfahrens nach Art. 170 Abs. 1 VerfO-EuG bzw. Art. 145 Abs. 1 VerfO-EuGH durch unanfechtbaren Beschluss auch über die Höhe. Da das Gemeinschaftsrecht keine Gebührenordnung inkl. einer Gebührentabelle kennt, treffen die Richter die Festsetzung je nach Einzelfall (vgl. Wiedemann/*Schütte*, Handbuch des Kartellrechts, 2016, § 49 Rn. 107 ff.).

2. (Zuständiges Gericht) Zu unterscheiden sind der Europäische Gerichtshof (EuGH) und das Gericht der europäischen Union (EuG). Der Antrag auf Kostenfestsetzung ist an das mit dem ursprünglichen Rechtstreit befasste Gericht zu richten. Dort entscheidet dann derjenige Spruchkörper, der in dem vorangegangen Verfahren zuständige war (vgl. Art. 145 Abs. 1 VerfO-EuGH). Für Kosten im Rahmen von Vorabentscheidungsverfahren nach Art. 267 AEUV ist das vorlegenden nationale Gericht zuständig (vgl. Art. 102 VerfO-EuGH). Bei Zuständigkeit des EuGH ist lediglich der Name des Gerichts entsprechend auszutauschen. Die Adresse ist für den EuGH und das EuG identisch.

3. (Antrag) Das Gericht entscheidet über die erstattungsfähigen Kosten nicht von Amts wegen, sondern nur auf Antrag einer Partei. Die Höhe der zu erstattenden Kosten muss genau beziffert und deren Grundlage in der Begründung eindeutig dargelegt werden (→ Anm. 10).

4. (Prozessbevollmächtigter) → Form. VIII.6.1 Anm. 5.

5. (Zustellungsbevollmächtigter) → Form. VIII.6.1 Anm. 6.

6. (Antragsberechtigung) Antragsberechtigt ist jeder am ursprünglichen Verfahren Beteiligter (EuG 24.9.2007 – T-225/01 DEP, ECLI:EU:T:2007:297, Rn. 21 – Gobierno Foral de Navarra/Kommission).

7. (Form) Die Vorschriften zu den formalen und inhaltlichen Anforderungen für Verfahren vor dem EuG (Art. 72 ff VerfO-EuG) bzw. vor dem EuGH (Art. 57 ff. VerfO-EuGH) sind im Rahmen eines Antrags auf eine Kostenfestsetzungsentscheidung entsprechend anzuwenden und einzuhalten (→ Form. VIII.6.1 Anm. 9).

8. (Verfahren) Hat die Antragstellerin den Antrag bei der zuständigen Stelle eingereicht, wird dieser der Antragsgegnerin zugestellt. Die Antragsgegnerin kann dann innerhalb der vom Präsidenten des Gerichts festgesetzten Frist schriftlich Stellung nehmen (vgl. Art. 170 Abs. 2 VerfO-EuG). Nach Art. 170 Abs. 3 VerfO-EuG entscheidet das Gericht durch unanfechtbaren Beschluss, nachdem der Antragsgegnerin Gelegenheit zur Stellungnahme gegeben wurde. Dies spricht dafür, dass zumindest bei Kostenentscheidungsverfahren vor dem EuG kein zweiter Schriftsatzaustausch oder gar eine mündliche Verhandlung vorgesehen ist. Eine ausdrückliche Regelung dazu gibt es jedoch nicht. Jedenfalls ist es ratsam, bereits die Begründung des Kostenfestsetzungsantrags so ausführlich zu gestalten, dass es nicht von vornherein auf einen zweiten Schriftsatz ankommt. Die VerfO des EuGH enthält keine den Art. 170 Abs. 2 u. 3 VerfO-EuG vergleichbare Regelung zum Verfahrensablauf eines Kostenfestsetzungsverfahrens. Insofern bietet es sich auch bei Kostenfestsetzungsverfahren vor dem EuGH an, bereits die Begründung des Antrags ausreichend ausführlich zu gestalten, sodass der Gerichtshof bereits auf dieser Grundlage eine Entscheidung treffen kann.

9. (Anlagen) → Form. VIII.6.1 Anm. 13 – 16.

10. (Kostennachweis) Da es vor den Unionsgerichten keine Gebührenordnung mit einer entsprechenden Gebührentabelle gibt und eine Bindung an nationale Gebührenordnungen ebenfalls nicht besteht, ist es erforderlich, dass die zu ersetzenden Kosten einzeln aufgestellt und erklärt werden. Rechnungen und andere Nachweise sind in Kopie beizufügen. Die Unionsgerichte entscheiden über die erstattungsfähigen Kosten und deren Höhe in freier Würdigung der Umstände des Einzelfalls. Dabei haben sie „den Gegenstand und die Art des Rechtsstreits, seine Bedeutung aus gemeinschaftsrechtlicher Sicht sowie seinen Schwierigkeitsgrad, den Arbeitsaufwand der tätig gewordenen Bevollmächtigten oder Beistände im Zusammenhang mit dem Verfahren und das wirtschaftliche

Interesse zu berücksichtigen, das die Parteien am Ausgang des Rechtsstreits hatten“ (EuGH 294/90 DEP, Slg. 1994, I-5425 Rn. 13 – British Aerospace/Kommission). Die Unionsgerichte prüfen im Rahmen des Verfahrens auch die Stundenhonorare der Berater auf Angemessenheit. Vor diesem Hintergrund ist es sinnvoll zusätzlich zu den anwaltlichen Honorarrechnungen auch die Kriterien für deren Berechnung offenzulegen. Dabei bietet es sich grundsätzlich an, die Kostenaufstellung detailliert und „kleinteilig“ zu gestalten, um dem Gericht die Plausibilität der angefallenen Kosten und die Angemessenheit der Höhe darlegen zu können. Neben den Stundensätzen ist deshalb auch die Anzahl der geleisteten Stunden und die in dieser Zeit erledigten Aufgaben in aufgelisteter Form anzuführen. Ebenfalls erstattungsfähig sind die im Rahmen des Verfahrens angefallenen Kopie-, Porto- und Telefonkosten, sofern diese genau aufgeschlüsselt werden (EuG verb. Rs. T-226/00 DEP und T-227/00 DEP, Slg. 2003, II-685 Rn. 46 ff. – Nan Ya Plastics und Far Eastern Textiles/Rat). Die Kosten für Reise, Übernachtung und Bewirtung der Bevollmächtigten und Rechtsanwälten die entstehen, um an der mündlichen Verhandlung des Verfahrens teilnehmen zu können, sind in der Regel ebenfalls erstattungsfähig.

11. (Zustellung durch den Gerichtshof) → Form. VIII.6.1 Anm. 18.

12. (Tenor der Gerichtsentscheidung) Darzustellen ist die Kostenentscheidung des Gerichts/des Gerichtshofs im Ausgangsverfahren bzgl. den von der Antragsgegnerin zu tragenden Kosten.

13. (Vorliegen einer Streitigkeit) Voraussetzung für eine Entscheidung der Unionsgerichte im Kostenfestsetzungsverfahren ist, dass sich die Parteien über die erstattungsfähigen Kosten streiten. Zunächst muss der Kostengläubiger dem Kostenschuldner eine Aufstellung der Kosten mitteilen und ihn zur Zahlung auffordern. Widerspricht der Kostenschuldner, ist erforderlich, dass die Parteien versuchen sich außergerichtlich zu einigen, bevor ein Antrag nach Art. 170 Abs. 1 VerfO-EuG (bzw. Art. 145 Abs. 1 VerfO-EuGH) gestellt werden kann. Dies wird regelmäßig mit einem (umfangreichen) Schriftwechsel verbunden sein. Dieser Schriftwechsel ist dem Antrag beizufügen, um eine Streitigkeit belegen zu können. Für eine Streitigkeit im Sinne der Norm genügt es jedoch auch, wenn der Kostenschuldner auch nach mehrmaliger Aufforderung durch den Kostengläubiger weder Stellung nimmt, noch zahlt. Dies ist dann als konkludentes Bestreiten der Kosten zu werten (EuG T-271/94, Slg. 1998, II-3761, Rn. 12 – Branco/Kommission). Keine Streitigkeit über die zu erstattenden Kosten liegt vor, wenn die Antragstellerin tatsächlich eine Änderung des Kostentenors der Gerichtsentscheidung bezwecken möchte. Ein darauf abzielender Antrag ist unzulässig (EuG verb. Rs. T-33/89 und T-74/89 DEP, Slg. 1993, II-837 Rn. 5 f. – Blackman/Europäisches Parlament).

14. (Frist) Der Antrag für ein Kostenfestsetzungsverfahren ist an keine Frist gebunden. Sinnvoll ist es jedoch, dass der Kostengläubiger zunächst den Ablauf der Rechtsmittelfrist abwartet, da der Kostentenor der ersten Instanz bei Erfolg des Rechtsmittels regelmäßig keinen Bestand haben wird. Die Verhandlung der Parteien über die Höhe der zu erstattenden Kosten kann zudem mehrere Monate dauern, bevor eine Antragsstellung überhaupt möglich ist. Dennoch ist darauf zu achten, dass der Antrag innerhalb eines „angemessenen Zeitraums“ gestellt wird. Eine genaue Zeitangabe dazu gibt es nicht, allerdings sollte der Zeitraum nicht so lang gewählt werden, dass der Kostenschuldner davon ausgehen durfte, dass der Kostengläubiger auf seine Rechte verzichtet.

IX. Urheberrecht

1. Urhebervertragsrecht

1.1 Autoren-Verlagsvertrag[1]

zwischen

(Vertragspartei)

– nachfolgend auch „Verlag“ genannt –

und

(Vertragspartei)

– nachfolgend auch „Autor“ genannt –

Präambel

Mit diesem Vertrag verfolgen die Parteien den Zweck, *(individueller Vertragszweck)*[2]

§ 1 Vertragsgegenstand

(1) Dieser Vertrag betrifft das vorliegende/zu verfassende Werk des Autors mit dem Titel/Arbeitstitel „. . . . .“.[3]

(2) Über den endgültigen Titel stimmen sich die Parteien ab. Der Autor ist berechtigt, dem Stichentscheid des Verlags zu widersprechen, soweit sein Persönlichkeitsrecht verletzt ist.

§ 2 Einräumung von Nutzungsrechten[4]

(1) Der Autor räumt dem Verlag räumlich unbeschränkt/für das Gebiet von . . . . .[5] für die Dauer der gesetzlichen Schutzfrist[6] das ausschließliche/nicht-ausschließliche Recht zur Vervielfältigung und Verbreitung des Werks (Verlagsrecht) für alle Druck- und körperlichen/elektronischen Ausgaben und Auflagen ohne Stückzahlbegrenzung/mengenmäßig beschränkt auf . . . . .[7] und für alle Sprachen/für die (zB) deutsche Sprache ein.

(2) Der Autor räumt dem Verlag weiter für die Dauer des Hauptrechts gemäß Absatz 1 weitere ausschließliche/nicht ausschließliche Nebenrechte[8] – insgesamt oder einzeln – ein:

a) das Recht des ganzen oder teilweisen Vorabdrucks und Nachdrucks, auch in Zeitungen und Zeitschriften;
b) das Recht der Übersetzung in eine andere Sprache oder Mundart;
c) das Recht zur Veranstaltung von Taschenbuch[9]-, E-Book-, Volks-, Sonder-, Reprint-, Schul- oder Buchgemeinschafts- oder zur Aufnahme des Werks in Gesamt- oder Sammelausgaben;[10]
d) das Recht zur Herausgabe von Mikrokopieausgaben;[11]
e) das Recht zu sonstiger Vervielfältigung, insbesondere durch fotomechanische oder ähnliche Verfahren (zB Fotokopie);

f) das Recht zur Übertragung auf Bild- oder Tonträger (zB Kassette, CD, DVD), einschließlich des Rechts zu deren Vervielfältigung, Verbreitung und Wiedergabe;
g) das Recht zum Vortrag des Werks durch Dritte;
h) die am Werk oder seiner Bild- oder Tonträgerfixierung oder durch Lautsprecherübertragung oder Sendung entstehenden Wiedergabe- und Überspielungsrechte;
i) das Recht zur Vergabe von deutsch- oder fremdsprachigen Lizenzen in das In- und Ausland zur Ausübung der Nebenrechte a) bis h).

(3) Darüber hinaus räumt der Autor dem Verlag für die Dauer des Hauptrechts gemäß Absatz 1 weitere ausschließliche Nebenrechte[12] – insgesamt oder einzeln – ein:

a) Das Recht zur Bearbeitung als Bühnenstück sowie das Recht der Aufführung des so bearbeiteten Werkes;
b) das Recht zur Verfilmung einschließlich der Rechte zur Bearbeitung als Drehbuch und zur Vorführung des so hergestellten Films sowie zur Vervielfältigung und Verbreitung;
c) das Recht zur Bearbeitung und Verwertung des Werks im Rundfunk einschließlich Wiedergaberecht;
d) das Recht zur Vertonung des Werks (zB als Hörbuch);
e) das Recht zur elektronischen Speicherung, insbesondere in Datenbanken, einschließlich der Vervielfältigung, Verbreitung und öffentlichen Zugänglichmachung (Online-Nutzung)
f) das Recht, Vorträge des Werks mittels Bild- und/oder Tonträger öffentlich wahrnehmbar zu machen;
g) das Recht zur Vergabe von Lizenzen zur Ausübung der Nebenrechte a) bis f).

(4) Der Autor räumt dem Verlag an dem Werk auch Rechte an solchen Arten der Nutzung ein, die im Zeitpunkt des Vertragsschlusses noch unbekannt sind.

(5) Der Autor räumt dem Verlag schließlich für die Dauer des Hauptrechts gemäß Absatz 1 alle sonstigen durch die Verwertungsgesellschaft Wort wahrnehmbaren Rechte nach deren Satzung, Wahrnehmungsvertrag und Verteilungsplan ein, soweit diese noch nicht an selbige abgetreten sind. Der Verlag verpflichtet sich, diese ihm hierbei übertragenen Rechte durch die VG Wort wahrnehmen zu lassen.[13]

(6) Für die Rechteeinräumungen nach Absatz 2 bis 4 gelten folgende Beschränkungen:[14]

a) Soweit der Verlag selbst die Nebenrechte gemäß Absatz 2 und 3 ausübt, gelten für die Ermittlung des Honorars die Bestimmungen über das Absatzhonorar nach § 5 anstelle der Bestimmungen für die Verwertung von Nebenrechten. Enthält § 5 für das jeweilige Nebenrecht keine Vergütungsregelung, so ist eine solche nachträglich zu vereinbaren.
b) Der Verlag darf das ihm nach Absatz 2 bis 4 eingeräumte Vergaberecht nicht ohne Zustimmung des Autors abtreten. Dies gilt nicht gegenüber ausländischen Lizenznehmern für die Einräumung von Sublizenzen in ihrem Sprachgebiet sowie für die branchenübliche Sicherungsabtretung von Verfilmungsrechten zur Produktionsfinanzierung.
c) Das Recht zur Ausübung und Vergabe von Nebenrechten nach Absatz 2 bis 4 endet mit der Beendigung des Hauptrechts gemäß Absatz 1; der Bestand bereits abgeschlossener Lizenzverträge bleibt hiervon unberührt.[15]
d) Soweit der Verlag nach den Absätzen 2 und 3 berechtigt ist, das Werk zu bearbeiten oder bearbeiten zu lassen, so hat er Beeinträchtigungen des Werkes zu unterlassen, die geistige und persönliche Rechte des Autors am Werk zu gefährden geeignet sind. Im Falle einer Vergabe von Lizenzen zur Ausübung der Nebenrechte gemäß der Absätze 2 und 3 wird der Verlag darauf hinwirken, dass der Autor vor Beginn einer entsprechenden Bearbeitung des Werks vom Lizenznehmer gehört wird. Möchte der Verlag einzelne Nebenrechte selbst ausüben, so hat er den Autor anzuhören und ihm bei

persönlicher und fachlicher Eignung die entsprechende Bearbeitung des Werks anzubieten, bevor damit Dritte beauftragt werden.

§ 3 Rechte Dritter/Haftung[16]

(1) Der Autor versichert, dass das Werk einschließlich fremder Text- und/oder Bildvorlagen keine Rechte Dritter verletzt.[17] Er versichert weiter, dass er allein[18] berechtigt ist, über die zur Durchführung dieses Vertrags erforderlichen urheberrechtlichen Nutzungsrechte an dem Werk (§ 2) einschließlich fremder Text- und Bildvorlagen zu verfügen, und dass er bisher keine diesem Vertrag entgegenstehende Verfügungen getroffen hat. Bietet er dem Verlag Text- oder Bildvorlagen an, für die dies nicht zutrifft oder nicht sicher ist, so hat er den Verlag darüber und über alle ihm bekannten oder erkennbaren rechtlich relevanten Fakten zu informieren. Soweit der Verlag den Autor mit der Beschaffung fremder Text- oder Bildvorlagen beauftragt, bedarf es einer gesonderten Vereinbarung.

(2) Der Autor wird den Verlag bei Ablieferung des Manuskripts schriftlich auf im Werk enthaltene Darstellungen von Personen oder Ereignissen hinweisen, mit denen das Risiko einer Persönlichkeitsrechtsverletzung verbunden ist. Nur wenn der Autor dieser Vertragspflicht genügt hat, trägt der Verlag alle Kosten einer eventuell erforderlichen Rechtsverteidigung. Wird der Autor wegen solcher Verletzungen in Anspruch genommen, sichert ihm der Verlag seine Unterstützung zu, wie auch der Autor den Verlag bei der Abwehr solcher Ansprüche unterstützt, wenn diese gegen den Verlag geltend gemacht werden.

(3) Er stellt den Verlag auf erste Anforderung von allen Ansprüchen des Dritten frei und verpflichtet sich, ihm jeglichen Schaden, der dem Verlag wegen des Rechts des Dritten entsteht, zu ersetzen. Hierzu zählen auch etwaige dem Verlag entstehende Rechtsverteidigungskosten (Rechtsanwalts- und Gerichtskosten).

§ 4 Pflichten des Verlags

(1) Das Werk wird zunächst als *(zB Hardcover, Paperback, Taschenbuch, CD-ROM, E-Book)*-Ausgabe erscheinen; nachträgliche Änderungen der Form der Erstausgabe bedürfen des Einvernehmens mit dem Autor.

(2) Der Verlag ist verpflichtet, das Werk in der in Absatz 1 genannten Form zu vervielfältigen, zu verbreiten und dafür angemessen zu werben.

(3) Ausstattung, Buchumschlag, Auflagenhöhe, Auslieferungstermin, Ladenpreis und Werbemaßnahmen werden vom Verlag nach pflichtgemäßem Ermessen unter Berücksichtigung des Vertragszwecks sowie der im Verlagsbuchhandel für Ausgaben dieser Art herrschenden Übung bestimmt.

(4) Das Recht des Verlags zur Bestimmung des Ladenpreises nach pflichtgemäßem Ermessen schließt auch dessen spätere Herauf- oder Herabsetzung ein.[19] Vor Herabsetzung des Ladenpreises wird der Autor benachrichtigt.

(5) Als Erscheinungstermin ist vorgesehen: *(Datum)*. Eine Änderung des Erscheinungstermins erfolgt in Absprache mit dem Autor.

§ 5 Absatzhonorar für Verlagsausgaben

(1) Der Autor erhält ein Honorar von 10 %[20] für jedes verkaufte, bezahlte und nicht remittierte Exemplar bezogen auf den um die darin enthaltene Mehrwertsteuer verminderten Ladenverkaufspreis (Nettoladenverkaufspreis). Das Honorar des Autors erhöht sich nach dem Absatz des Werks[21]

von . . . . . Exemplaren auf 11,5 %;

von . . . . . Exemplaren auf 13 %;

von . . . . . Exemplaren auf 15 %.

(2) Das Honorar für die Taschenbuch-Ausgabe beträgt 5 % vom Nettoladenverkaufspreis gemäß Absatz 1. Es erhöht sich nach dem Absatz des Werks

von 20.000 Exemplaren auf 6 %;

von 40.000 Exemplaren auf 7 %

von 100.000 Exemplaren auf 8 %.[22]

(3) Für Sonderausgaben, deren Verkaufspreis mindestens ein Drittel unter dem Verkaufspreis der Normalausgabe liegt, beträgt das Honorar 5 % vom Preis gemäß Absatz 1. Es erhöht sich ab einer Auflage von 20.000 Exemplaren auf 6 %.[23]

(4) Für Verlagserzeugnisse, die nicht der Preisbindung unterliegen (zB Hörbücher), erhält der Autor ein Honorar von 3 %[24] für jedes verkaufte, bezahlte und nicht remittierte Exemplar auf der Basis des um die darin enthaltene Mehrwertsteuer verminderten Verlagsabgabepreises (Nettoverlagsabgabepreis). Es erhöht sich nach dem Absatz des Werks

von 20.000 Exemplaren auf 4 %;

von 40.000 Exemplaren auf 5 %

von 100.000 Exemplaren auf 6 %.

(5) Beim Verkauf von Rohbogen der Originalausgabe außerhalb von Nebenrechtseinräumungen gilt ein Honorarsatz von 5 %[25] vom Verlagsabgabepreis.

(6) Honorarabrechnung und Zahlung erfolgen jährlich per 31. Dezember innerhalb der auf den Stichtag folgenden drei Monate.[26]

(7) Auf seine Honoraransprüche erhält der Autor einen Vorschuss in Höhe von EUR . . . . ., zahlbar je zur Hälfte bei Abschluss des Vertrags und bei Ablieferung des Manuskripts. Der Vorschuss stellt ein garantiertes Mindesthonorar dar. Er ist nicht rückzahlbar, jedoch mit allen Ansprüchen des Autors aus diesem Vertrag verrechenbar.[27]

(8) Pflicht-, Prüf-, Werbe- und Besprechungsexemplare sind honorar- und abrechnungsfrei; darunter fallen nicht Partie- und Portoersatzstücke sowie solche Exemplare, die für Werbezwecke des Verlags, nicht aber des Buches abgegeben werden.

(9) Ist der Autor mehrwertsteuerpflichtig, zahlt der Verlag die auf die Honorarbeträge anfallende gesetzliche Mehrwertsteuer zusätzlich.

(10) Der Verlag ist verpflichtet, einem vom Autor beauftragten Wirtschaftsprüfer, Steuerberater oder vereidigten Buchsachverständigen zur Überprüfung der Honorarabrechnungen Einsicht in die Bücher und Unterlagen zu gewähren. Die hierdurch anfallenden Kosten trägt der Verlag, wenn sich die Abrechnungen als fehlerhaft erweisen.

§ 6 Nebenrechtsverwertung

(1) Der Verlag ist verpflichtet, sich intensiv um die Verwertung der ihm eingeräumten Nebenrechte in angemessener Frist zu bemühen. Bei mehreren sich untereinander ausschließenden Verwertungsmöglichkeiten wird er die für den Autor materiell und ideell möglichst günstige wählen, auch wenn er selbst bei dieser Nebenrechtsverwertung konkurriert.

(2) Verletzt der Verlag seine Verpflichtungen gemäß Absatz 1, so kann der Autor die hiervon betroffenen Nebenrechte – auch einzeln – nach den Regeln des § 41 UrhG zurückrufen; der Bestand des Vertrags im Übrigen wird hiervon nicht berührt.

(3) Der aus der Verwertung der Nebenrechte erzielte Erlös wird nach Abzug der darin enthaltenen Mehrwertsteuer zwischen Autor und Verlag geteilt, und zwar erhält der Autor

50 % bei den Nebenrechten des § 2 Absatz 2;

60 % bei den Nebenrechten des § 2 Absatz 3.[28]

Soweit Nebenrechte durch Verwertungsgesellschaften wahrgenommen werden, richten sich die Anteile von Verlag und Autor nach deren Verteilungsplan.

(4) Für Abrechnung und Fälligkeit gelten die Bestimmungen von § 5 Absätze 6, 7 und 8 entsprechend.

(5) Die Vergabe von Lizenzen an gemeinnützige Blindenselbsthilfeorganisationen für Ausgaben, die ausschließlich für Blinde und Sehbehinderte bestimmt sind (Druckausgaben in Punktschrift, Tonträgerausgaben mit akustischen Benutzungsanweisungen und entsprechende Ausgaben auf Datenträgern), darf vergütungsfrei erfolgen.

§ 7 Manuskriptablieferung

(1) Der Autor verpflichtet sich, dem Verlag bis . . . . . /binnen . . . . .[29] das vollständige und vervielfältigungsfähige Manuskript gemäß § 1 Absatz 1 (einschließlich vorgesehener und vom Autor zu beschaffender Bildvorlagen) mit Maschinenschrift geschrieben/in maschinenlesbarer Form (Diskette, CD-Rom oä)[30] abzuliefern.

(2) Wird der Termin/die Frist nach Absatz 1 nicht eingehalten, kann der Verlag nach Ablauf einer angemessenen Nachfrist vom Vertrag zurückzutreten. Gleiches gilt, wenn das Manuskript nach Inhalt und Umfang nicht den zwischen den Parteien getroffenen Vereinbarungen entspricht. Als angemessene Nachfrist erachten die Parteien eine Frist von 3 Monaten.[31] Der Nachfristsetzung bedarf es nicht, wenn die rechtzeitige Herstellung des Werks unmöglich ist oder der Autor die Leistung ernsthaft und endgültig verweigert oder wenn besondere Umstände vorliegen, die unter Abwägung der beiderseitigen Interessen den sofortigen Rücktritt rechtfertigen.[32]

(3) Der Autor behält eine Kopie des Manuskripts bei sich.

(4) Das Manuskript bleibt Eigentum des Autors und ist ihm vom Verlag nach Erscheinen des Werks auf Verlangen zurückzugeben.[33]

§ 8 Freiexemplare

(1) Der Autor erhält für seinen eigenen Bedarf *(Anzahl)*[34] Freiexemplare, im Falle einer E-Book-Ausgabe . . . . . kostenlose Downloads. Er ist berechtigt, weitere Exemplare seines Werks zu einem Rabatt von . . . . .[35] % vom Ladenverkaufspreis zu erwerben.

(2) Der Verkauf von Freiexemplaren ist dem Autor nicht gestattet. Dies gilt auch für die unkörperlichen Ausgaben.[36]

§ 9 Satz/Korrektur

(1) Die erste Korrektur des Satzes wird vom Verlag oder von der Druckerei vorgenommen. Der Verlag wird dem Autor Abzüge des Satzes übersenden, die der Autor unverzüglich honorarfrei korrigiert[37] und mit dem Vermerk „druckreif" versehen zurück-

sendet. Mit dem Vermerk „druckreif" genehmigt der Autor auch etwaige Abweichungen vom Manuskript. Erklärt sich der Autor nicht innerhalb einer Frist von (Dauer) nach Erhalt der Abzüge, gelten diese als „druckreif".

(2) Nimmt der Autor Änderungen im fertigen Satz vor, so kann der Verlag von ihm die dadurch entstehenden Mehrkosten – berechnet nach dem Selbstkostenpreis des Verlags – insoweit verlangen, als sie 10 % der Satzkosten übersteigen.

§ 10 Weitere Auflagen/Neubearbeitung

(1) Wenn die Verlagsausgabe des Werks vergriffen ist und nicht mehr angeboten und ausgeliefert wird, benachrichtigt der Verlag den Autor. Der Autor ist berechtigt, den Verlag schriftlich aufzufordern, sich spätestens innerhalb von 3 Monaten nach Eingang der Aufforderung zu verpflichten, innerhalb einer Frist von . . . . . Monaten/Jahren[38] nach Ablauf der Dreimonatsfrist eine ausreichende Anzahl weiterer Exemplare des Werks herzustellen und zu verbreiten. Geht der Verlag eine solche Verpflichtung nicht fristgerecht ein oder wird die Neuherstellungsfrist nicht gewahrt, ist der Autor berechtigt, durch schriftliche Erklärung von diesem Verlagsvertrag zurückzutreten. Der Verlag bleibt im Falle des Rückrufs zum Verkauf der ihm danach (zB aus Remissionen) noch zufließenden Restexemplare innerhalb einer Frist von . . . . . berechtigt; er ist verpflichtet, dem Autor die Anzahl dieser Exemplare anzugeben und ihm die Übernahme anzubieten.

(2) Der Verlag wird dem Autor rechtzeitig mitteilen, wann er eine neue Auflage zu veranstalten beabsichtigt. Der Autor ist berechtigt, das Werk für weitere Auflagen zu überarbeiten *(alternativ bei Sachbüchern: Der Autor ist verpflichtet, das Werk für weitere Auflagen dem jeweiligen Stand des Fachwissens anzupassen)*. Der Verlag wird ihm hierfür eine Bearbeitungsfrist von . . . . . Monaten setzen. Wesentliche Veränderungen von Art und Umfang des Werkes bedürfen der Zustimmung des Verlages.

(3) Ist der Autor zu der Neubearbeitung nach Absatz 2 nicht bereit oder nicht in der Lage oder liefert er die Neubearbeitung nicht innerhalb der Bearbeitungsfrist ab, kann der Verlag einen Dritten mit der Neubearbeitung beauftragen. Der Autor ist berechtigt, innerhalb einer Frist von . . . . . ab Aufforderung durch den Verlag einen Bearbeiter vorzuschlagen. Vor wesentlichen Änderungen des Charakters des Werks wird der Verlag die Zustimmung des Autors einholen.

(4) Im Falle der Neubearbeitung durch einen Dritten im Sinne von Absatz 3 vermindert sich der Honoraranspruch des Autors nach § 5 entsprechend des Anteils, der dem Dritten zusteht. Der Honoraranspruch des Autors reduziert sich jedoch höchstens bei der ersten neubearbeiteten Auflage um ein Drittel, bei der zweiten neubearbeiteten Auflage um die Hälfte und bei der dritten neubearbeiteten Auflage um drei Viertel. Ab der vierten neubearbeiteten Auflage entfällt der Honoraranspruch des Autors.[39]

§ 11 Verramschung/Makulierung

(1) Der Verlag ist berechtigt, das Werk zu verramschen, wenn der Verkauf in zwei aufeinanderfolgenden Kalenderjahren unter 10 % der letzten Druckauflage gelegen hat. Am Erlös ist der Autor in Höhe der Hälfte des in § 5 vereinbarten Honoraranspruchs beteiligt. Der Verlag kann dem Herausgeber eine freiwillige Pauschalvergütung bezahlen, wenn eine solche unter Berücksichtigung der Gesamtumstände der Verramschung angemessen und geboten ist.

(2) Erweist sich auch ein Absatz zum Ramschpreis als nicht durchführbar, kann der Verlag die Restauflage makulieren.

(3) Der Verlag wird den Autor vor einer beabsichtigten Verramschung oder Makulierung informieren und dem Autor Gelegenheit geben, die noch vorhandene Restauflage bei beabsichtigter Verramschung zum Ramschpreis abzüglich des Prozentsatzes seiner Beteiligung und bei beabsichtigter Makulierung unentgeltlich ab Lager zu übernehmen. Das Übernahmerecht bei beabsichtigter Verramschung kann der Autor jedoch nur bezüglich der gesamten noch vorhandenen Restauflage ausüben.

§ 12 Rezensionen

Der Verlag bemüht sich gemeinsam mit dem Autor um Rezensionen des Werks. Der Verlag wird den Autor bei ihm eingehende Rezensionen des Werks innerhalb des ersten Jahres nach Ersterscheinen, danach auf Wunsch des Autors in angemessenen Zeitabständen zur Kenntnis bringen.

§ 13 Urhebernennung/Copyright-Vermerk

(1) Der Verlag ist verpflichtet, den Autor in angemessener Weise als Urheber des Werkes auszuweisen. Eine Neubearbeitung durch Dritte wird der Verlag in angemessener Weise kennzeichnen.

(2) Der Verlag ist verpflichtet, bei der Veröffentlichung des Werkes den Copyright-Vermerk im Sinne des Welturheberrechtsabkommens anzubringen. Der Copyright-Vermerk hat wie folgt zu lauten: © *(Jahr, Name des Verlags)*

§ 14 Tod des Autors

(1) Nach dem Tod des Autors bestehen die sich aus diesem Vertrag ergebenden Pflichten des Verlags gegenüber dem durch Erbschein ausgewiesenen Erben. Der Verlag ist berechtigt, bei einer Mehrzahl von Erben die Bestellung eines Bevollmächtigten zur Abgabe und Entgegennahme von Erklärungen und sonstigen Leistungen zu verlangen. Bis zu dessen Benennung ruhen die Rechte der Erben aus diesem Vertrag; Zahlungsansprüche wird der Verlag durch Hinterlegung auf einem Sonderkonto befriedigen.[40]

(2) Stirbt der Autor vor der Fertigstellung des Manuskripts für die erste Auflage, so hat der Verlag die Wahl, vom Vertrag zurückzutreten oder nach eigenem Ermessen die vorhandenen Manuskriptteile zu übernehmen und von einem Dritten entsprechend der Bestimmungen in § 11 Absatz 3 und 4 fertig stellen zu lassen. Im Falle des Rücktritts stehen den Erben keine Vergütungsansprüche zu; bereits an den Autor geleistete Vorauszahlungen kann der Verlag zurückfordern.

(3) Jeder Erbe ist berechtigt, den Verlag schriftlich zur Erklärung über das Rücktrittsrecht nach Absatz 2 aufzufordern, wobei zur Glaubhaftmachung der Erbenstellung die Vorlage einer notariellen Erbscheinsverhandlung genügt. Gibt der Verlag die Erklärung nicht binnen zwei Monaten nach Erhalt der Aufforderung ab, erlischt das Rücktrittsrecht.

§ 15 Änderungen der Eigentums- und Programmstrukturen des Verlags

(1) Der Verlag ist verpflichtet, dem Autor anzuzeigen, wenn sich in seinen Eigentums- oder Beteiligungsverhältnissen eine wesentliche Veränderung ergibt. Eine Veränderung ist wesentlich, wenn

a) der Verlag oder Verlagsteile veräußert werden;
b) sich in den Beteiligungsverhältnissen einer den Verlag betreibenden Gesellschaft gegenüber denen zum Zeitpunkt dieses Vertragsabschlusses Veränderungen um mindestens 25 % der Kapital- oder Stimmrechtsanteile ergeben. Wird eine Beteiligung an

der den Verlag betreibenden Gesellschaft von einer anderen Gesellschaft gehalten, gelten Veränderungen in deren Kapital- oder Stimmrechtsverhältnissen als solche des Verlages. Der Prozentsatz der Veränderungen ist entsprechend der Beteiligung dieser Gesellschaft an der Verlagsgesellschaft umzurechnen.

(2) Der Autor ist berechtigt, durch schriftliche Erklärung gegenüber dem Verlag von etwa bestehenden Optionen oder von Verlagsverträgen über Werke, deren Herstellung der Verlag noch nicht begonnen hat, zurückzutreten, wenn sich durch eine Veränderung gemäß Absatz 1 oder durch Änderung der über das Verlagsprogramm entscheidenden Verlagsleitung eine so grundsätzliche Veränderung des Verlagsprogramms in seiner Struktur und Tendenz ergibt, dass dem Autor nach der Art seines Werks und unter Berücksichtigung des bei Abschluss dieses Vertrags bestehenden Verlagsprogramms ein Festhalten am Vertrag nicht zugemutet werden kann.

(3) Das Rücktrittsrecht kann nur innerhalb eines Jahres nach Zugang der Anzeige des Verlages gemäß Absatz 1 ausgeübt werden.

§ 16 Sonstige Bestimmungen

(1) Auf diesen Vertrag findet das Recht der Bundesrepublik Deutschland Anwendung. Im Falle von Streitigkeiten zwischen den Parteien im Zusammenhang mit diesem Vertrag vereinbaren die Parteien als Gerichtsstand . . . . .

(2) Sollten einzelne Bestimmungen dieses Vertrags ganz oder teilweise unwirksam sein, wird dadurch die Wirksamkeit der übrigen Bestimmungen nicht berührt. An die Stelle von nicht einbezogenen oder unwirksamen Allgemeinen Geschäftsbedingungen tritt das Gesetzesrecht (vgl. § 306 Absatz 2 BGB). Im Übrigen werden die Vertragsparteien die unwirksame Bestimmung durch eine solche ersetzen, die dem wirtschaftlichen Zweck der unwirksamen Bestimmungen möglichst nahe kommt.[41]

(3) Nebenabreden zu diesem Vertrag sind nicht getroffen.

(4) Eine Änderung des Vertrags bedarf der schriftlichen Form. Dies gilt auch für die Änderung des Schriftformerfordernisses.

(5) Um zu gewährleisten, dass der Verlag dem Autor gegenüber seine gesetzlich zwingenden Mitteilungs- und Informationspflichten gem. §§ 31a Abs. 1 und 32c Abs. 1 UrhG rechtzeitig und vollständig erfüllen kann, wird der Autor den Verlag stets unaufgefordert und unverzüglich über alle Adressenänderungen mittels eingeschriebenen Briefs informieren.

. . . . .	. . . . .
Ort, Datum	Ort, Datum
. . . . .	. . . . .
(Verlag)	(Autor)

Anmerkungen

1. Zwischen dem Verband deutscher Schriftsteller und dem Börsenverein des Deutschen Buchhandels eV wurde ein Normvertrag vereinbart. Dieser soll insb. eine Interessenverschiebung zulasten der Autoren verhindern. Die Bestimmungen dieses Normvertrags sind hier berücksichtigt.

2. Die Definition des Vertragszwecks ist für die Frage des Umfangs der Nutzungsrechteeinräumung von Bedeutung (Zweckübertragungslehre) und sollte nicht zu pauschal formuliert sein.

3. Wenn der Titel noch nicht feststeht, spricht man vom „Arbeitstitel". Nur in letzterem Fall ist dann die Regelung des Absatzes 2 notwendig.

4. Für den Urheber sind die gesetzlichen Regelungen bereits begünstigend. Der Verleger dagegen ist nach §§ 1, 5 VerlagsG im Zweifel nur zur Vervielfältigung und Verbreitung einer Auflage berechtigt und hat daher ein Interesse, sich vertraglich umfassendere Rechte einräumen zu lassen.

5. In der Regel werden Verlagsrechte räumlich unbeschränkt, dh weltweit eingeräumt.

6. Die Formulierung „zeitlich unbeschränkt" wäre wohl zu pauschal und eröffnet den Anwendungsbereich der Zweckübertragungslehre, dh man riskiert die Geltung einer kürzeren Schutzfrist als gesetzlich vorgesehen. Problematisch ist auch die Formulierung „bis 70 Jahre nach dem Tod des Autors", will man dem Fall einer Veränderung der gesetzlichen Schutzfrist vorbeugen.
Achtung: Aus Urhebersicht würde sich eine Regelung empfehlen, die bei Verlängerung der gesetzlichen Schutzfrist dem Autor eine gesonderte Vergütung zusichert. Dieses Muster ist aber verlegerfreundlich gestaltet.

7. Abbedingung von § 5 Abs. 1 S. 1, Abs. 2 S. 1 VerlG.

8. Sog. buchnahe Nebenrechte.

9. Die Taschenbuchausgabe wurde vom BGH als selbständige Nutzungsform anerkannt (BGH GRUR 1992, 310). Allgemein gilt, dass eine vom Hauptrecht abweichende Nutzungsart gegeben ist, wenn die Ausgabe äußerlich verändert wurde.

10. Diese werden im Normvertrag nicht erwähnt, stellen aber eine eigenständige Nutzungsart dar.

11. Dieses Recht ist selbständig abspaltbar, da es eine gravierende äußere Veränderung d. Erscheinungsform bedeutet.

12. Sog. buchferne Nebenrechte.

13. Diese Klausel ist optional und nimmt Rücksicht auf § 63a UrhG, der eine Vorausabtretung gesetzlicher Vergütungsansprüche grundsätzlich verhindert. Soweit der Autor die Rechte noch nicht an die VG Wort übertragen hat, kann sich der Verleger auch diese Ansprüche im Rahmen des Vertrages im Voraus abtreten lassen. Unerlässliche Bedingung ist dabei jedoch, dass der Verleger die Rechte nicht selbst, sondern durch die VG Wort wahrnimmt, was uU nicht erwünscht sein kann. Dann sollte auf die Klausel verzichtet werden.

14. Pendant zur umfangreichen Rechteeinräumung nach Absatz 2 und 3.

15. Wenn dies nicht vorbehalten wird, würden die Nutzungsrechte des Lizenznehmers mit dem Ende des Hauptrechts erlöschen.

16. Der Normvertrag enthält eine ähnliche Regelung in § 1 Nr. 3 und 4.

17. Diese Regelung kann – sofern es sich um AGB handelt – problematisch sein, da der BGH (NJW 2006, 47) im Hinblick auf Einkaufsbedingungen (also Kaufrecht) entschieden hat, dass eine solche Garantiehaftung eine unangemessene Benachteiligung iSv § 307 BGB darstellt, da aufgrund der Schuldrechtsmodernisierung auch bei Rechtsmängeln die Verschuldensfalle der gesetzliche Normalfall ist. Es spricht viel dafür, dass diese Rechtsprechung des BGH auch auf Werkverträge und damit auf den hier relevanten Teil des Verlagsvertrags übertragen wird.

18. Der Autor kann dann nicht allein verfügen, wenn es Miturheber gibt oder wenn er das Werk eines anderen in abhängiger Weise benutzt (Abgrenzung Bearbeitung (§ 23 UrhG) – freie Benutzung (§ 24 UrhG)).

19. Abbedingung des Zustimmungserfordernisses des Autors nach § 21 VerlG.

20. Dies ist der Richtwert nach § 3 Abs. 1 der Gemeinsamen Vergütungsregeln (GV) für belletristische Werke im Sinne des § 36 UrhG zwischen dem VS und Verlagen. Im Einzelfall (zB geringe Verkaufserwartung) kann davon bis auf 8 % abgewichen werden (darunter nur in außergewöhnlichen Fällen).
Für andere Werkgattungen (zB Sachbücher) gelten diese Vergütungsvorgaben nicht.

21. Vgl. § 3 Abs. 5 GV. Die Höhe der Steigerung ist Verhandlungssache, endet aber in der Regel bei 15 %.

22. Optionale Regelung. Die Honorarhöhe und -staffelung entspricht § 4 Abs. 1 GV.

23. Optionale Regelung (entspricht § 4 Abs. 2 GV).

24. Der GV gilt nicht, daher frei verhandelbar.

25. Keine Vorgaben durch GV.

26. Entspricht § 7 Abs. 1 GV. Diese sehen allerdings in Abs. 2 zusätzlich vor, dass der Autor im Falle des Auflaufens eines beachtlichen Guthabens (2.000 EUR) eine Abschlagszahlung per 30.6. verlangen kann. Je nach Fall empfiehlt sich daher womöglich eine halbjährliche Abrechnung per 30.6. und 31.12.

27. Vorschüsse sind nicht zwingend, werden aber von § 6 GV als Regelfall vorgesehen. Die hier getroffene Regelung entspricht dem Normvertrag. Abweichende Regeln sind insb. bei kleinen und mittleren Verlagen möglich.

28. Entspricht § 5 Abs. 1 GV (Unterscheidung zwischen buchnahen und buchfernen Nebenrechten. Bei nicht-belletristischen Werken ggf. ändern.

29. Bei einem bereits vollendeten Werk „sofort“, § 11 Abs. 1 VerlG. Im Übrigen gilt § 11 Abs. 2 VerlG.

30. Ein (Papier-)Manuskript in Maschinenschrift ist verkehrsüblich. Die Mitlieferung einer gespeicherten Version muss ausdrücklich vereinbart werden.

31. Zu beachten sind §§ 30 Abs. 1, 31 VerlG.

32. Dies entspricht § 30 Abs. 2 VerlG, modifiziert um die Tatbestände der §§ 281 Abs. 2, 323 Abs. 2 BGB. Nach der Schuldrechtsreform dürften diese Normen das Leitbild der Vertragsgestaltung sein.

33. Entspricht § 27 VerlagsG, kann aber abweichend geregelt werden.

34. § 25 VerlG sieht auf 100 Abzüge je 1 Freiexemplar vor, insgesamt mind. 5 und max. 15. Die Regelung ist aber dispositiv.

35. Die dispositive Regelung des § 26 VerlG sieht einen Erwerb zum Verlagsabgabepreis vor. An der Differenz zum Ladenpreis sollte sich die Rabatthöhe orientieren.

36. Es ist umstritten, ob ein solches Verkaufsverbot ungeschrieben besteht. Daher ist eine vertragliche Regelung sehr empfehlenswert. Das Verbot wirkt aber nur schuldrechtlich.

37. Die Korrekturpflicht des Autors weicht von § 20 VerlG ab und muss daher ausdrücklich vereinbart werden.

38. § 17 VerlG spricht von einer „angemessenen Frist". Die Länge der Frist hängt von den jeweiligen Herstellungsbedingungen ab.

39. Die Formulierung bietet eine mittlere Regelung. Möglich ist auch einen absoluten Zeitraum für den Honoraranspruch bzw. dessen Reduzierungsstufen festzulegen.

40. Dies dient als Druckmittel, um die Benennung des Bevollmächtigten zu beschleunigen. Alternativ kann vereinbart werden, dass Zahlungsansprüche der Erben im Verhältnis der im Erbschein ausgewiesenen Anteile befriedigt werden.

41. Derartige salvatorische Klauseln sind unwirksam, soweit es sich um AGB handelt. Aus diesem Grund differenziert der Formulierungsvorschlag zwischen AGB und Nicht-AGB.

42. Es handelt sich um einen atypischen Verlagsvertrag: Herausgebervertrag mit Druckkostenzuschuss. Der Verlag ist an sich „Auftragnehmer" und verpflichtet sich gegen Entgelt zur Herstellung des Werks nach den Vorgaben des „Auftraggebers" (Herausgebers/Autors); die (eigentlichen) Verlagsleistungen sind dagegen sekundär. Dieser Vertragstyp wird angewandt, wenn sich das Projekt voraussichtlich nicht durch den Verkauf des Buchs finanziert.

1.2 Verlagsvertrag (atypisch) für ein Zuschusswerk[1]

zwischen

(Vertragspartei)

– nachfolgend auch „Verlag" genannt –

und

(Vertragspartei)

– nachfolgend auch „Herausgeber[2]" genannt –

§ 1 Präambel

Die Parteien führen gemeinsam das Buchprojekt *(Titel)* durch. Im Folgenden wird kurz von „Buch" gesprochen. Hierzu vereinbaren sie das Nachfolgende.

§ 2 Eigenschaften des Buchs

(1) Der Verlag verpflichtet sich dazu, bis zum *(Datum)* in Zusammenarbeit mit dem Herausgeber das Buch *(Titel)* herzustellen.

(2) Eine genaue Beschreibung des Buchs (Umfang, Ausstattung, Zahl der Abbildungen) und des Leistungsumfangs bei diesen Produktionen befindet sich in der Anlage 1 *(Buchbeschreibung)*. Die Parteien können Änderungen einvernehmlich vereinbaren.

§ 3 Mitwirkung des Herausgebers

(1) Der Herausgeber stellt dem Verlag die für die Buchproduktion erforderlichen reprofähigen Fotovorlagen oder hochaufgelösten (§ 12 Abs. 1) druckfähigen Bilddateien sowie Textvorlagen zur Verfügung. Um eine rechtzeitige Fertigstellung des Buchs zu ermöglichen, muss der Herausgeber die Vorlagen rechtzeitig dem Verlag liefern. Anlage 2 *(Mitwirkung des Herausgebers)* enthält eine Festlegung der zu liefernden Vorlagen und einen Terminplan dazu.

(2) Änderungen und Abweichungen bezüglich der Vorlagen und des Zeitplans stimmen die Parteien ab. Der Verlag kann die rechtzeitige Fertigstellung des Buchs nur gewährleisten, wenn die Vorlagen vom Herausgeber rechtzeitig geliefert werden. Änderungen bei den Vorlagen und Verzögerungen bei der Lieferung können zu Verzögerungen bei der Fertigstellung des Buchs führen.

§ 4 Rechteeinräumung an eigenen Werken des Herausgebers

(1) Diese Bestimmung bezieht sich auf die urheber- oder leistungsschutzrechtlich geschützten Werke, deren Urheber der Herausgeber selbst ist.

(2) Der Herausgeber räumt dem Verlag das zeitlich und räumlich unbeschränkte exklusive Recht zur Vervielfältigung und Verbreitung des Werks für alle Druck- und körperlichen elektronischen Ausgaben sowie für alle Auflagen ein (Einräumung des Verlagsrechts).

(3) Der Verlag erhält vom Herausgeber weiter das Recht, das Werk für Werbezwecke zu nutzen (Nebenrechte). Der Verlag darf das Werk oder Teile davon insbesondere dazu auf seiner Homepage, in Verlagsankündigungen, in Zeitschriften, Zeitungen, Werbefilmen und sonstigen Trägern körperlich wie unkörperlich wiedergeben.

(4) Der Herausgeber räumt dem Verlag an dem Werk auch Rechte an im Zeitpunkt des Vertragsschlusses unbekannten Nutzungsarten ein.

(5) Die Rechteeinräumungen sind insoweit inhaltlich beschränkt, als der Herausgeber die Nutzungsrechte nur im Zusammenhang mit dem Buchprojekt einräumt. Im Übrigen bleibt der Herausgeber frei, das Werk oder Werkteile zu nutzen, sofern diese Nutzung nicht unmittelbar geeignet ist, dem Buch Konkurrenz zu machen und seinen Absatz zu behindern. Die Parteien stimmen sich gegebenenfalls ab.

(6) Der Herausgeber garantiert, dass er Urheber der von ihm eingebrachten und an den Verlag lizenzierten Werke ist. Er garantiert weiter, dass deren Nutzung nicht die Rechte Dritter verletzt und der Herausgeber keine anderweitigen Verlags- oder Lizenzverträge geschlossen hat, die der Nutzung im Buch entgegenstehen oder die Kosten verursachen.

(7) Der Herausgeber stellt den Verlag von möglichen Kosten durch Ansprüche frei, die Verwertungsgesellschaften (insbesondere VG Bild Kunst) geltend machen. Er legt gegebenenfalls Freistellungserklärungen vor.

(8) Der Verlag erhält von dem Herausgeber das Recht, im Rahmen der Werbemaßnahmen für das Buch Dritten Unterlizenzen einzuräumen. Der Verlag darf Dritten (Zeitungen, Zeitschriften, Internetforen etc) Unterlizenzen einräumen, damit das Werk besprochen und rezensiert wird. In diesem Rahmen soll der Dritte auch die Möglichkeit zur Bebilderung der Besprechung und Rezension erhalten.[3]

§ 5 Rechteeinräumung bei Werken Dritter

(1) Sofern der Herausgeber in das Buch Werke Dritter einbringt, hat er vorweg die Rechtesituation umfassend zu klären. Er muss sich von den Dritten diejenigen Rechte einräumen lassen, die er für die Lizenzierung nach dieser Bestimmung benötigt. Der Herausgeber informiert den Verlag über Einschränkungen bei den eingeräumten Rechten (beispielsweise Beschränkungen der Rechte an Fotografien der Fotografen).

(2) Der Herausgeber räumt dem Verlag im Wege einer Unterlizenz ein § 4 Abs. 2 entsprechendes Verlagsrecht sowie § 4 Abs. 3 entsprechende Nebenrechte ein.

(3) Der Herausgeber garantiert, Inhaber der lizenzierten Rechte zu sein und die Unterlizenzierung an den Verlag vornehmen zu dürfen. Kosten dieser Lizenzierung hat ausschließlich

der Herausgeber selbst zu tragen. § 4 Abs. 6 gilt entsprechend. Im Falle einer Inanspruchnahme des Verlags durch Urheber oder Leistungsschutzberechtigte, hat der Herausgeber dem Verlag alle aus deren Inanspruchnahme entstehenden Kosten zu erstatten.

(4) Der Herausgeber wird Werke nicht in das Buch aufnehmen lassen, bei denen die Urheberrechtslage nicht eindeutig geklärt ist und Konflikte wegen der Werknutzung drohen.

(5) Der Herausgeber verpflichtet sich, dem Verlag die notwendigen und zutreffenden Informationen wegen Namensnennung des Urhebers sowie gegebenenfalls die Quellenangaben zu liefern. Auf Verlangen des Verlags hat der Herausgeber seine Berechtigung an dem Werk durch Vorlage schriftlicher Unterlagen wie dem Lizenzvertrag mit dem Urheber glaubhaft zu machen. Der Verlag darf bei Zweifeln an der Berechtigung den Abdruck des Werks verweigern.

§ 6 Auflage und Auflagensplit

(1) Die erste Auflage des Buchs beträgt *(Höhe der Auflage)*. Der Verlag wird von dieser Auflage dem Herausgeber *(Anzahl)* Exemplare des Buchs zur eigenen Verfügung des Herausgebers oder der Institution, der er angehört, liefern (Herausgeberexemplare).

(2) Die verbleibenden Bücher (Gesamtauflage abzüglich Herausgeberexemplare) wird der Verlag über den Buchhandel vertreiben. Der Verlag legt den Verkaufspreis des Buchs selbst fest. Ist der Herausgeber ein Museum oder handelt der Herausgeber für ein Museum, so darf der Herausgeber in Abweichung von § 6 Abs. 2 Satz 2 den Preis selbst festlegen. Der Herausgeber stimmt sich in diesem Fall mit dem Verlag jedoch ab.

§ 7 Vergütung des Verlags und Herausgeberhonorar

(1) Im Hinblick auf die besondere Marktsituation verpflichtet sich der Herausgeber einen Druckkostenzuschuss in Höhe von EUR . . . . . zuzüglich der gesetzlichen Mehrwertsteuer an den Verlag zu bezahlen. Die Zahlung erfolgt entsprechend dem Produktionsfortschritt des Buchs in mehreren Teilen. Anlage 3 *(Produktionsplan und Zahlungen)* regelt die Produktionsabschnitte und die jeweilig fällig werdende Zahlung.

(2) Der Druckkostenzuschuss nach Abs. 1 enthält die Lieferung der Herausgeberexemplare (für sie ist keine weitere Vergütung vorgesehen). Der Druckkostenzuschuss enthält weiter die Buchproduktion nebst Leistungen gemäß Anlage 1.

(3) Darüber hinaus anfallende Arbeitszeiten des Verlags wird dieser gemäß seiner jeweils gültigen Vergütungspreisliste für Dienstleistungen mit Stundennachweis in Rechnung stellen. Der Verlag wird dem Herausgeber weiter Zusatzkosten in der technischen Herstellung (zB Belichtung, Druck, Bindung ua) in Rechnung stellen, die vom Herausgeber schuldhaft verursacht wurden. Eine solche Kostenverursachung in diesem Sinne liegt beispielsweise vor, wenn zusätzliche Rüstkosten bei Teilfertigstellung aufgrund verspäteter Ablieferung von Vorlagen entstehen. Zusatzkosten können weiter entstehen, wenn der Herausgeber mit dem Verlag Ausstattungsänderungen gegenüber dem ursprünglichen Vertrag vereinbart. Der Verlag wird den Herausgeber jeweils darauf hinweisen, wenn voraussichtlich Leistungen über den Druckkostenzuschuss nach § 7 Abs. 2 hinaus anfallen. Der Verlag weist den Herausgeber darauf hin, dass der Mehraufwand in aller Regel dadurch anfällt, dass der Herausgeber seine Leistungsbeiträge nicht wie vorgesehen erbringt (häufig: fehlerhafte Druckvorlagen, verspätete Lieferung, unzulänglich aufbereitete Textvorlagen). Der Herausgeber kann Mehraufwand in der Regel vermeiden, wenn er die Leistungen in guter Qualität rechtzeitig bereitstellt.

(4) Ab dem Verkauf von *(Anzahl)* Exemplaren der Bücher durch den Verlag erhält der Herausgeber ein Herausgeberhonorar in Höhe von . . . . . % des Nettoladenpreises des Buchs pro verkauftem Exemplar, das nicht retourniert (remittiert) wurde. Die Abrechnung des Autorenhonorars erfolgt grundsätzlich jährlich nach Kalenderjahr. Der Verlag wird die Abrechnung des Herausgeberhonorars für das jeweils vorangegangene Kalenderjahr innerhalb von sechs Monaten nach Jahreswechsel vornehmen und das Herausgeberhonorar auskehren.

§ 8 Weitere Auflagen/Print on Demand

(1) Der Verlag darf über die genannte Auflage (§ 6 Abs. 1) hinaus Bücher drucken und vertreiben.

(2) Der Verlag ist berechtigt, weitere Auflagen des Buchs zu drucken. Sofern die Parteien keine andere Abrede treffen, druckt der Verlag weitere Auflagen ganz auf eigene Kosten. Für Bücher der zweiten oder folgenden Auflage zahlt der Verlag dem Herausgeber das Herausgeberhonorar für jedes über den Buchhandel veräußerte Buchexemplar, das nicht retourniert/remittiert wurde.

§ 9 Rezensionen

Der Verlag bemüht sich gemeinsam mit dem Herausgeber um Rezensionen des Buchs. Der Verlag informiert den Herausgeber bei Interesse und auf Wunsch in angemessenem Umfang über Rezensionen des Buchs.

§ 10 Zahlungsverzug/Eigentumsvorbehalt

(1) Leistet der Herausgeber vorgesehene Zahlungen gemäß den festgelegten Abschnitten nicht rechtzeitig, so ist der Verlag dazu berechtigt, die Produktion des Buchs bis zur Zahlung ruhen zu lassen und die fertig gestellten Bücher bis zum vollständigen Zahlungseingang zurückzuhalten (Zurückbehaltungsrecht).

(2) Liefert der Verlag ohne vorherige vollständige Zahlung (zB bei Ausstehen der Schlussrechnung), so gilt Folgendes: Der Verlag bleibt Eigentümer der gelieferten Bücher, bis der Herausgeber den Druckkostenzuschuss vollständig bezahlt hat. Der Herausgeber erhält das Recht, die gelieferten Bücher entgeltlich wie unentgeltlich an Dritte zu veräußern. Er tritt mögliche Kaufpreisansprüche oder andere Forderungen aus der Veräußerung der Bücher an den Verlag zur Sicherheit ab (verlängerter Eigentumsvorbehalt).

§ 11 Gewährleistung und Haftung

(1) Der Verlag erbringt seine Leistungen mit der verkehrsüblichen Sorgfalt. Er haftet gegenüber dem Herausgeber für grobe Fahrlässigkeit und Vorsatz. Er haftet ohne diese Einschränkung für Personenschäden und Schäden, die dem Produkthaftungsgesetz unterfallen sowie in weiteren Fällen, in denen nach dem Gesetz zwingend gehaftet wird. Er haftet nur für solche Schäden, die nach typischem Geschehensverlauf entstehen.

(2) Als Schadensersatz für die schuldhafte Nichtherstellung und -lieferung des Buchs oder für Verzögerungen, die der Verlag zu vertreten hat, vereinbaren die Parteien eine Haftungshöchstsumme von . . . . . % des Druckkostenzuschusses nach § 7 Abs. 1.

§ 12 Zusammenarbeit/Änderungen/Rückgabe der Materialien

(1) Die Parteien werden bei der Erstellung des Buchs mit gutem Willen zusammenarbeiten. Sie werden sich gegenseitig auf mögliche Schwierigkeiten hinweisen und ver-

suchen, diese durch einvernehmliche Lösungen zu überbrücken. Der Verlag wird Änderungswünsche des Herausgebers nach Abschluss dieses Vertrags nur dann und nur insoweit berücksichtigen können, als diese zu keiner Störung seiner Kosten- und Produktionsplanung führen, es sei denn, die Parteien haben eine Anpassung des Druckkostenzuschusses vereinbart. Änderungen des Buchs vereinbaren die Parteien unter Beachtung des Schriftformerfordernisses dieses Vertrags stets schriftlich.

(2) Der Herausgeber erhält nach Abschluss der Produktion des Buchs die von ihm eingebrachten Originalmaterialien zurück, soweit diese nicht mehr für Werbezwecke benötigt werden. Die Rückgabe erfolgt, wenn der Herausgeber den Druckkostenzuschuss vollständig bezahlt hat.

§ 13 Restauflage/Rechteheimfall

(1) Der Verlag ist berechtigt, die Restauflage nach . . . . . Jahren nach dem Erscheinen des Buchs nach freier Entscheidung entweder zu verramschen oder zu vernichten. Er kann die Restauflage auch dem Herausgeber zum Kauf anbieten. Im Falle der Verramschung erhält der Herausgeber kein Herausgeberhonorar nach § 7 Abs. 4. Der Verlag kann dem Herausgeber eine freiwillige Pauschalvergütung bezahlen, wenn eine solche unter Berücksichtigung der Gesamtumstände der Verramschung angemessen und geboten ist.

(2) Hat der Verlag die Restauflage verramscht oder vernichtet und ist keine weitere Auflage des Werks zu erwarten, so fallen die lizenzierten Verlags- und Nebenrechte mit der Maßgabe an den Herausgeber zurück, dass der Verlag ein einfaches urheberrechtliches Nutzungsrecht behält, das ihm die Nutzung des Buchs zu Archivzwecken oder zur Dokumentation der Verlagstitel (auch im Werbebereich) ermöglicht. Die Rechte des Verlags an der Buchgestaltung verbleiben beim Verlag.

§ 14 Kündigung

(1) Der Vertrag kann von den Parteien aus wichtigem Grund nach den gesetzlichen Vorschriften gekündigt werden.

(2) Als wichtigen Grund, der zur Kündigung berechtigt, sehen die Parteien insbesondere an, wenn der Herausgeber qualitätsloses Material liefert, dessen Veröffentlichung den Ruf des Verlags schädigen könnte oder wenn die Materialien nicht innerhalb von zwei Wochen im Verzugsfall nach schriftlicher Aufforderung geliefert werden oder wenn trotz Zahlungsverzugs auf Mahnung durch den Verlag nicht binnen der Frist von zwei Wochen die Zahlung erfolgt.

§ 15 Sonstige Bestimmungen

(1) Soweit dieser Vertrag Lücken enthält, gelten die Bestimmungen des UrhG, des VerlG und des BGB. Auf diesen Vertrag findet das Recht der Bundesrepublik Deutschland Anwendung.

(2) Nebenabreden zu diesem Vertrag sind nicht getroffen.

(3) Eine Änderung des Vertrags bedarf der schriftlichen Form. Dies gilt auch für die Änderung des Schriftformerfordernisses.

(4) Sollten einzelne Bestimmungen des Vertrags unwirksam sein oder werden, so berührt dies die Gültigkeit des Vertrags im Übrigen nicht. An Stelle der unwirksamen Bestimmung werden die Parteien in diesem Fall eine angemessene Regelung finden, die der Bestimmung am nächsten kommt, die ersetzt werden soll.

(5) Soweit auf Seiten des Herausgebers die gesetzlichen Voraussetzungen für die wirksame Vereinbarung eines Gerichtsstandes vorliegen, vereinbaren die Parteien als Gerichtsstand den Sitz des Verlages.

6) Um zu gewährleisten, dass der Verlag dem Herausgeber gegenüber seine gesetzlich zwingenden Mitteilungs- und Informationspflichten gem. §§ 31a Abs. 1 und 32c Abs. 1 UrhG rechtzeitig und vollständig erfüllen kann, wird der Herausgeber den Verlag stets unaufgefordert und unverzüglich über alle Adressenänderungen mittels eingeschriebenen Briefs informieren. Der Brief ist an die im Vertragsrubrum angegebene Anschrift des Verlags bzw. an die jeweils zuletzt mittels eingeschriebenen Briefs mitgeteilte Anschrift des Verlags zu adressieren.

.....	.....
Ort, Datum	Ort, Datum
.....	.....
(Verlag)	(Herausgeber)

Anmerkungen

1. Es handelt sich um einen atypischen Verlagsvertrag: Herausgebervertrag mit Druckkostenzuschuss. Der Verlag ist an sich „Auftragnehmer" und verpflichtet sich gegen Entgelt zur Herstellung des Werks nach den Vorgaben des „Auftraggebers" (Herausgebers/Autors); die (eigentlichen) Verlagsleistungen sind dagegen sekundär. Dieser Vertragstyp wird angewandt, wenn sich das Projekt voraussichtlich nicht durch den Verkauf des Buchs finanziert.

2. Der Begriff „Herausgeber" steht hier für „Autor" und „Herausgeber" iSv § 4 UrhG gleichermaßen. Diese Mehrdeutigkeit entspricht der Verlagspraxis (zum Begriff des „Herausgebers" eines Sammelwerks: Wandtke/Bullinger/*Marquardt* UrhG § 4 Rn. 18).

3. Der „Zweite Korb" hat das Zitatrecht dahingehend erweitert, dass die Schranke sich nunmehr nicht mehr ausschließlich auf Sprachwerke bezieht. Das sog. „Bildzitat" ist jedoch nach wie vor nicht ausdrücklich erlaubt. Daher erscheint es sinnvoll, sich das Recht zum Bildzitat sicherheitshalber vertraglich einräumen zu lassen.

1.3 Übersetzervertrag (Buch)[1, 2]

Zwischen

(Vertragspartei)

– nachstehend als „Übersetzer" bezeichnet –

und

(Vertragspartei)

– nachstehend als „Verlag" bezeichnet –

wird folgender Vertrag geschlossen:

§ 1 Vertragsgegenstand

1. Gegenstand dieses Vertrags ist die Übersetzung des Werkes ..... von ..... (im Folgenden „Originalautor" genannt) in die deutsche Sprache (im Folgenden als „Werk" bezeichnet). Der deutsche Titel wird von dem Verlag festgelegt.[3]
2. Der Verlag hält die deutschsprachigen Verlagsrechte an dem Werk. Diese umfassen die Rechte für Deutschland, Österreich und die Schweiz.[4]
3. Zeitliche, räumliche oder sachliche Beschränkungen des Verlagsrechts, die dem Verlag von seinem Lizenzgeber auferlegt wurden oder werden, gelten dem Übersetzer gegenüber nur, soweit der Verlag sie dem Übersetzer schriftlich bekannt gibt, es sei denn sie sind Inhalt dieses Vertrages.
4. Die Wahrung von Rechten Dritter ist Sache des Verlages. Dies gilt nicht, wenn und soweit solche Rechte durch die Übersetzung selbst verletzt werden. Der Übersetzer weist den Verlag auf alle ihm bekannten Rechte hin, die mit dem übersetzten Werk verletzt werden könnten (zB Urheber-, Persönlichkeits-, Zitat-, Bild- und Abbildungsrechte); insbesondere ist die Übernahme von Texten und Textausschnitten Dritter unter Angabe der Quelle kenntlich zu machen.

§ 2 Rechte, Pflichten und Gewährleistung des Übersetzers

1. Der Übersetzer übernimmt es, das Werk persönlich zu übersetzen und dabei die Urheberpersönlichkeitsrechte des Originalautors zu wahren. Die Anfertigung der Übersetzung durch Dritte bedarf der Zustimmung des Verlags.
2. Der Übersetzer hat das Werk ohne Kürzungen, Zusätze und sonstige Veränderungen gegenüber dem Original in angemessener Weise zu übertragen und insbesondere dafür zu sorgen, dass die Übersetzung frei von Mängeln ist, die den Wert des Originalwerkes aufheben oder mindern.
3. Abweichend von und/oder ergänzend zu Absatz 2 werden folgende Eigenschaften und Besonderheiten der Übersetzung vereinbart:
4. .....
5. Außerdem werden folgende zusätzliche Leistungen des Übersetzers vereinbart:
6. .....

§ 3 Rechte Dritter, Haftung des Übersetzers, Haftungsfreistellung des Verlags

1. Der Übersetzer versichert, dass die Übersetzung keine Urheberrechte Dritter verletzt.[5] Er versichert, alleiniger Berechtigter aller Rechte zu sein, über die er in diesem Vertrag verfügt (§ 4) und verpflichtet sich, keine entgegenstehenden Verfügungen über diese Rechte zu treffen. Für den Fall, dass ein Dritter dem Verlag gegenüber Rechte behauptet, die der Verwertung des Werkes entgegenstehen, informiert der Übersetzer den Verlag unverzüglich. Der Übersetzer verpflichtet sich, den Verlag bei der Abwehr solcher Ansprüche zu unterstützen. Er stellt den Verlag auf erste Anforderung von allen Ansprüchen des Dritten frei und verpflichtet sich, ihm jeglichen Schaden, der dem Verlag wegen des Rechts des Dritten entsteht, zu ersetzen. Hierzu zählen auch etwaige dem Verlag entstehende Rechtsverteidigungskosten (Rechtsanwalts- und Gerichtskosten).
2. Bietet der Übersetzer dem Verlag Text- oder Bildvorlagen, über die er nicht alleine verfügen kann oder Text- oder Bildvorlagen Dritter an, so hat er den Verlag darüber und über alle ihm bekannten oder erkennbaren rechtlich relevanten Fakten zu informieren. Soweit der Verlag den Autor mit der Beschaffung fremder Text- oder Bildvorlagen beauftragt, bedarf es einer besonderen Vereinbarung.
3. Der Übersetzer macht den Verlag auf alle ihm bekannten Rechte aufmerksam, die mit dem übersetzten Werk verletzt werden könnten (zB Persönlichkeits-, Zitat-, Bild-, Abbildungsrechte).

§ 4 Rechteeinräumung

1. Soweit in der Person des Übersetzers durch die Übersetzung Urheberrechte oder ähnliche Schutzrechte entstehen, überträgt er dem Verlag räumlich unbeschränkt für die Dauer des gesetzlichen Urheberrechts das ausschließliche Recht zur Vervielfältigung und Verbreitung (Verlagsrecht/Hauptrecht) der Übersetzung für alle Ausgaben und Auflagen ohne Stückzahlbegrenzung.
2. Der Übersetzer räumt dem Verlag für die Dauer des Hauptrechts gemäß Abs. 1 außerdem folgende ausschließliche Nebenrechte ein:[6]
   a) das Vervielfältigungs- und Verbreitungsrecht, dh das Recht, die Inhalte im Rahmen der übertragenen Nutzungsarten beliebig – auch auf anderen als den ursprünglich verwendeten analogen und digitalen Speichermedien zu übertragen zB Systeme wie Videokassetten, Video-Disks, Videobänder, Video-CD, Harddisk, CD-I, CD-DA, EBG (Electronic Book Graphic), EBXA, CD-Rom, CD, MD, Laserdisk, DVD (Digital Versatile Disk), DCC (Digital Compact Cassette), Foto-CD, CD-Rom-XA, Disketten, CD-Recordable, Multi-Optical-Disk (Mo-CD), HD-CD (High Density-CD), Magnetbänder, Magnetbandkassetten, Kassetten, Bildband, Disketten sowie Chips und weitere Formen des electronic publishing, sowie unabhängig von der technischen Ausgestaltung des einzelnen Systems zu vervielfältigen und zu verbreiten, insbesondere
      aa) in Zeitungen und Zeitschriften (einschließlich auch auszugsweiser Nach- oder Sonderdrucke oder anderer Sonderausgaben) und/oder anderen periodischen und/oder nichtperiodischen Sammlungen,
      bb) in sonstigen Printausgaben, insbesondere in Buchform in allen Auflagen und Ausgaben (einschließlich besonderer Printausgaben, wie zB Buchgemeinschafts-, Taschenbuch-, Paperback-, Schul-, Reprint-, gekürzten (Digest-)Ausgaben, Gesamt-, Sammler- und anderen Ausgaben);
   b) das Recht des ganzen oder teilweisen Vorabdrucks und Nachdrucks auch in Zeitungen und Zeitschriften;
   c) das Recht der Übersetzung in Mundarten;
   d) das Recht zur Vergabe von Lizenzen für Taschenbuch-, Volks-, Sonder-, Reprint-, Schul- oder Buchgemeinschaftsausgaben;
   e) das Recht zur Herausgabe von Mikrokopieausgaben;
   f) das Recht zu sonstiger Vervielfältigung insbesondere durch fotomechanische oder ähnliche Verfahren (zB Fotokopie);
   g) das Recht zur Aufnahme auf Vorrichtungen zur wiederholbaren Wiedergabe mittels Bild- oder Tonträger sowie das Recht zu deren Vervielfältigung, Verbreitung und Wiedergabe;
   h) das Archivierungsrecht, dh das Recht, die Inhalte einschließlich so genannte „abstracts" oder sonstige Inhaltsangaben in jeder Form zu archivieren und insbesondere auch digitalisiert zu erfassen und auf allen bekannten Speichermedien, insbesondere auf sämtlichen in a) genannten, gemeinsam mit anderen Werken oder Werkteilen zu speichern, in beliebiger Form zu vervielfältigen, zu vermieten und/oder zu verbreiten sowie ferner die Inhalte im Wege der Datenfernübertragung (mit oder ohne Download) auf die Rechner Dritter zu übertragen sowie Ausdrucke von Papierkopien durch die jeweiligen Endkunden zu gestatten, wobei das Recht, die Inhalte im Rahmen eines eigenen oder fremden EPG's (Electronic Program Guide) zu nutzen, eingeschlossen ist;
   i) das Drucknebenrecht, dh das Recht zur Herstellung, Vervielfältigung und Verbreitung von bebilderten und nicht-bebilderten Büchern, Heften, Comics, analogen und digitalen Speichermedien, wie Bild-/Tonträgern, gemäß Ziffer a) einschließlich Audio- und Videotext etc, die aus den Inhalten durch Wiedergabe

oder Nacherzählung der Inhalte – auch in abgewandelter oder neu gestalteter Form – oder durch fotografische, gezeichnete, gemalte Abbildungen oder ähnliches abgeleitet sind;

j) das Recht der öffentlichen Zugänglichmachung, dh die Auswertung von Inhalten oder Teilen hieraus, indem diese in digitaler Form in einer Datenverarbeitungsanlage gespeichert werden und sodann von dort durch Endkunden über drahtgebundene oder drahtlose Mittel als digitales Signal abgerufen und/oder an diese übermittelt werden können mit der Folge, dass die gespeicherten Daten in das Empfangsgerät des Endkunden überspielt werden, wo sie entweder nach einer Speicherung, einer Zwischenspeicherung oder unmittelbar dekodiert, also wieder in Texte, Bilder und/oder Töne umgesetzt und sichtbar bzw. hörbar gemacht werden können;

k) das Recht der beliebigen Verwendung der Inhalte und/oder Leistungen als Marke oder sonstiges Kennzeichen zur Unternehmens- oder Produktdarstellung und/oder -identifizierung, einschließlich des Rechtes, gewerbliche Schutzrechte im Hinblick auf die Leistungen anzumelden;

l) das Recht zum Vortrag durch Dritte;

m) die an der Übersetzung oder ihrer Bild- und Ton- oder Datenträgerfixierung oder durch Audioübertragung oder Sendung entstehenden Wiedergabe- und Überspielungsrechte;

n) das Recht zur Bearbeitung als Bühnenstück sowie das Recht der Aufführung des so bearbeiteten Werks;

o) das Recht zur Verfilmung einschließlich der Rechte zur Bearbeitung als Drehbuch, zu Vertrieb auf den unter a) genannten Trägern und zur Vorführung des Films auch mittels Projektion, Screening, Sendung, Streaming oder Download;

p) das Recht zur Bearbeitung und Verwertung der Übersetzung im Rundfunk, zB als Hörspiel einschließlich Wiedergaberecht (zB in Krankenhäusern, Gaststätten);

q) das Recht zur Bearbeitung und Verwertung der Übersetzung im Fernsehfunk einschließlich Wiedergabe (zB Gaststätten);

r) das Recht zur Vertonung der Übersetzung;

s) das Recht zum gewerblichen oder nichtgewerblichen Ausleihen und Vermieten der Buchausgabe;

t) das Merchandisingrecht, dh das Recht zur kommerziellen Auswertung der Inhalte durch Herstellung und Vertrieb von Waren aller Art (zB Puppen, Spielzeug, Stofftiere, Sportartikel, Haushalts-, Bad- und Küchenwaren, Kleidungsstücke, Druckschriften einschließlich Comics, Tonträger, Kopfbedeckungen, Buttons) und/oder den unter Ziffer a) bezeichneten Medien und/oder die Vermarktung von Dienstleistungen aller Art, die unter Verwendung von Vorkommnissen, Namen, Titeln, Figuren erfolgen, einschließlich des Rechts, die Inhalte ganz oder teilweise durch Herstellung und Vertrieb von Spielen/Computerspielen einschließlich interaktiver Computerspiele und/oder sonstigen Multimedia-Produktionen und/oder sonstigen Werkformen auszuwerten sowie unter Verwendung derartiger Elemente oder durch Verwendung bearbeiteter oder unbearbeiteter Ausschnitte aus den Inhalten für Waren und Dienstleistungen zu nutzen und zu werben;

u) (alle sonstigen durch die Verwertungsgesellschaft Wort wahrnehmbaren Rechte nach deren Satzung, Wahrnehmungsvertrag und Verteilungsplan, soweit diese noch nicht an selbige abgetreten sind. Der Verlag verpflichtet sich, diese ihm hierbei übertragenen Rechte durch die VG Wort wahrnehmen zu lassen.)[7]

3. Die vorstehende Rechteeinräumung bezieht sich auch auf Nutzungsarten, die im Zeitpunkt des Vertragsschlusses noch unbekannt sind.[8]
4. Der Verlag ist berechtigt, die ihm nach Absatz 1 bis 3 zustehenden Rechte auf Dritte zu übertragen oder Nutzungsrechte einzuräumen.

5. Der Verlag verpflichtet sich, den Übersetzer über wesentliche Nebenrechtsabschlüsse zu unterrichten. Der Verlag stellt dem Übersetzer ein Belegexemplar jeder Lizenzausgabe des Werks zur Verfügung.
6. Der Verlag gibt dem Übersetzer alle Informationen, die dieser zur Wahrnehmung seiner Rechte bei der Verwertungsgesellschaft bedarf.

§ 5 Manuskriptabgabe

1. Der Übersetzer verpflichtet sich, das kopier-, satz- und vervielfältigungsfähige Manuskript als Textdatei (zB als Word-Dokument) und als Ausdruck wie folgt abzuliefern:[9]
   ein Drittel (also bis Seite . . . . . der Originalausgabe) bis spätestens . . . . .
   ein weiteres Drittel (also bis Seite . . . . . der Originalausgabe) bis spätestens . . . . .
   das letzte Drittel bzw. das gesamte Manuskript bis spätestens . . . . .
2. Werden diese Fristen nicht eingehalten, kann der Verleger im Hinblick auf § 30 Verlagsgesetz jeweils eine angemessene Nachfrist setzen, nach deren erfolglosem Verstreichen er die Vertragserfüllung ablehnen kann.[10]
3. Absatz 2 findet keine Anwendung, wenn sich die Bearbeitungszeit für den Übersetzer durch nach Vertragsabschluss eintretende Umstände, die im Verantwortungsbereich des Verlages liegen (zB verspätete Übergabe des Originalmanuskripts), erheblich reduziert In diesem Fall ist der Übersetzer berechtigt, eine Anpassung der Abgabefrist zu verlangen oder vom Vertrag zurückzutreten.
4. Der Übersetzer vermerkt auf dem Manuskript den Beginn jeder neuen Seite des Originals.
5. Das Manuskript bleibt Eigentum des Übersetzers. Es kann vom Übersetzer bis zu drei Monate nach Erscheinen des Werks zurückverlangt werden. Danach besteht keine Aufbewahrungspflicht des Verlags mehr.[11]
6. Der Übersetzer behält eine Datei oder Ausfertigung des Manuskriptes bei sich.

§ 6 Beanstandungen des Manuskripts

1. Beanstandet der Verlag die Übersetzung als nicht dem Absatz 1 entsprechend, teilt er dies dem Übersetzer innerhalb von drei Monaten nach Manuskriptablieferung unter Angabe von Gründen mit.
2. Wird das Manuskript vor dem vertraglich vereinbarten Abgabetermin abgeliefert, beginnt die Frist erst mit dem vereinbarten Abgabetermin.
3. Behebt der Übersetzer die beanstandeten Mängel nicht innerhalb einer Frist von . . . . . Wochen, ist der Verlag berechtigt, unter Wahrung des Urheberpersönlichkeitsrechts des Übersetzers die Übersetzung durch Dritte ändern und, falls erforderlich, bearbeiten zu lassen. Zu solchen Änderungen oder Bearbeitungen ist der Übersetzer, nicht jedoch sein Rechtsnachfolger zu hören. Wird durch solche Änderungen und Bearbeitungen der Stil der Übersetzung derart beeinträchtigt, dass das Urheberpersönlichkeitsrecht des Übersetzers verletzt sein könnte, ist der Übersetzer berechtigt, dem Verlag die Erwähnung seines Namens als Übersetzer zu untersagen. Untersagt der Übersetzer dies nicht, ist der Verlag berechtigt, den Bearbeiter als Mitübersetzer zu erwähnen.
4. Ergibt eine Überprüfung des Manuskripts, dass die Übersetzung auch nach dem Verfahren nach Absatz 3 den Anforderungen des Abs. 1 nicht entspricht, oder verweigert der Originalautor eine von ihm vorbehaltene Genehmigung der Übersetzung, ist der Verlag nicht zur Verwertung der Übersetzung verpflichtet.

§ 7 Rechte und Pflichten des Verlags

1. Der Verlag ist, soweit dieser Vertrag nichts Abweichendes bestimmt, verpflichtet, das übersetzte Werk zu vervielfältigen, zu verbreiten und dafür angemessen zu werben.[12] Übt er sein Vervielfältigungs- und Verbreitungsrecht nicht aus, so hat er dies unter Angabe der Gründe dem Übersetzer unverzüglich mitzuteilen. Ist der Verlag zur Verwertung in deutscher Übersetzung von der Autorisation des Inhabers der Rechte am Originalwerk abhängig, richtet sich seine Publikationspflicht nach den mit dem Autor des Originalwerkes geschlossenen Vereinbarungen.
2. Der Verlag übereignet dem Übersetzer kostenlos ein Exemplar des Originaltextes und stellt ihm folgende Arbeitsmittel leihweise zur Verfügung: . . . . .
3. Titel, Ausstattung, Buchumschlag, Auflagenhöhe, Auslieferungstermin, Ladenpreis und Werbemaßnahmen werden vom Verlag nach pflichtgemäßem Ermessen unter Berücksichtigung des Verlagszwecks sowie der im Verlagsbuchhandel für Ausgaben dieser Art herrschenden Übung bestimmt. Das Recht des Verlags zur Bestimmung des Ladenpreises nach pflichtgemäßem Ermessen schließt auch dessen spätere Herauf- oder Herabsetzung ein. Bei Herabsetzung des Ladenpreises wird der Übersetzer vorher benachrichtigt.

§ 8 Honorar[13]

1. Der Übersetzer erhält für seine Tätigkeit und für die Übertragung sämtlicher Rechte gemäß § 4 als Gegenleistung ein Honorar von
   EUR . . . . .
   pro Normseite (30 Zeilen zu 60 Anschlägen) des übersetzten Textes zahlbar wie folgt:
   EUR . . . . . bei Abschluss des Vertrags,
   EUR . . . . . bei Ablieferung des ersten Drittels,
   EUR . . . . . bei Ablieferung des zweiten Drittels,
   EUR . . . . . bei Ablieferung des vollständigen Manuskripts
   (oder:
   Der Übersetzer erhält für seine Tätigkeit und für die Übertragung sämtlicher Rechte gemäß § 4 als Gegenleistung ein Honorar von
   EUR . . . . . zahlbar wie folgt:
   EUR . . . . . bei Abschluss des Vertrags
   EUR . . . . . bei Ablieferung des ersten Drittels
   EUR . . . . . bei Ablieferung des zweiten Drittels
   EUR . . . . . bei Ablieferung des vollständigen Manuskripts.)
2. Der Übersetzer erhält zuzüglich zum Honorar nach Abs. 1 eine Absatzvergütung in Höhe von . . . . . %[14] des jeweiligen Nettoladenverkaufspreises (des um die darin enthaltene Mehrwertsteuer verminderten Ladenverkaufspreises) für jedes verkaufte, bezahlte und nicht remittierte Exemplar. Elektronische Ausgaben werden in die Berechnung der Anzahl der verkauften, bezahlten und nicht remittierten Exemplare einbezogen.
3. Der Übersetzer erhält des Weiteren eine Beteiligung von . . . . . %[15] an den Netto-Erlösen, die beim Verlag für die Einräumung von Nebenrechten (§ 4 Abs. 2) eingehen, wenn und soweit die vergebenen Nebenrechte die Benutzung der von ihr gefertigten Übersetzung mit umfassen.
4. Das Normseitenhonorar ist auf die Absatzvergütung aus Abs. 2 und ggf. noch auf die Beteiligung an den Nettorerlösen aus der Vergabe von Nebenrechten anzurechnen.
5. Übersteigt die Zahl der verkauften und bezahlten Exemplare . . . . . Stück, steht dem Übersetzer ein zusätzliches Honorar zu, und zwar in Höhe von . . . . . % des um die darin enthaltene Mehrwertsteuer verminderten Ladenverkaufspreises (Nettoladenverkaufspreis).

(oder:
Übersteigt die Anzahl der verkauften und bezahlten Exemplare ..... Stück, steht dem Übersetzer ein zusätzliches Honorar zu, und zwar in Höhe von .....% des um die darin enthaltene Mehrwertsteuer verminderten Verlagsabgabepreises (Nettoverlagsabgabepreis).)
(oder:
Übersteigt die Anzahl der verkauften und bezahlten Exemplare ..... Stück, steht dem Übersetzer anstelle einer zusätzlichen umsatzbezogenen Honorierung ein zusätzliches Pauschalhonorar von EUR ....., ab weiteren ..... Exemplaren von EUR ..... und ab weiteren ..... Exemplaren von EUR ..... zu).

6. Bei den im Abs. 2 genannten Stückzahlen wird der Verkauf von Rohbogen der Originalausgabe – außerhalb von Nebenrechtseinräumungen – berücksichtigt. Hierfür erhält der Übersetzer ein Honorar in Höhe von .....% des um die darin enthaltene Mehrwertsteuer verminderten Verlagsabgabepreises für Rohbogen.
und/oder
7. Übersteigt der aus der Verwertung der Nebenrechte erzielte Verlagsanteil am Erlös den Betrag von EUR ....., erhält der Übersetzer von dem darüber hinausgehenden Verlagsanteil am Erlös ..... % bei den Nebenrechten des § 4 Abs. 2
(oder:
Übersteigt der aus der Verwertung der Nebenrechte erzielte Verlagsanteil am Erlös den Betrag von EUR ....., wird der aus der Verwertung der Nebenrechte erzielte Verlagsanteil am Erlös zwischen Übersetzer und Verlag geteilt, und zwar erhält der Übersetzer
.....% bei den Nebenrechten des § 4 Abs. 2).
8. Der Übersetzer erhält für alle sonstigen Verwertungsformen und Ausgaben des Werkes eine angemessene Vergütung, über die sich die Parteien bei beabsichtigter Nutzungsaufnahme durch den Verlag verständigen werden.
9. Soweit Nebenrechte durch Verwertungsgesellschaften wahrgenommen werden, richten sich die Anteile von Verlag und Übersetzer nach deren satzungsgemäßen Bestimmungen.
10. Pflicht-, Prüf-, Werbe- und Besprechungsexemplare sämtlicher Ausgabenarten sind vergütungsfrei.

§ 9 Abrechnung

1. Ist der Übersetzer umsatzsteuerpflichtig, zahlt der Verlag die auf die Honorarbeträge anfallende Umsatzsteuer zusätzlich. Den Nachweis hierfür hat der Übersetzer zu erbringen.
2. Der absatzunabhängige Teil der Vergütung wird ..... Wochen nach Zahlbarkeit (§ 5 Absatz 1) fällig.
3. Der vom Absatz abhängige Teil der Vergütung (§ 8 Abs. 2–7) wird halbjährlich im Januar und Juli abgerechnet. Die Zahlung wird mit der Abrechnung fällig. Der Verlag ist berechtigt, Abrechnungsbeträge, die die Überweisungskosten nicht wesentlich übersteigen, nicht auszuzahlen und auf die nächste Abrechnungsperiode vorzutragen.
4. Nach dem Tode des Übersetzers bestehen die Honorarverpflichtungen gegenüber den durch Erbschein ausgewiesenen Erben, die bei einer Mehrzahl von Erben einen gemeinsamen Bevollmächtigten zu benennen haben.
5. Der Verlag ist verpflichtet, einem vom Übersetzer beauftragten Wirtschaftsprüfer, Steuerberater oder vereidigten Buchsachverständigen zur Überprüfung der Honorarabrechnungen Einsicht in die Bücher und Unterlagen zu gewähren. Die hierdurch anfallenden Kosten trägt der Verlag, wenn sich die Abrechnungen als fehlerhaft erweisen.

§ 10 Satz und Korrektur

1. Die erste Korrektur des Satzes wird vom Verlag oder von der Druckerei vorgenommen. Der Verlag ist sodann verpflichtet, dem Übersetzer in allen Teilen gut lesbare Abzüge zu übersenden, die der Übersetzer unverzüglich honorarfrei korrigiert und mit dem Vermerk „druckfertig" versieht; durch diesen Vermerk werden auch etwaige Abweichungen vom Manuskript genehmigt. Abzüge gelten auch dann als „druckfertig", wenn sich der Übersetzer nicht innerhalb angemessener Frist nach Erhalt zu ihnen erklärt hat.
2. Nimmt der Übersetzer, abweichend von seinem Originalmanuskript, Änderungen im fertigen Satz vor, hat er die dadurch entstehenden Mehrkosten – berechnet nach dem Selbstkostenpreis des Verlags – insoweit zu tragen, als sie 10 % der Satzkosten übersteigen.

§ 11 Urhebernennung

Der Verlag ist verpflichtet, den Übersetzer auch ohne dessen ausdrückliche Anweisung in angemessener Weise auf der Titelseite zu nennen. Bei Werbemaßnahmen für das Werk allein und in den Metadaten ist der Übersetzer in gleicher Weise zu nennen. Bei Lizenzausgaben hat der Verlag den Lizenznehmer zur Benennung des Übersetzers zu verpflichten.

§ 12 Rezensionen

Der Verlag wird bei ihm eingehende Rezensionen des Werks innerhalb des ersten Jahres nach Erscheinen umgehend, danach in angemessenen Zeitabständen dem Übersetzer zur Kenntnis bringen.

§ 13 Freiexemplare

1. Der Übersetzer erhält für seinen eigenen Bedarf . . . . . Freiexemplare, im Falle von unkörperlichen elektronischen Ausgaben . . . . . kostenlose Downloads.[16] Bei der Herstellung von mehr als . . . . . Exemplaren erhält der Übersetzer . . . . . weitere Freiexemplare und bei der Herstellung von mehr als . . . . . Exemplaren . . . . . weitere Freiexemplare.
2. Darüber hinaus kann der Übersetzer Exemplare seines Werks mit einem Rabatt von . . . . . % vom Ladenpreis vom Verlag beziehen.[17]
3. Sämtliche gemäß Abs. 1 oder Abs. 2 übernommenen Exemplare dürfen nicht weiterverkauft werden.

§ 14 Verramschung, Makulierung

1. Der Verlag kann das Werk verramschen, wenn der Verkauf in zwei aufeinander folgenden Kalenderjahren unter . . . . . Exemplaren pro Jahr gelegen hat. Am Erlös ist der Übersetzer mit . . . . . % beteiligt, sofern bei regulärem Verkauf ein zusätzliches Honorar gemäß § 8 Abs. 5 zu zahlen gewesen wäre. Sofern der Erlös der zu verramschenden Exemplare unter deren Herstellkosten liegt, ist der Übersetzer nicht beteiligt.
2. Erweist sich auch ein Absatz zum Ramschpreis als nicht durchführbar, kann der Verlag die Restauflage makulieren.
3. Der Verlag ist verpflichtet, den Übersetzer vor einer beabsichtigten Verramschung bzw. Makulierung zu informieren. Der Übersetzer hat das Recht, durch einseitige Erklärung die noch vorhandene Restauflage bei beabsichtigter Verramschung zum Ramschpreis abzüglich des Prozentsatzes seiner Beteiligung und bei beabsichtigter Makulierung unentgeltlich ab Lager zu übernehmen. Bei beabsichtigter Verramschung kann das Übernahmerecht nur bezüglich der gesamten noch vorhandenen Restauflage ausgeübt werden.

4. Das Recht des Übersetzers, im Falle der Verramschung oder Makulierung vom Vertrag zurückzutreten, richtet sich nach §§ 32 und 30 Verlagsgesetz.
5. Den Bestimmungen der Abs. 1 bis 4 entgegenstehende Verpflichtungen des Verlags dem Inhaber der Originalrechte gegenüber schränken diese Rechte und Pflichte ein, soweit der Verlag sie dem Übersetzer im Kollisionsfalle bekannt gibt.

§ 15 Schlussbestimmungen und Mitteilungspflicht

1. Änderungen dieses Vertrages bedürfen der Schriftform, dies gilt auch für die Änderung des Schriftformerfordernisses.
2. Sind oder werden einzelne Bestimmungen dieses Vertrages teilweise oder gänzlich unwirksam, so bleibt die Gültigkeit des übrigen Vertrages hiervon unberührt. Solche Bestimmungen sind durch die verbleibenden Regelungen, soweit möglich durch ergänzende Vertragsauslegung oder im Übrigen durch die Parteien einvernehmlich durch solche Regelungen zu ersetzen, die unter Berücksichtigung der Interessenlage und des gemeinsamen Regelungsbedürfnisses bei rechtwirksamer Gestaltung am ehesten den Vertragszweck zu erreichen geeignet sind.
3. Der Vertrag unterliegt dem Recht der Bundesrepublik Deutschland.
4. Erfüllungsort ist der Sitz des Verlags. Für etwaige Streitigkeiten aus diesem Vertrag wird das Amts- bzw. Landgericht . . . . . vereinbart, soweit nicht ein anderer Gerichtsstand gesetzlich vorgeschrieben ist.
5. Um zu gewährleisten, dass der Verlag dem Übersetzer gegenüber seinen gesetzlichen Mitteilungs- und Informationspflichten rechtzeitig und vollständig erfüllen kann, wird der Übersetzer den Verlag unaufgefordert und unverzüglich über alle Adressänderungen mittels eingeschriebenem Brief informieren.
6. Die Parteien erklären, Mitglieder/Wahrnehmungsberechtigte folgender Verwertungsgesellschaften zu sein: . . . . .

Anmerkungen

1. Dieser Übersetzervertrag ist als Verlagsvertrag ausgestaltet. Alternativ kann ein Übersetzervertrag auch als Bestellvertrag ausgestaltet sein, → Anm. 12.

2. Dieser Übersetzervertrag berücksichtigt den Normvertrag für den Abschluss von Übersetzungsverträgen zwischen dem Verband deutscher Schriftsteller (VS) in der IG Medien und dem Börsenverein des deutschen Buchhandels eV – Verlegerausschuss – vom 10.5.2019.

3. Der deutschsprachige Titel wird in der Praxis oftmals vom Verlag bestimmt, um markenrechtliche Probleme zu vermeiden oder den Titel mit einer geplanten Werbekampagne zu harmonisieren, etc

4. Das Verlagsrecht besteht nicht immer auch für alle deutschsprachigen Länder, was in der Praxis oftmals Folgeprobleme nach sich ziehen kann. Eine Klarstellung verschafft hier Abhilfe.

5. Diese Klausel verabredet eine rechtsfehlerfreie Übersetzung. Werden von dem Übersetzer durch die Übersetzung Rechte Dritter verletzt, etwa weil er sich urheberrechtlich geschützter (deutscher) Werke zur Übersetzung bedient oder gar abschreibt, führt dies zu einer Haftung nach Werklieferungsvertragsrecht bzw. Kaufrecht, §§ 651 iVm 437 Nr. 3, 280 Abs. 1, 3, 281 oder 283 BGB für das Manuskript, im Übrigen §§ 437 Nr. 3, Abs. 1, 3, 281, oder 283 BGB.

6. Infolge der Zweckübertragungstheorie, an der auch die Übertragbarkeit der Nebenrechte für unbekannte Nutzungsarten nichts geändert hat, ist es ratsam die beabsichtigten Nutzungsarten möglichst detailliert und genau zu beschreiben. Der hier getroffene Vorschlag sollte dabei lediglich als Grundlage für einen individuell angepassten Katalog dienen, da je nach Art des Werkes oftmals auch völlig andere Nutzungsarten vereinbart werden sollten.

7. Der mit Klammern versehene Vorschlag ist optional und nimmt Rücksicht auf § 63a UrhG, der eine Vorausabtretung gesetzlicher Vergütungsansprüche grundsätzlich verhindert. Soweit – wie hier – der Vertrag als Verlagsvertrag ausgestaltet ist (→ Anm. 12) und der Übersetzer die Rechte noch nicht an die VG Wort übertragen hat, kann sich ein Verleger auch diese Ansprüche im Rahmen des Vertrages im Voraus abtreten lassen. Unerlässliche Bedingung ist dabei jedoch, dass der Verleger die Rechte nicht selbst, sondern durch die VG Wort wahrnimmt, was uU nicht erwünscht sein kann. Dann sollte auf die Klausel verzichtet werden.

8. Seit der Gesetzesnovellierung zum 1.1.2008 („Zweiter Korb") ist die Einräumung von Nutzungsrechten in Bezug auf unbekannten Nutzungsarten unter gewissen Voraussetzungen möglich. → Form. IX.1.9, → Form. IX.1.10 (Mitteilungsschreiben).

9. Nach § 10 VerlG ist der Verfasser verpflichtet, das Werk in einem für die Vervielfältigung geeignetem Zustand abzuliefern. Da heute oftmals hierfür schon die Ablieferung einer Datei technisch genügt, empfiehlt es sich, alles darüber hinausgehende in den Vertrag aufzunehmen.

10. Was eine „angemessene" Frist ist, kann im Fall des § 30 Abs. 1 S. 1 VerlG vertraglich festgelegt werden.

11. Hierdurch wird ein Vorbehalt der Rückgabe des Manuskripts (vgl. § 27 VerlG) zeitlich begrenzt.

12. An dieser Stelle spiegelt sich die entscheidende Schnittstelle ob der Vertrag als ein Verlagsvertrag oder Bestellvertrag einzuordnen ist. Hiervon hängt ab, welche synallagmatischen Pflichten sich ergeben und welchem gesetzlichen Leitbild der Vertrag folgt. Typischer Unterschied zwischen Verlags- und Bestellvertrag ist die Pflicht des Verlegers zur Verwertung und Gewinnbeteiligung beim Vertragsverlag im Gegensatz zur Freiheit über das „Ob" der Verwertung bei gleichzeitiger Pflicht zur Bezahlung beim Bestellvertrag. Die hier verwendete Formulierung legt einen Verlagsvertrag nach § 1 VerlG nahe. Da dieser § 1 jedoch kein zwingendes Recht ist, kann hiervon abgewichen werden, freilich mit der Folge, dass der Vertrag sich sodann nach bürgerlich-, urhebervertrags- und handelsrechtlichen Bestimmungen richtet, vgl. Schricker, Verlagsrecht, 3. A. 2001, § 1 Rn. 3. Fehlt eine Bestimmung, kommt es für die Bestimmung auf den Vertragszweck (vgl. BGH GRUR 1984, 527 f.) und in der Folge (vgl. § 47 VerlG) darauf an, wie frei der Übersetzer bei seiner Übersetzungsleistung ist. Da die konkrete Gestalt der Übersetzungsleistung in ihrem Ausdruck am ehesten vom Urheber des zu übersetzenden Textes, nicht aber dem Verlag/Besteller der Übersetzung vorgegeben wird, kommt es zu einer Einordnung als Verlagsvertrag, vgl. BGH NJW 2005, 596.

13. Die Erstellung einer gerichtsfesten Honorarabsprache ist aktuell eines der größten Probleme innerhalb des Übersetzervertrages. Die Rechtsprechung neigt hierbei dazu, der Praxis, in der Buy-Out bzw. Pauschalverträge oftmals die Regel sind, Grenzen aufzuzeigen. Der 6. Senat des OLG München (ZUM 2007, 317 ff.) erklärte eine Pauschalvereinbarung ohne zusätzliche Absatzvergütung für eine Übersetzung eines belletristischen Werkes für unredlich im Sinne des § 32 Abs. 2 S. 2 und damit des § 31 Abs. 1 S. 3 UrhG. Dabei orientierte sich das Gericht an dem Normvertrag für den Abschluss von Übersetzungsverträgen zwischen dem Verband deutscher Schriftsteller in der IG Druck und Papier und dem deutschen Börsenverein des deutschen Buchhandels eV/Verleger-Ausschuss, welcher auch Grundlage dieses Vorschlages ist. Neben dieser Entscheidung sind weitere Verfahren mit der gleichen, bzw. ähnlichen Rechtsfragen zur Revision zugelassen (BGH ZUM-RD 2010, 16). Es kann daher an dieser Stelle nur geraten werden, auf neueste Rechtsprechung des BGH zu achten.

Bislang legte der BGH lediglich fest, dass im Falle einer angemessenen Grundvergütung ab dem jeweils 5000. Verkauften und nicht remittierten Exemplar ein zusätzliches Honorar von mindestens 0,8 % für Hardcover-Ausgaben und 0,4 % für Taschenbuchausgaben angemessen sei (BGH GRUR 2009, 1148).

Der Versuch der Verhandlung branchenweiter gemeinsamer Vergütungsregelungen der Übersetzergewerkschaft und der Publikumsverlage scheiterte 2008. Eine entsprechende Vereinbarung schlossen 2014 schließlich nur sechs Hardcover-Buchverlage unter Führung des Hanser-Verlages mit VdÜ und ver.di ab. Die vertragliche Grundvergütung soll hiernach zwischen 19–23 Euro pro Normseite liegen. Die weitere Vergütung soll bezogen auf den Nettoladenpreises gestuft 1,0 % vom 1. bis 5.000. Exemplar, 0,8 % vom 5.001. bis 10.000. Exemplar und 0,6 % ab dem 10.001 Exemplar betragen. Für Taschen- und Hörbuchausgaben sowie digitalen Verwertungen gelten abweichende Regelungen (die Vergütungsregeln sind abrufbar unter https://www.literaturuebersetzer.de/site/assets/files/1083/gvr-uebersetzungen-2014.pdf).

14. Der 6. Zivilsenat des OLG München (ZUM 2007, 317 f.) befand für die Übersetzung eines belletristischen Werkes hier 1,5 % für angemessen, der 29. Senat 2 % (BGH ZUM-RD 2010, 62).

15. Der 6. Zivilsenat des OLG München hält hier eine Beteiligung von 10 % für angemessen, nach dem 29. Senat sind die Einnahmen sogar hälftig zwischen Verleger und Urheber zu verteilen.

16. § 25 VerlG sieht hier eine Verpflichtung von der Abgabe eines Freiexemplars je 100 Abzüge, zugleich mindestens 5, maximal 15 Stück, vor.

17. Bei dem Rabatt gilt es sich an § 26 VerlG zu orientieren.

1.4 Fotografenauftrag[1]

Zwischen

(Vertragspartei)

– im Folgenden „Fotograf“ genannt –

und

(Vertragspartei)

– im Folgenden „Auftraggeber“ genannt.

wird folgender Vertrag geschlossen:

Präambel

Mit diesem Vertrag über die Erstellung von Fotografien und die Einräumung von Nutzungsrechten an diesen Fotografien soll dem Auftraggeber ein umfassender Rechtserwerb an den Fotos, die der Fotograf für den Auftraggeber anfertigt, ermöglicht werden.

Der Auftraggeber soll in die Lage versetzt werden, die Fotos auf der Grundlage der Nutzungsrechtseinräumung nach diesem Vertrag umfassend für die vielfältigen bezeichneten Aktivitäten nutzen zu können.

§ 1 Vertragsgegenstand

1. Gegenstand dieses Vertrages ist die Anfertigung von und die Rechteeinräumung an Fotografien, die der Fotograf für den Auftraggeber anfertigt. Kopien der angefertigten und lizenzierten Fotografien bilden nach deren Erstellung die Anlage 1.
2. Die Fotografien werden folgenden Spezifikationen entsprechen: . . . . . (technische Spezifikationen).
3. Abgabezeitpunkt ist der . . . . . (Datum).

§ 2 Projektauftrag/Pflichten des Fotografen

1. Der Auftrag besteht darin, ... (Beschreibung vom gewünschten Bildmaterial, Perspektiven, Licht, etc). Er verfolgt unter anderem den Zweck . . . . .[2]
2. Der Fotograf verpflichtet sich, dass die vertragsgegenständlichen Fotografien den Spezifikationen des Absatzes 1 entsprechen und sie persönlich herzustellen. Der Auftraggeber darf die Abnahme verweigern, wenn die Fotografien nicht den vertraglichen Anforderungen entsprechen.
3. Nach Fertigstellung der Fotografien hat der Fotograf alle im Rahmen des Auftrages erstellten analogen (Negative, Diapositive) und/oder digitalen (zB CD-ROMs, DVD-ROMs) dauerhaften Bildträger dem Auftraggeber zu übergeben und zu übereignen.[3] Der Fotograf darf Bildträger, die im Rahmen des Auftrags entstanden sind, für sich behalten, um sie für eigene Zwecke und als Referenzbilder für seine Kundenakquisition zu nutzen.
4. Der Fotograf hat von Personen, die auf den Bildern persönlich zu erkennen sind, schriftliche Einverständniserklärungen einzuholen und diese auf Verlangen vorzuzeigen.[4]

§ 3 Rechteeinräumung[5]

1. Der Fotograf überträgt dem Auftraggeber ein ausschließliches, zeitlich und örtlich im Rahmen der gesetzlichen Schutzfrist unbeschränktes Recht zur körperlichen und unkörperlichen Nutzung der Fotografien. Hierbei gehen die Parteien davon aus, dass der Auftraggeber eine möglichst umfassende Verwertung der Fotografien beabsichtigt. Eine Verwertung wird insbesondere in gedruckter Form (zB in Katalogen, Werbebroschüren, Plakaten, sonstige Dokumentation etc), aber auch in Form von Datenträgern (zB DVD, CD-Rom etc) sowie in anderen neuen Medien und über das Internet (zB Webseite, digitales Bildarchiv, mobile Medien etc) beabsichtigt. Beabsichtigt ist beispielsweise auch ein Bereithalten in digitalen Datenbanken zum internen und externen Gebrauch (zB mittels On-Demand-Angeboten). Sollten neue technische Möglichkeiten der Verwertung von Fotografien bekannt werden, möchte der Auftraggeber die Möglichkeit haben, hiervon Gebrauch zu machen. Die Verwertung wird entgeltlich und unentgeltlich und teilweise auch durch Dritte erfolgen.
2. Die Nutzungsrechteeinräumung umfasst dabei das Vervielfältigungsrecht, das Verbreitungsrecht und das Ausstellungsrecht (körperliche Verwertungsrechte), das Vortrags-, Aufführungs- und Vorführungsrecht, das Recht der öffentlichen Zugänglichmachung (insbesondere im Internet), das Senderecht, das Recht zur Wiedergabe auf Bild- und Tonträgern und das Recht der Wiedergabe von Funksendungen und von öffentlicher Zugänglichmachung (unkörperliche Verwertungsrechte) sowie unbekannte Nutzungsarten. Insbesondere (jedoch nicht abschließend) umfasst die Nut-

zungsrechtseinräumung in Ansehung der vom Auftraggeber bezweckten Verwendung damit folgende Rechte und Nutzungszwecke:

a) das unbeschränkte Recht zur Verwendung der Fotografien im Rahmen von Büchern, Dokumentationen, Werbemaßnahmen, Anzeigenwerbung (auch Plakate), Broschüren, Katalogen für alle Druck- und digitalen Ausgaben ohne Stückzahlbeschränkungen im In- und Ausland;
b) das unbeschränkte Recht, die Fotografien im Rahmen der Presse- und Öffentlichkeitsarbeit an Dritte zur Veröffentlichung, Vervielfältigung und Verbreitung weiterzugeben;
c) das unbeschränkte Recht zur Präsentation der Fotografien im Rahmen von Ausstellungen und Veranstaltungen sowohl in digitaler als auch in analoger Form;
d) das unbeschränkte Recht zur kommerziellen Auswertung der Inhalte durch Herstellung und Vertrieb von Waren aller Art (zB Kleidungsstücke, Druckschriften);
e) das unbeschränkte Recht zur öffentlichen Zugänglichmachung, Vervielfältigung und Verbreitung der Fotografien innerhalb des Internetauftritts des Museums sowie innerhalb sonstiger Internet-Angebote (zB Bereitstellen zum Download);
f) das unbeschränkte Recht zur Vervielfältigung und Verbreitung der Fotografien auf allen bekannten und noch bekannt werdenden Speichermedien (wie zB DVD-Produkte, Blu-Ray oder HD Disks, Flash Speicherkarten, Memory Sticks, sonstige Chips);
g) das unbeschränkte Recht, die Fotografien in jeder Form (auch innerhalb einer elektronischen Datenbank zusammen mit anderen Fotografien und Texten) zu archivieren und insbesondere auch digitalisiert zu erfassen und auf allen bekannten und noch bekannt werdenden Speichermedien oder Datenträgern gemeinsam mit anderen Werken oder Werkteilen zu speichern, diese Datenträger in beliebiger Form zu vervielfältigen, zu vermieten und/oder zu verbreiten sowie ferner die Inhalte öffentlich zugänglich zu machen und im Wege der Datenfernübertragung (zB on-demand, mit oder ohne Download) auf stationäre oder mobile Medien zu übertragen sowie Ausdrucke von Papierkopien durch die jeweiligen Endkunden zu gestatten.

3. Die Rechteeinräumung erfolgt des Weiteren auch für neue Nutzungsarten, die erst in der Zukunft bekannt werden.[6]
4. Der Auftraggeber hat das Recht, die nach diesem Vertrag eingeräumten Rechte entgeltlich oder unentgeltlich zu verwerten.
5. Der Auftraggeber kann die nach diesem Vertrag eingeräumten Rechte ganz oder teilweise auf Dritte übertragen, ohne dass es hierzu der Zustimmung des Lizenzgebers bedarf.[7]
6. Die Nutzungsrechte werden dem Auftraggeber spätestens im Zeitpunkt ihrer Entstehung eingeräumt. Zur Ausübung des Nutzungsrechts durch den Auftraggeber bedarf es keiner weiteren Zustimmung des Fotografen. Der Fotograf ist seinerseits nicht berechtigt, die Arbeitsergebnisse – mit Ausnahme von § 2 Absatz 3 dieses Vertrages – zu nutzen.

§ 4 Bearbeitungsrecht/Namensnennung

1. Der Auftraggeber erhält das Recht, die vertragsgegenständlichen Aufnahmen zu bearbeiten und dem jeweils vorgesehenen Nutzungszweck anzupassen (wie beispielsweise Retusche-, Farb- und Auflösungsanpassungen). Er erhält auch das Recht, die Aufnahmen digital zu verändern und Ausschnitte zu bilden. Er beachtet dabei das Urheberpersönlichkeitsrecht des Fotografen gem. § 14 UrhG.[8]
2. Der Fotograf verzichtet auf sein Recht zur Namensnennung, soweit die Fotografien von dem Auftraggeber nur im unternehmensinternen Bereich genutzt werden. Soweit die Fotografien für Veröffentlichungen genutzt werden, wird der Auftraggeber den

Fotografen namentlich und grundsätzlich auch mit vollem Namen benennen. Eine Autorennennung erfolgt im Übrigen im branchenüblichen Rahmen.

§ 5 Vergütung[9]

1. Der Auftragnehmer erhält für die Herstellung der Fotografien und die Nutzungsrechteeinräumung eine Pauschalvergütung in Höhe von EUR . . . . . zuzüglich der gesetzlichen Umsatzsteuer.
2. Darüber hinaus erhält der Auftragnehmer Ersatz für seine Materialkosten und Reise-Aufwand. Die Auftraggeberin hat dabei nur übliche und angemessene Kosten zu tragen. Die Parteien stimmen den Kostenaufwand ab, bevor er entsteht (Kostenvoranschlag).
3. Der Auftragnehmer stellt dem Auftraggeber wegen der Material- und Reisekosten eine Abrechnung mit genauen Spezifikationen der Ausgaben. Auf Verlangen des Auftraggebers hat er die Material- und Reisekosten zu belegen.
4. Kosten für die Ablichtung von Modellen übernimmt der Auftraggeber. Vor dem Abschluss von Honorar- oder sonstigen Vereinbarungen hat der Fotograf unter Darlegung der voraussichtlich entstehenden Kosten mit dem Auftraggeber Rücksprache zu halten. Die Beauftragung von Modellen erfolgt nur im Einverständnis des Auftraggebers.
5. Die Vergütung nach § 5 wird grundsätzlich nach Abnahme und Übereignung der Bildträger an den Auftraggeber fällig und ist innerhalb von zwei Wochen an den Auftragnehmer zu bezahlen. Die Parteien können bei umfangreicheren Aufträgen eine hiervon abweichende Zahlungsregelung treffen, die auch einen Kostenvorschuss vorsieht. Treffen die Parteien eine solche Abrede, so bildet sie die Anlage 2 zu diesem Vertrag.
6. Sofern der Auftraggeber mit den Fotografien des Fotografen durch Unterlizenzierung oder durch Rechteübertragung eigene Einkünfte erzielt, wird der Auftraggeber den Urheber angemessen beteiligen. Er soll 10 % der Netto-Einnahmen aus der Unterlizenzierung oder Rechteübertragung erhalten.

§ 6 Gewährleistung/Haftung

1. Der Fotograf erklärt, dass ihm die zum Abschluss des Lizenzvertrages notwendigen Urheberrechte in vollem Umfang zustehen. Er ist Alleinurheber und hat Dritten keine diesem Vertrag entgegenstehenden Rechte eingeräumt.
2. Der Fotograf hat die Fotografien in einer Weise zu gestalten, dass diese nicht die Urheberrechte oder Schutzrechte Dritter (zum Beispiel das Recht am eigenen Bild oder am eingerichteten und ausgeübten Gewerbebetrieb einschließlich des Hausrechts) verletzen.
3. Der Fotograf wird den Auftraggeber bei etwaigen Streitigkeiten mit Dritten in Bezug auf die Fotografien unterstützen.

§ 7 Urheberrechtsstreitigkeiten

Der Auftragnehmer wird den Auftraggeber im Falle von Urheberrechtsstreitigkeiten mit Dritten unterstützen und die notwendigen Informationen bereitstellen. Diese Regelung gilt sowohl für Fälle, bei denen der Auftraggeber die Urheberrechtsverletzung durch Dritte verfolgt als auch für Fälle, bei denen Dritte eine Urheberrechtsverletzung wegen der vertragsgegenständlichen Fotografien behaupten.

§ 8 Belegstücke

Der Fotograf erhält von dem Auftraggeber jeweils ein Belegexemplar der Veröffentlichung, in der vertragsgegenständliche Fotografien wiedergegeben werden. Dies gilt nicht, wenn dies für den Auftraggeber mit unangemessen hohen Kosten oder Aufwand verbunden ist.

§ 9 Keine exklusive Bindungswirkung

Dieser Auftrag begründet für den Auftraggeber keine weitere Verpflichtung, dem Fotografen bestimmte Aufträge zur Anfertigung von Fotografien anzubieten.

§ 10 Schlussbestimmungen und Mitteilungspflicht

1. Änderungen dieses Vertrages bedürfen der Schriftform, dies gilt auch für die Änderung des Schriftformerfordernisses.
2. Sind oder werden einzelne Bestimmungen dieses Vertrages teilweise oder gänzlich unwirksam, so bleibt die Gültigkeit des übrigen Vertrages hiervon unberührt. Solche Bestimmungen sind durch die verbleibenden Regelungen, soweit möglich durch ergänzende Vertragsauslegung oder im Übrigen durch die Parteien einvernehmlich durch solche Regelungen zu ersetzen, die unter Berücksichtigung der Interessenlage und des gemeinsamen Regelungsbedürfnisses bei rechtwirksamer Gestaltung am ehesten den Vertragszweck zu erreichen geeignet sind.
3. Der Vertrag unterliegt dem Recht der Bundesrepublik Deutschland.
4. Erfüllungsort ist der Sitz des Auftraggebers. Für etwaige Streitigkeiten aus diesem Vertrag wird das Amts- bzw. Landgericht ..... vereinbart, soweit nicht ein anderer Gerichtsstand gesetzlich vorgeschrieben ist.
5. Um zu gewährleisten, dass der Auftraggeber dem Fotografen gegenüber seinen gesetzlichen Mitteilungs- und Informationspflichten rechtzeitig und vollständig erfüllen kann, wird der Fotograf den Auftraggeber unaufgefordert und unverzüglich über alle Adressänderungen mittels eingeschriebenem Brief informieren.

(Ort, Datum, Unterschriften der Parteien)

Anmerkungen

1. Das Muster bezieht sich auf den Fall, in dem ein Fotograf damit beauftragt wird, ein Bild oder eine ganze Bilderserie zur umfassenden und exklusiven Nutzung für den Auftraggeber zu erstellen. Die Originale der Bilder sollen zudem zum Eigentum des Auftraggebers werden.

2. An dieser Stelle sollte eine möglichst detaillierte Beschreibung dessen erfolgen, was der Auftraggeber sich als Ergebnis vorstellt. Es kann darüber hinaus ratsam sein, den Verwendungszweck in nicht-juristischen Worten zu beschreiben. So sah das OLG München bei der Formulierung „zum Zwecke der Werbung für einen Film“ die Verwertung als Videofassung als mit umfasst an, OLG München ZUM 1995, 798 ff.

3. Ohne besondere Vereinbarung besteht kein Anspruch auf die Übereignung oder Herausgabe der Negative, AG Essen MDR 1989, 354 f. Es erscheint daher sinnvoll, eine Übergabe und Übereignung zu regeln. Ohne eine solche Regelung ist im Umgang mit den Negativen Vorsicht anzuraten; Schadensersatzklagen sind bei Verlust im Leihverhältnis keine Seltenheit, vgl. zB OLG Hamburg ZUM 1998, 663 ff.

4. In jedem Falle schon wegen § 22 KUG erforderlich.

5. Die Rechteeinräumung sollte sich genau am Einzelfall orientieren und auf alle geplanten Verwertungsformen eingehen, da der Umstand, dass es sich um eine Auftragsproduktion handelt, nur als ein Indiz für den (Voll-)Umfang der Rechteübertragung anerkannt ist (OLG Hamburg ZUM 2000, 45 (48)). Der hier gewählte Vorschlag entspricht dem, was bei einem Fotoauftrag beispielsweise für Bilder eines Verkehrsmuseums sinnvoll erscheint.

6. Vgl. § 31a UrhG.

7. Der Vertrag sieht eine Erlaubnis der Unterlizenzierung und eine Vergütung hierfür vor, da das ausschließliche Nutzungsrecht ohne Absprache kein Recht zur Unterlizenzierung ohne entsprechende Erlaubnis beinhaltet, LG Leipzig ZUM 2007, 671 ff.

8. Eine Einräumung eines Bearbeitungsrechts ist heutzutage von wichtiger Bedeutung für den Auftraggeber, da er die Aufnahmen oftmals für Werbe und Promotionszwecke verwenden und hierfür bearbeiten können muss.

9. Bei der Regelung der Vergütung ist besondere Vorsicht geboten. Das hier vorgeschlagene Modell einer Pauschalvergütung ist bei sog. Auftragsarbeiten zwar üblich, bietet allerdings nur dann rechtlich festen Boden, wenn die Nutzungsform und -intensität schon bei Vertragsschluss übersehbar und in den Vertrag aufgenommen ist und die Vergütung zumindest marktüblich, dh angemessen ist. Ist sie dies nicht, hat der Urheber Anspruch auf Vertragsanpassung, § 32 Abs. 1 S. 2 UrhG. In der Fotografie hat sich, soweit sie anwendbar ist, die MFM-Tabelle (Mittelstandsgemeinschaft Foto-Marketing, zuletzt erschienen als Beilage „Bildhonorare 2019", BVPA, Der Bildermarkt – Handbuch der Bildagenturen 2019) zur Honorarberechnung durchgesetzt und ist auch als Anhaltspunkt gerichtlich anerkannt, obgleich eine gerichtliche Bewertung der Bilder im Einzelfall weiterhin erforderlich ist (BGH NJW 2006, 615 f., OLG Düsseldorf MMR 1998, 147). Ist nur eine einmalige Nutzung verabredet, ergibt sich bei Zweitveröffentlichung ein erneuter Vergütungsanspruch, OLG Hamburg GRUR 1999, 87 f.

Zu beachten ist weiterhin, dass durch den 2017 in Kraft getretenen § 40a Abs. 1 S. 1 UrhG im Falle einer pauschalen Vergütungsvereinbarung das ausschließliche Nutzungsrecht regelmäßig nur für die Dauer von 10 Jahren besteht. Anschließend kann – vorbehaltlich etwaiger Nachverhandlungen – der Urheber weitere Nutzungsrechte an Dritte einräumen; das vereinbarte Recht gilt dann nur noch als einfaches Nutzungsrecht fort (§ 40a Abs. 1 S. 2 UrhG).

Durch die bis zum 7.6.2021 in nationales Recht umzusetzende DSM-RL wird außerdem im Falle der ausschließlichen Rechtseinräumung ein gesetzliches Widerrufsrecht für die Urheber vorgesehen, falls das Werk nicht verwertet wird (Art. 22 Abs. 1 DSM-RL).

1.5 Werkvertrag über die Gestaltung und Erstellung einer Website (Webdesign-Vertrag)[1]

zwischen

(Auftraggeber)

– nachfolgend „Auftraggeber" genannt –

und

(Auftragnehmer)

– nachfolgend „Auftragnehmer" genannt –

Präambel

Der Auftraggeber beabsichtigt, seine Internetpräsenz vollständig neu zu gestalten. Hierbei soll . . . . . *(folgt grobe, beispielhafte Beschreibung der verschiedenen Seiten und Funktionalitäten)*. Die Parteien werden bei der Entwicklung und Erstellung der Website intensiv zusammenarbeiten.

§ 1 Vertragsgegenstand

(1) Gegenstand dieses Vertrags ist die Konzeptionierung und die Erstellung einer Website des Auftraggebers. Zu diesem Zweck erbringt der Auftragnehmer Werkleistungen zur Erstellung eines Pflichtenhefts und dessen Umsetzung.

(2) Ebenfalls Vertragsgegenstand ist die Einräumung von Nutzungsrechten an der vertragsgegenständlichen Website.

§ 2 Anforderungsspezifikation/sonstige Mitwirkung des Auftraggebers

(1) Der Auftraggeber teilt dem Auftragnehmer seine gestalterischen Vorstellungen und Konzepte für die Website, insbesondere bzgl. der zu erreichenden Zielgruppe mit[2] und gibt den Umfang, die Funktionalität und die Struktur der Website in einer Anforderungsspezifikation vor. Die Anforderungsspezifikation (Lastenheft) ist diesem Vertrag als Anlage 1 beigefügt.

(2) Bei Bedarf wird der Auftraggeber vom Auftragnehmer durch die weitere Bereitstellung von Informationen über die vom Auftraggeber gestellten Anforderungen an die Erbringung der Vertragsleistung unterstützen.

(3) Der Auftraggeber verpflichtet sich, dem Auftragnehmer durch die Schaffung der zur Leistungserbringung erforderlichen technischen Voraussetzungen in seiner Betriebssphäre zu unterstützen.[3]

(4) Der Auftraggeber liefert sämtliche Inhalte, insbesondere Texte, Cartoons, Fotos, Logos etc, die auf der Website eingebunden werden sollen.

(5) Der Auftragnehmer wird den Auftraggeber unverzüglich schriftlich darauf hinweisen, wenn der Auftraggeber einer Mitwirkungspflicht nicht oder nicht rechtzeitig oder nicht vollständig nachkommt und dies nach Auffassung des Auftragnehmers Auswirkungen auf die Erbringung der Vertragsleistung haben kann. Der Auftragnehmer wird dem Auftraggeber eine angemessene Frist (mind. 5 Werktage) zur Erfüllung der Mitwirkungspflicht einräumen. Dieser Hinweis muss die zu erbringenden Mitwirkungsleistung insbesondere im Hinblick auf Art und Umfang inhaltlich und in technischer Hinsicht detailliert beschreiben; andernfalls gilt der Hinweis als nicht erteilt.

(6) Erfüllt der Auftraggeber eine ihm obliegende und vom Auftragnehmer angemahnte Mitwirkungspflicht nicht, nicht rechtzeitig oder nicht vollständig, ist der Auftragnehmer verpflichtet, den Auftraggeber schriftlich unter Beifügung der ursprünglichen Anforderung eine je nach Art und Umfang der Mitwirkungsleistung angemessene Frist zur Nachholung der Mitwirkungsleistung (Nachfrist) zu setzen.

§ 3 Projektphasen[4]

(1) Der Auftragnehmer überprüft die in der Anforderungsspezifikation beschriebenen Vorstellungen des Auftraggebers insbesondere auf Vollständigkeit, Realisierbarkeit und Widerspruchsfreiheit und macht gegebenenfalls Verbesserungs- und Änderungsvorschläge (Phase 1).

(2) Auf Grundlage der zwischen dem Auftragnehmer und dem Auftraggeber abgestimmten Anforderungsspezifikation erstellt der Auftragnehmer ein Pflichtenheft (Phase 2), das sowohl die wesentlichen gestalterischen Aspekte enthält (Teil A, siehe dazu auch § 5 Abs. 2), als auch die technische Umsetzung geltenden Anforderungen festschreibt (Teil B). Das Pflichtenheft wird nach dessen Abnahme durch den Auftraggeber Bestandteil dieses Vertrages. Es definiert die vom Auftragnehmer zu erbringenden Leistungen.

(3) Auf Grundlage des mit dem Auftraggeber abgestimmten Pflichtenhefts entwirft der Auftragnehmer ein Strukturkonzept für die Website. Das Strukturkonzept beinhaltet ein Verzeichnis über die hierarchische Gliederung der einzelnen Seiten (Strukturbaum), und enthält das Menü- und Bedienkonzept sowie ein Konzept zur Einbindung und Platzierung von Werbung und Animationen (Phase 3).

(4) Auf Grundlage des Pflichtenheftes und des mit dem Auftraggeber abgestimmten Strukturkonzepts erstellt der Auftragnehmer eine Grundversion der Website, die alle wesentlichen gestalterischen, strukturellen und funktionellen Merkmale aufweist (Phase 4).

(5) Auf Grundlage der mit dem Auftraggeber abgestimmten Grundversion der Website stellt der Auftragnehmer die Website fertig, übergibt sie an den Auftraggeber und installiert sie bei diesem (Phase 5).

§ 4 Projektmanagement

Die Parteien benennen unmittelbar nach Vertragsschluss jeweils einen Projektleiter und einen stellvertretenden Projektleiter, die zu allen Entscheidungen hinsichtlich des Vertragsgegenstands befugt sind und ausschließlicher Ansprechpartner für Absprachen und Abstimmungen aller Art sind. Über Änderungen im Projektmanagement informieren sich die Parteien unverzüglich gegenseitig.

§ 5 Pflichten des Auftragnehmers

(1) Der Auftragnehmer verpflichtet sich, den Auftraggeber über die gestalterischen Möglichkeiten und die möglichen Funktionalitäten der Website umfassend zu beraten. Dies beinhaltet insbesondere auch eine Beratung über allgemein bekannte Erkenntnisse darüber, welche technischen Voraussetzungen, Gepflogenheiten und Besonderheiten im Surfverhalten der Nutzer beim Besuch der Seite in aller Regel mitbringen wird und in welcher Weise die Seite sich dem anpassen sollte, um ein optimales Verhältnis zwischen der Kompatibilität zu möglichst vielen Nutzern und ansprechender und zeitgemäßer Gestaltung zu erreichen.[5]

(2) Der Auftragnehmer verpflichtet sich, bei der Erstellung von Teil A des Pflichtenhefts für die grafische Gestaltung der Website mehrere Alternativvorschläge (mindestens drei) zu erarbeiten, wobei er die Vorgaben des Auftraggebers und insbesondere dessen Corporate Design, sowie aktuelle Erkenntnisse über Nutzergewohnheiten berücksichtigt. Der Auftraggeber ist berechtigt, die Vorschläge des Auftragnehmers aus gestalterischen Gründen zurückzuweisen. Der Auftragnehmer verpflichtet sich für diesen Fall, zwei weitere Alternativvorschläge zu unterbreiten. Entsprechen auch diese Vorschläge nicht den gestalterischen Vorschlägen des Auftraggebers, steht dem Auftraggeber ein außerordentliches Kündigungsrecht zu und der kann den Vertag nach § 13 kündigen.

(3) Der Auftragnehmer verpflichtet sich zur jeweils passgenauen Umsetzung der Ergebnisse der Projektphasen 1–4, dh zur Erstellung einer Website, die die mit dem Auftraggeber abgestimmte Gestaltung und die mit dem Auftraggeber abgestimmte Funktionalität umsetzt.

(4) Der Auftragnehmer verpflichtet sich, nachträgliche Änderungswünsche der Anforderungsspezifikation oder des im Pflichtenheft niedergelegten Leistungsumfangs jederzeit zu berücksichtigen. Gefährdet die vom Auftraggeber gewünschte Änderung den Erfolg oder ist mit der gewünschten Änderung ein erheblicher Mehraufwand verbunden, der dazu führt, dass der Zeitplan nicht eingehalten werden kann oder dass ein Festhalten am vereinbarten Pauschalpreis nicht möglich erscheint, ist der Auftragnehmer verpflichtet, dem Auftraggeber hierüber unverzüglich schriftliche Mitteilung zu machen. Gegebenenfalls werden die Parteien eine angemessene Anpassung der getroffenen Vereinbarung in Schriftform vornehmen.[6]

(5) Die Website ist so zu erstellen, dass sie Programmiersprachen und -weisen verwendet, die mindestens dem Stand der Technik entsprechen und gewährleisten, dass die Website auch in Zukunft bestehen bleiben und erweitert werden kann. Es ist darauf zu achten, dass die Lade- und Zugriffszeiten möglichst gering gehalten werden. Die Website ist in Auflösung und Browserunterstützung so zu optimieren, dass sie von möglichst vielen Nutzern optimal betrachtet werden kann ohne dabei unzeitgemäß zu erscheinen.[7]

(6) Der Auftragnehmer hat den Auftraggeber nach seinem Kenntnisstand darauf hinzuweisen und selbst darauf zu achten, dass sie bei der Gestaltung die rechtlichen Vorschriften beachtet, die bei der Umsetzung des Auftrags jeweils von Belang sein werden. Dies beinhaltet beispielsweise eine Bedienungsführung bei einem Shopelement, die den Anforderungen des § 312e BGB entspricht, oder die Schaffung eines angemessenen Platzes für die Informationen, welche nach § 5 TMG erforderlich sein können.[8]

(7) Der Auftragnehmer hat die fertig gestellte Website in die folgenden Suchmaschinen einzutragen: . . . . .

§ 6 Abnahme[9]

(1) Nach der vertragsgemäßen Ausführung der einzelnen Projektphasen 2–5 durch den Auftragnehmer erfolgt jeweils eine Abnahme durch den Auftraggeber. Die Abnahme erfolgt jeweils in Textform (§ 126b BGB).

(2) Erweisen sich die Arbeitsergebnisse der einzelnen Phasen als nicht abnahmefähig, ist der Auftragnehmer verpflichtet, die Mängel unverzüglich zu beseitigen. Die Abnahmeprüfung wird dann innerhalb von fünf Werktagen nach Eingang der Mängelbeseitigungsanzeige wiederholt.

(3) Abnahmetermin für das Pflichtenheft (Phase 2) ist der *(Datum),* Abnahmetermin für den Strukturbaum (Phase 3) ist *(Datum),* Abnahmetermin für die Grundversion der Website (Phase 4) ist der *(Datum).*

(4) Als Endtermin für die Übergabe der vollständigen, abnahmefähigen Website vereinbaren die Parteien den *(Datum),* es sei denn, der Auftraggeber verlangt Änderungen, die zu einer Anpassung des Zeitplans führen, § 5 Abs. 4.

(5) Nach Fertigstellung der Website und Übergabe und Installation der Software (Phase 5) folgt eine zweiwöchige Testphase. Etwaige Fehler und/oder Mängel werden in Textform (§ 126b BGB) angezeigt. Werden innerhalb der Testphase keine wesentlichen Mängel entdeckt und/oder angezeigt, so wird der Auftraggeber eine Abnahmeerklärung in Textform (§ 126b BGB) abgeben (Endabnahme).

§ 7 Nutzungsrechte

(1) Der Auftragnehmer überträgt dem Auftraggeber für alle zum Zeitpunkt des Vertragsschlusses bekannten und für noch unbekannte Nutzungsarten ausschließliche, übertragbare, unbefristete, unwiderrufliche und räumlich sowie inhaltlich unbeschränkte Nut-

zungsrechte an sämtlichen gemäß diesem Vertrag erbrachten Leistungen (nachfolgend: „Arbeitsergebnisse") im Zeitpunkt ihrer Entstehung. Die Nutzungsrechtseinräumung umfasst dabei das Vervielfältigungsrecht, das Verbreitungsrecht und das Ausstellungsrecht (körperliche Verwertungsrechte), das Vortrags-, Aufführungs- und Vorführungsrecht, das Recht der öffentlichen Zugänglichmachung (insbesondere im Internet), das Senderecht, das Recht zur Wiedergabe auf Bild- und Tonträgern und das Recht der Wiedergabe von Funksendungen und von öffentlicher Zugänglichmachung (unkörperliche Verwertungsrechte) sowie unbekannte Verwertungsarten. Insbesondere umfasst die Nutzungsrechtseinräumung damit folgende Rechte und Nutzungszwecke:

- das Recht, die Arbeitsergebnisse auf einer beliebigen Anzahl von Rechnern, einschließlich Webservern des Auftraggebers oder eines vom Auftraggeber bestimmten Dienstleisters (Host Provider) zu laden, ablaufen und anzeigen zu lassen, zu vervielfältigen, zu übertragen und dort zu speichern;
- das Recht, die Arbeitsergebnisse auf allen beliebigen Speichermedien, insbesondere unter der Verwendung der Speichermedien CD-ROM, E-Book, DVD, Diskette, Festplatte, zu vervielfältigen und es unter jedem Namen in Verkehr zu bringen, es entgeltlich oder unentgeltlich über alle bekannten Vertriebskanäle (insbesondere Groß- und Einzelhandel, Online-Shops, eCommerce-Plattformen und Direct Marketing Kanäle) zu verbreiten und an Dritte zu vermieten;
- das Recht, die Arbeitsergebnisse zu ändern, zu bearbeiten, zu dekompilieren und zu übersetzen und diese Änderungen, Bearbeitungen oder Übersetzungen gemäß dieser Regelung zu nutzen;
- das Recht, die Arbeitsergebnisse in beliebige elektronische Kommunikationsnetze (zum Beispiel Internet, World Wide Web, Online-Dienste, E-Mail, Mobilfunknetze) und Online-Datenbanken einzuspeisen, dort temporär oder permanent zu speichern und zur Nutzung für die Öffentlichkeit und Mitglieder geschlossener Nutzergruppen bereitzuhalten und öffentlich darzustellen;
- das Recht, die Arbeitsergebnisse entgeltlich oder unentgeltlich über sämtliche drahtgebundene und drahtlose, digitale und analoge Übertragungs- und Abrufverfahren und -wege, insbesondere über Kabel, Funk, feste und mobile Satelliten-Netze und Mikrowellen sämtlicher Verfahren (wie insbesondere GSM, GPRS, EDGE, UMTS, WAN, LAN, WLAN, Breitband, etc) und unter Verwendung sämtlicher Protokolle und Sprachen (insbesondere TCP-IP, IP, HTTP, WAP, HTML, c-HTML, XML, PHP, JAVA, PERL etc) der Öffentlichkeit und Mitgliedern geschlossener Nutzergruppen – auch auf Abruf von Orten und zu Zeiten ihrer Wahl – gleichzeitig oder sukzessive zum Zwecke der Nutzung zugänglich zu machen, zu senden und ihnen auf beliebige Endgeräte (zB PC, PDA, Mobiltelefone, TV-Geräte) – auch zum Zwecke der Speicherung und interaktiven Nutzung – zu übermitteln;
- das Recht, die Arbeitsergebnisse mit anderen Werken und Leistungen des Auftraggebers und von Dritten (zB mit „proprietärer" und „freier" Software, Datenbanken, Internetseiten und Inhalten) zu verbinden und diese Verbindungen gemäß dieser Regelung zu nutzen;
- das Recht, die Arbeitsergebnisse und ihre Nutzung in allen Medien online und offline zu bewerben

sowie alle übrigen Rechte, die zu einer umfassenden Verwertung der Arbeitsergebnisse im Rahmen der Website des Auftraggebers erforderlich oder hierbei behilflich sind. Sämtliche vorstehend genannten Rechte umfassen auch das Recht an Bearbeitungen der Arbeitsergebnisse.

(2) Das Nutzungsrecht gem. Abs. 1 gilt auch für die Nutzung der Website bzw. ihrer Bestandteile und Gestaltungselemente in gedruckter Form.[10]

(3) Der Auftragnehmer ist verpflichtet, seine Mitarbeiter zur umfassenden Einräumung der Nutzungsrechte zu verpflichten. Daneben wird der Auftragnehmer seine Mitarbeiter verpflichten, eventuelle urheberpersönlichkeitsrechtliche Befugnisse nach §§ 12, 12 S. 2, 25 und 39 UrhG nicht über das Branchenübliche hinaus geltend zu machen und etwa gem. § 41 UrhG zustehende Rechte frühestens nach Ablauf von 5 Jahren seit Abschluss dieses Vertrages auszuüben.

§ 8 Namensnennung[11]

Der Auftragnehmer wird im Impressum der Website genannt. Eine Namensnennung findet darüber hinaus nicht statt.

§ 9 Quellcode und Weiterentwicklung

(1) Der Auftragnehmer stellt dem Auftraggeber den kommentierten HTML-Quellcode der Website sowie sonstige verwendete Quellcodes (insbesondere Flash, Java, JavaScript c +/++ und Perl) der Website vollständig und kommentiert zur Verfügung.[12]

(2) Der Auftraggeber hat das Recht, die in Absatz 1 genannten Ergebnisse für seine eigenen Zwecke weiterzuentwickeln.

§ 10 Vergütung

(1) Die Vergütung beträgt pauschal EUR . . . . . zzgl. MwSt.[13] Damit sind alle Leistungen des Auftragnehmers einschließlich der Einräumung der Nutzungsrechte abgegolten. Nachforderungen sind ausgeschlossen, es sei denn, die Parteien haben hierüber eine schriftliche Zusatzvereinbarung geschlossen.

(2) Die Vergütung erfolgt nach ordnungsgemäßer Rechnungsstellung durch den Auftragnehmer nach der Endabnahme der fertig gestellten Website (§ 6 Abs. 5) durch den Auftraggeber.

§ 11 Mängelansprüche

(1) Der Auftragnehmer haftet innerhalb eines Zeitraums von . . . . . Monaten[14] ab der Abnahme für die Mangelfreiheit der Vertragsleistungen, sofern die Mängel nicht auf unsachgemäße Bedienung oder Behandlung oder Veränderung der Vertragsleistung durch den Auftraggeber zurückzuführen sind.

(2) Der Auftraggeber wird den Auftragnehmer auf etwaige Mängel unverzüglich hinweisen und zur Mängelbeseitigung (Nachbesserung) auf Kosten des Auftragnehmers innerhalb einer angemessenen Nachfrist von mindestens 14 Tagen auffordern.

(3) Führt die Mängelbeseitigung nicht zu dem vertragsgemäßen Ergebnis, hat der Auftragnehmer das Recht und die Pflicht zu einem weiteren Nachbesserungsversuch innerhalb einer vom Auftraggeber gesetzten Frist von 14 Tagen. Führt auch dieser weitere Nachbesserungsversuch nicht zum Ziel oder wird er nicht innerhalb der gesetzten Frist durchgeführt oder ist die Mängelbeseitigung durch den Auftragnehmer wegen unverhältnismäßig hoher Kosten nach Abs. 2 ausgeschlossen, so ist der Auftraggeber unbeschadet weiterer Rechte berechtigt, die Mängel auf Kosten des Auftragnehmers selbst zu beseitigen bzw. beseitigen zu lassen.[15]

§ 12 Rechte Dritter

(1) Der Auftragnehmer sichert zu, dass seine Leistungen frei von Rechten Dritter sind und die vertragsgemäße Nutzung seiner Leistung nicht in Patente, Lizenzen oder sonstige Schutzrechte Dritter eingreift.

(2) Sollten Dritte solche Rechte geltend machen, informiert der Auftraggeber hierüber den Auftragnehmer unverzüglich. Der Auftragnehmer verpflichtet sich, den Auftraggeber bei der Abwehr solcher Ansprüche zu unterstützen und ihn auf erste Anforderung von allen damit in Zusammenhang stehenden Ansprüchen des Dritten freizustellen. Dem Auftraggeber bleibt es jedoch vorbehalten, die geeigneten Abwehrmaßnahmen und Vergleichsverhandlungen selbst durchzuführen. Die hierbei entstehenden Verteidigungskosten und sonstigen Schäden hat der Auftragnehmer dem Auftraggeber zu erstatten. Der Auftraggeber hat in diesem Fall Anspruch auf einen Vorschuss in Höhe der geschätzten Verteidigungskosten.

§ 13 Kündigung

(1) Jede Partei kann diesen Vertrag aus wichtigem Grund kündigen.

(2) Ein wichtiger Grund liegt insbesondere dann vor, wenn die von dem Auftragnehmer in Phase 2 des Projekts ausgearbeiteten gestalterischen Vorschläge (siehe § 5 Abs. 2) allesamt nicht den gestalterischen Vorstellungen des Auftraggebers entsprechen.[16]

(3) Kündigt eine der Vertragsparteien diesen Vertrag außerordentlich, so entfällt jegliche Zahlungspflicht des Auftraggebers an den Auftragnehmer; bereits in Rechnung gestellte Leistungen werden anteilig bis zum Zeitpunkt der Kündigung abgerechnet. Der Auftragnehmer ist zur Rückzahlung der bereits durch den Auftraggeber gezahlten Beträge verpflichtet, soweit die bis zum Zeitpunkt der Kündigung vom Auftragnehmer erbrachten Leistungen zu dem vertraglich vorgesehenen Zweck nicht verwertbar sind.

§ 14 Fortgeltende Vertragsbestimmungen

Von einer Beendigung des Vertrags bleiben die Nutzungsrechteeinräumung nach § 7 dieses Vertrags unberührt.

§ 15 Schlussbestimmungen

(1) Anlagen sind Bestandteil dieses Vertrages. Nebenabreden zu diesem Vertrag bestehen nicht. Änderungen oder Ergänzungen dieses Vertrages bedürfen der Schriftform. Dies gilt auch für Änderungen dieser Schriftformklausel.

(2) Ausschließlicher Gerichtsstand ist *(Ort)*.

(3) Sollte eine Bestimmung dieses Vertrages unwirksam sein oder werden, so bleibt die Wirksamkeit der übrigen Bestimmungen hiervon unberührt. Die Parteien sind in einem solchen Fall verpflichtet, an der Schaffung von Bestimmungen mitzuwirken, durch die ein der unwirksamen Bestimmung wirtschaftlich möglichst nahekommendes Ergebnis rechtswirksam erzielt wird. Das Vorstehende gilt für die Schließung etwaiger Vertragslücken entsprechend.

Ort, Datum	Ort, Datum
. . . . .	. . . . .
. . . . .	. . . . .
(Unterzeichner)	(Unterzeichner)

Anmerkungen

1. Verträge über die Gestaltung und Erstellung von Websites werden auch „Webdesign-Verträge“ genannt. Es ist umstritten, ob Website-Erstellungsverträge als Werkvertrag oder als Werklieferungsvertrag einzuordnen sind.

Die Qualifikation ist vor allem für die Gewährleistungsfrist erheblich: Ginge man von einem Werklieferungsvertrag gem. § 650 BGB aus, dann käme die zweijährige kaufrechtliche Gewährleistungsfrist gem. § 438 Abs. 1 Nr. 3 BGB zur Anwendung. Bei einer Qualifikation als Werkvertrag hingegen ist § 634a Abs. 1 Nr. 3 BGB anwendbar und es gilt eine dreijährige Gewährleistungsfrist.

Der entscheidende Unterschied liegt aber nicht in der Frist, sondern im Verjährungs*beginn*: Die werkvertragliche Verjährungsfrist beginnt gem. § 199 Abs. 1 Nr. 2 BGB erst, wenn der Besteller von einem Mangel tatsächlich Kenntnis erlangt oder den Mangel kennen müsste. Gem. § 438 Abs. 2 BGB beginnt die kaufvertragliche Gewährleistungsfrist schon mit Ablieferung der Sache.

2. Je nach Art und Umfang der offenbarten Informationen kann es sinnvoll sein, an anderer Stelle des Vertrages oder in einem separaten Vertrag eine Geheimhaltungsvereinbarung zu schließen. Sie kann, soweit der Vertrag nicht AGB-Recht unterfällt, durch eine Vertragsstrafe verschärft werden.

3. Viele gewünschte Features einer Website erfordern auch in technischer Hinsicht besondere Voraussetzungen bei dem Server, der die Website letztlich bereitstellt oder Schnittstellen zu Datenbanken des Auftraggebers um nützliche Informationen für das Publikum der Seite anzubieten. Eine Mitarbeit des Auftraggebers ist an dieser Stelle unerlässlich. Absatz 5 beschreibt den Rahmen der erforderlichen Mitarbeit im Weiteren.

4. Die Bearbeitung der Website in enger Zusammenarbeit und verschiedenen Phasen hat sich wie in der Werbebranche allgemein vielfach als eine gute Lösung erwiesen. Das Muster bezieht sich mit seinen fünf Phasen auf den Fall, in dem nur eine Erstellung einer Website ohne weitergehende Pflege verabredet wird. Dies entspricht heute oftmals der Realität, da die Erstellung der Website auch die Einarbeitung eines Content-Management-Systems (CMS) beinhalten soll, mit Hilfe dessen auch der Auftraggeber selbst Inhalte im Weiteren leicht verändern und anpassen kann und keine oftmals kostenintensive Betreuung benötigt. Es ist jedoch nicht unüblich noch eine Abrede über die Pflege und Betreuung der Seite für den Zeitraum nach Fertigstellung der Seite zu treffen. Sie sollte an dieser Stelle als Phase 6 aufgenommen werden und korrespondierend unter den Pflichten des Auftragnehmers detailliert beschrieben sein.

Die Einteilung der Phasen in *1. Planung* (= Erstellung und Überprüfung der Anforderungsspezifikation/des Lastenhefts), *2. Definition* (= Erstellung des Pflichtenhefts), *3. Entwurf* (= Strukturkonzept), *4. Implementierung* (= Grundmodell), *5. Abnahme und Einführung* sowie *6. Pflege* ist Ausfluss des sog. „klassischen Phasenmodells“ des Software-Entwicklungsprozesses, das schon Ende der 1970er Jahre entwickelt wurde, aber in der Literatur noch immer verbreitet ist.

5. Nicht selten besteht zwischen dem Auftraggeber und dem Auftragnehmer ein erhebliches Gefälle im Know-how rund um die Erstellung von Websites. Dieser Vertrag sieht daher vor, dass auch eine vertragliche Verpflichtung des Auftragnehmers besteht, den Auftraggeber in diesen technischen Dingen zu beraten und zu informieren.

6. Es ist an dieser Stelle nicht unüblich einen Stunden- oder Tagessatz für hierdurch erforderliche Arbeiten bereits vertraglich festzulegen. Eine solche vertragliche Abrede ist aber aus Sicht beider Parteien nicht erforderlich, da die jenseits dieses Vertrages liegenden

Arbeiten werkvertraglichen Charakter haben und selbst ohne eine Vereinbarung ein Anspruch auf angemessene Vergütung besteht, § 632 BGB.

7. Gerade die Kompatibilität mit verschiedenen Webbrowsern und Auflösungen kann erheblichen Einfluss darauf ausüben, wie eine Seite vom Publikum angenommen wird. Es kann ratsam sein, diese allgemeine Formulierung dem Stand der Technik bei Vertragsschluss anzupassen und hierbei auch aufzuführen, mit welchen Browsern es nachweislich möglich sein soll, die Seiten fehlerfrei zu betrachten und nutzen zu können.

8. Der Auftragnehmer hat dadurch, dass er sich regelmäßig professionell mit der Websiteerstellung befasst, oftmals ein umfassenderes Wissen darüber, welchen Anforderungen zu genügen ist. Der Vertrag sieht daher vor, dass der Auftragnehmer auch solche Erfordernisse nach Möglichkeit zu beachten hat.

9. Es erscheint sinnvoll, eine Abnahmeregelung aufzunehmen, da es streitig ist, ob der Webdesignvertrag als ein Werk- oder aber ein Werklieferungsvertrag (mit der Folge aus § 651 BGB, dass Kaufrecht anzuwenden ist) anzusehen ist (*Thewalt* CR 2002, 1 ff.). Eine Abnahme dient den Interessen bei diesem Vertrag aber am ehesten, um in eng verbundener Zusammenarbeit möglichst schnell zu einem brauchbaren Ergebnis zu kommen.

10. Denkbar ist es auch, die Nutzung außerhalb des Internets explizit auszuschließen.

11. Diese Regelung entspricht der Üblichkeit.

12. Aus Sicht des Auftragnehmers empfiehlt es sich, die Herausgabe des Quellcodes von der vollständigen Bezahlung der Vergütung abhängig zu machen. Der Quellcode ist in kommentierter Form von erheblich höherem Nutzen, wenn die Seite auch von Dritten oder nach einiger Zeit erneut bearbeitet werden soll. Die Kommentierung erleichtert das Verständnis der Funktionen im Code.

13. Pauschalvergütungen entsprechen im Bereich des Webdesign durchaus der Üblichkeit. Denkbar, aber für den Auftraggeber weniger vorteilhaft ist statt der Vergütung nach der Endabnahme eine gestaffelte Vergütung. Alternativ ist es möglich, eine Stundenvergütung vorzusehen. Hier ist es wichtig, den Auftragnehmer zu einer übersichtlichen Zeiterfassung zu verpflichten.

Zu beachten ist weiterhin, dass durch den 2017 in Kraft getretenen § 40a Abs. 1 S. 1 UrhG im Falle einer pauschalen Vergütungsvereinbarung das ausschließliche Nutzungsrecht regelmäßig nur für die Dauer von 10 Jahren besteht. Anschließend kann – vorbehaltlich etwaiger Nachverhandlungen – der Urheber weitere Nutzungsrechte an Dritte einräumen; das vereinbarte Recht gilt dann nur noch als einfaches Nutzungsrecht fort (§ 40a Abs. 1 S. 2 UrhG).

Durch die bis zum 7.6.2021 in nationales Recht umzusetzende DSM-RL wird außerdem im Falle der ausschließlichen Rechtseinräumung ein gesetzliches Widerrufsrecht für die Urheber vorgesehen, falls das Werk nicht verwertet wird (Art. 22 Abs. 1 DSM-RL).

Auch möglich ist es, eine Grundvergütung festzulegen, die pauschal bemessen wird und für zusätzlichen Aufwand, der zB durch Änderungswünsche entsteht, eine Stundenvergütung vorzusehen (auftragnehmerfreundlich).

14. Die gesetzliche Verjährungsfrist von Gewährleistungsansprüchen beträgt 2 Jahre, unabhängig davon, ob der Websiteerstellungsvertrag als Werklieferungsvertrag oder als Werkvertrag anzusehen ist (§ 634a Abs. 1 Nr. 1 BGB bzw. §§ 650, 438 Abs. 1 Nr. 3 BGB). Eine Abweichung nach unten ist möglich, in AGB in der Regel nur bis auf ein Jahr (§ 309 Nr. 8b ff. BGB). Bei Verbrauchern besteht bei jeglicher Abweichung die Gefahr, dass ein Gericht den Vertrag als Werklieferungsvertrag einstufen könnte und in der Folge einen Verstoß gegen § 476 Abs. 2 BGB besteht.

15. Auch dieser Absatz zielt darauf ab, eine feste rechtliche Basis zu schaffen, da ohne eine Regelung erneut vieles von der Frage abhängt, ob Werkvertragsrecht oder Werklieferungsvertragsrecht und damit Kaufrecht Anwendung findet.

16. Hier können weitere außerordentliche Kündigungsgründe genannt werden. Die genauere Definition des wichtigen Grundes kann Streit um diesen unbestimmten Begriff vorbeugen.

1.6 Drehbuchvertrag[1]

zwischen

. . . . .

(nachfolgend als „Produzent" bezeichnet)

und

. . . . .

(nachfolgend als „Autor" bezeichnet)

Präambel

Der Produzent plant die Realisierung eines TV-Spielfilms/Kinofilms *(Beschreibung des Projekts, zB Sendezeit, Altersbegrenzungen oÄ)* auf Grundlage des Romans *(Titel)* von *(Autor)*,[2] den er weltweit in allen Medien auswerten möchte. Auf dieser Grundlage soll der Autor nach Maßgabe der folgenden Bestimmungen in Rücksprache mit dem Produzenten ein drehfertiges Drehbuch (nachfolgend: „Werk") erstellen.

§ 1 Vertragsgegenstand

(1) Der Produzent beauftragt den Autor damit, ein drehfertiges Drehbuch zu erstellen, das folgenden Maßgaben entsprechen soll:

(Hier Liste der Anforderungen, die das Werk erfüllen soll: inhaltliche Vorgaben, Länge, Altersfreigaben, evtl. Sendezeiten etc)[3]

(2) Ebenfalls Gegenstand dieses Vertrags ist die Einräumung aller Rechte an dem Drehbuch, die der Produzent zur Verfilmung des Drehbuchs und zur weltweiten Auswertung in allen Medien benötigt.

§ 2 Entwicklungsschritte,[4] Zeitplan, Umfang der Tätigkeit

(1) Der Autor liefert das Exposé bis zum *(Datum)*.

(2) Die weiteren Entwicklungsschritte (Treatment, erste, zweite, dritte Drehbuchfassung) erfolgen im Einvernehmen zwischen dem Autor und dem Produzenten. Innerhalb von zwei Wochen nach Einreichen des Exposés wird der Produzent dem Autor Überarbeitungswünsche und Hinweise zur Entwicklung des Treatments mitteilen. Entsprechendes gilt bei Einreichung der jeweils nächsten Werkfassung.

(3) Bei Erstellung des Werkes hat der Autor etwaige inhaltliche Vorgaben des Produzenten und Vorgaben von in die Erstellung des Drehbuchs involvierten Dritten (zB Sender, Verleiher) zu beachten. Er verpflichtet sich, während seiner Tätigkeit auf Wunsch für den Produzenten an Drehbuchbesprechungen und sonstigen Gesprächen mit dem Produzenten oder Dritten teilzunehmen. Hierdurch entstehende Reisekosten (Bahn 2. Klasse oder

Flug Economy) und Unterbringungskosten trägt der Produzent im üblichen Rahmen, sofern sie vorab von dem Produzenten genehmigt worden sind.

(4) Der Produzent kann in jedem Entwicklungsstadium die weitere Entwicklung des Drehbuchs einem anderen Autor übertragen. Der Autor hat keinen Anspruch auf drei Drehbuchfassungen. Der Produzent kann alternativ eine weitere Person (Co-Autor) zur weiteren Entwicklung des Drehbuchs hinzuziehen. In diesem Fall verpflichtet sich der Autor zur gedeihlichen Zusammenarbeit mit dem Co-Autor.[5]

§ 3 Rechteeinräumung

Der Autor räumt dem Produzenten an dem Werk und an den Vorarbeiten mit deren Entstehung bzw. spätestens mit Abschluss dieses Vertrages sämtliche ausschließliche, zeitlich, räumlich und sachlich unbeschränkte sowie jederzeit ohne Einschränkung auf Dritte übertragbare Rechte am Werk ein. Von der Rechteeinräumung umfasst sind insbesondere das exklusive, zeitlich unbefristete Recht zur Verfilmung („Verfilmungsrecht") und zur umfassenden weltweiten Auswertung der Produktion bzw. des Werkes („Filmauswertungsrecht") in allen Medien auf schon bekannte und noch bekannt werdende Arten der Nutzung.

(1) Das „Verfilmungsrecht" beinhaltet insbesondere:

- Das Werkbearbeitungsrecht,[6] das heißt das Recht, das Werk, sowie Charaktere, Handlungselemente, Dialoge, Szenen etc des Werkes abzuändern, neue oder geänderte Teile hinzuzufügen, Teile herauszunehmen oder die Handlungsabfolge umzustellen und Co-Autoren mit einer Bearbeitung zu beauftragen;
- Das Übersetzungsrecht, das heißt das Werk in sämtliche Sprachen übersetzen zu lassen;
- Das Filmherstellungsrecht, das heißt die Produktion unter Verwendung des Werkes oder von Teilen hiervon in deutscher und/oder fremdsprachiger Fassung herzustellen;
- Das Titelverwendungsrecht, das heißt das Recht, den Titel des Werkes zur Bezeichnung dieser Produktion zu verwenden, sofern der Titel vom Autor stammt. Hierzu gehört auch das Recht, den Inhaltstitel auch nach Veröffentlichung des Werkes zu verändern bzw. zu ersetzen oder für andere Inhalte zu nutzen;
- Das Wiederverfilmungsrecht,[7] das heißt das Recht, wiederholt vom Drehbuch in Gänze Gebrauch zu machen (Remake-Rechte);
- Das Weiterentwicklungs-[8] und Neuverfilmungsrecht, das heißt die Befugnis, vom Autor entwickelte Handlungselemente oder in dem Werk enthaltene Personen und deren Charakteristika sowie sonstige Ideen uneingeschränkt auf für Folgeproduktionen, Ableger oder im Zusammenhang mit anderen Produktionen zu verwenden (Sequelrechte, Prequelrechte, Spin-Off-Rechte).

(2) Das „Filmauswertungsrecht" beinhaltet insbesondere:[9]

- Das Theaterrecht, das heißt das Recht, das Werk und die Produktion durch technische Einrichtungen (sei es im Film- oder Schmalfilmformat, sei es mittels eines Videosystems oder mittels anderer technischer Einrichtungen) in Lichtspieltheatern, bei Festivals, bei Wettbewerben und ähnlichen Veranstaltungen öffentlich wahrnehmbar zu machen, einschließlich des Rechts, die Produktion auf Messen, Verkaufsausstellungen und ähnlichen Veranstaltungen öffentlich wahrnehmbar zu machen;
- Das Senderecht, das heißt das Recht, die Produktion in beliebig vielen Ausstrahlungen analog und/oder digital durch Funk (zB Ton- und Fernsehrundfunk), Drahtfunk (Hertz'sche Wellen, Laser, Mikrowelle, DVB usw.) oder ähnliche technische Einrichtungen ganz oder in Teilen der Öffentlichkeit gleichzeitig zugänglich zu machen und/oder Funksendungen öffentlich wiederzugeben, gleich, welches Sendeverfahren gewählt wird (insb.

terrestrisch, via Kabel einschließlich Kabelweitersendung oder via Satellit, einschließlich Direktsatellit), in welcher Rechtsform (öffentlich oder privat, kommerziell oder nicht kommerziell) die jeweilige Sendeanstalt betrieben wird oder wie das Rechtsverhältnis zum Empfänger ausgestaltet ist (Free TV, Pay TV, Pay-per-view TV, Web TV etc);

- Das Videogrammrecht, das heißt das Recht, die Inhalte auf sämtlichen analogen und digitalen Speichermedien (insb. Videokassetten, Video-Disks, Videobänder, Video-CD, Harddisks, CD-I, CD-I-Music, Foto-CD-Portfolio, CD-DA, EBG, EBXA, CD-Rom, CD, MD, Laserdisc, DAT (Digital Audio Tape), DVD, DCC (Digital Compact Cassette), Foto-CD, CD-Rom XA, Disketten, Chips, CD-Recordable, Mult-Optical-Disk (Mo-CD), HD-CD (High Density-CD), Magnetbänder, Magnetbandkassetten, Kassetten, Bildband, unabhängig von der technischen Ausgestaltung des einzelnen Systems) zu vervielfältigen und zu verbreiten, insb. durch Verkauf, Vermietung, Leihe und jede andere Art der Überlassung an Dritte, zum Zwecke der öffentlichen, nichtöffentlichen, gewerblichen oder nichtgewerblichen Wiedergabe;
- Das Recht zur Zurverfügungstellung auf Abruf, das heißt das Recht, Nutzern die Produktion mittels analoger, digitaler oder anderer Speicher- oder Übertragungstechniken (zB auch über das Internet) mit oder ohne Zwischenspeicherung (zB „on demand" oder als „Streaming") zum individuellen Abruf mittels Fernseher, Computer oder anderen Geräten, insb. auch mobilen Empfangsgeräten empfangen bzw. wiedergeben zu können. Hiervon mit umfasst ist die Herstellung, Vervielfältigung und Verbreitung von Bild-/Tonträgern, auf denen die Produktion die Produktion verschlüsselt gespeichert ist, so dass ihre Wiedergabe nur erfolgend kann, wenn zusätzliche Dateiinformationen übermittelt werden („Schlüssel");
- Das Recht zur Auswertung durch interaktive Bild-/Tonträger, das heißt das Recht, die Produktion und gegebenenfalls das Werk auf Bild- und Tonträgern aller Art (zB CD-I), die ausschließlich oder in erster Linie zur interaktiven Nutzung, dh zur individuellen Bearbeitung (insb. Kürzung, Verfremdung, Umgestaltung, Verbindung mit anderen Werken und sonstigen Veränderungen) der Produktion, des Werkes bzw. deren einzelner Bestandteile durch den Nutzer bestimmt ist;
- Das Vervielfältigungs- und Verbreitungsrecht, das heißt das Recht, die Inhalte im Rahmen der eingeräumten Nutzungsarten beliebig zu vervielfältigen und zu verbreiten und dies auch auf anderen als den ursprünglich verwendeten Bild-/Tonträgern, insbesondere auch in Printform (Buch oder Zeitung/Zeitschrift);
- Das Recht zur Klammerteilauswertung und zur Werbung, das heißt das Recht, Ausschnitte aus der Produktion und gegebenenfalls aus dem Werk innerhalb anderer Produktionen auszuwerten sowie zu Zwecken der Werbung und der Promotion zu nutzen:
- Das Merchandising-Recht, dh das Recht zur kommerziellen Auswertung der Produktion und des Werkes durch Herstellung, Vervielfältigung und Verbreitung von Waren aller Art und durch das Angebot und die Ausführung von Dienstleistungen, unter Verwendung der Handlung, Namen, Titeln, Figuren, Abbildungen, Logos, Ausschnitten aus der Produktion oder sonstigen in Bezug zur Produktion stehenden Zusammenhänge. Dazu zählt auch das Recht für Waren oder Dienstleistungen jeder Art zu werben sowie das Recht, derartige Elemente in Film- oder Themenparks zu verwenden;
- Das Archivierungs- und Datenbankrecht, das heißt das Recht, die Produktion und das Werk in körperlicher oder unkörperlicher Form zu archivieren und in die Sammlungen und Datenbanken aufzunehmen sowie die Produktion in diesem Rahmen Dritten zur Verfügung zu stellen;
- Das Synchronisationsrecht, das heißt das Recht, die Produktion selbst oder durch Dritte in andere Sprachen zu synchronisieren, neu oder nachzusynchronisieren, untertitelte oder voice-over Fassungen herzustellen und die so bearbeitete Fassung nach Maßgabe der in diesem Vertrag übertragenen Nutzungsrechte auszuwerten, sowie das Recht, die Texte in eine andere Sprache zu übersetzen;

- Das Bearbeitungsrecht, das heißt das Recht die Produktion und ggfs. das Werk zu kürzen, zu teilen, durch Werbeteile zu unterbrechen, mit anderen Werken zu verbinden, den Titel neu festzusetzen, die Musik auszutauschen oder die Produktion in sonstiger Weise zu bearbeiten;
- Die Drucknebenrechte, das heißt das Recht, zum Zwecke der Bewerbung der Produktion Inhaltsdarstellungen aus dem Werk herzustellen, zu vervielfältigen und zu verbreiten, sowie das Recht zur Herstellung eines „Buches zum Film".

(3) Der Autor überträgt dem Produzent hiermit ausdrücklich auch die Rechte an Nutzungsarten, die heute zwar technisch schon bekannt sind, bei denen aber noch unklar ist, ob diese sich wirtschaftlich durchsetzen werden, sowie an Nutzungsarten, die noch gänzlich unbekannt sind und erst in der Zukunft bekannt werden.[10, 11]

§ 4 Honorar

(1) Der Produzent zahlt an den Autor ein einmaliges Pauschalhonorar iRv EUR . . . . . zzgl. MwSt. Dieses Honorar ist Gegenleistung für die Erstellung von Exposé, Treatment und drei Drehbuchfassungen sowie für die Einräumung der damit verbundenen Rechte. Mit dem Honorar abgegolten sind auch über die dritte Drehbuchfassung hinausgehende kleinere Nachbesserungen und Änderungen.

(2) Das Honorar wird nach entsprechender Rechnungsstellung in folgenden Tranchen ausbezahlt:

- 5 % des vereinbarten Honorars zahlt der Produzent bei Vertragsunterzeichnung.
- Weitere 5 % zahlt der Produzent bei Abnahme des Exposés.
- Weitere 15 % zahlt der Produzent bei Abnahme des Treatments.
- Weitere 30 % zahlt der Produzent bei Abnahme der ersten Drehbuchfassung.
- Weitere 15 % zahlt der Produzent bei Abnahme der zweiten Drehbuchfassung.
- Die übrigen 30 % zahlt der Produzent bei Abnahme der drehfertigen Version des Drehbuchs.[12]

Sollte der Produzent das Entwicklungsziel schon bei der zweiten Drehbuchfassung für erreicht halten, so werden bei Abnahme der drehfertigen Version die übrigen 30 % des vereinbarten Honorars fällig.

(3) Entscheidet der Produzent, den Autor durch einen anderen Autor zu ersetzen, so erhält der Autor das Honorar, das ihm erst in einem späteren Entwicklungsstadium zugestanden hätte, nicht.

(4) Entscheidet der Produzent, dem Autor einen Co-Autor an die Seite zu stellen, so teilen sich die Autoren die Vergütung (nach § 5) für den noch ausstehenden Teil. Der Anteil des bisherigen Autors hieran entspricht dem Prozentsatz der bisherigen Fertigstellung von dem Gesamtwerk durch ihn. Dies gilt nicht, wenn erst weniger als die Hälfte des Gesamtwerkes erstellt wurde. In diesem Fall verteilt sich die Vergütung nach Kopfteilen.[13, 14]

(5) Ausschüttungen der VG Wort verteilen sich unter mehreren Autoren in dem in Absatz 4 beschriebenen Verhältnis.

§ 5 Abnahme

Die Entscheidung über die Abnahme trifft der Produzent nach eigenem billigem Ermessen.[15] Die Abnahme des Werkes erfolgt ausdrücklich und schriftlich.

§ 6 Rechtegarantie

(1) Der Autor garantiert, dass er alleiniger Inhaber der uneingeschränkten Rechte an dem Drehbuch ist, dass er keinerlei Verfügung über diese Rechte vorgenommen hat und das Drehbuch weder Rechte Dritter noch das Gesetz verletzt.

(2) Der Autor garantiert insbesondere, dass an dem Werk keine anderen Personen – außer gegebenenfalls ein vom Produzenten ausgewählter Co-Autor – mitgewirkt haben oder mitwirken werden und dass das Werk keine Passagen enthält, die anderen Werken entnommen wurden.

(3) Der Autor garantiert darüber hinaus, dass Persönlichkeitsrechte oder Namensrechte Dritter nicht durch Anspielungen auf Personen oder Ereignisse in dem Werk verletzt werden. Ausgenommen hiervon sind Anspielungen, die auf ausdrücklichen, schriftlichen Wunsch vom Produzenten Eingang in das Drehbuch gefunden haben.

(4) Schließlich garantiert der Autor, dass das Gebot der Trennung von Werbung und Programm von ihm beachtet wurde.

§ 7 Haftungsfreistellung

Der Autor stellt den Produzenten von allen Ansprüchen Dritter frei, die aus einer Verletzung von Urheberrechten, Persönlichkeitsrechten oder Gesetzen durch das Werk berechtigt geltend gemacht werden. Dies beinhaltet auch etwaige Rechtsverteidigungskosten und Zahlungen aus Vergleichsverhandlungen.

§ 8 Stillschweigen

(1) Der Autor verpflichtet sich, über das Drehbuch bis zur Erstausstrahlung/Premiere des Projekts Stillschweigen zu bewahren.

(2) Des Weiteren verpflichtet sich der Autor über diesen Vertrag sowie über interne Angelegenheiten des Produzenten oder von in die Produktion involvierten Dritten auch über die Premiere/Erstausstrahlung hinaus Stillschweigen zu bewahren.

(3) Ankündigungen, bildliche Darstellungen sowie sonstige Mitteilungen, die sich auf die Tätigkeit von dem Autor für den Produzenten, die Entwicklung des Werkes oder den Fortgang des Projektes, geplante weitere Projekte oder Interna von dem Produzenten beziehen, darf der Autor nur nach Abstimmung mit dem Produzenten verbreiten oder verbreiten lassen.

§ 9 Ausschluss einer Produktionspflicht

Der Produzent ist weder dazu verpflichtet, die Produktion zu realisieren, noch ist er dazu verpflichtet, bei Realisierung der Produktion das Werk des Autors zu verwenden. Es steht darüber hinaus dem Produzenten frei, ob und in welcher Weise er die Produktion auswerten wird.

§ 10 Rückruf

Nimmt der Produzent die Verwertung des Werks nicht binnen zwei Jahren seit Einräumung oder Übertragung des Nutzungsrechts oder, wenn das Werk später abgeliefert wird, seit der Ablieferung, auf, kann der Autor die mit diesem Vertrag eingeräumten Rechte am Werk nach Setzung einer angemessenen Nachfrist unter Ankündigung des Rückrufs zurückrufen. Sofern in Gemeinsamen Vergütungsregeln iSd § 36 UrhG oder in Tarifverträgen, die für diesen Vertrag maßgeblich sind, weitere Einschränkungen des Rückrufsrechts zugelassen sind, kann das Rückrufrecht nur nach Maßgabe der einschlägigen Gemeinsamen Vergütungsregel oder des einschlägigen Tarifvertrags ausgeübt werden.[16]

§ 11 Urhebernennung

(1) Sofern der Autor seine Leistung vertragsgemäß erbringt und das Werk bei der Realisierung der Produktion verwendet wird, hat der Autor das Recht, im Vor- und/ oder Nachspann der Produktion [ggf. an erster/zweiter/dritter Stelle] in folgender Weise genannt zu werden:

„Drehbuch: . . . . . *(Autor)*“[17]

(2) Falls mehrere Autoren am Drehbuch beteiligt sind, stimmt der Autor schon jetzt der Nennung der anderen Co-Autoren zu. Die Reihenfolge der Nennung wird sich am Anteil des jeweiligen Autors am Gesamtdrehbuch richten.

(3) Für Verstöße Dritter gegen diese Nennungspflicht kann der Produzent keine Haftung übernehmen, bemüht sich aber darum, dass auch Dritte der Nennungspflicht nachkommen.

§ 12 Schlussbestimmungen und Mitteilungspflicht

(1) Auf diesen Vertrag findet das Recht der Bundesrepublik Deutschland Anwendung. Im Falle von Streitigkeiten zwischen den Parteien im Zusammenhang mit diesem Vertrag vereinbaren die Parteien als Gerichtsstand . . . . .

(2) Sollten einzelne Bestimmungen dieses Vertrags ganz oder teilweise unwirksam sein, wird dadurch die Wirksamkeit der übrigen Bestimmungen nicht berührt. An die Stelle von nicht einbezogenen oder unwirksamen Allgemeinen Geschäftsbedingungen tritt das Gesetzesrecht (vgl. § 306 Absatz 2 BGB). Im Übrigen werden die Vertragsparteien die unwirksame Bestimmung durch eine solche ersetzen, die dem wirtschaftlichen Zweck der unwirksamen Bestimmungen möglichst nahe kommt.[18]

(3) Nebenabreden zu diesem Vertrag sind nicht getroffen.

(4) Eine Änderung des Vertrags bedarf der schriftlichen Form. Dies gilt auch für die Änderung des Schriftformerfordernisses.

(5) Um zu gewährleisten, dass der Produzent dem Autor gegenüber seine gesetzlich zwingenden Mitteilungs- und Informationspflichten rechtzeitig und vollständig erfüllen kann, wird der Autor den Produzent unaufgefordert und unverzüglich über alle Adressänderungen mittels eingeschriebenem Brief informieren.[19]

Ort, Datum	Ort, Datum
. . . . .	. . . . .
. . . . .	. . . . .
(Unterzeichner)	(Unterzeichner)

Anmerkungen

1. Drehbuchverträge sind Werkverträge im Sinne der §§ 631 ff. BGB.

2. Grundlage kann auch eine bloße Idee sein. Häufig besteht auch bereits ein Exposé oder ein Treatment, auf die der Autor aufbaut. Dann sind § 2 und § 5 des Vertrags entsprechend anzupassen.

3. Nach der Rechtsprechung darf der Auftraggeber eines Künstlers nicht deshalb die Abnahme verweigern, weil das Werk nicht seinem Geschmack entspricht (KG ZUM-RD 1999, 337). Deshalb ist es aus Produzentensicht ratsam, von der Möglichkeit, durch vertragliche Vereinbarungen die Gestaltungsfreiheit des Drehbuchautors zu beschränken, in großem Umfang Gebrauch zu machen.

4. Die Entwicklung eines Drehbuchs erfolgt in mehreren Schritten: Exposé, Treatment, verschiedene Fassungen (meist 2–3), drehfertige Fassung.

5. Diese Klausel ist sehr produzentenfreundlich. Alternativ ist folgende Klausel denkbar:

„Der Autor hat das Recht auf drei Drehbuchfassungen. Ein anderer Autor kann erst nach Einreichen der dritten Drehbuchfassung beauftragt werden."

6. Grenze des Bearbeitungsrechts bildet die gröbliche Entstellung (§ 93 Abs. 1 UrhG iVm § 14 UrhG).

7. Gem. § 88 Abs. 2 S. 1 UrhG gilt das Prinzip einmaliger Herstellung eines Films. Dies führt dazu, dass die sog. Remakerechte und Sequel- bzw. Fortentwicklungsrechte ausdrücklich übertragen werden müssen. Ihre Weiterübertragung bedarf wegen § 34 UrhG der Zustimmung des Urhebers (Wandtke/Bullinger/*Manegold/Czernik* UrhG § 88 Rn. 78). Im Falle der Wiederverfilmung steht dem Urheber eine angemessene Vergütung zu (§ 32 UrhG; BT-Drs. 14/8058, 53).

8. Grenze des Weiterentwicklungsrechts bildet die gröbliche Entstellung (§ 93 Abs. 1 UrhG iVm § 14 UrhG).

9. Das Filmauswertungsrecht muss spiegelbildlich zum Rechtekatalog des Produktionsvertrages des Produzenten sein.

10. Gem. § 32c UrhG hat der Urheber einen Anspruch auf zusätzliche, angemessene Vergütung, wenn der Vertragspartner die Verwertung des Werkes in einer neuen Nutzungsart aufnimmt.

11. Gem. § 88 Abs. 2 S. 2 UrhG findet § 31a Abs. 1 S. 3 und 4 UrhG keine Anwendung, dh dem Drehbuchautor steht kein Recht zu, die Einräumung der Verwertungsrechte an neuen Nutzungsarten zu widerrufen.

12. Denkbar sind je nach Einzelfall die verschiedensten Staffelungen. Denkbar ist es beispielsweise auch, den ersten Vergütungsanspruch erst bei Lieferung der ersten Drehbuchfassung vorzusehen und eine letzte Tranche vom Drehbeginn abhängig zu machen.

13. Die Verteilung zwischen Autor und Co-Autor stellt einen Vorschlag dar und versucht das Mehr an Arbeitsleistung durch den Erst-Autor aufgrund seiner konzeptionellen Idee zu berücksichtigen. Sind zum Zeitpunkt der Hinzuziehung eines weiteren Autors beispielsweise 70 % des Gesamtwerkes fertig gestellt, verteilen sich die noch ausstehenden 30 % an Vergütung unter den Autoren im Verhältnis 70:30 (Satz 2). Sind hingegen erst 40 % geschaffen, verteilen sich die noch ausstehenden 60 % der Vergütung im Verhältnis von 50:50 (Satz 3 und 4).

14. Sind zum Zeitpunkt der Hinzuziehung eines weiteren Autors beispielsweise 70 % des Gesamtwerkes fertig gestellt, verteilen sich die noch ausstehenden 30 % an Vergütung unter den Autoren im Verhältnis 70:30.

Basiert das Drehbuch nicht auf einer Vorlage, sondern auf der Idee des Autors, so sollte das Mehr an Arbeitsleistung durch den Erst-Autor aufgrund seiner konzeptionellen Idee berücksichtigt werden. Zu diesem Zweck bietet sich der folgende Zusatz an:

„Dies gilt nicht, wenn erst weniger als die Hälfte des Gesamtwerkes erstellt wurde. In diesem Fall verteilt sich die Vergütung nach Kopfteilen." Oder: „[. . . . .]. In diesem Fall verteilt sich die Vergütung danach, in welchem Umfang sich Elemente des Schaffens des Erst-Autors in dem verfilmten Drehbuch wiederfinden. Hierüber entscheidet im Streitfall . . . . . (Dritter iSd § 317 BGB)."

15. In „Allgemeinen Honorarbedingungen für Autoren" hat das Hanseatische OLG Hamburg eine solche Klausel AGB-rechtlich für wirksam befunden (OLG Hamburg ZUM-RD 1998, 557–561). In dem Vertrag, der dem OLG Hamburg zur Prüfung vorlag, war für den Fall der Nichtabnahme eine „angemessene Entschädigung" vereinbart. Unterbleibt eine solche Vereinbarung, bleibt es bei § 648 S. 2 BGB: Danach bleibt dem Unternehmer der Vergütungsanspruch, auf den er sich lediglich ersparte Aufwendungen anrechnen lassen muss.

16. Gemäß § 41 Abs. 1–3 UrhG steht dem Urheber bei Nichtausübung oder unzureichender Ausübung ein Rückrufsrecht gegen den Rechteinhaber zu. Grundsätzlich beträgt die Frist hierfür zwei Jahre ab Rechteeinräumung bzw. Ablieferung. Auf dieses Recht kann nicht verzichtet werden; die Ausübung des Rückrufsrechts kann seit der Reform des Urhebervertragsrechts im Jahr 2017 gem. § 41 Abs. 4 UrhG nur noch durch eine Vereinbarung eingeschränkt werden, die auf einer gemeinsamen Vergütungsregel (§ 36 UrhG) oder einem Tarifvertrag beruht. Sofern eine GVR oder ein Tarifvertrag weitergehende Einschränkungen des Rückrufsrechts des Autors zulassen, ist eine solche Vereinbarung ist aus Sicht des Produzenten empfehlenswert. Aus Sicht des Autors kann die Regelung gewünscht sein, dass der Autor bereits nach einem Jahr die Rechte vom Produzenten zurückerwerben kann. Da es sich hierbei um eine Abweichung zum *Vorteil* des Urhebers handelt, gilt die Einschränkung des § 41 Abs. 4 UrhG nicht.

17. Darüber hinaus kann es bei Kinofilmen sinnvoll sein, die Nennung in Werbematerial zu regeln.

18. Derartige salvatorische Klauseln sind unwirksam, soweit sie in AGB verwendet werden. Aus diesem Grund differenziert der Formulierungsvorschlag zwischen AGB und Nicht-AGB.

19. Gemeint sind die gesetzlichen Mitteilungs- und Informationspflichten gem. §§ 31a Abs. 1, 32c Abs. 1 UrhG. Weil der Vertragspartner verpflichtet ist, den Urheber über die Aufnahme der neuen Art der Werknutzung unverzüglich zu unterrichten (→ Form. IX.1.9), empfiehlt es sich, die maßgebliche Anschrift vertraglich zu bestimmen.

1.7 Bandübernahmevertrag[1]

Zwischen

(Vertragspartei)

– im Folgenden „Produzent" genannt –

und

(Vertragspartei)

– im Folgenden „Lizenznehmer" genannt –

wird folgender Vertrag geschlossen:

§ 1 Vertragsgegenstand

1. Gegenstand dieses Vertrages sind die folgenden Tonaufnahmen des/der Künstlers/ Gruppe unter dem Künstlernamen .....
   – .....
   – .....
   – .....
   – veröffentlicht auf dem Masterband (bzw. der Master-CD) unter dem Titel .....
   Die Aufnahmen sind in technisch einwandfreiem sowie überspielungs- bzw. vervielfältigungsreifem Zustand.
2. Der Produzent versichert, dass er Inhaber aller Rechte ist, die Kraft dieser Vereinbarung übertragen werden, und dass er unbeschränkt über sie verfügen kann. Zweck dieser Vereinbarung ist die Auswertung der vertragsgegenständlichen Aufnahmen des Produzenten durch den Lizenznehmer und die Festlegung der Vertragsbedingungen.

§ 2 Rechteübertragung[2]

1. Der Produzent überträgt dem Lizenznehmer im Vertragszeitraum die folgenden ausschließlichen, räumlich und sonst zeitlich im Rahmen der gesetzlichen Schutzfrist unbegrenzten Rechte an den vertragsgegenständlichen Aufnahmen zu folgender umfassender Auswertung.[3] Die Rechteübertragung schließt sämtliche Leistungsschutzrechte, alle anderen durch das Urheberrecht sowie sonstige Gesetze gewährten Rechte und Ansprüche an den Vertragsaufnahmen bzw. von an den Vertragsaufnahmen Mitwirkenden (zB Koproduzenten, Studiomusiker und sonstige künstlerisch Mitwirkende) und dem angelieferten Material sowie die Nutzung des Künstlernamens im Rahmen des Vertragszwecks ein. Dies sind insbesondere aber nicht abschließend:
   a) die Leistungsschutzrechte aller an den Aufnahmen beteiligten ausübenden Künstlern nach §§ 77–79 UrhG;
   b) die Leistungsschutzrechte des Tonträgerherstellers nach § 85 UrhG;
   c) das Recht zur Herstellung von Kopien und der Verbreitung auf allen bekannten oder künftig bekannt werdenden Tonträgern oder zum Beinhalten von Audio-Daten fähigen Datenträgern, insbesondere Schellackplatten, (Vinyl-)Schallplatten, Tonbänder, Kassetten, DAT-Bänder, MD, DCC CDs, CDROMs, CDRs, CDRWs, CDI, CD plus, MO-CDs, 3DO, DVDs, DVDROMs, DVDRs, DVDRWs, blu-ray Discs, HD-Disks, Festplatten, Servern, Chips, Speichersteine, Module. Dies beinhaltet die Übertragung in alle bekannten und künftig bekannt werdenden Tonformate (zB wma, wmv, mp3, mp4, aif, wav, etc) und Konfigurationen (zB Einfach-, Mehrfach-LP/Single/Maxi-Single/EP-Single/Mixtape etc);
   d) das Recht des Online-Vertriebes in allen Formen von Online-Diensten[4] und der öffentlichen Zugänglichmachung nach § 19a UrhG, das Recht auf Zugänglichmachung auf Abruf in allen Formen, zB Music-on-Demand;
   e) das Recht zur Vermietung, Leasing und zum Verleih auf Datenträgern und Konfigurationen wie unter c) beschrieben, das Recht zum Online-Verleih unter Verwendung von Systemen, die eine zeitliche Eingrenzung der Nutzung ermöglichen;
   f) das Recht, Bearbeitung und Kürzung oder Neumischungen unter Beachtung der Urheberpersönlichkeitsrechte des Produzenten vorzunehmen oder durch Dritte vornehmen zu lassen, wie zB Remixe, Remasterings, Neusynchronisationen, Audioerweiterungen oder Klangverbesserungen;[5]
   g) das Recht einzelne Werkteile in andere Sammlungen aufzunehmen (Sampler) und in diesen zu vervielfältigen und zu verbreiten;

h) das Recht, die Vertragsaufnahmen auf jede technische Art und Weise öffentlich und nichtöffentlich wiederzugeben, sie vorzuführen und durch jede technische Einrichtung öffentlich und nichtöffentlich wahrnehmbar zu machen;
i) das Recht, die Vertragsaufnahmen auf jede technische Art zu senden und auf diese Weise wiederzugeben, insbesondere per Tonrundfunk, Fernsehen, Drahtfunk, Kabelfernsehen, Kabelweitersendung;
j) das Recht zur Durchführung jeder Form des so genannten Electronic Merchandising, insbesondere das Recht zur Verwendung der Vertragsaufnahmen selbst und der weiteren angelieferten Materialien im Zusammenhang mit Klingeltönen oder ähnlichen Auswertungsformen über Telekommunikationsgeräte.

2. Die Rechteübertragung bezieht sich des Weiteren auch auf solche Nutzungsarten, die zum Zeitpunkt des Vertragsschlusses noch unbekannt sind.[6]
3. Der Produzent erteilt dem Lizenznehmer die Vollmacht, im eigenen Namen gegen jede unzulässige Verwendung oder sonstige Verwertung der vertragsgegenständlichen Aufnahmen oder sonstige Verletzungen der Rechte des Künstlers vorzugehen. Die Kosten der Rechtsverfolgung trägt der Lizenznehmer. Etwaige Einnahmen werden mit den Kosten verrechnet und der Überschuss hälftig zwischen Lizenznehmer und Produzent geteilt.

§ 3 Exklusivität[7]

1. Der Produzent garantiert, alle Aufnahmen für die Vertragsdauer dem Lizenznehmer exklusiv zu überlassen und weder Aufnahmen Dritten zu überlassen, noch Dritten Verwertungsrechte an Aufnahmen einzuräumen. Alle entstehenden Aufnahmen stehen dem Lizenznehmer im Umfang dieses Vertrages zu. Hiervon ausgenommen ist lediglich eine Produzententätigkeit des Produzenten im Auftrag und für Rechnung Dritter für Aufnahmen, die nicht vom Produzenten stammen, soweit und solange keine berechtigten Interessen des Lizenznehmers oder die ordnungsgemäße Vertragserfüllung beeinträchtigt werden.
2. Der Produzent und seine Vertragspartner werden die vertragsgegenständlichen Aufnahmen für die Vertragsdauer ausschließlich dem Lizenznehmer überlassen und Dritten weder die Verwertungsrechte daran einräumen noch die Aufnahmen zugänglich machen (Titelexklusivität). Hiervon umfasst sind auch Aufnahmen und Übertragungen von Live-Darbietungen der vertragsgegenständlichen Aufnahmen, auch als Live-Stream.

§ 4 Namensrechte, Werbung/Promotion und Musikvideos[8]

1. Der Lizenznehmer hat das Recht und die Pflicht, die Aufnahmen angemessen zu bewerben.[9] Er ist hierbei insbesondere dazu berechtigt, den Namen, die Marke und den Markennamen sowie Abbildungen und bibliografisches Material zu verwenden.
2. Der Produzent erkennt die besondere Bedeutung von Werbemaßnahmen und verpflichtet sich bei der Bewerbung der Aufnahme mitzuwirken. Dies umfasst insbesondere die Ablieferung von Materialien wie Daten über die Aufnahmen, aktuelle Fotos der Künstler, Informationen zu den Lebensläufen der Künstler, sowie sämtliche Angaben für die GEMA-Meldung sowie alle Informationen zur Erstellung der so genannten Credits. Zu der Mitwirkungspflicht des Produzenten zählt insbesondere die Teilnahme an Fototerminen, Interviews, Rundfunk- und Fernsehveranstaltungen, Videoaufnahmen, Autogrammstunden, etc Hierfür erhält der Produzent eine Aufwandsentschädigung in Höhe der notwendigen und üblichen Hotel- und Reisekosten nach Vorlage der entsprechenden Belege, soweit die Gagenzahlungen Dritter diese nicht abdecken. Der Lizenznehmer zahlt nach Abzug seiner notwendigen Kosten und unter Anrechnung auf die Vorauszahlung nach § 9 etwaige Gagen an den Produzenten aus.
3. Der Lizenznehmer ist berechtigt, gegen die unbefugte Verwendung von Abbildungen, Namen oder bibliografischen Daten des Produzenten sowie einer solchen der nach

Absatz 1 und 2 entstandenen Materialien vorzugehen. Der Produzent hat gegebenenfalls eine Prozessvollmacht zu erteilen.
4. Der Produzent verpflichtet sich im Rahmen von gemeinsam verabredeten Single-Auskoppelungen Videos unter seiner Mithilfe und Mitwirkung herzustellen oder herstellen zu lassen.
5. Der Produzent überträgt dem Lizenznehmer das ausschließliche und übertragbare Recht, die unter Absatz 2 genannten Materialen für Werbezwecke und die unter Absatz 4 genannten Materialen im Rahmen der Nutzungszwecke der Rechteübertragungen des § 2 zu verwerten.

§ 5 Veröffentlichung

1. Der Lizenznehmer ist zur Herstellung einer angemessenen und marktüblichen Stückzahl der vertragsgegenständlichen Aufnahme und dem Anbieten selbiger auf dem Markt verpflichtet (Auswertungspflicht). Der erste Tonträger wird innerhalb von . . . . . Monaten ab Übergabe der Tonaufnahme erscheinen. Den genauen Zeitpunkt, die Art und Form der Vermarktung und Veröffentlichung bestimmt der Lizenznehmer.
2. Die Art und Form der Produktverpackung (Booklet, Cover, etc) und deren genaue Ausgestaltung wird vom Produzent in Abstimmung und unter Berücksichtigung der berechtigten Interessen des Lizenznehmers festgelegt, soweit der Produzent diese spätestens . . . . . Wochen nach Bandübernahme in einer für den Druck geeigneten Form (hinreichende Auflösung, vollständig, etc) abliefert.

§ 6 Beteiligung[10]

Der Lizenznehmer erhält maximal für die Dauer der gesetzlichen Schutzfristen folgende Beteiligungen an den abzurechnenden Vertragsaufnahmen:

1. Bei jeder in Deutschland, Österreich und der Schweiz verkauften und abzurechnenden Tonträgereinheit:[11]
   . . . . . % des Händlerabgabepreises für jede Album-Tonträgereinheit,
   . . . . . % des Händlerabgabepreises für jede Single-Tonträgereinheit,
   . . . . . % des Händlerabgabepreises für jede außerhalb des klassischen Handelsvertriebes verkaufte Tonträgereinheit, wie zum Beispiel im Wege des E-Commerce.
   Es kommt zu einem Abschlag von . . . . . % des Händlerabgabepreises bei jeglichem Verkauf von Tonträgereinheiten im Ausland.[12] Daneben erhält der Lizenznehmer:
   . . . . . % der Erlöse aus einer Sublizenzvergabe,
   . . . . . % der Erlöse aus der Vermarktung von Musikvideos,
   . . . . . % der Erlöse aus Werbeeinnahmen.
2. Werden im Rahmen einer Nutzungsart Teile der Vertragsaufnahmen verwendet, so berechnet sich die Beteiligung anteilsmäßig nach dem Verhältnis der Spieldauer des Teiles oder der Einzelaufnahme zur Gesamtdauer der Aufnahme oder der Anzahl der Einzelaufnahmen auf der Vertragsaufnahme insgesamt, je nach dem, was für den Produzenten günstiger ist.
3. Abzurechnen sind 100 % der verkauften, bezahlten und nicht retournierten Aufnahmen und Vervielfältigungen hiervon. Ausgenommen sind Retourenreserven im branchenüblichen Umfang, sowie Exemplare, die Werbezwecken gedient haben oder zur Promotion unentgeltlich abgeben wurden.
4. Händlerabgabepreis ist der vom Lizenznehmer oder seinem Unterlizenznehmer für die Abgabe des Tonträgers an den Einzelhandel in der jeweils gültigen Preisliste zugrunde gelegte Preis abzüglich Verkaufs- und Umsatzsteuern.[13]
5. Damit sind alle Leistungen des Produzenten und von ihm beauftragter oder verwendeter Vorleistungen Dritter abgegolten.

§ 7 Vorauszahlung

1. Der Lizenznehmer gewährt dem Produzent eine Vorauszahlung in Höhe von . . . . . EUR.
2. Der Lizenznehmer gewährt dem Produzent für jede Single-Auskopplung (Verwertung eines Einzelstückes auf einer Single mit Remixes oder einer B-Seite) eine Vorauszahlung von . . . . . EUR.
3. Die Vorauszahlungen sind nicht rückzahlbar, aber mit allen Beteiligungen verrechenbar.

§ 8 Abrechnung

1. Der Lizenznehmer ist verpflichtet über den Verkauf von Tonträgern oder sonstigen abrechenbaren Verwertungen der vertragsgegenständlichen Aufnahmen ordentlich Buch zu führen. Die Umsatzbeteiligung wird vom Lizenznehmer halbjährlich zum 30. Juni und 31. Dezember abgerechnet. Zahlungsaufstellung und Zahlung erfolgen in den darauf folgenden 4 Wochen.
2. Der Produzent ist berechtigt, die der Abrechnung zugrunde liegenden Unterlagen nach Vereinbarung eines Termins durch einen von ihm beauftragten vereidigten Buchprüfer oder Wirtschaftsprüfer während der Geschäftszeiten einsehen zu lassen. Die Prüfung ist in der Regel nur einmal pro Jahr zulässig. Ergibt die Buchprüfung für einen Zeitraum eine Abweichung von mehr als 5 %, so erstattet der Lizenznehmer die angemessenen Kosten der Buchprüfung. Berechtigte Differenzbeträge sind sofort inklusive Zinsen in Höhe von . . . . . Prozentpunkten über dem Basiszinssatz auszuzahlen. Die Abrechnungen gelten als genehmigt, wenn der Lizenznehmer nicht binnen 18 Monaten ab Zustellung der Rechnung unter Angabe von Gründen widerspricht.
3. Alle Zahlungen werden zuzüglich der Mehrwertsteuer geleistet, sofern der Produzent in Deutschland für diese mehrwertsteuerpflichtig ist und dies dem Lizenznehmer schriftlich mitgeteilt hat. Alle anderen Zahlungen verstehen sich einschließlich Mehrwertsteuer, sofern keine anders lautenden schriftlichen Vereinbarungen getroffen wurden.

§ 9 Vertragsdauer

1. Der Vertrag tritt mit Unterzeichnung in Kraft. Die in ihm eingeräumten Nutzungsrechte verbleiben für . . . . . Jahre (fester Nutzungszeitraum).[14] Die Rechte fallen zurück, wenn der Lizenznehmer innerhalb von einem Jahr nicht mehr als 100 Tonträger verkauft oder die Aufnahme aus seinem Angebotskatalog nimmt und nicht zu erwarten ist, dass ein Verkauf wieder aufgenommen wird.
2. Der Produzent räumt dem Lizenznehmer die Option ein, mit einer 4-Wochenfrist den Vertrag zweimalig für ein weiteres Jahr zu verlängern.
3. Der Vertrag endet, wenn der Lizenznehmer eine Option schriftlich ausschlägt, keine Verlängerung mehr möglich ist oder er nicht rechtzeitig verlängert wird.
4. Das Recht zur außerordentlichen Kündigung bleibt beiden Seiten vorbehalten.[15]

§ 10 Zahlung

1. Alle Zahlungen erfolgen in EUR oder in der hiernach jeweils gültigen Währung der Bundesrepublik Deutschland. Bargeldlose Zahlungen erfolgen mit befreiender Wirkung auf das persönliche Konto . . . . . solange bis der Produzent eine andere Kontoverbindung schriftlich mitgeteilt hat.

§ 11 Schlussbestimmungen und Mitteilungspflicht

1. Änderungen dieses Vertrages bedürfen der Schriftform, dies gilt auch für die Änderung des Schriftformerfordernisses.

2. Sind oder werden einzelne Bestimmungen dieses Vertrages teilweise oder gänzlich unwirksam so bleibt die Gültigkeit des übrigen Vertrages hiervon unberührt. Solche Bestimmungen sind durch die verbleibenden Regelungen, soweit möglich durch ergänzende Vertragsauslegung oder im Übrigen durch die Parteien einvernehmlich durch solche Regelungen zu ersetzen, die unter Berücksichtigung der Interessenlage und des gemeinsamen Regelungsbedürfnisses bei rechtwirksamer Gestaltung am ehesten den Vertragszweck zu erreichen geeignet sind.
3. Der Vertrag unterliegt dem Recht der Bundesrepublik Deutschland.
4. Erfüllungsort ist der Sitz des Lizenznehmers. Für etwaige Streitigkeiten aus diesem Vertrag wird das Amts- bzw. Landgericht . . . . . vereinbart, soweit nicht ein anderer Gerichtsstand gesetzlich vorgeschrieben ist.
5. Um zu gewährleisten, dass der Lizenznehmer dem Produzenten gegenüber seinen gesetzlichen Mitteilungs- und Informationspflichten rechtzeitig und vollständig erfüllen kann, wird der Produzent den Lizenznehmer unaufgefordert und unverzüglich über alle Adressänderungen auf mittels eingeschriebenem Brief informieren.

. . . . .

(Ort, Datum, Unterschriften der Parteien)

Anmerkungen

1. Ein Bandübernahmevertrag regelt die Vermarktung eines Tonträgers. Der Künstler selbst oder ggf. der Produzent verpflichtet sich, eine für die Vervielfältigung reife Aufnahme abzuliefern, die dann auf Risiko des Verwerters vertrieben und vermarktet werden soll. Letzterer verfügt oftmals alleine über die entsprechenden Mittel, Kontakte und jedenfalls die besseren Konditionen. Für eine Auswertung ist eine Rechteeinräumung erforderlich, die zentraler Bestandteil des Bandübernahmevertrages ist.

2. Für eine umfassende Auswertung ist es erforderlich, dem Lizenznehmer die Leistungsschutzrechte des ausübenden Künstlers und des Tonträgerherstellers zu übertragen. Nach der sog. Zweckübertragungstheorie gelten nur solche Rechte als übertragen, die vertraglich ausdrücklich eingeräumt sind. Bestehen Zweifel daran, ob ein Recht eingeräumt ist, so gelten nach ständiger Rechtsprechung nur solche Nutzungsrechte als übertragen, die nach dem Vertragszweck unbedingt erforderlich sind (BGH GRUR 1998, 680 (682) – Comic-Übersetzung I). Es ist daher anzuraten, die Rechteübertragung möglichst detailliert und auf den konkreten Bedarf zurechtgeschnitten auszuformulieren.

3. Rechtlicher Regelfall ist hingegen die zeitlich und inhaltlich beschränkte Übertragung (BGH GRUR 1988, 373 (375)).

4. Unter „allen Formen des Online-Vertriebs“ fällt nach dem LG München das Recht, ein Live-Konzert aufzuzeichnen, über das Internet in Form des so genannten „Streaming Webcast“ zu übermitteln oder die hergestellten Aufzeichnungen in Form eines Downloads anzubieten, LG München ZUM 2001, 260.

5. Auch wenn die Rechtsprechung Aufnahmen, die lediglich eine Verbesserung des Sounds erfahren haben bisher nicht als Gegenstand eines gesonderten Rechts ansieht (vgl. OLG Hamburg ZUM-RD 2002, 145 (149 f.)), ist es sinnvoll, das in der Praxis gerade bei erfolgreichen Altaufnahmen relevante Recht zur Klarstellung mit zu übertragen.

6. Vgl. § 31a UrhG.

7. Dieser Vertag beinhaltet die Aufnahme und Titelexklusivität, nicht aber eine Künstlerexklusivität, die in der Regel in einem eigenen Vertrag geregelt wird, → Anm. 8.

8. Es gibt üblicher Weise zwei Formen der Exklusivität, die sich an dieser Stelle regeln lassen: die des Künstlers (oder auch persönliche Exklusivität) und die des Titels bzw. die der Aufnahme. Erstere meint, dass der Künstler für die Vertragsdauer alle entstehenden Aufnahmen ausschließlich durch den Lizenznehmer verwerten lässt (hier geregelt in Absatz 1). Sie ist keineswegs zwingender oder allgemeinüblicher Bestandteil und hat durch ihren hohen Grad der Bindung eine Auswirkung darauf, wie schnell bei einer langen Laufzeit des Vertrages eine Sittenwidrigkeit anzunehmen sein wird. Es ist in der Popmusik auch deswegen heute üblich, die reine Produzententätigkeit hiervon auszunehmen. Die Titel- oder Aufnahmeexklusivität (Absatz 2) ist hingegen absolut üblich. Sie betrifft alleinig die vertragsgegenständlichen Aufnahmen. Es ist neben diesen beiden Exklusivabreden in der Praxis oft auch ein Merchandising der Aufnahmen und des Künstlers durch den Lizenznehmer erwünscht, welches entweder an dieser Stelle mitgeregelt oder Gegenstand eines eigenständigen Vertrages werden sollte. In diesem Bereich liegen die Beteiligungsquoten in etwa bei 10–12 % des Großhändlerpreises, in Einzelfällen bei bis zu 18 %, vgl. LG Köln ZUM-RD 2006, 408 (412 f.), und nachfolgend OLG Köln ZUM 2007, 140 ff. mit weiteren Ausführungen.

9. Hinweis: Der Bereich von Drittproduktwerbung ist vom allgemeinen Persönlichkeitsrecht geschützt. Solche Werbemaßnahmen sind von der Genehmigung des Künstlers abhängig (OLG Hamburg GRUR 1989, 666).

10. Im Rahmen der Beteiligungsabrede sollte auf eine Regelung der Verjährung der gesetzlichen Vergütungsansprüche verzichtet werden. Die §§ 32 und 32a UrhG unterliegen zwar der Regelverjährung des BGB (3 Jahre ab Kenntnis und mit Kalenderjahresablauf), wodurch eine Verkürzung unbegrenzt möglich scheint. In der Literatur wird deswegen etwa eine Regelung, die eine Verjährung nach Ablauf von einem oder zwei Jahren ab Kenntnis des Produzenten von den anspruchsbegründenden Umständen vorsieht, vertreten (*Hertin* MMR 2003, 16 (18 f.)). Dies ist jedoch umstritten (dagegen Wandtke/Bullinger/*Wandtke/Grunert* UrhG § 32 Rn. 21; Dreier/Schulze/*Schulze* UrhG § 32 Rn. 91). Es besteht in der Tat die Gefahr, dass ein Gericht den Zweck der §§ 32 und 32a UrhG als umgangen ansehen könnte. Soweit AGB-Recht Anwendung findet, ist mit Blick auf § 307 BGB von einer Regelung gänzlich abzuraten.

11. Es ist kaum möglich, einen Rahmen des Üblichen aufzuzeigen. Im Bereich der Popmusik sind je nach Künstler Beteiligungen um die 5–12 %, teilweise auch bis zu 18 % üblich, wobei selbst hiervon Ausnahmen bestehen.

12. Für Verwertungen im fremdsprachigen Ausland ist hiervon ein Abzug von etwa einem Drittel bis zu 50 % die Regel.

13. Um Auseinandersetzungen zu vermeiden, empfiehlt es sich, den Begriff des Händlerangabepreises (HAP oder vereinzelt auch „price per dealer" – PPD) zu definieren. Trotz großer Bekanntheit des Händlerabgabepreises trägt die Definition auch dazu bei, eine klare Abgrenzung von anderen Abgabepreisen zu erreichen (Netto-Detail-Verkaufspreis, Großhandelspreis, etc). Der Händlerabgabepreis ist in der Praxis die im Regelfall verwendete Alternative, da sie sich am leichtesten ermitteln lässt.

14. Üblich sind bei Newcomern 1–2 Jahre, bei etablierten Künstlern bis zu 4 Jahre. Lange Laufzeiten bergen die Gefahr der Sittenwidrigkeit. Dies gilt insbesondere bei Newcomern, wo das Ausmaß des Erfolges zum Vertragsschluss noch nicht absehbar ist.

15. Dies ist beispielsweise der Fall, wenn die Zusammenarbeit zwischen den Parteien infolge eines Streits zwischen den beiden Gesellschaftern der lizenznehmenden Plattenfirma ernsthaft gestört ist und damit eine effektive Geschäftstätigkeit im Hinblick auf die Verwertung der Werke des Albums erheblich erschwert ist, LG Berlin ZUM-RD 2002, 257.

1.8 Urheberrechtsklausel im Arbeitsvertrag

. . . . .

§ . . . . . Urheberrechte und verwandte Schutzrechte an Arbeitsergebnissen[1]

(1) Arbeitsergebnisse sind die vom Arbeitnehmer während der Dauer des Arbeitsverhältnisses erbrachten Leistungsresultate wie beispielsweise Texte, Fotografien, Computerprogramme, Entwurfs-, Dokumentations- und Schulungsmaterial, aber auch Ideen und Konzeptionen.[2]

(2) Stellt das Arbeitsergebnis ein Computerprogramm dar, ist nach § 69b UrhG ausschließlich der Arbeitgeber zur Ausübung aller vermögensrechtlichen Befugnisse an dem Computerprogramm berechtigt.

(3) An Arbeitsergebnissen, die urheberrechtlich geschützte Werke darstellen, die keine Computerprogramme sind, räumt der Arbeitnehmer dem Arbeitgeber in Bezug auf die Unternehmenszwecke das ausschließliche, unbefristete und örtlich unbegrenzte Nutzungsrecht für alle bekannten sowie derzeit noch unbekannten Nutzungsarten ein.[3] Die Nutzungsrechtseinräumung umfasst insbesondere das ausschließliche Recht, das Werk in körperlicher wie unkörperlicher Form zu verwerten. Der Arbeitgeber erhält insbesondere das Recht zur Vervielfältigung, zur Verbreitung und zur Ausstellung des Werks. Weiter erhält der Arbeitgeber das Recht, das Werk vorzutragen, aufzuführen, fortzuführen, es zu senden, es durch Bild- und Tonträger wiederzugeben sowie es für Funksendungen zu benutzen. Das Werk darf insbesondere auch online im Internet verwertet werden.[4]

(4) Der Arbeitgeber ist berechtigt, die Arbeitsergebnisse abzuändern oder zu bearbeiten oder in sonstiger Weise zu gestalten und sie in abgeänderter Form auf die in Absatz 3 beschriebene Weise zu nutzen.[5]

(5) Bringt der Arbeitnehmer ihm gehörende Rechte in ein Projekt ein, so sind diese vorab als solche zu kennzeichnen und die Nutzungsrechte auf den Arbeitgeber zu übertragen.

(6) Arbeitsergebnisse, die nicht Gegenstand eines Sonderschutzrechts aus dem Urheberrecht sind, insbesondere urheberrechtlich nicht geschützte einfache Datenbanken oder Beiträge zu solchen Datenbanken, darf der Arbeitgeber ohne sachliche, zeitliche oder territoriale Beschränkung verwerten oder verwerten lassen und jederzeit ändern.

(7) Die Nutzungsrechte werden spätestens im Zeitpunkt ihrer Entstehung eingeräumt.[6] Zur Ausübung des Nutzungsrechts durch den Arbeitgeber bedarf es keiner weiteren Zustimmung des Arbeitnehmers.[7] Der Arbeitnehmer ist seinerseits nicht berechtigt, die Arbeitsergebnisse – in welcher Form auch immer – zu nutzen.

(8) Die in Absatz 3 genannten Rechte an Arbeitsergebnissen sind durch die in § . . . . . vereinbarte Vergütung des Arbeitnehmers abgegolten, und zwar auch für die Zeit nach Beendigung des Anstellungsverhältnisses.[8]

(9) Die Nutzungsrechtseinräumung und die daraus für den Arbeitgeber resultierenden Rechte werden durch eine Beendigung dieses Vertrags nicht berührt. Eine Verpflichtung des Arbeitgebers, dem Arbeitnehmer nach Beendigung des Arbeitsverhältnisses die während der Dauer des Arbeitsverhältnisses entstandenen Arbeitsergebnisse zugänglich zu machen, besteht grundsätzlich nicht, soweit sich das Zugangsrecht nicht zwingend aus § 25 UrhG ergibt. Um zu gewährleisten, dass der Arbeitgeber dem Arbeitnehmer gegenüber seine gesetzlich zwingenden Mitteilungs- und Informationspflichten gem. §§ 31a Abs. 1 und

32c Abs. 1 UrhG rechtzeitig und vollständig erfüllen kann, wird der Arbeitnehmer dem Arbeitgeber auch nach Beendigung des Arbeitsverhältnisses unaufgefordert und unverzüglich über alle Adressenänderungen mittels eingeschriebenem Brief informieren.[9]

(10) Eine Autorennennung erfolgt, soweit dies branchenüblich ist. Über die Branchenüblichkeit hinaus wird der Arbeitnehmer die Nennung nicht verlangen. Insbesondere erkennt der Arbeitnehmer an, dass eine Verpflichtung zur Autorennennung nicht besteht, sofern hierdurch die wirtschaftliche Verwertung des Arbeitsergebnisses beeinträchtigt wird.[10]

(11) Im Übrigen gelten die gesetzlichen Vorschriften des Urheberrechtgesetzes. Der Arbeitgeber wird das Urheberpersönlichkeitsrecht des Arbeitnehmers beachten.

Anmerkungen

1. Das deutsche Urheberrecht lässt, anders als etwa das amerikanische Copyright (mit seinem „work made for hire"), für Arbeitsergebnisse grundsätzlich keine Ausnahme vom Schöpferprinzip zu. Dies hat zur Folge, dass auch Werke, die während der Arbeitszeit, mit Mitteln des Arbeitgebers und für diesen geschaffen wurden, grundsätzlich dem Arbeitnehmer zustehen, soweit es sich nicht um Computerprogramme handelt (§ 69b UrhG). Nach § 43 UrhG gilt dies zwar nur, soweit sich aus dem Inhalt oder dem Wesen des Arbeits- oder Dienstverhältnisses nichts anderes ergibt. Wie viel Spielraum für Argumentation hier besteht, wird schon durch den Wortlaut offenbar. Was sich aus Inhalt oder Wesen dieser Verträge mit Blick auf das Urheberrecht ergibt, sollte deswegen ausdrücklich in den Arbeitsvertrag aufgenommen werden, um Streitigkeiten hierüber zu vermeiden.

Die Klausel bezieht sich bewusst nur auf Arbeitsergebnisse, die urheber- oder leistungsschutzrechtlich geschützt sind und umfasst nicht Erfindungen und andere Schutzrechte. (S. zu diesen *Teil II. Arbeitnehmererfindungsrecht* des vorliegenden Formularbuchs.)

2. Aufzählung nur beispielhaft; an den jeweiligen Vertragszweck anzupassen.

3. Hinweis: Ob dem Arbeitnehmer das Widerrufsrecht aus § 31a UrhG zusteht, ist unklar. Aus der arbeitsvertraglichen Treuepflicht iVm § 43 UrhG dürfte sich ergeben, dass der Arbeitnehmerurheber dieses Recht nicht hat. Hierzu gibt es jedoch noch keine gefestigte Meinung; die Möglichkeit zur Einräumung von Rechten für unbekannte Nutzungsarten besteht erst seit dem 1.1.2008 (Näheres, auch zur Systematik, bei Wandtke/Bullinger/*Wandtke/Grunert* UrhG § 31a Rn. 1 ff.).

4. Hinweis: die bloße Aufzählung der gesetzlich bezeichneten Verwertungsrechte führt dazu, dass im Einzelfall und nach Maßgabe der Zweckübertragungstheorie (§ 31 Abs. 5 UrhG) der konkrete Umfang der Rechte durch Auslegung ermittelt werden muss. Maßgeblich ist dabei abweichend vom allgemeinen Urhebervertragsrecht nicht der Vertrags-, sondern der Betriebszweck. Eine über den Betriebszweck hinausgehende Rechtseinräumung ist möglich; sie setzt aber eine detaillierte und ausführliche Rechteklausel mit einer Einzelbezeichnung der Nutzungsrechte voraus; eine pauschale Rechtseinräumung ist nicht ausreichend.

5. Ohne eine solche Klausel würde das Änderungsverbot des § 39 UrhG eingreifen.

6. Diese Klausel bewirkt, dass dem Arbeitgeber auch Rechte an Vorentwürfen und Vorstufen von Werken übertragen werden. Hierbei handelt es sich um einen Vertrag über künftige Werke, der gem. § 40 UrhG der Schriftform bedarf.

7. Gem. § 34 Abs. 1 S. 1 UrhG bedarf die Unterlizenzierung der dem Arbeitgeber vom Arbeitnehmer eingeräumten Nutzungsrechte der Zustimmung des Arbeitnehmers, § 34 Abs. 1 S. 1 UrhG bzw. § 35 Abs. 1 S. 1 UrhG. Die erforderliche Zustimmung kann jedoch schon im Arbeitsvertrag für alle künftigen Werke erteilt werden (Schricker/Loewenheim/

Rojahn UrhG § 43 Rn. 56). Fehlt eine solche Klausel, so ist von einer stillschweigenden Zustimmung nur auszugehen, wenn der betriebliche Zweck eine derartige Übertragung notwendig macht (Wandtke/Bullinger/*Wandtke* UrhG § 43 Rn. 81).

8. In der Rechtsprechung war bisher eine Tendenz zu erkennen, dass die Schaffung eines Werkes im Arbeitsverhältnis und im Rahmen der arbeitsrechtlichen Aufgaben bereits durch das Gehalt abgegolten sei. Der Gesetzgeber hat sich dieser sog. Abgeltungstheorie nur insoweit angeschlossen, als es sich beim jeweiligen Arbeitsverhältnis nicht um ein Kurzzeit-Arbeitsverhältnis eines Schauspielers für die Dauer einer Filmproduktion handelt (BT-Drs. 18/10637, 22; s. hierzu Wandtke/Bullinger/*Wandtke* UrhG § 43 Rn. 134). Da diese – nicht ausdrücklich in das Gesetz aufgenommene – unterschiedliche Behandlung von Kurzzeit-Arbeitsverhältnissen von Schauspielern und sonstigen (Kurzzeit-)Arbeitsverhältnissen widersprüchlich erscheint, sollte in der Klausel, die das Gehalt regelt, ausdrücklich erwähnt werden, dass das Gehalt sowohl für die vertragliche Tätigkeit als auch zur Abgeltung sämtlicher nach Maßgabe dieser Urheberrechtsklausel übertragenen Rechte gezahlt wird. Die Klausel bezieht sich ausdrücklich nur auf die in diesem Vertrag geregelten Ansprüche. Die Ansprüche aus §§ 32 und 32a UrhG bestehen nach überwiegender Auffassung auch bei Arbeitsverträgen (Wandtke/Bullinger/*Wandtke* UrhG § 43 Rn. 145 mwN).

Hinweis: Ob die zeitlich unbegrenzte Einräumung von Nutzungsrechten über das Ende des Arbeitsverhältnisses hinaus ebenfalls mit dem gezahlten Arbeitslohn angemessen vergütet wird, ist umstritten. Die hM geht jedoch von einem unbeschränkten Nutzungsrecht nach Beendigung des Arbeits- oder Dienstverhältnisses aus (Schricker/Loewenheim/*Rojahn* UrhG § 43 Rn. 64).

9. Gem. § 32c Abs. 1 S. 3 UrhG hat der Vertragspartner den Urheber über die neue Art der Werknutzung unverzüglich zu informieren.

10. Zwar ist das Recht auf Namensnennung (§ 13 UrhG) als Teil des Urheberpersönlichkeitsrechts im Kern unverzichtbar. Auch der angestellte Urheber hat grundsätzlich das Recht, seinen Namen an seinen Werken anzubringen (Schricker/Loewenheim//*Rojahn* UrhG § 43 Rn. 80). Der Urheber kann jedoch vertraglich im konkreten Einzelfall auf sein Recht auf Namensnennung verzichten. Wenn sich aus dem Arbeitsverhältnis die Notwendigkeit ergibt, die Namensnennung zu untersagen, ist der Arbeitgeber hierzu grundsätzlich berechtigt (Dreier/Schulze/*Dreier* UrhG § 43 Rn. 36). Je nach Branchenübung und Zweck der Rechteübertragung ist diese Klausel ggf. anzupassen.

1.9 Mitteilung des Verwerters gemäß § 31a Abs. 1 S. 4 UrhG betreffend eine neue Art der Werknutzung[1]

(Briefkopf des Verwerters)

(Adresse des Urhebers)

(Datum)[2]

Mitteilung über die beabsichtigte Nutzung Ihres Werkes als „Brainchip“

Sehr geehrter Herr Prof. Dr. Müller,

hiermit möchten wir Sie darüber in Kenntnis setzen, dass wir beabsichtigen, Ihren Roman „große Katastrophe“ als Brainchip anzubieten. Diese Nutzung Ihres Werkes ermöglicht es dem Nutzer, ohne weitere technische Hilfsmittel Ihren Roman „große Katastrophe“ jederzeit bei geschlossenen Augen lesen zu können.[3, 4]

(Eventuell:) Hiermit bieten wir Ihnen ohne Anerkennung einer Rechtspflicht[5] folgende Vergütungsvereinbarung an:[6]

(Angebot Vergütungsvereinbarung)

Mit freundlichen Grüßen

Ihr X-Verlag

Anmerkungen

1. Bei der Mitteilung gem. § 31a Abs. 1 S. 4 UrhG handelt es sich um eine Obliegenheit. Die Regelung wurde zur Stärkung des Widerrufsrechts des Urhebers auf Vorschlag des Bundesrates geschaffen: Es obliegt dem Verwerter, den Urheber auf eine beabsichtigte Werknutzung hinzuweisen, damit dieser entscheiden kann, ob er der Nutzung widerspricht (Wandtke/Bullinger/*Grunert,* UrhG § 31a Rn. 83).

Folge der Mitteilung über die beabsichtigte Aufnahme einer neuen Art der Werknutzung ist das Erlöschen des Widerrufsrechts des Urhebers nach Ablauf von drei Monaten nach Absenden der Mitteilung an die zuletzt bekannte Anschrift des Urhebers (→ Anm. 2) durch den „Anderen". Mit dem „Anderen" ist entweder der Vertragspartner des Urhebers gemeint, oder, im Falle der Unterlizenzierung an einen Dritten, der Dritte (Wandtke/Bullinger/*Grunert* UrhG § 31a Rn. 83).

Der Rechtsnatur nach handelt es sich bei der Erklärung um eine geschäftsähnliche Handlung (*Hoeren* MMR 2007, 615 (616)), auf die die Vorschriften über Willenserklärungen entsprechend anwendbar sind (BGH NJW 1989, 1792).

2. Fristbeginn für den Ablauf der Dreimonatsfrist ist die Absendung der Mittelung durch den Verwerter an den Urheber. Nach den allgemeinen zivilrechtlichen Grundsätzen wird der Tag der Absendung nicht mitgerechnet und das Fristende fällt auf das Ende desjenigen Tages, der dem Tag des Fristbeginns entspricht (§§ 187 Abs. 1 und 188 Abs. 2 S. 1 BGB). Beispiel: Mitteilung wurde am 13.8. abgesendet; die Widerrufsfrist endet folglich mit Ablauf des 13.11. Der Widerruf muss dem Verwerter dann also spätestens am 13.11. zugegangen sein. Über die Einhaltung der Frist ist der Urheber darlegungs- und beweispflichtig.

3. Nach dem Gesetzeswortlaut muss es sich inhaltlich um eine Mitteilung „über die beabsichtigte Aufnahme der neuen Art der Werknutzung" handeln. Nicht ausreichend ist daher eine pauschale Mitteilung über die Aufnahme der Nutzung „auf neue Nutzungsarten". Der Urheber muss sich aufgrund der konkreten Benennung oder Umschreibung der geplanten Werknutzung ein Bild von der Art und Weise der neuen Werknutzung sowie von deren potentieller wirtschaftlicher Bedeutung machen können, da ihm sonst die Entscheidungsgrundlage für die Ausübung seines Widerrufsrechts fehlen würde (Wandtke/Bullinger/*Grunert* UrhG § 31a Rn. 84).

4. Unterbleibt die Mitteilung, wird die Dreimonatsfrist nicht in Gang gesetzt. Der Urheber kann dann bis zum Eintritt eines anderen Erlöschensgrundes (§ 31a Abs. 2: Einigung auf Vergütung, gemeinsame Vergütungsregel oder Tod des Urhebers) das Widerrufsrecht ausüben, so dass eine zwischenzeitlich erfolgte Nutzung eine Urheberrechtsverletzung darstellt.

5. Aus Verwertersicht sollte der Begriff „neue Nutzungsart" in dem Schreiben nicht explizit verwendet werden, um zu verhindern, dass für den Fall einer Streitigkeit über die weitere Vergütung gem. § 32c UrhG das Mitteilungsschreiben als Anerkenntnis über die Einordnung der Nutzung als „neue Nutzungsart" herangezogen werden kann. Darüber hinaus sollte explizit klargestellt werden, dass mit dem Schreiben eine Rechtspflicht zur Vergütung nicht anerkannt wird.

6. Wenn der Verwerter sicher davon ausgeht, dass es sich bei der geplanten Nutzung tatsächlich um eine zum Zeitpunkt des Vertragsschlusses unbekannten Nutzungsart im Sinne des Gesetzes handelt, kann es sinnvoll erscheinen, die Mitteilung über die beabsichtigte Aufnahme der Nutzung in einer neuen Nutzungsart sogleich mit dem Angebot einer Vergütungsvereinbarung zu verbinden: Wenn die Parteien sich auf eine Vergütungsvereinbarung einigen, dann entfällt das Widerrufsrecht des Urhebers (§ 31a Abs. 2 S. 1 UrhG) und die Nutzung auf einen neue Nutzungsart kann sofort erfolgen.

2. Durchsetzung von Ansprüchen im Urheberrecht

2.1 Abmahnung[1, 2]

Vorab per Telefax

Lotus Verlag GmbH

– Geschäftsführung –

Auguststraße 86

10117 Berlin

Telefax-Nr.: 29 04 05 29[3]

Berlin, 9.2.2015

Ernst Findig ./. Lotus Verlag GmbH

„Berliner Künstler und der Potsdamer Platz"/Urheberrechtsverletzung

Sehr geehrte Damen und Herren,

bitte nehmen Sie zur Kenntnis, dass uns der Autor des von Ihnen herausgegebenen Werkes „Berliner Künstler und der Potsdamer Platz", Herr Ernst Findig, mit der Wahrnehmung seiner rechtlichen Interessen beauftragt hat.[4] Eine auf uns lautende Vollmacht ist dem Schreiben beigefügt.[5]

1.[6] Unser Mandant hat kürzlich[7] in Erfahrung gebracht, dass Sie in der 2. Auflage des Buches schwerwiegende Veränderungen an dem von unserem Mandanten verfassten Text ohne seine Einwilligung vorgenommen haben.
Über das Bild „Potsdamer Platz" (Acryl/Nessel, 200 cm × 305 cm, 2003) des Berliner Malers Franz Eitel hat unser Mandant auf Seite 105 der 1. Auflage geschrieben:

> „Eitel, der seit mehr als 20 Jahren streng an den Regeln des Fotorealismus festhält, ohne dabei allerdings je die Präzision der amerikanischen Vertreter dieses Stils erreicht zu haben, hat ein insgesamt beeindruckendes Werk geschaffen, das aber doch einige malerisch tote Winkel aufweist."

Dieser Satz fehlt in der 2. Auflage vollständig. Entsprechendes gilt für die englische Fassung des Textes.

2.[8] Diese ungenehmigte, substantielle Veränderung des Textes verletzt das Urheberrecht unseres Mandanten an seinem Text.

a) Der sensible, zurückhaltende Text unseres Mandanten ist für den Leser des Buches „Berliner Künstler und der Potsdamer Platz“ der Schlüssel, die in dem Buch wiedergegebenen Bilder in ihrer Komplexität wahrzunehmen und zu verstehen. Der Text enthält für jedes Bild auch eine, ihrem Umfang nach knapp bemessene, aber hoch präzise ästhetische Bewertung des Bildes. Weil gute Kunstkritik einer solchen bewertenden Beurteilung bedarf, bildet dieses ästhetische Urteil unseres Mandanten das Kernstück der jeweiligen Kritik zu einem Bild.

b) Die von Ihnen in der 2. Auflage vorgenommene Tilgung ebendieser bewertenden Passage in dem Text zu dem Bild des Malers Eitel verändert diesen grundlegend und macht aus dem Text einen Torso. Die eigene künstlerische Position unseres Mandanten, die in dem unverfälschten Text enthalten ist, fällt dieser Zensur zum Opfer.
Die verfälschte Wiedergabe seines Textes auf Seite 165 der 2. Auflage des Buches kann unser Mandant deshalb aus § 14 UrhG als Entstellung seines Werkes verbieten.

c) Die Veränderung der Texte ist nicht etwa deshalb berechtigt, weil Sie sich durch den offensichtlich von dem Künstler ausgeübten Druck haben beugen lassen. Dieser Umstand ist nicht rechtfertigend, sondern lediglich beschämend.

3.[9] Namens und in Vollmacht unseres Mandanten haben wir Sie dazu aufzufordern, die beigefügte Unterlassungserklärung – vorteilhafter Weise vorab per Telefax – bis zum 19.2.2015[10]
rechtswirksam unterschrieben an uns zurückzuschicken. Weiterhin haben Sie gemäß § 97a UrhG unsere Kosten zu tragen.[11] Wir haben Sie daher aufzufordern, die beiliegende Kostennote innerhalb einer Frist von zwei Wochen zu begleichen.[12]

Sollten vorbezeichnete Anforderungen nicht oder nicht vollständig fristgerecht erfüllt werden, so werden wir unserem Mandanten die Einleitung gerichtlicher Schritte empfehlen.[13] Weitergehende Ansprüche werden vorbehalten.[14]

Mit freundlichen Grüßen

Dr. Klaus Justus

Rechtsanwalt

Anlagen: Vollmacht, Unterlassungserklärung

Unterlassungserklärung[15]

Die Lotus Verlag GmbH, vertreten durch ihre Geschäftsführer, Auguststraße 86, 10117 Berlin verpflichtet sich gegenüber Herrn Ernst Findig unter Übernahme einer Vertragsstrafe in Höhe von 5.001,00 EUR[16] es zu unterlassen,

die 3. und/oder[17] jede weitere Auflage des Buches „Berliner Künstler und der Potsdamer Platz“, ISBN 4–865–94228–3, zu verbreiten und/oder verbreiten zu lassen, solange die in den Anlagen wiedergegebenen, durch Unterstreichung hervorgehobenen Textpassagen, die in der ersten Auflage des Buches enthalten sind, fehlen.[18]

Beispiel:

Diese Vertragsstrafe dient dem Zweck, zugunsten der Lotus Verlag GmbH das Bestehen einer Wiederholungsgefahr bzw. einer Erstbegehungsgefahr auszuräumen und Herrn Ernst Findig vor Zuwiderhandlungen zu schützen, und zwar auch gegen den Fall einer Vielzahl der Rechtsverstöße und gegen solche, die durch die Erfüllungsgehilfen des Schuldners und ohne dessen persönliches Verschulden begangen werden. Die Vertrags-

strafe wird durch den ersten ermittelten und daneben auch durch jeden weiteren Fall der Zuwiderhandlung verwirkt und ist sofort fällig, soweit jeder dieser weiteren Fälle im Einzelfall keine natürliche Handlungseinheit mit ersterem Fall bildet und mit diesem auch nicht aus Gerechtigkeitserwägungen zusammengefasst werden muss. Von solch einer Pflicht zur Zusammenfassung der Einzelverstöße ist auszugehen, soweit die Summe der wirtschaftlichen Schäden durch die Einzelverstöße die Höhe der einfachen Vertragsstrafe nicht erreicht. Die Vertragsstrafe ist daneben zusammen zu fassen, soweit die Forderung der Summe der Vielzahl der verwirkten Einzelstrafen für die Lotus GmbH finanziell erdrückend wäre, wofür sie selbst darlegungs- und beweispflichtig ist. Eine Zusammenfassung ist jedoch dann generell ausgeschlossen, wenn die Handlung in einem vorsätzlichen Verstoß besteht, der in der Absicht begangen wird, eine Mehrzahl weiterer gleichartiger Verstöße folgen zu lassen.[19]

Berlin, ... Lotus Verlag GmbH

(Angeheftet an die Unterlassungserklärung wird die Seite aus dem Buch mit dem vollständigen Text aus der 1. Auflage in Kopie, wobei der in der 2. Auflage ausgelassene Satz unterstrichen wird)

Anmerkungen

1. Abmahnung und strafbewehrte Unterlassungserklärung.

a) Bevor Ansprüche wegen Urheber- und Leistungsschutzrechten gerichtlich geltend gemacht werden, soll der Rechtsinhaber den Verletzer zunächst abmahnen (§ 97a UrhG). Dies ist zwar nicht zwingend, da die vorherige Abmahnung keine Prozessvoraussetzung ist. Die Abmahnung liegt aber zumeist in seinem Interesse, da er bei sofortigem Anerkenntnis seitens des Verletzers in der Regel die Kosten des von ihm eingeleiteten gerichtlichen Verfügungs- oder Klageverfahrens zu tragen hat (§ 93 ZPO).

Durch das Abmahnschreiben wird der Gegner dazu aufgefordert, innerhalb der gesetzten – angemessenen – Frist eine strafbewehrte Unterlassungserklärung abzugeben. Eine ernsthafte, strafbewehrte Unterlassungserklärung schützt den Verletzten. Sie gibt dem Verletzten zudem die Möglichkeit, im Fall eines erneuten Verstoßes die Vertragsstrafe geltend zu machen – eine Sanktion, die den Verletzer in der Regel erheblicher trifft als eine gerichtliche Untersagung. Auf diese Weise kann der Rechtsstreit (im Gegensatz zu einer einstweiligen Verfügung) **endgültig** beigelegt werden.

b) Die Abmahnung muss die tatsächlichen Umstände, aus denen sich ein Unterlassungsanspruch nach Auffassung des Rechtsinhabers ergibt, konkret benennen. Sie hat gemäß § 97a Abs. 2 S. 1 Nr. 1–4 UrhG in klarer und verständlicher Weise 1. die Identität des Verletzten anzugeben, 2. die Rechtsverletzung genau zu bezeichnen, 3. die geltend gemachten Ansprüche als Schadenersatz- und Aufwendungsersatzansprüche aufzuschlüsseln und 4. anzugeben, inwieweit eine eventuelle Aufforderung zur Abgabe einer Unterlassungsverpflichtung über die abgemahnte Rechtsverletzung hinausgeht. Eine ausführliche rechtliche Würdigung der Umstände ist hierbei nicht erforderlich. Die Unterlassungserklärung muss auch nicht vorformuliert werden. Es empfiehlt sich aber, der Abmahnung eine vorformulierte Unterlassungserklärung beizufügen, um sicherzustellen, dass die Erklärung – wenn der Gegner sie abgibt – auch dem entspricht, was man verlangt. Die Unterlassungserklärung sollte weder zu eng noch zu weit gefasst sein. Sie muss sich nicht auf eine einzelne Verletzungshandlung – etwa die Verwendung bestimmter Fotos – beschränken, sondern kann alle, im Kern gleichartigen Verletzungsformen erfassen (vgl. BGH NJW-RR 2003,

1278). Bei der Formulierung der Unterlassungserklärung ist ein gewisses „Fingerspitzengefühl" gefragt.

c) Die Abmahnung bedarf als nicht zugangsbedürftige geschäftsähnliche Handlung (ähnlich der Mahnung in § 286 Abs. 1 S. 1 BGB) keiner bestimmten ***Form,*** sie kann also auch per Telefax oder E-Mail erfolgen. Hieraus folgt, dass der Abmahnende grundsätzlich nur die ordnungsgemäße Absendung der Abmahnung zu beweisen hat. In der Rechtsprechung mancher Oberlandesgerichte wurde von diesem Grundsatz bisweilen eine Ausnahme gebildet, so dass der Abmahnende auch den vollen Beweis des ***Zugangs*** der Abmahnung zu erbringen hat (vgl. OLGR Schleswig 2007, 524 f.; OLG Dresden WRP 1997, 1201 (1203); KG WRP 1994, 39 (40)). Im Hinblick auf die Kostenentscheidung nach § 93 ZPO ist der BGH dieser Tendenz jedoch nicht gefolgt (BGH GRUR 2007, 629), sondern lässt das schlichte Bestreiten des Zugangs der Abmahnung genügen und legt dem Abmahnenden zugleich eine sekundäre Beweislast auf.

d) Ob dem Schuldner ein ***Zurückweisungsrecht nach § 174 BGB*** zusteht, wenn das Unterlassungsbegehren ohne beigefügte Vollmacht geltend gemacht wird, war lange umstritten. Der BGH hat nunmehr klargestellt, dass § 174 S. 1 BGB *auf die mit einer Unterwerfungserklärung verbundene Abmahnung*, die auf den Abschluss eines Unterwerfungsvertrages gerichtet ist, nicht anwendbar ist (GRUR 2010, 1120 Rn. 14 f. – Vollmachtsnachweis), da bereits in der Abmahnung ein Vertragsangebot zum Abschluss eines Unterwerfungsvertrags liege, wenn es von einem Rechtsbindungswillen getragen und hinreichend bestimmt sei. Die Regelung des § 97a Abs. 1 S. 2 UrhG-E, nach der § 174 BGB auf die Abmahnung „entsprechend anzuwenden" sein sollte, wurde nicht in das Gesetz aufgenommen, sodass davon auszugehen ist, dass ein Recht zur Zurückweisung einer Abmahnung auch nicht dem Willen des Gesetzgebers entspricht (Wandtke/Bullinger/*Kefferpütz* UrhG § 97a Rn. 22).

e) In Einzelfällen kann ein Abmahnschreiben **entbehrlich** sein, etwa wenn mit der Abgabe einer strafbewehrten Unterlassungserklärung nicht ernsthaft zu rechnen ist (die Rechtsprechung stellt hieran hohe Ansprüche) oder die Gefahr besteht, dass der Abgemahnte wichtige Spuren der Verletzungshandlung verwischt. Auch bei einem Antrag auf Sicherstellung durch einstweilige Verfügung (Sequestration) ist es nach der Rechtsprechung (statt aller: OLG Hamburg GRUR-RR 2007, 29 (30)) nicht erforderlich, dem Antrag eine Abmahnung vorangehen zu lassen, da der Antragsgegner dann beispielsweise wichtige Vervielfältigungsstücke beiseiteschaffen könnte.

f) Verweigert der Abgemahnte die Zahlung der Abmahnkosten, muss eine Zahlungsklage erhoben werden. Möglich ist auch, das Zahlungsbegehren im Rahmen der Unterlassungsklage in der Hauptsache zu verfolgen (objektive Klagehäufung).

Beispiel:

g) Zurückweisung der Abmahnung. Dem Abgemahnten steht es frei, die Unterlassungserklärung abzugeben oder diese zu verweigern. Wichtig ist, dass der Abgemahnte die strafbewehrte Unterlassungserklärung nicht übereilt unterschreibt. Oftmals sind die vorformulierten Erklärungen nämlich zu weit gefasst, worauf sich der Abgemahnte nicht einlassen muss. Der Anwalt wird die Unterlassungserklärung in diesen Fällen inhaltlich modifizieren oder eine enger gefasste Unterlassungserklärung neu formulieren. Die Unterlassungserklärung sollte über den Unterlassungsanspruch nicht hinausgehen. Dies kann den Vorteil haben, dass die Abmahnkosten geringer ausfallen, da der Streitwert niedriger ist als bei einer zu weit gehenden Abmahnung.

Für den Fall einer ungerechtfertigten Abmahnung kann eine so genannte ***Gegenabmahnung*** verfasst oder eine ***negative Feststellungsklage*** (Klage auf Feststellung des Nichtbestehens des Unterlassungsanspruchs) erhoben werden. Das Problem bei der negativen Feststellungsklage ist aber, dass sie nicht verhindern kann, dass der Abmahnende eine Unterlassungsklage anhängig macht und dadurch die Feststellungsklage mit der mündlichen Verhandlung im Unterlassungsverfahren unzulässig wird. Es entfällt das Rechtsschutzbedürfnis gegenüber der weiter gehenden Klage auf Unterlassung.

Der Abgemahnte kann die Abgabe der Erklärung auch verweigern und die Abmahnung damit zurückweisen (praktisch der bei weitem häufigste Fall). Dann geht der Streit – wenn er ernsthaft betrieben wird – weiter: Der Gegner weist, in der Regel bereits durch einen Anwalt, das Unterlassungsbegehren zurück. Häufig spielt der Gegner aber auch auf Zeit. So kann er beispielsweise versuchen, durch Bitten um Fristverlängerungen den Rechtsstreit solange zu verzögern, bis die Verletzungshandlung abgeschlossen ist und eine gerichtliche Entscheidung zu spät käme. Auch die Eilbedürftigkeitsvoraussetzung für das einstweilige Verfügungsverfahren muss im Auge behalten werden, wenn eine Fristverlängerung gewährt wird.

2. **Fallgestaltung.** Das Muster bezieht sich auf folgenden **Beispielsfall:**

Kunstkritiker Findig. Der Kunstkritiker Findig hat eine zweiseitige Beschreibung über ein Bild des lebenden Malers Eitel verfasst. Das Bild stellt – in fotorealistischer Manier gemalt – eine Ansicht der Baustelle am Potsdamer Platz dar. Findig schreibt in seinem Text wohlwollend neutral über den Aufbau, die Farbgestaltung und die Entstehungsgeschichte des Bildes. Sein Text enthält lediglich eine kritische Passage über das Werk und seinen Schöpfer. Diese lautet:

„Eitel, der seit mehr als 20 Jahren streng an den Regeln des Fotorealismus festhält, ohne dabei allerdings je die Präzision der amerikanischen Vertreter dieses Stils erreicht zu haben, hat ein insgesamt beeindruckendes Werk geschaffen, das aber doch einige malerisch tote Winkel aufweist."

Der Text wird in dem Buch „Berliner Künstler und der Potsdamer Platz", das die Lotus Verlag GmbH herausgibt, mit weiteren Texten des Autors Findig gedruckt. Das schnell vergriffene Buch erscheint sodann in einer 2. Auflage. Zu seinem Entsetzen muss Findig feststellen, dass die besagte kritische Passage in der 2. Auflage des Buches fehlt. Er erfährt, dass der Satz aufgrund einer Beschwerde des Malers Eitel, verbunden mit der Drohung, ein vorgesehenes Buchprojekt mit dem Verlag platzen zu lassen, getilgt wurde.

Findig möchte verhindern, dass sein Text in der geplanten 3. Auflage des Buches wieder ohne den besagten Satz erscheint. Zur Durchsetzung der Rechte des Findig wird die als Muster dargestellte Abmahnung gefertigt.

3. Es empfiehlt sich, das Unterlassungsverlangen dem Gegner **vorab per Telefax** zu schicken. Hierdurch verkürzt sich die angemessene Frist zur Abgabe der Unterlassungserklärung, weil der Gegner von dem Unterlassungsverlangen mit Empfang des Fax-Schreibens bereits Kenntnis erlangt. Die Dauer des Postwegs braucht bei der Fristsetzung deshalb nicht berücksichtigt zu werden.

4. Die Abmahnung ist immer mit der **Vertretungsanzeige** einzuleiten.

5. Obwohl dem Schuldner kein **Zurückweisungsrecht** nach § 174 BGB zusteht (→ Anm. 2 (d)), empfiehlt sich die Beifügung einer Vollmacht.

6. Nach dem Punkt „Legitimation" wird der **Lebenssachverhalt,** der den Rechtsverstoß begründet, geschildert. Es ist darauf zu achten, dass die Abmahnung aus sich heraus verständlich ist. Es darf nicht darauf vertraut werden, dass der Gegner den Sachverhalt „schon kennen wird". Die Fixierung des Sachverhalts dient auch dazu, festzustellen, ob und inwieweit der Sachverhalt strittig ist.

7. Das Wort „kürzlich" deutet bereits – vorausschauend – an, dass die **Eilbedürftigkeit** für ein meist nachfolgendes Verfügungsverfahren gegeben ist, ohne dass eine genaue Festlegung auf ein bestimmtes Datum erfolgt. Grundsätzlich ist die Abmahnung innerhalb der Verjährungsfrist jederzeit möglich.

8. Unter Ziffer 2. erfolgt die **rechtliche Würdigung.** Ist die rechtliche Würdigung auch für den Laien nachvollziehbar, kann dies dazu beitragen, dass der Abgemahnte die Unterlassungserklärung ohne weiteres abgibt. Dies gilt insbesondere dann, wenn dem Verletzer die Rechtswidrigkeit seiner Handlung gar nicht bewusst war.

9. Unter Ziffer 3. erfolgt die **Unterlassungsaufforderung** im Namen des Verletzten. Der Anwalt handelt als dessen Vertreter.

10. Die Frist muss **angemessen** sein, damit der Schuldner Zeit hat, den Sachverhalt zu prüfen und rechtlich zu würdigen. Je komplizierter der Sachverhalt, desto länger muss die Frist gewählt werden. Droht allerdings ein schwerwiegender Schaden, so kann dem Verletzer schnelles Handeln zugemutet werden. Eine unangemessen kurze Frist ist nicht unwirksam, sondern setzt eine angemessen lange Frist in Gang.

11. Der Erstattungsanspruch muss seit 2008 nicht mehr auf **Geschäftsführung ohne Auftrag,** §§ 683, 677, 670 BGB gestützt werden, sondern ergibt sich nunmehr direkt aus dem UrhG.

12. Die Kosten für das Abmahnschreiben sind seit der Umsetzung der Enforcement-Richtlinie im Jahr 2008 über den materiellrechtlichen Aufwendungsersatzanspruch aus § 97a Abs. 3 ersatzfähig, soweit die Abmahnung berechtigt ist und den Anforderungen des Absatzes 2 S. 1 Nr. 1–4 entspricht. Wie im Wettbewerbsrecht (vgl. § 12 UWG) hat sich durch die Einführung einer Regelung des Anspruches die bis zuletzt umstrittene Frage erledigt, wann der Anspruch prozessual (Kostenerstattungsanspruch) und wann ggf. materiellrechtlich (Geschäftsführung ohne Auftrag) zu begründen ist.

Grundsätzlich besteht nach § 97 Abs. 3 S. 1 UrhG ein gewöhnlicher Aufwendungsersatzanspruch. Die Aufwendungen des Anwalts bemessen sich dabei wie schon vor der Gesetzesänderung aus einer Geschäftsgebühr gem. Vergütungsverzeichnis (Anl. 1 zu § 2 Abs. 2 RVG) Nr. 2300 in Höhe einer Satzrahmengebühr von 0,5–2,5.

Die Kosten, die der Verletzte von seinem Anwalt in Rechnung gestellt bekommt, kann er dann nur in dieser Höhe an den Verletzer weiterreichen. Die Begrenzung des Absatz 3 Satz 2 auf 1.000 EUR greift nun immer dann ein, wenn kumulativ folgende Voraussetzungen gegeben sind: Zunächst muss der Abgemahnte eine natürliche Person sein, die nach dem UrhG geschützte Werke oder andere nach diesem Gesetz geschützte Schutzgegenstände nicht für ihre gewerbliche oder selbständige berufliche Tätigkeit verwendet (Absatz 3 Satz 2 Nr. 1). Des Weiteren darf er nicht bereits wegen eines Anspruchs des Abmahnenden durch Vertrag, auf Grund einer rechtskräftigen gerichtlichen Entscheidung oder einer einstweiligen Verfügung zur Unterlassung verpflichtet sein (Absatz 3 Satz 2 Nr. 2).

Ausweislich der Regierungsbegründung schließt der Betrag **Steuern und Auslagen wie Porto** für den Abmahnvorgang mit ein. Nur wenn und soweit besondere Auslagen anfallen, sind daneben weitere Kosten ersatzfähig, wie zB für die Kosten der Ermittlung eines hinter einer IP-Adresse stehenden Verletzers. Als Orientierungshilfe können folgende Musterfälle aus der Regierungsbegründung dienen, bei denen alle drei Voraussetzungen typischer Weise vorliegen und das Honorar des Anwalts in aller Regel nur noch 100 EUR beträgt: ein öffentliches Zugänglichmachen eines Stadtplanausschnitts der eigenen Wohnungsumgebung auf einer privaten Homepage ohne Ermächtigung des Rechteinhabers, eine eben solche Zugänglichmachung eines Liedtextes auf einer privaten Homepage, ohne vom Rechteinhaber ermächtigt zu sein und die Verwendung eines Lichtbildes in einem privaten Angebot einer Internetversteigerung ohne vorherigen Rechtserwerb vom Rechteinhaber.

Für die dem Abmahnschreiben beizufügende **Kostennote** gilt demnach mit anderen Worten Folgendes: Ist der Streitwert niedriger als EUR 1.000,00 werden die erstattungsfähigen Abmahnkosten nach dem RVG berechnet. Ist der Streitwert höher, bedarf es der soeben erläuterten Untersuchung der zwei Merkmale des § 97a Abs. 3 UrhG. Erfüllt der Fall eines der beiden Kriterien nicht, lassen sich die Gebühren ganz normal nach dem RVG berechnen (Beispiel 2).

Beispiel 1:

Kostennote des Verletzten an den Verletzer bei einem einfach gelagerten Fall aus dem nicht-geschäftlichen Bereich mit unerheblicher Rechtsverletzung (hier: öffentliches Zugänglichmachen eines Stadtplanausschnitts der eigenen Wohnungsumgebung auf einer privaten Homepage ohne Ermächtigung des Rechteinhabers, vgl. zum Streitwert den ähnlich gelagerten Fall des AG Charlottenburg CR 2006, 712 f.)

Gegenstandswert: 5.500,00 EUR

1,3 Geschäftsgebühr gem. VV-Nr. 2300, § 13 RVG	EUR	460,20
Auslagen VV-Nr. 7002	EUR	20,00
19 % Mehrwertsteuer aus Geschäftsgebühr und Auslagen, Nr. 7008 VV, § 12 Abs. 1 UStG	EUR	96,04
(fiktive) Zwischensumme (entspricht der für den Anwalt ersatzfähigen Gebühren nach RVG)	EUR	576,24
[Da hier die Summe größer ist als die bei einem Streitwert von 1.000,00 erstattungsfähigen 124,00 EUR, kommt nun § 97a Abs. 3 S. 2 UrhG Anwendung:]		
Gesamtbetrag nach der einschlägigen Begrenzung durch § 97a Abs. 3 UrhG	**EUR**	**124,00**

Soweit in diesem Beispiel besondere Kosten für die Ermittlung des Verletzers entstanden sind, sind diese – wie erwähnt – unter Umständen neben den 124 EUR ersatzfähig. Denkbar ist dabei grds. auch eine Erstattung der Auslagen rund um eine richterliche Anordnung zur Auskunft über die relevanten Verkehrsdaten des Verletzers nach § 101 UrhG. Dies wird jedoch selten der Fall sein, da der Auskunftsanspruch nur bei einer Verletzungshandlung in *gewerblichem Ausmaß* (vgl. § 101 Abs. 1 UrhG) besteht, was in der Regel dem Erfordernis im geschäftlichen Verkehr (aus § 97a Abs. 2 UrhG) zuwiderläuft.

Ausnahmsweise kann auch bei Vorliegen der Deckelungs-Voraussetzungen aus § 97a Abs. 3 S. 2 UrhG der volle Streitwert zugrunde gelegt werden, wenn dies aus Billigkeitsgründen erforderlich ist (S. 4). Nach Ansicht des LG Stuttgart soll dies bereits der Fall sein, wenn sonst der Verletzer nur zur Erstattung eines geringen Teils der zumutbaren Anwaltskosten, die dem Rechteinhaber entstanden sind, verpflichtet wäre, obwohl Billigkeitsgründe einer Erstattung eines erheblichen und angemessenen Teils der tatsächlich entstandenen Kosten nicht entgegenstehen würden (LG Stuttgart GRUR-RR 2019, 99).

Beispiel 2: Kostennote im Übrigen

Gegenstandswert: 100.000,00 EUR

1,3 Geschäftsgebühr gem. VV-Nr. 2300, § 13 RVG	EUR	1.953,90
Auslagen VV-Nr. 7002	EUR	20,00
Zwischensumme	**EUR**	**1.973,90**
19 % Umsatzsteuer Nr. 7008 VV, § 12 Abs. 1 UStG	EUR	375,04
Gesamtbetrag	**EUR**	**2.118,43**

13. Die Abmahnung endet mit der Androhung gerichtlicher Schritte, vgl. OLG Hamburg WRP 1986, 292.

14. *Man beachte:* In der Abmahnung können bereits **weitergehende Ansprüche** wie Auskunftsanspruch oder Anspruch auf Anerkennung der Schadensersatzpflicht dem Grunde nach geltend gemacht werden. Häufig empfiehlt es sich aber (insbesondere, wenn eine gerichtliche Auseinandersetzung vermieden werden soll und man sich die Abgabe der Unterlassungserklärung erhofft), zunächst nur den Unterlassungsanspruch geltend zu machen. Wurde die Unterlassungserklärung abgegeben, ist die Durchsetzung weiterer Ansprüche in der Regel einfacher.

15. Es empfiehlt sich, der Abmahnung eine **vorformulierte Unterlassungserklärung** beizufügen. Es ist dann sichergestellt, dass die Erklärung – wenn der Gegner sie abgibt – auch dem entspricht, was man verlangt (insbesondere das Vertragsstrafeversprechen wird bei vom Antragsgegner selbst formulierten Erklärungen häufig weggelassen).

16. Die **Geldstrafe** sollte nicht zu gering angesetzt werden, damit eine gewisse Abschreckungswirkung erreicht wird. Wichtig ist, dass die Vertragsstrafe im Verhältnis zur wirtschaftlichen Bedeutung des Verbots und den möglichen Schäden steht. Zudem wird bei der Zuwiderhandlung gegen die Unterlassungserklärung bei einem Wert von mehr als 5.000,– EUR die Zuständigkeit des Landgerichts gemäß §§ 23, 71 Abs. 1 GVG iVm § 3 ZPO begründet, bei denen oftmals eine Kammer speziell für Urheberrechtstreitigkeiten zuständig ist. Bei den Amtsgerichten existiert eine derartige Spezialzuständigkeit meistens nicht.

17. Die **„Und/oder"-Verknüpfung** beider Halbsätze erfasst – anders als eine Verknüpfung mit „und" – auch die Verstöße, bei denen nur der Tatbestand eines Halbsatzes verwirklicht wird.

18. Der **Tenor des Verbots** bezieht sich auf die konkrete Verletzungsform. Wegen der sog. Kerntheorie ist der Verletzte auch gegen leicht abgewandelte Verletzungsformen geschützt (zur Kerntheorie: Köhler/Bornkamm/Feddersen/*Köhler/Feddersen* UWG § 12 Rn. 6.4).

19. Seit der Entscheidung des BGH im Jahre 2001 (BGH GRUR 2001, 758 – Trainingsvertrag) ist die Fortsetzungstat als Rechtsinstitut im Recht der Vertragsstrafe von der Rechtsprechung grundsätzlich nicht mehr anerkannt (anders vormals BGH NJW 1993, 721). In der neueren Entscheidung räumt der BGH der Vertragsauslegung im Einzelfall den zentralen Vorrang ein und setzt der Auslegung der zuvor vielmals verwendeten Klausel („für jeden Fall der Zuwiderhandlung") Grenzen. Diese Grenzen formuliert der Vorschlag als Auslegungsmaßstab für das Strafversprechen, und versucht so zu vermeiden, dass es selbst in Konstellationen, die der BGH durch seine Rechtsprechung nicht beschränkt, bei einer einfachen Verwirkung der Vertragsstrafe trotz mehrfachen Rechtsverstoßes bleibt.

2.2 Schutzschrift[1, 2]

Landgericht Berlin

– Zivilkammer 16 –

Littenstraße 12–17

10179 Berlin

Telefax-Nr.: (030) 9023–2223

Berlin, 15.3.2015

SCHUTZSCHRIFT

Eilt! Bitte sofort vorlegen![3]

Schutzschrift nur im Falle eines Verfügungsantrags aushändigen![4]

In einem möglichen Verfügungsverfahren

der „Spass im Net" GmbH,[5]

vertreten durch ihren Geschäftsführer Heinz Ernst,

Paul-Robeson-Straße 17, 10439 Berlin,

– mögliche Antragstellerin –

gegen

Timm Eule,

Mulackstraße 26, 10119 Berlin

– möglicher Antragsgegner –

wegen: Unterlassung eines angeblichen[6] Urheber-, Persönlichkeits-, Marken- und Wettbewerbsrechtsverstoßes.[7]

Wir zeigen an, dass wir den möglichen Antragsgegner (nachfolgend Antragsgegner) vertreten. Für den Fall, dass die mögliche Antragstellerin (nachfolgend Antragstellerin) eine einstweilige Verfügung beantragen sollte, die darauf gerichtet ist, dem Antragsgegner im Wege der einstweiligen Verfügung unter Androhung von Ordnungsmitteln zu verbieten, die nachfolgend abgebildete Memorykarte zu verbreiten oder verbreiten zu lassen,[8]

beantragen wir namens und in Vollmacht des Antragsgegners,

1. den Antrag auf Erlass einer einstweiligen Verfügung zurückzuweisen;
2. hilfsweise: nicht ohne mündliche Verhandlung zu entscheiden.

Begründung:

Es besteht kein Verfügungsanspruch der Antragstellerin, weil die Verbreitung der Memorykarte „Sex im Net“ die Antragstellerin nicht in ihren Rechten verletzt.

I. Der Unterlassungsanspruch lässt sich – entgegen der Auffassung der Antragstellerin – nicht auf §§ 97 Abs. 1, 14, 23 UrhG, §§ 823, 1004 BGB stützen. Eine Urheberrechtsverletzung scheidet aus.
   1. Eine Urheberrechtsverletzung durch den Antragsgegner ist nicht gegeben. Es fehlt bereits an einem urheberrechtlich geschützten Werk der Antragstellerin. Der Titel „Spass im Net“ ist nicht als Sprachwerk geschützt. Kurze Titel haben keinen Urheberrechtschutz, da sie keine persönliche geistige Schöpfung darstellen. Der Titel „Spass im Net“ ist hierfür zu wenig phantasievoll und individuell. Auch die grafische Gestaltung, die der Titel erfahren hat, führt nicht zum Urheberrechtschutz. Die Grafik ist nicht im Sinne von § 2 Abs. 2 Nr. 4 UrhG als Werk der angewandten Kunst geschützt. Eine nahe liegende Idee ist auf einfachste Weise grafisch übersetzt. Das als Kreis gestaltete Strichgesicht wurde in keiner Weise individuell gestaltet, sondern entspricht dem allgemein bekannten Muster eines Strichgesichts. Auch wenn man an die Gestaltungshöhe des Urheberrechtsschutzes keine hohen Anforderungen erhebt, fällt die konkrete Gestaltung jedenfalls nicht darunter.

Würde man den Urheberrechtschutz der Gestaltung des Titels „Spass im Net" bejahen, so würde es dennoch an einer Urheberrechtsverletzung durch den Antragsgegner fehlen. Im Rahmen der Parodie durfte der Antragsgegner nämlich die Merkmale der Grafik übernehmen, um die Parodie überhaupt erst möglich zu machen. In seiner *Gies-Adler*-Entscheidung (BGH Urt. v. 20.3.2003 – I ZR 117/00, BGHZ 154, 260) hat der Bundesgerichtshof ausdrücklich hervorgehoben, dass nicht ohne weiteres von einer unfreien Bearbeitung iSd § 23 UrhG auszugehen ist, wenn ein urheberrechtlich geschütztes Kunstwerk zum Bestandteil einer Karikatur gemacht und parodiert wiedergegeben wird. Erforderlich ist, dass das neue Werk trotz äußerer Übereinstimmungen mit dem älteren Werk einen deutlichen inneren Abstand aufweist. Dieser kann – wie hier – durch eine antithematische Auseinandersetzung mit dem vorbildlichen Werk gegeben sein. Das Werk erhält dadurch einen selbständigen Charakter.

Bei der Memorykarte des Antragsgegners, die sich erkennbar des Mittels der Parodie bedient, handelt es sich um eine solche freie Benutzung. (. . . . .)[9]

2. Die angegriffene Memorykarte des Antragsgegners verletzt auch weder das allgemeine Persönlichkeitsrecht der Antragstellerin aus Art. 1 Abs. 1, Art. 2 Abs. 1 GG noch das als sonstiges Recht im Sinne des § 823 Abs. 1 BGB anerkannte Recht am eingerichteten und ausgeübten Gewerbebetrieb.
   Die Antragstellerin sieht zu Unrecht einen rechtswidrigen Eingriff in beide Rechte als gegeben an.[10] Sie bewertet die Wirkung der angegriffenen Memorykarte falsch. Weiterhin wägt sie ihre Interessen mit dem Recht auf Kunstfreiheit des Antragsgegners nicht richtig ab. Dem Recht auf Kunstfreiheit des Antragsgegners aus Art. 5 Abs. 3 GG misst sie überhaupt kein Gewicht bei, weil sie die Kunstqualität der Memorykarte offen lässt und ohne jede Begründung den Vorrang ihrer Rechte unterstellt (Abmahnung S. 2).
   Der Grund hierfür ist, dass die Antragstellerin die künstlerische Aussage der angegriffenen Memorykarte als Teil der Kartenserie nicht zutreffend erkennt und deshalb nicht richtig bewertet.
3. Die Antragstellerin sieht in der „Sex im Net" Karte des Antragsgegners lediglich eine rufschädigende „Verballhornisierung" der Antragstellerin. Die Antragstellerin meint, die „Sex im Net" Karte des Antragsgegners enthalte keine andere Aussage als die, das von der Antragstellerin produzierte Internetmagazin sei nur ein Pornomagazin, das sich ausschließlich mit „Schmuddelthemen" befasse. Die Antragstellerin meint weiter, die Verwendung des Wortes „sex" auf der beanstandeten Memorykarte teile dem Betrachter mit, es handele sich bei der Zeitschrift „Spass im Net" um ein Sexmagazin. Diese Interpretation bezüglich der „Sex im Net" Karte des Antragsgegners ist unzutreffend.
4. Die Beurteilung von Aussage und Wirkung der „Sex im Net" Karte des Antragsgegners kann nicht durch eine ausschließlich isolierte Betrachtung der einzelnen Karte erfolgen. Die „Sex im Net" Karte muss im Kontext mit der ganzen Serie der Memorykarten gesehen werden. Die gesamte Kartenserie bildet ein einheitliches künstlerisches Werk, das einem künstlerischen Konzept folgt. Die Kartenserie ist ein – aus vielen Teilen bestehendes – Kunstwerk. Wir überreichen die Original-Memorykarten – nur für das Gericht – als
   Anlage AG 1.
   a) Alle Memorykarten sind dadurch gekennzeichnet, dass sie auf weltbekannte Unternehmen, Marken oder Institutionen erkennbar Bezug nehmen. Der Antragsgegner hat gezielt Zeichen und Worte ausgewählt, deren visuelle Präsenz in der Öffentlichkeit (aufgrund von Werbung und Produktverbreitung) derart intensiv ist, dass sie fester Bestandteil des Bewusstseins der Menschen dieser Gesellschaft sind.

Es ist unmöglich, die in der Memorykartenserie in Bezug genommenen Zeichen, Begriffe und Sätze im Alltag nicht wahrzunehmen. Als Bestandteil der Alltagskultur sind die zu Metaphern gewordenen Begriffe und Zeichen wie Daimler Benz, Coca Cola, West, RTL, Bild und eben auch „Spass im Net“ Objekte, mit denen sich zeitgenössische Künstler – auch kritisch – auseinandersetzen können müssen.

b) Der Antragsgegner verändert die bekannten Zeichen und Aussagen, wobei er die grafische Gestaltung der Schriftzüge und Zeichen des Originals übernimmt. Nur durch diese Übernahme der Form werden Gestaltungen des Antragsgegners überraschend. Das Bekannte wird mit einem antithematischen Inhalt verbunden. Ohne das offenkundige Zitat ist die Kunstform der Parodie unmöglich (BGH GRUR 1994, 206 – Asterix-Persiflagen). Übereinstimmungen sind im Rahmen einer antithematischen Auseinandersetzung mit einem bestehenden Werk hinzunehmen (BGH Urt. v. 20.3.2003 – I ZR 117/00, BGHZ 154, 260 – Gies-Adler). Der Antragsgegner ist darauf angewiesen, den Schriftzug „Spass im Net“ in seiner grafischen Gestaltung so zu zitieren, dass er wiedererkannt wird. Die Wiedererkennbarkeit trotz der Veränderungen ist Sinn der Darstellung.

c) Der Antragsgegner bildet zu den zitierten Kennzeichen assoziative parodistische Sprüche. Diese erinnern zunächst an Einfälle pubertierender Jugendlicher. Sie sind respektlos, aggressiv und überschreiten bisweilen auch die Grenze zum so genannten guten Geschmack.
Die Memorykarten – und das macht ihren Charakter aus – machen vor nichts Halt. Sie parodieren nicht lediglich Unternehmen aus Branchen, die nach der Auffassung weiter Kreise der Gesellschaft kritikwürdig sind (so zB die Zigarettenindustrie oder die Boulevardpresse). Die Memorykarten parodieren auch Institutionen, die in der Gesellschaft durchweg positiv besetzt sind.

d) Die Memorykarten sind damit systematisch und offensichtlich „unanständig“. Sie richten sich gegen jeden und alles. Gerade deshalb ist ihre Zielrichtung nicht die Herabwürdigung („Schmähkritik“) des Unternehmens, auf das sie jeweils Bezug nehmen. Die Aussagen der Memorykarten haben vielmehr gemeinsam, dass sie „so nicht richtig sind“ und dies das Publikum weiß.

e) Die Tatsache, dass der Antragsgegner Parodien über eine Vielzahl berühmter Unternehmen und Institutionen verbreitet, schwächt den parodistischen „Angriff“ gegen das einzelne Unternehmen ab. Die Parodie über die Gesellschaft und ihre Güter steht im Vordergrund. Gegenüber diesem „Rundumschlag“ tritt die Aussage über ein bestimmtes Unternehmen auf der einzelnen Memorykarte in den Hintergrund.

5. a) Entgegen der Auffassung der Antragstellerin enthält die „Sex im Net“ Karte nicht die Aussage, dass das Magazin der Antragstellerin ein Pornomagazin sei. Wenn dies so wäre, gäbe es die „Sex im Net“ Karte nicht, weil sie keinen künstlerischen Reiz besäße. Sie würde in diesem Fall nämlich lediglich den wahren Inhalt beschreiben. Dies entspricht aber gerade nicht der Idee, die der Antragsgegner mit seinen parodistischen Memorykarten verfolgt.
Der Antragsgegner will nicht auf simple Weise verunglimpfen oder – wie es die Antragstellerin ausdrückt – verballhornen.

b) Wie jede gute Parodie ist die Aussage der „Sex im Net“ Karte überzeichnet. Sie ist aber andererseits nicht bezugslos zu dem Internetmagazin der Antragstellerin. Die Antragstellerin gibt – entgegen ihrer Auffassung – durchaus Anlass dazu, sich mit ihrem Magazin in der Weise parodistisch auseinander zu setzen, wie dies der Antragsgegner getan hat.
In der Tat bildet Sex eines der zentralen Themen des Magazins. Die pseudooffenen, nur scheinbar natürlichen Darstellungen erinnern in ihrer Ästhetik an die Schulmädchenreportfilme der 70er Jahre. In dem Internetmagazin „Spass im

Net" wird – wie in den besagten Filmen – unter dem Deckmantel der Aufklärung Sexualität als Stimulanz geboten. Dem Konsumenten soll durch die Art und Weise der Aufbereitung des Stoffs die Scham beim Lesen genommen werden.
Wer unter der Angabe einschlägiger Adressen Partnertausch und Gruppensex empfiehlt („*Vom Strip zum Seitensprung, vom Telefonsex zum Swingerclub – tabulos geht's zu neuer Lust. SPASS IM NET*" – Originalzitate aus dem Magazin der Antragstellerin vom 4.12.2003) oder den Penis als Zigarre darstellt, fordert zu einer parodistischen Auseinandersetzung mit seinem Titel geradezu heraus. Es liegt für einen mit dem Mittel der Parodie arbeitenden Künstler deshalb nahe, das Wort „Spass" mit „Sex" zu vertauschen.

c) Dies gilt – entgegen der Auffassung der Antragstellerin (Abmahnung S. 4) – auch dann, wenn andere Magazine das Thema Sex in ähnlicher Form aufbereiten. Parodien setzen sich typischerweise mit verbreiteten Phänomenen auseinander, indem ein Beispielfall herausgegriffen wird.

6. a) Ein rechtswidriger Eingriff in das allgemeine Persönlichkeitsrecht der Antragstellerin – dessen Schutzbereich bei der Antragstellerin als juristischer Person enger ist als bei natürlichen Personen (vgl. BGH GRUR 1986, 759 – BMW) – liegt hiernach nicht vor.
Die angegriffene Memorykarte würdigt die Antragstellerin nicht herab, sondern stellt lediglich eine ironische Auseinandersetzung mit dem Titel „Spass im Net" dar. Sie wird vom Publikum auch ohne weiteres als nicht ernst gemeinte Parodie verstanden.
Die im Rahmen der Interessenabwägung zugunsten des Antragsgegners zu berücksichtigende Kunstfreiheit aus Art. 5 Abs. 3 GG wiegt mithin schwerer als das allenfalls geringfügig in seinem Schutzbereich berührte allgemeine Persönlichkeitsrecht der Antragstellerin.

b) Auch das Recht der Antragstellerin am eingerichteten und ausgeübten Gewerbebetrieb wird nicht verletzt. Bei Parodien fehlt es ebenso wie bei gewöhnlichen Scherzen an der Betriebsbezogenheit des Eingriffs (OLG Frankfurt a. M. GRUR 1982, 319 – Lusthansa).

II. Die Antragstellerin kann den geltend gemachten Unterlassungsanspruch auch nicht auf das Kennzeichen- oder Wettbewerbsrecht stützen:

1. Die Memorykarte verletzt nicht das Marken- oder Titelrecht der Antragstellerin an der Bezeichnung „Spass im Net". Eine kennzeichenmäßige Benutzung, die Voraussetzung eines auf §§ 14, 15 MarkenG gestützten Unterlassungsanspruchs ist, scheidet aus, wenn die Marke in abgewandelter Form unübersehbar für eine Parodie verwendet wird (BGH GRUR 1994, 191 – Asterix-Persiflagen).
Dies ist hier der Fall. Das Publikum glaubt nicht, dass die Memorykarte, die mit dem Schriftzug „Original Memorykarte by Timm Eule" gekennzeichnet ist, von der Antragstellerin stammt. Das Publikum erkennt die Karte als offensichtliche Parodie auf das bekannte Internetmagazin „Spass im Net". Es besteht keine Verwechslungsgefahr.
Entgegen der Auffassung der Antragstellerin kann deshalb der vorliegende Sachverhalt nicht mit den Sachverhalten verglichen werden, die Gegenstand der BGH-Entscheidungen „Markenverunglimpfungen I und II" (BGH NJW 1994, 1945; WRP 1995, 92) waren. Anders als im vorliegenden Fall ging es dort nicht um das Verbot eines Kunstwerks, sondern um Verbote von rein kommerziellen Zwecken dienenden Scherzartikeln, die durchaus vom Rechtsverkehr den jeweiligen Markeninhabern hätten zugeordnet werden können.

2. Eine Wettbewerbsrechtsverletzung scheidet aus, weil zwischen den Parteien weder ein Wettbewerbsverhältnis besteht noch der Antragsgegner sittenwidrig gehandelt hat.

a) Der Antragsteller steht als Künstler, der mit der Verbreitung der Memorykarten ein gesellschaftskritisches Konzept verfolgt, in keinem Wettbewerbsverhältnis zu der Antragstellerin, die ein Lifestyle-Internetmagazin herausgibt.
b) Aus den oben unter I. dargelegten Gründen ist das Verhalten des Antragstellers zudem auch unter wettbewerbsrechtlichen Gesichtspunkten als nicht sittenwidrig anzusehen. Das Wettbewerbsrecht darf nicht zum Verbot einer im Übrigen erlaubten Parodie führen, deren Zielrichtung es keineswegs ist, den Wettbewerb negativ zu beeinflussen.
Die Parodie des Antragsgegners ist damit auch unter kennzeichen- und wettbewerbsrechtlichen Gesichtspunkten zulässig.

Sie ist nach der Würdigung aller rechtlichen Aspekte erlaubt.

Beglaubigte und einfache Abschrift anbei.

Dr. Justus

Rechtsanwalt

Anmerkungen

1. Wesen der Schutzschrift. Sofern der Abgemahnte keine Unterlassungserklärung abgibt, wird der Abmahnende häufig gerichtliche Schritte einleiten. Hierbei wird er in der Regel eine einstweilige Verfügung beantragen, die vielfach ohne mündliche Verhandlung als *Beschlussverfügung* erlassen wird. Es besteht für den Anspruchsgegner somit die Gefahr, dass ein gerichtlicher Titel gegen ihn ergeht, ohne dass er Gelegenheit zur Stellungnahme erhalten hat.

Der Anspruchsgegner, der durch die Abmahnung von dem drohenden Verfügungsverfahren Kenntnis erlangt hat (oder dieses wegen seines Verhaltens ohnehin erwartet), kann gemäß § 945a Abs. 1 ZPO eine so genannte Schutzschrift beim Schutzschriftenregister eingereicht werden. Eine Schutzschrift gilt als bei allen ordentlichen Gerichten der Länder eingereicht, sobald sie in das Schutzschriftenregister eingestellt ist. Die Einreichung bei den Kammern sämtlicher Gerichte, die nach den Vorschriften der ZPO für die Sache zuständig sein könnten, ist deshalb seit der Einführung des § 945a ZPO im Jahre 2013 nicht mehr erforderlich.

Mit der Schutzschrift kann im Vorfeld eines einstweiligen Verfügungsverfahrens zu dem erwarteten Antrag Stellung genommen werden und es können eigene Mittel zur Glaubhaftmachung vorgelegt werden. Die Sichtweise und Argumentation der Gegenseite kann dem Abmahnschreiben entnommen werden, so dass eine stichhaltige Verteidigung gegen den Vorwurf möglich ist. Die Schutzschrift ist die einzige Möglichkeit für den Anspruchsgegner, vor Erlass einer einstweiligen Verfügung im Beschlusswege dem Gericht seine Rechtsauffassung nahe zu bringen. Die Schutzschrift soll also auf die Entscheidung des Gerichts Einfluss nehmen. Im günstigsten Fall führt die Schutzschrift zur Zurückweisung des Antrags. Sie hat häufig aber die Wirkung, dass das Gericht eine mündliche Verhandlung anberaumt.

Wichtig ist, dass die Schutzschrift die möglichen **Parteien** genau benennt, damit eine Zuordnung zu einem späteren Verfahren möglich ist.

Selbständige Kosten für die Schutzschrift entstehen nur in den Fällen, in denen der Verfügungsantrag durch Beschluss zurückgewiesen oder vom Antragsteller zurückgenommen wird. Die für den Schutzschriftantrag und dessen Hinterlegung entstandenen Kosten sind dann vom Antragsteller zu tragen. Wird das Verfügungsverfahren durchgeführt, geht diese Gebühr in der Verfahrensgebühr von 1,3 gemäß Vergütungsverzeichnis Nr. 3100 auf (§ 15 Abs. 2, Abs. 5 RVG). Auch bei späterer Rücknahme des Verfügungsantrags kann eine Gebühr in Höhe von 1,3 nach Nr. 3100 RVG in Ansatz gebracht werden, wenn die Schutzschrift bereits Sachvortrag iSd Nr. 3101 RVG, dh

Tatsachen- oder Rechtsausführungen zur Sache und nicht lediglich Verfahrensanträge enthält (BGH WRP 2008, 951 – Kosten der Schutzschrift III).

2. Fallgestaltung. Das Muster bezieht sich auf folgenden **Beispielsfall:**

Timm Eule. Der Konzeptkünstler Timm Eule hat als so genanntes Multiple-Kunstwerk eine Art Memoryspiel in der Auflage 2.000 Stück hergestellt. Er vertreibt das Spiel durch verschiedene Galerien. Das Memoryspiel besteht aus insgesamt 40 Doppelkarten. Jede Karte enthält eine Parodie zu einer weltbekannten Marke oder Institution.

Eine Karte bildet – sofort erkennbar an der identisch gestalteten Grafik – eine Parodie zu dem unter Insidern sehr bekannten Internetmagazin „Spass im Net" (Abbildung G 1). Dieses Magazin beschäftigt sich mit „Lifestyle"-Themen. Einen breiten Raum nimmt dabei das Thema Sex ein. Timm Eule hat deshalb den Titel „Spass im Net" in „Sex im Net" verwandelt und einen roten Lippenstiftabdruck eines Kusses hinzugefügt.

Deshalb wurde er durch die „Spass im Net" GmbH, die den Titel und die Übernahme der Grafik nicht lustig fand, abgemahnt. Die „Spass im Net" GmbH, die ihren Magazintitel auch als Unternehmensbezeichnung führt, ist der Auffassung, dass sie durch die beanstandete Memorykarte „verballhornt" und in ihrer Ehre herabgewürdigt wird. Sie stützt ihr Unterlassungsbegehren auf §§ 823, 1004 BGB. Sie sieht in der Verbreitung der Karte eine Verletzung ihres allgemeinen Persönlichkeitsrechts sowie eine Verletzung ihres Rechts am eingerichteten und ausgeübten Gewerbebetrieb. Weiterhin rügt sie die Verletzung ihrer Urheber- und Kennzeichenrechte („Spass im Net" ist als ihre Marke geschützt). Schließlich sieht sie auch einen Wettbewerbsverstoß als gegeben an.

Die „Spass im Net" GmbH spricht der Memorykarte von Timm Eule jede Kunstqualität ab. Sie trägt vor, dass sie zu der Memorykarte „Sex im Net" keinerlei Anlass gegeben habe. Ihr Magazin behandle eine Vielzahl von „Lifestyle"-Themen wie Mode, Musik, Wellness, Ernährung, Sport und eben auch Sexualität. Mit dem Thema würde in einer modernen Art und Weise offen und locker umgegangen. Das Magazin „Spass im Net" sei kein Pornomagazin.

Timm Eule gibt keine Unterlassungserklärung ab, sondern weist die geltend gemachten Ansprüche zurück. Weil er gerichtliche Schritte gegen ihn erwartet, bittet er RA Dr. Justus & Partner, für ihn eine Schutzschrift anzufertigen. Diese verfasst Dr. Justus wie aus dem Muster ersichtlich.

3. Der Hinweis auf die Eilbedürftigkeit der Sache ist vorteilhaft, damit der Schriftsatz nicht zu lange bei der Geschäftsstelle der Kammer bleibt, sondern sofort dem Gericht vorgelegt wird.

4. Das Gericht händigt die Schutzschrift grundsätzlich nur aus, wenn ein Antrag auf Erlass einer einstweiligen Verfügung eingereicht wird. Dennoch ist der ausdrückliche Hinweis wichtig, da bisweilen von dem Grundsatz abgewichen wird und der Gegner die Schutzschrift nicht kennen sollte, bevor er seinen Antrag einreicht.

5. Kommen mehrere Personen als Antragsteller in Betracht, können diese alle in einer Schutzschrift genannt werden.

6. Aus der Formulierung wird deutlich, dass nach Auffassung der Antragsgegnerin kein Verstoß vorliegt.

7. Die Angabe der Rechte, auf die der Antragsteller seinen Anspruch stützen könnte, ermöglicht dem Gericht eine schnelle Orientierung.

8. Wenn die Formulierung des Antrags schwierig ist, kann es ratsam sein, der Gegenseite keinen ideal formulierten Antrag zu präsentieren. Es kann alternativ eine allgemeine Formulierung gewählt werden, die die Sache aber hinreichend bezeichnen muss.

9. Weitere Ausführungen erfolgen ausnahmsweise erst unter 3. ff., da der Schwerpunkt des Falls auf der Frage nach der Verletzung des allgemeinen Persönlichkeitsrechts liegt.

10. In der Schutzschrift sollte man sich mit den Argumenten auseinandersetzen, die der Antragsteller vorprozessual in seiner Abmahnung und sonstigen Korrespondenz vorgetragen hat. Regelmäßig wird nämlich die (noch nicht bekannte) Antragsschrift die gleichen Argumente enthalten.

2.3 Verfügungsantrag[1, 2, 3]

Vorab per Telefax

Landgericht Berlin[4]

– Zivilkammer 16 –[5]

Littenstraße 12–17

10179 Berlin

Telefax-Nr.: (030) 9023–2223

Eilt! Bitte sofort vorlegen!

Berlin, 28.4.2015

Antrag auf Erlass einer einstweiligen Verfügung

der BAOBAB Computerspiele GmbH,

vertreten durch ihren Geschäftsführer Reiner Maus,

Rathausstraße 17, 10178 Berlin,

– Antragstellerin –

Prozessbevollmächtigte: Rechtsanwälte Justus & Partner, Barbarossaplatz 1, 10781 Berlin

gegen

die CLAU Computerspiele GmbH,

vertreten durch ihren Geschäftsführer Hans Clau,

Spandauer Straße 25, 10178 Berlin

– Antragsgegnerin –

wegen: Urheber-, Kennzeichen- und Wettbewerbsrechtsverletzung.

Streitwert (vorläufig geschätzt): 100.000,00 EUR.[6]

Namens und in Vollmacht der Antragstellerin beantragen wir, im Wege der einstweiligen Verfügung – wegen besonderer Dringlichkeit ohne vorherige mündliche Verhandlung[7] – wie folgt zu erkennen:[8]

I. Der Antragsgegnerin wird unter Androhung eines vom Gericht für jeden Fall der Zuwiderhandlung festzusetzenden Ordnungsgeldes, und für den Fall, dass dieses nicht beigetrieben werden kann, ersatzweise einer Ordnungshaft, oder einer Ordnungshaft bis zu sechs Monaten (Ordnungsgeld im Einzelfall höchstens 250.000,00 EUR; Ordnungshaft höchstens zwei Jahre, wobei eine Ordnungshaft an den Geschäftsführern der Antragsgegnerin zu vollstrecken ist),[9] untersagt,
   1. das in der Reihe „CLAU Spielführer" erschienene Buch „Detektiv Dogon", ISBN 4–3218–4582–1 zu vertreiben und/oder[10] vertreiben zu lassen und/oder hierfür zu werben und/oder werben zu lassen,[11]
      a) solange darin die in der 1. Auflage des Buches enthaltenen Standbilder aus dem Computerspiel DETEKTIV DOGON der Antragstellerin wiedergegeben werden und/oder
      b) solange das Buch mit dem nachfolgend abgebildeten Umschlag versehen ist.
   2. den nachfolgend wiedergegebenen Screenshot aus dem Computerspiel DETEKTIV DOGON der Antragstellerin im Internet zum Abruf bereit zu halten.

II. Die Antragsgegnerin trägt die Kosten des Verfahrens.

Begründung:

Vorbemerkung:[12]

Die Antragstellerin begehrt in diesem Verfahren das Verbot eines Lösungsbuches der Antragsgegnerin (Anl. AST 5) zu einem besonders erfolgreichen Computerspiel der Antragstellerin bzw. deren englischer Muttergesellschaft. Der Vertrieb des Buches ist deshalb zu untersagen, weil es zur Hälfte aus Bildern aus dem Computerspiel der Antragstellerin besteht und wie ein „offizielles" Lösungsbuch der Antragstellerin aufgemacht ist.

I. Sachverhalt

3\. a) Die BAOBAB Ltd. – „Mutter der Antragstellerin“ – entwickelte das Computerspiel DETEKTIV DOGON.

b) Die Antragstellerin ist mit dem Vertrieb des Spieles in Deutschland befasst. Die BAOBAB Ltd. hat der Antragstellerin das ausschließliche Nutzungsrecht an dem Spiel für Deutschland eingeräumt.

Glaubhaftmachung: – eidesstattliche Versicherung[13] des Geschäftsführers der Antragstellerin, Herr Werner Maus, beigefügt als
Anlage AST 1, (Ziff. 1),
– Computerspiel DETEKTIV DOGON[14] mit Urhebervermerk – nur für das Gericht –
Anlage AST 2

4\. a) Dem Spiel DETEKTIV DOGON II liegt, wie schon dem Vorgängerspiel DETEKTIV DOGON I, eine Abenteuergeschichte zugrunde, in deren Mittelpunkt die Kunstfigur *Detektiv Dogon* steht. *Detektiv Dogon* begibt sich in dem Spiel auf die Suche nach dem „Diamant von Kleinsee“. Die Handlung der Geschichte erstreckt sich über insgesamt 10 Kapitel, die jeweils an einem anderen Ort spielen. Die Kapitel des Spieles werden als „Level“ bezeichnet. Um von einem zum anderen Level zu gelangen, muss der Spieler, der die Figur *Detektiv Dogon* steuert, jeweils unterschiedlich schwierige Aufgaben lösen.

b) Jedes der 10 Level ist einem Ort irgendwo auf dem Globus gewidmet. Damit liegt jedem Level eine eigene gestalterische Idee zugrunde. Die Themen wurden jeweils von Künstlern und Grafikern bildnerisch ausgestaltet.

Das Spiel durchläuft Klimazonen wie Eis und Schnee (zB „Arktis“, Level 5; „Mount Kenia“, Level 3) oder heiße Zonen, in denen Feuer und Hitze eine dominierende Rolle spielen (zB „Namib“, Level 6). Neben den unterschiedlichen Landschaften und Elementen werden verschiedene geheimnisvolle Orte dargestellt (zB „Der Wald von Kagamega“, Level 2; „Höhle der Löwen“, Level 3), die die Phantasie des Publikums anregen sollen.

c) Eine große Zahl von Screenshots aus dem DETEKTIV DOGON Spiel ist in dem von der Antragstellerin herausgegebenen Lösungsbuch, das im Original – nur für das Gericht – als
Anlage AST 3,
beigefügt ist, wiedergegeben.

Die Screenshots belegen, dass die in dem Spiel enthaltenen Grafiken nicht lediglich den Versuch verkörpern, die Realität nachzuahmen. Die Grafiken erzeugen vielmehr eine der Phantasie der beteiligten Künstler entsprungene Kunstwelt. Materialien wie Steine und Mauern, die Elemente wie Wasser und Feuer werden durch frei gestaltete Strukturen und der Phantasie entnommene Formen übersetzt und für das Publikum fühlbar gemacht. Dabei fällt auf, dass den Grafiken eine klare und abstrakte Komposition zugrunde liegt, die den Bildern des Computerspiels, unabhängig von der literarischen Verbindung zu der Geschichte des Spiels, Spannung verleiht. Jedes einzelne Bild in dem Computerspiel kann für sich bestehen.

d) Dieser Beurteilung des Spiels entspricht die positive Resonanz auf das Spiel beim Publikum und in der Fachpresse. DETEKTIV DOGON befindet sich seit geraumer Zeit auf Platz 3 der als
Anlage AST 4
beigefügten Titelrangfolge der Media Control vom 9.9.2007 und ist zurzeit als das Referenzspiel (Qualitätsurteil: 100 %) anzusehen.[15]

e) Zusammenfassend lässt sich feststellen, dass das DETEKTIV DOGON Spiel wegen seiner aufwendigen Grafik und seiner komplexen Handlung mit einem hochwertigen Zeichentrickfilm eher vergleichbar ist als mit Computerspielen früherer Generationen, die in erster Linie Reaktionsspiele darstellten. Im Unterschied zu einem Zeichentrickfilm ist es dem Publikum aber möglich, sich mittels der Hauptfigur *Detektiv Dogon* interaktiv in der Bilderwelt zu bewegen und den Ablauf des Geschehens zu beeinflussen. Dem Publikum werden die Abenteuer, die der Held des Werkes durchläuft, nicht bloß vorgeführt, sondern das Publikum muss die Aufgaben lösen, damit das Geschehen voranschreitet.

Das Geschehen ist derart komplex und die Aufgaben entsprechend schwierig zu lösen, dass ein Spieler gewöhnlicherweise mehrere Monate benötigt, um das Ziel des Spiels zu erreichen.

f) Wegen des hohen Niveaus des Spiels bietet die Antragstellerin ein eigenes Lösungsbuch zu dem DETEKTIV DOGON Spiel an (Anlage AST 3). Das Lösungsbuch wird zu einem Endverbraucherpreis von 14,90 EUR verkauft.

g) Das DETEKTIV DOGON I Spiel wurde seit Herbst 2005 in Deutschland vertrieben. Es wurde etwa zwei Monate vor seiner Einführung auf dem deutschen Markt beworben. Das DETEKTIV DOGON II Spiel wurde im November 2006 auf dem deutschen Markt eingeführt und zwei Monate zuvor beworben.

Glaubhaftmachung: eidesstattliche Versicherung des Geschäftsführers der Antragstellerin, Herr Werner Maus, beigefügt als
Anlage AST 1, (Ziff. 3).

5. a) Die Antragsgegnerin ist ein Unternehmen, das sich insbesondere mit dem Verlag von Erläuterungsbüchern für Computerprogramme befasst. Die Antragsgegnerin stellt her und vertreibt das – nur für das Gericht – als
Anlage AST 5
beigefügte Lösungsbuch „DETEKTIV DOGON“ in ihrer Reihe „CLAU Spielführer“.

b) Der auf dem DETEKTIV DOGON Buch der Antragsgegnerin aufgedruckte Endverbraucherpreis beträgt 13,90 EUR, also 1,00 EUR weniger als der Preis des Buchs der Antragstellerin (14,90 EUR).

c) Das Buch wird mit dem im Antrag abgebildeten Umschlag vertrieben, auf dem der Schriftzug DETEKTIV DOGON II in hellem Rot mit der Schriftgröße 3,5 cm (für DETEKTIV) und 3 cm (für DOGON II) aufgedruckt ist. Der Schriftzug DETEKTIV DOGON II ist sogar mit den Buchstaben TM für „Trade Mark“ versehen.

d) Das DETEKTIV DOGON II Buch der Antragsgegnerin enthält eine Beschreibung des Spieles DETEKTIV DOGON II mit zahlreichen Hinweisen zur Lösung („Level für Level durch's ganze Spiel“). Das Buch mit einem Umfang von 182 Seiten enthält insgesamt 183 Abbildungen, die jeweils vollständige Standbilder aus dem Computerspiel DETEKTIV DOGON II zeigen.

e) Die Antragsgegnerin besitzt keine Lizenz der Antragstellerin.[16]

6. a) Die Antragstellerin hat erstmals von dem DETEKTIV DOGON II Buch der Antragsgegnerin vor etwa drei Wochen erfahren.[17]

Glaubhaftmachung: eidesstattliche Versicherung des Werner Maus, beigefügt als
Anlage AST 1, (Ziff. 2).

b) Mit der als
Anlage AST 6
beigefügten Abmahnung der Antragstellerin vom 14.4.2015 wurde die Antragsgegnerin auf Unterlassung der weiteren Nutzung der Screenshots sowie des Umschlages in dem angegriffenen Spielführer in Anspruch genommen.

c) Mit dem als
Anlage AST 7

beigefügten Schreiben vom 15.4.2015 bat die Antragsgegnerin um eine Fristverlängerung, die die Antragstellerin gewährte.

d) Die Antragsgegnerin hat die erbetene Unterlassungserklärung dann aber nicht abgegeben.
In ihrem als
Anlage AST 8
beigefügten Schreiben vom 26.4.2015 wies sie die von der Antragstellerin geltend gemachten Unterlassungsansprüche zurück. Die Antragsgegnerin stellt in ihrem Schreiben (Seite 2) in Abrede, die Bezeichnung DETEKTIV DOGON auf ihrem Umschlag titelmäßig zu benutzen. Weiterhin leugnet sie den urheberrechtlichen Schutz der in ihrem Buch wiedergegebenen Screenshots aus dem DETEKTIV DOGON Spiel. Sie stellt sich auf den Standpunkt, die Bildgrafiken ohne Lizenz nutzen zu dürfen. Sie vertritt weiterhin die Auffassung, dass ihr Verhalten jedenfalls von dem in § 51 UrhG verankerten Zitatrecht abgedeckt sei.
Die Einleitung gerichtlicher Schritte ist daher geboten.[18]

II. Verfügungsanspruch[19]

Der Antragstellerin steht gegen die Antragsgegnerin ein Anspruch auf Unterlassung der Nutzung der Screenshots aus dem DETEKTIV DOGON Spiel in dem angegriffenen Lösungsbuch aus §§ 97 Abs. 1, 15 Abs. 1 Nr. 1, 2, 16 Abs. 1, 17 Abs. 1, 94 Abs. 1 UrhG zu (dazu 1.). Hilfsweise ergibt sich der Anspruch auch aus § 3 UWG[20] unter dem Gesichtspunkt der sittenwidrigen Ausbeutung fremder Arbeitsergebnisse (dazu 2.). Die Antragstellerin kann überdies die Verwendung des Buchumschlags in der vorliegenden Form gemäß §§ 5 Abs. 3, 15 Abs. 1 MarkenG untersagen, da der Umschlag ihre Rechte an dem Titel DETEKTIV DOGON verletzt (dazu 3.).

1. Urheberrechtsverletzungen

Das DETEKTIV DOGON Spiel ist als Werk, das ähnlich einem Filmwerk geschaffen wurde, urheberrechtlich nach §§ 1, 2 Abs. 1 Nr. 6 UrhG geschützt. Die in dem Spiel enthaltenen einzelnen Grafiken sind als Werke der bildenden Kunst nach §§ 1, 2 Abs. 1 Nr. 4 UrhG geschützt.

a) Computerspiele können, wenn sie die notwendige Schöpfungshöhe gemäß § 2 Abs. 2 UrhG erreichen, als Werke, die ähnlich wie Filmwerke geschaffen werden, Schutz aus dem Urheberrechtsgesetz gemäß § 2 Abs. 1 Nr. 6 UrhG genießen (statt aller: OLG Hamburg GRUR 1983, 436 – Puckmann; OLG Hamburg GRUR 1990, 127 (128) – Super Mario III; Nordemann GRUR 1981, 891).[21]
Die Anforderungen an die Werkqualität werden von dem DETEKTIV DOGON Spiel, das eine künstlerisch ausgesprochen hochwertige Gestaltung besitzt, ohne weiteres erreicht.[22]
Aus dem Lösungsbuch der Antragstellerin (Anlage AST 3), der eine Vielzahl von Screenshots aus DETEKTIV DOGON enthält und aus dem Originalspiel (Anlage AST 3) lässt sich entnehmen, dass es sich bei dem Spiel um eine persönliche geistige Schöpfung handelt, die Werkqualität im Sinne des Urheberrechtsgesetzes besitzt. Das Computerspiel ist, wie unter I.2. dargelegt, grafisch in einer Weise gestaltet, die ein durchschnittlicher, mit Kunstdingen vertrauter Betrachter ohne weiteres als künstlerisches Werk einordnet.

b) Die in dem Computerspiel enthaltenen Einzelgrafiken, die von der Antragsgegnerin in ihrem DETEKTIV DOGON Buch abgebildet werden, sind nicht nur als Teile des Computerspiels nach § 2 Abs. 1 Nr. 6 UrhG mit eigenem Werkcharakter geschützt, sondern überdies, jedes für sich genommen, als Werke der bildenden Kunst gemäß § 2

Abs. 1 Nr. 4 UrhG geschützt. Wie unter I.2. dargelegt, handelt es sich bei dem Computerspiel, ähnlich wie bei einem Zeichentrickfilm, um eine Aneinanderreihung künstlerisch gestalteter einzelner Bilder. Wie sich sowohl dem Spielführer der Antragsgegnerin als auch dem Lösungsbuch der Antragstellerin entnehmen lässt, ist jedes Einzelbild aus dem Computerspiel ein individuell ausgewogen komponiertes Bild.

c) Das in England geschaffene Werk genießt in Deutschland Urheberrechtsschutz. Nach § 120 Abs. 2 UrhG sind Staatsangehörige eines Mitgliedsstaats der Europäischen Union bezüglich des Urheberrechtsschutzes den Inländern gleichgestellt.

d) Die Aufnahme der insgesamt 183 Screenshots aus dem DETEKTIV DOGON Spiel in das Lösungsbuch greift in das Vervielfältigungsrecht (§§ 15 Abs. 1 Nr. 1, 16 Abs. 1 UrhG) sowie in das Verbreitungsrecht (§§ 15 Abs. 1 Nr. 2, 17 Abs. 1 UrhG) ein. Vervielfältigung ist die Herstellung einer oder mehrerer körperlicher Festlegungen, die geeignet sind, das Werk den menschlichen Sinnen auf irgendeine Weise wiederholt unmittelbar oder mittelbar wahrnehmbar zu machen (BGHZ 17, 266 (270) – Tonband-Grundig-Reporter).

Die Wiedergabe von Einzelbildern aus dem Computerspiel auf Papier, nichts anderes sind Screenshots, stellt eine Vervielfältigung des Computerspiels iSd § 16 Abs. 1 UrhG dar. Eine Vervielfältigung im Sinne der Bestimmung liegt nämlich auch dann vor, wenn, wie hier, nur ein selbständig schutzfähiger Teil des Werkes (zB Einzelbilder aus einem Film) wiedergegeben wird (vgl. *Schricker/Loewenheim,* 3. Aufl. 2006, UrhG § 16 Rn. 14).

Ob das urheberrechtliche Vervielfältigungsrecht in Anspruch genommen wird, hängt davon ab, ob der entlehnte Teil seinerseits auch den Schutzvoraussetzungen des § 2 Abs. 2 UrhG genügt, also eine persönliche geistige Schöpfung darstellt (BGHZ 9, 262 (266) – Lied der Wildbahn 1; BGHZ 22, 209 (219) – Europa-post; BGHZ 28, 234 (237) – Verkehrskinderlied; OLG Köln GRUR-RR 2001, 97 (98) – Recherchedienst zu Veröffentlichungen im Internet; Schricker/Loewenheim, 3. Aufl. 2006, UrhG § 2 Rn. 26 ff.). Dies ist hier der Fall. Wie unter II.1.b) gezeigt, sind die Einzelgrafiken als Kunstwerke, die die Schöpfungshöhe nach § 2 Abs. 2 UrhG erreichen, geschützt.

Die Wiedergabe der Screenshots in dem DETEKTIV DOGON Buch verletzt mithin das Vervielfältigungsrecht der Antragstellerin.

e) Das urheberrechtliche Verbreitungsrecht in § 17 Abs. 1 UrhG ist betroffen, da die in dem Lösungsbuch vervielfältigten Screenshots durch den Vertrieb des Buches auch der Öffentlichkeit zugänglich gemacht werden.

f) Ferner verstößt das Einstellen der Abbildungen ins Internet (auf der Homepage der Antragsgegnerin) im Rahmen der Bewerbung des Lösungsbuches gegen das Recht der öffentlichen Zugänglichmachung aus § 19a UrhG.[23] § 19a UrhG erfasst als unkörperliches Verwertungsrecht das Bereitstellen von fremden Werken zum freien Abruf im Internet.

g) Entgegen ihrer Auffassung kann sich die Antragsgegnerin nicht auf das Zitatrecht aus § 51 UrhG berufen.[24]

Bildzitate – die gesetzlich nicht geregelt sind – sind zwar auch in selbständigen Sprachwerken statthaft. Auch die Wiedergabe ganzer Bilder ist als Ausnahmeanalogie (so genanntes „großes Kleinzitat") zulässig, wenn die durch das Gesetz und die Rechtsprechung aufgestellten Grundsätze beachtet werden. Insbesondere muss der Zweck das Zitat rechtfertigen. Abbildungen zur Erläuterung eines Schriftwerks sind durch das Zitatrecht nur dann gedeckt, wenn die Abbildung dazu bestimmt ist, den im Worttext der Arbeit offenbarten Gedankeninhalt aufzuhellen oder zu veranschaulichen (*Schricker/Loewenheim,* 3. Aufl. 2006, UrhG § 51 Rn. 17). Das Bild als Nebensache muss zum besseren Verständnis des Textes als Hauptsache dienen, nicht umgekehrt der Text nur zur Erläuterung des Bildes.

Der Zweck des Zitats ist nicht nur für seinen Umfang, sondern überhaupt für seine Zulässigkeit entscheidend. Wo nicht die bezweckte Aussage des zitierten Werkes die Anführung eines Zitats rechtfertigt, ist das Zitat als solches unzulässig. Ein Zitat ist kein Beleg mehr, wenn es in sich geschlossene Ausführungen nicht lediglich untermauert, sondern ein Werk in der Weise vervollständigt, dass es ohne die Zitate ein Torso bliebe (BGH GRUR 1992, 382 (384) – Leitsätze; BGH GRUR 1982, 37 (40) – WK-Dokumentation; KG GRUR 1970, 616 (618) – Eintänzer). Insbesondere kann nicht mehr von einem Zitat gesprochen werden, wenn die Abbildungen der Ausschmückung oder Illustration des eigenen Werkes dienen, da hier die Belegfunktion nicht mehr im Vordergrund steht (OLG Hamburg ZUM 1993, 35 (36)).

So verhält es sich aber im vorliegenden Fall. Die 183 jeweils 6,5 mal 8 cm großen Abbildungen, die nahezu ebenso viel Fläche in dem Buch einnehmen wie der Text, dienen in erster Linie der Illustration und machen das Buch der Antragsgegnerin zum Bildband. Die Antragsgegnerin benötigt keineswegs die Abbildungen (jedenfalls nicht in diesem Umfang) als notwendigen Bestandteil einer Erläuterung. Die Antragsgegnerin hätte durchaus die Möglichkeit, durch selbst angefertigte schematische Grafiken die Spielfunktionen zu verdeutlichen. Die Antragsgegnerin hätte aber auch die Alternative, die große Zahl Screenshots zu vermeiden, indem sie die Probleme des Spiels ausführlicher sprachlich darstellt.

In der vorliegenden Form ergibt sich jedoch die Handlung des Computerspiels bereits aus der Aneinanderreihung der Screenshots. Das Buch enthält derartig viele dem Spiel entnommene Abbildungen, dass sich praktisch der gesamte Spielablauf aus den Bildern ergibt. Die dekorativen Abbildungen aus dem Computerspiel begründen mithin das Wesen des Buches. Sie sind keinesfalls lediglich ein Beleg für die schriftlichen Ausführungen.

Quer durch das gesamte Buch der Antragsgegnerin werden die Bilder durch den Text und nicht der Text durch die Bilder erläutert. Bildunterschriften wie beispielsweise „DETEKTIV DOGON entdeckt das Löwenrudel“ (S. 7) oder „Das erste Abenteuer in diesem Level“ (S. 13) oder „DETEKTIV DOGON vor dem Fallschirmsprung“ (S. 29) belegen, dass dem Betrachter durch die Bildunterschriften lediglich ein Hinweis darauf gegeben wird, an welcher Stelle und vor welchem Problem des Spiels sich der Betrachter befindet.

h) Da die Antragsgegnerin keine Lizenz für die beschriebene Benutzung besitzt, verletzt sie das Vervielfältigungs- und Verbreitungsrecht sowie das Recht der öffentlichen Zugänglichmachung an dem DETEKTIV DOGON Werk.

i) Die Antragstellerin ist als Inhaberin des ausschließlichen Nutzungsrechts in Deutschland aktivlegitimiert.

j) Der Anspruch folgt auch aus §§ 94, 16 Abs. 1, 17 Abs. 1, 97 Abs. 1 UrhG. Indem das Computerspiel DETEKTIV DOGON den Schutz als Filmwerk genießt, verletzt die Antragsgegnerin das Leistungsschutzrecht aus § 94 Abs. 1 UrhG, das der Antragstellerin zusteht.[25]

2. Wettbewerbsrechtsverletzungen

a) § 3 UWG

aa) Der Unterlassungsanspruch der Antragstellerin gegen die Antragsgegnerin ergibt sich hilfsweise auch aus §§ 3, 8 UWG wegen sittenwidriger Ausbeutung fremder Arbeitsergebnisse und unter dem Gesichtspunkt der sittenwidrigen Absatzbehinderung.

Wie dargelegt, füllt die Antragsgegnerin nahezu die Hälfte der Seiten in ihrem DETEKTIV DOGON Buch mit den unmittelbar aus dem Originalspiel der Antragstellerin kopierten Screenshots. Wie gezeigt, ist die Attraktivität ihres Buches vor allem in der satten Bebilderung begründet, die es dem Leser ermöglicht, einen Eindruck des gesamten Spielablaufs allein aufgrund der Bildfolge zu gewinnen.

bb) Das Computerspiel DETEKTIV DOGON und die darin enthaltenen Grafiken wurden mit einem erheblichen Kostenaufwand erstellt. Dieses wertvolle Leistungsergebnis übernimmt die Antragsgegnerin – ohne hierfür eine Lizenz zu bezahlen – und baut ihr eigenes Produkt hierauf auf. Sie erspart sich die Mühe und die Kosten, ihrem Buch ein eigenes Gesicht zu geben. Sie übernimmt stets das vollständige Standbild und scheut damit sogar den Aufwand, Ausschnitte zu wählen. Das Buch enthält keine einzige Grafik zur Erläuterung, die die Antragsgegnerin selbst geschaffen hat.

cc) Die Antragstellerin muss ihre Entwicklungskosten auf alle DETEKTIV DOGON Produkte, einschließlich des Lösungsbuchs umlegen. Bei nahezu gleichem Preis (Differenz 1,00 EUR) kann die Antragsgegnerin, ohne mit den Entwicklungskosten für die Bilder belastet zu sein, einen höheren Gewinn erzielen als die Antragstellerin. Dieses Verhalten stellt eine sittenwidrige Ausbeutung fremder Arbeitsergebnisse dar und verstößt gegen § 3 UWG – insbesondere auch wegen der Vielzahl (183!) der systematisch, zielstrebig und völlig identisch übernommenen Standbilder (vgl. BGH GRUR 1960, 244 – Simili-Schmuck).

dd) Indem beide Parteien ein Lösungsbuch zu dem DETEKTIV DOGON Computerspiel vertreiben, führt die Übernahme der Standbilder auch zu einer Wettbewerbsbehinderung der Antragstellerin beim Absatz ihres Buches.

b) § 5 UWG
Die Gestaltung des Titelumschlages verstößt auch gegen § 5 UWG. Die Antragsgegnerin erweckt durch die Umschlaggestaltung bei dem Publikum den Eindruck, das Buch stamme von der Antragstellerin als eine Art „offizielles Lösungsbuch“ oder werde zumindest in Kooperation oder Lizenz mit der Antragstellerin hergestellt. Insbesondere der Zusatz „TM“ im Schriftzug DETEKTIV DOGON erweckt den irreführenden Eindruck, DETEKTIV DOGON sei eine für die Antragstellerin geschützte Marke.

3. Titelrechtsverletzung

Die Gestaltung des Buchumschlags des DETEKTIV DOGON Lösungsbuchs der Antragsgegnerin verletzt die Titelrechte der Antragstellerin an der Bezeichnung DETEKTIV DOGON.[26]

a) Bei der Bezeichnung DETEKTIV DOGON handelt es sich um einen in Deutschland geschützten Titel. Nach gefestigter Rechtsprechung können Computerprogramme und Computerspiele Titelschutz aus § 5 Abs. 1 MarkenG genießen (BGH GRUR 1998, 1010 (1012) – WINCAD; BGH WRP 1997, 1181 (1182) – FTOS; BGH WRP 1997, 1184 (1185) – Power Point).
Der Bundesgerichtshof führte hierzu aus (BGH WRP 1997, 1181 (1182)):
„Dem Verständnis von einem allgemeinen Namensschutz für bezeichnungsfähige geistige Produkte entspricht es, dass der Bundesgerichtshof den Werktitelschutz nicht auf eine enge Analogie zu der – in dem früheren § 16 Abs. 1 UWG ausdrücklich genannten – Druckschrift aufgebaut hat. Dass sich der immaterielle Gehalt eines Computerprogramms dem Benutzer nicht in derselben Weise erschließt wie der Inhalt eines Buches, den der Benutzer durch Lesen oder Betrachten wahrnimmt, ist daher für die Frage des Titelschutzes ohne Belang. Der Wortlaut des § 5 Abs. 1, 3 MarkenG lässt ohnehin für eine am Begriff der Druckschrift anknüpfende einschränkende Auslegung keinen Raum mehr.“

b) Der Titelschutz entsteht durch die Aufnahme des Vertriebs des fertigen Produkts oder durch die unmittelbar der Auslieferung vorangegangene werbende Ankündigung (BGH WRP 1997, 1181 (1182)). Der Titelschutz für die Bezeichnung DETEKTIV DOGON entstand damit im Sommer 2005 mit der Einführungswerbung für das DETEKTIV DOGON II Spiel (vgl. I.2.g).

c) Die Antragsgegnerin verletzt das Titelrecht an DETEKTIV DOGON, indem sie die Bezeichnung DETEKTIV DOGON kennzeichenmäßig (TM-Vermerk!) auf ihrem Buchumschlag benutzt. Der Titel des Buches der Antragsgegnerin ist DETEKTIV DOGON. Der darüber stehende Schriftzug „CLAU Spielführer" gibt nur die Buchreihe an, in der der Titel erschienen ist. Die Antragsgegnerin verwendet die identische Bezeichnung für ihr Buch als Titel. Dies darf die Antragstellerin aus § 15 Abs. 1 MarkenG untersagen, zumal die Antragstellerin selbst Printerzeugnisse mit dem Titel DETEKTIV DOGON vertreibt.

Nach alledem besteht ein Unterlassungsanspruch der Antragstellerin im beantragten Umfang.[27]

III. Verfügungsgrund

Der Verfügungsgrund[28] ist unproblematisch, da der Antragstellerin der Vertrieb der DETEKTIV DOGON Bücher erst seit drei Wochen bekannt ist.

Verfügungsanspruch und Verfügungsgrund sind daher gegeben.

Wir bitten um telefonische Benachrichtigung unter der Telefonnummer: 0 30/22 33 44 55, wenn die einstweilige Verfügung zum Zwecke der Zustellung abgeholt werden kann. Wir bitten gleichfalls um telefonische Benachrichtigung, wenn dem Erlass der einstweiligen Verfügung nach Ansicht der Kammer Hindernisse entgegenstehen sollten.[29]

Beglaubigte und einfache Abschrift anbei

Dr. Klaus Justus

Rechtsanwalt

Anmerkungen

1. Antrag auf Erlass einer einstweiligen Verfügung. Gibt der Abgemahnte die Unterlassungserklärung nicht ab, so wird der Abmahnende beim zuständigen Gericht einen Antrag auf Erlass einer einstweiligen Verfügung stellen. Dies ist in der Regel das Landgericht und nicht das Amtsgericht, da der Streitwert bei Unterlassungsansprüchen meist über 5.000,00 EUR liegt (§§ 23, 71 Abs. 1 GVG iVm § 3 ZPO).

Der Antragsteller muss die Eilbedürftigkeit (auch Dringlichkeit genannt) im einstweiligen Verfügungsverfahren glaubhaft machen. Im Wettbewerbsrecht hilft ihm dabei die Dringlichkeitsvermutung des § 12 Abs. 2 UWG. Eine entsprechende Anwendung der Norm im Urheberrecht wird vertreten (vgl. OLG Karlsruhe NJW-RR 1995, 176), von der herrschenden Meinung jedoch abgelehnt (KG GRUR-RR 2003, 262 – Harry-Potter-Lehrerhandbuch; OLG Köln GRUR 2000, 417 – Elektronischer Pressespiegel). Die Dringlichkeitsvermutung kann zudem widerlegt werden, wenn der Antragsteller zu lange zuwartet. Die Gerichtspraxis ist dabei von OLG-Bereich zu OLG-Bereich sehr unterschiedlich. Entscheidend für die Dringlichkeit ist die Zeitspanne von der Kenntnis der Rechtsverletzung einschließlich der Person des Verletzers bis zum Einreichen des Antrags auf Erlass einer einstweiligen Verfügung. Manche Gerichte lassen dem Antragsteller hierfür zwei Wochen, andere zwei oder gar sechs Monate. Einige Gerichte gewähren dem Antragsteller mehr Zeit, wenn tatsächliche Schwierigkeiten bei der Sachverhaltsermittlung und das Beibringen der Glaubhaftmachungsmittel zu einer Verzögerung führen. Andere Gerichte verneinen die Dringlichkeit strikt nach Ablauf eines bestimmten Zeitraums. Es empfiehlt sich, vor Einreichen eines Antrags auf Erlass einer einstweiligen Verfügung im Zweifel die Rechtsprechung des jeweiligen Gerichts in Erfahrung zu bringen. Dies kann durch eine Anfrage bei der zuständigen Kammer oder durch Einholung von Auskünften bei Kollegen geschehen. Mit Vorsicht sind Nachschlagewerke zur Rechtsprechung von Gerichten zu behandeln, da einige Landgerichte ihre Rechtsprechung zur Dringlichkeit inzwischen verschärft haben (so beispielsweise das Landgericht Hamburg).

Im Antrag auf Erlass einer einstweiligen Verfügung muss der Verfügungsanspruch gegenüber dem Gericht glaubhaft gemacht werden. Der einstweilige Rechtsschutz erlaubt keine Zeugenladungen oder langwierige Beweisaufnahmen (erst im Hauptsacheverfahren müssen die streitigen Tatsachen bewiesen werden). In der Regel genügt die Abgabe eidesstattlicher Versicherungen sowie die Vorlage von Originalurkunden oder Kopien, wobei die eidesstattliche Versicherung das praktisch wichtigste Mittel zur Glaubhaftmachung ist. Eidesstattliche Versicherungen sollten stets von dem Zeugen ausformuliert werden und den Sachverhalt präzise wiedergeben. Da das Gericht seine Entscheidung auf die eidesstattlichen Versicherungen der Zeugen stützen muss (insbesondere, wenn die einstweilige Verfügung ohne mündliche Verhandlung erlassen wird), ist auf die Qualität der eidesstattlichen Versicherungen großer Wert zu legen. Pauschale Bezugnahmen auf den Schriftsatz werden von den Gerichten nur in Ausnahmefällen als ausreichend angesehen.

Bei Urheberrechtsstreitigkeiten ist es – wie auch bei Marken- und UWG-Streitigkeiten – sinnvoll, den Streitgegenstand, das Werk, selbst vorzulegen, wenn dies ohne Schwierigkeiten möglich ist. Original, Entstellung und Plagiat sollten dem Gericht unmittelbar für die Entscheidung zur Beurteilung vorliegen. Die Alternative zum Original sind Foto- oder Audiodokumentationen, die den Streitgegenstand wiedergeben. Auch Videokassetten, CD-ROMs oder DVDs können bei Gericht eingereicht werden. Auch wenn die allermeisten Gerichte inzwischen über Computer verfügen, ist es dennoch weiterhin empfehlenswert, vorher zu klären, ob das Gericht im Einzelfall bereit ist und über die hardware- und softwaretechnischen Mittel verfügt, solche Träger abzuspielen. Vorsichtshalber sollten zusätzlich Screenshots vorgelegt werden.

Als Mittel zur Glaubhaftmachung kommt auch der präsente Zeuge in Betracht, sofern eine mündliche Verhandlung stattfindet. Der Zeuge, der den Sachverhalt schildern kann, kann von der Partei ohne Ladung mit zum Gericht gebracht werden. Das Gericht sollte auf das Angebot des präsenten Zeugen zu Beginn der mündlichen Verhandlung hingewiesen werden, damit der Zeuge belehrt werden kann. Er sollte am Termin zur mündlichen Verhandlung nicht teilnehmen, sondern nur für seine Aussage im Termin herangezogen werden. Einige Kammern lehnen den präsenten Zeugen als Beweismittel im einstweiligen Verfügungsverfahren ab. Es ist deshalb im Zweifel ratsam, seine Aussage auch in Form einer eidesstattlichen Versicherung bereit zu haben.

Bei der Formulierung des Antrags ist ferner auf eine geordnete, nachvollziehbare und gute Darstellung zu achten. Das Gericht muss den Antrag auf Erlass einer einstweiligen Verfügung häufig in Zwischenpausen oder nach den Sitzungen kurzfristig behandeln und versucht, sich in kurzer Zeit einen Überblick über den Streit zu verschaffen. Die Qualität des Schriftsatzes ist deshalb gerade beim einstweiligen Rechtsschutz von besonderer Bedeutung.

Der Verfügungsantrag entspricht dem Unterlassungsantrag der Hauptklage. Hilfsanträge sind zulässig. Der Antrag muss hinreichend bestimmt iSd § 253 Abs. 2 S. 2 ZPO sein, dh er sollte das angestrebte Verbot bereits genau bezeichnen. Das Gericht darf dann über diesen Antrag nicht hinausgehen (§ 308 Abs. 1 ZPO). Es darf jedoch nach freiem Ermessen den Tenor der Verfügung bestimmen (§ 938 Abs. 1 ZPO).

2. Erlass der einstweiligen Verfügung. Das Gericht erlässt bei klaren Urheberrechtsverstößen, die entsprechend glaubhaft gemacht werden, die einstweilige Verfügung meist ohne mündliche Verhandlung durch Beschluss (Beschlussverfügung, §§ 936, 922 Abs. 1 ZPO). Bei einigen Gerichten wird der Beschluss kurz begründet (so zB beim LG Berlin), bei anderen nicht (so zB beim LG Hamburg). Das Ergebnis kann bei der Geschäftsstelle der Kammer meist am Tag der Antragstellung (oder am Tag danach) telefonisch abgefragt werden. Die einstweilige Verfügung kann dann beim Gericht abgeholt werden, um sie dem Gerichtsvollzieher möglichst schnell zwecks Zustellung zu übergeben. Es handelt sich um eine Zustellung im Parteibetrieb (§§ 191 ff. ZPO). In selteneren Fällen kann die Zustellung auch von Anwalt zu Anwalt gemäß §§ 195, 172 ZPO erfolgen. Hiermit ist allerdings Vorsicht geboten. Es muss überprüft werden, ob das Gericht die Zustellung der *Antragsschrift nebst Anlagen* mit angeordnet hat. Dem ist unbedingt Folge zu leisten. Meist ist in diesem Fall die Antragsschrift mit der einstweiligen Verfügung verbunden und es wird auf sie verwiesen. Da die Vollziehungsfrist nur einen Monat beträgt (§§ 936, 929 Abs. 2 ZPO), ist ein schnelles Handeln erforderlich. Die Frist des § 929 Abs. 2 ZPO beginnt bei der *Beschlussverfügung* mit der Zustellung des Beschlusses an den Antragsteller (iVm § 329 Abs. 2 S. 2 ZPO). Bei der *Urteilsverfügung* beginnt die Frist mit Verkündung des Urteils. Die Frist kann nicht verlängert werden (§ 224 Abs. 2 ZPO).

Sinnvoll ist es, im Antrag für den Fall, dass das Gericht Zweifel am Erlass der einstweiligen Verfügung hat, um telefonische Benachrichtigung zu bitten. Erfolgt die Benachrichtigung durch das Gericht, so besteht die Möglichkeit der Rücknahme des Antrags. Der Anspruchsgegner erfährt so nichts von dem Angriff und es werden Kosten gespart.

Der gerichtliche Titel ist verloren, wenn die Zustellung nicht fristgerecht erfolgt.

3. Fallgestaltung. Das Muster bezieht sich auf folgenden **Beispielsfall:**

Detektiv Dogon. Die englische BAOBAB Ltd. hat die überaus erfolgreichen Computerspiele DETEKTIV DOGON I und II sowie die dazugehörigen Lösungsbücher entwickelt (Abbildung G 1). Sie hat ihrer Tochter, der BAOBAB Computerspiele GmbH, an den Spielen ein ausschließliches Nutzungsrecht für die Bundesrepublik Deutschland eingeräumt.

Die BAOBAB Computerspiele GmbH muss feststellen, dass die CLAU Computerspiele GmbH – ohne Genehmigung – ein Lösungsbuch zu dem Spiel DETEKTIV DOGON II herausgegeben hat. Das Lösungsbuch der CLAU Computerspiele GmbH enthält insgesamt 183 sogenannte „Screenshots“ (Standbilder) aus dem Originalspiel DOGON II. Auf dem Umschlag steht mit großen roten Lettern „Detektiv Dogon“.

Zudem hat die CLAU Computerspiele GmbH einen der Screenshots aus dem Originalspiel im Rahmen einer Leseprobe ins Internet eingestellt.

Nach einer erfolglosen Abmahnung – die CLAU Computerspiele GmbH beruft sich insbesondere auf das Zitatrecht sowie § 23 MarkenG – soll bei Gericht ein Antrag auf Erlass einer einstweiligen Verfügung eingereicht werden. Die Antragsschrift – aus der sich die Einzelheiten des Sachverhaltes erschließen – wird formuliert wie aus dem Muster ersichtlich.

4. Bei Urheberrechtsverletzungen ist immer auch der Gerichtsstand der unerlaubten Handlung nach § 32 ZPO gegeben (BGH GRUR 1980, 227 (230) – Monumenta Germaniae Historica). Im Beispielsfall bedeutet dies, dass jedes LG zuständig ist, in dessen Gerichtsbezirk das Lösungsbuch der Antragsgegnerin vertrieben wird.

5. Der Antrag auf Erlass der einstweiligen Verfügung wird an die zuständige Spezialkammer gerichtet, sofern eine solche besteht. Die meisten Bundesländer haben von der durch § 105 UrhG eingeräumten Möglichkeit Gebrauch gemacht und Spezialkammern für Urheberrechtsstreitigkeiten eingerichtet. Die gerichtsinterne Bildung von Spezialkammern erfolgt im Rahmen der Geschäftsverteilung nach § 21e GVG. § 105 UrhG betrifft den Fall, dass in einem Land mehrere Gerichte einer Instanz bestehen. In Berlin ist § 105 Abs. 1 deshalb unanwendbar (es gibt nur *ein* Landgericht). Die Sonderzuständigkeit der Zivilkammern 15 und 16 ergibt sich aus dem Geschäftsverteilungsplan. Das Land Berlin hat aber von der Ermächtigung in § 105 Abs. 2 UrhG zu Gunsten des AG Charlottenburg Gebrauch gemacht (Wandtke/Bullinger/*Kefferpütz* UrhG § 105 Rn. 5).

6. Der Streitwert der einstweiligen Verfügung ist mit $^1/_3$ des Streitwertes der Hauptsache anzusetzen, da durch das Verfügungsverfahren lediglich eine vorläufige Regelung erzielt wird. Teilweise setzen die Gerichte den Streitwert jedoch auch deutlich höher an (KG WRP 2005, 368 (369 f.) geht wegen der gestiegenen Bedeutung des einstweiligen

Verfügungsverfahrens von $^2/_3$ des Hauptsachestreitwerts aus; dem folgend Köhler/Bornkamm/Feddersen/*Köhler/Feddersen* UWG § 12 Rn. 5.12).

Dem folgen regelmäßig auch das OLG Frankfurt und das OLG Celle (OLG Frankfurt WRP 2020, 913 Rn. 9; OLG Celle GRUR-RS 2016, 04998 Rn. 9). Bei endgültiger Regelung des Hauptsacheverfahrens wird teilweise sogar der volle Streitwert der Hauptsache angesetzt (zB OLG Stuttgart MDR 2011, 1316; Mayer/Kroiß/*Nordemann-Schiffel* RVG Anhang I, V. Rn. 14 mwN).

7. Das Gericht erlässt bei klaren Urheberrechtsverstößen, die entsprechend glaubhaft gemacht werden, die einstweilige Verfügung meist ohne mündliche Verhandlung durch Beschluss (§§ 940, 921, 922 ZPO).

8. Der Tenor bildet das Herzstück des EV-Antrages. Er muss einerseits die konkrete Verletzungsform erfassen, andererseits darf das Verbot nicht zu eng sein, damit der Antragsgegner das Verbot nicht einfach umgehen kann.

9. Der Antrag auf Androhung eines Ordnungsmittels sollte **stets** schon mit dem Antrag auf Erlass der EV verbunden werden. Fehlt die Androhung des Ordnungsmittels, bleibt ein Verstoß des Antragsgegners gegen die EV ohne Sanktion.

10. Die „und/oder" Verknüpfung beider Halbsätze erfasst – anders als eine Verknüpfung mit „und" – auch die Verstöße, bei denen nur der Tatbestand eines Halbsatzes verwirklicht wird.

11. Der Antrag ist so zu fassen, dass möglichst alle denkbaren Verletzungshandlungen erfasst werden.

12. Bei schwierigen Sachverhalten empfiehlt sich eine knappe Vorbemerkung, damit das Gericht sich schnell orientieren kann, worum es bei dem Rechtsstreit geht. Eine Vorbemerkung ist bei einfachen Sachverhalten entbehrlich.

13. Die eidesstattliche Versicherung ist das praktisch wichtigste Mittel zur Glaubhaftmachung des Sachverhalts im EV-Verfahren. Eidesstattliche Versicherungen sollten stets von dem Zeugen ausformuliert sein und den Sachverhalt präzise wiedergeben. Da das Gericht seine Entscheidung auf die eidesstattlichen Versicherungen der Zeugen stützen muss (insbesondere, wenn die EV ohne mündliche Verhandlung erlassen wird), ist auf die Qualität der eidesstattlichen Versicherungen großer Wert zu legen. Bezugnahmen auf den Schriftsatz werden von den Gerichten nur in Ausnahmefällen als ausreichend angesehen.

14. Es können durchaus die Originalgegenstände bei Gericht eingereicht werden. Das Studium der Originale erleichtert dem Gericht in der Regel die Entscheidung, ob die Schutzfähigkeit gegeben ist oder ob ein rechtsverletzendes Plagiat vorliegt.

15. Kritiken Dritter ersetzen nicht das eigene Urteil des Gerichts – das Gericht muss das Werk selbst beurteilen. Im Schriftsatz sollte nicht nur auf fremde Beurteilungen und Beschreibungen Bezug genommen werden. Die Kunsteigenschaft im Sinne des Urheberrechtsgesetzes ist eine **Rechtsfrage.** Dennoch sollten Kritiken, Testergebnisse und sonstige positive Beurteilungen des Werkes als Anlage **ergänzend** beigefügt werden, in der Hoffnung, dass sich das Gericht dadurch doch beeindrucken lässt.

16. Eine entsprechende Lizenz iSd § 31 UrhG würde das Verhalten der Antragsgegnerin rechtfertigen.

17. Der Zeitpunkt der Kenntnis von der Verletzungshandlung (hier Vertrieb des angegriffenen Buches) ist wichtig, um die Eilbedürftigkeit der Angelegenheit zu begründen. Die Berliner Gerichte bejahen die Eilbedürftigkeit, wenn der Antrag innerhalb von zwei Monaten nach Kenntnisnahme der Rechtsverletzung eingereicht wird. Eine starre

Grenze ziehen die Berliner Gerichte nicht. Zur Eilbedürftigkeit gibt es starke Abweichungen in der Rechtsprechung!

18. Der Hinweis, dass die Antragsgegnerin Anlass zur Inanspruchnahme gerichtlicher Hilfe gegeben hat, schließt den Sachverhaltsvortrag ab.

19. Unter II. wird die Rechtslage dargelegt. In der Regel empfiehlt es sich, alle denkbaren Anspruchsgrundlagen abzuhandeln.

20. Der ergänzende Leistungsschutz aus dem Wettbewerbsrecht sollte zur Begründung des EV-Antrages – wenn einschlägig – stets mit herangezogen werden, da die Gerichte bei Urheberstreitigkeiten bisweilen die Voraussetzungen einer Urheberrechtsverletzung offenlassen und wie folgt begründen: „**Jedenfalls** ergibt sich der Anspruch aus §§ 3, 8 UWG." Zudem gilt für wettbewerbsrechtliche Unterlassungsansprüche die Vermutung des § 12 Abs. 2 UWG unmittelbar.

21. Rechtsprechung sollte im EV-Antrag stets hinreichend zitiert werden. Das Gericht verfügt bei seiner Entscheidung häufig nicht über die Zeit, entlegene Entscheidungen aufzufinden.

22. Bei einem einfachen Computerspiel würde man auf den Laufbildschutz nach § 95 UrhG abstellen.

23. § 19a UrhG, der das Recht der öffentlichen Zugänglichmachung regelt, knüpft an das „right of making available to the public" aus Art. 8 WCT/10, 14 WPPT an. Es handelt sich um ein relativ neues urheberrechtliches Verwertungsrecht. Systematisch zählt es zum Recht der öffentlichen Wiedergabe iSd § 15 Abs. 2 Nr. 2 UrhG.

24. Die Antragsgegnerin hat sich vorprozessual auf das Zitatrecht berufen. Es ist deshalb erforderlich, sich hiermit auseinander zu setzen. Die Antragsgegnerin könnte eine ***Schutzschrift*** hinterlegt haben, in der sie ihre Argumente vertieft. Es ist dann von großem Vorteil, wenn sich bereits der EV-Antrag mit den Argumenten auseinandersetzt, die die Antragsgegnerin voraussichtlich vorbringen wird.

25. Das Gericht kann bei einer Entscheidung auf das Leistungsschutzrecht abstellen und die Werkqualität offen lassen. Im EV-Antrag sollte man dies nicht tun, sondern die urheberrechtliche Schutzfähigkeit darlegen.

26. Im vorliegenden Fall ist auf die Titelrechte abzustellen, da kein Markenschutz besteht (DETEKTIV DOGON wurde nicht als Marke angemeldet).

27. Auf die häufig verwendete Formulierung *„Dem Antrag auf Erlass der einstweiligen Verfügung ist deshalb stattzugeben."* sollte verzichtet werden. Einige Kammern halten die Formulierung für anmaßend, da die Entscheidung darüber Sache des Gerichts ist.

28. Für Ansprüche aus dem UWG wird der Verfügungsgrund nach § 12 Abs. 2 UWG vermutet und braucht nicht besonders begründet zu werden. Wurde der zeitliche Rahmen der Eilbedürftigkeit beachtet, so ist der Verfügungsgrund gegeben. Für Ansprüche aus dem Urheberrecht gibt es keine entsprechende Vermutung. Eine analoge Anwendung des § 12 Abs. 2 (früher § 25) UWG wird zwar vertreten (vgl. OLG Karlsruhe NJW-RR 1995, 176), von der herrschenden Meinung jedoch abgelehnt (KG GRUR-RR 2003, 262 – Harry-Potter-Lehrerhandbuch; OLG Köln GRUR 2000, 417 – Elektronischer Pressespiegel). Im Zweifel ist eine ordentliche Begründung erforderlich. Im vorliegenden Fall liegt der Verfügungsgrund auf der Hand – auf eine ausführliche Begründung wurde verzichtet.

29. Sinnvoll ist es, im Antrag für den Fall, dass das Gericht Zweifel am Erlass der einstweiligen Verfügung hat, um telefonische Benachrichtigung zu bitten. Dadurch eröffnet sich die Möglichkeit, den Antrag – noch vor Eröffnung der mündlichen Verhandlung – zurückzuziehen und damit Kosten zu sparen.

2.4 Verfügungsantrag mit Sequestration[1, 2]

Berlin, 6.7.2015

Antrag auf Erlass einer einstweiligen Verfügung

1. des FC Tigergoldy Fußballclubs eV
vertreten durch das Präsidium,
dieses vertreten durch den Präsidenten Heinrich Söller,
Poststraße 2, 10178 Berlin
– Antragsteller zu 1) –,
2. der Sonnenschein GmbH,
vertreten durch den Geschäftsführer Heinz Schaum,
Kapstadtstraße 29, 10103 Berlin
– Antragstellerin zu 2) –,

Prozessbevollmächtigte: Rechtsanwälte Justus & Partner, Barbarossaplatz 1, 10781 Berlin

gegen

Herrn Maximilian Schneider,

Karwendelstr. 19, 12203 Berlin

Antragsgegner,

wegen: Urheber- und Markenrechtsverletzung.

Streitwert (vorläufig geschätzt): 100.000,00 EUR

Wir zeigen an, dass wir die Antragsteller vertreten. Namens und in Vollmacht der Antragsteller beantragen wir,

im Wege der einstweiligen Verfügung – wegen besonderer Dringlichkeit ohne vorherige mündliche Verhandlung –

I. dem Antragsgegner unter Androhung eines vom Gericht für jeden Fall der Zuwiderhandlung festzusetzenden Ordnungsgeldes und für den Fall, dass dieses nicht beigetrieben werden kann, ersatzweise Ordnungshaft oder Ordnungshaft bis zu 6 Monaten (Ordnungsgeld im Einzelfall höchstens 250.000,00 EUR; Ordnungshaft höchstens zwei Jahre) zu untersagen,
ein braunes Stofftier mit einer im Brustbereich aufgedruckten gelb-schwarz gestreiften Tigerabbildung – wie nachfolgend wiedergegeben –[3]

und/oder
ein Basecap, das mit einem Emblem mit einer orange-gelben Fahne, die mit der Aufschrift „FC Tigergoldy" versehen ist, und mit einem gelben Kreis mit der Aufschrift „FC Tigergoldy Berlin" bestickt ist – wie nachfolgend wiedergegeben –
und/oder
einen orange-gelben Schal, bestickt mit der Aufschrift „FC Tigergoldy" und mit einer orange-gelben Fahne mit der Aufschrift „FC Tigergoldy Berlin", insbesondere in der nachfolgend wiedergegebenen Gestaltung
zu vertreiben oder vertreiben zu lassen und/oder zu bewerben oder bewerben zu lassen und/oder zu vorbezeichneten Zwecken zu besitzen;

II. dem Antragsgegner zu gebieten, die in seinem Besitz stehenden, im Antrag Ziff. I. bezeichneten Waren an einen Gerichtsvollzieher zur Verwahrung herauszugeben, der nach § 758 ZPO verwahren darf;

III. dem Antragsgegner die Kosten des Verfahrens aufzuerlegen.

Begründung:

Die Antragsteller wenden sich mit diesem Antrag auf Erlass einer einstweiligen Verfügung gegen den Handel mit gefälschten Fanartikeln durch den Antragsgegner.

I. Sachverhalt

(. . . . .)

II. Rechtliche Würdigung

1. Zuständigkeit des Landgerichts Berlin
Die Zuständigkeit des angerufenen Gerichts ergibt sich aus § 32 ZPO. § 32 ZPO ist auch auf die Verletzung gewerblicher Schutzrechte anwendbar (MüKoZPO/Patzina, ZPO, 5. Aufl. 2016, § 32 Rn. 31 ff.).
2. Verfügungsanspruch (Antrag zu I.)
Den Antragstellern steht der geltend gemachte Unterlassungsanspruch gegen den Antragsgegner (Antrag zu I.) aus § 97 Abs. 1 iVm § 23 UrhG sowie aus § 14 Abs. 2, 5 MarkenG zu. Er folgt für die Antragstellerin zu 2) darüber hinaus aus §§ 3, 5 iVm § 8 UWG. Der Handel mit den streitgegenständlichen Fanartikeln verletzt auch die Kennzeichenrechte der Antragstellerin zu 2) und ist darüber hinaus wettbewerbswidrig. *(. . . . .)*
3. Anspruch auf Sequestration (Antrag zu II.)
Der Anspruch auf Sequestration der streitgegenständlichen Waren, die sich in Besitz des Antragsgegners befinden (Antrag zu II.), folgt aus § 98 Abs. 1 UrhG sowie § 18 MarkenG. Er steht auch der Antragstellerin zu 2) als Lizenznehmerin zu (vgl. Ingerl/Rohnke, Markengesetz, 3. Aufl. 2010, § 18 Rn. 7 iVm § 30 Rn. 73). Die sich in Besitz des Antragsgegners befindlichen, widerrechtlich gekennzeichneten Artikel unterliegen dem Vernichtungsanspruch aus § 98 Abs. 1 UrhG und § 18 MarkenG. Der

Vernichtungsanspruch bedarf regelmäßig der Sicherung durch einstweilige Verfügung (Ingerl/Rohnke, Markengesetz, 3. Aufl. 2010, § 18 Rn. 38).

4. Dringlichkeit

a) Die Dringlichkeit wird nach § 12 Abs. 2 UWG vermutet. Die Vorschrift ist im vorliegenden Fall wegen der Verletzung von §§ 3, 5 UWG unmittelbar anwendbar. Weiter findet sie entsprechend Anwendung auf Verfügungsverfahren wegen Urheberrechtsverletzungen (OLG Karlsruhe NJW-RR 1995, 176) und Kennzeichenrechtsverletzungen (vgl. KG GRUR-RR 2001, 133; OLG Köln GRUR-RR 2002, 309 (310) – Zerowatt; OLG Stuttgart GRUR-RR 2002, 381 (383) – Hot Chili).

b) Die Eilbedürftigkeit ergibt sich im vorliegenden Fall jedoch auch aus folgenden Umständen:
Für die Antragsteller steht viel auf dem Spiel. Die Erteilung von Unterlizenzen an den Marken „FC Tigergoldy" bzw. „Tigergoldy" für ausgesuchte Fanprodukte ist für sie von erheblicher wirtschaftlicher Bedeutung, insbesondere für die Finanzierung der sportlichen Aktivitäten des Vereins. Gerade für die Lizenznehmer ist es wichtig, dass die Antragsteller Rechtsverletzungen schnell und effektiv verfolgen, damit die Lizenzen störungsfrei ausgeübt werden können.

Nach alledem sind Verfügungsanspruch und Verfügungsgrund gegeben.

Wir bitten um telefonische Benachrichtigung unter der Telefonnummer: 0 30/22 33 44 55, wenn die einstweilige Verfügung zum Zwecke der Zustellung abgeholt werden kann. Wir bitten gleichfalls um telefonische Benachrichtigung, wenn dem Erlass der einstweiligen Verfügung nach Ansicht der Kammer Hindernisse entgegenstehen sollten.

Beglaubigte und einfache Abschrift anbei.

Dr. Klaus Justus

Rechtsanwalt

Anmerkungen

1. Sequestration (Absonderung, Trennung) bedeutet im Verfahrensrecht die Verwaltung einer Sache durch einen Dritten (Sequester). Die Sequestration bildet eine Vorstufe zur Zwangsverwaltung. Neben dem Unterlassungsbegehren kann mit der einstweiligen Verfügung auch eine Sicherstellung (Sequestration) der Gegenstände, durch die das rechtswidrige Verhalten des Antragsgegners erfolgt bzw. zu beweisen ist, beantragt werden. Die Sequestration dient damit der Sicherung von – im Klageverfahren geltend zu machenden – Herausgabe- und Vernichtungsansprüchen aus §§ 98, 99 UrhG und §§ 37–40 KUG gegen den Rechtsverletzer.

Durch eine Sequestrationsverfügung wird die Herausgabe der streitgegenständlichen Gegenstände an den örtlich zuständigen Gerichtsvollzieher angeordnet, der diese in Verwahrung nimmt. Wegnahme und Verwahrung dienen der Vollziehung der einstweiligen Verfügung. Die Kosten muss der Antragsgegner übernehmen.

Die Vernichtung der Gegenstände selbst kann im einstweiligen Rechtsschutz nicht durchgesetzt werden, da dies die Entscheidung in der Hauptsache vorwegnehmen würde und nicht mehr rückgängig gemacht werden könnte. Der Vernichtungsanspruch ist insofern Gegenstand des Hauptsacheverfahrens. Kommt es zur Verurteilung und zur Anordnung einer Vernichtung, hat diese unter Aufsicht des Gerichtsvollziehers zu erfolgen. Erst mit der Vernichtung endet die Verwahrung.

In der Praxis fordert man den Anspruchsgegner im Abschlussschreiben dazu auf, der Vernichtung der verwahrten Gegenstände zuzustimmen. Auf diese Weise wird das Klageverfahren vermieden.

Für den Anspruchsteller bietet die Stellung eines Antrags auf Sequestration neben dem Unterlassungsanspruch einen prozesstaktischen Vorteil von Gewicht. Der Anspruchsteller kann den Antrag auf Erlass einer einstweiligen Verfügung auch ohne vorherige Abmahnung ohne Kostenrisiko einreichen. Die Rechtsprechung erkennt nämlich an, dass eine vorherige Abmahnung des Anspruchsgegners nicht geboten ist, wenn eine Sequestration berechtigterweise durchgeführt werden soll (OLG Hamburg WRP 1988, 47; OLG Köln OLGR 2001, 157; KG GRUR-RR 2008, 372 aA OLG Braunschweig GRUR-RR 2009, 103; NJW-RR 1995, 508). Der Anspruchsgegner würde durch die Abmahnung vorgewarnt und könnte sich um eine schnelle Beseitigung von Beweismitteln etc bemühen. Damit würde die Durchsetzung der einstweiligen Verfügung gefährdet.

Bei der Vollstreckung der Sequestration ist zu beachten, dass der Gerichtsvollzieher in der Regel eine Spedition heranzieht, um die in Verwahrung genommenen Gegenstände in die Kammer zu transportieren. Er verlangt für die entstehenden Kosten von dem Anspruchsteller einen Kostenvorschuss, bevor er tätig wird. Um keine Zeit zu verlieren, sollte man hierauf vorbereitet sein und den Vorschuss schnellstmöglich übermitteln, damit die Vollstreckung beginnt. Anschließend entstehen durch die Verwahrung selbst weitere Kosten. Die Kosten hat der Anspruchsgegner zu tragen (§ 788 Abs. 1 ZPO; BGH NJW 2006, 3010; OLG Düsseldorf JurBüro 1989, 550).

Wichtig ist, dass im Antrag auf Sicherstellungsverfügung die Gegenstände, die beschlagnahmt werden sollen, genau bezeichnet werden, damit diese vom Gerichtsvollzieher problemlos erkannt und sichergestellt werden können. Hier kann auf den präzise formulierten Unterlassungsanspruch verwiesen werden.

2. Fallgestaltung. Das Muster bezieht sich auf folgenden **Beispielsfall:**

FC Tigergoldy. Der FC Tigergoldy eV ist ein eingetragener Berliner Fußballverein. Der Verein ist Inhaber der deutschen Wortmarke „Tigergoldy" (Register-Nr. 0 130 51 979) mit Priorität 2.5.2006 und der deutschen Wort-/Bildmarke „FC Tigergoldy" (Register-Nr. 0 015 66 770) mit Priorität 24.5.2007. Die Marken sind ua für die Klasse 25 (Bekleidungsstücke, Schuhwaren, Kopfbedeckungen) geschützt. Ferner besitzt der Verein als offizielles Vereins-Maskottchen einen goldgelb-farbigen Stofftiger. Dieser ist wegen der besonderen Farb- und Formgebung urheberrechtlich geschützt.

Der FC Tigergoldy Verein eV ist im Bereich der Fanartikel höchst aktiv. Das Fanartikelgeschäft wickelt für den Verein die Firma Sonnenschein GmbH ab. Zum Zwecke der Herstellung, des Vertriebs und der Vermarktung von Fanartikeln des FC Tigergoldy Clubs wurden für die oben aufgeführten Marken an die Sonnenschein GmbH ausschließliche Lizenzen erteilt. Die Sonnenschein GmbH ist berechtigt, Rechtsverletzungen bezüglich der eingetragenen Marken außergerichtlich und gerichtlich zu verfolgen.

Am Tag des Fußballspiels zwischen den FC Tigergoldy und den SC Silberlöwen wurden in der unmittelbaren Nähe des Stadions am Verkaufsstand des Herrn Maximilian Schneider Maskottchen des FC Tigergoldy Vereins sowie Schals und Basecaps verkauft, die erkennbar den Aufdruck FC Tigergoldy enthielten. Es handelt sich bei den Artikeln um Fälschungen, sogenannte Plagiate. Die Artikel wurden weder vom Verein FC Tigergoldy noch von der Sonnenschein GmbH noch von Dritten unter Lizenz hergestellt. Es handelt sich insofern um unlizenzierte Produkte.

Der Verein FC Tigergoldy sowie die Sonnenschein GmbH wollen nun gegen den Verkauf dieser unlizenzierten Artikel sowie gegen deren Bewerbung vorgehen. Die gefälschten Fanartikel, die sich im Besitz von Maximilian Schneider befinden, sollen vernichtet werden. Ferner soll Herr Schneider Schadensersatz zahlen und Auskunft über Namen und Anschrift der Hersteller, der Lieferanten und anderer Vorbesitzer erteilen.

Der FC Tigergoldy Verein und die Sonnenschein GmbH wenden sich an Herrn Justus & Partner. Herr Justus hat nach vorheriger Abmahnung nun einen Antrag auf Erlass einer einstweiligen Verfügung entworfen.

3. Dem Gericht wird die Abbildung des Plagiats, nicht die des Originals vorgelegt.

2.5 Widerspruch/Erwiderung[1, 2]

Az.: 16 O 115/03

Widerspruch

In dem Rechtsstreit

BAOBAB Computerspiele GmbH

./.

CLAU Computerspiele GmbH

zeigen wir nochmals an, dass wir die Antragsgegnerin vertreten.

Die Antragsgegnerin verteidigt sich gegen die einstweilige Verfügung. Namens und im Auftrag der Antragsgegnerin legen wir gegen die einstweilige Verfügung des Landgerichts Berlin Az.: 16 O 115/03 vom 29.4.2015

Widerspruch

ein und beantragen, die einstweilige Verfügung des Landgerichts Berlin Az.: 16 O 115/15 vom 29.4.2015 aufzuheben und den auf ihren Erlass gerichteten Antrag der Antragstellerin vom 28.4.2015 kostenpflichtig zurückzuweisen.

Begründung:

(. . . . .)

****

Az.: 16 O 115/03

Erwiderung

In dem Rechtsstreit

BAOBAB Computerspiele GmbH

./.

CLAU Computerspiele GmbH

beantragen wir namens und im Auftrag der Antragstellerin,

die einstweilige Verfügung des Landgerichts Berlin, Az: 16 O 115/15 vom 29.4.2004 zu bestätigen, und den Widerspruch der Antragsgegnerin vom . . . . . kostenpflichtig zurückzuweisen.

Begründung:

(. . . . .)

Anmerkungen

1. Widerspruch. Wird die einstweilige Verfügung ohne mündliche Verhandlung durch Beschluss erlassen (Beschlussverfügung), so kann der Antragsgegner Widerspruch einlegen (§§ 935, 936, 924 ZPO). Der Widerspruch unterliegt keiner Frist. Das Verfügungsverbot bleibt trotz Widerspruchs bestehen (der Antragsgegner muss die Verfügung also weiter beachten), da der Widerspruch keine aufschiebende Wirkung hat, § 924 Abs. 3 ZPO. Folglich kann das Verbot weiterhin vollstreckt werden. Es besteht aber gemäß § 924 Abs. 3 S. 2 iVm § 707 ZPO die Möglichkeit, einen Antrag auf Einstellung der Vollstreckung bis zu dem Zeitpunkt, in dem über den Widerspruch entschieden ist, zu stellen. Dies geschieht in der Praxis selten und ist nur in Ausnahmefällen aussichtsreich.

Der Widerspruch hat auch keinen Devolutiveffekt. Mit dem Widerspruch ist daher erneut das Gericht befasst, das bereits die einstweilige Verfügung erlassen hat. Deshalb liegt es nahe, dass eine die Verfügung bestätigende Entscheidung ergeht, sofern der Tatsachenvortrag des Antragstellers nicht erschüttert wird. Mit dem Widerspruch kommt es zu einer mündlichen Verhandlung, § 924 Abs. 2 S. 2 ZPO. Zuvor besteht die Gelegenheit, Schriftsätze auszutauschen. Dabei kann es auch zu einer ***übereinstimmenden Erledigungserklärung*** beider Parteien kommen. Dadurch verliert die einstweilige Verfügung analog § 269 Abs. 3 ZPO ihre Wirkung und zwar grundsätzlich mit Wirkung ex tunc. Sie kann dann auch nicht mehr Grundlage eines Ordnungsmittelverfahrens sein. Daher sollte der Rechtsstreit ausdrücklich nur mit Wirkung für die Zukunft (ex nunc) für erledigt erklärt werden, sofern der Anspruchsteller noch ein Ordnungsmittelverfahren betreibt.

2. Urteil im Verfügungsverfahren. Nach der mündlichen Verhandlung ergeht ein (End-) Urteil, das die einstweilige Verfügung ganz oder teilweise bestätigt oder aufhebt, § 925 ZPO. Die unterliegende Partei hat die Möglichkeit, gegen das Urteil Berufung binnen Monatsfrist einzulegen, §§ 511, 517 ZPO. Das Verfahren wird dann unabhängig von einem Hauptsacheverfahren fortgeführt. Eine Revision findet nicht statt, § 542 Abs. 2 ZPO.

Kündigt das Gericht an, dass es die Verfügung aufheben wird, kann es vorteilhaft sein, den Antrag auf Erlass der Verfügung zurückzuziehen (wenn die Berufung nicht angestrebt wird). Ein den Antrag zurückweisendes Urteil könnte – nicht nur wegen der Kosten – für den Antragsteller ungünstiger sein als ein zurückgenommener Antrag. Wird der Antrag auf Erlass der einstweiligen Verfügung zurückgewiesen, ohne dass Berufung eingelegt wird, könnte der Antragsgegner geneigt sein zu glauben, den Rechtsstreit endgültig gewonnen zu haben.

Fristverlängerungen, etwa die Verlängerung der Berufungsbegründungsfrist, darf der unterlegene Anspruchsteller nicht beantragen. Nach Ansicht vieler Gerichte wird hierdurch die Dringlichkeit widerlegt, so dass der Anspruchsteller unterliegt. Diese Rechtsprechung kann sich als Falle erweisen.

2.6 Abschlussschreiben/Abschlusserklärung[1, 2]

CLAU Computerspiele GmbH

Herrn Geschäftsführer Hans Clau

Spandauer Straße 25

10178 Berlin

Berlin, 24.6.2015

BAOBAB Computerspiele GmbH ./. CLAU Computerspiele GmbH

Landgericht Berlin 16 O 115/15 – einstweilige Verfügung vom 29.4.2015

Sehr geehrter Herr Clau,

Sie wissen, dass wir die BAOBAB Computerspiele GmbH vertreten. Unsere Mandantin hat vor dem Landgericht Berlin gegen Sie die einstweilige Verfügung Az.: 16 O 115/15 vom 29.4.2015 erwirkt, die Ihnen durch den Obergerichtsvollzieher Meyer am 5.5.2015 zum Zwecke der Vollziehung im Parteibetrieb zugestellt worden ist.

Durch die einstweilige Verfügung wird unsere Mandantin nur unzureichend geschützt. Zur Vermeidung eines Hauptsacheverfahrens in dieser Sache ist es deshalb erforderlich, dass Sie gegenüber unserer Mandantin die vorbezeichnete einstweilige Verfügung als endgültige Regelung zwischen den Parteien anerkennen. Dies kann dadurch geschehen, dass Sie die vorbereitete, beigefügte Abschlusserklärung abgeben.

Weiter nimmt unsere Mandantin Sie aufgrund des Wettbewerbsverstoßes auf Auskunft und Anerkennung Ihrer Schadensersatzpflicht dem Grunde nach in Anspruch.

Namens und im Auftrag unserer Mandantin fordern wir Sie deshalb auf, die beigefügte Abschlusserklärung rechtswirksam unterschrieben bis zum

16.7.2015, 12.00 Uhr

an uns zu übersenden, wobei der Zeitpunkt des Eingangs der Erklärung bei uns entscheidend ist. Vorteilhafterweise schicken Sie die Erklärung vorab per Telefax.

Des Weiteren sind Sie unter dem Gesichtspunkt der Geschäftsführung ohne Auftrag verpflichtet, unserer Mandantin die Kosten dieses Abschlussschreibens sowie die Kosten des Abschlussschreibens vom 20.5.2015 betreffend die einstweilige Verfügung vom 29.4.2015 zu erstatten. Innerhalb der oben genannten Frist erwarten wir daher auch den Ausgleich der Gebühren, wie in den beigefügten Honorarnoten berechnet, auf unser im Briefkopf angegebenes Konto.

Sollten Sie vorbezeichnete Anforderungen nicht oder nicht vollständig fristgerecht erfüllen, müssen Sie damit rechnen, dass unsere Mandantin ohne weiteres Klage in der Hauptsache gegen Sie erhebt.

Mit freundlichen Grüßen

Dr. Klaus Justus

Rechtsanwalt

Anlage: Abschlusserklärung

Abschlusserklärung

Die CLAU Computerspiele GmbH,

vertreten durch den Geschäftsführer Hans Clau,

Spandauer Straße 25, 10178 Berlin,

erkennt gegenüber

der BAOBAB Computerspiele GmbH,

vertreten durch ihren Geschäftsführer Reiner Maus,

Rathausstraße 17, 10178 Berlin,

1. die am 29.4.2015 ergangene einstweilige Verfügung des Landgerichts Berlin, Az.: 16 O 115/15, als endgültige und zwischen den Parteien materiell-rechtlich verbindliche Regelung an und verzichtet insbesondere auf die Einlegung von Rechtsmitteln wie Widerspruch gemäß § 924 ZPO sowie auf die Rechtsbehelfe der §§ 926, 927 ZPO, eine Frist zur Erhebung der Hauptsacheklage setzen zu lassen und/oder die Aufhebung der einstweiligen Verfügung wegen veränderter Umstände zu beantragen und
2. verpflichtet sich,
   a) der BAOBAB Computerspiele GmbH unverzüglich Auskunft darüber zu erteilen, in welchem Umfang sie die im Verfügungstenor bezeichneten Handlungen begangen hat sowie
   b) der BAOBAB Computerspiele GmbH allen Schaden zu ersetzen, der dieser durch die im Verfügungstenor bezeichneten Handlungen entstanden ist und künftig noch entstehen wird.

Berlin, den . . . .

(Unterschrift)

Anmerkungen

1. Abschlussschreiben, Abschlusserklärung. Die einstweilige Verfügung gewährt nur zeitlich begrenzten Schutz. Sie stellt lediglich eine *vorläufige* – eben „einstweilige“ – Regelung dar. Um dauerhaften Schutz zu erhalten, sollte der Verletzte **stets** eine Abschlusserklärung verlangen. Dazu muss er den Anspruchsgegner durch das so genannte Abschlussschreiben auffordern, eine Erklärung mit dem Inhalt abzugeben, dass er die einstweilige Verfügung als verbindliche, endgültige Regelung zwischen den Parteien anerkennt. Dabei muss der Antragsteller eine angemessene Frist setzen. Diese sollte mindestens zwei Wochen ab Zustellung des Schreibens betragen. Das Abschlussschreiben selbst kann dem Anspruchsgegner grundsätzlich unmittelbar nach Beschluss der einstweiligen Verfügung zugesandt werden. Allerdings ist es üblich, dem Gegner stillschweigend eine Frist zuzugestehen, in der er nach Erlass der einstweiligen Verfügung ohne Aufforderung des Antragstellers eine Abschlusserklärung abgeben kann. Versäumt er die Abgabe der Erklärung, so hat er die Kosten für das Abschlussschreiben zu tragen. Unterlässt der Verletzte die Anforderung des Abschlusserklärung, so kann der Anspruchsgegner nach der Verjährung des Anspruchs die Aufhebung der einstweiligen Verfügung beantragen.

Verweigert der Gegner die Abgabe der Abschlusserklärung, sollte Klage in der Hauptsache erhoben werden.

Das Abschlussschreiben zieht wiederum Kosten nach sich, die als vorgerichtliche Kosten dem Grunde nach dem Hauptsacheverfahren zuzuordnen sind. Die für das

Abschlussschreiben zu berechnende Geschäftsgebühr gem. Vergütungsverzeichnis-Nr. 2300 (Anlage 1 zu § 2 Abs. 2 RVG) ist gemäß Teil 3 des Vergütungsverzeichnisses, Vorbemerkung 3, Absatz 4, zur Hälfte, jedoch höchstens mit einem Gebührensatz von 0,75 auf die Verfahrensgebühr des nachfolgenden Hauptsacheverfahrens anzurechnen. Anzusetzen ist die Gebühr in Höhe eines Gebührensatzes von 0,5 bis 2,5. Sie darf allerdings einen Gebührensatz von 1,3 nicht übersteigen, wenn die im Zusammenhang mit der Aufforderung zur Abgabe der Abschlusserklärung entfaltete Tätigkeit nicht umfangreich oder schwierig war. Im Falle der Durchführung des Hauptsacheverfahrens ist die Geschäftsgebühr im Umfange ihrer Anrechnung gem. § 91 ZPO von der unterliegenden Partei zu tragen (prozessualer Kostenerstattungsanspruch). Soweit die Geschäftsgebühr nicht anzurechnen ist, ist sie über die Grundsätze der Geschäftsführung ohne Auftrag und bei Verschulden über den entsprechenden Schadensersatzanspruch vom Antragsgegner zu erstatten. Gegenstandswert ist der Wert der Hauptsache.

Mit der ZPO-Reform hat sich bezüglich der Verjährungshemmung eine wichtige Rechtsänderung ergeben. Ab Zustellung des Antrags auf Erlass einer einstweiligen Verfügung wird die Verjährung des durch den Verfügungsantrag zu sichernden Anspruchs gehemmt (§ 204 Abs. 1 Nr. 9 Alt. 1 BGB). Daher ist es nicht mehr notwendig, neben dem Eilantrag auch die Klage in der Hauptsache zu erheben, um die Verjährung aufzuhalten. Allerdings gilt im Urheberrecht die ohnehin längere regelmäßige Verjährungsfrist nach §§ 195, 199 BGB (es sei denn, die Gerichte stützen sich in ihrer Entscheidung nur auf § 3 UWG; die Verjährung richtet sich dann nach § 11 UWG). Wird der Antrag nicht zugestellt, tritt die Hemmung der Verjährung mit der Einreichung des Antrags ein, wenn die einstweilige Verfügung innerhalb eines Monats ab Verkündung oder Zustellung an den Gläubiger dem Schuldner zugestellt wird (§ 204 Abs. 1 Nr. 9 Alt. 2 BGB).

2. Fallgestaltung. Das Muster beruht auf dem bereits aus → Form. IX.2.3 bekannten **Beispielsfall:**

Detektiv Dogon (Teil 2). Die von der BAOBAB Computerspiele GmbH beantragte Verfügung wurde vom Landgericht Berlin wie beantragt erlassen. Die CLAU Computerspiele GmbH hat gegen die Verfügung nichts unternommen und sie bisher auch beachtet. Der Geschäftsführer der BAOBAB Computerspiele GmbH, Herr Maus, bittet Rechtsanwalt Dr. Justus ihm mitzuteilen, wie er dauerhaften Schutz gegenüber der CLAU Computerspiele GmbH erlangen kann und wie er sich bei einem möglichen Verstoß der CLAU Computerspiele GmbH gegen die einstweilige Verfügung verhalten soll. Dr. Justus antwortet wie aus dem Muster ersichtlich.

2.7 Klageverfahren[1, 2]

Vorab per Telefax

Landgericht Berlin

– Zivilkammer 16 –

Littenstraße 12–17

10179 Berlin

Telefax-Nr.: (030) 9023–2223

Berlin, 6.9.2015

Klage

der GIGAFUN AG,

vertreten durch ihren Vorstand, Heinrich Wohlig, Dr. Franz Hafer und Heinz Fritsch,

Bornholmer Straße 6, 10439 Berlin,

– Klägerin –

Prozessbevollmächtigte:

Rechtsanwälte Justus & Partner,

Barbarossaplatz 1, 10781 Berlin

gegen

die Playrent Developments GbR[3]

vertreten durch die Gesellschafter Jens Schmidt und Markus Müller,

Brunnenstraße 39, 10115 Berlin

– Beklagte –

wegen Urheber- und Wettbewerbsrechtsverletzung.

Gegenstandswert (vorläufig geschätzt):[4] 150.000,00 EUR

Namens und in Vollmacht der Klägerin beantragen wir, die Beklagte zu verurteilen,

1. es zu unterlassen, das „rent a game-QUIX“ Gerät zu vertreiben und/oder vertreiben zu lassen und/oder dafür zu werben und/oder werben zu lassen;
2. der Klägerin über den Umfang der vorstehend zu 1. bezeichneten Handlungen Rechnung zu legen, und zwar insbesondere unter Angabe der Anzahl der verkauften Geräte sowie der Namen und Anschriften der Käufer und des Zeitpunkts der Verbreitung der Geräte;
3. die noch in ihrem Besitz befindlichen Geräte „rent a game-QUIX“ zu vernichten;
4. festzustellen, dass die Beklagte verpflichtet ist, der Klägerin allen Schaden zu ersetzen, der ihr durch die vorstehend unter 1. bezeichneten Handlungen entstanden ist und künftig noch entstehen wird;
5. der Klägerin die Befugnis zuzusprechen, nach Rechtskraft des Urteils dieses in der Zeitschrift „Videomarkt“ auf Kosten der Beklagten zu veröffentlichen.

Begründung:

I. Sachverhalt

1. Die Klägerin ist eine führende – dem Gericht bekannte – Herstellerin von Videospielen und Videospielsystemen. Ihr stehen die Rechte an den von dem Grafiker Otto Simses geschaffenen QUIX-Spielen und -spielsystemen zu.

   Beweis: Zeugnis des Grafikers Otto Simses, zu laden über die Klägerin

2. Die Beklagte vertreibt das Gerät „rent a game-QUIX“, mit dessen Modultechnik es ihren Kunden ermöglicht wird, die Heimvideospielsysteme der Klägerin als Geldspielgeräte an öffentlichen Orten, beispielsweise in Gaststätten, zu betreiben.

II. Rechtliche Würdigung

Durch ihr Verhalten verletzt die Beklagte die Urheberrechte der Klägerin an ihren Videospielen (dazu 1.–4.). Weiterhin verstößt ihr Verhalten gegen Wettbewerbsrecht (dazu 5.).

1. Die Videospiele der Klägerin sind als Filmwerke urheberrechtlich geschützt, §§ 1, 2 Abs. 1 Nr. 6, Abs. 2 UrhG. Bezüglich der Schutzfähigkeit der Spiele verweisen wir auf die rechtskräftige Entscheidung der Kammer 16 O 378/98, beigefügt als
   Anlage K1.
   Auch die den Videospielen zugrunde liegende Software genießt Urheberrechtsschutz, vgl. §§ 69a ff. UrhG.
2. Die Klägerin räumt den Erwerbern der – ausschließlich für den privaten Gebrauch vorgesehenen – Videospiele keine urheberrechtlichen Nutzungsrechte ein. Die Verpackung eines Originalspiels mit dem entsprechenden Hinweis fügen wir – nur für das Gericht – bei als
   Anlage K2.
3. Die Verwendung der QUIX-Spiele in öffentlich zugänglichen Geldspielgeräten nimmt das Verbreitungsrecht (speziell: Vermietungsrecht) aus § 17 UrhG und das Vorführungsrecht aus § 19 Abs. 4 UrhG in Anspruch. Beide Rechte stehen der Klägerin zu, weil sie die Inhaberin eines ausschließlichen Nutzungsrechtes an den Spielen ist.
   a) Nach § 17 Abs. 2 UrhG hat die Klägerin das Recht, auch nach der Veräußerung der QUIX-Videospiele über deren Vermietung zu verfügen; die Klägerin bleibt also urheberrechtlich mit Wirkung gegenüber dem Erwerber oder sonstigen Besitzern der QUIX-Videospiele befugt zu bestimmen, ob eine Vermietung stattfinden darf.
   b) Vermietung im Sinne der Bestimmung des § 17 Abs. 3 UrhG ist die Gebrauchsüberlassung zu unmittelbarem oder mittelbarem wirtschaftlichen oder kommerziellen Nutzen.
      Der Einsatz von QUIX-Spielen in den von der Beklagten angebotenen Geräten führt dazu, dass dem jeweiligen Spieler während der Dauer des Spiels das QUIX-Videospiel zum Gebrauch im Sinne der Bestimmung überlassen wird.[5] Dies geschieht bei einem Geldspielgerät stets auch zum kommerziellen Nutzen des Betreibers. Genügend wäre es aber schon, um letzteres Merkmal zu erfüllen, dass das Spielgerät aufgestellt wird, um den Umsatz des Lokales generell zu fördern, ohne dass das Einzelspiel von dem Spieler bezahlt werden müsste.
   c) Eine öffentliche Vorführung (das Abspielen der Videospiele in der Öffentlichkeit) greift gemäß § 19 Abs. 4 UrhG in das Vorführungsrecht der Klägerin ein. Das von der Beklagten angebotene Produkt ist dazu bestimmt, die QUIX-Spiele an öffentlichen Orten spielbar zu machen, womit das Spiel durch eine Mehrzahl von Personen, die untereinander nicht persönlich miteinander verbunden sind, wahrgenommen wird.
4. Die Beklagte ist aufgrund ihres Verhaltens auch Störer im Sinne des Urheberrechts (§ 97 Abs. 1 UrhG). Indem sie Geräte anbietet und verbreitet, deren ausschließlicher bestimmungsgemäßer Gebrauch die vorbezeichneten Rechte der Klägerin verletzt, haftet sie als Verursacher der Urheberrechtsverletzungen.[6]
5. Das Verhalten der Beklagten ist zudem wettbewerbswidrig und verstößt unter dem Gesichtspunkt des Behinderungswettbewerbs gegen § 3 UWG. Die rechtswidrige Vermietung und öffentliche Vorführung der Videospiele behindert die Klägerin in sittenwidriger Weise am Absatz ihrer Videospiele, da Spieler durch ihre Geräte für „kleines Geld" die Möglichkeit erhalten, ohne Erwerb der Originalspiele in den Spielgenuss zu kommen.
6. Der Unterlassungsanspruch und der Schadensersatzanspruch (Ziff. 1 und Ziff. 3 des Antrags) ergeben sich aus § 97 Abs. 1 UrhG. Der Auskunftsanspruch und der Rechnungs-

legungsanspruch (Ziff. 2 des Antrags) sind gewohnheitsrechtlich anerkannt (§§ 242, 259, 260 BGB).[7] Der Anspruch auf Bekanntmachung des Urteils folgt aus § 103 UrhG.

Zwei beglaubigte und zwei einfache Abschriften anbei.

Dr. Klaus Justus

Rechtsanwalt

Anmerkungen

1. Verfahrenssituation. Das **Klageverfahren** dient dem Verletzten zur Durchsetzung seiner materiellen urheberrechtlichen Ansprüche. In Bezug auf den Unterlassungsanspruch folgt das Klageverfahren, wenn der Anspruchsgegner keine Abschlusserklärung abgegeben hat. Ist die Dringlichkeit des Verfügungsverfahrens wegen zu langen Zuwartens nicht mehr gegeben, so wird der Unterlassungsanspruch im Klageverfahren geltend gemacht. Im Übrigen werden im Klageverfahren die Ansprüche durchgesetzt, die im einstweiligen Verfügungsverfahren nicht durchgesetzt werden können, da sie die Hauptsache vorwegnehmen würden. Meist begehrt der Verletzte im Klageverfahren **Unterlassung** des rechtswidrigen Verhaltens, **Störungsbeseitigung, Auskunft** über Art und Ausmaß der Verletzungshandlung sowie **Schadensersatz** oder **Herausgabe der Bereicherung.**

Wichtig ist die Formulierung der Anträge. Diese dürfen nicht zu allgemein, sondern müssen ausreichend bestimmt gefasst sein (§ 253 Abs. 2 Nr. 2 ZPO). Die Verletzungshandlung muss konkret bezeichnet werden. Steht die Verletzungshandlung erst bevor, muss im Klageantrag auf die konkrete Ankündigung der Handlung Bezug genommen werden. Ein zu eng gefasster Antrag führt zu einem Verbot, das nicht ausreichend schützt und vom Anspruchsgegner leicht umgangen werden kann. Ein zu weit gefasstes Verbot kann unzulässig oder unbegründet sein. Der Antrag sollte die Verletzungshandlung abstrahieren, sich aber an diese halten.

Bei der Auskunftsklage ist es erforderlich, im Klageantrag die Umstände, bezüglich derer Auskunft verlangt wird, eindeutig und genau zu benennen. Das Auskunftsverlangen darf aber nicht weiter gefasst sein als der materielle Schadensersatzanspruch besteht. Hierbei ist zwischen dem selbständigen und dem unselbständigen Auskunftsanspruch zu unterscheiden. Auf dem Gebiet des Urheberrechts ist der selbständige Auskunftsanspruch spezialgesetzlich in §§ 97 Abs. 1 S. 2, 101 UrhG geregelt.

Die Auskunftspflicht ergibt sich immer dann, wenn die Auskunft die Rechtsverletzung beseitigen kann oder zur Beseitigung erforderlich ist. Der unselbständige Auskunftsanspruch dient dagegen der Durchsetzung des jeweiligen Hauptanspruchs. Er ergibt sich aus dem zugrundeliegenden deliktischen oder vertraglichen Schuldverhältnis und dem Grundsatz von Treu und Glauben (§ 242 BGB).

2. Fallgestaltung. Das Muster beruht auf dem **Beispielsfall:**

QUIX-rent a game. Die GIGAFUN AG ist eine große und bekannte Herstellerin von Videospielen und Videospielsystemen. Der Komikzeichner und Grafiker Otto Simses hat eine Reihe von Videospielen geschaffen und die Nutzungsrechte daran der GIGAFUN AG eingeräumt. Die GIGAFUN AG vertreibt diese Spiele unter der Bezeichnung QUIX für eine spezielle Konsole.

Jens Schmidt und Markus Müller, beide Grafikstudenten, haben gemeinsam das „Garagen-Unternehmen“ Playrent Developments GbR gegründet. Ihre Geschäftsidee ist einfach und erfolgsversprechend: Sie entwickeln ein Gerät, mittels dessen die QUIX Playstation der GIGAFUN AG – ein reines Heimgerät – in ein professionelles Münzgerät umgewandelt und somit vermietet werden kann. Durch einfache Handgriffe lässt sich die QUIX Playstation in das „rent a game-QUIX“ Gerät der GbR einfügen. Die „rent a game-QUIX“ Geräte lassen sich dann an öffentlichen Orten wie beispielsweise in Gaststätten aufstellen oder für Veranstaltungen vermieten. Gegen Einwurf von Geldstücken kann dann das QUIX-game gespielt werden.

Die GIGAFUN AG, die ihre Spiele nur für den privaten Gebrauch veräußert (dies schreibt sie auch ausdrücklich auf die Verpackung der Spiele), beabsichtigt, gegen Jens Schmidt und Markus Müller gerichtlich vorzugehen. Vom Treiben der beiden hat sie schon ein Jahr Kenntnis, ohne jedoch etwas unternommen zu haben. Sie bittet den Rechtsanwalt Dr. Justus, gerichtliche Schritte gegen Jens Schmidt und Markus Müller einzuleiten mit dem Ziel, den weiteren Vertrieb der Geräte zu unterbinden, die „rent a game-QUIX" Geräte, die sich noch in deren Besitz befinden, zu vernichten und Schadensersatz zu fordern. Weiterhin möchte die GIGAFUN AG das Urteil gern in der Zeitschrift „Videomarkt" veröffentlicht haben, um Nachahmer abzuschrecken. Rechtsanwalt Dr. Justus entwirft eine Klageschrift wie aus dem Muster ersichtlich.

3. Die GbR ist seit dem Grundsatzurteil des BGH aus dem Jahre 2001 (BGHZ 146, 341 ff.), in dem die Teilrechtsfähigkeit der (Außen-)GbR anerkannt wurde, passivlegitimiert. Sie kann daher Beklagte des Verfahrens sein. Zur Parteibezeichnung gemäß § 253 Abs. 2 Nr. 1 ZPO genügt ein die GbR identifizierender Name (Zöller/*Althammer* ZPO § 50 Rn. 17). Nur bei Zahlungsklagen sollte gleichzeitig gegen die einzelnen Gesellschafter ein Prozess angestrengt werden.

4. Weil der entstandene Schaden vor Erfüllung des Auskunftsverlangens nicht bekannt ist, wird der Gegenstandswert nur vorläufig geschätzt.

5. Diese Rechtsauffassung ist nicht unproblematisch. Die Klage dient aber auch dazu, diese Rechtsfrage zu klären.

6. Die Störereigenschaft ist zu erörtern, weil die Beklagte die Videospiele nicht selbst vermietet oder vorführt. Sie stellt die Geräte bereit, die die Verletzungshandlungen ermöglichen.

7. An der Verhältnismäßigkeit, die Anspruchsvoraussetzung ist, ergeben sich keine Zweifel, weil der Tatbeitrag der Beklagten schwer wiegt. Beachte: § 101a UrhG ist nicht einschlägig, weil die Beklagte keine Vervielfältigungsstücke verbreitet.

2.8 Ordnungsmittelantrag[1, 2]

Landgericht Berlin

– Zivilkammer 16 –

Littenstraße 12–17

10179 Berlin

Telefax-Nr.: (030) 9023–2223

Az.: 16 O 115/03

Ordnungsmittelantrag

In der Zwangsvollstreckungssache

der BAOBAB Computerspiele GmbH,

vertreten durch ihren Geschäftsführer Reiner Maus,

Rathausstraße 17, 10178 Berlin,

– Gläubigerin –

Verfahrensbevollmächtigte:

Rechtsanwälte Justus & Partner,

Barbarossaplatz 1, 10781 Berlin

gegen

die CLAU Computerspiele GmbH,

vertreten durch ihren Geschäftsführer Hans Clau,

Spandauer Straße 25, 10 178 Berlin

– Schuldnerin –

beantragen wir namens und im Auftrag der Gläubigerin,

gegen die Schuldnerin ein empfindliches Ordnungsgeld, ersatzweise Ordnungshaft, festzusetzen.

Begründung:

I. Sachverhalt

Mit Beschl. v. 29.4.2015, Az. 16 O 115/15, beigefügt als

Anlage G 1,

hat die Kammer eine einstweilige Verfügung gegen die Schuldnerin erlassen. In der einstweiligen Verfügung hat die Kammer es der Schuldnerin unter anderem untersagt, das in der Reihe „CLAU Spielführer" erschienene Buch „Detektiv Dogon" ISBN 4–2318–4582–1 zu vertreiben und/oder vertreiben zu lassen und/oder hierfür zu werben und/
oder werben zu lassen, solange die in dem Buch enthaltenen Standbilder aus dem Computerspiel DETEKTIV DOGON der Gläubigerin entnommen werden.

Die einstweilige Verfügung vom 29.4.2015 wurde der Schuldnerin durch den Obergerichtsvollzieher Meyer am 5.5.2015 zugestellt.

Beweis: Kopie des Zustellungsprotokolls vom 5.5.2015, beigefügt als
Anlage G 2.

Am 12.5.2015 musste die Gläubigerin in Erfahrung bringen, dass die Schuldnerin die einstweilige Verfügung der Kammer nicht beachtet und das beanstandete Buch dem Buchhandel in unveränderter Form anbietet. An diesem Tag teilte der Buchhändler Lesefreund der Mitarbeiterin der Gläubigerin, Frau Schneider, anlässlich eines Besuchs von Frau Schneider in der Lesefreund-Buchhandlung gegen 15.00 Uhr mit, dass er am Vortag von der Schuldnerin 100 CLAU Spielführer für den Verkauf erhalten habe. Herr Lesefreund zeigte daraufhin Frau Schneider die CLAU Spielführer. Sie musste feststellen, dass die fünf von ihr kontrollierten Exemplare inhaltlich mit dem Buch identisch sind, auf das sich das einstweilige Verfügungsverfahren und das von der Kammer ausgesprochene Verbot bezieht.

Beweis: Zeugnis der Frau Jana Schmidt, zu laden über Lesefreund Buchhandlung,
Kopenhagener Straße 41, 10437 Berlin

II. Rechtliche Würdigung

Der von der Gläubigerin festgestellte Sachverhalt belegt, dass die Schuldnerin das Verbot der Kammer nicht beachtet, sondern vorsätzlich gegen das Verbot verstößt.

Nur die Verhängung eines empfindlichen Ordnungsgeldes wird zur Folge haben, dass die Schuldnerin nicht erneut gegen das Verbot verstoßen wird.

Zwei beglaubigte und zwei einfache Abschriften anbei.

Dr. Klaus Justus

Rechtsanwalt

Anmerkungen

1. Zweck und Inhalt. Bei Verstößen gegen die einstweilige Verfügung oder das Urteil (zB wenn der Antragsgegner das Buch trotz des Verbots weiter verbreitet) sollte ein Ordnungsmittelantrag bei der Kammer gestellt werden, die die Verfügung erlassen hat (§ 890 ZPO). Ein Verstoß gegen die einstweilige Verfügung ist dabei nicht nur dann gegeben, wenn sich die konkret bezeichnete Verletzungsform in identischer Weise wiederholt. Vielmehr umfasst der Schutzumfang des Titels den *Kernbereich* eines urheberrechtswidrigen Verhaltens („Kerntheorie", hierzu Köhler/Bornkamm/Feddersen/*Köhler* UWG § 12 Rn. 2.29). Der Antragsgegner soll sich dem Verbot der einstweiligen Verfügung nicht dadurch entziehen können, dass er die Verletzungshandlung leicht abwandelt.

Zu beachten ist, dass im Zivilrecht der sogenannte Fortsetzungszusammenhang (anders als im Strafrecht) anerkannt wird und bei notorischer Missachtung der Verfügung durch den Gegner nicht wegen jedes einzelnen Verstoßes ein neuer Antrag gestellt werden darf (häufiger Anwaltsfehler!). Das Gericht weist die zu viel gestellten Anträge sonst mit der entsprechenden Kostenfolge zurück. Der Fortsetzungszusammenhang wird nach der hM erst durch die Zustellung des Ordnungsgeldbeschlusses unterbrochen.

Es ist zu beachten, dass im Ordnungsmittelverfahren der Vollbeweis gilt (Urkunden, Zeugen, Augenschein, Sachverständiger, Parteivernehmung). Gegen den Beschluss ist das Rechtsmittel der sofortigen Beschwerde gegeben (§ 577 ZPO). Anspruchsteller und Anspruchsgegner werden im Ordnungsmittelverfahren als Gläubiger und Schuldner bezeichnet.

2. Fallgestaltung: → Form. IX.2.3 und → Form. IX.2.6.

X. Presserecht

1. Abmahnung[1]

Vorab per Telefax: . . . . .

ABC-Verlag GmbH

– Geschäftsleitung –

ABC Straße 1

20354 Hamburg

Hamburg, den . . . . .

Andreas Müller[2] ./. ABC-Verlag GmbH[3]

Veröffentlichung in ABC-Zeitung Nr. . . . . . vom . . . . . auf Seite . . . . . mit dem Titel „. . . . .“[4]

Unterlassung

Sehr geehrte Damen und Herren,

unter Bezugnahme auf die beigefügte Originalvollmacht zeigen wir an, dass wir Herrn Andreas Müller, ... *(Anschrift)* anwaltlich vertreten.[5]

Der in der von Ihnen verlegten ABC-Zeitung Nr. . . . . . vom . . . . . erschienene Artikel mit dem Titel „. . . . .“ verletzt in mehrfacher Hinsicht die Persönlichkeitsrechte unserer Mandantschaft:[6]

1. In dem Artikel wird über unseren Mandanten Folgendes behauptet: „Jetzt hat die Staatsanwaltschaft Hamburg gegen den Vorstandsvorsitzenden der AM Invest AG Andreas Müller ein Ermittlungsverfahren wegen Betrugs eingeleitet“. Ein Ermittlungsverfahren gegen unseren Mandanten gibt es nicht. Hierbei handelt es sich um eine unwahre und ehrverletzende Tatsachenbehauptung, die unseren Mandanten schwerwiegend in seinem allgemeinen Persönlichkeitsrecht verletzt.[7]
2. Weiter heißt es in dem Beitrag über unseren Mandanten: „Währenddessen verbrachte Müller den Sommerurlaub mit seiner neuen Lebensgefährtin Veronika Maier in seiner Finca am Ortsrand von Port d'Andratx auf Mallorca“. Diese Äußerungen greifen in den Kernbereich der Privatsphäre ein und sind nicht durch ein legitimes Informationsinteresse gerechtfertigt. Sie sind daher schon wegen Verletzung der Privatsphäre rechtswidrig, unabhängig von der Frage ihres Wahrheitsgehalts.[8]
3. Zudem ist der Artikel mit einem Foto illustriert, das unseren Mandanten nur mit einer Badehose bekleidet im Urlaub am Pool beim Spielen mit seinen Kindern zeigt. Die Aufnahme wurde offensichtlich heimlich und aus großer Distanz aufgenommen. Unser Mandant hat in die Veröffentlichung der Abbildung nicht gemäß § 22 KUG eingewilligt und sie ist auch nicht von § 23 Abs. 1 KUG gedeckt. Sie leistet keinerlei Beitrag zu einer Debatte mit Sachgehalt, sondern dient allein der Neugierbefriedigung und verletzt das berechtigte Interesse unseres Mandanten am Schutz seines Privatlebens, § 23 Abs. 2 KUG.[9]

4. Unserem Mandanten steht daher ein Anspruch auf Unterlassung nach § 1004 Abs. 1 Satz 2 BGB analog, § 823 Abs. 1 BGB, § 823 Abs. 2 BGB iVm §§ 185 ff. StGB, §§ 22, 23 KUG, Artikel 1 Abs. 1 iVm Artikel 2 Abs. 1 GG, Artikel 8 EMRK gegen Sie zu. Zur Beseitigung der Wiederholungsgefahr haben wir Sie daher aufzufordern, die in der Anlage als Entwurf beigefügte strafbewehrte Unterlassungserklärung bis spätestens

. . . . . (hier eingehend)

unterzeichnet an uns zurückzusenden. Eine Übermittlung vorab per E-Mail oder Telefax ist zur Fristwahrung nur dann ausreichend, wenn das Original unverzüglich nachfolgt.[10]

Zudem sind Sie nach § 823 BGB und den Grundsätzen der Geschäftsführung ohne Auftrag dazu verpflichtet, unserem Mandanten bis spätestens

. . . . . (Zahlungseingang)

die Kosten dieser Abmahnung gemäß der beiliegenden Kostennote durch Überweisung auf unser Kanzleikonto zu erstatten.[11]

Nach fruchtlosem Verstreichen der Frist werden wir unserem Mandanten umgehend und ohne weitere Ankündigung die Einleitung gerichtlicher Schritte empfehlen.

Die Geltendmachung weitergehender Rechte und Ansprüche bleibt ausdrücklich vorbehalten.

Mit freundlichen Grüßen

Rechtsanwältin/Rechtsanwalt

Anmerkungen

1. Die Abmahnung ist die außergerichtliche Aufforderung, eine Rechtsverletzung zu unterlassen. Sie dient damit aus Sicht des durch eine Äußerung/Wortberichterstattung oder Abbildung/Bildberichterstattung in seinen Rechten Verletzten der außergerichtlichen Durchsetzung des Unterlassungsanspruchs. Der Unterlassungsanspruch ist in der Praxis des Presse- und Äußerungsrechts der Anspruch mit der größten Bedeutung, weil er die Unterbindung einer rechtswidrigen Berichterstattung ermöglicht und auch im Wege der einstweiligen Verfügung (→ Form. X.6) durchsetzbar ist. Voraussetzung des Unterlassungsanspruchs ist die unmittelbare Betroffenheit des Anspruchstellers von der angegriffenen Äußerung/Bildveröffentlichung, ein rechtswidriger Eingriff in das allgemeine Persönlichkeitsrecht oder Unternehmenspersönlichkeitsrecht sowie das Vorliegen von Wiederholungs- oder Erstbegehungsgefahr (MAH UrhR/*Hegemann/Amelung*, 2. Aufl. 2017, § 15 Rn. 3 ff.).

Wesentlicher Inhalt der Abmahnung ist:

- Konkrete und eindeutige Bezeichnung der Verletzungshandlung,
- Aufforderung an den Verletzer zur Unterlassung und zur Ausräumung der Wiederholungsgefahr durch Abgabe einer der Abmahnung regelmäßig bereits beigefügten strafbewehrten Unterlassungserklärung (→ Form. X.2) unter Setzen einer angemessenen Frist sowie
- Androhung gerichtlicher Schritte falls die geltend gemachten Ansprüche nicht fristgerecht erfüllt werden.

Die Abmahnung ist zwar weder Voraussetzung des Unterlassungsanspruchs noch Voraussetzung für eine nachfolgende gerichtliche Geltendmachung des Unterlassungsanspruchs. Ohne Abmahnung hat der Anspruchsteller aber das Risiko, nach § 93 ZPO die Kosten des gerichtlichen Verfahrens tragen zu müssen, wenn der Verletzer den Unterlassungsanspruch sofort anerkennt (*Wanckel* NJW 2009, 3353 (3354)). Hinzu kommt, dass unter Berücksichtigung des „Grundsatzes der prozessualen Waffengleichheit" und der aktuellen Vorgaben des BVerfG der Erlass einer einstweiligen Verfügung in Pressesachen ohne Termin zur mündlichen Verhandlung und ohne vorherige Anhörung der Gegenseite idR nur dann möglich ist, wenn (1) zuvor eine Abmahnung ausgesprochen wurde oder diese aufgrund besonderer Umstände entbehrlich ist, (2) eine vorhandene Antwort des Abgemahnten dem Gericht vorgelegt wird, (3) Abmahnung und einstweiliger Verfügungsantrag deckungsgleich sind und (4) der Antrag vollständig begründet ist (BVerfG NJW 2018, 3631 – Die F.-Tonbänder; BVerfG NJW 2018, 3634 – Steuersparmodell eines Fernsehmoderators; BVerfG NJW 2020, 2021 – Prozessuale Waffengleichheit in äußerungsrechtlichen Eilverfahren; *Mantz* NJW 2020, 2007; *Mantz* NJW 2019, 953 ff.; *Schlüter* GRUR-Prax 2018, 530). Fehlt die Abmahnung, wird somit regelmäßig Termin zur mündlichen Verhandlung nach §§ 936, 922 Abs. 1 S. 1 Var. 1 ZPO anzuberaumen sein (*Korte*, PresseR, 2. Aufl. 2019, § 5 Rn. 124 ff.). Auch aus diesem Grund ist die Abmahnung grundsätzlich geboten.

Aus Beweisgründen empfiehlt es sich, die Abmahnung vorab per Fax und/oder E-Mail sowie zudem per Post/Einschreiben zu übermitteln. Der Abgemahnte muss zwar ggf. darlegen und beweisen, dass ihm diese nicht zugegangen ist, jedoch trifft den Abmahnenden eine sekundäre Darlegungs- und Beweislast in Bezug auf den ordnungsgemäßen Versand (BGH GRUR 2007, 629 – Zugang des Abmahnschreibens).

Aus der Perspektive des Empfängers einer presserechtlichen Abmahnung und dessen Berater bestehen verschiedene denkbare Reaktionsmöglichkeiten (zur Abwehr presserechtlicher Unterlassungsansprüche vgl. *Wanckel* NJW 2009, 3497 ff.). Er kann einerseits die geltend gemachten Ansprüche vollumfänglich zurückweisen, andererseits die Ansprüche voll erfüllen und die geforderte Unterlassungserklärung (→ Form. X.2) abgeben oder – als Zwischenweg – den Ansprüchen teilweise nachkommen und eine modifizierte Unterlassungserklärung abgeben. Die Wahl zwischen diesen Möglichkeiten wird maßgeblich davon abhängen, ob und inwieweit der behauptete Unterlassungsanspruch und die Abmahnung berechtigt ist. Keinesfalls ratsam ist es, überhaupt nicht zu reagieren. Denn dann ist damit zu rechnen, dass der Anspruchsteller den Unterlassungsanspruch im Wege der einstweiligen Verfügung (→ Form. X.6) und/oder Hauptsacheklage (→ Form. X.10) weiterverfolgen wird und ein Gericht mangels Stellungnahme ohne Berücksichtigung etwaiger Verteidigungsargumente eine einstweilige Beschlussverfügung erlässt.

Siehe zur Abmahnung und Unterlassungserklärung auch → Form. I.2, → Form. I.3, → Form. IV.2.2, → Form. VI.1, → Form. VI.2, → Form. VII.1.2 – → Form. VII.1.10, → Form. IX.2.1, jeweils nebst Anmerkungen.

2. Anspruchsberechtigt/aktivlegitimiert sind natürliche oder juristische Personen, die durch eine Äußerung oder Abbildung unmittelbar in eigenen Rechten betroffen sind (ausführlich dazu *Prinz/Peters*, MedienR, 1999, 12. Kap. Rn. 305 ff.). Betroffenheit setzt Erkennbarkeit voraus. Eine namentliche Nennung ist dafür aber nicht erforderlich, vielmehr kann sich die Erkennbarkeit auch aus sonstigen Umständen ergeben (BVerfG NJW 2008, 39 – Esra; BVerfG NJW 2007, 3197 – Contergan). Aussagen über ein Kollektiv begründen grundsätzlich keine unmittelbare Betroffenheit jedes einzelnen Mitglieds des Kollektivs, wenn es sich um eine unüberschaubar große Gruppe – zB 40.000 Ärzte – handelt (MAH UrhR/*Hegemann/Amelung*, 2. Aufl. 2017, § 15 Rn. 5 f.). Unternehmen, Institutionen und Vereine können individuell betroffen sein, wenn durch die Berichterstattung ihr eigener Ruf tangiert wird oder wenn Gesellschafter, Organe oder Mitarbeiter in dieser Eigenschaft oder wegen einer Tätigkeit angegriffen werden, mit der zugleich auch die Gesellschaft identifiziert wird (BGH GRUR 1980, 1090 – Das Medizin-Syndikat I; BGH GRUR 1981, 80 – Das Medizin-Syndikat IV; *Prinz/Peters*, MedienR, 1999, 12. Kap. Rn. 307). Unterlassungsansprüche wegen Verletzung des postmortalen Persönlichkeitsrechts Verstorbener können von den nächsten Angehörigen geltend gemacht werden, sofern eine Verletzung der vermögenswerten Bestandteile des Persönlichkeitsrechts in Rede steht von den Erben (BGH GRUR 2002, 690 – Marlene Dietrich).

3. Anspruchsverpflichtet/passivlegitimiert ist grundsätzlich jeder Störer. Die Begrifflichkeiten des für das Presserecht zuständigen VI. Zivilsenats des BGH unterscheiden sich insoweit von denen des I. Zivilsenats. Der VI. Senat bezeichnet den Täter als „unmittelbaren Störer“ (siehe dazu BGH GRUR 2017, 844 Rn. 18 – klinikbewertungen.de; BGH GRUR 2016, 855 Rn. 16 ff. – www.jameda.de; siehe zum Ganzen *Korte*, PresseR, 2. Aufl. 2019, § 4 Rn. 1 ff.). Störer ist jeder, der willentlich und kausal an der Herbeiführung des Eingriffs mitgewirkt hat oder die Störquelle, aus der der Eingriff herrührt, beherrscht. Als Störer passivlegitimiert ist hiernach insbesondere der Urheber/Autor einer Medienberichterstattung sowie der Verlag, Rundfunkveranstalter oder Telemedienanbieter als „Herr des Unternehmens“ (MAH UrhR/*Hegemann/Amelung*, 2. Aufl. 2017, § 15 Rn. 8). Im Bereich der Telemedien können Hostprovider – wie Online-Bewertungsportale etc – als „unmittelbare Störer“ auf Unterlassung in Anspruch genommen werden, wenn es sich entweder um eigene Inhalte des Providers handelt oder um solche Inhalte, die zwar von einem Dritten eingestellt wurden, die sich der Provider aber zu eigen gemacht hat (BGH GRUR 2016, 855 Rn. 16 ff. – www.jameda.de). Daneben kommt eine Verantwortlichkeit des Telemedienanbieters als „mittelbarer Störer“ in Betracht. Dies setzt allerdings die Verletzung von Prüfpflichten voraus. Deren Umfang bestimmt sich danach, ob und inwieweit dem als mittelbaren Störer in Anspruch Genommenen nach den Umständen des Einzelfalls eine Verhinderung der Verletzung zuzumuten ist. Danach ist ein Hostprovider grundsätzlich nicht verpflichtet, von den Nutzern in das Netz gestellte Beiträge vor Veröffentlichung auf eventuelle Rechtsverletzungen zu überprüfen. Er ist aber verantwortlich, sobald er Kenntnis von der Rechtsverletzung erlangt. Weist ein Betroffener den Hostprovider auf eine Verletzung seines Persönlichkeitsrechts durch den Nutzer seines Angebots hin, kann der Hostprovider verpflichtet sein, künftig derartige Störungen zu verhindern (BGH GRUR 2016, 855 Rn. 19 ff. – www.jameda.de). Zu weiteren Einzelheiten der Passivlegitimation und möglichen Anspruchsverpflichteten siehe Götting/Schertz/Seitz/*von Hutten*, Persönlichkeitsrechts-HdB, 2. Aufl. 2019, § 42 Rn. 19 ff.; MAH UrhR/*Hegemann/Amelung*, 2. Aufl. 2017, § 15 Rn. 8).

4. Es ist üblich und sinnvoll, direkt im Betreff der presserechtlichen Abmahnung die Veröffentlichung klar zu bezeichnen, die Gegenstand der Abmahnung ist.

5. Zu Beginn der Abmahnung erfolgt die Vertretungsanzeige. Nach der Rechtsprechung des BGH (BGH GRUR 2010, 1120 – Vollmachtsnachsweis) ist die Vorlage der Originalvollmacht nicht erforderlich, wenn die Abmahnung – wie in der Praxis üblich und auch im vorliegenden Muster vorgesehen – mit einem Angebot zum Abschluss eines Unterlassungsvertrags verbunden und ihr eine vorformulierte Unterlassungserklärung beigefügt ist. In diesem Fall ist für die Anwendung des § 174 BGB kein Raum. Dennoch empfiehlt sich zur Vermeidung von Diskussionen, der Abmahnung eine vorhandene Vollmachtsurkunde im Original beizufügen.

6. Kern der Abmahnung ist die Darlegung der Voraussetzungen des Unterlassungsanspruchs, insbesondere die konkrete Bezeichnung der Persönlichkeitsrechtsverletzung und des Sachverhalts aus der sich diese ergibt. Verletzungen des Persönlichkeitsrechts sind sowohl durch Äußerungen als auch durch Abbildungen möglich:

a) Unterlassungsansprüche gegen Äußerungen

Rechtsgrundlage eines Unterlassungsanspruchs wegen einer Wortberichterstattung ist § 1004 Abs. 1 S. 2 BGB analog, § 823 Abs. 1 BGB iVm dem allgemeinen Persönlichkeitsrecht (Art. 1 Abs. 1, 2 Abs. 1 GG) oder iVm dem Unternehmenspersönlichkeitsrecht, § 823 Abs. 2 BGB iVm §§ 185 ff. StGB, §§ 824, 826 BGB. Eine Persönlichkeitsrechtsverletzung kann sich im Fall von Äußerungen vor allem ergeben aus

- der Behauptung oder Verbreitung einer unwahren und ehrverletzenden Tatsachenbehauptung,

- der Behauptung oder Verbreitung einer (wahren oder unwahren) Tatsachenbehauptung oder Meinungsäußerung, die die Intim-, Geheim- oder Privatsphäre verletzt und/oder
- einer unzulässigen Meinungsäußerung, insbesondere wenn diese die Grenze zur Schmähkritik überschreitet.

Von daher kommt der Deutung der streitgegenständlichen Äußerung und der weichenstellenden Abgrenzung zwischen Tatsachenbehauptung und Meinungsäußerung grundlegende Bedeutung zu. Maßgebend für die Deutung einer Äußerung ist das Verständnis eines unvoreingenommenen und verständigen Publikums. Ausgehend vom Wortlaut und allgemeinen Sprachgebrauch sind bei der Deutung der Kontext und die Begleitumstände zu berücksichtigen. Zur Erfassung des vollständigen Aussagegehalts muss die beanstandete Äußerung stets in dem Gesamtzusammenhang beurteilt werden, in dem sie gefallen ist (st. Rspr., BGH GRUR 2017, 298 Rn. 12 ff. – „Mal PR-Agent, mal Reporter"; GRUR 2015, 96 Rn. 19 – Chefjustiziar). Tatsachenbehauptungen sind durch die objektive Beziehung zwischen Äußerung und Wirklichkeit charakterisiert. Demgegenüber werden Werturteile und Meinungsäußerungen durch die subjektive Beziehung des sich Äußernden zum Inhalt seiner Aussage geprägt. Wesentlich für die Einstufung als Tatsachenbehauptung ist danach, ob die Aussage einer Überprüfung auf ihre Richtigkeit mit Mitteln des Beweises zugänglich ist. Dies scheidet bei Werturteilen und Meinungsäußerungen aus, weil sie durch das Element der Stellungnahme und des Dafürhaltens gekennzeichnet sind und sich deshalb nicht als wahr oder unwahr erweisen lassen. Sofern eine Äußerung, in der sich Tatsachen und Meinungen vermengen, durch die Elemente der Stellungnahme, des Dafürhaltens oder Meinens geprägt ist, wird sie als Meinung von dem Grundrecht aus Artikel 5 Abs. 1 GG geschützt (st. Rspr., siehe BGH GRUR 2016, 104 Rn. 24 – recht§billig, mwN). Auch bei mehrdeutigen Äußerungen kommen grundsätzlich Unterlassungsansprüche in Betracht, sofern nach einer der Deutungsvarianten eine Persönlichkeitsrechtsverletzung vorliegt (BVerfG NJW 2006, 207 – „IM-Sekretär" Stolpe). Allerdings entfällt der Unterlassungsanspruch, wenn eine ernsthafte und eindeutige Klarstellung des Inhalts der Äußerung erfolgt und durch diese Klarstellung eine eindeutige Aussage vorliegt, die keine Rechtsverletzung (mehr) darstellt (BVerfG NJW 2008, 1654 Rn. 30 ff. – Gegendarstellung bei verdeckten Aussagen).

In der Rechtsprechung sind verschiedene Kriterien entwickelt worden, die Leitlinien für die Beurteilung der Rechtmäßigkeit von Äußerungen vorgeben (siehe BGH GRUR 2015, 289 Rn. 21– Hochleistungsmagneten, mwN; ausführlich *Korte*, PresseR, 2. Aufl. 2019, § 2 Rn. 153 ff.):

Unwahre und herabsetzende Tatsachenbehauptungen sind unzulässig, weil an der Weiterverbreitung solcher Behauptungen unter dem Gesichtspunkt der Meinungsfreiheit kein schützenswertes Interesse besteht (BGH GRUR 2015, 289 Rn. 21– Hochleistungsmagneten).

Ausnahmsweise kann die Verbreitung unwahrer Tatsachenbehauptungen wegen Wahrnehmung berechtigter Interessen analog § 193 StGB gerechtfertigt sein, wenn die Presse eine unwahre Tatsachenbehauptung in der irrtümlichen Annahme aufstellt, sie sei wahr. Auf die Wahrnehmung berechtigter Interessen kann die Presse sich jedoch nur berufen, wenn sie erstens über einen Gegenstand von öffentlichem Informationsinteresse berichtet und zweitens bei der Recherche ihrer journalistischen Sorgfaltspflicht genügt hat (BVerfG NJW 2014, 3360 Rn. 15 – Doping in der DDR).

Nach den Grundsätzen der Verdachtsberichterstattung darf die Presse auch über einen bloßen Verdacht berichten. Wichtigster Anwendungsfall ist die Berichterstattung über laufende Strafverfahren. Voraussetzung für eine zulässige Verdachtsberichterstattung ist aber, dass (1) ein überwiegendes öffentliches Informationsinteresse an der Berichterstattung besteht, (2) ein Mindestbestand an Beweistatsachen für die Richtigkeit des Verdachts vorliegt, (3) sorgfältig recherchiert und idR dem Betroffenen Gelegenheit zur Stellungnahme gegeben wurde sowie (4) klar erkennbar nur über einen Verdacht berichtet wird und keine Vorverurteilung stattfindet (BGH GRUR 2016, 532 – Ermittlungsverfahren wegen sexuellen Missbrauchs).

Wahre Tatsachenbehauptungen müssen idR hingenommen werden, auch wenn sie nachteilig für den Betroffenen sind (BGH GRUR 2013, 94 Rn. 12 – Gazprom-Manager).

Auch wahre Tatsachenbehauptungen können allerdings Unterlassungsansprüche auslösen, wenn hierdurch eine der durch das Persönlichkeitsrecht besonders geschützten Sphären – va die Intim-, Geheim- oder Privatsphäre – verletzt wird. Der Eingriff ist aber nur dann rechtswidrig, wenn das Schutzinteresse des Betroffenen die schutzwürdigen Belange der anderen Seite überwiegt, wobei zentrale Abwägungsfaktoren die Eingriffsintensität, der Informationswert der Berichterstattung und das Vorverhalten des Betroffenen – zB eine Selbstöffnung der Privatsphäre – sind (vgl. BGH GRUR 2018, 964 Rn. 27 ff. – Tochter von Prinzessin Madeleine; BGH GRUR 2017, 850 – Popstar und Dessousmodel; ausführlich Götting/Schertz/Seitz/*Wanckel*, Persönlichkeitsrechts-HdB, 2. Aufl. 2019, § 19 Rn. 1 ff.).

Meinungsäußerungen stehen unter dem besonderen Schutz des Artikel 5 Abs. 1 GG und können nur in Ausnahmefällen und nach umfassender Abwägung der widerstreitenden Interessen untersagt werden (im Einzelnen MAH UrhR/*Hegemann*/*Amelung*, 2. Auflage 2017, § 13 Rn. 81 ff.). Ein Unterlassungsanspruch besteht grundsätzlich nur, wenn die Grenze zur Schmähkritik oder Formalbeleidigung überschritten wird oder wenn eine besonders geschützte Sphäre – wie die Intim-, Geheim- oder Privatsphäre – verletzt ist (BVerfG NJW 2008, 358 – Äußerungen eines Rechtsanwalts außerhalb eines Gerichtsverfahrens und Ehrenschutz). Unzulässige Schmähkritik ist nur dann anzunehmen, wenn die Äußerung primär auf die Diffamierung der Person und nicht mehr auf eine Auseinandersetzung in der Sache abzielt. Schmähkritik liegt daher nur ausnahmsweise vor und ist bei einer die Öffentlichkeit wesentlich berührenden Frage regelmäßig zu verneinen (BVerfG NJW 1995, 3303 – Soldaten sind Mörder; NJW 2016, 2870 – Staatsanwältin).

b) Unterlassungsansprüche gegen die Veröffentlichung von Abbildungen

Im Fall von Abbildungen ist Rechtsgrundlage des Unterlassungsanspruchs in erster Linie § 1004 Abs. 1 S. 2 BGB analog, § 823 Abs. 2 BGB iVm dem Recht am eigenen Bild (§§ 22, 23 KUG). Das Recht am eigenen Bild als besonderes Persönlichkeitsrecht schützt (nur) Bildnisse, auf denen eine Person erkennbar abgebildet ist.

Gemäß dem Grundsatz in § 22 KUG dürfen Bildnisse nur mit Einwilligung des Abgebildeten verbreitet oder öffentlich zur Schau gestellt werden. Eine Einwilligung kann ausdrücklich oder konkludent (zB durch Posieren vor Pressefotografen) erteilt werden. Ausnahmsweise ist die Veröffentlichung von Bildnissen in den Fällen des § 23 Abs. 1 KUG auch ohne Einwilligung zulässig, dh bei Bildnissen aus dem Bereich der Zeitgeschichte (Nr. 1), wenn Personen nur als Beiwerk neben einer Landschaft oder sonstigen Örtlichkeit erscheinen (Nr. 2), bei Bildern von Versammlungen (Nr. 3) oder wenn die Verbreitung einem höheren Interesse der Kunst dient (Nr. 4). Eine Rückausnahme gilt nach § 23 Abs. 2 KUG, wenn durch die Veröffentlichung ein berechtigtes Interesse verletzt wird.

Die Rechtsprechung hat hieraus va für die in der Praxis wichtigste Fallgruppe der Bildnisse aus dem Bereich der Zeitgeschichte (§ 23 Abs. 1 Nr. 1 KUG) ein „abgestuftes Schutzkonzept“ und zahlreiche Kriterien für die erforderliche umfassende Interessenabwägung zwischen den Persönlichkeitsrechten des Abgebildeten aus Artikeln 1 Abs. 1, 2 Abs. 1 GG, 8 EMRK einerseits und den Rechten der Medien aus Artikeln 5 Abs. 1 GG, 10 EMRK andererseits entwickelt (siehe nur BGH GRUR 2007, 527 – Winterurlaub; GRUR 2014, 804 – Mieterfest; GRUR 2017, 302 – Klaus Wowereit; BVerfG GRUR 2008, 539 – Caroline von Hannover; EGMR GRUR 2004, 1051 – von Hannover/Deutschland; GRUR 2012, 745– von Hannover/Deutschland Nr. 2). Der Begriff der Zeitgeschichte ist hiernach weit zu verstehen und vom Informationsinteresse der Öffentlichkeit her zu bestimmen. Erfasst werden nicht nur Vorgänge von politischer Bedeutung, sondern „ganz allgemein das Geschehen der Zeit, also alle Fragen von allgemeinem gesellschaftlichem Interesse“ (BGH GRUR 2018, 964 Rn. 11 – Tochter von Prinzessin Madeleine). Im Zuge der gebotenen Einzelfallabwägung kommt dem Informationswert der Berichterstattung maßgebende Bedeutung zu. Je größer der Informationswert für die Öffentlichkeit ist, desto eher muss das Schutzinteresse des Abgebildeten hinter den Informationsbelangen der Öffentlichkeit zurücktreten. Umgekehrt wiegt der Schutz der Persönlichkeit des Abgebildeten umso schwerer, je geringer der Informationswert für die Allgemeinheit ist. Das Interesse der Leser an bloßer Unterhaltung hat gegenüber dem Schutz der Privatsphäre regelmäßig ein geringeres Gewicht und ist nicht schützenswert (BGH GRUR 2007, 527 Rn. 20 ff. – Winterurlaub). Bei der Beurteilung des Informationswerts ist nicht nur auf die Abbildung selbst, sondern auf den Gesamtkontext des Beitrags unter Berücksichtigung der Wortberichterstattung abzustellen. Im Rahmen der Abwägung können insbesondere auch der Bekanntheitsgrad des Abgebildeten und dessen Stellung („Person des öffentlichen Leben“, früher „absolute/relative Person der Zeitgeschichte“), die Umstände der Gewinnung der Bildaufnahme (zB durch Ausnutzung von Heimlichkeit oder beharrliche Nachstellung), die Frage in welcher Situation der Abgebildete erfasst und wie er dargestellt wird (zB Privatsphäre, Intimsphäre, besonders geschützte Eltern-Kind-Situationen) und das mediale Vorverhalten des Abgebildeten (zB freiwillige Selbstöffnung der Privatsphäre) von Bedeutung sein. Die kommerzielle Verwendung von Bildnissen im Rahmen der Werbung ist idR ohne Einwilligung des Betroffenen nicht zulässig. Etwas anderes kann aber gelten und der Anwendungsbereich des § 23 Abs. 1 Nr. 1 KUG eröffnet sein, wenn eine Werbeanzeige neben dem Werbezweck auch einen Informationsgehalt aufweist, etwa sich satirisch mit einem aktuellen Tagesereignis auseinandersetzt (BGH GRUR 2007, 139 – Rücktritt des Finanzministers; GRUR 2011, 647 – Markt & Leute).

Für weitere Einzelheiten zum Recht am eigenen Bild und auch zum umstrittenen Verhältnis des KUG zur DSGVO siehe Götting/Schertz/Seitz/*Schertz*, Persönlichkeitsrechts-HdB, 2. Aufl. 2019, § 12 Rn. 1 ff.

c) Verjährung

Die Verjährung des Unterlassungsanspruchs richtet sich nach §§ 195, 199 BGB, dh die regelmäßige Verjährungsfrist beträgt 3 Jahre. Sofern Unterlassungsansprüche (auch) auf wettbewerbsrechtliche Bestimmungen gestützt werden (siehe va § 4 Nr. 1, Nr. 2 UWG), ist die kurze sechsmonatige Verjährungsfrist in § 11 UWG zu beachten.

7. Die erste Äußerung in dem der Abmahnung zugrunde liegenden Fall ist ein Beispiel für eine unwahre und ehrverletzende Tatsachenbehauptung. Unwahre herabsetzende Tatsachenbehauptungen sind grundsätzlich unzulässig (→ Anm. 6). Es handelt sich auch nicht um eine zulässige Verdachtsberichterstattung, da gerade nicht auf der Grundlage eines tatsächlich bestehenden Ermittlungsverfahrens über einen Verdacht berichtet wird (→ Anm. 6).

8. Die zweite Äußerung ist ein Beispiel für einen Eingriff in die Privatsphäre als Teil des Persönlichkeitsrechts, der auch durch wahre Tatsachenbehauptungen möglich ist (→ Anm. 6).

9. Mit der dritten Beanstandung in der Abmahnung wird eine Verletzung des Rechts am eigenen Bild (§§ 22, 23 KUG) durch die Bildberichterstattung geltend gemacht (→ Anm. 6).

10. Der in die Zukunft gerichtete Unterlassungsanspruch setzt voraus, dass eine Rechtsverletzung droht (sog. Begehungsgefahr). Das ist der Fall, wenn entweder bereits eine Rechtsverletzung begangen worden ist, deren Wiederholung droht (sog. Wiederholungsgefahr), oder wenn tatsächliche Umstände eine Rechtsverletzung in naher Zukunft ernstlich befürchten lassen (sog. Erstbegehungsgefahr). Hat ein rechtswidriger Eingriff – wie im Fallbeispiel aufgrund der erfolgten Berichterstattung – bereits stattgefunden, spricht eine Vermutung für das Vorliegen von Wiederholungsgefahr und diese kann idR nur durch Abgabe einer strafbewehrten Unterlassungserklärung ausgeräumt werden. Der Entwurf einer vorformulierten Unterlassungserklärung wird in der Praxis üblicherweise der Abmahnung als Anlage beigefügt (→ Form. X.2). Zur Ausräumung der Beeinträchtigung durch eine mehrdeutige Äußerung reicht dagegen schon eine Klarstellung des Inhalts der Äußerung durch schlichte Erklärung gegenüber dem Betroffenen (BVerfG NJW 2006, 207 ff. – „IM-Sekretär" Stolpe; OLG Stuttgart ZUM 2015, 1009). Für die Erstbegehungsgefahr spricht keine Vermutung, sondern sie muss durch konkrete Tatsachen belegt werden. Zur Ausräumung einer Erstbegehungsgefahr ist keine strafbewehrte Unterlassungserklärung erforderlich, sondern genügt eine ernsthafte und eindeutige Erklärung, dass die beanstandete Handlung nicht vorgenommen wird. Zum Ganzen *Korte*, PresseR, 2. Aufl. 2019, § 5 Rn. 28 ff..

Die dem Abgemahnten gesetzte Frist zur Abgabe der Unterlassungserklärung muss angemessen lang sein, um dem Abgemahnten eine sachliche Überprüfung zu ermöglichen. Starre Fristen existieren nicht. Üblich sind im Presserecht aufgrund der besonderen Dringlichkeit Fristen von wenigen Tagen, im Einzelfall kann auch eine Frist von wenigen Stunden angemessen sein (vgl. MAH UrhR/*Hegemann*/*Amelung*, 2. Aufl. 2017, § 15 Rn. 26). Eine unangemessen kurze Frist macht die Abmahnung nicht unwirksam, sondern setzt eine angemessene Frist in Gang (BGH GRUR 1990, 381 – Antwortpflicht des Abgemahnten).

Der Abmahnende kann und sollte auf Übersendung der Unterlassungserklärung im Original bestehen. Die Vereinbarung, auf die die Unterwerfungserklärung abzielt, ist ein abstraktes Schuldanerkenntnis nach §§ 780, 781 BGB (BGH GRUR 1995, 678 – Kurze Verjährungsfrist; GRUR 1998, 953 (954) – Altunterwerfung III). Das Schriftformerfordernis entfällt zwar, wenn der Schuldner Kaufmann ist (§§ 350, 343 HGB). Auch wenn für die Unterlassungserklärung kein Formzwang gilt, kann der Gläubiger bei Übermittlung der Unterwerfungserklärung (vorab) per Telefax oder E-Mail nach § 127 Abs. 2 S. 2 BGB eine mit verbindlicher Unterschrift versehene Bestätigung verlangen. Zudem ergibt sich aus Sinn und Zweck der Unterwerfungserklärung eine Pflicht des Schuldners, dem Gläubiger auf Verlangen die mündlich, telefonisch, per Telefax oder E-Mail abgegebene Erklärung schriftlich zu bestätigen. Wenn der Schuldner dem Verlangen nicht nachkommt, ist die Erklärung wegen des Fehlens ernsthafter Unterwerfungsbereitschaft wirkungslos (BGH GRUR 1990, 530, 532 – Unterwerfung durch Fernschreiben; siehe zum Ganzen Köhler/Bornkamm/Feddersen/*Bornkamm*, 38. Aufl. 2020, UWG § 12 Rn. 1.144, 1.145).

11. Der Kostenerstattungsanspruch folgt zum einen als Schadensersatzanspruch aus § 823 BGB und/oder – soweit einschlägig – §§ 824, 826 BGB, zum anderen aus Geschäftsführung ohne Auftrag nach §§ 683, 677, 670 BGB. Durch die Abmahnung entstandene Rechtsanwaltskosten sind grundsätzlich als notwendige Kosten der Rechtsverfolgung erstattungsfähig, auch bei Unternehmen mit eigener Rechtsabteilung (BGH GRUR 2008, 928 – Abmahnkostenersatz; GRUR 2011, 268 – Druckerzeugnis und Online-Berichterstattung).

Für die presserechtliche Abmahnung ist idR eine 1,3 Geschäftsgebühr nach § 2 RVG, VV 2300 RVG erstattungsfähig, in besonders umfangreichen oder schwierigen Fällen ist zB auch eine 1,5 Geschäftsgebühr denkbar (vgl. Götting/Schertz/Seitz/*Frauenschuh*, Persönlichkeitsrechts-HdB, 2. Aufl. 2019, § 53 Rn. 62 ff.; KG ZUM-RD 2006, 552).

Nach der Rechtsprechung ist von nur einer gebührenrechtlichen Angelegenheit iSd § 15 Abs. 2 RVG auszugehen, wenn der Abgemahnte – wie vorliegend – gegen eine Veröffentlichung sowohl wegen der Wortberichterstattung als auch wegen dem Artikel beigefügter Abbildungen Unterlassungsansprüche geltend macht. Das gilt auch dann, wenn die Ansprüche in getrennten Abmahnschreiben geltend gemachten wurden (BGH ZUM 2009, 762 – Rosenkrieg). Ebenfalls von nur einer gebührenrechtlichen Angelegenheit ist idR auszugehen, wenn mehrere Unterlassungsgläubiger gegen eine Veröffentlichung vorgehen (BGH NJW 2011, 784 – Unzulässige Presseberichterstattung). Geht umgekehrt ein Betroffener gegen mehrere Unterlassungsschuldner – zB gegen Verlag und Autor oder jeweils gegen die für die Print-Ausgabe und die Online-Ausgabe verantwortliche Verlagsgesellschaft – wegen der (nahezu) identischen Veröffentlichung vor, ist ebenfalls vom Vorliegen derselben gebührenrechtlichen Angelegenheit auszugehen (BGH NJW 2011, 782 – Unterlassungsansprüche gegenüber Autor und Verlag; GRUR 2011, 268 – Druckerzeugnis und Online-Berichterstattung). Wenn hingegen nebeneinander verschiedene presserechtliche Ansprüche geltend gemacht werden, sind idR Unterlassungs-, Richtigstellungs- und Gegendarstellungsansprüche als unterschiedliche Angelegenheiten iSd § 15 Abs. 2 RVG anzusehen (BGH GRUR 2016, 318 – „nicht dieselbe Angelegenheit“; NJW 2010, 3037 – Gegendarstellungs- und Berichtigungsbegehren).

Der Gegenstandswert richtet sich nach dem Interesse des Verletzten an der Unterlassung. Insoweit bestehen in der Praxis aber erhebliche Unterschiede. Nach dem üblichen Streitwertgefüge in medien- und persönlichkeitsrechtlichen Fällen sind – als grobe Orientierung – Streitwerte zwischen ca. 10.000,- bis 25.000,- EUR pro Äußerung oder Abbildung in „durchschnittlichen“ Fällen verbreitet, es sind aber je nach Fallkonstellation auch deutlich höhere Streitwerte möglich (Einzelheiten bei Götting/Schertz/Seitz/*Frauenschuh*, Persönlichkeitsrechts-HdB, 2. Aufl. 2019, § 53 Rn. 52 ff.).

Es spricht viel dafür, dass die Rechtsprechung des Bundesfinanzhofs zur Umsatzsteuerpflicht wettbewerbsrechtlicher Abmahnungen (BFH GRUR 2017, 826 – umsatzsteuerbare Leistung) auch für medienrechtliche Abmahnungen gilt (Götting/Schertz/Seitz/*Frauenschuh*, Persönlichkeitsrechts-HdB, 2. Aufl. 2019, § 53 Rn. 25 ff.). Der Umsatzsteuerbetrag gehört demnach zum ersatzfähigen Schaden und kann grundsätzlich gegenüber dem Abgemahnten geltend gemacht werden. Das führt dazu, dass der Unterlassungsgläubiger dem Abgemahnten eine Rechnung nach § 14 Abs. 2 Nr. 2 S. 2 UStG ausstellen muss (BeckOK UWG/*Tavanti/Scholz*, 7. Ed. 1.10.2019, UWG § 12 Rn. 136).

Im Beispielfall erscheint eine 1,3 Geschäftsgebühr aus einem Gegenstandswert von ca. 60.000,- EUR für die Unterlassungsansprüche – betreffend zwei Äußerungen und ein Foto von erheblicher Eingriffsintensität – zzgl. 20,- EUR Kommunikationskostenpauschale (VV 7002) und Umsatzsteuer (VV 7008) angemessen. Eine entsprechende Kostennote kann der Abmahnung zweckmäßigerweise gleich beigefügt werden.

2. Unterlassungs- und Verpflichtungserklärung[1]

Unterlassungs- und Verpflichtungserklärung

Hiermit verpflichtet sich

ABC-Verlag GmbH, ... *(vollständige Anschrift)*

– Unterlassungsschuldner –

gegenüber

Herrn Andreas Müller, ... *(vollständige Anschrift)*

– Unterlassungsgläubiger –

es bei Meidung einer für jeden einzelnen Fall der Zuwiderhandlung vom Unterlassungsschuldner an den Unterlassungsgläubiger zu zahlenden Vertragsstrafe in Höhe von . . . . . EUR zu unterlassen,[2]

(Alternativformulierung nach sog. Hamburger Brauch: . . . . . es bei Meidung einer für jeden einzelnen Fall der Zuwiderhandlung vom Unterlassungsschuldner an den Unterlassungsgläubiger zu zahlenden Vertragsstrafe, deren Höhe vom Unterlassungsgläubiger nach billigem Ermessen festzusetzen ist und im Streitfall vom zuständigen Gericht auf ihre Angemessenheit überprüft werden kann, zu unterlassen . . . . .)

1. in Bezug auf Andreas Müller das Folgende zu behaupten und/oder behaupten zu lassen und/oder zu verbreiten und/oder verbreiten zu lassen und/oder zu veröffentlichen und/oder veröffentlichen zu lassen:
   a. „Jetzt hat die Staatsanwaltschaft Hamburg gegen den Vorstandsvorsitzenden der AM Invest AG Andreas Müller ein Ermittlungsverfahren wegen Betrugs eingeleitet" und/oder
   b. „Währenddessen verbrachte Müller den Sommerurlaub mit seiner neuen Lebensgefährtin Veronika Maier in seiner Finca am Ortsrand von Port d'Andratx auf Mallorca"

   jeweils wie geschehen in ABC-Zeitung Nr. . . . . . vom . . . . . auf Seite . . . . . in dem Beitrag mit dem Titel „. . . . . ";
2. das folgende Foto zu verbreiten und/oder verbreiten zu lassen und/oder zu veröffentlichen und/oder veröffentlichen zu lassen:

   . . . . . *(Foto einfügen)*

   wie geschehen in ABC-Zeitung Nr. . . . . . vom . . . . . auf Seite . . . . . in dem Beitrag mit dem Titel „. . . . . ".[3]

. . . . . *(Ort)*, den . . . . . *(Datum)*

. . . . .

(Unterschrift Unterlassungsschuldner)

Anmerkungen

1. Der vorgerichtlichen Abmahnung (→ Form. X.1) wird üblicherweise als Anlage eine vorformulierte strafbewehrte Unterlassungs- und Verpflichtungserklärung beigefügt. Durch eine hinreichende Unterlassungs- und Verpflichtungserklärung wird die Wiederholungsgefahr der aufgrund einer Veröffentlichung eingetretenen Rechtsverletzung ausgeräumt. Eine Unterlassungs- und Verpflichtungserklärung ist nur ausnahmsweise entbehrlich, etwa wenn einer mehrdeutigen Äußerung bereits durch eine Klarstellung ein eindeutiger und rechtmäßiger Inhalt gegeben wird oder bei Ausräumung einer bloßen Erstbegehungsgefahr durch Abgabe einer geeigneten „einfachen" Erklärung (→ Form. X.1 Anm. 10).

Die Wiederholungsgefahr wird nur durch eine strafbewehrte Unterlassungserklärung ausgeräumt, wenn keine Zweifel an deren Ernsthaftigkeit bestehen und diese uneingeschränkt, bedingungslos und unwiderruflich abgegeben wird. Es muss eine Vertragsstrafe versprochen werden und diese muss der Höhe nach ausreichend sein oder die Bestimmung der Höhe nach sog. Hamburger Brauch in das Ermessen des Verletzten stellen (→ Anm. 2). Genügt die strafbewehrte Unterlassungserklärung den Anforderungen, beseitigt sie die Wiederholungsgefahr auch dann, wenn sie vom Verletzten nicht angenommen wird. Im Fall eines Verstoßes gegen die Unterlassungserklärung kann jedoch nur dann eine Vertragsstrafe gefordert und ggf. mit Erfolg eingeklagt werden, wenn der Unterlassungsgläubiger/Abmahnende die vom Unterlassungsschuldner/Abgemahnten abgegebene Unterlassungs- und Verpflichtungserklärung annimmt. Durch die Annahme der Unterlassungserklärung kommt ein Unterlassungsvertrag zustande (BGH GRUR 2016, 190 Rn. 8 – Ex-RAF-Terroristin). Die Unterlassungs- und Verpflichtungserklärung stellt ein abstraktes Schuldanerkenntnis dar. Somit ist gemäß §§ 780, 781 BGB grundsätzlich die Schriftform erforderlich, sofern die Erklärung nicht von einem Kaufmann abgegeben wird (§ 350 HGB). Unabhängig davon kann vom Unterlassungsschuldner die Übersendung der von ihm unterzeichneten Unterlassungserklärung im Original verlangt werden und dies ist auch – nicht zuletzt aus Beweisgründen – anzuraten (→ Form. X.1 Anm. 10).

Eine wirksame Unterlassungserklärung beseitigt die Wiederholungsgefahr auch gegenüber einem durch dieselbe Handlung in gleicher Weise verletzten Dritten.

Wenn und soweit die Unterlassungserklärung keine auflösende Bedingung enthält oder anfechtbar ist, kann sie nur ausnahmsweise aus wichtigem Grund gemäß § 314 BGB mit Wirkung für die Zukunft gekündigt werden (vgl. BGH GRUR 2010, 946 – Bericht über Haftlockerungen).

2. Die Unterlassungserklärung muss das Versprechen einer Vertragsstrafe für jeden Fall der Zuwiderhandlung enthalten. Die Strafbewehrung ergänzt die Unterlassungsverpflichtung und dient der Druckausübung und erleichterten Schadloshaltung, damit der Unterlassungsgläubiger auch ohne gerichtlichen Titel ein Sanktionsmittel hat (BGH GRUR 1984, 72 – Vertragsstrafe für versuchte Vertreterabwerbung; Köhler/Bornkamm/Feddersen/*Bornkamm*, 38. Aufl. 2020, UWG § 12 Rn. 1.202). Entsprechend muss die Vertragsstrafe ausreichend hoch sein, um den Unterlassungsschuldner ernsthaft von einer Wiederholung der Verletzung abzuhalten.

Wenn ein fester Betrag als Vertragsstrafe gefordert/vereinbart wird, sind (auch) im Presse- und Persönlichkeitsrecht Beträge ab 5.001 EUR aufwärts üblich, um die Zuständigkeit des Landgerichts zu begründen.

Anstatt eines festen Betrags ist aber auch ein unbeziffertes Vertragsstrafeversprechen nach sog. Hamburger Brauch möglich und verbreitet, wie in dem alternativen Formulierungsvorschlag im Formular vorgesehen. In diesem Fall bleibt die Bestimmung der Höhe einer angemessenen Vertragsstrafe dem Unterlassungsgläubiger überlassen und wird in sein Ermessen gestellt, wobei im Streitfall die Höhe der Vertragsstrafe durch das zuständige Gericht überprüft werden kann. Das hat den Vorteil, dass die Schwere eines Verstoßes bei der Bemessung der Höhe der Vertragsstrafe im Einzelfall berücksichtigt werden kann (dazu *Korte*, PresseR, 2. Aufl. 2019, § 5 Rn. 40; BGH GRUR 1978, 192 – Hamburger Brauch).

3. Die Parteien sind in der inhaltlichen Ausgestaltung eines Unterlassungsvertrags grundsätzlich frei. Die Auslegung eines Unterlassungsvertrags richtet sich nach den allgemeinen Regeln für die Vertragsauslegung (BGH GRUR 1997, 931 – Sekundenschnell). Maßgebend ist demnach der wirkliche Wille der Vertragsparteien (§§ 133, 157 BGB), bei dessen Ermittlung neben dem Erklärungswortlaut die beiderseits bekannten Umstände wie insbesondere die Art und Weise des Zustandekommens der Vereinbarung, deren Zweck sowie die Interessenlage der Vertragsparteien heranzuziehen sind (BGH GRUR 2015, 190 Rn. 7 ff. – Ex-RAF-Terroristin; BGH GRUR 2006, 878 Rn. 18 – Vertragsstrafevereinbarung). Da somit der Wortlaut der Unterlassungserklärung von entscheidender Bedeutung für deren Umfang und die Verpflichtung des Unterlassungsschuldners ist (vgl. BGH GRUR 2015, 190 Rn. 7 ff. – Ex-RAF-Terroristin), ist bei der Formulierung der Unterlassungsverpflichtung besondere Sorgfalt geboten.

Gegenstand der Unterlassungspflicht ist im Medien- und Persönlichkeitsrecht eine bestimmte Äußerung und/oder Abbildung. Die Unterlassungsverpflichtung muss dem Bestimmtheitserfordernis iSv § 253 Abs. 2 ZPO genügen und richtet sich im Inhalt und Umfang nach der konkreten Verletzungsform, dh den konkreten rechtsverletzenden Äußerungen und/oder Abbildungen. Die Äußerungen und Abbildungen sind daher möglichst genau zu bezeichnen und die Unterlassungspflicht ist auf die rechtswidrigen Teile der Berichterstattung zu beschränken (eingehend zum Verbotsumfang und zur Formulierung des Verbots: *Korte*, PresseR, 2. Aufl. 2019, § 5 Rn. 51 ff.; BGH GRUR 2016, 104 Rn. 17 – recht§billig; BGH GRUR 2016, 315 Rn. 16 ff. – Intime Fotos; BGH GRUR 1976, 210 – Der Geist von Oberzell).

Im Fall einer angegriffenen Wortberichterstattung bedeutet dies, dass ein Unterlassungsanspruch grundsätzlich nur hinsichtlich der konkreten rechtswidrigen Äußerungen in dem Beitrag besteht, die – wie im Beispielfall – möglichst im genauen Wortlaut in der Unterlassungserklärung zitiert werden sollten. Ein Gesamtverbot, zB eines gesamten Romans, ist nach der Rechtsprechung allenfalls in besonders gelagerten Ausnahmefällen denkbar, wenn rechtmäßige und rechtswidrige Teile so miteinander verbunden sind, dass sie ohne Veränderung des Sinnzusammenhangs nicht voneinander getrennt werden können (vgl. BVerfG NJW 2008, 29 Rn. 104 – Esra; BGH NJW 2005, 2844 – Esra; GRUR 1976, 210 – Der Geist von Oberzell). Ist es beim Verbot einer Äußerung zur besseren Verständlichkeit und Verdeutlichung des Kontexts geboten, rechtmäßige Textpassagen in der Unterlassungserklärung mit zu zitieren, kann dem in der Praxis dadurch Rechnung getragen werden, dass entweder die zu unterlassenden rechts*widrigen* Äußerungen durch Unterstreichung hervorgehoben werden oder die recht*mäßigen* Passagen durch Klammerung vom Verbot ausgenommen werden. Richtet sich der Unterlassungsanspruch gegen einen durch bestimmte Textpassagen (und ggf. Bilder) hervorgerufenen Eindruck, sind diejenigen Passagen (und ggf. Bilder), aus denen sich der rechtswidrige Eindruck ergibt, konkret wiederzugeben und ist zusätzlich der angegriffene Eindruck selbst konkret zu bezeichnen. Üblich ist zum Beispiel folgende Formulierung für ein Eindrucksverbot: *„. . . . . . es zu unterlassen, durch die folgende Berichterstattung . . . . . . (es folgen die für den Eindruck maßgeblichen Textstellen und ggf. Abbildungen) den Eindruck zu erwecken, dass . . . . . .*“. Entsprechendes gilt in Fällen unzulässiger Verdachtsäußerungen, in denen etwa folgende Formulierung gebräuchlich ist: *„. . . . . . es zu unterlassen, durch die folgende Berichterstattung . . . . . . (es folgen die für den Verdacht maßgeblichen Textstellen und ggf. Abbildungen) den Verdacht zu erwecken, dass . . . . . .*“.

Im Fall des Unterlassungsanspruchs gegen Bildveröffentlichungen ist das betreffende Bild entweder genau zu bezeichnen (zB „. . . . . . *das in der Zeitung . . . . . . vom . . . . . . auf Seite . . . . . . abgedruckte Foto mit der Bildunterschrift . . . . . .*“/„. . . . . . *die in der Sendung . . . . . . vom . . . . . . in Sendeminute 1:48 eingeblendete Aufnahme . . . . . .*“/„*das auf der Internetseite . . . . . . in dem Beitrag vom . . . . . . mit dem Titel . . . . . . veröffentlichte Foto mit der Bildunterschrift . . . . . .*“) oder am besten – wie im Formular vorgesehen – in der Unterlassungserklärung wiederzugeben.

Schließlich ist sowohl bei der Bildberichterstattung als auch bei der Wortberichterstattung die Kontextbezogenheit des Verbots zu berücksichtigen. Nach der Rechtsprechung kann im Fall rechtswidriger Bildveröffentlichung nicht mit einem „vorbeugenden“ Unterlassungsanspruch über die konkrete Verletzungsform hinaus eine ähnliche oder kerngleiche Bildberichterstattung untersagt werden. Im Bereich der Bildberichterstattung hat der BGH die Geltung der sog. Kerntheorie ausdrücklich abgelehnt. Es ist grundsätzlich auch nicht zulässig, die erneute Verbreitung einer bestimmten Abbildung generell zu untersagen, wenn nicht ausnahmsweise die Verbreitung dieser Abbildung per se und in jedem denkbaren Kontext unzulässig ist, zB weil sie die Intimsphäre verletzt (BGH GRUR 2009, 1091 Rn. 7 – Wilde Frisur des Andrea Casiraghi, mwN). Auch in Bezug auf Äußerungen weist der BGH darauf hin, dass ein Verbot ohne Bezugnahme auf den Kontext grundsätzlich zu weit geht, weil auch hier stets eine Abwägung zwischen Persönlichkeitsschutz und der Meinungs- und Medienfreiheit unter Berücksichtigung des Kontextes der Äußerungen erforderlich ist (BGH NJW 2013, 790 Rn. 32 – IM „Christoph“). Folglich muss im Regelfall dieser Kontextbezug im Verbot zum Ausdruck kommen. In Betracht kommen insoweit

Formulierungen wie beispielsweise „. . . . . . *wie geschehen in* . . . . . .“ oder „. . . . . .*wenn dies geschieht wie in* . . . . . .“ (vgl. *Korte,* PresseR, 2. Aufl. 2019, § 5 Rn. 55 ff.; LG Hamburg 8.3.2019 – 324 O 356/18; 2.11.2018 – 324 O 533/17; 2.6.2017 – 324 O 570/16; LG Köln 18.9.2019 – 28 O 344/19).

3. Gegendarstellung[1]

Per Kurier

ABC-Verlag GmbH

– Geschäftsleitung –

ABC Straße 1

20354 Hamburg

Hamburg, den . . . . .

Andreas Müller.[2]/. ABC-Verlag GmbH[3]

Veröffentlichung in ABC-Zeitung Nr. . . . . . vom . . . . . auf Seite . . . . . mit dem Titel „. . . . .“

Gegendarstellung

Sehr geehrte Damen und Herren,

unter Bezugnahme auf die beigefügte Originalvollmacht zeigen wir an, dass wir Herrn Andreas Müller, ... *(Anschrift)* anwaltlich vertreten.[4]

Der in der ABC-Zeitung Nr. . . . . . vom . . . . . auf Seite . . . . . veröffentlichte Beitrag mit dem Titel „. . . . .“ enthält Unrichtigkeiten.[5]

Wir überreichen Ihnen daher in der Anlage eine von unserem Mandanten im Original unterzeichnete Gegendarstellung[6] mit der Aufforderung, diese den Vorschriften des Landespressegesetzes entsprechend in der nächsten für den Druck noch nicht abgeschlossenen Ausgabe der ABC-Zeitung zu veröffentlichen.[7]

Wir gehen davon aus, dass der Abdruck ordnungsgemäß erfolgt ist, wenn folgende Abdruckanordnung eingehalten wird: . . . . .[8]

Wir fordern Sie zudem auf, bis spätestens

. . . . . (hier eingehend)

rechtsverbindlich zu bestätigen, dass Sie Ihrer Veröffentlichungspflicht wie gefordert nachkommen werden. Sofern wir Ihre Bestätigung nicht fristgerecht erhalten, werden wir unserem Mandanten umgehend die Inanspruchnahme gerichtlicher Hilfe empfehlen.[9]

Schließlich sind Sie dazu verpflichtet, unserem Mandanten die Kosten dieses Aufforderungsschreibens gemäß beiliegender Kostennote zu erstatten. Für den Eingang der Zahlung auf unserem Kanzleikonto setzen wir Frist bis . . . . . [10]

Die Geltendmachung weitergehender Rechte und Ansprüche bleibt ausdrücklich vorbehalten.

Mit freundlichen Grüßen

Rechtsanwältin/Rechtsanwalt

Anlage:

Gegendarstellung[11]

In der ABC-Zeitung, Ausgabe Nr. . . . . . vom . . . . . wurde auf Seite . . . . . unter der Überschrift „. . . . . “ berichtet:[12]

„Jetzt hat die Staatsanwaltschaft Hamburg gegen den Vorstandsvorsitzenden der AM Invest AG Andreas Müller ein Ermittlungsverfahren wegen Betrugs eingeleitet."

Hierzu stelle ich fest:

Es wurde kein Ermittlungsverfahren gegen mich eingeleitet.[13]

. . . . . *(Ort)*, den . . . . . *(Datum)*

. . . . .

Andreas Müller

(Eigenhändige Unterschrift des Anspruchstellers)[14]

Anmerkungen

1. Die Gegendarstellung ist ein medienspezifischer Anspruch, der dem von einer Behauptung in den Massenmedien Betroffenen die Möglichkeit zu einer eigenen Entgegnung gibt (*Prinz/Peters* MedienR, 1999, 13. Kap. Rn. 442 ff.). Darin unterscheidet sich die Gegendarstellung von der Berichtigung, bei der es sich um eine Erklärung des Medienunternehmens handelt (→ Form. X.4). Der Gegendarstellungsanspruch setzt weder eine Rechtsverletzung oder gar die Unwahrheit der Erstmitteilung, noch ein Verschulden des Medienunternehmens voraus. Der Gegendarstellungsanspruch kann neben den weiteren medienrechtlichen Ansprüchen auf Unterlassung, Berichtigung, Schadensersatz und Geldentschädigung geltend gemacht werden. Für die gerichtliche Durchsetzung der Gegendarstellung gelten die Vorschriften über das Verfahren auf Erlass einer einstweiligen Verfügung entsprechend (→ Form. X.7).

Die spezifischen Voraussetzungen des Gegendarstellungsanspruchs ergeben sich aus der jeweils einschlägigen Rechtsgrundlage. Diese richtet sich danach, ob die Gegendarstellung gegenüber einer Äußerung in der Presse/Printmedien, im öffentlich-rechtlichen oder privaten Rundfunk (TV und Hörfunk) oder im Internet/in Telemedien verlangt wird (Übersichten bei Löffler/*Sedelmeier*, 6. Aufl. 2015, § 11 LPG Rn. 1 ff.; *Seitz/Schmidt,* Gegendarstellungsanspruch, 5. Aufl. 2017, Anhang V; MAH UrhR/*Hegemann/Amelung*, 2. Aufl. 2017, § 15 Rn. 42):

- **Presse:** Der Gegendarstellungsanspruch ist in den meisten Bundesländern geregelt in § 11 Landespressegesetz (LPG), davon abweichend in Hessen in § 10 LPG, in Bayern in Art. 10 BayPrG, in Brandenburg in § 12 LPG, in Rheinland-Pfalz in § 11 Landesmediengesetz (LMG), im Saarland in § 10 Saarländisches Landesmediengesetz (SMG), in Berlin, Mecklenburg-Vorpommern, Sachsen und Sachsen-Anhalt jeweils in § 10 LPG. Für die Anwendbarkeit des jeweiligen Landesrechts ist der Erscheinungsort des Druckwerks maßgebend. Das ist der Ort, an dem die Verbreitung beginnt, mithin der Verlagssitz. Der Sitz des Verlags ist dem Impressum zu entnehmen.
- **Telemedien:** § 56 RStV; § 9 ZDF-Staatsvertrag
- **Rundfunk:** Erfolgte die Veröffentlichung im öffentlich-rechtlichen Rundfunk, ist das Recht der jeweils verpflichteten Sendeanstalt maßgebend, wobei eine Sonderregelung für das ARD-Gemeinschaftsprogramm nach § 8 ARD-StV gilt. Wurde die Ausgangsmitteilung durch einen privaten Rundfunkveranstalter veröffentlicht, ist auf das Recht

an dessen Sitz abzustellen (nach anderer Ansicht soll das Recht der die Sendelizenz erteilenden Medienanstalt anzuwenden sein, so etwa OLG München AfP 1998, 89). Im Einzelnen:
Bundesweit: Gemeinschaftsprogramm der ARD: § 8 ARD-StV; ZDF: § 9 ZDF-StV; Deutschlandradio: § 9 DLR-StV; Deutsche Welle: § 18 DWG
Baden-Württemberg: SWR § 10 SWR-StV, privater Rundfunk § 9 LMG
Bayern: BR Art. 17 BayRG, privater Rundfunk Art. 18 BayMG
Berlin und Brandenburg: RBB § 9 RBB-StV, privater Rundfunk § 52 MStV Berlin-Brandenburg
Bremen: Radio Bremen § 27 RBG, privater Rundfunk § 19 BremLMG
Hamburg: NDR § 12 NDR-StV, privater Rundfunk § 10 MStV Hamburg und Schleswig-Holstein
Hessen: HR § 3 Nr. 9 HessRfG und § 9 HessLPG, privater Rundfunk § 28 HPRG
Mecklenburg-Vorpommern: NDR § 12 NDR-StV, privater Rundfunk § 30 RundfG Mecklenburg-Vorpommern
Niedersachsen: NDR § 12 NDR-StV, privater Rundfunk § 20 NMedienG
Nordrhein-Westfalen: WDR § 9 WDRG, privater Rundfunk §§ 44, 45 LMG
Rheinland-Pfalz: SWR § 10 SWR-StV, privater Rundfunk § 11 LMG
Saarland: SR und privater Rundfunk § 10 SMG
Sachsen: MDR § 15 MDR-StV, privater Rundfunk § 19 SächsPRG
Sachsen-Anhalt: MDR § 15 MDR-StV, privater Rundfunk § 26 MedienG
Schleswig-Holstein: NDR § 12 NDR-StV, privater Rundfunk § 10 MedienStV Hamburg und Schleswig-Holstein
Thüringen: MDR § 15 MDR-StV, privater Rundfunk § 27 LMG

Trotz der zersplitterten Rechtsgrundlagen entsprechen sich die Voraussetzungen des Gegendarstellungsanspruchs im Wesentlichen, mit Abweichungen in Details. Die wesentlichen Voraussetzungen lassen sich wie folgt zusammenfassen (eingehend zum Gegendarstellungsanspruch und seinen Voraussetzungen: *Seitz/Schmidt*, Gegendarstellungsanspruch, 5. Aufl. 2017; Löffler/*Sedelmeier*, 6. Aufl. 2015, § 11 LPG Rn. 1 ff.; MAH UrhR/*Hegemann*/*Amelung*, 2. Aufl. 2017, § 15 Rn. 40 ff.; Götting/Schertz/Seitz/*Seitz*, Persönlichkeitsrechts-HdB, 2. Aufl. 2019, § 43 Rn. 1 ff.):

(1) Eine Gegendarstellung kann nur gegenüber Tatsachenbehauptungen verlangt werden
(2) Der Anspruchsberechtigte muss objektiv von der Erstmitteilung betroffen sein
(3) Anspruchsverpflichtet sind bei einer Presseveröffentlichung der Verlag und der verantwortliche Redakteur, bei einer Rundfunksendung die Sendeanstalt und bei einer Internetveröffentlichung der Telemedienanbieter
(4) Es darf keiner der folgenden Ausschlussgründe vorliegen
   - fehlendes berechtigtes Interesse an der Veröffentlichung der Gegendarstellung, was insbesondere bei Belanglosigkeiten, bei offensichtlicher Unwahrheit oder irreführendem Inhalt der Gegendarstellung der Fall ist
   - unangemessener Umfang der Gegendarstellung
   - die Gegendarstellung muss sich auf tatsächliche Angaben beschränken (Grundsatz „Tatsache gegen Tatsache") und darf keinen strafbaren oder unzulässigen Inhalt haben
   - Nichteinhaltung der Formerfordernisse
   - Nichteinhaltung der Unverzüglichkeits- und Ausschlussfristen.

2. Anspruchsberechtigt ist jede Person oder Stelle, die von einer Tatsachenbehauptung der Medien betroffen ist. Der Begriff „Person" umfasst natürliche wie auch juristische Personen des Privatrechts und des öffentlichen Rechts sowie sonstige Personenvereinigungen, die klagen oder verklagt werden können. Der Begriff „Stelle" umfasst insbesondere Behörden. Auch ausländische Personen oder Stellen sind anspruchsberechtigt. Aufgrund des höchstpersönlichen Charakters ist der Gegendarstellungsanspruch nicht vererblich und erlischt mit dem Tod. Betroffenheit des Anspruchstellers liegt vor, wenn er durch die beanstandete Tatsachenbehauptung in der Erstmitteilung als Individuum selbst angesprochen ist. Typischerweise ist dies aufgrund namentlicher Nennung der Fall, es kann aber auch die Erkennbarkeit aufgrund sonstiger Umstände genügen (Löffler/*Sedelmeier*, 6. Aufl. 2015, § 11 LPG Rn. 54 ff.).

3. Anspruchsverpflichtet zur Veröffentlichung einer Gegendarstellung in der Presse ist der Verleger und/oder verantwortliche Redakteur eines periodischen Druckwerks. Beide sind im Impressum anzugeben und können daher diesem entnommen werden (Löffler/*Lehr*, 6. Aufl. 2015, § 8 LPG Rn. 1 ff.). In der Praxis wird meist nur der Verlag in Anspruch genommen aufgrund der Schwierigkeiten bei der Abgrenzung von Zuständigkeiten mehrerer verantwortlicher Redakteure und der Ermittlung der Gerichtsstände. Periodische Druckwerke sind Zeitungen, Zeitschriften oder sonstige in ständiger Folge und im Abstand von nicht mehr als sechs Monaten erscheinende Druckwerke (vgl. § 6 Abs. 4 Berliner Pressegesetz). Bei einer Berichterstattung im Rundfunk ist der jeweilige Rundfunkveranstalter anspruchsverpflichtet (ZDF, NDR usw.). Im Online-Bereich richtet sich der Gegendarstellungsanspruch gegen Anbieter von Telemedien mit journalistisch-redaktionell gestalteten Angeboten (§ 56 RStV). Nach § 2 Nr. 1 TMG ist Anbieter jede natürliche oder juristische Person, die eigene oder fremde Telemedien zur Nutzung bereithält oder den Zugang zur Nutzung vermittelt. Journalistisch-redaktionelle Angebote sind insbesondere solche, die Inhalte periodischer Druckerzeugnisse wiedergeben (vgl. §§ 54 Abs. 2, 55 Abs. 2 RStV, also zB www.spiegel.de, www.faz.net, www.bild.de etc). Gemäß § 5 Abs. 1 TMG sind Angaben über den Telemedienanbieter im Impressum des betreffenden Online-Angebots vorgeschrieben, so dass sich der Anspruchsverpflichtete idR daraus ermitteln lässt.

4. Die Zuleitung und Aufforderung zur Veröffentlichung einer Gegendarstellung kann auch durch einen Bevollmächtigten erfolgen, während die dem Aufforderungsschreiben als Anlage beigefügte Gegendarstellung grundsätzlich vom Betroffenen eigenhändig unterzeichnet sein muss (→ Anm. 6, 14). Da es sich bei dem Veröffentlichungsverlangen um eine geschäftsähnliche Handlung handelt, findet § 174 S. 1 BGB Anwendung. Folglich ist dringend zu empfehlen, dem Aufforderungsschreiben eine Vollmacht im Original beizufügen, weil ansonsten die Zurückweisung droht (MAH UrhR/*Hegemann*/*Amelung*, 2. Aufl. 2017, § 15 Rn. 81).

5. Gegendarstellungsfähig sind nur Tatsachenbehauptungen, gegenüber Meinungsäußerungen kommt eine Gegendarstellung nicht in Betracht (vgl. etwa § 11 Abs. 1 LPG Baden-Württemberg; BVerfG NJW 2008, 1654 Rn. 37 – Gegendarstellung bei verdeckten Aussagen; *Prinz*/*Peters*, MedienR, 1999, 13. Kap. Rn. 485 ff.). Der Abgrenzung zwischen Tatsachenbehauptungen und Meinungsäußerungen kommt somit auch für das Recht der Gegendarstellung entscheidende Bedeutung zu (→ Form. X.1 Anm. 6). Während für Werturteile die subjektive Beziehung des sich Äußernden zum Inhalt seiner Aussage kennzeichnend ist, werden Tatsachenbehauptungen durch die objektive Beziehung zwischen Äußerung und Wirklichkeit charakterisiert und sind daher dem Beweis zugänglich (BVerfG NJW 1996, 1529 – Meinungsfreiheit; BGH NJW 1998, 1131, 1133 – Persönlichkeitsrechtsverletzung durch Buchpassage). Im Fall mehrdeutiger oder verdeckter Äußerungen ist eine Gegendarstellung nur dann möglich, wenn sich die angegriffene Tatsachenbehauptung als unabweisliche Schlussfolgerung aufdrängt (BVerfG NJW 2018, 1596 Rn. 21 ff. – Sterbedrama; NJW 2008, 1654 – Gegendarstellung bei verdeckten Aussagen). Neben von den Medien selbst aufgestellten Behauptungen sind grundsätzlich auch Behauptungen Dritter – wie Zitate oder Interviewäußerungen – gegendarstellungsfähig, die von den Medien verbreitet wurden. Erforderlich ist aber, dass der Betroffene deutlich macht, sich inhaltlich gegen eine Drittäußerung wenden zu wollen, weil anderenfalls eine Irreführung über den Ursprung der Äußerung und die Verantwortung der Redaktion für ihren Inhalt vorläge (OLG Brandenburg NJW-RR 2000, 326; dazu *Seitz/Schmidt*, Gegendarstellungsanspruch, 5. Aufl. 2017, 6. Kap. I. 4; einschränkend Löffler/*Sedelmeier*, 6. Aufl. 2015, § 11 LPG Rn. 106 ff.). Auf die Wahrheit oder Unwahrheit der beanstandeten Tatsachenbehauptung kommt es beim Gegendarstellungsanspruch nicht an, wenngleich sich der Betroffene in der Praxis gegen Unrichtigkeiten mit der Gegendarstellung wenden wird. Der Betroffene muss die Unwahrheit im gerichtlichen Verfahren nicht nachweisen bzw. glaubhaft machen. Allerdings hat der Betroffene auch kein Recht zur Lüge. Das berechtigte Interesse an der Veröffentlichung einer Gegendarstellung entfällt daher, wenn sie offenkundig unwahre Tatsachenbehauptungen enthält (BVerfG NJW 2008, 1654 Rn. 39 – Gegendarstellung bei verdeckten Aussagen; *Korte*, PresseR, 2. Aufl. 2019, § 5 Rn. 217 f.).

6. Die Gegendarstellung muss dem Anspruchsverpflichteten form- und fristgerecht zugeleitet werden, dh ihm iSv § 130 BGB zugehen und in seinen Machtbereich gelangen. Erst dann entsteht der Anspruch auf Veröffentlichung der Gegendarstellung.

Die Gegendarstellung bedarf der Schriftform und muss nach den meisten gesetzlichen Regelungen vom Betroffenen selbst oder seinem gesetzlichen Vertreter unterzeichnet werden (vgl. § 11 Abs. 2 S. 4 LPG Baden-Württemberg). In Berlin, Bremen, Niedersachsen und Sachsen-Anhalt ist hingegen auch die rechtsgeschäftliche/gewillkürte Vertretung bei Gegendarstellungen in Printmedien zulässig (MAH UrhR/*Hegemann/Amelung*, 2. Aufl. 2017, § 15 Rn. 80 mit Rechtsprechungsnachweisen). Erforderlich ist die handschriftliche Unterzeichnung der Gegendarstellung. Die Gegendarstellung muss dem Medienunternehmen im Original zugehen. Die Übersendung per Telefax oder E-Mail reicht nach hM nicht, sie kann allenfalls zur Vorabübermittlung sinnvoll sein (OLG Hamburg NJW 1990, 1613; Löffler/*Sedelmeier*, 6. Aufl. 2015, § 11 LPG Rn. 149 ff.; MAH UrhR/*Hegemann/Amelung*, 2. Aufl. 2017, § 15 Rn. 78).

Darüber hinaus ist die Zuleitung der Gegendarstellung fristgebunden. Nach den meisten Landespressegesetzen muss die Gegendarstellung dem Verpflichteten unverzüglich nach Kenntnis und zudem spätestens innerhalb der jeweiligen gesetzlichen Ausschlussfrist zugehen. Es gelten somit zwei Fristen, die Unverzüglichkeitsfrist und eine absolute Ausschlussfrist. Unverzüglichkeit heißt ohne schuldhaftes Zögern (§ 121 Abs. 1 S. 1 BGB) und ist nach überwiegender Ansicht im Regelfall gewahrt, wenn die Zuleitung innerhalb von 10 Tagen (KG ZUM 2009, 228) bis 14 Tagen (OLG Hamburg NJW-RR 2001, 186; OLG Stuttgart ZUM 2006, 427) ab Kenntnis von der Veröffentlichung erfolgt (*Prinz/Peters*, MedienR, 1999, 13. Kap. Rn. 567 ff.; MAH UrhR/*Hegemann/Amelung*, 2. Aufl. 2017, § 15 Rn. 82). Die absolute Ausschlussfrist beträgt mit Ausnahme der Pressegesetze in Bayern und Hessen 3 Monate ab Erscheinungsdatum der Erstmitteilung. In Hessen gibt es keine Ausschlussfrist. In Bayern gilt stattdessen die sog. Aktualitätsgrenze von ca. 4 Wochen bei Tageszeitungen und 4–6 Wochen bei Wochenzeitschriften (OLG München ZUM-RD 2014, 104; OLG München NJW-RR 1998, 26; Götting/Schertz/Seitz/*Seitz*, Persönlichkeitsrechts-HdB, 2. Aufl. 2019, § 43 Rn. 29). Bei Gegendarstellungen in Telemedien gilt ebenfalls das Unverzüglichkeitserfordernis und zudem eine doppelte Ausschlussfrist von 6 Wochen nach dem letzten Tag des Angebots und spätestens 3 Monaten nach der erstmaligen Einstellung des Angebots (§ 56 Abs. 2 Nr. 4 RStV). Im Rundfunk gilt neben der Unverzüglichkeitsfrist von idR 14 Tagen ab Kenntnis (OLG Stuttgart ZUM 2000, 773; OLG Köln BeckRS 2014, 16140) eine Ausschlussfrist zwischen – je nach einschlägiger Rechtsgrundlage – 1–3 Monaten.

7. Das Abdruckverlangen ist die Geltendmachung des Gegendarstellungsanspruches und fällt regelmäßig mit der Zuleitung der Gegendarstellung zusammen. Der Verlag/verantwortliche Redakteur, Sender oder Telemedienanbieter ist – nur dann – zur Veröffentlichung der geforderten Gegendarstellung gemäß der jeweiligen Rechtsgrundlage (→ Anm. 1, 6) verpflichtet, wenn die Gegendarstellung alle gesetzlichen Voraussetzungen erfüllt. Es gilt grundsätzlich das sog. „Alles-oder-Nichts"-Prinzip, wonach die Gegendarstellung insgesamt unzulässig ist, wenn nur ein Teil der Gegendarstellung nicht den Voraussetzungen genügt (hierzu OLG Celle NJW-RR 2009, 977; MAH UrhR/*Hegemann/Amelung*, 2. Aufl. 2017, § 15 Rn. 60).

Die Erfüllung und der Inhalt des Gegendarstellungsanspruchs sind geprägt vom „Grundsatz der Waffengleichheit" und ebenfalls streng formalisiert. Im Bereich der Presse bestimmen die Landespressegesetzte (vgl. etwa § 11 Abs. 3 Hamburgisches Pressegesetz; § 11 Abs. 3 LPG Baden-Württemberg; § 10 Abs. 3 Berliner Pressegesetz), dass die Gegendarstellung in der nach Empfang der Einsendung nächstfolgenden, für den Druck nicht bereits abgeschlossenen Nummer im gleichen Teil des Druckwerks und in gleicher Schrift wie der beanstandete Text ohne Einschaltungen und Weglassungen abzudrucken ist. War die beanstandete Erstmitteilung auf der Titelseite enthalten, dann kommt nach dem „Grundsatz der Waffengleichheit" auch eine Platzierung der Gegendarstellung auf der Titelseite in Betracht (BVerfG NJW 1998, 1381 – Caroline von Monaco I). Wurde die Erstmitteilung im Inhaltsverzeichnis angekündigt, kann dort auch die Ankündigung der Gegendarstellung verlangt werden (OLG Hamburg ZUM-RD 2010, 227). Im Rundfunk muss die Gegendarstellung unverzüglich innerhalb des gleichen Programms oder der gleichen Programmsparte wie die Erstmitteilung und zur gleichen oder einer gleichwertigen Sendezeit veröffentlicht werden, was durch Verlesen durch einen Sprecher geschieht. In Online-Medien ist die Gegendarstellung unverzüglich ohne Einschaltungen und Weglassungen in gleicher Aufmachung wie die Erstmitteilung anzubieten. Die Gegendarstellung ist so lange wie die beanstandete Tatsachenbehauptung in unmittelbarer Verknüpfung mit ihr anzubieten. Wird die Tatsachenbehauptung nicht mehr angeboten oder endet das Angebot vor Aufnahme der Gegendarstellung, so ist die Gegendarstellung an vergleichbarer Stelle so lange anzubieten, wie die ursprünglich angebotene Tatsachenbehauptung (siehe § 56 Abs. 1 RStV).

8. Es ist üblich und zweckmäßig, die Abdruckanordnung entsprechend der jeweils einschlägigen Rechtsgrundlage (→ Anm. 1, 6) zu konkretisieren und in das Aufforderungsschreiben Angaben zur Platzierung der Gegendarstellung, zur Schriftart und zur Schriftgröße mit aufzunehmen.

9. Mit dem Abdruckverlangen wird dem Verpflichteten üblicherweise eine Frist gesetzt mit der Aufforderung, zu bestätigen, dass er die geforderte Gegendarstellung veröffentlichen wird. Dies wird verbunden mit der Androhung gerichtlicher Schritte für den Fall, dass der Anspruch nicht erfüllt wird. Es besteht allerdings keine Antwortpflicht des Verpflichteten. Ob die Veröffentlichung erfolgt, muss der Betroffene selbst überwachen. Erfolgt innerhalb angemessener Frist keine Rückäußerung und keine Veröffentlichung der Gegendarstellung, kann der Betroffene gerichtliche Schritte einleiten und trägt dann auch im Fall eines Anerkenntnisses nicht das Kostenrisiko nach § 93 ZPO.

10. Die notwendigen Kosten für die Aufforderung zur Veröffentlichung einer Gegendarstellung sind unter dem Gesichtspunkt des Schadensersatzes nur dann erstattungsfähig, wenn die beanstandete Erstmitteilung eine schuldhafte unerlaubte Handlung iSv § 823 Abs. 1 BGB, § 823 Abs. 2 BGB iVm §§ 186 ff. StGB, § 824 BGB oder § 826 BGB darstellt. Zudem kommt nach Verzugseintritt ein Kostenerstattungsanspruch gemäß §§ 280, 286 BGB in Betracht, wobei aber bei der Zuleitung der ersten Gegendarstellung noch kein Verzug vorliegt (Götting/Schertz/Seitz/*Frauenschuh*, Persönlichkeitsrechts-HdB, 2. Aufl. 2019, § 53 Rn. 3 ff.). Wird die Gegendarstellung neben den Ansprüchen auf Unterlassung und Berichtigung geltend gemacht, handelt es sich um unterschiedliche gebührenrechtliche Angelegenheiten iSv § 15 Abs. 2 RVG, für die jeweils eine eigenständige Geschäftsgebühr anfällt (BGH NJW 2010, 3037 – Gegendarstellungs- und Berichtigungsbegehren; auch → Form. X.1 Anm. 11). Gerade bei komplexen Gegendarstellungen kann über die 1,3-Regelgebühr hinaus auch eine 1,5-Geschäftsgebühr gerechtfertigt sein (BGH GRUR 2016, 318 Rn. 18 – „nicht dieselbe Angelegenheit"; Götting/Schertz/Seitz/*Frauenschuh*, Persönlichkeitsrechts-HdB, 2. Aufl. 2019, § 53 Rn. 63). Gegenstandswerte in der Größenordnung von 10.000–20.000 EUR je Äußerung sind idR angemessen und üblich (vgl. BGH BeckRS 2015, 20631: 15.000 EUR je Äußerung; Götting/Schertz/Seitz/*Frauenschuh*, Persönlichkeitsrechts-HdB, 2. Aufl. 2019, § 53 Rn. 55). Hinsichtlich Umsatzsteuer und Rechnung gilt das zum Unterlassungsanspruch Gesagte entsprechend (→ Form. X.1 Anm. 11).

11. Die ausformulierte und abdruckfähige Gegendarstellung ist dem Aufforderungsschreiben als Anlage beizufügen. Üblich und empfehlenswert ist die Überschrift „Gegendarstellung".

12. Erforderlich ist die inhaltliche Anknüpfung der Entgegnung an die Erstmitteilung als Bezugspunkt. Dementsprechend muss die Gegendarstellung die Fundstelle der Erstmitteilung konkret bezeichnen (Zeitung/Zeitschrift mit Ausgabe/Datum, Seite und Überschrift des betreffenden Artikels; Sendung mit Datum und Titel des Beitrags; Internetseite, Datum und Überschrift der betreffenden Online-Veröffentlichung) sowie die Tatsachenbehauptungen, auf die entgegnet wird, vollständig und korrekt wiedergeben. Erstmitteilung und Entgegnung müssen entsprechend dem Grundsatz „Tatsache gegen Tatsache" kongruent sein. Wird die Erstmitteilung unrichtig, sinnentstellt oder irreführend wiedergegeben, kann dies zur Unzulässigkeit der gesamten Gegendarstellung führen. Deshalb ist bei der Wiedergabe der Erstmitteilung als Anknüpfung größte Sorgfalt geboten und idR das wörtliche Zitat als der sicherste Weg zu empfehlen (ebenso MAH UrhR/*Hegemann/Amelung*, 2. Aufl. 2017, § 15 Rn. 62). Sofern Äußerungen Dritter wiedergegeben werden, ist darauf zu achten, dass nicht der Anschein erweckt werden darf, es handele sich um eine eigene Behauptung des Mediums (OLG Köln 25.7.2013 – 15 U 87/13, Rn. 44). Eine Gegendarstellung gegen einen Eindruck ist möglich, wenn sich dieser Eindruck aufgrund von Aussagen in der Erstmitteilung als unabweisbar aufdrängt (BVerfG NJW 2018, 1596 Rn. 21 ff. – Sterbedrama; NJW 2008, 1654 – Gegendarstellung bei verdeckten Aussagen; → Anm. 5). In diesem Fall sind zum einen die einzelnen Behauptungen der Erstmitteilung, durch die der Eindruck erweckt wird, zum anderen der beanstandete Eindruck selbst konkret zu bezeichnen (OLG Köln BeckRS 2014, 16140 Rn. 46; MAH UrhR/*Hegemann/Amelung*, 2. Aufl. 2017, § 15 Rn. 64 f.).

13. Kernstück der Gegendarstellung ist die eigentliche Entgegnung des Betroffenen. Die Gegendarstellung ist eine eigene Erklärung des Betroffenen zu einer in der Erstmitteilung enthaltenen Tatsachenbehauptung. Es gilt der Grundsatz „Tatsache gegen Tatsache", dh die Gegendarstellung ist ihrerseits auf tatsächliche Angaben beschränkt. Unzulässig ist es demnach, auf eine Tatsachenbehauptung in der Ausgangsmitteilung mit einem Werturteil des Betroffenen zu entgegen. Der Inhalt der Gegendarstellung muss in Zusammenhang mit den in der Erstmitteilung enthaltenen Tatsachen stehen und darauf Bezug nehmen. Jede Behauptung in der Erstmitteilung muss grundsätzlich eine Entsprechung in der Entgegnung des Betroffenen haben. „Gegendarstellen" bedeutet, eine Tatsache anders als in der Erstmitteilung darzustellen, dh sie richtig darzustellen. Dies kann zum einen geschehen durch ein reines Dementi in Form der Verneinung der ursprünglichen Behauptung *(„Es ist unrichtig, dass ......"/„Es trifft nicht zu, dass ......")*. Zum anderen kann die Gegendarstellung durch eine sachlich entgegengesetzte Darstellung erfolgen *(„Richtig ist vielmehr, dass ......")*. Zu beachten ist aber insbesondere bei der Gegendarstellung durch schlichtes Dementi, dass dieses nicht irreführend sein darf. So wäre etwa im Beispielfall die Gegendarstellung *„Es ist unwahr, dass die Staatsanwaltschaft Hamburg ein Ermittlungsverfahren wegen Betrugs gegen mich eingeleitet hat"* irreführend, wenn zwar nicht die Staatsanwaltschaft Hamburg, jedoch die Staatsanwaltschaft Hannover ein entsprechendes Ermittlungsverfahren eingeleitet hätte.

Überdies darf der Umfang der Gegendarstellung nicht unangemessen lang bzw. „geschwätzig“ sein, was die Unzulässigkeit der Gegendarstellung zur Folge hat (vgl. § 11 Abs. 2 S. 1 LPG Baden-Württemberg). Sie muss sich auf das zur Entgegnung Erforderliche beschränken. Der angemessene Umfang ist eine Frage des Einzelfalls. Es existieren keine starren Vorgaben. Maßstab und Orientierung für die Angemessenheit ist aber der Umfang der Erstmitteilung. Überschreitet die Gegendarstellung nicht den Umfang der beanstandeten Behauptung, so gilt sie in jedem Fall als angemessen (vgl. § 11 Abs. 2 S. 2 LPG Baden-Württemberg). Der für die Wiedergabe der Erstmitteilung notwendige Raum bleibt hierbei unberücksichtigt (Näheres MAH UrhR/*Hegemann/Amelung*, 2. Aufl. 2017, § 15 Rn. 74). Hat die Gegendarstellung einen angemessenen Umfang, muss sie kostenfrei veröffentlicht werden, auch wenn sie die Erstmitteilung deutlich überschreitet.

14. Für die Gegendarstellung besteht das Schriftformerfordernis (vgl. § 11 Abs. 2 S. 4 LPG Baden-Württemberg). Sie muss dem Anspruchsverpflichteten als abdruckreifer bzw. veröffentlichungsfähiger Text zugeleitet werden. Der Text der Gegendarstellung muss nicht handschriftlich abgefasst sein. Erforderlich ist aber die persönliche handschriftliche Unterzeichnung der Gegendarstellung, und zwar grundsätzlich durch den Betroffenen selbst oder seinen gesetzlichen Vertreter (§ 11 Abs. 2 S. 4 LPG Baden-Württemberg). Die Unterzeichnung durch Namensunterschrift muss die Gegendarstellung räumlich abschließen. Dem Anspruchsverpflichteten ist die handschriftlich unterzeichnete Gegendarstellung im Original zuzuleiten, Übermittlung per Telefax oder E-Mail reicht nicht (OLG Hamburg NJW 1990, 1613; auch → Anm. 6). Bis auf Berlin, Bremen, Niedersachsen und Sachsen-Anhalt wird eine rechtsgeschäftliche/gewillkürte Vertretung bei der Unterzeichnung der Gegendarstellung – zB durch einen anwaltlichen Vertreter *(„Rechtsanwalt A für B“)* – nicht als zulässig angesehen (MAH UrhR/*Hegemann/Amelung*, 2. Aufl. 2017, § 15 Rn. 80; auch → Anm. 6). Ort- und Datumsangaben sind bei der Gegendarstellung nicht vorgeschrieben, aber üblich und ggf. sinnvoll, um den Zeitpunkt der Entgegnung zu verdeutlichen.

4. Berichtigung (Widerruf/Richtigstellung)[1]

Vorab per Telefax: . . . . .

ABC-Verlag GmbH

– Geschäftsleitung –

ABC Straße 1

20354 Hamburg

Hamburg, den . . . . .

Andreas Müller.[2]/. ABC-Verlag GmbH[3]

Veröffentlichung in ABC-Zeitung Nr. . . . . . vom . . . . . auf Seite . . . . . mit dem Titel „. . . . .“

Berichtigung

Sehr geehrte Damen und Herren,

unter Bezugnahme auf die beigefügte Originalvollmacht zeigen wir an, dass wir Herrn Andreas Müller, ... *(Anschrift)* anwaltlich vertreten.[4]

Der in der ABC-Zeitung Nr. . . . . . vom . . . . . auf Seite . . . . . veröffentlichte Beitrag mit dem Titel „. . . . . " enthält die unwahre Tatsachenbehauptung,[5] die Staatsanwaltschaft Hamburg habe gegen unseren Mandanten ein Ermittlungsverfahren wegen Betrugs eingeleitet. Diese Falschbehauptung ist offenkundig ehrenrührig und verletzt unseren Mandanten erheblich in seinen Persönlichkeitsrechten. Die Beeinträchtigung dauert noch an und kann nur durch den Abdruck des beigefügten Widerrufs in einer der Erstmitteilung entsprechenden optischen Aufmachung und an einer entsprechenden Stelle beseitigt werden.[6] Wir gehen davon aus, dass der Widerruf ordnungsgemäß abgedruckt wurde, wenn folgende Abdruckanordnung eingehalten wird: . . . . .[7]

Wir fordern Sie auf, den in der Anlage beigefügten Widerruf in der nächsten für den Druck noch nicht abgeschlossenen Ausgabe der ABC-Zeitung zu veröffentlichen und bis spätestens

. . . . . (hier eingehend)

rechtsverbindlich zu bestätigen, dass Sie dieser Verpflichtung wie gefordert nachkommen werden. Sofern wir Ihre Bestätigung nicht fristgerecht erhalten, werden wir unserem Mandanten umgehend die Inanspruchnahme gerichtlicher Hilfe empfehlen.[8]

Schließlich sind Sie dazu verpflichtet, unserem Mandanten die Kosten dieses Aufforderungsschreibens gemäß beiliegender Kostennote zu erstatten. Für den Eingang der Zahlung auf unserem Kanzleikonto setzen wir Frist bis . . . . . [9]

Die Geltendmachung weitergehender Rechte und Ansprüche bleibt ausdrücklich vorbehalten.

Mit freundlichen Grüßen

Rechtsanwältin/Rechtsanwalt

Anlage:

Widerruf[10]

In der ABC-Zeitung, Ausgabe Nr. . . . . . vom . . . . . haben wir auf Seite . . . . . unter der Überschrift „. . . . . " über Andreas Müller Folgendes berichtet:[11]

„Jetzt hat die Staatsanwaltschaft Hamburg gegen den Vorstandsvorsitzenden der AM Invest AG Andreas Müller ein Ermittlungsverfahren wegen Betrugs eingeleitet."

Diese Behauptung widerrufen wir als unwahr.[12]

ABC-Verlag GmbH[13]

Anmerkungen

1. Der Anspruch auf Berichtigung ist ein Folgenbeseitigungsanspruch, der aus einer eingetretenen Verletzung des Persönlichkeitsrechts resultiert. Er wird aus § 823 Abs. 1, § 1004 Abs. 1 S. 1 BGB analog hergeleitet und zielt auf die Beseitigung einer rechtswidrigen Störung (BGH NJW 2004, 1034). Der entscheidende Unterschied zur Gegendarstellung (→ Form. X.3) besteht darin, dass es sich bei der Gegendarstellung um eine Erklärung des Betroffenen handelt, während es sich bei der Berichtigung um eine Erklärung des Medienunternehmens selbst handelt. Die Berichtigung stellt folglich einen erheblichen Eingriff in die Pressefreiheit dar, weil sie das Medium dazu zwingt, „sich selbst ins Unrecht zu setzen“ (vgl. BGH GRUR 2015, 96 Rn. 40 ff. – Chefjustiziar).

Voraussetzung des Berichtigungsanspruchs ist eine fortdauernde Rufbeeinträchtigung durch eine erwiesenermaßen unwahre Tatsachenbehauptung, die eine Berichtigung erfordert. Insoweit bedarf es einer Interessenabwägung. Die Berichtigung muss verhältnismäßig und zur Beseitigung der Störung geeignet und erforderlich sein (BGH GRUR 2015, 96 Rn. 40 – Chefjustiziar; NJW 2004, 1034; BVerfG NJW 1998, 1381). Verschulden ist hingegen keine Anspruchsvoraussetzung.

An einer fortwirkenden Beeinträchtigung und dem Bedürfnis für eine Berichtigung kann es insbesondere dann fehlen, wenn die Ausgangsmitteilung durch Zeitablauf bereits in Vergessenheit geraten ist. Allerdings existieren insoweit keine starren Fristen, sondern kommt es auf die Einzelfallumstände an. Der BGH sah eine Zeitspanne von 7 Monaten von der Veröffentlichung bis zur Klageerhebung und von 3 Jahren bis zum Ende des Verfahrens angesichts des Verbreitungsgrades einer auflagenstarken Zeitung und eines die Intimsphäre verletzenden Eingriffs als nicht zu lang an (BGH NJW 2004, 1034 (1035)). Aus Sicht des OLG Hamburg kann es nur auf die Zeitspanne zwischen Veröffentlichung des Artikels und der gerichtlichen Geltendmachung des Anspruchs ankommen, entfällt aber jedenfalls bei einer Zeitspanne von über 2,5 Jahren bis zur Klageerhebung das Interesse an einer Berichtigung (OLG Hamburg NJW-RR 2010, 624 (627)). Ein Berichtigungsanspruch besteht ferner nicht, wenn die Störung bereits auf andere Weise ausreichend beseitigt wurde, insbesondere indem der Verletzer die Behauptung von sich aus eindeutig und in einer der Erstmitteilung entsprechenden Aufmachung berichtigt hat. Das kann auch durch einen redaktionellen Zusatz zur Veröffentlichung einer Gegendarstellung geschehen, welcher die inhaltliche Richtigkeit der Gegendarstellung bestätigt *(„Herr Müller hat Recht“)*.

Die Berichtigung als Oberbegriff umfasst insbesondere den Widerruf *(„Diese Behauptung widerrufen wir als unwahr“)*, die Richtigstellung *(„Diese Behauptung stellen wir wie folgt richtig: . . . . . .“/„Hierzu stellen wir richtig: . . . . . .“)*, die Nichtaufrechterhaltung *(„Diese Behauptung erhalten wir nicht aufrecht“)* und die Distanzierung *(„Von dieser Behauptung distanzieren wir uns“)* als spezielle Ausprägungen. Diese unterscheiden sich in erster Linie danach, zu welchem Grad die Ausgangsmitteilung nachweislich unwahr ist. In der Praxis am wichtigsten sind der Widerruf und die Richtigstellung. Ist die angegriffene Behauptung nicht schlechthin falsch, sondern unvollständig oder missverständlich, kann in der Regel kein voller Widerruf gefordert werden, sondern „nur“ eine Richtigstellung. Die Nichtaufrechterhaltung als eingeschränkte Form des Widerrufs kommt in Betracht, wenn der Nachweis der Unwahrheit der Ausgangsmitteilung zwar nicht positiv feststeht, aber die Beweisaufnahme bei objektiver Beurteilung keine ernstlichen Anhaltspunkte für die Wahrheit der Behauptung ergeben hat (BGH NJW 1966, 647 (649) – Reichstagsbrand). Entsprechendes gilt, wenn die betreffende Behauptung im Zeitpunkt der Veröffentlichung rechtmäßig war und sich erst später ihre Unwahrheit herausstellt. Hat etwa ein Presseorgan unter Beachtung der Voraussetzungen einer zulässigen Verdachtsberichterstattung über den Verdacht einer Straftat berichtet, kann der Betroffene bei späterer Ausräumung des Verdachts und Fortwirken der Beeinträchtigung von dem Presseorgan nicht die Richtigstellung der ursprünglichen Berichterstattung, sondern nur die nachträgliche Mitteilung (Nachtrag) verlangen, dass nach Klärung des Sachverhalts der berichtete Verdacht nicht mehr aufrechterhalten werde (BGH GRUR 2015, 96 – Chefjustiziar). Die Distanzierung kommt schließlich zur Anwendung, wenn die angegriffene Behauptung nicht von dem Medienunternehmen selbst aufgestellt wurde, sondern es nur die fremde Äußerung eines Dritten – zB eine Interviewäußerung oder ein Zitat – verbreitet hat. Wenn es sich allerdings die Aussage des Dritten zu eigen macht oder derart in die eigene Stellungnahme einbettet, dass die Äußerung insgesamt als eine „lediglich mit verteilten Rollen gesprochene eigene Kritik“

erscheint, kann sich das Medium nicht darauf berufen, die Äußerung sei keine eigene gewesen (BGH NJW 1976, 1198 – Panorama).

Der Berichtigungsanspruch verjährt gemäß §§ 195, 199 BGB in drei Jahren ab dem Schluss des Jahres, in dem er entstanden ist.

Kommt der Anspruchsgegner der Aufforderung zur Veröffentlichung der Berichtigung nicht nach, muss der Anspruch im Klageweg durchgesetzt werden, wobei der Kläger die volle Beweislast für die Unwahrheit der angegriffenen Tatsachenbehauptung trägt (→ Form. X.10). Die Geltendmachung des Anspruchs im einstweiligen Verfügungsverfahren kommt wegen der „Endgültigkeit" der Berichtigung und des darin liegenden gravierenden Eingriffs in die Pressefreiheit nicht in Betracht. Die Zwangsvollstreckung erfolgt nach § 888 ZPO und ist erst nach Rechtskraft des Urteils möglich (→ Form. X.13).

2. Anspruchsberechtigt ist der von der streitgegenständlichen Tatsachenbehauptung individuell in seinen Rechten Betroffene (→ Form. X.1). Auch einer staatlichen Behörde kann ein Anspruch auf Richtigstellung zustehen, wenn die konkrete Äußerung geeignet ist, sie schwerwiegend in ihrer Funktion zu beeinträchtigen (BGH NJW 2008, 2262 – Richtigstellungsanspruch des BKA gegen Focus).

3. Anspruchsverpflichtet ist derjenige, der die streitgegenständliche Tatsachenbehauptung selbst aufgestellt oder verbreitet hat. Im Fall der bloßen Verbreitung einer Drittäußerung kommt allerdings nur die Veröffentlichung einer Distanzierung in Betracht, sofern sich das Medium die Äußerung des Dritten nicht zu eigen gemacht hat (→ Anm. 1).

4. In dem Aufforderungsschreiben zur Veröffentlichung einer Berichtigung ist zunächst die anwaltliche Vertretung anzuzeigen. Die Vorlage einer Originalvollmacht ist mit Blick auf § 174 BGB und zur Vermeidung von Diskussionen zu empfehlen.

5. Ein Anspruch auf Berichtigung – hier in Form des Widerrufs – besteht nur gegenüber unwahren Tatsachenbehauptungen (BGH NJW 2008, 2262 (2263) – Richtigstellungsanspruch des BKA gegen Focus), nicht gegenüber Meinungsäußerungen/Werturteilen (zur Abgrenzung → Form. X.1 Anm. 6). Gegenüber mehrdeutigen Äußerungen/Eindrücken kommt eine Berichtigung nur in Frage, wenn der angegriffene Eindruck zwingend erweckt wird (BGH NJW 2006, 207 (209) – „IM-Sekretär" Stolpe). Im gerichtlichen Verfahren setzt der Widerruf den vollen Beweis der Unwahrheit voraus, wobei die Beweislast beim Kläger liegt. Allerdings kann den Anspruchsgegner eine erweiterte (sekundäre) Darlegungslast treffen, wonach er Belegtatsachen für seine Behauptung anzugeben hat (BGH NJW 2008, 2262 (2264) – Richtigstellungsanspruch des BKA gegen Focus).

6. Der Widerrufsanspruch setzt neben dem Vorliegen einer unwahren Tatsachenbehauptung voraus, dass durch diese eine fortwirkende Rufbeeinträchtigung eingetreten ist und der Widerruf zu deren Beseitigung erforderlich ist (→ Anm. 1).

7. Nach dem „Grundsatz der Waffengleichheit" ist die Berichtigung an der gleichen Stelle und in der gleichen Erscheinungsform zu veröffentlichen wie die Erstmitteilung. Die Berichtigung soll den gleichen Empfängerkreis erreichen wie die unwahre Ausgangsmeldung. Es ist üblich, Details zum Abdruck in das Aufforderungsschreiben mit aufzunehmen, dh konkrete Angaben zur Schriftart, Schriftgröße und dazu, an welcher Stelle die Berichtigung zu erfolgen hat. Wurde die angegriffene Erstmitteilung auf der Titelseite oder im Inhaltsverzeichnis aufgestellt oder zumindest angekündigt, kann auch ein Anspruch auf Veröffentlichung oder Ankündigung der Berichtigung an entsprechender Stelle bestehen (BVerfG NJW 1998, 1381 – Caroline von Monaco I; *Korte*, PresseR, 2. Aufl. 2019, § 5 Rn. 196 f.).

8. Die geforderte Berichtigung wird üblicherweise ausformuliert als Anlage beigefügt und der Anspruchsgegner unter Fristsetzung dazu aufgefordert, diese zu veröffentlichen bzw. die pflichtgemäße Veröffentlichung zu bestätigen. Für den Fall, dass der Anspruchsgegner dem nicht nachkommt, werden gerichtliche Schritte angedroht.

9. Die Kosten der berechtigten Aufforderung zur Veröffentlichung einer Berichtigung sind unter dem Gesichtspunkt des Schadensersatzes als notwendige Rechtsverfolgungskosten vom Anspruchsverpflichteten zu erstatten. Das Berichtigungsverlangen stellt neben der Geltendmachung des Unterlassungs- und Gegendarstellungsanspruchs eine eigene gebührenrechtliche Angelegenheit nach § 15 Abs. 2 RVG dar (BGH NJW 2010, 3037 – Gegendarstellungs- und Berichtigungsbegehren; auch → Form. X.1 Anm. 11 mwN). Im Regelfall wird eine 1,3 Geschäftsgebühr anzusetzen sein. Der Gegenstandswert entspricht in etwa jenem des Unterlassungsanspruchs (Götting/Schertz/Seitz/*Frauenschuh*, Persönlichkeitsrechts-HdB, 2. Aufl. 2019, § 53 Rn. 55 mit Beispielen) und auch hinsichtlich Umsatzsteuer und Rechnung gilt das zum Unterlassungsanspruch Gesagte entsprechend (→ Form. X.1 Anm. 11).

10. Die ausformulierte Berichtigung wird dem Aufforderungsschreiben als Anlage beigefügt. Als Überschrift wird die jeweilige Art der Berichtigung konkret bezeichnet („Widerruf", „Richtigstellung", „Distanzierung" usw.).

11. Elementarer Bestandteil der Berichtigung ist als Anknüpfung die Wiedergabe der Ausgangsmitteilung, deren Berichtigung begehrt wird. Dies ist notwendig, damit der Bezugspunkt der Berichtigung klar ist. Dazu wird die ursprüngliche Veröffentlichung mit Fundstelle genannt *(„In der Zeitung ...... Nr ...... vom ...... auf Seite ......", „In der Sendung ...... vom ...... mit dem Titel ......", „Auf der Internetseite ......")*, gefolgt von der Wiedergabe der beanstandeten Behauptung. Die Erstmitteilung muss hierbei zutreffend wiedergegeben werden und darf nicht verfälscht werden. Empfehlenswert ist daher, die Ausgangsmitteilung wörtlich zu zitieren.

12. Der konkrete Inhalt der eigentlichen Berichtigung richtet sich nach dem Inhalt der Ausgangsmitteilung, dem Grad der erwiesenen Unwahrheit sowie danach, ob das Medienunternehmen die Ausgangsmitteilung selbst aufgestellt oder die Behauptung eines Dritten verbreitet hatte. Davon hängt ab, ob – wie im Beispiel – ein voller Widerruf oder lediglich eine Richtigstellung, Nichtaufrechterhaltung oder Distanzierung in Betracht kommt (→ Anm. 1). Ein uneingeschränkter Widerruf setzt den vollen Nachweis der Unwahrheit einer eigenen Behauptung des Anspruchsverpflichteten voraus und geht dahin, dass diese Behauptung *„widerrufen"* wird *(„Diese Behauptung widerrufen wir als unwahr")*. Wenn die Ausgangsmitteilung hingegen nicht gänzlich unrichtig, sondern unvollständig oder missverständlich war oder durch sie zwingend ein falscher Eindruck erweckt wurde, ist idR nur eine Richtigstellung als eingeschränkte Form des Widerrufs möglich *(„Diese Behauptung stellen wir wie folgt richtig: ......"/„Hierzu stellen wir richtig: ......")*. Zu beachten ist weiterhin, dass nur die Berichtigung von Tatsachenbehauptungen durch Tatsachenbehauptungen zulässig ist (Grundsatz „Tatsache gegen Tatsache"). Beschränkt sich die Berichtigung daher nicht auf den reinen Widerruf, sondern wird – wie typischerweise insbesondere bei der Richtigstellung – der tatsächliche Hergang dargestellt *(„Hierzu stellen wir richtig: Herr X hat zu keinem Zeitpunkt ......, vielmehr hat ......")*, dann muss sich diese Darstellung ihrerseits auf Tatsachenbehauptungen beschränken (zur Abgrenzung zwischen Tatsachen und Meinungsäußerungen → Form. X.1 Anm. 6). Eine Berichtigung zB des Inhalts *„Hierzu stellen wir richtig: Das Kunstwerk ...... ist schön"*, kann es folglich nicht geben, denn dadurch würde dem Medienunternehmen eine reine (fremde) Meinungsäußerung aufgezwungen. Zudem darf die berichtigende Erklärung weder unangemessen lang noch irreführend sein.

13. Die Berichtigung hat – im Gegensatz zur Gegendarstellung – in Form einer eigenen Erklärung des anspruchsverpflichteten Medienunternehmens zu erfolgen, hier also im Namen des Verlags (→ Anm. 1). Diese Angabe bildet den Abschluss der Berichtigung.

5. Schutzschrift[1, 2]

An das Zentrale Schutzschriftenregister

EILT SEHR – BITTE SOFORT VORLEGEN!

Schutzschrift

in einem etwaigen einstweiligen Verfügungsverfahren[3]

des Herrn Andreas Müller, ... *(Anschrift)*

– mutmaßlicher Antragsteller –

mutmaßliche Verfahrensbevollmächtigte: Rechtsanwälte XYZ, ... *(Anschrift)*

gegen

die ABC-Verlag GmbH, ... *(Anschrift)*

– mutmaßliche Antragsgegnerin –

Verfahrensbevollmächtigte: . . . . . Rechtsanwälte, ... *(Anschrift)*

wegen angeblicher Verletzung des allgemeinen Persönlichkeitsrechts
(oder: Gegendarstellungsverlangen)

Wir bestellen uns hiermit zu Verfahrensbevollmächtigten für die mutmaßliche Antragsgegnerin (nachfolgend: Antragsgegnerin) für den Fall, dass der mutmaßliche Antragsteller (nachfolgend: Antragsteller) aufgrund des folgenden Sachverhalts einen Antrag auf Erlass einer einstweiligen Verfügung stellen sollte und beantragen:[4]

1. den Antrag auf Erlass einer einstweiligen Verfügung zurückzuweisen;
2. hilfsweise: über den Antrag nicht ohne vorherige mündliche Verhandlung zu entscheiden;
3. höchst hilfsweise: die Anordnung oder Vollziehung einer einstweiligen Verfügung von einer Sicherheitsleistung des Antragstellers nicht unter . . . . . EUR abhängig zu machen;
4. für den Fall der Zurückweisung des einstweiligen Verfügungsantrags oder seiner Zurücknahme dem Antragsteller die Kosten des Verfahrens aufzuerlegen, einschließlich der durch die Hinterlegung dieser Schutzschrift entstandenen Kosten.

Es besteht Einverständnis, dem Antragsteller die Schutzschrift zugänglich zu machen, sollte dieser tatsächlich einen Antrag auf Erlass einer einstweiligen Verfügung stellen. Zudem erklären wir uns vorsorglich mit der Bestimmung eines Termins zur mündlichen Verhandlung unter Abkürzung der Ladungsfristen einverstanden.

Begründung:[5]

Ein etwaiger Antrag auf Erlass einer einstweiligen Verfügung ist zurückzuweisen, weil er unzulässig und unbegründet ist. Es fehlt sowohl am Verfügungsanspruch als auch am Verfügungsgrund. Im Einzelnen:

1. Der Antragsteller ist Vorstandsvorsitzender der AM Invest AG . . . . .
2. Die Antragsgegnerin ist die Verlegerin der bekannten ABC-Zeitung . . . . .
3. In der ABC-Zeitung Nr. . . . . . vom . . . . . auf Seite . . . . . wurde ein Beitrag mit dem Titel „ . . . . . " veröffentlicht, den wir vollständig vorlegen als Anlage AG 1.
4. Der Antragsteller ließ die Antragsgegnerin mit dem als Anlage AG 2 beigefügten Anwaltsschreiben vom . . . . . abmahnen und forderte die Abgabe einer strafbewehrten Unterlassungserklärung. Er behauptet, die folgenden in dem Beitrag enthaltenen Äußerungen . . . . . und das auf S. . . . . . des Artikels veröffentlichte Foto verletzten ihn in seinem allgemeinen Persönlichkeitsrecht und seinem Recht am eigenen Bild.
   (Oder: Mit dem als Anlage AG 2 beigefügten Anwaltsschreiben machte der Antragsteller geltend, der Beitrag enthalte Unrichtigkeiten und verlangte den Abdruck der aus Anlage AG 2 ersichtlichen Gegendarstellung.)
5. Die Antragsgegnerin hat die Abgabe einer strafbewehrten Unterlassungserklärung (oder: den Abdruck der Gegendarstellung) mit dem als Anlage AG 3 vorgelegten Schreiben abgelehnt. Es ist daher damit zu rechnen, dass der Antragsteller eine einstweilige Verfügung zu erwirken versucht.
6. Es fehlt jedoch bereits an dem erforderlichen Verfügungsgrund für den Erlass einer einstweiligen Verfügung. Der Antragsteller hat bereits seit . . . . . Kenntnis von der beanstandeten Veröffentlichung, wie sich aus . . . . . ergibt. Seit Kenntnis sind somit bereits mehr als . . . . . vergangen. Das Verhalten des Antragstellers zeigt, dass die Sache nicht dringlich ist.
7. Unabhängig davon besteht auch kein Verfügungsanspruch. Das Unterlassungsverlangen (oder: Gegendarstellungsverlangen) ist offensichtlich unbegründet. Im Einzelnen:
   . . . . .

Glaubhaftmachung: 1. Eidesstattliche Versicherung des . . . . ., Anlage AG 4
2. Auszug von der Internetseite . . . . ., Anlage AG 5
3. . . . . .

Die geltend gemachten Ansprüche bestehen somit unter keinem denkbaren Gesichtspunkt. Ein etwaiger Antrag auf Erlass einer einstweiligen Verfügung ist daher zurückzuweisen.

Rechtsanwältin/Rechtsanwalt

Anmerkungen

1. Wird auf eine pressrechtliche Abmahnung (→ Form. X.1) hin keine Unterlassungserklärung abgegeben oder die Aufforderung zur Veröffentlichung einer Gegendarstellung (→ Form. X.3) von dem Medienunternehmen nicht erfüllt, kann der Betroffene eine auf Unterlassung (→ Form. X.6) oder auf die Anordnung der Veröffentlichung einer Gegendarstellung (→ Form. X.7) gerichtete einstweilige Verfügung beantragen. Zweck einer Schutzschrift ist es, den Erlass einer einstweiligen Verfügung proaktiv zu verhindern oder zumindest zu erreichen, dass das Gericht nicht ohne Termin zur mündlichen Verhandlung entscheidet. Dementsprechend handelt es sich bei der Schutzschrift um ein vorbeugendes Verteidigungsmittel, um den potenziell für den Erlass einer einstweiligen Verfügung zuständigen Gerichten vor der Entscheidung die Verteidigungsargumente und Glaubhaftmachungsmittel des mutmaßlichen Antragsgegners zur Kenntnis zu bringen. Inzwischen enthalten § 945a Abs. 1 S. 2 ZPO eine Legaldefinition der Schutzschrift und §§ 945a, 945b ZPO weitere Regelungen zur Einreichung und zur Einrichtung eines Schutzschriftenregisters. Empfehlenswert ist die Hinterlegung einer Schutzschrift insbesondere dann, wenn neben reinen Rechtsfragen auch der Sachverhalt streitig ist und Grund zu der Besorgnis besteht, dass der Antragsteller die tatsächlichen Umstände unzutreffend oder unvollständig darstellen und ggf. glaubhaft machen wird. Zwar ist der Antragsteller grundsätzlich dazu verpflichtet, eine etwaige außergerichtliche Antwort auf die Abmahnung bzw. das Abdruckverlangen zusammen mit dem Verfügungsantrag dem Gericht vorzulegen. Ob er dem nachkommt und die Antwort vollständig vorlegt, ist aber nicht gesichert.

2. Im Medien- und Persönlichkeitsrecht sind regelmäßig eine Vielzahl von Gerichten als „Tatortgerichte" (§ 32 ZPO) potenziell für den Erlass einer einstweiligen Unterlassungsverfügung zuständig aufgrund der bestimmungsgemäß bundesweiten Verbreitung von Beiträgen in der Presse, im Rundfunk oder im Internet (zur gerichtlichen Zuständigkeit beim Antrag auf Erlass einer einstweiligen Unterlassungsverfügung siehe → Form. X.6 und beim Antrag auf Veröffentlichung einer Gegendarstellung → Form. X.7). Daher war es früher notwendig, die Schutzschrift vorsorglich bei sämtlichen Gerichten zu hinterlegen, bei denen mit der Einreichung eines einstweiligen Verfügungsantrags zu rechnen ist, was mit erheblichem Aufwand verbunden war (Fax an jedes einzelne Gericht etc). Der Gesetzgeber hat dem praktischen Bedürfnis zur Vereinfachung inzwischen durch die Möglichkeit der Hinterlegung nur einer einzigen Schutzschrift beim zentralen elektronischen Schutzschriftenregister (ZSSR) Rechnung getragen. Nach § 945a Abs. 2 S. 1 ZPO gilt eine Schutzschrift als bei allen ordentlichen Gerichten der Länder eingereicht, sobald sie in das elektronische Schutzschriftenregister eingestellt ist. Flankiert wird diese Regelung durch die standesrechtliche Verpflichtung für Rechtsanwälte (nicht die Partei selbst!) aus § 49c BRAO, Schutzschriften nur noch über das zentrale Schutzschriftenregister einzureichen. Nähere Einzelheiten ergeben sich aus der auf der Grundlage des § 945b ZPO erlassenen Schutzschriftenregisterverordnung (SRV) und sind abrufbar über die Internetseiten des Schutzschriftenregisters unter www.zssr.justiz.de und www.schutzschriftenregister.hessen.de. Schutzschriften können gemäß § 2 Abs. 4 SRV entweder mit einer qualifizierten elektronischen Signatur oder über einen sicheren Übermittlungsweg eingereicht werden, worunter gemäß § 2 Abs. 5 Nr. 2 SRV va auch die Einreichung über das besondere elektronische Anwaltspostfach (beA) fällt. Für die Einreichung einer Schutzschrift beim zentralen Schutzschriftenregister fällt eine Gebühr von 83 EUR an gemäß § 1 Nr. 5a des Hessischen Justizverwaltungskostengesetzes, Nr. 1160 KV. Da die Schutzschrift beim zentralen Schutzschriftenregister einzureichen und von sämtlichen Gerichten zu berücksichtigen ist, ist sie nicht mehr an bestimmte Gerichte zu adressieren.

3. Die mutmaßlichen Parteien des potenziellen einstweiligen Verfügungsverfahrens sind konkret zu benennen, üblich ist die Bezeichnung als „mutmaßlicher" Antragsteller und Antragsgegner. Der mutmaßliche Antragsgegner muss die Schutzschrift nicht zwingend durch einen (externen) Rechtsanwalt einreichen lassen, da kein Anwaltszwang besteht. Wenn die Schutzschrift durch einen Prozessbevollmächtigten eingereicht wird, müssen Zustellungen gemäß § 172 ZPO an ihn direkt erfolgen. Das gilt insbesondere auch für den Fall, dass eine einstweilige Verfügung trotz Schutzschrift erlassen wird. Dann muss die Vollziehung (§§ 936, 929 Abs. 2 ZPO) durch Zustellung der einstweiligen Verfügung im Parteibetrieb an die Prozessbevollmächtigten erfolgen (Köhler/Bornkamm/Feddersen/*Köhler*, 38. Aufl. 2020, UWG § 12 Rn. 3.63).

4. Der Antrag geht dahin, den Antrag auf Erlass einer einstweiligen Verfügung zurückzuweisen. Hilfsweise wird beantragt, nicht ohne mündliche Verhandlung zu entscheiden. Ferner kann hilfsweise beantragt werden, die Anordnung oder Vollziehung der einstweiligen Verfügung von einer Sicherheitsleistung abhängig zu machen, va wenn irreparable Schäden drohen. Weiterhin wird üblicherweise beantragt, dem Antragsteller im Fall der Zurückweisung oder Zurücknahme seines Verfügungsantrags die Kosten des Verfügungsverfahrens aufzuerlegen. Kosten für die Einreichung einer Schutzschrift mit Sachvortrag sind grundsätzlich in Höhe einer 1,3 Verfahrensgebühr nach 3100 RVG VV erstattungsfähig, sofern ein entsprechender Verfügungsantrag eingereicht wird (BGH GRUR 2003, 456 – Kosten einer Schutzschrift; GRUR 2007, 727 – Kosten der Schutzschrift II; GRUR 2008, 640 Rn. 10 – Kosten der Schutzschrift III; Näheres Köhler/Bornkamm/Feddersen/*Köhler*, 38. Aufl. 2020, UWG § 12 Rn. 3.40–3.41). Eine Erstattung scheidet aus, wenn die Schutzschrift erst nach Rücknahme oder endgültiger Zurückweisung des Verfügungsantrags eingeht, unabhängig von der Kenntnis des Antragsgegners (BGH GRUR 2007, 727– Kosten der Schutzschrift II).

Der mutmaßliche Antragsteller wird an sich nicht automatisch über eine Schutzschrift informiert. Üblich ist die ausdrückliche Erklärung in der Schutzschrift, dass diese dem Antragsteller nur dann zur Verfügung zu stellen ist, wenn er tatsächlich einen Verfügungsantrag einreicht. Denn aus der Interessenlage des Antragsgegners heraus soll der potenzielle Antragsteller den Inhalt der Schutzschrift nicht vor oder unabhängig von der Einreichung seines Verfügungsantrags kennen.

Schließlich bietet es sich an, vorsorglich einer Abkürzung der Ladungsfristen zur mündlichen Verhandlung zuzustimmen, was dem Gericht allerdings gemäß § 226 Abs. 3 ZPO auch ohne Zustimmung des Antragsgegners möglich ist.

5. Im Rahmen der Begründung sind die außergerichtliche Korrespondenz – va die Abmahnung beim Unterlassungsanspruch/das Abdruckverlangen bei der Gegendarstellung – sowie der weitere Sachverhalt darzustellen und ggf. glaubhaft zu machen (§§ 936, 920 Abs. 2 ZPO). Zur Glaubhaftmachung nach § 294 ZPO kommen sämtliche präsenten Beweismittel und insbesondere auch eidesstattliche Versicherungen in Betracht (Beispiel → Form. VII.3.2). Ziel ist es, das Gericht von der überwiegenden Wahrscheinlichkeit des Fehlens des Verfügungsgrunds und/oder Verfügungsanspruchs zu überzeugen.

Als Verfügungsgrund setzt der Erlass einer einstweiligen Verfügung Eilbedürftigkeit bzw. Dringlichkeit voraus, §§ 935, 937 Abs. 2 ZPO. An der Eilbedürftigkeit kann es va dann fehlen, wenn der Antragsteller die Ansprüche nicht mit der gebotenen Eile verfolgt und dadurch zum Ausdruck gebracht hat, dass die Sache für ihn nicht dringlich ist. Wie lang der Zeitraum zwischen Kenntniserlangung von der angegriffenen Veröffentlichung und der Einreichung des Verfügungsantrags sein darf, wird von den Gerichten unterschiedlich beurteilt. Im Presserecht sind Dringlichkeitsfristen von 4–5 Wochen verbreitet (von 5 Wochen gehen zB die Hamburger Gerichte bei der einstweiligen Unterlassungsverfügung in ständiger Rechtsprechung aus, vgl. LG Hamburg BeckRS 2018, 24806; OLG Hamburg 8.3.2012 – 7 W 32/12; *Korte*, PresseR, 2. Aufl. 2019, § 5 Rn. 121 f.). Nach der Rechtsprechung des OLG Stuttgart ist idR erst bei einem Zuwarten von mehr als 8 Wochen die Eilbedürftigkeit zu verneinen (OLG Stuttgart NJW-RR 2016, 932).

Im Rahmen der Ausführungen zum Verfügungsanspruch ist das Fehlen der Voraussetzungen eines Unterlassungsanspruchs (→ Form. X.1), dh einer Persönlichkeitsrechtsverletzung, oder eines Gegendarstellungsanspruchs (→ Form. X.3) darzulegen und ggf. glaubhaft zu machen. Dabei sollte auch eine Auseinandersetzung mit etwaigen vorgerichtlich vorgebrachten Argumenten des Antragstellers stattfinden.

6. Antrag auf Erlass einer einstweiligen Verfügung (Unterlassung Text und Bild)[1]

Vorab per Telefax: . . . . .

Landgericht . . . . .[2]

. . . . .

. . . . .

AZ: NEU

Antrag auf Erlass einer einstweiligen Verfügung

des Herrn Andreas Müller, ... *(Anschrift)*

– Antragsteller –[3]

Verfahrensbevollmächtigte: Rechtsanwälte XYZ, ... *(Anschrift)*

gegen

ABC-Verlag GmbH, gesetzlich vertreten durch den Geschäftsführer . . . . . , ... *(Anschrift)*

– Antragsgegnerin –[4]

wegen: Unterlassung persönlichkeitsrechtsverletzender Berichterstattung

Streitwert (vorläufig geschätzt): . . . . . EUR[5]

Namens und in Vollmacht des Antragstellers beantragen wir – wegen besonderer Dringlichkeit ohne mündliche Verhandlung[6] – den Erlass der folgenden einstweiligen Verfügung:

Im Wege der einstweiligen Verfügung wird der Antragsgegnerin bei Vermeidung eines vom Gericht für jeden Fall der Zuwiderhandlung festzusetzenden Ordnungsgeldes bis zu 250.000 EUR, ersatzweise Ordnungshaft, oder Ordnungshaft bis zu 6 Monaten, die Ordnungshaft zu vollziehen an dem Geschäftsführer der Antragsgegnerin,[7]

verboten,

1. in Bezug auf Andreas Müller das Folgende zu behaupten und/oder behaupten zu lassen und/oder zu verbreiten und/oder verbreiten zu lassen und/oder zu veröffentlichen und/oder veröffentlichen zu lassen:
   a. „Jetzt hat die Staatsanwaltschaft Hamburg gegen den Vorstandsvorsitzenden der AM Invest AG Andreas Müller ein Ermittlungsverfahren wegen Betrugs eingeleitet“
   und/oder
   b. „Währenddessen verbrachte Müller den Sommerurlaub mit seiner neuen Lebensgefährtin Veronika Maier in seiner Finca am Ortsrand von Port d'Andratx auf Mallorca“

   jeweils wie geschehen in ABC-Zeitung Nr. . . . . . vom . . . . . auf Seite . . . . . in dem Beitrag mit dem Titel „. . . . .“;

2. das folgende Foto zu verbreiten und/oder verbreiten zu lassen und/oder zu veröffentlichen und/oder veröffentlichen zu lassen:
   . . . . . . *(Foto einfügen)*
   wie geschehen in ABC-Zeitung Nr. . . . . . vom . . . . . auf Seite . . . . . in dem Beitrag mit dem Titel „. . . . . ".[8]

Begründung:

Der Antragsteller macht Unterlassungsansprüche wegen der Verletzung seines allgemeinen Persönlichkeitsrechts und Rechts am eigenen Bild durch den in der ABC-Zeitung Nr. . . . . . vom . . . . . veröffentlichten Artikel mit der Überschrift „. . . . . " geltend.

I. Sachverhalt

1. Zum Antragsteller
   Der Antragsteller ist Vorstandsvorsitzender der AM Invest AG . . . . .
2. Zur Antragsgegnerin
   Die Antragsgegnerin ist ausweislich des Impressums die Verlegerin der bekannten ABC-Zeitung . . . . .

   Glaubhaftmachung: Impressum der ABC-Zeitung Nr. . . . . . vom . . . . . , Anlage AST 1[9]

3. Die rechtsverletzende Veröffentlichung[10]
   a) In der ABC-Zeitung Nr. . . . . . vom . . . . . auf Seite . . . . . veröffentlichte die Antragsgegnerin einen Beitrag mit dem Titel „. . . . . . ".

      Glaubhaftmachung: Veröffentlichung in ABC-Zeitung Nr. . . . . . vom . . . . . auf Seite . . . . . mit dem Titel „. . . . . ", Anlage AST 2[11]

      Der Antragsteller hat von dieser Veröffentlichung am . . . . . Kenntnis erlangt.

      Glaubhaftmachung: Eidesstattliche Versicherung des Antragstellers vom . . . . . , Anlage AST 3[12]

   b) Auf Seite . . . . . des Artikels wird unter Bezugnahme auf den Antragsteller ua Folgendes behauptet:
      „Jetzt hat die Staatsanwaltschaft Hamburg gegen den Vorstandsvorsitzenden der AM Invest AG Andreas Müller ein Ermittlungsverfahren wegen Betrugs eingeleitet"
      Diese Behauptung ist unwahr. Die Staatsanwaltschaft Hamburg hat kein Ermittlungsverfahren gegen den Antragsteller eingeleitet. Vielmehr hat die Staatsanwaltschaft Hamburg mit Verfügung vom . . . . . die Einleitung eines Ermittlungsverfahrens gerade abgelehnt, weil es an den dafür erforderlichen hinreichenden tatsächlichen Anhaltspunkten fehlt.

      Glaubhaftmachung: Verfügung der Staatsanwaltschaft Hamburg vom . . . . . , Anlage AST 4[13]

   c) Darüber hinaus wurde in dem Beitrag über den Antragsteller Folgendes berichtet:
      „Währenddessen verbrachte Müller den Sommerurlaub mit seiner neuen Lebensgefährtin Veronika Maier in seiner Finca am Ortsrand von Port d'Andratx auf Mallorca".

Diese Äußerungen verletzten den Kernbereich der Privatsphäre und sind bereits aus diesem Grund eindeutig rechtswidrig. Auf die Frage des Wahrheitsgehalts kommt es daher nicht an.[14]

d) Zudem ist der Artikel auf Seite ..... mit dem im Antrag Ziffer 2. eingeblendeten Foto mit der Bildunterschrift ..... illustriert, das den Antragsteller nur mit einer Badehose bekleidet im Urlaub am Pool beim Spielen mit seinen Kindern zeigt. Die Aufnahme wurde ohne Einwilligung des Antragstellers, von ihm unbemerkt und unter Ausnutzung der Heimlichkeit – offenbar aus größerer Distanz – angefertigt. Der Pool befindet sich auf einem Privatgrundstück, das von einer Mauer umgeben und dadurch gegen Einblicke von außen geschützt ist. Dies ist bereits auf dem angegriffenen Foto selbst erkennbar. Ergänzend übergeben wir eine eidesstattliche Versicherung des ......

Glaubhaftmachung: Eidesstattliche Versicherung des ....., Anlage AST 5[15]

4. Außergerichtliche Korrespondenz[16]
Der Antragsteller ließ die Antragsgegnerin vor diesem Hintergrund unmittelbar nach Kenntnis von der rechtsverletzenden Berichterstattung mit Anwaltsschreiben vom ..... abmahnen.

Glaubhaftmachung: Abmahnung vom ....., Anlage AST 6

Die Antragsgegnerin hat jedoch die Abgabe einer strafbewehrten Unterlassungserklärung mit Schreiben vom ..... verweigert und die geltend gemachten Ansprüche vollumfänglich zurückgewiesen. (Alternativ: Die Antragsgegnerin hat bis heute nicht auf die Abmahnung reagiert)

Glaubhaftmachung: Schreiben der Rechtsabteilung der Antragsgegnerin vom ....., Anlage AST 7

Daher ist nun dringend der Erlass der beantragten einstweiligen Verfügung geboten.

II. Rechtslage

Der Verfügungsantrag ist zulässig und begründet.

1. Zuständigkeit[17]
Das Landgericht ..... ist nach §§ 23 Nr. 1, 71 GVG sachlich zuständig. Der Streitwert ist angesichts der Schwere und Tragweite der Rechtsverletzung mit mindestens ..... EUR zu bemessen und liegt somit weit über 5.000 EUR. Die örtliche Zuständigkeit ergibt sich aus § 32 ZPO, da der streitgegenständliche Artikel in der von der Antragsgegnerin bundesweit vertriebenen ABC-Zeitung verbreitet wurde.
2. Verfügungsgrund[18]
Die Eilbedürftigkeit steht außer Frage. Zwischen der Kenntnis des Antragstellers von der angegriffenen Berichterstattung und der Einreichung des vorliegenden Antrags auf Erlass einer einstweiligen Verfügung liegen nur 10 Tage. Es besteht die ständige Gefahr der Wiederholung und Weiterverbreitung der rechtsverletzenden Berichterstattung. Aufgrund der außerordentlichen Dringlichkeit ist somit gemäß §§ 937 Abs. 2, 944 ZPO auch eine Entscheidung ohne mündliche Verhandlung gerechtfertigt und erforderlich.
3. Verfügungsanspruch[19]
Dem Antragsteller stehen gegen die Antragsgegnerin die geltend gemachten Unterlassungsansprüche zu gemäß § 1004 Abs. 1 S. 2 BGB analog, § 823 Abs. 1 BGB, § 823 Abs. 2 BGB iVm §§ 186 ff. StGB, §§ 22, 23 KUG, Art. 1 Abs. 1 iVm Art. 2 Abs. 1 GG,

Art. 8 EMRK. Die streitgegenständliche Wort- und Bildberichterstattung ist eindeutig rechtswidrig. Sie verletzt den Antragsteller schwerwiegend in seinem allgemeinen Persönlichkeitsrecht und Recht am eigenen Bild:

a) Betroffenheit[20]

Der Antragsteller ist aktivlegitimiert. Er ist von der Berichterstattung unmittelbar betroffen, denn er wird in dem streitgegenständlichen Artikel mehrfach namentlich genannt und ist auch auf der zur Illustration des Artikels beigefügten Abbildung gut erkennbar.

b) Persönlichkeitsrechtsverletzung[21]

aa) Antrag Ziffer 1. a: Unwahre und ehrverletzende Tatsachenbehauptung

Die Behauptung, die Staatsanwaltschaft Hamburg habe gegen den Antragsteller ein Ermittlungsverfahren wegen des Vorwurfs des Betrugs eingeleitet, ist nachweislich falsch. Es liegt auf der Hand, dass diese unwahre Tatsachenbehauptung massiv ehrverletzend und dazu geeignet ist, den Antragsteller in seinem sozialen Ansehen herabzuwürdigen. Die Äußerung ist auch nicht unter dem Gesichtspunkt der Wahrnehmung berechtigter Interessen analog § 193 StGB zu rechtfertigen, weil die Antragsgegnerin ganz offensichtlich ihre journalistische Sorgfaltspflicht bei der Recherche nicht gewahrt hat. Dem Antragsteller steht daher ein Anspruch auf Unterlassung dieser Behauptung zu nach § 1004 Abs. 1 S. 2 BGB analog, § 823 Abs. 1 BGB, § 823 Abs. 2 BGB iVm §§ 186 ff. StGB, Art. 1 Abs. 1 iVm Art. 2 Abs. 1 GG.

bb) Antrag zu Ziffer 1. b: Verletzung der Privatsphäre

Die Berichterstattung darüber wo, wie und mit wem der Antragsteller angeblich seinen privaten Urlaub verbracht hat, verletzt sein Recht auf Achtung des Privatlebens und ist gemäß § 1004 Abs. 1 S. 2 BGB analog, § 823 Abs. 1 BGB, Art. 1 Abs. 1 iVm Art. 2 Abs. 1 GG, Art. 8 EMRK ebenfalls zu unterlassen. Zum Kernbereich der durch das allgemeine Persönlichkeitsrecht geschützten Privatsphäre gehören nach der Rechtsprechung Informationen über den Urlaub und das Bestehen einer Liebesbeziehung (vgl. BGH GRUR 2007, 527 – Winterurlaub; GRUR 2017, 850 – Popstar und Dessousmodel). Der Eingriff ist evident nicht durch ein überwiegendes öffentliches Informationsinteresse gerechtfertigt. Denn die streitgegenständlichen Äußerungen leisten weder für sich genommen noch im Kontext des Artikels – der ohnehin auf einer falschen Tatsachenbehauptung als Aufhänger beruht (s. o.) – einen Beitrag zu einer Sachdebatte. Sie haben keinerlei Informationswert, sondern dienen ausschließlich dazu, die Neugier an den privaten Angelegenheiten des Antragstellers zu befriedigen (vgl. EGMR GRUR 2004, 1051 – von Hannover/Deutschland; BVerfG GRUR 2011, 255 – Carolines Tochter). Somit überwiegen im Rahmen der Abwägung eindeutig die Persönlichkeitsrechte des Antragstellers gegenüber der Meinungs- und Pressefreiheit.

cc) Antrag zu Ziff. 2: Verletzung des Rechts am eigenen Bild

Der Antragsteller hat einen Anspruch auf Unterlassung der Bildveröffentlichung aus § 1004 Abs. 1 S. 2 BGB analog, § 823 Abs. 1 BGB, § 823 Abs. 2 BGB iVm §§ 22, 23 KUG, Art. 1 Abs. 1 iVm Art. 2 Abs. 1 GG, Art. 8 EMRK. Unstreitig hat der Antragsteller nicht nach § 22 KUG in die Veröffentlichung eingewilligt. Die Abbildung ist auch nicht ausnahmsweise ohne Einwilligung gerechtfertigt. Die Voraussetzungen des § 23 Abs. 1 KUG liegen nicht vor. Insbesondere handelt es sich nicht um ein Bildnis aus dem Bereich der Zeitgeschichte, sondern verletzt die Verbreitung der Aufnahme gemäß § 23 Abs. 2 KUG das berechtigte Interesse des Antragstellers am Schutz seiner Privatsphäre. Im Zuge des von der Rechtsprechung entwickelten „abgestuften Schutzkonzepts" ist bei der Interessenabwägung von zentraler Bedeutung, ob dem Foto ein Informationswert zukommt. Dies ist hier nicht der Fall. Die Abbildung leistet weder für sich genommen noch in der Zusammenschau mit der Wortberichterstattung einen Beitrag zur öffentlichen Debatte. Stattdessen zeigt sie den Antragsteller bei der rein

privaten Freizeit- und Urlaubsgestaltung. Zudem betrifft die Abbildung eine Situation elterlicher Hinwendung des Antragstellers zu seinen Kindern, in der der Persönlichkeitsschutz des abgebildeten Elternteils zusätzlich eine Verstärkung durch Art. 6 GG erfährt. Erschwerend hinzu kommt, dass die Aufnahme offenkundig unter Ausnutzung der Heimlichkeit entstand. Folglich überwiegt das Schutzinteresse des Antragstellers und erfolgte die Veröffentlichung der Abbildung klar rechtswidrig (vgl. BGH GRUR 2018, 964 – Tochter von Prinzessin Madeleine).

c) Wiederholungsgefahr[22]
Die Wiederholungsgefahr wird aufgrund der erfolgten Rechtsverletzung vermutet. Sie wurde auch nicht durch Abgabe einer strafbewehrten Unterlassungserklärung von der Antragsgegnerin ausgeräumt.

d) Passivlegitimation[23]
Die Antragsgegnerin ist ohne weiteres für die Unterlassungsansprüche passivlegitimiert. Als Verlegerin der streitgegenständlichen Pressepublikation und damit „Herrin des Mediums" haftet sie als Täterin bzw. unmittelbare Störerin.

Der Erlass der einstweiligen Verfügung ist daher dringend geboten.

Wir bitten um zwei Ausfertigungen des Beschlusses zum Zweck der Zustellung.

Sollten dem Erlass der einstweiligen Verfügung – wider Erwarten – aus Sicht der Kammer Bedenken entgegenstehen, bitten wir um einen kurzen telefonischen Hinweis unter der Telefonnummer . . . . . .[24]

Rechtsanwältin/Rechtsanwalt

Anmerkungen

1. Wird auf die Abmahnung (→ Form. X.1) hin keine ausreichende Unterlassungserklärung abgegeben (→ Form. X.2), kann der Unterlassungsanspruch sowohl durch Erhebung der Hauptsacheklage (→ Form. X.10) als auch im Wege eines Antrags auf Erlass einer einstweiligen Verfügung gerichtlich durchgesetzt werden. Wegen der besonderen Eilbedürftigkeit im Presserecht und der Gefahr der Weiterverbreitung einer rechtswidrigen Wort- oder Bildberichterstattung – gerade auch über das Internet – wird in der Praxis häufig zunächst eine einstweilige Unterlassungsverfügung beantragt. Eine einstweilige Verfügung kann bei Erlass ohne mündliche Verhandlung ggf. binnen weniger Tage oder sogar Stunden erwirkt werden und ist nach Maßgabe von § 890 ZPO (→ Form. X.10) sofort – die Urteilsverfügung bereits nach Verkündung und die Beschlussverfügung nach Zustellung – und ohne Sicherheitsleistung vollstreckbar (Cepl/Voß/*Voß*, 2. Aufl. 2018, ZPO § 929 Rn. 2; BGH GRUR 2009, 890 – Ordnungsmittelandrohung).

Voraussetzung für den Erlass einer einstweiligen Verfügung ist ein Verfügungsanspruch – dh ein materiell-rechtlicher Unterlassungsanspruch – und ein Verfügungsgrund in Form der besonderen Eilbedürftigkeit, die jeweils vom Antragsteller in der Antragsschrift darzulegen und glaubhaft zu machen sind (§§ 936, 935, 920 Abs. 2, 294 ZPO).

Eine einstweilige Verfügung kann durch Urteil oder in dringenden Fällen ohne mündliche Verhandlung durch Beschluss ergehen (§ 937 Abs. 2 ZPO). Sowohl eine Beschlussverfügung als auch eine Urteilsverfügung bedarf zu ihrer Wirksamkeit gemäß §§ 936, 929 Abs. 2 ZPO der Vollziehung binnen eines Monats durch Zustellung im Parteibetrieb. Wenn der Antragsgegner im Verfahren durch einen Prozessbevollmächtigten vertreten war, muss die Parteizustellung nach § 172 ZPO an den Prozessbevollmächtigten erfolgen, ansonsten an den Antragsgegner selbst (Köhler/Bornkamm/Feddersen/*Köhler,* 38. Aufl. 2020, UWG § 12 Rn. 3.63). Im Zweifel sollte vorsorglich an beide zugestellt werden. Wird die einstweilige Verfügung nicht oder nicht fristgerecht vollzogen, ist sie unwirksam und kann auf Widerspruch (§ 924 ZPO), Berufung oder Aufhebungsantrag (§ 927 ZPO) hin mit Wirkung ex tunc aufgehoben werden (Köhler/Bornkamm/Feddersen/*Köhler*, 38. Aufl. 2020, UWG § 12 Rn. 3.68).

2. In presserechtlichen Auseinandersetzungen sind nach §§ 71 Abs. 1, 23 Nr. 1 GVG regelmäßig die Landgerichte sachlich zuständig, weil der Streitwert des Unterlassungsanspruchs in aller Regel die Grenze von 5.000 EUR übersteigt (→ Form. X.1).

Örtlich zuständig ist zum einen das Gericht am Wohnsitz oder Sitz des Verletzers als dem allgemeinen Gerichtsstand (§§ 13, 17 ZPO), also am Sitz des Verlags, Rundfunkveranstalters oder Telemedienanbieters. Zum anderen ist wegen dem besonderen Gerichtsstand der unerlaubten Handlung (§ 32 ZPO) in Pressesachen regelmäßig auch jedes Gericht zuständig, in dessen Bezirk die unerlaubte Handlung begangen wurde. Somit ist auch überall dort ein Gerichtsstand begründet, wo das Presseerzeugnis (Zeitung/Zeitschrift etc), die Fernseh- oder Hörfunksendung oder die Internetveröffentlichung bestimmungsgemäß veröffentlicht worden ist. Das hat in der medienrechtlichen Praxis idR zur Folge, dass der Unterlassungsanspruch nach Wahl des Antragstellers (§ 35 ZPO) bei sämtlichen Gerichten im gesamten Bundesgebiet geltend gemacht werden kann (sog. fliegender Gerichtsstand im Presserecht, siehe dazu auch MAH UrhR/*Hegemann*/*Amelung*, 2. Aufl. 2017, § 15 Rn. 28).

Die internationale Zuständigkeit deutscher Gerichte richtet sich gleichfalls nach § 32 ZPO, sofern der Antragsgegner seinen Sitz außerhalb der EU hat, ansonsten nach Art. 4 ff. und va Art. 7 Nr. 2 EuGVVO (hierzu BGH NJW 2010, 1752 – New York Times Online; EuGH NJW 2012, 137 – eDate AdvertisingGmbH/X und Martinez/MGN Limited; *Lehr* NJW 2012, 705 ff.).

Bei Äußerungen von Amtsträgern – zB Mitteilungen von Staatsanwaltschaften – kann sich zudem nach § 13 GVG, § 40 VwGO das Problem der Abgrenzung des Zivilrechtswegs vom Verwaltungsrechtsweg stellen (*Korte*, PresseR, 2. Aufl. 2019, § 5 Rn. 88 f.).

3. Zur Aktivlegitimation beim Unterlassungsanspruch → Form. X.1 Anm. 2.

4. Zur Passivlegitimation beim Unterlassungsanspruch → Form. X.1 Anm. 3.

5. Zum Streitwert des Unterlassungsanspruchs → Form. X.1 Anm. 11.

6. Nach § 937 Abs. 2 ZPO kann bei Vorliegen besonderer Dringlichkeit eine einstweilige Verfügung auch ohne mündliche Verhandlung erlassen werden. Die besondere Dringlichkeit wird gerade in Pressesachen häufig anzunehmen sein. Allerdings hat das BVerfG betont, dass auch im Presse- und Äußerungsrecht vor Erlass einer einstweiligen Verfügung dem Antragsgegner aufgrund des „Grundsatzes der prozessualen Waffengleichheit" regelmäßig rechtliches Gehör zu gewähren ist. Dafür bedarf es zwar nicht zwingend eines Termins zur mündlichen Verhandlung, sondern kann auch eine vorprozessuale Abmahnung durch den Antragsteller ausreichen, weil der Antragsgegner darauf in der Abmahnantwort und/oder einer Schutzschrift (→ Form. X.5) erwidern kann. Dem verfassungsrechtlichen Grundsatz der prozessualen Waffengleichheit genügt die Erwiderungsmöglichkeit auf eine vorprozessuale Abmahnung aber nur dann, wenn der Verfügungsantrag im Anschluss an die Abmahnung unverzüglich nach Ablauf einer angemessenen Frist für die begehrte Unterlassungserklärung bei Gericht eingereicht wird, die abgemahnte Berichterstattung sowie die Begründung für die begehrte Unterlassung mit dem bei Gericht geltend gemachten Unterlassungsbegehren identisch sind und der Antragsteller ein etwaiges Zurückweisungsschreiben des Antragsgegners zusammen mit der Antragsschrift dem Gericht vorgelegt hat (BVerfG NJW 2018, 3631 – Die F.-Tonbänder; NJW 2018, 3634 – Steuersparmodell eines Fernsehmoderators; BVerfG NJW 2020, 2021 – Prozessuale Waffengleichheit in äußerungsrechtlichen Eilverfahren; *Mantz* NJW 2020, 2007; *Mantz* NJW 2019, 953 ff.; *Schlüter* GRUR-Prax 2018, 530; siehe auch → Form. X.1 Anm. 1). Fehlt die Abmahnung, wird somit idR ein Verhandlungstermin anzuberaumen sein (vgl. *Korte*, PresseR, 2. Aufl. 2019, § 5 Rn. 122, 124 ff.).

7. Die einstweilige Unterlassungsverfügung ist erst nach der Androhung der gesetzlichen Ordnungsmittel gemäß § 890 Abs. 2 ZPO vollstreckbar (→ Form. X.12). Die Ordnungsmittelandrohung erfolgt in der Praxis regelmäßig auf entsprechenden Antrag hin schon in der einstweiligen Verfügung. Nachträgliche Androhung ist zwar möglich, aus Sicht des Antragstellers aber nicht sinnvoll, weil dies nur zu unnötigen Verzögerungen führt (§ 891 ZPO) und zwischenzeitliche Zuwiderhandlungen folgenlos blieben.

8. Zur Formulierung der Unterlassungspflicht → Form. X.2 und insbesondere → Form. X.2 Anm. 3. Der Unterlassungsantrag muss dem Bestimmtheitserfordernis genügen (§ 253 ZPO), ansonsten ist der Antrag unzulässig. Darüber hinaus darf der Unterlassungsantrag inhaltlich nicht weiter gehen als der materiell-rechtliche Unterlassungsanspruch, ansonsten ist er unbegründet. Dementsprechend ist der Verbotsantrag zur Vermeidung mangelnder Bestimmtheit oder (teilweiser) Zurückweisung mangels Begehungsgefahr als unbegründet möglichst eng an der konkreten Verletzungsform zu orientieren, unter Berücksichtigung der Kontextbezogenheit von Äußerungs- und Bildnisverboten (zum Ganzen *Korte*, PresseR, 2. Aufl. 2019, § 5 Rn. 51 ff.; BGH GRUR 2016, 104 Rn. 17 – recht§billig; GRUR 2016, 315 Rn. 16 ff. – Intime Fotos; GRUR 2009, 1091 Rn. 7 – Wilde Frisur des Andrea Casiraghi; NJW 2013, 790 Rn. 32 – IM „Christoph"; GRUR 1976, 210 – Der Geist von Oberzell).

9. Die Glaubhaftmachung der Passivlegitimation (→ Form. X.1 Anm. 3) des Verlags als „Herr des Mediums" erfolgt idR durch Vorlage des Impressums des betreffenden Presseerzeugnisses. Die Landespressegesetze schreiben vor, dass der Verlag im Impressum von Druckwerken genannt sein muss (Löffler/*Lehr*, 6. Aufl. 2015, § 8 LPG Rn. 1 ff.). Wird daneben auch der Autor des Beitrags in Anspruch genommen, ergibt sich dessen Name idR direkt aus dem Artikel, allerdings wird seine Anschrift oft schwer oder nicht zu ermitteln sein, was ggf. zu Schwierigkeiten bei der Zustellung (→ Anm. 1) führen kann. Bei Internetveröffentlichungen muss der Anbieter ebenfalls im Impressum genannt sein, § 5 TMG.

10. Darlegung und Glaubhaftmachung (§§ 936, 920 Abs. 2, 294 ZPO) der Voraussetzungen des Verfügungsanspruchs, dh der Rechtsverletzung durch die angegriffenen Äußerungen und/oder Abbildungen, und des Verfügungsgrunds bilden den Kern der Antragsschrift (→ Anm. 1).

Die Darlegungs- und Beweislast bzw. Glaubhaftmachungslast für die Voraussetzungen des Unterlassungsanspruchs trägt nach allgemeinen Grundsätzen im Ausgangspunkt derjenige, der Unterlassung verlangt. Eine in der Praxis wichtige Ausnahme gilt bei Tatsachenbehauptungen, die ehrverletzend und geeignet sind, den Betroffenen in seinem sozialen Ansehen herabzuwürdigen. Bei solchen Tatsachenbehauptungen gilt analog § 186 StGB eine Beweislastumkehr, dh der sich Äußernde muss die Wahrheit seiner Behauptung beweisen. Allerdings kommt diese Beweislastumkehr im einstweiligen Verfügungsverfahren so lange nicht zur Anwendung, wie das Verfahren einseitig betrieben wird. Deshalb sind bei Einreichung eines einstweiligen Verfügungsantrags – ohne Rücksicht auf eine mögliche Beweislastumkehr nach § 186 StGB analog – grundsätzlich alle Voraussetzungen des Verfügungsanspruchs und Verfügungsgrunds zunächst vom Antragsteller glaubhaft zu machen. Die Regeln zur Umkehr der Glaubhaftmachungslast sind nur und erst dann anwendbar, wenn das Verfügungsverfahren zweiseitig wird, nachdem zB ein Termin zur mündlichen Verhandlung anberaumt oder die Antragsschrift mit einer hinterlegten Schutzschrift (→ Form. X.5) getauscht wurde (*Korte*, PresseR, 2. Auflage 2019, § 5 Rn. 123 iVm § 2 Rn. 195 ff.).

Zur Glaubhaftmachung kommen sämtliche präsenten Beweismittel und insbesondere auch eidesstattliche Versicherungen nach § 294 ZPO in Betracht (Beispiel → Form. VII.3.2), die in der medienrechtlichen Praxis neben der Vorlage von Schriftstücken/Urkunden die bedeutsamsten Glaubhaftmachungsmittel sind.

11. Die streitgegenständliche Veröffentlichung ist zur Glaubhaftmachung vollständig vorzulegen, gleich ob es sich dabei – wie im Beispiel – um einen Artikel in der Presse, den Mitschnitt einer Sendung im TV/Hörfunk oder eine Online-Veröffentlichung handelt.

12. Zur Glaubhaftmachung des Verfügungsgrunds kann es erforderlich sein, eine eidesstattliche Versicherung mit Angaben zum Zeitpunkt der Kenntniserlangung von der Veröffentlichung vorzulegen. Der Erlass einer einstweiligen Verfügung kommt nur bei Eilbedürftigkeit bzw. Dringlichkeit in Betracht, §§ 935, 937 Abs. 2 ZPO. Daran fehlt es, wenn der Antragsteller die Ansprüche nicht mit der gebotenen Eile verfolgt und damit zum Ausdruck gebracht hat, dass die Sache für ihn nicht dringlich ist. Wie lang der Zeitraum zwischen Kenntniserlangung von der angegriffenen Veröffentlichung und der Einreichung des Verfügungsantrags sein darf, wird von den Gerichten unterschiedlich beurteilt. Im Presserecht sind Dringlichkeitsfristen von 4–5 Wochen verbreitet (von 5 Wochen gehen zB die Hamburger Gerichte bei der einstweiligen Unterlassungsverfügung in ständiger Rechtsprechung aus, vgl. LG Hamburg BeckRS 2018, 24806; OLG Hamburg 8.3.2012 – 7 W 32/12; *Korte*, PresseR, 2. Aufl. 2019, § 5 Rn. 121 f.). Nach der Rechtsprechung des OLG Stuttgart ist idR erst bei einem Zuwarten von mehr als 8 Wochen die Eilbedürftigkeit zu verneinen (OLG Stuttgart NJW-RR 2016, 932). Der Zeitpunkt der Kenntniserlangung muss folglich idR dann nicht glaubhaft gemacht werden, wenn die vom angerufenen Gericht praktizierte Dringlichkeitsfrist seit dem Datum der angegriffenen Veröffentlichung bis zur Einreichung des Verfügungsantrags noch nicht abgelaufen ist (wenn also zB der Zeitungsartikel vom 3.5. datiert und der Verfügungsantrag schon am 13.5. und damit lange vor Ablauf der 5 Wochen beim Landgericht Hamburg eingereicht wurde).

13. Die Unwahrheit der angegriffenen Tatsachenbehauptung ist im einstweiligen Verfügungsverfahren vom Antragsteller glaubhaft zu machen, auch wenn es sich hierbei – wie im Beispiel – um eine ehrverletzende Äußerung handelt und daher an sich in einem Hauptsacheverfahren die Beweislastumkehr analog § 186 StGB zum Tragen käme (→ Anm. 10). Wenn zur Glaubhaftmachung Unterlagen aus Strafverfahren vorgelegt werden sollen, ist die Vorschrift des § 353d StGB zu beachten.

14. Zur Verletzung des Persönlichkeitsrechts durch Eingriffe in die Privatsphäre → Form. X.1 Anm. 6, → Form. X.1 Anm. 8.

15. Zur Verletzung des Rechts am eigenen Bild als besonderes Persönlichkeitsrecht → Form. X.1 Anm. 6, → Form. X.1 Anm. 9.

16. Die Vorlage der vorgerichtlichen Korrespondenz gehörte auch schon bisher zum vollständigen Vortrag, insbesondere um darzulegen, dass die Wiederholungsgefahr nicht durch Abgabe einer strafbewehrten Unterlassungserklärung ausgeräumt wurde. Angesichts der aktuellen Rechtsprechung des BVerfG zur „prozessualen Waffengleichheit“ im Presserecht (BVerfG NJW 2018, 3631 – Die F.-Tonbänder; NJW 2018, 3634 – Steuersparmodell eines Fernsehmoderators; NJW 2020, 2021 – Prozessuale Waffengleichheit in äußerungsrechtlichen Eilverfahren) wird ohne Vorlage der Abmahnung und einer ggf. erfolgten Abmahnantwort des in Anspruch Genommenen der Erlass einstweiliger Verfügungen idR nicht ohne Termin zur mündlichen Verhandlung oder zumindest Gelegenheit zur schriftlichen Stellungnahme zum Verfügungsantrag möglich sein (→ Anm. 6).

17. Zur Zuständigkeit → Anm. 2.

18. Zum Verfügungsgrund → Anm. 12.

19. Im Verfügungsantrag sind neben der zwingend erforderlichen Darlegung und Glaubhaftmachung der tatsächlichen Voraussetzungen des Verfügungsanspruchs (siehe I. 3 des Formulars) auch Ausführungen zur Rechtslage üblich und zu empfehlen (siehe II. 3 des Formulars).

20. Zur Betroffenheit als Voraussetzung der Aktivlegitimation → Form. X.1 Anm. 2.

21. Übersicht über die wichtigsten Anspruchsgrundlagen und möglichen Eingriffe in Persönlichkeitsrechte durch eine Wort- oder Bildberichterstattung → Form. X.1 Anm. 6.

22. Zur Begehungsgefahr (Wiederholungs- oder Erstbegehungsgefahr) als weiterer Tatbestandsvoraussetzung des Unterlassungsanspruchs → Form. X.1 Anm. 10.

23. Zur Passivlegitimation → Form. X.1 Anm. 3.

24. Die Bitte um einen richterlichen Hinweis ist sinnvoll und üblich, um den Verfügungsantrag ggf. ergänzen oder auch zurücknehmen zu können.

7. Antrag auf Erlass einer einstweiligen Verfügung (Gegendarstellung)[1]

Vorab per Telefax: . . . . .

Landgericht . . . . .[2]

. . . . .

. . . . .

AZ: NEU

Antrag auf Erlass einer einstweiligen Verfügung

des Herrn Andreas Müller, ... *(Anschrift)*

– Antragsteller –[3]

Verfahrensbevollmächtigte: Rechtsanwälte XYZ, ... *(Anschrift)*

gegen

ABC-Verlag GmbH, gesetzlich vertreten durch den Geschäftsführer . . . . . , ... *(Anschrift)*

– Antragsgegnerin –[4]

wegen: Veröffentlichung einer Gegendarstellung

Streitwert (vorläufig geschätzt): . . . . . EUR[5]

Namens und in Vollmacht des Antragstellers beantragen wir – wegen besonderer Dringlichkeit ohne mündliche Verhandlung[6] – den Erlass der folgenden einstweiligen Verfügung:

Im Wege der einstweiligen Verfügung wird der Antragsgegnerin

aufgegeben,

in der nächsten für den Druck noch nicht abgeschlossenen Ausgabe der ABC-Zeitung in dem gleichen Teil der ABC-Zeitung, in dem der Artikel „ . . . . . " erschienen ist (ABC-Zeitung vom . . . . ., Seite . . . . .) und mit gleicher Schrift wie die Erstmitteilung ohne Einschaltungen und Weglassungen die folgende Gegendarstellung zu veröffentlichen:[7]

Gegendarstellung

In der ABC-Zeitung, Ausgabe Nr. . . . . . vom . . . . . wurde auf Seite . . . . . unter der Überschrift „ . . . . . " berichtet:
„Jetzt hat die Staatsanwaltschaft Hamburg gegen den Vorstandsvorsitzenden der AM Invest AG Andreas Müller ein Ermittlungsverfahren wegen Betrugs eingeleitet."
Hierzu stelle ich fest:
Es wurde kein Ermittlungsverfahren gegen mich eingeleitet.
. . . . . (Ort), den . . . . . (Datum)
Andreas Müller

Wir regen folgende Abdruckanordnung an: . . . . .

Begründung:[8]

Der Antragsteller begehrt gemäß § . . . . . Landespressegesetz[9] den Abdruck der im Antrag wiedergegebenen Gegendarstellung zu dem in der ABC-Zeitung Nr. . . . . . vom . . . . . auf Seite . . . . . veröffentlichten Artikel mit der Überschrift „ . . . . . ".

1. Der Antragsteller ist Vorstandsvorsitzender der AM Invest AG . . . . .
2. Die Antragsgegnerin ist ausweislich des als Anlage AST 1 beigefügten Impressums die Verlegerin der bekannten ABC-Zeitung. Sie hat ihren Verlagssitz in . . . . . .
3. In der ABC-Zeitung Nr. . . . . . vom . . . . . auf Seite . . . . . veröffentlichte die Antragsgegnerin den aus Anlage AST 2 ersichtlichen Beitrag mit dem Titel „ . . . . . ". In dem Beitrag wird über den Antragsteller Folgendes behauptet:
   „Jetzt hat die Staatsanwaltschaft Hamburg gegen den Vorstandsvorsitzenden der AM Invest AG Andreas Müller ein Ermittlungsverfahren wegen Betrugs eingeleitet".
   Diese Tatsachenbehauptung ist unwahr und verletzt den Antragsteller erheblich in seinen Rechten. Die Staatsanwaltschaft Hamburg hat kein Ermittlungsverfahren gegen den Antragsteller eingeleitet. Vielmehr hat die Staatsanwaltschaft Hamburg mit Verfügung vom . . . . . die Einleitung eines Ermittlungsverfahrens gerade abgelehnt, weil es an den dafür erforderlichen hinreichenden tatsächlichen Anhaltspunkten fehlt.
4. Unverzüglich nachdem der Antragsteller am . . . . . von dem Beitrag Kenntnis erlangt hatte, wurde die Antragsgegnerin daher mit dem als Anlage AST 3 beigefügten Schreiben vom . . . . . zum Abdruck der als Anlage AST 4 beigefügten – der Antragsgegnerin im Original zugeleiteten – Gegendarstellung aufgefordert. Die Gegendarstellung ist der Antragsgegnerin ausweislich Anlage AST 5 am . . . . . zugegangen.
5. Die Antragsgegnerin hat den Abdruck der Gegendarstellung mit dem als Anlage AST 6 vorgelegten Schreiben zu Unrecht abgelehnt. (oder: Die Antragsgegnerin hat innerhalb der gesetzten Frist nicht reagiert.)
6. Der Anspruch auf Veröffentlichung der antragsgegenständlichen Gegendarstellung folgt ohne weiteres aus § . . . . . Landespressegesetz. Danach ist der Verleger eines periodischen Druckwerks verpflichtet, eine Gegendarstellung der Person zum Abdruck zu bringen, die durch eine in dem Druckwerk aufgestellte Tatsachenbehauptung betroffen ist. Diese Voraussetzungen liegen hier eindeutig vor.
7. Unter dem Gesichtspunkt der „Waffengleichheit" ist der Gegendarstellung die gleiche Aufmerksamkeit zu verschaffen, die auch der Erstmitteilung zukam. Zu der angeregten Abdruckanordnung ist Folgendes anzumerken: . . . . .

8. Das Landgericht ..... ist nach §§ 23 Nr. 1, 71 GVG sachlich zuständig. Es ist auch örtlich zuständig als Gericht am Sitz der Antragsgegnerin.

Der Erlass der einstweiligen Verfügung ist von daher dringend geboten.

Wir bitten um zwei Ausfertigungen des Beschlusses zum Zweck der Zustellung.

Sollten dem Erlass der einstweiligen Verfügung – wider Erwarten – aus Sicht der Kammer Bedenken entgegenstehen, bitten wir um einen kurzen telefonischen Hinweis unter der Telefonnummer ......

Rechtsanwältin/Rechtsanwalt

Anmerkungen

1. Wird die Gegendarstellung nach Zuleitung und Abdruckverlangen (→ Form. X.3) von dem Medienunternahmen nicht freiwillig abgedruckt, ist der Gegendarstellungsanspruch im Verfahren der einstweiligen Verfügung (hierzu → Form. X.6) gerichtlich geltend zu machen. Hingegen ist eine Hauptsacheklage nach den meisten Regelungen zum Gegendarstellungsanspruch (Übersicht über die verschiedenen Rechtsgrundlagen → Form. X.3 Anm. 1) ausdrücklich ausgeschlossen. In Bayern ist das Hauptsacheverfahren zumindest faktisch ausgeschlossen, weil dort der Antrag auf Veröffentlichung einer Gegendarstellung so rechtzeitig gestellt werden muss, dass das Gericht erster Instanz auch nach mündlicher Verhandlung innerhalb der Aktualitätsgrenze von ca. 4 Wochen bei Tageszeitungen und 4–6 Wochen bei Wochenzeitschriften entscheiden kann (OLG München NJW-RR 1998, 26; siehe auch → Form. X.3 Anm. 6).

Anders als bei der streng fristgebundenen Zuleitung des Gegendarstellungsverlangens (→ Form. X.3 Anm. 6), gelten für die Einreichung des auf die Veröffentlichung einer Gegendarstellung gerichteten Verfügungsantrags keine besonderen Fristen. Grundsätzlich muss weder die Gefährdung des Anspruchs noch – anders als beim Antrag auf Erlass einer einstweiligen Unterlassungsverfügung (→ Form. X.6) – die Eilbedürftigkeit als Verfügungsgrund glaubhaft gemacht werden, da das besondere Verfahren auf Anordnung der Gegendarstellung das einzige zur Verfügung stehende Verfahren ist (Löffler/*Sedelmeier*, Presserecht, 6. Auflage 2015, § 11 LPG Rn. 188). Möglich ist allerdings die Verwirkung des materiellen Anspruchs, sofern der Antragsteller das Verfahren zögerlich betreibt und so den Aktualitätsbezug selbst beseitigt (OLG Karlsruhe NJW-RR 1999, 387: Verwirkung wenn sich der Betroffene nach Zuleitung der Gegendarstellung für die gerichtliche Geltendmachung 2 Monate Zeit lässt). Im praktischen Ergebnis wird dies häufig auf dasselbe hinauslaufen wie das Erfordernis der Eilbedürftigkeit beim Antrag auf Erlass einer Unterlassungsverfügung. So gehen etwa die Hamburger Gerichte auch beim Antrag auf Anordnung der Veröffentlichung einer Gegendarstellung idR von einer 5-Wochen-Frist ab Kenntnis der Erstmitteilung aus (*Korte*, Praxis des Presserechts, 2. Auflage 2019, § 5 Rn. 235).

Zu beachten ist, dass die auf Anordnung der Veröffentlichung einer Gegendarstellung gerichtete einstweilige Verfügung ebenso wie eine einstweilige Unterlassungsverfügung zu ihrer Wirksamkeit der Vollziehung durch Zustellung im Parteibetrieb innerhalb der Monatsfrist des § 929 Abs. 2 ZPO bedarf, ansonsten ist sie aufhebungsreif (dazu → Form. X.6 Anm. 1). Es ist streitig, ob bereits für die Vollziehung über die Parteizustellung hinaus auch noch ein Antrag auf Zwangsmittelfestsetzung gemäß § 888 ZPO notwendig ist, was die hM aber ablehnt (OLG München ZUM-RD 2003, 92 mwN, auch zur Gegenansicht).

Wenn die Gegendarstellung auch auf gerichtliche Anordnung hin nicht oder nicht gemäß der Abdruckanordnung im Tenor der Entscheidung veröffentlicht wird, kann die (nochmalige) Veröffentlichung der Gegendarstellung im Wege der Zwangsvollstreckung nach § 888 ZPO erzwungen werden (→ Form. X.13).

2. Sachlich zuständig für den Antrag auf Anordnung einer Gegendarstellung ist regelmäßig das Landgericht gemäß §§ 71 Abs. 1, 23 Nr. 1 GVG, da der Streitwert in aller Regel deutlich über 5.000 EUR liegt (→ Form. X.3 Anm. 10).

Örtlich zuständig ist das Gericht am allgemeinen Gerichtsstand des Anspruchsverpflichteten, somit das Gericht am Sitz des Verlags, der Rundfunkanstalt oder des Telemedienanbieters (§§ 12, 17 ZPO). Soweit einschlägig kann auch der besondere Gerichtsstand der Niederlassung eröffnet sein (§ 21 ZPO). Wird bei Veröffentlichungen in der Presse (auch) der verantwortliche Redakteur in Anspruch genommen, ist hierfür das Gericht an dessen Wohnsitz örtlich zuständig (§§ 12, 13 ZPO). Hingegen ist der „fliegende" Gerichtsstand der unerlaubten Handlung (§ 32 ZPO) beim Antrag auf Anordnung einer Gegendarstellung nicht eröffnet (MAH UrhR *Hegemann/Amelung*, 2. Auflage 2017, § 15 Rn. 95). Dies ist ein praktisch wichtiger Unterschied zum Antrag auf Erlass einer Unterlassungsverfügung (→ Form. X.6 Anm. 2).

3. Zum Anspruchsberechtigten bei der Gegendarstellung → Form. X.3 Anm. 2.

4. Zum Anspruchsverpflichteten bei der Gegendarstellung → Form. X.3 Anm. 3.

5. Der Streitwert liegt bei der Gegendarstellung üblicherweise in der Größenordnung zwischen 10.000 und 20.000 EUR je Äußerung (vgl. BGH, 17.11.2015 – VI ZR 493/14: 15.000 EUR je Äußerung; Götting/Schertz/Seitz/*Frauenschuh*, Persönlichkeitsrechts-HdB, 2. Aufl. 2019, § 53 Rn. 55; siehe auch → Form. X.3 Anm. 10). Höhere Streitwerte sind aber möglich, unter Berücksichtigung va der Bedeutung der Sache, des Verbreitungsgrads der Ausgangsmitteilung und deren Eingriffsintensität.

6. Wenn besondere Dringlichkeit gegeben und glaubhaft gemacht ist, kommt nach § 937 Abs. 2 ZPO auch die Anordnung der Veröffentlichung einer Gegendarstellung ohne mündliche Verhandlung per einstweiliger Beschlussverfügung in Betracht (→ Form. X.6 Anm. 6).

7. Im Antrag muss der Wortlaut der zugeleiteten Gegendarstellung, deren Veröffentlichung begehrt wird, vollständig und korrekt wiedergegeben werden. Eine wichtige Besonderheit des Verfahrens besteht darin, dass das Gericht wegen des höchstpersönlichen Charakters der Gegendarstellung und als Konsequenz des „Alles-oder-Nichts"-Prinzips (→ Form. X.3 Anm. 7) den Inhalt der Gegendarstellung nicht abändern darf (OLG Hamburg ZUM 1995, 887; OLG Stuttgart ZUM 2006, 427; OLG Düsseldorf ZUM 2002, 63; Löffler/*Sedelmeier*, Presserecht, 6. Auflage 2015, § 11 LPG Rn. 215). Wenn die Gegendarstellung auch nur in einem Punkt unzulässig ist, muss der Antrag insgesamt zurückgewiesen werden. Eine Ausnahme gilt allenfalls für offensichtliche Tippfehler. Das bedeutet, dass bei notwendigen Änderungen am Inhalt der Gegendarstellung idR der ursprüngliche Antrag zurückgenommen und eine neue handschriftlich unterzeichnete Fassung der Gegendarstellung im Original zugeleitet werden muss (dazu → Form. X.3), wobei die Fristen ab Kenntnis des Mangels neu zu laufen beginnen. In der Praxis handhaben die Gerichte solche Fälle aber teilweise sehr unterschiedlich. Manche Gerichte halten es zB auch für möglich, auf entsprechenden Antrag oder Ermächtigung des Gerichts hin, einzelne selbständige Teile einer mehrgliedrigen Gegendarstellung zu streichen, ohne dass eine erneute Zuleitung nötig ist (siehe für weitere Einzelheiten: OLG München NJW-RR 2002, 1048; OLG Karlsruhe ZUM-RD 2010, 31; *Korte*, Praxis des Presserechts, 2. Auflage 2019, § 5 Rn. 235 ff.).

Im Gegensatz zum Inhalt der Gegendarstellung kann das Gericht die Modalitäten der Veröffentlichung gemäß § 938 ZPO nach freiem Ermessen im Rahmen der sog. Abdruckanordnung anordnen. Sofern der Antragsteller besondere Veröffentlichungsmodalitäten begehrt, welche über den Wortlaut der jeweils einschlägigen Rechtsgrundlage (→ Form. X.3 Anm. 1, 7) hinausgehen (zB die Veröffentlichung oder Ankündigung der Gegendarstellung auf der Titelseite oder im Inhaltsverzeichnis, bestimmte Schriftart/-größe etc), empfiehlt es sich zur Vermeidung negativer Kostenfolgen, eine entsprechende Abdruckanordnung als Vorschlag *anzuregen* und nicht zu *beantragen* (vgl. *Korte*, Praxis des Presserechts, 2. Auflage 2019, § 5 Rn. 239).

8. Zur Begründung des auf die Veröffentlichung einer Gegendarstellung gerichteten Verfügungsantrags muss idR (nur) Folgendes dargelegt und glaubhaft gemacht werden:
- die beanstandete Erstmitteilung, die als Anlage beizufügen ist (Kopie des Artikels, Mitschnitt der Sendung, Auszug der Internetveröffentlichung)
- ggf. die Aktivlegitmation/Betroffenheit des Antragstellers, die sich aber regelmäßig aus der namentlichen Nennung im Beitrag ohne weiteres ergeben wird
- die Passivlegitimation des Antragsgegners ist regelmäßig einfach glaubhaft zu machen durch Vorlage des Impressums
- die ordnungsgemäße vorprozessuale Zuleitung der Gegendarstellung, die durch entsprechende Kopien des Aufforderungsschreibens, der zugeleiteten Gegendarstellung und Zugangsnachweise (zB des Einschreibens) glaubhaft gemacht wird
- ggf. die Zurückweisung des Abdruckverlangens durch Vorlage des entsprechenden Schreibens des Antragsgegners.

Demgegenüber ist die Unwahrheit der Tatsachenbehauptung, auf die entgegnet wird, keine Voraussetzung des Gegendarstellungsanspruchs und muss daher nicht glaubhaft gemacht werden.

9. Siehe zu den verschiedenen in Betracht kommenden Rechtsgrundlagen → Form. X.3.

8. Widerspruch[1]

Vorab per Telefax: . . . . .

Landgericht . . . . .

. . . . .

. . . . .

AZ: . . . . .

Widerspruch

In dem einstweiligen Verfügungsverfahren

Andreas Müller ./. ABC-Verlag GmbH

zeigen wir an, dass wir die Antragsgegnerin vertreten. Namens und in Vollmacht der Antragsgegnerin erheben wir gegen die einstweilige Verfügung des LG . . . . . vom . . . . ., Az.: . . . . ., Widerspruch und beantragen,

1. **die einstweilige Verfügung des LG . . . . . vom . . . . ., Az.: . . . . ., aufzuheben und den auf ihren Erlass gerichteten Antrag vom . . . . . zurückzuweisen;**
2. **dem Antragsteller die Kosten des Verfahrens aufzuerlegen.**

Begründung:[2]

Die einstweilige Verfügung ist aufzuheben, weil sie zu Unrecht ergangen ist. Es fehlt sowohl am Verfügungsanspruch als auch am Verfügungsgrund. Im Einzelnen: . . . . .

I. Fehlende Eilbedürftigkeit
Es fehlt an der Eilbedürftigkeit, da der Antragsteller ab Kenntnis von der streitgegenständlichen Berichterstattung (die spätestens zum Zeitpunkt der Abmahnung vom . . . . . vorlag) bis zur Einreichung des Verfügungsantrags 9 Wochen hat verstreichen lassen.

II. Kein Verfügungsanspruch
Ein Unterlassungsanspruch besteht unter keinem denkbaren Gesichtspunkt:

1. Die im Tenor Ziff. 1.a wiedergegebene Äußerung ist wahr. Es wurde tatsächlich ein Ermittlungsverfahren wegen Betrugs gegen den Antragsteller eingeleitet . . . . . .

   Glaubhaftmachung: 1. Eidesstattliche Versicherung des . . . . ., Anlage AG 1
   2. . . . . .

2. Die Äußerung in Tenor Ziff. 1.b ist ebenfalls rechtmäßig. Selbst wenn man die betreffenden Informationen der Privatsphäre zuordnen wollte, wäre die Veröffentlichung wegen Überwiegen des öffentlichen Interesses an der Berichterstattung und der für die Antragsgegnerin streitenden Meinungs- und Pressefreiheit aus Art. 5 Abs. 1 GG gerechtfertigt. Der Mitteilung kommt im Kontext des Beitrags Nachrichtenwert zu. Die Öffentlichkeit darf darüber unterrichtet werden, dass der Antragsteller als Vorstandvorsitzender im „Luxus-Urlaub" weilte, während die Staatsanwaltschaft ein Ermittlungsverfahren wegen Betrugs gegen ihn einleitete. Außerdem hat sich der Antragsteller in der Vergangenheit bereits selbst zu seiner neuen Partnerin geäußert und auch über sein Feriendomizil auf Mallorca, er hat sogar an einer „Homestory" mitgewirkt.

   Glaubhaftmachung: Veröffentlichungen und Interviews in . . . . ., Anlage AG 2

3. Die Veröffentlichung der im Tenor Ziff. 2 wiedergegebenen Bildaufnahme ist nicht zu beanstanden. Auch wenn der Antragsteller in die Verbreitung nicht eingewilligt haben mag, ist diese vorliegend nach § 23 Abs. 1 Nr. 1 KUG zulässig. Es handelt sich bei der Aufnahme im Kontext des Beitrags um ein Bildnis aus dem Bereich der Zeitgeschichte. Denn . . . . .

Die einstweilige Verfügung kann daher keinen Bestand haben.

Rechtsanwältin/Rechtsanwalt

Anmerkungen

1. Gegen eine ohne mündliche Verhandlung durch Beschluss erlassene einstweilige Verfügung (Beschlussverfügung) kann der Antragsgegner Widerspruch einlegen (§§ 935, 936, 924 ZPO). Der Widerspruch ist nicht fristgebunden. Einzulegen ist der Widerspruch bei dem Gericht, das die einstweilige Verfügung erlassen hat. Wurde die Beschlussverfügung allerdings erst auf sofortige Beschwerde hin vom Beschwerdegericht (in Pressesachen üblicherweise das OLG) erlassen, entscheidet über den Widerspruch gleichwohl das Gericht erster Instanz (in Pressesachen üblicherweise das LG → Form. X.6 Anm. 2). Der Widerspruch hat keine aufschiebende Wirkung (§ 924 Abs. 3 ZPO), dh die einstweilige Verfügung bleibt trotz Widerspruchs zu beachten und vollstreckbar. Nach § 924 Abs. 3 S. 2 iVm § 707

ZPO besteht die Möglichkeit, einen Antrag auf Einstellung der Vollstreckung zu stellen. Das kommt in der Praxis aber nur ausnahmsweise in Betracht, da dies dem Zweck der Eilmaßnahme zuwiderläuft (BGH NJW-RR 1997, 1155). Das Gericht entscheidet über den Widerspruch nach mündlicher Verhandlung durch Urteil, §§ 924, 925 ZPO. Gegen dieses Urteil kann die unterlegene Partei Berufung einlegen, §§ 511, 517 ZPO. Eine Revision ist im einstweiligen Verfügungsverfahren nicht statthaft, § 542 Abs. 2 ZPO. Siehe zum Widerspruch auch → Form. VII.3.5, → Form. VII.3.6, → Form. VII.3.7, → Form. IX.2.5.

2. In dem Formular wurden Erhebung und Begründung des Widerspruchs in einem Schriftsatz zusammengefasst. Es ist aber auch möglich, den Widerspruch zunächst nur einzulegen und Anträge/Begründung einem gesonderten Schriftsatz vorzubehalten. Für die Begründung selbst gelten keine Besonderheiten. Spiegelbildlich zum einstweiligen Verfügungsantrag (→ Form. X.6, → Form. X.7) ist vom Antragsgegner darzulegen und ggf. glaubhaft zu machen, dass und wieso die Voraussetzungen für den Erlass einer einstweiligen Verfügung – insbesondere ein Verfügungsanspruch und der Verfügungsgrund der Eilbedürftigkeit – nicht gegeben sind. Es können auch Gründe vorgebracht werden, die gegen die Zulässigkeit des Antrags auf Erlass einer einstweiligen Verfügung sprechen, zB die fehlende Zuständigkeit des erlassenden Gerichts (→ Form. X.6 Anm. 2) oder die fehlende Bestimmtheit (§ 253 ZPO) des Verbots (→ Form. X.2 Anm. 3). Der Begründungsgang entspricht im Wesentlichen dem bei der Schutzschrift (→ Form. X.5) und dem in der Klageerwiderung in Bezug auf das Nichtbestehen eines Unterlassungsanspruchs (→ Form. X.11).

9. Abschlussschreiben und Abschlusserklärung[1]

Vorab per Telefax: . . . . .

ABC-Verlag GmbH

– Geschäftsleitung –

ABC Straße 1

20354 Hamburg

Hamburg, den . . . . . .

Andreas Müller ./. ABC-Verlag GmbH

Veröffentlichung in ABC-Zeitung Nr. . . . . . vom . . . . . auf Seite . . . . . . mit dem Titel „. . . . .“

Einstweilige Verfügung des LG Hamburg vom . . . . ., Az.: . . . . .

Sehr geehrte Damen und Herren, (oder: Sehr geehrte Damen und Herren Kollegen)

wie Sie wissen, vertreten wir Herrn Andreas Müller, ...

Zwischenzeitlich ist Ihnen am . . . . . die einstweilige Verfügung des LG Hamburg vom . . . . . Az. . . . . . . zugestellt worden.

Bei einer einstweiligen Verfügung handelt es sich nur um eine vorläufige Regelung.

Um die Ansprüche unserer Mandantin endgültig zu titulieren, müsste daher ggf. ein Hauptsacheverfahren eingeleitet werden. Um dies zu vermeiden, fordern wir Sie (oder: Ihre Mandantschaft) namens und in Vollmacht unseres Mandanten auf, mit der in der

Anlage beigefügten Abschlusserklärung die einstweilige Verfügung als endgültige Regelung anzuerkennen. Für den Eingang der Abschlusserklärung setzen wir Frist bis zum

. . . . . (hier eingehend).

Nach ständiger Rechtsprechung haben Sie (oder: hat Ihre Mandantschaft) die Kosten für dieses Abschlussschreiben zu erstatten. Wir haben Sie (oder: Ihre Mandantschaft) daher aufzufordern, die Kosten dieses Abschlussschreibens gemäß der beigefügten Kostennote ebenfalls innerhalb der obigen Frist auf unser Kanzleikonto zu überweisen.[2]

Sollten die Ansprüche nicht vollständig und fristgerecht erfüllt werden, insbesondere die Abschlusserklärung hier nicht rechtzeitig eingehen, werden wir unserer Mandantin empfehlen, umgehend und ohne weitere Ankündigung das Hauptsacheverfahren einzuleiten.

Mit freundlichen Grüßen (oder: Mit freundlichen kollegialen Grüßen)

Rechtsanwältin/Rechtsanwalt

Anlage:

Abschlusserklärung

Hiermit erklärt

ABC-Verlag GmbH, ... *(Anschrift)*

gegenüber

Andreas Müller, ... *(Anschrift)*

1. dass sie die einstweilige Verfügung des Landgerichts . . . . . vom . . . . ., Az.: . . . . ., als zwischen den Parteien materiell-rechtlich verbindliche, endgültige Regelung anerkennt, die in den Wirkungen einem rechtskräftigen Hauptsacheurteil gleichsteht und

2. dass sie auf alle Rechtsmittel gegen die in Ziff. 1 genannte einstweilige Verfügung verzichtet, insbesondere auf die Einlegung eines Widerspruchs gemäß § 924 ZPO, die Fristsetzung zur Hauptsacheklage gemäß § 926 ZPO und einen Antrag auf Aufhebung der einstweiligen Verfügung wegen veränderter Umstände gemäß § 927 ZPO, sowie darauf, die Einrede der Verjährung zu erheben, die Verfügungsansprüche durch Feststellungsklage, negative Feststellungsklage oder inzidenten Feststellungsantrag oder Einwendungen in einem Rechtsstreit anzugreifen.

. . . . . *(Ort)*, den . . . . . *(Datum)*

. . . . .

ABC-Verlag GmbH

(Unterschrift des Antragsgegners im einstweiligen Verfügungsverfahren)

Anmerkungen

1. Es gelten insoweit im Presse- und Äußerungsrecht keine Besonderheiten gegenüber dem Abschlussschreiben und der Abschlusserklärung im gewerblichen Rechtsschutz (→ Form. I.7, → Form. IV.2.9), Wettbewerbsrecht (→ Form. VII.3.13, → Form. VII.3.14) und im Urheberrecht (→ Form. IX.2.6).

Ein Abschlussschreiben hat den Zweck und gibt dem Antragsgegner des einstweiligen Verfügungsverfahrens die Möglichkeit, zur Vermeidung einer Hauptsacheklage (→ Form. X.10) die einstweilige Verfügung (zum Verfügungsantrag → Form. X.6) durch Abgabe einer Abschlusserklärung als endgültige und einem rechtskräftigen Hauptsacheurteil gleichwertige Regelung anzuerkennen.

Das Abschlussschreiben ist aus Sicht des Antragstellers notwendig, weil der Unterlassungsanspruch durch die einstweilige Verfügung nur einstweilen gesichert ist. Auch wird gemäß § 204 Abs. 1 Nr. 9, Abs. 2 BGB die Verjährung durch einen Antrag auf Erlass einer einstweiligen Verfügung nur zeitweise gehemmt. Nach Verjährungseintritt könnte daher die Aufhebung der einstweiligen Verfügung wegen veränderter Umstände nach § 927 ZPO beantragt werden, wenn der Antragsgegner keine Abschlusserklärung abgibt und der Antragsteller den Unterlassungsanspruch nicht im Wege der Hauptsacheklage weiterverfolgt. Das Abschlussschreiben ist auch zur Vermeidung der Kostenfolge des § 93 ZPO im Falle einer Erhebung der Hauptsacheklage erforderlich (BGH NJW 2008, 1744 – Gebühren für Abschlussschreiben).

2. Ein Abschlussschreiben ist in der Regel mit einer 1,3 Geschäftsgebühr nach Nr. 2300 VV RVG zu vergüten. Die Kosten sind vom Antragsgegner zu erstatten, wenn das Abschlussschreiben erforderlich war und dem mutmaßlichen Willen des Unterlassungsschuldners entsprach. Das ist nur der Fall, wenn der Antragsteller vor Übersendung des Abschlussschreibens eine angemessene Wartefrist eingehalten hat von idR mindestens zwei Wochen ab Zustellung der Urteils- oder Beschlussverfügung (siehe zum Ganzen: BGH GRUR 2010, 1038 – Kosten für Abschlussschreiben I; GRUR 2015, 822 – Kosten für Abschlussschreiben II; GRUR 2017, 1160 – BretarisGenuair).

Aus der Perspektive des Beraters auf Antragsgegnerseite ist zu empfehlen, rechtzeitig vor Ablauf der vom BGH für erforderlich gehaltenen Wartefrist zur Vermeidung eines kostenauslösenden Abschlussschreibens dem Antragsteller bzw. seinem anwaltlichen Vertreter vorsorglich proaktiv mitzuteilen, ob eine Abschlusserklärung abgegeben wird oder nicht bzw. bis wann die Entscheidung hierüber mitgeteilt wird.

10. Klage[1]

Vorab per Telefax: . . . . .

Landgericht . . . . .[2]

. . . . .

. . . . .

AZ: NEU

Klage

des Herrn Andreas Müller, ... *(Anschrift)*

– Kläger –

Verfahrensbevollmächtigte: Rechtsanwälte XYZ, ... *(Anschrift)*

gegen

ABC-Verlag GmbH, gesetzlich vertreten durch den Geschäftsführer . . . . ., ... *(Anschrift)*

– Beklagte –

wegen: Unterlassung, Berichtigung, Schadensersatz, Geldentschädigung sowie Erstattung von Rechtsanwaltskosten aufgrund persönlichkeitsrechtsverletzender Berichterstattung

Streitwert (vorläufig geschätzt): . . . . . EUR[3]

Namens und in Vollmacht des Klägers erheben wir Klage und beantragen:

I. Die Beklagte wird verurteilt, es bei Vermeidung eines vom Gericht für jeden Fall der Zuwiderhandlung festzusetzenden Ordnungsgeldes bis zu 250.000 EUR, ersatzweise Ordnungshaft, oder Ordnungshaft bis zu 6 Monaten, die Ordnungshaft zu vollziehen an dem Geschäftsführer der Beklagten,
zu unterlassen,[4]
1. in Bezug auf Andreas Müller das Folgende zu behaupten und/oder behaupten zu lassen und/oder zu verbreiten und/oder verbreiten zu lassen und/oder zu veröffentlichen und/oder veröffentlichen zu lassen:
   a. „Jetzt hat die Staatsanwaltschaft Hamburg gegen den Vorstandsvorsitzenden der AM Invest AG Andreas Müller ein Ermittlungsverfahren wegen Betrugs eingeleitet"
   und/oder
   b. „Währenddessen verbrachte Müller den Sommerurlaub mit seiner neuen Lebensgefährtin Veronika Maier in seiner Finca am Ortsrand von Port d'Andratx auf Mallorca"

   jeweils wie geschehen in ABC-Zeitung Nr. . . . . . vom . . . . . auf Seite . . . . . in dem Beitrag mit dem Titel „. . . . .";
2. das folgende Foto zu verbreiten und/oder verbreiten zu lassen und/oder zu veröffentlichen und/oder veröffentlichen zu lassen:
   . . . . . *(Foto einfügen)*
   wie geschehen in ABC-Zeitung Nr. . . . . . vom . . . . . auf Seite . . . . . in dem Beitrag mit dem Titel „. . . . .".

II. Die Beklagte wird verurteilt, in der nächsten für den Druck noch nicht abgeschlossenen Ausgabe der ABC-Zeitung den folgenden Widerruf abzudrucken:[5]

Widerruf

In der ABC-Zeitung, Ausgabe Nr. . . . . . vom . . . . . haben wir auf Seite . . . . . unter der Überschrift „. . . . ." über Andreas Müller Folgendes berichtet:
„Jetzt hat die Staatsanwaltschaft Hamburg gegen den Vorstandsvorsitzenden der AM Invest AG Andreas Müller ein Ermittlungsverfahren wegen Betrugs eingeleitet."
Diese Behauptung widerrufen wir als unwahr.
ABC-Verlag GmbH

III. Es wird festgestellt, dass die Beklagte verpflichtet ist, dem Kläger denjenigen Schaden zu ersetzen, der ihm durch die Verbreitung der unter I. 1. genannten Äußerungen und der unter I. 2. wiedergegebenen Abbildung entstanden ist und künftig entstehen wird.[6]

IV. Die Beklagte wird verurteilt, an den Kläger eine Geldentschädigung zu zahlen, deren Höhe in das Ermessen des Gerichts gestellt wird, die aber mindestens . . . . . EUR beträgt, nebst Zinsen in Höhe von 5 Prozentpunkten über dem jeweiligen Basiszinssatz seit Rechtshängigkeit (oder: seit . . . . .).[7]

V. Die Beklagte wird verurteilt, an den Kläger . . . . . EUR nebst Zinsen in Höhe von 5 Prozentpunkten über dem jeweiligen Basiszinssatz seit Rechtshängigkeit (oder: seit . . . . .) zu zahlen.[8]

VI. Die Beklagte trägt die Kosten des Rechtsstreits.

VII. Sofern das schriftliche Vorverfahren angeordnet wird, wird bereits jetzt für den Fall der Fristversäumnis der Beklagten Antrag auf Erlass eines Versäumnisurteils ohne mündliche Verhandlung nach § 331 Abs. 3 ZPO gestellt.

Begründung:

Der Kläger macht Ansprüche auf Unterlassung, Berichtigung, Schadensersatzfeststellung, Geldentschädigung sowie Erstattung von Rechtsanwaltskosten wegen der Verletzung seines allgemeinen Persönlichkeitsrechts und Rechts am eigenen Bild durch den in der ABC-Zeitung Nr. . . . . . vom . . . . . veröffentlichten Artikel „. . . . .“ geltend.

I. Sachverhalt

1. Zum Kläger
   Der Kläger ist Vorstandsvorsitzender der AM Invest AG . . . . .
2. Zur Beklagten
   Die Beklagte ist ausweislich des Impressums die Verlegerin der bekannten ABC-Zeitung . . . . .

   Beweis: Impressum der ABC-Zeitung Nr. . . . . . vom . . . . ., Anlage K 1

3. Die rechtsverletzende Veröffentlichung[9]
   a) In der ABC-Zeitung Nr. . . . . . vom . . . . . auf Seite . . . . . veröffentlichte die Beklagte den streitgegenständlichen Artikel mit dem Titel „. . . . .“.

   Beweis: Veröffentlichung in ABC-Zeitung Nr. . . . . . vom . . . . . auf Seite . . . . . mit dem Titel „. . . . .“, Anlage K 2[10]

   b) Auf Seite . . . . . des Artikels wird unter Bezugnahme auf den Kläger ua Folgendes behauptet:
   „Jetzt hat die Staatsanwaltschaft Hamburg gegen den Vorstandsvorsitzenden der AM Invest AG Andreas Müller ein Ermittlungsverfahren wegen Betrugs eingeleitet.“
   Diese Behauptung ist unwahr. Die Staatsanwaltschaft Hamburg hat kein Ermittlungsverfahren gegen den Kläger eingeleitet. Vielmehr hat die Staatsanwaltschaft Hamburg mit Verfügung vom . . . . . die Einleitung eines Ermittlungsverfahrens gerade explizit abgelehnt, weil es an den dafür erforderlichen hinreichenden tatsächlichen Anhaltspunkten fehlt.

   Beweis:[11] Verfügung der Staatsanwaltschaft Hamburg vom . . . . ., Anlage K 3

   Diese Falschmeldung ist massiv ehrverletzend und die daraus resultierende schwerwiegende Rufbeeinträchtigung dauert bis heute an.

   c) Darüber hinaus wurde in dem Beitrag über den Kläger Folgendes berichtet:
   „Währenddessen verbrachte Müller den Sommerurlaub mit seiner neuen Lebensgefährtin Veronika Maier in seiner Finca am Ortsrand von Port d'Andratx auf Mallorca“.
   Auch diese Äußerungen verletzten den Kläger schwerwiegend in seinem allgemeinen Persönlichkeitsrecht, denn sie betreffen den geschützten Kernbereich seiner Privatsphäre. An den Äußerungen besteht keinerlei öffentliches Interesse. Der Kläger hat sich zu seinem Privat- und Familienleben auch niemals öffentlich geäußert. Folglich sind die Äußerungen bereits unter dem Gesichtspunkt der Privatsphärenverletzung klar rechtswidrig, ohne dass es auf die Frage ihres Wahrheitsgehalts ankommt.[12]

   d) Zudem ist der Artikel auf Seite . . . . . mit dem im Antrag I. 2 eingeblendeten Foto mit der Bildunterschrift . . . . . illustriert, das den Kläger nur mit einer Badehose bekleidet im Urlaub am Pool beim Spielen mit seinen Kindern zeigt. Die Aufnahme wurde ohne Einwilligung des Klägers, von ihm unbemerkt und unter Ausnutzung der Heimlichkeit – offenbar aus größerer Distanz – angefertigt. Der Pool befindet sich auf einem Privatgrundstück, das von einer Mauer umgeben und dadurch gegen Einblicke von außen geschützt ist. Dies ist bereits auf dem angegriffenen Foto selbst erkennbar. Ergänzend bieten wir hierfür nur rein vorsorglich an

Beweis: Zeugnis des . . . . .[13]

4. Vorgerichtliche Korrespondenz[14]
Die Beklagte wurde wegen der rechtsverletzenden Berichterstattung mit Anwaltsschreiben vom . . . . . abgemahnt. Darüber hinaus wurde die Beklagte mit Anwaltsschreiben vom . . . . . zum Abdruck des antragsgegenständlichen Widerrufs sowie dazu aufgefordert, ihre Verpflichtung zur Zahlung von Schadensersatz und einer Geldentschädigung anzuerkennen. Die hierdurch entstanden außergerichtlichen Anwaltskosten wurden der Beklagten mit Kostennote vom . . . . . in Rechnung gestellt.

Beweis: Abmahnung der Kanzlei . . . . . vom . . . . ., weitere Aufforderungsschreiben der Kanzlei . . . . . vom . . . . ., Rechnung vom . . . . ., Anlagenkonvolut K 4

Die Beklagte hat indessen sämtliche Ansprüche mit Schreiben vom . . . . . zurückgewiesen. (Alternativ: Die Beklagte hat hierauf bis heute nicht reagiert)

Beweis: Schreiben der Rechtsabteilung der Beklagten vom . . . . ., Anlage K 5

Daher ist nun Klage geboten.

II. Rechtslage

Die Klage ist zulässig und begründet.

1. Zuständigkeit[15]
Das Landgericht . . . . . ist nach §§ 23 Nr. 1, 71 GVG sachlich zuständig. Die örtliche Zuständigkeit folgt aus § 32 ZPO, da der streitgegenständliche Artikel in der von der Beklagten bundesweit vertriebenen ABC-Zeitung und damit bestimmungsgemäß im Gerichtsbezirk verbreitet wurde.
2. Unterlassungsanspruch
Dem Kläger steht gegen die Beklagte ein Anspruch auf Unterlassung der rechtswidrigen Wort- und Bildberichterstattung zu gemäß § 1004 Abs. 1 Satz 2 BGB analog, § 823 Abs. 1 BGB, § 823 Abs. 2 BGB iVm §§ 186 ff. StGB, §§ 22, 23 KUG, Art. 1 Abs. 1 iVm Art. 2 Abs. 1 GG, Art. 8 EMRK.
   a) Betroffenheit[16]
   Der Kläger ist aktivlegitimiert. Er ist von der Berichterstattung unmittelbar betroffen. Der Kläger wird in dem streitgegenständlichen Artikel mehrfach namentlich genannt und ist auch auf der zur Illustration des Artikels beigefügten Abbildung gut erkennbar.
   b) Persönlichkeitsrechtsverletzung[17]
   aa) Antrag I. 1. a: Unwahre und ehrverletzende Tatsachenbehauptung
   Die Behauptung, die Staatsanwaltschaft Hamburg habe gegen den Kläger ein Ermittlungsverfahren wegen des Vorwurfs des Betrugs eingeleitet, ist nachweislich falsch. Es liegt auf der Hand, dass diese unwahre Tatsachenbehauptung massiv ehrverletzend und dazu geeignet ist, den Kläger in seinem sozialen Ansehen herabzuwürdigen. Die Äußerung ist auch nicht unter dem Gesichtspunkt der Wahrnehmung berechtigter Interessen analog § 193 StGB zu rechtfertigen, weil die

Beklagte ihre journalistische Sorgfaltspflicht bei der Recherche nicht gewahrt hat. Dem Kläger steht daher ein Anspruch auf Unterlassung dieser Behauptung zu nach § 1004 Abs. 1 Satz 2 BGB analog, § 823 Abs. 1 BGB, § 823 Abs. 2 BGB iVm §§ 186 ff. StGB, Art. 1 Abs. 1 iVm Art. 2 Abs. 1 GG.

bb) Antrag I. 1. b: Verletzung der Privatsphäre

Die Berichterstattung darüber wo, wie und mit wem der Kläger angeblich seinen privaten Urlaub verbracht hat, verletzt sein Recht auf Achtung des Privatlebens und ist gemäß § 1004 Abs. 1 Satz 2 BGB analog, § 823 Abs. 1 BGB, Art. 1 Abs. 1 iVm Art. 2 Abs. 1 GG, Art. 8 EMRK ebenfalls zu unterlassen. Zum Kernbereich der durch das allgemeine Persönlichkeitsrecht geschützten Privatsphäre gehören nach der Rechtsprechung Informationen über den Urlaub und das Bestehen einer Liebesbeziehung (vgl. BGH GRUR 2007, 527 – Winterurlaub; GRUR 2017, 850 – Popstar und Dessousmodel). Der Eingriff ist eindeutig nicht durch ein überwiegendes öffentliches Informationsinteresse gerechtfertigt. Denn die streitgegenständlichen Äußerungen leisten weder für sich genommen noch im Kontext des Artikels – der ohnehin auf einer falschen Tatsachenbehauptung als Aufhänger beruht (s. o.) – einen Beitrag zu einer Sachdebatte. Sie haben keinerlei Informationswert, sondern dienen ausschließlich dazu, die Neugier an den privaten Angelegenheiten des Klägers zu befriedigen (vgl. EGMR GRUR 2004, 1051 – von Hannover/Deutschland; BVerfG GRUR 2011, 255 – Carolines Tochter). Folglich überwiegen im Rahmen der Abwägung eindeutig die Persönlichkeitsrechte des Klägers gegenüber der Meinungs- und Pressefreiheit.

cc) Antrag I. 2.: Verletzung des Rechts am eigenen Bild

Der Kläger hat ferner einen Anspruch auf Unterlassung der Bildveröffentlichung aus § 1004 Abs. 1 Satz 2 BGB analog, § 823 Abs. 1 BGB, § 823 Abs. 2 BGB iVm §§ 22, 23 KUG, Art. 1 Abs. 1 iVm Art. 2 Abs. 1 GG, Art. 8 EMRK. Unstreitig hat der Kläger nicht nach § 22 KUG in die Veröffentlichung eingewilligt. Die Abbildung ist auch nicht ausnahmsweise ohne Einwilligung gerechtfertigt. Die Voraussetzungen des § 23 Abs. 1 KUG liegen nicht vor. Insbesondere handelt es sich nicht um ein Bildnis aus dem Bereich der Zeitgeschichte, sondern verletzt die Verbreitung der Aufnahme gemäß § 23 Abs. 2 KUG das berechtigte Interesse des Klägers am Schutz seiner Privatsphäre. Im Rahmen des von der Rechtsprechung entwickelten „abgestuften Schutzkonzepts" ist bei der Interessenabwägung von zentraler Bedeutung, ob der Berichterstattung ein Informationswert zukommt. Dies ist hier nicht der Fall. Die Abbildung leistet weder für sich genommen noch in der Zusammenschau mit der Wortberichterstattung einen Beitrag zur öffentlichen Debatte. Stattdessen zeigt sie den Kläger bei der rein privaten Freizeit- und Urlaubsgestaltung. Zudem betrifft die Abbildung eine Situation elterlicher Hinwendung des Klägers zu seinen Kindern, in der der Persönlichkeitsschutz des abgebildeten Elternteils zusätzlich eine Verstärkung durch Artikel 6 GG erfährt. Erschwerend hinzu kommt, dass die Aufnahme offenkundig unter Ausnutzung der Heimlichkeit entstand. Folglich überwiegt das Schutzinteresse des Klägers und erfolgte die Veröffentlichung der Abbildung klar rechtswidrig (vgl. BGH GRUR 2018, 964 – Tochter von Prinzessin Madeleine; GRUR 2007, 527 – Winterurlaub).

c) Wiederholungsgefahr[18]

Die Wiederholungsgefahr wird aufgrund der erfolgten Rechtsverletzung vermutet und wurde nicht durch Abgabe einer strafbewehrten Unterlassungserklärung ausgeräumt.

3. Berichtigung in Form des Widerrufs[19]

Die Beklagte ist nach § 1004 Abs. 1 S. 1 BGB analog, § 823 Abs. 1 BGB zum Abdruck des Widerrufs gemäß dem Antrag II. verpflichtet. Bei der Behauptung, gegen den Kläger sei ein Ermittlungsverfahren eingeleitet worden, handelt es sich – wie vorstehend dargelegt und unter Beweis gestellt wurde – um eine unwahre Tatsachenbehauptung. Die darin liegende erhebliche Rufbeeinträchtigung wirkt fort und kann nur durch die Veröffentlichung des beantragten Widerrufs beseitigt werden. Die angegriffene Berichterstattung der Beklagten liegt erst wenige Wochen zurück. Der Artikel erschien bundesweit in der ABC-Zeitung, der auflagenstärksten Tageszeitung Deutschlands (Auflage laut IVW: . . . . ., Anlage K 6). Die Falschmeldung der Beklagten wurde zudem von zahlreichen anderen Medien aufgegriffen und in erheblichem Umfang – auch im Internet – weiterverbreitet, wozu wir beispielhaft auf die als Anlage K 7 vorgelegten Veröffentlichungen verweisen. Sie hat daher eine große Anzahl von Rezipienten erreicht. Der Widerruf ist daher dringend notwendig, um der dadurch eingetretenen erheblichen Ansehensminderung entgegenzuwirken. Nach dem „Grundsatz der Waffengleichheit“ ist der Berichtigung die gleiche Aufmerksamkeit zu verschaffen wie die Erstmitteilung. Sie ist somit an der gleichen Stelle und in der gleichen Erscheinungsform zu veröffentlichen wie die Ausgangsmitteilung. Wir regen daher folgende Abdruckanordnung an: . . . . .

4. Materieller Schadensersatz[20]
Dem Kläger steht ferner ein Anspruch auf materiellen Schadensersatz zu gemäß §§ 823, 824, 826 BGB. Die Veröffentlichung der beanstandeten Äußerungen und Abbildung verletzt den Kläger aus den oben genannten Gründen (s. o. 2.) in seinem allgemeinen Persönlichkeitsrecht und Recht am eigenen Bild. Die Beklagte handelte auch schuldhaft iSv § 276 BGB. Hinsichtlich der Falschmeldung über ein Ermittlungsverfahren hat die Beklagte offenbar überhaupt nicht recherchiert. Jedenfalls hat sie die journalistischen Sorgfaltsanforderungen grob missachtet, indem sie ohne jede Grundlage einen derart schwerwiegenden Vorwurf verbreitete. Der Beklagten, die über eine eigene Rechtsabteilung verfügt, musste auch klar sein, dass der Wort- und Bildberichterstattung über das Privatleben des Klägers keinerlei Informationswert zukommt und diese somit ebenfalls rechtswidrig ist. Es ist daher von Vorsatz auszugehen, mindestens aber von grober Fahrlässigkeit. Für den Schadenersatzfeststellungsanspruch genügt die Wahrscheinlichkeit eines Schadenseintritts, woran vorliegend kein Zweifel bestehen kann. So wurde dem Kläger etwa unmittelbar im Anschluss an die streitgegenständliche Berichterstattung und unter Hinweis auf diese mitgeteilt, dass er für ein ihm zunächst in Aussicht gestelltes Aufsichtsratsmandat bei der Z-AG nicht mehr in Betracht komme. Da die Höhe der durch die Berichterstattung verursachten und künftig eintretenden Schäden noch nicht feststeht sowie zur Unterbrechung der Verjährung ist die Schadensersatzpflicht der Beklagten gemäß dem Antrag III. festzustellen, § 256 ZPO.

5. Immaterieller Schadensersatz/Geldentschädigung[21]
Daneben hat die Beklagte nach § 823 Abs. 1 BGB iVm Artikeln 2 Abs. 1, 1 Abs. 1 GG Ersatz für die immateriellen Schäden des Klägers zu leisten. Die eingetretene Persönlichkeitsrechtsverletzung (s. o. 2.) ist schwerwiegend und kann nicht auf andere Weise hinreichend ausgeglichen werden. Die Falschbehauptung eines Ermittlungsverfahrens wegen Betrugs verletzt den Kläger gravierend in seiner persönlichen und wirtschaftlichen Ehre, auch und gerade aufgrund seiner Stellung und Pflichten als Vorstandsvorsitzender einer AG. Die Verbreitung des „Paparazzi-Fotos“, das den Kläger in vertraulicher Situation im Urlaub beim Spielen mit seinen Kindern und nur mit einer Badehose bekleidet zeigt, greift in den geschützten Kernbereich des Privat- und Familienlebens ein. Entsprechendes gilt für die Mitteilung von Details über eine private Liebesbeziehung, die Urlaubsgestaltung und über ein privates Feriendomizil. Hinzu kommt, dass die Berichterstattung ein Millionenpublikum erreichte und von vielen anderen Medien aufgegriffen wurde (s. o. 3.). Darüber hinaus ist der Beklagten vorsätzliches, mindestens grob fahrlässiges Verhalten vorzuwerfen. Aus diesen Gründen besteht für die Zuerkennung einer Geldentschädigung ein unabwendbares Bedürfnis. Die konkrete Höhe der Geldentschädigung wird in das Ermessen des Gerichts gestellt, muss unter den genannten Umständen

und unter Berücksichtigung der Genugtuungs- und Präventivfunktion (BGH GRUR 2014, 702 – Berichterstattung über trauernden Entertainer) aber mindestens . . . . . EUR betragen, damit sie von der Beklagten überhaupt wahrgenommen wird.

6. **Erstattung von Rechtsanwaltskosten**[22]
Der Kläger hat schließlich Anspruch auf Erstattung der notwendigen Rechtsverfolgungskosten gemäß §§ 823, 824, 826 BGB sowie nach den Grundsätzen der Geschäftsführung ohne Auftrag. Der Höhe nach belaufen sich die dem Kläger entstandenen und von ihm bereits bezahlten Anwaltskosten auf . . . . . EUR, gemäß nachfolgender Aufstellung:

. . . . .

Die in Anlage K 4 vorgelegte Kostennote wurde der Beklagten bereits am . . . . . im Original übermittelt, jedoch bis heute nicht von ihr ausgeglichen.

7. **Passivlegitimation**[23]
Die Beklagte ist für sämtliche geltend gemachten Ansprüche passivlegitimiert. Als Verlegerin der streitgegenständlichen Pressepublikation und damit „Herrin des Mediums" haftet sie als Täterin bzw. unmittelbare Störerin.

Sollte die Kammer – wider Erwarten – weiteren Vortrag oder weitere Beweisangebote des Klägers für erforderlich halten, wird um einen richterlichen Hinweis gebeten.

Wir bitten um antragsgemäße Entscheidung.

Rechtsanwältin/Rechtsanwalt

Anmerkungen

1. Die Ansprüche auf Berichtigung (Widerruf/Richtigstellung), materiellen Schadensersatz, immaterielle Geldentschädigung sowie auf Erstattung von Rechtsverfolgungskosten wegen einer rechtsverletzenden Medienberichterstattung können nur im Wege der Klage gerichtlich geltend gemacht werden. Das einstweilige Verfügungsverfahren steht insoweit nicht zur Verfügung. Umgekehrt kann der Gegendarstellungsanspruch (→ Form. X.3) nur mit einem Antrag auf Erlass einer einstweiligen Verfügung (→ Form. X.7) gerichtlich durchgesetzt werden, nicht aber durch Erhebung einer Hauptsacheklage. Der Unterlassungsanspruch kann wahlweise entweder im Wege der einstweiligen Verfügung (→ Form. X.6) oder durch Klageerhebung gerichtlich weiterverfolgt werden, wenn auf die Abmahnung (→ Form. X.1) hin keine ausreichende Unterlassungserklärung (→ Form. X.2) abgegeben wird. Wird zunächst eine einstweilige Unterlassungsverfügung erwirkt, diese aber vom Antragsgegner nicht durch Abgabe einer Abschlusserklärung als endgültige Regelung anerkannt (→ Form. X.9), muss der Unterlassungsanspruch durch Erhebung einer Hauptsacheklage weiterverfolgt werden, weil ansonsten nach Verjährungseintritt die Aufhebung der einstweiligen Verfügung gemäß § 927 ZPO wegen veränderter Umstände droht. Gleichfalls ist die Erhebung einer Unterlassungsklage geboten, wenn der Antragsgegner einen entsprechenden Antrag nach § 926 Abs. 1 ZPO stellt, da anderenfalls die Aufhebung der einstweiligen Verfügung gemäß § 926 Abs. 2 ZPO droht.

2. Siehe zur Zuständigkeit die Ausführungen zum Antrag auf Erlass einer einstweiligen Unterlassungsverfügung, die für die Klage auf Unterlassung, Berichtigung, Schadensersatz, Geldentschädigung und/oder Kostenerstattung entsprechend gelten → Form. X.6 Anm. 2.

Sachlich zuständig ist nach §§ 71 Abs. 1, 23 Nr. 1 GVG das Landgericht, wenn der Streitwert – wie im Pressrecht in aller Regel – 5.000 EUR übersteigt. In der Praxis kann es allenfalls bei reinen Kostenklagen (bzgl. Kosten der Abmahnung, eines Abschlussschreibens oder sonstiger außergerichtlicher Aufforderungsschreiben) vorkommen, dass der Streitwert unter 5.000 EUR liegt und damit das Amtsgericht sachlich zuständig ist.

Zur Bestimmung des örtlich zuständigen Gerichts ist bei Klagen aufgrund von Persönlichkeitsrechtsverletzungen neben dem allgemeinen Gerichtsstand am Sitz des Beklagten (§§ 12, 13, 17 ZPO) vor allem der besondere deliktische Gerichtsstand (§ 32 ZPO) von großer praktischer Bedeutung. Nach § 32 ZPO sind aufgrund der idR bestimmungsgemäß bundesweiten Verbreitung einer Medienberichterstattung in Presse, Rundfunk oder im Internet potenziell sämtliche Gerichte in Deutschland als Gerichte am Erfolgsort der unerlaubten Handlung örtlich zuständig (zur Diskussion mit Statistiken: *Jürgens* NJW 2014, 3061 ff.). Dieser sog. „fliegende Gerichtsstand" gilt im Presserecht neben dem Unterlassungsanspruch auch für die Ansprüche auf Berichtigung, Schadensersatz, Geldentschädigung und Kostenerstattung, nicht jedoch für Klagen wegen Verwirkung einer Vertragsstrafe (zum Ganzen Musielak/Voit/*Heinrich* § 32 Rn. 9, 14, 18).

3. Der Streitwert wird nach § 3 ZPO vom Gericht nach freiem Ermessen festgesetzt, der Kläger sollte aber den von ihm für angemessen erachteten Streitwert in der Klage angeben.

Zum Streitwert beim Unterlassungsanspruch → Form. X.1 Anm. 11.

Zum Streitwert beim Berichtigungsanspruch → Form. X.4 Anm. 9.

Für den Schadensersatzfeststellungsanspruch wird idR ein Bruchteil des Werts der Unterlassungsklage zugrunde gelegt, verbreitet sind 1/4 bis 1/5 des Werts des Unterlassungsanspruchs, wobei aber stets die Umstände des Einzelfalls zu berücksichtigen sind (Cepl/Voß/*Zöllner*, 2. Aufl. 2018, ZPO § 3 Rn. 45).

Nicht streitwerterhöhend wirken sich Kostenerstattungsansprüche für die Abmahnung etc aus, die neben der Hauptforderung aufgrund der Rechtsverletzung geltend gemacht werden (vgl. Cepl/Voß/*Zöllner*, 2. Aufl. 2018, ZPO § 3 Rn. 20).

Beim Geldentschädigungsanspruch ist die vom Kläger geäußerte Größenvorstellung bzw. der Mindestbetrag maßgebend (vgl. LG Hamburg 29.5.2009 – 324 O 951/08).

Die Streitwerte der einzelnen Gegenstände sind gemäß § 5 ZPO zu addieren (vgl. BeckOK ZPO/*Wendtland*, 35. Ed. 1.1.2020, ZPO § 3 Rn. 18).

4. Zum Unterlassungsantrag → Form. X.6 Anm. 8, → Form. X.2 Anm. 3.

5. Zur Berichtigung → Form. X.4.

6. Im Fall einer schuldhaften Verletzung des Persönlichkeitsrechts steht dem Betroffenen Anspruch auf Ersatz des hierdurch entstandenen materiellen Schadens zu (BGH GRUR 2000, 709 – Marlene Dietrich; *Damm/Rehbock*, Widerruf, Unterlassung und Schadensersatz in den Medien, 3. Aufl. 2008, Rn. 921 ff.). Als Anspruchsgrundlagen kommen §§ 823, 824, 826 BGB in Betracht. Voraussetzung des Schadensersatzanspruchs ist neben dem Vorliegen eines rechtswidrigen Eingriffs in das allgemeine Persönlichkeitsrecht oder Unternehmenspersönlichkeit des Betroffenen (→ Form. X.1 Anm. 6), dass der Verletzer schuldhaft handelte (vorsätzlich oder fahrlässig, § 276 BGB) und durch die rechtsverletzende Berichterstattung adäquat kausal ein Vermögensschaden entstanden ist. Als Schaden kommen insbesondere entgangener Gewinn (zB Verdienstausfall), schadensmindernde Aufwendungen (va notwendige Rechtsverfolgungskosten) oder in Fällen der unbefugten kommerziellen Nutzung von vermögenswerten Bestandteilen des Persönlichkeitsrechts (zB unbefugte Bildnisnutzung zur Werbung) die entgangene Lizenzgebühr nach den Grundsätzen der Lizenzanalogie in Betracht (eingehend zum Ganzen Götting/Schertz/Seitz/*Seitz*, Persönlichkeitsrechts-HdB, 2. Aufl. 2019, § 45 Rn. 1 ff.).

Am Verschulden scheitert der Schadensersatzanspruch selten, weil die Anforderungen an die journalistische Sorgfaltspflicht hoch sind und daher meist zumindest Fahrlässigkeit gegeben sein wird. Fehlt es dennoch an einem Verschulden, bleiben Bereicherungsansprüche gemäß § 812 BGB (Eingriffskondiktion) möglich, etwa bei kommerzieller Ausbeutung von Persönlichkeitsmerkmalen zu Werbezwecken (BGH GRUR 2010, 546 – Der strauchelnde Liebling).

Erhebliche Schwierigkeiten bereitet dem beweisbelasteten Kläger in der presserechtlichen Praxis häufig – bis auf die Fälle der Lizenzanalogie bei kommerzieller Ausnutzung von Persönlichkeitsmerkmalen – der Nachweis eines gerade durch die rechtsverletzende Wort- oder Bildberichterstattung kausal verursachten Schadens. Lässt sich der Schaden noch nicht abschließend beziffern, kommt ein Antrag auf Schadensersatzfeststellung in Betracht. Hierfür genügt die Darlegung einer hinreichend konkreten Schadenswahrscheinlichkeit, an die der BGH keine hohen Anforderungen stellt (BGH GRUR 1980, 1090, 1098 – Das Medizin-Syndikat I). Das Feststellungsinteresse nach § 256 ZPO folgt schon aus der erforderlichen Hemmung der Verjährung (Cepl/Voß/*Zigann*/*Werner*, 2. Aufl. 2018, ZPO § 256 Rn. 5 ff.).

7. Im Fall schwerwiegender Persönlichkeitsrechtsverletzungen besteht zudem als Ersatz für den immateriellen Schaden ein Geldentschädigungsanspruch, den die Rechtsprechung unmittelbar aus Art. 1 und 2 Abs. 1 GG ableitet (BVerfG NJW 1973, 1221 – Soraya; BGH NJW 1995, 861 – Caroline von Monaco; eingehend Götting/Schertz/Seitz/*Seitz*, Persönlichkeitsrechts-HdB, 2. Aufl. 2019, § 46 Rn. 1 ff.; *Brost* NJW 2020, 2214 ff.).

Voraussetzungen des Geldentschädigungsanspruchs sind das Vorliegen einer schweren Persönlichkeitsrechtsverletzung, Verschulden des Verletzers, ein unabwendbares Bedürfnis für die Gewährung immateriellen Ersatzes und das Fehlen anderweitiger befriedigender Ausgleichsmöglichkeiten (BGH NJW 1995, 861 – Caroline von Monaco; *Damm*/*Rehbock*, Widerruf, Unterlassung und Schadensersatz in den Medien, 3. Aufl. 2008, Rn. 846 ff.). Ob eine schwere Persönlichkeitsrechtsverletzung vorliegt, bedarf der umfassenden Beurteilung anhand der Einzelfallumstände. Maßgebliche Kriterien sind in erster Linie die Bedeutung und Tragweite des Eingriffs in das Persönlichkeitsrecht, der Anlass und Beweggrund des Verletzers sowie der Grad seines Verschuldens (BGH NJW 2016, 789 Rn. 38 – Öffentliche Bekanntgabe der Schulfähigkeiten eines Grundschulkindes). Die Schwere kann sich auch aus der Hartnäckigkeit des Verletzers ergeben, wenn dieser wiederholt und trotz vorangegangener Sanktionen gleichartige Verstöße begeht (BGH NJW 1996, 985 – Kumulationsgedanke). Das Bedürfnis für eine Geldentschädigung als „ultima ratio" kann entfallen oder die Höhe des Anspruchs zu reduzieren sein, wenn der Verletzer freiwillige Maßnahmen zur Schadenskompensation vorgenommen hat, wie zB eine redaktionelle Berichtigung (OLG Hamburg ZUM-RD 2009, 654 (656 ff.)). Eine Verurteilung zur Berichtigung lässt den Geldentschädigungsanspruch hingegen nicht automatisch entfallen, insbesondere wenn es sich um eine besonders gravierende Persönlichkeitsrechtverletzung handelt und die Berichtigung erst in einem langwierigen Prozess erstritten werden muss (BGH NJW 1995, 861 (864) – Caroline von Monaco).

Der Geldentschädigungsanspruch steht nur natürlichen Personen zu (BGH GRUR 1980, 1090 – Das Medizin-Syndikat I) und ist nicht vererblich (BGH GRUR 2014, 702 – Berichterstattung über trauernden Entertainer).

Der Geldentschädigungsanspruch dient zum einen dazu, dem Betroffenen Genugtuung zu verschaffen, zum anderen dazu, den Anspruchsverpflichteten von weiteren Verletzungshandlungen abzuhalten (Genugtuungs- und Präventivfunktion, dazu BGH NJW 1995, 861 – Caroline von Monaco). Diese Funktionen sind bei der Bemessung der Höhe der Geldentschädigung zu berücksichtigen, die nach § 287 ZPO im richterlichen Ermessen liegt. Wesentliche Bemessungskriterien sind folglich insbesondere die Eingriffsintensität der Berichterstattung, das Ausmaß ihrer Verbreitung, die Dauer der Verletzung, das Maß des Verschuldens, der Beweggrund des Verletzers und der Zeitablauf seit der Veröffentlichung (vgl. BGH NJW 2014, 2029 – Sächsische Korruptionsaffäre). Hierbei kann unter Präventionsgesichtspunkten auch der durch eine vorsätzliche Zwangskommerzialisierung des Persönlichkeitsrechts des Betroffenen erzielte Gewinn in die Bemessung der Höhe mit einfließen (BGH NJW 1995, 861 – Caroline von Monaco; NJW 1996, 984 – Caroline von Monaco I; NJW 1996, 985 – Kumulationsgedanke).

Im Hinblick auf die Antragstellung ist zu beachten, dass die Höhe der Geldentschädigung zwar in das Ermessen des Gerichts gestellt werden kann, aber aufgrund des Bestimmtheitsgrundsatzes die Angabe eines Mindestbetrags erforderlich ist (vgl. BGH NJW 1996, 2425 (2427); BGH 21.6.1977 – VI ZA 3/75).

Beispiele gerichtlich zuerkannter Geldentschädigungsbeträge: Götting/Schertz/Seitz/*Seitz*, Persönlichkeitsrechts-HdB, 2. Aufl. 2019, § 46 Rn. 1 ff.

8. Die Kosten der Abmahnung (→ Form. X.1 Anm. 11), der Aufforderung zur Veröffentlichung einer Berichtigung (→ Form. X.4 Anm. 9) und eines etwaigen Abschlussschreibens bei vorangegangenem Verfügungsverfahren (→ Form. X.9 Anm. 2) können als bezifferter Schadensersatz auch neben dem Schadensersatzfeststellungsanspruch geltend gemacht werden. Es handelt sich um jeweils eigenständige gebührenrechtliche Angelegenheiten iSv § 15 Abs. 2 RVG. Allerdings ist ggf. die Anrechnungsregelung des § 15a RVG bei der Berechnung der konkreten Höhe des Erstattungsanspruchs zu berücksichtigen (hierzu *Korte*, PresseR, 2. Aufl. 2019, § 5 Rn. 142 ff.).

9. Kern der presserechtlichen Hauptsacheklage ist die Darlegung der Rechtsverletzung durch die angegriffene Wort- und/oder Bildberichterstattung als Grundvoraussetzung für den Unterlassungs-, Berichtigungs-, Schadensersatz-, Geldentschädigungs- und Kostenerstattungsanspruch.

Nach allgemeinen Grundsätzen liegt die Darlegungs- und Beweislast für die Anspruchsvoraussetzungen beim Kläger. Eine in der Praxis wichtige Ausnahme greift bei Tatsachenbehauptungen, die ehrverletzend und geeignet sind, den Betroffenen in seinem sozialen Ansehen herabzuwürdigen. Bei solchen Tatsachenbehauptungen gilt analog § 186 StGB eine Beweislastumkehr, dh der sich Äußernde muss die Wahrheit seiner Behauptung beweisen (→ Form. X.6 Anm. 10). Diese Darlegungs- und Beweislastverteilung gilt sowohl beim Unterlassungsanspruch als auch beim (materiellen und immateriellen) Schadensersatzanspruch, jedoch nicht für den Berichtigungsanspruch. Bei der Berichtigung (→ Form. X.4 Anm. 5) muss der Kläger den vollen Beweis der Unwahrheit der angegriffenen Tatsachenbehauptung führen und kann den Beklagten allenfalls eine sekundäre Darlegungslast dahingehend treffen, Belegtatsachen für seine Behauptung anzugeben (BGH NJW 2008, 2262, 2264 – Richtigstellungsanspruch des BKA gegen Focus).

10. Die streitgegenständliche Veröffentlichung ist von zentraler Bedeutung und daher zum Nachweis vollständig vorzulegen, sei es – wie im Beispiel – ein in der Presse erschienener Artikel, der Mitschnitt einer Sendung im TV/Hörfunk oder eine angegriffene Online-Veröffentlichung.

11. Die Beweislast für die Unwahrheit einer – wie hier – ehrverletzenden Tatsachenbehauptung liegt iRd Unterlassungsanspruchs aufgrund der Beweislastumkehr gemäß § 186 StGB analog beim beklagten Medienunternehmen, jedoch iRd Widerrufsanspruchs allein beim Kläger → Anm. 9. Wenn zu Beweiszwecken Unterlagen aus Strafverfahren vorgelegt werden sollen, ist die Vorschrift des § 353d StGB zu beachten.

12. Zur Verletzung des Persönlichkeitsrechts durch Eingriffe in die Privatsphäre → Form. X.1 Anm. 6 und → Form. X.1 Anm. 8.

13. Zur Verletzung des Rechts am eigenen Bild als besonderes Persönlichkeitsrecht → Form. X.1 Anm. 6 und → Form. X.1 Anm. 9.

14. Die Vorlage der vollständigen vorgerichtlichen Korrespondenz ist üblich und geboten, insbesondere um darzulegen, dass die Ansprüche zurückgewiesen bzw. nicht erfüllt wurden und daher die Klage erforderlich ist.

15. → Anm. 2.

16. Zur Betroffenheit als Voraussetzung der Aktivlegitimation → Form. X.1 Anm. 2.

17. Übersicht über die wichtigsten Anspruchsgrundlagen und möglichen Eingriffe in Persönlichkeitsrechte durch eine Wort- oder Bildberichterstattung → Form. X.1 Anm. 6.

18. Zur Begehungsgefahr (Wiederholungs- oder Erstbegehungsgefahr) als weiterer Tatbestandsvoraussetzung des Unterlassungsanspruchs → Form. X.1 Anm. 10.

19. Zum Widerruf als Unterfall der Berichtigung → Form. X.4.

20. → Anm. 6.

21. → Anm. 7.

22. → Anm. 8.

23. Zur Passivlegitimation beim Unterlassungsanspruch → Form. X.1 Anm. 3, bei der Berichtigung → Form. X.4 Anm. 3. Die dortigen Grundsätze gelten im Wesentlichen auch für die Passivlegitimation beim materiellen und immateriellen Schadensersatz. Allerdings ist zu beachten, dass im Gegensatz zum – in der Terminologie des VI. Zivilsenats – sog. „unmittelbaren Störer" (zB der Verlag, Rundfunkveranstalter oder Telemedienanbieter als Anbieter eigener Inhalte und „Herr des Mediums") der bloße „mittelbare Störer" (zB Betreiber von Bewertungsportalen als reine Host Provider) grds. nicht auf Schadensersatz, sondern nur auf Unterlassung haftet (ausführlich hierzu *Korte,* PresseR, 2. Aufl. 2019, § 4 Rn. 1 ff., § 4 Rn. 48, § 5 Rn. 167). Zur möglichen Inanspruchnahme des Erstverbreiters für Rechtsverfolgungskosten gegenüber Uploadern siehe BGH GRUR 2019, 862 – Filmberichterstattung.

11. Klageerwiderung[1]

Vorab per Telefax: . . . . .

Landgericht . . . . .[2]

. . . . .

. . . . .

AZ: . . . . .

In Sachen

. . . . .

– Kläger –

Verfahrensbevollmächtigte: . . . . . .

gegen

. . . . .

Verfahrensbevollmächtigte: . . . . . .

– Beklagte –

zeigen wir an, dass wir die Beklagte vertreten und werden beantragen,

die Klage kostenpflichtig abzuweisen.

Hilfsweise wird beantragt,

der Beklagten Vollstreckungsschutz zu gewähren, notfalls gegen Sicherheitsleistung.[3]

Begründung:

Die Klage ist abzuweisen, weil sie unzulässig und unbegründet ist.

I. Zuständigkeitsrüge[4]
Das angerufene Gericht ist international/örtlich/sachlich unzuständig, was vorab ausdrücklich gerügt wird. . . . . .

II. Fehlende Aktivlegitimation[5]
Es fehlt an der Betroffenheit des Klägers von der Berichterstattung als Grundvoraussetzung aller geltend gemachten Ansprüche und damit an der Aktivlegitimation. Der Kläger wird in dem streitgegenständlichen Beitrag an keiner Stelle namentlich erwähnt oder abgebildet. Er ist auch ansonsten nicht erkennbar . . . . .

III. Fehlende Passivlegitimation[6]
Die Beklagte ist nicht passivlegitimiert. Sie haftet für die streitgegenständlichen Inhalte weder als Täter oder Teilnehmer, noch unter dem Gesichtspunkt der Verbreiter- und Störerhaftung. Dies folgt daraus, dass . . . . .

IV. Unterlassung[7]
Die behaupteten Unterlassungsansprüche bestehen unter keinem denkbaren Gesichtspunkt:

1. Die mit dem Unterlassungsantrag Ziffer . . . . . beanstandete Äußerung ist entgegen der Ansicht des Klägers keine Tatsachenbehauptung, sondern eine zulässige Meinungsäußerung.

a) Wesentlich für die Einstufung als Tatsachenbehauptung ist, ob die Aussage einer Überprüfung auf ihre Richtigkeit mit Mitteln des Beweises zugänglich ist. Dies scheidet bei Werturteilen und Meinungsäußerungen aus, weil sie durch das Element der Stellungnahme und des Dafürhaltens gekennzeichnet sind und sich deshalb nicht als wahr oder unwahr erweisen lassen (st. Rspr., siehe nur BGH GRUR 2016, 855 – www.jameda.de). Für das Vorliegen einer Meinungsäußerung spricht, wenn der tatsächliche Gehalt der jeweiligen Äußerung unter Berücksichtigung des Gesamtkontexts substanzarm ist (BGH GRUR 2017, 298 – „Mal PR-Agent, mal Reporter"). Gemessen daran sind die beanstandeten Äußerungen Werturteile ohne greifbaren tatsächlichen Gehalt . . . . .

b) Die Meinungsäußerung ist auch eindeutig rechtmäßig. Im Rahmen der erforderlichen Abwägung überwiegt die in Art. 5 Abs. 1 GG und Art. 10 EMRK verankerte Kommunikations- und Pressefreiheit der Beklagten gegenüber dem Interesse des Klägers am Schutz seiner sozialen Anerkennung und Ehre. Bei der Abwägung ist zunächst zu berücksichtigen, dass die beanstandeten Äußerungen als Meinungsäußerungen ohne Weiteres dem Schutz von Art. 5 GG unterfallen. Zu Gunsten ihrer Zulässigkeit fällt erheblich ins Gewicht, dass der Art. einen Beitrag zum geistigen Meinungskampf in einer die Öffentlichkeit wesentlich berührenden Frage liefert, weshalb bereits eine Vermutung für die Zulässigkeit der freien Rede spricht (BGH NJW 2008, 2110 – Gen-Milch). Der Beitrag befasst sich mit . . . . . und damit mit Vorgängen von größtem öffentlichen Interesse . . . . . Für die Zulässigkeit der Äußerungen spricht weiter, dass sie sich, soweit durch sie überhaupt tatsächliche Informationen vermittelt werden, als wahr darstellen und somit hinreichende Anknüpfungstatsachen für sie bestehen. . . . . .

Beweis: . . . . .

Eine – auch scharfe – Kritik, die nicht auf unwahren Tatsachenbehauptungen aufbaut, ist in der Regel zulässig und daher grundsätzlich bis zur Grenze der Schmähkritik hinzunehmen (BGH GRUR 2015, 289– Hochleistungsmagneten). Eine solche Schmähkritik liegt nicht vor, weil die Kritik klar sachbezogen und nicht diffamierend ist. . . . . .

2. Die mit dem Unterlassungsantrag Ziffer . . . . . angegriffene Äußerung mag zwar als Tatsachenbehauptung anzusehen sein. Die Behauptung, dass . . . . . , ist aber nachweislich wahr. . . . . .

   Beweis: . . . . .

   Wahre Tatsachenbehauptungen sind regelmäßig hinzunehmen, auch wenn sie nachteilig sind (BVerfG NJW 2012, 1500 – Fall Ochsenknecht). Insbesondere gilt dies, wenn die Äußerungen – wie vorliegend – Missstände von herausragender Bedeutung für die Öffentlichkeit betreffen.
3. Der Unterlassungsantrag Ziffer . . . . . ist ebenfalls unbegründet. Die antragsgegenständliche Textpassage verletzt den Kläger entgegen seiner Auffassung nicht in seiner Privatsphäre.
   a) Es liegt bereits kein Eingriff in die Privatsphäre vor. Wenn überhaupt, wäre allenfalls die berufliche Tätigkeit und damit die Sozialsphäre tangiert . . . . .
   b) Selbst wenn man einen Eingriff in die Privatsphäre zu Unrecht unterstellt, wäre dieser jedenfalls gerechtfertigt. Die Privatsphäre ist nicht absolut geschützt. Der Eingriff in das Persönlichkeitsrecht durch einen veröffentlichten Text ist nur dann rechtswidrig, wenn das Schutzinteresse des Betroffenen die schutzwürdigen Belange der anderen Seite überwiegt (BGH GRUR 2018, 964 – Tochter von Prinzessin Madeleine). Das ist hier nicht der Fall. Der Eingriff wäre allenfalls geringfügig. Die Intensität eines Eingriffs in das Persönlichkeitsrecht durch eine Wortberichterstattung ist als gering zu werten, wenn es sich um die Behauptung zutreffender Tatsachen handelt, die entweder belanglos sind oder sich allenfalls oberflächlich mit der Person des Klägers beschäftigen, ohne einen tieferen Einblick in seine persönlichen Lebensumstände zu vermitteln und ohne herabsetzend oder gar ehrverletzend zu sein (BGH GRUR 2017, 850 – Popstar und Dessousmodel). So verhält es sich hier . . . . . . Demgegenüber kommt dem berechtigten Informationsinteresse der Beklagten in der Abwägung ein höheres Gewicht zu. In der angegriffenen Passage wird ein Thema von allgemeinem gesellschaftlichen Interesse aufgegriffen und in meinungsbildender Art und Weise behandelt . . . . . . Zu berücksichtigen ist ferner, dass der Kläger sich zu diesen Punkten bereits in der Vergangenheit selbst in Interviews geäußert hat, mithin seine „Privatsphäre“ freiwillig geöffnet hat. Niemand kann sich auf ein Recht zur Privatheit hinsichtlich solcher Informationen berufen, die er selbst der Öffentlichkeit preisgegeben hat (BGH GRUR 2018, 1077 – Begegnung mit dem verlorenen Bruder).

      Beweis: Interviews des Klägers vom . . . . . , Anlagenkonvolut B . . . . .

      Damit muss der Kläger diese Wortberichterstattung hinnehmen.
4. Der Kläger kann von der Beklagten auch nicht Unterlassung der im Antrag Ziffer . . . . . eingeblendeten Abbildung verlangen.
   a) Der Kläger ist auf dieser Abbildung nicht erkennbar.
   b) Es ist von einer zumindest konkludenten Einwilligung des Klägers gemäß § 22 KUG auszugehen, denn . . . . .

      Beweis: . . . . .

c) Nach § 23 Abs. 1 Nr. 1 KUG ist die Veröffentlichung der Abbildung wegen des überwiegenden Informationsinteresses auch ohne Einwilligung des Klägers zulässig, da es sich um ein Bildnis aus dem Bereich der Zeitgeschichte handelt. Im Rahmen der Interessenabwägung ist der Informationswert der Berichterstattung von entscheidender Bedeutung (BVerfG NJW 2008, 1793 – Caroline von Hannover). Dieser ist vorliegend erheblich ..... Zu berücksichtigen ist auch, dass der Kläger aufgrund seiner Stellung als ...... eine Person des öffentlichen Interesses ist. Die Abbildung entstand zudem auf einer öffentlichen Veranstaltung, an der der Kläger teilnahm, und dient der kontextgerechten Bebilderung der Textberichterstattung. .....

V. Berichtigung[8]

Der Anspruch auf Berichtigung in Form des im Antrag Ziffer ..... eingeblendeten Widerrufs besteht ebenfalls nicht.

Berichtigung kann nur im Hinblick auf erwiesenermaßen unwahre Tatsachenbehauptungen verlangt werden, wobei die Beweislast für die Unwahrheit der Kläger trägt. Bereits hieran scheitert der Widerruf, wie vorstehend zum Unterlassungsanspruch ausgeführt. Bei der ersten Äußerung, deren Widerruf begehrt wird, handelt es sich nicht um eine Tatsachenbehauptung (s. o. IV. 1.). Die zweite Äußerung ist jedenfalls nachweislich wahr (s. o. IV. 2.).

Die weiteren Voraussetzungen des Widerrufsanspruchs liegen ebenfalls nicht vor. Die Verpflichtung zum Abdruck eines Widerrufs ist nur gerechtfertigt, wenn eine fortwirkende Rufbeeinträchtigung von erheblichem Gewicht besteht. Davon kann keine Rede sein. Allein schon aufgrund des Zeitablaufs seit der angegriffenen Ausgangsveröffentlichung von mehr als ..... ist das Bedürfnis für den Abdruck eines Widerrufs zu verneinen, weil diese dem Bewusstsein der Rezipienten längst entschwunden sind. Ferner darf die Berichtigung nicht irreführend sein, dh sie darf beim Rezipienten keinen sachlich falschen Eindruck hervorrufen. Das wäre jedoch vorliegend der Fall .....

VI. Materieller Schadensersatz[9]

Dem Kläger steht kein Schadensersatzanspruch zu, weil die streitgegenständliche Berichterstattung aus den vorstehend genannten Gründen insgesamt rechtmäßig ist (s. o. IV.). Erst recht trifft die Beklagte kein Verschulden, weil .....

Beweis: Schließlich wird bestritten, dass dem Kläger überhaupt ein Schaden entstanden ist. Ausgeschlossen ist jedenfalls, dass ein Schaden gerade durch die streitgegenständliche Berichterstattung adäquat kausal verursacht worden ist. Das wurde vom Kläger weder dargelegt noch unter Beweis gestellt, es widerspricht auch der Lebenserfahrung .....

VII. Immaterieller Schadensersatz/Geldentschädigung[10]

Da die Berichterstattung rechtmäßig war, scheidet auch ein Geldentschädigungsanspruch von vornherein aus.

Die weiteren spezifischen Voraussetzungen des Geldentschädigungsanspruch sind erst recht nicht gegeben. Von einer schweren Persönlichkeitsrechtsverletzung kann keine Rede sein. Selbst wenn man einen Eingriff in Persönlichkeitsrechte des Klägers unterstellt, wäre dessen Tragweite äußerst gering, weil ..... Die Beklagte handelte auch keineswegs schuldhaft oder gar aus verwerflichen Beweggründen, sondern zur Befriedigung des legitimen öffentlichen Informationsinteresses.

Darüber hinaus kommt der Geldentschädigungsanspruch nur als „ultima ratio“ in Betracht und ist gegenüber anderen Ausgleichsmöglichkeiten subsidiär. Der Kläger ist daher gehalten, einer behaupteten Persönlichkeitsrechtsverletzung vorrangig auf andere Weise entgegenzuwirken. Diese Möglichkeiten hat der Kläger ohne sachlichen Grund nicht ausgeschöpft. So hat der Kläger va davon abgesehen, zeitnah zur Ausgangsberichterstattung eine Gegendarstellung zu verlangen. Sollte das Gericht wider Erwarten der Auffassung sein, dass dem Kläger der geltend gemachte Berichtigungsanspruch zusteht, läge darin jedenfalls ein hinreichender Ausgleich und bestünde auch insofern kein Bedürfnis für eine Geldentschädigung. Keinesfalls steht dem Kläger ein Geldentschädigungssanspruch in der geltend gemachten Höhe zu . . . . .

VIII. Kostenerstattung[11]
Ein Anspruch auf Kostenerstattung besteht schon dem Grunde nach nicht, weil die Berichterstattung rechtmäßig war. Die Aufforderungsschreiben waren daher unberechtigt und die dadurch ausgelösten Kosten stellen keine notwendigen Rechtsverfolgungskosten dar. Zudem besteht der Kostenerstattungsanspruch auch der Höhe nach nicht. Der Streitwert ist vollkommen übersetzt . . . . . Der Kläger kann auch keine 1,5 Geschäftsgebühr verlangen . . . . . Außerdem handelt es sich bei der Abmahnung wegen der Unterlassung der Wort- und Bildberichterstattung nur um eine gebührenrechtliche Angelegenheit.

IX. Verjährungseinrede[12]
Es wird die Einrede der Verjährung erhoben. Die Ansprüche auf . . . . . sind verjährt. Denn . . . . .

X. Klageantrag unbestimmt und zu weitreichend[13]
Schließlich sind die Anträge – rein vorsorglich und hilfsweise – unbestimmt und inhaltlich zu weitgehend. Keinesfalls kann der Kläger ein Verbot der streitgegenständlichen Äußerungen und Abbildung ohne Bezugnahme auf den Kontext der konkreten Berichterstattung verlangen . . . . .

XI. Vollstreckungsschutz[14]
Höchst vorsorglich und hilfsweise für den Fall, dass das Gericht die Klage wider Erwarten für zulässig und begründet hält, ist der Beklagten zumindest Vollstreckungsschutz nach § 712 ZPO zu gewähren. Denn die Vollstreckung würde der Beklagten vorliegend einen nicht zu ersetzenden Nachteil bringen . . . . .

Die Klage ist somit abzuweisen. Sollte das Gericht weiteren Vortrag oder weitere Beweisangebote der Beklagten für erforderlich halten, wird um richterlichen Hinweis gebeten.

Rechtsanwältin/Rechtsanwalt

Anmerkungen

1. Das vorliegende Formular stellt in der medienrechtlichen Praxis typische und regelmäßig wiederkehrende Verteidigungsargumente gegenüber einer auf die Verletzung von Persönlichkeitsrechten gestützten Klage (→ Form. X.10) dar. Ziel ist es, das Gericht davon zu überzeugen, dass die Klage unzulässig ist und/oder die jeweiligen Klageansprüche (Unterlassung → Form. X.1, → Form. X.2, Berichtigung → Form. X.4, materieller Schadensersatz → Form. X.10 Anm. 6, Geldentschädigung → Form. X.10 Anm. 7) unbegründet sind. Zur Verteilung der Darlegungs- und Beweislast im Hauptsacheverfahren → Form. X.10 Anm. 9.

2. Zur Zuständigkeit → Form. X.10 Anm. 2 und → Form. X.6 Anm. 2.

3. Ein Vollstreckungsschutzantrag ist gemäß § 712 ZPO möglich und sinnvoll, wenn die Vollstreckung dem Beklagten einen nicht zu ersetzenden Nachteil bringen würde. Der Antrag muss gemäß § 714 Abs. 1 ZPO vor dem Schluss der mündlichen Verhandlung gestellt werden. Die tatsächlichen Voraussetzungen sind gemäß § 714 Abs. 2 ZPO glaubhaft zu machen, was wegen der hohen Hürden praktisch schwierig ist (im Einzelnen Zöller/*Herget* § 712 Rn. 1 ff. und § 714 Rn. 1 f.).

4. Zur Zuständigkeit → Form. X.10 Anm. 2 und → Form. X.6 Anm. 2.

5. Zur Betroffenheit als Voraussetzung der Aktivlegitimation → Form. X.1 Anm. 2.

6. Zur Passivlegitimation → Form. X.10 Anm. 23.

7. Übersicht über die wichtigsten Anspruchsgrundlagen und möglichen Eingriffe in Persönlichkeitsrechte durch eine Wort- oder Bildberichterstattung → Form. X.1 Anm. 6.

8. Zur Berichtigung → Form. X.4.

9. Zum materiellen Schadensersatz → Form. X.10 Anm. 6.

10. Zur Geldentschädigung → Form. X.10 Anm. 7.

11. Zu den Kostenerstattungsansprüchen → Form. X.10 Anm. 8.

12. Die Verjährung der Ansprüche auf Unterlassung, Berichtigung, Schadensersatz und Kostenerstattung richtet sich nach §§ 195, 199 BGB, dh die regelmäßige Verjährungsfrist beträgt 3 Jahre (Näheres *Korte*, Praxis des Presserechts, 2. Auflage 2019, § 5 Rn. 50, Rn. 184, Rn. 206). Zu beachten ist aber, dass zu langes Zuwarten des Klägers die für den Berichtigungsanspruch erforderliche fortwirkende Rufbeeinträchtigung auch schon vor Verjährungseintritt entfallen lassen und zum Erlöschen des Anspruchs führen kann → Form. X.4 Anm. 1. Bei der Geldentschädigung kann langes Zuwarten ebenfalls zum Nachteil des Klägers zu berücksichtigen sein → Form. X.10 Anm. 7.

13. Zu den Anforderungen an die Formulierung des Verbots → Form. X.6 Anm. 8, → Form. X.2 Anm. 3.

14. → Anm. 3.

12. Zwangsvollstreckung: Antrag nach § 890 ZPO[1]

Vorab per Telefax: . . . . .

Landgericht . . . . .[2]

. . . . .

. . . . .

AZ: . . . . .

Ordnungsmittelantrag nach § 890 ZPO

In Sachen

. . . . .

– Gläubiger –

Verfahrensbevollmächtigte: . . . . .

gegen

. . . . .

– Schuldner –[3]

wegen: Ordnungsmittel

wird namens und in Vollmacht des Gläubigers beantragt,

gegen den Schuldner wegen Zuwiderhandlung gegen die Unterlassungsverpflichtung gemäß Ziffer . . . . . der einstweiligen Verfügung/des Urteils des LG . . . . . vom . . . . ., Az. . . . . ., ein empfindliches Ordnungsgeld, und für den Fall, dass dieses nicht beigetrieben werden kann, Ordnungshaft zu verhängen.[4]

Begründung:

Dem Schuldner wurde mit Urteil/Beschluss des LG . . . . . vom . . . . ., Az. . . . . ., unter Androhung der gesetzlichen Ordnungsmittel verboten,

1. in Bezug auf den Gläubiger das Folgende zu behaupten und/oder behaupten zu lassen und/oder zu verbreiten und/oder verbreiten zu lassen und/oder zu veröffentlichen und/oder veröffentlichen zu lassen: . . . . .
2. das folgende Foto zu verbreiten und/oder verbreiten zu lassen und/oder zu veröffentlichen und/oder veröffentlichen zu lassen: . . . . .

Am . . . . . ist die einstweilige Verfügung/das Urteil dem Schuldner/dem Prozessbevollmächtigten des Schuldners durch den Gerichtsvollzieher/im Wege der Zustellung von Anwalt zu Anwalt zugestellt worden.[5]

Beweis: Zustellungsurkunde vom . . . . ./Empfangsbekenntnis der Rechtsanwälte . . . . . vom . . . . ., Anlage ZV 1

Gegen die Unterlassungsverpflichtung gemäß Ziffer . . . . . der einstweiligen Verfügung/des Urteils hat der Schuldner schuldhaft verstoßen. Denn er verbreitet die untersagten Äußerungen/Abbildungen in Kenntnis des Verbots – und damit vorsätzlich – bis heute weiterhin unverändert, nämlich . . . . .[6]

Beweis: . . . . .

Daher ist dringend die Verhängung eines empfindlichen Ordnungsmittels erforderlich, um den Schuldner zur Einhaltung des gerichtlichen Verbotes anzuhalten.

Rechtsanwältin/Rechtsanwalt

Anmerkungen

1. Die Zwangsvollstreckung erfolgt bei Verstößen gegen Unterlassungstitel durch einen Antrag auf Verhängung von Ordnungsmitteln nach § 890 ZPO, dh Ordnungsgeld oder Ordnungshaft. Unterlassungstitel kann neben einer einstweiligen Verfügung und einem Urteil in der Hauptsache auch ein Prozessvergleich sein (BeckOK ZPO/*Stürner*, 35. Ed. 1.1.2020, § 890 Rn. 5). Ein vom Gericht verhängtes Ordnungsgeld ist vom Schuldner an die Staatskasse zu bezahlen und kommt nicht dem Gläubiger zugute. Die Verjährungsfrist für die Verfolgung von Verstößen beträgt zwei Jahre (Art. 9 Abs. 1 S. 1 EGStGB) und beginnt mit Beendigung jeder einzelnen Zuwiderhandlung (BGH NJW 2005, 509). Siehe auch → Form. VII.6.1 und → Form. IX.2.8.

2. Ausschließlich zuständig ist das Prozessgericht erster Instanz (§§ 890 Abs. 1 S. 1, 802 ZPO). In Pressesachen ist das regelmäßig das Landgericht (→ Form. X.6 Anm. 2) und nicht das Amtsgericht. Das Prozessgericht erster Instanz ist auch dann für den Ordnungsmittelantrag zuständig, wenn zB erst das OLG die einstweilige Verfügung erlassen hat.

3. Die Parteien werden im Zwangsvollstreckungsverfahren als Gläubiger und Schuldner bezeichnet. Ist das Landgericht zuständig, herrscht Anwaltszwang (§ 78 ZPO).

4. Die Vollstreckung von Unterlassungsgeboten durch Verhängung von Ordnungsmitteln setzt einen entsprechenden Antrag des Gläubigers voraus, § 890 Abs. 1 S. 1 ZPO. Allerdings muss der Antrag kein bestimmtes Ordnungsmittel bezeichnen oder dessen Höhe angeben. Dies ist wegen § 308 ZPO und wegen möglicher nachteiliger Kostenfolgen falls das Gericht hinter der geforderten Höhe zurückbleibt auch nicht ratsam. Die Höhe des Ordnungsgelds und Dauer der Ordnungshaft stehen innerhalb des gesetzlichen Rahmens im Ermessen des Gerichts. Das Ordnungsgeld beträgt mindestens 5 EUR (Art. 6 Abs. 1 S. 1 EGStGB) und höchstens 250.000 EUR je Zuwiderhandlung (§ 890 Abs. 1 S. 2 ZPO). Die Ordnungshaft beträgt mindestens einen Tag (Art. 6 Abs. 2 S. 1 EGStGB) und höchstens sechs Monate je Zuwiderhandlung, insgesamt höchstens zwei Jahre (§ 890 Abs. 1 S. 1 und S. 2 ZPO). Bei der Bemessung der Ordnungsmittel sind vor allem Art, Umfang und Dauer des Verstoßes, der Verschuldensgrad, der Nachteil des Verletzten, die Gefährlichkeit der Verletzungshandlungen sowie die wirtschaftlichen Verhältnisse des Zuwiderhandelnden zu beachten (vgl. BGH NJW 2004, 506 (510)).

5. Es müssen die allgemeinen Voraussetzungen der Zwangsvollstreckung gemäß § 750 ZPO vorliegen. Voraussetzung der Festsetzung eines Ordnungsmittels ist neben dem Vorliegen eines vollstreckbaren Unterlassungstitels und der Androhung des Ordnungsmittels (§ 890 Abs. 2 ZPO) die Zustellung an den Schuldner. Eine einstweilige Verfügung muss gemäß §§ 928, 929 Abs. 2, 936 ZPO durch Zustellung im Parteibetrieb binnen eines Monats vollzogen worden sein (dazu → Form. X.6 Anm. 1). Dies gilt sowohl für Beschlussverfügungen (§ 922 Abs. 2 ZPO) als auch für Urteilsverfügungen (OLG Frankfurt aM 28.3.2019 – 6 U 196/18). Urteilsverfügungen sind allerdings schon mit Verkündung wirksam und zu beachten, wenn sie – wie üblich – die Ordnungsmittelandrohung bereits enthalten. Somit kann der Schuldner auch bereits vor Zustellung sanktionsbewehrt gegen den Titel verstoßen (BGH GRUR 2009, 890 – Ordnungsmittelandrohung).

6. Es muss eine schuldhafte Zuwiderhandlung des Schuldners gegen den Unterlassungstitel vorliegen (§ 890 Abs. 1 ZPO), was vom Gläubiger darzulegen und ggf. zu beweisen ist. Die Zuwiderhandlung muss der Androhung der Ordnungsmittel zeitlich nachfolgen (§ 890 Abs. 2 ZPO), wobei die Androhung in der Praxis regelmäßig schon im Tenor des Unterlassungstitels erfolgt. Ob eine Zuwiderhandlung vorliegt, ist nach dem Verbotstenor zu beurteilen. Was die Reichweite des Verbots angeht, bestehen zwischen Äußerungen und Abbildungen Unterschiede. Das Verbot einer konkreten Äußerung erstreckt sich nicht nur auf ihren unmittelbaren Wortlaut, sondern gemäß der sog. Kerntheorie auch auf kerngleiche Verstöße. Das Verbot umfasst somit auch Abweichungen in Formulierung und Kontext, die bei lebensnaher Betrachtung keine nennenswerte inhaltliche Veränderung darstellen, sondern der verbotenen Äußerung in den charakteristischen Merkmalen entsprechen (*Korte*, PresseR, 2. Aufl. 2019, § 5 Rn. 73 mwN.; offenlassend ob und inwieweit die sog. Kerntheorie auf das Recht der Wortberichterstattung anwendbar ist: BGH GRUR 2019, 431 Rn. 19 – Heimliches romantisches Treffen). Im Bereich der Bildberichterstattung hat der BGH die Geltung der Kerntheorie ausdrücklich abgelehnt. Ein Bildverbot erfasst nur die konkrete Verletzungsform, dh die konkrete Abbildung – nicht „ähnliche" Bildveröffentlichungen – im konkreten Kontext der mit ihr zusammenhängenden Wortberichterstattung (BGH GRUR 2009, 1091 Rn. 7 – Wilde Frisur des Andrea Casiraghi; *Korte*, PresseR, 2. Aufl. 2019, § 5 Rn. 76 ff.; siehe zum Verbotsumfang auch → Form. X.2 Anm. 3).

Kosten und Gebühren

Gericht: Gerichtskosten entstehen in Höhe von pauschal 20 EUR nach GKG KV Nr. 2111.

Rechtsanwalt: Es entsteht eine 0,3 Verfahrensgebühr nach RVG VV Nr. 3309.

13. Zwangsvollstreckung: Antrag nach § 888 ZPO[1]

Vorab per Telefax: . . . . .

Landgericht . . . . .[2]

. . . . .

. . . . .

AZ: . . . . .

Antrag nach § 888 ZPO

In Sachen

. . . . .

– Gläubiger –

Verfahrensbevollmächtigte: . . . . .

gegen

. . . . .

– Schuldner –[3]

wegen: Antrag auf Festsetzung von Zwangsmitteln

wird namens und in Vollmacht des Gläubigers beantragt,

> **gegen den Schuldner zur Erzwingung der Veröffentlichung der/des in Ziffer . . . . . des Beschlusses/Urteils des LG . . . . . vom . . . . ., Az. . . . . ., wiedergegebenen Gegendarstellung/Richtigstellung/Widerrufs ein empfindliches Zwangsgeld, ersatzweise Zwangshaft, zu verhängen.**[4]

Begründung:

Variante 1: Bei Gegendarstellung

Dem Schuldner wurde durch Beschluss/Urteil des LG . . . . . vom . . . . ., Az. . . . . ., auferlegt, die dort in Ziffer . . . . . wiedergegebene Gegendarstellung zu veröffentlichen. Der Beschluss/das Urteil wurde dem Schuldner/dem Prozessbevollmächtigten des Schuldners am . . . . . durch den Gerichtsvollzieher/im Wege der Zustellung von Anwalt zu Anwalt zugestellt.

Beweis: Zustellungsurkunde vom . . . . ./Empfangsbekenntnis der Rechtsanwälte . . . . . vom . . . . ., Anlage ZV 1

Variante 2: Bei Berichtigung (Widerruf/Richtigstellung)

Dem Schuldner wurde durch Urteil des LG . . . . . vom . . . . ., Az. . . . . . , auferlegt, den/die dort in Ziffer . . . . . wiedergegebene/n Widerruf/Richtigstellung zu veröffentlichen. Das Urteil ist seit . . . . . rechtskräftig. Eine vollstreckbare Ausfertigung des Urteils wurde dem Schuldner am . . . . . zugestellt.

Beweis: Zustellungsurkunde vom . . . . ./Empfangsbekenntnis der Rechtsanwälte . . . . . vom . . . . ., Anlage ZV 1

Der Schuldner ist seiner Verpflichtung zur Veröffentlichung der Gegendarstellung/des Widerrufs/der Richtigstellung jedoch bis heute nicht nachgekommen. Zur Erzwingung ist daher dringend die Verhängung eines empfindlichen Zwangsmittels geboten.[5]

Rechtsanwältin/Rechtsanwalt

Anmerkungen

1. Die Zwangsvollstreckung richtet sich bei Titeln, mit denen die Veröffentlichung einer Gegendarstellung (→ Form. X.3, → Form. X.7) oder einer Berichtigung (→ Form. X.4, → Form. X.10) angeordnet wird, nach § 888 ZPO. Da es sich um nicht vertretbare Handlungen handelt, erfolgt die Vollstreckung durch einen Antrag auf Festsetzung von Zwangsmitteln – Zwangsgeld oder Zwangshaft – nach § 888 ZPO. Empfänger des Zwangsgeldes ist nicht der Gläubiger, sondern die Staatskasse.

2. Ausschließlich zuständig ist das Prozessgericht erster Instanz (§§ 888 Abs. 1 S. 1, 802 ZPO). In Pressesachen ist das regelmäßig das Landgericht und nicht das Amtsgericht.

3. Die Parteien werden im Zwangsvollstreckungsverfahren als Gläubiger und Schuldner bezeichnet. Ist das Landgericht zuständig, herrscht Anwaltszwang (§ 78 ZPO).

4. Erforderlich ist gemäß § 888 Abs. 1 S. 1 ZPO ein Antrag des Gläubigers. Darin muss die Handlung, zu deren Erzwingung das Zwangsmittel festgesetzt werden soll, bestimmt oder zumindest bestimmbar bezeichnet sein. Hingegen ist die Benennung eines konkreten Zwangsmittels oder dessen Höhe nicht notwendig. Dies ist wegen § 308 ZPO und wegen der Gefahr der Teilabweisung mit nachteiliger Kostenfolge auch nicht zu empfehlen. Das Zwangsmittel wird durch Beschluss festgesetzt. Zwischen Zwangsgeld und Zwangshaft hat das Gericht die Wahl, es entscheidet nach pflichtgemäßem Ermessen unter Berücksichtigung des Verhältnismäßigkeitsgrundsatzes. Das einzelne Zwangsgeld beträgt mindestens 5 EUR (Art. 6 Abs. 1 S. 1 EGStGB) und höchstens 25.000 EUR (§ 888 Abs. 1 S. 2 ZPO). Anstelle des Zwangsgeldes kann auch Zwangshaft angeordnet werden, wobei das Mindestmaß einen Tag (Art. 6 Abs. 2 S. 1 EGStGB) und das Höchstmaß sechs Monate (§§ 888 Abs. 1 S. 3, 802j Abs. 1 ZPO) beträgt.

5. Es müssen die allgemeinen Zwangsvollstreckungsvoraussetzungen nach § 750 ZPO vorliegen, insbesondere vollstreckbarer Titel, Klausel und Zustellung (BeckOK ZPO/*Stürner*, 35. Ed. 1.1.2020, ZPO § 888 Rn. 15). Anders als bei § 890 ZPO erfolgt keine vorherige Androhung (§ 888 Abs. 2 ZPO) und ist auch kein Verschulden des Schuldners erforderlich.

Bei der Gegendarstellung ist zu beachten, dass deren Veröffentlichung (nur) im Wege der einstweiligen Verfügung angeordnet wird (→ Form. X.7). Voraussetzung für die Festsetzung von Zwangsmitteln gemäß § 888 ZPO ist daher auch, dass die einstweilige Verfügung innerhalb der Monatsfrist des § 929 Abs. 2 ZPO durch Zustellung im Parteibetrieb vollzogen worden ist (→ Form. X.7 Anm. 1, → Form. X.6 Anm. 1). Dazu sind entsprechende Zustellungsnachweise vorzulegen.

Demgegenüber wird eine Berichtigung in Form des Widerrufs oder der Richtigstellung stets nur im Hauptsacheverfahren durch Urteil – und nicht per einstweiliger Verfügung – angeordnet. Da die Verpflichtung zur Berichtigung besonders weitreichende Konsequenzen für den Schuldner hat und ihm eine Erklärung abverlangt, mit der es sich selbst „ins Unrecht setzt", ist eine Berichtigung auch erst nach Eintritt der Rechtskraft vollstreckbar und nicht vorläufig vollstreckbar (*Korte*, PresseR, 2. Aufl. 2019, § 5 Rn. 204).

Diesen Unterschieden bei der Gegendarstellung und Berichtigung tragen die Formulierungen in Variante 1 und 2 des Formulars Rechnung.

Neben dem eindeutigen Fall, dass der Schuldner seiner Verpflichtung zur Veröffentlichung der Gegendarstellung oder Berichtigung überhaupt nicht nachgekommen ist, kommt ein Antrag nach § 888 ZPO – in der Praxis nicht selten – auch dann in Betracht, wenn die Veröffentlichung nicht so erfolgte, wie dies im Tenor vom Gericht angeordnet worden war (zB abweichend von der Abdruckanordnung oder mit unzulässiger Glossierung, siehe hierzu etwa OLG Brandenburg NJW-RR 2000, 832).

Kosten und Gebühren

Gericht: Gerichtskosten entstehen in Höhe von pauschal 20 EUR nach GKG KV Nr. 2111. Gerichtsvollziehergebühren fallen bei Vollziehung des Beschlusses für die einzelne Vollstreckungsmaßnahme an.

Rechtsanwalt: Es entsteht eine 0,3 Verfahrensgebühr nach RVG VV Nr. 3309.

XI. Schutz von Geschäftsgeheimnissen

Schrifttum *Apel/Walling*, Das neue Geschäftsgeheimnisgesetz: Überblick und erste Praxishinweise, DB 2019, 891; BeckOK Arbeitsrecht, Hrsg.: Rolfs/Giesen/Kreikebohm/Udsching, 56. Edition, Stand: 1.6.2020; BeckOK GeschGehG, Hrsg.: Fuhlrott/Hiéramente, 4. Edition, Stand: 15.6.2020; *Fitting*, BetrVG, 30. Aufl., 2020; Erfurter Kommentar zum Arbeitsrecht, 20. Aufl., 2020; *Fuhlrott*, Der geschädigte Arbeitnehmer, 2006; *Fuhlrott*, Data Incident Management – Rechtlicher Umgang mit Datenpannen, NZA 2019, 649; *Fuhlrott*, Geschäftsgeheimnisschutz durch arbeitsrechtliche Sicherungsmaßnahmen, ArbRAktuell 2020, 79; *Fuhlrott/Hiéramente*, Arbeitsrechtlicher Handlungsbedarf durch das Geschäftsgeheimnisgesetz, DB 2019, 967; *Germelmann/Matthes/Prütting*, ArbGG, 9. Aufl., 2017; *Hiéramente/Golzio*, Die Reform des Geheimnisschutzes aus Sicht der Compliance-Abteilung – Ein Überblick, CCZ 2018, 262; *Höfer*, Regierungsentwurf zum Geschäftsgeheimnisgesetz (GeschGehG) aus Geschäftsführersicht: Pflicht zum „Geschäftsgeheimnis-Management“, GmbHR 2018, 1195; *Hümmerich/Reufels*, Gestaltung von Arbeitsverträgen, 4. Aufl., 2019; *Kalbfus*, Die EU-Geschäftsgeheimnis-Richtlinie, GRUR 2016, 1009; *Maschmann/Sieg/Göpfert*, Vertragsgestaltung im Arbeitsrecht, 1. Aufl., 2012; *Pallasch*, Einschränkung der Arbeitnehmerhaftung für betriebliche Tätigkeiten, RdA 2013, 338; *Schaub/Schrader/Straube/Vogelsang*, Arbeitsrechtliches Formular- und Verfahrenshandbuch, 12. Aufl. 2017; *Seeger/Peukert/Naber*, Arbeitsrechtliche Aspekte des Geschäftsgeheimnisgesetzes, NZA 2019, 583.

0. Einführung

Das Gesetz zum Schutz von Geschäftsgeheimnissen (GeschGehG) ist noch ein vergleichsweise junges Gesetz, das am 18.4.2019 durch den Bundestag verabschiedet wurde (BGBl. I 466) und seit dem 26.4.2019 in Kraft ist. Geschaffen wurde es zur Umsetzung der Richtlinie 2016/943 des Europäischen Parlaments und des Rates vom 8.6.2016 über den Schutz vertraulichen Know-hows und vertraulicher Geschäftsinformationen (Geschäftsgeheimnisse) vor rechtswidrigem Erwerb sowie rechtswidriger Nutzung und Offenlegung (ABl. 2016 L 157,1).

Ausweislich § 1 Abs. 1 GeschGehG dient das Gesetz „dem Schutz von Geschäftsgeheimnissen vor unerlaubter Erlangung, Nutzung und Offenlegung“. Durch das GeschGehG in Form eines neuen Stammgesetzes hat es Änderungen in zahlreichen anderen Gesetzen, ua auch im UWG gegeben. So ist etwa die vormals in § 17 UWG aF enthaltene Strafvorschrift des Verrats von Geschäfts- und Betriebsgeheimnissen gestrichen und mit Modifikationen in § 23 GeschGehG überführt worden. Wesentliche Neuerung ist zudem, dass der Begriff des Geschäftsgeheimnisses im Gesetz einer Legaldefinition zugeführt worden ist. Gem. § 2 Abs. 1 Nr. 1 GeschGehG ist ein Geschäftsgeheimnis nur eine solche Information,

- die weder insgesamt noch in der genauen Anordnung und Zusammensetzung ihrer Bestandteile den Personen in den Kreisen, die üblicherweise mit dieser Art von Informationen umgehen, allgemein bekannt oder ohne Weiteres zugänglich ist und daher von wirtschaftlichem Wert ist (§ 2 Abs. 1 Nr. 1a GeschGehG) und
- die Gegenstand von den Umständen nach angemessenen Geheimhaltungsmaßnahmen durch ihren rechtmäßigen Inhaber ist (§ 2 Abs. 1 Nr. 1b GeschGehG) und
- bei der ein berechtigtes Interesse an der Geheimhaltung besteht (§ 2 Abs. 1 Nr. 1c GeschGehG).

Bedeutsam ist insbesondere die sich von der bisherigen Definition von Geschäftsgeheimnissen unterscheidende Anforderung in § 2 Abs. 1 Nr. 1b GeschGehG, wonach ein Geschäftsgeheimnis konstitutiv und als tatbestandliche Voraussetzung verlangt, dass hinsichtlich dieser Information angemessene Geheimhaltungsmaßnahmen getroffen worden sind. Fehlt es hieran, kann eine Information nicht als Geschäftsgeheimnis iSd GeschGehG qualifiziert werden (BeckOK GeschGehG/*Fuhlrott*, 4. Ed. 15.6.2020, § 2 Rn. 20). Der Inhaber der Information kann sich in diesem Fall nicht auf die Schutzvorschriften und Sicherungsmaßnahmen nach dem GeschGehG berufen, also im Falle der Verletzung des Geheimnisses keine strafrechtlichen Schritte nach § 23 GeschGehG einleiten lassen und die weiteren Rechte bei Verletzungen gem. §§ 6 ff. GeschGehG nicht geltend machen (s. auch *Fuhlrott* ArbRAktuell 2020, 79 ff.).

Zur Implementierung von Geheimhaltungsmaßnahmen muss insoweit zuallererst eine Identifizierung, Bewertung und Kategorisierung von Geschäftsgeheimnissen erfolgen. Anschließend müssen – je nach Art und Wert der jeweiligen Information – geeignete Sicherungsmaßnahmen unter Verwendung technischer Zugangshürden, allgemeiner interner Richtlinien und Anweisungen sowie insbesondere aber auch arbeitsrechtlichen Geheimhaltungsmaßnahmen erfolgen (*Fuhlrott/Hiéramente* DB 2019, 967 (970 ff.)). Hervorzuheben ist, dass der Gesetzgeber der Einführung arbeitsvertraglicher und weiteren arbeitsrechtlichen Maßnahmen besondere Bedeutung beimisst. So wird bereits in der Gesetzesbegründung (BT-Drs. 19/4724, 24; s. ebenfalls BeckOK GeschGehG/*Fuhlrott*, 4. Ed. 15.6.2020, § 2 Rn. 32) die Relevanz arbeitsrechtlicher Sicherungsmaßnahmen ausdrücklich hervorgehoben. Zu den notwendigen und angemessenen Sicherungsvorkehrungen gehören somit zwingend arbeitsrechtliche Maßnahmen wie die Vereinbarung von Vertraulichkeit und Verschwiegenheit, ggf. dessen strafbewehrte Absicherung und Regelungen zur Kommunikation oder Zugriffsrechten (s. hierzu *Fuhlrott/Hiéramente* DB 2019, 967 ff.; *Seeger/Peukert/Naber* NZA 2019, 583 ff.; *Kalbfus* in: Harte-Bavendamm/Ohly/Kalbfus, GeschGehG, 2020, Einl., C, Rn. 59), wenn die Beschäftigten Zugang zu Geschäftsgeheimnissen haben werden oder während ihres Arbeitsverhältnisses hatten.

Denkbare arbeitsrechtliche Sicherungsmaßnahmen können etwa sein (im Einzelnen: BeckOK GeschGehG/*Fuhlrott*, 1. Ed. 15.10.2019, § 2 Rn. 39 ff.):

- Sorgfältige Auswahl bei der Einstellung von Arbeitnehmern oder der Beschäftigung von Leiharbeitnehmern in sensiblen Bereichen,
- Gebrauch von Weisungen und Einsatz allg. Arbeitsvertragsbedingungen wie zB Anweisungen zum Umgang mit sensiblen Daten, zu deren Speicherung oder deren Export und Behandlung,
- Arbeitsvertragliche Verpflichtungen bzw. Belehrungen über die Bedeutung des Geheimnisschutzes im Unternehmen und Aufsetzung bestimmter Handlungsvorgaben oder Meldepflichten in geheimnisschutzrelevanten Bereichen,
- Regelmäßige Mitarbeiterschulungen und Sicherheitsunterweisungen,
- Prüfung der durch den Mitarbeiter erlangten Informationen, insbesondere bei Arbeitnehmereigenkündigungen,
- Regelungen zum Fortbestand der Verschwiegenheitspflicht oder Abgabe entsprechender Versicherungen im Rahmen von Aufhebungs- und Abwicklungsverträgen.

Die nachstehende Vereinbarung stellt eine solche arbeitsvertragliche Verpflichtung bzw. Belehrung auf die Vorgaben des Geheimnisschutzes dar.

1. Arbeitsvertragliche Geheimnisschutzvereinbarung[1]

Verschwiegenheitsverpflichtung nach GeschGehG[2]

zwischen

Firma XY

(. . . . .)

– nachstehend „Arbeitgeber" –

und

Herrn/Frau

(. . . . .)

– nachstehend „Arbeitnehmer" –

1. Präambel
   1.1 Dem Arbeitnehmer ist bekannt, dass er im Rahmen seiner Tätigkeit bzw. seiner Funktion mit sensiblen und vertraulichen Informationen des Arbeitgebers und von dessen Geschäftspartnern in Berührung kommt. Die Wahrung der Vertraulichkeit, der Verschwiegenheit und der Geheimnisschutz sind für den Arbeitgeber essentiell.[3]
   1.2 Der Arbeitnehmer verpflichtet sich daher, die ihm bei und im Zusammenhang mit seiner Tätigkeit bestimmungsgemäß oder bei Gelegenheit zur Kenntnis gelangenden vertraulichen Informationen nach Maßgabe der nachstehenden Regelungen[4] zu behandeln.[5]
2. Geheimnisschutz und Begriff des Geschäftsgeheimnisses
   2.1 Der Arbeitnehmer hat über die ihm im Rahmen des Arbeitsverhältnisses zur Kenntnis gelangenden Informationen sowohl gegenüber Außenstehenden, als auch anderen Mitarbeitern, denen diese Informationen nicht bekannt sind oder die üblicherweise keinen Zugang zu diesen Informationen erlangen können, Stillschweigen zu bewahren, soweit es sich um Geschäftsgeheimnisse handelt und nicht ausnahmsweise eine Offenlegung gerechtfertigt ist, oder der Geheimnisinhaber vorher die Offenlegung ausdrücklich gestattet.[6]
   2.2 Geschäftsgeheimnis ist eine Information,[7] wenn sie (a) geheim ist, (b) einen kommerziellen Wert hat, weil sie geheim ist, (c) Gegenstand angemessener Geheimhaltungsmaßnahmen ist und (d) bei der ein berechtigtes Interesse an der Geheimhaltung besteht. Dies betrifft insbesondere[8] solche Informationen, die der Arbeitgeber oder Geschäftspartner als vertraulich bezeichnet, die nicht allgemein bekannt sind oder bei denen aus den Umständen ersichtlich ist, dass sie gegenüber Dritten nicht offenbart werden dürfen (zB Einzelheiten seiner Organisation und seiner Einrichtungen betreffen, sowie über Geschäfts-, Fabrikations-, Forschungs-, Vertriebs-, Marketings- und Entwicklungsvorgänge und Zahlen des internen Rechnungs- und Personalwesens) und die Gegenstand angemessener Geheimhaltungsmaßnahmen, insbesondere vertraglicher (besondere Verschwiegenheitsvereinbarung (NDA), Vertraulichkeitsvereinbarung mit Geschäftspartnern, verbindliche IT Sicherheitsrichtlinien) und bzw. oder technisch-organisatorischer Art (zB Zugangs-, Berechtigungsbeschränkungen, Verschlüsselungen, Passwörter, Schulungen), sind.

2.3 Die Verschwiegenheitspflicht des Arbeitnehmers über die oben bezeichneten Geschäftsgeheimnisse besteht – unbeschadet weitergehender gesetzlicher Vorschriften – auch nach Beendigung des Arbeitsverhältnisses fort.[9] Der Arbeitnehmer darf die geheim zuhaltenden Informationen nicht durch Weitergabe an Dritte verwerten, sofern nicht auf Grund Gesetzes ausnahmsweise eine Offenlegung gerechtfertigt ist oder der Geheimnisinhaber die Offenlegung zuvor ausdrücklich gestattet.

3. IT-Sicherheit, Unzulässige Verarbeitung von Geschäftsgeheimnissen

3.1 Der Arbeitnehmer wird die internen Vorgaben zur IT-Sicherheit und zum Datenschutz in ihrer jeweils aktuellen Fassung beachten und einhalten. Diese sind in ihrer aktuellen gültigen Fassung dieser Vereinbarung als Anlage beigefügt und im Intranet unter (*Link*) abrufbar.[10]

3.2 Insbesondere ist es dem Arbeitnehmer ohne ausdrückliche und in Textform[11] vorab zu erteilende Erlaubnis seines Vorgesetzten untersagt:[12]

- sich Geschäftsgeheimnisse auf seine private Email-Adresse zuzusenden oder auf privaten Datenträgern oder sonstigen privaten (mobilen) Endgeräten bzw. Speichermedien oder Speicherorten (zB Clouds, Email-Accounts) zu verarbeiten oder zu speichern;
- Duplikate, Ablichtungen, Kopien oder sonstige elektronische oder papierne Vervielfältigungen von Geschäftsgeheimnissen bzw. Geschäftsgeheimnisse enthaltene Unterlagen zu erstellen, sofern diese vom Betriebsgelände entfernt werden oder deren Erstellung nicht dienstlich veranlasst sind;
- in Telefonaten oder im Wege sonstiger Kommunikation in öffentlichen Räumen oder bei potentieller Kenntnisnahmemöglichkeit Dritter ausreichende Schutz- und Sicherungsmaßnahmen zu treffen, damit eine Kenntnis Dritter möglichst verhindert wird.

3.3 Besteht die Möglichkeit, dass Dritte Kenntnis von Geschäftsgeheimnissen erlangt haben, ist der Arbeitnehmer unverzüglich und unaufgefordert verpflichtet, seinen Vorgesetzten hierüber unter Angabe der betroffenen Geschäftsgeheimnisse auf dem schnellsten Kommunikationsweg zu informieren. Hierbei ist im Einzelnen mitzuteilen, welche Geschäftsgeheimnisse betroffen sind bzw. sein können.[13]

4. Folgen bei Verstößen

4.1 Eine unerlaubte Weitergabe und missbräuchliche Nutzung von Geschäftsgeheimnissen kann zu Schadensersatz-/Unterlassungs-/Herausgabe-/Auskunftsansprüchen[14] des Arbeitgebers führen. Insbesondere ist dem Arbeitnehmer bekannt, dass ein Verstoß auch arbeitsrechtliche Sanktionen bis hin zum Ausspruch einer außerordentlich fristlosen Kündigung nach sich ziehen kann.[15]

4.2 Der Arbeitnehmer wird zudem darauf hingewiesen, dass ein Verstoß gegen die vorgenannten Pflichten im Einzelfall zudem strafrechtliche Konsequenzen nach sich ziehen kann und die Verletzung von Geschäftsgeheimnissen strafbewehrt ist. Auf den dieser Vereinbarung als Anlage beigefügte Strafvorschrift des § 23 GeschGehG wird ausdrücklich hingewiesen.[16]

4.3 Sonstige gesetzliche Geheimhaltungs-/Verschwiegenheitspflichten (zB §§ 79, 80 Abs. 4; 83 S. 3, 99 Abs. 1 S. 3, 102 Abs. 2 S. 5, 107 Abs. 3 S. 4 BetrVG; § 203 StGB; Art. 38 Abs. 5 DS-GVO) bleiben unberührt.[17]

5. Salvatorische Klausel, Arbeitsvertragliche Regelung

5.1 Im Übrigen gelten die jeweils geltenden arbeitsvertraglichen und betrieblichen Regelungen.
oder:
Die vorliegende Vereinbarung ersetzt §[. . . . .] des Arbeitsvertrags vom [*TT.MM.JJJJ*]. Im Übrigen gelten die jeweils geltenden arbeitsvertraglichen und betrieblichen Regelungen.[18]

5.2 Sollten einzelne Bestimmungen dieses Vertrags ganz oder teilweise unwirksam sein oder werden, bleibt die Wirksamkeit der übrigen Bestimmungen unberührt.

Die Vertragsparteien sind im Falle einer unwirksamen Bestimmung verpflichtet, über eine wirksame und zumutbare Ersatzregelung zu verhandeln, die dem von den Vertragsparteien mit der unwirksamen Bestimmung verfolgten wirtschaftlichen Zweck möglichst nahe kommt.[19]

Anlage: Gesetzestext des § 23 GeschGehG

Ort, Datum	**Ort, Datum**
Unterschriftszeile	**Unterschriftszeile**

Anmerkungen

1. Der Autor dankt Herrn Rechtsanwalt Volker Stück, Köln, für dessen wertvolle Hinweise und Formulierungsvorschläge bei der Klauselerstellung.

2. Eine derartige Vereinbarung ist entweder als eigenständige Zusatzvereinbarung zum Arbeitsvertrag möglich oder in Form einer in den jeweiligen Arbeitsvertrag einzufügenden einzelnen Klausel.

Die hier abgedruckte Formulierung ist als eigenständige Zusatzvereinbarung formuliert, da sich in vielen alten Arbeitsverträgen noch keine entsprechenden Klauseln zur Regelung einer nach dem GeschGehG ausreichenden Verschwiegenheitsverpflichtung finden dürften. Gibt es dort jedoch bereits Klauseln zur Verschwiegenheit, so wäre das Verhältnis dieser beiden Klauseln zueinander noch zu regeln. Hierzu bietet sich ein Einschub bei Ziff. 5.1 an, der regelt, dass durch die vorliegende Vereinbarung die vorliegend geregelte arbeitsvertragliche „alte" Verschwiegenheitsklausel ersetzt wird.

Handelt es sich indes um Neuarbeitsverträge kann ebenfalls von einer eigenständigen Vereinbarung Gebrauch gemacht werden. In vielen Fällen wird es sich dann aber anbieten, die Ziff. 2–4 der vorliegenden Vereinbarung in das bestehende Arbeitsvertragsmuster unter dem Regelungspunkt „Vertraulichkeit, Verschwiegenheit und Geheimnisschutz" einzufügen. Der Regelungen in Ziff. 1 und 5 bedarf es dann nicht.

3. Die Einführung einer entsprechenden Präambel ist rechtlich nicht zwingend. Sie soll aber dokumentieren, dass sich der Arbeitgeber Gedanken um den Geheimnisschutz gemacht hat und zu dessen Sicherstellung angemessene Geheimhaltungsmaßnahmen getroffen hat, die § 2 Nr. 1b GeschGehG verlangt. Nach der vorherrschenden Ansicht sind arbeitsvertragliche Sicherungsmaßnahmen ein essentieller Baustein unternehmensseitiger Sicherungsmaßnahmen (*Fuhlrott/Hiéramente* DB 2019, 967 (969 f.)).

4. Je nach der Ausgestaltung der betrieblichen Vorgaben im Einzelnen können insoweit Beteiligungsrechte des Betriebsrats berührt sein (BeckOK GeschGehG/*Fuhlrott*, 4. Ed. 15.6.2020, § 2 Rn. 47). In Betracht kommen hier insbesondere die Mitbestimmungsrechte des Betriebsrats gem. § 87 Abs. 1 Nr. 1 BetrVG (Ordnungsverhalten) und § 87 Abs. 1 Nr. 6 BetrVG (technische Einrichtung, die eine Überwachung des Arbeitnehmers in seinem Leistungsverhalten ermöglicht).

Die Rechtsprechung unterwirft daher auch Compliance-Regelungen regelmäßig dem mitbestimmungspflichtigen Ordnungsverhalten (*Fitting*, BetrVG, 30. Aufl. 2020, § 87 Rn. 71 mwN) und hat dies auch erst kürzlich für die Implementierung eines Meldesystems bei Datenpannen gem. Art. 33 DS-GVO angenommen (LAG Schleswig-Holstein NZA-RR 2019, 647 mAnm *Fuhlrott* EWiR 2020, 29).

Da wirksame betriebliche Vorgaben auch regelmäßig Protokollierungen von Zugriffen o.a. vorsehen, werden diese in vielen Fällen ebenfalls geeignet sein, das Leistungsverhalten der Arbeitnehmer zu überwachen. Da es nach der Rechtsprechung des BAG unerheblich ist, ob die technische Einrichtung zur Überwachung bestimmt ist, sondern ihre bloße Eignung dazu ausreichen lässt (st. Rspr. seit BAG NJW 1976, 261; s. auch ErfK/*Kania*, 20. Aufl. 2020, BetrVG § 87 Rn. 55), dürfte der Mitbestimmungstatbestand des § 87 Abs. 1 Nr. 6 BetrVG ebenfalls regelmäßig eröffnet sein.

5. Auch ohne ausdrückliche Anordnung der Verschwiegenheit und Vertraulichkeit trifft einen Arbeitnehmer im bestehenden Arbeitsverhältnis aufgrund seiner arbeitsvertraglichen Nebenpflicht gem. §§ 611a, 241 Abs. 2 BGB in Form der Ausprägung der Rücksichtnahme- und Loyalitätspflicht die Verpflichtung, offensichtlich als vertraulich erkannte Informationen seines Arbeitgebers Dritten gegenüber nicht unbefugt zu offenbaren (BAG NJW 1983, S. 134). Ein Verstoß hiergegen kann daher auch – selbst wenn es sich nicht um Geschäftsgeheimnisse handelt – eine arbeitsrechtliche Pflichtverletzung darstellen. Diese kann, je nach Intensität und Schwere des Verstoßes sowie unter Berücksichtigung der Einzelfallumstände und der Sozialdaten des Arbeitnehmers, von einer Ermahnung über eine Abmahnung bis hin zu einer außerordentlich fristlosen Kündigung des Arbeitsverhältnisses reichen (BeckOK GeschGehG/*Fuhlrott*, 4. Ed. 15.6.2020, § 1 Rn. 35 f.). Hieran hat sich auch durch die Einführung des GeschGehG nichts verändert (*Apel/Walling* DB 2019, 891 (896); *Fuhlrott/Hiéramente* DB 2019, 967 (970); s. auch BeckOK GeschGehG/*Fuhlrott*, 4. Ed. 15.6.2020, § 1 Rn. 35).

Die Einführung von arbeitsvertraglichen Absicherungsmaßnahmen dient damit folglich primär der Sicherung von Geschäftsgeheimnissen als solchen, um im Falle von deren Verletzung die straf- (§ 23 GeschGehG) und zivil(prozess)rechtlichen (§§ 6 ff. GeschGehG) Ansprüche als verletztes Unternehmen geltend machen zu können. Bildlich gesprochen sind die arbeitsrechtlichen Regelungen insoweit also nicht Selbstzweck, sondern dienen als „Steigbügel" des unternehmensseitigen effektiven Geheimnisschutzes (*Fuhlrott/Hiéramente* DB 2019, 967 (970)). Fehlende Geheimhaltungsmaßnahmen können auch dazu führen, dass sich die Geschäftsführung Haftungsgefahren aussetzt (*Höfer* GmbHR 2018, 1195 (1196); s. auch BeckOK GeschGehG/*Fuhlrott*, 4. Ed. 15.6.2020, § 2 Rn. 21).

6. Um ein angemessenes Schutzniveau zu gewährleisten, sind auch innerbetriebliche Abstufungen vorzunehmen. Nicht jeder Arbeitnehmer darf das Gleiche wissen bzw. darf in gleichem Umfang Zugriff auf vertrauliche Informationen haben (BeckOK GeschGehG/*Fuhlrott*, 1. Ed. 15.10.2019, § 2 Rn. 52). Durch die entsprechende Regelung wird dies zum Ausdruck gebracht, die zudem dazu dient, Arbeitnehmern zu vergegenwärtigen, dass ein Geheimnisverrat nicht zwingend nur gegenüber Dritten, sondern auch gegenüber Kollegen in der eigenen Belegschaft erfolgen kann.

7. Die Definition des Geschäftsgeheimnisses entspricht den Regelungsvorgaben des § 2 Nr. 1 GeschGehG. Den vormaligen noch in § 17 UWG aF verwandten Begriff der „Geschäfts- und Betriebsgeheimnisse" kennt das GeschGehG insoweit nicht mehr, sondern stellt allein auf den Begriff des „Geschäftsgeheimnisses" ab. Eine inhaltliche Begrenzung ist damit indes nicht erfolgt (BeckOK GeschGehG/*Hiéramente*, 4. Ed. 15.6.2020, § 2 Rn. 1.1; *Kalbfus* GRUR 2016, 1009 (1010)).

8. Die weitere Aufzählung von Beispielen, die nicht enumerativ ist, soll dem Arbeitnehmer verdeutlichen, was unter vertrauliche Informationen fällt. Die Aufzählung dient damit auch der Wahrung des Transparenzgebots. Arbeitsvertragliche Regelungen stellen regelmäßig Allg. Geschäftsbedingungen iSv § 305 Abs. 1 BGB dar, die auch bei nur beabsichtigter einmaliger Verwendung gem. § 310 Abs. 3 Nr. 2 BGB den wesentlichen Regelungen der AGB-Kontrolle zu unterwerfen sind (s. BAG NZA 2005, 1111 (1115 f.); NZA 2006, 324 (328); ausführlich: BeckOK Arbeitsrecht/*Jacobs*, 56. Ed. 1.6.2020, § 310 BGB Rn. 6 ff.). Um das Transparenzgebot des § 307 Abs. 1 S. 2 BGB zu wahren, ist eine exemplarische Aufzählung wie in der Formulierung vorgenommen daher sinnvoll.

9. Wird die Verschwiegenheitsverpflichtung nicht ausdrücklich über das Ende des Arbeitsverhältnisses hinaus erstreckt, endet sie grundsätzlich mit der Beendigung des Arbeitsverhältnisses, wobei Einzelheiten und Umfang etwaig fortbestehender Pflichten kontrovers diskutiert werden (s. zum Streitstand und Beispielen: BeckOK GeschGehG/*Fuhlrott*, 1. Ed. 15.10.2019, § 1 Rn. 37 ff.). Die Aufnahme einer ausdrücklichen, den Fortbestand der Verschwiegenheitspflicht anordnenden Regelung bereits im Arbeitsvertrag ist daher dringend anzuraten. Sollte das Arbeitsverhältnis zudem nicht im Wege einer Kündigung, sondern qua Aufhebungs- oder Abwicklungsvereinbarung bzw. durch gerichtlichen Vergleich beendet werden, ist sicherzustellen, dass auch in der das Arbeitsverhältnis insoweit beendenden Vereinbarung die fortbestehende Pflicht zur Verschwiegenheit ausdrücklich geregelt ist. Auch im Falle einer Kündigung ist es empfehlenswert, den Arbeitnehmer nochmals ausdrücklich schriftlich auf den Fortbestand der Verschwiegenheitspflicht über das rechtliche Ende des Arbeitsverhältnisses hinzuweisen.

10. IT-Vorgaben und datenschutzrechtliche Regelungen stellen ihrerseits ebenfalls Bausteine im unternehmensseitigen Geheimnisschutzkonzept dar (s. hierzu BeckOK GeschGehG/*Fuhlrott*, 4. Ed. 15.6.2020, § 2 Rn. 24, 35 ff.). Hierzu zu implementierende technisch-organisatorische Maßnahmen (TOM) betreffen zB den Einsatz von Passwörtern, IT-Sicherheitsmaßnahmen, Regelungen über Zugang zum Internet und Netzwerkschutz, den Einsatz von Authentifizierungsverfahren und Verschlüsselungstechnik, Protokollierungen und Datensicherheit oder Reglementierungen über die Verwendung externer Speichermedien wie etwa von USB-Sticks (vgl. im Einzelnen die Handlungshilfe des Landesamtes für Verfassungsschutz Baden-Württemberg, Handlungskonzept für Ihren Know-how-Schutz, 2004, 22 ff., abrufbar unter http://www.verfassungsschutz-bw.de/site/lfv/get/documents/IV.Dachmandant/Datenquelle/stories/public_files/spionageabwehr/know_how_schutz_2004.pdf (letzter Abruf am 1.9.2020).

11. Zu beachten ist, dass es sich vorliegend um eine Erklärung des Arbeitgebers und mithin des Verwenders der Regelungen handelt. Zwar gilt das Verbot einer strengeren Form als der der Textform in formularvertraglichen Arbeitsverträgen gem. § 309 Nr. 13 BGB nur für Erklärungen des Arbeitnehmers gem. § 309 Nr. 13 BGB, da dies andernfalls eine unangemessene Benachteiligung darstellt (s. auch BeckOK Arbeitsrecht/*Jacobs*, 56. Ed. 1.6.2020, § 309 BGB Rn. 41a). Insoweit wäre es möglich, bei der hier vorgesehenen Erlaubnis des Arbeitgebers auch die strenge Schriftform zu wählen oder gänzlich auf ein Formerfordernis zu verzichten. Für die Verpflichtung zur Textform streitet indes einerseits, dass im Vergleich zu einer auch mündlichen Mitteilung so eine bessere Nachweisbarkeit des Vorliegens einer Erlaubnis möglich ist und späterer Streit über deren Inhalt möglichst vermieden wird. Andererseits ermöglicht die Textform eine schnellere und effektivere Kommunikation als bei notwendiger Schriftformwahrung.

12. Bei der nachstehenden exemplarischen Aufzählung handelt es sich um Beispiele, die oftmals von besonderer Bedeutung im Unternehmen sind und die übermäßig häufig zum Abfluss von Geschäftsgeheimnissen und deren unberechtigter Kenntnisnahme bei Dritten führen. Insoweit sollte aber jeweils in besonderem Maße eine individuelle Prüfung unter Berücksichtigung der betrieblichen Gegebenheiten erfolgen, um eine passgenaue Anpassung zu ermöglichen.

13. Die Aufnahme einer derartigen Meldepflicht ist hilfreich, um eine proaktive Information des Unternehmens sicherzustellen und diesem die Möglichkeit zu geben, etwaige Gegenmaßnahmen einzuleiten. Eine ähnliche Informationspflicht qua Gesetz kennt zB Art. 33 DS-GVO, der Unternehmen bzw. die für die Datenverarbeitung verantwortliche Stelle verpflichtet, im Falle einer Verletzung des Schutzes personenbezogener Daten binnen 72 Stunden gegenüber der Aufsichtsbehörde eine Meldung vorzunehmen (sog. Datenpanne bzw. Datenleck). Die vorliegende Meldepflicht ist indes innerbetrieblich ausgestaltet und verpflichtet den betroffenen Arbeitnehmer persönlich. Die Pflicht besteht nach der Vereinbarung zudem nicht nur im Falle eines tatsächlichen Geheimnisverlusts, sondern bereits dann, wenn die begründete Möglichkeit einer Geheimnisverletzung besteht. Sofern durch die verletzende Handlung nicht nur Geschäftsgeheimnisse, sondern überdies auch personenbezogene Daten iSv Art. 4 Nr. 1 DS-GVO Dritten gegenüber zugänglich gemacht werden, bleiben die Melde- und Handlungspflichten gegenüber der Aufsichtsbehörde natürlich unberührt fortbestehen (zum Data Incident Management und Vorgehen bei Verstößen im Einzelnen: *Fuhlrott* NZA 2019, 649 ff.).

Denkbar wäre es auch, die Meldung der späteren besseren Nachweisbarkeit wegen noch der Textform zu unterwerfen. Da es sich hier um eine Mitteilung bzw. Erklärung des Arbeitnehmers handelt, wäre insoweit § 309 Nr. 13 BGB zu beachten, wonach keine strengere Form als die Textform für arbeitnehmerseitige Erklärungen vorgesehen werden darf. Vgl. insoweit auch die Anmerkungen in Erläuterung Nr. 11.

14. Die Geltendmachung von Auskunfts-, Unterlassungs- und Herausgabeansprüchen gegenüber Arbeitnehmern ist nach den allgemeinen zivilrechtlichen Vorschriften möglich. Zu beachten ist hierbei jedoch, dass die besondere Kostentragungsregelung für das gerichtliche Verfahren (§ 12a ArbGG), wonach jede Partei unabhängig vom Ausgang des Rechtsstreits ihre eigenen Kosten selbst trägt, weit ausgelegt wird. Daher sind auch materiellrechtliche Kostenerstattungsansprüche von der Vorschrift umfasst, so dass der Arbeitnehmer auch nicht mit außergerichtlichen (Anwalts-)Kosten des Unternehmens belastet werden kann (Germelmann/Matthes/Prütting/*Germelmann/Künzl*, 9. Aufl., 2017, ArbGG § 12a Rn. 8), selbst wenn dieses im Ergebnis zurecht Unterlassungs- oder Herausgabeansprüche geltend macht. Mit Blick auf die Inanspruchnahme von Schadensersatz sind indes als arbeitsrechtliche Besonderheit die Grundsätze der richterrechtlich entwickelten Arbeitnehmerhaftung (BAG NZA 1990, 97; s. auch *Pallasch* RdA 2013, 338; *Fuhlrott*, Der geschädigte Arbeitnehmer, 2006) zu beachten. Hiernach ist eine Inanspruchnahme des Arbeitnehmers bei vorsätzlichen Verhalten ohne Einschränkungen möglich, während bei fahrlässigen Handeln eine Haftungsaufteilung bis hin zum völligen Ausschluss der Verantwortlichkeit des Arbeitnehmers bei nur leichter Fahrlässigkeit in Betracht kommt. Bei etwaigen in Zusammenhang mit der Verwertung von Geschäftsgeheimnissen in Rede stehenden Handlungen dürfte es sich indes in vielen Fällen um doloses Verhalten handeln, so dass die Privilegierung des Arbeitnehmers insoweit nicht zum Tragen kommt.

15. Der ausdrückliche Hinweis auf arbeitsrechtliche Sanktionen bis hin zum Ausspruch einer Kündigung soll dem Arbeitnehmer die denkbaren Folgen eines Fehlverhaltens aufzeigen. Da bei einer Verletzung von arbeitsrechtlichen Pflichten mit Blick auf die Kündigungsrelevanz von den Arbeitsgerichten stets auch der Schwerpunkt der Vorwerfbarkeit des Fehlverhaltens diskutiert und nach etwaigen vorherigen einschlägigen Abmahnungen wegen eines gleichartigen Fehlverhaltens gefragt wird, soll der Hinweis auf den arbeitnehmerseitigen Pflichtenkreis und die Verletzungsfolgen in Form der Warnfunktion und unter dem Aspekt einer sog. vorweggenommenen Abmahnung die spätere Interessenabwägung zu Gunsten des Arbeitgebers beeinflussen (ausführlich: Hümmerich/Reufels/*Schiefer*, Gestaltung von Arbeitsverträgen, 4. Aufl. 2019, Kap. 1 Rn. 3062 ff.).

16. Die einschlägige strafrechtliche Norm im Geschäftsgeheimnisschutz ist § 23 GeschGehG, der die vormalige Strafvorschrift des § 17 UWG aF ersetzt (BeckOK GeschGehG/*Hiéramente*, 4. Ed. 15.6.2020, § 23 Rn. 3 f.). Durch die Beifügung des Normtextes als Anlage zur Vereinbarung wird dem Arbeitnehmer dies in besonderem Maße verdeutlicht, was einen wichtigen Baustein beim Berufen eines Unternehmens auf den Geheimnisschutz gem. § 2 Nr. 1b GeschGehG darstellt.

Daneben können je nach modus operandi noch weitere Straftatbestände in Betracht kommen, etwa wenn das erlangte Geschäftsgeheimnis zudem personenbezogene Daten beinhaltet (§ 42 BDSG) oder ein Privatgeheimnis iSv. § 203 StGB darstellt.

17. Diese Regelung verdeutlicht, dass sonstige Geheimhaltungspflichten, zB für bestimmte Funktionsträger wie Mitglieder des Betriebsrats oder den betrieblichen Datenschutzbeauftragten von den Regelungen des GeschGehG unberührt bleiben und neben diesen stehen.

18. Existierten im vormaligen Arbeitsvertrag bereits ebenfalls Vorschriften, die die Verschwiegenheit regeln, ist sicherzustellen, dass sich diese mit der vorliegenden Zusatzvereinbarung nicht widersprechen. Sich widersprechende Klauseln verstoßen gegen das in § 307 Abs. 1 S. 2 BGB normierte Transparenzgebot und sind somit unwirksam (BAG NZA 2008, 40; NZA-RR 2009, 576). Um dies zu vermeiden, ist dann eine Regelung wie die vorliegende zu wählen, die einen Konflikt sich widersprechender Regelungen auflöst.

19. Eine übliche salvatorische Klausel ist in vielen Verträgen sinnvoll, um der Gefahr der Gesamtnichtigkeit einer Vereinbarung durch Anwendung der Auslegungsregel des § 139 BGB zu entgehen (Hümmerich/Reufels/*Borgmann*, Gestaltung von Arbeitsverträgen, 4. Aufl. 2019, Kap. 1 Rn. 3333). Daher wird auch im Arbeitsrecht empfohlen, formulararbeitsvertragliche Regelungen mit einer solchen Klausel zu versehen (Maschmann/Sieg/Göpfert/*Windeln*, Vertragsgestaltung im Arbeitsrecht, 1. Aufl. 2012, 3. Teil, Salvatorische Klauseln, Rn. 1 ff.). Es ist zwar nicht von der Hand zu weisen, dass der eigenständige Regelungsgehalt aufgrund der AGB-rechtlichen Vorgaben und der damit anwendbaren Sondervorschrift des § 306 Abs. 1 BGB mit dessen Verbots der geltungserhaltenden Reduktion insoweit bereits ohnehin nur ein eingeschränkter ist (Schaub/Schrader/Straube/Vogelsang/*Klagges*, Arbeitsrechtliches Formular- und Verfahrenshandbuch, 12. Aufl. 2017, 2. Teil Rn. 262). Gleichwohl ist eine derartige Klausel jedenfalls vor dem Hintergrund einer hierdurch dokumentierten vertraglichen Pflicht zur Anpassung etwaiger unwirksamer oder fehlender Klauseln hilfreich (Schaub/Schrader/Straube/Vogelsang/*Klagges*, Arbeitsrechtliches Formular- und Verfahrenshandbuch, 12. Aufl. 2017, 2. Teil Rn. 262). Unzulässig in formularvertraglichen Arbeitsverträgen ist hingegen eine Klausel, die die Parteien nicht zur Verhandlung über eine neue Klausel auffordert, sondern eine automatische Ersetzung der unwirksamen Klausel durch eine wirksame Regelung anordnet (BAG NZA 2005, 1111).

2. Beidseitige Geheimhaltungsvereinbarung[1, 2, 3]

Geheimhaltungsvereinbarung

zwischen

[. . . . . .] (Name, Adresse)

(nachfolgend [. . . . . .] genannt)

und

[. . . . . .] (Name, Adresse)

(nachfolgend [. . . . . .] genannt)

([. . . . . .] und [. . . . . .] nachfolgend gemeinsam die „Parteien" und einzeln eine „Partei")

PRÄAMBEL

(A) (Beschreibung Geschäftsfeld Partei 1)[4]
(B) (Beschreibung Geschäftsfeld Partei 2)
(C) Die Parteien (Beschreibung des Bereichs, in dem die Parteien vertrauliche Informationen austauschen, und des Zwecks) (nachfolgend „Vertraulichkeitsbereich").[5]

Dies vorausgeschickt, vereinbaren die Parteien was folgt:

§ 1 Vertrauliche Informationen

(1) Vertrauliche Informationen im Sinne dieser Geheimhaltungsvereinbarung sind alle Informationen einer Partei im Vertraulichkeitsbereich, wie beispielsweise (Aufzählung von Beispielen je nach Einzelfall), die
  a) diese mündlich, schriftlich, elektronisch oder in anderer Form (zB visuell) der anderen Partei übermittelt oder zugänglich macht oder auf andere Weise zur Kenntnis der anderen Partei gelangen[6]
  und die
  b) ausdrücklich (optional: vorab oder nachträglich innerhalb von (Dauer) schriftlich[7]) als vertraulich oder geheim bezeichnet werden oder
  c) aus Sicht eines objektiven Empfängers und unter Anwendung der Sorgfalt eines ordentlichen Kaufmanns [sowie unter Berücksichtigung der Art der Information, der konkreten Umstände und der Art und Weise der Weitergabe/Kenntnisnahme] als vertraulich oder geheim anzusehen sind,
  (im Folgenden „vertrauliche Informationen")
  (optional: jedenfalls aber die in Anlage 1 genannten Informationen[8]).[9]
(2) Vertrauliche Informationen sind sowohl die Informationen selbst als auch die Träger und Medien, auf denen vertrauliche Informationen enthalten sind.

§ 2 Vertraulichkeit

(1) Die Parteien verpflichten sich,
  a) vertrauliche Informationen streng vertraulich zu behandeln,
  b) alle Vorkehrungen zu treffen, die erforderlich[10] und angemessen[11] sind, um einen unbefugten Zugriff Dritter auf vertrauliche Informationen der jeweils anderen Partei zu vermeiden,
  c) die offenlegende Partei unverzüglich nach Kenntniserlangung eines tatsächlichen oder drohenden unbefugten Gebrauchs oder einer tatsächlichen oder drohenden unbefugten Offenlegung von vertraulichen Informationen der anderen Partei zu unterrichten und alle angemessenen Maßnahmen zu ergreifen, um – gegebenenfalls mit Unterstützung der offenlegenden Partei – einen solchen unbefugten Gebrauch oder eine solche unbefugte Offenlegung zu verhindern oder zu beenden;
  d) (optional: alle Dokumente und Materialien, die vertrauliche Informationen enthalten, getrennt von anderen Dokumenten und Aufzeichnungen und so aufzubewahren, dass sie erkennbar als vertrauliche Informationen der Offenlegenden Partei aufbewahrt sind;)
  e) (optional: von den vertraulichen Informationen nur in dem Umfang Kopien anzufertigen, der notwendig ist, um [. . . . . .] [zB das Projekt durchzuführen]).
(2) Die Geheimhaltungspflichten nach Absatz 1 gelten nicht, wenn und soweit die erlangende Partei die jeweilige vertrauliche Information
  a) zum Zeitpunkt des Erlangens bereits in zulässiger Weise in Besitz hatte und dabei keiner Geheimhaltungsbeschränkung unterlag,
  b) durch eigene unabhängige Entdeckung oder Schöpfung erlangt,

c) im Zeitpunkt ihrer Mitteilung öffentlich bekannt oder allgemein zugänglich sind oder es danach werden, es sei denn, dies geschieht aufgrund einer Verletzung dieser Vereinbarung oder einer anderen Vertraulichkeitsverpflichtung durch die empfangende Partei.

(3) Die Parteien dürfen vertrauliche Informationen der jeweils anderen Partei offenbaren, soweit sie hierzu aufgrund einer zwingenden und unanfechtbaren behördlichen oder richterlichen Anordnung oder einer zwingenden rechtlichen Vorschrift verpflichtet sind, vorausgesetzt, dass sie die jeweils andere Partei darüber zur Wahrnehmung ihrer Rechte unverzüglich schriftlich informieren und dass sie alles Erforderliche und Angemessene unternehmen, um sicherzustellen, dass die vertraulichen Informationen darüber hinaus vertraulich behandelt werden. Derart zu offenbarende vertrauliche Informationen müssen als „vertraulich" gekennzeichnet werden.

(4) Die Parteien verpflichten sich,
a) den Abschluss und den Inhalt dieser Geheimhaltungsvereinbarung,
b) den Vertraulichkeitsbereich und
c) im Zusammenhang mit a) oder b) stehende Umstände, die nicht offenkundig sind und die jeweils andere Partei betreffen

als vertrauliche Informationen nach dieser Geheimhaltungsvereinbarung zu behandeln.

(5) (Optional: Die Parteien verpflichten sich, auf Anforderung der jeweils anderen Partei
a) eine Liste zur Verfügung zu stellen mit
aa) den Namen und Adressen der Personen, denen vertrauliche Informationen offengelegt wurden, und ihrem Verhältnis zu der offenlegenden Partei;
bb) den Örtlichkeiten, an denen die vertraulichen Informationen aufbewahrt werden; und
cc) den von der jeweiligen Partei ergriffenen Schutzmaßnahmen;
b) im angemessenen Umfang die Möglichkeit einzuräumen, die Einhaltung der in der Liste beschriebenen Maßnahmen und Örtlichkeiten innerhalb der üblichen Geschäftszeiten zu inspizieren.)

§ 3 (Optional:) Nutzungsbefugnis

(1) Die Parteien verpflichten sich, vertrauliche Informationen, zu deren vertraulicher Behandlung sie nach § 2 Abs. 1 verpflichtet sind,[12]
a) ausschließlich für den im Vertraulichkeitsbereich vorgesehenen Zweck zu verwenden,[13]
b) nur solchen eigenen Mitarbeitern offenzulegen, die aufgrund ihrer Mitwirkung im Vertraulichkeitsbereich Kenntnis von diesen vertraulichen Informationen erlangen müssen[14] und dürfen und die den in dieser Geheimhaltungsvereinbarung geregelten Pflichten unterliegen,[15]
c) vor dem unbefugten Zugriff von Mitarbeitern, die nicht unter lit. b) oben fallen durch das Treffen aller Vorkehrungen zu schützen, die erforderlich und angemessen sind und
d) ausschließlich, soweit für den im Vertraulichkeitsbereich vorgesehenen Zweck erforderlich, zu vervielfältigen.

(2) An den vertraulichen Informationen werden keine weiteren Nutzungsrechte, ob ausdrücklich oder konkludent, eingeräumt.[16] Insbesondere bleibt die jeweils offenbarende Partei Inhaberin ihrer vertraulichen Informationen und der Rechte an diesen.

§ 4 Rückgabe, Vernichtung, Kopien

(1) Die empfangende Partei ist verpflichtet, auf Aufforderung der offenlegenden Partei und soweit die Aufforderung reicht,[17]

a) alle umfassten vertraulichen Informationen, gleich ob schriftlich oder in einer anderen Verkörperung, unverzüglich mit allen Reproduktionen und Kopien nach Wahl der offenlegenden Partei an diese zurückzugeben oder nachweislich zu vernichten;
b) gleichzeitig alle anderen Materialien – einschließlich der von der empfangenden Partei selbst erstellten Materialien –, die die umfassten vertrauliche Informationen enthalten oder Rückschlüsse auf diese erlauben, nach Wahl der offenlegenden Partei an diese zurückzugeben oder nachweislich zu vernichten; enthalten diese Materialien zugleich eigene vertrauliche Informationen der empfangenden Partei, kann die offenlegende Partei lediglich die Vernichtung dieser Materialien verlangen; und
c) (Optional: der offenlegenden Partei schriftlich zu bestätigen, dass sie die umfassten vertraulichen Informationen in der beschriebenen Art und Weise zurückgegeben oder vernichtet hat.

(2) Die Pflicht zur Rückgabe und Vernichtung gilt nicht, soweit die empfangende Partei gesetzlich zur Aufbewahrung einer Kopie verpflichtet ist sowie für routinemäßig oder automatisch angefertigte Sicherungskopien, vorausgesetzt dass (i) die empfangende Partei sicherstellt, dass die entsprechende Kopie sicher und ausreichend geschützt aufbewahrt wird und ein Zugriff und eine Nutzung ausgeschlossen sind, soweit dies rechtlich zulässig ist, und (ii) die Bestimmungen dieser Vereinbarungen weiterhin Anwendung finden, bis die Kopie in Übereinstimmung mit dieser Vereinbarung vernichtet oder zurückgegeben wurde, wobei Sicherungskopien sobald wie möglich zu vernichten sind.

(3) Die Vernichtung der vertraulichen Informationen hat auf die nach dem jeweiligen Stand der Technik sicherste Weise zu erfolgen. Die Vernichtung elektronisch gespeicherter vertraulicher Informationen erfolgt durch die vollständige und unwiderrufliche Löschung der Dateien oder unwiederbringliche Zerstörung des Datenträgers. Vollständige und unwiderrufliche Löschung bedeutet bei elektronisch gespeicherten vertraulichen Informationen, dass die vertraulichen Informationen derart gelöscht werden, dass jeglicher Zugriff auf diese Informationen unmöglich wird, wobei spezielle Löschverfahren (zB mittels „Wiping") zu verwenden sind, welche den anerkannten Standards genügen (bspw. Standards des Bundesamts für Informationssicherheit).

(4) Die empfangende Partei ist zur Geltendmachung eines Zurückbehaltungsrechts im Hinblick auf ihre Verpflichtungen aus diesem § 4 nicht berechtigt.

§ 5 Ausschluss Rückbau

Soweit eine Partei von der anderen Partei Gegenstände, Produkte oder andere Sachen erhält, die vertrauliche Informationen verkörpern, und die nicht oder nicht in zulässiger Weise öffentlich verfügbar gemacht wurden, unterlässt es diese Partei, mittels Beobachtung, Untersuchung, Rückbau, Dekompilieren oder Testen des Gegenstands zu versuchen, die verkörperten vertraulichen Informationen zu erlangen.[18]

§ 6 Einbeziehung Dritter

1. Die Parteien verpflichten sich, vertrauliche Informationen
   a) nur mit ausdrücklicher Zustimmung der jeweils anderen Partei Dritten zu offenbaren oder zugänglich zu machen;[19]
   b) (Optional:[20]) abweichend von lit. a) oben nur, soweit für den Vertraulichkeitsbereich erforderlich, solchen Dritten zu offenbaren und zugänglich zu machen, die notwendigerweise aufgrund ihrer Mitwirkung in dem im Vertraulichkeitsbereich vorgesehenen Zweck von den vertraulichen Informationen Kenntnis haben müssen (need-to-know Basis);

c) (Optional:[21]) den mit ihnen verbundenen Unternehmen nur soweit zu offenbaren und zugänglich zu machen, wie diese den sich aus dieser Geheimhaltungsvereinbarung ergebenden Verpflichtungen unterliegen;
d) (Optional:[22]) den mit ihnen verbundenen Unternehmen nur soweit zu offenbaren und zugänglich zu machen, soweit diese Verpflichtungen zur Geheimhaltung unterliegen, die den Verpflichtungen dieser Vereinbarung [weitgehend] entsprechen.

2. Die Parteien dürfen Dritten vertrauliche Informationen der anderen Partei offenlegen, soweit diese Dritte einer gesetzlichen oder berufsrechtlichen Pflicht zur Verschwiegenheit dieser ihnen offengelegten vertraulichen Informationen unterliegen.
3. (Optional:) Die Partei, die Dritte einbezieht, verpflichtet sich, diese Dritte über die Vertraulichkeit der Informationen und die entsprechenden Pflichten ausreichend in Kenntnis zu setzen.
4. Die Parteien verpflichten sich ferner, den in Abs. 1 a) genannten Personen die in dieser Geheimhaltungsvereinbarung geregelten Pflichten schriftlich aufzuerlegen (optional:, soweit diese nicht Verpflichtungen zur Geheimhaltung unterliegen, die den Verpflichtungen dieser Vereinbarung [weitgehend] entsprechen. (Optional:) Auf Verlangen der jeweils anderen Partei muss diese Verpflichtung der in Abs. 1 genannten Personen schriftlich bestätigt (alternativ: nachgewiesen) werden.

§ 7 Vertragsstrafe[23]

Für jeden Fall der Verletzung dieser Geheimhaltungsvereinbarung verpflichtet sich die verletzende Partei der anderen Partei gegenüber zur Zahlung einer Vertragsstrafe in Höhe von (. . . . . .)[24] (Alternative: eines Betrages, der nach billigem Ermessen von der verletzten Partei zu bestimmen ist, wobei die Höhe dieses Betrages von dem zuständigen Gericht überprüfbar ist), es sei denn, die verletzende Partei trifft hinsichtlich der Verletzung kein Verschulden. Etwaige andere Ansprüche wegen Verletzung dieser Geheimhaltungsvereinbarung, insbesondere Schadensersatzansprüche, bleiben hiervon unberührt.

§ 8 Gewährleistung und Haftung[25]

1. Die Parteien übernehmen keine Gewährleistung dafür, dass die von ihr zur Verfügung gestellten vertraulichen Informationen vollständig oder richtig sind und von der jeweils anderen Partei zum vorgesehenen Zweck verwendet werden können.
2. Die Parteien haften einander nicht für Schäden, die dieser durch den Gebrauch von vertraulichen Informationen der jeweils anderen Partei entstehen, gleich ob diese Vereinbarung diesen Gebrauch zulässt oder nicht. Die Haftung für grobe Fahrlässigkeit und Vorsatz und für Schäden aus der Verletzung des Lebens, des Körpers oder der Gesundheit, die auf einer zumindest fahrlässigen Pflichtverletzung beruht, bleibt unberührt.
3. Die Parteien haften gegenseitig für die Einhaltung der in dieser Vereinbarung genannten Pflichten durch von ihnen eingeschaltete Mitarbeiter und Dritte.

§ 9 Laufzeit und Beendigung

(1) Diese Geheimhaltungsvereinbarung tritt nach Unterzeichnung durch beide Parteien in Kraft (optional: und gilt bis (Dauer)).[26] (Alternativ/Optional: Vereinbarung der Möglichkeit einer ordentlichen Kündigung[27]).
(2) Soweit vertrauliche Informationen einer Partei Geschäftsgeheimnisse im Sinne des § 2 Nr. 1 GeschGehG dieser Partei darstellen, verpflichtet sich die jeweils andere Partei zur Einhaltung der in dieser Geheimhaltungsvereinbarung geregelten Pflichten abweichend von § 9 Abs. 1 über die Dauer dieser Geheimhaltungsvereinbarung hinaus und solange diese vertraulichen Informationen Geschäftsgeheimnisse im Sinne des § 2 Nr. 1 GeschGehG dieser Partei darstellen.[28]

(3) Diese Geheimhaltungsvereinbarung kann nur aus wichtigem Grund gekündigt werden.

§ 10 Schlussbestimmungen

(1) Änderungen und Ergänzungen dieses Vertrages bedürfen zu ihrer Wirksamkeit der Schriftform. Dies gilt auch für eine Änderung dieser Schriftformklausel.
(2) Auf diese Geheimhaltungsvereinbarung findet das Recht der Bundesrepublik Deutschland Anwendung, unter Ausschluss des Internationalen Privatrechts.
(3) Gerichtsstand für alle Streitigkeiten aus diesem Vertrag ist (. . . . . .).
(Alternativ: Alle Streitigkeiten, die sich aus oder im Zusammenhang mit dieser Vereinbarung oder über dessen Gültigkeit ergeben, werden nach der Schiedsgerichtsordnung der Deutschen Institution für Schiedsgerichtsbarkeit e.V. (DIS) endgültig entschieden. Das Schiedsgericht besteht aus drei Schiedsrichtern. Der Schiedsort ist [Ort]. Die Verfahrenssprache ist Deutsch. Wenn eine Partei ihren Sitz im nichtdeutschsprachigen Ausland hat, ist die Verfahrenssprache Englisch.
Das Schiedsgericht trifft auf ausreichend glaubhaft gemachten Antrag einer Partei oder nach eigenem Ermessen alle erforderlichen und angemessenen Maßnahmen, um sicherzustellen, dass tatsächliche oder vermeintliche Geschäftsgeheimnisse einer Partei, die in dem Verfahren offengelegt werden, vertraulich bleiben. Diese Maßnahmen umfassen insbesondere die Anordnung von Verschwiegenheitspflichten gegenüber den Parteien und allen sonstigen Beteiligten des Verfahrens (Schiedsrichter, Personal, Zeugen, Sachverständige etc) sowie die Beschränkung des Zugangs zu Dokumenten, zu mündlichen Verhandlungen und zu entsprechenden Protokollen. Bei der Zugangsbeschränkung auf eine bestimmte Auswahl von Personen muss ein faires Verfahren gewährleistet sein, wobei im Einzelfall auch eine Beschränkung auf die anwaltlichen und zur Verschwiegenheit verpflichteten Vertreter der Parteien angeordnet werden kann.
Der offenlegenden Partei, die gegen die empfangende Partei Ansprüche wegen Verstoßes gegen diese Vereinbarung oder gegen gesetzliche Bestimmungen zum Schutz von Geschäftsgeheimnissen geltend macht, steht es frei, ihre Ansprüche statt im Wege eines Schiedsverfahrens gemäß Absatz 2 vor staatlichen Gerichten geltend zu machen, auch im Wege des einstweiligen Rechtsschutzes. Ausschließlicher Gerichtsstand ist insoweit [Ort].
(4) Sollte eine Regelung dieser Geheimhaltungsvereinbarung unwirksam sein, so berührt dies die Wirksamkeit der übrigen Regelungen dieser Geheimhaltungsvereinbarung nicht. Die unwirksame Regelung soll durch eine Regelung ersetzt werden, die rechtlich zulässig ist und dem Regelungsgehalt der ursprünglichen, aber unwirksamen Regelung am nächsten kommt.

Unterschriften

. . . ., den . . . ., den . . . .

. . . .

([Partei])   ([Partei])

(Optional: Anlage 1: Liste Informationen)

Anmerkungen

1. Dieses Muster einer beidseitigen Geheimhaltungsvereinbarung richtet sich nach den neuen Anforderungen des Gesetzes zum Schutz von Geschäftsgeheimnissen (GeschGehG). Für das Muster einer einseitigen Geheimhaltungsvereinbarung → Form. XI.3. Diese beidseitige Geheimhaltungsvereinbarung ist umfassend gestaltet, es ist jedoch genau zu prüfen, welche Klauseln im Einzelfall aufgenommen werden sollen. Eine Geheimhaltungsvereinbarung ist grundsätzlich eine Geheimhaltungsmaßnahme nach § 2 Nr. 1 GeschGehG. Sie kann folglich der Begründung von Geschäftsgeheimnissen und damit gesetzlichen Schutzes dienen. § 2 Nr. 1 GeschGehG setzt eine Angemessenheit voraus (→ Anm. 2). Es hängt beispielsweise vom Einzelfall ab, ob bestimmte Klauseln strenger oder weniger streng formuliert werden müssen (zB abgestuftes Recht zur Offenbarung), weitere Klauseln aufzunehmen sind (zB Wettbewerbsverbot, soweit zulässig; Vertragsstrafe) oder konkreter auf den Einzelfall abgestimmte Formulierungen zu verwenden sind. Die allgemeine Verwendung eines einzigen Musters einer Geheimhaltungsvereinbarung ohne weitere Prüfung wäre jedenfalls in vielen Fällen nicht „angemessen". Zudem sind weitere (gesetzliche) Anforderungen zu beachten, die in der jeweiligen Einzelkonstellation bestehen (zB arbeitsrechtliche Anforderungen).

2. Mit einer Geheimhaltungsvereinbarung wird eine vertragliche Verpflichtung zur Geheimhaltung von vertraulichen Informationen geregelt. Vertrauliche Informationen können Geschäftsgeheimnisse, aber auch Informationen sein, die keine Geschäftsgeheimnisse im Sinne von § 2 Nr. 1 GeschGehG sind, aber dennoch vertraulich behandelt werden sollen. Werden Geschäftsgeheimnisse von der Geheimhaltungsvereinbarung umfasst, werden einige Regelungen lediglich deklaratorische Wirkung haben, andere treten zu dem bestehenden gesetzlichen Schutz von Geschäftsgeheimnissen nach dem GeschGehG ergänzend hinzu. Bei Informationen, die umfasst werden, aber keine Geschäftsgeheimnisse sind, wirken die Regelungen der Geheimhaltungsvereinbarung konstitutiv. Da eine Geheimhaltungsvereinbarung – wenn wirksam – eine „angemessene Geheimhaltungsmaßnahme" iSd § 2 Nr. 1 lit. b) GeschGehG sein kann (vgl. *Maaßen* GRUR 2019, 352 (359 f.); *Leister* GRUR-Prax 2019, 75 (76)), kann eine Geheimhaltungsvereinbarung auch begründenden Charakter haben: Erst durch Abschluss der Geheimhaltungsvereinbarung als angemessene Geheimhaltungsmaßnahme kann bei bestimmten vertraulichen Informationen die Voraussetzung des § 2 Nr. 1 lit. b) GeschGehG erfüllt sein. Damit ist die jeweilige vertrauliche Information erst durch den Abschluss einer wirksamen Geheimhaltungsvereinbarung ein Geschäftsgeheimnis. In diesem Fall besteht zusätzlich der gesetzliche Schutz des GeschGehG. Umgekehrt gilt dies jedoch genauso: Ist eine Geheimhaltungsvereinbarung unwirksam, fällt sie auch als „angemessene Geheimhaltungsmaßnahme" weg. Damit könnte ein Geschäftsgeheimnis bei Unwirksamkeit einer Geheimhaltungsvereinbarung den rechtlichen Charakter als Geschäftsgeheimnis und damit den Schutz nach dem GeschGehG verlieren. Aus diesem Grund ist es wichtig, die Wirksamkeit von Geheimhaltungsvereinbarungen jedenfalls sicherzustellen.

3. Geheimhaltungsvereinbarungen werden häufig Allgemeine Geschäftsbedingungen sein. Dies gilt, wenn sie vom Verwender im geschäftlichen Verkehr für eine Mehrzahl von Fällen vorformuliert worden sind und nicht im Einzelnen verhandelt werden. Sie werden daher oft der AGB-Kontrolle unterliegen, §§ 305 ff. BGB (*Freckmann/Schmoll* BB 2017, 1780 (1782)). Vor diesem Hintergrund ist insbesondere die Zulässigkeit von Vertragsstrafen (§ 309 Nr. 6 BGB) und Pauschalierungen von Schäden (§ 309 Nr. 5 BGB) zu prüfen.

4. In der Präambel der Geheimhaltungsvereinbarung empfiehlt sich die Beschreibung der Geschäftsfelder der Parteien, um den Bereich, in dem vertrauliche Informationen ausgetauscht werden, zu konkretisieren. Auf die Beschreibung der Geschäftsfelder kann bei Bedarf in den einzelnen Klauseln zu diesem Zweck Bezug genommen werden.

5. Es ist empfehlenswert, einen Vertraulichkeitsbereich zu definieren, um die umfassten „vertraulichen Informationen" durch eine Bezugnahme in der Definition möglichst zu konkretisieren. So kann in bestimmten Konstellationen ein uU andernfalls bestehendes Risiko einer Unwirksamkeit aufgrund einer zu weit/allgemein gefassten Regelung („Catch-all Klausel") verringert werden. „Catch-all Klauseln" werden wohl nicht die Anforderungen von § 2 Nr. 2 lit. b) GeschGehG erfüllen, die eine Angemessenheit im konkreten Fall erfordern (vgl. *Voigt/Herrmann/Grabenschröer* BB 2019, 142 (145); für das Arbeitsrecht: *Freckmann/Schmoll* BB 2017, 1780 (1783 f.)).

6. Nicht nur die aktiv übermittelten Informationen sollen umfasst sein, sondern zB auch solche Informationen, die die andere Partei zufällig (oder gar unberechtigterweise) erfährt.

7. Zu Nachweiszwecken empfiehlt sich ein Schriftformerfordernis.

8. Mit dieser Option können bestimmte Informationen als „vertrauliche Informationen" konkret festgelegt werden.

9. Durch diese Definition sollen bewusst nicht „alle" ausgetauschten Informationen als vertrauliche Informationen umfasst werden. Eine Einschränkung gebietet sich, um in bestimmten Konstellationen das Risiko einer Unwirksamkeit möglichst zu verringern (auch → Anm. 5). Nachteil ist, dass im Zweifelsfall eine Auslegung notwendig werden wird („aus Sicht eines objektiven Empfängers"). Dies wird aber in Kauf zu nehmen sein, da es kaum möglich sein wird, alle vertraulichen Informationen, die umfasst werden sollen, abschließend zu definieren.

10. Diese Anforderung ist an das Erfordernis des § 2 Nr. 1 lit. b) GeschGehG „angemessene Geheimhaltungsmaßnahmen" angelehnt. Allerdings bedarf es bei dieser Anforderung einem Korrektiv, da das Treffen aller erforderlichen Maßnahmen über die Möglichkeiten und Mittel einer jeden Partei hinausgehen dürfte (→ Anm. 8 ff.).

11. Durch dieses Korrektiv wird das Maß der zu treffenden Vorkehrungen auf ein akzeptables und zumutbares Level angepasst.

12. Soweit vertrauliche Informationen wegen § 2 Abs. 2 nicht von der Vertraulichkeitspflicht betroffen sind, werden diese auch von der Einschränkung der Verwendung ausgenommen.

13. Eine Beschränkung der Verwendung ist meist sinnvoll und kann bei Bedarf auch noch enger gefasst werden.

14. Wird diese Einschränkung nach dem „need-to-know-Prinzip" (*Reinfeld* Neues GeschGehG, § 1 Rn. 173; *Maaßen* GRUR 2019, 352 (357)) nicht geregelt, stünde es der jeweiligen Partei frei, die vertraulichen Informationen der anderen Partei unbeschränkt allen eigenen Mitarbeitern offenzulegen. Mit jeder (auch internen) Offenlegung steigt aber das Risiko für den Abfluss der betroffenen Information. Diese Einschränkung dient daher auch der Minimierung des faktischen Risikos.

15. Die jeweiligen Mitarbeiter müssen nach dieser Regelung, soweit dies nicht durch zB arbeitsrechtliche Regelungen schon der Fall ist, entsprechend den Regelungen dieser Geheimhaltungsvereinbarung zur Vertraulichkeit verpflichtet werden.

16. Dies muss zwar nicht ausdrücklich geregelt werden. Eine entsprechende Klarstellung bietet sich aber an.

17. Damit kann sich die Aufforderung auch nur auf einen Teil der vertraulichen Informationen beziehen.

18. Mit der Einführung des GeschGehG wurde das Reverse Engineering weitgehend liberalisiert. Diese Regelung dient dem Ausschluss des Reverse Engineerings, soweit dies nach dem GeschGehG noch ausgeschlossen werden kann. Da die Geheimhaltungsvereinbarung selbst eine vertragliche Beschränkung zum Umgang mit vertraulichen Informationen darstellt und damit eine Offenbarung von durch Reverse Engineering erlangten Informationen vertraglich ausgeschlossen sein dürfte, erstreckt sich die besondere Wirkung dieser Klausel meist auf das Verbot der Tätigkeit des Reverse Engineerings (vgl. *Leister* GRUR-Prax 2019, 175; *Reinfeld* Neues GeschGehG, § 2 Rn. 29).

19. Dies ergibt sich bereits aus § 2 Abs. 1, kann hier aber noch einmal klarstellend aufgenommen werden.

20. Beispielsweise, wenn sich aus der Beschreibung des Vertraulichkeitsbereichs ergibt, dass eine Zusammenarbeit mit Dritten erfolgt, oder die Parteien sonst davon ausgehen.

21. Soweit verbundene Unternehmen einbezogen werden sollen.

22. Diese Option ist etwas flexibler als lit. c)

23. Die Vereinbarung einer Vertragsstrafe wird in der Praxis häufig nicht akzeptiert und ist im Falle der beidseitigen Geheimhaltungsvereinbarung optional. Im Falle einer einseitigen Geheimhaltungsvereinbarung ist es dennoch sinnvoll – zumindest in einem ersten Verhandlungsschritt – die Vereinbarung einer Vertragsstrafe zu fordern. Zum einen hat eine Vertragsstrafe abschreckenden Charakter. Zum anderen kann selbst bei einer späteren Ablehnung durch die empfangende Partei durch die offenbarende Partei argumentiert werden, dass der Versuch eine Vertragsstrafe zu verhandeln, eine „angemessene Geheimhaltungsmaßnahme" ist, die der empfangenden Partei auch das Interesse der offenbarenden Partei an der Einhaltung der Vertraulichkeit zeigt.

24. Ein Pauschalbetrag wird oft nicht derart bestimmbar sein, dass er für alle Verletzungsfälle angemessen ist. Dann aber besteht die Gefahr der Unwirksamkeit der pauschalierten Vertragsstrafe. Daher wird die Verwendung der Alternative (neuer Hamburger Brauch) oft sinnvoller sein (*Köhler* GRUR 1994, 260; *Ostendorf* JuS 2015, 977).

25. Diese Regelungen sind eigentlich nach deutschem Recht nicht erforderlich, da sie lediglich deklaratorisch sind. In Geheimhaltungsvereinbarungen nach ausländischem Recht sind entsprechende Regelungen oft vorhanden, weshalb sie in der Praxis auch in deutschen Geheimhaltungsvereinbarungen oft positiv geregelt werden.

26. Durch das Festlegen einer festen Laufzeit kann die Möglichkeit zur ordentlichen Kündigung ausgeschlossen werden. Es können auch unterschiedliche Laufzeiten für verschiedene vertrauliche Informationen/Arten von vertraulichen Informationen vereinbart werden. Dies macht Sinn, da vertrauliche Informationen unterschiedlich lange Bestand haben bzw. veralten. Die Vereinbarung einer Laufzeit macht deswegen und weil sich die Parteien regelmäßig nicht endlos binden wollen, regelmäßig Sinn.

27. Die Möglichkeit zur ordentlichen Kündigung wird oft nicht gewünscht sein (→ Anm. 26).

28. Hinsichtlich der Geschäftsgeheimnisse einer Partei ist regelmäßig auch nach Beendigung der Geheimhaltungsvereinbarung eine vertrauliche Behandlung erwünscht/ erforderlich. Dieses Vertraulichkeitserfordernis kann auch endlos sein, jedenfalls aber nur so lange wie das Geschäftsgeheimnis auch ein solches ist. Praktisch wird es für die andere Partei schwierig sein, zu bestimmen, ob und wie lange ein Geschäftsgeheimnis der anderen Partei vorliegt. Dies ist aber aufgrund der Wichtigkeit der Geheimhaltung von Geschäftsgeheimnissen eines jeden Unternehmens hinzunehmen.

3. Einseitige Geheimhaltungsvereinbarung[1, 2, 3]

Geheimhaltungsvereinbarung

zwischen

[. . . . .] (Name, Adresse)

(nachfolgend die „offenbarende Partei" genannt)

und

[. . . . .] (Name, Adresse)

(nachfolgend die „empfangende Partei" genannt)

(die offenbarende Partei und die empfangende Partei nachfolgend gemeinsam die „Parteien" und einzeln auch eine „Partei" genannt)

PRÄAMBEL

(A) (Beschreibung Geschäftsfeld offenbarende Partei)[4]
(B) (Optional: Beschreibung Geschäftsfeld empfangende Partei)[5]
(C) Die empfangende Partei erlangt Informationen, die nicht offenkundig sind, von der offenbarenden Partei: (Beschreibung der Konstellation und des Bereichs, in dem die empfangende Partei vertrauliche Informationen der offenbarenden Partei erlangt sowie des Zwecks) (nachfolgend „Vertraulichkeitsbereich").[6]

Die offenbarende Partei beabsichtigt, die Vertraulichkeit der offenbarten Informationen sicherzustellen und die empfangende Partei über die Vertraulichkeit hinaus auch dahingehend zu verpflichten, dass diese aller erforderlichen und zumutbaren Maßnahmen ergreift, damit die offenbarten Informationen geschützt und nicht unberechtigterweise an Dritte gelangt.[7] Dies vorausgeschickt, vereinbaren die Parteien was folgt:

§ 1 Vertrauliche Informationen

(1) Vertrauliche Informationen im Sinne dieser Geheimhaltungsvereinbarung sind alle Informationen der offenbarenden Partei im Vertraulichkeitsbereich, wie beispielsweise (Aufzählung von Beispielen je nach Einzelfall), die
   a) diese mündlich, schriftlich, elektronisch oder in anderer Form (zB visuell) der empfangenden Partei übermittelt oder zugänglich macht oder auf andere Weise zur Kenntnis der empfangenden Partei gelangen[8]
   und die
   b) nicht ausdrücklich als nicht vertraulich oder nicht geheim bezeichnet werden oder[9]
   c) aus Sicht eines objektiven Empfängers und unter Anwendung der Sorgfalt eines ordentlichen Kaufmanns [sowie unter Berücksichtigung der Art der Information, der konkreten Umstände und der Art und Weise der Weitergabe/Kenntnisnahme] als vertraulich oder geheim anzusehen sind,
   d) jedenfalls aber die in Anlage 1 genannten Informationen.[10]
   (im Folgenden „vertrauliche Informationen")[11]
(2) Vertrauliche Informationen sind sowohl die Informationen selbst als auch die Träger und Medien, auf denen vertrauliche Informationen enthalten sind.

§ 2 Vertraulichkeit

(1) Die empfangende Partei verpflichtet sich,
   a) vertrauliche Informationen der offenbarenden Partei streng vertraulich zu behandeln und
   b) alle Vorkehrungen zu treffen, die erforderlich[12] und angemessen[13] sind, um einen unbefugten Zugriff Dritter auf vertrauliche Informationen der offenbarenden Partei zu vermeiden;
   c) besondere Anforderungen zu erfüllen, die die offenbarende Partei bei der Offenbarung einer vertraulichen Information (zB zur Aufbewahrung/Speicherung/Erstellung von Kopien) an die empfangende Partei aufstellt;[14]
   d) die offenlegende Partei unverzüglich nach Kenntniserlangung eines tatsächlichen oder drohenden unbefugten Gebrauchs oder einer tatsächlichen oder drohenden unbefugten Offenlegung von vertraulichen Informationen der anderen Partei zu unterrichten und alle angemessenen Maßnahmen zu ergreifen, um – gegebenenfalls mit Unterstützung der offenlegenden Partei – einen solchen unbefugten Gebrauch oder eine solche unbefugte Offenlegung zu verhindern oder zu beenden;
   e) soweit seitens der empfangenden Partei Anlass besteht, daran zu zweifeln, dass bestimmte vertrauliche Informationen tatsächlich der offenbarenden Partei (alleine) gehören, die offenbarende Partei unverzüglich über diese Zweifel schriftlich zu unterrichten und bis zu einer Klärung von der Nutzung der betreffenden vertraulichen Information abzusehen;[15]
   f) (optional: alle Dokumente und Materialien, die vertrauliche Informationen enthalten, getrennt von anderen Dokumenten und Aufzeichnungen und so aufzubewahren, dass sie erkennbar als vertrauliche Informationen der offenlegenden Partei aufbewahrt sind;)
   g) (optional: von den vertraulichen Informationen nur in dem Umfang Kopien anzufertigen, der notwendig ist, um [. . . . . .] [zB das Projekt durchzuführen]).

(2) Die Geheimhaltungspflichten nach Absatz 1 gelten nicht, wenn und soweit die empfangende Partei die jeweilige vertrauliche Information der offenbarenden Partei
   a) zum Zeitpunkt des Erlangens bereits in zulässiger Weise in Besitz hatte und dabei keiner Geheimhaltungsbeschränkung unterlag,
   b) durch eigene unabhängige Entdeckung oder Schöpfung erlangt,
   c) im Zeitpunkt ihrer Mitteilung öffentlich bekannt oder allgemein zugänglich sind oder es danach werden, es sei denn, dies geschieht aufgrund einer Verletzung dieser Vereinbarung oder einer anderen Vertraulichkeitsverpflichtung durch die empfangende Partei.

(3) Die empfangende Partei darf vertrauliche Informationen der offenbarenden Partei offenbaren, soweit sie hierzu aufgrund einer zwingenden und unanfechtbaren behördlichen oder richterlichen Anordnung oder einer zwingender rechtlicher Vorschrift verpflichtet ist, vorausgesetzt, dass sie die offenbarende Partei darüber zur Wahrnehmung ihrer Rechte unverzüglich schriftlich informiert und dass sie das Erforderliche und Angemessene unternimmt, um sicherzustellen, dass die vertraulichen Informationen darüber hinaus vertraulich behandelt wird. Derart zu offenbarende vertrauliche Informationen müssen als „vertraulich" gekennzeichnet werden.

(4) Die empfangende Partei verpflichtet sich,
   a) den Abschluss und den Inhalt dieser Geheimhaltungsvereinbarung,
   b) den Vertraulichkeitsbereich und
   c) im Zusammenhang mit a) oder b) stehende Umstände, die nicht offenkundig sind und die offenbarende Partei betreffen

   als vertrauliche Informationen nach dieser Geheimhaltungsvereinbarung zu behandeln.

(5) Die empfangende Partei verpflichtet sich, auf Anforderung der offenbarenden Partei
   a) eine Liste zur Verfügung zu stellen mit
      aa) den Namen und Adressen der Personen, denen vertrauliche Informationen offengelegt wurden, und ihrem Verhältnis zu der empfangenden Partei;
      bb) den Örtlichkeiten, an denen die vertraulichen Informationen aufbewahrt werden; und
      cc) den von der jeweiligen Partei ergriffenen Schutzmaßnahmen;
   b) im angemessenen Umfang die Möglichkeit einzuräumen, die Einhaltung der in der Liste beschriebenen Maßnahmen und Örtlichkeiten innerhalb der üblichen Geschäftszeiten zu inspizieren.

§ 3 Nutzungsbefugnis

(1) Die empfangende Partei verpflichtet sich, vertrauliche Informationen, zu deren vertraulicher Behandlung sie nach § 2 Abs. 1 verpflichtet sind,[16]
   a) ausschließlich für den im Vertraulichkeitsbereich vorgesehenen Zweck zu verwenden,[17]
   b) nur solchen eigenen Mitarbeitern offenzulegen, die aufgrund ihrer Mitwirkung im Vertraulichkeitsbereich Kenntnis von diesen vertraulichen Informationen erlangen müssen[18] und dürfen und die den in dieser Geheimhaltungsvereinbarung geregelten Pflichten unterliegen,[19]
   c) vor dem unbefugten Zugriff von Mitarbeitern, die nicht unter lit. b) oben fallen durch das Treffen aller Vorkehrungen zu schützen, die erforderlich und angemessen sind und
   d) ausschließlich, soweit für den im Vertraulichkeitsbereich vorgesehenen Zweck erforderlich, zu vervielfältigen.

(2) An den vertraulichen Informationen werden keine weiteren Nutzungsrechte, ob ausdrücklich oder konkludent, eingeräumt.[20] Insbesondere bleibt die offenbarende Partei Inhaberin ihrer vertraulichen Informationen und der Rechte an diesen.

§ 4 Rückgabe, Vernichtung, Kopien

(1) Die empfangende Partei ist verpflichtet, auf Aufforderung der offenlegenden Partei und soweit die Aufforderung reicht,[21]
   a) alle umfassten vertraulichen Informationen, gleich ob schriftlich oder in einer anderen Verkörperung, unverzüglich mit allen Reproduktionen und Kopien nach Wahl der offenlegenden Partei an diese zurückzugeben oder nachweislich zu vernichten;
   b) gleichzeitig alle anderen Materialien – einschließlich der von der empfangenden Partei selbst erstellten Materialien –, die die umfassten vertrauliche Informationen enthalten oder Rückschlüsse auf diese erlauben, nach Wahl der offenlegenden Partei an diese zurückzugeben oder nachweislich zu vernichten; enthalten diese Materialien zugleich eigene vertrauliche Informationen der empfangenden Partei, kann die offenlegende Partei lediglich die Vernichtung dieser Materialien verlangen; und
   c) der offenlegenden Partei schriftlich zu bestätigen, dass sie die umfassten vertraulichen Informationen in der beschriebenen Art und Weise zurückgegeben oder vernichtet hat.[22]

(2) Die Pflicht zur Rückgabe und Vernichtung gilt nicht, soweit die empfangende Partei gesetzlich zur Aufbewahrung einer Kopie verpflichtet ist sowie für routinemäßig oder automatisch angefertigte Sicherungskopien, vorausgesetzt dass (i) die empfangende Partei sicherstellt, dass die entsprechende Kopie sicher und ausreichend geschützt aufbewahrt wird und ein Zugriff und eine Nutzung ausgeschlossen sind, soweit dies rechtlich zulässig ist, und (ii) die Bestimmungen dieser Vereinbarungen

weiterhin Anwendung finden, bis die Kopie in Übereinstimmung mit dieser Vereinbarung vernichtet oder zurückgegeben wurde, wobei Sicherungskopien sobald wie möglich zu vernichten sind.

(3) Die Vernichtung der vertraulichen Informationen hat auf die nach dem jeweiligen Stand der Technik sicherste Weise zu erfolgen. Die Vernichtung elektronisch gespeicherter vertraulicher Informationen erfolgt durch die vollständige und unwiderrufliche Löschung der Dateien oder unwiederbringliche Zerstörung des Datenträgers. Vollständige und unwiderrufliche Löschung bedeutet bei elektronisch gespeicherten vertraulichen Informationen, dass die vertraulichen Informationen derart gelöscht werden, dass jeglicher Zugriff auf diese Informationen unmöglich wird, wobei spezielle Löschverfahren (zB mittels „Wiping") zu verwenden sind, welche den anerkannten Standards genügen (bspw. Standards des Bundesamts für Informationssicherheit).

Die empfangende Partei ist zur Geltendmachung eines Zurückbehaltungsrechts im Hinblick auf ihre Verpflichtungen aus diesem § 4 nicht berechtigt.

§ 5 Ausschluss Rückbau

Soweit die empfangende Partei von der offenbarenden Partei Gegenstände, Produkte oder andere Sachen erhält, die vertrauliche Informationen verkörpern, und die nicht oder nicht in zulässiger Weise öffentlich verfügbar gemacht wurden, unterlässt es die empfangende Partei mittels Beobachtung, Untersuchung, Rückbau, Dekompilieren oder Testen des Gegenstands zu versuchen, die verkörperten vertraulichen Informationen zu erlangen.[23]

§ 6 Einbeziehung Dritter

1. Die empfangende Partei verpflichtet sich, vertrauliche Informationen
   a) nur mit ausdrücklicher Zustimmung der offenbarenden Partei Dritten zu offenbaren oder zugänglich zu machen;[24]
   b) (Optional:[25]) abweichend von lit. a) oben nur, soweit für den Vertraulichkeitsbereich erforderlich, solchen Dritten zu offenbaren und zugänglich zu machen, die notwendigerweise aufgrund ihrer Mitwirkung in dem im Vertraulichkeitsbereich vorgesehenen Zweck von den vertraulichen Informationen Kenntnis haben müssen (need-to-know Basis) (Optional: und die Offenlegung der offenbarenden Partei schriftlich vorab anzuzeigen);
   c) (Optional:[26]) den mit ihr verbundenen Unternehmen nur soweit zu offenbaren und zugänglich zu machen, wie diese den sich aus dieser Geheimhaltungsvereinbarung ergebenden Verpflichtungen unterliegen (Optional: und die Offenlegung der offenbarenden Partei schriftlich vorab anzuzeigen).
   d) (Optional:[27]) den mit ihr verbundenen Unternehmen nur soweit zu offenbaren und zugänglich zu machen, soweit diese Verpflichtungen zur Geheimhaltung unterliegen, die den Verpflichtungen dieser Vereinbarung [weitgehend] entsprechen (Optional: und die Offenlegung der offenbarenden Partei schriftlich vorab anzuzeigen).
2. Die empfangende Partei darf Dritten vertrauliche Informationen der offenbarenden Partei offenlegen, soweit diese Dritte einer gesetzlichen oder berufsrechtlichen Pflicht zur Verschwiegenheit dieser ihnen offengelegten vertraulichen Informationen unterliegen (Optional: und die Offenlegung der offenbarenden Partei schriftlich vorab anzuzeigen).
3. (Optional:) Die offenbarende Partei verpflichtet sich, soweit sie Dritte einbezieht, diese Dritte über die Vertraulichkeit der Informationen und die entsprechenden Pflichten ausreichend in Kenntnis zu setzen.
4. Die empfangende Partei verpflichtet sich ferner, den in Abs. 1 a) genannten Personen die in dieser Geheimhaltungsvereinbarung geregelten Pflichten schriftlich aufzuerlegen (optional:, soweit diese nicht Verpflichtungen zur Geheimhaltung unterliegen, die den

Verpflichtungen dieser Vereinbarung [weitgehend] entsprechen. (optional:) Auf Verlangen der offenbarenden Partei muss diese Verpflichtung der in Abs. 1 genannten Personen schriftlich bestätigt (alternativ: nachgewiesen) werden.)

§ 7 Vertragsstrafe[28]

Für jeden Fall der Verletzung dieser Geheimhaltungsvereinbarung verpflichtet sich die empfangende Partei der offenbarenden Partei gegenüber zur Zahlung einer Vertragsstrafe in Höhe von (. . . . .)[29] (Alternative: eines Betrages, der nach billigem Ermessen von der verletzten Partei zu bestimmen ist, wobei die Höhe dieses Betrages von dem zuständigen Gericht überprüfbar ist), es sei denn, die empfangende Partei trifft hinsichtlich der Verletzung kein Verschulden. Etwaige andere Ansprüche wegen Verletzung dieser Geheimhaltungsvereinbarung, insbesondere Schadensersatzansprüche, bleiben hiervon unberührt.

§ 8 Gewährleistung und Haftung[30]

1. Die offenbarende Partei übernimmt keine Gewährleistung dafür, dass die von ihr zur Verfügung gestellten vertraulichen Informationen vollständig oder richtig sind und von der empfangenden Partei zum vorgesehenen Zweck verwendet werden können.
2. Die offenbarende Partei haftet nicht für Schäden, die der empfangenden Partei durch den Gebrauch von vertraulichen Informationen der offenbarenden Partei entstehen, gleich ob diese Vereinbarung diesen Gebrauch zulässt oder nicht. Die Haftung für grobe Fahrlässigkeit und Vorsatz und für Schäden aus der Verletzung des Lebens, des Körpers oder der Gesundheit, die auf einer zumindest fahrlässigen Pflichtverletzung beruht, bleibt unberührt.
3. Die empfangende Partei haftet für die Einhaltung der in dieser Vereinbarung genannten Pflichten durch von ihr eingeschaltete Mitarbeiter und Dritte.

§ 9 Laufzeit und Beendigung

(1) Diese Geheimhaltungsvereinbarung tritt nach Unterzeichnung durch beide Parteien in Kraft (optional: und gilt bis (Dauer)).[31]
(2) Soweit vertrauliche Informationen der offenbarenden Partei Geschäftsgeheimnisse im Sinne des § 2 Nr. 1 GeschGehG darstellen, verpflichtet sich die empfangende Partei zur Einhaltung der in dieser Geheimhaltungsvereinbarung geregelten Pflichten abweichend von § 9 Abs. 1 über die Dauer dieser Geheimhaltungsvereinbarung hinaus und solange diese vertraulichen Informationen Geschäftsgeheimnisse im Sinne des § 2 Nr. 1 GeschGehG dieser Partei darstellen.[32]
(3) Diese Geheimhaltungsvereinbarung kann nur aus wichtigem Grund gekündigt werden.

§ 10 Schlussbestimmungen

(1) Änderungen und Ergänzungen dieses Vertrages bedürfen zu ihrer Wirksamkeit der Schriftform. Dies gilt auch für eine Änderung dieser Schriftformklausel.
(2) Auf diese Geheimhaltungsvereinbarung findet das Recht der Bundesrepublik Deutschland Anwendung, unter Ausschluss des internationalen Privatrechts.
Gerichtsstand für alle Streitigkeiten aus diesem Vertrag ist (. . . . .).
(Alternativ: Alle Streitigkeiten, die sich aus oder im Zusammenhang mit dieser Vereinbarung oder über dessen Gültigkeit ergeben, werden nach der Schiedsgerichtsordnung der Deutschen Institution für Schiedsgerichtsbarkeit e.V. (DIS) endgültig entschieden. Das Schiedsgericht besteht aus drei Schiedsrichtern. Der Schiedsort ist [Ort]. Die Verfahrenssprache ist Deutsch. Wenn eine Partei ihren Sitz im nichtdeutschsprachigen Ausland hat, ist die Verfahrenssprache Englisch.

Das Schiedsgericht trifft auf ausreichend glaubhaft gemachten Antrag einer Partei oder nach eigenem Ermessen alle erforderlichen und angemessenen Maßnahmen, um sicherzustellen, dass tatsächliche oder vermeintliche Geschäftsgeheimnisse einer Partei, die in dem Verfahren offengelegt werden, vertraulich bleiben. Diese Maßnahmen umfassen insbesondere die Anordnung von Verschwiegenheitspflichten gegenüber den Parteien und allen sonstigen Beteiligten des Verfahrens (Schiedsrichter, Personal, Zeugen, Sachverständige etc) sowie die Beschränkung des Zugangs zu Dokumenten, zu mündlichen Verhandlungen und zu entsprechenden Protokollen. Bei der Zugangsbeschränkung auf eine bestimmte Auswahl von Personen muss ein faires Verfahren gewährleistet sein, wobei im Einzelfall auch eine Beschränkung auf die anwaltlichen und zur Verschwiegenheit verpflichteten Vertreter der Parteien angeordnet werden kann.

Der offenlegenden Partei, die gegen die empfangende Partei Ansprüche wegen Verstoßes gegen diese Vereinbarung oder gegen gesetzliche Bestimmungen zum Schutz von Geschäftsgeheimnissen geltend macht, steht es frei, ihre Ansprüche statt im Wege eines Schiedsverfahrens gemäß Absatz 2 vor staatlichen Gerichten geltend zu machen, auch im Wege des einstweiligen Rechtsschutzes. Ausschließlicher Gerichtsstand ist insoweit [Ort].

(3) Sollte eine Regelung dieser Geheimhaltungsvereinbarung unwirksam sein, so berührt dies die Wirksamkeit der übrigen Regelungen dieser Geheimhaltungsvereinbarung nicht. Die unwirksame Regelung soll durch eine Regelung ersetzt werden, die rechtlich zulässig ist und dem Regelungsgehalt der ursprünglichen, aber unwirksamen Regelung am nächsten kommt.

Unterschriften

. . . ., den	. . . ., den . . . .
. . . .	. . . .
([Partei])	([Partei])

(Optional: Anlage 1: Liste Informationen)

Anmerkungen

1. Dieses Muster einer einseitigen Geheimhaltungsvereinbarung richtet sich nach den neuen Anforderungen des Gesetzes zum Schutz von Geschäftsgeheimnissen (GeschGehG). Für das Muster einer beidseitigen Geheimhaltungsvereinbarung → Form. XI.2. Im Einzelfall ist zu prüfen, welche Klauseln aufzunehmen sind und ob ggfs. weitere Regelungen aufgrund der individuellen Anforderungen des Einzelfalls hinzuzufügen sind. Die einseitige Geheimhaltungsvereinbarung ist eine Geheimhaltungsmaßnahme nach § 2 Nr. 1 GeschGehG. Diese setzt eine Angemessenheit voraus, damit sie als geschäftsgeheimnisbegründend wirkt, weshalb einzelfallbezogene Regelungen aufgenommen werden sollten. Einfacher als in Fällen, in denen eine beidseitige Geheimhaltungsvereinbarung geschlossen werden soll, kann in einem Fall, in dem vertrauliche Informationen nur einer Partei an die andere offenbart werden, der Abschluss einer einseitigen Geheimhaltungsvereinbarung zur Bedingung für die Offenbarung von Informationen gestellt werden. Auch ist das Durchsetzen einer Vertragsstrafenregelung einfacher, zumindest, wenn die empfangende Partei ein gesteigertes Interesse am Erhalt der vertraulichen Informationen hat (→ Form. XI.2, Anm. 23). Im Übrigen → Form. XI.2 Anm. 1.

2. Gerade die einseitige Geheimhaltungsvereinbarung kann konstitutive Wirkung haben. Umfasste Informationen können aufgrund der einseitigen Geheimhaltungsvereinbarung als „angemessene Geheimhaltungsmaßnahme" zum Geschäftsgeheimnis werden (§ 2 Nr. 1 lit. b) GeschGehG). Die Wirksamkeit der Geheimhaltungsvereinbarung sollte daher unbedingt sichergestellt werden. Auch → Form. XI.2 Anm. 2.

3. Häufig sind auch die einseitigen Geheimhaltungsvereinbarungen Allgemeine Geschäftsbedingungen, weshalb insbesondere die Zulässigkeit von Vertragsstrafen (§ 309 Nr. 6 BGB) und Pauschalierungen von Schäden (§ 309 Nr. 5 BGB) geprüft und die Wirksamkeit entsprechender Regelungen sichergestellt werden sollte. Auch → Form. XI.2 Anm. 3.

4. Die offenbarende Partei sollte ihr Geschäftsfeld möglichst so beschreiben, dass dies für den konkreten Fall und die Nutzung der vertraulichen Informationen durch die empfangende Partei sinnvoll ist. Die Definition des Geschäftsfeldes kann auch für die Weite des für die empfangende Partei eingeräumten Nutzungsrechtes relevant sein und sollte deshalb möglichst konkret beschrieben werden.

5. Soweit das Geschäftsfeld der empfangenden Partei beispielsweise für die konkrete Nutzung der vertraulichen Informationen wichtig ist, sollte auch das Geschäftsfeld der empfangenden Partei definiert werden. Andernfalls kann auf die Definition des Geschäftsfeldes verzichtet werden.

6. Die Definition des Vertraulichkeitsbereichs dient der Verringerung des Risikos der Unwirksamkeit („Catch-all Klauseln"), → Form. XI.2 Anm. 5. Weiterhin dient die Definition des Vertraulichkeitsbereichs auch zur Konkretisierung des Nutzungsrechts der empfangenden Partei und auch zur Definition des Bereichs, in dem die empfangende Partei berechtigterweise vertrauliche Informationen durch die offenbarende Partei erhält. Die Definition des Vertraulichkeitsbereichs kann also auch dazu dienen, dass, wenn die empfangende Partei eine vertrauliche Information außerhalb des Vertraulichkeitsbereichs erlangt, indiziert wird, dass dieses Erlangen nicht berechtigt erfolgt bzw. die Berechtigung nachgewiesen werden muss.

7. Im Vergleich zur beidseitigen Geheimhaltungsvereinbarung kann dieser Zusatz in der Präambel sinnvoll sein, um das gesteigerte Interesse der offenbarenden Partei an einer streng vertraulichen Behandlung der offenbarten Informationen festzuhalten.

8. Nicht nur die aktiv übermittelten Informationen sollen umfasst sein, sondern zB auch solche Informationen, die die andere Partei zufällig (oder gar unberechtigterweise) erfährt.

9. Bei einer einseitigen Geheimhaltungsvereinbarung könnte die offenbarende Partei sich entscheiden, statt die vertraulichen, die nicht-vertraulichen Informationen entsprechend zu kennzeichnen. Dies hätte den Vorteil, dass die nicht gekennzeichneten Informationen grundsätzlich als vertraulich gelten würden. Die empfangende Partei müsste dann auch nachweisen, dass die jeweilige Information ausdrücklich als „nicht vertraulich" definiert wurde. Allerdings müsste die offenbarende Partei darauf achten, die „nicht-vertraulichen" Informationen auch jeweils zu kennzeichnen.

10. Die offenbarende Partei sollte bestimmte Informationen als „vertrauliche Informationen" konkret festlegen.

11. Durch diese Definition sollen bewusst nicht „alle" ausgetauschten Informationen als vertrauliche Informationen umfasst werden. Eine Einschränkung gebietet sich, um in bestimmten Konstellationen das Risiko einer Unwirksamkeit möglichst zu verringern (auch → Anm. 6). Nachteil ist, dass im Zweifelsfall eine Auslegung notwendig werden wird („aus Sicht eines objektiven Empfängers"). Dies wird aber in Kauf zu nehmen sein, da es kaum möglich sein wird, alle vertraulichen Informationen, die umfasst werden sollen, abschließend zu definieren.

12. Diese Anforderung ist an das Erfordernis des § 2 Nr. 1 lit. b) GeschGehG „angemessene Geheimhaltungsmaßnahmen" angelehnt. Allerdings bedarf es bei dieser Anforderung einem Korrektiv, da das Treffen aller erforderlichen Maßnahmen über die Möglichkeiten und Mittel einer jeden Partei hinausgehen dürfte (→ Anm. 13).

13. Durch dieses Korrektiv wird das Maß der zu treffenden Vorkehrungen auf ein akzeptables und zumutbares Level angepasst.

14. Dies ermöglicht der offenbarenden Partei besondere Anforderungen bei vertraulichen Informationen im Einzelfall aufzustellen, die von der empfangenden Partei einzuhalten sind.

15. Dies soll die offenbarende Partei dabei unterstützen, Fälle, in denen beispielsweise unbewusst oder unabsichtlich Geschäftsgeheimnisse Dritter an die empfangende Partei weitergereicht werden, möglichst aufzufangen. Dies setzt aber voraus, dass die empfangende Partei wenigsten Anlass für die genannten Zweifel hat.

16. Soweit vertrauliche Informationen wegen § 2 Abs. 2 nicht von der Vertraulichkeitspflicht betroffen sind, werden diese auch von der Einschränkung der Verwendung ausgenommen.

17. Eine Beschränkung der Verwendung sollte bei der einseitigen Geheimhaltungsvereinbarung geregelt werden und kann bei Bedarf auch noch enger gefasst werden.

18. Wird diese Einschränkung nach dem „need-to-know-Prinzip" (*Reinfeld* Neues GeschGehG, § 1 Rn. 173; *Maaßen* GRUR 2019, 352 (357)) nicht geregelt, stünde es der empfangenden Partei frei, die vertraulichen Informationen der offenbarenden Partei unbeschränkt allen eigenen Mitarbeitern offenzulegen. Mit jeder (auch internen) Offenlegung steigt aber das Risiko für den Abfluss der betroffenen Information. Diese Einschränkung dient daher auch der Minimierung des faktischen Risikos.

19. Die jeweiligen Mitarbeiter müssen nach dieser Regelung, soweit dies nicht durch zB arbeitsrechtliche Regelungen schon der Fall ist, entsprechend den Regelungen dieser Geheimhaltungsvereinbarung zur Vertraulichkeit verpflichtet werden.

20. Dies muss zwar nicht ausdrücklich geregelt werden. Eine entsprechende Klarstellung bietet sich aber an.

21. Damit kann sich die Aufforderung auch nur auf einen Teil der vertraulichen Informationen beziehen.

22. Diese Anforderung könnte auch im Einzelfall gestrichen werden.

23. Diese Regelung dient dem Ausschluss des Reverse Engineerings, soweit dies nach dem GeschGehG noch ausgeschlossen werden kann. Auch → Form. XI.2 Anm. 18.

24. Dies ergibt sich bereits aus § 2 Abs. 1, kann hier aber noch einmal klarstellend aufgenommen werden.

25. Beispielsweise, wenn sich aus der Beschreibung des Vertraulichkeitsbereichs ergibt, dass eine Zusammenarbeit mit Dritten erfolgt, oder die Parteien sonst davon ausgehen.

26. Soweit verbundene Unternehmen einbezogen werden sollen.

27. Diese Option ist etwas flexibler als lit. c).

28. Die Vereinbarung einer Vertragsstrafe ist optional, wird in der Praxis aber auch oft nicht akzeptiert. Die Zulässigkeit der Vereinbarung einer Vertragsstrafe ist im Einzelfall zu prüfen, → Anm. 3.

29. Ein Pauschalbetrag wird oft nicht derart bestimmbar sein, dass er für alle Verletzungsfälle angemessen ist. Dann aber besteht die Gefahr der Unwirksamkeit der pauschalierten Vertragsstrafe. Daher wird die Verwendung der Alternative (neuer Hamburger Brauch) oft sinnvoller sein (*Köhler* GRUR 1994, 260; *Ostendorf* JuS 2015, 977).

30. Diese Regelungen sind eigentlich nach deutschem Recht nicht erforderlich, da sie lediglich deklaratorisch sind. In Geheimhaltungsvereinbarungen nach ausländischem Recht sind entsprechende Regelungen oft vorhanden, weshalb sie in der Praxis auch in deutschen Geheimhaltungsvereinbarungen oft positiv geregelt werden.

31. Durch das Festlegen einer festen Laufzeit kann die Möglichkeit zur ordentlichen Kündigung ausgeschlossen werden. Es können auch unterschiedliche Laufzeiten für verschiedene vertrauliche Informationen/Arten von vertraulichen Informationen vereinbart werden. Dies macht Sinn, da vertrauliche Informationen unterschiedlich lange Bestand haben bzw. veralten. Die Vereinbarung einer Laufzeit macht deswegen und weil sich die Parteien regelmäßig nicht endlos binden wollen, regelmäßig Sinn.

32. Hinsichtlich der Geschäftsgeheimnisse einer Partei ist regelmäßig auch nach Beendigung der Geheimhaltungsvereinbarung eine vertrauliche Behandlung erwünscht/erforderlich. Dieses Vertraulichkeitserfordernis kann auch endlos sein, jedenfalls aber nur so lange wie das Geschäftsgeheimnis auch ein solches ist. Praktisch wird es für die andere Partei schwierig sein, zu bestimmen, ob und wie lange ein Geschäftsgeheimnis der anderen Partei vorliegt. Dies ist aber aufgrund der Wichtigkeit der Geheimhaltung von Geschäftsgeheimnissen eines jeden Unternehmens hinzunehmen.

4. Antrag auf Anordnung von weiteren gerichtlichen Beschränkungen nach § 19 Abs. 1 S. 1, Abs. 2 GeschGehG

An das [Bezeichnung des Gerichts][1]

[Adresse des Gerichts]

Az. [Aktenzeichen]

[Ort, Datum]

Antrag[2, 3, 4] auf Anordnung von weiteren gerichtlichen Beschränkungen nach § 19 Abs. 1 S 1, Abs. 2[5] GeschGehG[6]

In der Geschäftsgeheimnisstreitsache[7]

[Bezeichnung der Partei]

gegen

[Bezeichnung der Partei]

[beantrage ich/beantragen wir] [namens und im Auftrag [Bezeichnung]], im Nachgang zu der bereits erfolgten Einstufung von [Umschreibung der betreffenden streitgegenständlichen Informationen] als geheimhaltungsbedürftig [Referenz],[8] den Zugang

[Option 1:[9] zu den folgenden Dokumenten [Bezeichnung], die als geheimhaltungsbedürftig eingestufte Informationen enthalten, nach § 19 Abs. 1 Nr. 1 GeschGehG]

[und][10]

[Option 2:[11] zur mündlichen Verhandlung [ggfs. Datum], bei der die als geheimhaltungsbedürftig eingestuften Informationen offengelegt werden könnten, und zu der Aufzeichnung oder dem Protokoll der mündlichen Verhandlung, nach § 19 Abs. 1 Nr. 2 GeschGehG]

[ganz/teilweise[12]] auf [eine bestimmte Anzahl von zuverlässigen Personen[13]/maximal [Anzahl] von [Bezeichnung andere Partei(en)] zu benennenden [Bezeichnung der Personen, zB „Mitarbeiter"[14]][15] zu beschränken.

[Überdies[16] [Benennung weiterer Maßnahmen][17]].

[Weitere Option:[18] Zusätzlich wird beantragt,

- [die Öffentlichkeit von der mündlichen Verhandlung auszuschließen]
- [nicht zugelassenen Personen, die ein Recht auf Akteneinsicht haben, nur ein Akteninhalt zur Verfügung zu stellen, in dem die Geschäftsgeheimnisse enthaltenden Ausführungen unkenntlich gemacht wurden.]]Begründung[19]

Aufgrund der Einstufung von [Umschreibung der betreffenden streitgegenständlichen Informationen] als geheimhaltungsbedürftig in [Referenz der Einstufungsentscheidung] steht fest, dass diese Informationen Geschäftsgeheimnisse darstellen können.[20]

Die Anordnung der beantragten Maßnahmen ist auch zur Wahrung dieser geheimhaltungsbedürftigen Informationen erforderlich, denn [Begründung][21].

Das Geheimhaltungsinteresse überwiegt nach Abwägung aller Umstände auch das Recht von [Bezeichnung der anderen Partei] auf rechtliches Gehör, § 19 Abs. 1 S. 2 GeschGehG.[22] Dies ergibt sich daraus, dass [Begründung].[23]

[Option 1:[24] Die streitgegenständlichen Informationen, die Geschäftsgeheimnisse darstellen, und in Anlage [Bezeichnung der Anlage] enthalten sind, sind in Entsprechung zu § 20 Abs. 4 S. 1 GeschGehG gesondert gekennzeichnet].

[Option 2:[25] Die streitgegenständlichen Informationen, die Geschäftsgeheimnisse darstellen, sind in Anlage [Bezeichnung der Anlage] beigefügt. Eine gesonderte Kennzeichnung ist nicht erforderlich, da die enthaltenen Informationen insgesamt Geschäftsgeheimnisse darstellen, ohne dass etwa Informationen enthalten sind, die keine Geschäftsgeheimnisse sind].

[Option 3:[26] Die streitgegenständlichen Informationen, die Geschäftsgeheimnisse darstellen, wurden in Anlage [Bezeichnung der Anlage][27] bezeichnet und beschrieben. Entsprechende Unterlagen mit den betreffenden Informationen werden nunmehr als [Bezeichnung der Anlage] eingereicht, die gemäß § 20 Abs. 4 S. 1 GeschGehG als Geschäftsgeheimnisse gekennzeichnet sein werden].

[Unterschrift]

Rechtsanwalt

Anmerkungen

1. Zuständiges Gericht ist gemäß § 20 Abs. 1 GeschGehG das Gericht der Hauptsache. Dies ist gemäß § 20 Abs. 4 GeschGehG das Gericht des ersten Rechtszuges oder bei Anhängigkeit der Hauptsache in der Berufungsinstanz das Berufungsgericht.

2. Der Antrag nach § 19 GeschGehG steht in einem Stufenverhältnis zu dem Antrag nach § 16 Abs. 1 GeschGehG. Maßnahmen nach § 19 GeschGehG können nur angeordnet werden, wenn gleichzeitig oder vorab eine Einstufung von Informationen als geheimhaltungsbedürftig nach § 16 Abs. 1 GeschGehG erfolgt ist (Harte-Bavendamm/Ohly/Kalbfus/*Kalbfus*, GeschGehG, § 19 Rn. 18). Das vorliegende Muster ist als separater Antrag ausgestaltet für den Fall, dass der Antrag nach § 16 Abs. 1 GeschGehG schon zu einem früheren Zeitpunkt gestellt wurde. Dies wird aber eher der Ausnahmefall sein, zB wenn zunächst nicht (aber in der Folge schon) Maßnahmen nach § 19 GeschGehG für erforderlich gehalten werden. Im Regelfall wird der Antrag nach § 19 Abs. 1 GeschGehG unmittelbar mit dem Antrag nach § 16 Abs. 1 GeschGehG zu verbinden sein, da oft schon zu Anfang klar sein wird, dass auch Maßnahmen nach § 19 GeschGehG erforderlich sein werden. In diesen Fällen ist der Inhalt des vorliegenden Formulars in das zu § 16 Abs. 1 GeschGehG aufzunehmen.

3. Das Gericht kann die Anordnung nur auf Antrag und nicht von Amts wegen treffen. Insofern hat Deutschland von der Möglichkeit, dass Gerichte die Anordnung auch von Amts wegen treffen können (Art. 9 Abs. 1 S. 2 GeschGeh-RL), keinen Gebrauch gemacht.

4. Aufgrund des Stufenverhältnisses (vgl. → Anm. 2) kann der Antrag nach § 19 GeschGehG von denselben Parteien gestellt werden wie derjenige nach § 16 Abs. 1 GeschGehG und daher von einer jeden Partei, also sowohl von Kläger und Beklagtem, aber auch von jedem Streithelfer gemäß § 67 ZPO (Harte-Bavendamm/Ohly/Kalbfus/*Kalbfus*, GeschGehG, § 16 Rn. 17). Jede dieser Parteien könnte schließlich auf die Vorlage von Geschäftsgeheimnissen zur Unterstützung seiner Position/zum Nachweis im Prozess angewiesen sein.

5. Nach dem Wortlaut von § 19 GeschGehG kann das Gericht Maßnahmen nach § 19 Abs. 1 S. 1 GeschGehG treffen und, wenn solche getroffen wurden, ebenfalls solche nach § 19 Abs. 2 GeschGehG. Es kann nach dem Wortlaut die Öffentlichkeit also nur dann ausschließen, wenn es auch eine Zugangsbeschränkung nach § 19 Abs. 1 S. 1 angeordnet hat. Diese enge Verknüpfung soll ein gesetzgeberisches Versehen (BeckOK GeschGehG/*Gregor*, 4. Ed. 15.6.2020, GeschGehG § 19 Rn. 42; *Schregle* GRUR 2019, 912 (916)), eine analoge Anwendung von § 19 Abs. 2 GeschGehG (deshalb) aber möglich sein, wenn keine Zugangsbeschränkung nach § 19 Abs. 1 S. 1 GeschGehG verfügt wurde (BeckOK GeschGehG/*Gregor*, 4. Ed. 15.6.2020, GeschGehG § 19 Rn. 42).

6. Das Gericht kann eine Beschränkung gemäß §§ 19, 20 Abs. 1 GeschGehG ab Anhängigkeit des Rechtsstreites anordnen. Sinnvoll ist es auch hier, wie beim Antrag nach §§ 16 Abs. 1, 20 Abs. 1 GeschGehG, den Antrag bereits mit der Einreichung der Klageschrift oder des Schriftsatzes zu stellen, der die zu schützenden Geschäftsgeheimnisse enthält.

7. Wegen des Stufenverhältnisses gelten bei § 19 GeschGehG dieselben Voraussetzungen wie bei § 16 Abs. 1 GeschGehG: Es muss sich um eine Geschäftsgeheimnisstreitsache nach der Legaldefinition des § 16 Abs. 1 GeschGehG handeln, also um Klagen, durch die Ansprüche nach dem GeschGehG (vgl. §§ 6 ff. GeschGehG) geltend gemacht werden. Allerdings gebietet sich eine richtlinienkonforme Auslegung, nach der alle Klagen wegen Verletzung von Geschäftsgeheimnissen gemeint sind, unabhängig davon, ob sie auf Ansprüche aus dem GeschGehG oder aus anderen Gesetzen gestützt sind. Art. 9 Abs. 1 S. 2 GeschGeh-RL verweist insoweit allgemein auf Gerichtsverfahren, die den rechtswidrigen Erwerb oder die rechtswidrige Offenlegung oder Nutzung von Geschäftsgeheimnissen betreffen (zB § 812 Abs. 1 S. 1, 2 Alt. 2 BGB) (so auch: Harte-Bavendamm/Ohly/Kalbfus/*Kalbfus*, GeschGehG § 16 Rn. 9; BeckOK GeschGehG/*Gregor*, GeschGehG § 16 Rn. 9 ff.). Auch schränkt der Begriff „Klage“ den Anwendungsbereich des § 16 Abs. 1 GeschGehG nicht etwa dahingehend ein, dass dieser tatsächlich nur auf

Klagen anwendbar wäre. Art. 9 Abs. 1 S. 2 GeschGeh-RL spricht allgemein von „Gerichtsverfahren", weswegen § 16 Abs. 1 GeschGehG ebenfalls umfasst: Verfahren des einstweiligen Rechtsschutzes und selbständige Beweisverfahren. Die Anwendbarkeit auf Verfahren der Zwangsvollstreckung ist nach § 19 Abs. 3 GeschGehG ausdrücklich angeordnet (Harte-Bavendamm/Ohly/Kalbfus/*Kalbfus*, GeschGehG, § 16 Rn. 14 f.).

8. Vgl. → Anm. 2. Aufgrund des Stufenverhältnisses ist eine vorausgegangene Einstufung von streitgegenständlichen Informationen als geheimhaltungsbedürftig (§ 16 Abs. 1 GeschGehG) erforderlich.

9. Antrag nach § 19 Abs. 1 Nr. 1 GeschGehG.

10. Die Anträge nach § 19 Abs. 1 Nr. 1 und Nr. 2 GeschGehG können auch kombiniert werden.

11. Antrag nach § 19 Abs. 1 Nr. 2 GeschGehG.

12. Es kann eine vollständige oder teilweise Beschränkung beantragt werden. Im Falle des Antrags zu einer teilweisen Beschränkung sollte weiter konkret und ausreichend bestimmbar ausgeführt werden, hinsichtlich welchen Teils die Beschränkung erfolgen soll.

13. Es ist möglich, die Ausfüllung (Anzahl zuverlässiger Personen) in das Ermessen des Gerichts zu stellen.

14. Auch ist die konkrete Vorgabe der Anzahl und der Personen als Alternative zu → Anm. 13 möglich. Es kann empfehlenswert sein, die Personen namentlich zu benennen und im Rahmen der Begründung zu erläutern, dass und warum diese Personen „zuverlässig" iSv § 19 Abs. 1 S. 1 GeschGehG sind. Es können auf diese Weise „clean teams" aus besonders vertrauenswürdigen und/oder „fachfremden" Mitarbeitern zusammengestellt werden, die die Informationen nicht für die Partei verwerten können. Es ist auch möglich, zu beantragen, ganz bestimmte Personen vom Zugang auszuschließen, zB weil aufgrund von Vorkommnissen in der Vergangenheit zu befürchten ist, dass sie die Geheimhaltungspflicht des § 16 Abs. 2 GeschGehG missachten werden. Fehlt es an einer personenbezogenen Auswahl, kann die Wahl auf bestimmte Funktionen beschränkt werden, zB eine Zugangsgewährung nur für den Syndikus eines Unternehmens, oder Ausschluss aller Marketing- und Vertriebsmitarbeiter etc.

15. § 19 Abs. 1 S. 3, 4 GeschGehG: Es ist jeweils mindestens einer natürlichen Person jeder Partei und ihren Prozessvertretern oder sonstigen Vertretern Zugang zu gewähren. Im Übrigen bestimmt das Gericht nach freiem Ermessen, welche Anordnungen zur Erreichung des Zwecks erforderlich sind.

16. Es können zusätzlich ergänzende Maßnahmen nach § 19 Abs. 1 S. 4 GeschGehG beantragt werden.

17. Das Gericht bestimmt nach freiem Ermessen, welche weiteren Anordnungen zur Erreichung des Zwecks erforderlich sind, § 19 Abs. 1 S. 4 GeschGehG. Diese Vorschrift ist frei formuliert und beschränkt sich nicht auf Zugangsbeschränkungen. Z. sind damit Anordnungen zur verfahrensmäßigen Durchführung und Ausgestaltung der Zugangsbeschränkungen gemäß § 19 Abs. 1 S. 1 GeschGehG möglich. Allerdings soll das Gericht an den Antrag der Partei gebunden sein. Es kann also keine völlig anderen Maßnahmen als beantragt anordnen (Köhler/Bornkamm/Feddersen/Alexander, UWG, GeschGehG § 19 Rn. 30). Es ist davon auszugehen, dass der Antragsteller Maßnahmen der verfahrensmäßigen Durchführung und Ausgestaltung nicht abschließend zu benennen, sondern diese in das Ermessen des Gerichts stellen darf (Harte-Bavendamm/Ohly/Kalbfus/*Kalbfus*, GeschGehG, § 19 Rn. 39).

18. Maßnahmen nach § 19 Abs. 2 Nr. 1 und Nr. 2 GeschGehG (die einzeln oder kumulativ beantragt werden können) sind nur möglich, wenn eine Beschränkung nach § 19 Abs. 1 S. 1 GeschGehG getroffen wurde.

19. § 19 Abs. 1 GeschGehG setzt sowohl voraus, dass es sich um geheimhaltungsbedürftige Informationen iSd § 16 Abs. 1 GeschGehG handelt, als auch, dass eine Geschäftsgeheimnisstreitsache vorliegt. Dies folgt aus dem „Stufenverhältnis" von § 19 Abs. 1 GeschGehG im Verhältnis zu § 16 Abs. 1 GeschGehG (Wortlaut von § 19 Abs. 1 GeschGehG: „zusätzlich") (so: Harte-Bavendamm/Ohly/Kalbfus/*Kalbfus*, GeschGehG, § 19 Rn. 18). Mit der vorausgehenden Einstufungsentscheidung müssen diese Voraussetzungen aber nicht weiter begründet werden. Insofern reicht ein Verweis auf die Einstufungsentscheidung aus.

20. Eine Glaubhaftmachung nach § 20 Abs. 3 GeschGehG kann entfallen, da diese aufgrund des Stufenverhältnisses bereits im Rahmen des Antrags nach § 16 Abs. 1 GeschGehG erfolgen musste.

21. Bei diesem Punkt wird oft eine kurze Begründung (wenn diese nicht gar gänzlich entbehrlich ist) ausreichend sein.

22. § 19 Abs. 1 S. 2 GeschGehG erfordert eine Abwägung zwischen dem Geheimhaltungsinteresse des Antragstellers und dem Recht des Beteiligten auf rechtliches Gehör. Hierbei sind neben den in § 19 Abs. 1 S. 2 GeschGehG explizit genannten Verfahrensgrundrechten des effektiven Rechtsschutz und des Rechts auf ein faires Verfahren als Abwägungskriterien gemäß Art. 9 Abs. 3 GeschGeh-RL auch die legitimen Interessen der Parteien und ggf. etwaiger Dritter sowie der mögliche Schaden, der einer Partei und ggf. etwaigen Dritten durch Gewährung oder Ablehnung des Antrags entstehen kann heranzuziehen. Aus Art. 1 Abs. 1 S. 2 GeschGeh-RL ergibt sich, dass die in Art. 9 Abs. 3 GeschGeh-RL genannten Voraussetzungen in § 19 Abs. 1 S. 2 GeschGehG miteinzubeziehen sind.

23. ZB kann ein überwiegendes Interesse an der Geheimhaltung vorliegen, wenn die Parteien in einem unmittelbaren Wettbewerbsverhältnis stehen. In diesem Fall könnte der Gegner aus den in Rede stehenden Geschäftsgeheimnissen direkten wirtschaftlichen Nutzen ziehen (Harte-Bavendamm/Ohly/Kalbfus/*Kalbfus*, GeschGehG § 19 Rn. 22). Abwägungskriterien sind „(1) die Notwendigkeit, das Recht auf einen wirksamen Rechtsbehelf und ein faires Verfahren zu gewährleisten, (2) die legitimen Interessen der Parteien und gegebenenfalls etwaiger Dritter sowie (3) de[r] mögliche[...] Schaden, der einer der Parteien und gegebenenfalls etwaigen Dritten durch die Gewährung oder Ablehnung dieser Maßnahmen entstehen kann", wobei diese Aufzählung nicht abschließend ist (Harte-Bavendamm/Ohly/Kalbfus/*Kalbfus*, GeschGehG § 19 Rn. 21).

24. Eine Einreichung der Anlage kann bereits bei Stellung des Antrags nach § 16 Abs. 1 GeschGehG geschehen sein. Dann ist auf diese Anlage zu verweisen.

25. Eine Einreichung der Anlage kann bereits bei Stellung des Antrags nach § 16 Abs. 1 GeschGehG geschehen sein. Dann ist auf diese Anlage zu verweisen.

26. Diese Option betrifft den Fall, dass die Geschäftsgeheimnisse in dem Antrag nach § 16 Abs. 1 GeschGehG zunächst nur umschrieben wurden und nach der Einstufungsentscheidung nun die entsprechenden Unterlagen eingereicht werden.

27. Bezeichnung der Anlage aus dem Antrag nach § 16 Abs. 1 GeschGehG.

Sachverzeichnis

Die fettgesetzten Großbuchstaben, römischen und arabischen Ziffern beziehen sich auf die Systematik des Formularbuchs, die nachfolgenden mageren Ziffern bezeichnen die betreffende Anmerkung.